Diccionario

Oxford Pocket

para estudiantes de inglés

Español–Inglés | Inglés–Español

Great Clarendon Street, Oxford OX2 6DP

Oxford University Press is a department of the University of Oxford.
It furthers the University's objective of excellence in research, scholarship, and education by publishing worldwide in

Oxford New York

Auckland Cape Town Dar es Salaam Hong Kong Karachi
Kuala Lumpur Madrid Melbourne Mexico City Nairobi
New Delhi Shanghai Taipei Toronto

With offices in

Argentina Austria Brazil Chile Czech Republic France Greece
Guatemala Hungary Italy Japan Poland Portugal Singapore
South Korea Switzerland Thailand Turkey Ukraine Vietnam

First published 1995
Fourth edition 2011
2018 2017 2016 2015
12 11 10 9 8 7

ISBN: 978 0 19 441925 3 (BOOK)
ISBN: 978 0 19 441927 7 (BOOK/CD PACK)
ISBN: 978 0 19 441926 0 (CD-ROM)

Typeset by Data Standards Limited

Printed in China

This book is printed on paper from certified and well-managed sources

ACKNOWLEDGEMENTS

Fourth edition edited by: Mark Temple, assisted by Lydia Batanaz Arteaga, José Martín Galera, Victoria Romero Cerro and Ainara Solana

We would like to thank the following for their permission to reproduce photographs: BananaStock p352 (girl's face); Corbis p356 (4, 5); Corel pp347 (1–4, 6–8, 11), 348 (1, 3), 353 (11), 354 (3, 5, 8, 10, 11, 13, 14), 356 (1, 2, 6, 7), 358 (1–10), 360 (2–4, 6–13), 361 (1, 2, 4–7, 10, 15, 17), 362 (1–7, 10–13), 363 (1–12), 364 (1–11), 365 (1–12), 366 (1–14), 367 (1–9), 368 (1–12); Digital Vision pp347 (5, 9); 354 (4); Getty Images p359 (14); Hemera Technologies Inc. pp353 (9, 10), 354 (15), 357 (9), 362 (8, 9); Ingram p355 (6); Photodisc pp347 (10), 350 (1–11) 353 (1–8, 12–16), 354 (1, 2, 6, 7, 9, 12), 360 (5), 361 (3, 8, 9, 11–14); Punchstock pp351 (2-6, 8), 370 (7, 11), 392; RubberBall p352 (main two pictures); Stockbyte pp353 (17–22), 360 (1); Tetra Images LLC/Photolibrary Group Ltd. p126

Illustrations: Julian Baker, Martin Cox, David Eaton, Margaret Heath, Karen Hiscock, Phil Longford, Nigel Paige, Martin Shovel, Paul Thomas, Harry Venning, Michael Woods, Hardlines

Índice

Test sobre el diccionario

Para que veas que el *Diccionario Oxford Pocket* te puede ayudar a aprender inglés, te proponemos un pequeño test que puedes realizar consultando el diccionario. Las palabras en azul te indican la entrada o sección en la que encontrarás la respuesta.

Español-Inglés

A menudo, una palabra tiene muchas traducciones. El *Oxford Pocket* te ayuda a encontrar la palabra que tú buscas dando un sentido aproximado entre paréntesis cuando hay más de una traducción.

1 ¿Cómo dirías en inglés: "Tengo que arreglar mi cuarto"?

2 Me apetece navegar por Internet y se lo propongo a mi amigo inglés: 'Let's sail the Internet!'. No me entiende. ¿Qué debería decir?

También te damos información sobre cómo se usan las palabras en inglés, sobre todo cuando su uso es diferente al español.
Corrige las siguientes frases:

3 Mali is a country in development. (desarrollo)

4 She gave me a good advice. (consejo)

Para encontrar la traducción adecuada, también es importante saber elegir una palabra apropiada según el contexto sea formal o informal.
¿Cómo traducirías las siguientes frases?

5 (*a un amigo*) Voy a saludar a Juan.

6 (*en un cajero automático*) Introduzca su tarjeta.

Para que te expreses bien en inglés, es importante que sepas qué preposición sigue al verbo. Esto lo mostramos entre paréntesis al lado de la traducción.
Completa estas frases:

7 A Sonia le flipan los caballos.
Sonia is mad ________ horses.

8 Nos disfrazamos todos de pirata.
We all dressed up ______ pirates.

También aprenderás a utilizar expresiones típicas inglesas.

9 Busca una forma coloquial de decir buenos días.

10 Busca dos formas de decir de acuerdo.

Las ilustraciones y las páginas a color te ayudarán a aprender palabras de una misma categoría y a entender las diferencias entre expresiones y palabras inglesas que son muy similares. Encontrarás una explicación ilustrada junto a las entradas que a veces provocan confusión.

11 En Gran Bretaña hay dos formas de decir patatas fritas, ¿cuáles son y cuál es la diferencia?

12 Ve a las páginas a color y mira la sección de Leisure. Averigua cómo se dice senderismo.

En el centro del diccionario encontrarás las hojas de estudio donde te ofrecemos información adicional sobre el inglés.

13 Mira la página En la ciudad. ¿Cómo se pregunta donde está la oficina de turismo?

14 Ve a la página Los mensajes de texto. Si alguien te pone 'c u l8r' en un mensaje de texto, ¿qué significa?

15 Ve a la página Falsos amigos. ¿La palabra inglesa carpet significa "carpeta"?

16 Mira la página Deportes. ¿El cricket es el deporte favorito en Gran Bretaña?

Inglés-Español

El *Oxford Pocket* te ayudará a ampliar tu vocabulario. En él encontrarás las palabras más usadas por los ingleses, incluidas las más actuales.

1 Si entregas un trabajo del que estás muy orgulloso y te ponen un 10, ¿cómo te sentirías: **knackered**, **gutted** o **chuffed**?

2 ¿Cuál de estas personas se dedica a dar consejo – **lollipop lady**, **agony aunt** o **house husband**?

También podrás buscar expresiones corrientes y *phrasal verbs*.

3 Si alguien te dice: 'I **lost my temper** yesterday', ¿le recomendarías que fuera a objetos perdidos?

4 ¿Qué tienen en común estas expresiones: **give sb a ring**, **hold the line**, **put sb through** y **hang up**?

Entender la cultura de cada país ayuda a aprender el idioma. Por eso, en este diccionario te mostramos algunos elementos importantes de la cultura inglesa y americana.

5 ¿Qué son los **bank holidays**? ¿En qué día suelen caer?

6 ¿Qué quiere decir **stars and stripes**?

Y también te indicamos cuando una palabra se usa solamente en Estados Unidos o en Gran Bretaña.

7 Si alguien dice 'My niece has **bangs**', ¿la persona que habla es inglesa o americana?

8 ¿Dónde se le llama a la tele 'the **box**'?

El *Oxford Pocket* te ayudará con la gramática y la ortografía inglesas. Podrás usar el diccionario para asegurarte de cómo se escriben las formas irregulares del plural, del participio pasado, etc.

9 ¿Cuál es el plural de **cranberry**?

10 ¿Cuál es la forma **ing** (gerundio) del verbo **chat**?

También encontrarás información que te ayudará a entender la gramática de las palabras.
¿Verdadero o falso?

11 **Yet** sólo se usa en frases afirmativas.

12 **Bubblegum** es contable.

Te indicamos además la pronunciación de las palabras inglesas y los símbolos fonéticos aparecen a pie de página. No olvides que puedes escuchar la pronunciación de las palabras inglesas en el CD-ROM.

13 Fíjate en la pronunciación de **I'll**, **aisle** y **isle**, ¿qué notas?

14 ¿Qué letras no se pronuncian en las palabras **wrist** y **salmon**?

15 Imagínate que le quieres dar esta dirección de **email** a una amiga inglesa: pablo.reyes@indie.es ¿Cómo la leerías?

Respuestas

Español-Inglés **1** I have to tidy (up) my room. **2** Let's surf the Net! **3** Mali is a developing country. **4** She gave me good advice. **5** I'm going to say hello to Juan. **6** Insert your card. **7** about **8** as **9** morning! **10** all right *o* OK **11** Crisps *o* chips. **Crisps** son de bolsa. **12** hiking **13** Could you tell me the way to the tourist office? **14** See you later **15** No. Significa "moqueta" o "alfombra". **16** No. Es el fútbol.

Inglés-Español **1** chuffed **2** agony aunt **3** no **4** Todas tienen que ver con el teléfono. **5** Días festivos. Suelen caer en lunes. **6** la bandera de Estados Unidos **7** americana **8** en Gran Bretaña **9** cranberries **10** chatting **11** *falso* **12** *falso* **13** Todas se pronuncian igual. **14** W *y* L **15** Pablo dot Reyes at indie dot e s

Pronunciación

Hay palabras que tienen más de una pronunciación posible. En el ***Oxford Pocket*** encontrarás las más comunes, ordenadas por su frecuencia de uso:

either /ˈaɪðə(r), ˈiːðə(r)/

Si la pronunciación de la palabra cambia mucho en inglés americano, te lo indicamos mediante la abreviatura *USA:*

bath /bɑːθ; *USA* bæθ/

/ˈ/ indica el acento principal de la palabra:
money /ˈmʌni/ lleva el acento en la primera sílaba
lagoon /ləˈguːn/ lleva el acento en la segunda sílaba

/ˌ/ indica el acento secundario de la palabra:
pronunciation /prəˌnʌnsiˈeɪʃn/ lleva el acento secundario en la segunda sílaba /ˌnʌn/ y el principal en la sílaba /ˈeɪ/

También mostramos la acentuación en las palabras compuestas:
ˌNative Aˈmerican

(r) En inglés británico no se pronuncia la **r** final, salvo que la palabra siguiente empiece por vocal.

La **r** no se pronuncia en la frase *His car broke down*, pero sí en *His car is brand new.*

¿Cómo aclaramos esta dificultad? Añadiendo una **r** entre paréntesis en la transcripción fonética:
car /kɑː(r)/

Formas tónicas y átonas

Algunas palabras de uso frecuente (**an, are, as, was**, etc.) tienen dos pronunciaciones posibles, una tónica y otra átona. De las dos, la forma átona es más común.

La preposición **from**, por ejemplo, normalmente se pronuncia /frəm/ en frases como:

He comes from Mexico.

Si aparece al final de la oración, en cambio, o si se le quiere dar un énfasis especial, se utiliza la pronunciación tónica /frɒm/, como en el caso de:

The ˌpresent's not ˈfrom John, it's ˈfor him.

Palabras derivadas

En muchas ocasiones, la pronunciación de una palabra derivada es la suma de la pronunciación de sus elementos. En estos casos, no damos la transcripción fonética, ya que es predecible:

conscious = **consciously**
/ˈkɒnʃəs/ /ˈkɒnʃəs+li/

Pero a veces el acento de la palabra cambia al añadirle las desinencias, y en estos casos sí te mostramos la pronunciación:

acid = **acidity**
/ˈæsɪd/ /əˈsɪdəti/

En el caso de las palabras derivadas terminadas en **-tion**, la norma de que el acento recaiga sobre la penúltima sílaba se cumple con regularidad, y por lo tanto no indicamos la pronunciación:

alter = **alteration**
/ˈɔːltə(r)/ /ˌɔːltəˈreɪʃn/

Símbolos fonéticos

Vocales y diptongos

iː	**see** /siː/	ɜː	**fur** /fɜː(r)/
i	**happy** /ˈhæpi/	ə	**ago** /əˈgəʊ/
ɪ	**sit** /sɪt/	eɪ	**pay** /peɪ/
e	**ten** /ten/	aɪ	**five** /faɪv/
æ	**hat** /hæt/	əʊ	**go** /gəʊ/
ɑː	**father** /ˈfɑːðə(r)/	aʊ	**now** /naʊ/
ɒ	**got** /gɒt/	ɔɪ	**join** /dʒɔɪn/
ɔː	**saw** /sɔː/	ɪə	**near** /nɪə(r)/
ʊ	**put** /pʊt/	eə	**hair** /heə(r)/
uː	**too** /tuː/	ʊə	**pure** /pjʊə(r)/
ʌ	**cup** /kʌp/	ɒ̃	**avant-garde** /ˌævɒ̃ ˈgɑːd/
u	**situation** /ˌsɪtʃuˈeɪʃn/		

Consonantes

p	**pen** /pen/	s	**so** /səʊ/
b	**bad** /bæd/	z	**zoo** /zuː/
t	**tea** /tiː/	ʃ	**she** /ʃiː/
d	**did** /dɪd/	ʒ	**vision** /ˈvɪʒn/
k	**cat** /kæt/	h	**how** /haʊ/
g	**got** /gɒt/	m	**man** /mæn/
tʃ	**chin** /tʃɪn/	n	**no** /nəʊ/
dʒ	**June** /dʒuːn/	ŋ	**sing** /sɪŋ/
f	**fall** /fɔːl/	l	**leg** /leg/
v	**van** /væn/	r	**red** /red/
θ	**thin** /θɪn/	j	**yes** /jes/
ð	**then** /ðen/	w	**woman** /ˈwʊmən/

Aa

a *prep*
- **dirección** to: *Van a Sevilla.* They are going to Seville. ◇ *¿Te vas a casa?* Are you going home? ◇ *Se acercó a mí.* She came up to me.
- **posición** on: *a la izquierda* on the left ◇ *a este lado* on this side ◇ *Estaban sentados a la mesa.* They were sitting at the table.
- **distancia**: *a diez kilómetros de aquí* ten kilometres from here
- **tiempo 1** (*hora, edad*) at: *a las doce* at twelve o'clock ◇ *a los sesenta años* at (the age of) sixty ◇ *Estamos a dos de enero.* It's the second of January. **2** (*después de*): *al año de su llegada* a year after his arrival ◇ *Volvieron a las cuatro horas.* They came back four hours later.
- **indicando finalidad** to: *¿Cuándo vienen a arreglar la lavadora?* When are they coming to mend the washing machine? ◇ *Me agaché a recogerlo.* I bent down to pick it up.
- **indicando modo o manera**: *ir a pie* to go on foot ◇ *Hazlo a tu manera.* Do it your way. ◇ *vestir a lo hippy* to dress like a hippy
- **complemento directo**: *No conozco a tu hermano.* I don't know your brother. ◇ *Llama al camarero.* Call the waiter over.
- **complemento indirecto 1** to: *Dáselo a tu hermano.* Give it to your brother. **2** (*para*) for: *Le compré una bicicleta a mi hija.* I bought a bicycle for my daughter. **3** (*de*) from: *Le compré los patines a un amigo.* I bought the skates from a friend.
- **otras construcciones 1** (*medida, reparto*) at: *Tocan a tres por persona.* It works out at three each. ◇ *Iban a 60 kilómetros por hora.* They were going at 60 kilometres an hour. **2** (*tarifa*) a, per (*más formal*): *mil casos al año* a thousand cases a year **3** (*precio*): *Están a seis euros el kilo.* They cost six euros a kilo. **4** (*Dep*): *Ganaron tres a cero.* They won three nil. ◇ *Empataron a dos.* They drew two all. **5** (*en órdenes*): *¡A trabajar!* Let's do some work! ◇ *Sal a buscarla.* Go out and look for her. *Ver tb* AL **LOC** **¡a (por) él, ella, etc.!** get him, her, etc.! ◆ **a qué...** I bet... : —*¡A qué te cojo!* —*¡A que no!* 'I bet I can catch you!' 'I bet you can't!' ◆ **¿a qué...?** what... for?: *¿A qué fuiste?* What did you go for?

abadía *nf* abbey [*pl* abbeys]

abajo *adv* **1** (*posición*) below: *desde ~* from below **2** (*dirección*) down: *calle/escaleras ~* down the street/stairs **3** (*en un edificio*) downstairs: *el vecino de ~* the man who lives downstairs ◇ *Hay otro baño ~.* There is another toilet downstairs.
▶ **¡abajo!** *interj* down with...: *¡Abajo el terrorismo!* Down with terrorism! **LOC** **echar abajo** (*edificio*) to knock *sth* down ◆ **el de abajo** the bottom one ◆ **hacia abajo** downwards ◆ **más abajo 1** (*más lejos*) further down: *en esta misma calle, más ~* further down this street **2** (*en sentido vertical*) lower down: *Pon el cuadro más ~.* Put the picture lower down. **3** (*en un texto*) below: *Ver explicación más ~.* See explanation below. ◆ **venirse abajo 1** (*edificio*) to collapse **2** (*persona*) to go to pieces: *Perdió el empleo y se vino ~.* He lost his job and went completely to pieces. *Ver tb* AHÍ, ALLÁ, ALLÍ, ARRIBA, BOCA, CABEZA, CALLE, CUESTA, PARTE[1], RÍO

abalanzarse *vp* **1 ~ sobre** to pounce on *sb/sth*: *Me abalancé sobre mi adversario.* I pounced on my opponent. **2 ~ hacia** to rush towards *sb/sth*: *El público se abalanzó hacia la puerta.* The crowd rushed towards the door.

abandonado, -a *adj* **1** abandoned: *un coche ~* an abandoned car **2** (*edificio*) derelict *Ver tb* ABANDONAR

abandonar *vt* **1** to abandon: *~ a una criatura/un animal* to abandon a child/an animal ◇ *~ un proyecto* to abandon a project **2** (*lugar*) to leave: *~ la sala* to leave the room **3** (*Informát*) to quit
▶ *vi* **1** (*desistir*) to give up: *No abandones.* Don't give up. **2** (*Dep*) to withdraw: *El corredor abandonó en la última vuelta.* The athlete withdrew on the final lap.

abanicar(se) *vt, vp* to fan (yourself)

abanico *nm* **1** fan **2** (*gama*) range: *un amplio ~ de opciones* a wide range of options

abarrotado, -a *adj* packed: *~ de gente* packed with people *Ver tb* ABARROTAR

abarrotar *vt* to fill *sth* to overflowing: *El público abarrotaba la sala.* The audience filled the hall to overflowing.

abastecer *vt* to supply *sb* (*with sth*): *La granja abastece de huevos a todo el pueblo.* The farm supplies the whole village with eggs.
▶ **abastecerse** *vp* **abastecerse de** to stock up on *sth*: *~se de harina* to stock up on flour

abastecimiento *nm* **1** (*acción*) supplying: *¿Quién se encarga del ~ de las tropas?* Who is in charge of supplying the troops? **2** (*suministro*) supply: *controlar el ~ de agua* to regulate the water supply

abasto *nm* **LOC** **no dar abasto**: *No doy ~ con todo este trabajo.* I can't cope with all this work.

◇*No damos ~ para contestar todas estas cartas.* We just can't answer all these letters.

abatible *adj* **1** (*reclinable*) reclining: *asientos ~s* reclining seats **2** (*plegable*) folding

abdicar *vt, vi* ~ **(en)** to abdicate (in favour of *sb*): *Abdicó (la corona) en su hermano.* He abdicated in favour of his brother.

abdomen *nm* abdomen

abdominal *adj* abdominal

▶ **abdominales** *nm* **1** (*músculos*) stomach/ abdominal muscles **2** (*ejercicios*) sit-ups: *hacer ~es* to do sit-ups

abecedario *nm* alphabet

abedul *nm* birch (tree)

abeja *nf* bee LOC **abeja obrera** worker bee ◆ **abeja reina** queen bee

abejorro *nm* bumblebee

abertura *nf* **1** (*hueco*) gap **2** (*grieta*) crack

abeto *nm* fir (tree)

abierto, **-a** *adj* **1** open: *Deja la puerta abierta.* Leave the door open. ◇ *~ al público* open to the public ◇ *El caso sigue ~.* The case is still open. **2** (*grifo*) running: *dejar un grifo ~* to leave a tap running **3** (*cremallera*) undone: *Llevas la bragueta abierta.* Your flies are undone. **4** (*persona*) sociable LOC *Ver* BOCA, TELEVISIÓN; *Ver tb* ABRIR

abismo *nm* **1** (*Geog*) abyss **2** (*diferencia*) gulf: *el ~ entre ricos y pobres* the gulf between rich and poor

ablandar(se) *vt, vp* to soften: *El calor ha ablandado la mantequilla.* The heat has softened the butter.

ablusado, **-a** *adj* loose-fitting

abobado, **-a** *adj* (*distraído*): *Está como ~.* He's in a world of his own.

abofetear *vt* to slap

abogacía *nf* legal profession: *ejercer/practicar la ~* to practise law

abogado, **-a** *nm-nf* lawyer

> **Lawyer** es un término general que comprende los distintos tipos de abogado tanto en Gran Bretaña como en Estados Unidos.
>
> En Gran Bretaña se distingue entre **barrister**, que puede actuar en todos los tribunales, y **solicitor** que puede intervenir únicamente en tribunales inferiores y normalmente se encarga de preparar los documentos legales y de asesorar a los clientes.
>
> En Estados Unidos se emplea la palabra **attorney** para referirse a los diferentes tipos de abogado: **criminal attorney**, **tax attorney**, etc.

LOC **abogado defensor** defence counsel ◆ **abogado del diablo** devil's advocate

abolición *nf* abolition

abolir *vt* to abolish

abolladura *nf* dent: *Mi coche tiene bastantes ~s.* There are quite a few dents in my car.

abollar *vt* to dent: *Me has abollado el coche.* You've dented my car.

abonar *vt* (*tierra*) to fertilize

▶ **abonar(se)** *vt, vp* **abonar(se) a 1** (*publicación, servicio*) to take out a subscription to *sth* **2** (*espectáculo*) to buy a season ticket for *sth*

abono *nm* **1** (*fertilizante*) fertilizer **2** (*pago*) payment: *mediante el ~ de una cantidad* on payment of a certain amount **3** (*espectáculo, transporte*) season ticket: *sacar/comprar un ~* to buy a season ticket

abordaje *nm* (*barco*) boarding

abordar *vt* **1** (*barco*) to board **2** (*asunto, problema*) to approach

aborigen *nmf* native

aborrecer *vt* (*detestar*) to detest *sth/sb/doing sth*

abortar *vi* **1** (*espontáneamente*) to have a miscarriage **2** (*voluntariamente*) to have an abortion

▶ *vt, vi* (*Informát*) to abort

aborto *nm* **1** (*espontáneo*) miscarriage: *sufrir un ~* to have a miscarriage **2** (*provocado*) abortion

abotonar *vt* to button *sth* (up): *Le abotoné la camisa.* I buttoned up his shirt.

abovedado, **-a** *adj* vaulted

abrasador, **-ora** *adj* burning

abrasar *vt* to burn

▶ *vi* **1** to be boiling hot: *Ten cuidado con la sopa que abrasa.* Be careful, the soup is boiling hot. **2** (*sol*) to beat down

▶ **abrasarse** *vp* (*al sol*) to get sunburnt: *Ponte una camiseta, te vas a ~.* Put on a T-shirt or you'll get sunburnt.

abrasivo, **-a** *adj, nm* abrasive

abrazar *vt* to hug, to embrace (*más formal*): *Abrazó a sus hijos.* She hugged her children. ◇*Abrázame.* Give me a hug.

abrazo *nm* hug, embrace (*más formal*) LOC **un abrazo/un fuerte abrazo** love/lots of love: *Dales un ~ a tus padres.* Give my love to your parents. ◇ *Os mando un fuerte ~.* Lots of love.

abrebotellas *nm* bottle-opener

abrecartas *nm* paper knife [*pl* paper knives]

abrelatas *nm* tin-opener, can-opener (*USA*)

abreviación *nf* shortening

abreviar *vt* (*palabra*) to abbreviate

▶ *vi* (*ahorrar tiempo*) to save time LOC **¡abrevia!** hurry up!

abreviatura *nf* abbreviation (*of/for sth*)

abridor *nm* opener

abrigado, -a *adj* **1** (*lugar*) sheltered **2** (*persona*): *bien ~* warmly dressed ◇ *Vas demasiado ~.* You're wearing too many clothes. *Ver tb* ABRIGAR

abrigar *vt* **1** (*prenda*) to keep *sb* warm: *Esa bufanda te abrigará.* This scarf will keep you warm. **2** (*arropar*) to wrap *sb* up, to bundle *sb* up (*USA*): *Abriga bien a la niña.* Wrap the baby up warmly.
▶ *vi* to be warm: *Esta chaqueta abriga mucho.* This jacket is very warm.
▶ **abrigarse** *vp* to wrap up, to bundle up (*USA*): *Abrígate, hace mucho frío.* Wrap up warm, it's very cold outside.

abrigo *nm* coat: *Ponte el ~.* Put your coat on. LOC **al abrigo de** sheltered from *sth*: *al ~ de la lluvia* sheltered from the rain ◆ **de abrigo** warm: *ropa de ~* warm clothes

abril *nm* April (*abrev* Apr.) ➲ *Ver ejemplos en* ENERO

abrir *vt* **1** to open: *No abras la ventana.* Don't open the window. ◇ *~ fuego* to open fire **2** (*grifo, gas*) to turn *sth* on **3** (*túnel*) to bore **4** (*agujero, camino*) to make
▶ *vi* (*abrir la puerta*) to open up: *¡Abre!* Open up!
▶ **abrirse** *vp* **1** to open: *De repente se abrió la puerta.* Suddenly the door opened. **2** (*tierra*) to crack **3** (*marcharse*) to be off: *¿Nos abrimos?* Let's go. LOC **abrirse camino en la vida** to get on in life ◆ **abrirse la cabeza** to split your head open ◆ **abrir (un) expediente** to take proceedings (*against sb*) ◆ **en un abrir y cerrar de ojos** in a flash ◆ **no abrir el pico/la boca** not to say a word: *No abrió la boca en toda la tarde.* He didn't say a word all afternoon. *Ver tb* PASO

abrochar(se) *vt, vp* **1** to do *sth* up: *Abróchate el abrigo.* Do your coat up. **2** (*broche, cinturón*) to fasten

abrumador, -ora *adj* overwhelming: *una responsabilidad ~a* an overwhelming responsibility

abrupto, -a *adj* (*terreno*) rugged

absentismo *nm* absenteeism LOC **absentismo escolar** truancy

absolución *nf* **1** (*Jur*) acquittal **2** (*Relig*) absolution

absolutamente *adv* **1** absolutely **2** [*con palabras negativas*]: *~ nada* nothing at all ◇ *No se deja influir ~ por nadie.* He won't be influenced by anyone.

absoluto, -a *adj* absolute: *conseguir la mayoría absoluta* to obtain an absolute majority LOC **en absoluto** (not) at all: *—¿Te importa? —En ~.* 'Do you mind?' 'Not at all.' ◇ *No ha cambiado en ~.* He hasn't changed at all.

A

absolver *vt* **1** (*Jur*) to acquit *sb* (*of sth*): *El juez absolvió al acusado.* The defendant was acquitted. **2** (*Relig*) to absolve *sb* (*from/of sth*)

absorbente *adj* **1** (*material*) absorbent **2** (*trabajo, libro*) absorbing

absorber *vt* **1** to absorb: *~ un líquido/olor* to absorb a liquid/smell **2** (*tiempo*) to take *sth* up: *El trabajo absorbe todo mi tiempo.* Work takes up all my time.

abstención *nf* abstention

abstenerse *vp* ~ **(de)** to abstain (from *sth*): *~ de beber/del tabaco* to abstain from drinking/smoking ◇ *El diputado se abstuvo.* The MP abstained.

abstinencia *nf* abstinence LOC *Ver* SÍNDROME

abstracto, -a *adj* abstract

abstraído, -a *adj* (*preocupado*) preoccupied

absurdo, -a *adj* absurd

abuchear *vt* to boo

abuelo, -a *nm-nf* **1** (*masc*) grandfather, grandad (*coloq*) **2** (*fem*) grandmother, granny [*pl* grannies] (*coloq*) **3 abuelos** grandparents: *en casa de mis ~s* at my grandparents'

abuhardillado, -a *adj*: *un piso/dormitorio ~* an attic flat/bedroom

abultar *vi* to take up room: *Esta caja abulta demasiado.* This box takes up far too much room. ◇ *¿Abulta mucho?* Does it take up much room?

aburrido, -a *adj* **1** (*que aburre*) boring: *un discurso ~* a boring speech ◇ *No seas tan ~.* Don't be so boring. **2** (*que siente aburrimiento*) bored: *Estoy ~.* I'm bored ➲ *Ver nota en* BORING
▶ *nm-nf* bore: *Eres un ~.* You're a bore. *Ver tb* ABURRIR

aburrimiento *nm* boredom: *Como de puro ~.* I eat from sheer boredom. LOC **¡qué aburrimiento de...!** what a boring...: *¡Qué ~ de película!* What a boring film! *Ver tb* MORIR(SE)

aburrir *vt* **1** to bore: *Espero no estar aburriéndote.* I hope I'm not boring you. ◇ *Me aburre este programa.* This programme is boring. **2** (*hartar*): *Me aburrís con vuestras quejas.* I'm sick of your moaning.
▶ **aburrirse** *vp* to get bored (*with sb/sth/of doing sth*) LOC **aburrirse como una ostra** to be bored stiff

abusar *vi* ~ **(de) 1** to abuse *sb/sth*: *No abuses de su confianza.* Don't abuse his trust. ◇ *Declaró que abusaron de ella.* She claims to have been abused. **2** (*aprovecharse de*) to take advantage

A

(of *sb/sth*) LOC **abusar del alcohol, tabaco, etc.** to drink, smoke, etc. too much

abuso *nm* abuse: *sufrir ~s* to suffer abuse LOC **abuso del alcohol, tabaco, etc.** excessive drinking, smoking, etc. ◆ **abuso de menores/sexual** child/sexual abuse [*incontable*] ◆ **ser un abuso**: *¡Es un ~!* That's outrageous!

acá *adv*: *Ven ~.* Come here. ◇ *Ponlo más (para) ~.* Bring it nearer. LOC **de acá para allá**: *Llevo todo el día de ~ para allá.* I've been running around all day. ◇ *He andado de ~ para allá buscándote.* I've been looking for you everywhere.

acabado, -a *adj*: *una palabra acabada en "d"* a word ending in 'd' ◇ *~ en punta* coming to a point *Ver tb* ACABAR

acabar *vt* to finish: *Aún no he acabado el artículo.* I haven't finished the article yet.
▶ *vi* **1 ~ (en)** to end (in *sth*): *La función acaba a las tres.* The show ends at three. ◇ *¿En qué acaba, en "d" o en "z"?* What does it end in, 'd' or 'z'? **2 ~ de hacer algo** (*terminar de*) to finish doing sth: *Tengo que ~ de lavar el coche.* I must finish washing the car. **3 ~ de hacer algo** (*hace poco*) to have just done sth: *Acabo de verle.* I've just seen him. **4 ~ (en/por)** (*con el tiempo*) to end up: *Ese vaso acabará por romperse.* That glass will end up broken. ◇ *~ en la ruina/arruinado* to end up ruined ◇ *Acabé cediendo.* I ended up giving in. **5 ~ con algn** to be the death of sb: *Vas a ~ conmigo.* You'll be the death of me. **6 ~ con algo** to put an end to sth: *~ con la injusticia* to put an end to injustice
▶ **acabarse** *vp* to run out (of *sth*): *Se nos ha acabado el café.* We've run out of coffee. LOC **acabar mal**: *Esto tiene que ~ mal.* No good can come of this. ◇ *Ese chico acabará mal.* That boy will come to no good. ◆ **¡se acabó!** that's it!

acabose *nm* LOC **ser el acabose** to be the limit

academia *nf* **1** (*escuela*) school: *~ de idiomas* language school **2** (*militar, sociedad*) academy [*pl* academies]: *la Real Academia* the Spanish Academy

académico, -a *adj* academic: *curso/expediente ~* academic year/record

acampada *nf* LOC **ir de acampada** to go camping

acampanado, -a *adj* flared

acampar *vi* to camp

acantilado *nm* cliff

acariciar *vt* **1** (*persona*) to caress **2** (*animal*) to stroke, to pet (*USA*)

acaso *adv* **1** (*quizás*) perhaps **2** [*en preguntas*]: *¿Acaso dije yo eso?* Did I say that? LOC **por si acaso** (just) in case

acatar *vt* (*leyes, órdenes*) to obey

acatarrarse *vp* to catch a cold

acceder *vi* **1 ~ (a)** (*estar de acuerdo*) to agree (to *sth/to do sth*) **2 ~ (a)** (*institución*) to be admitted (to *sth*): *Las mujeres podrán ~ al ejército.* Women will be admitted to the army. **3 ~ a** (*Informát*) to access *sth*: *~ a un programa* to access a program

accesible *adj* accessible (*to sb*)

acceso *nm* **1** access: *tener ~ a Internet* to have Internet access ◇ *~ a la cámara blindada* access to the strongroom ◇ *la puerta de ~ a la cocina* the door into the kitchen **2** (*ingreso, vía de entrada*) entrance: *~ a la universidad* university entrance ◇ *Hay cuatro ~s al palacio.* There are four entrances to the palace. **3 ~ de** (*ataque*) fit: *Le dan ~s de tos.* He has coughing fits.

accesorio *nm* accessory [*pl* accessories]

accidentado, -a *adj* **1** (*terreno*) rugged **2** (*difícil*) difficult: *un viaje ~* a difficult journey
▶ *nm-nf* casualty [*pl* casualties]

accidental *adj* accidental: *muerte ~* accidental death

accidente *nm* **1** accident: *~ de tráfico* road accident ◇ *sufrir un ~* to have an accident **2** (*Geog*) (geographical) feature LOC **accidente aéreo/de coche** plane/car crash

acción *nf* **1** action: *entrar en ~* to go into action ◇ *~ criminal/legal* criminal/legal action **2** (*obra*) deed (*formal*): *una buena/mala ~* a good/bad deed **3** (*Fin*) share

accionar *vt* to work

accionista *nmf* shareholder

acebo *nm* **1** (*hoja*) holly **2** (*árbol*) holly bush

acechar *vt, vi* to lie in wait (for *sb/sth*): *El enemigo acechaba en la oscuridad.* The enemy lay in wait in the darkness.

acecho *nm* LOC **estar al acecho** to lie in wait (*for sb/sth*)

aceite *nm* oil: *~ de girasol/oliva* sunflower/olive oil LOC *Ver* BALSA, UNTAR

aceituna *nf* olive: *~s rellenas/sin hueso* stuffed/pitted olives

aceleración *nf* acceleration

acelerador *nm* accelerator, gas pedal (*USA*)

acelerar *vt, vi* to accelerate: *Acelera, que se cala.* Accelerate or you'll stall. LOC **acelerar el paso** to walk faster

acelerón *nm* LOC **dar un acelerón** (*en un vehículo*) to put your foot down

acelga *nf* (Swiss) chard [*incontable*]: *~s con besamel* chard in white sauce

acento *nm* accent: *con ~ en la última sílaba* with an accent on the last syllable ◇ *hablar con ~ extranjero* to speak with a foreign accent LOC **pegársele a algn un acento** to pick up an accent

acentuar *vt* **1** (*poner tilde*) to put an accent on *sth*: *Acentúa las siguientes palabras.* Put the accents on the following words. **2** (*resaltar, agravar*) to accentuate

▶ **acentuarse** *vp* (*llevar tilde*) to have an accent: *Se acentúa en la segunda sílaba.* It's got an accent on the second syllable.

acepción *nf* meaning

aceptable *adj* acceptable (*to sb*)

aceptar *vt* **1** (*admitir*) to accept: *Por favor acepta este pequeño regalo.* Please accept this small gift. **2** (*acceder a*) to agree *to do sth*: *Aceptó marcharse.* He agreed to leave.

acera *nf* pavement, sidewalk (*USA*)

acerca *adv* LOC **acerca de** about

acercar *vt* **1** (*aproximar*) to bring *sth* closer (*to sb/sth*): *Acercó la boca al micrófono.* He moved closer to the microphone. **2** (*dar*) to pass: *Acércame ese cuchillo.* Can you pass me the knife, please. **3** (*en vehículo*) to give *sb* a lift: *Me acercaron a casa/a la estación.* They gave me a lift home/to the station.

▶ **acercarse** *vp* **acercarse (a)** to get closer (to *sb/sth*), to approach (*sb/sth*) (*más formal*): *Se acerca mi cumpleaños.* My birthday is getting closer. ◇ *Acércate a mí.* Come closer to me.

acero *nm* steel: ~ *inoxidable* stainless steel

acertado, -a *adj* **1** (*correcto*) right: *la respuesta acertada* the right answer **2** (*inteligente*) clever: *una idea acertada* a clever idea *Ver tb* ACERTAR

acertante *nmf* winner

acertar *vt* to guess: ~ *la respuesta* to guess the right answer

▶ *vi* **1** ~ **(en/con)** (*al elegir*) to get *sth* right **2** (*al obrar*) to be right *to do sth*: *Hemos acertado al negarnos.* We were right to refuse. **3** ~ **(a/en)** (*al disparar*) to hit *sth*: ~ *en el blanco* to hit the target

acertijo *nm* riddle

achaque *nm* ailment: *los ~s de la edad* old people's ailments

achatar *vt* to flatten

▶ **achatarse** *vp* to get flattened

achicar *vt* **1** (*empequeñecer*) to make *sth* smaller **2** (*agua*) to bail *sth* out

achicharrar *vt* **1** (*quemar*) to burn **2** (*calor*) to scorch

▶ **achicharrarse** *vp* **1** (*quemarse*) to get burnt **2** (*pasar calor*) to roast: *Busquemos una sombra, que me estoy achicharrando.* Let's look for some shade — I'm roasting.

¡achís! *interj* atishoo

La persona que estornuda suele disculparse con **excuse me!** La gente a su alrededor puede decir **bless you!**, aunque muchas veces no dice nada.

achuchar *vt* **1** (*abrazar*) to hug **2** (*estrujar*) to crush

achuchón *nm* **1** (*enfermedad*) turn: *Le ha dado otro ~.* He's had another turn. **2** (*abrazo*) hug

acidez *nf* acidity LOC **acidez de estómago** heartburn

ácido, -a *adj* (*sabor*) sharp

▶ *nm* acid LOC *Ver* LLUVIA

acierto *nm* **1** (*respuesta correcta*) correct answer **2** (*buena idea*) good idea: *Ha sido un ~ venir.* It was a good idea to come.

aclamar *vt* to acclaim

aclarar *vt* **1** (*explicar*) to clarify: *¿Puedes ~ este punto?* Can you clarify this point? **2** (*enjuagar*) to rinse **3** (*color*) to lighten

▶ *vi, v imp* (*cielo*) to clear up

▶ **aclararse** *vp* (*entender*) to understand: *A ver si me aclaro.* Let's see if I can understand this. LOC **¡a ver si te aclaras!** make up your mind!

acné *nm* acne

acobardar *vt* to intimidate

▶ **acobardarse** *vp* **acobardarse (ante/por)** to feel intimidated (by *sb/sth*)

acogedor, -ora *adj* (*lugar*) cosy

acoger *vt* **1** (*invitado, idea, noticia*) to welcome: *Me acogió con una sonrisa.* He welcomed me with a smile. ◇ *Acogió la propuesta con entusiasmo.* He welcomed the proposal. **2** (*refugiado, huérfano*) to take *sb* in

acomodado, -a *adj* (*con dinero*) well off ➲ *Ver nota en* WELL BEHAVED; *Ver tb* ACOMODARSE

acomodador, -ora *nm-nf* **1** (*masc*) usher **2** (*fem*) usherette

acomodarse *vp* **1** (*instalarse*) to settle down: *Se acomodó en el sofá.* He settled down on the sofa. **2** ~ **a** (*adaptarse*) to adjust to *sth*

acompañar *vt* **1** to go with *sb/sth*, to accompany (*más formal*): *el CD que acompaña el libro* the CD which accompanies the book ◇ *Voy de paseo. ¿Me acompañas?* I'm going for a walk. Are you coming (with me)? **2** (*Mús*) to accompany *sb* (*on sth*): *Su hermana lo acompañaba al piano.* His sister accompanied him on the piano. LOC **le acompaño en el sentimiento** please accept my condolences

acomplejarse *vp* to get a complex

acondicionado, -a *adj* LOC *Ver* AIRE

acondicionador *nm* (*de pelo*) conditioner

aconsejable *adj* advisable

aconsejar *vt* to advise *sb to do sth*: *Te aconsejo que aceptes ese trabajo.* I advise you to accept the job. ◇ *—¿Lo compro? —No te lo aconsejo.* 'Shall I buy it?' 'I wouldn't advise you to.' ◇ *Te* *aconsejo el más caro.* I advise you to get the more expensive one.

acontecimiento *nm* event: *Fue todo un ~.* It was quite an event. LOC *Ver* ADELANTAR

acoplarse *vp* ~ **(a)** to fit in (with *sb/sth*): *Trataremos de acoplarnos a vuestro horario.* We'll try to fit in with your timetable.

acordar *vt* to agree *to do sth*: *Acordamos volver al trabajo.* We agreed to return to work.
▶ **acordarse** *vp* **1 acordarse (de algo/de hacer algo)** to remember (sth/to do sth): *No me acuerdo de su nombre.* I can't remember his name. ◇ *Acuérdate de echar la carta.* Remember to post the letter. **2 acordarse de haber hecho algo** to remember doing sth: *Me acuerdo de haberlo visto.* I remember seeing it. ➲ *Ver nota en* REMEMBER LOC **¡te acordarás!** (*amenaza*) you'll regret it!

acorde *nm* (*Mús*) chord

acordeón *nm* accordion

acordonar *vt* (*lugar*) to cordon *sth* off

acorralar *vt* (*persona*) to corner

acortar *vt* to shorten
▶ **acortarse** *vp* to get shorter

acoso *nm* LOC **acoso escolar** bullying ◆ **acoso laboral** harassment in the workplace ◆ **acoso sexual** sexual harassment

acostado, -a *adj* LOC **estar acostado 1** (*tumbado*) to be lying down **2** (*en la cama*) to be in bed *Ver tb* ACOSTAR

acostar *vt* to put *sb* to bed: *Tuvimos que ~le.* We had to put him to bed.
▶ **acostarse** *vp* **1** (*ir a la cama*) to go to bed: *Deberías ~te temprano hoy.* You should go to bed early today. ◇ *Es hora de ~se.* It's time for bed. **2** (*tumbarse*) to lie down ➲ *Ver nota en* LIE[1] LOC **acostarse con algn** to sleep with sb

acostumbrado, -a *adj* LOC **estar acostumbrado a** to be used to *sb/sth/doing sth*: *Está ~ a levantarse pronto.* He's used to getting up early. *Ver tb* ACOSTUMBRARSE

acostumbrarse *vp* ~ **(a)** to get used to *sb/sth/doing sth*: *Al final me acostumbré.* I got used to it in the end. ◇ *Tendrás que acostumbrarte a madrugar.* You'll have to get used to getting up early.

acreedor, -ora *nm-nf* creditor LOC **hacerse acreedor de** to prove yourself worthy of *sth*

acribillar *vt* **1** to riddle: *~ a algn a balazos* to riddle sb with bullets **2** (*mosquitos*) to bite *sb* to death

acrobacia *nf* acrobatics [*pl*]: *realizar ~s* to perform acrobatics

acróbata *nmf* acrobat

acrobático, -a *adj* LOC *Ver* PARACAIDISMO

acta *nf* **1** (*reunión*) minutes [*pl*]: *constar en ~* to appear in the minutes **2** (*exámenes*) list of examination results

actitud *nf* attitude (*to/towards sb/sth*)

activar *vt* **1** (*poner en marcha*) to activate: *~ un mecanismo* to activate a mechanism **2** (*acelerar*) to accelerate

actividad *nf* activity [*pl* activities]

activo, -a *adj* active

acto *nm* **1** (*acción, Teat*) act: *un ~ violento* an act of violence ◇ *una obra en cuatro ~s* a four-act play **2** (*ceremonia*) ceremony [*pl* ceremonies]: *el ~ de clausura* the closing ceremony LOC **acto seguido** immediately afterwards ◆ **en el acto** straightaway: *Me levanté en el ~.* I stood up straightaway.

actor *nm* actor LOC *Ver* PRINCIPAL

actriz *nf* actress, actor ➲ *Ver nota en* ACTRESS LOC *Ver* PRINCIPAL

actuación *nf* performance

actual *adj* **1** (*de ahora*) current: *el estado ~ de las obras* the current state of the building work **2** (*moderno*) present-day: *La ciencia ~ se enfrenta a problemas éticos.* Present-day science faces ethical problems. ◇ *en el momento ~* at the present moment

> La palabra inglesa **actual** significa *exacto, verdadero*: *What's the actual date of the wedding?* ¿Cuál es la fecha exacta de la boda?

actualidad *nf* present situation: *la ~ de nuestro país* the present situation in our country LOC **de actualidad** topical: *estar de ~* to be topical ◇ *asuntos/temas de ~* topical issues

actualización *nf* update LOC *Ver* CURSO

actualizar *vt* to update

actualmente *adv* (*ahora*) at the moment

> La palabra inglesa **actually** significa *en realidad, de hecho*: *It was actually quite cheap.* En realidad fue bastante barato. ➲ *Ver tb nota en* ACTUALLY

actuar *vi* **1** (*artista*) to perform **2** ~ **de** to act as *sth*: *~ de intermediario* to act as an intermediary

acuarela *nf* watercolour LOC *Ver* PINTAR

acuario *nm* aquarium [*pl* aquariums/aquaria]
▶ *nm, nmf* (*tb* **Acuario**) (*Astrol*) Aquarius: *Mi hermana es ~.* My sister is (an) Aquarius. ◇ *nacido ~* born under Aquarius

acuático, -a *adj* **1** (*Biol*) aquatic **2** (*Dep*) water: *deportes ~s* water sports LOC *Ver* ESQUÍ, MOTO, PARQUE

acudir *vi* **1** (*ir/venir*) to go/come: ~ *en ayuda de algn* to go/come to sb's rescue ◇ *Los recuerdos acudían a mi memoria.* Memories came flooding back. ➲ *Ver nota en* IR **2** ~ **a** (*recurrir*) to turn to *sb*: *No sé a quién* ~. I don't know who to turn to.

acueducto *nm* aqueduct

acuerdo *nm* agreement: *llegar a un* ~ to reach an agreement LOC **¡de acuerdo!** all right, OK (*coloq*) ◆ **estar de acuerdo** to agree (*with sb*) (*about/on sth*): *En eso estoy de* ~ *con él.* I agree with him about that. ◆ **ponerse de acuerdo** to agree (*to do sth*): *Se pusieron de* ~ *para ir juntos.* They agreed to go together.

acumular(se) *vt, vp* to accumulate

acunar *vt* to rock

acupuntura *nf* acupuncture

acurrucarse *vp* to curl up

acusación *nf* accusation: *hacer una* ~ *contra algn* to make an accusation against sb

acusado, -a *nm-nf* accused: *los* ~*s* the accused

acusar *vt* **1** to accuse *sb* (*of sth/doing sth*) **2** (*Jur*) to charge *sb* (*with sth/doing sth*): ~ *a algn de asesinato* to charge sb with murder **3** (*mostrar*) to show signs of *sth*: ~ *el cansancio* to show signs of tiredness

acusica *nmf* (*tb* **acusón, -ona** *nm-nf*) sneak

acústica *nf* acoustics [*pl*]: *La* ~ *de este local no es muy buena.* The acoustics in this hall aren't very good.

adaptar *vt* to adapt: ~ *una novela para el teatro* to adapt a novel for the stage

▶ **adaptarse** *vp* **1** (*aclimatarse*) to adapt (*to sth*): ~*se a los cambios* to adapt to change **2** (*ajustarse*) to fit: *Se adapta perfectamente al cuerpo.* It fits the body perfectly.

adecuado, -a *adj* **1** right: *No es el momento* ~. This isn't the right time. ◇ *No encuentran a la persona adecuada para el puesto.* They can't find the right person for the job. **2** [*con artículo indeterminado*] suitable: *un traje* ~ *para la ocasión* a suitable dress for the occasion

adelantado, -a *adj* **1** (*aventajado, avanzado*) advanced: *Este niño está muy* ~ *para su edad.* This child is very advanced for his age. ◇ *Es una obra muy adelantada para su época.* It's a very advanced work for its time. **2** (*que se ha hecho mucho*): *Llevo la tesis muy adelantada.* I'm getting on very well with my thesis. **3** [*en comparaciones*] ahead: *Vamos muy* ~*s con respecto a los de la otra clase.* We're way ahead of the other class. **4** (*reloj*) fast: *Llevas el reloj cinco minutos* ~. Your watch is five minutes fast. LOC **por adelantado** in advance *Ver tb* ADELANTAR

adelantar *vt* **1** (*vehículo*) to overtake, to pass (*USA*): *El camión me adelantó en la curva.* The lorry overtook me on the bend. **2** (*acontecimiento, fecha*) to bring *sth* forward: *Quieren* ~ *el examen una semana.* They want to bring the exam forward a week. **3** (*reloj*) to put *sth* forward: *No te olvides de* ~ *el reloj una hora.* Don't forget to put your watch forward an hour. **4** (*objeto*) to move *sth* forward: *Adelanté un peón.* I moved a pawn forward. **5** (*conseguir*) to achieve: *¿Qué adelantamos con reñir?* What do we achieve by arguing?

▶ *vi* (*reloj*) to gain

▶ **adelantarse** *vp* **1** (*ir delante, Dep*) to go ahead: *Me adelanté para comprar las entradas.* I went (on) ahead to buy the tickets. ◇ *El Athletic se adelantó (en el marcador) en el minuto 44.* Athletic went ahead in the 44th minute. **2 adelantarse a algn** (*anticiparse*): *Iba a responder yo pero, como siempre, él se me adelantó.* I was about to answer, but, as always, he beat me to it. **3** (*reloj*) to gain: *Este reloj se adelanta.* This clock gains. **4** (*estación, cosecha*) to come early: *Este año se ha adelantado la primavera.* Spring is early this year. LOC **adelantarse a los acontecimientos** to jump the gun

adelante *adv* forward: *un paso* ~ a step forward

▶ **¡adelante!** *interj* **1** (*entre*) come in! **2** (*siga*) carry on! LOC **hacia/para adelante** forwards ◆ **más adelante 1** (*en el espacio*) further on **2** (*en el tiempo*) later *Ver tb* AHORA, HOY, SEGUIR

adelanto *nm* **1** advance: *los* ~*s de la medicina* advances in medicine ◇ *Pedí un* ~. I asked for an advance. **2** (*tiempo*): *En España llevamos una hora de* ~. We're an hour ahead in Spain. ◇ *Llegaron con diez minutos de* ~. They arrived ten minutes early.

adelgazamiento *nm* slimming: *una clínica de* ~ a slimming clinic ◇ *seguir un régimen de* ~ to be on a diet

adelgazar *vi* to lose weight

▶ *vt*: ~ *tres kilos* to lose three kilos

además *adv* **1** (*también*) also: *Se le acusa* ~ *de estafa.* He's also accused of fraud. ➲ *Ver nota en* TAMBIÉN **2** (*lo que es más*) (and) what's more: *Además, no creo que vengan.* What's more, I don't think they'll come. LOC **además de** as well as

adentro *adv* inside: *Está muy* ~. It's right inside. LOC **más adentro** further in ◆ **para mis adentros** to myself, yourself, etc.: *Se reía para sus* ~*s.* He laughed to himself. *Ver tb* MAR, TIERRA

adhesivo, -a *adj* adhesive

▶ *nm* (*pegatina*) sticker LOC *Ver* CINTA

A

A

adicción *nf* addiction (*to sth*): ~ *a las drogas* drug addiction

adictivo, **-a** *adj* addictive

adicto, **-a** *adj* addicted (*to sth*)
▶ *nm-nf* addict

adiestrar *vt* to train *sb/sth* (*as/in sth*)

¡adiós! *interj* **1** (*despedida*) goodbye, bye (*coloq*) **2** (*saludo*) hello LOC **decir adiós con la mano** to wave goodbye (*to sb/sth*)

adivinanza *nf* riddle

adivinar *vt* to guess: *Adivina lo que traigo.* Guess what I've got. LOC *Ver* PENSAMIENTO

adivino, **-a** *nm-nf* fortune-teller

adjetivo *nm* adjective

adjuntar *vt* **1** (*Informát*) to attach: ~ *un archivo* to attach a file **2** (*en una carta*) to enclose: *Les adjunto mi currículo.* Please find enclosed my CV.

administración *nf* administration: *la ~ de la justicia* the administration of justice LOC **administración de lotería** lottery agency [*pl* lottery agencies] *Ver tb* CONSEJO

administrador, **-ora** *nm-nf* administrator

administrar *vt* **1** (*gestionar*) to run, to manage (*más formal*): ~ *un negocio* to run a business **2** (*dar*) to administer *sth* (*to sb*): ~ *justicia/un medicamento* to administer justice/a medicine
▶ **administrarse** *vp* (*dinero*) to manage your money

administrativo, **-a** *adj* administrative
▶ *nm-nf* administrative assistant

admirable *adj* admirable

admiración *nf* (*signo de puntuación*) exclamation mark ➲ *Ver pág 379*

admirador, **-ora** *nm-nf* admirer

admirar *vt* **1** (*apreciar*) to admire: ~ *el paisaje* to admire the scenery **2** (*asombrar*) to amaze: *Me admira tu sabiduría.* Your knowledge amazes me.

admitir *vt* **1** (*culpa, error*) to admit: *Admito que ha sido culpa mía.* I admit (that) it was my fault. **2** (*dejar entrar*) to admit *sb/sth* (*to/into sth*): *Me han admitido en el colegio.* I've been admitted to the school. **3** (*aceptar*) to accept: *No admito excusas.* I won't accept any excuses. LOC **no se admite(n)...**: *No se admiten perros.* No dogs. ◇ *No se admite a menores de 18 años.* No entry to under-18s. ◇ *No se admiten tarjetas de crédito.* We do not accept credit cards.

ADN *nm* DNA

adolescencia *nf* adolescence

adolescente *adj* teenage
▶ *nmf* teenager, adolescent (*más formal*)

adónde *adv* where: *¿Adónde vais?* Where are you going?

adonde *adv* where

adoptar *vt* to adopt

adoptivo, **-a** *adj* **1** adopted: *hijo/país* ~ adopted child/country **2** (*padres*) adoptive

adoquín *nm* paving stone

adorar *vt* to adore

adormecerse *vp* to doze off

adormecido, **-a** *adj* sleepy *Ver tb* ADORMECERSE

adornar *vt* to decorate, to adorn (*más formal*)

adorno *nm* **1** (*decoración*) decoration: *~s de Navidad* Christmas decorations **2** (*objeto*) ornament

adosado *nm* semi-detached house, duplex (*USA*) ➲ *Ver nota en* CASA

adquirir *vt* **1** to acquire: ~ *riqueza/fama* to acquire wealth/fame **2** (*comprar*) to buy LOC *Ver* HÁBITO, IMPORTANCIA

adrede *adv* on purpose

ADSL *nm* (*Informát*) broadband

aduana *nf* (*oficina*) customs [*pl*]: *Pasamos la ~.* We went through customs.

adulterio *nm* adultery

adulto, **-a** *adj*, *nm-nf* adult: *las personas adultas* adults

adverbio *nm* adverb

adversario, **-a** *nm-nf* adversary [*pl* adversaries]

advertencia *nf* **1** (*aviso*) warning: *Es mi última ~.* That's my last warning. **2** (*consejo*) advice [*incontable*]: *Siempre hago caso de las ~s de mi padre.* I always take my father's advice.

advertir *vt* **1** (*avisar*) to warn *sb* (*about/of sth*): *Les advertí del peligro.* I warned them of the danger. **2** (*decir*) to tell: *Ya te lo había advertido.* I told you so! ◇ *Te advierto que a mí me da lo mismo.* I can tell you it really doesn't matter to me.

aéreo, **-a** *adj* **1** air: *tráfico* ~ air traffic **2** (*vista, fotografía*) aerial LOC *Ver* ACCIDENTE, BASE, COMPAÑÍA, CONTROLADOR, FUERZA, LÍNEA, PUENTE, VÍA

aeróbic *nm* aerobics [*incontable*]

aeronave *nf* aircraft [*pl* aircraft] LOC **aeronave espacial** spacecraft [*pl* spacecraft]

aeropuerto *nm* airport: *Vamos a ir a buscarles al ~.* We're going to meet them at the airport.

afectar *vt* to affect: *El golpe le afectó el oído.* The blow affected his hearing. ◇ *Su muerte* *me afectó mucho.* I was deeply affected by his death.

afecto *nm* affection LOC **tener/tomar afecto** to be/become fond *of sb/sth*: *Le tengo mucho ~.* I'm very fond of him.

afeitar(se) *vt, vp* **1** to shave: *~ la cabeza* to shave your head ◇ *¿Te has afeitado hoy?* Have you had a shave today? **2** (*barba, bigote*) to shave *sth* off: *Se afeitó el bigote.* He shaved his moustache off. LOC **cuchilla/hoja de afeitar** razor blade *Ver tb* BROCHA, CREMA, MAQUINILLA

afeminado, -a *adj* effeminate

aferrarse *vp* ~ **(a)** to cling to *sb/sth*: *~ a una idea* to cling to an idea

afición *nf* **1** ~ **(a/por)** interest (in *sth*): *Ahora hay menos ~ por la lectura.* Nowadays there's less interest in reading. **2** (*pasatiempo*) hobby [*pl* hobbies]: *Su ~ es la fotografía.* Her hobby is photography. LOC **por afición** as a hobby

aficionado, -a *adj* **1** (*entusiasta*) keen *on sth*: *Soy muy ~ al ciclismo.* I'm very keen on cycling. **2** (*amateur*) amateur: *una compañía de actores ~s* an amateur theatre company

▶ *nm-nf* **1** (*de deportes, música pop*) fan: *un ~ al fútbol* a football fan **2** (*de cine, música clásica, teatro*) lover: *un ~ a la ópera* an opera lover **3** (*amateur*) amateur: *No tocan mal para ser ~s.* They don't play badly for amateurs. *Ver tb* AFICIONARSE

aficionarse *vp* ~ **a** to become keen on *sth/doing sth*: *Se ha aficionado al ajedrez.* She's become very keen on chess.

afilado, -a *adj* sharp *Ver tb* AFILAR

afilar *vt* to sharpen

afiliarse *vp* ~ **(a)** to join: *Decidí afiliarme al partido.* I decided to join the party.

afinar *vt* (*instrumento musical*) to tune LOC **afinar la puntería** to take better aim

afirmar *vt* to state, to say (*más coloq*): *Afirmó sentirse preocupado.* He said that he was worried. LOC **afirmar con la cabeza** to nod (your head)

afirmativo, -a *adj* affirmative

aflojar *vt* to loosen: *Le aflojé la corbata.* I loosened his tie.

▶ **aflojarse** *vp* **1** to loosen: *Me aflojé el cinturón.* I loosened my belt. **2** (*tornillo, nudo*) to come loose: *Se ha aflojado el nudo.* The knot has come loose.

afluente *nm* tributary [*pl* tributaries]

afónico, -a *adj* LOC **estar afónico** to have lost your voice ◆ **quedarse afónico** to lose your voice

afortunadamente *adv* luckily, fortunately (*más formal*)

afortunado, -a *adj* lucky, fortunate (*más formal*)

África *nf* Africa

africano, -a *adj, nm-nf* African

afrontar *vt* to face up to *sth*: *~ la realidad* to face up to reality

afuera *adv* outside: *Vámonos ~.* Let's go outside.

▶ *nf* **afueras** outskirts: *Viven en las ~s de Roma.* They live on the outskirts of Rome.

agachar *vt* to lower: *~ la cabeza* to lower your head

▶ **agacharse** *vp* to bend down LOC **¡agáchate!/¡agachaos!** duck!

agarrado, -a *adj* (*tacaño*) mean, cheap (*USA*) LOC *Ver* BAILAR; *Ver tb* AGARRAR

agarrar *vt* **1** (*asir*) to grab: *Me agarró del brazo.* He grabbed me by the arm. **2** (*sujetar*) to hold: *Agarra esto para que no se caiga.* Hold this and don't let it fall. **3** (*pillar*) to catch: *~ una pulmonía* to catch pneumonia ◇ *Si lo agarro lo mato.* If I catch him, I'll kill him.

▶ **agarrarse** *vp* **1** to hold on: *¡Agárrate bien!* Hold on tight! **2** **agarrarse a** to hold onto *sth/sb*: *¡Agárrate bien a la cuerda!* Hold onto the rope! LOC **agarrarse (como) a un clavo ardiendo** to desperately cling to *sb/sth*: *Se agarra a su familia como a un clavo ardiendo.* She desperately clings on to her family. ◇ *Está tan desesperado que se agarraría a un clavo ardiendo.* He's so desperate he'd do anything. *Ver tb* CABREO, CASTAÑA, TORO

agazaparse *vp* to crouch (down)

agencia *nf* **1** agency [*pl* agencies] **2** (*sucursal*) branch LOC **agencia de viajes** travel agent's ◆ **agencia inmobiliaria** estate agent's ➲ *Ver nota en* CARNICERÍA

agenda *nf* (*libreta*) diary [*pl* diaries], datebook (*USA*) ❶ La palabra inglesa **agenda** significa *orden del día*. LOC **agenda (de teléfonos/direcciones)** address book ◆ **agenda electrónica** personal organizer

agente *nmf* **1** (*representante, espía*) agent: *~ secreto* secret agent **2** (*policía*) police officer ➲ *Ver nota en* POLICÍA LOC **agente inmobiliario** estate agent, Realtor® (*USA*)

ágil *adj* (*persona*) agile

agilidad *nf* agility

agitado, -a *adj* **1** (*vida, día*) hectic **2** (*mar*) rough *Ver tb* AGITAR

agitar *vt* **1** (*botella*) to shake: *Agítese antes de usar.* Shake (well) before using. **2** (*pañuelo, brazos*) to wave **3** (*alas*) to flap

agnóstico, -a *adj, nm-nf* agnostic

A

agobiante *adj* **1** (*ambiente*) oppressive: *Hace un calor ~.* It's oppressively hot. **2** (*lleno de gente*) congested: *El metro en hora punta es muy ~.* The underground is very congested during rush hour. **3** (*persona*) annoying

agobiar *vt* **1** (*exigencias, problemas*) to overwhelm **2** (*meter prisa*) to rush: *No me agobies.* Don't rush me.
▶ **agobiarse** *vp* to get worked up (*about sth*)

agobio *nm* **1** (*calor*): *¡Qué ~! Abre un poco la ventana.* It's stifling in here! Open the window a bit. **2** (*preocupación*) worry [*pl* worries]: *Para entonces estaré con el ~ de los exámenes.* I'll be worrying about the exams by then.

agonía *nf* agony [*pl* agonies]
▶ *nmf* **agonías** misery [*pl* miseries]: *Eres una verdadera ~s.* You're a real misery.

agonizar *vi* to be dying

agosto *nm* August (*abrev* Aug.) ➲ *Ver ejemplos en* ENERO LOC **hacer el/su agosto** to make a fortune

agotado, -a *adj* **1** (*cansado*) worn out, exhausted (*más formal*) **2** (*existencias*) sold out **3** (*libros*) out of print *Ver tb* AGOTAR

agotador, -ora *adj* exhausting

agotar *vt* **1** (*cansar*) to wear *sb* out, to exhaust (*más formal*): *Los niños me agotan.* The children wear me out. **2** (*existencias, reservas*) to use *sth* up: *Hemos agotado las existencias.* We've used up all our supplies. **3** (*tema*) to exhaust: *~ un tema* to exhaust a subject
▶ **agotarse** *vp* **1** (*gastarse*) to run out: *Se me está agotando la paciencia.* My patience is running out. **2** (*libro, entradas*) to sell out **3** (*cansarse*) to wear yourself out

agraciado, -a *adj* **1** (*físico*) attractive **2** (*número*) winning

agradable *adj* pleasant LOC **agradable a la vista/al oído** pleasing to the eye/ear

agradar *vi* to like *sb/sth/doing sth*: *No me agrada discutir.* I don't like arguing. LOC **intentar/querer agradar** to try to please *sb*: *Intenta ~ a todo el mundo.* He tries to please everyone.

agradecer *vt* **1** (*dar las gracias*) to thank *sb* (*for sth/doing sth*): *Agradezco mucho que hayáis venido.* Thank you very much for coming. **2** (*quedar agradecido*) to be grateful to *sb* (for *sth/doing sth*): *Te lo agradezco mucho.* I'm very grateful to you.

agradecido, -a *adj* grateful: *Le quedo muy ~.* I am very grateful to you. *Ver tb* AGRADECER

agradecimiento *nm* gratitude: *Deberías mostrar tu ~.* You should show your gratitude. ◇ *unas palabras de ~* a few words of thanks

agrandar *vt* to enlarge

agrario, -a *adj* **1** (*sector, productos*) agricultural: *subvenciones agrarias* agricultural subsidies **2** (*ley, reforma*) agrarian

agravar *vt* to make *sth* worse
▶ **agravarse** *vp* to get worse

agredir *vt* to attack

agregar *vt* to add *sth* (*to sth*)

agresión *nf* **1** aggression: *un pacto de no ~* a non-aggression pact **2** (*ataque*) assault (*on sb/sth*)

agresivo, -a *adj* aggressive

agresor, -ora *nm-nf* attacker

agrícola *adj* agricultural LOC *Ver* EXPLOTACIÓN, FAENA, LABOR, PRODUCTO

agricultor, -ora *nm-nf* farmer

agricultura *nf* agriculture, farming (*más coloq*): *~ ecológica/biológica* organic farming

agridulce *adj* sweet and sour

agrietar(se) *vt, vp* **1** to crack **2** (*piel*) to chap

agrio, -a *adj* (*leche, vino, carácter*) sour

agrónomo, -a *adj* agricultural LOC *Ver* INGENIERO, PERITO

agrupar *vt* to put *sb/sth* in a group
▶ **agruparse** *vp* to get into groups: *~se de tres en tres* to get into groups of three

agua *nf* water LOC **agua corriente** running water ◆ **agua del grifo** tap water ◆ **agua dulce/salada** fresh/salt water: *peces de ~ salada* saltwater fish ◆ **agua mineral con/sin gas** sparkling/still mineral water ◆ **agua oxigenada** hydrogen peroxide ◆ **aguas subterráneas** groundwater [*incontable*] *Ver tb* AHOGAR, BAILAR, BOLSA, CLARO, CUELLO, GOTA, HUEVO, MOLINO, MOTO, TROMBA

aguacate *nm* avocado [*pl* avocados]

aguacero *nm* (heavy) shower

aguafiestas *nmf* spoilsport

aguanieve *nf* sleet

aguantar *vt* **1** to put up with *sb/sth*: *Tendrás que ~ el dolor.* You'll have to put up with the pain.

> Cuando la frase es negativa se utiliza **to stand**: *No aguanto este calor.* I can't stand this heat. ◇ *No les aguanto.* I can't stand them. ◇ *¡No hay quien te aguante!* You're unbearable!

2 (*peso*) to take: *El puente no aguantó el peso del camión.* The bridge couldn't take the weight of the lorry.
▶ *vi* **1** (*durar*) to last: *La alfombra aguantará otro año.* The carpet will last another year. **2** (*esperar*) to hold on: *Aguanta, que ya casi hemos llegado.* Hold on, we're nearly there.

3 (*resistir*) to hold: *Esta estantería no aguantará.* This shelf won't hold.

▶ **aguantarse** *vp* to put up with it: *Si no te gusta, te aguantas.* If you don't like it, you'll just have to put up with it! ◇ *Yo también tengo hambre, pero me aguanto.* I'm hungry as well, but I put up with it. LOC **aguantar la respiración** to hold your breath

aguante *nm* **1** (*físico*) stamina: *Tienen muy poco ~.* They have very little stamina. **2** (*paciencia*) patience: *¡Tienes un ~!* You're so patient!

aguardiente *nm* eau de vie

aguarrás *nm* white spirit

agudo, -a *adj* **1** (*dolor, sentidos, inteligencia*) sharp: *un dolor ~* a sharp pain **2** (*enfermedad, ángulo*) acute: *apendicitis aguda* acute appendicitis **3** (*sonido, voz*) high-pitched **4** (*gracioso*) witty: *un comentario ~* a witty remark **5** (*palabra*): *Es una palabra aguda.* The accent is on the final syllable.

▶ *nm* **agudos** (*Mús*) treble [*incontable*]: *No se oyen bien los ~s.* You can't hear the treble very well.

aguijón *nm* (*de insecto*) sting: *clavar el ~* to sting

águila *nf* eagle

aguinaldo *nm* **1** (*dinero*) Christmas box **2** (*cesta*) Christmas hamper

aguja *nf* **1** (*costura, medicina*) needle: *enhebrar una ~* to thread a needle ◇ *~ hipodérmica* hypodermic needle **2** (*de reloj*) hand LOC *Ver* BUSCAR

agujero *nm* hole: *hacer un ~* to make a hole LOC **agujero negro** black hole

agujetas *nf* LOC **tener agujetas** to be stiff: *Tengo ~ en las piernas.* My legs are stiff.

ahí *adv* there: *Ahí van.* There they go. ◇ *Ahí lo tienes.* There it is. ◇ *¡Ponte ~!* Stand over there! LOC **ahí abajo/arriba** down/up there: *¿Están mis libros ~ abajo?* Are my books down there? ◆ **ahí dentro/fuera** in/out there: *Ahí fuera hace un frío que pela.* It's freezing cold out there. ◆ **¡ahí va!** (*cógelo*) catch! ◆ **por ahí 1** (*lugar determinado*) over there **2** (*lugar no determinado*): *He estado por ~.* I've been out. ◇ *ir por ~ a dar una vuelta* to go out for a walk *Ver tb* MISMO

ahijado, -a *nm-nf* **1** (*masc*) godson **2** (*fem*) goddaughter **3 ahijados** godchildren

ahogar *vt* **1** (*asfixiar*) to suffocate: *El humo me ahogaba.* The smoke was suffocating me. **2** (*en agua*) to drown

▶ **ahogarse** *vp* **1** (*asfixiarse*) to suffocate: *Por poco se ahogan con el humo del incendio.* They nearly suffocated in the smoke from the fire. **2** (*en agua*) to drown **3** (*respirar mal*) to be unable to breathe: *Cuando me da el ataque de asma me ahogo.* When I have an asthma attack, I can't breathe. **4** (*al atragantarse*) to choke: *Casi me ahogo con esa espina.* I almost choked on that bone. LOC **ahogarse en un vaso de agua** to get worked up over nothing

ahora *adv* now: *¿Qué voy a hacer ~?* What am I going to do now? ◇ *Ahora voy.* I'm coming. LOC **ahora mismo 1** (*en este momento*) right now: *Ahora mismo no puedo.* I can't do it right now. **2** (*enseguida*) straightaway: *Ahora mismo te lo doy.* I'll give it to you straightaway. ◆ **de ahora en adelante** from now on ◆ **hasta ahora** up until now ◆ **¡hasta ahora!** (*despedida*) see you soon!

ahorcado *nm* (*juego*) hangman: *jugar al ~* to play hangman

ahorcar(se) *vt, vp* to hang (yourself)

> En el sentido de "ahorcar" el verbo **hang** es regular y por lo tanto forma el pasado añadiendo **-ed**.

ahorrador, -ora *adj* thrifty

▶ *nm-nf* saver LOC **ser poco ahorrador** to not be very good at saving

ahorrar *vt, vi* to save: *~ tiempo/dinero* to save time/money

ahorro *nm* saving: *mis ~s de toda la vida* my life savings LOC **cartilla/libreta de ahorro(s)** savings book *Ver tb* CAJA

ahumado, -a *adj* smoked: *salmón ~* smoked salmon *Ver tb* AHUMAR

ahumar *vt* **1** (*alimentos*) to smoke **2** (*habitación*) to fill *sth* with smoke

▶ **ahumarse** *vp* (*llenarse de humo*) to fill with smoke

ahuyentar *vt* to frighten *sb/sth* away

aire *nm* **1** air: *~ puro* fresh air **2** (*viento*) wind: *Hace mucho ~.* It's very windy. LOC **aire acondicionado** air conditioning ◆ **al aire**: *con el pecho al ~* bare-chested ◇ *un vestido con la espalda al ~* a backless dress ◆ **al aire libre** in the open air: *un concierto al ~ libre* an open-air concert ◆ **a mi aire**: *Le gusta estar a su ~.* He likes to do his own thing. ◇ *Prefiero hacerlo a mi ~.* I'd prefer to do it my way. ◆ **darse aires de superioridad** to put on airs ◆ **escopeta/pistola de aire comprimido** air gun ◆ **saltar/volar por los aires** to blow up ◆ **tomar el aire** to get a breath of fresh air *Ver tb* BOMBA, EJÉRCITO

airear *vt* to air

▶ **airearse** *vp* to get some fresh air

aislado, -a *adj* isolated: *casos ~s* isolated cases *Ver tb* AISLAR

aislante *adj* insulating

▶ *nm* insulator LOC *Ver* CINTA

aislar *vt* **1** (*separar*) to isolate *sb/sth* (*from sb/sth*): ~ *a un enfermo* to isolate a patient **2** (*incomunicar*) to cut *sb/sth* off (*from sb/sth*): *Las inundaciones aislaron la aldea.* The village was cut off by the floods. **3** (*con material aislante*) to insulate

ajedrez *nm* **1** (*juego*) chess **2** (*tablero y piezas*) chess set LOC *Ver* TABLERO

ajeno, -a *adj* **1** (*de otro*) someone else's: *en casa ajena* in someone else's house **2** (*de otros*) other people's: *meterse en los problemas ~s* to interfere in other people's lives

ajetreado, -a *adj* **1** (*persona*) busy **2** (*día*) hectic

ajo *nm* garlic LOC *Ver* CABEZA, DIENTE

ajustado, -a *adj* (*ropa*) tight: *un vestido muy ~* a tight-fitting dress *Ver tb* AJUSTAR

ajustar *vt* **1** (*regular*) to adjust: ~ *los frenos* to adjust the brakes **2** (*apretar*) to tighten: ~ *un tornillo* to tighten a screw

▶ *vi* to fit: *La puerta no ajusta.* The door doesn't fit.

▶ **ajustarse** *vp* **ajustarse (a) 1** (*acomodar*) to fit in (with *sth*), to adapt (to *sth*) (*más formal*): *Es lo que mejor se ajusta a nuestras necesidades.* It's what fits in best with our needs. **2** (*ropa, zapato*) to fit: *El zapato se ajusta perfectamente al pie.* The shoe fits the foot perfectly. LOC **ajustarle las cuentas a algn** to settle accounts with sb

al *prep* **+ infinitivo 1** (*después de*) when: *Se echaron a reír al verme.* They burst out laughing when they saw me. **2** (*simultaneidad*) as: *Lo vi al salir.* I saw him as I was leaving. *Ver tb* A

ala *nf* **1** wing: *las ~s de un avión* the wings of a plane ◇ *el ~ conservadora del partido* the conservative wing of the party **2** (*sombrero*) brim: *un sombrero de ~ ancha* a wide-brimmed hat

▶ *nmf* (*Dep*) winger LOC **ala delta 1** (*aparato*) hang-glider **2** (*deporte*) hang-gliding

alabanza *nf* praise [*incontable*]: *Se deshicieron en ~s hacia ti.* They were full of praise for you.

alabar *vt* to praise *sb/sth* (*for sth*): *Le alabaron por su valentía.* They praised him for his courage.

alacrán *nm* scorpion

alambrada *nf* wire fence

alambre *nm* wire

álamo *nm* poplar

ala-pívot *nmf* power forward

alarde *nm* LOC **hacer alarde de** to show off about *sth*

alardear *vi* ~ **(de)** to boast (about/of *sth*)

alargado, -a *adj* long *Ver tb* ALARGAR

alargar *vt* **1** (*extender*) to extend: ~ *una carretera* to extend a road **2** (*prenda*) to lengthen **3** (*duración*) to prolong: ~ *la guerra* to prolong the war **4** (*estirar, brazo, mano*) to stretch *sth* out

▶ **alargarse** *vp* **1** to get longer: *Los días se van alargando.* The days are getting longer. **2** (*prolongarse demasiado*) to drag on: *La reunión se alargó hasta las dos.* The meeting dragged on till two. **3** (*hablando, explicando*) to go on for too long

alarma *nf* alarm: *dar la (voz de) ~* to raise the alarm ◇ *Saltó la ~.* The alarm went off. ◇ *Fue sólo una falsa ~.* It was just a false alarm. ◇ *poner la ~* to set the alarm LOC **alarma antirrobo 1** burglar alarm **2** (*coche*) car alarm ◆ **alarma de incendios** fire alarm

alarmante *adj* alarming

alarmarse *vp* ~ **(por)** to be alarmed (at/by *sth*)

alba *nf* dawn: *al ~* at dawn

albahaca *nf* basil

albañil *nmf* builder, construction worker (*USA*)

albaricoque *nm* apricot

albergar *vt* to house

▶ **albergarse** *vp* to shelter

albergue *nm* **1** (*residencia*) hostel: *un ~ juvenil* a youth hostel **2** (*refugio*) refuge

albóndiga *nf* meatball

albornoz *nm* bathrobe

alborotado, -a *adj* **1** (*excitado*) in a state of excitement: *Los ánimos están ~s.* Feelings are running high. **2** (*con confusión*) in confusion: *La gente corría alborotada.* People were running around in confusion. *Ver tb* ALBOROTAR

alborotar *vt* **1** (*desordenar*) to mess *sth* up: *El viento me alborotó el pelo.* The wind messed up my hair. **2** (*revolucionar*) to stir *sb* up: ~ *al resto de la clase* to stir up the rest of the class

▶ *vi* (*armar jaleo*) to make a racket

▶ **alborotarse** *vp* to get excited (about/at/by *sth*)

alboroto *nm* **1** (*jaleo*) racket: *¿A qué viene tanto ~?* What's all the racket about? **2** (*disturbio*) disturbance: *El ~ hizo que viniera la policía.* The disturbance led the police to intervene.

álbum *nm* album: *un ~ de fotos* a photograph album ◇ *el último ~ de Eminem* Eminem's new album

alcachofa *nf* artichoke

alcalde, -esa *nm-nf* mayor

alcance *nm* **1** reach: *fuera de tu ~* out of your reach **2** (*arma, emisora, telescopio*) range: *misiles de medio ~* medium-range missiles LOC **al alcance de la mano** within reach: *Tenían el premio al ~ de la mano.* The prize was within reach.

alcanfor *nm* LOC *Ver* BOLA

alcantarilla *nf* sewer

alcantarillado *nm* sewage system

alcanzar *vt* **1** (*llegar a*) to reach: ~ *un acuerdo* to reach an agreement **2** (*conseguir*) to achieve: ~ *los objetivos* to achieve your objectives **3** (*pillar*) to catch *sb* up: *No pude ~los.* I couldn't catch them up. ◇ *Ve saliendo, ya te alcanzaré.* You go on — I'll catch you up.
▶ *vi* **1** (*ser suficiente*) to be enough: *La comida no alcanzará para todos.* There won't be enough food for everyone. **2** (*llegar*) to reach: *No alcanzo.* I can't reach.

alcaparra *nf* caper

alcohol *nm* alcohol LOC **sin alcohol** non-alcoholic *Ver tb* CERVEZA

alcoholemia *nf* blood alcohol level LOC **hacer el control/la prueba de alcoholemia** to breathalyse *sb*

alcohólico, -a *adj, nm-nf* alcoholic

alcoholímetro *nm* breathalyser

alcoholismo *nm* alcoholism

aldea *nf* small village LOC **la aldea global** the global village

aldeano, -a *nm-nf* villager

alegar *vt* **1** to claim: *Alegan no tener dinero.* They claim not to have any money. **2** (*razones, motivos*) to cite: *Alegó motivos personales.* He cited personal reasons.

alegrar *vt* **1** (*hacer feliz*) to make *sb* happy: *La carta me alegró mucho.* The letter made me very happy. **2** (*animar*) **(a)** (*persona*) to cheer *sb* up: *Nuestra visita le alegró mucho.* Our visit really cheered him up. **(b)** (*fiesta*) to liven *sth* up: *La orquesta alegró la fiesta.* The band livened up the party. **3** (*casa, lugar*) to brighten *sth* up
▶ **alegrarse** *vp* **1 alegrarse (de/por)** to be pleased (about *sth/to do sth*): *Me alegro de saberlo.* I am pleased to hear it. **2 alegrarse por algn** to be delighted for sb: *Me alegro por vosotros.* I'm delighted for you. **3** (*cara, ojos*) to light up: *Se le alegró la cara.* His face lit up.

alegre *adj* **1** (*feliz*) happy **2** (*de buen humor*) cheerful: *Tiene un carácter ~.* He's a cheerful person. **3** (*música, espectáculo*) lively **4** (*color, habitación*) bright

alegría *nf* joy: *gritar/saltar de ~* to shout/jump for joy LOC **¡qué/vaya alegría!** great! *Ver tb* CABER, GRITAR

alejamiento *nm* LOC *Ver* ORDEN[2]

alejar *vt* **1** (*retirar*) to move *sb/sth* away (*from sb/sth*): *Debes ~lo de la ventana.* You should move it away from the window. **2** (*distanciar*) to distance *sb/sth* (*from sb/sth*): *El desacuerdo nos alejó de mis padres.* The disagreement distanced us from my parents.
▶ **alejarse** *vp* **alejarse (de) 1** (*apartarse*) to move away (from *sb/sth*): *~se de un objetivo* to move away from a goal ◇ *No os alejéis mucho.* Don't go too far away. **2** (*camino*) to leave

alemán, -ana *adj, nm-nf, nm* German: *los alemanes* the Germans ◇ *hablar ~* to speak German LOC *Ver* PASTOR

Alemania *nf* Germany

alergia *nf* allergy [*pl* allergies]: *Tengo ~ al marisco.* I'm allergic to shellfish. LOC **alergia al polen** hay fever

alérgico, -a *adj* allergic

alero *nm* (*tejado*) eaves [*pl*]
▶ *nmf* (*Baloncesto*) forward

alerta *nf* alert: *en estado de ~* on the alert ◇ *Dieron la (voz de) ~.* They sounded the alert.
▶ *adj* alert (*to sth*)

alertar *vt* to alert *sb* (*to sth*): *Nos alertaron del riesgo.* They alerted us to the risk.

aleta *nf* **1** (*pez*) fin **2** (*buceador, foca*) flipper **3** (*vehículo*) wing

alevines *nm* (*Dep*) under 11s

alfabético, -a *adj* alphabetical

alfabeto *nm* alphabet

alfarería *nf* pottery

alféizar *nm* (*ventana*) windowsill

alfil *nm* bishop

alfiler *nm* pin

alfombra *nf* **1** (*grande*) carpet **2** (*más pequeña*) rug

alfombrilla *nf* mat: *~ para ratón* mouse mat

alga *nf* **1** (*de agua dulce*) weed [*incontable*]: *El estanque está lleno de ~s.* The pond is full of weed. **2** (*de agua salada*) seaweed [*incontable*]

álgebra *nf* algebra

algo *pron* something, anything ❶ La diferencia entre **something** y **anything** es la misma que hay entre **some** y **any**. ➲ *Ver tb nota en* SOME
▶ *adv* **1 + adjetivo** rather: *~ tímido* rather shy ➲ *Ver nota en* FAIRLY **2 + verbo** a bit: *Mi hija me ayuda ~.* My daughter helps me a bit. LOC **¿algo más?** (*tienda*) anything else? ◆ **en algo** in any way: *Si en ~ puedo ayudarles...* If I can help you in any way... ◆ **o algo así** or something like that ◆ **por algo será** there must be a reason

algodón *nm* **1** (*planta, fibra*) cotton **2** (*Med*) cotton wool, (absorbent) cotton (*USA*) [*incontable*]: *Me tapé los oídos con algodones.* I put cotton wool in my ears. LOC **algodón dulce/de azúcar** candyfloss, cotton candy (*USA*) ◆ **entre algodones** (*con muchos cuidados*) wrapped in cotton wool

alguien *pron* someone/somebody, anyone/anybody: *¿Crees que vendrá ~?* Do you think anyone will come? ❶ La diferencia entre **someone** y **anyone** es la misma que hay entre **some** y **any**. ➲ *Ver tb nota en* SOME

Someone y **anyone** llevan el verbo en singular, pero sin embargo suelen ir seguidos de **they**, **them** y **their**, que son formas plurales: *Alguien se ha dejado el abrigo.* Someone has left their coat behind.

algún *adj Ver* ALGUNO

alguno, -a *adj* **1** some, any: *Te he comprado ~s libros para que te entretengas.* I've bought you some books to pass the time. ◇ *¿Hay algún problema?* Are there any problems? ➲ *Ver nota en* SOME **2** (*con número*) several: *~s centenares de personas* several hundred people **3** (*uno que otro*) the occasional: *Habrá algún chubasco débil.* There will be the occasional light shower.
▶ *pron*: *Algunos de vosotros sois muy rápidos.* Some of you are very quick. ◇ *Seguro que ha sido ~ de vosotros.* It must have been one of you. ◇ *Algunos protestaron.* Some (people) protested. LOC **alguna cosa** something, anything ❶ La diferencia entre **something** y **anything** es la misma que hay entre **some** y **any**. ➲ *Ver tb nota en* SOME ◆ **algunas veces** sometimes ◆ **alguna vez** ever: *¿Has estado allí alguna vez?* Have you ever been there? ◆ **algún día** some day ◆ **en algún lugar/lado/sitio/en alguna parte** somewhere, anywhere: *Lo he visto en alguna parte.* I've seen it somewhere. ◇ *¿Lo has visto en alguna parte?* Have you seen it anywhere? ❶ La diferencia entre **somewhere** y **anywhere** es la misma que hay entre **some** y **any**. ➲ *Ver tb nota en* SOME; *Ver tb* ASPECTO

aliado, -a *adj* allied
▶ *nm-nf* ally [*pl* allies] *Ver tb* ALIARSE

alianza *nf* **1** (*unión*) alliance: *una ~ entre cinco partidos* an alliance between five parties **2** (*anillo*) wedding ring

aliarse *vp* ~ **(con/contra)** to form an alliance (with/against *sb/sth*)

alicates *nm* pliers: *Necesito unos ~.* I need a pair of pliers. ➲ *Ver nota en* PAIR

aliento *nm* breath: *tener mal ~* to have bad breath LOC **sin aliento** out of breath: *Vengo sin ~.* I'm out of breath.

alijo *nm* haul: *un ~ de 500 kg de hachís* a haul of 500 kg of hashish

alimaña *nf* **alimañas** vermin [*incontable*]

alimentación *nf* **1** (*acción*) feeding **2** (*dieta*) diet: *una ~ equilibrada* a balanced diet **3** (*comida*) food: *una tienda de ~* a food store

alimentar *vt* to feed *sb/sth* (*on/with sth*): *~ a los caballos con heno* to feed the horses (on) hay
▶ *vi* to be nourishing: *Alimenta mucho.* It's very nourishing.
▶ **alimentarse** *vp* **alimentarse de** to live on *sth*

alimentario, -a *adj* **1** (*relativo a la comida*) food: *la industria alimentaria* the food industry ◇ *alergias alimentarias* food allergies **2** (*hábitos*) eating: *trastornos ~s* eating disorders LOC *Ver* INTOLERANCIA, KILÓMETRO

alimenticio, -a *adj* **1** food: *productos ~s* foodstuffs ◇ *la cadena alimenticia* the food chain ◇ *valor ~* nutritional value ◇ *hábitos ~s* eating habits **2** (*que alimenta*) nutritious: *Los plátanos son muy ~s.* Bananas are very nutritious.

alimento *nm* **1** (*comida*) food: *~s enlatados* tinned food(s) **2** (*valor nutritivo*): *Las lentejas tienen mucho ~.* Lentils are very nourishing. LOC *Ver* INTOLERANCIA

alineación *nf* (*Dep*) line-up

alinear *vt* **1** (*poner en hilera*) to line *sb/sth* up **2** (*Dep*) to field

aliñar *vt* **1** to dress *sth* (*with sth*): *~ una ensalada* to dress a salad **2** (*carne, etc.*) to season *sth* (*with sth*)

alisar *vt* to smooth

alistarse *vp* ~ **(en)** to enlist (in *sth*)

aliviar *vt* to relieve: *~ el dolor* to relieve pain ◇ *El masaje me alivió un poco.* The massage made me feel a bit better.

alivio *nm* relief: *¡Qué ~!* What a relief! ◇ *Ha sido un ~ para todos.* It came as a relief to everyone.

allá *adv* **1** (*lugar*) (over) there: *Déjalo ~.* Leave it (over) there. ◇ *de Cuenca para ~* from Cuenca on **2** ~ **en/por...** (*tiempo*) back in...: *~ por los años 60* back in the 60s LOC **allá abajo/arriba** down/up there ◆ **allá dentro/fuera** in/out there ◆ **allá tú** it's your, his, etc. problem ◆ **¡allá voy!** here I come! ◆ **el más allá** the afterlife ◆ **más allá** **1** (*más lejos*) further on: *seis kilómetros más ~* six kilometres further on **2** (*hacia un lado*) further over: *correr la mesa más ~* to push the table further over ◆ **más allá de** beyond: *más ~ del río* beyond the river *Ver tb* ACÁ

allanar *vt* (*suelo*) to level

allí *adv* there: *Tengo un amigo ~.* I have a friend there. ◇ *¡Allí están!* There they are! ◇ *a 30 kilómetros de ~* 30 kilometres from there ◇ *una chica que pasaba por ~* a girl who was passing by LOC **allí abajo/arriba** down/up there ◆ **allí dentro/fuera** in/out there ◆ **es allí donde...** that's where...: *Es ~ donde me caí.* That's where I fell. *Ver tb* MISMO

alma *nf* **1** soul: *No había ni un ~.* There wasn't a soul. **2** (*carácter, mente*) spirit: *un ~ noble* a noble spirit LOC **con toda mi alma**: *Te quiero con toda mi ~.* I love you with all my heart. ◇ *correr/estudiar con toda su ~* to run as fast as you can/to study as hard as you can

almacén *nm* **1** (*edificio*) warehouse **2** (*habitación*) storeroom LOC *Ver* GRANDE

almacenar *vt* to store

almeja *nf* clam

almendra *nf* almond

almendro *nm* almond (tree)

almíbar *nm* syrup

almirante *nmf* admiral

almohada *nf* pillow LOC *Ver* CONSULTAR

almohadilla *nf* LOC *Ver* TECLA

almorzar *vi* (*a media mañana*) to have a snack ▶ *vt* to have *sth* mid-morning

almuerzo *nm* (*a media mañana*) mid-morning snack ➲ *Ver nota en* DINNER

alocado, -a *adj* (*precipitado, imprudente*) rash: *una decisión alocada* a rash decision

alojamiento *nm* accommodation [*incontable*] LOC **dar/proporcionar alojamiento 1** (*cobrando*) to provide *sb* with accommodation **2** (*sin cobrar*) to put *sb* up

alojar *vt* **1** to accommodate: *El hotel puede ~ a 200 personas.* The hotel can accommodate 200 people. **2** (*sin cobrar*) to put *sb* up: *Tras el incendio nos alojaron en un colegio.* After the fire, they put us up in a school.
▶ **alojarse** *vp* to stay: *Nos alojamos en un hotel.* We stayed in a hotel.

alpinismo *nm* mountaineering: *hacer ~* to go mountaineering

alpino, -a *adj* **1** (*de los Alpes*) Alpine **2** (*esquí*) downhill

alpiste *nm* birdseed

alquilar *vt*

• **referido a la persona que coge algo en alquiler** to hire, to rent

> **Hire** se emplea para un plazo breve de tiempo, como en el caso de un coche o disfraz: *Alquiló un traje para la boda.* He hired a suit for the wedding. ◇ *Te compensa alquilar un coche.* It's worth hiring a car.
>
> **Rent** implica periodos más largos, por ejemplo cuando alquilamos una casa o una habitación: *¿Cuánto me costaría alquilar un piso de dos habitaciones?* How much would it cost me to rent a two-bedroomed flat?

• **referido a la persona que deja algo en alquiler** to hire *sth* (out), to rent *sth* (out), to let *sth* (out)

> **Hire sth (out)** se emplea para un plazo breve de tiempo: *Viven de alquilar caballos a los turistas.* They make their living hiring (out) horses to tourists.
>
> **Rent sth (out)** se refiere a periodos largos de tiempo y se suele utilizar para referirnos a objetos, casas o habitaciones: *Alquilan habitaciones a estudiantes.* They rent (out) rooms to students. ◇ *una empresa que alquila electrodomésticos* a company that rents out household appliances.
>
> **Let sth (out)** se refiere sólo a casas o habitaciones: *En nuestro edificio se alquila un piso.* There's a flat to let in our block.

alquiler *nm* **1** (*acción de alquilar*) hire: *una compañía de ~ de coches* a car hire company **2** (*precio*) **(a)** (*coche, traje, etc.*) hire charge: *Han subido los precios de ~ de coches.* Car hire charges have risen. **(b)** (*casa, habitación*) rent: *¿Has pagado el ~?* Have you paid the rent? LOC *Ver* COCHE, MADRE

alquitrán *nm* tar

alrededor *adv* **1 ~ (de)** (*en torno a*) around: *las personas a mi ~* the people around me **2 ~ de** (*aproximadamente*) about: *Llegaremos ~ de las diez y media.* We'll get there at about half past ten.
▶ **alrededores** *nm* (*ciudad*) outskirts LOC *Ver* GIRAR, VUELTA

alta *nf* LOC **dar de/el alta a algn** to discharge sb (from hospital) ◆ **darse de alta** to register

altar *nm* altar

altavoz *nm* **1** (*Radio, TV, ordenador, etc.*) speaker **2** (*en lugares públicos*) loudspeaker: *Lo anunciaron por los altavoces.* They announced it over the loudspeakers.

alterar *vt* to alter
▶ **alterarse** *vp* **1** (*ponerse nervioso*) to get nervous: *¡No te alteres!* Keep calm! **2** (*enfadarse*) to get angry LOC **alterar el orden público** to cause a breach of the peace

alternar *vt, vi* to alternate
▶ *vi* (*con gente*) to socialize

alternativa *nf* **~ (a)** alternative (to *sth*): *Es nuestra única ~.* This is our only alternative.

alternativo, -a *adj* alternative: *teatro ~* alternative theatre

alterno, -a *adj* alternate: *en días ~s* on alternate days

altibajos *nm* (*cambios*) ups and downs: *Todos tenemos ~.* We all have our ups and downs.

altitud *nf* height, altitude (*más formal*): *a 3000 metros de ~* at an altitude of 3 000 metres

alto, -a *adj* **1** tall, high

Tall se usa para referirnos a personas, árboles y edificios que suelen ser estrechos además de altos: *el edificio más alto del mundo* the tallest building in the world ◇ *una niña muy alta* a tall girl. **High** se utiliza mucho con sustantivos abstractos: *altos niveles de contaminación* high levels of pollution ◇ *altos tipos de interés* high interest rates. También se usa para referirnos a la altura sobre el nivel del mar: *La Paz es la capital más alta del mundo.* La Paz is the highest capital in the world.

Los antónimos de **tall** son **short** y **small**, y el antónimo de **high** es **low**. Las dos palabras tienen en común el sustantivo **height**, *altura*.

2 (*mando, funcionario*) high-ranking **3** (*clase social, región*) upper: *el ~ Ebro* the upper Ebro **4** (*sonido, voz*) loud: *No pongas la música tan alta.* Don't play your music so loud.
▶ *adv* **1** (*posición*) high: *Ese cuadro está muy ~.* That picture is too high up. **2** (*hablar, tocar*) loudly
▶ *nm* height: *Tiene tres metros de ~.* It is three metres high.
▶ **¡alto!** *interj* stop! LOC **alta fidelidad** hi-fi ◆ **alta mar** the high seas [*pl*]: *El barco estaba en alta mar.* The ship was on the high seas. ◆ **alto el fuego** ceasefire ◆ **pasar por alto** to overlook *Ver tb* CLASE, CUELLO, DEFINICIÓN, HABLAR, POTENCIA, TREN

altura *nf* height: *caerse desde una ~ de tres metros* to fall from a height of three metres LOC **a estas alturas** at this stage ◆ **a la altura de...**: *una cicatriz a la ~ del codo* a scar near the elbow ◆ **altura máxima** (*puente, túnel, etc.*) maximum headroom ◆ **de gran/poca altura** high/low ◆ **tener dos, etc. metros de altura** (*cosa*) to be two, etc. metres high *Ver tb* SALTO

alubia *nf* bean

alucinación *nf* hallucination

alucinante *adj* (*sorprendente*) amazing

alucinar *vi* **1** (*delirar*) to hallucinate **2** (*sorprenderse*): *Alucinábamos con sus comentarios.* We were amazed at his remarks.

alucine *nm*: *¡Qué ~!* Amazing!

alud *nm* avalanche

aludido, -a *adj* LOC **darse por aludido**: *No se dieron por ~s.* They didn't take the hint. ◇ *Enseguida te das por ~.* You always take things personally.

alumbrado *nm* lighting

alumbrar *vt* to light *sth* (up): *Una gran lámpara alumbra la sala.* The room is lit by a huge lamp.
▶ *vi* to give off light: *Esa bombilla alumbra mucho.* That bulb gives off a lot of light. ◇ *Alumbra debajo de la cama.* Shine a light under the bed.

aluminio *nm* aluminium, aluminum (*USA*) LOC *Ver* PAPEL

alumnado *nm* students [*pl*]: *El ~ ha organizado una fiesta de fin de curso.* The students have organized an end of year party.

alumno, -a *nm-nf* student, pupil

Student es la palabra más general, y se refiere a la persona que estudia en una universidad o una escuela: *una excursión para los alumnos de segundo de ESO* an outing for Year 9 students. La palabra **pupil** ya casi no se usa para alumnos de Secundaria, aunque se sigue usando para alumnos de Primaria. En Primaria y Educación Infantil también se usa mucho la palabra **child** [*pl* **children**].

LOC *Ver* ASOCIACIÓN

alzar *vt* to raise: *~ el telón* to raise the curtain
▶ **alzarse** *vp* **alzarse (contra)** to rebel (against *sb/sth*): *Los militares se alzaron contra el gobierno.* The military rebelled against the government.

ama *nf Ver* AMO LOC **ama de casa** housewife [*pl* housewives] ◆ **ama de llaves** housekeeper

amable *adj* ~ **(con)** kind (to *sb*): *Gracias, es usted muy ~.* Thank you, that's very kind of you. ◇ *Deberías ser ~ con ella.* You should be kind to her. LOC **si es tan amable (de...)** if you would be so kind (as to...): *Si es tan ~ de cerrar la puerta.* If you would be so kind as to close the door.

amaestrar *vt* to train LOC **sin amaestrar** untrained

amamantar *vt* **1** (*persona*) to breastfeed, to nurse (*USA*) **2** (*animal*) to suckle

amanecer *nm* **1** (*alba*) dawn: *Nos levantamos al ~.* We got up at dawn. **2** (*salida del sol*) sunrise: *contemplar el ~* to watch the sunrise
▶ *v imp* to get light: *Estaba amaneciendo.* It was getting light. ◇ *Amaneció soleado.* It was sunny in the morning.
▶ *vi* (*despertarse*) to wake up: *Amanecí con dolor de cabeza.* I woke up with a headache.

amanerado, -a *adj* **1** (*rebuscado*) affected **2** (*afeminado*) effeminate

amante *adj* loving: ~ *padre y esposo* loving husband and father ◇ ~ *de la música* music-loving
▶ *nmf* lover

amapola *nf* poppy [*pl* poppies]

amar *vt* to love

amargado, -a *adj* bitter: *estar ~ por algo* to be bitter about sth
▶ *nm-nf* misery [*pl* miseries] (*coloq*): *Son un par de ~s.* They're a couple of miseries. *Ver tb* AMARGAR

amargar *vt* **1** (*persona*) to make *sb* bitter **2** (*ocasión*) to ruin: *Eso nos amargó las vacaciones.* That ruined our holiday.
▶ **amargarse** *vp* to get upset: *No te amargues (la vida) por eso.* Don't get upset over something like that. LOC **amargarle la vida a algn** to make sb's life a misery

amargo, -a *adj* bitter

amarillento, -a *adj* yellowish

amarillo, -a *adj* **1** (*color*) yellow: *Es de color ~.* It's yellow. ◇ *Yo iba de ~.* I was wearing yellow. ◇ *pintar algo de ~* to paint sth yellow ◇ *el chico de la camisa amarilla* the boy in the yellow shirt **2** (*semáforo*) amber
▶ *nm* yellow: *No me gusta el ~.* I don't like yellow. LOC *Ver* PÁGINA, PRENSA

amarra *nf* (*Náut*) mooring rope LOC *Ver* SOLTAR

amarrar *vt* **1** to tie *sb/sth* (up): *Le amarraron con cuerdas.* They tied him up with rope. ◇ *Amarró al perro a la verja.* He tied the dog to the fence. **2** (*Náut*) to moor

amasar *vt* **1** (*Cocina*) to knead **2** (*fortuna*) to accumulate

amateur *adj, nmf* amateur

amazona *nf* horsewoman [*pl* -women]

ámbar *nm* amber

ambición *nf* ambition

ambicioso, -a *adj* ambitious

ambientación *nf* (*película, obra de teatro*) setting

ambientador *nm* air freshener

ambiental *adj* **1** (*del medio ambiente*) environmental **2** (*del aire*) atmospheric: *condiciones ~es* atmospheric conditions LOC *Ver* MÚSICA

ambientar *vt* (*novela, película*) to set *sth in...*

ambiente *nm* **1** atmosphere: *un ~ contaminado* a polluted atmosphere ◇ *El local tiene buen ~.* The place has a good atmosphere. ◇ *No hay ~ en la calle.* The streets are dead. **2** (*entorno*) environment: *El ~ familiar nos influye.* Our family environment has a big influence on us. LOC **estar en su ambiente** to be in your element ◆ **no estar en su ambiente** to be like a fish out of water *Ver tb* MEDIO, RESPETUOSO, TEMPERATURA

ambiguo, -a *adj* ambiguous

ambos, -as *pron* both (of us, you, them): *Me llevo bien con ~.* I get on well with both of them. ◇ *A ~ nos gusta viajar.* Both of us like travelling./We both like travelling.

ambulancia *nf* ambulance

ambulante *adj* travelling: *un circo ~* a travelling circus LOC *Ver* VENDEDOR

ambulatorio *nm* health centre

amén *nm* amen

amenaza *nf* threat LOC **amenaza de bomba** bomb scare

amenazador, -ora (*tb* **amenazante**) *adj* threatening

amenazar *vt, vi* to threaten: *Amenazaron con acudir a los tribunales.* They threatened to take them to court. ◇ *Le han amenazado de muerte.* They've threatened to kill him. ◇ *Me amenazó con una navaja.* He threatened me with a knife.
▶ *v imp*: *Amenaza lluvia.* It looks like (it's going to) rain.

ameno, -a *adj* **1** (*libro, película*) entertaining: *una novela muy amena* a very entertaining novel **2** (*conversación, velada, etc.*) pleasant

América *nf* America ❶ Las palabras **America** y **American** en inglés suelen referirse a Estados Unidos.

americana *nf* jacket

americano, -a *adj, nm-nf* American ➲ *Ver nota en* AMÉRICA LOC *Ver* CAFÉ

ametralladora *nf* machine gun

amígdala *nf* tonsil: *Me operaron de las ~s.* I had my tonsils out.

amigo, -a *adj* **1** (*mano*) helping **2** (*país, voz*) friendly
▶ *nm-nf* friend: *mi mejor ~* my best friend ◇ *Es íntimo ~ mío.* He's a very close friend of mine. LOC **hacerse amigo (de algn)** to make friends (with sb) ◆ **ser (muy) amigo (de algn)** to be (good) friends (with sb): *Soy muy ~ suyo.* We're good friends.

amiguismo *nm* favouritism

amistad *nf* **1** (*relación*) friendship: *romper una ~* to end a friendship **2 amistades** friends: *Tiene ~es influyentes.* He's got friends in high places. LOC **entablar/hacer amistad** to become friends

amistoso, -a *adj* friendly LOC *Ver* PARTIDO

amnesia *nf* amnesia

amnistía *nf* amnesty [*pl* amnesties]

amo, -a *nm-nf* owner

amodorrarse *vp* **1** (*adormilarse*) to get drowsy **2** (*dormirse*) to doze off

amoniaco (*tb* **amoníaco**) *nm* ammonia

amontonar *vt* **1** (*apilar*) to pile *sth* up **2** (*acumular*) to accumulate: ~ *trastos* to accumulate junk

▶ **amontonarse** *vp* **1** to pile up: *Se me amontonó el trabajo.* My work piled up. **2** (*apiñarse*) to cram (*into…*): *Se amontonaron en el coche.* They crammed into the car.

amor *nm* love: *una canción/historia de ~* a love song/story ◇ *el ~ de mi vida* the love of my life ◇ *Le miró con ~.* She looked at him lovingly. LOC **amor platónico** platonic love ◆ **amor propio** pride ◆ **hacer el amor (a/con)** to make love (to/with *sb*) ◆ **¡por (el) amor de Dios!** for God's sake!

amoratado, **-a** *adj* **1** (*de frío*) blue **2** (*con cardenales*) black and blue: *Tenía todo el cuerpo ~.* His whole body was black and blue. **3** (*ojo*) black

amordazar *vt* to gag

amorío *nm* (love) affair

amoroso, **-a** *adj* **1** (*relativo al amor*) love: *vida/carta amorosa* love life/letter **2** (*cariñoso*) loving LOC *Ver* DESENGAÑO

amortiguador *nm* shock absorber

amotinarse *vp* **1** (*preso, masas*) to riot **2** (*Náut, Mil*) to mutiny

AMPA *nf* parents' association

amparar *vt* to protect *sb/sth* (*against/from sth*): *La ley nos ampara contra los abusos.* The law protects us from abuse.

▶ **ampararse** *vp* **1 ampararse en** (*apoyarse*) to seek the protection of *sb/sth*: *Se amparó en su familia.* He sought the protection of his family. **2 ampararse (de)** (*refugiarse*) to shelter (from *sth*): *~se de una tormenta* to shelter from a storm

amparo *nm* **1** (*protección*) protection **2** (*apoyo*) support LOC **al amparo de** under the protection of *sth/sb*

ampliación *nf* **1** (*número, cantidad*) increase: *una ~ de plantilla* an increase in staff **2** (*local, negocio, información*) expansion: *la ~ del aeropuerto* the expansion of the airport **3** (*plazo, acuerdo*) extension **4** (*Fot, fotocopia*) enlargement

ampliar *vt* **1** (*número, cantidad*) to increase: *La revista amplió su difusión.* The magazine increased its circulation. **2** (*negocio, imperio*) to expand **3** (*local, plazo*) to extend: *~ el local/plazo de matrícula* to extend the premises/registration period **4** (*Fot, fotocopia*) to enlarge

amplificador *nm* amplifier, amp (*coloq*)

amplio, **-a** *adj* **1** (*grande*) large: *una amplia mayoría* a large majority ◇ *un ~ ventanal* a large window **2** (*espacioso*) spacious: *un piso ~* a spacious flat **3** (*gama, margen*) wide: *una amplia gama de productos* a wide range of goods **4** (*ropa*) loose-fitting **5** (*sonrisa, sentido*) broad: *en el sentido ~ de la palabra* in the broad sense of the word

ampolla *nf* (*en la piel*) blister

amueblar *vt* to furnish LOC **sin amueblar** unfurnished

amuermado, **-a** *adj* **1** (*aburrido*) bored **2** (*con sueño*) half asleep: *Después de comer me quedo como ~.* I feel half asleep after eating.

amuleto *nm* amulet LOC **amuleto de la suerte** good-luck charm

amurallado, **-a** *adj* walled

analfabeto, **-a** *adj, nm-nf* illiterate: *ser un ~* to be illiterate ◇ *la población analfabeta* the number of people unable to read or write

analgésico *nm* painkiller

análisis *nm* analysis [*pl* analyses] LOC **análisis de sangre/orina** blood/urine test

analizar *vt* to analyse

anarquía *nf* anarchy

anarquismo *nm* anarchism

anarquista *adj, nmf* anarchist ➲ *Ver nota en* CATÓLICO

anatomía *nf* anatomy [*pl* anatomies]

ancho, **-a** *adj* **1** (*de gran anchura*) wide: *el ~ mar* the wide sea **2** (*ropa*) baggy: *un jersey ~* a baggy jumper ◇ *La cintura me queda ancha.* The waist is too big. **3** (*sonrisa, hombros, espalda*) broad: *Es muy ~ de espaldas.* He's got broad shoulders. ➲ *Ver nota en* BROAD

▶ *nm* width: *¿Cuánto mide de ~?* How wide is it? ◇ *Tiene dos metros de ~.* It is two metres wide. LOC **a mis anchas 1** (*como en casa*) at home: *Ponte a tus anchas.* Make yourself at home. **2** (*con libertad*) quite happily: *Aquí los niños pueden jugar a sus anchas.* The children can play here quite happily. ◆ **ancho de banda** (*Internet*) bandwidth ◆ **quedarse tan ancho** not be at all bothered *Ver tb* BANDA

anchoa *nf* anchovy [*pl* anchovies]

anchura *nf* (*medida*) width: *No tiene suficiente ~.* It isn't wide enough.

anciano, **-a** *adj* elderly

▶ *nm-nf* elderly man/woman [*pl* men/women]: *los ~s* the elderly ➲ *Ver nota en* AGED LOC *Ver* RESIDENCIA

ancla *nf* anchor LOC **echar el ancla/anclas** to drop anchor *Ver tb* LEVAR

andamio *nm* scaffolding [*incontable*]: *Hay ~s por todas partes.* There's scaffolding everywhere.

andar *vi* **1** (*caminar*) to walk: *Vine andando.* I walked here.

En inglés existen varias maneras de decir *andar*. La palabra más general es **walk**. Todos los demás verbos tienen algún matiz que los distingue. A continuación tienes una lista de algunos de ellos:

creep= deslizarse sigilosamente

pace= pasearse con inquietud

plod= caminar pesadamente

stagger= andar tambaleándose

stride= andar a grandes zancadas

stroll= pasearse de manera relajada.

Así, por ejemplo, se puede decir: *I crept upstairs, trying not to wake my parents.* ◊ *She paced up and down the corridor.* ◊ *We plodded on through the rain and mud.* ◊ *We strolled along the beach.*

2 (*funcionar*) to work: *Este reloj no anda.* This clock's not working. **3** (*estar*) to be: *¿Quién anda ahí?* Who's there? ◊ *~ ocupado/deprimido* to be busy/depressed ◊ *¿Qué andas buscando?* What are you looking for? **4** *~* **por** (*años, cantidad*) to be about/around *sth*: *Debe ~ por los 50 años.* He must be about 50. ◊ *El precio anda por los 100 euros.* The price is around 100 euros.

▶ **andarse** *vp* **andarse con**: *No te andes con bromas.* Stop fooling around. ◊ *Habrá que ~se con cuidado.* We'll have to be careful.

▶ *nm* **andares** walk [*v sing*]: *Le reconocí por sus ~es.* I recognized him by his walk. LOC **¡anda! 1** come on!: *¡Anda, no exageres!* Come on, don't exaggerate! ◊ *¡Anda, déjame en paz!* Come on, leave me alone! **2** (*sorpresa*) hey!: *¡Anda, si está lloviendo!* Hey, it's raining! ❶ Para otras expresiones con **andar**, véanse las entradas del sustantivo, adjetivo, etc., p. ej. **andarse con rodeos** en RODEO.

andén *nm* platform

andrajoso, **-a** *adj* ragged

▶ *nm-nf* scruff

anécdota *nf* anecdote: *contar una ~* to tell an anecdote

anemia *nf* anaemia LOC **tener anemia** to be anaemic

anémico, **-a** *adj* anaemic

anestesia *nf* anaesthetic: *Me pusieron ~ general/local.* They gave me a general/local anaesthetic.

anestesiar *vt* to anaesthetize

anestesista *nmf* anaesthetist

anfibio, **-a** *adj* amphibious

▶ *nm* amphibian

anfiteatro *nm* (*romano*) amphitheatre

anfitrión, **-ona** *nm-nf* **1** (*masc*) host **2** (*fem*) hostess

ángel *nm* angel: *~ de la guarda* guardian angel LOC *Ver* SOÑAR

anginas *nf* tonsillitis [*incontable*]

anglicano, **-a** *adj, nm-nf* Anglican

anglosajón, **-ona** *adj* **1** (*Hist*) Anglo-Saxon **2** (*de habla inglesa*) English-speaking: *la cultura anglosajona* the culture of the English-speaking world

anguila *nf* eel

angula *nf* baby eel

ángulo *nm* angle: *~ recto/agudo/obtuso* right/acute/obtuse angle ◊ *Yo veo las cosas desde otro ~.* I see things from a different angle.

angustia *nf* anguish: *Gritó con tremenda ~.* He cried out in anguish.

angustiado, **-a** *adj* anxious: *Esperaba ~.* I waited anxiously. *Ver tb* ANGUSTIAR

angustiar *vt* to worry: *Me angustian los exámenes.* I'm worried about my exams.

▶ **angustiarse** *vp* **angustiarse (por) 1** (*inquietarse*) to worry (about *sb/sth*): *No debes ~te cada vez que llegan tarde.* You mustn't worry every time they're late. **2** (*apenarse*) to get upset (about *sth*)

anidar *vi* (*aves*) to nest

anilla *nf* ring

anillo *nm* ring LOC **venir como anillo al dedo** to be just right

animado, **-a** *adj* **1** (*divertido*) lively: *La fiesta estuvo muy animada.* It was a very lively party. **2** *~* **(a)** (*dispuesto*) keen (*to do sth*): *Yo estoy ~ a ir.* I'm keen to go. LOC *Ver* DIBUJO; *Ver tb* ANIMAR

animal *adj, nm* animal: *~ doméstico/salvaje* domestic/wild animal ◊ *el reino ~* the animal kingdom

animar *vt* **1** (*persona*) to cheer *sb* up: *Animé a mi hermana y dejó de llorar.* I cheered my sister up and she stopped crying. **2** (*conversación, partido*) to liven *sth* up **3** (*apoyar*) to cheer *sb* on: *~ a un equipo* to cheer a team on

▶ **animarse** *vp* **1** (*sentir alegría*) to cheer up: *¡Anímate hombre!* Cheer up! **2** (*decidirse*) to decide (*to do sth*): *A lo mejor me animo a ir.* I may decide to go. LOC **animar a algn a que haga algo** to encourage sb to do sth: *Yo les animo a que hagan más deporte.* I'm encouraging them to do more sport.

ánimo *nm* spirits [*pl*]: *Estábamos bajos de ~.* Our spirits were low.
▶ **¡ánimo!** *interj* cheer up! LOC **sin ánimo de lucro** non-profit

aniversario *nm* anniversary [*pl* anniversaries]: *su ~ de boda* their wedding anniversary

ano *nm* anus [*pl* anuses]

anoche *adv* last night

anochecer *v imp* to get dark: *En invierno anochece temprano.* In winter it gets dark early.
▶ *nm* dusk: *al ~* at dusk LOC **antes/después del anochecer** before/after dark

anónimo, -a *adj* anonymous
▶ *nm* (*carta*) anonymous letter LOC *Ver* SOCIEDAD

anorak *nm* anorak

anorexia *nf* anorexia

anoréxico, -a *adj* anorexic

anormal *adj* abnormal: *un comportamiento ~* abnormal behaviour

anotar *vt* to note *sth* down: *Anoté la dirección.* I noted down the address.
▶ **anotarse** *vp* (*triunfo*) to score: *El equipo se anotó su primera victoria.* The team scored its first victory.

ansia *nf* **1** ~ **(de)** longing (for *sth*): *~ de cambio* a longing for change **2** ~ **(por)** desire (for *sth/to do sth*): *~ por mejorar* a desire to improve

ansiedad *nf* anxiety [*pl* anxieties]

antártico, -a *adj, nm* (the) Antarctic LOC *Ver* CÍRCULO

Antártida *nf* Antarctica

ante[1] *prep* **1** (*delante de*) before: *~ las cámaras* before the cameras ◇ *comparecer ~ el juez* to appear before the judge **2** (*enfrentado con*) in the face of *sth*: *~ las dificultades* in the face of adversity LOC **ante todo** above all

ante[2] *nm* (*piel*) suede

anteanoche *adv* the night before last

anteayer *adv* the day before yesterday

antebrazo *nm* forearm

antecedente *nm* **1** (*precedente*) precedent: *No hay ningún ~ de este caso.* This case is unprecedented. **2 antecedentes** (*policiales*) criminal record: *No tiene ~s.* He doesn't have a criminal record.

antelación *nf* LOC **con antelación** in advance: *con dos años de ~* two years in advance

antemano *adv* LOC **de antemano** in advance

antena *nf* **1** (*Radio, TV*) aerial **2** (*Zool*) antenna [*pl* antennae] LOC **antena parabólica** satellite dish ◆ **en antena** on the air: *El programa lleva poco tiempo en ~.* The programme hasn't been on the air for long.

antepasado, -a *nm-nf* ancestor

anteponer *vt* (*poner delante*) to put *sth* before *sth*: *~ la obligación a la diversión* to put duty before pleasure

anterior *adj* previous

antes *adv* **1** (*previamente*) before: *Ya lo habíamos discutido ~.* We had discussed it before. ➲ *Ver nota en* AGO **2** (*más temprano*) earlier: *Los lunes cerramos ~.* We close earlier on Mondays. LOC **antes de** before *sth/doing sth*: *~ de Navidad* before Christmas ◇ *~ de ir a la cama* before going to bed ◆ **antes que nada 1** (*indicando orden*) first of all: *Antes que nada voy a beber un vaso de agua.* First of all I'm going to have a glass of water. **2** (*indicando preferencia*) above all: *Trabaja de periodista pero se siente, ~ que nada, poeta.* She works as a journalist, but she sees herself as a poet above all. ◆ **de antes** previous: *en el trabajo de ~* in my previous job ◆ **lo antes posible** as soon as possible *Ver tb* CONSUMIR, CUANTO

anti *nmf* (*corridas de toros*) anti-bullfighting activist

antiadherente *adj* non-stick

antibala (*tb* **antibalas**) *adj* bulletproof LOC *Ver* CHALECO

antibiótico *nm* antibiotic

anticaspa *adj* anti-dandruff

anticipación *nf* LOC **con anticipación** in advance: *reservar entradas con ~* to book tickets in advance

anticipado, -a *adj* LOC **por anticipado** in advance *Ver tb* JUBILACIÓN *Ver tb* ANTICIPAR

anticipar *vt* **1** (*adelantar*) to bring *sth* forward: *Anticipamos la boda.* We brought the wedding forward. **2** (*dinero*) to advance *sth* (*to sb*): *Me anticipó el dinero.* He advanced me the money. **3** (*sueldo, alquiler*) to pay *sth* in advance

anticipo *nm* (*dinero*) advance: *He pedido un ~ del sueldo.* I've asked for an advance on my salary.

anticlímax *nm* anticlimax

anticonceptivo, -a *adj, nm* contraceptive: *métodos ~s* contraceptive methods

anticuado, -a *adj, nm-nf* old-fashioned: *Esta camisa se ha quedado anticuada.* This shirt's old-fashioned. ◇ *ser un ~* to be old-fashioned

anticuario *nm* (*tienda*) antique shop

anticuerpo *nm* antibody [*pl* antibodies]

antidisturbios *adj* riot: *policía ~* riot police

antidopaje (*tb* **antidoping**) *adj* LOC **control/prueba antidopaje** drug test: *Dio positivo en la prueba ~.* He tested positive.

antídoto *nm* ~ **(de/contra)** antidote (to *sth*)

antidroga *adj* anti-drug: *organizar una campaña ~* to organize an anti-drug campaign

antifaz *nm* mask

antigás *adj* LOC *Ver* MÁSCARA

antigüedad *nf* **1** (*cualidad*) age: *la ~ de las viviendas* the age of the houses **2** (*en trabajo*) seniority **3** (*época*) antiquity **4** (*objeto*) antique: *tienda de ~es* antique shop

antiguamente *adv* in the olden days

antiguo, -a *adj* **1** (*viejo*) old: *la parte antigua de la ciudad* the old part of town **2** (*objetos valiosos*) antique: *muebles ~s* antique furniture **3** (*Hist*) ancient: *la Grecia antigua* ancient Greece **4** (*anterior*) former: *la antigua Yugoslavia* former Yugoslavia LOC *Ver* CASCO, CHAPADO

antipático, -a *adj* unpleasant, nasty (*más coloq*)

antirrobo *adj* anti-theft: *sistema ~* anti-theft device LOC *Ver* ALARMA

antiterrorista *adj* anti-terrorist

antivirus *adj* antivirus

▶ *nm* antivirus protection [*incontable*]: *Hay que tener un ~ actualizado.* You must have up-to-date antivirus protection.

antojarse *vp*: *Iré cuando se me antoje.* I'll go when I feel like it. ◇ *Al niño se le antojó un robot.* The child took a fancy to a robot.

antojo *nm* **1** (*capricho*) whim **2** (*en la piel*) birthmark LOC **tener antojo de** to have a craving for *sth* ◆ **tener antojos** to have cravings: *Algunas embarazadas tienen ~s.* Some pregnant women have cravings.

antónimo, -a *adj, nm* opposite: *¿Cuál es el ~ de alto?* What's the opposite of tall? ◇ *Alto y bajo son ~s.* Tall and short are opposites.

antorcha *nf* torch: *la ~ olímpica* the Olympic torch

antro *nm* (*local*) dive

antropología *nf* anthropology

anual *adj* annual

anualmente *adv* annually

anulación *nf* **1** (*pedido, documento, compromiso*) cancellation: *la ~ del contrato* the cancellation of the contract **2** (*matrimonio*) annulment

anular[1] *vt* **1** (*cancelar*) to cancel: *Tendremos que ~ la cita.* We'll have to cancel the appointment. **2** (*matrimonio*) to annul **3** (*gol, tanto*) to disallow **4** (*votación*) to declare *sth* invalid

anular[2] *nm* (*dedo*) ring finger

anunciar *vt* **1** (*informar*) to announce: *Anunciaron el resultado por los altavoces.* They announced the result over the loudspeakers. **2** (*hacer publicidad*) to advertise

▶ **anunciarse** *vp* **anunciarse (en...)** (*hacer publicidad*) to advertise (in...)

anuncio *nm* **1** (*prensa, Radio, TV*) advertisement, ad (*coloq*) **2** (*cartel*) poster **3** (*declaración*) announcement LOC **anuncios por palabras** classified advertisements *Ver tb* LUMINOSO, TABLÓN

anzuelo *nm* hook LOC *Ver* MORDER(SE)

añadir *vt* to add LOC *Ver* IMPUESTO

añicos *nm* LOC **hacerse añicos** to shatter

año *nm* year: *todo el ~* all year (round) ◇ *todos los ~s* every year ◇ *~ académico/escolar* academic/school year LOC **año bisiesto** leap year ◆ **año luz** light year ◆ **año nuevo** New Year ◆ **de dos, etc. años**: *una mujer de treinta ~s* a woman of thirty/a thirty-year-old woman ◇ *A Miguel, de 12 ~s, le gusta el cine.* Miguel, aged 12, likes films. ◆ **los años 50, 60, etc.** the 50s, 60s, etc. ◆ **quitarse años** to lie about your age ◆ **tener dos, etc. años** to be two, etc. (years old): *Tengo diez ~s.* I'm ten (years old). ◇ *¿Cuántos ~s tienes?* How old are you? ➲ *Ver nota en* OLD ◆ **un año sí y otro no** every other year *Ver tb* CURSO

añorar *vt* (*echar de menos*) to miss

apaciguar *vt* to appease

▶ **apaciguarse** *vp* to calm down: *cuando se hayan apaciguado los ánimos* once everyone has calmed down

apagado, -a *adj* **1** (*persona*) listless **2** (*color*) dull **3** (*volcán*) extinct LOC **estar apagado 1** (*luz, aparato*) to be off **2** (*fuego*) to be out *Ver tb* APAGAR

apagar *vt* **1** (*fuego, cigarro*) to put *sth* out **2** (*vela, cerilla*) to blow *sth* out **3** (*luz, aparato*) to switch *sth* off

▶ **apagarse** *vp* to go out: *Se apagó la vela.* The candle went out.

apagón *nm* power cut

apañarse *vp* (*arreglarse*) to manage: *Se apaña bien con el ordenador.* He uses the computer without any problems. LOC **apañárselas** (*arreglarse*) to manage: *Ya me las apañaré.* I'll manage.

aparador *nm* sideboard, buffet (*USA*)

aparato *nm* **1** (*máquina*) machine: *¿Cómo funciona este ~?* How does this machine work? **2** (*electrodoméstico*) appliance **3** (*Radio, TV*) set **4** (*Anat*) system: *el ~ digestivo* the digestive system **5** (*para los dientes*) brace: *Me tienen que poner ~.* I've got to wear a brace. **6** (*Gimnasia*) apparatus [*incontable*]

aparatoso, -a *adj* spectacular

A

aparcamiento *nm* **1** (*parking*) car park, parking lot (*USA*) **2** (*plaza*) parking space: *No encuentro ~.* I can't find a parking space.

aparcar *vt, vi* to park: *¿Dónde has aparcado?* Where did you park? LOC **aparcar en doble fila** to double-park

aparecer *vi* **1** (*dejarse ver*) to appear: *Aparece mucho en la televisión.* He appears a lot on TV. **2** (*ser hallado*) to turn up: *Perdí las gafas pero al final aparecieron.* I lost my glasses but they turned up eventually. **3** (*figurar*) to be: *Mi número no aparece en la guía.* My phone number isn't in the book. **4** (*llegar*) to show up: *A eso de las diez apareció Pedro.* Pedro showed up around ten.

▶ **aparecerse** *vp* **aparecerse (a/ante)** to appear (to *sb*)

aparejador, -ora *nm-nf* quantity surveyor

aparentar *vt* **1** (*fingir*) to pretend: *Tuve que ~ alegría.* I had to pretend I was happy. **2** (*edad*) to look: *Aparenta unos 50 años.* He looks about 50.

▶ *vi* to show off

aparente *adj* apparent: *sin un motivo ~* for no apparent reason

aparentemente *adv* apparently

aparición *nf* **1** (*hallazgo*) appearance **2** (*Relig*) vision **3** (*fantasma*) apparition LOC **hacer (su) aparición** to appear

apariencia *nf* appearance LOC *Ver* GUARDAR

apartado, -a *adj* remote

▶ *nm* (*parte de un texto*) section LOC **apartado de correos** PO box *Ver tb* APARTAR

apartamento *nm* flat, apartment (*USA*)

apartar *vt* **1** (*obstáculo*) to move *sth* (out of the way) **2** (*alejar*) to separate *sb/sth from sb/sth*: *Sus padres le apartaron de sus amigos.* His parents separated him from his friends.

▶ **apartarse** *vp* to move (over): *Apártate, que estorbas.* Move (over), you're in the way. LOC **apartar la vista** to look away

aparte *adv* **1** (*a un lado*) aside: *Pondré estos papeles ~.* I'll put these documents aside. **2** (*separadamente*) separately: *Esto lo pago ~.* I'll pay for this separately.

▶ *adj* **1** (*diferente*) apart: *un mundo ~* a world apart **2** (*separado*) separate: *Hazme una cuenta ~ para estas cosas.* Give me a separate bill for these items. LOC **aparte de 1** (*excepto*) apart from *sb/sth*: *Aparte de eso no pasó nada.* Apart from that nothing happened. **2** (*además de*) as well as: *Aparte de bonito, parece práctico.* It's practical as well as pretty. *Ver tb* CASO, PUNTO

apasionado, -a *adj* passionate

▶ *nm-nf* **~ de/por** lover of *sth*: *los ~s de la ópera* opera lovers *Ver tb* APASIONAR

apasionante *adj* exciting

apasionar *vi* to love *sth/doing sth*: *Me apasiona el jazz.* I love jazz.

▶ **apasionarse** *vp* **apasionarse con/por** to be crazy about *sb/sth*

apedrear *vt* to stone

apego *nm* **~ (a/por)** affection (for *sb/sth*) LOC **tenerle apego a algn/algo** to be very attached to sb/sth

apelación *nf* appeal

apelar *vi* to appeal: *Han apelado a nuestra generosidad.* They have appealed to our generosity. ◇ *Apelaron contra la sentencia.* They appealed against the sentence.

apellidarse *vp*: *¿Cómo te apellidas?* What's your surname? ◇ *Se apellidan Morán.* Their surname is Morán.

apellido *nm* surname ➲ *Ver nota en* SURNAME LOC *Ver* NOMBRE

apenado, -a *adj* **~ (por)** sad (about *sth*) *Ver tb* APENAR

apenar *vt* to make *sb* sad: *Me apena pensar que no volveré a verte.* It makes me sad to think I'll never see you again.

▶ **apenarse** *vp* **apenarse (por)** to be upset (about *sth*)

apenas *adv* **1** (*casi no*) hardly: *Apenas había cola.* There was hardly any queue. ◇ *Apenas dijeron nada.* They hardly said anything. **2** (*casi nunca*) hardly ever: *Ahora ~ les vemos.* We hardly ever see them now. ➲ *Ver nota en* ALWAYS **3** (*escasamente*) barely: *hace ~ un año* barely a year ago

▶ *conj* (*en cuanto*) as soon as: *Apenas llegó se dio cuenta de lo que había pasado.* As soon as he arrived, he realized what had happened.

apéndice *nm* appendix [*pl* appendices]

apendicitis *nf* appendicitis [*incontable*]

aperitivo *nm* **1** (*bebida*) aperitif **2** (*tapa*) appetizer

apertura *nf* **1** opening: *la ceremonia de ~* the opening ceremony **2** (*comienzo*) beginning: *la ~ del curso* the beginning of the academic year

apestar *vi* **~ (a)** to stink (of *sth*): *Apestas a vino.* You stink of wine. LOC *Ver* OLER

apetecer *vi* to fancy *sth/doing sth*: *¿Te apetece un café?* Do you fancy a coffee?

apetito *nm* appetite: *El paseo te abrirá el ~.* The walk will give you an appetite. ◇ *tener buen ~* to have a good appetite

apetitoso, -a *adj* appetizing

apiadarse *vp* **~ de** to take pity on *sb*

apicultura *nf* bee-keeping

apilar *vt* to stack

apiñarse *vp* to crowd (together)

apio *nm* celery

apisonadora *nf* steamroller

aplastante *adj* overwhelming: *ganar por mayoría ~* to win by an overwhelming majority

aplastar *vt* **1** (*cosa hueca, persona, derrotar*) to crush: *~ una caja/un coche* to crush a box/a car ◇ *~ una rebelión* to crush a rebellion **2** (*cosa blanda, insecto*) to squash

aplaudir *vi* to clap, to applaud (*más formal*): *El público aplaudió al final de la actuación.* The audience clapped at the end of the performance.
▶ *vt* to applaud: *Aplaudieron al cantante.* They applauded the singer.

aplauso *nm* applause [*incontable*]: *grandes ~s* loud applause

aplazar *vt* **1** to put *sth* off, to postpone (*más formal*) **2** (*pago*) to defer

aplicable *adj* ~ **(a)** applicable (to *sb/sth*)

aplicación *nf* application

aplicado, -a *adj* **1** (*persona*) hard-working **2** (*ciencia, etc.*) applied: *matemática aplicada* applied mathematics *Ver tb* APLICAR

aplicar *vt* to apply *sth* (*to sth*): *Aplique la crema sobre la zona afectada.* Apply the cream to the affected area. ◇ *~ una regla* to apply a rule ◇ *Vamos a ~ los conocimientos aprendidos.* Let's apply what we've learnt.
▶ **aplicarse** *vp* **aplicarse (a/en)** to apply yourself (to *sth*): *~se a una tarea* to apply yourself to a task

apoderarse *vp* ~ **de** to take: *Se apoderaron de las joyas.* They took the jewels.

apodo *nm* nickname

apología *nf* ~ **de** defence of *sb/sth*

aporrear *vt* **1** (*puerta*) to bang on *sth* **2** (*piano*) to bang away on *sth*

aportación *nf* ~ **(a/para)** contribution (to *sth*)

aportar *vt* to contribute: *~ una idea interesante* to contribute an interesting idea

aposta *adv* on purpose

apostar *vt, vi* **1** ~ **(por)** (*juego*) to bet (on *sb/sth*): *~ por un caballo* to bet on a horse **2** ~ **por** (*elegir*) to go for *sth*: *Han apostado por una solución negociada.* They have gone for a negotiated settlement.
▶ **apostarse** *vp* to bet: *Me apuesto lo que quieras a que no vienen.* I bet anything you like they won't come. ◇ *¿Qué te apuestas?* What do you bet?

apóstol *nm* apostle

apoyado, -a *adj* ~ **en/sobre/contra 1** (*recostado*) leaning against *sth*: *~ contra la pared* leaning against the wall **2** (*descansando*) resting on/against *sth*: *Tenía la cabeza apoyada en el respaldo.* I was resting my head on the back of the chair. *Ver tb* APOYAR

apoyar *vt* **1** (*recostar*) to lean *sth* on/against *sth*: *No lo apoyes contra la pared.* Don't lean it against the wall. **2** (*descansar*) to rest *sth* on/against *sth*: *Apoya la cabeza en mi hombro.* Lean your head on my shoulder. **3** (*defender*) to support: *~ una huelga/a un compañero* to support a strike/colleague
▶ **apoyarse** *vp* (*recostarse*) to lean *on/against sth*: *~se en un bastón/contra una pared* to lean on a stick/against a wall

apoyo *nm* support: *una manifestación de ~ a la huelga* a demonstration in support of the strike

apreciar *vt* **1** (*cosa*) to value: *Aprecio el trabajo bien hecho.* I value a job well done. **2** (*persona*) to think highly of *sb*: *Te aprecian mucho.* They think very highly of you. **3** (*percibir*) to see: *Se aprecia una gran diferencia.* You can see a great difference.

aprecio *nm* regard (*for sb/sth*) LOC **tenerle mucho aprecio a algn** to be very fond of sb

aprender *vt, vi* to learn: *~ francés* to learn French ◇ *Deberías ~ a escuchar a los demás.* You should learn to listen to other people. ◇ *Quiero ~ a conducir.* I want to learn to drive.
▶ **aprenderse** *vp* to learn: *~se tres capítulos* to learn three chapters ◇ *~se algo de memoria* to learn sth by heart

aprendiz, -iza *nm-nf* apprentice: *~ de peluquero* apprentice hairdresser

aprendizaje *nm* learning: *el ~ de un idioma* learning a language ◇ *problemas de ~* learning difficulties

apresurarse *vp* ~ **a** to hasten *to do sth*: *Me apresuré a darles las gracias.* I hastened to thank them. LOC **¡apresúrate!** hurry up!

apretado, -a *adj* **1** (*ajustado*) tight **2** (*gente*) squashed together *Ver tb* APRETAR

apretar *vt* **1** (*botón, pedal*) to press **2** (*tuerca, tapa, nudo*) to tighten **3** (*estrujar*) to squeeze **4** (*gatillo*) to pull **5** (*exigir*) to be strict with *sb*
▶ *vi* **1** (*ropa*) to be too tight (for *sb*): *El pantalón me aprieta.* These trousers are too tight (for me). **2** (*zapatos*) to pinch
▶ **apretarse** *vp* **apretarse (contra)** to squeeze up (against *sth*) LOC **apretarse el cinturón** to tighten your belt

aprieto *nm* LOC **estar en aprietos/un aprieto** to be in a fix ♦ **poner en un aprieto** to put *sb* in a tight spot

aprisa *adv* fast
▶ **¡aprisa!** *interj* hurry up!

aprobación *nf* approval LOC **dar su aprobación** to give your consent (*to sth*)

aprobado *nm* (*Educ*) pass: *Saqué dos ~s.* I got two passes. ➲ *Ver nota en pág 397*

aprobar *vt* **1** (*examen, ley*) to pass: *Aprobé a la primera.* I passed first time. ◇ *No he aprobado ni una asignatura.* I haven't passed a single subject. **2** (*aceptar*) to approve of *sb/sth*: *No apruebo su comportamiento.* I don't approve of their behaviour.

apropiado, -a *adj* appropriate *Ver tb* APROPIARSE

apropiarse *vp* ~ **de** to take: *Niegan haberse apropiado del dinero.* They deny taking the money.

aprovechado, -a *adj* (*espacio*): *El espacio está muy bien ~ aquí.* They've made really good use of space here.
▶ *adj, nm-nf* (*interesado*) sponger: *Tu novio me parece un poco ~.* I think your boyfriend's a bit of a sponger. *Ver tb* APROVECHAR

aprovechar *vt* **1** (*utilizar*) to use: *Aproveché la masa que sobraba para hacer una pizza.* I used the leftover dough to make a pizza. **2** (*espacio, tiempo, dinero*) to make the most of *sth*: *~ bien el tiempo* to make the most of your time **3** (*recursos naturales*) to exploit: *~ la energía solar* to exploit solar energy **4** (*oportunidad*) to take advantage of *sb/sth*: *Aproveché el viaje para visitar a mi hermano.* I took advantage of the journey to visit my brother.
▶ *vi*: *Aprovecha ahora que no está el jefe.* Seize the chance now that the boss isn't here.
▶ **aprovecharse** *vp* **aprovecharse (de)** to take advantage (of *sb/sth*) LOC **¡que aproveche!**

No existe una fórmula típicamente británica para desear buen provecho al comienzo de una comida. Si quieres, puedes decir **Enjoy your meal!**

aproximadamente *adv* more or less, approximately (*más formal*)

aproximado, -a *adj* approximate LOC *Ver* CÁLCULO; *Ver tb* APROXIMARSE

aproximarse *vp* to get closer (*to sb/sth*), to approach (*más formal*): *Se aproximan los exámenes.* The exams are getting closer.

aptitud *nf* **1** aptitude (*for sth/doing sth*): *prueba de ~* aptitude test **2 aptitudes** gift [*v sing*]: *tener ~es musicales* to have a gift for music

apto, -a *adj* suitable (*for sth/to do sth*): *No son ~s para este trabajo.* They're not suitable for this job.

apuesta *nf* bet: *hacer una ~* to make a bet

apuntar *vt* **1** (*anotar*) to note *sth* down: *Voy a ~ la dirección.* I'm going to note down the address. **2** (*inscribir*) to put *sb's name* down
▶ *vt, vi* to aim (*sth*) (*at sb/sth*): *Me apuntó con la pistola.* He aimed his gun at me. ◇ *Apunté demasiado alto.* I aimed too high. ❶ La palabra inglesa **appoint** significa *nombrar.*
▶ **apuntarse** *vp* **1** (*inscribirse*) to put your name down (*for sth*), to enrol (*for sth*) (*más formal*): *Me he apuntado a un curso de judo.* I've enrolled for judo lessons. **2** (*Dep, triunfo*) to score: *El equipo se apuntó una gran victoria.* The team scored a great victory. **3** (*participar*): *Si vais a la playa, me apunto.* If you're going to the beach, I'll come along. ◇ *Siempre se apunta a todo.* She always joins in with everything. LOC **apuntarse al paro** to sign on

apunte *nm* note: *coger/tomar ~s* to take notes

apuñalar *vt* to stab

apuro *nm* **1** (*aprieto*) fix: *Eso nos sacaría del ~.* It would get us out of this fix. **2 apuros** trouble [*incontable*]: *un alpinista en ~s* a climber in trouble **3** (*vergüenza*) embarrassment: *¡Qué ~!* How embarrassing!

aquel, aquella *adj* that [*pl* those]
▶ *pron* (*tb* **aquél, aquélla**) **1** (*cosa*) that one [*pl* those (ones)]: *Este coche es mío y ~ de Pedro.* This car's mine and that one is Pedro's. ◇ *Prefiero aquellos.* I prefer those (ones). **2** (*persona*): *Aquel es mi amigo.* That's my friend. ◇ *¿Conoces a aquellos?* Do you know those people? LOC *Ver* ENTONCES

aquello *pron*: *¿Ves ~ de allí?* Can you see that thing over there? ◇ *No te imaginas lo que fue ~.* You can't imagine what it was like. ◇ *~ de tu jefe* that business with your boss LOC **aquello que...** what...: *Recuerda ~ que tu abuela siempre decía.* Remember what your granny always used to say.

aquí *adv* **1** (*lugar*) here: *Ya están ~.* They're here. ◇ *Es ~ mismo.* It's right here. **2** (*ahora*) now: *de ~ en adelante* from now on ◇ *Hasta ~ todo va bien.* So far everything's fine. **3** (*presentaciones*) this is: *Aquí mi hermano, ~ un amigo.* This is my brother, this is a friend. LOC **(por) aquí cerca** near here ♦ **por aquí (por favor)** this way (please) *Ver tb* MISMO, TIRO

árabe *adj* **1** Arab: *el mundo ~* the Arab world **2** (*Arquit, Liter*) Arabic

▶ *nmf* Arab: *los ~s* the Arabs
▶ *nm* (*lengua*) Arabic

arábigo, -a *adj* LOC *Ver* NUMERACIÓN, NÚMERO

arado *nm* plough

arancel *nm* tariff

arándano *nm* blueberry [*pl* blueberries]

arandela *nf* **1** (*aro*) metal ring **2** (*para un tornillo*) washer

araña *nf* spider

arañar(se) *vt, vp* to scratch (yourself): *Me he arañado los brazos cogiendo moras.* I scratched my arms picking blackberries.

arañazo *nm* scratch

arar *vt* to plough

arbitrar *vt* **1** (*Dep*) to referee, to umpire ➲ *Ver nota en* ÁRBITRO **2** (*mediar*) to mediate

arbitrario, -a *adj* arbitrary

árbitro, -a *nm-nf* referee, umpire

La traducción depende del deporte. En la mayor parte de los casos (fútbol, baloncesto, etc.), se dice **referee**, pero en algunos deportes (p. ej. tenis, béisbol) se usa **umpire**.

árbol *nm* tree: *~ frutal* fruit tree LOC **árbol genealógico** family tree

arboleda *nf* grove

arbusto *nm* bush

arcada *nf* (*soportales*) arcade LOC **dar arcadas** to retch: *Me daban ~s.* I was retching.

arcén *nm* **1** (*autopista*) hard shoulder, breakdown lane (*USA*) **2** (*carretera*) verge

archipiélago *nm* archipelago [*pl* archipelagoes]

archivador *nm* **1** (*mueble*) filing cabinet **2** (*carpeta*) file

archivar *vt* **1** (*clasificar*) to file **2** (*Informát*) to store: *~ datos* to store data **3** (*asunto*) to shelve

archivo *nm* **1** (*Informát, policía*) file: *guardar/crear un ~* to save/create a file **2** (*Hist*) archive(s) [*se usa mucho en plural*]: *un ~ histórico* historical archives

arcilla *nf* clay

arco *nm* **1** (*Arquit*) arch **2** (*Geom*) arc: *un ~ de 36°* a 36° arc **3** (*Dep, violín*) bow: *el ~ y las flechas* bow and arrows LOC **arco iris** rainbow: *¡Mira!, ha salido el ~ iris.* Look! There's a rainbow. *Ver tb* TIRO

arcón *nm* large chest

arder *vi* **1** (*quemarse*) to burn **2** (*estar muy caliente*) to be boiling hot: *La sopa está ardiendo.* The soup is boiling hot. LOC **estar que arde** (*persona*) to be furious: *Tu padre está que arde.* Your father is furious. *Ver tb* AGARRAR

ardiente *adj* LOC *Ver* CAPILLA

ardilla *nf* squirrel

ardor *nm* (*entusiasmo*) enthusiasm LOC **ardor de estómago** heartburn

área *nf* area: *el ~ de un rectángulo* the area of a rectangle LOC **área de servicio** service area

arena *nf* sand: *jugar en la ~* to play in the sand LOC **arenas movedizas** quicksands *Ver tb* BANCO, CASTILLO

arenque *nm* herring

Argelia *nf* Algeria

argelino, -a *adj, nm-nf* Algerian

Argentina *nf* Argentina

argentino, -a *adj, nm-nf* Argentinian

argolla *nf* ring

argot *nm* **1** (*lenguaje coloquial*) slang **2** (*lenguaje profesional*) jargon

argumento *nm* **1** (*razón*) argument: *los ~s a favor y en contra* the arguments for and against **2** (*Cine, Liter*) plot

árido, -a *adj* (*terreno, tema*) dry

aries (*tb* **Aries**) *nm, nmf* Aries ➲ *Ver ejemplos en* ACUARIO

arisco, -a *adj* unfriendly

arista *nf* (*Geom*) edge

aristocracia *nf* aristocracy [*v sing o pl*]

aristócrata *nmf* aristocrat

aritmética *nf* arithmetic

arma *nf* weapon: *~s nucleares/químicas* nuclear/chemical weapons ◇ *Nuestra mejor ~ es el silencio.* Silence is our best weapon. ❶ En algunos contextos, se dice **arms**: *un traficante/fabricante de armas* an arms dealer/manufacturer. LOC **arma blanca** knife ◆ **arma de doble filo** double-edged sword ◆ **arma de fuego** firearm ◆ **arma homicida** murder weapon *Ver tb* ESCUDO

armada *nf* navy [*v sing o pl*] [*pl* navies]: *tres buques de la ~* three navy ships

armadura *nf* armour [*incontable*]: *una ~* a suit of armour

armamento *nm* arms [*pl*]: *el control de ~* arms control LOC *Ver* CARRERA

armar *vt* **1** (*entregar armas*) to arm *sb* (*with sth*): *Armaron a los soldados con fusiles.* They armed the soldiers with guns. **2** (*mueble, etc.*) to assemble LOC **armarse de paciencia** to be patient ◆ **armarse de valor** to pluck up courage ◆ **armarse un lío** to get confused: *Siempre se arma un lío con las calles.* He's always getting the streets confused. ◆ **armar (un) cirio/jaleo/lío** to make a racket ◆ **armar una bronca/un escándalo/un número** to make a scene *Ver tb* RUIDO

A

armario *nm* **1** (*de cocina, etc.*) cupboard **2** (*para ropa*) wardrobe, closet (*USA*) LOC **salir del armario** to come out of the closet

armisticio *nm* armistice

armonía *nf* harmony [*pl* harmonies]

armónica *nf* mouth organ, harmonica (*más formal*)

arnés *nm* **arneses** harness [*v sing*]

aro *nm* **1** ring: *los ~s olímpicos* the Olympic rings **2** (*Gimnasia*) hoop

aroma *nm* aroma

aromaterapia *nf* aromatherapy

aromático, **-a** *adj* aromatic

arpa *nf* harp

arqueología *nf* archaeology

arqueólogo, **-a** *nm-nf* archaeologist

arquitecto, **-a** *nm-nf* architect

arquitectura *nf* architecture

arrabal *nm* **1 arrabales** (*afueras*) outskirts **2** (*barrio pobre*) poor area

arraigado, **-a** *adj* deep-rooted: *una costumbre muy arraigada* a deep-rooted custom *Ver tb* ARRAIGAR(SE)

arraigar(se) *vi, vp* to take root

arrancar *vt* **1** (*sacar*) to pull *sth* out: *~ un clavo* to pull a nail out **2** (*planta*) to pull *sth* up: *~ los hierbajos* to pull the weeds up **3** (*página*) to tear *sth* out **4** (*quitar*) to pull *sth* off: *~ la etiqueta de una camisa* to pull the label off a shirt

▶ *vt, vi* (*motor*) to start

arranque *nm* **1** (*motor*): *Tengo problemas con el ~*. I've got problems starting the car. **2** (*persona*) go: *una persona de poco ~* a person with very little go **3 ~ de (a)** (*emoción negativa*) fit: *un ~ de celos/ira* a fit of jealousy/anger **(b)** (*emoción positiva*) burst: *un ~ de valentía/optimismo* a burst of courage/optimism

arrasar *vt* to destroy: *El incendio arrasó varios edificios.* The fire destroyed several buildings.

▶ *vi* (*ganar*) to win hands down: *El equipo local arrasó.* The home team won hands down.

arrastrar *vt* **1** (*por el suelo*) to drag: *No arrastres los pies.* Don't drag your feet. **2** (*problema, deuda, asignatura*): *Todavía arrastro el catarro.* I haven't got over my cold yet. ◇ *Todavía arrastro la física de primero.* I still haven't passed my first year physics exam.

▶ **arrastrarse** *vp* **1** (*gatear*) to crawl: *~se por el suelo* to crawl along the floor **2 arrastrarse (ante)** (*humillarse*) to grovel (to *sb*)

arrecife *nm* reef

arreglado, **-a** *adj* **1** (*persona*) dressed up: *¿Dónde vas tan arreglada?* Where are you off to all dressed up? ◇ *una señora muy arreglada* a smartly dressed woman **2** (*ordenado*) tidy, neat (*USA*) **3** (*asunto*) sorted: *Ya está ~ el problema.* The problem's sorted now. *Ver tb* ARREGLAR

arreglar *vt* **1** (*reparar*) to mend: *Van a venir a ~ la lavadora.* They're coming to mend the washing machine. **2** (*hacer obras*) to do *sth* up: *Estamos arreglando el cuarto de baño.* We're doing up the bathroom. **3** (*ordenar*) to tidy *sth* (up), to clean *sth* up (*USA*) **4** (*asunto, problema*) to sort: *No te preocupes que yo lo arreglaré.* Don't worry, I'll sort it.

▶ **arreglarse** *vp* **1** (*acicalarse*) to get ready **2** (*mejorar*) to get better, to improve (*más formal*): *Si se arregla la situación económica...* If the economic situation improves... **3** (*salir bien*) to work out: *Al final todo se arregló.* It all worked out in the end. **4** (*apañarse*) to manage: *Hay poca comida pero ya nos arreglaremos.* There's not much food but we'll manage. LOC **arreglárselas** to manage

arreglo *nm* **1** (*reparación*) repair: *hacer ~s* to do repairs **2** (*acuerdo*) agreement LOC **no tiene arreglo 1** (*objeto*) it can't be mended **2** (*problema*) it can't be solved **3** (*persona*) he/she is a hopeless case

arrendar *vt* **1** (*ceder*) to rent *sth* out: *Arrendaron su casa de la playa el verano pasado.* They rented out their seaside home last summer. **2** (*tomar*) to rent: *Arrendé un apartamento en Santander.* I rented an apartment in Santander. ➲ *Ver nota en* ALQUILAR

arrepentido, **-a** *adj* LOC **estar arrepentido (de)** to be sorry (for/about *sth*) ➲ *Ver nota en* SORRY; *Ver tb* ARREPENTIRSE

arrepentimiento *nm* **1** (*pesar*) regret **2** (*Relig*) repentance

arrepentirse *vp* ~ **(de) 1** (*lamentar*) to regret (*sth/doing sth*): *Me arrepiento de habérselo prestado.* I regret lending it to him. **2** (*pecado*) to repent (of *sth*)

arrestar *vt* **1** (*detener*) to arrest **2** (*encarcelar*) to imprison

arresto *nm* **1** (*detención*) arrest **2** (*prisión*) imprisonment: *10 días de ~* 10 days' imprisonment

arriar *vt* to lower: *~ (la) bandera* to lower the flag

arriba *adv* **1** up: *aquel castillo allá ~* that castle up there ◇ *Íbamos andando cuesta ~*. We were walking up the hill. ◇ *de cintura para ~* from the waist up **2** (*piso*) upstairs: *Viven ~*. They live upstairs. ◇ *los vecinos de ~* our upstairs neighbours

▶ **¡arriba!** *interj* come on: *¡Arriba el Athletic!* Come on Athletic! LOC **arriba del todo** at the very top ◆ **de arriba abajo 1** up and down: *Me* *miró de ~ abajo.* He looked me up and down. **2** (*completamente*): *cambiar algo de ~ abajo* to change sth completely ◆ **hacia arriba** upwards ◆ **más arriba 1** (*más lejos*) further up: *Está en esta misma calle, más ~.* It's further up this street. **2** (*en sentido vertical*) higher up: *Pon el cuadro más ~.* Put the picture higher up. **3** (*en un texto*) above *Ver tb* AHÍ, ALLÁ, ALLÍ, BOCA, CALLE, CUESTA, MANO, PARTE[1], PATA, RÍO

arriesgado, -a *adj* **1** (*peligroso*) risky **2** (*audaz*) daring *Ver tb* ARRIESGAR

arriesgar *vt* to risk: *~ la salud/el dinero/la vida* to risk your health/money/life
▶ **arriesgarse** *vp* to take a risk/risks: *Yo que tú, no me arriesgaría.* If I were you, I wouldn't risk it. LOC *Ver* PELLEJO

arrimar *vt* to bring *sth* closer (*to sth*): *Arrima la silla a la estufa.* Bring your chair closer to the stove.
▶ **arrimarse** *vp* **arrimarse (a)** to go/come near (*sth*): *No te arrimes a esa puerta, está recién pintada.* Don't go near that door. It's just been painted. ➲ *Ver nota en* IR

arrinconar *vt* **1** (*cosa*) to discard **2** (*marginar*) to exclude **3** (*acorralar*) to corner

arroba *nf* (*Informát*) at

El símbolo @ se lee **at**: *juan@rednet.es* se lee "juan at rednet dot e s" /dɒt iː es/.

arrodillarse *vp* to kneel (down)

arrogante *adj* arrogant

arrojar *vt* to throw: *~ piedras a la policía* to throw stones at the police

arrollar *vt* **1** (*peatón*) to run *sb* over: *Lo arrolló un coche.* A car ran him over. **2** (*viento, agua*) to carry *sth* away: *El viento arrolló el tejado.* The wind carried the roof away. **3** (*vencer*) to thrash, to whip (*USA*): *~ al equipo contrario* to thrash the opposing team

arropar(se) *vt, vp* to wrap (*sb*) up, to bundle (*sb*) up (*USA*): *Arrópate bien.* Wrap up warm.

arroyo *nm* stream

arroz *nm* rice LOC **arroz a la cubana** rice with fried egg and banana with tomato sauce ◆ **arroz con leche** rice pudding

arrozal *nm* rice field

arruga *nf* **1** (*piel*) wrinkle **2** (*papel, ropa*) crease

arrugar(se) *vt, vp* **1** (*piel*) to wrinkle **2** (*ropa*) to crease: *Esta falda se arruga enseguida.* This skirt creases very easily. **3** (*papel*) to crumple *sth* (up): *Dóblalo bien para que no se arrugue.* Fold it properly so that it doesn't get crumpled.

arruinar *vt* to ruin: *La tormenta ha arruinado las cosechas.* The storm has ruined the crops.
▶ **arruinarse** *vp* (*Fin*) to go bankrupt

arte *nm* **1** art: *una obra de ~* a work of art **2** (*habilidad*) skill (*at sth/doing sth*): *Tienes ~ para pintar.* You show great skill at painting. LOC **arte dramático** drama ◆ **artes marciales** martial arts ◆ **artes plásticas** plastic arts ◆ **como por arte de magia** as if by magic *Ver tb* BELLO

artefacto *nm* (*dispositivo*) device: *un ~ explosivo* an explosive device

arteria *nf* (*Anat*) artery [*pl* arteries]

artesanal *adj* **1** craft: *un taller ~* a craft workshop **2** (*productos alimenticios*) handmade: *quesos de fabricación ~* handmade cheeses

artesanía *nf* **1** (*productos*) handicrafts [*pl*]: *la ~ mexicana* Mexican handicrafts **2** (*técnica*) craftsmanship LOC **de artesanía** handmade

artesano, -a *nm-nf* craftsman/woman [*pl* -men/-women]

ártico, -a *adj, nm* (the) Arctic LOC *Ver* CÍRCULO

articulación *nf* **1** (*Anat, Mec*) joint **2** (*pronunciación*) articulation

artículo *nm* **1** (*Period, Gram, Jur*) article: *un ~ sobre Francia* an article about France **2 artículos** (*productos*) goods: *~s de viaje/para el hogar* travel/household goods LOC **artículo definido/indefinido** definite/indefinite article

artificial *adj* artificial LOC *Ver* FUEGO, RESPIRACIÓN

artillería *nf* artillery

artista *nmf* **1** (*creador, cantante, etc.*) artist **2** (*actor*) actor, actress ➲ *Ver nota en* ACTRESS

arzobispo *nm* archbishop

as *nm* **1** (*naipe*) ace: *el as de corazones* the ace of hearts ➲ *Ver nota en* BARAJA **2** (*persona*): *un as del ciclismo* a top cyclist

asa *nf* handle ➲ *Ver dibujo en* HANDLE

asado, -a *adj, nm* roast: *cordero ~* roast lamb *Ver tb* ASAR

asalariado, -a *nm-nf* wage earner

asaltante *nmf* **1** (*agresor*) attacker **2** (*ladrón*) raider

asaltar *vt* **1** (*establecimiento*) to raid: *Dos tipos asaltaron el banco.* Two men raided the bank. **2** (*persona*) to mug: *Le asaltó un enmascarado.* He was mugged by a masked man. **3** (*Mil*) to attack: *Los terroristas asaltaron la embajada.* The terrorists attacked the embassy.

asalto *nm* **1 ~ (a)** (*a un establecimiento*) raid (on *sth*): *un ~ a una joyería* a raid on a jeweller's **2 ~ (a)** (*a una persona, Mil*) attack (on *sb/sth*) **3** (*Boxeo*) round

asamblea *nf* **1** (*reunión*) meeting **2** (*parlamento*) assembly [*pl* assemblies]

asar *vt* **1** (*carne*) to roast **2** (*patata entera, frutas, pescado*) to bake **3** (*a la parrilla*) to barbecue ▶ **asarse** *vp* to roast: *Me estoy asando vivo.* I'm roasting alive.

ascendente *nm* (*Astrol*) ascendant

ascender *vt* to promote *sb* (*to sth*): *Lo ascendieron a capitán.* He was promoted to captain. ▶ *vi* **1** (*elevarse*) to go up, to rise (*más formal*): *Los precios siguen ascendiendo.* Prices are still rising. **2** (*montañismo*) to climb (up) *sth* **3** (*trabajador*) to be promoted (*to sth*)

ascenso *nm* **1** (*temperatura, precios*) rise: *Habrá un ~ de las temperaturas.* There will be a rise in temperatures. **2** (*montaña*) ascent **3** (*de un empleado, de un equipo*) promotion

ascensor *nm* lift, elevator (*USA*): *llamar al ~* to call the lift

asco *nm* LOC **dar asco** to make you sick: *Este trabajo da ~.* This job makes me sick. ◇ *Los caracoles me dan ~.* I can't stand snails. ◆ **estar hecho un asco 1** (*sitio*) to be filthy **2** (*sentirse mal*) to feel awful **3** (*tener mal aspecto*) to look awful ◆ **hacer ascos** to turn your nose up (*at sth*) ◆ **¡qué asco! 1** (*qué repugnante*) how revolting! **2** (*qué fastidio*) what a pain! ◆ **¡qué asco de...!**: *¡Qué ~ de tiempo!* What dreadful weather! *Ver tb* CARA

ascua *nf* LOC **estar en ascuas** to be on tenterhooks

aseado, -a *adj* **1** (*persona*) clean **2** (*lugar*) tidy, neat (*USA*) *Ver tb* ASEARSE

asearse *vp* **1** (*lavarse*) to have a wash **2** (*arreglarse*) to tidy yourself up

asegurar *vt* **1** (*garantizar*) to ensure: *~ que todo funcione* to ensure that everything works **2** (*afirmar*) to assure: *Asegura que no los vio.* She assures us she didn't see them. **3** (*con una compañía de seguros*) to insure *sb/sth* (*against sth*): *Quiero ~ el coche contra incendio y robo.* I want to insure my car against fire and theft. ▶ **asegurarse** *vp* (*comprobar*) to make sure (*of sth/that...*): *Asegúrate de cerrar las ventanas.* Please make sure you close the windows.

asentir *vi* LOC **asentir con la cabeza** to nod

aseo *nm* **1** (*limpieza*) cleanliness: *el ~ de las habitaciones* cleaning the rooms **2** (*cuarto de baño*) toilet, bathroom (*USA*) ➲ *Ver nota en* TOILET LOC **aseo personal** personal hygiene *Ver tb* BOLSA

asesinar *vt* to murder: *Parece que le asesinaron.* It seems he was murdered.

> Existe también el verbo **assassinate** y los sustantivos **assassination** (*asesinato*) y **assassin** (*asesino*), pero sólo se utilizan cuando nos referimos a un personaje importante: *¿Quién asesinó al ministro?* Who assassinated the minister? ◇ *Hubo un intento de asesinato contra el Presidente.* There was an assassination attempt on the President. ◇ *un asesino a sueldo* a hired assassin.

asesinato *nm* murder: *cometer un ~* to commit (a) murder ➲ *Ver nota en* ASESINAR

asesino, -a *nm-nf* murderer ➲ *Ver nota en* ASESINAR ▶ *adj* (*mirada*) murderous

asesor, -ora *nm-nf* adviser

asfaltar *vt* to tarmac, to asphalt (*USA*): *Han asfaltado la carretera.* They've tarmacked the road.

asfalto *nm* Tarmac®, asphalt (*USA*)

asfixia *nf* suffocation

asfixiar *vt* **1** (*con humo, gas*) to suffocate **2** (*con una almohada, etc.*) to smother ▶ **asfixiarse** *vp* to suffocate

así *adv, adj* **1** (*de este modo, como este*) like this: *Sujétalo ~.* Hold it like this. **2** (*de ese modo, como ese*) like that: *Quiero un coche ~.* I want a car like that. ◇ *Con gente ~ da gusto trabajar.* It's nice working with people like that. ◇ *Yo soy ~.* That's the way I am. LOC **así, así** (*regular*) so-so ◆ **así de grande, gordo, etc.** this big, fat, etc. ◆ **así que** so: *No llegaban, ~ que me fui.* They didn't come so I left. ◇ *¡Así que os mudáis!* So you're moving, are you? ◆ **¡así se habla/hace!** well said/done! ◆ **o así** or so: *unos doce o ~* about twelve or so ◆ **y así sucesivamente** and so on (and so forth) *Ver tb* ALGO

Asia *nf* Asia

asiático, -a *adj, nm-nf* Asian ➲ *Ver nota en* ASIAN

asiento *nm* seat

asignar *vt* to assign

asignatura *nf* subject: *He suspendido dos ~s.* I've failed two subjects. LOC **asignatura pendiente** resit: *Tengo tres ~s pendientes.* I've got to do three resits.

asilo *nm* **1** (*residencia*) home **2** (*Pol*) asylum: *conceder/pedir ~ político* to grant/seek political asylum

asimilar *vt* to assimilate

asistencia *nf* **1** (*presencia*) attendance **2** (*a enfermos*) care: *~ médica/sanitaria* medical/health care LOC *Ver* FALTA

asistenta *nf* (*limpiadora*) cleaner

asistente *adj, nmf* ~ **(a)** present (at *sth*): *entre los ~s a la reunión* among those present at the meeting LOC **asistente social** social worker

asistir *vi* ~ **(a)** (*acudir*) to attend: ~ *a una clase/una reunión* to attend a lesson/meeting
▶ *vt* (*médico*) to treat: *¿Qué médico te asistió?* Which doctor treated you? ℹ La palabra inglesa **assist** significa *ayudar* y es bastante formal.

asma *nf* asthma

asmático, -a *adj, nm-nf* asthmatic

asno, -a *nm-nf* ass

asociación *nf* association LOC **asociación de consumidores** consumers' association ◆ **asociación de madres y padres de alumnos** (*abrev* **AMPA**) parents' association

asociar *vt* to associate *sb/sth* (*with sb/sth*): ~ *el calor a las vacaciones* to associate good weather with the holidays
▶ **asociarse** *vp* to form a partnership (*to do sth*)

asomar *vt*: ~ *la cabeza por la ventana* to put your head out of the window ◇ ~ *la cabeza por la puerta* to put your head round the door
▶ **asomarse** *vp*: *Me asomé a la ventana para verlo mejor.* I put my head out of the window to get a better look. ◇ *Asómate al balcón.* Come out onto the balcony.

asombrarse *vp* to be amazed (*at/by sth*): *Se asombraron al vernos.* They were amazed to see us. ◇ *Me asombré del desorden.* I was amazed by the mess.

asombro *nm* amazement: *mirar con* ~ to look in amazement ◇ *poner cara de* ~ to look amazed

aspa *nf* (*molino*) sail

aspecto *nm* **1** (*apariencia*) look: *¿Qué ~ tiene tu hermano?* What does your brother look like? ◇ *¿Qué tal ~ tiene la comida?* Does the food look OK? **2** (*faceta*) aspect: *el ~ jurídico* the legal aspect LOC **en algunos/ciertos aspectos** in some ways ◆ **en ese/este aspecto** in that/this respect ◆ **tener aspecto (de)** to look: *Tienes ~ (de) cansado.* You look tired. ◆ **tener buen/mal aspecto** to look good/not to look good: *Tu abuela no tiene muy buen ~.* Your granny doesn't look too good.

aspereza *nf* LOC *Ver* LIMAR

áspero, -a *adj* rough

aspiradora *nf* (*tb* **aspirador** *nm*) Hoover®, vacuum cleaner (*más formal*): *pasar la* ~ to hoover/vacuum

aspirante *nmf* ~ **(a)** candidate (for *sth*): *los ~s al puesto* the candidates for the job

aspirar *vt* **1** (*respirar*) to breathe *sth* in **2** (*máquina*) to suck *sth* up
▶ *vi* ~ **a** to aspire to *sth*: ~ *a ganar un sueldo decente* to aspire to a decent salary

aspirina *nf* aspirin: *tomarse una* ~ to take an aspirin

asqueroso, -a *adj* **1** (*sucio*) filthy **2** (*repugnante*) disgusting

asta *nf* **1** (*bandera*) flagpole **2** (*toro*) horn LOC *Ver* MEDIO

asterisco *nm* asterisk LOC *Ver* TECLA

astilla *nf* splinter LOC *Ver* TAL

astillero *nm* shipyard

astro *nm* star

astrología *nf* astrology

astrólogo, -a *nm-nf* astrologer

astronauta *nmf* astronaut

astronomía *nf* astronomy

astrónomo, -a *nm-nf* astronomer

astucia *nf* **1** (*habilidad*) shrewdness: *tener mucha* ~ to be very shrewd **2** (*malicia*) cunning

astuto, -a *adj* **1** (*hábil*) shrewd: *un hombre muy* ~ a very shrewd man **2** (*malicioso*) cunning: *Elaboraron un plan ~.* They devised a cunning plan.

asunto *nm* **1** (*tema*) matter: *un ~ de interés general* a matter of general interest **2** (*Pol*) affair LOC **no es asunto mío** it's none of my, your, etc. business *Ver tb* DESCUBRIR, MINISTERIO, MINISTRO

asustar *vt* to scare, to frighten (*más formal*): *Me asustó el perro.* The dog frightened me. ◇ *¿Te asusta la oscuridad?* Are you scared of the dark?
▶ **asustarse** *vp* to be scared, to be frightened (*más formal*): *Te asustas por nada.* You're frightened of everything.

atacar *vt* to attack

atajar *vi* to take a short cut: *Podemos ~ por aquí.* We can take a short cut through here.

atajo *nm* short cut: *coger un* ~ to take a short cut

ataque *nm* **1** ~ **(a/contra)** attack (on *sb/sth*): *un ~ al corazón* a heart attack **2** (*risa, tos*) fit: *Le dio un ~ de tos.* He had a coughing fit. LOC **ataque de nervios** nervous breakdown *Ver tb* CARDIACO

atar *vt* to tie *sb/sth* (up): *Nos ataron las manos.* They tied our hands. ◇ *Ata bien el paquete.* Tie the parcel securely.
▶ **atar(se)** *vt, vp* to do *sth* up: *No puedo ~me los zapatos.* I can't do my shoes up.

atardecer *nm* dusk: *al* ~ at dusk

atareado, -a *adj* busy

atascar *vt* to block *sth* (up)

▶ **atascarse** *vp* **1** to get stuck: *El ascensor se atascó entre dos pisos.* The lift got stuck between two floors. ◇ *Siempre me atasco en esa palabra.* I always get stuck on that word. **2** (*conducto*) to get blocked **3** (*mecanismo*) to jam

atasco *nm* (*coches*) traffic jam

ataúd *nm* coffin, casket (*USA*)

atención *nf* attention

▶ **¡atención!** *interj* attention! LOC **atención al cliente** customer service ◆ **con atención** attentively ◆ **poner/prestar atención** to pay attention (*to sb/sth*) *Ver tb* HORARIO, LLAMAR

atender *vt* **1** (*recibir*) to see: *Tienen que ~ a muchas personas.* They have to see lots of people. **2** (*en una tienda*) to serve: *¿Le atienden?* Are you being served? **3** (*tarea, problema, solicitud*) to deal with *sth*: *Sólo atendemos casos urgentes.* We only deal with emergencies. **4** (*contestar*) to answer: *~ llamadas/al teléfono* to answer calls/the phone

▶ *vi* to pay attention (*to sb/sth*): *No atienden a lo que el profesor dice.* They don't pay any attention to what the teacher says.

atenerse *vp* ~ **a 1** (*reglas, órdenes*) to abide by *sth*: *Nos atendremos a las normas.* We'll abide by the rules. **2** (*consecuencias*) to face: *Ateneos a las consecuencias.* You'll have to face the consequences. LOC **(no) saber a qué atenerse** (not) to know what to expect

atentado *nm* **1** (*ataque*) attack (*on sb/sth*): *un ~ terrorista contra un cuartel del ejército* a terrorist attack on an army barracks ◇ *Hubo muchos muertos en el último ~.* Many people were killed in the recent attack. **2** (*intento de asesinato*) attempt on *sb's* life: *un ~ contra dos parlamentarios* an attempt on the lives of two MPs

atentamente *adv* (*fórmula de despedida*) Yours faithfully, Yours sincerely

> Recuerda que **Yours faithfully** (en Estados Unidos **Yours truly**) se utiliza cuando has empezado la carta con un saludo como *Dear Sir, Dear Madam*, etc. Si has empezado con *Dear Mr Jones, Dear Mrs Smith*, etc., debes despedirte utilizando **Yours sincerely** (**Sincerely (yours)** en Estados Unidos).

atentar *vi* ~ **contra 1** (*persona*) to make an attempt on *sb's* life: *Atentaron contra el juez.* They made an attempt on the judge's life. **2** (*edificio, coche, etc.*) to attack

atento, -a *adj* **1** (*prestando atención*) attentive: *Escuchaban ~s.* They listened attentively. **2** (*amable*) kind LOC **estar atento a algo 1** (*mirar*) to watch out for sth: *estar ~ a la llegada del tren* to watch out for the train **2** (*prestar atención*) to pay attention to sth

ateo, -a *nm-nf* atheist: *ser ~* to be an atheist

aterrador, -ora *adj* terrifying

aterrizaje *nm* landing LOC **aterrizaje forzoso/de emergencia** emergency landing *Ver tb* TREN

aterrizar *vi* to land: *Aterrizaremos en Gatwick.* We shall be landing at Gatwick.

aterrorizar *vt* **1** (*dar miedo*) to terrify: *Me aterrorizaba que pudieran tirar la puerta.* I was terrified they might knock the door down. **2** (*con violencia*) to terrorize: *Esos matones aterrorizan a los vecinos.* Those thugs terrorize the neighbourhood.

atiborrarse *vp* ~ **(de)** to stuff yourself (with *sth*): *Nos atiborramos de pasteles.* We stuffed ourselves with cakes.

ático *nm* **1** (*último piso*) top-floor flat **2** (*desván*) attic

atizar *vt* (*fuego*) to poke LOC **atizar un golpe** to hit *sb/sth*

atlántico, -a *adj* Atlantic

▶ *nm* **el Atlántico** the Atlantic (Ocean)

atlas *nm* atlas

atleta *nmf* athlete

atlético, -a *adj* athletic

atletismo *nm* athletics [*incontable*]

atmósfera *nf* atmosphere: *~ cargada/de malestar* stuffy/uneasy atmosphere

atómico, -a *adj* atomic

átomo *nm* atom

atontado, -a *adj* **1** (*distraído*): *Está como ~.* He's in a world of his own. **2** (*por droga, medicamento*) groggy: *Después de la anestesia te quedas un poco ~.* You'll feel a bit groggy after the anaesthetic. **3** (*por un golpe*) stunned

▶ *nm-nf* idiot *Ver tb* ATONTAR

atontar *vt* **1** (*aturdir*) to make *sb* drowsy **2** (*volver tonto*) to dull your senses: *Esas revistas te atontan.* Magazines like those dull your senses.

atormentar *vt* to torment

atornillar *vt* to screw *sth* down/in/on: *~ la última pieza* to screw on the last bit

atracador, -ora *nm-nf* **1** (*banco, tienda, tren*) robber **2** (*en la calle*) mugger

atracar *vt* **1** (*banco, tienda*) to hold *sth* up: *~ una sucursal de un banco* to hold up a branch of a bank **2** (*en la calle*) to mug: *Me han atracado en el metro.* I was mugged on the Underground.

▶ *vt, vi* (*barco*) to dock

atracción *nf* attraction: *una ~ turística* a tourist attraction ◇ *sentir ~ por algn* to be attracted to sb LOC *Ver* PARQUE

atraco *nm* **1** (*robo*) hold-up: *Cometieron un ~ en una joyería.* They held up a jeweller's shop. **2** (*en la calle*) mugging LOC *Ver* MANO

atracón *nm* LOC **darse un atracón** to stuff yourself full (*of sth*)

atractivo, **-a** *adj* attractive
▶ *nm* **1** (*cosa que atrae*) attraction: *uno de los ~s de la ciudad* one of the city's attractions **2** (*interés*) appeal [*incontable*]: *Tiene poco ~ para los inversores.* It holds little appeal for investors. **3** (*persona*) charm

atraer *vt* **1** to attract: *~ a los turistas* to attract tourists ◇ *Me atraen los hombres mediterráneos.* I'm attracted to Mediterranean men. **2** (*idea*) to appeal to *sb*

atragantarse *vp* **1** ~ **(con)** to choke (on *sth*): *Me atraganté con una espina.* I choked on a bone. **2** (*objeto*) to get stuck in *sb's* throat: *Se le atragantó un hueso de aceituna.* An olive stone got stuck in his throat.

atrancarse *vp* **1** (*tubería*) to get blocked **2** (*mecanismo, persona*) to get stuck

atrapado, **-a** *adj* LOC **estar/quedarse atrapado** to be trapped *Ver tb* ATRAPAR

atrapar *vt* to catch

atrás *adv* back: *Vamos a ponernos más ~.* Let's sit further back. ◇ *Siempre se sientan ~.* They always sit at the back. LOC **de atrás**: *el asiento/las filas de ~* the back seat/rows ◆ **dejar atrás** to leave *sb/sth* behind ◆ **echarse/volverse atrás** (*desdecirse*) to go back on your word ◆ **hacia/para atrás** backwards: *andar hacia ~* to walk backwards *Ver tb* CUENTA, MARCHA, PARTE[1]

atrasado, **-a** *adj* **1** (*publicación, sueldo*) back: *los números ~s de una revista* the back numbers of a magazine **2** (*país, región*) backward **3** (*reloj*) slow: *Tu reloj va ~.* Your watch is slow. LOC **tener trabajo, etc. atrasado** to be behind with your work, etc. *Ver tb* ATRASAR

atrasar *vt* **1** (*aplazar*) to put *sth* off, to postpone (*más formal*): *Tuvieron que ~ la reunión una semana.* They had to postpone the meeting for a week. **2** (*reloj*) to put *sth* back: *~ el reloj una hora* to put the clock back an hour
▶ **atrasar(se)** *vi, vp* (*reloj*) to be slow: *(Se) atrasa cinco minutos.* It's five minutes slow.

atraso *nm* **1** (*demora*) delay **2** (*subdesarrollo*) backwardness

atravesar *vt* **1** (*cruzar*) to cross: *~ la frontera* to cross the border **2** (*perforar, experimentar*) to go through *sth*: *La bala le atravesó el corazón.* The bullet went through his heart. ◇ *Atraviesan una grave crisis.* They're going through a serious crisis.
▶ **atravesarse** *vp* **1** (*en el camino*) to block *sb's* path: *Se nos atravesó un elefante.* An elephant blocked our path. **2** (*en la garganta*) to get *sth* stuck in your throat: *Se me atravesó una espina.* I got a bone stuck in my throat.

atreverse *vp* ~ **(a)** to dare (*do sth*): *No me atrevo a pedirle dinero.* I daren't ask him for money. ◇ *¿Cómo te atreves?* How dare you? ➲ *Ver nota en* DARE

atrevido, **-a** *adj* **1** daring: *una blusa/decisión atrevida* a daring blouse/decision **2** (*insolente*) cheeky, sassy (*USA*) *Ver tb* ATREVERSE

atributo *nm* attribute

atril *nm* (*música*) music stand

atropellado, **-a** *adj* (*por un vehículo*): *Murió ~.* He was run over by a car and died. *Ver tb* ATROPELLAR

atropellar *vt* to run *sb* over: *Me atropelló un coche.* I was run over by a car.

ATS *nmf* (assistant) nurse

atufar *vt* to make *sth* stink (*of sth*)
▶ *vi* ~ **(a)** to stink (of *sth*)

atún *nm* tuna

audaz *adj* bold

audición *nf* **1** (*oído*) hearing: *perder ~* to lose your hearing **2** (*prueba*) audition

audiencia *nf* audience: *el programa de mayor ~* the programme with the largest audience ◇ *el índice de ~* audience share

audiovisual *adj* audio-visual: *materiales ~es* audio-visual materials

auditorio *nm* **1** (*edificio*) concert hall **2** (*audiencia*) audience

auge *nm* boom (*in sth*): *el ~ económico* the economic boom ◇ *el ~ de la literatura fantástica* the boom in fantasy literature LOC **estar en (pleno) auge** to be enjoying a boom

aula *nf* **1** (*de escuela*) classroom **2** (*de universidad*) lecture room

aullar *vi* to howl

aullido *nm* howl

aumentar *vt* **1** to increase: *~ la competitividad* to increase competition **2** (*lupa, microscopio*) to magnify
▶ *vi* to increase: *Ha aumentado la población.* The population has increased. LOC *Ver* PESO

aumento *nm* rise, increase (*más formal*) (*in sth*): *un ~ de la población* an increase in population ◇ *un ~ del 3%* a 3% increase

aún *adv* **1** [*en oraciones afirmativas e interrogativas*] still: *Aún faltan dos horas.* There are still two hours to go. ◇ *¿Aún estás aquí?* Are you still here? **2** [*en oraciones negativas e interrogativas negativas*] yet: *—¿Aún no te han contestado? —No, ~ no.* 'Haven't they written back yet?' 'No, not yet.' ➲ *Ver nota en* STILL **3** [*en oraciones comparativas*] even: *Esta me gusta ~ más.* I like this one even better.

A

aun *adv* even: *Aun así no lo aceptaría.* Even so, I wouldn't accept it.

aunque *conj* **1** (*a pesar de que*) although, though (*más coloq*)

Although es más formal que **though**. Si se quiere dar más énfasis se puede usar **even though**: *No han querido venir, aunque sabían que estaríais.* They didn't want to come, although/though/even though they knew you'd be here.

2 (*incluso si*) even if: *Ven, ~ sea tarde.* Come along even if it's late.

auricular *nm* **1** (*teléfono*) receiver **2 auriculares** headphones

aurora *nf* dawn

ausencia *nf* absence

ausentarse *vp* ~ **(de) 1** (*salir*) to go out (of...): *Se ausentó sólo un momento.* He only went out (of the room) for a moment. **2** (*estar de viaje*) to be away (from...) **3** (*no ir*) to stay off: *~ de la escuela* to stay off school

ausente *adj* **1** absent: *Ha estado ~ tres días.* He has been absent for three days. **2** (*distraído*): *Estás como ~.* You're in a world of your own.

▶ *nmf* absentee

austeridad *nf* austerity

austero, -a *adj* austere

Australia *nf* Australia

australiano, -a *adj, nm-nf* Australian

Austria *nf* Austria

austriaco, -a (*tb* **austríaco, -a**) *adj, nm-nf* Austrian: *los ~s* the Austrians

auténtico, -a *adj* genuine, authentic (*más formal*): *un Dalí ~* a genuine Dali

auto *nm* (*coche*) car LOC *Ver* CHOQUE

autobiografía *nf* autobiography [*pl* autobiographies]

autobiográfico, -a *adj* autobiographical

autobús *nm* bus: *coger/perder el ~* to catch/miss the bus LOC *Ver* PARADA, TERMINAL

autocar *nm* coach, bus (*USA*)

autodefensa *nf* self-defence

autodeterminación *nf* self-determination

autodidacta *adj, nmf* self-taught: *ser un ~* to be self-taught

autoescuela *nf* driving school

autoestima *nf* self-esteem

autoestop, autoestopista *Ver* AUTOSTOP, AUTOSTOPISTA

autoevaluación *nf* (*Educ*) self-assessment

autógrafo *nm* autograph

autolavado *nm* automatic car wash

automático, -a *adj* automatic

▶ *nm* (*Costura*) press stud, snap (*USA*) LOC *Ver* CAJERO, CONTESTADOR, PILOTO, PORTERO, TRADUCTOR

automóvil *nm* car

automovilismo *nm* motor racing, auto racing (*USA*)

automovilista *nmf* motorist

autonomía *nf* **1** (*autogobierno*) autonomy **2** (*independencia*) independence: *la ~ del poder judicial* the independence of the judiciary **3** (*territorio*) autonomous region

autonómico, -a *adj* regional: *las autoridades autonómicas* the regional authorities LOC *Ver* ELECCIÓN

autónomo, -a *adj* **1** (*departamento, entidad*) autonomous **2** (*gobierno, etc.*) regional: *el parlamento ~* the regional parliament **3** (*trabajador*) self-employed

▶ *nm-nf* (*trabajador*) self-employed worker LOC *Ver* COMUNIDAD

autopista *nf* motorway, freeway (*USA*) LOC **autopista de peaje** toll road

autopsia *nf* post-mortem: *hacer una ~* to carry out a post-mortem

autor, -ora *nm-nf* **1** (*escritor*) author **2** (*compositor musical*) composer **3** (*crimen*) perpetrator

autoridad *nf* authority [*pl* authorities]

autorización *nf* permission

autorizar *vt* **1** (*permitir*) to authorize: *No han autorizado la huelga.* They haven't authorized the strike. **2** (*dar derecho*) to give *sb* the right (*to do sth*): *El cargo les autoriza a utilizar un coche oficial.* The job gives them the right to use an official car.

autorretrato *nm* self-portrait

autoservicio *nm* **1** (*restaurante*) self-service restaurant **2** (*supermercado*) supermarket **3** (*gasolinera*) self-service petrol station

autostop *nm* hitchhiking LOC **hacer autostop** to hitchhike

autostopista *nmf* hitchhiker

autosuficiente *adj* self-sufficient

autovía *nf* dual carriageway, divided highway (*USA*)

auxiliar *adj* auxiliary: *un verbo ~* an auxiliary verb

▶ *nmf* assistant: *~ administrativo* administrative assistant LOC **auxiliar de vuelo** flight attendant ◆ **auxiliar técnico sanitario** (*abrev* **ATS**) (assistant) nurse

auxilio *nm* help: *un grito de ~* a cry for help LOC *Ver* PRIMERO

avalancha *nf* avalanche

avance *nm* advance: *los ~s de la técnica* advances in technology LOC **avance informativo** newsflash

avanzar *vi* to advance
avaricia *nf* greed
avaricioso, -a *adj, nm-nf* greedy: *ser un ~* to be greedy
avaro, -a *adj* miserly
▶ *nm-nf* miser
AVE *nm* high-speed train: *Vamos a Madrid en el ~.* We're going to Madrid on the high-speed train.
ave *nf* bird
avellana *nf* hazelnut
▶ *nm* (*color*) hazel: *ojos de color ~* hazel eyes
avellano *nm* hazel
avemaría *nf* Hail Mary: *rezar tres ~s* to say three Hail Marys
avena *nf* oats [*pl*]
avenida *nf* avenue (*abrev* Ave.)
aventura *nf* **1** (*peripecia*) adventure: *Vivimos una ~ fascinante.* We had a fascinating adventure. **2** (*amorío*) fling
aventurero, -a *adj* adventurous
▶ *nm-nf* adventurer
avergonzar *vt* **1** (*humillar*) to make *sb* feel ashamed: *~ a la familia* to make your family feel ashamed **2** (*abochornar*) to embarrass: *Tu manera de vestir me avergüenza.* The way you dress embarrasses me.
▶ **avergonzarse** *vp* ~ **(de) 1** (*arrepentirse*) to be ashamed (of *sth/doing sth*): *Me avergüenzo de haberles mentido.* I'm ashamed of having told them a lie. **2** (*sentirse incómodo*) to feel embarrassed (about *sth*): *Se avergüenza de su cuerpo.* She feels embarrassed about her body.
avería *nf* **1** (*vehículo, mecanismo*) breakdown: *La ~ del coche me va a costar un ojo de la cara.* The breakdown's going to cost me an arm and a leg. **2** (*fallo*) fault: *una ~ en la instalación eléctrica* a fault in the electrical system
averiado, -a *adj* broken down: *Tenemos el lavavajillas ~.* Our dishwasher has broken down. ◇ *El ascensor está ~.* The lift is out of order. *Ver tb* AVERIARSE
averiarse *vp* (*Mec*) to break down
averiguar *vt* to find *sth* out, to discover (*más formal*)
avestruz *nm* ostrich
aviación *nf* **1** aviation: *~ civil* civil aviation **2** (*fuerzas aéreas*) air force
avinagrado, -a *adj* vinegary
avión *nm* plane, aeroplane (*más formal*) LOC **ir/viajar en avión** to fly ◆ **por avión** (*correo*) airmail
avioneta *nf* light aircraft [*pl* light aircraft]
avisar *vt* **1** (*informar*) to let *sb* know (*about sth*): *Avísame cuando lleguen.* Let me know when they arrive. **2** (*advertir*) to warn: *Te aviso que si no me pagas...* I'm warning you that if you don't pay... LOC **sin avisar**: *Vinieron sin ~.* They turned up unexpectedly. ◇ *Se fue de casa sin ~.* He left home without saying anything.
aviso *nm* **1** notice: *Cerrado hasta nuevo ~.* Closed until further notice. **2** (*advertencia*) warning: *sin previo ~* without prior warning
avispa *nf* wasp
axila *nf* armpit
¡ay! *interj* **1** (*de dolor*) ow! **2** (*de aflicción*) oh (dear)!
ayer *adv* yesterday: *~ por la mañana/tarde* yesterday morning/afternoon ◇ *el periódico de ~* yesterday's paper LOC **antes de ayer** the day before yesterday ◆ **ayer por la noche** last night
ayuda *nf* help [*incontable*]: *Gracias por tu ~.* Thanks for your help. ◇ *Necesito ~.* I need help. LOC *Ver* TELÉFONO
ayudante *adj, nmf* assistant LOC **ayudante técnico sanitario** (*abrev* **ATS**) (assistant) nurse
ayudar *vt, vi* to help: *¿Te ayudo?* Can I help you? ◇ *Le ayudé a encontrar sus llaves.* I helped him (to) find his keys.
ayunar *vi* to fast
ayunas LOC **en ayunas**: *Estoy en ~.* I've had nothing to eat or drink.
ayuno *nm* fast: *40 días de ~* 40 days of fasting
ayuntamiento *nm* **1** (*concejo*) council [*v sing o pl*] **2** (*edificio*) town hall
azabache *nm* jet: *negro como el ~* jet black
azada *nf* hoe
azafata *nf* **1** (*de vuelo*) stewardess **2** (*de congresos*) hostess
azafrán *nm* saffron
azahar *nm* orange blossom
azar *nm* **1** (*casualidad*) chance: *juego de ~* game of chance **2** (*destino*) fate LOC **al azar** at random: *Elige un número al ~.* Choose a number at random.
azote *nm* smack, slap (*USA*): *Como te pille te doy un ~.* I'll give you a smack if I catch you.
azotea *nf* (flat) roof
azúcar *nm* sugar: *un terrón de ~* a sugar lump ◇ *~ blanco/moreno* white/brown sugar LOC *Ver* ALGODÓN
azucarera *nf* sugar refinery
azucarero *nm* sugar bowl
azucarillo *nm* sugar lump
azucena *nf* lily [*pl* lilies]
azufre *nm* sulphur
azul *adj, nm* blue ➲ *Ver ejemplos en* AMARILLO LOC **azul celeste/marino** sky/navy blue ◆ **azul turquesa** turquoise *Ver tb* PESCADO, PRÍNCIPE
azulejo *nm* tile

Bb

baba *nf* **1** (*de persona*) dribble **2** (*de animal*) slime LOC **caérsele la baba a algn** to dote *on sb*: *Se le cae la ~ con sus nietos.* She dotes on her grandchildren.

babear *vi* to dribble

babero *nm* bib

babi *nm* overall

Babia *nf* LOC **estar en Babia** to be daydreaming

babor *nm* port LOC **a babor** to port

babosa *nf* slug

baca *nf* roof rack

bacalao *nm* (*pescado*) cod [*pl* cod]

bache *nm* **1** (*hoyo*) pothole: *Estas carreteras tienen muchos ~s.* These roads are full of potholes. **2** (*dificultad*) bad patch: *atravesar un ~* to go through a bad patch

bachillerato *nm*: *Está en primero de ~.* He's in Year 12.

> Los cursos de primero y segundo de bachillerato equivalen a lo que en el sistema inglés se llama **years 12-13**, cuando se estudian los **A levels**. ➲ *Ver tb nota en* A LEVEL

bacon *nm Ver* BEICON

bacteria *nf* bacterium [*pl* bacteria]

bafle *nm* (loud)speaker

bahía *nf* bay

bailar *vt, vi* **1** (*danza*) to dance: *¿Bailas?* Would you like to dance? ◇ *~ un tango* to dance a tango **2** (*peonza*) to spin
▶ *vi* **1** (*estar suelto*) to be loose: *Me baila un diente.* I've got a loose tooth. **2** (*quedar grande*) to be too big (*for sb*): *Esta falda me baila.* This skirt's too big for me. LOC **bailar agarrado** to have a slow dance ◆ **bailar con la más fea** to draw the short straw ◆ **bailarle el agua a algn** to suck up to sb ◆ **sacar a bailar** to ask *sb* to dance

bailarín, -ina *nm-nf* dancer

baile *nm* **1** (*fiesta, danza*) dance: *El ~ empieza a las doce.* The dance begins at twelve. **2** (*acción*) dancing: *Me gusta mucho el ~.* I like dancing very much. LOC **baile de disfraces** fancy dress ball *Ver tb* PISTA

baja *nf* **1** (*ausencia autorizada*) sick leave: *pedir/solicitar la ~* to go on sick leave **2** (*Mil*) casualty [*pl* casualties] LOC **baja por maternidad/paternidad** maternity/paternity leave ◆ **darse de baja** to cancel your membership, subscription, etc.

bajada *nf* **1** (*descenso*) descent: *durante la ~* during the descent **2** (*pendiente*) slope: *La ~ es muy pronunciada.* It is a very steep slope. **3** (*Econ*) fall (*in sth*): *Continúa la ~ de los tipos de interés.* Interest rates continue to fall. LOC **bajada de bandera** (*taxi*) minimum fare

bajamar *nf* low tide

bajar *vt* **1** (*poner, traer, llevar*) to bring/take *sth* down: *Bájalo un poco más.* Bring it down a bit. ◇ *¿Tenemos que ~ esta silla al segundo?* Do we have to take this chair down to the second floor? ➲ *Ver dibujo en* TAKE **2** (*coger*) to get *sth* down: *¿Me ayuda a ~ la maleta?* Could you help me get my suitcase down? **3** (*ir, venir*) to go/come down *sth*: *~ la cuesta* to go down the hill ➲ *Ver nota en* IR **4** (*cabeza*) to bow **5** (*vista, voz*) to lower **6** (*volumen*) to turn *sth* down **7** (*precios*) to bring *sth* down, to lower (*más formal*) **8** (*Informát*) to download: *~ música de Internet* to download music from the Internet
▶ *vi* **1** (*ir/venir abajo*) to go/come down: *¿Puede ~ a recepción, por favor?* Can you come down to reception, please? **2** (*temperatura, río*) to fall: *La temperatura ha bajado.* The temperature has fallen. **3** (*hinchazón*) to go down **4** (*marea*) to go out **5** (*precios*) to come down: *El pan ha vuelto a ~.* (The price of) bread has come down again.
▶ **bajar(se)** *vi, vp* **bajar(se) (de) 1** (*automóvil*) to get out (of *sth*): *Nunca (te) bajes de un coche en marcha.* Never get out of a moving car. **2** (*transporte público, caballo, bici*) to get off (*sth*): *~(se) de un autobús* to get off a bus LOC **bajarle los humos a algn** to take sb down a peg or two *Ver tb* ESCALERA, PESO

bajista (*tb* **bajo**) *nmf* bass (guitarist)

bajo, -a *adj* **1** (*persona*) short **2** ~ **(en)** low (in *sth*): *una sopa baja en calorías* a low-calorie soup ◇ *La tele está demasiado baja.* The volume is too low. **3** (*zapato*) flat **4** (*voz*) quiet: *hablar en voz baja* to speak quietly
▶ *nm* **1** (*vivienda*) ground-floor flat **2** (*ropa*) hem: *Tienes el ~ descosido.* Your hem has come undone. **3** (*voz*) bass **4** (*guitarra*) bass (guitar)
▶ *adv* **1** (*a poca altura*) low: *Los pájaros vuelan ~.* The birds are flying low. **2** (*suave*) quietly: *Toca más ~.* Play more quietly.
▶ *prep* under: *Nos resguardamos ~ un paraguas.* We sheltered under an umbrella. ◇ *~ la lluvia* in the rain ◇ *cinco grados ~ cero* minus five LOC **estar bajo de moral** to be in low spirits *Ver tb* BARRIO, CLASE, CONTROL, GOLPE, GUIÓN, HABLAR, PAÍS, PLANTA

bakalao *nm* techno

bala *nf* (*arma*) bullet LOC **como una bala** like a shot *Ver tb* PRUEBA

balance *nm* **1** (*Fin*) balance **2** (*número de víctimas*) toll

balancear(se) *vt, vp* **1** to swing **2** (*cuna, mecedora*) to rock

balanza *nf* **1** (*instrumento*) scales [*pl*] **2** (*Fin*) balance: ~ *de pagos* balance of payments

balar *vi* to bleat

balazo *nm* **1** (*disparo*) shot **2** (*herida*) bullet wound

balbucear (*tb* **balbucir**) *vt, vi* (*adulto*) to stammer: *Balbuceó unas cuantas palabras.* He stammered a few words.
▶ *vi* (*bebé*) to babble

balcón *nm* balcony [*pl* balconies]: *salir al* ~ to go out onto the balcony

balda *nf* shelf [*pl* shelves]

baldado, -a *adj* (*cansado*) exhausted: *Tanto limpiar me ha dejado* ~. All that cleaning up has left me exhausted.

balde *nm* bucket LOC **de balde** for nothing: *Fuimos al cine de* ~. We got into the cinema for nothing. ◆ **en balde** in vain

baldosa *nf* **1** (*interior*) floor tile **2** (*exterior*) paving stone

ballena *nf* whale

ballet *nm* ballet

balneario *nm* spa

balón *nm* ball: ~ *de baloncesto/fútbol* basketball/football LOC *Ver* CABEZAZO, TOQUE

baloncesto *nm* basketball: *jugar al* ~ to play basketball LOC *Ver* PISTA

balonmano *nm* handball

balonvolea *nm* volleyball

balsa *nf* **1** (*embarcación*) raft **2** (*charca*) pool LOC **como una balsa de aceite** (*mar*) very calm

bambas *nf* **1** (*playeras*) canvas shoes **2** (*para deporte*) trainers

bambolearse *vp* to sway

bambú *nm* bamboo: *una mesa de* ~ a bamboo table

banca *nf* **1** (*bancos*) banks [*pl*]: *la* ~ *japonesa* Japanese banks **2** (*sector*) banking: *los sectores de* ~ *y comercio* the banking and business sectors

bancario, -a *adj* bank: *una cuenta bancaria* a bank account LOC *Ver* GIRO, TRANSFERENCIA

bancarrota *nf* bankruptcy LOC **estar en bancarrota** to be bankrupt

banco *nm* **1** (*Fin, Med, etc.*) bank: ~ *de sangre/datos* blood bank/databank **2** (*asiento*) bench **3** (*iglesia*) pew **4** (*peces*) shoal LOC **banco de arena** sandbank

banda *nf* **1** (*cinta*) band: *una* ~ *del pelo* a hair band **2** (*cuadrilla*) gang: *una* ~ *de gamberros* a gang of hooligans **3** (*grupo musical*) band **4** (*Dep*) wing LOC **banda ancha** (*Internet*) broadband: *conexión de* ~ *ancha* broadband connection ◆ **banda sonora 1** (*película*) soundtrack **2** (*carretera*) rumble strip ◆ **banda terrorista** terrorist group ◆ **coger por banda** to get hold of *sb* *Ver tb* ANCHO, SAQUE

bandada *nf* **1** (*aves*) flock **2** (*peces*) shoal

bandeja *nf* tray LOC **bandeja de entrada/salida** (*Informát*) inbox/outbox ◆ **poner/servir en bandeja** to hand *sb sth* on a plate

bandera *nf* flag: *Las ~s están a media asta.* The flags are at half mast. LOC **bandera blanca** white flag *Ver tb* BAJADA, JURAR

banderín *nm* pennant

bandido, -a *nm-nf* bandit

bando *nm* (*Dep, Mil, Pol*) side: *Jugaremos en ~s distintos.* We'll be playing on different sides. ◇ *cambiar de* ~ to change sides

banquero, -a *nm-nf* banker

banqueta *nf* stool: *subirse a una* ~ to stand on a stool

banquete *nm* banquet, dinner (*más coloq*): *Dieron un* ~ *en su honor.* They held a banquet in his honour. LOC **banquete (de bodas)** wedding reception ➲ *Ver nota en* BODA

banquillo *nm* **1** (*Dep*) bench: *Me dejaron en el* ~. I was left on the bench. **2** (*Jur*) dock: *estar en el* ~ to be in the dock

bañado, -a *adj* bathed: ~ *en lágrimas/sudor/sangre* bathed in tears/sweat/blood LOC **bañado en oro/plata** gold-plated/silver-plated *Ver tb* BAÑAR

bañador *nm* **1** (*de hombre*) swimming trunks [*pl*]: *Ese* ~ *te queda pequeño.* Those swimming trunks are too small for you. ❶ "Un bañador" se dice **a pair of swimming trunks.** ➲ *Ver tb nota en* PAIR **2** (*de mujer*) swimming costume

bañar *vt* **1** to bath, to bathe (*USA*): *Todas las noches baño al niño.* I bath the baby every night. **2** (*en metal*) to plate *sth* (*with sth*) **3** (*Cocina*) to coat *sth* (*in/with sth*)
▶ **bañarse** *vp* **1** (*en la bañera*) to have a bath **2** (*nadar*) to go for a swim

bañera *nf* bath, bathtub (*USA*)

baño *nm* **1** (*en la bañera*) bath, bathtub (*USA*): *Me di un* ~ *de espuma.* I had a bubble bath. **2** (*mar, piscina*) swim: *¿Nos damos un* ~? Shall we go for a swim? **3** (*cuarto de baño*) bathroom **4** (*WC*) toilet, bathroom (*USA*) ➲ *Ver nota en* TOILET **5 baños** baths: *los ~s romanos* the Roman baths LOC **baño María** bain-marie: *cocer algo* *al ~ María* to cook sth in a bain-marie ❶ Se pronuncia /ˌbæn məˈriː/. *Ver tb* CUARTO, GEL, GORRO, SAL, TRAJE

bar *nm* bar LOC **ir de bares** to go on a pub crawl

baraja *nf* pack of cards, deck of cards (*USA*)

Los palos de la baraja española (*oros, copas, espadas* y *bastos*) no tienen traducción porque en Gran Bretaña se utiliza la baraja francesa. La baraja francesa consta de 52 cartas divididas en cuatro *palos* o **suits**: **hearts** (*corazones*), **diamonds** (*diamantes*), **clubs** (*tréboles*) y **spades** (*picas*). Cada palo tiene un **ace** (*as*), **king** (*rey*), **queen** (*reina*), **jack** (*jota*), y nueve cartas numeradas del 2 al 10. Hay también **jokers** (*comodines*). Antes de empezar a jugar, se *baraja* (**shuffle**), se *corta* (**cut**) y se *reparten* (**deal**) las cartas.

barajar *vt* to shuffle

barandilla (*tb* **baranda**) *nf* **1** (*de una escalera*) banister(s) [*se usa mucho en plural*]: *bajar por la ~* to slide down the banisters **2** (*de un balcón*) railing(s) [*se usa mucho en plural*]

barato, -a *adj* cheap: *Aquel es más ~.* That one's cheaper.
▶ *adv*: *comprar algo ~* to buy sth cheaply ◇ *Esa tienda vende ~.* That shop has low prices.

barba *nf* beard: *dejarse ~* to grow a beard ◇ *un hombre con ~* a bearded man LOC **por barba** each: *Tocamos a tres por ~.* There are three each.

barbacoa *nf* barbecue: *hacer una ~* to have a barbecue

barbaridad *nf* **1** (*crueldad*) barbarity **2** (*disparate*) nonsense [*incontable*]: *¡No digas ~es!* Don't talk nonsense! LOC **¡qué barbaridad!** good heavens!

bárbaro, -a *adj* **1** (*Hist*) barbarian **2** (*estupendo*) terrific: *¡Es un tío ~!* He's a terrific bloke!
▶ *nm-nf* barbarian
▶ *adv*: *pasarlo ~* to have a terrific time LOC **¡qué bárbaro!** good Lord!

barbilla *nf* chin

barbudo, -a *adj* bearded

barca *nf* (small) boat: *dar un paseo en ~* to go out in a boat ➲ *Ver nota en* BOAT LOC **barca de remos** rowing boat, rowboat (*USA*)

barco *nm* **1** (*buque*) ship **2** (*más pequeño*) boat ➲ *Ver nota en* BOAT LOC **barco de vapor** steamship ◆ **barco de vela** sailing boat, sailboat (*USA*) ◆ **ir en barco** to go by boat/ship

barítono *nm* baritone

barniz *nm* **1** (*madera*) varnish **2** (*cerámica*) glaze

barnizar *vt* **1** (*madera*) to varnish **2** (*cerámica*) to glaze

barómetro *nm* barometer

barón, -esa *nm-nf* **1** (*masc*) baron **2** (*fem*) baroness

barquillo *nm* wafer

barra *nf* **1** bar: *Tomaban café sentados en la ~.* They were sitting at the bar having a coffee. ◇ *una ~ de hierro* an iron bar **2** (*signo gráfico*) slash: *~ inclinada/oblicua* (forward) slash ◇ *~ invertida* backslash LOC **barra de herramientas** (*Informát*) toolbar ◆ **barra de labios** lipstick ◆ **barra (de pan)** baguette ◆ **barra espaciadora** (*Informát*) space bar ➲ *Ver dibujo en* ORDENADOR

barraca *nf* (*feria*) stall

barranco *nm* ravine

barranquismo *nm* canyoning: *hacer ~* to go canyoning

barrendero, -a *nm-nf* road sweeper

barrer *vt* **1** (*limpiar, arrasar*) to sweep: *Una ola de terror barrió el país.* A wave of terror swept the country. **2** (*derrotar*) to thrash, to whip (*USA*): *Os vamos a ~.* We're going to thrash you.
▶ *vi* to sweep up: *Si tú barres, yo friego.* If you sweep up, I'll do the dishes.

barrera *nf* **1** barrier: *La ~ estaba subida.* The barrier was up. ◇ *la ~ de la comunicación* the language barrier **2** (*Fútbol*) wall

barriada *nf* area

barricada *nf* barricade: *construir una ~* to build a barricade

barriga *nf* **1** (*estómago*) tummy [*pl* tummies]: *Me duele un poco la ~.* I've got tummy ache. **2** (*panza*) paunch: *Estás echando ~.* You're getting a paunch.

barril *nm* barrel LOC *Ver* CERVEZA

barrio *nm* **1** area, neighbourhood (*USA*): *Yo crecí en este ~.* I grew up in this area. ◇ *un ~ residencial/obrero* a residential/working-class area **2** (*en las afueras*) suburb **3** (*zona típica*) quarter: *el ~ gótico* the Gothic quarter LOC **barrio de chabolas** shanty town ◆ **barrios bajos** slums ◆ **de/del barrio** local: *un cine de ~* a local cinema ◇ *el carnicero del ~* the local butcher

barrita *nf* LOC **barrita dietética/energética** diet/energy bar

barro *nm* **1** (*lodo*) mud: *¡No os metáis en el ~!* Stay out of the mud! **2** (*arcilla*) clay LOC **de barro** earthenware: *cacharros de ~* earthenware pots

barroco, -a *adj, nm* baroque

barrote *nm* iron bar

barullo *nm* **1** (*ruido*) racket: *armar mucho ~* to make a terrible racket **2** (*confusión*) muddle: *Se* *organizó un ~ tremendo.* There was a terrible muddle.

basar *vt* to base *sth on sth*: *Han basado la película en una novela.* They've based the film on a novel.
▶ **basarse** *vp* **basarse en 1** (*teoría, película, etc.*) to be based on *sth* **2** (*tener argumentos*) to have grounds for *sth/doing sth*: *¿En qué te basas para decir eso?* What grounds do you have for saying that?

báscula *nf* scales [*pl*]: ~ *de baño* bathroom scales

base *nf* **1** base: *un jarrón con poca ~* a vase with a small base ◇ ~ *militar* military base **2** (*fundamento*) basis [*pl* bases]: *La confianza es la ~ de la amistad.* Trust is the basis of friendship.
▶ *nmf* (*Baloncesto*) point guard LOC **base aérea** airbase ◆ **base de datos** database ◆ **base espacial** space station *Ver tb* SALARIO

básicamente *adv* basically

básico, -a *adj* basic

bastante *adj* **1** (*número considerable, mucho*): *Hace ~ tiempo que no he ido a verla.* It's quite a long time since I last visited her. ◇ *Tengo ~s cosas que hacer.* I've got quite a lot of things to do. **2** (*suficiente*) enough: *No tenemos ~ dinero.* We haven't got enough money.
▶ *pron* **1** (*mucho*) quite a lot **2** (*suficiente*) enough: *No, gracias; ya hemos comido ~s.* No thank you; we've had enough.
▶ *adv* **1 + adjetivo o adverbio** quite: *Es ~ inteligente.* He's quite intelligent. ◇ *Leen ~ bien para su edad.* They read quite well for their age. ➲ *Ver nota en* FAIRLY **2** (*lo suficiente*) enough: *Esta noche no he dormido ~.* I didn't sleep enough last night. **3** (*mucho*) quite a lot: *Aprendí ~ en tres meses.* I learnt quite a lot in three months.

bastar *vi* to be enough: *Bastará con 100 euros.* 100 euros will be enough. LOC **¡basta (ya)!** that's enough!

basto (*tb* **bastos**) *nm* (*Naipes*) ➲ *Ver nota en* BARAJA

basto, -a *adj* **1** (*persona, tejido, lenguaje*) coarse **2** (*superficie*) rough

bastón *nm* walking stick LOC **bastón de esquí** ski pole

basura *nf* rubbish, trash (*USA*) [*incontable*]: *En esta calle hay mucha ~.* There's a lot of rubbish in this street. ◇ *Esa película es una ~.* That film is rubbish. ➲ *Ver dibujo en* BIN LOC **echar/tirar algo a la basura** to throw sth away *Ver tb* BOLSA, CAMIÓN, COMIDA, CONTRATO, CORREO, CUBO

basurero, -a *nm-nf* dustman [*pl* -men]
▶ *nm* (*vertedero*) tip

bata *nf* **1** (*de casa*) dressing gown, bathrobe (*USA*) **2** (*de colegio, de trabajo*) overall **3** (*de laboratorio*) lab coat **4** (*de hospital*) white coat

batalla *nf* battle LOC **de batalla** everyday: *Llevo las botas de ~.* I'm wearing my everyday boots. *Ver tb* CAMPO

batallón *nm* battalion

bate *nm* bat: ~ *de béisbol* baseball bat

batería *nf* **1** (*Electrón, Mil*) battery [*pl* batteries]: *Se ha quedado sin ~.* The battery is flat. **2** (*Mús*) drums [*pl*]: *Dave Grohl en la ~* Dave Grohl on drums
▶ *nmf* (*músico*) drummer LOC **batería de cocina** set of saucepans ➲ *Ver dibujo en* POT

batido *nm* (*bebida*) milkshake: *un ~ de chocolate* a chocolate milkshake

batidora *nf* mixer

batín *nm* dressing gown, bathrobe (*USA*)

batir *vt* **1** to beat: ~ *huevos* to beat eggs ◇ ~ *al contrincante* to beat your opponent **2** (*nata*) to whip **3** (*récord*) to break: ~ *el récord mundial* to break the world record LOC *Ver* TIERRA

batuta *nf* baton

baúl *nm* trunk

bautismo *nm* **1** (*sacramento*) baptism **2** (*acto de poner un nombre*) christening

bautizar *vt* **1** (*Relig*) to baptize **2** (*poner un nombre*) **(a)** (*a una persona*) to christen: *La bautizaremos con el nombre de Marta.* We're going to christen her Marta. **(b)** (*a una cosa o animal*) to name

bautizo *nm* christening: *Mañana celebramos el ~ de mi hermano.* It's my brother's christening tomorrow.

baya *nf* (*Bot*) berry [*pl* berries]

bayeta *nf* cloth: *Pásale la ~ a la mesa, por favor.* Can you give the table a wipe?

baza *nf* **1** (*Naipes*) trick: *Gané tres ~s.* I won three tricks. **2** (*recurso*) asset: *La experiencia es tu mejor ~.* Experience is your greatest asset. LOC **meter baza** to butt in

bebé *nm* baby [*pl* babies]

bebedor, -ora *nm-nf* heavy drinker

beber(se) *vt, vi, vp* to drink: *Bébetelo todo.* Drink it up. ◇ *Se bebieron una botella entera de vino.* They drank a whole bottle of wine. LOC **beber a la salud de algn** to drink (to) sb's health ◆ **beber a morro (del grifo/de la botella)** to drink straight from the tap/bottle ◆ **beber a sorbos** to sip ◆ **beber como un cosaco** to drink like a fish ◆ **beber en vaso** to drink from a glass *Ver tb* COMER, TRAGO

bebida *nf* drink: ~ *alcohólica/no alcohólica* alcoholic/non-alcoholic drink

B

bebido, -a *adj* drunk *Ver tb* BEBER(SE)
beca *nf* **1** (*del Estado*) grant **2** (*de entidad privada*) scholarship
bechamel *nf* white sauce
bedel, -ela *nm-nf* caretaker, custodian (*USA*)
beicon *nm* bacon
beige (*tb* **beis**) *adj, nm* beige ➲ *Ver ejemplos en* AMARILLO
béisbol *nm* baseball: *jugar al ~* to play baseball
belén *nm* (*nacimiento*) nativity scene: *Vamos a poner el ~.* Let's set up the nativity scene.
belga *adj, nmf* Belgian: *los ~s* the Belgians
Bélgica *nf* Belgium
bélico, -a *adj* **1** (*actitud*) warlike **2** (*armas, juguetes*) war: *películas bélicas* war films
belleza *nf* beauty [*pl* beauties] LOC **belleza integral** total beauty: *un servicio de ~ integral* a total beauty service *Ver tb* CONCURSO, SALÓN
bello, -a *adj* beautiful LOC **bellas artes** fine art (s) ◆ **la Bella Durmiente** Sleeping Beauty
bellota *nf* acorn
bemol *adj, nm* (*Mús*) flat: *si ~* B flat
bendecir *vt* to bless LOC **bendecir la mesa** to say grace
bendición *nf* blessing LOC **dar/echar la bendición** to bless *sb/sth*
bendito, -a *adj* holy
▶ *nm-nf* (*bonachón*) angel
beneficiar *vt* ~ **(a)** to benefit *sb/sth*
▶ **beneficiarse** *vp* **beneficiarse (con/de)** to benefit (from *sth*): *Se beneficiaron del descuento.* They benefited from the reduction.
beneficio *nm* **1** (*bien*) benefit **2** (*Econ, Fin*) profit: *dar/obtener ~s* to produce/make a profit LOC **a beneficio de** in aid of *sb/sth* ◆ **en beneficio de** to the advantage of *sb/sth*: *en ~ tuyo* to your advantage
beneficioso, -a *adj* beneficial
benéfico, -a *adj* charity: *obras benéficas* charity work LOC **institución/organización benéfica** charity [*pl* charities]
bengala *nf* **1** flare **2** (*de mano*) sparkler
benigno, -a *adj* **1** (*tumor*) benign **2** (*clima*) mild
benjamín, -ina *nm-nf* youngest child [*pl* children]
▶ **benjamines** *nm* (*Dep*) under 9s
berberecho *nm* cockle
berenjena *nf* aubergine, eggplant (*USA*)
bermudas *nm o nf* Bermuda shorts
berrinche *nm* tantrum: *estar con/tener un ~* to throw/have a tantrum
berro *nm* watercress [*incontable*]
berza *nf* cabbage
besamel *nf* white sauce
besar *vt* to kiss: *Me besó en la boca.* She kissed me on the lips.
beso *nm* kiss: *Dale un ~ a tu prima.* Give your cousin a kiss. ◇ *Nos dimos un ~.* We kissed. LOC **besos/un beso** (*en carta, etc.*) lots of love ◆ **tirar un beso** to blow (*sb*) a kiss *Ver tb* COMER
bestia *nf* (*animal*) beast: *una ~ de carga* a beast of burden
▶ *adj, nmf* (*persona*) animal: *¡Qué ~ eres!* You animal! LOC **a lo bestia** like crazy: *Conducen a lo ~.* They drive like madmen.
bestial *adj* **1** (*enorme*) huge: *Tengo un hambre ~.* I'm starving. **2** (*genial*) great
bestialidad *nf* **1** (*brutalidad*): *Hicieron muchas ~es.* They committed many cruel acts. **2** (*grosería*): *decir ~es* to be rude **3 una bestialidad** (*cantidad, número*) loads (*of sth*): *una ~ de gente* loads of people
besugo *nm* bream [*pl* bream]
betún *nm* (*calzado*) shoe polish: *Dales ~ a los zapatos.* Give your shoes a polish.
biberón *nm* bottle
Biblia *nf* Bible
bíblico, -a *adj* biblical
bibliografía *nf* bibliography [*pl* bibliographies]
biblioteca *nf* **1** (*edificio, conjunto de libros*) library [*pl* libraries] **2** (*mueble*) bookcase LOC *Ver* RATÓN
bibliotecario, -a *nm-nf* librarian
bicarbonato *nm* bicarbonate of soda
bíceps *nm* biceps [*pl* biceps]
bicho *nm* **1** (*insecto*) bug **2** (*cualquier animal*) animal LOC **¿qué bicho te ha picado?** what's up with you, him, her, etc.? ◆ **ser un bicho** to be very naughty: *¡Este niño es un ~!* He's such a naughty child! ◆ **ser un bicho raro** to be a bit of an oddball ◆ **ser un mal bicho** to be a nasty piece of work
bici *nf* bike
bicicleta *nf* bicycle, bike (*coloq*): *dar un paseo en ~* to go for a bike ride ◇ *¿Sabes montar en ~?* Can you ride a bike? LOC **bicicleta de carreras** racing bike ◆ **bicicleta de montaña/todoterreno** (*abrev* **BTT**) mountain bike ◆ **bicicleta estática** exercise bike ◆ **ir en bicicleta** (*a un sitio*) to cycle: *ir en ~ al trabajo* to cycle to work
bidé *nm* bidet ❶ Se pronuncia /ˈbiːdeɪ/.
bidón *nm* drum
bien[1] *adv* **1** well: *portarse ~* to behave well ◇ *Hoy no me encuentro ~.* I don't feel well today. ◇ *—¿Cómo está tu padre? —Muy ~, gracias.* 'How's your father?' 'Very well, thanks.' ◇ *una mujer ~ vestida* a well-dressed woman

Ver nota en WELL BEHAVED **2** (*de acuerdo, adecuado*) OK: *— ¿Me lo dejas? — Está ~, pero ten cuidado.* 'Can I borrow it?' 'OK, but be careful.' ◇ *Les parecía ~.* They thought it was OK. **3** (*calidad, aspecto, olor, sabor*) good: *Ese colegio está ~.* That's a good school. ◇ *¡Qué ~ huele!* It smells wonderful! **4** (*correctamente*): *Contesté ~ la pregunta.* I got the right answer. ◇ *Hablas ~ español.* You speak good Spanish.

▶ *conj* **bien... bien...** either... or...: *Iré ~ en tren, ~ en autocar.* I'll go either by train or by bus. LOC **andar/estar bien de** to have plenty of *sth* ◆ **¡(muy) bien!** (very) good! ❶ Para otras expresiones con **bien**, véanse las entradas del adjetivo, verbo, etc., p. ej. **llevarse bien** en LLEVAR.

bien[2] *nm* **1** (*bondad*) good: *el ~ y el mal* good and evil **2** (*Educ*) good: *sacar un ~ en historia* to get 'good' for history *Ver nota en pág 397* **3 bienes** possessions LOC **bienes de consumo** consumer goods ◆ **por el bien de** for the good of *sb/sth* ◆ **por tu bien** for your, his, her, etc. own good *Ver tb* IMPUESTO, MAL

bien[3] *adj* well-to-do: *Son de familia ~.* They're from a well-to-do family.

bienestar *nm* well-being

bienvenida *nf* welcome: *dar la ~ a algn* to welcome sb

bienvenido, -a *adj* welcome

bigote *nm* **1** (*persona*) moustache: *un hombre con ~* a man with a moustache ◇ *Papá Noel llevaba unos grandes ~s.* Father Christmas had a large moustache. **2** (*gato*) whiskers [*pl*]

bikini *nm* bikini [*pl* bikinis]

bilingüe *adj* bilingual

billar *nm* **1** (*juego*) pool, billiards [*incontable*]: *echarse un ~* to play a game of pool/billiards

El billar americano, de 16 bolas, se llama **pool**. El billar de 22 bolas, muy popular en Gran Bretaña, es el **snooker**. **Billiards** se refiere a la modalidad que se juega con sólo tres bolas.

2 (*mesa*) pool/billiard table **3 billares** (*local*) pool/billiard hall

billete *nm* **1** (*transporte, lotería*) ticket: *un ~ de avión* a plane ticket ◇ *sacar un ~* to buy a ticket **2** (*dinero*) note, bill (*USA*): *un ~ de diez euros* a ten-euro note LOC **billete de ida** single (ticket), one-way ticket (*USA*) ◆ **billete de ida y vuelta** return (ticket), round-trip ticket (*USA*)

billetero *nm* (*tb* **billetera** *nf*) wallet

billón *nm* trillion *Ver notas en* BILLION *y en* MILLION

binario, -a *adj* binary

bingo *nm* **1** (*juego*) bingo: *jugar al ~* to play bingo **2** (*sala*) bingo hall

biodegradable *adj* biodegradable

biodiversidad *nf* biodiversity

biodiverso, -a *adj* biodiverse

biografía *nf* biography [*pl* biographies]

biología *nf* biology

biológico, -a *adj* **1** (*Ciencias*) biological **2** (*productos, agricultura*) organic LOC *Ver* MADRE

biólogo, -a *nm-nf* biologist

biopiratería *nf* biopiracy

biotecnología *nf* biotechnology

bioterrorismo *nm* bioterrorism

biquini *nm* bikini [*pl* bikinis]

birlar *vt* to nick, to steal (*USA*): *Me han birlado la radio.* Someone's nicked my radio.

birria *nf* rubbish, trash (*USA*) [*incontable*]: *La película es una ~.* The film is rubbish. LOC **estar/ir hecho una birria** to be/look a real mess

bisabuelo, -a *nm-nf* **1** (*masc*) great-grandfather **2** (*fem*) great-grandmother **3 bisabuelos** great-grandparents

bisagra *nf* hinge

bisexual *adj, nmf* bisexual

bisiesto *adj* LOC *Ver* AÑO

bisnieto, -a *nm-nf* **1** (*masc*) great-grandson **2** (*fem*) great-granddaughter **3 bisnietos** great-grandchildren

bisonte *nm* bison [*pl* bison]

bisté (*tb* **bistec**) *nm* steak

bisturí *nm* scalpel

bisutería *nf* costume jewellery

bit *nm* bit

bizco, -a *adj* cross-eyed

bizcocho *nm* sponge cake

biznieto, -a *nm-nf Ver* BISNIETO

blanca *nf* LOC **estar sin blanca** to be broke

Blancanieves *n pr* Snow White

blanco, -a *adj* white: *pescado/vino ~* white fish/wine *Ver ejemplos en* AMARILLO

▶ *nm-nf* (*persona*) white man/woman [*pl* men/women]: *los ~s* white people

▶ *nm* **1** (*color*) white **2** (*diana*) target: *dar en el ~* to hit the target ◇ *ser el ~ de una campaña periodística* to be the target of a newspaper campaign LOC **en blanco** blank: *una página en ~* a blank page ◇ *quedarse en ~* to go blank ◆ **en blanco y negro** black and white: *ilustraciones en ~ y negro* black and white illustrations ◆ **más blanco que la nieve** as white as snow *Ver tb* ARMA, BANDERA, CHEQUE, JUDÍA, MARCA, PIZARRA, PUNTA, SEMANA, TIRO, VOTAR, VOTO

blando, -a *adj* **1** soft: *queso ~* soft cheese ◇ *un profesor ~* a soft teacher **2** (*carne*) tender

blanquear *vt* **1** (*con lejía*) to bleach **2** (*encalar*) to whitewash **3** (*dinero*) to launder

blasfemia *nf* blasphemy [*incontable*]

blindado, -a *adj* **1** (*vehículo*) armoured: *un coche ~* an armoured car **2** (*puerta*) reinforced

bloc *nm* writing pad

blogosfera *nf* (*Internet*) blogosphere

bloque *nm* **1** block: *un ~ de mármol* a marble block ◇ *un ~ de viviendas* a block of flats **2** (*Pol*) bloc

bloquear *vt* **1** (*obstruir*) to block: *~ el paso/una carretera* to block access/a road ◇ *~ a un jugador* to block a player **2** (*Mil*) to blockade
▶ **bloquearse** *vp* (*persona*) to freeze: *Se bloquea cuando tiene que hablar en público.* He freezes when he has to speak in public.

bloqueo *nm* **1** (*Mil, Econ*) blockade **2** (*Dep*) block

blusa *nf* blouse

boa *nf* boa constrictor

bobada *nf* nonsense [*incontable*]: *decir ~s* to talk nonsense ◇ *Deja de hacer ~s.* Stop being silly.

bobina *nf* **1** (*hilo*) reel, spool (*USA*) **2** (*Electrón, alambre*) coil

bobo, -a *adj* **1** (*tonto*) silly, daft (*coloq*) **2** (*ingenuo*) naive
▶ *nm-nf* **1** (*tonto*) mug **2** (*ingenuo*) sucker

boca *nf* **1** (*Anat*) mouth: *No hables con la ~ llena.* Don't talk with your mouth full. **2** (*entrada*) entrance: *la ~ del metro* the entrance to the underground LOC **boca abajo/arriba** (*tumbado*) face down/up ◆ **boca de incendio/riego** hydrant ◆ **el boca a boca** mouth-to-mouth resuscitation: *Le hicieron el ~ a ~.* They gave him mouth-to-mouth resuscitation. ◆ **quedarse con la boca abierta** (*por sorpresa*) to be dumbfounded ◆ **ser un bocas** to be a sneak *Ver tb* ABRIR, CALLAR, PALABRA

bocacalle *nf* side street: *Está en una ~ de la avenida Mistral.* It's in a side street off Mistral Avenue.

bocadillo *nm* **1** (*emparedado*) baguette: *un ~ de queso* a cheese baguette **2** (*en un cómic*) speech bubble

bocado *nm* mouthful: *Se lo comió de un ~.* He ate it all in one mouthful.

bocata *nm* roll: *un ~ de jamón* a ham roll

bocazas *nmf* big mouth: *¡Qué ~ eres!* You and your big mouth!

boceto *nm* **1** (*Arte*) sketch **2** (*idea general*) outline

bochorno *nm* **1** (*calor*): *Hace ~.* It's muggy. ◇ *un día de ~* a hot and sticky day **2** (*corte*): *¡Qué ~!* How embarrassing!

bocina *nf* horn: *tocar la ~* to sound your horn

boda *nf* wedding: *aniversario de ~(s)* wedding anniversary ◇ *Mañana vamos de ~.* We're going to a wedding tomorrow.

> En Gran Bretaña las bodas normalmente se celebran en una iglesia (a **church wedding**), en un juzgado (a **registry office wedding**), o en un hotel. La novia (**bride**) suele tener *damas de honor* (**bridesmaids**). El *novio* (**groom**) no tiene *madrina*, sino que va acompañado del **best man** (normalmente su mejor amigo). Tampoco se habla del *padrino*, aunque la novia normalmente entra a la iglesia, etc. con su padre. Después de la ceremonia se da un *banquete* (a **reception**).

LOC **bodas de oro/plata** golden/silver wedding [*v sing*] *Ver tb* BANQUETE

bodega *nf* **1** (*para almacenar vino*) wine cellar **2** (*empresa*) winery [*pl* wineries] **3** (*barco, avión*) hold: *en la ~ del barco* in the ship's hold

bodegón *nm* (*Arte*) still life [*pl* still lifes]

body *nm* (*ropa interior*) body [*pl* bodies]

bodyboard *nm* bodyboarding LOC *Ver* TABLA

bofetada *nf* (*tb* **bofetón** *nm*) slap (in the face): *Me dio una ~.* She slapped me (in the face).

bogavante *nm* lobster

boicot *nm* boycott

boicotear *vt* to boycott

boina *nf* beret

bol *nm* bowl

bola *nf* **1** ball: *una ~ de cristal* a crystal ball **2** (*mentira*) lie: *Menuda ~ me metió.* He told me a great big lie. LOC **bola del mundo** globe ◆ **bola de nieve** snowball ◆ **bolas de alcanfor** mothballs ◆ **en bolas** stark naked, buck naked (*USA*) ◆ **estar hasta la bola** (*muy lleno*) to be packed ◆ **estar/ir a mi bola** to do my, your, etc. own thing

bolera *nf* bowling alley [*pl* bowling alleys]

boletín *nm* bulletin: *~ informativo* news bulletin

boleto *nm* **1** (*lotería, rifa*) ticket **2** (*quiniela*) coupon

boli *nm* Biro® [*pl* Biros]

bolígrafo *nm* ballpoint (pen)

bollo *nm* **1** (*dulce*) bun **2** (*de pan*) roll **3** (*abolladura*) dent: *Le he hecho un ~ al coche.* I dented the car. **4** (*chichón*) bump: *Me salió un ~.* I got a bump on my head.

bolo *nm* bowling: *jugar a los ~s* to go bowling LOC **hacer un bolo 1** (*personaje famoso*) to make a publicity appearance **2** (*grupo musical, etc.*) to give a performance

bolsa *nf* **1** bag: *una ~ de plástico* a plastic bag ◇ *una ~ de caramelos* a bag of sweets ➲ *Ver dibujo en* BAG **2** (*patatas fritas*) packet ➲ *Ver dibujo en* CONTAINER **3** (*concentración*) pocket: *una ~ de aire* an air pocket **4** (*Fin*) stock exchange: *la ~ londinense* the London Stock Exchange LOC **bolsa de agua caliente** hot-water bottle ◆ **bolsa de aseo** toilet bag, toiletry bag (*USA*) ◆ **bolsa de basura** bin liner, bin bag (*coloq*) ◆ **bolsa de deporte(s)/viaje** sports/travel bag ◆ **bolsa de trabajo** job vacancies ◆ **¡la bolsa o la vida!** your money or your life!

bolsillo *nm* pocket: *Está en el ~ de mi abrigo.* It's in my coat pocket. LOC **de bolsillo** pocket(-sized): *guía de ~* pocket guide *Ver tb* LIBRO

bolso *nm* LOC **bolso (de mano)** handbag, purse (*USA*) ➲ *Ver dibujo en* BAG

bomba *nf* **1** (*Mil*) bomb: *una ~ atómica* an atom bomb ◇ *colocar una ~* to plant a bomb **2** (*noticia*) bombshell **3** (*Mec*) pump LOC **bomba de aire** air pump ◆ **bomba fétida** stink bomb ◆ **carta/coche/paquete bomba** letter/car/parcel bomb ◆ **hombre/mujer bomba** suicide bomber ◆ **pasarlo bomba** to have a great time *Ver tb* AMENAZA

bombardear *vt* **1** (*bombas*) to bomb **2** (*preguntas*) to bombard: *Me bombardearon a preguntas.* They bombarded me with questions.

bombardeo *nm* **1** bombing: *~s masivos sobre la ciudad* massive bombing of the city **2** (*con artillería*) bombardment

bombazo *nm* **1** (*explosión*) bomb blast **2** (*noticia*) bombshell

bombero, -a *nm-nf* firefighter

> Aunque existen las palabras **fireman** y **firewoman**, se utiliza más **firefighter**, que se aplica tanto a un hombre como a una mujer.

LOC **los bomberos** the fire brigade [*v sing*] *Ver tb* COCHE, CUERPO, IDEA, PARQUE

bombilla *nf* light bulb

bombo *nm* **1** (*Mús*) bass drum **2** (*lotería*) lottery drum LOC **a bombo y platillo** with a great song and dance: *Lo anunciaron a ~ y platillo.* They made a great song and dance about it. ◆ **dar bombo** to make a fuss (*about sb/sth*)

bombón *nm* chocolate: *una caja de bombones* a box of chocolates

bombona *nf* cylinder: *~ de butano/oxígeno* gas/oxygen cylinder

bonachón, -ona *adj* good-natured

bondad *nf* goodness LOC **tener la bondad de** to be so kind as *to do sth*: *¿Tiene la ~ de ayudarme?* Would you be so kind as to help me?

bondadoso, -a *adj* ~ **(con)** kind (to *sb/sth*)

bonito *nm* (*pez*) tuna [*pl* tuna]

bonito, -a *adj* **1** (*agradable*) nice: *una voz bonita* a nice voice ◇ *Es ~ ver a una familia tan unida.* It's nice to see such a close family. **2** (*aspecto físico*) pretty: *un pueblo muy ~* a very pretty village ◇ *una niña muy bonita* a pretty little girl

bono *nm* **1** (*transporte, piscina, teatro*) season ticket **2** (*vale*) voucher

bonobús (*tb* **bono-bus**) *nm* multi-journey bus ticket

boom *nm* boom (*in sth*): *el ~ de los teléfonos móviles* the boom in mobile phones

boquerón *nm* anchovy [*pl* anchovies]

boquiabierto, -a *adj* (*sorprendido*) speechless

boquilla *nf* (*Mús*) mouthpiece LOC **decir algo de boquilla** to say sth without meaning it

borda *nf* side of the ship: *asomarse por la ~* to lean over the side of the ship LOC **echar/tirar por la borda** to throw *sth* away: *Echó por la ~ una ocasión de oro.* He threw away a golden opportunity.

bordado, -a *adj* **1** (*Costura*) embroidered: *~ a mano* hand-embroidered **2** (*perfecto*): *El examen me ha salido ~.* The exam went really well.

▶ *nm* embroidery [*incontable*]: *un vestido con ~s en las mangas* a dress with embroidery on the sleeves *Ver tb* BORDAR

bordar *vt* **1** (*Costura*) to embroider **2** (*hacer perfectamente*) to do *sth* brilliantly

borde[1] *nm* **1** edge: *al ~ de la mesa* on the edge of the table **2** (*objeto circular*) rim: *el ~ del vaso* the rim of the glass LOC **al borde de** on the verge of *sth*: *al ~ de las lágrimas* on the verge of tears

borde[2] *adj* (*antipático*) stroppy: *ponerse ~ con algn* to get stroppy with sb

▶ *nmf* nasty: *¡Eres un ~!* You're so nasty!

bordillo *nm* kerb

bordo *nm* LOC **a bordo (de)** on board: *subir a ~ del avión* to get on board the plane

borrachera *nf*: *agarrar/coger una ~ (de whisky, etc.)* to get drunk (on whisky, etc.)

borracho, -a *adj* drunk

▶ *nm-nf* drunk LOC *Ver* CUBA

borrador *nm* **1** (*texto provisional*) draft **2** (*pizarra*) board duster

borrar *vt* **1** (*con goma*) to rub *sth* out: *~ una palabra* to rub out a word **2** (*pizarra*) to clean **3** (*Informát*) to delete

▶ **borrarse** *vp* **borrarse (de)** (*darse de baja*) to withdraw (from *sth*)

borrasca *nf* storm

borrascoso, -a *adj* stormy

borrico, -a *nm-nf* ass: *¡No seas ~!* Don't be such an ass!

borrón *nm* ~ **(en)** smudge (on *sth*): *hacer borrones* to make smudges

borroso, -a *adj* **1** (*impreciso*) blurred: *Sin gafas lo veo todo ~.* Everything is blurred without my glasses. **2** (*escritura*) illegible

bosnio, -a *adj, nm-nf* Bosnian

bosque *nm* wood ➲ *Ver nota en* FOREST

bostezar *vi* to yawn

bostezo *nm* yawn

bota *nf* **1** boot: *~s de fútbol* football boots **2** (*vino*) wineskin LOC **ponerse las botas** (*comer mucho*) to stuff yourself *Ver tb* GATO

botánica *nf* botany

botar *vt* **1** (*pelota*) to bounce **2** (*buque*) to launch **3** (*expulsar*) to throw *sb* out (*of sth*)
▶ *vi* to bounce: *Esta pelota bota mucho.* This ball is very bouncy. LOC **estar que bota** to be hopping mad

bote *nm* **1** (*de pelota*) bounce **2** (*conserva*) tin **3** (*cerveza*) can ➲ *Ver dibujo en* CONTAINER **4** (*para propinas*) tips box **5** (*dinero en común*) kitty [*pl* kitties] **6** (*quinielas, lotería*) jackpot **7** (*barco*) boat LOC **bote salvavidas** lifeboat ◆ **dar/pegar botes** to bounce ◆ **estar de bote en bote** to be packed *Ver tb* CHUPAR

botella *nf* bottle LOC **de/en botella** bottled: *Compramos la leche en ~.* We buy bottled milk. *Ver tb* VERDE

botellón *nm* (young people's) street party [*pl* street parties]

botín *nm* **1** (*bota*) ankle boot **2** (*dinero*) loot

botiquín *nm* **1** (*maletín*) first-aid kit **2** (*armario*) medicine chest **3** (*habitación*) first-aid post

botón *nm* **1** (*ropa*) button: *Se te ha desabrochado un ~.* One of your buttons has come undone. **2** (*control*) knob: *El ~ rojo es el del volumen.* The red knob is the volume control. ➲ *Ver dibujo en* HANDLE

botones *nm* (*en un hotel*) bellboy

bóveda *nf* vault

boxeador, -ora *nm-nf* boxer

boxear *vi* to box

boxeo *nm* boxing

boya *nf* **1** (*señal*) buoy **2** (*de pescar*) float

bozal *nm* muzzle

brackets *nm* brace

braga *nf* **bragas** knickers, panties (*USA*) ℹ "Unas bragas" se dice **a pair of knickers**: *Tienes unas bragas limpias en el cajón.* You've got a clean pair of knickers in the drawer. ➲ *Ver tb nota en* PAIR

bragueta *nf* flies [*pl*]: *Llevas la ~ bajada.* Your flies are undone.

brasa *nf* ember LOC **a la brasa** grilled: *chuletas a la ~* grilled chops ◆ **dar la brasa a algn (con algo)** to go on at sb (about sth)

brasero *nm* (*eléctrico*) electric heater

Brasil *nm* Brazil

brasileño, -a *adj, nm-nf* Brazilian

bravo, -a *adj* (*animal*) fierce
▶ **¡bravo!** *interj* bravo!

braza *nf* (*Natación*) breaststroke: *nadar a ~* to do the breaststroke

brazada *nf* (*Natación*) stroke

brazalete *nm* armband

brazo *nm* **1** arm: *Me he roto el ~.* I've broken my arm. **2** (*lámpara*) bracket **3** (*río*) branch LOC **brazo de gitano** Swiss roll ◆ **de brazos cruzados**: *¡No te quedes ahí de ~s cruzados!* Don't just stand there! ◇ *Se han pasado el día de ~s cruzados.* They haven't done anything all day. ◆ **ir del brazo** to walk arm in arm ➲ *Ver dibujo en* ARM ◆ **ponerse con los brazos en cruz** to stretch your arms out to the side *Ver tb* COGIDO, CRUZAR

brea *nf* tar

brecha *nf* (*herida*) gash: *Me caí y me hice una ~ en la frente.* I fell and gashed my forehead.

brécol *nm* broccoli [*incontable*]

breva *nf* fig LOC *Ver* HIGO

breve *adj* short: *una estancia ~* a short stay LOC **en breve** shortly ◆ **en breves palabras** in a few words ◆ **ser breve** (*hablando*) to be brief

bricolaje *nm* DIY

brigada *nf* **1** (*Mil*) brigade **2** (*policía*) squad: *la ~ antidisturbios/antidroga* the riot/drug squad
▶ *nmf* sergeant major

brillante *adj* **1** (*luz, color*) bright **2** (*superficie*) shiny **3** (*excelente*) brilliant: *Es un alumno ~.* He is a brilliant pupil.
▶ *nm* diamond

brillar *vi* to shine: *Sus ojos brillaban de alegría.* Their eyes shone with joy. ◇ *¡Cómo brilla!* Look how shiny it is!

brillo *nm* gleam LOC **sacar brillo (a)** to polish *sth*

brincar *vi* to jump ➲ *Ver dibujo en* SALTAR

brinco *nm* jump LOC **dar/pegar un brinco/brincos** to jump: *dar ~s de alegría* to jump for joy

brindar *vi* ~ **(a/por)** to drink a toast (to *sb/sth*): *Brindemos por su felicidad.* Let's drink a toast to their happiness.

▶ *vt* **1** (*dedicar*) to dedicate *sth* (to *sb*) **2** (*proporcionar*) to provide: ~ *ayuda* to provide help
▶ **brindarse** *vp* **brindarse a** to offer *to do sth*

brindis *nm* toast LOC **hacer un brindis** to drink a toast (*to sb/sth*)

brisa *nf* breeze

británico, **-a** *adj* British
▶ *nm-nf* British man/woman [*pl* men/women]: *los ~s* the British ➲ *Ver nota en* BRITISH LOC *Ver* ISLA

brocha *nf* brush ➲ *Ver dibujo en* BRUSH LOC **brocha de afeitar** shaving brush

broche *nm* **1** (*Costura*) fastener **2** (*joya*) brooch, pin (*USA*)

brócoli *nm* broccoli [*incontable*]

broma *nf* joke: *Le gastaron muchas ~s.* They played a lot of jokes on him. LOC **broma pesada** practical joke ◆ **de/en broma** jokingly: *Lo digo en ~.* I'm only joking. ◆ **¡ni en broma(s)!** no way! *Ver tb* FUERA

bromear *vi* to joke

bromista *adj, nmf* joker: *Es muy ~.* He's a real joker.

bronca *nf* **1** (*pelea*) row: *Se armó la gran ~.* There was a lot of trouble. **2** (*reprimenda*) telling-off [*pl* tellings-off] LOC **echar una bronca** to tell *sb* off *Ver tb* ARMAR, MONTAR

bronce *nm* bronze

bronceado *nm* (sun)tan

bronceador *nm* suntan lotion

broncearse *vp* to get a suntan

bronquitis *nf* bronchitis [*incontable*]

brotar *vi* **1** (*plantas*) to sprout **2** (*flores*) to bud **3** (*líquido*) to gush (out) (*from sth*)

brote *nm* **1** (*planta*) shoot **2** (*epidemia, violencia*) outbreak: *un ~ de cólera* an outbreak of cholera LOC **brotes de soja** bean sprouts

bruces LOC **caerse de bruces** to fall flat on your face

bruja *nf* witch

brujería *nf* witchcraft

brujo *nm* **1** (*hechicero*) wizard **2** (*en tribus primitivas*) witch doctor

brújula *nf* compass

bruma *nf* mist

brusco, **-a** *adj* **1** (*repentino*) sudden **2** (*persona*) abrupt

brutal *adj* (*violento*) brutal

bruto, **-a** *adj* **1** (*necio*) thick, dumb (*USA*): *¡No seas ~!* Don't be so thick! **2** (*violento*): *¡Qué hombre más ~!* What an animal he is! ◇ *Es un niño muy ~.* He's a real terror. **3** (*insensible*) rude: *¡Qué ~ eres! ¿Cómo pudiste decirle eso?* You're so insensitive! How could you say that to her? **4** (*peso, ingresos*) gross
▶ *nm-nf* **1** (*necio*) idiot **2** (*violento*) animal: *Pedro es un ~, no deja de meterse en peleas.* Pedro's such an animal — he's always getting into fights. **3** (*insensible*): *Eres un ~.* You're so insensitive.

B

buceador, **-ora** *nm-nf* diver

bucear *vi* to dive

buceo *nm* diving: *practicar el ~* to go diving

budismo *nm* Buddhism

budista *adj, nmf* Buddhist ➲ *Ver nota en* CATÓLICO

buen *adj Ver* BUENO

bueno, **-a** *adj* **1** good: *Es una buena noticia.* That's good news. ◇ *Es ~ hacer ejercicio.* It is good to do some exercise. **2** (*amable*) kind: *Fueron muy ~s conmigo.* They were very kind to me. **3** (*sano*) well: *estar ~ (de salud)* to be well **4** (*comida*) tasty **5** (*correcto*) right: *No andas por buen camino.* You're on the wrong road. **6** (*menudo*): *¡Buena la has hecho!* You've really messed it up this time! ◇ *¡Buena se va a poner tu madre!* Your mother'll get in a right old state! **7** (*guapo*) gorgeous, fit (*coloq*): *Está buenísimo.* He's really fit.
▶ *nm-nf* goody [*pl* goodies]: *Ganó el ~.* The good guy won. ◇ *Lucharon los ~s contra los malos.* There was a fight between the goodies and the baddies.
▶ *adv*: — *¿Quieres ir al cine?* — *Bueno.* 'Would you like to go to the cinema?' 'OK.' ◇ *Bueno, yo pienso que…* Well, I think that… LOC **el bueno de…** good old…: *el ~ de Enrique* good old Enrique ◆ **¡(muy) buenas!** hello! ◆ **por las buenas**: *Es mejor que lo hagas por las buenas.* It would be better if you did it willingly. ◇ *Te lo pido por las buenas.* I'm asking you nicely. ◆ **por las buenas o por las malas** whether you like it or not, whether he/she likes it or not, etc. ❶ Para otras expresiones con **bueno**, véanse las entradas del sustantivo, p. ej. **¡buen provecho!** en PROVECHO.

buey *nm* ox [*pl* oxen] LOC *Ver* OJO

búfalo *nm* buffalo [*pl* buffaloes]

bufanda *nf* scarf [*pl* scarves]

bufé (*tb* **bufet**) *nm* buffet

bufete *nm* (*abogado*) legal practice

buhardilla *nf* (*ático*) loft, attic (*USA*)

búho *nm* owl

buitre *nm* vulture

bujía *nf* (*Mec*) spark plug

Bulgaria *nf* Bulgaria

búlgaro, **-a** *adj, nm-nf, nm* Bulgarian

bulimia *nf* bulimia

bulímico, -a *adj* bulimic

bulla *nf* racket: *armar/meter ~* to make a racket

bullicio *nm* **1** (*ruido*) racket **2** (*actividad*) bustle: *el ~ de la capital* the hustle and bustle of the capital

bullicioso, -a *adj* **1** (*ruidoso*) noisy **2** (*con mucha actividad*) bustling

bulto *nm* **1** (*Med*) lump: *Me ha salido un ~ en la mano.* I've got a lump on my hand. **2** (*maleta*) luggage [*incontable*]: *sólo un ~ de mano* just one piece of hand luggage ◇ *Llevas demasiados ~s.* You've got too much luggage. **3** (*objeto indeterminado*) shape: *Me pareció ver un ~ que se movía.* I thought I saw a shape moving. LOC **a bulto** roughly: *A ~, calculo 500 personas.* I think there are roughly 500 people.

buñuelo *nm* fritter

buque *nm* ship LOC **buque de guerra** warship

burbuja *nf* bubble: *un baño de ~s* a bubble bath LOC **con/sin burbujas** (*bebida*) fizzy/still ◆ **hacer burbujas** to bubble ◆ **tener burbujas** (*bebida*) to be fizzy: *Tiene muchas ~s.* It's very fizzy.

burger *nm* burger bar

burgués, -esa *adj, nm-nf* middle-class: *Estás hecho un ~.* You're so middle-class.

burguesía *nf* middle class

burla *nf* **1** (*mofa*) mockery [*incontable*]: *un tono de ~* a mocking tone **2** (*broma*) joke: *Déjate de ~s.* Stop joking. LOC **hacer burla** to make fun *of sb/sth*: *No me hagas ~.* Don't make fun of me.

burlar *vt* (*eludir*) to evade: *~ la justicia* to evade justice

▶ **burlarse** *vp* **burlarse (de)** to make fun of *sb/sth*

burlón, -ona *adj* (*gesto, sonrisa*) mocking

burocracia *nf* (*excesivo papeleo*) red tape

burrada *nf* **1** (*tontería*): *Eso ha sido una verdadera ~.* That was a really stupid thing to do. ◇ *decir ~s* to talk nonsense **2** (*cantidad*) loads (*of sth*): *Había una ~ de comida.* There was loads of food.

burro, -a *adj* **1** (*estúpido*) thick **2** (*cabezota*) pig-headed

▶ *nm-nf* **1** (*animal*) donkey [*pl* donkeys] **2** (*persona*) idiot: *el ~ de mi cuñado* my idiotic brother-in-law LOC **burro de carga** (*persona*) dogsbody [*pl* dogsbodies] *Ver tb* TRES

busca *nf* **~ (de)** search (for *sb/sth*)

▶ *nm* pager: *llamar a algn por el ~* to page sb LOC **en busca de** in search of *sb/sth*

buscador *nm* (*Informát*) search engine

buscador, -ora *nm* LOC **buscador de oro** gold prospector ◆ **buscador de tesoros** treasure hunter

buscar *vt* **1** to look for *sb/sth*: *Busco trabajo.* I'm looking for work. **2** (*en investigación, registro*) to search for *sb/sth*: *Usan perros para ~ droga.* They use dogs to search for drugs. **3** (*en un libro, en una lista*) to look *sth* up: *~ una palabra en el diccionario* to look a word up in the dictionary **4** (*recoger a algn*) **(a)** (*en coche*) to pick *sb* up: *Fuimos a ~le a la estación.* We picked him up at the station. **(b)** (*andando*) to meet **5** (*conseguir y traer*) to get: *Fui a ~ al médico.* I went to get the doctor.

▶ *vi* **~ (en/por)** to look (in/through *sth*): *Busqué en el archivo.* I looked in the file. LOC **buscarse la vida** to fend for yourself ◆ **buscar una aguja en un pajar** to look for a needle in a haystack ◆ **se busca** wanted: *Se busca apartamento.* Flat wanted. ◆ **te la estás buscando** you're asking for it

búsqueda *nf* **~ (de)** search (for *sb/sth*): *Abandonaron la ~ del cadáver.* They abandoned the search for the body. ◇ *la ~ de una solución pacífica* the search for a peaceful solution LOC **a la búsqueda de** in search of *sth*

busto *nm* bust

butaca *nf* **1** (*sillón*) armchair **2** (*Cine, Teat*) seat LOC *Ver* PATIO

butano *nm* gas, butane (*más formal*): *Me he quedado sin ~.* I've run out of gas.

buzo *nm* diver

buzón *nm* **1** (*en la calle*) postbox, mailbox (*USA*) **2** (*en una casa*) letter box, mailslot (*USA*) ➲ *Ver dibujo en* LETTER BOX LOC **buzón (de correo) electrónico** mailbox ◆ **buzón de voz** voicemail ◆ **echar al buzón** to post, to mail (*USA*)

byte *nm* (*Informát*) byte

Cc

cabal *adj* (*persona*) upright LOC **(estar) en sus cabales** (to be) in your right mind

cabalgar *vi* ~ **(en/sobre)** to ride (*sth*): *Iba cabalgando en una yegua.* He was riding a mare.

cabalgata *nf* procession: *la ~ de los Reyes Magos* the Twelfth Night procession

caballería *nf* (*Mil*) cavalry [*v sing o pl*]

caballeriza *nf* stable

caballero *nm* **1** gentleman [*pl* -men]: *Mi abuelo era todo un ~.* My grandfather was a real gentleman. **2** (*Hist*) knight LOC **de caballero(s)** (*ropa*): *ropa/trajes de ~* menswear/men's suits

caballete *nm* **1** (*Arte*) easel **2** (*soporte*) trestle

caballitos *nm* (*tiovivo*) roundabout

caballo *nm* **1** (*animal, Gimnasia*) horse **2** (*Ajedrez*) knight **3** (*Mec*) horsepower (*abrev* hp): *un motor de doce ~s* a twelve horsepower engine LOC **a caballo entre...** halfway between... ◆ **caballo de carreras** racehorse ◆ **caballo de mar** sea horse *Ver tb* CARRERA, COLA, MONTAR, POTENCIA

cabaña *nf* (*choza*) hut

cabecear *vi* **1** (*Fútbol*) to head (the ball): *Messi cabeceó a la red.* Messi headed (the ball) into the net. **2** (*afirmar, de sueño*) to nod

cabecera *nf* **1** (*extremo*) head: *sentarse en la ~ de la mesa* to sit at the head of the table **2** (*cama*) headboard **3** (*periódico*) headline **4** (*página, documento*) heading LOC *Ver* MÉDICO

cabecero *nm* (*cama*) headboard

cabecilla *nmf* ringleader

cabello *nm* hair: *ideal para un ~ sano* ideal for healthy hair

caber *vi* **1** ~ **(en)** to fit (in/into *sth*): *Mi ropa no cabe en la maleta.* My clothes won't fit in the suitcase. ◇ *¿Quepo?* Is there room for me? **2** ~ **por** to go through *sth*: *El piano no cabía por la puerta.* The piano wouldn't go through the door. **3** (*ropa*) to fit: *Ya no me cabe este pantalón.* These trousers don't fit me any more. LOC **no cabe duda** there is no doubt ◆ **no caber en sí de alegría/contento/gozo** to be beside yourself with joy *Ver tb* DENTRO

cabestrillo *nm* sling: *con el brazo en ~* with your arm in a sling

cabeza *nf* **1** head: *tener buena/mala ~ para las matemáticas* to have a good head/to have no head for maths **2** (*lista, liga*) top: *en la ~ de la lista* at the top of the list **3** (*juicio*) sense: *¡Qué poca ~ tienes!* You've got no sense! LOC **cabeza abajo** upside down ➲ *Ver dibujo en* REVÉS ◆ **cabeza de ajo(s)** head of garlic ◆ **cabeza de familia** head of the household ◆ **cabeza de serie** (*Tenis*) seed ◆ **cabeza rapada** skinhead ◆ **de cabeza** headlong: *tirarse a la piscina de ~* to dive headlong into the swimming pool ◆ **estar mal/tocado de la cabeza** to be crazy ◆ **ir en cabeza** to be in the lead ◆ **írsele la cabeza a algn** to feel dizzy: *Se me va la ~.* I feel dizzy. ◆ **metérsele a algn en la cabeza** to take it into your head *to do sth* ◆ **por cabeza** each: *Tocamos a seis por ~.* It works out at six each. ◆ **ser un cabeza de chorlito** to be a scatterbrain ◆ **tener la cabeza llena de pájaros** to have your head in the clouds ◆ **tener la cabeza dura** to be stubborn *Ver tb* ABRIR, AFIRMAR, ASENTIR, DOLOR, ENTRAR, ESTRUJAR, LAVAR, PERDER, PIE, SENTAR, SITUAR, SUBIR

cabezada *nf* LOC **dar cabezadas** (*dormirse*) to nod off ◆ **echar una cabezada** (*siesta*) to have forty winks

cabezazo *nm* **1** (*golpe*) headbutt **2** (*Dep*) header LOC **dar un cabezazo (al balón)** to head the ball

cabezota *adj, nmf* LOC **ser (un) cabezota** (*ser terco*) to be pig-headed

cabezudo *nm* LOC *Ver* GIGANTE

cabida *nf* room: *El teatro tiene ~ para mil personas.* The theatre has room for a thousand people. LOC **tener mucha/poca cabida** to be big/small

cabina *nf* **1** (*avión*) cockpit **2** (*barco*) cabin **3** (*camión*) cab LOC **cabina electoral** polling booth ◆ **cabina telefónica/de teléfonos** phone box

cabizbajo, -a *adj* downcast

cable *nm* cable LOC **echar un cable** to lend *sb* a hand *Ver tb* TELEVISIÓN

cabo *nm* **1** (*extremo*) end **2** (*Náut*) rope **3** (*Geog*) cape: *el ~ de Buena Esperanza* the Cape of Good Hope
▶ *nmf* (*Mil*) corporal: *el ~ Ramos* Corporal Ramos LOC **al cabo de** after: *al ~ de un año* after a year ◆ **de cabo a rabo** from beginning to end ◆ **llevar a cabo** to carry *sth* out *Ver tb* FIN

cabra *nf* goat

> **Goat** es el sustantivo genérico. Para referirnos sólo al macho decimos **billy goat**, y a la hembra **nanny goat**. Los cabritos se llaman **kids**.

LOC **estar como una cabra** to be crazy

cabreado, -a *adj* LOC **estar cabreado** to be in a bad temper *Ver tb* CABREAR

C

cabrear *vt* to annoy: *Lo que más me cabrea es que...* What annoys me most of all is that...
▶ **cabrearse** *vp* **cabrearse (con) (por)** to get annoyed (with *sb*) (about *sth*)

cabreo *nm* LOC **agarrar(se)/coger(se) un cabreo** to go mad

cabrito *nm* (*animal*) kid

caca *nf* poo, poop (*USA*): ~ *de perro* dog poo LOC **hacer caca** to do a poo/poop

cacahuete *nm* peanut

cacao *nm* **1** (*planta, en polvo*) cocoa **2** (*labios*) lip salve **3** (*lío*) uproar LOC **tener un cacao mental** to be confused

cacarear *vi* **1** (*gallo*) to crow **2** (*gallina*) to cackle

cacería *nf* **1** (*caza mayor*) hunt: *una ~ de elefantes* an elephant hunt **2** (*caza menor*) shoot LOC **ir de cacería 1** (*caza mayor*) to go hunting **2** (*caza menor*) to go shooting

cacerola *nf* casserole ➲ *Ver dibujo en* POT

cacha *nf* thigh LOC **estar cachas 1** (*hombre*) to be a hunk **2** (*mujer*) to be muscly

cacharrazo *nm* **1** (*golpe*) bump **2** (*ruido*) racket LOC **darse un cacharrazo** (*conduciendo*) to have an accident

cacharro *nm* **1** (*vasija*) pot **2** (*vehículo*) old banger **3 cacharros** (*de cocina*) pots and pans: *No dejes los ~s sin fregar.* Don't forget to do the pots and pans.

cachear *vt* to frisk: *Cachearon a todos los pasajeros.* All the passengers were frisked.

cachete *nm* slap LOC **dar un cachete** to slap *sb*

cacho *nm* piece

cachondearse *vp* to make fun of *sb/sth*

cachondeo *nm* joke: *No te lo tomes a ~.* Don't treat it as a joke. ◇ *Aquello era un ~, nadie se aclaraba.* It was a joke; no one knew what was going on. LOC **estar de cachondeo** to be joking

cachondo, -a *adj* funny

cachorro, -a *nm-nf* **1** (*perro*) puppy [*pl* puppies] **2** (*león, tigre*) cub

caco *nm* burglar ➲ *Ver nota en* THIEF

cactus (*tb* **cacto**) *nm* cactus [*pl* cactuses/cacti]

cada *adj* **1** each: *Dieron un regalo a ~ niño.* They gave each child a present. **2** (*con expresiones de tiempo, con expresiones numéricas*) every: ~ *semana/vez* every week/time ◇ ~ *diez días* every ten days ➲ *Ver nota en* EVERY **3** (*con valor exclamativo*): *¡Dices ~ cosa!* The things you say! LOC **cada cosa a su tiempo** all in good time ◆ **cada cual** everyone ◆ **¿cada cuánto?** how often? ◆ **cada dos días, semanas, etc.** every other day, week, etc. ◆ **cada dos por tres** constantly ◆ **cada loco con su tema** each to his own ◆ **cada uno** each: *Cada uno valía 40 euros.* They each cost 40 euros. ◇ *Nos dieron una bolsa a ~ uno.* They gave us each a bag. ◇ ~ *uno de nosotros/los jugadores* each of us/the players ◆ **cada vez más** more and more: *Cada vez hay más problemas.* There are more and more problems. ◇ *Estás ~ vez más guapa.* You're looking prettier and prettier. ◆ **cada vez mejor/peor** better and better/worse and worse ◆ **cada vez menos** less and less, fewer and fewer: *Tengo ~ vez menos dinero.* I've got less and less money. ◇ *Cada vez hay menos alumnos.* There are fewer and fewer students. ◇ *Nos vemos ~ vez menos.* We see less and less of each other. ➲ *Ver nota en* MENOS ◆ **cada vez que...** whenever... ◆ **para cada...** between...: *un libro para ~ dos/tres alumnos* one book between two/three students

cadáver *nm* corpse, body [*pl* bodies] (*más coloq*) LOC *Ver* DEPÓSITO

cadena *nf* **1** chain **2** (*Radio*) station **3** (*TV*) channel ➲ *Ver nota en* TELEVISION LOC **cadena de música/sonido** hi-fi (system) ◆ **cadena perpetua** life imprisonment ◆ **en cadena**: *una reacción en ~* a chain reaction ◇ *explosiones en ~* a series of explosions *Ver tb* PRODUCCIÓN

cadera *nf* hip

cadete *nmf* cadet
▶ **cadetes** *nm* (*Dep*) under 15s

caducar *vi* **1** (*documento, plazo*) to expire **2** (*alimento*) to go past its sell-by date, to go past its pull date (*USA*): *Este yogur ya ha caducado.* This yogurt is past its sell-by date. **3** (*medicamento*) to be out of date: *¿Cuándo caduca?* When does it have to be used by?

caducidad *nf* LOC *Ver* FECHA

caduco, -a *adj* LOC *Ver* HOJA

caer *vi* **1** to fall: *La maceta cayó desde el balcón.* The plant pot fell off the balcony. ◇ ~ *en la trampa* to fall into the trap ◇ *Mi cumpleaños cae en martes.* My birthday falls on a Tuesday. ◇ *Caía la noche.* Night was falling. **2** (*estar*) to be: *¿Por dónde cae su casa?* Where's their house? **3** ~ **(en)** (*entender*) to get *sth*: *Ya caigo.* I get it. **4** ~ **bien, mal, etc. a algn**: *Le caíste muy bien a mi madre.* My mother really liked you. ◇ *Me cae fatal.* I can't stand him. ◇ *¿Qué tal te cayó su novia?* What did you think of his girlfriend?
▶ **caerse** *vp* **1** to fall: *Cuidado, no te caigas.* Careful you don't fall. ◇ *Se me caen los pantalones.* My trousers are falling down. **2** (*Internet*) to fail: *Se me cayó la conexión.* My connection failed. LOC **caérsele algo a algn 1** to drop sth: *Se me cayó el helado.* I dropped my ice cream. ➲ *Ver nota y dibujo en* DROP **2** (*diente, pelo*) to lose sth: *Se le cae el pelo.* He's losing his hair.

🛈 Para otras expresiones con **caer**, véanse las entradas del sustantivo, adjetivo, etc., p. ej. **caer gordo** en GORDO.

café *nm* **1** (*bebida*) coffee: *¿Te apetece un ~?* Would you like some/a coffee? **2** (*establecimiento*) cafe LOC **café americano** filter coffee ◆ **café exprés** espresso [*pl* espressos] ◆ **café instantáneo** instant coffee ◆ **café molido/en grano** ground coffee/coffee beans ◆ **café solo/con leche** black/white coffee

cafeína *nf* caffeine: *sin ~* decaffeinated

cafetal *nm* coffee plantation

cafetera *nf* coffee pot LOC **cafetera eléctrica** coffee maker ◆ **cafetera exprés** espresso machine

cafetería *nf* snack bar

cafetero, **-a** *adj* **1** coffee: *la industria cafetera* the coffee industry **2** (*persona*): *ser muy ~* to be very fond of coffee

cafre *adj* (*bruto*) barbaric
▶ *nmf* lout

cagarruta *nf* droppings [*pl*]: *~s de pájaro* bird droppings

cagueta *adj, nmf* wimp: *No seas ~.* Don't be such a wimp.

caída *nf* **1** fall: *una ~ de tres metros* a three-metre fall ◇ *la ~ del gobierno* the fall of the government **2 ~ de** (*descenso*) fall in *sth*: *una ~ de los precios* a fall in prices **3** (*pelo*) loss: *prevenir la ~ del pelo* to prevent hair loss LOC **a la caída de la tarde/noche** at dusk/nightfall ◆ **caída libre** free fall

caído, **-a** *adj* fallen: *un pino ~* a fallen pine
▶ *nm* (*muerto*): *los ~s en la guerra* those who died in the war LOC **caído del cielo 1** (*inesperado*) out of the blue **2** (*oportuno*): *Nos viene ~ del cielo.* It's a godsend. *Ver tb* CAER

caimán *nm* alligator

caja *nf*

- **recipiente 1** box: *una ~ de cartón* a cardboard box ◇ *una ~ de bombones* a box of chocolates ➲ *Ver dibujo en* CONTAINER **2** (*refrescos, etc.*) crate **3** (*vino*) case **4** (*ataúd*) coffin, casket (*USA*)
- **en una empresa 1** (*supermercado*) checkout **2** (*otras tiendas*) cash desk **3** (*banco*) cashier's desk, teller's window (*USA*) LOC **caja de ahorros** savings bank ◆ **caja de cambios/velocidades** gearbox ◆ **caja de herramientas** tool box ◆ **caja fuerte** safe ◆ **caja negra** black box ◆ **caja registradora** till ◆ **hacer (la) caja** to cash up, to cash out (*USA*) ◆ **la caja tonta** the box *Ver tb* CUELLO

cajero, **-a** *nm-nf* cashier LOC **cajero automático** cash machine, ATM (*USA*)

cajetilla *nf* packet, pack (*USA*): *una ~ de tabaco* a packet of cigarettes ➲ *Ver dibujo en* CONTAINER

cajón *nm* **1** (*mueble*) drawer **2** (*embalaje*) crate

cal *nf* lime

cala *nf* (*bahía*) cove

calabacín *nm* courgette

calabaza *nf* pumpkin LOC **dar calabazas** to give *sb* the brush-off

calabozo *nm* **1** (*mazmorra*) dungeon **2** (*celda*) cell

calada *nf* (*cigarro, etc.*) drag

calamar *nm* squid [*pl* squid/squids]

calambre *nm* **1** (*muscular*) cramp [*incontable*]: *Me dan ~s en las piernas.* I get cramp in my legs. **2** (*electricidad*) (electric) shock: *¡Te va a dar ~!* You'll get a shock!

calamidad *nf* misfortune: *pasar ~es* to suffer misfortune LOC **ser una calamidad** (*persona*) to be useless

calar *vt* **1** (*mojar*) to soak: *La lluvia me caló hasta la camiseta.* The rain soaked through to my vest. **2** (*adivinar las intenciones*) to see through *sb*: *La calé enseguida.* I saw through her immediately.
▶ **calarse** *vp* **1** (*mojarse*) to get soaked **2** (*motor*) to stall: *Se me caló el coche.* I stalled the car. LOC **calarse hasta los huesos** to get soaked to the skin

calavera *nf* skull

calcar *vt* to trace

calcetín *nm* sock

calcinado, **-a** *adj*: *un cadáver ~* a charred body ◇ *un coche ~* a burnt-out car *Ver tb* CALCINAR

calcinar *vt* to burn *sth* down: *El fuego calcinó la fábrica.* The factory was burnt down.

calcio *nm* calcium

calco *nm* **1** (*dibujo*) tracing: *papel de ~* tracing paper **2** (*imitación*) copy [*pl* copies]

calcomanía *nf* transfer

calculadora *nf* calculator

calcular *vt* **1** (*averiguar*) to work *sth* out, to calculate (*más formal*): *Calcula cuánto necesitamos.* Work out how much we need. **2** (*suponer*) to reckon, to guess (*USA*): *Calculo que habrá 60 personas.* I reckon there must be around 60 people.

cálculo *nm* calculation: *Según mis ~s son 105.* It's 105 according to my calculations. ◇ *Tengo que hacer unos ~s antes de decidir.* I have to make some calculations before deciding. LOC **(hacer) un cálculo aproximado** (to make) a rough estimate *Ver tb* HOJA

caldera *nf* boiler

calderilla *nf* small change

caldero *nm* cauldron

caldo *nm* **1** (*para cocinar*) stock: *~ de pollo* chicken stock **2** (*sopa*) broth: *Para mí el ~ de verduras.* I'd like the vegetable broth. LOC **caldo de cultivo** (*fig*) breeding ground (*for sth*)

C

calefacción *nf* heating: *~ central* central heating

calendario *nm* calendar

calentador *nm* heater: *~ de agua* water heater

calentamiento *nm* (*entrenamiento*) warm-up: *ejercicios de ~* warm-up exercises ◇ *Primero haremos un poco de ~.* We're going to warm up first. LOC **calentamiento global** global warming

calentar *vt* **1** (*Cocina*) to heat *sth* up: *Voy a ~te la cena.* I'll go and heat up your dinner. **2** (*Dep, templar*) to warm *sb/sth* up

▶ **calentarse** *vp* **1** to get very hot: *El motor se calentó demasiado.* The engine overheated. **2** (*Dep, templarse*) to warm up LOC **calentarse los cascos** to rack your brains

calibre *nm* calibre: *con una pistola del ~ 38* with a 38 calibre gun ◇ *un imbécil de mucho ~* a complete idiot

calidad *nf* quality [*pl* qualities]: *la ~ de vida en las ciudades* the quality of life in cities LOC **de alta, buena, etc. calidad** high, good, etc. quality: *materiales de baja ~* poor-quality materials ◇ *Las imágenes son de buena ~.* The pictures are of good quality. ◆ **de (primera) calidad** top quality: *fruta de (primera) ~* top-quality fruit ➲ *Ver nota en* WELL BEHAVED ◆ **en calidad de** as: *en ~ de portavoz* as spokesperson *Ver tb* RELACIÓN

cálido, -a *adj* warm

caliente *adj* hot, warm: *agua ~* hot water ◇ *La casa está ~.* The house is warm.

> No se deben confundir las palabras **hot** y **warm**. **Hot** describe una temperatura bastante más caliente que **warm**. **Warm** es más bien *cálido, templado* y muchas veces tiene connotaciones agradables. Compara los siguientes ejemplos: *No lo puedo beber, está muy caliente.* I can't drink it, it's too hot. ◇ *¡Qué calor hace aquí!* It's too hot in here! ◇ *Siéntate al lado del fuego, pronto entrarás en calor.* Sit by the fire, you'll soon warm up.

LOC *Ver* BOLSA, PERRITO

calificación *nf* **1** (*nota escolar*) mark, grade (*USA*): *buenas calificaciones* good marks ◇ *Obtuvo la ~ de notable.* He got a good mark. ➲ *Ver nota en pág 397* **2** (*descripción*) description: *Su comportamiento no merece otra ~.* His behaviour cannot be described in any other way.

calificar *vt* **1** (*describir*) to label *sb* (*as sth*): *La calificaron de excéntrica.* They labelled her an eccentric. **2** (*dar nota*) to give *sb* a mark: *La calificaron con sobresaliente.* She was awarded top marks. **3** (*corregir*) to mark, to grade (*USA*)

caligrafía *nf* handwriting

cáliz *nm* **1** (*Relig*) chalice **2** (*copa*) goblet

callado, -a *adj* **1** (*sin hablar apenas*) quiet: *Tu hermano está muy ~ hoy.* Your brother is very quiet today. **2** (*en completo silencio*) silent: *Permaneció ~.* He remained silent. LOC **más callado que un muerto** as quiet as a mouse *Ver tb* CALLAR

callar *vt* **1** (*persona*) to tell *sb* to be quiet: *¡Calla a esos niños!* Tell those children to be quiet! ◇ *Los calló a base de caramelos.* She kept them quiet by giving them sweets. **2** (*información*) to keep quiet about *sth*: *Calló lo que sabía.* He kept quiet about what he knew.

▶ **callar(se)** *vi, vp* **1** (*no hablar*) to say nothing: *Prefiero ~me.* I'd rather say nothing. **2** (*dejar de hablar o de hacer ruido*) to go quiet, to shut up (*coloq*): *Dáselo, a ver si (se) calla.* Give it to him and see if he shuts up. LOC **¡calla!/¡cállate (la boca)!** be quiet!, shut up! (*coloq*)

calle *nf* **1** street (*abrev* St): *una ~ peatonal* a pedestrian street ◇ *Está en la ~ Goya.* It's in Goya Street.

> Cuando se menciona el número de la casa o portal se usa la preposición **at**: *Vivimos en la calle Goya 49.* We live at 49 Goya Street. ➲ *Ver tb nota en* ROAD

2 (*Dep*) lane: *el corredor de la ~ dos* the runner in lane two LOC **calle arriba/abajo** up/down the street ◆ **quedarse en la calle** (*sin trabajo*) to lose your job

callejero, -a *adj* street: *violencia callejera* street violence

▶ *nm* street map LOC *Ver* MÚSICO, PERRO

callejón *nm* alleyway LOC **callejón sin salida** dead end

callejuela (*tb* **calleja**) *nf* side street

callo *nm* **1** (*dedo del pie*) corn **2** (*mano, planta del pie*) callus [*pl* calluses] **3 callos** (*Cocina*) tripe [*incontable*]

calma *nf* calm: *mantener la ~* to keep calm LOC **¡(con) calma!** calm down! ◆ **tomarse algo con calma**: *Tómatelo con ~.* Take it easy. *Ver tb* PERDER

calmante *nm* **1** (*dolor*) painkiller **2** (*nervios*) tranquillizer

calmar *vt* **1** (*nervios*) to calm **2** (*dolor*) to relieve **3** (*hambre, sed*) to satisfy
▶ **calmarse** *vp* to calm down

calor *nm* heat: *Hoy aprieta el ~.* It's stiflingly hot today. LOC **hacer calor** to be hot: *Hace mucho ~.* It's very hot. ◇ *¡Qué ~ hace!* It's so hot! ➲ *Ver nota en* CALIENTE ◆ **tener calor** to be/feel hot: *Tengo ~.* I'm hot. *Ver tb* ENTRAR, GOLPE, OLA

caloría *nf* calorie: *una dieta baja en ~s* a low-calorie diet ◇ *quemar ~s* to burn off calories

caluroso, **-a** *adj* **1** hot: *Fue un día muy ~.* It was a very hot day. **2** (*tibio, afectuoso*) warm: *una noche/bienvenida calurosa* a warm night/ welcome

calva *nf* bald patch

calvo, **-a** *adj* bald: *quedarse ~* to go bald LOC *Ver* TANTO

calzada *nf* road

calzado *nm* shoes [*pl*]: *~ de piel* leather shoes

calzar *vt* **1** (*zapato*) to wear: *Suelo ~ zapato plano.* I usually wear flat shoes. **2** (*número*) to take: *¿Qué número calzas?* What size shoe do you take?
▶ **calzarse** *vp* to put your shoes on LOC *Ver* VESTIR

calzoncillo *nm* **calzoncillos** underpants [*pl*] ❶ "Unos calzoncillos" se dice **a pair of underpants.** ➲ *Ver tb nota en* PAIR

cama *nf* bed: *irse a la ~* to go to bed ◇ *¿Todavía estás en la ~?* Are you still in bed? ◇ *meterse en la ~* to get into bed ◇ *salir de la ~* to get out of bed ◇ *hacer la ~* to make the bed LOC **cama elástica** trampoline ◆ **cama individual/de matrimonio** single/double bed *Ver tb* COCHE, SOFÁ

camada *nf* litter

camaleón *nm* chameleon

cámara *nf* **1** (*Cine, Fot*) camera: *~ digital* digital camera **2** (*Pol, Mús*) chamber: *la ~ legislativa* the legislative chamber ◇ *música de ~* chamber music
▶ *nmf* cameraman/woman [*pl* -men/-women] LOC **a/en cámara lenta** in slow motion ◆ **Cámara de Comercio** Chamber of Commerce ◆ **cámara de fotos/fotográfica** camera ◆ **cámara de vídeo** camcorder ◆ **cámara web** webcam

camarada *nmf* **1** (*Pol*) comrade **2** (*colega*) mate

camarero, **-a** *nm-nf* **1** (*en un restaurante*) **(a)** (*masc*) waiter **(b)** (*fem*) waitress **2** (*en un bar*) **(a)** (*masc*) barman **(b)** (*fem*) barmaid

camarón *nm* shrimp

camarote *nm* cabin

cambiante *adj* changing

cambiar *vt* **1** to change *sth* (*for sth*): *~ el mundo/una ley* to change the world/a law ◇ *Voy a ~ mi coche por uno más grande.* I'm going to change my car for a bigger one. **2** (*dinero*) to change *sth* (*into sth*): *~ dólares a/en euros* to change dollars into euros **3** (*intercambiar*) to exchange *sth* (*for sth*): *Si no te está bien lo puedes ~.* You can exchange it if it doesn't fit.
▶ *vi* ~ **(de)** to change: *~ de trabajo/tren* to change jobs/trains ◇ *No van a ~.* They're not going to change. ◇ *~ de marcha* to change gear ◇ *~ de tema* to change the subject
▶ **cambiarse** *vp* **1 cambiarse (de)** to change: *~se de zapatos* to change your shoes **2** (*persona*) to get changed: *Voy a ~me porque tengo que salir.* I'm going to get changed because I have to go out. LOC **cambiar el/de chip** to change your mindset ◆ **cambiar de opinión** to change your mind ◆ **cambiar(se) de casa** to move house

cambio *nm* **1** ~ **(de)** change (in/of *sth*): *un ~ de temperatura* a change in temperature ◇ *Ha habido un ~ de planes.* There has been a change of plan. **2** (*intercambio*) exchange: *un ~ de impresiones* an exchange of views **3** (*dinero suelto*) change: *Me dieron mal el ~.* They gave me the wrong change. ◇ *¿Tiene ~ de 100 euros?* Have you got change for 100 euros? **4** (*Fin*) exchange rate LOC **a cambio (de/de que)** in return (for *sth/doing sth*): *No recibieron nada a ~.* They got nothing in return. ◇ *a ~ de que me ayudes con las matemáticas* in return for you helping me with my maths ◆ **cambio climático** climate change ◆ **cambio de guardia** changing of the guard ◆ **cambio de sentido** U-turn ◆ **en cambio** on the other hand *Ver tb* CAJA, PALANCA, TIPO

camelar(se) *vt, vp* **1** (*convencer*) to talk *sb into doing sth*: *Me camelaré a papá para que me deje salir.* I'll talk Dad into letting me go out. **2** (*halagar*) to butter *sb* up

camello, **-a** *nm-nf* (*animal*) camel
▶ *nm* (*traficante*) pusher

camelo *nm* **1** (*engaño*) con: *¡Vaya un ~!* What a con! **2** (*bulo*) pack of lies: *Lo de su enfermedad es un ~.* That story about his illness is a pack of lies.

camerino *nm* dressing room

camilla *nf* **1** (*Med*) stretcher **2** (*mesa*) round table covered with a cloth

caminar *vt, vi* to walk: *Hemos caminado 150 km.* We've walked 150 km. ➲ *Ver nota en* ANDAR LOC **ir caminando** to walk: *Se fue caminando a su casa.* He walked home.

caminata *nf* trek LOC **darse/pegarse una caminata** to do a lot of walking

camino *nm* **1** (*carretera no asfaltada*) track **2** (*trayecto, medio*) way: *No me acuerdo del ~.* I can't remember the way. ◇ *Me la encontré en el ~.* I met her on the way. **3** ~ **(a/de)** (*senda*) path (to *sth*): *el ~ a la fama* the path to fame LOC **camino vecinal** minor road ◆ **en camino** on the way ◆ **(estar/ir) camino de...** (to be) on the/your way to... ◆ **ir por buen/mal camino** to be on the right/ wrong track ◆ **me coge/pilla de camino** it's on my, your, etc. way: *No hay problema, me pilla de ~.* No problem — it's on my way. ◆ **ponerse en camino** to set off *Ver tb* ABRIR, INGENIERO, MEDIO, MITAD

camión *nm* lorry [*pl* lorries], truck (*USA*) LOC **camión cisterna** tanker ◆ **camión de la basura** dustcart, garbage truck (*USA*) ◆ **camión de mudanzas** removal van, moving van (*USA*)

camionero, -a *nm-nf* lorry driver, truck driver (*USA*)

camioneta *nf* van

camisa *nf* shirt: *una ~ de cuadros/rayas* a check/striped shirt LOC **camisa de fuerza** straitjacket

camiseta *nf* **1** T-shirt **2** (*Dep*) shirt: *la ~ número 11* the number 11 shirt **3** (*ropa interior*) vest, undershirt (*USA*)

camisón *nm* nightdress, nightie (*coloq*)

camorrista *nmf* troublemaker

campamento *nm* camp: *ir de ~* to go camping ◇ *~ de verano* summer camp

campana *nf* **1** bell: *¿Oyes las ~s?* Can you hear the bells ringing? **2** (*extractor*) extractor hood LOC **hacer campana** to play truant *Ver tb* VUELTA

campanada *nf* **1** (*campana*): *Sonaron las ~s.* The bells rang out. **2** (*reloj*) stroke: *las doce ~s de medianoche* the twelve strokes of midnight LOC **dar dos, etc. campanadas** to strike two, etc.: *El reloj dio seis ~s.* The clock struck six.

campanario *nm* bell tower

campaña *nf* (*Econ, Pol, Mil*) campaign: *~ electoral* election campaign LOC **hacer campaña a favor de/en contra de algn/algo** to campaign for/ against sb/sth *Ver tb* TIENDA

campeón, -ona *nm-nf* champion: *el ~ del mundo/de Europa* the world/European champion LOC *Ver* PROCLAMAR

campeonato *nm* championship: *los Campeonatos Mundiales de Atletismo* the World Athletics Championships

campesino, -a *nm-nf* **1** (*agricultor*) peasant farmer **2** (*aldeano*) countryman/woman [*pl* -men/-women]: *los ~s* country people

campestre *adj* LOC *Ver* COMIDA

camping *nm* campsite, campground (*USA*) LOC **hacer camping** to camp ◆ **ir de camping** to go camping

campo *nm* **1** (*naturaleza*) country: *vivir en el ~* to live in the country **2** (*paisaje*) countryside: *El ~ está precioso en abril.* The countryside looks lovely in April. **3** (*tierra de cultivo*) field: *~s de cebada* barley fields **4** (*ámbito, Fís*) field: *el ~ de la ingeniería* the field of engineering ◇ *~ magnético* magnetic field **5** (*Dep*) **(a)** (*terreno*) pitch, field (*USA*): *un ~ de rugby* a rugby pitch ◇ *salir al ~* to come out onto the pitch **(b)** (*estadio*) ground: *el ~ del Sevilla* Seville's ground **6** (*campamento*) camp: *~ de concentración/refugiados* concentration/refugee camp LOC **campo a través** across country ◆ **campo de batalla** battlefield ◆ **campo de golf** golf course ◆ **campo de minas** minefield ◆ **en campo contrario** (*Dep*) away: *jugar en ~ contrario* to play away *Ver tb* CASA, FAENA, LABOR, MEDIO, PRODUCTO

campus *nm* campus [*pl* campuses]

campus party *nm* LAN party [*pl* LAN parties]

camuflaje *nm* camouflage

camuflar *vt* to camouflage

cana *nf* grey hair: *tener ~s* to have grey hair

Canadá *nm* Canada

canadiense *adj, nmf* Canadian

canal *nm* **1** (*natural, TV*) channel: *el ~ de la Mancha* the Channel ◇ *un ~ de televisión* a TV channel ➲ *Ver nota en* TELEVISION **2** (*artificial, de riego*) canal: *el ~ de Suez* the Suez Canal LOC *Ver* INGENIERO

canalón *nm* gutter

canario *nm* (*pájaro*) canary [*pl* canaries]

canasta *nf* basket: *meter una ~* to score a basket

cancelar *vt* **1** to cancel: *~ un vuelo/una reunión* to cancel a flight/meeting **2** (*deuda*) to settle

cáncer *nm* cancer [*incontable*]: *Padece un ~ terminal.* He's suffering from terminal cancer. ▶ *nm, nmf* (*tb* **Cáncer**) (*Astrol*) Cancer ➲ *Ver ejemplos en* ACUARIO

cancha *nf* **1** (*Tenis, Baloncesto, Voleibol*) court: *Los jugadores ya están en la ~.* The players are on court. **2** (*Fútbol*) pitch, field (*USA*) LOC **dar cancha** to give opportunities *to sb*

canción *nf* **1** (*Mús*) song **2** (*excusa*) story [*pl* stories]: *No me vengas con esa ~.* Don't come to me with that story. LOC **canción de cuna** lullaby [*pl* lullabies]

candado *nm* padlock: *cerrado con ~* padlocked

candidato, -a *nm-nf* ~ **(a)** candidate (for *sth*): *el ~ a la presidencia del club* the candidate for club chairman

candidatura *nf* ~ **(a)** candidacy [*pl* candidacies] (for *sth*): *renunciar a una ~* to withdraw your candidacy ◇ *Presentó su ~ al senado.* He stood for the senate.

canela *nf* cinnamon

canelón *nm* **canelones** cannelloni [*incontable*]: *Mi plato favorito son los canelones.* Cannelloni is my favourite food.

cangrejo *nm* **1** (*de mar*) crab **2** (*de río*) crayfish [*pl* crayfish]

canguro *nm* (*animal*) kangaroo [*pl* kangaroos] ▶ *nmf* (*persona*) babysitter LOC **hacer de canguro** to babysit (*for sb*)

caníbal *adj, nmf* cannibal: *una tribu ~* a cannibal tribe

canica *nf* marble: *jugar a las ~s* to play marbles

canino, -a *adj* canine LOC *Ver* HAMBRE, RESIDENCIA

canjear *vt* to exchange *sth* (*for sth*): *~ un vale* to exchange a voucher

canoa *nf* canoe

canoso, -a *adj* **1** (*pelo*) grey **2** (*persona*) grey-haired

cansado, -a *adj* **1** ~ **(de)** (*fatigado*) tired (from *sth/doing sth*): *Están ~s de tanto correr.* They're tired from all that running. **2** ~ **de** (*harto*) tired of *sb/sth/doing sth*: *¡Estoy ~ de ti!* I'm tired of you! **3** (*que fatiga*) tiring: *El viaje fue ~.* It was a tiring journey. ➲ *Ver nota en* BORING LOC *Ver* VISTA; *Ver tb* CANSAR

cansancio *nm* tiredness LOC *Ver* MUERTO

cansar *vt* **1** (*fatigar*) to tire *sb/sth* (out) **2** (*aburrir, hartar*): *Me cansa tener que repetir las cosas.* I get tired of having to repeat things.
▶ *vi* to be tiring: *Este trabajo cansa mucho.* This work is very tiring.
▶ **cansarse** *vp* **cansarse (de)** to get tired (of *sb/sth/doing sth*): *Se cansa enseguida.* He gets tired very easily.

cantante *nmf* singer LOC *Ver* VOZ

cantar *vt, vi* to sing
▶ *vi* **1** (*cigarra, pájaro pequeño*) to chirp **2** (*gallo*) to crow **3** (*oler mal*) to stink **4** (*llamar la atención*) to be noticeable: *Cantó mucho que todo el mundo aprobara.* It was very noticeable that they all passed. LOC **cantar las cuarenta/las verdades** to tell *sb* a few home truths ◆ **cantar victoria** to celebrate

cántaro *nm* pitcher LOC *Ver* LLOVER

cantautor, -ora *nm-nf* singer-songwriter

cante *nm* singing: *~ jondo* flamenco singing LOC **dar el cante** to stick out like a sore thumb

cantera *nf* **1** (*de piedra*) quarry [*pl* quarries] **2** (*Dep*) youth squad

cantidad *nf* **1** [*con sustantivo incontable*] amount, quantity [*pl* quantities] (*más formal*): *una ~ pequeña de pintura/agua* a small amount of paint/water **2** [*con sustantivo contable*] number: *una gran ~ de personas/animales* a large number of people/animals **3** (*dinero*) sum **4** (*magnitud*) quantity: *La calidad es más importante que la ~.* Quality is more important than quantity.
▶ *adv* a lot: *Habla ~.* He talks a lot. LOC **cantidad de** a lot of *sth*: *¡Qué ~ de coches!* What a lot of cars! ◇ *Había ~ de gente.* There were lots of people. ◆ **en cantidades industriales** in huge amounts

cantimplora *nf* water bottle

canto *nm* **1** (*arte*) singing: *estudiar ~* to study singing **2** (*canción, poema*) song: *un ~ a la belleza* a song to beauty **3** (*borde*) edge **4** (*cuchillo*) back **5** (*piedra*) pebble LOC **darse con un canto en los dientes** to count yourself lucky

canturrear *vt, vi* to hum

caña *nf* **1** (*junco*) reed **2** (*bambú, azúcar*) cane: *~ de azúcar* sugar cane **3** (*cerveza*) glass of beer: *Me tomé cuatro ~s.* I had four glasses of beer. LOC **caña (de pescar)** fishing rod ◆ **dar/meter caña 1** (*azuzar*) to push *sb*: *Hay que meterle ~ para que estudie.* You have to push him to make him study. **2** (*coche*) to put your foot down

cañería *nf* pipe: *la ~ de desagüe* the drainpipe

cañón *nm* **1** (*de artillería*) cannon **2** (*de escopeta, etc.*) barrel: *una escopeta de dos cañones* a double-barrelled shotgun **3** (*Geog*) canyon: *el ~ del Colorado* the Grand Canyon

caoba *nf* mahogany

caos *nm* chaos [*incontable*]: *La noticia provocó el ~.* The news caused chaos.

caótico, -a *adj* chaotic

capa *nf* **1** layer: *la ~ de ozono* the ozone layer **2** (*pintura, barniz*) coat **3** (*prenda*) **(a)** (*larga*) cloak **(b)** (*corta*) cape

capacidad *nf* ~ **(de/para) 1** capacity (for *sth*): *una gran ~ de trabajo* a great capacity for work ◇ *un hotel con ~ para 300 personas* a hotel with capacity for 300 guests **2** (*aptitud*) ability (*to do sth*): *Tiene ~ para hacerlo.* She has the ability to do it.

capacitado, -a *adj* **1** (*capaz*) capable: *una persona muy capacitada* a very capable person **2** ~ **para** qualified *to do sth*: *~ para ejercer como médico* qualified to practise as a doctor

capar *vt* to castrate

caparazón *nm* shell: *un ~ de tortuga* a tortoise shell

capaz *adj* ~ **(de)** capable (of *sth/doing sth*): *un equipo ~ de ganar el campeonato* a team capable of winning the championship LOC **ser capaz de** can *do sth*: *No sé cómo fueron capaces de decírselo así.* I don't know how they could tell

C

her like that. ◇ *No soy ~ de aprenderlo.* I just can't learn it.

capellán *nm* chaplain

Caperucita LOC **Caperucita Roja** Little Red Riding Hood

capicúa *nm* palindromic number

capilla *nf* chapel LOC **capilla ardiente** chapel of rest

capital *nf* (*ciudad*) capital
▶ *nm* (*Fin*) capital LOC **Capital Cultural Europea** European Capital of Culture

capitalismo *nm* capitalism

capitalista *adj, nmf* capitalist

capitán, -ana *nm-nf* captain: *el ~ del equipo* the team captain
▶ *nmf* (*Mil*) captain

capítulo *nm* **1** (*libro*) chapter: *¿Por qué ~ vas?* What chapter are you on? **2** (*Radio, TV*) episode

capó *nm* (*coche*) bonnet, hood (*USA*)

capote *nm* cape

capricho *nm* (*antojo*) whim: *los ~s de la moda* the whims of fashion LOC **dar un capricho a algn** to give sb a treat

caprichoso, -a *adj* **1** (*que quiere cosas*) demanding: *¡Qué niño más ~!* He's such a demanding child! **2** (*que cambia de idea*): *Tiene un carácter ~.* He's always changing his mind. ◇ *un cliente ~* a fussy customer

capricornio (*tb* **Capricornio**) *nm, nmf* Capricorn ➲ *Ver ejemplos en* ACUARIO

cápsula *nf* capsule

captar *vt* **1** (*emisión, onda*) to pick *sth* up **2** (*atención, imagen*) to capture: *La propuesta captó nuestra atención.* The proposal captured our attention.

captura *nf* **1** (*fugitivo*) capture **2** (*armas, drogas*) seizure

capturar *vt* **1** (*fugitivo*) to capture **2** (*armas, drogas*) to seize

capucha *nf* (*tb* **capuchón** *nm*) **1** (*prenda*) hood **2** (*bolígrafo*) top

capuchino *nm* (*café*) cappuccino [*pl* cappuccinos]

capullo *nm* **1** (*flor*) bud **2** (*insecto*) cocoon

caqui *nm* **1** (*color*) khaki: *unos pantalones ~* a pair of khaki trousers ➲ *Ver ejemplos en* AMARILLO **2** (*fruto*) persimmon

cara *nf* **1** (*rostro*) face: *Lávate la ~.* Wash your face. **2** (*descaro*) cheek: *¡Vaya ~!* What a cheek! **3** (*papel, Geom*) side: *Escribí tres hojas por las dos ~s.* I wrote six sides. LOC **cara a cara** face to face: *Hubo un ~ a ~ entre los dos candidatos.* There was a face-to-face debate between the two candidates. ➲ *Ver nota en* WELL BEHAVED ◆ **cara dura**: *¡Eres un ~ dura!* You've got a cheek! ◆ **cara o cruz** heads or tails ◆ **dar la cara** to face the music ◆ **echar algo en cara a algn** to reproach sb for sth ◆ **girar/volver la cara** to look the other way ◆ **partirle/romperle la cara a algn** to smash sb's face in ◆ **poner cara de asco** to pull a face: *No pongas ~ de asco y cómetelo.* Don't pull a face; just eat it. ◆ **tener buena/mala cara** (*persona*) to look well/ill ◆ **tener más cara que espalda** to be a cheeky so-and-so *Ver tb* COSTAR, VOLVER

caracol *nm* **1** (*de tierra*) snail **2** (*de mar*) winkle LOC *Ver* ESCALERA

caracola *nf* conch

carácter *nm* **1** (*modo de ser*) character: *un defecto de ~* a character defect **2** (*índole*) nature: *el ~ temporal de esta medida* the temporary nature of this measure LOC **tener buen/mal carácter** to be good-natured/bad-tempered ◆ **tener mucho/poco carácter** to be strong-minded/weak-minded

característica *nf* characteristic

característico, -a *adj* characteristic

caracterizar *vt* **1** (*distinguir*) to characterize: *el paisaje que caracteriza esta zona* the landscape which characterizes this area **2** (*disfrazar*) to dress *sb* up *as sb/sth*: *La caracterizaron de anciana.* They dressed her up as an old lady.
▶ **caracterizarse** *vp* **1 caracterizarse por** to be characterized by *sth* **2 caracterizarse de** (*disfrazarse*) to dress up as *sb/sth*

caramelo *nm* **1** (*golosina*) sweet **2** (*azúcar quemado*) caramel

carantoña *nf* LOC **hacer carantoñas** to caress

carátula *nf* **1** (*de CD, etc.*) sleeve notes [*pl*] **2** (*de un vídeo, DVD*) case

caravana *nf* **1** (*expedición, roulotte*) caravan, trailer (*USA*) **2** (*tráfico*) tailback

carbón *nm* coal LOC **carbón vegetal** charcoal

carboncillo *nm* charcoal

carbonizar(se) *vt, vp* to burn

carbono *nm* carbon LOC *Ver* DIÓXIDO, HIDRATO, MONÓXIDO

carburante *nm* fuel

carca *adj, nmf* fuddy-duddy [*pl* fuddy-duddies]: *¡Qué padres más ~s tienes!* Your parents are such fuddy-duddies!

carcajada *nf* roar of laughter [*pl* roars of laughter] LOC *Ver* REÍR, SOLTAR

cárcel *nf* prison: *ir a la ~* to go to prison ◇ *Lo metieron en la ~.* They put him in prison.

carcelero, -a *nm-nf* jailer

cardenal *nm* **1** (*Relig*) cardinal **2** (*moratón*) bruise

cardiaco, -a (*tb* **cardíaco, -a**) *adj* LOC **ataque/paro cardiaco** heart attack; cardiac arrest (*más formal*)

cardinal *adj* cardinal

cardo *nm* thistle LOC **ser un cardo 1** (*feo*) to be as ugly as sin **2** (*antipático*) to be a prickly character

carecer *vi* ~ **de** to lack *sth*: *Carecemos de medicinas.* We lack medicines. LOC **carece de sentido** it doesn't make sense

careta *nf* mask

carga *nf* **1** (*acción*) loading: *La ~ del buque llevó varios días.* Loading the ship took several days. ◇ *~ y descarga* loading and unloading **2** (*peso*) load: *~ máxima* maximum load **3** (*mercancía*) **(a)** (*avión, barco*) cargo [*pl* cargoes] **(b)** (*camión*) load **4** (*explosivo, munición, Electrón*) charge: *una ~ eléctrica* an electric charge **5** (*obligación*) burden: *No quiero ser una ~ para nadie.* I don't want to be a burden on anyone . **6** (*bolígrafo*) refill LOC **¡a la carga!** charge! *Ver tb* BURRO

cargado, -a *adj* **1** ~ **(de/con)** loaded (with *sth*): *Venían ~s de maletas.* They were loaded down with suitcases. ◇ *un arma cargada* a loaded weapon **2** ~ **de** (*responsabilidades*) burdened with *sth* **3** (*atmósfera*) stuffy **4** (*bebida*) strong: *café muy ~* very strong coffee *Ver tb* CARGAR

cargador *nm* (*Electrón*) charger: *~ de pilas/móvil* battery/mobile charger

cargamento *nm* **1** (*avión, barco*) cargo [*pl* cargoes] **2** (*camión*) load

cargante *adj* (*persona*): *¡Qué tío más ~!* What a pain that guy is!

cargar *vt* **1** to load: *Cargaron el barco.* They loaded the ship. ◇ *Hay que ~ estas cajas en el camión.* We have to load the lorry with these boxes. ◇ *~ un arma* to load a weapon **2** (*pluma, encendedor*) to fill **3** (*pila, batería*) to charge **4** (*suspender*) to fail *sb* (*in sth*): *Me han cargado las matemáticas.* I failed maths. **5** (*Informát*) to upload

▶ *vi* **1** ~ **con (a)** (*llevar*) to carry *sth*: *Siempre me toca ~ con todo.* I always end up carrying everything. **(b)** (*responsabilidad*) to shoulder *sth* **2** ~ **(contra)** (*Mil*) to charge (at *sb*)

▶ **cargarse** *vp* **1** (*romper*) to wreck: *¡Te vas a ~ la lavadora!* You're going to wreck the washing machine! **2** (*matar*) to kill **3** (*suspender*) to fail

cargo *nm* **1** (*puesto*) post: *un ~ importante* an important post **2** (*Pol*) office: *el ~ de alcalde* the office of mayor **3 cargos** (*Jur*) charges LOC **dar/tener cargo de conciencia** to feel guilty: *Me da ~ de conciencia.* I feel guilty. ◆ **hacerse cargo de 1** (*responsabilizarse*) to take charge of *sth* **2** (*cuidar de algn*) to look after *sb*

caribeño, -a *adj* Caribbean

caricatura *nf* caricature: *hacer una ~* to draw a caricature

caricia *nf* caress LOC **hacer caricias** to caress

caridad *nf* charity: *vivir de la ~* to live on charity

caries *nf* **1** (*enfermedad*) tooth decay [*incontable*]: *para prevenir la ~* to prevent tooth decay **2** (*agujero*) hole: *Tengo una ~ en la muela.* I've got a hole in my tooth.

cariño *nm* **1** (*afecto*) affection **2** (*delicadeza*) loving care: *Trata sus cosas con todo ~.* He treats his things with loving care. **3** (*apelativo*) darling: *¡Cariño mío!* Darling! LOC **cogerle cariño a algn/algo** to become fond of sb/sth ◆ **con cariño** (*en cartas*) with love ◆ **tenerle cariño a algn/algo** to be fond of sb/sth

cariñoso, -a *adj* **1** ~ **(con)** affectionate (towards *sb/sth*) **2** (*abrazo, saludos*) warm

caritativo, -a *adj* ~ **(con)** charitable (to/towards *sb*)

carmín *nm* lipstick

carnada (*tb* **carnaza**) *nf* bait

carnal *adj* LOC *Ver* PRIMO

carnaval *nm* carnival ❶ A las vacaciones escolares de carnaval se les llama **the February half-term.** LOC *Ver* MARTES

carne *nf* **1** (*alimento*) meat: *Me gusta la ~ bien hecha.* I like my meat well done.

> El inglés suele emplear distintas palabras para referirse al animal y a la carne que se obtiene de ellos: del *cerdo* (**pig**) se obtiene **pork**, de la *vaca* (**cow**), **beef**, del *ternero* (**calf**), **veal** y de la *oveja* (**sheep**), **mutton. Lamb** constituye la excepción a esta regla, ya que designa tanto al animal (el *cordero*) como a la carne que de él se obtiene.

2 (*Anat, Relig, fruta*) flesh LOC **carne picada** mince, ground beef (*USA*) ◆ **en carne viva** raw: *Tienes la rodilla en ~ viva.* Your knee is red raw. ◆ **ser de carne y hueso** to be only human ◆ **tener carne de gallina** to have goose pimples *Ver tb* PARRILLA, UÑA

carné (*tb* **carnet**) *nm* card LOC **carné de conducir (por puntos)** (points-based) driving licence, driver's license (*USA*) ◆ **carné de estudiante** student card ◆ **carné de identidad** identity card ➲ *Ver nota en* DNI ◆ **sacar(se) el carné de conducir** to pass your driving test *Ver tb* EXAMINAR, FOTO

carnero *nm* ram

C

C

carnicería *nf* **1** (*tienda*) butcher's [*pl* butchers], butcher shop (*USA*)

En inglés muchas tiendas llevan el nombre del profesional que trabaja en ellas + **'s**, p. ej. **butcher's, baker's**, etc. Si se quiere hablar de varias carnicerías, se suele utilizar la forma **butchers**, lo mismo que cuando se habla de varios carniceros. En algunos casos también se puede decir **butcher's shops**: *Hay dos carnicerías en esta calle.* There are two butchers/two butcher's shops in this street.

2 (*matanza*) massacre

carnicero, -a *nm-nf* butcher

carnívoro, -a *adj* carnivorous
▶ *nm* carnivore

caro, -a *adj* expensive
▶ *adv*: *comprar/pagar algo muy ~* to pay a lot for sth LOC **costar/pagar caro** to cost *sb* dearly: *Pagarán ~ su error.* Their mistake will cost them dearly.

carpa *nf* **1** (*pez*) carp [*pl* carp] **2** (*entoldado*) marquee, tent (*USA*)

carpeta *nf* folder

carpintería *nf* carpentry

carpintero, -a *nm-nf* carpenter LOC *Ver* PÁJARO

carraspear *vi* to clear your throat

carrera *nf* **1** (*Dep*) race: *~ de relevos/sacos/obstáculos* relay/sack/obstacle race **2** (*corrida*) run: *Ya no estoy para ~s.* I'm not up to running any more. **3** (*licenciatura*) degree: *estudiar/hacer la ~ de Medicina* to do a degree in Medicine ◇ *¿Qué ~ tienes?* What did you do your degree in? **4** (*profesión*) career: *su ~ deportiva* her sporting career ◇ *Está en el mejor momento de su ~ política.* He's at the peak of his political career. **5** (*medias*) ladder, run (*USA*): *Tienes una ~ en las medias.* You've got a ladder in your tights. LOC **carrera de armamentos** arms race ♦ **carrera de caballos** horse race *Ver tb* BICICLETA, CABALLO, COCHE

carrerilla *nf* LOC **coger/tomar carrerilla** to take a run ♦ **decir algo de carrerilla** to reel sth off ♦ **saber(se) algo de carrerilla** to know sth by heart

carreta *nf* cart

carrete *nm* (*bobina*) reel, spool (*USA*) LOC **carrete (de fotos)** film

carretera *nf* road LOC **carretera comarcal/secundaria** B-road ♦ **carretera de circunvalación** ring road, beltway (*USA*) ♦ **carretera general/nacional** A-road ♦ **por carretera** by road *Ver tb* LUZ

carretilla *nf* wheelbarrow

carril *nm* **1** (*carretera*) lane: *~ bici/bus* cycle/bus lane **2** (*raíl*) rail

carrillo *nm* cheek

carrito *nm* trolley [*pl* trolleys]: *~ de la compra* shopping trolley

carro *nm* **1** (*vehículo*) cart **2** (*supermercado, aeropuerto*) trolley [*pl* trolleys], cart (*USA*) **3 el Carro** (*Osa Mayor*) the Plough LOC **carro de combate** tank

carrocería *nf* bodywork [*incontable*]

carromato *nm* caravan, trailer (*USA*)

carroza *nf* **1** (*tirada por caballos*) carriage **2** (*en un desfile*) float
▶ *adj, nmf* (*carca*) fuddy-duddy [*pl* fuddy-duddies]: *¡No seas tan ~!* Don't be such an old fuddy-duddy!

carruaje *nm* carriage

carrusel *nm* (*tiovivo*) merry-go-round

carta *nf* **1** (*misiva*) letter: *~ certificada/urgente* registered/express letter ◇ *una ~ de amor* a love letter ◇ *echar una ~* to post a letter ◇ *¿Tengo ~?* Are there any letters for me? **2** (*naipe*) card: *jugar a las ~s* to play cards ➲ *Ver nota en* BARAJA **3** (*menú*) menu **4** (*documento*) charter: *la Carta de las Naciones Unidas* the United Nations Charter LOC **carta de navegación** chart ♦ **carta de presentación** covering letter, cover letter (*USA*) ♦ **echar las cartas** to tell *sb's* fortune *Ver tb* BOMBA

cartabón *nm* set square

cartearse *vp* ~ **(con)** to write to *sb*

cartel *nm* poster: *poner un ~* to put up a poster LOC **cartel indicador** sign *Ver tb* PROHIBIDO

cartelera *nf* (*sección de periódico*) listings [*pl*]: *~ teatral* theatre listings LOC **en cartelera** on: *Lleva un mes en ~.* It has been on for a month.

cartera *nf* **1** (*billetero*) wallet **2** (*maletín*) briefcase ➲ *Ver dibujo en* BAG **3** (*de colegio*) school bag

carterista *nmf* pickpocket

cartero, -a *nm-nf* postman/woman [*pl* -men/-women]

cartilla *nf* (*libreta*) book: *~ de racionamiento/ahorros* ration/savings book LOC *Ver* AHORRO, LEER, PARO, SEGURIDAD

cartón *nm* **1** (*material*) cardboard: *cajas de ~* cardboard boxes **2** (*cigarrillos, leche*) carton **3** (*huevos*) box ➲ *Ver dibujo en* CONTAINER LOC **cartón piedra** papier mâché

cartucho *nm* (*proyectil, recambio*) cartridge

cartulina *nf* card

casa *nf* **1** (*vivienda*) **(a)** house **(b)** (*piso*) flat, apartment (*USA*) **(c)** (*edificio*) block of flats [*pl* blocks of flats], apartment building (*USA*)

En Gran Bretaña hay varios tipos de casas. Una **detached house** no tiene ningún edificio adosado, mientras que una **semi-detached house** (que también se llama **semi**) está adosada a otra casa por uno de sus lados. Una **terraced house** forma parte de una hilera de casas adosadas unas a otras.

La mayoría de la gente vive en casas unifamiliares, excepto en las grandes ciudades donde muchas personas viven en pisos (**flats**).

En el campo y en pueblos pequeños puedes encontrar **cottages** que son casas pequeñas, a menudo antiguas y bonitas. Otro tipo de casa es el **bungalow**, que consta de una sola planta. ➲ *Ver tb pág 348*

2 (*hogar*) home: *No hay nada como estar en ~.* There's no place like home. **3** (*empresa*) company [*pl* companies]: *una ~ discográfica* a record company LOC **casa de campo** country house ◆ **casa de cultura** arts centre ◆ **casa de socorro** first-aid post ◆ **casa rural** (*para veranear, etc.*) rural guest house ◆ **como una casa** huge: *una mentira como una ~* a huge lie ◆ **en casa** at home: *Me quedé en ~.* I stayed at home. ◇ *¿Está tu madre en ~?* Is your mother in? ◆ **en casa de** at *sb's* (house): *Estaré en ~ de mi hermana.* I'll be at my sister's house. ❶ En lenguaje coloquial se omite la palabra 'house': *Estaré en ~ de Ana.* I'll be at Ana's. ◆ **faenas/tareas de la casa** housework [*v sing*] ◆ **ir a casa** to go home ◆ **ir a casa de** to go to *sb's* (house): *Iré a ~ de mis padres.* I'll go to my parents' (house). ◆ **pasar por casa de** to drop in (on *sb*): *Pasaré por tu ~ mañana.* I'll drop in tomorrow. *Ver tb* AMA, CAMBIAR, FAENA, LLEGAR, TAREA

casado, -a *adj* ~ **(con)** married (to *sb*)
▶ *nm-nf* married man/woman [*pl* men/women] LOC *Ver* RECIÉN; *Ver tb* CASAR

casar *vt* (*juez, sacerdote*) to marry: *Los casó el cura del pueblo.* They were married by the village priest.
▶ *vi* ~ **(con)** (*cuadrar*) to tally (with *sth*): *Las cuentas no casaban.* The accounts didn't tally.
▶ **casarse** *vp* **1** to get married: *¿Sabes quién se casa?* Guess who's getting married? **2 casarse con** to marry *sb*: *Se casó con una brasileña.* He married a Brazilian. LOC **casarse por la Iglesia** to get married in church ◆ **casarse por lo civil** to get married in a registry office, to get married in a civil ceremony (*USA*) ➲ *Ver nota en* BODA

cascabel *nm* bell LOC *Ver* SERPIENTE

cascada *nf* waterfall

cascado, -a *adj* **1** (*roto*) clapped out **2** (*voz*) cracked **3** (*persona*) worn out *Ver tb* CASCAR

cascanueces *nm* nutcrackers [*pl*]

cascar *vt* **1** (*romper*) to crack: *~ un jarrón* to crack a vase **2** (*pegar*) to hit
▶ *vi* **1** (*charlar*) to chatter **2** (*morir*) to kick the bucket

cáscara *nf* **1** (*huevo, nuez*) shell: *~ de huevo* eggshell **2** (*limón, naranja*) peel **3** (*plátano*) skin **4** (*cereal*) husk

cascarón *nm* eggshell

cascarrabias *nmf*: *ser un ~* to be grumpy

casco *nm* **1** (*cabeza*) helmet: *llevar ~ (protector)* to wear a (crash) helmet **2** (*botella*) empty bottle **3** (*animal*) hoof [*pl* hoofs/hooves] **4** (*barco*) hull **5 cascos** (*auriculares*) headphones LOC **casco antiguo/viejo** old town *Ver tb* CALENTAR

cascote *nm* (*escombros*) rubble [*incontable*]: *La calle estaba llena de ~s.* The street was full of rubble.

caserío *nm* **1** (*casa*) farmhouse **2** (*aldea*) hamlet

casero, -a *adj* **1** (*producto*) home-made: *mermelada casera* home-made jam **2** (*persona*) home-loving
▶ *nm-nf* (*propietario*) **1** (*masc*) landlord **2** (*fem*) landlady [*pl* landladies] LOC *Ver* COCINA

caseta *nf* **1** (*feria*) sideshow **2** (*perro*) kennel **3** (*vestuario*) changing room, locker room (*USA*)

casete *nm* (*magnetófono*) cassette player/recorder
▶ *nm o nf* (*cinta*) cassette

casi *adv* **1** [*en frases afirmativas*] almost, nearly: *Estaba ~ lleno.* It was almost/nearly full. ◇ *Casi me caigo.* I almost/nearly fell. ◇ *Yo ~ diría que...* I would almost say...

A menudo **almost** y **nearly** son intercambiables. Sin embargo, sólo **almost** se puede usar para calificar otro adverbio en **-ly**: *almost completely* casi completamente, y sólo **nearly** puede ser calificado por otros adverbios: *I very nearly left.* Me faltó muy poco para irme.

2 [*en frases negativas*] hardly: *No la veo ~ nunca.* I hardly ever see her. ◇ *No vino ~ nadie.* Hardly anyone came. ◇ *No queda ~ nada.* There's hardly anything left. LOC **casi, casi** very nearly: *Casi, casi llegaban a mil personas.* There were very nearly a thousand people.

casilla *nf* **1** (*Ajedrez, damas*) square **2** (*formulario*) box: *marcar la ~ con una cruz* to put a cross in the box **3** (*llaves, cartas, etc.*) pigeonhole LOC **sacar a algn de sus casillas** to drive sb crazy

casillero *nm* **1** (*mueble*) pigeonholes [*pl*] **2** (*marcador*) scoreboard

C

C

casino *nm* **1** (*juego*) casino [*pl* casinos] **2** (*de socios*) club

caso *nm* case: *en cualquier ~* in any case LOC **el caso es que... 1** (*el hecho es que...*) the fact is (that)...: *El ~ es que no puedo ir.* The fact is, I can't go. **2** (*lo que importa*) the main thing is that...: *No importa cuándo, el ~ es que vaya.* It doesn't matter when he goes, the main thing is for him to go. ◆ **en caso de** in the event of *sth*: *Rómpase en ~ de incendio.* Break in the event of fire. ◆ **en caso de que...** if...: *En ~ de que te pregunte...* If he asks you... ◆ **en el mejor/peor de los casos** at best/at worst ◆ **en todo caso** in any case ◆ **hacer caso a/de** to take notice of *sb/sth* ◆ **hacer/venir al caso** to be relevant ◆ **ser un caso** (*persona*) to be a right case ◆ **ser un caso aparte** to be something else ◆ **ser un caso perdido** to be a hopeless case ◆ **yo en tu caso** if I were you *Ver tb* TAL

caspa *nf* dandruff

casquete *nm* LOC **casquete glaciar/de hielo** ice cap

casta *nf* **1** (*animal*) breed **2** (*grupo social*) caste LOC **de casta** thoroughbred

castaña *nf* **1** (*fruto*) chestnut **2 castañas** (*años*): *Tengo cincuenta ~s.* I'm fifty. LOC **agarrar/coger(se) una castaña** to get drunk ◆ **sacarle a algn las castañas del fuego** to get sb out of trouble

castañetear (*tb* **castañear**) *vi* (*dientes*) to chatter

castaño, -a *adj* brown: *ojos ~s* brown eyes ◇ *Tiene el pelo ~.* He's got brown hair.
▶ *nm* chestnut (tree)

castañuelas *nf* castanets

castellano *nm* (*lengua*) Spanish

castidad *nf* chastity

castigar *vt* **1** to punish *sb* (*for sth*): *Me castigaron por mentir.* I was punished for telling lies. ◇ *Nos castigaron sin recreo.* We were kept in at break. **2** (*Dep*) to penalize LOC **castigar a algn sin salir** to ground sb: *Me castigaron sin salir el fin de semana.* I was grounded for the weekend.

castigo *nm* punishment: *Habrá que ponerles un ~.* They'll have to be punished.

castillo *nm* castle LOC **castillo de arena** sandcastle

casto, -a *adj* chaste

castor *nm* beaver

castrar *vt* to castrate

casual *adj* chance: *un encuentro ~* a chance meeting

casualidad *nf* chance: *Nos conocimos de/por pura ~.* We met by sheer chance. ◇ *¿No tendrás por ~ su teléfono?* You don't have their number by any chance, do you? LOC **da la casualidad (de) que...** it so happens that... ◆ **¡qué casualidad!** what a coincidence!

cata *nf* (*de vinos*) wine tasting

catalán, -ana *adj, nm-nf, nm* Catalan

catálogo *nm* catalogue

catamarán *nm* catamaran

catar *vt* to taste

catarata *nf* **1** (*cascada*) waterfall **2** (*Med*) cataract

catarro *nm* cold: *coger un ~* to catch a cold ◇ *Estoy con ~.* I've got a cold.

catástrofe *nf* catastrophe

cate *nm* (*suspenso*) fail: *He tenido tres ~s.* I've failed three subjects.

catear *vt, vi* to fail: *¡Me han cateado!* I've failed!

catecismo *nm* catechism

catedral *nf* cathedral: *la Catedral de Burgos* Burgos Cathedral

catedrático, -a *nm-nf* **1** (*de universidad*) professor **2** (*de instituto*) head of department

categoría *nf* **1** (*sección*) category [*pl* categories]: *Quedó tercera en ~ femenina.* She came third in the women's category. **2** (*nivel*) level: *un torneo de ~ intermedia* an intermediate-level tournament **3** (*estatus*) status: *mi ~ profesional* my professional status LOC **de categoría 1** (*nivel, calidad*) first-rate **2** (*considerable*) serious: *una bronca de ~* a serious telling-off ◆ **de primera/segunda/tercera categoría** first-rate/second-rate/third-rate

categórico, -a *adj* categorical

catolicismo *nm* Catholicism

católico, -a *adj, nm-nf* Catholic

> En inglés, cuando se habla de las creencias religiosas o políticas o las actitudes sociales de una persona, se suele utilizar el sustantivo en singular con el artículo indefinido delante: *Soy católico.* I'm a Catholic. ◇ *No soy racista.* I'm not a racist.

catorce *adj, nm, pron* **1** fourteen **2** (*fecha*) fourteenth ➲ *Ver ejemplos en* ONCE *y* SEIS

cauce *nm* **1** (*río*) river bed **2** (*fig*) channel

caucho *nm* rubber

caudal *nm* (*agua*) flow: *el ~ del río* the flow of the river

caudaloso, -a *adj* large: *El Ebro es un río muy ~.* The Ebro is a very large river.

caudillo *nm* **1** (*líder*) leader **2** (*jefe militar*) commander

causa *nf* **1** (*origen, ideal*) cause: *la ~ principal del problema* the main cause of the problem ◇ *Lo* *abandonó todo por la ~.* He left everything for the cause. **2** (*motivo*) reason: *sin ~ aparente* for no apparent reason LOC **a/por causa de** because of *sb/sth*

causar *vt* **1** to cause: *~ la muerte/heridas/daños* to cause death/injury/damage **2** (*alegría, pena*): *Me causó una gran alegría/pena.* It made me very happy/sad. LOC **causar un trastorno a algn** to inconvenience sb *Ver tb* SENSACIÓN

cautela *nf* LOC **con cautela** cautiously

cauteloso, -a (*tb* **cauto, -a**) *adj* cautious

cautivador, -ora *adj* captivating

cautivar *vt* (*atraer*) to captivate: *El libro me cautivó.* I was captivated by the book.

cautiverio *nm* captivity

cautivo, -a *adj, nm-nf* captive

cava *nm* (*bebida*) cava

cavar *vt, vi* to dig

caverna *nf* cavern

caviar *nm* caviar

cavilar *vi* to think deeply (*about sth*): *después de mucho ~* after much thought

caza *nm* (*avión*) fighter (plane)

▶ *nf* **1** (*actividad*) hunting: *No me gusta la ~.* I don't like hunting. ◇ *ir de ~* to go hunting **2** (*carne*) game: *Nunca he comido ~.* I've never tried game. LOC **andar/ir a la caza de** to be after *sb/sth* ◆ **caza mayor** big game hunting ◆ **caza menor** shooting *Ver tb* FURTIVO, TEMPORADA

cazador, -ora *nm-nf* hunter LOC *Ver* FURTIVO

cazadora *nf* (*chaqueta*) jacket: *una ~ de piel* a leather jacket

cazar *vt* **1** to hunt **2** (*capturar*) to catch: *~ mariposas* to catch butterflies **3** (*con escopeta*) to shoot

▶ *vi* **1** to hunt **2** (*con escopeta*) to shoot

cazo *nm* **1** (*cacerola*) saucepan ➲ *Ver dibujo en* POT **2** (*cucharón*) ladle

cazuela *nf* casserole ➲ *Ver dibujo en* POT

CD *nm* **1** CD: *un CD de Shakira* a Shakira CD **2** (*aparato*) CD player

CD-ROM *nm* CD-ROM: *un programa en ~* a program on CD-ROM

cebada *nf* barley

cebar *vt* **1** (*engordar*) to fatten *sb/sth* up **2** (*atiborrar*) to fill *sb/sth* up: *Su madre los ceba.* Their mother fills them up.

cebo *nm* bait

cebolla *nf* onion LOC *Ver* PAPEL

cebolleta *nf* **1** (*fresca*) spring onion, green onion (*USA*) **2** (*en vinagre*) pickled onion

cebra *nf* zebra LOC *Ver* PASO

ceder *vt* (*traspasar*) to hand *sth* over (*to sb*): *~ el poder* to hand over power ◇ *Cedieron el edificio al ayuntamiento.* They handed over the building to the council.

▶ *vi* **1** (*transigir*) to give in (*to sb/sth*): *Es importante saber ~.* It's important to know how to give in gracefully. **2** (*intensidad, fuerza*) to ease off: *El viento cedió.* The wind eased off. **3** (*romperse*) to give way: *La estantería cedió por el peso.* The shelf gave way under the weight. LOC **ceder el paso** to give way, to yield (*USA*): *No vi el ceda el paso.* I didn't see the Give Way sign. ◆ **ceder la palabra** to hand over to *sb*

cegar *vt* to blind: *Las luces me cegaron.* I was blinded by the lights.

ceguera *nf* blindness

ceja *nf* eyebrow

celador, -ora *nm-nf* hospital porter

celda *nf* cell

celebración *nf* **1** (*fiesta, aniversario*) celebration **2** (*acontecimiento*): *La ~ de las elecciones se ha retrasado hasta junio.* The elections have been postponed until June.

celebrar *vt* **1** (*festejar*) to celebrate: *~ un cumpleaños* to celebrate a birthday **2** (*llevar a cabo*) to hold: *~ una reunión* to hold a meeting

▶ **celebrarse** *vp* to take place

celeste *adj* heavenly LOC *Ver* AZUL

celo *nm* **1 celos** jealousy [*incontable*]: *No son más que ~s.* That's just jealousy. ◇ *Sentía ~s.* He felt jealous. **2** (*cinta adhesiva*) Sellotape®, Scotch tape® (*USA*) LOC **dar celos a algn** to make sb jealous ◆ **estar en celo 1** (*hembra*) to be on heat, to be in heat (*USA*) **2** (*macho*) to be in rut ◆ **tener celos (de algn)** to be jealous (of sb) *Ver tb* COMIDO, HUELGA

celofán *nm* Cellophane®: *papel de ~* Cellophane

celoso, -a *adj, nm-nf* jealous: *ser un ~* to be jealous

célula *nf* cell

celular *adj* cellular

celulitis *nf* cellulite

cementerio *nm* **1** cemetery [*pl* cemeteries] **2** (*de iglesia*) graveyard LOC **cementerio de coches** breaker's yard ◆ **cementerio nuclear** nuclear waste dump

cemento *nm* cement

cena *nf* dinner, supper: *¿Qué hay de ~?* What's for dinner? ➲ *Ver nota en* DINNER LOC *Ver* MERIENDA

cenar *vi* to have dinner/supper: *salir a ~* to go out for a meal

▶ *vt* to have *sth* for dinner/supper: ~ *una tortilla* to have an omelette for supper ➲ *Ver nota en* DINNER

cencerro *nm* bell LOC **estar como un cencerro** to be round the bend

cenicero *nm* ashtray

Cenicienta *n pr* Cinderella

ceniza *nf* ash: *esparcir las ~s* to scatter the ashes LOC *Ver* MIÉRCOLES

censo *nm* census [*pl* censuses] LOC **censo electoral** electoral register

censor, -ora *nm-nf* censor

censura *nf* censorship

censurar *vt* **1** (*libro, película*) to censor **2** (*reprobar*) to censure

centellear *vi* **1** (*estrellas*) to twinkle **2** (*luz*) to flash

centena *nf* hundred: *unidades, decenas y ~s* hundreds, tens and units

centenar *nm* (*cien aproximadamente*) a hundred or so: *un ~ de espectadores* a hundred or so spectators LOC **centenares de...** hundreds of...: *~es de personas* hundreds of people

centenario *nm* centenary [*pl* centenaries]: *el ~ de su fundación* the centenary of its founding ◇ *el sexto ~ de su nacimiento* the 600th anniversary of his birth

centeno *nm* rye

centésimo, -a *adj, pron, nm-nf* hundredth: *una centésima de segundo* a hundredth of a second

centígrado, -a *adj* Celsius (*abrev* C): *cincuenta grados ~s* fifty degrees Celsius

> En Estados Unidos se usa el sistema **Fahrenheit** para medir la temperatura. Alguna gente en Gran Bretaña también lo utiliza: *La temperatura es de 21 grados.* The temperature is seventy degrees Fahrenheit.

centímetro *nm* centimetre (*abrev* cm): ~ *cuadrado/cúbico* square/cubic centimetre ➲ *Ver pág 792*

céntimo *nm* cent: *ocho euros con diez ~s* eight euros ten cents LOC **estar sin un céntimo** to be broke

centinela *nmf* **1** (*Mil*) sentry [*pl* sentries] **2** (*vigía*) lookout

centollo *nm* crab

centrado, -a *adj* **1** (*en el centro*): *El título no está bien ~.* The heading isn't in the centre. **2** (*equilibrado*) well balanced: *Es una persona muy centrada.* He's very well balanced. ➲ *Ver nota en* WELL BEHAVED **3** (*adaptado*) settled: *Está muy ~ en el nuevo colegio.* He's settled into the new school. *Ver tb* CENTRAR

central *adj* central: *calefacción ~* central heating

▶ *nf* **1** (*energía*) power station: *una ~ nuclear* a nuclear power station **2** (*oficina principal*) head office LOC **central lechera** dairy [*pl* dairies] ◆ **central telefónica** telephone exchange

centralita *nf* switchboard

centrar *vt* **1** (*colocar en el centro*) to centre: ~ *una fotografía en una página* to centre a photo on a page **2** (*atención, mirada*) to focus *sth on sth*: *Centraron sus críticas en el gobierno.* They focused their criticism on the government. **3** (*esfuerzos*) to concentrate *sth* (*on sth/doing sth*)

▶ *vi* (*Dep*) to cross: *Centró y su compañero marcó gol.* He crossed and his teammate scored.

▶ **centrarse** *vp* **1 centrarse en** (*girar en torno*) to centre on/around *sth/doing sth*: *La vida del estudiante se centra en el estudio.* Students' lives centre around studying. **2** (*equilibrarse*) to become more balanced: *Desde que acabó la universidad se ha centrado mucho.* She's become much more balanced since she finished university. **3** (*adaptarse*) to settle down

céntrico, -a *adj* city/town centre: *calles céntricas* city centre streets ◇ *un piso ~* a flat in the centre of town

centro *nm* centre: *el ~ de la ciudad* the city centre ◇ *el ~ de atención* the centre of attention LOC **centro cívico** community centre ◆ **centro comercial** shopping centre ◆ **centro cultural** arts centre ◆ **centro de menores** (*reformatorio*) young offenders' institution, reform school (*USA*) ◆ **centro escolar/de enseñanza** school ◆ **ir al centro** to go into town *Ver tb* CONCERTADO

centroamericano, -a *adj, nm-nf* Central American

centrocampista *nmf* (*Dep*) midfielder

ceñido, -a *adj* tight

ceño *nm* frown LOC *Ver* FRUNCIR

cepa *nf* **1** (*vid*) vine **2** (*árbol*) stump

cepillar *vt* **1** (*prenda de vestir, pelo*) to brush **2** (*terminar*) to polish *sth* off: *Se ha cepillado el libro en un día.* He polished off the book in one day. **3** (*suspender*) to fail: *La profesora se ha cepillado a media clase.* The teacher has failed half the class. **4** (*madera*) to plane

▶ **cepillarse** *vp* **1** (*prenda de vestir, pelo*) to brush: *~se la chaqueta/el pelo* to brush your jacket/hair **2** (*asesinar*) to bump *sb* off

cepillo *nm* **1** brush **2** (*madera*) plane LOC **cepillo de dientes** toothbrush ◆ **cepillo de pelo** hairbrush ◆ **cepillo de uñas** nail brush ➲ *Ver dibujo en* BRUSH

cepo *nm* **1** (*trampa*) trap **2** (*para coche*) clamp

cera *nf* **1** wax **2** (*oídos*) earwax LOC **hacerse la cera en las piernas, etc.** to wax your legs, etc.

cerámica *nf* pottery

cerca *adv* near, nearby: *Vivimos ~.* We live nearby. ➲ *Ver nota en* NEAR
▶ *nf* (*valla*) fence LOC **cerca de 1** (*a poca distancia*) near: *~ de aquí* near here **2** (*casi*) nearly: *El tren se retrasó ~ de una hora.* The train was nearly an hour late. ◆ **de cerca**: *Deja que lo vea de ~.* Let me see it close up. *Ver tb* AQUÍ, PILLAR

cercanías *nf* outskirts LOC *Ver* TREN

cercano, -a *adj* **1** ~ **(a)** close (to *sth*): *un amigo/pariente ~* a close friend/relative ◇ *fuentes cercanas a la familia* sources close to the family **2** (*referido a distancia*) **(a)** nearby: *Trabaja en un pueblo ~.* He works in a nearby village. **(b)** ~ **a** near: *un pueblo ~ a Londres* a village near London ➲ *Ver nota en* NEAR LOC *Ver* ORIENTE

cercar *vt* **1** (*con una valla*) to fence *sth* in **2** (*Mil*) to surround

cerdo, -a *nm-nf* pig

> **Pig** es el sustantivo genérico, **boar** se refiere sólo al macho y su plural es 'boar' o 'boars'. Para referirnos sólo a la hembra utilizamos **sow**. **Piglet** es la cría del cerdo.

▶ *nm* (*carne*) pork: *lomo de ~* loin of pork ➲ *Ver nota en* CARNE

cereal *nm* **1** (*planta, grano*) cereal **2 cereales** cereal: *Desayuno ~es.* I have cereal for breakfast.

cerebral *adj* (*Anat*) brain: *un tumor ~* a brain tumour LOC *Ver* CONMOCIÓN

cerebro *nm* **1** (*Anat*) brain **2** (*persona*) brains [*incontable*]: *el ~ del equipo* the brains of the team

ceremonia *nf* ceremony [*pl* ceremonies]

cereza *nf* cherry [*pl* cherries]

cerezo *nm* cherry tree

cerilla *nf* match: *encender una ~* to strike a match ◇ *una caja de ~s* a box of matches

cero *nm* **1** (*en cifras*) nought, zero (*USA*): *un cinco y dos ~s* a five and two noughts ◇ *~ coma cinco* nought point five ➲ *Ver pág 790* **2** (*en teléfonos*) O ❶ Se pronuncia /əʊ/: *Mi teléfono es el veintinueve, cero, dos, cuarenta.* My telephone number is two nine O two four O. **3** (*temperaturas, grados*) zero **4** (*Dep*) **(a)** nil, nothing (*USA*): *uno a ~* one nil ◇ *un empate a ~* a goalless draw **(b)** (*Tenis*) love: *quince a ~* fifteen love LOC **bajo cero**: *temperaturas bajo ~* sub-zero temperatures ◇ *Estamos a diez grados bajo ~.* It's minus ten. ◆ **empezar/partir de cero** to start from scratch ◆ **ser un cero a la izquierda** to be a nobody *Ver tb* GRADO

cerrado, -a *adj* **1** closed, shut (*más coloq*): *~ por vacaciones* closed for the holidays ◇ *Tenia los ojos ~s.* Her eyes were shut. **2** (*con llave*) locked **3** (*persona*) **(a)** (*reservado*) reserved **(b)** (*poco receptivo*) set in your, etc. ways: *Tiene una mentalidad muy cerrada.* He's very set in his ways. **4** (*espacio*) enclosed **5** (*noche*) dark **6** (*curva*) sharp **7** (*acento*) broad LOC *Ver* HERMÉTICAMENTE; *Ver tb* CERRAR

C

cerradura *nf* lock

cerrajero, -a *nm-nf* locksmith

cerrar *vt* **1** to close, to shut (*más coloq*): *Cerré los ojos.* I closed my eyes. ◇ *Cierra la puerta.* Shut the door. **2** (*con llave*) to lock **3** (*gas, llave de paso, grifo*) to turn *sth* off **4** (*sobre*) to seal **5** (*bote, botella*) to put the top on *sth*
▶ *vi* to close, to shut (*más coloq*): *No cerramos para comer.* We don't close for lunch.
▶ **cerrarse** *vp* to close, to shut (*más coloq*): *Se me cerró la puerta.* The door closed on me. ◇ *Se me cerraban los ojos.* My eyes were closing. LOC **cerrar la puerta en las narices a algn** to shut the door in sb's face ◆ **cerrar(se) de un golpe/portazo** to slam (*sth*) shut: *La puerta se cerró de un golpe.* The door slammed shut. ◆ **¡cierra el pico!** shut up! *Ver tb* ABRIR, CERROJO, GRIFO

cerro *nm* hill LOC **irse por los cerros de Úbeda** to go off on a tangent

cerrojo *nm* bolt LOC **echar/correr el cerrojo/cerrar con cerrojo** to bolt *Ver tb* DESCORRER

certamen *nm* competition

certeza (*tb* **certidumbre**) *nf* certainty [*pl* certainties] LOC **tener la certeza de que...** to be certain that...

certificado, -a *adj* **1** (*documento*) certified **2** (*carta, correo*) registered: *por correo ~* by registered post
▶ *nm* certificate: *~ de defunción* death certificate LOC **certificado escolar** school-leaving certificate *Ver tb* CERTIFICAR

certificar *vt* **1** (*dar por cierto*) to certify **2** (*carta, paquete*) to register

cervatillo *nm* fawn ➲ *Ver nota en* CIERVO

cerveza *nf* beer: *Me pone dos ~s, por favor.* Two beers, please. ◇ *Nos tomamos unas ~s con los de la oficina.* We had a few beers with the guys from the office.

> Cuando se pide una cerveza se suele especificar el tipo, p. ej. **lager** (cerveza rubia), o **bitter** (la tradicional cerveza amarga). Se puede pedir **a pint**, o bien **a half** (una pinta o media pinta): *Can I have a half of lager, please?*

LOC **cerveza de barril** draught beer ◆ **cerveza negra** stout ◆ **cerveza sin alcohol** alcohol-free beer *Ver tb* FÁBRICA, JARRA

cesar *vi* **1** ~ **(de)** to stop (*doing sth*) **2** ~ **(en)** (*dimitir*) to resign (from *sth*) LOC **sin cesar** incessantly

cesión *nf* (*Dep*) loan

césped *nm* **1** grass: *No pisar el ~.* Keep off the grass. **2** (*en un jardín privado*) lawn LOC *Ver* CORTAR

cesta *nf* basket: *una ~ con comida* a basket of food ➲ *Ver dibujo en* BAG LOC **cesta de Navidad** Christmas hamper

cesto *nm* (big) basket LOC **cesto de la ropa sucia** laundry basket

chabacano, **-a** *adj* vulgar

chabola *nf* shack LOC *Ver* BARRIO

chacal *nm* jackal

chacha *nf* **1** (*sirvienta*) maid **2** (*niñera*) nanny [*pl* nannies]

cháchara *nf* chatter [*incontable*]: *¡Déjate de ~!* Stop chattering! LOC **estar de cháchara** to chatter away

chachi *adj, adv* great: *¡Qué fiesta más ~!* What a great party! ◇ *pasárselo ~* to have a great time

chafado, **-a** *adj* LOC **quedarse chafado** (*desmoralizado*) to be depressed (*about sth*) *Ver tb* CHAFAR

chafar *vt* **1** (*aplastar*) to flatten: *~ el césped* to flatten the grass **2** (*arrugar*) to crumple **3** (*estropear*) to ruin: *Este cambio nos ha chafado el plan.* This change has ruined our plans.

chal *nm* shawl: *un ~ de seda* a silk shawl

chalado, **-a** *adj* ~ **(por)** crazy (about *sb/sth*): *Está ~ por ti.* He's crazy about you.

▶ *nm-nf* nutter, nut (*USA*)

chaleco *nm* waistcoat, vest (*USA*) LOC **chaleco antibalas** bulletproof vest ◆ **chaleco salvavidas** life jacket

chalet (*tb* **chalé**) *nm* **1** (*en la ciudad*) house: *un ~ en las afueras de Valladolid* a house on the outskirts of Valladolid **2** (*en la costa*) villa **3** (*en el campo*) cottage ➲ *Ver nota en* CASA LOC **chalet adosado** semi-detached house, duplex (*USA*) ◆ **chalet individual** detached house ➲ *Ver nota en* CASA

champán (*tb* **champaña**) *nm* champagne

champiñón *nm* mushroom

champú *nm* shampoo: *~ anticaspa* anti-dandruff shampoo

chamuscar *vt* to singe

chamusquina *nf* LOC *Ver* OLER

chanchullo *nm* fiddle: *¡Qué ~!* What a fiddle! LOC **hacer chanchullos** to be on the fiddle

chancla (*tb* **chancleta**) *nf* flip-flop

chándal *nm* tracksuit, sweatsuit (*USA*)

chantaje *nm* blackmail LOC **hacer chantaje** to blackmail *sb*

chantajear *vt* to blackmail *sb* (*into doing sth*)

chantajista *nmf* blackmailer

chapa *nf* **1** (*tapón*) bottle top **2** (*insignia*) badge **3** (*carrocería*) bodywork [*incontable*]: *Saldrá caro porque hay que arreglar la ~.* It'll be expensive because they have to repair the bodywork.

chapado, **-a** *adj* (*metal*) plated: *un anillo ~ en oro* a gold-plated ring LOC **chapado a la antigua** old-fashioned

chapapote *nm* tar

chaparrón *nm* downpour: *¡Menudo ~!* What a downpour!

chapotear *vi* to splash about: *Los niños chapoteaban en los charcos.* The children were splashing about in the puddles.

chapucero, **-a** *adj* slapdash

▶ *nm-nf* (*persona*) shoddy worker

chapurrear (*tb* **chapurrar**) *vt* to speak a few words of *sth*: *~ el italiano* to speak a few words of Italian

chapuza *nf* botch, botch-up: *Ese dibujo es una ~.* You've made a botch of that drawing. LOC **hacer chapuzas** (*arreglos*) to do odd jobs

chapuzón *nm* dip LOC **darse un chapuzón** to go for a dip

chaqué *nm* morning coat LOC **ir de chaqué** to wear morning dress

chaqueta *nf* jacket LOC **chaqueta de punto** cardigan

chaquetón *nm* jacket: *un ~ tres cuartos* a three-quarter length jacket

charca *nf* pool

charco *nm* puddle

charcutería *nf* (*tienda*) delicatessen

charla *nf* **1** (*conversación*) chat **2** (*conferencia*) talk (*on sb/sth*)

charlar *vi* to chat (*to sb*) (*about sb/sth*)

charlatán, **-ana** *adj* (*hablador*) talkative

▶ *nm-nf* **1** (*hablador*) chatterbox **2** (*indiscreto*) gossip **3** (*embaucador*) charlatan

charol *nm* patent leather: *un bolso de ~* a patent leather bag

chárter *adj, nm* (vuelo) charter

chasco *nm* (*decepción*) let-down, disappointment (*más formal*): *¡Vaya ~!* What a let-down! LOC **llevarse un chasco** to be disappointed

chasis *nm* chassis [*pl* chassis] LOC **estar/quedarse en el chasis** to be all skin and bone: *Se ha quedado en el ~.* He's all skin and bone.

chasquear (*tb* **chascar**) *vt* **1** (*lengua*) to click **2** (*dedos*) to snap

chasquido *nm* **1** (*látigo, madera*) crack **2** (*lengua*) click: *dar un ~ con la lengua* to click your tongue **3** (*dedos*) snap

chat *nm* (*Internet*) chat room

chatarra *nf* **1** (*metal*) scrap [*incontable*]: *vender un coche como ~* to sell a car for scrap ◇ *Este frigorífico es una ~.* This fridge is only fit for scrap. **2** (*calderilla*) small change

chatarrero, -a *nm-nf* scrap dealer

chatear *vi* (*Internet*) to chat

chato *nm* glass of wine: *tomarse unos ~s* to have a few glasses of wine

chato, -a *adj* **1** (*persona*) snub-nosed **2** (*nariz*) snub **3** (*edificio, árbol*) squat

chaval, -ala *nm-nf* **1** (*masc*) boy **2** (*fem*) girl **3 chavales** (*sin distinción de sexo*) kids, youngsters (*más formal*): *un grupo de ~es* a bunch of kids LOC **estar hecho un chaval** to look very young

checo, -a *adj, nm-nf, nm* Czech LOC *Ver* REPÚBLICA

chepa *nf* hump

cheque *nm* cheque: *ingresar un ~* to pay a cheque in LOC **cheque de viaje** traveller's cheque ◆ **cheque en blanco/sin fondos** blank/bad cheque

chequeo *nm* check-up: *hacerse un ~* to have a check-up

chica *nf* (*criada*) maid *Ver tb* CHICO

chicha *nf* (*carne*) meat

chicharra *nf* (*insecto*) cicada

chicharrón *nm* crackling [*incontable*]

chichón *nm* lump: *tener un ~ en la frente* to have a lump on your forehead

chicle *nm* chewing gum [*incontable*]: *Cómprame un ~ de menta.* Buy me some spearmint chewing gum.

chico, -a *adj* small ➲ *Ver nota en* SMALL
▶ *nm-nf* **1** (*masc*) boy: *el ~ de la oficina* the office boy **2** (*fem*) girl ⓘ Si son adultos, también se puede decir **young man/woman**: *un chico de 25 años* a young man of twenty-five **3 chicos** (*sin distinción de sexo*) kids, youngsters (*más formal*)

chiflado, -a *adj* ~ (**por**) crazy (about *sb/sth*)
▶ *nm-nf* nutter, nut (*USA*) *Ver tb* CHIFLAR

chifladura *nf* **1** (*locura*) madness **2** (*idea*) wild notion

chiflar *vi* **1** (*dar silbidos*) to whistle **2** (*encantar*) to love *sth/doing sth*: *Me chifla la paella.* I love paella.
▶ *vt* **1** (*con la boca*) to whistle: *~ una canción* to whistle a song **2** (*instrumento*) to blow
▶ **chiflarse** *vp* **1** (*enloquecer*) to go mad **2 chiflarse con/por** (*entusiasmarse*) to be crazy about *sb/sth*: *Mi prima se chifla por los dibujos animados.* My cousin is crazy about cartoons.

Chile *nm* Chile

chile *nm* chilli [*pl* chillies]

chileno, -a *adj, nm-nf* Chilean

chillar *vi* **1** to shout (*at sb*): *¡No me chilles!* Don't shout at me! ➲ *Ver nota en* SHOUT **2** (*berrear*) to scream **3** (*aves*) to screech **4** (*cerdo*) to squeal **5** (*ratón*) to squeak

chillido *nm* **1** (*persona*) scream **2** (*ave*) screech **3** (*cerdo*) squeal **4** (*ratón*) squeak

chillón, -ona *adj* **1** (*voz*) shrill **2** (*sonido, color*) loud

chimenea *nf* **1** (*hogar*) fireplace: *Enciende la ~.* Light the fire. ◇ *sentados al lado de la ~* sitting by the fireplace **2** (*exterior*) chimney [*pl* chimneys]: *Desde aquí se ven las ~s de la fábrica.* You can see the factory chimneys from here. **3** (*de barco*) funnel

chimpancé *nm* chimpanzee

China *nf* China

chinchar *vt* to pester: *¡Deja de ~me!* Stop pestering me! LOC **¡te chinchas!** tough!

chinche *nf* bedbug

chincheta *nf* drawing pin, thumbtack (*USA*) ➲ *Ver dibujo en* PIN

¡chinchín! *interj* (*brindis*) cheers!

chino, -a *adj, nm* Chinese: *hablar ~* to speak Chinese
▶ *nm-nf* Chinese man/woman [*pl* men/women]: *los ~s* the Chinese LOC *Ver* CUENTO

chip *nm* chip LOC *Ver* CAMBIAR

chipirón *nm* baby squid [*pl* baby squid/squids]

Chipre *nm* Cyprus

chipriota *adj, nmf* Cypriot

chiquillo, -a *nm-nf* kid

chiquitín, -ina *adj* tiny
▶ *nm-nf* (*cariño*) darling

chirimiri *nm* drizzle

chirimoya *nf* custard apple

chiringuito *nm* **1** (*bar*) open-air cafe/restaurant **2** (*quiosco*) refreshment stall

chiripa *nf* luck: *¡Qué ~!* What a stroke of luck! LOC **de chiripa** by sheer luck

chirona *nf* nick: *estar en ~* to be in the nick

chirriar *vi* **1** (*bicicleta*) to squeak: *La cadena de mi bicicleta chirría.* My bicycle chain squeaks. **2** (*puerta*) to creak **3** (*frenos*) to screech

chirrido *nm* **1** (*bicicleta*) squeak **2** (*puerta*) creak **3** (*frenos*) screech

¡chis! *interj* **1** (*¡silencio!*) sh! **2** (*¡oiga!*) hey!

chisme *nm* **1** (*cuento*) gossip [*incontable*]: *contar ~s* to gossip **2** (*trasto*) thing **3** (*aparato*) gadget, thingummy (*coloq*)

chismorrear *vi* to gossip (*about sb/sth*)

chismoso, -a *adj* gossipy
▶ *nm-nf* gossip: *¡Es un ~!* He's a real gossip!

chispa *nf* **1** spark **2** (*pizca*) bit: *Lleva una ~ de pimentón.* It's got a bit of paprika in it. LOC **estar algn que echa chispas** to be hopping mad ◆ **tener chispa** to be witty

chispazo *nm* spark: *pegar un ~* to send out sparks

chispear *v imp* (*llover*) to spit (with rain): *Sólo chispeaba.* It was only spitting.

chistar *vi* LOC **sin chistar** without saying a word

chiste *nm* **1** (*hablado*) joke: *contar/coger un ~* to tell/get a joke **2** (*dibujo*) cartoon LOC **no verle el chiste a algo**: *No le veo el ~.* I can't see what's so funny.

chistera *nf* top hat

chistoso, -a *adj* funny

chivar *vt, vi* to tell: *Me chivaron la última pregunta.* They told me the answer to the last question.
▶ **chivarse** *vp* **1** (*entre niños*) to tell (*on sb*): *Me vio copiando y se chivó al profesor.* He saw me copying and told on me to the teacher. ◇ *Pienso ~me a mamá.* I'm going to tell mummy. **2** (*a la policía*) to tip *sb* off: *Esos dos fueron los que se chivaron.* It was those two who tipped off the police.

chivatazo *nm* tip-off LOC **dar el chivatazo** to tip *sb* off

chivato, -a *nm-nf* **1** sneak **2** (*de la policía*) grass

chivo, -a *nm-nf* kid LOC **chivo expiatorio** scapegoat

chocar *vi* **1 ~ (contra/con)** (*colisionar*) **(a)** (*contra un obstáculo*) to crash (into *sth*): *El coche chocó contra una tapia.* The car crashed into a wall. ◇ *El balón chocó contra la puerta.* The ball hit the door. **(b)** (*contra otro vehículo*) to collide (with *sth*): *Un camión chocó contra un minibús.* A lorry collided with a minibus. **2 ~ (con)** (*estar en desacuerdo*) to clash (with *sb/sth*): *Siempre chocamos por cuestiones políticas.* We always clash over political questions. ◇ *~ con el gobierno* to clash with the government **3** (*sorprender*) to surprise: *Me chocó que se presentase sin avisar.* I was surprised he turned up without letting us know. LOC **¡choca esos cinco!/¡chócala!** give me five!

chochear *vi* to go senile

chocolate *nm* **1** chocolate: *una tableta de ~* a bar of chocolate **2** (*líquido*) hot chocolate

chocolatina *nf* chocolate bar

chófer *nmf* **1** (*coche privado*) chauffeur **2** (*camión, autocar*) driver

chollo *nm* **1** (*trabajo*) cushy job **2** (*ganga*) bargain

chopo *nm* poplar

choque *nm* **1** (*colisión, ruido*) crash **2** (*enfrentamiento*) clash LOC **autos/coches de choque** dodgems, bumper cars (*USA*): *montarse en los coches de ~* to go on the dodgems

chorizo *nm* (*embutido*) chorizo, Spanish sausage
▶ **chorizo, -a** *nm-nf* (*ratero*) thief [*pl* thieves]

chorlito *nm* LOC *Ver* CABEZA

chorrada *nf* **1** (*acción, dicho*) stupid thing: *Eso que has dicho es una ~.* That was a stupid thing to say. **2** (*cosa inútil*) junk [*incontable*]: *¿Por qué compras tantas ~s?* Why do you buy so much junk? ◇ *¡Vaya ~ has ido a comprar!* That's a real piece of junk you've bought! LOC **decir chorradas** to talk nonsense

chorrear *vi* **1** (*gotear*) to drip **2** (*estar empapado*) to be dripping wet: *Estas sábanas están chorreando.* These sheets are dripping wet.

chorro *nm* **1** (*agua, gas*) jet **2** (*Cocina*) dash: *Añadir un ~ de limón.* Add a dash of lemon. LOC **a chorros**: *salir a ~s* to gush out

choza *nf* hut

chubasco *nm* shower: *inestable con claros y ~s* changeable with sunny spells and showers

chubasquero *nm* waterproof jacket

chuchería (*tb* **chuche**) *nf* (*golosina*) sweet

chufa *nf* tiger nut: *horchata de ~s* tiger nut milk

chulear *vi* to show off

chuleta *nf* **1** (*alimento*) chop: *~s de cerdo* pork chops **2** (*para copiar*) crib

chuletilla *nf* cutlet

chulo, -a *adj* **1** (*persona*) cocky: *ponerse (en plan) ~* to get cocky **2** (*cosa*) lovely

chungo, -a *adj* **1** (*difícil*) hard: *Lo tiene ~.* It's going to be hard for her. **2** (*pocho*) ill: *¡Qué chunga estoy!* I feel really ill! **3** (*peligroso, poco fiable*) dodgy: *Está metido en un asunto muy ~.* He's involved in some very dodgy business.

chupa *nf* jacket: *una ~ de cuero* a leather jacket

Chupa Chups® (*tb* **chupa-chups**) *nm* lollipop

chupada *nf* **1** suck: *El niño le daba ~s al polo.* The boy was sucking his lolly. **2** (*cigarrillo*) puff: *dar una ~ a un cigarrillo* to have a puff on a cigarette

chupado, -a *adj* **1** (*persona*) skinny ➲ *Ver nota en* DELGADO **2** (*cosa*) dead easy: *El examen estaba ~.* The exam was dead easy. *Ver tb* CHUPAR

chupar *vt* **1** to suck: ~ *un caramelo* to suck a sweet **2** (*absorber*) to soak *sth* up: *Esta planta chupa mucha agua.* This plant soaks up a lot of water. LOC **chupar del bote** to scrounge ♦ **chuparse el dedo 1** to suck your thumb **2** (*ser ingenuo*): *¿Te crees que me chupo el dedo?* Do you think I was born yesterday? ♦ **para chuparse los dedos** delicious: *Estaba para ~se los dedos.* It was delicious.

chupete *nm* dummy [*pl* dummies], pacifier (*USA*)

chupón, -ona *adj, nm-nf* (*aprovechado*) sponger: *¡Mira que eres ~!* You're a real sponger!

churro *nm* **1** (*comida*) deep-fried strip of batter **2** (*chapuza*) botch-up: *Me ha salido un ~.* I've botched it up. LOC **de/por puro churro**: *Me los encontré de ~.* I ran into them by pure chance. *Ver tb* VENDER

chutar *vi* to shoot

▶ **chutarse** *vp* (*droga*) to shoot (*sth*) up LOC **ir que chuta** to be more than enough: *Con 20 euros para el fin de semana vas que chutas.* 20 euros is more than enough for the weekend.

cibercafé *nm* Internet cafe

ciberespacio *nm* cyberspace

cibernauta *nmf* Internet user

cicatriz *nf* scar: *Me quedó una ~.* I was left with a scar.

cicatrizar *vi* to heal

ciclismo *nm* cycling: *hacer ~* to go cycling LOC **ciclismo de montaña** mountain biking

ciclista *nmf* cyclist LOC *Ver* VUELTA

ciclo *nm* cycle: *un ~ de cuatro años* a four-year cycle

ciclomotor *nm* moped

ciclón *nm* cyclone

ciclovía *nf* (*evento*) Bicycle Day

ciego, -a *adj* ~ **(de)** blind (with *sth*): *quedarse ~* to go blind ◇ *~ de cólera* blind with rage

▶ *nm-nf* blind man/woman [*pl* men/women]: *una colecta para los ~s* a collection for the blind

En un contexto más formal se prefiere la expresión **people who are visually impaired**: *Es una organización para ciegos.* It's an organization for visually impaired people.

LOC **a ciegas 1** (*sin ver*): *Busqué el interruptor a ciegas.* I felt around for the light switch. **2** (*sin saber*): *Tomó la decisión a ciegas.* He decided without knowing much about it. ♦ **ponerse ciego (a/de)** (*comida*) to stuff yourself (with *sth*) *Ver tb* GALLINA

cielo *nm* **1** (*firmamento*) sky [*pl* skies] **2** (*Relig*) heaven ➲ *Ver nota en* HEAVEN

▶ **¡cielos!** *interj* good heavens! LOC **ser un cielo** to be an angel *Ver tb* CAÍDO, SANTO, SÉPTIMO

ciempiés *nm* centipede

cien *nm, adj, pron* **1** a hundred: *Hoy cumple ~ años.* She's a hundred today. ◇ *Había ~ mil personas.* There were a hundred thousand people.

Se suele traducir por **one hundred** cuando se quiere hacer hincapié en la cantidad: *Te dije cien, no doscientos.* I said one hundred, not two.

2 (*centésimo*) hundredth: *Soy el ~ de la lista.* I'm hundredth on the list. ➲ *Ver pág 790* LOC **(al) cien por cien** a hundred per cent ♦ **cien mil veces** hundreds of times ♦ **poner a algn a cien** to drive sb mad *Ver tb* OJO

ciencia *nf* **1** science **2 ciencias** (*Educ*) science [*incontable*]: *mi profesor de ~s* my science teacher ◇ *Estudié ~s.* I studied science. LOC **ciencia ficción** science fiction ♦ **ciencias de la información** media studies [*incontable*] ♦ **ciencias empresariales** business studies [*incontable*], business administration [*incontable*] (*USA*) ♦ **ciencias naturales** natural science [*incontable*] ♦ **saber a ciencia cierta** to know *sth* for certain

científico, -a *adj* scientific

▶ *nm-nf* scientist

ciento *nm, adj, pron* (a) hundred [*pl* hundred]: *~ sesenta y tres* a hundred and sixty-three ◇ *varios ~s* several hundred ➲ *Ver pág 790* LOC **cientos de...** hundreds of...: *~s de personas* hundreds of people ♦ **por ciento** per cent: *Un/el 50 por ~ de la población opina que...* 50 per cent of the population think that... *Ver tb* TANTO

cierre *nm* **1** (*acto de cerrar*) closure **2** (*collar, bolso*) clasp LOC *Ver* LIQUIDACIÓN

cierto, -a *adj* **1** (*verdadero*) true: *Es ~.* It's true. **2** (*indeterminado*) some: *con cierta inquietud* with some anxiety **3** (*determinado*) certain: *Sólo están a ciertas horas del día.* They're only there at certain times of the day. LOC **en cierto sentido** in a sense ♦ **estar en lo cierto** to be right (*about sth*) ♦ **hasta cierto punto** up to a point ♦ **por cierto** by the way *Ver tb* CIENCIA

ciervo, -a *nm-nf* deer [*pl* deer]

La palabra **deer** es el sustantivo genérico, **stag** (o **buck**) se refiere sólo al ciervo macho y **doe** sólo a la hembra. **Fawn** es el cervatillo.

cifra *nf* **1** figure: *un número de tres ~s* a three-figure number ◇ *Se cree que la ~ asciende a un*

C

millón de dólares. It is believed that the figure is as much as a million dollars. **2** (*teléfono*) digit: *un número de teléfono de seis ~s* a six-digit phone number **3** (*cantidad*) number: *la ~ de votantes* the number of voters

C

cigarra *nf* cicada

cigarrillo *nm* cigarette

cigüeña *nf* stork

cilíndrico, -a *adj* cylindrical

cilindro *nm* cylinder

cima *nf* top: *llegar a la ~* to reach the top

cimientos *nm* foundations

cinc *nm* zinc

cincel *nm* chisel

cinco *adj, nm, pron* **1** five **2** (*fecha*) fifth ➲ *Ver ejemplos en* SEIS

cincuenta *adj, nm, pron* **1** fifty **2** (*cincuentavo*) fiftieth ➲ *Ver ejemplos en* SESENTA

cine *nm* **1** (*local*) cinema, movie theater (*USA*): *¿Te apetece ir al ~?* Do you fancy going to the cinema? **2** (*arte, películas*) films: *Me gusta mucho el ~ de terror.* I love horror films. ◇ *hacer ~* to make films LOC **cine multisalas** multiplex (cinema) ◆ **de cine 1** (*festival, director, crítico*) film: *un actor/director de ~* a film actor/director **2** (*fantástico*) brilliant: *Me lo pasé de ~.* I had a brilliant time.

cinematográfico, -a *adj* film: *la industria cinematográfica* the film industry

cínico, -a *adj* hypocritical
▶ *nm-nf* hypocrite

cinta *nf* **1** (*vídeo, etc.*) tape: *una ~ virgen* a blank tape **2** (*lazo*) ribbon LOC **cinta adhesiva/aislante** sticky/insulating tape ◆ **cinta de vídeo** videotape ◆ **cinta para el pelo** hairband

cinto *nm* belt

cintura *nf* waist: *Mido 70 cm de ~.* I've got a 28 inch waist.

cinturón *nm* belt: *ser ~ negro* to be a black belt LOC **cinturón (de seguridad)** seat belt: *abrocharse el ~ de seguridad* to fasten your seat belt *Ver tb* APRETAR

ciprés *nm* cypress

circo *nm* circus [*pl* circuses]

circuito *nm* **1** (*Dep*) track: *El piloto dio diez vueltas al ~.* The driver did ten laps of the track. **2** (*Electrón*) circuit

circulación *nf* **1** circulation: *Tengo mala ~.* I have poor circulation. **2** (*tráfico*) traffic LOC *Ver* CÓDIGO

circular[1] *adj* circular: *una mesa ~* a round table
▶ *nf* circular: *remitir una ~* to send out a circular

circular[2] *vt, vi* to circulate: *La sangre circula por las venas.* Blood circulates through your veins. ◇ *~ una carta* to circulate a letter
▶ *vi* **1** (*en coche*) to drive: *Circulen con precaución.* Drive carefully. **2** (*tren, autobús*) to run **3** (*rumor*) to go round LOC **¡circulen!** move along!

círculo *nm* **1** circle: *formar un ~* to form a circle **2** (*asociación*) society [*pl* societies] LOC **círculo polar ártico/antártico** Arctic/Antarctic Circle ◆ **círculo vicioso** vicious circle

circunferencia *nf* (*perímetro*) circumference: *Tiene 10 centímetros de ~.* It has a circumference of 10 centimetres.

circunstancia *nf* circumstance

circunvalación *nf* LOC *Ver* CARRETERA

cirio *nm* candle LOC *Ver* ARMAR, MONTAR

ciruela *nf* plum LOC **ciruela pasa** prune

ciruelo *nm* plum tree

cirugía *nf* surgery: *~ estética/plástica* cosmetic/plastic surgery

cirujano, -a *nm-nf* surgeon

cisco *nm* (*discusión*) fuss: *Montó un ~ en la tienda.* He kicked up a fuss in the shop. LOC **estar hecho cisco** to be shattered

cisne *nm* swan

cisterna *nf* **1** (*depósito*) tank **2** (*baño*) cistern LOC *Ver* CAMIÓN

cita *nf* **1** meeting: *acordar una ~ con algn* to arrange to meet sb **2** (*pareja*) date: *una ~ a ciegas* a blind date **3** (*médico, profesional*) appointment: *Tengo una ~ con el dentista.* I've got a dental appointment. **4** (*frase*) quotation, quote (*más coloq*) LOC **darse cita** to meet

citar *vt* **1** (*convocar*) to arrange to meet *sb* **2** (*Jur*) to summons **3** (*hacer referencia*) to quote
▶ **citarse** *vp* **citarse (con)** to arrange to meet (*sb*)

cítricos *nm* citrus fruits

ciudad *nf* town, city [*pl* cities]

> ¿**Town** o **city**?
>
> **Town** es la palabra general para referirnos a una ciudad: *Tengo que ir a la ciudad a hacer unas compras.* I've got to go into town and do some shopping. **City** se refiere a una ciudad grande e importante como, por ejemplo, Nueva York, Madrid, etc. En Gran Bretaña **city** también se refiere a una ciudad que tiene derechos especiales y que normalmente tiene catedral.

LOC **ciudad dormitorio** dormitory town ◆ **ciudad natal** home town ◆ **ciudad universitaria** university campus *Ver tb* GAS

ciudadanía *nf* citizenship LOC *Ver* EDUCACIÓN

ciudadano, -a *adj*: *por razones de seguridad ciudadana* for reasons of public safety ◇ *El alcalde pidió la colaboración ciudadana.* The mayor asked the people of the town to work together.
▶ *nm-nf* citizen: *ser ~ de la Unión Europea* to be a citizen of the European Union ◇ *Dio las gracias a todos los ~s de Soria.* He thanked the people of Soria. LOC *Ver* INSEGURIDAD

cívico, -a *adj* public-spirited: *sentido ~* public-spiritedness LOC *Ver* CENTRO

civil *adj* civil: *derechos ~es* civil rights
▶ *nmf* civilian LOC *Ver* CASAR, ESTADO, GUARDIA, REGISTRO

civilización *nf* civilization

civilizado, -a *adj* civilized

civismo *nm* community spirit

clamar *vt* (*exigir*) to demand
▶ *vi* (*gritar*) to shout

clamor *nm* **1** (*gritos*) shouts [*pl*]: *el ~ de la muchedumbre* the shouts of the crowd **2** (*en espectáculos*) cheers [*pl*]: *el ~ del público* the cheers of the audience

clan *nm* clan

clandestino, -a *adj* clandestine

clara *nf* **1** (*huevo*) egg white **2** (*bebida*) shandy [*pl* shandies]

claraboya *nf* skylight

clarear *v imp* **1** (*despejarse*) to clear up **2** (*amanecer*) to get light

clarete *nm* rosé

claridad *nf* **1** (*luminosidad*) light **2** (*perspicacia, nitidez*) clarity

clarificar *vt* to clarify

clarinete *nm* clarinet

claro, -a *adj* **1** (*evidente, nítido*) clear: *Está ~ que…* It's clear that… **2** (*color*) light: *verde ~* light green **3** (*luminoso*) bright **4** (*pelo*) fair **5** (*poco espeso*) thin
▶ *nm* **1** (*bosque*) clearing **2** (*Meteor*) sunny spell
▶ *adv* clearly: *No oigo ~.* I can't hear clearly.
▶ **¡claro!** *interj* of course LOC **claro que no** of course not ◆ **claro que sí** of course ◆ **dejar claro** to make *sth* clear ◆ **estar más claro que el agua** to be crystal clear ◆ **llevarlo claro** to have another think coming: *Lo llevas ~.* You've got another think coming. ◆ **poner en claro** to make *sth* clear

clase *nf* **1** (*categoría, curso, Ciencias, Sociol*) class: *Estudiamos en la misma ~.* We were in the same class. ◇ *viajar en primera ~* to travel first class **2** (*lección*) lesson: *~s de conducir/inglés* driving/English lessons ◇ *~ particular* private lesson **3** (*aula*) classroom **4** (*variedad*) kind: *distintas ~s de pan* different kinds of bread LOC **clase alta/baja/media** upper/lower/middle class(es) [*se usa mucho en plural*] ◆ **dar clase** to teach: *Doy ~ en un colegio privado.* I teach at an independent school. ◆ **tener clase** to have class: *Tiene mucho dinero pero no tiene ~.* She's got a lot of money but no class. *Ver tb* COMPAÑERO, FUMAR, PIRARSE

clásico, -a *adj* **1** (*Arte, Hist, Mús*) classical **2** (*típico*) classic: *el ~ comentario* the classic remark
▶ *nm* **1** classic **2** (*Dep*) big game

clasificación *nf* **1** classification: *la ~ de las plantas* the classification of plants **2** (*Dep*) **(a)** (*acción*): *partido/fase de ~* qualifying match/stage ◇ *la ~ para la final* qualifying for the final **(b)** (*ranking*): *El tenista ruso encabeza la ~ mundial.* The Russian player is number one in the world rankings. ◇ *la ~ general de la liga* the league table

clasificar *vt* to classify: *~ los libros por materias* to classify books according to subject
▶ **clasificarse** *vp* **clasificarse (para)** to qualify (for *sth*): *~se para la final* to qualify for the final LOC **clasificarse en segundo, tercer, etc. lugar** to come second, third, etc.

clasificatorio, -a *adj* qualifying

clasista *adj* class-conscious
▶ *nmf* snob

claudicar *vi* to surrender

claustro *nm* **1** (*Arquit*) cloister **2** (*conjunto de profesores*) staff [*v sing o pl*] **3** (*reunión de los profesores*) staff meeting

claustrofobia *nf* claustrophobia: *tener ~* to suffer from claustrophobia

claustrofóbico, -a *adj* claustrophobic

cláusula *nf* clause

clausura *nf* (*cierre*) closure LOC **de clausura** **1** closing: *acto/discurso de ~* closing ceremony/speech **2** (*monja, convento, etc.*) cloistered

clausurar(se) *vt, vp* to end

clavado, -a *adj* **1 ~ a** (*idéntico*) just like: *Esa sonrisa es clavada a la de su madre.* That smile is just like his mother's. **2** (*en punto*) on the dot: *las seis y media clavadas* half past six on the dot *Ver tb* CLAVAR

clavar *vt* **1** (*clavo, estaca*) to hammer *sth* (*into sth*): *~ clavos en la pared* to hammer nails into the wall **2** (*cuchillo, puñal*) to stick *sth* in: *Clavó el cuchillo en la mesa.* He stuck the knife into the table. **3** (*sujetar*) to nail: *Clavaron el cuadro en la pared.* They nailed the picture to the wall. **4** (*cobrar demasiado*) to rip *sb* off: *Me han clavado cinco euros por la cerveza.* I got ripped off for five euros for the beer.
▶ **clavarse** *vp*: *Me he clavado una espina en el dedo.* I've got a thorn in my finger. ◇ *Cuidado,*

C

te vas a ~ el alfiler/las tijeras. Be careful you don't hurt yourself with that pin/the scissors.

clave *adj* (*fundamental*) key: *factor/persona ~* key factor/person
▶ *nf* **1** (*código*) code **2** ~ **(de/para)** key [*pl* keys] (to *sth*): *la ~ de su éxito* the key to their success **3** (*Mús*) clef LOC **clave de sol/fa** treble/bass clef ◆ **ser clave** to be central (*to sth*)

clavel *nm* carnation

clavícula *nf* collarbone

clavo *nm* **1** nail **2** (*Cocina*) clove LOC **como un clavo** on the dot: *Estaba allí a las dos como un ~.* I was there at two on the dot. ◆ **dar en el clavo** to hit the nail on the head *Ver tb* AGARRAR

claxon *nm* horn: *tocar el ~* to sound the horn

clero *nm* clergy [*pl*]

clic *nm* (*Informát*) click LOC **hacer clic** to click: *Haz ~ en el icono.* Click on the icon. ◇ *hacer doble ~* to double-click

cliché *nm* **1** (*tópico*) cliché **2** (*Fot*) negative

cliente, -a *nm-nf* **1** (*tienda, restaurante, banco*) customer: *uno de mis mejores ~s* one of my best customers ◇ *Soy ~ del BBVA.* I'm a BBVA customer. **2** (*empresa, abogado*) client LOC *Ver* ATENCIÓN

clima *nm* **1** climate: *un ~ húmedo* a damp climate **2** (*ambiente*) atmosphere: *un ~ de cordialidad/tensión* a friendly/tense atmosphere

climático, -a *adj* LOC *Ver* CAMBIO

climatizado, -a *adj* air-conditioned LOC *Ver* PISCINA

clímax *nm* climax

clínica *nf* **1** clinic **2** (*dental*) surgery

clip *nm* **1** (*papel*) paper clip **2** (*pelo*) hair clip **3** (*vídeo*) video [*pl* videos]

cloaca *nf* sewer

clon *nm* clone

clonación *nf* cloning: *la ~ humana* human cloning

clónico, -a *adj* cloned: *una oveja clónica* a cloned sheep

cloro *nm* chlorine

club *nm* club

coacción *nf* coercion

coaccionar *vt* to coerce *sb* (*into sth/doing sth*)

coagular(se) *vt, vp* to clot

coágulo *nm* clot

coala *nm* koala (bear)

coalición *nf* coalition

coartada *nf* alibi [*pl* alibis]: *tener una buena ~* to have a good alibi

coba *nf* LOC **dar coba** to soft-soap *sb*

cobarde *adj* cowardly: *No seas tan ~.* Don't be so cowardly.
▶ *nmf* coward

cobardía *nf* cowardice [*incontable*]: *Es una ~.* It's an act of cowardice.

cobaya *nmf* guinea pig

cobertizo *nm* shed

cobertura *nf* **1** (*medios de comunicación, telefonía*) coverage: *la ~ de un acontecimiento en la prensa* press coverage of an event ◇ *Estos teléfonos móviles tienen buena ~.* These mobile phones have a wide coverage. **2** (*Mil, seguros, protección*) cover: *la ~ aérea* air cover LOC **tener cobertura** (*telecomunicaciones*) to get a signal: *No tengo ~.* I can't get a signal.

cobijar *vt* to shelter *sb* (*from sth*)
▶ **cobijarse** *vp* **cobijarse (de)** to shelter (from *sth*): *~se del frío* to shelter from the cold

cobra *nf* cobra

cobrador, -ora *nm-nf* **1** (*autobús*) conductor **2** (*deudas, recibos*) collector

cobrar *vt, vi* **1** (*pedir un pago*) to charge (*sb*) (*for sth*): *¿A cuánto cobra la hora?* How much do you charge per hour? ◇ *¿Me cobra, por favor?* Can I have the bill, please? **2** (*recibir un salario, pago, etc.*) to be paid: *Todavía no he cobrado las clases.* I still haven't been paid for those classes. ◇ *¡El jueves cobramos!* Thursday is pay day!
▶ *vt* **1** (*cheque*) to cash **2** (*adquirir*) to gain: *~ fuerza* to gain momentum
▶ *vi* to get a smack, to get a slap (*USA*): *¡Vas a ~!* You'll get a smack!
▶ **cobrarse** *vp* **1** (*en un bar, restaurante*): *Cóbrese, por favor.* Here's the money. ◇ *¿Te cobras las bebidas?* How much are the drinks? **2** (*costar*) to cost: *La guerra se ha cobrado muchas vidas.* The war has cost many lives. LOC **cobrar de más/menos** to overcharge/undercharge ◆ **cobrar el paro** to draw the dole *Ver tb* IMPORTANCIA

cobre *nm* copper

cobro *nm* **1** (*factura, letra*) payment **2** (*alquiler*) collection **3** (*cheque*) cashing LOC *Ver* LLAMADA, LLAMAR

Coca Cola® *nf* Coke®

cocaína *nf* cocaine

cocción *nf* cooking: *tiempo de ~* cooking time

cocear *vi* to kick

cocer *vt* **1** (*hervir*) to boil **2** (*pan*) to bake **3** (*cerámica*) to fire
▶ *vi* **1** (*alimento*) to cook **2** (*líquido*) to boil: *El agua está cociendo.* The water is boiling.
▶ **cocerse** *vp* **1** (*alimento*) to cook **2** (*tener calor*) to boil: *Me estoy cociendo con este jersey.* I'm

boiling in this jumper. LOC **cocer a fuego lento** to simmer

coche *nm* **1** (*automóvil*) car: *ir en ~* to go by car **2** (*vagón, carruaje*) carriage, car (*USA*) LOC **coche cama** sleeping car ◆ **coche de alquiler** hire car, rental car (*USA*) ◆ **coche de bomberos** fire engine ◆ **coche de carreras** racing car, race car (*USA*) ◆ **coche fúnebre** hearse *Ver tb* ACCIDENTE, BOMBA, CHOQUE

cochecito *nm* (*para bebé*) pram

cochera *nf* **1** (*autobús*) depot **2** (*coche*) garage

cochinillo *nm* suckling pig

cochino, -a *nm-nf* **1** (*animal*) pig ➲ *Ver nota en* CERDO **2** (*persona*) filthy pig

cocido *nm* stew LOC *Ver* JAMÓN; *Ver tb* COCER

cocina *nf* **1** (*lugar*) kitchen **2** (*aparato*) cooker, stove (*USA*): *una ~ de gas* a gas cooker **3** (*arte de cocinar*) cookery: *un curso/libro de ~* a cookery course/book **4** (*gastronomía*) cooking: *la ~ china* Chinese cooking LOC **cocina casera** home cooking ◆ **paño/trapo de cocina** tea towel, dishtowel (*USA*) *Ver tb* BATERÍA, MENAJE

cocinar *vt, vi* to cook: *No sé ~.* I can't cook.

cocinero, -a *nm-nf* cook: *ser buen ~* to be a good cook

coco *nm* **1** (*fruto*) coconut **2** (*cabeza*) head **3** (*personaje imaginario*) bogeyman [*pl* -men] **4** (*persona fea*) fright LOC **tener mucho coco** to be very brainy *Ver tb* COMER

cocodrilo *nm* crocodile LOC *Ver* LÁGRIMA

cocotero *nm* coconut palm

cóctel *nm* **1** (*bebida*) cocktail **2** (*reunión*) cocktail party

codazo *nm* **1** (*violento, para abrirse paso*): *Me abrí paso a ~s.* I elbowed my way through the crowd. **2** (*para llamar la atención*) nudge: *Me dio un ~.* He gave me a nudge.

codearse *vp* ~ **con** to rub shoulders with *sb*

codera *nf* (*parche*) elbow patch

codicia *nf* **1** (*avaricia*) greed **2** ~ **de** lust for *sth*: *su ~ de poder/riquezas* their lust for power/riches

codiciar *vt* (*ambicionar*) to covet

codicioso, -a *adj* greedy

codificar *vt* (*Informát*) to encode

código *nm* code LOC **código de (la) circulación** Highway Code ◆ **código postal** postcode, zip code (*USA*)

codo *nm* elbow LOC *Ver* HABLAR

codorniz *nf* quail

coeficiente *nm* LOC **coeficiente de inteligencia** IQ

coexistencia *nf* coexistence

cofradía *nf* brotherhood

cofre *nm* **1** (*baúl*) chest **2** (*pequeño*) box

cogedor *nm* dustpan

coger *vt* **1** (*tomar*) to take: *Coge los libros que quieras.* Take as many books as you like. ◇ *Prefiero ~ el autobús.* I'd rather take the bus. ◇ *Le cogí del brazo.* I took him by the arm. ◇ *He cogido dos entradas.* I've bought two tickets. **2** (*pillar*) to catch: *~ una pelota* to catch a ball ◇ *Los cogieron robando.* They were caught stealing. ◇ *~ un resfriado* to catch a cold **3** (*entender*) to get: *No lo cojo.* I don't get it. **4** (*fruta, flores*) to pick **5** (*tomar prestado*) to borrow: *¿Puedo ~ tu coche?* Can I borrow your car? ➲ *Ver dibujo en* BORROW **6** (*toro*) to gore
▶ **cogerse** *vp* to hold: *Cógete de mi mano.* Hold my hand. ◇ *~se de la barandilla* to hold on to the railings LOC **coger y...** to up and *do sth*: *Cogí y me fui.* I upped and left. ❶ Para otras expresiones con **coger**, véanse las entradas del sustantivo, adjetivo, etc., p. ej. **coger la costumbre** en COSTUMBRE.

cogido, -a *adj* (*reservado*) taken LOC **cogidos de la mano** holding hands ◆ **cogidos del brazo** arm in arm ➲ *Ver dibujo en* ARM *Ver tb* COGER

cogorza *nf* LOC **coger(se) una cogorza** to get drunk

cogote *nm* back of the neck

coherencia *nf* **1** (*congruencia*) coherence **2** (*consecuencia*) consistency

coherente *adj* **1** (*congruente*) coherent **2** ~ **(con)** (*consecuente*) consistent (with *sth*)

cohesión *nf* cohesion

cohete *nm* rocket

cohibir *vt* to inhibit
▶ **cohibirse** *vp* to feel inhibited

coincidencia *nf* coincidence LOC **da la coincidencia de que...** it so happens that...

coincidir *vi* **1** (*estar de acuerdo*) to agree (*with sb*) (*on/about sth*): *Coinciden conmigo en que es un chico estupendo.* They agree with me that he's a great kid. ◇ *Coincidimos en todo.* We agree on everything. **2** (*en un lugar*): *Coincidimos en el congreso.* We were both at the conference. **3** (*en el tiempo*) to coincide (*with sth*), to clash (*with sth*) (*más coloq*): *Espero que no me coincida con los exámenes.* I hope it doesn't clash with my exams.

cojear *vi* **1** (*persona*) to limp: *Todavía cojeo un poco, pero estoy mejor.* I'm still limping, but I feel better. ◇ *~ del pie derecho/izquierdo* to be lame in your right/left foot **2** (*mueble*) to be wobbly LOC **cojear del mismo pie** to have the same faults (*as sb*)

cojera *nf* limp: *Casi no se le nota la ~.* You can hardly tell he's got a limp.

cojín *nm* cushion

cojo, -a *adj* **1** (*persona*) with a limp: *estar ~ (de un pie)* to have a limp ◇ *Se quedó ~ después del accidente.* The accident left him with a limp. **2** (*animal*) lame **3** (*mueble*) wobbly
▶ *nm-nf* person with a limp LOC **andar/ir cojo** to limp *Ver tb* PATA, SALTAR

C

col *nf* cabbage LOC **coles de Bruselas** Brussels sprouts

cola *nf* **1** (*animal*) tail **2** (*fila*) queue, line (*USA*): *ponerse a la ~* to join the queue ◇ *Había mucha ~ para el cine.* There was a long queue for the cinema. **3** (*vestido*) train: *El vestido tiene un poco de ~.* The dress has a short train. **4** (*pegamento*) glue LOC **¡a la cola!** get in the queue!, get in line! (*USA*) ◆ **cola de caballo** ponytail ◆ **hacer cola** to queue (up), to wait in line (*USA*) *Ver tb* PIANO

colaboración *nf* collaboration: *hacer algo en ~ con algn* to do sth in collaboration with sb

colaborador, -ora *nm-nf* collaborator

colaborar *vi* ~ **(con) (en)** to cooperate (with *sb*) (on *sth*/in *doing sth*)

colada *nf* (*ropa*) wash: *hacer la ~* to do the washing

colado, -a *adj* LOC **estar colado por algn** to be crazy about sb *Ver tb* COLAR

colador *nm* **1** (*infusión, café*) strainer **2** (*verduras, pasta*) colander

colapsado, -a *adj* at a standstill: *El tráfico está ~.* The traffic is at a standstill. ◇ *Las carreteras quedaron colapsadas por una nevada.* The roads were brought to a standstill by a heavy fall of snow. *Ver tb* COLAPSAR

colapsar *vt* to bring *sth* to a standstill: *Las obras van a ~ el tráfico.* The roadworks will bring traffic to a standstill.

colar *vt* **1** (*leche*) to skim **2** (*verduras, pasta*) to drain **3** (*infusión, café*) to strain
▶ *vi*: *Eso no va a ~.* No one is going to believe that.
▶ **colarse** *vp* **1** (*líquido*) to seep *through sth* **2** (*persona*) **(a)** (*sin pagar*) to sneak in: *Vi cómo se colaban.* I noticed them sneaking in. ◇ *Nos colamos en el autobús sin pagar.* We sneaked onto the bus without paying. **(b)** (*en una cola*) to push in, to cut in (*USA*): *¡Oiga, no se cuele!* Hey! No pushing in! **3** (*equivocarse*) to slip up **4** **colarse por** (*enamorarse*) to fall for *sb* LOC **colarse en una fiesta** to gatecrash a party

colcha *nf* bedspread

colchón *nm* mattress

colchoneta *nf* **1** (*gimnasio*) mat **2** (*camping, playa*) air bed, air mattress (*USA*)

colección *nf* collection

coleccionar *vt* to collect

coleccionista *nmf* collector

colecta *nf* collection LOC **hacer una colecta** (*con fines caritativos*) to collect for charity

colectivo, -a *adj, nm* collective

colega *nmf* **1** (*compañero*) colleague: *un ~ mío* a colleague of mine **2** (*amigo*) friend, pal (*coloq*)

colegiado, -a *nm-nf* (*Dep*) referee

colegial, -ala *nm-nf* schoolchild [*pl* schoolchildren] ➲ *Ver nota en* ALUMNO

colegio *nm* **1** (*Educ*) school: *Los niños están en el ~.* The children are at school. ◇ *ir al ~* to go to school ➲ *Ver nota en* SCHOOL **2** (*profesional*) association: *el ~ de médicos* the medical association LOC **colegio de curas/monjas** Catholic school ◆ **colegio de pago** private school ➲ *Ver nota en* ESCUELA ◆ **colegio electoral** polling station ◆ **colegio mayor** hall of residence ◆ **colegio privado/público** independent/state school *Ver tb* CONCERTADO

cólera *nm* (*enfermedad*) cholera

colesterol *nm* cholesterol: *Me ha aumentado el ~.* My cholesterol (level) has gone up.

coleta *nf* **1** (*una sola*) ponytail: *¿Me haces una ~?* Will you do my hair in a ponytail? **2** (*una de dos*) bunch: *La niña llevaba dos ~s.* The little girl had her hair in bunches.

colgado, -a *adj* ~ **en/de** hanging on/from *sth* LOC **colgado al teléfono** on the phone ◆ **dejar a algn colgado** to leave sb in the lurch ◆ **estar colgado** (*drogado*) to be stoned ◆ **mal colgado**: *Creo que tienen el teléfono mal ~.* They must have left the phone off the hook. *Ver tb* COLGAR

colgante *nm* (*adorno*) pendant

colgar *vt* **1** to hang *sth* (*from/on sth*) **2** (*prenda de vestir*) to hang *sth* up **3** (*ahorcar*) to hang ➲ *Ver nota en* AHORCAR **4** (*Internet*) to upload
▶ *vi* ~ **(de)** to hang (from/on *sth*) LOC **colgar (el teléfono)** to hang up: *Se enfadó y me colgó el teléfono.* He got angry and hung up. ◇ *No cuelgue, por favor.* Please hold the line. ◆ **colgar los libros** to give up studying
▶ **colgarse** *vp* (*Informát*) to crash

cólico *nm* colic [*incontable*]

coliflor *nf* cauliflower

colilla *nf* cigarette end, cigarette butt (*USA*)

colina *nf* hill

colirio *nm* eye drops [*pl*]

colisión *nf* collision (*with sth*): *una ~ de frente* a head-on collision

colitis *nf* colitis [*incontable*]: *Le dio una ~ muy fuerte.* He had a bad attack of diarrhoea.

collage *nm* collage: *hacer un ~* to make a collage

collar *nm* **1** (*adorno*) necklace: *un ~ de esmeraldas* an emerald necklace **2** (*perro, gato*) collar

collarín *nm* (surgical) collar

colmar *vt* LOC *Ver* GOTA

colmena *nf* beehive

colmillo *nm* **1** (*persona*) canine (tooth) **2** (*elefante, jabalí*) tusk

colmo *nm* LOC **para colmo** to make matters worse ◆ **ser el colmo** to be the limit

colocado, -a *adj* LOC **estar colocado 1** (*tener trabajo*) to be employed: *estar bien ~* to have a good job **2** (*bebido*) to be drunk **3** (*drogado*) to be high *Ver tb* COLOCAR

colocar *vt* **1** to place **2** (*bomba*) to plant **3** (*emplear*) to find *sb* a job (*with sb*)
▶ **colocarse** *vp* **1** (*situarse*) to stand: *Colócate allí.* Stand over there. **2 colocarse (de/como)** to get a job (as *sth*): *Se ha colocado de cajera.* She got a job as a cashier. **3 colocarse (con) (a)** (*alcohol*) to get drunk (on *sth*) **(b)** (*drogas*) to get high (on *sth*)

Colombia *nf* Colombia

colombiano, -a *adj, nm-nf* Colombian

colon *nm* colon

colonia *nf* **1** (*territorio*) colony [*pl* colonies] **2** (*grupo de viviendas*) housing estate **3 colonias** (*campamento*) summer camp: *irse de ~s* to go to summer camp **4** (*perfume*) cologne [*incontable*]: *echarse ~* to put (some) cologne on

colonial *adj* colonial

colonización *nf* colonization

colonizador, -ora *adj* colonizing
▶ *nm-nf* settler

colonizar *vt* to colonize

coloquial *adj* colloquial

coloquio *nm* discussion (*about sth*)

color *nm* colour

> Cuando la palabra *color* aparece seguida del nombre de un color concreto, no se traduce al inglés: *Llevaba un abrigo de color azul.* She was wearing a blue coat. ◇ *La cortina es de color verde.* The curtain is green.

LOC **de colores** coloured: *lápices de ~es* coloured pencils ◆ **en color**: *fotografías en ~* colour photographs *Ver tb* FAROLILLO, PEZ

colorado, -a *adj* red LOC **estar colorado como un tomate/pimiento** to be as red as a beetroot ◆ **ponerse colorado** to blush *Ver tb* COLORÍN

colorante *adj, nm* colouring LOC **sin colorantes** no artificial colourings

colorear *vt* to colour *sth* (in)

colorete *nm* blusher: *darse un poco de ~* to put on some blusher

colorido *nm* colouring: *una ceremonia de gran ~* a very colourful ceremony

colorín *nm* **colorines** bright colours: *calcetines de colorines* brightly-coloured socks LOC **colorín colorado...** and they all lived happily ever after

columna *nf* column LOC **columna vertebral** (*Anat*) spine

columpiar *vt* to push *sb* (on a swing)
▶ **columpiarse** *vp* to have a swing

columpio *nm* swing: *jugar en los ~s* to play on the swings

coma *nf* **1** (*puntuación*) comma ➲ *Ver pág 379* **2** (*Mat*) point: *cuarenta ~ cinco (40,5)* forty point five (40.5) ➲ *Ver pág 791*
▶ *nm* (*Med*) coma: *estar en (estado de) ~* to be in a coma LOC *Ver* PUNTO

comadrona *nf* midwife [*pl* midwives]

comandante *nmf* **1** (*ejército*) major **2** (*avión*) captain LOC **comandante en jefe** commander-in-chief [*pl* commanders-in-chief]

comando *nm* **1** (*Mil*) commando [*pl* commandos] **2** (*terrorista*) cell **3** (*Informát*) command

comarca *nf* area

comarcal *adj* local LOC *Ver* CARRETERA

comba *nf* **1** (*juego*) skipping **2** (*cuerda*) skipping rope LOC **jugar/saltar a la comba** to skip: *Están saltando a la ~.* They're skipping.

combate *nm* **1** (*guerra*) combat [*incontable*]: *soldados caídos en ~* soldiers killed in combat ◇ *Hubo feroces ~s.* There was fierce fighting. **2** (*Boxeo*) boxing match LOC **de combate** fighter: *avión/piloto de ~* fighter plane/pilot *Ver tb* CARRO, FUERA, PANTALÓN

combatiente *nmf* combatant

combatir *vt* to combat: *~ a la guerrilla* to combat the guerrillas
▶ *vi* ~ **(contra/por)** to fight (against/for *sb/sth*): *~ contra los rebeldes* to fight against the rebels

combinación *nf* **1** combination: *la ~ de una caja fuerte* the combination of a safe **2** (*prenda*) slip

combinar *vt* **1** (*mezclar*) to combine **2** (*ropa*) to match *sth* (*with sth*)
▶ *vi* ~ **(con) 1** (*colores*) to go (with *sth*): *El negro combina bien con todos los colores.* Black goes well with any colour. **2** (*ropa*) to match (*sth*): *Esos zapatos no combinan con el bolso.* Those shoes don't match the handbag.

combustible *adj* combustible
▶ *nm* fuel

combustión *nf* combustion

C

comedia *nf* comedy [*pl* comedies] LOC **comedia musical** musical

comedor *nm* **1** (*casa, hotel*) dining room **2** (*colegio, fábrica*) canteen **3** (*muebles*) dining room suite

C

comentar *vt* **1** (*decir*) to say: *Se limitó a ~ que estaba enfermo.* He would only say he was sick. **2** (*tema*) to discuss

comentario *nm* comment, remark (*más coloq*): *hacer un ~* to make a comment/remark LOC **comentario de texto** textual criticism [*incontable*] ♦ **hacer comentarios** to comment (*on sb/sth*) ♦ **sin comentarios** no comment

comentarista *nmf* commentator

comenzar *vt, vi* ~ **(a)** to start (*sth/doing sth/to do sth*): *Comencé a sentirme mal.* I started to feel ill. ➲ *Ver nota en* START

comer *vt* **1** to eat: *¿Quieres ~ algo antes de salir?* Would you like something to eat before you go? **2** (*Ajedrez, damas*) to take

▶ *vi* **1** to eat: *Tu hijo no quiere ~.* Your son won't eat. **2** (*comida del mediodía*) to have lunch: *¿A qué hora comemos?* What time is lunch? ◇ *¿Qué hay para ~?* What's for lunch? ◇ *Mañana comemos fuera.* We're going out for lunch tomorrow.

▶ **comerse** *vp* **1** to eat: *~se un bocadillo* to eat a sandwich **2** (*omitir*) to miss *sth* out: *~se una palabra* to miss a word out LOC **comer a besos** to smother *sb* with kisses ♦ **comer como una fiera/lima** to eat like a horse ♦ **comerle el coco a algn** to brainwash sb ♦ **comerse el coco** to worry (*about sb/sth*) ♦ **dar/echar de comer** to feed *sb/sth* ♦ **sin comerlo ni beberlo**: *Sin ~lo ni beberlo, nos echaron la culpa de todo.* We got blamed for everything, although we had nothing to do with it.

comercial *adj* commercial LOC *Ver* CENTRO

comercializar *vt* to market

comerciante *nmf* (*dueño de tienda*) shopkeeper, storekeeper (*USA*)

comerciar *vi* **1** ~ **(con algo)** (*producto*) to trade (in sth): *~ con armas* to trade in arms **2** ~ **con algn** to do business with sb

comercio *nm* **1** (*negocio*) trade: *~ exterior* foreign trade **2** (*tienda*) shop: *Tienen un pequeño ~.* They have a small shop. LOC **comercio justo** fair trade *Ver tb* CÁMARA

comestible *adj* edible

▶ **comestibles** *nm* groceries LOC *Ver* TIENDA

cometa *nm* (*astro*) comet

▶ *nf* (*juguete*) kite

cometer *vt* **1** (*delito*) to commit **2** (*error*) to make

cometido *nm* task: *Cumplió con su ~.* He fulfilled his task.

cómic *nm* comic

comicios *nm* elections

cómico, -a *adj* **1** (*gracioso*) funny **2** (*de comedia*) comedy: *actor ~* comedy actor

▶ *nm-nf* comedian LOC *Ver* PELÍCULA

comida *nf* **1** (*alimento*) food: *Tenemos la nevera llena de ~.* The fridge is full of food. ◇ *¿Te gusta la ~ china?* Do you like Chinese food? **2** (*desayuno, cena, etc.*) meal: *una ~ ligera* a light meal **3** (*al mediodía*) lunch: *¿Qué hay de ~?* What's for lunch? LOC **comida basura** junk food ♦ **comida campestre** picnic ♦ **comida precocinada/preparada** ready meals [*pl*] ♦ **comida rápida** fast food

comidilla *nf* LOC **ser la comidilla de** to be the talk of *sth*

comido, -a *adj*: *Ya vinieron ~s.* They had already eaten. LOC **comido por la envidia/la rabia/los celos** eaten up with envy/anger/jealousy *Ver tb* COMER

comienzo *nm* start, beginning (*más formal*) LOC **a comienzos de...** at the beginning of... ♦ **dar comienzo** to begin ♦ **estar en sus comienzos** to be in its early stages

comillas *nf* inverted commas ➲ *Ver pág 379* LOC **entre comillas** in inverted commas

comilón, -ona *adj* greedy

▶ *nm-nf* big eater

comilona *nf* feast: *darse/pegarse una ~* to have a feast

comisaría *nf* police station

comisario, -a *nm-nf* (*policía*) superintendent

comisión *nf* commission: *una ~ del 10%* a 10% commission ◇ *la Comisión Europea* the European Commission LOC **a comisión** on commission

comité *nm* committee [*v sing o pl*] ➲ *Ver nota en* JURADO LOC **comité de empresa** works committee

como *adv* **1** (*de la manera que, en calidad de, según*) as: *Respondí ~ pude.* I answered as best I could. ◇ *Me lo llevé ~ recuerdo.* I took it home as a souvenir. ◇ *Como te iba diciendo...* As I was saying... **2** (*comparación, ejemplo*) like: *Tiene un coche ~ el nuestro.* He's got a car like ours. ◇ *infusiones ~ la manzanilla y la menta* herbal teas like camomile and peppermint ◇ *suave ~ la seda* as smooth as silk **3** (*aproximadamente*) about: *Llamé ~ a diez personas.* I rang about ten people.

▶ *conj* **1** (*condición*) if: *Como vengas tarde, no podremos ir.* If you're late, we won't be able to go. **2** (*causa*) as: *Como llegué pronto, me preparé un café.* As I was early, I made myself a coffee. LOC **como que/si** as if: *Me trata ~ si fuera su hija.* He treats me as if I were his daughter.

En este tipo de expresiones, lo más correcto es decir 'as if I/he/she/it **were**', pero hoy en día en el lenguaje hablado se usa mucho 'as if I/he/she/it **was**'.

◆ **como sea 1** (*a cualquier precio*) at all costs: *Tenemos que ganar ~ sea.* We must win at all costs. **2** (*no importa*): — *¿Cómo quieres el café?* — *Como sea.* 'How do you like your coffee?' 'I don't mind.'

cómo *adv* **1** (*interrogación*) how: *¿Cómo se traduce esta palabra?* How do you translate this word? ◇ *No sabemos ~ pasó.* We don't know how it happened. **2** (*¿por qué?*) why: *¿Cómo no me lo dijiste?* Why didn't you tell me? **3** (*cuando no se ha oído o entendido algo*) sorry: *¿Cómo? ¿Puedes repetir?* Sorry? Can you say that again? **4** (*exclamación*): *¡Cómo te pareces a tu padre!* You're just like your father!
▶ **¡cómo!** *interj* (*enfado, asombro*) what: *¡Cómo! ¿No estás vestido aún?* What! Aren't you dressed yet? LOC **¿a cómo está/están?** how much is it/are they? ◆ **¿cómo es?** (*descripción*) what is he, she, it, etc. like? ◆ **¿cómo es eso?** how come? ◆ **¿cómo es que...?** how come?: *¿Cómo es que no has salido?* How come you didn't go out? ◆ **¿cómo estás?** how are you? ◆ **¡cómo no!** of course! ◆ **¿cómo que...?** (*asombro, enfado*): *¿Cómo que no lo sabías?* What do you mean, you didn't know? ◆ **¡cómo voy a...!** how am I, are you, etc. supposed to...?: *¡Cómo lo iba a saber!* How was I supposed to know?

cómoda *nf* chest of drawers [*pl* chests of drawers]

comodidad *nf* **1** (*confort*) comfort **2** (*conveniencia*) convenience: *la ~ de tener el metro cerca* the convenience of having the underground nearby

comodín *nm* (*Naipes*) joker

cómodo, -a *adj* **1** (*confortable*) comfortable: *sentirse ~* to feel comfortable **2** (*conveniente*) convenient: *Es muy ~ olvidarse del asunto.* It's very convenient to forget about it. LOC **ponerse cómodo** to make yourself comfortable

compact disc (*tb* **compacto**) *nm* **1** (*disco*) CD **2** (*aparato*) CD player

compacto, -a *adj* compact

compadecer(se) *vt, vp* **compadecer(se) (de)** to feel sorry for *sb* ➲ *Ver nota en* SORRY

compaginar *vt* to combine *sth* (*with sth*): *~ el trabajo con la familia* to combine work with a family

compañerismo *nm* comradeship

compañero, -a *nm-nf* **1** (*amigo*) companion **2** (*en trabajo*) colleague LOC **compañero de clase** classmate ◆ **compañero de equipo** teammate ◆ **compañero de habitación** room-mate ◆ **compañero de piso** flatmate, room-mate (*USA*) ◆ **compañero sentimental** partner

compañía *nf* company [*pl* companies]: *Trabaja en una ~ de seguros.* He works for an insurance company. LOC **compañía aérea** airline ◆ **hacer compañía a algn** to keep sb company

comparable *adj* ~ **(a/con)** comparable (to/with *sb/sth*)

comparación *nf* comparison: *Esta casa no tiene ~ con la anterior.* There's no comparison between this house and the old one. ◇ *hacer una ~ con algo* to make a comparison with sth LOC **en comparación con** compared to/with *sb/sth*

comparar *vt* to compare *sb/sth* (*to/with sb/sth*): *¡No compares esta ciudad con la mía!* Don't try to compare this town to mine!

comparecer *vi* to appear: *~ ante un comité* to appear before a committee

compartimento (*tb* **compartimiento**) *nm* compartment

compartir *vt* to share: *~ un piso* to share a flat

compás *nm* **1** (*Mat*) compass(es) **2** (*Mús*) **(a)** (*tiempo*) time: *el ~ de tres por cuatro* three-four time **(b)** (*división de pentagrama*) bar: *los primeros compases de una sinfonía* the first bars of a symphony LOC *Ver* MARCAR

compasión *nf* pity, compassion (*más formal*) LOC **tener compasión de algn** to take pity on sb

compasivo, -a *adj* ~ **(con)** compassionate (towards *sb*)

compatible *adj* compatible

compatriota *nmf* fellow countryman/woman [*pl* -men/-women]

compenetrarse *vp* ~ **(con)** to get on well (with *sb*)

compensación *nf* compensation

compensar *vt* **1** (*equilibrar*) to make up for *sth*: *para ~ la diferencia de precios* to make up for the difference in price **2** (*recompensar*) to repay *sb* (*for sth*): *No sé cómo ~les por todo lo que han hecho.* I don't know how to repay them for all they've done.
▶ *vi* (*merecer la pena*) to be worth *it/doing sth*: *No me compensa ir sólo media hora.* It's not worth going for half an hour. ◇ *A la larga compensa.* It's worth it in the long run.

compensatorio, -a *adj* LOC *Ver* EDUCACIÓN

competencia *nf* **1** (*rivalidad*) competition: *La ~ siempre es buena.* Competition is a good thing. **2** (*eficacia, habilidad*) competence: *falta de ~*

C

incompetence LOC **hacer la competencia** to compete with *sb/sth*

competente *adj* competent: *un profesor ~* a competent teacher

competición *nf* competition

competir *vi* to compete: *~ con empresas extranjeras por el contrato* to compete with foreign companies for the contract

competitivo, **-a** *adj* competitive

complacer *vt* to please: *Es bastante difícil ~les.* They're quite hard to please.

complejo, **-a** *adj* complex: *Es un problema muy ~.* It's a very complex problem.
▶ *nm*: *un ~ de oficinas* an office complex ◇ *tener ~ de gordo* to have a complex about being fat ◇ *tener ~ de inferioridad* to have an inferiority complex

complementario, **-a** *adj* **1** (*servicios, alimentos, etc.*) complementary **2** (*Educ*) subsidiary: *asignaturas complementarias* subsidiary subjects

complemento *nm* **1** (*suplemento*) supplement: *como ~ a su dieta* as a dietary supplement **2** (*accesorio*) accessory [*pl* accessories]: *bisutería y ~s* costume jewellery and accessories **3** (*Gram*) object

completamente *adv* completely

completar *vt* to complete

completo, **-a** *adj* **1** (*entero*) complete: *la colección completa* the complete collection **2** (*lleno*) full: *El hotel está ~.* The hotel is full. LOC *Ver* JORNADA, PENSIÓN, TIEMPO

complicación *nf* complication

complicado, **-a** *adj* complicated *Ver tb* COMPLICAR

complicar *vt* **1** (*liar*) to complicate **2** (*implicar*) to involve *sb* (*in sth*)
▶ **complicarse** *vp* to become complicated LOC **complicarse la vida** to make life difficult for yourself

cómplice *nmf* accomplice

complot (*tb* **compló**) *nm* plot

componente *nm* **1** (*parte*) component **2** (*miembro*) member: *los ~s de la orquesta* the members of the orchestra

componer *vt* **1** (*formar*) to make *sth* up: *Cuatro relatos componen el libro.* The book is made up of four stories. **2** (*Mús*) to compose
▶ **componerse** *vp* **componerse de** to consist of *sth*: *El curso se compone de seis asignaturas.* The course consists of six subjects. LOC **componérselas** to manage (*to do sth*): *Me las compuse para salir.* I managed to go out.

comportamiento *nm* behaviour [*incontable*]: *Tuvieron un ~ ejemplar.* Their behaviour was exemplary.

comportarse *vp* to behave

composición *nf* composition

compositor, **-ora** *nm-nf* composer

compota *nf* stewed fruit [*incontable*]: *~ de manzana* stewed apple

compra *nf* purchase: *una buena ~* a good buy LOC **hacer/ir a la compra** to do the shopping ◆ **ir/salir de compras** to go shopping

comprador, **-ora** *nm-nf* buyer

comprar *vt* to buy: *Quiero ~les un regalo.* I want to buy them a present. ◇ *¿Me lo compras?* Will you buy it for me? ◇ *Le compré la bici a un amigo.* I bought the bike from a friend. ➲ *Ver nota en* GIVE LOC **comprar a plazos** to buy *sth* on hire purchase

comprender *vt, vi* (*entender*) to understand: *Mis padres no me comprenden.* My parents don't understand me. ◇ *Como usted comprenderá…* As you will understand…
▶ *vt* **1** (*darse cuenta*) to realize: *Han comprendido su importancia.* They've realized how important it is. **2** (*incluir*) to consist of *sth*: *El museo comprende cinco salas.* The museum consists of five galleries.

comprendido, **-a** *adj*: *niños de edades comprendidas entre los 11 y 13 años* children aged between 11 and 13 *Ver tb* COMPRENDER

comprensión *nf* understanding LOC **tener/mostrar comprensión** to be understanding (*towards sb*)

comprensivo, **-a** *adj* understanding (*towards sb*)

compresa *nf* sanitary towel, sanitary napkin (*USA*)

comprimido, **-a** *nm* (*pastilla*) tablet

comprobar *vt* to check

comprometedor, **-ora** *adj* compromising

comprometer *vt* **1** (*poner en un compromiso*) to put *sb* in an awkward position, to compromise (*formal*) **2** (*obligar*) to commit *sb* (*to sth/doing sth*): *Ese documento no te compromete a nada.* This document doesn't commit you to anything.
▶ **comprometerse** *vp* **1** to promise (*to do sth*): *No me comprometo a ir.* I'm not promising I'll go. **2** (*en matrimonio*) to get engaged (*to sb*)

comprometido, **-a** *adj* (*situación*) awkward *Ver tb* COMPROMETER

compromiso *nm* **1** (*obligación*) commitment: *El matrimonio es un gran ~.* Marriage is a great commitment. **2** (*acuerdo*) agreement **3** (*cita, matrimonial*) engagement: *Lo siento, ten-*

go otro ~. Sorry, I've got a prior engagement. **4** (*aprieto*) awkward situation: *Me pones en un* ~. You're putting me in an awkward position. ❶ La palabra **compromise** no significa *compromiso*, sino *acuerdo*. LOC **por compromiso** out of a sense of duty ◆ **sin compromiso** without obligation

compuesto, -a *adj* **1** compound: *palabras compuestas* compound words **2** ~ **de/por** consisting of *sb/sth*: *un jurado ~ por cuatro hombres y ocho mujeres* a jury consisting of four men and eight women
▶ *nm* compound *Ver tb* COMPONER

comulgar *vi* (*Relig*) to take communion

común *adj* **1** common: *un problema ~* a common problem ◇ *características comunes a un grupo* characteristics common to a group **2** (*compartido*) joint: *un esfuerzo ~* a joint effort LOC **tener algo en común 1** (*aficiones*) to share sth **2** (*parecerse*) to have sth in common *Ver tb* FUERA, PUESTA, SENTIDO

comunicación *nf* **1** communication: *la falta de ~* lack of communication **2** (*teléfono*): *Se cortó la ~*. We were cut off. LOC *Ver* MEDIO

comunicado *nm* announcement LOC *Ver* PRENSA

comunicado, -a *adj* LOC **estar bien/mal comunicado** be well/poorly served by public transport: *Toda la zona está mal comunicada*. The whole area is poorly served by public transport. *Ver tb* COMUNICAR

comunicar *vt* to communicate *sth* (*to sb*): *Han comunicado sus sospechas a la policía*. They've communicated their suspicions to the police.
▶ *vi* (*teléfono*) to be engaged, to be busy (*USA*): *Estaba comunicando*. It was engaged.
▶ **comunicar(se)** *vi, vp* **comunicar(se) (con) 1** (*relacionarse*) to communicate (with *sb/sth*): *Me cuesta ~me con los demás*. I find it difficult to communicate with other people. **2** (*ponerse en contacto*) to get in touch with *sb*: *No puedo ~me con ellos*. I can't get in touch with them. **3** (*conectarse*) to lead into *sth*: *Mi habitación (se) comunica con la tuya*. My room leads into yours.

comunicativo, -a *adj* communicative

comunidad *nf* community [*v sing o pl*] [*pl* communities] LOC **comunidad autónoma** autonomous region ◆ **comunidad de vecinos** residents' association

comunión *nf* communion LOC **hacer la (primera) comunión** to take (your first) communion

comunismo *nm* communism

comunista *adj, nmf* communist ➲ *Ver nota en* CATÓLICO

comunitario, -a *adj* (*de la Comunidad Europea*) EU: *ciudadanos ~s* EU citizens

con *prep* **1** with: *Vivo ~ mis padres*. I live with my parents. ◇ *Sujétalo ~ una chincheta*. Stick it up with a drawing pin. ◇ *¿Con qué lo limpias?* What do you clean it with?

A veces se traduce por **and**: *pan con mantequilla* bread and butter ◇ *agua con azúcar* sugar and water. También se puede traducir por **to**: *¿Con quién hablabas?* Who were you talking to? ◇ *Es muy simpática con todo el mundo*. She is very nice to everyone.

2 (*contenido*) of: *una maleta ~ ropa* a suitcase (full) of clothes ◇ *un cubo ~ agua y jabón* a bucket of soapy water **3** (*a pesar de*): *Con lo duro que trabajan y no lo acabarán*. They're working so hard but they won't get it done. ◇ *¡Pero ~ lo que te gusta el chocolate!* But you're so fond of chocolate! **4 + infinitivo**: *Con repasar te basta*. All you need to do is revise. ◇ *Con llorar no vas a solucionar nada*. Crying won't get you anywhere. LOC **con (tal de) que...** as long as...: *~ tal de que me avises* as long as you tell me

concebir *vt* **1** (*idea, plan, novela*) to conceive **2** (*entender*) to understand: *¡Es que no lo concibo!* I just don't understand!
▶ *vt, vi* (*quedar embarazada*) to conceive

conceder *vt* **1** to grant, to give (*más coloq*): *~ un préstamo a algn* to give sb a loan ◇ *¿Me concede unos minutos, por favor?* Could you spare me a couple of minutes, please? ◇ *Hay que ~les algún mérito*. You must give them some credit. **2** (*premio, beca*) to award: *Me concedieron una beca*. I was awarded a scholarship.

concejal, -ala *nm-nf* (town) councillor

concejo *nm* (town) council [*v sing o pl*]

concentración *nf* **1** (*atención*) concentration: *falta de ~* lack of concentration **2** (*manifestación*) rally [*pl* rallies]

concentrado, -a *adj* **1** (*persona*): *Estaba tan ~ en la lectura que no te oí entrar*. I was so immersed in my book that I didn't hear you come in. **2** (*sustancia*) concentrated
▶ *nm* concentrate: *~ de uva* grape concentrate *Ver tb* CONCENTRAR

concentrar *vt* to concentrate
▶ **concentrarse** *vp* **concentrarse (en)** to concentrate (on *sth*): *Concéntrate en lo que haces*. Concentrate on what you are doing.

concepto *nm* **1** (*idea*) concept **2** (*opinión*) opinion: *No sé qué ~ tienes de mí*. I don't know what you think of me.

concertado *adj* LOC **colegio/centro concertado** state-assisted school/educational institution *Ver tb* CONCERTAR

concertar *vt* (*organizar*) to arrange: *~ una cita* to arrange an appointment

C

concesionario, -a *nm-nf* dealer: *un ~ (de) Fiat* a Fiat dealer

concha *nf* shell

conciencia *nf* **1** (*sentido moral*) conscience **2** (*conocimiento*) consciousness: *~ de clase* class consciousness LOC **a conciencia** thoroughly ◆ **tener la conciencia limpia/tranquila** to have a clear conscience *Ver tb* CARGO, OBJETOR, REMORDER, REMORDIMIENTO

concienciar *vt* to make *sb* aware (*of sth*)

▶ **concienciarse** *vp* to become aware (*of sth*)

concierto *nm* **1** concert **2** (*composición musical*) concerto [*pl* concertos]

concilio *nm* council [*v sing o pl*]

conciso, -a *adj* concise

conciudadano, -a *nm-nf* fellow citizen

concluir *vt, vi* (*terminar*) to conclude, to finish (*más coloq*)

▶ *vt* (*deducir*) to conclude *sth* (*from sth*): *Concluyeron que era inocente.* They concluded that he was innocent.

conclusión *nf* conclusion: *llegar a/sacar una ~* to reach/draw a conclusion

concordar *vi* ~ **(con/en)** to agree (with *sb/sth*) (about/on *sth*): *Tu respuesta no concuerda con la suya.* Your answer doesn't agree with his. ◇ *Todos los médicos concuerdan en el diagnóstico.* All the doctors agree about the diagnosis.

concretar *vt* **1** (*precisar*) to specify **2** (*fecha*) to fix

concreto, -a *adj* **1** (*específico*) specific: *las tareas concretas que desempeñan* the specific tasks they perform ◇ *en este caso ~* in this particular case **2** (*exacto*) definite: *una fecha concreta* a definite date

concurrido, -a *adj* **1** (*lleno de gente*) crowded **2** (*popular*) popular

concursante *nmf* contestant

concursar *vi* **1** (*en un juego*) to take part (*in sth*) **2** (*para un puesto*) to compete

concurso *nm* **1** (*juegos de habilidad, Dep*) competition **2** (*Radio, TV*) **(a)** (*de preguntas y respuestas*) quiz show **(b)** (*de juegos y pruebas*) game show LOC **concurso de belleza** beauty contest

condado *nm* county [*pl* counties]

conde, -esa *nm-nf* **1** (*masc*) count **2** (*fem*) countess

condecoración *nf* medal

condecorar *vt* to award *sb* a medal (*for sth*)

condena *nf* sentence LOC **poner una condena** to sentence *sb*: *El juez le puso una ~ de cinco años.* The judge sentenced him to five years' imprisonment.

condenado, -a *adj* **1** (*maldito*) wretched: *¡Ese ~ perro!* That wretched dog! **2** ~ **a** (*predestinado*) doomed to *sth*

▶ *nm-nf* convicted prisoner *Ver tb* CONDENAR

condenar *vt* **1** (*Jur*) **(a)** (*a una pena*) to sentence *sb* (*to sth*): *~ a algn a muerte* to sentence sb to death **(b)** (*especificando el delito*) to convict *sb* (*of sth*) **2** (*desaprobar*) to condemn

▶ **condenarse** *vp* to go to hell

condensar(se) *vt, vp* to condense LOC *Ver* LECHE

condesa *nf Ver* CONDE

condescendiente *adj* **1** (*transigente*) tolerant (*of/towards sb*): *Sus padres son muy ~s con él.* His parents are very tolerant (of him). **2** (*con aires de superioridad*) condescending: *una sonrisita ~* a condescending smile

condición *nf* **1** condition: *La mercancía llegó en perfectas condiciones.* The goods arrived in perfect condition. ◇ *Esa es mi única ~.* That is my one condition. ◇ *Lo hago con la ~ de que me ayudes.* I'll do it on condition that you help me. ◇ *Ellos pusieron las condiciones.* They laid down the conditions. **2** (*social*) background LOC **estar en condiciones de 1** (*físicamente*) to be fit *to do sth*: *No está en condiciones de jugar.* She's not fit enough to play. **2** (*tener la posibilidad*) to be in a position *to do sth* ◆ **sin condiciones** unconditional: *una rendición sin condiciones* an unconditional surrender ◇ *Aceptó sin condiciones.* He accepted unconditionally.

condicional *adj* conditional LOC *Ver* LIBERTAD

condicionar *vt* to condition: *La educación te condiciona.* You are conditioned by your upbringing.

condimentar *vt* to season *sth* (*with sth*)

condimento *nm* seasoning

condón *nm* condom

conducir *vt* **1** (*coche, camión*) to drive **2** (*moto*) to ride **3** (*llevar*) to lead *sb* (*to sth*): *Las pistas nos condujeron al ladrón.* The clues led us to the thief.

▶ *vi* **1** (*vehículo*) to drive: *Estoy aprendiendo a ~.* I'm learning to drive. **2** ~ **a** (*llevar*) to lead to *sth*: *Este camino conduce al palacio.* This path leads to the palace. LOC *Ver* CARNÉ, EXAMEN, EXAMINAR, PERMISO

conducta *nf* behaviour [*incontable*]

conducto *nm* **1** (*tubo*) pipe **2** (*Med*) duct

conductor, -ora *nm-nf* driver ❶ En inglés **conductor** significa *director de orquesta* o *cobrador (de autobús)*.

conectar *vt* **1** (*unir*) to connect *sth* (*with/to sth*): ~ *la impresora al ordenador* to connect the printer to the computer **2** (*enchufar*) to plug *sth* in
▶ **conectarse** *vp* (*a Internet*) to connect (*to sth*)

conejillo *nm* LOC **conejillo de Indias** guinea pig

conejo, -a *nm-nf* rabbit

Rabbit es el sustantivo genérico, **buck** se refiere sólo al macho. Para referirnos sólo a la hembra utilizamos **doe**. Los niños dicen también **bunny** [*pl* **bunnies**] o **bunny rabbit**.

conexión *nf* **1** ~ **(a/con)** connection (to/with *sth*): *con ~ gratuita a Internet* with a free Internet connection **2** ~ **(entre)** (*relación*) connection (between...)

confección *nf* LOC *Ver* CORTE

confeccionar *vt* to make

conferencia *nf* **1** (*charla*) lecture **2** (*congreso*) conference LOC *Ver* PRENSA

conferenciante *nmf* lecturer

confesar *vt, vi* **1** to confess (to *sth/doing sth*): *Tengo que ~ que prefiero el tuyo.* I must confess I prefer yours. ◇ ~ *un crimen/asesinato* to confess to a crime/murder ◇ *Confesaron haber robado el banco.* They confessed to robbing the bank. **2** (*cura*) to hear (*sb's*) confession: *Los domingos no confiesan.* They don't hear confessions on Sundays.
▶ **confesarse** *vp* **1** (*declararse*): *Se confesaron autores/culpables del crimen.* They confessed they had committed the crime. **2** (*Relig*) **(a)** to go to confession **(b) confesarse de** to confess *sth*, to confess (to *doing sth*) LOC **confesar la verdad** to tell the truth

confesión *nf* confession

confeti *nm* confetti

confiado, -a *adj* trusting *Ver tb* CONFIAR

confianza *nf* **1** ~ **(en)** confidence (in *sb/sth*): *No tienen mucha ~ en él.* They don't have much confidence in him. **2** (*naturalidad, amistad*): *tratar a algn con ~* to treat sb in a friendly way ◇ *Te lo puedo decir porque tenemos ~.* I can tell you because we're friends. LOC **confianza en uno mismo** self-confidence: *No tengo ~ en mí mismo.* I don't have much self-confidence. ◆ **de confianza** trustworthy: *un empleado de ~* a trustworthy employee ◆ **en confianza** in confidence *Ver tb* DIGNO

confiar *vi* ~ **en 1** (*fiarse*) to trust *sb/sth*: *Confía en mí.* Trust me. ◇ *No confío en los bancos.* I don't trust banks. **2** (*esperar*) to hope: *Confío en que no llueva.* I'm hoping it won't rain. ◇ *Confío en que lleguen a tiempo.* I'm hoping they'll arrive on time.
▶ *vt* to entrust *sb/sth* with *sth*: *Sé que puedo ~le la organización de la fiesta.* I know I can entrust him with the arrangements for the party.
▶ **confiarse** *vp* to be overconfident

confidencial *adj* confidential

confidente *nmf* (*soplón*) informer

configuración *nf* settings [*pl*]

confirmar *vt* to confirm

confitería *nf* patisserie

confitura *nf* preserve

conflicto *nm* conflict: *un ~ entre las dos potencias* a conflict between the two powers LOC **conflicto de intereses** clash of interests

conformarse *vp* ~ **(con) 1** (*resignarse*) to put up with *sth*: *No me gusta, pero tendré que conformarme.* I don't like it, but I'll have to put up with it. **2** (*contentarse*) to be happy (with *sth/doing sth*): *Me conformo con un aprobado.* I'll be happy with a pass. ◇ *Se conforman con poco.* They're easily pleased.

conforme *adj* **estar ~ (con)** to be happy (with *sth*): *No estaba ~ con lo que había dicho.* He wasn't happy with what I had said.
▶ *adv* as: *Se sentaban ~ iban entrando.* They sat down as they arrived.

conformista *adj, nmf* conformist

confundir *vt* **1** (*mezclar*) to mix *sth* up: *La bibliotecaria ha confundido todos los libros.* The librarian has mixed up all the books. ◇ *Sepáralos, no los confundas.* Separate them, don't mix them up. **2** (*equivocar*) to mistake *sb/sth for sb/sth*: *Creo que me ha confundido con otra persona.* I think you've mistaken me for someone else. ◇ ~ *la sal con el azúcar* to mistake the salt for the sugar **3** (*desconcertar*) to confuse: *No me confundas.* Don't confuse me.
▶ **confundirse** *vp* **confundirse (de)** (*equivocarse*): *~se de puerta* to knock/ring at the wrong door ◇ *Se ha confundido de número.* You've got the wrong number. ◇ *Todo el mundo se puede ~.* We all make mistakes.

confusión *nf* **1** (*falta de claridad*) confusion: *crear ~* to cause confusion **2** (*equivocación*) mistake: *Debe de haber sido una ~.* It must have been a mistake.

confuso, -a *adj* **1** (*poco claro*) confusing: *Sus indicaciones eran muy confusas.* His directions were very confusing. **2** (*desconcertado*) confused ➲ *Ver nota en* BORING

congelado, -a *adj* frozen: *productos ~s* frozen food *Ver tb* CONGELAR

congelador *nm* freezer

congelar *vt* to freeze

C

▶ **congelarse** *vp* **1** (*helarse*) to freeze (over): *El lago se ha congelado.* The lake has frozen over. **2** (*tener frío*) to be freezing: *Me estoy congelando.* I'm freezing. **3** (*Med*) to get frostbite

congénito, -a *adj* congenital

congestionado, -a *adj* **1** (*calles*) congested: *Las calles están congestionadas por el tráfico.* The streets are congested. **2** (*nariz*) blocked up: *Todavía tengo la nariz muy congestionada.* My nose is still blocked up. **3** (*cara*) flushed *Ver tb* CONGESTIONAR

congestionar *vt*: *El accidente congestionó el tráfico.* The accident caused traffic congestion.

▶ **congestionarse** *vp* (*enrojecer*) to go red in the face

congreso *nm* congress LOC **Congreso de los Diputados** Congress

El equivalente en Gran Bretaña es **the House of Commons**, y en Estados Unidos, **the House of Representatives**.

cónico, -a *adj* conical

conífera *nf* conifer

conjugar *vt* to conjugate

conjunción *nf* conjunction

conjuntivitis *nf* conjunctivitis [*incontable*]

conjunto *nm* **1** (*de objetos, obras*) collection **2** (*totalidad*) whole: *el ~ de la industria alemana* German industry as a whole **3** (*musical*) group **4** (*ropa*) outfit **5** (*Mat*) set LOC **en conjunto** as a whole ◆ **hacer conjunto con** to match *sth*: *Esa falda hace ~ con la chaqueta.* That skirt matches the jacket.

conjuro *nm* spell

conmigo *pron* with me: *Ven ~.* Come with me. ◇ *No quiere hablar ~.* He won't speak to me. LOC **conmigo mismo** with myself: *Estoy contenta ~ misma.* I'm feeling very pleased with myself.

conmoción *nf* shock LOC **conmoción cerebral** concussion

conmovedor, -ora *adj* moving

conmover *vt* to move

cono *nm* cone

conocer *vt* **1** to know: *Les conozco de la universidad.* I know them from university. ◇ *Conozco muy bien París.* I know Paris very well. **2** (*a algn por primera vez*) to meet: *Les conocí durante las vacaciones.* I met them on holiday. **3** (*saber de la existencia*) to know of *sb/sth*: *¿Conoces un buen hotel?* Do you know of a good hotel? LOC **conocer algo como la palma de la mano** to know sth like the back of your hand ◆ **conocer de vista** to know *sb* by sight ◆ **se conoce que...** it seems (that)... *Ver tb* ENCANTADO

conocido, -a *adj* (*famoso*) well known ➲ *Ver nota en* WELL BEHAVED

▶ *nm-nf* acquaintance *Ver tb* CONOCER

conocimiento *nm* **1** knowledge [*incontable*]: *Pusieron a prueba sus ~s.* They put their knowledge to the test. **2** (*Med*) consciousness LOC **perder/recobrar el conocimiento** to lose/regain consciousness ◆ **sin conocimiento** unconscious

conque *conj* so: *Es tarde, ~ date prisa.* It's late, so hurry up.

conquista *nf* conquest

conquistador, -ora *adj* conquering

▶ *nm-nf* **1** conqueror: *Guillermo el Conquistador* William the Conqueror **2** (*América*) conquistador [*pl* conquistadors/conquistadores]

conquistar *vt* **1** (*Mil*) to conquer **2** (*enamorar*) to win *sb's* heart

consagrar *vt* **1** (*Relig*) to consecrate **2** (*dedicar*) to devote *sth* (*to sth*): *Consagraron su vida al deporte.* They devoted their lives to sport. **3** (*lograr fama*) to establish *sb/sth* (*as sth*): *La exposición lo consagró como pintor.* The exhibition established him as a painter.

consciente *adj* **1 ~ (de)** aware (of *sth*) **2** (*Med*) conscious

consecuencia *nf* **1** (*secuela*) consequence: *pagar las ~s* to suffer the consequences **2** (*resultado*) result: *como ~ de algo* as a result of sth

consecuente *adj* LOC **ser consecuente** to act according to your principles

conseguir *vt* **1** (*obtener*) to get: *~ un visado* to get a visa ◇ *~ que algn haga algo* to get sb to do sth **2** (*alcanzar*) to achieve: *para ~ nuestros objetivos* to achieve our aims **3** (*ganar*) to win: *~ una medalla* to win a medal

consejería *nf* ministry (in a regional government): *la Consejería de Sanidad de la Junta de Extremadura* the Ministry of Health in the Extremadura regional government

consejero, -a *nm-nf* **1** (*asesor*) adviser **2** (*Pol*) minister (in a regional government): *la consejera vasca de Educación* the Education Minister in the Basque regional government LOC **consejero matrimonial** marriage guidance counsellor

consejo *nm* **1** (*recomendación*) advice [*incontable*]

Hay algunas palabras en español, como *consejo*, *noticia*, etc., que tienen una traducción incontable al inglés (**advice**, **news**, etc.). Existen dos formas de utilizar estas palabras. "Un consejo/una noticia" se dice **some advice/news** o **a piece of advice/news**: *Te voy a* *dar un consejo.* I'm going to give you some advice/a piece of advice. ◇ *Tengo una buena noticia que darte.* I've got some good news/a piece of good news for you. Si se utiliza el plural (*consejos, noticias*, etc.) se traduce por el sustantivo incontable correspondiente (**advice**, **news**, etc.): *No seguí sus consejos.* I didn't follow her advice. ◇ *Tengo buenas noticias.* I've got some good news.

2 (*organismo*) council [*v sing o pl*] LOC **consejo de administración** board of directors ◆ **el Consejo de Ministros** the Cabinet [*v sing o pl*]

consentimiento *nm* consent

consentir *vt* **1** (*tolerar*) to allow: *No consentiré que me trates así.* I won't allow you to treat me like this. ◇ *No se lo consientas.* Don't let him get away with it. **2** (*mimar*) to spoil: *Sus padres le consienten demasiado.* His parents really spoil him.

conserje *nmf* **1** (*oficinas, casa, hotel*) porter **2** (*escuela, instituto*) caretaker, custodian (*USA*)

conserjería *nf* **1** (*oficinas, casa*) porter's lodge **2** (*escuela, instituto*) caretaker's lodge

conserva *nf* **1** (*en lata*) tinned food, canned food (*USA*): *tomates en* ~ tinned tomatoes **2** (*en cristal*) bottled food

conservador, -ora *adj, nm-nf* conservative

conservante *nm* preservative

conservar *vt* **1** (*tener todavía*) to still have: *Aún conservo sus cartas.* I still have his letters. **2** (*tradiciones, costumbres*) to maintain **3** (*comida*) **(a)** (*mantener fresco*) to keep **(b)** (*por mucho tiempo*) to preserve **4** (*calor*) to retain
▶ **conservarse** *vp* **1 conservarse bien, joven, etc.** to look good, young, etc. for your age: *¡Qué bien se conserva!* He looks very good for his age! **2** (*comida*) to keep

conservatorio *nm* school of music

consideración *nf* **1** (*reflexión, cuidado*) consideration: *tomar algo en* ~ to take sth into consideration **2** ~ **(por/hacia)** (*respeto*) respect (for *sb*) LOC **con/sin consideración** considerately/ inconsiderately: *Nos trataron sin ninguna* ~. They treated us most inconsiderately.

considerado, -a *adj* (*respetuoso*) considerate LOC **bien/mal considerado**: *un médico bien* ~ a highly-respected doctor ◇ *Está mal* ~ *entre sus colegas.* He's badly thought of by his colleagues. *Ver tb* CONSIDERAR

considerar *vt* **1** (*sopesar*) to weigh *sth* up, to consider (*más formal*): ~ *los pros y los contras* to weigh up the pros and cons **2** (*ver, apreciar*) to regard *sb/sth* (*as sth*): *La considero nuestra mejor jugadora.* I regard her as our best player.

consigna *nf* (*para equipaje*) left-luggage office, baggage room (*USA*)

consigo *pron* **1** (*él, ella*) with him/her **2** (*usted, ustedes*) with you **3** (*ellos, ellas*) with them LOC **consigo mismo** with himself, herself, etc.

C

consiguiente *adj* LOC **por consiguiente** consequently, therefore (*más coloq*)

consistir *vi* **1** ~ **en algo/hacer algo** to entail sth/ doing sth, to consist in sth/doing sth (*más formal*): *Mi trabajo consiste en atender al público.* My work entails dealing with the public. **2** ~ **en algo** (*constar de*) to consist of sth: *El menú consiste en un plato principal, postre, pan y vino.* The set menu consists of a main course, dessert, bread and wine.

consola *nf* console

consolación *nf* consolation: *premio de* ~ consolation prize

consolar *vt* to console: *Traté de ~le por la pérdida de su madre.* I tried to console him for the loss of his mother.

consonante *nf* consonant

conspiración *nf* conspiracy [*pl* conspiracies]

conspirar *vi* to conspire

constancia *nf* (*perseverancia*) perseverance

constante *adj* **1** (*continuo*) constant **2** (*perseverante*) hard-working: *Mi hijo es muy* ~ *en sus estudios.* My son works very hard.

constar *vi* **1 me, etc. consta que...** I, you, etc. know that...: *Me consta que ellos no lo hicieron.* I know they didn't do it. **2** ~ **de** to consist of *sth*: *La obra consta de tres actos.* The play consists of three acts.

constelación *nf* constellation

constipado, -a *adj*: *Estoy* ~. I've got a cold.
▶ *nm* cold: *pillar un* ~ to catch a cold ⓘ La palabra **constipated** no significa *constipado*, sino *estreñido*.

constitución *nf* constitution LOC *Ver* HIERRO

constitucional *adj* constitutional

constituir *vt* to be, to constitute (*más formal*): *Puede* ~ *un riesgo para la salud.* It may be a health hazard.

construcción *nf* building, construction (*más formal*): *en* ~ under construction ◇ *Trabajan en la* ~. They're builders.

constructor, -ora *nm-nf* builder, construction worker (*USA*)

construir *vt, vi* to build: ~ *un futuro mejor* to build a better future ◇ *No han empezado a* ~ *todavía.* They haven't started building yet.

consuelo *nm* consolation: *Es un* ~ *saber que no soy el único.* It is some consolation to know that I am not the only one. ◇ *buscar ~ en algo* to seek consolation in sth

cónsul *nmf* consul

consulado *nm* consulate

consulta *nf* **1** (*pregunta*) question: *¿Le puedo hacer una ~?* Could I ask you something? **2** (*Med*) surgery [*pl* surgeries]: *La doctora pasa ~ hoy.* The doctor has a surgery today. ◇ *La ~ está en la segunda planta.* The surgery is on the second floor. LOC **de consulta** reference: *libros de ~* reference books

consultar *vt* **1** (*pedir consejo*) to consult *sb/sth* (*about sth*): *Nos han consultado sobre ese tema.* They've consulted us about this matter. **2** (*palabra, dato*) to look *sth* up: *Consúltalo en el diccionario.* Look it up in the dictionary. LOC **consultar algo con la almohada** to sleep on sth

consultorio *nm* (*Med*) surgery [*pl* surgeries] LOC **consultorio sentimental 1** (*Period*) problem page **2** (*Radio*) advice programme

consumición *nf* (*bebida*) drink: *una entrada con derecho a ~* a ticket entitling you to a drink

consumidor, -ora *adj* consuming: *países ~es de petróleo* oil-consuming countries
▶ *nm-nf* consumer LOC *Ver* ASOCIACIÓN

consumir *vt* **1** to consume: *un país que consume más de lo que produce* a country which consumes more than it produces **2** (*energía*) to use: *Este radiador consume mucha electricidad.* This radiator uses a lot of electricity. LOC **consumir preferentemente antes de...** best before...

consumismo *nm* consumerism

consumista *adj, nmf* consumerist

consumo *nm* consumption LOC *Ver* BIEN

contabilidad *nf* **1** (*cuentas*) accounts [*pl*]: *la ~ de una empresa* a firm's accounts **2** (*profesión*) accountancy, accounting (*USA*) LOC **llevar la contabilidad** to do the accounts

contable *nmf* accountant

contactar *vi* ~ **con** to contact *sb*: *Intenté ~ con mi familia.* I tried to contact my family.

contacto *nm* contact LOC **mantenerse/ponerse en contacto con algn** to keep/get in touch with sb ◆ **poner a algn en contacto con algn** to put sb in touch with sb *Ver tb* LLAVE

contado LOC **al contado** cash: *pagar algo al ~* to pay cash for sth

contador *nm* meter: *el ~ del gas* the gas meter

contagiar *vt* to give *sth to sb*: *Le contagió la varicela.* He gave her chickenpox.
▶ **contagiarse** *vp* to be contagious

contagioso, -a *adj* contagious

contaminación *nf* **1** pollution: *~ atmosférica/acústica* atmospheric/noise pollution **2** (*radiactiva, alimenticia*) contamination

contaminar *vt* **1** to pollute: *Los vertidos de la fábrica contaminan el río.* Waste from the factory is polluting the river. **2** (*radiactividad, alimentos*) to contaminate

contante *adj* LOC *Ver* DINERO

contar *vt* **1** (*enumerar, calcular, incluir*) to count: *Contó el número de viajeros.* He counted the number of passengers. ◇ *Somos cinco sin ~ a mis padres.* There are five of us, not counting my parents. **2** (*explicar*) to tell: *Nos contaron un cuento.* They told us a story. ◇ *Cuéntame lo de ayer.* Tell me what happened yesterday.
▶ *vi* **1** (*enumerar, importar*) to count: *Cuenta hasta diez.* Count to ten. ◇ *Nuestra opinión no cuenta mucho.* Our opinion doesn't count for much. **2** ~ **con** (*confiar*) to count on *sb/sth*: *Cuento con ellos.* I'm counting on them. LOC **¿qué (te) cuentas?** how are things? *Ver tb* LARGO

contemplar *vt* to contemplate: *~ un cuadro/una posibilidad* to contemplate a painting/possibility

contemporáneo, -a *adj, nm-nf* contemporary [*pl* contemporaries]

contenedor *nm* **1** (*de basura*) **(a)** bin **(b)** (*con ruedas*) wheelie bin ➲ *Ver dibujo en* BIN **2** (*de escombros*) skip, Dumpster® (*USA*) **3** (*de mercancías*) container LOC **contenedor de papel, plástico, etc.** paper, plastic, etc. recycling bin ◆ **contenedor de vidrio** bottle bank

contener *vt* **1** (*tener*) to contain: *Este texto contiene algunos errores.* This text contains a few mistakes. **2** (*reprimir*) to hold *sth* back: *El niño no podía ~ el llanto.* The little boy couldn't hold back his tears.

contenido *nm* **1** contents [*pl*]: *el ~ de un frasco* the contents of a bottle **2** (*significado*) content

contentarse *vp* ~ **con** to be satisfied with *sth*: *Se contenta con poco.* He's easily pleased.

contento, -a *adj* **1** (*feliz*) happy **2** ~ **(con/de)** (*satisfecho*) pleased (with *sb/sth*): *Estamos ~s con el nuevo profesor.* We're pleased with the new teacher. LOC *Ver* CABER

contestación *nf* reply [*pl* replies]: *Espero ~.* I await your reply.

contestador *nm* LOC **contestador (automático)** answering machine

contestar *vt* ~ **(a)** to answer *sth*, to reply to *sth* (*más formal*): *Nunca contestan a mis cartas.* They never answer my letters.
▶ *vi* **1** (*dar una respuesta*) to answer, to reply (*más formal*) **2** (*replicar*) to answer back: *¡No me contestes!* Don't answer (me) back!

contexto *nm* context: *fuera de ~* out of context

contigo *pron* with you: *Se fue* ~. He left with you. ◇ *Quiero hablar* ~. I want to talk to you. LOC **contigo mismo** with yourself

continente *nm* continent

continuación *nf* continuation LOC **a continuación** (*ahora*) next: *Y a ~ les ofrecemos una película de terror.* And next we have a horror film.

continuar *vi* **1** (*actividad*) to go on (*with sth/doing sth*), to continue (*with sth/to do sth*) (*más formal*): *Continuaremos apoyándote.* We shall continue to support you. **2** (*estado*) to be still...: *Continúa haciendo mucho calor.* It's still very hot. LOC **continuará...** to be continued...

contorno *nm* **1** (*perfil*) outline **2** (*medida*) measurement: ~ *de cintura* waist measurement

contra *prep* **1** against: *la lucha ~ el crimen* the fight against crime ◇ *Ponte ~ la pared.* Stand against the wall. **2** (*con verbos como lanzar, disparar, tirar*) at: *Lanzaron piedras ~ las ventanas.* They threw stones at the windows. **3** (*con verbos como chocar, arremeter*) into: *Mi vehículo chocó ~ el muro.* My car crashed into the wall. **4** (*golpe, ataque*) on: *un atentado ~ su vida* an attempt on his life ◇ *Se dio un buen golpe ~ el asfalto.* She fell heavily on the concrete. **5** (*resultado*) to: *Ganaron por once votos ~ seis.* They won by eleven votes to six. **6** (*tratamiento, vacuna*) for: *una cura ~ el cáncer* a cure for cancer **7** (*enfrentamiento*) versus (*abrev* v, vs): *el Madrid ~ el Barcelona* Real Madrid v Barcelona LOC **en contra (de)** against (*sb/sth*): *¿Estás a favor o en ~?* Are you for or against? ◇ *en ~ de su voluntad* against their will *Ver tb* PRO[2]

contraatacar *vi* to fight back

contraataque *nm* counter-attack

contrabajo *nm* (*instrumento*) double bass

contrabandista *nmf* smuggler

contrabando *nm* **1** (*actividad*) smuggling: ~ *de armas* arms smuggling **2** (*mercancía*) contraband LOC **pasar algo de contrabando** to smuggle sth in

contradecir *vt* to contradict

contradicción *nf* contradiction

contradictorio, -a *adj* contradictory

contraer *vt* **1** to contract: ~ *un músculo* to contract a muscle ◇ ~ *deudas/la malaria* to contract debts/malaria **2** (*compromisos, obligaciones*) to take *sth* on

▶ **contraerse** *vp* (*materiales, músculos*) to contract LOC **contraer matrimonio** to get married (*to sb*)

contraluz *nm o nf* LOC **a contraluz** against the light

contraportada *nf* **1** (*libro*) back cover **2** (*revista, periódico*) back page

contrariedad *nf* setback

contrario, -a *adj* **1** (*equipo, opinión, teoría*) opposing **2** (*dirección, lado*) opposite **3** ~ **(a)** (*persona*) opposed (to *sth*)

▶ *nm-nf* opponent LOC **al/por el contrario** on the contrary ◆ **de lo contrario** otherwise ◆ **llevar la contraria** to disagree: *Les gusta llevar siempre la contraria.* They always like to disagree. ◆ **(todo) lo contrario** (quite) the opposite: *Sus profesores opinan lo ~.* His teachers think the opposite. *Ver tb* CAMPO

contrarreloj *adj, nf* (*Dep*): *una (carrera/prueba) ~* a time trial LOC **a contrarreloj** against the clock

contraseña *nf* password ➲ *Ver nota en* ORDENADOR

contrastar *vt, vi* ~ **(con)** to contrast (*sth*) (with *sth*): ~ *unos resultados con otros* to contrast one set of results with another

contraste *nm* contrast

contratar *vt* **1** to take *sb* on, to employ (*más formal*) **2** (*deportista, artista*) to sign

contratiempo *nm* **1** (*problema*) setback **2** (*accidente*) mishap

contrato *nm* contract LOC **contrato basura** poorly-paid short-term contract *Ver tb* MÓVIL

contraventana *nf* shutter

contribuir *vi* **1** to contribute (*sth*) (*to/towards sth*): *Contribuyeron generosamente a la construcción del hospital.* They contributed a large amount towards the construction of the hospital. **2** ~ **a hacer algo** to help (to) do sth: *Contribuirá a mejorar la imagen del colegio.* It will help improve the school's image.

contribuyente *nmf* taxpayer

contrincante *nmf* rival

control *nm* **1** control: ~ *de natalidad* birth control ◇ *perder el ~* to lose control **2** (*de policía*) checkpoint LOC **estar bajo/fuera de control** to be under/out of control *Ver tb* ALCOHOLEMIA, ANTIDOPAJE

controlador, -ora *nm-nf* LOC **controlador aéreo** air traffic controller

controlar *vt* **1** (*dominar*) to control: ~ *a la gente/una situación* to control people/a situation **2** (*vigilar*) to keep an eye on *sth*: *Tenemos que ~ los gastos.* We need to keep an eye on what we spend. **3** (*saber*) to know a lot about *sth*: *Ese tema no lo controlo demasiado.* I don't know much about that subject.

convalidar *vt* to recognize: ~ *un título* to have a degree recognized

convencer *vt* **1** (*de una idea*) to convince *sb* (*of sth/to do sth/that...*): *Nos convencieron de que estaba bien.* They convinced us that it was right. **2** (*para hacer algo*) to persuade *sb* (*to do sth*): *A ver si le convences para que venga.* See if you can persuade him to come.
▶ *vi* to be convincing
▶ **convencerse** *vp* **convencerse de** to get *sth* into your head: *Tienes que ~te de que se acabó.* You must get it into your head that it's over.

convencido, -a *adj* certain: *Están ~s de que ganarán.* They are certain they're going to win. *Ver tb* CONVENCER

conveniente *adj* convenient: *una hora/un lugar ~* a convenient time/place LOC **ser conveniente** to be a good idea (*to do sth*): *Creo que es ~ que salgamos de madrugada.* I think it's a good idea to leave early.

convenio *nm* agreement

convenir *vi* **1** (*ser conveniente*) to suit *sb*: *Haz lo que más te convenga.* Do whatever suits you best. **2** (*ser aconsejable*): *No te conviene trabajar tanto.* You shouldn't work so hard. ◇ *Convendría repasarlo.* We should go over it again.
▶ *vt, vi* ~ **(en)** (*estar de acuerdo*) to agree (on *sth/to do sth*): *Hay que ~ la fecha de la reunión.* We must agree on a date for the meeting.

convento *nm* **1** (*de monjas*) convent **2** (*de monjes*) monastery [*pl* monasteries]

conversación *nf* conversation: *un tema de ~* a topic of conversation

conversar *vi* to talk (*to/with sb*) (*about sb/sth*): *Conversamos sobre temas de actualidad.* We talked about current affairs.

convertir *vt* **1** to turn *sb/sth into sth*: *Convirtieron su casa en museo.* His house was turned into a museum. **2** (*Relig*) to convert *sb* (*to sth*)
▶ **convertirse** *vp* **1 convertirse en** (*llegar a ser*) to become: *~se en adulto* to become an adult **2 convertirse en** (*transformarse*) to turn into *sth*: *El príncipe se convirtió en rana.* The prince turned into a frog. **3 convertirse (a)** (*Relig*) to convert (to *sth*): *Se han convertido al islam.* They have converted to Islam. LOC **convertirse en realidad** to come true

convivir *vi* to live together, to live with *sb*: *Convivieron antes de casarse.* They lived together before they got married. ◇ *Conviví con ella.* I lived with her.

convocar *vt* **1** (*huelga, elecciones*) to call: *~ una huelga general* to call a general strike **2** (*citar*) to summon: *~ a los líderes a una reunión* to summon the leaders to a meeting

convocatoria *nf* **1** (*huelga, elecciones*) call: *una ~ de huelga/elecciones* a strike call/a call for elections **2** (*Educ*): *Aprobé en la ~ de junio.* I passed in June. ◇ *Lo intentaré otra vez en la ~ de septiembre.* I'll try again in the September resits.

coñac *nm* brandy [*pl* brandies]

coñazo *nm* **1** (*persona*) pain: *¡Qué ~ de tío!* What a pain that guy is! **2** (*cosa*): *¡Qué ~!* How boring! LOC **dar el coñazo** to pester *sb*, to bug *sb* (*coloq*)

cooperación *nf* cooperation

cooperar *vi* ~ **(con) (en)** to cooperate (with *sb*) (on *sth*): *Se negó a ~ con ellos en el proyecto.* He refused to cooperate with them on the project.

cooperativa *nf* cooperative

coordenada *nf* LOC *Ver* EJE

coordinar *vt* to coordinate

copa *nf* **1** (*vaso*) (wine) glass ➲ *Ver dibujo en* CUP **2** (*bebida*) drink: *tomarse unas ~s* to have a few drinks **3** (*árbol*) top **4 Copa** (*Dep*) Cup: *la Copa de Europa* the European Cup **5 copas** (*Naipes*) ➲ *Ver nota en* BARAJA LOC **salir de copas** to go (out) for a drink *Ver tb* SOMBRERO

copia *nf* copy [*pl* copies]: *hacer/sacar una ~* to make a copy LOC **copia de seguridad** (*Informát*) backup: *hacer/crear una ~ de seguridad* to make a backup

copiar *vt, vi* to copy: *Lo he copiado de una revista de decoración.* I copied it from a design magazine. ◇ *Se lo copié a Luis.* I copied it from Luis.
▶ *vt* (*escribir*) to copy *sth* down: *Copiaban lo que el profesor iba diciendo.* They copied down what the teacher said.

copiloto *nmf* **1** (*avión*) co-pilot **2** (*automóvil*) co-driver

copión, -ona *nm-nf* copycat

copo *nm* flake: *~s de nieve* snowflakes

coquetear *vi* to flirt (*with sb*)

coqueto, -a *adj* **1** (*que coquetea*) flirtatious **2** (*presumido*) vain
▶ *nm-nf* **1** flirt **2** (*presumido*) vain: *Esta niña es una coqueta.* She's so vain.

coral *nf* (*coro*) choir
▶ *nm* (*Zool*) coral

Corán *nm* Koran

corazón *nm* **1** heart: *en pleno ~ de la ciudad* in the very heart of the city ◇ *en el fondo de su ~* deep down **2** (*fruta*) core: *Pelar y quitar el ~.* Peel and remove the core. **3** (*dedo*) middle finger **4 corazones** (*Naipes*) hearts ➲ *Ver nota en* BARAJA LOC **de todo corazón** from the heart: *Lo digo de todo ~.* I'm speaking from the heart. ♦ **tener buen corazón** to be kind-hearted *Ver tb* NOTICIA, PRENSA, PROGRAMA

corbata *nf* tie: *Todo el mundo iba con ~.* They were all wearing ties.

corchea *nf* (*Mús*) quaver

corcho *nm* **1** cork **2** (*pesca*) float

cordel *nm* string ➲ *Ver dibujo en* CUERDA

cordero, -a *nm-nf* (*animal, carne*) lamb: *~ asado* roast lamb ➲ *Ver nota en* CARNE

cordillera *nf* mountain range: *la ~ Cantábrica* the Cantabrian mountains

cordón *nm* **1** (*zapato*) (shoe)lace, shoestring (*USA*): *atarse los cordones de los zapatos* to do your shoelaces up **2** (*cuerda*) cord **3** (*electricidad*) lead, cord (*USA*) LOC **cordón policial** police cordon ♦ **cordón umbilical** umbilical cord

córner *nm* corner

coro *nm* (*Arquit, coral*) choir

corona *nf* **1** (*de un rey, la monarquía, diente, moneda*) crown **2** (*de flores, adorno de Navidad*) wreath

coronación *nf* (*de un rey*) coronation

coronar *vt* to crown: *Le coronaron rey.* He was crowned king.

coronel *nmf* colonel

coronilla *nf* **1** (*parte de la cabeza*) crown **2** (*calva*) bald patch LOC **estar hasta la coronilla** to be sick to death *of sb/sth/doing sth*

corporal *adj* **1** body: *lenguaje/temperatura ~* body language/temperature **2** (*necesidades, funciones, contacto*) bodily: *las necesidades ~es* bodily needs

corpulento, -a *adj* hefty

corral *nm* farmyard

correa *nf* **1** strap: *~ del reloj* watch strap **2** (*para perro*) lead, leash (*USA*)

corrección *nf* correction: *hacer correcciones en un texto* to make corrections to a text

correcto, -a *adj* **1** correct: *el resultado ~* the correct result **2** (*educado*) polite: *Tu abuelo es muy ~.* Your grandfather is very polite. LOC *Ver* POLÍTICAMENTE

corrector *nm* LOC **corrector ortográfico** spell-checker

corredizo, -a *adj* LOC *Ver* NUDO, PUERTA, TECHO

corredor, -ora *nm-nf* **1** (*atleta*) runner **2** (*ciclista*) cyclist

corregir *vt* to correct: *~ exámenes* to correct exams ◇ *Corrígeme si me equivoco.* Correct me if I get it wrong.

correo *nm* **1** post, mail (*USA*): *Me llegó en el ~ del jueves.* It came in Thursday's post. ◇ *votar por ~* to vote by post ➲ *Ver nota en* MAIL **2** (*electrónico*) email: *Mándame un ~.* Send me an email. **3 Correos** post office: *¿Dónde está Correos?* Where's the post office? ➲ *Ver nota en* ESTANCO LOC **correo basura 1** junk mail **2** (*email*) spam ♦ **correo electrónico** email ➲ *Ver nota en* EMAIL ♦ **de correos** postal: *huelga/servicio de Correos* postal strike/service ♦ **enviar/mandar algo por correo/echar algo al correo** to post sth, to mail sth (*USA*) ♦ **enviar/mandar por correo electrónico** to email *sth*: *Te mando los detalles por correo electrónico.* I'll email you the details. *Ver tb* APARTADO, VOTAR

correr *vi* **1** to run: *Corrían por el patio.* They were running round the playground. ◇ *Salí corriendo detrás de él.* I ran out after him. ◇ *Cuando me vio echó a ~.* He ran off when he saw me. **2** (*darse prisa*) to hurry: *No corras, aún tienes tiempo.* There's no need to hurry, you've still got time. ◇ *¡Corre!* Hurry up! **3** (*automóvil*) to go fast: *Su moto corre mucho.* His motorbike goes very fast. **4** (*conducir deprisa*) to drive fast: *Corre demasiado en el coche.* He drives too fast. **5** (*líquidos*) to flow
▸ *vt* **1** (*mover*) to move *sth* (along/down/over/up): *Corre un poco la silla.* Move your chair over a bit. **2** (*cortina*) to draw **3** (*Dep*) to compete in *sth*: *~ los 100 metros lisos* to compete in the 100 metres
▸ **correrse** *vp* **1** (*moverse una persona*) to move up/over **2** (*tinta, maquillaje*) to run LOC **corre la voz de que...** there's a rumour going round (that...) ♦ **correr como un galgo** to run like the wind *Ver tb* PRISA

correspondencia *nf* **1** (*correo*) correspondence **2** (*relación*) relation: *No hay ~ entre la calidad y el precio.* There's no relation between the quality and the price.

corresponder *vi* **1** (*tener derecho*) to be entitled to *sth*: *Te corresponde lo mismo que a los demás.* You're entitled to the same as the rest. **2** (*pertenecer, ser adecuado*): *Ese texto corresponde a otra foto.* That text goes with another photo. ◇ *Pon una cruz donde corresponda.* Tick as appropriate.

correspondiente *adj* **1** (*relacionado*) ~ **(a)** corresponding (to *sth*): *¿Cuál es la expresión ~ en chino?* What's the corresponding expression in Chinese? ◇ *las palabras ~s a las definiciones* the words corresponding to the definitions **2** (*propio*) own: *Cada estudiante tendrá su nota ~.* Each student will have their own mark. **3** (*adecuado*) relevant: *presentar la documentación ~* to produce the relevant documents **4 ~ a** for: *temas ~s al primer trimestre* subjects for the first term

corresponsal *nmf* correspondent

corrida *nf* LOC **corrida (de toros)** bullfight

corriente *adj* **1** (*normal*) ordinary: *gente ~* ordinary people **2** (*común*) common: *un árbol muy ~* a very common tree
▶ *nf* **1** (*agua, electricidad*) current: *Fueron arrastrados por la ~.* They were swept away by the current. **2** (*aire*) draught LOC **ponerse al corriente** to get up to date *Ver tb* AGUA, NORMAL

corrimiento *nm* LOC **corrimiento de tierra(s)** landslide

corro *nm* **1** (*personas*) circle: *hacer (un) ~* to form a circle **2** (*juego*) ring-a-ring o' roses

corroer(se) *vt, vp* (*metales*) to corrode

corromper *vt* to corrupt

corrupción *nf* corruption

cortacésped *nm* lawnmower

cortado, **-a** *adj* **1** (*cohibido*) embarrassed: *estar/quedarse ~* to be embarrassed **2** (*tímido*) shy
▶ *nm* (*café*) espresso with a dash of milk ℹ En muchas cafeterías se usa el nombre italiano, **macchiato** /ˌmækiˈɑːtəʊ/. *Ver tb* CORTAR

cortafuego (*tb* **cortafuegos**) *nm* **1** (*en un bosque*) firebreak **2** (*Informát*) firewall

cortar *vt* **1** to cut: *Córtalo en cuatro trozos.* Cut it into four pieces. **2** (*agua, luz, parte del cuerpo, rama*) to cut *sth* off: *Han cortado el teléfono/gas.* The telephone/gas has been cut off. ◇ *La máquina le cortó un dedo.* The machine cut off one of his fingers. **3** (*con tijeras*) to cut *sth* out: *Corté los pantalones siguiendo el patrón.* I cut out the trousers following the pattern. **4** (*tráfico*) to stop **5** (*calle*) to close
▶ *vi* to cut: *Este cuchillo no corta.* This knife doesn't cut. ◇ *Ten cuidado que esas tijeras cortan mucho.* Be careful, those scissors are very sharp.
▶ **cortarse** *vp* **1** (*herirse*) to cut: *Me corté la mano con los cristales.* I cut my hand on the glass. **2** (*leche, mahonesa*) to curdle **3** (*teléfono*): *Estábamos hablando y de repente se cortó.* We were talking when we were suddenly cut off. **4** (*turbarse*) to get embarrassed: *¡Venga, no te cortes!* Don't get embarrassed! LOC **cortar el césped** to mow the lawn ◆ **cortar el rollo** (*interrumpir*) to spoil the fun: *Apareció su padre y se cortó el rollo.* Her father turned up and spoiled our fun. ◇ *¡Corta (el rollo)!* That's enough! ◆ **cortarse el pelo 1** (*en la peluquería*) to have your hair cut **2** (*uno mismo*) to cut your hair ◆ **cortarse las puntas** to have a trim *Ver tb* GRIFO

cortaúñas *nm* nail clippers ➲ *Ver nota en* PAIR

corte *nm* cut: *Sufrió varios ~s en el brazo.* He suffered several cuts to his arm. ◇ *un ~ de luz* a power cut
▶ *nf* **1** (*realeza*) court **2 las Cortes** Parliament [*v sing*] LOC **corte de digestión** stomach cramps [*pl*]: *sufrir un ~ de digestión* to get stomach cramps ◆ **corte de pelo** haircut ◆ **corte y confección** dressmaking ◆ **dar corte** to embarrass: *Me da ~ salir con esta ropa.* I'm embarrassed to go out in these clothes. ◆ **dar/pegar un corte 1** (*de palabra*) to put *sb* down **2** (*con un gesto*) to snub *sb* ◆ **¡qué corte!** how embarrassing!

cortesía *nf* courtesy [*pl* courtesies]: *por ~* out of courtesy

corteza *nf* **1** (*árbol*) bark **2** (*pan*) crust **3** (*queso*) rind **4** (*fruta*) peel LOC **la corteza terrestre** the earth's crust

cortina *nf* curtain: *abrir/cerrar las ~s* to draw the curtains open/shut

corto, **-a** *adj* **1** short: *Ese pantalón te está ~.* Those trousers are too short for you. ◇ *una camisa de manga corta* a short-sleeved shirt **2** (*poco inteligente*) dim
▶ *nm* (*tb* **cortometraje**) (*Cine*) short LOC **ni corto ni perezoso** without thinking twice ◆ **ser corto de vista** to be short-sighted, to be nearsighted (*USA*) *Ver tb* LUZ, PANTALÓN

cortocircuito *nm* short circuit

cosa *nf* **1** thing: *Una ~ ha quedado clara…* One thing is clear… ◇ *Les van bien las ~s.* Things are going well for them. **2** (*algo*) something: *Te quería preguntar una ~.* I wanted to ask you something. **3** (*nada*) nothing, anything: *No hay ~ más importante que…* There's nothing more important than… ➲ *Ver nota en* NADA **4 cosas** (*asuntos*) affairs: *Quiero solucionar primero mis ~s.* I want to sort out my own affairs first. ◇ *Nunca habla de sus ~s.* He never talks about his personal life. LOC **¡cosas de la vida!** that's life! ◆ **entre una cosa y otra** what with one thing and another ◆ **¡lo que son las cosas!** would you believe it! ◆ **¡qué cosa más rara!** how odd! ◆ **ser cosa de algn**: *Esta broma es ~ de mi hermana.* This joke must be my sister's doing. ◆ **ser poca cosa 1** (*herida*) not to be serious **2** (*persona*) to be a poor little thing ◆ **ver cosa igual/semejante**: *¿Habrase visto ~ igual?* Did you ever see anything like it? *Ver tb* ALGUNO, CADA, CUALQUIERA, OTRO

cosaco, **-a** *nm-nf* LOC *Ver* BEBER(SE)

cosecha *nf* **1** harvest: *Este año habrá buena ~.* There's going to be a good harvest this year. **2** (*vino*) vintage: *la ~ del 95* the 1995 vintage

cosechar *vt, vi* to harvest

coser *vt, vi* to sew: *~ un botón* to sew a button on

cosmético, **-a** *adj, nm* cosmetic

cosquillas *nf* LOC **hacer cosquillas** to tickle ◆ **tener cosquillas** to be ticklish: *Tengo muchas ~ en los pies.* My feet are very ticklish.

costa *nf* **1** (*litoral*) coast: *Santander está en la ~ norte.* Santander is on the north coast. **2** (*dinero*) cost: *las ~s del juicio* the cost of the trial LOC **a costa de** at *sb's* expense: *a ~ nuestra* at our expense ◆ **a costa de lo que sea/a toda costa** at all costs *Ver tb* VIVIR

costado *nm* side: *Duermo de ~.* I sleep on my side.

costar *vi* **1** (*dinero, vidas*) to cost: *El billete cuesta cinco euros.* The ticket costs five euros. ◇ *El accidente costó la vida a cien personas.* The accident cost the lives of a hundred people. **2** (*tiempo*) to take: *Cuesta tiempo acostumbrarse.* It takes time to get used to it. **3** (*resultar difícil*) to find it hard (*to do sth*): *Me cuesta levantarme temprano.* I find it hard to get up early. LOC **costar mucho/poco 1** (*dinero*) to be expensive/cheap **2** (*esfuerzo*) to be hard/easy ◆ **costar un riñón/un ojo de la cara** to cost an arm and a leg ◆ **cueste lo que cueste** at all costs *Ver tb* CARO, CUÁNTO, TRABAJO

coste (*tb* **costo**) *nm* cost: *el ~ de la vida* the cost of living

costilla *nf* rib

costra *nf* scab

costumbre *nf* **1** (*de una persona*) habit: *hacer algo por ~* to do sth out of habit **2** (*de un país*) custom: *Es una ~ española.* It's a Spanish custom. LOC **coger la costumbre** to get into the habit (*of doing sth*) ◆ **de costumbre** usual: *más simpático que de ~* nicer than usual *Ver tb* QUITAR

costura *nf* **1** (*labor*) sewing **2** (*puntadas*) seam: *Se ha descosido el abrigo por la ~.* The seam of this coat has come undone.

costurero *nm* sewing box

cotidiano, -a *adj* daily

cotilla *nmf* gossip

cotillear *vi* to gossip (*about sb/sth*)

cotilleo *nm* gossip [*incontable*]: *No quiero ~s en la oficina.* I don't want any gossip in the office. ◇ *¿Sabes el último ~?* Have you heard the latest piece of gossip? ➲ *Ver nota en* CONSEJO

cotillón *nm* party: *~ de fin de año* New Year's Eve party

cotizado, -a *adj* sought after ➲ *Ver nota en* WELL BEHAVED

coto *nm* preserve: *~ de caza* game preserve

cotorra *nf* parrot

coz *nf* kick: *dar/pegar coces* to kick

crack *nm* **1** (*droga*) crack (cocaine) **2** (*Dep*) star: *un ~ del baloncesto* a star basketball player

cráneo *nm* skull

cráter *nm* crater

creación *nf* creation

creador, -ora *nm-nf* creator

crear *vt* **1** to create: *~ problemas* to create problems **2** (*empresa, institución*) to set *sth* up
▶ **crearse** *vp*: *~se enemigos* to make enemies

creatividad *nf* creativity

creativo, -a *adj* creative

crecer *vi* **1** to grow: *¡Cómo te ha crecido el pelo!* Hasn't your hair grown! **2** (*criarse*) to grow up: *Crecí en el campo.* I grew up in the country. **3** (*río*) to rise LOC **dejarse crecer el pelo, la barba, etc.** to grow your hair, a beard, etc.

creciente *adj* increasing LOC *Ver* CUARTO, LUNA

crecimiento *nm* growth

crédito *nm* **1** (*préstamo*) loan **2** (*Fin*) credit: *tarjeta de ~* credit card **3** (*universitario*) credit LOC **a crédito**: *comprar algo a ~* to buy sth on credit

credo *nm* creed

crédulo, -a *adj* gullible

creencia *nf* belief

creer *vt, vi* **1** (*aceptar como verdad, tener fe*) to believe (*in sb/sth*): *~ en la justicia* to believe in justice ◇ *Nadie me creerá.* No one will believe me. **2** (*pensar*) to think: *Creen haber descubierto la verdad.* They think they've uncovered the truth. ◇ *¿Tú crees?* Do you think so? ◇ *—¿Lloverá mañana? —No creo.* 'Is it going to rain tomorrow?' 'I don't think so.'
▶ **creerse** *vp* **1** (*aceptar como verdad*) to believe: *No me lo creo.* I don't believe it. **2** (*a uno mismo*) to think you are...: *Se cree muy listo.* He thinks he's very clever. ◇ *¿Qué se habrán creído?* Who do they think they are? LOC **creo que sí/no** I think so/I don't think so

creído, -a *adj, nm-nf* (*engreído*) conceited: *ser un ~* to be conceited *Ver tb* CREER

crema *nf* **1** (*cosmético, sopa, color*) cream: *Date un poco de ~ en la espalda.* Put some cream on your back. ◇ *~ de calabacín* cream of courgette soup ◇ *una bufanda color ~* a cream (coloured) scarf **2** (*pastelería*) custard **3** (*zapatos*) shoe polish LOC **crema de afeitar** shaving cream ◆ **crema bronceadora** suncream *Ver tb* DESMAQUILLADOR, HIDRATANTE

cremallera *nf* zip, zipper (*USA*): *No puedo subir la ~.* I can't do my zip up. ◇ *Bájame la ~ (del vestido).* Unzip my dress for me.

crematorio *nm* crematorium [*pl* crematoria/crematoriums]

crepe *nm o nf* pancake ➲ *Ver nota en* MARTES

crepúsculo *nm* twilight

cresta *nf* **1** crest **2** (*gallo*) comb

cretino, -a *adj* stupid
▶ *nm-nf* idiot

C

creyente *nmf* believer LOC **no creyente** non-believer

cría *nf* **1** (*animal recién nacido*) baby [*pl* babies]: *una ~ de conejo* a baby rabbit **2** (*crianza*) breeding: *la ~ de perros* dog breeding

criadero *nm* farm LOC **criadero de perros** (breeding) kennels [*pl*]

criado, **-a** *nm-nf* servant

criar *vt* **1** (*educar*) to bring *sb* up **2** (*amamantar*) **(a)** (*persona*) to feed **(b)** (*animal*) to suckle **3** (*ganado*) to rear
▶ **criarse** *vp* to grow up: *Se criaron en la ciudad.* They grew up in the city. LOC *Ver* MOHO

crimen *nm* **1** crime: *cometer un ~* to commit a crime **2** (*asesinato*) murder

criminal *adj, nmf* criminal

crin *nf* **crines** mane [*v sing*]

crío, **-a** *nm-nf* **1** (*sin distinción de sexo*) kid: *Son unos ~s muy majos.* They're lovely kids. **2** (*masc*) boy **3** (*fem*) girl **4** (*bebé*) baby [*pl* babies]

crisis *nf* crisis [*pl* crises]

crisma (*tb* **crismas**) *nm* (*tarjeta de Navidad*) Christmas card
▶ *nf* (*cabeza*): *romperse la ~* to crack your head open

cristal *nm* **1** (*material*) glass [*incontable*]: *Me corté con un ~ roto.* I cut myself on a piece of broken glass. ◇ *~es rotos* broken glass **2** (*vidrio fino, mineral*) crystal: *una licorera de ~* a crystal decanter **3** (*de ventana*) pane: *el ~ de la ventana* the window pane **4** (*de gafas*) lens [*pl* lenses]: *Se me han roto los ~es de las gafas.* My lenses have broken.

cristalería *nf* **1** (*tienda*) glassware shop **2** (*copas*) set of glasses: *Mi abuela tiene una ~ antigua preciosa.* My grandmother has a lovely old set of glasses.

cristalino, **-a** *adj* (*agua*) crystal clear

cristianismo *nm* Christianity

cristiano, **-a** *adj, nm-nf* Christian

Cristo *n pr* Christ LOC **antes/después de Cristo** BC/AD ❶ Las siglas significan **before Christ/Anno Domini**. ◆ **hecho un Cristo** a mess: *Tienes la cara hecha un ~.* Your face is a mess.

criterio *nm* **1** (*principio*) criterion [*pl* criteria] [*se usa mucho en plural*] **2** (*Jur, capacidad de juzgar*) judgement: *tener buen ~* to have sound judgement **3** (*opinión*) opinion: *según nuestro ~* in our opinion

crítica *nf* **1** criticism: *Estoy harta de tus ~s.* I'm fed up of your criticisms. **2** (*en un periódico*) review: *La obra ha tenido una ~ excelente.* The play had an excellent review. **3** (*conjunto de críticos*) critics [*pl*]: *bien acogida por la ~* well received by the critics

criticar *vt, vi* to criticize

crítico, **-a** *adj* critical
▶ *nm-nf* critic

Croacia *nf* Croatia

croata *adj, nmf, nm* Croatian

crol *nm* crawl: *nadar a ~* to do the crawl

croma *nm* chromakey

cromo *nm* **1** (*de colección*) picture card **2** (*Quím*) chromium

crónica *nf* (*reportaje*) report: *la ~ deportiva* the sports report

crónico, **-a** *adj* chronic

cronológico, **-a** *adj* chronological

cronometrar *vt* to time

cronómetro *nm* (*Dep*) stopwatch

croqueta *nf* croquette

cross *nm* cross-country race: *participar en un ~* to take part in a cross-country race

cruasán *nm* croissant

cruce *nm* **1** (*de carreteras*) junction, intersection (*USA*): *Al llegar al ~, gira a la derecha.* Turn right at the junction. **2** (*para peatones*) pedestrian crossing, crosswalk (*USA*) **3** (*híbrido*) cross: *un ~ de bóxer y doberman* a cross between a boxer and a Dobermann LOC *Ver* LUZ

crucero *nm* (*viaje*) cruise: *hacer un ~* to go on a cruise

crucificar *vt* to crucify

crucifijo *nm* crucifix

crucigrama *nm* crossword: *hacer un ~* to do a crossword

crudo, **-a** *adj* **1** (*sin cocinar*) raw **2** (*poco hecho*) underdone **3** (*clima, realidad*) harsh **4** (*ofensivo*) shocking: *Hay escenas muy crudas.* There are some really shocking scenes. **5** (*color*) natural
▶ *nm* crude oil

cruel *adj* cruel

crueldad *nf* cruelty [*pl* cruelties]

crujido *nm* **1** (*hojas secas, papel*) rustle **2** (*madera, huesos*) creak

crujiente *adj* (*alimentos*) crunchy

crujir *vi* **1** (*hojas secas*) to rustle **2** (*madera, huesos*) to creak **3** (*alimentos*) to crunch

crustáceo *nm* crustacean

cruz *nf* cross: *Señale la respuesta con una ~.* Put a cross next to the answer. LOC **Cruz Roja** Red Cross *Ver tb* BRAZO, CARA

cruzar *vt* **1** to cross: *~ la calle/un río* to cross the street/a river ◇ *~ la calle corriendo* to run across the street ◇ *~ el río a nado* to swim

across the river **2** (*palabras, miradas*) to exchange
▶ **cruzarse** *vp* ~ **(con)** to meet (*sb*): *Nos cruzamos en el camino.* We met on the way. LOC **cruzar las piernas** to cross your legs ➲ *Ver dibujo en* CROSS-LEGGED ♦ **cruzar los brazos** to fold your arms *Ver tb* BRAZO, PIERNA

cuaderno *nm* **1** (*para apuntar*) notebook **2** (*de ejercicios*) exercise book, notebook (*USA*)

cuadra *nf* stable

cuadrado, -a *adj, nm* square LOC **estar cuadrado** to be stockily-built *Ver tb* CUELLO, ELEVADO, ESCOTE, RAÍZ; *Ver tb* CUADRAR

cuadrar *vi* ~ **(con)** to tally (with *sth*): *La noticia no cuadra con lo que vimos.* The news doesn't tally with what we saw.
▶ *vt* (*cuentas*) to balance
▶ **cuadrarse** *vp* to stand to attention

cuadriculado, -a *adj* **1** (*papel*) squared **2** (*persona*) inflexible: *¡Qué mente más cuadriculada tienes!* You're so inflexible!

cuadrilla *nf* gang

cuadro *nm* **1** (*Arte*) painting **2 cuadros** (*tela*) check [*v sing*]: *unos pantalones de ~s* check trousers ◇ *Los ~s te favorecen.* Check suits you. LOC **cuadros escoceses** tartan *Ver tb* ÓLEO, SINÓPTICO

cuádruple *adj* quadruple
▶ *nm* four times: *¿Cuál es el ~ de cuatro?* What is four times four?

cuajar *vt, vi* **1** (*leche*) to curdle **2** (*flan, etc.*) to set **3** (*nieve*) to settle

cual *pron* **1** (*persona*) whom: *Tengo diez alumnos, de los ~es dos son ingleses.* I've got ten students, two of whom are English. ◇ *la familia para la ~ trabaja* the family he works for ➲ *Ver nota en* WHOM **2** (*cosa*) which: *La pegó, lo ~ no está nada bien.* He hit her, which just isn't right. ◇ *un trabajo en el ~ me siento muy cómodo* a job I feel very comfortable in ➲ *Ver nota en* WHICH LOC **con lo cual** so: *Lo he perdido, con lo ~ no podré prestárselo.* I've lost it, so I won't be able to lend it to him. *Ver tb* CADA

cuál *pron* **1** what: *¿Cuál es la capital de Perú?* What's the capital of Peru? **2** (*entre unos cuantos*) which (one): *¿Cuál prefieres?* Which one do you prefer? ➲ *Ver nota en* WHAT

cualidad *nf* quality [*pl* qualities]

cualquiera (*tb* **cualquier**) *adj* **1** any: *Coge cualquier autobús que vaya al centro.* Catch any bus that goes into town. ◇ *en cualquier caso* in any case ➲ *Ver nota en* SOME **2** (*uno cualquiera*) any old: *un trapo ~* any old cloth
▶ **cualquiera** *pron* **1** (*cualquier persona*) anyone, anybody: *Cualquiera puede equivocarse.* Anyone can make a mistake. **2** (*entre dos*) either (one): *Cualquiera de los dos me sirve.* Either (of them) will do. ◇ — *¿Cuál de los dos libros cojo?* — *Cualquiera.* 'Which of the two books should I take?' 'Either one (of them).' **3** (*entre más de dos*) any (one): *en ~ de esas ciudades* in any one of those cities
▶ **cualquiera** *nmf* (*don nadie*) nobody: *No es un ~.* He's not just a nobody. LOC **cualquier cosa** anything ♦ **cualquier cosa que...** whatever: *Cualquier cosa que pide, se la compran.* They buy her whatever she wants. ♦ **de cualquier forma/manera/modo 1** (*sin cuidado*) any old how **2** (*de todos modos*) whatever happens: *De cualquier forma, el proyecto se aprobará.* Whatever happens, the plan will be approved. ♦ **en cualquier lugar/parte/sitio** anywhere ♦ **por cualquier cosa** over the slightest thing: *Discuten por cualquier cosa.* They argue over the slightest thing.

cuando *adv* when: *Cuando venga Juan iremos al zoo.* When Juan gets here, we'll go to the zoo. ◇ *Le atacaron ~ volvía del cine.* He was attacked on his way home from the cinema. ◇ *Pásese por el banco ~ quiera.* Pop into the bank whenever you want.
▶ *conj* if: *Cuando lo dicen todos los periódicos, será verdad.* If all the papers say so, it must be true. LOC **de cuando en cuando** from time to time *Ver tb* VEZ

cuándo *adv* when: *¿Cuándo te examinas?* When's the exam? ◇ *Pregúntale ~ llegará.* Ask him when he'll be arriving. LOC **¿desde cuándo?** how long...? [*seguido del present perfect*]: *¿Desde ~ la conoces?* How long have you known her? ◇ *¿Desde ~ juegas al tenis?* How long have you been playing tennis?

> También se puede decir **since when?** pero tiene un fuerte matiz irónico: *Pero tú ¿desde cuándo te interesas por el deporte?* And since when have you been interested in sport?

♦ **¿hasta cuándo...?** how long...?: *¿Hasta ~ te vas a quedar?* How long are you staying?

cuanto, -a *adj*: *Haz cuantas pruebas sean necesarias.* Do whatever tests are necessary. ◇ *Lo haré cuantas veces haga falta.* I will do it as many times as I have to.
▶ *pron*: *Le dimos ~ teníamos.* We gave him everything we had. ◇ *Llora ~ quieras.* Cry as much as you like. LOC **cuanto antes** as soon as possible ♦ **cuanto más/menos...** the more/less...: *Cuanto más tiene, más quiere.* The more he has, the more he wants. ◇ *Cuanto más lo pienso, menos lo entiendo.* The more I

C

think about it, the less I understand. ◆ **en cuanto** as soon as: *En ~ me vieron, echaron a correr.* As soon as they saw me, they started running. ◆ **en cuanto a...** as for... ◆ **unos cuantos** a few: *unos ~s amigos* a few friends ◇ *Unos ~s llegaron tarde.* A few people were late.

cuánto, -a *adj, pron*
• **uso interrogativo 1** [*referido a sustantivo incontable*] how much: *¿Cuánto dinero te has gastado?* How much money did you spend? **2** [*referido a sustantivo contable*] how many: *¿Cuántas personas había?* How many people were there?
• **uso exclamativo**: *¡Cuánto vino han bebido!* What a lot of wine they've drunk! ◇ *¡A ~s ha ayudado!* He's helped so many people!
▶ *adv* **1** [*uso interrogativo*] how much: *¿Cuánto os ha costado la casa?* How much did the house cost? **2** [*uso exclamativo*]: *¡Cuánto les quiero!* I'm so fond of them! LOC **¿a cuántos estamos?** what's the date today? ◆ **¿cuánto es/cuesta/vale?** how much is it? ◆ **¿cuánto (tiempo)/cuántos días, meses, etc.?** how long...?: *¿Cuánto has tardado en llegar?* How long did it take you to get here? ◇ *¿Cuántos años llevas en Londres?* How long have you been living in London? *Ver tb* CADA

cuarenta *adj, nm, pron* **1** forty **2** (*cuadragésimo*) fortieth ➲ *Ver ejemplos en* SESENTA LOC **los cuarenta principales** the top forty [*v sing*] *Ver tb* CANTAR

cuaresma *nf* Lent: *Estamos en ~.* It's Lent.

cuarta *nf* (*marcha*) fourth (gear)

cuartel *nm* barracks [*v sing o pl*]: *El ~ está muy cerca de aquí.* The barracks is/are very near here. LOC **cuartel general** headquarters [*v sing o pl*]

cuartilla *nf* sheet of paper

cuarto *nm* room: *No entres en mi ~.* Don't go into my room. LOC **cuarto de baño** bathroom ◆ **cuarto de estar** living room ◆ **cuarto trastero** boxroom

cuarto, -a *adj, nm-nf, pron* fourth (*abrev* 4th) ➲ *Ver ejemplos en* SEXTO
▶ *nm* quarter: *un ~ de hora/kilo* a quarter of an hour/a kilo LOC **cuarto creciente/menguante** first/last quarter ◆ **cuartos de final** quarter-finals ◆ **menos cuarto** a quarter to: *Llegaron a las diez menos ~.* They arrived at a quarter to ten. ◆ **y cuarto** a quarter past: *Es la una y ~.* It's a quarter past one. *Ver tb* CUARTA

cuatrimestre *nm* (*Educ*) term

cuatro *adj, nm, pron* **1** four **2** (*fecha*) fourth ➲ *Ver ejemplos en* SEIS LOC **a cuatro patas** on all fours: *ponerse a ~ patas* to get down on all fours ◆ **cuatro gatos** hardly anyone: *Éramos ~ gatos.* There was hardly anyone there.

cuatrocientos, -as *adj, nm, pron* four hundred ➲ *Ver ejemplos en* SEISCIENTOS

Cuba *nf* Cuba

cuba *nf* barrel LOC **(borracho) como una cuba** blind drunk

cubano, -a *adj, nm-nf* Cuban LOC *Ver* ARROZ

cubertería *nf* cutlery set

cúbico, -a *adj* cubic: *metro ~* cubic metre LOC *Ver* RAÍZ

cubierta *nf* (*Náut*) deck: *subir a ~* to go up on deck

cubierto, -a *adj* **1 ~ (de/por)** covered (in/with *sth*): *~ de manchas* covered in stains ◇ *El sillón estaba ~ por una sábana.* The chair was covered with a sheet. **2** (*cielo, día*) overcast **3** (*instalación*) indoor: *una piscina cubierta* an indoor swimming pool
▶ *nm* cutlery [*incontable*], silverware [*incontable*] (*USA*): *Sólo me falta poner los ~s.* I've just got to put out the cutlery. ◇ *Todavía no ha aprendido a usar los ~s.* He hasn't learnt how to use a knife and fork yet. LOC **ponerse a cubierto** to take cover (*from sb/sth*) *Ver tb* CUBRIR

cubo *nm* **1** (*recipiente*) bucket **2** (*Geom*) cube LOC **cubo de (la) basura** rubbish bin, trash can (*USA*) ➲ *Ver dibujo en* BIN; *Ver tb* ELEVADO

cubrir *vt* to cover *sb/sth* (*with sth*): *Han cubierto las paredes de propaganda electoral.* They've covered the walls with election posters. ◇ *~ los gastos de desplazamiento* to cover travelling expenses
▶ *vi* (*en el agua*): *Os tengo prohibido nadar donde cubre.* You mustn't go out of your depth.

cucaracha *nf* cockroach

cuchara *nf* spoon LOC **cuchara de palo/madera** wooden spoon

cucharada *nf* spoonful: *dos ~s de azúcar* two spoonfuls of sugar

cucharadita *nf* teaspoonful

cucharilla *nf* teaspoon

cucharón *nm* ladle

cuchichear *vi* to whisper

cuchilla *nf* blade LOC *Ver* AFEITAR(SE)

cuchillo *nm* knife [*pl* knives]

cuclillas LOC **en cuclillas** squatting ◆ **ponerse en cuclillas** to squat

cuco *nm* cuckoo [*pl* cuckoos] LOC *Ver* RELOJ

cucurucho *nm* **1** (*helado, papel*) cone **2** (*gorro*) pointed hood

cuello *nm* **1** neck: *Me duele el ~.* My neck hurts. ◇ *el ~ de una botella* the neck of a bottle **2** (*prenda de vestir*) collar: *el ~ de la camisa* the shirt collar LOC **cuello (a la) caja** crew neck ◆ **cuello**

alto/vuelto polo neck, turtleneck (*USA*) ◆ **cuello de pico** V-neck ◆ **cuello cuadrado/redondo** square/round neck ◆ **estar con el agua/la soga al cuello** to be in trouble

cuenca *nf* (*Geog*) basin: *la ~ del Ebro* the Ebro basin LOC **cuenca minera** (*de carbón*) coalfield

cuenco *nm* (*recipiente*) bowl

cuenta *nf* **1** (*factura*) bill: *¡Camarero, la ~ por favor!* Can I have the bill, please? ◇ *la ~ del teléfono* the phone bill **2** (*operación aritmética*) sum: *No me salen las ~s.* I can't work this out. **3** (*Econ, banco*) account: *una ~ corriente/de ahorros* a current/savings account **4** (*collar*) bead LOC **cuenta atrás** countdown ◆ **darse cuenta de** to realize (*that* ...): *Me di ~ de que no me estaban escuchando.* I realized (that) they weren't listening. ◆ **echar/sacar la cuenta/hacer cuentas** to work *sth* out ◆ **hacer la cuenta de la vieja** to count on your fingers ◆ **más de la cuenta** too much: *He comido más de la ~.* I've had too much to eat. ◆ **por la cuenta que me trae** for my, your, etc. own sake ◆ **salir a cuenta** to be worth doing *sth* ◆ **salir de cuentas** (*embarazo*) to be due: *Sale de ~s a finales de julio.* She's due at the end of July. ◆ **tener/tomar en cuenta** (*considerar*) to bear *sth* in mind: *Tendré en ~ los consejos que me das.* I'll bear your advice in mind. ◇ *No se lo tomes en ~.* Don't take it to heart. *Ver tb* AJUSTAR, PERDER

cuentakilómetros *nm* **1** (*distancia*) milometer, odometer (*USA*) **2** (*velocidad*) speedometer

cuentista *adj, nmf*: *Este niño es un ~, en realidad no le pasa nada.* He's always trying it on — there's actually nothing wrong with him. ◇ *¡Venga, no seas tan ~!* Come on — stop making things up!

cuento *nm* **1** story [*pl* stories]: *~s de hadas* fairy stories ◇ *Cuéntame un ~.* Tell me a story. **2** (*mentira*) fib: *No me vengas con ~s.* Don't tell fibs. LOC **cuento chino** tall story ◆ **no venir a cuento** to be irrelevant: *Lo que dices no viene a ~.* What you're saying is irrelevant. ◆ **tener cuento** to put sth on: *Lo que tienes es ~.* You're just putting it on. *Ver tb* VIVIR

cuerda

rope

string

cuerda *nf* **1** (*gruesa*) rope: *una ~ de saltar* a skipping rope ◇ *Átalo con una ~.* Tie it with some rope. **2** (*fina, Mús*) string: *instrumentos de ~* stringed instruments LOC **cuerdas vocales** vocal cords ◆ **dar cuerda a algn** to encourage sb (to talk) ◆ **dar cuerda a un reloj** to wind up a clock/watch *Ver tb* ESCALERA

cuerdo, -a *adj* sane

cuerno *nm* horn LOC *Ver* TORO

cuero *nm* leather: *una cazadora de ~* a leather jacket LOC **en cueros** stark naked, buck naked (*USA*)

cuerpo *nm* body [*pl* bodies] LOC **a cuerpo de rey** like a king ◆ **cuerpo de bomberos** fire brigade ◆ **de cuerpo entero** full-length: *una fotografía de ~ entero* a full-length photograph ◆ **ir a cuerpo** not to wear a coat/jacket ◆ **tener mal cuerpo** to feel ill

cuervo *nm* crow

cuesta *nf* slope LOC **a cuestas** on your back ◆ **cuesta abajo/arriba** downhill/uphill

cuestión *nf* **1** (*asunto*) matter: *cuestiones políticas/medioambientales* political/environmental matters **2** (*pregunta*) question: *El examen tiene tres cuestiones.* There are three questions in the exam. LOC **en cuestión** in question: *el edificio en ~* the building in question ◆ **en cuestión de días, horas, minutos, etc.** in a matter of days, hours, minutes, etc. ◆ **la cuestión es...** the thing is... ◆ **ser cuestión de...** to be a matter of...: *Es ~ de vida o muerte.* It's a matter of life and death. ◇ *ser sólo ~ de tiempo* to be just a matter of time

cuestionario *nm* questionnaire: *rellenar un ~* to fill in a questionnaire

cueva *nf* cave

cuidado *nm* care

▶ **¡cuidado!** *interj* **1** look out: *¡Cuidado! Viene un coche.* Look out! There's a car coming. **2 ~ con**: *¡Cuidado con el perro!* Beware of the dog! ◇ *¡Cuidado con el escalón!* Mind the step! LOC **al cuidado de** in charge of *sb/sth*: *Estoy al ~ de la oficina.* I'm in charge of the office. ◆ **con (mucho) cuidado** (very) carefully ◆ **tener cuidado (con)** to be careful (with *sb/sth*) *Ver tb* UNIDAD

cuidadoso, -a *adj* **~ (con)** careful (with *sth*): *Es muy ~ con sus juguetes.* He is very careful with his toys.

cuidar *vt, vi* **~ (de)** to look after *sb/sth*: *Siempre he cuidado mis plantas.* I've always looked after my plants. ◇ *¿Puedes ~ de los niños?* Can you look after the children?

▶ **cuidarse** *vp* to look after yourself: *No se cuida nada.* She doesn't look after herself at all. ◇ *Cuídate.* Take care. LOC *Ver* LÍNEA

culata *nf* (*arma*) butt LOC *Ver* TIRO

culebra *nf* snake

culebrón *nm* soap (opera)

culo *nm* **1** (*trasero*) bum, butt (*USA*) **2** (*botella, vaso*) bottom LOC **caer de culo** to fall on your bum ◆ **estar hasta el culo** (*harto*) to be fed up (*with sth*) ◆ **ir de culo 1** (*ir retrasado*) to be behind (*with sth*) **2** (*ir mal*): *Este año voy de ~ con los exámenes.* This year my exams are going really badly. *Ver tb* GAFAS

culpa *nf* fault: *No es ~ mía.* It isn't my fault. LOC **echar la culpa a algn (de algo)** to blame sb (for sth) ◆ **por culpa de** because of *sb/sth* ◆ **tener la culpa (de algo)** to be to blame (for sth): *Nadie tiene la ~ de lo que pasó.* No one is to blame for what happened.

culpabilidad *nf* guilt: *tener sentimiento de ~* to feel guilty

culpable *adj* ~ **(de)** guilty (of *sth*): *ser ~ de asesinato* to be guilty of murder

▶ *nmf* culprit LOC *Ver* DECLARAR

culpar *vt* to blame *sb* (*for sth*): *Me culpan de lo ocurrido.* They blame me for what happened.

cultivar *vt* to grow

cultivo *nm* **1** (*actividad*) growing, cultivation (*más formal*): *el ~ de tomates* tomato growing **2** (*cosecha*) crop: *los ~s ecológicos más importantes* the most important organic crops LOC *Ver* CALDO

culto, -a *adj* **1** (*persona*) cultured **2** (*lengua, expresión*) formal

▶ *nm* **1** ~ **(a)** (*veneración*) worship (of *sb/sth*): *el ~ al sol* sun worship ◇ *libertad de ~* freedom of worship **2** (*secta*) cult: *un nuevo ~ religioso* a new religious cult LOC **de culto** cult: *una película de ~* a cult film *Ver tb* RENDIR

cultura *nf* culture LOC *Ver* CASA

cultural *adj* cultural LOC *Ver* CAPITAL, CENTRO

culturismo *nm* bodybuilding: *hacer ~* to do bodybuilding

cumbre *nf* summit

cumpleaños *nm* birthday: *El lunes es mi ~.* It's my birthday on Monday. ◇ *¡Feliz ~!* Happy Birthday! ❶ También se puede decir 'Many happy returns!'.

cumplido *nm* compliment LOC **sin cumplidos** without ceremony *Ver tb* RECIÉN

cumplir *vt* **1** (*años*) to be: *En agosto cumplirá 30.* She'll be 30 in August. ◇ *¿Cuántos años cumples hoy?* How old are you? **2** (*condena*) to serve

▶ *vt, vi* ~ **(con) 1** (*orden*) to carry *sth* out **2** (*promesa, obligación*) to fulfil

▶ *vi* **1** (*hacer lo que corresponde*) to do your bit: *Yo he cumplido.* I've done my bit. **2** (*plazo*) to expire

▶ **cumplirse** *vp* (*realizarse*) to come true: *Se cumplieron sus sueños.* His dreams came true. LOC **cumplir/no cumplir con su palabra** to keep/break your word ◆ **hacer algo por cumplir** to do sth to be polite: *No lo hagas por ~.* Don't do it just to be polite. *Ver tb* PALABRA, RECIÉN

cuna *nf* (*bebé*) cot, crib (*USA*) LOC *Ver* CANCIÓN

cundir *vi* **1** (*tiempo, alimento*) to go a long way: *La pasta cunde mucho.* Pasta goes a long way. ◇ *Me ha cundido el día.* I've got a lot done today. **2** (*extenderse*) to spread: *Cundió el pánico.* Panic spread. ◇ *Que no cunda el pánico.* Don't panic.

cuneta *nf* ditch

cuña *nf* (*calza*) wedge

cuñado, -a *nm-nf* **1** (*masc*) brother-in-law [*pl* brothers-in-law] **2** (*fem*) sister-in-law [*pl* sisters-in-law]

cuota *nf* fee: *la ~ de socio* the membership fee

cupón *nm* **1** (*vale*) coupon **2** (*para un sorteo*) ticket

cúpula *nf* dome

cura[1] *nf* **1** (*tratamiento*) cure: *~ de reposo* rest cure **2** (*de una herida*) cleaning: *A esta herida hay que hacerle una ~ diaria.* This wound must be cleaned every day. LOC **tener/no tener cura** to be curable/incurable

cura[2] *nm* priest LOC *Ver* COLEGIO

curandero, -a *nm-nf* **1** healer **2** (*impostor*) quack

curar *vt* **1** (*sanar*) to cure: *Esas pastillas me han curado el catarro.* Those pills have cured my cold. **2** (*herida*) to clean **3** (*queso, jamón*) to cure

▶ **curarse** *vp* **1** **curarse (de)** (*ponerse bien*) to recover (from *sth*): *Se ha curado ya de las anginas.* He's already recovered from his tonsillitis. **2** (*herida*) to heal (over/up)

curiosidad *nf* curiosity LOC **por curiosidad** out of curiosity: *Entré por pura ~.* I went in out of pure curiosity. ◆ **tener curiosidad (por)** to be curious (about *sth*): *Tengo ~ por saber cómo son.* I'm curious to find out what they're like.

curioso, -a *adj* **1** (*fisgón*) nosy, inquisitive (*más formal*): *¡No seas tan ~!* Don't be so nosy! **2** (*raro*) strange: *Lo ~ es que...* The strange thing is that...

▶ *nm-nf* **1** (*cotilla*) busybody [*pl* busybodies] **2** (*mirón*) onlooker

currante *nmf* worker

currar *vi* to work

currículo (*tb* **currículum**) *nm* CV, curriculum vitae (*más formal*) ❶ En Estados Unidos se dice **résumé**.

curro (*tb* **curre**) *nm* work: *ir al ~* to go to work

cursi *adj* **1** (*persona*) affected: *Tu amiga es muy ~ hablando.* Your friend speaks in such an affected way. **2** (*cosa, estilo*) twee: *Es una niña muy ~, siempre llena de lazos.* She's so twee, with all her ribbons.

cursillo *nm* short course

cursiva *nf* italics [*pl*]

curso *nm* **1** course: *el ~ de un río* the course of a river ◇ *~s de idiomas* language courses **2** (*año académico*) school/academic year: *a final de ~* at the end of the school year **3** (*nivel escolar/universitario*) year: *Ese chico está en mi ~.* He's in the same year as me. ◇ *Estoy ya en tercer ~.* I'm in the third year now. LOC **curso de actualización/reciclaje** refresher course ◆ **el año/mes en curso** the current year/month *Ver tb* DELEGADO, REPETIR

cursor *nm* (*Informát*) cursor

curtir *vt* to tan: *~ pieles* to tan leather (hides)

curva *nf* **1** (*línea, gráfico*) curve: *dibujar una ~* to draw a curve **2** (*carretera, río*) bend: *una ~ peligrosa/cerrada* a dangerous/sharp bend ◇ *Conduce con cuidado que hay muchas ~s.* There are a lot of bends, so drive carefully.

curvo, -a *adj* **1** (*forma*) curved: *una línea curva* a curved line **2** (*doblado*) bent

custodia *nf* custody

custodiar *vt* to guard: *~ a los prisioneros* to guard the prisoners

customizar *vt* to customize

cutis *nm* **1** (*piel*) skin **2** (*tez*) complexion: *Tu ~ es muy pálido.* You have a very pale complexion.

cutre *adj* (*lugar*) grotty

cuyo, -a *adj* whose: *Esa es la chica ~ padre me presentaron.* That's the girl whose father was introduced to me. ◇ *la casa cuyas puertas pintaste* the house whose doors you painted

Dd

dactilar *adj* LOC *Ver* HUELLA

dado *nm* dice [*pl* dice]: *echar/tirar los ~s* to roll the dice

daltónico, -a *adj* colour-blind

dama *nf* **1** (*señora*) lady [*pl* ladies] **2** (*Ajedrez*) queen **3 damas** draughts [*incontable*]: *jugar a las ~s* to play draughts LOC **dama de honor** bridesmaid ➲ *Ver nota en* BODA

damnificado, -a *nm-nf* victim: *los ~s por el terremoto* the victims of the earthquake

danés, -esa *adj, nm* Danish: *hablar ~* to speak Danish

▶ *nm-nf* Dane: *los daneses* the Danes

danza *nf* dance LOC **danza del vientre** belly dancing

dañar *vt* to damage: *La sequía dañó las cosechas.* The drought damaged the crops. ◇ *El fumar puede ~ la salud.* Smoking can damage your health.

dañino, -a *adj* harmful

daño *nm* damage [*incontable*]: *La lluvia ha ocasionado muchos ~s a las cosechas.* The rain has caused a lot of damage to crops. LOC **daños y perjuicios** damages ◆ **hacer daño** (*producir un dolor*) to hurt: *¡Ay, me haces ~!* Ouch, you're hurting me! ◆ **hacerse daño** to hurt yourself: *Me hice ~ en la mano.* I hurt my hand.

dar *vt* **1** (*pasar, hacer sentir*) to give: *Me dio la llave.* He gave me the key. ◇ *~le un susto a algn* to give sb a fright ➲ *Ver nota en* GIVE **2** (*Educ*) **(a)** (*profesor*) to teach: *~ ciencias* to teach science **(b)** (*alumno*) to have: *Doy clases de piano los lunes.* I have piano lessons on Mondays. **3** (*encender*) to turn *sth* on: *No des la luz todavía.* Don't turn the light on yet. **4** (*reloj*) to strike: *El reloj dio las doce.* The clock struck twelve. **5** (*fruto, flores*) to bear **6** (*olor*) to give *sth* off

▶ *vi* **1 ~ a** to overlook *sth*: *El balcón da a una plaza.* The balcony overlooks a square. **2 ~ (con/contra)** (*golpear*) to hit *sb/sth*: *El coche dio contra el árbol.* The car hit the tree. ◇ *La rama me dio en la cabeza.* The branch hit me on the head. **3** (*ataque*) to have: *Le dio un ataque al corazón/de tos.* He had a heart attack/a coughing fit. **4** (*hora*) to be: *¿Ya han dado las cinco?* Is it five o'clock yet? **5** (*luz*) to shine: *La luz me daba de lleno en los ojos.* The light was shining right in my eyes.

▶ **darse** *vp* **1** (*tomarse*) to have: *~se un baño/una ducha* to have a bath/a shower **2 darse (con/contra/en)** to hit: *Se dio con la rodilla en la mesa.* He hit his knee against the table. **3** (*ocurrir*) to happen: *Estos hechos se dan con frecuencia.*

These things often happen. **4 darse a** to start *doing sth* a lot: *~se a la bebida* to start drinking a lot LOC **dárselas de** to make out you are *sth*: *dárselas de listo/inocente* to make out you're clever/innocent ◆ **no doy (ni) una** I, you, etc. can't do anything right: *Hoy no das (ni) una.* You can't do anything right today. ◆ **se me da bien/mal** I am, you are, etc. good/bad *at sth*: *Se le da muy mal el inglés.* He's very bad at English. ❶ Para otras expresiones con **dar**, véanse las entradas del sustantivo, adjetivo, etc., p. ej. **dar la cara** en CARA.

D

dátil *nm* date

dato *nm* **1** (*información*) information [*incontable*]: *un ~ significativo* a significant piece of information ➲ *Ver nota en* CONSEJO **2 datos** (*Informát*) data [*incontable*]: *procesamiento de ~s* data processing LOC **datos personales** personal details *Ver tb* BASE

de *prep*

- **posesión 1** (*de algn*): *el libro de Pedro* Pedro's book ◇ *el perro de mis amigos* my friends' dog ◇ *Es de ella/mi abuela.* It's hers/my grandmother's. **2** (*de algo*): *una página del libro* a page of the book ◇ *las habitaciones de la casa* the rooms in the house ◇ *la catedral de León* León cathedral
- **origen, procedencia** from: *Son de Sevilla.* They are from Seville. ◇ *de Londres a Madrid* from London to Madrid
- **en descripciones de personas 1** (*cualidades físicas*) **(a)** with: *una niña de pelo rubio* a girl with fair hair **(b)** (*ropa, colores*) in: *la señora del vestido verde* the woman in the green dress **2** (*cualidades no físicas*) of: *una persona de gran carácter* a person of great character ◇ *una mujer de 30 años* a woman of 30
- **en descripciones de cosas 1** (*cualidades físicas*) **(a)** (*materia*): *un vestido de lino* a linen dress **(b)** (*contenido*) of: *un vaso de leche* a glass of milk **2** (*cualidades no físicas*) of: *un libro de gran interés* a book of great interest
- **tema, asignatura**: *un libro/profesor de física* a physics book/teacher ◇ *una clase de historia* a history class ◇ *No entiendo de política.* I don't understand anything about politics.
- **con números y expresiones de tiempo**: *más/menos de diez* more/less than ten ◇ *un sello de 50 céntimos* a 50 cent stamp ◇ *un cuarto de kilo* a quarter of a kilo ◇ *de noche/día* at night/during the day ◇ *a las diez de la mañana* at ten in the morning
- **indicando agente** by: *un libro de Cela* a book by Cela ◇ *seguido de tres jóvenes* followed by three young people
- **indicando causa**: *morirse de hambre* to die of hunger ◇ *Saltamos de alegría.* We jumped for joy.
- **otras construcciones**: *el mejor actor del mundo* the best actor in the world ◇ *Lo rompió de un golpe.* He broke it with one blow. ◇ *de un trago* in one gulp ◇ *¿Qué hay de postre?* What's for dessert?

debajo *adv* **1** underneath: *Llevo una camiseta ~.* I'm wearing a T-shirt underneath. ◇ *Coge el de ~.* Take the bottom one. **2 ~ de** under: *Está ~ de la mesa.* It's under the table. LOC **por debajo de** below *sth*: *por ~ de la rodilla* below the knee

debate *nm* debate: *hacer un ~* to have a debate

deber[1] *vt* **1 + sustantivo** to owe: *Me debes 20 euros/un café.* You owe me 20 euros/a coffee. ◇ *Te debo una explicación.* I owe you an explanation. **2 + infinitivo (a)** [*en presente o futuro*] must: *Debes estudiar/obedecer las reglas.* You must study/obey the rules. ◇ *La ley deberá ser anulada.* The law must be abolished. ➲ *Ver nota en* MUST **(b)** [*en pasado o condicional*] should: *Me aseguraron que no debía preocuparme.* They told me I shouldn't worry. ◇ *Hace una hora que debías estar aquí.* You should have been here an hour ago. ◇ *No deberías salir así.* You shouldn't go out like that.

▶ *vi* **~ de 1** [*en frases afirmativas*] must: *Ya debe de estar en casa.* She must be home by now. **2** [*en frases negativas*]: *No debe de ser fácil.* It can't be easy.

▶ **deberse** *vp* to be due *to sth*: *Esto se debe a la falta de fondos.* This is due to lack of funds.

deber[2] *nm* **1** (*obligación moral*) duty [*pl* duties]: *Has de cumplir con tu ~.* You must do your duty. **2 deberes** (*Educ*) homework [*incontable*]: *hacer los ~es* to do your homework ◇ *El profe nos pone muchos ~es.* Our teacher gives us lots of homework.

debido, -a *adj* proper: *a su ~ tiempo* at the proper time LOC **como es debido** properly: *Coge el tenedor como es ~.* Hold your fork properly. ◆ **debido a** because of *sb/sth* *Ver tb* DEBER

débil *adj* weak: *Está ~ del corazón.* He has a weak heart. LOC *Ver* PUNTO

debilidad *nf* weakness

debilitar(se) *vt, vp* to weaken

debut *nm* debut

década *nf* decade LOC **la década de los ochenta, noventa, etc.** the eighties, nineties, etc. [*pl*]

decadente *adj* decadent

decano, -a *nm-nf* dean

decapitar *vt* to behead

decena *nf* **1** (*Mat, numeral colectivo*) ten **2** (*aproximadamente*) about ten: *una ~ de personas/veces* about ten people/times

decente *adj* decent

decepción *nf* disappointment: *llevarse una ~* to be disappointed

decepcionante *adj* disappointing

decepcionar *vt* **1** (*desilusionar*) to disappoint: *Me decepcionó la película.* The film was disappointing. **2** (*fallar*) to let *sb* down: *Me has vuelto a ~.* You've let me down again.

decidir *vt, vi* to decide: *Han decidido vender la casa.* They've decided to sell the house.
▶ **decidirse** *vp* **1 decidirse (a)** to decide (*to do sth*): *Al final me decidí a salir.* In the end I decided to go out. **2 decidirse por** to decide on *sb/sth*: *Nos decidimos por el rojo.* We decided on the red one. LOC **¡decídete!** make up your mind!

décima *nf* tenth LOC **tener unas décimas (de fiebre)** to have a slight temperature

decimal *adj, nm* decimal

décimo, -a *adj, nm-nf, pron* tenth ➲ *Ver ejemplos en* SEXTO

decimotercero, -a *adj, pron* thirteenth ➲ *Para* DECIMOCUARTO, DECIMOQUINTO, *etc., ver pág 790*

decir[1] *vt* to say, to tell

> *Decir* se traduce generalmente por **say**: *— Son las tres, dijo Rosa.* 'It's three o'clock,' said Rosa. ◇ *¿Qué ha dicho?* What did he say? Cuando especificamos la persona con la que hablamos, es más normal utilizar **tell**: *Me dijo que llegaría tarde.* He told me he'd be late. ◇ *¿Quién te lo ha dicho?* Who told you? **Tell** se utiliza también para dar órdenes: *Me dijo que me lavara las manos.* She told me to wash my hands. ➲ *Ver tb nota en* SAY

LOC **¡diga!** (*teléfono*) hello ◆ **digamos...** let's say...: *Digamos las seis.* Let's say six o'clock. ◆ **digo...** I mean...: *Me pidió cuatro, digo cinco cajas.* She asked me for four, I mean five, boxes. ◆ **el qué dirán** what people will say ◆ **es decir** in other words ◆ **¡no me digas!** you don't say! ◆ **se dice que...** they say that... ◆ **sin decir nada** without a word ◆ **¡y que lo digas!** you can say that again! ❶ Para otras expresiones con **decir**, véanse las entradas del sustantivo, adjetivo, etc., p. ej. **decir tonterías** en TONTERÍA.

decir[2] *nm* saying LOC **es un decir** you know what I mean

decisión *nf* **1** decision: *la ~ del árbitro* the referee's decision ◇ *la ~ de seguir adelante con la investigación* the decision to carry on with the investigation ◇ *las decisiones sobre el futuro del país* decisions on the future of the country **2** (*determinación*) determination: *Hace falta mucha ~.* You need a lot of determination. LOC **tomar una decisión** to make/take a decision

decisivo, -a *adj* decisive

declaración *nf* **1** declaration: *una ~ de amor* a declaration of love **2** (*Jur, manifestación pública*) statement: *La policía le tomó ~.* The police took his statement. ◇ *No quiso hacer declaraciones.* He didn't want to make a statement. LOC **declaración de la renta** tax return *Ver tb* PRESTAR

declarar *vt, vi* **1** to declare: *¿Algo que ~?* Anything to declare? **2** (*en público*) to state: *según declaró el ministro* according to the minister's statement **3** (*Jur*) to testify
▶ **declararse** *vp* **1 declararse a favor/en contra de** to come out in favour of/against *sth* **2** (*incendio, epidemia, guerra*) to break out **3** (*confesar amor*): *Se me declaró.* He told me he loved me. LOC **declararse culpable/inocente** to plead guilty/not guilty

decodificador, decodificar *Ver* DESCODIFICADOR, DESCODIFICAR

decoración *nf* **1** (*acción, adorno*) decoration **2** (*estilo*) decor

decorado *nm* (*Cine, Teat*) set

decorar *vt* to decorate

decorativo, -a *adj* decorative

decreto *nm* decree

dedal *nm* thimble

dedicación *nf* dedication: *Su ~ a los pacientes es admirable.* Her dedication to her patients is admirable.

dedicar *vt* **1** (*destinar*) to devote *sth to sb/sth*: *Dedicó la mayor parte de su vida a la pintura.* She devoted most of her life to painting. ◇ *El autor dedica tres capítulos al tema de las drogas.* The author devotes three chapters to drugs. **2** (*tiempo*) to spend *sth* (*doing sth*): *las personas que dedican su tiempo a ayudar a los demás* people who spend their time helping others ◇ *¿A qué dedicas el tiempo libre?* How do you spend your free time? **3** (*canción, poema*) to dedicate *sth* (*to sb*): *Dediqué el libro a mi padre.* I dedicated the book to my father. **4** (*ejemplar*) to autograph
▶ **dedicarse** *vp* **dedicarse a**: *¿A qué te dedicas?* What do you do for a living? ◇ *Dejó el trabajo para ~se a los estudios.* He left his job to be able to study. ◇ *Se dedica a las antigüedades.* He's in antiques.

dedicatoria *nf* dedication

D

dedillo LOC **al dedillo** by heart

dedo *nm* **1** (*de la mano*) finger **2** (*del pie*) toe **3** (*medida*) half an inch: *Ponga dos ~s de agua en la cazuela.* Put an inch of water in the pan. LOC **a dedo 1** (*en autostop*): *He venido a ~.* I hitchhiked. **2** (*por enchufe*): *Lo nombraron a ~.* They appointed him directly, without following the proper procedures. ◆ **dedo anular/corazón/índice** ring/middle/index finger ◆ **dedo meñique 1** (*de la mano*) little finger **2** (*del pie*) little toe ◆ **dedo pulgar/gordo 1** (*de la mano*) thumb **2** (*del pie*) big toe ◆ **hacer dedo** to hitchhike ◆ **no tener dos dedos de frente** to be as thick as two short planks *Ver tb* ANILLO, CHUPAR, SEÑALAR

D

deducir *vt* **1** (*concluir*) to deduce *sth* (*from sth*): *Deduje que no estaba en casa.* I deduced that he wasn't at home. **2** (*restar*) to deduct *sth* (*from sth*)

defecto *nm* **1** defect: *un ~ en el habla* a speech defect **2** (*moral*) fault **3** (*ropa, objeto delicado*) flaw ➲ *Ver nota en* MISTAKE LOC **encontrar/sacar defectos a todo** to find fault with everything

defectuoso, -a *adj* faulty

defender *vt* to defend *sb/sth* (*from/against sb/sth*)

▶ **defenderse** *vp* **1** ~ **(de)** (*protegerse*) to defend yourself (*from/against sb/sth*): *Se defendió con el bastón.* She defended herself with her stick. **2** (*arreglárselas*) to get by: *No sé mucho inglés pero me defiendo.* I don't know much English but I get by.

defendido, -a *nm-nf* defendant

defensa *nf* defence: *las ~s del cuerpo* the body's defences ◇ *un equipo con muy buena ~* a team with a very good defence

▶ *nmf* (*Dep*) defender LOC **defensa personal** self-defence ◆ **en defensa propia** in self-defence

defensivo, -a *adj* defensive LOC **estar/ponerse a la defensiva** to be/go on the defensive

defensor, -ora *adj* LOC *Ver* ABOGADO

deficiencia *nf* deficiency [*pl* deficiencies]

definición *nf* definition LOC **de alta definición** high-definition (*abrev* HD)

definido, -a *adj* LOC *Ver* ARTÍCULO; *Ver tb* DEFINIR

definir *vt* to define

definitivamente *adv* **1** (*para siempre*) for good: *Volvió ~ a su país.* He returned home for good. **2** (*de forma determinante*) definitely

definitivo, -a *adj* **1** (*final*) final: *el resultado ~* the final result ◇ *el número ~ de víctimas* the final death toll **2** (*solución*) definitive LOC **en definitiva** in short

deforestación *nf* deforestation

deformado, -a *adj* (*prenda*) out of shape *Ver tb* DEFORMAR

deformar *vt* **1** (*cuerpo*) to deform **2** (*prenda, objeto*) to pull *sth* out of shape **3** (*imagen, realidad*) to distort

▶ **deformarse** *vp* **1** (*cuerpo*) to become deformed **2** (*prenda, objeto*) to lose its shape

deforme *adj* deformed

defraudar *vt* **1** (*decepcionar*) to disappoint **2** (*estafar*) to defraud

degeneración *nf* degeneration

degenerado, -a *adj, nm-nf* degenerate *Ver tb* DEGENERAR(SE)

degenerar(se) *vi, vp* to degenerate

degradación *nf* degradation: *la ~ del medio ambiente* environmental degradation

degradar *vt* to degrade

▶ **degradarse** *vp* (*deteriorarse*) to deteriorate: *El suelo se ha degradado mucho.* The soil has deteriorated a lot.

dehesa *nf* pastureland

dejar *vt* **1** (*poner, cesar una actividad, no molestar*) to leave: *¿Dónde has dejado las llaves?* Where have you left the keys? ◇ *Déjalo para después.* Leave it till later. ◇ *¡Déjame en paz!* Leave me alone! **2** (*abandonar*) to give *sth* up: *~ el trabajo* to give up work **3** (*permitir*) to let *sb* (*do sth*): *Mis padres no me dejan salir por la noche.* My parents don't let me go out at night. **4** (*prestar*) to lend: *¿Me dejas dinero?* Can you lend me some money? ◇ *¿Me dejas la moto?* Can I borrow your motorbike? ➲ *Ver dibujo en* BORROW

▶ *vi* ~ **de 1** (*parar*) to stop *doing sth*: *Ha dejado de llover.* It's stopped raining. **2** (*abandonar una costumbre*) to give up *doing sth*: *~ de fumar* to give up smoking

▶ *v aux* + **participio**: *La noticia nos dejó preocupados.* We were worried by the news.

▶ **dejarse** *vp* **1** (*olvidarse*) to leave: *Me dejé el libro en el autobús.* I left my book on the bus. **2 dejarse hacer algo** to let yourself be...: *Se ha dejado manipular.* She has let herself be manipulated. LOC ℹ Para expresiones con **dejar**, véanse las entradas del sustantivo, adjetivo, etc., p. ej. **dejar colgado** en COLGADO.

del *Ver* DE

delantal *nm* apron

delante *adv* ~ **(de)** in front (of *sb/sth*): *~ del televisor* in front of the television ◇ *Tengo ~ una foto del jardín.* I have a photo of the garden in front of me. ◇ *Me lo contó estando otros ~.* She told me in front of other people. ◇ *Si no ves la pizarra, ponte ~.* Sit at the front if you can't see the board. LOC **de delante**: *los asientos de ~* the front seats ◇ *el conductor de ~* the driver in

front ◆ **hacia delante** forwards ◆ **por delante** **1** (*día, curso, etc.*) ahead: *Tenemos todo el curso por* ~. We have the whole year ahead of us. **2** (*vestido*) at the front: *El vestido se abrocha por* ~. The dress does up at the front. **3** (*lugar*) in front: *El coche se encontraba unos metros por* ~. The car was a few metres in front. *Ver tb* PARTE

delantero, -a *adj* front: *la rueda delantera* the front wheel
▶ *nmf* (*Dep*) forward: *Juega de ~ centro.* He plays centre forward. LOC **llevar la delantera** to be in the lead

delatar *vt* to inform on *sb*

delegación *nf* **1** (*comisión*) delegation: *una ~ de paz* a peace delegation **2** (*oficina*) office: *la ~ de Hacienda* the tax office

delegado, -a *nm-nf* delegate LOC **delegado de curso** student representative

deletrear *vt* to spell: *¿Cómo se deletrea?* How do you spell it?

delfín *nm* dolphin

delgado, -a *adj* thin, slim

> **Thin** es la palabra más general para decir *delgado* y se puede utilizar para personas, animales o cosas. **Slim** se utiliza para referirnos a una persona delgada y con buen tipo, y **petite** para una mujer pequeña y delgada. Existe también la palabra **skinny**, que significa 'flaco' o 'delgaducho'.

deliberado, -a *adj* deliberate

delicadeza *nf* (*tacto*) tact: *Podías haberlo dicho con más* ~. You could have put it more tactfully. ◇ *Es una falta de* ~. It's very tactless. LOC **tener la delicadeza de** to have the courtesy *to do sth*

delicado, -a *adj* delicate

delicioso, -a *adj* delicious

delincuencia *nf* crime LOC **delincuencia juvenil** juvenile delinquency

delincuente *nmf* criminal

delineante *nmf* draughtsman/woman [*pl* -men/-women]

delinquir *vi* to commit an offence

delirar *vi* **1** (*Med*) to be delirious **2** (*decir bobadas*) to talk nonsense

delito *nm* crime: *cometer un* ~ to commit a crime LOC **delito informático** cybercrime

delta *nm* delta LOC *Ver* ALA

demanda *nf* **1** (*Econ*) demand: *la ley de la oferta y la* ~ the law of supply and demand **2** (*Jur*) lawsuit: *presentar/poner una* ~ to bring a lawsuit

demandar *vt* **1** (*exigir*) to demand **2** (*Jur*) to sue *sb* (*for sth*)

demás *adj* other: *los ~ estudiantes* (the) other students
▶ *pron* (the) others: *Sólo vino Juan, los ~ se quedaron en casa.* Only Juan came; the others stayed at home. ◇ *ayudar a los* ~ to help others LOC **lo demás** the rest: *Lo ~ no importa.* Nothing else matters. ◆ **y demás** and so on

demasiado, -a *adj, pron* **1 + sustantivo incontable** too much: *Hay demasiada comida.* There is too much food. **2 + sustantivo contable** too many: *Llevas demasiadas cosas.* You're carrying too many things. ◇ *Somos ~s para ir en un coche.* There are too many of us for one car.
▶ *adv* **1** [*modificando a un verbo*] too much: *Bebes* ~. You drink too much. **2** [*modificando a un adjetivo o adverbio*] too: *Vas ~ deprisa.* You're going too fast. LOC **demasiadas veces** too often ◆ **demasiado tiempo** too long

demo *nf* demo [*pl* demos]

democracia *nf* democracy [*pl* democracies]

demócrata *nmf* democrat

democrático, -a *adj* democratic

demonio *nm* **1** (*diablo*) devil **2** (*espíritu*) demon LOC **de mil/de todos los demonios**: *Hace un frío de mil ~s.* It's absolutely freezing. ◆ **dónde, cómo, qué etc. demonios** where, how, what, etc. on earth ◆ **saber a demonios** to taste foul ◆ **ser un demonio** to be a (little) devil *Ver tb* DÓNDE

demostrar *vt* **1** (*probar*) to prove: *Le demostré que estaba equivocado.* I proved him wrong. **2** (*mostrar*) to show

denegar *vt* to refuse

denominación *nf* LOC **denominación de origen** Guarantee of Origin

densidad *nf* **1** density **2** (*niebla*) thickness LOC **densidad de población** population density

denso, -a *adj* dense

dentadura *nf* teeth [*pl*]: ~ *postiza* false teeth

dental *adj* dental: *la higiene ~* dental hygiene LOC **hilo/seda dental** dental floss

dentífrico *nm* toothpaste

dentista *nmf* dentist

D

dentro *adv* **1** in, inside: *El gato está ~.* The cat is inside. ◇ *allí/aquí ~* in there/here **2** (*edificio*) indoors: *Prefiero que nos quedemos ~.* I'd rather stay indoors. **3 ~ de (a)** (*espacio*) in, inside: *~ del sobre* in/inside the envelope **(b)** (*tiempo*) in: *~ de una semana* in a week ◇ *~ de un rato* in a little while ◇ *~ de tres meses* in three months' time LOC **de/desde dentro** from (the) inside ◆ **dentro de lo que cabe** all things considered ◆ **dentro de nada** very soon ◆ **hacia dentro** in: *Mete la tripa hacia ~.* Pull your tummy in. ◆ **por dentro** (on the) inside: *pintado por ~* painted on the inside ◇ *Sonreía aunque se sentía triste por ~.* She was smiling, although she felt sad inside. *Ver tb* AHÍ, ALLÁ, ALLÍ

denuncia *nf* **1** (*accidente, delito*) report: *presentar una ~* to report sth to the police **2** (*contra una persona*) (formal) complaint: *presentar una ~ contra algn* to make a formal complaint against sb

denunciar *vt* **1** to report *sb/sth* (*to sb*): *Denunció el robo de su bicicleta.* He reported the theft of his bicycle. ◇ *Me denunciaron a la policía.* They reported me to the police. **2** (*criticar*) to denounce

departamento *nm* **1** (*sección*) department **2** (*compartimento*) compartment

depender *vi* **1 ~ de/de que/de si...** to depend on *sth*/on whether...: *Depende del tiempo que haga.* It depends on the weather. ◇ *Eso depende de que me traigas el dinero.* That depends on whether you bring me the money. ◇ *—¿Vendrás? —Depende.* 'Will you be coming?' 'That depends.' **2 ~ de algn (que...)** to be up to sb (whether...): *Depende de mi jefe que pueda tener un día libre.* It's up to my boss whether I can have a day off. **3 ~ de** (*económicamente*) to be dependent on *sb/sth*

dependiente, -a *nm-nf* shop assistant, sales clerk (*USA*)

depilación *nf* hair removal

depilar(se) *vt, vp* **1 (a)** (*con cera*) to wax: *Me tengo que ~ para las vacaciones.* I must have my legs waxed before we go on holiday. **(b)** (*con maquinilla*) to shave **2** (*cejas*) to pluck

deporte *nm* sport: *¿Practicas algún ~?* Do you play any sports? ◇ *~s acuáticos* water sports ◇ *~s de invierno* winter sports ◇ *~s de aventura/riesgo* adventure/extreme sports

En inglés hay tres construcciones que se pueden utilizar al hablar de deportes. *Jugar al fútbol, golf, baloncesto*, etc. se dice **play + sustantivo**, p. ej. **play football, golf, basketball**, etc. *Hacer aeróbic, atletismo, judo*, etc. se dice **do + sustantivo**, p. ej. **do aerobics, athletics, judo**, etc. *Hacer natación, senderismo, ciclismo*, etc. se dice **go + -ing**, p. ej. **go swimming, hiking, cycling**, etc. Esta última construcción se usa sobre todo cuando en inglés existe un verbo relacionado con ese deporte, como **swim, hike** o **cycle**.

LOC **hacer deporte** to play sport *Ver tb* BOLSA, PANTALÓN, ROPA

deportista *adj* sporty: *Siempre fue muy ~.* She's always been very sporty.
▶ *nmf* sportsperson [*pl* sportspersons/sportspeople] ❶ Existen también las formas **sportsman** y **sportswoman**, que se usan cuando se quiere especificar si se trata de un hombre o una mujer.

deportivo, -a *adj* **1** sports: *competición deportiva* sports competition **2** (*conducta*) sporting: *una conducta poco deportiva* unsporting behaviour
▶ *nm* (*coche*) sports car LOC *Ver* PUERTO

depósito *nm* tank: *el ~ de la gasolina* the petrol tank LOC **depósito de cadáveres** morgue

depresión *nf* depression: *sufrir una fuerte ~* to have severe depression

deprimente *adj* depressing

deprimir *vt* to depress
▶ **deprimirse** *vp* to get depressed

deprisa *adv* quickly
▶ **¡deprisa!** *interj* hurry up!

depuradora *nf* **1** (*planta*) water treatment plant **2** (*piscina*) filter system

depurar *vt* (*agua, etc.*) to purify

derbi *nm* (local) derby [*pl* (local) derbies]

derecha *nf* **1** right: *Es la segunda puerta a la ~.* It's the second door on the right. ◇ *Cuando llegue al semáforo, tuerza a la ~.* Turn right at the traffic lights. ◇ *Muévete un poco hacia la ~.* Move a bit to the right. **2 la derecha** (*Pol*) the Right [*v sing o pl*] **3** (*mano*) right hand: *escribir con la ~* to be right-handed **4** (*pie*) right foot LOC **de derecha(s)** right-wing

derecho *nm* **1** (*anverso*) right side: *¿Este es el ~ o el revés?* Is this the right or the wrong side? **2** (*facultad legal o moral*) right: *¿Con qué ~ entras aquí?* What right do you have to come in here? ◇ *el ~ de voto* the right to vote **3** (*estudios*) law

LOC **derechos humanos** human rights ◆ **estar en su derecho** to be within my, your, etc. rights: *Estoy en mi ~.* I'm within my rights. ◆ **¡no hay derecho!** it's not fair! *Ver tb* IGUALDAD

derecho, -a *adj* **1** (*diestro*) right: *romperse el brazo ~* to break your right arm **2** (*recto*) straight: *Ese cuadro no está ~.* That picture isn't straight. ◇ *Ponte ~.* Sit up straight. **3** (*erguido*) upright

▶ **derecho** *adv* straight: *Vete ~ a casa.* Go straight home. LOC **todo derecho** straight on: *Siga todo ~ hasta el final de la calle.* Go straight on to the end of the road. *Ver tb* HOMBRE, MANO, OJO

deriva *nf* LOC **a la deriva** adrift

derivar(se) *vi, vp* **derivar(se) de 1** (*Ling*) to derive from *sth* **2** (*ser consecuencia*) to stem from *sth*

dermatología *nf* dermatology

dermatólogo, -a *nm-nf* dermatologist

derramamiento *nm* LOC **derramamiento de sangre** bloodshed

derramar(se) *vt, vp* to spill: *He derramado un poco de vino en la alfombra.* I've spilt some wine on the carpet. LOC **derramar sangre/lágrimas** to shed blood/tears

derrame *nm* haemorrhage

derrapar *vi* to skid

derretir(se) *vt, vp* to melt

derribar *vt* **1** (*edificio*) to demolish **2** (*puerta*) to batter *sth* down **3** (*persona*) to knock *sb* down **4** (*avión, pájaro*) to bring *sth* down

derrochador, -ora *adj* wasteful

▶ *nm-nf* spendthrift

derrochar *vt* **1** (*dinero*) to squander **2** (*rebosar*) to be bursting with *sth*: *~ felicidad* to be bursting with happiness

derrota *nf* defeat

derrotar *vt* to defeat

derruir *vt* to demolish

derrumbamiento *nm* **1** (*hundimiento*) collapse **2** (*demolición*) demolition

derrumbar *vt* to demolish

▶ **derrumbarse** *vp* to collapse

desabrigado, -a *adj*: *Vas muy ~.* You're not very warmly dressed.

desabrochar *vt* to undo

▶ **desabrocharse** *vp* to come undone: *Se me ha desabrochado la falda.* My skirt has come undone.

desactivar *vt* to defuse

desacuerdo *nm* disagreement LOC **estar en desacuerdo (con)** to disagree (with *sb/sth*)

desafiar *vt* **1** (*retar*) to challenge *sb* (*to sth*): *Te desafío a una carrera.* I challenge you to a race. **2** (*peligro*) to brave

desafilado, -a *adj* blunt

desafinado, -a *adj* out of tune *Ver tb* DESAFINAR

desafinar *vi* **1** (*cantando*) to sing out of tune **2** (*instrumento*) to be out of tune **3** (*instrumentista*) to play out of tune

D

desafío *nm* challenge

desafortunado, -a *adj* unfortunate

desagüe *nm* waste pipe

desagradable *adj* unpleasant

desagradar *vi* to dislike *sth/doing sth*: *No me desagrada.* I don't dislike it.

desagradecido, -a *adj* ungrateful

desahogarse *vp* **1** to let off steam **2 ~ con algn** to confide in sb

desalentador, -ora *adj* discouraging

desaliñado, -a *adj* scruffy

desalmado, -a *adj* heartless

desalojar *vt* to clear: *Desalojen la sala por favor.* Please clear the hall.

desamparado, -a *adj* helpless

desangrarse *vp* to bleed to death

desanimado, -a *adj* (*deprimido*) depressed *Ver tb* DESANIMAR

desanimar *vt* to discourage

▶ **desanimarse** *vp* to lose heart

desapacible *adj* unpleasant: *Hace un día muy ~.* The weather's very unpleasant today.

desaparecer *vi* to disappear LOC **desaparecer del mapa** to vanish off the face of the earth

desaparición *nf* disappearance

desapercibido, -a *adj* unnoticed: *pasar ~* to go unnoticed

desaprovechar *vt* to waste: *No desaproveches esta oportunidad.* Don't waste this opportunity.

desarmar *vt* **1** (*persona, ejército*) to disarm **2** (*desmontar*) to take *sth* to pieces

desarme *nm* disarmament: *el ~ nuclear* nuclear disarmament

desarrollado, -a *adj* **1** (*país*) developed **2** (*persona*) well developed: *Está muy desarrollada para la edad que tiene.* She's very well developed for her age. LOC **poco desarrollado** undeveloped *Ver tb* DESARROLLAR(SE)

desarrollar(se) *vt, vp* to develop: *~ la musculatura* to develop your muscles

desarrollo *nm* development LOC **en (vías de) desarrollo** developing: *los países en ~* developing countries

desastre *nm* disaster LOC **hecho un desastre**: *Siempre vas hecho un ~.* You always look such a mess. ◇ *Tienes la habitación hecha un ~.* Your room is a real mess.

desastroso, -a *adj* disastrous

desatar *vt* (*nudo, cuerda, animal*) to untie
▶ **desatarse** *vp* **1** (*cordón, nudo*) to come undone: *Se me ha desatado un zapato.* One of my laces has come undone. **2** (*animal*) to get loose

desatascar *vt* to unblock

desatender *vt* (*descuidar*) to neglect

desatornillar *vt* to unscrew

desatrancar *vt* **1** (*desatascar*) to unblock **2** (*puerta*) to unbolt

desautorizado, -a *adj* unauthorized

desayunar *vi* to have breakfast: *Me gusta ~ en la cama.* I like having breakfast in bed. ◇ *antes de ~* before breakfast
▶ *vt* to have *sth* for breakfast: *Sólo desayuno un café.* I just have a coffee for breakfast. ◇ *¿Qué quieres ~?* What would you like for breakfast?

desayuno *nm* breakfast: *¿Te preparo el ~?* Shall I get you some breakfast?

desbandada *nf* LOC **salir en desbandada** to scatter in all directions

desbarajuste *nm* mess: *¡Qué ~!* What a mess!

desbaratar *vt* to ruin: *~ un plan* to ruin a plan

desbocado, -a *adj* (*caballo*) runaway *Ver tb* DESBOCARSE

desbocarse *vp* (*caballo*) to bolt

desbordamiento *nm*: *Hay peligro de ~ del río.* There's a danger that the river will overflow.

desbordar *vt* **1** (*rebosar*): *El vino va a ~ la copa.* The glass is going to overflow if you keep pouring the wine. **2** (*exceder*) to overwhelm: *Nos desbordan las solicitudes de empleo.* We are overwhelmed by all the job applications.
▶ **desbordarse** *vp* (*río*) to burst its banks

descafeinado, -a *adj* decaffeinated
▶ *nm* Decaf®: *¿Me pones un ~?* Can I have a Decaf, please?

descalificación *nf* (*Dep*) disqualification

descalificar *vt* (*Dep*) to disqualify: *Le descalificaron por hacer trampa.* He was disqualified for cheating.

descalzarse *vp* to take your shoes off

descalzo, -a *adj* barefoot: *Me gusta andar ~ por la arena.* I love walking barefoot on the sand. ◇ *No andes ~.* Don't walk round in your bare feet.

descampado *nm* area of open ground

descansado, -a *adj* refreshed *Ver tb* DESCANSAR

descansar *vi* **1** (*reposar*) to rest: *Déjame ~ un rato.* Let me rest for a few minutes. **2** (*en el trabajo*) to break: *Terminamos esto y descansamos cinco minutos.* We'll finish this and break for five minutes.
▶ *vt* to rest : *~ la vista* to rest your eyes LOC **¡que descanses!** sleep well!

descansillo *nm* landing

descanso *nm* **1** (*reposo*) rest: *El médico le mandó ~ y aire fresco.* The doctor prescribed rest and fresh air. **2** (*en el trabajo*) break: *trabajar sin ~* to work without a break **3** (*Dep*) half-time: *En el ~ iban tres a uno.* They were three-one up at half-time. **4** (*Teat*) interval

descapotable *adj, nm* convertible

descarado, -a *adj* cheeky, sassy (*USA*)

descarga *nf* **1** (*mercancía*) unloading: *la carga y ~ de mercancías* the loading and unloading of goods **2** (*eléctrica*) shock **3** (*Internet*) **(a)** (*archivo, etc.*) download **(b)** (*proceso*) downloading

descargado, -a *adj* (*pila, batería*) flat *Ver tb* DESCARGAR

descargar *vt* **1** to unload: *~ un camión/un arma* to unload a lorry/gun **2** (*Informát*) to download: *~ música de Internet* to download music from the Net
▶ *vi* (*tormenta*) to break: *Por fin descargó la tormenta.* The storm finally broke.
▶ **descargarse** *vp* (*pila, batería*) to go flat

descaro *nm* cheek: *¡Qué ~!* What a cheek!

descarriarse *vp* (*persona*) to go off the rails

descarrilamiento *nm* derailment

descarrilar *vi* to be derailed: *El tren descarriló.* The train was derailed.

descartar *vt* to rule *sb/sth* out: *~ una posibilidad/a un candidato* to rule out a possibility/a candidate

descendencia *nf* descendants [*pl*]

descender *vi* **1** (*ir/venir abajo*) to go/come down, to descend (*formal*) ➲ *Ver nota en* IR **2** (*temperatura, precios, nivel*) to fall **3 ~ de** (*familia*) to be descended from *sb*: *Desciende de un príncipe ruso.* He's descended from a Russian prince. **4** (*Dep*) to go down, to be relegated (*más formal*): *Han descendido a tercera.* They've gone down to the third division.

descendiente *nmf* descendant

descenso *nm* **1** (*bajada*) descent: *Es un ~ peligroso.* It's a dangerous descent. ◇ *El avión tuvo problemas en el ~.* The plane experienced problems during the descent. **2** (*temperatura, precios*) drop (*in sth*) **3** (*Dep*) relegation **4** (*esquí*) downhill

descifrar *vt* **1** (*mensaje*) to decode **2** (*escritura*) to decipher **3** (*enigma*) to solve

descodificador *nm* decoder

descodificar *vt* to decode

descolgado, -a *adj* (*teléfono*) off the hook: *Lo han debido de dejar ~.* They must have left it off the hook. *Ver tb* DESCOLGAR

descolgar *vt* **1** (*algo colgado*) to take *sth* down: *Ayúdame a ~ el espejo.* Help me take the mirror down. **2** (*teléfono*) to pick *sth* up

descolorido, -a *adj* faded

descomponer *vt* (*Quím*) to break *sth* down

▶ **descomponer(se)** *vt, vp* (*pudrirse*) to rot

descompuesto, -a *adj* LOC **estar descompuesto 1** (*con diarrea*) to have diarrhoea **2** (*alterado*) to be very nervous: *Está ~ de los nervios.* He's extremely nervous. *Ver tb* DESCOMPONER

desconcertado, -a *adj* LOC **estar/quedar desconcertado** to be taken aback: *Quedaron ~s ante mi negativa.* They were taken aback by my refusal. *Ver tb* DESCONCERTAR

desconcertar *vt* to disconcert: *Su reacción me desconcertó.* I was disconcerted by his reaction.

desconectar *vt* **1** (*cortar*) to disconnect, to cut *sth* off (*más coloq*): *Nos han desconectado el teléfono.* The telephone's been cut off. **2** (*apagar*) to switch *sth* off: *Se ruega ~ los teléfonos móviles.* Please switch off your mobile phones. **3** (*desenchufar*) to unplug

▶ **desconectarse** *vp* **1** (*aparato*) to switch off **2** (*de Internet*) to disconnect (*from sth*) **3** (*persona*) to cut yourself off (*from sb/sth*)

desconfiado, -a *adj* suspicious *Ver tb* DESCONFIAR

desconfianza *nf* distrust

desconfiar *vi* ~ **(de)** not to trust *sb/sth*: *Desconfía hasta de su sombra.* He doesn't trust anyone.

descongelar *vt* (*frigorífico, alimento*) to defrost

desconocer *vt* not to know: *Desconozco el porqué.* I don't know the reason.

desconocido, -a *adj* **1** unknown: *un equipo ~* an unknown team **2** (*irreconocible*) unrecognizable: *Estaba ~ con ese disfraz.* He was unrecognizable in that disguise. ◇ *Últimamente está desconocida, siempre sonriendo.* She's a changed woman these days; she's always smiling.

▶ *nm-nf* stranger *Ver tb* DESCONOCER

desconsiderado, -a *adj* inconsiderate

descontado, -a *adj* LOC **dar por descontado que...** to take it for granted that... ◆ **por descontado** of course *Ver tb* DESCONTAR

descontar *vt* **1** (*hacer un descuento*) to give a discount (*on sth*): *Me descontaban el 10% en todo lo que compré.* They gave me a 10% discount on everything I bought. **2** (*restar*) to deduct: *Tienes que ~ los gastos del viaje.* You have to deduct your travelling expenses. **3** (*no contar*) not to count: *Si descontamos el mes de vacaciones...* If we don't count our month's holiday...

descontento, -a *adj* ~ **(con)** dissatisfied (with *sb/sth*)

desconvocar *vt* to call *sth* off: *~ una huelga* to call off a strike

descorchar *vt* to uncork

descorrer *vt* to draw *sth* back: *~ las cortinas* to draw back the curtains LOC **descorrer el cerrojo** to unbolt the door

descortés *adj* rude

descoser *vt* to unpick

▶ **descoserse** *vp* to come apart

descremado, -a *adj* LOC *Ver* LECHE, YOGUR

describir *vt* to describe

descripción *nf* description

descuartizar *vt* **1** (*carnicero*) to carve *sth* up **2** (*asesino*) to chop *sb/sth* up

descubierto, -a *adj* uncovered LOC **al descubierto** (*al aire libre*) in the open air *Ver tb* DESCUBRIR

descubridor, -ora *nm-nf* discoverer

descubrimiento *nm* discovery [*pl* discoveries]

descubrir *vt* **1** (*encontrar*) to discover: *~ una isla/vacuna* to discover an island/a vaccine **2** (*darse cuenta*) to find *sth* out, to discover (*más formal*): *Descubrí que me engañaban.* I found out that they were deceiving me. **3** (*estatua, placa*) to unveil LOC **se descubrió todo (el asunto/pastel)** it all came out

descuento *nm* **1** (*precio*) discount: *Me hicieron un cinco por ciento de ~.* They gave me a five per cent discount. ◇ *Son 30 euros menos el ~.* It's 30 euros before the discount. **2** (*Dep*) stoppage time: *tiempo de ~* stoppage time

descuidado, -a *adj* **1** (*poco cuidadoso*) careless **2** (*desatendido*) neglected **3** (*desaliñado*) scruffy *Ver tb* DESCUIDAR

descuidar *vt* to neglect

▶ *vi* not to worry: *Descuida.* Don't worry.

▶ **descuidarse** *vp*: *Si me descuido, pierdo el tren.* If I don't watch out, I'll miss the train. ◇ *A poco que te descuides, te engañan.* They'll cheat you the moment your back is turned.

descuido *nm*: *El accidente ocurrió por un ~ del conductor.* The driver lost his concentration and caused an accident. ◇ *El perro se le escapó*

D

en un ~. The dog ran off while he wasn't paying attention.

desde *prep* **1** (*tiempo*) since: *Vivo en esta casa ~ 2002*. I've been living in this house since 2002. ◇ *~ que se fueron…* Since they left… ➲ *Ver notas en* FOR *y* SINCE **2** (*lugar, cantidad*) from: *~ abajo* from below ◇ *Desde nuestro apartamento se ve la playa*. You can see the beach from our flat. ◇ *vestidos ~ 25 euros* dresses from 25 euros LOC **desde… hasta…** from… to…: *~ el 8 hasta el 15* from the 8th to the 15th

D

desear *vt* **1** (*suerte*) to wish *sb sth*: *Te deseo suerte*. I wish you luck. **2** (*anhelar*) to wish for *sth*: *¿Qué más podría ~?* What more could I wish for?

desechable *adj* disposable: *jeringuillas ~s* disposable syringes

desembarcar *vt* **1** (*mercancía*) to unload **2** (*persona*) to set *sb* ashore
▶ *vi* to disembark

desembocadura *nf* **1** (*río*) mouth **2** (*calle*) end

desembocar *vi* ~ **en 1** (*río*) to flow into *sth* **2** (*calle, túnel*) to lead to *sth*

desembolsar *vt* to pay *sth* (out)

desempatar *vi* to break the deadlock

desempate *nm* breakthrough LOC **(partido de) desempate** play-off [*pl* play-offs]

desempeñar *vt* **1** (*puesto*) to hold: *~ un cargo de responsabilidad* to hold a post of responsibility **2** (*papel*) to play

desempleado, -a *adj* unemployed
▶ *nm-nf* unemployed person: *los ~s* the unemployed

desempleo *nm* unemployment

desencajado, -a *adj* **1** (*cara*) contorted **2** (*hueso*) dislocated **3** (*pieza*) out of position

desenchufar *vt* to unplug

desenfadado, -a *adj* **1** (*informal*) casual: *ropa desenfadada* casual clothes **2** (*sin inhibiciones*) uninhibited

desenfocado, -a *adj* out of focus

desenfundar *vt* to pull *sth* out

desenganchar *vt* to unhook
▶ **desengancharse** *vp* (*droga*) to come off drugs

desengañar *vt* **1** (*desilusionar*) to disillusion **2** (*revelar la verdad*) to open *sb's* eyes
▶ **desengañarse** *vp* **1** (*desilusionarse*) to become disillusioned **2** (*enfrentarse a la verdad*) to face facts: *Desengáñate, no van a venir*. Face facts. They're not coming.

desengaño *nm* disappointment LOC **sufrir/tener un desengaño amoroso** to be disappointed in love

desenlace *nm* (*obra literaria, película*) ending

desenredarse *vp* LOC **desenredarse el pelo** to get the tangles out of your hair

desenrollar(se) *vt, vp* **1** (*papel, alfombra, etc.*) to unroll **2** (*cable*) to unwind

desenroscar *vt* to unscrew

desenterrar *vt* to dig *sth* up: *~ un hueso* to dig up a bone

desentonar *vi* ~ **(con)** to clash (with *sth*): *¿Crees que estos colores desentonan?* Do you think these colours clash?

desenvolver *vt* to unwrap: *~ un paquete* to unwrap a parcel
▶ **desenvolverse** *vp* to get on: *Se desenvuelve bien en el trabajo/colegio*. He's getting on well at work/school.

deseo *nm* wish: *Piensa un ~*. Make a wish.

desequilibrado, -a *adj, nm-nf* (mentally) unbalanced: *Es un ~*. He's mentally unbalanced.

desértico, -a *adj* **1** (*zona*) desert: *un paisaje ~* a desert landscape **2** (*clima*) arid

desertificación *nf* desertification

desertización *nf* desertification

desertor, -ora *nm-nf* deserter

desesperación *nf* despair: *para ~ mía/de los médicos* to my despair/the despair of the doctors

desesperado, -a *adj* **1** desperate: *Estoy ~ por salir de aquí*. I'm desperate to get out of here. **2** (*situación, caso*) hopeless LOC **a la desesperada** in desperation *Ver tb* DESESPERAR

desesperar *vt* to drive *sb* mad: *Me desespera no poder conseguir trabajo*. Not being able to get a job is driving me mad.
▶ *vi* ~ **(de)** to despair (of *doing sth*): *No desesperes, aún puedes aprobar*. Don't despair. You can still pass.

desfasado, -a *adj* out of date: *ideas desfasadas* out-of-date ideas ➲ *Ver nota en* WELL BEHAVED

desfavorable *adj* unfavourable

desfavorecido, -a *adj, nm-nf* disadvantaged: *los ~s de la sociedad* disadvantaged members of society

desfigurar *vt* **1** (*rostro*) to disfigure **2** (*cambiar*) to distort: *~ una imagen/la realidad* to distort an image/reality

desfiladero *nm* gorge

desfilar *vi* **1** (*Mil, manifestación*) to march **2** (*modelos*) to parade

desfile *nm* parade LOC **desfile de modelos** fashion show

desforestación *nf Ver* DEFORESTACIÓN

desgarrar(se) *vt, vp* to tear: *~se el pantalón/un ligamento* to tear your trousers/a ligament

desgastar *vt* **1** (*ropa, zapatos*) to wear *sth* out: ~ *unas botas* to wear out a pair of boots **2** (*rocas*) to wear *sth* away, to erode (*más formal*)
▶ **desgastarse** *vp* **1** (*ropa, zapatos*) to wear out: *Se me ha desgastado el jersey por los codos.* My sweater's worn at the elbows. **2** (*rocas*) to wear away, to erode (*más formal*)

desgaste *nm* **1** (*por el uso*) wear: *Esta alfombra sufre mucho* ~. This rug gets a lot of wear. **2** (*rocas*) erosion

desgracia *nf* bad luck [*incontable*]: *Han tenido muchas ~s.* They've had a lot of bad luck. ◇ *cuando ocurre una* ~ when bad luck strikes LOC **por desgracia** unfortunately ◆ **tener la desgracia de** to be unlucky enough *to do sth*

desgraciadamente *adv* unfortunately

desgraciado, -a *adj* **1** (*sin suerte*) unlucky **2** (*infeliz*) unhappy: *llevar una vida desgraciada* to lead an unhappy life
▶ *nm-nf* **1** (*desventurado*) poor devil **2** (*mala persona*) swine

deshabitado, -a *adj* deserted

deshacer *vt* **1** (*nudo, paquete*) to undo **2** (*cama*) to strip **3** (*desmontar*) to take *sth* to pieces: ~ *un puzzle* to take a jigsaw to pieces **4** (*derretir*) to melt
▶ **deshacerse** *vp* **1** (*nudo, costura*) to come undone **2** (*derretirse*) to melt **3 deshacerse de** to get rid of *sb/sth*: *~se de un coche viejo* to get rid of an old car LOC *Ver* MALETA

deshelar(se) *vt, vp* to thaw

deshidratarse *vp* to become dehydrated

deshinchar *vt* (*globo, rueda*) to let *sth* down
▶ **deshincharse** *vp* (*globo, rueda, parte del cuerpo*) to go down

deshonesto, -a *adj* dishonest LOC *Ver* PROPOSICIÓN

desierto, -a *nm* desert
▶ *adj* deserted LOC *Ver* ISLA

designar *vt* **1** (*persona*) to appoint *sb* (*sth/to sth*): *Ha sido designado presidente.* He has been appointed chairman. ◇ *La designaron para el puesto.* She was appointed to the post. **2** (*sitio*) to designate *sth* (*as sth*): ~ *Madrid como sede de los Juegos* to designate Madrid as the venue for the Games

desigual *adj* (*irregular*) uneven: *un terreno* ~ uneven terrain

desigualdad *nf* inequality [*pl* inequalities]

desilusión *nf* disappointment LOC **llevarse una desilusión** to be disappointed

desilusionar *vt* to disappoint

desinfectante *nm* disinfectant

desinfectar *vt* to disinfect

desinflar *vt* to let *sth* down
▶ **desinflarse** *vp* (*objeto inflado*) to go down

desinstalar *vt* (*Informát*) to uninstall

desintegración *nf* disintegration

desintegrarse *vp* to disintegrate

desinterés *nm* lack of interest

desintoxicación *nf* detox, detoxification (*más formal*)

D

desistir *vi* ~ **(de)** to give up (*sth/doing sth*): ~ *de buscar trabajo* to give up looking for work

desleal *adj* disloyal

deslizar *vt* **1** to slide: *Puedes ~ el asiento hacia adelante.* You can slide the seat forward. **2** (*con disimulo*) to slip: *Le deslizó la carta en el bolsillo.* He slipped the letter into his pocket.
▶ **deslizarse** *vp* to slide: *~se sobre el hielo* to slide on the ice

deslumbrante *adj* dazzling: *una luz/actuación* ~ a dazzling light/performance

deslumbrar *vt* to dazzle

desmadrarse *vp* to run wild

desmano LOC **a desmano** out of the way: *Nos pilla muy a* ~. It's well out of our way.

desmantelar *vt* to dismantle

desmaquillador, -ora *adj* LOC **crema/loción desmaquilladora** make-up remover

desmayarse *vp* to faint

desmayo *nm* faint LOC **darle a algn/sufrir un desmayo** to faint

desmedido, -a *adj* excessive

desmejorado, -a *adj*: *La encontré un poco desmejorada.* She wasn't looking too well. ◇ *Está muy ~ desde la última vez que lo vi.* He's gone rapidly downhill since the last time I saw him.

desmelenarse *vp* to let your hair down

desmentir *vt* to deny: *Desmintió las acusaciones.* He denied the accusations.

desmenuzar *vt* **1** (*pescado*) to break *sth* into small pieces **2** (*pan, galletas*) to crumble *sth* (up) **3** (*analizar*) to analyse *sth* in (great) detail

desmontar *vt* **1** (*máquina*) to take *sth* apart: ~ *una bici* to take a bike apart **2** (*andamio, estantería, tienda de campaña*) to take *sth* down
▶ *vi* (*bajar de un caballo*) to dismount

desmoralizarse *vp* to lose heart: *Sigue adelante, no te desmoralices.* Keep going, don't lose heart.

desnatado, -a *adj* LOC *Ver* LECHE, YOGUR

desnivel *nm*: *el ~ entre la casa y el jardín* the difference in level between the house and the garden

desnivelado, -a *adj* not level: *El suelo está ~.* The ground isn't level.

desnudar *vt* to undress
▶ **desnudarse** *vp* to get undressed: *Se desnudó y se metió en la cama.* He got undressed and got into bed.

desnudo, **-a** *adj* **1** (*persona*) naked: *El niño está medio ~.* The child is half naked. **2** (*parte del cuerpo, vacío*) bare: *brazos ~s* bare arms ◇ *paredes desnudas* bare walls ➲ *Ver nota en* NAKED

D

desnutrido, **-a** *adj* undernourished

desobedecer *vt* to disobey: *~ órdenes/a tus padres* to disobey orders/your parents

desobediencia *nf* disobedience

desobediente *adj, nmf* disobedient: *ser un ~* to be disobedient

desodorante *nm* deodorant

desolador, **-ora** *adj* devastating

desolar *vt* to devastate: *La noticia nos desoló.* We were devastated by the news.

desorden *nm* **1** mess: *Perdona el ~.* Sorry about the mess. ◇ *Tenía la casa en ~.* The house was in a mess. **2** (*Med*) disorder: *un ~ alimentario* an eating disorder

desordenado, **-a** *adj, nm-nf* untidy: *ser un ~* to be untidy LOC **dejar algo desordenado** to leave sth in a mess *Ver tb* DESORDENAR

desordenar *vt* to make *sth* untidy, to mess *sth* up (*más coloq*): *Me has desordenado el armario.* You've made a mess of my wardrobe.

desorganizado, **-a** *adj, nm-nf* disorganized: *ser un ~* to be disorganized *Ver tb* DESORGANIZAR

desorganizar *vt* to disrupt: *La huelga nos ha desorganizado las clases.* The strike has disrupted our lessons.

desorientar *vt* (*desconcertar*) to confuse: *Sus instrucciones me desorientaron.* His directions confused me.
▶ **desorientarse** *vp* to get lost: *Me he desorientado.* I'm lost.

despachar *vt* **1** (*atender*) to serve **2** (*solucionar*) to settle: *Despachamos el tema en media hora.* We settled the matter in half an hour. **3** (*librarse de algn*) to get rid of *sb*: *Me despachó rápido.* He soon got rid of me.

despacho *nm* **1** (*oficina*) office: *Nos recibió en su ~.* She saw us in her office. **2** (*en casa*) study [*pl* studies]

despacio *adv* **1** (*lentamente*) slowly: *Conduce ~.* Drive slowly. **2** (*largo y tendido*) in detail: *¿Por qué no lo hablamos más ~ durante la cena?* Why don't we talk about it in more detail over dinner?
▶ **¡despacio!** *interj* slow down!

despectivo, **-a** *adj* **1** (*tono*) contemptuous: *en tono ~* in a contemptuous tone **2** (*término*) pejorative

despedida *nf* **1** goodbye, farewell (*más formal*): *cena de ~* farewell dinner **2** (*celebración*) leaving party LOC **despedida de soltero/soltera** stag/hen night

despedir *vt* **1** (*decir adiós*) to see *sb* off: *Fuimos a ~les a la estación.* We went to see them off at the station. **2** (*empleado*) to dismiss, to give *sb* the sack (*coloq*) **3** (*calor, luz, olor*) to give off *sth*
▶ **despedirse** *vp* **despedirse (de)** to say goodbye (to *sb/sth*): *Ni siquiera se han despedido.* They didn't even say goodbye. ◇ *Su esposa se despidió de él.* His wife said goodbye to him.

despegado, **-a** *adj* **1** (*separado*) unstuck **2** (*persona*) cold: *Es muy despegada con su familia.* She's very cold towards her family. *Ver tb* DESPEGAR

despegar *vt* to pull *sth* off
▶ *vi* (*avión*) to take off: *El avión está despegando.* The plane is taking off.
▶ **despegarse** *vp* to come off: *Se ha despegado el asa.* The handle's come off.

despegue *nm* take-off

despeinado, **-a** *adj* untidy: *Estás ~.* Your hair's untidy. *Ver tb* DESPEINAR(SE)

despeinar(se) *vt, vp* to mess sb's/your hair up: *No me despeines.* Don't mess my hair up.

despejado, **-a** *adj* clear: *un cielo ~/una mente despejada* a clear sky/mind *Ver tb* DESPEJAR

despejar *vt* to clear: *¡Despejen la zona!* Clear the area!
▶ *v imp* (*cielo*) to clear up: *Despejó a eso de las cinco.* It cleared up at about five.
▶ **despejarse** *vp* **1** (*cielo*) to clear **2** (*despertarse*) to wake up

despensa *nf* larder

desperdiciar *vt* to waste

desperdicio *nm* **1** (*desaprovechamiento*) waste **2 desperdicios** scraps

desperezarse *vp* to stretch

desperfecto *nm* **1** (*deterioro*) damage [*incontable*]: *Sufrió algunos ~s.* It suffered some damage. **2** (*imperfección*) flaw

despertador *nm* alarm (clock): *He puesto el ~ para las siete.* I've set the alarm for seven. ➲ *Ver dibujo en* RELOJ

despertar *vt* **1** (*persona*) to wake *sb* up: *¿A qué hora quieres que te despierte?* What time do you want me to wake you up? **2** (*interés, sospecha*) to arouse
▶ **despertar(se)** *vi, vp* to wake up LOC **tener (un) buen/mal despertar** to wake up in a good/bad mood

despido *nm* dismissal

despierto, **-a** *adj* **1** (*no dormido*) awake: *¿Estás ~?* Are you awake? **2** (*espabilado*) bright LOC *Ver* SOÑAR

despistado, **-a** *adj* **1** (*por naturaleza*) absent-minded **2** (*distraído*) miles away: *Iba ~ y no les vi.* I was miles away and didn't see them. LOC **hacerse el despistado**: *Nos vio pero se hizo el ~.* He saw us but pretended not to. *Ver tb* DESPISTAR

despistar *vt* **1** (*desorientar*) to confuse **2** (*dar esquinazo*) to shake *sb* off: *Despistó a la policía.* He shook off the police.

despiste *nm* **1** absent-mindedness [*incontable*]: *¡Vaya ~ que llevas!* You're so absent-minded! **2** (*error*) silly mistake: *Ha sido un ~.* It was a silly mistake.

desplazado, **-a** *adj* out of place: *sentirse ~* to feel out of place *Ver tb* DESPLAZAR

desplazamiento *nm* **1** (*viaje*) trip **2** (*movimiento*) movement

desplazar *vt* (*sustituir*) to take the place of *sb/sth*: *El ordenador ha desplazado a la máquina de escribir.* Computers have taken the place of typewriters.
▶ **desplazarse** *vp* to go: *Se desplazan a todos los sitios en taxi.* They go everywhere by taxi.

desplegar *vt* **1** (*mapa, póster, etc.*) to unfold **2** (*velas*) to unfurl **3** (*tropas, armamento*) to deploy

despliegue *nm* deployment

desplomarse *vp* to collapse

despoblado, **-a** *adj* (*sin habitantes*) uninhabited

déspota *nmf* despot

despreciable *adj* despicable

despreciar *vt* **1** (*menospreciar*) to despise, to look down on *sb* (*más coloq*): *Despreciaban a los demás alumnos.* They looked down on the other students. **2** (*rechazar*) to reject: *Despreciaron nuestra ayuda.* They rejected our offer of help.

desprecio *nm* contempt (*for sb/sth*): *mostrar ~ por algn* to show contempt for sb

desprender *vt* **1** (*separar*) to take *sth* off, to remove (*más formal*): *Intenta ~le la etiqueta.* Try to take the price tag off. **2** (*emanar*) to give off *sth*: *Esta estufa desprende gas.* This stove is giving off gas.
▶ **desprenderse** *vp* **1** (*separarse*) to come off: *Se te ha desprendido un botón.* One of your buttons has come off. **2 desprenderse de** to get rid of *sth*: *Se desprendió de varios libros.* He got rid of several books.

desprendimiento *nm* LOC **desprendimiento de tierras** landslide

desprestigiar *vt* to discredit

desprevenido, **-a** *adj* LOC **coger/pillar a algn desprevenido** to catch sb unawares

desproporcionado, **-a** *adj* disproportionate (*to sth*)

desprovisto, **-a** *adj* ~ **de** lacking in *sth*

después *adv* **1** (*más tarde*) afterwards, later (*más coloq*): *Después dijo que no le había gustado.* He said afterwards that he hadn't liked it. ◇ *Salieron poco ~.* They came out shortly afterwards. ◇ *Si estudias ahora, ~ puedes ver la tele.* If you do your homework now, you can watch TV later. ◇ *No me lo dijeron hasta mucho ~.* They didn't tell me until much later. **2** (*a continuación*) next: *¿Y qué pasó ~?* What happened next? LOC **después de** after *sth/doing sth*: *~ de las dos* after two o'clock ◇ *~ de hablar con ellos* after talking to them ◇ *La farmacia está ~ del banco.* The chemist's is after the bank. ◆ **después de todo** after all

despuntar *vi* **1** (*alba, día*) to break **2** (*persona*) to stand out

destacar *vt* to point *sth* out: *El profesor destacó varios aspectos de su obra.* The teacher pointed out various aspects of his work.
▶ **destacar(se)** *vi, vp* to stand out: *El rojo destaca sobre el verde.* Red stands out against green.

destapar *vt* **1** (*quitar la tapa*) to take the lid off *sth*: *~ una olla* to take the lid off a saucepan **2** (*en la cama*) to pull the bedclothes off *sb*: *No me destapes.* Don't pull the bedclothes off me.
▶ **destaparse** *vp* (*en la cama*) to throw the bedclothes off

destaponar(se) *vt, vp* to unblock

destartalado, **-a** *adj* dilapidated

desteñir(se) *vt, vp* to fade: *Se te ha desteñido la falda.* Your skirt's faded.
▶ *vi*: *Esa camisa roja destiñe.* The colour runs in that red shirt.

destinar *vt* to post: *La han destinado a Vigo.* She's been posted to Vigo.

destinatario, **-a** *nm-nf* addressee

destino *nm* **1** (*sino*) fate **2** (*lugar al que se dirige algo/algn*) destination: *un ~ turístico* a tourist destination **3** (*lugar de trabajo*): *Me van a cambiar de ~.* I'm going to be posted somewhere else. LOC **con destino a...** for...: *el ferry con ~ a Plymouth* the ferry for Plymouth

destornillador *nm* screwdriver

D

D

destrozado, -a *adj* (*abatido*) devastated (*at/by sth*): ~ *por la pérdida de su hijo* devastated by the loss of his son *Ver tb* DESTROZAR

destrozar *vt* **1** (*destruir*) to destroy **2** (*hacer añicos*) to smash: *Destrozaron los cristales del escaparate.* They smashed the shop window. **3** (*arruinar*) to ruin: ~*le la vida a algn* to ruin sb's life

destrucción *nf* destruction

destructivo, -a *adj* destructive

destructor *nm* (*Náut*) destroyer

destruir *vt* to destroy

desvalido, -a *adj* helpless

desvalijar *vt* **1** (*lugar*) to steal everything from...: *Me habían desvalijado el coche.* They had stolen everything from my car. **2** (*persona*) to rob *sb* of all they have

desván *nm* loft, attic (*USA*)

desvanecerse *vp* **1** (*desmayarse*) to faint **2** (*desaparecer*) to disappear

desvariar *vi* **1** (*delirar*) to be delirious **2** (*decir disparates*) to talk nonsense

desvelar *vt* **1** (*espabilar*) to keep *sb* awake **2** (*revelar*) to reveal: ~ *un secreto* to reveal a secret

▶ **desvelarse** *vp* **1** (*espabilarse*) to wake up **2 desvelarse por** (*desvivirse*) to do your utmost for *sb*

desventaja *nf* disadvantage LOC **estar en desventaja** to be at a disadvantage

desvergonzado, -a *adj, nm-nf* **1** (*que no tiene vergüenza*) shameless: *ser un* ~ to have no shame **2** (*insolente*) cheeky, sassy (*USA*): *ser un* ~ to be cheeky

desvestir *vt* to undress

▶ **desvestirse** *vp* to get undressed

desviación *nf* **1** (*tráfico, fondos*) diversion **2** ~ **(de)** (*irregularidad*) deviation (from *sth*)

desviar *vt* to divert: ~ *el tráfico* to divert traffic ◇ ~ *los fondos de una sociedad* to divert company funds

▶ **desviarse** *vp* **1** (*carretera*) to branch off: *Verás que la carretera se desvía hacia la izquierda.* You'll see that the road branches off to the left. **2** (*coche*) to turn off LOC **desviar la mirada** to avert your eyes *Ver tb* TEMA

desvío *nm* diversion

desvivirse *vp* ~ **por** to live for *sb/sth*: *Se desviven por sus hijos.* They live for their children.

detalladamente *adv* in detail

detallado, -a *adj* detailed *Ver tb* DETALLAR

detallar *vt* **1** (*contar con detalle*) to give details of *sth* **2** (*especificar*) to specify

detalle *nm* **1** (*pormenor*) detail **2** (*atención*) gesture LOC **¡qué detalle!** how thoughtful! ◆ **tener muchos detalles (con algn)** to be very considerate (to sb) *Ver tb* LUJO

detallista *adj* thoughtful: *Tú siempre tan* ~. You're always so thoughtful.

detectar *vt* to detect

detective *nmf* detective

detector *nm* detector: *un* ~ *de mentiras/metales* a lie/metal detector

detención *nf* **1** (*arresto*) arrest **2** (*paralización*) halt: *La falta de material motivó la* ~ *de las obras.* Lack of materials brought the building work to a halt.

detener *vt* **1** (*parar*) to stop **2** (*arrestar*) to arrest

▶ **detenerse** *vp* to stop

detenidamente *adv* carefully

detenido, -a *adj*: *estar/quedar* ~ to be under arrest

▶ *nm-nf* person under arrest, detainee (*más formal*) *Ver tb* DETENER

detergente *nm* detergent

deteriorar *vt* to damage

▶ **deteriorarse** *vp* to deteriorate: *Su salud se deterioraba día a día.* Her health was deteriorating by the day.

deterioro *nm* deterioration

determinado, -a *adj* **1** (*cierto*) certain: *en* ~*s casos* in certain cases **2** (*artículo*) definite *Ver tb* DETERMINAR

determinar *vt* to determine: ~ *el precio de algo* to determine the price of sth

detestar *vt* to detest *sth/doing sth*, to hate *sth/doing sth* (*más coloq*)

detrás *adv* **1** (*ir, venir*) behind: *Los otros vienen* ~. The others are coming behind. **2** (*estar*) at/on the back: *El mercado está* ~. The market is at the back. ◇ *El precio está* ~. The price is on the back. LOC **detrás de 1** (*en el espacio*) behind: ~ *de nosotros/la casa* behind us/the house **2** (*en el tiempo*) after: *Comía una galleta* ~ *de otra.* He was eating one biscuit after another. ◆ **estar detrás de algn** (*gustar*) to be after sb ◆ **por detrás** from behind *Ver tb* MOSCA

deuda *nf* debt LOC **tener una deuda** to be in debt (*to sb/sth*): *tener una* ~ *con el banco* to be in debt to the bank

devaluar *vt* to devalue

devanarse *vp* LOC *Ver* SESO

devastador, -ora *adj* devastating

devolución *nf* **1** (*artículo*) return: *la* ~ *de mercancías defectuosas* the return of defective goods **2** (*dinero*) refund

devolver *vt* **1** to return *sth* (*to sb/sth*): *¿Devolviste los libros a la biblioteca?* Did you return the books to the library? **2** (*dinero*) to refund: *Se le devolverá el importe.* Your

money will be refunded. **3** (*vomitar*) to bring *sth* up
▶ *vi* to be sick: *El niño ha devuelto.* The baby has been sick.

devorar *vt* to devour

devoto, **-a** *adj* (*piadoso*) devout

día *nm* **1** day: *Pasamos el ~ en Segovia.* We spent the day in Segovia. ◇ *— ¿Qué ~ es hoy? — Martes.* 'What day is it today?' 'Tuesday.' ◇ *al ~ siguiente* the following day **2** (*en fechas*): *Termina el ~ 15.* It ends on the 15th. ◇ *Llegaron el ~ 10 de abril.* They arrived on 10 April. ❶ Se dice 'April the tenth' o 'the tenth of April'. ➲ *Ver tb pág 790* LOC **al/por día** a day: *tres veces al ~* three times a day ◆ **¡buenos días!** good morning!, morning! (*coloq*) ◆ **dar los buenos días** to say good morning ◆ **de día/durante el día** in the daytime/during the daytime: *Duermen de ~.* They sleep in the daytime. ◆ **del día** fresh: *pan del ~* fresh bread ◆ **día de la madre/del padre** Mother's/Father's Day ◆ **día de los enamorados** Valentine's Day

En Gran Bretaña la tradición consiste en enviar una tarjeta anónima (**valentine card** o **valentine**) a la persona querida, con el mensaje **I love you**. Las personas que mandan o reciben estas tarjetas se llaman **valentines**.

◆ **día de los inocentes** ≃ April Fool's Day (*GB*) ➲ *Ver nota en* APRIL FOOL'S DAY ◆ **día de Navidad** Christmas Day ➲ *Ver nota en* NAVIDAD ◆ **día de Reyes** 6 January ◆ **día de Todos los Santos** All Saints' Day ➲ *Ver nota en* HALLOWEEN ◆ **día festivo** holiday ◆ **día libre 1** (*no ocupado*) free day **2** (*sin ir a trabajar*) day off [*pl* days off]: *Mañana es mi ~ libre.* Tomorrow's my day off. ◆ **el día de mañana** in the future ◆ **estar al día** to be up to date ◆ **hacer buen día** to be a nice day: *Hace buen ~ hoy.* It's a nice day today. ◆ **hacerse de día** to get light ◆ **poner al día** to bring *sb/sth* up to date ◆ **ser de día** to be light ◆ **todos los días** every day ➲ *Ver nota en* EVERYDAY ◆ **un día sí y otro no** every other day *Ver tb* ALGUNO, HOY, MENÚ, OTRO, PLENO, QUINCE, VIVIR

diabetes *nf* diabetes [*incontable*]

diabético, **-a** *adj, nm-nf* diabetic

diablo *nm* devil LOC *Ver* ABOGADO

diadema *nf* (*cinta*) hairband

diagnóstico *nm* diagnosis [*pl* diagnoses]

diagonal *adj, nf* diagonal

diagrama *nm* diagram

dialecto *nm* dialect: *un ~ del inglés* a dialect of English

dialogar *vi* ~ **(con)** to talk (to *sb*): *Los padres deberían ~ más con los hijos.* Parents should talk to their children more.

diálogo *nm* conversation: *Tuvimos un ~ interesante.* We had an interesting conversation.

diamante *nm* **1** (*piedra*) diamond **2 diamantes** (*Naipes*) diamonds ➲ *Ver nota en* BARAJA

diámetro *nm* diameter

diapositiva *nf* slide: *una ~ en color* a colour slide

diariamente *adv* every day, daily (*más formal*) ➲ *Ver nota en* EVERYDAY

diario, **-a** *adj* daily
▶ *nm* **1** (*periódico*) newspaper **2** (*personal*) diary [*pl* diaries] LOC **a diario** every day ◆ **de/para diario** everyday: *ropa de ~* everyday clothes ➲ *Ver nota en* EVERYDAY

diarrea *nf* diarrhoea [*incontable*]

dibujante *nmf* **1** (*técnico, artístico*) draughtsman/woman [*pl* -men/-women] **2** (*humor, cómic*) cartoonist

dibujar *vt* to draw

dibujo *nm* **1** (*Arte*) drawing: *estudiar ~* to study drawing ◇ *un ~* a drawing ◇ *Haz un ~ de tu familia.* Draw a picture of your family. **2** (*motivo*) pattern LOC **dibujo lineal** technical drawing ◆ **dibujos animados** cartoons: *una serie de ~s animados* a cartoon series

diccionario *nm* dictionary [*pl* dictionaries]: *Búscalo en el ~.* Look it up in the dictionary. ◇ *un ~ bilingüe/de francés* a bilingual/French dictionary

dicho, **-a** *adj* that [*pl* those]: *~ año* that year
▶ *nm* (*refrán*) saying LOC **dicho de otra forma/manera** in other words ◆ **dicho y hecho** no sooner said than done *Ver tb* MEJOR; *Ver tb* DECIR

diciembre *nm* December (*abrev* Dec.) ➲ *Ver ejemplos en* ENERO

dictado *nm* dictation: *hacer un ~* to do a dictation

dictador, **-ora** *nm-nf* dictator

dictadura *nf* dictatorship: *durante la ~ militar* during the military dictatorship

dictar *vt, vi* to dictate LOC **dictar sentencia** to pass sentence

didáctico, **-a** *adj* educational LOC *Ver* MATERIAL

diecinueve *adj, nm, pron* **1** nineteen **2** (*fecha*) nineteenth ➲ *Ver ejemplos en* ONCE *y* SEIS

dieciocho *adj, nm, pron* **1** eighteen **2** (*fecha*) eighteenth ➲ *Ver ejemplos en* ONCE *y* SEIS

dieciséis *adj, nm, pron* **1** sixteen **2** (*fecha*) sixteenth ➲ *Ver ejemplos en* ONCE *y* SEIS

diecisiete *adj, nm, pron* **1** seventeen **2** (*fecha*) seventeenth ➲ *Ver ejemplos en* ONCE *y* SEIS

diente *nm* tooth [*pl* teeth] LOC **diente de ajo** clove of garlic ◆ **diente de leche** milk tooth [*pl* milk teeth] ◆ **poner los dientes largos a algn** to make sb jealous *Ver tb* CANTO, CEPILLO, LAVAR, PASTA, RECHINAR

diesel *nm* **1** (*motor*) diesel engine **2** (*coche*) diesel

diestro, **-a** *adj* (*persona*) right-handed LOC **a diestro y siniestro** right, left and centre

dieta *nf* **1** (*régimen*) diet: *estar a ~* to be on a diet **2 dietas** (*gastos*) expenses

dietético, **-a** *adj* diet LOC *Ver* BARRITA

diez *adj, nm, pron* **1** ten **2** (*fechas*) tenth ➲ *Ver ejemplos en* SEIS LOC **sacar un diez** to get top marks

difamar *vt* **1** (*de palabra*) to slander **2** (*por escrito*) to libel

diferencia *nf* **1 ~ con/entre** difference between *sth* (*and sth*): *la ~ entre dos telas* the difference between two fabrics ◇ *Madrid tiene una hora de ~ con Londres.* There's an hour's difference between Madrid and London. **2 ~ (de)** difference (in/of *sth*): *No hay mucha ~ de precio entre los dos.* There's not much difference in price between the two. ◇ *una ~ de opiniones* a difference of opinion LOC **a diferencia de** unlike ◆ **con diferencia** by far: *Es el más importante con ~.* It's by far the most important. *Ver tb* MARCAR

diferenciar *vt* to differentiate *sth* (*from sth*), to differentiate between *sth and sth*
▶ **diferenciarse** *vp*: *No se diferencian en nada.* There's no difference between them. ◇ *¿En qué se diferencia?* What's the difference?

diferente *adj* **1 ~ (a/de)** different (from *sb/sth*) ➲ *Ver nota en* DIFFERENT **2 diferentes** (*diversos*) various: *por ~s razones* for various reasons
▶ *adv* differently: *Pensamos ~.* We think differently.

diferido, **-a** *adj* LOC **en diferido** pre-recorded

difícil *adj* difficult

dificultad *nf* difficulty [*pl* difficulties]

dificultar *vt* to make *sth* difficult: *El viento dificultó las tareas de extinción del incendio.* The wind made it difficult to put out the fire.

difuminar *vt* to blur

difundir *vt* **1** (*ideas, noticias*) to spread **2** (*Radio, TV*) to broadcast **3** (*publicar*) to publish
▶ **difundirse** *vp* (*noticia, luz*) to spread

difunto, **-a** *adj* late: *el ~ presidente* the late president
▶ *nm-nf* deceased: *los familiares del ~* the family of the deceased

difusión *nf* **1** (*ideas, noticias*) spreading **2** (*programas*) broadcasting **3** (*artículos*) publishing **4** (*calor, sonido, luz*) diffusion LOC *Ver* MEDIO

digerir *vt* to digest

digestión *nf* digestion LOC **hacer la digestión**: *Hay que hacer la ~ antes de bañarse.* You must wait for your food to go down before you go swimming. ◇ *Todavía estoy haciendo la ~.* I've only just eaten. *Ver tb* CORTE

digestivo, **-a** *adj* digestive: *el aparato ~* the digestive system

digital *adj* digital LOC *Ver* TELEVISIÓN

digitalizar *vt* to digitalize

dignarse *vp* to deign *to do sth*

dignidad *nf* dignity

digno, **-a** *adj* **1** decent: *el derecho a un trabajo ~* the right to a decent job **2 ~ de** worthy of *sb/sth*: *~ de atención* worthy of attention LOC **digno de confianza** reliable

dilatar(se) *vt, vp* **1** (*agrandar, ampliar*) to expand **2** (*poros, pupilas*) to dilate

dilema *nm* dilemma

diluir *vt* **1** (*sólido*) to dissolve **2** (*líquido*) to dilute **3** (*salsa, pintura*) to thin
▶ **diluirse** *vp* (*sólido*) to dissolve

diluvio *nm* flood LOC **el Diluvio Universal** the Flood

dimensión *nf* dimension: *la cuarta ~* the fourth dimension ◇ *las dimensiones de una sala* the dimensions of a room LOC **de grandes/enormes dimensiones** huge

diminutivo, **-a** *adj, nm* diminutive

diminuto, **-a** *adj* tiny

dimisión *nf* resignation: *Presentó su ~.* He handed in his resignation.

dimitir *vi* **~ (de)** to resign (from *sth*): *~ de un cargo* to resign from a post

Dinamarca *nf* Denmark

dinámica *nf* **1** (*Mec*) dynamics [*incontable*] **2** (*funcionamiento*) dynamics: *la ~ del equipo* the dynamics of the team

dinámico, **-a** *adj* dynamic

dinamita *nf* dynamite

dinamo (*tb* **dínamo**) *nf* dynamo [*pl* dynamos]

dinastía *nf* dynasty [*pl* dynasties]

dineral *nm* fortune: *Cuesta un ~.* It costs a fortune.

dinero *nm* money [*incontable*]: *¿Tienes ~?* Have you got any money? ◇ *Necesito ~.* I need some money. LOC **andar/estar mal de dinero** to be short of money ◆ **dinero contante y sonante** hard cash ◆ **dinero suelto** (loose) change

dinosaurio *nm* dinosaur

dioptría *nf*: *¿Cuántas ~s tienes?* How short-sighted are you?

dios *nm* god LOC **como Dios manda** proper(ly): *una oficina como Dios manda* a proper office ◊ *hacer algo como Dios manda* to do sth properly ♦ **¡Dios me libre!** God forbid! ♦ **¡Dios mío!** good God! ♦ **Dios sabe** God knows ♦ **ni Dios** not a soul ♦ **¡por Dios!** for God's sake! *Ver tb* AMOR, PEDIR

diosa *nf* goddess

dióxido *nm* dioxide LOC **dióxido de carbono** carbon dioxide

diploma *nm* diploma

diplomacia *nf* diplomacy

diplomado, -a *adj* qualified: *una enfermera diplomada* a qualified nurse

diplomático, -a *adj* **1** (*Pol*) diplomatic **2** (*discreto*) tactful

▶ *nm-nf* diplomat

diptongo *nm* diphthong

diputación *nf* council [*v sing o pl*]: *la ~ provincial/regional* the provincial/regional council

diputado, -a *nm-nf* deputy [*pl* deputies] ❶ En Gran Bretaña, el equivalente es **Member of Parliament** (*abrev* **MP**). LOC *Ver* CONGRESO

dique *nm* dyke LOC **dique (seco)** dry dock

dirección *nf* **1** (*rumbo*) direction: *Iban en ~ contraria.* They were going in the opposite direction. ◊ *salir con ~ a Madrid* to set off for Madrid **2** (*señas*) address: *nombre y ~* name and address LOC **dirección prohibida** (*señal*) no entry ♦ **dirección única** one-way: *Esa calle es de ~ única.* That's a one-way street. *Ver tb* LISTA, SECRETARIO

directamente *adv* (*derecho*) straight: *Volvimos ~ a Málaga.* We went straight back to Malaga.

directivo, -a *adj* management: *el equipo ~* the management team

▶ *nm-nf* director LOC *Ver* JUNTA

directo, -a *adj* **1** direct: *un vuelo ~* a direct flight ◊ *¿Cuál es el camino más ~?* What's the most direct way? **2** (*tren*) through: *un tren ~ a Barcelona* a through train to Barcelona LOC **en directo** live: *una actuación en ~* a live performance ◊ *El programa se emite en ~.* The programme goes out live. *Ver tb* MÚSICA

director, -ora *nm-nf* **1** director: *~ artístico/financiero* artistic/financial director ◊ *un ~ de cine/teatro* a film/theatre director **2** (*colegio*) head (teacher), principal (*USA*) **3** (*banco*) manager **4** (*periódico, editorial*) editor LOC **director (de orquesta)** conductor ♦ **director gerente** managing director

dirigente *adj* (*Pol*) ruling

▶ *nmf* **1** (*Pol*) leader **2** (*de una empresa*) manager LOC *Ver* MÁXIMO

dirigir *vt* **1** (*película, obra de teatro, tráfico*) to direct **2** (*carta, mensaje*) to address *sth to sb/sth* **3** (*arma, manguera, telescopio*) to point *sth at sb/sth*: *Dirigió el telescopio hacia la luna.* He pointed the telescope at the moon. **4** (*debate, campaña, expedición, partido*) to lead **5** (*negocio*) to run

▶ **dirigirse** *vp* **1 dirigirse a/hacia** (*ir*) to head for...: *~se hacia la frontera* to head for the border **2 dirigirse a (a)** (*hablar*) to speak to *sb* **(b)** (*por carta*) to write to *sb* LOC **dirigir la palabra** to speak *to sb*

discapacidad *nf* disability [*pl* disabilities]

discapacitado, -a *adj* disabled

▶ *nm-nf* disabled person: *asientos reservados para los ~s* seats reserved for the disabled ◊ *los ~s psíquicos* the mentally handicapped

> En un contexto más formal se prefiere la expresión **people with disabilities**: *un plan para integrar a los discapacitados en el mercado laboral* a plan to bring people with disabilities into the workplace.

disciplina *nf* **1** discipline: *mantener la ~* to maintain discipline **2** (*asignatura*) subject

discípulo, -a *nm-nf* **1** (*seguidor*) disciple **2** (*alumno*) pupil

disco *nm* **1** (*objeto circular*) disc **2** (*Mús*) record: *grabar/poner un ~* to make/play a record **3** (*Informát*) disk: *el ~ duro* the hard disk **4** (*Dep*) discus **5** (*semáforo*) light LOC **disco compacto** CD

discográfico, -a *adj* record: *una empresa discográfica* a record company

discoteca *nf* disco [*pl* discos]

discotequero, -a *adj* (*música*) dance: *Soy muy ~.* I love clubbing.

discreción *nf* discretion

discreto, -a *adj* **1** (*prudente*) discreet **2** (*mediocre*) unremarkable

discriminación *nf* discrimination (*against sb*): *la ~ racial* racial discrimination ◊ *la ~ de la mujer* discrimination against women

discriminar *vt* to discriminate against *sb*: *empresas que discriminan a las mujeres* firms that discriminate against women

disculpa *nf* **1** (*excusa*) excuse: *Esto no tiene ~.* There's no excuse for this. **2** (*pidiendo perdón*) apology [*pl* apologies] LOC *Ver* PEDIR

disculpar *vt* to forgive: *Disculpe la interrupción.* Forgive the interruption. ◊ *Disculpa que llegue tarde.* Sorry I'm late.

D

▶ **disculparse** *vp* to apologize (*to sb*) (*for sth*): *Me disculpé con ella por no haber escrito.* I apologized to her for not writing.

discurso *nm* speech: *pronunciar un ~* to give a speech

discusión *nf* **1** (*debate*) discussion **2** (*disputa*) argument

discutido, **-a** *adj* (*polémico*) controversial *Ver tb* DISCUTIR

discutir *vt* **1** (*debatir*) to discuss **2** (*cuestionar*) to question: *~ una decisión* to question a decision

▶ *vi* **1 ~ (con algn) (por algo)** (*reñir*) to argue (with sb) (about/over sth): *No quiero ~ contigo.* I don't want to argue with you. **2 ~ de/sobre algo** (*hablar*) to discuss sth: *~ de política* to discuss politics

disecar *vt* **1** (*animal*) to stuff **2** (*flor*) to press

diseñador, **-ora** *nm-nf* designer

diseñar *vt* **1** to design **2** (*plan*) to draw *sth* up

diseño *nm* design: *~ gráfico* graphic design

disfraz *nm* fancy dress [*incontable*]: *un sitio donde alquilan disfraces* a shop where you can hire fancy dress **LOC** *Ver* BAILE

disfrazarse *vp* **~ (de)** (*para una fiesta*) to dress up (as *sb/sth*): *Se disfrazó de Cenicienta.* She dressed up as Cinderella.

disfrutar *vi, vt* to enjoy *sth/doing sth*: *Disfrutamos mucho bailando/con el fútbol.* We enjoy dancing/football a lot. ◇ *Espero que hayáis disfrutado de la visita.* I hope you have enjoyed the visit. ◇ *Disfruto de buena salud.* I enjoy good health.

▶ *vi* (*pasarlo bien*) to enjoy yourself: *¡Que disfrutes mucho!* Enjoy yourself!

disgustado, **-a** *adj* upset *Ver tb* DISGUSTAR

disgustar *vi* to upset *sb*: *Les disgustó mucho que suspendiera.* They were very upset he failed.

▶ **disgustarse** *vp* to get upset: *Se disgusta siempre que llego tarde.* She gets upset whenever I'm late.

disgusto *nm* **1** (*tristeza*) sorrow: *Su decisión les causó un gran ~.* His decision caused them great sorrow. **2** (*desgracia*) accident: *Corres tanto que un día tendrás un ~.* You drive so fast you're going to have an accident one day. **LOC a disgusto** unwillingly: *hacer algo a ~* to do sth unwillingly ◆ **dar disgustos** to upset *sb*: *Da muchos ~s a sus padres.* He's always upsetting his parents. ◆ **llevarse un disgusto** to be upset: *Cuando me dieron las notas me llevé un ~.* I was upset when I got my results. *Ver tb* MATAR

disidente *adj, nmf* dissident

disimular *vt* (*ocultar*) to hide: *~ la verdad/una cicatriz* to hide the truth/a scar ◇ *No pudo ~ su alegría.* She couldn't hide her joy.

▶ *vi* (*fingir*) to pretend: *Disimula, haz como que no sabes nada.* Pretend you don't know anything. ◇ *¡Ahí vienen! ¡Disimula!* There they are! Pretend you haven't seen them!

disimulo *nm* **LOC con/sin disimulo** surreptitiously/openly

dislexia *nf* dyslexia

disléxico, **-a** *adj* dyslexic

dislocar(se) *vt, vp* to dislocate: *Me disloqué el brazo.* I dislocated my arm.

disminución *nf* drop (*in sth*): *una ~ en el número de accidentes* a drop in the number of accidents

disminuido, **-a** *adj* disabled

▶ *nm-nf* disabled person: *los ~s* the disabled ➲ *Ver nota en* DISCAPACITADO

disminuir *vt* to reduce: *Disminuye la velocidad.* Reduce your speed.

▶ *vi* to fall: *Han disminuido los accidentes.* The number of accidents has fallen.

disolvente *nm* (*aguarrás*) solvent

disolver(se) *vt, vp* **1** (*en un líquido*) to dissolve: *Disuelva el azúcar en la leche.* Dissolve the sugar in the milk. **2** (*manifestación*) to break (*sth*) up: *La manifestación se disolvió enseguida.* The demonstration broke up immediately.

disparado, **-a** *adj* **LOC salir disparado** to shoot out (*of…*): *Salieron ~s del banco.* They shot out of the bank. *Ver tb* DISPARAR

disparar *vt, vi* to shoot: *~ una flecha* to shoot an arrow ◇ *¡No disparen!* Don't shoot! ◇ *Disparaban contra todo lo que se movía.* They were shooting at everything that moved. ◇ *~ a puerta* to shoot at goal

▶ **dispararse** *vp* **1** (*arma, dispositivo*) to go off: *La pistola se disparó.* The pistol went off. **2** (*aumentar*) to shoot up: *Se han disparado los precios.* Prices have shot up.

disparate *nm* **1** (*dicho*) nonsense [*incontable*]: *¡No digas ~s!* Don't talk nonsense! **2** (*hecho*) stupid thing **LOC** *Ver* SARTA

disparo *nm* shot: *Oí un ~.* I heard a shot. ◇ *Murió a consecuencia de un ~.* He died from a gunshot wound.

dispersar(se) *vt, vp* to disperse

disponer *vi* **~ de 1** (*tener*) to have *sth*: *Disponemos de muy poco tiempo.* We have very little time. **2** (*utilizar*) to use *sth*: *Puedes ~ del coche cuando quieras.* You can use the car whenever you like.

▶ **disponerse** *vp* **disponerse a** to get ready for *sth/to do sth*: *Me disponía a salir cuando llegó* *mi tía.* I was getting ready to leave when my aunt arrived.

disponible *adj* available

dispositivo *nm* device LOC **dispositivo inalámbrico** wireless device

dispuesto, **-a** *adj* **1** (*ordenado*) arranged: *Los libros están ~s en orden alfabético.* The books are arranged in alphabetical order. **2** (*preparado*) ready (*for sth*): *Todo está ~ para la fiesta.* Everything is ready for the party. **3** (*servicial*) willing **4 ~ a** (*decidido*) prepared *to do sth*: *No estoy ~ a dimitir.* I'm not prepared to resign. *Ver tb* DISPONER

disputa *nf* dispute

disputado, **-a** *adj* hard-fought *Ver tb* DISPUTAR

disputar *vt* (*Dep*) to play

▶ **disputarse** *vp* to compete for *sth*

distancia *nf* distance: *¿A qué ~ está la próxima gasolinera?* How far is it to the next petrol station? LOC **a mucha/poca distancia de...** a long way/not far from...: *a poca ~ de nuestra casa* not far from our house *Ver tb* ENSEÑANZA, MANDO, UNIVERSIDAD

distante *adj* distant

distinción *nf* **1** distinction: *hacer distinciones* to make distinctions **2** (*premio*) award LOC **sin distinción de raza, sexo, etc.** regardless of race, gender, etc.

distinguido, **-a** *adj* distinguished *Ver tb* DISTINGUIR

distinguir *vt* **1** (*diferenciar*) to distinguish *sb/sth* (*from sb/sth*): *¿Puedes ~ los machos de las hembras?* Can you distinguish the males from the females? ◇ *No puedo ~ a los dos hermanos.* I can't tell the two brothers apart. **2** (*divisar*) to make *sth* out: *~ una silueta* to make out an outline

▶ **distinguirse** *vp* **1 distinguirse por** (*caracterizarse*) to be known for *sth*: *Se distingue por su tenacidad.* He's known for his tenacity. **2 distinguirse de algn/algo (en algo)** (*ser diferente*) to differ from sb/sth (in sth): *Los machos se distinguen de las hembras por su tamaño.* The males differ in size from the females.

distinto, **-a** *adj* **1 ~ (a/de)** different (from *sb/sth*): *Es muy ~ de/a su hermana.* He's very different from his sister. ➲ *Ver nota en* DIFFERENT **2 distintos** (*diversos*) various: *los ~s aspectos del problema* the various aspects of the problem

distracción *nf* (*pasatiempo*) pastime: *Su ~ favorita es leer.* Reading is her favourite pastime.

distraer *vt* **1** (*entretener*) to keep *sb* amused: *Les conté cuentos para ~los.* I told them stories to keep them amused. **2** (*apartar la atención*) to distract *sb* (*from sth*): *No me distraigas (de mi trabajo).* Don't distract me (from what I'm doing).

▶ **distraerse** *vp* **1 distraerse haciendo algo** (*pasar el tiempo*) to pass the time doing sth **2** (*despistarse*) to be distracted: *Me distraje un momento.* I was distracted for a moment.

distraído, **-a** *adj* absent-minded LOC **estar/ir distraído** to be miles away *Ver tb* DISTRAER

distribución *nf* **1** distribution: *la ~ de mercancías* the distribution of goods **2** (*casa, piso*) layout

distribuidor, **-ora** *nm-nf* distributor

▶ *nm* (*en casa*) hall

distribuidora *nf* (*empresa*) distributors [*pl*]

distribuir *vt* to distribute: *Distribuyeron alimentos a/entre los refugiados.* They distributed food to/among the refugees.

distrito *nm* district LOC **distrito electoral** (*parlamento*) constituency [*pl* constituencies]

disturbio *nm* riot

disuadir *vt* to dissuade *sb* (*from sth/doing sth*)

diversión *nf* **1** (*pasatiempo*) pastime **2** (*placer*) fun: *Pinto por ~.* I paint for fun. **3** (*actividad, espectáculo*) entertainment: *lugares de ~* places of entertainment

diverso, **-a** *adj* **1** (*variado, diferente*) different: *personas de origen ~* people from different backgrounds **2 diversos** (*varios*) various: *El libro abarca ~s aspectos.* The book covers various aspects.

divertido, **-a** *adj* **1** (*gracioso*) funny: *Es una persona muy divertida.* He's a very funny person. **2** (*agradable*) enjoyable: *unas vacaciones divertidas* an enjoyable holiday LOC **estar/ser (muy) divertido** to be (great) fun ➲ *Ver nota en* FUN; *Ver tb* DIVERTIR

divertir *vt* to amuse

▶ **divertirse** *vp* to enjoy yourself LOC **¡que te diviertas!** have a good time!

dividendo *nm* dividend

dividir *vt* **1** to divide *sth* (up): *~ algo en tres partes* to divide something into three parts ◇ *~ el trabajo/la tarta* to divide (up) the work/cake ◇ *Lo dividieron entre sus hijos.* They divided it up between their children. ◇ *Ese asunto ha dividido a la familia.* That affair has divided the family. **2** (*Mat*) to divide *sth* (*by sth*): *~ ocho entre/por dos* to divide eight by two

▶ **dividirse** *vp* **dividirse (en)** to split (into *sth*): *~se en dos facciones* to split into two factions

divino, **-a** *adj* divine

D

divisa *nf* (*dinero*) (foreign) currency: *pagar en ~s* to pay in foreign currency ◇ *el mercado de ~s* the currency market

divisar *vt* to make *sb/sth* out

división *nf* division: *un equipo de segunda ~* a second division team ◇ *hacer divisiones* to do division

D

divisorio, **-a** *adj* LOC *Ver* LÍNEA

divorciado, **-a** *adj* divorced
▶ *nm-nf* divorcee *Ver tb* DIVORCIARSE

divorciarse *vp* ~ **(de)** to get divorced (from *sb*)

divorcio *nm* divorce

divulgar(se) *vt, vp* to spread

DNI *nm* identity card

En Gran Bretaña y Estados Unidos no existe un documento equivalente al Documento Nacional de Identidad español. Si es necesario probar la identidad, se utiliza el pasaporte o el carné de conducir.

do *nm* C: *en do mayor* in C major

dobladillo *nm* hem

doblaje *nm* (*Cine*) dubbing

doblar *vt* **1** (*plegar*) to fold: *~ un papel en ocho* to fold a piece of paper into eight **2** (*torcer, flexionar*) to bend: *~ la rodilla/una barra de hierro* to bend your knee/an iron bar **3** (*duplicar*) to double: *Doblaron la oferta.* They doubled their offer. **4** (*esquina*) to turn **5** (*traducir*) to dub: *~ una película al francés* to dub a film into French
▶ *vi* **1** (*girar*) to turn: *~ a la derecha* to turn right **2** (*campanas*) to toll
▶ **doblarse** *vp* **1** (*cantidad*) to double **2** (*torcerse*) to bend

doble *adj* double
▶ *nm* **1** (*cantidad*) twice as much/many: *Cuesta el ~.* It costs twice as much. ◇ *Gana el ~ que yo.* She earns twice as much as me. ◇ *Había el ~ de gente.* There were twice as many people. **2** [*con adjetivo*] twice as...: *el ~ de ancho* twice as wide **3** (*persona parecida*) double **4** (*Cine*) stand-in **5 dobles** (*Tenis*) doubles: *~s masculinos* men's doubles LOC **de doble sentido 1** (*chiste, palabra*) with a double meaning **2** (*calle*) two-way: *una calle de ~ sentido* a two-way street *Ver tb* APARCAR, ARMA, HABITACIÓN

doblez *nm* fold

doce *adj, nm, pron* **1** twelve **2** (*fecha*) twelfth
➲ *Ver ejemplos en* ONCE *y* SEIS

doceavo, **-a** *adj, nm* twelfth

docena *nf* dozen: *una ~ de personas/huevos* a dozen people/eggs LOC **a docenas** by the dozen

doctor, **-ora** *nm-nf* doctor (*abrev* Dr): *¿Conoces al ~ Ruiz?* Do you know Doctor Ruiz?

doctorado *nm* doctorate (*abrev* PhD): *estudiantes de ~* PhD students

doctrina *nf* doctrine

documentación *nf* **1** (*de una persona*) (identity) papers [*pl*]: *Me pidieron la ~.* They asked to see my (identity) papers. **2** (*de un coche*) documents [*pl*]

documental *nm* documentary [*pl* documentaries]

documento *nm* document LOC **Documento (Nacional) de Identidad** (*abrev* **DNI**) identity card
➲ *Ver nota en* DNI

dólar *nm* dollar: *cien ~es* a hundred dollars ($100) ➲ *Ver pág 793*

doler *vi* **1** to hurt: *Me duele la pierna/el estómago.* My leg/stomach hurts. ◇ *Esto no te va a ~ nada.* This won't hurt (you) at all. ◇ *Me dolió que no me apoyaran.* I was hurt by their lack of support. **2** (*cabeza, muela*) to ache: *Me duelen las muelas/la cabeza.* I've got toothache/a headache.

dolido, **-a** *adj* **1** hurt: *Está ~ por lo que dijiste.* He's hurt by what you said. **2** ~ **con** upset with *sb Ver tb* DOLER

dolor *nm* **1** (*físico*) pain: *algo contra/para el ~* something for the pain **2** (*pena*) grief LOC **dolor de cabeza** headache: *Tengo ~ de cabeza.* I've got a headache. ♦ **dolor de estómago** stomach ache ♦ **dolor de muelas/oídos** toothache/earache: *¿Tienes ~ de muelas?* Have you got toothache? *Ver tb* GRITAR, RETORCER

dolorido, **-a** *adj* sore: *Tengo el hombro ~.* My shoulder is sore.

doloroso, **-a** *adj* painful

domador, **-ora** *nm-nf* tamer

domar *vt* **1** to tame **2** (*caballo*) to break *sth* in

domesticar *vt* to domesticate

doméstico, **-a** *adj* **1** (*relativo a la casa*) household: *tareas domésticas* household chores **2** (*animal*) domestic LOC *Ver* LABOR, VIOLENCIA

domicilio *nm*: *cambio de ~* change of address ◇ *reparto/servicio a ~* delivery service

dominante *adj* dominant

dominar *vt* **1** to dominate: *~ a los demás* to dominate other people **2** (*materia, técnica*) to be good at *sth* **3** (*idioma*) to be fluent in *sth*: *Domina el ruso.* He's fluent in Russian.

domingo *nm* Sunday (*abrev* Sun.) ➲ *Ver ejemplos en* LUNES LOC **Domingo de Ramos/Resurrección** Palm/Easter Sunday

dominguero, **-a** *nm-nf* **1** (*en playa, montaña, etc.*) day tripper **2** (*en coche*) Sunday driver

dominicano, -a *adj, nm-nf* Dominican LOC *Ver* REPÚBLICA

dominio *nm* **1** (*control*) control: *su ~ de sí mismo/del balón* his self-control/ball control **2** (*técnica, lengua*) command **3** (*Internet*) domain LOC **ser del dominio público** to be common knowledge

dominó *nm* (*juego*) dominoes [*incontable*]: *jugar al ~* to play dominoes LOC *Ver* FICHA

don, doña *nm-nf* **1** (*masc*) Mr: *~ José Ruiz* Mr José Ruiz **2** (*fem*) Mrs LOC **ser un don nadie** to be a nobody

donante *nmf* donor: *~ de sangre* blood donor

donar *vt* to donate

donativo *nm* donation

donde *adv* **1** where: *la ciudad ~ nací* the city where I was born ◇ *Déjalo ~ puedas.* Leave it wherever you can. ◇ *un lugar ~ vivir* a place to live **2** [*con preposición*]: *la ciudad a/hacia ~ se dirigen* the city they're heading for ◇ *un alto de/desde ~ se ve el mar* a hill you can see the sea from ◇ *la calle por ~ pasa el autobús* the street the bus goes along

dónde *adv* where: *¿Dónde lo has puesto?* Where have you put it? ◇ *¿De ~ eres?* Where are you from? LOC **¿hacia dónde?** which way?: *¿Hacia ~ han ido?* Which way did they go? ◆ **¿por dónde se va a...?** how do you get to...?

donut® *nm* doughnut

doña *nf Ver* DON

dopaje (*tb* **doping**) *nm* doping

doparse *vp* (*Dep*) to take performance-enhancing drugs

dorado, -a *adj* **1** gold: *un bolso ~* a gold bag ◇ *colores/tonos ~s* gold colours/tones **2** (*época, pelo*) golden: *la época dorada* the golden age

dormido, -a *adj* LOC **quedarse dormido** to fall asleep *Ver tb* DORMIR

dormir *vi* **1** to sleep: *No puedo ~.* I can't sleep. ◇ *No dormí nada.* I didn't sleep a wink. **2** (*estar dormido*) to be asleep: *mientras mi madre dormía* while my mother was asleep
▶ *vt* (*niño*) to get *sb* off to sleep: *Es hora de ~ el niño.* It's time to get the baby off to sleep.
▶ **dormirse** *vp* **1** (*conciliar el sueño*) to fall asleep **2** (*despertarse tarde*) to oversleep: *Me dormí y llegué tarde a trabajar.* I overslept and was late for work. **3** (*parte del cuerpo*) to go to sleep: *Se me ha dormido la pierna.* My leg's gone to sleep. LOC **¡a dormir!** time for bed! ◆ **dormir como un lirón/tronco** to sleep like a log *Ver tb* SACO, SIESTA

dormitorio *nm* bedroom LOC *Ver* CIUDAD

dorsal *adj* LOC *Ver* ESPINA

dorso *nm* back: *al ~ de la tarjeta* on the back of the card

dos *adj, nm, pron* **1** two **2** (*fecha*) second ➲ *Ver ejemplos en* SEIS LOC **las/los dos** both: *las ~ manos* both hands ◇ *Fuimos los ~.* Both of us went./We both went. *Ver tb* CADA, PALABRA, VEZ

doscientos, -as *adj, nm, pron* two hundred ➲ *Ver ejemplos en* SEISCIENTOS

dosis *nf* dose

D

dotado, -a *adj* **1 ~ (para)** (*con talento*) gifted (at *sth*): *niños especialmente ~s para las matemáticas* children who are particularly gifted at mathematics **2 ~ de** (*de una cualidad*) endowed with *sth*: *~ de inteligencia* endowed with intelligence **3 ~ de** (*equipado*) equipped with *sth*: *vehículos ~s de la más moderna tecnología* vehicles equipped with the latest technology

dote *nf* **1** (*de una mujer*) dowry [*pl* dowries] **2 dotes** talent (*for sth/doing sth*) [*v sing*]: *Tiene ~s de cómico.* He has a talent for comedy.

dragón *nm* dragon

drama *nm* drama

dramático, -a *adj* dramatic LOC *Ver* ARTE

driblar *vt, vi* (*Dep*) to dribble (past *sb*)

droga *nf* **1** (*sustancia*) drug: *una ~ blanda/dura* a soft/hard drug **2 la droga** (*adicción, tráfico*) drugs [*pl*]: *la lucha contra la ~* the fight against drugs LOC *Ver* TRÁFICO

drogadicto, -a *nm-nf* drug addict

drogar *vt* to drug
▶ **drogarse** *vp* to take drugs

droguería *nf* shop selling household items and cleaning materials

ducha *nf* shower: *darse una ~* to have a shower LOC *Ver* GEL

ducharse *vp* to have a shower

duda *nf* **1** (*incertidumbre*) doubt: *sin ~ (alguna)* without doubt ◇ *fuera de (toda) ~* beyond (all) doubt **2** (*pregunta*) question: *¿Tenéis alguna ~?* Are there any questions? LOC **sacar de dudas** to dispel *sb's* doubts *Ver tb* CABER, LUGAR

dudar *vt, vi* **~ (de/que...)** to doubt: *Lo dudo.* I doubt it. ◇ *¿Dudas de mi palabra?* Do you doubt my word? ◇ *Dudo que sea fácil.* I doubt that it'll be easy.
▶ *vi* **1 ~ de** (*persona*) to mistrust *sb*: *Duda de todos.* She mistrusts everyone. **2 ~ en** to hesitate *to do sth*: *No dudes en preguntar.* Don't hesitate to ask. **3 ~ entre**: *Dudamos entre los dos coches.* We couldn't make up our minds between the two cars.

dudoso, -a *adj* **1** (*indeciso*) doubtful: *Estoy algo ~.* I'm rather doubtful. **2** (*sospechoso*) dubious: *un penalti ~* a dubious penalty

duelo *nm* **1** (*enfrentamiento*) duel **2** (*luto*) mourning

duende *nm* elf [*pl* elves]

dueño, **-a** *nm-nf* owner

dulce *adj* **1** sweet: *un vino* ~ a sweet wine **2** (*persona, voz*) gentle
▶ *nm* sweet thing: *Me gustan mucho los ~s.* I love sweet things. LOC *Ver* AGUA, ALGODÓN

duna *nf* (sand) dune

dúo *nm* **1** (*composición musical*) duet **2** (*pareja*) duo [*pl* duos]

duodécimo, **-a** *adj, pron, nm-nf* twelfth

dúplex *nm* maisonette

duplicar *vt* **1** to double: ~ *el presupuesto* to double the budget **2** (*copiar*) to copy

duque, **-esa** *nm-nf* **1** (*masc*) duke **2** (*fem*) duchess **3 duques** ❶ El plural de **duke** es 'dukes', pero cuando decimos *los duques* refiriéndonos al duque y la duquesa, se traduce por **the duke and duchess**.

duración *nf* **1** length: *la ~ de una película* the length of a film **2** (*bombilla, pila*) life: *pilas de larga ~* long-life batteries

durante *prep* during, for: ~ *el concierto* during the concert ◇ ~ *dos años* for two years

During se utiliza para referirnos al tiempo o al momento en que se desarrolla una acción, y **for** cuando se especifica la duración de esta acción: *Me encontré mal durante la reunión.* I felt ill during the meeting. ◇ *Anoche llovió durante tres horas.* Last night it rained for three hours.

durar *vi* to last: *La crisis duró dos años.* The crisis lasted two years. ◇ ~ *mucho* to last a long time ◇ *Duró poco.* It didn't last long.

durmiente *adj* LOC *Ver* BELLO

duro, **-a** *adj* **1** hard: *La mantequilla está dura.* The butter is hard. ◇ *una vida dura* a hard life ◇ *ser ~ con algn* to be hard on sb **2** (*castigo, clima, crítica, disciplina*) harsh **3** (*fuerte, resistente, carne*) tough: *Hay que ser ~ para sobrevivir.* You have to be tough to survive. **4** (*pan*) stale
▶ *adv* hard: *trabajar ~* to work hard LOC **duro de oído** hard of hearing ◆ **estar/quedarse sin un duro/no tener un duro** to be broke: *No tengo un duro.* I'm completely broke. *Ver tb* CABEZA, CARA, HUEVO, MANO

DVD *nm* **1** DVD **2** (*aparato*) DVD player

Ee

e *conj* and

ébano *nm* ebony

ebullición *nf* LOC *Ver* PUNTO

echado, **-a** *adj* LOC **estar echado** to be lying down *Ver tb* ECHAR

echar *vt* **1** (*tirar*) to throw: *Echa el dado.* Throw the dice. ◇ ~ *algo a la basura* to throw sth away/out **2** (*dar*) to give: *Échame un poco de agua.* Give me some water. **3** (*humo, olor*) to give off *sth*: *La chimenea echaba mucho humo.* The chimney was giving off a lot of smoke. **4** (*correo*) to post, to mail (*USA*): ~ *una carta (al correo)* to post a letter **5** (*película, programa*): *Echan una película muy buena esta noche.* There's a very good film on tonight. **6** (*expulsar*) **(a)** to throw *sb* out: *Nos echaron del bar.* We were thrown out of the bar. **(b)** (*escuela*) to expel: *Me han echado del colegio.* I've been expelled from school. **(c)** (*trabajo*) to sack, to fire (*USA*) **7** (*calcular*): *¿Cuántos años le echas?* How old do you think she is?
▶ *vi* ~ **a** to start *doing sth/to do sth*: *Echaron a correr.* They started to run.
▶ **echarse** *vp* **1** (*tumbarse*) to lie down **2** (*moverse*) to move: *~se a un lado* to move over **3 echarse a** (*comenzar*) to start *doing sth/to do sth* ❶ Para expresiones con **echar**, véanse las entradas del sustantivo, adjetivo, etc., p.ej. **echarse la siesta** en SIESTA.

eclipse *nm* eclipse

eco *nm* echo [*pl* echoes]: *Había ~ en la cueva.* The cave had an echo. LOC **ecos de sociedad** gossip column [*v sing*]

ecografía *nf* scan: *hacerse una ~* to have a scan

ecología *nf* ecology

ecológico, **-a** *adj* **1** (*del medio ambiente*) ecological: *un desastre ~* an ecological disaster **2** (*alimentos, etc.*) organic: *agricultura ecológica* organic farming **3** (*otros productos*) environmentally friendly: *detergentes ~s* environmentally-friendly detergents ➲ *Ver nota en* WELL BEHAVED

ecologismo *nm* environmentalism

ecologista *adj* environmental: *grupos ~s* environmental groups

▶ *nmf* environmentalist

economía *nf* **1** economy [*pl* economies]: *la ~ de nuestro país* our country's economy **2** (*ciencia*) economics [*incontable*]: *un profesor de ~* an economics professor LOC *Ver* MINISTERIO, MINISTRO

económico, -a *adj* **1** economic: *políticas económicas* economic policies **2** (*que gasta poco*) economical: *un coche muy ~* a very economical car ➲ *Ver nota en* ECONOMICAL

economista *nmf* economist

ecosistema *nm* ecosystem

ecotasa *nf* environmental tax

ecoturismo *nm* ecotourism

ecuación *nf* equation LOC **ecuación de segundo/tercer grado** quadratic/cubic equation

Ecuador *nm* Ecuador

ecuador *nm* equator

ecuatorial *adj* equatorial

ecuatoriano, -a *adj, nm-nf* Ecuadorian

edad *nf* age: *niños de todas las ~es* children of all ages ◇ *a tu ~* at your age ◇ *¿Qué ~ tienen?* How old are they? LOC **de mi edad** my, your, etc. age: *No había ningún chico de mi ~.* There was no one my age. ◆ **estar en la edad del pavo** to be at an awkward age ◆ **la Edad Media** the Middle Ages [*pl*]: *la Alta/Baja Edad Media* the Early/Late Middle Ages ◆ **no tener edad** to be too young/too old (*for sth/to do sth*) ◆ **tener edad** to be old enough (*for sth/to do sth*) *Ver tb* MAYOR, MEDIANO, MENOR, RESIDENCIA, TERCERO

edición *nf* **1** (*tirada, versión, Radio, TV*) edition: *la primera ~ del libro* the first edition of the book ◇ *~ pirata/semanal/electrónica* pirate/weekly/electronic edition **2** (*acción de publicar*) publication **3** (*concurso*): *la treintava ~ del festival de cine* the thirtieth film festival

edificar *vt, vi* (*construir*) to build

edificio *nm* building: *No queda nadie en el ~.* There is no one left in the building. ◇ *un ~ de 14 pisos* a 14-storey building

editar *vt* **1** (*publicar*) to publish **2** (*preparar texto, Informát*) to edit

editor, -ora *nm-nf* **1** (*empresario*) publisher **2** (*textos, Period, Radio, TV*) editor

editorial *adj* (*sector*) publishing: *el mundo ~ de hoy* the publishing world of today

▶ *nm* (*periódico*) editorial

▶ *nf* publishing house: *¿De qué ~ es?* Who are the publishers?

edredón *nm* **1** quilt **2** (*nórdico*) duvet, comforter (*USA*)

educación *nf* **1** (*enseñanza*) education: *~ sanitaria/sexual* health/sex education **2** (*modales*) manners [*pl*]: *Es de buena ~ dar las gracias.* It's good manners to say thank you. ◇ *Bostezar es de mala ~.* It's bad manners to yawn. LOC **educación compensatoria** remedial education ◆ **educación física** physical education (*abrev* PE) ◆ **Educación para la Ciudadanía** citizenship education, civics (*USA*) *Ver tb* FALTA

E

educado, -a *adj* polite ❶ La palabra inglesa **educated** significa *culto.* LOC **bien/mal educado** well/badly behaved: *No seas tan mal ~.* Don't be so rude. ➲ *Ver nota en* WELL BEHAVED; *Ver tb* EDUCAR

educar *vt* **1** (*enseñar*) to educate **2** (*criar*) to bring *sb* up: *Es difícil ~ bien a los hijos.* It's difficult to bring your children up well. LOC **educar el oído** to train your ear

educativo, -a *adj* **1** (*que enseña*) educational: *juguetes ~s* educational toys **2** (*política, etc.*) education: *el sistema ~* the education system LOC *Ver* MATERIAL

efectivamente *adv* (*respuesta*) that's right: *—¿Dice que lo vendió ayer? —Efectivamente.* 'Did you say you sold it yesterday?' 'That's right.'

efectivo, -a *adj* effective

▶ *nm* (*dinero*) cash: *250 euros en ~* 250 euros in cash LOC *Ver* PAGAR

efecto *nm* **1** effect: *hacer/no hacer ~* to have an effect/no effect **2** (*Dep*) spin: *La pelota iba con ~.* The ball had (a) spin on it. LOC **efecto invernadero** greenhouse effect ◆ **efectos especiales** special effects ◆ **efectos (personales)** belongings ◆ **en efecto** indeed *Ver tb* SURTIR

efectuar *vt* to carry *sth* out: *~ un ataque/una prueba* to carry out an attack/a test

efervescente *adj* effervescent

eficaz *adj* **1** (*efectivo*) effective: *un remedio ~* an effective remedy **2** (*eficiente*) efficient

eficiente *adj* efficient: *un ayudante muy ~* a very efficient assistant

egoísta *adj, nmf* selfish: *Es un ~.* He's so selfish.

¡eh! *interj* hey: *¡Eh, cuidado!* Hey, watch out!

eje *nm* **1** (*ruedas*) axle **2** (*Geom, Geog, Pol*) axis [*pl* axes] LOC **eje de coordenadas** x and y axes [*pl*]

ejecutar *vt* **1** (*realizar*) to carry *sth* out: *~ una orden* to carry out an order **2** (*pena de muerte, Jur*) to execute **3** (*Informát*) to run: *~ un programa* to run a program

ejecutiva *nf* executive (body): *la ~ del partido* the party executive

ejecutivo, **-a** *adj, nm-nf* executive: *órgano* ~ executive body ◇ *un* ~ *importante* an important executive LOC *Ver* PODER

¡ejem! *interj* ahem!

ejemplar *adj* exemplary
▶ *nm* (*texto, disco*) copy [*pl* copies]

ejemplo *nm* example: *Espero que os sirva de* ~. Let this be an example to you. LOC **dar ejemplo** to set an example ◆ **por ejemplo** for example (*abrev* e.g.)

ejercer *vt* **1** (*profesión*) to practise: ~ *la abogacía/medicina* to practise law/medicine **2** (*autoridad, poder, derechos*) to exercise
▶ *vi* to practise: *Ya no ejerce.* He no longer practises.

ejercicio *nm* **1** exercise: *hacer un* ~ *de matemáticas* to do a maths exercise ◇ *Deberías hacer más* ~. You should take more exercise. **2** (*profesión*) practice

ejército *nm* army [*v sing o pl*] [*pl* armies]: *alistarse en el* ~ to join the army LOC **ejército del aire** air force [*v sing o pl*] ◆ **ejército de tierra** army [*v sing o pl*] [*pl* armies]

el, **la** *art def* the: *El tren llegó tarde.* The train was late. ➲ *Ver nota en* THE LOC **el/la de... 1** (*posesión*): *La de Marisa es mejor.* Marisa's (one) is better. **2** (*característica*) the one (with...): *el de los ojos verdes/la barba* the one with green eyes/the beard ◇ *Prefiero la de lunares.* I prefer the spotted one. **3** (*ropa*) the one in...: *el del abrigo gris* the one in the grey coat ◇ *la de rojo* the one in red **4** (*procedencia*) the one from...: *el de Cádiz* the one from Cadiz ◆ **el/la que... 1** (*persona*) the one (who/that)...: *Ese no es el que vi.* He isn't the one I saw. **2** (*cosa*) the one (which/that)...: *La que compramos ayer era mejor.* The one (that) we bought yesterday was better. **3** (*quienquiera*) whoever: *El que llegue primero que haga café.* Whoever gets there first has to make the coffee.

él *pron* **1** (*persona*) **(a)** [*sujeto*] he: *José y él son primos.* José and he are cousins. **(b)** [*complemento, en comparaciones*] him: *Es para él.* It's for him. ◇ *Eres más alta que él.* You're taller than him. **2** (*cosa*) it: *He perdido el reloj y no puedo estar sin él.* I've lost my watch and I can't manage without it. LOC **de él** [*posesivo*] his: *No son de ella, son de él.* They're not hers, they're his. ◆ **es él** it's him

elaborar *vt* **1** (*producto*) to produce **2** (*plan, informe*) to prepare

elástico, **-a** *adj* **1** elastic **2** (*persona*) supple

elección *nf* **1** choice: *no tener* ~ to have no choice **2** **elecciones** (*Pol*) election: *convocar elecciones* to call an election

Cuando nos referimos a las elecciones legislativas del Reino Unido (**a general election**), el singular es la forma mas común en inglés.

LOC **elecciones autonómicas/europeas** regional/European elections ◆ **elecciones generales/legislativas** general election [*v sing*] ◆ **elecciones municipales** local elections

elector, **-ora** *nm-nf* voter

electorado *nm* electorate [*v sing o pl*]: *El* ~ *está desilusionado.* The electorate is/are disillusioned.

electoral *adj* electoral: *campaña* ~ electoral campaign LOC *Ver* CABINA, CENSO, COLEGIO, DISTRITO, LISTA, PROGRAMA

electricidad *nf* electricity

electricista *nmf* electrician

eléctrico, **-a** *adj* electric, electrical

Electric se emplea para referirnos a electrodomésticos y aparatos eléctricos concretos, por ejemplo *electric razor/car/fence*, en frases hechas como *an electric shock*, y en sentido figurado en expresiones como *The atmosphere was electric.* **Electrical** se refiere a la electricidad en un sentido más general, como por ejemplo *electrical engineering*, *electrical goods* o *electrical appliances.*

LOC *Ver* CAFETERA, ENERGÍA, INSTALACIÓN, TENDIDO

electrocutarse *vp* to be electrocuted

electrodo *nm* electrode

electrodoméstico *nm* electrical appliance

electrón *nm* (*Fís*) electron

electrónica *nf* electronics [*incontable*]

electrónico, **-a** *adj* electronic LOC *Ver* AGENDA, BUZÓN, CORREO, LIBRO, PIZARRA

elefante, **-a** *nm-nf* elephant

elegante *adj* elegant

elegir *vt, vi* (*optar*) to choose: *No me dieron a* ~. They didn't let me choose. ◇ ~ *entre matemáticas y física* to choose between maths and physics
▶ *vt* (*votar*) to elect: *Van a* ~ *nuevo presidente.* They are going to elect a new president.

elemental *adj* elementary

elemento *nm* **1** element: *los ~s de la tabla periódica* the elements of the periodic table **2** (*persona*): *¡Menudo* ~ *estás hecho!* You're a real handful!

elevado, **-a** *adj* high: *temperaturas elevadas* high temperatures LOC **elevado a cuatro, etc.**

to the power of four, etc. ◆ **elevado al cuadrado/cubo** squared/cubed *Ver tb* ELEVAR

elevar *vt* to raise: ~ *el nivel de vida* to raise the standard of living

eliminación *nf* elimination

eliminar *vt* to eliminate

eliminatoria *nf* **1** (*partido*) qualifying round: *la ~ del mundial* the qualifying round for the World Cup **2** (*Atletismo*) heat

ella *pron* **1** (*persona*) **(a)** [*sujeto*] she: *María y ~ son primas.* She and María are cousins. **(b)** [*complemento, en comparaciones*] her: *Es para ~.* It's for her. ◇ *Eres más alto que ~.* You're taller than her. **2** (*cosa*) it LOC **de ella** [*posesivo*] hers: *Ese collar era de ~.* That necklace was hers. ◆ **es ella** it's her

ello *pron* [*complemento*] it

ellos, -as *pron* **1** [*sujeto*] they **2** [*complemento, en comparaciones*] them: *Dígaselo a ~.* Tell them. LOC **de ellos** [*posesivo*] theirs ◆ **son ellos** it's them

elogiar *vt* to praise

elogio *nm* praise [*incontable*]: *Sólo tuvieron ~s para ti.* They had nothing but praise for you.

email *nm* email

emanciparse *vp* to become independent

embajada *nf* embassy [*pl* embassies]

embajador, -ora *nm-nf* ambassador

embalarse *vp* (*conduciendo*) to drive too fast: *No te embales.* Slow down.

embalse *nm* (*pantano*) reservoir

embarazada *adj* pregnant: *Está ~ de dos meses.* She's two months pregnant. ❶ La palabra inglesa **embarrassed** significa *avergonzado.*
▶ *nf* pregnant woman [*pl* women]

embarazo *nm* pregnancy [*pl* pregnancies]: *~s no deseados* unwanted pregnancies

embarazoso, -a *adj* embarrassing

embarcación *nf* boat ➲ *Ver nota en* BOAT

embarcadero *nm* jetty [*pl* jetties]

embarcar *vt* **1** (*pasajeros*) to embark **2** (*mercancía*) to load
▶ *vi* to board: *El avión está listo para ~.* The plane is ready for boarding.

embargo *nm* (*bloqueo*) embargo [*pl* embargoes]: *un ~ armamentista/comercial* an arms/a trade embargo LOC **sin embargo** however, nevertheless (*más formal*) ◆ **y sin embargo...** and yet...

embarque *nm* LOC *Ver* PUERTA, TARJETA

embarrado, -a *adj* muddy

embestida *nf* (*toro*) charge

embestir *vt, vi* (*toro*) to charge (at *sb/sth*)

emblema *nm* emblem

embolia *nf* stroke

embolsar(se) *vt, vp* to pocket: *Se embolsaron un dineral.* They pocketed a fortune.

emborracharse *vp* ~ **(con)** to get drunk (on *sth*)

emboscada *nf* ambush: *tender una ~ a algn* to lay an ambush for sb

embotellamiento *nm* (*de tráfico*) traffic jam

embrague *nm* clutch: *pisar el ~* to put the clutch in

embrión *nm* embryo [*pl* embryos]

embrujado, -a *adj* **1** (*lugar*) haunted: *una casa embrujada* a haunted house **2** (*persona*) bewitched

embrujo *nm* spell

embudo *nm* funnel

embutidos *nm* (Spanish) sausages

emergencia *nf* emergency [*pl* emergencies]: *en caso de ~* in an emergency LOC *Ver* ATERRIZAJE, SALIDA

emergente *adj* (*país, etc.*) emerging

emigración *nf* **1** (*personas*) emigration **2** (*animales*) migration

emigrante *nmf* emigrant: *los ~s españoles de los cincuenta* the Spanish emigrants of the fifties
▶ *adj* (*trabajador*) migrant: *trabajadores ~s* migrant workers

emigrar *vi* **1** to emigrate **2** (*dentro de un mismo país, animales*) to migrate

eminencia *nf* **1** (*persona*) leading figure **2 Eminencia** Eminence

emisión *nf* **1** (*emanación*) emission **2** (*programa*) broadcast **3** (*transmisión*) transmission: *problemas con la ~* transmission problems LOC *Ver* TIEMPO

emisora *nf* (*Radio*) radio station

emitir *vt* (*Radio, TV*) to broadcast

emoción *nf* emotion

emocional *adj* emotional

emocionante *adj* **1** (*conmovedor*) moving **2** (*apasionante*) exciting

emocionar *vt* **1** (*conmover*) to move **2** (*apasionar*) to thrill
▶ **emocionarse** *vp* **1** (*conmoverse*) to be moved (*by sth*) **2** (*apasionarse*) to get excited (*about/at/by sth*)

emoticono *nm* emoticon, smiley [*pl* smileys] (*más coloq*)

emotivo, -a *adj* **1** (*persona*) emotional **2** (*acto, encuentro*) moving

empachado, -a *adj* LOC **estar empachado** to have indigestion *Ver tb* EMPACHARSE

empacharse *vp* to get indigestion

E

empacho *nm* indigestion [*incontable*]

empadronarse *vp* to register: *Me he empadronado para poder votar.* I've registered to vote.

empalagar *vi* to be sickly sweet: *Este licor empalaga.* This liqueur is sickly sweet.

empalagoso, -a *adj* **1** (*alimento*) sickly (sweet) **2** (*persona*) smarmy

E

empalmar *vt* to connect *sth* (*to/with sth*)
▶ *vi* ~ **con** (*transportes*) to connect with *sth*

empalme *nm* **1** (*cables*) connection **2** (*Ferrocarril, carreteras*) junction, intersection (*USA*)

empanada *nf* pie ➲ *Ver nota en pág 647*

empanadilla *nf* pasty [*pl* pasties]

empanado, -a *adj* **1** breaded: *un filete* ~ steak in breadcrumbs **2** (*distraído*): *Espabila que estás* ~. Wake up! You're in a world of your own.

empañar *vt* (*vapor*) to steam *sth* up
▶ **empañarse** *vp* to steam up

empapado, -a *adj* soaked *Ver tb* EMPAPAR

empapar *vt* (*mojar*) to soak: *El último chaparrón nos empapó.* We got soaked in the last shower. ◇ *¡Me has empapado la falda!* You've made my skirt soaking wet!
▶ **empaparse** *vp* to get soaked (through)

empapelar *vt* to (wall)paper

empaquetar *vt* to pack

emparejar *vt* **1** (*personas*) to pair *sb* off (*with sb*) **2** (*cosas*) to match *sth* (*with sth*): *Empareja los calcetines antes de guardarlos.* Match the socks up before you put them away.
▶ **emparejarse** *vp* to pair off (*with sb*)

empastado, -a *adj*: *Tengo tres dientes ~s.* I've got three fillings. *Ver tb* EMPASTAR

empastar *vt* to fill: *Me tienen que ~ tres muelas.* I've got to have three teeth filled.

empaste *nm* filling

empatado, -a *adj* LOC **ir empatados**: *Cuando me fui iban ~s.* They were even when I left. ◇ *Van ~s a cuatro.* It's four all. *Ver tb* EMPATAR

empatar *vi* **1** (*Dep*) **(a)** (*referido al resultado final*) to draw, to tie (*USA*) (*with sb*): *Empataron con el Arsenal.* They drew with Arsenal. **(b)** (*en el marcador*) to equalize: *Tenemos que ~ antes del descanso.* We must equalize before half-time. **2** (*votación, concurso*) to tie (*with sb*)
▶ *vt* (*Dep*) to draw, to tie (*USA*): ~ *un partido* to draw a match LOC **empatar a cero** to draw nil nil, to tie at zero (*USA*) ◆ **empatar a uno, dos, etc.** to draw one all, two all, etc., to tie at one, two, etc. (*USA*)

empate *nm* **1** (*Dep*) draw, tie (*USA*): *un ~ a dos* a two-all draw ◇ *un ~ a cero* a goalless draw **2** (*votación, concurso*) tie LOC *Ver* GOL

empedrado *nm* cobbles [*pl*]

empeine *nm* instep

empeñado, -a *adj* LOC **estar empeñado (en hacer algo)** to be determined (to do sth) *Ver tb* EMPEÑAR

empeñar *vt* to pawn
▶ **empeñarse** *vp* **empeñarse (en)** (*insistir*) to insist (on *sth/doing sth*): *No te empeñes, que no voy a ir.* I'm not going however much you insist.

empeño *nm* ~ **(en/por)** determination (*to do sth*) LOC **poner empeño** to do your utmost *to do sth*

empeorar *vt* to make *sth* worse
▶ *vi* to get worse: *La situación ha empeorado.* The situation has got worse.

emperador *nm* emperor

emperatriz *nf* empress

empezar *vt, vi* ~ **(a)** to begin, to start (*sth/doing sth/to do sth*): *De repente empezó a llorar.* All of a sudden he started to cry. ➲ *Ver nota en* START LOC **para empezar** to start with *Ver tb* CERO

empinado, -a *adj* (*cuesta*) steep

empleado, -a[1] *nm-nf* **1** employee **2** (*oficina*) clerk

empleado, -a[2] *adj* LOC **¡te está bien empleado!** it serves you right! *Ver tb* EMPLEAR

emplear *vt* **1** (*dar trabajo*) to employ **2** (*utilizar*) to use **3** (*tiempo, dinero*) to spend: *He empleado demasiado tiempo en esto.* I've spent too long on this. ◇ ~ *mal el tiempo* to waste your time

empleo *nm* **1** (*puesto de trabajo*) job: *conseguir un buen* ~ to get a good job ◇ *creación de* ~ job creation ◇ *buscar* ~ to be looking for work **2** (*trabajo*) employment: *pleno* ~ full employment ◇ *una agencia de* ~ an employment agency ➲ *Ver nota en* WORK **3** (*uso*) use: *modo de* ~ instructions for use LOC **estar sin empleo** to be unemployed *Ver tb* FOMENTO, OFERTA, OFICINA, REGULACIÓN

empollar *vt, vi* **1** (*estudiar*) to swot (up) (on/for *sth*): *He empollado tres asignaturas en una semana.* I've swotted up on three whole subjects in a week. ◇ *Tengo que ~ mucho para el examen.* I've got to do a lot of swotting for the exam. **2** (*ave*) to sit (on *sth*): *Las gallinas empollan casi todo el día.* The hens sit on the eggs for most of the day.

empollón, -ona *nm-nf* swot, grind (*USA*)

empotrado, -a *adj* built-in *Ver tb* EMPOTRARSE

empotrarse *vp*: *El coche se empotró en el árbol.* The car embedded itself in the tree.

emprendedor, -ora *adj* enterprising

emprender *vt* **1** (*iniciar*) to begin **2** (*negocio*) to start *sth* (up) **3** (*viaje*) to set off on *sth*: ~ *una* *gira* to set off on a tour LOC **emprender la marcha/el viaje (hacia)** to set off/out (for…)

empresa *nf* **1** (*Econ*) company [*v sing o pl*] [*pl* companies] **2** (*proyecto*) enterprise: *una ~ ardua* a difficult enterprise LOC **empresa estatal/pública** state-owned company ♦ **empresa privada** private company *Ver tb* COMITÉ, GESTIÓN

empresarial *adj* business: *sentido ~* business sense LOC *Ver* PARQUE

empresariales *nf* business studies, business administration [*incontable*] (*USA*)

empresario, -a *nm-nf* businessman/woman [*pl* -men/-women]

empujar *vt* **1** to push: *¡No me empujes!* Don't push me! **2** (*carretilla, bicicleta*) to wheel **3** (*obligar*) to push *sb into doing sth*: *Su familia la empujó a que hiciera derecho.* Her family pushed her into studying law.

empujón *nm* push: *dar un ~ a algn* to give sb a push LOC **a empujones**: *Salieron a empujones.* They pushed (and shoved) their way out.

empuñar *vt* **1** (*coger*) to take hold of *sth* **2** (*de forma amenazadora*) to brandish **3** (*tener en la mano*) to hold

en *prep*

- **lugar 1** (*dentro*) **(a)** (*posición*) in, inside: *Las llaves están en el cajón.* The keys are in the drawer. **(b)** (*con movimiento*) into: *Entró en la habitación.* He went into the room. **2** (*sobre*) **(a)** (*posición*) on: *Está en la mesa.* It's on the table. **(b)** (*con movimiento*) onto: *Está goteando agua en el suelo.* Water is dripping onto the floor. **3** (*ciudad, país, campo*) in: *Trabajan en Vigo/el campo.* They work in Vigo/the country. **4** (*punto de referencia*) at

> Cuando nos referimos a un lugar sin considerarlo un área, sino como punto de referencia, utilizamos **at**: *Espérame en la esquina.* Wait for me at the corner. ◇ *Nos encontraremos en la estación.* We'll meet at the station. También se utiliza **at** para referirse a edificios donde la gente trabaja, estudia o se divierte: *Están en el colegio.* They're at school. ◇ *Mis padres están en el cine.* My parents are at the cinema. ◇ *Trabajo en el banco.* I work at the bank.

- **con expresiones de tiempo 1** (*meses, años, siglos, estaciones*) in: *en verano/el siglo XII* in the summer/the twelfth century **2** (*día*) on: *¿Qué hiciste en Nochevieja?* What did you do on New Year's Eve? ◇ *Cae en lunes.* It falls on a Monday. **3** (*Navidad, Semana Santa, momento*) at: *Siempre voy a casa en Navidades.* I always go home at Christmas. ◇ *en ese momento* at that moment **4** (*dentro de*) in: *Te veo en una hora.* I'll see you in an hour.
- **otras construcciones 1** (*medio de transporte*) by: *en tren/avión/coche* by train/plane/car **2** [*con infinitivo*] to do sth: *Fuimos los primeros en llegar.* We were the first to arrive.

enamorado, -a *adj* in love: *estar ~ de algn* to be in love with sb
▶ *nm-nf* lover: *un ~ del arte* an art lover LOC *Ver* DÍA; *Ver tb* ENAMORAR

enamorar *vt* to win *sb's* heart
▶ **enamorarse** *vp* **enamorarse (de)** to fall in love (with *sb/sth*): *Se enamoró de ella.* He fell in love with her.

enano, -a *adj* **1** (*Bot, Zool*) dwarf: *una conífera enana* a dwarf conifer **2** (*muy pequeño*) tiny: *un piso ~* a tiny flat
▶ *nm-nf* dwarf [*pl* dwarfs/dwarves]

encabezamiento *nm* **1** (*escrito*) heading **2** (*periódico*) headline

encabezar *vt* to head

encadenar *vt* **1** (*atar*) to chain *sb/sth* (*to sth*) **2** (*ideas*) to link

encajar *vt* **1** (*colocar, meter*) to fit *sth* (*into sth*): *El carpintero encajó la ventana en el hueco.* The joiner fitted the window into the opening. **2** (*juntar*) to fit *sth* together: *Estoy tratando de ~ las piezas del puzzle.* I'm trying to fit the pieces of the jigsaw together. **3** (*noticia, suceso*) to take: *Encajaron bien la noticia.* They took the news philosophically.
▶ *vi* to fit: *No encaja.* It doesn't fit.
▶ **encajarse** *vp* **encajarse (en)** to get stuck (in *sth*): *Esta puerta se ha encajado.* This door has got stuck.

encaje *nm* lace

encalar *vt* to whitewash

encallar *vi* (*embarcación*) to run aground

encaminarse *vp* ~ **a/hacia** to head for…: *Se encaminaron hacia casa.* They headed for home.

encantado, -a *adj* **1** ~ **(con)** (very) pleased (with *sb/sth*) **2** ~ **de/de que** (very) pleased to do sth/(that…): *Estoy encantada de que hayáis venido.* I'm very pleased (that) you've come. **3** (*hechizado*) **(a)** (*con hadas*) enchanted: *un bosque ~* an enchanted forest **(b)** (*con fantasmas*) haunted: *una casa encantada* a haunted house LOC **encantado (de conocerle)** pleased to meet you ➲ *Ver nota en* PRESENTAR; *Ver tb* ENCANTAR

encantador, -ora *adj* lovely

encantamiento *nm* spell: *romper un ~* to break a spell

encantar *vt* (*hechizar*) to cast a spell on *sb/sth*
▶ *vi* (*gustar*) to love *sth/doing sth*: *Me encanta ese vestido.* I love that dress. ◇ *Nos encanta ir al cine.* We love going to the cinema.

encanto *nm* charm: *Tiene mucho ~.* He's got a lot of charm. LOC **como por encanto** as if by magic ◆ **ser un encanto** to be lovely

encapricharse *vp* ~ **(con/de)** to take a fancy to *sb/sth*: *Se ha encaprichado con ese vestido.* She's taken a fancy to that dress.

encapuchado, -a *adj* hooded
▶ *nm-nf* hooded man/woman [*pl* men/women]

encarcelar *vt* to imprison

encargado, -a *adj, nm-nf* (person) in charge (*of sth/doing sth*): *el juez ~ del caso* the judge in charge of the case ◇ *¿Quién es el ~?* Who's in charge? ◇ *Vino el ~ a recoger el dinero.* The person in charge came to collect the money. *Ver tb* ENCARGAR

encargar *vt* **1** (*mandar*) to ask *sb to do sth*: *Me encargaron que regara el jardín.* They asked me to water the garden. **2** (*producto*) to order: *Ya hemos encargado el sofá a la tienda.* We've ordered the sofa from the shop.
▶ **encargarse** *vp* **encargarse de 1** (*ser responsable*) to be in charge of *sth/doing sth* **2** (*cuidar*) to look after *sb/sth*: *¿Quién se encarga del niño?* Who will look after the baby?

encargo *nm* **1** (*recado*) errand: *hacer un ~* to run an errand **2** (*pedido*) order: *hacer/anular un ~* to place/cancel an order

encariñado, -a *adj* LOC **estar encariñado con** to be fond of *sb/sth* *Ver tb* ENCARIÑARSE

encariñarse *vp* ~ **con** to get attached to *sb/sth*

encauzar *vt* **1** (*agua*) to channel **2** (*asunto*) to conduct

encendedor *nm* lighter

encender *vt* **1** (*fuego, vela, etc.*) to light: *Encendimos una hoguera para calentarnos.* We lit a bonfire to warm ourselves. **2** (*aparato, luz*) to turn *sth* on: *Enciende la luz.* Turn the light on.
▶ **encenderse** *vp* (*aparato, luz*) to come on: *Se ha encendido una luz roja.* A red light has come on.

encendido, -a *adj* **1** (*con llama*) **(a)** [*con el verbo estar*] lit: *Vi que el fuego estaba ~.* I noticed that the fire was lit. **(b)** [*detrás de un sustantivo*] lighted: *un cigarrillo ~* a lighted cigarette **2** (*aparato, luz*) on: *Tenían la luz encendida.* The light was on. *Ver tb* ENCENDER

encerado *nm* (*pizarra*) blackboard

encerrar *vt* **1** to shut *sb/sth* in **2** (*con llave*) **(a)** to lock *sb/sth* in **(b)** (*encarcelar*) to lock *sb/sth* up
▶ **encerrarse** *vp* **1** to shut yourself in **2** (*con llave*) to lock yourself in

encestar *vi* to score (a basket)

encharcado, -a *adj* (*terreno*) covered with puddles

enchufado, -a *nm-nf* pet: *Es el ~ del profesor.* He is the teacher's pet. LOC **estar enchufado** (*persona*) to know the right people

enchufar *vt* **1** (*aparato*) to plug *sth* in **2** (*recomendar, colocar*) to pull strings for *sb*

enchufe

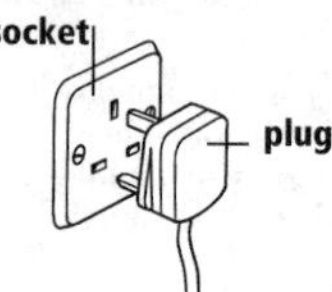

enchufe *nm* **1** (*aparato*) **(a)** (*macho*) plug **(b)** (*hembra*) socket, outlet (*USA*) **2** (*contacto*) connections: *tener ~* to have connections ◇ *Aprobaron gracias a que tenían ~.* It was thanks to their connections that they passed.

encía *nf* gum

enciclopedia *nf* encyclopedia

encima *adv* ~ **(de) 1** (*en*) on: *Déjalo ~ de la mesa.* Leave it on the table. **2** (*sobre*) on top (of *sb/sth*): *Lo he dejado ~ de los otros libros.* I've put it on top of the other books. ◇ *Coge el de ~.* Take the top one. **3** (*cubriendo algo*) over: *poner una manta ~ del sofá* to put a blanket over the sofa **4** (*además*) on top of everything: *¡Y ~ te ríes!* And on top of everything, you stand there laughing! LOC **echarse encima** (*aproximarse*): *La Navidad se nos echa ~.* Christmas is just around the corner. ◆ **estar encima de algn** to be on sb's back ◆ **hacer algo por encima** to do sth superficially ◆ **llevar encima** to have *sth* on you: *No llevo un duro ~.* I haven't got any cash on me. ◆ **mirar por encima del hombro** to look down your nose at *sb* ◆ **por encima de** above: *El agua nos llegaba por ~ de las rodillas.* The water came above our knees. ◇ *Está por ~ de los demás.* He is above the rest. *Ver tb* MANO, QUITAR

encimera *nf* (*en cocina*) worktop, counter (*USA*)

encina *nf* holm oak

encoger(se) *vi, vp* to shrink: *En agua fría no encoge.* It doesn't shrink in cold water. LOC **encogerse de hombros** to shrug your shoulders

encolar *vt* to glue *sth* (together)

encontrar *vt* to find: *No encuentro mi reloj.* I can't find my watch. ◇ *Encontré a tu padre mu-*

cho mejor. I thought your father was looking a lot better.

▶ **encontrarse** *vp* **1 encontrarse (con)** (*persona*) **(a)** (*citarse*) to meet: *Decidimos ~nos en la librería.* We decided to meet in the bookshop. **(b)** (*por casualidad*) to bump into *sb*: *Me la encontré en el súper.* I bumped into her in the supermarket. **2** (*sentirse*) to feel: *Me encuentro mal.* I feel ill. ◇ *¿Te encuentras bien?* Are you OK? LOC *Ver* DEFECTO

encorbatado, -a *adj* wearing a tie

encorvarse *vp* (*persona*) to become stooped

encuadernador, -ora *nm-nf* bookbinder

encuadernar *vt* to bind

encubrir *vt* **1** to conceal: *~ un delito* to conceal a crime **2** (*delincuente*) to harbour

encuentro *nm* **1** (*reunión*) meeting **2** (*Dep*) match, game (*USA*)

encuesta *nf* **1** survey [*pl* surveys]: *realizar una ~* to carry out a survey **2** (*sondeo*) (opinion) poll: *según las últimas ~s* according to the latest (opinion) polls

enderezar *vt* **1** (*poner derecho*) to straighten: *Endereza la espalda.* Straighten your back. **2** (*enmendar*) to straighten *sb* out: *¡A ti te voy a ~ yo!* I'll straighten you out!

▶ **enderezarse** *vp* to straighten (up): *¡Endrézate!* Stand up straight!

endeudarse *vp* to get into debt

endibia *nf* chicory [*incontable*], endive (*USA*)

endulzar *vt* to sweeten

endurecer *vt* **1** (*material, ley*) to harden **2** (*músculos*) to firm *sth* up

▶ **endurecerse** *vp* to harden

enemigo, -a *adj, nm-nf* enemy [*pl* enemies]: *las tropas enemigas* the enemy troops

enemistarse *vp* ~ **(con)** to fall out (with *sb*)

energético, -a *adj* LOC *Ver* BARRITA

energía *nf* energy: *~ eólica/nuclear/solar* wind/nuclear/solar energy ◇ *No tengo ~s ni para levantarme de la cama.* I haven't even got the energy to get out of bed. LOC **energía eléctrica** electric power ◆ **energías renovables** renewable energy sources

enero *nm* January (*abrev* Jan.): *Los exámenes son en ~.* The exams are in January. ◇ *Mi cumpleaños es el 12 de ~.* My birthday's (on) 12 January. ❶ Se dice 'January the twelfth' o 'the twelfth of January'. ➲ *Ver tb pág 790*

enésimo, -a *adj* LOC **por enésima vez** for the umpteenth time

enfadado, -a *adj* ~ **(con) (por)** angry (with *sb*) (at/about *sth*): *Están ~s conmigo.* They're angry with me. ◇ *Pareces ~.* You look angry. *Ver tb* ENFADAR

enfadar *vt* to make *sb* angry

▶ **enfadarse** *vp* **enfadarse (con) (por)** to get angry (with *sb*) (at/about *sth*): *No te enfades con ellos.* Don't get angry with them.

énfasis *nm* emphasis [*pl* emphases]

enfermar *vi* ~ **(de)** to fall ill (with *sth*)

enfermedad *nf* **1** illness: *Acaba de salir de una gravísima ~.* He has just recovered from a very serious illness. **2** (*específica, contagiosa*) disease: *coger una ~* to catch a disease ◇ *la ~ de Parkinson* Parkinson's disease ➲ *Ver nota en* DISEASE LOC **enfermedad de transmisión sexual** sexually-transmitted disease

enfermería *nf* (*colegio, etc.*) sickbay

enfermero, -a *nm-nf* nurse

enfermo, -a *adj* ill, sick

> **Ill** y **sick** significan *enfermo*, pero no son intercambiables. **Ill** tiene que ir detrás de un verbo: *estar enfermo* to be ill ◇ *ponerse enfermo* to fall ill, mientras que **sick** suele ir delante de un sustantivo: *cuidar a un animal enfermo* to look after a sick animal, o cuando nos referimos a ausencias en la escuela o el lugar de trabajo: *Hay 15 niños enfermos.* There are 15 children off sick.
>
> Si utilizamos **sick** con un verbo como **be** o **feel**, no significa encontrarse enfermo, sino *tener ganas de vomitar*: *Tengo ganas de vomitar.* I feel sick.
>
> En inglés americano, *enfermo* siempre se dice **sick**: *estar enfermo* to be sick ◇ *caer enfermo* to get sick.

▶ *nm-nf* **1** sick person ❶ Cuando nos referimos al conjunto de los enfermos, decimos **the sick**: *cuidar de los enfermos* to look after the sick. **2** (*paciente*) patient LOC **poner enfermo a algn** (*irritar*) to make sb sick

enfocar *vt* **1** (*imagen, persona, aspecto*) to focus *sth* (*on sb/sth*): *Enfoca la torre.* Focus on the tower. **2** (*iluminar*) to shine a light *on sth*: *Enfócame la caja de los fusibles.* Shine a light on the fuse box. **3** (*asunto, problema*) to approach

enfoque *nm* **1** (*Fot*) focus [*pl* focuses/foci] **2** (*planteamiento*) approach

enfrentamiento *nm* confrontation

enfrentar *vt* **1** (*enemistar*) to set *sb* at odds (*with sb*): *Con sus habladurías enfrentaron a las dos hermanas.* Their gossiping set the two sisters at odds. **2** (*encarar*) to bring *sb* face to face *with sb/sth*

▶ **enfrentarse** *vp* **1 enfrentarse a** (*situación, peligro*) to face: *El país se enfrenta a una profunda*

E

crisis. The country is facing a serious crisis. **2 enfrentarse a** (*Dep*) to play: *España se enfrenta a Austria en la Eurocopa.* Spain plays Austria in the European Championships. **3 enfrentarse (con)** to argue (with *sb*): *Si te enfrentas con ellos será peor.* You'll only make things worse if you argue with them.

E

enfrente

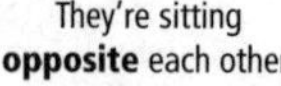
They're sitting **opposite** each other.

She's sitting **in front of** him.

enfrente *adv* ~ **(de)** opposite: *el señor que estaba sentado ~* the man sitting opposite ◇ *Mi casa está ~ del estadio.* My house is opposite the stadium. ◇ *El hospital está ~.* The hospital is across the road.

enfriar *vt* to cool *sth* (down)
▶ **enfriarse** *vp* **1** to get cold: *Se te está enfriando la sopa.* Your soup's getting cold. **2** (*acatarrarse*) to catch a cold

enfurecer *vt* to infuriate
▶ **enfurecerse** *vp* **enfurecerse (con) (por)** to become furious (with *sb*) (at *sth*)

enganchar *vt* **1** (*acoplar*) to hitch: *~ un remolque al tractor* to hitch a trailer to the tractor **2** (*garfio, anzuelo*) to hook
▶ **engancharse** *vp* **1** (*atascarse*) to get caught: *Se me ha enganchado el tacón en la alcantarilla.* My heel has got caught in the grating. **2** (*rasgarse*) to snag: *Se me han vuelto a ~ las medias.* My tights have snagged again. **3 engancharse (a)** (*drogas*) to get hooked (*on sth*)

engañar *vt* **1** (*mentir*) to lie to *sb*: *No me engañes.* Don't lie to me. ◇ *Me engañaron diciéndome que era de oro.* They told me it was gold but it wasn't. ➲ *Ver nota en* LIE[1] **2** (*ser infiel*) to cheat on *sb*
▶ **engañarse** *vp* to fool yourself

engaño *nm* (*farsa*) sham

engatusar *vt* to sweet-talk *sb* (*into doing sth*)

engendrar *vt* **1** (*concebir*) to conceive **2** (*causar*) to breed: *La violencia engendra odio.* Violence breeds hatred.

engordar *vt* (*cebar*) to fatten *sb/sth* (up)
▶ *vi* **1** (*persona*) to put on weight: *Ha engordado mucho.* He's put on a lot of weight. **2** (*alimento*) to be fattening: *Los caramelos engordan.* Sweets are fattening.

engrasar *vt* **1** (*con grasa o mantequilla*) to grease **2** (*con aceite*) to oil

engreído, -a *adj, nm-nf* conceited: *No eres más que un ~.* You're so conceited.

engullir *vt* to gobble *sth* (up/down)

enhebrar *vt* to thread

enhorabuena *nf* ~ **(por)** congratulations (on *sth/doing sth*): *¡Enhorabuena por los aprobados!* Congratulations on passing your exams! LOC **dar la enhorabuena** to congratulate *sb* (*on sth/doing sth*)

enigma *nm* enigma

enjabonar(se) *vt, vp* to soap: *Primero me gusta ~me la espalda.* I like to soap my back first.

enjambre *nm* swarm

enjaular *vt* to cage

enjuagar *vt* to rinse
▶ **enjuagarse** *vp* (*boca*) to rinse your mouth (out)

enjugarse *vp* (*sudor, lágrimas*) to wipe *sth* (away): *Se enjugó las lágrimas.* He wiped his tears away.

enlace *nm* **1** (*conexión, Internet, Ling*) link: *un ~ activo* an active link **2** (*autobuses, trenes*) connection

enlatar *vt* to can

enlazar *vt, vi* to connect (*sth*) (*to/with sth*)

enloquecedor, -ora *adj* maddening

enloquecer *vi* **1** (*volverse loco*) to go mad: *El público enloqueció con su actuación.* The audience went mad at her performance. **2** (*gustar mucho*) to be crazy *about sth*: *Los bombones me enloquecen.* I'm crazy about chocolate.
▶ *vt* to drive *sb* mad

enmarcar *vt* to frame

enmascarar *vt* to mask
▶ **enmascararse** *vp* to put on a mask

enmendar *vt* **1** (*errores, defectos*) to correct **2** (*ley*) to amend
▶ **enmendarse** *vp* to mend your ways

enmienda *nf* (*ley*) amendment (*to sth*)

enmohecerse *vp* to go mouldy

enmoquetar *vt* to carpet

enmudecer *vi* **1** (*callar*) to go quiet **2** (*perder el habla*) to lose the power of speech

ennegrecer *vt* to blacken
▶ **ennegrecerse** *vp* to go black

enojar *vt* to irritate

▶ **enojarse** *vp* **enojarse (con) (por)** to get annoyed (with *sb*) (about *sth*)

enorgullecer *vt* to make *sb* proud: *Su labor nos enorgullece.* We're proud of his achievements.

▶ **enorgullecerse** *vp* **enorgullecerse (de)** to be proud (of *sb/sth*)

enorme *adj* enormous LOC *Ver* DIMENSIÓN

enredadera *nf* creeper

enredar *vt* **1** (*pelo, cuerdas*) to get *sth* tangled (up) **2** (*involucrar*) to involve *sb* (*in sth*)

▶ *vi* ~ **(con/en)** to mess about (with *sth*): *Siempre estás enredando en mis cosas.* You're always messing about with my things.

▶ **enredarse** *vp* **1** (*pelo, cuerdas*) to get tangled (up) **2 enredarse (en)** (*disputa, asunto*) to get involved (in *sth*)

enrevesado, -a *adj* **1** (*explicación, problema*) complicated **2** (*persona*) awkward

enriquecer *vt* **1** (*lit*) to make *sb/sth* rich **2** (*fig*) to enrich: *Enriqueció su vocabulario con la lectura.* He enriched his vocabulary by reading.

▶ **enriquecerse** *vp* to get rich

enrojecer *vt* to redden

▶ **enrojecer(se)** *vi, vp* **enrojecer(se) (de)** to go red (with *sth*): *Enrojeció de ira.* He went red with anger. ◇ *Se me ha enrojecido la nariz del frío.* My nose has gone red from the cold.

enrolarse *vp* ~ **(en)** to enlist (in *sth*)

enrollado, -a *adj* (*simpático*) cool: *Es un tío muy ~.* He's a really cool guy. LOC **estar enrollado con algn** to be involved with sb ◆ **estar enrollado en algo** to be into sth *Ver tb* ENROLLAR

enrollar *vt* **1** (*hacer un rollo*) to roll *sth* up **2** (*involucrar*) to talk *sb into doing sth*: *Me han enrollado para ir al cine.* They've talked me into going to the cinema.

▶ *vi* (*molar*) to be great: *Esta canción me enrolla cantidad.* This song is really great.

▶ **enrollarse** *vp* **1** (*al escribir o hablar*) to go on: *No te enrolles, ya lo hemos entendido.* There's no need to go on, we've got it. **2 enrollarse (con)** (*ponerse a hablar*) to get talking (to *sb*) **3 enrollarse (con) (a)** (*amorío*) to get involved (*with sb*) **(b)** (*besar*) to snog (*sb*), to make out with *sb* (*USA*) **4** (*ser simpático*): *Anda, enróllate y déjame algo de pasta.* Come on, don't be mean; lend me some money. ◇ *El profe nuevo se enrolla bien.* The new teacher's really cool.

enroscar *vt* **1** (*tapón*) to screw *sth* on: *Enrosca bien el tapón.* Screw the top on tightly. **2** (*piezas, tuercas*) to screw *sth* together

ensalada *nf* salad LOC **ensalada de lechuga/mixta** green/mixed salad

ensaladera *nf* salad bowl

ensamblar *vt* to assemble

ensanchar *vt* to widen

▶ **ensancharse** *vp* **1** (*extenderse*) to widen **2** (*dar de sí*) to stretch: *Estos zapatos se han ensanchado.* These shoes have stretched.

ensangrentado, -a *adj* bloodstained *Ver tb* ENSANGRENTAR

ensangrentar *vt* (*manchar*) to get blood on *sth*

ensayar *vt, vi* (*para espectáculo*) to rehearse

▶ *vt* (*probar*) to test

ensayo *nm* **1** (*experimento*) test: *un tubo de ~* a test tube **2** (*para espectáculo*) rehearsal **3** (*Liter*) essay LOC **ensayo general** dress rehearsal

enseguida (*tb* **en seguida**) *adv* straightaway

ensenada *nf* inlet

enseñado, -a *adj* LOC **bien enseñado** (*animal*) well trained ➲ *Ver nota en* WELL BEHAVED ◆ **tener a algn/algo mal enseñado**: *Los tienes muy mal ~s.* You spoil them. *Ver tb* ENSEÑAR

enseñanza *nf* **1** teaching: *la ~ del castellano como lengua extranjera* teaching Spanish as a foreign language **2** (*sistema nacional*) education: *~ primaria/secundaria* primary/secondary education LOC **enseñanza a distancia** distance learning *Ver tb* CENTRO, INSTITUTO

enseñar *vt* **1** (*Educ*) to teach *sth*, to teach *sb to do sth*: *Enseña matemáticas.* He teaches maths. ◇ *¿Quién te enseñó a jugar?* Who taught you how to play? **2** (*mostrar*) to show: *Enséñame tu habitación.* Show me your room.

ensillar *vt* to saddle *sth* (up)

ensimismado, -a *adj* **1** (*pensativo*) lost in thought **2** ~ **(en)** (*embebido*) engrossed (in *sth*): *Estaba muy ensimismada leyendo el libro.* She was deeply engrossed in her book.

ensordecedor, -ora *adj* deafening: *un ruido ~* a deafening noise

ensordecer *vt* to deafen

▶ *vi* to go deaf: *Corres el peligro de ~.* You run the risk of going deaf.

ensuciar *vt* to get *sth* dirty: *No me ensucies el mantel.* Don't get the tablecloth dirty. ◇ *Te has ensuciado el vestido de aceite.* You've got oil on your dress.

▶ **ensuciarse** *vp* to get dirty

ensueño *nm* LOC **de ensueño** dream: *una casa de ~* a dream home

entablar *vt* (*comenzar*) to start *sth* (up): *~ una conversación* to start up a conversation LOC *Ver* AMISTAD

entablillar *vt* to put *sth* in a splint

entender *vt, vi* **1** to understand: *No lo entiendo.* I don't understand. ◇ *¿Entiendes lo que quiero decir?* Do you understand what I mean? ◇ *fácil/difícil de ~* easy/difficult to

E

understand **2** ~ **(de)** (*ser experto*) to know a lot about *sth*: *No entiendo mucho de eso.* I don't know much about that.

▶ **entenderse** *vp* **entenderse (con)** (*llevarse bien*) to get on (with *sb*): *Nos entendemos muy bien.* We get on very well. LOC **dar a entender** to imply ◆ **entender mal** to misunderstand *Ver tb* JOTA

entendido, **-a** *nm-nf* ~ **(en)** expert (at/in/on *sth*)

▶ *interj*: *¡Entendido!* Right! ◇ *¿Entendido?* All right?

enterado, **-a** *adj* LOC **estar enterado (de)** to know (about *sth*) ◆ **no darse por enterado** to take no notice *Ver tb* ENTERARSE

enterarse *vp* ~ **(de) 1** (*descubrir*) to find out (about *sth*) **2** (*noticia*) to hear (about *sth*): *Ya me he enterado de lo de tu abuelo.* I've heard about your grandfather. LOC **te vas a enterar** (*amenaza*) you, he, they, etc. will get what for

entero, **-a** *adj* **1** (*completo*) whole, entire (*más formal*) **2** (*intacto*) intact **3** (*leche*) full-cream LOC *Ver* CUERPO

enterrar *vt* (*dar sepultura, olvidar*) to bury LOC **enterrarse en vida** to shut yourself away

entierro *nm* **1** burial **2** (*ceremonia*) funeral: *Había mucha gente en el ~.* There were a lot of people at the funeral. LOC *Ver* VELA

entonación *nf* intonation

entonar *vt* **1** (*cantar*) to sing **2** (*marcar el tono*) to pitch

▶ *vi* **1** (*Mús*) to sing in tune **2** ~ **(con)** (*colores*) to go (with *sth*): *La colcha no entona con la moqueta.* The bedspread doesn't go with the carpet.

▶ **entonarse** *vp* to perk up: *Date un baño, verás como te entonas.* Have a bath and you'll soon perk up.

entonces *adv* then LOC **en/por aquel entonces** at that time

entorno *nm* **1** (*ambiente*) environment **2** (*círculo social*) circle: ~ *familiar* family circle **3** (*alrededores*): *en el ~ de la ciudad* in and around the city ◇ *en los países del ~* in the neighbouring countries

entrada *nf* **1** ~ **(a/en)** (*acción de entrar*) **(a)** entry (into *sth*): *Prohibida la ~.* No entry. **(b)** (*club, asociación*) admission (to *sth*): *No cobran ~ a los socios.* Admission is free for members. **2** (*puerta*) entrance (*to sth*): *Te espero a la ~.* I'll wait for you at the entrance. **3** (*billete*) ticket: *Voy a sacar las ~s.* I'm going to buy the tickets. ◇ *No hay ~s.* Sold out. **4** (*primer pago*) deposit (*on sth*): *dar una ~ del 20%* to pay a 20% deposit **5** (*Informát*) input: *hacer una ~ en un archivo* to input some data in a file **6** (*Fútbol*) tackle: *hacer una ~ a algn* to tackle sb **7 entradas** (*pelo*) receding hairline [*v sing*]: *Cada vez tienes más ~s.* Your hairline is receding fast. LOC **entrada gratuita/libre** free admission *Ver tb* BANDEJA

entrañable *adj* (*querido*) much loved

entrañas *nf* (*Anat*) entrails

entrar *vi* **1 (a)** (*ir dentro*) to go/come in: *No me atreví a ~.* I didn't dare to go in. ◇ *El clavo no ha entrado bien.* The nail hasn't gone in properly. ➲ *Ver nota en* IR **(b)** (*pasar*) to come in: *Hazle ~.* Ask him to come in. **2** ~ **en (a)** (*ir dentro, ahondar*) to go into..., to enter (*más formal*): *No entres en mi oficina cuando no estoy.* Don't go into my office when I'm not there. ◇ *~ en detalles* to go into detail **(b)** (*pasar*) to come into..., to enter (*más formal*): *No entres en mi habitación sin llamar.* Knock before you come into my room. **3** ~ **en** (*ingresar*) **(a)** (*profesión, esfera social*) to enter *sth* **(b)** (*institución, club*) to join *sth*: *~ en el ejército* to join the army **(c)** (*universidad*) to go to *sth*: *~ en la universidad* to go to university **4** (*caber*) **(a)** (*ropa*) to fit: *Esta falda no me entra.* This skirt doesn't fit (me). **(b)** ~ **(en)** to fit (in/into *sth*): *No creo que entre en el maletero.* I don't think it'll fit in the boot. **5** (*sensación*) to feel: *Me está entrando frío/sueño.* I'm feeling cold/sleepy. **6** (*Informát*) to log in/on: *~ en el sistema* to log in/on **7** (*marchas*) to engage: *La primera nunca entra bien.* First gear never seems to engage properly. LOC **entrar en calor** to warm up ◆ **entrar ganas de** to feel like *doing sth*: *Me entraron ganas de llorar.* I felt like crying. ◆ **entrarle a algn el pánico** to be panic-stricken: *Me entró el pánico.* I was panic-stricken. ◆ **no me entra (en la cabeza)** I, you, etc. just don't understand *Ver tb* PEREZA, PROHIBIDO, RAZÓN

entre

a small house **between** two large ones

a house **among** trees

entre *prep* **1** (*dos cosas o personas*) between: *~ la tienda y el cine* between the shop and the cinema ◇ *Entre nosotros...* Between ourselves... **2** (*más de dos cosas o personas*) among: *Nos sentamos ~ los árboles.* We sat among the trees. **3** (*en medio*) somewhere between: *Tienes los ojos ~ agrisados y azules.* Your eyes are somewhere between grey and blue. LOC **entre sí 1** (*dos personas*) to each other: *Hablaban ~ sí.* They were talking to each other. **2** (*varias personas*) among themselves: *Los chicos lo discutían ~ sí.* The boys were discussing it among themselves. ◆ **entre tanto** *Ver* ENTRETANTO ◆ **entre todos** together: *Lo haremos ~ todos.* We'll do it together.

entreabierto, -a *adj* half-open

entreacto *nm* interval

entrecejo *nm* space between the eyebrows

entrecortado, -a *adj* **1** (*voz*) faltering **2** (*frases*) broken

entrecot *nm* fillet steak

entredicho *nm* LOC **poner en entredicho** to call *sth* into question

entrega *nf* **1** (*acción*) handing over: *la ~ del dinero* the handing over of the money **2** (*mercancía*) delivery [*pl* deliveries] **3** (*fascículo*) instalment: *Se publicará por ~s.* It will be published in instalments. LOC **entrega de medallas** medal ceremony [*pl* medal ceremonies] ◆ **entrega de premios** prize-giving

entregado, -a *adj* ~ **(a)** devoted (to *sb/sth*) *Ver tb* ENTREGAR

entregar *vt* **1** to hand *sb/sth* over (*to sb*): *~ los documentos/las llaves* to hand over the documents/keys ◇ *~ a algn a las autoridades* to hand sb over to the authorities **2** (*premio, medallas*) to present *sth* (*to sb*) **3** (*mercancía*) to deliver

▶ **entregarse** *vp* **entregarse (a) 1** (*rendirse*) to give yourself up, to surrender (*más formal*) (to *sb*): *Se entregaron a la policía.* They gave themselves up to the police. **2** (*dedicarse*) to devote yourself to *sb/sth*

entrenador, -ora *nm-nf* **1** (*Dep*) coach **2** (*animales*) trainer

entrenamiento *nm* training LOC *Ver* PESA

entrenar *vt* to coach

▶ **entrenarse** *vp* to train

entrepierna *nf* crotch

entresuelo *nm* (*edificio*) mezzanine

entretanto *adv* in the meantime

entretener *vt* **1** (*divertir*) to keep *sb* amused, to entertain (*más formal*) **2** (*distraer*) to keep *sb* busy: *Entretenle mientras yo entro.* Keep him busy while I go in. **3** (*demorar*) to keep: *No quiero ~te demasiado.* I won't keep you long.

▶ **entretenerse** *vp* **1 entretenerse (con)** (*disfrutar*) to pass the time (*doing sth*): *Lo hago por ~me.* I just do it to pass the time. ◇ *Me entretengo con cualquier cosa.* I'm easily amused. **2** (*distraerse*) to hang about (*doing sth*): *No os entretengáis y venid a casa enseguida.* Don't hang about; come home straightaway.

entretenido, -a *adj* entertaining LOC **estar entretenido** to be busy (*doing sth*) *Ver tb* ENTRETENER

entretenimiento *nm* entertainment: *Su ~ favorito es reírse de la gente.* Laughing at people is her favourite entertainment. ◇ *Me sirve de ~.* It keeps me entertained.

entrevista *nf* **1** (*trabajo, Period*) interview **2** (*reunión*) meeting

entrevistado, -a *nm-nf* interviewee

entrevistador, -ora *nm-nf* interviewer

entrevistar *vt* to interview

▶ **entrevistarse** *vp* **entrevistarse (con)** to meet: *Se entrevistó con él en el hotel.* She met him in the hotel.

entristecer *vt* to sadden

▶ **entristecerse** *vp* **entristecerse (por)** to be sad (about/because of *sth*)

entrometerse *vp* ~ **(en)** to interfere (in *sth*)

entrometido, -a *adj* interfering

▶ *nm-nf* busybody [*pl* busybodies] *Ver tb* ENTROMETERSE

enturbiar *vt* **1** (*líquido*) to make *sth* cloudy **2** (*relaciones, asunto*) to cloud

▶ **enturbiarse** *vp* **1** (*líquido*) to become cloudy **2** (*relaciones, asunto*) to become muddled

entusiasmado, -a *adj* LOC **estar entusiasmado (con)** to be delighted (by/at/with *sth*) *Ver tb* ENTUSIASMAR

entusiasmar *vt* to thrill

▶ **entusiasmarse** *vp* **entusiasmarse (con/por)** to get excited (about/at/by *sth*)

entusiasmo *nm* ~ **(por)** enthusiasm (for *sth*) LOC **con entusiasmo** enthusiastically

entusiasta *adj* enthusiastic

▶ *nmf* enthusiast: *los ~s del fútbol* football enthusiasts

enumerar *vt* to list, to enumerate (*formal*)

enunciado *nm* (*problema, teoría*) wording

enunciar *vt* to enunciate

envasado, -a *adj* LOC **envasado al vacío** vacuum-packed *Ver tb* ENVASAR

envasar *vt* **1** (*embotellar*) to bottle **2** (*enlatar*) to can **3** (*en paquetes, bolsas*) to package

envase *nm* **1** (*botella*) bottle **2** (*lata*) can ➲ *Ver nota en* LATA **3** (*paquete*) packet, pack (*USA*) **4** (*bolsa*) bag

envejecer *vi, vt* to age: *Ha envejecido mucho.* He's aged a lot. ◇ *Este vino envejece bien.* This wine ages well. ◇ *La enfermedad le ha envejecido.* Illness has aged him.

E

envenenar *vt* to poison

enviado, -a *nm-nf* **1** (*emisario*) envoy **2** (*Period*) correspondent: ~ *especial* special correspondent

enviar *vt* to send ➲ *Ver nota en* GIVE LOC *Ver* CORREO

enviciarse *vp Ver* VICIARSE

E

envidia *nf* envy: *hacer algo por* ~ to do sth out of envy ◇ *¡Qué ~!* I really envy you! LOC **dar envidia** to make *sb* jealous: *Tu coche nuevo me da mucha ~.* I'm very jealous of your new car. ◆ **tener envidia** to be jealous (*of sb/sth*) *Ver tb* COMIDO, MUERTO

envidiar *vt* to envy

envidioso, -a *adj* envious
▶ *nm-nf*: *ser un* ~ to be envious

envío *nm* **1** (*acción*) sending **2** (*paquete*) parcel, package (*USA*) **3** (*Econ*) consignment LOC **envío contra reembolso** cash on delivery, collect on delivery (*USA*) (*abrev* COD) *Ver tb* GASTO

enviudar *vi* to be widowed

envoltorio *nm* (*tb* **envoltura** *nf*) wrapper

envolver *vt* to wrap *sb/sth* (up) (*in sth*): *¿Se lo envolvemos?* Would you like it wrapped? LOC **envolver para regalo** to gift-wrap: *¿Me lo envuelve para regalo?* Can you gift-wrap it for me, please? *Ver tb* PAPEL

envuelto, -a *adj* LOC **verse envuelto en** to find yourself involved in *sth Ver tb* ENVOLVER

enyesar *vt* (*Med*) to put *sth* in plaster: *Me enyesaron una pierna.* They put my leg in plaster.

eólico, -a *adj* wind LOC *Ver* PARQUE

epicentro *nm* epicentre

epidemia *nf* epidemic: *una ~ de cólera* a cholera epidemic

epilepsia *nf* epilepsy

episodio *nm* episode: *una serie de cinco ~s* a serial in five episodes

época *nf* **1** (*período*) time: *en aquella* ~ at that time ◇ *la ~ más fría del año* the coldest time of the year **2** (*Hist*) age: *la ~ de Felipe II* the age of Philip II LOC **de época** period: *mobiliario de* ~ period furniture *Ver tb* GLACIAR

equilátero, -a *adj* LOC *Ver* TRIÁNGULO

equilibrar *vt* to balance: ~ *el peso* to balance the weight

equilibrio *nm* **1** balance: *mantener/perder el* ~ to keep/lose your balance ◇ ~ *de fuerzas* balance of power **2** (*Fís*) equilibrium

equilibrista *nmf* **1** (*acróbata*) acrobat **2** (*en la cuerda floja*) tightrope walker

equipaje *nm* luggage [*incontable*]: *No llevo mucho ~.* I haven't got much luggage. ◇ ~ *de mano* hand luggage LOC **hacer el equipaje** to pack *Ver tb* EXCESO, RECOGIDA

equipar *vt* **1** (*casa, oficina*) to equip *sb/sth* (*with sth*): ~ *una oficina con muebles* to equip an office with furniture **2** (*persona, local, barco*) to fit *sb/sth* out (*with sth*): ~ *a los niños para el invierno* to fit the children out for the winter

equipo *nm* **1** (*grupo de personas*) team [*v sing o pl*]: *un ~ de fútbol* a football team ◇ *un ~ de expertos* a team of experts ➲ *Ver nota en* JURADO **2** (*equipamiento*) **(a)** equipment [*incontable*]: *un ~ de laboratorio* laboratory equipment **(b)** (*Dep*) gear [*incontable*]: ~ *de buceo/pesca* diving/fishing gear LOC **equipo de música** hi-fi (system) *Ver tb* COMPAÑERO, TRABAJO

equitación *nf* horse riding, horseback riding (*USA*)

equivalente *adj* ~ **(a)** equivalent (to *sth*)
▶ *nm* ~ **(a/de)** equivalent (of/to *sth*)

equivaler *vi* ~ **a** (*valer*) to be equivalent to *sth*: *Esto equivale a mil dólares.* That's equivalent to a thousand dollars.

equivocación *nf* **1** (*error*) mistake: *cometer una* ~ to make a mistake **2** (*malentendido*) misunderstanding

equivocado, -a *adj* wrong: *estar* ~ to be wrong *Ver tb* EQUIVOCARSE

equivocarse *vp* **1** ~ **de** to get the wrong...: *Se ha equivocado de número.* You've got the wrong number. ◇ ~ *de carretera* to take the wrong road **2** ~ **(en)** (*estar en un error*) to be wrong (about *sth*): *En eso te equivocas.* You're wrong about that.

era *nf* **1** (*período*) era **2** (*Agric*) threshing floor

erección *nf* erection

erguir *vt* (*cabeza*) to hold *sth* up

erizo *nm* hedgehog LOC **erizo de mar** sea urchin

ermita *nf* chapel

erosión *nf* erosion

erosionar *vt* to erode

erótico, -a *adj* erotic

errar *vt* to miss: *Erró el tiro.* He missed the shot.
▶ *vi* (*vagar*) to wander

errata *nf* mistake

erróneo, -a *adj* wrong, incorrect (*más formal*): *Tomaron la decisión errónea.* They made the wrong decision. ◇ *La información era errónea.* The information was incorrect.

error *nm* mistake: *cometer un* ~ to make a mistake ➲ *Ver nota en* MISTAKE

eructar *vi* to burp

eructo *nm* burp

erupción *nf* **1** (*Med*) rash **2** (*volcán*) eruption

esbelto, **-a** *adj* slender

escabeche *nm* LOC **en escabeche** in brine

escabullirse *vp* **1** (*irse*) to slip away **2** ~ **de/de entre** to slip out of *sth*: *Se me escabulló de las manos.* It slipped out of my hands.

escacharrarse *vp* to pack up

escafandra *nf* diving suit

escala *nf* **1** (*en mediciones*) scale: *en una ~ de uno a diez* on a scale of one to ten **2** (*viajes*) stopover LOC **escala (musical)** scale ◆ **hacer escala** to stop over (*in...*): *Tienen que hacer ~ en Atenas.* They have to stop over in Athens.

escalada *nf* **1** (*ascensión*) climb **2** (*actividad*) climbing: *Me gusta mucho hacer ~.* I love climbing. **3** (*de violencia, precios*) escalation: *la ~ de violencia* the escalation in violence

escalador, **-ora** *nm-nf* climber

escalar *vt, vi* to climb

escaleno *adj* LOC *Ver* TRIÁNGULO

escalera *nf* stairs [*pl*], staircase

> **Stairs** se refiere sólo a los escalones: *Me caí por las escaleras.* I fell down the stairs. ◇ *al pie de la escalera* at the foot of the stairs. **Staircase** hace referencia a toda la estructura de la escalera (los escalones, el pasamanos, etc.): *La casa tiene una escalera antigua.* The house has a very old staircase. Si la escalera está en el exterior de un edificio, se llama **stairway** y los escalones, **steps**.

LOC **bajar/subir las escaleras** to go downstairs/upstairs ◆ **escalera de caracol** spiral staircase ◆ **escalera de cuerda** rope ladder ◆ **escalera de incendios** fire escape ◆ **escalera (de mano)** stepladder ◆ **escalera mecánica** escalator

escalofrío *nm* shiver LOC **dar escalofríos** to send shivers down your spine ◆ **tener escalofríos** to shiver

escalón *nm* step

escalope *nm* escalope

escama *nf* scale

escandalizar *vt* to shock

escándalo *nm* **1** (*asunto*) scandal **2** (*ruido*) racket: *¡Qué ~!* What a racket! LOC *Ver* ARMAR, MONTAR

escandaloso, **-a** *adj* (*risa, color*) loud

escanear *vt* to scan

escáner *nm* **1** (*aparato*) scanner **2** (*ecografía*) scan: *hacerse un ~* to have a scan

escaño *nm* seat

escapada *nf* **1** (*fuga*) escape **2** (*viaje*) short break: *una ~ de fin de semana* a weekend break **3** (*Dep*) breakaway

escaparate *nm* shop window LOC **ir de escaparates** to go window-shopping

escapar(se) *vi, vp* **escapar(se) (de)** **1** (*lograr salir*) to escape (from *sb/sth*): *El loro se escapó de la jaula.* The parrot escaped from its cage. **2** (*evitar*) to escape *sth*: *~ de la justicia* to escape arrest

▶ **escaparse** *vp* **1** (*gas, líquido*) to leak **2** (*involuntariamente*): *Se le escapó un taco.* He swore. **3** (*secreto*) to let *sth* slip: *Se me escapó que estaba embarazada.* I let (it) slip that she was pregnant. **4** (*detalles, oportunidad, medio de transporte*) to miss: *No se te escapa nada.* You don't miss a thing. LOC **dejar escapar 1** (*persona*) to let *sb* get away **2** (*oportunidad*) to miss: *Has dejado ~ la mejor ocasión de tu vida.* You've missed the chance of a lifetime.

escapatoria *nf* way out: *Es nuestra única ~.* It's the only way out.

escape *nm* (*gas, líquido*) leak LOC *Ver* TUBO, VÁLVULA

escaquearse *vp* **1** to skive off: *Siempre intenta ~.* He's always trying to skive off. **2** ~ **de** to get out of *sth/doing sth*

escarabajo *nm* beetle

escarbar *vt, vi* (*tierra*) to dig

escarcha *nf* frost

escarmentado, **-a** *adj* LOC **estar escarmentado** to have learnt your lesson *Ver tb* ESCARMENTAR

escarmentar *vt* (*castigar*) to teach *sb* a lesson ▶ *vi* to learn your lesson: *No escarmientas, ¿eh?* Will you never learn?

escarola *nf* (*Bot*) endive

escasear *vi* to be scarce

escasez *nf* shortage: *Hay ~ de profesores.* There is a shortage of teachers.

escaso, **-a** *adj* **1** [*con sustantivo contable en plural*] few: *a ~s metros de distancia* a few metres away ➲ *Ver nota en* FEW **2** [*con sustantivo incontable*] little: *La ayuda que recibieron fue escasa.* They received very little help. ◇ *debido al ~ interés* due to lack of interest ◇ *productos de escasa calidad* poor quality products **3** (*apenas*) only just, barely (*más formal*): *Tiene tres años ~s.* She is only just three. LOC **andar escaso de** to be short of *sth*

escayola *nf* plaster

escayolado, **-a** *adj* in plaster: *Tengo el brazo ~.* My arm's in plaster. *Ver tb* ESCAYOLAR

escayolar *vt* (*Med*) to put *sth* in plaster

escena *nf* scene: *acto primero, ~ segunda* act one, scene two ◇ *Le montó/hizo una ~.* She made a scene. LOC **poner en escena** to stage

E

E

escenario *nm* **1** (*teatro, auditorio*) stage: *salir al ~* to come onto the stage **2** (*lugar*) scene: *el ~ del crimen* the scene of the crime

escenificar *vt* (*representar*) to stage

escéptico, -a *adj* sceptical
▶ *nm-nf* sceptic

esclarecer *vt* **1** (*explicar*) to clarify **2** (*delito*) to clear *sth* up: *~ un asesinato* to clear up a murder

esclavitud *nf* slavery

esclavizado, -a *adj* LOC **tener esclavizado a algn** to treat sb like a slave *Ver tb* ESCLAVIZAR

esclavizar *vt* to enslave

esclavo, -a *adj, nm-nf* slave: *Os tratan como a ~s.* You are treated like slaves. ◇ *ser ~ del dinero* to be a slave to money

esclusa *nf* lock

escoba *nf* **1** (*para barrer*) broom ➲ *Ver dibujo en* BRUSH **2** (*de bruja*) broomstick

escobilla *nf* (*cuarto de baño*) toilet brush

escocer *vi* to sting
▶ **escocerse** *vp* (*irritarse*) to get sore

escocés, -esa *adj* Scottish
▶ *nm-nf* Scotsman/woman [*pl* -men/-women]: *los escoceses* the Scots LOC *Ver* CUADRO, FALDA

Escocia *nf* Scotland

escoger *vt, vi* to choose: *Escoge tú.* You choose. ◇ *~ entre dos cosas* to choose between two things ◇ *Hay que ~ del menú.* You have to choose from the menu.

escolar *adj* **1** school: *año/curso ~* school year ◇ *el comienzo de las vacaciones ~es* the start of the school holidays **2** (*sistema*) education: *el sistema ~* the education system
▶ *nmf* schoolchild [*pl* schoolchildren] ❶ También se dice **school student**. ➲ *Ver tb nota en* ALUMNO LOC *Ver* ABSENTISMO, ACOSO, CENTRO, CERTIFICADO, MOCHILA

escolta *nf, nmf* **1** escort **2** (*Baloncesto*) shooting guard

escoltar *vt* to escort

escombro *nm* **escombros** rubble [*incontable*]: *reducir algo a ~s* to reduce sth to rubble ◇ *un montón de ~s* a pile of rubble

esconder *vt* to hide: *Lo escondieron debajo de la cama.* They hid it under the bed. ◇ *Esconde el regalo para que no lo vea mi madre.* Hide the present from my mother.
▶ **esconderse** *vp* **esconderse (de)** to hide (from *sb/sth*): *¿De quién os escondéis?* Who are you hiding from?

escondido, -a *adj* **1** hidden **2** (*recóndito*) secluded LOC **a escondidas** in secret *Ver tb* ESCONDER

escondite *nm* **1** (*refugio*) hiding place **2** (*juego*) hide-and-seek: *jugar al ~* to play hide-and-seek

escopeta *nf* shotgun LOC *Ver* AIRE

escopetado, -a *adj* LOC **irse/salir escopetado** to rush away/out

escorpión *nm* (*alacrán*) scorpion
▶ *nm, nmf* (*tb* **Escorpión, escorpio**) (*Astrol*) Scorpio ➲ *Ver ejemplos en* ACUARIO

escotado, -a *adj* low-cut: *Es demasiado ~.* It's too low-cut. ◇ *un vestido ~ por detrás* a dress with a low back

escote *nm* **1** (*prenda*) neckline: *¡Menudo ~!* That's some neckline! **2** (*pecho*) chest LOC **escote cuadrado/redondo** square/round neck ◆ **escote en pico** V-neck ◆ **ir/pagar a escote** to chip in: *Pagamos el regalo a ~.* We all chipped in to buy the present.

escotilla *nf* hatch

escozor *nm* sting

escribir *vt* **1** to write: *~ un libro* to write a book **2** (*ortografía*) to spell: *No sé ~lo.* I don't know how to spell it. ◇ *¿Cómo se escribe?* How do you spell it?
▶ *vi* to write: *Nunca me escribes.* You never write to me. ◇ *Todavía no sabe ~.* He can't write yet. ➲ *Ver nota en* WRITE
▶ **escribirse** *vp* **escribirse con**: *Me gustaría ~me con un inglés.* I'd like to have an English penfriend. LOC **escribir a mano** to write (*sth*) out by hand *Ver tb* MÁQUINA

escrito, -a *adj* written: *poner algo por ~* to put sth in writing
▶ *nm* **1** (*carta*) letter **2** (*documento*) document *Ver tb* ESCRIBIR

escritor, -ora *nm-nf* writer

escritorio *nm* **1** (*mesa*) desk **2** (*buró*) bureau [*pl* bureaux/bureaus] **3** (*Informát*) desktop LOC *Ver* FONDO

escritura *nf* **1** writing **2 Escritura(s)** (*Relig*) Scripture: *la Sagrada Escritura/las Escrituras* the Holy Scripture(s)/the Scriptures **3** (*de una casa*) (title) deed

escrupuloso, -a *adj* **1** (*aprensivo*) fussy: *Déjame tu vaso, no soy ~.* Give me your glass. I'm not fussy. **2** (*honrado*) scrupulous

escrutinio *nm* (*recuento*) count

escuadra *nf* **1** (*regla*) set square **2** (*Mil*) squad

escuadrón *nm* squadron

escuchar *vt, vi* to listen (to *sb/sth*): *Nunca me escuchas.* You never listen to me. ◇ *~ la radio* to listen to the radio ◇ *¡Escucha! ¿Lo oyes?* Listen! Can you hear it?

escudo *nm* **1** shield: ~ *protector* protective shield **2** (*insignia*) emblem LOC **escudo de armas** coat of arms

escuela *nf* **1** school: *Iremos después de la ~.* We'll go after school. ◇ *El lunes no habrá ~.* There's no school on Monday. ◇ *Todos los días voy a la ~ en autobús.* I go to school on the bus every day. ◇ *El martes iré a la ~ para hablar con tu profesor.* On Tuesday I'm going to the school to talk to your teacher. ➲ *Ver nota en* SCHOOL

En Gran Bretaña hay escuelas estatales o públicas, **state schools**, y escuelas privadas, **independent schools**. Los **public schools** son un tipo de colegios privados más tradicionales y conocidos, como por ejemplo Eton y Harrow.

2 (*academia*) college: ~ *de policía* police college LOC **escuela infantil** nursery school, preschool (*USA*) ◆ **escuela primaria** primary school, elementary school (*USA*) ◆ **escuela secundaria** secondary school, high school (*USA*)

esculpir *vt, vi* to sculpt: ~ *en piedra* to sculpt in stone

escultor, -ora *nm-nf* sculptor

escultura *nf* sculpture

escupir *vt* (*saliva, comida, expectorar*) to spit *sth* (out)
▶ *vi* to spit (at *sb*)

escupitajo *nm* spit [*incontable*]: *Había un ~ en el suelo.* There was some spit on the ground.

escurreplatos *nm* plate rack

escurridor *nm* **1** (*escurreplatos*) plate rack **2** (*verduras*) colander

escurrir *vt* **1** (*ropa*) to wring *sth* (out) **2** (*platos, verduras, legumbres*) to drain
▶ *vi* **1** (*platos*) to drain: *Pon los platos a ~.* Leave the dishes to drain. **2** (*ropa*) to drip-dry
▶ **escurrirse** *vp* **escurrirse (de/entre/de entre)** to slip (out of/from *sth*): *El jabón se le escurrió de las manos.* The soap slipped out of his hands.

ese *nf* LOC **hacer eses 1** (*vehículo*) to zigzag **2** (*persona*) to stagger

ese, -a *adj* that [*pl* those]: *a partir de ~ momento* from that moment on ◇ *esos libros* those books
▶ *pron* (*tb* **ése, -a**) **1** (*cosa*) that one [*pl* those (ones)]: *Yo no quiero ~/esos.* I don't want that one/those (ones). **2** (*persona*): *¡Ha sido esa!* It was her! ◇ *Yo no voy con esos.* I'm not going with them.

esencia *nf* essence

esencial *adj* ~ **(para)** essential (to/for *sth*)

esfera *nf* **1** (*Geom*) sphere **2** (*reloj*) face

esfinge *nf* sphinx

esforzarse *vp* ~ **(en/para/por)** to try (hard) (*to do sth*): *Se esforzaron mucho.* They tried very hard.

esfuerzo *nm* **1** effort: *Haz un ~ y come algo.* Make an effort to eat something. ◇ *No deberías hacer ~s, aún no estás recuperado.* You shouldn't overdo it, you're still recovering. **2** (*intento*) attempt (*to do sth/at doing sth*): *en un último ~ por evitar el desastre* in a last attempt to avoid disaster LOC **sin esfuerzo** effortlessly

esfumarse *vp* to vanish LOC **¡esfúmate!** get lost!

esgrima *nf* (*Dep*) fencing

esgrimir *vt* (*arma*) to wield

esguince *nm* (*Med*) sprain: *hacerse un ~ en el tobillo* to sprain your ankle

eslalon *nm* slalom

eslogan *nm* slogan

eslovaco, -a *adj, nm-nf, nm* Slovak

Eslovaquia *nf* Slovakia

Eslovenia *nf* Slovenia

esloveno, -a *adj, nm-nf, nm* Slovenian

esmaltar *vt* to enamel

esmalte *nm* enamel LOC **esmalte de uñas** nail varnish

esmeralda *nf* emerald

esmerarse *vp* ~ **(en/por)** to try very hard (*to do sth*): *Esmérate un poco más.* Try a bit harder.

esmero *nm* LOC **con esmero** (very) carefully

esmoquin *nm* dinner jacket

esnifar *vt* **1** to sniff **2** (*cocaína*) to snort

esnob *adj* snobbish
▶ *nmf* snob

ESO *nf* (*Educ*) secondary education: *Está en tercero de ~.* She's in year 10.

Los cursos de primero a cuarto de ESO equivalen a lo que en el sistema inglés se llama **years 8-11**. En Gran Bretaña, la Educación Primaria comienza a los 5 años y la Secundaria a los 11.

eso *pron* that: *¿Qué es ~?* What's that? ◇ *¡Eso es, muy bien!* That's right, very good! LOC **a eso de** at about: *a ~ de la una* at about one o'clock ◆ **¡de eso nada!** no way! ◆ **por eso** (*por esa razón*) so, therefore (*más formal*)

esófago *nm* oesophagus [*pl* oesophaguses/oesophagi]

esos, -as (*tb* **ésos, -as**) *adj, pron Ver* ESE, -A

espabilado, -a *adj* (*listo*) bright LOC **estar espabilado** to be wide awake *Ver tb* ESPABILAR

E

E

espabilar *vt* (*despertar*) to wake *sb* up: *El aire fresco te espabilará.* The fresh air will wake you up.
▶ *vi* **1** to get your act together: *¡A ver si espabilas de una vez!* It's about time you got your act together! **2** (*apresurarse*) to get a move on: *Espabila o perderás el tren.* Get a move on or you'll miss the train.
▶ **espabilarse** *vp* to wake up

espaciador *nm* (*Informát*) space bar

espacial *adj* space: *misión/vuelo ~* space mission/flight LOC *Ver* AERONAVE, BASE, NAVE, TRAJE, TRANSBORDADOR

espacio *nm* **1** space: *un corto ~ de tiempo* a short space of time ◇ *viajar por el ~* to travel through space **2** (*sitio*) room: *En mi maleta hay ~ para tu jersey.* There is room for your jumper in my suitcase. **3** (*Radio, TV*) programme

espada *nf* **1** (*arma*) sword **2 espadas** (*Naipes*) ➲ *Ver nota en* BARAJA LOC **estar entre la espada y la pared** to have your back to the wall *Ver tb* PEZ

espagueti *nm* **espaguetis** spaghetti [*incontable*]: *Me encantan los ~s.* I love spaghetti.

espalda *nf* **1** back: *Me duele la ~.* My back hurts. **2** (*Natación*) backstroke: *100 metros ~* 100 metres backstroke ◇ *nadar a ~* to do the backstroke LOC **dar la espalda a algn/algo** to turn your back on sb/sth ◆ **de espaldas**: *Ponte de ~s a la pared.* Stand with your back to the wall. ◇ *ver a algn de ~s* to see sb from behind ◆ **hacer algo a espaldas de algn** to do sth behind sb's back *Ver tb* CARA

espantapájaros *nm* scarecrow

espantar *vt* **1** (*ahuyentar*) to drive *sb/sth* away **2** (*asustar*) to terrify
▶ *vi* **1** (*detestar*) to hate *sth/doing sth*: *Me espanta viajar sola.* I hate travelling alone. **2** (*asombrar*) to appal: *Nos espantaron las condiciones del hospital.* We were appalled at/by conditions in the hospital.

espanto *nm* (*miedo*) fear LOC **de espanto** terrible: *Hace un calor de ~.* It's terribly hot. ◆ **¡qué espanto!** how awful!

espantoso, **-a** *adj* dreadful

España *nf* Spain

español, **-ola** *adj, nm* Spanish: *hablar ~* to speak Spanish
▶ *nm-nf* Spaniard: *los ~es* the Spanish

esparadrapo *nm* plaster

esparcir *vt* to scatter

espárrago *nm* asparagus [*incontable*] LOC **espárragos trigueros** wild asparagus [*incontable*]

esparto *nm* esparto (grass) LOC *Ver* ZAPATILLA

espatarrarse *vp* to sprawl

especia *nf* spice

especial *adj* special LOC **en especial 1** (*sobre todo*) especially: *Me gustan mucho los animales, en ~ los perros.* I'm very fond of animals, especially dogs. ➲ *Ver nota en* SPECIALLY **2** (*en concreto*) in particular: *Sospechan de uno de ellos en ~.* They suspect one of them in particular. *Ver tb* EFECTO

especialidad *nf* speciality [*pl* specialities]

especialista *nmf* **~ (en)** specialist (in *sth*): *un ~ en genética* a genetics specialist

especializarse *vp* **~ (en)** to specialize (in *sth*)

especialmente *adv* **1** (*sobre todo*) especially: *Me encantan los animales, ~ los gatos.* I love animals, especially cats. **2** (*en particular*) particularly: *Estoy ~ preocupada por el abuelo.* I'm particularly concerned about grandad. ◇ *No es un hombre ~ corpulento.* He's not particularly hefty. **3** (*expresamente*) specially: *~ diseñado para discapacitados* specially designed for people with disabilities ➲ *Ver nota en* SPECIALLY

especie *nf* **1** (*Biol*) species [*pl* species] **2** (*clase*) kind: *Era una ~ de barniz.* It was a kind of varnish.

especificar *vt* to specify

específico, **-a** *adj* specific

espécimen *nm* specimen

espectacular *adj* spectacular

espectáculo *nm* **1** (*función*) show **2** (*escena, suceso*) spectacle: *un ~ impresionante* an impressive spectacle LOC **dar un espectáculo** to make a scene *Ver tb* GUÍA, MUNDO

espectador, **-ora** *nm-nf* **1** (*Teat, Mús*) member of the audience **2** (*Dep*) spectator

especulación *nf* speculation: *la ~ inmobiliaria* property speculation

especular *vi* **1 ~ (con)** (*Econ*) to speculate (in *sth*) **2 ~ (sobre)** (*suponer*) to speculate (about *sb/sth*)

espejismo *nm* mirage

espejo *nm* mirror: *mirarse en el ~* to look (at yourself) in the mirror LOC **espejo retrovisor** rear-view mirror

espeleología *nf* caving

espera *nf* wait LOC *Ver* LISTA, SALA

esperanza *nf* hope LOC **esperanza de vida** life expectancy *Ver tb* ESTADO

esperar *vt* to wait for *sb/sth*, to expect, to hope

Los tres verbos **wait**, **expect** y **hope** significan *esperar*, pero no deben confundirse:

Wait indica que una persona espera a que alguien llegue o a que algo suceda por fin: *Espérame, por favor.* Wait for me, please. ◇ *Estoy esperando al autobús.* I'm waiting for the bus. ◇ *Estamos esperando a que deje de llover.* We are waiting for it to stop raining.

Expect se utiliza cuando lo esperado es lógico y muy probable: *Había más tráfico de lo que yo esperaba.* There was more traffic than I expected. ◇ *Esperaba carta suya ayer, pero no recibí ninguna.* I was expecting a letter from him yesterday, but didn't receive one. Si una mujer está embarazada, también se dice **expect**: *Está esperando un bebé.* She's expecting a baby.

Con **hope** se expresa el deseo de que algo suceda o haya sucedido: *Espero volver a verte pronto.* I hope to see you again soon. ◇ *Espero que sí/no.* I hope so/not.

▶ *vi* to wait: *Estoy harta de ~.* I'm fed up of waiting.

esperma *nf* sperm

espesar(se) *vt, vp* to thicken

espeso, -a *adj* thick: *La salsa está muy espesa.* This sauce is very thick.

espía *nmf* spy [*pl* spies]

espiar *vt, vi* to spy (on *sb*): *No me espíes.* Don't spy on me.

espiga *nf* (*cereal*) ear

espina *nf* **1** (*pez*) bone **2** (*Bot*) thorn LOC **darle a uno mala espina** to have a bad feeling *about sth*: *Ese asunto me da mala ~.* I've got a bad feeling about this. ◆ **espina dorsal** spine

espinaca *nf* spinach [*incontable*]: *Me encantan las ~s.* I love spinach.

espinal *adj* LOC *Ver* MÉDULA

espinilla *nf* **1** (*pierna*) shin **2** (*grano*) pimple

espinillera *nf* shinpad

espionaje *nm* spying, espionage (*más formal*): *La acusan de ~.* She's accused of spying. ◇ *~ industrial* industrial espionage LOC *Ver* NOVELA

espiral *adj, nf* spiral

espiritismo *nm* LOC **hacer espiritismo** to attend a seance

espíritu *nm* spirit: *~ de equipo* team spirit LOC **Espíritu Santo** Holy Spirit

espiritual *adj* spiritual

espléndido, -a *adj* **1** (*magnífico*) splendid: *Fue una cena espléndida.* It was a splendid dinner. **2** (*generoso*) generous

espolvorear *vt* to sprinkle *sth* (*with sth*)

esponja *nf* sponge

esponjoso, -a *adj* **1** (*pastel*) light **2** (*lana, pan*) soft

espónsor *Ver* SPONSOR

esponsorizar *vt* to sponsor

espontáneo, -a *adj* **1** (*reacción*) spontaneous **2** (*persona*) natural: *Es muy ~ y siempre dice lo que piensa.* He's very natural – he always says what he thinks.

esporádico, -a *adj* sporadic

esposar *vt* to handcuff

esposas *nf* handcuffs LOC **ponerle las esposas a algn** to handcuff sb

esposo, -a *nm-nf* **1** (*masc*) husband **2** (*fem*) wife [*pl* wives]

espuela *nf* spur

espuma *nf* **1** (*olas, de afeitar*) foam **2** (*cerveza, café, huevo*) froth **3** (*jabón, champú*) lather LOC **espuma de pelo** (hair) mousse ◆ **hacer espuma 1** (*olas*) to foam **2** (*jabón*) to lather

espumoso, -a *adj* (*vino*) sparkling

esqueje *nm* cutting

esquela *nf* LOC **esquela mortuoria** obituary [*pl* obituaries]

esquelético, -a *adj* (*flaco*) skinny ➲ *Ver nota en* DELGADO

esqueleto *nm* **1** (*Anat*) skeleton **2** (*estructura*) framework

esquema *nm* **1** (*diagrama*) diagram **2** (*resumen*) outline LOC *Ver* SINÓPTICO

esquemático, -a *adj* **1** (*dibujo, gráfico*) schematic **2** (*conciso*) brief

esquí *nm* **1** (*tabla*) ski [*pl* skis] **2** (*deporte*) skiing LOC **esquí acuático** water-skiing: *hacer ~ acuático* to go water-skiing *Ver tb* BASTÓN, ESTACIÓN, PISTA

esquiador, -ora *nm-nf* skier

esquiar *vi* to ski: *Me gusta mucho ~.* I love skiing. ◇ *Esquían todos los fines de semana.* They go skiing every weekend.

esquilar *vt* to shear

esquimal *nmf* Eskimo [*pl* Eskimo/Eskimos] ❶ Ellos mismos prefieren el término **the Inuit** [*pl*].

esquina *nf* corner: *Es la casa que hace ~ con Murillo.* It's the house on the corner of Murillo Street. LOC *Ver* SAQUE, VUELTA

esquinazo *nm* LOC **dar esquinazo** to give *sb* the slip

esquivar *vt* **1** (*golpe, obstáculo*) to dodge **2** (*persona, responsabilidad*) to avoid

esquizofrenia *nf* schizophrenia

esquizofrénico, -a *adj, nm-nf* schizophrenic

esta (*tb* **ésta**) *adj, pron Ver* ESTE, -A

estabilidad *nf* stability

estabilizar(se) *vt, vp* to stabilize: *El enfermo se ha estabilizado.* The patient's condition has stabilized.

estable *adj* stable

establecer *vt* **1** (*crear*) to set *sth* up: ~ *una compañía* to set up a company **2** (*determinar, ordenar*) to establish: ~ *la identidad de una persona* to establish a person's identity ◇ *La ley establece que...* The law establishes that... **3** (*récord*) to set

▶ **establecerse** *vp* **1** (*afincarse*) to settle **2** (*en un negocio*) to set up: ~*te por tu cuenta* to set up your own business

E

establo *nm* **1** (*caballos*) stable **2** (*vacas*) cowshed

estación *nf* **1** (*trenes, autobuses*) station: *la ~ de autobuses* the bus station ◇ *Mi padre me estaba esperando en la ~.* My father was waiting for me at the station. **2** (*del año*) season LOC **estación de esquí** ski resort ◆ **estación de servicio** service station *Ver tb* JEFE

estadio *nm* (*Dep*) stadium [*pl* stadiums/stadia]

estadística *nf* **1** (*ciencia*) statistics [*incontable*] **2** (*cifra*) statistic

estado *nm* **1** (*Pol, Fís, situación*) state: *la seguridad del ~* state security **2** (*condición médica*) condition: *Su ~ no reviste gravedad.* Her condition isn't serious. LOC **en buen estado** in good condition ◆ **en mal estado 1** in poor condition **2** (*comida*) off: *El pescado estaba en mal ~.* The fish was off. ◆ **estado civil** marital status ◆ **estar en estado (de buena esperanza)** to be expecting *Ver tb* GOLPE

Estados Unidos *nm* (the) United States [*v sing o pl*] ➲ *Ver nota en América y págs 374-5*

estadounidense *adj, nmf* American ➲ *Ver nota en* AMÉRICA

estafa *nf* swindle

estafar *vt* to swindle *sb* (*out of sth*): *Han estafado millones a los inversores.* They have swindled investors out of millions.

estallar *vi* **1** (*bomba*) to explode **2** (*globo*) to burst **3** (*guerra, epidemia*) to break out **4** (*escándalo, tormenta*) to break

estallido *nm* **1** (*bomba*) explosion **2** (*guerra*) outbreak

estampa *nf* (*dibujo*) picture

estampado, -a *adj* (*tela*) patterned

▶ *nm* pattern *Ver tb* ESTAMPAR

estampar *vt* **1** (*imprimir*) to print **2** (*arrojar*) to hurl *sb/sth* (*against sth*)

▶ **estamparse** *vp* **estamparse contra** (*estrellarse*) to smash into *sth*

estampida *nf* stampede

estancado, -a *adj* (*agua*) stagnant *Ver tb* ESTANCARSE

estancarse *vp* **1** (*agua*) to stagnate **2** (*negociación*) to come to a standstill

estancia *nf* **1** (*período de tiempo*) stay: *su ~ en el hospital* his stay in hospital **2** (*gastos*) living expenses [*pl*]: *pagar los viajes y la ~* to pay travel and living expenses

estanco *nm* tobacconist's ➲ *Ver nota en* CARNICERÍA

En Gran Bretaña no hay estancos. Los sellos se venden en **post offices** (oficinas de correos), que realizan también algunas gestiones administrativas: pago del impuesto de circulación y 'TV licence', cobro de las pensiones, etc. También se venden sellos en los **newsagents**, además de prensa, caramelos y cigarrillos. Ya quedan pocos **tobacconists**, establecimientos especializados en artículos para el fumador. Tampoco existen quioscos como tales sino puestos de periódicos o **news-stands**.

estándar *adj, nm* standard

estandarte *nm* banner

estanque *nm* (*jardín, parque*) pond

estante *nm* shelf [*pl* shelves]

estantería *nf* **1** shelves [*pl*]: *Esa ~ está torcida.* Those shelves are crooked. **2** (*de libros*) bookcase

estaño *nm* tin

estar *vi* **1** to be: *¿Dónde está la biblioteca?* Where's the library? ◇ *¿Está Ana?* Is Ana in? ◇ ~ *enfermo/cansado* to be ill/tired **2** (*aspecto*) to look: *Hoy estás muy guapo.* You look very nice today.

▶ *v aux* + **gerundio** to be doing sth: *Estaban jugando.* They were playing.

▶ **estarse** *vp* to be: ~*se callado/quieto* to be quiet/still LOC **está bien** (*de acuerdo*) OK: — *¿Me lo dejas?* — *Está bien.* 'Can I borrow it?' 'OK.' ◆ **¿estamos?** (*de acuerdo*) all right? ◆ **¡estamos buenos!** that's all we need! ◆ **estar a 1** (*fecha*): *Estamos a tres de mayo.* It's the third of May. **2** (*temperatura*): *En Canarias están a 30°C.* It's 30°C in the Canaries. **3** (*precio*): *¿A cuánto/cómo están los plátanos?* How much are the bananas? ◆ **estar al caer** to be due any time now ◆ **estar con** (*apoyar*) to be behind *sb*: *¡Ánimo, estamos contigo!* Go for it, we're behind you! ◆ **estar/ponerse bueno** to be/get well ◆ **estar que...**: *Estoy que me caigo de sueño.* I'm dead on my feet. ◆ **no estar para** not to be in the mood for *sth*: *No estoy para bromas.* I'm not in the mood for jokes. ◆ **ya está bien** (*¡basta!*) that's enough ❶ Para otras expresiones con **estar**, véanse las entradas del sustantivo, adjetivo, etc., p. ej. **estar al día** en DÍA.

estárter *nm* choke

estatal *adj* state: *escuela ~* state school LOC *Ver* EMPRESA

estático, -a *adj* static LOC *Ver* BICICLETA

estatua *nf* statue

estatura *nf* height: *una mujer de mediana ~* a woman of average height ◇ *Es pequeño de ~.* He's short.

estatuto *nm* statute

este *nm* east (*abrev* E): *en/por el ~* in the east ◇ *en la costa ~* on the east coast

este, -a *adj* this [*pl* these]: *esta noche/semana* tonight/this week
▶ *pron* (*tb* **éste, -a**) **1** (*cosa*) this one [*pl* these (ones)]: *Prefiero aquel traje a ~.* I prefer that suit to this one. ◇ *¿Prefieres estos?* Do you prefer these ones? **2** (*persona*): *¿Quién es ~?* Who's this? ◇ *La entrada se la di a esta.* I gave the ticket to her.

estela *nf* **1** (*embarcación*) wake **2** (*avión*) vapour trail

estelar *adj* **1** (*Astron*) stellar **2** (*importante*) star: *un papel ~ en la película* a star part in the film

estera *nf* mat

estéreo *adj, nm* stereo [*pl* stereos]

estéril *adj* sterile

esterilizar *vt* to sterilize

esterlina *adj* sterling: *libras ~s* pounds sterling

estética *nf* aesthetics [*incontable*]

esteticista *nmf* beautician

estético, -a *adj* aesthetic

estiércol *nm* dung

estilista *nmf* stylist

estilizar *vt* (*hacer delgado*): *Ese vestido te estiliza la figura.* That dress makes you look very slim.

estilo *nm* **1** style: *tener mucho ~* to have a lot of style **2** (*Natación*) stroke: *~ espalda* backstroke ◇ *~ mariposa* butterfly (stroke) LOC **algo por el estilo** something like that: *pimentón o algo por el ~* paprika or something like that

estiloso, -a *adj* stylish

estima *nf* esteem LOC **tener estima a algn** to think highly of sb

estimado, -a *adj* (*cartas*) dear ➲ *Ver nota en* ATENTAMENTE

estimulante *adj* stimulating
▶ *nm* stimulant: *La cafeína es un ~.* Caffeine is a stimulant.

estimular *vt* to stimulate

estímulo *nm* stimulus [*pl* stimuli]

estirado, -a *adj* (*altivo*) snooty *Ver tb* ESTIRAR

estirar *vt* **1** to stretch: *~ una cuerda* to stretch a rope tight **2** (*brazo, pierna*) to stretch *sth* out **3** (*dinero*) to spin *sth* out **4** (*alisar*) to smooth **5** (*masa*) to roll
▶ **estirarse** *vp* **1** (*desperezarse*) to stretch **2** (*tumbarse*) to lie down: *Voy a ~me un rato.* I'm going to lie down for a while. **3** (*crecer*) to shoot up LOC **estirar la pata** to kick the bucket

estirón *nm* LOC **dar/pegar un estirón** (*crecer*) to shoot up

esto *pron* **1** this: *Hay que terminar con ~.* We've got to put a stop to this. ◇ *¿Qué es ~?* What's this? **2** (*vacilación*) er: *Quería decirte que, ~...* I wanted to tell you... er...

estofado *nm* stew

estómago *nm* stomach: *Me duele el ~.* I've got stomach ache. LOC *Ver* ACIDEZ, ARDOR, DOLOR, PATADA

Estonia *nf* Estonia

estonio, -a *adj, nm-nf, nm* Estonian

estorbar *vt, vi* to be in *sb's* way, to be in the way: *Si te estorban esas cajas dímelo.* Tell me if those boxes are in your way. ◇ *¿Estorbo?* Am I in the way?

estornudar *vi* to sneeze ➲ *Ver nota en* ¡ACHÍS!

estrago *nm* LOC **hacer estragos** to create havoc

estrangular *vt* to strangle

estraperlo *nm* black market LOC **de estraperlo** on the black market

estrategia *nf* strategy [*pl* strategies]

estratégico, -a *adj* strategic

estrato *nm* (*Geol, Sociol*) stratum [*pl* strata]

estrechar *vt* **1** (*ropa*) to take *sth* in **2** (*abrazar*) to embrace
▶ **estrechar(se)** *vt, vp* to narrow: *La carretera se estrecha a 50 metros.* The road narrows in 50 metres.

estrecho, -a *adj* **1** narrow **2** (*ropa*) tight: *Esa falda te está estrecha.* That skirt's too tight (for you).
▶ *nm* straits [*pl*]: *el ~ de Bering* the Bering Straits

estrella *nf* star: *~ polar* pole star ◇ *un hotel de tres ~s* a three-star hotel ◇ *una ~ de cine/rock* a film/rock star LOC **estrella de mar** starfish ◆ **estrella fugaz** shooting star ◆ **estrella invitada** guest star ◆ **ver las estrellas** to see stars *Ver tb* TECLA

estrellado, -a *adj* **1** (*noche, cielo*) starry **2** (*forma*) star-shaped *Ver tb* ESTRELLAR

estrellar *vt* to smash *sth* (*against/into sth*): *Estrelló el coche contra un árbol.* He smashed the car into a tree.

E

▶ **estrellarse** *vp* **1 estrellarse (contra)** (*chocarse*) to crash (into *sth*): *~se contra otro vehículo* to crash into another vehicle **2** (*fracasar*) to founder

estremecer(se) *vt, vp* to shake

estrenar *vt* **1** (*ropa, casa, etc.*): *Estreno zapatos.* I'm wearing new shoes. ◇ *¿Estrenas coche?* Are you driving a new car? **2** (*Cine, Teat*) to premiere

E

estreno *nm* (*Cine, Teat*) premiere

estreñido, -a *adj* constipated *Ver tb* ESTREÑIR

estreñimiento *nm* constipation

estreñir *vt* to make *sb* constipated

▶ **estreñirse** *vp* to become constipated

estrés *nm* stress LOC **tener estrés** to be suffering from stress

estresado, -a *adj* stressed (out): *Está muy ~.* He's really stressed (out).

estresante *adj* stressful

estría *nf* **1** (*decoración*) groove **2** (*piel*) stretch mark

estribillo *nm* **1** (*canción*) chorus [*pl* choruses] **2** (*poema*) refrain

estribo *nm* stirrup LOC *Ver* PERDER

estribor *nm* starboard LOC **a estribor** to starboard

estricto, -a *adj* strict

estridente *adj* **1** (*sonido*) shrill **2** (*color*) gaudy

estrofa *nf* verse

estropajo *nm* scourer

estropear *vt* **1** to spoil: *Nos has estropeado los planes.* You've spoilt our plans. **2** (*aparato*) to break

▶ **estropearse** *vp* **1** (*averiarse*) to break down **2** (*comida*) to go off

estructura *nf* structure

estruendo *nm* racket

estrujar *vt* **1** (*naranja, mano*) to squeeze **2** (*papel*) to crumple *sth* (up) LOC **estrujarse la cabeza/los sesos** to rack your brains

estuario *nm* estuary [*pl* estuaries]

estuche *nm* **1** (*lápices, gafas, instrumento musical*) case **2** (*pinturas, joyas*) box

estudiante *nmf* student: *un grupo de ~s de medicina* a group of medical students LOC *Ver* CARNÉ, RESIDENCIA

estudiar *vt, vi* to study: *Me gustaría ~ francés.* I'd like to study French. ◇ *Estudia en un colegio privado.* She's at an independent school. LOC **estudiar de memoria** to learn *sth* by heart *Ver tb* MATAR

estudio *nm* **1** (*actividad de estudiar, trabajo, habitación*) study [*pl* studies]: *Han realizado ~s sobre la materia.* They've carried out studies on the subject. ◇ *Los libros están en el ~.* The books are in the study. **2** (*apartamento*) studio flat, studio apartment (*USA*) **3** (*Fot, TV*) studio [*pl* studios] **4 estudios** education [*v sing*]: *~s primarios* primary education LOC **estudios superiores** higher education *Ver tb* JEFE, PLAN, PROGRAMA

estudioso, -a *adj* studious

estufa *nf* fire: *~ eléctrica* electric fire

estupendo, -a *adj* fantastic

estúpido, -a *adj* stupid

▶ *nm-nf* idiot

etapa *nf* stage: *Hicimos el viaje en dos ~s.* We did the journey in two stages. LOC **por etapas** in stages

etcétera *nm* et cetera (*abrev* etc.)

eternidad *nf* eternity LOC **una eternidad** ages: *Tardó una ~.* He was ages.

eternizarse *vp* to spend ages (*doing sth*): *Se eterniza en el baño.* He spends ages in the bathroom.

eterno, -a *adj* eternal

ética *nf* **1** (*Fil*) ethics [*incontable*] **2** (*reglas morales*) ethics [*pl*]: *la ~ profesional* professional ethics

ético, -a *adj* ethical

etiqueta

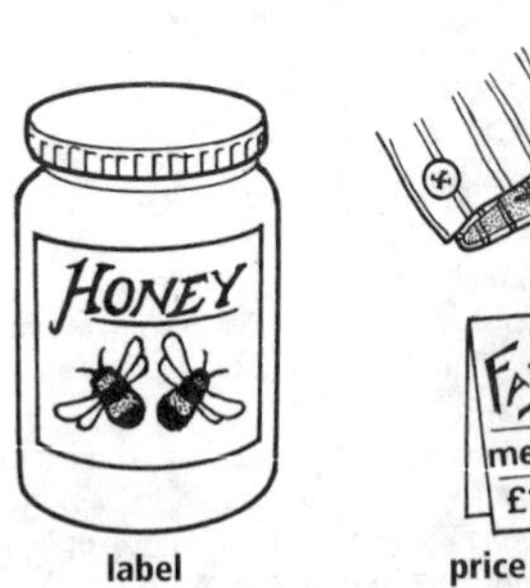

label price tag

etiqueta *nf* **1** label: *la ~ de un paquete/una botella* the label on a parcel/bottle **2** (*con precio*) price tag LOC **de etiqueta** formal: *traje de ~* formal dress

etiquetar *vt* to label

etnia *nf* ethnic group

étnico, -a *adj* ethnic LOC *Ver* LIMPIEZA, MÚSICA

eucalipto *nm* eucalyptus [*pl* eucalypti]

euforia *nf* euphoria

eufórico, -a *adj* euphoric

euro *nm* euro [*pl* euros/euro] LOC *Ver* ZONA

eurocámara *nf* European Parliament

euroconector *nm* Scart cable

eurodiputado, -a (*tb* **europarlamentario, -a**) *nm-nf* Euro-MP

Europa *nf* Europe

europeísta *adj, nmf* pro-European

europeo, -a *adj, nm-nf* European LOC *Ver* CAPITAL, ELECCIÓN, UNIÓN

eurotúnel *nm* Channel Tunnel

eurozona *nf* eurozone

euskera *nm* Basque

eutanasia *nf* euthanasia

evacuación *nf* evacuation

evacuar *vt* **1** (*desalojar*) to vacate: *El edificio fue evacuado a tiempo.* They managed to vacate the building in time. **2** (*trasladar*) to evacuate: *~ a los refugiados* to evacuate the refugees

evadido, -a *nm-nf* escapee

evadir *vt* **1** (*impuestos*) to evade **2** (*pregunta*) to avoid: *Evadió la pregunta.* He avoided giving an answer. **3** (*sacar ilegalmente*) to smuggle *sth* out of the country

▶ **evadirse** *vp* **evadirse (de)** (*escaparse*) to escape (from *sth*)

evaluación *nf* (*Educ*) assessment

evaluar *vt* to assess

evangelio *nm* gospel

evaporación *nf* evaporation

evaporar(se) *vt, vp* to evaporate

evasión *nf* **1** (*fuga*) escape **2** (*distracción*) distraction LOC **evasión de impuestos** tax evasion

evasiva *nf*: *Siempre estás con ~s.* You're always avoiding the issue.

eventual *adj* **1** (*temporal*) casual: *un trabajo ~* casual work **2** (*hipotético*) possible: *en caso de un ~ incendio* in case of fire

evidencia *nf* evidence LOC **poner a algn en evidencia** to show sb up

evidente *adj* obvious

evitar *vt* **1** (*impedir*) to prevent: *~ una catástrofe* to prevent a disaster **2** (*rehuir*) to avoid: *Me evita a toda costa.* He does everything he can to avoid me. LOC **no lo puedo evitar** I, you, etc. can't help it ◆ **si puedo evitarlo** if I, you, etc. can help it

evocar *vt* to evoke

evolución *nf* **1** (*Biol*) evolution **2** (*desarrollo*) development

evolucionar *vi* **1** (*Biol*) to evolve **2** (*desarrollarse*) to develop

ex *adj* former, old (*más coloq*): *mi ex novio* my old boyfriend

▶ *nmf* ex [*pl* exes]

exactamente *adv* exactly

exactitud *nf* **1** (*precisión*) exactness **2** (*descripción, reloj*) accuracy LOC **con exactitud** exactly: *No se sabe con ~.* We don't know exactly.

exacto, -a *adj* **1** (*preciso*) exact: *Necesito las medidas exactas.* I need the exact measurements. ◇ *Dos kilos ~s.* Exactly two kilos. **2** (*descripción, reloj*) accurate: *No me dieron una descripción muy exacta.* They didn't give me a very accurate description. **3** (*idéntico*) identical: *Las dos copias son exactas.* The two copies are identical.

▶ **¡exacto!** *interj* exactly

exageración *nf* exaggeration

exagerado, -a *adj* **1** (*que exagera*) exaggerated: *No seas ~.* Don't exaggerate. **2** (*excesivo*) excessive: *El precio me parece ~.* I think the price is excessive. *Ver tb* EXAGERAR

exagerar *vt, vi* to exaggerate: *~ la importancia de algo* to exaggerate the importance of sth ◇ *No exageres.* Don't exaggerate.

exaltado, -a *adj* worked up (*about sth*): *Los ánimos estan ~s.* Feelings are running very high.

▶ *nm-nf* hothead: *un grupo de ~s* a group of hotheads *Ver tb* EXALTAR

exaltar *vt* (*alabar*) to praise

▶ **exaltarse** *vp* to get worked up (*about sth*)

examen *nm* exam, examination (*más formal*): *hacer un ~* to take an exam LOC **estar de exámenes** to be doing exams ◆ **examen de conducir** driving test ◆ **examen de ingreso** entrance exam ◆ **examen de recuperación** resit ◆ **examen final** end-of-year exam ◆ **examen tipo test** multiple-choice exam

examinador, -ora *nm-nf* examiner

examinar *vt* to examine

▶ **examinarse** *vp* to have an exam: *Esta tarde me examino de francés.* I've got a French exam this afternoon. LOC **examinarse del carné de conducir** to take your driving test

excavación *nf* excavation

excavadora *nf* digger

excavar *vt* **1** to dig: *~ un túnel* to dig a tunnel ◇ *~ la tierra* to dig **2** (*Arqueología*) to excavate

excelencia *nf* excellence LOC **por excelencia** par excellence ◆ **Su Excelencia** His/Her Excellency ◆ **Su/Vuestra Excelencia** Your Excellency

excelente *adj* excellent

excéntrico, -a *adj, nm-nf* eccentric

excepción *nf* exception LOC **a/con excepción de** except (for) *sb/sth*

excepcional *adj* exceptional

E

excepto *prep* except (for) *sb/sth*: *todos ~ yo* everyone except me ◇ *todos ~ el último* all of them except (for) the last one

exceptuar *vt*: *Exceptuando a uno, el resto son veteranos.* Except for one, they are all veterans.

excesivo, -a *adj* excessive: *Su afición por el fútbol es excesiva.* They're much too keen on football.

E

exceso *nm* ~ **(de)** excess (of *sth*) LOC **con/en exceso** too much: *beber en ~* to drink too much ◆ **exceso de equipaje** excess baggage ◆ **exceso de velocidad** speeding

excitar *vt* **1** (*estimular, sexualmente*) to excite **2** (*poner nervioso*) to make *sb* nervous
▶ **excitarse** *vp* to get excited (*about/at/by sth*)

exclamación *nf* (*signo de puntuación*) exclamation mark ➲ *Ver pág 379*

exclamar *vt, vi* to exclaim

excluir *vt* to exclude *sb/sth* (*from sth*)

exclusiva *nf* (*reportaje*) exclusive

exclusivo, -a *adj* exclusive

excomulgar *vt* to excommunicate

excursión *nf* excursion, trip (*más coloq*) LOC **ir/salir de excursión** to go on an excursion

excursionismo *nm* hiking: *hacer ~* to go hiking

excursionista *nmf* **1** (*en montaña, etc.*) hiker **2** (*viaje*) day tripper

excusa *nf* excuse (*for sth/doing sth*): *Siempre pone ~s para no venir.* He always finds an excuse not to come.

exento, -a *adj* ~ **(de)** exempt (from *sth*): *estar ~ del servicio militar* to be exempt from military service ◇ *Estoy exenta de gimnasia.* I'm excused from PE.

exhalar *vt* **1** (*gas, vapor, olor*) to give off *sth* **2** (*suspiro, queja*): *~ un suspiro de alivio* to heave a sigh of relief ◇ *No ha exhalado una queja.* She hasn't complained at all.

exhaustivo, -a *adj* thorough, exhaustive (*más formal*)

exhausto, -a *adj* exhausted

exhibición *nf* exhibition

exhibicionismo *nm* **1** exhibitionism **2** (*sexual*) indecent exposure

exhibicionista *nmf* **1** exhibitionist **2** (*sexual*) flasher

exhibir *vt* **1** (*exponer*) to exhibit **2** (*película*) to show
▶ **exhibirse** *vp* (*presumir*) to show off

exigencia *nf* **1** (*requerimiento*) requirement **2** (*pretensión*) demand (*for sth/that...*): *¡No me vengas con ~s!* Don't come to me with your demands!

exigente *adj* **1** (*que pide mucho*) demanding **2** (*estricto*) strict

exigir *vt* **1** (*pedir*) to demand *sth* (*from sb*): *Exijo una explicación.* I demand an explanation. **2** (*requerir*) to require: *Exige una preparación especial.* It requires special training. LOC *Ver* RESCATE

exiliado, -a *adj* exiled
▶ *nm-nf* exile *Ver tb* EXILIAR

exiliar *vt* to exile *sb* (*from...*)
▶ **exiliarse** *vp* **exiliarse (a/en)** to go into exile (in...)

exilio *nm* exile

existencia *nf* **1** (*hecho de existir*) existence **2 existencias (a)** (*provisiones*) stocks: *Se nos están acabando las ~s de carne.* Our stocks of meat are running low. **(b)** (*Econ*) stock [*v sing*]

existente *adj* existing

existir *vi* **1** (*haber*) there is/there are: *No existe una voluntad de colaboración.* There is no spirit of cooperation. ◇ *En inglés existen varias maneras de decir "hola".* There are several ways of saying 'hello' in English. **2** (*tener existencia*) to exist: *Los vampiros no existen.* Vampires don't really exist.

éxito *nm* **1** success **2** (*disco, canción*) hit: *su último ~* their latest hit LOC **tener éxito** to be successful *Ver tb* LISTA

exorcismo *nm* exorcism

exótico, -a *adj* exotic

expandir *vt* **1** to expand **2** (*incendio, rumor, noticia*) to spread
▶ **expandirse** *vp* to spread

expansión *nf* **1** expansion **2** (*Econ*) growth **3** (*diversión*) relaxation

expansionar(se) *vt, vp* to expand

expatriado, -a *adj, nm-nf* expatriate: *americanos ~s en España* expatriate Americans living in Spain *Ver tb* EXPATRIAR

expatriar *vt* to exile
▶ **expatriarse** *vp* to emigrate

expectación *nf* sense of expectancy: *La ~ aumenta.* The sense of expectancy is growing.

expectativa *nf* **1** (*esperanza*) expectation: *Superó mis ~s.* It exceeded my expectations. **2** (*perspectiva*) prospect: *No tengo muchas ~s.* My prospects aren't very good. LOC **estar a la expectativa** to be waiting (*for sth*)

expedición *nf* (*viaje*) expedition

expediente *nm* **1** (*documentación*) file: *¿Tienes a mano su ~?* Do you have his file to hand? **2** (*académico, profesional*) record: *tener un buen*

~ *académico* to have a good academic record **3** (*Jur*) proceedings [*pl*] **LOC** *Ver* ABRIR

expedir *vt* **1** (*carta, paquete*) to send **2** (*emitir*) to issue: ~ *un pasaporte* to issue a passport

expensas *nf*: *a nuestras* ~ at our expense

experiencia *nf* experience: *años de ~ laboral* years of work experience ◇ *Fue una gran ~.* It was a great experience. **LOC sin experiencia** inexperienced

experimentado, -a *adj* (*persona*) experienced *Ver tb* EXPERIMENTAR

experimental *adj* experimental: *con carácter ~* on an experimental basis

experimentar *vi* ~ **(con)** to experiment (on *sb/sth*), to experiment (with *sth*): ~ *con animales* to experiment on animals ◇ *Quieren ~ con músicos de otros países.* They want to experiment with musicians from other countries.
▶ *vt* **1** (*aumento, mejoría*) to show **2** (*cambio*) to undergo

experimento *nm* experiment: *hacer un ~* to carry out an experiment

experto, -a *nm-nf* ~ **(en)** expert (at/in/on *sth*): *los ~s en nutrición* experts in nutrition ◇ *No soy experta en estos temas.* I'm no expert on these matters.

expiatorio, -a *adj* **LOC** *Ver* CHIVO

expirar *vi* to expire

explanada *nf* open area

explicación *nf* explanation

explicar *vt* to explain *sth* (*to sb*): *Me explicó sus problemas.* He explained his problems to me.
▶ **explicarse** *vp* (*entender*) to understand **LOC ¿me explico?** do you see what I mean?

explorador, -ora *nm-nf* (*persona*) explorer
▶ *nm* (*Informát*) browser

explorar *vt* **1** (*país, región*) to explore **2** (*Med*) to examine

explosión *nf* explosion: *una ~ nuclear* a nuclear explosion ◇ *la ~ demográfica* the population explosion **LOC hacer explosión** to explode

explosivo, -a *adj, nm* explosive

explotación *nf* (*recursos, personas*) exploitation **LOC explotación agrícola/ganadera** farming/ livestock farming

explotar *vi* (*hacer explosión*) to explode
▶ *vt* (*recursos, persona*) to exploit

exponer *vt* **1** (*cuadro*) to exhibit **2** (*ideas*) to present **3** (*vida*) to risk
▶ **exponerse** *vp* **1 exponerse a** to expose yourself to *sth*: *No te expongas demasiado al sol.* Don't stay out in the sun too long. **2 exponerse a que...** to risk: *Te expones a que te multen.* You're risking a fine.

exportación *nf* export **LOC** *Ver* IMPORTACIÓN

exportador, -ora *adj* exporting: *los países ~es de petróleo* oil-exporting countries
▶ *nm-nf* exporter

exportar *vt* to export

exposición *nf* **1** (*de arte*) exhibition: *una ~ de fotografías* an exhibition of photographs ◇ *montar una ~* to put on an exhibition **2** (*de un tema, un asunto*) presentation **3** ~ **a** (*sol, contaminación*) exposure to *sth*

exprés *adj* express: *correo ~* express mail **LOC** *Ver* CAFÉ, CAFETERA, OLLA

expresar *vt* to express

expresión *nf* expression **LOC** *Ver* LIBERTAD

expresivo, -a *adj* **1** expressive: *una expresiva pieza musical* an expressive piece of music **2** (*mirada*) meaningful

expreso, -a *adj, nm* express: *un tren ~* an express train

exprimidor *nm* **1** (*manual*) lemon squeezer **2** (*eléctrico*) juicer

exprimir *vt* (*fruta, etc.*) to squeeze

expulsar *vt* **1** to expel *sb/sth* (*from ...*): *La van a ~ del colegio.* They're going to expel her (from school). **2** (*Dep*) to send *sb* off: *Fue expulsado del terreno de juego.* He was sent off.

expulsión *nf* **1** expulsion: *Este año ha habido tres expulsiones en la escuela.* There have been three expulsions from the school this year. **2** (*Dep*) sending-off [*pl* sendings-off]

exquisito, -a *adj* **1** (*comida, bebida*) delicious **2** (*gusto, objeto*) exquisite

éxtasis *nm* **1** (*sentimiento*) ecstasy [*pl* ecstasies] **2** (*droga*) Ecstasy [*incontable*]

extender *vt* **1** (*desdoblar, desplegar*) to spread *sth* (out): ~ *un mapa sobre la mesa* to spread a map out on the table **2** (*alargar*) to extend: ~ *una mesa* to extend a table **3** (*brazo*) to stretch *sth* out **4** (*alas, mantequilla, pintura*) to spread
▶ **extenderse** *vp* **1** (*costumbre, noticia, epidemia*) to spread: *La epidemia se extendió por todo el país.* The epidemic spread through the whole country. **2** (*en el espacio*) to stretch: *El jardín se extiende hasta el lago.* The garden stretches down to the lake. **3** (*en el tiempo*) to last: *El debate se extendió durante horas.* The debate lasted for hours.

extendido, -a *adj* **1** (*general*) widespread **2** (*brazos*) outstretched *Ver tb* EXTENDER

extensión *nf* **1** (*superficie*) area: *una ~ de 30 metros cuadrados* an area of 30 square metres **2** (*duración*): *una gran ~ de tiempo* a long period of time ◇ *¿Cuál es la ~ del contrato?* How long is the contract for? **3** (*teléfono*) extension

extenso, **-a** *adj* **1** (*superficie*) extensive **2** (*período de tiempo*) long

exterior *adj* **1** outer: *el espacio* ~ outer space ◇ *la capa* ~ *de la Tierra* the earth's crust **2** (*comercio, política*) foreign: *política* ~ foreign policy
▶ *nm* outside: *el* ~ *de la casa* the outside of the house ◇ *desde el* ~ *del teatro* from outside the theatre LOC *Ver* MINISTERIO, MINISTRO

E

exterminar *vt* to exterminate

externo, **-a** *adj* **1** external: *influencias externas* external influences **2** (*capa, superficie*) outer: *la capa externa de la piel* the outer layer of the skin
▶ *nm-nf* (*alumno*) day pupil LOC *Ver* USO

extinción *nf* (*especie*) extinction LOC **en peligro/vías de extinción** in danger of extinction: *las especies en peligro de* ~ endangered species

extinguir *vt* **1** (*fuego*) to put *sth* out **2** (*especie*) to wipe *sth* out
▶ **extinguirse** *vp* **1** (*fuego*) to go out **2** (*especie*) to become extinct

extintor *nm* fire extinguisher

extirpar *vt* (*Med*) to remove

extra *adj* **1** (*superior*) top quality **2** (*adicional*) extra: *una capa* ~ *de barniz* an extra coat of varnish
▶ *nmf* (*Cine, Teat*) extra LOC *Ver* HORA

extracomunitario, **-a** *adj* non-EU: *países* ~*s* non-EU countries

extracto *nm* **1** (*cuenta bancaria*) (bank) statement **2** (*libro, documento*) summary [*pl* summaries]

extracurricular *adj* extra-curricular

extradición *nf* extradition

extraer *vt* **1** to extract *sth* (*from sb/sth*): ~ *información de algn* to extract information from sb ◇ ~ *oro de una mina* to mine gold **2** (*sangre*) to take *sth* (*from sb*)

extraescolar (*tb* **extracurricular**) *adj* out-of-school, extracurricular (*más formal*): *actividades* ~*es* out-of-school activities

extranjero, **-a** *adj* foreign
▶ *nm-nf* foreigner LOC **al/en el extranjero** abroad

extrañar *vt* **1** (*sorprender*) to surprise: *Me extrañó ver tanta gente.* I was surprised to see so many people. **2** (*echar de menos*) to miss: *Te extrañamos mucho.* We miss you a lot.
▶ **extrañarse** *vp* to be surprised (*at sb/sth*): *No me extraña que no quiera venir.* I'm not surprised he doesn't want to come. LOC **ya me extrañaba a mí** I thought it was strange

extraño, **-a** *adj* strange: *Oí un ruido* ~. I heard a strange noise.
▶ *nm-nf* stranger

extraordinario, **-a** *adj* **1** (*fuera de lo normal*) extraordinary: *convocatoria extraordinaria* extraordinary meeting **2** (*excelente*) excellent: *La comida era extraordinaria.* The food was excellent. **3** (*especial*) special: *edición extraordinaria* special edition

extrarradio *nm* outskirts

extraterrestre *adj* extraterrestrial
▶ *nmf* alien

extravagante *adj* **1** (*aspecto*) flamboyant **2** (*actitud*) outrageous
▶ *nmf* eccentric

extraviado, **-a** *adj* **1** (*persona, cosa*) lost **2** (*animal*) stray *Ver tb* EXTRAVIAR

extraviar *vt* to lose
▶ **extraviarse** *vp* **1** (*persona, animal*) to get lost **2** (*objeto*) to be missing: *Se han extraviado los documentos.* The documents are missing.

extremar *vt* to maximize: ~ *las medidas de seguridad* to maximize security controls ◇ ~ *las precauciones* to take strict precautions

extremidad *nf* **extremidades** extremities

extremista *adj, nmf* extremist: *grupos* ~*s* extremist groups

extremo, **-a** *adj* extreme: *un caso* ~ an extreme case ◇ *hacer algo con extrema precaución* to do sth with extreme care
▶ *nm* **1** extreme: *ir de un* ~ *a otro* to go from one extreme to the other **2** (*punta*) end: *Coge el mantel por los* ~*s.* Take hold of the ends of the tablecloth. ◇ *Viven en el otro* ~ *de la ciudad.* They live at the other end of town. LOC *Ver* ORIENTE

extrovertido, **-a** *adj, nm-nf* extrovert: *Es muy* ~. He's a real extrovert.

Ff

fa *nm* F: *fa mayor* F major **LOC** *Ver* CLAVE

fábrica *nf* **1** factory [*pl* factories]: *una ~ de conservas* a canning factory **2** (*de cemento, acero, ladrillos*) works [*v sing o pl*]: *Va a cerrar la ~ de acero.* The steelworks is/are closing down. **LOC** **fábrica de cerveza** brewery [*pl* breweries] ◆ **fábrica de papel** paper mill

fabricación *nf* manufacture, making (*más coloq*): *~ de aviones* aircraft manufacture **LOC** **de fabricación española, holandesa, etc.** made in Spain, Holland, etc.

fabricado, -a *adj* **LOC** **fabricado en...** made in... *Ver tb* FABRICAR

fabricante *nmf* manufacturer

fabricar *vt* to manufacture, to make (*más coloq*): *~ coches* to manufacture cars **LOC** **fabricar en serie** to mass-produce

facha *adj, nmf* fascist
▶ *nf* **1** (*aspecto*) look: *Tiene muy buena ~.* He looks very good. **2** (*adefesio*) sight: *Con esa americana está hecho una ~.* He looks a real sight in that jacket.

fachada *nf* (*Arquit*) facade, front (*más coloq*): *la ~ del hospital* the front of the hospital

fácil *adj* **1** (*sencillo*) easy: *Es más ~ de lo que parece.* It's easier than it looks. ◇ *Eso es ~ de decir.* That's easy to say. **2** (*probable*) likely: *Es ~ que nieve.* It's likely to snow. ◇ *No es ~ que me lo den.* They're unlikely to let me have it.

factor *nm* factor: *un ~ clave* a key factor

factura *nf* bill: *la ~ del gas/de la luz* the gas/electricity bill ◇ *Haz la ~.* Make out the bill.

facturación *nf* (*equipaje*) check-in

facturar *vt* (*equipaje*) to check *sth* in: *¿Ya has facturado las maletas?* Have you checked your bags in yet?

facultad *nf* **1** (*capacidad*) faculty [*pl* faculties]: *en plena posesión de sus ~es mentales* in full possession of his mental faculties ◇ *Ha perdido ~es.* He's lost his faculties. **2** (*Educ*) **(a)** (*universidad*) university: *un compañero de la ~* a friend of mine from university **(b) Facultad** Faculty [*pl* Faculties]: *la Facultad de Derecho* the Law Faculty

faena *nf* **1** (*tarea*) job: *No le dediques mucho tiempo a esa ~.* Don't spend a lot of time on that job. **2** (*contratiempo*) nuisance: *Es una ~, pero qué se le va a hacer.* It's a nuisance but it can't be helped. **3** (*jugarreta*) dirty trick: *hacerle una (mala) ~ a algn* to play a dirty trick on sb **LOC** **faenas agrícolas/del campo** farm work [*incontable*] *Ver tb* CASA

faenar *vi* (*pescar*) to fish

faisán *nm* pheasant

faja *nf* **1** (*traje típico*) sash **2** (*ropa interior*) girdle

fajo *nm* bundle: *un ~ de billetes nuevos* a bundle of crisp notes

falda *nf* **1** (*prenda*) skirt **2** (*montaña*) lower slope **LOC** **falda escocesa 1** tartan skirt **2** (*traje típico*) kilt ◆ **falda pantalón** culottes [*pl*]

faldero, -a *adj* **LOC** *Ver* PERRO

fallar *vi* **1** to fail: *Le falla la vista.* Her eyesight's failing. **2** (*a un amigo*) to let *sb* down
▶ *vt* to miss: *El cazador falló el tiro.* The hunter missed. **LOC** **¡no falla!** it, he, etc. is always the same: *Seguro que llega tarde, no falla nunca.* He's bound to be late; he's always the same.

fallecer *vi* to pass away

fallecimiento *nm* death, passing (*formal*)

fallo *nm* **1** (*error*) mistake, error (*formal*): *debido a un ~ humano* due to human error **2** (*defecto*) fault: *un ~ en los frenos* a fault with the brakes ➲ *Ver nota en* MISTAKE

falsificación *nf* forgery [*pl* forgeries]

falsificar *vt* to forge

falso, -a *adj* **1** false: *una falsa alarma* a false alarm **2** (*de imitación*) fake: *diamantes ~s* fake diamonds **3** (*billete*) forged

falta *nf* **1** **~ de** (*carencia*) lack of *sth*: *su ~ de ambición/respeto* his lack of ambition/respect **2** (*error*) mistake: *muchas ~s de ortografía* a lot of spelling mistakes ➲ *Ver nota en* MISTAKE **3** (*Dep*) **(a)** (*Fútbol, Baloncesto*) foul: *hacer (una) ~* to commit a foul **(b)** (*Tenis*) fault **LOC** **falta (de asistencia)** absence: *Ya tienes tres ~s este mes.* That's three times you've been absent this month. ◇ *No quiero que me pongan ~.* I don't want to be marked absent. ◆ **falta de educación** rudeness: *¡Qué ~ de educación!* How rude! ◆ **hacer falta** to need *sth/to do sth*: *Me hace ~ un coche.* I need a car. ◇ *Hacen ~ cuatro sillas más.* We need four more chairs. ◇ *Llévatelo, no me hace ~.* Take it, I don't need it. ◇ *Te hace ~ estudiar más.* You need to study harder. ◇ *No hace ~ que vengas.* You don't need to come. ◆ **sin falta** without fail *Ver tb* PITAR

faltar *vi* **1** (*necesitar*) to need *sb/sth*: *Les falta cariño.* They need affection. ◇ *Aquí lo que falta es un jefe.* This place needs a boss. ◇ *Me faltan monedas para poder llamar.* I need some coins to make a phone call. ◇ *Faltan medicinas en muchos hospitales.* Many hospitals need medicines. **2** (*estar ausente*) to be missing: *¿Falta alguien?* Is there anyone missing?

3 ~ **(a)** (*no acudir a un sitio*) to miss *sth*: ~ *a una cita/clase* to miss an appointment/a lesson **4** (*quedar tiempo*): *Faltan diez minutos (para que se termine la clase).* There are ten minutes to go (till the end of the lesson). ◇ *¿Falta mucho para comer?* Is it long till lunch? ◇ *¿Te falta mucho?* Are you going to be long? LOC **faltar al respeto** to show no respect *to sb* ◆ **faltarle un tornillo a algn** to have a screw loose ◆ **faltó poco para que...** I, you, etc. almost...: *Faltó poco para que me marchase.* I almost walked out. ◆ **¡lo que faltaba!** that's all I/we needed!

F

fama *nf* **1** (*celebridad*) fame: *alcanzar la* ~ to achieve fame **2** ~ **(de)** (*reputación*) reputation (for *sth/doing sth*): *tener buena/mala* ~ to have a good/bad reputation ◇ *Tiene ~ de ser un hueso.* He has a reputation for being very strict.

familia *nf* family [*pl* families] [*v sing o pl*]: *¿Cómo está tu ~?* How's your family? ◇ *Mi ~ es del norte.* My family is/are from the north.

Cuando en inglés se habla de la familia considerándola como una unidad, **family** lleva el verbo en singular: *Mi familia es lo más importante.* My family is the most important thing. Si por el contrario se la considera como un grupo de individuos, el verbo va en plural: *Mi familia piensa que estoy loco.* My family think I'm crazy.

Por otro lado, en inglés hay dos formas posibles de referirse a una familia por su apellido: con la palabra **family** ('the Jones family'), o poniendo el apellido en plural ('the Joneses').

LOC **familia numerosa** large family ◆ **madre/padre de familia** mother/father ◆ **venir de familia** to run in the family: *Eso nos viene de ~.* That runs in our family. *Ver tb* CABEZA, MÉDICO

familiar *adj* **1** (*de la familia*) family: *lazos ~es* family ties **2** (*conocido*) familiar: *una cara* ~ a familiar face

▶ *nmf* (*pariente*) relative

famoso, -a *adj* ~ **(por) 1** (*célebre*) famous (for *sth*): *hacerse* ~ to become famous **2** (*de mala fama*) notorious (for *sth*): *Es ~ por su genio.* He's notorious for his bad temper.

fan *nmf* fan

fanático, -a *nm-nf* fanatic

fanatismo *nm* fanaticism

fanfarrón, -ona *adj, nm-nf* show-off: *Es muy ~.* He's such a show-off.

fango *nm* mud

fantasía *nf* fantasy [*pl* fantasies]: *Son ~s suyas.* That's just a fantasy of his.

fantasma *nm* ghost: *una historia de ~s* a ghost story LOC **ser (un) fantasma** (*chulo*) to be a show-off

fantástico, -a *adj* fantastic

faraón *nm* pharaoh

faringitis *nf* pharyngitis [*incontable*]

farmacéutico, -a *nm-nf* chemist

farmacia *nf* **1** (*tienda*) chemist's, pharmacy [*pl* pharmacies] (*más formal*): *¿Hay alguna ~ por aquí?* Is there a chemist's near here? ➲ *Ver notas en* CARNICERÍA *y* PHARMACY **2** (*estudios*) pharmacy LOC **farmacia de guardia** duty chemist, all-night pharmacy (*USA*)

faro *nm* **1** (*torre*) lighthouse **2** (*de coche, moto*) headlight **3** (*de bicicleta*) (bicycle) light

farol *nm* **1** (*lámpara*) lantern **2** (*fanfarronada*) bluff: *marcarse/tirarse un ~* to bluff

farola *nf* street light

farolillo *nm* paper lantern LOC **farolillos de colores** fairy lights

fascículo *nm* instalment: *publicar/vender algo en/por ~s* to publish/sell sth in instalments

fascinante *adj* fascinating

fascinar *vt* to fascinate: *Aquellos trucos fascinaron a los niños.* The children were fascinated by the tricks.

fascismo *nm* fascism

fascista *adj, nmf* fascist ➲ *Ver nota en* CATÓLICO

fase *nf* stage, phase (*más formal*): *la ~ previa/clasificatoria* the preliminary/qualifying stage

fastidiar *vt* **1** (*molestar*) to annoy: *Deja de ~ al perro.* Stop annoying the dog. **2** (*estropear*) to ruin: *La lluvia nos fastidió los planes.* The rain ruined our plans.

▶ *vi*: *Me fastidia mucho tener que ir.* I'm really annoyed that I've got to go. ◇ *¿No te fastidia madrugar tanto?* Doesn't it bother you having to get up so early?

▶ **fastidiarse** *vp* to be ruined: *Se nos fastidiaron las vacaciones.* Our holidays were ruined. LOC **¡no fastidies!** you're kidding! ◆ **¡para que te fastidies!** so there! ◆ **¡te fastidias!** tough!

fatal *adj* **1** (*muy malo*) terrible: *Han pasado un año ~.* They've had a terrible year. ◇ *Me encuentro ~.* I feel terrible. **2** (*mortal*) fatal: *un accidente ~* a fatal accident

▶ *adv* really badly: *Se portaron ~.* They behaved really badly. LOC **caer fatal**: *Me cae ~.* I can't stand her. *Ver tb* OLER

fauna *nf* fauna

favor *nm* favour: *¿Me haces un ~?* Can you do me a favour? ◇ *pedirle un ~ a algn* to ask sb a favour LOC **a favor de** in favour of *sb/sth*:

Estamos a ~ de actuar. We're in favour of taking action. ◆ **por favor** please ➲ *Ver nota en* PLEASE

favorable *adj* favourable

favorecer *vt* **1** (*beneficiar*) to favour: *Estas medidas nos favorecen.* These measures favour us. **2** (*ropa, peinado*) to suit: *Te favorece el rojo.* Red suits you.

favoritismo *nm* favouritism

favorito, -a *adj, nm-nf* favourite

fax *nm* fax: *poner un ~* to send a fax ◇ *Lo mandaron por ~.* They faxed it.

fe *nf* faith (*in sb/sth*)

febrero *nm* February (*abrev* Feb.) ➲ *Ver ejemplos en* ENERO

fecha *nf* **1** date: *¿A qué ~ estamos?* What's the date today? ◇ *Tiene ~ del 3 de mayo.* It is dated 3 May. **2 fechas** (*época*) time [*v sing*]: *en/por estas ~s* at/around this time (of the year) LOC **fecha de caducidad** sell-by date, pull date (*USA*) ◆ **fecha límite/tope 1** (*solicitud*) closing date **2** (*proyecto*) deadline ◆ **hasta la fecha** up to now *Ver tb* PASADO

fecundar *vt* to fertilize

federación *nf* federation

federal *adj* federal

felicidad *nf* **1** (*dicha*) happiness: *¡Qué cara de ~!* She looks so happy! **2 felicidades (a)** best wishes (*on...*): *Te deseo muchas ~es por tu cumpleaños.* Best wishes on your birthday. **(b)** (*enhorabuena*) congratulations (*on sth/ doing sth*): *Felicidades por tu nuevo trabajo/ por haber aprobado.* Congratulations on your new job/on passing your exams. LOC **¡felicidades!** (*cumpleaños*) happy birthday!

felicitación *nf* (*tarjeta*) card: *una ~ de Navidad* a Christmas card

felicitar *vt* **1** (*dar la enhorabuena*) to congratulate *sb* (*on sth*): *Le felicité por el ascenso.* I congratulated him on his promotion. ◇ *¡Te felicito!* Congratulations! **2** (*desear felicidad*) to wish *sb* (a) happy...: *Recuerda ~la por su cumpleaños.* Remember to wish her a happy birthday.

feliz *adj* happy LOC **¡Feliz cumpleaños!** Happy birthday! ◆ **¡Feliz Navidad!** Happy/Merry Christmas!

felpudo *nm* doormat

femenino, -a *adj* **1** female: *el sexo ~* the female sex **2** (*Dep, moda*) women's: *el equipo ~* the women's team **3** (*característico de la mujer, Gram*) feminine: *Lleva ropa muy femenina.* She wears very feminine clothes. ➲ *Ver nota en* FEMALE

feminista *adj, nmf* feminist ➲ *Ver nota en* CATÓLICO

fenomenal *adj* fantastic LOC **pasarlo fenomenal** to have a fantastic time

fenómeno *nm* phenomenon [*pl* phenomena]: *~s climatológicos* climatic phenomena LOC **ser un fenómeno** to be fantastic: *Este jugador es un ~.* He's a fantastic player.

feo, -a *adj* **1** (*aspecto*) ugly: *una casa fea* an ugly house ◇ *Es bastante feo.* He's quite ugly. **2** (*desagradable*) nasty: *Esa es una costumbre muy fea.* That's a very nasty habit. LOC *Ver* BAILAR

féretro *nm* coffin, casket (*USA*)

feria *nf* fair: *~ del libro* book fair ◇ *Ayer fuimos a la ~.* We went to the fair yesterday. LOC **feria de muestras** trade fair

fermentar *vt, vi* to ferment

feroz *adj* fierce LOC *Ver* HAMBRE

ferretería *nf* **1** (*tienda*) ironmonger's, hardware store (*USA*) ➲ *Ver nota en* CARNICERÍA **2** (*objetos*) hardware: *artículos de ~* hardware

ferrocarril *nm* railway, railroad (*USA*) ❶ En lenguaje coloquial, se utiliza más la palabra **train**: *viajar por ~* to travel by train ◇ *estación de ~* train/railway station.

ferry *nm* ferry [*pl* ferries]

fértil *adj* fertile

fertilización *nf* fertilization

fertilizante *nm* fertilizer

festín *nm* feast: *¡Vaya ~ que nos dimos!* We had such a feast!

festival *nm* festival

festividad *nf* **1** (*día festivo*) holiday: *la ~ del primero de mayo* the May Day holiday **2** (*Relig*) feast

festivo, -a *adj* LOC *Ver* DÍA

fétido, -a *adj* LOC *Ver* BOMBA

feto *nm* foetus [*pl* foetuses]

fiable *adj* reliable

fiambre *nm* cold meat

fiambrera *nf* lunch box

fianza *nf* **1** (*Jur*) bail [*incontable*]: *bajo ~* on bail ◇ *pagar una ~ de 10 000 euros* to pay bail of 10 000 euros **2** (*alquiler*) deposit LOC *Ver* LIBERTAD

fiar *vt* to let *sb* have *sth* on credit: *Me fiaron el pan.* They let me have the bread on credit.
▶ *vi* to give credit
▶ **fiarse** *vp* **fiarse de** to trust *sb/sth*: *No me fío de ella.* I don't trust her. LOC **ser de fiar** to be trustworthy

fibra *nf* fibre LOC **fibra de vidrio** fibreglass

ficción *nf* fiction

ficha *nf* **1** (*de fichero*) (index) card **2** (*pieza de juego*) counter: *Se ha perdido una ~.* We've lost a

F

counter. **3** (*equivalente al dinero*) token LOC **ficha de dominó** domino [*pl* dominoes] ◆ **ficha médica/policial** medical/police record

fichaje *nm* (*Dep*) signing: *el nuevo ~ del Madrid* Madrid's new signing

fichar *vt* **1** (*policía*) to open a file on *sb* **2** (*Dep*) to sign
▶ *vi* **1** ~ **(por)** (*Dep*) to sign (for *sb*): *~ por el Barça* to sign for Barcelona **2** (*en el trabajo*) **(a)** (*al entrar*) to clock in, to punch in (*USA*) **(b)** (*al salir*) to clock off, to punch out (*USA*)

fichero *nm* **1** (*mueble*) filing cabinet **2** (*caja*) card index, card catalog (*USA*) **3** (*Informát*) file: *abrir/cerrar un ~* to open/close a file ◇ *un ~ de datos* a data file

fidelidad *nf* faithfulness LOC *Ver* ALTO

fidelización *nf* (*clientes*) (customer) loyalty: *tarjeta de ~* loyalty card

fideo *nm* noodle: *sopa de ~s* noodle soup LOC **estar hecho un fideo** to be as thin as a rake

fiebre *nf* **1** (*temperatura anormal*) temperature: *Te ha bajado/subido la ~.* Your temperature has gone down/up. ◇ *tener ~* to have a temperature ◇ *Tiene 38° de ~.* He's got a temperature of 38°. **2** (*enfermedad, interés exagerado*) fever: *~ amarilla* yellow fever ◇ *la ~ de las elecciones* election fever LOC *Ver* DÉCIMA

fiel *adj* **1** (*leal*) faithful (*to sb/sth*) **2** ~ **a** (*creencias, palabra*) true to *sth*: *~ a sus ideas* true to his ideas

fieltro *nm* felt

fiera *nf* wild animal LOC **estar/ponerse hecho una fiera** to be furious/to blow your top *Ver tb* COMER

fiero, -a *adj* fierce

fiesta *nf* **1** (*celebración*) party [*pl* parties]: *dar una ~ de cumpleaños* to have a birthday party **2** (*día festivo*) public holiday: *Mañana es ~.* Tomorrow is a public holiday. **3 fiestas**: *las ~s navideñas* the Christmas festivities ◇ *las ~s del pueblo* the town festival LOC **fiesta nacional 1** (*fiesta oficial*) public holiday: *Mañana es ~ nacional.* It's a public holiday tomorrow. **2** (*toros*) bullfighting ◆ **hacer/tener fiesta** to have a day off *Ver tb* COLAR, SALA

figura *nf* figure: *una ~ de plastilina* a Plasticine figure ◇ *una ~ política* a political figure

figurado, -a *adj* figurative

figurar *vi* **1** (*hallarse*) to be: *Rumania figura entre los países de la UE.* Romania is one of the EU countries. **2** (*destacar*) to stand out from the crowd: *Les encanta ~.* They love to stand out from the crowd.
▶ **figurarse** *vp* to imagine: *Me figuro que ya habrán salido.* I imagine they must have left by now. ◇ *Ya me lo figuraba yo.* I thought as much.

fijamente *adv* LOC **mirar fijamente** to stare at *sb/sth*: *Me miró ~.* He stared at me. ➲ *Ver nota en* MIRAR

fijar *vt* **1** (*sujetar, establecer*) to fix: *~ un precio/una fecha* to fix a price/date **2** (*atención*) to focus
▶ **fijarse** *vp* **fijarse (en) 1** (*darse cuenta*) to notice: *¿Te fijaste si estaban?* Did you notice if they were there? **2** (*prestar atención*) to pay attention (to *sth*): *sin ~se en los detalles* without paying attention to detail LOC *Ver* PROHIBIDO

fijo, -a *adj* **1** [*sujeto*], *establecido*) fixed: *Las patas están fijas al suelo.* The legs are fixed to the ground. ◇ *un precio ~* a fixed price **2** (*permanente*) permanent: *un puesto/contrato ~* a permanent post/contract
▶ *adv* definitely: *Aprobaré, ~.* I'll definitely pass. ◇ *Fijo que no viene.* I bet he doesn't come. LOC *Ver* RUMBO, TELÉFONO

fila *nf* **1** (*uno al lado de otro*) row: *Se sentaron en la primera/última ~.* They sat in the front/back row. **2** (*uno detrás de otro*) line: *Formad una ~.* Get in line. **3 filas** (*Mil, Pol*) ranks LOC **en fila india** in single file *Ver tb* APARCAR, ROMPER

filete *nm* **1** (*grueso*) steak: *~ de ternera* beef steak **2** (*fino*) fillet: *~s de bacalao* cod fillets

filmar *vt* to film LOC *Ver* VÍDEO

filo *nm* cutting edge LOC *Ver* ARMA

filología *nf* philology LOC **filología hispánica, inglesa, etc.** Spanish, English, etc.: *Soy licenciado en Filología Hispánica.* I've got a degree in Spanish.

filosofía *nf* philosophy [*pl* philosophies]

filósofo, -a *nm-nf* philosopher

filtrar *vt* to filter
▶ **filtrarse** *vp* **1** (*luz, noticia*) to filter (in/out) (*through sth*): *La luz se filtraba por los resquicios.* Light was filtering in through the cracks. **2** (*líquido*) to leak (in/out) (*through sth*): *Se ha filtrado agua por la pared.* Water has leaked in through the wall.

filtro *nm* filter LOC **filtro solar** sunblock

fin *nm* **1** end: *a ~ de mes* at the end of the month ◇ *No es el ~ del mundo.* It's not the end of the world. **2** (*película, novela*) the end **3** (*finalidad*) purpose LOC **al fin y al cabo** after all ◆ **al/por fin** at last ◆ **en fin 1** (*bien*) well: *En ~, así es la vida.* Well, that's life. **2** (*en resumen*) in short ◆ **fin de semana** weekend: *Sólo nos vemos los ~es de semana.* We only see each other at weekends. ➲ *Ver nota en* WEEKEND

final *adj* final: *la decisión ~* the final decision

▶ *nm* **1** end: *a dos minutos del ~* two minutes from the end **2** (*película, novela*) ending: *un ~ feliz* a happy ending
▶ *nf* (*Dep*) final: *la ~ de copa* the Cup Final **LOC** **a finales de...** at the end of...: *a ~es de año* at the end of the year ◆ **al final** at the end, in the end

At the end es una expresión neutra: *El curso dura seis meses y te dan un diploma al final.* The course runs for six months and you get a diploma at the end. **In the end** se utiliza cuando se hace referencia a un período de tiempo largo o con muchos cambios o problemas: *No te preocupes, ya verás como al final todo sale bien.* Don't worry, it will all work out in the end. "Al final de" se dice siempre **at the end of**: *al final de la cola/del partido* at the end of the queue/the match.

Ver tb CUARTO, EXAMEN, OCTAVO, PUNTO, RECTA, RESULTADO

finalista *adj, nmf* finalist: *Quedó ~.* He reached the final. ◇ *los equipos ~s* the finalists

financiar *vt* to finance

financiero, -a *adj* financial

finca *nf* **1** (*en el campo*) (country) estate **2** (*en la ciudad*) building

finde *nm* weekend

fingir *vt, vi* to pretend: *Seguro que está fingiendo.* He's probably just pretending. ◇ *Fingió no vernos.* She pretended she hadn't seen us.

finlandés, -esa *adj, nm* Finnish: *hablar ~* to speak Finnish
▶ *nm-nf* Finn: *los finlandeses* the Finns

Finlandia *nf* Finland

fino, -a *adj* **1** (*delgado, lluvia, pelo*) fine: *un lápiz ~* a fine pencil **2** (*dedos, talle*) slender **3** (*gustos*) refined: *¡Qué ~ te has vuelto!* You've become very refined! **4** (*educado*) polite **5** (*vista, oído*) keen
▶ *nm* (*vino*) dry 'fino' sherry **LOC** *Ver* SAL

finta *nf* dummy [*pl* dummies]: *hacer una ~* to dummy

firma *nf* **1** (*nombre*) signature: *Han recogido cien ~s.* They've collected a hundred signatures. **2** (*acto*) signing: *Hoy es la ~ del contrato.* The signing of the contract takes place today. **3** (*empresa*) firm

firmar *vt, vi* to sign: *Firme en la línea de puntos.* Sign on the dotted line.

firme *adj* firm: *un colchón ~* a firm mattress ◇ *Me mostré ~.* I stood firm.
▶ **¡firmes!** *interj* (*voz de mando*) attention! **LOC** **ponerse firme** to stand to attention *Ver tb* TIERRA

fiscal *adj* tax: *los impuestos ~es* taxes
▶ *nmf* public prosecutor, district attorney (*USA*) **LOC** *Ver* FRAUDE

fisgar (*tb* **fisgonear**) *vt, vi* ~ **(en)** to poke around (in *sth*): *No me fisgues las cartas.* Don't poke around in my letters. ◇ *Alguien ha estado fisgando en mis cosas.* Someone has been poking around in my things.

fisgón, -ona *adj* nosy
▶ *nm-nf* busybody [*pl* busybodies]

física *nf* physics [*incontable*]: *un examen de ~* a physics exam

físico, -a *adj* physical
▶ *nm-nf* (*científico*) physicist
▶ *nm* (*aspecto*) appearance: *El ~ es muy importante.* Appearance is very important. **LOC** *Ver* EDUCACIÓN, IMPEDIMENTO

fisioterapeuta *nmf* physiotherapist

fisioterapia *nf* physiotherapy

flaco, -a *adj* (*delgado*) thin, skinny (*coloq*) ➲ *Ver nota en* DELGADO **LOC** *Ver* PUNTO

flamante *adj* **1** (*espléndido*) smart **2** (*nuevo*) brand new

flamenco, -a *adj, nm* (*cante y baile*) flamenco
▶ *nm* (*ave*) flamingo [*pl* flamingoes]

flan *nm* crème caramel ❶ La palabra inglesa **flan** significa *tarta* o *tartaleta*. **LOC** **estar como un flan** to be shaking like a leaf

flaquear *vi* to flag: *Me flaquean las fuerzas.* My strength is flagging.

flash *nm* **1** (*Fot*) flash **2** (*sorpresa*) shock: *¡Vaya ~!* What a shock!

flato *nm* stitch: *No puedo correr más que me da el ~.* I can't run any further or I'll get a stitch.

flauta *nf* **1** (*Mús*) **(a)** flute **(b)** (*dulce*) recorder **2** (*pan*) baguette: *una ~ de chorizo* a chorizo baguette **LOC** *Ver* PITO

flautista *nmf* flautist

flecha *nf* arrow

flechazo *nm* love at first sight: *Fue un ~.* It was love at first sight.

fleco *nm* **flecos 1** (*adorno*) fringe [*v sing*]: *una cazadora de cuero con ~s* a fringed leather jacket **2** (*borde deshilachado*) frayed edge [*v sing*]

flemón *nm* abscess

flequillo *nm* fringe

flexible *adj* flexible **LOC** *Ver* HORARIO

flexión *nf* (*ejercicio*) press-up [*pl* press-ups]: *hacer flexiones* to do press-ups

flexo *nm* reading light

flipar *vi* **1** (*encantar*) to be crazy about *sth*: *Me flipan los coches de carreras.* I'm crazy about racing cars. **2** ~ **(con)** (*sorprenderse*) to be amazed

F

(at/by *sb/sth*): *Yo flipo contigo.* You amaze me. ◇ *¡Vas a ~!* You'll be amazed! **3** (*soñar*): *¿Que te lo dé? Tú flipas tío.* Give it to you? You must be joking!

flojo, -a *adj* **1** (*poco apretado*) **(a)** (*tornillo, bombilla*) loose **(b)** (*goma, cuerda*) slack **2** (*sin fuerza*) weak: *un café ~* a weak coffee **3** (*sin calidad*) poor: *Tus deberes están bastante ~s.* Your homework is quite poor. LOC **estar flojo en algo** to be weak at/in/on sth: *Estoy muy ~ en historia.* I'm very weak at history.

F

flor *nf* **1** flower: *~es secas* dried flowers **2** (*de árbol frutal, arbusto*) blossom: *las ~es del almendro* almond blossom LOC **en flor 1** in bloom **2** (*árbol frutal, arbusto*) in blossom ◆ **la flor (y nata)** the cream (*of sth*) ◆ **¡ni flores!** no idea!

flora *nf* flora

florecer *vi* **1** (*planta*) to flower **2** (*árbol frutal, arbusto*) to blossom **3** (*prosperar*) to flourish: *La industria está floreciendo.* Industry is flourishing.

florero *nm* vase

floristería *nf* florist's, flower shop (*USA*) ➲ *Ver nota en* CARNICERÍA

flota *nf* fleet

flotador *nm* rubber ring

flotar *vi* to float: *El balón flotaba en el agua.* The ball was floating on the water.

flote *nm* LOC **a flote** afloat: *El barco/negocio sigue a ~.* The ship/business is still afloat. ◆ **sacar a flote 1** (*barco*) to refloat **2** (*negocio*) to put *sth* back on its feet ◆ **salir a flote** (*persona, negocio*) to pull through

fluidez *nf* LOC **con fluidez 1** (*hablar*) fluently: *Habla inglés con ~.* She speaks English fluently. **2** (*circular*) smoothly: *El tráfico circulaba con ~.* The traffic was flowing smoothly.

fluido, -a *adj* **1** (*circulación, diálogo*) free-flowing **2** (*lenguaje, estilo*) fluent
▶ *nm* fluid *Ver tb* FLUIR

fluir *vi* to flow

flúor *nm* **1** (*gas*) fluorine **2** (*dentífrico*) fluoride

fluorescente *adj* fluorescent
▶ *nm* fluorescent light LOC *Ver* ROTULADOR

fluvial *adj* river: *el transporte ~* river transport

foca *nf* seal

foco *nm* **1** (*centro, Fot*) focus [*pl* focuses/foci]: *Eres el ~ de todas las miradas.* You're the focus of attention. **2** (*lámpara*) **(a)** spotlight: *Varios ~s iluminaban el monumento.* Several spotlights lit up the monument. **(b)** (*de estadio*) floodlight

fogata *nf* bonfire: *hacer una ~* to make a bonfire

fogueo *nm* LOC **de fogueo**: *cartuchos de ~* blank cartridges

folclore (*tb* **folklore**) *nm* folklore

folio *nm* sheet (of paper)

follaje *nm* foliage

folleto *nm* **1** (*librito*) **(a)** (*de publicidad*) brochure: *un ~ de viajes* a holiday brochure **(b)** (*de información, instrucciones*) booklet **2** (*hoja*) leaflet: *Cogí un ~ con el horario.* I picked up a leaflet containing the timetable.

follón *nm* **1** (*ruido*) racket: *¡Qué ~ arman los vecinos!* The neighbours are making a terrible racket! **2** (*confusión, desorden*) mess: *Me hice un ~ con los nombres.* I got into a real mess with their names. ◇ *¡Qué ~ de tráfico!* What a mess this traffic is! **3** (*problema*) trouble [*incontable*]: *No te metas en follones.* Don't get into trouble.

fomentar *vt* to promote

fomento *nm* promotion LOC **fomento de empleo** job creation

fondista *nmf* long-distance runner

fondo *nm* **1** bottom: *llegar al ~ del asunto* to get to the bottom of things **2** (*mar, río*) bed **3 (a)** (*calle, pasillo*) end: *Está al ~ del pasillo, a la derecha.* It's at the end of the corridor on the right. **(b)** (*habitación, escenario*) back: *al ~ del restaurante* at the back of the restaurant ◇ *la habitación del ~* the back room **4** (*bote*) kitty [*pl* kitties]: *poner/hacer un ~ (común)* to have a kitty **5 fondos** (*dinero*) funds: *recaudar ~s* to raise funds LOC **a fondo 1** [*con sustantivo*] thorough: *una revisión a ~* a thorough review **2** [*con verbo*] thoroughly: *Límpialo a ~.* Clean it thoroughly. ◆ **de fondo** (*Dep*) **1** (*Atletismo*) distance: *un corredor de ~* a distance runner **2** (*esquí*) cross-country ◆ **fondo de escritorio** (*Informát*) wallpaper ◆ **en el fondo** deep down: *Dices que no, pero en el ~ sí que te importa.* You say you don't care, but deep down you do. ◆ **sin fondo** bottomless *Ver tb* CHEQUE, MÚSICA

fonética *nf* phonetics [*incontable*]

fontanero, -a *nm-nf* plumber

footing *nm* jogging: *hacer ~* to go jogging

forastero, -a *nm-nf* outsider

forcejear *vi* to struggle

forense *nmf* forensic scientist

forestal *adj* forest: *un guarda/incendio ~* a forest ranger/fire

forfait *nm* (*esquí*) ski pass

forjar *vt* to forge LOC **forjarse ilusiones** to get your hopes up

forma *nf* **1** (*contorno*) shape: *en ~ de cruz* in the shape of a cross ◇ *La sala tiene ~ rectangular.* The room is rectangular. **2** (*modo*) way: *Si lo* *haces de esta ~ es más fácil.* It's easier if you do it this way. ◇ *Es su ~ de ser.* It's just the way he is. ◇ *¡Vaya ~ de conducir!* What a way to drive! LOC **de forma espontánea, indefinida, etc.** spontaneously, indefinitely, etc. ◆ **de todas formas** anyway ◆ **estar en (plena) forma** to be in peak condition ◆ **estar/ponerse en forma** to be/get fit *Ver tb* CUALQUIERA, DICHO, MANTENER

formación *nf* **1** (*creación*) formation: *la ~ de un gobierno* the formation of a government **2** (*preparación*) **(a)** (*educación*) education **(b)** (*para un trabajo*) training: *un curso de ~* a training course LOC **formación profesional** (*abrev* **FP**) vocational training *Ver tb* INSTITUTO

formado, -a *adj* LOC **estar formado por** to consist of *sb/sth* *Ver tb* FORMAR

formal *adj* **1** (*ropa, compromiso, etc.*) formal: *un noviazgo ~* a formal engagement **2** (*novio, relación, etc.*) serious **3** (*de fiar*) reliable: *Es una persona muy seria y ~.* He's a very reliable person. **4** (*que se porta bien*) well behaved: *un niño muy ~* a very well-behaved child ➲ *Ver nota en* WELL BEHAVED

formar *vt* **1** (*crear*) to form: *~ un grupo* to form a group **2** (*preparar*) **(a)** (*educar*) to educate **(b)** (*para un trabajo*) to train

▶ *vi* (*Mil*) to fall in: *¡A ~!* Fall in!

▶ **formarse** *vp* **1** (*hacerse*) to form: *Se formó una gran cola delante del cine.* A long queue formed in front of the cinema. **2** (*educarse*) to train

formatear *vt* to format

formato *nm* format

fórmula *nf* formula ❶ Tiene dos plurales posibles: **formulas** y, en un contexto científico, **formulae**.

formulario *nm* (*impreso*) form: *rellenar un ~* to fill in a form

foro *nm* forum: *los ~s de debate* discussion forums

forofo, -a *nm-nf* fan

forrado, -a *adj* LOC **estar forrado** (*tener dinero*) to be loaded *Ver tb* FORRAR

forrar *vt* **1** (*el interior*) to line *sth* (*with sth*): *~ una caja de terciopelo* to line a box with velvet **2** (*el exterior*) to cover *sth* (*with sth*): *~ un libro con papel* to cover a book with paper

▶ **forrarse** *vp* (*enriquecerse*) to make a fortune: *Se han forrado vendiendo helados.* They've made a fortune selling ice creams.

forro *nm* **1** (*interior*) lining: *poner un ~ a un abrigo* to put a lining in a coat **2** (*exterior*) cover LOC **forro polar** fleece

fortaleza *nf* **1** (*fuerza*) strength **2** (*fortificación*) fortress

fortuna *nf* **1** (*riqueza*) fortune **2** (*suerte*) luck: *probar ~* to try your luck

forzar *vt* to force LOC *Ver* MARCHA, TRABAJO

forzoso, -a *adj* LOC *Ver* ATERRIZAJE

fosa *nf* **1** (*hoyo*) ditch **2** (*sepultura*) grave

fosforescente *adj* LOC *Ver* ROTULADOR

fósforo *nm* (*cerilla*) match

fósil *nm* fossil

foso *nm* **1** (*hoyo*) ditch **2** (*de castillo*) moat

foto *nf* photo [*pl* photos], photograph (*más formal*): *un álbum de ~s* a photograph album ◇ *Me hizo/sacó una ~.* He took my photo. LOC **foto de carné** passport photo ◆ **sacarse una foto** to have your photo taken *Ver tb* CÁMARA, CARRETE, MÁQUINA

fotocopia *nf* photocopy [*pl* photocopies]: *hacer/sacar una ~ de algo* to make a photocopy of sth

fotocopiadora *nf* photocopier

fotocopiar *vt* to photocopy

fotodepilación *nf* laser hair removal

fotogénico, -a *adj* photogenic

fotografía *nf* **1** (*actividad*) photography **2** (*foto*) photo

fotografiar *vt* to photograph

fotográfico, -a *adj* LOC *Ver* CÁMARA

fotógrafo, -a *nm-nf* photographer

fotomatón® *nm* photo booth

fracasado, -a *adj* failed

▶ *nm-nf* failure *Ver tb* FRACASAR

fracasar *vi* **1** to fail **2** (*planes*) to fall through

fracaso *nm* failure

fracción *nf* fraction

fractura *nf* fracture

fracturar(se) *vt, vp* to fracture

fragancia *nf* fragrance

frágil *adj* fragile

fragmento *nm* fragment

fragua *nf* forge

fraile *nm* monk

frambuesa *nf* raspberry [*pl* raspberries]

francamente *adv* **1** (*muy*) really: *Es ~ difícil.* It's really hard. **2** (*con sinceridad*) honestly: *No sabemos ~ si...* We don't honestly know whether...

francés, -esa *adj, nm* French: *hablar ~* to speak French

▶ *nm-nf* Frenchman/woman [*pl* -men/-women]: *los franceses* the French

Francia *nf* France

franco, -a *adj* **1** (*sincero*) frank **2** (*claro*) marked: *un ~ deterioro* a marked decline

F

franela *nf* flannel

franja *nf* strip

franquear *vt* (*carta, paquete*) to pay postage on *sth*

franqueza *nf* frankness: *Hablemos con ~.* Let's be frank.

franquicia *nf* (*Econ*) franchise

frasco *nm* **1** (*colonia, medicina*) bottle **2** (*conservas, mermelada*) jar

F

frase *nf* **1** (*oración*) sentence **2** (*locución*) phrase LOC **frase hecha** set phrase

fraternal (*tb* **fraterno, -a**) *adj* brotherly, fraternal (*más formal*): *el amor ~* brotherly love

fraude *nm* fraud LOC **fraude fiscal** tax fraud

fraudulento, -a *adj* fraudulent

frecuencia *nf* frequency [*pl* frequencies] LOC **con frecuencia** often, frequently (*más formal*)

frecuentar *vt* **1** (*lugar*) to frequent **2** (*amigos*) to go around with *sb*: *Ya no frecuento ese grupo de amigos.* I don't go around with that group of friends any more.

frecuente *adj* **1** (*reiterado*) frequent: *Tengo ~s ataques de asma.* I have frequent asthma attacks. **2** (*habitual*) common: *Es una práctica ~ en este país.* It's common practice in this country.

fregadero *nm* sink

fregar *vt* (*platos, etc., muebles*) to wash

▶ *vi* (*platos*) to do the washing-up, to do the dishes (*USA*) LOC **fregar el suelo** to mop the floor ◆ **fregar los platos** to do the washing-up, to do the dishes (*USA*)

fregona *nf* mop

freír(se) *vt, vp* to fry

frenar *vi* to brake: *Frené de golpe.* I slammed on the brakes. LOC *Ver* SECO

frenazo *nm*: *Se oyó un ~.* There was a screech of brakes. LOC **dar un frenazo** to slam on the brakes

freno *nm* **1** (*vehículo*) brake: *Me fallaron los ~s.* My brakes failed. ◇ *poner/quitar el ~* to put on/release the brake(s) **2** (*traba*) curb (*on sth*): *poner ~ a las importaciones* to curb imports LOC **freno de mano** handbrake, emergency brake (*USA*)

frente *nf* (*Anat*) forehead

▶ *nm* (*meteorológico, batalla, Pol*) front: *un ~ frío* a cold front LOC **al frente** forward: *Di un paso al ~.* I took a step forward. ◆ **al frente de 1** (*encabezando*) leading: *Iba al ~ de la manifestación.* He was leading the demonstration. **2** (*a cargo de*) in charge of *sth*: *Está al ~ de la empresa.* He's in charge of the company. ◆ **hacer frente a algn/algo** to stand up to sb/sth *Ver tb* DEDO

fresa *nf* strawberry [*pl* strawberries]

fresca *nf* **1** (*frescor*) cool of the morning/evening: *Hay que salir con la ~.* We must set off in the cool of the morning. **2** (*insolencia*) cheeky remark: *Me soltó una ~.* He made a cheeky remark to me.

fresco, -a *adj* **1** (*temperatura*) chilly: *El día está algo ~.* It's rather chilly today. ➲ *Ver nota en* FRÍO **2** (*ropa*) cool **3** (*comida*) fresh: *huevos ~s* fresh eggs **4** (*noticia*) latest: *noticias frescas* the latest news **5** (*pintura*) wet **6** (*persona*) cheeky, sassy (*USA*)

▶ *nm-nf* (*persona*) cheeky so-and-so: *El muy ~ me timó.* The cheeky so-and-so swindled me. LOC **hacer fresco** to be chilly: *Por la noche hace ~.* It's chilly at night. ◆ **quedarse tan fresco** not to bat an eyelid: *Le riñes y se queda tan ~.* You tell him off and he doesn't even bat an eyelid. ◆ **tomar el fresco** to get some fresh air

fresno *nm* ash (tree)

fresón *nm* strawberry [*pl* strawberries]

frigorífico *nm* fridge, refrigerator (*más formal*)

friki (*tb* **friqui**) *nmf* nerd: *Es un ~ de la informática.* He's a computer nerd.

frío, -a *adj, nm* cold: *Cierra la puerta, que entra ~.* Shut the door, you're letting the cold in.

> No se deben confundir las palabras **cold**, **chilly** y **cool**. **Cold** indica una temperatura baja: *Ha sido un invierno muy frío.* It's been a very cold winter. **Chilly** y **cool** se utilizan ambos cuando no hace frío del todo, pero en el caso de **chilly** la percepción es desagradable mientras que **cool** expresa una temperatura agradable: *Hace fresco, ponte una chaqueta.* It's chilly — put a jacket on. ◇ *Fuera hace calor, pero aquí se está fresquito.* It's hot outside but it's nice and cool in here.

LOC **coger frío** to catch cold ◆ **hacer frío** to be cold: *Hace mucho ~ en la calle.* It's very cold outside. ◇ *¡Hace un ~ que pela!* It's freezing! ◆ **pasar/tener frío** to be/feel cold: *Tengo ~ en las manos.* My hands are cold. *Ver tb* MORIR(SE), MUERTO, OLA, PELAR, SANGRE, TEMBLAR, TIESO

friolero, -a *adj*: *Soy muy ~.* I feel the cold a lot.

frito, -a *adj* fried LOC **estar frito 1** (*dormido*) to be fast asleep **2** (*muerto*) to be dead ◆ **quedarse frito** to doze off ◆ **tener/traer frito** (*hartar*): *Este niño me tiene ~.* I'm fed up with this kid. *Ver tb* HUEVO, PATATA, TOMATE; *Ver tb* FREÍR(SE)

frondoso, -a *adj* leafy

frontal *adj* **1** (*choque, enfrentamiento*) head-on **2** (*directo*) direct: *un ataque ~* a direct attack

frontera *nf* border, frontier: *pasar la ~* to cross the border

¿**Border** o **frontier**? Utilizamos **border** tanto para hablar de la división entre países o entre provincias, etc. dentro de un mismo país como para referirnos a las fronteras naturales: *en la frontera francesa* on the French border ◇ *El río constituye la frontera entre los dos países.* The river forms the border between the two countries. **Frontier** se utiliza para hablar de la división entre países, aunque es un poco más formal que **border**. Tiene también un uso figurado: *las fronteras de la ciencia* the frontiers of science.

fronterizo, -a *adj* **1** (*en la frontera*) border: *región fronteriza* border area **2** (*limítrofe*) neighbouring: *dos países ~s* two neighbouring countries

frontón *nm* **1** (*juego*) pelota **2** (*cancha*) pelota court

frotar(se) *vt, vp* to rub LOC **frotarse las manos** to rub your hands together

fruncir *vt* (*Costura*) to gather LOC **fruncir el ceño** to frown

frustración *nf* frustration

frustrado, -a *adj* **1** (*persona*) frustrated **2** (*intento*) failed *Ver tb* FRUSTRAR

frustrar *vt* **1** (*persona*) to frustrate **2** (*plan, robo, etc.*) to thwart **3** (*esperanzas*) to dash

fruta *nf* fruit: *¿Quieres (una) ~?* Do you want some fruit? ◇ *Hay que comer tres piezas de ~ al día.* You must eat fruit three times a day. LOC *Ver* MACEDONIA

frutal *adj* fruit: *un árbol ~* a fruit tree

frutería *nf* greengrocer's ⮌ *Ver nota en* CARNICERÍA

frutero, -a *nm-nf* greengrocer
▶ *nm* (*recipiente*) fruit bowl

fruto *nm* fruit LOC **frutos secos 1** (*de cáscara dura*) nuts **2** (*desecados*) dried fruit [*incontable*]

fuego *nm* **1** fire: *encender el ~* to light the fire **2** (*mechero, cerillas*) a light: *¿Me das ~?* Have you got a light? LOC **a fuego lento/vivo** over a low/high heat ◆ **fuegos artificiales** fireworks *Ver tb* ALTO, ARMA, CASTAÑA, COCER, MANO, PRENDER

fuel (*tb* **fuel-oil**) *nm* oil

fuente *nf* **1** (*manantial*) spring **2** (*en plaza, jardín*) fountain **3** (*bandeja*) dish: *una ~ de carne* a dish of meat **4** (*origen*) source: *~s cercanas al gobierno* sources close to the government

fuera *adv* **1 ~ (de)** (*en el exterior*) outside: *Se oían ruidos ~.* You could hear noises outside. ◇ *~ de España* outside Spain ◇ *Hay grietas por ~.* There are cracks on the outside. **2** (*no en casa*) out: *comer ~* to eat out ◇ *Se pasan todo el día ~.* They're out all day. **3** (*de viaje*) away: *Está ~ en viaje de negocios.* He's away on business. **4 ~ de** (*fig*) out of *sth*: *~ de peligro* out of danger ◇ *Mantener ~ del alcance de los niños.* Keep out of reach of children.
▶ **¡fuera!** *interj* get out! LOC **fuera (de) bromas** joking apart ◆ **fuera de combate 1** (*Boxeo*): *dejar a algn ~ de combate* to knock sb out **2** (*fig*) out of action ◆ **fuera de juego** (*Fútbol*) offside ◆ **fuera de lo común/normal** out of the ordinary ◆ **fuera de plazo** after the closing date ◆ **fuera de sí** beside yourself ◆ **fuera de tono** inappropriate *Ver tb* AHÍ, ALLÁ, ALLÍ, CONTROL

fuerte *adj* **1** strong: *un queso/olor muy ~* a very strong cheese/smell **2** (*lluvia, nevada, tráfico, pesado*) heavy: *un ~ ritmo de trabajo* a heavy work schedule **3** (*dolor, crisis, descenso*) severe **4** (*abrazo, comida*) big: *un desayuno ~* a big breakfast **5** (*violento*) shocking: *La película tiene unas escenas muy ~s.* The film has some really shocking scenes. **6** (*increíble*) amazing: *¡Qué fuerte!* That's amazing!
▶ *adv* **1** (*utilizando la fuerza, intensamente*) hard: *tirar ~ de una cuerda* to pull a rope hard **2** (*firmemente*) tight: *¡Agárrate ~!* Hold on tight! **3** (*sonido*) loud: *No hables tan ~.* Don't talk so loud. ◇ *Ponlo más ~.* Turn it up.
▶ *nm* (*fortaleza*) fort LOC *Ver* ABRAZO, CAJA, PISAR

fuerza *nf* **1** (*Fís, Mil, Pol, potencia*) force: *la ~ de la gravedad* the force of gravity ◇ *las ~s armadas* the armed forces **2** (*energía física*) strength [*incontable*]: *recobrar las ~s* to get your strength back ◇ *No tengo ~s para continuar.* I don't have the strength to carry on. LOC **a la fuerza 1** (*obligando*) by force: *Los sacaron a la ~.* They removed them by force. **2** (*por necesidad*): *Tengo que hacerlo a la ~.* I just have to do it. ◆ **fuerza de voluntad** willpower ◆ **fuerzas aéreas** air force [*v sing o pl*] ◆ **hacer fuerza** to try hard *to do sth* *Ver tb* CAMISA, UNIÓN

fuga *nf* **1** (*huida*) flight: *emprender la ~* to take flight **2** (*gas, agua*) leak

fugarse *vp* **1** (*de la cárcel*) to escape (*from sth*) **2** (*de casa, del colegio*) to run away (*from sth*) **3** (*de un país*) to flee: *Se han fugado del país.* They have fled the country.

fugaz *adj* fleeting LOC *Ver* ESTRELLA

fugitivo, -a *nm-nf* fugitive

fulano, -a *nm-nf* so-and-so [*pl* so-and-sos]: *Imagínate que viene ~...* Just suppose so-and-so comes... LOC **(señor/don) Fulano de Tal** Mr So-and-so

F

fulminante *adj* **1** (*instantáneo*) immediate: *un éxito ~* an immediate success **2** (*mirada*) withering **3** (*muerte*) sudden

fumador, -ora *nm-nf* smoker: *¿Fumador o no ~?* Smoking or non-smoking?

fumar *vt, vi* to smoke: *~ en pipa* to smoke a pipe ◇ *Deberías dejar de ~.* You should give up smoking. LOC **fumarse una clase** to skip a class *Ver tb* PROHIBIDO, ROGAR

función *nf* **1** (*tarea, cometido*) function: *Nuestra ~ es informar.* Our function is to inform. **2** (*Teat*) performance: *una ~ de gala* a gala performance LOC **en función de**: *Está en ~ del precio.* It depends on the price. ◇ *en ~ de tus aptitudes* according to your ability

funcionamiento *nm* operation: *poner algo en ~* to put sth into operation

funcionar *vi* **1** to work: *La alarma no funciona.* The alarm doesn't work. ◇ *¿Cómo funciona?* How does it work? **2** ~ **(con)** to run (on *sth*): *Este coche funciona con gasoil.* This car runs on diesel. LOC **no funciona** (*en un cartel*) out of order

funcionario, -a *nm-nf* civil servant

funda *nf* **1** (*estuche*) case: *una ~ de gafas* a glasses case **2** (*almohada*) pillowcase **3** (*edredón, cojín*) cover **4** (*disco*) sleeve

fundación *nf* (*institución*) foundation

fundador, -ora *adj, nm-nf* founder: *los miembros ~es* the founder members

fundamental *adj* fundamental

fundamentalismo *nm* fundamentalism

fundamentalista *adj, nmf* fundamentalist

fundar *vt* to found

fundir(se) *vt, vp* **1** (*derretir*) to melt: *~ queso* to melt cheese **2** (*fusible*) to blow: *Se fundieron los plomos.* The fuses blew.

fúnebre *adj* **1** (*para un funeral*) funeral: *la marcha ~* the funeral march **2** (*triste*) mournful LOC *Ver* COCHE, POMPA

funeral (*tb* **funerales**) *nm* funeral [*v sing*]: *los ~es de un vecino* a neighbour's funeral

funeraria *nf* undertaker's, funeral parlour (*USA*) ➲ *Ver nota en* CARNICERÍA

funicular *nm* **1** (*Ferrocarril*) funicular (railway) **2** (*teleférico*) cable car

furgoneta *nf* van

furia *nf* fury LOC **con furia** furiously ◆ **estar hecho una furia** to be in a rage ◆ **ponerse hecho una furia** to fly into a rage

furioso, -a *adj* furious: *Estaba ~ con ella.* I was furious with her.

furtivo, -a *adj* furtive LOC **caza/pesca furtiva** poaching ◆ **cazador/pescador furtivo** poacher

fusible *nm* fuse: *Han saltado los ~s.* The fuses have blown.

fusil *nm* rifle

fusión *nf* **1** (*empresas, partidos políticos*) merger **2** (*hielo, metales*) melting **3** (*atómica*) fusion: *la ~ nuclear* nuclear fusion LOC *Ver* PUNTO

fusionar(se) *vt, vp* (*empresas, etc.*) to merge

fusta *nf* riding crop

futbito *nm* five-a-side football

fútbol *nm* football, soccer (*USA*): *jugar al ~* to play football ❶ En Estados Unidos sólo se dice **soccer**, para diferenciarlo del fútbol americano. LOC **fútbol sala** five-a-side football

futbolín *nm* **1** (*juego*) table football, foosball (*USA*) **2 futbolines** (*local*) amusement arcade [*v sing*]

futbolista *nmf* footballer

futuro, -a *adj, nm* future LOC **en el futuro** **1** (*próximamente*) in the future **2** (*la próxima vez*) in future

Gg

gabardina *nf* raincoat

gabinete *nm* **1** (*despacho*) office **2** (*Pol*) Cabinet [*v sing o pl*] LOC **gabinete de prensa** press office

gafar *vt* to jinx

gafas *nf* **1** glasses: *un chico rubio, con ~* a fair boy with glasses ◇ *No le vi porque no llevaba las ~.* I couldn't see him because I didn't have my glasses on. ◇ *Me tienen que poner ~.* I need glasses. **2** (*motociclista, esquiador, submarinista*) goggles LOC **gafas de culo de vaso** pebble glasses ◆ **gafas de sol** sunglasses

gafe *nmf* jinx LOC **ser/tener gafe** to be jinxed: *Es tan ~ que todo le sale mal.* He seems to be jinxed; nothing turns out right for him.

gaita *nf* **1** (*Mús*) bagpipes [*pl*]: *tocar la ~* to play the bagpipes **2** (*inconveniente*) pain: *¡Vaya ~!* What a pain! **3** (*rollo*): *¡Déjate de ~s!* Stop messing about!

gaitero, -a *nm-nf* piper

gajes *nm* LOC **ser gajes del oficio** to be part and parcel of the job

gajo *nm* segment

gala *nf* **1** (*recepción, ceremonia, función*) gala: *Asistiremos a la ~ inaugural.* We're going to the gala opening. ◇ *una cena de ~* a gala dinner **2 galas** (*ropa*) best clothes: *Llevaré mis mejores ~s.* I'll wear my best clothes. LOC **ir/vestir de gala** to be dressed up

galante *adj* gallant

galápago *nm* terrapin

galardón *nm* award

galardonado, -a *adj* award-winning: *un autor/libro ~* an award-winning author/book *Ver tb* GALARDONAR

galardonar *vt* to award *sb* a prize

galaxia *nf* galaxy [*pl* galaxies]

galería *nf* **1** (*Arte, Teat*) gallery [*pl* galleries]: *una ~ de arte* an art gallery ➲ *Ver nota en* MUSEUM **2** (*balcón*) balcony [*pl* balconies] LOC **galerías (comerciales)** shopping arcade

Gales *nm* Wales

galés, -esa *adj, nm* Welsh: *hablar ~* to speak Welsh

▶ *nm-nf* Welshman/woman [*pl* -men/-women]: *los galeses* the Welsh

galgo *nm* greyhound LOC *Ver* CORRER

gallego, -a *adj, nm-nf, nm* Galician

galleta *nf* biscuit, cookie (*USA*)

gallina *nf* hen

▶ *adj, nmf* (*cobarde*) wimp: *¡No seas tan ~!* Don't be such a wimp! LOC **la gallina/gallinita ciega** blind man's buff *Ver tb* CARNE, PIEL

gallinero *nm* **1** (*para gallinas*) henhouse **2** (*lugar ruidoso*) madhouse **3 el gallinero** (*Teat*) the gallery, the gods [*pl*] (*coloq*)

gallo *nm* **1** (*ave*) cock, rooster (*USA*) **2** (*nota desafinada*) wrong note: *Le salió un ~.* He hit a wrong note. LOC *Ver* MISA, PATA

galón *nm* **1** (*de uniforme*) stripe **2** (*medida*) gallon ➲ *Ver pág 792*

galopar *vi* to gallop: *salir a ~* to go for a gallop

galope *nm* gallop LOC **al galope**: *El caballo se puso al ~.* The horse started to gallop. ◇ *Se fueron al ~.* They galloped off.

gama *nf* range: *una amplia ~ de colores* a wide range of colours

gamba *nf* prawn, shrimp (*USA*)

gamberrada *nf* LOC **hacer gamberradas** to make trouble

gamberrismo *nm* hooliganism

gamberro, -a *nm-nf* hooligan LOC **hacer el gamberro** to make trouble

gana *nf* LOC **como me da la gana** however I, you, etc. want: *Lo haré como me dé la ~.* I'll do it however I want. ◆ **con/sin ganas** enthusiastically/half-heartedly ◆ **darle a algn la (real) gana** to want *to do sth*: *Lo hago porque me da la ~.* I'm doing it because I want to. ◆ **de buena/mala gana** willingly/reluctantly: *Lo hizo de mala ~.* She did it reluctantly. ◆ **hacer lo que le da la gana a uno** to do whatever you want: *Haz lo que te dé la ~.* Do whatever you want. ◆ **¡las ganas!** you wish! ◆ **quedarse con las ganas** to never get *to do sth*: *Me quedé con las ~s de verlos.* I never got to see them. ◆ **tener/sentir ganas (de hacer algo)** to feel like *sth/doing sth*: *Tengo ~s de comer algo.* I feel like having something to eat. ◇ *Hoy no tengo ~s.* I don't feel like it today. *Ver tb* ENTRAR, QUITAR

ganadería *nf* **1** (*actividad*) livestock farming **2** (*conjunto de ganado*) livestock

ganadero, -a *nm-nf* livestock farmer

▶ *adj* LOC *Ver* EXPLOTACIÓN

ganado *nm* livestock LOC **ganado lanar/ovino** sheep [*pl*] ◆ **ganado porcino** pigs [*pl*] ◆ **ganado (vacuno)** cattle [*pl*]

ganador, -ora *adj* winning

▶ *nm-nf* winner

ganancia *nf* profit LOC *Ver* PÉRDIDA

ganar *vt* **1** (*sueldo, sustento*) to earn: *Este mes he ganado poco.* I didn't earn much this month. **2** (*premio, partido, guerra*) to win: *~ la lotería* to win the lottery ◇ *¿Quién ganó el torneo?* Who won the tournament? **3** (*a un contrincante*) to beat: *Inglaterra ganó a Alemania.* England beat Germany. **4** (*conseguir*) to gain (*by/from sth/doing sth*): *¿Qué gano yo con decírtelo?* What do I gain by telling you?

▶ *vi* (*vencer*) to win: *Lo importante es participar y no ~.* The important thing is taking part, not winning.

▶ **ganarse** *vp* **1** (*dinero, respeto*) to earn: *Se ha ganado el respeto de todos.* He has earned everybody's respect. **2** (*castigo, recompensa*) to deserve: *Te has ganado unas buenas vacaciones.* You deserve a holiday. LOC **ganarse el pan/la vida** to earn your living ◆ **ganar tiempo** to save time ◆ **salir ganando** to do well (*out of sth*): *He salido ganando con la reorganización.* I've done well out of the reorganization. *Ver tb* PULSO

gancho *nm* **1** (*para colgar*) hook **2** (*cómplice*) bait: *utilizar a algn como ~* to use sb as bait LOC **tener gancho 1** (*persona*) to be attractive **2** (*película*) to be a crowd-puller

gandul, -ula *adj* lazy

▶ *nm-nf* layabout

gandulear *vi* to laze around

ganga *nf* bargain

gangrena *nf* gangrene

gángster *nm* gangster

G

ganso, -a *nm-nf* **1** goose [*pl* geese] ❶ Si queremos especificar que se trata de un ganso macho, diremos **gander**. **2** (*persona*) fool LOC **hacer el ganso** to play the fool

garabatear *vt, vi* **1** (*dibujar*) to doodle **2** (*escribir*) to scribble

garabato *nm* **1** (*dibujo*) doodle **2** (*escritura*) scribble

garaje *nm* garage

garantía *nf* guarantee

garantizar *vt* **1** (*dar garantía*) to guarantee: *Garantizamos la calidad del producto.* We guarantee the quality of the product. **2** (*asegurar*) to assure: *Vendrán, te lo garantizo.* They'll come, I assure you.

garbanzo *nm* chickpea

garbeo *nm* LOC **dar(se) un garbeo** to go for a stroll

garbo *nm* LOC **andar con garbo** to walk gracefully ◆ **tener garbo** to be graceful

garfio *nm* hook

garganta *nf* **1** (*Anat*) throat: *Me duele la ~.* I've got a sore throat. **2** (*Geog*) gorge LOC *Ver* NUDO

gargantilla *nf* necklace

gárgaras *nf* LOC **hacer gárgaras** to gargle ◆ **¡vete a hacer gárgaras!** get lost!

garita *nf* **1** (*centinela*) sentry box **2** (*portero*) porter's lodge

garra *nf* **1** (*animal*) claw **2** (*ave de rapiña*) talon **3** (*atractivo*): *Esta canción tiene mucha ~.* That song is really powerful. ◇ *Es una persona con ~.* He's a fascinating person.

garrafa *nf* demijohn

garrafal *adj* monumental: *una falta ~* a monumental mistake

garrafón *nm* LOC **de garrafón** (*bebida*) poor quality

garrapata *nf* tick

garza *nf* heron

gas *nm* **1** gas: *Huele a ~.* There's a smell of gas. **2 gases** (*Med*) wind [*incontable*]: *El bebé tiene ~es.* The baby's got wind. LOC **gas ciudad/natural** mains/natural gas ◆ **gases lacrimógenos** tear gas [*incontable*] *Ver tb* AGUA

gasa *nf* **1** (*tejido*) gauze **2** (*vendaje*) bandage

gaseosa *nf* (fizzy) lemonade

gaseoso, -a *adj* **1** (*estado*) gaseous **2** (*bebida*) fizzy

gasóleo (*tb* **gasoil**) *nm* diesel

gasolina *nf* petrol, gas (*USA*): *Nos paramos a echar ~.* We stopped to get some petrol. LOC **gasolina con/sin plomo** leaded/unleaded petrol *Ver tb* INDICADOR

gasolinera *nf* petrol station, gas station (*USA*)

gastado, -a *adj* (*desgastado*) worn out *Ver tb* GASTAR

gastar *vt* **1** (*dinero*) to spend *sth* (*on sb/sth*) **2** (*consumir*) to use: *~ menos electricidad* to use less electricity **3** (*agotar*) to use *sth* up: *Me has gastado toda la colonia.* You've used up all my cologne. **4** (*talla*): *~ la talla 40* to be a size 40 LOC **gastar una broma** to play a joke (*on sb*)

gasto *nm* **1** (*dinero*) expense: *No gano ni para ~s.* I don't earn enough to cover my expenses. **2** (*agua, energía, gasolina*) consumption LOC **gastos de envío** postage and packing [*v sing*]

gastroenteritis *nf* gastroenteritis [*incontable*]

gastronomía *nf* cooking, cuisine (*más formal*): *la ~ francesa* French cuisine

gatear *vi* to crawl

gatillo *nm* trigger: *apretar el ~* to pull the trigger

gato, -a *nm-nf* cat

> **Tomcat** o **tom** es un gato macho, y **kittens** son los gatitos. 'Ronronear' se dice **purr** y 'hacer miau' **miaow**.

▶ *nm* (*coche*) jack LOC **andar a gatas** to crawl ➲ *Ver nota en* ANDAR ◆ **dar gato por liebre** to take *sb* in ◆ **el Gato con Botas** Puss in Boots ◆ **gato siamés** Siamese *Ver tb* CUATRO, PERRO

gaviota *nf* seagull

gay *adj, nm* gay

gel *nm* gel LOC **gel de baño/ducha** shower gel

gelatina *nf* **1** (*sustancia*) gelatine **2** (*Cocina*) jelly [*pl* jellies]

gemelo, -a *adj, nm-nf* twin: *hermanas gemelas* twin sisters

▶ **gemelos** *nm* **1** (*anteojos*) binoculars **2** (*camisa*) cufflinks

gemido *nm* **1** (*persona*) groan: *Se podían oír los ~s del enfermo.* You could hear the sick man groaning. **2** (*animal*) whine: *los ~s del perro* the whining of the dog

géminis (*tb* **Géminis**) *nm, nmf* Gemini ➲ *Ver ejemplos en* ACUARIO

gemir *vi* **1** (*persona*) to groan **2** (*animal*) to whine

gen *nm* gene

genealógico, -a *adj* LOC *Ver* ÁRBOL

generación *nf* generation LOC *Ver* ÚLTIMO

generacional *adj*: *el conflicto ~* the generation gap

generador *nm* (*Electrón*) generator

general *adj* general

▶ *nmf* (*Mil*) general LOC **en general/por lo general** in general *Ver tb* CARRETERA, CUARTEL, ELECCIÓN, ENSAYO

generalizar *vt, vi* to generalize: *No se puede ~.* You can't generalize.

generalmente *adv* usually

generar *vt* to generate: *~ energía* to generate energy

genérico, -a *adj* generic

género *nm* **1** (*tipo*) kind: *problemas de ese ~* problems of that kind **2** (*Arte, Liter*) genre **3** (*Gram*) gender **4** (*tela*) material ➲ *Ver nota en* TELA LOC **género policiaco** crime writing *Ver tb* VIOLENCIA

generosidad *nf* generosity

generoso, -a *adj* generous: *Es muy ~ con sus amigos.* He is very generous to his friends.

genética *nf* genetics [*incontable*]

genéticamente *adv* LOC **genéticamente modificado** genetically modified (*abrev* GM)

genético, -a *adj* genetic LOC *Ver* INGENIERÍA

genial *adj, adv* brilliant: *una idea/un pianista ~* a brilliant idea/pianist
▶ *adv*: *Lo pasamos ~.* We had a brilliant time.

genio *nm* **1 ~ (con/de/para)** (*lumbrera*) genius [*pl* geniuses] (at *sth/doing sth*): *Eres un ~ haciendo arreglos.* You're a genius at repairing things. ◇ *Es un ~ para los números.* She's really good at maths. **2** (*mal humor*) temper: *¡Qué ~ tienes!* What a temper you've got! LOC **estar de mal genio** to be in a bad mood ◆ **tener mal genio** to be bad-tempered

genital *adj* genital
▶ **genitales** *nm* genitals

genocidio *nm* genocide

genoma *nm* genome

gente *nf* people [*pl*]: *Había mucha ~.* There were a lot of people. ◇ *La ~ está asustada.* People are scared. ◇ *~ normal y corriente* ordinary people ◇ *toda la ~* everyone LOC **gente bien** well-off people [*pl*] ◆ **ser buena gente** to be nice: *Son buena ~.* They're really nice.

geografía *nf* geography

geográfico, -a *adj* geographical

geología *nf* geology

geológico, -a *adj* geological

geometría *nf* geometry

geométrico, -a *adj* geometric

geranio *nm* geranium

gerente *nmf* manager LOC *Ver* DIRECTOR

germen *nm* germ

gesticular *vi* **1** (*con las manos*) to gesticulate **2** (*con la cara*) to pull a face, to grimace (*más formal*)

gestión *nf* **1 gestiones** (*trámites*) business [*incontable*]: *Tengo que hacer unas gestiones en el ayuntamiento.* I have some business to attend to in the town hall. ◇ *hacer las gestiones necesarias para conseguir un visado* to take the necessary steps to get a visa **2** (*administración*) management LOC **gestión de empresas** business administration

gesto *nm* **1** gesture: *un ~ simbólico* a symbolic gesture ◇ *comunicarse/hablar por ~s* to communicate by gesture **2** (*cara*) expression: *con ~ pensativo* with a thoughtful expression LOC **hacer un gesto/gestos 1** (*con la mano*) to signal: *Me hizo un ~ para que entrara.* He signalled (to) me to come in. **2** (*con la cara*) to pull a face/faces (*at sb*)

gigante *adj* **1** (*enorme*) gigantic **2** (*Bot*) giant: *un olmo ~* a giant elm
▶ **gigante, -a** *nm-nf* (*cuentos infantiles*) giant LOC **gigantes y cabezudos** carnival figures

gigantesco, -a *adj* enormous

gimnasia *nf* gymnastics [*incontable*]: *el campeonato de ~ deportiva* the gymnastics championships LOC **hacer gimnasia** to exercise, to work out (*más coloq*)

gimnasio *nm* gym, gymnasium (*más formal*)

gimnasta *nmf* gymnast

ginebra *nf* gin

ginecología *nf* gynaecology

ginecólogo, -a *nm-nf* gynaecologist

gin-tonic *nm* gin and tonic

gira *nf* tour LOC **estar/ir de gira** to be/go on tour ◆ **hacer una gira por…** to tour…

girar *vt, vi* to turn: *~ el volante hacia la derecha* to turn the steering wheel to the right ◇ *~ a la izquierda* to turn left LOC **girar alrededor de algn/algo** to revolve around sb/sth: *La Tierra gira alrededor del Sol.* The earth revolves around the sun. ◆ **girar en torno a** to centre on/around *sth*: *La reunión giró en torno a los cambios recientes.* The meeting centred around the recent changes. *Ver tb* CARA

girasol *nm* sunflower

giratorio, -a *adj* LOC *Ver* PUERTA, SILLA

giro *nm* turn: *un ~ a la derecha* a right turn ◇ *Se produjo un ~ radical en su política.* Their policy took a radical turn. LOC **giro bancario** banker's draft ◆ **giro postal** postal order, money order (*USA*)

gitano, -a *adj, nm-nf* gypsy [*pl* gypsies] LOC *Ver* BRAZO

glacial *adj* **1** (*período, zona*) glacial **2** (*viento*) icy **3** (*temperatura*) freezing

glaciar *nm* glacier LOC **época/período glaciar** Ice Age *Ver tb* CASQUETE

glándula *nf* gland

G

global *adj* **1** (*total*) overall: *el coste ~ de las obras* the overall cost of the repairs **2** (*mundial*) global LOC *Ver* ALDEA, CALENTAMIENTO

globalización *nf* globalization

globalizar(se) *vt, vp* to globalize

globo *nm* balloon: *una excursión en ~* a balloon trip LOC **globo terráqueo** globe

gloria *nf* **1** (*grandeza, esplendor*) glory: *fama y ~* fame and glory **2** (*persona célebre*) great name: *las viejas ~s del deporte* the great sporting names of the past LOC **huele/sabe a gloria** it smells/tastes delicious

G

glorieta *nf* roundabout, traffic circle (*USA*)

glosario *nm* glossary [*pl* glossaries]

glotón, -ona *adj* greedy
▶ *nm-nf* glutton

glucosa *nf* glucose

gobernador, -ora *nm-nf* governor

gobernante *adj* governing: *el partido ~* the governing party
▶ *nmf* leader

gobernar *vt* **1** (*país*) to govern **2** (*barco*) to steer

gobierno *nm* government [*v sing o pl*]: *~ autónomo/central* regional/central government
➲ *Ver nota en* JURADO

gogó *nmf* go-go dancer

gol *nm* goal: *marcar/meter un ~* to score a goal LOC **gol del empate** equalizer

goleador, -ora *nm-nf* (*jugador*) goalscorer: *el máximo ~* the top goalscorer

golear *vt*: *Alemania goleó a Holanda por cinco a cero.* Germany thrashed Holland five nil.

golf *nm* golf LOC *Ver* CAMPO

golfa *nf* (*prostituta*) tart

golfista *nmf* golfer

golfo *nm* **1** (*sinvergüenza*) rogue **2** (*Geog*) gulf: *el ~ de México* the Gulf of Mexico

golondrina *nf* swallow

golosina *nf* sweet

goloso, -a *adj, nm-nf*: *ser muy/un ~* to have a sweet tooth ◇ *la gente golosa* people with a sweet tooth

golpe *nm* **1** (*choque, impacto*) blow: *un buen ~ en la cabeza* a severe blow to the head ◇ *Su muerte fue un duro ~ para nosotros.* Her death came as a heavy blow. ◇ *Lo mataron a ~s.* They beat him to death. **2** (*accidente*) accident: *No corras o nos daremos un ~.* Slow down or we'll have an accident. **3** (*para llamar la atención*) knock: *Oí un ~ en la puerta.* I heard a knock at the door.

> Cuando *golpe* se utiliza en construcciones con verbos como *dar* o *pegar*, se suele traducir con los verbos **knock, bang** o **crash**: *Me pegué un golpe con/contra la mesa.* I knocked myself on the table. ◇ *Di unos golpes en la puerta a ver si había alguien.* I knocked on the door to see if anyone was in. ◇ *Me he dado un golpe en la cabeza.* I've banged my head. ◇ *Se dieron un golpe contra un árbol.* They crashed into a tree.

4 (*moratón*) bruise **5** (*Dep*) stroke LOC **de golpe (y porrazo)** out of the blue: *Hombre, si se lo dices de ~ y porrazo...* Well, if you tell him out of the blue... ◆ **de (un) golpe** in one go ◆ **golpe de calor** heatstroke [*incontable*]: *Cada año fallecen personas por ~s de calor.* Every year people die from heatstroke. ◆ **golpe de estado** coup ◆ **no dar (ni) golpe** not to do a stroke (of work) ◆ **tener buenos golpes** to be very funny ◆ **un golpe bajo**: *Eso fue un ~ bajo.* That was below the belt. *Ver tb* ATIZAR, CERRAR, LIAR

golpear *vt* **1** to hit: *El balón le golpeó la cabeza.* The ball hit him on the head. **2** (*puerta, ventana*) to bang: *La puerta golpeó la pared.* The door banged against the wall. **3** (*repetidamente*) to beat: *El granizo golpeaba los cristales.* The hail was beating against the windows. ◇ *Golpeaban los tambores con fuerza.* They were beating the drums loudly. ◇ *La golpeó hasta matarla.* He beat her to death.

goma *nf* **1** (*de borrar, caucho*) rubber **2** (*banda elástica*) elastic band, rubber band (*USA*)

gomina *nf* (hair) gel

gordo, -a *adj* **1** (*persona, animal*) fat

> **Fat** es la palabra más común, pero existen otras palabras menos directas. **Overweight** es la palabra más neutra, mientras que **plump** y **chubby** tienen un matiz más positivo.

2 (*grueso*) thick **3** (*grave*) serious: *un error ~* a serious mistake
▶ *nm-nf* fat man/woman [*pl* men/women]
▶ *nm* (*lotería*) first prize LOC **caer gordo**: *Me cae muy ~.* I can't stand him. *Ver tb* DEDO, PEZ, SAL, SUDAR, VISTA

gorila *nm* **1** (*animal*) gorilla **2** (*guardaespaldas*) bodyguard **3** (*de una discoteca, etc.*) bouncer

gorra *nf* cap LOC **de gorra** (*gratis*) free: *A ver si podemos comer de ~.* Let's see if we can eat for free.

gorrión *nm* sparrow

gorro *nm* hat: *un ~ de lana/de cocinero* a woolly/chef's hat LOC **estar hasta el gorro** to be fed up to the back teeth (*with sb/sth*) ◆ **gorro de baño 1** (*para piscina*) swimming cap **2** (*para ducha*) shower cap

gorrón, -ona *nm-nf* scrounger, freeloader (*USA*)

gorronear *vt* to scrounge *sth* (*off/from sb*)

gota *nf* drop LOC **ser como dos gotas de agua** to be like two peas in a pod ◆ **ser la gota que colma el vaso** to be the last straw *Ver tb* SUDAR

gotear *vi* **1** to drip: *Ese grifo gotea.* That tap's dripping. **2** (*tubería, cubo, etc.*) to leak **3** (*lluvia*) to drizzle

gotera *nf* leak: *Cada vez que llueve tenemos ~s.* The roof leaks every time it rains.

gótico, **-a** *adj, nm* Gothic

gozar *vi* ~ **(con/de)** to enjoy *sth/doing sth*: ~ *de buena salud* to enjoy good health ◇ *Es que gozan haciendo sufrir.* They really enjoy making people suffer.

gozo *nm* LOC *Ver* CABER

grabación *nf* recording

grabado *nm* **1** (*técnica*) engraving **2** (*en un libro*) illustration

grabadora *nf* tape recorder LOC **grabadora de CDs/DVDs** CD/DVD burner

grabar *vt* **1** (*sonido, imagen*) to record **2** (*metal, piedra*) to engrave LOC *Ver* VÍDEO

gracia *nf* **1** (*encanto, simpatía*) charm: *No es guapa pero tiene ~.* She's not pretty but there's something about her. **2** (*elegancia, Relig*) grace **3 gracias** (*bromas*) witty remarks: *Con sus ~s nos hizo reír.* She made us laugh with her witty remarks. LOC **dar las gracias** to thank *sb* (*for sth/doing sth*): *sin darme las ~s* without thanking me ◆ **¡gracias!** thank you!, thanks! (*más coloq*): *muchas ~s* thank you very much ➲ *Ver nota en* PLEASE ◆ **gracias a...** thanks to *sb/sth*: *Gracias a ti, me han dado el puesto.* Thanks to you, I got the job. ◆ **hacer gracia** to amuse *sb*: *Me hace ~ su forma de hablar.* The way he talks amuses me. ◆ **no hacer (ninguna) gracia** to (really) not like *sth/doing sth*: *No me hace ninguna ~.* I really don't like it. ◆ **no verle la gracia a algo**: *No le veo la ~.* I can't see what's so funny. ◆ **¡qué gracia!** how funny! ◆ **tener gracia** to be funny: *Tus chistes no tienen ~.* Your jokes aren't funny. ◇ *No tiene ~ ¿sabes?* It's not funny, you know.

gracioso, **-a** *adj* funny, amusing (*más formal*): *Ese chiste no me parece ~.* I don't find that joke very funny. LOC **hacerse el gracioso** to play the clown

grada *nf* stand: *Las ~s estaban llenas.* The stands were full.

grado *nm* **1** degree: *quemaduras de tercer ~* third-degree burns ◇ *Hoy estamos a 30 ~s.* It's 30 degrees today. **2 grados** (*alcohol*): *Este vino tiene 14 ~s.* The alcoholic content of this wine is 14%. LOC **cinco, diez, etc. grados bajo cero** minus five, ten, etc.: *Estamos a dos ~s bajo cero.* It's minus two. *Ver tb* ECUACIÓN

graduación *nf* (*universidad*) graduation

graduado, **-a** *adj* **1** (*gafas, cristales*) prescription: *gafas graduadas* prescription glasses **2** (*termómetro, regla*) graduated *Ver tb* GRADUAR

gradual *adj* gradual

graduar *vt* (*regular*) to adjust: *Hay que ~ la temperatura.* The temperature has to be adjusted. ▶ **graduarse** *vp* to graduate: *Se graduó en Derecho el año pasado.* She graduated in law last year. LOC **graduarse la vista** to have your eyes tested

graffiti *nm* graffiti [*incontable*]: *monumentos llenos de ~s* monuments covered in graffiti

G

gráfico, **-a** *adj* graphic
▶ **gráfico** *nm* (*tb* **gráfica** *nf*) graph LOC *Ver* REPORTERO

gramática *nf* grammar

gramo *nm* gram(me) (*abrev* g)

gran *adj Ver* GRANDE

granada *nf* **1** (*fruta*) pomegranate **2** (*Mil*) hand grenade

granate *adj, nm* maroon ➲ *Ver ejemplos en* AMARILLO

Gran Bretaña *nf* Great Britain (*abrev* GB) ➲ *Ver págs 372-3*

grande *adj* **1** (*tamaño*) big, large (*más formal*): *una casa/ciudad ~* a big house/city ◇ *¿Grande o pequeño?* Large or small? ◇ *Me queda ~.* It's too big for me. ➲ *Ver nota en* BIG **2** (*importante*) big: *un gran problema* a big problem **3** (*número, cantidad*) large: *una gran cantidad de gente* a large number of people ◇ *una gran cantidad de arena* a large amount of sand **4** (*destacado*) great: *un gran músico* a great musician LOC **a grandes rasgos** in general terms ◆ **grandes almacenes** department store [*v sing*] ◆ **(la/una) gran parte de** most of: *Una gran parte de la audiencia eran niños.* Most of the audience were children. ◆ **gran superficie** superstore ◆ **pasarlo en grande** to have a great time *Ver tb* DIMENSIÓN, POTENCIA

granel LOC **a granel 1** (*vino*) from the cask **2** (*sin envasar*) loose: *bombones a ~* loose chocolates

granero *nm* barn

granito *nm* granite

granizada *nf* hailstorm

granizado *nm* drink with crushed ice: *un ~ de naranja* an iced orange drink

granizar *v imp* to hail: *Anoche granizó.* It hailed last night.

granizo *nm* hail

granja *nf* farm

granjero, **-a** *nm-nf* farmer

grano *nm* **1** (*arena, arroz, cereal*) grain: *un ~ de arena* a grain of sand **2** (*semilla*) seed **3** (*café*) bean **4** (*en la piel*) spot: *Me han salido ~s.* I've come out in spots. LOC **ir al grano** to get to the point *Ver tb* CAFÉ

grapa *nf* staple

grapadora *nf* stapler

grapar *vt* to staple

grasa *nf* **1** (*manteca*) fat: *Este jamón tiene mucha ~.* This ham has got a lot of fat on it. **2** (*suciedad*) grease LOC *Ver* UNTAR

G

grasiento, -a *adj* greasy

graso, -a *adj* greasy: *un champú para pelo ~* a shampoo for greasy hair

gratis *adj, adv* free: *La bebida era ~.* The drinks were free. ◇ *Los jubilados viajan ~.* Pensioners travel free. ◇ *entrar ~* to get in for nothing

grato, -a *adj* **1** (*agradable*) pleasant: *una grata sorpresa* a pleasant surprise **2** (*placentero*) pleasing: *~ al oído* pleasing to the ear

gratuito, -a *adj* free LOC *Ver* ENTRADA

grava *nf* gravel

grave *adj* **1** (*importante, serio*) serious: *un problema/una enfermedad ~* a serious problem/illness ◇ *estar ~* to be seriously ill **2** (*sonido, nota*) low: *El bajo produce sonidos ~s.* The bass guitar produces low notes. **3** (*voz*) deep LOC *Ver* PRONÓSTICO

gravedad *nf* **1** (*Fís*) gravity **2** (*importancia*) seriousness LOC **de gravedad** seriously: *Está herido de ~.* He's seriously injured.

gravemente *adv* seriously

graznar *vi* **1** (*cuervo*) to caw **2** (*pato*) to quack

Grecia *nf* Greece

grelos *nm* turnip tops

griego, -a *adj, nm* Greek: *hablar ~* to speak Greek

▶ *nm-nf* Greek man/woman [*pl* men/women]: *los ~s* the Greeks

grieta *nf* crack

grifo *nm* tap, faucet (*USA*): *abrir/cerrar el ~* to turn the tap on/off LOC **cerrar/cortar el grifo** to stop giving *sb* money *Ver tb* AGUA, BEBER(SE)

grillo *nm* cricket

grima *nf* LOC **dar grima** to set your teeth on edge

gripe *nf* flu [*incontable*]: *Tengo ~.* I've got (the) flu.

gris *adj* **1** (*color*) grey ➲ *Ver ejemplos en* AMARILLO **2** (*tiempo*) dull: *Hace un día ~.* It's a dull day.

▶ *nm* grey

gritar *vt, vi* to shout (*at sb*): *El profesor nos gritó para que nos calláramos.* The teacher shouted at us to be quiet. ◇ *Gritaron pidiendo ayuda.* They shouted for help. ➲ *Ver nota en* SHOUT LOC **gritar de dolor/alegría** to cry out in pain/joy

grito *nm* **1** shout: *Oímos un ~.* We heard a shout. ◇ *dar/pegar un ~* to shout **2** (*de dolor, de alegría, pidiendo auxilio*) cry [*pl* cries]: *~s de alegría* cries of joy ◇ *un ~ pidiendo socorro* a cry for help LOC **a gritos/grito pelado** at the top of your voice *Ver tb* VOZ

grosella *nf* redcurrant LOC **grosella negra** blackcurrant

grosero, -a *adj, nm-nf* rude: *Eres un ~.* You're so rude.

grosor *nm* thickness: *Esta madera tiene dos centímetros de ~.* This piece of wood is two centimetres thick.

grotesco, -a *adj* grotesque

grúa *nf* **1** (*máquina*) crane **2** (*para vehículos*) **(a)** (*averiados*) breakdown truck, tow truck (*USA*) **(b)** (*de la policía*): *Avisamos ~.* Vehicles will be towed away. ◇ *Me ha llevado el coche la ~.* My car has been towed away.

grueso, -a *adj* thick

grumo *nm* lump: *una salsa con ~s* a lumpy sauce

gruñir *vi* **1** (*perro, león*) to growl **2** (*cerdo*) to grunt **3** (*refunfuñar*) to grumble

gruñón, -ona *adj, nm-nf* grumpy: *ser un ~* to be grumpy

grupo *nm* **1** group: *un ~ de amigos/desconocidos* a group of friends/strangers ◇ *Nos pusimos en ~s de seis.* We got into groups of six. ◇ *Me gusta el trabajo en ~.* I enjoy group work. **2** (*Mús*) band: *un ~ de rock* a rock band LOC **grupo sanguíneo** blood group

gruta *nf* **1** (*natural*) cave **2** (*artificial*) grotto [*pl* grottos]

guadaña *nf* scythe

guante *nm* glove LOC **echarle el guante a algn** to catch sb: *La policía les echó el ~.* The police caught them. *Ver tb* SENTAR

guantera *nf* glove compartment

guapo, -a *adj* **1** (*hombre*) good-looking **2** (*mujer*) pretty LOC **estar guapo** to look nice: *Estás muy guapa con ese vestido.* You look really nice in that dress. ◆ **ir guapo** to look smart

guarda *nmf* **1** guard: *~ de seguridad* security guard **2** (*zoo*) keeper

guardabarros *nm* mudguard, fender (*USA*)

guardabosque (*tb* **guardabosques**) *nmf* forest ranger

guardacostas *nm* (*barco*) coastguard vessel

guardaespaldas *nmf* bodyguard: *rodeado de ~* surrounded by bodyguards

guardar *vt* **1** to keep: *Guarda la entrada.* Keep your ticket. ◇ *~ un secreto* to keep a secret ◇ *¿Me puede ~ la vez?* Could you please keep my place in the queue? **2** (*recoger*) to put *sth* away: *Ya he guardado toda la ropa de invierno.* I've put away all my winter clothes. **3** (*custodiar*) to guard: *Dos soldados guardan la entrada al cuartel.* Two soldiers guard the entrance to the barracks. **4** (*Informát*) to save: *~ un archivo* to save a file LOC **guardar la línea** to keep in shape ◆ **guardar las apariencias** to keep up appearances ◆ **guardarle rencor a algn** to bear sb a grudge: *No le guardo ningún rencor.* I don't bear him any grudge.

guardarropa *nm* (*en locales públicos*) cloakroom, coat check (*USA*)

guardería *nf* nursery [*pl* nurseries]

guardia *nmf* police officer ➲ *Ver nota en* POLICÍA
▶ *nf* guard: *el cambio de ~* the Changing of the Guard LOC **de guardia** on duty: *el médico de ~* the doctor on duty ◇ *estar de ~* to be on duty ◆ **estar en guardia** to be on your guard ◆ **Guardia Civil** Civil Guard ◆ **guardia de tráfico** traffic warden ◆ **hacer guardia** to mount guard *Ver tb* CAMBIO, FARMACIA, MUNICIPAL, URBANO

guardián, -ana *nm-nf* guardian LOC *Ver* PERRO

guarecer *vt* to shelter *sb* (*from sb/sth*)
▶ **guarecerse** *vp* to take shelter (*from sth*)

guarida *nf* **1** (*animales*) den **2** (*ladrones*) hideout

guarnición *nf* **1** (*Cocina*) garnish: *una ~ de verduras* a garnish of vegetables **2** (*Mil*) garrison

guarrada *nf* **1** (*cochinada*): *¡Qué ~ de cocina!* This kitchen is disgusting! **2** (*jugarreta*) dirty trick LOC **decir guarradas** to be foul-mouthed ◆ **hacer guarradas** to make a mess: *No hagas ~s con la comida.* Don't make a mess with your food.

guarro, -a *adj* filthy: *¡Qué ~ tienes el coche!* Your car's filthy!
▶ *nm-nf* (*persona*) (filthy) pig: *¡Eres un ~ !* You (filthy) pig!

guateque *nm* party [*pl* parties]

guau *nm* (*ladrido*) woof

guay *adj* great: *¡Qué ~!* That's great!
▶ *adv*: *Lo estamos pasando ~.* We're having a great time.

gubernamental *adj* government: *fuentes ~es* government sources

guepardo *nm* cheetah

guerra *nf* war: *estar en ~* to be at war ◇ *en la Primera Guerra Mundial* during the First World War ◇ *declarar la ~ a algn* to declare war on sb LOC **dar guerra** to give *sb* trouble: *Estos niños dan mucha ~.* These kids are a real handful. *Ver tb* BUQUE

guerrero, -a *adj* **1** (*bélico*) warlike **2** (*peleón*) boisterous
▶ *nm-nf* warrior

guerrilla *nf* **1** (*grupo*) guerrillas [*pl*] **2** (*tipo de guerra*) guerrilla warfare

guerrillero, -a *nm-nf* guerrilla

gueto *nm* ghetto [*pl* ghettos]

guía *nmf* (*persona*) guide
▶ *nf* **1** (*folleto, libro*) guide: *~ turística/de hoteles* tourist/hotel guide **2** (*de estudios*) prospectus [*pl* prospectuses]: *La universidad publica una ~ anual.* The university publishes a prospectus every year. LOC **guía del ocio/de espectáculos** listings guide ◆ **guía (telefónica/de teléfonos)** phone book, telephone directory [*pl* telephone directories] (*más formal*): *Búscalo en la ~.* Look it up in the phone book.

guiar *vt* to guide LOC **guiarse por algo** to go by sth: *No deberías ~te por las apariencias.* You can't go by appearances.

guijarro *nm* pebble

guinda *nf* cherry [*pl* cherries]

guindilla *nf* chilli [*pl* chillies]

guiñar *vt, vi* to wink (*at sb*): *Me guiñó el ojo.* He winked at me.

guiño *nm* wink

guiñol *nm* puppet show LOC *Ver* TEATRO

guión (*tb* **guion**) *nm* **1** (*Cine*) script **2** (*esquema*) plan **3** (*ortografía*) **(a)** (*para unir o separar palabras*) hyphen **(b)** (*en diálogo*) dash ➲ *Ver pág 379* LOC **guión bajo** (*Informát*) underscore

guionista *nmf* scriptwriter

guisante *nm* pea

guisar *vt, vi* to cook

guiso *nm* stew

guitarra *nf* guitar

guitarrista *nmf* guitarist

gula *nf* greed

gusano

worm

maggot

G

gusano *nm* **1** (*lombriz*) worm **2** (*en los alimentos*) maggot **3** (*de mariposa*) caterpillar LOC **gusano de seda** silkworm ➲ *Ver dibujo en pág 151*

gustar *vi* **1** to like *sth/doing sth*: *No me gusta.* I don't like it. ◇ *Me gusta cómo explica.* I like the way she explains things.

¿**Like to do** o **like doing**? En el sentido de "disfrutar haciendo algo", se utiliza **like doing sth**: *¿Te gusta pintar?* Do you like painting? En el sentido de "preferir hacer algo", se utiliza **like to do sth**: *Me gusta darme una ducha antes de acostarme.* I like to have a shower before I go to bed.

2 (*atraer físicamente*) to fancy *sb*: *Creo que le gustas.* I think he fancies you. LOC **me gusta más** I, you, etc. prefer *sth/doing sth*: *Me gusta más el vestido rojo.* I prefer the red dress.

gusto *nm* taste: *Tenemos ~s totalmente diferentes.* Our tastes are completely different. ◇ *para todos los ~s* to suit all tastes ◇ *Hizo un comentario de mal ~.* His remark was in bad taste. LOC **estar a gusto** to feel comfortable ◆ **¡mucho gusto!** pleased to meet you!

Hh

haba *nf* broad bean, lima bean (*USA*)

haber *v aux* **1** [*tiempos compuestos*] to have: *He terminado.* I've finished. ◇ *Me habían dicho que vendrían.* They had told me they would come. **2** ~ **que** must: *Hay que ser valiente.* You must be brave.

▶ **haber** *v imp* there is, there are

There is se utiliza con sustantivos en singular e incontables: *Hay una botella de vino en la mesa.* There's a bottle of wine on the table. ◇ *No hay pan.* There isn't any bread. ◇ *No había nadie.* There wasn't anyone there.

There are se utiliza con sustantivos en plural: *¿Cuántas botellas de vino hay?* How many bottles of wine are there?

LOC **de haber...** if...: *De ~lo sabido no le habría dicho nada.* If I'd known, I wouldn't have said anything. ◆ **¡haberlo dicho, hecho, etc.!** you should have said so, done it, etc.: *¡Haberlo dicho antes de salir!* You should have said so before we left! ◆ **¿qué hay?** how are things? ❶ En lenguaje más coloquial también puede decirse **how's things?** ❶ Para otras expresiones con **haber**, véanse las entradas del sustantivo, adjetivo, etc., p. ej. **no hay derecho** en DERECHO.

hábil *adj* **1** (*diestro*) skilful: *un jugador muy ~* a very skilful player **2** (*astuto*) clever: *una maniobra muy ~* a clever move

habilidad *nf* skill

habilidoso, -a *adj* handy

habilitar *vt* (*edificio, local*) to convert

habitación *nf* **1** (*cuarto*) room: *un piso de cuatro habitaciones* a four-room flat **2** (*dormitorio*) bedroom LOC **habitación doble/individual** double/single room *Ver tb* COMPAÑERO

habitante *nmf* inhabitant

habitar *vt, vi* ~ **(en)** to live in...: *la fauna que habita (en) los bosques* the animals that live in the woods

hábitat *nm* habitat

hábito *nm* habit LOC **adquirir/tener el hábito** to get into/be in the habit (*of doing sth*)

habitual *adj* **1** (*acostumbrado*) usual **2** (*cliente, lector, visitante*) regular

habituarse *vp* ~ **(a)** to get used to *sth/doing sth*: *Terminarás por habituarte.* You'll get used to it eventually.

habla *nf* **1** (*facultad*) speech **2** (*modo de hablar*) way of speaking: *el ~ de la región* the way of speaking in this area LOC **de habla francesa, hispana, etc.** French-speaking, Spanish-speaking, etc. ◆ **sin habla** speechless: *Me dejó sin ~.* It left me speechless.

hablado, -a *adj* spoken: *el inglés ~* spoken English *Ver tb* HABLAR

hablador, -ora *adj* talkative

▶ *nm-nf* chatterbox

hablante *nmf* speaker

hablar *vt* **1** (*idioma*) to speak: *¿Hablas ruso?* Do you speak Russian? **2** (*tratar*) to talk about *sth*: *Ya lo hablaremos.* We'll talk about it.

▶ *vi* ~ **(con algn) (de/sobre algn/algo)** to speak, to talk (to sb) (about sb/sth)

Speak y **talk** tienen prácticamente el mismo significado, aunque **speak** es el término más general: *Habla más despacio.* Speak more slowly. ◇ *hablar en público* to speak in public ◇ *¿Puedo hablar con Juan?* Can I speak to Juan? **Talk** se utiliza más cuando nos referimos a una conversación o a un comentario, o cuando se trata de varios hablantes:

hablar de política to talk about politics ◇ *Están hablando de nosotros.* They're talking about us. ◇ *Hablan de mudarse.* They're talking about moving. ◇ *Estuvimos hablando toda la noche.* We talked all night.

LOC **habla más alto/bajo** speak up/lower your voice ◆ **hablar por los codos** to talk nineteen to the dozen, to talk a blue streak (*USA*) ◆ **¡ni hablar!** no way! ◆ **no hablarse con algn** not to be on speaking terms with sb *Ver tb* ASÍ

hacer *vt*

- **se traduce por MAKE en los siguientes casos: 1** (*fabricar*): ~ *bicicletas/un vestido* to make bicycles/a dress **2** (*dinero, ruido, cama*): *Nunca haces la cama por la mañana.* You never make your bed in the morning. **3** (*comentario, promesa, esfuerzo*): *Tienes que ~ un esfuerzo.* You must make an effort. **4** (*amor*): *Haz el amor y no la guerra.* Make love, not war. **5** (*convertir en*): *Dicen que los sufrimientos te hacen más fuerte.* They say suffering makes you stronger. ➲ *Ver ejemplos en* MAKE
- **se traduce por DO en los siguientes casos: 1** (*cuando hablamos de una actividad sin decir de qué se trata*): *¿Qué hacemos esta tarde?* What shall we do this afternoon? ◇ *Hago lo que puedo.* I do what I can. ◇ *Cuéntame lo que haces en el cole.* Tell me what you do at school. **2** (*cuando nos referimos a actividades como lavar, planchar, limpiar y comprar*): *¿Cuándo haces la compra?* When do you do the shopping? ◇ *Si tú haces el baño, yo haré la cocina.* If you do the bathroom, I'll do the kitchen. **3** (*estudios*): ~ *los deberes/un examen/un curso* to do your homework/an exam/a course ◇ ~ *sumas y restas* to do sums **4** (*favor*): *¿Me haces un favor?* Will you do me a favour? ➲ *Ver tb ejemplos en* DO
- **hacer (que...)** to get *sb to do sth*: *Nos hacen venir todos los sábados.* They're getting us to come in every Saturday. ◇ *Hice que cambiaran el neumático.* I got them to change the tyre.
- **otros usos: 1** (*escribir*) to write: ~ *una redacción* to write an essay **2 (a)** (*pintar*) to paint: ~ *un cuadro* to paint a picture **(b)** (*dibujar*) to draw: ~ *una raya* to draw a line **3** (*nudo*) to tie: ~ *un lazo* to tie a bow **4** (*distancia*): *Todos los días hago 50 km.* I travel/drive 50 km every day. ◇ *A veces hacemos cinco kilómetros corriendo.* We sometimes go for a five-kilometre run. **5** (*pregunta*) to ask: *¿Por qué haces tantas preguntas?* Why do you ask so many questions? **6** (*papel*) to play: *Hice el papel de Julieta.* I played the part of Juliet. **7** (*deportes*): ~ *judo/aerobic* to do judo/aerobics ◇ ~ *ciclismo/alpinismo* to go cycling/climbing ➲ *Ver nota en* DEPORTE

▶ *vi* ~ **de 1** (*oficio*) to work as *sth*: *Hago de jardinero.* I'm working as a gardener. **2** (*ejercer*) to act as *sth*: *No hagas de padre conmigo.* Don't act as if you were my father. **3** (*cosa*) to serve as *sth*: *Una caja de cartón hacía de mesa.* A cardboard box served as a table.

▶ *v imp* **1** (*tiempo meteorológico*): *Hace frío/calor/viento/sol.* It's cold/hot/windy/sunny. ◇ *Hizo muy bueno el verano pasado.* We had very nice weather last summer. **2** (*tiempo cronológico*): *Me casé hace diez años.* I got married ten years ago. ◇ *Se habían conocido hacía pocos meses.* They had met a few months earlier. ◇ *¿Hace mucho que vives aquí?* Have you been living here long? ◇ *Hace años que nos conocemos.* We've known each other for ages. ➲ *Ver nota en* AGO

▶ **hacerse** *vp* **1 + sustantivo** to become: *Se hizo taxista.* He became a taxi driver. **2 + adjetivo** to get, to become (*más formal*): *Me estoy haciendo viejo.* I'm getting old. ◇ *La última clase se me hace eterna.* The last lesson seems to go on for ever. **3 hacerse el/la + adjetivo** to pretend to be *sth*: *No te hagas el sordo.* It's no good pretending to be deaf. ◇ *No te hagas la lista conmigo.* Don't try and be clever with me. **4** (*cuando otra persona realiza la acción*) to have *sth* done: *Se están haciendo una casa.* They're having a house built. ◇ *~se una foto* to have your photo taken LOC **desde hace/hacía...** for...: *Viven aquí desde hace dos años.* They've been living here for two years. ◆ **hacer bien/mal** to be right/wrong (*to do sth*): *¿Hice bien en ir?* Was I right to go? ◆ **hacer como que/si...** to pretend: *Hizo como que no me había visto.* He pretended he hadn't seen me. ◆ **hacerse pasar por...** to pass yourself off as *sb/sth*: *Se hizo pasar por el hijo del dueño.* He passed himself off as the owner's son. ◆ **hacer una de las suyas** to be up to his, her, etc. old tricks again: *Nacho ha vuelto a ~ una de las suyas.* Nacho's been up to his old tricks again. ◆ **¿qué haces? 1** (*profesión*) what do you do?: — *¿Qué hace?* — *Es profesora.* 'What does she do?' 'She's a teacher.' **2** (*en este instante*) what are you doing?: — *Hola, ¿qué haces?* — *Ver una película.* 'Hi, what are you doing?' 'Watching a film.' ❶ Para otras expresiones con **hacer**, véanse las entradas del sustantivo, adjetivo, etc., p. ej. **hacer trampa(s)** en TRAMPA.

hacha *nf* axe LOC **ser un hacha** to be a genius (*at sth/doing sth*)

hachís *nm* hashish, hash (*coloq*)

hacia *prep* **1** (*dirección*) towards: *ir ~ algo* to go towards sth **2** (*tiempo*) at about: *Llegaré ~ las*

H

tres. I'll be there at about three. ◇ ~ *principios de verano* in early summer

hacienda *nf* **1 Hacienda** (*ministerio*) the Treasury **2** (*finca*) estate LOC *Ver* MINISTERIO, MINISTRO

hada *nf* fairy [*pl* fairies]: *un cuento de ~s* a fairy story

¡hala! *interj* **1** (*¡qué barbaridad!*) good heavens! **2** (*uso enfático*) so there!: *Pues ahora no voy, ¡hala!* Well, now I'm not going, so there!

halagar *vt* to flatter

halcón *nm* falcon

hallar *vt* to find

▶ **hallarse** *vp* to be

H

hallazgo *nm* **1** (*descubrimiento*) discovery [*pl* discoveries]: *Los científicos han hecho un gran ~.* Scientists have made an important discovery. **2** (*persona, cosa*) find: *Ha sido un auténtico ~.* It's a real find.

hamaca *nf* **1** (*lona colgada*) hammock **2** (*asiento graduable*) deckchair

hambre *nf* hunger, starvation, famine

No deben confundirse las palabras **hunger**, **starvation** y **famine**.

Hunger es el término general y se usa en casos como: *hacer huelga de hambre* to go on (a) hunger strike, o para expresar un deseo: *hambre de conocimiento/poder* hunger for knowledge/power.

Starvation se refiere al hambre sufrida durante un período prolongado de tiempo: *Le dejaron morir de hambre.* They let him die of starvation. El verbo **starve** significa "morir de hambre" y se utiliza también en expresiones coloquiales: *Me muero de hambre.* I'm starving.

Famine es hambre que afecta normalmente a un gran número de personas y suele ser consecuencia de una catástrofe natural: *una población debilitada por el hambre* a population weakened by famine ◇ *A la larga sequía siguieron meses de hambre.* The long drought was followed by months of famine.

LOC **dar hambre** to make *sb* hungry: *Caminar da mucha ~.* Walking makes you very hungry. ◆ **pasar hambre** to go hungry ◆ **tener hambre** to be hungry ◆ **tener un hambre canina/feroz** to be starving *Ver tb* MATAR, MORIR, MUERTO

hambriento, -a *adj* **1** hungry: *La niña debe de estar hambrienta.* The baby must be hungry. **2** (*muerto de hambre*) starving

hamburguesa *nf* hamburger ➲ *Ver nota en* BURGER

hámster *nm* hamster

harapo *nm* rag

harina *nf* flour

hartarse *vp* **1** ~ **(de)** (*cansarse*) to be fed up (with *sb/sth*): *Ya me he hartado de tus quejas.* I'm fed up with your complaints. **2** (*atiborrarse*) **(a)** to be full (up): *Comí hasta hartarme.* I ate till I was full (up). **(b)** ~ **de** to stuff yourself with *sth*: *Me harté de pasteles.* I stuffed myself with cakes.

harto, -a *adj* **1** ~ **(de)** (*cansado*) fed up (with *sb/sth*): *Me tienes ~.* I'm fed up with you. **2** (*lleno*) full

hasta *prep*

• **tiempo** until, till (*más coloq*)

Until se usa tanto en inglés formal como informal. **Till** se usa sobre todo en inglés hablado y no suele aparecer al principio de la frase: *No llegaré hasta las siete.* I won't be there until/till seven.

• **lugar 1** (*distancia*) as far as...: *Vinieron conmigo ~ Barcelona.* They came with me as far as Barcelona. **2** (*altura, longitud, cantidad*) up to...: *El agua llegó ~ aquí.* The water came up to here. **3** (*hacia abajo*) down to...: *La falda me llega ~ los tobillos.* The skirt comes down to my ankles.

• **saludos** see you...: *¡Hasta mañana/el lunes!* See you tomorrow/on Monday! ◇ *¡Hasta luego!* Bye!

▶ *adv* (*incluso*) even: *Hasta yo lo hice.* Even I did it. LOC **hasta cuándo** how long: *¿Hasta cuándo te quedas?* How long are you staying?

hay *Ver* HABER

haya *nf* beech (tree)

hazaña *nf* exploit LOC **ser toda una hazaña** to be quite a feat

hebilla *nf* buckle

hebra *nf* (piece of) thread

hebreo *nm* (*lengua*) Hebrew

hechicero, -a *nm-nf* **1** (*masc*) wizard **2** (*fem*) witch

hechizar *vt* to cast a spell on *sb*: *La bruja hechizó al príncipe.* The witch cast a spell on the prince.

hechizo *nm* spell: *estar bajo un ~* to be under a spell

hecho, -a *adj* **1** (*manufacturado*) made: *¿De qué está ~?* What's it made of? ◇ *~ a mano/máquina* handmade/machine-made **2** (*cocinado*) done: *El pollo no está ~ todavía.* The chicken isn't done yet. ◇ *Me gusta la carne bien hecha.* I like my meat well done. ❶ Un filete poco hecho o una carne poco hecha se dice **rare** y en su punto **medium rare**. *Ver tb* HACER

▶ *nm* **1** (*asunto*) fact **2** (*acontecimiento*) event: *su versión de los ~s* his version of events LOC **¡bien hecho!** well done! ◆ **de hecho** in fact ◆ **hecho y derecho** grown: *un hombre ~ y derecho* a grown man ◆ **mal hecho**: *Si se lo dijiste, mal ~.* You shouldn't have told him. *Ver tb* CRISTO, DICHO, FRASE, PAREJA, TRATO

hectárea *nf* hectare (*abrev* ha)

helada *nf* frost

heladería *nf* ice-cream parlour

helado, -a *adj* **1** (*líquido*) frozen: *un estanque ~* a frozen pond **2** (*persona, habitación*) freezing: *Estoy ~.* I'm freezing! *Ver tb* HELAR(SE)

▶ *nm* ice cream: *~ de chocolate* chocolate ice cream

helar(se) *vt, vi, vp* to freeze: *El frío ha helado las cañerías.* The pipes are frozen. ◇ *Nos vamos a ~ de frío.* We're going to freeze to death.

▶ *v imp*: *Anoche heló.* There was a frost last night.

helecho *nm* fern

hélice *nf* (*avión, barco*) propeller

helicóptero *nm* helicopter

helio *nm* helium

hembra *nf* (*animal, persona*) female: *un leopardo ~* a female leopard ➲ *Ver nota en* FEMALE

hemisferio *nm* hemisphere: *el ~ norte/sur* the northern/southern hemisphere

hemorragia *nf* haemorrhage

heno *nm* hay

hepatitis *nf* hepatitis [*incontable*]

herbívoro, -a *adj* herbivorous

▶ *nm* herbivore

herboristería *nf* health food shop

heredar *vt* to inherit *sth* (*from sb*): *A su muerte heredé sus propiedades.* On his death I inherited all his property.

heredero, -a *nm-nf* ~ **(de)** heir (to *sth*/of *sb*): *el ~/la heredera del trono* the heir to the throne LOC *Ver* PRÍNCIPE

hereditario, -a *adj* hereditary

herencia *nf* inheritance

herida *nf* **1** wound **2** (*por accidente*) injury [*pl* injuries]

¿Cuándo se utiliza **wound** y cuándo **injury**, o los verbos **wound** y **injure**?

Utilizamos **wound** para referirnos a heridas causadas por un arma (p. ej. una navaja, pistola, etc.) de forma deliberada: *heridas de bala* gunshot wounds ◇ *La herida no tardará en cicatrizar.* The wound will soon heal. ◇ *Lo hirieron en la guerra.* He was wounded in the war.

Si la herida es resultado de un accidente utilizamos **injury** o **injure**, que también se puede traducir a veces por *lesión* o *lesionarse*: *Sólo sufrió heridas leves.* He only suffered minor injuries. ◇ *Los trozos de cristal hirieron a seis personas.* Six people were injured by flying glass. ◇ *El casco protege a los jugadores de posibles lesiones en la cabeza.* Helmets protect players from head injuries.

herido, -a *nm-nf* casualty [*pl* casualties]

herir *vt* **1** to wound **2** (*accidente*) to injure ➲ *Ver nota en* HERIDA **3** (*emocionalmente*) to hurt

hermanastro, -a *nm-nf* **1** (*masc*) stepbrother **2** (*fem*) stepsister

Para referirnos a un hermano por parte de padre o de madre decimos **half-brother** y **half-sister**: *Son hermanos por parte de padre.* They're half-brothers.

hermano, -a *nm-nf* **1** (*masc*) brother: *Tengo un ~ mayor.* I have an older brother. **2** (*fem*) sister: *mi hermana la pequeña* my youngest sister ❶ Estas traducciones se usan también en un contexto religioso pero en ese caso se escriben con mayúscula: *el Hermano Francisco* Brother Francis. **3 hermanos**

A veces decimos *hermanos* refiriéndonos a hermanos y hermanas, en cuyo caso debemos decir en inglés **brothers and sisters**: *¿Tienes hermanos?* Have you got any brothers and sisters? ◇ *Somos seis hermanos.* I've got five brothers and sisters. ◇ *Son dos hermanos y tres hermanas.* There are two boys and three girls.

LOC **hermano por parte de padre/madre** ➲ *Ver nota en* HERMANASTRO ◆ **hermanos siameses** Siamese twins

herméticamente *adv* LOC **herméticamente cerrado** hermetically sealed

hermético, -a *adj* airtight

hermoso, -a *adj* beautiful

hermosura *nf* beauty: *¡Qué ~!* How beautiful!

héroe *nm* hero [*pl* heroes]

heroína *nf* **1** (*mujer*) heroine **2** (*droga*) heroin

herradura *nf* horseshoe

herramienta *nf* tool LOC *Ver* BARRA, CAJA

herrar *vt* to shoe

herrería *nf* forge

herrero, -a *nm-nf* blacksmith

hervir *vt, vi* to boil: *La leche está hirviendo.* The milk is boiling. ◇ *Pon a ~ las patatas.* Put the potatoes on to boil. ◇ *Me hierve la sangre cada*

H

vez que me acuerdo. Just thinking about it makes my blood boil.

heterosexual *adj, nmf* heterosexual

hexágono *nm* hexagon

hibernar *vi* to hibernate

hidratante *adj* moisturizing LOC **crema/leche hidratante** moisturizer

hidratar *vt* (*piel*) to moisturize

hidrato *nm* LOC **hidratos de carbono** carbohydrates

hidráulico, -a *adj* hydraulic: *energía/bomba hidráulica* hydraulic power/pump

hidroeléctrico, -a *adj* hydroelectric

H

hidrógeno *nm* hydrogen

hidromasaje *nm* hydromassage

hiedra *nf* ivy

hielo *nm* ice [*incontable*]: *Saca unos cubitos de ~.* Bring some ice cubes. LOC *Ver* CASQUETE, HOCKEY, PISTA, ROMPER

hiena *nf* hyena

hierba *nf* **1** grass: *tumbarse en la ~* to lie down on the grass **2** (*Cocina*) herb **3** (*marihuana*) grass LOC **mala hierba** weed

hierbabuena *nf* mint

hierro *nm* iron: *una barra de ~* an iron bar ◇ *~ forjado/fundido* wrought/cast iron LOC **tener una constitución/naturaleza de hierro** to have an iron constitution

hígado *nm* liver

higiene *nf* hygiene: *la ~ bucal/corporal* oral/personal hygiene

higiénico, -a *adj* hygienic LOC *Ver* PAPEL

higo *nm* fig LOC **de higos a brevas** once in a blue moon ◆ **higo chumbo** prickly pear

higuera *nf* fig tree

hijastro, -a *nm-nf* **1** (*masc*) stepson **2** (*fem*) stepdaughter **3 hijastros** stepchildren

hijo, -a *nm-nf* **1** (*masc*) son **2** (*fem*) daughter: *Tienen dos hijas y un ~.* They have two daughters and a son. **3 hijos** children

> Cuando decimos *hijos* refiriéndonos a hijos e hijas, en inglés debemos decir **children**: *¿Cuántos hijos tienen?* How many children have they got? ◇ *No tenemos ~s.* We don't have any children.

LOC **hijo de papá** rich kid ◆ **hijo único** only child: *Soy ~ único.* I'm an only child.

hilera *nf* **1** (*fila*) **(a)** (*uno al lado de otro*) row: *una ~ de casas* a row of houses **(b)** (*uno detrás de otro*) line: *Había una ~ de gente esperando.* There was a line of people waiting. **2** (*Mil, hormigas*) column

hilo *nm* **1** thread: *un carrete de ~* a reel of thread ◇ *He perdido el ~ de la conversación.* I've lost the thread of the conversation. **2** (*metal*) wire: *~ de acero/cobre* steel/copper wire **3** (*tela*) linen: *una falda de ~* a linen skirt LOC *Ver* DENTAL

himno *nm* **1** (*nacional, etc.*) anthem: *el ~ europeo* the European anthem **2** (*religioso*) hymn

hincapié *nm* LOC **hacer hincapié en algo** to stress sth

hincar *vt* **1** (*diente*) to sink *sth into sth*: *Hincó los dientes en la sandía.* He sank his teeth into the watermelon. **2** (*clavo, estaca*) to drive *sth into sth*: *Hincó la estaca en la tierra.* He drove the stake into the ground.

hincha *nmf* fan: *un ~ del Arsenal* an Arsenal fan

hinchable *adj* inflatable

hinchado, -a *adj* **1** swollen: *un brazo/pie ~* a swollen arm/foot **2** (*estómago*) bloated *Ver tb* HINCHAR

hinchar *vt* to blow *sth* up, to inflate (*más formal*): *~ un balón* to blow up a ball

▶ **hincharse** *vp* **1** to swell (up): *Se me ha hinchado el tobillo.* My ankle has swollen up. **2 hincharse (a/de)** (*atiborrarse*) to stuff yourself (with *sth*): *Me hinché de pasteles.* I stuffed myself with cakes.

hinchazón *nf* (*Med*) swelling: *Parece que ha bajado la ~.* The swelling seems to have gone down.

hindú *adj, nmf* **1** (*de India*) Indian **2** (*Relig*) Hindu ➲ *Ver nota en* CATÓLICO

hinduismo *nm* Hinduism

hipermercado *nm* superstore

hipermétrope *adj* long-sighted, far-sighted (*USA*)

hipermetropía *nf* long-sightedness, far-sightedness (*USA*): *tener ~* to be long-sighted

hipertensión *nf* high blood pressure

hípica *nf* **1** (*concurso de saltos*) showjumping **2** (*carreras*) horse racing

hípico, -a *adj* riding: *club/concurso ~* riding club/competition

hipnotizar *vt* to hypnotize

hipo *nm* hiccups [*pl*]: *Tengo ~.* I've got (the) hiccups. ◇ *quitar el ~* to cure hiccups

hipócrita *adj* hypocritical

▶ *nmf* hypocrite

hipódromo *nm* racecourse, racetrack (*USA*)

hipopótamo *nm* hippo [*pl* hippos] ❶ **Hippopotamus** es la palabra científica.

hipoteca *nf* mortgage: *pedir una ~* to apply for a mortgage

hipótesis *nf* hypothesis [*pl* hypotheses]

hippy (*tb* **hippie**) *adj, nmf* hippie

hispano, -a *adj, nm-nf* (*latinoamericano en Estados Unidos*) Hispanic
▶ *adj* **1** (*español, hispanohablante*) Spanish: *de habla hispana* Spanish-speaking **2** (*latinoamericano*) Latin American: *la cultura/música hispana* Latin culture/music

hispanohablante *adj* Spanish-speaking
▶ *nmf* Spanish speaker

histeria *nf* hysteria: *Le dio un ataque de ~.* He became hysterical.

histérico, -a *adj* hysterical LOC **ponerse histérico** to have hysterics ◆ **ser un histérico** to get worked up about things

historia *nf* **1** (*disciplina, asignatura*) history: *~ antigua/natural* ancient/natural history ◇ *He aprobado Historia.* I've passed history. **2** (*relato*) story [*pl* stories]: *Cuéntanos una ~.* Tell us a story. LOC **dejarse de historias** to stop making excuses

historiador, -ora *nm-nf* historian

historial *nm* record LOC **historial médico** medical history ◆ **historial profesional** CV, curriculum vitae (*más formal*) ➲ *Ver nota en* CURRÍCULO

histórico, -a *adj* **1** (*de la historia*) historical: *documentos/personajes ~s* historical documents/figures **2** (*importante*) historic: *un triunfo/acuerdo ~* a historic victory/agreement

historieta *nf* (*tebeo, cómic*) cartoon story [*pl* cartoon stories]: *Les encantan las ~s de tebeo.* They love cartoons.

hiyab *nm* (Muslim) headscarf [*pl* headscarves], hijab

hobby *nm* hobby [*pl* hobbies]

hocico *nm* **1** (*perro, caballo*) muzzle **2** (*cerdo*) snout

hockey *nm* (*sobre hierba*) hockey, field hockey (*USA*) LOC **hockey sobre hielo** ice hockey, hockey (*USA*) ◆ **hockey sobre patines** roller hockey

hogar *nm* **1** (*casa*) home: *Hogar dulce ~.* Home sweet home. **2** (*familia*) family: *casarse y fundar un ~* to get married and start a family **3** (*chimenea*) fireplace

hogareño, -a *adj* (*persona*) home-loving: *ser muy ~* to love being at home

hoguera *nf* bonfire: *hacer una ~* to make a bonfire

hoja *nf* **1** (*planta*) leaf [*pl* leaves]: *las ~s de un árbol* the leaves of a tree ◇ *En otoño se caen las ~s.* The leaves fall in autumn. **2** (*libro, periódico*) page **3** (*folio*) sheet (of paper): *Dame una ~ de papel.* Can I have some paper, please? ◇ *una ~ en blanco* a clean sheet of paper **4** (*arma blanca, herramienta*) blade LOC **de hoja caduca/perenne** deciduous/evergreen ◆ **hoja de cálculo** spreadsheet ◆ **pasar la hoja** to turn over *Ver tb* AFEITAR(SE)

hojalata *nf* tin plate

hojaldre *nm* puff pastry

hojear *vt* **1** (*pasar hojas*) to flick through *sth*: *~ una revista* to flick through a magazine **2** (*mirar por encima*) to glance at *sth*: *~ el periódico* to glance at the paper

¡hola! *interj* hello, hi (*coloq*)

> La palabra más general es **hello**, que se usa en cualquier situación, y también para contestar el teléfono. **Hi** es más coloquial y muy común.
>
> Muchas veces estas palabras van seguidas de **how are you?** o **how are you doing?** (*más coloq*). La respuesta puede ser **very well, thank you** o **fine, thanks** (*más coloq*).

Holanda *nf* Holland

holandés, -esa *adj, nm* Dutch: *hablar ~* to speak Dutch
▶ *nm-nf* Dutchman/woman [*pl* -men/-women]: *los holandeses* the Dutch

holgazán, -ana *adj* lazy
▶ *nm-nf* layabout

holgazanear *vi* to laze around

hollín *nm* soot

holocausto *nm* holocaust: *un ~ nuclear* a nuclear holocaust

holograma *nm* hologram

hombre *nm* **1** man [*pl* men]: *el ~ moderno* modern man ◇ *el ~ de la calle* the man in the street ◇ *tener una conversación de ~ a ~* to have a man-to-man talk **2** (*humanidad*) mankind: *la evolución del ~* the evolution of mankind ➲ *Ver nota en* MAN
▶ **¡hombre!** *interj*: *¡Hombre! ¡Qué bien que hayas venido!* Great! You've come! ◇ *¡Hombre! ¿qué haces aquí?* Well I never! What are you doing here? LOC **hacerse hombre** to grow up ◆ **hombre lobo** werewolf [*pl* werewolves] ◆ **hombre rana** frogman [*pl* -men] *Ver tb* BOMBA, NEGOCIO, TIEMPO

hombrera *nf* shoulder pad

hombro *nm* shoulder LOC **llevar a hombros** to carry *sb/sth* on your shoulders *Ver tb* ENCIMA, ENCOGER(SE), MANGA

homenaje *nm* homage [*incontable*]: *hacer un ~ a algn* to pay homage to sb LOC **en homenaje a** in honour of *sb/sth*

homeópata *nmf* homeopath

homeopatía *nf* homeopathy

H

homicida *nmf* murderer LOC *Ver* ARMA

homicidio *nm* **1** murder ❶ También existe la palabra **homicide**, pero es más formal. ➲ *Ver tb nota en* ASESINAR **2** (*involuntario*) manslaughter

homogéneo, **-a** *adj* homogeneous

homosexual *adj, nmf* homosexual

hondo, **-a** *adj* deep: *Es un pozo muy ~.* It's a very deep well. LOC *Ver* PLATO

honestidad *nf* honesty: *Nadie duda de su ~.* No one doubts his honesty.

honesto, **-a** *adj* honest

hongo *nm* fungus [*pl* fungi] LOC *Ver* VENENOSO

honor *nm* **1** (*privilegio*) honour: *el invitado de ~* the guest of honour ◇ *Es un gran ~ para mí estar hoy aquí.* It's a great honour for me to be here today. **2** (*buen nombre*) good name: *El ~ del banco ha quedado en entredicho.* The bank's good name has been questioned. LOC **tener el honor de** to have the honour of *doing sth Ver tb* DAMA, PALABRA

honra *nf* honour LOC **¡(y) a mucha honra!** and proud of it!

honradez *nf* honesty

honrado, **-a** *adj* honest *Ver tb* HONRAR

honrar *vt* **1** (*mostrar respeto*) to honour *sb* (*with sth*): *un acto para ~ a los soldados muertos* a ceremony to honour the soldiers killed **2** (*ennoblecer*) to do *sb* credit: *Tu comportamiento te honra.* Your behaviour does you credit.

hora *nf* **1** (*unidad de tiempo*) hour: *La clase dura dos ~s.* The class lasts two hours. ◇ *120 km por ~* 120 km an hour ◇ *~s de consulta/oficina/visita* surgery/office/visiting hours **2** (*reloj, momento, horario*) time: *¿Qué ~ es?* What time is it? ◇ *¿A qué ~ vienen?* What time are they coming? ◇ *a cualquier ~ del día* at any time of the day ◇ *a la ~ de la comida/cena* at lunchtime/dinner time **3** (*cita*) appointment: *Tengo ~ en el dentista.* I've got a dental appointment. LOC **a estas horas**: *A estas ~s deben estar saliendo.* They must be leaving (at) about this time. ◆ **entre horas** between meals: *Nunca como entre ~.* I never eat between meals. ◆ **hora punta** rush hour ◆ **horas extras** overtime [*incontable*] ◆ **pasarse las horas muertas haciendo algo** to do sth for hours on end ◆ **ser hora de**: *Es ~ de irse a la cama.* It's time to go to bed. ◇ *Creo que ya es ~ de que nos vayamos.* I think it's time we were going. ◇ *Ya era ~ de que nos escribieses.* It was about time you wrote to us. ◆ **¡ya era hora!** about time too! *Ver tb* PEDIR, ÚLTIMO

horario *nm* **1** (*clases, tren*) timetable, schedule (*USA*) **2** (*consulta, trabajo*) hours: *El ~ de oficina es de nueve a tres.* Office hours are nine to three. LOC **horario de atención al público** opening hours ◆ **horario flexible** flexitime [*incontable*]: *Tengo un ~ flexible.* I work flexitime.

horchata *nf* tiger nut milk

horizontal *adj* horizontal

horizonte *nm* horizon: *en el ~* on the horizon

hormiga *nf* ant

hormigón *nm* concrete

hormigueo *nm* pins and needles [*incontable*]: *Siento un ~ en las yemas de los dedos.* I've got pins and needles in my fingers.

hormiguero *nm* **1** (*agujero*) ants' nest **2** (*montículo*) anthill LOC *Ver* OSO

hormona *nf* hormone

horno *nm* **1** (*en cocina*) oven: *encender el ~* to turn the oven on ◇ *Esta sala es un ~.* It's like an oven in here. **2** (*tb* **altos hornos**) furnace **3** (*para cerámica, ladrillos*) kiln LOC **al horno** **1** (*carne, verduras, etc.*) roast: *pollo al ~* roast chicken **2** (*pescado*) baked

horóscopo *nm* horoscope

horquilla *nf* **1** (*para cabello*) hairgrip **2** (*palo, rama, bicicleta*) fork LOC **horquilla de moño** hairpin

horrible *adj* awful

horror *nm* **1** (*miedo, espanto*) horror: *un grito de ~* a cry of horror ◇ *los ~es de la guerra* the horrors of war **2** (*mucho*): *Les han gustado ~es.* They loved them. ◇ *Había un ~ de coches.* There were loads of cars. LOC **¡qué horror!** how awful! ◆ **tenerle horror a** to hate *sth/doing sth*

horrorizar *vt* **1** (*disgustar*) to horrify **2** (*asustar*) to frighten: *Le horroriza la oscuridad.* He's frightened of the dark.

horroroso, **-a** *adj* **1** (*aterrador*) horrific: *un incendio ~* a horrific fire **2** (*muy feo*) hideous: *Tiene una nariz horrorosa.* He's got a hideous nose. **3** (*malo*) awful: *Hace un tiempo ~.* The weather is awful.

hortaliza *nf* vegetable

hortera *adj, nmf* naff, tasteless (*USA*): *Es un ~.* He's so naff.

hospedarse *vp* to stay

hospital *nm* hospital: *Su familia lo llevó al ~.* His family took him to hospital. ➲ *Ver nota en* SCHOOL

hospitalidad *nf* hospitality

hospitalizar *vt* to hospitalize

hostal *nm* (cheap) hotel

hostelería *nf* (*estudios*) hotel and catering management

hostil *adj* hostile

hotel *nm* hotel

hoy *adv* today: *Hay que terminarlo ~.* We've got to get it finished today. LOC **de hoy**: *la música de ~* present-day music ◇ *el periódico de ~* today's paper ◇ *Este pan no es de ~.* This bread isn't fresh. ◆ **de hoy en adelante** from now on ◆ **hoy (en) día** nowadays

hoyo *nm* hole: *hacer/cavar un ~* to dig a hole

hoyuelo *nm* dimple

hucha *nf* money box

hueco, -a *adj* hollow: *Este muro está ~.* This wall is hollow. ◇ *sonar a ~* to sound hollow
▶ *nm* **1** (*cavidad*) space: *Aprovecha este ~.* Use this space. **2** (*espacio en blanco*) gap: *Tenéis que rellenar los ~s con preposiciones.* You have to fill in the gaps with prepositions. **3** (*rato libre*) free time [*incontable*]: *El lunes por la tarde tengo un ~.* I've got some free time on Monday afternoon.

huelga *nf* strike: *estar/ponerse en ~* to be/go on strike ◇ *una ~ general/de hambre* a general/hunger strike LOC **huelga de celo** go-slow, slowdown (*USA*)

huelguista *nmf* striker

huella *nf* **1** (*pie, zapato*) footprint **2** (*animal, vehículo*) track: *~s de oso* bear tracks LOC **huella (dactilar)** fingerprint ◆ **sin dejar huella** without trace: *Desaparecieron sin dejar ~.* They disappeared without trace.

huérfano, -a *adj, nm-nf* orphan: *~s de guerra* war orphans ◇ *ser ~* to be an orphan LOC **huérfano de madre/padre** motherless/fatherless ◆ **quedarse huérfano de madre/padre** to lose your mother/father

huerta *nf* **1** (*huerto grande*) market garden **2** (*tierra de regadío*) irrigated region

huerto *nm* **1** (*de verduras, legumbres*) vegetable garden **2** (*sólo de árboles frutales*) orchard

hueso *nm* **1** (*Anat*) bone **2** (*fruta*) stone, pit (*USA*) **3** (*color*) ivory LOC **estar/quedarse en los huesos** to be nothing but skin and bone ◆ **ser un hueso** (*persona*) to be very strict: *Mi profesor es un ~.* My teacher is very strict. *Ver tb* CALAR, CARNE

huésped, -eda *nm-nf* guest

hueva (*tb* **huevas**) *nf* **1** (*Zool*) spawn [*incontable*]: *~s de rana* frog spawn **2** (*Cocina*) roe: *~ de pescado* fish roe

huevo *nm* egg: *poner un ~* to lay an egg LOC **huevo duro/frito** hard-boiled/fried egg ◆ **huevo pasado por agua** soft-boiled egg ◆ **huevos revueltos** scrambled eggs *Ver tb* PISAR

huida *nf* escape, flight (*más formal*)

huir *vi* ~ **(de)** to escape (from *sb/sth*): *Huyeron de la prisión.* They escaped from prison.
▶ *vt, vi* ~ **(de)** (*evitar*) to avoid *sb/sth*: *No nos huyas.* Don't try to avoid us. ◇ *Conseguimos ~ de la prensa.* We managed to avoid the press. LOC **huir del país** to flee the country

humanidad *nf* **1** humanity **2 humanidades** (*estudios*) humanities LOC *Ver* OLER

humanitario, -a *adj* humanitarian: *ayuda humanitaria* humanitarian aid

humano, -a *adj* **1** (*del ser humano*) human: *el cuerpo ~* the human body **2** (*comprensivo, justo*) humane: *un sistema judicial más ~* a more humane judicial system
▶ *nm* (*persona*) human being LOC *Ver* DERECHO

humareda *nf* cloud of smoke

humedad *nf* **1** (*ropa, pared, etc.*) damp: *Esta pared tiene ~.* This wall is damp. **2** (*atmósfera*) humidity

humedecer *vt* to dampen
▶ **humedecerse** *vp* to get wet

húmedo, -a *adj* **1** (*ropa, pared, etc.*) damp: *Estos calcetines están ~s.* These socks are damp. **2** (*aire, calor*) humid **3** (*lugar*) wet: *un país ~* a wet country ➲ *Ver nota en* MOIST

humildad *nf* humility

humilde *adj* humble

humillante *adj* humiliating

humo *nm* **1** smoke: *Había demasiado ~.* There was too much smoke. ◇ *Salía ~ por la puerta.* There was smoke coming out of the door. **2** (*coche*) fumes [*pl*]: *el ~ del tubo de escape* exhaust fumes **3 humos** (*arrogancia*) airs: *darse muchos ~s* to put on airs LOC *Ver* BAJAR, SUBIR

humor *nm* **1** humour: *tener sentido del ~* to have a sense of humour ◇ *~ negro* black humour **2** (*comicidad*) comedy: *una serie de ~* a comedy series LOC **estar de buen/mal humor** to be in a good/bad mood ◆ **estar de humor** to be in the mood (*for sth/doing sth*) ◆ **poner a algn de mal humor** to make sb angry ◆ **tener buen/mal humor** to be good-tempered/bad-tempered

humorista *nmf* humorist

hundido, -a *adj* **1** (*barco*) sunken: *un galeón ~* a sunken galleon **2** (*persona*) devastated *Ver tb* HUNDIR

hundir *vt* **1** to sink: *Una bomba hundió el barco.* A bomb sank the boat. ◇ *~ los pies en la arena* to sink your feet into the sand **2** (*persona*) to destroy **3** (*negocio, etc.*) to ruin
▶ **hundirse** *vp* **1** (*irse al fondo*) to sink **2** (*derrumbarse*) to collapse: *El puente se hundió.* The bridge collapsed. **3** (*negocio*) to go under: *Muchas empresas se han hundido.* Many firms have gone under. **4** (*deprimirse*) to get depressed: *~se en la miseria* to get really depressed

H

húngaro, -a *adj, nm-nf, nm* Hungarian

Hungría *nf* Hungary

huracán *nm* hurricane

hurgar *vi* ~ **en** (*fisgar*) to rummage among/in/through *sth*: *No hurgues en mis cosas.* Don't rummage through my things. LOC **hurgarse (en) la nariz** to pick your nose

¡hurra! *interj* hooray

husmear *vi* (*fisgar*) to sniff around: *La policía ha estado husmeando por aquí.* The police have been sniffing around here.
▶ *vt* (*olfatear*) to sniff

Ii

ibérico, -a *adj* Iberian: *la Península Ibérica* the Iberian Peninsula
▶ *nm* **ibéricos** (Spanish) cold meats: *una tabla de ~s* a plate of Spanish cured ham and cold meats LOC *Ver* JAMÓN

iceberg *nm* iceberg

icono *nm* (*Informát, Relig*) icon

ida *nf* outward journey: *durante la ~* on the way there LOC **ida y vuelta** there and back: *Son tres horas ~ y vuelta.* It's three hours there and back. *Ver tb* BILLETE, PARTIDO

idea *nf* idea: *Tengo una ~.* I've got an idea. ◇ *~s políticas/religiosas* political/religious ideas LOC **mala idea**: *No lo hice con mala ~.* I meant well. ◇ *¡Qué mala ~!* What a swine! ◆ **¡ni idea!** I haven't a clue! ◆ **tener ideas de bombero** to have strange ideas

ideal *adj, nm* ideal: *Eso sería lo ~.* That would be ideal/the ideal thing. ◇ *Es un hombre sin ~es.* He's a man without ideals.

idealista *adj* idealistic
▶ *nmf* idealist

idealizar *vt* to idealize

ídem *pron* (*en una lista*) ditto ➲ *Ver nota en* DITTO LOC **ídem de ídem**: *Es un fresco y el hijo ~ de ~.* He's got a real cheek and the same goes for his son.

idéntico, -a *adj* ~ **(a)** identical (to/with *sb/sth*): *gemelos ~s* identical twins ◇ *Es ~ al mío.* It's identical to mine.

identidad *nf* identity [*pl* identities] LOC *Ver* CARNÉ ➲ *Ver nota en* DNI

identificar *vt* to identify
▶ **identificarse** *vp* **identificarse con** to identify with *sb/sth*: *No acababa de ~me con el personaje principal.* I couldn't quite identify with the main character. LOC **sin identificar** unidentified

ideología *nf* ideology [*pl* ideologies]

I+D+I *nf* research and development (*abrev* R & D)

idioma *nm* language

idiota *adj* stupid: *¡Qué ~ eres!* You stupid thing!
▶ *nmf* idiot

idiotez *nf* stupidity: *¡Qué ~!* What a stupid thing to say! LOC **decir idioteces** to talk nonsense

ido, -a *adj* **1** (*distraído*) absent-minded **2** (*loco*) crazy *Ver tb* IR

ídolo *nm* idol

IES *nm* comprehensive school, high school (*USA*)

iglesia *nf* (*institución, edificio*) church: *la Iglesia católica* the Catholic Church ➲ *Ver nota en* SCHOOL LOC *Ver* CASAR

iglú *nm* igloo [*pl* igloos]

ignorante *adj* ignorant
▶ *nmf* ignorant fool

ignorar *vt* **1** (*desconocer*) not to know: *Todavía se ignoran los resultados.* We still don't know the results. **2** (*hacer caso omiso*) to ignore

igual *adj* **1** ~ **(a/que)** (*idéntico*) the same (as *sb/sth*): *Esa falda es ~ que la tuya.* That skirt is the same as yours. **2** (*Pol, Mat*) equal: *Todos los ciudadanos son ~es.* All citizens are equal. ◇ *A es ~ a B.* A is equal to B.
▶ *nmf* equal
▶ *adv* **1** ~ **de** equally: *Son ~ de culpables.* They are equally guilty. **2** ~ **de... que...** just as... as...: *Son ~ de responsables que nosotros.* They're just as responsible as we are. **3** (*posiblemente*) maybe: *Igual no vienen.* Maybe they won't come./They may not come. LOC **da igual** it doesn't matter (*whether...*) ◆ **me da igual** I, you, etc. don't mind (*whether...*): *Me da igual que me pagues en libras o euros.* I don't mind if/whether you pay me in pounds or euros. ❶ "Me da igual" también se puede decir *I don't care*, pero a veces puede resultar maleducado, como "me importa un comino". *Ver tb* COSA

igualar *vt* **1** (*terreno*) to level **2** (*hacer iguales*) to equal: *~ un récord* to equal a record LOC **igualar el marcador** to level the score

igualdad *nf* equality: *libertad, ~, fraternidad* liberty, equality and fraternity LOC **igualdad de derechos/oportunidades** equal rights/opportunities

igualmente *adv* equally LOC **¡igualmente!** the same to you!

iguana *nf* iguana

ikastola *nf* Basque-speaking school

ikurriña *nf* Basque flag

ilegal *adj* illegal

ilegalizar *vt* to make *sth* illegal

ileso, -a *adj* unhurt: *resultar ~* to be unhurt

ilimitado, -a *adj* unlimited

ilógico, -a *adj* illogical

iluminado, -a *adj* ~ **(con)** lit (up) (with *sth*): *La cocina estaba iluminada con velas.* The kitchen was lit (up) with candles. *Ver tb* ILUMINAR

iluminar *vt* to light *sth* up: *~ un monumento* to light up a monument

ilusión *nf* **1** (*noción falsa*) illusion **2** (*sueño*) dream: *Era la ~ de su vida.* It was her dream. LOC **hacerse ilusiones** to build your hopes up ◆ **me hace mucha ilusión** I am, you are, etc. really looking forward *to sth/doing sth*: *Le hace mucha ~ ir en avión.* She's really looking forward to going on a plane. ◆ **me hizo mucha ilusión** I was, you were, etc. delighted (*with sth/to do sth*) ◆ **¡qué ilusión!** how lovely! *Ver tb* FORJAR

ilusionado, -a *adj* **1** (*esperanzado*) enthusiastic: *Vine muy ~ al puesto.* I was very enthusiastic when I started. **2** ~ **con** excited about/at/by *sth*: *Están muy ~s con el viaje.* They're really excited about the trip.

iluso, -a *adj* gullible
▶ *nm-nf* dreamer: *Es un auténtico ~.* He's a real dreamer.

ilustración *nf* **1** (*dibujo*) illustration **2 la Ilustración** the Enlightenment

ilustrar *vt* to illustrate

ilustre *adj* illustrious: *personalidades ~s* illustrious figures

imagen *nf* **1** image: *Los espejos distorsionaban su ~.* The mirrors distorted his image. ◇ *Me gustaría un cambio de ~.* I'd like to change my image. ◇ *la ~ de España en el extranjero* Spain's image abroad **2** (*Cine, TV*) picture

imaginación *nf* imagination

imaginario, -a *adj* imaginary

imaginar(se) *vt, vp* to imagine: *Me imagino (que sí).* I imagine so. ◇ *¡Imagínate!* Just imagine!

imaginativo, -a *adj* imaginative

imán *nm* **1** (*piedra*) magnet **2** (*jefe religioso*) imam

imbécil *adj* stupid: *No seas ~.* Don't be stupid.
▶ *nmf* idiot: *¡Cállate, ~!* Be quiet, you idiot!

imitación *nf* imitation LOC **de imitación** fake

imitar *vt* **1** (*copiar*) to imitate **2** (*parodiar*) to mimic: *Imita muy bien a los profesores.* He's really good at mimicking the teachers.

impacientar *vt* to exasperate
▶ **impacientarse** *vp* **1** to get impatient **2 impacientarse (con)** to lose your patience (with *sb*)

impaciente *adj* impatient

impacto *nm* **1** (*colisión, impresión, repercusión*) impact: *el ~ medioambiental* the impact on the environment **2** (*proyectil*) hole: *dos ~s de bala* two bullet holes

impar *adj* odd: *número ~* odd number

imparcial *adj* unbiased

impecable *adj* impeccable

impedido, -a *adj* disabled
▶ *nm-nf* disabled person: *los ~* the disabled ➲ *Ver nota en* DISCAPACITADO

impedimento *nm* (*obstáculo*) obstacle LOC **impedimento físico** physical handicap

impedir *vt* **1** (*imposibilitar*) to prevent *sb/sth* (*from doing sth*): *La lluvia impidió que se celebrase la boda.* The rain prevented the wedding from taking place. ◇ *Nada te lo impide.* There's nothing stopping you. **2** (*paso*) to block: *~ la entrada* to block the entrance

impenetrable *adj* impenetrable

impensable *adj* unthinkable

imperativo, -a *adj, nm* imperative

imperdible *nm* safety pin ➲ *Ver dibujo en* PIN

imperdonable *adj* unforgivable

imperfección *nf* imperfection

imperfecto, -a *adj* imperfect

imperialismo *nm* imperialism

imperio *nm* empire

impermeable *adj* waterproof
▶ *nm* (*chubasquero*) mac

impersonal *adj* impersonal

impertinente *adj* impertinent

implantar *vt* to introduce: *Quieren ~ un nuevo sistema.* They want to introduce a new system.

implante *nm* (*Med*) implant

implicar *vt* **1** (*involucrar*) to implicate: *Le implicaron en el asesinato.* He was implicated in the murder. **2** (*significar*) to imply

imponer *vt* to impose: *~ condiciones/una multa* to impose conditions/a fine
▶ **imponerse** *vp* to prevail (*over sb/sth*): *La razón se impuso.* Reason prevailed.

I

importación *nf* import: *la ~ de trigo* the import of wheat ◇ *reducir la ~* to reduce imports LOC **de importación** imported: *un coche de ~* an imported car ◆ **de importación y exportación** import-export: *un negocio de ~ y exportación* an import-export business

importador, **-ora** *adj* importing: *los países ~es de petróleo* oil-importing countries
▶ *nm-nf* importer

importancia *nf* importance LOC **adquirir/cobrar importancia** to become important ◆ **no tiene importancia** it doesn't matter ◆ **quitar/restar importancia** to play *sth* down: *Siempre quita ~ a sus triunfos.* She always plays down her achievements. ◆ **sin importancia** unimportant

I

importante *adj* **1** important: *Es ~ asistir a clase.* It's important to go to classes. ◇ *Es ~ que asistas a clase.* It's important that you should go to classes. **2** (*considerable*) considerable: *un número ~ de ofertas* a considerable number of offers

importar *vi* **1** (*tener importancia*) to matter: *Lo que importa es la salud.* Your health is what matters most. ◇ *No importa.* It doesn't matter. **2** (*preocupar*) to care (about *sb/sth*): *No parecen ~le sus hijos.* He doesn't seem to care about his children. ◇ *¡Claro que me importa!* Of course I care!
▶ *vt* to import: *España importa petróleo.* Spain imports oil. LOC **me importa un pepino, pimiento, pito, etc.** I, you, etc. couldn't care less ◆ **no me importa** I, you, etc. don't mind (*sth/doing sth*): *No me importa levantarme temprano.* I don't mind getting up early. ◇ *No me importa lo que piensen.* I don't care what they think. ➲ *Ver nota en* IGUAL ◆ **¿te importa...?** do you mind...?: *¿Te importa cerrar la puerta?* Do you mind shutting the door? ◇ *¿Te importa que abra la ventana?* Do you mind if I open the window?

importe *nm* **1** (*cantidad*) amount: *el ~ de la deuda* the amount of the debt **2** (*coste*) cost: *el ~ de la reparación* the cost of the repair

imposible *adj* impossible
▶ *nm*: *No pidas ~s/lo imposible.* Don't ask for the impossible.

impotente *adj* impotent

imprenta *nf* **1** (*taller*) printer's **2** (*máquina*) printing press

imprescindible *adj* essential, indispensable (*más formal*)

impresentable *adj* **1** (*aspecto*): *¡Estás ~!* You can't go out looking like that! **2** (*comportamiento*) disgraceful
▶ *nmf*: *¡Eres un ~!* You're a disgrace!

impresión *nf* **1** (*sensación*) impression **2** (*edición*) printing: *listo para ~* ready for printing LOC **me da la impresión de que...** I get the feeling that...

impresionante *adj* **1** impressive: *un logro ~* an impressive achievement **2** (*espectacular*) striking: *una belleza ~* striking beauty

impresionar *vt* **1** (*favorablemente*) to impress: *Me impresiona su eficacia.* I am impressed by her efficiency. **2** (*desagradablemente*) to shock: *Nos impresionó el accidente.* We were shocked by the accident. **3** (*emocionar*) to move: *El final me impresionó mucho.* The ending was very moving.

impreso, **-a** *adj* printed
▶ *nm* (*formulario*) form: *rellenar un ~* to fill in a form

impresora *nf* printer

imprevisible *adj* unpredictable

imprevisto, **-a** *adj* unforeseen
▶ *nm*: *Ha surgido un ~.* Something unexpected has come up. ◇ *Tengo un dinero ahorrado para ~s.* I've got some money saved up in case anything unexpected happens.

imprimir *vt* **1** (*en imprenta*) to print **2** (*huella*) to imprint

improbable *adj* unlikely, improbable (*más formal*)

improvisar *vt* to improvise

imprudente *adj* **1** rash **2** (*conductor*) careless

impuesto *nm* tax LOC **Impuesto sobre Bienes Inmuebles** (*abrev* **IBI**) property tax ◆ **Impuesto sobre el Valor Añadido** value added tax (*abrev* VAT) ◆ **Impuesto sobre la Renta (de las Personas Físicas)** (*abrev* **IRPF**) income tax *Ver tb* EVASIÓN, LIBRE

impulsar *vt* **1** (*llevar*) to drive: *La curiosidad me impulsó a entrar.* Curiosity drove me to enter. **2** (*estimular*) to stimulate: *~ la producción* to stimulate production

impulsivo, **-a** *adj* impulsive

impulso *nm* **1** (*deseo*) impulse: *actuar por ~* to act on impulse **2** (*empuje*) boost: *Ha supuesto un gran ~ para el turismo.* It has given tourism a boost.

impune *adj* unpunished LOC **salir impune** to get away with it

impuro, **-a** *adj* impure

inaccesible *adj* inaccessible

inaceptable *adj* unacceptable

inadecuado, **-a** *adj* inappropriate

inadvertido, **-a** *adj* unnoticed: *pasar ~* to go unnoticed

inagotable *adj* **1** (*inacabable*) inexhaustible **2** (*incansable*) tireless

inaguantable *adj* unbearable

inalámbrico, -a *adj* **1** (*Internet, etc.*) wireless **2** (*teléfono*) cordless
▶ *nm* (*teléfono*) cordless phone LOC *Ver* DISPOSITIVO

inapreciable *adj* (*valioso*) invaluable: *su ~ ayuda* their invaluable help

inauguración *nf* opening: *Había unas cien personas en la ceremonia de ~.* There were about a hundred people at the opening ceremony.

inaugurar *vt* to open

incalculable *adj* incalculable

incapacitado, -a *adj* disabled
▶ *nm-nf* disabled person: *los ~s* the disabled
➲ *Ver nota en* DISCAPACITADO

incapaz *adj* ~ **de** incapable of *sth/doing sth*: *Son incapaces de prestar atención.* They are incapable of paying attention.

incautarse *vp* ~ **de** to seize *sth*: *La policía se incautó de 10 kg de cocaína.* The police seized 10 kg of cocaine.

incendiar *vt* to set fire to *sth*: *Un loco ha incendiado la escuela.* A madman has set fire to the school.
▶ **incendiarse** *vp* to catch fire: *El establo se incendió.* The stable caught fire.

incendio *nm* fire: *apagar un ~* to put out a fire LOC **incendio provocado** arson [*incontable*]: *un ~ provocado* a case of arson ◇ *Los ~s provocados son frecuentes en verano.* Deliberately-started forest fires are common in summer. *Ver tb* ALARMA, BOCA, ESCALERA, SALIDA

incinerar *vt* **1** (*residuos*) to incinerate **2** (*cadáver*) to cremate

incisivo *nm* (*diente*) incisor

inclinar *vt* **1** (*ladear*) to tilt: *Inclina el paraguas un poco.* Tilt the umbrella a bit. **2** (*la cabeza para asentir o saludar*) to nod
▶ **inclinarse** *vp* **1** (*ladearse*) to lean: *El edificio se inclina hacia un lado.* The building leans to one side. **2 inclinarse por** (*simpatizar*): *Nos inclinamos por el Partido Verde.* Our sympathies lie with the Green Party.

incluido, -a *adj* including: *con el IVA ~* including VAT LOC **todo incluido 1** all-in: *Son 1000 todo ~.* It's 1000 all-in. **2** (*hotel*) all-inclusive hotel: *El hotel era un todo ~.* The hotel was all-inclusive. *Ver tb* INCLUIR

incluir *vt* to include: *El precio incluye el servicio.* The price includes service.

inclusive *adv* inclusive: *del 3 al 7 ambos ~* from the 3rd to the 7th inclusive ◇ *hasta el sábado ~* up to and including Saturday

incluso *adv* even: *Incluso me dieron dinero.* They even gave me money. ◇ *Eso sería ~ mejor.* That would be even better.

incógnito, -a *adj* LOC **de incógnito** incognito: *viajar de ~* to travel incognito

incoherente *adj* **1** (*sin sentido*) incoherent: *palabras ~s* incoherent words **2** (*contradictorio*) inconsistent: *comportamiento ~* inconsistent behaviour

incoloro, -a *adj* colourless

incombustible *adj* fireproof

incomible *adj* inedible

incómodo, -a *adj* uncomfortable

incompatible *adj* incompatible

incompetente *adj, nmf* incompetent

I

incompleto, -a *adj* **1** (*fragmentario*) incomplete: *información incompleta* incomplete information **2** (*sin acabar*) unfinished

incomprensible *adj* incomprehensible

incomunicado, -a *adj* **1** (*aislado*) cut off: *Nos quedamos ~s por la nieve.* We were cut off by the snow. **2** (*preso*) in solitary confinement

inconfundible *adj* unmistakable

inconsciente *adj* **1** (*sin conocimiento, involuntario*) unconscious: *El paciente está ~.* The patient is unconscious. ◇ *un gesto ~* an unconscious gesture **2** (*irresponsable*) irresponsible
▶ *nmf*: *ser un ~* to be irresponsible

inconstitucional *adj* unconstitutional

incontable *adj* **1** (*incalculable*) countless **2** (*Ling*) uncountable

inconveniente *adj* (*inoportuno, molesto*) inconvenient: *una hora ~* an inconvenient time
▶ *nm* **1** (*dificultad, obstáculo*) problem: *Han surgido algunos ~s.* Some problems have arisen. **2** (*desventaja*) disadvantage: *Tiene ventajas e ~s.* It has its advantages and disadvantages. LOC **no tener inconveniente (en)** not to mind *doing sth*: *No tengo ~ en verles.* I don't mind seeing them.

incorporación *nf* ~ **(a)** (*entrada*) entry (into *sth*): *la ~ de Polonia a la UE* Poland's entry into the EU

incorporado, -a *adj* **1** ~ **a** incorporated into *sth*: *nuevos vocablos ~s al idioma* new words incorporated into the language **2** (*incluido*) built-in: *con antena incorporada* with a built-in aerial *Ver tb* INCORPORAR

incorporar *vt* **1** (*agregar*) to include *sb/sth* (*in sth*): *Le han incorporado al equipo.* He's been included in the team. **2** (*persona tumbada*) to sit *sb* up: *Lo incorporé para que no se ahogara.* I sat him up so he wouldn't choke.

▶ **incorporarse** *vp* **1** (*erguirse*) to sit up **2 incorporarse (a)** (*trabajo*) to start *sth*: *El lunes me incorporo a mi nuevo puesto.* I start my new job on Monday. **3 incorporarse (a)** (*participar*) to join *sth*

incorrecto, -a *adj* **1** (*erróneo*) incorrect **2** (*comportamiento*) impolite

increíble *adj* incredible

incrustarse *vp* (*proyectil*): *La bala se incrustó en la pared.* The bullet embedded itself in the wall.

inculto, -a *adj, nm-nf* ignorant: *ser un ~* to be ignorant

incultura *nf* lack of culture

incumplir *vt* **1** (*ley, promesa*) to break **2** (*contrato*) to breach

incurable *adj* incurable

incursión *nf* (*Mil*) raid

indagación *nf* enquiry [*pl* enquiries]

indecente *adj* **1** (*espectáculo, gesto, lenguaje*) obscene **2** (*ropa*) indecent

indeciso, -a *adj, nm-nf* indecisive: *ser un ~* to be indecisive

indefenso, -a *adj* defenceless

indefinido, -a *adj* **1** (*ilimitado*) indefinite: *una huelga indefinida* an indefinite strike **2** (*color, edad, forma*) indeterminate LOC *Ver* ARTÍCULO, PRETÉRITO

indemnizar *vt* to pay *sb* compensation (*for sth*)

independencia *nf* independence

independentista *adj* pro-independence

▶ *nmf* supporter of independence

independiente *adj* independent

independizarse *vp* **1** (*individuo*) to leave home **2** (*país, colonia*) to gain independence

indestructible *adj* indestructible

indeterminado, -a *adj* **1** (*número*) indeterminate **2** (*artículo*) indefinite

India *nf* India

indicación *nf* **1** (*señal*) sign **2 indicaciones (a)** (*instrucciones*) instructions: *Siga las indicaciones del folleto.* Follow the instructions in the leaflet. **(b)** (*camino*) directions

indicado, -a *adj* **1** (*conveniente*) suitable: *poco ~ para la ocasión* not suitable for the occasion **2** (*especificado*) specified: *la fecha indicada en el documento* the date specified in the document **3** (*aconsejable*) advisable *Ver tb* INDICAR

indicador *nm* indicator, turn signal (*USA*) LOC **indicador de presión/del nivel de la gasolina** pressure/petrol gauge *Ver tb* CARTEL

indicar *vt* **1** (*mostrar*) to show, to indicate (*más formal*): *~ el camino* to show the way **2** (*señalar*) to point *sth* out (*to sb*): *Indicó que se trataba de un error.* He pointed out that it was a mistake.

índice *nm* **1** index: *~ alfabético* alphabetical index ◇ *~ de precios al consumo* retail price index **2** (*dedo*) index finger LOC **índice (de materias)** table of contents ◆ **índice de natalidad** birth rate

índico, -a *adj* Indian

▶ *nm* **el Índico** the Indian Ocean

indiferencia *nf* indifference (*to sb/sth*)

indiferente *adj* not interested (*in sb/sth*), indifferent (*to sb/sth*) (*más formal*): *Se muestra ~ a todo lo que ocurre a su alrededor.* She isn't interested in anything around her. LOC **me es indiferente** I, you, etc. don't care ◆ **ser indiferente**: *Es ~ que sea blanco o negro.* It doesn't matter whether it's black or white.

indígena *adj* indigenous

▶ *nmf* native

indigestión *nf* indigestion

indignado, -a *adj* indignant (*at/about sth*) *Ver tb* INDIGNAR

indignante *adj* outrageous

indignar *vt* to infuriate

▶ **indignarse** *vp* **indignarse (con) (por)** to get angry (with *sb*) (about *sth*)

indigno, -a *adj* **1** (*despreciable*) contemptible **2 ~ de** unworthy of *sb/sth*: *una conducta indigna de un director* behaviour unworthy of a director

indio, -a *adj, nm-nf* Indian: *los ~s* the Indians
🛈 A los indios de Estados Unidos y Canadá también se les llama **Native Americans**. LOC *Ver* CONEJILLO, FILA

indirecta *nf* hint LOC **coger la indirecta** to take the hint ◆ **echar/lanzar/soltar una indirecta** to drop a hint

indirecto, -a *adj* indirect

indiscreción *nf*: *Fue una ~ por su parte preguntarlo.* She shouldn't have asked. ◇ *si no es ~* if you don't mind my asking

indiscutible *adj* undeniable

indispensable *adj* essential LOC **lo indispensable** the bare essentials [*pl*]

indispuesto, -a *adj* (*enfermo*) not well, unwell (*más formal*): *No ha venido a clase porque está ~.* He hasn't come to school because he's not well.

individual *adj* individual LOC *Ver* CAMA, CHALET, HABITACIÓN

individuo, -a *nm-nf* individual

indudable *adj* undoubted LOC **es indudable que...** there is no doubt that...

indulto *nm* pardon: *El juez le concedió el ~.* The judge pardoned him.

industria *nf* industry [*pl* industries]: ~ *alimentaria/siderúrgica* food/iron and steel industry

industrial *adj* industrial
▶ *nmf* (*empresario*) industrialist LOC *Ver* CANTIDAD, INGENIERO, NAVE, PERITO

industrialización *nf* industrialization

industrializar *vt* to industrialize
▶ **industrializarse** *vp* to become industrialized

inédito, -a *adj* (*desconocido*) previously unknown

ineficaz *adj* **1** (*medida*) ineffective: *un tratamiento* ~ ineffective treatment **2** (*persona, método*) inefficient

inepto, -a *adj* inept

inercia *nf* inertia LOC **por inercia** through force of habit

inesperado, -a *adj* unexpected

inestable *adj* **1** unstable: *Tiene un carácter muy* ~. He's very unstable. **2** (*tiempo*) changeable

inevitable *adj* inevitable

inexperiencia *nf* inexperience

inexperto, -a *adj* inexperienced

inexplicable *adj* inexplicable

infancia *nf* childhood LOC *Ver* JARDÍN

infantería *nf* infantry [*v sing o pl*] LOC **infantería de marina** marines [*pl*]

infantil *adj* **1** (*de niños*) children's: *literatura/programación* ~ children's books/programmes **2** (*peyorativo*) childish, infantile (*más formal*): *No seas* ~. Don't be childish. **3** (*inocente*) childlike: *una sonrisa* ~ a childlike smile **4** (*Educ*) nursery: *educación* ~ nursery education
▶ *nm* **infantiles** (*Dep*) under 13s LOC *Ver* ESCUELA

infarto *nm* heart attack

infección *nf* infection

infeccioso, -a *adj* infectious

infectar *vt* to infect *sb/sth* (*with sth*)
▶ **infectarse** *vp* to become infected: *Se ha infectado la herida.* The wound has become infected.

infeliz *adj* unhappy
▶ *nmf* (*desgraciado*) poor devil

inferior *adj* ~ **(a) 1** (*cantidad, posición*) lower (than *sth*): *una tasa de natalidad* ~ *a la del año pasado* a lower birth rate than last year ◇ *los pisos ~es del edificio* the lower floors of the building **2** (*calidad*) inferior (to *sb/sth*): *de una calidad* ~ *a la vuestra* inferior to yours

inferioridad *nf* inferiority: *Tiene complejo de* ~. He has an inferiority complex.

infertilidad *nf* infertility

infidelidad *nf* infidelity [*pl* infidelities]

infiel *adj* unfaithful (*to sb/sth*): *Le ha sido* ~. He has been unfaithful to her.

infierno *nm* hell: *ir al* ~ to go to hell ➲ *Ver nota en* HELL

infinidad *nf* **1** (*mucho tiempo*) infinity **2** (*multitud*) a great many: *(una)* ~ *de gente/cosas* a great many people/things LOC **infinidad de veces/en infinidad de ocasiones** countless times

infinito, -a *adj* infinite: *Las posibilidades son infinitas.* The possibilities are infinite. ◇ *Se necesita una paciencia infinita.* You need infinite patience.

inflación *nf* inflation

inflamable *adj* inflammable ➲ *Ver nota en* INFLAMMABLE

inflamación *nf* (*Med*) swelling, inflammation (*más formal*)

inflamarse *vp* **1** (*encenderse*) to catch fire: *Se inflamó el depósito de la gasolina.* The petrol tank caught fire. **2** (*Med*) to swell: *Se me ha inflamado un poco el tobillo.* My ankle is a bit swollen.

inflar *vt* (*hinchar*) to blow *sth* up

influencia *nf* influence (*on/over sb/sth*): *la* ~ *de la dieta en la salud* the influence of diet on health ◇ *No tengo* ~ *ninguna sobre él.* I have no influence over him.

influir *vi* ~ **en** to influence *sb/sth*: *No quiero* ~ *en tu decisión.* I don't want to influence your decision.

información *nf* **1** information (*on/about sb/sth*) [*incontable*]: *pedir* ~ to ask for information ➲ *Ver nota en* CONSEJO **2** (*noticias*) news [*incontable*]: *La televisión ofrece mucha* ~ *deportiva.* There's a lot of sports news on television. **3** (*telefónica*) directory enquiries [*v sing o pl*] **4** (*en aeropuerto, etc.*) information desk LOC *Ver* CIENCIA, OFICINA, TELÉFONO

informal *adj* **1** (*ropa, acto*) informal: *una reunión* ~ an informal gathering **2** (*poco fiable*) unreliable
▶ *nmf* unreliable: *ser un* ~ to be unreliable

informar *vt* **1** (*notificar*) to inform *sb* (*of/about sth*): *Debemos* ~ *a la policía del accidente.* We must inform the police of the accident. **2** (*anunciar*) to announce: *La radio ha informado que...* It was announced on the radio that...
▶ *vi* ~ **(de/acerca de)** (*dar un informe*) to report (on *sth*): ~ *de lo decidido en la reunión* to report on what was decided at the meeting
▶ **informarse** *vp* **informarse (de/sobre/acerca de)** to find out (about *sb/sth*): *Tengo que ~me de lo sucedido.* I've got to find out what happened.

I

informática *nf* **1** (*actividad*) computing **2** (*asignatura*) information technology (*abrev* IT) ℹ También se dice **computer studies** y **computer science**.

informático, **-a** *adj* computer: *un centro ~* a computer centre
▶ *nm-nf* IT specialist: *Mi hermano es ~.* My brother works in IT. LOC *Ver* DELITO, PIRATA, VIRUS

informativo, **-a** *adj* **1** (*panfleto, campaña*) information: *un centro ~* an information centre **2** (*referido a noticias*) news: *un resumen ~* a news bulletin
▶ *nm* (*Radio, TV*) news : *el ~ de las 21 horas* the nine o'clock news LOC *Ver* AVANCE

informatizar *vt* to computerize

informe *nm* **1** (*documento, exposición oral*) report: *el ~ anual de la sociedad* the company's annual report ◇ *un ~ escolar/policial* a school/police report **2 informes** information [*incontable*]: *de acuerdo con sus ~s* according to their information

infracción *nf* **1** (*de tráfico*) offence: *una ~ de tráfico* a traffic offence **2** (*de regla*) breach *of sth*: *una ~ de la ley* a breach of the law

infundir *vt* **1** (*miedo*) to instil *sth* (*in/into sb*) **2** (*sospechas*) to arouse *sb's suspicions* **3** (*respeto, confianza*) to inspire *sth* (*in sb*)

infusión *nf* herbal tea: *una ~ de menta* a peppermint tea

ingeniar *vt* to think *sth* up, to devise (*más formal*) LOC **ingeniárselas** to find a way (*to do sth/of doing sth*): *Nos las ingeniamos para entrar en la fiesta.* We found a way to get into the party. ◇ *Ingéniatelas como puedas.* You'll have to manage somehow.

ingeniería *nf* engineering LOC **ingeniería genética** genetic engineering

ingeniero, **-a** *nm-nf* engineer ➲ *Ver nota en* MÉDICO LOC **ingeniero agrónomo/industrial** agricultural/industrial engineer ♦ **ingeniero de caminos, canales y puertos** civil engineer ♦ **ingeniero técnico** engineer

ingenio *nm* **1** (*inventiva*) ingenuity **2** (*humor*) wit

ingenioso, **-a** *adj* **1** (*imaginativo*) ingenious **2** (*perspicaz*) witty

ingenuo, **-a** *adj* **1** (*inocente*) innocent **2** (*crédulo*) naive
▶ *nm-nf*: *ser un ~* to be naive

ingerir *vt* to consume

Inglaterra *nf* England

ingle *nf* groin

inglés, **-esa** *adj, nm* English: *hablar ~* to speak English
▶ *nm-nf* Englishman/woman [*pl* -men/-women]: *los ingleses* the English ➲ *Ver nota en* BRITISH LOC *Ver* LLAVE

ingrato, **-a** *adj* **1** (*persona*) ungrateful **2** (*trabajo, tarea*) thankless

ingrediente *nm* ingredient

ingresar *vi* ~ **(en) 1** (*centro sanitario*): *Ingreso mañana.* I'm going into hospital tomorrow. ◇ *Ingresó en La Paz a las 4.30.* He was admitted to La Paz hospital at 4.30. **2** (*Mil, club*) to join *sth*: *~ en el ejército* to join the army
▶ *vt* **1** (*hospital*) to admit *sb* (*to/into sth*): *Lo ingresan mañana.* They're admitting him (to hospital) tomorrow. ◇ *Me tuvieron que ~.* I had to be taken into hospital. **2** (*dinero*) to pay *sth* in: *~ dinero en una cuenta* to pay money into an account

ingreso *nm* **1** (*entrada*) **(a)** (*hospital, institución*) admission (*to sth*) **(b)** (*organización*) entry (*into sth*): *el ~ de Rumania en la UE* Romania's entry into the EU **(c)** (*ejército*) enlistment (*in sth*) **2** (*dinero*) deposit **3 ingresos (a)** (*persona, institución*) income [*v sing*] **(b)** (*Estado, municipio*) revenue [*v sing*] LOC *Ver* EXAMEN

inhabitado, **-a** *adj* uninhabited

inhalador *nm* inhaler

inhalar *vt* to inhale

inherente *adj* ~ **(a)** inherent (in *sb/sth*): *problemas ~s al cargo* problems inherent in the job

inhumano, **-a** *adj* **1** (*cruel*) inhuman **2** (*sin compasión*) inhumane

iniciación *nf* ~ **(a) 1** introduction (to *sth*): *~ a la música* an introduction to music **2** (*rito*) initiation (into *sth*)

inicial *adj, nf* initial LOC *Ver* PÁGINA

iniciar *vt* **1** (*curso, viaje, discurso*) to begin: *~ la reunión* to begin the meeting **2** (*reformas*) to initiate

iniciativa *nf* initiative: *tener ~* to show initiative ◇ *tomar la ~* to take the initiative LOC **por iniciativa propia** on your own initiative

inicio *nm* **1** beginning: *desde los ~s de su carrera* right from the beginning of his career **2** (*guerra, enfermedad*) outbreak LOC *Ver* PÁGINA

injusticia *nf* injustice: *Cometieron muchas ~s.* Many injustices were done. LOC **ser una injusticia**: *Es una ~.* It's not fair.

injusto, **-a** *adj* ~ **(con/para)** unfair (to/on *sb*): *Es ~ para los demás.* It's unfair on the others.

inmaduro, **-a** *adj, nm-nf* (*persona*) immature: *ser un ~* to be immature

inmediatamente *adv* immediately

inmejorable *adj* **1** (*resultado, referencia, tiempo*) excellent **2** (*calidad, nivel*) top **3** (*precio, récord*) unbeatable

inmenso, -a *adj* **1** immense: *de una importancia inmensa* of immense importance **2** (*sentimientos*) great: *una alegría/pena inmensa* great happiness/sorrow **3** (*edificio, sala*) huge LOC **la inmensa mayoría** the vast majority ➲ *Ver nota en* MAJORITY

inmigración *nf* immigration

inmigrante *nmf* (*tb* **inmigrado, -a** *nm-nf*) immigrant

inmigrar *vi* to immigrate

inmobiliaria *nf* estate agent's, real estate agency (*USA*) ➲ *Ver nota en* CARNICERÍA

inmobiliario, -a *adj* property: *el mercado ~* the property market LOC *Ver* AGENTE

inmoral *adj* immoral

inmortal *adj, nmf* immortal

inmóvil *adj* still: *permanecer ~* to stand still

inmueble *nm* building LOC *Ver* IMPUESTO

inmundo, -a *adj* filthy

inmunidad *nf* immunity: *gozar de/tener ~ diplomática* to have diplomatic immunity

inmutarse *vp*: *No se inmutaron.* They didn't turn a hair.

innato, -a *adj* innate

innovación *nf* innovation

innovador, -ora *adj* innovative

innumerable *adj* innumerable

inocente *adj* **1** (*no culpable*) innocent: *Soy ~.* I'm innocent. **2** (*ingenuo*) naive **3** (*broma*) harmless
▶ *nmf*: *hacerse el ~* to play the innocent LOC *Ver* DECLARAR, DÍA

inofensivo, -a *adj* harmless

inolvidable *adj* unforgettable

inoportuno, -a *adj* inconvenient: *un momento ~* an inconvenient time LOC **¡qué inoportuno!** what a nuisance!

inoxidable *adj* (*acero*) stainless

inquieto, -a *adj* **1** (*agitado, activo*) restless: *un niño ~* a restless child **2** *~* **(por)** (*preocupado*) worried (about *sb/sth*): *Estoy ~ por los niños.* I'm worried about the children.

inquietud *nf* **1** (*preocupación*) anxiety **2 inquietudes** interest [*v sing*]: *Es una persona sin ~es.* He's got no interest in anything.

inquilino, -a *nm-nf* tenant

insatisfecho, -a *adj* dissatisfied (*with sb/sth*)

inscribir *vt* **1** (*matricular*) to enrol: *Voy a ~ a mi hijo en ese colegio.* I'm going to enrol my son in that school. **2** (*en un registro*) to register: *~ un nacimiento* to register a birth **3** (*grabar*) to inscribe
▶ **inscribirse** *vp* **1** (*curso*) to enrol (*for/on sth*) **2** (*competición, concurso*) to enter *sth*

inscripción *nf* **1 (a)** (*curso, ejército*) enrolment **(b)** (*registro*) registration **2** (*grabado*) inscription

insecticida *nm* insecticide

insecto *nm* insect

inseguridad *nf* **1** (*falta de confianza*) insecurity **2** (*incertidumbre*) uncertainty [*pl* uncertainties] LOC **inseguridad ciudadana** lack of safety on the streets

inseguro, -a *adj* **1** (*sin confianza en uno mismo*) insecure **2** (*peligroso*) unsafe **3** (*paso, voz*) unsteady

insensible *adj* **1** *~* **(a)** insensitive (to *sth*): *~ al frío/sufrimiento* insensitive to cold/suffering **2** (*miembro, nervio*) numb

inservible *adj* useless

insignia *nf* badge

insignificante *adj* insignificant

insinuación *nf* **1** (*sugerencia*) hint: *Nos hizo varias insinuaciones de la venta del negocio.* He hinted that the business might be up for sale. **2** (*ofensiva*) insinuation **3** (*amorosa*) (sexual) advance

insinuar *vt* **1** (*sugerir*) to hint: *Insinuó que había aprobado.* He hinted that I'd passed. **2** (*algo desagradable*) to insinuate: *¿Qué insinúas, que miento?* Are you insinuating that I'm lying?

insistente *adj* **1** (*con palabras*) insistent **2** (*actitud, lluvia, ruido*) persistent

insistir *vi* *~* **(en/sobre)** to insist (on *sth/doing sth*): *Insistió en que fuéramos.* He insisted that we go/went.

insolación *nf* sunstroke [*incontable*]: *coger(se) una ~* to get sunstroke

insoluble *adj* insoluble

insomnio *nm* insomnia

insonorizar *vt* to soundproof

insoportable *adj* unbearable

inspeccionar *vt* to inspect

inspector, -ora *nm-nf* inspector

inspiración *nf* inspiration

inspirar *vt* to inspire *sb* (with *sth*): *Ese médico no me inspira ninguna confianza.* That doctor doesn't inspire me with confidence.
▶ **inspirarse** *vp* **inspirarse (en)** to get inspiration (from *sth*): *El autor se inspiró en un hecho real.* The author got his inspiration from a real-life event.

instalación *nf* **1** (*colocación*) installation **2 instalaciones** facilities: *instalaciones deportivas*

I

sports facilities LOC **instalación eléctrica** (electrical) wiring

instalar *vt* to install

▶ **instalarse** *vp* **1** (*en una ciudad, en un país*) to settle (down) **2** (*en una casa*) to move *into sth*: *Acabamos de ~nos en la nueva casa.* We've just moved into our new house.

instancia *nf* (*solicitud*) application LOC *Ver* ÚLTIMO

instantáneo, **-a** *adj* instantaneous LOC *Ver* CAFÉ, MENSAJERÍA

instante *nm* moment: *en ese mismo ~* at that very moment

instinto *nm* instinct LOC **por instinto** instinctively

institución *nf* (*organismo*) institution LOC *Ver* BENÉFICO

instituto *nm* **1** (*Educ*) secondary school, high school (*USA*) **2** (*organismo, institución*) institute LOC **Instituto de Enseñanza Secundaria** comprehensive school, high school (*USA*) ◆ **instituto de formación profesional** ≈ technical college (*GB*)

instrucción *nf* **1** (*Mil*) training **2 instrucciones** instructions: *instrucciones de uso* instructions for use

instructor, **-ora** *nm-nf* instructor

instrumental *nm* instruments [*pl*]: *el ~ médico* medical instruments

instrumento *nm* instrument

insuficiencia *nf* **1** (*escasez*) lack: *la ~ de recursos* the lack of resources **2** (*Med*) failure: *~ cardiaca/renal* heart/kidney failure

insuficiente *adj* (*escaso*) insufficient

▶ *nm* (*suspenso*) fail: *Le han puesto un ~.* He failed. ➲ *Ver nota en pág 397*

insultar *vt* to insult

insulto *nm* insult

insuperable *adj* **1** (*dificultad*) insurmountable **2** (*calidad, oferta*) unbeatable **3** (*hazaña, belleza*) matchless

intacto, **-a** *adj* **1** (*no dañado*) intact: *Su reputación permaneció intacta.* His reputation remained intact. **2** (*no tocado*) untouched

integración *nf* integration

integral *adj* comprehensive: *una reforma ~* a comprehensive reform ◇ *Es un idiota ~.* He's a complete idiot. LOC *Ver* BELLEZA, PAN

integrar *vt* **1** (*componer*) to make *sth* up: *los países que integran la Unión Europea* the countries that make up the European Union **2** (*socialmente*) to integrate *sb* (into/with *sth*)

▶ **integrarse** *vp* **integrarse (en)** (*adaptarse*) to integrate (into/with *sth*)

integridad *nf* integrity

integrismo *nm* fundamentalism

integrista *adj, nmf* fundamentalist ➲ *Ver nota en* CATÓLICO

íntegro, **-a** *adj* whole: *mi sueldo ~* my whole salary

intelectual *adj, nmf* intellectual

inteligencia *nf* intelligence LOC *Ver* COEFICIENTE

inteligente *adj* **1** (*persona, animal*) intelligent **2** (*edificio, electrodoméstico, tarjeta*) smart: *una bomba ~* a smart bomb LOC *Ver* TELÉFONO

intemperie *nf* LOC **a la intemperie** out in the open

intención *nf* intention: *tener malas intenciones* to have evil intentions LOC **con (mala) intención** maliciously ◆ **hacer algo con buena intención** to mean well: *Lo hizo con buena ~.* He meant well. ◆ **tener intención de** to intend *to do sth*: *Tenemos ~ de comprar un piso.* We intend to buy a flat.

intencionado, **-a** *adj* deliberate LOC **bien/mal intencionado** well meaning/malicious

intensidad *nf* **1** (*color, luz, lluvia, sentimiento*) intensity **2** (*corriente eléctrica, viento, voz*) strength

intensificar(se) *vt, vp* to intensify

intensivo, **-a** *adj* intensive LOC *Ver* JORNADA, UNIDAD

intenso, **-a** *adj* **1** (*temperatura, color, sentimientos, dolor*) intense: *una ola de frío/calor ~* intense cold/heat **2** (*vigilancia*) close **3** (*negociaciones*) intensive

intentar *vt* to try (*sth/to do sth*): *Inténtalo.* Just try. ➲ *Ver nota en* TRY LOC *Ver* AGRADAR

intento *nm* attempt LOC **al primer, segundo, etc. intento** at the first, second, etc. attempt

interactivo, **-a** *adj* interactive LOC *Ver* PIZARRA

intercambiar *vt* to exchange, to swap (*más coloq*): *~ prisioneros* to exchange prisoners ◇ *~sellos* to swap stamps

intercambio *nm* exchange

interceder *vi* **~ (a favor de/por)** to intervene (on *sb's* behalf): *Intercedieron por mí.* They intervened on my behalf.

interés *nm* **1 ~ (en/por)** interest (in *sb/sth*): *La novela ha suscitado un gran ~.* The novel has aroused a lot of interest. ◇ *Tengo ~ en saber cómo lo descubrieron.* I'm interested in finding out how they discovered it. ◇ *a un 10% de ~* at 10% interest **2** (*egoísmo*) self-interest: *Lo hicieron por puro ~.* They did it in their own self-interest. LOC **hacer algo sin ningún interés** to show no interest in sth: *Trabajan sin ningún ~.* They show no interest in their work. *Ver tb* CONFLICTO

interesante *adj* interesting ➲ *Ver nota en* INTERESTING

interesar *vi* to be interested (in *sth/doing sth*): *Nos interesa el arte.* We're interested in art. ◇ *¿Te interesa participar?* Are you interested in taking part?
▶ *vt* ~ **a algn (en algo)** to interest sb (in sth): *No consiguió ~ a nadie en la reforma.* He didn't manage to interest anyone in the reforms.
▶ **interesarse** *vp* **interesarse por 1** (*mostrar interés*) to show (an) interest in *sth*: *El director se interesó por mi obra.* The director showed (an) interest in my work. **2** (*preocuparse*) to ask after *sb/sth*: *Se interesó por mi salud.* He asked after my health.

interfaz (*tb* **interface**) *nf* (*Informát*) interface

interferencia *nf* interference [*incontable*]: *Se han producido ~s en la emisión.* The programme has been affected by interference. ◇ *Hay muchas ~s.* We're getting a lot of interference.

interferir *vi* ~ **(en)** to meddle (in/with *sth*), to interfere (*más formal*) (in *sth*): *Deja de ~ en mis asuntos.* Stop meddling in my affairs.

interfono *nm* (*portero automático*) Entryphone®

interior *adj* **1** inner: *una habitación ~* an inner room ◇ *su vida ~* his inner life **2** (*bolsillo*) inside **3** (*comercio, política*) domestic
▶ *nm* interior: *el ~ de un edificio/país* the interior of a building/country LOC **en el interior** (*casa, coche*) inside: *Había mucha gente en el ~.* There were lots of people inside. *Ver tb* MINISTERIO, MINISTRO, ROPA

interjección *nf* interjection

intermediario, -a *nm-nf* **1** (*mediador*) mediator: *La ONU actuó de ~ en el conflicto.* The UN acted as a mediator in the conflict. **2** (*Econ*) middleman [*pl* -men]

intermedio, -a *adj* intermediate
▶ *nm* (*espectáculo, programa*) interval

interminable *adj* endless

intermitente *nm* (*coche*) indicator, turn signal (*USA*)

internacional *adj* international

internado *nm* boarding school

internar *vt*: *Lo internaron en el hospital.* He was admitted to hospital. ◇ *Internaron a su padre en un asilo.* They put their father in a home.

internauta *nmf* Internet user

internet *nm o nf* (the) Internet: *buscar algo en ~* to search for sth on the Internet

> En inglés **Internet** se utiliza normalmente con el artículo definido **the**: *Lo encontré en Internet.* I found it on the Internet. Sin embargo, cuando va delante de un sustantivo, no se utiliza el artículo definido: *un proveedor de servicio de Internet* an Internet service provider.

interno, -a *adj* **1** internal: *órganos ~s* internal organs **2** (*dentro de un país*) domestic: *comercio ~* domestic trade **3** (*cara, parte*) inner: *la parte interna del muslo* the inner thigh
▶ *nm-nf* **1** (*alumno*) boarder **2** (*en cárcel*) inmate **3** (*médico*) house officer, intern (*USA*) LOC *Ver* COLEGIO

interpretación *nf* interpretation

interpretar *vt* **1** (*explicar, traducir*) to interpret: *~ la ley* to interpret the law **2** (*Cine, Mús, Teat*) to perform

intérprete *nmf* **1** (*traductor*) interpreter **2** (*Cine, Mús, Teat*) performer

internet

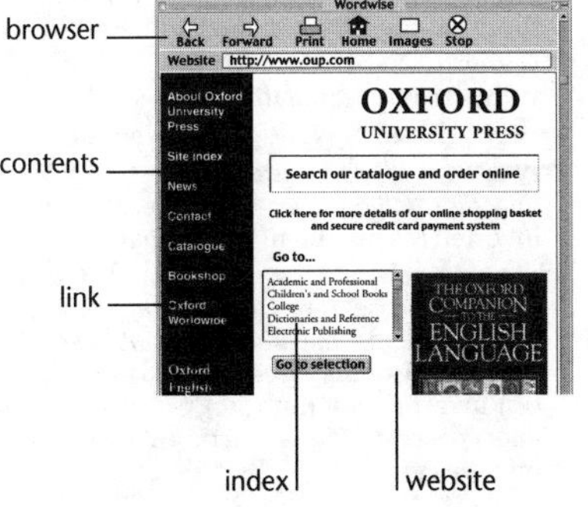

Para tener acceso a internet (**to access the Net**) hace falta un navegador (**browser**). Desde la página de inicio (**home page**) puedes realizar una búsqueda (**do a search**) con un buscador (**a search engine**) o hacer clic en un enlace (**click on a link**). Esto te permite acceder a otras webs donde podrás leer el periódico o hacer una compra en línea (**online**), descargar un fichero (**download a file**), subir fotos (**upload photos**) a una web o entrar en un chat (**enter a chatroom**) o en un foro (**a forum**).

www.oup.com se lee "www dot oup dot com".

interrogación *nf* question mark ➲ *Ver pág 379*

interrogar *vt* **1** (*testigo, acusado*) to question **2** (*policía*) to interrogate

interrogatorio *nm* **1** (*en juicio*) questioning **2** (*policial*) interrogation

interrumpir *vt* **1** to interrupt: ~ *la emisión* to interrupt a programme ◇ *No me interrumpas.* Don't interrupt me. **2** (*clase*) to disrupt: *Deja de ~ la clase.* Stop disrupting the class. **3** (*tráfico*) to hold *sth* up: *Las obras interrumpirán el tráfico.* The roadworks will hold up the traffic.

interruptor *nm* switch

interurbano, -a *adj* **1** (*transporte*) intercity: *servicios ~s* intercity services **2** (*llamada*) long-distance

intervalo *nm* interval: *a ~s de media hora* at half-hourly intervals

intervenir *vi* **1** ~ **(en)** to intervene (in *sth*): *Tuvo que ~ la policía.* The police had to intervene. **2** (*hablar*) to speak

▶ *vt* (*operar*) to operate on *sb*

intestino *nm* intestine: ~ *delgado/grueso* small/large intestine

intimidad *nf* (*vida privada*) private life: *No le gusta que se metan en su ~.* He doesn't like people interfering in his private life. ◇ *el derecho a la ~* the right to privacy

íntimo, -a *adj* **1** (*personal, familiar*) intimate: *una conversación íntima* an intimate conversation **2** (*amistad, relación*) close: *Son ~s amigos.* They're close friends.

intolerable *adj* intolerable

intolerancia *nf* (*intransigencia*) intolerance LOC **intolerancia alimentaria/a alimentos** (food) allergy [*pl* (food) allergies]

intolerante *adj* (*intransigente*) intolerant

intoxicación *nf* (*alimenticia*) poisoning: ~ *por alimentos en mal estado* food poisoning

intransigente *adj, nmf* intransigent: *Tu jefa es una ~.* You have a very intransigent boss.

intransitivo, -a *adj* intransitive

intriga *nf* **1** (*película, novela*) suspense: *una película con mucha ~* a film full of suspense **2** (*curiosidad*): *Chico, ¡qué ~! Cuéntamelo.* Come on, don't keep me in suspense. Tell me. ◇ *¿No tienes ~ por saber dónde están?* Aren't you dying to know where they are?

intrigar *vt* to intrigue: *Ahora me intriga.* I'm intrigued now.

introducción *nf* introduction: *una ~ a la música* an introduction to music

introducir *vt* **1** to put *sth* in, to put *sth into sth*, to insert (*más formal*): *Introduzca la moneda en la ranura.* Insert the coin in the slot. **2** (*Informát*) to enter: *Introduce tu contraseña/número secreto.* Enter your password/PIN number.

introvertido, -a *adj* introverted

▶ *nm-nf* introvert

intruso, -a *nm-nf* intruder

intuición *nf* intuition: *Lo hice por ~.* I did it intuitively.

intuir *vt* to sense

inundación *nf* flood

inundar(se) *vt, vp* to flood: *Se inundaron los campos.* The fields flooded.

inútil *adj* useless: *cacharros ~es* useless junk ◇ *Es un esfuerzo ~.* It's a waste of time.

▶ *nmf*: *ser un ~* to be useless LOC **es inútil (que...)** there's no point in *doing sth*: *Es ~ que grites/intentes convencerle.* There's no point in shouting/in trying to persuade him.

invadir *vt* to invade

inválido, -a *adj* disabled

▶ *nm-nf* disabled person: *los ~s* the disabled ➲ *Ver nota en* DISCAPACITADO

invasión *nf* invasion

invasor, -ora *adj* invading

▶ *nm-nf* invader

invencible *adj* invincible

inventar *vt* (*descubrir*) to invent

▶ **inventar(se)** *vt, vp* to make *sth* up, to invent (*más formal*): *~(se) una excusa* to make up an excuse ◇ *Te lo has inventado.* You've made that up.

invento *nm* invention: *Esto es un ~ mío.* This is an invention of mine.

inventor, -ora *nm-nf* inventor

invernadero *nm* greenhouse LOC *Ver* EFECTO

inversión *nf* (*Fin*) investment

inverso, -a *adj* **1** (*proporción, razón*) inverse: *en proporción inversa* in inverse proportion **2** (*orden*) reverse **3** (*dirección*) opposite: *en sentido ~ a la rotación* in the opposite direction to the rotation LOC **a la inversa** the other way round

inversor, -ora *nm-nf* investor

invertebrado, -a *adj, nm* invertebrate

invertir *vt* (*tiempo, dinero*) to invest: *Han invertido diez millones en la compañía.* They've invested ten million in the company.

investigación *nf* ~ **(de/sobre) 1** (*científica, académica*) research (into/on *sth*) [*incontable*]: *Están haciendo un trabajo de ~ sobre la malaria.* They're doing research on malaria. **2** (*policial*) investigation (into *sth*): *Se llevará a cabo una ~ del caso.* There will be an investigation into the case.

investigador, -ora *nm-nf* **1** (*científico, académico*) researcher **2** (*policial*) investigator **LOC investigador privado** private detective

investigar *vt* **1** (*científicamente, académicamente*) to do research (into/on *sth*): *Están investigando el virus del sida.* They're doing research on the AIDS virus. **2** (*policialmente*) to investigate: *~ un caso* to investigate a case

invierno *nm* winter: *ropa/deportes de ~* winter clothes/sports ◇ *Nunca uso la bicicleta en ~.* I never ride my bike in (the) winter.

invisible *adj* invisible

invitación *nf* invitation (*to sth/to do sth*)

invitado, -a *adj, nm-nf* guest: *el artista ~* the guest artist ◇ *Los ~s llegarán a las siete.* The guests will arrive at seven. **LOC** *Ver* ESTRELLA; *Ver tb* INVITAR

invitar *vt* to invite *sb* (*to/for sth*): *Me ha invitado a su fiesta de cumpleaños.* She's invited me to her birthday party. ◇ *Te invito a comer.* I'll invite you for lunch.

▶ *vi* (*pagar*): *Invito yo.* I'll get this one. ◇ *Invita la casa.* It's on the house.

involuntario, -a *adj* involuntary

inyección *nf* injection: *poner una ~ a algn* to give sb an injection

ir *vi* **1** to go: *Van a Roma.* They're going to Rome. ◇ *ir en coche/tren/avión* to go by car/train/plane ◇ *ir a pie* to go on foot ◇ *¿Cómo te va (con tu novio)?* How are things going (with your boyfriend)?

> Recuerda que en inglés *ir* se traduce por **come** cuando te acercas a la persona con la que estás hablando: *¡Voy!* Coming!
> ◇ *Mañana voy a ir a Oxford, así es que nos vemos entonces.* I'm coming to Oxford tomorrow so I'll see you then.

2 (*estar, haber diferencia*) to be: *ir bien/mal vestido* to be well/badly dressed ◇ *De nueve a doce van tres.* Nine from twelve is three. **3** (*sentar bien*) to suit *sb*: *Te va el pelo corto.* Short hair suits you. **4** (*funcionar*) to work: *El ascensor no va.* The lift's not working. **5** (*gustar*) to be into *sth*: *Le va la música pop.* She's really into pop music.

▶ *v aux* **1 ~ a hacer algo (a)** [*indicando futuro*] to be going to do sth: *Vamos a vender la casa.* We're going to sell the house. ◇ *Íbamos a comer cuando sonó el teléfono.* We were just going to eat when the phone rang. **(b)** (*en órdenes*) to go and do sth: *Ve a hablar con tu padre.* Go and talk to your father. **(c)** (*en sugerencias*): *¡Vamos a comer!* Let's go and eat! ◇ *¿Vamos a pasear?* Shall we go for a walk? **2 ~ haciendo algo** to start doing sth: *Id preparando la mesa.* Start laying the table.

▶ **irse** *vp* **1** (*marcharse*) to leave: *Mañana me voy a Madrid.* I'm leaving for Madrid tomorrow. ◇ *irse de casa* to leave home **2** (*mancha, luz, dolor*) to go: *Se ha ido la luz.* The electricity's gone (off). **3** (*líquido, gas*) to leak: *El gas se va por esa grieta.* The gas is leaking out through that crack. **LOC (a mí) ni me va ni me viene** that's nothing to do with me, you, etc. ◆ **ir a dar a** (*camino, etc.*) to lead to *sth*: *Esta calle va a dar a la Plaza Mayor.* This street leads to the main square. ◆ **ir a lo suyo** to think only of yourself: *Tú siempre vas a lo tuyo.* You only ever think of yourself. ◆ **ir a por** to go and get *sb/sth*: *Tengo que ir a por pan.* I've got to go and get some bread. ◆ **ir con** (*combinar*) to go with *sth*: *Esos calcetines no van con estos zapatos.* Those socks don't go with these shoes. ◆ **ir de 1** (*vestido*) to be dressed as *sb/sth*/in *sth*: *Iba de payaso.* I was dressed as a clown. ◇ *ir de azul* to be dressed in blue **2** (*aparentar*): *Tu hermano va de liberal por la vida.* Your brother makes out he's a liberal. **3** (*película, libro*) to be about *sth*: *¿De qué va la película?* What's the film about? ◆ **ir por** (*haber llegado hasta*) to be up to *sth*: *Voy por la página 100.* I'm up to page 100. ◆ **¡qué va!** no way! ◆ **¡vamos!** come on!: *¡Vamos, que perdemos el tren!* Come on or we'll miss the train! ◆ **¡vaya! 1** (*sorpresa*) good heavens! **2** (*compasión*) oh dear!: *¡Vaya, cuánto lo siento!* Oh dear, I'm so sorry! **3** (*uso enfático*) what a...: *¡Vaya película más mala!* What an awful film! ◆ **¡(ya) voy!** coming! ❶ Para otras expresiones con **ir**, véanse las entradas del sustantivo, adjetivo, etc., p. ej. **ir al grano** en GRANO.

iris *nm* iris **LOC** *Ver* ARCO

Irlanda *nf* Ireland **LOC Irlanda del Norte** Northern Ireland

irlandés, -esa *adj, nm* Irish: *hablar ~* to speak Irish

▶ *nm-nf* Irishman/woman [*pl* -men/-women]: *los irlandeses* the Irish

ironía *nf* irony [*pl* ironies]: *una de las ~s de la vida* one of life's little ironies

irónico, -a *adj, nm-nf* ironic: *ser un ~* to be ironic

irracional *adj* irrational

irreal *adj* unreal

irreconocible *adj* unrecognizable

irregular *adj* **1** irregular: *verbos ~es* irregular verbs ◇ *un latido ~* an irregular heartbeat **2** (*anormal*) abnormal: *una situación ~* an abnormal situation

irremediable *adj* irreparable: *una pérdida/un error ~* an irreparable loss/mistake ◇ *Eso ya es ~.* Nothing can be done about it now.

I

irrepetible *adj* (*excelente*) unique: *una experiencia/obra de arte* ~ a unique experience/work of art

irresistible *adj* irresistible: *un atractivo/una fuerza* ~ an irresistible attraction/force ◇ *Tenían unas ganas ~s de verse.* They were dying to see each other.

irrespetuoso, -a *adj* ~ **(con/para con)** disrespectful (to *sb/sth*)

irrespirable *adj* (*aire*) unbreathable

irresponsable *adj, nmf* irresponsible: *ser un* ~ to be irresponsible

irreversible *adj* irreversible

irritar *vt* to irritate

▶ **irritarse** *vp* **1 irritarse (con) (por)** (*enfadarse*) to get annoyed (with *sb*) (about *sth*): *Se irrita por nada.* He gets annoyed very easily. **2** (*Med*) to get irritated

irrompible *adj* unbreakable

isla *nf* island: *las Islas Canarias* the Canary Islands LOC **isla desierta** desert island ◆ **las Islas Británicas** the British Isles

islam *nm* **el islam** Islam

islámico, -a *adj* Islamic

islamista *adj, nmf* Islamist

isleño, -a *nm-nf* islander

isósceles *adj* LOC *Ver* TRIÁNGULO

Italia *nf* Italy

italiano, -a *adj, nm-nf, nm* Italian: *los ~s* the Italians ◇ *hablar* ~ to speak Italian

itinerario *nm* route, itinerary [*pl* itineraries] (*más formal*)

IVA *nm* VAT

izar *vt* to hoist: ~ *una bandera/las velas* to hoist a flag/the sails

izquierda *nf* **1** left: *Siga por la ~.* Keep left. ◇ *conducir por la* ~ to drive on the left ◇ *la casa de la* ~ the house on the left ◇ *La carretera se desvía hacia la ~.* The road bears left. **2 la izquierda** (*Pol*) the Left [*v sing o pl*]: *La ~ ha ganado las elecciones.* The Left has/have won the election. **3** (*mano*) left hand: *escribir con la* ~ to be left-handed **4** (*pie*) left foot LOC **de izquierda(s)** left-wing: *grupos de izquierdas* left-wing groups *Ver tb* CERO

izquierdo, -a *adj* left: *Me he roto el brazo ~.* I've broken my left arm. ◇ *la orilla izquierda del Sena* the left bank of the Seine LOC *Ver* LEVANTAR, MANO

Jj

¡ja! *interj* **¡ja! ¡ja!** ha! ha!

jabalí *nm* (wild) boar

jabalina *nf* (*Dep*) javelin: *lanzamiento de* ~ javelin throwing

jabón *nm* soap [*incontable*]: *una pastilla de* ~ a bar of soap ◇ ~ *de afeitar* shaving soap

jabonera *nf* soap dish

jadear *vi* to pant

jaguar *nm* jaguar

jalea *nf* jelly LOC **jalea real** royal jelly

jaleo *nm* **1** (*ruido*) row: *No puedo dormir con todo este ~.* I can't sleep with all this row. **2** (*lío*) confusion: *Me he hecho un ~ con tanto nombre.* I got confused with so many names. LOC *Ver* ARMAR, MONTAR

jamás *adv* never: *Jamás había conocido a nadie así.* I'd never met anyone like him. ➲ *Ver nota en* ALWAYS LOC *Ver* NUNCA

jamón *nm* ham LOC **jamón cocido/de York** cooked ham ◆ **jamón ibérico** Iberian cured ham ◆ **jamón serrano** Serrano ham

Japón *nm* Japan

japonés, -esa *adj, nm* Japanese: *hablar* ~ to speak Japanese

▶ *nm-nf* Japanese man/woman [*pl* men/women]: *los japoneses* the Japanese

jaque *nm* check LOC **jaque mate** checkmate: *hacer ~ mate* to checkmate

jaqueca *nf* migraine

jarabe *nm* mixture: ~ *para la tos* cough mixture

jardín *nm* garden LOC **jardín de infancia** nursery school, preschool (*USA*)

jardinera *nf* (*macetero*) window box

jardinería *nf* gardening

jardinero, -a *nm-nf* gardener

jarra *nf* jug, pitcher (*USA*) LOC **jarra de cerveza** beer mug ➲ *Ver dibujo en* CUP

jarro *nm* (large) jug, pitcher (*USA*)

jarrón *nm* vase

jaula *nf* cage

jazmín *nm* jasmine

jazz *nm* jazz

jefatura *nf* (*oficina central*) headquarters (*abrev* HQ) [*v sing o pl*]: *La ~ de policía está al final de la* *calle.* The police headquarters is/are at the end of the street.

jefe, -a *nm-nf* **1** (*superior*) boss: *ser el ~* to be the boss **2** (*de una sección, de gobierno*) head: *~ de departamento/estado* head of department/state **3** (*de partido, banda, expedición*) leader: *el ~ del partido* the party leader **4** (*de una tribu*) chief LOC **jefe de estación** station master ◆ **jefe de estudios 1** (*en el colegio*) deputy head **2** (*en una academia*) director of studies *Ver tb* COMANDANTE

jengibre *nm* ginger

jerarquía *nf* hierarchy [*pl* hierarchies]

jerez *nm* sherry [*pl* sherries]

jeringuilla *nf* (*Med*) syringe

jeroglífico *nm* hieroglyph

jersey *nm* jumper

Jesucristo *n pr* Jesus Christ

Jesús *n pr* Jesus

▶ **¡Jesús!** *interj* (*al estornudar*) bless you! ➲ *Ver nota en* ¡ACHÍS!

jeta *nf* (*cara*) mug (*argot*)

▶ *nmf* scrounger, freeloader (*USA*) LOC **ser/tener jeta** to have a cheek: *¡Qué ~ tienes!* You've got a cheek!

jinete *nmf* rider

jirafa *nf* giraffe

jolgorio *nm* celebrations [*pl*]: *El ~ continuó hasta bien entrada la noche.* The celebrations continued till well into the night.

jornada *nf* **1** (*día*) day: *una ~ de ocho horas* an eight-hour day ◇ *al final de la ~* at the end of the day **2** (*Dep*): *la 21ª ~ de Liga* the 21st round of matches ◇ *los partidos jugados en la ~ del domingo* Sunday's matches **3 jornadas** (*congreso*) conference [*v sing*] LOC **jornada completa/media jornada** full-time/part-time: *Buscan a alguien que trabaje la ~ completa.* They're looking for someone to work full-time. ◇ *trabajar media ~* to work part-time ◆ **jornada intensiva**: *Los viernes hacemos ~ intensiva.* On Fridays we work without a break and finish early. ◆ **jornada laboral** working day ◆ **jornada reducida** shorter working hours [*pl*]

jornalero, -a *nm-nf* casual labourer

joroba *nf* hump

jorobar *vt* **1** (*persona*) to get on *sb's* nerves **2** (*aparato, planes*) to muck *sth* up: *Alguien ha jorobado el DVD.* Someone's mucked up the DVD. ◇ *La lluvia nos ha jorobado los planes.* The rain has mucked up our plans.

▶ **jorobarse** *vp* **1** (*aguantarse*) to put up with it **2** (*estropearse*) to be ruined LOC **¡a jorobarse!** there's nothing I, you, etc. can do about it! ◆ **¡hay que jorobarse!** it's unbelievable!

jota *nf* (*Naipes*) jack ➲ *Ver nota en* BARAJA LOC **no decir ni jota** not to say a word ◆ **no entender/saber ni jota 1** not to understand/know a thing (*about sth*): *No entendí ni ~ de lo que dijo.* I didn't understand a thing he said. ◇ *No entiendo ni ~ de ordenadores.* I don't know a thing about computers. **2** (*de una lengua*) not to understand/know a word (*of sth*): *No sé ni ~ de francés.* I don't know a word of French.

joven *adj* young

▶ *nmf* **1** (*chico*) boy, young man (*más formal*) **2** (*chica*) girl, young woman (*más formal*) **3 jóvenes** young people

joya *nf* **1** (*objeto de valor*) **(a)** [*en singular*] piece of jewellery: *Le regaló una ~ preciosa.* He gave her a beautiful piece of jewellery. **(b) joyas** (*conjunto*) jewellery [*incontable*]: *Las ~s estaban en la caja fuerte.* The jewellery was in the safe.

> Cuando se trata de joyas valiosas también se dice **jewels**: *joyas valiosísimas* priceless jewels ◇ *las joyas de la Corona* the Crown jewels.

2 (*cosa, persona*) treasure: *Eres una ~.* You're a treasure.

joyería *nf* jeweller's, jewelry store (*USA*) ➲ *Ver nota en* CARNICERÍA

joyero, -a *nm-nf* (*comerciante*) jeweller

▶ *nm* (*caja*) jewellery box

jubilación *nf* **1** (*retiro*) retirement **2** (*pensión*) pension LOC **jubilación anticipada** early retirement

jubilado, -a *adj* retired: *estar ~* to be retired

▶ *nm-nf* (*pensionista*) pensioner *Ver tb* JUBILARSE

jubilarse *vp* to retire

judaísmo *nm* Judaism

judía *nf* bean LOC **judía blanca/verde** haricot/green bean

judicial *adj* LOC *Ver* PODER²

judío, -a *adj* Jewish

▶ *nm-nf* Jew

judo *nm* judo

juego *nm* **1** game: *~ de pelota/cartas* ball/card game ◇ *El tenista español gana tres ~s a uno.* The Spanish player is winning by three games to one. **2** (*azar*) gambling **3** (*conjunto*) set: *~ de llaves* set of keys LOC **a juego** matching: *Lleva falda y chaqueta a ~.* She's wearing a skirt and matching jacket. ◆ **estar en juego** to be at stake: *Está en ~ tu nota.* Your final result is at stake. ◆ **hacer juego con** to match *sth*: *Los pendientes hacen ~ con el collar.* The earrings match the necklace. ◆ **juego de azar** game of chance ◆ **juego de manos** conjuring trick

J

◆ **juego de mesa** board game ◆ **juego de niños** child's play ◆ **juego de ordenador** computer game ◆ **juego de palabras** pun ◆ **juego de rol** role-playing game ◆ **juego limpio/sucio** fair/ foul play ◆ **Juegos Olímpicos** Olympics, Olympic Games (*más formal*) ◆ **poner en juego** to put *sth* at risk *Ver tb* FUERA, TERRENO

juerga *nf*: *El día de la boda montamos la gran ~.* We had a big party on the day of the wedding. LOC **estar/ir(se) de juerga** to be/go out partying

jueves *nm* Thursday (*abrev* Thur(s).) ➲ *Ver ejemplos en* LUNES LOC **Jueves Santo** Maundy Thursday *Ver tb* OTRO

juez *nmf* judge LOC **juez de línea** assistant referee

jugada *nf* move LOC **hacerle una mala jugada a algn** to play a dirty trick on sb

J

jugador, -ora *nm-nf* **1** (*competidor*) player **2** (*que apuesta*) gambler

jugar *vt* **1** to play: *~ un partido de fútbol/una partida de cartas* to play a game of football/ cards ◇ *El trabajo juega un papel importante en mi vida.* Work plays an important part in my life. **2** (*dinero*) to put *sth on sth*: *~ todo a un caballo* to put all your money on a horse

▶ *vi* **1** ~ **(a)** to play *sth*: *~ al fútbol* to play football ◇ *Ahora te toca ~.* Now it's your turn. ➲ *Ver nota en* DEPORTE **2** ~ **con/contra** to play: *Jugamos contra el Mallorca.* We're playing Mallorca. **3** (*apostar*) to gamble

▶ **jugarse** *vp* **1** (*apostar*) to gamble *sth* (away) **2** (*poner en peligro*) to risk: *~se la vida* to risk your life LOC **jugar a la lotería** to do the lottery ◆ **jugar limpio/sucio** to play fair/dirty *Ver tb* COMBA, PASADA, PELLEJO

jugarreta *nf* LOC **hacer una jugarreta** to play a dirty trick *on sb*

jugo *nm* **1** (*salsa*) gravy **2** (*zumo*) juice LOC **sacar jugo a algo** to get the most out of sth

jugoso, -a *adj* **1** (*fruta*) juicy **2** (*carne*) succulent

juguete *nm* toy LOC **de juguete** toy: *camión de ~* toy lorry

juguetería *nf* toy shop

juguetón, -ona *adj* playful

juicio *nm* **1** (*Jur*) trial **2** (*sentido común*) (common) sense: *Careces totalmente de ~.* You're totally lacking in common sense. **3** (*cordura*) judgement: *Confío en su buen ~.* I trust his judgement. **4** (*opinión*) opinion: *emitir un ~* to give an opinion LOC **a mi juicio** in my, your, etc. opinion ◆ **llevar a juicio** to take *sb/sth* to court *Ver tb* MUELA, PERDER, SANO

juicioso, -a *adj* sensible

julio *nm* July (*abrev* Jul.) ➲ *Ver ejemplos en* ENERO

jungla *nf* jungle

junio *nm* June (*abrev* Jun.) ➲ *Ver ejemplos en* ENERO

junta *nf* **1** (*reunión*) meeting **2 Junta** (*Pol*) regional government [*v sing o pl*] LOC **junta directiva** board of directors [*v sing o pl*]

juntar *vt* **1** (*poner juntos*) to put *sb/sth* together: *¿Juntamos las mesas?* Shall we put the tables together? **2** (*unir*) to join *sth* (together): *He juntado los dos trozos.* I've joined the two pieces (together). **3** (*reunir*) to get *sb/sth* together: *Vamos a ~ a toda la familia.* Let's get the whole family together. ◇ *~ dinero para algo* to get money together for sth

junto, -a *adj* **1** (*a la vez, en compañía*) together: *todos ~s* all together ◇ *Siempre estudiamos ~s.* We always study together. **2** (*cerca*) close together: *Los árboles están muy ~s.* The trees are very close together.

▶ *adv* **1** ~ **a** next to: *El cine está ~ al café.* The cinema is next to the café. **2** ~ **con** with

Júpiter *nm* Jupiter

jurado *nm* jury [*v sing o pl*] [*pl* juries]

> En inglés británico muchas palabras como **jury, committee, crew, government, staff** y **team** pueden llevar el verbo tanto en singular como en plural: *El jurado está a punto de adjudicar el premio.* The jury is/are about to award the prize. Si estas palabras van precedidas de **a, each, every, this** y **that**, el verbo va en singular: *Cada equipo tiene un líder.* Each team has a leader. Por otro lado, si llevan el verbo en plural, los pronombres y adjetivos posesivos que se utilizan van también en plural (es decir, **them** y **their**): *El gobierno ha decidido mejorar su imagen.* The government have decided to smarten up their image. En inglés americano siempre se usa el verbo en singular.

juramento *nm* oath LOC *Ver* PRESTAR

jurar *vt, vi* to swear LOC **jurar bandera** to swear allegiance to the flag ◆ **jurar lealtad a algn/algo** to swear allegiance to sb/sth

justicia *nf* **1** justice: *Espero que se haga ~.* I hope justice is done. **2** (*ley*) law: *No te tomes la ~ por tu mano.* Don't take the law into your own hands.

justificar *vt* to justify

justo, -a *adj* **1** (*razonable*) fair: *una decisión justa* a fair decision **2** (*correcto, exacto*) right: *el precio/momento ~* the right price/time **3** (*apretado*) tight: *Esta falda me está muy justa.* This skirt is too tight for me. **4** (*sólo suficiente*) just enough: *Tenemos los platos ~s.* We have just enough plates.

▶ *adv* (*exactamente*) just, exactly (*más formal*): *Lo encontré ~ donde dijiste.* I found it just where you told me. LOC **justo cuando…** just as…: *Llegaron ~ cuando nos marchábamos.* They arrived just as we were leaving. *Ver tb* COMERCIO

juvenil *adj* **1** (*de los jóvenes*): *la moda/literatura ~* young people's fashion/literature ◇ *una audiencia ~* a young audience **2** (*aspecto*) young-looking: *Tiene un aspecto muy ~.* He looks very young. **3** (*carácter, voz, risa*) youthful: *una actitud ~* a youthful outlook

▶ **juveniles** *nm* (*Dep*) under 18s LOC *Ver* DELINCUENCIA

juventud *nf* **1** (*etapa de la vida*) youth **2** (*los jóvenes*) young people [*pl*]: *La ~ actual tiene más libertad.* Young people today have more freedom.

juzgado *nm* court

juzgar *vt* to judge LOC **juzgar mal** to misjudge

Kk

kaki *nm Ver* CAQUI (2)

karaoke *nm* karaoke

karate (*tb* **kárate**) *nm* karate: *hacer ~* to do karate

kart *nm* go-kart

karting *nm* go-kart racing

katiusca *nf* wellington (boot), rubber boot (*USA*)

kayak *nm* **1** (*embarcación*) kayak **2** (*deporte*) kayaking

ketchup *nm* ketchup

kilo *nm* kilo [*pl* kilos] (*abrev* kg)

kilogramo *nm* kilogram(me) (*abrev* kg)

kilómetro *nm* kilometre (*abrev* k/km) LOC **kilómetro alimentario** ≃ food mile

kiosco *nm Ver* QUIOSCO

kitesurf (*tb* **kiteboard**) *nm* kiteboarding LOC *Ver* TABLA

kiwi *nm* kiwi (fruit) [*pl* kiwis/kiwi fruit]

kleenex® *nm* tissue

koala *nm* koala (bear)

Ll

la[1] *art def* the: *La casa es vieja.* The house is old. ➲ *Ver nota en* THE

▶ *pron* **1** (*ella*) her: *La sorprendió.* It surprised her. **2** (*cosa*) it: *Déjame que la vea.* Let me see it. **3** (*usted*) you: *La vi a usted ayer.* I saw you yesterday. LOC **la de/que…** *Ver* EL

la[2] *nm* A: *la menor* A minor

laberinto *nm* **1** labyrinth **2** (*jardín*) maze

labio *nm* lip LOC *Ver* BARRA, LEER, PINTAR

labor *nf* **1** (*trabajo*) work [*incontable*]: *Llevaron a cabo una gran ~.* They did some great work. **2** (*de coser*) needlework [*incontable*] **3** (*de punto*) knitting [*incontable*] LOC **estar por la labor** to be willing (*to do sth*) ◆ **labores agrícolas/del campo** farm work [*incontable*] ◆ **labores domésticas** housework [*incontable*]

laborable *adj* working: *los días ~s* working days

laboral *adj* LOC *Ver* ACOSO, JORNADA

laboratorio *nm* laboratory [*pl* laboratories], lab (*más coloq*)

labrador, **-ora** *nm-nf* **1** (*propietario*) small farmer **2** (*jornalero*) farm labourer

laca *nf* **1** (*para el pelo*) hairspray **2** (*barniz*) lacquer [*incontable*]

lacrimógeno, **-a** *adj* LOC *Ver* GAS

lácteo, **-a** *adj* (*hecho con leche o derivado*) dairy: *productos ~s* dairy products LOC *Ver* VÍA

ladera *nf* hillside

lado *nm* **1** side: *Un triángulo tiene tres ~s.* A triangle has three sides. ◇ *ver el ~ bueno de las cosas* to look on the bright side **2** (*sitio*) place: *de un ~ para otro* from one place to another ◇ *¿Nos vamos a otro ~?* Shall we go somewhere else? ◇ *He mirado por todos ~s pero no lo encuentro.* I've looked everywhere but I can't find it. **3** (*camino*) way: *Fueron por otro ~.* They went a different way. ◇ *Se fueron cada uno por su ~.* They all went their separate ways. LOC **al lado 1** (*cerca*) really close by: *Está aquí al ~.* It's really close by. **2** (*contiguo*) next door: *el edificio de al ~* the building next door ◇ *los vecinos de al ~* the next-door neighbours ◆ **al lado de** (*junto a*) next to *sb/sth*: *Se sentó al ~ de su amiga.* She sat down next to her friend. ◇ *Ponte a mi ~.* Stand next to me. ◆ **de lado** sideways: *ponerse de ~* to turn sideways ◇ *tumbarse de ~* to lie down on your side ◆ **estar/ponerse del lado de algn** to be on/take sb's side: *¿De qué ~ estás?* Whose side are you on? ◆ **por un lado,... por otro (lado)** on the one hand... on the other (hand) *Ver tb* ALGUNO, NINGUNO, OTRO

ladrar *vi* to bark (*at sb/sth*): *El perro no dejaba de ~nos.* The dog wouldn't stop barking at us.

ladrillo *nm* brick

ladrón, -ona *nm-nf* **1** thief [*pl* thieves]: *Los de esa frutería son unos ladrones.* They're a bunch of thieves at that greengrocer's. **2** (*en una casa*) burglar **3** (*en un banco*) robber ➲ *Ver nota en* THIEF

▶ *nm* (*enchufe*) adaptor

L

lagartija *nf* (small) lizard

lagarto, -a *nm-nf* lizard

lago *nm* lake: *a orillas del ~ Como* on the shores of Lake Como

lágrima *nf* tear LOC **lágrimas de cocodrilo** crocodile tears *Ver tb* DERRAMAR(SE), LLORAR

laguna *nf* **1** (*lago*) (small) lake **2** (*omisión*) gap: *El ensayo tiene ~s.* The essay has gaps in it. **3** (*en la memoria*) memory lapse

lamentable *adj* **1** (*desafortunado*) regrettable **2** (*aspecto, condición*) pitiful

lamentar *vt* to regret *sth/doing sth/to do sth*: *Lamentamos haberos causado tanto trastorno.* We regret having caused you so much trouble. ◇ *Lamentamos comunicarle que...* We regret to inform you that... ◇ *Lo lamento mucho.* I am terribly sorry.

▶ **lamentarse** *vp* to complain (*about sth*): *Ahora no sirve de nada ~se.* It's no use complaining now.

lamer *vt* to lick

lámina *nf* **1** (*hoja*) sheet **2** (*ilustración*) plate: *~s en color* colour plates

lámpara *nf* lamp: *una ~ de escritorio* a desk lamp LOC **lámpara de pie** standard lamp

lana *nf* wool LOC **de lana** woollen: *un jersey de ~* a woollen jumper ◆ **lana virgen** new wool *Ver tb* PERRO

lanar *adj* LOC *Ver* GANADO

lancha *nf* launch LOC **lancha motora** motorboat

langosta *nf* **1** (*de mar*) lobster **2** (*insecto*) locust

langostino *nm* king prawn

lanza *nf* spear

lanzamiento *nm* **1** (*misil, satélite, producto*) launch: *el ~ de su nuevo disco* the launch of their new album **2** (*Dep*) throw: *Su último ~ fue el mejor.* His last throw was the best one. **3** (*bomba*) dropping

lanzar *vt* **1** (*en un juego o deporte*) to throw *sth* (*to sb*): *Lánzale la pelota a tu compañero.* Throw the ball to your teammate. **2** (*con intención de hacer daño*) to throw *sth at sb* ➲ *Ver nota en* THROW **3** (*misil, producto*) to launch **4** (*bomba*) to drop

▶ **lanzarse** *vp* **1** (*arrojarse*) to throw yourself: *Me lancé al agua.* I threw myself into the water. **2 lanzarse sobre** to pounce on *sb/sth*: *Se lanzaron sobre mí/el dinero.* They pounced on me/ the money. LOC *Ver* INDIRECTA, PARACAÍDAS

lapicero *nm* pencil

lápida *nf* gravestone

lápiz *nm* pencil: *lápices de colores* coloured pencils LOC **a lápiz**: *escrito a ~* written in pencil ◇ *un dibujo a ~* a pencil drawing ◆ **lápiz de memoria** memory stick ◆ **lápiz de ojos** eyeliner

largarse *vp* (*marcharse*) to clear off: *¡Lárgate!* Clear off!

largo, -a *adj* long: *El abrigo te está muy ~.* That coat is too long for you.

▶ *nm* length: *hacerse seis ~s* to swim six lengths ◇ *¿Cuánto mide de ~?* How long is it? ◇ *Tiene cincuenta metros de ~.* It's fifty metres long. LOC **a lo largo** lengthways ◆ **a lo largo de 1** (*referido a espacio*) along... **2** (*referido a tiempo*) throughout...: *a lo ~ del día* throughout the day ◆ **es largo de contar** it's a long story ◆ **hacerse largo** to drag: *El día se me está haciendo muy ~.* Today is really dragging. ◆ **ir/tener para largo**: *Me voy, esto va para largo.* I'm off. This is going to take ages. ◇ *Yo aquí tengo para ~.* I'm going to be a long time. ◆ **¡largo (de aquí)!** clear off! ◆ **pasar de largo** to go straight past *sb/sth Ver tb* LUZ, TREN

largometraje *nm* feature film

larguero *nm* (*Fútbol*) crossbar

las *art def, pron Ver* LOS

lasaña *nf* lasagne

láser *nm* laser LOC *Ver* RAYO

lástima *nf* pity: *¡Qué ~!* What a pity! ◇ *Es una ~ tirarlo.* It's a pity to throw it away.

lastimar *vt* to hurt

lata *nf* **1** (*envase*) can, tin

Can se utiliza para hablar de bebidas en lata: *una lata de cerveza* a can of beer. Para otros alimentos se puede usar **can** o **tin**: *una lata de sardinas* a can/tin of sardines, aunque **tin** se usa sólo en inglés británico. ➲ *Ver dibujo en* CONTAINER

2 (*material*) tin **3** (*molestia*) pain: *¡Vaya (una) ~!* What a pain! LOC **dar la lata 1** (*molestar*) to be a pain: *¡Deja de darme la ~!* Stop being such a pain! **2** (*pedir con insistencia*) to pester: *Nos estuvo dando la ~ para que le compráramos la bici.* He kept pestering us to get him the bike. ◆ **de/en lata** tinned, canned (*USA*)

lateral *adj, nm* side: *una calle ~* a side street ▶ *nmf* (*Dep*) back: *~ derecho/izquierdo* right/left back

latido *nm* (*corazón*) (heart)beat

latifundio *nm* large estate

latigazo *nm* **1** (*golpe*) lash **2** (*chasquido*) crack

látigo *nm* whip

latín *nm* Latin

latino, -a *adj* **1** (*del latín, de los habitantes de los países latinos*) Latin: *la gramática latina* Latin grammar ◇ *el temperamento ~* the Latin temperament **2** (*de Hispanoamérica*) Latin American: *la música latina* Latin American music ▶ *nm-nf* (*persona*) Latin American

latir *vi* to beat

latitud *nf* latitude

latón *nm* brass

latoso, -a *adj, nm-nf* pain: *¡Qué niño más ~!* What a pain that child is!

laurel *nm* **1** (*Cocina*) bay leaf [*pl* bay leaves]: *una hoja de ~* a bay leaf **2** (*árbol*) bay tree

lava *nf* lava

lavabo *nm* **1** (*pila*) washbasin, sink (*USA*) **2** (*cuarto de baño*) toilet, bathroom (*USA*): *¿Los ~s, por favor?* Where are the toilets, please? ➲ *Ver nota en* TOILET

lavadora *nf* washing machine: *Pongo dos ~s al día.* I do two loads of washing a day.

lavanda *nf* lavender

lavandería *nf* **1** (*establecimiento*) launderette, Laundromat® (*USA*) **2** (*servicio*) laundry

lavaplatos *nm* dishwasher

lavar *vt* to wash: *~ la ropa* to wash your clothes ▶ **lavarse** *vp*: *Me gusta ~me con agua caliente.* I like to wash in hot water. ◇ *~se las manos* to wash your hands ◇ *Lávate bien antes de acostarte.* Have a good wash before you go to bed. LOC **lavar a mano** to wash *sth* by hand ◆ **lavarse la cabeza/el pelo** to wash your hair ◆ **lavarse los dientes** to clean your teeth

lavavajillas *nm* **1** (*lavaplatos*) dishwasher **2** (*detergente*) washing-up liquid, dishwashing liquid (*USA*)

laxante *adj, nm* laxative

lazo *nm* **1** (*lazada*) bow: *un vestido con un ~ rojo* a dress with a red bow **2** (*cinta*) ribbon: *Ponle un ~ en el pelo.* Put a ribbon in her hair. **3 lazos** (*vínculos*) ties: *~s de amistad* ties of friendship

le *pron* **1** (*él/ella/ello*) **(a)** [*complemento*] him/her/it: *Le vi el sábado por la tarde.* I saw him on Saturday afternoon. ◇ *Le compramos la casa.* We bought our house from him/her. ◇ *Vi a mi jefa pero no le hablé.* I saw my boss but I didn't speak to her. ◇ *Le vamos a comprar un vestido.* We're going to buy her a dress. ◇ *No le des importancia.* Ignore it. **(b)** (*partes del cuerpo, efectos personales*): *Le quitaron el carné.* They took away his identity card. ◇ *Le han arreglado la falda.* She's had her skirt mended. **2** (*usted*) **(a)** [*complemento*] you: *Le he hecho una pregunta.* I asked you a question. **(b)** (*partes del cuerpo, efectos personales*): *Tenga cuidado, o le robarán el bolso.* Be careful or someone will steal your bag.

leal *adj* **1** (*persona*) loyal (*to sb/sth*) **2** (*animal*) faithful (*to sb*)

lealtad *nf* loyalty LOC **con lealtad** loyally *Ver tb* JURAR

lección *nf* lesson LOC **preguntar/tomar la lección** to test *sb* (*on sth*): *Repasa la ~, que luego te la voy a tomar.* Revise the lesson and then I'll test you (on it).

leche *nf* milk: *Se nos ha acabado la ~.* We've run out of milk. ◇ *¿Compro ~?* Shall I get some milk? LOC **leche condensada** condensed milk ◆ **leche descremada/desnatada** skimmed milk, skim milk (*USA*) ◆ **leche en polvo** powdered milk ◆ **leche entera** full-cream milk, whole milk (*USA*) ◆ **leche semidesnatada** semi-skimmed milk *Ver tb* ARROZ, CAFÉ, DIENTE, HIDRATANTE

lechero, -a *adj* dairy: *una vaca lechera* a dairy cow ▶ *nm-nf* milkman [*pl* -men] LOC *Ver* CENTRAL

lechuga *nf* lettuce LOC *Ver* ENSALADA

lechuza *nf* barn owl

lector, -ora *nm-nf* reader ▶ *nm* (*aparato*) **1** (*de tarjetas, etc.*) reader **2** (*de CD, DVD*) CD/DVD drive

lectura *nf* reading: *Mi pasatiempo favorito es la ~.* My favourite hobby is reading. LOC **lectura obligatoria** (*Educ*) set text

leer *vt, vi* to read: *Me gusta ~.* I like reading. ◇ *Léeme la lista.* Read me the list. LOC **leer la cartilla** (*reñir*) to tell *sb* off ◆ **leer los labios** to

L

lip-read ◆ **leer para sí** to read to yourself *Ver tb* PENSAMIENTO

legal *adj* **1** (*Jur*) legal **2** (*persona*) trustworthy: *Es un tío ~.* He's a guy you can trust.

legalizar *vt* to legalize

legaña (*tb* **legañas**) *nf* sleep [*incontable*]: *Tienes una ~ en el ojo.* You've got sleep in your eyes.

legislación *nf* legislation

legislar *vi* to legislate

legislativo, -a *adj* LOC *Ver* ELECCIÓN, PODER

legislatura *nf* term (of office)

legumbre *nf* pulse: *pasta y ~s* pasta and pulses

lejano, -a *adj* distant: *un lugar/pariente ~* a distant place/relative LOC *Ver* ORIENTE

lejía *nf* bleach

lejos *adv* ~ **(de)** a long way (away), far (away) (from *sb/sth*)

En frases afirmativas se usa **a long way (away)**, mientras que **far (away)** se usa sobre todo en frases negativas e interrogativas: *Queda muy lejos.* It's a very long way (away). ◇ *No queda muy lejos de aquí.* It isn't very far from here. ◇ *¿Está lejos?* Is it far?

LOC **a lo lejos** in the distance ◆ **de/desde lejos** from a distance *Ver tb* LLEGAR, PILLAR

lema *nm* **1** (*Econ, Pol*) slogan **2** (*regla de conducta*) motto [*pl* mottoes]

lencería *nf* (*ropa interior*) lingerie

lengua *nf* **1** (*Anat*) tongue: *sacar la ~ a algn* to stick your tongue out at sb **2** (*idioma*) language LOC **irse de la lengua** to talk too much ◆ **las malas lenguas** gossip [*incontable*]: *Dicen las malas ~s que...* Gossip has it that... ◆ **lengua materna** mother tongue ◆ **no tener lengua** to have lost your tongue ◆ **tirarle a algn de la lengua** to make sb talk *Ver tb* PELO

lenguado *nm* sole [*pl* sole]

lenguaje *nm* language: *~ hablado/escrito* spoken/written language

lente *nf* lens [*pl* lenses]: *la ~ de la cámara* the camera lens ◇ *~s de contacto* contact lenses

lenteja *nf* lentil

lentilla *nf* contact lens [*pl* contact lenses]

lento, -a *adj* slow LOC **lento pero seguro** slowly but surely *Ver tb* CÁMARA, COCER, FUEGO, TORTUGA

leña *nf* firewood

leño *nm* log

leo (*tb* **Leo**) *nm, nmf* Leo ➲ *Ver ejemplos en* ACUARIO

león, -ona *nm-nf* **1** (*macho*) lion **2** (*hembra*) lioness

leopardo *nm* leopard

leotardos *nm* tights

les *pron* **1** (*a ellos, a ellas*) **(a)** [*complemento*] them: *Les di todo lo que tenía.* I gave them everything I had. ◇ *Les compré un pastel.* I bought them a cake./I bought a cake for them. **(b)** (*partes del cuerpo, efectos personales*): *Les robaron las maletas.* Their cases were stolen. **2** (*a ustedes*) **(a)** [*complemento*] you: *¿Les apetece un café?* Would you like a coffee? **(b)** (*partes del cuerpo, efectos personales*): *¿Les cuelgo los abrigos?* Shall I take your coats?

lesbiana *nf* lesbian

lesión *nf* **1** wound: *lesiones de bala* bullet wounds **2** (*por accidente*) injury [*pl* injuries]: *lesiones graves* serious injuries ➲ *Ver nota en* HERIDA **3** (*hígado, riñón, cerebro*) damage [*incontable*]: *lesiones cerebrales* brain damage

lesionado, -a *adj* injured

▶ *nm-nf* injured person: *Hubo muchos ~s.* Many people were injured. *Ver tb* LESIONARSE

lesionarse *vp* to injure yourself: *Me lesioné la pierna.* I injured my leg. ➲ *Ver nota en* HERIDA

letal *adj* lethal

letargo *nm* **1** (*sopor*) lethargy **2** (*hibernación*) hibernation

letón, -ona *adj, nm-nf, nm* Latvian

Letonia *nf* Latvia

letra *nf* **1** (*abecedario, grafía*) letter **2** (*caracteres*) character: *las ~s chinas* Chinese characters **3** (*caligrafía*) (hand)writing **4** (*canción*) lyrics [*pl*]: *La ~ de esta canción es muy original.* The lyrics of this song are very original. LOC *Ver* PIE, PUÑO

letrero *nm* **1** (*rótulo*) sign: *Pon el ~ de cerrado en la puerta.* Put the closed sign on the door. **2** (*aviso*) notice: *Habían puesto un ~ en la puerta.* A notice had been put on the door. LOC *Ver* LUMINOSO

leucemia *nf* leukaemia

levadizo, -a *adj* LOC *Ver* PUENTE

levadura *nf* yeast

levantamiento *nm* LOC *Ver* PESA

levantar *vt* **1** to raise: *Levanta el brazo izquierdo.* Raise your left arm. ◇ *~ la moral/voz* to raise your spirits/voice **2** (*peso, tapa*) to lift *sth* up: *Levanta esa tapa.* Lift that lid up. **3** (*recoger*) to pick *sb/sth* up: *Le levantaron entre todos.* They picked him up between them.

▶ **levantarse** *vp* **1** (*ponerse de pie*) to stand up **2** (*de la cama, viento*) to get up: *Suelo ~me temprano.* I usually get up early. LOC **levantarse con el pie izquierdo** to get out of bed on the wrong side

levar *vt* LOC **levar anclas** to weigh anchor

leve *adj* slight LOC *Ver* PRONÓSTICO

ley *nf* law: *ir contra la ~* to break the law ◇ *la ~ de la gravedad* the law of gravity LOC *Ver* PROYECTO

leyenda *nf* legend

liado, -a *adj* LOC **estar liado con algn** to be having an affair with sb ◆ **estar liado con algo** to be busy with sth *Ver tb* LIAR

liar *vt* **1** (*atar*) to tie *sth* (up) **2** (*confundir*) to confuse: *No me líes.* Don't confuse me. **3** (*complicar*) to complicate: *Has liado aún más las cosas.* You've complicated things even more. **4** (*cigarrillo*) to roll

▶ **liarse** *vp* **1 liarse (con/en)** (*confundirse*) to get confused (about/over *sth*): *Se lía con las fechas.* He gets confused over dates. **2 liarse con** (*tener relaciones amorosas*) to get involved with *sb* LOC **liarse a golpes/palos/puñetazos** to come to blows (*with sb*)

libélula *nf* dragonfly [*pl* dragonflies]

liberación *nf* **1** (*país*) liberation **2** (*prisioneros, rehenes*) release

liberado, -a *adj* **1** (*prisionero, rehén*) freed **2** (*mujer*) liberated *Ver tb* LIBERAR

liberal *adj, nmf* liberal

liberar *vt* **1** (*país*) to liberate **2** (*prisionero, rehén*) to free **3** (*móvil*) to unlock

libertad *nf* freedom LOC **libertad bajo fianza/provisional** bail: *salir en ~ bajo fianza* to be released on bail ◆ **libertad condicional** parole ◆ **libertad de expresión** freedom of speech ◆ **libertad de prensa** freedom of the press

libra *nf* **1** (*dinero*) pound: *cincuenta ~s* fifty pounds (£50) ◇ *~s esterlinas* pounds sterling ➲ *Ver pág 793* **2** (*peso*) pound (*abrev* lb) ➲ *Ver pág 792*

▶ *nf, nmf* (*tb* **Libra**) (*Astrol*) Libra ➲ *Ver ejemplos en* ACUARIO

librar *vt* **1** (*salvar*) to save *sb/sth* (*from sth/doing sth*): *El aprobado en historia le ha librado de repetir curso.* His pass in history has saved him from having to repeat a year. **2** (*batalla*) to fight

▶ *vi* (*no trabajar*): *Libro los jueves.* I have Thursdays off.

▶ **librarse** *vp* **librarse (de) 1 (a)** (*escabullirse*) to get out of *sth/doing sth*: *Me libré de la mili.* I got out of doing military service. **(b)** (*escaparse*) to escape: *~se de un castigo/de la muerte* to escape punishment/death **2** (*desembarazarse*) to get rid of *sb/sth*: *Quiero ~me de esta estufa.* I want to get rid of this heater. LOC **librarse por los pelos** to escape by the skin of your teeth *Ver tb* DIOS

libre *adj* free: *Soy ~ de hacer lo que quiera.* I'm free to do what I want. LOC **libre de impuestos** tax-free *Ver tb* AIRE, CAÍDA, DÍA, ENTRADA, IMPUESTO, LUCHA, MANO, MÓVIL, TIRO

librería *nf* **1** (*tienda*) bookshop, bookstore (*USA*) ❶ La palabra **library** no significa *librería*, sino *biblioteca*. **2** (*estantería*) bookcase

libreta *nf* notebook LOC *Ver* AHORRO

libro *nm* book: *un ~ de Borges* a book by Borges LOC **libro de bolsillo** paperback ◆ **libro de texto** textbook ◆ **libro electrónico** e-book *Ver tb* COLGAR, SUSPENSE

licencia *nf* licence: *~ de pesca/armas* fishing/gun licence

licenciado, -a *nm-nf* ~ **(en)** graduate (in *sth*) (*from* ...): *~ en ciencias biológicas* a biology graduate ◇ *un ~ por la Universidad de Edimburgo* a graduate of Edinburgh University *Ver tb* LICENCIARSE

licenciarse *vp* ~ **(en)** to graduate (in *sth*) (*from* ...): *~ por la Universidad de Salamanca* to graduate from Salamanca University

licenciatura *nf* **1** (*título*) degree **2** (*estudios*) degree course

lichi *nm* lychee

licor *nm* liqueur: *~ de manzana* apple liqueur

licuadora *nf* blender

líder *nmf* leader

liderar *vt* to lead: *el partido que lidera Rajoy* the party led by Rajoy ◇ *El Valencia lidera la Liga.* Valencia are league leaders.

liebre *nf* hare LOC *Ver* GATO

lienzo *nm* canvas

lifting *nm* facelift: *hacerse un ~* to have a facelift

liga *nf* **1** league: *la ~ de baloncesto* the basketball league ◇ *la Liga de Campeones* the Champions League

> Cuando en Gran Bretaña se habla de la Liga española de fútbol, se suele decir **La Liga**: *la última jornada de la Liga* the last round of matches in La Liga.

2 (*medias*) garter

ligamento *nm* ligament: *sufrir una rotura de ~s* to tear a ligament

ligar *vi* ~ **(con)**: *Le gusta ~ con las chicas.* He likes chatting girls up. ◇ *~ mucho* to have a lot of success with boys/girls ◇ *salir a ~* to go out on the pull

▶ **ligarse** *vp* to get off with *sb*, to make out with *sb* (*USA*): *Se ligó al más guapo de la clase.* She got off with the best-looking boy in the class.

ligeramente *adv* slightly: *~ inestable* slightly unsettled

ligero, -a *adj* **1** (*liviano*) light: *comida/ropa ligera* light food/clothing ◇ *tener el sueño* ~ to sleep lightly **2** (*que casi no se nota*) slight: *un* ~ *acento andaluz* a slight Andalusian accent LOC **hacer algo a la ligera** to do sth hastily ◆ **tomarse algo a la ligera** to take sth lightly

light *adj* (*refresco*) diet: *Coca-Cola* ~ Diet Coke ➲ *Ver nota en* LOW-CAL

ligón, -ona *nm-nf*: *¡Eres una ligona!* You're always picking up guys! ◇ *Es un auténtico* ~. He's a real womanizer.

ligue *nm* boyfriend/girlfriend: *No es más que su último* ~. He's just her latest boyfriend. LOC **ir/salir de ligue** to go out on the pull

lija *nf* sandpaper

lijar *vt* to sand

lila *adj, nm, nf* (*color, flor*) lilac

lima *nf* **1** (*herramienta*) file: ~ *de uñas* nail file **2** (*fruta*) lime LOC *Ver* COMER

limar *vt* to file LOC **limar asperezas** to smooth things over

L

limbo *nm* limbo LOC **estar en el limbo** to have your head in the clouds

limitación *nf* limitation: *Conoce sus limitaciones.* He knows his limitations.

limitado, -a *adj* limited: *un número* ~ *de plazas* a limited number of places LOC *Ver* SOCIEDAD; *Ver tb* LIMITAR

limitar *vt* to limit
▶ *vi* ~ **con** (*lindar*) to border on...: *España limita con Portugal.* Spain borders on Portugal.
▶ **limitarse** *vp* **limitarse a**: *Limítese a responder a la pregunta.* Just answer the question.

límite *nm* **1** limit: *el* ~ *de velocidad* the speed limit **2** (*Geog, Pol*) boundary [*pl* boundaries] ➲ *Ver nota en* FRONTERA LOC **sin límite** unlimited: *kilometraje sin* ~ unlimited mileage ◇ *Tiene una paciencia sin* ~. She has unlimited patience. *Ver tb* FECHA

limón *nm* lemon: *zumo de* ~ lemon juice ◇ *un vestido amarillo* ~ a lemon (yellow) dress LOC *Ver* RALLADURA

limonada *nf* (real) lemonade ❶ En Gran Bretaña, la palabra **lemonade** también significa *gaseosa*.

limonero *nm* lemon tree

limosna *nf*: *Le dimos una* ~. We gave him some money. ◇ *Una* ~, *por favor.* Could you spare some change, please? LOC *Ver* PEDIR

limpiador, -ora *nm-nf* (*persona*) cleaner

limpiaparabrisas *nm* windscreen wiper, windshield wiper (*USA*)

limpiar *vt* **1** to clean: *Tengo que* ~ *los cristales.* I've got to clean the windows. **2** (*pasar un trapo*) to wipe: *Enseguida les limpio la mesa.* I'll wipe the table for you in a moment. **3** (*zapatos*) to polish
▶ **limpiarse** *vp* (*boca, nariz*) to wipe LOC **limpiar en seco** to dry-clean *Ver tb* POLVO

limpieza *nf* **1** (*acción de limpiar*) cleaning: *productos de* ~ cleaning products **2** (*pulcritud*) cleanliness LOC **limpieza en seco** dry-cleaning ◆ **limpieza étnica** ethnic cleansing *Ver tb* SEÑORA

limpio, -a *adj* **1** clean: *La habitación estaba bastante limpia.* The room was quite clean. ◇ *Mantén limpia tu ciudad.* Keep your city tidy. **2** (*sin dinero*) broke
▶ *adv* fair: *jugar* ~ to play fair LOC **pasar a limpio** to copy *sth* out neatly ◆ **sacar en limpio 1** (*entender*) to get *sth* out of *sth*: *No he sacado nada en* ~. I haven't got anything out of it. **2** (*dinero*) to clear *sth*: *Sacó en* ~ *medio millón de euros.* He cleared half a million euros. *Ver tb* JUEGO, JUGAR, PUNTO

lince *nm* lynx LOC **ser un lince** (*fig*) not to miss a trick: *Es un* ~. She never misses a trick.

lindo, -a *adj* lovely LOC **de lo lindo**: *divertirse de lo* ~ to have a great time

línea *nf* line: *una* ~ *recta* a straight line LOC **cuidar/mantener la línea** to watch your weight ◆ **en línea** (*Internet*) online ◆ **línea aérea** airline ◆ **línea de meta/salida** finishing/starting line ◆ **línea divisoria** dividing line ◆ **por línea materna/paterna** on my, your, etc. mother's/father's side *Ver tb* GUARDAR, JUEZ

lineal *adj* LOC *Ver* DIBUJO

lingüística *nf* linguistics [*incontable*]

lino *nm* **1** (*tela*) linen **2** (*planta*) flax

linterna *nf* torch, flashlight (*USA*)

lío *nm* (*desorden*) mess: *¡Qué* ~*!* What a mess! LOC **estar hecho un lío** to be in a muddle ◆ **hacerse un lío** (*confundirse*) to get into a muddle ◆ **meterse en un lío/líos** to get into trouble *Ver tb* ARMAR, MONTAR

liquidación *nf* (*rebaja*) sale LOC **liquidación por cierre (de negocio)** clearance sale

liquidar *vt* **1** (*deuda*) to settle **2** (*en tienda*) to sell *sth* off **3** (*matar*) to kill, to bump *sb* off (*coloq*)

líquido, -a *adj, nm* liquid: *Sólo puedo tomar ~s.* I can only have liquids. LOC *Ver* NATA, YOGUR

lírica *nf* lyric poetry

lirio *nm* iris

lirón *nm* dormouse [*pl* dormice] LOC *Ver* DORMIR

liso, -a *adj* **1** (*llano*) flat **2** (*superficie, piel*) smooth **3** (*sin adornos, de un solo color*) plain **4** (*pelo*) straight

lista *nf* list: ~ *de la compra* shopping list LOC **lista de direcciones/mailing** mailing list

◆ **lista de espera** waiting list ◆ **lista de éxitos** charts [*pl*]: *estar en la ~ de éxitos* to be in the charts ◇ *ser número uno en la ~ de éxitos* to be top of the charts ◆ **lista electoral** list of (election) candidates ◆ **pasar lista** to take the register

listo, -a *adj* **1** (*inteligente*) clever **2** (*preparado*) ready: *Estamos ~s para salir.* We're ready to leave. LOC **pasarse de listo** to be too clever by half: *No te pases de ~ conmigo.* Don't try and be clever with me. *Ver tb* PREPARADO

litera *nf* **1** (*en casa*) bunk bed: *Los niños duermen en ~s.* The children sleep in bunk beds. **2** (*en barco*) bunk **3** (*en tren*) couchette

literario, -a *adj* literary

literatura *nf* literature

litoral *nm* coast

litro *nm* litre (*abrev* l): *medio ~* half a litre

litrona *nf* litre bottle of beer

Lituania *nf* Lithuania

lituano, -a *adj, nm-nf, nm* Lithuanian

llaga *nf* ulcer

llama *nf* **1** (*de fuego*) flame **2** (*animal*) llama LOC **estar en llamas** to be on fire

llamada *nf* call: *hacer una ~ (telefónica)* to make a (phone) call ◇ *la ~ del deber* the call of duty LOC **llamada a cobro revertido** reverse charge call, collect call (*USA*) *Ver tb* TONO

llamado, -a *adj* so-called: *el ~ Tercer Mundo* the so-called Third World *Ver tb* LLAMAR

llamamiento *nm* appeal

llamar *vt* to call: *Se llama Ignacio pero le llaman Nacho.* His name's Ignacio but they call him Nacho. ◇ *~ a la policía* to call the police ◇ *Llámame cuando llegues.* Give me a ring when you get there.

▶ *vi* **1** (*telefonear*) to call: *¿Ha llamado alguien mientras estaba fuera?* Did anyone call while I was out? **2** (*puerta*) to knock: *Están llamando a la puerta.* Someone's knocking at the door. **3** (*timbre*) to ring *sth*: *~ al timbre* to ring the bell

▶ **llamarse** *vp* to be called: *¿Cómo te llamas?* What's your name? ◇ *Me llamo Ana.* My name's Ana./I'm called Ana. LOC **llamar a cobro revertido** to reverse the charges, to call collect (*USA*) ◆ **llamar la atención 1** (*sobresalir*) to attract attention: *Se viste así para ~ la atención.* He dresses like that to attract attention. **2** (*sorprender*) to surprise *sb*: *Nos llamó la atención que volvieras sola.* We were surprised that you came back on your own. **3** (*reprender*) to tell *sb* off ◆ **llamar por teléfono** to phone *sb*, to give *sb* a ring (*coloq*) *Ver tb* PAN

llamativo, -a *adj* **1** (*ostentoso*) flashy: *un coche muy ~* a flashy car **2** (*impactante*) striking: *el aspecto más ~ del asunto* the most striking aspect of the matter

llano, -a *adj* **1** (*terreno*) flat: *un terreno ~* flat land **2** (*trato*) straightforward

▶ *nm* (*llanura*) plain LOC *Ver* PLATO

llanto *nm* crying [*incontable*]

llanura *nf* plain

llave *nf* **1 ~ (de)** key [*pl* keys] (to *sth*): *la ~ del armario* the key to the wardrobe ◇ *la ~ de la puerta* the door key **2** (*Mec*) spanner LOC **bajo llave** under lock and key ◆ **echar la llave (a algo)** to lock (sth) up ◆ **llave de contacto** ignition key ◆ **llave de paso** (*del agua, gas*) stopcock ◆ **llave inglesa** (adjustable) spanner, monkey wrench (*USA*) *Ver tb* AMA

llavero *nm* key ring

llegada *nf* arrival

llegar *vi* **1** to arrive (at/in...): *Llegamos al aeropuerto/hospital a las cinco.* We arrived at the airport/hospital at five o'clock. ◇ *Llegué a Inglaterra hace un mes.* I arrived in England a month ago. ➲ *Ver nota en* ARRIVE **2** (*alcanzar*) to reach: *¿Llegas?* Can you reach? ◇ *~ a una conclusión* to reach a conclusion **3** (*bastar*) to be enough: *La comida no llegó para todos.* There wasn't enough food for everyone. **4** (*altura*) to come up *to sth*: *Mi hija ya me llega al hombro.* My daughter comes up to my shoulder. **5 ~ hasta** (*extenderse*) to go as far as...: *La finca llega hasta el río.* The estate goes as far as the river. **6** (*tiempo*) to come: *~ primero/segundo* to come first/second ◇ *cuando llegue el verano* when summer comes ◇ *Ha llegado el momento de...* The time has come to... LOC **estar al llegar** to be due any time: *Tu padre debe estar al ~.* Your father must be due any time now. ◆ **llegar a casa** to arrive home, to get home (*más coloq*) ◆ **llegar a hacer algo** (*lograr*) to manage to do sth ◆ **llegar a las manos** to come to blows ◆ **llegar a saber** to find out ◆ **llegar a ser** to become ◆ **llegar a tiempo** to be on time ◆ **llegar lejos** to go far ◆ **llegar tarde/temprano** to be late/early: *Llegó por la mañana temprano.* He arrived early in the morning. ◆ **si no llega a ser por él** if it hadn't been for him, her, etc.: *Si no llega a ser por él me mato.* If it hadn't been for him, I would have been killed.

llenar *vt* **1** to fill *sb/sth* (*with sth*): *Llena la jarra de agua.* Fill the jug with water. ◇ *No lo llenes tanto que se sale.* Don't fill it too much or it'll overflow. ◇ *La noticia nos ha llenado de alegría.* The news filled us with joy. **2** (*satisfacer*) to satisfy: *Aquel estilo de vida no me llenaba.* That lifestyle didn't satisfy me.

▶ *vi* (*comida*) to be filling: *La fruta no llena.* Fruit doesn't fill you up.

▶ **llenarse** *vp* **1** to fill (up) (*with sth*): *La casa se llenó de invitados.* The house filled (up) with guests. **2** (*comiendo*) to stuff yourself (*with sth*) **3** (*cubrirse*) to get covered *with sth*: *Se ha llenado la cara de chocolate.* He's got his face covered with chocolate.

lleno, -a *adj* **1** full (*of sth*): *Esta habitación está llena de humo.* This room is full of smoke. ◇ *No quiero más, estoy ~.* I don't want any more, I'm full. **2** (*cubierto*) covered (*in/with sth*): *El techo estaba ~ de telarañas.* The ceiling was covered in cobwebs. LOC **dar de lleno** (*sol*): *El sol nos daba de ~ en la cara.* The sun was shining full in our faces. ◆ **de lleno** fully: *entrar/meterse de ~ en algo* to throw yourself (fully) into sth ◆ **estar lleno hasta rebosar** to be packed (out): *El autobús/bar estaba ~ hasta rebosar.* The bus was packed/The bar was packed (out). *Ver tb* CABEZA, LUNA

llevadero, -a *adj* bearable

llevar *vt* **1** to take: *Lleva las sillas a la cocina.* Take the chairs to the kitchen. ◇ *Me llevará un par de días arreglarlo.* It'll take me a couple of days to fix it. ◇ *Llevé el perro al veterinario.* I took the dog to the vet. ➲ *Ver nota en* GIVE

> Cuando el hablante se ofrece a llevarle algo al oyente, se utiliza **bring**: *No hace falta que vengas, te lo llevo el viernes.* You don't need to come, I'll bring it on Friday. ➲ *Ver tb dibujo en* TAKE

2 (*carga*) to carry: *Se ofreció a ~le la maleta.* He offered to carry her suitcase. **3** (*gafas, ropa, peinado*) to wear: *Lleva gafas.* She wears glasses. **4** (*conducir*) to drive: *¿Quién llevaba el coche?* Who was driving? **5** (*tener*) to have: *No llevaba dinero encima.* I didn't have any cash on me. ◇ *¿Llevas suelto?* Have you got any change? ◇ *¿Este plato lleva picante?* Is this dish hot? **6** (*tiempo*) to have been (*doing sth*): *¿Cuánto tiempo llevas en Oviedo?* How long have you been in Oviedo? ◇ *Llevan dos horas esperando.* They've been waiting for two hours.

▶ *vi* to lead to *sth*: *Esta carretera lleva al río.* This road leads to the river.

▶ *v aux* + **participio** to have: *Llevo vistas tres películas esta semana.* I've seen three films this week.

▶ **llevarse** *vp* **1** (*robar*) to take: *El ladrón se llevó el vídeo.* The thief took the video. **2** (*estar de moda*) to be in: *Este invierno se lleva el verde.* Green is in this winter. **3** (*Mat*) to carry: *22 y me llevo dos.* 22 and carry two. **4** (*emoción, susto*) to get: *~se un disgusto/un susto* to get upset/get a fright LOC **llevarle a algn dos años, etc.** to be two years, etc. older than sb: *Me lleva seis meses.* She's six months older than me. ◆ **llevarse bien/mal** to get on well/badly (*with sb*) ◆ **para llevar** to take away, to take out (*USA*): *una pizza para ~* a pizza to take away ❶ Para otras expresiones con **llevar**, véanse las entradas del sustantivo, adjetivo, etc., p. ej. **llevar a cabo** en CABO.

llorar *vi* **1** to cry: *No llores.* Don't cry. ◇ *ponerse a ~* to burst out crying ◇ *~ de alegría/rabia* to cry with joy/rage **2** (*ojos*) to water: *Me lloran los ojos.* My eyes are watering. LOC **llorar a lágrima viva/a moco tendido** to cry your eyes out

llorón, -ona *adj, nm-nf* crybaby [*pl* crybabies]: *No seas tan ~.* Don't be such a crybaby. LOC *Ver* SAUCE

llover *v imp* to rain: *Estuvo lloviendo toda la tarde.* It was raining all afternoon. ◇ *¿Llueve?* Is it raining? LOC **llover a cántaros** to pour: *Está lloviendo a cántaros.* It's pouring (with rain). *Ver tb* PARECER

llovizna *nf* drizzle

lloviznar *v imp* to drizzle

lluvia *nf* **1** rain: *un día de ~* a rainy day ◇ *Estas botas son buenas para la ~.* These boots are good for wet weather. **2** (*de billetes, regalos, polvo*) shower **3** (*de balas, piedras, golpes, insultos*) hail LOC **bajo la lluvia** in the rain ◆ **lluvia ácida** acid rain ◆ **lluvia radiactiva** radioactive fallout

lluvioso, -a *adj* **1** (*zona, país, temporada*) wet **2** (*día, tarde, tiempo*) rainy

lo *art def* + **adjetivo** the… thing: *lo interesante/difícil es…* the interesting/difficult thing is…

▶ *pron* **1** (*él*) him: *Lo eché de casa.* I threw him out of the house. **2** (*cosa*) it: *¿Dónde lo tienes?* Where is it? ◇ *No me lo creo.* I don't believe it.

> Cuando se usa **lo** como complemento directo de algunos verbos como *decir, saber* y *ser* no se traduce: *Te lo diré mañana.* I'll tell you tomorrow. ◇ *Todavía no eres médico pero lo serás.* You're not a doctor yet, but you will be.

3 (*usted*) you LOC **lo cual** which: *lo cual no es cierto* which isn't true ◆ **lo de… 1** (*posesión*): *Todo eso es lo de Juan.* All that stuff is Juan's. **2** (*asunto*): *Lo del viaje fue inesperado.* The journey came as a surprise. ◇ *Lo de la fiesta era una broma, ¿no?* What you said about the party was a joke, wasn't it? ◆ **lo mío 1** (*posesión*) my, your, etc. things: *Todo lo mío es tuyo.* All I have is yours. **2** (*afición*) my, your, etc. thing: *Lo suyo es la música.* Music's his thing. ◆ **lo que…** what: *No te imaginas lo que fue aquello.* You can't imagine what it was like. ◇ *Haré lo que* *digas*. I'll do whatever you say. ◇ *Haría lo que fuera por aprobar*. I'd do anything to pass.

lobo, -a *nm-nf* wolf [*pl* wolves] **LOC** *Ver* HOMBRE, PERRO

local *adj* **1** local **2** (*equipo*) home: *el equipo ~* the home team

▶ *nm* premises [*pl*]: *El ~ es bastante grande*. The premises are quite big.

localidad *nf* **1** (*pueblo*) village **2** (*ciudad pequeña*) town **3** (*Cine, Teat*) seat **LOC no hay localidades** sold out

localizar *vt* **1** (*encontrar*) to locate: *Han localizado su paradero*. They've located his whereabouts. **2** (*contactar*) to get hold of *sb*: *Llevo toda la mañana tratando de ~te*. I've been trying to get hold of you all morning.

loción *nf* lotion **LOC** *Ver* DESMAQUILLADOR

loco, -a *adj* mad, crazy (*USA*): *volverse ~* to go mad ◇ *Me vuelve ~*. He drives me mad. ◇ *El chocolate me vuelve ~*. I'm mad about chocolate.

▶ *nm-nf* madman/woman [*pl* -men/-women] **LOC estar loco con/por** (*encantado*) to be crazy about *sb/sth* ◆ **estar loco de** to be beside yourself with *sth*: *Está loca de alegría*. She's beside herself with joy. ◆ **estar loco de remate** to be round the bend ◆ **hacerse el loco** to pretend not to notice *Ver tb* CADA

locomotora *nf* engine, locomotive (*más formal*): *una ~ de vapor* a steam engine

locura *nf* **1** (*demencia*) madness: *un ataque de ~* a fit of madness **2** (*disparate*) crazy thing: *He hecho muchas ~s*. I've done a lot of crazy things. ◇ *Es una ~ ir solo*. It's crazy to go alone. ◇ *¡Qué ~!* That's crazy!

locutor, -ora *nm-nf* (*de noticias*) newsreader

locutorio *nm* (*telefónico*) phone centre

lodo *nm* mud

lógico, -a *adj* **1** (*normal*) natural: *Es ~ que te preocupes*. It's only natural that you're worried. **2** (*pensamiento, deducción*) logical

logotipo *nm* logo [*pl* logos]

lograr *vt* **1** (*obtener*) to get, to achieve (*más formal*): *Logré buenos resultados*. I got good results. **2 + infinitivo** to manage *to do sth*: *Logré convencerles*. I managed to persuade them. **3 ~ que...** to get *sb to do sth*: *No lograrás que vengan*. You'll never get them to come.

logro *nm* achievement

lombriz *nf* worm

lomo *nm* **1** (*Cocina*) loin: *~ de cerdo* (loin of) pork **2** (*de un animal*) back **3** (*libro*) spine

loncha *nf* slice **LOC en lonchas** sliced

longitud *nf* **1** length: *Tiene dos metros de ~*. It is two metres long. **2** (*Geog*) longitude **LOC** *Ver* SALTO

lonja *nf* **LOC lonja (de pescado)** fish market

loro *nm* **1** (*ave*) parrot **2** (*persona*) chatterbox **LOC estar al loro 1** (*observando*) to be on the alert (*for sth*): *Las notas salen pronto, hay que estar al ~*. The results will be out soon – you need to be on the alert. **2** (*al día*) to keep up to date (*with sth*): *Hay que estar siempre al ~ de lo que se lleva y lo que no*. You have to keep up to date with the latest fashions.

los, las *art def* the: *los libros que compré ayer* the books I bought yesterday ➲ *Ver nota en* THE

▶ *pron* them: *Los/las vi en el cine*. I saw them at the cinema. **LOC de los/las de...**: *un terremoto de los de verdad* a really violent earthquake ◇ *El diseño del coche es de los de antes*. The design of the car is old-fashioned. ◆ **los/las de... 1** (*posesión*): *los de mi abuela* my grandmother's **2** (*característica*) the ones (with...): *Prefiero los de punta fina*. I prefer the ones with a fine point. ◇ *Me gustan las de cuadros*. I like the checked ones. **3** (*ropa*) the ones in...: *las de rojo* the ones in red **4** (*procedencia*) the ones from...: *los de Pamplona* the ones from Pamplona ◆ **los/las hay**: *Los hay con muy poco dinero*. There are some with very little money. ◇ *Dime si los hay o no*. Tell me if there are any or not. ◆ **los/las que... 1** (*personas*): *los que se encontraban en la casa* the ones who were in the house ◇ *los que tenemos que madrugar* those of us who have to get up early ◇ *Entrevistamos a todos los que se presentaron*. We interviewed everyone who applied. **2** (*cosas*) the ones (which/that)...: *las que compramos ayer* the ones we bought yesterday

losa *nf* paving stone

lote *nm* **1** set: *un ~ de libros* a set of books **2** (*Econ, Informát*) batch **LOC darse el lote** to pet

lotería *nf* lottery [*pl* lotteries] **LOC** *Ver* ADMINISTRACIÓN, JUGAR

loza *nf* china: *un plato de ~* a china plate

lubina *nf* sea bass [*pl* sea bass]

lucha *nf* **~ (contra/por)** fight (against/for *sb/sth*): *la ~ contra la contaminación/por la igualdad* the fight against pollution/for equality **LOC lucha libre** wrestling

luchador, -ora *adj, nm-nf* fighter: *Es un hombre muy ~*. He's a real fighter.

▶ *nm-nf* (*deportista*) wrestler

luchar *vi* **1** to fight: *~ por la libertad* to fight for freedom ◇ *~ contra los prejuicios raciales* to fight (against) racial prejudice **2** (*Dep*) to wrestle

lucir *vt* (*ropa*) to wear

▶ *vi* **1** (*astro*) to shine **2** (*resaltar*) to look nice: *Ese jarrón luciría más allí*. That vase would

L

look better there. **3** (*notarse*) to show: *Gasta mucho en cremas, pero no le luce.* She spends a lot on creams, but it doesn't show.

▶ **lucirse** *vp* (*presumir*) to show off: *Lo hace para ~se.* He just does it to show off.

lucro *nm* LOC *Ver* ÁNIMO

ludópata *nmf* compulsive gambler

luego *adv* **1** (*más tarde*) later: *Te lo cuento ~.* I'll tell you later. **2** (*a continuación*) then: *Se baten los huevos y ~ se añade el azúcar.* Beat the eggs and then add the sugar. ◇ *Primero está el ambulatorio y ~ la farmacia.* First there's the clinic and then the chemist's.

▶ *conj* therefore: *Pienso, ~ existo.* I think, therefore I am. LOC **desde luego** of course: *¡Desde ~ que no!* Of course not! ◆ **¡hasta luego!** bye!, see you! (*coloq*)

lugar *nm* **1** (*sitio*) place: *Me gusta este ~.* I like this place. ◇ *En esta fiesta estoy fuera de ~.* I feel out of place at this party. **2** (*posición, puesto*) position: *ocupar un ~ importante en la empresa* to have an important position in the firm **3** (*pueblo*) village: *los del ~* the people from the village LOC **dar lugar a algo** to cause sth ◆ **en lugar de** instead of *sb/sth/doing sth*: *En ~ de salir tanto, más te valdría estudiar.* Instead of going out so much, you'd be better off studying. ◆ **en primer, segundo, etc. lugar 1** (*posición*) first, second, etc.: *llegar en primer/segundo ~* to come first/second ◇ *El equipo francés quedó clasificado en último ~.* The French team came last. **2** (*en un discurso*) first of all, secondly, etc.: *En último ~...* Last of all... ◆ **lugar de nacimiento 1** birthplace **2** (*en impresos*) place of birth ◆ **sin lugar a dudas** undoubtedly ◆ **tener lugar** to take place: *El accidente tuvo ~ a las dos de la madrugada.* The accident took place at two in the morning. ◆ **yo en tu lugar** if I were you: *Yo, en tu ~, aceptaría la invitación.* If I were you, I'd accept the invitation. *Ver tb* ALGUNO, CLASIFICAR, CUALQUIERA, NINGUNO, OTRO

lúgubre *adj* gloomy

lujo *nm* luxury [*pl* luxuries]: *No puedo permitirme esos ~s.* I can't afford such luxuries. LOC **a todo lujo** in style: *Viven a todo ~.* They live in style. ◆ **con todo lujo de detalles** with a wealth of detail ◆ **de lujo** luxury: *un apartamento de ~* a luxury apartment

lujoso, -a *adj* luxurious

lujuria *nf* lust

lumbre *nf* **1** fire: *Nos sentamos al calor de la ~.* We sat down by the fire. **2** (*cocina*) stove: *Tengo la comida en la ~.* The food's on the stove.

lumbrera *nf* (*persona inteligente*) genius [*pl* geniuses]

luminoso, -a *adj* **1** bright: *una habitación/idea luminosa* a bright room/idea **2** (*que despide luz*) luminous: *un reloj ~* a luminous watch LOC **anuncio/letrero luminoso** neon sign

luna *nf* **1** moon: *un viaje a la Luna* a trip to the moon **2** (*cristal*) glass **3** (*espejo*) mirror **4** (*parabrisas*) windscreen, windshield (*USA*) LOC **estar en la luna** to be miles away ◆ **luna creciente/menguante** waxing/waning moon ◆ **luna de miel** honeymoon ◆ **luna llena/nueva** full/new moon

lunar *adj* lunar: *eclipse ~* lunar eclipse

▶ *nm* **1** (*piel*) mole **2** (*dibujo*) polka dot: *una falda de ~es* a polka-dot skirt

lunático, -a *adj, nm-nf* lunatic

lunes *nm* Monday (*abrev* Mon.): *el ~ por la mañana/tarde* on Monday morning/afternoon ◇ *Los ~ no trabajo.* I don't work on Mondays. ◇ *un ~ sí y otro no* every other Monday ◇ *Ocurrió el ~ pasado.* It happened last Monday. ◇ *Nos veremos el ~ que viene.* We'll meet next Monday. ◇ *Mi cumpleaños cae en ~ este año.* My birthday falls on a Monday this year. ◇ *Se casarán el ~ 25 de julio.* They're getting married on Monday 25 July. ❶ Se lee: 'Monday the twenty-fifth of July'.

lupa *nf* magnifying glass

luto *nm* mourning: *una jornada de ~* a day of mourning LOC **estar de luto** to be in mourning (*for sb*) ◆ **ir de/llevar luto** to be dressed in mourning

luz *nf* **1** light: *encender/apagar la ~* to turn the light on/off ◇ *Hay mucha ~ en este piso.* This flat gets a lot of light. ◇ *a la ~ del sol/de la luna* in the sunlight/moonlight **2** (*electricidad*) electricity: *Con la tormenta se fue la ~.* The electricity went off during the storm. **3** (*día*) daylight: *En verano hay ~ hasta las 10.* In summer it's light until 10. **4 luces** (*inteligencia*): *tener muchas/pocas luces* to be bright/dim LOC **dar a luz** to give birth (to *sb*): *Dio a ~ una niña.* She gave birth to a baby girl. ◆ **luces cortas/de cruce** dipped headlights, low beams (*USA*): *Puse las luces cortas.* I dipped my headlights. ◆ **luces de posición** sidelights, parking lights (*USA*) ◆ **luces largas/de carretera** headlights ◆ **sacar a la luz** to bring *sth* (out) into the open ◆ **salir a la luz** (*secreto*) to come to light *Ver tb* AÑO, PLENO

lycra® *nf* lycra®

Mm

macabro, -a *adj* macabre

macarra *nmf* flashy person

macarrón *nm* **macarrones** macaroni [*incontable*]: *Los macarrones son fáciles de hacer.* Macaroni is easy to cook.

macedonia *nf* LOC **macedonia (de frutas)** fruit salad

maceta *nf* flowerpot

machacar *vt* **1** (*ajo, nueces, etc.*) to crush **2** (*romper*) to smash: *El niño machacó los juguetes.* The child smashed his toys to bits.
▶ *vt, vi* to go over (and over) *sth*: *Les machaqué la lección hasta que se la aprendieron.* I went over and over the lesson until they learnt it.

machete *nm* machete

machismo *nm* machismo

machista *adj, nmf* sexist: *una actitud/un programa ~* a sexist attitude/programme ◇ *Mi jefe es un ~ de tomo y lomo.* My boss is really sexist. ➲ *Ver nota en* CATÓLICO

macho *adj, nm* **1** (*Zool*) male: *una camada de dos ~s y tres hembras* a litter of two males and three females ◇ *¿Es ~ o hembra?* Is it male or female? ➲ *Ver nota en* FEMALE **2** (*machote*) macho: *Ese tío va de ~.* He's a bit of a macho man.

macizo, -a *adj* (*objeto*) solid

macro *nf* (*Informát*) macro [*pl* macros]

macroconcierto *nm* mega-concert

macrofiesta *nf* big celebration

madera *nf* **1** (*material*) wood: *El roble es una ~ de gran calidad.* Oak is a high-quality wood. ◇ *hecho de ~* made of wood **2** (*tabla*) piece of wood: *Esa ~ puede servir para tapar el agujero.* We could use that piece of wood to block up the hole. **3** (*de construcción*) timber: *las ~s del tejado* the roof timbers LOC **de madera** wooden: *una silla/viga de ~* a wooden chair/beam ◆ **madera de pino, roble, etc.** pine, oak, etc.: *una mesa de ~ de pino* a pine table ◆ **tener madera de artista, líder, etc.** to be a born artist, leader, etc. ◆ **¡toca madera!** touch wood!, knock on wood! (*USA*) *Ver tb* CUCHARA

madero *nm* (*tablón*) piece of timber

madrastra *nf* stepmother

madre *nf* mother: *ser ~ de dos hijos* to be the mother of two children LOC **madre biológica** birth mother ◆ **madre de alquiler** surrogate mother ◆ **¡madre mía!** good heavens! ◆ **madre superiora** Mother Superior *Ver tb* ASOCIACIÓN, DÍA, FAMILIA, HUÉRFANO

madriguera *nf* **1** (*conejo, topo*) burrow **2** (*lobo, león*) den

madrina *nf* **1** (*bautizo*) godmother **2** (*boda*) woman who accompanies the groom, usually his mother ➲ *Ver nota en* BODA

madrugada *nf* early morning: *en la ~ del viernes al sábado* in the early hours of Saturday morning ◇ *a las dos de la ~* at two in the morning

madrugar *vi* to get up early

madurar *vi* **1** (*fruta*) to ripen **2** (*persona*) to mature

maduro, -a *adj* **1** (*fruta*) ripe **2** (*de mediana edad*) middle-aged: *un hombre ya ~* a middle-aged man **3** (*sensato*) mature: *Javier es muy ~ para su edad.* Javier is very mature for his age.

maestro, -a *nm-nf* **1** (*profesor*) teacher **2 ~ (de/en)** (*figura destacada*) master: *un ~ del ajedrez* a chess master LOC *Ver* OBRA

mafia *nf* mafia: *la ~ de la droga* the drugs mafia ◇ *la Mafia* the Mafia

magdalena *nf* fairy cake, cupcake (*USA*)

magia *nf* magic: *~ blanca/negra* white/black magic LOC *Ver* ARTE

mágico, -a *adj* magic: *poderes ~s* magic powers LOC *Ver* VARITA

magisterio *nm* (*estudios*) teacher training: *Elena estudió Magisterio en Valencia.* Elena trained as a teacher in Valencia.

magnate *nmf* tycoon

magnético, -a *adj* magnetic

magnetismo *nm* magnetism

magnífico, -a *adj* wonderful: *Hizo un tiempo ~.* The weather was wonderful.

mago, -a *nm-nf* (*ilusionista*) magician LOC *Ver* REY

magrebí *adj, nmf* North African

magro, -a *adj* lean
▶ *nm* loin

mahonesa *nf Ver* MAYONESA

maicena® *nf* cornflour, cornstarch (*USA*)

mail *nm* email

mailing *nm* mailshot LOC *Ver* LISTA

maillot *nm* (*ciclismo*) jersey [*pl* jerseys]: *el ~ amarillo* the yellow jersey

maíz *nm* **1** (*de comer*) sweetcorn **2** (*planta*) maize, corn (*USA*) LOC *Ver* PALOMITA

Majestad *nf* Majesty [*pl* Majesties]: *Su ~* His/Her/Your Majesty

majo, -a *adj* nice

mal *adj Ver* MALO

▶ *adv* **1** badly: *portarse/hablar ~* to behave/speak badly ◇ *~ diseñado* badly designed ◇ *un trabajo ~ pagado* a poorly/badly-paid job ◇ *Mi abuela oye muy ~.* My grandmother's hearing is very bad. ◇ *¡Qué ~ lo pasamos!* What a terrible time we had! **2** (*calidad, aspecto*) bad: *Esa chaqueta no está ~.* That jacket's not bad. **3** (*equivocadamente, moralmente*) wrong: *Has escogido ~.* You've made the wrong choice. ◇ *contestar ~ una pregunta* to give the wrong answer ◇ *Está ~ que contestes a tu madre.* It's wrong to answer your mother back.

▶ *nm* **1** (*daño*) harm: *No te deseo ningún ~.* I don't wish you any harm. **2** (*problema*) problem: *La venta de la casa nos salvó de ~es mayores.* The sale of the house saved us any further problems. **3** (*Fil*) evil: *el bien y el ~* good and evil LOC **andar/estar mal de** to be short of *sth* ◆ **estar/encontrarse mal 1** (*enfermo*) to be/feel ill **2** (*deprimido*) to be/feel depressed, to be/feel down (*coloq*) ◆ **no hay mal que por bien no venga** every cloud has a silver lining ❶ Para otras expresiones con **mal**, véanse las entradas del sustantivo, adjetivo, etc., p. ej. **estar mal de la cabeza** en CABEZA.

M

malabarismo *nm* LOC **hacer malabarismos** to juggle

malabarista *nmf* juggler

malcriar *vt* to spoil

maldad *nf* wickedness [*incontable*]: *Siempre se han caracterizado por su ~.* Their wickedness is notorious. ◇ *Ha sido una ~ por su parte.* That was a wicked thing to do.

maldecir *vt* to curse

maldición *nf* curse: *Una ~ pesa sobre nosotros.* There's a curse on us. ◇ *echarle una ~ a algn* to put a curse on sb ◇ *No paraba de soltar maldiciones.* He kept cursing and swearing.

maldito, -a *adj* **1** (*que causa enfado*) wretched: *¡Estos ~s zapatos me aprietan!* These wretched shoes are too tight for me! **2** (*Relig*) damned *Ver tb* MALDECIR

maleducado, -a *adj, nm-nf* rude: *¡Que niños tan ~s!* What rude children! ◇ *ser un ~* to be rude

malentendido *nm* misunderstanding: *Ha habido un ~.* There has been a misunderstanding.

malestar *nm* **1** (*indisposición*): *Siento un ~ general.* I don't feel very well. **2** (*inquietud*) unease: *Sus palabras causaron ~ en medios políticos.* His words caused unease in political circles.

maleta *nf* suitcase, case (*más coloq*) LOC **hacer/deshacer la(s) maleta(s)** to pack/unpack

maletero *nm* boot, trunk (*USA*)

maletín *nm* (*documentos*) briefcase ➲ *Ver dibujo en* BAG

malgastar *vt* to waste

malhablado, -a *adj, nm-nf* foul-mouthed: *ser un ~* to be foul-mouthed

malherido, -a *adj* badly injured

maligno, -a *adj* (*tumor, enfermedad*) malignant

malla *nf* **1** (*Ballet, Gimnasia*) leotard **2 mallas** (*pantalones elásticos*) leggings **3** (*red*) mesh

malo, -a *adj* **1** bad: *una mala persona* a bad person ◇ *~s modales/mala conducta* bad manners/behaviour ◇ *Tuvimos muy mal tiempo.* We had very bad weather. **2** (*insuficiente, inadecuado*) poor: *mala alimentación/visibilidad* poor food/visibility ◇ *debido al mal estado del terreno* due to the poor condition of the ground **3** (*travieso*) naughty: *No seas ~ y bébete la leche.* Don't be naughty — drink up your milk. **4 ~ para** (*torpe*) bad at *sth/doing sth*: *Soy ~ para las matemáticas.* I'm bad at maths. ◇ *Es muy ~ para los nombres.* He's hopeless with names.

▶ *nm-nf* villain, baddy [*pl* baddies] (*coloq*): *El ~ muere en el último acto.* The villain dies in the last act. ◇ *Al final luchan los buenos contra los ~s.* At the end there is a fight between the goodies and the baddies. LOC **estar malo 1** (*persona*) to be ill **2** (*alimento*) to be off ◆ **lo malo es que...** the trouble is (that)... ◆ **poner malo** (*irritar*) to annoy *sb*: *Me pone mala cuando llega tarde.* It really annoys me when he turns up late. ◆ **¿qué tiene de malo...?** what's wrong with...?: *¿Qué tiene de ~ comer entre horas?* What's wrong with eating between meals? ❶ Para otras expresiones con **malo**, véanse las entradas del sustantivo, p. ej. **mala hierba** en HIERBA.

malpensado, -a *adj* **1** (*que siempre sospecha*) suspicious **2** (*obsceno*) dirty-minded LOC **ser un malpensado 1** (*que siempre sospecha*) to have a suspicious mind **2** (*obsceno*) to have a dirty mind

Malta *nf* Malta

maltés, -esa *adj, nm* Maltese

▶ *nm-nf* Maltese man/woman [*pl* men/women]: *los malteses* the Maltese

maltratado, -a *adj* **1** (*persona*) battered **2** (*animal*) maltreated *Ver tb* MALTRATAR

maltratador, -ora *nm-nf* abuser

maltratar *vt* to mistreat: *Dijeron que les habían maltratado.* They said they had been mistreated. ◇ *Nos maltrataron psicológicamente.* We were subjected to psychological abuse.

malva *nm* (*color*) mauve ➲ *Ver ejemplos en* AMARILLO

malvado, -a *adj* wicked

mamá *nf* mum ❶ También es frecuente decir **mummy** y, en inglés americano, **mom** y **mommy**.

mama *nf* breast: *cáncer de ~* breast cancer

mamar *vi* to feed, to nurse (*USA*): *En cuanto termina de ~ se duerme.* He falls asleep as soon as he's finished feeding. LOC **dar de mamar** to breastfeed, to nurse (*USA*)

mamífero *nm* mammal

mampara *nf* **1** (*ducha, bañera*) screen **2** (*pared*) partition

manada *nf* **1** (*animales*) **(a)** herd: *una ~ de elefantes* a herd of elephants **(b)** (*lobos, perros*) pack **(c)** (*leones*) pride **2** (*gente*) crowd

manantial *nm* spring: *agua de ~* spring water

manar *vi* to flow

manazas *nmf* clumsy: *¡Eres un ~!* You're so clumsy!

mancha *nf* **1** (*suciedad*) stain: *una ~ de grasa* a grease stain **2** (*en la piel*) **(a)** (*animal*) spot: *las ~s del leopardo* the leopard's spots **(b)** (*persona*) patch: *Me han salido unas ~s en la cara.* Some dark patches have appeared on my face. LOC *Ver* NACIMIENTO

manchado, -a *adj* **~ (de)** (*embadurnado*) stained (with *sth*): *Llevas la camisa manchada de vino.* You've got a wine stain on your shirt. ◇ *una carta manchada de sangre/tinta* a blood-stained/ink-stained letter *Ver tb* MANCHAR

manchar *vt* to get *sth* dirty: *No manches el mantel.* Don't get the tablecloth dirty. ◇ *Has manchado el suelo de barro.* You've got mud on the floor.

▶ **mancharse** *vp* to get dirty

manco, -a *adj* **1** (*sin un brazo*) one-armed **2** (*sin una mano*) one-handed

mandamiento *nm* (*Relig*) commandment

mandar *vt* **1** (*ordenar*) to tell *sb to do sth*: *Mandó callar a los niños.* He told the children to be quiet. ➲ *Ver nota en* ORDER **2** (*enviar*) to send: *Te he mandado una carta.* I've sent you a letter. ◇ *El ministerio ha mandado a un inspector.* The ministry has sent an inspector. ➲ *Ver nota en* GIVE **3** (*a reparar, etc.*) to have *sth* done: *Lo voy a ~ a limpiar.* I'm going to have it cleaned. **4** (*recetar*) to prescribe: *El médico le ha mandado unas gotas.* The doctor has prescribed him some drops.

▶ *vi* **1** (*gobierno*) to be in power **2** (*ser el jefe*) to be the boss, to be in charge (*más formal*) LOC **mandar a algn a paseo/la porra** to tell sb to get lost *Ver tb* CORREO, DIOS, SALUDO

mandarina *nf* mandarin

mandato *nm* **1** (*período*) term of office: *durante el ~ del alcalde* during the mayor's term of office **2** (*orden*) mandate: *bajo ~ de la ONU* under UN mandate

mandíbula *nf* jaw

mando *nm* **1** (*liderazgo*) leadership: *tener don de ~* to be a born leader **2** (*Mil*) command: *entregar/tomar el ~* to hand over/take command **3** (*para juegos*) joystick **4 mandos** controls: *cuadro de ~s* control panel LOC **mando a distancia** remote control, remote (*coloq*)

mandón, -ona *adj, nm-nf* bossy: *ser un ~* to be bossy

manecilla *nf* hand: *la ~ grande del reloj* the hour hand

manejar *vt* **1** to handle: *~ un arma* to handle a weapon ◇ *~ datos/dinero* to handle data/money **2** (*máquina*) to operate **3** (*manipular*) to manipulate: *No te dejes ~.* Don't let yourself be manipulated.

manera *nf* **1 ~ (de)** (*modo*) way (of *doing sth*): *su ~ de hablar/vestir* her way of speaking/dressing **2 maneras** (*modales*) manners: *buenas ~s* good manners ◇ *pedir algo de buenas ~s* to ask nicely for sth LOC **a mi manera** my, your, etc. way ◆ **de mala manera 1** (*mal*) badly: *Hizo los deberes de mala ~.* The homework was very badly done. **2** (*de forma maleducada*) rudely: *Me contestó de muy mala ~.* She answered me very rudely. **3** (*mucho*) a lot: *Los alquileres han subido de mala ~.* Rents have gone up a lot. ◆ **de manera que** (*por tanto*) so: *Has estudiado poco, de ~ que no puedes aprobar.* You haven't studied much, so you won't pass. ◆ **de todas maneras** anyway ◆ **manera de ser**: *Es mi ~ de ser.* It's just the way I am. ◆ **no haber manera de** to be impossible *to do sth*: *No ha habido ~ de arrancar el coche.* It was impossible to start the car. ◆ **¡qué manera de...!** what a way to...!: *¡Qué ~ de hablar!* What a way to speak! *Ver tb* CUALQUIERA, DICHO, NINGUNO

manga *nf* sleeve: *una camisa de ~ larga/corta* a long-sleeved/short-sleeved shirt LOC **estar manga por hombro** to be in a mess ◆ **sacarse algo de la manga** to make sth up ◆ **sin mangas** sleeveless

mangar *vt* to nick, to steal (*USA*): *Me han mangado la cartera.* My wallet's been nicked.

mango *nm* **1** (*asa*) handle ➲ *Ver dibujo en* HANDLE **2** (*fruta*) mango [*pl* mangoes]

mangonear *vi* to boss people around

manguera *nf* hose

manía *nf* funny habit: *tener la ~ de hacer algo* to have the funny habit of doing sth ◇ *Todo el mundo tiene sus pequeñas ~s.* Everyone's got their own funny little habits. ◇ *¡Qué ~!* You're getting obsessed about it! LOC **cogerle/tenerle manía a algn** to have got it in for sb: *El profesor me ha cogido ~.* The teacher's got it in for me. ◆ **cogerle/tenerle manía a algo** to hate sth *Ver tb* QUITAR

maniático, -a *adj* (*quisquilloso*) fussy

manicomio *nm* madhouse

manifestación *nf* **1** (*protesta*) demonstration **2** (*expresión*) expression: *Han recibido numerosas manifestaciones de apoyo.* They have received many expressions of support. **3** (*declaración*) statement

manifestante *nmf* demonstrator

manifestar *vt* **1** (*opinión*) to express **2** (*mostrar*) to show

▶ **manifestarse** *vp* to demonstrate: *~se en contra/a favor de algo* to demonstrate against/in favour of sth

manifiesto *nm* manifesto [*pl* manifestos]

manilla *nf* **1** (*puerta*) handle ➲ *Ver dibujo en* HANDLE **2** (*reloj*) hand: *la ~ grande/pequeña* the minute/hour hand

M

manillar *nm* handlebars [*pl*]

maniobra *nf* manoeuvre

maniobrar *vi* **1** (*vehículo*) to manoeuvre **2** (*ejército*) to be on manoeuvres

manipular *vt* **1** (*ilícitamente*) to manipulate: *~ los resultados de las elecciones* to manipulate the election results **2** (*con las manos*) to handle: *~ alimentos* to handle food

maniquí *nm* dummy [*pl* dummies]

manirroto, -a *nm-nf* big spender

manitas *adj, nmf* handy: *Mi hermana es la ~ de la casa.* My sister's the handy one around the house.

El sustantivo **handyman** también significa *manitas*, pero se refiere sólo a un hombre: *Mi marido es un/muy manitas.* My husband's a real handyman.

LOC **hacer manitas** to hold hands

manivela *nf* handle

manjar *nm* delicacy [*pl* delicacies]

mano *nf* **1** (*persona*) hand: *Levanta la ~.* Put your hand up. **2** (*animal*) front foot [*pl* front feet] **3** (*pintura*) coat LOC **a mano 1** (*cerca*) to hand: *¿Tienes un diccionario a ~?* Have you got a dictionary to hand? **2** (*manualmente*) by hand: *Hay que lavarlo a ~.* It needs washing by hand. ◇ *hecho a ~* handmade ◆ **a mano derecha/izquierda** on the right/left ◆ **atraco/robo a mano armada 1** (*lit*) armed robbery [*pl* armed robberies] **2** (*fig*) daylight robbery ◆ **coger/pillar a algn con las manos en la masa** to catch sb red-handed ◆ **dar la mano** to hold *sb's* hand: *Dame la ~.* Hold my hand. ◆ **dar(se) la mano** to shake hands (*with sb*): *Se dieron la ~.* They shook hands. ◆ **de la mano** hand in hand (*with sb*): *Paseaban (cogidos) de la ~.* They were walking along hand in hand. ◆ **echar mano a** (*coger*) to lay your hands on *sb/sth* ◆ **echar mano de** to use *sth*: *Tuvimos que echar ~ de los ahorros.* We had to use our savings. ◆ **echar una mano** to give *sb* a hand ◆ **en mano** in person: *Entrégueselo en ~.* Give it to him in person. ◆ **entre manos**: *llevar algo entre ~s* to be up to sth ◇ *Tengo un asunto entre ~s.* I'm working on a deal. ◆ **estar en buenas manos** to be in good hands ◆ **mano a mano 1** (*entre dos*) between the two of us: *En un ~ a ~ nos comimos toda la tarta.* We finished off the whole cake between the two of us. **2** (*en colaboración*) together: *Trabajaron ~ a ~ toda la noche.* They worked together all night. **3** (*enfrentamiento*) confrontation ◆ **mano de obra** labour [*incontable*] ◆ **mano derecha** (*colaborador*) right-hand man ◆ **mano dura** firm hand ◆ **¡manos a la obra!** let's get to work! ◆ **¡manos arriba!**, **¡arriba las manos!** hands up! ◆ **manos libres** (*teléfono*) hands-free ◆ **meterle mano a algo** to tackle sth ◆ **poner la mano en el fuego 1** (*por algo*) to stake your life *on sth* **2** (*por algn*) to stick your neck out *for sb* ◆ **ponerle la mano encima a algn** to lay a finger on sb ◆ **tener mano izquierda** to be tactful *Ver tb* ¡ADIÓS!, ALCANCE, BOLSO, COGIDO, CONOCER, ESCALERA, ESCRIBIR, FRENO, FROTAR(SE), JUEGO, LAVAR, LLEGAR, PÁJARO, SALUDAR, SEGUNDO, TRAER

manojo *nm* bunch

manopla *nf* mitten

manosear *vt* **1** to touch **2** (*persona*) to touch *sb* up

manotazo *nm* slap

mansión *nf* mansion

manso, -a *adj* **1** (*animal*) tame **2** (*persona*) meek: *más ~ que un cordero* as meek as a lamb

manta *nf* blanket: *Ponle una ~ por encima.* Put a blanket over him.

manteca *nf* fat LOC **manteca (de cerdo)** lard

mantel *nm* tablecloth

mantener *vt* **1** (*conservar*) to keep: *~ la comida caliente* to keep food hot ◇ *~ una promesa* to keep a promise **2** (*económicamente*) to support: *~ a una familia de ocho* to support a family of eight **3** (*afirmar*) to maintain **4** (*sujetar*) to hold: *Mantén bien sujeta la botella.* Hold the bottle tight.

▶ **mantenerse** *vp* to live *on sth*: *~se a base de latas* to live on tinned food LOC **mantenerse en**

forma to keep fit ◆ **mantenerse en pie** to stand (up): *Apenas puede ~se en pie.* He can hardly stand (up). ◆ **mantener vivo** to keep *sb/sth* alive: *~ viva la ilusión* to keep your hopes alive *Ver tb* CONTACTO, LÍNEA, RAYA, TRECE

mantenimiento *nm* maintenance

mantequilla *nf* butter

manual *adj, nm* manual: *~ de instrucciones* instruction manual LOC *Ver* TRABAJO

manufacturar *vt* to manufacture

manuscrito *nm* manuscript

manzana *nf* **1** (*fruta*) apple **2** (*de casas*) block LOC *Ver* VUELTA

manzanilla *nf* **1** (*planta*) camomile **2** (*infusión*) camomile tea

manzano *nm* apple tree

maña *nf* **1** (*habilidad*) skill **2 mañas** (*astucia*) cunning [*incontable*]: *Empleó todas sus ~s para que lo ascendieran.* He used all his cunning to get promotion. LOC **darse/tener maña** to be good *at sth/doing sth*: *tener ~ para la carpintería* to be good at woodwork

mañana *nf* morning: *Se marcha esta ~.* He's leaving this morning. ◇ *a la ~ siguiente* the following morning ◇ *a las dos de la ~* at two o'clock in the morning ◇ *El examen es el lunes por la ~.* The exam is on Monday morning. ➲ *Ver nota en* MORNING

▶ *nm* future: *No pienses en el ~.* Don't think about the future.

▶ *adv* tomorrow: *Mañana es sábado ¿no?* Tomorrow is Saturday, isn't it? ◇ *el periódico de ~* tomorrow's paper LOC **¡hasta mañana!** see you tomorrow! ◆ **mañana por la mañana/tarde/noche** tomorrow morning/afternoon/evening *Ver tb* DÍA, MEDIO, NOCHE, PASADO

mañoso, -a *adj* handy

mapa *nm* map: *No está en el ~.* It isn't on the map. LOC *Ver* DESAPARECER

maqueta *nf* model

maquillaje *nm* make-up [*incontable*]: *Ana usa un ~ carísimo.* Ana uses very expensive make-up.

maquillar *vt* to make *sb* up

▶ **maquillarse** *vp* to put on your make-up: *No he tenido tiempo de ~me.* I haven't had time to put on my make-up.

máquina *nf* **1** machine: *~ de coser* sewing machine **2** (*tren*) engine LOC **escribir/pasar a máquina** to type ◆ **máquina de escribir** typewriter ◆ **máquina (de fotos)** camera ◆ **máquina tragaperras** fruit machine, slot machine (*USA*)

maquinaria *nf* machinery

maquinilla *nf* LOC **maquinilla (de afeitar) 1** razor: *~ desechable* disposable razor **2** (*eléctrica*) electric razor

maquinista *nmf* train driver

mar *nm o nf* sea: *El ~ estaba revuelto.* The sea was rough. ◇ *Este verano quiero ir al ~.* I want to go to the seaside this summer.

En inglés, las palabras **sea** y **ocean** se escriben con mayúscula cuando aparecen con el nombre de un mar: *el mar Negro* the Black Sea ◇ *el océano Índico* the Indian Ocean.

LOC **hacerse a la mar** to put out to sea ◆ **mar adentro** out to sea ◆ **por mar** by sea *Ver tb* ALTO, CABALLO, ERIZO, ESTRELLA, ORILLA

maratón *nm o nf* marathon

maravilla *nf* wonder LOC **hacer maravillas** to work wonders: *Este jarabe hace ~s.* This cough mixture works wonders. ◆ **¡qué maravilla!** how wonderful!

maravilloso, -a *adj* wonderful

marca *nf* **1** (*señal*) mark **2** (*productos de limpieza, alimentos, ropa*) brand: *una ~ de vaqueros* a brand of jeans **3** (*coches, electrodomésticos*) make: *¿Qué ~ de coche tienes?* What make of car have you got? **4** (*récord*) record: *batir/establecer una ~* to beat/set a record LOC **de marca**: *productos de ~* brand name goods ◇ *ropa de ~* designer clothes ◆ **marca blanca** own-brand (products): *un champú de ~ blanca* an own-brand shampoo ◇ *la venta de ~ (s) blanca(s)* the sale of own-brand products ◆ **marca registrada** (registered) trademark ◆ **marca registrada** (registered) trademark *Ver tb* NACIMIENTO

M

marcado, -a *adj* (*fuerte*) strong: *hablar con ~ acento andaluz* to speak with a strong Andalusian accent *Ver tb* MARCAR

marcador *nm* (*Dep*) scoreboard LOC *Ver* IGUALAR

marcapáginas *nm* bookmark

marcar *vt* **1** to mark: *~ el suelo con tiza* to mark the ground with chalk **2** (*indicar*) to say: *El reloj marcaba las cinco.* The clock said five o'clock. **3** (*ganado*) to brand **4** (*pelo*) to set

▶ *vt, vi* **1** (*Dep*) to score: *Marcaron (tres goles) en el primer tiempo.* They scored (three goals) in the first half. **2** (*teléfono*) to dial: *Has marcado mal.* You've dialled the wrong number. LOC **marcar el compás/ritmo** to beat time/the rhythm ◆ **marcar la diferencia** to make the difference: *Lo que marca la diferencia es…* What makes the difference is… ◇ *Nuestros precios marcan la diferencia.* Our prices are what make us different.

marcha *nf* **1** (*Mil, Mús, manifestación*) march **2** (*bicicleta, coche*) gear: *cambiar de ~* to change gear **3** (*velocidad*) speed: *reducir la ~* to reduce speed **4** (*animación, ambiente*): *¡Qué ~ tenía el tío!* That guy was all go! ◇ *una fiesta con mucha ~* a very lively party ◇ *la ~ nocturna de Ibiza* the nightlife in Ibiza LOC **a marchas forzadas** against the clock ◆ **a toda marcha** at top speed ◆ **dar marcha atrás** to reverse ◆ **ir/salir de marcha** to go out partying ◆ **poner en marcha 1** (*máquina*) to turn *sth* on **2** (*coche*) to start ◆ **sobre la marcha** as I, you, etc. go (along): *Lo decidiremos sobre la ~.* We'll decide as we go along. *Ver tb* EMPRENDER

marchar *vi* **1** to go: *¿Cómo marchan las cosas?* How are things going? **2** (*funcionar*) to work
▶ **marchar(se)** *vi, vp* to leave: *~se de casa* to leave home ◇ *¿Os marcháis ya?* Are you leaving already? LOC *Ver* RUEDA

marchito, -a *adj* (*flor*) withered

marchoso, -a *adj* **1** (*música, ambiente*) lively **2** (*persona*): *Es una tía muy marchosa.* She's a real party animal.

M

marcial *adj* martial LOC *Ver* ARTE

marciano, -a *adj, nm-nf* Martian

marco *nm* frame

marea *nf* tide: *~ alta/baja* high/low tide ◇ *Ha subido/bajado la ~.* The tide has come in/gone out. LOC **marea negra** oil slick *Ver tb* VIENTO

mareado, -a *adj* **1** (*con náuseas*) sick: *Estoy un poco ~.* I'm feeling rather sick. **2** (*de la cabeza*) dizzy **3** (*confuso*) confused *Ver tb* MAREAR

marear *vt* **1** (*con náuseas*) to make *sb* feel sick: *Ese olor me marea.* That smell makes me feel sick. **2** (*de la cabeza*) to make *sb* feel dizzy **3** (*confundir*): *La están mareando con esa música.* Their music is getting on her nerves. ◇ *¡No me marees!* Don't go on at me!
▶ **marearse** *vp* **1** to get sick: *Me mareo en el asiento de atrás.* I get sick if I sit in the back seat. **2** (*en el mar*) to get seasick **3** (*perder el equilibrio*) to feel dizzy

maremoto *nm* tidal wave

mareo *nm* dizziness [*incontable*]: *sufrir/tener ~s* to feel dizzy LOC *Ver* PASTILLA

marfil *nm* ivory

margarina *nf* margarine

margarita *nf* daisy [*pl* daisies]

margen *nf* (*orilla*) bank
▶ *nm* **1** margin: *el ~ de la página* the margin of the page ◇ *~ de beneficio/error* profit margin/margin of error **2** (*espacio*) room (*for sth*): *~ de duda* room for doubt LOC **dejar a algn al margen** to leave sb out (*of sth*): *Le dejan al ~ de todo.* They leave him out of everything.

marginado, -a *adj* **1** (*excluido*) left out: *sentirse ~* to feel left out **2** (*pobre*) underprivileged: *los sectores ~s de la sociedad* underprivileged groups **3** (*zona*) deprived
▶ *nm-nf* **1** (*por discriminación*) underprivileged person: *los ~s* the underprivileged **2** (*por elección*) dropout *Ver tb* MARGINAR

marginar *vt* to shun

maría *nf* (*asignatura fácil*) easy subject LOC *Ver* BAÑO

marica *nm* gay

marido *nm* husband

marihuana *nf* marijuana

marimandón, -ona *adj, nm-nf* bossy: *ser un ~* to be bossy

marina *nf* navy [*v sing o pl*]: *la Marina Mercante* the Merchant Navy LOC *Ver* INFANTERÍA

marinero, -a *nm-nf* sailor

marino, -a *adj* **1** marine: *vida marina* marine life **2** (*aves, sal, flora*) sea: *algas marinas* seaweed
▶ *nm* sailor LOC *Ver* AZUL

marioneta *nf* **1** puppet **2 marionetas** puppet show [*v sing*]

mariposa *nf* **1** (*insecto*) butterfly [*pl* butterflies] **2** (*Natación*) butterfly: *nadar a ~* to do the butterfly

mariquita *nf* ladybird, ladybug (*USA*)

marisco *nm* shellfish [*pl* shellfish]

> Cuando se habla del alimento, también se dice **seafood** [*incontable*]: *paella de marisco* seafood paella.

marisma *nf* marsh

marítimo, -a *adj* **1** (*pueblo, zona*) coastal **2** (*puerto*) sea: *puerto ~* sea port LOC *Ver* PASEO

marketing *nm* marketing

mármol *nm* marble

marqués, -esa *nm-nf* **1** (*masc*) marquis **2** (*fem*) marchioness

marranada *nf* LOC **ser una marranada 1** (*sucio*) to be filthy: *La calle quedó hecha una ~.* The street was filthy. **2** (*asqueroso*) to be disgusting: *Lo que estás haciendo con la comida es una ~.* What you're doing with your food is disgusting.

marrano, -a *adj* filthy
▶ *nm-nf* pig ➲ *Ver nota en* CERDO

marrón *adj, nm* brown ➲ *Ver ejemplos en* AMARILLO

marroquí *adj, nmf* Moroccan

Marruecos *nm* Morocco

Marte *nm* Mars

martes *nm* Tuesday (*abrev* Tue./Tues.) ➲ *Ver ejemplos en* LUNES LOC **martes de Carnaval** Shrove Tuesday

El martes de Carnaval también se llama **Pancake Day** porque es típico comer crepes con zumo de limón y azúcar.

◆ **martes y trece** ≃ Friday the thirteenth ❶ En Gran Bretaña es el viernes 13 lo que da mala suerte, no el martes.

martillo *nm* hammer

mártir *nmf* martyr

marzo *nm* March (*abrev* Mar.) ➲ *Ver ejemplos en* ENERO

más *adv*

- **uso comparativo** more (*than sb/sth*): *Es ~ alta/inteligente que yo.* She's taller/more intelligent than me. ◇ *Tú has viajado ~ que yo.* You have travelled more than me/than I have. ◇ *~ de cuatro semanas* more than four weeks ◇ *Me gusta ~ que el tuyo.* I like it better than yours. ◇ *durar/trabajar ~* to last longer/work harder ◇ *Son ~ de las dos.* It's gone two.

En comparaciones como "más blanco que la nieve", "más sordo que una tapia", etc. el inglés utiliza la construcción **as... as**: 'as white as snow', 'as deaf as a post', etc.

- **uso superlativo** most (*in/of...*): *la tienda que ~ libros ha vendido* the shop that has sold most books ◇ *el edificio ~ antiguo de la ciudad* the oldest building in the town ◇ *el ~ simpático de todos* the nicest one of all

Cuando el superlativo se refiere sólo a dos cosas o personas, se utiliza la forma **more** o **-er**. Compárense las frases siguientes: *¿Cuál es la cama más cómoda (de las dos)?* Which bed is more comfortable? ◇ *¿Cuál es la cama más cómoda de la casa?* Which is the most comfortable bed in the house?

- **con pronombres negativos, interrogativos e indefinidos** else: *Si tienes algo ~ que decirme...* If you've got anything else to tell me... ◇ *¿Alguien ~?* Anyone else? ◇ *nada/nadie ~* nothing/no one else ◇ *¿Qué ~ puedo hacer por vosotros?* What else can I do for you?
- **otras construcciones 1** [*exclamaciones*]: *¡Qué paisaje ~ hermoso!* What lovely scenery! ◇ *¡Es ~ aburrido!* He's so boring! **2** [*negaciones*] only: *No sabemos ~ que lo que ha dicho la radio.* We only know what it said on the radio. ◇ *Esto no lo sabe nadie ~ que tú.* Only you know this.

▶ *nm* (*signo aritmético*) plus: *Dos ~ dos, cuatro.* Two plus two is four. LOC **a más no poder**: *Gritamos a ~ no poder.* We shouted as loud as we could. ◆ **de lo más...** really: *una cara de lo ~ antipática* a really nasty face ◆ **de más 1** (*que sobra*) too much, too many: *Hay dos sillas de ~.* There are two chairs too many. ◇ *Pagaste 20 dólares de ~.* You paid 20 dollars too much. **2** (*de sobra*) spare: *No te preocupes, yo tengo un bolígrafo de ~.* Don't worry. I've got a spare pen. ◆ **más bien** rather: *Es ~ bien feo, pero muy simpático.* He's rather ugly, but very nice. ◆ **más o menos** *Ver* MENOS ◆ **más que nada** particularly ◆ **por más que** however much: *Por ~ que grites...* However much you shout... ◆ **¿qué más da?** what difference does it make? ◆ **sin más ni más** just like that ❶ Para otras expresiones con **más**, véanse las entradas del adjetivo, adverbio, etc., p. ej. **más que nunca** en NUNCA.

masa *nf* **1** mass: *~ atómica* atomic mass ◇ *una ~ de gente* a mass of people **2** (*pan*) dough LOC **de masas** mass: *cultura/movimientos de ~s* mass culture/movements *Ver tb* MANO

masacre *nf* massacre

masaje *nm* massage: *¿Me das un ~ en la espalda?* Can you massage my back for me?

mascar *vt, vi* to chew

máscara *nf* mask LOC **máscara antigás/de oxígeno** gas/oxygen mask

mascarilla *nf* **1** (*de protección*) mask **2** (*cosmética*) face mask

mascota *nf* **1** (*de la suerte*) mascot **2** (*animal doméstico*) pet

masculino, -a *adj* **1** male: *la población masculina* the male population **2** (*Dep, moda*) men's: *la prueba masculina de los 100 metros* the men's 100 metres **3** (*característico del hombre, Gram*) masculine ➲ *Ver nota en* MALE

masificación *nf* (*exceso de personas*) overcrowding [*incontable*]: *Es una playa sin masificaciones.* The beach never gets too crowded.

masivo, -a *adj* **1** (*enorme*) huge, massive (*más formal*): *una afluencia masiva de turistas* a huge influx of tourists **2** (*general*) mass: *una protesta masiva* a mass protest

masoquismo *nm* masochism

masoquista *nmf* masochist

máster *nm* master's (degree): *un ~ de economía* a master's in economics

masticar *vt, vi* to chew: *Hay que ~ bien la comida.* You should chew your food thoroughly.

mástil *nm* **1** (*barco*) mast **2** (*bandera*) flagpole

masturbarse *vp* to masturbate

mata *nf* bush

matadero *nm* abattoir

matanza *nf* slaughter

matar *vt* to kill: *¡Te voy a ~!* I'm going to kill you! ◇ *~ el tiempo* to kill time LOC **llevarse a matar** to get on really badly *with sb* ◆ **matar a disgustos** to make *sb's* life a misery ◆ **matar a tiros/de un tiro** to shoot *sb* dead ◆ **matar dos pájaros de un tiro** to kill two birds with one stone ◆ **matar el hambre**: *Compramos fruta para ~ el hambre.* We bought some fruit to keep us going. ◆ **matarse a estudiar/trabajar** to work like mad

matasellos *nm* postmark

mate *adj* (*sin brillo*) matt
▶ *nm* **1** (*Ajedrez*) mate **2** (*Baloncesto*) dunk LOC *Ver* JAQUE

matemáticas *nf* mathematics, maths (*coloq*) [*incontable*]: *Se le dan bien las ~.* He's good at maths. ℹ En Estados Unidos el término coloquial es **math**.

matemático, -a *adj* mathematical
▶ *nm-nf* mathematician

materia *nf* **1** matter: *~ orgánica* organic matter **2** (*asignatura, tema*) subject: *cinco ~s obligatorias y dos optativas* five compulsory and two optional subjects ◇ *ser un experto en la ~* to be an expert on the subject LOC **materia prima** raw material *Ver tb* ÍNDICE

material *adj* material
▶ *nm* **1** (*materia, datos*) material: *un ~ resistente al fuego* fire-resistant material ◇ *Tengo todo el ~ que necesito para el artículo.* I've got all the material I need for the article. **2** (*equipo*) equipment [*incontable*]: *~ deportivo/de laboratorio* sports/laboratory equipment LOC **material de oficina** office stationery ◆ **material didáctico/educativo** teaching materials

materialista *adj* materialistic
▶ *nmf* materialist

maternal *adj* motherly, maternal (*más formal*)

maternidad *nf* **1** (*condición*) motherhood, maternity (*más formal*) **2 (a)** (*clínica*) maternity hospital **(b)** (*sala*) maternity ward LOC *Ver* BAJA

materno, -a *adj* **1** (*maternal*) motherly: *amor ~* motherly love **2** (*parentesco*) maternal: *abuelo ~* maternal grandfather LOC *Ver* LENGUA, LÍNEA

matinal *adj* morning: *un vuelo ~* a morning flight

matiz *nm* **1** (*color*) shade **2** (*rasgo*) nuance: *matices de significado* nuances of meaning ◇ *un ~ irónico* a touch of irony

matizar *vt* **1** (*puntualizar*) to clarify: *Me gustaría ~ lo que he dicho.* I'd like to clarify what I said. **2** (*color*) to blend

matón *nm* **1** (*en el colegio*) bully [*pl* bullies] **2** (*contratado*) thug

matorral *nm* scrub [*incontable*]: *Estábamos escondidos en unos ~es.* We were hidden in the scrub.

matrícula *nf* **1** (*inscripción*) registration: *Se ha abierto la ~.* Registration has begun. **2** (*vehículo*) **(a)** (*número*) registration number, license number (*USA*): *Apunté la ~.* I wrote down the registration number. **(b)** (*placa*) number plate, license plate (*USA*)

matricular(se) *vt, vp* to enrol (*sb*) (*in/on sth*): *Todavía no me he matriculado.* I still haven't enrolled.

matrimonial *adj* LOC *Ver* CONSEJERO

matrimonio *nm* **1** (*institución*) marriage **2** (*ceremonia*) wedding ➲ *Ver nota en* BODA **3** (*pareja*) (married) couple LOC *Ver* CAMA, CONTRAER, PROPOSICIÓN

matriz *nf* **1** (*Anat*) womb **2** (*Mat*) matrix [*pl* matrices]

matrona *nmf* midwife [*pl* midwives]

matutino, -a *adj* morning: *la sesión matutina* the morning session

maullar *vi* to miaow

maullido *nm* miaow

máxima *nf* (*temperatura*) maximum temperature: *Sevilla dio la ~ con 35°C.* Seville had the hottest temperature with 35°C.

máximo, -a *adj* maximum: *Tenemos un plazo ~ de diez días para pagar.* We've got a maximum of ten days in which to pay. ◇ *el ~ goleador de la liga* the top scorer in the league
▶ *nm* maximum: *un ~ de diez personas* a maximum of ten people LOC **al máximo**: *Debemos aprovechar los recursos al ~.* We must make maximum use of our resources. ◇ *Me esforcé al ~.* I tried my best. ◆ **como máximo** at most ◆ **máximo dirigente** leader *Ver tb* ALTURA

mayo *nm* May ➲ *Ver ejemplos en* ENERO

mayonesa *nf* mayonnaise

mayor *adj*

- **uso comparativo 1** (*tamaño*) bigger (*than sth*): *Londres es ~ que Madrid.* London is bigger than Madrid. ◇ *~ de lo que parece* bigger than it looks **2** (*edad*) older (*than sb*): *Soy ~ que mi hermano.* I'm older than my brother. ➲ *Ver nota en* ELDER
- **uso superlativo ~ (de) 1** (*tamaño*) biggest (in...): *la ~ reserva ecológica del país* the biggest nature reserve in the country **2** (*edad*) oldest (in...): *Es el alumno ~ de la clase.* He's the oldest student in the class. ➲ *Ver nota en* ELDER
- **otros usos 1** (*adulto*) grown-up: *Sus hijos son ya ~es.* Their children are grown-up now. **2** (*anciano*) old **3** (*principal*) **(a)** main: *la plaza ~*

M

the main square **(b)** (*calle*) high: *la calle* ~ the high street **4** (*Mús*) major: *en do* ~ in C major

▶ *nmf* **1** ~ **(de)** oldest (one) (in/of…): *El ~ tiene quince años.* The oldest (one) is fifteen. ◇ *el ~ de la clase* the oldest in the class ◇ *la ~ de las tres hermanas* the oldest of the three sisters ➲ *Ver nota en* ELDER **2 mayores (a)** (*adultos*) grown-ups: *Los ~es no llegarán hasta las ocho.* The grown-ups won't get here till eight. **(b)** (*ancianos*) the elderly [*pl*]: *talleres para ~es* workshops for the elderly LOC **al por mayor** wholesale ◆ **de mayor/cuando sea, seas, etc. mayor** when I, you, etc. grow up: *Cuando sea ~/De ~ quiero ser médico.* I want to be a doctor when I grow up. ◆ **hacerse mayor** to grow up ◆ **la mayor parte (de)** most (of *sb/sth*): *La ~ parte son católicos.* Most of them are Catholics. ◆ **ser mayor de edad**: *Cuando sea ~ de edad podré votar.* I'll be able to vote when I'm 18. ◇ *Puede sacarse el carné de conducir porque es ~ de edad.* He can get his driving licence because he is over 18. *Ver tb* CAZA, COLEGIO, PERSONA, PLANA

mayordomo *nm* butler

mayoría *nf* majority [*pl* majorities]: *obtener la ~ absoluta* to get an absolute majority LOC **la mayoría de…** most (of)…: *La ~ de los ingleses prefiere vivir en el campo.* Most English people prefer to live in the country. ◇ *La ~ de mis amigos viven en Madrid.* Most of my friends live in Madrid. ◇ *La ~ de ellos son mujeres.* Most of them are women. ➲ *Ver notas en* MAJORITY *y* MOST *Ver tb* INMENSO

mayoritario, -a *adj* majority: *un gobierno ~* a majority government

mayúscula *nf* capital letter LOC **con mayúscula** with a capital letter ◆ **en mayúsculas** in capitals

mazapán *nm* marzipan

me *pron* **1** [*complemento*] me: *¿No me viste?* Didn't you see me? ◇ *Dámelo.* Give it to me. ◇ *¡Cómpramelo!* Buy it for me. **2** [*reflexivo*] myself: *Me vi en el espejo.* I saw myself in the mirror. ◇ *Me vestí enseguida.* I got dressed straightaway. **3** (*partes del cuerpo, efectos personales*): *Me voy a lavar las manos.* I'm going to wash my hands.

mear *vi* to pee

mecánica *nf* mechanics [*incontable*]

mecánico, -a *adj* mechanical

▶ *nm-nf* (*profesión*) mechanic LOC *Ver* ESCALERA

mecanismo *nm* mechanism: *el ~ de un reloj* a watch mechanism

mecanografía *nf* typing

mecanógrafo, -a *nm-nf* typist

mecedora *nf* rocking chair

mecer(se) *vt, vp* **1** (*en columpio*) to swing **2** (*en barca, cuna, mecedora*) to rock

mecha *nf* **1** (*vela*) wick **2** (*bomba*) fuse **3 mechas** (*pelo*) highlights LOC **a toda mecha** at full speed

mechero *nm* lighter

mechón *nm* lock

medalla *nf* medal: *~ de oro* gold medal LOC *Ver* ENTREGA

media *nf* **1 medias** (*prenda*) tights **2** (*promedio*) average **3** (*Mat*) mean **4** (*hora*): *Son las tres y ~.* It's half past three. ➲ *Ver nota en* HALF; *Ver tb* MEDIO, -A

mediador, -ora *nm-nf* mediator

mediados LOC **a mediados de…** in the middle of… ◆ **hacia mediados de…** around the middle of…

mediano, -a *adj* **1** (*intermedio*) medium: *de tamaño ~* medium-sized ◇ *Uso la talla mediana.* I'm medium. **2** (*promedio*) average: *de mediana estatura/inteligencia* of average height/intelligence LOC **de mediana edad** middle-aged

medianoche *nf* midnight: *Llegaron a ~.* They arrived at midnight.

mediante *prep* by means of *sth*

mediar *vi* to mediate

mediático, -a *adj* media: *un fenómeno ~* a media phenomenon ◇ *Tuvo un gran impacto ~.* It had a big impact in the media.

medicamento *nm* medicine: *recetar un ~* to prescribe a medicine

medicina *nf* (*ciencia, medicamento*) medicine

médico, -a *adj* medical: *un reconocimiento ~* a medical examination

▶ *nm-nf* doctor: *ir al ~* to go to the doctor's

> Recuerda que en inglés al indicar la profesión de alguien se utiliza el artículo indefinido *a/an*: *Es médico/profesor/ingeniero.* He's a doctor/a teacher/an engineer.

LOC **médico de cabecera/familia** GP *Ver tb* FICHA, HISTORIAL

medida *nf* **1** (*dimensión*) measurement: *¿Qué ~s tiene esta habitación?* What are the measurements of this room? ◇ *El sastre le tomó ~s.* The tailor took his measurements. **2** (*unidad*) measure: *pesos y ~s* weights and measures LOC **a medida que** as ◆ **(hecho) a medida** (made) to measure ◆ **tomar medidas** (*actuar*) to take steps *to do sth*, to take measures *to do sth* (*más formal*): *Tomaré ~s para que esto no vuelva a ocurrir.* I shall take steps to avoid this happening again. ◇ *El gobierno deberá tomar ~s estrictas para evitar el fraude.* The government must take strict measures to stop fraud. ◇ *Habrá que tomar ~s al respecto.* Something must be done about it. *Ver tb* POSIBLE

medieval *adj* medieval

medina *nf* medina

medio *nm* **1** (*centro*) middle: *una plaza con un quiosco en el ~* a square with a news-stand in the middle **2** (*entorno*) environment **3** (*Mat*) half [*pl* halves]: *Dos ~s suman un entero.* Two halves make a whole. **4** (*procedimiento, recurso, vehículo*) means [*pl* means]: *No tienen ~s para comprar una casa.* They don't have the means to buy a house. ◇ *~ de transporte* means of transport LOC **en medio de** in the middle of *sth* ◆ **estar/ponerse en medio** to be/ get in the way: *No puedo pasar, siempre estás en ~.* I can't get by — you keep getting in the way. ◆ **medio ambiente** environment ◆ **medio (de comunicación/difusión)** medium [*pl* media]: *un ~ tan poderoso como la televisión* a medium as powerful as TV ◇ *los ~s de comunicación* the media ◆ **por medio de 1** (*a través de*) through *sb/ sth*: *Lo supe por ~ de su padre.* I found out through his father. **2** (*mediante*) by (means of): *Sacaron la mercancía del barco por ~ de una grúa.* The ship was unloaded by crane. *Ver tb* RESPETUOSO

M

medio, -a *adj* **1** (*la mitad de*) half a, half an: *media botella de vino* half a bottle of wine ◇ *media hora* half an hour **2** (*promedio, normal*) average: *temperatura/velocidad media* average temperature/speed ◇ *un chico de inteligencia media* a boy of average intelligence

▶ *adv* half: *Cuando llegó estábamos ~ dormidos.* We were half asleep when he arrived. LOC **a media asta** at half mast ◆ **a media mañana/tarde** in the middle of the morning/afternoon

'In the middle of the morning' suele hacer referencia a las diez u once de la mañana. Si quieres referirte a una hora alrededor de las doce del mediodía, es mejor utilizar **midday**: *Siempre me tomo algo a media mañana.* I always have something to eat around midday. 'In the middle of the afternoon' suele hacer referencia a las tres de la tarde. Si quieres referirte a las cinco o seis de la tarde, es mejor decir 'between five and six (o'clock)': *Calculo que llegaremos a media tarde.* I think we'll arrive between five and six.

◆ **a medias 1** (*no del todo*): *Hace las cosas a medias.* He only half does things. ◇ *—¿Estás contento? —A medias.* 'Are you happy?' 'Kind of.' **2** (*entre dos*): *En los gastos de la casa vamos a medias.* We share the household expenses (between us). ◇ *Lo pagamos/compramos a medias.* We paid for it/bought it between us. ◆ **a medio camino** halfway: *A ~ camino paramos a descansar.* We stopped to rest halfway. ◆ **media punta** (*Fútbol*): *Juega de media ~.* He plays just behind the strikers. ◆ **medias tintas** half measures: *No me gustan las medias tintas.* I don't like half measures. ◆ **medio campo** (*Fútbol*) midfield: *un jugador de ~ campo* a midfield player ◆ **medio mundo** lots of people: *Vino ~ mundo a la fiesta.* Lots of people came to the party. ◆ **y medio** and a half: *kilo y ~ de tomates* one and a half kilos of tomatoes ◇ *Tardamos dos horas y media.* It took us two and a half hours. *Ver tb* CLASE, EDAD, JORNADA, ORIENTE, PENSIÓN, TÉRMINO, VUELTA

medioambiental *adj* environmental

mediocre *adj* second-rate: *una película/un actor ~* a second-rate film/actor

▶ *nmf* nobody [*pl* nobodies]: *Es un ~.* He's a nobody.

mediodía *nm* midday: *la comida del ~* the midday meal ◇ *Llegaron al ~.* They arrived at midday.

medir *vt* to measure: *~ la cocina* to measure the kitchen

▶ *vi*: *¿Cuánto mides?* How tall are you? ◇ *La mesa mide 1,50 m de largo por 1 m de ancho.* The table is 1.50 m long by 1 m wide.

meditar *vt, vi* ~ **(sobre)** to think (about *sth*): *Meditó su respuesta.* He thought about his answer.

mediterráneo, -a *adj, nm* Mediterranean

médula (*tb* **medula**) *nf* marrow: *~ ósea* bone marrow LOC **médula espinal** spinal cord

medusa *nf* jellyfish [*pl* jellyfish]

megáfono *nm* megaphone

mejilla *nf* cheek

mejillón *nm* mussel

mejor *adj, adv* [*uso comparativo*] better (*than sb/ sth*): *Tienen un piso ~ que el nuestro.* Their flat is better than ours. ◇ *Me siento mucho ~.* I feel much better. ◇ *cuanto antes ~* the sooner the better ◇ *Cantas ~ que yo.* You're a better singer than me.

▶ *adj, adv, nmf* [*uso superlativo*] ~ **(de)** best (in/ of...): *mi ~ amigo* my best friend ◇ *el ~ equipo de la liga* the best team in the league ◇ *Es la ~ de la clase.* She's the best in the class. ◇ *el ~ de todos* the best of all ◇ *el que ~ canta* the one who sings best LOC **a lo mejor** maybe ◆ **hacer algo lo mejor posible** to do your best: *Preséntate al examen y hazlo lo ~ posible.* Take the exam and do your best. ◆ **mejor dicho** I mean: *cinco, ~ dicho, seis* five, I mean six *Ver tb* CADA, CASO

mejorar *vt* **1** to improve: ~ *las condiciones de trabajo* to improve working conditions **2** (*enfermo*) to make *sb* feel better: *A ver si esto te mejora un poco.* See if this makes you feel a bit better.
▶ *vi* to improve, to get better (*más coloq*): *Si las cosas no mejoran...* If things don't improve...
▶ **mejorarse** *vp* (*salud, tiempo*) to get better: *¡Que te mejores!* Get well soon!

mejoría *nf* improvement (*on/in sb/sth*): *una ~ respecto al año pasado* an improvement on last year ◇ *la ~ de su estado de salud* the improvement in his health

melancólico, -a *adj* sad

melena *nf* (*pelo largo*) hair: *llevar ~ suelta* to wear your hair down

mellizo, -a *adj, nm-nf* twin

melocotón *nm* peach

melocotonero *nm* peach tree

melodía *nf* **1** tune **2** (*de móvil*) ringtone

melón *nm* melon

membrillo *nm* (*fruto*) quince

memorable *adj* memorable

memoria *nf* **1** memory: *Tienes buena ~.* You've got a good memory. ◇ *perder la ~* to lose your memory **2 memorias** (*autobiografía*) memoirs LOC **de memoria** by heart: *saberse algo de ~* to know sth by heart ◆ **hacer memoria** to try to remember *Ver tb* ESTUDIAR, LÁPIZ, TARJETA

memorizar *vt* to memorize

menaje *nm* LOC **menaje de cocina** kitchenware

mención *nf* mention

mencionar *vt* to mention LOC **sin mencionar** not to mention

mendigar *vt, vi* to beg (for *sth*): ~ *comida* to beg for food

mendigo, -a *nm-nf* beggar

menear *vt* **1** (*cola*) to wag **2** (*sacudir*) to shake **3** (*cabeza*) **(a)** (*para decir que sí*) to nod **(b)** (*para decir que no*) to shake

menestra *nf* vegetable stew

menguante *adj* (*luna*) waning LOC *Ver* CUARTO

meningitis *nf* meningitis [*incontable*]

menopausia *nf* menopause

menor *adj*

- **uso comparativo 1** (*tamaño*) smaller (*than sth*): *Mi jardín es ~ que el tuyo.* My garden is smaller than yours. **2** (*edad*) younger (*than sb*): *Eres ~ que ella.* You're younger than her.
- **uso superlativo ~ (de) 1** (*tamaño*) smallest (in...): *la caja de ~ tamaño* the smallest box **2** (*edad*) youngest (in...): *el alumno ~ de la clase* the youngest student in the class ◇ *el hermano ~ de María* María's youngest brother
- **música** minor: *una sinfonía en mi ~* a symphony in E minor

▶ *nmf* **1 ~ (de)** youngest (one) (in/of...): *La ~ tiene cinco años.* The youngest (one) is five. ◇ *el ~ de la clase* the youngest in the class ◇ *el ~ de los tres hermanos* the youngest of the three brothers **2** (*menor de edad*) minor: *No se sirve alcohol a ~es.* Alcohol will not be served to minors. LOC **al por menor** retail ◆ **menor de 18, etc. años**: *Prohibida la entrada a los ~es de 18 años.* No entry for under-18s. ◆ **menor de edad** minor: *No puedes votar porque eres ~ de edad.* You can't vote because you're still under age. *Ver tb* ABUSO, CAZA, CENTRO, PAÑO

menos *adv*

- **uso comparativo** less (*than sb/sth*): *A mí sírveme ~.* Give me less. ◇ *Tardé ~ de lo que pensaba.* It took me less time than I thought it would.

> Con sustantivos contables es más correcta la forma **fewer**, aunque mucha gente utiliza **less**: *Había menos gente/coches que ayer.* There were fewer people/cars than yesterday. ➲ *Ver tb nota en* LESS

- **uso superlativo** least (*in/of...*): *el restaurante ~ caro de los tres* the least expensive restaurant of the three ◇ *la ~ habladora de la familia* the least talkative member of the family ◇ *el alumno que ~ trabaja* the student who works least

> Con sustantivos contables es más correcta la forma **fewest**, aunque mucha gente utiliza **least**: *la clase con menos alumnos* the class with fewest students. ➲ *Ver tb nota en* LESS

▶ *prep* **1** (*excepto*) except: *Fueron todos ~ yo.* Everyone went except me. **2** (*hora*) to: *Son las doce ~ cinco.* It's five to twelve. **3** (*Mat, temperatura*) minus: *Cinco ~ tres, dos.* Five minus three is two. ◇ *Estamos a ~ diez grados.* It's minus ten.

▶ *nm* (*signo matemático*) minus (sign) LOC **al menos** at least ◆ **a menos que** unless: *a ~ que deje de llover* unless it stops raining ◆ **de menos** too little, too few: *Me dieron diez céntimos de ~.* They gave me ten cents too little. ◇ *tres tenedores de ~* three forks too few ◆ **echar de menos** to miss *sb/sth/doing sth*: *Echaremos de ~ el ir al cine todos juntos.* We'll miss going to the cinema together. ◆ **lo menos** the least: *¡Es lo ~ que puedo hacer!* It's the least I can do! ◇ *lo ~ posible* as little as possible ◆ **más o menos 1** more or less **2** (*con números*) about: *50 euros más o ~* about 50 euros ◆ **¡menos mal!** thank goodness! ◆ **por lo menos** at least

M

menospreciar *vt* **1** (*subestimar*) to underestimate **2** (*despreciar*) to despise

mensaje *nm* message LOC **mensaje de texto** text message

mensajería *nf* **1** (*Internet, móviles*) messaging **2** (*de paquetes, etc.*): *empresa/servicio de ~* courier firm/service LOC **mensajería instantánea/de texto** instant/text messaging

mensajero, -a *nm-nf* **1** messenger **2** (*trabajo*) courier: *Se compró una moto y empezó a trabajar de ~.* He bought a motorbike and started working as a courier.

menstruación *nf* menstruation

mensual *adj* monthly: *una cuota ~* a monthly fee LOC *Ver* PUBLICACIÓN

mensualidad *nf* (*plazo*) monthly payment

menta *nf* mint

mental *adj* mental LOC *Ver* CACAO

mentalidad *nf* mentality [*pl* mentalities] LOC **tener una mentalidad abierta/estrecha** to be open-minded/narrow-minded

M

mentalizar *vt* (*concienciar*) to make *sb* aware (*of sth*): *~ a la población de la necesidad de cuidar el medio ambiente* to make people aware of the need to look after the environment

▶ **mentalizarse** *vp* (*aceptar*) to come to terms *with sth*: *Tienes que ~te de que tienes que trabajar.* You must come to terms with the fact that you've got to work.

mente *nf* mind LOC **tener algo en mente** to have sth in mind: *¿Tienes algo en ~?* Do you have anything in mind?

mentir *vi* to lie: *¡No me mientas!* Don't lie to me! ➲ *Ver nota en* LIE[1]

mentira *nf* lie: *contar/decir ~s* to tell lies ◇ *¡Eso es ~!* That's a lie! LOC **una mentira piadosa** a white lie *Ver tb* PARECER, SARTA, VERDAD

mentiroso, -a *adj* deceitful: *Es muy ~.* He's such a liar.

▶ *nm-nf* liar

menú *nm* menu: *No estaba en el ~.* It wasn't on the menu. ◇ *un ~ desplegable* a drop-down menu LOC **menú del día** set menu

menudo, -a *adj* **1** (*pequeño*) small **2** [*en exclamaciones*]: *¡Menuda suerte tienes!* You're so lucky! ◇ *¡Menuda gracia me hace tener que cocinar!* It's not much fun having to cook! LOC **a menudo** often

meñique *nm* (*de la mano*) little finger

mercadillo *nm* street market

mercado *nm* market: *Lo compré en el ~.* I bought it at the market. ◇ *el ~ laboral* the labour market

mercancía *nf* goods [*pl*]: *La ~ estaba defectuosa.* The goods were damaged. LOC **tren/vagón de mercancías** freight train/wagon

mercería *nf* (*sección*) haberdashery

mercromina® *nf* Mercurochrome®

mercurio *nm* **1** (*Quím*) mercury **2 Mercurio** (*planeta*) Mercury

merecer(se) *vt, vp* to deserve: *(Te) mereces un castigo.* You deserve to be punished. ◇ *El equipo mereció perder.* The team deserved to lose. LOC *Ver* PENA

merecido, -a *adj* well deserved: *una victoria bien merecida* a well-deserved victory ➲ *Ver nota en* WELL BEHAVED LOC **lo tienes bien merecido** it serves you right *Ver tb* MERECER(SE)

merendar *vt* to have *sth* for tea: *¿Qué queréis ~?* What do you want for tea?

▶ *vi* **1** to have tea: *Merendamos a las seis.* We have tea at six o'clock. **2** (*al aire libre*) to have a picnic

merendero *nm* picnic area

merengue *nm* (*Cocina*) meringue

meridiano *nm* meridian

merienda *nf* **1** tea: *Termínate la ~.* Eat up your tea. ➲ *Ver nota en* DINNER **2** (*al aire libre*) picnic: *Fueron de ~ al campo.* They went for a picnic in the country. LOC **merienda-cena** early dinner

mérito *nm* merit LOC **tener mérito** to be praiseworthy

merluza *nf* hake [*pl* hake]

mermelada *nf* **1** jam: *~ de melocotón* peach jam **2** (*de cítricos*) marmalade

mero, -a *adj* mere: *Fue una mera casualidad.* It was mere coincidence.

▶ *nm* (*pescado*) grouper [*pl* grouper]

mes *nm* month: *Dentro de un ~ empiezan las vacaciones.* The holidays start in a month. ◇ *el ~ pasado/que viene* last/next month ◇ *a primeros de ~* at the beginning of the month LOC **al mes 1** (*cada mes*) a month: *¿Cuánto gastas al ~?* How much do you spend a month? **2** (*transcurrido un mes*) within a month: *Al ~ de empezar enfermó.* Within a month of starting he fell ill. ♦ **estar de dos, etc. meses** to be two, etc. months pregnant ♦ **por meses** monthly: *Nos pagan por ~es.* We're paid monthly. ♦ **un mes sí y otro no** every other month *Ver tb* CURSO, PRIMERO, ÚLTIMO

mesa *nf* **1** table: *No pongas los pies en la ~.* Don't put your feet on the table. ◇ *¿Nos sentamos a la ~?* Shall we sit at the table? **2** (*de despacho, pupitre*) desk LOC **mesa redonda** (*lit y fig*) round table ♦ **poner la mesa** to lay/set the table

◆ **quitar/recoger la mesa** to clear the table *Ver tb* BENDECIR, JUEGO, TENIS

meseta *nf* plateau [*pl* plateaux/plateaus]

mesilla (*tb* **mesita**) *nf* LOC **mesilla (de noche)** bedside table

mesón *nm* inn

mestizo, -a *adj, nm-nf* (person) of mixed race

meta *nf* **1** (*objetivo*) goal: *alcanzar una ~* to achieve a goal **2** (*Atletismo*) finishing line: *el primero en cruzar la ~* the first across the finishing line LOC *Ver* LÍNEA, PROPIO

metáfora *nf* metaphor

metal *nm* metal

metálico, -a *adj* **1** metal: *una barra metálica* a metal bar **2** (*color, sonido*) metallic LOC **en metálico** cash: *un premio en ~* a cash prize *Ver tb* PAGAR, TELA

metalizado, -a *adj* (*color*) metallic: *color gris ~* metallic grey

metedura *nf* LOC **metedura de pata** blunder: *¡Menuda ~ de pata!* I really put my foot in it!

meteorito *nm* meteor

meteorología *nf* meteorology, weather (*más coloq*)

meteorológico, -a *adj* weather, meteorological (*más formal*): *parte ~* weather forecast

meter *vt* **1** to put: *Mete el coche en el garaje.* Put the car in the garage. ◇ *¿Dónde habré metido las llaves?* Where did I put my keys? ◇ *Metí el dinero en mi cuenta.* I put the money into my account. **2** (*gol, canasta*) to score

▶ **meterse** *vp* **1** (*introducirse*) to get into *sth*: *~se en la cama/ducha* to get into bed/the shower ◇ *Se me ha metido una piedra en el zapato.* I've got a stone in my shoe. **2** (*involucrarse, interesarse*) to get involved (*in sth*): *~se en política* to get involved in politics **3** (*en los asuntos de otro*) to interfere (*in sth*): *Se meten en todo.* They interfere in everything. **4 meterse con** (*criticar*) to pick on *sb* LOC ❶ Para expresiones con **meter**, véanse las entradas del sustantivo, adjetivo, etc., p. ej. **meter la pata** en PATA.

método *nm* method

metomentodo *nmf* busybody [*pl* busybodies]

metralleta *nf* sub-machine gun

métrico, -a *adj* metric: *el sistema ~* the metric system

metro *nm* **1** (*medida*) metre (*abrev* m): *los 200 ~s braza* the 200 metres breaststroke ◇ *Se vende por ~s.* It's sold by the metre. **2** (*cinta para medir*) tape measure **3** (*tren subterráneo*) underground, subway (*USA*): *Podemos ir en ~.* We can go there on the underground.

El metro de Londres se llama también **the tube**: *Cogimos el último metro.* We caught the last tube.

LOC *Ver* ALTURA, PROFUNDIDAD

mexicano, -a *adj, nm-nf* Mexican

México *nm* Mexico

mezcla *nf* **1** mixture: *una ~ de aceite y vinagre* a mixture of oil and vinegar **2** (*tabaco, alcohol, café, té*) blend **3** (*racial, social, musical*) mix

mezclar *vt* **1** to mix: *Hay que ~ bien los ingredientes.* Mix the ingredients well. **2** (*desordenar*) to get *sth* mixed up: *No mezcles las fotos.* Don't get the photos mixed up.

▶ **mezclarse** *vp* **1** (*alternar*) to mix *with sb*: *No quiere ~se con la gente del pueblo.* He doesn't want to mix with people from the village. **2** (*meterse*) to get mixed up *in sth*: *No quiero ~me en asuntos de familia.* I don't want to get mixed up in family matters.

mezquita *nf* mosque

mi[1] *adj* my: *mis amigos* my friends

mi[2] *nm* (*Mús*) E: *mi mayor* E major

mí *pron* me: *¿Es para mí?* Is it for me? ◇ *No me gusta hablar de mí misma.* I don't like talking about myself.

miau *nm* miaow ➲ *Ver nota en* GATO

michelín *nm* spare tyre

microbio *nm* microbe, germ (*más coloq*)

micrófono *nm* microphone, mike (*coloq*)

microondas *nm* microwave

microorganismo *nm* micro-organism

microscopio *nm* microscope

miedica *nmf* scaredy-cat

miedo *nm* fear (*of sb/sth/doing sth*): *el ~ a volar/al fracaso* fear of flying/of failure LOC **coger miedo** to become scared *of sb/sth/doing sth* ◆ **dar miedo** to frighten, to scare (*más coloq*): *Sus amenazas no me dan ningún ~.* His threats don't frighten me. ◆ **meterle miedo a algn** to frighten sb ◆ **pasar miedo** to be frightened, to be scared (*más coloq*): *Pasé un ~ espantoso.* I was terribly frightened. ◆ **por miedo a/de** for fear of *sb/sth/doing sth*: *No lo hice por ~ a que me riñeran.* I didn't do it for fear of being told off. ◆ **¡qué miedo!** how scary! ◆ **tener miedo** to be afraid (*of sb/sth*), to be scared (*of sb/sth*) (*más coloq*): *Tiene mucho ~ a los perros.* He's very scared of dogs. ◇ *¿Tenías ~ de suspender?* Were you afraid you'd fail? *Ver tb* MORIR(SE), MUERTO, PELÍCULA

miel *nf* honey LOC *Ver* LUNA

miembro *nm* **1** (*persona*) member: *hacerse ~* to become a member **2** (*Anat*) limb

mientras *adv* in the meantime

▶ *conj* **1** (*simultaneidad*) while: *Canta ~ pinta.* He sings while he paints. **2** (*tanto tiempo como, siempre que*) as long as: *Aguanta ~ te sea posible.* Put up with it as long as you can. LOC **mientras que** while ◆ **mientras tanto** in the meantime

miércoles *nm* Wednesday (*abrev* Wed.) ➲ *Ver ejemplos en* LUNES LOC **Miércoles de Ceniza** Ash Wednesday

miga *nf* crumb: *~s de galleta* biscuit crumbs LOC **hacer buenas migas** to get on well (*with sb*)

migración *nf* migration

migraña *nf* migraine

mil *nm, adj, pron* **1** (*cifra*) (a) thousand: *~ personas* a thousand people ◇ *un billete de cinco ~ pesos* a five-thousand peso note

> **Mil** puede traducirse también por **one thousand** cuando va seguido de otro número: *mil trescientos sesenta* one thousand three hundred and sixty, o para dar énfasis: *Te dije mil, no dos mil.* I said one thousand, not two.
>
> De 1100 a 1900 es muy frecuente usar las formas **eleven hundred, twelve hundred** etc.: *una carrera de mil quinientos metros* a fifteen hundred metre race.

M

2 (*años*): *en 1600* in sixteen hundred ◇ *1713* seventeen thirteen ◇ *el año 2012* the year two thousand and twelve ➲ *Ver pág 790* LOC **a/por miles** in their thousands ◆ **miles de...** thousands of...: *~es de moscas* thousands of flies ◆ **mil millones** (a) billion: *Ha costado tres ~ millones.* It cost three billion. ➲ *Ver nota en* MILLION; *Ver tb* CIEN, DEMONIO

milagro *nm* miracle

milenio *nm* millennium [*pl* millennia/millenniums]

milésimo, -a *adj, pron, nm-nf* thousandth: *una milésima de segundo* a thousandth of a second

mileurista *nmf* qualified professional in a low-paid job

▶ *adj*: *un trabajo ~* a job paying under a thousand euros a month

mili *nf* military service

miligramo *nm* milligram (*abrev* mg)

mililitro *nm* millilitre (*abrev* ml)

milímetro *nm* millimetre (*abrev* mm)

militante *nmf* (*en un partido político*) member (of a political party)

militar *adj* military: *uniforme ~* military uniform

▶ *nmf* soldier: *Mi padre era ~.* My father was in the army. LOC *Ver* SERVICIO

milla *nf* mile

millar *nm* thousand [*pl* thousand]: *dos ~es de personas* two thousand people LOC **millares de...** thousands of...: *~es de estrellas* thousands of stars

millón *nm* million [*pl* million]: *dos millones trescientas quince* two million three hundred and fifteen ◇ *Tengo un ~ de cosas que hacer.* I've got a million things to do. ➲ *Ver nota en* MILLION *y pág 790* LOC **millones de...** millions of...: *millones de partículas* millions of particles *Ver tb* MIL

millonario, -a *nm-nf* millionaire

mimar *vt* to spoil

mimbre *nm* wicker: *un cesto de ~* a wicker basket

mímica *nf* (*gestos*) sign language: *Nos hicimos entender con ~.* We made ourselves understood with sign language. LOC **hacer mímica** to mime

mimo *nm* **1** (*cariño*) loving care [*incontable*]: *Los niños necesitan ~s.* Children need plenty of loving care. **2** (*excesiva tolerancia*): *No le des tantos ~s.* Don't spoil him.

▶ *nmf* mime artist LOC **hacer mimos a algn** to make a fuss of sb

mina *nf* **1** (*yacimiento*) mine: *una ~ de carbón* a coal mine **2** (*lápiz*) lead LOC *Ver* CAMPO

mineral *nm* mineral LOC *Ver* AGUA

minero, -a *adj* mining: *varias empresas mineras* several mining companies

▶ *nm-nf* miner LOC *Ver* CUENCA

miniatura *nf* miniature

minicadena *nf* mini (hi-fi) system

minidisc (*tb* **minidisco**) *nm* minidisc

minifalda *nf* miniskirt

minigolf *nm* crazy golf

mínima *nf* minimum temperature: *La ~ se registró en Burgos.* The lowest temperature was recorded in Burgos.

minimizar *vt* **1** (*reducir*) to minimize: *~ los costes* to minimize costs **2** (*infravalorar*) to play *sth* down: *Intenta ~ la importancia de los problemas que tiene.* He tries to play down the problems he has.

mínimo, -a *adj* **1** (*menor*) minimum: *la tarifa mínima* the minimum charge **2** (*insignificante*) minimal: *La diferencia entre ellos era mínima.* The difference between them was minimal.

▶ *nm* minimum: *reducir al ~ la contaminación* to reduce pollution to a minimum LOC **como mínimo** at least *Ver tb* SALARIO

mini-portátil *nm* (*Informát*) netbook

ministerio *nm* (*Pol, Relig*) ministry [*pl* ministries]

El nombre oficial de la mayoría de los ministerios en Gran Bretaña es **Department**, p. ej. **Department of Health, Department for Education**, etc.

LOC **Ministerio de Asuntos Exteriores** Ministry of Foreign Affairs, ≃ Foreign and Commonwealth Office (*GB*) ◆ **Ministerio de Economía y Hacienda** Ministry of Finance, ≃ Treasury (*GB*) ◆ **Ministerio del Interior** Ministry of the Interior, ≃ Home Office (*GB*)

ministro, -a *nm-nf* minister: *el ministro español de Defensa* the Spanish Defence Minister

En Gran Bretaña la persona a cargo de un ministerio se llama **Secretary of State** o simplemente **Secretary**: *el ministro de Sanidad* the Secretary of State for Health/Health Secretary.

LOC **ministro de Asuntos Exteriores** Foreign Minister, ≃ Foreign Secretary (*GB*) ◆ **ministro de Economía y Hacienda** Finance Minister, ≃ Chancellor of the Exchequer (*GB*) ◆ **ministro del Interior** Interior Minister, ≃ Home Secretary (*GB*) *Ver tb* CONSEJO, PRIMERO

minoría *nf* minority [*v sing o pl*] [*pl* minorities] LOC **ser minoría** to be in the minority

minoritario, -a *adj* minority: *un gobierno ~* a minority government

minúscula *nf* small letter LOC **con minúscula** with a small letter ◆ **en minúsculas** in small letters

minúsculo, -a *adj* **1** (*diminuto*) tiny **2** (*letra*) small: *una "m" minúscula* a small 'm'

minusválido, -a *adj* disabled
▶ *nm-nf* disabled person: *los ~s* the disabled ➲ *Ver nota en* DISCAPACITADO

minutero *nm* minute hand

minuto *nm* minute: *Espere un ~.* Just a minute.

mío, -a *adj, pron* mine: *Estos libros son ~s.* These books are mine. ❶ *Un amigo mío* se traduce por 'a friend of mine', ya que significa "uno de mis amigos".

miope *adj* short-sighted, nearsighted (*USA*)

miopía *nf* short-sightedness, nearsightedness (*USA*)

mirada *nf* look: *tener una ~ inexpresiva* to have a blank look (on your face) LOC **echar una mirada** to have a look *at sth*: *Sólo me dio tiempo a echar una ~ rápida al periódico.* I only had time for a quick look at the newspaper. *Ver tb* DESVIAR

mirador *nm* viewpoint

mirar *vt* **1** to look at *sb/sth*: *~ el reloj* to look at the clock **2** (*observar*) to watch: *Estaban mirando cómo jugaban los niños.* They were watching the children play.
▶ *vi* to look: *~ hacia arriba/abajo* to look up/down ◇ *~ por una ventana/un agujero* to look out of a window/through a hole

En inglés existen varias maneras de decir *mirar*. Las formas más frecuentes son **look at** y, en el sentido de "observar", **watch**. Todos los demás verbos tienen algún matiz que los distingue. A continuación tienes una lista de algunos de ellos:

gaze= mirar fijamente durante mucho tiempo

glance= echar un vistazo

glare= mirar airadamente

peek= mirar rápida y furtivamente

peep= mirar rápidamente, esp desde un lugar escondido

peer= mirar de una manera prolongada y a veces con esfuerzo

stare= mirar fijamente durante mucho tiempo con interés o sorpresa.

Así, por ejemplo, se puede decir: *Don't glare at me!* ◇ *They all stared at her in her orange trousers.* ◇ *He was gazing up at the stars.* ◇ *She glanced at the newspaper.*

LOC **¡mira que...!**: *¡Mira que casarse con ese sinvergüenza!* Fancy marrying that good-for-nothing! ◇ *¡Mira que eres despistado!* You're so absent-minded! ◆ **se mire como/por donde se mire** whichever way you look at it ❶ Para otras expresiones con **mirar**, véanse las entradas del sustantivo, adjetivo, etc., p. ej. **mirar de reojo** en REOJO.

mirlo *nm* blackbird

mirón, -ona *nm-nf* **1** (*espectador*) onlooker: *Después del accidente la calle se llenó de mirones.* After the accident the street filled up with onlookers. **2** (*voyeur*): *No puedo soportar a los mirones en la playa.* I can't stand those guys who eye people up on the beach.

misa *nf* mass LOC **misa del gallo** midnight mass

miserable *adj* **1** (*sórdido, escaso*) miserable: *un cuarto/sueldo ~* a miserable room/wage **2** (*persona, vida*) wretched
▶ *nmf* **1** (*malvado*) wretch **2** (*tacaño*) miser

miseria *nf* **1** (*pobreza*) poverty **2** (*cantidad pequeña*) a pittance, peanuts (*coloq*): *Les pagan una ~.* They get paid peanuts.

M

misil *nm* missile

misión *nf* mission

misionero, -a *nm-nf* missionary [*pl* missionaries]

mismo, -a *adj* **1** (*idéntico*) same: *al ~ tiempo* at the same time ◇ *Vivo en la misma casa que él.* I live in the same house as him. **2** (*uso enfático*): *Yo ~ lo vi.* I saw it myself. ◇ *estar en paz contigo ~* to be at peace with yourself ◇ *la princesa misma* the princess herself
▶ *pron* same one: *Es la misma que vino ayer.* She's the same one who came yesterday.
▶ *adv*: *delante ~ de mi casa* right in front of my house ◇ *Te prometo hacerlo hoy ~.* I promise you I'll get it done today. LOC **aquí/ahí/allí mismo** right here/there ◆ **lo mismo** the same: *Póngame lo ~ de siempre.* I'll have the same as usual. ◆ **me da lo mismo** I, you, etc. don't mind: — *¿Café o té?* — *Me da lo ~.* 'Coffee or tea?' 'I don't mind.' *Ver tb* AHORA, COJEAR, CONFIANZA, VESTIR

misterio *nm* mystery [*pl* mysteries]

misterioso, -a *adj* mysterious

M

mitad *nf* half [*pl* halves]: *en la primera ~ del partido* in the first half of the match ◇ *Llénalo hasta la ~.* Fill it half up. LOC **a la mitad**: *reducir algo a la ~* to cut sth by half ◇ *La botella estaba a la ~.* The bottle was half empty. ◆ **a mitad de...** halfway through...: *a ~ de la reunión* halfway through the meeting ◆ **a mitad de camino** halfway: *Haremos una parada a ~ de camino.* We'll stop halfway. ◆ **a mitad de precio** half-price: *Lo compré a ~ de precio.* I bought it half-price. ◆ **la mitad de...** half (of): *La ~ de la población sobrevive con menos de dos euros diarios.* Half (of) the population survive on less than two euros a day. ◇ *La ~ de ellos tiene más de 50 años de edad.* Half of them are over 50. ◆ **por la mitad**: *cortar/partir algo por la ~* to cut sth in half ◇ *Se me ha roto el mapa por la ~.* The map has torn down the middle. ◇ *Voy por la ~.* I'm halfway through it.

mitin *nm* rally [*pl* rallies]: *dar un ~* to hold a rally

mito *nm* **1** (*leyenda*) myth **2** (*persona famosa*) legend: *Es un ~ del fútbol español.* He's a Spanish football legend.

mitología *nf* mythology

mixto, -a *adj* (*colegio, instituto*) co-educational LOC *Ver* ENSALADA

mobbing *nm* (psychological) harassment in the workplace

mobiliario *nm* furniture

mocasín *nm* moccasin

mochila *nf* rucksack LOC **mochila (escolar)** school bag ➲ *Ver dibujo en* BAG

mochilero, -a *nm-nf* backpacker

moco *nm* **mocos** LOC **tener mocos** to have a runny nose *Ver tb* LLORAR

mocoso, -a *adj, nm-nf* (*pequeñajo*) kid: *No es más que una mocosa.* She's just a kid.

moda *nf* fashion: *seguir la ~* to follow fashion LOC **(estar/ponerse) de moda** (to be/become) fashionable: *un bar de ~* a fashionable bar ◆ **pasarse de moda** to go out of fashion *Ver tb* PASADO

modales *nm* manners: *tener buenos ~* to have good manners

modelar *vt, vi* **1** (*barro, plastilina, etc.*) to model **2** (*escultor*) to sculpt

modelo *nm* **1** model: *un ~ a escala* a scale model ◇ *un estudiante ~* a model student **2** (*ropa*) style: *Tenemos varios ~s de chaqueta.* We've got several styles of jacket.
▶ *nmf* model: *Es ~ de pasarela.* She's a fashion model. LOC *Ver* DESFILE

módem *nm* modem

moderado, -a *adj* moderate *Ver tb* MODERAR

moderador, -ora *nm-nf* moderator

moderar *vt* **1** (*velocidad*) to reduce **2** (*lenguaje, impulsos*) to mind: *Modera tu lenguaje.* Mind your language. **3** (*debate*) to chair

modernización *nf* modernization

modernizar(se) *vt, vp* to modernize

moderno, -a *adj* modern

modestia *nf* modesty

modesto, -a *adj* modest

modificar *vt* **1** (*cambiar*) to change **2** (*Gram*) to modify

modista *nf* (*costurera*) dressmaker

modisto, -a *nm-nf* (*diseñador*) designer

modo *nm* **1 ~ (de)** (*manera*) way (*of doing sth*): *un ~ especial de reír* a special way of laughing ◇ *Lo hace del mismo ~ que yo.* He does it the same way as me. **2 modos** (*modales*) manners: *malos ~s* bad manners LOC **a mi modo** my, your, etc. way: *Dejadles que lo hagan a su ~.* Let them do it their way. ◆ **con/de malos modos** rudely: *Me lo pidió de malos ~s.* He asked for it so rudely. ◆ **de modo que** (*por tanto*) so: *Has estudiado poco, de ~ que no puedes aprobar.* You haven't studied much, so you won't pass. ◆ **de todos modos** anyway *Ver tb* CUALQUIERA, NINGUNO

módulo *nm* **1** module: *El curso consta de diez ~s independientes.* The course consists of ten separate modules. **2** (*muebles*) unit

moflete *nm* chubby cheek

mogollón *nm* loads (*of sth*) [*pl*]: *un ~ de dinero* loads of money ◇ *Se aprende (un) ~.* You learn an awful lot.
▶ *adv*: *Me divertí ~ en la fiesta.* I had a great time at the party.

moho *nm* mould LOC **criar/tener moho** to go/be mouldy

mojado, **-a** *adj* wet *Ver tb* MOJAR

mojar *vt* **1** to get *sb/sth* wet: *No mojes el suelo.* Don't get the floor wet. **2** (*en café, sopa*) to dip: *~ el pan en la sopa* to dip your bread in the soup
▶ **mojarse** *vp* to get wet: *~se los pies* to get your feet wet ◇ *¿Te has mojado?* Did you get wet?

molar *vi* **1** (*gustar*) to like *sb/sth*: *Lo que más me mola es...* What I like most is... ◇ *Esa chavala me mola cantidad.* I really fancy that girl. ◇ *No me mola el rap.* I'm not really into rap. **2** (*estar de moda*) to be cool: *¡Esto mola mazo/mogollón!* This is really cool!

molde *nm* **1** (*Cocina*) tin **2** (*de yeso*) cast: *un ~ de yeso* a plaster cast LOC *Ver* PAN

moldeado *nm* (*peluquería*) soft perm: *Quisiera hacerme un ~.* I'd like a soft perm.

moldear *vt* **1** (*barro, plástico, carácter*) to mould **2** (*metal*) to cast

molécula *nf* molecule

moler *vt* **1** (*café, trigo*) to grind **2** (*cansar*) to wear *sb* out LOC **moler a palos** to give *sb* a beating

molestar *vt* **1** (*importunar*) to bother: *Siento ~te a estas horas.* I'm sorry to bother you so late. **2** (*interrumpir*) to disturb: *No quiere que la molesten mientras trabaja.* She doesn't want to be disturbed while she's working. **3** (*ofender*) to upset
▶ *vi* to be a nuisance: *No quiero ~.* I don't want to be a nuisance.
▶ **molestarse** *vp* **molestarse (en)** (*tomarse trabajo*) to bother (*to do sth*): *Ni se molestó en contestar a mi carta.* He didn't even bother to reply to my letter. LOC **no molestar** do not disturb ◆ **¿te molesta que...?** do you mind if...?: *¿Te molesta que abra la ventana?* Do you mind if I open the window?

molestia *nf* **1** (*dolor*) discomfort [*incontable*] **2 molestias** inconvenience [*incontable*]: *causar ~s a algn* to cause sb inconvenience ◇ *Disculpen las ~s.* We apologize for any inconvenience. LOC **si no es molestia** if it's no bother ◆ **tomarse la molestia de** to take the trouble *to do sth*

molesto, **-a** *adj* **1** (*que fastidia*) annoying **2** (*disgustado*) annoyed (*with sb*): *Está ~ conmigo por lo del coche.* He's annoyed with me about the car. ➲ *Ver nota en* BORING

molido, **-a** *adj* (*exhausto*) worn out LOC *Ver* CAFÉ; *Ver tb* MOLER

molino *nm* mill LOC **molino de agua/viento** watermill/windmill

momento *nm* **1** (*instante*) moment: *Espera un ~.* Hold on a moment. **2** (*período*) time [*incontable*]: *en estos ~s de crisis* at this time of crisis LOC **al momento** immediately ◆ **del momento**: *el mejor jugador del ~* the best player at the moment ◇ *el cine español del ~* present-day Spanish cinema ◆ **de momento** at/for the moment: *De ~ tengo bastante trabajo.* I've got enough work for the moment. ◆ **por el momento** for the time being *Ver tb* NINGUNO

momia *nf* mummy [*pl* mummies]

mona *nf* LOC **coger(se) una mona** to get drunk

monaguillo *nm* altar boy

monarca *nmf* monarch

monarquía *nf* monarchy [*pl* monarchies]

monasterio *nm* monastery [*pl* monasteries]

monda (*tb* **mondadura**) *nf* **1** (*frutas*) peel [*incontable*] **2** (*hortalizas*) peeling: *~s de patata* potato peelings LOC **ser la monda** (*ser divertido*) to be a scream

mondar *vt* to peel LOC *Ver* RISA

moneda *nf* **1** (*pieza*) coin: *¿Tienes una ~ de 50 céntimos?* Have you got a 50 cent coin? **2** (*unidad monetaria*) currency [*pl* currencies]: *la ~ japonesa* the Japanese currency

monedero *nm* purse, change purse (*USA*)

monetario, **-a** *adj* LOC *Ver* UNIDAD

monigote *nm* **1** (*muñeco de papel*) paper doll **2** (*dibujo mal hecho*) daub **3** (*don nadie*) nobody [*pl* nobodies]: *No es más que un ~.* He's a nobody.

monitor, **-ora** *nm-nf* instructor: *un ~ de gimnasia* a gym instructor
▶ *nm* (*pantalla*) monitor ➲ *Ver dibujo en* ORDENADOR

monje, **-a** *nm-nf* **1** (*masc*) monk **2** (*fem*) nun LOC *Ver* COLEGIO

mono, **-a** *adj* pretty: *Va siempre muy mona.* She always looks very pretty. ◇ *¡Qué niño más ~!* What a pretty baby!
▶ *nm-nf* (*animal*) monkey [*pl* monkeys]
▶ *nm* (*traje*) overalls [*pl*]: *Llevaba un ~ azul.* He was wearing blue overalls. LOC *Ver* ÚLTIMO

monólogo *nm* monologue

monopatín *nm* skateboard

monopolio *nm* monopoly [*pl* monopolies]

monótono, **-a** *adj* monotonous

monovolumen *nm* people carrier, minivan (*USA*)

monóxido *nm* monoxide LOC **monóxido de carbono** carbon monoxide

monstruo *nm* **1** monster: *un ~ de tres ojos* a three-eyed monster **2** (*genio*) genius [*pl* geniuses]: *un ~ del deporte* a sporting genius

montado, -a *adj*: *~ en un caballo/una motocicleta* riding a horse/motorbike

▶ *nm* (*bocadillo pequeño*) small sandwich: *un ~ de jamón* a small ham sandwich *Ver tb* MONTAR

montaje *nm* **1** (*máquina*) assembly: *una cadena de ~* an assembly line **2** (*engaño*) set-up: *Seguro que todo es un ~.* I bet it's all a set-up.

montaña *nf* **1** mountain: *en lo alto de una ~* at the top of a mountain **2** (*tipo de paisaje*) mountains [*pl*]: *Prefiero la ~ a la playa.* I prefer the mountains to the seaside. LOC **montaña rusa** roller coaster *Ver tb* BICICLETA, CICLISMO

montañero, -a *nm-nf* mountaineer

montañismo *nm* mountaineering

montañoso, -a *adj* mountainous LOC *Ver* SISTEMA

M

montar *vt* **1** (*establecer*) to set *sth* up: *~ un negocio* to set up a business **2** (*máquina, mueble, juguete*) to assemble **3** (*tienda de campaña*) to put *sth* up **4** (*nata*) to whip

▶ *vi* to ride: *~ en bici* to ride a bike ◇ *botas/traje de ~* riding boots/clothes

▶ **montar(se)** *vi, vp* to get on (*sth*): *Montaron dos pasajeros.* Two passengers got on. LOC **montar a caballo** to ride: *Me gusta ~ a caballo.* I like riding. ◆ **montárselo bien** to have (got) it made: *¡Qué bien se lo montan!* They've really got it made! ◆ **montar una bronca/un escándalo/un número** to make a scene ◆ **montar un cirio/jaleo/lío** to make a racket *Ver tb* SILLA

monte *nm* **1** mountain, hill

Si se refiere a un monte muy alto o a una montaña, se dice **mountain**, pero un monte de menor altura se llama **hill**.

2 [*con nombre propio*] Mount: *el ~ Everest* Mount Everest

montón *nm* **1** (*pila*) pile: *un ~ de arena/libros* a pile of sand/books **2** (*muchos*) lots (*of sth*): *un ~ de problemas* lots of problems ◇ *Tienes montones de amigos.* You've got lots of friends. **3** (*mucho*): *Me gusta un ~.* I really love it. LOC **del montón** ordinary: *una chica del ~* an ordinary girl

montura *nf* **1** (*gafas*) frame **2** (*silla de montar*) saddle

monumental *adj* **1** (*con monumentos*) historical: *el conjunto ~ de la ciudad* the historical monuments of the city **2** (*descomunal*) massive: *un esfuerzo ~* a massive effort

monumento *nm* monument

moño *nm* bun: *Siempre va con ~.* She always wears her hair in a bun. LOC *Ver* HORQUILLA

moqueta *nf* carpet

mora *nf* **1** (*de zarza*) blackberry [*pl* blackberries] **2** (*de morera*) mulberry [*pl* mulberries]

morado, -a *adj, nm* purple ➲ *Ver ejemplos en* AMARILLO LOC **ponerse morado (de)** to stuff yourself (with *sth*)

moral *adj* moral

▶ *nf* **1** (*principios*) morality **2** (*ánimo*) morale: *La ~ está baja.* Morale is low. LOC *Ver* BAJO

moraleja *nf* moral

moratón (*tb* **morado**) *nm* bruise

morcilla *nf* black pudding

mordaza *nf* gag: *ponerle una ~ a algn* to gag sb

mordedura *nf* bite

morder(se) *vt, vi, vp* to bite: *El perro me mordió en la pierna.* The dog bit my leg. ◇ *Mordí la manzana.* I bit into the apple. ◇ *~se las uñas* to bite your nails LOC **estar que muerde**: *No le preguntes; está que muerde.* Don't ask him; he'll bite your head off. ◆ **morder el anzuelo** to swallow the bait

mordisco *nm* bite LOC **dar/pegar un mordisco** to bite

mordisquear *vt* to nibble

moreno, -a *adj* **1** (*pelo, piel*) dark: *Mi hermana es mucho más morena que yo.* My sister's much darker than me. **2** (*bronceado, azúcar, pan*) brown: *ponerse ~* to go brown

morfina *nf* morphine

moribundo, -a *adj* dying

morir(se) *vi, vp* to die: *~ de un infarto/en un accidente* to die of a heart attack/in an accident LOC **morirse de aburrimiento** to be bored stiff ◆ **morirse de frío/hambre** to be freezing/starving ◆ **morirse de miedo** to be scared stiff ◆ **morirse de sed** to be dying of thirst ◆ **morirse por (hacer) algo** to be dying for sth/to do sth *Ver tb* MOSCA, RISA

moro, -a *adj* (*Hist*) Moorish

▶ *nm-nf* (*Hist*) Moor

morriña *nf* homesickness: *tener ~* to feel homesick

morro *nm* **1** (*animal*) snout **2** (*avión, coche*) nose LOC **¡qué/vaya morro!** what a cheek! *Ver tb* BEBER(SE)

morrón *adj* LOC *Ver* PIMIENTO

mortadela *nf* mortadella, bologna (*USA*)

mortal *adj* **1** (*no inmortal, pecado*) mortal: *Los seres humanos son ~es.* Human beings are mor-

tal. **2** (*enfermedad, accidente*) fatal **3** (*veneno, enemigo*) deadly **4** (*aburrimiento, ruido, trabajo*) dreadful: *La película es de una lentitud ~.* The film is dreadfully slow.
▶ *nmf* (*ser humano*) mortal LOC *Ver* RESTO

mortalidad *nf* mortality

mortero *nm* mortar

mortuorio, -a *adj* LOC *Ver* ESQUELA

moruno, -a *adj* LOC *Ver* PINCHO

mosaico *nm* mosaic

mosca *nf* fly [*pl* flies] LOC **caer/morir como moscas** to drop like flies ◆ **estar con la mosca detrás de la oreja** to smell a rat ◆ **por si las moscas** just in case ◆ **¿qué mosca te ha picado?** what's eating you?

mosquear *vt* **1** (*molestar*) to annoy: *La broma le mosqueó bastante.* He was quite annoyed by the joke. **2** (*hacer sospechar*) to make *sb* suspicious: *¿No te mosquea que no haya dicho nada?* Doesn't it make you suspicious that she hasn't said anything?
▶ **mosquearse** *vp* **1** (*enfadarse*) to get annoyed: *~se por una tontería* to get annoyed about something silly **2** (*sospechar*) to get suspicious

mosqueo *nm* **1** (*enfado*): *¡Menudo ~ se pilló!* He got really annoyed! **2** (*sospecha*): *¡Qué ~ tengo con tanta llamada telefónica!* I'm very suspicious of all these phone calls.

mosquito *nm* mosquito [*pl* mosquitoes]

mostaza *nf* mustard

mosto *nm* grape juice: *Dos ~s, por favor.* Two glasses of grape juice, please.

mostrador *nm* **1** (*tienda, aeropuerto*) counter **2** (*bar*) bar

mostrar *vt* to show: *Mostraron mucho interés por ella.* They showed great interest in her.
▶ **mostrarse** *vp* (*parecer*) to seem: *Se mostraba algo pesimista.* He seemed rather pessimistic. LOC *Ver* COMPRENSIÓN

mota *nf* speck

mote *nm* nickname: *Me pusieron de ~ "la Flaca".* They nicknamed me 'Skinny'.

motín *nm* mutiny [*pl* mutinies]

motivación *nf* motivation: *falta de ~* lack of motivation

motivar *vt* **1** (*causar*) to cause **2** (*incentivar*) to motivate

motivo *nm* reason (*for sth/doing sth*): *el ~ de nuestro viaje* the reason for our trip ◇ *por ~s de salud* for health reasons ◇ *Se enfadó conmigo sin ~ alguno.* He got angry with me for no reason.

moto (*tb* **motocicleta**) *nf* motorbike: *ir en ~* to ride a motorbike LOC **moto acuática/de agua** jetski® [*pl* jetskis] ◆ **moto todoterreno** dirt bike

motociclismo *nm* motorcycling

motociclista *nmf* motorcyclist

motocross *nm* motocross

motor, -ora *adj* motive: *fuerza motora* motive force
▶ *nm* **1** (*vehículo*) engine **2** (*electrodomésticos*) motor ➲ *Ver nota en* ENGINE LOC *Ver* VUELO

motora *nf* motorboat

motorista *nmf* motorcyclist

movedizo, -a *adj* LOC *Ver* ARENA

mover(se) *vt, vi, vp* to move: *~ una pieza del ajedrez* to move a chess piece ◇ *Te toca ~.* It's your move. ◇ *Muévete un poco para que me siente.* Move up a bit so I can sit down.

movida *nf* (*marcha*) nightlife: *Esta es la zona de la ~.* This is the area where all the nightlife is. ◇ *la ~ madrileña* the Madrid scene

movido, -a *adj* **1** (*ajetreado*) busy: *Hemos tenido un mes muy ~.* We've had a very busy month. **2** (*foto*) blurred *Ver tb* MOVER(SE)

móvil *adj* mobile
▶ *nm* **1** (*teléfono*) mobile (phone), cell phone (*USA*): *Te estoy hablando desde el ~.* I'm on my mobile. ◇ *mi número de ~* my mobile number **2** (*decoración*) mobile LOC **móvil de contrato/libre** contract/pay-as-you-go mobile (phone)

M

movilización *nf* (*protestas*) protests [*pl*]: *la ~ contra la guerra* anti-war protests

movimiento *nm* **1** (*cambio de posición, político, cultural*) movement: *un leve ~ de la mano* a slight movement of the hand ◇ *el ~ obrero/romántico* the labour/Romantic movement **2** (*marcha*) motion: *El coche estaba en ~.* The car was in motion. ◇ *poner algo en ~* to set sth in motion **3** (*actividad*) activity: *Hoy hay mucho ~ en el colegio.* There's a lot happening at school today.

MP3 *nm* MP3

mu *nm* (*mugido*) moo LOC **no decir ni mu** not to say a word

muchacho, -a *nm-nf* **1** (*masc*) boy, lad (*coloq*) **2** (*fem*) girl **3 muchachos** (*sin distinción de sexo*) youngsters

muchedumbre *nf* crowd [*v sing o pl*]

mucho, -a *adj*

- **en oraciones afirmativas** a lot of *sth*: *Tengo ~ trabajo.* I've got a lot of work. ◇ *Había ~s coches.* There were a lot of cars.
- **en oraciones negativas e interrogativas** **1 + sustantivo incontable** much, a lot of *sth* (*más coloq*): *No tiene mucha suerte.* He doesn't have much luck. ◇ *¿Tomas ~ café?* Do you drink a lot of coffee? **2 + sustantivo contable** many, a lot of

sth (*más coloq*): *No había ~s ingleses.* There weren't many English people.

- **otras construcciones**: *¿Tienes mucha hambre?* Are you very hungry? ◇ *hace ~ tiempo* a long time ago

▶ *pron* **1** [*en oraciones afirmativas*] a lot: *~s de mis amigos* a lot of my friends **2** [*en oraciones negativas e interrogativas*] much [*pl* many]: *Si no es ~ pedir...* If it's not too much to ask... ◇ *¿Allí hay muchos?* Are there many there? ➲ *Ver nota en* MANY

▶ *adv* **1** a lot: *Se parece ~ a su padre.* He's a lot like his father. ◇ *Tu amigo viene ~ por aquí.* Your friend comes round here a lot. ◇ *Me gustan ~ tus zapatos nuevos.* I like your new shoes a lot. ◇ *trabajar ~* to work hard

Fíjate en la frase siguiente: *Quiere mucho a sus padres.* She loves her parents very much/a lot. **A lot** y **very much** se colocan al final de la frase, aunque *mucho* en español vaya entre el verbo y el objeto directo.

2 [*con formas comparativas*] much: *Eres ~ mayor que ella.* You're much older than her. ◇ *~ más interesante* much more interesting **3** (*mucho tiempo*) a long time: *Llegaron ~ antes que nosotros.* They got there a long time before us. ◇ *hace ~* a long time ago ◇ *~ después* a lot later **4** [*en respuestas*] very: *— ¿Estás cansado? — No ~.* 'Are you tired?' 'Not very.' ◇ *— ¿Te gustó? — Mucho.* 'Did you like it?' 'Very much.' LOC **como mucho** at most ◆ **ni mucho menos** far from it ◆ **por mucho que...** however much...: *Por ~ que insistas...* However much you insist...

M

mudanza *nf* move LOC **estar de mudanza** to be moving (house) *Ver tb* CAMIÓN

mudar(se) *vt, vi, vp* **mudar(se) (de)** (*cambiar*) to change: *Hay que ~ al bebé.* The baby needs changing. ◇ *~se de camisa* to change your shirt

▶ *vp* **mudarse (de)** (*trasladarse*) to move: *~se de casa* to move house

mudo, -a *adj, nm-nf* dumb

En un contexto más formal se prefiere la expresión **people who are speech-impaired**.

LOC *Ver* PELÍCULA

mueble *nm* **1** [*en singular*] piece of furniture: *un ~ muy elegante* a very stylish piece of furniture **2 muebles** (*conjunto*) furniture [*incontable*]: *Los ~s estaban cubiertos de polvo.* The furniture was covered in dust.

mueca *nf* LOC **hacer muecas** to make/pull faces (*at sb*)

muela *nf* (back) tooth [*pl* (back) teeth]: *sacarse una ~* to have a tooth out LOC **muela del juicio** wisdom tooth [*pl* wisdom teeth] *Ver tb* DOLOR

muelle *nm* **1** (*resorte*) spring **2** (*de un puerto*) wharf [*pl* wharves/wharfs]

muermo *nm* (*aburrimiento*) bore: *¡Qué ~!* What a bore!

muerte *nf* death LOC **dar muerte a algn/algo** to kill sb/sth ◆ **de mala muerte** horrible: *un barrio de mala ~* a horrible neighbourhood *Ver tb* PENA, REO, SUSTO

muerto, -a *adj* dead: *La habían dado por muerta.* They had given her up for dead. ◇ *Este pueblo está ~ en invierno.* This village is dead in winter.

▶ *nm-nf*: *Hubo tres ~s en el accidente.* Three people were killed in the accident. ◇ *los ~s en la guerra* the war dead LOC **muerto de cansancio** dead tired ◆ **muerto de envidia** green with envy ◆ **muerto de frío/hambre** freezing/starving ◆ **muerto de miedo** scared to death ◆ **muerto de risa 1** (*divertido*) helpless with laughter **2** (*abandonado*) gathering dust: *Tiene los patines ~s de risa en el armario.* The skates are in the wardrobe gathering dust. ◆ **muerto de sed** dying of thirst *Ver tb* CALLADO, HORA, NATURALEZA, PESAR[1], PUNTO, TIEMPO, VIVO; *Ver tb* MORIR(SE)

muesli *nm* muesli

muestra *nf* **1** (*Med, estadística, mercancía*) sample: *una ~ de sangre* a blood sample **2** (*prueba*) token: *una ~ de amor* a token of love **3** (*señal*) sign: *dar ~s de cansancio* to show signs of fatigue LOC *Ver* FERIA

mugir *vi* **1** (*vaca*) to moo **2** (*toro*) to bellow

mugre *nf* filth

mujer *nf* **1** woman [*pl* women] **2** (*esposa*) wife [*pl* wives] LOC *Ver* BOMBA, NEGOCIO, TIEMPO

mulato, -a *adj, nm-nf* (person) of mixed race

muleta *nf* (*para andar*) crutch: *andar con ~s* to walk on crutches

mullido, -a *adj* soft

mulo, -a *nm-nf* mule

multa *nf* **1** fine **2** (*de tráfico*): *una ~ de aparcamiento* a parking ticket LOC **poner una multa** to fine *sb*: *Le han puesto una ~.* He's been fined.

multicine *nm* multiplex (cinema)

multicultural *adj* multicultural

multiculturalismo *nm* multiculturalism

multifunción *adj* multi-purpose

▶ *nm*: *un (equipo) ~* an all-in-one (printer)

multimedia *adj* multimedia

multinacional *adj, nf* multinational

múltiple *adj* **1** (*numeroso*) numerous: *en ~s ocasiones* on numerous occasions **2** (*compuesto*) multiple: *una fractura ~* a multiple fracture

multiplicación *nf* multiplication

multiplicar *vt, vi* (*Mat*) to multiply: ~ *dos por cuatro* to multiply two by four ◇ *¿Ya sabes ~?* Do you know how to do multiplication yet?

multirracial *adj* multiracial

multitud *nf* **1** (*muchedumbre*) crowd [*v sing o pl*] **2** ~ **de** (*muchos*) a lot of *sth*: *(una) ~ de problemas* a lot of problems

multitudinario, -a *adj* mass: *una manifestación multitudinaria* a mass demonstration

mundial *adj* world: *el récord ~* the world record
▶ *nm* world championship: *los Mundiales de Atletismo* the World Athletics Championships ◇ *el Mundial de fútbol* the World Cup

mundo *nm* world: *dar la vuelta al ~* to go round the world LOC **el mundo del espectáculo** show business ◆ **todo el mundo** everyone, everybody *Ver tb* BOLA, MEDIO, OTRO, TERCERO, VUELTA

munición *nf* ammunition [*incontable*]: *quedarse sin municiones* to run out of ammunition

municipal *adj* municipal LOC **guardia/policía municipal 1** (*individuo*) police officer ➲ *Ver nota en* POLICÍA **2** (*cuerpo*) local police force *Ver tb* ELECCIÓN, TÉRMINO

municipio *nm* **1** (*término municipal*) town **2** (*ayuntamiento*) town council [*v sing o pl*]

muñeca *nf* **1** (*juguete*) doll: *¿Te gusta jugar con ~s?* Do you like playing with dolls? **2** (*parte del cuerpo*) wrist

muñeco *nm* **1** (*juguete*) doll: *un ~ de trapo* a rag doll **2** (*de un ventrílocuo, maniquí*) dummy [*pl* dummies] LOC **muñeco de nieve** snowman [*pl* -men] ◆ **muñeco de peluche** soft toy

muñequera *nf* wristband

mural *nm* mural

muralla *nf* wall(s) [*se usa mucho en plural*]: *la ~ medieval* the medieval walls

murciélago *nm* bat

murmullo *nm* murmur: *el ~ de su voz/del viento* the murmur of his voice/the wind

murmurar *vt, vi* (*hablar en voz baja*) to mutter
▶ *vi* (*cotillear*) to gossip (*about sb/sth*)

muro *nm* wall

musa *nf* muse

musaraña *nf* LOC *Ver* PENSAR

muscular *adj* muscle: *una lesión ~* a muscle injury

músculo *nm* muscle

musculoso, -a *adj* muscular

museo *nm* museum: *Está en el Museo del Prado.* It's in the Prado Museum. ➲ *Ver nota en* MUSEUM

musgo *nm* moss

música *nf* music: *No me gusta la ~ clásica.* I don't like classical music. LOC **música ambiental/de fondo** background music ◆ **música en directo** live music *Ver tb* CADENA, EQUIPO

musical *adj, nm* musical LOC *Ver* COMEDIA, ESCALA

músico, -a *nm-nf* musician LOC **músico callejero** busker

muslo *nm* **1** (*humano*) thigh **2** (*ave*) leg

musulmán, -ana *adj, nm-nf* Muslim ➲ *Ver nota en* CATÓLICO

mutante *adj, nmf* mutant

mutilar *vt* to mutilate

mutuamente *adv* each other, one another: *Se odian ~.* They hate each other. ➲ *Ver nota en* EACH OTHER

mutuo, -a *adj* mutual

muy *adv* **1** [*con adjetivo/adverbio*] very: *Están ~ bien/cansados.* They're very well/tired. ◇ *~ despacio/temprano* very slowly/early **2** [*con sustantivo*]: *Se cree ~ hombre.* He thinks he's a real man. ◇ *el ~ tonto* the stupid idiot LOC **muy bien** (*de acuerdo*) OK ◆ **Muy señor mío/señora mía** Dear Sir/Madam ➲ *Ver nota en* ATENTAMENTE ◆ **por muy... que...** however...: *Por ~ simpático que sea...* However nice he is...

Nn

nabo *nm* turnip

nácar *nm* mother-of-pearl

nacer *vi* **1** (*persona, animal*) to be born: *¿Dónde naciste?* Where were you born? ◇ *Nací en 1971.* I was born in 1971. **2** (*río*) to rise LOC **nacer para actor, cantante, etc.** to be a born actor, singer, etc. *Ver tb* RECIÉN

naciente *adj* (*sol*) rising

nacimiento *nm* **1** birth: *fecha de ~* date of birth **2** (*río*) source **3** (*pelo, uña*) root **4** (*belén*) nativity scene LOC **de nacimiento**: *Es ciega de ~.* She was born blind. ◇ *ser español de ~* to be Spanish by birth ◆ **mancha/marca de nacimiento** birthmark *Ver tb* LUGAR

nación *nf* nation LOC Ver ORGANIZACIÓN

nacional *adj* **1** (*de la nación*) national: *la bandera ~* the national flag **2** (*interno*) domestic: *el mercado ~* the domestic market ◇ *vuelos/salidas ~es* domestic flights/departures LOC Ver CARRETERA, FIESTA, PARQUE

nacionalidad *nf* **1** nationality [*pl* nationalities]: *personas de diferentes ~es* people of different nationalities **2** (*ciudadanía*) citizenship: *solicitar/obtener la ~ española* to apply for/be granted Spanish citizenship

nacionalismo *nm* nationalism

nacionalista *adj, nmf* nationalist

nacionalizar *vt* to nationalize
▶ **nacionalizarse** *vp* to become a British, Spanish, etc. citizen

nada *pron* **1** (*ninguna cosa*) nothing, anything

> **Nothing** se utiliza cuando el verbo va en forma afirmativa en inglés y **anything** cuando va en forma negativa: *No queda nada.* There's nothing left. ◇ *No tengo nada que perder.* I've got nothing to lose. ◇ *No quiero nada.* I don't want anything. ◇ *No tienen nada en común.* They haven't got anything in common. ◇ *¿No quieres nada?* Don't you want anything?

2 (*en absoluto*) at all: *No tengo ~ de hambre.* I'm not hungry at all. **3** (*Tenis*) love: *treinta, ~* thirty love
▶ *adv* at all: *No está ~ claro.* It's not at all clear. LOC **de nada 1** (*sin importancia*) little: *Es un arañazo de ~.* It's only a little scratch. **2** (*exclamación*) you're welcome: — *Gracias por la cena.* — *¡De ~!* 'Thank you for the meal.' 'You're welcome!' ❶ También se puede decir **don't mention it**. ◆ **nada de nada** not a thing ◆ **nada más 1** (*eso es todo*) that's all **2** (*sólo*) only: *Tengo un hijo ~ más.* I only have one son. ◆ **nada más hacer algo**: *Lo reconocí ~ más verlo.* I recognized him as soon as I saw him. ◆ **nada más y nada menos que... 1** (*persona*) none other than...: *~ más y ~ menos que el presidente* none other than the president **2** (*cantidad*) no less than...: *~ más y ~ menos que 100 personas* no less than 100 people ◆ **para nada** not at all: *No estoy para ~ cansada.* I'm not at all tired. *Ver tb* DENTRO

nadador, -ora *nm-nf* swimmer

nadar *vi* **1** to swim: *No sé ~.* I can't swim. **2 ~ a braza, crol, etc.** to do the breaststroke, crawl, etc.

nadie *pron* no one, nobody: *Eso no lo sabe ~.* No one knows that. ◇ *No había ~ más.* There was no one else there. ➲ *Ver nota en* NO ONE

> Cuando el verbo en inglés va en forma negativa, usamos **anyone**: *Está enfadado y no habla con nadie.* He is angry and won't talk to anyone.

LOC Ver DON

nado LOC **a nado**: *Cruzaron el río a ~.* They swam across the river.

nailon (*tb* **nilón, nylon**) *nm* nylon

naipe *nm* (playing) card ➲ *Ver nota en* BARAJA

nana *nf* lullaby [*pl* lullabies]

naranja *nf* (*fruta*) orange
▶ *adj, nm* (*color*) orange ➲ *Ver ejemplos en* AMARILLO LOC Ver RALLADURA

naranjada *nf* orangeade

naranjo *nm* orange tree

narcótico *nm* drug

narcotraficante *nmf* drug trafficker

narcotráfico *nm* drug trafficking

nariz *nf* nose: *Suénate la ~.* Blow your nose. LOC **en mis narices** right under my, your, etc. nose: *Le robaron el móvil en sus (mismas/propias) narices.* They stole his mobile from right under his nose. ◆ **estar hasta las narices (de)** to be fed up (with *sb/sth*) ◆ **meter las narices** to poke/stick your nose *into sth* ◆ **¡narices!** rubbish! ◆ **no me sale de las narices** I, you, etc. don't feel like doing it *Ver tb* CERRAR, LIMPIAR

narrador, -ora *nm-nf* narrator

narrar *vt* to tell

narrativa *nf* (*género*) fiction

nasal *adj* nasal LOC Ver TABIQUE

nata *nf* **1** cream: *~ montada* whipped cream **2** (*de leche hervida*) skin LOC **nata líquida** single cream *Ver tb* FLOR

natación *nf* swimming

natal *adj* native: *país ~* native country LOC Ver CIUDAD

natalidad *nf* birth rate LOC Ver ÍNDICE

natillas *nf* custard [*incontable*]: *Me gustan las ~ caseras.* I like home-made custard.

nativo, -a *adj, nm-nf* native

nato, -a *adj* born: *un músico ~* a born musician

natural *adj* **1** natural: *causas ~es* natural causes ◇ *¡Es ~!* It's only natural! ◇ *un gesto ~* a natural gesture **2** (*fruta*) fresh LOC **ser natural de...** to come from... *Ver tb* CIENCIA, GAS, PARQUE

naturaleza *nf* nature LOC **naturaleza muerta** still life [*pl* still lifes] ◆ **por naturaleza** by nature *Ver tb* HIERRO

naturalidad *nf*: *con la mayor ~ del mundo* as if it were the most natural thing in the world LOC **con naturalidad** naturally

naturalmente *adv* of course: *Sí, ~ que sí.* Yes, of course.

naufragar *vi* to be wrecked

naufragio *nm* shipwreck

náufrago, -a *nm-nf* castaway

náusea *nf* LOC **dar náuseas** to make *sb* feel sick ◆ **sentir/tener náuseas** to feel sick

náutico, -a *adj* sailing: *club ~* sailing club

navaja *nf* **1** (*herramienta, de bolsillo*) penknife [*pl* penknives] **2** (*arma*) knife [*pl* knives]: *Me sacó la ~.* He pulled a knife on me. LOC *Ver* PUNTA

navajazo *nm* knife wound: *Tenía un ~ en la cara.* He had a knife wound on his face. LOC **dar un navajazo** to stab *sb*

nave *nf* **1** (*Náut*) ship **2** (*iglesia*) nave LOC **nave espacial** spaceship ◆ **nave industrial** industrial unit

navegable *adj* navigable

navegación *nf* (*Náut*) navigation LOC *Ver* CARTA

navegador *nm* (*Informát*) browser LOC **navegador (de a bordo)** satnav, GPS (*USA*)

navegar *vi* **1** (*barcos, marinero*) to sail **2 ~ en/por** (*Informát*) to surf *sth*: *~ por Internet* to surf the Net/Internet

navidad (*tb* **Navidad**) *nf* Christmas: *¡Feliz Navidad!* Happy Christmas! ◇ *Siempre nos reunimos en Navidad.* We always get together at Christmas.

> En Gran Bretaña apenas se celebra la Nochebuena (**Christmas Eve**). El día más importante es el día de Navidad (**Christmas Day**). Por la mañana se abren los regalos que ha traído **Father Christmas** y por la tarde se celebra la comida de Navidad (**Christmas dinner**), que consiste tradicionalmente en pavo con verduras y, de postre, **Christmas pudding**, un pudin caliente hecho con coñac y frutos secos. A las 3 de la tarde la Reina pronuncia un discurso por televisión. El día 26 de diciembre es **Boxing Day** y es fiesta nacional.

LOC *Ver* CESTA

navideño, -a *adj* Christmas: *las fiestas navideñas* the Christmas holidays

nazareno, -a *nm-nf* penitent in a Holy Week procession

neblina *nf* mist

necesario, -a *adj* necessary: *Haré lo que sea ~.* I'll do whatever's necessary. ◇ *No lleves más de lo ~.* Only take what you need. ◇ *No es ~ que vengas.* You don't have to come. LOC **si es necesario** if necessary

neceser *nm* toilet bag, toiletry bag (*USA*)

necesidad *nf* **1** (*cosa imprescindible*) necessity [*pl* necessities]: *La calefacción es una ~.* Heating is a necessity. **2 ~ (de)** need (for *sth/to do sth*): *No veo la ~ de ir en coche.* I don't see the need to go by car. ◇ *niños con ~es (educativas) especiales* children with special (educational) needs LOC **no hay necesidad** there's no need (*for sth/to do sth*) ◆ **pasar necesidades** to suffer hardship *Ver tb* PRIMERO

necesitado, -a *adj* (*pobre*) needy
▶ *nm-nf*: *ayudar a los ~s* to help the poor *Ver tb* NECESITAR

necesitar *vt* to need

nectarina *nf* nectarine

negado, -a *adj, nm-nf* useless: *ser un ~ para algo* to be useless at sth *Ver tb* NEGAR

negar *vt* **1** (*hecho*) to deny *sth/doing sth/that...*: *Negó haber robado el cuadro.* He denied stealing the picture. **2** (*permiso, ayuda*) to refuse: *Les negaron la entrada en el país.* They were refused admittance into the country.
▶ **negarse** *vp* **negarse a** to refuse *to do sth*: *Se negaron a pagar.* They refused to pay. LOC *Ver* REDONDO

N

negativa *nf* refusal

negativo, -a *adj, nm* negative LOC *Ver* SIGNO

negociación *nf* negotiation

negociador, -ora *adj* negotiating: *el proceso ~* the negotiating process
▶ *nm-nf* negotiator

negociante *adj* (*interesado*) money-grubbing
▶ *nmf* **1** (*comerciante*) businessman/woman [*pl* -men/-women] **2** (*interesado*) money-grubber: *Menudo ~ está hecho.* He's such a money-grubber.

negociar *vt, vi* to negotiate

negocio *nm* **1** (*comercio, asunto*) business: *hacer ~s* to do business ◇ *Muchos ~s han fracasado.* Many businesses have failed. ◇ *Los ~s son los ~s.* Business is business. ◇ *Estoy aquí por/de ~s.* I'm here on business. **2** (*irónicamente*) bargain: *¡Vaya ~ hemos hecho!* that was some bargain we got there! LOC **hombre/mujer de negocios** businessman/woman [*pl* -men/-women] *Ver tb* LIQUIDACIÓN, VIAJE

negrita *nf* (*tipografía*) bold

negro, -a *adj, nm* black ➲ *Ver ejemplos en* AMARILLO
▶ *nm-nf* black man/woman [*pl* men/women] ➲ *Ver nota en* AFRO-CARIBBEAN LOC *Ver* AGUJERO, BLANCO, CAJA, CERVEZA, GROSELLA, MAREA, OVEJA, TABACO

Neptuno *nm* Neptune

nervio *nm* **1** (*Anat, nerviosismo*) nerve: *Eso son los ~s.* That's nerves. **2** (*carne*) gristle: *Esta carne tiene mucho ~.* This meat is very gristly. LOC **estar/ponerse de los nervios** to be/get very stressed (out) ◆ **poner los nervios de punta** to get on *sb's* nerves *Ver tb* ATAQUE

nerviosismo *nm* nervousness

nervioso, **-a** *adj* **1** (*Anat*) **(a)** (*sistema, tensión*) nervous: *el sistema ~* the nervous system **(b)** (*célula, fibra*) nerve: *células nerviosas* nerve cells **2** (*agitado, intranquilo*) nervous

> En este sentido también se puede decir **tense** o **edgy** (*coloq*): *Últimamente parece un poco nervioso, como preocupado por algo.* He's been rather tense recently, as though he had something on his mind. ◇ *Hoy estoy un poco nerviosa.* I'm feeling rather edgy today.

3 (*fácilmente excitable*) highly strung: *Es muy ~.* He's very highly strung. LOC **poner nervioso a algn** to get on sb's nerves ◆ **ponerse nervioso** to get nervous

N

neto, **-a** *adj* net: *ingresos ~s* net income ◇ *peso ~* net weight

neumático *nm* tyre

neumonía *nf* pneumonia [*incontable*]: *coger una ~* to catch pneumonia

neura *adj* neurotic, uptight (*coloq*)
▶ *nmf*: *Es un ~.* He's really uptight. LOC **darle la neura a algn** to go mad: *Me dio la ~ y empecé a limpiar.* I suddenly went mad and started cleaning.

neurona *nf* (*Biol*) neuron

neurótico, **-a** *adj, nm-nf* neurotic

neutral *adj* neutral

neutro, **-a** *adj* **1** neutral **2** (*Gram*) neuter

neutrón *nm* (*Fís*) neutron

nevada *nf* snowfall

nevado, **-a** *adj* (*cubierto de nieve*) snowy *Ver tb* NEVAR

nevar *v imp* to snow: *Creo que va a ~.* I think it's going to snow. LOC *Ver* PARECER

nevera *nf* fridge

ni *conj* **1** [*doble negación*] neither... nor...: *Ni tú ni yo hablamos árabe.* Neither you nor I speak Arabic. ◇ *Ni lo sabe ni le importa.* He neither knows nor cares. ◇ *No ha dicho ni que sí ni que no.* He hasn't said either yes or no. **2** (*ni siquiera*) not even: *Ni él mismo sabe lo que gana.* Not even he knows how much he earns. LOC **ni aunque** even if: *Ni aunque me diesen dinero.* Not even if they paid me. ◆ **¡ni que fuera...!** anyone would think...!: *¡Ni que yo fuera millonario!* Anyone would think I was a millionaire! ◆ **ni una palabra, un día, etc. más** not another word, day, etc. more ◆ **ni uno** not a single (one): *No me queda ni una moneda.* I haven't got a single coin left. ◆ **ni yo (tampoco)** neither am I, do I, have I, etc.: *—Yo no voy a la fiesta. —Ni yo tampoco.* 'I'm not going to the party.' 'Neither am I.'

nicho *nm* (*sepultura*) burial niche

nicotina *nf* nicotine

nido *nm* nest: *hacer un ~* to build a nest

niebla *nf* fog: *Hay mucha ~.* It's very foggy.

nieto, **-a** *nm-nf* **1** (*masc*) grandson **2** (*fem*) granddaughter **3 nietos** grandchildren

nieve *nf* snow LOC *Ver* BLANCO, BOLA, MUÑECO, PUNTO

NIF *nm* income tax number

nilón *nm Ver* NAILON

ningún *adj Ver* NINGUNO

ningunear *vt* **1** (*menospreciar*) to look down on *sb* **2** (*no hacer caso*) to ignore

ninguno, **-a** *adj* no, any: *No había ningún libro en la casa.* There were no books in the house. ◇ *No es ningún imbécil.* He's no fool.

> Se utiliza **no** cuando el verbo va en forma afirmativa en inglés: *Aún no ha llegado ningún alumno.* No students have arrived yet. ◇ *No mostró ningún entusiasmo.* He showed no enthusiasm. **Any** se utiliza cuando la oración es negativa en inglés: He didn't show any enthusiasm.

▶ *pron* **1** (*entre dos personas o cosas*) neither, either

> **Neither** se utiliza cuando la oración es afirmativa en inglés: *—¿Cuál de los dos prefieres? —Ninguno.* 'Which one do you prefer?' 'Neither (of them).' **Either** se utiliza cuando va en negativa en inglés: *No reñí con ninguno de los dos.* I didn't argue with either of them.

2 (*entre más de dos personas o cosas*) none: *Había tres, pero no queda ~.* There were three, but there are none left. ◇ *Ninguno de los concursantes acertó.* None of the contestants got the right answer. LOC **de ninguna manera/de ningún modo 1** (*exclamación*) no way, certainly not (*más formal*) **2** (*uso enfático*): *No quiso quedarse de ninguna manera.* He absolutely refused to stay. ◆ **en ningún lado/lugar/sitio/en ninguna parte** nowhere, anywhere

Nowhere se utiliza cuando la oración es afirmativa en inglés: *Al final no iremos a ningún sitio.* We'll go nowhere in the end. **Anywhere** se utiliza cuando la oración es negativa en inglés: *No lo encuentro por ninguna parte.* I can't find it anywhere.

◆ **en ningún momento** never: *En ningún momento pensé que lo harían.* I never thought they would do it.

niñez *nf* childhood

niño, -a *nm-nf* **1** (*sin distinción de sexo*) child [*pl* children] **2** (*masc*) boy **3** (*fem*) girl **4** (*bebé*) baby [*pl* babies]: *tener un ~* to have a baby LOC **de niño** when I was, you were, etc. a child ◆ **niño bien/pijo** rich kid ◆ **niño prodigio** child prodigy [*pl* child prodigies] *Ver tb* JUEGO

niqui *nm* (*polo*) polo shirt

níspero *nm* loquat

nitrógeno *nm* nitrogen

nivel *nm* **1** (*altura, grado*) level: *~ del agua/mar* water/sea level ◇ *a todos los ~es* in every respect **2** (*calidad, preparación*) standard: *un excelente ~ de juego* an excellent standard of play ◇ *Tiene un buen ~ de inglés.* He has a good standard of English. LOC **nivel de vida** standard of living *Ver tb* INDICADOR, PASO

nivelar *vt* **1** (*superficie, terreno*) to level **2** (*desigualdades*) to even *sth* out

no *adv* **1** (*respuesta*) no: *No, gracias.* No, thank you. ◇ *He dicho que no.* I said no. **2** [*referido a verbos, adverbios, frases*] not: *No lo sé.* I don't know. ◇ *No es un buen ejemplo.* It's not a good example. ◇ *¿Empezamos ya o no?* Are we starting now or not? ◇ *Por supuesto que no.* Of course not. ◇ *Que yo sepa, no.* Not as far as I know. **3** [*doble negación*]: *No sale nunca.* He never goes out. ◇ *No sé nada de fútbol.* I know nothing about football. **4** [*palabras compuestas*] non-: *no fumador* non-smoker ◇ *fuentes no oficiales* unofficial sources **5** **¿no?** isn't it?, don't you?, etc.: *Hoy es jueves ¿no?* Today is Thursday, isn't it? ◇ *Lo compraste, ¿no?* You did buy it, didn't you? ◇ *¡Estáte quieta! ¿no?* Keep still, will you!

▶ *nm* no [*pl* noes]: *un no categórico* a categorical no LOC **¿a que no...?** **1** (*confirmando*): *¿A que no han venido?* They haven't come, have they? **2** (*desafío*) I bet...: *¿A que no ganas?* I bet you don't win. ❶ Para otras expresiones con **no**, véanse las entradas del verbo, sustantivo, etc., p. ej. **no obstante** en OBSTANTE.

noble *adj* **1** (*de la nobleza, honesto*) noble **2** (*madera, material*) fine

▶ *nmf* nobleman/woman [*pl* -men/-women]

nobleza *nf* nobility

noche *nf* night: *el lunes por la ~* on Monday night ◇ *las diez de la ~* ten o'clock at night LOC **¡buenas noches!** good night!

Good night se utiliza sólo como fórmula de despedida. Si se quiere saludar con un *buenas noches*, se dice **good evening**: *Buenas noches a todos.* Good evening, everybody.

◆ **dar las buenas noches** to say good night ◆ **de la noche a la mañana** overnight ◆ **de noche** **1** (*trabajar, estudiar*) at night **2** (*función, vestido*) evening: *sesión de ~* evening performance ◆ **esta noche** tonight ◆ **hacerse de noche** to get dark *Ver tb* AYER, CAÍDA, MAÑANA, MESILLA, TRAJE, VELA

Nochebuena *nf* Christmas Eve: *El día de ~ nos reunimos todos.* We all get together on Christmas Eve. ➲ *Ver nota en* NAVIDAD

Nochevieja *nf* New Year's Eve: *¿Qué hiciste en ~?* What did you do on New Year's Eve?

noción *nf* notion LOC **tener nociones de algo** to have a basic grasp of sth

nocivo, -a *adj* ~ **(para)** harmful (to *sb/sth*)

nocturno, -a *adj* **1** (*horario, trabajo, tarifa, club*) night: *servicio ~ de autobuses* night bus service **2** (*clases*) evening LOC *Ver* TARIFA, VIDA

nogal *nm* walnut (tree)

nómada *adj* nomadic

▶ *nmf* nomad

nombramiento *nm* appointment: *el ~ de los nuevos ministros* the appointment of the new ministers

nombrar *vt* **1** (*citar*) to mention *sb's* name: *No la volvió a ~.* He didn't mention her name again. **2** (*designar para un cargo*) to appoint

nombre *nm* **1** **(a)** name **(b)** (*en formularios*) first name ➲ *Ver nota en* MIDDLE NAME **2** (*Gram*) noun: *~ común* common noun LOC **a nombre de** in the name of *sb*: *una reserva a ~ de Cristina Moreno* a reservation in the name of Cristina Moreno ◆ **en nombre de** on behalf of *sb*: *Le dio las gracias en ~ del presidente.* He thanked her on behalf of the president. ◆ **nombre de pila** first/Christian name ◆ **nombre de usuario** (*Informát*) username ◆ **nombre propio** proper noun/name ◆ **nombre y apellidos** full name

nómina *nf* (*sueldo*) pay

nominar *vt* to nominate *sb/sth* (*for/as sth*): *Fue nominada para el óscar.* She was nominated for an Oscar. ◇ *Lo nominaron presidente.* He was nominated as president.

non *adj* odd: *números ~es* odd numbers

nordeste (*tb* **noreste**) *nm* **1** (*punto cardinal, región*) north-east (*abrev* NE) **2** (*viento, dirección*) north-easterly

noria *nf* (*feria*) big wheel, Ferris wheel (*USA*)

N

norma *nf* rule LOC **tener por norma hacer/no hacer algo** to always/never do sth: *Tengo por ~ no comer entre horas.* I never eat between meals.

normal *adj* **1** (*común*) normal: *el curso ~ de los acontecimientos* the normal course of events ◇ *Es lo ~.* That's the normal thing. **2** (*corriente*) ordinary: *un empleo ~* an ordinary job **3** (*estándar*) standard: *el procedimiento ~* the standard procedure LOC **normal y corriente** ordinary *Ver tb* FUERA

normalizar *vt* (*relaciones, situación*) to restore *sth* to normal

▶ **normalizarse** *vp* to return to normal

normalmente *adv* normally

noroeste *nm* **1** (*punto cardinal, región*) northwest (*abrev* NW) **2** (*viento, dirección*) northwesterly

norte *nm* north (*abrev* N): *en el ~ de España* in the north of Spain ◇ *Queda al ~ de Barcelona.* It's north of Barcelona. ◇ *en la costa ~* on the north coast

norteamericano, **-a** *adj, nm-nf* **1** (*de América del Norte*) North American **2** (*de Estados Unidos*) American ➲ *Ver nota en* AMÉRICA

Noruega *nf* Norway

N

noruego, **-a** *adj, nm-nf, nm* Norwegian: *los ~s* the Norwegians ◇ *hablar ~* to speak Norwegian

nos *pron* **1** [*complemento*] us: *Nos han visto.* They've seen us. ◇ *Nunca ~ dicen la verdad.* They never tell us the truth. ◇ *Nos han mentido.* They've lied to us. ◇ *Nos han preparado la cena.* They've made supper for us. **2** [*reflexivo*] ourselves: *Nos divertimos mucho.* We enjoyed ourselves very much. ◇ *Nos acabamos de bañar.* We've just had a bath. ◇ *¡Vámonos!* Let's go! **3** (*partes del cuerpo, efectos personales*): *Nos quitamos el abrigo.* We took our coats off. **4** (*recíproco*) each other, one another: *Nos queremos mucho.* We love each other very much. ➲ *Ver nota en* EACH OTHER

nosotros, **-as** *pron* **1** [*sujeto*] we: *Tú no lo sabes. Nosotros sí.* You don't know. We do. ◇ *Lo haremos ~.* We'll do it. **2** [*complemento, en comparaciones*] us: *¿Vienes con ~?* Are you coming with us? ◇ *Hace menos deporte que ~.* He does less sport than us. LOC **entre nosotros** (*confidencialmente*) between ourselves ◆ **somos nosotros** it's us

nostalgia *nf* **1** (*del pasado*) nostalgia **2** (*del hogar, del país, etc.*) homesickness: *En cuanto estoy dos días fuera de casa me entra una ~ terrible.* Whenever I'm away from home I feel really homesick. LOC **sentir/tener nostalgia de algn/algo** to miss sb/sth: *Siente ~ de su país.* He misses his country.

nota *nf* **1** (*escrito, Mús*) note: *Te dejé una ~ en la cocina.* I left you a note in the kitchen. **2** (*Educ*) mark, grade (*USA*): *sacar buenas/malas ~s* to get good/bad marks ➲ *Ver nota en pág 397* **3 notas** (*Educ*) report [*v sing*]: *El jueves me dan las ~s.* I'm getting my report on Thursday. LOC **dar la nota** to stand out: *¿Es que siempre tienes que dar la ~?* Do you always have to stand out? ◇ *Siempre da la ~ cuando bebe de más.* He always makes a fool of himself when he drinks too much. ◆ **tomar nota** to take note (*of sth*) *Ver tb* PRENSA

notable *nm* (*Educ*) very good: *sacar un ~ en historia* to get 'very good' for history ➲ *Ver nota en pág 397*

notar *vt* **1** (*advertir*) to notice: *No he notado ningún cambio.* I haven't noticed any change. **2** (*encontrar*): *Lo noto muy triste.* He seems very sad.

▶ **notarse** *vp* **1** (*sentirse*) to feel: *Se nota la tensión.* You can feel the tension. **2** (*verse*) to show: *Se notan las puntadas.* The stitches show. ◇ *No se le notan los años.* He doesn't look his age. LOC **se nota que...** you can tell (that)...: *Se notaba que estaba nerviosa.* You could tell she was nervous.

notario, **-a** *nm-nf* notary [*pl* notaries], ≃ solicitor (*GB*) ➲ *Ver nota en* ABOGADO

noticia *nf* **1** news [*incontable*]: *Te tengo que dar una buena/mala ~.* I've got some good/bad news for you. ◇ *Las ~s son alarmantes.* The news is alarming. ➲ *Ver nota en* CONSEJO **2** (*Period, TV*) news item LOC **las noticias** (*Radio, TV, etc.*) the news [*incontable*]: *Lo han dicho en las ~s de las tres.* It was on the three o'clock news. ◆ **noticias del corazón** celebrity gossip ◆ **tener noticias de algn** to hear from sb: *¿Tienes ~s de tu hermana?* Have you heard from your sister?

notificar *vt* to notify *sb* of *sth*: *Notificamos el robo a la policía.* We notified the police of the theft.

novatada *nf* (*broma pesada*) practical joke

novato, **-a** *adj* inexperienced

▶ *nm-nf* **1** (*principiante*) beginner **2** (*colegio*) new pupil **3** (*cuartel*) new recruit

novecientos, **-as** *adj, nm, pron* nine hundred ➲ *Ver ejemplos en* SEISCIENTOS

novedad *nf* **1** (*cosa nueva*) novelty [*pl* novelties]: *la ~ de la situación* the novelty of the situation ◇ *la gran ~ de la temporada* the latest thing **2** (*noticia*) news [*incontable*]: *¿Alguna ~?* Any news? **3** (*cambio*) change: *No hay ~es en cuanto al estado del enfermo.* There is no change in the patient's condition.

novela *nf* **1** (*libro*) novel **2** (*telenovela*) soap (opera) LOC **novela policiaca/de espionaje**

detective/spy novel ◆ **novela rosa** romantic novel

novelista *nmf* novelist

noveno, -a *adj, nm-nf, pron* ninth ➲ *Ver ejemplos en* SEXTO

noventa *adj, nm, pron* **1** ninety **2** (*nonagésimo*) ninetieth ➲ *Ver ejemplos en* SESENTA

noviembre *nm* November (*abrev* Nov.) ➲ *Ver ejemplos en* ENERO

novillo *nm* young bull LOC **hacer novillos** to play truant

novio, -a *nm-nf*
- **pareja 1** (*masc*) boyfriend **2** (*fem*) girlfriend: *¿Tienes novia?* Have you got a girlfriend?
- **prometido 1** (*masc*) fiancé **2** (*fem*) fiancée
- **en una boda 1** (*masc*) bridegroom, groom **2** (*fem*) bride ➲ *Ver nota en* BODA LOC **los novios 1** (*en una boda*) the bride and groom **2** (*recién casados*) the newly-weds ◆ **ser novios** to be going out (together): *Hace dos años que somos ~s.* We've been going out (together) for two years. *Ver tb* VESTIDO

nube *nf* cloud LOC **estar en las nubes** to have your head in the clouds

nublado, -a *adj* cloudy *Ver tb* NUBLARSE

nublarse *vp* **1** (*cielo*) to cloud over **2** (*vista*) to be blurred

nubosidad *nf* LOC **nubosidad variable** patchy cloud

nuca *nf* nape (of the neck)

nuclear *adj* nuclear
▶ *nf* (*central*) nuclear power station LOC *Ver* CEMENTERIO, REACTOR

núcleo *nm* nucleus [*pl* nuclei]

nudillo *nm* knuckle

nudo *nm* knot: *hacer/deshacer un ~* to tie/undo a knot LOC **nudo corredizo** slip knot ◆ **tener un nudo en la garganta** to have a lump in your throat

nuera *nf* daughter-in-law [*pl* daughters-in-law]

nuestro, -a *adj* our: *nuestra familia* our family
▶ *pron* ours: *Vuestro coche es mejor que el ~.* Your car is better than ours. ❶ *Una amiga nuestra* se traduce por 'a friend of ours', ya que significa "una de nuestras amigas".

nueve *adj, nm, pron* **1** nine **2** (*fecha*) ninth ➲ *Ver ejemplos en* SEIS

nuevo, -a *adj* **1** new: *¿Son ~s esos zapatos?* Are those new shoes? **2** (*adicional*) further: *Han surgido ~s problemas.* Further problems have arisen. LOC **como nuevo** as good as new: *Me dejaron el coche como ~.* My car was as good as new when I got it back. ◆ **de nuevo** again *Ver tb* AÑO, LUNA

nuez *nf* **1** (*fruto*) walnut **2** (*Anat*) Adam's apple LOC **nuez moscada** nutmeg

nulo, -a *adj* **1** (*inválido*) invalid: *un acuerdo ~* an invalid agreement ◇ *El matrimonio fue declarado ~.* The marriage was annulled. **2** (*inexistente*) non-existent: *Las posibilidades son prácticamente nulas.* The chances are almost non-existent. **3 ~ en/para** hopeless at *sth/doing sth*: *Soy ~ para los deportes.* I'm hopeless at sport. LOC *Ver* VOTO

numeración *nf* numbers [*pl*] LOC **numeración arábiga/romana** Arabic/Roman numerals [*pl*]

numeral *nm* numeral

numerar *vt* to number
▶ **numerarse** *vp* to number off

número *nm* **1** number: *un ~ de teléfono* a telephone number ◇ *~ par/impar* even/odd number **2** (*talla*) size: *¿Qué ~ (de zapato) calzas?* What size shoe do you take? **3** (*publicación*) issue: *un ~ atrasado* a back issue **4** (*Teat*) act: *un ~ circense* a circus act LOC **estar en números rojos** to be in the red ◆ **número de matrícula** registration number, license number (*USA*) ◆ **número primo** prime number ◆ **números arábigos/romanos** Arabic/Roman numerals *Ver tb* ARMAR, MONTAR

numeroso, -a *adj* **1** (*grande*) large: *un grupo ~/una familia numerosa* a large group/family **2** (*muchos*) numerous: *en numerosas ocasiones* on numerous occasions LOC *Ver* FAMILIA

N

nunca *adv* never, ever

> **Never** se utiliza cuando la oración es afirmativa en inglés: *Nunca he estado en París.* I've never been to Paris. **Ever** se utiliza cuando la oración es negativa o contiene palabras negativas como **nothing, no one**, etc.: *Nunca pasa nada.* Nothing ever happens. ◇ *sin ver nunca el sol* without ever seeing the sun ➲ *Ver tb nota en* ALWAYS

LOC **casi nunca** hardly ever: *No nos vemos casi ~.* We hardly ever see each other. ◆ **como nunca** better than ever ◆ **más que nunca** more than ever: *Hoy hace más calor que ~.* It's hotter than ever today. ◆ **nunca jamás** never ever: *Nunca jamás volveré a dejarle nada.* I'll never ever lend him anything again. ◆ **nunca más** never again

nupcial *adj* wedding: *banquete/marcha ~* wedding reception/march

nutria *nf* otter

nutrición *nf* nutrition

nutricionista *nmf* nutritionist

nutritivo, -a *adj* nutritious

nylon *nm Ver* NAILON

Ññ

¡ñam! *interj* LOC **¡ñam, ñam!** yum-yum!

ñoño, -a *adj* **1** (*persona*) **(a)** (*remilgado, soso*) wet **(b)** (*puritano*) prim **2** (*cosa*) dull
▶ *nm-nf* **1** (*remilgado, soso*) wet: *ser un ~* to be wet **2** (*puritano*) prim: *Es un ~, todo le parece inmoral.* He's so prim — he thinks everything's immoral.

Oo

o *conj* or: *¿Té o café?* Tea or coffee? ◇ *O te comes todo, o no sales a jugar.* Either you eat it all up or you're not going out to play.

oasis *nm* oasis [*pl* oases]

obedecer *vt* to obey: *~ a tus padres* to obey your parents
▶ *vi* to do as you are told: *¡Obedece!* Do as you're told!

obediente *adj* obedient

obesidad *nf* obesity

obeso, -a *adj* obese

obispo *nm* bishop

objetar *vt* to object

objetivo, -a *adj* objective
▶ *nm* **1** (*finalidad*) aim, objective (*más formal*): *~s a largo plazo* long-term objectives **2** (*Mil*) target **3** (*Fot*) lens

objeto *nm* **1** (*cosa, Gram*) object **2** (*propósito*) purpose LOC **objetos perdidos** lost property [*v sing*]: *oficina de ~s perdidos* lost property office

objetor, -ora *nm-nf* LOC **objetor (de conciencia)** conscientious objector

obligación *nf* obligation LOC **tener (la) obligación de** to be obliged *to do sth*

obligado, -a *adj* LOC **estar obligado a** to have *to do sth*: *Estamos ~s a cambiarlo.* We have to change it. ◆ **sentirse/verse obligado** to feel obliged *to do sth* *Ver tb* OBLIGAR

obligar *vt* to force *sb to do sth*, to make *sb do sth* (*más coloq*): *Me obligaron a entregar el maletín.* They forced me to hand over my briefcase.

obligatorio, -a *adj* compulsory: *la enseñanza obligatoria* compulsory education LOC *Ver* LECTURA

oboe *nm* oboe

obra *nf* **1** (*trabajo, creación*) work: *una ~ de arte* a work of art ◇ *la ~ completa de Machado* the complete works of Machado **2** (*acción*) deed: *realizar buenas ~s* to do good deeds **3** (*lugar en construcción*) (building) site: *Hubo un accidente en la ~.* There was an accident at the (building) site. **4 obras** (*de carretera*) roadworks **5 obras** (*en una casa, etc.*): *Estamos de ~s.* We're having some work done on the house. LOC **obra (de teatro)** play ◆ **obra maestra** masterpiece *Ver tb* MANO

obrar *vi* to act

obrero, -a *adj* **1** (*familia, barrio*) working-class **2** (*sindicato*) labour: *el movimiento ~* the labour movement
▶ *nm-nf* worker LOC *Ver* ABEJA

obsceno, -a *adj* obscene

observación *nf* observation: *capacidad de ~* powers of observation LOC **estar en observación** to be under observation

observador, -ora *adj* observant
▶ *nm-nf* observer

observar *vt* **1** (*mirar*) to watch, to observe (*más formal*): *Observaba a la gente desde mi ventana.* I was watching people from my window. **2** (*notar*) to notice: *¿Has observado algo extraño en él?* Have you noticed anything odd about him?

observatorio *nm* observatory [*pl* observatories]

obsesión *nf* obsession (*with sth/sb*): *una ~ por las motos/ganar* an obsession with motorbikes/winning LOC **tener obsesión por/con** to be obsessed with *sth/sb*

obsesionar *vt* to obsess: *Le obsesionan los videojuegos.* He's obsessed with computer games.
▶ **obsesionarse** *vp* to become obsessed (*with sth/sb*)

obseso, -a *adj* obsessed LOC **ser un obseso (de)** to be obsessed (with *sth*): *Es un ~ del trabajo.* He's obsessed with work.

obstaculizar *vt* to block

obstáculo *nm* obstacle

obstante LOC **no obstante** however, nevertheless (*más formal*)

obstruir *vt* **1** (*cañería, lavabo*) to block **2** (*dificultar*) to obstruct: ~ *la justicia* to obstruct justice

obtener *vt* to obtain, to get (*más coloq*): ~ *un préstamo/el apoyo de algn* to get a loan/sb's support

obviamente *adv* obviously

obvio, -a *adj* obvious

oca *nf* **1** (*animal*) goose [*pl* geese] **2** (*juego*) ≃ snakes and ladders [*v sing*]

ocasión *nf* **1** (*vez*) occasion: *en numerosas ocasiones* on numerous occasions **2** (*oportunidad*) opportunity [*pl* opportunities], chance (*más coloq*) (*to do sth*): *una ~ única* a unique opportunity LOC **de ocasión**: *precios de ~* bargain prices ◇ *coches de ~* second-hand cars *Ver tb* INFINIDAD

ocasional *adj* **1** (*trabajo*) casual: *trabajo ~* casual work **2** (*lluvia, visita*) occasional: *alguna visita ~* the occasional visit **3** (*fortuito*) chance: *un encuentro ~* a chance meeting

occidental *adj* western: *el mundo ~* the western world
▶ *nmf* westerner

occidente *nm* west: *las diferencias entre Oriente y Occidente* the differences between East and West

Oceanía *nf* Oceania

océano *nm* ocean ➲ *Ver nota en* MAR

ochenta *adj, nm, pron* **1** eighty **2** (*octogésimo*) eightieth ➲ *Ver ejemplos en* SESENTA

ocho *adj, nm, pron* **1** eight **2** (*fecha*) eighth ➲ *Ver ejemplos en* SEIS

ochocientos, -as *adj, nm, pron* eight hundred ➲ *Ver ejemplos en* SEISCIENTOS

ocio *nm* leisure: *tiempo/ratos de ~* leisure time LOC *Ver* GUÍA

octavo, -a *adj, nm-nf, pron* eighth ➲ *Ver ejemplos en* SEXTO LOC **octavos de final** round before the quarter-finals

octubre *nm* October (*abrev* Oct.) ➲ *Ver ejemplos en* ENERO

oculista *nmf* eye specialist

ocultar *vt* to hide *sb/sth* (*from sb*): *La ocultaron de la policía.* They hid her from the police. ◇ *No tengo nada que ~.* I have nothing to hide.
▶ **ocultarse** *vp* to hide (*from sb*): *el sitio donde se ocultaban* the place where they were hiding

oculto, -a *adj* hidden

ocupa *nmf Ver* OKUPA

ocupado, -a *adj* **1** ~ **(en/con)** (*persona*) busy (with *sb/sth*), busy (*doing sth*): *Si llaman, di que estoy ~.* If anyone calls, say I'm busy. **2** (*línea telefónica*) engaged, busy (*USA*) **3** (*wáter*) engaged, occupied (*USA*) **4** (*asiento, taxi*) taken: *¿Está ~ este sitio?* Is this seat taken? **5** (*país*) occupied *Ver tb* OCUPAR

ocupante *adj* occupying: *las fuerzas ~s* the occupying forces
▶ *nmf* occupant

ocupar *vt* **1** (*espacio, tiempo*) to take up *sth*: *Ocupa media página.* It takes up half a page. ◇ *Ocupa muy poco (espacio).* It takes up very little room. ◇ *Ocupa todo mi tiempo libre.* It takes up all my spare time. **2** (*cargo oficial*) to hold **3** (*país*) to occupy

ocurrencia *nf* idea LOC **¡qué ocurrencia(s)!** what will you, he, etc. think of next?

ocurrir *vi* to happen: *Lo que ocurrió fue que...* What happened was that... ◇ *No quiero que vuelva a ~.* I don't want it to happen again.
▶ **ocurrirse** *vp* to think *of sth/doing sth*, to occur *to sb*: *¿Se te ocurre algo?* Can you think of anything? ◇ *A mí nunca se me hubiera ocurrido presentarme sin avisar.* I'd never have thought of turning up without letting you know. ◇ *Se me acaba de ~ que...* It has just occurred to me that...

odiar *vt* to hate *sth/sb/doing sth*: *Odio cocinar.* I hate cooking.

odio *nm* hatred (*for/of sb/sth*)

odioso, -a *adj* horrible

odontólogo, -a *nm-nf* dental surgeon

oeste *nm* west (*abrev* W): *en/por el ~* in the west ◇ *en la costa ~* on the west coast ◇ *más al ~* further west LOC *Ver* PELÍCULA

ofender *vt* to offend
▶ **ofenderse** *vp* to take offence (*at sth*): *Te ofendes por cualquier tontería.* You take offence at the slightest thing.

ofensa *nf* offence

ofensiva *nf* (*ataque*) offensive

ofensivo, -a *adj* offensive: *un comentario ~* an offensive remark

oferta *nf* **1** (*rebaja*) offer: *una ~ especial* a special offer **2** (*Econ, Fin*) supply: *La demanda supera a la ~.* Demand outstrips supply. LOC **de/en oferta** on special offer ◆ **ofertas de empleo** job vacancies

oficial *adj* official
▶ *nmf* (*policía, Mil*) officer LOC **no oficial** unofficial *Ver tb* VIVIENDA

oficina *nf* office: *Estaré en la ~.* I'll be at the office. LOC **oficina de correos** post office ◆ **oficina de empleo** job centre ◆ **oficina de (información y) turismo** tourist information centre *Ver tb* MATERIAL

oficinista *nmf* office worker

oficio *nm* trade: *aprender un ~* to learn a trade LOC *Ver* GAJES

ofrecer *vt* to offer: *Nos ofrecieron un café.* They offered us a coffee. ➲ *Ver nota en* GIVE
▶ **ofrecerse** *vp* **ofrecerse (a/para)** to volunteer (for *sth/to do sth*): *Me ofrecí para llevarles a casa.* I volunteered to take them home. ◇ *Se ofrece chico para trabajos de mensajería.* Young man seeks courier work.

oftalmólogo, -a *nm-nf* ophthalmologist

oída LOC **de oídas**: *Le conozco de ~s pero no nos han presentado.* I've heard of him but we haven't been introduced yet.

oído *nm* **1** (*Anat*) ear **2** (*sentido*) hearing LOC **al oído**: *Dímelo al ~.* Whisper it in my ear. ◆ **de oído** by ear: *Toco el piano de ~.* I play the piano by ear. ◆ **tener buen oído** to have a good ear *Ver tb* AGRADABLE, DOLOR, DURO, EDUCAR, ZUMBAR

oír *vt* **1** (*percibir sonidos*) to hear: *No oyeron el despertador.* They didn't hear the alarm. ◇ *No te oí entrar.* I didn't hear you come in.

> Para referirse a lo que se oye en un momento dado, se usan **can** y **could** con el verbo **hear**. Raramente se usa **hear** con tiempos continuos: *¿Oyes eso?* Can you hear that? ◇ *No se oía nada.* You couldn't hear a thing.

O

2 (*escuchar*) to listen (to *sb/sth*): *~ la radio* to listen to the radio LOC **¡oiga! 1** excuse me! **2** (*por teléfono*) hello? *Ver tb* PARED

ojal *nm* buttonhole

¡ojalá! *interj* **1** (*espero que*) I hope...: *¡Ojalá ganen!* I hope they win! ◇ *—Verás como apruebas. —¡Ojalá!* 'I'm sure you'll pass.' 'I hope so!' **2** (*ya quisiera yo*) if only: *¡Ojalá pudiera ir!* If only I could go!

ojeada *nf* glance: *con una sola ~* at a glance LOC **echar una ojeada** to have a glance (*at sth*)

ojeras *nf* bags under the eyes: *¡Qué ~ tienes!* You've got huge bags under your eyes.

ojo *nm* **1** eye: *Es morena con los ~s verdes.* She has dark hair and green eyes. ◇ *tener los ~s saltones* to have bulging eyes **2** (*cerradura*) keyhole
▶ **¡ojo!** *interj* (be) careful: *¡Ojo con esa jarra!* (Be) careful with that jug! LOC **andar con cien ojos** to be very careful ◆ **a ojo** roughly: *Lo calculé a ~.* I worked it out roughly. ◆ **con los ojos vendados** blindfold ◆ **echarle un ojo a algn/algo** (*cuidar*) to keep an eye on sb/sth ◆ **mirar a los ojos** to look into *sb's* eyes ◆ **mirarse a los ojos** to look into each other's eyes ◆ **no pegar ojo** not to sleep a wink ◆ **ojo de buey** (*ventana*) porthole ◆ **ojos que no ven...** what the eye doesn't see, the heart doesn't grieve over ◆ **ser el ojo derecho de algn** to be the apple of sb's eye ◆ **tener ojo** to be careful: *Debes tener ~ con lo que haces.* You must be careful what you're doing. *Ver tb* ABRIR, COSTAR, LÁPIZ, PINTAR, QUITAR, RABILLO, SOMBRA, VENDAR

okupa *nmf* squatter

ola *nf* wave LOC **ola de calor** heatwave ◆ **ola de frío** cold spell

¡olé! (*tb* **¡ole!**) *interj* bravo!

oleaje *nm* swell: *un fuerte ~* a heavy swell

óleo *nm* oil LOC **cuadro/pintura al óleo** oil painting *Ver tb* PINTAR

oler *vt, vi* **~ (a)** to smell (of *sth*): *~ a pintura* to smell of paint ◇ *¿A qué huele?* What's that smell? ◇ *Ese perfume huele bien.* That perfume smells nice. ➲ *Ver nota en* SMELL LOC **oler a chamusquina** (*sospechar algo raro*) to smell fishy ◆ **oler a humanidad**: *Aquí huele a humanidad.* There's a terrible smell of BO in here. ◆ **oler a quemado** to smell of burning ◆ **oler fatal/que apesta** to stink ◆ **olerse algo** to suspect sth *Ver tb* GLORIA

olfatear *vt* **1** (*oler*) to sniff **2** (*seguir el rastro*) to scent

olfato *nm* (*sentido*) smell LOC **tener olfato** to have a nose *for sth*: *Tienen ~ para las antigüedades.* They have a nose for antiques.

olimpiada (*tb* **olimpíada**) *nf* **las Olimpiadas** the Olympics [*pl*]

olímpicamente *adv* LOC **pasar olímpicamente 1** (*no estar interesado*) not to give a damn (*about sb/sth*) **2** (*no tener ganas*) not to be able to be bothered (*to do sth*): *Paso ~ de ir a la fiesta.* I really can't be bothered to go to the party. **3** (*no hacer caso*) to ignore *sb/sth*

olímpico, -a *adj* Olympic: *el récord ~* the Olympic record LOC *Ver* JUEGO, VILLA

oliva *nf* olive

olivar *nm* olive grove

olivo *nm* olive (tree)

olla *nf* LOC **írsele a algn la olla** to lose it ◆ **olla exprés/a presión** pressure cooker ➲ *Ver dibujo en* POT

olmo *nm* elm (tree)

olor *nm* smell (*of sth*): *Había un ~ a rosas/quemado.* There was a smell of roses/burning.

oloroso, -a *adj* sweet-smelling

olvidadizo, -a *adj* forgetful

olvidado, -a *adj* forgotten LOC **dejar(se) algo olvidado** to leave sth (behind): *No te lo dejes ~.* Don't leave it behind. *Ver tb* OLVIDAR(SE)

olvidar(se) *vt, vp* **1** to forget: *Olvidé (comprar) el detergente.* I forgot (to buy) the washing powder. **2** (*dejar*) to leave *sth* (behind): *Olvidé el paraguas en el autobús.* I left my umbrella on the bus.

ombligo *nm* belly button, navel (*más formal*)

omitir *vt* to omit, to leave *sth* out (*más coloq*)

omnívoro, -a *adj* omnivorous
▶ *nm* omnivore

omoplato (*tb* **omóplato**) *nm* shoulder blade

once *adj, nm, pron* **1** eleven **2** (*fecha*) eleventh **3** (*en títulos*) the Eleventh: *Alfonso XI* Alfonso XI 🛈 Se lee: 'Alfonso the Eleventh'. ➲ *Ver tb ejemplos en* SEIS

onceavo, -a *adj, nm* eleventh

onda *nf* wave: ~ *sonora/expansiva* sound/shock wave ◇ ~ *corta/media/larga* short/medium/long wave LOC **estar en la onda** to be up to date (*with sth*)

ondear *vi* (*bandera*) to fly

ondulado, -a *adj* **1** (*pelo*) wavy **2** (*superficie*) undulating **3** (*cartón, papel*) corrugated

ONG *nf* NGO [*pl* NGOs]

> En inglés, el término **NGO** se usa sobre todo en el contexto político, mientras que para referirse a organizaciones como UNICEF, Greenpeace, Oxfam, etc. lo normal es utilizar la palabra **charity** [*pl* **charities**].

ONU *nf* UN

opaco, -a *adj* opaque

opción *nf* option: *No tiene otra* ~. He has no option.

opcional *adj* optional

ópera *nf* opera

operación *nf* **1** (*quirúrgica, policial*) operation: *una* ~ *cardiaca* a heart operation ◇ *una* ~ *policial* a police operation **2** (*Fin*) transaction LOC **operación salida**: *Durante la* ~ *salida se produjeron varios accidentes.* There were a number of accidents as people left the city on holiday.

operar *vt, vi* (*Med*) to operate (on *sb*): *Puede que le tengan que* ~. They may have to operate (on him).
▶ *vt* (*maquinaria, etc.*) to operate
▶ **operarse** *vp* to have an operation: *Tengo que* ~*me del pie.* I've got to have an operation on my foot. LOC **operarse de anginas, apendicitis, etc.** to have your tonsils, appendix, etc. out

operativo, -a *adj* (*Informát*) operating: *sistema* ~ operating system

opinar *vt* to think: *¿Qué opinas?* What do you think?

opinión *nf* opinion: *en mi* ~ in my opinion LOC **tener buena/mala opinión de** to have a high/low opinion of *sb/sth* *Ver tb* CAMBIAR

oponente *nmf* opponent

oponer *vt* to offer: ~ *resistencia a algn/algo* to offer resistance to sb/sth
▶ **oponerse** *vp* **1 oponerse a** (*estar en contra*) to oppose: ~*se a una idea/boda* to oppose an idea/a wedding **2** (*poner pegas*) to object: *Iré a la fiesta si mis padres no se oponen.* I'll go to the party if my parents don't object.

oportunidad *nf* **1** (*ocasión*) chance, opportunity [*pl* opportunities] (*más formal*): *Tuve la* ~ *de ir al teatro.* I had the chance to go to the theatre. **2** (*ganga*) bargain LOC *Ver* IGUALDAD

oportuno, -a *adj* **1** (*en buen momento*) timely: *una visita oportuna* a timely visit **2** (*adecuado*) appropriate: *Tu respuesta no fue muy oportuna.* Your reply wasn't very appropriate.

oposición *nf* **1** (*rechazo, Pol*) opposition (*to sb/sth*): *el líder de la* ~ the leader of the Opposition **2** (*examen*) examination: *Hizo las oposiciones a funcionario.* He took the Civil Service exam.

opositor, -ora *nm-nf* candidate

opresión *nf* oppression

opresivo, -a *adj* oppressive

oprimir *vt* **1** (*tiranizar*) to oppress **2** (*apretar*) to be too tight: *La cinturilla de la falda me oprimía.* The waistband on my skirt was too tight.

optar *vi* **1** ~ **por** (*decidir*) to opt for *sth/to do sth*: *Optaron por seguir estudiando.* They opted to carry on studying. **2** ~ **a** (*solicitar*) to apply for *sth*: ~ *a una plaza en el ayuntamiento* to apply for a job with the council

optativo, -a *adj* optional

óptica *nf* (*establecimiento*) optician's ➲ *Ver nota en* CARNICERÍA

óptico, -a *adj* **1** (*instrumento, lente*) optical **2** (*nervio*) optic
▶ *nm-nf* optician, optometrist (*USA*)

optimismo *nm* optimism

optimista *adj* optimistic
▶ *nmf* optimist

opuesto, -a *adj* **1** (*extremo, lado, dirección*) opposite: *El frío es lo* ~ *al calor.* Cold is the opposite of heat. ◇ *Iban en direcciones opuestas.* They were going in opposite directions. **2** (*dispar*) different: *Mis dos hermanos son totalmente* ~*s.* My two brothers are totally different. LOC *Ver* POLO; *Ver tb* OPONER

oración *nf* **1** (*Relig*) prayer: *rezar una* ~ to say a prayer **2** (*Gram*) **(a)** sentence: *una* ~ *compuesta*

O

a complex sentence **(b)** (*proposición*) clause: *una ~ principal/subordinada* a main/subordinate clause

oral *adj* oral

orar *vi* to pray

órbita *nf* (*Astron*) orbit

orca *nf* killer whale

orden[1] *nm* **1** order: *Todo está en ~*. Everything is in order. ◇ *en/por ~ alfabético* in alphabetical order ◇ *por ~ de importancia* in order of importance **2** (*tipo*) nature: *problemas de ~ jurídico* problems of a legal nature

orden[2] *nf* **1** (*indicación, Relig*) order: *por ~ del juez* by order of the court ◇ *la ~ franciscana* the Franciscan Order **2** (*Jur*) warrant: *una ~ de registro* a search warrant LOC **orden de alejamiento** exclusion order *Ver tb* ALTERAR

ordenado, -a *adj* tidy, neat (*USA*): *una niña/habitación muy ordenada* a very tidy girl/room *Ver tb* ORDENAR

ordenador *nm* computer

Al empezar a trabajar en ordenador, entras en el sistema (**log in/on**). A veces tienes que introducir una contraseña (**key in/enter your password**) y entonces puedes abrir un archivo (**open a file**). También puedes navegar por Internet (**surf the Net**) y mandar mensajes por correo electrónico a tus amigos (**email your friends**).

Cuando acabes, no te olvides de guardar el documento (**save the document**). Es buena idea hacer una copia de seguridad (**make a backup copy**). Finalmente, sales del sistema (**log off/out**) antes de apagar el ordenador.

LOC **ordenador personal** personal computer (*abrev* PC) ◆ **ordenador portátil** laptop *Ver tb* JUEGO

ordenar *vt* **1** (*lugar*) to tidy *sth* (up), to clean *sth* up (*USA*): *¿Podrías ~ tu habitación?* Could you tidy your bedroom? **2** (*apuntes, carpetas*) to put *sth* in order: *~ algo alfabéticamente* to put sth in alphabetical order **3** (*mandar*) to order *sb to do sth*: *Me ordenó que me sentara.* He ordered me to sit down. ➲ *Ver nota en* ORDER

ordeñar *vt* to milk

ordinario, -a *adj* **1** (*habitual*) ordinary: *acontecimientos ~s* ordinary events **2** (*vulgar*) common

orégano *nm* oregano

oreja *nf* ear LOC *Ver* MOSCA

orfanato (*tb* **orfelinato**) *nm* orphanage

orgánico, -a *adj* organic

organismo *nm* **1** (*Biol*) organism **2** (*organización*) organization

organización *nf* organization: *organizaciones internacionales* international organizations LOC **Organización de las Naciones Unidas** (*abrev* **ONU**) the United Nations (*abrev* UN) *Ver tb* BENÉFICO

organizador, -ora *adj* organizing
▶ *nm-nf* organizer

organizar *vt* to organize
▶ **organizarse** *vp* (*persona*) to get yourself organized: *Debería ~me mejor.* I should get myself better organized.

órgano *nm* (*Anat, Mús*) organ

O

ordenador

Comandos Commands

abrir open
avanzar pagina page down
borrar clear/delete
buscar find
cerrar close
copiar copy
cortar cut
cortar y pegar cut and paste
deshacer undo
ejecutar run
guardar save
guardar como save as
imprimir print
insertar insert
pegar paste
reemplazar replace
rehacer redo
renombar rename
retroceder pagina page up
salir quit/exit
seleccionar select
seleccionar todo select all
ver view
vista preliminar preview

orgullo *nm* pride: *herir el ~ de algn* to hurt sb's pride

orgulloso, -a *adj* proud: *Está ~ de sí mismo.* He is proud of himself.

orientación *nf* **1** (*posición*): *¿Qué ~ tiene la casa?* Which way does the house face? **2** (*tendencia*) orientation: *~ sexual* sexual orientation **3** (*guía, consejo*) guidance

orientado, -a *adj* LOC **estar orientado a/hacia** (*edificio, habitación*) to face: *El balcón está ~ hacia el sur.* The balcony faces south. *Ver tb* ORIENTAR

oriental *adj* eastern: *Europa Oriental* Eastern Europe

▶ *nmf* oriental: *En mi clase hay dos ~es.* There are two people from the Far East in my class.

> Existe la palabra **Oriental** como sustantivo en inglés, pero es preferible no usarla porque puede ofender.

orientar *vt* **1** (*colocar*) to position: *~ una antena* to position an aerial **2** (*dirigir*) to direct: *El policía les orientó y llegaron sin problema.* The policeman directed them and they got there without any problems. **3** (*guiar, informar*) to advise *sb* (*on/about sth*): *¿Me puedes ~ un poco?* Can you give me some advice?

▶ **orientarse** *vp* (*encontrar el camino*) to find your way around

oriente *nm* east LOC **Extremo/Lejano Oriente** Far East ◆ **Oriente Medio** Middle East ◆ **Oriente Próximo/Cercano Oriente** Near East

origen *nm* origin LOC **dar origen a** to give rise to *sth Ver tb* DENOMINACIÓN

original *adj, nm* original LOC *Ver* VERSIÓN

originar *vt* to lead to *sth*

▶ **originarse** *vp* to start: *Se originó un incendio en el bosque.* A fire started in the woods.

orilla *nf* **1** (*camino, paseo*) edge: *a la ~ del camino* at the edge of the path **2** (*río*) bank: *a ~s del Sena* on the banks of the Seine **3** (*lago, mar*) shore LOC **a la orilla del mar/río** on the seashore/riverside

orina *nf* urine LOC *Ver* ANÁLISIS

orinar *vi* to urinate

▶ **orinarse** *vp* to wet yourself

orla *nf* (*universidad*) class graduation photographs [*pl*]

oro *nm* **1** (*metal*) gold: *una medalla de ~* a gold medal **2** **oros** (*Naipes*) ➲ *Ver nota en* BARAJA LOC **no es oro todo lo que reluce** all that glitters is not gold *Ver tb* BAÑADO, BODA, BUSCADOR, SIGLO

orquesta *nf* **1** (*de música clásica*) orchestra **2** (*de música popular*) band: *una ~ de jazz* a jazz band LOC *Ver* DIRECTOR

orquídea *nf* orchid

ortiga *nf* nettle

ortografía *nf* spelling: *faltas de ~* spelling mistakes

ortográfico, -a *adj* LOC *Ver* CORRECTOR

orzuelo *nm* sty(e) [*pl* sties/styes]: *Me ha salido un ~.* I've got a stye.

os *pron* **1** [*complemento*] you: *Os invito a cenar.* I'll take you out for dinner. ◇ *Os lo di ayer.* I gave it to you yesterday. **2** [*reflexivo*] yourselves: *¿Os divertisteis?* Did you enjoy yourselves? **3** (*partes del cuerpo, efectos personales*): *Quitaos el abrigo.* Take your coats off. **4** (*recíproco*) each other, one another: *¿Os veis con mucha frecuencia?* Do you see each other very often? ➲ *Ver nota en* EACH OTHER

oscilar *vi* **1** (*lámpara, péndulo*) to swing **2** ~ **(entre)** (*precios, temperaturas*) to vary (between *sth and sth*): *El precio oscila entre los cinco y los siete euros.* The price varies between five and seven euros.

oscurecer *vt* to darken

▶ **oscurecer(se)** *v imp, vp* to get dark

oscuridad *nf* **1** (*falta de luz*) dark: *Me da miedo la ~.* I'm afraid of the dark. **2** (*cualidad*) darkness: *la ~ de la noche* the darkness of the night **3** (*anonimato, complejidad*) obscurity: *vivir en la ~* to live in obscurity

oscuro, -a *adj* **1** dark: *azul ~* dark blue **2** (*poco conocido*) obscure: *un ~ poeta* an obscure poet LOC **a oscuras** in the dark: *Nos quedamos a oscuras.* We were left in the dark.

oso, -a *nm-nf* bear LOC **oso de peluche** teddy bear ◆ **oso hormiguero** anteater ◆ **oso polar** polar bear

ostra *nf* oyster

▶ **¡ostras!** *interj* (*sorpresa*) good heavens! LOC *Ver* ABURRIR

otoño *nm* autumn, fall (*USA*): *en ~* in (the) autumn

otorgar *vt* to award

otro, -a *adj* another, other

> **Another** se usa con sustantivos en singular y **other** con sustantivos en plural: *No hay otro tren hasta las cinco.* There isn't another train until five. ◇ *en otra ocasión* on another occasion ◇ *¿Tienes otros colores?* Have you got any other colours? **Other** también se utiliza en expresiones como: *el otro día/la otra noche* the other day/night ◇ *mi otro hermano* my other brother.

O

A veces **another** va seguido de un número y un sustantivo plural cuando se utiliza en el sentido de "más": *Me quedan otros tres exámenes.* I've got another three exams to do. También se puede decir en estos casos 'I've got three more exams.'

▶ *pron* another (one) [*pl* others]: *un día u ~* one day or another ◇ *¿Tienes ~?* Have you got another (one)? ◇ *No me gustan. ¿Tienes ~s?* I don't like these ones. Have you got any others? ❶ **El otro, la otra** se traducen por 'the other one': *¿Dónde está el ~?* Where's the other one? LOC **en otro lugar/sitio/en otra parte** somewhere else ◆ **lo otro 1** (*la otra cosa*) the other thing: *¿Qué era lo ~ que querías?* What was the other thing you wanted? **2** (*lo demás*) the rest: *Lo ~ no importa.* The rest doesn't matter. ◆ **nada del otro jueves/mundo** nothing to write home about ◆ **otra cosa** something else: *Había otra cosa que quería decirte.* There was something else I wanted to tell you.

Si la oración es negativa, podemos decir **anything else** o **nothing else**, dependiendo de si hay o no otra partícula negativa en la frase: *No hay otra cosa.* There's nothing else./ There isn't anything else. ◇ *No pudieron hacer otra cosa.* They couldn't do anything else.

◆ **otra vez** again: *He suspendido otra vez.* I've failed again. ◆ **otro día** some other time: *¡Por supuesto que iremos ~ día!* Of course we'll go some other time! ◆ **otro(s) tanto(s)** as much/as many again: *Me ha pagado 1000 euros y aún me debe ~ tanto.* He's paid me 1 000 euros and he still owes me as much again. ◆ **por otra parte/otro lado** on the other hand *Ver tb* COSA, MES, SEMANA, SITIO

oval (*tb* **ovalado, -a**) *adj* oval

ovario *nm* ovary [*pl* ovaries]

oveja *nf* sheep [*pl* sheep]: *un rebaño de ~s* a flock of sheep ➲ *Ver nota en* CARNE LOC **oveja negra** black sheep

ovillo *nm* ball: *un ~ de lana* a ball of wool LOC **hacerse un ovillo** to curl up

ovino, -a *adj* LOC *Ver* GANADO

ovni *nm* UFO [*pl* UFOs]

óvulo *nm* ovum [*pl* ova]

oxidado, -a *adj* rusty *Ver tb* OXIDAR(SE)

oxidar(se) *vt, vp* to rust: *Se han oxidado las tijeras.* The scissors have rusted.

oxigenado, -a *adj* LOC *Ver* AGUA

oxígeno *nm* oxygen LOC *Ver* MÁSCARA

oyente *nmf* **1** (*Radio*) listener **2** (*Educ*) unregistered student

ozono *nm* ozone: *la capa de ~* the ozone layer

Pp

pabellón *nm* **1** (*Dep*) sports hall **2** (*hospital*) block **3** (*exposición*) pavilion: *el ~ de Francia* the French pavilion

pacer *vi* to graze

pachucho, -a *adj* **1** (*persona*) poorly **2** (*planta*) limp

paciencia *nf* patience: *Se me está acabando la ~.* My patience is wearing thin. LOC **¡paciencia!** be patient! ◆ **tener paciencia** to be patient: *Hay que tener ~.* You must be patient. *Ver tb* ARMAR

paciente *adj, nmf* patient

pacificar *vt* to pacify
▶ **pacificarse** *vp* to calm down

pacífico, -a *adj* peaceful
▶ *nm* **el Pacífico** the Pacific (Ocean)

pacifista *nmf* pacifist

pactar *vt* to agree on *sth*: *Pactaron un alto el fuego.* They agreed on a ceasefire.
▶ *vi* to make an agreement (*with sb*) (*to do sth*)

pacto *nm* agreement: *romper un ~* to break an agreement

paddle (*tb* **pádel**) *nm* paddle tennis LOC *Ver* PISTA

padecer *vt, vi* **~ (de)** to suffer (from *sth*): *Padece dolores de cabeza.* He suffers from headaches. LOC **padecer de la espalda, del corazón, etc.** to have back, heart, etc. trouble

padrastro *nm* **1** stepfather **2** (*en la uña*) hangnail

padre *nm* **1** father: *Es ~ de dos hijos.* He is the father of two children. ◇ *el ~ García* Father García **2 padres** (*padre y madre*) parents LOC *Ver* ASOCIACIÓN, DÍA, FAMILIA, HUÉRFANO

padrenuestro *nm* Our Father: *rezar dos ~s* to say two Our Fathers

padrino *nm* **1** (*bautizo*) godfather **2** (*boda*) man who accompanies the bride, usually her father ➲ *Ver nota en* BODA **3 padrinos** godparents

paella *nf* paella

paga *nf* **1** (*sueldo*) pay **2** (*de un niño*) pocket money

pagano, **-a** *adj, nm-nf* pagan

pagar *vt* to pay (for) *sth*: *~ las deudas/los impuestos* to pay your debts/taxes ◇ *Mi abuelo me paga los estudios.* My grandfather is paying for my education.
▶ *vi* to pay: *Pagan bien.* They pay well. LOC **¡me las pagarás!** you'll pay for this! ◆ **pagar con tarjeta** to pay (*for sth*) by card ◆ **pagar el pato** to carry the can ◆ **pagar en efectivo/metálico** to pay (in) cash (*for sth*) *Ver tb* CARO, ESCOTE

página *nf* page (*abrev* p): *Está en la ~ tres.* It's on page three. ◇ *Abrid el libro por la ~ cinco.* Open your books at page five. LOC **página inicial/principal/de inicio** (*Internet*) home page ◆ **páginas amarillas** yellow pages ◆ **página web** web page ◆ **pasar la página** to turn over

pago *nm* (*dinero*) payment: *efectuar/hacer un ~* to make a payment LOC *Ver* COLEGIO, TELEVISIÓN

país *nm* country [*pl* countries] LOC **los Países Bajos** the Netherlands *Ver tb* HUIR

paisaje *nm* landscape ➲ *Ver nota en* SCENERY

paisano, **-a** *nm-nf* **1** (*del mismo país*) fellow countryman/woman [*pl* -men/-women] **2** (*del mismo pueblo*): *Es mi ~.* He's from the same town/village as me. LOC **de paisano 1** (*militar*) in civilian dress **2** (*policía*) in plain clothes

paja *nf* **1** straw **2** (*en un texto, discurso*) padding

pajar *nm* hay loft LOC *Ver* BUSCAR

pajarita *nf* (*corbata*) bow tie LOC **pajarita de papel** origami bird

pájaro *nm* bird LOC **pájaro carpintero** woodpecker ◆ **más vale pájaro en mano...** a bird in the hand is worth two in the bush *Ver tb* CABEZA, MATAR

paje *nm* page

pajita *nf* straw

pala *nf* **1** shovel **2** (*playa*) spade: *jugar con el cubo y la ~* to play with your bucket and spade

palabra *nf* word: *una ~ de tres letras* a three-letter word ◇ *No dijo ni ~.* He didn't say a word. ◇ *en otras ~s* in other words ◇ *Te doy mi ~.* I give you my word. LOC **cogerle/tomarle la palabra a algn** to take sb at their word ◆ **dejar a algn con la palabra en la boca** to cut sb short: *Me dejó con la ~ en la boca y se fue.* He cut me short and walked off. ◆ **en dos/pocas palabras** briefly ◆ **¡palabra (de honor)!** honest! ◆ **tener la última palabra** to have the last word (*on sth*) *Ver tb* ANUNCIO, BREVE, CEDER, CUMPLIR, DIRIGIR, JUEGO, SOLTAR

palabrota *nf* swear word: *decir ~s* to swear

palacio *nm* palace

paladar *nm* palate LOC *Ver* VELO

palanca *nf* lever: *En caso de emergencia, tirar de la ~.* In an emergency, pull the lever. LOC **palanca de cambio** gear lever, gear shift (*USA*)

palangana *nf* bowl

palco *nm* **1** (*teatro*) box **2** (*estadio*) director's box

paleta *nf* **1** (*de albañil*) trowel **2** (*de pintor*) palette

paleto, **-a** *adj, nm-nf* yokel: *¡Qué ~ eres!* What a yokel you are!

palidecer *vi* to go pale

pálido, **-a** *adj* pale: *rosa ~* pale pink LOC **ponerse/quedarse pálido** to go pale

palillo *nm* **1** (*de dientes*) toothpick **2 palillos (a)** (*para tambor*) drumsticks **(b)** (*para comida*) chopsticks LOC **estar hecho un palillo** to be as thin as a rake

paliza *nf* beating: *El Atlético les metió una buena ~.* Atlético gave them a sound beating. ◇ *Recibió una soberana ~.* He was badly beaten up.
▶ *adj, nmf* (*pelmazo*) bore: *Ese tío es un ~.* What a bore that man is! LOC **darle la paliza a algn** to pester sb: *Deja de dar la ~, ¿quieres?* Stop pestering me, will you? ◆ **darse una paliza** to wear yourself out (*doing sth*): *Nos dimos una buena ~ de estudiar.* We wore ourselves out studying. ◆ **dar una paliza a algn** (*pegar*) to beat sb up

palm *nm* (*ordenador*) palmtop

palma *nf* **1** (*mano*) palm **2** (*árbol*) palm (tree) LOC **dar palmas/tocar las palmas** (*acompañamiento*) to clap in time (*to sth*): *Le acompañaban dando ~s.* They clapped in time to the music. *Ver tb* CONOCER

palmada *nf* pat: *Me dio una ~ en la espalda.* He gave me a pat on the back. LOC **dar palmadas** to clap: *Dio tres ~.* He clapped three times.

palmera *nf* palm (tree)

palmo *nm*: *Es un ~ más alto que yo.* He's several inches taller than me. LOC **palmo a palmo** inch by inch

palo *nm* **1** (*vara*) stick **2** (*disgusto*) blow: *Su muerte fue un ~ para mí.* Her death was a blow to me. **3** (*Naipes*) suit ➲ *Ver nota en* BARAJA **4** (*Golf*) (golf) club **5** (*barco*) mast **6** (*rollo*): *Esa clase es un ~.* That class is really boring. ◇ *Es un ~*

P

tenerse que levantar tan temprano. It's a pain having to get up so early. LOC **a palo seco** on its own ◆ **de palo** wooden: *pata de ~* wooden leg *Ver tb* CUCHARA, LIAR, MOLER, TAL

paloma *nf* **1** (*gris o azulada*) pigeon: *una ~ mensajera* a carrier pigeon **2** (*blanca*) dove: *la ~ de la paz* the dove of peace

palomar *nm* dovecote

palomita *nf* LOC **palomitas (de maíz)** popcorn [*incontable*]: *¿Quieres unas ~s?* Would you like some popcorn?

palpar(se) *vt, vi, vp* to feel: *El médico me palpó el vientre.* The doctor felt my stomach. ◇ *Se palpó los bolsillos.* He felt his pockets.

palpitar *vi* to beat

pan *nm* **1** bread [*incontable*]: *Me gusta el ~ recién hecho.* I like freshly-baked bread. ◇ *~ duro* stale bread ◇ *¿Quieres ~?* Do you want some bread? ➲ *Ver nota en* BREAD **2** (*pieza*) loaf [*pl* loaves]: *¿Me da tres ~es?* Could I have three loaves (of bread), please? LOC **(llamar) al pan pan y al vino vino** to call a spade a spade ◆ **pan integral/de molde** wholemeal/sliced bread ◆ **pan rallado** breadcrumbs *Ver tb* BARRA, GANAR

pana *nf* corduroy: *pantalones de ~* corduroy trousers

panadería *nf* baker's ➲ *Ver nota en* CARNICERÍA

panadero, -a *nm-nf* baker

panal *nm* honeycomb

P

pancarta *nf* **1** (*de cartón*) placard **2** (*de tela*) banner

panda *nm* (*animal*) panda

pandereta *nf* tambourine

pandilla (*tb* **panda**) *nf* friends [*pl*]: *Vendrá toda la ~.* All my friends are coming.

panel *nm* **1** panel: *~es solares* solar panels **2** (*de anuncios, información*) board: *el ~ de salidas* the departures board

panfleto *nm* pamphlet

pánico *nm* panic LOC **tenerle pánico a algn/algo** to be scared stiff of sb/sth: *Le tiene ~ al perro.* She's scared stiff of the dog. *Ver tb* ENTRAR, PRESA

panorama *nm* **1** (*vista*) view: *contemplar un hermoso ~* to look at a lovely view **2** (*perspectiva*) prospect: *¡Menudo ~!* What a prospect! **3** (*situación*) scene: *el ~ actual* the scene these days

pantalla *nf* **1** (*de televisor, etc.*) screen: *una ~ de ordenador* a computer screen ➲ *Ver dibujo en* ORDENADOR **2** (*lámpara*) lampshade LOC **pantalla de plasma** plasma screen ◆ **pantalla táctil** touch screen

pantalón *nm* **pantalones** trousers [*pl*], pants (*USA*): *No encuentro el ~ del pijama.* I can't find my pyjama trousers.

> **Trousers** es una palabra plural en inglés, por lo tanto para referirnos a "un pantalón" o "unos pantalones" utilizamos **some trousers** o **a pair of trousers**: *Llevaba un pantalón viejo.* He was wearing some old trousers/an old pair of trousers. ◇ *Necesito unos pantalones negros.* I need a pair of black trousers. ➲ *Ver tb nota en* PAIR

LOC **pantalón corto/de deporte** shorts [*pl*] ◆ **pantalones de combate** cargo pants ◆ **pantalones de pitillo** drainpipes ◆ **pantalones pirata** three-quarter length trousers ◆ **pantalones vaqueros** jeans *Ver tb* FALDA

pantano *nm* **1** (*embalse*) reservoir **2** (*terreno*) marsh

pantera *nf* panther

pantis *nm* tights ➲ *Ver nota en* PAIR

pañal *nm* nappy [*pl* nappies]: *cambiar el ~ a un niño* to change a baby's nappy

paño *nm* (*bayeta*) cloth LOC **en paños menores** in your underwear *Ver tb* COCINA

pañuelo *nm* **1** (*de nariz*) handkerchief [*pl* handkerchiefs/handkerchieves] **2** (*cabeza, cuello*) scarf [*pl* scarfs/scarves] LOC **pañuelo de papel** tissue

papá *nm* **1** (*padre*) dad: *Pregúntaselo a ~.* Ask dad. ❶ Los niños pequeños suelen decir **daddy**. **2 papás** mum and dad LOC **Papá Noel** Father Christmas ➲ *Ver nota en* NAVIDAD *Ver tb* HIJO

papa *nm* pope: *el ~ Pío XII* Pope Pius XII

papada *nf* double chin

papagayo *nm* parrot

paparazzi *nmf* paparazzo [*pl* paparazzi] ❶ En inglés se suele utilizar la forma plural: *un ~* a member of the paparazzi.

papel *nm* **1** paper [*incontable*]: *una hoja de ~* a sheet of paper ◇ *La acera está llena de ~es.* The pavement is covered in bits of paper. ◇ *servilletas de ~* paper napkins ◇ *~ cuadriculado/reciclado* squared/recycled paper **2** (*recorte, cuartilla*) piece of paper: *anotar algo en un ~* to note sth down on a piece of paper **3** (*personaje, función*) part: *hacer el ~ de Otelo* to play the part of Othello ◇ *Jugará un ~ importante en la reforma.* It will play an important part in the reform. LOC **papel cebolla** tracing paper ◆ **papel de aluminio/plata** foil ◆ **papel de envolver/regalo** wrapping paper ◆ **papel higiénico** toilet paper ◆ **papel principal/secundario** (*Cine, Teat*) leading/supporting role ◆ **sin papeles**: *los sin*

~*es* illegal immigrants *Ver tb* FÁBRICA, PAJARITA, PAÑUELO, VASO

papeleo *nm* **1** (*trámites*) paperwork **2** (*burocracia*) red tape

papelera *nf* **1** (*en el interior*) waste-paper basket, wastebasket (*USA*): *Tíralo a la* ~. Throw it in the waste-paper basket. **2** (*en la calle*) litter bin ➲ *Ver dibujo en* BIN

papelería *nf* stationer's ➲ *Ver nota en* CARNICERÍA

papeleta *nf* **1** (*electoral*) ballot paper **2** (*sorteo, rifa*) raffle ticket

paperas *nf* mumps [*incontable*]: *tener* ~ to have (the) mumps

papilla *nf* (*de bebé*) baby food

paquete *nm* **1** (*comida, tabaco*) packet, pack (*USA*): *un ~ de cigarrillos* a packet of cigarettes ➲ *Ver dibujo en* CONTAINER **2** (*bulto*) parcel, package (*USA*): *mandar un ~ por correo* to post a parcel ➲ *Ver notas en* PARCEL *y* PACKET **3** (*conjunto*) package: *un ~ informático/de software* a computer/software package LOC **ir de paquete** to ride pillion *Ver tb* BOMBA

par *adj* even: *números ~es* even numbers
▶ *nm* **1** (*pareja*) pair: *un ~ de calcetines* a pair of socks **2** (*número indefinido*) couple: *hace un ~ de meses* a couple of months ago LOC **a la par** (*a la vez*) at the same time ◆ **de par en par** wide open: *dejar la puerta abierta de ~ en ~* to leave the door wide open

para *prep* **1 + nombre/pronombre** for: *muy útil ~ la lluvia* very useful for the rain ◇ *demasiado complicado ~ mí* too complicated for me ◇ *¿Para qué lo quieres?* What do you want it for? **2 + infinitivo** to do sth: *Han venido ~ quedarse.* They've come to stay. ◇ *Lo hice ~ no molestarte.* I did it so as not to bother you. **3** [*futuro*]: *Lo necesito ~ el lunes.* I need it for Monday. ◇ *Estará acabado ~ el otoño.* It will be finished by autumn. **4** (*dirección*): *Ahora mismo voy ~ casa.* I'm going home now. ◇ *Van ~ allá.* They're on their way. LOC **para eso**: *Para eso, me compro uno nuevo.* I might as well buy a new one. ◇ *¿Para eso me has hecho venir?* You got me here just for that? ◆ **para que...** so (that) ...: *Les reprendió ~ que no lo volvieran a hacer.* He told them off so that they wouldn't do it again. ◆ **para sí** to yourself: *hablar ~ sí* to talk to yourself

parabólica *nf* satellite dish

parabrisas *nm* windscreen, windshield (*USA*)

paracaídas *nm* parachute: *un salto en ~* a parachute jump LOC **lanzarse/tirarse en paracaídas** to parachute

paracaidismo *nm* parachuting: *hacer ~* to go parachuting LOC **paracaidismo acrobático** skydiving

paracaidista *nmf* parachutist

parachoques *nm* bumper

parada *nf* **1** (*transportes públicos*) stop: *Bájate en la próxima ~.* Get off at the next stop. **2** (*Dep*) save: *El guardameta hizo una ~ increíble.* The goalkeeper made a spectacular save. LOC **parada de autobús** bus stop ◆ **parada de taxis** taxi rank, taxi stand (*USA*) ◆ **tener parada** to stop: *Este tren tiene ~ en todas las estaciones.* This train stops at every station.

paradisíaco, -a (*tb* **paradisiaco, -a**) *adj* heavenly

parado, -a *adj* **1** (*desempleado*) unemployed **2** (*paralizado*) at a standstill: *Las obras están paradas desde hace un mes.* The roadworks have been at a standstill for a month. **3** (*cohibido*) shy
▶ *nm-nf* unemployed person: *los ~s* the unemployed LOC **salir bien/mal parado** to come off well/badly *Ver tb* PARAR

parador *nm* parador, state-run luxury hotel: *Pasamos la noche en el ~ de Segovia.* We stayed the night at the parador in Segovia.

paragüero *nm* umbrella stand

paraguas *nm* umbrella: *abrir/cerrar un ~* to put up/down an umbrella

paraguaya *nf* (*tb* **paraguayo** *nm*) (*fruta*) doughnut peach

paraíso *nm* paradise LOC **paraíso terrenal** heaven on earth

paraje *nm* spot

paralelas *nf* parallel bars

paralelo, -a *adj* parallel: *líneas paralelas* parallel lines

parálisis *nf* paralysis [*incontable*]: *Sufre una ~ facial.* He suffers from facial paralysis.

paralítico, -a *adj* paralysed: *quedarse ~ de cintura para abajo* to be paralysed from the waist down

paralización *nf* (*obras, proyecto*): *El tribunal ordenó la ~ de las obras.* The court ordered the work to be stopped.

paralizar *vt* to paralyse

páramo *nm* moor

parapente *nm* paragliding: *hacer ~* to go paragliding

parar *vt* **1** to stop: *Para el coche.* Stop the car. **2** (*gol*) to save
▶ **parar(se)** *vi, vp* to stop: *El tren no paró.* The train didn't stop. ◇ *Me paré a hablar con una amiga.* I stopped to talk to a friend. LOC **ir a**

P

parar to end up: *Fueron a ~ a la cárcel.* They ended up in prison. ◇ *¿Dónde habrá ido a ~?* Where can it have got to? ◆ **no parar** to be always on the go: *No he parado en toda la semana.* I've been on the go all week. ◆ **para parar un tren**: *Tenemos comida para ~ un tren.* We've got enough food here to feed an army. ◆ **sin parar** non-stop: *trabajar sin ~* to work non-stop *Ver tb* SECO

pararrayos *nm* lightning conductor

parascending *nm* parascending

parásito *nm* parasite

parcela *nf* (*terreno*) plot

parche *nm* patch

parchís *nm* ludo

parcial *adj* **1** (*incompleto*) partial: *una solución ~* a partial solution **2** (*partidista*) biased
▶ *nm* (*examen*) mid-year assessment exam LOC *Ver* TIEMPO

parecer *vi* **1** (*dar la impresión*) to seem: *Parecen (estar) seguros.* They seem certain. ◇ *Parece que fue ayer.* It seems like only yesterday. **2** (*tener aspecto*) **(a) + adjetivo** to look: *Parece más joven de lo que es.* She looks younger than she really is. **(b) + sustantivo** to look like *sb/sth*: *Parece una actriz.* She looks like an actress. **3** (*opinar*) to think: *Me pareció que no tenía razón.* I thought he was wrong. ◇ *¿Qué te parecieron mis primos?* What did you think of my cousins? ◇ *No me parece bien que no les llames.* I think you ought to phone them. ◇ *¿Te parece bien mañana?* Is tomorrow all right?
▶ **parecerse** *vp* **parecerse (a) 1** (*personas*) **(a)** (*físicamente*) to look alike, to look like *sb*: *Se parecen mucho.* They look very much alike. ◇ *Te pareces mucho a tu hermana.* You look a lot like your sister. **(b)** (*en carácter*) to be alike, to be like *sb*: *Nos llevamos mal porque nos parecemos mucho.* We don't get on because we are so alike. ◇ *En eso te pareces a tu padre.* You're like your father in that. **2** (*cosas*) to be similar (to *sth*): *Se parece mucho al mío.* It's very similar to mine. LOC **al parecer/según parece** apparently ◆ **parece mentira (que...)**: *¡Parece mentira!* I can hardly believe it! ◇ *Parece mentira que seas tan despistado.* How can you be so absent-minded? ◆ **parece que va a llover/nevar** it looks like rain/snow

parecido, -a *adj* ~ **(a) 1** (*personas*) alike, like *sb*: *¡Sois tan ~s!* You're so alike! ◇ *Eres muy parecida a tu madre.* You're very like your mother. **2** (*cosas*) similar (to *sth*): *Tienen estilos ~s.* They have similar styles. ◇ *Ese vestido es muy ~ al de Ana.* That dress is very similar to Ana's.
▶ *nm* (*similitud*) similarity LOC **algo parecido** something like that *Ver tb* PARECER

pared *nf* wall: *Hay varios carteles en la ~.* There are several posters on the wall. LOC **las paredes oyen** walls have ears *Ver tb* ESPADA, SUBIR

pareja *nf* **1** (*en relación amorosa*) couple: *Hacen muy buena ~.* They make a really nice couple. **2** (*de animales, como equipo*) pair: *la ~ vencedora del torneo* the winning pair **3** (*policía*): *una ~ de la Guardia Civil* two Civil Guards **4** (*cónyuge, compañero, de juegos, de baile*) partner: *No puedo jugar porque no tengo ~.* I can't play because I haven't got a partner. ◇ *Marta vino con su ~.* Marta came with her partner. LOC **en parejas** two by two: *Entraron en ~s.* They went in two by two. ◆ **pareja de hecho** unmarried couple

parentela *nf* relations [*pl*]

parentesco *nm* relationship LOC **tener parentesco con** to be related to *sb*

paréntesis *nm* (*signo*) brackets [*pl*], parentheses (*USA*): *abrir/cerrar el ~* to open/close (the) brackets LOC **entre paréntesis** in brackets, in parentheses (*USA*)

pareo *nm* sarong

pariente *nmf* relation: *~ cercano/lejano* close/distant relation

parir *vt, vi* to give birth (to *sb/sth*) LOC **poner a algn a parir** to call sb all the names under the sun

parking *nm* car park, parking lot (*USA*): *un ~ subterráneo* an underground car park

parlamentario, -a *adj* parliamentary
▶ *nm-nf* Member of Parliament (*abrev* MP)

parlamento *nm* parliament [*v sing o pl*] ➲ *Ver nota en* PARLIAMENT

parlanchín, -ina *adj* talkative
▶ *nm-nf* chatterbox

paro *nm* **1** (*desempleo*) unemployment **2** (*huelga*) strike LOC **cartilla/tarjeta del paro** unemployment card ◆ **(estar) en paro** (to be) unemployed *Ver tb* APUNTAR, CARDIACO, COBRAR

parpadear *vi* **1** (*ojos*) to blink **2** (*luz*) to flicker

párpado *nm* eyelid

parqué (*tb* **parquet**) *nm* parquet

parque *nm* **1** (*jardín*) park **2** (*de bebé*) playpen LOC **parque acuático** water park ◆ **parque de atracciones** amusement park ◆ **parque de bomberos** fire station ◆ **parque empresarial/tecnológico** business/technology park ◆ **parque eólico** wind farm ◆ **parque nacional** national park ◆ **parque natural** nature reserve ◆ **parque temático** theme park

parrafada *nf* LOC *Ver* SOLTAR

párrafo *nm* paragraph

P

parrilla *nf* grill LOC **carne/pescado a la parrilla** grilled meat/fish

párroco *nm* parish priest

parroquia *nf* **1** (*iglesia*) parish church **2** (*comunidad*) parish

parte[1] *nf* **1** (*porción, lugar*) part: *tres ~s iguales* three equal parts ◇ *¿En qué ~ de la ciudad vives?* What part of town do you live in? **2** (*en fracciones*): *las dos terceras ~s* two thirds **3** (*persona*) party [*pl* parties]: *la ~ contraria* the opposing party LOC **de parte de algn 1** (*en nombre de*) on behalf of sb: *de ~ de todos nosotros* on behalf of us all **2** (*a favor de*) on sb's side: *No estoy de ~ de nadie.* I'm not on anyone's side. ◆ **¿de parte de quién?** (*por teléfono*) who's calling? ◆ **en parte** (*en cierto modo*) in a way: *En ~, tienes razón.* In a way you're right. ◆ **en/por todas partes** everywhere ◆ **la parte de abajo/arriba** the bottom/top ◆ **la parte de atrás/delante** the back/front ◆ **por mi parte** as far as I am, you are, etc. concerned: *Por nuestra ~ no hay ningún problema.* As far as we're concerned there's no problem. ◆ **por partes** bit by bit: *Estamos arreglando el tejado por ~s.* We're repairing the roof bit by bit. ◆ **por una parte... por la otra...** on the one hand... on the other...: *Por una ~ me alegro, pero por la otra me da pena.* On the one hand I'm pleased, but on the other, I think it's sad. ◆ **tomar parte en algo** to take part in sth ◆ **¡vamos/vayamos por partes!** one thing at a time! *Ver tb* ALGUNO, CUALQUIERA, GRANDE, MAYOR, NINGUNO, OTRO, SALUDAR, SEXTO

parte[2] *nm* report: *~ médico* medical report ◇ *~ meteorológico* weather forecast LOC **dar parte** to report (*sth*) (*to sb*)

participación *nf* **1** (*intervención*) participation: *la ~ del público* audience participation **2** (*Fin, lotería*) share

participante *adj* participating: *los países ~s* the participating countries
▶ *nmf* participant

participar *vi* ~ **(en)** to participate, to take part (*más coloq*) (in *sth*): *~ en un proyecto* to participate in a project

participio *nm* participle

partícula *nf* particle

particular *adj* **1** (*característico*) characteristic: *Cada vino tiene su sabor ~.* Each wine has its own characteristic taste. **2** (*privado*) private: *clases ~es* private tuition LOC **en particular** in particular *Ver tb* PROFESOR

partida *nf* **1** (*juego*) game: *echar una ~ de ajedrez* to have a game of chess **2** (*de nacimiento, matrimonio, defunción*) certificate **3** (*mercancía*) consignment

partidario, -a *adj* ~ **de** in favour of *sth*: *No soy ~ de hacer eso.* I'm not in favour of doing that.
▶ *nm-nf* supporter

partido *nm* **1** (*Pol*) party [*pl* parties] **2** (*Dep*) match, game (*USA*): *ver un ~ de fútbol* to watch a football match LOC **partido amistoso** friendly [*pl* friendlies]: *jugar un ~ amistoso* to play a friendly ◆ **partido de ida/vuelta** first/second leg ◆ **sacar partido a/de algo** to make the most of sth ◆ **tomar partido** to take sides

partir *vt* **1** (*con cuchillo*) to cut *sth* (up): *~ la tarta* to cut up the cake **2** (*con las manos*) to break *sth* (off): *¿Me partes un trozo de pan?* Could you break me off a piece of bread? **3** (*frutos secos*) to crack
▶ *vi* (*marcharse*) to leave (*for...*): *Parten mañana hacia Bilbao.* They're leaving for Bilbao tomorrow.
▶ **partirse** *vp* **1** to split: *Si te caes te partes la cabeza.* You'll split your head open if you fall. **2** (*diente, alma*) to break LOC **a partir de** from... (on): *a ~ de las nueve de la noche* from 9 p.m. onwards ◇ *a ~ de entonces* from then on ◇ *a ~ de mañana* starting from tomorrow *Ver tb* CARA, CERO, RISA

partitura *nf* score

parto *nm* birth LOC **estar de parto** to be in labour

parvulario *nm* nursery school, preschool (*USA*)

pasa *nf* raisin LOC *Ver* CIRUELA

pasada *nf* LOC **de pasada** in passing ◆ **hacer/jugar una mala pasada** to play a dirty trick (*on sb*) ◆ **¡qué pasada de...!**: *¡Qué ~ de moto!* What a fantastic bike!

pasadizo *nm* passage

pasado, -a *adj* **1** (*día, semana, mes, verano, etc.*) last: *el martes ~* last Tuesday **2** (*Gram, época*) past: *en siglos ~s* in past centuries **3** (*comida*) **(a)** (*estropeada*) off: *La leche está pasada.* The milk is off. **(b)** (*fruta*) overripe: *Estos plátanos están ~s.* These bananas are overripe. **(c)** (*demasiado hecha*) overdone
▶ *nm* past LOC **estar pasado de fecha** (*producto*) to be past its sell-by date ◆ **pasado de moda** (*ropa*) unfashionable ◆ **pasado mañana** the day after tomorrow *Ver tb* HUEVO; *Ver tb* PASAR

pasador *nm* (*de pelo*) hairslide, barrette (*USA*)

pasajero, -a *nm-nf* passenger: *un barco de ~s* a passenger boat

pasamontañas *nm* balaclava

pasaporte *nm* passport

pasar *vi* **1** (*vehículo, tiempo*) to pass: *La moto pasó a toda velocidad.* The motorbike passed at top speed. ◇ *Pasaron tres horas.* Three hours passed. ◇ *Ya han pasado dos días desde que llamó.* It's two days since he phoned. ◇ *¡Cómo pasa el tiempo!* Doesn't time fly! ◇ *Ese autobús pasa por el museo.* That bus goes past the museum. **2** (*entrar*) to come in: *¿Puedo ~?* Can I come in? **3** (*ir*) to go: *Mañana pasaré por el banco.* I'll go to the bank tomorrow. **4** (*ocurrir*) to happen: *A mí me pasó lo mismo.* The same thing happened to me.

▶ *vt* **1** to pass: *¿Me pasas ese libro?* Can you pass me that book, please? ◇ *Hace punto para ~ el tiempo.* She knits to pass the time. **2** (*período de tiempo*) to spend: *Pasamos la tarde/dos horas charlando.* We spent the afternoon/two hours chatting.

▶ **pasarse** *vp* **1** (*ir demasiado lejos*): *No te pases comiendo.* Don't eat too much. ◇ *¡Esta vez te has pasado!* You've gone too far this time! ◇ *~se de parada* to go past your stop **2** (*comida*) **(a)** (*estropearse*) to go off **(b)** (*demasiado cocinada*) to be overdone: *Se te ha pasado el arroz.* The rice is overdone. **3** (*olvidarse*) to forget: *Se me pasó completamente lo del entrenamiento.* I completely forgot about the training session. LOC **¿pasa algo?** is anything the matter? ◆ **pasar de algn/algo**: *Paso de ella.* I couldn't care less about her. ◇ *Pasa de todo.* He couldn't care less. ◆ **pasarlo bien** to have a good time ◆ **pasarlo mal** to have a hard time: *Lo está pasando muy mal.* She's having a very hard time. ◆ **pasar por algn/algo** to pass for sb/sth: *Esa chica pasa por italiana.* That girl could easily pass for an Italian. ◆ **pasar sin** to manage without *sb/sth*: *No puedo ~ sin coche.* I can't manage without a car. ◆ **¿qué pasa?** (*¿hay problemas?*) what's the matter? ❶ Para otras expresiones con **pasar**, véanse las entradas del sustantivo, adjetivo, etc., p. ej. **pasarlo bomba** en BOMBA.

pasarela *nf* **1** (*de desfile de moda*) catwalk **2** (*puente peatonal*) footbridge

pasatiempo *nm* **1** (*afición*) hobby [*pl* hobbies] **2 pasatiempos** (*en un periódico, etc.*) puzzles: *la página de ~s* the puzzle page

pascua *nf* **1** (*Semana Santa*) Easter **2 pascuas** (*navidades*) Christmas: *¡Felices Pascuas!* Happy Christmas! LOC *Ver* SANTO

pase *nm* (*permiso, autorización*) pass: *No puedes entrar sin ~.* You can't get in without a pass.

pasear *vt, vi* to walk: *~ al perro* to walk the dog ◇ *Todos los días salgo a ~.* I go for a walk every day.

paseo *nm* **1** (*a pie*) walk **2** (*en bicicleta, a caballo*) ride **3** (*avenida*) avenue LOC **dar un paseo** to go for a walk ◆ **paseo marítimo** promenade *Ver tb* MANDAR

pasillo *nm* **1** (*casa*) corridor: *No corras por los ~s.* Don't run along the corridors. **2** (*iglesia, avión, teatro, supermercado*) aisle

pasión *nf* passion LOC **tener pasión por** to be crazy about *sb/sth*

pasiva *nf* (*Gram*) passive (voice): *en ~* in the passive

pasivo, -a *adj* passive LOC *Ver* TABAQUISMO

pasmado, -a *adj* amazed (*at/by sth*): *Me quedé ~ ante su insolencia.* I was amazed at their insolence.

▶ *nm-nf* dope

paso *nm* **1** step: *dar un ~ adelante/atrás* to step forward/back ◇ *un ~ hacia la paz* a step towards peace **2** (*acción de pasar*) passage: *el ~ del tiempo* the passage of time **3** (*camino*) way (through): *Por aquí no hay ~.* There's no way through. **4** (*teléfono, contador*) unit **5 pasos** footsteps: *Me ha parecido oír ~s.* I thought I heard footsteps. LOC **abrir/dejar paso** to make way (*for sb/sth*): *¡Dejen ~ a la ambulancia!* Make way for the ambulance! ◇ *Nos abrimos ~ a codazos entre la gente.* We elbowed our way through the crowd. ◆ **a paso de tortuga** at snail's pace ◆ **de paso 1** (*en el camino*) on the way: *Me pilla de ~.* It's on my way. **2** (*al mismo tiempo*): *Lleva esto a la oficina y de ~ habla con la secretaria.* Take this to the office, and while you're there have a word with the secretary. **3** (*temporalmente*) passing through: *turistas de ~ por Valladolid* tourists passing through Valladolid ◆ **paso a nivel/de cebra** level/zebra crossing ◆ **paso a paso** step by step ◆ **paso de peatones** pedestrian crossing, crosswalk (*USA*) ◆ **paso subterráneo 1** (*para peatones*) subway **2** (*para coches*) underpass ◆ **salir del paso** to get by: *Estudian lo justo para salir del ~.* They do just enough work to get by. *Ver tb* ACELERAR, CEDER, LLAVE, PROHIBIDO

pasota *adj, nmf*: *Es un ~, no se preocupa ni de sus propios hijos.* He doesn't care about anything, not even his own children. ◇ *No seas tan ~ y estudia un poco.* Try to show a bit of interest and do some work.

pasta *nf* **1** (*masa*) paste: *Mézclese hasta que se forme una ~.* Mix to a thick paste. **2** (*repostería*) pastry **3** (*fideos, macarrones*) pasta **4** (*galleta*) biscuit, cookie (*USA*) **5** (*dinero*) cash **6** (*libro*) cover LOC **pasta de dientes** toothpaste

pastar *vt, vi* to graze

pastel *nm* **1** (*tarta*) cake: *un ~ de cumpleaños* a birthday cake **2** (*Arte*) pastel LOC *Ver* DESCUBRIR

pastelería *nf* cake shop

P

pastilla *nf* **1** (*píldora*) pill **2** (*de jabón*) bar **3** (*de chocolate*) square LOC **pastillas contra el mareo** travel-sickness pills

pastillero, -a *nm-nf* pill-popper
▶ *adj*: *música pastillera* techno music

pasto *nm* pasture

pastor, -ora *nm-nf* shepherd LOC **pastor alemán** Alsatian, German shepherd *Ver tb* PERRO

pata *nf* **1** leg: *El perro se ha hecho daño en la ~.* The dog has hurt its leg. ◇ *la ~ de la mesa* the table leg ◇ *¿Prefieres ~ o pechuga?* Do you prefer leg or breast? **2** (*animal*) *Ver* PATO LOC **andar a la pata coja** to hop ◆ **ir/venir a pata** (*andando*) to go/to come on foot ➲ *Ver nota en* IR ◆ **mala pata** bad luck: *¡Qué mala ~ tienen!* They're so unlucky! ◆ **meter la pata** to put your foot in it ◆ **patas arriba**: *La casa está ~s arriba.* The house is a tip. ◆ **patas de gallo** crow's feet *Ver tb* CUATRO, ESTIRAR, METEDURA, SALTAR

patada *nf* **1** (*puntapié*) kick: *Le dio una ~ a la mesa.* He kicked the table. **2** (*en el suelo*) stamp LOC **a patadas 1** (*en abundancia*) loads of *sth*: *Había comida a ~s.* There was loads of food. **2** (*de malos modos*): *Nos trataron a ~s.* They treated us like dirt. ◆ **caer/sentar como una patada (en el estómago)** to be like a kick in the teeth ◆ **echar a algn a patadas** to kick sb out

patalear *vi* **1** (*en el suelo*) to stamp (your feet) **2** (*en el aire*) to kick (your feet)

pataleta *nf* tantrum: *agarrarse una ~* to throw a tantrum

patata

chips (*USA* **(French) fries**)

crisps (*USA* **chips**)

patata *nf* potato [*pl* potatoes] LOC **patatas fritas 1** chips, (French) fries (*USA*) **2** (*de bolsa*) crisps, chips (*USA*) *Ver tb* PURÉ

patatús *nm* LOC **darle a algn un patatús 1** (*disgustarse*) to have a fit **2** (*desmayarse*) to faint

paté *nm* pâté

patearse *vp* (*andar mucho*) to tramp round: *Nos pateamos la ciudad entera.* We tramped round the whole city.

patente *nf* patent

patera *nf* small open boat

paternal *adj* fatherly, paternal (*más formal*)

paternidad *nf* fatherhood, paternity (*más formal*) LOC *Ver* BAJA

paterno, -a *adj* **1** (*del padre*) fatherly: *amor ~* fatherly love **2** (*parentesco*) paternal: *abuelo ~* paternal grandfather LOC *Ver* LÍNEA

patilla *nf* **1** (*pelo*) sideboard **2** (*gafas*) arm

patín *nm* **1** (*con ruedas*) roller skate **2** (*con cuchilla*) ice skate **3** (*embarcación*) pedal boat LOC **patín en línea** Rollerblade® *Ver tb* HOCKEY

patinador, -ora *nm-nf* skater

patinaje *nm* skating: *~ sobre hielo* ice skating ◇ *~ artístico/de velocidad* figure-skating/speed skating LOC *Ver* PISTA

patinar *vi* **1** (*persona*) to skate **2** (*vehículo*) to skid

patinete *nm* scooter

patio *nm* **1** (*casa*) courtyard **2** (*colegio*) playground LOC **patio de butacas** stalls [*pl*]

patito, -a *nm-nf* duckling

pato, -a *nm-nf* duck

> **Duck** es el sustantivo genérico. Para referirnos sólo al macho decimos **drake. Ducklings** son los patitos.

LOC **ser (un) pato** to be clumsy *Ver tb* PAGAR

patoso, -a *adj, nm-nf* clumsy: *¡Eres un ~!* You're so clumsy!

patria *nf* (native) country

patrimonio *nm* heritage: *~ de la humanidad* world heritage

patriota *nmf* patriot

patriotismo *nm* patriotism

patrocinador, -ora *nm-nf* sponsor

patrocinar *vt* to sponsor

patrón, -ona *nm-nf* (*Relig*) patron saint: *San Isidro es el ~ de Madrid.* Saint Isidore is the patron saint of Madrid.
▶ *nm* (*Costura*) pattern

patronal *nf* employers' organization: *un acuerdo entre la ~ y los sindicatos* an agreement between employers and unions

patrulla *nf* patrol: *un coche ~* a patrol car

patrullar *vt, vi* to patrol

PAU *nf* university entrance exam

pausa *nf* pause LOC **hacer una pausa** to have a short break

pavimento *nm* surface

pavo, -a *nm-nf* turkey [*pl* turkeys] LOC **pavo real** peacock *Ver tb* EDAD

payasada *nf* LOC **hacer payasadas** to play the fool: *Siempre estás haciendo ~s.* You're always playing the fool.

P

payaso, **-a** *nm-nf* clown LOC **hacer el payaso** to clown around

paz *nf* peace: *plan de ~* peace plan ◇ *en tiempo(s) de ~* in peacetime ◇ *firmar la ~* to sign a peace treaty LOC **dejar en paz** to leave *sb/sth* alone: *No me dejan en ~.* They won't leave me alone. ◆ **estar/quedar en paz** to be even (*with sb*): *Yo te pago la entrada y así estamos en ~.* I'll pay for the ticket and then we'll be even. ◆ **hacer las paces** to make it up (*with sb*): *Han hecho las paces.* They've made it up.

PD. *Ver* POSDATA

PDA *nf* PDA

pe *nf* LOC **de pe a pa** from beginning to end

peaje *nm* toll LOC *Ver* AUTOPISTA

peatón, **-ona** *nm-nf* pedestrian LOC *Ver* PASO

peatonal *adj* pedestrian: *calle ~* pedestrian street LOC *Ver* ZONA

peca *nf* freckle: *Me han salido muchas ~s.* I've come out in freckles.

pecado *nm* sin

pecador, **-ora** *nm-nf* sinner

pecar *vi* to sin LOC **pecar de** to be too...: *Pecas de confiado.* You're too trusting.

pecera *nf* fish tank

pecho *nm* **1** chest: *Tengo un fuerte dolor en el ~.* I've got a bad pain in my chest. **2** (*sólo mujer*) **(a)** (*busto*) bust **(b)** (*mama*) breast LOC **tomarse algo a pecho 1** (*en serio*) to take sth seriously: *Se toma el trabajo demasiado a ~.* He takes his work too seriously. **2** (*ofenderse*) to take sth to heart: *Era una broma, no te lo tomes a ~.* It was a joke; don't take it to heart.

pechuga *nf* (*ave*) breast: *~ de pollo* chicken breast

pecoso, **-a** *adj* freckled: *brazos ~s* freckled arms ◇ *una chica pecosa* a girl with freckles

peculiar *adj* **1** (*característico*) characteristic: *un sabor ~* a characteristic flavour **2** (*raro*) peculiar: *Su mujer es una persona muy ~.* His wife is quite a peculiar woman.

pedagogía *nf* education

pedagógico, **-a** *adj* educational

pedal *nm* pedal

pedalear *vi* to pedal

pedante *adj* pedantic
▶ *nmf* pedant

pedazo *nm* piece, bit (*más coloq*): *un ~ de tarta* a piece of cake LOC **caerse algo a pedazos** to fall to pieces ◆ **hacerse pedazos** to smash (to pieces)

pediatra *nmf* paediatrician

pedido *nm* order: *hacer un ~* to place an order

pedir *vt* **1** to ask (*sb*) for *sth*: *~ pan/la cuenta* to ask for bread/the bill ◇ *~ ayuda a los vecinos* to ask the neighbours for help **2** (*permiso, favor, cantidad*) to ask (*sb*) *sth*: *Te quiero ~ un favor.* I want to ask you a favour. ◇ *Piden mil euros por el cuadro.* They're asking one thousand euros for the painting. **3 ~ a algn que haga algo** to ask sb to do sth: *Me pidió que esperara.* He asked me to wait. **4** (*encargar*) to order: *De primero pedimos sopa.* We ordered soup as a starter. LOC **pedir disculpas/perdón** to apologize (*to sb*) (*for sth*) ◆ **pedir hora** to make an appointment ◆ **pedir (limosna)** to beg ◆ **pedir prestado** to borrow: *Me pidió prestado el coche.* He borrowed my car. ➲ *Ver dibujo en* BORROW ◆ **pedir turno** to ask who is last in the queue ◆ **te pido por Dios/por lo que más quieras que...** I beg you to... *Ver tb* RESCATE

pedo *nm* (*gases*) fart LOC **llevar/tener un pedo** to be drunk ◆ **tirarse un pedo** to fart

pedófilo, **-a** *nm-nf* paedophile

pedrada *nf*: *Lo recibieron a ~s.* They threw stones at him.

pega *nf* **1** (*inconveniente*) drawback: *La mayor ~ de vivir aquí es el ruido.* The main drawback to living here is the noise. **2** (*problema*) snag: *Surgieron algunas ~s.* There were a few snags. LOC **poner pegas**: *¿Crees que me pondrán ~s para matricularme?* Do you think I'll have trouble registering?

pegadizo, **-a** *adj* (*música*) catchy

pegajoso, **-a** *adj* **1** (*pringoso*) sticky **2** (*persona*) clingy

pegamento *nm* glue

pegar *vt* **1** (*golpear*) to hit **2** (*adherir*) to stick: *~ una etiqueta en un paquete* to stick a label on a parcel ◇ *~ una taza rota* to stick a broken cup together **3** (*Informát*) to paste: *copiar y ~* copy and paste **4** (*acercar*) to put *sth against sth*: *Pegó la cama a la ventana.* He put his bed against the window. **5** (*contagiar*) to give: *Me has pegado la gripe.* You've given me your flu.
▶ *vi* **1** (*ropa, colores*) to go (*with sth*): *La chaqueta no pega con la falda.* The jacket doesn't go with the skirt. **2** (*sol, bebida*) to be strong
▶ **pegarse** *vp* **1** (*pelearse*) to fight **2** (*adherirse, comida*) to stick **3** (*enfermedad*) to be catching LOC **estar dale que te pego** (*insistir*) to go on about sth: *Está dale que te pego con que quiere una bicicleta.* She's always going on about wanting a bicycle. ◆ **estar pegando a** (*muy cerca*) to be right next to... ◆ **pegarse a algn** to latch on to sb: *Siempre se me pega ese pelmazo.* That bore always latches on to me. ◆ **pegársela a algn** (*ser infiel*) to cheat on sb ❶ Para otras expresio-

P

nes con **pegar**, véanse las entradas del sustantivo, adjetivo, etc., p. ej. **no pegar ojo** en OJO.

pegatina *nf* sticker

pegote *nm* patch

peinado, -a *adj*: *¿Todavía no estás peinada?* Haven't you done your hair yet?
▶ *nm* hairstyle LOC **ir bien/mal peinado**: *Iba muy bien peinada.* Her hair looked really nice. ◇ *Siempre va muy mal ~.* His hair always looks a mess. *Ver tb* PEINAR

peinar *vt* **1** to comb *sb's* hair: *Déjame que te peine.* Let me comb your hair. **2** (*en peluquería*) to do *sb's* hair: *Voy a que me peinen.* I'm going to have my hair done. **3** (*rastrear*) to comb
▶ **peinarse** *vp* to comb your hair: *Péinate antes de salir.* Comb your hair before you go out.

peine *nm* comb

pelado, -a *adj* LOC **estar pelado** (*sin dinero*) to be broke *Ver tb* GRITO; *Ver tb* PELAR

pelar *vt* **1** (*fruta, verdura*) to peel: *~ una naranja* to peel an orange **2** (*mariscos, castaña*) to shell **3** (*caramelo*) to unwrap
▶ **pelarse** *vp* to peel: *Se te va a ~ la nariz.* Your nose will peel. LOC **pelarse de frío** to freeze to death

peldaño *nm* step

pelea *nf* fight: *meterse en una ~* to get into a fight

pelear(se) *vi, vp* **1** (*luchar*) to fight (*about/over sb/sth*): *Los niños se peleaban por los juguetes.* The children were fighting over the toys. **2** (*reñir*) to quarrel

peletería *nf* furrier's ➲ *Ver nota en* CARNICERÍA

pelícano (*tb* **pelicano**) *nm* pelican

película *nf* film, movie (*USA*) LOC **de película** fantastic ◆ **echar/dar/poner una película** to show a film ◆ **película cómica/de risa** comedy [*pl* comedies] ◆ **película del oeste** western ◆ **película de miedo/terror** horror film ◆ **película muda** silent film ◆ **película policiaca** thriller *Ver tb* SUSPENSE

peligrar *vi* to be in danger

peligro *nm* danger: *Está en ~.* He's in danger. ◇ *fuera de ~* out of danger LOC *Ver* EXTINCIÓN

peligroso, -a *adj* dangerous

pelirrojo, -a *adj* red-haired
▶ *nm-nf* redhead

pella *nf* LOC **hacer pellas** to play truant

pellejo *nm* **1** skin **2** (*en uña*) hangnail LOC **arriesgar/jugarse el pellejo** to risk your neck

pellizcar *vt* to pinch

pellizco *nm* **1** (*sal*) pinch **2** (*pedacito*) little bit: *un ~ de pan* a little bit of bread LOC **dar/pegar un pellizco** to pinch *sb*

pelma *adj, nmf* pain: *¡No seas (tan) ~!* Don't be such a pain!

pelo *nm* **1** hair: *tener el ~ rizado/liso/de punta* to have curly/straight/spiky hair ◇ *Tiene un ~ muy bonito.* She has beautiful hair. **2** (*piel de animal*) coat: *Ese perro tiene un ~ muy suave.* That dog has a silky coat. LOC **no tener pelos en la lengua** not to mince your words ◆ **ponérsele los pelos de punta a algn**: *Se me pusieron los ~s de punta.* My hair stood on end. ◆ **por los pelos** by the skin of your teeth: *Se libraron del accidente por los ~s.* They missed having an accident by the skin of their teeth. ◆ **tomarle el pelo a algn** to pull sb's leg *Ver tb* CEPILLO, CINTA, CORTAR, CORTE, DESENREDARSE, ESPUMA, LAVAR, LIBRAR, RECOGER, SOLTAR, TOMADURA

pelota *nf* ball: *una ~ de tenis* a tennis ball
▶ *adj, nmf* creep: *No seas ~.* Don't be such a creep. LOC **en pelotas** stark naked, buck naked (*USA*) ◆ **hacer la pelota** to suck up to *sb*

pelotón *nm* (*ciclismo*) pack, peloton (*más formal*)

peluca *nf* wig

peluche *nm* LOC *Ver* MUÑECO, OSO

peludo, -a *adj* **1** (*persona*) hairy: *unos brazos ~s* hairy arms **2** (*animal*) long-haired

peluquería *nf* **1** (*para mujeres, unisex*) hairdresser's **2** (*para hombres*) barber's, barber shop (*USA*) ➲ *Ver nota en* CARNICERÍA

peluquero, -a *nm-nf* **1** (*para mujeres, unisex*) hairdresser **2** (*para hombres*) barber ➲ *Ver nota en* BARBER

pelusa (*tb* **pelusilla**) *nf* **1** (*en tela, suciedad*) ball of fluff **2** (*cara, fruta*) down LOC **tener pelusa a/de** to be jealous of *sb*

pena *nf* **1** (*tristeza*) sorrow: *ahogar las ~s* to drown your sorrows **2** (*lástima*) pity: *¡Qué ~ que no puedas venir!* What a pity you can't come! **3** (*condena*) sentence **4 penas** (*problemas*) troubles: *Cuéntame tus ~s.* Tell me all your troubles. LOC **dar pena 1** (*persona*): *Esos niños me dan mucha ~.* I feel very sorry for those children. **2** (*cosa, situación*): *Me da ~ que os tengáis que marchar.* I'm sorry you have to go. ➲ *Ver nota en* SORRY ◆ **merecer/valer la pena** to be worth *doing sth*: *Vale la ~ leerlo.* It's worth reading. ◇ *No merece la ~.* It's not worth it. ◆ **pena de muerte** death penalty

penal *adj* criminal

penalti (*tb* **penalty**) *nm* penalty [*pl* penalties]: *meter un gol de ~* to score from a penalty LOC *Ver* PITAR

P

pendiente *adj* **1** (*asunto, factura, problema*) outstanding **2** (*decisión, veredicto*) pending
▶ *nm* (*adorno*) earring
▶ *nf* (*terreno*) slope: *una ~ suave/pronunciada* a gentle/steep slope LOC **estar pendiente (de algn/algo) 1** (*vigilar*) to keep an eye on sb/sth: *Estate ~ de los niños.* Keep an eye on the children. **2** (*estar atento*) to be attentive (to sb/sth): *Estaba muy ~ de sus invitados.* He was very attentive to his guests. **3** (*estar esperando*) to be waiting (for sth): *Estamos ~s de su decisión.* We're waiting for his decision. *Ver tb* ASIGNATURA

pene *nm* penis

penetrante *adj* **1** penetrating: *una mirada ~* a penetrating look **2** (*frío, viento*) bitter

penetrar *vt, vi* ~ **(en) 1** (*entrar*) to enter, to get into *sth* (*más coloq*): *El agua penetró por las grietas.* The water got in through the cracks. **2** (*bala, flecha, sonido*) to pierce: *La bala le penetró el corazón.* The bullet pierced his heart.

penicilina *nf* penicillin

península *nf* peninsula

penique *nm* penny [*pl* pence]: *una moneda de cinco ~s* a five-pence piece ❶ Con cantidades exactas suele utilizarse la abreviatura **p**: *Cuesta 50 peniques.* It costs 50p. Se pronuncia /fɪfti pi:/. ➲ *Ver tb pág 762*

penitencia *nf* penance: *hacer ~* to do penance

pensamiento *nm* thought LOC **adivinar/leer el pensamiento** to read *sb's* mind

pensar *vt, vi* **1** ~ **(en)** to think (about/of *sb/sth/doing sth*): *Piensa un número.* Think of a number. ◇ *¿En qué piensas?* What are you thinking about? ◇ *Estamos pensando en casarnos.* We're thinking about getting married. ◇ *¿Piensas que vendrán?* Do you think they'll come? ◇ *¿En quién piensas?* Who are you thinking about? ◇ *No dejo de ~ en ti.* I think about you all the time. **2** (*opinar*) to think *sth of sb/sth*: *¿Qué piensas de Juan?* What do you think of Juan? ◇ *No pienses mal de ellos.* Don't think badly of them. **3** (*tener decidido*): *Pensábamos irnos mañana.* We were thinking of leaving tomorrow. ◇ *No pienso ir.* I'm not going. ◇ *¿Piensas venir?* Are you going to come? LOC **¡ni pensarlo!** no way! ◆ **pensándolo bien...** on second thoughts... ◆ **pensar en las musarañas** to daydream ◆ **piénsalo/piénsatelo** think it over

pensativo, -a *adj* thoughtful

pensión *nf* **1** (*jubilación, subsidio*) pension: *una ~ de viudedad* a widow's pension **2** (*hostal*) guest house LOC **pensión completa/media pensión** full/half board

pensionista *nmf* pensioner

pentagrama *nm* stave

penúltimo, -a *adj* last but one, penultimate (*más formal*): *la penúltima parada* the last stop but one ◇ *el ~ capítulo* the penultimate chapter
▶ *nm-nf* last but one

peñón *nm* rock: *el Peñón (de Gibraltar)* the Rock (of Gibraltar)

peón *nm* **1** (*obrero*) labourer **2** (*Ajedrez*) pawn

peor *adj, adv* [*uso comparativo*] worse (*than sb/sth*): *Este coche es ~ que aquel.* This car is worse than that one. ◇ *Hoy me encuentro mucho ~.* I feel much worse today. ◇ *Fue ~ de lo que me esperaba.* It was worse than I had expected. ◇ *Cocina aún ~ que su madre.* She's an even worse cook than her mother.
▶ *adj, adv, nmf* [*uso superlativo*] ~ **(de)** worst (in/of...): *Soy el ~ nadador del mundo.* I'm the worst swimmer in the world. ◇ *la ~ de todas* the worst of all ◇ *el que ~ canta* the one who sings worst LOC *Ver* CADA, CASO

pepinillo *nm* gherkin: *~s en vinagre* pickled gherkins

pepino *nm* cucumber LOC *Ver* IMPORTAR

pepita *nf* **1** (*semilla*) seed, pip

> ¿**Seed** o **pip**? Utilizamos **seed** cuando el fruto tiene muchas pepitas (p.ej. tomate, sandía, etc.) y **pip** cuando tiene pocas (p. ej. manzana, uva, mandarina, etc.). En Estados Unidos, se usa siempre **seed**.

2 (*oro*) nugget: *~s de oro* gold nuggets

pequeño, -a *adj* **1** small: *un ~ problema/detalle* a small problem/detail ◇ *El cuarto es demasiado ~.* The room is too small. ◇ *Todas las faldas se me han quedado pequeñas.* All my skirts are too small for me now. ➲ *Ver nota en* SMALL **2** (*joven*) little: *cuando yo era ~* when I was little ◇ *los niños ~s* little children **3** (*el más joven*) youngest: *mi hijo ~* my youngest son **4** (*poco importante*) minor: *unos ~s cambios* a few minor changes
▶ *nm-nf* youngest (one): *El ~ está estudiando derecho.* The youngest is studying law.

pera *nf* pear LOC *Ver* NIÑO

peral *nm* pear tree

percha *nf* **1** (*de armario*) hanger: *Cuelga el traje en una ~.* Put your suit on a hanger. **2** (*de pared*) coat rack **3** (*de pie*) coat stand

perchero *nm* **1** (*de pared*) coat rack **2** (*de pie*) coat stand

percibir *vt* **1** (*notar*) to perceive **2** (*recibir dinero*) to receive: *~ un sueldo* to receive a salary

perdedor, -ora *adj* losing: *el equipo ~* the losing team
▶ *nm-nf* loser: *ser un buen/mal ~* to be a good/bad loser

perder *vt* **1** to lose: *He perdido el reloj.* I've lost my watch. ◇ ~ *altura* to lose height **2** (*medio de transporte, oportunidad*) to miss: ~ *el autobús/avión* to miss the bus/plane ◇ *¡No pierda esta oportunidad!* Don't miss this opportunity! **3** (*desperdiciar*) to waste: ~ *el tiempo* to waste time ◇ *sin ~ un minuto* without wasting a minute **4** (*dejar escapar*) **(a)** (*líquido, gas*) to leak: *El depósito pierde gasolina.* The tank is leaking petrol. ◇ ~ *aceite/gas* to have an oil/gas leak **(b)** (*aire*) to lose: *Esta rueda pierde aire.* The tyre is losing air.
▶ *vi* **1** ~ **(a)** to lose (at *sth*): *Hemos perdido.* We've lost. ◇ ~ *al ajedrez* to lose at chess **2** (*salir perjudicado*) to lose out: *Tú eres el único que pierde.* You're the only one to lose out.
▶ **perderse** *vp* **1** to get lost: *Si no llevas mapa te perderás.* If you don't take a map, you'll get lost. **2** (*película, espectáculo*) to miss: *No te pierdas esa película.* Don't miss that film. LOC **echar algo a perder** to ruin sth ◆ **perder a algn/algo de vista** to lose sight of sb/sth ◆ **perder el rastro** to lose track *of sb/sth* ◆ **perder la cabeza/el juicio** to go crazy ◆ **perder la calma/los estribos** to lose your temper ◆ **perder la cuenta** to lose count (*of sth*) ◆ **salir perdiendo** to lose out *Ver tb* CONOCIMIENTO, PESO

pérdida *nf* **1** loss: *Su marcha fue una gran ~.* His leaving was a great loss. ◇ *La crisis económica les ha ocasionado ~s cuantiosas.* The economic crisis has led to severe losses. **2** (*de tiempo, dinero*) waste: *Esto es una ~ de tiempo/dinero.* This is a waste of time/money. ◇ *sufrir ~s económicas* to lose money **3 pérdidas** (*daños*) damage [*incontable*]: *La tormenta ha ocasionado grandes ~s.* The storm damage is extensive. LOC **no tiene pérdida** you can't miss it ◆ **pérdidas y ganancias** profit and loss

perdido, -a *adj* **1** lost: *Estoy completamente perdida.* I'm totally lost. **2** (*sucio*) filthy: *Te has puesto ~.* You're filthy. ◇ *Has puesto la alfombra perdida de barro.* You've covered the carpet in mud. LOC *Ver* CASO, OBJETO; *Ver tb* PERDER

perdigón *nm* pellet

perdiz *nf* partridge

perdón *nm* forgiveness
▶ **¡perdón!** *interj* sorry ➲ *Ver nota en* EXCUSE LOC *Ver* PEDIR

perdonar *vt* **1** to forgive *sb* (for *sth/doing sth*): *¿Me perdonas?* Will you forgive me? ◇ *Jamás le perdonaré lo que me hizo.* I'll never forgive him for what he did. **2** (*deuda, obligación, condena*) to let *sb* off *sth*: *Me perdonó la mitad del dinero que le debía.* He let me off half the money I owed him. LOC **perdona, perdone, etc. 1** (*para pedir disculpas*) sorry: *¡Ay! Perdone, ¿le he pisado?* Sorry, did I stand on your foot? **2** (*para llamar la atención*) excuse me: *¡Perdone! ¿Tiene hora?* Excuse me! Have you got the time, please? **3** (*cuando no se ha oído bien*) sorry, I beg your pardon (*más formal*): *—Soy la señora Rodríguez. —¿Perdone? ¿Señora qué?* 'I am Ms Rodríguez.' 'Sorry? Ms who?' ➲ *Ver nota en* EXCUSE

peregrinación *nf* (*tb* **peregrinaje** *nm*) pilgrimage: *ir en ~* to go on a pilgrimage

peregrino, -a *nm-nf* pilgrim

perejil *nm* parsley

perenne *adj* LOC *Ver* HOJA

pereza *nf* LOC **dar/entrar pereza**: *Me da ~ ponerme a trabajar.* I can't be bothered to start work. ◇ *Después de comer me entra mucha ~.* I always feel very lazy after lunch. ◆ **qué pereza**: *¡Qué ~ tener que levantarme ahora!* I really don't feel like getting up now. ◆ **tener/sentir pereza** to feel lazy

perezoso, -a *adj* lazy
▶ *nm-nf* layabout LOC *Ver* CORTO

perfeccionar *vt* (*mejorar*) to improve: *Quiero ~ mi alemán.* I want to improve my German.

perfecto, -a *adj* perfect LOC *Ver* PRETÉRITO

perfil *nm* **1** (*persona*) profile: *Está más guapo de ~.* He's better-looking in profile. ◇ *un retrato de ~* a profile portrait ◇ *Ponte de ~.* Stand sideways. ◇ *Su ~ no se adecúa a nuestras necesidades.* Your profile does not meet our needs. **2** (*edificio, montaña*) outline

perfilar *vt* (*dibujo*) to draw the outline of *sth*

perforar *vt* **1** to pierce: *Me perforaron las orejas.* I had my ears pierced. **2** (*con taladro o similar*) to drill: *Quieren ~ la zona en busca de petróleo.* They want to drill for oil in the area. **3** (*Med*) to perforate

perfumado, -a *adj* scented *Ver tb* PERFUMAR

perfumar *vt* to perfume
▶ **perfumarse** *vp* to put perfume on

perfume *nm* perfume

perfumería *nf* perfumery

perilla *nf* goatee

perímetro *nm* perimeter

periódico, -a *adj* periodic
▶ *nm* newspaper, paper (*más coloq*) LOC *Ver* PUESTO, QUIOSCO, REPARTIDOR

periodismo *nm* journalism

periodista *nmf* journalist

período (*tb* **periodo**) *nm* period LOC **tener el período** to have your period *Ver tb* GLACIAR

periquito *nm* budgerigar, budgie (*coloq*)

perito *nmf* expert (*at/in/on sth*) LOC **perito agrónomo** agronomist ◆ **perito industrial** engineer

perjudicar *vt* **1** (*salud*) to damage **2** (*intereses*) to prejudice

perjudicial *adj* ~ **(para)** (*salud*) bad (for *sb/sth*): *El tabaco es ~ para la salud.* Cigarettes are bad for your health.

perjuicio *nm* harm: *ocasionar un ~ a algn* to cause/do sb harm LOC **ir en perjuicio de algn** to go against sb *Ver tb* DAÑO

perla *nf* pearl LOC **ir/venir de perlas** to come in (very) handy: *Me viene de ~s.* It will come in very handy.

permanecer *vi* to remain, to be (*más coloq*): ~ *sentado/de pie* to remain seated/standing ◇ *Permanecí despierta toda la noche.* I was awake all night.

permanente *adj* permanent
▶ *nf* (*pelo*) perm LOC **hacerse la permanente** to have your hair permed *Ver tb* VADO

permiso *nm* **1** (*autorización*) permission (*for sth/to do sth*): *pedir/dar ~* to ask for/give permission **2** (*documento*) permit: *~ de residencia/trabajo* residence/work permit **3** (*Mil*) leave: *Estoy de ~.* I'm on leave. ◇ *He pedido una semana de ~.* I've asked for a week off. LOC **con (su) permiso**: *Con ~, ¿puedo pasar?* May I come in? ◇ *Me siento aquí, con su ~.* I'll sit here, if I may. ◆ **permiso de conducir** driving licence, driver's license (*USA*)

permitir *vt* **1** (*dejar*) to let *sb* (*do sth*): *Permítame ayudarle.* Let me help you. ◇ *No me lo permitirían.* They wouldn't let me. **2** (*autorizar*) to allow *sb to do sth*: *No permiten entrar sin corbata.* You are not allowed in without a tie. ➲ *Ver nota en* ALLOW
▶ **permitirse** *vp* **1** (*atreverse, tomarse*) to take: *Se permite demasiadas confianzas con ellos.* He takes too many liberties with them. ◇ *Me permito comunicarle que...* I would like to inform you that... **2** (*económicamente*) to afford: *No nos lo podemos ~.* We can't afford it. LOC **¿me permite...?** may I...?: *¿Me permite su mechero?* May I borrow your lighter? ◆ **no se permite...** it is forbidden *to do sth*: *No se permite fumar aquí.* It is forbidden to smoke here. ◇ *No se permite pisar el césped.* Keep off the lawn.

pero *conj* but: *lento ~ seguro* slowly but surely
▶ *nm* (*defecto*) fault: *Le encuentras ~s a todo.* You find fault with everything.

perpendicular *adj* perpendicular (*to sth*)
▶ *nf* (*línea*) perpendicular

perpetuo, -a *adj* perpetual LOC *Ver* CADENA

perplejo, -a *adj* puzzled: *Me quedé ~.* I was puzzled.

perra *nf* **1** (*animal*) bitch ➲ *Ver nota en* PERRO **2** (*empeño*) bee in your bonnet: *¡Qué ~ con viajar en tren!* He's got a bee in his bonnet about travelling by train! ◇ *¡Qué ~ le ha entrado con que quiere dejar los estudios!* He's got it into his head that he wants to stop studying! **3 perras** cash [*incontable*]: *ganar unas ~s* to earn some cash LOC **no tener una perra** to be broke

perrera *nf* kennel

perrito, -a *nm-nf* puppy [*pl* puppies] ➲ *Ver nota en* PERRO LOC **perrito caliente** hot dog

perro, -a *nm-nf* dog

> Para referirnos sólo a la hembra, decimos **bitch**. A los cachorros se les llama **puppies**.

LOC **de perros** lousy: *un día de ~s* a lousy day ◆ **llevarse como el perro y el gato** to fight like cat and dog ◆ **perro callejero** stray (dog) ◆ **perro de lanas** poodle ◆ **perro faldero** (*lit y fig*) lapdog ◆ **perro guardián** guard dog ◆ **perro ladrador...** his/her bark is worse than his/her bite ◆ **perro lobo** Alsatian, German shepherd ◆ **perro pastor** sheepdog *Ver tb* CRIADERO, VIDA

persecución *nf* **1** (*tratando de alcanzar*) pursuit: *La policía iba en ~ de los atracadores.* The police went in pursuit of the robbers. **2** (*Pol, Relig*) persecution

perseguir *vt* **1** (*persona, animal, etc.*) to chase, to pursue (*formal*): *~ un coche* to pursue a car **2** (*objetivo*) to pursue **3** (*Pol, Relig*) to persecute

persiana *nf* blind: *subir/bajar las ~s* to raise/lower the blind

persistente *adj* persistent

persistir *vi* to persist (*in sth/in doing sth*)

persona *nf* person [*pl* people]: *miles de ~s* thousands of people ➲ *Ver nota en* PERSON LOC **en persona 1** personally: *Lo conozco en ~.* I know him personally. **2** (*estando presente*) in person: *Hay que recogerlo en ~.* You have to collect it in person. ◆ **persona mayor 1** (*adulto*) grown-up **2** (*anciano*) old person [*pl* old people] ◆ **por persona** a head: *diez euros por ~* ten euros a head ◆ **ser (una) buena persona** to be nice: *Son muy buenas ~s.* They're very nice.

personaje *nm* **1** (*de libro, película, etc.*) character: *el ~ principal* the main character **2** (*persona importante*) personality [*pl* personalities]

personal *adj* personal
▶ *nm* (*empleados*) staff [*v sing o pl*] ➲ *Ver nota en* JURADO LOC *Ver* ASEO, DATO, DEFENSA, EFECTO, ORDENADOR

personalidad *nf* personality [*pl* personalities]

personalizar *vt* to personalize: ~ *la pantalla* to personalize your desktop
▶ *vi* to name names: *No personalices, la culpa es de todos.* Don't name names — it's everyone's fault.

personalmente *adv* **1** personally: *Personalmente, prefiero ir al mar.* Personally, I'd rather go to the seaside. **2** (*en persona*) in person: *conocer a algn* ~ to meet sb in person

perspectiva *nf* **1** (*punto de vista, en dibujo*) perspective: *ver las cosas desde una ~ global* to see things from a global perspective ◇ *A ese cuadro le falta ~.* The perspective's not quite right in that painting. **2** (*vista*) view **3** (*en el futuro*) prospect: *buenas ~s* good prospects **LOC** **tener en perspectiva** to have *sth* lined up: *Tengo varias cosas en ~.* I've got a few things lined up.

perspicacia *nf* insight

perspicaz *adj* perceptive

persuadir *vt* to persuade
▶ **persuadirse** *vp* to become convinced (*of sth/that...*)

persuasivo, -a *adj* persuasive

pertenecer *vi* to belong *to sb/sth*: *Este collar perteneció a mi abuela.* This necklace belonged to my grandmother.

perteneciente *adj* ~ **a** belonging to *sb/sth*: *los países ~s a la UE* the countries belonging to the EU

pertenencia *nf* **1** (*a un partido, club, etc.*) membership **2 pertenencias** belongings

pértiga *nf* pole **LOC** *Ver* SALTO

pertinente *adj* relevant

Perú *nm* Peru

peruano, -a *adj, nm-nf* Peruvian

pervertir *vt* to pervert

pesa *nf* weight **LOC** **hacer pesas** to do weight training ◆ **levantamiento de/entrenamiento con pesas** weightlifting/weight training

pesadez *nf* **1** (*aburrimiento*) bore: *¡Qué ~ de película!* What a boring film! **2** (*molestia*) nuisance: *Estas moscas son una ~.* These flies are a nuisance.

pesadilla *nf* nightmare

pesado, -a *adj* **1** heavy: *una maleta/comida pesada* a heavy suitcase/meal **2** (*aburrido*) boring **3** (*molesto*) annoying
▶ *adj, nm-nf* (*pelmazo*) pain: *Son unos ~s.* They're a pain. ◇ *No seas tan ~.* Don't be such a pain. **LOC** *Ver* BROMA, TÍO; *Ver tb* PESAR[1]

pésame *nm* condolences [*pl*]: *Mi más sentido ~.* My deepest condolences. **LOC** **dar el pésame** to offer *sb* your condolences

pesar[1] *vt* to weigh: ~ *la fruta* to weigh the fruit
▶ *vi* **1** to weigh: *¿Cuánto pesas?* How much do you weigh? **2** (*tener mucho peso*) to be heavy: *¡Este paquete sí que pesa!* This parcel is really heavy! ◇ *¿Te pesa?* Is it very heavy? ◇ *¡No pesa nada!* It hardly weighs a thing! ◇ *¡Cómo pesa!* It weighs a ton! **LOC** **pesar como un muerto** to weigh a ton

pesar[2] *nm* (*tristeza*) sorrow **LOC** **a pesar de** in spite of *sth*: *Fuimos a ~ de la lluvia.* We went in spite of the rain. ◆ **a pesar de que...** although...: *A ~ de que implicaba riesgos...* Although it was risky...

pesca *nf* fishing: *ir de ~* to go fishing **LOC** *Ver* FURTIVO

pescadería *nf* fishmonger's ➲ *Ver nota en* CARNICERÍA

pescadero, -a *nm-nf* fishmonger

pescadilla *nf* whiting [*pl* whiting]

pescado *nm* fish [*incontable*]: *Voy a comprar ~.* I'm going to buy some fish. ◇ *Es un tipo de ~.* It's a kind of fish. **LOC** **pescado azul/blanco** blue/white fish *Ver tb* LONJA, PARRILLA

pescador, -ora *nm-nf* fisherman/woman [*pl* -men/-women] **LOC** *Ver* FURTIVO

pescar *vi* to fish: *Habían salido a ~.* They'd gone out fishing.
▶ *vt* (*coger*) to catch: *Pesqué dos truchas.* I caught two trout. ◇ ~ *una pulmonía* to catch pneumonia **LOC** *Ver* CAÑA

pesimismo *nm* pessimism

pesimista *adj* pessimistic
▶ *nmf* pessimist

pésimo, -a *adj* dreadful

peso *nm* **1** weight: *ganar/perder ~* to put on/lose weight ◇ *vender algo a ~* to sell sth by weight ◇ ~ *bruto/neto* gross/net weight **2** (*balanza*) scales [*pl*]: *Este ~ no es muy exacto.* These scales aren't very accurate. **LOC** **aumentar/subir de peso** to put on weight ◆ **bajar de/perder peso** to lose weight ◆ **de peso** (*importante*) **1** (*persona*) influential **2** (*asunto*) weighty *Ver tb* QUITAR

pesquero, -a *adj* fishing: *un puerto ~* a fishing port
▶ *nm* (*barco*) fishing boat

pesquisa *nf* (*investigación*) investigation: *las ~s policiales* police investigations

pestaña *nf* **1** (*ojo*) eyelash **2** (*Informát*) tab

P

pestañear *vi* to blink LOC **sin pestañear** without batting an eyelid: *Escuchó la noticia sin ~.* He heard the news without batting an eyelid.

peste *nf* **1** (*enfermedad*) plague **2** (*mal olor*) stink: *¡Qué ~ hace!* What a stink! LOC **decir/echar pestes (de)** to slag *sb/sth* off

pestillo *nm* catch: *echar el ~* to put the catch on

petaca *nf* **1** (*para licores*) hip flask **2** (*para tabaco*) tobacco pouch

pétalo *nm* petal

petanca *nf* pétanque

petardo *nm* **1** (*explosivo*) banger **2** (*tostón*) bore: *Es un ~ de película.* The film is a real bore.

petición *nf* **1** (*ruego*) request: *hacer una ~ de ayuda* to make a request for help **2** (*solicitud*) petition: *redactar una ~* to draw up a petition

petirrojo *nm* robin

peto *nm* dungarees [*pl*], overalls [*pl*] (*USA*)

petróleo *nm* oil: *un pozo de ~* an oil well

petrolero, -a *adj* oil: *la industria petrolera* the oil industry
▶ *nm* (*barco*) oil tanker

pez *nm* fish [*pl* fish/fishes]: *peces de agua dulce* freshwater fish ◇ *Hay dos peces en la pecera.* There are two fish in the goldfish bowl. ➲ *Ver nota en* FISH LOC **estar pez** not to know the first thing *about sth*: *Estoy ~ en química.* I don't know the first thing about chemistry. ◆ **pez de colores** goldfish [*pl* goldfish] ◆ **pez espada** swordfish [*pl* swordfish] ◆ **pez gordo** big shot

P

pezón *nm* **1** (*persona*) nipple **2** (*animal*) teat

pezuña *nf* hoof [*pl* hoofs/hooves]

piadoso, -a *adj* devout LOC *Ver* MENTIRA

pianista *nmf* pianist

piano *nm* piano [*pl* pianos]: *tocar una pieza al ~* to play a piece of music on the piano LOC **piano de cola** grand piano

piar *vi* to chirp

pica *nf* **picas** (*Naipes*) spades ➲ *Ver nota en* BARAJA

picadero *nm* riding school

picado, -a *adj* **1** (*diente*) bad **2** (*mar*) rough **3** (*enfadado*) cross: *Creo que están ~s conmigo.* I think they're cross with me. LOC **caer en picado** to nosedive *Ver tb* CARNE, PICAR

picadura *nf* **1** (*mosquito, serpiente*) bite: *una ~ de serpiente* a snake bite **2** (*abeja, avispa*) sting

picajoso, -a *adj* touchy

picante *adj* (*Cocina*) hot: *una salsa ~* a hot sauce

picaporte *nm* door handle ➲ *Ver dibujo en* HANDLE

picar *vt, vi* **1** (*mosquito, serpiente*) to bite **2** (*abeja, avispa*) to sting **3** (*pájaro*) to peck **4** (*comer*): *¿Te apetece ~ algo?* Do you fancy something to eat? ◇ *Acabo de ~ un poco de queso.* I've just had some cheese. ◇ *Nos pusieron unas cosas para ~.* They gave us some nibbles.
▶ *vt* **1** (*carne*) to mince **2** (*cebolla, verdura*) to chop *sth* (up)
▶ *vi* **1** (*producir picor*) to itch: *Este jersey pica.* This jumper is itchy. **2** (*ojos*) to sting: *Me pican los ojos.* My eyes are stinging. **3** (*pez*) to bite: *¡Ha picado uno!* I've got a bite! **4** (*ser picante*) to be hot: *¡Esta salsa pica muchísimo!* This sauce is terribly hot! **5** (*caer en la trampa*) to fall for it: *Le conté una mentira y picó.* I told him a lie and he fell for it.
▶ **picarse** *vp* **1** (*diente, fruta*) to go bad **2** (*vino*) to go off **3** (*mar*) to get rough **4 picarse (con) (por)** (*enfadarse*) to get annoyed (with *sb*) (about *sth*): *Se pica por todo.* He's always getting annoyed about something. LOC *Ver* BICHO, MOSCA

picardía *nf* craftiness: *tener mucha ~* to be very crafty ◇ *Tienes que hacerlo con ~.* You have to be crafty.

pichichi *nm* top goalscorer: *el ~ de la liga* the top goalscorer in the league

pichón *nm* young pigeon

picnic *nm* picnic: *ir de ~* to go for a picnic

pico *nm* **1** (*pájaro*) beak **2** (*montaña*) peak: *los ~s cubiertos de nieve* the snow-covered peaks **3** (*herramienta*) pick LOC **y pico 1** odd: *dos mil y ~ personas* two thousand odd people ◇ *Tiene treinta y ~ años.* He's thirty something. **2** (*hora*) just after: *Eran las dos y ~.* It was just after two. *Ver tb* ABRIR, CERRAR, CUELLO, ESCOTE

picor *nm* **1** (*picazón*) itch: *Tengo ~ en la espalda.* I've got an itchy back. **2** (*garganta*) tickle

picotazo *nm* **1** (*mosquito*) bite **2** (*abeja, avispa*) sting: *No te muevas o te pegará un ~.* Don't move or it'll sting you. **3** (*pájaro*) peck

pídola *nf* leapfrog

pie *nm* **1** foot [*pl* feet]: *el ~ derecho/izquierdo* your right/left foot ◇ *tener los ~s planos* to have flat feet **2** (*lámpara, estatua, columna, copa*) base **3** (*página, escaleras, colina*) bottom, foot (*más formal*): *a ~ de página* at the bottom of the page **4** (*cama*) foot LOC **al pie de la letra** exactly ◆ **andar(se) con pies de plomo** to tread carefully ◆ **a pie** on foot ◆ **de pies a cabeza** from top to toe ◆ **estar de pie** to be standing (up) ◆ **hacer pie**: *No hago ~.* My feet don't touch the bottom. ◆ **no tener ni pies ni cabeza** to be absurd ◆ **ponerse de pie** to stand up *Ver tb* COJEAR, LÁMPARA, LEVANTAR, MANTENER, PLANTA, SEGUIR

piedad *nf* **1** (*compasión*) mercy: *Señor ten ~ de nosotros.* Lord, have mercy on us. **2** (*devoción*) piety

piedra *nf* stone: *una pared de ~* a stone wall ◇ *una ~ preciosa* a precious stone

LOC quedarse de piedra to be speechless *Ver tb* CARTÓN, TIRO

piel *nf* **1** (*Anat*) skin: *tener la ~ blanca/morena* to have fair/dark skin **2** (*zorro, visón, etc.*) fur: *un abrigo de ~es* a fur coat **3** (*cuero*) leather: *una cartera de ~* a leather wallet **4** (*fruta, vegetal*) **(a)** (*plátano, cebolla, uva*) skin: *Quítale la ~ a las uvas.* Peel the grapes. **(b)** (*patata, cítricos*) peel **LOC piel de gallina** goose pimples [*pl*]: *Se me puso la ~ de gallina.* I got goose pimples.

pienso *nm* **1** (*para ganado*) fodder **2** (*para perros*) dry dog food

piercing *nm* piercing: *un ~ en la lengua* a tongue piercing ◇ *hacerse un ~ en el ombligo* to have your belly button pierced

pierna *nf* leg: *romperse una ~* to break your leg ◇ *cruzar/estirar las ~s* to cross/stretch your legs **LOC con las piernas cruzadas** cross-legged *Ver tb* CRUZAR

pieza *nf* **1** (*Ajedrez, Mús*) piece **2** (*Mec*) part: *una ~ de recambio* a spare part **LOC quedarse de una pieza** to be speechless

pigmento *nm* pigment

pijada *nf* **1** (*tontería*): *¡Déjate de ~s!* Stop talking nonsense! ◇ *Nos hemos enfadado por una ~.* What a stupid thing to get angry about. **2** (*objeto sin valor, algo no necesario*) little thing: *En esta tienda venden todo tipo de ~s para regalar.* They sell all sorts of little presents in this shop. ◇ *Hoy día los móviles tienen muchas ~s.* Mobiles these days have all kinds of little extras.

pijama *nm* pyjamas [*pl*]: *Ese ~ te queda pequeño.* Those pyjamas are too small for you. 🛈 "Un pijama" se dice **a pair of pyjamas**: *Mete dos pijamas en la maleta.* Pack two pairs of pyjamas.

pijo, -a *adj* **1** posh: *la zona pija de la ciudad* the posh part of the city **2** (*despectivamente*) snob: *No puede ser más ~.* He is a real snob.
▶ *nm-nf* rich kid **LOC** *Ver* NIÑO

pila *nf* **1** (*Electrón*) battery [*pl* batteries]: *Se han acabado las ~s.* The batteries have run out. **2** (*fregadero*) sink **3** (*montón*) pile: *una ~ de periódicos* a pile of newspapers **4** (*gran cantidad*): *Tienen la ~ de dinero.* They've got loads of money. ◇ *Ese tío tiene ya una ~ de años.* That bloke's getting on. **LOC pila bautismal** font ♦ **ponerse las pilas** to get your act together: *¡Dile que se ponga las ~s, que no llegamos!* Tell him to get his act together, or we won't get there! *Ver tb* NOMBRE

pilar *nm* pillar

píldora *nf* pill **LOC píldora del día después** morning-after pill

pillaje *nm* plunder

pillar *vt* **1** to catch: *¡A que no me pillas!* You can't catch me! ◇ *~ una pulmonía* to catch pneumonia ◇ *Pillé a un chaval robando manzanas.* I caught a boy stealing apples. **2** (*atropellar*) to run *sb* over: *Le pilló un coche.* He was run over by a car.
▶ **pillarse** *vp* **pillarse (con/en)** to get *sth* caught (in *sth*): *Me pillé el dedo en la puerta.* I got my finger caught in the door. **LOC pillar cerca/lejos de algo** to be near sth/a long way from sth: *El colegio me pilla muy cerca de casa.* The school is very near my house. *Ver tb* CAMINO, DESPREVENIDO, MANO, SORPRESA, TRUCO

pilotar *vt* **1** (*avión*) to fly **2** (*coche*) to drive

piloto *nmf* **1** (*avión*) pilot **2** (*coche*) racing driver **LOC piloto automático** automatic pilot: *El avión iba con el ~ automático.* The plane was on automatic pilot.

pimentón *nm* smoked paprika: *~ dulce/picante* mild/hot smoked paprika

pimienta *nf* pepper

pimiento *nm* pepper **LOC pimiento morrón/verde** red/green pepper *Ver tb* COLORADO, IMPORTAR

pimpón *nm Ver* PING-PONG®

pin *nm* **1** (*insignia*) badge **2 PIN** (*código secreto*) PIN (number)

pinar *nm* pine forest

pincel *nm* paintbrush ➲ *Ver dibujo en* BRUSH

pinchadiscos *nmf* DJ, disc jockey (*más formal*)

pinchar *vt* **1** to prick: *~ a algn con un alfiler* to prick sb with a pin **2** (*balón, neumático*) to puncture **3** (*Med*) to give *sb* an injection
▶ *vi* **1** (*planta espinosa*) to be prickly: *Ten cuidado que pinchan.* Be careful, they're very prickly. **2** (*tener un pinchazo*) to have a puncture, to have a flat (*USA*): *He pinchado dos veces en una semana.* I've had two punctures in a week. **3** (*Informát*) to click on *sth*: *~ sobre el icono* to click on the icon
▶ **pincharse** *vp* **1** (*neumático*) to puncture: *Se me ha pinchado una rueda.* I've got a puncture. **2 pincharse (con)** to prick yourself (on/with *sth*): *~se con una aguja* to prick yourself on/with a needle **3** (*drogas*) to shoot up

pinchazo *nm* puncture, flat (*USA*): *arreglar un ~* to mend a puncture

pincho *nm* **1** (*punta aguda*) spike: *Los cardos tienen ~s.* Thistles have spikes. **2** (*aperitivo*) snack: *tomar un ~* to have a snack ◇ *un ~ de tortilla* a small portion of Spanish omelette **LOC pincho moruno** kebab

pinganillo *nm* earpiece

ping-pong® *nm* ping-pong, table tennis (*más formal*)

P

pingüino *nm* penguin

pino *nm* pine (tree) LOC **hacer el pino** to do a handstand *Ver tb* QUINTO

pinta *nf* **1** (*aspecto*) look: *No me gusta la ~ de ese pescado.* I don't like the look of that fish. ◇ *¡Vaya ~ que llevas!* Just look at you! **2** (*medida*) pint ➲ *Ver nota en* CERVEZA ➲ *Ver pág 792* LOC **tener buena/mala pinta** to look nice/ nasty: *Estos pasteles tienen muy buena ~.* Those cakes look very nice. ◆ **tener pinta de** to look like *sth*: *Con ese traje tienes ~ de payaso.* You look like a clown in that suit.

pintada *nf* graffiti [*incontable*]: *Había ~s por toda la pared.* There was graffiti all over the wall. ◇ *Había una ~ que decía...* There was a piece of graffiti that said...

pintado, -a *adj* LOC **ir/sentar/venir que ni pintado** to be just what *sb* needs: *Ese trabajo me vino que ni ~.* A job like that was just what I needed. ◆ **pintado de** painted: *Las paredes están pintadas de azul.* The walls are painted blue. *Ver tb* RECIÉN; *Ver tb* PINTAR

pintalabios *nm* lipstick

pintar *vt, vi* to paint: *~ una pared de rojo* to paint a wall red ◇ *Me gusta ~.* I like painting.
▶ *vt* (*colorear*) to colour *sth* (in): *El niño había pintado la casa de azul.* The little boy had coloured the house blue. ◇ *Dibujó una pelota y luego la pintó.* He drew a ball and then coloured it in.
▶ *vi* to write: *Este boli no pinta.* This pen doesn't write.
▶ **pintarse** *vp* **1** to paint: *~se las uñas* to paint your nails **2** (*maquillarse*) to put on your make-up: *No he tenido tiempo de ~me.* I haven't had time to put my make-up on. LOC **pintar al óleo/ a la acuarela** to paint in oils/watercolours ◆ **pintarse los labios/ojos** to put on your lipstick/eye make-up

pintor, -ora *nm-nf* painter

pintoresco, -a *adj* picturesque: *un paisaje ~* a picturesque landscape

pintura *nf* **1** (*actividad, cuadro*) painting: *La ~ es una de mis aficiones.* Painting is one of my hobbies. **2** (*producto*) paint: *una mano de ~* a coat of paint **3 pinturas (a)** paints **(b)** (*lápices de colores*) coloured pencils **(c)** (*maquillaje*) make-up [*incontable*] LOC *Ver* ÓLEO

pinza *nf* **1** (*para tender*) clothes peg, clothespin (*USA*) **2** (*de pelo*) (hair) clip **3** (*cangrejo, langosta*) pincer **4 pinzas (a)** tweezers: *unas ~s para las cejas* tweezers **(b)** (*azúcar, hielo, carbón*) tongs ➲ *Ver nota en* PAIR

piña *nf* **1** (*fruta tropical*) pineapple **2** (*pino*) pine cone LOC **darse/pegarse una piña** to crash: *Se dio una ~ contra un árbol.* He crashed into a tree. ◆ **hacer piña** to close ranks

piñón *nm* (*Cocina*) pine nut

pío *nm* (*sonido*) tweet LOC **no decir ni pío** not to open your mouth

piojo *nm* louse [*pl* lice]

pionero, -a *adj* pioneering
▶ *nm-nf* pioneer: *un ~ de la cirugía estética* a pioneer in cosmetic surgery

pipa *nf* **1** (*para fumar*) pipe: *fumar en ~* to smoke a pipe **2** (*semilla de girasol*) sunflower seed LOC **pasarlo pipa** to have a great time

pique *nm* **1** (*enfado*) quarrel: *Siempre están de ~.* They're always quarrelling. **2** (*rivalidad*) rivalry: *Hay mucho ~ entre ellas.* There's a lot of rivalry between them. LOC **irse a pique 1** (*negocio*) to go bust **2** (*plan, proyecto*) to fall through

piquete *nm* picket

pirado, -a *adj* nuts: *estar ~* to be nuts *Ver tb* PIRARSE

piragüismo *nm* canoeing: *hacer ~* to go canoeing

piragua *nf* canoe

pirámide *nf* pyramid

piraña *nf* piranha

pirarse *vp* to clear off LOC **pirárselas** to leg it ◆ **pirarse una clase** to skip a class

pirata *adj, nmf* pirate: *un barco/una emisora ~* a pirate boat/radio station ◇ *un CD ~* a pirate/ pirated CD LOC **pirata informático** hacker *Ver tb* PANTALÓN

piratear *vt* **1** (*CD, DVD, etc.*) to pirate **2** (*entrar en un sistema informático*) to hack into *sth*

piratería *nf* (*Informát*) hacking

Pirineos (*tb* **Pirineo**) *nm* Pyrenees [*v sing o pl*]: *el Pirineo aragonés* the Aragonese Pyrenees

pirómano, -a *nm-nf* arsonist

piropo *nm* **1** (*cumplido*) compliment: *Eso es un ~ viniendo de él.* That's a compliment coming from him. **2** (*en la calle*) suggestive remark: *Al pasar por la obra le echaron ~s.* She got some suggestive remarks from men as she went past the building site.

piruleta *nf* lollipop

pis *nm* pee LOC **hacer pis** to have a pee

pisada *nf* **1** (*sonido*) footstep **2** (*huella*) footprint

pisar *vt* **1** to step on/in *sth*: *Me has pisado (el pie).* You stepped on my foot. ◇ *~ un charco* to step in a puddle **2** (*tierra*) to tread *sth* down **3** (*acelerador, freno*) to put your foot on *sth* **4** (*humillar*) to walk all over *sb*: *No te dejes ~.* Don't let people walk all over you. **5** (*idea*) to

P

pinch, to steal (*USA*): *~le a algn una idea* to pinch an idea from sb
▶ *vi* to tread LOC **ir pisando huevos** to tread carefully ◆ **pisar fuerte** to make a big impact (*on sth*): *La nueva generación del flamenco está pisando fuerte.* The new generation of flamenco musicians is making a big impact. *Ver tb* PROHIBIDO

piscifactoría *nf* fish farm

piscina *nf* swimming pool LOC **piscina climatizada/cubierta** heated/indoor pool

piscis (*tb* **Piscis**) *nm, nmf* Pisces ➲ *Ver ejemplos en* ACUARIO

piso *nm* **1** (*suelo, planta*) floor: *Vivo en el tercer ~.* I live on the third floor. ➲ *Ver nota en* FLOOR **2** (*apartamento*) flat, apartment (*USA*) ➲ *Ver nota en* CASA LOC **de dos, etc. pisos** (*edificio*) two-storey, etc.: *un bloque de cinco ~s* a five-storey block *Ver tb* COMPAÑERO

pisotear *vt* **1** (*pisar*) to stamp on *sth* **2** (*humillar, maltratar*) to trample on/over *sth*: *~ los derechos de algn* to trample on sb's rights

pisotón *nm* LOC **dar un pisotón a algn** to tread on sb's foot

pista *nf* **1** (*huella*) track(s) [*se usa mucho en plural*]: *seguir la ~ de un animal* to follow an animal's tracks ◇ *Le he perdido la ~ a Manolo.* I've lost track of Manolo. **2** (*dato*) clue: *Dame más ~s.* Give me more clues. **3** (*Atletismo*) track: *una ~ al aire libre/cubierta* an outdoor/indoor track **4** (*de aterrizaje*) runway LOC **estar sobre la pista de algn** to be on sb's trail ◆ **pista de baile** dance floor ◆ **pista de baloncesto/paddle/tenis** basketball/paddle tennis/tennis court ◆ **pista de esquí** ski slope ◆ **pista de hielo/patinaje** ice/skating rink

pistacho *nm* pistachio [*pl* pistachios]

pistola *nf* pistol LOC *Ver* AIRE, PUNTA

pitar *vt* (*abuchear*) to boo
▶ *vi* **1** (*silbato*) to blow your whistle (*at sb/sth*): *El guardia nos pitó.* The policeman blew his whistle at us. **2** (*claxon*) to hoot (*at sb/sth*): *El conductor me pitó.* The driver hooted at me. **3** (*arbitrar*): *~ un partido/la final* to referee a match/the final LOC **irse/salir pitando** to dash off ◆ **pitar un penalti/una falta** to award a penalty/free kick

pitido *nm* **1** (*tren, árbitro, policía*) whistle: *los ~s del tren* the whistle of the train **2** (*claxon*) hoot **3** (*despertador*) beep

pitillo *nm* LOC *Ver* PANTALÓN

pito *nm* whistle LOC **entre pitos y flautas** what with one thing and another *Ver tb* IMPORTAR

pitón *nm* python

pívot *nmf* (*Baloncesto*) centre

pizarra *nf* **1** (*en una clase*) board: *salir a la ~* to go up to the board ❶ Existen también las palabras **whiteboard**, para las de rotulador, y **blackboard**, para las de tiza. **2** (*roca*) slate: *un tejado de ~* a slate roof LOC **pizarra blanca** whiteboard ◆ **pizarra electrónica/interactiva** interactive whiteboard

pizca *nf*: *una ~ de sal* a pinch of salt ◇ *una ~ de humor* a touch of humour LOC **ni pizca**: *Hoy no hace ni ~ de frío.* It's not at all cold today. ◇ *No tiene ni ~ de gracia.* It's not the least bit funny.

pizza *nf* pizza

placa *nf* **1** (*lámina, Fot, Geol*) plate: *~s de acero* steel plates ◇ *La ~ de la puerta dice "dentista".* The plate on the door says 'dentist'. **2** (*conmemorativa*) plaque: *una ~ conmemorativa* a commemorative plaque **3** (*policía*) badge

placaje *nm* (*Rugby*) tackle

placar *vt* (*Rugby*) to tackle

placer *nm* pleasure: *Tengo el ~ de presentarles al Dr García.* It is my pleasure to introduce Dr García.

plaga *nf* plague: *una ~ de mosquitos* a plague of mosquitoes

plan *nm* **1** (*intención, proyecto*) plan: *He cambiado de ~es.* I've changed my plans. ◇ *¿Tienes ~ para el sábado?* Have you got anything planned for Saturday? **2** (*actitud*) attitude: *Si sigues en ese ~, me voy.* If you're going to carry on with that attitude, I'm going. LOC **plan de estudios** curriculum [*pl* curricula/curriculums]

P

plana *nf* LOC **plana mayor** top brass [*v sing o pl*] (*coloq*) *Ver tb* PRIMERO

plancha *nf* **1** (*electrodoméstico*) iron **2** (*acción, ropa*) ironing: *Tengo toda la ~ por hacer.* I've still got to do all the ironing. LOC **a la plancha** grilled: *carne a la ~* grilled meat

planchar *vt* to iron: *~ una camisa* to iron a shirt
▶ *vi* to do the ironing: *Hoy me toca ~.* I've got to do the ironing today.

planear *vt* (*organizar*) to plan: *~ la fuga* to plan your escape
▶ *vi* (*avión, pájaro*) to glide

planeta *nm* planet

planificación *nf* planning

planificar *vt* to plan

plano, -a *adj* flat: *una superficie plana* a flat surface
▶ *nm* **1** (*nivel*) level: *Las casas están construidas en distintos ~s.* The houses are built on different levels. ◇ *en el ~ personal* on a personal level **2** (*diagrama*) **(a)** (*ciudad, metro*) map **(b)** (*Arquit*) plan **3** (*Cine*) shot LOC *Ver* PRIMERO, TARIFA

planta *nf* **1** (*Bot, industrial*) plant **2** (*piso*) floor: *la segunda/última ~* the second/top floor ➲ *Ver nota en* FLOOR LOC **planta baja** ground floor: *Vivo en la ~ baja.* I live on the ground floor. ◆ **planta del pie** sole

plantación *nf* plantation

plantado, -a *adj* LOC **dejar plantado** to stand *sb* up *Ver tb* PLANTAR

plantar *vt* **1** to plant **2** (*dar plantón*) to stand *sb* up

planteamiento *nm* **1** (*enfoque*) approach: *Tenemos distintos ~s en cuanto a ese tema.* We have different approaches to that subject. **2** (*análisis*) analysis [*pl* analyses]: *Hizo un ~ muy interesante del tema.* He gave us a very interesting analysis of the subject. **3** (*pregunta*) question: *Tú tienes que hacerte el siguiente ~...* You need to ask yourself the question... **4** (*problema matemático*) working-out: *Tengo bien el ~, pero no el resultado.* I've worked it out right, but got the wrong answer.

plantear *vt* to raise: *~ dudas/preguntas* to raise doubts/questions ◇ *El libro plantea temas muy importantes.* The book raises very important issues.
▶ **plantearse** *vp* to think (about *sth/doing sth*): *¡Eso ni me lo planteo!* I don't even think about that!

plantilla *nf* **1** (*zapato*) insole **2** (*modelo, Informát*) template **3** (*personal*) staff [*v sing o pl*] ➲ *Ver nota en* JURADO **4** (*Dep*) squad: *la ~ azulgrana* the Barcelona squad

plantón *nm* (*espera larga*) long wait LOC **dar un plantón 1** (*retrasarse*) to keep *sb* waiting: *Nos dieron un ~ de más de una hora.* They kept us waiting for over an hour. **2** (*no acudir*) to stand *sb* up

plasma *nm* LOC *Ver* PANTALLA

plasta *adj, nmf* (*persona*) pain in the neck: *¿Qué ~ eres!* You're a pain in the neck!

plástico, -a *adj* plastic: *la cirugía plástica* plastic surgery
▶ *nm* plastic: *un envase de ~* a plastic container ◇ *Tápalo con un ~.* Cover it with a plastic sheet. LOC *Ver* ARTE, VASO

plastificar *vt* to laminate

plastilina® *nf* Plasticine®, play dough® (*USA*)

plata *nf* silver: *un anillo de ~* a silver ring LOC *Ver* BAÑADO, BODA, PAPEL

plataforma *nf* platform

plátano *nm* **1** (*fruta*) banana **2** (*árbol*) plane tree

plateado, -a *adj* **1** (*color*) silver: *pintura plateada* silver paint **2** (*revestido de plata*) silver-plated

platillo *nm* **1** (*taza*) saucer ➲ *Ver dibujo en* CUP **2 platillos** (*Mús*) cymbals LOC **platillo volante** flying saucer *Ver tb* BOMBO

platino *nm* platinum

plató *nm* set

plato *nm* **1** (*recipiente*) **(a)** plate: *¡Ya se ha roto otro ~!* There's another plate broken! **(b)** (*platillo*) saucer ➲ *Ver dibujo en* CUP **2** (*guiso*) dish: *un ~ típico del país* a national dish **3** (*parte de la comida*) course: *De primer ~ comí sopa.* I had soup for my first course. ◇ *el ~ fuerte/principal* the main course LOC **plato hondo/sopero** soup bowl ◆ **plato llano/de postre** dinner/dessert plate *Ver tb* FREGAR, SECAR

platónico, -a *adj* LOC *Ver* AMOR

playa *nf* **1** beach **2** (*costa*) seaside: *Pasamos el verano en la ~.* We spent the summer at the seaside.

playback *nm*: *No estaba cantando en directo, era ~.* She wasn't singing live. ◇ *Todas sus actuaciones son en ~.* They don't sing live in any of their performances.

playeras *nf* canvas shoes

plaza *nf* **1** (*espacio abierto*) square: *la ~ mayor* the main square **2** (*mercado*) market (place): *Siempre compro la fruta en la ~.* I always buy fruit in the market. **3** (*asiento*) seat: *¿Queda alguna ~ en el autobús?* Are there any seats left on the bus? **4** (*puesto de trabajo*) post **5** (*en un curso*) place: *Ya no quedan ~s.* There are no places left. LOC **plaza de toros** bullring

plazo *nm* **1** (*período*) period: *el ~ de matrícula* the enrolment period ◇ *Tenemos un mes de ~ para pagar.* We've got a month to pay. ◇ *El ~ vence mañana.* The deadline is tomorrow. **2** (*pago*) instalment: *pagar algo a ~s* to pay for sth in instalments LOC *Ver* COMPRAR, FUERA

plegable *adj* folding: *una cama ~* a folding bed

plegar *vt* to fold

pleito *nm* lawsuit

plenamente *adv* fully: *Soy ~ consciente de ello.* I am fully aware of it. ◇ *Está ~ recuperada.* She's completely recovered.

pleno, -a *adj* full: *Soy miembro de ~ derecho.* I'm a full member. ◇ *~s poderes* full powers LOC **a plena luz del día** in broad daylight ◆ **en pleno...** (*en mitad de*) (right) in the middle of...: *en ~ invierno* in the middle of winter ◇ *en ~ centro de la ciudad* right in the centre of the city *Ver tb* AUGE, FORMA

pliegue *nm* **1** fold: *La tela caía formando ~s.* The material hung in folds. **2** (*falda*) pleat

plomo *nm* **1** (*metal*) lead **2 plomos** fuses: *Se han fundido los ~s.* The fuses have blown. **3** (*persona*) bore LOC *Ver* GASOLINA, PIE

P

pluma *nf* **1** (*de ave*) feather: *un colchón de ~s* a feather mattress **2** (*estilográfica*) fountain pen **3 plumas** (*prenda de abrigo*) ski jacket

plumero *nm* feather duster

plumífero *nm* (*prenda*) ski jacket

plural *adj, nm* plural

plus *nm* bonus [*pl* bonuses]

plusmarquista *nmf* record holder

Plutón *nm* Pluto

plutonio *nm* plutonium

población *nf* **1** (*conjunto de personas*) population: *la ~ activa* the working population **2** (*localidad*) **(a)** (*ciudad grande*) city [*pl* cities] **(b)** (*ciudad pequeña*) town **(c)** (*pueblo*) village ➲ *Ver nota en* CIUDAD LOC *Ver* DENSIDAD

poblado *nm* village

pobre *adj* poor

▶ *nmf* **1** poor man/woman [*pl* men/women]: *los ricos y los ~s* the rich and the poor **2** (*desgraciado*) poor thing: *¡Pobre! Tiene hambre.* He's hungry, poor thing!

pobreza *nf* poverty

pocilga *nf* pigsty [*pl* pigsties]

poción *nf* potion

poco, -a *adj* **1 + sustantivo incontable** not much, little (*más formal*): *Tengo ~ dinero.* I don't have much money. ◇ *Tienen muy ~ interés.* They have very little interest. ➲ *Ver nota en* LITTLE **2 + sustantivo contable** not many, few (*más formal*): *Tiene ~s amigos.* He hasn't got many friends. ◇ *en muy pocas ocasiones* on very few occasions ➲ *Ver nota en* LESS

▶ *pron* little [*pl* few]: *Vinieron muy ~s.* Very few came.

▶ *adv* **1** (*poca cantidad, pocas veces*) not much: *Come ~ para lo alto que es.* He doesn't eat much for his height. ◇ *Lo veo ~ últimamente.* I haven't seen much of him recently. **2** (*poco tiempo*) not long: *La vi hace ~.* I saw her not long ago/recently. **3** [*con adjetivo*] not very: *Es ~ inteligente.* He's not very intelligent. LOC **a poco de** shortly after: *a ~ de irte* shortly after you left ♦ **poco a poco** gradually ♦ **poco más/menos (de)** just over/under: *~ menos de 5000 personas* just under 5000 people ♦ **por poco** nearly: *Por ~ me atropellan.* I was nearly run over. ♦ **unos pocos** a few: *unos ~s claveles* a few carnations ◇ *— ¿Cuántos quieres? — Dame unos ~s.* 'How many would you like?' 'Just a few.' ➲ *Ver nota en* FEW ♦ **un poco** a little, a bit (*más coloq*): *un ~ más/mejor* a little more/better ◇ *un ~ de azúcar* a bit of sugar ◇ *Espera un ~.* Wait a bit. ❶ Para otras expresiones con **poco**, véanse las entradas del sustantivo, adjetivo, etc., p. ej. **ser poca cosa** en COSA.

podar *vt* to prune

poder¹ *vt, vi* **1** (*tener la posibilidad, ser capaz*) can *do sth*, to be able *to do sth*: *Puedo escoger Londres o Madrid.* I can choose London or Madrid. ◇ *No podía creérmelo.* I couldn't believe it. ◇ *Desde entonces no ha podido andar.* He hasn't been able to walk since then. ➲ *Ver nota en* CAN¹ **2** (*tener permiso*) can, may (*más formal*): *¿Puedo hablar con Andrés?* Can I talk to Andrés? ➲ *Ver nota en* MAY **3** (*probabilidad*) may, could, might

> El uso de **may**, **could** y **might** depende del grado de probabilidad de que se produzca la acción. **Could** y **might** expresan menor probabilidad que **may**: *Pueden llegar en cualquier momento.* They may arrive at any minute. ◇ *Podría ser peligroso.* It could/might be dangerous.

LOC **no poder más 1** (*estar cansado*) to be exhausted **2** (*no aguantar más*): *Tengo que dejar este trabajo, no puedo más.* I have to leave this job — I can't take any more. **3** (*estar lleno*) to be full ♦ **no puede ser (que)...** I can't believe...: *¡No puede ser!* I can't believe it! ◇ *No puede ser que no lo sepa.* I can't believe he doesn't know. ♦ **poder con** to cope with *sth*: *No puedo con tantos deberes.* I can't cope with so much homework. ♦ **puede (que...)** maybe: *Puede que sí, puede que no.* Maybe, maybe not. ♦ **se puede/no se puede**: *¿Se puede?* May I come in? ◇ *No se puede fumar aquí.* You can't smoke in here. ❶ Para otras expresiones con **poder**, véanse las entradas del sustantivo, adjetivo, etc., p. ej. **a más no poder** en MÁS.

poder² *nm* power: *tomar el ~* to seize power LOC **el poder ejecutivo/judicial/legislativo** the executive/judiciary/legislature ♦ **en poder de** in the hands of *sb/sth*: *El documento está en ~ del FBI.* The document is in the hands of the FBI.

poderoso, -a *adj* powerful

podio (*tb* **pódium**) *nm* podium: *subir al ~* to go up onto the podium

podrido, -a *adj* rotten: *una manzana/sociedad podrida* a rotten apple/society

poema *nm* poem

poesía *nf* **1** (*género literario*) poetry: *la ~ épica* epic poetry **2** (*poema*) poem

poeta *nmf* poet

poético, -a *adj* poetic

póker *nm Ver* PÓQUER

polaco, -a *adj, nm* Polish: *hablar ~* to speak Polish

▶ *nm-nf* Pole: *los ~s* the Poles

polar *adj* (*Geog*) polar **LOC** *Ver* CÍRCULO, FORRO, OSO

polea *nf* pulley [*pl* pulleys]

polémica *nf* controversy [*pl* controversies]

polémico, -a *adj* controversial

polen *nm* pollen **LOC** *Ver* ALERGIA

poli *nmf* cop

▶ *nf* cops [*pl*]: *Viene la* ~. The cops are coming.

policía *nmf* police officer, policeman/woman [*pl* -men/-women]

Es preferible evitar el uso del sufijo **-man** en palabras que hacen referencia a un trabajo o una profesión, como p. ej. **policeman**, **sportsman** o **salesman**, a menos que se esté hablando de un hombre en concreto. En su lugar se utilizan palabras que no hacen referencia al sexo de la persona, como **police officer**, **sportsperson** o **salesperson**. La tendencia a no hacer distinciones entre los sexos se da también en el caso de palabras como **doctor** y **nurse**. Cada vez está peor visto utilizar términos como **male nurse** y **woman/lady doctor**. ➲ *Ver tb notas en* ACTRESS *y* BOMBERO

▶ *nf* police [*pl*]: *La ~ está investigando el caso.* The police are investigating the case. **LOC** *Ver* MUNICIPAL, URBANO

policiaco, -a (*tb* **policíaco, -a**) *adj* **LOC** *Ver* GÉNERO, NOVELA, PELÍCULA

policial *adj* police: *operación* ~ police operation **LOC** *Ver* CORDÓN, FICHA

polideportivo *nm* sports centre

polígono *nm* **1** (*Geom*) polygon **2** (*zona*) estate: *un ~ industrial* an industrial estate

polilla *nf* moth

polio *nf* polio

politécnico, -a *adj* polytechnic

política *nf* **1** (*Pol*) politics [*v sing o pl*]: *meterse en* ~ to get involved in politics **2** (*postura, programa*) policy [*pl* policies]: *la ~ exterior* foreign policy ◇ *la ~ de la empresa* the company's policy

políticamente *adv* **LOC** **políticamente correcto** politically correct (*abrev* PC)

político, -a *adj* **1** (*Pol*) political: *un partido* ~ a political party **2** (*familia*) in-law: *padre* ~ father-in-law ◇ *mi familia política* my in-laws

▶ *nm-nf* politician: *un ~ de izquierdas* a left-wing politician

póliza *nf* **1** (*seguros*) policy [*pl* policies]: *hacerse una* ~ to take out a policy **2** (*sello*) stamp

polizón *nmf* stowaway: *colarse de* ~ to stow away

pollito (*tb* **polluelo**) *nm* chick

pollo *nm* chicken: *~ asado* roast chicken

polo *nm* **1** (*Geog, Fís*) pole: *el ~ Norte/Sur* the North/South Pole ◇ *Los ~s opuestos se atraen.* Opposites attract one another. **2** (*helado*) ice lolly [*pl* ice lollies] **3** (*camisa*) polo shirt **LOC** **ser polos opuestos** (*carácter*) to be like chalk and cheese

Polonia *nf* Poland

polución *nf* pollution

polvareda *nf* cloud of dust: *levantar una* ~ to raise a cloud of dust

polvo *nm* **1** (*suciedad*) dust: *Esta librería está llena de* ~. This bookcase is covered in dust. ◇ *Estás levantando* ~. You're kicking up the dust. **2** (*Cocina, Quím*) powder: *cacao/leche en* ~ cocoa powder/powdered milk **3 polvos** (*tocador*) powder [*incontable*] **LOC** **estar hecho polvo** (*cansado*) to be shattered ◆ **limpiar/quitar el polvo (a/de)** to dust (*sth*) ◆ **polvos de talco** talcum powder [*incontable*] *Ver tb* LECHE, TRAPO

pólvora *nf* gunpowder

polvoriento, -a *adj* dusty

pomada *nf* ointment

pomelo *nm* grapefruit [*pl* grapefruit/grapefruits]

pomo *nm* **1** (*puerta*) doorknob **2** (*cajón*) knob

pompa *nf* **1** (*burbuja*) bubble: *hacer ~s de jabón* to blow bubbles **2** (*solemnidad*) pomp **LOC** **pompas fúnebres 1** (*entierro*) funeral [*v sing*] **2** (*funeraria*) undertaker's, funeral parlour (*USA*) ➲ *Ver nota en* CARNICERÍA

pomposo, -a *adj* pompous

pómulo *nm* cheekbone

poner *vt* **1** (*colocar*) to put: *Pon los libros sobre la mesa/en una caja.* Put the books on the table/in a box. **2** (*aparato*) to put *sth* on: *~ la radio* to put the radio on **3** (*CD, etc.*) to play **4** (*reloj*) to set: *Pon el despertador a las seis.* Set the alarm for six. **5** (*vestir*) to put *sth* on (*for sb*): *Ponle la bufanda a tu hermano.* Put your brother's scarf on for him. **6** (*servir*) to give: *Ponme un poco más de sopa.* Give me some more soup, please. **7** ~ **a algn nervioso, de mal humor, etc.** to make sb nervous, angry, etc.: *Le estás poniendo nervioso.* You're making him nervous. **8** (*huevos*) to lay **9** (*deberes*) to set **10** (*película, programa*): *¿Qué ponen esta noche?* What's on tonight? **11** (*obra de teatro*) to put *sth* on **12** (*sábana, mantel*) to put *sth* on: *Pon el mantel/la sábana.* Put the tablecloth on the table./Put the sheet on the bed. **13** (*mesa*) to lay **14** (*decir*) to say: *En el periódico pone que...* In the newspaper it says that... **15** (*nombrar*) to call: *Le han puesto Eva.* They've called her Eva. **16** (*negocio, tienda*) to open: *Han puesto*

una zapatería nueva en el centro. They've opened a new shoe shop in the centre.
▶ **ponerse** *vp* **1** (*de pie*) to stand: *Ponte a mi lado.* Stand next to me. **2** (*sentado*) to sit **3** (*vestirse*) to put *sth* on: *¿Qué me pongo?* What shall I put on? ◇ *¿Qué te vas a ~ para la boda?* What are you going to wear for the wedding? **4** (*sol*) to set **5 + adjetivo** to get: *Se puso enfermo.* He got ill. ◇ *¡No te pongas chulo conmigo!* Don't get cheeky with me! ◇ *Se va a poner muy contento.* He's going to be very happy. **6 ponerse a** to start *doing sth/to do sth*: *Se ha puesto a nevar.* It's started snowing. ◇ *Ponte a estudiar.* Get on with some work. **7 ponerse de** to get covered in *sth*: *¡Cómo te has puesto de pintura!* You're covered in paint! ❶ Para expresiones con **poner**, véanse las entradas del sustantivo, adjetivo, etc., p. ej. **ponerse rojo** en ROJO.

poni (*tb* **poney**) *nm* pony [*pl* ponies]

popa *nf* stern

popular *adj* popular

popularidad *nf* popularity

póquer *nm* poker: *jugar al ~* to play poker

por *prep*

- **lugar 1** (*con verbos de movimiento*): *circular ~ la derecha/izquierda* to drive on the right/left ◇ *¿Pasas ~ alguna farmacia?* Are you going past a chemist's? ◇ *pasar ~ el centro de París* to go through the centre of Paris ◇ *Pasaré ~ tu casa mañana.* I'll drop in tomorrow. ◇ *viajar ~ Europa* to travel round Europe **2** (*con verbos como coger, agarrar*) by: *Lo cogí ~ el brazo.* I grabbed him by the arm.
- **tiempo 1** (*tiempo determinado*): *~ la mañana/tarde* in the morning/afternoon ◇ *~ la noche* at night ◇ *mañana ~ la mañana/noche* tomorrow morning/night **2** (*duración*) for: *sólo ~ unos días* only for a few days ➲ *Ver nota en* FOR
- **causa**: *Lo han suspendido ~ el mal tiempo.* It's been cancelled because of bad weather. ◇ *hacer algo ~ dinero* to do sth for money ◇ *Lo despidieron ~ robar/vago.* He was sacked for stealing/being lazy.
- **finalidad**: *Por ti haría cualquier cosa.* I'd do anything for you. ◇ *He puesto la tele ~ ver las noticias.* I've put on the TV to watch the news. ◇ *No desayunó ~ no perder el tren.* She skipped breakfast so as not to miss the train.
- **agente** by: *firmado ~ él* signed by him ◇ *pintado ~ El Greco* painted by El Greco
- **hacia/en favor de** for: *sentir cariño ~ algn* to feel affection for sb ◇ *¡Vote ~ nosotros!* Vote for us!
- **con expresiones numéricas**: *4 ~ 3 son 12.* 4 times 3 is 12. ◇ *Mide 7 ~ 2.* It measures 7 by 2. ◇ *2000 ~ hora* 2 000 an/per hour
- **otras construcciones 1** (*medio, instrumento*): *~ correo/mar/avión* by post/sea/air **2** (*en sustitución de*): *Ella irá ~ mí.* She'll go instead of me. **3** (*a precio de*): *Lo compré ~ cien euros.* I bought it for a hundred euros. **4** (*en sucesión*) by: *uno ~ uno* one by one ◇ *paso ~ paso* step by step **5 + adjetivo/adverbio** however: *Por simple que...* However simple... ◇ *Por mucho que trabajes...* However much you work... **LOC por mí** as far as I am, you are, etc. concerned ◆ **por que** (*finalidad*) *Ver* PORQUE (2) ◆ **¿por qué?, por qué** why: *¿Por qué no?* Why not? ◇ *No dijo ~ qué no venía.* He didn't say why he wasn't coming. ◆ **por si...** in case...: *Llévatelo ~ si te hace falta.* Take it in case you need it.

porcelana *nf* porcelain

porcentaje *nm* percentage ➲ *Ver pág 791*

porche *nm* porch

porcino, -a *adj* **LOC** *Ver* GANADO

pornografía *nf* pornography

pornográfico, -a *adj* pornographic

poro *nm* pore

poroso, -a *adj* porous

porque *conj* **1** (*causa*) because: *No viene ~ no quiere.* He's not coming because he doesn't want to. **2** (*finalidad*) so (that): *Vine ~ tuvieses compañía.* I came so (that) you had company.

porqué *nm* **~ (de)** reason (for *sth*): *el ~ de la huelga* the reason for the strike

porquería *nf* **1** (*suciedad*) dirt: *Esta cocina está llena de ~.* This kitchen is really dirty. **2** (*cosa de mala calidad*) rubbish [*incontable*]: *Esa película es una ~.* That film is rubbish. **3** (*comida basura*) junk (food) [*incontable*]: *Deja de comer ~s.* Stop eating junk food.

porra *nf* (*de policía*) truncheon, nightstick (*USA*) **LOC** *Ver* MANDAR

porrazo *nm* **LOC** *Ver* GOLPE

porro *nm* joint

porrón *nm* drinking vessel with a spout

portaaviones *nm* aircraft carrier

portada *nf* **1** (*libro, revista*) cover **2** (*disco*) sleeve

portafolios *nm* folder

portal *nm* **1** (*edificio*) (entrance) hall **2** (*Internet*) portal

portarse *vp* to behave: *~ bien/mal* to behave well/badly ◇ *Pórtate bien.* Be good. **LOC portarse bien con algn** to be good to sb ◆ **portarse mal con algn** to treat sb badly

portátil *adj* portable: *una televisión ~* a portable TV
▶ *nm* (*ordenador*) laptop

P

portavoz *nmf* spokesperson [*pl* spokespersons/spokespeople]

Existen las formas **spokesman** y **spokeswoman**, pero es preferible usar **spokesperson** porque se refiere tanto a un hombre como a una mujer: *los portavoces de la oposición* spokespersons for the Opposition.

portazo *nm* bang LOC **dar un portazo** to slam the door *Ver tb* CERRAR

portería *nf* **1** (*de edificio*) porter's lodge **2** (*Dep*) goal

portero, -a *nm-nf* **1** (*de un edificio público*) caretaker, custodian (*USA*) **2** (*de un edificio privado*) porter **3** (*Dep*) goalkeeper, goalie (*coloq*) LOC **portero automático** Entryphone®

Portugal *nm* Portugal

portugués, -esa *adj, nm* Portuguese: *hablar ~* to speak Portuguese.
▸ *nm-nf* Portuguese man/woman [*pl* men/women]: *los portugueses* the Portuguese

porvenir *nm* future: *tener un buen ~* to have a good future ahead of you

posar *vi* (*para una foto*) to pose
▸ **posarse** *vp* **1** (*aves, insectos*) to land (*on sth*) **2** (*polvo, sedimento*) to settle (*on sth*)

posavasos *nm* coaster

posdata *nf* postscript (*abrev* PS)

poseer *vt* **1** (*ser dueño de*) to own **2** (*disponer de*) to have: *Posee una gran fortuna.* She has a big fortune.

posesivo, -a *adj* possessive

posguerra *nf* post-war period

posibilidad *nf* possibility [*pl* possibilities] LOC **tener (muchas) posibilidades de...** to have a (good) chance of *doing sth*

posible *adj* **1** possible: *lo más rápido ~* as quickly as possible **2** (*potencial*) potential: *un ~ accidente* a potential accident LOC **en (la medida de) lo posible** as far as possible ◆ **es posible que...** I, he, she, etc. may...: *Es ~ que ya hayan llegado.* They may have already arrived. ◆ **hacer (todo) lo posible por/para** to do your best *to do sth Ver tb* ANTES, MEJOR

posiblemente *adv* possibly: — *¿Crees que vendrán?* — *Posiblemente.* 'Do you think they'll come?' 'Possibly.' ◇ *El jefe volverá ~ mañana.* The boss may be back tomorrow.

posición *nf* position: *Quedaron en última ~.* They came last. LOC *Ver* LUZ

positivo, -a *adj* positive: *El análisis dio ~.* The test was positive. LOC *Ver* SIGNO

poso *nm* (*sedimento*) dregs [*pl*]

postal *adj* postal
▸ *nf* (*tarjeta*) postcard LOC *Ver* CÓDIGO, GIRO

poste *nm* **1** pole: *~ telegráfico* telegraph pole **2** (*Dep*) (goal)post: *El balón dio en el ~.* The ball hit the post.

póster *nm* poster

posterior *adj* ~ **(a)** **1** (*tiempo*) subsequent: *un suceso ~* a subsequent event ◇ *los años ~es a la guerra* the years after the war **2** (*lugar*) back: *en la parte ~ del autocar* at the back of the coach ◇ *la puerta ~* the back door ◇ *la fila ~ a la vuestra* the row behind yours

postizo, -a *adj* false: *dentadura postiza* false teeth

postre *nm* dessert: *¿Qué hay de ~?* What's for dessert? LOC *Ver* PLATO

postura *nf* **1** (*del cuerpo*) position: *dormir en mala ~* to sleep in an awkward position **2** (*actitud*) stance

potable *adj*: *agua ~* drinking water ◇ *Esta agua no es ~.* This water is not fit for drinking.

potaje *nm* stew: *~ de garbanzos* chickpea stew

potencia *nf* power: *~ militar/económica* military/economic power ◇ *una ~ de 80 vatios* 80 watts of power LOC **de alta/gran potencia** powerful: *un generador de gran ~* a powerful generator ◆ **potencia (en caballos)** horsepower [*pl* horsepower] (*abrev* hp)

potenciar *vt* to promote: *~ el transporte público/turismo* to promote public transport/tourism

potente *adj* powerful

potra *nf* LOC **tener potra** to be lucky: *¡Qué ~ tienes!* You're so lucky! *Ver tb* POTRO

potro, -a *nm-nf* foal

Foal es el sustantivo genérico. Para referirnos sólo al macho decimos **colt**. **Filly** se refiere sólo a la hembra y su plural es 'fillies'.

▸ *nm* (*Gimnasia*) (vaulting) horse

pozo *nm* well: *un ~ de petróleo* an oil well

práctica *nf* **1** practice: *En teoría funciona, pero en la ~...* It's all right in theory, but in practice... ◇ *poner algo en ~* to put sth into practice **2 prácticas (a)** practical: *las ~s de laboratorio* laboratory practicals **(b)** (*en empresa*) work experience [*incontable*]: *un contrato en ~s* a work experience placement **(c)** (*de profesor*) teaching practice [*incontable*]

prácticamente *adv* practically

practicante *adj* practising: *Soy católico ~.* I'm a practising Catholic.
▸ *nmf* nurse

practicar *vt* **1** to practise: *~ la medicina* to practise medicine **2** (*deporte*) to play: *¿Prac-*

ticas algún deporte? Do you play any sports? ➲ *Ver nota en* DEPORTE

práctico, **-a** *adj* practical

pradera *nf* meadow

prado *nm* meadow

preámbulo *nm* **1** (*prólogo*) introduction **2** (*rodeos*): *Déjate de ~s.* Stop beating about the bush.

precaución *nf* precaution: *tomar precauciones contra posibles incendios* to take precautions against fire LOC **con precaución** carefully: *Circulen con ~.* Drive carefully. ◆ **por precaución** to be on the safe side, as a precaution (*más formal*): *Lo hicimos por ~.* We did it to be on the safe side.

precedente *adj* previous: *el año ~* the previous year

▶ *nm* precedent: *sentar (un) ~* to set a precedent LOC **sin precedentes** unprecedented

preceder *vt* ~ **(a)** to go/come before *sb/sth*, to precede (*más formal*): *El adjetivo precede al nombre.* The adjective goes before the noun. ◇ *Al incendio le precedió una gran explosión.* A huge explosion preceded the fire.

precepto *nm* rule

precinto *nm* seal

precio *nm* price: *~s de fábrica* factory prices ◇ *¿Qué ~ tiene la habitación doble?* How much is a double room? LOC *Ver* MITAD, RELACIÓN

preciosidad *nf* LOC **ser una preciosidad** to be lovely: *Ese vestido es una ~.* That dress is lovely.

precioso, **-a** *adj* **1** (*valioso*) precious: *una piedra preciosa* a precious stone **2** (*persona, cosa*) lovely: *¡Qué niños tan ~s!* What lovely children!

precipicio *nm* precipice

precipitaciones *nf* (*lluvia*) rainfall [*incontable*]: *abundantes ~* heavy rainfall

precipitado, **-a** *adj* (*apresurado*) hasty *Ver tb* PRECIPITARSE

precipitarse *vp* **1** (*actuar sin pensar*) to rush *into sth/doing sth*: *No te precipites, piénsatelo bien.* Don't rush into anything. Think it over. **2** (*arrojarse*) to throw yourself *out of sth*: *Se precipitó desde el sexto piso.* He threw himself out of a sixth-floor window. LOC *Ver* VACÍO

precisamente *adv* **1** (*exactamente*) exactly: *Es ~ por eso que no quiero que venga.* This is exactly why I don't want him to come. ◇ *No estaban ~ encantados.* They weren't exactly delighted. **2** (*justamente*) just: *Precisamente ahora no puedo recibirle.* I can't see you just at this moment. **3** (*de hecho*) actually: *Fuiste ~ tú el que lo sugirió.* Actually, it was you who suggested it.

precisar *vt* **1** (*necesitar*) to need, to require (*formal*) **2** (*especificar*) to specify: *~ hasta el más mínimo detalle* to specify every detail

precisión *nf* accuracy LOC **con precisión** accurately

preciso, **-a** *adj* **1** (*exacto*) precise: *una descripción precisa* a precise description **2** (*adecuado*): *decir algo en el momento ~* to say sth at the right moment LOC **ser preciso** (*necesario*): *Es ~ que vengas.* You must come. ◇ *No fue ~ recurrir a los bomberos.* They didn't have to call the fire brigade.

precocinado *adj* LOC *Ver* COMIDA

precoz *adj* (*niño*) precocious

predecir *vt* to foretell

predicar *vt, vi* to preach

predisposición *nf* ~ **a** (*tendencia*) tendency to *sth*: *Tiene ~ a engordar.* He has a tendency to put on weight.

predominante *adj* predominant

preescolar *adj* preschool: *niños en edad ~* preschool children

prefabricado, **-a** *adj* prefabricated

prefacio *nm* preface

preferencia *nf* preference

preferible *adj* preferable LOC **ser preferible**: *Es ~ que no entres ahora.* It would be better not to go in now.

preferido, **-a** *adj, nm-nf* favourite *Ver tb* PREFERIR

preferir *vt* to prefer *sb/sth* (*to sb/sth*): *Prefiero el té al café.* I prefer tea to coffee. ◇ *Prefiero estudiar por las mañanas.* I prefer to study in the morning.

> Cuando se pregunta qué prefiere una persona, se suele utilizar **would prefer** si se trata de dos cosas y **would rather** si se trata de dos acciones: *¿Prefieres té o café?* Would you prefer tea or coffee? ◇ *¿Prefieres ir al cine o ver un DVD?* Would you rather go to the cinema or watch a DVD? Para contestar a este tipo de preguntas se suele utilizar **I would rather, he/she would rather**, etc. o **I'd rather, he'd/she'd rather**, etc.: *—¿Prefieres té o café? —Prefiero té.* 'Would you prefer tea or coffee?' 'I'd rather have tea, please.' ◇ *—¿Quieres salir? —No, prefiero quedarme en casa esta noche.* 'Would you like to go out?' 'No, I'd rather stay in tonight.'
>
> **Would rather** siempre va seguido de infinitivo sin **to**.

P

prefijo *nm* **1** (*Ling*) prefix **2** (*teléfono*) (area) code: *¿Cuál es el ~ de Valencia?* What's the code for Valencia?

pregonar *vt* (*divulgar*): *Lo ha ido pregonando por todo el colegio.* He's told the whole school.

pregunta *nf* question: *contestar a una ~* to answer a question LOC **hacer una pregunta (a algn)** to ask (sb) a question ◆ **preguntas frecuentes** frequently asked questions (*abrev* FAQ)

preguntar *vt, vi* to ask: *Me preguntó dónde vivía.* He asked me where I lived.
▶ *vi* ~ **por 1** (*buscando a algn/algo*) to ask for *sb/sth*: *Vino un señor preguntando por ti.* A man was asking for you. **2** (*interesándose por algn*) to ask after *sb*: *Pregúntale por el pequeño.* Ask after her little boy. **3** (*interesándose por algo*) to ask about *sth*: *Le pregunté por el examen.* I asked her about the exam.
▶ **preguntarse** *vp* to wonder: *Me pregunto quién será a estas horas.* I wonder who it can be at this time of night. LOC *Ver* LECCIÓN

preguntón, -ona *adj* nosy

prehistórico, -a *adj* prehistoric

prejuicio *nm* prejudice

prematuro, -a *adj* premature

premenstrual *adj* LOC *Ver* SÍNDROME

premiar *vt* to award *sb* a prize: *Premiaron al novelista menos conocido.* The least-known novelist was awarded the prize. ◇ *Fue premiado con un óscar.* He was awarded an Oscar.

P

premio *nm* **1** prize: *Gané el primer ~.* I won first prize. ◇ *~ de consolación* consolation prize **2** (*recompensa*) reward: *como ~ a su esfuerzo* as a reward for your efforts LOC *Ver* ENTREGA

prenatal *adj* antenatal, prenatal (*USA*)

prenda *nf* **1** (*ropa*) garment **2 prendas** (*juego*) forfeits LOC *Ver* SOLTAR

prender *vt* (*con alfileres*) to pin *sth* (*to/on sth*): *Prendí la manga con alfileres.* I pinned on the sleeve.
▶ *vi* to light: *Si está mojado no prende.* It won't light if it's wet.
▶ **prenderse** *vp* to catch fire LOC **prender fuego** to set fire *to sth*: *Prendieron fuego a la casa.* They set fire to the house.

prensa *nf* **1** (*Mec, imprenta*) press: *~ de sidra* cider press **2** (*periódicos*) papers [*pl*]: *Nunca tengo tiempo de leer la ~.* I never have time to read the papers. **3 la prensa** (*periodistas*) the press [*v sing o pl*]: *Acudió toda la ~ internacional.* All the international press was/were there. ➲ *Ver nota en* JURADO LOC **comunicado/nota de prensa** press release ◆ **conferencia/rueda de prensa** press conference ◆ **prensa amarilla/sensacionalista** gutter press ◆ **prensa/revistas del corazón, prensa rosa** gossip magazines [*pl*] *Ver tb* GABINETE, LIBERTAD

prensar *vt* to press

preñado, -a *adj* pregnant

preocupación *nf* worry [*pl* worries]

preocupado, -a *adj* worried *Ver tb* PREOCUPAR

preocupante *adj* worrying

preocupar *vt* to worry: *Me preocupa la salud de mi padre.* My father's health worries me.
▶ **preocuparse** *vp* **preocuparse (por)** to worry (about *sb/sth*): *No te preocupes por mí.* Don't worry about me.

prepago *adj* LOC *Ver* TARJETA

preparación *nf* **1** preparation: *tiempo de ~: 10 minutos* preparation time: 10 minutes **2** (*entrenamiento*) training: *~ física/técnica* physical/technical training **3** (*educación*) education: *una buena ~ académica* a good academic education

preparado, -a *adj* **1** (*listo*) ready: *La cena está preparada.* Dinner is ready. **2** (*persona*) qualified LOC **preparados, listos, ¡ya!** ready, steady, go! *Ver tb* COMIDA; *Ver tb* PREPARAR

preparador, -ora *nm-nf* trainer

preparar *vt* to prepare, to get *sb/sth* ready (*más coloq*): *~ la cena para todos* to get supper ready for everyone
▶ **prepararse** *vp* **prepararse para** to prepare for *sth*: *Se prepara para el examen de conducir.* He's preparing for his driving test.

preparativos *nm* preparations

preposición *nf* preposition

presa *nf* **1** (*animal*) prey [*incontable*]: *aves de ~* birds of prey **2** (*embalse*) dam LOC **ser presa del pánico** to be panic-stricken

presagio *nm* omen

prescindir *vi* ~ **de 1** (*privarse*) to do without (*sth*): *No puedo ~ del coche.* I can't do without the car. **2** (*deshacerse*) to dispense with *sb*: *Prescindieron del entrenador.* They dispensed with the trainer.

presencia *nf* **1** presence: *Su mera ~ me pone nerviosa.* I get nervous when he's around. **2** (*apariencia*) appearance: *Se requiere buena ~.* Pleasant appearance required.

presencial *adj* LOC *Ver* TESTIGO

presenciar *vt* **1** (*ser testigo*) to witness: *Muchas personas presenciaron el accidente.* A lot of people witnessed the accident. **2** (*estar presente*) to attend: *Presenciaron el partido más de 10 000 espectadores.* More than 10 000 spectators attended the match.

presentación *nf* **1** (*exposición, forma de presentar*) presentation: *Tenemos que hacer una ~ en clase*. We have to do a presentation in class. ◇ *La ~ es muy importante*. Presentation is very important. **2 presentaciones** introductions: *No has hecho las presentaciones*. You haven't introduced us. **LOC** *Ver* CARTA

presentador, -ora *nm-nf* **1** (*de informativos*) newsreader **2** (*de tertulia, concurso, etc.*) presenter

presentar *vt* **1** to present *sb* (with *sth*), to present *sth* (*to sb*): *~ un programa* to present a programme ◇ *Presentó las pruebas ante el juez*. He presented the judge with the evidence. **2** (*dimisión*) to hand *sth* in, to tender (*formal*): *Presentó su dimisión*. She handed in her resignation. **3** (*denuncia, demanda, queja*) to make: *~ una denuncia* to make an official complaint **4** (*persona*) to introduce *sb* (*to sb*): *¿Cuándo nos la presentarás?* When are you going to introduce her to us? ◇ *Os presento a mi marido*. This is my husband.

Hay varias formas de presentar a la gente en inglés dependiendo de si la situación es más o menos formal, por ejemplo: 'Nick, meet Lucy.' (*coloq*); 'Helen, this is my daughter Jane' (*coloq*); 'May I introduce you? Dr Mitchell, this is Mr Jones. Mr Jones, Dr Mitchell.' (*formal*). Cuando te presentan a alguien, puedes responder 'Hi', 'Hello' o 'Nice to meet you' si la situación es informal, o 'How do you do?' si es formal. A 'How do you do?' la otra persona responde 'How do you do?'

5 (*producto, libro, película*) to launch

▶ **presentarse** *vp* **1** (*a un examen*) to take an exam: *No me presenté*. I didn't take the exam. **2** (*a unas elecciones*) to stand (*for sth*): *~se a diputado* to stand for parliament **3** (*aparecer*) to turn up: *Se presenta cuando le da la gana*. He turns up whenever he feels like it. **LOC** *Ver* VOLUNTARIO

presente *adj, nmf* present: *los ~s* those present

▶ *nm* (*Gram*) present

presentimiento *nm* feeling: *Tengo el ~ de que...* I have a feeling that...

presentir *vt* to have a feeling (*that...*): *Presiento que vas a aprobar*. I've got a feeling that you're going to pass.

preservativo *nm* condom ❶ La palabra inglesa **preservative** significa *conservante*.

presidencia *nf* **1** (*país, comunidad autónoma*) presidency [*pl* presidencies]: *la ~ de Europa* the presidency of Europe **2** (*club, comité, empresa, partido*) chairmanship

presidencial *adj* presidential

▶ *nf* **presidenciales** presidential election(s)

presidente, -a *nm-nf* **1** (*nación, comunidad autónoma*) president **2** (*club, comité, empresa, partido*) chairman/woman [*pl* -men/-women]

Cada vez se utiliza más la palabra **chairperson** [*pl* **chairpersons**] para evitar ser sexista.

presidiario, -a *nm-nf* convict

presidio *nm* prison

presidir *vt* to preside at/over *sth*: *El secretario presidirá la asamblea*. The secretary will preside at/over the meeting.

presión *nf* pressure: *la ~ atmosférica* atmospheric pressure ◇ *trabajar bajo ~* to work under pressure **LOC** *Ver* INDICADOR, OLLA

presionar *vt* **1** (*apretar*) to press **2** (*forzar*) to put pressure on *sb* (*to do sth*): *No le presiones*. Don't put pressure on him.

preso, -a *adj*: *estar ~* to be in prison ◇ *Se lo llevaron ~*. He was arrested.

▶ *nm-nf* prisoner

prestación *nf* **1** (*subsidio*) benefit: *~ por desempleo* unemployment benefit **2 prestaciones** **(a)** (*asistencia*) provision [*v sing*]: *prestaciones sanitarias/sociales* health/social service provision **(b)** (*características*) features: *las prestaciones del nuevo modelo* the features of the new model

prestado, -a *adj*: *No es mío, es ~*. It's not mine. I borrowed it. ◇ *¿Por qué no se lo pides ~?* Why don't you ask him if you can borrow it? **LOC** **dejar prestado** to lend: *Te lo dejo ~ si tienes cuidado*. I'll lend it to you if you're careful. ➲ *Ver dibujo en* BORROW; *Ver tb* PEDIR; *Ver tb* PRESTAR

préstamo *nm* loan

prestar *vt* to lend: *Le presté mis libros*. I lent her my books. ◇ *¿Me lo prestas?* Can I borrow it? ◇ *¿Me prestas dinero?* Can you lend me some money, please? ➲ *Ver dibujo en* BORROW **LOC** **prestar declaración** to give evidence ◆ **prestar juramento** to take an oath *Ver tb* ATENCIÓN

prestigio *nm* prestige **LOC** **de mucho prestigio** very prestigious

prestigioso, -a *adj* prestigious

presumido, -a *adj* **1** (*coqueto*) vain **2** (*engreído*) arrogant *Ver tb* PRESUMIR

presumir *vi* **1** to show off: *Les encanta ~*. They love showing off. **2 ~ de**: *Presume de listo*. He thinks he's clever. ◇ *Siempre están*

P

presumiendo de su coche. They're forever bragging about their car.

presunto, -a *adj* alleged: *el ~ criminal* the alleged criminal

presupuesto *nm* **1** (*estimación*) estimate: *He pedido un ~ para el cuarto de baño.* I've asked for an estimate for the bathroom. **2** (*plan de gastos*) budget: *No quiero pasarme del ~.* I don't want to exceed my budget.

pretemporada *nf* pre-season: *un partido de ~* a pre-season match

pretender *vt* **1** (*querer*) to expect: *¿No pretenderá quedarse en nuestra casa?* He's not expecting to stay at our house, is he? ◇ *No pretenderás que me lo crea, ¿no?* You don't expect me to believe that, do you? ◇ *¿Qué pretendes de mí?* What do you want from me? ◇ *Si pretendes ir sola, ni lo sueñes.* Don't even think about going on your own. **2** (*intentar*) to try *to do sth*: *¿Qué pretende decirnos?* What's he trying to tell us?

pretérito, -a *adj* past

▶ *nm* past (tense) LOC **pretérito indefinido** preterite (tense) ◆ **pretérito perfecto** perfect (tense)

pretexto *nm* excuse: *Siempre encuentras algún ~ para no fregar.* You always find some excuse not to wash up.

prevención *nf* prevention

prevenido, -a *adj* (*prudente*) prudent: *ser ~* to be prudent *Ver tb* PREVENIR

prevenir *vt* **1** (*evitar*) to prevent: *~ un accidente* to prevent an accident **2** (*avisar*) to warn *sb* (*about/of sth*): *Te previne de lo que planeaban.* I warned you about what they were planning.

prever *vt* to anticipate

previo, -a *adj*: *experiencia previa* previous experience ◇ *sin ~ aviso* without prior warning

previsible *adj* predictable

previsor, -ora *adj* far-sighted

previsto, -a *adj* **1** (*esperado*) anticipated: *Tuvimos más problemas de lo ~.* We had more trouble than we'd anticipated. **2** (*planificado*) planned: *la reunión prevista para hoy* the meeting planned for today ◇ *a la hora y en el lugar ~s* at the time and place planned LOC **tener previsto** to plan *sth/to do sth*: *No teníamos ~ gastar tanto.* We didn't plan to spend so much. *Ver tb* PREVER

prieto, -a *adj* tight: *Estos zapatos me están muy ~s.* These shoes are too tight.

prima *nf* (*bonificación*) bonus [*pl* bonuses]

primaria *nf* **1** (*enseñanza*) primary education **2** (*escuela*) primary school: *Estudió ~ en este colegio.* He went to primary school here. ◇ *Está en ~.* She's at primary school. ◇ *maestra de ~* primary school teacher

primario, -a *adj* primary: *color ~* primary colour LOC *Ver* ESCUELA

primavera *nf* spring: *en ~* in (the) spring

primer *adj Ver* PRIMERO

primera *nf* **1** (*clase*) first class: *viajar en ~* to travel first class **2** (*marcha*) first (gear): *Puse la ~ y salí zumbando.* I put it into first and sped off. **3** (*Fútbol*) first division: *jugar en ~* to play in the first division LOC **a la primera** first time: *Me salió bien a la ~.* I got it right first time.

primero, -a *adj* **1** first (*abrev* 1st): *primera clase* first class ◇ *Me gustó desde el primer momento.* I liked it from the first moment. **2** (*principal*) main, principal (*más formal*): *el primer país azucarero del mundo* the main sugar-producing country in the world

▶ *pron, nm-nf* **1** first (one): *Fuimos los ~s en salir.* We were the first (ones) to leave. ◇ *llegar el ~* to come first **2** (*mejor*) top: *Eres el ~ de la clase.* You're top of the class.

▶ *nm* (*plato*) starter: *Tomamos sopa de ~.* We had soup as a starter.

▶ *adv* first: *Prefiero hacer los deberes ~.* I'd rather do my homework first. LOC **a primeros (de mes)** at the beginning of the month ◆ **de primera necesidad** absolutely essential ◆ **en primera plana 1** in the headlines: *La noticia saldrá en primera plana del telediario.* It'll be in the news headlines. **2** (*en periódico, etc.*) on the front page ◆ **primer ministro** prime minister ◆ **primeros auxilios** first aid [*incontable*] ◆ **primer plano** close-up *Ver tb* CALIDAD

primitivo, -a *adj* primitive

primo, -a *nm-nf* **1** (*pariente*) cousin **2** (*ingenuo*) sucker: *Mira que eres ~.* You're such a sucker. ◇ *Has hecho el ~.* You've been taken for a ride. LOC **primo carnal/segundo** first/second cousin *Ver tb* MATERIA, NÚMERO

princesa *nf* princess

principal *adj* main, principal (*más formal*): *comida ~* main meal ◇ *Eso es lo ~.* That's the main thing. LOC **actor/actriz principal** male/female lead *Ver tb* CUARENTA, PÁGINA, PAPEL

principalmente *adv* mainly

príncipe *nm* prince ❶ El plural de **prince** es 'princes', pero cuando nos referimos a la pareja de príncipes, decimos **the prince and princess**: *Los príncipes los recibieron en palacio.* The prince and princess received them at the

P

palace. LOC **príncipe azul** Prince Charming ◆ **príncipe heredero** crown prince

principiante, -a *nm-nf* beginner

principio *nm* **1** (*comienzo*) beginning: *al ~ de la novela* at the beginning of the novel ◇ *desde el ~* from the beginning **2** (*concepto, moral*) principle LOC **al principio** at first ◆ **a principio(s) de...** at the beginning of...: *a ~s del año* at the beginning of the year ◇ *a ~s de enero* in early January ◆ **en principio** in principle: *En ~ me parece bien.* It seems fine to me, in principle. ◆ **por principio** on principle: *Estamos en contra por ~.* We're against it on principle.

pringado, -a *nm-nf* (*que se deja engañar*) idiot: *¡Eres un ~! ¿Vas a trabajar el fin de semana?* You idiot! You're going to work at the weekend?

pringarse *vp* **1** ~ **con/de** (*mancharse*) to get covered in *sth*: *Se pringaron de mermelada.* They got covered in jam. **2** ~ **(en)** (*en un asunto dudoso*) to get mixed up in *sth*: *No me quiero pringar en ese tipo de negocios.* I don't want to get mixed up in that kind of business.

pringoso, -a *adj* sticky

prioridad *nf* priority [*pl* priorities]

prisa *nf* hurry: *No hay ~.* There's no hurry. ◇ *Con las ~s se me olvidó desenchufarlo.* I was in such a hurry that I forgot to unplug it. LOC **correr prisa** to be urgent: *¿Te corre prisa?* Is it urgent? ◆ **darse prisa** to hurry up ◆ **meter prisa** to rush *sb*: *No me metas ~.* Don't rush me. ◆ **tener prisa** to be in a hurry

prisión *nf* prison

prisionero, -a *nm-nf* prisoner LOC **hacer prisionero** to take *sb* prisoner

prismáticos *nm* binoculars

privacidad *nf* privacy

privado, -a *adj* private: *en ~* in private LOC *Ver* COLEGIO, EMPRESA, INVESTIGADOR

privatización *nf* privatization

privatizar *vt* to privatize

privilegiado, -a *adj* **1** (*favorecido*) privileged: *las clases privilegiadas* the privileged classes **2** (*excepcional*) exceptional: *una memoria privilegiada* an exceptional memory

▶ *nm-nf* privileged person: *Somos unos ~s.* We're privileged people.

privilegio *nm* privilege

pro[1] *prep* for: *la organización ~ ciegos* the society for the blind LOC **en pro de** in favour of *sb/sth*

pro[2] *nm* LOC **los pros y los contras** the pros and cons

proa *nf* bow(s) [*se usa mucho en plural*]

probabilidad *nf* ~ **(de)** chance (of *sth/doing sth*): *Creo que tengo muchas ~es de aprobar.* I think I've got a good chance of passing. ◇ *Tiene pocas ~es.* He hasn't got much chance.

probable *adj* likely, probable (*más formal*): *Es muy ~ que llueva.* It's likely to rain. ◇ *Es ~ que no esté en casa.* He probably won't be in. LOC **poco probable** unlikely

probablemente *adv* probably

probador *nm* fitting room

probar *vt* **1** (*comprobar que funciona*) to try *sth* out: *~ la lavadora* to try out the washing machine **2** (*comida, bebida*) **(a)** (*por primera vez*) to try: *Nunca he probado el caviar.* I've never tried caviar. **(b)** (*catar, degustar*) to taste: *Prueba esto. ¿Está soso?* Taste this. Does it need salt? **3** (*demostrar*) to prove: *Esto prueba que yo tenía razón.* This proves I was right.

▶ *vi* ~ **(a)** (*intentar*) to try (*doing sth*): *¿Has probado a abrir la ventana?* Have you tried opening the window? ◇ *He probado con todo y no hay manera.* I've tried everything but with no success.

▶ **probar(se)** *vt, vp* (*ropa*) to try *sth* on LOC **probar suerte** to try your luck

probeta *nf* test tube

problema *nm* problem: *—¿Estará listo para mañana? — Sí, no hay ningún ~.* 'Will it be ready by tomorrow?' 'Sure, no problem!'

procedencia *nf* origin

procedente *adj* ~ **de** from...: *el tren ~ de Bilbao* the train from Bilbao

proceder *vi* ~ **de** to come from...: *La sidra procede de la manzana.* Cider comes from apples. ◇ *Este queso procede de un pueblo en las montañas.* This cheese comes from a mountain village.

procedimiento *nm* procedure: *según los ~s establecidos* according to established procedure

procesador *nm* processor: *~ de datos/textos* data/word processor

procesamiento *nm* processing LOC *Ver* TEXTO

procesar *vt* **1** (*juzgar*) to prosecute *sb* (*for sth/doing sth*): *Fue procesada por fraude.* She was prosecuted for fraud. **2** (*producto, Informát*) to process

procesión *nf* procession

proceso *nm* **1** process: *un ~ químico* a chemical process **2** (*Jur*) proceedings [*pl*]

proclamar *vt* **1** (*anunciar*) to announce: *Los diarios proclamaron la subida de impuestos.* The papers announced the rise in taxes.

P

2 (*rey, presidente, etc.*) to proclaim **3** (*designar*) to declare: *La proclamaron ganadora.* They declared her the winner. LOC **proclamarse campeón** to become champion

procurar *vt* to try: *Procuremos descansar.* Let's try to rest. ◊ *Procuraré que vengan.* I'll try to make sure they come. ◊ *Procura que todo esté en orden.* Try to make sure everything's OK. ➲ *Ver nota en* TRY

prodigio *nm* (*persona*) prodigy [*pl* prodigies] LOC *Ver* NIÑO

producción *nf* **1** (*fabricación, Cine, Teat*) production: *la ~ del acero* steel production ◊ *una ~ anglo-hispana* an Anglo-Spanish co-production **2** (*agrícola*) yield **3** (*industrial, artística*) output LOC **producción en cadena/serie** mass production

producir *vt* **1** to produce: *~ aceite/papel* to produce oil/paper **2** (*causar*) to cause: *La tormenta produjo un corte de luz.* The storm caused a power cut. LOC *Ver* VÉRTIGO

productividad *nf* productivity

productivo, -a *adj* **1** (*que produce, útil*) productive: *unas tierras productivas* productive land ◊ *una reunión muy productiva* a very useful meeting **2** (*rentable*) profitable: *un negocio ~* a profitable business

producto *nm* product: *~s de belleza/limpieza* beauty/cleaning products LOC **productos agrícolas/del campo** agricultural/farm produce [*incontable*] ➲ *Ver nota en* PRODUCT

productor, -ora *adj* producing: *un país ~ de petróleo* an oil-producing country
▶ *nm-nf* producer

productora *nf* (*Cine*) production company [*pl* production companies]

profesión *nf* profession, occupation ➲ *Ver nota en* WORK

profesional *adj, nmf* professional: *un ~ del ajedrez* a professional chess player LOC *Ver* FORMACIÓN, HISTORIAL, INSTITUTO

profesor, -ora *nm-nf* **1** teacher: *un ~ de geografía* a geography teacher **2** (*de universidad*) lecturer ➲ *Ver nota en* MÉDICO LOC **profesor particular** private tutor

profesorado *nm* teachers [*pl*]: *El ~ está muy descontento.* The teachers are very unhappy. ◊ *la formación del ~* teacher training

profeta, -isa *nm-nf* prophet

profundamente *adv* deeply: *Lo lamento ~.* I deeply regret it.

profundidad *nf* depth: *a 400 metros de ~* at a depth of 400 metres ◊ *estudiar algo en ~* to study sth in depth ◊ *¿Qué ~ tiene?* How deep is it? LOC **tener dos metros, etc. de profundidad** to be two metres, etc. deep ◆ **tener poca profundidad** to be shallow

profundo, -a *adj* deep: *una voz profunda* a deep voice ◊ *sumirse en un sueño ~* to fall into a deep sleep LOC **poco profundo** shallow

programa *nm* **1** (*TV, Radio, plan, folleto*) programme: *un ~ de televisión* a TV programme ◊ *un ~ de risa* a comedy programme **2** (*Informát*) program **3** (*temario*) syllabus [*pl* syllabuses] **4** (*calendario*) schedule: *Tengo un ~ muy apretado.* I've got a very tight schedule. **5** (*actividades*): *¿Cuál es el ~ para mañana?* What's happening tomorrow? LOC **programa de estudios** curriculum [*pl* curricula/curriculums] ◆ **programa electoral** election manifesto [*pl* election manifestos] ◆ **programas del corazón** celebrity gossip shows

programación *nf* **1** (*TV, Radio*) programmes [*pl*]: *la ~ infantil* children's programmes **2** (*Informát*) (computer) programming: *un curso de ~* a (computer) programming course

programador, -ora *nm-nf* (*Informát*) programmer

programar *vt* **1** (*elaborar*) to plan **2** (*aparato*) to set: *~ el vídeo* to set the video
▶ *vt, vi* (*Informát*) to program

progresar *vi* to make progress: *Han progresado mucho.* They've made good progress.

progresista *adj, nmf* progressive

progreso *nm* progress [*incontable*]: *hacer ~s* to make progress

prohibición *nf* **1** (*orden*) ban (*on sth*): *la ~ de fumar en el metro* the smoking ban/ban on smoking in the metro **2** (*acción*) prohibition: *verbos que expresan ~* verbs expressing prohibition

prohibido, -a *adj* forbidden: *Queda terminantemente ~ vender en las calles.* Street trading is strictly forbidden. ◊ *circular por dirección prohibida* to drive the wrong way LOC **prohibido el paso/entrar** no entry ◆ **prohibido fijar carteles** no fly-posting ◆ **prohibido fumar** no smoking ◆ **prohibido pisar el césped** keep off the grass *Ver tb* DIRECCIÓN; *Ver tb* PROHIBIR

prohibir *vt* **1** to forbid *sb* (*to do sth*): *Mi padre me ha prohibido salir de noche.* My father has forbidden me to go out at night. ◊ *Le han prohibido los dulces.* She's been forbidden to eat sweets. **2** (*oficialmente*) to ban *sb/sth* (*from doing sth*): *Han prohibido la circulación por el centro.* Traffic has been banned in the town centre.
▶ **prohibirse** *vp*: *Se prohíbe fumar.* No smoking.

P

prójimo *nm* neighbour: *amar al ~* to love your neighbour

prólogo *nm* prologue

prolongar *vt* **1** (*plazo, estancia, calle, etc.*) to extend: *Han prolongado la calle hasta el mar.* The street has been extended as far as the sea. **2** (*vida*) to prolong, to make *sth* longer (*más coloq*): *~ la vida de un enfermo* to prolong a patient's life

▶ **prolongarse** *vp* to go on: *La reunión se prolongó hasta bien entrada la tarde.* The meeting went on well into the evening.

promedio *nm* average LOC **como/de promedio** on average

promesa *nf* promise: *cumplir/hacer una ~* to keep/make a promise ◇ *una joven ~* a young man/woman with great promise

prometer *vt* to promise: *Te prometo que volveré.* I promise I'll come back. ◇ *Te lo prometo.* I promise.

prometido, -a *nm-nf* **1** (*masc*) fiancé **2** (*fem*) fiancée

promo *nf* **1** (*comercial*) advertisement, ad (*coloq*) **2** (*Mús, Cine*) promotional video [*pl* promotional videos]

promoción *nf* **1** promotion: *la ~ de una película* the promotion of a film **2** (*curso*) year: *un compañero de mi ~* someone in my year

promocionar *vt* to promote

promover *vt* (*fomentar*) to promote: *~ el diálogo* to promote dialogue

pronombre *nm* pronoun

pronosticar *vt* to forecast

pronóstico *nm* **1** (*tiempo*) forecast: *el ~ del tiempo* the weather forecast **2** (*resultado, suceso*) prediction **3** (*Med*) prognosis [*pl* prognoses] LOC **de pronóstico grave/leve** serious/minor: *Sufrió heridas de ~ grave.* He suffered serious injuries.

pronto *adv* **1** (*enseguida*) soon: *Vuelve ~.* Come back soon. ◇ *lo más ~ posible* as soon as possible **2** (*temprano*) early LOC **de pronto** suddenly ◆ **¡hasta pronto!** see you soon!

pronunciación *nf* pronunciation

pronunciar *vt* **1** (*sonidos*) to pronounce **2** (*discurso*) to give: *~ un discurso* to give a speech

▶ *vi*: *Pronuncias muy bien.* Your pronunciation is very good.

▶ **pronunciarse** *vp* **pronunciarse en contra/a favor de** to come out against/in favour of *sth*: *~se en contra de la guerra* to come out against the war

propaganda *nf* **1** (*publicidad*) advertising: *hacer ~ de un producto* to advertise a product **2** (*material publicitario*) leaflets, flyers [*pl*]

Los **leaflets** suelen tener más información, mientras que los **flyers** normalmente sólo son una hoja con información sobre un acontecimiento, producto, etc.: *Estaban repartiendo propaganda de la nueva discoteca.* They were handing out flyers for the new club.

En sentido peyorativo, la propaganda por correo se llama **junk mail**: *En el buzón no había más que propaganda.* The letter box was full of junk mail. La propaganda por email se llama también **spam**.

3 (*Pol*) propaganda: *~ electoral* election propaganda LOC **hacer propaganda de** to advertise *sth/sb*

propagar(se) *vt, vp* to spread: *El viento propagó las llamas.* The wind spread the flames.

propenso, -a *adj* ~ **a** prone to *sth/to do sth*

propiedad *nf* property [*pl* properties]: *~ particular/privada* private property ◇ *las ~es medicinales de las plantas* the medicinal properties of plants

propietario, -a *nm-nf* owner

propina *nf* (*bar, restaurante, etc.*) tip: *¿Dejamos ~?* Shall we leave a tip? ◇ *Dejé dos euros de ~.* I left a two-euro tip.

propio, -a *adj* **1** (*de uno*) my, your, etc. own: *Todo lo que haces es en beneficio ~.* Everything you do is for your own benefit. ◇ *La echaron de su propia casa.* She was thrown out of her own house. **2** (*mismo*) himself/herself [*pl* themselves]: *El ~ pintor inauguró la exposición.* The painter himself opened the exhibition. **3** (*característico*) typical of *sb*: *Llegar tarde es ~ de ella.* It's typical of her to be late. LOC **en propia meta/puerta**: *marcar (un gol) en propia puerta* to score an own goal *Ver tb* AMOR, DEFENSA, INICIATIVA, NOMBRE

proponer *vt* **1** (*medida, plan*) to propose: *Te propongo un trato.* I've got a deal for you. **2** (*acción*) to suggest *doing sth*/(*that*...): *Propongo ir al cine esta tarde.* I suggest going to the cinema this evening. ◇ *Propuso que nos marchásemos.* He suggested (that) we should leave.

▶ **proponerse** *vp* to set out *to do sth*: *Me propuse acabarlo.* I set out to finish it.

proporción *nf* **1** (*relación, tamaño*) proportion: *El largo debe estar en ~ con el ancho.* The length must be in proportion to the width. **2** (*Mat*) ratio: *La ~ de niños y niñas es de uno a tres.* The ratio of boys to girls is one to three.

proporcionar *vt* **1** (*suministrar*) to provide: *La compañía me proporciona coche.* The company provides me with a car. **2** (*producir*) to give: *Les proporcionó una inmensa alegría.* It gave them great joy. LOC *Ver* ALOJAMIENTO

proposición *nf* proposal LOC **hacer proposiciones deshonestas** to make improper suggestions ◆ **proposición de matrimonio** proposal (of marriage): *hacerle una ~ de matrimonio a algn* to propose to sb

propósito *nm* **1** (*intención*) intention: *buenos ~s* good intentions ◇ *Llegó con el ~ de estudiar.* She arrived with the intention of studying. **2** (*objetivo*) purpose: *El ~ de esta reunión es...* The purpose of this meeting is... LOC **a propósito 1** (*adrede*) on purpose **2** (*por cierto*) by the way

propuesta *nf* proposal: *Desestimaron la ~.* The proposal was turned down.

prórroga *nf* **1** (*de un plazo*) extension **2** (*Dep*) extra time, overtime (*USA*)

prosa *nf* prose

prospecto *nm* **1** (*de medicamentos*) instructions: *¿Te has leído el ~?* Have you read the instructions? **2** (*de propaganda*) leaflet

prosperar *vi* to prosper

prosperidad *nf* prosperity

próspero, -a *adj* prosperous

prostituta *nf* prostitute

protagonismo *nm* high profile: *dar mayor ~ a algn/algo* to give sb/sth a higher profile ◇ *Tiene mucho afán de ~.* He always wants to be the centre of attention.

P

protagonista *nmf* main character

protagonizar *vt* to star in *sth*: *Protagonizan la película dos actores desconocidos.* Two unknown actors star in this film.

protección *nf* protection LOC *Ver* VIVIENDA

protector, -ora *adj* protective

proteger *vt* to protect *sb/sth* (*against/from sth*): *El sombrero te protege del sol.* Your hat protects you from the sun.

proteína *nf* protein

protesta *nf* protest: *Ignoraron las ~s de los alumnos.* They ignored the students' protests. ◇ *una carta de ~* a letter of protest

protestante *adj, nmf* Protestant ➲ *Ver nota en* CATÓLICO

protestantismo *nm* Protestantism

protestar *vi* **1 ~ (por)** (*quejarse*) to complain (about *sth*): *Deja ya de ~.* Stop complaining. **2 ~ (contra/por)** (*reivindicar*) to protest (against/about/at *sth*): *~ por la subida de las tasas universitarias* to protest about the rise in university fees ◇ *~ contra una ley* to protest against a law

protestón, -ona *adj* whingeing ▶ *nm-nf* whinger

prototipo *nm* **1** (*primer ejemplar*) prototype: *el ~ de las nuevas locomotoras* the prototype for the new engines **2** (*modelo*) epitome: *el ~ del hombre moderno* the epitome of modern man

provecho *nm* benefit LOC **¡buen provecho!** enjoy your meal! ➲ *Ver nota en* APROVECHAR ◆ **sacar provecho** to benefit *from sth*

proveedor, -ora *nm-nf* supplier

proverbio *nm* proverb

provincia *nf* province: *un pueblo de la ~ de Huesca* a town in the province of Huesca

provisional *adj* provisional LOC *Ver* LIBERTAD

provocar *vt* **1** (*hacer enfadar*) to provoke **2** (*causar*) **(a)** to cause: *~ un accidente* to cause an accident **(b)** (*incendio, guerra*) to start

próximamente *adv* shortly, soon (*más coloq*)

proximidad *nf* nearness, proximity (*más formal*): *la ~ del mar* the nearness/proximity of the sea

próximo, -a *adj* next: *la próxima parada* the next stop ◇ *el mes/martes ~* next month/Tuesday ◇ *La Navidad/primavera está próxima.* It will soon be Christmas/spring. LOC *Ver* ORIENTE

proyectar *vt* **1** (*imagen*) to project: *~ una imagen sobre una pantalla* to project an image onto a screen **2** (*película, diapositivas*) to show **3** (*planear*) to plan: *Lo hicimos como estaba proyectado.* We did it as planned.

proyectil *nm* projectile

proyecto *nm* **1** (*de investigación, de obra*) project: *Estamos casi al final del ~.* We're almost at the end of the project. **2** (*plan*) plan: *¿Tienes algún ~ para el futuro?* Have you got any plans for the future? LOC **proyecto de ley** bill

proyector *nm* projector

prudencia *nf* good sense LOC **con prudencia** carefully: *conducir con ~* to drive carefully

prudente *adj* **1** (*sensato*) sensible: *un hombre/una decisión ~* a sensible man/decision **2** (*cauto*) careful: *Sé ~.* Be careful.

prueba *nf* **1** (*test*) test: *una ~ de aptitud* an aptitude test ◇ *hacerse la ~ del embarazo* to have a pregnancy test **2** (*Jur*) evidence [*incontable*]: *No hay ~s contra mí.* There's no evidence against me. ◇ *Encontraron una ~.* They found a piece of evidence. **3** (*Dep*) event: *Hoy comienzan las ~s de salto de altura.* The high jump event begins today. **4** (*Mat*) proof LOC **a prueba** on trial: *Me admitieron a ~ en la fábrica.* I was taken on at the factory for a trial period. ◆ **a prueba de balas** bulletproof ◆ **poner a prueba** to test: *Puso a ~ mis conocimientos.* He tested my knowledge. *Ver tb* ALCOHOLEMIA, ANTIDOPAJE

psicología *nf* psychology

psicológico, -a *adj* psychological

psicólogo, -a *nm-nf* psychologist

psiquiatra *nmf* psychiatrist

psiquiatría *nf* psychiatry

psiquiátrico, -a *adj* psychiatric
▶ *nm* (*hospital mental*) psychiatric hospital

psíquico, -a *adj* psychic

púa *nf* **1** (*animal*) spine **2** (*peine*) tooth [*pl* teeth]

pub *nm* bar

> En Gran Bretaña se utiliza la palabra **pub** para referirse al pub tradicional británico. Hoy en día existen muchos lugares de estilo más internacional, y estos se llaman **bars**.

pubertad *nf* puberty

publicación *nf* publication LOC **de publicación mensual/quincenal/semanal** monthly/fortnightly/weekly: *una revista de ~ semanal* a weekly magazine

publicar *vt* **1** (*editar*) to publish: *~ una novela* to publish a novel **2** (*divulgar*) to publicize

publicidad *nf* **1** (*divulgación*) publicity: *Han dado demasiada ~ al caso.* The case has had too much publicity. **2** (*propaganda*) advertising: *Hay demasiada ~ en la tele.* There's too much advertising on TV. ◇ *estudiar ~* to study advertising ◇ *hacer ~ en la radio* to advertise on the radio

publicista *nmf* publicist

publicitario, -a *adj* advertising: *una campaña publicitaria* an advertising campaign LOC *Ver* VALLA

público, -a *adj* **1** public: *la opinión pública* public opinion ◇ *transporte ~* public transport **2** (*del Estado*) state: *una escuela pública* a state school ◇ *el sector ~* the state sector
▶ *nm* **1** public [*v sing o pl*]: *abierto al ~* open to the public ◇ *El ~ está a favor de la nueva ley.* The public is/are in favour of the new law. ◇ *hablar en ~* to speak in public **2** (*clientela*) clientele: *un ~ selecto* a select clientele **3** (*espectadores*) audience [*v sing o pl*] ➲ *Ver nota en* JURADO LOC *Ver* ALTERAR, COLEGIO, DOMINIO, EMPRESA, HORARIO, RELACIÓN

puchero *nm* **1** (*recipiente*) (cooking) pot **2** (*cocido*) stew LOC **hacer pucheros** to pout

pudiente *adj* wealthy

pudor *nm* shame

pudrirse *vp* to rot

pueblo *nm* **1** (*gente*) people [*pl*]: *el ~ español* the Spanish people **2** (*población pequeña*) village **3** (*población grande*) town

puente *nm* **1** bridge: *un ~ colgante/de piedra* a suspension/stone bridge **2** (*vacaciones*) long weekend: *hacer ~* to have a long weekend LOC **puente aéreo** shuttle service ◆ **puente levadizo** drawbridge

puenting *nm* bungee jumping: *hacer ~* to go bungee jumping ❶ El **bungee jumping** se suele practicar con una cuerda elástica.

puerco, -a *nm-nf* pig ➲ *Ver nota en* CERDO

puerro *nm* leek

puerta *nf* **1** (*casa, coche, etc.*) door: *la ~ principal/trasera* the front/back door ◇ *Llaman a la ~.* There's someone at the door. **2** (*ciudad, palacio*) gate **3** (*Dep*) goal: *Tiró a ~ pero falló.* He shot at goal but missed. LOC **coger la puerta** to clear off ◆ **puerta corrediza/giratoria** sliding/revolving door ◆ **puerta de embarque** gate *Ver tb* CERRAR, PROPIO

puerto *nm* **1** (*de mar, río*) port: *un ~ comercial/pesquero* a commercial/fishing port **2** (*de montaña*) pass LOC **puerto deportivo** marina *Ver tb* INGENIERO

pues *conj* well: *Pues como íbamos diciendo...* Well, as we were saying... ◇ *¡Pues a mí no me dijo nada!* Well, he didn't mention it to me! ◇ *¿Que no te apetece salir? Pues no salgas.* You don't feel like going out? Well, don't.

puesta *nf* LOC **puesta a punto** tuning: *Este coche necesita una ~ a punto.* This car needs tuning. ◆ **puesta de sol** sunset ◆ **puesta en común** round table

puesto, -a *adj* **1** *Dejaré la mesa puesta.* I'll leave the table laid. **2** (*bien arreglado*) smart
▶ *nm* **1** (*lugar*) place: *El ciclista español ocupa el primer ~.* The Spanish cyclist is in first place. ◇ *llegar en tercer ~* to be third ◇ *¡Todo el mundo a sus ~s!* Places, everyone! **2** (*empleo*) job: *solicitar un ~ de trabajo* to apply for a job ◇ *Su mujer tiene un buen ~.* His wife's got a good job. ➲ *Ver nota en* WORK **3** (*caseta*) **(a)** (*en un mercado*) stall **(b)** (*en una feria de muestras*) stand LOC **estar (muy) puesto en algo** to know a lot about sth ◆ **llevar algo puesto** to wear sth: *No lo envuelva, me lo llevo ~.* There's no need to put it in a bag. I'll wear it. ◆ **puesto de periódicos** news-stand *Ver tb* PONER

púgil *nm* boxer

pulcritud *nf* neatness

pulcro, -a *adj* neat

pulga *nf* flea LOC **tener malas pulgas** to have a bad temper

pulgada *nf* inch (*abrev* in.) ➲ *Ver pág 792*

pulgar *nm* thumb

Pulgarcito *n pr* Tom Thumb

P

pulir *vt* **1** (*dar brillo*) to polish **2** (*persona, modales*) to improve: *Debes ~ tus modales.* You need to improve your manners.
▶ **pulirse** *vp* (*dinero*) to squander

pulmón *nm* lung

pulmonar *adj* lung: *una infección ~* a lung infection

pulmonía *nf* pneumonia [*incontable*]: *coger una ~* to catch pneumonia

pulpa *nf* pulp

púlpito *nm* pulpit

pulpo *nm* octopus [*pl* octopuses]

pulsación *nf* (*corazón*) pulse: *Con el ejercicio aumenta el número de pulsaciones.* Your pulse rate increases after exercise.

pulsar *vt* **1** (*tecla, botón*) to press: *Pulse la tecla dos veces.* Press the key twice. **2** (*timbre*) to ring ▶ *vi* ~ **en** (*Informát*) to click on *sth*: *Pulse en la imagen.* Click on the image.

pulsera *nf* **1** (*brazalete*) bracelet **2** (*de reloj*) strap

pulso *nm* **1** (*Med*) pulse: *Tienes el ~ muy débil.* You have a very weak pulse. ◇ *El médico me tomó el ~.* The doctor took my pulse. **2** (*mano firme*) (steady) hand: *tener buen ~* to have a steady hand ◇ *Me tiembla el ~.* My hand is trembling. LOC **a pulso**: *¡No pretenderás que lo levante a ~!* You surely don't expect me to lift it with my bare hands? ◆ **echar un pulso** to arm-wrestle ◆ **ganarse algo a pulso** to earn sth: *Todo lo que tengo me lo he ganado a ~.* Everything I have, I've earned myself.

P

pulverizador *nm* spray

pulverizar *vt* **1** (*rociar*) to spray **2** (*destrozar*) to pulverize

punki (*tb* **punk**) *adj, nmf* punk

punta *nf* **1** (*cuchillo, zapato, lápiz, etc.*) point **2** (*lengua, dedo, nariz, iceberg*) tip: *Lo tengo en la ~ de la lengua.* It's on the tip of my tongue. **3** (*extremo, pelo*) end: *en la otra ~ de la mesa* at the other end of the table ◇ *~s abiertas* split ends **4** (*clavo*) tack LOC **a punta de navaja/pistola** at knifepoint/gunpoint ◆ **de punta a punta**: *de ~ a ~ de Granada* from one side of Granada to the other ◆ **de punta en blanco** dressed up to the nines ◆ **sacar punta** (*afilar*) to sharpen *sth* *Ver tb* CORTAR, HORA, MEDIO, NERVIO, PELO, TECNOLOGÍA

puntada *nf* stitch: *Dale unas ~s a ese dobladillo.* Put a stitch in the hem.

puntapié *nm* kick: *Le di un ~.* I kicked him.

puntería *nf* shot: *¡Qué ~ la mía!* What a good shot! LOC **tener buena/mala puntería** to be a good/bad shot *Ver tb* AFINAR

puntiagudo, -a *adj* pointed

puntilla *nf* (*encaje*) lace edging LOC **de puntillas** on tiptoe: *andar de ~s* to walk on tiptoe ◇ *Entré/Salí de ~s.* I tiptoed in/out.

punto *nm* **1** (*cuestión, tanto, zona*) point: *Pasemos al siguiente ~.* Let's go on to the next point. ◇ *Perdimos por dos ~s.* We lost by two points. ◇ *en todos los ~s del país* all over the country **2** (*signo de puntuación*) full stop, period (*USA*) ➲ *Ver pág 339* **3** (*señal, Informát*) dot: *~ com* dot com **4** (*grado*) extent: *¿Hasta qué ~ es cierto?* To what extent is this true? **5** (*Costura, Med*) stitch: *Me dieron tres ~s.* I had three stitches. LOC **a punto de nieve** stiffly beaten: *batir/montar las claras a ~ de nieve* to beat egg whites until they are stiff ◆ **con puntos y comas** down to the last detail ◆ **de punto** knitted: *un vestido de ~* a knitted dress ◆ **dos puntos** colon ➲ *Ver pág 379* ◆ **en punto** precisely, on the dot (*coloq*): *Son las dos en ~.* It's two o'clock on the dot. ◆ **en su punto** (*Cocina*) just right ◆ **estar a punto de hacer algo 1** to be about to do sth: *Está a ~ de terminar.* It's about to finish. **2** (*por poco*) to nearly do sth: *Estuvo a ~ de perder la vida.* He nearly lost his life. ◆ **hacer punto** to knit ◆ **punto débil/flaco** weak point ◆ **punto de ebullición/fusión** boiling/melting point ◆ **punto de vista** point of view ◆ **punto final** full stop, period (*USA*) ◆ **punto limpio** (selective) recycling point ◆ **punto muerto 1** (*coche*) neutral **2** (*negociaciones*) deadlock ◆ **puntos suspensivos** dot dot dot ◆ **punto y aparte** new paragraph ◆ **punto y coma** semicolon ➲ *Ver pág 379* ◆ **y punto** and that's that!: *No vas a ir y ~.* You're not going, and that's that. *Ver tb* CHAQUETA, CIERTO, PUESTA

puntuación *nf* **1** (*escritura*) punctuation: *signos de ~* punctuation marks ➲ *Ver pág 379* **2** (*competición, examen*) mark(s), grade(s) (*USA*): *Todo depende de la ~ que le den los jueces.* It all depends on what marks the judges award him. ◇ *Obtuvo la ~ más alta de todas.* He got the highest mark of all.

puntual *adj* punctual

> **Punctual** se suele utilizar para referirnos a la cualidad o virtud de una persona: *Es importante ser puntual.* It's important to be punctual. Cuando nos referimos a la idea de "llegar a tiempo" se utiliza la expresión **on time**: *Procura ser/llegar puntual.* Try to get there on time. ◇ *Este chico nunca es puntual.* He's always late./He's never on time.

puntualidad *nf* punctuality

puntualizar *vt* to make *sth* clear: *Puntualizó que fue él quien lo había sugerido.* He made it clear that he was the one who had suggested it. ◇ *El testigo puntualizó todos los detalles del accidente.* The witness gave specific details about the accident.

puntuar *vt* **1** (*escritura*) to punctuate **2** (*calificar*) to mark, to grade (*USA*)

punzada *nf* sharp pain: *Siento ~s en el estómago.* I've got sharp pains in my stomach.

punzante *adj* sharp: *un objeto ~* a sharp object

puñado *nm* handful: *un ~ de arroz* a handful of rice

puñal *nm* dagger

puñalada *nf* stab: *dar una ~ a algn* to stab sb

puñeta *nf* LOC **hacer la puñeta** (*fastidiar*) to make trouble *for sb* ◆ **irse a hacer puñetas**: *¡Vete a hacer ~s!* Get lost!

puñetazo *nm* punch: *Me dio un ~ en todo el estómago.* He punched me in the stomach. LOC *Ver* LIAR

puño *nm* **1** (*mano cerrada*) fist **2** (*manga*) cuff **3** (*bastón, paraguas*) handle ➲ *Ver dibujo en* HANDLE **4** (*espada*) hilt LOC **como puños** great big...: *mentiras como ~s* great big lies ◆ **de su puño y letra** in his/her own handwriting *Ver tb* VERDAD

pupa *nf* **1** (*en los labios*) cold sore **2** (*en lenguaje infantil*): *hacerse ~* to hurt yourself

pupila *nf* pupil

pupitre *nm* desk

puré *nm* **1** (*muy espeso*) purée: *~ de tomate/manzana* tomato/apple purée **2** (*sopa cremosa*) soup [*incontable*]: *~ de lentejas/verduras* lentil/vegetable soup ◇ *Voy a hacer un ~.* I'm going to make some soup. LOC **estar hecho puré** (*muy cansado*) to be shattered ◆ **puré de patatas** mashed potato [*incontable*]

pureza *nf* purity

purificar *vt* to purify

puritano, -a *adj, nm-nf* (*ñoño*) puritanical: *Es un ~.* He's so puritanical.

puro *nm* **1** (*cigarro*) cigar **2** (*castigo*): *Me cayó un buen ~ por no hacer los deberes.* I got into real trouble for not doing my homework.

puro, -a *adj* **1** pure: *oro ~* pure gold **2** (*uso enfático*) simple: *la pura verdad* the simple truth ◇ *por pura casualidad* purely by chance LOC *Ver* CHURRO, SUGESTIÓN

púrpura *nf* purple

purpurina *nf* glitter

pus *nm* pus

puzzle *nm* jigsaw: *hacer un ~* to do a jigsaw

Qq

que[1] *pron*

- **sujeto 1** (*personas*) who: *el hombre ~ vino ayer* the man who came yesterday ◇ *Mi hermana, ~ vive allí, dice que es precioso.* My sister, who lives there, says it's lovely. **2** (*cosas*) that: *el coche ~ está aparcado en la plaza* the car that's parked in the square ❶ Cuando **que** equivale a *el cual, la cual,* etc., se traduce por **which**: *Este edificio, ~ antes fue sede del Gobierno, hoy es una biblioteca.* This building, which previously housed the Government, is now a library.
- **complemento**

> En inglés se prefiere no traducir **que** cuando funciona como complemento, aunque también es correcto usar **that/who** para personas y **that/which** para cosas: *el chico que conociste en Roma* the boy (that/who) you met in Rome ◇ *la revista que me prestaste ayer* the magazine (that/which) you lent me yesterday.

LOC **el que/la que/los que/las que** *Ver* EL

que[2] *conj* **1** [*con oraciones subordinadas*] (that): *Dijo ~ vendría esta semana.* He said (that) he would come this week. ◇ *Quiero ~ viajes en primera.* I want you to travel first class. **2** [*en comparaciones*]: *Mi hermano es más alto ~ tú.* My brother's taller than you. ◇ *Yo pienso igual ~ ellos.* I think the same as them. **3** (*en mandatos*): *¡Que te calles!* Shut up! ◇ *¡Que lo paséis bien!* Have a good time! **4** (*resultado*) (that): *Estaba tan cansada ~ me quedé dormida.* I was so tired (that) I fell asleep. **5** [*otras construcciones*]: *Sube la radio ~ no la oigo.* Turn the radio up — I can't hear it. ◇ *Cuando lavo el coche se queda ~ parece nuevo.* When I wash the car, it looks like new. ◇ *No hay día ~ no llueva.* There isn't a single day when it doesn't rain. ◇ *¡Cómo dices! ¿Que se ha pasado el plazo?* What? It's too late to apply? LOC **¡que sí/no!** yes/no!

qué *adj*

- **interrogación** what: *¿Qué hora es?* What time is it? ◇ *¿En ~ piso vives?* What floor do you live on? ❶ Cuando existen sólo unas pocas posibilidades solemos usar **which**: *¿Qué* *coche cogemos hoy? ¿El tuyo o el mío?* Which car shall we take today? Yours or mine?

• **exclamación 1** (*con sustantivos contables en plural e incontables*) what: *¡Qué casas más bonitas!* What lovely houses! ◇ *¡Qué valor!* What a nerve! **2** (*con sustantivos contables en singular*) what a: *¡Qué vida!* What a life! **3** [*cuando el sustantivo se traduce por un adjetivo*] how: *¡Qué rabia/horror!* How annoying/awful!

▶ *pron* what: *¿Qué? Habla más alto.* What? Speak up. ◇ *No sé ~ quieres.* I don't know what you want.

▶ *adv* how: *¡Qué interesante!* How interesting! LOC **¿a qué estamos?** what's the date today? ◆ **¡qué bien!** great! ◆ **¡qué de...!** what a lot of...!: *¡Qué de turistas!* What a lot of tourists! ◆ **¡qué mal!** oh no! ◆ **¿qué tal? 1** (*saludo*) how are things? **2** (*¿cómo está/están?*) how is/are...?: *¿Qué tal tus padres?* How are your parents? **3** (*¿cómo es/son?*) what is/are *sb/sth* like?: *¿Qué tal la película?* What was the film like? ◆ **¡qué va!** no way! ◆ **¿y a mí qué?** what's it to me, you, etc.? ◆ **¿y qué?** so what?

quebrado *nm* fraction ➲ *Ver pág 791*

quebrar *vi* to go bankrupt

queda *nf* LOC *Ver* TOQUE

quedar *vi* **1** (*haber*) to be left: *¿Queda café?* Is there any coffee left? ◇ *Quedan tres días para las vacaciones.* There are three days left before we go on holiday. ◇ *Quedan cinco kilómetros para Granada.* It's still five kilometres to Granada. **2** (*tener*) to have *sth* left: *Todavía nos quedan dos botellas.* We've still got two bottles left. ◇ *No me queda dinero.* I haven't got any money left. **3** (*citarse*) to meet: *¿Dónde quedamos?* Where shall we meet? ◇ *He quedado con ella a las tres.* I've arranged to meet her at three o'clock. **4** (*estar situado, llegar*) to be: *¿Dónde queda tu hotel?* Where is your hotel? ◇ *Quedamos terceros en el concurso.* We were third in the competition. **5** (*ropa*): *¿Qué tal me queda la chaqueta?* How does the jacket look on me? ◇ *El jersey le queda grande/pequeño.* The sweater's too big/small for him. ◇ *Esa falda te queda muy bien.* That skirt really suits you. **6 ~ en** to agree *to do sth*: *Quedamos en vernos el martes.* We agreed to meet on Tuesday.

▶ **quedarse** *vp* **1** (*en un sitio*) to stay: *~se en la cama/en casa* to stay in bed/at home **2 + adjetivo** to go: *~se calvo/ciego* to go bald/blind **3 quedarse (con)** to keep: *Quédese (con) el cambio.* Keep the change. **4 quedarse con** (*hambre, sed, etc.*) to be still hungry/thirsty: *Me quedé con hambre después de la cena.* I was still hungry after dinner. **5 quedarse haciendo algo** to carry on doing sth: *Me quedé un rato mirando.* I carried on watching for a while. LOC **quedar bien/mal** to make a good/bad impression (*on sb*): *He quedado muy mal con Raúl.* I made a bad impression on Raúl. ◆ **quedarse con algn** (*tomar el pelo*) to pull sb's leg ◆ **quedarse sin algo** to run out of sth: *Me he quedado sin cambio.* I've run out of change. ❶ Para otras expresiones con **quedar**, véanse las entradas del sustantivo, adjetivo, etc., p. ej. **quedarse de piedra** en PIEDRA.

queja *nf* complaint

quejarse *vp* **~ (de/por)** to complain, to moan (*coloq*) (about *sb/sth*): *¡Deja de quejarte de/por todo!* Stop moaning about everything!

quejica *nmf* whinger

quejido *nm* **1** (*de dolor*) moan **2** (*lamento, suspiro*) sigh **3** (*animal*) whine

quemado, -a *adj* **1** (*harto*) fed up: *Estoy muy ~.* I'm really fed up. **2** (*por el sol*) sunburnt LOC **saber a quemado** to taste burnt *Ver tb* OLER; *Ver tb* QUEMAR

quemadura *nf* **1** burn: *~s de segundo grado* second-degree burns **2** (*con líquido hirviendo*) scald LOC **quemadura de sol** sunburn [*incontable*]: *Es importante evitar las ~s de sol.* It's important to avoid getting sunburnt.

quemar *vt* **1** to burn: *Vas a ~ la tortilla.* You're going to burn the omelette. **2** (*edificio*) to burn *sth* down: *Intentaron ~ el parlamento.* They tried to burn down the parliament building.

▶ *vi* to be hot: *¡Cómo quema!* It's very hot!

▶ **quemarse** *vp* **1 quemarse (con)** (*persona*) to burn *sth/yourself* (on *sth*): *~se la lengua* to burn your tongue ◇ *Me quemé con la sartén.* I burnt myself on the frying pan. **2** (*comida*) to be burnt **3** (*con el sol*) to get sunburnt: *Enseguida me quemo.* I get sunburnt very easily. **4** (*hartarse*) to burn yourself out

querella *nf* (*Jur*) lawsuit LOC **poner una querella contra** to sue *sb*

querer *vt* **1 (a) ~ algo/hacer algo** to want sth/to do sth: *¿Cuál quieres?* Which one do you want? ◇ *Quiero salir.* I want to go out. ◇ *¿Quieres comer algo?* Would you like something to eat? **(b) ~ que algn haga algo** to want sb to do sth: *Quiere que vayamos a su casa.* He wants us to go to his house. ➲ *Ver nota en* WANT **2 ~ a algn/algo** (*amar*) to love sb/sth

▶ *vi* to want to: *No quiero.* I don't want to. ◇ *Pues claro que quiere.* Of course he wants to. LOC **querer decir** to mean: *¿Qué quiere decir esta palabra?* What does this word mean? ◆ **queriendo** (*a propósito*) on purpose ◆ **quisiera...** I, he, etc. would like *to do sth*: *Quisiera saber por qué siempre llegas tarde.*

Q

I'd like to know why you're always late. ◆ **sin querer**: *Perdona, ha sido sin ~.* Sorry, it was an accident. ◇ *Te prometo que lo hice sin ~.* I promise I did it accidentally. *Ver tb* AGRADAR

querido, -a *adj* dear ➲ *Ver nota en* ATENTAMENTE; *Ver tb* QUERER

queso *nm* cheese: *~ rallado* grated cheese ◇ *No me gusta el ~.* I don't like cheese. ◇ *un sándwich de ~* a cheese sandwich

quicio *nm* LOC **sacar de quicio** to drive *sb* mad

quiebra *nf* bankruptcy [*pl* bankruptcies]

quien *pron* **1** [*sujeto*] who: *Fue mi hermano ~ me lo dijo.* It was my brother who told me. **2** [*complemento*] ℹ En inglés se prefiere no traducir **quien** cuando funciona como complemento, aunque también es correcto usar **who** o **whom**: *Es a mi madre a quien quiero ver.* It's my mother I want to see. ◇ *Fue a él a quien se lo dije.* He was the one I told. ◇ *El chico con quien la vi ayer es su primo.* The boy (who) I saw her with yesterday is her cousin. ◇ *la actriz de quien se ha escrito tanto* the actress about whom so much has been written **3** (*cualquiera, todo el que*) whoever: *Invita a ~ quieras.* Invite whoever you want. ◇ *Quien esté a favor, que levante la mano.* Those in favour, raise your hands. ◇ *Paco, Julián o ~ sea.* Paco, Julián or whoever.

quién *pron* who: *¿Quién es?* Who is it? ◇ *¿A ~ viste?* Who did you see? ◇ *¿Quiénes vienen?* Who's coming? ◇ *¿Para ~ es este regalo?* Who is this present for? ◇ *¿De ~ hablas?* Who are you talking about? LOC **¿de quién es/son?** (*posesión*) whose is/are?: *¿De ~ es este abrigo?* Whose coat is this?

quienquiera *pron* whoever: *Quienquiera que sea el culpable recibirá su castigo.* Whoever is responsible will be punished.

quieto, -a *adj* still: *estarse/quedarse ~* to keep still

quilate *nm* carat: *oro de 18 ~s* 18-carat gold

química *nf* chemistry

químico, -a *adj* chemical
▶ *nm-nf* chemist

quince *adj, nm, pron* **1** fifteen **2** (*fecha*) fifteenth ➲ *Ver ejemplos en* ONCE *y* SEIS LOC **quince días** fortnight [*v sing*]: *Sólo vamos ~ días.* We're only going for a fortnight.

quinceañero, -a *nm-nf* (*adolescente*) teenager

quincena *nf* (*quince días*) two weeks [*pl*]: *la segunda ~ de enero* the last two weeks of January

quincenal *adj* fortnightly LOC *Ver* PUBLICACIÓN

quiniela *nf* **quinielas** (football) pools [*pl*]: *hacer la ~* to do the pools

quinientos, -as *adj, nm, pron* five hundred ➲ *Ver ejemplos en* SEISCIENTOS

quinta *nf* (*marcha*) fifth (gear)

quinto, -a *adj, nm-nf, pron* fifth ➲ *Ver ejemplos en* SEXTO LOC **en el quinto pino** in the middle of nowhere

quiosco *nm* stand LOC **quiosco de periódicos** news-stand

quirófano *nm* operating theatre, operating room (*USA*)

quirúrgico, -a *adj* surgical: *una intervención quirúrgica* an operation

quisquilloso, -a *adj* **1** (*exigente*) fussy **2** (*susceptible*) touchy

quitaesmalte *nm* nail varnish remover

quitamanchas *nm* stain remover

quitanieves *nf* snowplough

quitar *vt* **1** to take *sth* off/down/out: *Quita tus cosas de mi escritorio.* Take your things off my desk. ◇ *Quítale el jersey.* Take his jumper off. ◇ *Quitó el cartel.* He took the poster down. **2** (*Mat, retirar, robar*) to take *sth* away (*from sb/sth*): *Si a tres le quitas uno...* If you take one (away) from three... ◇ *Me multaron y me quitaron el carné de conducir.* I was fined and had my driving licence taken away. ◇ *Me han quitado la pluma.* Someone's taken my pen. **3** (*aliviar*): *~ el dolor* to relieve pain ◇ *~ el hambre/la sed/el sueño* to stop you feeling hungry/thirsty/sleepy **4** (*mancha*) to remove **5** (*tiempo*) to take up *sb's time*: *Los niños me quitan mucho tiempo.* The children take up a lot of my time.
▶ **quitarse** *vp* **1** (*ropa, gafas, maquillaje*) to take *sth* off: *Quítate los zapatos.* Take your shoes off. **2** (*mancha*) to come out: *Esta mancha no se quita.* This stain won't come out. LOC **no quitar la vista/los ojos (de encima)** not to take your eyes off *sb/sth* ◆ **¡quita (de ahí)!/¡quítate de en medio!** get out of the way! ◆ **quitarse de encima a algn** to get rid of sb ◆ **quitarse la costumbre/manía** to kick the habit (*of doing sth*): *~se la costumbre de morderse las uñas* to kick the habit of biting your nails ◆ **quitársele las ganas a algn** to go off the idea (*of doing sth*): *Se me han quitado las ganas de ir al cine.* I've gone off the idea of going to the cinema. ◆ **quitarse un peso de encima** to get a weight off your mind: *Me he quitado un gran peso de encima.* That's a great weight off my mind. *Ver tb* IMPORTANCIA, MESA, POLVO

quizá (*tb* **quizás**) *adv* perhaps, maybe: —*¿Crees que vendrá?* —*Quizás sí.* 'Do you think she'll come?' 'Perhaps.' ◇ *Quizás no.* Maybe not.

Rr

rábano *nm* radish

rabia *nf* **1** (*ira*) anger **2** (*Med*) rabies [*incontable*]: *El perro tenía la* ~. The dog had rabies. LOC **dar rabia** to annoy: *Me da muchísima* ~. It really annoys me. *Ver tb* COMIDO

rabieta *nf* tantrum: *Se cogió una buena* ~. He threw a real tantrum.

rabillo *nm* LOC **con/por el rabillo del ojo** out of the corner of your eye

rabino *nm* rabbi

rabioso, -a *adj* **1** (*furioso*) furious **2** (*Med*) rabid: *un perro* ~ a rabid dog

rabo *nm* **1** (*animal*) tail **2** (*planta, fruta*) stalk LOC *Ver* CABO

rácano, -a *adj* (*tacaño*) stingy
▶ *nm-nf* (*tacaño*) Scrooge

racha *nf* **1** (*serie*) run: *una* ~ *de suerte* a run of good luck ◇ *una* ~ *de desgracias* a series of misfortunes **2** (*viento*) gust LOC **pasar una mala racha** to be going through a bad patch

racial *adj* racial: *la discriminación* ~ racial discrimination

racimo *nm* bunch

ración *nf* (*comida*) portion, helping (*más coloq*): *Media* ~ *de calamares, por favor.* A small portion of squid, please. ◇ *Me serví una buena* ~. I took a big helping.

racional *adj* rational

racionamiento *nm* rationing: *el* ~ *del agua* water rationing

racismo *nm* racism

racista *adj, nmf* racist ➲ *Ver nota en* CATÓLICO

radar *nm* radar [*incontable*]: *los ~es enemigos* enemy radar

radiactivo, -a *adj* radioactive LOC *Ver* LLUVIA

radiador *nm* radiator

radiante *adj* **1** (*brillante*) bright: *Lucía un sol* ~. The sun was shining brightly. **2** (*persona*) radiant: ~ *de alegría* radiant with happiness

radical *adj, nmf* radical

radicalmente *adv* radically

radicar *vi* ~ **en** to lie in *sth*: *El éxito del grupo radica en su originalidad.* The group's success lies in their originality.

radio *nm* **1** (*Geom*) radius [*pl* radii] **2** (*rueda*) spoke **3** (*Quím*) radium
▶ *nf* radio [*pl* radios]: *oír/escuchar la* ~ to listen to the radio LOC **en/por la radio** on the radio: *Lo he oído en la* ~. I heard it on the radio. ◇ *hablar por la* ~ to speak on the radio *Ver tb* TERTULIA

radiocasete *nm* radio cassette player

radiografía *nf* X-ray: *hacerse/sacarse una* ~ to have an X-ray

radiotaxi *nm* minicab

radioyente *nmf* listener

ráfaga *nf* **1** (*viento*) gust **2** (*luz*) flash **3** (*disparos*) burst: *una* ~ *de disparos* a burst of gunfire

rafting *nm* white-water rafting: *hacer* ~ to go white-water rafting

raído, -a *adj* threadbare

raíl *nm* rail

raíz *nf* root LOC **a raíz de** as a result of *sth*: *a* ~ *del accidente...* as a result of the accident... ◆ **echar raíces 1** (*planta*) to take root **2** (*persona*) to put down roots ◆ **raíz cuadrada/cúbica** square/cube root: *La* ~ *cuadrada de 49 es 7.* The square root of 49 is 7.

raja *nf* **1** (*fisura*) crack **2** (*herida*) cut **3** (*de alimentos*) slice: *una* ~ *de sandía* a slice of watermelon

rajar *vt* **1** (*cristal, cerámica, plástico*) to crack **2** (*prenda*) to rip **3** (*neumático*) to slash: *Me rajaron los neumáticos.* They slashed my tyres. **4** (*apuñalar*) to stab **5** (*partir*) to cut: *Rajó el melón por la mitad.* She cut the melon in half.
▶ **rajarse** *vp* **1** (*cristal, cerámica, plástico*) to crack: *El espejo se ha rajado.* The mirror has cracked. **2** (*cortarse*) to cut **3** (*echarse atrás*) to back out

rajatabla LOC **a rajatabla** to the letter

ralladura *nf* LOC **ralladura de limón/naranja** grated lemon/orange rind

rallar *vt* to grate
▶ **rallar(se)** *vp, vt* (*volver loco, irritar*): *Me ralla esa canción.* That song drives me crazy. ◇ *No le voy a dar más vueltas, porque me estoy rallando.* I'm not going to think about it any more — I'm getting obsessed with it. LOC *Ver* PAN

rally *nm* rally [*pl* rallies]

rama *nf* branch: *la* ~ *de un árbol* the branch of a tree ◇ *una* ~ *de la filosofía* a branch of philosophy LOC **andarse/irse por las ramas** to beat about the bush

ramadán *nm* Ramadan

ramo *nm* **1** (*de flores*) bunch **2** (*sector*) sector LOC *Ver* DOMINGO

rampa *nf* ramp

rana *nf* frog LOC **salir rana** to be a disappointment *Ver tb* HOMBRE

rancio, -a *adj* **1** (*mantequilla*) rancid: *Sabe a* ~. It tastes rancid. **2** (*pan*) stale **3** (*olor*) musty: *El* *sótano olía a ~.* The basement smelt musty. **4** (*persona*) unfriendly

rango *nm* rank

ranking *nm* ranking(s) [*se usa mucho en plural*]: *Ocupa el primer puesto en el ~ mundial.* He's number one in the world rankings. ◇ *el ~ de empresas* the list of the top companies ◇ *Está en el ~ de los programas más vistos.* It is among the most popular programmes.

ranura *nf* slot: *Hay que introducir la moneda por la ~.* You have to put the coin in the slot.

rap *nm* rap **LOC** **hacer rap** to rap

rapapolvo *nm* **LOC** **echar un rapapolvo** to give *sb* a telling-off

rapar *vt* (*pelo*) to crop

rapaz *nf* (*ave*) bird of prey

rape *nm* monkfish [*pl* monkfish]

rapero, -a *nm-nf* rapper

rápidamente *adv* quickly

rapidez *nf* speed **LOC** **con rapidez** quickly

rápido, -a *adj* **1** (*breve*) quick: *¿Puedo hacer una llamada rápida?* Can I make a quick phone call? **2** (*veloz*) fast: *un corredor ~* a fast runner ➲ *Ver nota en* FAST

▶ *adv* quickly

▶ *nm* **rápidos** (*río*) rapids [*pl*] **LOC** *Ver* COMIDA

rappel (*tb* **rápel**) *nm* abseiling, rappel (*USA*): *hacer ~* to go abseiling

raptar *vt* to kidnap

rapto *nm* kidnapping

raptor, -ora *nm-nf* kidnapper

raqueta *nf* **1** racket: *una ~ de tenis* a tennis racket **2** (*Tenis de mesa*) bat, paddle (*USA*)

rareza *nf* **1** (*singularidad*) rarity: *un material muy apreciado por su ~* a material highly prized because of its rarity **2** (*manía*) little quirk: *Estoy acostumbrado a sus ~s.* I'm used to his little quirks.

raro, -a *adj* **1** (*extraño*) strange, odd (*más coloq*): *una manera muy rara de hablar* a very strange way of speaking ◇ *¡Qué ~!* How odd! **2** (*poco común*) rare: *una especie rara* a rare species **LOC** **rara vez/raras veces** rarely *Ver tb* BICHO, COSA

ras *nm* **LOC** **a ras de tierra/suelo**: *El cable tiene que ir a ~ del suelo.* The cable has to go at ground level.

rascacielos *nm* skyscraper

rascar *vt* **1** (*con las uñas*) to scratch: *Oí al perro rascando la puerta.* I heard the dog scratching at the door. **2** (*con cuchillo, espátula*) to scrape *sth* (*off sth*): *Rascamos la pintura del suelo.* We scraped the paint off the floor.

▶ *vi* to be rough: *Estas toallas rascan.* These towels are rough.

▶ **rascarse** *vp* to scratch: *~se la cabeza* to scratch your head

rasgado, -a *adj* (*ojos*) almond-shaped *Ver tb* RASGAR

rasgar *vt* to tear *sth* (up)

▶ **rasgarse** *vp* to tear

rasgo *nm* **1** feature: *los ~s más distintivos de su obra* the most distinctive features of her work ◇ *Tiene ~s femeninos.* He has feminine features. **2** (*personalidad*) characteristic **LOC** *Ver* GRANDE

rasguño *nm* scratch

raso, -a *adj* **1** (*llano*) flat **2** (*cucharada, medida*) level **3** (*lanzamiento*) low: *Hizo un tiro ~ a puerta.* He hit a low shot at goal.

▶ *nm* (*tejido*) satin

raspar *vt* **1** (*arañar*) to scratch: *Raspó la pintura con la bicicleta.* He scratched the paintwork with his bicycle. **2** (*quitar*) to scrape *sth* (*off sth*): *Raspa el papel de la pared.* Scrape the paper off the wall.

▶ *vi* to be rough: *Esta toalla raspa.* This towel is rough.

▶ **rasparse** *vp* to graze: *~se la mano* to graze your hand

rastra *nf* **LOC** **a rastras**: *Trajo la bolsa a ~s.* He dragged the bag in. ◇ *No querían irse, los tuve que sacar a ~s.* They didn't want to leave so I had to drag them away.

rastrear *vt* **1** (*seguir la pista*) to follow: *Los perros rastreaban el olor.* The dogs followed the scent. **2** (*zona*) to comb

rastreo *nm* search: *Realizaron un ~ de los bosques.* They searched the woods.

rastrillo *nm* rake

rastro *nm* **1** (*huella, pista*) trail: *Los perros siguieron el ~.* The dogs followed the trail. **2** (*señal*) trace: *No había ni ~ de ella.* There was no trace of her. ◇ *Del dinero no quedó ni ~.* There was no trace of the money. **3** (*mercadillo*) flea market **LOC** **sin dejar rastro** without trace *Ver tb* PERDER

rastrojo *nm* stubble [*incontable*]

rata *nf* rat

▶ *adj, nmf* (*persona*) stingy: *¡Eres un ~!* You're so stingy!

ratificar *vt* **1** (*tratado, acuerdo*) to ratify **2** (*noticia*) to confirm

rato *nm* while: *Un ~ más tarde sonó el teléfono.* The telephone rang a while later. **LOC** **al (poco) rato** shortly after: *Llegaron al poco ~ de irte tú.* They arrived shortly after you left. ◆ **a ratos** sometimes ◆ **para rato**: *Todavía tengo para ~, no me esperes.* I've still got a lot to do, so don't wait for me. ◆ **pasar el rato** to pass the time ◆ **un rato 1** (*mucho*) a lot: *Sabe un ~ de todo eso.* He knows a lot about all that. **2** (*muy*) very: *Estoy un ~ cansada.* I'm very tired.

ratón *nm* (*animal, Informát*) mouse [*pl* mice] ➲ *Ver dibujo en* ORDENADOR LOC **el ratón/ratoncito Pérez** the tooth fairy ◆ **ratón de biblioteca** bookworm

ratonera *nf* **1** (*trampa*) mousetrap **2** (*madriguera*) mouse hole

raya *nf* **1** (*línea*) line: *hacer una ~* to draw a line **2** (*listas*) stripe: *una camisa de ~s* a striped shirt **3** (*pelo*) parting, part (*USA*): *un peinado con ~ en medio* a hairstyle with a centre parting **4** (*pantalón*) crease LOC **mantener/tener a algn a raya** to keep a tight rein on sb ◆ **pasarse de la raya** to go too far: *Esta vez te has pasado de la ~.* This time you've gone too far. *Ver tb* TRES

rayar *vt* (*arañar*) to scratch

▶ *vi* ~ **(en/con)** to border on *sth*: *Mi admiración por él rayaba en la devoción.* My admiration for him bordered on devotion.

▶ **rayarse** *vp* to worry about *sth*: *No te rayes, que tampoco tiene tanta importancia.* Don't worry too much about it, it's not that important.

rayo *nm* **1** (*solar*) ray: *un ~ de sol* a ray of sunshine ◇ *los ~s del sol* the sun's rays **2** (*Meteor*) lightning [*incontable*]: *Los ~s y los truenos me asustan.* Thunder and lightning frighten me. LOC **rayo láser** laser beam ◆ **rayos X** X-rays

raza *nf* **1** (*humana*) race **2** (*animal*) breed: *¿De qué ~ es?* What breed is it? LOC **de raza** (*animal*) pedigree

R

razón *nf* reason (*for sth/doing sth*): *La ~ de su dimisión es obvia.* The reason for his resignation is obvious. LOC **con razón** with good reason: *¡Con ~ no quiso sentarse aquí!* She had good reason not to sit here! ◆ **darle la razón a algn** to say/admit that sb is right: *Algún día me darán la ~.* Some day they'll admit I was right. ◆ **hacer entrar/meter en razón** to make *sb* see reason ◆ **llevar/tener razón** to be right ◆ **no tener razón** to be wrong

razonable *adj* reasonable

razonamiento *nm* reasoning

razonar *vi* (*pensar*) to think: *No razonaba con claridad.* He wasn't thinking clearly.

▶ *vt* (*explicar*) to give reasons for *sth*: *Razona tu respuesta.* Give reasons for your answer.

re *nm* D: *re mayor* D major

reacción *nf* reaction

reaccionar *vi* to react

reactor *nm* (*avión*) jet LOC **reactor nuclear** nuclear reactor

real *adj* **1** (*caso, historia*) true **2** (*de reyes*) royal LOC *Ver* GANA, JALEA, PAVO, TIEMPO

realeza *nf* royal family: *miembros de la ~* members of the royal family

realidad *nf* reality [*pl* realities]: *~ virtual* virtual reality LOC **en realidad** actually ◆ **hacerse realidad** to come true *Ver tb* CONVERTIR

realismo *nm* realism

realista *adj* realistic

▶ *nmf* realist

realización *nf* **1** (*proyecto, trabajo*) carrying out: *Yo me encargaré de la ~ del plan.* I'll take charge of carrying out the plan. **2** (*sueño, objetivo*) fulfilment

realizador, **-ora** *nm-nf* (*Cine, TV*) director

realizar *vt* **1** (*llevar a cabo*) to carry *sth* out: *~ un proyecto* to carry out a project **2** (*sueño, objetivo*) to fulfil: *No me siento realizada.* I don't feel fulfilled. **3** (*Cine, TV*) to produce

▶ **realizarse** *vp* (*hacerse realidad*) to come true: *Mis sueños se realizaron.* My dreams came true.

realmente *adv* really

realzar *vt* to enhance

reanimar *vt* **1** to revive **2** (*de un desmayo*) to bring *sb* round

▶ **reanimarse** *vp* (*volver en sí*) to regain consciousness

reanudar *vt* **1** to resume: *~ el trabajo* to resume work **2** (*amistad, relación*) to renew

rebaja *nf* **1** (*descuento*) discount: *Nos hicieron una ~ del 15%.* They gave us a 15% discount. ◇ *Voy a pedir que me hagan una ~.* I'm going to ask for a discount. **2 rebajas** sales: *las ~s de verano/enero* the summer/January sales **3** (*salarios, tarifas, etc.*) cut: *una ~ salarial/de impuestos* a cut in salary/a tax cut **4** (*de condena*) reduction

rebajar *vt* **1** (*reducir*) to reduce: *~ una condena* to reduce a sentence ◇ *Nos rebajó un 15 por ciento.* He gave us a 15 per cent reduction. ◇ *¿Está rebajado?* Is it reduced? **2** (*humillar*) to humiliate: *Me rebajó delante de todos.* He humiliated me in front of everyone. **3** (*color*) to soften

▶ **rebajarse** *vp* **rebajarse (a hacer algo)** to lower yourself (by doing sth): *No me rebajaría a aceptar tu dinero.* I wouldn't lower myself by accepting your money.

rebanada *nf* slice: *dos ~s de pan* two slices of bread

rebaño *nm* **1** (*ovejas, cabras*) flock **2** (*vacas*) herd

rebelarse *vp* ~ **(contra)** to rebel (against *sb/sth*)

rebelde *adj* **1** (*Mil*) rebel: *el general* ~ the rebel general **2** (*espíritu*) rebellious **3** (*niño*) difficult ▶ *nmf* rebel

rebelión *nf* rebellion

rebobinar *vt* to rewind

rebosante *adj* ~ **(de)** overflowing (with *sth*): ~ *de alegría* overflowing with joy

rebosar *vi* to be overflowing *with sth* LOC *Ver* LLENO

rebotar *vi* **1** to bounce (*off sth*): *El balón rebotó en el aro.* The ball bounced off the hoop. **2** (*bala*) to ricochet (*off sth*)

rebote *nm* rebound LOC **de rebote 1** (*pelota*) on the rebound **2** (*fig*): *De ~ consiguieron un día extra de vacaciones.* As a result, they got another day's holiday.

rebozar *vt* **1** (*con pan rallado*) to cover *sth* in breadcrumbs: *merluza rebozada* hake in breadcrumbs **2** (*con harina*) to dip *sth* in batter

rebuznar *vi* to bray

recado *nm* **1** (*mensaje*) message: *dejar (un) ~* to leave a message **2** (*encargo*) errand: *Tengo que hacer unos ~s.* I have to run a few errands.

recaer *vi* **1** (*Med*) to have a relapse **2** (*responsabilidad, sospecha*) to fall on *sb*: *Todas las sospechas recayeron sobre mí.* Suspicion fell on me. **3** (*premio*) to go to *sb/sth*: *El premio recayó en la pareja inglesa.* The prize went to the English couple.

recalcar *vt* to stress

recalentar *vt* to reheat ▶ **recalentarse** *vp* (*motor*) to overheat

recambio *nm* **1** (*pieza*) spare (part) **2** (*de bolígrafo*) refill

recapacitar *vt* to think *sth* over ▶ *vi* to think things over

recargable *adj* rechargeable

recargado, -a *adj*: *un estilo ~* an over-elaborate style ◇ *Iba un poco recargada para mi gusto.* She was a bit overdressed for my taste. *Ver tb* RECARGAR

recargar *vt* **1** (*pila, batería*) to recharge **2** (*arma*) to reload **3** (*pluma*) to refill

recargo *nm* surcharge

recaudar *vt* to collect

recepción *nf* reception

recepcionista *nmf* receptionist

recesión *nf* (*Econ*) recession

receta *nf* **1** (*Cocina*) recipe (*for sth*): *Tienes que darme la ~ de este plato.* You must give me the recipe for this dish. **2** (*Med*) prescription: *Sólo se vende con ~.* It's only available on prescription.

recetar *vt* to prescribe

rechazar *vt* to turn *sb/sth* down, to reject (*más formal*): *Rechazaron nuestra propuesta.* Our proposal was turned down.

rechinar *vt* LOC **rechinar los dientes** to grind your teeth

rechistar *vi*: *¡A mí ni me rechistes!* Don't answer back! ◇ *¡Hazlo sin ~!* Shut up and get on with it!

rechupete LOC **de rechupete** delicious

recibidor *nm* (*vestíbulo*) hall

recibir *vt* **1** to receive, to get (*más coloq*): *Recibí tu carta.* I received/got your letter. **2** (*a una persona*) **(a)** to welcome: *Salió a ~nos.* He came out to welcome us. **(b)** (*en la estación, etc.*) to meet *sb*: *Fuimos a ~los al aeropuerto.* We went to meet them at the airport.

recibo *nm* **1** (*comprobante*) receipt: *Para cambiarlo necesita el ~.* You'll need the receipt if you want to exchange it. ◇ *¿Me podrá hacer un ~?* Can I have a receipt? **2** (*factura*) bill: *el ~ de la luz* the electricity bill

reciclable *adj* recyclable LOC **no reciclable** non-recyclable

reciclaje *nm* **1** (*de materiales*) recycling: *el ~ de papel* paper recycling **2** (*laboral*) training LOC *Ver* CURSO

reciclar *vt* (*materiales*) to recycle

recién *adv* recently: ~ *creado* recently formed LOC **los recién casados** the newly-weds ◆ **recién cumplidos**: *Tengo 15 años ~ cumplidos.* I've just turned 15. ◆ **recién llegado** recently arrived: *un ~ llegado* a newcomer ◆ **recién nacido** newborn: *un ~ nacido* a newborn baby ◆ **recién pintado** (*en cartel*) wet paint

reciente *adj* **1** (*acontecimiento*) recent **2** (*pan, huella*) fresh

recientemente *adv* recently

recipiente *nm* container

recital *nm* recital

recitar *vt* to recite

reclamación *nf* **1** (*queja*) complaint: *hacer/presentar una ~* to make/lodge a complaint **2** (*demanda*) claim (*for sth*)

reclamar *vt* to demand: *Reclaman justicia.* They are demanding justice. ▶ *vi* (*quejarse*) to complain: *Deberías ~, no funciona.* You should complain – it doesn't work.

reclinable *adj* reclining

reclinar *vt* to lean *sth* (*on sb/sth*): *Reclinó la cabeza en mi hombro.* He leant his head on my shoulder.
▶ **reclinarse** *vp* (*persona*) to lean back (*against sb/sth*)

recluso, -a *nm-nf* prisoner

recluta *nmf* recruit

recobrar *vt* **1** (*posesión, conocimiento, control*) to get *sth* back, to regain (*más formal*): ~ *el dinero* to get your money back ◇ ~ *el conocimiento/control* to regain consciousness/control **2** (*salud, memoria*) to recover, to get *sth* back (*más coloq*): ~ *la memoria* to get your memory back
▶ **recobrarse** *vp* to recover (*from sth*): ~*se de una enfermedad* to recover from an illness LOC *Ver* CONOCIMIENTO

recogedor *nm* dustpan ➲ *Ver dibujo en* BRUSH

recogepelotas *nmf* **1** (*masc*) ballboy **2** (*fem*) ballgirl

recoger *vt* **1** (*objeto caído*) to pick *sth* up: *Recoge el pañuelo.* Pick up your handkerchief. **2** (*reunir*) to collect: ~ *firmas* to collect signatures **3** (*ordenar*) to tidy: ~ *la casa* to tidy the house **4** (*ir a buscar*) to pick *sb/sth* up: ~ *a los niños del colegio* to pick the children up from school **5** (*flores, fruta*) to pick
▶ *vi* to tidy up, to clear up (*USA*): *¿Me ayudas a ~?* Will you help me tidy up?
▶ **recogerse** *vp* (*irse a casa*) to go home LOC **recogerse el pelo** (*en una coleta*) to tie your hair back *Ver tb* MESA

recogida *nf* collection: *la ~ de basura* rubbish collection LOC **recogida de equipajes** baggage reclaim

recogido, -a *adj* **1** (*tranquilo*) quiet **2** (*pelo*) up: *Estás mejor con el pelo ~.* You look better with your hair up. *Ver tb* RECOGER

recolectar *vt* **1** (*fruta, verduras*) to pick **2** (*cereales*) to harvest

recomendable *adj* advisable LOC **poco/nada recomendable**: *Es un barrio poco ~.* That area is not to be recommended. ◇ *Ese chico no es nada ~.* That boy is no good.

recomendación *nf* **1** (*consejo*) recommendation: *Fuimos por ~ de mi hermano.* We went on my brother's recommendation. **2** (*enchufe*) connections [*pl*]: *Entró por ~.* He got the job because he had connections.

recomendado, -a *adj* recommended: *muy ~* highly recommended *Ver tb* RECOMENDAR

recomendar *vt* to recommend

recompensa *nf* reward LOC **en/como recompensa (por)** as a reward (for *sth*)

recompensar *vt* to reward *sb* (*for sth*)

reconciliarse *vp* to make (it) up (*with sb*): *Riñeron pero se han reconciliado.* They quarrelled but they've made (it) up now.

reconocer *vt* **1** (*identificar*) to recognize: *No la reconocí.* I didn't recognize her. **2** (*admitir*) to admit: ~ *un error* to admit a mistake **3** (*examinar*) to examine: ~ *a un paciente* to examine a patient

reconocido, -a *adj* (*apreciado*) well known: *un ~ sociólogo* a well-known sociologist ➲ *Ver nota en* WELL BEHAVED; *Ver tb* RECONOCER

reconocimiento *nm* recognition LOC **reconocimiento (médico)** medical, physical (*USA*): *Tienes que hacerte un ~ médico.* You have to have a medical.

reconquista *nf* **1** reconquest **2 la Reconquista** the Reconquest (of Spain)

reconstruir *vt* **1** (*edificio, monumento*) to rebuild **2** (*hechos, suceso*) to reconstruct

reconversión *nf* restructuring: *la ~ industrial* the restructuring of industry

recopilación *nf* compilation

recopilar *vt* to collect

récord *nm* record: *batir/tener un ~* to break/hold a record ◇ *una cifra ~* a record figure LOC *Ver* TIEMPO

recordar *vt* **1 ~ algo a algn** to remind *sb* (about sth/to do sth): *Recuérdame que compre pan.* Remind me to buy some bread. ◇ *Recuérdamelo mañana o se me olvidará.* Remind me tomorrow or I'll forget. **2** (*por asociación*) to remind *sb* of *sb/sth*: *Me recuerda a mi hermano.* He reminds me of my brother. ◇ *¿Sabes a qué/quién me recuerda esta canción?* Do you know what/who this song reminds me of? ➲ *Ver nota en* REMIND **3** (*acordarse*) to remember, to recall (*más formal*) *sth/doing sth*: *No recuerdo su nombre.* I can't remember his name. ◇ *No recuerdo habértelo dicho.* I don't remember telling you. ◇ *Recuerdo que los vi.* I recall seeing them. ➲ *Ver nota en* REMEMBER LOC **que yo recuerde** as far as I remember ◆ **te recuerdo que...** remember...: *Te recuerdo que mañana tienes un examen.* Remember you've got an exam tomorrow.

recorrer *vt* **1** (*lugar*) to go round...: *Recorrimos Francia en tren.* We went round France by train. **2** (*distancia*) to cover, to do (*más coloq*): *Tardamos tres horas en ~ un kilómetro.* It took us three hours to do one kilometre.

recorrido *nm* route: *el ~ del autobús* the bus route LOC *Ver* TREN

recortar *vt* **1** (*artículo, silueta*) to cut *sth* out: *Recorté la foto de una revista vieja.* I cut the

R

photo out of an old magazine. **2** (*lo que sobra*) to trim: *Recorta los hilos que sobresalen.* Trim the loose threads. **3** (*gastos*) to cut

recrearse *vp* ~ **con/en** to take pleasure in *sth/doing sth*: ~ *con las desgracias ajenas* to take pleasure in other people's misfortunes

recreativo, -a *adj* recreational LOC *Ver* SALÓN

recreo *nm* break, recess (*USA*): *A las once salimos al ~.* Break is at eleven. LOC **de recreo** recreational

recta *nf* straight line LOC **recta final 1** (*Dep*) home straight **2** (*última fase*) closing stages [*pl*]: *en la ~ final de la campaña* in the closing stages of the campaign

rectangular *adj* rectangular

rectángulo *nm* rectangle LOC *Ver* TRIÁNGULO

rectificar *vt* **1** (*error*) to rectify **2** (*actitud, conducta*) to improve

recto, -a *adj* straight LOC **todo recto** straight on

rector, -ora *adj* (*junta, consejo*) governing ▶ *nm-nf* (*universidad*) vice-chancellor

recuadro *nm* (*casilla*) box

recuerdo *nm* **1** (*memoria*) memory [*pl* memories]: *Guardo un buen ~ de nuestra amistad.* I have happy memories of our friendship. **2** (*objeto*) souvenir **3 recuerdos** best wishes: *Dale ~s de mi parte.* Give him my best wishes. ◇ *Mi madre te manda ~s.* My mother sends her best wishes.

recuperación *nf* LOC *Ver* EXAMEN

recuperar *vt* **1** (*recobrar*) to recover: *Confío en que recuperará la vista.* I'm sure he'll recover his sight. **2** (*tiempo, clases*) to make *sth* up: *Tienes que ~ esas clases.* You'll have to make up the classes you've missed. **3** (*Educ*) to pass a resit: *He recuperado historia.* I've passed the history resit.
▶ **recuperarse** *vp* to recover (*from sth*)

recurrir *vi* ~ **a 1** (*utilizar*) to resort to *sth*: *Al final recurrieron a la violencia.* In the end they resorted to violence. **2** (*pedir ayuda*) to turn to *sb*: *No tenía a quien ~.* I had no one to turn to.

recurso *nm* **1** (*solución*) resort: *como último ~* as a last resort **2 recursos** resources: *~s humanos/económicos* human/economic resources

red *nf* **1** (*Dep, caza, pesca*) net **2** (*Informát, comunicaciones*) network: *la ~ de ferrocarriles/carreteras* the railway/road network **3 la red** (*Internet*) the Net: *Lo busqué en la ~.* I searched for it on the Net. **4** (*organizaciones, sucursales*) chain LOC **caer en la red** to fall into the trap ◆ **red social** (*Internet*) social networking site

redacción *nf* essay: *hacer una ~ sobre tu ciudad* to write an essay on your town

redactar *vt, vi* to write: ~ *una carta* to write a letter ◇ *Para ser tan pequeño redacta bien.* He writes well for his age.

redactor, -ora *nm-nf* editor

redada *nf* raid: *efectuar una ~* to carry out a raid

redicho, -a *nm-nf* know-all, know-it-all (*USA*)

redondear *vt* (*precio, cifra*) to round *sth* up/down

redondo, -a *adj* round: *en números ~s* in round figures LOC **a la redonda**: *No había ninguna casa en diez kilómetros a la redonda.* There were no houses within ten kilometres. ◆ **negarse en redondo** to refuse point-blank *to do sth* ◆ **salir redondo** to turn out perfectly: *Nos salió todo ~.* It all turned out perfectly for us. *Ver tb* CUELLO, ESCOTE, MESA

reducción *nf* reduction

reducido, -a *adj* (*pequeño*) small LOC *Ver* JORNADA; *Ver tb* REDUCIR

reducir *vt* to reduce: ~ *la velocidad* to reduce your speed ◇ *El fuego redujo la casa a cenizas.* The fire reduced the house to ashes. LOC **todo se reduce a...** it all boils down to...

redundancia *nf* redundancy

reelegir *vt* to re-elect: *Le han reelegido como su representante.* They've re-elected him as their representative.

reembolsar *vt* **1** (*cantidad pagada*) to refund **2** (*gastos*) to reimburse

reembolso *nm* LOC **contra reembolso** cash on delivery, collect on delivery (*USA*) (*abrev* COD)

reemplazar *vt* to replace *sb/sth* (*with sb/sth*)

reencarnación *nf* reincarnation

reencarnarse *vp* ~ **(en)** to be reincarnated (in/as *sb/sth*)

reenviar *vt* (*Informát*) **1** to resend **2** (*a nuevo destinatario*) to forward

referencia *nf* **1** reference (*to sb/sth*): *servir de/como ~* to serve as a (point of) reference ◇ *Con ~ a su carta...* With reference to your letter... ◇ *tener buenas ~s* to have good references **2** (*remisión a otra parte del texto*) cross-reference LOC **hacer referencia a** to refer to *sb/sth*

referéndum (*tb* **referendo**) *nm* referendum [*pl* referendums/referenda]

referente *adj* ~ **a** regarding *sb/sth* LOC **(en lo) referente a** with regard to *sb/sth*

referirse *vp* ~ **a** to refer to *sb/sth*: *¿A qué te refieres?* What are you referring to?

refilón LOC **de refilón**: *Me miraba de ~.* He was looking at me out of the corner of his eye. ◇ *La vi sólo de ~.* I only caught a glimpse of her.

refinería *nf* refinery [*pl* refineries]

reflejar *vt* to reflect

reflejo, -a *adj* reflex: *un acto ~* a reflex action
▶ *nm* **1** (*imagen*) reflection: *Veía mi ~ en el cristal.* I could see my reflection in the glass. **2** (*reacción*) reflex: *tener buenos ~s* to have good reflexes **3 reflejos** (*pelo*) highlights

reflexionar *vi* ~ **(sobre)** to reflect (on/upon *sth*)

reflexivo, -a *adj* **1** (*persona*) thoughtful: *una persona/actitud reflexiva* a thoughtful person/approach **2** (*Gram*) reflexive

reflexología *nf* reflexology

reforestación *nf* reforestation

reforma *nf* **1** reform **2** (*obra*) renovation: *cerrado por ~s* closed for renovation

reformar *vt* **1** to reform: *~ una ley/a un delincuente* to reform a law/criminal **2** (*edificio*) to renovate
▶ **reformarse** *vp* to mend your ways

reformatorio *nm* young offenders' institution, reform school (*USA*)

reforzar *vt* to reinforce *sth* (*with sth*)

refrán *nm* saying: *Como dice el ~...* As the saying goes...

refrescante *adj* refreshing

refrescar *vt* **1** (*enfriar*) to cool **2** (*memoria*) to refresh **3** (*conocimientos*) to brush up *on sth*: *Necesito ~ mi inglés.* I need to brush up on my English.
▶ *v imp* to get cooler: *Por las noches refresca.* It gets cooler at night.
▶ **refrescarse** *vp* to cool off

R

refresco *nm* soft drink

refrigerado, -a *adj* **1** (*local*) air-conditioned **2** (*alimento, camión*) refrigerated *Ver tb* REFRIGERAR

refrigerar *vt* to refrigerate

refuerzo *nm* reinforcement

refugiado, -a *nm-nf* refugee: *un campo de ~s* a refugee camp

refugiar *vt* to shelter *sb/sth* (*from sb/sth*)
▶ **refugiarse** *vp* **refugiarse (de)** to take refuge (from *sth*): *~se de la lluvia/en la embajada* to take refuge from the rain/in the embassy

refugio *nm* refuge: *un ~ de montaña* a mountain refuge

refunfuñar *vi* to grumble (*about/at sth*)

regadera *nf* watering can LOC **estar como una regadera** to be completely mad

regadío *nm* irrigation: *tierra de ~* irrigated land

regalado, -a *adj* (*muy barato*) very cheap: *Me lo dejó ~ de precio.* He let me have it very cheap. *Ver tb* REGALAR

regalar *vt* **1** (*hacer un regalo a algn*) to give: *Me regaló un ramo de flores.* She gave me a bunch of flowers. ◇ *Te lo regalo.* It's a gift. **2** (*donar algo*) to give *sth* away: *Regaló todos sus bienes.* He gave away all his possessions.

regaliz *nm* liquorice [*incontable*]

regalo *nm* **1** (*obsequio*) present: *hacer un ~ a algn* to give sb a present **2** (*algo fácil de conseguir*) gift: *La última pregunta fue un ~.* That last question was an absolute gift. **3** (*deleite*) pleasure: *un ~ para la vista/el oído* a pleasure to see/listen to LOC **dar de regalo**: *Si compra dos le damos una de ~.* If you buy two, we'll give you one free. *Ver tb* ENVOLVER, PAPEL

regañadientes LOC **a regañadientes** reluctantly

regañar *vt* to tell *sb* off (*for sth/doing sth*)

regar *vt* **1** (*planta, jardín*) to water **2** (*calles*) to hose *sth* down **3** (*esparcir*) to scatter

regata *nf* boat race

regate *nm* (*Fútbol*) dummy [*pl* dummies]

regatear *vt, vi* **1** (*precio*) to haggle (over *sth*) **2** (*Fútbol*) to dummy

regazo *nm* lap

regenerar *vt* to regenerate
▶ **regenerarse** *vp* **1** to regenerate **2** (*persona*) to mend your ways

régimen *nm* **1** (*Pol, normativa*) regime: *un ~ muy liberal* a very liberal regime ◇ *El ~ de visitas del hospital es muy estricto.* The hospital is very strict about visiting hours. **2** (*dieta*) diet: *estar/ponerse a ~* to be/go on a diet

regimiento *nm* regiment

región *nf* region

regional *adj* regional

regir *vt* **1** (*país, sociedad*) to rule **2** (*regular*) to govern: *las leyes que rigen la economía* the laws governing the economy **3** (*empresa, proyecto*) to run
▶ *vi* **1** (*ley*) to be in force: *El convenio rige desde el pasado día 15.* The agreement has been in force since the 15th. **2** (*persona*) to be all there: *No le hagas caso, no rige muy bien.* Don't take any notice of him; he's not all there.

registrador, -ora *adj* LOC *Ver* CAJA

registrar *vt* **1** (*inspeccionar*) to search **2** (*grabar, hacer constar*) to record: *~ información* to record information
▶ **registrarse** *vp* to register LOC *Ver* MARCA

registro *nm* **1** (*inspección*) search **2** (*inscripción*) registration: *El ~ de la defunción se hizo el mismo día.* The death was registered the same day. **3** (*lista*) register: *el ~ electoral/de nacimientos* the electoral register/register of births **4** (*lugar, oficina*) registry [*pl* registries] LOC **registro civil** registry office, registrar of vital statistics (*USA*)

regla *nf* **1** (*norma*) rule: *Va contra las ~s del colegio.* It's against the school rules. ◇ *por ~ general* as a general rule **2** (*instrumento*) ruler **3** (*menstruación*) period LOC **en regla** in order

reglamentario, -a *adj* regulation: *el uniforme ~* the regulation uniform

reglamento *nm* regulations [*pl*]

regocijarse *vp* to be delighted (*by/at/with sth*): *Se regocijaba pensando que no tendría que trabajar nunca más.* He was delighted at the thought of not having to work ever again.

regocijo *nm* delight

regresar *vi* to go/come back: *No quieren ~ a su país.* They don't want to go back to their own country. ◇ *Creo que regresan mañana.* I think they're coming back tomorrow. ➲ *Ver nota en* IR

regreso *nm* return: *a mi ~ a la ciudad* on my return to the city

reguero *nm* trickle: *un ~ de agua/aceite* a trickle of water/oil

regulación *nf* LOC **regulación de empleo** rationalization

regular¹ *vt* to regulate

regular² *adj* **1** (*no irregular*) regular: *Su respiración es ~.* Her breathing is regular. ◇ *verbos ~es* regular verbs **2** (*mediocre*) poor: *Sus notas han sido muy ~es.* His marks have been very poor. **3** (*mediano*) medium: *de altura ~* of medium height

▸ *adv*: *—¿Qué tal te va? —Regular.* 'How are things?' 'So-so.' ◇ *El negocio va ~.* Business isn't going too well. ◇ *La abuela está ~ (de salud).* Granny isn't too well. LOC *Ver* VUELO

regularidad *nf* regularity LOC **con regularidad** regularly

rehabilitación *nf* rehabilitation: *programas para la ~ de delincuentes* rehabilitation programmes for offenders

rehabilitar *vt* to rehabilitate

rehacer *vt* to redo LOC **rehacer la vida** to rebuild your life

rehén *nmf* hostage

rehogar *vt* to fry *sth* lightly

rehuir *vt* to avoid *sb/sth/doing sth*: *Rehuyó mi mirada.* She avoided my gaze.

rehusar *vt* to refuse *sth/to do sth*: *Rehusaron venir.* They refused to come. ◇ *Rehusé su invitación.* I refused their invitation.

reina *nf* queen LOC *Ver* ABEJA

reinado *nm* reign

reinar *vi* **1** (*gobernar*) to reign **2** (*prevalecer*) to prevail

reincidir *vi* ~ **(en)** to relapse (into *sth*)

reiniciar *vt* **1** to resume: *~ el trabajo* to resume work **2** (*Informát*) to restart

reino *nm* kingdom: *el ~ animal* the animal kingdom

Reino Unido *nm* the United Kingdom (*abrev* (the) UK) ➲ *Ver págs 372-3*

reinserción *nf* rehabilitation: *programas de ~ social* rehabilitation programmes

reintegro *nm* **1** (*pago, reembolso*) refund **2** (*en un sorteo*) return of stake

reír *vi* to laugh: *echarse a ~* to burst out laughing

> En inglés existen varias maneras de decir *reír*. La palabra más general es **laugh**. Todos los demás verbos tienen algún matiz que los distingue. A continuación tienes una lista de algunos de ellos:
>
> **cackle**= reírse a carcajadas, que también se dice *roar/shriek with laughter.*
>
> **chuckle**= reírse para sí
>
> **giggle**= reírse tontamente
>
> **snigger**= reírse con sarcasmo
>
> **titter**= reírse disimuladamente.
>
> Así, por ejemplo, se puede decir: *She chuckled to herself when she remembered what had happened.* ◇ *The girls giggled nervously as they waited for their turn.* ◇ *What are you sniggering at?*

▸ *vt* to laugh at *sth*: *Le ríen todas las gracias.* They laugh at all his jokes.

▸ **reírse** *vp* **1 reírse con algn** to have a laugh with sb: *Siempre nos reímos con él.* We always have a laugh with him. **2 reírse con algo** to laugh at sth **3 reírse de** to laugh at *sb/sth*: *¿De qué te ríes?* What are you laughing at? ◇ *Siempre se ríen de mí.* They're always laughing at me. LOC **reír(se) a carcajadas** to roar with laughter

reivindicación *nf* **1** (*derecho*) claim (*for sth*) **2** ~ **(de)** (*atentado*): *Aún no se ha producido la ~ del atentado.* No one has claimed responsibility for the attack yet.

reivindicar *vt* **1** (*reclamar*) to claim **2** (*atentado*) to claim responsibility for *sth*

reja *nf* **1** (*ventana*) grille **2 rejas** bars: *entre ~s* behind bars

rejilla *nf* **1** grille **2** (*alcantarilla*) grating

rejuvenecer *vt* to make *sb* look younger

R

relación *nf* **1** ~ **(con)** relationship (with *sb/sth*): *mantener relaciones con algn* to have a relationship with sb ◇ *Nuestra ~ es puramente laboral.* Our relationship is strictly professional. **2** ~ **(entre)** (*conexión*) connection (between...) LOC **con/en relación a** in/with relation to *sth/sb* ◆ **relación calidad precio** value for money ◆ **relaciones públicas 1** (*actividad*) public relations (*abrev* PR) **2** (*persona*) public relations officer

relacionado, -a *adj* ~ **(con)** related (to *sth/sb*) *Ver tb* RELACIONAR

relacionar *vt* to relate *sth* (*to/with sth*): *Los médicos relacionan los problemas del corazón con el estrés.* Doctors relate heart disease to stress.

▶ **relacionarse** *vp* **relacionarse (con) 1** (*personas*) to mix (with *sb*) **2** (*cosas*) to be related to *sth*: *Este caso se relaciona con el otro.* This case is related to the other (one).

relajación *nf* **1** relaxation: *técnicas de ~* relaxation techniques **2** (*tensión*) easing: *la ~ de las tensiones internacionales* the easing of international tension

relajado, -a *adj* relaxed *Ver tb* RELAJAR

relajante *adj* relaxing

relajar *vt* to relax: *Relaja la mano.* Relax your hand.

▶ **relajarse** *vp* **1** to relax: *Tienes que ~te.* You must relax. **2** (*costumbres, disciplina*) to become lax

relamer *vt* to lick *sth* clean

▶ **relamerse** *vp* to lick your lips

R

relámpago *nm* lightning [*incontable*]: *Un ~ y un trueno anunciaron la tormenta.* A flash of lightning and a clap of thunder heralded the storm. ◇ *Me asustan los ~s.* Lightning frightens me. ◇ *un viaje/una visita ~* a lightning trip/visit

relatar *vt* to relate

relativamente *adv* (*bastante*) relatively

relativo, -a *adj* **1** (*no absoluto*) relative: *un ambiente de relativa calma* a relatively calm atmosphere ◇ *Hombre, eso es ~.* Well, that depends. **2** ~ **a** related (to *sth*): *un problema ~ a la contaminación* a pollution-related problem

relato *nm* **1** (*cuento*) story [*pl* stories]: *~s cortos* short stories **2** (*descripción*) account: *hacer un ~ de los hechos* to give an account of events

relax *nm* relaxation: *Pintar me sirve de ~.* Painting relaxes me. ◇ *No tengo ni un momento de ~.* I don't get a moment to relax.

relevante *adj* important

relevar *vt* **1** (*sustituir*) to take over (from *sb*): *Estuve de guardia hasta que me relevó un compañero.* I was on duty until a colleague took over from me. **2** (*de un cargo*) to relieve *sb* (*of sth*): *Ha sido relevado del cargo.* He has been relieved of his duties.

▶ **relevarse** *vp* to take turns (*at sth/doing sth*)

relevo *nm* **1** (*sustitución*) replacement: *El hijo tomó el ~ al frente del negocio.* His son replaced him in charge of the business. **2** (*turno*) shift: *¿Quién va a organizar los ~s?* Who's going to organize the shifts? **3 relevos** (*Dep*) relay [*v sing*]: *una carrera de ~s* a relay race

relieve *nm* **1** (*Geog*) relief: *un mapa en ~* a relief map ◇ *una región de ~ accidentado* an area with a rugged landscape **2** (*importancia*) significance: *un acontecimiento de ~ internacional* an event of international significance LOC **poner de relieve** to highlight

religión *nf* religion

religioso, -a *adj* religious

▶ *nm-nf* **1** (*masc*) monk **2** (*fem*) nun

relinchar *vi* to neigh

reliquia *nf* relic

rellenar *vt* **1** (*recipiente, con dulce*) to fill *sth* (*with sth*): *Rellené los buñuelos de/con crema.* I filled the fritters with custard. **2** (*con salado*) to stuff *sth* (*with sth*) **3** (*volver a llenar*) to refill: *No hacía más que ~ los vasos.* He just kept on refilling everyone's glasses. **4** (*formulario, impreso*) to fill *sth* in: *~ un formulario* to fill in a form

rellenito, -a *adj* (*persona*) plump

relleno, -a *adj* (*Cocina*) **1** (*dulce*) filled (*with sth*) **2** (*salado*) stuffed (*with sth*)

▶ *nm* **1** (*comida*) **(a)** (*dulce*) filling: *pasteles con ~ de nata* cream cakes **(b)** (*salado*) stuffing **2** (*cojín*) stuffing

reloj *nm* **1** (*de pared, de mesa*) clock: *¿Qué hora tiene el ~ de la cocina?* What time does the kitchen clock say? **2** (*de pulsera, de bolsillo*) watch: *Llevo el ~ atrasado.* My watch is slow. LOC **contra reloj** *Ver* CONTRARRELOJ ◆ **reloj de cuco** cuckoo clock ◆ **reloj de sol** sundial *Ver tb* CUERDA

relojería *nf* watchmaker's ➲ *Ver nota en* CARNICERÍA

reluciente *adj* **1** (*muebles, pelo, zapatos*) shiny: *zapatos limpios y ~s* clean, shiny shoes **2** (*cara, aspecto*) shining

relucir *vi* to shine LOC *Ver* ORO, TRAPO

remangar(se) *vt, vp* **1** (*manga, pantalón*) to roll *sth* up: *Se remangó los pantalones.* He rolled up his trousers. **2** (*falda*) to lift

remar *vi* to row

reloj

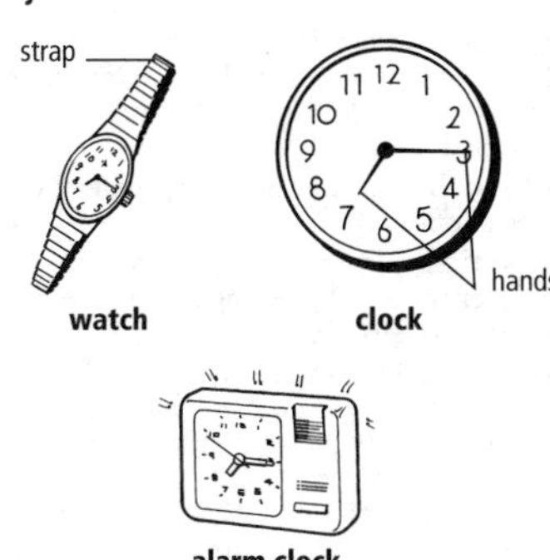

rematar *vt* **1** (*acabar*) to finish *sth* off: *Remataré el informe este fin de semana.* I'll finish off the report this weekend. **2** (*Dep*) to shoot: *Pasó la pelota al capitán, que remató la jugada.* The ball went to the captain, who shot at goal.

remate *nm* **1** (*término*) end **2** (*Dep*) shot: *El portero evitó el ~.* The goalkeeper saved the shot. **3** (*borde*) edging: *un ~ de encaje* a lace edging **4** (*extremo*) top: *el ~ de una torre* the top of a tower LOC *Ver* LOCO

remediar *vt* **1** (*solucionar*) to remedy: *~ la situación* to remedy the situation **2** (*daño*) to repair: *Quisiera ~ el daño que he causado.* I'd like to repair the damage I've caused. LOC **no lo puedo remediar** I, you, etc. can't help it

remedio *nm* **1 ~ (para/contra)** (*cura*) remedy [*pl* remedies] (for *sth*) **2** (*solución*) solution (*to sth*): *Esto ya no tiene ~.* There's no solution to this. LOC **no haber/quedar/tener más remedio (que...)** to have no choice (but to...): *No tenemos más ~ que pagarlo.* We have no choice but to pay.

remendar *vt* **1** to mend **2** (*zurcir*) to darn

remiendo *nm* (*Costura*) patch

remite *nm* return address

remitente *nmf* sender

remitir *vt* **1** (*carta, pedido*) to send **2** (*nota, comentario*) to refer *sb to sth*: *La nota te remite a la bibliografía del final.* The note refers you to the bibliography at the end.
▶ *vi* **1** (*perder intensidad*) to die down: *La fiebre ha remitido.* The fever has died down. **2 ~ a** (*nota, comentario*) to refer to *sth*

remo *nm* **1** (*instrumento*) oar **2** (*Dep*) rowing: *practicar el ~* to row ◇ *un club de ~* a rowing club LOC **a remo**: *Cruzaron el estrecho a ~.* They rowed across the straits. *Ver tb* BARCA

remojar *vt* to soak

remojo *nm*: *Pon los garbanzos a/en ~.* Soak the chickpeas.

remolacha *nf* beetroot, beet (*USA*) LOC **remolacha azucarera** sugar beet

remolcador *nm* (*barco*) tug

remolcar *vt* to tow

remolino *nm* **1** (*de agua*) **(a)** (*pequeño*) eddy [*pl* eddies] **(b)** (*grande*) whirlpool **2** (*de viento*) whirlwind **3** (*en pelo*) tuft

remolón, -ona *adj* lazy
▶ *nm-nf* layabout

remolque *nm* trailer

remontar *vt* **1** (*cuesta, río*) to go up *sth* **2** (*dificultad*) to overcome **3** (*partido, marcador*) to turn *sth* round: *El equipo no consiguió ~ el partido.* The team didn't manage to turn the match round.
▶ **remontarse** *vp* **remontarse a** (*hecho, tradición*) to date back to *sth* LOC **remontar el vuelo** to fly off

remorder *vi* LOC **remorderle a algn la conciencia** to have a guilty conscience

remordimiento *nm* remorse [*incontable*] LOC **tener remordimientos (de conciencia)** to feel guilty

remoto, -a *adj* remote: *una posibilidad remota* a remote possibility

remover *vt* **1** (*líquido*) to stir **2** (*ensalada*) to toss **3** (*tierra*) to turn *sth* over **4** (*asunto*) to bring *sth* up

renacimiento *nm* **1 el Renacimiento** the Renaissance **2** (*resurgimiento*) revival

renacuajo *nm* tadpole

rencor *nm* resentment LOC *Ver* GUARDAR

rencoroso, -a *adj* resentful

rendición *nf* surrender

rendido, -a *adj* (*agotado*) worn out, exhausted (*más formal*) *Ver tb* RENDIR

rendija *nf* crack

rendimiento *nm* **1** (*aprovechamiento*) performance: *su ~ académico* his academic performance ◇ *un motor de alto ~* a high-performance engine **2** (*producción*) output

rendir *vt* (*cansar*) to tire *sb* out
▶ *vi* **1** (*persona, máquina*) to be productive: *Rindo mucho mejor por la mañana.* I'm much more productive in the mornings. ◇ *La nueva máquina rinde el doble.* The new machine is twice as productive. **2** (*negocio*) to be profitable: *Este negocio ya no rinde.* This business is not profitable any more.

R

▶ **rendirse** *vp* **1** to give up: *No te rindas.* Don't give up. **2** (*Mil*) to surrender (*to sb/sth*) LOC **rendir culto (a)** to worship *sb/sth*

renegar *vi* **1** ~ **de** to renounce *sth*: ~ *de la religión/política* to renounce your religion/politics **2** (*quejarse*) to grumble (*about/at sth*): *Deja ya de* ~. Stop grumbling.

renglón *nm* line

reno *nm* reindeer [*pl* reindeer]

renovable *adj* renewable LOC **no renovable** non-renewable *Ver tb* ENERGÍA

renovación *nf* **1** (*contrato, documento*) renewal: *la fecha de* ~ the renewal date **2** (*casa, edificio*) renovation: *Están haciendo renovaciones en el local.* They're doing renovation work on the premises.

renovar *vt* **1** (*contrato, documento*) to renew **2** (*edificio*) to renovate **3** (*modernizar*) to bring *sth* up to date: *Tengo que* ~ *el vestuario.* I need to bring my wardrobe up to date.

renta *nf* **1** (*alquiler*) rent **2** (*Fin, ingresos*) income LOC *Ver* DECLARACIÓN, IMPUESTO

rentabilidad *nf* profitability

rentable *adj* profitable: *un negocio* ~ a profitable deal

renuncia *nf* **1** (*derecho*) renunciation: *su* ~ *al trono* his renunciation of the throne **2** (*puesto*) resignation

renunciar *vi* **1** ~ **a** (*derecho*) to give *sth* up, to renounce (*más formal*): ~ *a una herencia* to renounce an inheritance **2** ~ **(a)** (*puesto*) to resign (from *sth*): *Renunció a su cargo.* She resigned from her post.

R

reñido, -a *adj* close: *El partido estuvo muy* ~. It was a close match. *Ver tb* REÑIR

reñir *vt* to tell *sb* off (*for sth/doing sth*): *Me riñó por no haber regado las plantas.* He told me off for not watering the plants.

▶ *vi* ~ **(con) (por)** **1** (*discutir*) to argue (with *sb*) (about/over *sth*): *No riñáis por eso.* Don't argue over something like that. **2** (*enemistarse*) to fall out (with *sb*) (about/over *sth*): *Creo que ha reñido con su novia.* I think he's fallen out with his girlfriend.

reo *nmf* accused: *los* ~*s* the accused ❶ En inglés esta palabra siempre se usa con el artículo definido. LOC **reo de muerte** condemned person

reojo LOC **mirar de reojo** to look at *sb* out of the corner of your eye

reorganización *nf* reorganization

reorganizar *vt* to reorganize

reparación *nf* repair: *reparaciones en el acto* repairs while you wait ◇ *Esta casa necesita reparaciones.* This house is in need of repair. ◇ *El ascensor está en* ~. The lift is under repair.

reparar *vt* to repair

▶ *vi* ~ **en** to notice *sth/(that...)*: *Reparé en que sus zapatos estaban mojados.* I noticed (that) his shoes were wet.

reparo *nm* objection LOC **poner reparos** to raise objections

repartidor, -ora *nm-nf* delivery man/woman [*pl* men/women] LOC **repartidor de periódicos** paper boy/girl

repartir *vt* **1** (*entregar en mano*) to hand *sth* out: ~ *los exámenes a los alumnos* to hand out the exam papers to the students ◇ *Repartieron folletos por toda la ciudad.* They handed out leaflets all over the city. **2** (*correo, mercancías*) to deliver **3** (*dividir*) to share *sth* (out): ~ *el trabajo* to share the work out **4** (*Naipes, golpes*) to deal

reparto *nm* **1** (*distribución*) distribution **2** (*división*) sharing out: *el* ~ *de la herencia* the sharing out of the inheritance **3** (*correo, mercancías*) delivery [*pl* deliveries] **4** (*Cine, Teat*) cast

repasar *vt* **1** (*revisar*) to check: ~ *un texto* to check a text **2** (*Educ, estudiar*) to revise, to review (*USA*)

repaso *nm* **1** (*Educ*) revision, review (*USA*): *Hoy vamos a hacer* ~. We're going to do some revision today. **2** (*revisión, inspección*) check LOC **dar un repaso a algo 1** (*estudiar*) to revise sth, to review sth (*USA*) **2** (*limpiar*) to give sth a clean

repatriar *vt* to repatriate

repelente *adj, nmf* (*sabelotodo*) know-all, know-it-all (*USA*): *un niño* ~ a know-all

▶ *nm* (*de mosquitos*) insect repellent

repente *nm* LOC **de repente** suddenly

repentino, -a *adj* sudden

repercusión *nf* repercussion

repercutir *vi* to have repercussions (*on sth*): *Podría* ~ *en la economía.* It could have repercussions on the economy.

repertorio *nm* (*musical*) repertoire

repetición *nf* repetition

repetir *vt* **1** (*volver a decir*) to repeat: *¿Puede repetírmelo?* Could you repeat that please? ◇ *No te lo pienso* ~. I'm not going to tell you again. **2** (*volver a hacer*) to do *sth* again: *Lo voy a tener que* ~. I'm going to have to do it again.

▶ *vi* **1** (*servirse otro poco*) to have some more: *¿Puedo* ~*?* Can I have some more? **2** (*ajo, cebolla, etc.*) to repeat (on *sb*): *Me está repitiendo el pepino.* The cucumber is repeating on me.

▶ **repetirse** *vp* **1** (*acontecimiento*) to happen again: *¡Y que no se repita!* Don't let it happen again! **2** (*persona*) to repeat yourself LOC **repetir (curso)** (*Educ*) to repeat a year

repicar *vt, vi* to ring

repisa *nf* **1** (*estante*) shelf **2** (*chimenea*) mantelpiece, mantel (*USA*) **3** (*ventana*) windowsill

repleto, -a *adj* ~ **(de)** full (of *sb/sth*)

replicar *vt* to retort: *—¿Quién ha pedido tu opinión?, replicó.* 'Who asked you?' he retorted. ▶ *vi* to answer back: *No me repliques ¿eh?* Don't answer me back!

repollo *nm* cabbage

reponer *vt* **1** (*combustible, provisiones*) to replenish **2** (*película, programa*) to show *sth* again ▶ **reponerse** *vp* **reponerse (de)** to recover (from *sth*)

reportaje *nm* **1** (*TV*) documentary [*pl* documentaries]: *Esta noche ponen un ~ sobre la India.* There's a documentary on about India tonight. **2** (*periódico, revista, etc.*) report

reportero, -a *nm-nf* reporter LOC **reportero gráfico** press photographer

reposar *vi* **1** (*descansar*) to rest: *Necesitas ~.* You need to rest. **2** (*estar enterrado*) to lie: *Sus restos reposan en este cementerio.* His remains lie in this cemetery. ➲ *Ver nota en* LIE[1]

reposo *nm* **1** (*descanso*) rest: *Los médicos le han mandado ~.* The doctors have told him to rest. **2** (*paz*) peace: *No tengo ni un momento de ~.* I don't get a moment's peace.

repostería *nf* cakes and desserts [*pl*]: *La ~ se me da muy mal.* I'm not very good at baking.

represalia *nf* reprisal: *Esperemos que no haya ~s contra los vecinos.* Let's hope there are no reprisals against the local people.

representación *nf* **1** representation: *~ diplomática/parlamentaria* diplomatic representation/representation in Parliament **2** (*Teat*) performance LOC **en representación de** on behalf of *sb/sth*

representante *nmf* **1** representative: *el ~ del sindicato* the union representative **2** (*Cine, Teat*) agent: *el ~ del actor* the actor's agent

representar *vt* **1** (*organización, país*) to represent: *Representaron a España en las Olimpiadas.* They represented Spain in the Olympics. **2** (*cuadro, estatua*) to depict: *El cuadro representa una batalla.* The painting depicts a battle. **3** (*simbolizar*) to symbolize: *El verde representa la esperanza.* Green symbolizes hope. **4** (*Teat*) **(a)** (*obra*) to perform **(b)** (*papel*) to play: *Representó el papel de Otelo.* He played the part of Othello. **5** (*edad*) to look: *Representa menos edad de la que tiene.* She looks younger than she is.

representativo, -a *adj* representative

represión *nf* repression

represivo, -a *adj* repressive

reprimido, -a *adj, nm-nf* repressed: *Es un ~.* He's repressed.

reprimir *vt* to repress

reprochar *vt* to reproach *sb* (*for/with sth*): *Me reprochó el no haberle llamado.* He reproached me for not phoning him.

reproche *nm* reproach: *Mis padres me hicieron duros ~s.* My parents reproached me bitterly.

reproducción *nf* reproduction

reproducir(se) *vt, vp* to reproduce

reproductor *nm* **1** (*de CDs, DVDs, etc.*) CD, DVD, etc. player **2** (*de vídeo*) video recorder, VCR (*USA*)

reptar *vi* **1** (*serpiente*) to slither **2** (*persona*) to crawl

reptil *nm* reptile

república *nf* republic LOC **República Checa** Czech Republic ◆ **República Dominicana** Dominican Republic

republicano, -a *adj, nm-nf* republican

repuesto *nm* spare (part) LOC **de repuesto** spare: *una pila de ~* a spare battery

repugnante *adj* revolting

reputación *nf* ~ **(de)** reputation (*for sth/doing sth*): *tener buena/mala ~* to have a good/bad reputation

requemado, -a *adj* burnt

requesón *nm* cottage cheese

requisar *vt* to seize: *La policía les requisó los documentos.* The police seized their documents.

requisito *nm* requirement (*for sth/to do sth*)

res *nf* (farm) animal

resaca *nf* **1** (*borrachera*) hangover: *tener ~* to have a hangover **2** (*mar*) undertow

resaltar *vt* **1** (*color, belleza*) to bring *sth* out **2** (*poner énfasis*) to highlight ▶ *vi* (*sobresalir*) to stand out (*from sth*) LOC **hacer resaltar** to highlight

resbaladizo, -a *adj* slippery

resbalar *vi* **1** (*superficie*) to be slippery **2** (*vehículo*) to skid **3** ~ **(por)** (*gotas, lágrimas*) to trickle (along/down *sth*): *La lluvia resbalaba por los cristales.* The rain trickled down the windows. ▶ **resbalar(se)** *vi, vp* to slip (*on sth*): *Resbalé con una cáscara de plátano.* I slipped on a banana skin. LOC **resbalarle algo a algn** not to care about sth: *Los estudios le resbalan.* He doesn't care about school.

resbalón *nm* slip: *dar/pegarse un ~* to slip

R

rescatar *vt* **1** (*salvar*) to rescue *sb* (*from sth/sb*) **2** (*recuperar*) to recover *sth* (*from sb/sth*): *Pudieron ~ las joyas.* They were able to recover the jewels.

rescate *nm* **1** (*salvación*) rescue: *las labores de ~* rescue work **2** (*pago*) ransom: *pedir un elevado ~* to demand a high ransom LOC **exigir/pedir rescate por algn** to hold sb to ransom

reseco, -a *adj* very dry

resentido, -a *adj* **1** (*dolido*) upset **2** ~ **(con)** (*enfadado*) annoyed (with *sb*): *¿Sigues ~ con ella?* Are you still annoyed with her? **3** (*dolorido*) painful: *Tengo la espalda resentida de tanto estar sentada en esta postura.* My back hurts from sitting so long in this position. LOC **ser (un) resentido** to have a chip on your shoulder: *No le hagas caso, es un ~.* Don't pay any attention to him — he's got a chip on his shoulder.

resentimiento *nm* resentment

resentirse *vp* **1** (*deteriorarse*) to deteriorate: *Su salud empieza a ~.* His health is starting to deteriorate. **2** (*dolerse*) to hurt: *La pierna aún se resiente de la caída.* My leg still hurts from the fall.

reserva *nf* **1** (*hotel, viaje, restaurante*) reservation, booking (*más coloq*): *hacer una ~* to make a reservation **2** (*materia prima, dinero*) reserve(s) [*se usa mucho en plural*]: *una buena ~ de carbón* good coal reserves ◇ *las ~s de divisas* foreign currency reserves **3** (*de animales, plantas*) reserve **4** (*duda*) reservation: *Mostró sus ~s sobre el acuerdo.* He expressed reservations about the agreement. **5** (*gasolina*) reserve tank
▶ *nmf* (*Dep*) reserve

R

reservado, -a *adj* (*persona*) reserved *Ver tb* RESERVAR

reservar *vt* **1** (*pedir con antelación*) to book, to reserve (*USA*): *Quiero ~ una mesa para tres.* I'd like to book a table for three. **2** (*guardar*) to save: *Resérvame un sitio.* Save me a place.

resfriado, -a *adj*: *estar ~* to have a cold
▶ *nm* (*catarro*) cold *Ver tb* RESFRIARSE

resfriarse *vp* to catch a cold

resguardar *vt* to protect *sb/sth against/from sth*
▶ **resguardarse** *vp* **resguardarse (de)** to shelter (from *sth*): *~se de la lluvia* to shelter from the rain

resguardo *nm* **1** (*de entrega*) ticket **2** (*de compra, matrícula*) receipt

residencia *nf* residence LOC **residencia canina** kennels [*pl*] ◆ **residencia de ancianos/tercera edad** old people's home ◆ **residencia de estudiantes** hall (of residence)

residencial *adj* residential: *zona ~* residential area

residuo *nm* **residuos** waste [*incontable*]: *~s tóxicos* toxic waste

resignarse *vp* ~ **(a)** to be resigned to *sth*: *No se resigna a perderla.* He is not resigned to losing her.

resistencia *nf* (*física*) stamina: *No tengo mucha ~.* I haven't got a lot of stamina.

resistente *adj* **1** (*fuerte*) **(a)** (*material*) strong **(b)** (*tela*) hard-wearing **2** (*persona, animal, planta*) hardy **3** ~ **(a)** resistant (to *sth*): *~ al frío/calor/agua* resistant to cold/heat-resistant/water-resistant

resistir *vt* **1** (*soportar*) to withstand: *Las chabolas no resistieron el vendaval.* The shanty town didn't withstand the hurricane. **2** (*peso*) to take: *El puente no resistirá el peso de ese camión.* The bridge won't take the weight of that lorry. **3** (*tentación*) to resist *sth/doing sth*: *No lo pude ~ y me comí todos los pasteles.* I couldn't resist eating all the cakes.
▶ *vi* (*aguantar*) to hold up: *La estantería no resistirá.* This shelf won't hold up much longer.
▶ **resistirse** *vp* to refuse *to do sth*: *Me resistía a creerlo.* I refused to believe it.

resolución *nf* **1** (*solución*) solution: *Colaboraron en la ~ del problema.* They helped solve the problem. **2** (*decisión*) decision: *tomar una ~* to take a decision **3** (*Jur*) resolution: *las resoluciones de la ONU* UN resolutions

resolver *vt* **1** (*problema, misterio, caso*) to solve **2** ~ **hacer algo** to resolve to do sth: *Hemos resuelto no decírselo.* We've resolved not to tell her.

resonar *vi* **1** (*metal, voz*) to ring **2** (*producir eco*) to resound

resoplar *vi* to puff and pant: *Deja de ~.* Stop puffing and panting.

resorte *nm* (*muelle*) spring

respaldar *vt* to support, to back (*más coloq*): *Mis padres siempre me respaldaron.* My parents always supported me.

respaldo *nm* **1** (*apoyo*) support **2** (*silla*) back

respectivo, -a *adj* respective

respecto *nm* LOC **al respecto** about it: *No sé nada al ~.* I know nothing about it. ◆ **(con) respecto a** about *sb/sth*, with regard to *sb/sth* (*más formal*): *Sabemos todo ~ a eso.* We know all about that. ◇ *Respecto a la nueva ley...* With regard to the new law...

respetable *adj* respectable: *una persona/cantidad ~* a respectable person/amount

respetar *vt* **1** (*estimar*) to respect *sb/sth* (*for sth*): *~ las opiniones de los demás* to respect other people's opinions **2** (*código, ley*) to obey: *~ las señales de tráfico* to obey road signs

respeto *nm* **1 ~ (a/hacia)** (*consideración, veneración*) respect (for *sb/sth*): *el ~ a los demás/la naturaleza* respect for others/for nature **2 ~ a** (*miedo*) fear of *sth*: *tenerle ~ al agua* to be afraid of water **LOC** *Ver* FALTAR

respetuoso, -a *adj* respectful **LOC respetuoso con el medio ambiente** eco-friendly

respiración *nf* breathing [*incontable*]: *ejercicios de ~* breathing exercises ◇ *quedarse sin ~* to be out of breath ◇ *contener la ~* to hold your breath **LOC respiración artificial** artificial respiration ◆ **respiración boca a boca** mouth-to-mouth resuscitation *Ver tb* AGUANTAR

respirar *vt, vi* to breathe: *~ aire puro* to breathe fresh air ◇ *Respira hondo.* Take a deep breath. **LOC no dejar a algn ni respirar** not to give sb a minute's peace

resplandecer *vi* to shine

resplandeciente *adj* shining

resplandor *nm* **1** brightness: *el ~ de la lámpara* the brightness of the lamp **2** (*fuego*) blaze

responder *vt, vi* **~ (a)** to answer, to reply (to *sth*) (*más formal*): *~ a una pregunta* to answer a question ◇ *Tengo que ~ a estas cartas.* I have to reply to these letters.

▶ *vi* **1** (*reaccionar*) to respond (*to sth*): *~ a un tratamiento* to respond to treatment ◇ *Los frenos no respondían.* The brakes didn't respond. **2 ~ de/por** to answer for *sb/sth*: *¡No respondo de mí!* I won't answer for my actions! ◇ *Yo respondo por él.* I'll answer for him.

responsabilidad *nf* responsibility [*pl* responsibilities]

responsabilizarse *vp* **responsabilizarse (de)** to accept responsibility (for *sth*): *Me responsabilizo de mis decisiones.* I accept responsibility for my decisions.

responsable *adj* responsible (*for sth*): *No sé quién es ~ de esta situación.* I don't know who is responsible for this situation.

▶ *nmf* **1** (*culpable*) person responsible (*for sth*): *¿Quién es el ~ de este barullo?* Who is responsible for this row? ◇ *Los ~s se entregaron.* Those responsible gave themselves up. **2** (*encargado*) person in charge (*of sth*): *el ~ de las obras* the person in charge of the building work

respuesta *nf* **1** (*contestación*) answer, reply [*pl* replies] (*más formal*): *una ~ clara* a clear answer ◇ *Quiero una ~ a mi pregunta.* I want an answer to my question. ◇ *No hemos obtenido ~.* We haven't had a reply. **2** (*en examen*) answer: *Sólo tuve tres ~s correctas.* I only got three correct answers. **3** (*reacción*) response (*to sth*): *una ~ favorable* a favourable response

resquebrajar(se) *vt, vp* to crack

resta *nf* (*Mat*) subtraction

restablecer *vt* **1** (*normalidad, calma*) to restore: *~ el orden* to restore order **2** (*diálogo, negociaciones*) to resume

▶ **restablecerse** *vp* to recover (*from sth*): *Tardó varias semanas en ~se.* He took several weeks to recover.

restante *adj* remaining: *el dinero ~* the remaining money

▶ *nmf* **los restantes** the rest: *Los ~s no sirven.* The rest are no use.

restar *vt* to subtract, to take *sth* away (*más coloq*): *~ 3 de 7* to take 3 away from 7 **LOC** *Ver* IMPORTANCIA

restauración *nf* restoration

restaurante *nm* restaurant **LOC** *Ver* VAGÓN

restaurar *vt* to restore

resto *nm* **1** (*lo que queda*) rest: *El ~ te lo contaré mañana.* I'll tell you the rest tomorrow. **2** (*Mat*) remainder: *¿Qué ~ te da?* What's the remainder? **3 restos (a)** (*comida*) leftovers **(b)** (*Arqueología*) remains **LOC restos mortales** mortal remains

restregar *vt* to scrub

▶ **restregarse** *vp* to rub: *El pequeño se restregaba los ojos.* The little boy was rubbing his eyes.

restricción *nf* restriction: *restricciones de agua* water restrictions

resucitar *vi* (*Relig*) to rise from the dead

resuelto, -a *adj* determined: *Es una chica muy resuelta.* She's a very determined girl. *Ver tb* RESOLVER

resultado *nm* result: *como ~ de la pelea* as a result of the fight **LOC dar/no dar resultado** to be successful/unsuccessful: *Las investigaciones no dieron ~.* The investigations were unsuccessful. ◆ **resultado final** (*Dep*) final score

resultar *vi* **1** (*ser, quedar*) to be: *Resulta difícil de creer.* It's hard to believe. ◇ *Su cara me resulta familiar.* His face is familiar to me. ◇ *Resultó ileso en el accidente.* He wasn't hurt in the accident. **2 ~ que...** to turn out (that...): *Resultó que se conocían.* It turned out (that) they knew each other. **3 ~ de** (*surgir*) to come of *sth/doing sth*: *¡No sé lo que resultará de todo esto!* I don't know what will come of all this! **4** (*parecer*) to find: *Este libro me está resultando una pesadez.* I'm finding this book very boring. **5** (*funcionar*) to work: *Mi plan no resultó.* My plan didn't work.

resumen *nm* summary [*pl* summaries]: ~ *informativo* news summary ◇ *hacer un ~ de algo* to summarize sth LOC **en resumen** in short

resumir *vt* **1** to summarize: ~ *un libro* to summarize a book **2** (*concluir*) to sum *sth* up: *Resumiendo,...* To sum up,...

resurrección *nf* resurrection LOC *Ver* DOMINGO

retablo *nm* (*altar*) altarpiece

retal *nm* remnant

retención *nf* (*tráfico*) hold-up

retener *vt* **1** (*detener*) to hold: ~ *a algn en contra de su voluntad* to hold sb against their will **2** (*memorizar*) to remember **3** (*guardar*) to keep

retirada *nf* **1** (*de una profesión*) retirement: *Anunció su ~ del fútbol.* He announced his retirement from football. **2** (*de una batalla*) retreat: *El general ordenó la ~.* The general ordered the retreat.

retirado, -a *adj* **1** (*jubilado*) retired **2** (*remoto*) remote *Ver tb* RETIRAR

retirar *vt* **1** (*quitar*) to withdraw: *~le el carné a algn* to withdraw sb's licence ◇ ~ *una revista de la circulación* to withdraw a magazine from circulation **2** (*apartar*) to pull *sth* away (*from sth*): ~ *una silla de la pared* to pull a chair away from the wall

▶ **retirarse** *vp* **1** (*jubilarse*) to retire: *Se retiró de la política.* He retired from politics. **2** (*irse*) to withdraw: *~se de un torneo* to withdraw from a tournament **3** (*Mil*) to retreat

retiro *nm* **1** (*jubilación*) retirement **2** (*pensión*) pension **3** (*lugar, Relig*) retreat

reto *nm* challenge

retocar *vt* (*pintura, fotos*) to touch *sth* up

retoque *nm* finishing touch: *dar los últimos ~s a un dibujo* to put the finishing touches to a drawing

retorcer *vt* to twist: *Me retorció el brazo.* He twisted my arm. LOC **retorcerse de dolor** to writhe in pain ◆ **retorcerse de risa** to double up with laughter

retorcido, -a *adj* (*persona*) twisted: *Tiene una mente muy retorcida.* He has a twisted mind. *Ver tb* RETORCER

retornable *adj* returnable LOC **no retornable** non-returnable

retorno *nm* return

retortijón *nm* cramp: *retortijones de estómago* stomach cramps

retransmisión *nf* broadcast: *una ~ en directo/diferido* a live/recorded broadcast

retransmitir *vt* to broadcast

retrasado, -a *adj* **1** (*atrasado*) behind (*with sth*): *Voy muy ~ en mi trabajo.* I'm very behind with my work. **2** (*transporte*) late: *El tren viene ~.* The train's running late. **3** (*país, región*) backward *Ver tb* RETRASAR

retrasar *vt* **1** (*retardar*) to hold *sb/sth* up, to delay (*más formal*): *Retrasaron todos los vuelos.* All flights were delayed. **2** (*reloj*) to put *sth* back: ~ *el reloj una hora* to put your watch back an hour **3** (*aplazar*) to postpone, to put *sth* off (*más coloq*): ~ *una reunión* to postpone a meeting

▶ **retrasarse** *vp* **1** (*llegar tarde*) to be late: *Siento haberme retrasado.* Sorry I'm late. **2** (*en trabajo*) to get behind (*with sth*): *Empezó a ~se en sus estudios.* He began to get behind with his studies. **3** (*reloj*) to be slow: *Este reloj se retrasa diez minutos.* This watch is ten minutes slow.

retraso *nm* **1** (*demora*) delay: *Algunos vuelos sufrieron ~s.* Some flights were subject to delays. ◇ *Empezó con cinco minutos de ~.* It began five minutes late. **2** (*subdesarrollo*) backwardness LOC **llevar/tener retraso** to be late: *El tren lleva cinco horas de ~.* The train is five hours late.

retratar *vt* **1** (*pintar*) to paint *sb's* portrait: *El artista la retrató en 1897.* The artist painted her portrait in 1897. **2** (*Fot*) to take *sb's* photo **3** (*describir*) to portray: *La obra retrata la vida aristocrática.* The play portrays life among the aristocracy.

retrato *nm* **1** (*cuadro*) portrait **2** (*foto*) photograph **3** (*descripción*) portrayal LOC **retrato robot** e-fit

retro *adj* retro

retroceder *vi* **1** (*ir hacia atrás*) to go back: *Este no es el camino, retrocedamos.* We're going the wrong way, let's go back. **2** (*desistir*) to back down: *No retrocederé ante las dificultades.* I won't back down in the face of adversity.

retrovisor *nm* rear-view mirror

retumbar *vi* to resound

reuma (*tb* **reúma**) *nm* rheumatism

reunión *nf* **1** meeting: *Mañana tenemos una ~ importante.* We've got an important meeting tomorrow. **2** (*encuentro informal*) get-together **3** (*de antiguos colegas*) reunion: *una ~ de antiguos alumnos* a school reunion

reunir *vt* **1** (*personas, objetos*) to get *sb/sth* together: *Reuní a mis amigas/la familia.* I got my friends/family together. **2** (*información*) to collect **3** (*dinero*) to raise **4** (*cualidades*) to have: ~ *cualidades para ser líder* to have leadership qualities

▶ **reunirse** *vp* to meet: *Nos reuniremos esta tarde.* We'll meet this evening.

R

reutilizable *adj* reusable

revancha *nf* revenge LOC **tomarse la revancha** to get your own back (*on sb*): *Cuando tuvo oportunidad se tomó la ~.* When he got the chance, he got his own back (on me, you, etc.).

revelación *nf* revelation

revelado *nm* developing

revelar *vt* **1** (*dar a conocer*) to reveal: *Nunca nos reveló su secreto.* He never revealed his secret to us. **2** (*Fot*) to develop

reventado, -a *adj* (*cansado*) shattered *Ver tb* REVENTAR(SE)

reventar(se) *vt, vi, vp* to burst: *Si comes más, vas a ~.* If you eat any more, you'll burst. ◇ *~ de alegría* to be bursting with happiness LOC **me revienta** I, you, etc. hate *sth/doing sth*: *Me revienta tener que levantarme temprano.* I hate having to get up early.

reverencia *nf* LOC **hacer una reverencia 1** (*hombres*) to bow **2** (*mujeres*) to curtsy

reversible *adj* reversible

reverso *nm* **1** (*papel*) back **2** (*moneda*) reverse

revertido, -a *adj* LOC *Ver* LLAMADA

revés

inside out back to front

upside down

revés *nm* **1** (*tela*) wrong side **2** (*Tenis, etc.*) backhand **3** (*bofetada*) slap **4** (*contratiempo*) setback LOC **al revés 1** (*al contrario*) the other way round: *Yo lo hice al ~ que tú.* I did it the other way round from you. **2** (*boca abajo*) upside down: *Ese cuadro está al ~.* That picture is upside down. **3** (*ropa*) **(a)** (*con lo de delante atrás*) back to front, backwards (*USA*) **(b)** (*tb* **del revés**) (*con lo de dentro fuera*) inside out: *Llevas el jersey al ~.* Your jumper's on inside out. **4** (*mal*) wrong: *¡Todo me está saliendo al ~!* Everything's going wrong for me!

revestir *vt* (*cubrir*) to cover

revisar *vt* to check: *Vinieron a ~ el gas.* They came to check the gas.

revisión *nf* **1** (*trabajo, tarea*) check: *Antes de entregarlo, voy a hacer la última ~.* I'm going to check it one last time before I hand it in. **2** (*vehículo*) service **3** (*Med*) check-up

revisor, -ora *nm-nf* (*Ferrocarril*) ticket inspector

revista *nf* **1** (*publicación*) magazine **2** (*Teat*) revue **3** (*Mil*) review: *pasar ~ a las tropas* to review the troops LOC *Ver* PRENSA

revivir *vt* **1** (*amor, interés, etc.*) to revive **2** (*pasado, recuerdos, etc.*) to relive

▶ *vi* to revive

revolcar *vt* to knock *sb/sth* over

▶ **revolcarse** *vp* to roll about: *Nos revolcamos en el césped.* We rolled about on the lawn.

revolcón *nm* LOC **darse/pegarse un revolcón con algn** to have a fling with sb

revolotear *vi* to fly about

revoltoso, -a *adj, nm-nf* naughty: *ser un ~* to be naughty

revolución *nf* revolution

revolucionar *vt* **1** (*transformar*) to revolutionize **2** (*alborotar*) to stir *sb* up: *Revoluciona a toda la clase.* He stirs the whole class up.

revolucionario, -a *adj, nm-nf* revolutionary [*pl* revolutionaries]

revólver *nm* revolver

revolver *vt* **1** (*desordenar*) **(a)** to mess *sth* up: *No revuelvas esos papeles.* Don't mess those papers up. **(b)** (*ladrones*) to turn *sth* upside down: *Los ladrones revolvieron el piso.* The burglars turned the flat upside down. **2** (*estómago*) to turn **3** (*remover*) **(a)** (*salsa, café, etc.*) to stir: *Revuélvelo bien.* Stir it well. **(b)** (*ensalada*) to toss

▶ *vi* (*fisgar*) to rummage: *Estuvo revolviendo en su bolso un rato.* She spent some time rummaging through her bag.

revuelta *nf* revolt

revuelto, -a *adj* **1** (*desordenado*) in a mess: *Siempre lleva el pelo ~.* His hair's always in a mess. **2** (*agitado*) worked up: *El pueblo anda ~*

con las elecciones. People are worked up about the elections. **3** (*estómago*) upset: *Tengo el estómago ~.* I've got an upset stomach. **4** (*mar*) choppy LOC *Ver* HUEVO; *Ver tb* REVOLVER

rey *nm* **1** (*monarca*) king ℹ El plural de **king** es regular ('kings'), pero *los reyes*, refiriéndonos al rey y la reina, se dice **the king and queen**. **2 Reyes** Epiphany LOC **los Reyes Magos** the Three Wise Men *Ver tb* CUERPO, DÍA

rezagado, -a *adj*: *Venga, no te quedes ~.* Come on, don't get left behind.
▶ *nm-nf* straggler

rezar *vt* to say: *~ una oración* to say a prayer
▶ *vi* ~ **(por)** to pray (for *sb/sth*)

ría *nf* estuary [*pl* estuaries]

riachuelo *nm* stream

riada *nf* flood

ribera *nf* **1** (*orilla*) bank **2** (*terreno cercano a un río*) riverside

rico, -a *adj* **1** rich: *una familia rica* a rich family ◇ *~ en minerales* rich in minerals **2** (*comida*) delicious **3** (*mono*) sweet: *¡Qué bebé más ~!* What a sweet little baby!
▶ *nm-nf* rich man/woman [*pl* men/women]: *los ~s* the rich

ridiculez *nf*: *¡Qué ~!* That's ridiculous! ◇ *Lo que dice es una ~.* He's talking rubbish.

ridiculizar *vt* to ridicule

ridículo, -a *adj* ridiculous LOC **dejar/poner a algn en ridículo** to make sb look a fool ◆ **hacer el ridículo** to make a fool of yourself ◆ **quedar en ridículo** to look stupid

riego *nm* **1** (*Agric*) irrigation **2** (*jardines*) watering LOC **riego sanguíneo** circulation *Ver tb* BOCA

riel *nm* rail

rienda *nf* rein LOC **dar rienda suelta** to give free rein *to sb/sth* ◆ **llevar las riendas** to be in charge (*of sth*): *Lleva las ~s del negocio.* She's in charge of the business.

riesgo *nm* risk: *Corren el ~ de perder su dinero.* They run the risk of losing their money. LOC **a todo riesgo** (*seguro*) comprehensive

rifa *nf* raffle

rifar *vt* to raffle

rifle *nm* rifle

rígido, -a *adj* **1** (*tieso*) rigid **2** (*severo*) strict: *Tiene unos padres muy ~s.* She has very strict parents.

rigor *nm* **1** (*severidad, clima*) harshness: *el ~ del régimen/del invierno* the harshness of the regime/winter **2** (*exactitud*) rigour: *El artículo carece de ~ científico.* The article lacks scientific rigour.

riguroso, -a *adj* **1** (*estricto*) strict **2** (*minucioso*) thorough **3** (*castigo, clima*) harsh

rima *nf* rhyme

rimar *vi* to rhyme

rimbombante *adj* (*lenguaje*) pompous

rímel *nm* mascara: *darse/ponerse ~* to put mascara on

rincón *nm* corner: *en un tranquilo ~ de Asturias* in a quiet corner of Asturias ◇ *en cada ~/por todos los rincones* everywhere

rinoceronte *nm* rhino [*pl* rhinos] ℹ **Rhinoceros** es la palabra científica.

riña *nf* **1** (*pelea*) fight **2** (*discusión*) row, fight (*USA*)

riñón *nm* **1** (*órgano*) kidney [*pl* kidneys] **2 riñones** (*zona lumbar*) lower back [*v sing*] LOC *Ver* COSTAR

riñonera *nf* bumbag ➲ *Ver dibujo en* BAG

río *nm* river

> En inglés **river** se escribe con mayúscula cuando aparece con el nombre de un río: *el río Amazonas* the River Amazon.

LOC **río abajo/arriba** downstream/upstream *Ver tb* ORILLA

riqueza *nf* **1** (*dinero*) wealth [*incontable*]: *amontonar ~s* to amass wealth **2** (*cualidad*) richness: *la ~ del terreno* the richness of the land

risa *nf* **1** laugh: *una ~ nerviosa/contagiosa* a nervous/contagious laugh ◇ *¡Qué ~!* What a laugh! **2 risas** laughter [*incontable*]: *Se oían las ~s de los pequeños.* You could hear the children's laughter. LOC **dar risa** to make *sb* laugh ◆ **me dio la risa** I, you, etc. got the giggles ◆ **mondarse/morirse/partirse de risa** to fall about laughing *Ver tb* MUERTO, PELÍCULA, RETORCER

risueño, -a *adj* **1** (*cara*) smiling **2** (*persona*) cheerful

ritmo *nm* **1** (*Mús*) rhythm, beat (*más coloq*) **2** (*velocidad*) rate: *el ~ de crecimiento* the growth rate LOC **ritmo de vida** pace of life ◆ **tener ritmo** **1** (*persona*) to have a good sense of rhythm **2** (*melodía*) to have a good beat *Ver tb* MARCAR, SEGUIR

rito *nm* rite

ritual *nm* ritual

rival *adj, nmf* rival

rivalidad *nf* rivalry [*pl* rivalries]: *la ~ entre los candidatos* the rivalry among the candidates

rizado, -a *adj* curly: *Tengo el pelo ~.* I've got curly hair. *Ver tb* RIZAR

rizar *vt* to curl
▶ **rizarse** *vp* to go curly: *Con la lluvia se me ha rizado el pelo.* My hair's gone curly in the rain. LOC **rizar el rizo** to complicate things

rizo *nm* **1** (*pelo*) curl **2** (*Aeronáut*) loop LOC *Ver* RIZAR

robar *vt* **1** (*banco, tienda, persona*) to rob *sb/sth* (*of sth*): *~ un banco* to rob a bank ◇ *Le robaron todos sus ahorros.* He was robbed of all his savings. **2** (*dinero, objetos*) to steal *sth* (*from sb/sth*): *Me han robado el reloj.* My watch has been stolen. **3** (*casa, caja fuerte*) to break into *sth*: *Le enseñaron a ~ cajas fuertes.* They taught him how to break into a safe. ➲ *Ver nota en* ROB **4** (*Naipes*) to pick *sth* up: *Tienes que ~ una carta.* You have to pick up a card.
▶ *vi* **1** to steal: *Le echaron del colegio por ~.* He was expelled for stealing. **2** (*a una persona*) to rob: *¡Me han robado!* I've been robbed! **3** (*en una casa*): *Han robado en casa de los vecinos.* Our neighbours' house has been broken into. ➲ *Ver nota en* ROB

roble *nm* oak (tree)

robo *nm* **1** (*de un banco, una tienda, a una persona*) robbery [*pl* robberies]: *el ~ al supermercado* the supermarket robbery ◇ *He sido víctima de un ~.* I've been robbed. **2** (*de objetos*) theft: *acusado de ~* accused of theft ◇ *~ de coches/bicicletas* car/bicycle theft **3** (*a una casa, oficina*) burglary [*pl* burglaries]: *El domingo hubo tres ~s en esta calle.* There were three burglaries in this street on Sunday. ➲ *Ver nota en* THEFT **4** (*estafa*) rip-off: *¡Vaya ~!* What a rip-off! LOC *Ver* MANO

robot *nm* robot LOC *Ver* RETRATO

robusto, -a *adj* robust

roca *nf* rock

roce *nm* **1** (*rozamiento*) rubbing **2** (*pequeña discusión*) clash: *Ya he tenido varios ~s con él.* I've already clashed with him several times.

rociar *vt* to spray *sb/sth* (*with sth*): *Hay que ~ las plantas dos veces al día.* The plants should be sprayed twice a day.

rocío *nm* dew

rock *nm* rock: *un grupo de ~* a rock band LOC **rock duro** heavy metal

rockero, -a *adj* rock: *Tienen un sonido muy ~.* They have a real rock sound.
▶ *nm-nf* **1** (*músico*) rock musician **2** (*aficionado*) rock fan

rocoso, -a *adj* rocky

rodaballo *nm* turbot [*pl* turbot]

rodaja *nf* slice: *una ~ de piña* a slice of pineapple LOC **en rodajas**: *Córtalo en ~s.* Cut it into slices ◇ *piña en ~s* pineapple rings

rodaje *nm* **1** (*Cine*) filming: *el ~ de una serie de televisión* the filming of a TV series **2** (*coche*): *El coche está todavía en ~.* I'm still running my car in.

rodar *vi* **1** (*dar vueltas*) to roll: *Las rocas rodaron por el precipicio.* The rocks rolled down the cliff. ◇ *~ escaleras abajo* to fall down the stairs **2** (*ir de un lado a otro*): *Esta carta lleva un mes rodando por la oficina.* This letter has been going around the office for a month now.
▶ *vt* **1** (*película*) to film **2** (*vehículo, motor*) to run *sth* in: *Después de comprar un coche hay que ~lo.* When you buy a car you have to run it in.

rodear *vt* **1** to surround *sb/sth* (*with sb/sth*): *Hemos rodeado al enemigo.* We've surrounded the enemy. ◇ *Sus amigas la rodearon para felicitarla.* She was surrounded by friends wanting to congratulate her. ◇ *la gente que me rodea* the people around me **2** (*con los brazos*): *Me rodeó con los brazos.* He put his arms around me.
▶ **rodearse** *vp* **rodearse de** to surround yourself with *sb/sth*: *Les encanta ~se de gente joven.* They love to surround themselves with young people.

rodeo *nm* **1** (*desvío*) detour: *Tuvimos que dar un ~ de cinco kilómetros.* We had to make a five-kilometre detour. **2** (*espectáculo*) rodeo [*pl* rodeos] LOC **andarse con rodeos** to beat about the bush

rodilla *nf* knee LOC **de rodillas**: *Todo el mundo estaba de ~s.* Everyone was kneeling down. ◇ *Tendrás que pedírmelo de ~s.* You'll have to get down on your knees and beg. ◆ **ponerse de rodillas** to kneel (down)

rodillera *nf* **1** (*Dep*) kneepad **2** (*Med*) knee support **3** (*parche*) knee patch

rodillo *nm* **1** (*Cocina*) rolling pin **2** (*pintura*) roller

roedor *nm* rodent

roer *vt* to gnaw (at) *sth*: *El perro roía el hueso.* The dog was gnawing (at) the bone.

rogar *vt* **1** (*suplicar*) to beg *sb* (for *sth*), to beg *sth* (*of sb*): *Le rogaron que tuviera misericordia.* They begged him for mercy. ◇ *Les rogué que me soltasen.* I begged them to let me go. **2** (*pedir*): *Tranquilízate, te lo ruego.* Calm down, please. ◇ *Me rogaron que me fuera.* They asked me to leave. ◇ *Le ruego que me conteste lo antes posible.* Please reply as soon as possible. **3** (*rezar*) to pray: *Roguemos al Señor.* Let us pray. LOC **hacerse de rogar** (*resistirse*) to play hard to get: *A tu hermana le gusta hacerse de ~.* Your sister likes to play hard to get. ◇ *No se hace de ~.* She doesn't have to be asked twice. ◆ **se ruega no fumar** no smoking ◆ **se ruega silencio** silence please

rojizo, -a *adj* reddish

R

rojo, -a *adj, nm* red ➲ *Ver ejemplos en* AMARILLO **LOC al rojo vivo** (*metal*) red-hot ◆ **ponerse rojo** to go red *Ver tb* CAPERUCITA, CRUZ, NÚMERO

rol *nm* role **LOC** *Ver* JUEGO

rollo *nm* **1** (*de papel, tela, etc.*) roll: *~s de papel higiénico* toilet rolls ◇ *un ~ de película* a roll of film **2** (*pesadez, aburrimiento*) bore: *¡Qué ~ de libro!* What a boring book! ◇ *Esa clase es un ~.* That class is really boring. ◇ *Ese tío me parece un ~.* I find that bloke so boring. **3** (*asunto*): *¿Qué ~s te traes?* What are you up to? ◇ *Está metido en un ~ muy raro.* He's involved in something very odd. ◇ *¿Te va el ~ de los coches?* Are you into cars? **4** (*ambiente*) scene: *Le va el ~ alternativo.* She's into the alternative scene. **5** (*sensación*) feeling: *Me da buen/mal ~.* I've got a good/bad feeling about him. **LOC ir a su rollo** to do your own thing: *Siempre va a su ~ y pasa de nosotros.* He always does his own thing and doesn't care about us. ◆ **meter/soltar un rollo** to go on and on (*about sth*): *¡Qué ~ me metió!* He just went on and on! ◆ **tener un rollo (con algn)** (*amorío*) to be involved *with sb*: *Tuvo un ~ con su jefa.* He was involved with his boss. *Ver tb* CORTAR

romance *nm* **1** (*amorío*) romance **2** (*Liter*) ballad

románico, -a *adj* (*Arquit*) Romanesque

romano, -a *adj* Roman **LOC** *Ver* NUMERACIÓN, NÚMERO

romántico, -a *adj, nm-nf* romantic

rombo *nm* **1** (*Geom*) rhombus [*pl* rhombuses] **2** (*forma, estampado*) diamond: *un jersey de ~s* a diamond-patterned sweater

romería *nf* **1** (*peregrinación*) pilgrimage: *ir de ~* to go on a pilgrimage **2** (*fiesta*) fiesta

romero *nm* rosemary

rompecabezas *nm* **1** (*de piezas*) jigsaw: *hacer un ~* to do a jigsaw **2** (*acertijo*) puzzle

rompehielos *nm* icebreaker

romper *vt* **1** to break: *Rompí el cristal de un pelotazo.* I broke the window with my ball. ◇ *~ una promesa* to break a promise **2** (*papel, tela*) to tear: *Rompió la carta.* He tore up the letter. ◇ *¡Me has roto la falda!* You've torn my skirt! **3** (*por el uso*) to wear *sth* out: *Rompe todos los jerseys por los codos.* He wears out all his jumpers at the elbows.

▶ *vi* **1 ~ con** to fall out with *sb*: *~ con la familia* to fall out with your family **2** (*novios*) to split up (*with sb*)

▶ **romperse** *vp* **1** to break: *Me rompí el brazo jugando al fútbol.* I broke my arm playing football. ◇ *Se ha roto sola.* It broke of its own accord. **2** (*tela, papel*) to tear: *Esta tela se rompe fácilmente.* This material tears easily. **3** (*cuerda*) to snap **4** (*por el uso*) to wear out **LOC romper el hielo** to break the ice ◆ **romper filas** to fall out *Ver tb* CARA

ron *nm* rum

roncar *vi* to snore

ronco, -a *adj* (*tipo de voz*) husky **LOC quedarse ronco** to lose your voice: *Me quedé ~ de tanto gritar.* I lost my voice from so much shouting.

ronda *nf* **1** round: *Esta ~ la pago yo.* It's my round. ◇ *la segunda ~ de elecciones* the second round of elections ◇ *El Barça ha pasado a la segunda ~.* Barcelona have gone through to the second round. **2** (*carretera*) ring road, beltway (*USA*) **LOC hacer la ronda** (*soldado, policía, vigilante*) to be on patrol

ronquido *nm* snoring [*incontable*]: *Sus ~s la mantenían despierta.* His snoring kept her awake.

ronronear *vi* to purr

ronroneo *nm* purr: *Se oía el ~ del gato.* You could hear the cat purring.

roña *nf* (*mugre*) dirt: *Tienes ~ en el cuello.* You've got dirt on your collar.

roñoso, -a *adj* **1** (*mugriento*) grimy **2** (*tacaño*) stingy

ropa *nf* **1** (*de persona*) clothes [*pl*]: *~ infantil* children's clothes ◇ *~ usada/sucia* second-hand/dirty clothes ◇ *¿Qué ~ me pongo hoy?* What shall I wear today? **2** (*de casa*) linen: *~ blanca/de cama* household/bed linen **LOC ropa de deporte** sportswear ◆ **ropa interior** underwear *Ver tb* CESTO

ropero *nm* wardrobe, closet (*USA*)

rosa *nf* (*flor*) rose

▶ *adj, nm* (*color*) pink ➲ *Ver ejemplos en* AMARILLO **LOC estar como una rosa** to be (as) fresh as a daisy *Ver tb* NOVELA

rosado, -a *adj* pink

rosal *nm* rose bush

rosario *nm* (*Relig*) rosary [*pl* rosaries]: *rezar el ~* to say the rosary

rosca *nf* **1 (a)** (*pan*) (ring-shaped) roll **(b)** (*dulce*) (ring-shaped) cake **2** (*tornillo*) thread **LOC hacer la rosca** to suck up to *sb* ◆ **pasarse de rosca** (*persona*) to go over the top *Ver tb* TAPÓN

roscón *nm* (ring-shaped) cake: *~ de Reyes* (ring-shaped) Epiphany cake

rostro *nm* **1** (*cara*) face: *La expresión de su ~ lo decía todo.* The look on his face said it all. **2** (*cara dura*) cheek: *¡Vaya ~ que tienes!* You've got a cheek!

rotación *nf* rotation: *~ de cultivos* crop rotation

roto, -a *adj* (*cansado*) worn out

▶ *nm* hole *Ver tb* ROMPER

R

rotonda *nf* roundabout, traffic circle (*USA*)

rótula *nf* kneecap

rotulador *nm* felt-tip pen LOC **rotulador fluorescente/fosforescente** highlighter

rotular *vt* (*poner rótulos*) to put the lettering on *sth*

rótulo *nm* **1** (*letras*) lettering [*incontable*]: *Los ~s son demasiado pequeños.* The lettering's too small. ◇ *en grandes ~s* in large letters **2** (*letrero*) sign

rotundo, **-a** *adj* **1** (*contundente*) resounding: *un sí/fracaso ~* a resounding 'yes'/flop **2** (*negativa*) emphatic

rotura *nf*: *Sufrió la ~ de varias costillas.* He broke several ribs. ◇ *~ de ligamentos* torn ligaments ◇ *la ~ de una tubería* a burst pipe

roulotte *nf* caravan, trailer (*USA*)

rozadura *nf* **1** (*arañazo*) scratch **2** (*herida*) sore: *Tengo una ~ en el talón.* I've got a sore on my heel. **3** (*en la pared*) mark

rozar *vt, vi* **1** (*tocar ligeramente*) to brush (*against sb/sth*): *Le rocé el vestido.* I brushed against her dress. ◇ *La pelota me rozó la pierna.* The ball grazed my leg. **2** (*raspar*) to rub: *Estas botas me rozan atrás.* These boots rub at the back. ◇ *El guardabarros roza con la rueda.* The mudguard rubs against the tyre.
▶ *vt* (*rayar*) to scratch: *Me han rozado el coche.* Someone has scratched my car.

rubeola (*tb* **rubéola**) *nf* German measles [*incontable*]

rubí *nm* ruby [*pl* rubies]

rubio, **-a** *adj* fair, blond(e)

> **Fair** (o **fair-haired**) se usa sólo si el rubio es natural y **blonde** tanto si es natural como si es teñido: *Es rubia.* She's got fair/blonde hair. ➲ *Ver tb nota en* BLONDE

LOC *Ver* TABACO

ruborizarse *vp* to blush

rueda *nf* **1** wheel: *~ delantera/trasera* front/back wheel ◇ *cambiar la ~* to change the wheel **2** (*neumático*) tyre: *comprobar el aire de las ~s* to check your tyre pressure ◇ *Se me ha pinchado una ~.* I've got a puncture. LOC **ir/marchar sobre ruedas** to go smoothly *Ver tb* PRENSA, SILLA

ruedo *nm* ring: *El torero dio la vuelta al ~.* The bullfighter paraded round the ring.

ruego *nm* plea

rugby *nm* rugby: *un partido de ~* a rugby match

rugido *nm* roar

rugir *vi* to roar

ruido *nm* noise: *Oí unos ~s muy raros y me dio miedo.* I heard some very strange noises and got frightened. ◇ *¿Tú has oído un ~?* Did you hear a noise? LOC **armar/hacer/meter ruido** to make noise: *No hagas ~.* Don't make any noise. ◇ *El coche mete mucho ~.* The car's very noisy. ◆ **sin hacer ruido** quietly

ruidoso, **-a** *adj* noisy

ruina *nf* **1** (*restos de edificio, quiebra*) ruin: *La ciudad estaba en ~s.* The city was in ruins. ◇ *las ~s de una ciudad romana* the ruins of a Roman city ◇ *~ económica* financial ruin **2** (*hundimiento*) collapse: *Ese edificio amenaza ~.* That building is in danger of collapsing. LOC **estar en la ruina** to be broke ◆ **estar hecho una ruina** to be a wreck ◆ **ser la/una ruina**: *Las bodas son una ~.* Weddings cost a fortune.

ruiseñor *nm* nightingale

ruleta *nf* roulette

rulo *nm* roller

Rumania *nf* Romania

rumano, **-a** *adj, nm-nf, nm* Romanian

rumbo *nm* **1** (*dirección*) direction: *El gobierno ha tomado un nuevo ~.* The government has changed direction. **2** (*avión, barco*) course: *El barco puso ~ sur.* The ship set course southwards. LOC **(con) rumbo a** bound for: *El barco iba con ~ a Santander.* The ship was bound for Santander. ◆ **sin rumbo (fijo)**: *andar sin ~ (fijo)* to wander aimlessly

rumor *nm* **1** (*noticia*) rumour: *Corre el ~ de que se van a casar.* There's a rumour going round that they're getting married. **2** (*murmullo*) murmur: *un ~ de voces* a murmur of voices

rumorear *vt* LOC **se rumorea que...** there are rumours (that...): *Se rumorea que ha habido un fraude.* There are rumours of a fraud.

ruptura *nf* **1** (*negociaciones, etc.*) breakdown: *la ~ de las negociaciones* the breakdown of negotiations **2** (*contrato, pacto*) breaking **3** (*de una relación*): *Me acabo de enterar de su ~ con Elena.* I've just heard that he's split up with Elena.

rural *adj* rural LOC *Ver* CASA, TURISMO

Rusia *nf* Russia

ruso, **-a** *adj, nm-nf, nm* Russian: *los ~s* the Russians ◇ *hablar ~* to speak Russian LOC *Ver* MONTAÑA

rústico, **-a** *adj* rustic

ruta *nf* route: *¿Qué ~ seguiremos?* What route shall we take?

rutina *nf* routine: *inspecciones de ~* routine inspections ◇ *No quiere cambiar su ~ diaria.* She doesn't want to change her daily routine. ◇ *Se ha convertido en ~.* It's become routine.

Ss

sábado *nm* Saturday (*abrev* Sat.) ➲ *Ver ejemplos en* LUNES

sábana *nf* sheet

saber *vt* **1** to know: *No supe qué contestar.* I didn't know what to say. ◇ *No sé nada de mecánica.* I don't know anything about mechanics. ◇ *Sabía que volvería.* I knew he would be back. ◇ *¡Ya lo sé!* I know! **2 ~ hacer algo** can do sth: *¿Sabes nadar?* Can you swim? ◇ *No sé conducir.* I can't drive. ➲ *Ver nota en* CAN[1] **3** (*enterarse*) to find out: *Lo supe ayer.* I found out yesterday. **4** (*idioma*) to speak: *Sabe mucho inglés.* He speaks good English.
▶ *vi* **1** to know: *Le tengo mucho aprecio, ¿sabes?* I'm very fond of her, you know. ◇ *¿Sabes? Manolo se casa.* Know what? Manolo's getting married. ◇ *Nunca se sabe.* You never know. **2 ~ de** (*tener noticias*) to hear of *sb/sth*: *Nunca más supimos de él.* That was the last we heard of him. **3 ~ (a)** (*tener sabor*) to taste (of *sth*): *Sabe a menta.* It tastes of mint. ◇ *¡Qué bien sabe!* It tastes really good! ➲ *Ver nota en* TASTE **LOC no sé qué/cuántos** something or other: *Me contó no sé qué.* He told me something or other. ◆ **¡qué sé yo!/¡yo qué sé!** how should I know? ◆ **que yo sepa** as far as I know ◆ **saber a poco**: *El viaje nos supo a poco.* The trip was too short. ◆ **saber mal 1** (*alimento*) to have a nasty taste **2** (*disgustar*) not to like...: *Me sabe mal decirle que no.* I don't like having to say no to her. ◇ *Te sabe mal que te mientan, ¿verdad?* You don't like people lying to you, do you? ❶ Para otras expresiones con **saber**, véanse las entradas del sustantivo, adjetivo, etc., p. ej. **no saber ni jota** en JOTA.

sabiduría *nf* wisdom

sabio, -a *adj* wise
▶ *nm-nf* wise man/woman [*pl* men/women]

sabor *nm* **1 ~ (a)** taste (of *sth*): *Tiene un ~ muy raro.* It has a very odd taste. ◇ *El agua no tiene ~.* Water is tasteless. **2** (*gusto*) flavour: *Lo hay de siete ~es distintos.* It comes in seven different flavours. ◇ *¿De qué ~ lo quieres?* Which flavour would you like? **LOC con sabor a** flavoured: *un yogur con ~ a plátano* a banana-flavoured yogurt

saborear *vt* to savour: *Le gusta ~ su café.* He likes to savour his coffee.

sabotaje *nm* sabotage

sabotear *vt* to sabotage

sabroso, -a *adj* tasty

sacacorchos *nm* corkscrew

sacapuntas *nm* pencil sharpener

sacar *vt* **1** (*extraer, llevar fuera*) to take *sth/sb* out (*of sth*): *Sacó una carpeta del cajón.* He took a folder out of the drawer. ◇ *El dentista le sacó una muela.* The dentist took his tooth out. ◇ *~ la basura* to take the rubbish out **2** (*conseguir*) to get: *¿Qué has sacado en matemáticas?* What did you get in maths? ◇ *No sé de dónde ha sacado el dinero.* I don't know where she got the money from. **3** (*parte del cuerpo*) to stick *sth* out: *No me saques la lengua.* Don't stick your tongue out at me. ◇ *~ la cabeza por la ventanilla* to stick your head out of the window ◇ *¡Casi me sacas un ojo!* You nearly poked my eye out! **4** (*poner a la venta*) to launch, to bring *sth* out (*más coloq*): *Cada año sacan un modelo nuevo.* They bring out a new model every year. **5** (*ventaja*): *Le sacó dos segundos al favorito.* He took a two-second lead over the favourite. **6** (*ser más alto*): *Ya le saca un palmo a su madre.* He's already a few inches taller than his mother.
▶ *vi* (*Tenis*) to serve
▶ **sacarse** *vp*: *¡Sácate las manos de los bolsillos!* Take your hands out of your pockets. ❶ Para expresiones con **sacar**, véanse las entradas del sustantivo, adjetivo, etc., p. ej. **sacar de quicio** en QUICIO.

sacarina *nf* saccharin

sacerdote *nm* priest

saciar *vt* **1** (*hambre, ambición, deseo*) to satisfy **2** (*sed*) to quench

saco *nm* **1** (*grande*) sack **2** (*pequeño*) bag **LOC saco de dormir** sleeping bag

sacramento *nm* sacrament

sacrificar *vt* to sacrifice *sth* (*for sb/sth*): *Lo sacrifiqué todo por mi familia.* I sacrificed everything for my family. ◇ *Sacrificó su carrera para tener hijos.* She sacrificed her career to have children.
▶ **sacrificarse** *vp* **sacrificarse (por/para)** to make sacrifices (for *sb/sth*): *Mis padres se han sacrificado mucho.* My parents have made a lot of sacrifices.

sacrificio *nm* sacrifice: *Tendrás que hacer algunos ~s.* You'll have to make some sacrifices.

sacudida *nf* (*eléctrica*) shock: *Me pegó una buena ~.* I got an electric shock.

sacudir *vt* **1** to shake: *Sacude el mantel.* Shake the tablecloth. ◇ *~ la arena (de la toalla)* to shake the sand off (the towel) **2** (*pegar*) to smack, to slap (*USA*)

▶ **sacudirse** *vp* (*limpiarse*) to brush *sth* (off): *~se la caspa del abrigo* to brush the dandruff off your coat

sádico, -a *nm-nf* sadist

sadismo *nm* sadism

safari *nm* safari: *ir de ~* to go on a safari

sagitario (*tb* **Sagitario**) *nm, nmf* Sagittarius ➲ *Ver ejemplos en* ACUARIO

sagrado, -a *adj* **1** (*Relig*) holy: *un lugar ~* a holy place ◇ *la Sagrada Familia* the Holy Family **2** (*intocable*) sacred: *Los domingos para mí son ~s.* My Sundays are sacred.

sal *nf* salt LOC **sales de baño** bath salts ◆ **sal fina/gorda** table/sea salt

sala *nf* **1** (*de reuniones, en museo*) room: *~ de juntas* meeting room **2** (*en casa*) sitting room **3** (*Cine*) screen: *La ~ 1 es la más grande.* Screen 1 is the largest. **4** (*hospital*) ward LOC **sala de espera** waiting room ◆ **sala de estar** sitting room ◆ **sala de fiestas** club *Ver tb* FÚTBOL

salado, -a *adj* **1** (*gusto*) salty: *Está un poco ~.* It's a bit salty. **2** (*no dulce*) savoury: *Prefiero algo ~.* I'd rather have something savoury. **3** (*gracioso*) amusing LOC *Ver* AGUA

salarial *adj* salary: *una subida ~* a salary increase

salario *nm* salary [*pl* salaries] LOC **salario base/mínimo** basic/minimum wage

salchicha *nf* sausage

salchichón *nm* spicy sausage

saldar *vt* (*cuenta, deuda*) to settle

saldo *nm* **1** (*en una cuenta*) balance **2** (*rebaja*) sale: *precios de ~* sale prices **3** (*resultado*): *un accidente con un ~ de dos muertos* an accident which caused the death of two people **4** (*de un móvil*) credit

salero *nm* (*para la sal*) salt cellar

salida *nf* **1** (*acción de salir*) way out (*of sth*): *Me lo encontré a la ~ del cine.* I met him on the way out of the cinema. **2** (*puerta*) exit **3** (*avión, tren*) departure: *~s nacionales/internacionales* domestic/international departures **4** ~ **(a)** (*solución*) solution (*to sth*): *Habrá que buscar ~ a la crisis.* We'll have to look for a solution to the crisis. LOC **salida de emergencia/incendios** emergency/fire exit ◆ **salida del sol** sunrise ◆ **tener muchas/pocas salidas** (*carrera*): *La informática tiene muchas ~s.* There are lots of job opportunities in computing. *Ver tb* BANDEJA, CALLEJÓN, LÍNEA, OPERACIÓN

salir *vi* **1** (*ir/venir fuera*) to go/come out: *¿Salimos al jardín?* Shall we go out into the garden? ◇ *No quería ~ del baño.* He wouldn't come out of the bathroom. ◇ *Salí a ver qué pasaba.* I went out to see what was going on. ➲ *Ver nota en* IR **2** (*partir*) to leave: *¿A qué hora sale el avión?* What time does the plane leave? ◇ *Hemos salido de casa a las dos.* We left home at two. ◇ *El tren sale del andén número cinco.* The train leaves from platform five. ◇ *~ para Irún* to leave for Irún **3** (*alternar*) to go out: *Anoche salimos a cenar.* We went out for a meal last night. ◇ *Sale con un estudiante.* She's going out with a student. **4** (*producto, flor*) to come out: *El DVD/libro sale en abril.* The DVD/book is coming out in April. **5** (*pelo, planta*) to grow **6** (*sol*) **(a)** (*amanecer*) to rise **(b)** (*de entre las nubes*) to come out: *Por la tarde salió el sol.* The sun came out in the afternoon. **7** (*resultar*) to turn out: *¿Qué tal te salió la paella?* How did the paella turn out? ◇ *La fiesta salió fenomenal.* The party went really well. **8** ~ **de** (*superar*): *~ de una operación* to pull through an operation ◇ *~ de la droga* to come off drugs **9** ~ **a algn** (*parecerse*) to take after sb **10** ~ **a/por** (*costar*) to work out at *sth*: *Sale a cinco cada uno.* It works out at five each. **11** (*al hacer cuentas*): *A mí me sale 18.* I make it 18. **12** (*saber hacer algo*): *Todavía no me sale bien el pino.* I still can't do handstands properly. **13** (*Informát*) to log off/out: *~ del sistema* to log off/out

▶ **salirse** *vp* **1** to come off: *Se ha salido una pieza.* A piece has come off. ◇ *El coche se salió de la carretera.* The car came off the road. **2** (*líquido*) to leak LOC **salirse con la suya** to get your own way ❶ Para otras expresiones con **salir**, véanse las entradas del sustantivo, adjetivo, etc., p. ej. **salir de copas** en COPA.

saliva *nf* saliva

salmo *nm* psalm

salmón *nm* salmon [*pl* salmon]

▶ *adj, nm* (*color*) salmon ➲ *Ver ejemplos en* AMARILLO

salmonete *nm* red mullet [*pl* red mullet]

salón *nm* **1** (*de una casa*) sitting room **2** (*de un hotel*) lounge LOC **salón de actos** main hall ◆ **salón de belleza** beauty salon ◆ **salón recreativo** amusement arcade

salpicadero *nm* dashboard

salpicar *vt* to splash *sb/sth* (*with sth*): *Un coche me salpicó los pantalones.* A car splashed my trousers.

salsa *nf* **1** sauce: *~ de tomate* tomato sauce **2** (*de jugo de carne*) gravy **3** (*música, baile*) salsa

saltamontes *nm* grasshopper

S

saltar

saltar *vt* to jump: *El caballo saltó la valla.* The horse jumped (over) the fence.
▶ *vi* **1** to jump: *Saltaron al agua/por la ventana.* They jumped into the water/out of the window. ◇ *Salté de la silla en cuanto oí el timbre.* I jumped up from my chair the moment I heard the bell. ◇ *Saltas continuamente de un tema a otro.* You keep jumping from one subject to another. **2** (*alarma*) to go off
▶ **saltarse** *vp* **1** (*omitir*) **(a)** (*a propósito*) to skip: *~se una comida* to skip a meal **(b)** (*sin querer*) to miss: *Te has saltado varios nombres.* You've missed out several names. **2** (*cola, semáforo*) to jump: *~se un semáforo* to jump the lights LOC **saltar a la pata coja** to hop ◆ **saltar a la vista** to be obvious *Ver tb* AIRE, COMBA

salto *nm* **1** jump: *Los niños daban ~s de alegría.* The children were jumping for joy. ◇ *Atravesé el arroyo de un ~.* I jumped across the stream. **2** (*pájaro, conejo, canguro*) hop: *El conejo se escapó dando ~s.* The rabbit hopped away to safety. **3** (*de trampolín*) dive **4** (*salto vigoroso, progreso*) leap: *Eso supuso un gran ~ en su carrera profesional.* That was a great leap forward in his career. LOC **salto de altura/longitud** high jump/long jump ◆ **salto de/con pértiga** pole vault

saltón, -ona *adj* (*ojos*) bulging

salud *nf* health: *estar bien/mal de ~* to be in good/poor health
▶ **¡salud!** *interj* **1** (*brindis*) cheers **2** (*al estornudar*) bless you LOC *Ver* BEBER(SE)

saludable *adj* healthy

saludar *vt* to say hello (*to sb*), to greet (*más formal*): *Me vio pero no me saludó.* He saw me but didn't say hello. LOC **le saluda atentamente** Yours faithfully, Yours sincerely ➲ *Ver nota en* ATENTAMENTE ◆ **salúdale de mi parte** give him my regards ◆ **saludar con la mano** to wave (*at/to sb*)

saludo *nm* **1** greeting **2 saludos** best wishes, regards (*más formal*) LOC **dar/mandar saludos** to send regards: *Te mandan ~s.* They send their regards.

salvación *nf* salvation: *Ha sido mi ~.* It's saved my life.

salvador, -ora *nm-nf* saviour

salvajada *nf* atrocity [*pl* atrocities] LOC **ser una salvajada** to be outrageous

salvaje *adj* **1** (*planta, animal, tierra*) wild: *animales ~s* wild animals **2** (*pueblo, tribu*) uncivilized **3** (*cruel*) brutal: *un ~ asesinato* a brutal murder
▶ *nmf* (*cruel, violento*) animal: *Algunos hinchas de fútbol son unos ~s.* Some football fans are real animals.

salvamento *nm* rescue: *equipo de ~* rescue team

salvapantallas *nm* screen saver

salvar *vt* **1** to save: *El cinturón de seguridad le salvó la vida.* The seat belt saved his life. **2** (*obstáculo, dificultad*) to overcome, to get over *sth* (*más coloq*)
▶ **salvarse** *vp* **1** (*sobrevivir*) to survive **2** (*librarse*): *Son muy antipáticos, Juan es el único que se salva.* They're all really unfriendly — Juan's the only nice one. LOC **¡sálvese quien pueda!** every man for himself!

salvavidas *nm* lifebelt, life preserver (*USA*) LOC *Ver* BOTE, CHALECO

salvo *prep* except: *Todos vinieron ~ él.* Everyone came except him. LOC **estar a salvo** to be safe ◆ **salvo que...** unless...: *Lo haré, ~ que me digas lo contrario.* I'll do it, unless you say otherwise.

San *adj* Saint (*abrev* St)

sanar *vi* **1** (*herida*) to heal **2** (*enfermo*) to recover

sanción *nf* **1** (*castigo*) sanction: *sanciones económicas* economic sanctions **2** (*multa*) fine **3** (*Dep*) suspension: *Recibió una ~ de dos partidos.* He was suspended for two matches.

sancionar *vt* **1** (*penalizar*) to penalize: *Lo sancionaron con la retirada del carné por conducir borracho.* He was penalized with the loss of his licence for drink-driving. **2** (*Dep*) to suspend: *Le sancionaron con dos partidos.* He was suspended for two matches. **3** (*económicamente*) to impose sanctions against *sb*

sandalia *nf* sandal

sandía *nf* watermelon

sándwich *nm* sandwich

sangrar *vt, vi* to bleed: *Estoy sangrando por la nariz.* I've got a nosebleed.

sangre *nf* blood: *donar ~* to give blood LOC **a sangre fría** in cold blood ◆ **hacerse sangre** to cut sth/yourself: *Me caí y me hice ~ en la rodilla.* I

S

fell and cut my knee. ◆ **tener sangre fría** (*serenidad*) to keep your cool *Ver tb* ANÁLISIS, DERRAMAMIENTO, DERRAMAR(SE), SUDAR

sangría *nf* (*bebida*) sangria

sangriento, -a *adj* **1** (*lucha*) bloody **2** (*herida*) bleeding

sanguíneo, -a *adj* blood: *grupo ~* blood group LOC *Ver* RIEGO

sanidad *nf* (*pública*) public health

sanitario, -a *adj* **1** (*de salud*) health: *medidas sanitarias* health measures **2** (*de higiene*) sanitary: *condiciones sanitarias muy deficientes* poor sanitary conditions LOC *Ver* AYUDANTE

sano, -a *adj* healthy: *llevar una vida sana* to lead a healthy life LOC **no estar en su sano juicio** not to be in your right mind ◆ **sano y salvo** safe and sound

santiamén LOC **en un santiamén** in no time at all

santo, -a *adj* **1** (*Relig*) holy: *la santa Biblia* the Holy Bible **2** (*título*) Saint (*abrev* St): *Santa Teresa* Saint Teresa **3** (*uso enfático*): *No salimos de casa en todo el ~ día.* We didn't go out of the house all day.

▶ *nm-nf* saint: *Esa mujer es una santa.* That woman is a saint.

▶ *nm* saint's day: *¿Cuándo es tu ~?* When is your saint's day? ❶ En Gran Bretaña no se celebran los santos. LOC **¿a santo de qué...?** why on earth...? ◆ **se me ha ido el santo al cielo** it's gone right out of my, your, etc. head ◆ **¡y santas pascuas!** and that's that! *Ver tb* ESPÍRITU, JUEVES, SEMANA, VIERNES

santuario *nm* shrine

sapo *nm* toad

saque *nm* **1** (*Fútbol*) kick-off **2** (*Tenis*) service LOC **saque de banda** throw-in ◆ **saque de esquina** corner ◆ **tener buen saque** (*comiendo*) to be a big eater

saquear *vt* **1** (*ciudad*) to sack **2** (*despensa, nevera, etc.*) to raid **3** (*establecimiento*) to loot

sarampión *nm* measles [*incontable*]

sarcástico, -a *adj* sarcastic

sardina *nf* sardine

sargento *nmf* sergeant

sarta *nf* string LOC **una sarta de disparates/tonterías** a load of rubbish ◆ **una sarta de mentiras** a pack of lies

sartén *nf* frying pan ➲ *Ver dibujo en* POT

sastre, -a *nm-nf* tailor

satélite *nm* satellite LOC *Ver* TELEVISIÓN, VÍA

satén *nm* satin

satisfacción *nf* satisfaction

satisfacer *vt* **1** (*curiosidad, hambre*) to satisfy **2** (*ambición, deseo*) to fulfil **3** (*demanda, necesidad*) to meet **4** (*sed*) to quench

▶ *vi* **1** (*bastar*) to satisfy *sb*: *Nada le satisface.* He's never satisfied. **2** (*complacer*) to please *sb*: *Me satisface poder hacerlo.* I'm pleased to be able to do it.

satisfactorio, -a *adj* satisfactory

satisfecho, -a *adj* **1** (*contento*) satisfied (*with sb/sth*): *un cliente ~* a satisfied customer **2** (*complacido*) pleased (*with sb/sth*): *Estoy muy satisfecha del rendimiento de mis alumnos.* I'm very pleased with the way my students are working. LOC **darse por satisfecho** to be happy *with sth*: *Me daría por ~ con un aprobado.* I'd be happy with a pass. ◆ **satisfecho de sí mismo** self-satisfied *Ver tb* SATISFACER

saturar *vt* **1** (*líquido, mercado*) to saturate *sth* (*with sth*) **2** (*persona, línea, servicio*) to overload: *Estamos saturados de trabajo.* We're overloaded with work.

Saturno *nm* Saturn

sauce *nm* willow LOC **sauce llorón** weeping willow

sauna *nf* sauna

savia *nf* (*Bot*) sap

saxofón *nm* saxophone

sazonar *vt* to season

se *pron*

- **reflexivo 1** (*él, ella, ello*) himself, herself, itself: *Se compró un CD.* He bought himself a CD. ◇ *Se hizo daño.* She hurt herself. **2** (*usted, ustedes*) yourself [*pl* yourselves] **3** (*ellos, ellas*) themselves **4** (*partes del cuerpo, efectos personales*): *Se lavó las manos.* He washed his hands. ◇ *Se secó el pelo.* She dried her hair.
- **recíproco** each other, one another: *Se quieren.* They love each other. ➲ *Ver nota en* EACH OTHER
- **pasivo**: *Se construyó hace años.* It was built a long time ago. ◇ *Se registraron tres muertos.* Three deaths were recorded. ◇ *Se dice que están arruinados.* They are said to be broke. ◇ *No se aceptan tarjetas de crédito.* No credit cards. ◇ *Se prohíbe fumar.* No smoking.
- **impersonal**: *Se vive bien aquí.* Life here is terrific. ◇ *Se les recompensará.* They'll get their reward.
- **en lugar de le, les** him, her, you, them: *Se lo di.* I gave it to him/her. ◇ *Se lo robamos.* We stole it from them.

secador *nm* hairdryer

secadora *nf* tumble dryer

secar *vt, vi* to dry

▶ **secarse** *vp* **1** to dry: *Se secó las lágrimas.* He dried his tears. **2** (*planta, río, estanque, tierra, herida*) to dry up: *El estanque se había secado.* The pond had dried up. LOC **secar los platos** to dry up

sección *nf* **1** (*periódico, etc., Arquit, Mat*) section: *la ~ deportiva* the sports section **2** (*tienda, empresa*) department: *~ de caballeros* menswear department

seco, -a *adj* **1** dry: *¿Está ~?* Is it dry? ◇ *un clima muy ~* a very dry climate ◇ *Tienes la piel muy seca.* Your skin is very dry. **2** (*persona*) unfriendly **3** (*sin vida*) dead: *hojas secas* dead leaves **4** (*frutos, flores*) dried: *higos ~s* dried figs **5** (*sonido, golpe*) sharp LOC **a secas** just: *Me dijo que no, a secas.* He just said 'no'. ◆ **frenar/parar en seco** to stop dead *Ver tb* DIQUE, FRUTO, LIMPIAR, LIMPIEZA, PALO

secretaría *nf* **1** (*en colegio, instituto, etc.*) admissions office **2** (*cargo*) secretariat: *la ~ de la ONU* the UN secretariat **3** (*oficina del secretario*) secretary's office

secretariado *nm* (*estudios*) secretarial course

secretario, -a *nm-nf* secretary [*pl* secretaries] LOC **secretario de dirección** personal assistant (*abrev* PA)

secreto, -a *adj, nm* secret LOC **en secreto** secretly *Ver tb* VOTACIÓN

secta *nf* sect

sector *nm* **1** (*zona, industria*) sector **2** (*grupo de personas*) section: *un pequeño ~ de la población* a small section of the population

secuela *nf* (*accidente, enfermedad*) consequence

secuencia *nf* sequence

secuestrador, -ora *nm-nf* **1** (*de una persona*) kidnapper **2** (*de un avión*) hijacker

S

secuestrar *vt* **1** (*persona*) to kidnap **2** (*avión*) to hijack

secuestro *nm* **1** (*de una persona*) kidnapping **2** (*de un avión*) hijacking

secundaria *nf* **1** (*enseñanza*) secondary education **2** (*escuela*) secondary school: *Hizo ~ en este colegio.* He went to secondary school here. ◇ *Está en ~.* She's at secondary school. ◇ *profesora de ~* secondary school teacher

secundario, -a *adj* secondary LOC *Ver* CARRETERA, ESCUELA, INSTITUTO, PAPEL

sed *nf* thirst LOC **dar sed** to make *sb* thirsty: *El jamón da mucha ~.* Ham makes you very thirsty. ◆ **tener/pasar sed** to be thirsty: *Tengo mucha ~.* I'm very thirsty. *Ver tb* MORIR(SE), MUERTO

seda *nf* silk: *una camisa de ~* a silk shirt LOC *Ver* DENTAL, GUSANO

sedante *nm* sedative

sede *nf* **1** (*central*) headquarters (*abrev* HQ) [*v sing o pl*] **2** (*Dep*) venue: *la ~ de los Juegos Olímpicos* the venue for the Olympics

sediento, -a *adj* thirsty

sedimento *nm* sediment

seducción *nf* seduction

seducir *vt* **1** (*sexualmente*) to seduce **2** (*atraer*) to tempt: *Me seducía la idea de ir a París.* The idea of going to Paris was very tempting.

seductor, -ora *adj* **1** (*sexualmente*) seductive **2** (*idea, etc.*) attractive

segar *vt* to cut

segmento *nm* segment

segregar *vt* to segregate *sb/sth* (*from sb/sth*)

seguida *Ver* ENSEGUIDA

seguido, -a *adj* in a row: *cuatro veces seguidas* four times in a row ◇ *Lo hizo tres días ~s.* He did it three days running. LOC **todo seguido** straight on *Ver tb* ACTO; *Ver tb* SEGUIR

seguidor, -ora *nm-nf* follower

seguir *vt* **1** to follow: *Sígueme.* Follow me. ◇ *Intenté ~ la explicación, pero no entendía nada.* I tried to follow the explanation, but I couldn't understand anything. **2** (*estudios*) to do: *Sigo un curso de francés por correspondencia.* I'm doing a distance course in French.

▶ *vi* **1** (*continuar*) to go on, to continue (*más formal*) (*doing sth*): *Sigue hasta la plaza.* Go on till you reach the square. ◇ *Siguieron trabajando hasta las nueve.* They went on working till nine. **2** (*en una situación*) to be still...: *¿Sigue enferma?* Is she still poorly? ◇ *Sigo en el mismo trabajo.* I'm still in the same job. LOC **seguir adelante con algo** to carry on with sth: *Tenemos que ~ adelante con el trabajo aunque estemos cansados.* We have to carry on with the work even though we're tired. ◆ **seguir el ritmo** (*Mús*) to keep time ◆ **seguir en pie 1** (*edificio, puente, etc.*) to remain standing **2** (*invitación, oferta, etc.*) to stand: *La invitación sigue en pie.* The invitation still stands. *Ver tb* TRECE

según *prep* according to *sb/sth*: *~ ella/mis cálculos* according to her/my calculations

▶ *adv* **1** (*dependiendo de*) depending on *sth*: *~ sea el tamaño* depending on what size it is ◇ *Tal vez lo haga, ~.* I might do it; it depends. **2** (*de acuerdo con, a medida que*) as: *~ van entrando* as they come in LOC *Ver* PARECER

segunda *nf* (*marcha*) second (gear)

segundero *nm* second hand

segundo, -a *adj, nm, pron* second (*abrev* 2nd) ➲ *Ver ejemplos en* SEXTO

▶ *nm* **1** (*tiempo*) second **2** (*plato*) main course: *¿Qué quieres de ~?* What would you like as a main course? LOC **de segunda mano** second-hand *Ver tb* ECUACIÓN, PRIMO

seguramente *adv* probably

seguridad *nf* **1** (*contra accidente*) safety: *la ~ vial* road safety ◇ *Por su propia ~ le recomendamos...* For your safety, we recommend... **2** (*contra un ataque/robo, garantía*) security: *controles de ~* security checks **3** (*certeza*) certainty: *Con toda ~ lloverá mañana.* It's bound to rain tomorrow. **4** (*en sí mismo*) self-confidence LOC **cartilla/tarjeta de la Seguridad Social** medical card ◆ **Seguridad Social** ≃ National Health Service (*GB*) *Ver tb* CINTURÓN, COPIA

seguro, -a *adj* **1** (*convencido*) sure: *Estoy segura de que vendrán.* I'm sure they'll come. **2** (*sin riesgo*) safe: *un lugar ~* a safe place **3** (*estable, bien sujeto*) secure: *un trabajo ~* a secure job **4** (*fiable*) reliable: *una cerradura segura* a reliable lock **5** (*persona*) self-confident

▶ *nm* **1** (*póliza*) insurance [*incontable*]: *sacarse un ~ de vida* to take out life insurance **2** (*mecanismo*) safety catch

▶ *adv* for certain: *No lo saben ~.* They don't know for certain. LOC **seguro que...**: *Seguro que llegan tarde.* They're bound to be late. ◇ *¡Seguro que sí!* Of course! *Ver tb* LENTO

seis *adj, nm, pron* **1** six: *el número ~* number six ◇ *sacar un ~ en un examen* to get six in an exam ◇ *El ~ sigue al cinco.* Six comes after five. ◇ *Seis y tres son nueve.* Six and three are/make nine. ◇ *Seis por tres (son) dieciocho.* Three sixes are eighteen. **2** (*fecha*) sixth: *Fuimos el 6 de mayo.* We went on 6 May. ❶ Se lee: 'the sixth of May'. LOC **a las seis** at six o'clock ◆ **dar las seis** to strike six: *Dieron las ~ en el reloj.* The clock struck six. ◆ **las seis menos cinco, etc.** five, etc. to six ◆ **las seis menos cuarto** a quarter to six ◆ **las seis y cinco, etc.** five, etc. past six, five, etc. after six (*USA*) ◆ **las seis y cuarto** a quarter past six, a quarter after six (*USA*) ◆ **las seis y media** half past six ◆ **seis de cada diez** six out of ten ◆ **son las seis** it's six o'clock ➲ *Ver nota en* O'CLOCK ❶ *Para más información sobre el uso de los números, fechas, etc., ver págs 790-4*

seiscientos, -as *adj, nm, pron* six hundred: *~ cuarenta y dos* six hundred and forty-two ◇ *Éramos ~ en la boda.* There were six hundred of us at the wedding. ◇ *hace ~ años* six hundred years ago

▶ *nm* six hundred LOC **seiscientos un(o), seiscientos dos, etc.** six hundred and one, six hundred and two, etc. ➲ *Ver pág 790*

seísmo *nm* earthquake

selección *nf* **1** selection: *prueba de ~* selection test **2** (*equipo*) (national) team: *la ~ española de baloncesto* the Spanish basketball team

seleccionador, -ora *nm-nf* (*Dep*) manager

seleccionar *vt* to select

selectividad *nf* university entrance exam ➲ *Ver nota en* A LEVEL

selecto, -a *adj* select: *un grupo/restaurante ~* a select group/restaurant

sellar *vt* **1** (*cerrar*) to seal: *~ un sobre/una amistad* to seal an envelope/a friendship **2** (*estampar un sello*) to stamp: *~ un pasaporte* to stamp a passport

sello *nm* stamp: *Dos ~s para España, por favor.* Two stamps for Spain, please. ◇ *un ~ con el nombre del colegio* a stamp with the school's name on it ➲ *Ver nota en* STAMP

selva *nf* jungle

semáforo *nm* traffic lights [*pl*]: *un ~ en rojo* a red light

semana *nf* week: *la ~ pasada/que viene* last/next week ◇ *dos veces por ~* twice a week LOC **entre semana** during the week ◆ **semana blanca** February half-term ◆ **Semana Santa** Easter: *¿Qué vais a hacer en Semana Santa?* What are you doing at Easter? ❶ También existe la expresión **Holy Week**, pero se usa solamente para referirse a las festividades religiosas. ◆ **una semana sí y otra no** every other week *Ver tb* FIN

semanal *adj* **1** (*de cada semana*) weekly: *una revista ~* a weekly magazine **2** (*a la semana*): *Tenemos una hora ~ de gimnasia.* We have one hour of PE a week. LOC *Ver* PUBLICACIÓN

sembrar *vt* **1** to sow: *~ trigo/un campo* to sow wheat/a field ◇ *~ el pánico* to sow panic **2** (*hortalizas*) to plant: *Han sembrado ese campo de patatas.* They've planted that field with potatoes.

semejante *adj* **1** (*parecido*) similar: *un modelo ~ a este* a model similar to this one **2** (*tal*) such (a): *¿Cómo pudiste hacer ~ cosa?* How could you do such a thing? LOC *Ver* COSA

semejanza *nf* similarity [*pl* similarities]

semestre *nm* **1** six months [*pl*]: *durante el primer ~ del año* in the first six months of the year **2** (*universitario*) term, semester (*más formal*)

semicírculo *nm* semicircle

semicorchea *nf* (*Mús*) semiquaver

semidesnatado, -a *adj* semi-skimmed

semifinal *nf* semi-final

semifinalista *nmf* semi-finalist

semilla *nf* seed

seminario *nm* **1** (*clase*) seminar **2** (*departamento*) department: *el ~ de inglés* the English department **3** (*Relig*) seminary [*pl* seminaries]

senado *nm* senate

senador, **-ora** *nm-nf* senator

sencillez *nf* simplicity

sencillo, **-a** *adj* **1** (*sin ostentación, fácil*) simple: *una comida sencilla* a simple meal **2** (*persona*) straightforward
▶ *nm* (*disco*) single: *el último ~ del grupo* the group's latest single

senderismo *nm* hiking: *hacer ~* to go hiking

sendero *nm* (*tb* **senda** *nf*) path

seno *nm* breast

sensación *nf* **1** (*percepción*) feeling: *Me da la ~ de que algo va a ocurrir.* I have the feeling something's going to happen. **2** (*éxito*) hit: *la ~ del verano* this summer's big hit LOC **causar/hacer sensación** (*hacer furor*) to cause a sensation

sensacional *adj* sensational

sensacionalista *adj* sensationalist LOC *Ver* PRENSA

sensatez *nf* good sense

sensato, **-a** *adj* sensible

sensibilidad *nf* **1** (*emoción, capacidad de sentir*) sensitivity **2** (*tacto*) feeling: *No tiene ~ en las piernas.* He has no feeling in his legs.

sensible *adj* **1** sensitive (*to sth*): *Mi piel es muy ~ al sol.* My skin is very sensitive to the sun. ◇ *Es una niña muy ~.* She's a very sensitive child. ❶ La palabra inglesa **sensible** significa *sensato* o *acertado*. **2** (*grande*) noticeable: *una mejora ~* a noticeable improvement

sensual *adj* sensual

sentada *nf* (*protesta*) sit-in [*pl* sit-ins] LOC **de/en una sentada** in one go

sentado, **-a** *adj* sitting, seated (*más formal*): *Estaban ~s a la mesa.* They were sitting at the table. ◇ *Se quedaron ~s.* They remained seated. LOC **dar por sentado** to assume *sth Ver tb* SENTAR

S

sentar *vt* to sit: *Sentó al niño en una silla.* He sat the baby down in a chair.
▶ *vi* to suit: *Te sienta mejor el rojo.* The red one suits you better. ◇ *¿Qué tal me sienta?* How does it look?
▶ **sentarse** *vp* to sit (down): *Siéntese.* Sit down, please. ◇ *Nos sentamos en el suelo.* We sat on the floor. LOC **sentar bien/mal 1** (*ropa*) to suit/not to suit *sb*: *Este vestido me sienta muy mal.* This dress doesn't suit me at all. **2** (*alimentos*) to agree/not to agree *with sb*: *El café no me sienta bien.* Coffee doesn't agree with me. **3** (*hacer buen efecto*) to do *sb* good/no good: *Me sentó bien el descanso.* The rest did me good. **4** (*tomar bien/mal*) to be pleased/upset: *Me sentó mal que no me invitaran.* I was upset that I wasn't invited. ◆ **sentar como un guante** to fit like a glove ◆ **sentar (la) cabeza** to settle down *Ver tb* PATADA, PINTADO, TIRO

sentencia *nf* **1** (*Jur*) sentence **2** (*dicho*) maxim LOC *Ver* DICTAR

sentenciar *vt* to sentence *sb* (*to sth*)

sentido *nm* **1** sense: *los cinco ~s* the five senses ◇ *~ del humor* sense of humour **2** (*significado*) meaning **3** (*dirección*) direction **4** (*conciencia*) consciousness: *perder/recuperar el ~* to lose/regain consciousness LOC **en este/ese sentido** in this/that respect ◆ **sentido común** common sense ◆ **sentido único** one-way: *una calle de ~ único* a one-way street ◆ **tener sentido** to make sense: *No tiene ~.* It doesn't make sense. *Ver tb* CAMBIO, CARECER, CIERTO, DOBLE, SEXTO

sentimental *adj* **1** (*valor, persona*) sentimental: *valor ~* sentimental value **2** (*relación, problema, asunto*) emotional **3** (*vida*) love: *vida ~* love life LOC *Ver* COMPAÑERO, CONSULTORIO

sentimiento *nm* feeling LOC *Ver* ACOMPAÑAR

sentir *vt* **1** (*sensación, sentimiento*) to feel: *~ frío/hambre* to feel cold/hungry ◇ *~ vergüenza* to feel embarrassed ◇ *Sentí su mano sobre la mía.* I felt his hand on mine. **2** (*oír*) to hear **3** (*lamentar*) to be sorry about *sth/(that...)*: *Siento no poder ayudarte.* I'm sorry (that) I can't help you. ◇ *Sentimos mucho tu desgracia.* We're very sorry about your bad luck. ➲ *Ver nota en* SORRY
▶ **sentirse** *vp* to feel: *Me siento muy cansada.* I feel very tired. LOC **lo siento (mucho)** I'm (very) sorry *Ver tb* GANA, NÁUSEA, OBLIGADO, SIMPATÍA, SOLO

seña *nf* **1** (*gesto*) sign **2 señas** (*dirección*) address [*v sing*] LOC **hacer señas** to signal: *Me hacían ~s para que parase.* They were signalling to me to stop.

señal *nf* **1** (*indicio, signo*) sign: *Es una buena/mala ~.* It's a good/bad sign. ◇ *~es de tráfico* road signs ◇ *en ~ de protesta* as a sign of protest **2** (*gesto*) signal: *Dio la ~ de salida.* He gave the starting signal. ◇ *El conductor del otro coche me hacía ~es.* The driver of the other car was signalling to me. **3** (*marca*) mark: *~ de nacimiento* birthmark **4** (*teléfono*) tone: *la ~ de marcar/ocupado* the dialling/engaged tone **5** (*fianza*) deposit LOC **dar señales** to show signs *of sth/doing sth*

señalar *vt* **1** (*mostrar, afirmar*) to point *sth* out: *~ algo en un mapa* to point sth out on a map ◇ *Señaló que...* He pointed out that... **2** (*marcar*) to mark: *Señala las faltas en rojo.* Mark the mistakes in red. LOC **señalar con el dedo** to point at/to/towards *sb/sth*

señalización *nf* (*señales de carretera*) road signs [*pl*]

señalizar *vt* to signpost

señor, -ora *nm-nf* **1** (*masc*) man [*pl* men]: *Hay un ~ que quiere hablar contigo.* There's a man who wants to talk to you. **2** (*fem*) woman [*pl* women]: *una peluquería de señoras* a ladies' hairdresser **3 el señor/la señora Pérez, etc.** Mr/Mrs Pérez, etc. ❶ En inglés no se usa el artículo delante de **Mr** o **Mrs**: *¿Está el señor López?* Is Mr López in? ◇ *los señores de Soler* Mr and Mrs Soler. **4** (*delante del nombre o de un cargo*): *La señora Luisa es la costurera.* Luisa is the dressmaker. ◇ *el ~ alcalde* the mayor **5** (*para llamar la atención*) excuse me!: *¡Señor! Se le ha caído el billete.* Excuse me! You've dropped your ticket. **6** (*en saludos formales*) **(a)** (*masc*) sir: *Buenos días ~.* Good morning, sir. **(b)** (*fem*) madam: *¿Le pasa algo, señora?* Is anything the matter, madam? ◇ *Señoras y ~es...* Ladies and gentlemen...
▶ *nm* **Señor** (*Relig*) Lord LOC **¡no señor!** no way! ◆ **¡señor!** good Lord! ◆ **¡sí señor!** (*¡eso es!*) that's right! *Ver tb* MUY

señora *nf* (*esposa*) wife [*pl* wives] LOC **señora de la limpieza** cleaning lady [*pl* cleaning ladies] *Ver tb* SEÑOR

señorita *nf* **1** (*fórmula de cortesía*) Ms, Miss

> **Miss** se utiliza para mujeres solteras y va seguido del apellido o del nombre y apellido: 'Miss Jones' o 'Miss Mary Jones'.
>
> Actualmente mucha gente prefiere utilizar **Ms**, seguido del apellido o del nombre y apellido, ya que no especifica el estado civil de la persona, es decir que se utiliza tanto para mujeres casadas como solteras. Ni **Ms** ni **Miss** se pueden usar sólo con el nombre propio: *Llame a la señorita Elena.* Phone Elena.

2 (*maestra*) teacher: *La ~ nos pone muchos deberes.* Our teacher gives us a lot of homework. **3** (*para llamar la atención*) excuse me!: *¡Señorita! ¿Me puede atender, por favor?* Excuse me! Can you help me please?

separación *nf* **1** separation **2** (*distancia*) gap: *Hay siete metros de ~.* There's a seven-metre gap.

separado, -a *adj* **1** (*estado civil*) separated: *—¿Soltera o casada? —Separada.* 'Married or single?' 'Separated.' **2** (*aparte*) separate: *llevar vidas separadas* to lead separate lives LOC **por separado** separately *Ver tb* SEPARAR

separar *vt* **1** (*dividir*) to separate *sb/sth* (*from sb/sth*): *Separa las bolas rojas de las verdes.* Separate the red balls from the green ones. **2** (*alejar*) to move *sb/sth* away (*from sb/sth*): *~ la mesa de la ventana* to move the table away from the window **3** (*guardar*) to put *sth* aside: *Sepárame uno de esos.* Put one of those aside for me.
▶ **separarse** *vp* **1** to split up, to separate (*más formal*): *Se han separado.* They've split up. ◇ *Se separó de su marido.* She separated from her husband. ◇ *Nos separamos a mitad de camino.* We split up halfway. **2** (*apartarse*) to move away (*from sb/sth*): *Sepárate un poco de la pared, que la vas a rozar.* Move away a bit from the wall, or you'll scratch it. ◇ *No te separes de mí.* Stay close to me.

separatista *adj, nmf* separatist

sepia *nf* cuttlefish [*pl* cuttlefish]

septiembre (*tb* **setiembre**) *nm* September (*abrev* Sept.) ➲ *Ver ejemplos en* ENERO

séptimo, -a *adj, nm-nf, pron* seventh ➲ *Ver ejemplos en* SEXTO LOC **estar en el séptimo cielo** to be in seventh heaven

sepultura *nf* grave

sequía *nf* drought

ser[1] *vi* **1** to be: *Es alta.* She's tall. ◇ *Soy de Jaén.* I'm from Jaén. ◇ *Dos y dos son cuatro.* Two and two are four. ◇ *Son las siete.* It's seven o'clock. ◇ *—¿Cuánto es? —Son 35 céntimos.* 'How much is it?' '(It's) 35 cents.' ◇ *—¿Quién es? —Soy Ana.* 'Who is it?' 'It's Ana.' ◇ *En mi familia somos seis.* There are six of us in my family.

> En inglés se utiliza el artículo indefinido **a/an** delante de profesiones en oraciones con el verbo **be**: *Es médico/ingeniero.* He's a doctor/an engineer.

2 ~ de (*material*) to be made of *sth*: *Es de aluminio.* It's made of aluminium.
▶ *v aux* to be: *Será juzgado el lunes.* He will be tried on Monday. ◇ *Está durmiendo.* She's sleeping. LOC **a no ser que...** unless... ◆ **de no ser por...** if it wasn't/weren't for...: *De no ~ por él, me iría.* If it wasn't for him, I'd go. ◇ *De no ~ por ti, nos hubiéramos perdido.* If it weren't for you, we'd have got lost. ◆ **es más** what's more ◆ **¡eso es!** that's right! ◆ **es que...**: *Es que no me apetece.* I just don't feel like it. ◇ *¡Es que es muy caro!* It's very expensive! ◇ *¿Es que no os conocíais?* Didn't you know each other, then? ◆ **lo que sea** whatever ◆ **no sea que/no vaya a ser que** (just) in case ◆ **o sea...** that's to say...: *el día 17, o sea el martes pasado* the 17th, that's to say last Tuesday ◇ *¿O sea que os vais mañana?* So you're leaving tomorrow, are you? ◆ **por si fuera poco** to top it all ◆ **¿qué es de...?**: *¿Qué es de tu hermana?* What's your sister been up to? ◇ *¿Qué es de vuestra vida?* What have you

S

been up to? ◆ **sea como sea** no matter how/what: *Sea como sea, me voy de vacaciones.* I'm going on holiday no matter what. ◇ *Lo terminaremos, sea como sea.* No matter how we do it, we'll finish it. ◆ **sea quien sea** whoever he/she is ◆ **si no es/fuera por** if it weren't for *sb/sth* ◆ **si yo fuera...** if I were... ◆ **soy yo** it's me, you, etc. ❶ Para otras expresiones con **ser**, véanse las entradas del sustantivo, adjetivo, etc., p. ej. **ser el colmo** en COLMO.

ser² *nm* being: *un ~ humano/vivo* a human/living being ◇ *los ~es queridos* the loved ones

Serbia *nf* Serbia

serbio, -a *adj, nm* Serbian: *hablar ~* to speak Serbian
▶ *nm-nf* Serb: *los ~s* the Serbs

serenidad *nf* calm: *Pidieron que se mantuviera la ~.* They appealed for calm.

sereno, -a *adj* calm
▶ *nm* (*vigilante*) nightwatchman [*pl* -men]

serial *nm* serial ➲ *Ver nota en* SERIES

serie *nf* series [*pl* series]: *una ~ de desgracias* a series of disasters ◇ *una nueva ~ televisiva* a new TV series ➲ *Ver nota en* SERIES LOC **de serie** fitted as standard: *El coche tiene airbag de ~.* The car has an air bag fitted as standard. *Ver tb* CABEZA, FABRICAR, PRODUCCIÓN

serio, -a *adj* **1** (*riguroso, importante, de aspecto severo*) serious: *un libro/asunto ~* a serious book/matter **2** (*cumplidor*) reliable: *Es una persona muy seria para los negocios.* He's very reliable when it comes to business. LOC **en serio** seriously: *tomar algo en ~* to take sth seriously ◇ *¿Lo dices en ~?* Are you serious? ◆ **ponerse serio con algn** to get cross with sb

sermón *nm* (*Relig*) sermon LOC **echar un sermón** to give *sb* a lecture *Ver tb* SOLTAR

seropositivo, -a *adj* HIV-positive

serpentina *nf* streamer

serpiente *nf* snake LOC **serpiente de cascabel** rattlesnake

serrano, -a *adj* LOC *Ver* JAMÓN

serrar *vt* to saw *sth* (up): *Serré la madera.* I sawed up the wood.

serrín *nm* sawdust

servicio *nm* **1** service: *~ de autobuses* bus service ◇ *el sector ~s* the service sector ◇ *~ incluido* service included ◇ *Al tenista ruso le falló el ~.* The Russian player's service let him down. **2** (*doméstico*) domestic help **3** (*cuarto de baño*) toilet, bathroom (*USA*): *¿Los ~s por favor?* Where are the toilets, please? ➲ *Ver nota en* TOILET LOC **hacer el servicio militar** to do (your) military service *Ver tb* ÁREA, ESTACIÓN

S

servidor *nm* (*Informát*) server LOC **servidor de Internet** Internet service provider

servilleta *nf* napkin: *~s de papel* paper napkins

servir *vt* **1** to serve: *Tardaron mucho en ~nos.* They took a long time to serve us. **2** (*poner comida o bebida*): *¿Te sirvo un poco más?* Can I give you some more? ◇ *Me sirvió un té.* She poured me a cup of tea.
▶ *vi* **1** (*en el ejército, Tenis*) to serve: *~ en la marina* to serve in the navy **2** ~ **de/como/para** to serve as *sth*/to do *sth*: *Sirvió para aclarar las cosas.* It served to clarify things. ◇ *La caja me sirvió de mesa.* I used the box as a table. **3** ~ **para** (*usarse*) to be (used) for *doing sth*: *Sirve para cortar.* It is used for cutting. ◇ *¿Para qué sirve?* What do you use it for?
▶ **servirse** *vp* (*comida*) to help yourself (to *sth*): *Me serví ensalada.* I helped myself to salad. ◇ *Sírvase usted mismo.* Help yourself. LOC **no servir 1** (*utensilio*) to be no good (*for doing sth*): *Este cuchillo no sirve para cortar carne.* This knife is no good for cutting meat. **2** (*persona*) to be no good *at sth/doing sth*: *No sirvo para enseñar.* I'm no good at teaching. *Ver tb* BANDEJA

sesenta *adj, nm, pron* **1** sixty **2** (*sexagésimo*) sixtieth: *Estás el ~ en la lista.* You're sixtieth on the list. ◇ *el ~ aniversario* the sixtieth anniversary LOC **los sesenta** (*década*) the sixties ◆ **sesenta y un(o), sesenta y dos, etc.** sixty-one, sixty-two, etc. ➲ *Ver pág 790*

sesión *nf* **1** session: *~ de entrenamiento/clausura* training/closing session **2** (*Cine*) showing **3** (*Teat*) performance

seso *nm* brain LOC **devanarse los sesos** to rack your brains *Ver tb* ESTRUJAR

seta *nf* mushroom LOC *Ver* VENENOSO

setecientos, -as *adj, nm, pron* seven hundred ➲ *Ver ejemplos en* SEISCIENTOS

setenta *adj, nm, pron* **1** seventy **2** (*septuagésimo*) seventieth ➲ *Ver ejemplos en* SESENTA

seto *nm* hedge

seudónimo *nm* pseudonym

severo, -a *adj* **1** (*tono, expresión, medida*) severe: *Nos habló en un tono muy ~.* He spoke to us very severely. **2** ~ **(con)** (*estricto*) strict (with *sb*): *Mi padre era muy ~ con nosotros.* My father was very strict with us. **3** (*castigo, crítica, clima*) harsh

sevillanas *nf* flamenco-style dance from Seville

sexista *adj, nmf* sexist ➲ *Ver nota en* CATÓLICO

sexo *nm* sex

sexto, -a *adj* **1** sixth: *la sexta hija* the sixth daughter **2** (*en títulos*): *Felipe VI* Philip VI ❶ Se lee: 'Philip the Sixth'.
▶ *nm-nf, pron* sixth: *Es el ~ en la línea de sucesión al trono.* He's sixth in line to the throne. ◇ *Quedé (el) ~ en la carrera.* I came sixth in the race. ➲ *Ver págs 790-1*
▶ *nm* **1** sixth: *cinco ~s* five sixths **2** (*planta*) sixth floor: *Vivo en el ~.* I live on the sixth floor. LOC **la/una sexta parte** a sixth ◆ **sexto sentido** sixth sense

sexual *adj* **1** sexual **2** (*educación, órganos, vida*) sex: *educación ~* sex education LOC *Ver* ABUSO, ACOSO, ENFERMEDAD

sexualidad *nf* sexuality

sexy *adj* sexy

share *nm* (*TV*) audience share

short *nm* **shorts** shorts [*pl*]: *Se compró unos ~s nuevos.* He bought a new pair of shorts/some new shorts. ➲ *Ver nota en* PAIR

show *nm* (*espectáculo*) show

si[1] *conj* **1** (*condición*) if: *Si llueve no iremos.* If it rains, we won't go. ◇ *Si fuera rico, me compraría una moto.* If I were rich, I'd buy a motorbike. ❶ Es más correcto decir 'if I/he/she/it **were**', pero hoy en día en el lenguaje hablado se suele usar 'if I/he/she/it **was**'. **2** (*duda*) whether: *No sé si quedarme o marcharme.* I don't know whether to stay or go. **3** (*deseo*) if only: *¡Si me lo hubieras dicho antes!* If only you had told me before! **4** (*protesta*) but: *¡Si no me lo habías dicho!* But you didn't tell me! **5** (*uso enfático*) really: *Si será despistada.* She's really scatterbrained. LOC **si no** (*de lo contrario*) otherwise: *Hazlo si tienes tiempo, y, si no, ya lo haré yo.* Do it if you have time. Otherwise, I will.

si[2] *nm* B: *si mayor* B major

sí[1] *adv* **1** (*afirmación*) yes: *—¿Quieres un poco más? —Sí.* 'Would you like a bit more?' 'Yes, please.' ◇ *Me dijo que sí.* She said yes. **2** (*uso enfático*): *Sí que estoy contenta.* I am really happy. ◇ *Ella no irá, pero yo sí.* She's not going but I am.
▶ *nm* yes: *Contestó con un tímido sí.* He shyly said yes. LOC **¡eso sí que no!** definitely not!

sí[2] *pron* **1** (*él*) himself: *Hablaba para sí (mismo).* He was talking to himself. **2** (*ella*) herself: *Sólo sabe hablar de sí misma.* She can only talk about herself. **3** (*ello*) itself: *El problema se solucionó por sí solo.* The problem solved itself. **4** (*ellos, ellas*) themselves **5** (*impersonal, usted*) yourself: *querer algo para sí* to want sth for yourself ➲ *Ver nota en* YOU **6** (*ustedes*) yourselves LOC **darse de sí** (*prendas, zapatos*) to stretch ◆ **de por sí/en sí (mismo)** in itself

siamés, -esa *adj* LOC *Ver* GATO, HERMANO

sida (*tb* **SIDA**) *nm* AIDS

siderurgia *nf* iron and steel industry

siderúrgico, -a *adj* iron and steel: *el sector ~ español* the Spanish iron and steel sector

sidra *nf* cider

siembra *nf* sowing

siempre *adv* always: *Siempre dices lo mismo.* You always say the same thing. ◇ *Siempre he vivido con mis primos.* I've always lived with my cousins. ➲ *Ver nota en* ALWAYS LOC **como siempre** as usual ◆ **de siempre** (*acostumbrado*) usual: *Nos veremos en el sitio de ~.* We'll meet in the usual place. ◆ **lo de siempre** the usual thing ◆ **para siempre 1** (*referido a un estado*) forever: *Nuestro amor es para ~.* Our love will last forever. **2** (*referido a una acción*) for good: *Me marcho de España para ~.* I'm leaving Spain for good. ◆ **siempre que...** whenever...: *Siempre que vamos de vacaciones te pones enfermo.* Whenever we go on holiday, you get ill.

sien *nf* temple

sierra *nf* **1** (*Geog*) mountain range **2** (*región*) mountains [*pl*]: *una casita en la ~* a cottage in the mountains **3** (*herramienta*) saw

siesta *nf* siesta LOC **dormir/echarse la siesta** to have a siesta

siete *nm, adj, pron* **1** seven **2** (*fecha*) seventh ➲ *Ver ejemplos en* SEIS LOC **tener siete vidas** to have nine lives

sigilosamente *adv* very quietly

sigla *nf* **siglas** abbreviation [*v sing*]: *¿Cuáles son las ~s de...?* What's the abbreviation for...? ◇ *UE son las ~s de la Unión Europea.* UE stands for 'Unión Europea'.

siglo *nm* **1** (*centuria*) century [*pl* centuries]: *en el ~ XX* in the 20th century **2** (*era*) age: *Vivimos en el ~ de los ordenadores.* We live in the computer age. **3 siglos** (*mucho tiempo*) ages: *Hace ~s que no le veo.* It's ages since I've seen him. LOC **Siglo de Oro** Golden Age

significado *nm* meaning

significar *vt* to mean (*sth*) (*to sb*): *¿Qué significa esta palabra?* What does this word mean? ◇ *Él significa mucho para mí.* He means a lot to me.

signo *nm* **1** (*señal, gesto, Astrol*) sign: *los ~s del zodíaco* the signs of the zodiac ◇ *¿Qué signo eres?* What sign are you? **2** (*imprenta, fonética*) symbol LOC **signo de admiración/exclamación** exclamation mark, exclamation point (*USA*) ◆ **signo de interrogación** question mark ➲ *Ver pág 379* ◆ **signo negativo** (*Mat*) minus (sign) ◆ **signo positivo** (*Mat*) plus (sign)

siguiente *adj* **1** (*en el tiempo*) next, following (*más formal*): *Al día ~ fuimos a Valencia.* The next day we went to Valencia. **2** (*que se dice a continuación*) following: *Busca el plural de las ~s palabras...* Find the plurals of the following words...
▶ *nmf* next one: *Que pase la ~.* Tell the next one to come in. LOC **lo siguiente** the following

sílaba *nf* syllable

silbar *vt, vi* **1** to whistle: *~ una canción* to whistle a tune **2** (*abuchear*) to boo

silbato *nm* whistle: *El árbitro tocó el ~.* The referee blew the whistle.

silbido *nm* **1** (*sorpresa, admiración*) whistle: *Dio un ~.* She whistled. **2** (*viento*) whistling **3** (*protesta, serpiente*) hiss

silenciar *vt* **1** (*persona*) to silence **2** (*suceso*) to hush *sth* up

silencio *nm* silence: *En la clase había ~ absoluto.* There was total silence in the classroom. LOC **¡silencio!** be quiet! *Ver tb* ROGAR

silencioso, **-a** *adj* **1** (*tranquilo, callado*) quiet: *una calle muy silenciosa* a very quiet street ◇ *Estás muy ~ hoy.* You're very quiet today. **2** (*en silencio*) silent: *La casa estaba totalmente silenciosa.* The house was totally silent.

silicona *nf* silicone

silla *nf* **1** (*mueble*) chair: *sentado en una ~* sitting on a chair **2** (*de niño*) pushchair, stroller (*USA*) LOC **silla (de montar)** saddle ◆ **silla de ruedas** wheelchair ◆ **silla giratoria** swivel chair

sillón *nm* armchair: *sentado en un ~* sitting in an armchair

silueta *nf* silhouette

silvestre *adj* wild

simbólico, **-a** *adj* symbolic

simbolizar *vt* to symbolize

símbolo *nm* symbol

simetría *nf* symmetry

simétrico, **-a** *adj* symmetrical

similar *adj* ~ **(a)** similar (to *sb/sth*)

simio, **-a** *nm-nf* ape

simpatía *nf* charm LOC **sentir/tener simpatía hacia/por algn** to like sb

simpático, **-a** *adj* nice: *Es una chica muy simpática.* She's a very nice girl. ◇ *Me pareció/cayó muy ~.* I thought he was very nice.

La palabra inglesa **sympathetic** no significa *simpático*, sino *comprensivo, compasivo*: *Everyone was very sympathetic.* Todos fueron muy comprensivos.

LOC **hacerse el simpático** to try to be nice: *Se estaba haciendo el ~.* He was trying to be nice.

simpatizante *nmf* supporter: *ser ~ del partido liberal* to be a liberal party supporter

simpatizar *vi* (*llevarse bien*) to get on (well) (*with sb*)

simple *adj* **1** (*sencillo, fácil*) simple: *No es tan ~ como parece.* It's not as simple as it looks. **2** (*mero*): *Es un ~ apodo.* It's just a nickname. LOC **a simple vista** at first glance

simplemente *adv* simply, just (*más coloq*) LOC **es simplemente que...** it's just that...

simplificar *vt* to simplify

simulacro *nm* **1** (*de vuelo*) simulation **2** (*de ataque*) mock: *un ~ de batalla* a mock battle **3** (*de fuego, salvamento*) drill: *un ~ de incendio* a fire drill

simultáneo, **-a** *adj* simultaneous

sin *prep* **1** without: *~ azúcar* without sugar ◇ *~ pensar* without thinking

Cuando *sin* va seguido de una palabra negativa como "nada", "nadie", etc., éstas se traducen por **anything**, **anyone**, etc.: *Salió sin decir nada.* She left without saying anything. ◇ *Salieron sin que nadie les viera.* They left without anyone seeing them.

2 (*por hacer*): *Los platos estaban todavía ~ fregar.* The dishes still hadn't been done. ◇ *Tuve que dejar el trabajo ~ terminar.* I had to leave the work unfinished. LOC **sin embargo** *Ver* EMBARGO

sinagoga *nf* synagogue

sinceramente *adv* **1** (*con sinceridad*) sincerely: *Lo dijo ~.* He said it sincerely. **2** (*para dar opinión*) honestly: *Sinceramente, me parece una pérdida de tiempo.* To be honest, I think it's a waste of time

sinceridad *nf* sincerity

sincero, **-a** *adj* sincere

sincronizar *vt* to synchronize: *Sincronicemos los relojes.* Let's synchronize our watches.

sindical *adj* trade union: *un líder ~* a trade union leader

sindicato *nm* (trade) union, (labor) union (*USA*): *el ~ de mineros* the miners' union

síndrome *nm* syndrome LOC **síndrome de abstinencia** withdrawal symptoms [*pl*] ◆ **síndrome de inmunodeficiencia adquirida** (*abrev* **sida**) Acquired Immune Deficiency Syndrome (*abrev* AIDS) ◆ **síndrome premenstrual** premenstrual syndrome (*abrev* PMS)

sinfonía *nf* symphony [*pl* symphonies]

sinfónico, **-a** *adj* **1** (*música*) symphonic **2** (*orquesta*) symphony: *orquesta sinfónica* symphony orchestra

single *nm* (*disco sencillo*) single

singular *adj, nm* singular

siniestro, -a *adj* sinister: *aspecto ~* sinister appearance LOC *Ver* DIESTRO

sino *conj* but: *no sólo en Madrid, ~ también en otros sitios* not only in Madrid but in other places as well ◇ *No hace ~ criticar.* He does nothing but criticize.

sinónimo, -a *adj* ~ **(de)** synonymous (with *sth*) ▶ *nm* synonym

sinóptico, -a *adj* LOC **cuadro/esquema sinóptico** diagram

síntoma *nm* symptom

sintonizar *vt, vi* to tune in (*to sth*): *~ (con) la BBC* to tune in to the BBC

sinvergüenza *nmf* **1** (*estafador*) rogue **2** (*descarado*) cheeky devil

siquiera *adv* **1** (*en oraciones negativas*) even: *Ni ~ me llamaste.* You didn't even phone me. ◇ *sin vestirme ~* without even getting dressed **2** (*al menos*) at least: *Dame ~ una idea.* At least give me an idea.

sirena *nf* **1** (*señal acústica*) siren: *~ de policía* police siren **2** (*mujer-pez*) mermaid

sirviente, -a *nm-nf* servant

sistema *nm* **1** system: *~ político/educativo* political/education system ◇ *el ~ solar* the solar system **2** (*método*) method: *los ~s pedagógicos modernos* modern teaching methods LOC **hacer algo por sistema** to invariably do sth: *Mi hermana me contradice por ~.* My sister invariably contradicts me. ◆ **sistema montañoso** mountain range

sistemático, -a *adj* systematic LOC **es sistemático** it's always the same

sitio *nm* **1** (*lugar*) place: *un ~ para dormir* a place to sleep **2** (*espacio*) room: *¿Hay ~?* Is there any room? ◇ *Creo que no habrá ~ para todos.* I don't think there'll be enough room for everyone. **3** (*asiento*) seat: *La gente buscaba ~.* People were looking for seats. LOC **hacer sitio** to make room *(for sb/sth)* ◆ **ir de un sitio a/para otro** to rush around ◆ **sitio web** website: *¡Visita nuestro ~ web!* Visit our website! *Ver tb* ALGUNO, CUALQUIERA, NINGUNO, OTRO

situación *nf* **1** (*coyuntura, circunstancias*) situation: *una ~ difícil* a difficult situation ◇ *la ~ económica* the economic situation **2** (*localización*) location

situado, -a *adj* (*localizado, en la sociedad*) situated: *Mi tío está muy bien ~.* My uncle has done very well for himself. *Ver tb* SITUAR

situar *vt* **1** (*colocar*) to put, to place (*más formal*): *Lo han situado entre los mejores hoteles del país.* They've put it among the top hotels in the country. **2** (*en un mapa*) to find: *Sitúame Suiza en el mapa.* Find Switzerland on the map.
▶ **situarse** *vp* **1** (*en una clasificación*) to be: *~se entre las cinco primeras* to be among the top five **2** (*en la sociedad*) to do well for yourself: *Ha logrado ~se muy bien.* He's done very well for himself. **3** (*colocarse*) to position yourself: *Los fotógrafos se situaron cerca del escenario.* The photographers positioned themselves near the stage. LOC **situarse a la cabeza** to lead the field

slogan *nm Ver* ESLOGAN

smoking *nm Ver* ESMOQUIN

snob *adj, nmf Ver* ESNOB

snowboard (*tb* **snow**) *nm* snowboarding LOC *Ver* TABLA

sobaco *nm* armpit

sobar *vt* **1** (*cosa*) to finger: *Deja de ~ la tela.* Stop fingering the material. **2** (*persona*) to paw

soberano, -a *adj, nm-nf* sovereign

soberbia *nf* arrogance

soberbio, -a *adj* arrogant

sobornar *vt* to bribe

soborno *nm* **1** (*acción*) bribery [*incontable*]: *intento de ~* attempted bribery **2** (*obsequio*) bribe: *aceptar ~s* to accept/take bribes

sobra *nf* **sobras** (*restos*) leftovers LOC **de sobra 1** (*suficiente*) plenty (of *sth*): *Hay comida de ~.* There's plenty of food. ◇ *Tenemos tiempo de ~.* We have plenty of time. **2** (*muy bien*) very well: *Sabes de ~ que no me gusta.* You know very well that I don't like it. ◆ **estar de sobra** to be in the way: *Ya veo que estoy de ~.* I can see I'm in the way here.

sobrar *vi* **1** (*quedar*) to be left (over): *Sobra queso de anoche.* There's some cheese left (over) from last night. **2** (*haber más de lo necesario*): *Para una falda, sobra tela.* There's plenty of material for a skirt. ◇ *Sobran dos sillas.* There are two chairs too many. **3** (*estar de más*) **(a)** (*cosa*) to be unnecessary: *Sobran las palabras.* Words are unnecessary. **(b)** (*persona*) to be in the way: *Aquí sobramos.* We're in the way here. LOC **sobrarle algo a algn 1** (*quedar*) to have sth left: *Me sobran dos caramelos.* I've got two sweets left. **2** (*tener demasiado*) to have too much/many...: *Me sobra trabajo.* I've got too much work.

sobre[1] *nm* **1** (*de carta*) envelope **2** (*bolsita*) packet, pack (*USA*): *un ~ de sopa* a packet of soup

sobre[2] *prep* **1** (*encima de*) on: *~ la mesa* on the table **2** (*por encima de*) over: *Volamos ~ Santander.* We flew over Santander.

S

3 (*temperatura*) above: *un grado ~ cero* one degree above zero **4** (*acerca de, expresando aproximación*) about: *una película ~ Escocia* a film about Scotland ◇ *Llegaré ~ las ocho.* I'll arrive about eight. LOC **sobre todo** especially: *Sobre todo, me interesa la música.* I'm especially interested in music.

sobrecargado, -a *adj* overloaded

sobredosis *nf* overdose

sobremesa *nf* **1** (*conversación*) after-dinner chat: *estar de ~* to be having an after-dinner chat ◇ *La ~ estuvo muy agradable.* We had a very nice chat after dinner. **2** (*programa de TV*) afternoon: *la programación de ~* afternoon television

sobrenatural *adj* supernatural

sobrentenderse (*tb* **sobreentenderse**) *vp* to be understood LOC **se sobrentiende que...** it goes without saying (that)...

sobrepasar *vt* **1** (*cantidad, límite, medida, esperanzas*) to exceed: *Sobrepasó los 170 km por hora.* It exceeded 170 km an hour. **2** (*rival*) to overtake, to pass (*USA*) **3 ~ a algn en algo**: *Sobrepaso a mi hermana en altura.* I'm taller than my sister now.

sobrepeso *nm* excess weight: *tener problemas de ~* to be overweight

sobreprotector, -ora *adj* overprotective

sobresaliente *adj* outstanding: *una actuación ~* an outstanding performance

▶ *nm* (*Educ*) excellent: *sacar un ~ en historia.* to get 'excellent' for history ➲ *Ver nota en pág 397*

sobresalir *vi* **1** (*objeto, parte del cuerpo*) to stick out, to protrude (*más formal*) **2** (*destacar, resaltar*) to stand out (*from sb/sth*): *Sobresale entre sus compañeras.* She stands out from her friends. **3 ~ en** to be very good at *sth*: *Sobresale en matemáticas.* He's very good at Maths.

sobresaltar *vt* to startle

sobrevivir *vi* to survive *sth/sb*: *~ a un accidente* to survive an accident

sobrino, -a *nm-nf* **1** (*masc*) nephew **2** (*fem*) niece **3 sobrinos**

A veces decimos *sobrinos* refiriéndonos a sobrinos y sobrinas, en cuyo caso debemos decir en inglés **nephews and nieces**: *¿Cuántos sobrinos tienes?* How many nephews and nieces have you got?

sobrio, -a *adj* sober

sociable *adj* sociable

social *adj* social LOC *Ver* ASISTENTE, RED, SEGURIDAD

socialismo *nm* socialism

socialista *adj, nmf* socialist ➲ *Ver nota en* CATÓLICO

sociedad *nf* **1** society [*pl* societies]: *la ~ de consumo* the consumer society **2** (*Econ*) company [*pl* companies] LOC **sociedad anónima** public limited company (*abrev* plc) ◆ **sociedad limitada** limited company (*abrev* Ltd) *Ver tb* ECO

socio, -a *nm-nf* **1** (*club*) member **2** (*Econ*) partner LOC **hacerse socio** (*asociación, club*) to join *sth*: *hacerse ~ de un club de fútbol* to join a football club

sociología *nf* sociology

sociológico, -a *adj* sociological

sociólogo, -a *nm-nf* sociologist

socorrer *vt* to help

socorrido, -a *adj* handy: *una excusa muy socorrida* a very handy excuse *Ver tb* SOCORRER

socorrismo *nm* life-saving

socorrista *nmf* lifeguard

socorro *nm* help

▶ **¡socorro!** *interj* help! LOC *Ver* CASA

sofá *nm* sofa LOC **sofá cama** sofa bed

sofisticado, -a *adj* sophisticated

sofocante *adj* stifling: *Hacía un calor ~.* It was stiflingly hot.

sofocar *vt* **1** (*fuego*) to put *sth* out **2** (*rebelión*) to put *sth* down

▶ **sofocarse** *vp* **1** (*de calor*) to suffocate: *Me estaba sofocando en el metro.* I was suffocating on the underground. **2** (*quedarse sin aliento*) to get out of breath: *Sólo con subir las escaleras me sofoco.* I get out of breath just climbing the stairs. **3** (*irritarse*) to get worked up

sofoco *nm* **1** (*vergüenza*) embarrassment: *¡Qué ~!* How embarrassing! **2** (*sudores*) hot flush

software *nm* (*Informát*) software [*incontable*]: *Han creado un nuevo ~.* They've developed some new software/a new software package.

soga *nf* rope LOC ➲ *Ver dibujo en* CUERDA *Ver tb* CUELLO

soja *nf* soya LOC *Ver* BROTE

sol *nm* **1** sun: *Me daba el ~ en la cara.* The sun was shining on my face. ◇ *sentarse al ~* to sit in the sun ◇ *una tarde de ~* a sunny afternoon **2** (*Mús*) G: *~ bemol* G flat LOC **de sol a sol** from morning to night ◆ **hacer sol** to be sunny ◆ **no dejar a algn ni a sol ni a sombra** not to leave sb alone for a minute ◆ **tomar el sol** to sunbathe *Ver tb* CLAVE, GAFAS, PUESTA, QUEMADURA, RELOJ, SALIDA

solamente *adv Ver* SÓLO

solapa *nf* **1** (*chaqueta*) lapel **2** (*libro, sobre*) flap

solar *adj* (*del sol*) solar

▶ *nm* (*terreno*) plot LOC *Ver* FILTRO, TECHO

soldado *nmf* soldier

S

soleado, **-a** *adj* sunny

soledad *nf* **1** (*involuntaria*) loneliness: *Los ancianos se quejan de su ~.* Old people complain about loneliness. ◇ *Sentía una gran ~ en medio de aquella multitud.* He felt very lonely among all those people. **2** (*voluntaria*) solitude: *Se refugió en la ~ de su cuarto.* She took refuge in the solitude of her room. ◇ *Le gusta la ~.* She likes being alone.

solemne *adj* solemn

soler *vi* **1** [*en presente*] to usually do sth: *No suelo desayunar.* I don't usually have breakfast. ➲ *Ver nota en* ALWAYS **2** [*en pasado*] used to do sth: *Solíamos visitarlo en verano.* We used to visit him every summer. ◇ *No solíamos salir.* We didn't use to go out. ➲ *Ver nota en* USED TO

solfeo *nm* music theory

solicitante *nmf* applicant (*for sth*)

solicitar *vt* **1** (*información, permiso, apoyo, servicio*) to request: *~ una entrevista* to request an interview **2** (*empleo, beca*) to apply for *sth*

solicitud *nf* **1** (*petición*) request (*for sth*): *atender una ~ de información* to deal with a request for information **2** (*instancia*) application (*for sth*): *una ~ de trabajo* a job application ◇ *rellenar una ~* to fill in an application (form)

solidaridad *nf* solidarity

solidario, **-a** *adj* supportive: *ser/hacerse ~ con algn/algo* to be supportive of sb/sth ◇ *un acto ~* an act of solidarity

solidez *nf* solidity

solidificar(se) *vt, vp* **1** to solidify **2** (*agua*) to freeze

sólido, **-a** *adj* **1** (*objeto*) solid **2** (*relación*) stable
▶ *nm* (*Fís*) solid

solista *nmf* soloist

solitario, **-a** *adj* **1** (*sin compañía*) solitary: *Lleva una vida muy solitaria.* She leads a very solitary life. **2** (*lugar*) lonely: *las calles solitarias* the lonely streets
▶ *nm* (*Naipes*) patience [*incontable*]: *hacer un ~* to play a game of patience

sollozo *nm* sob

solo, **-a** *adj* **1** (*sin compañía*) alone: *Estaba sola en casa.* She was alone in the house. **2** (*sin ayuda*) by myself, yourself, etc.: *El niño ya come ~.* He can eat by himself now. **3** (*uso enfático*) single: *No recuerdo un ~ detalle.* I can't remember a single detail. ➲ *Ver nota en* ALONE
▶ *nm* solo [*pl* solos]: *hacer un ~* to play/sing a solo **LOC** **estar a solas** to be alone: *Estaremos a solas.* We'll be alone. ◆ **estar/sentirse solo** to be/feel lonely ◆ **quedarse solo** to be (left) on your own *Ver tb* CAFÉ, USO

sólo (*tb* **solo, solamente**) *adv* only: *Trabajo ~ los sábados.* I only work on Saturdays. ◇ *Es ~ un chiquillo.* He's only a child. ◇ *Tan ~ te pido una cosa.* I'm just asking you one thing. ◇ *Es para ti ~.* It's just for you. **LOC** **no sólo... sino también...** not only... but also... ◆ **sólo con/de...** just doing *sth*: *Sólo con verla tengo bastante.* Just seeing her is enough for me. ◇ *Sólo de pensarlo me pongo mala.* Just thinking about it makes me feel ill.

solomillo *nm* fillet (steak)

soltar *vt* **1** (*dejar de sujetar*) to let go of *sb/sth*: *¡Suéltame!* Let go of me! ◇ *¡No sueltes el volante!* Don't let go of the steering wheel! **2** (*dejar caer*) to drop **3** (*dejar libre*) to set *sb/sth* free, to release (*más formal*) **4** (*perro*) to set *sth* loose **5** (*cable, cuerda*) to let *sth* out: *Suelta un poco de cuerda.* Let the rope out a bit. **6** (*olor, humo*) to give off *sth*: *Suelta mucho humo.* It gives off a lot of smoke. **7** (*dinero*) to cough *sth* up **8** (*grito*) to let *sth* out
▶ **soltarse** *vp* **1** (*separarse*) to let go (*of sb/sth*): *No te sueltes de mi mano.* Don't let go of my hand. **2** **soltarse (en)** to get the hang of *sth*: *Se va soltando en inglés.* She's getting the hang of English now. **3** (*nudo, lazo*) to come undone **LOC** **no soltar palabra/prenda** not to say a word ◆ **soltar amarras** to cast off ◆ **soltarse el pelo** to let your hair down ◆ **soltar una carcajada** to burst out laughing ◆ **soltar una parrafada/un sermón** to give *sb* a lecture (*on sth*) *Ver tb* INDIRECTA, ROLLO

soltero, **-a** *adj* single: *ser/estar ~* to be single
▶ *nm-nf* single man/woman [*pl* men/women] **LOC** *Ver* DESPEDIDA

solterón, **-ona** *nm-nf* **1** (*masc*) bachelor: *Es un ~ empedernido.* He is a confirmed bachelor. **2** (*fem*) spinster ➲ *Ver nota en* SPINSTER

soltura *nf* **1** (*desparpajo*) self-confidence: *Se desenvuelve con ~.* He's very confident. **2** (*facilidad*): *Habla francés con ~.* She speaks fluent French. ◇ *conducir con ~* to drive well ◇ *coger ~ con el ordenador* to get the hang of the computer

soluble *adj* soluble: *aspirina ~* soluble aspirin

solución *nf* solution (*to sth*): *encontrar la ~ del problema* to find a solution to the problem

solucionar *vt* to solve: *Lo solucionaron con una llamada.* They solved the problem with a phone call.
▶ **solucionarse** *vp* (*duda, dificultad*) to sort itself out: *Se solucionó muy rápido.* It sorted itself out very quickly.

solvente *adj* solvent

S

sombra

a **shadow**

They're sitting in the **shade**.

sombra *nf* **1** (*ausencia de sol*) shade: *Nos sentamos en la ~.* We sat in the shade. ◇ *El árbol daba ~ al coche.* The car was shaded by the tree. ◇ *Me estás haciendo ~.* You're keeping the sun off me. **2** (*silueta*) shadow: *proyectar una ~* to cast a shadow ◇ *No es ni ~ de lo que era.* She is a shadow of her former self. LOC **hacer sombra a algn** to put *sb* in the shade: *Su hermano le hace ~.* His brother puts him in the shade. ◆ **sombra (de ojos)** eyeshadow *Ver tb* SOL

sombreado, **-a** *adj* shady

sombrero *nm* hat LOC **sombrero de copa** top hat

S

sombrilla *nf* (*playa*) sunshade

sombrío, **-a** *adj* **1** (*oscuro*) dark **2** (*triste*) gloomy

someter *vt* **1** (*dominar*) to subdue **2** (*exponer*) to subject *sb/sth to sth*: *~ a los presos a torturas* to subject prisoners to torture ◇ *Sometieron el metal al calor.* The metal was subjected to heat. **3** (*buscar aprobación*) to submit *sth* (*to sb/sth*): *Tienen que ~ el proyecto al consejo.* The project must be submitted to the council.
▶ **someterse** *vp* **1** (*rendirse*) to surrender (*to sb*) **2** (*Med*) to undergo: *~se a un tratamiento* to undergo treatment ◇ *~se a una operación* to have an operation LOC **someter a votación** to put *sth* to the vote

somier *nm* bed base

somnífero *nm* sleeping pill

son *nm* sound LOC **¿a son de qué?** what/why on earth?: *¿A ~ de qué viene ese comentario?* What on earth do you mean by that remark? *Ver tb* TON

sonado, **-a** *adj* much talked-about: *la sonada boda del príncipe* the much talked-about wedding of the prince LOC **estar sonado** to be round the bend *Ver tb* SONAR

sonajero *nm* rattle

sonámbulo, **-a** *nm-nf* sleepwalker

sonante *adj* LOC *Ver* DINERO

sonar *vi* **1** ~ **(a)** to sound: *Esta pared suena a hueco.* This wall sounds hollow. ◇ *El piano suena de maravilla.* The piano sounds great. ◇ *¿Cómo te suena este párrafo?* How does this paragraph sound to you? **2** (*timbre, campanilla, teléfono*) to ring **3** (*alarma, sirena*) to go off **4** (*ser familiar*) to sound familiar: *Ese nombre me suena.* That name sounds familiar. **5** (*tripas*) to rumble: *Me sonaban las tripas.* My tummy was rumbling.
▶ **sonarse** *vp* (*nariz*) to blow your nose

sonda *nf* (*Med*) probe

sondear *vt* **1** (*persona*) to sound *sb* out (*about/on sth*) **2** (*opinión, mercado*) to test

sondeo *nm* (*opinión, mercado*) poll: *~ de opinión* opinion poll

sonido *nm* sound LOC *Ver* CADENA, TÉCNICO

sonoro, **-a** *adj* **1** sound: *efectos ~s* sound effects **2** (*voz*) loud LOC *Ver* BANDA

sonreír *vi* to smile (*at sb*): *Me sonrió.* He smiled at me.

sonriente *adj* smiling

sonrisa *nf* smile

sonrojarse *vp* to blush

soñador, **-ora** *nm-nf* dreamer

soñar *vi* ~ **con 1** (*durmiendo*) to dream of/about *sb/sth*: *Anoche soñé contigo.* I dreamt about you last night. **2** (*desear*) to dream of *sth/doing sth*: *Sueño con (tener) una moto.* I dream of having a motorbike. ◇ *Sueñan con ser famosos.* They dream of becoming famous.
▶ *vt* to dream: *No sé si lo he soñado.* I don't know if I dreamt it. LOC **ni lo sueñes/ni soñarlo** no chance ◆ **soñar con los angelitos** to have sweet dreams ◆ **soñar despierto** to daydream

sopa *nf* soup: *~ de sobre/fideos* packet/noodle soup LOC **estar/quedarse sopa** to be sound asleep ◆ **hasta en la sopa** everywhere you look

sopero, **-a** *adj* soup: *cuchara sopera* soup spoon LOC *Ver* PLATO

soplar *vt* **1** (*para apagar algo*) to blow *sth* out: *~ una vela* to blow out a candle **2** (*para enfriar algo*) to blow on *sth*: *~ la sopa* to blow on your soup **3** (*en examen*) to whisper: *Me soplaba las respuestas.* He whispered the answers to me. **4** (*chivarse*) **(a)** (*entre niños*) to tell (on *sb*): *Si no*

me lo devuelves, se lo soplo a la maestra. If you don't give it back to me, I'll tell the teacher on you. **(b)** (*a la policía*) to grass (*on sb*) **5** (*clavar*) to sting: *Me soplaron cinco euros por una cerveza.* They stung me five euros for a beer.
▶ *vi* **1** (*persona, viento*) to blow **2** (*beber*) to drink

soplo *nm* **1** (*soplido*) blow: *Apagó todas las velas de un ~.* He blew out all the candles in one go. **2** (*de viento*) gust

soplón, -ona *nm-nf* **1** (*entre niños*) sneak **2** (*de la policía*) grass

soportales *nm* arcade [*v sing*]: *los ~ de la plaza* the arcade round the square

soportar *vt* to put up with *sb/sth*: *~ el calor* to put up with the heat ❶ Cuando la frase es negativa se utiliza mucho **to stand**: *No la soporto.* I can't stand her. ◇ *No soporto tener que esperar.* I can't stand waiting.

soporte *nm* **1** (*persona*) support: *Él era su principal ~ en la vida.* He was her main support in life. **2** (*de estantería*) bracket **3** (*medio*) medium [*pl* media/mediums]: *un nuevo ~ publicitario* a new medium for advertising

sorber *vt, vi* **1** to sip **2** (*con una pajita*) to suck

sorbete *nm* sorbet

sorbo *nm* sip: *darle un ~ al café* to have a sip of coffee LOC *Ver* BEBER(SE)

sordera *nf* deafness

sórdido, -a *adj* sordid

sordo, -a *adj* deaf: *quedarse ~* to go deaf
▶ *nm-nf* deaf person: *un colegio especial para ~s* a special school for the deaf

En un contexto más formal se prefiere la expresión **people who are hearing-impaired**.

LOC **hacerse el sordo** to pretend you didn't hear: *La llamé pero se hizo la sorda.* I called her, but she pretended she hadn't heard. ◆ **sordo como una tapia** as deaf as a post

sordomudo, -a *adj* deaf and dumb
▶ *nm-nf* deaf mute

En un contexto más formal se prefiere la expresión **people who are hearing and speech impaired**.

sorprendente *adj* surprising

sorprender *vt* **1** (*causar sorpresa*) to surprise: *Me sorprende que no haya llegado todavía.* I'm surprised he hasn't arrived yet. **2** (*coger desprevenido*) to catch *sb* (unawares): *Los sorprendió robando.* He caught them stealing. ◇ *Sorprendieron a los atracadores.* They caught the robbers unawares.
▶ **sorprenderse** *vp* to be surprised: *Se sorprendió al vernos.* He was surprised to see us.

sorprendido, -a *adj* surprised *Ver tb* SORPRENDER

sorpresa *nf* surprise: *Se llevaron una ~ al vernos.* They were surprised to see us. LOC **coger/pillar por sorpresa** to take *sb* by surprise

sortear *vt* **1** (*echar a suertes*) to draw lots for *sth* **2** (*rifar*) to raffle **3** (*golpe, obstáculo*) to dodge **4** (*dificultad*) to overcome

sorteo *nm* **1** (*lotería, adjudicación*) draw **2** (*rifa*) raffle LOC **por sorteo** by drawing lots

sortija *nf* ring

SOS *nm* SOS: *enviar un ~* to send out an SOS

sosegado, -a *adj* calm *Ver tb* SOSEGARSE

sosegarse *vp* to calm down

sosiego *nm* calm

soso, -a *adj* **1** (*comida*) tasteless: *La sopa está algo sosa.* This soup needs a little salt. **2** (*persona, espectáculo*) dull

sospecha *nf* suspicion

sospechar *vt, vi* to suspect (*sb of sth/doing sth*): *Sospechan del joven como posible terrorista.* They suspect the young man of being a terrorist. LOC **¡ya (me) lo sospechaba!** just as I thought!

sospechoso, -a *adj* suspicious
▶ *nm-nf* suspect

sostén *nm* (*sujetador*) bra

sostener *vt* **1** (*sujetar*) to hold **2** (*peso*) to support **3** (*afirmar*) to maintain
▶ **sostenerse** *vp* to stand up

sostenible *adj* sustainable: *desarrollo ~* sustainable development

sostenido, -a *adj* (*Mús*) sharp: *fa ~* F sharp *Ver tb* SOSTENER

sotana *nf* cassock

sótano *nm* basement

spam *nm* (*correo basura*) spam

sponsor *nmf* sponsor: *actuar como ~ de algo* to sponsor sth

sport LOC **de sport** casual: *zapatos/ropa de ~* casual shoes/clothes

spray *nm* aerosol

squash *nm* squash

stand *nm* stand

stop *nm* (*tráfico*) stop sign

stress *nm Ver* ESTRÉS

su *adj* **1** (*de él*) his **2** (*de ella*) her **3** (*de objeto, animal, concepto*) its **4** (*de ellos/ellas*) their **5** (*impersonal*) their: *Cada cual tiene su opinión.* Everyone has their own opinion. **6** (*de usted, de ustedes*) your

suave *adj* **1** (*color, luz, piel, ropa, música, voz*) soft **2** (*superficie, bebida alcohólica*) smooth **3** (*brisa,*

S

movimiento, curva, pendiente) gentle **4** (*castigo, clima, sabor*) mild **5** (*ejercicios, lluvia, viento*) light

suavidad *nf* **1** (*piel, pelo, tela*) softness **2** (*superficie*) smoothness **3** (*movimiento, voz, jabón, etc.*) gentleness **4** (*clima, sabor*) mildness LOC **con suavidad** gently

suavizante *nm* **1** (*pelo*) conditioner **2** (*ropa*) (fabric) softener

suavizar *vt* **1** (*piel*) to moisturize **2** (*pelo*) to condition

subasta *nf* auction

subcampeón, **-ona** *nm-nf* runner-up [*pl* runners-up]

subconsciente *adj, nm* subconscious

subcultura *nf* subculture

subdesarrollado, **-a** *adj* underdeveloped

subdesarrollo *nm* underdevelopment

subdirector, **-ora** *nm-nf* **1** (*colegio*) deputy head **2** (*empresa, banco*) assistant manager

súbdito, **-a** *nm-nf* subject: *una súbdita británica* a British subject

subestimar *vt* to underestimate

subida *nf* **1** (*aumento*) rise (*in sth*): *una ~ de precios* a rise in prices **2** (*de una cuesta, montaña, etc.*) ascent: *La ~ fue más dura que la bajada.* The ascent was harder than the descent. **3** (*pendiente*) hill: *al final de esta ~* at the top of this hill

subido, **-a** *adj* (*color*) bright *Ver tb* SUBIR

subir *vt* **1** (*llevar*) to take/bring *sth* up: *Subió las maletas a la habitación.* He took the suitcases up to the room. ➲ *Ver dibujo en* TAKE **2** (*poner más arriba*) to put *sth* up: *Súbelo un poco más.* Put it a bit higher. **3** (*levantar*) to lift *sth* up: *Subí el equipaje al tren.* I lifted the luggage onto the train. **4** (*ir/venir arriba*) to go/come up *sth*: *~ la cuesta* to go up the hill ➲ *Ver nota en* IR **5** (*volumen*) to turn *sth* up **6** (*precios*) to put *sth* up, to raise (*más formal*) **7** (*ropa*) **(a)** (*calcetines, pantalones, etc.*) to pull *sth* up **(b)** (*cremallera*) to do *sth* up **8** (*Informát*) to upload: *Este programa te permite ~ imágenes a la web.* This program allows you to upload images onto the website.

▶ *vi* **1** (*ir/venir arriba*) to go/come up: *Subimos al segundo piso.* We went up to the second floor. ◇ *~ al tejado* to go up onto the roof ➲ *Ver nota en* IR **2** (*temperatura, río*) to rise **3** (*marea*) to come in **4** (*precio*) to go up (in price): *Ha subido la gasolina.* Petrol has gone up in price.

▶ **subir(se)** *vi, vp* **subir(se) (a) 1** (*coche*) to get in, to get into *sth*: *Subí al taxi.* I got into the taxi. **2** (*avión, tren, autobús, caballo, bici*) to get on (*sth*) **3** (*montaña, árbol*) to climb LOC **subirse a la cabeza** to go to your head ◆ **subírsele los humos a algn** to get high and mighty ◆ **subirse por las paredes** to hit the roof *Ver tb* ESCALERA, PESO

subjetivo, **-a** *adj* subjective

subjuntivo, **-a** *adj, nm* subjunctive

sublevación *nf* uprising

sublime *adj* sublime

submarinismo *nm* scuba-diving: *hacer ~* to go scuba-diving

submarinista *nmf* scuba-diver

submarino, **-a** *adj* underwater

▶ *nm* submarine

subnormal *adj* subnormal

▶ *nmf* (*estúpido*) moron

subordinado, **-a** *adj, nm-nf* subordinate

subrayar *vt* **1** (*texto*) to underline **2** (*recalcar*) to emphasize

subsahariano, **-a** *adj, nmf* (person) from sub-Saharan Africa

subsidio *nm* benefit: *~ de enfermedad/desempleo* sickness/unemployment benefit

subsistir *vi* to subsist (*on sth*)

subterráneo, **-a** *adj* underground LOC *Ver* AGUA, PASO

subtítulo *nm* subtitle

suburbio *nm* **1** (*barrio bajo*) slum ❶ La palabra inglesa **suburb** significa simplemente "barrio residencial de la afueras". **2** (*alrededores*) suburb

subvención *nf* subsidy [*pl* subsidies]

subvencionar *vt* to subsidize

sucedáneo *nm* substitute (*for sth*)

suceder *vi* (*ocurrir*) to happen (*to sb/sth*)

▶ *vt* (*cargo, trono*) to succeed: *Su hijo le sucederá en el trono.* His son will succeed to the throne.

sucesión *nf* succession

sucesivamente *adv* successively LOC *Ver* ASÍ

suceso *nm* **1** (*acontecimiento*) event: *los ~s de los últimos días* the events of the past few days **2** (*accidente, crimen*) incident **3 sucesos** (*sección*) accident and crime reports

sucesor, **-ora** *nm-nf* ~ **(a)** successor (to *sb/sth*): *Todavía no han nombrado a su sucesora.* They've yet to name her successor.

suciedad *nf* dirt

sucio, **-a** *adj* dirty LOC **en sucio** in rough: *Escribe la redacción en ~ primero.* Write the essay in rough first. *Ver tb* CESTO, JUEGO, JUGAR, TRAPO

suculento, **-a** *adj* succulent

sucursal *nf* branch

sudadera *nf* sweatshirt

sudamericano, **-a** *adj, nm-nf* South American

sudar *vi* to sweat LOC **sudar la gota gorda/sangre/tinta** to sweat blood

S

sudeste *nm* **1** (*punto cardinal, región*) south-east (*abrev* SE) **2** (*viento, dirección*) south-easterly

sudoeste *nm* **1** (*punto cardinal, región*) south-west (*abrev* SW) **2** (*viento, dirección*) south-westerly

sudor *nm* sweat

sudoroso, -a *adj* sweaty

Suecia *nf* Sweden

sueco, -a *adj, nm* Swedish: *hablar ~* to speak Swedish
▶ *nm-nf* Swede: *los ~s* the Swedes LOC **hacerse el sueco/la sueca** to pretend not to hear, know, see, etc. *sth*: *¡No te hagas el ~, lo sabes perfectamente!* Don't pretend you don't know — you know perfectly well!

suegro, -a *nm-nf* **1** (*masc*) father-in-law **2** (*fem*) mother-in-law **3 suegros** parents-in-law, in-laws (*coloq*)

suela *nf* sole: *zapatos con ~ de goma* rubber-soled shoes

sueldo *nm* **1** pay [*incontable*]: *pedir un aumento de ~* to ask for a pay rise **2** (*mensual*) salary [*pl* salaries]

suelo *nm* **1** (*superficie de la tierra*) ground: *caer al ~* to fall (to the ground) **2** (*dentro de un edificio*) floor **3** (*terreno*) land: *la especulación del ~* land speculation **4** (*territorio*) soil: *en ~ británico* on British soil LOC *Ver* FREGAR, RAS

suelto, -a *adj* loose: *una página suelta* a loose page ◇ *Siempre llevo el pelo ~.* I always wear my hair loose. ◇ *Creo que hay un tornillo ~.* I think there's a screw loose. ◇ *Le favorece la ropa suelta.* Loose clothing looks better on her.
▶ *nm* (*monedas*) small change LOC *Ver* DINERO, RIENDA

sueño *nm* **1** (*descanso*) sleep: *debido a la falta de ~* due to lack of sleep ◇ *No dejes que te quite el ~.* Don't lose any sleep over it. **2** (*somnolencia*) drowsiness: *Estas pastillas producen ~.* These pills make you drowsy. **3** (*lo soñado, ilusión*) dream: *Fue un ~ hecho realidad.* It was a dream come true. LOC **caerse de sueño** to be dead on your feet ◆ **dar sueño** to make *sb* drowsy ◆ **tener sueño** to be sleepy

suerte *nf* **1** (*fortuna*) luck: *¡Suerte con el examen!* Good luck with your exam! ◇ *dar/traer buena/mala ~* to bring good/bad luck ◇ *¡Qué ~ que nos encontráramos!* It was so lucky (that) we met! **2** (*destino*) fate LOC **de la suerte** lucky: *mi número de la ~* my lucky number ◆ **echar a suertes** to toss for *sth*: *Lo echamos a ~s.* We tossed for it. ◆ **por suerte** fortunately ◆ **tener (buena) suerte** to be lucky ◆ **tener mala suerte** to be unlucky *Ver tb* AMULETO, PROBAR

suéter *nm* sweater

suficiente *adj* enough: *No tengo ~ arroz para tantas personas.* I haven't got enough rice for all these people. ◇ *¿Serán ~s?* Will there be enough? ◇ *Gano lo ~ para vivir.* I earn enough to live on.
▶ *nm* (*nota escolar*) pass: *sacar un ~ en historia* to get a pass in history ➲ *Ver nota en pág 397*

sufrido, -a *adj* (*persona*) long-suffering *Ver tb* SUFRIR

sufrimiento *nm* suffering

sufrir *vt* **1** to suffer: *~ una derrota/lesión* to suffer a defeat/an injury **2** (*tener*) to have: *~ un accidente/ataque al corazón* to have an accident/a heart attack ◇ *Esta ciudad sufre serios problemas de tráfico.* This city has serious traffic problems. **3** (*cambio*) to undergo
▶ *vi* ~ **(de)** to suffer (from *sth*): *Sufre del corazón.* He suffers from heart trouble. LOC *Ver* DESENGAÑO

sugerencia *nf* suggestion: *hacer una ~* to make a suggestion

sugerir *vt* to suggest

sugestión *nf* LOC **es (pura) sugestión** it's all in the mind

sugestionar *vt* to convince

suicida *adj* suicide: *un atentado ~* a suicide bombing
▶ *nmf* **1** suicide victim **2** (*terrorista*) suicide bomber

suicidarse *vp* to commit suicide, to kill yourself (*más coloq*)

suicidio *nm* suicide

Suiza *nf* Switzerland

suizo, -a *adj* Swiss
▶ *nm-nf* Swiss man/woman [*pl* men/women]: *los ~s* the Swiss

sujetador *nm* (*prenda*) bra

sujetar *vt* **1** (*agarrar*) to hold: *Sujeta bien el paraguas.* Hold the umbrella tight. **2** (*asegurar*) to fasten: *~ unos papeles con un clip* to fasten papers together with a paper clip
▶ **sujetarse** *vp* **sujetarse (a)** (*agarrarse*) to hold on (to *sth/sb*): *Sujétate a mí.* Hold on to me.

sujeto, -a *adj* **1** ~ **(a)** (*atado*) fastened (to *sth*): *Las maletas iban bien sujetas a la baca.* The cases were securely fastened to the roof rack. **2** (*fijo*) secure: *El gancho no estaba bien ~.* The hook wasn't secure. **3** (*cogido*): *Dos policías lo tenían ~.* Two policemen were holding him down. **4** ~ **a** (*sometido*) subject to *sth*: *Estamos ~s a las reglas del club.* We are subject to the rules of the club.
▶ *nm* **1** (*tipo*) character **2** (*Gram*) subject *Ver tb* SUJETAR

suma *nf* sum: *una importante ~ de dinero* an important sum of money ◇ *hacer una ~* to add sth up

sumar *vt, vi* to add (*sth*) (up): *Suma dos y cinco.* Add up two and five. ◇ *¿Sabéis ~?* Can you add up?

sumergible *adj* water-resistant

sumergir *vt* to submerge
▶ **sumergirse** *vp* **1** (*en agua*) to dive (*into sth*) **2** (*en un tema, trabajo, ambiente, estado*) to immerse yourself (*in sth*)

suministrar *vt* to supply (*sb*) (with *sth*): *Me suministró los datos.* He supplied me with the information.

suministro *nm* supply [*pl* supplies]: *Nos han cortado el ~ de agua.* Our water supply has been cut off.

sumiso, -a *adj* submissive

súper *nm* supermarket

superalimento *nm* superfood

superar *vt* **1** (*dificultad, problema*) to overcome, to get over *sth* (*más coloq*): *He superado el miedo a volar.* I've got over my fear of flying. **2** (*récord, rival*) to beat: *México superó a Paraguay por 2-1.* Mexico beat Paraguay 2-1. **3** (*prueba*) to pass **4** (*sobrepasar*) to exceed: *~ las expectativas* to exceed expectations ◇ *Las temperaturas van a ~ los 40 grados.* Temperatures will exceed 40 degrees.
▶ **superarse** *vp* to better yourself

superdotado, -a *adj* gifted: *un colegio para niños ~s* a school for gifted children
▶ *nm-nf* gifted child [*pl* gifted children]

superficial *adj* superficial

superficie *nf* **1** surface: *la ~ del agua* the surface of the water **2** (*Mat, extensión*) area LOC *Ver* GRANDE

superfluo, -a *adj* **1** superfluous: *detalles ~s* superfluous details **2** (*gastos*) unnecessary

superhéroe *nm* superhero [*pl* superheroes]

superior *adj* **1** ~ (a) (*cantidad*) higher (than *sb/sth*): *una cifra 20 veces ~ a la normal* a figure 20 times higher than normal **2** ~ (a) (*calidad*) superior (to *sb/sth*), better (than *sb/sth*) (*más coloq*): *Demostró ser ~ a su rival en muchos aspectos.* He showed himself to be superior to his rival in many respects. **3** (*posición*) top, upper (*más formal*): *el ángulo ~ izquierdo* the top left-hand corner ◇ *el labio ~* the upper lip
▶ *nmf* superior LOC *Ver* ESTUDIO

superioridad *nf* superiority LOC *Ver* AIRE

supermercado *nm* supermarket

supermodelo *nmf* supermodel

superpoblado, -a *adj* overpopulated

superproducción *nf* (*Cine, Teat*) blockbuster

superstición *nf* superstition

supersticioso, -a *adj* superstitious

supervisar *vt* to supervise

supervisión *nf* supervision

supervisor, -ora *nm-nf* supervisor

supervivencia *nf* survival

superviviente *adj* surviving
▶ *nmf* survivor

suplemento *nm* supplement: *el ~ dominical* the Sunday supplement ◇ *un ~ vitamínico* a vitamin supplement

suplente *adj, nmf* **1** relief: *un conductor ~* a relief driver **2** (*maestro*) supply (teacher) **3** (*Fútbol*) substitute: *estar de ~* to be a substitute

súplica *nf* plea

suplicar *vt* to beg (*sb*) (for *sth*): *Le supliqué que no lo hiciera.* I begged him not to do it. ◇ *~ piedad* to beg for mercy

suplicio *nm* torture [*incontable*]: *Estos tacones son un ~.* These high heels are torture.

suponer *vt* **1** (*creer*) to suppose: *Supongo que vendrán.* I suppose they'll come. ◇ *Supongo que sí/no.* I suppose so/not. ◇ *¿A qué hora se supone que empezamos?* What time are we supposed to start? ❶ Cuando se usa en forma imperativa, p. ej. "supón que..." o "supongamos que...", se traduce por **supposing (that)...**: *Supongamos que sea cierto...* Supposing this is true... **2** (*significar*) to mean: *Esos ahorros suponen mucho para nosotros.* Those savings mean a lot to us.

suposición *nf* supposition

supositorio *nm* suppository [*pl* suppositories]

supremacía *nf* supremacy (*over sb/sth*)

supremo, -a *adj* supreme LOC *Ver* TRIBUNAL

suprimir *vt* (*omitir*) to leave *sth* out, to omit (*más formal*): *Yo suprimiría este párrafo.* I'd leave out this paragraph.

supuestamente *adv* supposedly

supuesto, -a *adj* **1** (*presunto*) alleged: *el ~ asesino* the alleged murderer **2** (*falso*) false: *Actuaba bajo un nombre ~.* He was acting under a false name. LOC **dar (algo) por supuesto** to take *sth* for granted: *Da por ~ que va a aprobar.* He takes it for granted that he'll pass. ◆ **por supuesto (que...)** of course *Ver tb* SUPONER

sur *nm* south (*abrev* S): *en el ~ de Francia* in the south of France ◇ *Queda al ~ de Barcelona.* It's south of Barcelona. ◇ *en la costa ~* on the south coast

surco *nm* (*en la tierra, arruga*) furrow

sureste *nm Ver* SUDESTE

S

surf *nm* surfing: *hacer /practicar el ~* to go surfing LOC *Ver* TABLA

surfista *nmf* surfer

surgir *vi* to arise, to come up (*más coloq*): *Espero que no surja ningún problema.* I hope that no problems arise.

suroeste *nm Ver* SUDOESTE

surtido, -a *adj* **1** (*variado*) assorted: *bombones ~s* assorted chocolates **2** (*provisto*) well stocked: *Esa frutería está muy bien surtida.* That greengrocer's is very well stocked. ➲ *Ver nota en* WELL BEHAVED
▶ *nm* selection: *Tienen muy poco ~.* They've got a very poor selection. *Ver tb* SURTIR

surtidor *nm* **1** (*gasolina*) pump **2** (*fuente*) fountain

surtir *vt* to supply LOC **surtir efecto** to have an effect

susceptible *adj* (*irritable*) touchy

suscribirse *vp* ~ **(a) 1** (*publicación*) to take out a subscription (to *sth*) **2** (*asociación*) to become a member (of *sth*)

suscripción *nf* subscription

susodicho, -a *adj, nm-nf* above-mentioned: *los ~s* the above-mentioned

suspender *vt, vi* to fail: *He suspendido francés.* I've failed French. ◇ *~ en dos asignaturas* to fail two subjects
▶ *vt* **1** (*interrumpir*) to suspend: *El árbitro suspendió el partido media hora.* The referee suspended the game for half an hour. **2** (*aplazar*) to postpone, to put *sth* off (*más coloq*) **3** (*cancelar*) to cancel: *Se ha suspendido la boda.* The wedding has been cancelled.

suspense *nm* suspense LOC **libro/película de suspense** thriller

suspensivo, -a *adj* LOC *Ver* PUNTO

suspenso *nm* fail: *Tengo dos ~s.* I failed two subjects. ◇ *Hubo muchos ~s en historia.* A lot of people failed history. ➲ *Ver nota en pág 397*

suspirar *vi* to sigh

suspiro *nm* sigh

sustancia *nf* substance

sustancial *adj* substantial

sustancioso, -a *adj* (*comida*) nourishing

sustantivo *nm* noun

sustento *nm* **1** (*soporte, apoyo*) support **2** (*alimento*) sustenance

sustitución *nf* **1** (*permanente*) replacement **2** (*temporal, Dep*) substitution

sustituir *vt* **1** (*permanentemente*) to replace *sb/sth* (*with sb/sth*): *Quiero ~ las sillas por taburetes.* I want to replace the chairs with stools. **2** (*temporalmente*) to stand in for *sb*: *Me sustituirá mi ayudante.* My assistant will stand in for me.

sustituto, -a *nm-nf* **1** (*permanente*) replacement: *Están buscando un ~ para el jefe de personal.* They're looking for a replacement for the personnel manager. **2** (*temporal*) stand-in

susto *nm* **1** (*miedo, sobresalto*) fright: *¡Qué ~ me has dado/pegado!* What a fright you gave me! **2** (*falsa alarma*) scare: *Todo quedó en un ~.* It was only a scare. LOC **llevarse un susto de muerte** to get the fright of your life

sustraer *vt* (*robar*) to steal: *Le fue sustraída la cartera.* His wallet was stolen.

susurrar *vt, vi* to whisper

susurro *nm* whisper

sutil *adj* subtle

suyo, -a *adj, pron* **1** (*de él*) his: *Es culpa suya.* It's his fault. ◇ *un despacho junto al ~* an office next to his **2** (*de ella*) hers ❶ *Un amigo suyo* se traduce por 'a friend of his, hers, etc.', ya que significa "uno de sus amigos". **3** (*de animal*) its **4** (*de usted/ustedes*) yours **5** (*de ellas/ellos*) theirs LOC **ser muy suyo 1** (*ser raro*) to be a bit strange **2** (*ser reservado*) to keep yourself to yourself: *Nunca cuenta nada, es muy ~.* He never tells us anything — he keeps himself to himself.

Tt

tabaco *nm* **1** (*planta, producto*) tobacco: *~ de pipa* pipe tobacco **2** (*cigarrillos*) cigarettes [*pl*]: *Me he quedado sin ~.* I've run out of cigarettes. LOC **tabaco rubio/negro** Virginia/black tobacco

tábano *nm* horsefly [*pl* horseflies]

tabaquismo *nm* nicotine addiction LOC **tabaquismo pasivo** passive smoking

tabarra *nf* pain in the neck LOC **dar la tabarra** to be a nuisance

taberna *nf* pub

tabique *nm* partition: *tirar un ~* to knock down a partition LOC **tabique nasal** nasal septum

tabla *nf* **1** (*de madera sin alisar*) plank: *un puente construido con ~s* a bridge made from planks

2 (*de madera pulida, plancha*) board: *~ de planchar* ironing board **3** (*lista, índice, Mat*) table: *~ de equivalencias* conversion table ◇ *saberse las ~s (de multiplicar)* to know your (multiplication) tables LOC **a raja tabla** *Ver* RAJATABLA ◆ **la tabla del dos, etc.** the two, etc. times table ◆ **tabla de bodyboard/kitesurf/snowboard/surf** bodyboard/kiteboard/snowboard/surfboard ◆ **tabla de windsurf** windsurfer

tablero *nm* **1** (*de juegos, anuncios*) board: *La información aparece en el ~.* The information is on the board. **2** (*panel*) panel: *~ de control/mandos* control/instrument panel LOC **tablero de ajedrez** chessboard

tableta *nf* **1** (*Med*) tablet **2** (*chocolate*) bar

tablón *nm* plank LOC **tablón (de anuncios)** noticeboard, bulletin board (*USA*)

tabú *nm* taboo [*pl* taboos]: *un tema/una palabra ~* a taboo subject/word

taburete *nm* stool

tacañería *nf* meanness [*incontable*], stinginess [*incontable*] (*coloq*)

tacaño, -a *adj* mean, cheap (*USA*)

tachadura *nf* (*tb* **tachón** *nm*) crossing out [*pl* crossings out]: *lleno de ~s* full of crossings out

tachar *vt* to cross *sth* out: *Tacha todos los adjetivos.* Cross out all the adjectives.

tachuela *nf* **1** (*en un cinturón, una cazadora*) stud: *un cinturón de ~s* a studded belt **2** (*clavo*) tack

taco *nm* **1** (*palabrota*) swear word: *decir/soltar ~s* to swear **2** (*jamón, queso*) piece **3** (*de bota de fútbol*) stud **4 tacos** (*años*): *Pronto cumplo cuarenta ~s.* I'll be forty soon. **5** (*de billar*) cue **6** (*para clavos, tornillos*) Rawlplug®

tacón *nm* **1** heel: *Se me ha roto el ~.* I've broken my heel. **2 tacones** high heels: *Nunca lleva tacones.* She never wears high heels. LOC **de tacón** high-heeled

táctica *nf* **1** (*estrategia*) tactics [*pl*]: *la ~ de guerra de los romanos* Roman military tactics ◇ *un cambio de ~* a change of tactics **2** (*maniobra*) tactic: *una brillante ~ electoral* a brilliant electoral tactic

táctil *adj* LOC *Ver* PANTALLA

tacto *nm* **1** (*sentido*) sense of touch: *reconocer algo por el ~* to recognize sth by touch **2** (*cualidad*) feel: *No me gusta el ~ de esta lana.* I don't like the feel of this wool. ◇ *El tejido es áspero al ~.* The material feels rough. **3** (*delicadeza*) tact: *Arreglar el asunto requirió mucho ~.* Resolving the situation required a great deal of tact. ◇ *Hay que decírselo con mucho ~.* You have to be very tactful with her. LOC **tener/no tener tacto** to be tactful/tactless: *Díselo tú que tienes más ~.* You tell her — you're more tactful.

taekwondo *nm* tae kwon do

tajada *nf* **1** (*trozo*) slice **2** (*corte*) cut: *una ~ en el dedo* a cut on your finger **3** (*ganancia*) share: *Los directivos se llevaron la mejor ~.* The management got the biggest share. LOC **sacar tajada** (*sacar provecho*) to benefit *from sth*

tajante *adj* adamant: *una negativa ~* an adamant refusal

tal *adj* **1** [+ *sustantivos contables en plural e incontables*] such: *en ~es situaciones* in such situations ◇ *un hecho de ~ gravedad* a matter of such importance **2** [+ *sustantivos contables en singular*] such a: *¿Cómo puedes decir ~ cosa?* How can you say such a thing? LOC **con tal de** to: *Haría cualquier cosa con ~ de ganar.* He'd do anything to win. ◆ **de tal palo tal astilla** like father like son ◆ **en tal caso** in that case ◆ **(ser) tal para cual** to be two of a kind ◆ **tal como** the way: *Se escribe ~ como suena.* It's spelt the way it sounds. ◆ **tales como...** such as... ◆ **tal vez** maybe ◆ **un/una tal** a: *Te ha llamado un ~ Luis Moreno.* A Luis Moreno rang for you. *Ver tb* FULANO, QUÉ

taladradora *nf* **1** (*taladro*) drill **2** (*de papel*) hole punch

taladrar *vt* (*pared, madera*) to drill a hole in *sth*: *Los albañiles taladraron el muro.* The workmen drilled a hole in the wall.

talante *nm* **1** (*carácter*) nature: *un partido de ~ democrático* a party of a democratic nature **2** (*disposición*) willingness: *el ~ negociador del gobierno* the government's willingness to negotiate

talar *vt* (*árboles*) to cut *sth* down, to fell (*más formal*)

talco *nm* talc LOC *Ver* POLVO

talento *nm* **1** (*habilidad*) talent (*for sth*): *Tiene ~ para la música/pintura.* He has a talent for music/painting. **2** (*persona*) star: *un joven ~ del flamenco* a young flamenco star

talla *nf* **1** (*prenda*) size: *¿Qué ~ de camisa usas?* What size shirt do you take? ◇ *No tienen mi ~.* They haven't got my size. **2** (*escultura*) carving LOC **dar la talla** (*estar a la altura*) to be up to *sth/doing sth*: *Ninguno de los candidatos daba la ~ para el puesto.* None of the candidates was up to the job.

tallar *vt* **1** (*madera, piedra*) to carve: *~ algo en coral* to carve sth in coral **2** (*joya, cristal*) to cut

tallarines *nm* **1** noodles **2** (*tipo italiano*) tagliatelle [*incontable*]

T

taller *nm* **1** (*lugar de trabajo, curso*) workshop: *un ~ de carpintería* a joiner's workshop ◇ *~es de teatro* theatre workshops **2** (*Mec*) garage **3** (*Arte*) studio [*pl* studios]

tallo *nm* stem

talón *nm* **1** (*pie, zapato*) heel **2** (*bancario*) cheque: *ingresar/cobrar un ~* to pay in/cash a cheque

talonario *nm* **1** (*cheques*) cheque book **2** (*billetes, recibos*) book

tamaño *nm* size: *¿Qué ~ tiene la caja?* What size is the box? ◇ *ser del/tener el mismo ~* to be the same size ◇ *(de) ~ familiar* family-size

tambalearse *vp* **1** (*persona*) to stagger **2** (*mueble, etc.*) to wobble **3** (*institución, creencia*) to waver

también *adv* also, too, as well

> **Too** y **as well** suelen ir al final de la frase: *Yo también quiero ir.* I want to go too/as well. ◇ *Yo también llegué tarde.* I was late too/as well. **Also** es la variante más formal y se coloca delante del verbo, si es el verbo principal, o detrás, si es un verbo auxiliar: *También venden zapatos.* They also sell shoes. ◇ *He conocido a Jane y también a sus padres.* I've met Jane and I've also met her parents.

LOC **yo también** me too: *—Quiero un bocadillo. —Yo ~.* 'I want a roll.' 'Me too.' *Ver tb* SÓLO

tambor *nm* drum: *tocar el ~* to play the drum ◇ *el ~ de una lavadora* the drum of a washing machine

tampoco *adv* neither, nor, either: *—No he visto esa película. —Yo ~.* 'I haven't seen that film.' 'Neither have I./Me neither./Nor have I.' ◇ *—No me gusta. —A mí ~.* 'I don't like it.' 'Nor do I./Neither do I./I don't either.' ◇ *Yo ~ fui.* I didn't go either. ➲ *Ver nota en* NEITHER

tampón *nm* tampon

tan *adv* **1** [*delante de adjetivo o adverbio*] so: *No creí que llegarías ~ tarde.* I didn't think you'd be so late. ◇ *No creo que sea ~ ingenuo.* I don't think he's quite so naive. ◇ *Es ~ difícil que...* It's so difficult that... **2** [*después de sustantivo*] such (a): *No me esperaba un regalo ~ caro.* I wasn't expecting such an expensive present. ◇ *Son unos niños ~ buenos que...* They're such good children that... ◇ *¡Qué casa ~ bonita tienes!* What a lovely house you've got! LOC **tan... como...** as... as...: *Es ~ guapo como su padre.* He's as good-looking as his father. ◇ *~ pronto como llegues* as soon as you arrive

tanga *nm* thong

tanque *nm* tank

tantear *vt* **1** (*persona*) to sound *sb* out **2** (*situación*) to weigh *sth* up

tanto *nm* **1** (*cantidad*) so much: *Me dan un ~ al mes.* They give me so much a month. **2** (*gol*) goal: *marcar un ~* to score a goal LOC **estar al tanto 1** (*al corriente*) to be aware *of sth*: *Está al ~ de lo ocurrido.* He's aware of what's happened. **2** (*pendiente*) to look/listen out (*for sth*): *Estaré al ~ del teléfono.* I'll listen out for the phone. ◆ **poner al tanto** to fill *sb* in (*on sth*): *Me puso al ~ de la situación.* He filled me in on the situation. ◆ **un tanto** (*bastante*) rather *Ver tb* MIENTRAS, OTRO

tanto, -a *adj* **1 + sustantivo incontable** so much: *No me pongas ~ arroz.* Don't give me so much rice. ◇ *Nunca había pasado tanta hambre.* I'd never been so hungry. **2 + sustantivo contable** so many: *¡Tenía ~s problemas!* He had so many problems! ◇ *¡Había tantas niñas!* There were so many girls!

▶ *pron* so much [*pl* so many]: *¿Por qué has comprado ~s?* Why did you buy so many?

▶ *adv* **1** (*tanta cantidad*) so much: *He comido ~ que no me puedo mover.* I've eaten so much (that) I can't move. **2** (*tanto tiempo*) so long: *¡Hacía ~ que no te veía!* I haven't seen you for so long! **3** (*tan rápido*) so fast: *No corras ~ con el coche.* Don't drive so fast. **4** (*tan a menudo*) so often LOC **a/hasta las tantas** in/until the small hours ◆ **entre tanto** *Ver* ENTRETANTO ◆ **ni tanto ni tan calvo** there's no need to go to extremes ◆ **no ser para tanto**: *¡Sé que te duele, pero no es para ~!* I know it hurts but it's not as bad as all that! ◆ **por (lo) tanto** therefore ◆ **tanto... como... 1** [*en comparaciones*] **(a)** [*+ sustantivo incontable*] as much... as...: *Bebí tanta cerveza como tú.* I drank as much beer as you. **(b)** [*+ sustantivo contable*] as many... as...: *No tenemos ~s amigos como antes.* We haven't got as many friends as we had before. **2** (*los dos*) both... and...: *Lo sabían ~ él como su hermana.* Both he and his sister knew. ◆ **tanto por ciento** percentage ◆ **tanto si... como si...** whether... or...: *~ si llueve como si no* whether it rains or not ◆ **y tantos 1** (*con cantidad, con edad*) odd: *cuarenta y tantas personas* forty-odd people **2** (*con año*): *mil novecientos sesenta y ~s* nineteen sixty something *Ver tb* MIENTRAS

tapa *nf* **1** (*tapadera*) lid: *Pon la ~.* Put the lid on. **2** (*libro*) cover: *un libro de ~ dura/blanda* a hardback/paperback book **3** (*zapatos*) heel: *Estas botas necesitan ~s.* These boots need new heels. **4** (*aperitivo*) **(a)** (*ración*) portion: *una ~ de ensaladilla rusa* a portion of Russian salad **(b) tapas** tapas: *tomar unas ~s* to have some tapas

tapadera *nf* **1** (*tapa*) lid **2** (*de un fraude, engaño*) cover: *La empresa es sólo una ~.* The firm is just a cover.

tapar *vt* **1** (*cubrir*) to cover *sb/sth* (*with sth*): *Tapó el cuadro con una sábana.* She covered the painting with a sheet. **2** (*abrigar*) to wrap *sb/sth* up (*in sth*): *La tapé con una manta.* I wrapped her up in a blanket. **3** (*con una tapa*) to put the lid on *sth*: *Tapa la cazuela.* Put the lid on the saucepan. **4** (*con un tapón*) to put the top on *sth*: *~ la botella* to put the top on the bottle **5** (*agujero, gotera*) to stop *sth* (up) (*with sth*): *Tapé los agujeros con yeso.* I stopped (up) the holes with plaster. **6** (*obstruir*) to block: *Las hojas taparon el desagüe.* The leaves blocked the drainpipe. **7** (*la vista*) to block *sb's* view of *sth*: *No me tapes la tele.* Don't block my view of the TV.
▶ **taparse** *vp* **taparse (con)** to wrap up (in *sth*): *Tápate bien.* Wrap up well.

tapia *nf* wall LOC *Ver* SORDO

tapicería *nf* (*coche, mueble*) upholstery

tapiz *nm* tapestry [*pl* tapestries]

tapizar *vt* (*mueble, coche*) to upholster

tapón *nm* **1** top **2** (*de corcho*) cork **3** (*bañera, para los oídos, etc.*) plug: *ponerse tapones en los oídos* to put plugs in your ears **4** (*cerumen*) earwax [*incontable*]: *Creo que tengo un ~ porque no oigo bien.* I must have wax in my ears because I can't hear properly. **5** (*tráfico*) traffic jam **6** (*Baloncesto*) block LOC **tapón de rosca** screw-top

taponarse *vp* to get blocked: *Se me ha taponado la nariz.* My nose is blocked.

taquilla *nf* **1** (*estación, estadio*) ticket office **2** (*Teat, Cine*) box office **3** (*armario*) locker

taquillero, -a *adj* (*espectáculo*): *Fue una película muy taquillera.* It was a big box-office hit.

T

tarántula *nf* tarantula

tararear *vt, vi* to hum

tardar *vi* to take (time) *to do sth*: *¡Cómo tarda tu hermana!* Your sister's taking a long time! ◇ *Tardaron bastante en contestar.* It took them a long time to reply. ◇ *Tardé dos meses en recuperarme.* It took me two months to get better. LOC **no tardar (nada)** not to be long: *No tardes.* Don't be long. ◆ **se tarda...** it takes...: *En coche se tarda dos horas.* It takes two hours by car. ◇ *¿Cuánto se tarda?* How long does it take?

tarde *nf* afternoon, evening: *El concierto es por la ~.* The concert is in the afternoon/evening. ◇ *Llegaron el domingo por la ~.* They arrived on Sunday afternoon/evening. ◇ *Te veré mañana por la ~.* I'll see you tomorrow afternoon/evening. ◇ *¿Qué haces esta ~?* What are you doing this afternoon/evening? ◇ *a las cuatro de la ~* at four o'clock in the afternoon

> **Afternoon** se utiliza desde el mediodía hasta aproximadamente las seis de la tarde, y **evening** desde las seis de la tarde hasta la hora de acostarse. ➲ *Ver tb nota en* MORNING

▶ *adv* late: *Nos levantamos ~.* We got up late. ◇ *Me voy, que se hace ~.* I'm off; it's getting late. ◇ *Es ~ para llamarles por teléfono.* It's too late to ring them. LOC **¡buenas tardes!** good afternoon/evening!, afternoon/evening! (*coloq*) ◆ **como muy tarde** at the latest ◆ **tarde o temprano** sooner or later *Ver tb* CAÍDA, LLEGAR, MAÑANA, MEDIO

tarea *nf* **1** (*actividad*) task: *una ~ imposible* an impossible task **2** (*cometido*) job: *Su ~ consiste en cuidar del jardín.* His job is to look after the garden. **3** (*deberes*) homework [*incontable*]: *No nos han puesto ~ para el lunes.* We haven't got any homework to do for Monday. LOC *Ver* CASA

tarifa *nf* **1** prices [*pl*]: *las ~s hoteleras* hotel prices ◇ *Ha aumentado la ~ eléctrica.* Electricity prices have gone up. **2** (*transporte*) fare: *Los niños pagan ~ reducida.* There is a reduced fare for children. LOC **tarifa nocturna** (*teléfono*) evening rate ◆ **tarifa plana/única** (*teléfono, Internet*) flat rate

tarima *nf* platform

tarjeta *nf* card: *~ de crédito* credit card ◇ *~ de Navidad* Christmas card ◇ *Le sacaron ~ roja.* He was given a red card. LOC **tarjeta de embarque** boarding card ◆ **tarjeta de memoria** (*Informát*) memory card ◆ **tarjeta (de) prepago** prepaid card ◆ **tarjeta inteligente** smart card ◆ **tarjeta SIM** SIM card *Ver tb* PAGAR, PARO, SEGURIDAD

tarro *nm* jar ➲ *Ver dibujo en* CONTAINER

tarta *nf* **1** (*pastel*) cake: *~ helada* ice-cream cake **2** (*de hojaldre*) tart, pie: *una ~ de manzana* an apple pie ➲ *Ver nota en pág 647*

tartamudear *vt* to stutter

tartamudo, -a *adj, nm-nf*: *ser ~* to have a stutter ◇ *los ~s* people who stutter

tasa *nf* **1** (*índice*) rate: *la ~ de natalidad* the birth rate **2** (*impuesto*) tax **3** (*cuota*) fee: *~s académicas* tuition fees

tasca *nf* bar

tatarabuelo, -a *nm-nf* **1** (*masc*) great-great-grandfather **2** (*fem*) great-great-grandmother **3 tatarabuelos** great-great-grandparents

tatuaje *nm* tattoo [*pl* tattoos]: *hacerse un ~* to have a tattoo done

tauro (*tb* **Tauro**) *nm, nmf* Taurus ➲ *Ver ejemplos en* ACUARIO

TAV *nm* high-speed train

taxi *nm* taxi [*pl* taxis] LOC *Ver* PARADA

taxista *nmf* taxi driver

taza *nf* **1** cup: *una ~ de café* a cup of coffee ◇ *una ~ para café* a coffee cup **2** (*sin platillo*) mug ➲ *Ver dibujo en* CUP **3** (*retrete*) (toilet) bowl

tazón *nm* bowl

TDT *nf* digital TV

te *pron* **1** [*complemento*] you: *¿Te ha visto?* Did he see you? ◇ *Te he traído un libro.* I've brought you a book. ◇ *Te escribiré pronto.* I'll write to you soon. ◇ *Te lo he comprado.* I've bought it for you. **2** [*reflexivo*] yourself: *Te vas a hacer daño.* You'll hurt yourself. ◇ *Vístete.* Get dressed. **3** (*partes del cuerpo, efectos personales*): *Quítate el abrigo.* Take your coat off. ◇ *¿Te duele la espalda?* Is your back hurting?

té *nm* tea: *¿Te apetece un té?* Would you like a cup of tea?

teatro *nm* **1** theatre: *ir al ~* to go to the theatre ◇ *el ~ clásico/moderno* classical/modern theatre **2** (*clase, curso*) drama: *una clase de ~* a drama class LOC **echarle teatro a algo** to put on an act: *Le duele el pie, pero también le echa un poco de ~.* His foot does hurt, but he's putting on a bit of an act. ◆ **teatro de guiñol** puppet theatre *Ver tb* OBRA

tebeo *nm* comic

techo *nm* **1** (*habitación, etc.*) ceiling: *Hay una mancha de humedad en el ~.* There's a damp patch on the ceiling. **2** (*coche*) roof LOC **sin techo** homeless: *los sin ~* the homeless ◆ **techo corredizo/solar** sliding roof/sunroof

tecla *nf* key [*pl* keys]: *tocar una ~* to press a key ➲ *Ver dibujo en* ORDENADOR LOC **tecla almohadilla** (*teléfono*) hash key ◆ **tecla asterisco/estrella** (*teléfono*) star key

teclado *nm* (*Informát, Mús*) keyboard ➲ *Ver dibujo en* ORDENADOR

teclear *vt* (*ordenador*) to key *sth* (in): *Teclea tu contraseña.* Key in your password.

técnica *nf* **1** (*método*) technique **2** (*tecnología*) technology: *los avances de la ~* technological advances

técnico, -a *adj* technical: *Estudié en una escuela técnica.* I went to a technical college.

▶ *nm-nf* **1** (*para reparaciones, etc.*) technician **2 ~ (en)** (*titulación*) specialist (in *sth*): *Es ~ en recursos humanos.* She's a specialist in human resources. **3** (*Dep*) manager LOC **técnico de sonido** sound engineer *Ver tb* AYUDANTE, INGENIERO

tecno *adj, nm* (*Mús*) techno

tecnología *nf* technology [*pl* technologies] LOC **tecnología punta** state-of-the-art technology

tecnológico, -a *adj* technological LOC *Ver* PARQUE

teja *nf* tile

tejado *nm* roof

tejano, -a *adj* (*tela*) denim: *cazadora tejana* denim jacket

▶ *nm* **tejanos** jeans ➲ *Ver nota en* PAIR

tejer *vt* **1** (*en un telar*) to weave: *~ una colcha* to weave a bedspread **2** (*araña, gusano*) to spin **3** (*hacer punto*) to knit

tejido *nm* **1** (*tela*) fabric ➲ *Ver nota en* TELA **2** (*Anat*) tissue

tela *nf* cloth, material, fabric

> **Cloth** es la palabra más general para decir *tela* y se puede utilizar tanto para referirnos a la tela con la que se hacen los trajes, cortinas, etc. como para describir de qué está hecha una cosa: *Está hecho de tela.* It's made of cloth. ◇ *una bolsa de tela* a cloth bag. **Material** y **fabric** se utilizan sólo para referirnos a la tela que se usa en sastrería y tapicería, aunque **fabric** suele indicar que tiene distintos colores. **Material** y **fabric** pueden ser tanto sustantivos contables como incontables, mientras que **cloth** suele ser incontable cuando significa *tela*: *Algunas telas encogen al lavar.* Some materials/fabrics shrink when you wash them. ◇ *Necesito más tela para las cortinas.* I need to buy some more cloth/material/fabric for the curtains.

LOC **tela metálica** wire netting

telaraña *nf* cobweb

tele *nf* TV: *Pon la ~.* Turn on the TV.

teleadicto, -a *adj, nm-nf* TV addict: *los niños ~s* children who are addicted to TV

telebasura *nf* junk TV

telecomedia *nf* comedy show

telecomunicaciones *nf* telecommunications

telediario *nm* news [*incontable*]: *¿A qué hora es el ~?* What time is the news on? ◇ *Lo dijeron en el ~ de las tres.* It was on the three o'clock news. ◇ *Hoy ni siquiera he podido ver el ~.* I haven't even had time to watch the news today.

teledirigido, -a *adj* remote-controlled

teleférico *nm* cable car

telefonazo *nm* ring: *Dame un ~ mañana.* Give me a ring tomorrow.

T

telefonear *vt, vi* to telephone, to phone (*más coloq*)

telefónico, **-a** *adj* telephone, phone (*más coloq*): *hacer una llamada telefónica* to make a phone call LOC *Ver* CABINA, CENTRAL, GUÍA

telefonillo *nm* Entryphone®, intercom (*USA*): *Te llamaré por el ~ cuando llegue.* I'll buzz you on the Entryphone when I arrive.

telefonista *nmf* telephonist

teléfono *nm* **1** (*aparato*) telephone, phone (*más coloq*): *¡Ana, al ~!* Phone for you, Ana! ◇ *¿Puedes coger el ~?* Can you answer the phone? **2** (*número*) telephone number, phone number (*más coloq*): *¿Tienes mi ~?* Have you got my phone number? LOC **por teléfono** on the phone: *Está hablando por ~ con su madre.* She's on the phone to her mother. ◆ **teléfono de ayuda/información** helpline ◆ **teléfono fijo** landline ◆ **teléfono inalámbrico** cordless phone ◆ **teléfono inteligente** smartphone ◆ **(teléfono) móvil** mobile (phone), cell phone (*USA*) *Ver tb* CABINA, COLGADO, COLGAR, GUÍA, LLAMAR

telenovela *nf* soap (opera)

teleoperador, **-ora** *nm-nf* telesales worker

telepatía *nf* telepathy

telescopio *nm* telescope

telesilla *nm* chairlift

telespectador, **-ora** *nm-nf* viewer

telesquí *nm* ski lift

teletexto *nm* teletext

teletienda *nf* home shopping

teletrabajo *nm* teleworking

televisar *vt* to televise

televisión *nf* television, TV (*más coloq*): *salir en la ~* to be on television ◇ *Enciende/apaga la ~.* Turn the TV on/off. ◇ *¿Qué ponen en (la) ~ esta noche?* What's on TV tonight? ◇ *Estábamos viendo la ~.* We were watching television. ➲ *Ver nota en* TELEVISION LOC **televisión de pago** pay TV ◆ **televisión digital** digital television ◆ **televisión en abierto** terrestrial television ◆ **televisión por cable/satélite** cable/ satellite television

T

televisivo, **-a** *adj* television, TV (*más coloq*): *la programación televisiva* the TV schedule LOC *Ver* TERTULIA

televisor *nm* television (set), TV (*más coloq*)

telón *nm* curtain: *Subieron el ~.* The curtain went up.

telonero, **-a** *nm-nf* support artist: *los ~s* the support band

tema *nm* **1** subject: *el ~ de una charla/poema* the subject of a talk/poem ◇ *No cambies de ~.* Don't change the subject. **2** (*cuestión de interés general*) question: *~s ecológicos* ecological questions **3** (*Mús*) **(a)** (*canción, composición*) track **(b)** (*melodía principal*) theme **4** (*lección*) unit: *Vamos por el ~ 4.* We're on Unit 4. LOC **desviarse/salirse del tema** to wander off the subject, to digress (*formal*) ◆ **sacar un tema** to bring sth up *Ver tb* CADA

temario *nm* syllabus [*pl* syllabuses/syllabi]

temático, **-a** *adj* LOC *Ver* PARQUE

temblar *vi* **1** ~ **(de)** to tremble (with *sth*): *La mujer temblaba de miedo.* The woman was trembling with fear. ◇ *Le temblaba la voz/mano.* His voice/hand trembled. **2** (*edificio, muebles*) to shake: *El terremoto hizo ~ las casas.* The earthquake shook the buildings. LOC **temblar de frío** to shiver

temblor *nm* tremor: *un ligero ~ en la voz* a slight tremor in his voice ◇ *un ~ de tierra* an earth tremor

temer *vt* **1** to be afraid *of sb/sth/doing sth*: *Le teme a la oscuridad.* He's afraid of the dark. ◇ *Temo equivocarme.* I'm afraid of making a mistake. **2** ~ **por** to fear for (*sb/sth*): *Teme por sus hijos.* He fears for his children.
▶ **temerse** *vp* to be afraid: *Me temo que sí.* I'm afraid so.

temible *adj* formidable

temor *nm* fear: *No lo dije por ~ a que se enfadase.* I didn't say it for fear of offending him.

temperamento *nm* temperament: *Tiene mucho ~.* He is very temperamental.

temperatura *nf* temperature: *Mañana bajarán las ~s.* Temperatures will fall tomorrow. ◇ *El médico me tomó la ~.* The doctor took my temperature. LOC **temperatura ambiente** room temperature

tempestad *nf* storm

templado, **-a** *adj* **1** (*clima*) mild **2** (*comida, líquidos*) lukewarm

templo *nm* temple LOC *Ver* VERDAD

temporada *nf* **1** (*período de tiempo*) time: *Llevaba una larga ~ enfermo.* He had been ill for a long time. **2** (*época*) season: *la ~ de fútbol* the football season ◇ *la ~ alta/baja* the high/ low season LOC **de temporada** seasonal: *frutas y verduras de ~* seasonal fruit and vegetables ◆ **temporada de caza** open season

temporal *adj* temporary
▶ *nm* storm

temprano, **-a** *adj, adv* early: *Llegó por la mañana ~.* He arrived early in the morning. LOC *Ver* LLEGAR, TARDE

tenaz *adj* tenacious

tenazas *nf* (*herramienta*) pliers ➲ *Ver nota en* PAIR

tendedero *nm* **1** (*cuerda*) clothes line **2** (*plegable*) clothes horse **3** (*lugar*) drying room

tendencia *nf* **1** (*predisposición*) tendency [*pl* tendencies]: *Tiene ~ a engordar.* He has a tendency to put on weight. **2** (*moda*) trend: *las últimas ~s de moda* the latest fashion trends

tender *vt* **1** (*ropa*) **(a)** (*fuera*) to hang *sth* out: *Todavía tengo que ~ la ropa.* I've still got to hang the washing out. **(b)** (*dentro*) to hang *sth* up **2** (*trampa*) to lay: *Nos tendieron una trampa.* They laid a trap for us.
▶ *vi* ~ **a**: *Tiende a complicar las cosas.* He tends to complicate things. ◇ *La economía tiende a recuperarse.* The economy is recovering.
▶ **tenderse** *vp* to lie down ➲ *Ver nota en* LIE[1]

tendero, **-a** *nm-nf* shopkeeper, storekeeper (*USA*)

tendido *nm* LOC **tendido eléctrico** cables [*pl*]

tendido, -a *adj* **1** (*ropa*): *La colada está tendida.* The washing is on the line. **2** (*persona*) lying: *Estaba ~ en el sofá.* He was lying on the sofa. LOC *Ver* LLORAR; *Ver tb* TENDER

tendón *nm* tendon

tenebroso, **-a** *adj* sinister

tenedor *nm* fork

tener *vt*

- **posesión** to have

> Existen dos formas de expresar *tener* en presente: **have** y **have got**. **Have got** es más frecuente y no necesita un auxiliar en oraciones interrogativas e negativas: *¿Tienes hermanos?* Have you got any brothers or sisters? ◇ *No tiene dinero.* He hasn't got any money. **Have** siempre va acompañado de un auxiliar en interrogativa y negativa Do you have any brothers or sisters? He doesn't have any money.
>
> En los demás tiempos verbales se utiliza **to have**: *Cuando era pequeña tenía una bicicleta.* I had a bicycle when I was little.

- **estados, actitudes 1** (*edad, tamaño*) to be: *Mi hija tiene diez años.* My daughter is ten (years old). ◇ *Tiene tres metros de largo.* It's three metres long. **2** (*sentir, tener una actitud*) to be

> Cuando *tener* significa "sentir", en inglés se utiliza el verbo **be** con un adjetivo, en lugar del sustantivo que usamos en español: *Tengo mucha hambre.* I'm very hungry. ◇ *tener calor/frío/sed/miedo* to be hot/cold/thirsty/frightened ◇ *Le tengo un gran cariño a tu madre.* I'm very fond of your mother. ◇ *tener cuidado/paciencia* to be careful/patient.

- **en construcciones con adjetivos**: *Tienes las manos sucias.* Your hands are dirty. ◇ *Me tiene harta de tanto esperar.* I'm sick of waiting for him. ◇ *Tengo a mi madre enferma.* My mother is ill.

▶ *v aux* **1** ~ **que hacer algo** to have to do sth: *Tuvieron que irse enseguida.* They had to leave straightaway. ◇ *Tienes que decírselo.* You must tell him. ➲ *Ver nota en* MUST **2** + **participio**: *Lo tienen todo planeado.* It's all arranged. ◇ *Su comportamiento nos tiene preocupados.* We're worried about the way he's been behaving. LOC **tener a algn por algo** to think sb is sth: *Parece que me tienes por idiota.* You seem to think I'm an idiot. ◆ **tener que ver** (*asunto*) to have to do with *sb/sth*: *Pero ¿eso qué tiene que ver?* What's that got to do with it? ◇ *Eso no tiene nada que ver.* That's got nothing to do with it. ❶ Para otras expresiones con **tener**, véanse las entradas del sustantivo, adjetivo, etc., p. ej. **tener agujetas** en AGUJETAS.

teniente *nmf* lieutenant

tenis *nm* tennis LOC **tenis de mesa** table tennis *Ver tb* PISTA

tenista *nmf* tennis player

tenor *nm* tenor

tensar *vt* to tighten: ~ *las cuerdas de una raqueta* to tighten the strings of a racket

tensión *nf* **1** tension: *la ~ del cable* the tension of the cable ◇ *Hubo mucha ~ durante la cena.* There was a lot of tension during dinner. **2** (*eléctrica*) voltage: *cables de alta ~* high voltage cables **3** (*estrés*) stress: *Tengo mucha ~ acumulada.* I'm under a lot of stress. **4** (*arterial*) blood pressure

tenso, **-a** *adj* tense

tentación *nf* temptation: *No pude resistir la ~ de comérmelo.* I couldn't resist the temptation to eat it all up. LOC **caer en la tentación** to fall into temptation: *Caí en la ~ de llamarle.* I couldn't stop myself from calling him.

tentáculo *nm* tentacle

tentador, **-ora** *adj* tempting

tentar *vt* **1** (*inducir*) to tempt: *Me tienta la idea de irme de vacaciones.* I'm tempted to go on holiday. **2** (*palpar*) to feel

tentativa *nf* attempt

tentempié *nm* snack

tenue *adj* (*luz, sonido, línea*) faint

teñir *vt* to dye: ~ *una camisa de rojo* to dye a shirt red
▶ **teñirse** *vp* to dye your hair: *~se de rubio/moreno* to dye your hair blonde/dark brown

teología *nf* theology

T

teoría *nf* theory [*pl* theories]
teórico, -a *adj* theoretical
terapéutico, -a *adj* therapeutic
terapia *nf* therapy [*pl* therapies]: *~ de grupo* group therapy
tercer *adj Ver* TERCERO
tercera *nf* (*marcha*) third (gear)
tercero, -a *adj, nm-nf, pron* third (*abrev* 3rd) ➲ *Ver ejemplos en* SEXTO
▶ *nm* third party: *seguro a/contra ~s* third-party insurance LOC **a la tercera va la vencida** third time lucky ♦ **tercera edad**: *actividades para la tercera edad* activities for senior citizens ➲ *Ver nota en* AGED ♦ **Tercer Mundo** Third World: *los países del Tercer Mundo* Third World countries *Ver tb* ECUACIÓN, RESIDENCIA
tercio *nm* third: *dos ~s de la población* two thirds of the population
terciopelo *nm* velvet
terco, -a *adj* stubborn
térmico, -a *adj* thermal
terminación *nf* ending
terminal *adj, nf, nm* terminal: *enfermos ~es* terminally ill patients ◇ *~ de pasajeros* passenger terminal LOC **terminal de autobuses** bus station
terminar *vt* to finish
▶ *vi* **1** ~ **(en algo)** to end (in sth): *Las fiestas terminan el próximo lunes.* The festivities end next Monday. ◇ *La manifestación terminó en tragedia.* The demonstration ended in tragedy. **2** ~ **(de hacer algo)** to finish (doing sth): *He terminado de hacer los deberes.* I've finished doing my homework. ◇ *Cuando termine de bañar a los niños te llamo.* When I finish bathing the kids, I'll call you. **3** ~ **haciendo/por hacer algo** to end up doing sth: *Terminamos riéndonos.* We ended up laughing. **4** ~ **como/igual que...** to end up like *sb/sth*: *Vas a ~ igual que tu padre.* You'll end up like your father.
▶ **terminarse** *vp* **1** (*agotarse*) to run out: *Se (nos) ha terminado el azúcar.* We've run out of sugar. **2** (*llegar a su fin*) to be over: *Se terminó la fiesta.* The party's over.
término *nm* **1** term: *en ~s generales* in general terms **2** (*fin*) end LOC **por término medio** on average ♦ **término municipal** municipal district
termo *nm* Thermos®
termómetro *nm* thermometer LOC **ponerle el termómetro a algn** to take sb's temperature
termostato *nm* thermostat
ternera *nf* (*Cocina*) veal
ternero, -a *nm-nf* calf [*pl* calves] ➲ *Ver nota en* CARNE
ternura *nf* tenderness: *tratar a algn con ~* to treat sb tenderly
terráqueo, -a *adj* LOC *Ver* GLOBO
terrateniente *nmf* landowner
terraza *nf* **1** (*balcón*) balcony [*pl* balconies] **2** (*azotea*) roof (terrace) **3** (*bar*): *Sentémonos en la ~.* Let's sit outside. ◇ *¿Ya han puesto la ~?* Have they put the tables out yet?
terremoto *nm* earthquake
terrenal *adj* LOC *Ver* PARAÍSO
terreno *nm* **1** (*tierra*) land [*incontable*]: *un ~ muy fértil* very fertile land ◇ *Compraron un ~.* They bought some land. **2** (*ámbito*) sphere: *en el ~ económico/de los derechos humanos* in the economic sphere/sphere of human rights LOC **sobre el terreno 1** (*en el lugar*) on the spot **2** (*sobre la marcha*) as I, you, etc. go along ♦ **terreno de juego** pitch, field (*USA*)
terrestre *adj* land: *un animal/ataque ~* a land animal/attack LOC *Ver* CORTEZA
terrible *adj* terrible
territorio *nm* territory [*pl* territories]
terrón *nm* lump: *un ~ de azúcar* a sugar lump
terror *nm* terror LOC **tenerle terror a algn/algo** to be terrified of sb/sth: *Le tengo ~ al dentista.* I'm terrified of the dentist. *Ver tb* PELÍCULA
terrorífico, -a *adj* terrifying
terrorismo *nm* terrorism
terrorista *adj, nmf* terrorist LOC *Ver* BANDA
tertulia *nf* get-together: *hacer/tener una ~* to have a get-together LOC **estar de tertulia** to have a talk: *Estamos aquí de ~.* We're here having a talk. ♦ **tertulia (televisiva/en la radio)** (TV/radio) discussion programme
tesis *nf* **1** (*doctoral*) thesis [*pl* theses] **2** (*opinión*) view: *La Corte Suprema no respaldó la ~ del gobierno.* The Supreme Court did not support the government's view.
tesón *nm* determination: *trabajar con ~* to work with determination
tesorero, -a *nm-nf* treasurer
tesoro *nm* treasure: *encontrar un ~ escondido* to find hidden treasure ◇ *¡Eres un ~!* You're a treasure! LOC *Ver* BUSCADOR
test *nm* test LOC *Ver* EXAMEN
testamento *nm* **1** (*Jur*) will: *hacer ~* to make a will **2 Testamento** Testament: *el Antiguo/Nuevo Testamento* the Old/New Testament
testarudo, -a *adj* stubborn
testículo *nm* testicle
testigo *nmf* witness
▶ *nm* (*Dep*) baton: *entregar el ~* to pass the baton LOC **ser testigo de algo** to witness sth ♦ **testigo presencial** eyewitness

tetera *nf* teapot

tetilla *nf* (*biberón*) teat

Tetra Brik® (*tb* **tetrabrik**) *nm* carton: *leche en ~* milk in cartons ➲ *Ver dibujo en* CONTAINER

tétrico, -a *adj* gloomy

textil *adj* textile: *la industria ~* the textile industry

texto *nm* text LOC **procesamiento/tratamiento de textos** word processing *Ver tb* COMENTARIO, LIBRO, MENSAJE, MENSAJERÍA

textualmente *adv* literally

textura *nf* texture

tez *nf* complexion

ti *pron* you: *Lo hago por ti.* I'm doing it for you. ◇ *Siempre estás pensando en ti misma.* You're always thinking of yourself.

tibio, -a *adj* lukewarm

tiburón *nm* shark

ticket *nm Ver* TIQUE

tiempo *nm* **1** time: *en mi ~ libre* in my spare time ◇ *en ~s de los romanos* in Roman times ◇ *Hace mucho ~ que vivo aquí.* I've been living here for a long time. ◇ *¿Cuánto ~ hace que estudias inglés?* How long have you been studying English? **2** (*Meteor*) weather: *Ayer hizo buen/mal ~.* The weather was good/bad yesterday. **3** (*bebé*): *¿Qué ~ tiene?* How old is she? **4** (*Dep*) half [*pl* halves]: *el primer ~* the first half **5** (*verbal*) tense LOC **al poco tiempo** soon afterwards ◆ **a tiempo** in time: *Llegas a ~ para tomarte un café.* You're just in time for a cup of coffee. ◆ **a tiempo completo/parcial** full-time/part-time: *trabajar a ~ completo* to work full-time ◆ **con el tiempo** in time: *Lo entenderás con el ~.* You'll understand in time. ◆ **con tiempo (de sobra)** in good time: *Avísame con ~.* Let me know in good time. ◆ **dar tiempo al tiempo** to give it time: *Eres demasiado impaciente, tienes que dar ~ al ~.* You're too impatient — you must give it time. ◆ **del tiempo** (*fruta*) seasonal ◆ **en tiempo real** in real time ◆ **en un tiempo récord** in record time ◆ **estar a tiempo** to have the time *to do sth*: *Todavía estás a ~ de mandarlo.* You've still got time to send it. ◆ **hacer tiempo** to while away your time ◆ **hombre/mujer del tiempo** weatherman/weathergirl ◆ **tiempo de emisión** (*TV, Radio*) airtime ◆ **tiempo muerto** (*Dep*) timeout *Ver tb* CADA, CUÁNTO, DEMASIADO, GANAR, LLEGAR

tienda *nf* shop, store (*USA*) LOC **ir de tiendas** to go shopping ◆ **tienda (de campaña)** tent: *montar/desmontar una ~* to put up/take down a tent ◆ **tienda de comestibles** grocer's, grocery store (*USA*) ➲ *Ver nota en* CARNICERÍA

tierno, -a *adj* **1** (*blando, cariñoso*) tender: *un filete ~* a tender steak ◇ *una mirada tierna* a tender look **2** (*pan*) fresh

tierra *nf* **1** (*por oposición al mar, campo, finca*) land [*incontable*]: *viajar por ~* to travel by land ◇ *cultivar la ~* to work the land ◇ *Vendió las ~s de su familia.* He sold his family's land. **2** (*para plantas, terreno*) soil: *~ para las macetas* soil for the plants ◇ *una ~ fértil* fertile soil **3** (*suelo*) ground: *Cayó a ~.* He fell to the ground. **4** (*patria*) home: *costumbres de mi ~* customs from back home **5 Tierra** (*planeta*) earth: *La Tierra es un planeta.* The earth is a planet. LOC **echar por tierra** to ruin *sth* ◆ **tierra adentro** inland ◆ **¡tierra a la vista!** land ahoy! ◆ **tierra batida** (*Tenis*) clay ◆ **tierra firme** dry land ◆ **Tierra Santa** the Holy Land ◆ **tomar tierra** (*aeronave*) to land *Ver tb* CORRIMIENTO, DESPRENDIMIENTO, EJÉRCITO, RAS

tieso, -a *adj* **1** (*duro*) stiff: *Me molesta llevar cuellos ~s.* I can't stand wearing stiff collars. **2** (*recto*) straight: *Estaba allí sentado, muy ~.* There he was, sitting up very straight. LOC **dejar a algn tieso** (*asombrar*) to leave sb speechless: *La noticia nos dejó ~s.* The news left us speechless. ◆ **quedarse tieso (de frío)** to be frozen stiff

tiesto *nm* flowerpot

tigre, -esa *nm-nf* **1** (*macho*) tiger **2** (*hembra*) tigress

tijera *nf* **tijeras** scissors [*pl*]

> **Scissors** es una palabra plural en inglés, por lo tanto para referirnos a "unas tijeras" utilizamos **some/a pair of scissors**: *Necesito unas tijeras nuevas.* I need some new scissors/a new pair of scissors. ➲ *Ver tb nota en* PAIR

tila *nf* (*infusión*) lime flower tea

tilde *nf* **1** (*acento*) accent **2** (*en la ñ*) tilde

timar *vt* to swindle *sb/sth* (out of *sth*): *Le timaron 1000 dólares.* They swindled him out of 1 000 dollars.

timbre *nm* **1** (*campanilla*) bell: *tocar el ~* to ring the bell **2** (*voz*) pitch: *Tiene un ~ de voz muy alto.* He has a very high-pitched voice.

tímido, -a *adj, nm-nf* shy: *Es un ~.* He's very shy.

timo *nm* swindle, rip-off (*coloq*): *¡Vaya ~!* What a rip-off!

timón *nm* rudder

tímpano *nm* (*oído*) eardrum

tinaja *nf* large earthenware jar

tinieblas *nf* darkness [*incontable*]

T

tinta *nf* ink: *un dibujo a ~* a drawing in ink LOC **saber algo de buena tinta** to have sth on good authority *Ver tb* MEDIO, SUDAR

tinte *nm* **1** (*producto*) dye **2** (*tintorería*) dry-cleaner's ➲ *Ver nota en* CARNICERÍA

tinto *adj* (*vino*) red
▶ *nm* red wine

tintorería *nf* dry-cleaner's ➲ *Ver nota en* CARNICERÍA

tío, -a *nm-nf*
- **familiar 1** (*masc*) uncle: *el ~ Daniel* Uncle Daniel **2** (*fem*) aunt, auntie (*coloq*) **3 tíos** uncle and aunt: *Voy a casa de mis ~s.* I'm going to my uncle and aunt's.
- **individuo 1** (*masc*) guy: *ese ~ de ahí* that guy over there **2** (*fem*) girl

> Cuando se usan como apelativos, *tío* y *tía* no siempre se traducen en inglés: *¿Qué haces, tía?* What are you doing?

LOC **¡qué tío (más pesado)!** what a pain he is!

tiovivo *nm* merry-go-round

tipazo *nm* good figure: *¡Vaya ~ tiene esa chica!* What a figure that girl has!

típico, -a *adj* **1** (*característico*) typical (*of sb/sth*): *Eso es ~ de Pepe.* That's just typical of Pepe. **2** (*tradicional*) traditional: *un baile/traje ~* a traditional dance/costume

tipo *nm* **1** (*clase*) kind (*of sth*): *el ~ de persona nerviosa* the nervous kind ◇ *todo ~ de gente/animales* all kinds of people/animals ◇ *No es mi ~.* He's not my type. **2** (*cuerpo*) **(a)** (*de mujer*) figure: *Tiene muy buen ~.* She has a very nice figure. **(b)** (*de hombre*) body **3** (*individuo*) guy: *¡Qué ~ más feo!* What an ugly guy! LOC **tipo de cambio** exchange rate

tique (*tb* **tíquet**) *nm* **1** (*recibo*) receipt **2** (*entrada*) ticket

T

tiquismiquis *adj* (*persona*) fussy (*about sth*)
▶ *nmf* fusspot, fussbudget (*USA*)

tira *nf* **1** (*papel, tela*) strip: *Corta el papel en ~s.* Cut the paper into strips. **2** (*zapato*) strap LOC **la tira (de)** loads (of *sth*): *Tienes la ~ de amigos.* You've got loads of friends. ◇ *Hace la ~ de tiempo que no voy al teatro.* It's been ages since I went to the theatre. ◇ *Gastas la ~.* You spend loads of money.

tirabuzón *nm* (*pelo*) ringlet

tirachinas *nm* catapult, slingshot (*USA*)

tirada *nf* **1** (*turno*) throw **2** (*distancia*) way: *Hasta mi casa hay una buena ~.* It's quite a way to my house. LOC **de/en una tirada** in one go

tirado, -a *adj* **1** (*en el suelo*) lying (around): *~ en el suelo* lying on the ground ◇ *Lo dejaron todo ~.* They left everything lying around. **2** (*muy barato*) dirt cheap: *Los zapatos están ~s de precio.* The shoes are dirt cheap. **3** (*muy fácil*) dead easy: *El examen estaba ~.* The exam was dead easy. LOC **dejar a algn tirado** to let sb down *Ver tb* TIRAR

tirador, -ora *nm-nf* shot: *Es un buen ~.* He's a good shot.
▶ *nm* (*cajón, puerta*) knob ➲ *Ver dibujo en* HANDLE

tiranía *nf* tyranny

tirano, -a *adj* tyrannical
▶ *nm-nf* tyrant

tirante *adj* **1** (*estirado*) tight: *Pon la cuerda bien ~.* Make sure the rope is tight. **2** (*ambiente, situación*) tense
▶ *nm* **1** (*vestido*) shoulder strap **2 tirantes** braces, suspenders (*USA*)

tirar *vt* **1** (*lanzar*) to throw *sth* (*to sb*): *Los niños tiraban piedras.* The children were throwing stones. ◇ *Tírale la pelota a tu compañero.* Throw the ball to your teammate.

> Cuando se tira algo a alguien con intención de hacerle daño, se usa **throw sth at sb**: *Le tiraban piedras al pobre gato.* They were throwing stones at the poor cat.

2 (*desechar, malgastar*) to throw *sth* away: *Tíralo, está muy viejo.* Throw it away, it's really old now. ◇ *~ el dinero* to throw your money away **3** (*derramar*) to spill: *Ten cuidado, vas a ~ el café.* Be careful or you'll spill your coffee. ➲ *Ver nota y dibujo en* DROP **4** (*derribar sin querer*) to knock *sb/sth* over: *Cuidado con ese jarrón, no lo tires.* Careful you don't knock that vase over. **5** (*demoler*) to knock *sth* down: *Van a ~ esas casas.* They're going to knock these houses down.
▶ *vi* **1 ~ (de)** to pull (*sth*): *Tira de la cadena.* Pull the chain. **2 ~ a**: *Tiene el pelo tirando a rubio.* He's got blondish hair. ◇ *rosa tirando a rojo* reddish pink ◇ *Tira un poco a la familia de su madre.* He takes after his mother's side of the family. **3** (*disparar, Dep*) to shoot (*at sb/sth*): *~ a puerta* to shoot at goal **4** (*atraer*) to appeal (*to sb*): *No me tira nada estudiar.* Studying doesn't really appeal to me. ◇ *Me tira mucho Inglaterra.* I feel really drawn to England.
▶ **tirarse** *vp* **1** (*lanzarse*) to jump: *~se por la ventana/al agua* to jump out of the window/into the water **2** (*pasar el tiempo*) to spend: *Me tiré toda la semana estudiando.* I spent the whole week studying. **3** (*tumbarse*) to lie down LOC **tirando**: — *¿Cómo anda tu madre?* — *Tirando.* 'How's your mother?' 'Not too bad.' ◇ *Vamos tirando.* We're doing OK. ❶ Para otras expresiones con **tirar**, véanse las

entradas del sustantivo, adjetivo, etc., p. ej. **tirar la toalla** en TOALLA.

tirita® *nf* plaster, Band-Aid® (*USA*)

tiritar *vi* ~ **(de)** to shiver (with *sth*): ~ *de frío* to shiver with cold

tiro *nm* **1** (*lanzamiento*) throw **2** (*disparo, Dep*) shot: *un* ~ *a puerta* a shot at goal **3** (*herida de disparo*) bullet wound: *un* ~ *en la cabeza* a bullet wound in the head LOC **a tiro de piedra (de aquí)** a stone's throw away (from here) ◆ **caer/sentar como un tiro**: *Me sentó como un* ~ *que me dijese eso.* I was really upset when he said that. ◇ *La cena me sentó como un* ~. The meal didn't agree with me. ◆ **ni a tiros**: *Este niño no come ni a* ~*s.* There's no way to get this child to eat. ◆ **pegar un tiro** to shoot: *Se pegó un tiro.* He shot himself. ◆ **salir el tiro por la culata** to backfire ◆ **tiro al blanco** target shooting ◆ **tiro con arco** archery ◆ **tiro libre** (*Fútbol*) free kick *Ver tb* MATAR

tirón *nm* **1** tug: *darle un* ~ *de pelo a algn* to give sb's hair a tug ◇ *Sentí un* ~ *en la manga.* I felt a tug on my sleeve. **2** (*robo*): *En esa calle me dieron una vez un* ~. I had my bag snatched once in that street. LOC **de un tirón** (*de una sentada*) in one go: *Me leí el libro de un* ~. I read the book all in one go. ◇ *Durmió diez horas de un* ~. He slept for ten hours solid.

tiroteo *nm* **1** (*entre policía y delincuentes*) shoot-out: *Murió en el* ~. He died in the shoot-out. **2** (*ruido de disparos*) shooting [*incontable*]: *Escuchamos un* ~ *en la calle.* We heard shooting out in the street. **3** (*durante una guerra*) fighting

títere *nm* **1** (*muñeco*) puppet **2 títeres** (*guiñol*) puppet show [*v sing*]

titulado, -a *adj* **1** (*libro, película*) called, entitled (*más formal*) **2** (*persona*) qualified: *un socorrista* ~ a qualified lifeguard *Ver tb* TITULAR[1]

titular[1] *vt* to call: *No sé cómo* ~ *el poema.* I don't know what to call the poem.

titular[2] *adj* (*Dep*): *el equipo* ~ the first team ◇ *un jugador* ~ a first team player

▶ *nmf* (*pasaporte, cuenta bancaria*) holder

▶ *nm* (*periódico, revista*) headline: *Estaba en todos los* ~*es esta mañana.* It was in all the headlines this morning.

título *nm* **1** (*nombre, nobiliario, Dep*) title: *¿Qué* ~ *le has puesto a tu novela?* What title have you given your novel? ◇ *Mañana lucharán por el* ~. They're fighting for the title tomorrow. **2** (*universitario*) degree: *obtener el* ~ *de abogado* to get a degree in law ◇ ~ *de máster* master's degree **3** (*profesional*) qualification: *un* ~ *de fontanería* a plumbing qualification **4** (*diploma*) certificate: *Quiero enmarcar el* ~. I want to frame my certificate.

tiza *nf* chalk: *Dame una* ~. Give me a piece of chalk. ◇ *Tráeme unas* ~*s de colores.* Bring me some coloured chalk(s).

toalla *nf* towel: ~ *de baño/de las manos* bath/hand towel LOC **tirar la toalla** to throw in the towel

tobillera *nf* ankle support

tobillo *nm* ankle: *Me he torcido el* ~. I've sprained my ankle.

tobogán *nm* (*parque*) slide

tocado *adj* LOC *Ver* CABEZA

tocar *vt* **1** to touch: *¡No lo toques!* Don't touch it! **2** (*palpar*) to feel: *¿Me dejas* ~ *la tela?* Can I feel the fabric? **3** (*Mús*) to play: ~ *la guitarra/una canción* to play the guitar/a song **4** (*hacer sonar*) **(a)** (*campana, timbre*) to ring **(b)** (*bocina, sirena*) to sound

▶ *vi* **1** (*Mús*) to play **2** (*turno*) to be *sb's* turn (*to do sth*): *Te toca tirar.* It's your turn to throw. ◇ *¿Ya me toca?* Is it my turn yet? **3** (*en un sorteo*) to win: *Me tocó una muñeca.* I won a doll. LOC *Ver* MADERA, PALMA

tocateja LOC **a tocateja**: *Pagamos el coche a* ~. We paid for the car in cash.

tocayo, -a *nm-nf* namesake: *¡Somos* ~*s!* We've got the same name!

tocino *nm* pork fat

todavía *adv* **1** [*en oraciones afirmativas e interrogativas*] still: *¿Todavía vives en Londres?* Do you still live in London? **2** [*en oraciones negativas e interrogativas negativas*] yet: *Todavía no están maduras.* They're not ripe yet. ◇ *—¿Todavía no te han contestado? —No,* ~ *no.* 'Haven't they written back yet?' 'No, not yet.' ➲ *Ver nota en* STILL **3** [*en oraciones comparativas*] even: *Ella pinta* ~ *mejor.* She paints even better.

todo *nm* whole: *considerado como un* ~ taken as a whole

todo, -a *adj* **1** all: *He hecho* ~ *el trabajo.* I've done all the work. ◇ *Llevas* ~ *el mes enfermo.* You've been ill all month. ◇ *Van a limpiar* ~*s los edificios del pueblo.* They're going to clean up all the buildings in the village.

> Con un sustantivo contable en singular, en inglés es preferible utilizar **the whole**: *Van a limpiar todo el edificio.* They're going to clean the whole building.

2 (*cada*) every: *Todos los días me levanto a las siete.* I get up at seven every day. ➲ *Ver nota en* EVERY

T

▶ *pron* **1** all: *Eso es ~ por hoy.* That's all for today. ◇ *ante/después de ~* above/after all ◇ *A ~s nos gustó la obra.* We all/All of us liked the play. **2** (*todas las cosas*) everything: *Todo lo que te dije era verdad.* Everything I told you was true. **3** (*cualquier cosa*) anything: *Mi loro come de ~.* My parrot eats anything. **4 todos** everyone, everybody [*v sing*]: *Todos dicen lo mismo.* Everyone says the same thing.

Everyone y **everybody** llevan el verbo en singular, pero sin embargo suelen ir seguidos de **they**, **them** o **their**, que son formas plurales: *No todos han acabado el trabajo.* Not everyone has finished their work.

LOC **a todo esto 1** (*por cierto*) by the way **2** (*entretanto*) meanwhile ◆ **por toda España, todo el mundo, etc.** throughout Spain, the world, etc. ❶ Para otras expresiones con **todo**, véanse las entradas del sustantivo, adjetivo, etc., p. ej. **todo recto** en RECTO.

todoterreno *adj, nm* four-by-four (*abrev* 4x4) LOC *Ver* BICICLETA, MOTO

toldo *nm* awning

tolerancia *nf* tolerance

tolerante *adj* tolerant

tolerar *vt* **1** (*soportar*) to bear, to tolerate (*más formal*): *No tolero la arrogancia.* I can't bear arrogance. **2** (*consentir*) to let *sb* get away with *sth*: *Te toleran demasiadas cosas.* They let you get away with too much.

toma *nf* **1** (*ocupación*) capture: *la ~ de la ciudad* the capture of the city **2** (*medicina*) dose **3** (*Cine, TV*) take **4 (a)** (*de corriente*) socket, outlet (*USA*) ➲ *Ver dibujo en* ENCHUFE **(b)** (*de agua, gas*) mains

tomadura *nf* LOC **tomadura de pelo 1** (*burla*) joke **2** (*estafa*) rip-off

T

tomar *vt* **1** to take: *~ una decisión* to take a decision ◇ *~ apuntes/precauciones* to take notes/precautions ◇ *¿Por quién me has tomado?* Who do you take me for? **2** (*comer, beber*) to have: *¿Qué vas a ~?* What are you going to have?

▶ *vi*: *Toma, es para ti.* Here, it's for you.

▶ **tomarse** *vp* to take: *He decidido ~me unos días de descanso.* I've decided to take a few days off. ◇ *No deberías habértelo tomado así.* You shouldn't have taken it like that. LOC **¡toma (ya)!**: *¿No querías que llegara el verano? Pues, ¡toma!* You were looking forward to the summer? Well, there you go! ◇ *¡Toma ya, qué golazo!* Wow, what a goal! ❶ Para otras expresiones con **tomar**, véanse las entradas del sustantivo, adjetivo, etc., p. ej. **tomar el sol** en SOL.

tomate *nm* tomato [*pl* tomatoes] LOC **haber tomate**: *¡Aquí va a haber ~!* There's going to be trouble here! ◆ **ponerse como un tomate** to go as red as a beetroot ◆ **tomate frito** tomato sauce *Ver tb* COLORADO

tomillo *nm* thyme

tomo *nm* volume

ton *nm* LOC **sin ton ni son** for no particular reason

tonalidad *nf* **1** (*color*) tone **2** (*Mús*) key [*pl* keys]

tonel *nm* barrel

tonelada *nf* ton

tónica *nf* (*bebida*) tonic: *Dos ~s, por favor.* Two tonics, please.

tónico, -a *adj* (*Ling*) stressed

▶ *nm* tonic

tonificante *adj* invigorating

tono *nm* **1** tone: *¡No me hables en ese ~!* Don't speak to me in that tone of voice! **2** (*color*) shade **3** (*Mús*) key [*pl* keys] LOC **tono (de llamada)** ringtone: *descargar ~s de llamada polifónicos* to download polyphonic ringtones *Ver tb* FUERA

tontear *vi* to fool around (*with sb*)

tontería *nf* **1** (*verbal*) nonsense [*incontable*]: *decir ~s* to talk nonsense ◇ *¡Qué ~!* That's nonsense! **2** (*cosa sin importancia*) silly thing: *Siempre discutimos por ~s.* We're always arguing over silly little things. **3** (*cosa de poco valor*) (little) thing: *Os he comprado un par de ~s para la casa.* I've bought you a couple of things for the house. LOC **dejarse de tonterías** to stop messing about ◆ **hacer tonterías** to be silly: *¡Deja de hacer ~s!* Stop being silly! *Ver tb* SARTA

tonto, -a *adj* silly, stupid

Silly y **stupid** son prácticamente sinónimos, aunque **stupid** es un poco más fuerte: *¡Qué excusa más tonta!* What a silly excuse! ◇ *un error tonto* a stupid mistake.

▶ *nm-nf* fool LOC **hacer el tonto** to play the fool *Ver tb* CAJA

top *nm* (*ropa*) crop top

toparse *vp* **~ con** to bump into *sb/sth*

tope *nm* **1** (*límite*) limit: *¿Hay una edad ~?* Is there an age limit? **2** (*puerta*) doorstop LOC **a tope/hasta los topes**: *El supermercado estaba a ~.* The supermarket was packed. ◇ *Estoy a ~ de trabajo.* I'm up to my eyes in work. *Ver tb* FECHA

tópico *nm* cliché

▶ *adj* LOC *Ver* USO

top manta *nm* sale of pirate CDs/DVDs in the street

topo *nm* (*animal, espía*) mole

toque *nm* **1** (*golpecito*) tap **2** (*matiz*) touch: *dar el ~ final a algo* to put the finishing touch to sth ◇ *un ~ de color/humor* a touch of colour/humour LOC **darle/pegarle un toque a algn** (*llamar*) to give sb a ring ◆ **darle un toque a algn 1** (*advertir*) to warn sb *about/of sth*: *Le dieron un ~ (de atención) en el trabajo por llegar tarde.* He was warned about arriving late at work. **2** (*avisar*) to give sb a shout: *Dame un ~ cuando estés listo.* Give me a shout when you're ready. ◆ **toque de balón** ball skills [*pl*] ◆ **toque de queda** curfew

toquilla *nf* shawl

tórax *nm* thorax [*pl* thoraxes/thoraces]

torbellino *nm* whirlwind

torcedura *nf* sprain

torcer *vt* **1** (*retorcer*) to twist: *Le torció el brazo.* She twisted his arm. **2** (*cabeza*) to turn
▶ *vi* to turn: *~ a la derecha/izquierda* to turn right/left
▶ **torcerse** *vp* (*tobillo, muñeca*) to sprain: *Se torció el tobillo.* He sprained his ankle.

torcido, -a *adj* **1** (*cuadro, ropa*) not straight: *¿No ves que ese cuadro está ~?* Can't you see that picture isn't straight? **2** (*dientes, nariz*) crooked **3** (*llave, palo*) bent **4** (*muñeca, tobillo*) sprained *Ver tb* TORCER

torear *vt, vi* (*Tauromaquia*) to fight
▶ *vt* (*persona*) to dodge

torero, -a *nm-nf* bullfighter

tormenta *nf* storm: *Se avecina una ~.* There's a storm brewing. ◇ *Parece que va a haber ~.* It looks like there's going to be a storm.

tormento *nm* **1** (*tortura*) torture **2** (*persona, animal*) pest: *Este niño es un ~.* This child's a pest.

tornado *nm* tornado [*pl* tornadoes/tornados]

torneo *nm* tournament

tornillo *nm* **1** screw: *apretar un ~* to tighten a screw **2** (*para tuerca*) bolt LOC *Ver* FALTAR

torniquete *nm* (*Med*) tourniquet

torno *nm* **1** (*dentista*) drill **2** (*alfarero*) (potter's) wheel LOC *Ver* GIRAR

toro *nm* **1** (*animal*) bull **2 toros**: *ir a los ~s* to go to a bullfight ◇ *A mi hermano le encantan los ~s.* My brother loves bullfighting. LOC **agarrar/coger al toro por los cuernos** to take the bull by the horns *Ver tb* CORRIDA, PLAZA

torpe *adj* **1** (*poco hábil*) clumsy **2** (*zoquete*) slow

torpedo *nm* torpedo [*pl* torpedoes]

torpeza *nf* **1** (*falta de habilidad*) clumsiness **2** (*mental*) slowness

torrar(se) *vt, vp* to roast

torre *nf* **1** tower: *la ~ del castillo/de control* the tower of the castle/the control tower **2** (*electricidad*) pylon, transmission tower (*USA*) **3** (*telecomunicaciones*) mast **4** (*Ajedrez*) castle LOC **torre de vigilancia** watchtower

torrencial *adj* torrential: *lluvias ~es* torrential rain

torrente *nm* (*río*) torrent

torrija *nf* French toast [*incontable*]

torso *nm* torso [*pl* torsos]

torta *nf* **1** (*dulce*) cake **2** (*salada*) pie ➲ *Ver nota en pág 647* **3** (*bofetada*) smack, slap (*USA*) LOC **dar/pegar una torta/un tortazo** to smack *sb*, to slap *sb* (*USA*) ◆ **ni torta** not a thing: *No oigo ni ~.* I can't hear a thing.

tortazo *nm* smack, slap (*USA*) LOC *Ver* TORTA

tortícolis *nm o nf* stiff neck: *Tengo ~.* I've got a stiff neck.

tortilla *nf* omelette

tortita *nf* pancake

tórtolo, -a *nm-nf* **tortolitos** (*enamorados*) lovebirds: *¡Mira qué pareja de tortolitos!* Look at those two lovebirds!

tortuga *nf* **1** (*de tierra*) tortoise **2** (*de mar*) turtle LOC **ser más lento que una tortuga** to be really slow *Ver tb* PASO

tortura *nf* torture: *métodos de ~* methods of torture ◇ *Para mí fue una ~.* It was torture for me.

torturar *vt* to torture

tos *nf* cough: *El humo del tabaco me da ~.* Cigarette smoke makes me cough.

toser *vi* to cough

tostada *nf* toast [*incontable*]: *Se me han quemado las ~s.* I've burnt the toast. ◇ *una ~ con mermelada* a slice of toast with jam

tostadora *nf* (*tb* **tostador** *nm*) toaster

tostar *vt* **1** (*pan, frutos secos*) to toast **2** (*café*) to roast **3** (*piel*) to tan

tostón *nm* bore

total *adj, nm* total
▶ *adv* so: *Total, que has suspendido.* So you failed. ◇ *Total, que al final tuve que pagar yo.* To cut a long story short, I had to pay in the end. LOC **en total** altogether: *Somos diez en ~.* There are ten of us altogether.

totalmente *adv* totally

tóxico, -a *adj* toxic

toxicómano, -a *nm-nf* drug addict

trabajador, -ora *adj* hard-working
▶ *nm-nf* worker: *~es cualificados/no cualificados* skilled/unskilled workers

trabajar *vi, vt* to work: *Trabaja para una compañía inglesa.* She works for an English company. ◇ *Nunca he trabajado de profesora.* I've never worked as a teacher. ◇ *Trabajas*

T

demasiado. You work too hard. ◇ *Voy a ~ andando.* I walk to work. ◇ *¿En qué trabaja tu hermana?* What does your sister do? ◇ *~ la tierra* to work the land LOC *Ver* MATAR

trabajo *nm* **1** (*actividad*) work [*incontable*]: *Tengo mucho ~.* I've got a lot of work to do. ◇ *Debes ponerte al día con el ~ atrasado.* You must catch up with your work. ◇ *Me dieron la noticia en el ~.* I heard the news at work. **2** (*empleo*) job: *Tengo que encontrar (un) ~.* I must find a job. ◇ *un ~ bien pagado* a well-paid job ◇ *quedarse sin ~* to lose your job ➲ *Ver nota en* WORK **3** (*en el colegio*) project: *hacer un ~ sobre el medio ambiente* to do a project on the environment LOC **costar trabajo**: *Me cuesta ~ madrugar.* I find it hard to get up early. ◇ *Este vestido me ha costado mucho ~.* This dress was a lot of work. ◆ **estar sin trabajo** to be out of work ◆ **trabajo de/en equipo** teamwork ◆ **trabajos forzados** hard labour [*incontable*] ◆ **trabajos manuales** handicrafts *Ver tb* BOLSA

trabalenguas *nm* tongue-twister

tractor *nm* tractor

tradición *nf* tradition: *seguir una ~ familiar* to follow a family tradition

tradicional *adj* traditional

traducción *nf* translation (*from sth*) (*into sth*): *hacer una ~ del español al ruso* to do a translation from Spanish into Russian

traducir *vt, vi* to translate (*from sth*) (*into sth*): *~ un libro del francés al inglés* to translate a book from French into English ➲ *Ver nota en* INTERPRET

traductor, -ora *nm-nf* translator LOC **traductor automático** machine translation (software) [*incontable*]: *Los ~es automáticos no son fiables.* Machine translation (software) is unreliable.

T

traer *vt* **1** to bring: *¿Qué quieres que te traiga?* What shall I bring you? ➲ *Ver dibujo en* TAKE *y nota en* GIVE. **2** (*causar*) to cause: *El nuevo sistema nos va a ~ problemas.* The new system is going to cause problems.

▶ **traerse** *vp* to bring *sb/sth* (with you): *Tráete una almohada.* Bring a pillow with you. LOC **traerse algo entre manos** to be up to sth: *¿Qué te traes entre manos?* What are you up to?

traficante *nmf* dealer: *un ~ de armas* an arms dealer

traficar *vi* ~ **con/en** to deal in *sth*: *Traficaban con drogas.* They dealt in drugs.

tráfico *nm* traffic: *Hay mucho ~ en el centro.* There's a lot of traffic in the town centre. LOC **tráfico de drogas 1** (*a gran escala*) drug trafficking **2** (*a pequeña escala*) drug dealing *Ver tb* GUARDIA

tragaperras *nf* fruit machine, slot machine (*USA*)

tragar *vt, vi* **1** (*ingerir*) to swallow: *Me duele la garganta al ~.* My throat hurts when I swallow. **2** (*soportar*) to put up with *sb/sth*: *No sé cómo puedes ~ tanto.* I don't know how you put up with it. ◇ *No lo trago.* I can't stand him. ➲ *Ver nota en* SOPORTAR

▶ **tragarse** *vp* **1** to swallow: *Me tragué un hueso de aceituna.* I swallowed an olive stone. ◇ *~se el orgullo* to swallow your pride ◇ *Se ha tragado lo del ascenso de Miguel.* He's swallowed the story about Miguel's promotion. **2** (*libro, película*): *~se un libro/una película* to get through a book/to sit through a film

tragedia *nf* tragedy [*pl* tragedies]

trágico, -a *adj* tragic

trago *nm* **1** drink: *un ~ de agua* a drink of water **2** (*disgusto*) shock LOC **beberse/tomar algo de (un) trago** to drink sth in one go

traición *nf* **1** (*deslealtad*) betrayal **2** (*contra el Estado*) treason: *Le juzgarán por alta ~.* He will be tried for high treason. LOC **a traición**: *Le dispararon a ~.* They shot him in the back. ◇ *Lo hicieron a ~.* They went behind his back.

traicionar *vt* **1** to betray: *~ una causa/a un compañero* to betray a cause/a friend **2** (*nervios*) to let *sb* down: *Los nervios me traicionaron.* My nerves let me down.

traidor, -ora *nm-nf* traitor

tráiler *nm* (*película, remolque*) trailer

traje *nm* **1** (*de chaqueta*) suit: *Juan lleva un ~ muy elegante.* Juan is wearing a very smart suit. **2** (*conjunto*) outfit: *¿Qué ~ te vas a poner para la boda?* What outfit are you going to wear for the wedding? **3** (*de un país, de una región*) dress [*incontable*]: *el ~ típico aragonés* Aragonese regional dress LOC **traje de baño 1** (*de hombre*) swimming trunks **2** (*de mujer*) swimming costume ◆ **traje de noche** evening dress ◆ **traje espacial** spacesuit

trajeado, -a *adj* **1** (*con traje*) wearing a suit: *Iba todo ~ y no le reconocí.* I didn't recognize him in his suit. **2** (*arreglado*) smart

trama *nf* plot

tramar *vt* to plot LOC **estar tramando algo** to be up to something: *Sé que están tramando algo.* I know they're up to something.

tramitar *vt* to process

trámite *nm* procedure: *Cumplió con los ~s habituales.* He followed the usual procedures. LOC **en trámite(s) de** in the process of *doing sth*: *Están en ~s de divorcio.* They're in the process of getting a divorce.

tramo *nm* **1** (*carretera*) stretch **2** (*escalera*) flight

trampa *nf* **1** trap: *caer en la ~* to fall into the trap ◇ *tenderle una ~ a algn* to set a trap for sb **2** (*en un juego*) cheating [*incontable*]: *Una ~ más y estás eliminado.* Any more cheating and you're out of the game. ◇ *Eso es ~.* That's cheating. LOC **hacer trampa(s)** to cheat: *Siempre haces ~s.* You always cheat.

trampolín *nm* **1** (*Natación*) diving board: *tirarse del ~* to dive from the board **2** (*Gimnasia*) springboard: *La gimnasta se dio impulso en el ~.* The gymnast jumped off the springboard.

tramposo, **-a** *adj, nm-nf* cheat: *No seas tan ~.* Don't be such a cheat.

tranquilidad *nf* **1** (*atmósfera*) peace and quiet: *una atmósfera de ~* an atmosphere of peace and quiet ◇ *la ~ del campo* the peace and quiet of the countryside **2** (*mental*) peace of mind: *Para tu ~, te diré que es cierto.* For your peace of mind, I can tell you it is true. ◇ *¡Qué ~, no tener que trabajar!* What a relief, not having to work!

tranquilizante *nm* (*medicamento*) tranquillizer

tranquilizar *vt* **1** (*calmar*) to calm *sb* down: *No consiguió ~la.* He couldn't calm her down. **2** (*aliviar*) to reassure: *Me tranquiliza saber que no está sola.* It's reassuring to know she's not alone.
▶ **tranquilizarse** *vp* to calm down: *Tranquilízate, seguro que están bien.* Calm down, I'm sure they're OK.

tranquilo, **-a** *adj* **1** calm: *Es una mujer muy tranquila.* She's a very calm person. ◇ *La mar está tranquila.* The sea is calm. **2** (*lento*) laid-back **3** (*apacible*) quiet: *Vivo en una zona muy tranquila.* I live in a very quiet area. LOC **(estate) tranquilo** don't worry: *Tranquila, que no es tu culpa.* Don't worry, it's not your fault. ◆ **tan tranquilo** not bothered: *Suspendió y se quedó tan tranquila.* She failed, but she didn't seem at all bothered. *Ver tb* CONCIENCIA

transatlántico *nm* liner

transbordador *nm* (*barco*) ferry [*pl* ferries] LOC **transbordador espacial** space shuttle

transbordo *nm* LOC **hacer transbordo** to change: *Tuvimos que hacer dos ~s.* We had to change twice.

transcripción *nf* transcription: *una ~ fonética* a phonetic transcription

transcurrir *vi* **1** (*tiempo*) to pass: *Han transcurrido dos días desde su partida.* Two days have passed since he left. **2** (*ocurrir*) to take place: *La historia transcurre en la selva.* The story takes place in the jungle.

transeúnte *nmf* passer-by [*pl* passers-by]

transferencia *nf* transfer LOC **transferencia bancaria** credit transfer

transferir *vt* to transfer

transformador *nm* transformer

transformar *vt* to transform *sth/sb* (*from sth*) (*into sth*): *~ un lugar/a una persona* to transform a place/person
▶ **transformarse** *vp* **transformarse en** to turn into *sb/sth*: *La rana se transformó en príncipe.* The frog turned into a prince.

transfusión *nf* transfusion: *Le hicieron dos transfusiones (de sangre).* He was given two (blood) transfusions.

transgénico, **-a** *adj* genetically modified: *alimentos/cultivos ~s* genetically-modified foods/crops ➲ *Ver nota en* WELL BEHAVED

transición *nf* transition

transitado, **-a** *adj* busy

transmisión *nf* **1** transmission **2** (*programa*) broadcast LOC *Ver* ENFERMEDAD

transmitir *vt* **1** (*enfermedad, estado de ánimo*) to transmit: *~ una enfermedad* to transmit a disease **2** (*información*) to pass *sth* on: *Les transmitimos la noticia.* We passed the news on to them.
▶ *vt, vi* (*programa*) to broadcast: *~ un partido* to broadcast a match

transparentar(se) *vi, vp*: *Esa tela (se) transparenta demasiado.* That material is really see-through. ◇ *Con esa falda se te transparentan las piernas.* You can see your legs through that skirt.

transparente *adj* **1** (*cristal, agua, papel, persona*) transparent: *El cristal es ~.* Glass is transparent. **2** (*ropa*) see-through: *una blusa ~* a see-through blouse ◇ *Es demasiado ~.* You can see right through it.

transportar *vt* to carry

transporte *nm* transport, transportation (*USA*): *~ público/escolar* public/school transport ◇ *El ~ marítimo es más barato que el aéreo.* Sending goods by sea is cheaper than by air.

transversal *adj* **1** (*perpendicular*) transverse: *eje ~* transverse axis ◇ *La Gran Vía es ~ a la calle Mayor.* Gran Vía crosses Calle Mayor. **2** (*Educ*) cross-curricular: *un tema ~* a cross-curricular topic

tranvía *nm* tram, streetcar (*USA*)

trapecio *nm* **1** (*circo*) trapeze **2** (*Geom*) trapezium [*pl* trapeziums/trapezia]

trapo *nm* **1** (*limpieza*) cloth **2 trapos** (*ropa*) clothes LOC **sacar (a relucir) los trapos sucios** to wash your dirty linen in public ◆ **trapo del polvo** duster ◆ **trapo viejo** old rag *Ver tb* COCINA

tráquea *nf* windpipe, trachea [*pl* tracheas/tracheae] (*más formal*)

tras *prep* **1** (*después de*) after: *día ~ día* day after day **2** (*detrás de*) behind: *La puerta se cerró ~ ella.* The door closed behind her. **3** (*más allá de*) beyond: *Tras las montañas está el mar.* The sea lies beyond the mountains. LOC **andar/estar/ir tras algn/algo** to be after sb/sth

trasero, -a *adj* back: *la puerta trasera* the back door

▶ *nm* bottom, backside (*coloq*)

trasladar *vt* **1** to move: *Trasladaron todas mis cosas al otro despacho.* They moved all my things to the other office. **2** (*destinar*) to transfer: *Lo han trasladado al servicio de inteligencia.* He's been transferred to the intelligence service.

▶ **trasladarse** *vp* to move: *Nos trasladamos al número tres.* We're moving to number three.

traslado *nm* **1** (*mudanza, desplazamiento*) move **2** (*cambio de destino*) transfer

traslucir *vt* to reveal

trasluz *nm* LOC **al trasluz** against the light: *mirar los negativos al ~* to look at the negatives against the light

trasnochar *vi* to stay up late

traspapelarse *vp* to get mislaid

traspasar *vt* **1** (*atravesar*) to go through *sth*: *~ la barrera del sonido* to go through the sound barrier **2** (*líquido*) to soak through *sth* **3** (*Dep*) to transfer *sb* (*to sth*): *Han traspasado a tres jugadores del Celta.* Three Celta players have been transferred. **4** (*negocio*) to sell

traspié *nm* LOC **dar un traspié** to trip

trasplantar *vt* to transplant

trasplante *nm* transplant

trastada *nf* LOC **hacer trastadas/una trastada**: *¡Deja de hacer ~s de una vez!* Don't be so naughty! ◇ *¡No veas la ~ que me ha hecho!* You won't believe the trick he played on me!

traste *nm* LOC **irse al traste** (*planes*) to fall through

trastero *nm* junk room LOC *Ver* CUARTO

trasto *nm* **1** (*cosa*) junk [*incontable*]: *Tienes la habitación llena de ~s.* Your room is full of junk. **2** (*niño*) little devil: *Esos niños son unos ~s.* Those children are little devils.

trastornado, -a *adj* **1** (*alterado*) upset **2** (*loco*) (mentally) disturbed *Ver tb* TRASTORNAR

trastornar *vt* **1** (*alterar*) to upset: *El mal tiempo ha trastornado todos mis planes.* The bad weather has upset all my plans. **2** (*volver loco*) to drive *sb* out of their mind: *Tanto sufrimiento acabó por ~la.* All the suffering drove her out of her mind.

▶ **trastornarse** *vp* **1** (*alterarse*) to be upset **2** (*volverse loco*) to go crazy

trastorno *nm* **1** (*Med*) disorder: *un ~ alimentario* an eating disorder **2** (*molestia*) disruption [*incontable*]: *los ~s ocasionados por la huelga* the disruption caused by the strike LOC *Ver* CAUSAR

tratado *nm* (*Pol*) treaty [*pl* treaties]

tratamiento *nm* **1** treatment: *un ~ contra la celulitis* treatment for cellulite **2** (*Informát*) processing LOC *Ver* TEXTO

tratar *vt* **1** to treat: *Me trataron muy bien.* They treated me very well. ◇ *Los tratan como delincuentes.* They're treated like criminals. ◇ *~ un cáncer de mama* to treat breast cancer **2** (*discutir*) to deal with *sth*: *Trataremos estas cuestiones mañana.* We will deal with these matters tomorrow.

▶ *vi* **1 ~ de/sobre** to be about *sth*: *La película trata sobre el mundo del espectáculo.* The film is about show business. **2 ~ con** to deal with *sb/sth*: *No trato con ese tipo de gente.* I don't have any dealings with people like that. **3 ~ de** (*intentar*) to try *to do sth*: *Trata de llegar a tiempo.* Try to/and get there on time. ➲ *Ver nota en* TRY

▶ **tratarse** *vp* **tratarse de** to be about *sb/sth/doing sth*: *Se trata de tu hermano.* It's about your brother. ◇ *Se trata de aprender, no de aprobar.* It's about learning, not just passing. LOC **tratar a algn de tú/usted** to be on familiar/formal terms with sb

trato *nm* **1** (*tratamiento*) treatment: *el mismo ~ para todos* the same treatment for everyone **2** (*acuerdo*) deal: *hacer/cerrar un ~* to make/close a deal LOC **malos tratos** physical abuse [*incontable*]: *Su mujer le ha acusado de malos ~s.* His wife has accused him of physical abuse. ◇ *Sufrieron malos ~s en la cárcel.* They were physically abused in prison. ◆ **tener/no tener trato con algn** to see/not to see sb: *No tengo demasiado ~ con ellos.* I don't see much of them. ◆ **trato hecho** it's a deal

trauma *nm* trauma

traumático, -a *adj* traumatic

través LOC **a través de** through: *Corría a ~ del bosque.* He was running through the wood. ◇ *Huyeron a ~ del parque/de los campos.* They ran away across the park/fields. *Ver tb* CAMPO

travesía *nf* crossing

travesti (*tb* **travestí**) *nmf* transvestite

travesura *nf* prank LOC **hacer travesuras** to be naughty

travieso, -a *adj* naughty

trayecto *nm* **1** (*ruta*) route: *Este tren hace el ~ Madrid-Barcelona.* This train runs on the Madrid-Barcelona route. **2** (*viaje*) journey: *Me pasé todo el ~ durmiendo.* I slept through the whole journey.

trayectoria *nf* trajectory [*pl* trajectories]

trazar *vt* **1** (*línea, plano*) to draw **2** (*plan, proyecto*) to draw *sth* up: *~ un plan* to draw up a plan

trébol *nm* **1** (*Bot*) clover **2 tréboles** (*Naipes*) clubs ➲ *Ver nota en* BARAJA

trece *adj, nm, pron* **1** thirteen **2** (*fecha*) thirteenth ➲ *Ver ejemplos en* ONCE *y* SEIS LOC **mantenerse/seguir en sus trece** to dig your heels in: *Discutimos durante horas, pero ella seguía en sus ~.* We argued for hours, but she dug her heels in and wouldn't change her mind. *Ver tb* MARTES

treceavo, -a *adj, nm* thirteenth ➲ *Para* CATORCEAVO, QUINCEAVO, *etc., ver pág 790*

trecho *nm* stretch: *un ~ peligroso* a dangerous stretch (of road)

tregua *nf* truce: *romper una ~* to break a truce

treinta *adj, nm, pron* **1** thirty **2** (*trigésimo*) thirtieth ➲ *Ver ejemplos en* SESENTA

tremendo, -a *adj* **1** (*algo negativo*) terrible: *un disgusto/dolor ~* a terrible blow/pain **2** (*algo positivo*) tremendous: *Tuvo un éxito ~.* It was a tremendous success. ◇ *El niño tiene una fuerza tremenda.* He's tremendously strong.

tren *nm* train: *coger/perder el ~* to catch/miss the train ◇ *Fui a Londres en ~.* I went to London by train. LOC **a todo tren 1** (*con lujo*) in style **2** (*muy rápido*) flat out ◆ **estar como un tren** to be a stunner ◆ **tren de alta velocidad** high-speed train ◆ **tren de aterrizaje** undercarriage: *bajar el ~ de aterrizaje* to lower the undercarriage ◆ **tren de cercanías/largo recorrido** local/long-distance train ◆ **tren de vida** lifestyle *Ver tb* MERCANCÍA, PARAR

trenca *nf* duffel coat

trenza *nf* plait, braid (*USA*): *Hazte una ~.* Do your hair in a plait.

trepar *vi* to climb (up) (*sth*): *~ a un árbol* to climb (up) a tree

tres *adj, nm, pron* **1** three **2** (*fecha*) third ➲ *Ver ejemplos en* SEIS LOC **no ver tres en un burro** to be as blind as a bat ◆ **tres en raya** noughts and crosses [*incontable*] *Ver tb* CADA

trescientos, -as *adj, nm, pron* three hundred ➲ *Ver ejemplos en* SEISCIENTOS

tresillo *nm* **1** (*sofá para tres personas*) three-seater sofa **2** (*sofá y dos sillones*) three-piece suite

triangular *adj* triangular

triángulo *nm* triangle LOC **triángulo equilátero/escaleno/isósceles** equilateral/scalene/isosceles triangle ◆ **triángulo rectángulo** right-angled triangle

triatlón *nm* triathlon

tribu *nf* tribe: *las ~s urbanas* urban tribes

tribuna *nf* stand: *Tenemos entradas de ~.* We've got stand tickets. ◇ *Han instalado una ~.* They've put up a stand.

tribunal *nm* **1** (*Jur*) court: *comparecer ante el ~* to appear before the court **2** (*en un examen*) examining board: *Me ha tocado un ~ muy estricto.* The examiners were very strict. LOC **llevar a los tribunales** to take *sb/sth* to court ◆ **Tribunal Supremo** Supreme Court

triciclo *nm* tricycle

trigo *nm* wheat

trillado, -a *adj* (*tema, excusa, etc.*) tired

trillizos, -as *nm-nf* triplets

trimestral *adj* quarterly: *revistas/facturas ~es* quarterly magazines/bills

trimestre *nm* **1** (*Educ*) term **2** (*período de tres meses*) quarter

trinar *vi* (*pájaro*) to sing

trinchera *nf* trench

trineo *nm* **1** sledge **2** (*tirado por animales*) sleigh: *Papá Noel viaja siempre en ~.* Father Christmas always travels by sleigh.

trino *nm* trill

trío *nm* trio [*pl* trios]

tripa *nf* **1** (*barriga*) stomach, belly [*pl* bellies] (*más coloq*): *tener dolor de ~* to have a stomach ache **2** (*intestino*) gut

triple *adj* triple: *~ salto* triple jump
▶ *nm* three times: *Nueve es el ~ de tres.* Nine is three times three. ◇ *Este es el ~ de grande que el otro.* This one's three times bigger than the other one. ◇ *Gana el ~ que yo.* He earns three times as much as me.

triplicar(se) *vt, vp* to treble

tripulación *nf* crew [*v sing o pl*] ➲ *Ver nota en* JURADO

tripular *vt* to crew

triste *adj* **1** (*persona*) sad: *estar/sentirse ~* to be/feel sad **2** (*lugar*) gloomy: *un paisaje/una habitación ~* a gloomy landscape/room

tristeza *nf* **1** (*de persona*) sadness **2** (*lugar*) gloominess

triturar *vt* **1** (*cosas duras*) to crush **2** (*cosas blandas*) to mash **3** (*carne*) to mince **4** (*papel*) to shred

triunfal *adj* **1** (*arco, entrada*) triumphal **2** (*gesto, regreso*) triumphant

triunfar *vi* **1** (*tener éxito*) to succeed: ~ *en la vida* to succeed in life ◇ *Esta canción va a ~ en el extranjero.* This song will do well abroad. **2** (*ganar*) to win: *Han triunfado en las elecciones.* They've won the election. **3** ~ **(sobre)** to triumph (over *sb/sth*): *Triunfaron sobre sus contrincantes.* They triumphed over their rivals.

triunfo *nm* **1** (*Pol, Mil*) victory [*pl* victories] **2** (*Dep*) win **3** (*éxito*) success **4** (*Naipes*) trump

trivial *adj* trivial

trivialidad *nf* **1** (*cosa trivial*) triviality [*pl* trivialities] **2** (*comentario*) silly remark: *decir ~es* to make silly remarks

triza *nf* LOC **hacer(se) trizas 1** (*persona, cristal, etc.*) to shatter: *Se me cayó el vaso y se hizo ~s.* I dropped the glass and it shattered. ◇ *Terminé hecho ~s.* I was shattered by the end. **2** (*papel, tela*) to tear *sth* to shreds

trocear *vt* to cut *sth* into pieces

trofeo *nm* trophy [*pl* trophies]

trola *nf* fib: *contar/meter ~s* to tell fibs

tromba *nf* LOC **tromba (de agua)** downpour: *Ayer cayó una buena ~.* There was a real downpour yesterday.

trombón *nm* trombone

trompa *nf* (*elefante*) trunk LOC **coger(se) una trompa** to get plastered

trompeta *nf* trumpet

trompetista *nmf* trumpeter

tronar *v imp* to thunder: *¡Está tronando!* It's thundering!

troncharse *vp*: ~ *de risa* to split your sides (laughing)

tronco *nm* **1** (*árbol, Anat*) trunk **2** (*leño*) log LOC *Ver* DORMIR

trono *nm* throne: *subir al ~* to come to the throne ◇ *el heredero del ~* the heir to the throne

tropa *nf* troop LOC **toda la tropa** everyone: *No me apetece estar con toda la ~.* I don't feel like being with everyone.

tropezar(se) *vi, vp* **tropezar(se) (con) 1** (*caerse*) to trip (over *sth*): ~ *con una raíz* to trip over a root **2** (*encontrarse con algn*) to bump into *sb*: *Me tropecé con él ayer.* I bumped into him yesterday. **3** (*problemas*) to come up against *sth*: *Hemos tropezado con serias dificultades.* We've come up against serious difficulties.

tropezón *nm* (*traspié*) stumble LOC **dar un tropezón (con)** to trip up (*over sth*)

tropical *adj* tropical

trópico *nm* tropic: *el ~ de Cáncer/Capricornio* the tropic of Cancer/Capricorn

trotar *vi* **1** (*caballo, etc.*) to trot **2** (*andar mucho*) to rush around

trote *nm* **1** (*caballo, etc.*) trot: *ir al ~* to go at a trot **2** (*actividad intensa*): *Tanto ~ acabará conmigo.* All this rushing around will finish me off. LOC **no estar para muchos/esos trotes**: *Ya no estoy para esos ~s.* I'm not up to this any more.

trozo *nm* piece: *un ~ de pan* a piece of bread ◇ *Corta la carne a ~s.* Cut the meat into pieces.

trucha *nf* trout [*pl* trout]

truco *nm* trick LOC **cogerle/pillarle el truco a algo** to get the hang of sth ◆ **tener truco** to have a catch: *Esa oferta tiene ~.* There's a catch to that offer.

trueno *nm* thunder [*incontable*]: *¿No has oído un ~?* Did you hear a clap of thunder? ◇ *Los ~s han cesado.* The thunder's stopped. ◇ *rayos y ~s* thunder and lightning

trufa *nf* truffle

tú *pron* you: *¿Eres tú?* Is that you? LOC *Ver* YO

tu *adj* your: *tus libros* your books

tuberculosis *nf* tuberculosis (*abrev* TB)

tubería *nf* pipe: *Se ha roto una ~.* A pipe has burst.

tubo *nm* **1** (*de conducción*) pipe **2** (*recipiente*) tube: *un ~ de pasta de dientes* a tube of toothpaste ➲ *Ver dibujo en* CONTAINER LOC **por un tubo**: *Tiene amigos por un ~.* He's got lots of friends. ◇ *Trabajan por un ~.* They work really hard. ◆ **tubo de escape** exhaust

tuerca *nf* nut

tuerto, -a *adj* one-eyed: *un marinero ~* a one-eyed sailor LOC **ser tuerto** to be blind in one eye

tugurio *nm* **1** (*chabola*) hovel **2** (*bar*) dive

tulipán *nm* tulip

tumba *nf* **1** grave **2** (*mausoleo*) tomb: *la ~ de Lenin* Lenin's tomb

tumbar *vt* **1 (a)** (*objeto*) to knock *sth* over **(b)** (*persona*) to knock *sb* down: *Me tumbó de un puñetazo.* He knocked me down. **2** (*suspender*) to fail: *Me han tumbado.* They've failed me.

▶ **tumbarse** *vp* to lie down: *Se tumbó unos minutos.* He lay down for a few minutes. ➲ *Ver nota en* LIE[1]

tumbo *nm* LOC **dar tumbos 1** (*tambalearse*) to stagger **2** (*tener dificultades*) to lurch from one crisis to another

tumbona *nf* sunlounger

tumor *nm* tumour: *un ~ benigno/cerebral* a benign/brain tumour

tumulto *nm* (*multitud*) crowd

túnel *nm* tunnel: *pasar por un ~* to go through a tunnel

T

túnica *nf* tunic

tupido, -a *adj* **1** (*vegetación*) dense **2** (*tela*) densely woven

turbante *nm* turban

turbio, -a *adj* **1** (*líquido*) cloudy **2** (*asunto*) shady

turco, -a *adj, nm* Turkish: *hablar ~* to speak Turkish
▶ *nm-nf* Turk: *los ~s* the Turks

turismo *nm* **1** (*industria*) tourism **2** (*turistas*) tourists [*pl*]: *un 40% del ~ que visita nuestra zona* 40% of the tourists visiting our area **3** (*coche*) car LOC **hacer turismo 1** (*por un país*) to tour: *hacer ~ por África* to tour round Africa **2** (*por una ciudad*) to go sightseeing ◆ **turismo rural** country holidays [*pl*] *Ver tb* OFICINA

turista *nmf* tourist

turístico, -a *adj* **1** tourist: *una atracción turística* a tourist attraction ◇ *el sector ~* the tourist industry **2** (*con muchos turistas*) popular with tourists: *Este pueblo es demasiado ~ para mí.* This village is too popular with tourists for my liking. ◇ *La zona no es muy turística.* Not many tourists visit the area. **3** (*empresa, guía*) tour: *un guía ~* a tour guide

turnarse *vp* ~ **(con) (para)** to take it in turns (with *sb*) (*to do sth*): *Nos turnamos para hacer la limpieza de la casa.* We take it in turns to do the housework.

turno *nm* **1** (*en una cola, un juego, etc.*) turn: *Espera tu ~.* Wait your turn. **2** (*trabajo*) shift: *tener ~ de día/noche* to be on the day/night shift LOC **estar de turno** to be on duty *Ver tb* PEDIR

turquesa *nf* LOC *Ver* AZUL

turrón *nm* Spanish nougat [*incontable*]

tutear(se) *vt, vp* to be on familiar terms (with *sb*)

tutor, -ora *nm-nf* **1** (*profesor*) tutor **2** (*Jur*) guardian

tutoría *nf* tutorial: *Tengo una hora de ~ a la semana.* I have an hour's tutorial each week.

tuyo, -a *adj, pron* yours: *Esos zapatos no son ~s.* Those shoes aren't yours. ◇ *No es asunto ~.* That's none of your business. ❶ *Un amigo tuyo* se traduce por 'a friend of yours', ya que significa "uno de tus amigos".

Uu

u *conj* or

ubicación *nf* location

ubicar *vt* to locate: *La casa está ubicada un kilómetro de la playa.* The house is located a kilometre from the beach.
▶ **ubicarse** *vp* (*orientarse*) to find your way around: *No me ubico en esta ciudad.* I can't find my way around this city.

UCI *nf* intensive care unit

¡uf! *interj* **1** (*alivio, cansancio, sofoco*) phew: *¡Uf, qué calor!* Phew, it's hot! **2** (*asco*) ugh: *¡Uf, qué mal huele!* Ugh, what an awful smell!

úlcera *nf* ulcer

últimamente *adv* recently

ultimátum *nm* ultimatum

último, -a *adj* **1** last: *el ~ episodio de la serie* the last episode of the series ◇ *estos ~s días* the last few days ◇ *Te lo digo por última vez.* I'm telling you for the last time. **2** (*más reciente*) latest: *la última moda* the latest fashion

> **Last** hace referencia al último de una serie que se ha terminado: *el último álbum de John Lennon* John Lennon's last album.

> **Latest** es el último de una serie que podría aún continuar: *su último álbum* their latest album.

3 (*más alto*) top: *en el ~ piso* on the top floor **4** (*más bajo*) bottom: *Están en última posición de la liga.* They are bottom of the league.
▶ *nm-nf* **1** last (one): *Fuimos los ~s en llegar.* We were the last (ones) to arrive. **2** (*mencionado en último lugar*) latter LOC **a última hora 1** (*en el último momento*) at the last moment **2** (*al final de un día*) late: *a última hora de la tarde* late in the evening ◇ *a última hora del martes* late on Tuesday ◆ **a últimos de mes** at the end of the month ◆ **de última generación** state of the art ◆ **en última instancia** ultimately ◆ **ir/vestir a la última** to wear the latest fashions ◆ **ser el último mono** to be a real nobody *Ver tb* PALABRA

ultra *adj* extreme right-wing
▶ *nmf* right-wing extremist

ultraderecha *nf* extreme right

ultraligero *nm* (*avión*) microlight

ultramarinos *nm* grocer's, grocery store (*USA*) ➲ *Ver nota en* CARNICERÍA

umbilical *adj* LOC *Ver* CORDÓN

umbral *nm* threshold: *en el ~ de una nueva época* on the threshold of a new age

un, una *art indef* a, an ℹ La forma **an** se emplea delante de sonido vocálico: *un árbol* a tree ◇ *un brazo* an arm ◇ *una hora* an hour

En plural se utiliza **some** o, en algunos casos, se omite el artículo por completo: *Necesito unos zapatos nuevos.* I need some new shoes. ◇ *Ya que vas, compra unos plátanos.* Get some bananas while you're there. ◇ *Tienes unos ojos preciosos.* You've got beautiful eyes. ◇ *Tengo unos amigos estupendos.* I've got wonderful friends.

▶ *adj Ver* UNO

unanimidad *nf* unanimity LOC **por unanimidad** unanimously

undécimo, -a *adj, pron, nm-nf* eleventh

UNED *nf* ≃ Open University (*GB*)

únicamente *adv* only

único, -a *adj* **1** (*solo*) only: *la única excepción* the only exception **2** (*excepcional*) extraordinary: *una mujer única* an extraordinary woman **3** (*sin igual*) unique: *una obra de arte única* a unique work of art
▶ *nm-nf* only one: *Es la única que sabe nadar.* She's the only one who can swim. LOC **lo único** the only thing: *Lo ~ que me importa es...* The only thing that matters to me is... *Ver tb* DIRECCIÓN, HIJO, SENTIDO, TARIFA

unidad *nf* **1** unit: *~ de medida* unit of measurement ◇ *la ~ 8 del libro* unit 8 of the book **2** (*unión*) unity: *falta de ~* lack of unity LOC **Unidad de Vigilancia Intensiva/Cuidados Intensivos** (*abrev* **UVI/UCI**) intensive care unit ◆ **unidad monetaria** unit of currency

unido, -a *adj* **1** (*relaciones personales*) close: *una familia muy unida* a very close family ◇ *Están muy ~s.* They're very close. **2** (*con un objetivo común*) together: *Tenemos que mantenernos ~s.* We have to work together. LOC *Ver* ORGANIZACIÓN; *Ver tb* UNIR

unifamiliar *adj*: *una casa/vivienda ~* a house ➲ *Ver nota en* CASA

unificar *vt* to unify

uniforme *adj* **1** (*igual*) uniform: *de tamaño ~* of uniform size **2** (*superficie*) even
▶ *nm* uniform LOC **con/de uniforme**: *soldados de ~* soldiers in uniform ◇ *colegiales con ~* children in school uniform

unión *nf* **1** (*asociación, relación, matrimonio*) union: *la ~ monetaria* monetary union **2** (*unidad*) unity: *La ~ es nuestra mejor arma.* Unity is our best weapon. **3** (*acción*) joining (together): *la ~ de las dos partes* the joining together of the two parts LOC **la unión hace la fuerza** united we stand ◆ **Unión Europea** (*abrev* **UE**) European Union (*abrev* EU)

unir *vt* **1** (*piezas, objetos*) to join **2** (*intereses, personas*) to unite: *los objetivos que nos unen* the aims that unite us **3** (*Ferrocarril, carretera*) to link
▶ **unirse** *vp* **1 unirse a** to join *sth*: *Se unieron al grupo.* They joined the group. **2** (*juntar fuerzas*) to unite, to come together (*más coloq*): *El pueblo se unió en contra de las reformas.* The people united against the reforms.

unisex *adj* unisex

universal *adj* **1** (*siempre vigente*) universal: *El amor es un tema ~.* Love is a universal theme. **2** (*mundial*) world: *historia ~* world history ◇ *un artista de fama ~* a world-famous artist LOC *Ver* DILUVIO

universidad *nf* university [*pl* universities]: *ir a la ~* to go to university LOC **universidad a distancia** (*abrev* **UNED**) ≃ Open University (*GB*)

universitario, -a *adj* university, college (*USA*): *una residencia universitaria* a university hall
▶ *nm-nf* **1** (*estudiante*) university student, college student (*USA*) **2** (*licenciado*) graduate LOC *Ver* CIUDAD

universo *nm* universe

uno, -a *adj* **1** (*cantidad*) one: *He dicho un kilo, no dos.* I said one kilo, not two. **2** (*fecha*) first: *el día ~ de mayo* the first of May **3 unos** (*aproximadamente*): *~s quince días* about a fortnight ◇ *Sólo estaré ~s días.* I'll only be there a few days. ◇ *Tendrá ~s 50 años.* He must be about 50.
▶ *pron* **1** one: *No tenía corbata y le dejé una.* He didn't have a tie, so I lent him one. **2** [*uso impersonal*] you, one (*más formal*): *Uno no sabe a qué atenerse.* You don't know what to think. **3 unos** some (people): *A ~s les gusta y a otros no.* Some (people) like it; some don't.
▶ *nm* **1** (*número*) one: *~, dos, tres* one, two, three **2** (*fecha*) first: *el ~ de julio* the first of July LOC **¡a la una, a las dos, a las tres!** ready, steady, go! ◆ **de uno en uno** one by one: *Mételos de ~ en ~.* Put them in one by one. ◆ **es la una** it's one o'clock ◆ **(los) unos a (los) otros** each other, one another: *Se ayudaban (los) ~s a (los) otros.* They helped each other. ➲ *Ver nota en* EACH OTHER ℹ *Para más información sobre el uso del numeral* **uno**, ➲ *Ver ejemplos en* SEIS.

untar *vt* (*extender*) to spread *sth on sth*: *~ las tostadas con/de mermelada* to spread jam on toast LOC **untar con aceite/grasa** to grease: *~ un molde con aceite* to grease a tin

U

uña *nf* **1** (*mano*) (finger)nail: *morderse las ~s* to bite your nails **2** (*pie*) toenail LOC **ser uña y carne** to be inseparable *Ver tb* CEPILLO, ESMALTE

uranio *nm* uranium

Urano *nm* Uranus

urbanismo *nm* town planning

urbanista *nmf* (town) planner

urbanizable *adj*: *suelo* ~ land for building

urbanización *nf* (housing) development

urbano, -a *adj* urban LOC **guardia/policía urbano** municipal police officer

urgencia *nf* **1** (*emergencia, caso urgente*) emergency [*pl* emergencies]: *en caso de* ~ in case of emergency **2 urgencias** (*en un hospital*) accident and emergency (*abrev* A & E) ❶ En Estados Unidos se dice **emergency room** (*abrev* **ER**). LOC **con urgencia** urgently

urgente *adj* **1** urgent: *un pedido/trabajo* ~ an urgent order/job **2** (*correo*) express

urna *nf* **1** (*cenizas*) urn **2** (*Pol*) ballot box

urraca *nf* magpie

usado, -a *adj* **1** (*de segunda mano*) second-hand: *ropa usada* second-hand clothes **2** (*desgastado*) worn out: *unos zapatos muy ~s* worn-out shoes ➲ *Ver nota en* WELL BEHAVED; *Ver tb* USAR

usar *vt* **1** (*utilizar*) to use: *Uso mucho el ordenador.* I use the computer a lot. **2** (*ponerse*) to wear: *¿Qué perfume usas?* What perfume do you wear?

uso *nm* use: *instrucciones de* ~ instructions for use LOC **de un solo uso** single-use ◆ **de uso externo/tópico** (*pomada*) for external use

usted *pron* you: *Todo se lo debo a ~es.* I owe it all to you.

usual *adj* usual

usuario, -a *nm-nf* user LOC *Ver* NOMBRE

utensilio *nm* **1** (*herramienta*) tool **2** (*Cocina*) utensil

útero *nm* womb

útil *adj* useful

▶ **útiles** *nm* equipment [*incontable*]

utilidad *nf* usefulness LOC **ser de/tener mucha utilidad** to be very useful

utilizar *vt* to use

utopía *nf* Utopia

uva *nf* grape LOC **estar de mala uva** to be in a foul mood ◆ **tener mala uva** to be bad-tempered

UVI *nf* intensive care unit

Vv

vaca *nf* **1** (*animal*) cow **2** (*carne*) beef ➲ *Ver nota en* CARNE LOC **estar como una vaca** to be very fat

vacación *nf* **vacaciones** holiday, vacation (*USA*)

> ¿**Holiday** o **holidays**?
>
> *Vacaciones* generalmente se traduce por **holiday**, en singular: *Fueron unas vacaciones inolvidables.* It was an unforgettable holiday. ◇ *¡Que pases unas buenas vacaciones!* Have a great holiday! En algunos contextos también se utiliza el plural **holidays**: *durante las vacaciones escolares/de verano/de Navidad* during the school/summer/ Christmas holidays.

LOC **estar/ir(se) de vacaciones** to be/go on holiday, to be/go on vacation (*USA*)

vaciar *vt* **1** (*dejar vacío*) to empty *sth* (out): *Vaciemos esta caja.* Let's empty this box (out). **2** (*despejar*) to clear *sth* (*of sth*): *Quiero que vacíes tu cuarto de trastos.* I want you to clear your room of junk.

vacilar *vi* ~ **(en)** (*dudar*) to hesitate (*to do sth*): *No vaciles en pedirnos ayuda.* Don't hesitate to ask us for help.

▶ *vt* (*tomar el pelo*) to pull *sb's* leg: *¡Es broma, te estoy vacilando!* It's a joke — I'm just pulling your leg!

vacío, -a *adj* empty: *una caja/casa vacía* an empty box/house

▶ *nm* **1** (*Fís, Pol*) vacuum: *un ~ de poder* a power vacuum **2** (*sensación*) void: *Su muerte ha dejado un gran ~ en mi vida.* Her death has left a great void in my life. LOC **caer/precipitarse al vacío** to fall over the edge, etc.: *El coche cayó al ~.* The car fell over the edge. ◇ *El alpinista se precipitó al ~.* The climber fell into the abyss. ◆ **hacerle el vacío a algn** to ignore sb ◆ **mirar al vacío** to stare into space *Ver tb* ENVASADO

vacuna *nf* vaccine: *la ~ contra la polio* the polio vaccine

vacunar *vt* to give *sb/sth* a vaccination: *La enfermera me ha vacunado contra el sarampión.* The nurse gave me a measles vaccination ◇ *Tenemos que ~ al perro contra la rabia.*

We've got to have the dog vaccinated against rabies.

vacuno, -a *adj* LOC *Ver* GANADO

vado *nm* (*de un río*) ford LOC **vado permanente** keep clear (at all times)

vagabundo, -a *adj* (*animal*) stray
▶ *nm-nf* tramp

vagar *vi* to wander: *Pasaron toda la noche vagando por las calles de la ciudad.* They spent all night wandering the city streets.

vagina *nf* vagina

vago, -a *adj* **1** (*perezoso*) lazy **2** (*impreciso*) vague: *una respuesta vaga* a vague answer ◇ *un ~ parecido* a vague resemblance
▶ *nm-nf* layabout LOC **hacer el vago** to laze about/around

vagón *nm* **1** (*de pasajeros*) carriage, car (*USA*): *~ de primera clase* first-class carriage **2** (*de carga*) wagon, car (*USA*) LOC **vagón restaurante** dining car *Ver tb* MERCANCÍA

vaho *nm* **1** (*vapor*) steam **2** (*aliento*) breath

vainilla *nf* vanilla

vaivén *nm* **1** swinging: *el ~ del péndulo* the swinging of the pendulum **2** (*barco, tren, etc.*) rocking **3 vaivenes** (*cambios*) ups and downs: *los vaivenes de la vida* the ups and downs of life

vajilla *nf* **1** crockery, china (*USA*) [*incontable*] **2** (*juego completo*) dinner service

vale *nm* **1** (*cupón*) voucher: *un ~ por diez euros* a voucher worth ten euros **2** (*recibo*) receipt **3** (*entrada*) (free) ticket

valentía *nf* courage

valer *vt* **1** (*costar*) to cost: *El pantalón valía 52 euros.* The trousers cost 52 euros. **2** (*tener un valor*) to be worth: *Una libra vale unos 1,2 euros.* One pound is worth about 1.2 euros. ◇ *Sal y demuéstrales lo que vales.* Go out there and show them how good you are.
▶ *vi* **1** (*servir*) to do: *Este vaso valdrá como florero.* This glass will do as a vase. ◇ *¿Para qué vale esto?* What's this for? ❶ Para decir *no valer* se emplea **be no good**: *Tiré todos los bolígrafos que no valían.* I threw away all the pens that were no good. **2** (*ser suficiente*) to be enough: *¿Vale con esto?* Is this enough? **3 ~ por** to entitle *sb* to *sth*: *Este cupón vale por un descuento.* This coupon entitles you to a discount. **4 ~ (para)** (*persona*) to be good (at *sth/doing sth*): *Yo no valdría para maestra.* I'd be no good as a teacher. **5** (*estar permitido*) to be allowed: *No vale hacer trampas.* No cheating. **6** (*documento*) to be valid: *Este pasaporte ya no vale.* This passport is no longer valid. **7** (*ropa*) to fit: *Esta falda ya no me vale.* This skirt doesn't fit me any more.
▶ **valerse** *vp* **valerse de** to use: *Se valió de todos los medios a su alcance para triunfar.* He used every means possible to get on. LOC **más vale...**: *Más vale que cojas el paraguas.* You'd better take your umbrella. ◇ *Más te vale decir la verdad.* You're better off telling the truth. ◆ **¡no vale!** (*no es justo*) that's not fair! ◆ **no valer para nada** to be useless ◆ **vale** (*de acuerdo*) OK ◆ **valerse (por sí mismo)** to get around (on your own) *Ver tb* CUÁNTO, PENA

válido, -a *adj* valid

valiente *adj, nmf* brave: *¡Eres un ~!* You're very brave!

valioso, -a *adj* valuable

valla *nf* **1** (*cerca*) fence **2** (*Dep*) hurdle: *los 400 metros ~s* the 400 metres hurdles LOC **valla publicitaria** hoarding

vallar *vt* to fence

valle *nm* valley [*pl* valleys]

valor *nm* **1** value: *Tiene un gran ~ sentimental para mí.* It has great sentimental value for me. ◇ *joyas de un ~ incalculable* jewels of incalculable value **2** (*valentía*) courage: *Me falta ~.* I haven't got the courage. LOC **sin valor** worthless *Ver tb* ARMAR, IMPUESTO

valorar *vt* **1** (*tasar*) to value *sth* (*at sth*): *Valoraron el anillo en 2.300 euros.* The ring was valued at 2 300 euros. **2** (*considerar*) to assess: *Llegó el momento de ~ los resultados.* It was time to assess the results.

vals *nm* waltz

válvula *nf* valve: *la ~ de seguridad* the safety valve LOC **válvula de escape** (*forma de desconectar*): *El deporte es mi ~ de escape.* Sport is my way of escaping everyday life.

vampiro *nm* **1** (*murciélago*) vampire bat **2** (*Cine, Liter*) vampire

vandalismo *nm* vandalism

vándalo, -a *nm-nf* vandal

vanguardia *nf* **1** (*Arte*) avant-garde: *teatro de ~* avant-garde theatre **2** (*Mil*) vanguard LOC **estar a la vanguardia** (*fig*) to be at the forefront *of sth*

vanguardismo *nm* (*Arte, Liter*) avant-garde movement

vanguardista *adj* avant-garde

vanidad *nf* vanity

vanidoso, -a *adj, nm-nf* vain: *Eres un ~.* You're so vain.

vano, -a *adj* vain: *un intento ~* a vain attempt LOC **en vano** in vain

vapor *nm* **1** (*de agua*) steam: *una locomotora de ~* a steam engine ◇ *una plancha de ~* a steam

V

iron **2** (*gas*) vapour: *~es tóxicos* toxic vapours LOC **al vapor** steamed *Ver tb* BARCO

vaporera *nf* (*para cocinar*) steamer ➲ *Ver dibujo en* POT

vaquero, **-a** *adj* (*tela*) denim: *cazadora vaquera* denim jacket
▶ *nm* **1** (*cowboy*) cowboy **2 vaqueros** jeans ➲ *Ver nota en* PAIR
▶ *nm-nf* (*pastor*) cowherd LOC *Ver* PANTALÓN

vara *nf* **1** (*palo*) stick **2** (*rama*) branch LOC **dar la vara** to pester *sb*: *Les voy a dar la ~ hasta que me contesten.* I'm going to pester them until I get an answer.

variable *adj* (*carácter, tiempo*) changeable
▶ *nf* variable LOC *Ver* NUBOSIDAD

variación *nf* variation: *ligeras variaciones de presión* slight variations in pressure

variar *vt, vi* **1** (*ser variado, dar variedad*) to vary: *Los precios varían según el restaurante.* Prices vary depending on the restaurant. ◇ *Hay que ~ la alimentación.* You should vary your diet. **2** (*modificar*) to change: *No varía en plural.* It doesn't change in the plural. LOC **para variar** for a change

varicela *nf* chickenpox

variedad *nf* variety [*pl* varieties]

varilla *nf* rod

varios, **-as** *adj, pron* several: *en varias ocasiones* on several occasions ◇ *Hay varias posibilidades.* There are several possibilities. ◇ *Varios de vosotros tendréis que estudiar más.* Several of you will have to work harder.

varita *nf* stick LOC **varita mágica** magic wand

variz *nf* varicose vein

varón *nm* **1** (*hombre*) man [*pl* men] **2** (*hijo*) boy: *Nos gustaría un ~.* We would like a boy.

varonil *adj* manly: *una voz ~* a manly voice

vasco, **-a** *adj, nm-nf, nm* Basque: *el País Vasco* the Basque Country

vasija *nf* vessel

vaso *nm* **1** (*para beber*) glass: *un ~ de vino* a glass of wine ◇ *un ~ para vino* a wine glass ➲ *Ver dibujo en* CUP **2** (*Anat, Bot*) vessel: *~s sanguíneos* blood vessels LOC **vaso de plástico/papel** plastic/paper cup *Ver tb* AHOGAR, BEBER(SE), GAFAS, GOTA

váter *nm* toilet, bathroom (*USA*) ➲ *Ver nota en* TOILET

vatio *nm* watt: *una bombilla de 60 ~s* a 60-watt light bulb

¡vaya! *interj Ver* IR

vecinal *adj* LOC *Ver* CAMINO

vecindario *nm* (*barrio*) neighbourhood: *una de las escuelas del ~* one of the schools in the neighbourhood ◇ *Todo el ~ salió a la calle.* The whole neighbourhood took to the streets.

vecino, **-a** *adj* neighbouring: *países ~s* neighbouring countries
▶ *nm-nf* neighbour: *¿Qué tal son tus ~s?* What are your neighbours like? LOC *Ver* COMUNIDAD

veda *nf* close season: *El salmón está en ~.* It's the close season for salmon.

vegetación *nf* vegetation

vegetal *adj* vegetable: *aceites ~es* vegetable oils
▶ *nm* vegetable LOC *Ver* CARBÓN

vegetar *vi* (*hacer el vago*) to vegetate

vegetariano, **-a** *adj, nm-nf* vegetarian ➲ *Ver nota en* CATÓLICO

vehículo *nm* vehicle

veinte *adj, nm, pron* **1** twenty **2** (*vigésimo*) twentieth: *el siglo ~* the twentieth century ➲ *Ver ejemplos en* SESENTA

vejestorio *nm* old crock

vejez *nf* old age

vejiga *nf* bladder

vela *nf* **1** (*de un barco*) sail **2** (*Dep*) sailing: *practicar la ~* to go sailing **3** (*cirio*) candle: *encender/apagar una ~* to light/put out a candle LOC **estar/pasarse la noche en vela** to stay awake all night ◆ **estar/quedarse a dos velas 1** (*sin dinero*) to be broke **2** (*sin entender*) not to understand a thing ◆ **¿quién te ha dado vela en este entierro?** who asked you to butt in? *Ver tb* BARCO

velada *nf* evening

velar *vt* (*difunto*) to keep vigil over *sb*
▶ *vi* ~ **por** to look after *sb/sth*: *Tu padrino velará por ti.* Your godfather will look after you.

velatorio *nm* wake

velcro® *nm* velcro® [*incontable*]: *Ponle un ~ para que no se te abra.* Put some velcro on it so it doesn't open.

velero *nm* sailing boat, sailboat (*USA*)

veleta *nf* weathervane

vello *nm* (*Anat*) hair: *tener ~ en las piernas* to have hair on your legs

velo *nm* veil LOC **velo del paladar** soft palate

velocidad *nf* **1** (*rapidez*) speed: *la ~ del sonido* the speed of sound ◇ *trenes de alta ~* high-speed trains **2** (*Mec*) gear: *cambiar de ~* to change gear ◇ *un coche con cinco ~es* a car with a five-speed gearbox LOC **a toda velocidad** as fast as possible *Ver tb* CAJA, EXCESO, TREN

velocímetro *nm* speedometer

velocista *nmf* sprinter

velódromo *nm* velodrome, cycle track (*más coloq*)

veloz *adj* fast: *No es tan ~ como el otro modelo.* It isn't as fast as the other model. ➲ *Ver nota en* FAST

vena *nf* vein LOC **darle la vena a algn** to suddenly decide *to do sth*: *Me dio la ~ y me fui de compras.* I suddenly decided to go shopping. ♦ **estar en vena** to be in the mood

vencedor, -ora *adj* **1** (*de concurso, competición*) winning: *el equipo ~* the winning team **2** (*país, ejército*) victorious
▶ *nm-nf* **1** (*en concurso, competición*) winner: *el ~ de la prueba* the winner of the competition **2** (*Mil*) victor

vencer *vt* **1** (*Dep*) to beat: *Nos vencieron en la semifinal.* We were beaten in the semi-final. **2** (*Mil*) to defeat **3** (*rendir*) to overcome: *Me venció el sueño.* I was overcome with sleep.
▶ *vi* **1** to win: *Venció el equipo visitante.* The visiting team won. **2** (*plazo, contrato*) to expire: *El plazo venció ayer.* The deadline expired yesterday. **3** (*pago*) to be due: *El pago del préstamo vence hoy.* Repayment of the loan is due today.

vencido, -a *adj*: *darse por ~* to give in
▶ *nm-nf* loser: *vencedores y ~s* winners and losers LOC *Ver* TERCERO; *Ver tb* VENCER

venda *nf* bandage: *Me puse una ~ en el dedo.* I bandaged (up) my finger.

vendaje *nm* bandage

vendar *vt* to bandage *sb/sth* (up): *Me vendaron el tobillo.* They bandaged (up) my ankle. ◇ *La vendaron de pies a cabeza.* She was bandaged from head to foot. LOC **vendarle los ojos a algn** to blindfold sb

vendaval *nm* gale

vendedor, -ora *nm-nf* **1** (*viajante*) salesman/woman [*pl* -men/-women] **2** (*dependiente*) sales assistant LOC **vendedor ambulante** street trader

V

vender *vt* to sell: *Venden el piso de arriba.* The upstairs flat is for sale. ➲ *Ver nota en* GIVE
▶ **venderse** *vp* **1** (*estar a la venta*) to be on sale: *Se venden en el mercado.* They are on sale in the market. **2** (*dejarse sobornar*) to sell yourself LOC **se vende** for sale ♦ **venderse como churros** to sell like hot cakes

vendimia *nf* grape harvest

vendimiar *vi* to harvest grapes

veneno *nm* poison

venenoso, -a *adj* poisonous LOC **hongo venenoso/seta venenosa** toadstool

venezolano, -a *adj, nm-nf* Venezuelan

Venezuela *nf* Venezuela

venganza *nf* revenge

vengarse *vp* to take revenge (*on sb*) (*for sth*): *Se vengó de lo que le hicieron.* He took revenge for what they'd done to him. ◇ *Me vengaré de él.* I'll get my revenge on him.

vengativo, -a *adj* vindictive

venir *vi* **1** to come: *¡Ven aquí!* Come here! ◇ *Nunca vienes a verme.* You never come to see me. ◇ *No me vengas con excusas.* Don't come to me with excuses.

> En el uso coloquial **come** + infinitivo se puede sustituir por **come and** + verbo, sobre todo en órdenes: *Ven a verme mañana.* Come and see me tomorrow.

2 (*volver*) to be back: *Vengo enseguida.* I'll be back in a minute. **3** (*estar*) to be: *Viene en todos los periódicos.* It's in all the papers. ◇ *Hoy vengo un poco cansado.* I'm a bit tired today.
▶ *v aux* ~ **haciendo algo** to have been doing sth: *Hace años que te vengo diciendo lo mismo.* I've been telling you the same thing for years. LOC **que viene** next: *el martes que viene* next Tuesday ♦ **venir bien/mal** (*convenir*) to suit/not to suit: *Mañana me viene muy mal.* Tomorrow doesn't suit me. ❶ Para otras expresiones con **venir**, véanse las entradas del sustantivo, adjetivo, etc., p. ej. **no venir a cuento** en CUENTO.

venta *nf* sale: *en ~* for sale ◇ *salir/poner algo a la ~* to go on sale/put sth on sale

ventaja *nf* **1** (*aspecto favorable*) advantage: *Vivir en el campo tiene muchas ~s.* Living in the country has a lot of advantages. **2** (*Dep*) **(a)** (*de puntos, goles, distancia, etc.*) lead: *El Madrid tiene una ~ de tres puntos.* Real Madrid have a three point lead. **(b)** (*previa*) head start: *Le di una ~ de cinco segundos.* I gave him a five second head start. LOC **llevarle/sacarle ventaja a algn** to have an advantage over sb

ventana *nf* window: *una ~ que da al mar* a window looking out over the sea

ventanilla *nf* (*coche*) window: *Baja/Sube la ~.* Open/Shut the window.

ventilación *nf* ventilation

ventilador *nm* fan

ventilar *vt* (*habitación, ropa*) to air

ventrílocuo, -a *nm-nf* ventriloquist

Venus *nf* Venus

ver *vt* **1** to see: *Hace mucho que no la veo.* I haven't seen her for a long time. ◇ *¿Lo ves?, ya te has vuelto a caer.* You see? You've fallen down again. ◇ *No veo por qué.* I don't see why. ◇ *¿Ves aquel edificio de allí?* Can you see that building over there?

Para referirse a lo que se ve en un momento dado, se usan **can** y **could** con el verbo **see**. Raramente se usa **see** con tiempos continuos: *¿Ves aquella casa?* Can you see that house? ◇ *No se veía nada.* You couldn't see a thing.

2 (*televisión*) to watch: ~ *la tele* to watch TV **3** (*examinar*) to look at *sth*: *Necesito ~lo con más calma.* I need more time to look at it.
▶ *vi* to see: *Espera, voy a ~.* Wait, I'll go and see.
▶ **verse** *vp* **1** (*encontrarse*) to meet: *Hace tiempo que no nos vemos.* We haven't met for a long time. **2** (*estar*) to be: *Nunca me había visto en una situación igual.* I'd never been in a situation like that. **3** (*asomar*) to show: *Se te ve el sujetador.* Your bra is showing. LOC **a ver si...** **1** (*deseo*) I hope...: *A ~ si apruebo esta vez.* I hope I pass this time. **2** (*temor*) what if...: *¡A ~ si les ha pasado algo!* What if something has happened to them? **3** (*ruego, mandato*) how about...?: *A ~ si me escribes de una vez.* How about writing to me some time? ◆ **ver venir algo** to see sth coming: *Lo estaba viendo venir.* I could see it coming. ❶ Para otras expresiones con **ver**, véanse las entradas del sustantivo, adjetivo, etc., p. ej. **tener que ver** en TENER.

veraneante *nmf* holidaymaker, vacationer (*USA*)

veranear *vi* to spend the summer: ~ *en la playa* to spend the summer by the sea

veraneo *nm* holiday, vacation (*USA*): *estar/ir de* ~ to be/go on holiday

veraniego, -a *adj* summer: *un vestido/el calor* ~ a summer dress/the summer heat LOC **ir veraniego** to look summery: *¡Qué veraniega vas hoy!* You look very summery today!

verano *nm* summer: *En ~ hace mucho calor.* It's very hot in (the) summer. ◇ *las vacaciones de ~* the summer holidays

verbena *nf* fiesta: *la ~ de San Juan* the Midsummer Night fiesta

verbo *nm* verb

verborrea *nf* verbal diarrhoea

verdad *nf* **1** truth: *Di la ~.* Tell the truth. **2 ¿verdad?** isn't it?, don't you?, etc.: *Este coche es más rápido, ¿verdad?* This car's faster, isn't it? ◇ *No te gusta la leche, ¿verdad?* You don't like milk, do you? LOC **de verdad 1** (*auténtico*) real: *No es un juguete, es de ~.* It's not a toy, it's real. **2** (*en serio*) really: *Lo dijo de ~.* He really meant it. ◇ *¿De ~?* Really? ◇ *¿De ~ tienes hambre?* Are you really hungry? ◆ **ser una verdad como un puño/templo** to be as plain as the nose on your face ◆ **ser verdad** to be true: *No puede ser ~.* It can't be true. ◆ **¿verdad o mentira?** true or false? *Ver tb* CANTAR, CONFESAR

verdadero, -a *adj* **1** (*auténtico*) true: *la verdadera historia* the true story **2** (*uso enfático*) real: *Es un ~ amigo.* He's a real friend.

verde *adj* **1** (*color*) green ➲ *Ver ejemplos en* AMARILLO **2** (*fruta*) unripe: *Todavía están ~s.* They're not ripe yet. **3** (*obsceno*) dirty: *chistes ~s* dirty jokes
▶ *nm* **1** (*color*) green **2** (*hierba*) grass **3 los verdes** (*Pol*) the Greens LOC **poner verde a algn** (*a sus espaldas*) to slag sb off ◆ **verde botella** bottle-green *Ver tb* JUDÍA, PIMIENTO, VIEJO, ZONA

verdugo *nm* (*persona*) executioner

verdura *nf* vegetable: *frutas y ~s* fruit and vegetables ◇ *La ~ es muy sana.* Vegetables are good for you. ◇ *sopa de ~s* vegetable soup

vergüenza *nf* **1** (*timidez, sentido del ridículo*) embarrassment: *¡Qué ~!* How embarrassing! **2** (*sentido de culpabilidad, modestia*) shame: *No tienes ~.* You've got no shame. ◇ *Le daba ~ confesar el robo del dinero.* He was ashamed to admit he'd stolen the money. **3** (*escándalo*) disgrace: *Es una ~ que cobren tanto.* It's a disgrace that they charge so much. LOC **dar/pasar vergüenza** to be embarrassed (*to do sth*): *Me da ~ preguntarles.* I'm too embarrassed to ask them.

vergonzoso, -a *adj* **1** (*tímido*) shy **2** (*indignante*) disgraceful

verídico, -a *adj* true

verificar *vt* to check

verja *nf* **1** (*cerca*) railing(s) [*se usa mucho en plural*]: *saltar una ~ de hierro* to jump over some iron railings **2** (*puerta*) gate: *Cierra la ~, por favor.* Shut the gate, please.

verruga *nf* wart

versión *nf* version LOC **en versión original** (*película*) in the original (with subtitles)

verso *nm* **1** (*línea de un poema*) line **2** (*género literario, poema*) verse

vértebra *nf* vertebra [*pl* vertebrae]

vertebrado, -a *adj, nm* vertebrate

vertebral *adj* LOC *Ver* COLUMNA

vertedero *nm* tip

verter *vt* **1** (*en un recipiente*) to pour: *Vierte la leche en otra taza.* Pour the milk into another cup. **2** (*residuos*) to dump

vertical *adj* **1** (*dirección*) vertical: *una línea ~* a vertical line **2** (*posición*) upright: *en posición ~* in an upright position

vértigo *nm* vertigo: *tener ~* to get vertigo LOC **dar/producir vértigo** to make *sb* dizzy

vespa® *nf* scooter

vespino® *nm* moped

vestíbulo *nm* **1** (*entrada, recibidor*) hall **2** (*teatro, cine, hotel*) foyer

vestido *nm* dress: *Llevas un ~ precioso.* You're wearing a beautiful dress. **LOC** **vestido de novia** wedding dress

vestir *vt* **1** ~ **a algn** to dress sb: *Vestí a los niños.* I got the children dressed. **2** ~ **algo** (*llevar puesto*) to wear sth: *Él vestía un traje gris.* He was wearing a grey suit.

▶ *vi* **vestir (de)** to dress (in *sth*): *~ bien/de blanco* to dress well/in white

▶ **vestirse** *vp* **1** to get dressed: *Vístete o llegarás tarde.* Get dressed or you'll be late. **2** **vestirse (de)** to dress (in *sth*): *~se de negro* to dress in black **LOC** **el mismo que viste y calza** the very same *Ver tb* GALA, ÚLTIMO

vestuario *nm* **1** (*Dep*) changing room, locker room (*USA*) **2** (*ropa, Cine, Teat*) wardrobe

vetar *vt* **1** (*rechazar*) to veto: *~ una propuesta* to veto a proposal **2** (*prohibir*) to ban

veterano, -a *adj, nm-nf* veteran: *un actor ~* a veteran actor ◇ *Es el ~ del equipo.* He's the veteran of the team.

veterinaria *nf* veterinary science

veterinario, -a *nm-nf* vet, veterinary surgeon (*más formal*)

veto *nm* veto [*pl* vetoes]: *el derecho de ~* the right of veto

vez *nf* **1** time: *tres veces al año* three times a year ◇ *Te lo he dicho cien veces.* I've told you hundreds of times. ◇ *Gano cuatro veces más que él.* I earn four times as much as he does. **2** (*turno*) place in the queue: *guardar/perder la ~* to keep/lose your place in the queue **LOC** **a la vez (que)** at the same time (as): *Lo dijimos a la ~.* We said it at the same time. ◇ *Terminó a la ~ que yo.* He finished at the same time as I did. ◆ **a veces** sometimes ◆ **de una vez (por todas)** once and for all: *¡Contesta de una ~!* Just hurry up and answer the question! ◆ **de vez en cuando** from time to time ◆ **dos veces** twice ◆ **en vez de** instead of *sb/sth/doing sth* ◆ **érase una vez...** once upon a time there was... ◆ **una vez** once: *Empezaremos a comer una ~ que estemos todos.* We'll have lunch once everyone's here. *Ver tb* ALGUNO, CADA, CIEN, DEMASIADO, ENÉSIMO, INFINIDAD, OTRO, RARO

vía *nf* **1** (*Ferrocarril*) **(a)** (*raíles*) track: *la ~ del tren* the train track **(b)** (*andén*) platform **2** **vías** (*Med*) tract [*v sing*]: *~s respiratorias* respiratory tract **LOC** **la Vía Láctea** the Milky Way ◆ **(por) vía aérea** (*correos*) (by) airmail ◆ **vía satélite** satellite: *una conexión ~ satélite* a satellite link *Ver tb* DESARROLLO, EXTINCIÓN

V

viajante *nmf* sales rep

viajar *vi* to travel: *~ en avión/coche* to travel by plane/car

viaje *nm* journey [*pl* journeys], trip, travel

> Las palabras **travel**, **journey** y **trip** no deben confundirse.
>
> El sustantivo **travel** es incontable y se refiere a la actividad de viajar en general: *Sus principales aficiones son los libros y los viajes.* Her main interests are reading and travel.
>
> **Journey** y **trip** se refieren a un viaje concreto. **Journey** indica sólo el desplazamiento de un lugar a otro: *El viaje fue agotador.* The journey was exhausting. **Trip** incluye también la estancia: *¿Qué tal tu viaje a París?* How did your trip to Paris go?
>
> Otras palabras que se utilizan para referirnos a viajes son **voyage** y **tour**. **Voyage** es un viaje largo por mar o por el espacio: *Colón es famoso por sus viajes al Nuevo Mundo.* Columbus is famous for his voyages to the New World. **Tour** es un viaje organizado en el que se va parando en distintos sitios: *Jane va a hacer un viaje por Tierra Santa.* Jane is going on a tour of the Holy Land.

LOC **¡buen viaje!** have a good trip! ◆ **estar/irse de viaje** to be/go away ◆ **viaje de negocios** business trip ◆ **viaje organizado** package tour/holiday: *hacer un ~ organizado* to go on a package tour *Ver tb* AGENCIA, BOLSA, CHEQUE, EMPRENDER

viajero, -a *nm-nf* **1** (*pasajero*) passenger **2** (*turista*) traveller: *un ~ incansable* a tireless traveller

vial *adj* road: *educación ~* road safety awareness

víbora *nf* viper

vibrar *vi* to vibrate

vicepresidente, -a *nm-nf* vice-president

vicesecretario, -a *nm-nf* deputy secretary [*pl* deputy secretaries]

viceversa *adv* vice versa

viciarse *vp* ~ **(con)** to get hooked (on *sth*)

vicio *nm* **1** (*mala costumbre*) bad habit: *No tengo ~s.* I don't have any bad habits. **2** (*adicción*) addiction: *El juego se convirtió en un ~.* Gambling became an addiction. **LOC** **coger/tener el vicio de algo** to get/be addicted to sth ◆ **darse al vicio** to turn to drink, drugs, etc.

vicioso, -a *adj* dissolute

▶ *nm-nf* dissolute person **LOC** **ser (un) vicioso** to have bad habits: *No quiero ser (un) ~ como él.* I don't want to get bad habits like him. *Ver tb* CÍRCULO

víctima *nf* victim: *ser ~ de un robo* to be the victim of a burglary LOC **hacerse la víctima** to play the victim

victoria *nf* **1** victory [*pl* victories] **2** (*Dep*) win: *una ~ en campo contrario* an away win LOC *Ver* CANTAR

victorioso, **-a** *adj* victorious LOC **salir victorioso** to triumph

vid *nf* vine

vida *nf* **1** life [*pl* lives]: *¿Qué es de tu ~?* How's life? ◇ *un barrio con mucha ~* a very lively area **2** (*sustento*) living: *ganarse la ~* to make a living LOC **con vida** alive: *Siguen con ~.* They're still alive. ◆ **de toda la vida**: *La conozco de toda la ~.* I've known her all my life. ◇ *amigos de toda la ~* lifelong friends ◆ **en la vida** never: *En la ~ he visto una cosa igual.* I've never seen anything like it. ◆ **¡esto es vida!** this is the life! ◆ **llevar una vida de perros** to lead a dog's life ◆ **para toda la vida** for life ◆ **vida nocturna** nightlife *Ver tb* ABRIR, AMARGAR, BOLSA, BUSCAR, COMPLICAR, COSA, ENTERRAR, ESPERANZA, GANAR, NIVEL, REHACER, RITMO, SIETE, TREN

vidente *nmf* clairvoyant

vídeo *nm* **1** (*cinta*) video [*pl* videos] **2** (*aparato*) video recorder, VCR (*USA*) LOC **filmar/grabar en vídeo** to video, to videotape (*USA*) *Ver tb* CÁMARA, CINTA

videocámara *nf* camcorder

videoclip *nm* video [*pl* videos]

videoclub *nm* video shop

videoconferencia *nf* teleconference

videojuego *nm* video game

vidriera *nf* stained glass window

vidrio *nm* glass [*incontable*]: *una botella de ~* a glass bottle LOC *Ver* CONTENEDOR, FIBRA

vieira *nf* scallop

viejo, **-a** *adj* old: *estar/hacerse ~* to look/get old ▶ *nm-nf* old man/woman [*pl* men/women] LOC **viejo verde** dirty old man [*pl* men] *Ver tb* CASCO, TRAPO

viento *nm* wind LOC **contra viento y marea** come what may: *Quiere seguir como presidente contra ~ y marea.* He wants to continue as president come what may. ◇ *Luché contra ~ y marea para conseguir el puesto.* I did everything I could to get the job. ◆ **hacer viento** to be windy: *Hacía demasiado ~.* It was too windy. *Ver tb* MOLINO

vientre *nm* **1** (*abdomen*) belly [*pl* bellies] **2** (*materno*) womb LOC *Ver* DANZA

viernes *nm* Friday (*abrev* Fri.) ➲ *Ver ejemplos en* LUNES LOC **Viernes Santo** Good Friday

viga *nf* **1** (*madera*) beam **2** (*metal*) girder

vigente *adj* current LOC **estar vigente** to be in force

vigía *nmf* lookout

vigilancia *nf* (*control*) surveillance: *Van a aumentar la ~.* They're going to step up surveillance. LOC *Ver* TORRE, UNIDAD

vigilante *nmf* security guard

vigilar *vt* **1** (*prestar atención, guardar*) to watch, to keep an eye on *sb/sth* (*más coloq*): *¿Me vigilas el bolso?* Can you keep an eye on my bag? **2** (*presos, frontera, etc.*) to guard: *~ la frontera/a los presos* to guard the border/prisoners **3** (*enfermo*) to look after *sb* **4** (*examen*) to invigilate

vigor *nm* **1** (*Jur*) force: *entrar en ~* to come into force **2** (*energía*) vigour

villa *nf* **1** (*chalé*) villa **2** (*población*) town LOC **villa olímpica** Olympic village

villancico *nm* (Christmas) carol

vilo LOC **en vilo** (*intranquilo*) on tenterhooks: *Nos has tenido en ~ toda la noche.* You've kept us on tenterhooks all night.

vinagre *nm* vinegar

vinagreras *nf* cruet [*v sing*]

vinagreta *nf* vinaigrette

vínculo *nm* **1** (*relación, lazo, Internet*) link **2** (*afectivo*) bond

vinícola *adj* wine: *industria ~* wine industry ◇ *región ~* wine-growing region

vinicultor, **-ora** *nm-nf* wine-grower

vino *nm* wine: *¿Te apetece un ~?* Would you like a glass of wine? ◇ *~ blanco/tinto* white/red wine ◇ *~ de la casa* house wine LOC *Ver* PAN

viña *nf* (*tb* **viñedo** *nm*) vineyard

viñeta *nf* (*tira cómica*) comic strip

violación *nf* **1** (*de persona*) rape **2** (*de ley, tratado, etc.*) violation

violador, **-ora** *nm-nf* rapist

violar *vt* **1** (*persona*) to rape **2** (*ley, tratado, etc.*) to break

violencia *nf* violence LOC **violencia doméstica/de género** domestic/gender violence

violentar *vt* (*incomodar*) to make *sb* uncomfortable

violento, **-a** *adj* **1** violent: *una película violenta* a violent film **2** (*incómodo*) embarrassing: *una situación violenta* an embarrassing situation

violeta *adj, nf, nm* violet ➲ *Ver ejemplos en* AMARILLO

violín *nm* violin

violinista *nmf* violinist

violonchelo (*tb* **violoncelo**) *nm* cello [*pl* cellos]

virar *vi* to swerve: *Tuvo que ~ rápidamente hacia la derecha.* He had to swerve to the right.

virgen *adj* **1** virgin: *ser* ~ to be a virgin ◇ *bosques vírgenes* virgin forests ◇ *aceite de oliva* ~ extra virgin olive oil **2** (*cinta, CD, etc.*) blank
▶ *nmf* virgin: *la Virgen de Fátima* the Virgin of Fatima LOC *Ver* LANA

virginidad *nf* virginity

virgo (*tb* **Virgo**) *nm, nmf* Virgo [*pl* Virgos] ➲ *Ver ejemplos en* ACUARIO

virguería *nf* LOC **hacer virguerías**: *Hace ~s con la cámara.* He's a great photographer. ◆ **ser una virguería** (*ser estupendo*) to be great

virguero, -a *adj* great

vírico, -a (*tb* **viral**) *adj* viral

viril *adj* manly, virile (*más formal*)

virilidad *nf* manliness

virtual *adj* virtual

virtualmente *adv* virtually

virtud *nf* virtue: *tu mayor* ~ your greatest virtue

virtuoso, -a *adj* (*íntegro*) virtuous

viruela *nf* (*Med*) smallpox

virus *nm* virus [*pl* viruses] LOC **virus informático** computer virus

visado *nm* visa: ~ *de entrada/salida* entry/exit visa

viscoso, -a *adj* viscous

visera *nf* **1** (*de gorra*) peak, bill (*USA*) **2** (*de deportista*) eyeshade

visibilidad *nf* visibility: *poca* ~ poor visibility

visible *adj* visible

visillo *nm* net curtain

visión *nf* **1** (*vista*) eyesight: *Tiene problemas de* ~. He has problems with his eyesight. ◇ *perder la* ~ *de un ojo* to lose the sight in one eye **2** (*punto de vista*) view: *una* ~ *personal/de conjunto* a personal/an overall view **3** (*alucinación*) vision: *tener una* ~ to have a vision LOC **ver visiones** to be seeing things

V

visita *nf* **1** visit: *mi última* ~ *a Lugo* my last visit to Lugo ◇ *horario de ~(s)* visiting hours **2** (*visitante*) visitor: *Me parece que tienes* ~. I think you've got visitors/a visitor. LOC **estar de visita** to be visiting ◆ **hacer una visita** to pay *sb* a visit

visitante *adj* visiting: *el equipo* ~ the visiting team
▶ *nmf* visitor: *los ~s del museo* visitors to the museum

visitar *vt* to visit: *Fui a ~le al hospital.* I went to visit him in hospital.

visón *nm* mink

víspera *nf* day before (*sth*): *Dejé todo preparado la* ~. I got everything ready the day before. ◇ *la* ~ *del examen* the day before the exam

También existe la palabra **eve**, que se usa cuando es la víspera de una fiesta religiosa o de un acontecimiento importante: *la víspera de San Juan* Midsummer's Eve ◇ *Llegaron la víspera de las elecciones.* They arrived on the eve of the elections.

LOC **en vísperas de** just before *sth*: *en ~s de exámenes* just before the exams

vista *nf* **1** (*facultad, ojos*) eyesight: *La* ~ *la tengo bien.* I've got good eyesight. ◇ *La zanahoria es muy buena para la* ~. Carrots are very good for your eyesight. ◇ *Lo operaron de la* ~. He had an eye operation. **2** (*panorama*) view: *la* ~ *desde mi habitación* the view from my room **3** (*instinto*): *un político con mucha* ~ a very far-sighted politician ◇ *Tienes mucha* ~ *para los negocios.* You've got a good eye for business. LOC **con vistas a 1** (*ventana, etc.*) overlooking: *un balcón con ~s al mar* a balcony overlooking the sea **2** (*intención*) with a view to *sth/doing sth*: *Trabajó duro con ~s a ahorrar dinero.* She worked hard with a view to saving money. ◇ *con ~s al futuro* with the future in mind ◆ **dejar/poner algo a la vista**: *Déjalo a la* ~ *para que no se me olvide.* Leave it where I can see it or I'll forget it. ◆ **de vista** by sight: *Sólo la conozco de* ~. I only know her by sight. ◆ **en vista de** in view of *sth*: *en* ~ *de lo ocurrido* in view of what has happened ◆ **hacer la vista gorda** to turn a blind eye (*to sth*) ◆ **¡hasta la vista!** see you! ◆ **tener (la) vista cansada** to be long-sighted, to be far-sighted (*USA*) *Ver tb* AGRADABLE, APARTAR, CONOCER, CORTO, GRADUAR, PERDER, PUNTO, QUITAR, SALTAR, SIMPLE, TIERRA

vistazo *nm* look: *Con un* ~ *tengo suficiente.* Just a quick look will do. LOC **dar/echar un vistazo** to have a look (*at sb/sth*)

visto, -a *adj* LOC **estar bien/mal visto** to be well thought of/frowned upon ◆ **estar muy visto** to be unoriginal: *Eso ya está muy* ~. That's not very original. ◆ **por lo visto** apparently ◆ **visto bueno** approval *Ver tb* VER

vistoso, -a *adj* colourful

visual *adj* visual

visualizar *vt* **1** (*imaginar*) to visualize **2** (*Informát*) to view: ~ *una página de Internet* to view a web page

vital *adj* **1** (*Biol*) life: *el ciclo* ~ the life cycle **2** (*persona*) full of life **3** (*decisivo*) vital

vitalidad *nf* vitality

vitamina *nf* vitamin: *la* ~ *C* vitamin C

vitamínico, -a *adj* vitamin: *un suplemento ~* a vitamin supplement

viticultura *nf* wine-growing

vitrina *nf* glass cabinet

vitrocerámica *nf* ceramic hob

viudo, -a *adj* widowed: *Se quedó viuda muy joven.* She was widowed at an early age.
▶ *nm-nf* **1** (*masc*) widower **2** (*fem*) widow

viva *nm* cheer: *¡Tres ~s al campeón!* Three cheers for the champion!
▶ **¡viva!** *interj* hooray: *¡Viva, he aprobado!* Hooray! I've passed! ◇ *¡Viva el rey!* Long live the king!

víveres *nm* provisions

vivero *nm* **1** (*plantas*) nursery [*pl* nurseries] **2** (*peces*) fish farm

vivienda *nf* **1** (*alojamiento*) housing [*incontable*]: *el problema de la ~* the housing problem **2** (*casa*) house: *comprar una ~* to buy a house **3** (*piso*) flat, apartment (*USA*): *bloques de ~s* blocks of flats LOC **vivienda de protección oficial** subsidized housing [*incontable*]: *Aquí faltan ~s de protección oficial.* There is a lack of subsidized housing here.

vivir *vi* **1** to live: *Vivió casi noventa años.* He lived for almost ninety years. ◇ *¿Dónde vives?* Where do you live? ◇ *Viven en León/en el segundo.* They live in León/on the second floor. ◇ *¡Qué bien vives!* What a nice life you have! **2** (*subsistir*) to live on *sth*: *No sé de qué viven.* I don't know what they live on. ◇ *Viven con 300 euros al mes.* They live on 300 euros a month. **3** (*estar vivo*) to be alive: *Mi bisabuelo aún vive.* My great-grandfather is still alive.
▶ *vt* to live (through *sth*): *~ una mala experiencia* to live through a bad experience ◇ *¡No te amargues, vive la vida!* Don't be bitter — enjoy life! LOC **no dejar vivir** not to leave *sb* in peace: *El jefe no nos deja ~.* Our boss won't leave us in peace. ◆ **vivir a costa de algn** to live off sb ◆ **vivir al día** to live from hand to mouth ◆ **vivir del cuento** to live off your wits

vivo, -a *adj* **1** living: *seres ~s* living beings ◇ *lenguas vivas* living languages **2** (*listo*) clever, smart (*USA*) **3** (*luz, color, ojos*) bright **4** (*genio*): *Tiene un genio muy ~.* He gets angry very easily. LOC **en vivo** (*en directo*) live ◆ **estar vivo** to be alive: *¿Está ~?* Is he alive? ◆ **vivo o muerto** dead or alive *Ver tb* CARNE, FUEGO, LLORAR, MANTENER, ROJO

vocabulario *nm* vocabulary [*pl* vocabularies]

vocación *nf* vocation: *tener ~ de/por algo* to have a vocation for sth

vocal *adj* vocal
▶ *nf* (*letra*) vowel
▶ *nmf* (*socio*) member LOC *Ver* CUERDA

vocalista *nmf* vocalist

vocalizar *vi* to speak clearly

vodka *nm* vodka

volador, -ora *adj* flying

volante *adj* flying
▶ *nm* **1** (*de automóvil*) steering wheel **2** (*de tela*) frill **3** (*médico*) referral note: *un ~ para el otorrino* a referral note for the ENT specialist LOC **estar al volante** to be driving *Ver tb* PLATILLO

volar *vi* **1** to fly: *Volamos a Roma desde Madrid.* We flew to Rome from Madrid. ◇ *El tiempo vuela.* Time flies. **2** (*con el viento*) to blow away: *El sombrero voló por los aires.* His hat blew away. **3** (*desaparecer*) to disappear: *El pastel voló en dos minutos.* The cake disappeared in a couple of minutes.
▶ *vt* (*hacer explotar*) to blow *sth* up: *~ un edificio* to blow up a building LOC **hacer algo volando** to do sth quickly ◆ **irse, salir, etc. volando** (*de prisa*) to rush off: *Nos fuimos volando a la estación.* We rushed off to the station. *Ver tb* AIRE

volcán *nm* volcano [*pl* volcanoes]

volcánico, -a *adj* volcanic

volcar *vt* **1** (*derribar*) to knock *sth* over: *Los chicos volcaron el contenedor.* The children knocked the bin over. **2** (*vaciar*) to empty *sth* (out): *Volcó el contenido de la olla en el plato.* He emptied the contents of the pot (out) onto the plate.
▶ **volcar(se)** *vi, vp* (*dar la vuelta*) to overturn: *El coche patinó y volcó.* The car skidded and overturned.
▶ **volcarse** *vp* **volcarse con** to do anything for *sb*: *Se vuelca con sus nietos.* She will do anything for her grandchildren.

voleibol *nm* volleyball

voleiplaya *nm* beach volleyball

voleo *nm* LOC **a voleo** at random

voltaje *nm* voltage

voltereta *nf* somersault: *dar una ~* to do a somersault

voltio *nm* volt

voluble *adj* changeable

volumen *nm* volume: *bajar/subir el ~* to turn the volume down/up ◇ *Compré el primer ~.* I bought the first volume. LOC **a todo volumen** at full blast

voluntad *nf* **1** will: *No tiene ~ propia.* He has no will of his own. ◇ *contra mi ~* against my will **2** (*deseo*) wishes [*pl*]: *Debemos respetar su ~.* We must respect his wishes. LOC **buena voluntad** goodwill: *mostrar buena ~* to show goodwill *Ver tb* FUERZA

V

voluntario, **-a** *adj* voluntary: *trabajo ~* voluntary work
▶ *nm-nf* volunteer: *Fui a Guatemala de ~.* I went to Guatemala as a volunteer. LOC **presentarse/salir voluntario** to volunteer

volver *vi* **1** (*regresar*) to go/come back: *Volví a casa.* I went back home. ◇ *Vuelve aquí.* Come back here. ◇ *¿A qué hora volverás?* What time will you be back? ◇ *Me ha vuelto la jaqueca.* My migraine has come back. ➲ *Ver nota en* IR **2 ~ a hacer algo** to do sth again: *No vuelvas a decirlo.* Don't say that again.
▶ *vt* (*girar*) to turn: *Volví la cabeza.* I turned my head. ◇ *Me volvió la espalda.* He turned his back on me.
▶ **volverse** *vp* **1 volverse (a/hacia)** (*girarse*) to turn (to/towards *sb/sth*): *Se volvió y me miró.* She turned round and looked at me. ◇ *Se volvió hacia Elena.* He turned towards Elena. **2** (*convertirse*) to become: *Se ha vuelto más tolerante.* She's become more tolerant. ◇ *~se loco* to go mad LOC **volver en sí** to come round ◆ **volver la cara** to look the other way

vomitar *vi* to be sick, to vomit (*más formal*): *Tengo ganas de ~.* I think I'm going to be sick.
▶ *vt* to bring *sth* up: *Vomité toda la cena.* I brought up all my dinner.

vómito *nm* vomit, sick (*más coloq*) [*incontable*]

vosotros, **-as** *pron* you: *¿Vosotros vais a la fiesta?* Are you going to the party?

votación *nf* vote LOC **votación secreta** secret ballot *Ver tb* SOMETER

votante *nmf* voter

votar *vt, vi* to vote (*for sb/sth*): *Voté a los verdes.* I voted Green/for the Greens. ◇ *~ a favor/en contra de algo* to vote for/against sth LOC **votar en blanco** to spoil your vote ◆ **votar por correo** to have a postal vote

voto *nm* **1** (*Pol*) vote: *100 ~s a favor y dos en contra* 100 votes in favour, two against **2** (*Relig*) vow LOC **voto en blanco** blank ballot paper ◆ **voto nulo** spoilt ballot paper *Ver tb* VOZ

V

voz *nf* **1** voice **2** (*grito*) shout: *Dale una ~ a tu hermano para que venga.* Give your brother a shout. ◇ *dar/pegar voces* to shout LOC **a voz en grito** at the top of your voice ◆ **en voz alta/baja** loudly/quietly: *¡Aquí no hables en ~ tan alta!* Don't talk so loudly here! ◇ *decir algo en ~ baja* to say sth quietly ◆ **leer, pensar, etc. en voz alta** to read, think, etc., aloud ◆ **llevar la voz cantante** to be the boss ◆ **no tener ni voz ni voto** to have no say *in sth*: *Yo me callo porque no tengo ni ~ ni voto.* I'll be quiet, as I've got no say in the matter. *Ver tb* BUZÓN, CORRER

vuelo *nm* **1** (*pájaro, avión*) flight: *el ~ Roma-Madrid* the Rome-Madrid flight ◇ *~s nacionales/internacionales* domestic/international flights **2** (*falda*): *Esa falda tiene mucho ~.* That skirt's very full. LOC **al vuelo** (*rápido*) very fast: *Lo capta todo al ~.* He understands everything very fast. ◆ **vuelo regular** scheduled flight ◆ **vuelo sin motor** gliding *Ver tb* AUXILIAR, REMONTAR

vuelta *nf* **1** (*regreso*) return: *la ~ a la normalidad* the return to normality ◇ *Te veré a la ~.* I'll see you when I get back. **2** (*Dep*) lap: *Dieron tres ~s a la pista.* They did three laps of the track. **3** (*cambio*) change: *Quédese con la ~.* Keep the change. LOC **a la vuelta de la esquina** (just) around the corner: *El verano está a la ~ de la esquina.* Summer's just around the corner. ◆ **dar (dos, etc.) vueltas a/alrededor de algo** to go round sth (twice, etc.): *La Luna da ~s alrededor de la Tierra.* The moon goes round the earth. ◆ **dar la vuelta a la manzana/al mundo** to go round the block/world ◆ **darle la vuelta a algo** to turn sth over: *Dale la ~ al filete.* Turn the steak over. ◆ **darle vueltas a algo 1** (*pensar*) to worry about sth: *Deja de darle ~s al asunto.* Stop worrying about it. **2** (*comida*) to stir sth: *No dejes de dar ~s al caldo.* Keep stirring the soup. **3** (*girar*) to turn sth: *Siempre le doy dos ~s a la llave.* I always turn the key twice. ◆ **dar media vuelta** to turn round ◆ **darse la vuelta 1** (*de pie, sentado*) to turn round: *Se dio la ~ y nos vio.* She turned round and saw us. **2** (*tumbado*) to turn over: *Túmbate y no te des la ~ hasta que yo lo diga.* Lie down and don't turn over till I tell you. ◆ **dar vueltas 1** (*girar*) to spin: *La Tierra da ~s sobre su eje.* The earth spins on its axis. **2** (*perderse*) to go all over the place: *Hemos dado muchísimas ~s para llegar aquí.* We've been all over the place on the way here. ◆ **(ir/salir a) dar una vuelta** to go (out) for a walk ◆ **vuelta ciclista** cycle race ◆ **vuelta de campana** somersault: *El coche dio tres ~s de campana.* The car somersaulted three times. *Ver tb* BILLETE, IDA, PARTIDO

vuestro, **-a** *adj* your: *vuestra casa* your house
▶ *pron* yours: *¿Son estos los ~s?* Are these yours? ❶ *Un primo vuestro* se traduce por 'a cousin of yours', ya que significa "uno de vuestros primos".

vulgar *adj* (*grosero*) vulgar

vulnerable *adj* vulnerable

Ww

walkman® *nm* Walkman® [*pl* Walkmans]
wáter *nm Ver* VÁTER
waterpolo *nm* water polo
web *nm o nf* website: *el/la ~ de la empresa* the company's website
▶ *nf* **la web** the Web: *buscar algo en la ~* to search for something on the Web LOC *Ver* CÁMARA, PÁGINA, SITIO

webcam *nf* webcam

whisky *nm* whisky [*pl* whiskies]

Wi-Fi® *nm* Wi-Fi®: *zona ~* Wi-Fi area

windsurf *nm* windsurfing: *hacer ~* to go windsurfing LOC *Ver* TABLA

Xx

xenofobia *nf* xenophobia
xenófobo, **-a** *adj* xenophobic
▶ *nm-nf* xenophobe
xilófono *nm* xylophone

Yy

y *conj* **1** [*copulativa*] and: *chicos y chicas* boys and girls **2** [*en interrogaciones*] what about...?: *¿Y tú?* What about you? **3** (*para decir qué hora es*) past, after (*USA*): *Son las dos y diez.* It's ten past two. LOC **¿y qué?** so what?

ya *adv* **1** [*referido al pasado*] already: *¿Ya lo has terminado?* Have you finished it already? ➲ *Ver nota en* YET **2** [*referido al futuro*]: *Ya veremos.* We'll see. ◇ *Ya te escribirán.* They'll write to you (eventually). **3** [*referido al presente*] now: *Estaba muy enfermo pero ya está bien.* He was very ill but he's fine now. **4** [*uso enfático*]: *Ya lo sé.* I know. ◇ *Sí, ya entiendo.* Yes, I understand. ◇ *Ya verás, ya.* Just you wait and see.
▶ **¡ya!** *interj* of course LOC **ya no...** not... anymore: *Ya no vivo allí.* I don't live there anymore. ◆ **ya que...** as...: *Me quedo en casa, ya que no sale nadie.* As no one's going out, I'll stay at home too. ◆ **¡ya voy!** coming! *Ver tb* BASTAR

yacimiento *nm* **1** (*Geol*): *~ de gas/carbón/petrolífero* gas field/coalfield/oilfield **2** (*Arqueología*) site

yanqui *adj, nmf* Yankee: *la hospitalidad ~* Yankee hospitality

yate *nm* yacht

yegua *nf* mare

yema *nf* **1** (*huevo*) (egg) yolk **2** (*dedo*) (finger) tip: *No siento las ~s de los dedos.* I can't feel my fingertips. ◇ *la ~ del pulgar* the tip of the thumb **3** (*Bot*) bud

yerba *nf Ver* HIERBA

yerno *nm* son-in-law [*pl* sons-in-law]

yeso *nm* plaster

yo *pron* **1** [*sujeto*] I: *Iremos mi hermana y yo.* My sister and I will go. ◇ *Lo haré yo mismo.* I'll do it myself. **2** [*en comparaciones, con preposición*] me: *Llegaste antes que yo.* You got here before me. ◇ *excepto yo* except (for) me LOC **soy yo** it's me ◆ **¿yo?** me?: *¿Quién dices? ¿Yo?* Who do you mean? Me? ◆ **yo que tú** if I were you: *Yo que tú no iría.* I wouldn't go if I were you.

yodo *nm* iodine

yoga *nm* yoga: *hacer ~* to do yoga

yogur *nm* yogurt LOC **yogur descremado/desnatado** low-fat yogurt ◆ **yogur líquido** drinking yogurt

yóquey (*tb* **yoqui**) *nmf* jockey [*pl* jockeys]

yudo *nm* judo

yuyu *nm* (*mareo*): *Hacía tanto calor que le dio un ~.* It was so hot she fainted. LOC **dar yuyu** to freak *sb* out

Zz

zafiro *nm* sapphire
zaguán *nm* hallway
zamarra *nf* **1** (*chaqueta de piel*) sheepskin jacket **2** (*chaqueta gruesa*) heavy jacket
zambomba *nf* traditional percussion instrument
zambullirse *vp* (*bañarse*) to take a dip
zampar *vi* to stuff yourself
▶ **zampar(se)** *vt, vp* to wolf *sth* down
zanahoria *nf* carrot
zancada *nf* stride
zancadilla *nf* LOC **echar/poner la zancadilla** to trip *sb* up: *Le pusiste la ~.* You tripped him up.
zángano, -a *nm-nf* layabout
zanja *nf* trench
zanjar *vt* to put an end to *sth*
zapatería *nf* shoe shop, shoe store (*USA*)
zapatero, -a *nm-nf* cobbler: *Tengo que llevar estos zapatos al ~.* I have to take these shoes to be repaired.
zapatilla *nf* **1** (*pantufla*) slipper **2** (*de deporte*) **(a)** trainer, sneaker (*USA*) **(b)** (*Ballet, Tenis*) (ballet/tennis) shoe LOC **zapatillas de esparto** espadrilles
zapato *nm* shoe: *~s planos* flat shoes ◇ *~s de tacón* high-heeled shoes
zapping *nm* channel hopping: *hacer ~* to channel hop
zarandear *vt* to shake: *La zarandeó para que dejara de gritar.* He shook her to stop her shouting.
zarpa *nf* paw
zarpar *vi* **~ (hacia/con rumbo a)** to set sail (for...): *El buque zarpó con rumbo a Malta.* The boat set sail for Malta.
zarza *nf* bramble
zarzamora *nf* blackberry [*pl* blackberries]
¡zas! *interj* bang
zigzag *nm* zigzag: *un camino en ~* a zigzag path
zinc *nm Ver* CINC
zodiaco (*tb* **zodíaco**) *nm* zodiac: *los signos del ~* the signs of the zodiac
zombi *adj, nmf* zombie: *ir ~* to go round like a zombie
zona *nf* **1** (*área*) area: *~ industrial/residencial* industrial/residential area ◇ *~ de fumadores* smoking area **2** (*Anat, Geog, Mil*) zone: *~ fronteriza/neutral* border/neutral zone LOC **zona (del) euro** eurozone ◆ **zona norte, etc.** north, etc.: *la ~ sur de la ciudad* the south of the city ◆ **zona peatonal** pedestrianized area ◆ **zona verde** green space
zoo (*tb* **zoológico**) *nm* zoo [*pl* zoos]
zoquete *adj* thick, dumb (*USA*)
▶ *nmf* idiot
zorro, -a *nm-nf* (*animal*) fox

> Para referirnos sólo a la hembra, decimos **vixen**. A los cachorros se les llama **cubs**.

▶ *nm* (*piel*) fox fur: *un abrigo de ~* a fox fur coat LOC **estar/quedarse hecho unos zorros** to be shattered
zueco *nm* clog
zulo *nm* cache
zumbado, -a *adj* (*loco*) crazy *Ver tb* ZUMBAR
zumbar *vt, vi* LOC **irse/salir zumbando** to rush off: *Miró su reloj y salió zumbando.* He looked at his watch and rushed off. ◆ **zumbarle los oídos a algn** to have a buzzing in your ears
zumbido *nm* **1** (*insecto, en el oído*) buzzing [*incontable*]: *Se oían los ~s de las moscas.* You could hear the flies buzzing. ◇ *Tengo un ~ en los oídos.* I have a buzzing in my ears. **2** (*máquina*) humming [*incontable*]
zumo *nm* (fruit) juice: *~ de naranja natural* fresh orange juice
zurcir *vt* to darn LOC **¡que te zurzan!** get lost!
zurdo, -a *adj* left-handed: *ser ~* to be left-handed
zurrar *vt* to hit
zurrón *nm* bag

Sección de referencia

Sección "I can..."

para ampliar el vocabulario y mejorar las técnicas de uso del diccionario

Sección de Comunicación

para desenvolverse mejor en situaciones cotidianas

Diccionario en imágenes

Mapas

I can talk about where I live

1 Piensa en todos los tipos de casa que conozcas (p. ej. *chalet*, *granja*). Luego mira la página 348 y añade las que te falten. Escribe las palabras en el Recuadro 1.

2 Ve a las entradas de las palabras en **negrita**, mira los ejemplos y busca cómo se dicen las siguientes expresiones en inglés.

- *el **centro** de la ciudad*
- *vivir en el **campo***
- *ir a la **ciudad***
- *en las **afuera**s de Madrid*
- *un bloque de ocho **piso**s*
- *un **chalet** adosado*

3 ¿Qué palabras están más relacionadas con la vida en la ciudad y cuáles se refieren a la vida en el campo? Busca el significado de las palabras que no conozcas y escribe cada una en el espacio correspondiente en el Recuadro 3.

quiet exciting noisy healthy stressful peaceful hectic boring convenient

4 Mira el recuadro **More to Explore** en la página 348 y elige las palabras que describen el exterior de una casa.

5 Busca los nombres de cinco habitaciones en inglés. Puedes encontrar ayuda en el recuadro **More to Explore** o puedes emplear el lado Español-Inglés del diccionario.

6 Las siguientes palabras son objetos de mobiliario. ¿Puedes ordenar las letras?

h a c r i CHAIR
b o c p a r u d
g u r
t o o s l
c u n o i s h
f a s o

Escribe las palabras en el Recuadro 6. ¿Se te ocurren más muebles? Anótalos en el Recuadro 6.

7 ¿De qué material está hecho? Relaciona los muebles del Ejercicio 6 con los siguientes materiales.

silk leather wool wood metal plastic cotton

8 Busca cómo se dicen en inglés las siguientes palabras.

bonito moderno luminoso cómodo oscuro anticuado acogedor elegante desordenado

9 Ahora prepara una pequeña presentación oral utilizando una de las siguientes ideas:

a) Describe tu dormitorio y di lo que te gusta y lo que no te gusta, o;

b) Busca una foto de la casa de algún famoso y descríbela. Los demás tienen que adivinar de quién es la casa.

homes 1
house
farm

2
go into town

city	**country** 3
hectic	

exteriors 4
balcony

rooms 5
bathroom

furniture 6
sofa

materials 7
armchair – leather

style 8
elegant

I can talk about my school

1 ¿Qué llevas en tu mochila? Mira la página 355 o busca las palabras en el lado Español-Inglés del diccionario para saber cómo se dicen en inglés. Anótalas en el Recuadro 1.

2 ¿Sabes decir estas expresiones? ¿Dónde llevan el acento? Búscalas para saber cuál es la sílaba acentuada, y escríbelas en el Recuadro 2.

waste-paper basket
whiteboard half-term
homeschooling ICT
felt-tip pen set square
boarding school

3 Escribe en el Recuadro 3 tu horario de clases con los nombres de las asignaturas en inglés.

4 Relaciona los objetos de la izquierda con las asignaturas en las que se utilizan.

calculator	**PE**
atlas	**chemistry**
dictionary	**maths**
sports kit	**English**
test tube	**geography**

5 ¿Dónde se encuentran estos objetos? Escríbelos en el espacio correspondiente. Algunos objetos pueden encontrarse en más de un lugar.

encyclopedia desk funnel
projector microscope
goalpost pitch textbook

6 Busca estos ejemplos en las entradas de las palabras en **negrita** y escribe las traducciones en el Recuadro 6.

- *hacer un* ***examen***
- *estar de* ***exámen****es*
- *hacer tus* ***debere****s*
- *cometer un* ***error***
- *hacer* ***repaso***

7 Ahora ve a las entradas de las palabras inglesas en **negrita** y completa las frases.

- *to* ***test*** *somebody ___ their vocabulary*
- *to* ***study*** *___ your exams*
- *We're ___* ***class****.*
- *I'm going to* ***give*** *___ French next year.*
- *School* ***breaks*** *___ on the 21st of December.*

8 Hay algunas diferencias entre la escuela británica y la americana. ¿Cuál de estas palabras se usan sólo en Estados Unidos? Anótalas en el Recuadro 8.

registration
senior high school
head teacher
grade point average
sixth-form college
half-term
schoolwork
junior

1
pencils
2
waste-paper basket
3
Monday
Tuesday
Wednesday
Thursday
Friday
"HAMLET"
To be or not to be
4
calculator – maths
5
library
playing field
classroom
desk
lab
6
take an exam
7
test sb on their vocabulary
8
inglés americano
senior high school

I can talk about my hobbies

1 Mira la página 354 y anota las actividades que más te gustan. Hay más actividades deportivas en las páginas 356-359.

2 Busca las palabras en **negrita** en el diccionario y completa las siguientes frases con las preposiciones correctas. Escribe las frases en el Recuadro 2.

- *I'm* ***interested*** ____ *the cinema.*
- *They're* ***mad*** ____ *football.*
- *She's not very* ***keen*** ____ *sport.*
- *He's* ***obsessed*** ____ *his bike.*
- *She's* ***crazy*** ____ *ballet.*

3 Escribe cada actividad en la columna correspondiente del Recuadro 3.

drawing crochet judo long jump reggae karate sketching relay rock knitting pole vault sewing blues painting tae kwon do

4 ¿Músicos o deportistas? Escribe cada palabra en su columna correspondiente.

referee conductor striker substitute vocalist defender soloist

5 Algunas palabras se utilizan en el mundo del deporte y en el de la música, aunque con diferentes significados. Busca las siguientes palabras en el diccionario y escribe cómo se traducirían al español tanto en el contexto deportivo como en el musical.

baton pitch score

6 Busca el equivalente en inglés de los siguientes términos futbolísticos.

tiro libre centrocampista eliminatoria pichichi empate a cero cabecear juez de línea

Ahora añade palabras en inglés relacionadas con otro deporte o actividad que te interese particularmente.

7 Anota los resultados de abajo en el Recuadro 7 y escribe junto a cada uno lo que significan en números. Si necesitas ayuda, mira el lado Inglés-Español del diccionario.

four all nil-nil love-forty one zero

8 Estas palabras relacionadas con la música contienen una letra muda. Anótalas en el Recuadro 8 y subraya la letra que no se pronuncia.

rhythm chord guitar choir

9 Prepara una pequeña presentación oral sobre cómo pasas tu tiempo libre o sobre alguna actividad que te gusta practicar. También puedes hablar de algún deporte o tipo de música que te interese particularmente.

My hobbies 1

2 *I'm interested in the cinema.*

3

music	art	craft	athletics	martial arts

4

musicians	sportspeople

6 *free kick*

5
baton –
–
pitch –
–
score –
–

7 **scores**
4:4 – four all

8 *rhythm*

I can talk about clothes

1 Imagina que estás preparando la maleta para las siguientes ocasiones. ¿Qué prendas de vestir te llevarías? Escribe tus respuestas en el Recuadro 1.

- a holiday in the sun
- a hiking trip in Ireland
- the wedding of a relative
- a party in the summer

2 ¿**Wear** o **carry**?
¿Cuál de estos verbos se emplea con cada una de las siguientes palabras? Pon cada palabra en la columna correspondiente del Recuadro 2. Si tienes dudas, ve a la entrada **wear** y lee la nota explicativa.

glasses **a rucksack**
a briefcase **gloves**
earrings **a handbag**
a bracelet **a suitcase**
boots

3 ¿Riman las siguientes parejas de palabras?

shirt/skirt **wear/gear**
blouse/loose **suit/boot**
fleece/lace **cap/cape**

4 ¿Cómo se dicen en inglés las siguientes palabras? Escribe las respuestas en el Recuadro 4.

manga **hebilla** **botón**
cintura **capucha** **lazo**
cinturón **cremallera**

5 Pon cada palabra en la columna correspondiente en el Recuadro 5.

stripe **spot** **satin** **silk**
checked **suede** **zigzag**
cashmere **floral** **cotton**

6 Busca las parejas de palabras que tienen significados opuestos y escríbelas en el Recuadro 6.

put sth on **clash** **lengthen**
go with sth **take sth off**
undo **fasten** **loose**
tight **shorten**

7 ¿Cómo se dicen estas palabras en inglés? ¿Qué tienen todas en común?

pijama **pantalón** **pantis**
vaqueros **gafas** **calzoncillo**

8 Busca el significado de las palabras de abajo en el diccionario.

like **suit** **size** **fit** **alter**
smart **casual** **stylish**

Ahora inventa un diálogo entre dos amigos en una tienda de ropa utilizando estas palabras y otras que hayas repasado en esta sección.

En la página **I can talk about where I live** encontrarás más palabras relacionadas con los tejidos.

holiday in the sun

shorts

hiking trip in Ireland

1

wedding of a relative

party in the summer

2

wear | **carry**

glasses

rhymes 3

shirt – skirt ✓

4

manga – sleeve

patterns	**materials** 5
stripe	

6

put sth on – take sth off

7

pyjamas

I can talk about work

1 Pon las siguientes profesiones en su categoría correspondiente en el Recuadro 1.

doctor executive bricklayer technician software developer photographer surgeon surveyor entrepreneur midwife architect accountant editor programmer journalist

¿Puedes añadir alguna más? Ve a la página 351 si necesitas ayuda.

2 ¿Cuáles son los pasos para conseguir un trabajo? Pon las siguientes frases en orden en el Recuadro 2.

You sign a contract.
You get an interview.
You apply for the job.
You are offered the job.
You see an advertisement.

3 Busca el significado de estas expresiones. Todas tienen que ver con dejar un trabajo.

retire be sacked resign be made redundant

4 Utiliza el lado Español-Inglés de tu diccionario para saber cómo se dicen en inglés las siguientes expresiones. Escribe tus respuestas en el Recuadro 4.

- *trabajar a* ***tiempo*** *parcial*
- *trabajar la* ***jornada*** *completa*
- *quedarse sin* ***trabajo***
- *un* ***contrato*** *basura*
- ***baja*** *por maternidad*
- *los trabajadores* ***autónomo****s*
- ***día*** *festivo*
- *estar en* ***paro***
- *un trabajo* ***mileurista***
- *el* ***salario*** *mínimo*

5 Relaciona las palabras de las dos columnas para formar expresiones relacionadas con el mundo laboral. Comprueba tus respuestas en las entradas de las palabras en **negrita**.

pay	tax
labour	estate
work	relations
industrial	experience
income	rise

Ahora utiliza tu diccionario para buscar otras tres expresiones que empiecen con el verbo **pay**.

6 Lee la nota explicativa en la entrada de **work** y corrige las palabras en **negrita**.

- *I've found a new* ***work****.*
- *She's looking for* ***job****.*
- *the legal* ***occupation***
- *He's a plumber by* ***profession****.*

7 ¿Cómo describirías un trabajo? Pon los siguientes adjetivos en su categoría correspondiente.

rewarding monotonous responsible well paid challenging boring exciting varied stressful dull

8 a) Prepara una presentación oral sobre tu trabajo ideal, o;

b) Compara dos trabajos muy diferentes, p.ej. minero y comerciante.

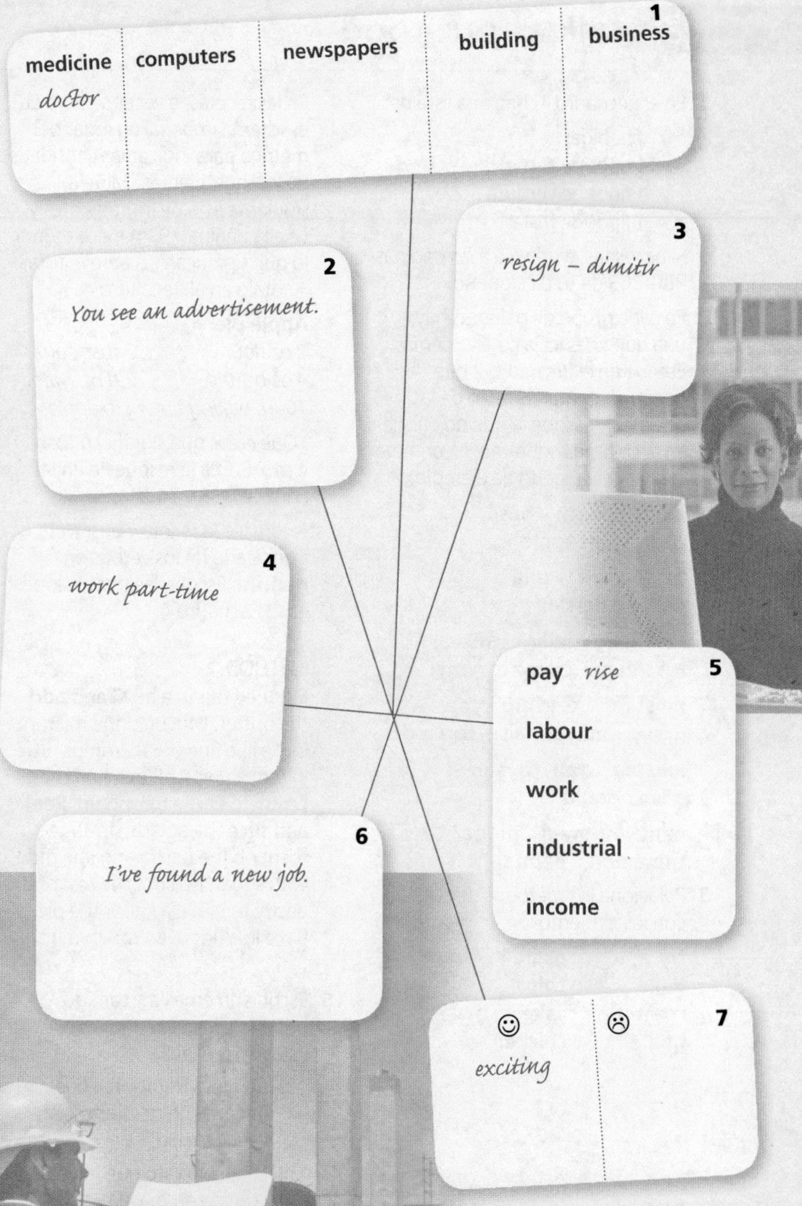
1
medicine
doctor
computers
newspapers
building
business
2
You see an advertisement.
3
resign – dimitir
4
work part-time
5
pay rise
labour
work
industrial
income
6
I've found a new job.
7
☺
exciting
☹

I can talk about food

1 En el Recuadro 1, haz una lista de:

- 4 bebidas
- 4 tipos de carne
- 4 tipos de verdura
- 4 tipos de fruta

Si necesitas ayuda, ve a las páginas 360-363 de tu diccionario.

2 En cada grupo de palabras hay una que no encaja con las demás. Escribe en el Recuadro 2 qué tienen en común el resto de las palabras y escribe la que no encaja en la columna sobrante. La primera está hecha a modo de ejemplo.

plum peach basil
pear pineapple

trout cod tuna
plaice parsley

rosemary jelly trifle
ice cream crème caramel

mustard ketchup
gravy mayonnaise coriander

lobster crab oyster
olive squid

mint nutmeg ginger
cinnamon pepper

3 Relaciona los métodos de cocción con los alimentos.

fry	**pasta**
bake	**chips**
roast	**cake**
boil	**chicken**

4 En las recetas, a veces se emplea el sistema imperial en lugar del métrico para indicar las cantidades de los ingredientes. Mira la siguiente lista de ingredientes y ve a la página 792 para descubrir lo que significan las abreviaturas. Anótalo en el Recuadro 4.

Apple pie

8 oz flour	*2 tbsp sugar*
4 oz butter	*2 fl oz water*
10-in. baking tin	*2 lb apples*

¿Qué crees que significan *tbsp* y *tsp*? Busca la respuesta en las páginas 738 y 742.

Ahora lee la receta y busca el significado de los verbos en **negrita**. Escribe las traducciones en el Recuadro 4.

METHOD:
Put the flour in a bowl and **add** the butter. **Mix** until the mixture looks like fine breadcrumbs. **Stir** in the water. **Roll out** half the pastry to fit the baking tin. **Peel** and **slice** the apples, arrange them on the pastry and **sprinkle** with sugar. Roll out the rest of the pastry to make a lid for the pie. Bake in a hot oven for 25 mins.

5 Escribe un email a tu amigo británico describiendo una de estas dos cosas:

a) un plato tradicional que se come en ocasiones especiales, o;

b) el mejor plato que hayas comido en tu vida.

1
drinks
meat
vegetables
fruit
2
fruit
plum
peach
pear
pineapple
basil
3
fry – chips
4
oz = ounce
add – añadir

I can talk about the weather

1 ¿Sabes cómo se dicen las cuatro estaciones del año en inglés? Escríbelas en la parte superior de las columnas del Recuadro 1. La primera está hecha a modo de ejemplo. Si necesitas ayuda mira la página 370 de tu diccionario.

¿Qué prendas hacen falta en cada estación donde tú vives? Pon cada una de las siguientes prendas en su columna correspondiente en el Recuadro 1. Quizá alguna prenda haga falta en más de una estación.

gloves sunglasses scarf
T-shirt umbrella fleece
overcoat light jacket
shorts jumper sweatshirt

2 Las siguientes palabras están relacionadas con el tiempo. Ordena las letras y escribe las palabras en el Recuadro 2.

w o s n

n i r a

o r s t m

d i w n y

g o f

y n n u s

Comprueba tus respuestas en la página 370.

3 En el recuadro **More to Explore** de la página 370 hay más palabras para describir el tiempo. Búscalas en el diccionario y escríbelas junto a su significado en el Recuadro 3.

¿Cómo se dice *llovizna* en inglés? ¿Y *chubasco*? Busca más palabras relacionadas con el tiempo en el lado Español-Inglés del diccionario y escríbelas en el Recuadro 3 junto a su traducción.

4 En inglés se utiliza el verbo **be** para hablar del tiempo. Por ejemplo, "*Hace calor*" se dice '*It's hot*'. Escribe en el Recuadro 4 las siguientes frases traducidas al inglés. En la página 370 encontrarás las palabras que necesitas.

- *Hace sol.*
- *Hace viento.*
- *Hace mucho calor.*
- *Hace mucho frío.*
- *Hace un poco de frío.*
- *Llueve.*

5 ¿Cuál es la diferencia entre **cold** y **chilly**? ¿Y entre **hot** y **warm**? Mira las notas explicativas en las entradas **frío** y **caliente**.

6 Imagina que estás escribiendo un email a un amigo de otro país que va a venir a estudiar a tu ciudad. Háblale del tiempo y describe las condiciones meteorológicas en cada estación del año. Cuéntale lo que te gusta y lo que no, y aconséjale en cuanto al tipo de ropa que debería traer.

spring				1

2

snow

3

boiling – sofocante

4

It's hot.

En la ciudad

1 Cuando estás en una ciudad desconocida y necesitas pedir indicaciones para llegar a un lugar, es importante saber pronunciar las palabras correctamente.

Subraya la sílaba acentuada en las palabras de abajo.

EJEMPLO: supermarket

station newsagent's chemist's library cathedral ATM

Comprueba tus respuestas en el diccionario.

2 Estas palabras forman lugares que se encuentran en una ciudad.

Relaciona las palabras de cada columna.

post	**station**
department	**cafe**
police	**office**
city	**store**
Internet	**centre**

¿Se te ocurren otras palabras compuestas para describir lugares de la ciudad? Si necesitas ayuda mira las páginas 349–350 del diccionario.

3 Busca las palabras en **negrita** en tu diccionario para ver cómo se dicen en inglés las siguientes frases.

- ***torcer** a la izquierda/derecha*
- *sigue todo **recto***
- ***cruzar** la calle*
- *sigue por la **izquierda***
- *hay que **subir/bajar** esta calle*

4 Lee el siguiente diálogo.

You: Excuse me, could you tell me the way to the *tourist office*?

Passer-by: Yes, of course. Go straight down this street and turn *left* at the *traffic lights*. Then it's on your *right*.

You: Thank you. Is it far?

Passer-by: No, about *five* minutes.

You: Oh, and is there *an Internet cafe* near here?

Passer-by: Yes. There's one *opposite the supermarket*. Cross over the road, go past the *bank*, and take the *first* turning on your *left*.

You: Thank you. That's very kind.

Passer-by: No problem. You're welcome.

Ahora inventa otro diálogo en el que alguien pide indicaciones. Sustituye las palabras en *cursiva* por otras diferentes.

Mira las notas de vocabulario en las entradas de **help, information** y **thank** para encontrar más expresiones que utilizar en tu diálogo.

De compras

1 Mira la lista de la compra. Escribe los nombres de las tiendas a las que tendrías que ir para conseguir cada cosa. Si necesitas ayuda, ve a la página 350 del diccionario.

bread sausages aspirin
plant for Auntie's birthday
magazine tin of tomatoes T-shirt

2 ¿Qué se puede comprar en cada tienda? Pon cada artículo en el recuadro correspondiente.

map	plasters
rolls	magazines
suncream	toothpaste
bagels	panini
guidebook	SIM card

CHEMIST'S

BAKER'S

NEWSAGENT'S

¿Se te ocurren más cosas que se podrían comprar en estas tiendas?

3 Relaciona cada palabra de la columna izquierda con una de la columna derecha que tenga un significado similar.

cheap	make
reduction	receipt
till	cash
client	discount
changing room	checkout
brand	inexpensive
bill	customer
money	fitting room

4 Mira las entradas de las palabras en **negrita** y busca cómo se dicen en inglés las siguientes expresiones.

- *ir de* ***escaparates***
- ***zapatos*** *planos/de tacón*
- *¿Qué número calzas?* (***calzar***)
- *No me gusta mucho el* ***amarillo***.
- ***probarse*** *unas zapatillas*
- *¿Estos son del mismo* ***tamaño***?
- *¿Puedo* ***pagar*** *con tarjeta de crédito?*

Ahora mira la acepción número 5 de la entrada **quedar**. ¿Cómo se dicen las siguientes frases en inglés?

- *¿Qué tal me quedan los zapatos?*
- *Te quedan muy bien.*
- *Los negros te quedan grandes.*

5 Lee el siguiente diálogo.

Assistant: Can I help you?
You: Yes, please. I like the *grey trainers* in the window. Do you have them in *white*?
Assistant: No, I'm afraid not. But we have them in *red*. Would you like to see them?
You: Yes. Can I try them on?
Assistant: Yes, of course. What size do you take?
You: 37, please.
Assistant: OK. Here you are.

******

You: They're a bit too *small*, I think. How do they look?
Assistant: Yes, they're a little *small*. Why don't you try on the *38*?

******

You: That feels better.
Assistant: Oh yes! They really suit you.
You: OK, I'll take them. Can I pay in cash?
Assistant: Yes, of course.

Practica el diálogo. Luego escribe un nuevo diálogo sustituyendo las palabras en *cursiva*. Mira las notas de vocabulario en las entradas de **help**, **offer** y **prefer** para encontrar otras expresiones que utilizar.

Comer fuera

1 ¿Qué palabras podrías poner en las siguientes categorías? Busca más palabras en las páginas a color 360–361.

BREAKFAST	MEAT AND FISH	OBJECTS ON THE TABLE

Ahora busca las siguientes palabras en el diccionario y ponlas en la categoría correspondiente.

juice	chopsticks	mackerel	glass	duck	decaff
omelette	tuna	pork	yogurt	dish	napkin

2 Utiliza tu diccionario para encontrar otras cinco comidas que pedirías en un bar o en un restaurante. Anótalas junto a su traducción al español.
Encontrarás muchas más en la sección "**Food**" en el **Diccionario temático** del CD-ROM.

3 Une las dos mitades de las frases para formar expresiones.

Could I see the	**the bill, please?**
What would you like	**eat here or take away?**
Do you have a	**the pasta, and then the chicken.**
Do you want to	**table for two?**
I'll have	**menu, please?**
Can we have	**to drink?**

4 Lee el diálogo.

You: Do you have a table for *four*, please?
Waiter: Would this one be OK, sir?
You: Yes, fine. Could we see the menu?

******

Waiter: Are you ready to order?
You: I'd like the *salad* as a starter.
Waiter: And for the main course?
You: I'll have the *steak*.
Waiter: How would you like it?
You: *Medium rare*, please.
Waiter: It comes with *chips* and *green beans*. What would you like to drink?
You: A *Coke*, please.

******

Waiter: Can I get you anything else? Would you like to see the dessert menu?
You: No, thanks. Could we have the bill, please?

Ahora practica el diálogo cambiando las palabras en *cursiva* por palabras del Ejercicio 1.

5 Escribe tu propio diálogo.

Tú y un amigo estáis en un restaurante y queréis comer algo. Pides algo pero hoy no tienen. Elige otra cosa y pídela. Cuando hayáis terminado, pide postre, café y la cuenta.

Mira las notas de vocabulario en las entradas de **hecho, like, please** y **recommendation** para encontrar más variedad de frases y expresiones que utilizar en tu diálogo.

Los viajes

1 ¿Qué medios de transporte conoces en inglés? Mira la página 347 para descubrir más.

2 Busca las palabras de abajo en el diccionario y ponlas en la categoría correspondiente.

platform	sleeper	check-in	flight attendant	rail	sailing
oar	port	station	airline	gate	dock

TRAINS & BUSES	BOATS	PLANES

3 Busca los verbos en **negrita** en tu diccionario y escribe *phrasal verbs* que signifiquen lo mismo que las palabras en español.

facturar	**check** ________	**averiarse**	**break** ________
despegar	**take** ________	**parar (en...)**	**stop** ________
salir, escaparse	**get** ________	**salir, partir**	**set** ________

4 ¿Cómo te gusta viajar? ¿Prefieres el autobús o el tren? ¿Sueles llevar mucho equipaje? Mira la nota explicativa en **prefer** para encontrar expresiones que podrías utilizar. También puedes utilizar las palabras del recuadro de abajo.

fast/slow	cheap/expensive	convenient/inconvenient
comfortable/uncomfortable	fun/boring	reliable/unreliable

5 Lee los siguientes diálogos.

AT THE BUS STATION

You: What time is the next bus to *Oxford?*
Clerk: It's at *4.30*, in *15* minutes.
You: And what time does it arrive?
Clerk: It takes about *two* hours.
You: Can I have a *return*, please?
Clerk: Yes, of course. That's *sixteen* pounds.
You: Is there a student discount?
Clerk: Yes, *twelve pounds fifty* for students.

AT THE AIRPORT

Clerk: Good morning. Can I see your passport, please?
You: Here you are.
Clerk: Do you have any luggage to check in?
You: *One* suitcase. Can I have an *aisle* seat, please?
Clerk: Sorry, there aren't any left, I'm afraid. Any hand luggage?
You: Just this bag. Which gate does the flight leave from?
Clerk: Gate *27,* in *45* minutes.

Ahora escribe un diálogo nuevo. Sustituye las palabras en *cursiva.*

6 Escribe tu propio diálogo basado en la siguiente escena:

Quieres ir a Bath a pasar el día. En la estación te dicen que hay un tren en diez minutos. Es demasiado caro, así que preguntas si más tarde hay algún tren más barato. Te dicen que hay un tren a las 10. Pregunta si tiene descuento de estudiante y di que quieres una plaza junto a la ventana. Luego pregunta de qué anden sale el tren. En las entradas de **information**, **please** y **reservation** hay notas de vocabulario donde encontrarás más expresiones que utilizar.

La ortografía inglesa

La ortografía inglesa puede resultar un poco complicada porque la forma escrita es bastante diferente de la forma oral. Para ayudarte, aquí tienes algunos consejos y ejercicios útiles para entender cómo se escriben las palabras en inglés.

Consonantes mudas

Hay muchas palabras que tienen consonantes mudas, es decir, una o más letras que no se pronuncian.

althou~~gh~~ **dou~~b~~t** **forei~~g~~n**
lis~~t~~en **We~~d~~nesday** **w~~h~~ich**

1 Mira estas palabras y decide cuál es la letra que no se pronuncia en cada una de ellas:

com~~b~~ knife muscle castle sign
science calm autumn would iron

Consonantes dobles

En algunas palabras la consonante final se repite antes de las desinencias **ed, er, est, ing,** y **y**.

*slip → sli**pp**ed* *fit → fi**tt**er*
*put → pu**tt**ing* *faithful → faithfu**ll**y*

Esto sólo ocurre cuando la palabra acaba en consonante + vocal + consonante.

*tap → ta**pp**ing PERO tape → ta**p**ing*
*fat → fa**tt**er PERO fast → fas**t**er*
*bet → be**tt**ing PERO beat → bea**t**ing*

y lo indicamos en la entrada de la siguiente forma:

mad /mæd/ *adj* **(madder, -est) 1** loco: *to be/go mad* estar/volverse loco ◇ *to be mad about sb/sth* estar loco por algn/algo **2** ~ **(at/with sb)** (*esp USA, coloq*) furioso (con algn) LOC **like mad** (*coloq*) como loco

skim /skɪm/ **(-mm-) 1** *vt* descremar, espumar **2** *vt* pasar casi rozando **3** *vt, vi* ~ **(through/over) sth** leer algo por encima **skimmed** *adj* desnatado, descremado

A continuación tienes una lista de algunas palabras que se escriben con consonante doble.

a**cc**o**mm**odation	mi**ll**ion
di**ff**erent	co**ll**eague
a**dd**ress	reco**mm**end
disa**pp**ointed	co**mm**ercial
ca**ss**e**tt**e	su**cc**essful
exce**ll**ent	co**mm**i**tt**ee
co**ff**ee	su**ff**er

2 Completa las siguientes frases utilizando la forma correcta de las palabras en **negrita**:

big	As usual, the boss got the *bigg*est pay rise.
hope	I'm ________ing to go to India next year.
log	I'm having trouble ________ing on to my computer.
beautiful	She sings ________y.
plan	I had ________ed to study, but I fell asleep.
write	I don't like ________ing letters.

Inglés británico e inglés americano

Existen diferencias importantes entre la ortografía británica y la americana.

- Las palabras que acaban en **our** en inglés británico acaban en **or** en inglés americano.

  colour (*GB*) **/ color** (*USA*)
  favour (*GB*) **/ favor** (*USA*)

- En algunas palabras las desinencias **re** y **ence** en inglés británico son sustituidas por **er** y **ense** respectivamente en inglés americano.

  centre (*GB*) **/ center** (*USA*)
  theatre (*GB*) **/ theater** (*USA*)
  defence (*GB*) **/ defense** (*USA*)
  licence (*GB*) **/ license** (*USA*)

- Los verbos que en Gran Bretaña pueden acabar en **ize** o **ise** se escriben siempre con **ize** en los Estados Unidos.

  realize, -ise (*GB*) / **realize** (*USA*)
  organize, -ise (*GB*) / **organize** (*USA*)

- La consonante final de muchos verbos se repite en inglés británico pero no en inglés americano.

  travelling (*GB) /* **traveling** (*USA*)

- Aquí tienes otras palabras que se escriben de forma distinta:

inglés británico	inglés americano
analyse	analyze
grey	gray
jewellery	jewelry
moustache	mustache
pyjamas	pajamas
tyre	tire

Mayúsculas

Recuerda que en inglés se escriben con mayúscula:

- los días de la semana:
  Sunday, Thursday
- los meses:
  January, December
- las festividades:
  Easter, Halloween, Christmas
- los gentilicios:
  She's Italian. ◇ *Spanish music*
- los idiomas:
  I speak Russian.
- los sustantivos y los adjetivos relativos a las creencias religiosas, políticas, etc.:
  He's Jewish. ◇ *I'm a Catholic.*
  ◇ *Nationalist movements*

ⓘ Las estaciones del año se escriben con minúscula (p. ej. *autumn*).

Palabras con guión

Muchas palabras se pueden escribir con o sin guión, p. ej. **email** o **e-mail** (en este diccionario utilizamos la forma **email**).

Normalmente se usa guión en los adjetivos compuestos acabados en **ed** o **ing**.
dark-eyed ◇ *hard-working* ◇ *good-looking*

Cada vez se tiende más a escribir los sustantivos sin guión, con espacio o todo junto.
ice cream ◇ *weekend* ◇ *cufflink*

➲ *Ver tb nota en* WELL BEHAVED

Recuerda que **advice** es el sustantivo (= consejo) y **advise** es el verbo (= aconsejar).

ei o ie?

A menudo, el sonido /iː/ se escribe **ie**, como en ***piece*** y ***believe***. Sin embargo, después de la letra **c** se escribe **ei**, p. ej. en ***receive*** y ***ceiling***. ¡Cuidado! Hay algunas excepciones a esta norma, p. ej. **seize** y **weird.**

Por teléfono

Hello.
Hello, is that Helen?
Yes, speaking.
Oh, hello. This is Mike.

Hello, could I speak to Simon, please?
Yes, of course. Can I ask who's calling?
It's Liz.
OK, just a minute, please.

Good morning. Could I speak to Dr Jones, please?
I'm afraid Dr Jones is out at the moment. Can I take a message?
No, thank you. I'll call back later. Goodbye.

Hi, Will. This is Sarah.
Hi, Sarah. Where are you calling from?
I'm on my mobile. I just wanted to tell you that I'll be an hour late.
Thanks for letting me know. I'll see you later then.
OK. See you later.

Los mensajes de texto

- *Hi. Are you free to meet tonight at 7?*
- *No. I could see you at 8.*
- *Great. Thanks. See you later.*

Para mandar mensajes de texto, se pueden usar las siguientes formas abreviadas:

2	to, too, two
2day	today
2moro	tomorrow
2nite	tonight
4	for, four
4eva	forever
@	at
asap	as soon as possible
b	be
b4	before
brb	be right back
btw	by the way
cn	can
cu	see you
cud	could
evry1	everyone
ez	easy
fone	phone
gd	good
gr8	great
l8	late
l8r	later
lol	laugh out loud
luvu	love you
msg	message
ne1	anyone
neway	anyway
no1	no one
pls	please
ppl	people
ruok?	are you OK?
sn	soon
spksn	speak soon
txt	text
thanx *o* **thx**	thanks
u	you
ur	you are
v	very
w	with
xoxoxo	hugs and kisses
yr	your, you're

Transport
El transporte

1. **plane** avión
2. **helicopter** helicóptero
3. **oil tanker** petrolero
4. **hydrofoil** aerodeslizador
5. **ferry** ferry
6. **coach** autocar
7. **(double-decker) bus** autobús
8. **lorry** (*USA* **truck**) camión
9. **car** coche
10. **bicycle** bicicleta
11. **train** tren

MORE TO EXPLORE

caravan	rail
cyclist	scooter
driver	ship
minibus	subway
moped	taxi
motorcycle	trailer
motorway	underground
people carrier	van

Houses
Las casas

1. **thatched cottage** casita con tejado de paja
2. **bungalow** bungalow
3. **detached house** casa unifamiliar no adosada
4. **semi-detached house** casa adosada (por un solo lado)
5. **terraced house** casa adosada (que forma parte de una hilera)
6. **block of flats** bloque de pisos

MORE TO EXPLORE

back door	front door	patio
balcony	garden	porch
bathroom	hall	roof
bedroom	kitchen	storey
corridor	lounge	upstairs
downstairs	maisonette	yard

Buildings
Los edificios

MORE TO EXPLORE

brick
church
concrete
library
mosque
police station
power station
skyscraper
steel
stone
synagogue
temple
tower block
town hall

11

1. **stately home** casa señorial
2. **monument** monumento
3. **ruin** ruina
4. **tower** torre
5. **castle** castillo
6. **pub** bar, taberna
7. **office block** bloque de oficinas
8. **warehouse** almacén
9. **dam** presa
10. **bridge** puente
11. **lighthouse** faro

Shops
Las tiendas

1. **fish and chip shop** freiduría que vende pescado con patatas fritas
2. **grocer's** tienda de comestibles
3. **baker's** panadería
4. **optician's** óptica
5. **butcher's** carnicería
6. **market** mercado
7. **flower stall** puesto de flores
8. **dry-cleaner's** tintorería
9. **clothes shop** tienda de ropa
10. **shopping centre** (*USA* **shopping cent** **shopping mall**) centro comercial
11. **garden centre** centro de jardinería

MORE TO EXPLORE

bill	chemist's	newsagent
bookshop	counter	receipt
carrier bag	customer	takeaway
change	florist	till
checkout	launderette	trolley

Jobs
Las profesiones

5

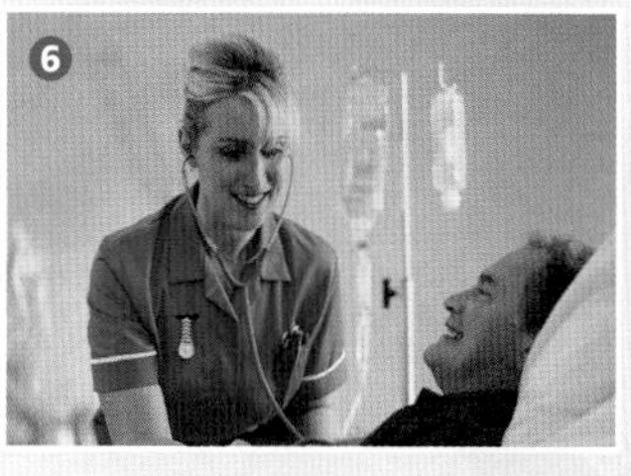

1. **fisherman** pescador
2. **cook** cocinero, -a
3. **teacher** profesor, -ora
4. **hairdresser** peluquero, -a
5. **painter** pintor, -ora
6. **nurse** enfermero, -a
7. **farmer** granjero, -a
8. **carpenter** carpintero, -a
9. **pilot** piloto

MORE TO EXPLORE

apprentice	manager
barber	plumber
baker	postman
designer	secretary
doctor	shop assistant
dustman	technician

The body
El cuerpo

1. **foot** pie
2. **knee** rodilla
3. **leg** pierna
4. **bottom** trasero
5. **back** espalda
6. **shoulder** hombro
7. **hand** mano
8. **arm** brazo
9. **head** cabeza
10. **wrist** muñeca
11. **finger** dedo
12. **hair** pelo, cabello
13. **eye** ojo
14. **ear** oreja
15. **nose** nariz
16. **mouth** boca
17. **neck** cuello

ankle	face
cheek	lip
chin	stomach
elbow	thigh
eyebrow	toe
eyelash	tooth

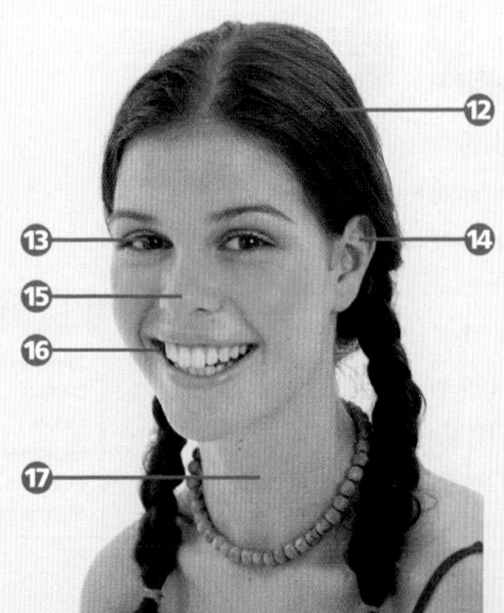

Clothes
La ropa

1. **woolly hat** gorro de lana
2. **hood** capucha
3. **sweatshirt** sudadera
4. **sunglasses** gafas de sol
5. **leather jacket** cazadora de cuero
6. **sweater** jersey
7. **jeans** (pantalones) vaqueros
8. **shoe** zapato
9. **hat** sombrero
10. **boot** bota
11. **belt** cinturón
12. **glove** guante
13. **denim jacket** cazadora vaquera
14. **shoulder bag** bolso para llevar colgado del hombro
15. **skirt** falda
16. **tights** (*USA* **pantyhose**) medias, pantis
17. **shirt** camisa
18. **tie** corbata
19. **jacket** americana
20. **briefcase** maletín
21. **trousers** pantalones
22. **suit** traje

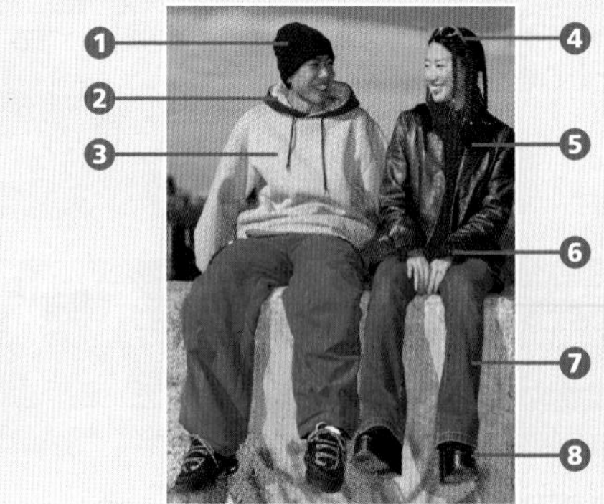

anorak	sandal
blouse	scarf
cap	shorts
coat	sock
crop top	T-shirt
dress	tracksuit
raincoat	underwear

Leisure
El ocio

1. **hiking** senderismo
2. **skateboarding** montar en monopatín, skate
3. **painting** pintura
4. **meeting friends** quedar con los amigos
5. **playing the guitar** tocar la guitarra
6. **reading** lectura
7. **in-line skating** patinaje en línea
8. **working out** hacer ejercicio
9. **chess** ajedrez
10. **dominoes** dominó
11. **snooker** billar (con 22 bolas)
12. **darts** dardos
13. **dice** dados
14. **cards** cartas, naipes

MORE TO EXPLORE

backpacking	clubbing	hobby
billiards	cookery	knitting
bowling	dancing	photography
camping	DIY	pool
cinema	drawing	roller skating

In class
En la clase

1. **blackboard** (*USA tb* **chalkboard**) pizarra
2. **map** mapa
3. **textbook** libro de texto
4. **file** carpeta, archivador
5. **exercise book** cuaderno (de ejercicios)
6. **calculator** calculadora
7. **pencil case** estuche
8. **school bag** mochila (del colegio)
9. **rubber** (*tb esp USA* **eraser**) goma
10. **pencil sharpener** sacapuntas
11. **pencil** lápiz
12. **ballpoint (pen)** bolígrafo
13. **felt-tip (pen)** rotulador
14. **highlighter** rotulador fluorescente
15. **ruler** regla

MORE TO EXPLORE

compasses	set square
dictionary	stapler
noticeboard	timetable
pen	waste-paper basket
register	whiteboard

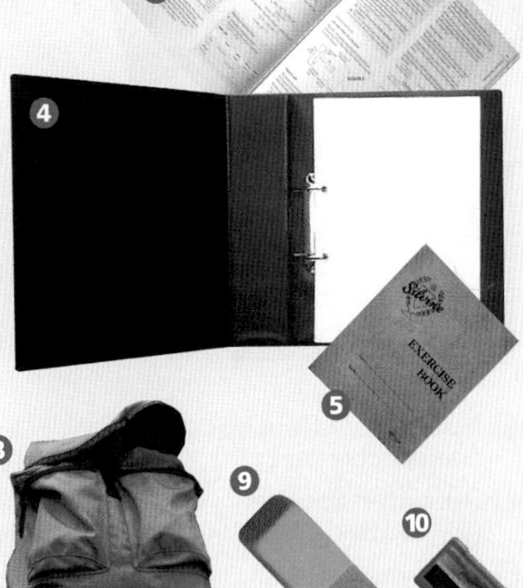

Sport
Los deportes

1

2

3

4

5

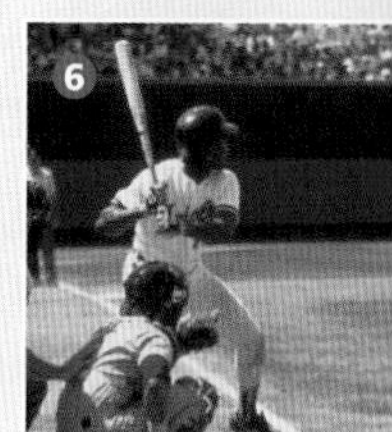
6

7

8

1. **hockey** (*USA* **field hockey**) hockey (sobre hierba)
2. **American football** (*USA* **football**) fútbol americano
3. **volleyball** voleibol
4. **rugby** rugby
5. **basketball** baloncesto
6. **baseball** béisbol
7. **cricket** críquet
8. **tennis** tenis

MORE TO EXPLORE

badminton
golf
handball
netball
showjumping
squash
table tennis
weightlifting
wrestling

1 **fencing** esgrima
2 **riding** equitación
3 **gymnastics** gimnasia
4 **boxing** boxeo
5 **cycling** ciclismo
6 **jogging** footing
7 **judo** judo
8 **athletics** atletismo
9 **mountain biking** ciclismo de montaña
10 **football** (*USA* **soccer**) fútbol

MORE TO EXPLORE

bat	net
club	pitch
court	race
ground	racket
helmet	score
lane	track

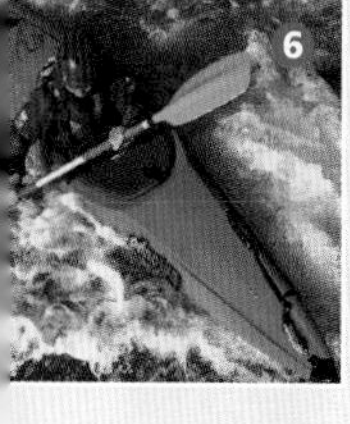

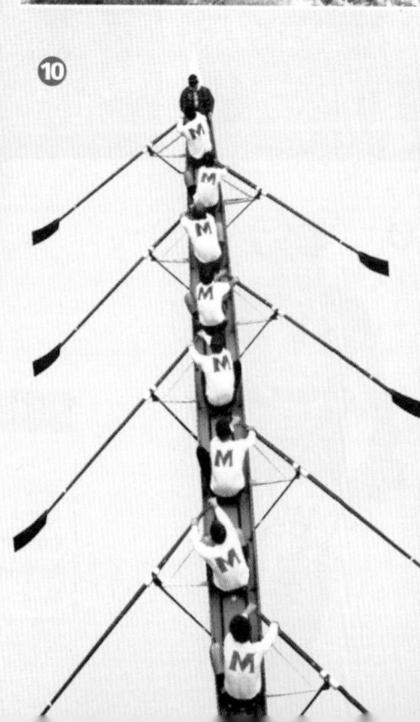

MORE TO EXPLORE

abseiling	hang-gliding
canyoning	mountaineering
caving	paragliding
cross-country	rappel
downhill	rock climbing

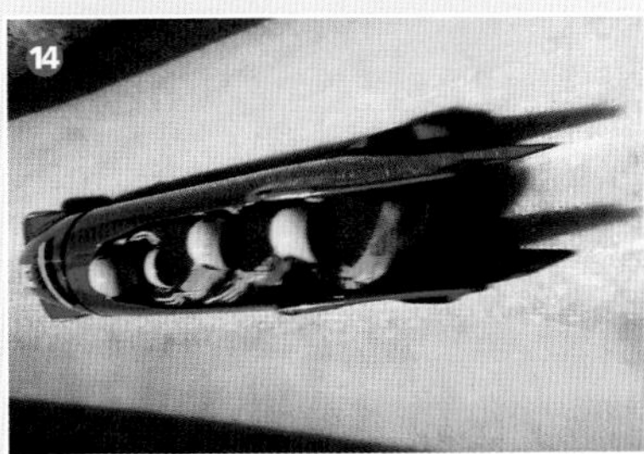

1. **windsurfing** windsurf
2. **scuba-diving** submarinismo
3. **sailing** vela
4. **jet skiing** motociclismo acuático
5. **surfing** surf
6. **kayaking** kayak
7. **waterskiing** esquí acuático
8. **white-water rafting** rafting
9. **swimming** natación
10. **rowing** remo
11. **figure skating** patinaje artístico
12. **ice hockey** (*USA* **hockey**) hockey sobre hielo
13. **speed skating** patinaje de velocidad
14. **bobsleigh** bobsleigh
15. **snowboarding** snowboard, snow
16. **skiing** esquí
17. **ski-jumping** salto de esquí

MORE TO EXPLORE

canoe
champion
crash helmet
goggles
lap
paddle
racing car
skate
ski lift
toboggan

Food
Los alimentos

1 **eggs** huevos
2 **bagel** bollo de pan en forma de rosca
3 **roll** panecillo
4 **bread** pan
5 **pasta** pasta
6 **cheese** queso
7 **ham** jamón cocido
8 **beer** cerveza
9 **wine** vino
10 **milk** leche
11 **milkshake** batido
12 **fruit juice** zumo de fruta
13 **mineral water** agua mineral

MORE TO EXPLORE

butter	margarine	sandwich
curry	mayonnaise	sausage
dip	olive	sauce
gherkin	pâté	slice

Meals
Las comidas

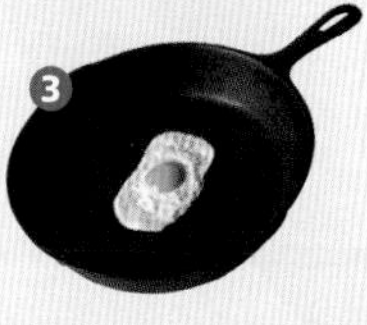

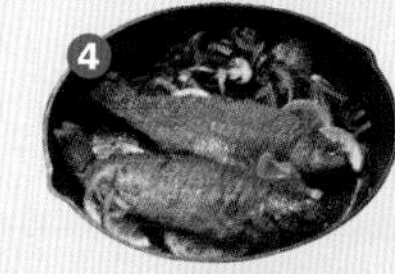

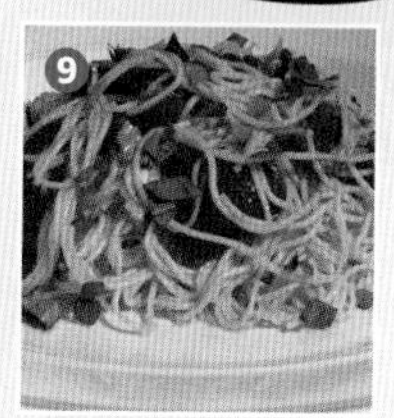

1. **roast chicken** pollo asado
2. **stew** guiso, estofado
3. **fried egg** huevo frito
4. **trout** trucha
5. **roast beef** rosbif
6. **soup** sopa, puré
7. **chips** (*USA* **French fries**) patatas fritas
8. **jacket potato** patata asada (con piel)
9. **spaghetti with tomato sauce** espaguetis con salsa de tomate
10. **muffins** magdalenas
11. **waffles** gofres
12. **cereal** cereales
13. **porridge** gachas de avena
14. **apple pie** tarta de manzana
15. **pumpkin pie** tarta de calabaza
16. **ice cream** helado

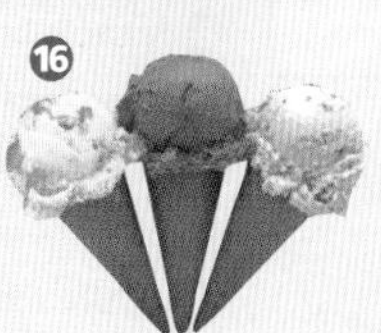

MORE TO EXPLORE

bowl	pepper
cream	plate
cup	salt
fork	saucer
knife	spoon
mustard	sugar
oil	vinegar

Fruit
Las frutas

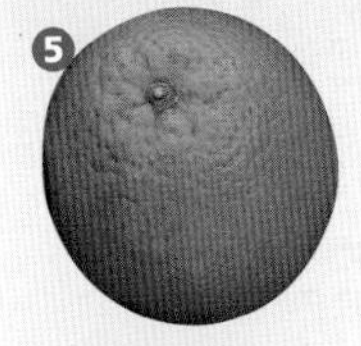

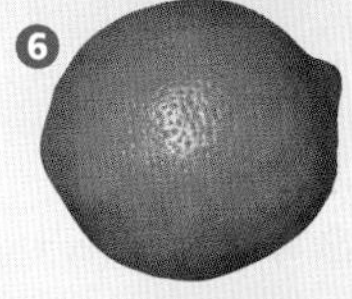

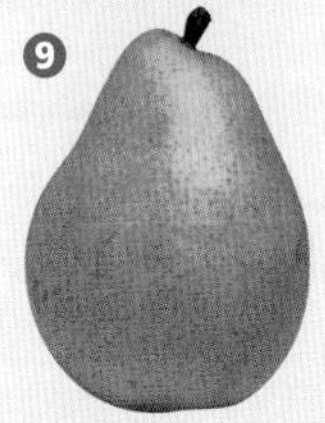

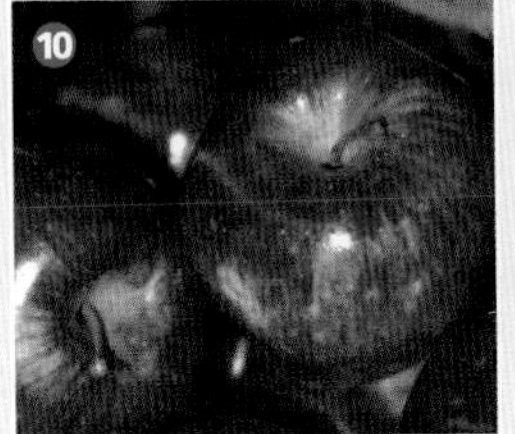

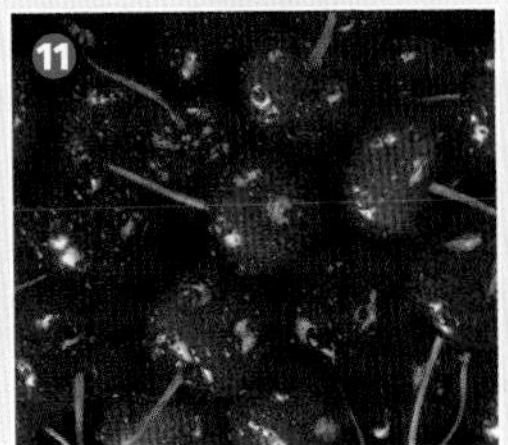

MORE TO EXPLORE

apricot	pip
blackcurrant	plum
blueberry	redcurrant
core	rind
grapefruit	seed
melon	skin
peach	stalk
peel	stone

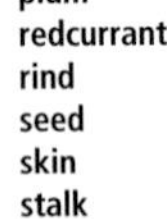

1 **grape** uva
2 **raspberry** frambuesa
3 **lychee** lichi
4 **banana** plátano
5 **orange** naranja
6 **lemon** limón
7 **lime** lima
8 **strawberry** fresa
9 **pear** pera
10 **apple** manzana
11 **cherry** cereza
12 **mango** mango
13 **pineapple** piña

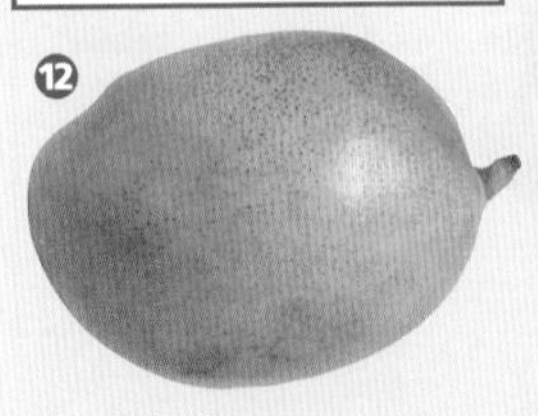

Vegetables
Las verduras

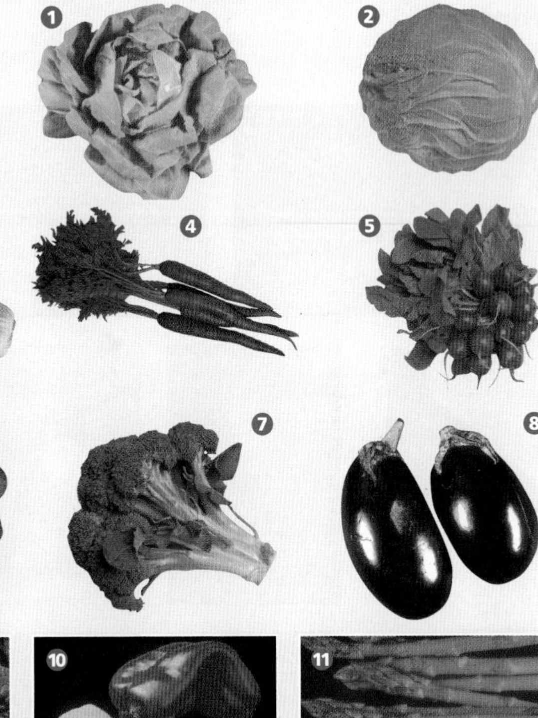

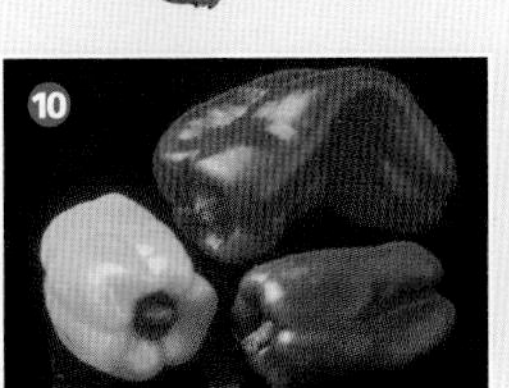

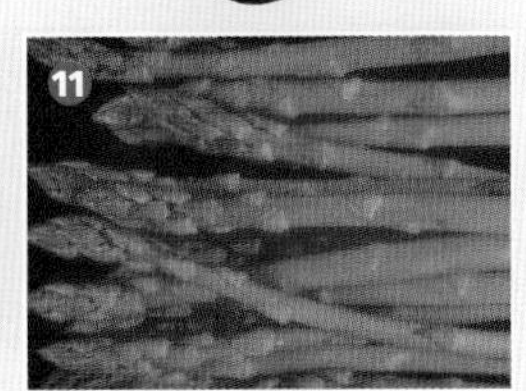

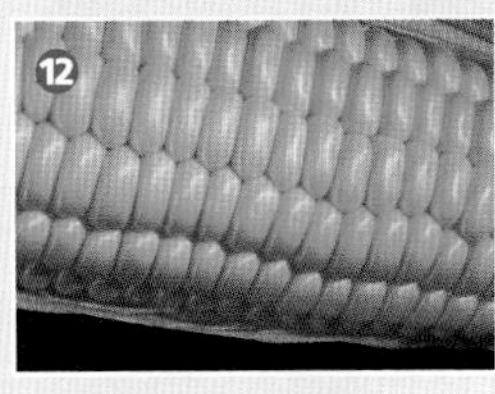

1 **lettuce** lechuga
2 **cabbage** col
3 **celery** apio
4 **carrot** zanahoria
5 **radish** rábano
6 **courgette** (*USA* **zucchini**) calabacín
7 **broccoli** brécol
8 **aubergine** (*USA* **eggplant**) berenjena
9 **spinach** espinaca(s)
10 **pepper** (*USA* **bell pepper**) pimiento
11 **asparagus** espárrago(s)
12 **corn on the cob** mazorca (de maíz)

MORE TO EXPLORE

bean	onion
cauliflower	parsley
cucumber	pea
garlic	potato
leek	pumpkin
mushroom	tomato

Birds
Las aves

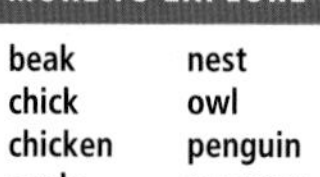

MORE TO EXPLORE

beak	nest
chick	owl
chicken	penguin
eagle	sparrow
egg	stork
feather	swan
hen	wing

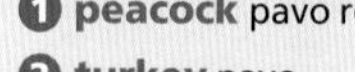

1. **peacock** pavo real
2. **turkey** pavo
3. **woodpecker** pájaro carpintero
4. **pigeon** paloma
5. **budgerigar** periquito
6. **hummingbird** colibrí
7. **parrot** loro
8. **goose** ganso, oca
9. **duck** pato
10. **seagull** gaviota
11. **kingfisher** martín pescador

Flowers
Las flores

MORE TO EXPLORE

bud
bulb
buttercup
crocus
daisy
dandelion
orchid
petal
seed
stalk
sweet pea
violet

1 **sunflower** girasol
2 **lily** lirio
3 **water lily** nenúfar
4 **daffodil** narciso
5 **snowdrop** campanilla de invierno
6 **geranium** geranio
7 **carnation** clavel
8 **primrose** primavera
9 **rose** rosa
10 **poppy** amapola
11 **tulip** tulipán
12 **pansy** pensamiento

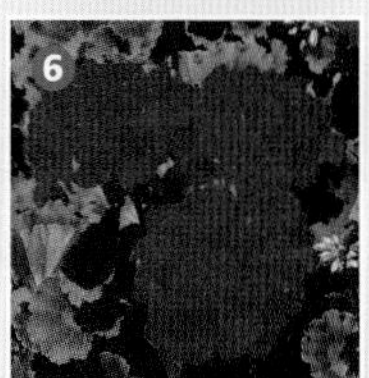

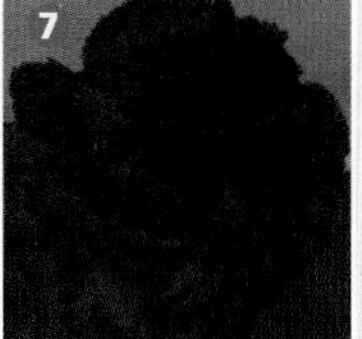

Animals
Los animales

1. **donkey** burro
2. **cow** vaca
3. **calf** becerro, ternero
4. **horse** caballo
5. **foal** potro
6. **sheep** oveja
7. **lamb** cordero
8. **goat** cabra
9. **cat** gato
10. **dog** perro
11. **fox** zorro
12. **squirrel** ardilla
13. **rabbit** conejo
14. **hare** liebre

10

MORE TO EXPLORE

antelope	fawn	monkey
ape	guinea pig	panther
camel	hamster	pony
cheetah	kid	puma
cub	kitten	puppy

1. **elephant** elefante
2. **rhinoceros** (*tb coloq* **rhino**) rinoceronte
3. **buffalo** búfalo
4. **zebra** cebra
5. **hippopotamus** (*tb coloq* **hippo**) hipopótamo
6. **tiger** tigre
7. **giraffe** jirafa
8. **leopard** leopardo
9. **lion** león

6

7

MORE TO EXPLORE

- endangered
- extinct
- habitat
- hibernate
- mammal
- pet
- prey
- species
- tame
- wild
- wildlife
- young

1 **seal** foca
2 **dolphin** delfín
3 **otter** nutria
4 **polar bear** oso polar
5 **monkey** mono
6 **chimpanzee** chimpancé
7 **gorilla** gorila
8 **koala** koala
9 **bear** oso
10 **wolf** lobo
11 **llama** llama
12 **deer** ciervo

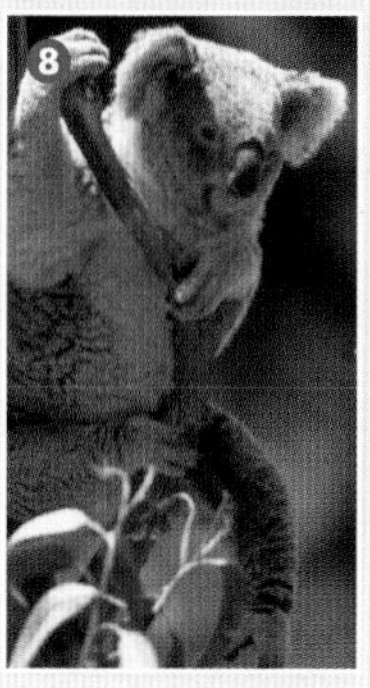

MORE TO EXPLORE

antler	mane
claw	paw
coat	snout
fur	tail
horn	whiskers

Reptiles and fish
Los reptiles y los peces

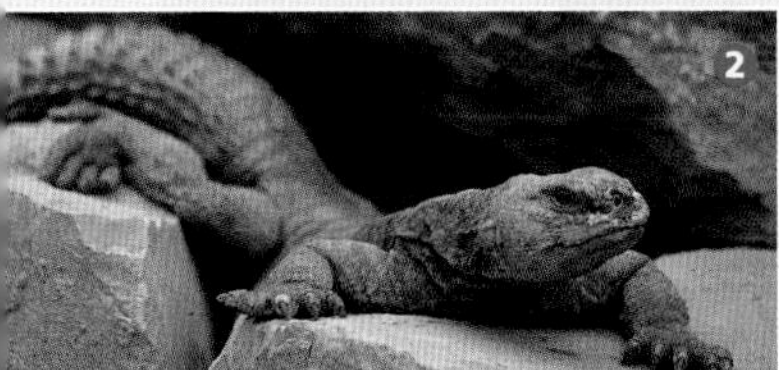

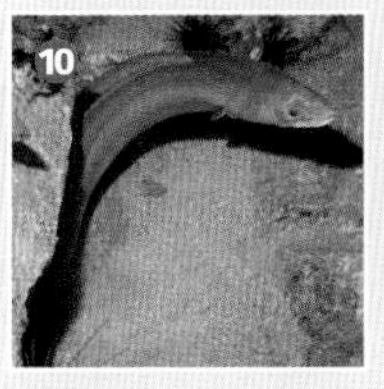

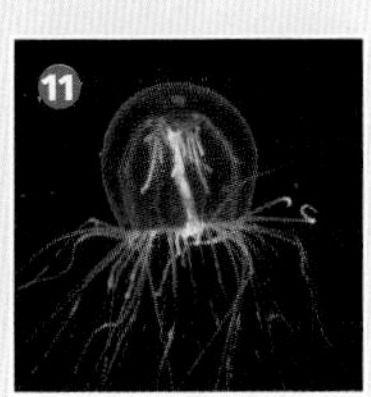

1. **snake** serpiente, culebra
2. **lizard** lagarto
3. **tortoise** tortuga (de tierra)
4. **turtle** tortuga (marina)
5. **crocodile** cocodrilo
6. **salmon** salmón
7. **trout** trucha
8. **lobster** langosta
9. **starfish** estrella de mar
10. **eel** anguila
11. **jellyfish** medusa
12. **shark** tiburón

MORE TO EXPLORE

alligator	goldfish	plaice
crab	herring	scale
fin	mussel	shell
freshwater	oyster	shellfish

Weather and seasons
El tiempo y las estaciones

1. **winter** invierno
2. **spring** primavera
3. **summer** verano
4. **autumn** otoño
5. **snow** nieve
6. **rainbow** arco iris
7. **sunset** puesta del sol
8. **clouds** nubes
9. **lightning** relámpago, rayo
10. **it's raining** llueve
11. **it's windy** hace viento

MORE TO EXPLORE

boiling	mist
chilly	sleet
fog	storm
freezing	sunny
hail	thunder

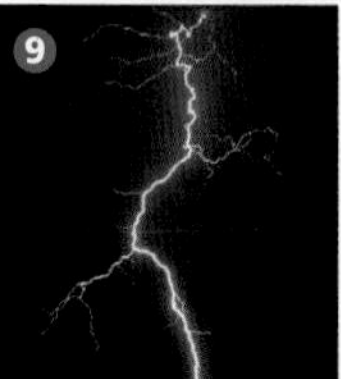

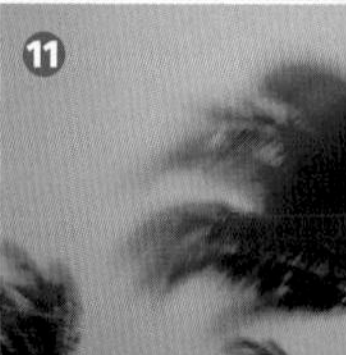

The European Union
La Unión Europea

Austria	Vienna /vi'enə/
Belgium	Brussels /'brʌslz/
Bulgaria	Sofia /səʊ'fiːə/
Cyprus	Nicosia /ˌnɪkə'siːə/
Czech Republic	Prague /prɑːg/
Denmark	Copenhagen /ˌkəʊpən'heɪgən/
Estonia	Tallinn /'tælɪn/
Finland	Helsinki /'helsɪŋki/
France	Paris /'pærɪs/
Germany	Berlin /bɜː'lɪn/
Greece	Athens /'æθənz/
Hungary	Budapest /'buːdəpest/
Ireland	Dublin /'dʌblɪn/
Italy	Rome /rəʊm/
Latvia	Riga /'riːgə/
Lithuania	Vilnius /'vɪlniəs/
Luxembourg	Luxembourg /'lʌksəmbɜːg/
Malta	Valletta /və'letə/
the Netherlands	Amsterdam /'æmstədæm/
Poland	Warsaw /'wɔːsɔː/
Portugal	Lisbon /'lɪzbən/
Romania	Bucharest /ˌbuːkə'rest, ˌbjuː-; *USA* 'buːkərest/
Slovakia	Bratislava /ˌbrætɪ'slɑːvə; *USA* -'slævə/
Slovenia	Ljubljana /ljʊb'ljɑːnə; *USA* -'ljænə/
Spain	Madrid /mə'drɪd/
Sweden	Stockholm /'stɒkhəʊm/
United Kingdom	London /'lʌndən/

The British Isles
Las Islas Británicas

Great Britain (GB) o **Britain** está formada por Inglaterra (**England** /ˈɪŋglənd/), Escocia (**Scotland** /ˈskɒtlənd/) y Gales (**Wales** /weɪlz/).

El estado político es oficialmente conocido como **the United Kingdom of Great Britain and Northern Ireland (UK)** e incluye Irlanda del Norte además de Gran Bretaña. Sin embargo muchas veces se usa el término **Great Britain** como sinónimo de **the United Kingdom.**

Cuando hablamos de **the British Isles** nos referimos a la isla de Gran Bretaña y la isla de Irlanda (**Ireland** /ˈaɪələnd/).

Ciudades principales de las Islas Británicas

Aberdeen /ˌæbəˈdiːn/
Bath /bɑːθ; *USA* bæθ/
Belfast /belˈfɑːst, ˈbelfɑːst; *USA* ˈbelfæst/
Berwick-upon-Tweed /ˌberɪk əpɒn ˈtwiːd/
Birmingham /ˈbɜːmɪŋəm; *USA* -hæm/
Blackpool /ˈblækpuːl/
Bournemouth /ˈbɔːnməθ/
Bradford /ˈbrædfəd/
Brighton /ˈbraɪtn/
Bristol /ˈbrɪstl/
Caernarfon /kəˈnɑːvn; *USA tb* kær-/
Cambridge /ˈkeɪmbrɪdʒ/
Canterbury /ˈkæntəbəri; *USA tb* -beri/
Cardiff /ˈkɑːdɪf/
Carlisle /kɑːˈlaɪl; *USA* ˈkɑːrlaɪl/
Chester /ˈtʃestə(r)/
Colchester /ˈkəʊltʃɪstə(r); *USA* -tʃes-/
Cork /kɔːk/
Coventry /ˈkɒvəntri/
Derby /ˈdɑːbi; *USA* ˈdɜːrbi/
Douglas /ˈdʌgləs/
Dover /ˈdəʊvə(r)/
Dublin /ˈdʌblɪn/
Dundee /dʌnˈdiː/
Durham /ˈdʌrəm; *USA tb* ˈdɜːrəm/
Eastbourne /ˈiːstbɔːn/
Edinburgh /ˈedɪnbrə, -bərə/
Exeter /ˈeksɪtə(r)/
Galway /ˈgɔːlweɪ/
Glasgow /ˈglɑːzgəʊ; *USA* ˈglæz-/
Gloucester /ˈglɒstə(r)/
Hastings /ˈheɪstɪŋz/
Hereford /ˈherɪfəd/
Holyhead /ˈhɒlihed/
Inverness /ˌɪnvəˈnes/
Ipswich /ˈɪpswɪtʃ/
Keswick /ˈkezɪk/
Kingston upon Hull /ˌkɪŋstən əpɒn ˈhʌl/
Leeds /ˈliːdz/
Leicester /ˈlestə(r)/
Limerick /ˈlɪmərɪk/
Lincoln /ˈlɪŋkən/
Liverpool /ˈlɪvəpuːl/
London /ˈlʌndən/
Londonderry /ˈlʌndənderi/
Luton /ˈluːtn/
Manchester /ˈmæntʃɪstə(r)/
Middlesbrough /ˈmɪdlzbrə/
Newcastle upon Tyne /ˌnjuːkɑːsl əpɒn ˈtaɪn; *USA* ˌnuːkæsl/
Norwich /ˈnɒrɪdʒ/
Nottingham /ˈnɒtɪŋəm; *USA* -hæm/
Oxford /ˈɒksfəd/
Plymouth /ˈplɪməθ/
Poole /puːl/
Portsmouth /ˈpɔːtsməθ/
Ramsgate /ˈræmzgeɪt/
Reading /ˈredɪŋ/
Salisbury /ˈsɔːlzbəri; *USA tb* -beri/
Sheffield /ˈʃefiːld/
Shrewsbury /ˈʃrəʊzbəri; *USA tb* -beri/
Southampton /saʊˈθæmptən/
St. Andrews /ˌsnt ˈændruːz; *USA* ˌseɪnt/
Stirling /ˈstɜːlɪŋ/
Stoke-on-Trent /ˌstəʊk ɒn ˈtrent/
Stratford-upon-Avon /ˌstrætfəd əpɒn ˈeɪvn/
Swansea /ˈswɒnzi/
Taunton /ˈtɔːntən/
Warwick /ˈwɒrɪk/
Worcester /ˈwʊstə(r)/
York /jɔːk/

Islas

Anglesey /ˈæŋgəlsi/
Inner Hebrides /ˌɪnə ˈhebrədiːz/
Isle of Man /ˌaɪl əv ˈmæn/
Isle of Wight /ˌaɪl əv ˈwaɪt/
Isles of Scilly /ˌaɪlz əv ˈsɪli/
Orkney Islands /ˈɔːkni aɪləndz/
Outer Hebrides /ˌaʊtə ˈhebrədiːz/
Shetland Islands /ˈʃetlənd aɪləndz/

international boundary
national boundary
capital city
city or town
50
100 km
Shetland Islands
Orkney Islands
Outer Hebrides
Inner Hebrides
SCOTLAND
Inverness
Aberdeen
tlantic Ocean
Dundee
St Andrews
Stirling
Glasgow
Edinburgh
Berwick-upon-Tweed
NORTHERN IRELAND
North Sea
Londonderry
Belfast
Carlisle
Newcastle upon Tyne
Durham
Keswick
Middlesbrough
ISLE OF MAN
Douglas
York
Irish Sea
Blackpool
Leeds
Bradford
Kingston upon Hull
Galway
Dublin
Anglesey
Liverpool
Manchester
Sheffield
Holyhead
Chester
ENGLAND
Caernarfon
Stoke-on-Trent
Lincoln
Nottingham
Limerick
Derby
Shrewsbury
WALES
Birmingham
Leicester
Ely
Norwich
Coventry
Worcester
Warwick
Cambridge
Cork
Hereford
Stratford-upon-Avon
Ipswich
Gloucester
Luton
Colchester
Swansea
REPUBLIC OF IRELAND
Oxford
Cardiff
London
Bristol
Bath
Reading
Ramsgate
Canterbury
Taunton
Salisbury
Dover
Southampton
Strait of Dover
Brighton
Hastings
Bournemouth
Exeter
Portsmouth
Poole
Eastbourne
Isle of Wight
Plymouth
English Channel
Isles of Scilly

The United States of America and Canada
Los Estados Unidos de América y Canadá

Los estados que configuran EE UU

Alabama /ˌælə'bæmə/
Alaska /ə'læskə/
Arizona /ˌærɪ'zəʊnə/
Arkansas /'ɑːkənsɔː/
California /ˌkælə'fɔːniə/
Colorado /ˌkɒlə'rɑːdəʊ; *USA* -'ræd-/
Connecticut /kə'netɪkət/
Delaware /'deləweə(r)/
Florida /'flɒrɪdə; *USA* 'flɔːr-/
Georgia /'dʒɔːdʒə/
Hawaii /hə'waii/
Idaho /'aɪdəhəʊ/
Illinois /ˌɪlə'nɔɪ/
Indiana /ˌɪndi'ænə/
Iowa /'aɪəwə/
Kansas /'kænzəs/
Kentucky /ken'tʌki/
Louisiana /luˌiːzi'ænə/
Maine /meɪn/
Maryland /'meəriland; *USA* 'mærə-/
Massachusetts /ˌmæsə'tʃuːsɪts/
Michigan /'mɪʃɪgən/
Minnesota /ˌmɪnɪ'səʊtə/
Mississippi /ˌmɪsɪ'sɪpi/
Missouri /mɪ'zʊəri; *USA* mə'z-/
Montana /mɒn'tænə/
Nebraska /nə'bræskə/
Nevada /nə'vɑːdə; *USA* nə'vædə/
New Hampshire /ˌnjuː 'hæmpʃə(r); *USA* ˌnuː/
New Jersey /ˌnjuː 'dʒɜːzi; *USA* ˌnuː/
New Mexico /ˌnjuː 'meksɪkəʊ; *USA* ˌnuː/
New York /ˌnjuː 'jɔːk; *USA* ˌnuː/
North Carolina /ˌnɔːθ kærə'laɪnə/
North Dakota /ˌnɔːθ də'kəʊtə/
Ohio /əʊ'haɪəʊ/
Oklahoma /ˌəʊklə'həʊmə/
Oregon /'ɒrɪgən; *USA* 'ɔːrə-/
Pennsylvania /ˌpensl'veɪniə/
Rhode Island /ˌrəʊd 'aɪlənd/
South Carolina /ˌsaʊθ kærə'laɪnə/
South Dakota /ˌsaʊθ də'kəʊtə/
Tennessee /ˌtenə'siː/
Texas /'teksəs/
Utah /'juːtɑː/
Vermont /və'mɒnt/
Virginia /və'dʒɪniə/
Washington /'wɒʃɪŋtən/
West Virginia /ˌwest və'dʒɪniə/
Wisconsin /wɪs'kɒnsɪn/
Wyoming /waɪ'əʊmɪŋ/

Provincias y territorios de Canadá

Alberta /æl'bɜːtə/
British Columbia /ˌbrɪtɪʃ kə'lʌmbiə/
Manitoba /ˌmænɪ'təʊbə/
New Brunswick /ˌnjuː 'brʌnzwɪk; *USA* ˌnuː/
Newfoundland and Labrador /ˌnjuːfəndlənd ən 'læbrədɔː(r); *USA* ˌnuː-/
Northwest Territories /ˌnɔːθwest 'terətriz; *USA* 'terətɔːriz/
Nova Scotia /ˌnəʊvə 'skəʊʃə/
Nunavut /'nʊnəvʊt/
Ontario /ɒn'teəriəʊ/
Prince Edward Island /ˌprɪns 'edwəd aɪlənd/
Quebec /kwɪ'bek/
Saskatchewan /sə'skætʃəwən/
(the) Yukon /'juːkɒn/

Ciudades principales de EE UU y Canadá

Atlanta /ət'læntə/
Baltimore /'bɔːltɪmɔː(r)/
Boston /'bɒstən; *USA* 'bɔːs-/
Chicago /ʃɪ'kɑːgəʊ/
Cleveland /'kliːvlənd/
Dallas /'dæləs/
Denver /'denvə(r)/
Detroit /dɪ'trɔɪt/
Houston /'hjuːstən/
Indianapolis /ˌɪndiə'næpəlɪs/
Kansas City /ˌkænzəs 'sɪti/
Los Angeles /ˌlɒs 'ændʒəliːz; *USA* ˌlɔːs 'ændʒələs/
Miami /maɪ'æmi/
Minneapolis /ˌmɪni'æpəlɪs/
Montreal /ˌmɒntri'ɔːl/
New Orleans /ˌnjuː ɔː'liːənz; *USA* ˌnuː 'ɔːrliənz/
New York /ˌnjuː 'jɔːk; *USA* ˌnuː/
Ottawa /'ɒtəwə/
Philadelphia /ˌfɪlə'delfiə/
Pittsburgh /'pɪtsbɜːg/
San Diego /ˌsæn di'eɪgəʊ/
San Francisco /ˌsæn frən'sɪskəʊ/
Seattle /si'ætl/
Toronto /tə'rɒntəʊ/
Vancouver /væn'kuːvə(r)/
Washington D.C. /ˌwɒʃɪŋtən diː 'siː/
Winnipeg /'wɪnɪpeg/

Arctic Ocean
ALASKA
0 1000 km
ALASKA
Anchorage
YUKON
NORTHWEST TERRITORIES
NUNAVUT
BRITISH COLUMBIA
ALBERTA
SASKATCHEWAN
MANITOBA
ONTARIO
QUÉBEC
NEWFOUNDLAND
C A N A D A
Vancouver
Seattle
Winnipeg
Québec
Montréal
Ottawa
Toronto
PRINCE EDWARD I.
NEW BRUNSWICK
NOVA SCOTIA
WASHINGTON
OREGON
IDAHO
MONTANA
WYOMING
NORTH DAKOTA
SOUTH DAKOTA
MINNESOTA
WISCONSIN
MICHIGAN
NEVADA
UTAH
COLORADO
NEBRASKA
IOWA
KANSAS
CALIFORNIA
ARIZONA
NEW MEXICO
OKLAHOMA
TEXAS
ARKANSAS
MISSOURI
ILLINOIS
INDIANA
OHIO
KENTUCKY
TENNESSEE
MISSISSIPPI
ALABAMA
GEORGIA
LOUISIANA
FLORIDA
SOUTH CAROLINA
NORTH CAROLINA
VIRGINIA
W. VIRGINIA
MARYLAND
DELAWARE
N.J.
PENN.
NEW YORK
VERMONT
NEW HAMPSHIRE
MASSACHUSETTS
CONN.
R.I.
MAINE
UNITED STATES
San Francisco
Los Angeles
San Diego
Denver
Dallas
Houston
Kansas City
St Louis
Minneapolis
Milwaukee
Chicago
Detroit
Indianapolis
Cincinnati
Cleveland
Pittsburgh
Baltimore
Washington D.C.
Philadelphia
New York
Boston
Atlanta
New Orleans
Miami
Pacific Ocean
Gulf of Mexico
Atlantic Ocean
Caribbean Sea
HAWAII
Honolulu
0 250 km
international boundary
province/state boundary
capital city
city or town
0 500 1000 km

Geographical names
Nombres geográficos

Afghanistan /æf'gænɪstæn, -stɑ:n/	Afghan /'æfgæn/
Africa /'æfrɪkə/	African /'æfrɪkən/
Albania /æl'beɪniə/	Albanian /æl'beɪniən/
Algeria /æl'dʒɪəriə/	Algerian /æl'dʒɪəriən/
America /ə'merɪkə/	American /ə'merɪkən/
Antarctica /æn'tɑ:ktɪkə/	Antarctic /æn'tɑ:ktɪk/
Argentina /ˌɑ:dʒən'ti:nə/	Argentinian /ˌɑ:dʒən'tɪniən/, Argentine /'ɑ:dʒəntaɪn/
Armenia /ɑ:'mi:niə/	Armenian /ɑ:'mi:niən/
Asia /'eɪʒə, 'eɪʃə/	Asian /'eɪʒn, 'eɪʃn/
Australia /ɒ'streɪliə; *USA* ɔ:'s-/	Australian /ɒ'streɪliən; *USA* ɔ:'s-/
Austria /'ɒstriə; *USA* 'ɔ:s-/	Austrian /'ɒstriən; *USA* 'ɔ:s-/
Azerbaijan /ˌæzəbaɪ'dʒɑ:n/	Azerbaijani /ˌæzəbaɪ'dʒɑ:ni/, Azeri /ə'zeəri/
Bangladesh /ˌbæŋglə'deʃ/	Bangladeshi /ˌbæŋglə'deʃi/
Belarus /ˌbelə'ru:s/	Belarusian /ˌbelə'ru:siən/, Belorussian /ˌbelə'rʌʃn/
Belgium /'beldʒəm/	Belgian /'beldʒən/
Bolivia /bə'lɪviə/	Bolivian /bə'lɪviən/
Bosnia and Herzegovina /ˌbɒzniə ən ˌhɜ:tsəgə'vi:nə/	Bosnian /'bɒzniən/, Herzegovinian /ˌhɜ:tsgə'vi:niən/
Brazil /brə'zɪl/	Brazilian /brə'zɪliən/
Bulgaria /bʌl'geəriə/	Bulgarian /bʌl'geəriən/
Burma /'bɜ:mə/ (*tb* **Myanmar** /miˌæn'mɑ:(r)/)	Burmese /bɜ:'mi:z/
Canada /'kænədə/	Canadian /kə'neɪdiən/
Chile /'tʃɪli/	Chilean /'tʃɪliən/
China /'tʃaɪnə/	Chinese /tʃaɪ'ni:z/
Colombia /kə'lɒmbiə, -'lʌm-/	Colombian /kə'lɒmbiən, -'lʌm-/
Croatia /krəʊ'eɪʃə/	Croatian /krəʊ'eɪʃn/
Cuba /'kju:bə/	Cuban /'kju:bən/
Cyprus /'saɪprəs/	Cypriot /'sɪpriət/
(the) Czech Republic /ˌtʃek rɪ'pʌblɪk/	Czech /tʃek/
Denmark /'denmɑ:k/	Danish /'deɪnɪʃ/, a Dane /deɪn/
(the) Dominican Republic /dəˌmɪnɪkən rɪ'pʌblɪk/	Dominican /də'mɪnɪkən/
Ecuador /'ekwədɔ:(r)/	Ecuadorian, Ecuadorean /ˌekwə'dɔ:riən/
Egypt /'i:dʒɪpt/	Egyptian /i'dʒɪpʃn/
England /'ɪŋglənd/	English /'ɪŋglɪʃ/, an Englishman /'ɪŋglɪʃmən/, an Englishwoman /'ɪŋglɪʃwʊmən/
Estonia /e'stəʊniə/	Estonian /e'stəʊniən/
Ethiopia /ˌi:θi'əʊpiə/	Ethiopian /ˌi:θi'əʊpiən/
Europe /'jʊərəp/	European /ˌjʊərə'pi:ən/
Finland /'fɪnlənd/	Finnish /'fɪnɪʃ/, a Finn /fɪn/
(the) Former Yugoslav Republic of Macedonia (FYROM) /ˌfɔ:mə ˌju:gəslɑ:v rɪˌpʌblɪk əv ˌmæsə'dəʊniə/	Macedonian /ˌmæsə'dəʊniən/
France /frɑ:ns; *USA* fræns/	French /frentʃ/, a Frenchman /'frentʃmən/, a Frenchwoman /'frentʃwʊmən/
Georgia /'dʒɔ:dʒə/	Georgian /'dʒɔ:dʒən/

Germany /'dʒɜːməni/	German /'dʒɜːmən/
Great Britain /ˌgreɪt 'brɪtn/	British /'brɪtɪʃ/, a Briton /'brɪtn/
Greece /griːs/	Greek /griːk/
Hungary /'hʌŋgəri/	Hungarian /hʌŋ'geəriən/
Holland /'holənd/ – *ver* **(the) Netherlands**	
Iceland /'aɪslənd/	Icelandic /aɪs'lændɪk/, an Icelander /'aɪsləndə(r)/
India /'ɪndiə/	Indian /'ɪndiən/
Indonesia /ˌɪndə'niːʒə/	Indonesian /ˌɪndə'niːʒn/
Iran /ɪ'rɑːn, ɪ'ræn/	Iranian /ɪ'reɪniən/
Iraq /ɪ'rɑːk, ɪ'ræk/	Iraqi /ɪ'rɑːki, ɪ'ræki/
(the Republic of) Ireland /'aɪələnd/	Irish /'aɪrɪʃ/, an Irishman /'aɪrɪʃmən/, an Irishwoman /'aɪrɪʃwʊmən/
Israel /'ɪzreɪl/	Israeli /ɪz'reɪli/
Italy /'ɪtəli/	Italian /ɪ'tæliən/
Jamaica /dʒə'meɪkə/	Jamaican /dʒə'meɪkən/
Japan /dʒə'pæn/	Japanese /ˌdʒæpə'niːz/
Jordan /'dʒɔːdn/	Jordanian /dʒɔː'deɪniən/
Kenya /'kenjə, 'kiːnjə/	Kenyan /'kenjən, 'kiːnjən/
Korea /kə'riə/ **North Korea** **South Korea**	North Korean /ˌnɔːθ kə'riən/, South Korean /ˌsaʊθ kə'riən/
Latvia /'lætviə/	Latvian /'lætviən/
Lebanon /'lebənən; *USA tb* -nɒn/	Lebanese /ˌlebə'niːz/
Libya /'lɪbiə/	Libyan /'lɪbiən/
Liechtenstein /'lɪktənstaɪn/	Liechtenstein, a Liechtensteiner /'lɪktənstaɪnə(r)/
Lithuania /ˌlɪθju'eɪniə/	Lithuanian /ˌlɪθju'eɪniən/
Luxembourg /'lʌksəmbɜːg/	Luxembourg, a Luxembourger /'lʌksəmbɜːgə(r)/
Malaysia /mə'leɪʒə/	Malaysian /mə'leɪʒn/
Mexico /'meksɪkəʊ/	Mexican /'meksɪkən/
Moldova /mɒl'dəʊvə/	Moldovan /mɒl'dəʊvn/
Montenegro /ˌmɒntɪ'niːgrəʊ; *USA* -tə'neɪ-/	Montenegrin /ˌmɒntɪ'niːgrɪn; *USA* -tə'neɪ-/
Morocco /mə'rɒkəʊ/	Moroccan /mə'rɒkən/
(the) Netherlands /'neðələndz/	Dutch /dʌtʃ/, a Dutchman /'dʌtʃmən/, a Dutchwoman /'dʌtʃwʊmən/
New Zealand /ˌnjuː 'ziːlənd; *USA* ˌnuː/	New Zealand, a New Zealander /ˌnjuː 'ziːləndə(r); *USA* ˌnuː/
Nigeria /naɪ'dʒɪəriə/	Nigerian /naɪ'dʒɪəriən/
Northern Ireland /ˌnɔːðən 'aɪələnd/	Northern Irish /ˌnɔːðən 'aɪrɪʃ/ (*adj*)
Norway /'nɔːweɪ/	Norwegian /nɔː'wiːdʒən/
Pakistan /ˌpækɪ'stæn, ˌpɑːkɪ-, -'stɑːn/	Pakistani /ˌpækɪ'stæni, ˌpɑːkɪ-, -'stɑːni/
Peru /pə'ruː/	Peruvian /pə'ruːviən/
(the) Philippines /'fɪlɪpiːnz/	Philippine /'fɪlɪpiːn/, a Filipino /ˌfɪlɪ'piːnəʊ/, a Filipina /ˌfɪlɪ'piːnə/
Poland /'pəʊlənd/	Polish /'pəʊlɪʃ/, a Pole /pəʊl/
Portugal /'pɔːtʃʊgl/	Portuguese /ˌpɔːtʃʊ'giːz/
Romania /ru'meɪniə/	Romanian /ru'meɪniən/
Russia /'rʌʃə/	Russian /'rʌʃn/
Saudi Arabia /ˌsaʊdi ə'reɪbiə/	Saudi /'saʊdi/, Saudi Arabian /ˌsaʊdi ə'reɪbiən/
Scandinavia /ˌskændɪ'neɪviə/	Scandinavian /ˌskændɪ'neɪviən/
Scotland /'skɒtlənd/	Scottish /'skɒtɪʃ/, a Scot /skɒt/, a Scotsman /'skɒtsmən/, a Scotswoman /'skɒtswʊmən/

Serbia /'sɜːbiə/	Serbian /'sɜːbiən/, Serb /sɜːb/
Singapore /ˌsɪŋə'pɔː(r)/	Singaporean /ˌsɪŋə'pɔːriən/
Slovakia /slə'vækiə; *USA* sləʊ-/	Slovak /'sləʊvæk/, Slovakian /slə'vækiən; *USA* sləʊ-/
Slovenia /slə'viːniə; *USA* sləʊ-/	Slovene /'sləʊviːn/, Slovenian /slə'viːniən; *USA* sləʊ-/
South Africa /ˌsaʊθ 'æfrɪkə/	South African /ˌsaʊθ 'æfrɪkən/
Spain /speɪn/	Spanish /'spænɪʃ/, a Spaniard /'spænjəd/
Sweden /'swiːdn/	Swedish /'swiːdɪʃ/, a Swede /swiːd/
Switzerland /'swɪtsələnd/	Swiss /swɪs/
Syria /'sɪriə/	Syrian /'sɪriən/
Thailand /'taɪlənd/	Thai /taɪ/
Tunisia /tju'nɪziə; *USA tb* tuː'niːʒə/	Tunisian /tju'nɪziən; *USA tb* tuː'niːʒn/
Turkey /'tɜːki/	Turkish /'tɜːkɪʃ/, Turk /tɜːk/
Ukraine /juː'kreɪn/	Ukrainian /juː'kreɪniən/
(the) United Kingdom /juˌnaɪtɪd 'kɪŋdəm/	British /'brɪtɪʃ/, a Briton /'brɪtn/
(the) United States of America /juˌnaɪtɪd ˌsteɪts əv ə'merɪkə/	American /ə'merɪkən/
Vietnam /ˌvjet'næm, ˌviːet-, -'nɑːm/	Vietnamese /ˌvjetnə'miːz, viːˌet-/
Wales /weɪlz/	Welsh /welʃ/, a Welshman /'welʃmən/, a Welshwoman /'welʃwʊmən/
Yemen /'jemən/	Yemeni /'jeməni/
Zimbabwe /zɪm'bɑːbwi, -bweɪ/	Zimbabwean /zɪm'bɑːbwiən/

Ciudades y regiones de España

Algunas ciudades y regiones españolas tienen un nombre distinto en inglés:

Andalucía	Andalusia /ˌændə'luːsiə/
Baleares	the Balearic Islands /ˌbæli'ærɪk/ (*tb* the Balearics)
Cádiz	Cadiz /kə'dɪz/
Canarias	the Canary Islands /kə'neəri/ (*tb* the Canaries)
Castilla	Castile /kæ'stiːl/
Cataluña	Catalonia /ˌkætə'ləʊniə/
Mallorca	Majorca /mə'jɔːkə/
Menorca	Minorca /mɪ'nɔːkə/
Navarra	Navarre /nə'vɑː(r)/
País Vasco	Basque Country /'bæsk kʌntri/
Sevilla	Seville /sə'vɪl/

En otros casos, aunque se escriban igual en inglés que en español, la pronunciación puede ser muy diferente. Así, **Madrid** se pronuncia /mə'drɪd/, **Barcelona** /ˌbɑːsə'ləʊnə/, y **Tenerife** /ˌtenə'riːf/.

Los gentilicios

En inglés existen muy pocos adjetivos o nombres relacionados con ciudades.

Si hablas de una persona, la manera más normal es decir **from Madrid, Barcelona**, etc.

Es sevillana. She's from Seville.
Conocí a dos estudiantes granadinos. I met two students from Granada.
la mayoría de los bilbaínos most people from Bilbao

En el caso de los sustantivos, como "los madrileños", también se puede usar la preposición **of**:

los madrileños people from Madrid/the people of Madrid

Si hablas de algo que ocurre o que se encuentra en una ciudad determinada dices **in Madrid**, etc.:

la vida malagueña life in Malaga

una clínica barcelonesa a clinic in Barcelona
o a veces utilizas simplemente el nombre de la ciudad:
un hotel madrileño a Madrid hotel

La puntuación inglesa

. El punto (**full stop**, *USA* **period**) pone fin a la frase siempre que esta no sea una pregunta o una exclamación:

We're leaving now. ◇ Thank you.

También se usa en abreviaturas:

Walton St.

y en direcciones de Internet o de email, donde se lee "dot":

www.oup.com

? El signo de interrogación (**question mark**) se pone al final de una frase interrogativa directa:

'Who's that man?', Jenny asked.

! El signo de admiración (**exclamation mark**) se pone al final de una frase exclamativa y después de una interjección:

Oh no! The cat's been run over. ◇ Wow!

, La coma (**comma**) indica una breve pausa dentro de una frase:

I ran all the way to the station, but I still missed the train.

También se usa para citar a una persona:

Fiona said, 'I'll help you.'
◇ 'I'll help you', she said.

y para separar los elementos de una lista:

This shop sells books, DVDs and CDs.

La coma se usa también para separar un *question tag* del resto de la frase:

It's quite expensive, isn't it?

: Los dos puntos (**colon**) se utilizan para introducir listas de objetos:

There is a choice of main course: roast beef, turkey or omelette.

; El punto y coma (**semicolon**) se usa en lugar de una coma para separar elementos de una lista cuando la frase ya contiene comas:

The school uniform consists of navy blue skirt or trousers; grey, white or pale blue shirt; navy jumper or cardigan.

' El apóstrofo (**apostrophe**) se usa para indicar que se ha omitido una letra, como en el caso de las formas contractas:

hasn't ◇ don't ◇ I'm ◇ he's

También indica posesión:

my friend's car ◇ Jane's mother

“” Las comillas (**quotation marks, inverted commas** o **quotes**) pueden ser simples (') o dobles ("). Se usan para introducir las palabras o los pensamientos de una persona:

'Come and see,' said Martin.

También se usan para hacer referencia a títulos de libros, películas, etc.:

'Have you read "Emma"?' he asked.

- El guión (**hyphen**) se usa para unir dos o más palabras que forman una unidad:

mother-in-law ◇ a ten-ton truck

También se usa para unir un prefijo a una palabra:

non-violent ◇ anti-American

y en números compuestos:

thirty-four ◇ seventy-nine

— La raya (**dash**) se utiliza para separar una frase o explicación dentro de una oración más amplia:

A few people — not more than ten — had already arrived.

También se utiliza al final de la oración para resumir su contenido:

Men were shouting, women were screaming, children were crying — it was chaos.

/ La barra (**slash**) se usa para separar los diferentes componentes de una dirección de Internet. Se le llama también **forward slash** para distinguirla de la barra invertida (**backslash**):

http://www.oupe.es

Preposiciones de lugar

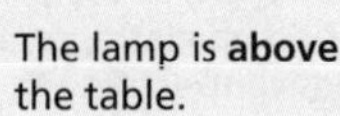

The lamp is **above** the table.

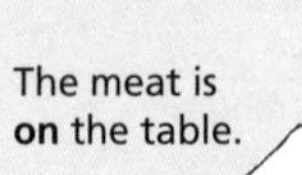

The meat is **on** the table.

The cat is **under** the table.

The lorry is **in front of** the car.

The car is **behind** the lorry.

The bird is **in/ inside** the cage.

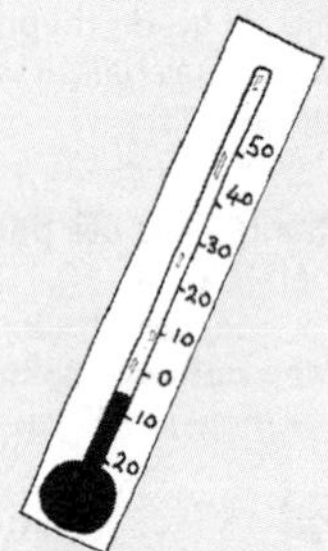

The temperature is **below** zero.

Sam is **between** Kim and Tom.

Kim is **next to/beside** Sam.

Tom is **opposite** Kim.

The house is **among** the trees.

The girl is leaning **against** the wall.

Preposiciones de movimiento

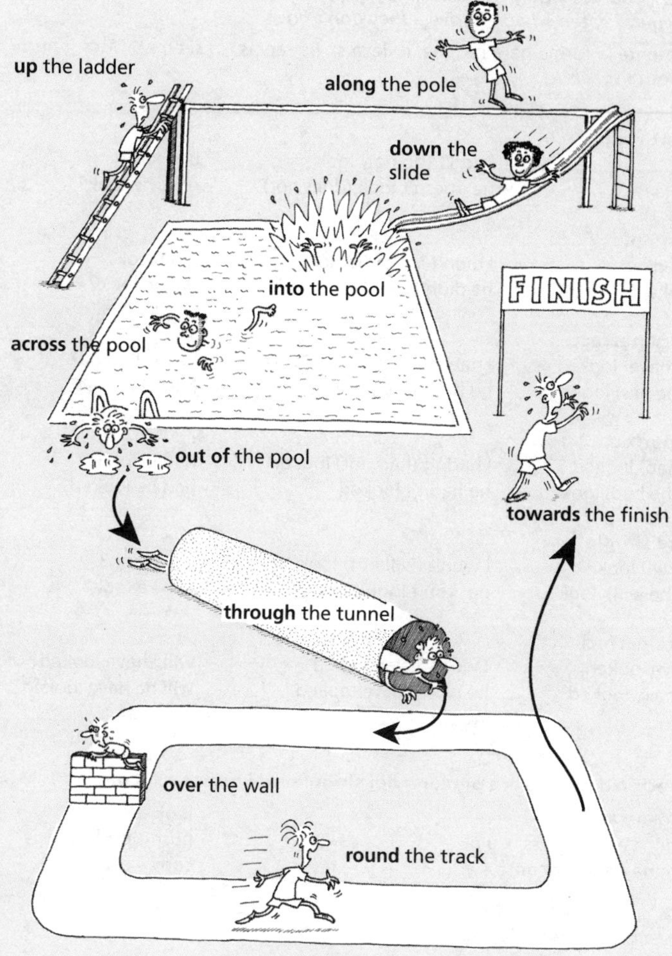

Verbos regulares

Simple tenses

En inglés **I**, **you**, **we** y **they** comparten la misma forma verbal: *I live – we live* ◇ *I've eaten – you've eaten* ◇ *I don't drive – they don't drive*

En el presente la forma para **he, she, it** lleva **s**: *he seems – it seems* ◇ *Does it hurt?* ◇ *she doesn't speak*

Present simple I look he looks	I don't (do not) look he doesn't look (does not)	do I look? does he look?
Past simple I looked he looked	I didn't look (did not) he didn't look	did I look? did he look?
Present perfect I've (I have) looked he's (he has) looked	I haven't (have not) looked he hasn't (has not) looked	have I looked? has he looked?
Past perfect I'd (I had) looked he'd (he had) looked	I hadn't (had not) looked he hadn't looked	had I looked? had he looked?
Future simple I'll (I will) look he'll (he will) look	I won't (will not) look he won't look	will I look? will he look?
Future perfect I'll have looked he'll have looked	I won't have looked he won't have looked	will I have looked? will he have looked?

Formación de la tercera persona del singular del *present simple*

regla general	**+ s**	look – looks
si termina en **sh, ch, ss, x** u **o**	**+ es**	push – pushes
si termina en **consonante + y**	**y → ies**	copy – copies

Formación del *past simple*

regla general	**+ ed**	look – looked
si termina en **e**	**+ d**	love – loved
si termina en **consonante + y**	**y → ied**	copy – copied
si termina en **una sola vocal + una sola consonante**	la consonante se duplica **+ ed**	fit – fitted

Continuous tenses

Los tiempos continuos se forman con el verbo **be** + gerundio del verbo (la forma *ing*).

Present continuous I'm (I am) looking you're (you are) looking he's (he is) looking	 I'm not looking you aren't (are not) looking he isn't (is not) looking	 am I looking? are you looking? is he looking?
Past continuous I was looking you were looking he was looking	 I wasn't (was not) looking you weren't (were not) looking he wasn't looking	 was I looking? were you looking? was he looking?
Present perfect continuous I've (I have) been looking he's (he has) been looking	 I haven't (have not) been looking he hasn't (has not) been looking	 have I been looking? has he been looking?
Past perfect continuous I'd (I had) been looking he'd (he had) been looking	 I hadn't (had not) been looking he hadn't been looking	 had I been looking? had he been looking?
Future continuous I'll (I will) be looking he'll (he will) be looking	 I won't (will not) be looking he won't be looking	 will I be looking? will he be looking?
Future perfect continuous I'll have been looking he'll have been looking	 I won't have been looking he won't have been looking	 will I have been looking? will he have been looking?

Formación del gerundio

regla general	**+ ing**	look – look**ing**
si termina en **e**	**e → ing**	lov**e** – lov**ing**
si termina en **una sola vocal + una sola consonante**	la consonante se duplica + **ing**	fit – fi**tting**

Respuestas breves

Las respuestas breves se forman utilizando el auxiliar del tiempo verbal de la pregunta.

'Do you smoke?' 'No, I don't.' ◇ *'Did you see that?' 'Yes, I did.'*
◇ *'Can you swim?' 'Yes, I can.'*

Modal verbs

Can, could, may, might, must, will, would, shall, should y **ought to** son verbos modales. Siempre se utilizan con otro verbo aportando a su significado un matiz de posibilidad, probabilidad, deber, etc.

Gramaticalmente estos verbos no funcionan como los demás ya que:

- deben ir seguidos de otro verbo en infinitivo sin **to**:
  *I **can** swim. ◇ You **must** be Jane.*
- su forma no varía, es decir, no tienen formas con **ing** o **ed** ni se añade **s** a la tercera persona del singular:
  *She **might** know. ◇ He **may** be late.*
- no necesitan el auxiliar **do** para formar oraciones interrogativas y negativas:
  ***Can** you swim? ◇ I **can't** believe it.*

Ought to es un verbo modal especial que siempre se usa seguido de un infinitivo con **to**.

Dare y **need** pueden utilizarse también como verbos modales. Para más información, ver sus entradas en el diccionario.

Posibilidad y probabilidad

- **Must** y **can't** sirven para hablar de cosas que se consideran seguras. Se utiliza **must** en frases afirmativas y **can't** en frases negativas.
  *You **must** be hungry – you haven't eaten all day. ◇ You **can't** be hungry — we've just eaten!*
- **May, might** o **could** pueden usarse para hablar de algo que es posible pero no seguro.
  *You **may** be right. ◇ He **might** be upstairs. ◇ It **could** be dangerous.*
- **Should** y **ought to** se pueden utilizar para hacer predicciones de futuro.
  *Five **should** be enough. ◇ She **ought to** pass – she has studied hard.*

Obligación y deber

- **Must** se utiliza para expresar una obligación o para dar énfasis a un consejo.
  *You **must** be back by three. ◇ I **must** stop smoking. ◇ You **must** see that film – it's great!*
- **Have to** y **have got to** también se pueden utilizar para expresar obligación y deber. **Have got to** es una manera más informal de decir **have to**. Por lo general, sólo se utiliza en presente. ➲ *Ver tb nota en* MUST
  ***I've got to** give my essay in before Friday. ◇ He **had to** give up smoking.*

Prohibición

- **Mustn't** y **can't** se utilizan para expresar algo que está prohibido.
  *You **mustn't** take photos inside the museum. ◇ They **can't** come in here.*

Consejos

- **Should** y **ought to** se utilizan para dar y pedir consejo.
  *You **should** go to bed. ◇ You **ought to** tidy your room more often. ◇ **Should** I take an umbrella?*

*You **shouldn't** leave the taps running.*

Ofrecimientos, sugerencias y peticiones

- **Can, could, will** y **shall** se usan para ofrecer, sugerir y pedir cosas.
  ***Can** I help you? ◇ **Could** you open the door, please? ◇ **Will** you stay for tea? ◇ **Shall** we go out for a meal?*

Permiso

- **Can** y **could** se utilizan en presente y en pasado para expresar permiso para hacer algo.
  ***Can** I go now?* ◇ ***Could** I possibly borrow your car?* ◇ *You **can** come if you want.*
- En presente también se pueden usar **may** y **might**, pero son más formales.
  ***May** I use your phone?* ◇ *Books **may** only be borrowed for two weeks.* ◇ ***Might** I make a suggestion?*

Capacidades y habilidades

- **Can** y **could** se utilizan para expresar lo que uno puede o sabe hacer, tanto en presente como en pasado.
  *I **can** speak Italian.* ◇ ***Can** you ride a bike?* ◇ *She **couldn't** do it.* ◇ *I **could** run for miles when I was younger.*

Recuerda que **be able to** también se utiliza en este sentido.

*He **has been able** to swim for a year now.* ◇ *One day we **will be able** to travel to Mars.*

➲ *Ver tb nota en* CAN

Phrasal verbs

Los *phrasal verbs* son verbos formados por dos o tres palabras. La primera palabra es siempre un verbo y puede ir seguido de un adverbio (**lie down**), una preposición (**look after sb/sth**) o ambas (**put up with sb/sth**).

Los *phrasal verbs* aparecen al final de la entrada del verbo principal, en la sección marcada PHR V. Esta es la última parte de la entrada de **send**:

PHR V **send for sb** llamar a algn, mandar buscar a algn ◆ **send (off) for sth** pedir, encargar algo (*por correo*) ◆ **send sb in** enviar a algn (*esp tropas, policía, etc.*) ◆ **send sth in/off** enviar algo (*por correo*) ◆ **send sb off** (*Dep*) expulsar a algn ◆ **send sth out 1** (*invitaciones, etc.*) enviar algo **2** (*rayos, etc.*) emitir algo ◆ **send sb/sth up** (*GB, coloq*) parodiar a algn/algo

Como puedes ver, los *phrasal verbs* de cada verbo están ordenados alfabéticamente según las partículas que les siguen (**away, back, in**, etc.).

Muchas veces un *phrasal verb* puede ser sustituido por otro verbo con el mismo significado. Sin embargo, los *phrasal verbs* se utilizan mucho en el inglés hablado y los equivalentes no "*phrasal*" en el inglés escrito o en situaciones más formales. Tanto **get over** como **overcome** significan "superar", pero se utilizan en contextos diferentes.

Algunas partículas tienen significados especiales que se mantienen incluso cuando ocurren con verbos distintos. Fíjate en el uso de **back, on** y **up** en las siguientes frases:
*I'll **call** you **back** later.* ◇ *She wrote to him but he never **wrote back**.*

*I'll **call** you **back** later.*

***Carry on** with your work.* ◇ *They **stayed on** for another week at the hotel.* ◇ ***Drink up**! We have to go.* ◇ ***Eat up** all your vegetables. They're good for you.*

En estas frases **back** indica que se devuelve algo (una llamada, una carta), **on** da un sentido de continuidad a los verbos y **up** indica que algo se ha terminado por completo.

Falsos amigos

¡Ojo con los falsos amigos!

Muchas palabras inglesas se parecen a las españolas. Algunas tienen el mismo significado, como **television** (*televisión*) y **biology** (*biología*), pero otras tienen significados totalmente distintos. Estas palabras parecidas pero de distinto significado se llaman **false friends** (*falsos amigos*). Es muy importante aprender las diferencias para no cometer errores, como, por ejemplo, decir que alguien es **sympathetic** (*comprensivo*) cuando lo que quieres decir es que es **nice** (*simpático*).

Aquí hay una lista de algunos **false friends** con su verdadero significado en inglés.

Esta palabra en español...	se dice en inglés...	y no...	que es...
actual	current; present-day	*actual*	exacto; verdadero
actualmente	at the moment	*actually*	en realidad, de hecho; por cierto
agenda	diary; address book	*agenda*	orden del día
asistir	to attend; to treat	*to assist*	ayudar
aviso	notice; warning	*advice*	consejos
conductor, -ora	driver	*conductor*	director, -ora de orquesta
diversión	pastime; fun; entertainment	*diversion*	desvío
educado	polite	*educated*	culto
embarazada	pregnant	*embarrassed*	avergonzado
éxito	success; hit	*exit*	salida
genial	brilliant	*genial*	afable
intentar	to try	*to intend*	tener la intención de
largo	long	*large*	grande; extenso, amplio
lectura	reading	*lecture*	conferencia; sermón
librería	bookshop; bookcase	*library*	biblioteca
molestar	to bother; to disturb; to upset	*to molest*	agredir sexualmente
noticia	news; news item	*notice*	anuncio
pariente	relation	*parent*	madre/padre
profesor, -ora	teacher; lecturer	*professor*	catedrático, -a de universidad
receta	recipe; prescription	*receipt*	recibo
recordar	to remind; to remember	*to record*	registrar, anotar; grabar
resumir	to summarize; to sum up	*to resume*	reanudar(se); recobrar, retomar
sensible	sensitive; noticeable	*sensible*	sensato
simpático	nice	*sympathetic*	comprensivo, compasivo

¡No te confundas!

Cuando leas un texto en inglés, no te dejes engañar por palabras como las siguientes, que se parecen mucho a palabras españolas, pero tienen un significado completamente distinto.

Que no te engañe...	que significa...
carpet	moqueta, alfombra
casual	superficial; informal
comprehensive	global, completo
compromise	acuerdo
constipated	estreñido
to contest	disputar
costume	traje; vestuario
crude	burdo; grosero
deception	engaño
disgust	asco, repugnancia
fabric	tejido, tela
intoxication	embriaguez
marmalade	mermelada de cítricos
mascara	rímel
petrol	gasolina
to presume	asumir, suponer
to pretend	fingir
to realize	darse cuenta; cumplir
stranger	desconocido, -a; forastero, -a
topic	tema

Busca las diferencias

La palabra española *collar* se traduce **collar** cuando nos referimos al collar de un perro, un gato, etc. Sin embargo, si hablamos del adorno que se pone alrededor del cuello, se dice **necklace**.

collar *nm* **1** (*adorno*) necklace: *un ~ de esmeraldas* an emerald necklace **2** (*perro, gato*) collar

collar /ˈkɒlə(r)/ *n* **1** (*camisa, etc.*) cuello **2** (*perro*) collar

Ten cuidado al utilizar palabras como estas, ya que a veces tienen el mismo significado en los dos idiomas, pero otras veces no.

1 Completa el siguiente cuadro dando una segunda traducción de las palabras en **negrita**:

collar	→	collar	floor
carrera	→	career	warn
prevenir	→	prevent	necklace
planta	→	plant	royal
precioso	→	precious	degree
real	→	real	lovely

2 Elige ahora la palabra correcta en las siguientes frases:

1 *Have you finished your* ***degree/career*** *yet?*

2 *Our dog has a leather* ***necklace/collar****.*

3 *I* ***prevented/warned*** *him that he would get into trouble.*

4 *In hot weather, water your* ***floors/plants*** *every day.*

5 *What a* ***lovely/precious*** *dress!*

6 *The* ***real/royal*** *family have a palace on the island.*

Informática

En español, muchas palabras relacionadas con los ordenadores y la tecnología provienen del inglés. ¿Se te ocurre algún ejemplo?

1 Etiqueta las diferentes partes del sistema informático. Utiliza las palabras del recuadro.

monitor	keyboard	mouse	keys	screen	spacebar	disk drive

2 ¿Sabes cómo se dicen las siguientes órdenes en inglés? Relaciona cada palabra con su traducción correspondiente.

borrar	save
guardar → save	download
rehacer	copy
cortar	paste
ejecutar	print
deshacer	redo
pegar	run
imprimir	cut
copiar	delete
bajar	undo

Mira la página 216 del diccionario para comprobar tus respuestas.

3 ¿Para qué sueles utilizar el ordenador? Ordena las actividades del 1 al 7 empezando por la actividad que realices más a menudo.

emailing friends ____
doing homework ____
shopping ____
using social networking sites ____
downloading music ____
playing games ____
surfing the Net ____

4 Ahora completa el texto con los **verbos** que has utilizado en los ejercicios anteriores.

The computer today has so many uses that it's difficult to imagine life without one!

We do our work on the computer. You can [1]________ the Net to find out information, or to check to see if something is true. It isn't always easy though! There's a lot of information on the Internet, but not all of it is reliable.

When you write a document, you can copy and [2]________ text from a web page or from another document. If you make a mistake, just click on [3]________ to cancel your last action. When you've finished, you [4]________ the document on your computer, and you can [5]________ a paper copy or email it to your teacher. If you don't need the document any more, you can [6]________ it, of course.

Many people today spend a lot of their free time on the Internet. They chat on social networking sites or [7]________ their friends, play games online or [8]________ music. Who knows what people will do with their computers in the future?

5 Las siguientes palabras también están relacionadas con el mundo de los ordenadores. Pon cada una en su categoría correspondiente. Hay **cuatro** palabras en cada categoría.

attachment	bandwidth	crash	inbox	hacking	bug
spam	bookmark	cookie	message	home page	virus

INTERNET	EMAIL	PROBLEMS WITH COMPUTERS
cookie	________	________
________	________	________
________	________	________
________	________	________

6 Ahora mira el **Diccionario temático** del CD-ROM. Elige el tema "**Computing**" y busca palabras o expresiones que correspondan con las definiciones de más abajo. Como pista te hemos dado la primera letra de cada palabra.

a program that lets you look at websites	b________
the words, pictures, etc. on a computer screen	d________
to press the button on the mouse twice	d________
the part of your computer where data is stored	h________
a very small computer	p________
the name you use to access a program or website	u________

Vuelve a la sección "**Computing**" del **Diccionario temático** y escribe otras **cinco** palabras que te parezcan útiles.

El medio ambiente

1 Muchas de las palabras y expresiones de más abajo se utilizan para hablar de temas medioambientales. ¿Puedes indicar cuáles?

deforestation	blogosphere	biodiversity	white elephant	food mile
groundwater	burner	greenwash	phishing	ecotourism

2 ¿Sabes pronunciar estas palabras? Subraya la sílaba que se acentúa (por ejemplo, defore**sta**tion). Utiliza el diccionario si necesitas ayuda.

3 ¿Se te ocurren otras palabras o expresiones que tienen que ver con el medio ambiente?

A algunas personas les resulta más fácil aprender vocabulario si lo clasifican por categorías. Piensa todas las palabras relacionadas con el medio ambiente en español que puedas y utiliza el diccionario para escribir las traducciones en la columna correspondiente.

Aquí tienes algunos ejemplos para empezar:

contaminación	energía	carbono	reciclaje	ecológico
casquete	desertificación	ecosistema	extinción	climático

THE ENVIRONMENT		
environmental problems	possible solutions	other related words
______________	______________	______________
______________	______________	______________
______________	______________	______________
______________	______________	______________
______________	______________	______________
______________	______________	______________
______________	______________	______________

4 Relaciona las palabras de ambas columnas para formar palabras compuestas que tienen que ver con el medio ambiente.

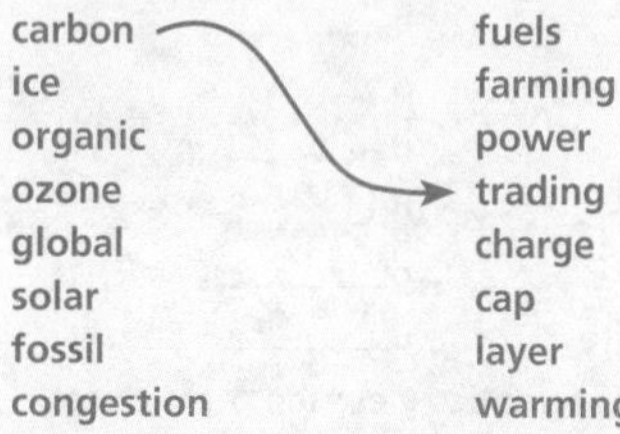

carbon	fuels
ice	farming
organic	power
ozone	trading
global	charge
solar	cap
fossil	layer
congestion	warming

5 **Ahora rellena los espacios del texto con las palabras compuestas del ejercicio anterior.**

Climate change, which is often called ________________, is a serious problem today. Many people are worried that the ________________ in the Arctic and the Antarctic is melting. Cars, planes and factories burn ________________, which creates carbon dioxide and causes pollution. This damages the ________________ which protects the earth from the sun. However, there are alternatives to fossil fuels, such as wind energy and ________________, and in recent years there has been an increase in ________________, which does not use chemical fertilizers. Governments are trying to introduce a system of ________________ so that countries are responsible for the carbon emissions that they cause.

6 **Por parejas, colocad cada fenómeno en una columna según sea HARMFUL (nocivo), HELPFUL (beneficioso) o NEUTRAL (no afecte) respecto al medio ambiente. Añade las palabras de los ejercicios anteriores.**

Puedes encontrar más palabras relacionadas con el medio ambiente en el tema "The Environment" del Diccionario temático del CD-ROM.

HARMFUL	HELPFUL	NEUTRAL
________________	________________	________________
________________	________________	________________
________________	________________	________________
________________	________________	________________
________________	________________	________________
________________	________________	________________
________________	________________	________________

¿Puedes explicar por qué estos fenómenos son nocivos o beneficiosos para el medio ambiente? Escribe frases como estas:
Acid rain is harmful because it kills trees.
Solar power is helpful because…

En tu diccionario encontrarás otras muchas palabras útiles para escribir frases de este tipo.

Deportes

1 Muchos deportes que hoy son famosos en el mundo entero son originarios de Gran Bretaña. Ordena las letras para formar los nombres de algunos de ellos. Encontrarás todos los nombres en las páginas 356-9 del diccionario.

U	B	R	G	Y			
L	G	F	O				
T	K	C	E	I	K	R	
B	L	T	O	F	L	O	A
X	N	I	B	G	O		
C	E	K	O	H	Y		

El CD-ROM del ***Oxford Pocket*** contiene un **Diccionario temático** con mucho vocabulario relacionado con el deporte. Abre el **Diccionario temático** y busca seis deportes más.

2 Para practicar ciertos deportes necesitas un equipo especial. Utiliza el diccionario para relacionar los deportes con los objetos.

tennis	club
football	bat
cycling	trunks
cricket	boots
golf	helmet
swimming	racket

3 En inglés existen distintas palabras para referirse al lugar donde se practican los deportes. Ve a la entrada **cancha** y rellena los espacios.

a tennis ________

a football ________

Ahora ve a la entrada **pista** y averigua cómo se dice en inglés el lugar donde se practican los siguientes deportes.

athletics ________

ice skating ________

basketball ________

skiing ________

4 Abre el **Diccionario temático** del CD-ROM y busca otras cuatro palabras relacionadas con cada deporte de más abajo. El primero está hecho a modo de ejemplo.

golf	football	tennis
club	________	________
hole	________	________
course	________	________
green	________	________

5 Cuando queremos decir qué deportes nos gustan, es importante saber qué preposiciones utilizar. Rellena cada espacio con la preposición.

about	of	on
in	with	

a I'm **interested** ________ extreme sports.

b They're **mad** ________ football.

c She's not very **keen** ________ sport.

d He's **obsessed** ________ skateboarding.

e He's **capable** ________ breaking the world record.

Ahora busca las palabras en **negrita** y comprueba tus respuestas.

6 ¿Qué sabes de los deportes en Gran Bretaña?

Haz una lista de todas las cosas que sabes (cuáles son los deportes más populares, qué competiciones tienen lugar y dónde, etc.)

¿En tu opinión, las siguientes frases son verdaderas o falsas?

a Cricket is the most popular sport in Britain.

b England, Scotland, Wales and Northern Ireland all have their own international football teams.

c Rugby was invented in the nineteenth century.

d The British Open is an important tennis competition.

e Golf and tennis are played in summer.

Ahora lee sobre el deporte en Gran Bretaña y comprueba tus respuestas.

Football (**soccer** in the US) is the most popular sport in Britain, and many people all over the world follow the English **Premier League** on television. There is also a Scottish league, and England, Scotland, Wales and Northern Ireland all have separate international teams. Rugby, which is also popular, was invented at Rugby School in 1823, when one of the students picked up a football and started to run with it. In the summer **cricket** is played, and there are also important competitions in **golf** (the **British Open**) and **tennis** (**Wimbledon**).

7 En Estados Unidos se practican más otros deportes. ¿Cuáles de estos deportes crees que son más populares en Estados Unidos y cuáles en Gran Bretaña? Escribe cada uno en su columna correspondiente.

baseball	football	ice hockey
basketball	cricket	rugby

BRITAIN	US
____________	____________
____________	____________
____________	____________

Dos de estos deportes se llaman de otra forma en Estados Unidos. Mira las páginas 356–9 del diccionario y averigua cuáles son.

Ahora lee el siguiente texto para descubrir cuáles son los deportes más populares en Estados Unidos.

Sport in the US

In the US, the most popular sports are **baseball**, **basketball** and **American football**, which is called simply **football** in the US. There are two national baseball leagues, the **American League** and the **National League**, and the champions of each league play the **World Series** to decide the national champion. In American football, there are also two leagues, and the championship is decided by the **Super Bowl**. Basketball is very popular too, and the games of the **NBA** (National Basketball Association) are shown on television around the world. Football (called **soccer** in the US) is a popular sport in schools for both boys and girls, but the professional sport of the **MLS** (Major League Soccer) is most popular among immigrant communities.

Fiestas y eventos culturales

¿Conoces alguna fiesta tradicional inglesa o americana?

1 Busca diez fiestas tradicionales en la sopa de letras. Como pista te hemos dado las primeras letras de cada una.

T	H	A	N	K	S	G	I	V	I	N	G
C	H	O	G	M	A	N	A	Y	H	E	C
P	H	K	E	I	J	L	R	O	A	R	A
O	M	R	A	G	E	J	R	A	L	I	R
F	S	E	I	R	A	Q	A	S	L	H	N
P	O	I	O	S	S	N	M	L	O	E	I
H	H	R	G	M	T	S	A	O	W	R	V
N	S	A	H	N	E	M	D	Y	E	Y	A
U	Y	P	E	T	R	S	A	P	E	S	L
L	E	N	T	A	T	I	N	S	N	Z	E
P	A	N	C	A	K	E	D	A	Y	E	T
W	I	M	O	T	H	E	R	S	D	A	Y

HOG*MANAY*____ MOT________
CAR________ CHR________
THA________ HAL________
LEN________ PAN________
RAM________ EAS________

¿Has encontrado alguna fiesta que no conocieras? Utiliza el diccionario para saber más acerca de ellas.

2 Relaciona las fiestas con las fechas.

Bonfire Night	24 December
Hogmanay	2 February
Groundhog Day	31 October
Christmas Day	1 January
Independence Day	31 December
New Year's Day	5 November
Halloween	25 December
Christmas Eve	4 July

Dos de ellas son tradiciones americanas. ¿Sabrías decir cuáles?

3 Ahora vas a leer sobre dos fiestas importantes: **Bonfire Night** y **Thanksgiving**. ¿Sabes cuál de ellas se celebra en Gran Bretaña y cuál en Estados Unidos?

¿Con qué fiesta están relacionadas las palabras de más abajo: con **Bonfire Night** o con **Thanksgiving**?

pumpkin pie	fireworks
Guy Fawkes	turkey
settlers	gunpowder

Lee sobre estas dos fiestas y comprueba tus respuestas.

Bonfire Night (or **Guy Fawkes night**) is celebrated on the fifth of November, in memory of an attempt to blow up the Houses of Parliament in 1605 when King James I was inside. But on the evening before one of the group, Guy Fawkes, was discovered in the cellar with gunpowder, and all of the group were executed. For **Bonfire Night** today, children make a **guy**, a figure of a man made of old clothes and stuffed with newspaper, to represent Guy Fawkes. Then, on **Bonfire Night**, the **guy** is burned on a big bonfire, and there are a lot of fireworks.

Thanksgiving (or **Thanksgiving Day**) is an important festival in the US, on the fourth Thursday in November. The festival celebrates the time when Europeans first came to North America, in 1620. There was a very cold winter, and many of the European settlers died. But the next summer Native Americans showed the Europeans what foods were safe to eat, so that they could store food for the next winter. The settlers survived, and held a big celebration. Nowadays **Thanksgiving** is celebrated with a traditional dinner of foods that come from North America, like turkey, sweet potatoes, cranberry sauce or jelly and, for dessert, pumpkin pie.

4 Busca palabras en el texto para las siguientes traducciones.

a hoguera ________

b volar algo to ____ sth ____

c sótano/bodega ________

d calabaza ________

e almacenar/guardar to ________ sth

Comprueba las respuestas en el diccionario. Utiliza el **Diccionario temático** del CD-ROM para encontrar otras tres palabras relacionadas con fiestas tradicionales o festivales.

5 Las fiestas tradicionales son importantes en Gran Bretaña y en Estados Unidos, pero también tienen lugar otros festivales, a menudo relacionados con las artes y la cultura. Algunos grandes festivales duran varias semanas, pero también hay festivales más pequeños que sólo duran un día o dos.

¿Conoces algún festival famoso relacionado con las artes? ¿Alguno de ellos tiene lugar en Gran Bretaña o en Estados Unidos?

Lee sobre algunos festivales importantes en Gran Bretaña y en Estados Unidos. ¿Puedes completar los párrafos con el nombre del festival?

Glastonbury **the Proms**
Monterey Jazz Festival **Eisteddfods**
Edinburgh Festival

One of the biggest festivals in Britain is the ________________, held in the capital of Scotland. It is an arts festival, but is most famous for theatre. The shows and concerts include hundreds of events that are not part of the official festival, and these are known as the **Fringe**. Many of these events are avant-garde, and attract lots of young people.

In Wales several cultural events are held every year, called the ________. There are competitions for poets and musicians, and the main language of these festivals is not English, but Welsh. These traditional festivals began a long time ago, in the twelfth century AD.

The most famous British classical music festival in Britain is ________, which is short for "promenade concerts" (concerts where there are no seats in part of the hall). This festival is held every summer at the Royal Albert Hall, in London. Concerts contain a mixture of old favourites and new pieces of music.

The ________________ has been held in this old Spanish city on the coast of California since 1958. Every September, many performers come to play jazz, and also blues and rock.

One of the most famous popular music festivals in Britain is the ________________ festival. This is a very large festival which is held in June on a farm near the city of Bristol. Sometimes more than 100,000 people attend the festival, and camp in tents for three days.

6 Ahora relaciona los nombres de los festivales con el género artístico.

Monterey Festival	**classical music**
Glastonbury	**theatre**
the Proms	**jazz and blues**
Eisteddfods	**pop and rock**
Edinburgh Festival	**poetry and music**

Errores típicos

El verbo *like*

~~*'I like very much swimming.'*~~
~~*'How do you feel about ballet? I don't like much.'*~~

"Me gusta...", "le gusta...", etc. se dice en inglés 'I like...', 'you like...', 'he/she likes...', etc. Si queremos decir "me gusta mucho...", se pone **very much** o **a lot** al final de la frase, pero no inmediatamente después del verbo **like**:

I like swimming very much.
He likes computers a lot.

El verbo **like** en inglés siempre lleva complemento directo:

'How do you feel about ballet?'
'I don't like it much.'

Recuerda que para ofrecerle algo a alguien, se usa **'would** you like':

***Would** you like some coffee?*

➲ *Ver tb nota en* GUSTAR

Adjetivos posesivos

~~*She went with his husband.*~~
~~*He's broken the leg.*~~

En inglés los adjetivos posesivos (**his, her, their, its,** etc.) concuerdan con el poseedor:

***She** went with **her** husband.*
***He** put on **his** shirt.*

En inglés también se pone un adjetivo posesivo delante de las partes del cuerpo:

***He's** broken **his** leg.*

Pronombre sujeto *it*

~~*Is possible to phone them?*~~
~~*My flat it's very near the sea.*~~

En inglés los verbos siempre llevan sujeto:

*Is **it** possible to phone them?*
***It** is very interesting to visit Oxford.*

Pero si la oración ya lleva sujeto, no hace falta añadir el pronombre **it**:

My flat is very near the sea.

He se utiliza para referirnos a un hombre, **she** a una mujer, y para referirnos a un objeto, el pronombre personal siempre es **it**:

*I like my bed – **it** is very soft.*

La tercera persona del singular

~~*She live on the seventh floor.*~~
~~*Do he speaks French?*~~

La tercera persona singular del presente acaba en **s** y las preguntas en tercera persona singular se forman con **does**:

*She live**s** on the seventh floor.*
***Does** he speak French?*

Formas pasadas

~~*I didn't watched the film last night.*~~
~~*Did you went to the cinema yesterday?*~~

En inglés las formas verbales que indican pasado acaban en **d** o **ed**, excepto en el caso de los verbos irregulares:

*I live**d** in Rome for five years.*

En oraciones negativas e interrogativas, el tiempo pasado se expresa con **did**, con el verbo en infinitivo. No termina en **d** o **ed** si se trata de un verbo regular ni se usa la forma irregular en los demás casos:

*I **did**n't **watch** the film last night.*
***Did** you **go** to the cinema yesterday?*

¿Presente o pretérito perfecto?

~~*I know my best friend for five years.*~~
~~*How long are you living in Spain?*~~

En inglés se utiliza el *present perfect* en lugar del *present simple* para describir acciones o estados que empezaron en el pasado, pero que continúan en el presente:

*I**'ve known** my best friend for five years.*
*She**'s been** a teacher since 2001.*
*How long **have** you **been living** in Spain?*

➲ *Ver tb nota en* FOR

El verbo *want*

~~I want that you do me a favour.~~
~~Do you want that I make some coffee?~~

En inglés el verbo **want** no va seguido de una oración introducida por **that** (como sucede en español con la palabra "que"), pero sí puede ir seguido de la estructura complemento + infinitivo:

*I want **you to do** me a favour.*
*Do you want **me to make** some coffee?*

Aa

A, a /eɪ/ *n* (*pl* **As, A's, a's**) A, a

Uso de las letras

1 para deletrear

'Alex' begins with (an) 'A'. "Alex" empieza por "A". ◇ *'Lisa' ends in (an) 'a'.* "Lisa" termina en "a". ◇ *Do you spell that with an 'a' or an 'e'?* ¿Se escribe con "a" o con "e"? ◇ *'April' with a capital A* "Abril" con A mayúscula ◇ *How many ls are there in 'lily'?* ¿Cuántas eles tiene la palabra "lily"? ◇ *It's spelt d-e-e-p.* Se escribe d-e-e-p.

2 notas musicales

A = la B = si C = do D = re E = mi F = fa G = sol: *A sharp* la sostenido ◇ *B flat* si bemol

3 notas escolares

A es la nota más alta y, dependiendo del nivel del examen, las calificaciones van hasta E o G. U es un suspenso: *She got a D for French.* ◇ *I got two Bs and a C at A level.*

En clase un profesor puede usar letras (generalmente entre la A y la C o la D) o números (sobre diez, veinte, etc.): *He gave me 6 out of 10 for my homework.*

Si un profesor pone un comentario como 'very good' no corresponde a una nota concreta.

a ⚷ /ə, eɪ/ (*tb* **an** /ən, æn/) *art* ❶ **A, an** corresponde al español *un, una* excepto en los siguientes casos: **1** (*números*): *a hundred and ten people* ciento diez personas **2** (*profesiones*): *My mother is a teacher.* Mi madre es profesora. **3** por: *200 words a minute* 200 palabras por minuto ◇ *two euros a dozen* dos euros la docena **4** (*con desconocidos*) un(a) tal: *There's a Dr Todd to see you.* Te quiere ver un tal doctor Todd.

A2 /ˌeɪ ˈtuː/ (*tb* **A2 level**) *n* examen que hacen los estudiantes de dieciocho años en Gran Bretaña ➲ *Ver nota en* A LEVEL

aback /əˈbæk/ *adv* LOC **be taken aback (by sb/sth)** quedar sorprendido (por algn/algo): *I was really taken aback.* Me sorprendió mucho.

abandon ⚷ /əˈbændən/ *vt* abandonar: *I abandoned the attempt.* Abandoné el intento. ◇ *an abandoned baby/car/village* un bebé/coche/pueblo abandonado

abattoir /ˈæbətwɑː(r)/ *n* matadero

abbey /ˈæbi/ *n* (*pl* **abbeys**) abadía

abbreviate /əˈbriːvieɪt/ *vt* abreviar

abbreviation /əˌbriːviˈeɪʃn/ *n* **1** ~ **(of/for sth)** abreviatura (de algo) **2** abreviación

ABC /ˌeɪ biː ˈsiː/ *n* **1** abecedario **2** abecé

abdicate /ˈæbdɪkeɪt/ **1** *vt, vi* abdicar **2** *vt*: *to abdicate (all) responsibility* declinar toda responsabilidad

abdomen /ˈæbdəmən/ *n* abdomen **abdominal** /æbˈdɒmɪnl/ *adj* abdominal

abduct /æbˈdʌkt/ *vt* secuestrar **abduction** *n* secuestro

abide /əˈbaɪd/ *vt* **can't/couldn't ~ sb/sth** no poder soportar a algn/algo: *I can't/couldn't abide them.* No los puedo/podía soportar. PHR V **abide by sth 1** (*veredicto, decisión*) acatar algo **2** (*promesa*) cumplir con algo

ability ⚷ /əˈbɪləti/ *n* (*pl* **abilities**) **1** capacidad: *her ability to accept change* su capacidad para asumir los cambios **2** aptitud, habilidad: *Despite his ability as a dancer...* A pesar de sus aptitudes como bailarín... ◇ *to the best of your ability* lo mejor que puedas

ablaze /əˈbleɪz/ *adj* (*formal*) **1** en llamas: *to set sth ablaze* prender fuego a algo **2 be ~ with sth** resplandecer de algo: *The garden was ablaze with flowers.* El jardín estaba inundado de flores.

able ⚷ /ˈeɪbl/ *adj* **1 be ~ to do sth** poder hacer algo, saber hacer algo: *Will he be able to help you?* ¿Podrá ayudarte? ◇ *They are not yet able to swim.* No saben nadar todavía. ➲ *Ver nota en* CAN[1] **2** (**abler, -est**) capaz: *the ablest student in the class* la estudiante más capacitada de la clase ◇ *the less able members of society* los más desfavorecidos de la sociedad

abnormal /æbˈnɔːml/ *adj* anormal **abnormality** /ˌæbnɔːˈmæləti/ *n* (*pl* **abnormalities**) anormalidad

aboard /əˈbɔːd/ *adv, prep* a bordo (de): *aboard the ship* a bordo del barco ◇ *Welcome aboard.* Bienvenidos a bordo.

abode /əˈbəʊd/ *n* (*formal*) morada LOC *Ver* FIXED

abolish /əˈbɒlɪʃ/ *vt* abolir

abolition /ˌæbəˈlɪʃn/ *n* abolición

abominable /əˈbɒmɪnəbl/ *adj* abominable

Aboriginal /ˌæbəˈrɪdʒənl/ *adj, n* aborigen (*de Australia*)

Aborigine /ˌæbəˈrɪdʒəni/ *n* aborigen (*de Australia*)

abort /əˈbɔːt/ *vt, vi* abortar: *They aborted the launch.* Detuvieron el lanzamiento.

A

abortion /əˈbɔːʃn/ *n* aborto (*intencionado*): *to have an abortion* abortar ➲ *Comparar con* MISCARRIAGE

abortive /əˈbɔːtɪv/ *adj* (*formal*) fracasado: *an abortive coup/attempt* un golpe de estado/intento fracasado

abound /əˈbaʊnd/ *vi* (*formal*) ~ **(with sth)** abundar (en algo)

about 🔑 /əˈbaʊt/ *adverbio, preposición, adjetivo*
ℹ Para los usos de **about** en PHRASAL VERBS ver las entradas de los verbos correspondientes, p. ej. **lie about** en LIE[1].
▸ *adv* **1** más o menos: *about the same height as you* más o menos de tu misma altura **2** hacia: *at about ten o'clock* a eso de las diez **3** casi: *Dinner's about ready.* La cena está casi lista. **4** de un lado a otro: *I could hear people moving about.* Oía gente yendo de un lado para otro. **5** aquí y allá: *People were standing about in the street.* Había gente parada en la calle. **6** por aquí: *She's somewhere about.* Está por aquí. ◇ *There are no jobs about at the moment.* De momento no sale ningún trabajo.
▸ *prep* **1** por: *papers strewn about the room* papeles esparcidos por la habitación ◇ *She's somewhere about the place.* Anda por aquí. **2** sobre: *a book about flowers* un libro sobre flores ◇ *What's the book about?* ¿De qué trata el libro? **3 + adjetivo**: *angry/happy about sth* enfadado por/contento con algo **4** (*característica*): *There's something about her I like.* Tiene algo que me atrae. LOC **how/what about? 1** (*pregunta*) ¿y...?: *What about his car?* ¿Y su coche? **2** (*sugerencia*) ¿qué te parece si...?: *How about going swimming?* ¿Qué te parece si vamos a nadar?
▸ *adj* LOC **be about to do sth** estar a punto de hacer algo

above 🔑 /əˈbʌv/ *preposición, adverbio*
▸ *prep* **1** por encima de, más arriba de: *1 000 metres above sea level* 1 000 metros por encima del nivel del mar ◇ *I live in a house above the village.* Vivo en una casa más arriba del pueblo. **2** más de: *above 50%* más del 50% LOC **above all** sobre todo
▸ *adv* arriba: *the people in the flat above* la gente del piso de arriba ◇ *children aged eleven and above* niños de once años y mayores

abrasive /əˈbreɪsɪv/ *adj* **1** (*superficie, sustancia*) áspero **2** (*persona*) brusco y desagradable

abreast /əˈbrest/ *adv* ~ **(of sb/sth)**: *cycling two abreast* yendo dos personas en bicicleta lado a lado ◇ *A car came abreast of us.* Un coche se puso a nuestra altura. LOC **keep abreast of sth** mantenerse al corriente de algo

abroad 🔑 /əˈbrɔːd/ *adv* en el extranjero: *to go abroad* ir al extranjero ◇ *Have you ever been abroad?* ¿Has estado en el extranjero?

abrupt /əˈbrʌpt/ *adj* (*cambio, comportamiento*) brusco

abscess /ˈæbses/ *n* absceso

abseil /ˈæbseɪl/ *vi* hacer rappel: *to go abseiling* hacer rappel **abseiling** *n* rappel

absence 🔑 /ˈæbsəns/ *n* ausencia: *absences due to illness* ausencias por enfermedad ◇ *in the absence of new evidence* a falta de nuevas pruebas LOC *Ver* CONSPICUOUS

absent 🔑 /ˈæbsənt/ *adj* **1** ausente: *to be absent from school* faltar al colegio **2** distraído

absentee /ˌæbsənˈtiː/ *n* ausente

absent-minded /ˌæbsənt ˈmaɪndɪd/ *adj* distraído

absolute 🔑 /ˈæbsəluːt/ *adj* absoluto

absolutely 🔑 /ˈæbsəluːtli/ *adv* **1** absolutamente: *You are absolutely right.* Tienes toda la razón. ◇ *Are you absolutely sure/certain that...?* ¿Estás completamente seguro de que...? ◇ *It's absolutely essential/necessary that...* Es imprescindible que... **2** [*en negativa*]: *absolutely nothing* nada en absoluto **3** /ˌæbsəˈluːtli/ (*mostrando acuerdo con algn*) desde luego (que sí): *Oh, absolutely!* ¡Sin duda!

absolve /əbˈzɒlv/ *vt* ~ **sb (from/of sth)** absolver a algn (de algo)

absorb 🔑 /əbˈsɔːb, əbˈzɔːb/ *vt* **1** absorber, asimilar: *Plants absorb oxygen.* Las plantas absorben el oxígeno. ◇ *easily absorbed into the bloodstream* fácilmente asimilado por la sangre ◇ *to absorb information* asimilar información **2** amortiguar: *to absorb the shock* amortiguar el golpe

absorbed /əbˈsɔːbd, əbˈzɔːbd/ *adj* absorto

absorbent /əbˈsɔːbənt, əbˈzɔːbənt/ *adj* absorbente (*papel, etc.*)

absorbing /əbˈsɔːbɪŋ, əbˈzɔːbɪŋ/ *adj* absorbente (*libro, película, etc.*)

absorption /əbˈsɔːpʃn, əbˈzɔːpʃn/ *n* **1** absorción **2** asimilación

abstain /əbˈsteɪn/ *vi* ~ **(from sth)** abstenerse (de algo)

abstention /əbˈstenʃn/ *n* abstención

abstract /ˈæbstrækt/ *adjetivo, nombre*
▸ *adj* abstracto
▸ *n* (*Arte*) obra de arte abstracto LOC **in the abstract** en abstracto

absurd /əbˈsɜːd/ *adj* absurdo: *How absurd!* ¡Qué disparate! ◇ *You look absurd in that hat.*

Te ves ridículo con ese sombrero. **absurdity** *n* (*pl* **absurdities**) absurdo: *the absurdity of the situation* lo absurdo de la situación

abundance /əˈbʌndəns/ *n* (*formal*) abundancia

abundant /əˈbʌndənt/ *adj* (*formal*) abundante

abuse *nombre, verbo*

▸ *n* /əˈbjuːs/ **1** abuso: *drug/alcohol abuse* abuso de las drogas/del alcohol ◇ *human rights abuses* abusos contra los derechos humanos **2** malos tratos **3** [*incontable*] insultos: *They shouted abuse at him.* Le insultaron.

▸ *vt* /əˈbjuːz/ **1** abusar de: *Don't abuse your power.* No abuses de tu poder. **2** maltratar **3** insultar **abusive** /əˈbjuːsɪv/ *adj* insultante, grosero

academic /ˌækəˈdemɪk/ *adj* **1** académico **2** teórico, especulativo

academy /əˈkædəmi/ *n* (*pl* **academies**) academia

accelerate /əkˈseləreɪt/ *vt, vi* acelerar **acceleration** *n* aceleración **accelerator** *n* acelerador

accent /ˈæksent, ˈæksənt/ *n* **1** acento **2** énfasis **3** tilde

accentuate /əkˈsentʃueɪt/ *vt* **1** resaltar **2** acentuar

accept /əkˈsept/ **1** *vt, vi* aceptar: *The machine only accepts coins.* La máquina sólo funciona con monedas. **2** *vt* admitir: *I've been accepted by the University.* Me han admitido en la universidad.

acceptable /əkˈseptəbl/ *adj* ~ **(to sb)** aceptable (para algn)

acceptance /əkˈseptəns/ *n* **1** aceptación **2** aprobación **3** admisión

access /ˈækses/ *nombre, verbo*

▸ *n* ~ **(to sth)** acceso (a algo)

▸ *vt* acceder a

accessible /əkˈsesəbl/ *adj* accesible

accessory /əkˈsesəri/ *n* (*pl* **accessories**) **1** accesorio **2** [*gen pl*] (*ropa*) complemento **3** ~ **(to sth)** (*Jur*) cómplice (de algo)

accident /ˈæksɪdənt/ *n* **1** accidente **2** casualidad LOC **by accident 1** sin querer **2** por casualidad

accidental /ˌæksɪˈdentl/ *adj* **1** accidental **2** casual

accidentally /æksɪˈdentəli/ *adv* **1** sin querer **2** por casualidad

ˌaccident and eˈmergency (*abrev* **A & E**) *n* urgencias

acclaim /əˈkleɪm/ *verbo, nombre*

▸ *vt* aclamar

▸ *n* [*incontable*] elogios

accommodate /əˈkɒmədeɪt/ *vt* **1** alojar **2** tener suficiente espacio para: *The car park can accommodate a thousand cars.* En el aparcamiento caben mil coches.

accommodation /əˌkɒməˈdeɪʃn/ *n* [*incontable*] (*USA* **accommodations** [*pl*]) **1** alojamiento **2** vivienda

accompaniment /əˈkʌmpənimənt/ *n* acompañamiento

accompany /əˈkʌmpəni/ *vt* (*pt, pp* **-ied**) acompañar

accomplice /əˈkʌmplɪs; *USA* əˈkɒm-/ *n* cómplice

accomplish /əˈkʌmplɪʃ; *USA* əˈkɒm-/ *vt* **1** llevar a cabo **2** lograr

accomplished /əˈkʌmplɪʃt; *USA* əˈkɒm-/ *adj* consumado

accomplishment /əˈkʌmplɪʃmənt; *USA* əˈkɒm-/ *n* **1** logro **2** talento

accord /əˈkɔːd/ *nombre, verbo*

▸ *n* acuerdo LOC **in accord (with sth/sb)** (*formal*) en concordancia (con algo/algn) ◆ **of your own accord** por decisión propia

▸ (*formal*) **1** *vt* otorgar, conceder **2** *vi* ~ **with sth** concordar con algo

accordance /əˈkɔːdns/ *n* LOC **in accordance with sth** (*formal*) de acuerdo con algo

accordingly /əˈkɔːdɪŋli/ *adv* **1** en consecuencia: *to act accordingly* obrar en consecuencia **2** por lo tanto, por consiguiente

according to /əˈkɔːdɪŋ tə/ *prep* según

accordion /əˈkɔːdiən/ *n* acordeón

account /əˈkaʊnt/ *nombre, verbo*

▸ *n* **1** (*Fin, Econ, Informát*) cuenta: *current account* cuenta corriente **2 accounts** [*pl*] contabilidad **3** factura **4** relato, relación LOC **by/from all accounts** por lo que dicen ◆ **of no account** (*formal*) sin ninguna importancia ◆ **on account of sb/sth** a causa de algn/algo ◆ **on no account**; **not on any account** bajo ningún concepto, de ninguna manera ◆ **on this/that account** (*formal*) según esto/eso ◆ **take account of sb/sth**; **take sb/sth into account** tener a algn/algo en cuenta

▸ *v* PHR V **account for sth 1** explicar algo **2** rendir cuentas de algo **3** constituir algo: *Rice accounts for a fraction of exports.* El arroz constituye una parte mínima de las exportaciones.

accountability /əˌkaʊntəˈbɪləti/ *n* responsabilidad de la que hay que dar cuenta

accountable /əˈkaʊntəbl/ *adj* ~ **(to sb) (for sth)** responsable (ante algn) (de algo)

accountancy /əˈkaʊntənsi/ (*USA* **accounting**) *n* contabilidad

A

accountant /əˈkaʊntənt/ *n* contable

accumulate /əˈkjuːmjəleɪt/ *vt, vi* acumular(se) **accumulation** *n* acumulación

accuracy /ˈækjərəsi/ *n* precisión

accurate /ˈækjərət/ *adj* exacto: *an accurate shot* un disparo certero

accusation /ˌækjuˈzeɪʃn/ *n* acusación

accuse /əˈkjuːz/ *vt* ~ **sb (of sth)** acusar a algn (de algo): *He was accused of murder.* Fue acusado de asesinato. **the accused** *n* (*pl* **the accused**) (*Jur*) el acusado, la acusada **accusingly** *adv*: *to look accusingly at sb* lanzar una mirada acusadora a algn

accustomed /əˈkʌstəmd/ *adj* ~ **to sth** acostumbrado a algo: *to become/get/grow accustomed to sth* acostumbrarse a algo

ace /eɪs/ *n* as

ache /eɪk/ *verbo, nombre*
- ▸ *vi* doler: *My leg aches.* Me duele la pierna.
- ▸ *n* dolor

achieve /əˈtʃiːv/ *vt* **1** (*objetivo, éxito*) alcanzar **2** (*resultados*) conseguir

achievement /əˈtʃiːvmənt/ *n* logro

aching /ˈeɪkɪŋ/ *adj* dolorido

acid /ˈæsɪd/ *nombre, adjetivo*
- ▸ *n* ácido
- ▸ *adj* (*tb* **acidic** /əˈsɪdɪk/) **1** ácido **2** (*sabor*) ácido, agrio **acidity** /əˈsɪdəti/ *n* acidez

ˌacid ˈrain *n* lluvia ácida

acknowledge /əkˈnɒlɪdʒ/ *vt* **1** reconocer **2** (*carta*) acusar recibo de **3** darse por enterado **acknowledgement** (*tb* **acknowledgment**) *n* **1** reconocimiento **2** acuse de recibo **3** agradecimiento (*en un libro, etc.*)

acne /ˈækni/ *n* acné

acorn /ˈeɪkɔːn/ *n* bellota

acoustic /əˈkuːstɪk/ *adj* acústico **acoustics** *n* [*pl*] acústica (*de una sala, etc.*)

acquaintance /əˈkweɪntəns/ *n* conocido, -a LOC **make sb's acquaintance; make the acquaintance of sb** (*formal*) conocer a algn (*por primera vez*)

acquainted /əˈkweɪntɪd/ *adj* (*formal*) familiarizado: *to become/get acquainted with sb* (llegar a) conocer a algn

acquiesce /ˌækwiˈes/ *vi* ~ **(in sth)** (*formal*) consentir (algo/en algo), aceptar (algo) **acquiescence** *n* (*formal*) consentimiento

acquire /əˈkwaɪə(r)/ *vt* (*formal*) **1** (*conocimientos, posesiones*) adquirir **2** (*información*) obtener **3** (*reputación*) adquirir, ganarse **4** hacerse con, apoderarse de

acquisition /ˌækwɪˈzɪʃn/ *n* adquisición

acquit /əˈkwɪt/ *vt* (**-tt-**) ~ **sb (of sth)** (*Jur*) absolver a algn (de algo) **acquittal** *n* absolución

acre /ˈeɪkə(r)/ *n* acre (*4047 metros cuadrados*) ➲ *Ver pág 792*

acrobat /ˈækrəbæt/ *n* acróbata

across /əˈkrɒs; *USA* əˈkrɔːs/ *adv, prep* ❶ Para los usos de **across** en PHRASAL VERBS ver las entradas de los verbos correspondientes, p. ej. **come across sb/sth** en COME. **1** de un lado a otro: *to swim across* cruzar nadando ◇ *to walk across the border* cruzar la frontera a pie ◇ *to take the path across the fields* tomar el camino que atraviesa los campos **2** al otro lado: *We were across in no time.* Llegamos al otro lado en un periquete. ◇ *from across the room* desde el otro lado de la habitación **3** sobre, a lo largo de: *a bridge across the river* un puente sobre el río ◇ *A branch lay across the path.* Había una rama atravesada en el camino. **4** de ancho: *The river is half a mile across.* El río tiene media milla de ancho. LOC **across from** enfrente de

acrylic /əˈkrɪlɪk/ *adj, n* acrílico

act /ækt/ *nombre, verbo*
- ▸ *n* **1** acto: *an act of violence/kindness* un acto de violencia/amabilidad **2** (*Jur*) decreto **3** (*Teat*) acto **4** número: *a circus act* un número de circo LOC **get your act together** (*coloq*) organizarse ◆ **in the act of doing sth** en el momento de hacer algo ◆ **put on an act** (*coloq*) fingir
- ▸ **1** *vi* actuar **2** *vi* comportarse **3** *vt* (*Teat*) hacer el papel de LOC *Ver* FOOL

acting /ˈæktɪŋ/ *nombre, adjetivo*
- ▸ *n* teatro: *his acting career* su carrera como actor ◇ *Her acting was awful.* Actuó muy mal.
- ▸ *adj* [*sólo antes de sustantivo*] en funciones, interino: *He was acting chairman at the meeting.* Actuó como presidente en la reunión.

action /ˈækʃn/ *n* **1** acción: *to go into action* entrar en acción **2** [*incontable*] medidas: *We need to take action.* Hay que tomar medidas. **3** acto LOC **in action** en acción ◆ **out of action**: *This machine is out of action.* Esta máquina no funciona. ◇ *He'll be out of action for a few days.* Estará sin poder hacer nada durante unos días. ◆ **put sth into action** poner algo en práctica *Ver tb* COURSE, SPRING

action-packed /ˈækʃn pækt/ *adj* **1** (*fin de semana, etc.*) animado, movido **2** (*película, etc.*) con mucha acción

activate /ˈæktɪveɪt/ *vt* activar

active /ˈæktɪv/ *adjetivo, nombre*
- ▸ *adj* **1** activo: *to take an active part in sth* participar activamente en algo ◇ *to take an active*

interest in sth interesarse vivamente por algo **2** (*volcán*) en actividad
▸ *n* (*tb* ˈ**active voice**) (voz) activa

activity 🔑 /ækˈtɪvəti/ *n* (*pl* **activities**) **1** actividad: *activity holidays* vacaciones con actividades programadas **2** [*incontable*] bullicio

actor 🔑 /ˈæktə(r)/ *n* actor, actriz

actress 🔑 /ˈæktrəs/ *n* actriz

Actualmente mucha gente prefiere la palabra **actor** tanto para el femenino como para el masculino.

actual 🔑 /ˈæktʃuəl/ *adj* **1** exacto: *What were his actual words?* ¿Qué es lo que dijo exactamente? **2** verdadero: *based on actual events* basado en hechos reales **3** propiamente dicho: *the actual city centre* el centro propiamente dicho ➲ *Comparar con* CURRENT, PRESENT-DAY LOC **in actual fact** en realidad

actually 🔑 /ˈæktʃuəli/ *adv* **1** en realidad, de hecho **2** por cierto ➲ *Comparar con* PRESENT, CURRENTLY

Actually se usa principalmente:

1 para dar énfasis: *What did she actually say?* ¿Qué dijo exactamente? ◇ *You actually met her?* ¿De verdad la conociste? ◇ *He actually expected me to leave.* Hasta esperaba que me fuera.

2 para corregir una equivocación: *He's actually very bright.* La verdad es que es muy inteligente. ◇ *Actually, my name's Sue, not Ann.* A propósito, me llamo Sue, no Ann.

acupuncture /ˈækjupʌŋktʃə(r)/ *n* acupuntura

acute /əˈkjuːt/ *adj* **1** extremo: *acute environmental problems* problemas ecológicos graves ◇ *to become more acute* agudizarse **2** agudo: *acute angle* ángulo agudo ◇ *acute appendicitis* apendicitis aguda

AD (*USA* **A.D.**) /ˌeɪ ˈdiː/ *abrev de* **anno domini** después de Cristo

ad 🔑 /æd/ *n* (*coloq*) anuncio (*publicidad*)

adamant /ˈædəmənt/ *adj* firme, categórico: *He was adamant about staying behind.* Se empeñó en quedarse.

Adam's apple /ˌædəmz ˈæpl/ *n* (*Anat*) nuez

adapt 🔑 /əˈdæpt/ *vt, vi* adaptar(se) **adaptable** *adj* **1** (*persona*): *He's very adaptable.* Se adapta bien. ◇ *to learn to be adaptable* aprender a adaptarse **2** (*aparatos, etc.*) adaptable **adaptation** *n* adaptación

adaptor (*tb* **adapter**) /əˈdæptə(r)/ *n* (*Electrón*) ladrón, adaptador

add 🔑 /æd/ *vt* **1** añadir **2** ~ **A to B**; ~ **A and B (together)** sumar A y B PHR V **add sth on (to sth)** añadir algo (a algo) ◆ **add to sth 1** aumentar algo **2** ampliar algo ◆ **add up** (*coloq*) encajar: *His story doesn't add up.* Hay cosas en su relato que no encajan. ◆ **add (sth) up** sumar (algo) ◆ **add up to sth** ascender a algo: *The bill adds up to £40.* La cuenta asciende a 40 libras.

adder /ˈædə(r)/ *n* víbora

addict /ˈædɪkt/ *n* adicto, -a: *drug addict* toxicómano **addicted** /əˈdɪktɪd/ *adj* adicto **addiction** /əˈdɪkʃn/ *n* adicción **addictive** /əˈdɪktɪv/ *adj* adictivo

addition 🔑 /əˈdɪʃn/ *n* **1** (*Mat*) suma: *Children are taught addition and subtraction.* Los niños aprenden a sumar y a restar. **2** incorporación **3** adquisición LOC **in addition (to sth)** además (de algo)

additional 🔑 /əˈdɪʃənl/ *adj* adicional

additive /ˈædətɪv/ *n* aditivo

address 🔑 *nombre, verbo*
▸ *n* /əˈdres; *USA* ˈædres/ **1** dirección, señas: *address book* libreta de direcciones **2** discurso LOC *Ver* FIXED
▸ *vt* /əˈdres/ **1** (*carta, etc.*) dirigir **2** dirigirse a (*una persona*)

adept /əˈdept/ *adj* (*formal*) hábil

adequate 🔑 /ˈædɪkwət/ *adj* **1** adecuado **2** aceptable

adhere /ədˈhɪə(r)/ *vi* (*formal*) adherirse PHR V **adhere to sth** (*formal*) (*reglamento, etc.*) observar algo

adhesive /ədˈhiːsɪv/ *adj, n* adhesivo

adjacent /əˈdʒeɪsnt/ *adj* adyacente

adjective /ˈædʒɪktɪv/ *n* adjetivo

adjoining /əˈdʒɔɪnɪŋ/ *adj* contiguo, colindante

adjourn /əˈdʒɜːn/ **1** *vt* aplazar **2** *vt, vi* (*reunión, sesión*) suspender(se)

adjust 🔑 /əˈdʒʌst/ **1** *vt* ajustar, regular **2** *vt* (*falda, pelo, etc.*) arreglar **3** *vt, vi* ~ **(sth/yourself) (to sth)** adaptar algo, adaptarse (a algo) **adjustable** *adj* ajustable **adjustment** *n* **1** modificación **2** adaptación

administer /ədˈmɪnɪstə(r)/ *vt* **1** administrar **2** (*organización*) dirigir **3** (*castigo*) aplicar

administration /ədˌmɪnɪˈstreɪʃn/ *n* administración, dirección

administrative /ədˈmɪnɪstrətɪv; *USA* -streɪtɪv/ *adj* administrativo

administrator /ədˈmɪnɪstreɪtə(r)/ *n* administrador, -ora

admirable /ˈædmərəbl/ *adj* (*formal*) admirable

A

admiral /ˈædmərəl/ *n* almirante

admiration /ˌædməˈreɪʃn/ *n* admiración

admire /ədˈmaɪə(r)/ *vt* admirar, elogiar **admirer** *n* admirador, -ora **admiring** *adj* lleno de admiración

admission /ədˈmɪʃn/ *n* **1** entrada, admisión **2** (*hospital, colegio, etc.*) ingreso **3** reconocimiento (*de culpa, etc.*)

admit /ədˈmɪt/ (**-tt-**) **1** *vt, vi* ~ **(to) sth** reconocer algo (*error*), confesar algo (*crimen*) **2** *vt* ~ **sb (to/into sth)** dejar entrar, admitir a algn (en algo) **3** *vt* ~ **sb (to/into sth)** (*hospital*) ingresar a algn (en algo) **admittedly** *adv*: *Admittedly, it is rather expensive.* Hay que reconocer que es bastante caro.

adolescence /ˌædəˈlesns/ *n* adolescencia **adolescent** *adj, n* adolescente

adopt /əˈdɒpt/ *vt* adoptar **adopted** *adj* adoptivo **adoption** *n* adopción

adore /əˈdɔː(r)/ *vt* adorar: *I adore cats.* Me encantan los gatos.

adorn /əˈdɔːn/ *vt* (*formal*) adornar

adrenalin /əˈdrenəlɪn/ *n* adrenalina

adrift /əˈdrɪft/ *adj* a la deriva

adult /ˈædʌlt, əˈdʌlt/ *adj, n* adulto, -a, mayor de edad

adultery /əˈdʌltəri/ *n* adulterio

adulthood /ˈædʌlthʊd/ *n* madurez

advance /ədˈvɑːns; *USA* ədˈvæns/ *nombre, verbo, adjetivo*

▸ *n* **1** avance **2** (*sueldo*) adelanto LOC **in advance** **1** de antemano **2** con antelación **3** por adelantado

▸ **1** *vi* avanzar **2** *vt* hacer avanzar

▸ *adj* anticipado: *advance warning* previo aviso

advanced /ədˈvɑːnst; *USA* ədˈvænst/ *adj* avanzado

advantage /ədˈvɑːntɪdʒ; *USA* -ˈvæn-/ *n* **1** ventaja **2** provecho LOC **take advantage of sth** aprovechar algo ◆ **take advantage of sth/sb** aprovecharse de algo/algn **advantageous** /ˌædvənˈteɪdʒəs/ *adj* ventajoso

advent /ˈædvent/ *n* **1** (*formal*) advenimiento **2 Advent** (*Relig*) adviento

adventure /ədˈventʃə(r)/ *n* aventura: *adventure sports* deportes de aventura **adventurer** *n* aventurero, -a **adventurous** *adj* **1** aventurero **2** aventurado **3** audaz

adverb /ˈædvɜːb/ *n* adverbio

adversary /ˈædvəsəri; *USA* -seri/ *n* (*pl* **adversaries**) adversario, -a

adverse /ˈædvɜːs/ *adj* **1** adverso **2** (*crítica*) negativo **adversely** *adv* negativamente

adversity /ədˈvɜːsəti/ *n* (*pl* **adversities**) (*formal*) adversidad

advert /ˈædvɜːt/ *n* anuncio (*publicidad*)

advertise /ˈædvətaɪz/ **1** *vt* anunciar **2** *vi* hacer publicidad **3** *vi* ~ **for sth/sb** poner un anuncio para conseguir algo/a algn **advertiser** *n* anunciante

advertisement /ədˈvɜːtɪsmənt; *USA* ˌædvərˈtaɪzmənt/ *n* ~ **(for sth)** anuncio (de algo)

advertising /ˈædvətaɪzɪŋ/ *n* **1** publicidad: *advertising campaign* campaña publicitaria **2** anuncios, propaganda

advice /ədˈvaɪs/ *n* [*incontable*] consejo(s): *a piece of advice* un consejo ◇ *I asked for her advice.* Le pedí consejo. ◇ *to seek/take legal advice* consultar a un abogado ➲ *Ver nota en* CONSEJO

advisable /ədˈvaɪzəbl/ *adj* aconsejable

advise /ədˈvaɪz/ *vt, vi* **1** aconsejar, recomendar: *to advise sb to do sth* aconsejar a algn que haga algo ◇ *You would be well advised to…* Sería prudente… **2** asesorar **adviser** (*tb* **advisor**) *n* consejero, -a, asesor, -ora **advisory** *adj* consultivo

> **Advising somebody**
> Dar consejo a alguien
> • *If I were you, I'd wait.* Si yo fuera tú, esperaría.
> • *I think you should see a doctor.* Creo que deberías ver a un médico.
> • *Why don't you get some expert help?* ¿Por qué no pides opinión a un experto?

advocacy /ˈædvəkəsi/ *n* ~ **(of sth)** (*formal*) apoyo (a algo)

advocate *verbo, nombre*

▸ *vt* /ˈædvəkeɪt/ (*formal*) recomendar

▸ *n* /ˈædvəkət/ **1** ~ **(of sth)** defensor, -ora (de algo) **2** abogado defensor, abogada defensora

aerial /ˈeəriəl/ *nombre, adjetivo*

▸ *n* (*Radio, TV*) antena

▸ *adj* aéreo

aerobics /eəˈrəʊbɪks/ *n* [*incontable*] aeróbic

aerodynamic /ˌeərəʊdaɪˈnæmɪk/ *adj* aerodinámico

aeroplane /ˈeərəpleɪn/ *n* avión

aesthetic (*USA* **esthetic**) /iːsˈθetɪk, esˈθetɪk/ *adj* estético

affair /əˈfeə(r)/ *n* **1** asunto: *the Enron affair* el caso Enron **2** acontecimiento **3** aventura (amorosa), lío: *to have an affair with sb* estar liado con algn LOC *Ver* STATE

affect /əˈfekt/ *vt* **1** afectar, influir en **2** conmover

affection 🔑 /əˈfekʃn/ *n* ~ **(for sb/sth)** cariño (por algn/algo) **affectionate** /əˈfekʃənət/ *adj* ~ **(towards sb/sth)** cariñoso (con algn/algo)

affinity /əˈfɪnəti/ *n* (*pl* **affinities**) (*formal*) **1** simpatía **2** afinidad

affirm /əˈfɜːm/ *vt* (*formal*) afirmar

affirmative /əˈfɜːmətɪv/ *adjetivo, nombre*
- ▸ *adj* (*formal*) afirmativo
- ▸ *n* (*formal*) afirmativa

afflict /əˈflɪkt/ *vt* (*formal*) afligir: *to be afflicted with sth* sufrir de algo

affluence /ˈæfluəns/ *n* riqueza, prosperidad

affluent /ˈæfluənt/ *adj* rico, próspero

afford 🔑 /əˈfɔːd/ *vt* permitirse (el lujo de) ❶ **Afford** se utiliza normalmente con **can** o **could**: *Can you afford it?* ¿Te lo puedes permitir? **affordable** *adj* asequible

afield /əˈfiːld/ *adv* LOC **far/further afield** muy lejos/más allá: *from as far afield as China or Brazil* desde lugares tan lejanos como China o Brasil

afloat /əˈfləʊt/ *adj* a flote

afraid 🔑 /əˈfreɪd/ *adj* [*nunca antes de sustantivo*] **1 be ~ (of sb/sth/doing sth)** tener miedo (de algn/algo/de hacer algo) **2 be ~ to do sth** no atreverse a hacer algo **3 be ~ for sb/sth** temer por algn/algo LOC **I'm afraid (that...)** me temo que..., lo siento, pero...: *I'm afraid so/not.* Me temo que sí/no.

afresh /əˈfreʃ/ *adv* (*formal*) de nuevo

African /ˈæfrɪkən/ *adj, n* africano, -a

Afro-Caribbean /ˌæfrəʊ ˌkærəˈbiːən; *USA* kəˈrɪbiən/ *adj, n* afrocaribeño, -a

> **Afro-Caribbean** se refiere a la población de origen afrocaribeño de Gran Bretaña, a la que también se llama **black**. En Estados Unidos se dice **African American**.

after 🔑 /ˈɑːftə(r); *USA* ˈæf-/ *preposición, conjunción, adverbio*
- ▸ *prep* **1** después de: *after doing your homework* después de hacer los deberes ◇ *after lunch* después de comer ◇ *the day after tomorrow* pasado mañana **2** detrás de, tras: *time after time* una y otra vez **3** *We named him after you.* Le pusimos tu nombre. LOC **after all** después de todo, al fin y al cabo ◆ **be after sth/sb** (*búsqueda*): *What are you after?* ¿Qué estás buscando? ◇ *She's after a job in advertising.* Está buscando un trabajo en publicidad. ◇ *They're after me.* Me están buscando.
- ▸ *conj* después de que
- ▸ *adv* después: *soon after* poco después ◇ *the day after* al día siguiente

aftermath /ˈɑːftəmæθ; *USA* ˈæf-/ *n* [*gen sing*] secuelas: *in the aftermath of the war* en el período que siguió a la guerra

afternoon 🔑 /ˌɑːftəˈnuːn; *USA* ˌæf-/ *n* tarde: *tomorrow afternoon* mañana por la tarde LOC **good afternoon** buenas tardes ➲ *Ver notas en* MORNING, MEDIO *y* TARDE

aftershave /ˈɑːftəʃeɪv; *USA* ˈæf-/ *n* loción para después del afeitado

aftersun /ˈɑːftəsʌn; *USA* ˈæf-/ *n* aftersun

afterthought /ˈɑːftəθɔːt; *USA* ˈæf-/ *n* ocurrencia tardía

afterwards 🔑 /ˈɑːftəwədz; *USA* ˈæf-/ (*USA tb* **afterward**) *adv* después: *shortly/soon afterwards* poco después

again 🔑 /əˈgen, əˈgeɪn/ *adv* otra vez, de nuevo: *once again* una vez más ◇ *never again* nunca más ◇ *again and again* una y otra vez ◇ *Don't do it again.* No vuelvas a hacerlo. LOC **then/there again** por otra parte *Ver tb* NOW, OVER, TIME, YET

against 🔑 /əˈgenst, əˈgeɪnst/ *prep* ❶ Para los usos de **against** en PHRASAL VERBS ver las entradas de los verbos correspondientes, p. ej. **guard against sth** en GUARD. **1** contra, en contra de: *We were rowing against the current.* Remábamos contra la corriente. ◇ *I'm against it.* Estoy en contra. **2** (*contacto*) contra: *Put the piano against the wall.* Pon el piano contra la pared. **3** (*contraste*) sobre: *The mountains stood out against the blue sky.* Las montañas se recortaban sobre el azul del cielo.

age 🔑 /eɪdʒ/ *nombre, verbo*
- ▸ *n* **1** edad: *to be six years of age* tener seis años *Ver tb* MIDDLE AGE, OLD AGE **2** época, era *Ver tb* NEW AGE **3** vejez: *It improves with age.* Mejora con el tiempo. **4 ages** [*pl*] (*tb* **an age**) (*coloq*) una eternidad: *It's ages since I saw her.* Hace años que no la veo. LOC **age of consent** edad legal para mantener relaciones sexuales ◆ **come of age** alcanzar la mayoría de edad ◆ **under age** demasiado joven, menor de edad *Ver tb* LOOK
- ▸ *vt, vi* (*part pres* **ageing** *o* **aging** *pt, pp* **aged** /eɪdʒd/) (hacer) envejecer

aged 🔑 *adjetivo, nombre*
- ▸ *adj* /ˈeɪdʒd/ **1** de... años de edad: *He died aged 81.* Murió a la edad de 81 años. **2** /ˈeɪdʒɪd/ anciano
- ▸ *n* /ˈeɪdʒɪd/ **the aged** [*pl*] los ancianos

> Para referirnos a las personas mayores se suele decir **old people** o **the elderly**. Para "tercera edad" se dice **senior citizens**: *activities for senior citizens* actividades para la tercera edad.

A

ageing (*tb* **aging**) /ˈeɪdʒɪŋ/ *nombre, adjetivo*
▸ *n* envejecimiento
▸ *adj* **1** avejentado **2** no tan joven

ageism (*USA tb* **agism**) /ˈeɪdʒɪzəm/ *n* discriminación por razones de edad **ageist** *adj* que discrimina por razones de edad

agency /ˈeɪdʒənsi/ *n* (*pl* **agencies**) agencia, organismo

agenda /əˈdʒendə/ *n* orden del día

agent /ˈeɪdʒənt/ *n* agente, representante *Ver tb* ESTATE AGENT, TRAVEL AGENT

aggravate /ˈæɡrəveɪt/ *vt* **1** agravar **2** (*coloq*) fastidiar **aggravating** *adj* irritante **aggravation** *n* **1** fastidio **2** agravamiento

aggression /əˈɡreʃn/ *n* [*incontable*] agresión, agresividad: *an act of aggression* un asalto

aggressive /əˈɡresɪv/ *adj* agresivo

agile /ˈædʒaɪl; *USA* ˈædʒl/ *adj* ágil **agility** /əˈdʒɪləti/ *n* agilidad

aging = AGEING

agitated /ˈædʒɪteɪtɪd/ *adj* agitado: *to get agitated* ponerse nervioso **agitation** *n* **1** inquietud, perturbación **2** (*Pol*) agitación

agnostic /æɡˈnɒstɪk/ *adj, n* agnóstico, -a

ago /əˈɡəʊ/ *adv* hace: *ten years ago* hace diez años ◇ *How long ago did she die?* ¿Cuánto hace que murió? ◇ *as long ago as 1950* ya en 1950

> **Ago** se usa con el pasado simple o el pasado continuo, pero nunca con el presente perfecto: *She arrived a few minutes ago.* Ha llegado/Llegó hace unos minutos. Con el pasado perfecto se usa **before** o **earlier**: *She had arrived two days before.* Había llegado hacía dos días/dos días antes. ➲ *Ver tb ejemplos en* FOR

agonize, -ise /ˈæɡənaɪz/ *vi* ~ **(over/about sth)** atormentarse (por/con motivo de algo): *to agonize over a decision* dar muchas vueltas tratando de decidir algo **agonized, -ised** *adj* angustiado, de angustia **agonizing, -ising** *adj* **1** angustioso **2** (*dolor*) horroroso

agony /ˈæɡəni/ *n* (*pl* **agonies**) **1** *to be in agony* tener unos dolores horrorosos **2** (*coloq*): *It was agony!* ¡Fue una pesadilla!

ˈ**agony aunt** *n* consejera sentimental (*en una revista, etc.*)

agree /əˈɡriː/ (*pt, pp* **agreed**) **1** *vi* ~ **(with sb) (about/on sth)** estar de acuerdo (con algn) (en/sobre algo): *They agreed with me on all the major points.* Estuvieron de acuerdo conmigo en todos los puntos fundamentales. **2** *vi* ~ **(to sth)** consentir (en algo), acceder (a algo): *He agreed to let me go.* Consintió en que me fuera. **3** *vt* acordar: *It was agreed that...* Se acordó que... **4** *vi* llegar a un acuerdo **5** *vt* (*informe, etc.*) aprobar **6** *vi* (*Gram*) concordar PHR V **not agree with sb** no sentarle bien a algn (*comida, clima*): *The climate didn't agree with him.* El clima no le sentaba bien. **agreeable** *adj* (*formal*) **1** agradable **2** ~ **(to sth)** conforme (con algo)

agreement /əˈɡriːmənt/ *n* **1** conformidad, acuerdo **2** convenio, acuerdo **3** (*Econ*) contrato LOC **in agreement with sth/sb** de acuerdo con algo/algn

agribusiness /ˈæɡrɪbɪznəs/ *n* agroindustria

agricultural /ˌæɡrɪˈkʌltʃərəl/ *adj* agrícola

agriculture /ˈæɡrɪkʌltʃə(r)/ *n* agricultura

agritourism /ˈæɡrɪtʊərɪzəm, -tɔːr-/ *n* turismo rural

ah /ɑː/ *interj* ¡ah!

aha /ɑːˈhɑː/ *interj* ¡ajá!

ahead /əˈhed/ *adv* ❶ Para los usos de **ahead** en PHRASAL VERBS ver las entradas de los verbos correspondientes, p. ej. **press ahead** en PRESS. **1** hacia adelante: *She looked (straight) ahead.* Miró hacia adelante. **2** próximo: *in the months ahead* en los próximos meses **3** por delante: *the road ahead* la carretera que se abre por delante de nosotros LOC **be ahead** llevar ventaja

aˈ**head of** *prep* **1** (por) delante de: *directly ahead of us* justo delante de nosotros ◇ *London is an hour ahead of Madrid.* Londres va una hora por delante de Madrid. **2** antes de: *We're a month ahead of schedule.* Llevamos un mes de adelanto sobre lo previsto. LOC **be/get ahead of sb/sth** llevar ventaja/adelantarse a algn/algo

aid /eɪd/ *nombre, verbo*
▸ *n* **1** ayuda **2** apoyo **3** (*formal*) auxilio: *to come/go to sb's aid* acudir en auxilio de algn *Ver tb* FIRST AID LOC **in aid of sth/sb** a beneficio de algo/algn
▸ *vt* ayudar, facilitar

AIDS (*tb* **Aids**) /eɪdz/ *n* (*abrev de* **Acquired Immune Deficiency Syndrome**) sida

ailment /ˈeɪlmənt/ *n* achaque, dolencia

aim /eɪm/ *nombre, verbo*
▸ *n* **1** objetivo, propósito **2** puntería: *to take aim* apuntar
▸ **1** *vi* ~ **at/for sth**; ~ **at doing sth** aspirar a algo/a hacer algo **2** *vi* ~ **to do sth** tener la intención de hacer algo **3** *vt* **be aimed at sth/doing sth** tener como objetivo algo/hacer algo **4** *vt, vi* ~ **(sth) (at sb/sth)** (*arma*) apuntar (a algn/algo) (con algo) **5** *vt* ~ **sth at sb** dirigir algo a algn: *The course is*

aimed at young people. El curso va dirigido a los jóvenes.

aimless /ˈeɪmləs/ *adj* sin objeto **aimlessly** *adv* sin rumbo

ain't /eɪnt/ (*coloq*) **1** = AM/IS/ARE NOT *Ver* BE **2** = HAS/HAVE NOT *Ver* HAVE ❶ Esta forma no se considera gramaticalmente correcta.

air 🔑 /eə(r)/ *nombre, verbo*

▸ *n* aire: *air pollution* contaminación atmosférica LOC **be on (the) air** estar en antena ◆ **by air** en avión, por vía aérea ◆ **give yourself airs; put on airs** darse aires ◆ **in the air**: *There's something in the air.* Se está tramando algo. ◆ **up in the air**: *The plan is still up in the air.* El proyecto sigue en el aire. *Ver tb* BREATH, CLEAR, OPEN, THIN

▸ *vt* **1** airear **2** (*queja*) ventilar

airbase /ˈeəbeɪs/ *n* base aérea

air-conditioned *adj* climatizado

ˈ**air conditioning** (*tb* ˈ**air con**) *n* aire acondicionado

aircraft 🔑 /ˈeəkrɑːft; *USA* -kræft/ *n* (*pl* **aircraft**) avión, aeronave

airfare /ˈeəfeə(r)/ *n* tarifa aérea

ˈ**air force** *n* [*v sing o pl*] fuerza(s) aérea(s)

ˈ**air freshener** *n* ambientador

airhead /ˈeəhed/ *n* (*coloq, pey*) cabeza hueca

ˈ**air hostess** *n* (*GB, antic*) azafata

airline /ˈeəlaɪn/ *n* línea aérea **airliner** *n* avión (de pasajeros)

airmail /ˈeəmeɪl/ *n* correo aéreo: *by airmail* por vía aérea

airplane /ˈeəpleɪn/ *n* (*esp USA*) avión

airport 🔑 /ˈeəpɔːt/ *n* aeropuerto

ˈ**air raid** *n* ataque aéreo

airtight /ˈeətaɪt/ *adj* hermético

airtime /ˈeətaɪm/ *n* (*TV, Radio*) tiempo en antena

aisle /aɪl/ *n* pasillo (*de iglesia, avión, teatro, supermercado*)

aka /ˌeɪ keɪ ˈeɪ/ *abrev de* **also known as** alias

alarm 🔑 /əˈlɑːm/ *nombre, verbo*

▸ *n* **1** alarma: *to raise/sound the alarm* dar la alarma ◇ *a false alarm* una falsa alarma **2** timbre de alarma **3** (*tb* aˈ**larm clock**) (reloj) despertador ➲ *Ver dibujo en* RELOJ

▸ *vt* alarmar

alarmed 🔑 /əˈlɑːmd/ *adj* alarmado: *to be/become/get alarmed* alarmarse

alarming 🔑 /əˈlɑːmɪŋ/ *adj* alarmante

alas /əˈlæs/ *interj* (*antic*) por desgracia

albeit /ˌɔːlˈbiːɪt/ *conj* (*formal*) aunque

albino /ælˈbiːnəʊ; *USA* -ˈbaɪ-/ *adj, n* (*pl* **albinos**) albino, -a

album /ˈælbəm/ *n* álbum

alcohol 🔑 /ˈælkəhɒl; *USA* -hɔːl/ *n* alcohol: *alcohol-free* sin alcohol

alcoholic 🔑 /ˌælkəˈhɒlɪk; *USA* -ˈhɔːl-/ *adj, n* alcohólico, -a

alcoholism /ˈælkəhɒlɪzəm; *USA* -hɔːl-/ *n* alcoholismo

ale /eɪl/ *n* cerveza (de elaboración tradicional)

alert /əˈlɜːt/ *adjetivo, verbo, nombre*

▸ *adj* **1** despierto **2** ~ **to sth** atento a algo

▸ *vt* ~ **sb (to sth)** alertar a algn (de algo)

▸ *n* **1** alerta: *to be on the alert* estar alerta **2** aviso: *a bomb alert* un aviso de bomba

A level /ˈeɪ levl/ *n* (*abrev de* **Advanced level**) (*GB*) (*Educ*): *What A levels are you doing/taking?* ¿A qué asignaturas te vas a presentar?

> Los **A levels** son exámenes que hacen los estudiantes de diecisiete o dieciocho años para acceder a la universidad, y están divididos en dos niveles. Se debe primero aprobar un curso **AS** para luego pasar al curso de **A2**. Los dos exámenes forman el equivalente de la Prueba General de Bachillerato en España. ➲ *Ver tb* AS *y* A2

algae /ˈældʒiː, ˈælgiː/ *n* [*incontable*] o [*pl*] algas ❶ Se usa más la palabra **weed**, o **seaweed**, si se refiere a las algas marinas.

algebra /ˈældʒɪbrə/ *n* álgebra

alibi /ˈæləbaɪ/ *n* (*pl* **alibis**) coartada

alien /ˈeɪliən/ *adjetivo, nombre*

▸ *adj* **1** extraño **2** extranjero **3** ~ **to sb/sth** ajeno a algn/algo **4** extraterrestre

▸ *n* **1** (*formal*) extranjero, -a, inmigrante **2** extraterrestre

alienate /ˈeɪliəneɪt/ *vt* alienar

alight /əˈlaɪt/ *adj* [*nunca antes de sustantivo*]: *to be alight* estar ardiendo ◇ *to set sth alight* prender fuego a algo

align /əˈlaɪn/ *vt* alinear PHR V **align yourself with sb** (*Pol*) aliarse con algn

alike /əˈlaɪk/ *adjetivo, adverbio*

▸ *adj* [*nunca antes de sustantivo*] **1** parecido: *to be/look alike* parecerse **2** igual: *No two are alike.* No hay dos iguales.

▸ *adv* igual, del mismo modo: *It appeals to young and old alike.* Atrae a viejos y jóvenes por igual. LOC *Ver* GREAT

alive 🔑 /əˈlaɪv/ *adj* [*nunca antes de sustantivo*] **1** vivo, con vida: *to keep sb alive* mantener vivo a algn ◇ *to stay alive* sobrevivir **2** en el mundo: *He's the best player alive.* Es el mejor jugador

A

del mundo. ➲ *Comparar con* LIVING LOC **alive and kicking** vivito y coleando ♦ **keep sth alive 1** (*tradición*) conservar algo **2** (*recuerdo, amor*) mantener vivo algo

all 🔑 /ɔːl/ *adjetivo, pronombre, adverbio*

▸ *adj* **1** todo: *all four of us* los cuatro **2** *He denied all knowledge of the crime.* Negó todo conocimiento del crimen. LOC **for all 1** a pesar de: *for all his wealth* a pesar de toda su riqueza **2** *for all I know* que yo sepa ♦ **on all fours** a gatas

▸ *pron* **1** todo: *I ate all of it.* Me lo comí todo. ◇ *All of us liked it.* Nos gustó a todos. ◇ *Are you all going?* ¿Vais todos? **2** lo único: *All I want is…* Lo único que quiero es… LOC **all in all** en conjunto ♦ **at all** [*en contextos negativos*]: *I didn't like it at all.* No me gustó nada. ◇ *if it's at all possible* si existe la más mínima posibilidad ♦ **in all** en total

▸ *adv* **1** todo: *all in white* todo de blanco ◇ *all alone* completamente solo **2** muy: *all excited* muy emocionado **3** (*Dep*): *The score is two all.* Están empatados a dos. LOC **all along** todo el tiempo ♦ **all but** casi: *It was all but impossible.* Era casi imposible. ♦ **all over 1** por todas partes **2** *That's her all over.* Eso es muy propio de ella. ♦ **all the better** tanto mejor ♦ **all the more** tanto más, aún más ♦ **all too** demasiado ♦ **be all for sth** estar totalmente a favor de algo

all-around /ˌɔːl əˈraʊnd/ (*USA*) = ALL-ROUND

allegation /ˌæləˈgeɪʃn/ *n* acusación

allege /əˈledʒ/ *vt* (*formal*) alegar **alleged** *adj* (*formal*) presunto **allegedly** /əˈledʒɪdli/ *adv* supuestamente

allegiance /əˈliːdʒəns/ *n* lealtad

allergic /əˈlɜːdʒɪk/ *adj* ~ **(to sth)** alérgico (a algo)

allergy /ˈælədʒi/ *n* (*pl* **allergies**) ~ **(to sth)** alergia (a algo)

alleviate /əˈliːvieɪt/ *vt* (*formal*) aliviar **alleviation** *n* (*formal*) alivio

alley /ˈæli/ *n* (*pl* **alleys**) (*tb* **alleyway** /ˈæliweɪ/) callejón

alliance /əˈlaɪəns/ *n* alianza

allied 🔑 *adj* **1** /ˈælaɪd/ ~ **(to/with sb/sth)** (*Pol*) aliado (con algn/algo) **2** /əˈlaɪd, ˈælaɪd/ ~ **(to/with sth)** (*formal*) relacionado (con algo) *Ver tb* ALLY

allies *plural de* ALLY

alligator /ˈælɪgeɪtə(r)/ *n* caimán

allocate /ˈæləkeɪt/ *vt* asignar **allocation** *n* asignación

allot /əˈlɒt/ *vt* (**-tt-**) asignar **allotment** *n* **1** (*GB*) parcela que el ayuntamiento alquila a particulares para cultivar **2** (*formal*) asignación

all ˈout *adv*: *to go all out to win* hacer todo lo posible por ganar

all-out /ˌɔːl ˈaʊt/ *adj* [*sólo antes de sustantivo*] total

allow 🔑 /əˈlaʊ/ *vt* **1** permitir: *They don't allow me to stay out late.* No me dejan volver a casa tarde. ◇ *Dogs are not allowed.* No se admiten perros.

> **Allow** se usa igualmente en inglés formal y coloquial. La forma pasiva **be allowed to** es muy corriente. **Permit** es una palabra muy formal y se usa fundamentalmente en lenguaje escrito. **Let** es informal y se usa mucho en inglés hablado.

2 conceder **3** calcular **4** (*formal*) admitir PHR V **allow for sth** tener algo en cuenta **allowable** *adj* admisible, permisible

allowance /əˈlaʊəns/ *n* **1** asignación, prestación: *travel allowance* complemento para gastos de viaje **2** límite permitido LOC **make allowance(s) for sth** tener algo en cuenta ♦ **make allowances (for sb)** ser indulgente (con algn)

alloy /ˈælɔɪ/ *n* aleación

all ˈright 🔑 (*tb* **alright**) *adjetivo, adverbio, interjección*

▸ *adj, adv* **1** bien: *Did you get here all right?* ¿Te ha sido fácil llegar? **2** (*adecuado*): *The food was all right.* La comida no estaba mal. **3** *That's him all right.* Seguro que es él.

▸ *interj* de acuerdo

all-round /ˌɔːl ˈraʊnd/ (*USA* **all-around**) *adj* [*sólo antes de sustantivo*] **1** general **2** (*persona*) completo

all-time /ˈɔːl taɪm/ *adj* [*sólo antes de sustantivo*] de todos los tiempos

ally 🔑 *nombre, verbo*

▸ *n* /ˈælaɪ/ (*pl* **allies**) aliado, -a

▸ *vt, vi* /əˈlaɪ/ (*pt, pp* **allied**) ~ **(yourself) with sb/sth** (*formal*) aliarse con algn/algo

almighty /ɔːlˈmaɪti/ *adj* **1** todo poderoso **2** [*sólo antes de sustantivo*] (*coloq*) muy fuerte: *I heard the most almighty crash.* Oí un ruido estrepitoso.

almond /ˈɑːmənd/ *n* almendra: *almond tree* almendro

almost 🔑 /ˈɔːlməʊst/ *adv* casi ➲ *Ver nota en* CASI

alone 🔑 /əˈləʊn/ *adj, adv* solo, sólo: *Are you alone?* ¿Estás sola? ◇ *You alone can help me.* Sólo tú puedes ayudarme.

Alone nunca va delante de un sustantivo y es una palabra neutra. **Lonely** sí puede ir delante de un sustantivo y tiene siempre connotaciones negativas: *I want to be alone.* Quiero estar solo. ◇ *She was feeling very lonely.* Se sentía muy sola. ◇ *a lonely house* una casa solitaria.

LOC **leave/let sb/sth alone** dejar a algn/algo en paz *Ver tb* LET

along /ə'lɒŋ; *USA* ə'lɔːŋ/ *preposición, adverbio* ❶ Para los usos de **along** en PHRASAL VERBS ver las entradas de los verbos correspondientes, p. ej. **get along** en GET.
▸ *prep* por, a lo largo de: *a walk along the beach* un paseo por la playa
▸ *adv*: *Bring some friends along (with you).* Tráete a algunos amigos.

Along se emplea a menudo con verbos de movimiento en tiempos continuos cuando no se menciona ningún destino y generalmente no se traduce en español: *I was driving along.* Iba conduciendo.

LOC **along with sb/sth** junto con algn/algo

alongside /əˌlɒŋ'saɪd; *USA* əˌlɔːŋ-/ *prep, adv* junto (a): *A car drew up alongside.* Un coche se paró junto al nuestro.

aloud /ə'laʊd/ *adv* **1** en voz alta **2** a voces

alphabet /'ælfəbet/ *n* alfabeto

alphabetical /ˌælfə'betɪkl/ *adj* alfabético

the Alps /ælps/ *n* [*pl*] los Alpes

already /ɔːl'redi/ *adv* ya: *We got there at 6.30 but Martin had already left.* Llegamos a las 6.30, pero Martin ya se había marchado. ◇ *Have you already eaten?* ¿Has comido ya? ◇ *Surely you aren't going already!* ¡No te irás a marchar ya! ➲ *Ver nota en* YET

alright /ɔːl'raɪt/ (*coloq*) = ALL RIGHT

Alsatian /æl'seɪʃn/ *n* pastor alemán

also /'ɔːlsəʊ/ *adv* también, además: *I've also met her parents.* También he conocido a sus padres. ◇ *She was also very rich.* Además era muy rica. ➲ *Ver nota en* TAMBIÉN

altar /'ɔːltə(r)/ *n* altar

alter /'ɔːltə(r)/ **1** *vt, vi* cambiar **2** *vt* (*ropa*) arreglar: *The skirt needs altering.* La falda necesita arreglos. **alteration** *n* **1** cambio **2** (*ropa*) arreglo

alternate *adjetivo, verbo*
▸ *adj* /ɔːl'tɜːnət/ alterno
▸ *vt, vi* /'ɔːltəneɪt/ alternar(se)

alternative /ɔːl'tɜːnətɪv/ *nombre, adjetivo*
▸ *n* alternativa: *She had no alternative but to leave.* No tuvo más remedio que marcharse.
▸ *adj* alternativo

alternatively /ɔːl'tɜːnətɪvli/ *adv* como alternativa

although (*USA tb coloq* **altho**) /ɔːl'ðəʊ/ *conj* aunque ➲ *Ver nota en* AUNQUE

altitude /'æltɪtjuːd; *USA* -tuːd/ *n* altitud

altogether /ˌɔːltə'geðə(r)/ *adv* **1** completamente: *I don't altogether agree.* No estoy completamente de acuerdo. **2** en total **3** *Altogether, it was disappointing.* En general, fue decepcionante.

aluminium /ˌæljə'mɪniəm/ (*USA* **aluminum** /ə'luːmɪnəm/) *n* aluminio

alveolus /æl'viːələs, ˌælvi'əʊləs/ *n* (*pl* **alveoli** /æl'viːəlaɪ, ˌælvi'əʊlaɪ, -liː/) (*Anat*) alvéolo

always /'ɔːlweɪz/ *adv* siempre LOC **as always** como siempre

La posición de los adverbios de frecuencia (**always**, **never**, **ever**, **usually**, etc.) depende del verbo al que acompañan, es decir, van detrás de los verbos auxiliares y modales (**be**, **have**, **can**, etc.) y delante de los demás verbos: *I have never visited her.* Nunca he ido a visitarla. ◇ *I am always tired.* Siempre estoy cansado. ◇ *I usually go shopping on Mondays.* Normalmente voy a la compra los lunes.

am /əm, æm/ *Ver* BE

a.m. (*USA tb* **A.M.**) /ˌeɪ 'em/ *abrev* de la mañana: *at 11 a.m.* a las once de la mañana ➲ *Ver nota en* P.M.

amalgam /ə'mælgəm/ *n* amalgama

amalgamate /ə'mælgəmeɪt/ *vt, vi* fusionar(se)

amateur /'æmətə(r), -tʃə(r)/ *adj, n* **1** aficionado, -a **2** (*pey*) chapucero, -a

amaze /ə'meɪz/ *vt* asombrar

amazed /ə'meɪzd/ *adj* **1** asombrado: *to be amazed at/by sth* asombrarse de algo **2** (*cara, etc.*) de asombro

amazement /ə'meɪzmənt/ *n* asombro

amazing /ə'meɪzɪŋ/ *adj* asombroso

ambassador /æm'bæsədə(r)/ *n* embajador, -ora

amber /'æmbə(r)/ *adj, n* ámbar

ambiguity /ˌæmbɪ'gjuːəti/ *n* (*pl* **ambiguities**) ambigüedad

ambiguous /æm'bɪgjuəs/ *adj* ambiguo

A

ambition 🔑 /æm'bɪʃn/ *n* ambición
ambitious /æm'bɪʃəs/ *adj* ambicioso
ambulance 🔑 /'æmbjələns/ *n* ambulancia
ambush /'æmbʊʃ/ *n* emboscada
ameba (*USA*) = AMOEBA
amen /ɑː'men, eɪ'men/ *interj, n* amén
amend /ə'mend/ *vt* enmendar **amendment** *n* enmienda
amends /ə'mendz/ *n* [*pl*] LOC **make amends (to sb) (for sth)** compensar (a algn) (por algo)
amenities /ə'miːnətiz; *USA* ə'men-/ *n* [*pl*] **1** comodidades **2** instalaciones (*públicas*)
American /ə'merɪkən/ *adj, n* americano, -a, estadounidense ➲ *Ver nota en* AMÉRICA; *Ver tb* NATIVE AMERICAN
amiable /'eɪmiəbl/ *adj* amable
amicable /'æmɪkəbl/ *adj* amistoso
amid /ə'mɪd/ (*tb* **amidst** /ə'mɪdst/) *prep* (*formal*) entre, en medio de: *Amid the confusion, the thieves got away.* Entre la confusión, los ladrones se escaparon.
ammunition /ˌæmju'nɪʃn/ *n* [*incontable*] **1** municiones: *live ammunition* fuego real **2** (*fig*) argumentos (*para discutir*)
amnesty /'æmnəsti/ *n* (*pl* **amnesties**) amnistía
amoeba (*USA tb* **ameba**) /ə'miːbə/ *n* (*pl* **amoebas/amebas** o **amoebae/amebae** /-biː/) (*Biol*) ameba
among 🔑 /ə'mʌŋ/ (*tb* **amongst** /ə'mʌŋst/) *prep* entre (*más de dos cosas/personas*): *I was among the last to leave.* Fui de los últimos en marcharse. ➲ *Ver dibujo en* ENTRE
amount 🔑 /ə'maʊnt/ *nombre, verbo*
▸ *n* **1** cantidad **2** suma (*de dinero*) **3** (*factura*) importe LOC **any amount of sth** una gran cantidad de algo
▸ *v* PHR V **amount to sth 1** ascender a algo: *The cost amounted to 250 euros.* El coste ascendió a 250 euros. **2** equivaler a algo: *Our information doesn't amount to much.* No tenemos muchos datos.
amp /æmp/ *n* (*coloq*) amplificador
amphibian /æm'fɪbiən/ *n* anfibio
amphitheatre (*USA* **amphitheater**) /'æmfɪθɪətə(r); *USA* -θiːətər/ *n* anfiteatro
ample /'æmpl/ *adj* **1** abundante **2** más que suficiente
amplifier /'æmplɪfaɪə(r)/ *n* amplificador
amplify /'æmplɪfaɪ/ *vt* (*pt, pp* **-fied**) **1** amplificar **2** (*formal*) (*relato, etc.*) ampliar
amply /-pli/ *adv* ampliamente
amputate /'æmpjuteɪt/ *vt, vi* amputar
amulet /'æmjʊlət/ *n* amuleto
amuse 🔑 /ə'mjuːz/ *vt* **1** hacer gracia **2** distraer, divertir
amusement /ə'mjuːzmənt/ *n* **1** diversión: *a look of amusement* una mirada de regocijo **2** distracción: *amusement park* parque de atracciones ◇ *amusement arcade* salón recreativo
amusing 🔑 /ə'mjuːzɪŋ/ *adj* divertido, gracioso
an *Ver* A
anaemia (*USA* **anemia**) /ə'niːmiə/ *n* anemia **anaemic** (*USA* **anemic**) *adj* anémico
anaesthetic (*USA* **anesthetic**) /ˌænəs'θetɪk/ *n* anestesia: *to give sb an anaesthetic* anestesiar a algn
analogue (*USA* **analog**) /'ænəlɒg; *USA* -lɔːg/ *adj* (*TV*) analógico
analogy /ə'nælədʒi/ *n* (*pl* **analogies**) analogía: *by analogy with sth* por analogía con algo
analyse 🔑 (*USA* **analyze**) /'ænəlaɪz/ *vt* analizar
analysis 🔑 /ə'næləsɪs/ *n* (*pl* **analyses** /-siːz/) **1** análisis **2** psicoanálisis LOC **in the final/last analysis** a fin de cuentas
analyst /'ænəlɪst/ *n* **1** analista **2** psicoanalista
analytical /ˌænə'lɪtɪkl/ (*tb* **analytic** /ˌænə'lɪtɪk/) *adj* analítico
anarchic /ə'nɑːkɪk/ *adj* anárquico
anarchism /'ænəkɪzəm/ *n* anarquismo
anarchist /'ænəkɪst/ *adj, n* anarquista
anarchy /'ænəki/ *n* anarquía
anatomy /ə'nætəmi/ *n* (*pl* **anatomies**) anatomía
ancestor /'ænsestə(r)/ *n* antepasado, -a **ancestral** /æn'sestrəl/ *adj* ancestral: *her ancestral home* la casa de sus antepasados **ancestry** /'ænsestri/ *n* ascendencia
anchor /'æŋkə(r)/ *nombre, verbo*
▸ *n* ancla: *to be at anchor* estar anclado LOC **drop/weigh anchor** echar/levar anclas
▸ *vt, vi* anclar
anchovy /'æntʃəvi; *USA* -tʃəʊvi/ *n* (*pl* **anchovies**) anchoa
ancient 🔑 /'eɪnʃənt/ *adj* **1** antiguo **2** (*coloq*) viejísimo
and 🔑 /ænd, ənd/ *conj* **1** y **2** con: *bacon and eggs* huevos con beicon **3** (*números*): *one hundred and three* ciento tres **4 come, try, etc. ~**: *Come and help me.* Ven a ayudarme. ◇ *Try and finish quickly.* Intenta acabar pronto. **5** [*con comparativos*]: *bigger and bigger* cada vez más grande **6** (*repetición*): *They shouted and shouted.* Gritaron sin parar. ◇ *I've tried and tried.* Lo he intentado repetidas veces.
anecdote /'ænɪkdəʊt/ *n* anécdota

anemia, anemic (*USA*) = ANAEMIA, ANAEMIC

anesthetic (*USA*) = ANAESTHETIC

angel /ˈeɪndʒl/ *n* ángel: *guardian angel* ángel de la guarda ◇ *You're an angel!* ¡Eres un cielo!

anger 🔑 /ˈæŋɡə(r)/ *nombre, verbo*
▶ *n* ira
▶ *vt* enfadar

angiosperm /ˈændʒəspɜːm/ *n* (*Bot*) angiosperma

angle 🔑 /ˈæŋɡl/ *n* **1** ángulo: *right angle* ángulo recto **2** punto de vista LOC **at an angle** inclinado

Anglican /ˈæŋɡlɪkən/ *adj, n* anglicano, -a

angling /ˈæŋɡlɪŋ/ *n* pesca (con caña)

angrily 🔑 /ˈæŋɡrəli/ *adv* con ira

angry 🔑 /ˈæŋɡri/ *adj* (**angrier, -iest**) ~ **(with sb) (at/about sth)** enfadado (con algn) (por algo): *Don't get angry with me!* ¡No te enfades conmigo! ◇ *It makes me very angry.* Me da mucha rabia.

anguish /ˈæŋɡwɪʃ/ *n* (*formal*) angustia **anguished** *adj* (*formal*) angustiado

angular /ˈæŋɡjələ(r)/ *adj* **1** angular **2** (*facciones*) anguloso

animal 🔑 /ˈænɪml/ *n* animal: *animal experiments* experimentos con animales ◇ *animal rights* los derechos de los animales

animate *verbo, adjetivo*
▶ *vt* /ˈænɪmeɪt/ animar
▶ *adj* /ˈænɪmət/ (*formal*) animado (*vivo*)

ankle 🔑 /ˈæŋkl/ *n* tobillo

anniversary 🔑 /ˌænɪˈvɜːsəri/ *n* (*pl* **anniversaries**) aniversario

announce 🔑 /əˈnaʊns/ *vt* anunciar (*hacer público*) **announcement** *n* anuncio (*en público*): *to make an announcement* comunicar algo **announcer** *n* locutor, -ora (*Radio, etc.*)

annoy 🔑 /əˈnɔɪ/ *vt* molestar, fastidiar **annoyance** *n* fastidio: *much to our annoyance* para fastidio nuestro

annoyed 🔑 /əˈnɔɪd/ *adj* ~ **(with sb) (about sth)** enfadado (con algn) (por algo): *I got really annoyed.* Me enfadé mucho.

annoying 🔑 /əˈnɔɪɪŋ/ *adj* molesto

annual 🔑 /ˈænjuəl/ *adj* anual

annually 🔑 /ˈænjuəli/ *adv* anualmente

anonymity /ˌænəˈnɪməti/ *n* anonimato

anonymous /əˈnɒnɪməs/ *adj* anónimo

anorak /ˈænəræk/ *n* **1** anorak **2** (*persona*) obseso, -a: *He's a real computer anorak.* Es un verdadero obseso de los ordenadores.

anorexia /ˌænəˈreksiə/ *n* anorexia **anorexic** *adj, n* anoréxico, -a

another 🔑 /əˈnʌðə(r)/ *adj, pron* otro, -a: *another one* otro (más) ◇ *another five* cinco más ◇ *I'll do it another time.* Lo haré en otro momento. ◇ *one way or another* de una manera u otra ➲ *Ver nota en* OTRO; *Ver tb* ONE ANOTHER

answer 🔑 /ˈɑːnsə(r); *USA* ˈænsər/ *nombre, verbo*
▶ *n* **1** respuesta: *I phoned, but there was no answer.* Llamé, pero no contestaban. **2** solución LOC **have/know all the answers** (*coloq*) saberlo todo ◆ **in answer to sth** en respuesta a algo
▶ **1** *vt, vi* contestar: *to answer the door* abrir la puerta **2** *vt* (*acusación, ruegos*) responder a PHR V **answer (sb) back** contestar (a algn) (*de malos modos*) ◆ **answer for sb/sth** responder por algn/de algo ◆ **answer to sb (for sth)** responder ante algn (de algo)

ˈanswering machine (*tb* **answerphone** /ˈɑːnsəfəʊn; *USA* ˈæn-/) *n* contestador (automático)

ant /ænt/ *n* hormiga

antagonism /ænˈtæɡənɪzəm/ *n* (*formal*) antagonismo **antagonistic** /ænˌtæɡəˈnɪstɪk/ *adj* hostil

anteater /ˈæntiːtə(r)/ *n* oso hormiguero

antenna /ænˈtenə/ *n* **1** (*pl* **antennae** /-niː/) (*de insecto*) antena **2** (*pl* **antennas**) (*USA*) (*Radio, TV*) antena

anthem /ˈænθəm/ *n* himno: *national anthem* himno nacional

anthology /ænˈθɒlədʒi/ *n* (*pl* **anthologies**) antología

anthrax /ˈænθræks/ *n* ántrax

anthropological /ˌænθrəpəˈlɒdʒɪkl/ *adj* antropológico

anthropologist /ˌænθrəˈpɒlədʒɪst/ *n* antropólogo, -a

anthropology /ˌænθrəˈpɒlədʒi/ *n* antropología

antibiotic /ˌæntibaɪˈɒtɪk/ *adj, n* antibiótico

antibody /ˈæntibɒdi/ *n* (*pl* **antibodies**) anticuerpo

anticipate 🔑 /ænˈtɪsɪpeɪt/ *vt* **1** prever: *as anticipated* de acuerdo con lo previsto ◇ *We anticipate some difficulties.* Contamos con tener algunas dificultades. **2** anticiparse a

anticipation /ænˌtɪsɪˈpeɪʃn/ *n* **1** previsión **2** expectación

anticlimax /ˌæntiˈklaɪmæks/ *n* anticlímax

anticlockwise /ˌæntiˈklɒkwaɪz/ *adv, adj* en sentido contrario a las agujas del reloj

antics /ˈæntɪks/ *n* [*pl*] payasadas

antidote /ˈæntidəʊt/ *n* ~ **(to sth)** antídoto (contra algo)

A

antiquated /ˈæntɪkweɪtɪd/ *adj* anticuado

antique /ænˈtiːk/ *adjetivo, nombre*

▸ *adj* antiguo (*generalmente valioso*)

▸ *n* antigüedad (*objeto*): *an antique shop* una tienda de antigüedades **antiquity** /ænˈtɪkwəti/ *n* (*pl* **antiquities**) antigüedad

antivirus /ˈæntivaɪrəs/ *adj* (*Informát*) antivirus

antler /ˈæntlə(r)/ *n* **1** asta (*de ciervo, reno, alce*) **2 antlers** [*pl*] cornamenta

anus /ˈeɪnəs/ *n* (*Anat*) ano

anxiety /æŋˈzaɪəti/ *n* (*pl* **anxieties**) **1** preocupación, inquietud **2** (*Med*) ansiedad **3** ~ **for sth/to do sth** ansia de algo/de hacer algo

anxious /ˈæŋkʃəs/ *adj* **1** ~ **(about sth)** preocupado (por algo): *an anxious moment* un momento de inquietud **2** ~ **for sth/to do sth** ansioso por algo/por hacer algo **anxiously** *adv* con ansia

any /ˈeni/ *adjetivo, pronombre, adverbio*

▸ *adj, pron* ➲ *Ver nota en* SOME

• **frases interrogativas 1** *Have you got any cash?* ¿Tienes dinero? **2** algo (de): *Do you know any French?* ¿Sabes algo de francés? **3** algún: *Are there any problems?* ¿Hay algún problema? ❶ En este sentido el sustantivo suele ir en plural en inglés.

• **frases negativas 1** *He hasn't got any friends.* No tiene amigos. ◇ *There isn't any left.* No queda nada. ➲ *Ver nota en* NINGUNO **2** (*uso enfático*): *I won't do you any harm.* No te haré ningún daño.

• **frases condicionales 1** *If I had any relatives...* Si tuviera parientes... **2** algo (de): *If he's got any sense, he won't go.* Si tiene un mínimo de sentido común, no irá. **3** algún: *If you see any mistakes, tell me.* Si ves algún error, dímelo. ❶ En este sentido el sustantivo suele ir en plural en inglés.

> En las frases condicionales se puede emplear la palabra **some** en vez de **any** en muchos casos: *If you need some help, tell me.* Si necesitas ayuda, dímelo.

• **frases afirmativas 1** cualquier(a): *just like any other boy* igual que cualquier otro niño ◇ *Take any one you like.* Coge el que quieras. **2** todo: *Give her any help she needs.* Préstale toda la ayuda que necesite.

▸ *adv* [*antes de comparativo*] más: *I can't walk any faster.* No puedo andar más deprisa. ◇ *She doesn't work here any longer.* Ya no trabaja aquí.

anyhow /ˈenihaʊ/ *adv* **1** de todas formas **2** de cualquier manera

any ˈmore (*tb* **anymore** /eniˈmɔː(r)/) *adv* ya no: *She doesn't live here any more.* Ya no vive aquí.

anyone /ˈeniwʌn/ (*tb* **anybody** /ˈenibɒdi/) *pron* **1** [*en frases interrogativas*] alguien: *Is anyone there?* ¿Hay alguien? **2** [*en frases negativas o comparativas*] nadie: *I can't see anyone.* No veo a nadie. ◇ *He spoke more than anyone.* Habló más que nadie. ➲ *Ver nota en* NO ONE **3** [*en frases afirmativas*] cualquiera: *Invite anyone you like.* Invita a quien quieras. ◇ *Ask anyone.* Pregúntale a cualquiera. ➲ *Ver notas en* EVERYONE *y* SOMEONE LOC **anyone else 1** cualquier otro: *Anyone else would have refused.* Cualquier otro se habría negado. ◇ *I can run faster than anyone else.* Puedo correr más rápido que todos los demás. **2** alguien más

anything /ˈeniθɪŋ/ *pron* **1** [*en frases interrogativas*] algo: *Is anything wrong?* ¿Pasa algo? ◇ *Is there anything in these rumours?* ¿Hay algo de verdad en estos rumores? **2** [*en frases negativas y comparativas*] nada: *He never says anything.* Nunca dice nada. ◇ *It was better than anything he'd seen before.* Era mejor que nada que hubiera visto antes. **3** [*en frases afirmativas*] cualquier cosa, todo: *We'll do anything you say.* Haremos lo que nos digas. ➲ *Ver notas en* NO ONE *y* SOMETHING LOC **anything but**: *It was anything but pleasant.* Fue todo menos agradable. ◇ *'Are you tired?' 'Anything but.'* —¿Estás cansado? —¡En absoluto! ◆ **as happy, etc. as anything** muy contento, etc.: *I was as frightened as anything.* Estaba muerto de miedo. ◆ **if anything**: *I'm a socialist, if anything.* Como mucho, soy socialista.

anyway /ˈeniweɪ/ *adv* de todas formas

anywhere /ˈeniweə(r)/ (*USA tb* **anyplace** /ˈenipleɪs/) *adv, pron* **1** [*en frases interrogativas*] en/a alguna parte **2** [*en frases afirmativas*]: *I'd live anywhere.* Viviría en cualquier sitio. ◇ *anywhere you like* donde quieras **3** [*en frases negativas*] en/a/por ninguna parte: *I didn't go anywhere special.* No fui a ningún sitio especial. ◇ *I haven't got anywhere to stay.* No tengo donde alojarme. ➲ *Ver nota en* NO ONE **4** [*en frases comparativas*]: *I feel happier here than anywhere else.* Me siento mejor aquí que en ningún otro sitio. ➲ *Ver nota en* SOMEWHERE LOC *Ver* MILE, NEAR

aorta /eɪˈɔːtə/ *n* (*Anat*) aorta

apart /əˈpɑːt/ *adv* ❶ Para los usos de **apart** en PHRASAL VERBS ver las entradas de los verbos correspondientes, p. ej. **fall apart** en FALL. **1** *The two men were five metres apart.* Los dos hombres estaban a cinco metros uno del otro. ◇ *They are a long way apart.* Están muy lejos el uno del otro. **2** separado: *They live apart.* Viven separados. ◇ *I can't pull them apart.* No puedo separarlos. **3** aislado LOC *Ver* JOKE, POLE

a'part from 🔑 *prep* aparte de

apartment 🔑 /ə'pɑːtmənt/ *n* apartamento

apathetic /ˌæpə'θetɪk/ *adj* apático

apathy /'æpəθi/ *n* apatía

ape /eɪp/ *n* simio

aperitif /əˌperə'tiːf/ *n* aperitivo (*bebida alcohólica*)

apologetic /əˌpɒlə'dʒetɪk/ *adj* de disculpa: *an apologetic look* una mirada de disculpa ◇ *to be apologetic (about sth)* disculparse (por algo)

apologize, -ise /ə'pɒlədʒaɪz/ *vi* ~ **(for sth)** disculparse (por algo) ➲ *Ver nota en* SORRY

apology /ə'pɒlədʒi/ *n* (*pl* **apologies**) disculpa LOC **make no apology/apologies (for sth)** no disculparse (por algo)

apostle /ə'pɒsl/ *n* apóstol

apostrophe /ə'pɒstrəfi/ *n* apóstrofo ➲ *Ver pág 379*

app /æp/ *n* (*coloq*) (*Informát*) aplicación

appal (*USA* **appall**) /ə'pɔːl/ *vt* (**-ll-**) horrorizar: *He was appalled at/by her behaviour.* Le horrorizó su comportamiento. **appalling** *adj* espantoso, horrible

apparatus /ˌæpə'reɪtəs; *USA* -'rætəs/ *n* (*pl* **apparatuses**) aparato (*en un gimnasio o laboratorio*)

apparent 🔑 /ə'pærənt/ *adj* **1** evidente: *to become apparent* hacerse evidente **2** aparente: *for no apparent reason* sin motivo aparente

apparently 🔑 /ə'pærəntli/ *adv* al parecer: *Apparently not.* Parece que no.

appeal 🔑 /ə'piːl/ *nombre, verbo*

▸ *n* **1** recurso: *appeal(s) court* tribunal de apelación **2** atractivo **3** llamamiento: *an appeal for help* un llamamiento pidiendo ayuda **4** súplica

▸ *vi* **1** ~ **(against sth)** (*sentencia, etc.*) recurrir (algo) **2** ~ **(to sb)** atraer (a algn) **3** ~ **(to sb) for sth** pedir algo (a algn) **4** ~ **to sb to do sth** hacer un llamamiento a algn para que haga algo **5** apelar **appealing** *adj* **1** atractivo **2** suplicante

appear 🔑 /ə'pɪə(r)/ *vi* **1** parecer: *You appear to have made a mistake.* Parece que has cometido un error. **2** aparecer: *to appear on TV* salir en televisión **3** (*espíritu*) aparecerse **4** (*acusado*) comparecer

appearance 🔑 /ə'pɪərəns/ *n* **1** aspecto (físico) **2 appearances** [*pl*] apariencias: *to keep up appearances* mantener las apariencias **3** aparición

appendicitis /əˌpendə'saɪtɪs/ *n* [*incontable*] (*Med*) apendicitis

appendix /ə'pendɪks/ *n* (*pl* **appendices** /-dɪsiːz/) (*Anat, Liter*) apéndice

appetite /'æpɪtaɪt/ *n* **1** apetito: *to give sb an appetite* abrir el apetito a algn **2** apetencia LOC *Ver* WHET

appetizer, -iser /'æpɪtaɪzə(r)/ *n* aperitivo (*tapa*)

appetizing, -ising /'æpɪtaɪzɪŋ/ *adj* apetitoso

applaud /ə'plɔːd/ *vt, vi* aplaudir

applause /ə'plɔːz/ *n* [*incontable*] aplausos: *a big round of applause* un fuerte aplauso

apple 🔑 /'æpl/ *n* manzana: *apple tree* manzano *Ver tb* ADAM'S APPLE, THE BIG APPLE

appliance /ə'plaɪəns/ *n* aparato: *electrical/kitchen appliances* electrodomésticos

applicable /ə'plɪkəbl, 'æplɪkəbl/ *adj* aplicable

applicant /'æplɪkənt/ *n* ~ **(for sth)** solicitante, aspirante (a algo)

application 🔑 /ˌæplɪ'keɪʃn/ *n* **1** ~ **(for sth/to do sth)** solicitud (de algo/de hacer algo): *application form* impreso de solicitud **2** (*uso, Informát*) aplicación

applied /ə'plaɪd/ *adj* aplicado

apply 🔑 /ə'plaɪ/ (*pt, pp* **applied**) **1** *vi* ~ **(for sth)** solicitar algo, hacer una solicitud (para algo) **2** *vt* aplicar **3** *vi* ser aplicable: *This applies to men and women.* Esto se aplica tanto a los hombres como a las mujeres. **4** *vt* ~ **yourself (to sth)** aplicarse (a algo) **5** *vt* (*fuerza, etc.*) ejercer: *to apply the brakes* frenar

appoint 🔑 /ə'pɔɪnt/ *vt* **1** nombrar **2** (*formal*) (*hora, lugar*) señalar

appointment 🔑 /ə'pɔɪntmənt/ *n* **1** cita, hora: *to make a dental appointment* pedir hora para el dentista **2** (*acto*) nombramiento **3** puesto de trabajo

appraisal /ə'preɪzl/ *n* evaluación

appreciate 🔑 /ə'priːʃieɪt/ **1** *vt* apreciar **2** *vt* (*ayuda, etc.*) agradecer ➲ *Ver nota en* THANK **3** *vt* (*problema, etc.*) comprender **4** *vi* (*Fin*) revalorizarse **appreciation** *n* **1** apreciación **2** agradecimiento **appreciative** /ə'priːʃətɪv/ *adj* **1** ~ **(of sth)** agradecido (por algo) **2** (*mirada, comentario*) de admiración

apprehend /ˌæprɪ'hend/ *vt* (*formal*) detener, capturar

apprehension /ˌæprɪ'henʃn/ *n* aprensión **apprehensive** *adj* aprensivo

apprentice /ə'prentɪs/ *n* aprendiz, -iza: *apprentice plumber* aprendiz de fontanero **apprenticeship** *n* aprendizaje (*de un oficio*)

approach 🔑 /ə'prəʊtʃ/ *verbo, nombre*

▸ **1** *vt, vi* acercarse (a) **2** *vt* ~ **sb** acudir a algn (*para ayuda*) **3** *vt* (*tema, persona*) abordar

▸ n **1** ~ **(to sth)** enfoque (respecto a algo) **2** llegada **3** acceso **4** aproximación

appropriate ⚷ *verbo, adjetivo*
▸ *vt* /əˈprəʊprieɪt/ (*formal*) apropiarse de
▸ *adj* /əˈprəʊpriət/ **1** apropiado, adecuado **2** (*momento, etc.*) oportuno **appropriately** *adv* apropiadamente, adecuadamente

approval ⚷ /əˈpruːvl/ *n* **1** aprobación **2** visto bueno LOC **on approval** a prueba

approve ⚷ /əˈpruːv/ **1** *vi* ~ **(of sth)** estar de acuerdo (con algo) **2** *vi* ~ **(of sb)**: *I don't approve of him.* No tengo un buen concepto de él. **3** *vt* aprobar

approving ⚷ /əˈpruːvɪŋ/ *adj* de aprobación

approximate ⚷ *verbo, adjetivo*
▸ *vt, vi* /əˈprɒksɪmeɪt/ (*formal*) ~ **(to) sth** aproximarse a algo
▸ *adj* /əˈprɒksɪmət/ aproximado

approximately ⚷ /əˈprɒksɪmətli/ *adv* aproximadamente

apricot /ˈeɪprɪkɒt/ *n* **1** albaricoque: *apricot tree* albaricoquero **2** color albaricoque

April ⚷ /ˈeɪprəl/ *n* (*abrev* **Apr.**) abril ➲ *Ver nota y ejemplos en* JANUARY

ˌ**April ˈFool's Day** *n* ❶ **April Fool's Day** es el 1 de abril y equivale al día de los inocentes.

apron /ˈeɪprən/ *n* delantal

apt /æpt/ *adj* **1** acertado **2 be** ~ **to do sth** tener tendencia a hacer algo

aptitude /ˈæptɪtjuːd; *USA* -tuːd/ *n* aptitud

aqua park /ˈækwə pɑːk/ *n* aqua park

aquarium /əˈkweəriəm/ *n* (*pl* **aquariums** *o* **aquaria** /-riə/) acuario

Aquarius /əˈkweəriəs/ *n* acuario ➲ *Ver ejemplos en* ACUARIO

aquatic /əˈkwætɪk/ *adj* acuático

aqueduct /ˈækwɪdʌkt/ *n* acueducto

Arab /ˈærəb/ *adj, n* árabe

Arabic /ˈærəbɪk/ *adj, n* (*lengua*) árabe

arable /ˈærəbl/ *adj* cultivable: *arable land* tierra de cultivo ◇ *arable farming* agricultura

arbitrary /ˈɑːbɪtrəri; *USA* ˈɑːrbətreri/ *adj* **1** arbitrario **2** indiscriminado

arbitrate /ˈɑːbɪtreɪt/ *vt, vi* arbitrar **arbitration** *n* arbitrio

arc /ɑːk/ *n* (*Geom*) arco

arcade /ɑːˈkeɪd/ *n* **1** galería **2** soportales **3** *amusement arcade* salón recreativo

arch /ɑːtʃ/ *nombre, verbo*
▸ *n* arco (*arquitectónico*)
▸ *vt, vi* **1** (*espalda*) arquear(se) **2** (*cejas*) enarcar(se)

archaeological (*USA* **archeological**) /ˌɑːkiəˈlɒdʒɪkl/ *adj* arqueológico

archaeologist (*USA* **archeologist**) /ˌɑːkiˈɒlədʒɪst/ *n* arqueólogo, -a

archaeology (*USA* **archeology**) /ˌɑːkiˈɒlədʒi/ *n* arqueología

archaic /ɑːˈkeɪɪk/ *adj* arcaico

archbishop /ˌɑːtʃˈbɪʃəp/ *n* arzobispo

archer /ˈɑːtʃə(r)/ *n* arquero, -a

archery /ˈɑːtʃəri/ *n* tiro con arco

architect /ˈɑːkɪtekt/ *n* arquitecto, -a

architectural /ˌɑːkɪˈtektʃərəl/ *adj* arquitectónico

architecture /ˈɑːkɪtektʃə(r)/ *n* arquitectura

archive /ˈɑːkaɪv/ *n* archivo (*histórico*)

archway /ˈɑːtʃweɪ/ *n* arco (*de entrada*)

ardent /ˈɑːdnt/ *adj* (*formal*) apasionado, ferviente

ardour (*USA* **ardor**) /ˈɑːdə(r)/ *n* (*formal*) fervor

arduous /ˈɑːdjuəs, -dʒuəs/ *adj* arduo

are /ə(r), ɑː(r)/ *Ver* BE

area ⚷ /ˈeəriə/ *n* **1** zona: *area manager* director regional **2** área: *the penalty area* el área (defensiva) ◇ *areas such as education and training* áreas como la educación y la formación profesional **3** superficie: *an area of ten square metres* diez metros cuadrados de superficie *Ver tb* CATCHMENT AREA

ˈ**area code** *n* (*esp USA*) prefijo (*telefónico*)

arena /əˈriːnə/ *n* **1** (*Dep*) estadio **2** (*formal*) ámbito: *the political arena* el ámbito político

aren't /ɑːnt/ = ARE NOT *Ver* BE

argon /ˈɑːgɒn/ *n* (*Quím*) argón

arguable /ˈɑːgjuəbl/ *adj* (*formal*) **1** *It is arguable that…* Podemos afirmar que… **2** discutible **arguably** /-bli/ *adv* posiblemente

argue ⚷ /ˈɑːgjuː/ **1** *vi* ~ **(about/over sth)** discutir (por algo) **2** *vt, vi* argumentar: *to argue for/against sth* dar argumentos a favor de/en contra de algo

argument ⚷ /ˈɑːgjumənt/ *n* **1** discusión: *to have an argument* discutir ➲ *Comparar con* DISCUSSION, ROW² **2** ~ **(for/against sth)** argumento (a favor de/en contra de algo)

argumentative /ˌɑːgjuˈmentətɪv/ *adj* discutidor, polémico

arid /ˈærɪd/ *adj* árido

Aries /ˈeəriːz/ *n* aries ➲ *Ver ejemplos en* ACUARIO

arise ⚷ /əˈraɪz/ *vi* (*pt* **arose** /əˈrəʊz/, *pp* **arisen** /əˈrɪzn/) **1** (*problema, oportunidad, etc.*) surgir, presentarse **2** (*situación, etc.*) producirse: *should the need arise* si fuera preciso **3** (*cuestión, etc.*) plantearse **4** (*tormenta*) levantarse

aristocracy /ˌærɪˈstɒkrəsi/ *n* (*pl* **aristocracies**) [*v sing o pl*] aristocracia

aristocrat /ˈærɪstəkræt; *USA* əˈrɪst-/ *n* aristócrata **aristocratic** /ˌærɪstəˈkrætɪk/ *adj* aristocrático

arithmetic /əˈrɪθmətɪk/ *n* aritmética: *mental arithmetic* cálculo mental

arm /ɑːm/ *nombre, verbo*

▸ *n* **1** brazo

En inglés las partes del cuerpo van normalmente precedidas por un adjetivo posesivo (*my, your, her*, etc.): *I've broken my arm.* Me he roto el brazo.

2 (*camisa, etc.*) manga *Ver tb* ARMS LOC **arm in arm (with sb)** del brazo (de algn) *Ver tb* CHANCE, FOLD

▸ *vt, vi* armar(se): *to arm yourself with sth* armarse con/de algo

armament /ˈɑːməmənt/ *n* [*gen pl*] armamento

armband /ˈɑːmbænd/ *n* brazalete

armchair /ɑːmˈtʃeə(r)/ *n* sillón

armed /ɑːmd/ *adj* armado: *armed robbery* atraco a mano armada

the ˌarmed ˈforces (*tb* **the ˌarmed ˈservices**) *n* [*pl*] las fuerzas armadas

armistice /ˈɑːmɪstɪs/ *n* armisticio

armour (*USA* **armor**) /ˈɑːmə(r)/ *n* [*incontable*] **1** armadura: *a suit of armour* una armadura **2** blindaje LOC *Ver* CHINK **armoured** (*USA* **armored**) *adj* **1** (*vehículo*) blindado **2** (*barco*) acorazado

armpit /ˈɑːmpɪt/ *n* (*Anat*) axila

arms /ɑːmz/ *n* [*pl*] **1** armas: *the arms race* la carrera armamentista **2** escudo (de armas) LOC **up in arms (about/over sth)** en pie de guerra (por algo)

army /ˈɑːmi/ *n* [*v sing o pl*] (*pl* **armies**) ejército

aroma /əˈrəʊmə/ *n* aroma ➲ *Ver nota en* SMELL

aromatherapy /əˌrəʊməˈθerəpi/ *n* aromaterapia

aromatic /ˌærəˈmætɪk/ *adj* aromático

arose *pt de* ARISE

around /əˈraʊnd/ *adverbio, preposición* ❶ Para los usos de **around** en PHRASAL VERBS ver las entradas de los verbos correspondientes, p. ej. **lie around** en LIE[1].

▸ *adv* **1** más o menos: *around 200 people* más o menos 200 personas **2** hacia: *around 1850/five o'clock* hacia 1850/a eso de las cinco **3** a su alrededor: *She looked around.* Miró a su alrededor. **4** de aquí para allá: *I've been dashing around all morning.* Llevo toda la mañana de aquí para allá. **5** por aquí: *There's no one around.* No hay nadie por aquí.

arm

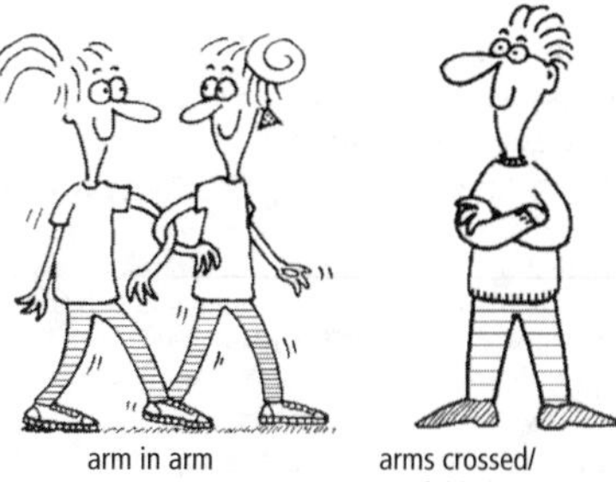

arm in arm

arms crossed/ folded

▸ *prep* **1** alrededor de: *sitting around the table* sentados alrededor de la mesa **2** por: *to travel around the world* viajar por todo el mundo

arouse /əˈraʊz/ *vt* **1** suscitar **2** excitar (sexualmente) **3** ~ **sb (from sth)** (*formal*) despertar a algn (de algo)

arrange /əˈreɪndʒ/ **1** *vt* organizar: *an arranged marriage* un matrimonio concertado por los padres **2** *vi* ~ **to do sth/that...** quedar en hacer algo/en que... **3** *vi* ~ **for sb to do sth** acordar con algn que haga algo **4** *vt* (*fecha, pago, etc.*) fijar **5** *vt* disponer **6** *vt* ordenar **7** *vt* (*Mús*) arreglar

arrangement /əˈreɪndʒmənt/ *n* **1 arrangements** [*pl*] preparativos **2** disposición **3** acuerdo **4** arreglo

arrest /əˈrest/ *verbo, nombre*

▸ *vt* (*delincuente*) detener

▸ *n* **1** detención: *to put sb under arrest* arrestar a algn ◇ *to be under arrest* estar detenido **2** *cardiac arrest* paro cardiaco

arrival /əˈraɪvl/ *n* **1** llegada **2** (*persona*): *a new/recent arrival* un recién llegado

arrive /əˈraɪv/ *vi* **1** llegar **2** (*coloq*) (*éxito*) llegar a la cima

¿**Arrive in** o **arrive at**? **Arrive in** se utiliza cuando se llega a un país o a una población: *When did you arrive in England?* ¿Cuándo llegaste a Inglaterra? **Arrive at** se usa seguido de lugares específicos como un edificio, una estación, etc.: *I'll phone you as soon as I arrive at the airport.* Te llamaré en cuanto llegue al aeropuerto. El uso de **at** seguido del nombre de una población implica que se está considerando esa población como un punto en un itinerario.

"Llegar a casa" se dice 'to get home' o 'to arrive home' (*más formal*).

arrogance /ˈærəgəns/ *n* arrogancia

arrogant /ˈærəgənt/ *adj* arrogante

arrow /ˈærəʊ/ *n* flecha

arson /ˈɑːsn/ *n* [*incontable*] incendio provocado

art /ɑːt/ *n* **1** arte: *a work of art* una obra de arte **2** (*materia escolar*) educación plástica **3 the arts** [*pl*] las artes: *the arts pages* la sección de cultura *Ver tb* THE PERFORMING ARTS **4 arts** [*pl*] (*estudios*) humanidades **5** maña

artery /ˈɑːtəri/ *n* (*pl* **arteries**) arteria

ˈ**art gallery** *n* (*pl* **art galleries**) **1** museo (de arte) **2** galería de arte ➲ *Ver nota en* MUSEUM

arthritic /ɑːˈθrɪtɪk/ *adj* artrítico

arthritis /ɑːˈθraɪtɪs/ *n* [*incontable*] artritis

artichoke /ˈɑːtɪtʃəʊk/ *n* alcachofa

article /ˈɑːtɪkl/ *n* **1** artículo: *the definite/indefinite article* el artículo definido/indefinido **2** *articles of clothing* prendas de vestir

articulate /ɑːˈtɪkjələt/ *adj* capaz de expresarse con claridad

articulated /ɑːˈtɪkjuleɪtɪd/ *adj* articulado: *articulated lorry* camión articulado

artificial /ˌɑːtɪˈfɪʃl/ *adj* artificial

artillery /ɑːˈtɪləri/ *n* artillería

artisan /ˌɑːtɪˈzæn; *USA* ˈɑːrtəzn/ *n* (*formal*) artesano, -a ❶ La traducción normal de *artesano* es **craftsman** o **craftswoman**.

artist /ˈɑːtɪst/ *n* artista

artistic /ɑːˈtɪstɪk/ *adj* artístico

ˈ**arts centre** *n* centro cultural

artwork /ˈɑːtwɜːk/ *n* **1** material gráfico (*en una publicación*) **2** obra de arte

AS /ˌeɪ ˈes/ (*tb* **A**ˈ**S level**) *n* (*GB*) examen que hacen los estudiantes de diecisiete años ➲ *Ver nota en* A LEVEL

as /əz, æz/ *conj, prep, adv* **1** mientras: *I watched her as she combed her hair.* La miré mientras se peinaba. **2 as... as...** tan... como...: *She is as tall as me/as I am.* Es tan alta como yo. ◇ *I earn as much as her/as she does.* Gano tanto como ella. ◇ *as soon as possible* lo antes posible **3** (*en calidad de*) como: *Treat me as a friend.* Trátame como a un amigo. ◇ *Use this plate as an ashtray.* Usa este plato como cenicero. **4** (*con profesiones*) de: *to work as a waiter* trabajar de camarero **5** (*cuando alguien es/era*) de: *as a child* de pequeño

Para comparaciones y ejemplos usamos **like**: *a car like yours* un coche como el tuyo ◇ *big cities like New York and Chicago* grandes ciudades (tales) como Nueva York y Chicago.

6 tal como: *Leave it as you find it.* Déjalo tal como lo encuentres. **7** como: *as you weren't there...* como no estabas... ◇ *as you can see* como puedes ver LOC **as for sb/sth** en cuanto a algn/algo ◆ **as from.../as of...** a partir de...: *as from/of 12 May* a partir del 12 de mayo ◆ **as if; as though** como si: *as if nothing had happened* como si no hubiera sucedido nada ◆ **as it is** vista la situación: *I can't help — I've got too much to do as it is.* No puedo ayudar, ya tengo demasiado trabajo. ◆ **as many 1** tantos: *We no longer have as many members.* Ya no tenemos tantos socios. ◇ *I didn't win as many as him.* No gané tantos como él. ◇ *You ate three times as many as I did.* Comiste tres veces más que yo. **2** otros tantos: *four jobs in as many months* cuatro trabajos en otros tantos meses ◆ **as many again/more** otros tantos ◆ **as many as...** hasta...: *as many as ten people* hasta diez personas ◆ **as much 1** tanto: *I don't have as much as you.* No tengo tanto como tú. ◇ *I had three times as much as you.* Comí tres veces más que tú. **2** *I thought as much.* Eso es lo que a mí me parecía. ◆ **as much again** otro tanto ◆ **as to sth** en cuanto a algo ◆ **as yet** hasta ahora

asap /ˌeɪ es eɪ ˈpiː/ *abrev de* **as soon as possible** lo antes posible

asbestos /æsˈbestəs/ *n* amianto

ascend /əˈsend/ (*formal*) **1** *vi* ascender **2** *vt* (*escaleras, trono*) subir (a)

ascendancy /əˈsendənsi/ *n* (*formal*) ~ **(over sb/sth)** ascendiente (sobre algn/algo)

ascendant (*tb* **ascendent**) /əˈsendənt/ *n* (*Astrol*) ascendente

ascent /əˈsent/ *n* ascenso

ascertain /ˌæsəˈteɪn/ *vt* (*formal*) averiguar

ascribe /əˈskraɪb/ *vt* ~ **sth to sb/sth** atribuir algo a algn/algo

ash /æʃ/ *n* **1** ceniza **2** (*tb* ˈ**ash tree**) fresno

ashamed /əˈʃeɪmd/ *adj* ~ **(of sb/sth)** avergonzado (de algn/algo): *I'm ashamed to tell her.* Me da vergüenza decírselo.

ashore /əˈʃɔː(r)/ *adv* en/a tierra: *to go ashore* desembarcar

ashtray /ˈæʃtreɪ/ *n* cenicero

ˌ**Ash** ˈ**Wednesday** *n* Miércoles de Ceniza

Asian /ˈeɪʃn, ˈeɪʒn/ *adj, n* asiático, -a

En Gran Bretaña la palabra **Asian** suele referirse a gente de origen indio o paquistaní, mientras que en Estados Unidos se utiliza para referirse a la gente del Extremo Oriente (China, Japón, etc.).

Asian Aˈmerican *adj, n* americano, -a de descendencia asiática

aside /əˈsaɪd/ *adverbio, nombre*
▸ *adv* ❶ Para los usos de **aside** en PHRASAL VERBS ver las entradas de los verbos correspondientes, p. ej. **put sth aside** en PUT. **1** a un lado **2** en reserva LOC *Ver* JOKE
▸ *n* aparte (*en el teatro*)

aˈside from *prep* (*esp USA*) aparte de

ask /ɑːsk; *USA* æsk/ **1** *vt, vi* ~ **(sb) (sth)** preguntar (algo) (a algn): *to ask a question* hacer una pregunta ◇ *to ask about sth* preguntar acerca de algo ◇ *I'll ask her later.* Ya se lo preguntaré más tarde. **2** *vt, vi* ~ **(sb) for sth** pedir algo (a algn) **3** *vt* ~ **sb to do sth** pedir a algn que haga algo **4** *vt* ~ **sb (to sth)** invitar a algn (a algo): *to ask sb round* invitar a algn a tu casa LOC **be asking for trouble/it** (*coloq*) buscársela ◆ **don't ask me!** (*coloq*) ¡yo qué sé! ◆ **for the asking** con sólo pedirlo PHR V **ask after sb** preguntar cómo está algn ◆ **ask for sb** preguntar por algn (*para hablar por teléfono, reunirse, etc.*) ◆ **ask sb out** invitar a algn a salir

asleep /əˈsliːp/ *adj* dormido: *to fall asleep* dormirse ◇ *fast/sound asleep* profundamente dormido

Asleep no se usa delante de un sustantivo. Por lo tanto, para traducir "un niño dormido" tendríamos que decir *a sleeping baby.*

asparagus /əˈspærəgəs/ *n* [*incontable*] espárrago(s): *He put a whole asparagus spear in his mouth.* Se metió un espárrago entero en la boca.

aspect /ˈæspekt/ *n* **1** aspecto (*de una situación o un problema*) **2** (*formal*) orientación (*de un edificio, etc.*)

asphalt /ˈæsfælt; *USA* -fɔːlt/ *n* asfalto

asphyxiate /əsˈfɪksieɪt/ *vt* asfixiar

aspiration /ˌæspəˈreɪʃn/ *n* aspiración

aspire /əˈspaɪə(r)/ *vi* ~ **to sth** aspirar a algo: *aspiring musicians* aspirantes a músicos

aspirin /ˈæsprɪn, ˈæspərɪn/ *n* aspirina

ass /æs/ *n* **1** (*USA, argot*) culo **2** (*coloq*) (*idiota*) burro **3** asno

assailant /əˈseɪlənt/ *n* (*formal*) agresor, -ora

assassin /əˈsæsɪn; *USA* -sn/ *n* asesino, -a **assassinate** /əˈsæsɪneɪt; *USA* -sən-/ *vt* asesinar **assassination** *n* asesinato ➲ *Ver nota en* ASESINAR

assault /əˈsɔːlt/ *nombre, verbo*
▸ *n* **1** agresión **2** ~ **(on sb/sth)** ataque (contra algn/algo)
▸ *vt* agredir

assemble /əˈsembl/ **1** *vt, vi* reunir(se) **2** *vt* (*máquina, mueble*) montar

assembly /əˈsembli/ *n* (*pl* **assemblies**) **1** asamblea **2** (*escuela*) reunión matinal **3** montaje: *assembly line* cadena de montaje

assert /əˈsɜːt/ *vt* **1** afirmar **2** (*derechos, etc.*) hacer valer **3** ~ **yourself** hacerse valer **assertion** /əˈsɜːʃn/ *n* afirmación

assertive /əˈsɜːtɪv/ *adj* firme, que se hace valer

assess /əˈses/ *vt* **1** evaluar, valorar **2** (*valor, cantidad*) calcular **assessment** *n* **1** análisis **2** valoración *Ver tb* CONTINUOUS ASSESSMENT **assessor** *n* tasador, -ora

asset /ˈæset/ *n* **1** ventaja, baza: *to be an asset to sb/sth* ser muy valioso para algn/algo **2 assets** [*pl*] (*Econ*) bienes

assign /əˈsaɪn/ *vt* asignar

assignment /əˈsaɪnmənt/ *n* **1** (*Educ*) trabajo: *a written assignment* un trabajo escrito **2** misión

assimilate /əˈsɪməleɪt/ **1** *vt* asimilar **2** *vt, vi* ~ **(sb) (into sth)** integrar a algn, integrarse (a algo)

assist /əˈsɪst/ *vt, vi* (*formal*) ayudar

assistance /əˈsɪstəns/ *n* (*formal*) ayuda

assistant /əˈsɪstənt/ *n* **1** ayudante **2** *Ver* SHOP ASSISTANT **3** *the assistant manager* la subdirectora ◇ *assistant referee* juez de línea

associate *verbo, nombre*
▸ *vt, vi* /əˈsəʊʃieɪt, -sieɪt/ ~ **(sb/sth) with sb/sth** relacionar a algn/algo, relacionarse con algn/algo
▸ *n* /əˈsəʊʃiət, -siət/ socio, -a

association /əˌsəʊʃiˈeɪʃn, -siˈeɪʃn/ *n* **1** asociación **2** implicación

assorted /əˈsɔːtɪd/ *adj* **1** variados **2** (*galletas, etc.*) surtidos

assortment /əˈsɔːtmənt/ *n* variedad, surtido

assume /əˈsjuːm; *USA* əˈsuːm/ *vt* **1** suponer **2** dar por sentado **3** (*formal*) (*control*) asumir **4** (*formal*) (*significado*) adquirir **5** (*formal*) (*expresión, nombre falso*) adoptar

assumption /əˈsʌmpʃn/ *n* **1** supuesto **2** (*formal*) toma (*de poder, etc.*)

assurance /əˈʃʊərəns, əˈʃɔːr-/ *n* **1** garantía **2** confianza

A

assure 🔑 /əˈʃʊə(r), əˈʃɔː(r)/ *vt* **1** asegurar **2** ~ **sb of sth** prometer algo a algn **3** ~ **sb of sth** convencer a algn de algo **4** ~ **yourself that…** cerciorarse de que… **assured** *adj* seguro LOC **be assured of sth** tener algo asegurado

asterisk /ˈæstərɪsk/ *n* asterisco

asteroid /ˈæstərɔɪd/ *n* asteroide

asthma /ˈæsmə; *USA* ˈæzmə/ *n* asma **asthmatic** /æsˈmætɪk; *USA* æzˈm-/ *adj, n* asmático, -a

astonish /əˈstɒnɪʃ/ *vt* asombrar **astonished** *adj* **1** asombrado: *to be astonished at/by sth* asombrarse de algo **2** (*cara, etc.*) de asombro **astonishing** *adj* asombroso **astonishingly** *adv* increíblemente **astonishment** *n* asombro

astound /əˈstaʊnd/ *vt* dejar atónito **astounded** *adj* atónito: *to be astounded at/by sth* quedarse atónito ante algo **astounding** *adj* increíble

astray /əˈstreɪ/ *adv* LOC **go astray** extraviarse

astride /əˈstraɪd/ *adv, prep* a horcajadas (sobre)

astrologer /əˈstrɒlədʒə(r)/ *n* astrólogo, -a

astrological /ˌæstrəˈlɒdʒɪkl/ *adj* astrológico

astrology /əˈstrɒlədʒi/ *n* astrología

astronaut /ˈæstrənɔːt/ *n* astronauta

astronomer /əˈstrɒnəmə(r)/ *n* astrónomo, -a

astronomical /ˌæstrəˈnɒmɪkl/ *adj* astronómico

astronomy /əˈstrɒnəmi/ *n* astronomía

astute /əˈstjuːt; *USA* əˈstuːt/ *adj* astuto

asylum /əˈsaɪləm/ *n* **1** (*Pol*) asilo: *asylum seekers* solicitantes de asilo **2** (*antic*) manicomio

at 🔑 /æt, ət/ *prep* **1** (*posición*) en: *at home* en casa ◇ *at the door* en la puerta ◇ *at the top* en lo alto ◇ *You can find us at www.oup.com.* Nos puedes localizar en www.oup.com. ➲ *Ver notas en* ARROBA *y* EN **2** (*tiempo*): *at 3.35* a las 3.35 ◇ *at dawn* al amanecer ◇ *at times* a veces ◇ *at night* por la noche ◇ *at Christmas* en Navidades ◇ *at the moment* de momento **3** (*precio, frecuencia, velocidad*) a: *at 70 kph* a 70 km/h ◇ *at full volume* a todo volumen ◇ *two at a time* de dos en dos **4** (*hacia*): *to stare at sb* mirar fijamente a algn **5** (*reacción*): *surprised at sth* sorprendido por algo ◇ *At this, she fainted.* Y entonces, se desmayó. **6** (*actividad*) en: *She's at work.* Está en el trabajo. ◇ *to be at war* estar en guerra ◇ *children at play* niños jugando

ate *pt de* EAT

atheism /ˈeɪθiɪzəm/ *n* ateísmo **atheist** *n* ateo, -a

athlete /ˈæθliːt/ *n* atleta

athletic /æθˈletɪk/ *adj* atlético **athletics** *n* [*incontable*] atletismo

atishoo /əˈtɪʃuː/ *interj* achís ➲ *Ver nota en* ACHÍS

atlas /ˈætləs/ *n* **1** atlas **2** (*tb* ˈ**road atlas**) mapa de carreteras

ATM /ˌeɪ tiː ˈem/ *n* (*abrev de* **automated teller machine**) cajero automático

atmosphere 🔑 /ˈætməsfɪə(r)/ *n* **1** atmósfera **2** ambiente

atmospheric /ˌætməsˈferɪk/ *adj* **1** atmosférico **2** evocador, emocionante

atom 🔑 /ˈætəm/ *n* **1** átomo **2** (*fig*) ápice

atomic /əˈtɒmɪk/ *adj* atómico

atrium /ˈeɪtriəm/ *n* (*Anat*) aurícula

atrocious /əˈtrəʊʃəs/ *adj* **1** pésimo **2** atroz **atrocity** /əˈtrɒsəti/ *n* (*pl* **atrocities**) atrocidad

attach 🔑 /əˈtætʃ/ *vt* **1** atar **2** unir **3** (*documentos*) adjuntar **4** *to attach importance/value to sth* dar importancia/valor a algo

attached 🔑 /əˈtætʃt/ *adj* **1** *to be attached to sb/sth* tenerle cariño a algn/algo **2** (*documento*) adjunto LOC *Ver* STRING

attachment /əˈtætʃmənt/ *n* **1** ~ **(to sth)** apego (a algo) **2** accesorio **3** (*Informát*) archivo adjunto

attack 🔑 /əˈtæk/ *nombre, verbo*

▸ *n* ~ **(on sb/sth)** ataque (contra algn/algo)

▸ *vt, vi* atacar **attacker** *n* agresor, -ora

attain /əˈteɪn/ *vt* alcanzar **attainment** *n* (*formal*) logro, éxito

attempt 🔑 /əˈtempt/ *nombre, verbo*

▸ *n* **1** ~ **(at doing sth)**; ~ **(to do sth)** intento (de hacer algo) **2** atentado: *an attempt on the President's life* un atentado contra la vida del presidente

▸ *vt* intentar: *to attempt to do sth* intentar hacer algo

attempted 🔑 /əˈtemptɪd/ *adj*: *attempted robbery* intento de robo ◇ *attempted murder* asesinato frustrado

attend 🔑 /əˈtend/ **1** *vt, vi* asistir (a) **2** *vi* ~ **to sb/sth** ocuparse de algn/algo **attendance** *n* asistencia LOC **be in attendance** estar presente

attendant /əˈtendənt/ *n* encargado, -a *Ver tb* FLIGHT ATTENDANT

attention 🔑 /əˈtenʃn/ *nombre, interjección*

▸ *n* atención: *for the attention of…* a la atención de… ◇ *to catch sb's attention* captar la atención de algn

▸ *interj* **1** ¡atención! **2** (*Mil*) ¡firmes!

attentive /əˈtentɪv/ *adj* atento

attic /ˈætɪk/ *n* desván

attitude 🔑 /ˈætɪtjuːd; *USA* -tuːd/ *n* actitud

attorney 🔑 /əˈtɜːni/ *n* (*pl* **attorneys**) **1** (*USA*) abogado, -a ➲ *Ver nota en* ABOGADO **2** apoderado, -a

At͵torney ˈGeneral *n* **1** asesor, -ora legal del gobierno **2** (*USA*) fiscal general

attract 🔑 /əˈtrækt/ *vt* **1** atraer **2** (*atención*) llamar

attraction 🔑 /əˈtrækʃn/ *n* **1** atracción: *a tourist attraction* una atracción turística **2** atractivo

attractive 🔑 /əˈtræktɪv/ *adj* **1** (*persona*) atractivo **2** (*salario, etc.*) interesante

attribute *verbo, nombre*
▸ *vt* /əˈtrɪbjuːt/ ~ **sth to sb/sth** atribuir algo a algn/algo
▸ *n* /ˈætrɪbjuːt/ atributo

aubergine /ˈəʊbəʒiːn/ *n* berenjena

auction /ˈɔːkʃn, ˈɒkʃn/ *nombre, verbo*
▸ *n* subasta
▸ *vt* subastar **auctioneer** /͵ɔːkʃəˈnɪə(r)/ *n* subastador, -ora

audible /ˈɔːdəbl/ *adj* audible

audience 🔑 /ˈɔːdiəns/ *n* **1** [*v sing o pl*] (*teatro, etc.*) público **2** ~ **(with sb)** audiencia (con algn)

audio /ˈɔːdiəʊ/ *adj* de audio: *audio equipment* equipo de audio

audio-visual /͵ɔːdiəʊ ˈvɪʒuəl/ *adj* audiovisual: *audio-visual aids* medios audiovisuales

audit /ˈɔːdɪt/ *nombre, verbo*
▸ *n* auditoría
▸ *vt* auditar

audition /ɔːˈdɪʃn/ *nombre, verbo*
▸ *n* audición
▸ *vi* ~ **(for sth)** presentarse a una audición (para algo)

auditor /ˈɔːdɪtə(r)/ *n* auditor, -ora

auditorium /͵ɔːdɪˈtɔːriəm/ *n* (*pl* **auditoriums** *o* **auditoria** /-riə/) auditorio

August 🔑 /ˈɔːgəst/ *n* (*abrev* **Aug.**) agosto ➲ *Ver nota y ejemplos en* JANUARY

aunt 🔑 /ɑːnt; *USA* ænt/ (*coloq* **auntie, aunty**) *n* tía: *Aunt Julia* la tía Julia ◇ *my aunt and uncle* mis tíos *Ver tb* AGONY AUNT

au pair /͵əʊ ˈpeə(r)/ *n* au pair

austere /ɒˈstɪə(r), ɔːˈs-/ *adj* austero **austerity** /ɒˈsterəti, ɔːˈst-/ *n* austeridad

Australian /ɒˈstreɪliən; *USA* ɔːˈs-/ (*coloq* **Aussie** /ˈɒzi; *USA* ˈɔːzi/) *adj, n* australiano, -a

authentic /ɔːˈθentɪk/ *adj* auténtico

authenticity /͵ɔːθenˈtɪsəti/ *n* autenticidad

author 🔑 /ˈɔːθə(r)/ *n* autor, -ora

authoritarian /ɔː͵θɒrɪˈteəriən; *USA* ɔː͵θɔːrəˈt-/ *adj, n* autoritario, -a

authoritative /ɔːˈθɒrətətɪv; *USA* ɔːˈθɔːrəteɪtɪv/ *adj* **1** (*voz, etc.*) autoritario **2** (*libro, etc.*) de gran autoridad

authority 🔑 /ɔːˈθɒrəti; *USA* ɔː͵θɔːr-/ *n* (*pl* **authorities**) autoridad LOC **have sth on good authority** saber algo de buena fuente

authorization, -isation /͵ɔːθəraɪˈzeɪʃn; *USA* -rəˈz-/ *n* autorización

authorize, -ise /ˈɔːθəraɪz/ *vt* autorizar

autobiographical /͵ɔːtə͵baɪəˈgræfɪkl/ *adj* autobiográfico

autobiography /͵ɔːtəbaɪˈɒgrəfi/ *n* (*pl* **autobiographies**) autobiografía

autograph /ˈɔːtəgrɑːf; *USA* -græf/ *nombre, verbo*
▸ *n* autógrafo
▸ *vt* firmar

automate /ˈɔːtəmeɪt/ *vt* automatizar

automatic 🔑 /͵ɔːtəˈmætɪk/ *adjetivo, nombre*
▸ *adj* automático
▸ *n* **1** arma automática **2** coche automático

automatically 🔑 /͵ɔːtəˈmætɪkli/ *adv* automáticamente

automation /͵ɔːtəˈmeɪʃn/ *n* automatización

automobile /ˈɔːtəməbiːl/ *n* (*USA*) automóvil

autonomous /ɔːˈtɒnəməs/ *adj* autónomo

autonomy /ɔːˈtɒnəmi/ *n* autonomía

autopsy /ˈɔːtɒpsi/ *n* (*pl* **autopsies**) autopsia

autumn 🔑 /ˈɔːtəm/ *n* otoño

auxiliary /ɔːgˈzɪliəri/ *adj, n* (*pl* **auxiliaries**) auxiliar

avail /əˈveɪl/ *n* LOC **to little/no avail** (*formal*) en vano

availability /ə͵veɪləˈbɪləti/ *n* disponibilidad

available 🔑 /əˈveɪləbl/ *adj* disponible

avalanche /ˈævəlɑːnʃ; *USA* -læntʃ/ *n* avalancha

avant-garde /͵ævɒ̃ ˈgɑːd/ *nombre, adjetivo*
▸ *n* vanguardia
▸ *adj* vanguardista

avenue /ˈævənjuː; *USA* -nuː/ *n* **1** (*abrev* **Ave.**) avenida ➲ *Ver nota en* ROAD **2** (*posibilidad*) vía

average 🔑 /ˈævərɪdʒ/ *adjetivo, nombre, verbo*
▸ *adj* **1** medio: *average earnings* el salario medio **2** mediocre
▸ *n* promedio: *on average* como media *Ver tb* GRADE POINT AVERAGE
▸ *v* PHR V **average out at sth** salir a un promedio de algo

aversion /əˈvɜːʃn/ *n* aversión

avert /əˈvɜːt/ *vt* **1** (*crisis, etc.*) evitar **2** (*mirada*) apartar

aviation /͵eɪviˈeɪʃn/ *n* aviación

avid /ˈævɪd/ *adj* ávido

avocado /͵ævəˈkɑːdəʊ/ *n* (*pl* **avocados**) aguacate

avoid 🔑 /ə'vɔɪd/ *vt* **1** ~ **sb/sth/doing sth** evitar a algn/algo/hacer algo: *She avoided going.* Evitó ir. **2** (*responsabilidad, etc.*) eludir

await /ə'weɪt/ *vt* (*formal*) **1** estar a la espera de **2** aguardar: *A surprise awaited us.* Nos aguardaba una sorpresa.

awake 🔑 /ə'weɪk/ *adjetivo, verbo*

▸ *adj* despierto

▸ *vt, vi* (*formal*) (*pt* **awoke** /ə'wəʊk/, *pp* **awoken** /ə'wəʊkən/) despertar(se)

Los verbos **awake** y **awaken** sólo se usan en lenguaje formal o literario. La expresión normal es **wake (sb) up**.

awaken /ə'weɪkən/ (*formal*) **1** *vt, vi* despertar(se) **2** *vi* ~ **to sth** (*peligro, etc.*) darse cuenta de algo **3** *vt* ~ **sb to sth** advertir a algn de algo

award 🔑 /ə'wɔːd/ *nombre, verbo*

▸ *n* premio, galardón

▸ *vt* (*premio, etc.*) conceder

award-winning /ə'wɔːd wɪnɪŋ/ *adj* galardonado

aware 🔑 /ə'weə(r)/ *adj* ~ **(of sth)** consciente (de algo): *She became aware that someone was following her.* Se dio cuenta de que alguien la seguía. LOC **as far as I am aware** que yo sepa ◆ **make sb aware of sth** informar, concienciar a algn de algo **awareness** *n* conciencia: *to raise public awareness* sensibilizar al público

away 🔑 /ə'weɪ/ *adv* ❶ Para los usos de **away** en PHRASAL VERBS ver las entradas de los verbos correspondientes, p. ej. **get away** en GET. **1** (*distancia*): *The hotel is two kilometres away.* El hotel está a dos kilómetros. ◇ *It's a long way away.* Queda muy lejos. **2** (*alejamiento*): *She moved away from him.* Se alejó de él. ◇ *He limped away.* Se fue cojeando. **3** [*uso enfático con tiempos continuos*]: *I was working away all night.* Pasé toda la noche trabajando. **4** por completo: *The snow had melted away.* La nieve se había derretido del todo. **5** (*Dep*) fuera (de casa): *an away win* una victoria fuera de casa LOC *Ver* RIGHT

awe /ɔː/ *n* **1** admiración (*reverencial*) **2** (*maravilla*) asombro LOC **be/stand in awe of sb/sth** **1** admirar a algn/algo (*de forma reverencial*) **2** sentirse intimidado por algn/algo **awesome** /'ɔːsəm/ *adj* **1** impresionante **2** (*USA, coloq*) genial

awful 🔑 /'ɔːfl/ *adj* **1** muy malo, horroroso: *How awful!* ¡Qué horror! **2** (*coloq*) (*uso enfático*): *an awful lot of money* un montón de dinero

awfully 🔑 /'ɔːfli/ *adv* terriblemente: *I'm awfully sorry.* Lo siento muchísimo.

awkward 🔑 /'ɔːkwəd/ *adj* **1** (*sensación, etc.*) incómodo **2** (*momento, etc.*) inoportuno **3** (*persona*) difícil **4** (*movimiento*) desgarbado

awoke, awoken *pt, pp de* AWAKE

axe (*USA* **ax**) /æks/ *nombre, verbo*

▸ *n* hacha LOC **have an axe to grind** tener un interés personal en algo

▸ *vt* **1** (*servicio, etc.*) cortar **2** despedir

axis /'æksɪs/ *n* (*pl* **axes** /'æksiːz/) eje

axle /'æksl/ *n* eje (*de ruedas*)

aye (*tb* **ay**) /aɪ/ *interj* (*antic*) sí ❶ **Aye** es corriente en Escocia y en el norte de Inglaterra.

Bb

B, b /biː/ *n* (*pl* **Bs, B's, b's**) **1** B, b ➲ *Ver nota en* A, A **2** (*Mús*) si

babble /'bæbl/ *nombre, verbo*

▸ *n* **1** (*voces*) murmullo **2** (*bebé*) balbuceo

▸ *vt, vi* farfullar, balbucear

babe /beɪb/ *n* (*coloq*) muñeca (*chica*)

baby 🔑 /'beɪbi/ *n* (*pl* **babies**) **1** bebé: *a newborn baby* un recién nacido ◇ *a baby girl* una niña **2** (*animal*) cría **3** (*esp USA, argot*) cariño

'baby carriage *n* (*USA*) cochecito (*de niño*)

babyish /'beɪbiɪʃ/ *adj* infantil

'baby shower *n* (*esp USA*) fiesta que da una futura madre, a la que los asistentes llevan regalos para el bebé

babysit /'beɪbisɪt/ *vi* (**-tt-**) (*pt, pp* **babysat**) ~ **(for sb)** cuidar a un niño (de algn) **babysitter** *n* canguro **babysitting** *n* cuidar niños

bachelor /'bætʃələ(r)/ *n* soltero

back 🔑 /bæk/ *nombre, adjetivo, adverbio, verbo*

▸ *n* **1** espalda: *to lie on your back* estar tumbado boca arriba **2** parte de atrás, parte de detrás **3** revés, dorso **4** respaldo (*de silla*) **5** (*Fútbol*) lateral: *left/right back* lateral izquierdo/derecho LOC **at the back of your mind** en lo (más) recóndito de la mente ◆ **back to back** espalda con espalda ◆ **back to front** al revés ➲ *Ver dibujo en* REVÉS ◆ **be glad, etc. to see the back of sb/sth** (*coloq*) alegrarse de librarse de algn/algo ◆ **behind sb's back** a espaldas de algn ➲ *Comparar* con TO SB'S FACE en FACE ◆ **be on sb's back** (*coloq*) estar encima de algn ◆ **get/put sb's back up** (*coloq*) sacar de quicio a algn ◆ **have your back to the wall** (*coloq*) estar entre la espada y la pared ◆ **turn your back on sb/sth** volverle la espalda a algn/algo *Ver tb* PAT

▸ *adj* **1** trasero: *the back door* la puerta trasera ◇ *on the back page* en la última página **2** (*número de revista*) atrasado LOC **by/through the back door** por la puerta de atrás

▸ *adv* ⓘ Para los usos de **back** en PHRASAL VERBS ver las entradas de los verbos correspondientes, p. ej. **draw back** en DRAW. **1** (*movimiento, posición*) hacia atrás: *Stand well back.* Manténganse alejados. ◇ *a mile back* una milla más atrás **2** (*regreso, repetición*) de vuelta: *They are back in power.* Están en el poder otra vez. ◇ *on the way back* a la vuelta ◇ *to go there and back* ir y volver **3** (*tiempo*) allá: *back in the seventies* allá por los años setenta ◇ *a few years back* hace algunos años **4** (*reciprocidad*): *He smiled back (at her).* Le devolvió la sonrisa. LOC **go, etc. back and forth** ir y venir *Ver tb* OWN

▸ **1** *vt, vi* sacar algo marcha atrás, dar marcha atrás: *She backed (the car) out of the garage.* Sacó el coche del garaje marcha atrás. **2** *vt* respaldar **3** *vt* financiar **4** *vt* apostar por PHR V **back away (from sb/sth)** retroceder (ante algn/algo) ◆ **back down** (*USA tb* **back off**) retractarse ◆ **back onto sth** dar a algo: *Our house backs onto the river.* Nuestra casa da al río. ◆ **back out (of sth)** echarse atrás (de algo) ◆ **back sth up** (*Informát*) hacer una copia de seguridad de algo

backache /ˈbækeɪk/ *n* dolor de espalda

backbone /ˈbækbəʊn/ *n* **1** columna vertebral **2** fortaleza, empuje

backdrop /ˈbækdrɒp/ *n* telón de fondo

backer /ˈbækə(r)/ *n* patrocinador, -ora

backfire /ˌbækˈfaɪə(r)/ *vi* **1** ~ **(on sb)** salir mal (a algn): *His plan backfired (on him).* Le salió el tiro por la culata. **2** (*coche*) petardear

background 🔑 /ˈbækgraʊnd/ *n* **1** clase social, educación, formación **2** contexto **3** fondo: *background music* música ambiental

back-heel /ˌbæk ˈhiːl/ *nombre, verbo*

▸ *n* (*Fútbol*) taconazo

▸ *vt, vi*: *Ronaldo back-heeled (the ball) to Pepe.* Ronaldo pasó la pelota de tacón a Pepe.

backing /ˈbækɪŋ/ *n* **1** respaldo, apoyo **2** (*Mús*) acompañamiento

backlash /ˈbæklæʃ/ *n* [*sing*] reacción violenta

backlog /ˈbæklɒg; *USA* -lɔːg/ *n* atraso: *a huge backlog of work* un montón de trabajo atrasado

backpack /ˈbækpæk/ *nombre, verbo*

▸ *n* mochila ➲ *Ver dibujo en* BAG

▸ *vi* viajar con mochila: *to go backpacking* viajar con mochila **backpacker** *n* mochilero, -a

ˌback ˈseat *n* asiento trasero LOC **take a back seat** pasar a segundo plano

backside /ˈbæksaɪd/ *n* (*coloq*) trasero

backslash /ˈbækslæʃ/ *n* barra invertida ➲ *Comparar con* SLASH *n* (3) ➲ *Ver pág 379*

backstage /ˌbækˈsteɪdʒ/ *adv* entre bastidores

backstroke /ˈbækstrəʊk/ *n* (estilo) espalda: *to do (the) backstroke* nadar (a) espalda

backup /ˈbækʌp/ *n* **1** refuerzos, asistencia **2** (*Informát*) copia de seguridad

backward 🔑 /ˈbækwəd/ *adj* **1** hacia atrás: *a backward glance* una mirada hacia atrás **2** atrasado

backwards 🔑 /ˈbækwədz/ (*tb esp USA* **backward**) *adv* **1** hacia atrás: *He fell backwards.* Se cayó de espaldas. **2** al revés LOC **backwards and forwards** de un lado a otro

backyard /ˌbækˈjɑːd/ *n* **1** (*GB*) patio trasero **2** (*USA*) jardín trasero

bacon /ˈbeɪkən/ *n* beicon

bacteria 🔑 /bækˈtɪəriə/ *n* [*pl*] bacterias

bad 🔑 /bæd/ *adj* (*comp* **worse** /wɜːs/, *superl* **worst** /wɜːst/) **1** malo: *It's bad for you/for your health.* Es malo para la salud. ◇ *This film's not bad.* Esta película no está mal. **2** grave **3** (*dolor*) fuerte **4** (*que duele*): *I've got a bad knee.* Tengo la rodilla mal. LOC **be bad at sth**: *I'm bad at maths.* Se me dan mal las matemáticas. ◆ **too bad** (*coloq*) **1** (*irónico*) ¡peor para ti! **2** una pena: *It's too bad you can't come.* Es una pena que no puedas venir. *Ver tb* BOOK, FAITH, FEELING, PATCH

bade *pt de* BID²

badge /bædʒ/ *n* insignia, chapa

badger /ˈbædʒə(r)/ *n* tejón

ˌbad ˈhair day *n* (*coloq*) día de perros

badly 🔑 /ˈbædli/ *adv* (*comp* **worse** /wɜːs/, *superl* **worst** /wɜːst/) **1** mal: *It's badly made.* Está mal hecho. **2** (*uso enfático*): *You're badly mistaken.* Estás muy equivocado. ◇ *The house was badly damaged.* La casa sufrió muchos daños. ◇ *Funds are badly needed.* Se necesitan fondos con urgencia. LOC **not be badly off** no andar mal de fondos

ˌbadly beˈhaved *adj*: *She's really badly behaved.* Se porta muy mal. ➲ *Ver nota en* WELL BEHAVED

badminton /ˈbædmɪntən/ *n* bádminton

B

bad-mouth /ˈbæd maʊθ/ *vt* (*coloq*) hablar mal de

bad-tempered ⚷ /ˌbæd ˈtempəd/ *adj* malhumorado, de mal genio

baffle /ˈbæfl/ *vt* desconcertar **baffling** *adj* desconcertante

bag ⚷ /bæg/ *n* bolsa, bolso ➲ *Ver dibujo en* CONTAINER; *Ver tb* BODY BAG, CARRIER BAG, DOGGY BAG, SCHOOL BAG, SLEEPING BAG, SPONGE BAG, TOILET BAG LOC **bags of sth** (*coloq*) un montón de algo ◆ **be in the bag** (*coloq*) estar en el bote *Ver tb* LET, PACK

bagel /ˈbeɪgl/ *n* bollo de pan en forma de rosca

baggage ⚷ /ˈbægɪdʒ/ *n* (*esp USA*) [*incontable*] equipaje

baggy /ˈbægi/ *adj* (*ropa*) ancho, holgado

ˈ**bag lunch** *n* (*USA*) *Ver* PACKED LUNCH

bagpipes /ˈbægpaɪps/ *n* [*pl*] gaita: *bagpipe music* música de gaita

baguette /bæˈget/ *n* baguette, barra de pan

bail /beɪl/ *n* [*incontable*] fianza: *He was granted bail.* Se le concedió la libertad bajo fianza.

bailiff /ˈbeɪlɪf/ *n* (*GB*) alguacil

bait /beɪt/ *n* cebo

bake ⚷ /beɪk/ *vt, vi* **1** (*pan, pastel*) hacer(se): *a baking tin* un molde **2** (*patatas*) asar(se)

baked ˈ**beans** *n* [*pl*] alubias en salsa de tomate

baker /ˈbeɪkə(r)/ *n* **1** panadero, -a **2 baker's** panadería ➲ *Ver nota en* CARNICERÍA **bakery** *n* (*pl* **bakeries**) panadería

balaclava /ˌbæləˈklɑːvə/ *n* pasamontañas

balance ⚷ /ˈbæləns/ *nombre, verbo*

▸ *n* **1** equilibrio: *to lose your balance* perder el equilibrio **2** (*Fin*) saldo, balance **3** (*instrumento*) balanza LOC **catch/throw sb off balance** coger desprevenido a algn ◆ **on balance** bien mirado

▸ **1** *vt, vi* ~ **sth (on sth)**; ~ **(on sth)** mantener algo en equilibrio, mantener el equilibrio (sobre algo) **2** *vt* equilibrar **3** *vt* compensar, contrarrestar **4** *vt, vi* (*cuentas*) (hacer) cuadrar

balcony /ˈbælkəni/ *n* (*pl* **balconies**) balcón

bald /bɔːld/ *adj* calvo: *a bald patch* una calva

ball ⚷ /bɔːl/ *n* **1** balón, pelota, bola **2** esfera, ovillo **3** baile (de etiqueta) LOC **be on the ball** estar al tanto ◆ **have a ball** (*coloq*) pasárselo bomba ◆ **start/set the ball rolling** empezar

ballad /ˈbæləd/ *n* balada, romance

ballboy /ˈbɔːlbɔɪ/ *n* recogepelotas (*chico*)

ballerina /ˌbæləˈriːnə/ *n* bailarina

ballet /ˈbæleɪ; *USA* bæˈleɪ/ *n* ballet: *a ballet dancer* un bailarín

ˈ**ball game** *n* **1** (*USA*) partido de béisbol **2** (*coloq*): *It's a whole new ball game.* Eso ya es otro cantar.

ballgirl /ˈbɔːlgɜːl/ *n* recogepelotas (*chica*)

balloon /bəˈluːn/ *n* globo

ballot /ˈbælət/ *nombre, verbo*

bags

▸*n* votación: *ballot box* urna (electoral)
▸ *vt* ~ **sb (on sth)** invitar a votar a algn (sobre algo)

ballpark /ˈbɔːlpɑːk/ *n* **1** (*esp USA*) campo de béisbol **2** *a ballpark figure* una cifra aproximada

ballpoint /ˈbɔːlpɔɪnt/ (*tb* ˌ**ballpoint** ˈ**pen**) *n* bolígrafo

ballroom /ˈbɔːlruːm, -rʊm/ *n* salón de baile: *ballroom dancing* baile de salón

bamboo /ˌbæmˈbuː/ *n* bambú

ban 🔑 /bæn/ *verbo, nombre*
▸ *vt* (**-nn-**) prohibir: *He's been banned from driving.* Le han quitado el carné de conducir.
▸ *n* ~ **(on sth)** prohibición (de algo)

banana /bəˈnɑːnə; *USA* bəˈnænə/ *n* plátano

band 🔑 /bænd/ *n* **1** (*Mús*) grupo, banda: *a jazz band* un grupo de jazz **2** (*de ladrones, etc.*) banda **3** cinta, franja *Ver tb* RUBBER BAND **4** (*en baremos*) escalón/banda (de tributación), escala

bandage 🔑 /ˈbændɪdʒ/ *nombre, verbo*
▸ *n* venda, vendaje
▸ *vt* ~ **sth (up)** vendar algo

Band-Aid® /ˈbænd eɪd/ *n* (*USA*) tirita®

bandit /ˈbændɪt/ *n* bandido, -a

bandwagon /ˈbændwægən/ *n* LOC **climb/jump on the bandwagon** (*coloq*) subirse al mismo carro/tren

bandwidth /ˈbændwɪdθ, -wɪtθ/ *n* (*Informát*) ancho de banda

bang /bæŋ/ *verbo, nombre, adverbio, interjección*
▸ **1** *vt, vi* ~ **(on) sth** dar un golpe en algo: *He banged his fist on the table.* Dio un golpe en la mesa con el puño. ◇ *I banged the box down on the floor.* Tiré la caja al suelo de un golpe. ◇ *to bang on the door* aporrear la puerta **2** *vt* ~ **your head, etc. (against/on sth)** darse en la cabeza, etc. (con algo) **3** *vi* ~ **into sth** darse contra algo **4** *vi* (*puerta, etc.*) dar golpes
▸ *n* **1** estallido **2** golpe **3** **bangs** [*pl*] (*USA*) flequillo
▸ *adv* (*coloq*) justo, completamente: *bang on time* justo a tiempo ◇ *bang up to date* completamente al día LOC **bang goes sth** (*coloq*) se acabó algo ◆ **go bang** (*coloq*) estallar
▸ *interj* ¡pum!

banger /ˈbæŋə(r)/ *n* (*GB, coloq*) **1** salchicha **2** petardo **3** (*coche*) cacharro: *an old banger* un viejo cacharro

banish /ˈbænɪʃ/ *vt* desterrar

banister /ˈbænɪstə(r)/ *n* barandilla, pasamanos

bank 🔑 /bæŋk/ *nombre, verbo*
▸ *n* **1** banco: *bank manager* director de banco ◇ *bank statement* estado de cuenta ◇ *bank account* cuenta bancaria ◇ *bank balance* saldo bancario *Ver tb* BOTTLE BANK **2** orilla (*de río, lago*) ➲ *Comparar con* SHORE LOC **not break the bank** (*coloq*): *A meal out won't break the bank.* Cenar fuera no nos va a arruinar.
▸ **1** *vt* (*dinero*) ingresar **2** *vi* tener cuenta: *Who do you bank with?* ¿En qué banco tienes cuenta? PHR V **bank on sb/sth** contar con algn/algo

ˈ**bank card** *n* tarjeta de crédito y/o débito

banker /ˈbæŋkə(r)/ *n* banquero, -a

ˌ**bank** ˈ**holiday** *n* (*GB*) día festivo

> En Gran Bretaña hay ocho días de diario que son festivos en los que los bancos tienen que cerrar por ley. Suelen caer en lunes, de forma que se tiene un fin de semana largo al que se llama **bank holiday weekend**. Los **bank holidays** no siempre coinciden en Inglaterra, Escocia e Irlanda del Norte: *We are coming back on bank holiday Monday.* Volvemos el lunes del puente.

banknote /ˈbæŋknəʊt/ *n Ver* NOTE *n* (2)

bankrupt /ˈbæŋkrʌpt/ *adj* en bancarrota: *to go bankrupt* ir a la bancarrota **bankruptcy** *n* (*pl* **bankruptcies**) bancarrota, quiebra

banned *pt, pp de* BAN

banner /ˈbænə(r)/ *n* pancarta, estandarte

banning /ˈbænɪŋ/ *n* [*incontable*] prohibición

banquet /ˈbæŋkwɪt/ *n* banquete

bap /bæp/ *n* bollo (*de pan*)

baptism /ˈbæptɪzəm/ *n* bautismo, bautizo

baptize, -ise /bæpˈtaɪz/ *vt* bautizar

bar 🔑 /bɑː(r)/ *nombre, verbo, preposición*
▸ *n* **1** barra *Ver tb* SPACE BAR **2** bar **3** tableta (*de chocolate*) **4** pastilla (*de jabón*) **5** prohibición **6** (*Mús*) compás **7** (*Fútbol*) larguero LOC **behind bars** (*coloq*) entre rejas
▸ *vt* (**-rr-**) ~ **sb from doing sth** prohibir a algn hacer algo LOC **bar the way** cerrar el paso
▸ *prep* excepto

barbarian /bɑːˈbeəriən/ *n* bárbaro, -a **barbaric** /bɑːˈbærɪk/ *adj* bárbaro

barbecue /ˈbɑːbɪkjuː/ *nombre, verbo*
▸ *n* barbacoa
▸ *vt* asar a la parrilla

barbed wire /ˌbɑːbd ˈwaɪə(r)/ *n* alambre de espino

barber /ˈbɑːbə(r)/ *n* **1** peluquero, -a **2** **barber's** (*USA* **barbershop** /ˈbɑːbəʃɒp/) peluquería ➲ *Ver nota en* CARNICERÍA

> **Barber** es peluquero de caballeros y **hairdresser** de señoras, pero hoy en día la mayoría de los **hairdressers** trabajan en peluquerías unisex.

B

ˈ**bar chart** *n* gráfico de barras

ˈ**bar code** *n* código de barras

bare /beə(r)/ *adj* (**barer**, **-est**) **1** desnudo ➲ *Ver nota en* NAKED **2** descubierto **3** *a room bare of furniture* una habitación sin muebles **4** mínimo: *the bare essentials* lo mínimo

barefoot /ˈbeəfʊt/ *adj, adv* descalzo

barely /ˈbeəli/ *adv* apenas

bargain ⚷ /ˈbɑːɡən/ *nombre, verbo*

▸ *n* **1** ganga: *bargain prices* precios de escándalo **2** trato LOC **into the bargain** además *Ver tb* DRIVE

▸ *vi* **1** negociar **2** regatear PHR V **bargain for/on sth** (*coloq*) contar con algo: *He got more than he bargained for.* No se esperaba algo así. **bargaining** *n* [*incontable*] **1** negociación: *pay bargaining* negociaciones salariales **2** regateo

barge /bɑːdʒ/ *n* barcaza

barista /bəˈriːstə, -ˈrɪs-/ *n* barista, camarero, -a (*de un café*)

baritone /ˈbærɪtəʊn/ *n* barítono

bark /bɑːk/ *nombre, verbo*

▸ *n* **1** corteza (*de árbol*) **2** ladrido

▸ **1** *vi* ladrar **2** *vt* ~ **(out) sth** (*persona*) gritar algo (*órdenes, preguntas*) **barking** *n* [*incontable*] ladridos

ˌ**barking** ˈ**mad** (*tb* **barking**) *adj* (*GB, coloq*) loco de remate

barley /ˈbɑːli/ *n* cebada

barmaid /ˈbɑːmeɪd/ *n* camarera

barman /ˈbɑːmən/ *n* (*pl* **-men** /-mən/) camarero

barmy /ˈbɑːmi/ *adj* (*GB, coloq*) chiflado

barn /bɑːn/ *n* granero

barometer /bəˈrɒmɪtə(r)/ *n* barómetro

baron /ˈbærən/ *n* barón

baroness /ˈbærənəs; *USA* ˌbærəˈnes/ *n* baronesa

barracks /ˈbærəks/ *n* (*pl* **barracks**) [*v sing o pl*] cuartel

barrage /ˈbærɑːʒ; *USA* bəˈrɑːʒ/ *n* **1** (*Mil*) descarga de fuego **2** (*de quejas, preguntas*) bombardeo

barrel /ˈbærəl/ *n* **1** barril, tonel **2** cañón (*de fusil*)

barren /ˈbærən/ *adj* árido, improductivo

barrette /bəˈret/ *n* (*USA*) pasador (*de pelo*)

barricade /ˌbærɪˈkeɪd/ *nombre, verbo*

▸ *n* barricada

▸ *vt* bloquear (con una barricada) PHR V **barricade yourself in/inside (sth)** encerrarse con barricadas (en algo)

barrier ⚷ /ˈbæriə(r)/ *n* barrera

barrister /ˈbærɪstə(r)/ *n* abogado, -a ➲ *Ver nota en* ABOGADO

barrow /ˈbærəʊ/ *n* carretilla

bartender /ˈbɑːtendə(r)/ *n* (*USA*) camarero, -a

barter /ˈbɑːtə(r)/ **1** *vt* ~ **sth (for sth)** trocar algo (por algo) **2** *vi* ~ **(with sb) (for sth)** hacer trueque (con algn) (para obtener algo)

base ⚷ /beɪs/ *nombre, verbo*

▸ *n* base

▸ *vt* **1** basar **2 be based in/at…** tener su base en…

baseball /ˈbeɪsbɔːl/ *n* béisbol

ˈ**base jumping** *n* salto en paracaídas (*desde un edificio*)

basement /ˈbeɪsmənt/ *n* sótano

bases 1 *plural de* BASE **2** *plural de* BASIS

bash /bæʃ/ *verbo, nombre*

▸ (*coloq*) **1** *vt* golpear fuertemente **2** *vt* ~ **your head, etc. (against/on sth)** darse un golpe en la cabeza, etc. (con algo) **3** *vi* ~ **into sb/sth** darse contra algn/algo

▸ *n* golpe fuerte LOC **have a bash (at sth)** (*GB, coloq*) intentar algo

basic ⚷ /ˈbeɪsɪk/ *adj* **1** fundamental **2** básico **3** elemental

basically ⚷ /ˈbeɪsɪkli/ *adv* **1** básicamente **2** en definitiva

basics /ˈbeɪsɪks/ *n* [*pl*] lo esencial, la base

basil /ˈbæzl; *USA tb* ˈbeɪzl/ *n* albahaca

basilica /bəˈzɪlɪkə/ *n* basílica

basin /ˈbeɪsn/ *n* **1** lavabo **2** cuenco **3** (*Geog*) cuenca

basis ⚷ /ˈbeɪsɪs/ *n* (*pl* **bases** /ˈbeɪsiːz/) base: *on the basis of sth* basándose en algo ◇ *on a regular basis* con regularidad

basket /ˈbɑːskɪt; *USA* ˈbæs-/ *n* **1** cesta, cesto ➲ *Ver dibujo en* BAG *Ver tb* WASTE-PAPER BASKET **2** (*Dep*) canasta: *to make/shoot a basket* meter/tirar (una) canasta LOC *Ver* EGG

basketball /ˈbɑːskɪtbɔːl; *USA* ˈbæs-/ *n* baloncesto: *a basketball court* una cancha de baloncesto

bass /beɪs/ *nombre, adjetivo*

▸ *n* **1** (*cantante*) bajo **2** [*incontable*] graves: *to turn up the bass* subir los graves **3** (*tb* ˌ**bass guiˈtar**) bajo **4** *Ver* DOUBLE BASS

▸ *adj* bajo: *bass clef* clave de fa

bat /bæt/ *nombre, verbo*

▸ *n* **1** bate **2** murciélago

▸ *vt, vi* (**-tt-**) batear LOC **not bat an eyelid** (*coloq*) no inmutarse

batch /bætʃ/ *n* **1** tanda **2** hornada

bath /bɑːθ; *USA* bæθ/ *nombre, verbo*
▸ *n* (*pl* **baths** /bɑːðz; *USA* bæðz/) **1** baño: *to have a bath (GB)/take a bath (USA)* darse un baño **2** (*USA* **bathtub** /ˈbɑːθtʌb; *USA* ˈbæθ-/) bañera
▸ *vt* (*USA* **bathe**) bañar

bathe /beɪð/ **1** *vt* (*ojos, herida*) lavar **2** *vi* (*antic*) bañarse

bathrobe /ˈbɑːθrəʊb; *USA* ˈbæθ-/ *n* **1** albornoz **2** (*USA*) bata

bathroom /ˈbɑːθruːm, -rʊm; *USA* ˈbæθ-/ *n* **1** (cuarto de) baño **2** (*USA*) aseo ➲ *Ver nota en* TOILET

baton /ˈbætɒn, -tõ; *USA* bəˈtɒn/ *n* **1** porra (*de policía*) **2** (*Mús*) batuta **3** (*Dep*) testigo

battalion /bəˈtæliən/ *n* batallón

batter /ˈbætə(r)/ *verbo, nombre*
▸ **1** *vt* apalear: *to batter sb to death* matar a algn a palos **2** *vt, vi* ~ **(at/on) sth** aporrear algo PHR V **batter sth down** derribar algo a golpes
▸ *n* masa para rebozar: *fish in batter* pescado rebozado

battered /ˈbætəd/ *adj* **1** deformado **2** maltratado

battery /ˈbætəri/ *n* (*pl* **batteries**) **1** (*Electrón*) batería, pila **2** *battery hens* gallinas ponedoras en batería ➲ *Comparar con* FREE-RANGE

battle /ˈbætl/ *nombre, verbo*
▸ *n* batalla, lucha LOC *Ver* WAGE
▸ *vi* ~ **(with/against sb/sth) (for sth)** luchar (con/contra algn/algo) (por algo)

battlefield /ˈbætlfiːld/ (*tb* **battleground** /ˈbætlgraʊnd/) *n* campo de batalla

battlements /ˈbætlmənts/ *n* [*pl*] almenas

battleship /ˈbætlʃɪp/ *n* acorazado

bauble /ˈbɔːbl/ *n* **1** adorno, chuchería **2** bola de Navidad

bawl /bɔːl/ **1** *vt* ~ **sth (out)** gritar algo **2** *vi* berrear

bay /beɪ/ *n* **1** bahía **2** zona: *loading bay* zona de carga LOC **hold/keep sb/sth at bay** mantener a algn/algo a raya

ˈ**bay leaf** *n* (*pl* **bay leaves**) hoja de laurel

bayonet /ˈbeɪənət/ *n* bayoneta

ˈ**bay tree** *n* laurel

bay ˈ**window** *n* ventana (*en forma de mirador redondo*)

bazaar /bəˈzɑː(r)/ *n* **1** bazar **2** mercadillo benéfico

BBQ = BARBECUE

BC (*USA* **B.C.**) /ˌbiː ˈsiː/ *abrev de* **before Christ** antes de Cristo

be /bi, biː/ ❶ Para los usos de **be** con **there** *Ver* THERE.
• **verbo intransitivo 1** ser: *Life is unfair.* La vida es injusta. ◇ *'Who is it?' 'It's me.'* —¿Quién es? —Soy yo. ◇ *It's John's.* Es de John. ◇ *Be quick!* ¡Date prisa! ◇ *I was late.* Llegué tarde. **2** (*estado*) estar: *How are you?* ¿Cómo estás? ◇ *Is he alive?* ¿Está vivo? **3** (*localización*) estar: *Mary's upstairs.* Mary está arriba. **4** (*origen*) ser: *She's from Italy.* Es italiana. **5** [*sólo en tiempo perfecto*] visitar: *I've never been to Spain.* Nunca he estado en España. ◇ *Has the plumber been yet?* ¿Ha venido ya el fontanero? ◇ *I've been into town.* He ido al centro. ❶ A veces **been** se utiliza como participio de **go**. ➲ *Ver nota en* GO **6** tener: *I'm right, aren't I?* ¿A que tengo razón? ◇ *I'm hot/afraid.* Tengo calor/miedo. ◇ *Are you in a hurry?* ¿Tienes prisa?

En español se usa *tener* con sustantivos como *calor, frío, hambre, sed*, etc., mientras que en inglés se usa **be** con el adjetivo correspondiente.

7 (*edad*) tener: *He's ten (years old).* Tiene diez años. ➲ *Ver notas en* OLD *y* YEAR **8** (*tiempo*): *It's*

be

present simple			**past simple**
afirmativa	*formas contractas*	*negativa* *formas contractas*	
I **am**	I'**m**	I'**m not**	I **was**
you **are**	you'**re**	you **aren't**	you **were**
he/she/it **is**	he'**s**/she'**s**/it'**s**	he/she/it **isn't**	he/she/it **was**
we **are**	we'**re**	we **aren't**	we **were**
you **are**	you'**re**	you **aren't**	you **were**
they **are**	they'**re**	they **aren't**	they **were**
forma ***-ing*** **being**	*participio pasado* **been**		

cold/hot. Hace frío/calor. ◇ *It's foggy.* Hay niebla. **9** (*medida*) medir: *He's six feet tall.* Mide 1,80 m. **10** (*hora*) ser: *It's two o'clock.* Son las dos. **11** (*precio*) costar: *How much is that dress?* ¿Cuánto cuesta ese vestido? **12** (*Mat*) ser: *Two and two is/are four.* Dos y dos son cuatro.

B

• **verbo auxiliar 1** [*con participios para formar la pasiva*]: *It was built in 1985.* Fue construido en 1985. ◇ *He was killed in the war.* Lo mataron en la guerra. ◇ *It is said that he is rich/He is said to be rich.* Dicen que es rico. **2** [*con -ing para formar tiempos continuos*]: *What are you doing?* ¿Qué haces/Qué estás haciendo? ◇ *I'm just coming!* ¡Ya voy! **3** [*con infinitivo*]: *I am to inform you that...* Debo informarle que... ◇ *They were to be married.* Se iban a casar. ❶ Para expresiones con **be**, véanse las entradas del sustantivo, adjetivo, etc., p. ej. **be a drain on sth** en DRAIN. PHR V **be onto sb** (*coloq*) seguirle la pista a algn ◆ **be onto sth** haber dado con algo ◆ **be through (to sb/sth)** tener línea (con algn/algo) ◆ **be through (with sb/sth)** haber terminado (con algn/algo)

beach 🔑 /biːtʃ/ *n* playa

bead /biːd/ *n* **1** cuenta **2 beads** [*pl*] collar de cuentas **3** (*de sudor, etc.*) gota

beak 🔑 /biːk/ *n* pico

beaker /ˈbiːkə(r)/ *n* vaso alto (*de plástico o papel*)

beam /biːm/ *nombre, verbo*

▸ *n* **1** (*de luz*) rayo **2** (*de linterna, etc.*) haz de luz **3** viga, travesaño **4** sonrisa radiante

▸ **1** *vi* ~ **(at sb)** echar una sonrisa radiante (a algn) **2** *vt* transmitir (*programa, mensaje*)

bean /biːn/ *n* **1** (*semilla*) alubia, judía: *kidney beans* alubias rojas ◇ *bean sprouts* brotes de soja *Ver tb* BAKED BEANS, BROAD BEAN **2** (*vaina*) judía **3** (*café, cacao*) grano *Ver tb* JELLY BEAN

bear 🔑 /beə(r)/ *verbo, nombre*

▸ (*pt* **bore** /bɔː(r)/, *pp* **borne** /bɔːn/) **1** *vt* aguantar, soportar **2** *vt* resistir: *It won't bear close examination.* No resistirá un examen a fondo. **3** *vt* (*responsabilidad*) asumir **4** *vt* (*gastos*) hacerse cargo de **5** *vt* (*rencor, etc.*) guardar **6** *vt* (*carga*) soportar **7** *vt* tener: *to bear a resemblance to sb* tener un parecido a algn ◇ *to bear little relation to sth* tener poca relación con algo **8** *vt* (*firma, nombre*) llevar **9** *vt* (*formal*) (*hijo*) dar a luz **10** *vi* ~ **left, north, etc.** torcer hacia la izquierda, el norte, etc. LOC **bear sb/sth in mind** tener a algn/algo en cuenta *Ver tb* GRIN PHR V **bear sb/sth out** confirmar lo que ha dicho algn, confirmar algo ◆ **bear up (under sth)** aguantar (algo): *He's bearing up well under the strain of losing his job.* Lleva bien lo de haberse quedado sin trabajo. ◆ **bear with sb** tener paciencia con algn

▸ *n* oso: *brown bear* oso pardo *Ver tb* TEDDY BEAR

bearable /ˈbeərəbl/ *adj* soportable

beard 🔑 /bɪəd/ *n* barba **bearded** *adj* con barba

bearer /ˈbeərə(r)/ *n* **1** (*noticias, cheque*) portador, -ora **2** (*formal*) (*documento*) titular

bearing /ˈbeərɪŋ/ *n* LOC **get/take your bearings** orientarse ◆ **have a bearing on sth** tener que ver con algo ◆ **lose your bearings** desorientarse

beast /biːst/ *n* animal, bestia

beat 🔑 /biːt/ *verbo, nombre*

▸ (*pt* **beat** *pp* **beaten** /ˈbiːtn/) **1** *vt* ~ **sb (at sth)** ganar a algn (a algo): *She beat me at chess.* Me ganó al ajedrez. **2** *vt* confundir: *It beats me why he did it.* No me puedo explicar por qué lo hizo. **3** *vt* (*superar*): *to beat the world record* batir el récord mundial ◇ *Nothing beats home cooking.* No hay nada como la cocina casera. **4** *vt, vi* golpear, dar golpes (en): *She was beaten to death.* La mataron a golpes. **5** *vt, vi* ~ **(against/on) sth** batir (contra) algo: *beaten eggs* huevos batidos **6** *vt* (*tambor*) tocar **7** *vi* (*corazón*) latir LOC **beat about the bush** (*USA* **beat around the bush**) andarse con rodeos ◆ **off the beaten track** (en un lugar) apartado PHR V **beat sb to it/sth** adelantarse a algn: *Book now before someone beats you to it!* ¡Reserva ahora antes de que algn se te adelante! ◆ **beat sb up** dar una paliza a algn

▸ *n* **1** (*tambor*) redoble **2** ritmo **3** (*policía*) ronda

beating /ˈbiːtɪŋ/ *n* **1** (*castigo, derrota*) paliza **2** batir **3** (*corazón*) latido LOC **take some beating** ser difícil de superar

beautician /bjuːˈtɪʃn/ *n* esteticista

beautiful 🔑 /ˈbjuːtɪfl/ *adj* **1** hermoso **2** magnífico

beautifully 🔑 /ˈbjuːtɪfli/ *adv* estupendamente

beauty 🔑 /ˈbjuːti/ *n* (*pl* **beauties**) **1** belleza **2** (*persona o cosa*) preciosidad

ˈ**beauty salon** (*tb* ˈ**beauty parlour**) *n* salón de belleza

beaver /ˈbiːvə(r)/ *n* castor

became *pt de* BECOME

because 🔑 /bɪˈkɒz, -ˈkəz; *USA* -ˈkɔːz/ *conj* porque

beˈcause of 🔑 *prep* a causa de, debido a: *because of you* por ti

beckon /ˈbekən/ **1** *vi* ~ **to sb** hacer señas a algn **2** *vt* llamar con señas: *She beckoned him into her office.* Le hizo señas para que entrara en su oficina.

become 🔑 /bɪˈkʌm/ *vi* (*pt* **became** /bɪˈkeɪm/, *pp* **become**) **1** + **sustantivo** llegar a ser, convertirse en, hacerse: *She became an actress.* Se hizo actriz. **2** + **adjetivo** ponerse, volverse: *to become fashionable* ponerse de moda *Ver tb* GET PHR V **become of sb/sth**: *What became of your sister?* ¿Qué fue de tu hermana?

bed 🔑 /bed/ *n* **1** cama: *a single/double bed* una cama individual/de matrimonio

En las siguientes expresiones no se usa el artículo determinado en inglés: *to go to bed* irse a la cama ◇ *It's time for bed.* Es hora de irse a la cama.

2 lecho (*de un río*) **3** fondo (*del océano*), lecho marino **4** *Ver* FLOWER BED LOC *Ver* WET

ˌbed and ˈbreakfast *n* (*abrev* **B & B**) **1** pensión y desayuno **2** hotel con régimen de pensión y desayuno 🛈 En muchos casos los **bed and breakfasts** son casas particulares.

bedclothes /ˈbedkləʊðz/ *n* [*pl*] (*tb* **bedding** /ˈbedɪŋ/ [*incontable*]) ropa de cama

bedroom 🔑 /ˈbedruːm, -rʊm/ *n* dormitorio

bedside /ˈbedsaɪd/ *n* cabecera: *bedside table* mesilla de noche

bedsit /ˈbedsɪt/ *n* habitación con cama y cocina

bedspread /ˈbedspred/ *n* colcha

bedtime /ˈbedtaɪm/ *n* hora de acostarse

bee /biː/ *n* abeja

beech /biːtʃ/ (*tb* ˈ**beech tree**) *n* haya

beef 🔑 /biːf/ *n* carne de vaca: *roast beef* rosbif ➲ *Ver nota en* CARNE

beefburger /ˈbiːfbɜːgə(r)/ *n* hamburguesa

beehive /ˈbiːhaɪv/ *n* colmena

been /biːn, bɪn; *USA* bɪn/ *pp de* BE

beep /biːp/ *nombre, verbo*

▸ *n* pitido

▸ **1** *vi* (*despertador*) sonar **2** *vt, vi* tocar (la bocina)

beer 🔑 /bɪə(r)/ *n* cerveza ➲ *Ver nota en* CERVEZA

beetle /ˈbiːtl/ *n* escarabajo

beetroot /ˈbiːtruːt/ (*USA* **beet** /biːt/) *n* remolacha *Ver tb* SUGAR BEET

before 🔑 /bɪˈfɔː(r)/ *preposición, conjunción, adverbio*

▸ *prep* **1** antes de, antes que: *before lunch* antes de comer ◇ *He arrived before me.* Llegó antes que yo. **2** ante: *right before my eyes* ante mis propios ojos **3** delante de: *He puts his work before everything else.* Antepone su trabajo a todo lo demás.

▸ *conj* antes de que: *before he goes on holiday* antes de que se vaya de vacaciones

▸ *adv* antes: *the day/week before* el día/la semana anterior ◇ *I've never seen her before.* No la conozco.

beforehand /bɪˈfɔːhænd/ *adv* de antemano

beg /beg/ (**-gg-**) **1** *vt* ~ **sb to do sth** suplicar a algn que haga algo **2** *vt, vi* ~ **(sb) for sth**; ~ **sth (of sb)** suplicar algo (a/de algn): *I begged him for forgiveness/more time.* Le supliqué que me perdonara/que me diera una prórroga. **3** *vt, vi* ~ **(for sth) (from sb)**; ~ **sth (from sb)** mendigar (algo) (de/a algn): *They had to beg for food from tourists.* Tuvieron que mendigar comida de los turistas. LOC **beg sb's pardon** (*esp GB, formal*) pedir perdón a algn ◆ **I beg your pardon 1** (*formal*) lo siento **2** ¿Cómo ha dicho? **beggar** /ˈbegə(r)/ *n* mendigo, -a **begging** *n* mendicidad

begin 🔑 /bɪˈgɪn/ *vt, vi* (**-nn-**) (*pt* **began** /bɪˈgæn/, *pp* **begun** /bɪˈgʌn/) ~ **(doing sth/to do sth)** empezar (a hacer algo): *Shall I begin?* ¿Empiezo yo? ➲ *Ver nota en* START LOC **to begin with 1** para empezar **2** al principio **beginner** *n* principiante

beginning 🔑 /bɪˈgɪnɪŋ/ *n* **1** comienzo, principio: *at/in the beginning* al principio ◇ *from beginning to end* de principio a fin **2** origen

behalf 🔑 /bɪˈhɑːf; *USA* -ˈhæf/ *n* LOC **on behalf of sb/on sb's behalf** en nombre de algn, de parte de algn

behave 🔑 /bɪˈheɪv/ *vi* **1** ~ **well, badly, etc. (towards sb)** comportarse bien, mal, etc. (con algn) **2** ~ **(yourself)** portarse bien *Ver tb* BADLY BEHAVED, WELL BEHAVED

behaviour 🔑 (*USA* **behavior**) /bɪˈheɪvjə(r)/ *n* comportamiento **behavioural** (*USA* **behavioral**) *adj* de comportamiento, conductual: *children with behavioural difficulties* niños con problemas de comportamiento

behead /bɪˈhed/ *vt* decapitar

behind 🔑 /bɪˈhaɪnd/ *preposición, adverbio, nombre*

🛈 Para los usos de **behind** en PHRASAL VERBS ver las entradas de los verbos correspondientes, p. ej. **stay behind** en STAY.

▸ *prep* **1** detrás de, tras: *I put it behind the fridge.* Lo puse detrás de la nevera. ◇ *What's behind this sudden change?* ¿Qué hay detrás de este cambio repentino? **2** retrasado con respecto a: *behind schedule* retrasado (con respecto a los planes) **3** a favor de

▸ *adv* **1** atrás: *He was shot from behind.* Le dispararon por la espalda. ◇ *to look behind* mirar hacia atrás **2** ~ **(with/in sth)** atrasado (con/en algo)

▸ *n* (*coloq*) trasero

beige /beɪʒ/ *adj, n* beige, beis

B

being /ˈbiːɪŋ/ *n* **1** ser: *human beings* seres humanos **2** existencia LOC **come into being** crearse

belated /bɪˈleɪtɪd/ *adj* tardío

belch /beltʃ/ *verbo, nombre*
▸ *vi* eructar
▸ *n* eructo

belief /bɪˈliːf/ *n* **1** creencia **2 ~ in sth** confianza, fe en algo LOC **beyond belief** increíble ◆ **in the belief that…** confiando en que… *Ver tb* BEST

believable /bɪˈliːvəbl/ *adj* creíble

believe /bɪˈliːv/ *vt, vi* creer: *I believe so.* Creo que sí. LOC **believe it or not** aunque no te lo creas *Ver tb* LEAD[1] PHR V **believe in sb/sth 1** creer en algn/algo **2** tener confianza en algn/algo

believer /bɪˈliːvə(r)/ *n* creyente LOC **be a (great/firm) believer in sth** ser (gran) partiario de algo

bell /bel/ *n* **1** campana, campanilla **2** timbre: *to ring the bell* tocar el timbre LOC *Ver* RING[2]

bellow /ˈbeləʊ/ *verbo, nombre*
▸ **1** *vt, vi* gritar **2** *vi* bramar
▸ *n* **1** bramido **2** grito

ˈ**bell pepper** *n* (*USA*) pimiento

belly /ˈbeli/ *n* (*pl* **bellies**) **1** (*de persona*) barriga **2** (*de animal*) panza

ˈ**belly button** *n* (*coloq*) ombligo

ˈ**belly dancing** *n* danza del vientre

belong /bɪˈlɒŋ; *USA* -ˈlɔːŋ/ *vi* **1 ~ to sb/sth** pertenecer a algn/algo: *Who does this belong to?* ¿De quién es? **2 ~ to sth** ser miembro/socio de algo **3** deber estar: *Where does this belong?* ¿Dónde se pone esto? **belongings** *n* [*pl*] pertenencias

below /bɪˈləʊ/ *preposición, adverbio*
▸ *prep* (por) debajo de, bajo: *five degrees below freezing* cinco grados bajo cero
▸ *adv* (más) abajo: *above and below* arriba y abajo

belt /belt/ *n* **1** cinturón *Ver tb* SEAT BELT **2** (*Mec*) cinta, correa: *conveyor belt* cinta transportadora **3** (*Geog*) zona *Ver tb* GREEN BELT LOC **be below the belt** ser un golpe bajo: *That remark was a bit below the belt.* Ese comentario fue un golpe bajo.

beltway /ˈbeltweɪ/ (*tb* ˈ**outer belt**) *n* (*USA*) ronda, carretera de circunvalación

bemused /bɪˈmjuːzd/ *adj* perplejo

bench /bentʃ/ *n* **1** (*asiento*) banco **2** [*gen pl*] (*GB*) (*Pol*) escaño **3 the bench** [*sing*] la magistratura **4 the bench** [*sing*] (*Dep*) banquillo

benchmark /ˈbentʃmɑːk/ *n* punto de referencia

bend /bend/ *verbo, nombre*
▸ (*pt, pp* **bent** /bent/) **1** *vi* ~ **(down)** agacharse, inclinarse **2** *vt, vi* doblar(se)
▸ *n* **1** curva **2** (*tubería*) codo LOC **round the bend** (*coloq*) chiflado

beneath /bɪˈniːθ/ *preposición, adverbio*
▸ *prep* (*formal*) **1** bajo, debajo de **2** indigno de
▸ *adv* (*formal*) abajo

benefactor /ˈbenɪfæktə(r)/ *n* (*formal*) benefactor, -ora

beneficial /ˌbenɪˈfɪʃl/ *adj* beneficioso, provechoso

benefit /ˈbenɪfɪt/ *nombre, verbo*
▸ *n* **1** beneficio, provecho: *to be of benefit to sb* ser beneficioso para algn **2** subsidio: *unemployment benefit* subsidio de desempleo **3** función benéfica LOC **give sb the benefit of the doubt** conceder a algn el beneficio de la duda
▸ (**-t-** *o* **-tt-**) **1** *vt* beneficiar **2** *vi* ~ **(from/by sth)** beneficiarse, sacar provecho (de algo)

benevolence /bəˈnevələns/ *n* benevolencia

benevolent /bəˈnevələnt/ *adj* **1** (*formal*) benévolo **2** benéfico

benign /bɪˈnaɪn/ *adj* benigno

bent /bent/ *adj* **1** curvado, torcido **2 ~ on sth/on doing sth** empeñado en algo/en hacer algo *Ver tb* BEND

bequeath /bɪˈkwiːð/ *vt* ~ **sth (to sb)** (*formal*) legar algo (a algn)

bequest /bɪˈkwest/ *n* (*formal*) legado

bereaved /bɪˈriːvd/ *adj* (*formal*) afligido por la muerte de un ser querido: *recently bereaved families* familias que acaban de perder a un ser querido **bereavement** *n* pérdida (de un ser querido)

beret /ˈbereɪ; *USA* bəˈreɪ/ *n* boina

Bermuda shorts /bəˌmjuːdə ˈʃɔːts/ *n* [*pl*] bermudas

berry /ˈberi/ *n* (*pl* **berries**) baya

berserk /bəˈzɜːk/ *adj* loco: *to go berserk* ponerse hecho una furia

berth /bɜːθ/ *nombre, verbo*
▸ *n* **1** camarote (*de barco*) **2** litera (*de tren*) **3** (*Náut*) atracadero
▸ *vt, vi* atracar (*un barco*)

beset /bɪˈset/ *vt* (**-tt-**) (*pt, pp* **beset**) (*formal*) acosar: *to be beset by doubts* estar acosado por las dudas

beside /bɪˈsaɪd/ *prep* junto a, al lado de LOC **beside yourself (with sth)** fuera de sí (por algo)

besides /bɪˈsaɪdz/ *preposición, adverbio*
▸ *prep* **1** además de **2** aparte de: *No one writes to me besides you.* Nadie me escribe más que tú.
▸ *adv* además

besiege /bɪˈsiːdʒ/ *vt* **1** asediar **2** acosar

best /best/ *adjetivo, adverbio, nombre*
▸ *adj* (*superl de* **good**) mejor: *the best footballer in the world* el mejor futbolista del mundo ◇ *the best dinner I've ever had* la mejor cena que he comido en mi vida ◇ *my best friend* mi mejor amigo *Ver tb* BETTER, GOOD, NEXT BEST LOC **best before**: *best before January 2013* consumir antes de enero 2013 ◇ *a best-before date of 7 May* una fecha de caducidad del 7 de mayo ◆ **best wishes** saludos: *Best wishes, Ann.* Un fuerte abrazo, Ann. ◇ *Give her my best wishes.* Dale muchos recuerdos. *Ver tb* PART
▸ *adv* (*superl de* **well**) **1** más: *Which one do you like best?* ¿Cuál te gusta más? ◇ *his best-known book* su libro más conocido **2** mejor: *the best-dressed actress* la actriz mejor vestida ◇ *Do as you think best.* Haz lo que te parezca más oportuno. LOC **as best you can** lo mejor que puedas
▸ *n* **the best** [*sing*] el/la/lo mejor: *She's the best by far.* Ella es con mucho la mejor. ◇ *to want the best for sb* querer lo mejor para algn ◇ *We're the best of friends.* Somos excelentes amigos. LOC **all the best** (*coloq*) **1** (buena) suerte **2** (*en cartas*) saludos ◆ **at best** en el mejor de los casos ◆ **be at your/its best** estar algn/algo en su mejor momento ◆ **do/try your best** hacer todo lo posible ◆ **make the best of sth** sacar el máximo partido de algo ◆ **to the best of my, your, etc. knowledge/belief** que yo sepa, tú sepas, etc.

ˌbest ˈman *n* padrino ➲ *Ver nota en* BODA

best-seller /ˌbest ˈselə(r)/ *n* éxito editorial/de ventas **best-selling** *adj* de éxito

bet /bet/ *verbo, nombre*
▸ *vt, vi* (**-tt-**) (*pt, pp* **bet**) **1** apostar **2** (*coloq*): *I bet you he doesn't come.* ¡A que no viene! LOC **I/I'll bet...** (*coloq*) seguro: *'I'll do it.' 'Yeah, I bet!'* —Yo lo hago. —¡Sí, seguro! ◆ **you bet!** (*coloq*) ¡ya lo creo!
▸ *n* apuesta: *to put a bet on sth* apostar por algo

betide /bɪˈtaɪd/ *v* LOC *Ver* WOE

betray /bɪˈtreɪ/ *vt* **1** (*país, principios*) traicionar **2** (*secreto*) revelar **betrayal** *n* traición

better /ˈbetə(r)/ *adjetivo, adverbio, nombre*
▸ *adj* (*comp de* **good**) mejor: *It was better than I expected.* Fue mejor de lo que esperaba. ◇ *to get better* mejorar ◇ *He is much better today.* Hoy está mucho mejor. *Ver tb* GOOD, BEST LOC **be little/no better than...** no ser más que...: *He is no better than a common thief.* No es más que un ladrón cualquiera. ◆ **have seen/known better days** no ser lo que era *Ver tb* ALL, PART
▸ *adv* **1** (*comp de* **well**) mejor: *She sings better than me/than I do.* Canta mejor que yo. **2** más: *I like him better than before.* Me gusta más que antes. LOC **be better off** tener más dinero ◆ **be better off (doing sth)**: *He'd be better off leaving now.* Más le valdría irse ahora. ◇ *She's better off without him.* Está mejor sin él. ◆ **better late than never** (*refrán*) más vale tarde que nunca ◆ **better safe than sorry** (*refrán*) más vale prevenir que curar ◆ **I'd, etc. better do sth** ser mejor que haga, etc. algo: *I'd better be going now.* Será mejor que me vaya ahora. *Ver tb* KNOW, SOON
▸ *n* (algo) mejor: *I expected better of him.* Esperaba más de él. LOC **get the better of sb** vencer a algn: *His shyness got the better of him.* Le venció la timidez.

ˈbetting shop *n* despacho de apuestas

between /bɪˈtwiːn/ *preposición, adverbio*
▸ *prep* entre (*dos cosas/personas*) ➲ *Ver dibujo en* ENTRE
▸ *adv* (*tb* **in beˈtween**) en medio

beware /bɪˈweə(r)/ *vi* [*sólo en infinitivo o imperativo*] ~ **(of sb/sth)** tener cuidado (con algn/algo)

bewilder /bɪˈwɪldə(r)/ *vt* dejar perplejo **bewildered** *adj* perplejo **bewildering** *adj* desconcertante **bewilderment** *n* perplejidad

bewitch /bɪˈwɪtʃ/ *vt* hechizar

beyond /bɪˈjɒnd/ *prep, adv* más allá (de) LOC **be beyond sb** (*coloq*): *It's beyond me.* No lo puedo entender.

bias /ˈbaɪəs/ *n* **1** ~ **towards sb/sth** predisposición a favor de algn/algo **2** ~ **against sb/sth** prejuicios contra algn/algo **3** parcialidad **biased** (*tb* **biassed**) *adj* parcial

bib /bɪb/ *n* babero

bible /ˈbaɪbl/ *n* biblia **biblical** /ˈbɪblɪkl/ *adj* bíblico

bibliography /ˌbɪbliˈɒɡrəfi/ *n* (*pl* **bibliographies**) bibliografía

bicarbonate of soda /baɪˌkɑːbənət əv ˈsəʊdə/ (*tb* **ˌsodium biˈcarbonate**) *n* bicarbonato (de sosa)

biceps /ˈbaɪseps/ *n* (*pl* **biceps**) (*Anat*) bíceps

bicker /ˈbɪkə(r)/ *vi* discutir (*por asuntos triviales*)

bicycle /ˈbaɪsɪkl/ *n* bicicleta: *to ride a bicycle* ir/montar en bicicleta

bid[1] /bɪd/ *verbo, nombre*
▸ (**-dd-**) (*pt, pp* **bid**) **1** *vt, vi* (*subasta*) pujar **2** *vi* (*Econ*) hacer ofertas

▶ *n* **1** (*subasta*) puja **2** (*Econ*) oferta: *a takeover bid* una oferta pública de adquisición **3** intento: *to make a bid for sth* intentar conseguir algo

B

bid[2] /bɪd/ *vt* (**-dd-**) (*pt* **bade** /beɪd, bæd/, *pp* **bidden** /ˈbɪdn/) LOC *Ver* FAREWELL

bidder /ˈbɪdə(r)/ *n* postor, -ora

bide /baɪd/ *vt* LOC **bide your time** esperar el momento oportuno

bidet /ˈbiːdeɪ; *USA* bɪˈdeɪ/ *n* bidé

biennial /baɪˈeniəl/ *adj* bienal

big /bɪg/ *adjetivo, adverbio*

▶ *adj* (**bigger**, **-est**) **1** grande: *the biggest desert in the world* el desierto más grande del mundo

Big y **large** describen el tamaño, la capacidad o la cantidad de algo, pero **big** es menos formal.

2 mayor: *my big sister* mi hermana mayor **3** importante: *a big mistake* un grave error LOC **a big fish/name/noise/shot** un pez gordo ◆ **big business**: *This is big business.* Esto es una mina. ◆ **big deal!** (*coloq*) ¡vaya cosa!

▶ *adv* (**bigger**, **-est**) (*coloq*) a lo grande: *Let's think big.* Vamos a planearlo a lo grande.

bigamy /ˈbɪgəmi/ *n* bigamia

the ˌBig ˈApple *n* (*coloq*) la Gran Manzana (*Nueva York*)

biggie /ˈbɪgi/ *n* (*coloq*) cosa/persona importante

big-head /ˈbɪg hed/ *n* (*coloq*) engreído, -a **big-headed** *adj* (*coloq*) engreído

bigoted /ˈbɪgətɪd/ *adj* intolerante

ˈbig time *nombre, adverbio*

▶ *n* **the big time** (*coloq*) el estrellato: *to make/hit the big time* triunfar

▶ *adv* (*coloq*): *He's messed up big time.* Ha metido la pata hasta el fondo.

the ˌBig ˈWheel *n* la noria (*de feria*)

bike /baɪk/ *n* (*coloq*) **1** bici **2** moto **biker** *n* motorista

bikini /bɪˈkiːni/ *n* (*pl* **bikinis**) biquini

bilingual /ˌbaɪˈlɪŋgwəl/ *adj* bilingüe

bill /bɪl/ *nombre, verbo*

▶ *n* **1** factura: *the gas bill* el recibo del gas ◇ *a bill for 500 euros* una factura de 500 euros **2** (*restaurante*) cuenta: *The bill, please.* La cuenta, por favor. **3** (*USA*) billete: *a ten-dollar bill* un billete de diez dólares **4** proyecto de ley **5** programa **6** pico (*de pájaro*) **7** (*USA*) visera LOC **fill/fit the bill** satisfacer los requisitos *Ver tb* FOOT

▶ *vt* **1** ~ **sb (for sth)** pasar la factura (de algo) a algn **2** anunciar (*en un programa*)

billboard /ˈbɪlbɔːd/ *n* valla publicitaria

billiards /ˈbɪliədz/ *n* [*incontable*] billar (*con tres bolas*): *a billiard ball* una bola de billar ➲ *Ver nota en* BILLAR

billing /ˈbɪlɪŋ/ *n*: *to get top/star billing* encabezar el cartel

billion /ˈbɪljən/ *adj, n* mil millones ➲ *Ver nota en* MILLION *y comparar con* TRILLION

bins

waste-paper basket (*USA* **wastebasket**)

dustbin (*USA* **trash can**)

litter bin (*USA* **trash can**)

wheelie bin

bin /bɪn/ *n* cubo: *litter bin* papelera *Ver tb* WHEELIE BIN

binary /ˈbaɪnəri/ *adj* binario

bind /baɪnd/ *verbo, nombre*

▶ *vt* (*pt, pp* **bound** /baʊnd/) **1** ~ **sb/sth (together)** atar a algn/algo **2** ~ **A and B (together)** unir, ligar A y B **3** ~ **sb (to sth)** obligar a algn (a algo) **4** encuadernar

▶ *n* (*GB, coloq*) **1** lata: *It's a terrible bind.* Es un latazo. **2** apuro: *I'm in a bit of a bind.* Estoy en un apuro.

binder /ˈbaɪndə(r)/ *n* archivador

binding /ˈbaɪndɪŋ/ *adjetivo, nombre*

▶ *adj* ~ **(on/upon sb)** vinculante (para algn)

▶ *n* **1** encuadernación **2** ribete

binge /bɪndʒ/ *nombre, verbo*

▶ *n* (*coloq*) juerga: *binge eating* darse atracones (de comida)

▶ *vi* **1** atracarse de comida **2** emborracharse

bingo /ˈbɪŋgəʊ/ *n* bingo

ˈbin liner (*GB coloq* **ˈbin bag**) *n* bolsa de basura

binman /ˈbɪnmæn/ *n* (*pl* **-men** /-men/) (*GB, coloq*) basurero, -a

binoculars /bɪˈnɒkjələz/ *n* [*pl*] gemelos, prismáticos

biochemical /ˌbaɪəʊˈkemɪkl/ *adj* bioquímico

biochemist /ˌbaɪəʊˈkemɪst/ *n* bioquímico, -a **biochemistry** *n* bioquímica

biodegradable /ˌbaɪəʊdɪˈgreɪdəbl/ *adj* biodegradable

biodiverse /ˌbaɪəʊdaɪˈvɜːs/ *adj* biodiverso

biodiversity /ˌbaɪəʊdaɪˈvɜːsəti/ *n* biodiversidad

biofuel /ˈbaɪəʊfjuːəl/ *n* biocombustible

biographer /baɪˈɒgrəfə(r)/ *n* biógrafo, -a

biographical /ˌbaɪəˈgræfɪkl/ *adj* biográfico

biography /baɪˈɒgrəfi/ *n* (*pl* **biographies**) biografía

biological /baɪəˈlɒdʒɪkl/ *adj* biológico

biologist /baɪˈɒlədʒɪst/ *n* biólogo, -a

biology /baɪˈɒlədʒi/ *n* biología

biotechnology /ˌbaɪəʊtekˈnɒlədʒi/ *n* biotecnología

birch /bɜːtʃ/ (*tb* ˈ**birch tree**) *n* abedul

bird /bɜːd/ *n* ave, pájaro: *bird of prey* ave de rapiña LOC *Ver* EARLY

Biro® /ˈbaɪrəʊ/ *n* (*pl* **Biros**) bolígrafo

birth /bɜːθ/ *n* **1** nacimiento **2** natalidad **3** parto **4** cuna, origen LOC **give birth (to sb/sth)** dar a luz (a algn/algo)

ˈ**birth control** *n* control de natalidad

birthday /ˈbɜːθdeɪ/ *n* cumpleaños: *Happy birthday!* ¡Feliz cumpleaños! ◇ *birthday card* tarjeta de cumpleaños

birthmark /ˈbɜːθmɑːk/ *n* mancha de nacimiento

ˈ**birth mother** *n* madre biológica

birthplace /ˈbɜːθpleɪs/ *n* lugar de nacimiento

biscuit /ˈbɪskɪt/ *n* galleta

bisexual /ˌbaɪˈsekʃuəl/ *adj, n* bisexual

bishop /ˈbɪʃəp/ *n* **1** (*Relig*) obispo **2** (*Ajedrez*) alfil

bison /ˈbaɪsn/ *n* (*pl* **bison**) bisonte

bit /bɪt/ *n* **1 a bit** [*con adjetivo o verbo*] un poco: *a bit tired* un poco cansado **2 a bit** un rato: *See you in a bit.* Nos vemos dentro de un rato. **3** ~ **of sth** trocito, pedacito de algo: *I've got a bit of shopping to do.* Tengo que hacer algunas compras. ◇ *I've got a bit of a headache.* Tengo un ligero dolor de cabeza. **4 a bit** (*coloq*): *It rained quite a bit.* Llovió bastante. ◇ *It's worth a bit.* Vale mucho. **5** (*Informát*) bit **6** bocado (*para un caballo*) **7** broca LOC **a bit much** (*coloq*) demasiado ◆ **bit by bit** poco a poco ◆ **bits and pieces** (*coloq*) cosillas ◆ **do your bit** (*coloq*) hacer tu parte ◆ **not a bit; not one (little) bit** en absoluto: *I don't like it one little bit.* No me gusta nada. ◆ **to bits**: *to pull/tear sth to bits* hacer algo pedazos ◇ *to fall to bits* hacerse pedazos ◇ *to smash (sth) to bits* hacer algo/hacerse añicos ◇ *to take sth to bits* desarmar algo *Ver tb* BITE

bitch /bɪtʃ/ *n* perra ➲ *Ver nota en* PERRO

bite /baɪt/ *verbo, nombre*

▸ (*pt* **bit** /bɪt/, *pp* **bitten** /ˈbɪtn/) **1** *vt, vi* ~ **(sth/into sth)** morder (algo): *to bite your nails* morderse las uñas **2** *vt* (*insecto, serpiente*) picar

▸ *n* **1** mordisco **2** bocado **3** picadura **4 a bite (to eat)** [*sing*] (*coloq*): *How about a bite to eat?* ¿Y si comemos algo? *Ver tb* SOUND BITE

bitter /ˈbɪtə(r)/ *adjetivo, nombre*

▸ *adj* **1** amargo **2** resentido **3** glacial

▸ *n* (*GB*) cerveza amarga ➲ *Ver nota en* CERVEZA

bitterly /ˈbɪtəli/ *adv* amargamente: *It's bitterly cold.* Hace un frío que pela.

bitterness /ˈbɪtənəs/ *n* amargura

bizarre /bɪˈzɑː(r)/ *adj* **1** extraño, raro **2** (*aspecto*) estrafalario

black /blæk/ *adjetivo, nombre, verbo*

▸ *adj* (**blacker**, **-est**) **1** negro: *black belt* cinturón negro ◇ *a black and white film* una película en blanco y negro ◇ *black eye* ojo morado **2** (*cielo, noche*) oscuro **3** (*café, té*) solo, sin leche

▸ *n* **1** negro **2** (*persona*) negro, -a ➲ *Ver nota en* AFRO-CARIBBEAN

▸ *v* PHR V **black out** perder el conocimiento

blackberry /ˈblækbəri; *USA* -beri/ *n* (*pl* **blackberries**) **1** mora **2** zarza

blackbird /ˈblækbɜːd/ *n* mirlo

blackboard /ˈblækbɔːd/ *n* pizarra

blackcurrant /ˈblækkʌrənt, ˌblækˈkʌrənt; *USA* -ˈkɜːr-/ *n* grosella negra

blacken /ˈblækən/ *vt* **1** ennegrecer **2** (*reputación, etc.*) manchar

blacklist /ˈblæklɪst/ *nombre, verbo*

▸ *n* lista negra

▸ *vt* poner en la lista negra

blackmail /ˈblækmeɪl/ *nombre, verbo*

▸ *n* chantaje

▸ *vt* chantajear **blackmailer** *n* chantajista

blackout /ˈblækaʊt/ *n* **1** apagón **2** (*tb* ˈ**news blackout**) bloqueo informativo **3** pérdida de conocimiento/memoria

ˌ**black** ˈ**pudding** *n* morcilla

blacksmith /ˈblæksmɪθ/ *n* herrero, -a

blacktop /ˈblæktɒp/ *n* (*USA*) asfalto

bladder /ˈblædə(r)/ *n* (*Anat*) vejiga

blade /bleɪd/ *n* **1** (*cuchillo, etc.*) hoja **2** (*ventilador*) aspa **3** (*remo*) pala **4** (*hierba*) brizna *Ver tb* RAZOR BLADE, SHOULDER BLADE

blag /blæg/ *vt* (**-gg-**) (*GB, coloq*) conseguir con camelos: *I blagged some tickets for the game.*

Me saqué entradas para el partido por el morro.

B

blame /bleɪm/ *verbo, nombre*
▸ *vt* **1** culpar: *He blames her for it/He blames it on her.* Le echa la culpa a ella. ❶ **Blame sb for sth** significa lo mismo que **blame sth on sb**. **2** [*en frases negativas*]: *You couldn't blame him for being annoyed.* No era de extrañar que se enfadara. LOC **be to blame (for sth)** tener la culpa (de algo)
▸ *n* ~ **(for sth)** culpa (de algo): *to put/lay the blame for sth on sb* echar la culpa de algo a algn

bland /blænd/ *adj* (**blander**, **-est**) soso

blank /blæŋk/ *adjetivo, nombre*
▸ *adj* **1** (*papel, cheque, etc.*) en blanco **2** (*CD, etc.*) virgen **3** (*pared, espacio, etc.*) desnudo **4** (*expresión*) vacío
▸ *n* **1** espacio en blanco **2** (*tb* ˌ**blank** ˈ**cartridge**) bala de fogueo

blanket /ˈblæŋkɪt/ *nombre, adjetivo, verbo*
▸ *n* manta *Ver tb* WET BLANKET
▸ *adj* [*sólo antes de sustantivo*] general, global
▸ *vt* cubrir (*por completo*)

blare /bleə(r)/ *vi* ~ **(out)** sonar a todo volumen

blasphemous /ˈblæsfəməs/ *adj* blasfemo

blasphemy /ˈblæsfəmi/ *n* [*incontable*] blasfemia

blast /blɑːst; *USA* blæst/ *nombre, verbo, interjección*
▸ *n* **1** explosión **2** ráfaga: *a blast of air* una ráfaga de viento **3** onda expansiva LOC *Ver* FULL
▸ *vt* volar (*con explosivos*) PHR V **blast off** (*nave espacial*) despegar
▸ *interj* (*coloq*) ¡maldición! **blasted** *adj* (*coloq*) condenado

blast-off /ˈblɑːst ɒf; *USA* ˈblæst ɔːf/ *n* despegue (*nave espacial*)

blatant /ˈbleɪtnt/ *adj* descarado

blaze /bleɪz/ *verbo, nombre*
▸ *vi* **1** arder **2** brillar **3** *Her eyes were blazing with fury.* Le salían chispas por los ojos de la rabia.
▸ *n* **1** incendio **2** hoguera **3** [*sing*] **a ~ of sth**: *a blaze of colour* una explosión de color ◇ *in a blaze of publicity* con mucha publicidad

blazer /ˈbleɪzə(r)/ *n* blazer: *a school blazer* una americana de uniforme

bleach /bliːtʃ/ *verbo, nombre*
▸ *vt* blanquear
▸ *n* lejía

bleak /bliːk/ *adj* (**bleaker**, **-est**) **1** poco prometedor **2** (*tiempo*) crudo: *a bleak day* un día gris y deprimente **3** (*paisaje*) inhóspito **bleakly** *adv* desoladamente **bleakness** *n* **1** desolación **2** crudeza

bleat /bliːt/ *vi* balar

bleed /bliːd/ *vi* (*pt, pp* **bled** /bled/) sangrar **bleeding** *n* [*incontable*] hemorragia

bleep /bliːp/ *nombre, verbo*
▸ *n* pitido
▸ *vi* emitir pitidos

blemish /ˈblemɪʃ/ *n* mancha

blend /blend/ *verbo, nombre*
▸ *vt, vi* mezclar(se) PHR V **blend in (with sth/sb)** armonizar (con algo), integrarse (con algn) ◆ **blend into sth** integrarse en algo
▸ *n* mezcla

blender /ˈblendə(r)/ *n* licuadora

bless /bles/ *vt* (*pt, pp* **blessed** /blest/) bendecir LOC **be blessed with sth** gozar de algo ◆ **bless you** **1** ¡que Dios te bendiga! **2** ¡Jesús! (*al estornudar*) ➲ *Ver nota en* ¡ACHÍS!

blessed /ˈblesɪd/ *adj* **1** santo **2** bendito **3** (*antic, coloq*): *the whole blessed day* todo el santo día

blessing /ˈblesɪŋ/ *n* **1** bendición **2** [*gen sing*] visto bueno LOC **it's a blessing in disguise** no hay mal que por bien no venga

blew *pt de* BLOW

blind /blaɪnd/ *adjetivo, verbo, nombre*
▸ *adj* ciego: *a blind date* una cita a ciegas ➲ *Ver nota en* CIEGO; *Ver tb* COLOUR-BLIND LOC **turn a blind eye (to sth)** hacer la vista gorda (ante algo)
▸ *vt* **1** cegar **2** (*momentáneamente*) deslumbrar
▸ *n* **1** persiana **2 the blind** [*pl*] los ciegos

blindfold /ˈblaɪndfəʊld/ *nombre, verbo, adjetivo, adverbio*
▸ *n* venda (*en los ojos*)
▸ *vt* vendar los ojos a
▸ *adj, adv* con los ojos vendados

blindly /ˈblaɪndli/ *adv* ciegamente

blindness /ˈblaɪndnəs/ *n* ceguera

ˈ**blind spot** *n* **1** punto débil **2** (*para conductor*) ángulo muerto

bling /blɪŋ/ (*tb* **bling-bling** /ˌblɪŋ ˈblɪŋ/) *nombre, adjetivo*
▸ *n* (*coloq*) bisutería y ropa llamativas
▸ *adj* (*coloq*) llamativo (*por su forma de vestir*)

blink /blɪŋk/ *verbo, nombre*
▸ *vt, vi* ~ **(your eyes)** parpadear
▸ *n* parpadeo

blip /blɪp/ *n* **1** señal luminosa **2** problema momentáneo

bliss /blɪs/ *n* [*incontable*] (una) dicha **blissful** *adj* dichoso

blister /ˈblɪstə(r)/ *n* ampolla

blistering /ˈblɪstərɪŋ/ *adj* **1** (*velocidad*) vertiginoso **2** (*calor*) abrasador

blitz /blɪts/ *n* ~ **(on sth)** campaña (intensiva) (contra algo)

blizzard /ˈblɪzəd/ *n* ventisca (de nieve)

bloated /ˈbləʊtɪd/ *adj* hinchado

blob /blɒb/ *n* gota (*de líquido espeso*)

bloc /blɒk/ *n* (*Pol*) bloque

block /blɒk/ *nombre, verbo*

▸ *n* **1** (*piedra, hielo, etc.*) bloque **2** (*edificios*) manzana, bloque *Ver tb* TOWER BLOCK **3** (*entradas, acciones, etc.*) paquete: *a block booking* una reserva en grupo **4** obstáculo, impedimento: *a mental block* un bloqueo mental LOC *Ver* CHIP

▸ *vt* **1** atascar, bloquear **2** tapar **3** impedir **4** (*Dep*) parar

blockade /blɒˈkeɪd/ *nombre, verbo*

▸ *n* (*Econ, Pol*) bloqueo

▸ *vt* bloquear (*puerto, ciudad, etc.*)

blockage /ˈblɒkɪdʒ/ *n* **1** obstrucción **2** bloqueo **3** atasco

blockbuster /ˈblɒkbʌstə(r)/ *n* superproducción, éxito de taquilla/de ventas

ˌblock ˈcapitals (*tb* **ˌblock ˈletters**) *n* [*pl*] mayúsculas

blog /blɒg/ *n* (*Internet*) (cuaderno de) bitácora

blogosphere /ˈblɒgəsfɪə(r)/ *n* **the blogosphere** [*sing*] (*coloq*) la blogosfera

bloke /bləʊk/ *n* (*GB, coloq*) tío, tipo

blonde /blɒnd/ *adjetivo, nombre*

▸ *adj* (*tb* **blond**) rubio ❶ La variante **blond** se suele usar cuando nos referimos a un hombre. ➲ *Ver tb nota en* RUBIO

▸ *n* rubia

blood /blʌd/ *n* sangre: *blood group* grupo sanguíneo ◇ *blood pressure* presión arterial ◇ *blood test* análisis de sangre LOC *Ver* FLESH

ˈblood clot *n* coágulo

bloodshed /ˈblʌdʃed/ *n* derramamiento de sangre

bloodshot /ˈblʌdʃɒt/ *adj* inyectado en sangre

ˈblood sports *n* [*pl*] caza

bloodstained /ˈblʌdsteɪnd/ *adj* manchado de sangre

bloodstream /ˈblʌdstriːm/ *n* torrente sanguíneo

bloodthirsty /ˈblʌdθɜːsti/ *adj* **1** (*persona*) sanguinario **2** (*película, etc.*) sangriento

bloody[1] /ˈblʌdi/ *adj, adv* (*GB, coloq*): *That bloody car!* ¡Ese maldito coche! ◇ *He's bloody useless!* ¡Es un maldito inútil! ◇ *It's bloody cold!* Hace un frío que pela.

bloody[2] /ˈblʌdi/ *adj* (**bloodier**, **-iest**) **1** (*batalla, etc.*) sangriento **2** ensangrentado, sanguinolento

bloom /bluːm/ *nombre, verbo*

▸ *n* flor

▸ *vi* florecer

blossom /ˈblɒsəm/ *nombre, verbo*

▸ *n* flor (*de árbol frutal*)

▸ *vi* florecer

blot /blɒt/ *verbo, nombre*

▸ *vt* (**-tt-**) **1** secar (*con secante*) **2** (*carta, etc.*) emborronar PHR V **blot sth out 1** (*panorama, luz, etc.*) tapar algo **2** borrar algo de la mente

▸ *n* **1** borrón **2** ~ **(on sth)** mancha (en algo) (*reputación, etc.*)

blotch /blɒtʃ/ *n* mancha (*esp en la piel*) **blotchy** *adj* lleno de manchas

blouse /blaʊz; *USA* blaʊs/ *n* blusa

blow /bləʊ/ *verbo, nombre*

▸ (*pt* **blew** /bluː/, *pp* **blown** /bləʊn/) **1** *vt, vi* soplar **2** *vi* (*movido por el viento*): *to blow shut/open* cerrarse/abrirse de golpe **3** *vt* llevar: *The wind blew us towards the island.* El viento nos llevó hacia la isla. **4** *vi* (*silbato*) sonar **5** *vt* (*silbato*) tocar **6** *vt* ~ **your nose** sonarse (la nariz)

PHR V **blow away** irse volando (llevado por el viento) ◆ **blow sth away** llevarse algo (*el viento*)

blow down venirse abajo (por la fuerza del viento) ◆ **blow sb/sth down** derribar a algn/algo

blow sth out apagar algo soplando

blow over 1 ser derribado por el viento **2** (*tormenta*) pasar **3** (*escándalo*) olvidarse ◆ **blow sb/sth over** derribar a algn/algo

blow up 1 (*bomba, etc.*) explotar **2** (*tormenta, escándalo*) estallar ◆ **blow sth up 1** volar algo **2** inflar algo **3** (*Fot*) ampliar algo **4** (*asunto*) exagerar algo ◆ **blow up (at sb)** (*coloq*) ponerse hecho una furia (con algn)

▸ *n* ~ **(to sb/sth)** golpe (para algn/algo) LOC **a blow-by-blow account, etc.** (*coloq*) un relato, etc. con pelos y señales ◆ **come to blows (over sth)** llegar a las manos (por algo)

blue /bluː/ *adjetivo, nombre*

▸ *adj* **1** azul: *light/dark blue* azul claro/oscuro **2** (*coloq*) triste **3** (*película, chiste*) verde

▸ *n* **1** azul **2 the blues** (*Mús*) el blues **3 the blues** [*pl*] la depre LOC **out of the blue** de repente

blueberry /ˈbluːbəri; *USA* -beri/ *n* (*pl* **blueberries**) arándano

blue-collar /ˌbluː ˈkɒlə(r)/ *adj* manual: *blue-collar workers* obreros ➲ *Comparar con* WHITE-COLLAR

blueprint /ˈbluːprɪnt/ *n* ~ **(for sth)** anteproyecto (de algo)

bluff /blʌf/ *verbo, nombre*

▸ *vi* marcarse/tirarse un farol

▸ *n* fanfarronada

blunder /ˈblʌndə(r)/ *nombre, verbo*

▸ *n* metedura de pata

▸ *vi* meter la pata

B

blunt /blʌnt/ *adjetivo, verbo*
▸ *adj* (**blunter**, **-est**) **1** despuntado **2** romo: *a blunt instrument* un instrumento contundente **3** liso y llano: *to be blunt with sb* hablar a algn sin rodeos **4** (*comentario*) brusco: *To be blunt...* Para serte franco...
▸ *vt* embotar

blur /blɜː(r)/ *nombre, verbo*
▸ *n* imagen borrosa
▸ *vt, vi* (**-rr-**) **1** hacer(se) borroso **2** (*diferencia*) atenuar(se) **blurred** *adj* borroso

blurt /blɜːt/ *v* PHRV **blurt sth out** decir algo (sin pensar)

blush /blʌʃ/ *verbo, nombre*
▸ *vi* sonrojarse
▸ *n* sonrojo

blusher /ˈblʌʃə(r)/ *n* colorete

blustery /ˈblʌstəri/ *adj* ventoso

boar /bɔː(r)/ *n* **1** (*tb* ˌ**wild** ˈ**boar**) jabalí **2** verraco
➲ *Ver nota en* CERDO

board 🔑 /bɔːd/ *nombre, verbo*
▸ *n* **1** tabla: *ironing board* tabla de planchar *Ver tb* DIVING BOARD, DRAINING BOARD, SKIRTING BOARD **2** pizarra **3** *Ver* MESSAGE BOARD, NOTICEBOARD **4** (*Ajedrez, etc.*) tablero: *board games* juegos de mesa **5 the board (of directors)** [*v sing o pl*] la junta directiva **6** (*comida*) pensión: *full/half board* pensión completa/media pensión LOC **above board** lícito, legal ◆ **across the board** en todos los niveles: *a 10% pay increase across the board* un aumento general de sueldo del 10% ◆ **on board** a bordo (de)
▸ **1** *vi* embarcar **2** *vt* subir a PHRV **board sth up** tapar algo con tablas

boarder /ˈbɔːdə(r)/ *n* **1** (*colegio*) interno, -a **2** (*pensión*) huésped, -eda

ˈ**boarding card** (*tb* ˈ**boarding pass**) *n* tarjeta de embarque

ˈ**boarding school** *n* internado

boast /bəʊst/ *verbo, nombre*
▸ **1** *vi* ~ **(about/of sth)** alardear (de algo) **2** *vt* (*formal*) gozar de: *The town boasts a famous museum.* La ciudad cuenta con un museo famoso.
▸ *n* alarde **boastful** *adj* **1** presuntuoso **2** pretencioso

boat 🔑 /bəʊt/ *n* **1** barco: *to go by boat* ir en barco ◇ *a boat trip* una excursión en barco **2** barca: *rowing boat* barca de remos ◇ *boat race* regata **3** buque LOC *Ver* SAME

Boat y **ship** tienen significados muy similares, pero **boat** se suele utilizar para embarcaciones más pequeñas.

bob /bɒb/ *vi* (**-bb-**) ~ **(up and down)** (*en el agua*) cabecear PHRV **bob up** salir a la superficie, aparecer

bobby /ˈbɒbi/ *n* (*pl* **bobbies**) (*GB, coloq, antic*) poli

bobsleigh /ˈbɒbsleɪ/ (*USA* **bobsled** /ˈbɒbsled/) (*tb* **bob**) *n* bobsleigh, trineo (*de carreras*) **bobsleigher** *n* corredor, -ora de bobsleigh

bode /bəʊd/ *v* LOC **bode well/ill (for sb/sth)** (*formal*) ser buena señal/de mal agüero (para algn/algo)

bodice /ˈbɒdɪs/ *n* corpiño

bodily /ˈbɒdɪli/ *adjetivo, adverbio*
▸ *adj* del cuerpo, corporal
▸ *adv* **1** a la fuerza **2** en conjunto

body 🔑 /ˈbɒdi/ *n* (*pl* **bodies**) **1** cuerpo **2** cadáver **3** [*v sing o pl*] grupo: *a government body* un organismo gubernamental **4** conjunto **5** body (*que hace las veces de top*) LOC **body and soul** en cuerpo y alma

ˈ**body bag** *n* bolsa para cadáveres

bodyboard /ˈbɒdibɔːd/ *n* tabla de bodyboard **bodyboarding** *n* bodyboard: *to go bodyboarding* hacer bodyboard

bodybuilding /ˈbɒdibɪldɪŋ/ *n* culturismo

bodyguard /ˈbɒdigɑːd/ *n* **1** guardaespaldas **2** (*grupo*) guardia personal

bodysuit /ˈbɒdisuːt, -sjuːt/ *n* (*USA*) *Ver* BODY (5)

bodywork /ˈbɒdiwɜːk/ *n* [*incontable*] carrocería

bog /bɒg/ *nombre, verbo*
▸ *n* **1** ciénaga **2** (*GB, coloq*) retrete
▸ *v* PHRV **be/get bogged down (in sth)** estancarse (en algo)

bogeyman /ˈbəʊgimæn/ *n* (*pl* **-men** /-men/) (*tb* **bogey, bogy**) coco (*espíritu maligno*)

boggy /ˈbɒgi/ *adj* cenagoso

bog-standard /ˌbɒg ˈstændəd/ *adj* (*GB, coloq*) normalito

bogus /ˈbəʊgəs/ *adj* falso, fraudulento

boil 🔑 /bɔɪl/ *verbo, nombre*
▸ **1** *vt, vi* hervir **2** *vt* cocer (*en agua*): *a boiled egg* un huevo pasado por agua PHRV **boil down to sth** reducirse a algo ◆ **boil over** salirse (al hervir)
▸ *n* **1** *to be on the boil* estar hirviendo **2** forúnculo

boiler /ˈbɔɪlə(r)/ *n* caldera

ˈ**boiler suit** *n* mono (*traje*)

boiling /ˈbɔɪlɪŋ/ *adj* **1** hirviendo: *boiling point* punto de ebullición **2** sofocante: *It's boiling hot today!* ¡Qué calorazo hace hoy!

boisterous /ˈbɔɪstərəs/ *adj* bullicioso, alborotado

bold /bəʊld/ *adj* (**bolder**, **-est**) **1** valiente **2** osado, atrevido **3** bien definido, marcado **4** llamativo **5** (*tipografía*) (en) negrita LOC **be/make so bold (as to do sth)** (*formal*) atreverse (a hacer algo) **boldly** *adv* **1** resueltamente **2** audazmente, atrevidamente **3** marcadamente **boldness** *n* **1** valentía **2** audacia, atrevimiento

Bollywood /ˈbɒliwʊd/ *n* (*coloq*) industria cinematográfica hindú

La palabra **Bollywood** resulta de la combinación de las palabras Bombay (antiguo nombre de la ciudad de Mumbai) y Hollywood.

bolster /ˈbəʊlstə(r)/ *vt* **1** ~ **sth (up)** reforzar algo **2** ~ **sb (up)** alentar a algn

bolt /bəʊlt/ *nombre, verbo*
- *n* **1** cerrojo **2** perno **3** *a bolt of lightning* un rayo
- **1** *vt* cerrar con cerrojo **2** *vt* ~ **A to B**; ~ **A and B together** atornillar A a B **3** *vi* (*caballo*) desbocarse **4** *vi* salir disparado **5** *vt* ~ **sth (down)** engullir algo

bomb /bɒm/ *nombre, verbo*
- *n* **1** bomba: *car bomb* coche bomba ◇ *bomb disposal* desarticulación de bombas ◇ *bomb scare* amenaza de bomba **2 the bomb** [*sing*] la bomba nuclear **3 a bomb** (*GB, coloq*) un dineral LOC **go like a bomb** ir como un rayo
- **1** *vt* bombardear **2** *vt* poner una bomba en (*edificio, etc.*) **3** *vi* ~ **along, down, up, etc.** (*GB, coloq*) ir zumbando

bombard /bɒmˈbɑːd/ *vt* bombardear **bombardment** *n* bombardeo

bomber /ˈbɒmə(r)/ *n* **1** (*avión*) bombardero **2** persona que pone bombas

bombing /ˈbɒmɪŋ/ *n* **1** bombardeo **2** atentado con explosivos

bombshell /ˈbɒmʃel/ *n* bomba, bombazo: *The news came as a bombshell.* La noticia cayó como una bomba.

bond /bɒnd/ *nombre, verbo*
- *n* **1** lazos **2** bono: *Government bonds* bonos del Tesoro **3 bonds** [*pl*] (*formal*) cadenas **4** (*formal*) pacto
- *vt, vi* unir(se)

bone /bəʊn/ *nombre, verbo*
- *n* **1** hueso **2** (*pez*) espina LOC **be a bone of contention** ser la manzana de la discordia ◆ **have a bone to pick with sb** tener una queja sobre algn ◆ **make no bones about sth** no andarse con rodeos en cuanto a algo *Ver tb* WORK
- *vt* deshuesar

bone ˈdry *adj* completamente seco

ˈbone marrow *n* (*Anat*) médula

bonfire /ˈbɒnfaɪə(r)/ *n* hoguera

ˈBonfire Night *n*

El 5 de noviembre se celebra en Gran Bretaña lo que llaman **Bonfire Night** o **Guy Fawkes night**. La gente hace hogueras por la noche y hay fuegos artificiales para recordar aquel 5 de noviembre de 1605 cuando Guy Fawkes intentó quemar el Parlamento.

bonnet /ˈbɒnɪt/ *n* **1** gorrito (*de bebé*) **2** sombrero (*de señora*) **3** capó

bonus /ˈbəʊnəs/ *n* (*pl* **bonuses**) **1** plus: *a productivity bonus* un plus de productividad **2** ventaja añadida

bony /ˈbəʊni/ *adj* **1** huesudo **2** lleno de espinas/huesos **3** óseo

boo /buː/ *interjección, nombre, verbo*
- *interj* ¡bu!
- *n* (*pl* **boos**) abucheo
- *vt, vi* (*pt, pp* **booed** *part pres* **booing**) abuchear

boob /buːb/ *nombre, verbo*
- *n* **1** (*coloq*) patochada **2** (*argot*) teta
- *vi* (*coloq*) meter la pata

ˈboob tube *n* (*GB, coloq*) top palabra de honor

booby prize /ˈbuːbi praɪz/ *n* premio de consolación para el perdedor

booby trap /ˈbuːbi træp/ *n* trampa (explosiva)

book /bʊk/ *nombre, verbo*
- *n* **1** libro: *a phrase book* una guía de conversación ◇ *the phone book* la guía telefónica **2** libreta **3** cuaderno **4 the books** [*pl*] las cuentas: *to do the books* llevar las cuentas LOC **be in sb's bad books**: *I'm in his bad books.* Me ha puesto en su lista negra. ◆ **be in sb's good books** gozar del favor de algn ◆ **do sth by the book** hacer algo según las normas *Ver tb* COOK, LEAF, TRICK
- **1** *vt, vi* reservar, hacer una reserva ➲ *Ver nota en* RESERVATION **2** *vt* contratar **3** *vt* (*coloq*) (*policía*) fichar **4** *vt* (*Dep*) sancionar LOC **be booked up 1** estar sin plazas/entradas **2** (*coloq*) estar ocupado: *I'm booked up.* No tengo ni un hueco en la agenda. PHR V **book in** registrarse (*en un hotel*)

bookcase /ˈbʊkkeɪs/ *n* librería (*mueble*)

booking /ˈbʊkɪŋ/ *n* reserva

ˈbooking office *n* taquilla

booklet /ˈbʊklət/ *n* folleto

bookmaker /ˈbʊkmeɪkə(r)/ (*tb* **bookie** /ˈbʊki/) *n* corredor, -ora de apuestas

bookmark /ˈbʊkmɑːk/ *nombre, verbo*
- *n* **1** marcapáginas **2** (*Internet*) favorito
- *vt* (*Internet*) añadir a (la lista de) favoritos

B

bookseller /ˈbʊkselə(r)/ *n* librero, -a

bookshelf /ˈbʊkʃelf/ *n* (*pl* **-shelves** /-ʃelvz/) estante para libros

bookshop /ˈbʊkʃɒp/ (*USA* **bookstore** /ˈbʊkstɔː(r)/) *n* librería

boom /buːm/ *nombre, verbo*
▸ *n* **1** boom **2** estruendo
▸ *vi* **1** resonar, retumbar **2** *Sales have boomed.* Ha habido un boom de ventas.

boomerang /ˈbuːməræŋ/ *n* bumerán

boost /buːst/ *verbo, nombre*
▸ *vt* **1** (*ventas, confianza*) aumentar **2** (*moral*) levantar
▸ *n* **1** aumento **2** estímulo grato

boot /buːt/ *nombre, verbo*
▸ *n* **1** bota **2** (*coche*) maletero LOC *Ver* TOUGH
▸ **1** *vt* dar una patada a **2** *vt, vi* (*Informát*) ~ **(sth) (up)** arrancar, iniciar (algo) PHR V **boot sb out** (*coloq*) poner a algn de patitas en la calle

booth /buːð; *USA* buːθ/ *n* **1** cabina: *polling/telephone booth* cabina electoral/telefónica ◇ *photo booth* fotomatón **2** caseta

booze /buːz/ *nombre, verbo*
▸ *n* (*coloq*) bebida (alcohólica)
▸ *vi* (*coloq*): *to go out boozing* ir de cogorza

border /ˈbɔːdə(r)/ *nombre, verbo*
▸ *n* **1** frontera: *a border town* una ciudad fronteriza **2** borde, ribete **3** (*en un jardín*) arriate
▸ *vt, vi* ~ **(on) sth** limitar, lindar con algo PHR V **border on sth** rayar en algo

borderline /ˈbɔːdəlaɪn/ *adjetivo, nombre*
▸ *adj*: *a borderline case* un caso dudoso
▸ *n* límite

bore /bɔː(r)/ *verbo, nombre*
▸ *vt* **1** aburrir **2** (*agujero*) hacer (*con taladro*)
▸ *n* **1** (*persona*) pesado, -a **2** rollo, lata **3** (*escopeta*) calibre *Ver tb* BEAR

bored /bɔːd/ *adj* aburrido: *He's bored.* Está aburrido. LOC *Ver* STIFF

boredom /ˈbɔːdəm/ *n* aburrimiento

boring /ˈbɔːrɪŋ/ *adj* aburrido

Compara las dos oraciones: *He's boring.* Es aburrido. ◇ *He's bored.* Está aburrido. Con adjetivos terminados en **-ing**, como *interesting, tiring*, etc., el verbo **be** expresa una cualidad y se traduce por "ser", mientras que con adjetivos terminados en **-ed**, como *interested, tired*, etc., expresa un estado y se traduce por "estar". ➲ *Ver tb nota en* INTERESTING

born /bɔːn/ *verbo, adjetivo*
▸ *v* **be born** nacer: *She was born in Bath.* Nació en Bath. ◇ *He was born blind.* Es ciego de nacimiento.
▸ *adj* **1** [*sólo antes de sustantivo*] nato: *He's a born actor.* Es un actor nato. **2** nacido

born-again /ˌbɔːn əˈgen/ *adj* reconvertido: *a born-again Christian* un cristiano reconvertido

borne *pp de* BEAR

borough /ˈbʌrə; *USA* ˈbɜːrəʊ/ *n* municipio

borrow

She's **lending** her son some money. He's **borrowing** some money from his mother.

borrow /ˈbɒrəʊ/ *vt* ~ **sth (from sb/sth)** pedir (prestado) algo (a algn/algo)

Lo más normal en español es cambiar la estructura, y emplear un verbo como "prestar" o "dejar": *Can I borrow a pen?* ¿Me dejas un bolígrafo?

borrower *n* prestatario, -a **borrowing** *n* crédito: *public sector borrowing* crédito al sector público

bosom /ˈbʊzəm/ *n* pecho, busto

boss /bɒs; *USA* bɔːs/ *nombre, verbo*
▸ *n* (*coloq*) jefe, -a
▸ *vt* ~ **sb about/around** (*pey*) dar órdenes a algn, mangonear a algn **bossy** *adj* (*pey*) mandón

botanical /bəˈtænɪkl/ *adj* botánico

botanist /ˈbɒtənɪst/ *n* botánico, -a

botany /ˈbɒtəni/ *n* botánica

botch /bɒtʃ/ *verbo, nombre*
▸ *vt* ~ **sth (up)** (*coloq*) estropear algo
▸ *n* (*tb* **botch-up** /ˈbɒtʃ ʌp/) (*GB, coloq*) chapuza

both /bəʊθ/ *pron, adj* ambos, -as, los/las dos: *both of us* nosotros dos ◇ *Both of us went./We both went.* Los dos fuimos. LOC **both… and…** a la vez, …y…: *The report is both reliable and* *readable.* El informe es a la vez fiable e interesante. ◇ *He both plays and sings.* Canta y toca. ◇ *both you and me* tanto tú como yo

bother /ˈbɒðə(r)/ *verbo, nombre, interjección*
▸ **1** *vt* molestar ➲ *Comparar con* DISTURB, MOLEST **2** *vt* preocupar: *What's bothering you?* ¿Qué es lo que te preocupa? **3** *vi* ~ **(to do sth)** molestarse (en hacer algo): *He didn't even bother to say thank you.* No se molestó ni siquiera en dar las gracias. **4** *vi* ~ **about sb/sth** preocuparse por algn/algo LOC **I can't be bothered (to do sth)** no me apetece (hacer algo): *I can't be bothered to read it now.* Me da pereza leerlo ahora. ◆ **I'm not bothered** (*esp GB, coloq*) me da igual
▸ *n* molestia
▸ *interj* ¡puñetas!

bottle /ˈbɒtl/ *nombre, verbo*
▸ *n* **1** botella **2** frasco **3** biberón
▸ *vt* **1** embotellar **2** envasar

ˈ**bottle bank** *n* contenedor de vidrio

bottle-opener /ˈbɒtl əʊpnə(r)/ *n* abrebotellas

bottom /ˈbɒtəm/ *nombre, adjetivo*
▸ *n* **1** fondo: *at the bottom of the sea* en el fondo del mar **2** (*colina, página, escaleras*) pie **3** (*calle*) final **4** último: *He's bottom of the class.* Es el último de la clase. **5** (*Anat*) trasero **6** *bikini bottom* braga del biquini ◇ *pyjama bottoms* pantalones de pijama *Ver tb* ROCK BOTTOM LOC **be at the bottom of sth** estar detrás de algo ◆ **get to the bottom of sth** llegar al fondo de algo
▸ *adj* último, de abajo: *the bottom step* el último escalón ◇ *your bottom lip* el labio inferior

bough /baʊ/ *n* rama

bought *pt, pp de* BUY

boulder /ˈbəʊldə(r)/ *n* roca (*grande*)

bounce /baʊns/ *verbo, nombre*
▸ **1** *vt, vi* botar **2** *vi* (*coloq*) (*cheque*) ser devuelto PHR V **bounce back** (*coloq*) recuperarse
▸ *n* bote

bouncer /ˈbaʊnsə(r)/ *n* gorila, matón (*portero*)

bouncy /ˈbaʊnsi/ *adj* **1** (*pelota*) que bota mucho **2** (*persona*) animado

bound /baʊnd/ *adjetivo, nombre, verbo*
▸ *adj* **1** ~ **to do sth**: *You're bound to pass the exam.* Seguro que apruebas el examen. ◇ *It's bound to rain.* Seguro que llueve. **2** obligado (*por la ley o el deber*) **3** ~ **for...** con destino a... LOC **bound up with sth** ligado a algo
▸ *n* salto
▸ *vi* saltar *Ver tb* BIND

boundary /ˈbaʊndri/ *n* (*pl* **boundaries**) límite, frontera

bounds /baʊndz/ *n* [*pl*] límites LOC **out of bounds** prohibido

bouquet /buˈkeɪ/ *n* **1** ramo (*de flores*) **2** buqué

bourgeois /ˈbʊəʒwɑː, bʊəˈʒwɑː/ *adj, n* burgués, -esa

bout /baʊt/ *n* **1** ~ **(of sth)** racha (*de una actividad*) **2** ~ **(of sth)** ataque (*de una enfermedad*) **3** (*Boxeo*) combate

bow¹ /baʊ/ *verbo, nombre*
▸ **1** *vi* inclinarse, hacer una reverencia **2** *vt* (*cabeza*) inclinar, bajar
▸ *n* **1** reverencia **2** (*tb* **bows** [*pl*]) (*Náut*) proa

bow² /bəʊ/ *n* **1** (*Dep, Mús*) arco **2** lazo

bowel /ˈbaʊəl/ *n* **1** (*Anat*) intestino(s) **2** **bowels** [*pl*] (*fig*) entrañas

bowl /bəʊl/ *nombre, verbo*
▸ *n* **1** cuenco

> **Bowl** se usa en muchas formas compuestas, cuya traducción es generalmente una sola palabra: *a fruit bowl* un frutero ◇ *a sugar bowl* un azucarero ◇ *a salad bowl* una ensaladera ◇ *a goldfish bowl* una pecera.

2 plato hondo **3** tazón **4** (*retrete*) taza **5** (*en juego*) bola **6** **bowls** [*incontable*] deporte parecido a la petanca que se juega sobre césped *Ver tb* THE SUPER BOWL
▸ *vt, vi* (*Dep*) lanzar (la pelota)

bowler /ˈbəʊlə(r)/ *n* **1** (*Críquet*) lanzador, -ora **2** (*tb* ˌ**bowler** ˈ**hat**) bombín

bowling /ˈbəʊlɪŋ/ *n* [*incontable*] (juego de) bolos: *bowling alley* bolera

bow tie /ˌbəʊ ˈtaɪ/ *n* pajarita

box /bɒks/ *nombre, verbo*
▸ *n* **1** caja: *a cardboard box* una caja de cartón ➲ *Ver dibujo en* CONTAINER **2** estuche **3** (*Teat*) palco **4** *Ver* WITNESS BOX **5** (*en formularios, etc.*) casilla **6** **the box** [*sing*] (*esp GB, coloq*) la tele *Ver tb* CALL BOX, LETTER BOX, PHONE BOX, WINDOW BOX
▸ **1** *vt, vi* boxear (contra) **2** *vt* ~ **sth (up)** embalar algo

boxer /ˈbɒksə(r)/ *n* **1** boxeador, -ora **2** bóxer

ˈ**boxer shorts** (*tb* **boxers**) *n* [*pl*] calzoncillos (*tipo boxeador*): *a pair of boxer shorts* unos calzoncillos ➲ *Ver nota en* PAIR

boxing /ˈbɒksɪŋ/ *n* boxeo

ˈ**Boxing Day** *n* 26 de diciembre ➲ *Ver nota en* NAVIDAD

ˈ**box lunch** *n* (*USA*) *Ver* PACKED LUNCH

ˈ**box number** *n* apartado de correos

ˈ**box office** *n* taquilla

boy /bɔɪ/ *n* **1** niño: *It's a boy!* ¡Es un niño! ◇ *I've got three children: two boys and one girl.* Tengo tres hijos: dos chicos y una chica.

2 hijo: *his eldest boy* su hijo mayor **3** chico, muchacho: *boys and girls* chicos y chicas

B

boycott /ˈbɔɪkɒt/ *verbo, nombre*
▸ *vt* boicotear
▸ *n* boicot

boyfriend /ˈbɔɪfrend/ *n* novio: *Is he your boyfriend, or just a friend?* ¿Es tu novio o sólo un amigo?

boyhood /ˈbɔɪhʊd/ *n* niñez

boyish /ˈbɔɪɪʃ/ *adj* **1** (*hombre*) juvenil **2** (*mujer*): *She has a boyish figure.* Tiene tipo de muchacho.

bra /brɑː/ *n* sujetador

brace /breɪs/ *nombre, verbo*
▸ *n* **1** (*USA* **braces**) brackets **2 braces** [*pl*] tirantes
▸ *vt* ~ **yourself (for sth)** prepararse (para algo)

bracelet /ˈbreɪslət/ *n* pulsera

bracing /ˈbreɪsɪŋ/ *n* estimulante

bracket /ˈbrækɪt/ *nombre, verbo*
▸ *n* **1** paréntesis: *in brackets* entre paréntesis ◇ *square brackets* corchetes **2** categoría: *the 20-30 age bracket* el grupo de edad de 20 a 30 años **3** soporte (*de estantería*)
▸ *vt* **1** poner entre paréntesis **2** agrupar

brag /bræg/ *vi* (**-gg-**) ~ **(about sth)** fanfarronear (de algo)

braid /breɪd/ *n* (*esp USA*) trenza

brain /breɪn/ *n* **1** cerebro: *a brain tumour* un tumor cerebral **2 brains** [*pl*] sesos **3** mente **4 the brains** [*sing*] el cerebro: *He's the brains of the family.* Es el cerebro de la familia. LOC **have sth on the brain** (*coloq*) tener algo metido en la cabeza *Ver tb* PICK, RACK **brainless** *adj* insensato, estúpido

brainstorming /ˈbreɪnstɔːmɪŋ/ *n* intercambio de ideas: *We had a brainstorming session.* Nos reunimos para intercambiar ideas.

brainwash /ˈbreɪnwɒʃ/ *vt* ~ **sb (into doing sth)** lavar el cerebro a algn (para que haga algo) **brainwashing** *n* [*incontable*] lavado de cerebro

brainwave /ˈbreɪnweɪv/ *n* idea genial

brainy /ˈbreɪni/ *adj* (*coloq*) inteligente

brake /breɪk/ *nombre, verbo*
▸ *n* freno: *to put on/apply the brake(s)* frenar/echar el freno
▸ *vt, vi* frenar: *to brake hard* frenar de golpe

bramble /ˈbræmbl/ *n* zarza

bran /bræn/ *n* salvado

branch /brɑːntʃ; *USA* bræntʃ/ *nombre, verbo*
▸ *n* **1** rama **2** sucursal: *your nearest/local branch* la sucursal más cercana/del barrio
▸ *v* PHR V **branch off** (*camino, carretera*) desviarse, bifurcarse ◆ **branch out (into sth)** extenderse (a algo): *They are branching out into Europe.* Se lanzan ahora al mercado europeo. ◇ *to branch out on your own* establecerse por cuenta propia

brand /brænd/ *nombre, verbo*
▸ *n* **1** (*Econ*) marca (*productos de limpieza, tabaco, ropa, alimentos*): *brand name goods* productos de marca ⊃ *Comparar con* MAKE *n* **2** forma: *a strange brand of humour* un sentido del humor muy peculiar
▸ *vt* **1** ~ **sb (as sth)** calificar a algn (de algo) **2** (*ganado*) marcar

brandish /ˈbrændɪʃ/ *vt* blandir

ˌ**brand** ˈ**new** *adj* completamente nuevo, flamante

brandy /ˈbrændi/ *n* coñac

brash /bræʃ/ *adj* (*pey*) descarado **brashness** *n* desparpajo

brass /brɑːs; *USA* bræs/ *n* **1** latón **2** [*v sing o pl*] (*Mús*) instrumentos de metal

brat /bræt/ *n* mocoso, -a

bravado /brəˈvɑːdəʊ/ *n* bravuconería

brave /breɪv/ *adjetivo, verbo*
▸ *adj* (**braver**, **-est**) valiente LOC **put a brave face on sth** poner al mal tiempo buena cara
▸ *vt* **1** (*peligro, intemperie, etc.*) desafiar **2** (*dificultades*) soportar

brawl /brɔːl/ *n* reyerta

bray /breɪ/ *vi* rebuznar

breach /briːtʃ/ *nombre, verbo*
▸ *n* **1** (*contrato, etc.*) incumplimiento **2** (*ley*) infracción **3** (*seguridad*) fallo: *a breach of confidence/trust* un abuso de confianza **4** (*relaciones*) ruptura
▸ *vt* **1** (*contrato, etc.*) incumplir **2** (*ley*) violar **3** (*muro, defensas*) abrir una brecha en

bread /bred/ *n* [*incontable*] pan: *a slice of bread* una rebanada de pan ◇ *I bought a loaf/two loaves of bread.* Compré un pan/dos panes. ❶ El plural **breads** sólo se usa para referirse a distintos tipos de pan, no a varias piezas de pan.

breadcrumbs /ˈbredkrʌmz/ *n* [*pl*] pan rallado: *fish in breadcrumbs* pescado empanado

breadth /bredθ/ *n* **1** anchura **2** amplitud

break /breɪk/ *verbo, nombre*
▸ (*pt* **broke** /brəʊk/, *pp* **broken** /ˈbrəʊkən/) **1** *vt* romper: *to break sth in two/in half* romper algo en dos/por la mitad ◇ *She's broken her leg.* Se ha roto la pierna. ❶ **Break** no se usa con materiales flexibles, como la tela o el papel. **2** *vi* romperse, hacerse pedazos **3** *vt* (*ley*) violar **4** *vt* (*promesa, palabra*) no cumplir **5** *vt* (*récord*) batir **6** *vt* (*caída*) amortiguar **7** *vt* (*viaje*) inte-

rrumpir **8** *vi* ~ **(for sth)** hacer un descanso (para algo): *Let's break for coffee.* Vamos a parar para tomar un café. **9** *vt* (*voluntad*) quebrantar **10** *vt* (*mala costumbre*) dejar **11** *vt* (*código*) descifrar **12** *vt* (*caja fuerte*) forzar **13** *vi* (*tiempo*) cambiar **14** *vi* (*tormenta, escándalo*) estallar **15** *vi* (*noticia, historia*) hacerse público **16** *vi* (*voz*) quebrarse, cambiar **17** *vi* (*olas*) romper ❶ Para expresiones con **break**, véanse las entradas del sustantivo, adjetivo, etc., p. ej. **break the bank** en BANK.

PHR V **break away (from sth)** separarse (de algo), romper (con algo)

break down 1 (*coche*) averiarse: *We broke down.* Se nos averió el coche. **2** (*máquina*) estropearse **3** (*persona*) venirse abajo: *He broke down and cried.* Rompió a llorar. **4** (*negociaciones*) romperse ◆ **break sth down 1** echar algo abajo **2** suprimir algo **3** (*costes, cifras*) dividir algo

break in entrar (*forzando la entrada, esp para robar*)

break into sth 1 empezar a hacer algo: *to break into a run* echar a correr ◇ *He broke into a cold sweat.* Le dio un sudor frío. **2** (*ladrones*) entrar en algo **3** (*mercado*) introducirse en algo

break off 1 romperse **2** pararse, interrumpirse ◆ **break sth off 1** (*en trozos*) partir algo **2** (*compromiso, etc.*) romper algo

break out 1 estallar, iniciarse **2** (*epidemia, incendio*) declararse **3** llenarse: *I've broken out in spots.* Me he llenado de granos. ◆ **break out (of sth)** escapar (de algo)

break through sth abrirse camino a través de algo

break up 1 desintegrarse **2** (*reunión*) disolverse **3** (*grupo, matrimonio*) separarse, romperse: *She's just broken up with her boyfriend.* Acaba de romper con su novio. **4** *The school breaks up on 20 July.* Las clases terminan el 20 de julio. **5** cortarse (*la conexión telefónica*) ◆ **break sth up 1** (*manifestación, reunión*) disolver algo **2** (*matrimonio*) hacer fracasar algo

▸ *n* **1** descanso: *a coffee break* un descanso para tomar café **2** vacaciones cortas: *a weekend break* una escapada de fin de semana **3** (*tb* ˈ**break time**) (*Educ*) recreo **4** ruptura, cambio: *a break in routine* un cambio de rutina **5** (*coloq*) golpe de suerte **6** rotura, abertura LOC **give sb a break** dar un respiro a algn ◆ **make a break for it** intentar escapar *Ver tb* CLEAN

breakable /ˈbreɪkəbl/ *adj* frágil

breakdown /ˈbreɪkdaʊn/ *n* **1** avería **2** (*salud, etc.*) crisis: *a nervous breakdown* una crisis nerviosa **3** (*estadística*) análisis

ˈ**breakdown lane** *n* (*USA*) arcén

breakfast 🔑 /ˈbrekfəst/ *n* desayuno: *to have breakfast* desayunar *Ver tb* BED AND BREAKFAST, CONTINENTAL BREAKFAST, ENGLISH BREAKFAST

break-in /ˈbreɪk ɪn/ *n* (*pl* **break-ins**) robo

breakthrough /ˈbreɪkθruː/ *n* avance (importante)

breast 🔑 /brest/ *n* seno, pecho (*de mujer*): *breast cancer* cáncer de mama

breastfeed /ˈbrestfiːd/ *vt* (*pt, pp* **breastfed** /-fed/) dar el pecho a

breaststroke /ˈbreststrəʊk/ *n* (estilo) braza: *to do breaststroke* nadar (a) braza

breath 🔑 /breθ/ *n* aliento: *to take a deep breath* respirar a fondo LOC **a breath of fresh air** un soplo de aire fresco ◆ **catch your breath 1** contener la respiración **2** recuperar el aliento ◆ **get your breath back** recuperar el aliento ◆ **out of breath; short of breath** sin aliento ◆ **say sth, speak, etc. under your breath** decir algo, hablar, etc. entre susurros ◆ **take sb's breath away** dejar a algn boquiabierto *Ver tb* HOLD, WASTE

breathalyse (*USA* **breathalyze**) /ˈbreθəlaɪz/ *vt* someter a un test de alcoholemia **breathalyser** (*USA* **Breathalyzer**®) *n* alcoholímetro

breathe 🔑 /briːð/ *vt, vi* respirar LOC **breathe down sb's neck** (*coloq*) estar encima de algn ◆ **breathe (new) life into sth** infundir vida a algo ◆ **not breathe a word (of/about sth) (to sb)** no soltar ni una palabra (de algo) (a algn) PHR V **breathe (sth) in** aspirar (algo) ◆ **breathe (sth) out** espirar (algo)

breathing 🔑 /ˈbriːðɪŋ/ *n* respiración: *heavy breathing* jadeo

breathless /ˈbreθləs/ *adj* jadeante, sin aliento

breathtaking /ˈbreθteɪkɪŋ/ *adj* impresionante, vertiginoso

breed 🔑 /briːd/ *verbo, nombre*

▸ (*pt, pp* **bred** /bred/) **1** *vi* (*animal*) reproducirse **2** *vt* criar (*ganado*) **3** *vt* producir, engendrar: *Dirt breeds disease.* La suciedad produce enfermedad.

▸ *n* raza, casta

ˈ**breeding ground** *n* ~ **(for sth)** (*fig*) caldo de cultivo (para algo)

breeze /briːz/ *n* brisa

brew /bruː/ **1** *vt* (*cerveza*) elaborar **2** *vt, vi* (*té, café*) hacer(se) **3** *vi* prepararse: *Trouble is brewing.* Se está preparando jaleo.

brewery /ˈbruːəri/ *n* (*pl* **breweries**) fábrica de cerveza

bribe /braɪb/ *nombre, verbo*

▸ *n* soborno

▸ *vt* ~ **sb (into doing sth)** sobornar a algn (para que haga algo) **bribery** *n* [*incontable*] cohecho, soborno

B

brick /brɪk/ *nombre, verbo*

▸ *n* ladrillo

▸ *v* PHR V **brick sth in/up** tapiar algo

bricklayer /ˈbrɪkleɪə(r)/ *n* albañil

bride /braɪd/ *n* novia (*en una boda*): *the bride and groom* los novios ➲ *Ver nota en* BODA

bridegroom /ˈbraɪdgruːm/ *n* novio (*en una boda*) ➲ *Ver nota en* BODA

bridesmaid /ˈbraɪdzmeɪd/ *n* dama de honor ➲ *Ver nota en* BODA

bridge /brɪdʒ/ *nombre, verbo*

▸ *n* **1** puente **2** vínculo

▸ *vt* LOC **bridge the gap (between A and B)** acortar la distancia (entre A y B)

bridle /ˈbraɪdl/ *n* brida

brief /briːf/ *adj* (**briefer**, **-est**) breve LOC **in brief** en pocas palabras

briefcase /ˈbriːfkeɪs/ *n* maletín ➲ *Ver dibujo en* BAG

briefing /ˈbriːfɪŋ/ *n* **1** reunión informativa: *a press briefing* una rueda de prensa **2** instrucciones, órdenes

briefly /ˈbriːfli/ *adv* **1** brevemente **2** en pocas palabras

briefs /briːfs/ *n* [*pl*] **1** calzoncillos **2** bragas ➲ *Ver nota en* PAIR

brigade /brɪˈgeɪd/ *n* brigada *Ver tb* FIRE BRIGADE

bright /braɪt/ *adj* (**brighter**, **-est**) **1** brillante, luminoso: *bright eyes* ojos vivos **2** (*color*) vivo **3** (*sonrisa, expresión, carácter*) radiante, alegre **4** listo, inteligente LOC *Ver* LOOK

brighten /ˈbraɪtn/ **1** *vt, vi* hacer(se) más brillante **2** *vi* ~ **(up)** (*día, cielo*) aclarar(se), despejar **3** *vi* ~ **(up)** animarse **4** *vt* ~ **sth (up)** animar algo

brightly /ˈbraɪtli/ *adv* **1** brillantemente **2** *brightly lit* con mucha iluminación ◇ *brightly painted* pintado con colores vivos **3** radiantemente, alegremente

brightness /ˈbraɪtnəs/ *n* **1** brillo, claridad **2** alegría **3** inteligencia

brilliance /ˈbrɪliəns/ *n* **1** brillo, resplandor **2** brillantez

brilliant /ˈbrɪliənt/ *adj* **1** brillante **2** (*coloq*) genial

brim /brɪm/ *n* **1** borde: *full to the brim* lleno hasta el borde **2** ala (*de sombrero*)

bring /brɪŋ/ *vt* (*pt, pp* **brought** /brɔːt/) ➲ *Ver nota en* LLEVAR **1** ~ **sb/sth (with you)** traer a algn/algo (consigo): *Bring a sleeping bag with you.* Tráete un saco de dormir. **2** ~ **sb sth**; ~ **sth for sb** traerle algo a algn: *He always brings me a present./He always brings a present for me.* Siempre me trae un regalo. ➲ *Ver nota en* GIVE **3** llevar: *Can I bring a friend to your party?* ¿Puedo llevar a un amigo a tu fiesta? ➲ *Ver dibujo en* TAKE **4** (*acciones judiciales*) entablar **5** ~ **yourself to do sth**: *I couldn't bring myself to tell her.* No tuve fuerzas para decírselo. ❶ Para expresiones con **bring**, véanse las entradas del sustantivo, adjetivo, etc., p. ej. **bring sth home to sb** en HOME.

PHR V **bring sth about** provocar algo

bring sb around = BRING SB ROUND

bring sth back 1 devolver algo **2** traer algo a la memoria **3** restaurar algo

bring sth down 1 derribar, derrocar algo **2** (*inflación, etc.*) reducir, bajar algo

bring sth forward adelantar algo

bring sth in introducir algo (*ley*)

bring sth off lograr algo (*difícil*)

bring sth on provocar algo ◆ **bring sth on yourself** buscarse algo

bring sth out 1 (*producto*) sacar, lanzar algo **2** publicar algo **3** realzar algo

bring sb round hacer que algn vuelva en sí ◆ **bring sb round (to sth)** convencer a algn (de algo)

bring sb to hacer que algn vuelva en sí

bring sb/sth together reconciliar, unir a algn/algo

bring sb up criar a algn: *She was brought up by her grandparents.* La criaron sus abuelos. ◆ **bring sth up 1** sacar algo a colación **2** vomitar algo

brink /brɪŋk/ *n* **the** ~ **(of sth)** el borde (de algo): *on the brink of war* al borde de la guerra

brisk /brɪsk/ *adj* (**brisker**) **1** (*paso*) enérgico **2** (*negocio*) activo

Brit /brɪt/ *n* (*coloq*) británico, -a

British /ˈbrɪtɪʃ/ *adj* británico

> El adjetivo **British** se usa para hablar de la gente de Gran Bretaña, es decir, Inglaterra, Escocia, Gales e Irlanda del Norte. **English** sólo se utiliza para referirse a los habitantes de Inglaterra, mientras que el sustantivo **Briton** sólo se usa en los periódicos.

brittle /ˈbrɪtl/ *adj* **1** quebradizo **2** frágil

broach /brəʊtʃ/ *vt* abordar

broad /brɔːd/ *adj* (**broader**, **-est**) **1** ancho

> Para referirnos a la distancia entre los dos extremos de algo es más corriente utilizar **wide**: *The bridge is eight metres wide.* El puente tiene ocho metros de ancho. **Broad** se

utiliza para referirnos a características geográficas: *a broad expanse of desert* una amplia extensión de desierto, y también en frases como: *broad shoulders* espalda ancha ◇ *a broad smile* una sonrisa amplia.

2 amplio, general: *in the broadest sense of the word* en el sentido más amplio de la palabra **LOC in broad daylight** en pleno día

broadband /ˈbrɔːdbænd/ *n* (*Informát*) banda ancha, ADSL

ˌbroad ˈbean *n* haba

broadcast /ˈbrɔːdkɑːst; *USA* -kæst/ *verbo, nombre*

▸ (*pt, pp* **broadcast**) **1** *vt, vi* (*TV, Radio*) retransmitir, emitir (programas) **2** *vt* (*opinión, etc.*) propagar

▸ *n* transmisión: *a party political broadcast* un espacio electoral

broaden /ˈbrɔːdn/ *vt, vi* ensanchar(se)

broadly /ˈbrɔːdli/ *adv* **1** en general: *broadly speaking* hablando en términos generales **2** *smiling broadly* con una amplia sonrisa

broad-minded /ˌbrɔːd ˈmaɪndɪd/ *adj* de talante liberal, con mentalidad abierta

broadsheet /ˈbrɔːdʃiːt/ *n* periódico de gran formato

En Gran Bretaña el término **broadsheet** se refiere a los periódicos serios, mientras que los **tabloids** son diarios de corte sensacionalista, con artículos cortos y muchas noticias sobre los famosos.

broccoli /ˈbrɒkəli/ *n* [*incontable*] brécol

brochure /ˈbrəʊʃə(r); *USA* brəʊˈʃʊər/ *n* folleto (*esp de viajes o publicidad*)

broke /brəʊk/ *adj* (*coloq*) sin blanca **LOC go broke** quebrar (*negocio*) *Ver tb* BREAK

broken /ˈbrəʊkən/ *adj* **1** roto **2** fracasado, destrozado: *a broken marriage* un matrimonio fracasado ◇ *a broken home* una familia desestructurada *Ver tb* BREAK

broken-hearted /ˌbrəʊkən ˈhɑːtɪd/ *adj*: *to be broken-hearted* tener el corazón destrozado

broker /ˈbrəʊkə(r)/ *n Ver* STOCKBROKER

brolly /ˈbrɒli/ *n* (*pl* **brollies**) (*GB, coloq*) paraguas

bronchiole /ˈbrɒŋkɪəʊl/ *n* (*Anat*) bronquíolo

bronchitis /brɒŋˈkaɪtɪs/ *n* [*incontable*] bronquitis: *to catch bronchitis* coger una bronquitis

bronchus /ˈbrɒŋkəs/ *n* (*pl* **bronchi** /-kaɪ/) (*Anat*) bronquio

bronze /brɒnz/ *n* **1** bronce **2** color bronce

brooch /brəʊtʃ/ *n* broche ➲ *Ver dibujo en* PIN

brood /bruːd/ *vi* ~ **(over/on/about sth)** dar vueltas a algo

brook /brʊk/ *n* arroyo

broom /bruːm/ *n* **1** escoba ➲ *Ver dibujo en* BRUSH **2** (*Bot*) retama

broomstick /ˈbruːmstɪk/ *n* palo de escoba

broth /brɒθ; *USA* brɔːθ/ *n* caldo

brother /ˈbrʌðə(r)/ *n* hermano: *Does she have any brothers or sisters?* ¿Tiene hermanos? ◇ *Brother Luke* el Hermano Luke **brotherhood** *n* **1** hermandad **2** cofradía

brother-in-law /ˈbrʌðər ɪn lɔː/ *n* (*pl* **brothers-in-law**) cuñado

brotherly /ˈbrʌðəli/ *adj* fraternal

brought *pt, pp de* BRING

brow /braʊ/ *n* **1** (*Anat*) frente ❶ La palabra más normal es **forehead**. **2** *Ver* EYEBROW **3** (*colina*) cima

brown /braʊn/ *adjetivo, nombre, verbo*

▸ *adj* (**browner**, **-est**) **1** marrón **2** (*pelo*) castaño **3** (*piel, azúcar*) moreno **4** (*oso*) pardo **5** *brown bread/rice* pan/arroz integral ◇ *brown paper* papel de embalar

▸ *n* marrón

▸ *vt, vi* dorar(se)

brownie /ˈbraʊni/ *n* **1** bizcocho de chocolate y, a veces, nueces **2 Brownie** niña exploradora

browse /braʊz/ **1** *vt, vi* (*en una tienda, en Internet*) curiosear **2** *vi* pacer **PHRV browse through sth** (*publicación*) hojear algo

browser /ˈbraʊzə(r)/ *n* (*Internet*) navegador

bruise /bruːz/ *verbo, nombre*

▸ *vt, vi* magullar(se)

▸ *n* **1** moratón **2** (*fruta*) golpe **bruising** *n* [*incontable*]: *He had a lot of bruising.* Tenía muchas magulladuras.

brush /brʌʃ/ *nombre, verbo*

▸ *n* **1** cepillo **2** pincel, brocha **3** escobón ➲ *Ver dibujo en pág 440* **4** cepillado **5** ~ **with sb/sth** roce con algn/algo

▸ *vt* cepillar: *to brush your hair/teeth* cepillarse el pelo/los dientes **PHRV brush against sb/sth** rozar a algn/algo ◆ **brush sth aside** hacer caso omiso de algo ◆ **brush by/past sb/sth** pasar rozando a algn/algo ◆ **brush sth up; brush up on sth** dar un repaso a algo (*idioma, etc.*)

brusque /bruːsk, brʊsk; *USA* brʌsk/ *adj* brusco (*comportamiento, voz*)

Brussels sprout /ˌbrʌslz ˈspraʊt/ (*tb* **ˌBrussel ˈsprout**) *n* col de Bruselas

brutal /ˈbruːtl/ *adj* brutal **brutality** /bruːˈtæləti/ *n* (*pl* **brutalities**) brutalidad

brute /bruːt/ *nombre, adjetivo*

▸ *n* **1** bruto, -a **2** bestia

brushes

dustpan **brush** **nail brush**

broom **hairbrush** **paintbrushes** **toothbrush**

▸ *adj* bruto **brutish** *adj* brutal

btw *abrev de* **by the way** por cierto

bubble 🔑 /ˈbʌbl/ *nombre, verbo*
▸ *n* **1** burbuja **2** pompa: *to blow bubbles* hacer pompas
▸ *vi* **1** borbotear **2** burbujear

ˈ**bubble bath** *n* espuma para baño

bubblegum /ˈbʌblgʌm/ *n* [*incontable*] chicle (*que hace globos*)

bubbly /ˈbʌbli/ *adj* **1** burbujeante, efervescente **2** (*persona*) saleroso

buck /bʌk/ *nombre, verbo*
▸ *n* **1** (*esp USA, coloq*) dólar: *This is going to cost big bucks!* ¡Nos va a costar un montón de pasta! **2** macho (*de ciervo, conejo*) ➲ *Ver notas en* CIERVO *y* CONEJO LOC **the buck stops here** yo soy el último responsable ◆ **make a fast/quick buck** (*coloq*) hacer tu agosto
▸ **1** *vi* dar brincos **2** *vt* (*coloq*) oponerse a: *to buck the trend* ir contra la corriente PHR V **buck sb up** (*GB, coloq*) animar a algn

bucket /ˈbʌkɪt/ *n* cubo LOC *Ver* KICK

buckle /ˈbʌkl/ *verbo, nombre*
▸ **1** *vt* ~ **sth (on/up)** abrochar algo **2** *vt, vi* (*metal*) deformar(se) **3** *vi* (*piernas*) doblarse
▸ *n* hebilla

buck ˈ**naked** *adj* (*USA, coloq*) en cueros

bud /bʌd/ *n* **1** capullo (*de flor*) **2** yema (*en rama*)

Buddhism /ˈbʊdɪzəm/ *n* budismo **Buddhist** *adj, n* budista

budding /ˈbʌdɪŋ/ *adj* en ciernes

buddy /ˈbʌdi/ *n* (*pl* **buddies**) (*esp USA, coloq*) colega (*amiguete*)

budge /bʌdʒ/ **1** *vt, vi* mover(se) **2** *vi* (*opinión*) ceder

budgerigar /ˈbʌdʒərigɑː(r)/ (*coloq* **budgie** /ˈbʌdʒi/) *n* periquito

budget 🔑 /ˈbʌdʒɪt/ *nombre, verbo*
▸ *n* **1** presupuesto **2** (*Pol*) presupuestos generales: *a budget deficit* un déficit presupuestario
▸ **1** *vt* hacer los presupuestos para **2** *vi* (*gastos*) planificarse **3** *vi* ~ **for sth** contar con algo **budgetary** /ˈbʌdʒɪtəri; *USA* -teri/ *adj* presupuestario

buff /bʌf/ *nombre, adjetivo*
▸ *n* **1** entusiasta: *a film buff* un entusiasta del cine **2** beige
▸ *adj* beige

buffalo /ˈbʌfələʊ/ *n* (*pl* **buffalo** *o* **buffaloes**) **1** búfalo **2** bisonte (americano)

buffer /ˈbʌfə(r)/ *n* amortiguador

buffet¹ /ˈbʊfeɪ; *USA* bəˈfeɪ/ *n* **1** bufé **2** cafetería: *buffet car* coche bar/restaurante

buffet² /ˈbʌfɪt/ *vt* zarandear **buffeting** *n* zarandeo

bug /bʌg/ *nombre, verbo*
▸ *n* **1** (*esp USA*) bicho **2** (*coloq*) virus, infección **3** (*coloq*) micrófono oculto **4** (*Informát*) error de programación
▸ *vt* (**-gg-**) **1** (*teléfono*) pinchar **2** (*casa*) poner un micrófono escondido en **3** escuchar mediante un micrófono oculto **4** (*coloq*) sacar de quicio

buggy /ˈbʌgi/ *n* (*pl* **buggies**) **1** buggy (*de golf, playa, etc.*) **2** silla de paseo

build 🔑 /bɪld/ *vt* (*pt, pp* **built** /bɪlt/) **1** construir **2** crear, producir *Ver tb* WELL BUILT PHR V **build sth in 1** incorporar algo **2** (*mueble*) empotrar algo ◆ **build on sth** aprovechar algo (*para progresar*) ◆ **build up** aumentar, acumularse ◆ **build sb/sth up** poner a algn/algo muy bien ◆ **build sth up 1** (*colección*) acumular algo **2** (*negocio*) levantar algo

builder /ˈbɪldə(r)/ *n* **1** constructor, -ora **2** albañil

building 🔑 /ˈbɪldɪŋ/ *n* **1** edificio **2** construcción

ˈ**building site** *n* **1** solar **2** obra (*de construcción*)

ˈ**building society** *n* (*pl* **building societies**) banco hipotecario

build-up /ˈbɪld ʌp/ *n* [*gen sing*] **1** aumento gradual, acumulación **2** ~ **(to sth)** preparación (para algo) **3** *The film has had a huge build-up.* La película ha recibido muchísima publicidad.

built *pt, pp de* BUILD

built-in /ˌbɪlt ˈɪn/ *adj* [*sólo antes de sustantivo*] **1** (*mueble*) empotrado **2** (*flash, etc.*) incorporado

built-up /ˌbɪlt ˈʌp/ *adj* edificado: *built-up areas* zonas edificadas

bulb /bʌlb/ *n* **1** (*tb* ˈ**light bulb**) bombilla **2** (*Bot*) bulbo

bulge /bʌldʒ/ *verbo, nombre*
▸ *vi* **1** ~ **(with sth)** rebosar (de algo) **2** abombarse
▸ *n* **1** bulto **2** aumento (transitorio)

bulimia /buˈlɪmiə/ *n* bulimia **bulimic** *adj, n* bulímico, -a

bulk /bʌlk/ *n* **1 the bulk (of sth)** la mayor parte (de algo) **2** volumen: *bulk buying* compra al por mayor **3** mole LOC **in bulk 1** al por mayor **2** a granel **bulky** *adj* (**bulkier, -iest**) voluminoso

bull /bʊl/ *n* toro

bulldoze /ˈbʊldəʊz/ *vt* **1** (*con excavadora*) aplanar **2** derribar

bulldozer /ˈbʊldəʊzə(r)/ *n* buldózer

bullet /ˈbʊlɪt/ *n* bala

bulletin /ˈbʊlətɪn/ *n* **1** boletín: *news bulletin* boletín de noticias **2** (*declaración*) parte

ˈ**bulletin board** *n* (*USA*) tablón de anuncios

bulletproof /ˈbʊlɪtpruːf/ *adj* antibalas

bullfight /ˈbʊlfaɪt/ *n* corrida de toros **bullfighter** *n* torero, -a **bullfighting** *n* toreo

bullion /ˈbʊliən/ *n* oro/plata (*en lingotes*)

bullring /ˈbʊlrɪŋ/ *n* plaza de toros

bullseye /ˈbʊlzaɪ/ *n* (centro del) blanco

bully /ˈbʊli/ *nombre, verbo*
▸ *n* (*pl* **bullies**) acosador, -ora, matón, -ona (*sobre todo en la escuela*)
▸ *vt* (*pt, pp* **bullied**) meterse con, intimidar **bullying** *n* [*incontable*] intimidación escolar

bum /bʌm/ *nombre, verbo*
▸ *n* (*coloq*) **1** (*GB*) culo **2** (*USA*) vagabundo, -a
▸ *v* (**-mm-**) PHR V **bum around** (*coloq*) vagabundear

bumbag /ˈbʌmbæg/ *n* riñonera ➲ *Ver dibujo en* BAG

bumblebee /ˈbʌmblbiː/ *n* abejorro

bummer /ˈbʌmə(r)/ *n* [*sing*] (*coloq*) latazo, rollo

bump /bʌmp/ *verbo, nombre*
▸ **1** *vi* ~ **against/into sb/sth** darse con algn/algo **2** *vt* ~ **sth (against/on sth)** dar(se) con algo (contra/en algo) PHR V **bump into sb** toparse con algn ◆ **bump sb off** (*coloq*) cargarse a algn ◆ **bump sth up** (*coloq*) aumentar, subir algo
▸ *n* **1** golpe **2** sacudida **3** (*Anat*) chichón **4** bache **5** abolladura

bumper /ˈbʌmpə(r)/ *nombre, adjetivo*
▸ *n* parachoques
▸ *adj* abundante: *a bumper year* un año excepcional

ˈ**bumper car** *n* auto de choque

bumpy /ˈbʌmpi/ *adj* (**bumpier, -iest**) **1** (*superficie*) desigual **2** (*carretera*) accidentado **3** (*viaje*) agitado

bun /bʌn/ *n* **1** bollo (dulce) *Ver tb* HOT CROSS BUN **2** panecillo: *burger bun* pan para hamburguesas **3** moño

bunch /bʌntʃ/ *nombre, verbo*
▸ *n* **1** racimo (*de uvas, plátanos*) **2** ramo (*de flores*) **3** manojo (*de hierbas, llaves*) **4** [*sing*] (*coloq*) grupo: *They're a great bunch of kids.* Son un grupo de chavales estupendos. ◇ *What a bunch of idiots!* ¡Qué panda de idiotas! **5** [*sing*] **a ~ (of sth)** (*esp USA, coloq*) un montón (de algo)
▸ *vt, vi* agrupar(se), apiñar(se)

bundle /ˈbʌndl/ *nombre, verbo*
▸ *n* **1** (*ropa, papeles*) fardo **2** haz **3** (*billetes*) fajo
▸ *vt* ~ **sth (together/up)** empaquetar algo

bung /bʌŋ/ *verbo, nombre*
▸ *vt* **1** (*GB, coloq*) poner: *Bung your stuff in the car.* Mete tus cosas en el coche. **2** taponar
▸ *n* tapón

bungalow /ˈbʌŋgələʊ/ *n* bungalow ➲ *Ver nota en* CASA

bungee jump /ˈbʌndʒi dʒʌmp/ *n* salto con cuerda elástica ➲ *Ver nota en* PUENTING

bungee jumping /ˈbʌndʒi dʒʌmpɪŋ/ *n* bungee, puenting ➲ *Ver nota en* PUENTING

bungle /ˈbʌŋgl/ *vt* echar a perder

bunk /bʌŋk/ *nombre, verbo*
▸ *n* **1** (*en barco*) litera **2** (*tb* ˈ**bunk bed**) (*en casa*) litera LOC **do a bunk** (*GB, coloq*) pirárselas
▸ *v* PHR V **bunk off (sth)** (*GB, coloq*) pirarse (de algo)

bunny /ˈbʌni/ *n* (*pl* **bunnies**) (*tb* ˈ**bunny rabbit**) conejito ➲ *Ver nota en* CONEJO

bunting /ˈbʌntɪŋ/ *n* [*incontable*] banderolas

buoy /bɔɪ; *USA tb* ˈbuːi/ *nombre, verbo*
▸ *n* boya
▸ *v* PHR V **buoy sb up** animar a algn ◆ **buoy sth up** mantener algo a flote

buoyant /ˈbɔɪənt; *USA* ˈbuːjənt/ *adj* (*economía*) boyante

burden /ˈbɜːdn/ *nombre, verbo*
▸ *n* **1** carga **2** peso
▸ *vt* **1** cargar **2** agobiar

bureau /ˈbjʊərəʊ/ *n* (*pl* **bureaux** *o* **bureaus** /-rəʊz/) **1** (*GB*) escritorio **2** (*USA*) cómoda **3** agencia: *travel bureau* agencia de viajes **4** (*USA*) (*Pol*) departamento (de gobierno)

B

bureaucracy /bjʊəˈrɒkrəsi/ *n* (*pl* **bureaucracies**) burocracia **bureaucrat** /ˈbjʊərəkræt/ *n* burócrata **bureaucratic** /ˌbjʊərəˈkrætɪk/ *adj* burocrático

burger /ˈbɜːɡə(r)/ *n* hamburguesa

La palabra **burger** se usa mucho en compuestos como *cheeseburger* y *veggie burger* (hamburguesa vegetariana).

burglar /ˈbɜːɡlə(r)/ *n* ladrón, -ona: *burglar alarm* alarma antirrobo ➲ *Ver nota en* THIEF **burglary** *n* (*pl* **burglaries**) robo (*en una casa*) ➲ *Ver nota en* THEFT **burgle** (*USA* **burglarize**) *vt* robar en ➲ *Ver nota en* ROB

burial /ˈberiəl/ *n* entierro

burly /ˈbɜːli/ *adj* fornido

burn ⚷ /bɜːn/ *verbo, nombre*
▸ (*pt, pp* **burnt** /bɜːnt/ *o* **burned**) ➲ *Ver nota en* DREAM **1** *vt, vi* quemar: *to be badly burnt* sufrir graves quemaduras **2** *vi* arder: *a burning building* un edificio en llamas **3** *vt*: *The boiler burns oil.* La caldera funciona con petróleo. **4** *vi* (*ojos, herida*) escocer **5** *vi* (*luz, etc.*): *He left the lamp burning.* Dejó la lámpara encendida. **6** *vt* (*CD, DVD*) grabar **7** *vi* ~ **for sth/to do sth** arder en deseos de algo/de hacer algo
▸ *n* quemadura

burner /ˈbɜːnə(r)/ *n* **1** (*en cocina*) quemador **2** *CD/DVD burner* grabadora de CD/DVD

burning /ˈbɜːnɪŋ/ *adj* **1** ardiente **2** (*vergüenza*) intenso **3** (*tema*) candente

burnt ⚷ /bɜːnt/ *adj* quemado *Ver tb* BURN

burp /bɜːp/ *verbo, nombre*
▸ *vi* eructar
▸ *n* eructo

burrow /ˈbʌrəʊ; *USA* ˈbɜːrəʊ/ *nombre, verbo*
▸ *n* madriguera
▸ *vt* excavar

burst ⚷ /bɜːst/ *verbo, nombre*
▸ *vt, vi* (*pt, pp* **burst**) **1** reventar(se) **2** explotar: *The river burst its banks.* El río se desbordó. LOC **be bursting to do sth** reventar por hacer algo ◆ **burst open** abrirse de golpe ◆ **burst out laughing** echar(se) a reír PHR V **burst into sth 1** (*tb* **burst in**): *to burst into a room* irrumpir en un cuarto **2** *to burst into tears* romper a llorar ◇ *to burst into flames* incendiarse ◆ **burst out** salir de golpe (*de un cuarto*)
▸ *n* **1** (*ira, etc.*) arranque **2** (*disparos*) ráfaga **3** (*aplausos*) salva

bury ⚷ /ˈberi/ *vt* (*pt, pp* **buried**) **1** enterrar **2** sepultar **3** (*cuchillo, etc.*) clavar **4** *She buried her face in her hands.* Ocultó la cara en las manos.

bus ⚷ /bʌs/ *n* (*pl* **buses**) autobús: *bus driver/conductor* conductor/cobrador de autobús ◇ *bus stop* parada de autobús ◇ *bus lane* carril bus

bush ⚷ /bʊʃ/ *n* **1** arbusto: *a rose bush* un rosal **2 the bush** [*sing*] el monte LOC *Ver* BEAT

bushwalking /ˈbʊʃwɔːkɪŋ/ *n* excursionismo (*en Australia*)

bushy /ˈbʊʃi/ *adj* **1** (*barba*) poblado **2** (*rabo*) peludo **3** (*planta*) frondoso

busily /ˈbɪzɪli/ *adv* afanosamente

business ⚷ /ˈbɪznəs/ *n* **1** [*incontable*] negocios: *business trip* viaje de negocios ◇ *business card* tarjeta de visita ◇ *business studies* ciencias empresariales **2** negocio, empresa **3** [*incontable*] asunto: *It's none of your business!* ¡No es asunto tuyo! **4** [*incontable*] (*en una reunión*) asuntos (a tratar): *any other business* ruegos y preguntas *Ver tb* SHOW BUSINESS LOC **business before pleasure** primero es la obligación que la devoción ◆ **do business with sb** hacer negocios con algn ◆ **get down to business** ir al grano ◆ **go out of business** quebrar ◆ **have no business doing sth** no tener derecho a hacer algo ◆ **on business** en viaje de negocios *Ver tb* BIG, MEAN, MIND

businesslike /ˈbɪznəslaɪk/ *adj* **1** formal **2** sistemático

businessman ⚷ /ˈbɪznəsmæn, -mən/ *n* (*pl* **-men** /-mən/) hombre de negocios

businesswoman ⚷ /ˈbɪznəswʊmən/ *n* (*pl* **-women** /-wɪmɪn/) mujer de negocios

busk /bʌsk/ *vi* tocar música en un lugar público **busker** *n* músico callejero

bust /bʌst/ *verbo, nombre, adjetivo*
▸ *vt, vi* (*pt, pp* **bust** *o* **busted**) (*coloq*) romper(se) ➲ *Ver nota en* DREAM
▸ *n* **1** (*escultura*) busto **2** (*Anat*) pecho
▸ *adj* (*coloq*) roto LOC **go bust** ir a la quiebra

bustle /ˈbʌsl/ *verbo, nombre*
▸ *vi* ~ **(about/around)** trajinar
▸ *n* bullicio, ajetreo LOC *Ver* HUSTLE **bustling** *adj* bullicioso

busy ⚷ /ˈbɪzi/ *adjetivo, verbo*
▸ *adj* (**busier**, **-iest**) **1** ~ **(with sth/sb)**; ~ **(doing sth)** ocupado (con algo/algn), ocupado (haciendo algo) **2** (*sitio*) concurrido **3** (*temporada*) de mucha actividad **4** (*programa*) apretado **5** (*USA*): *The line is busy.* Está comunicando.
▸ *vt* (*pt, pp* **busied**) ~ **yourself with sth/doing sth** ocuparse con algo/haciendo algo

busybody /ˈbɪzibɒdi/ *n* (*pl* **busybodies**) entrometido, -a

but 🔑 /bʌt, bət/ *conjunción, preposición*
▸ *conj* **1** pero **2** sino: *Not only him but me too.* No sólo él, sino yo también. ◇ *What could I do but cry?* ¿Qué podía hacer sino llorar? LOC **but for sb/sth** de no haber sido por algn/algo
▸ *prep* excepto: *nobody but you* sólo tú ◇ *the last but one* el penúltimo

butane /ˈbjuːteɪn/ *n* butano

butcher /ˈbʊtʃə(r)/ *nombre, verbo*
▸ *n* **1** carnicero, -a **2 butcher's** carnicería ➲ *Ver nota en* CARNICERÍA
▸ *vt* **1** (*animal*) matar **2** (*persona*) matar brutalmente

butler /ˈbʌtlə(r)/ *n* mayordomo

butt /bʌt/ *nombre, verbo*
▸ *n* **1** culata **2** (*de cigarrillo*) colilla **3** tonel **4** aljibe **5** (*USA, coloq*) culo LOC **be the butt of sth** ser el blanco de algo
▸ *vt* dar un cabezazo a PHR V **butt in** (*coloq*) interrumpir

butter 🔑 /ˈbʌtə(r)/ *nombre, verbo*
▸ *n* mantequilla
▸ *vt* untar con mantequilla

buttercup /ˈbʌtəkʌp/ *n* botón de oro

butterfly /ˈbʌtəflaɪ/ *n* (*pl* **butterflies**) mariposa LOC **have butterflies (in your stomach)** tener los nervios en el estómago

buttock /ˈbʌtək/ *n* nalga

button 🔑 /ˈbʌtn/ *nombre, verbo*
▸ *n* botón *Ver tb* BELLY BUTTON
▸ *vt* ~ **sth (up)** abrochar(se) algo

buttonhole /ˈbʌtnhəʊl/ *n* ojal

buy 🔑 /baɪ/ *verbo, nombre*
▸ *vt* (*pt, pp* **bought** /bɔːt/) **1** ~ **sb sth**; ~ **sth (for sb)** comprar algo (a/para algn): *He bought his girlfriend a present./He bought a present for his girlfriend.* Compró un regalo para su novia. ◇ *I bought one for myself.* Yo me compré uno. ➲ *Ver nota en* GIVE **2** ~ **sth from sb** comprar algo a algn
▸ *n* compra: *a good buy* una buena compra

buyer 🔑 /ˈbaɪə(r)/ *n* comprador, -ora

buzz /bʌz/ *verbo, nombre*
▸ *vi* zumbar PHR V **buzz off!** (*coloq*) ¡lárgate!
▸ *n* **1** (*tb* **buzzing**) zumbido **2** [*sing*] (*voces*) murmullo **3** (*coloq*): *I get a real buzz out of flying.* Ir en avión me entusiasma. LOC **give sb a buzz** (*coloq*) pegarle un telefonazo a algn

buzzard /ˈbʌzəd/ *n* águila ratonera

buzzer /ˈbʌzə(r)/ *n* timbre eléctrico

buzzword /ˈbʌzwɜːd/ *n* palabra de moda

by 🔑 /baɪ/ *preposición, adverbio* ℹ Para los usos de **by** en PHRASAL VERBS ver las entradas de los verbos correspondientes, p. ej. **call by** en CALL.
▸ *prep* **1** por: *by post* por correo ◇ *ten (multiplied) by six* diez (multiplicado) por seis ◇ *designed by Wren* diseñado por Wren **2** al lado de, junto a: *Sit by me.* Siéntate a mi lado. **3** antes de, para: *to be home by ten o'clock* estar en casa para las diez **4** de: *by day/night* de día/noche ◇ *by birth/profession* de nacimiento/profesión ◇ *a novel by Steinbeck* una novela de Steinbeck **5** en: *to go by boat/car/bicycle* ir en barco/coche/bicicleta ◇ *two by two* de dos en dos **6** según: *by my watch* según mi reloj **7** con: *to pay by card* pagar con tarjeta **8** a: *little by little* poco a poco **9** a base de: *by working hard* a base de trabajar duro **10** ~ **doing sth** haciendo algo: *Let me begin by saying...* Permítanme que empiece diciendo... LOC **have/keep sth by you** tener algo a mano
▸ *adv* LOC **by and by** (*antic*) dentro de poco ◆ **go, drive, run, etc. by** pasar por delante (en coche, corriendo, etc.) ◆ **keep/put sth by** guardar algo para más tarde *Ver tb* LARGE

bye 🔑 /baɪ/ (*tb* **bye-bye** /ˌbaɪ ˈbaɪ/) *interj* (*coloq*) ¡adiós!

by-election /ˈbaɪ ɪlekʃn/ *n* elecciones parciales

bygone /ˈbaɪgɒn/ *adj* pasado

by-law (*tb* **bye-law**) /ˈbaɪ lɔː/ *n* ordenanza municipal

bypass /ˈbaɪpɑːs; *USA* -pæs/ *nombre, verbo*
▸ *n* **1** (carretera de) circunvalación **2** (*Med*) bypass
▸ *vt* **1** circunvalar **2** evitar

by-product /ˈbaɪ prɒdʌkt/ *n* **1** (*lit*) subproducto **2** (*fig*) consecuencia

bystander /ˈbaɪstændə(r)/ *n* presente: *seen by bystanders* visto por los presentes

byte /baɪt/ *n* (*Informát*) byte

Cc

C, c /siː/ *n* (*pl* **Cs**, **C's**, **c's**) **1** C, c ➲ *Ver nota en* A, A **2** (*Mús*) do

cab /kæb/ *n* **1** taxi **2** cabina (*de un camión*)

cabbage /ˈkæbɪdʒ/ *n* col

cabin /ˈkæbɪn/ *n* **1** (*Náut*) camarote **2** (*Aeronáut*) cabina (de pasajeros) **3** cabaña

cabinet ⚷ /ˈkæbɪnət/ *n* **1 the Cabinet** [*v sing o pl*] (*Pol*) el consejo de ministros **2** armario: *bathroom cabinet* armario de baño ◇ *drinks cabinet* mueble bar ◇ *filing cabinet* archivador

cable ⚷ /ˈkeɪbl/ *n* **1** cable: *cable TV* televisión por cable **2** amarra

ˈcable car *n* teleférico

cache /kæʃ/ *n* **1** alijo: *an arms cache* un alijo de armas **2** (*Informát*) (memoria) caché

cackle /ˈkækl/ *verbo, nombre*

▸ *vi* **1** (*gallina*) cacarear **2** (*persona*) reírse a carcajadas ➲ *Ver nota en* REÍR

▸ *n* **1** cacareo **2** carcajada desagradable

cactus /ˈkæktəs/ *n* (*pl* **cactuses** *o* **cacti** /-taɪ/) cactus, cacto

cadet /kəˈdet/ *n* cadete

Caesarean (*USA* **Cesarean**) /sɪˈzeəriən/ (*tb* **Caeˌsarean/Ceˌsarean ˈsection**) *n* cesárea

cafe /ˈkæfeɪ; *USA* kæˈfeɪ/ *n* café (*establecimiento*)

cafeteria /ˌkæfəˈtɪəriə/ *n* restaurante de autoservicio

cafetière /ˌkæfəˈtjeə(r)/ *n* cafetera de émbolo

caffeine /ˈkæfiːn/ *n* cafeína

cage /keɪdʒ/ *nombre, verbo*

▸ *n* jaula

▸ *vt* enjaular

cagey /ˈkeɪdʒi/ *adj* (**cagier**, **-iest**) (*coloq*) reservado: *He's very cagey about his family.* No suelta prenda sobre su familia.

cagoule /kəˈguːl/ *n* chubasquero

cake ⚷ /keɪk/ *nombre, verbo*

▸ *n* pastel: *birthday cake* tarta de cumpleaños LOC **have your cake and eat it (too)** (*coloq*) nadar y guardar la ropa *Ver tb* PIECE

▸ *vt* ~ **sth (in/with sth)** cubrir algo (de algo): *caked with mud* cubierto de barro

calamity /kəˈlæməti/ *n* (*pl* **calamities**) calamidad

calcium /ˈkælsiəm/ *n* calcio

calculate ⚷ /ˈkælkjuleɪt/ *vt* calcular LOC **be calculated to do sth** estar pensado para hacer algo **calculating** *adj* calculador

calculation ⚷ /ˌkælkjuˈleɪʃn/ *n* cálculo

calculator /ˈkælkjuleɪtə(r)/ *n* calculadora

caldron (*USA*) = CAULDRON

calendar /ˈkælɪndə(r)/ *n* calendario

calf /kɑːf; *USA* kæf/ *n* (*pl* **calves** /kɑːvz; *USA* kævz/) **1** pantorrilla **2** becerro, ternero ➲ *Ver nota en* CARNE **3** cría (*de foca, etc.*)

calibre (*USA* **caliber**) /ˈkælɪbə(r)/ *n* calibre, valía

call ⚷ /kɔːl/ *verbo, nombre*

▸ **1** *vt* llamar: *What's your dog called?* ¿Cómo se llama el perro? **2** *vi* ~ **(out) (to sb) (for sth)** llamar (a voces) (a algn) (pidiendo algo): *I thought I heard somebody calling.* Creí que había oído llamar a alguien. ◇ *She called to her father for help.* Pidió ayuda a su padre a voces. **3** *vt, vi* ~ **(sth) (out)** gritar (algo) (a voces): *Why didn't you come when I called (out) your name?* ¿Por qué no viniste cuando te llamé? **4** *vt, vi* llamar (por teléfono): *Can you call me a taxi?* ¿Me puedes llamar a un taxi? **5** *vt* llamar: *Please call me at seven o'clock.* Por favor, llámame a las siete. **6** *vi* ~ **(in/round) (on sb)**; ~ **(in/round) (at...)** visitar (a algn), pasarse (por...): *Let's call (in) on John/at John's house.* Vamos a pasar por casa de John. ◇ *He was out when I called (round) to see him.* No estaba cuando fui a su casa. ◇ *Will you call in at the supermarket for some eggs?* ¿Puedes pasarte por el súper a comprar huevos? **7** *vt* (*reunión, elección*) convocar LOC **call it a day** (*coloq*) dejarlo por hoy: *Let's call it a day.* Dejémoslo por hoy. ◆ **call sb names** insultar a algn *Ver tb* QUESTION PHR V **call at...** (*tren*) tener parada en... ◆ **call (sb) back** **1** volver a llamar (a algn) (*por teléfono*) **2** devolver la llamada (a algn) ◆ **call by** (*coloq*) pasar: *Could you call by on your way home?* ¿Puedes pasar al volver a casa? ◆ **call for sb** pasar a recoger a algn: *I'll call for you at seven o'clock.* Iré a buscarte a las siete. ◆ **call for sth** requerir algo: *This calls for a celebration!* ¡Esto hay que celebrarlo! ◆ **call sth off** cancelar, abandonar algo ◆ **call sb out** llamar a algn: *to call out the troops/the fire brigade* llamar al ejército/a los bomberos ◆ **call sb up** **1** (*esp USA*) (*por teléfono*) llamar a algn **2** llamar a algn a filas

▸ *n* **1** (*tb* **ˈphone call**) llamada (telefónica) **2** grito, llamada **3** visita **4** ~ **for sth**: *There isn't much call for such things.* Hay poca demanda para esas cosas. **5** (*de ave*) canto LOC **(be) on call** (estar) de guardia *Ver tb* CLOSE²

ˈcall box *n* cabina telefónica

call centre (*USA* ˈ**call center**) *n* centro de atención de llamadas

caller /ˈkɔːlə(r)/ *n* **1** el/la que llama (por teléfono) **2** visita

callous /ˈkæləs/ *adj* insensible, cruel

calm /kɑːm/ *adjetivo, nombre, verbo*

▸ *adj* (**calmer**, **-est**) tranquilo

▸ *n* calma

▸ *v* PHR V **calm down** calmarse, tranquilizarse: *Just calm down a bit!* ¡Tranquilízate un poco! ◆ **calm sb down** calmar, tranquilizar a algn

calmly /ˈkɑːmli/ *adv* tranquilamente

calorie /ˈkæləri/ *n* caloría

calves *plural de* CALF

camcorder /ˈkæmkɔːdə(r)/ *n* cámara de vídeo

came *pt de* COME

camel /ˈkæml/ *n* camello

camera /ˈkæmərə/ *n* cámara (fotográfica): *television/video camera* cámara de televisión/vídeo

cameraman /ˈkæmrəmən/ *n* (*pl* **-men** /-men/) cámara (*persona*)

camerawoman /ˈkæmrəwʊmən/ *n* (*pl* **-women** /-wɪmɪn/) cámara (*mujer*)

camomile /ˈkæməmaɪl/ *n* manzanilla, camomila

camouflage /ˈkæməflɑːʒ/ *nombre, verbo*

▸ *n* camuflaje

▸ *vt* camuflar

camp /kæmp/ *nombre, verbo, adjetivo*

▸ *n* campamento: *camp fire* hoguera de campamento ◇ *concentration camp* campo de concentración

▸ *vi* acampar

▸ *adj* **1** afeminado **2** exagerado

campaign /kæmˈpeɪn/ *nombre, verbo*

▸ *n* campaña

▸ *vi* ~ **(for/against sb/sth)** hacer campaña (a favor de/en contra de algn/algo) **campaigner** *n* militante

camper /ˈkæmpə(r)/ *n* **1** (*persona*) campista **2** (*GB*) (*tb* ˈ**camper van**) autocaravana **3** (*USA*) caravana

camping /ˈkæmpɪŋ/ *n* camping (*actividad*): *to go camping* ir de camping

> La palabra inglesa **camping** no significa nunca un lugar donde se puede acampar. En inglés "un camping" se dice **a campsite** (**campground** en Estados Unidos).

campsite /ˈkæmpsaɪt/ (*USA* **campground** /ˈkæmpgraʊnd/) *n* camping (*lugar*) ➲ *Ver nota en* CAMPING

campus /ˈkæmpəs/ *n* (*pl* **campuses**) campus, ciudad universitaria

can[1] /kən, kæn/ *v modal* (*neg* **cannot** /ˈkænɒt/ *o* **can't** /kɑːnt; *USA* kænt/, *pt* **could** /kəd, kʊd/, *neg* **could not** *o* **couldn't** /ˈkʊdnt/)

> **Can** es un verbo modal al que sigue un infinitivo sin **to** y las oraciones interrogativas y negativas se construyen sin el auxiliar **do**. Sólo tiene presente: *I can't swim.* No sé nadar.; y pasado, que también tiene un valor condicional: *He couldn't do it.* No pudo hacerlo. ◇ *Could you come?* ¿Podrías venir? Cuando queremos utilizar otras formas, tenemos que usar **be able to**: *Will you be able to come?* ¿Podrás venir? ◇ *I haven't been able to talk to her yet.* Aún no he podido hablar con ella.

- **posibilidad** poder: *We can catch a bus from here.* Podemos coger un autobús aquí. ◇ *She can be very forgetful.* A veces es muy olvidadiza.
- **conocimientos, habilidades** saber: *They can't read or write.* No saben leer ni escribir. ◇ *Can you swim?* ¿Sabes nadar? ◇ *He couldn't answer the question.* No supo contestar a la pregunta.
- **permiso** poder: *Can I open the window?* ¿Puedo abrir la ventana? ◇ *You can't go swimming today.* Hoy no puedes ir a nadar. ➲ *Ver nota en* MAY
- **ofrecimientos, sugerencias, peticiones** poder: *Can I help?* ¿Puedo ayudarle? ◇ *We can eat in a restaurant, if you want.* Podemos comer en un restaurante si quieres. ◇ *Could you help me with this box?* ¿Me puede ayudar con esta caja? ➲ *Ver nota en* MUST
- **con verbos de percepción**: *You can see it everywhere.* Se puede ver por todas partes. ◇ *She could hear them clearly.* Los oía claramente. ◇ *I can smell something burning.* Huele a quemado. ◇ *She could still taste the garlic.* Le quedaba en la boca el sabor a ajo.
- **incredulidad, perplejidad**: *I can't believe it.* No lo puedo creer. ◇ *Whatever can they be doing?* ¿Qué estarán haciendo? ◇ *Where can she have put it?* ¿Dónde lo habrá puesto?

can[2] /kæn/ *nombre, verbo*

▸ *n* lata: *can of sardines* lata de sardinas ◇ *petrol can* bidón (de gasolina) *Ver tb* WATERING CAN ➲ *Ver nota en* LATA *y dibujo en* CONTAINER LOC *Ver* CARRY

▸ *vt* (**-nn-**) enlatar, hacer conservas en lata de

canal /kəˈnæl/ *n* **1** canal **2** tubo, conducto: *the birth canal* el canal del parto

canary /kəˈneəri/ *n* (*pl* **canaries**) canario

cancel /ˈkænsl/ *vt, vi* (**-ll-**, *USA* **-l-**) **1** (*vuelo, pedido, vacaciones*) cancelar **2** (*contrato*) anular PHR V **cancel sth out** compensar algo **cancellation** *n* cancelación

C

Cancer /ˈkænsə(r)/ *n* cáncer ➲ *Ver ejemplos en* ACUARIO

cancer /ˈkænsə(r)/ *n* [*incontable*] cáncer

candid /ˈkændɪd/ *adj* franco

candidacy /ˈkændɪdəsi/ *n* candidatura

candidate /ˈkændɪdət, -deɪt/ *n* **1** candidato, -a **2** persona que se presenta a un examen

candle /ˈkændl/ *n* **1** vela **2** cirio

candlelight /ˈkændllaɪt/ *n* luz de una vela

candlestick /ˈkændlstɪk/ *n* candelabro

candy /ˈkændi/ *n* (*pl* **candies**) (*USA*) [*incontable*] golosinas: *a candy bar* una chocolatina

candyfloss /ˈkændiflɒs/ *n* algodón de azúcar

cane /keɪn/ *n* **1** (*Bot*) caña **2** mimbre **3** bastón **4 the cane** [*sing*] (*castigo*) la palmeta

canine /ˈkeɪnaɪn/ *adjetivo, nombre*
▸ *adj* canino
▸ *n* (*tb* ˈ**canine tooth**) colmillo

canister /ˈkænɪstə(r)/ *n* **1** lata (*de café, té, galletas*) **2** bote (*de humo, gas lacrimógeno, etc.*)

cannabis /ˈkænəbɪs/ *n* marihuana, hachís

canned /kænd/ *adj* en lata, de lata

cannibal /ˈkænɪbl/ *n* caníbal

cannon /ˈkænən/ *n* (*pl* **cannon** *o* **cannons**) cañón

cannot = CAN NOT *Ver* CAN[1]

canoe /kəˈnuː/ *n* canoa, piragua **canoeing** *n* piragüismo

can-opener /ˈkæn əʊpnə(r)/ *n* (*esp USA*) abrelatas

canopy /ˈkænəpi/ *n* (*pl* **canopies**) **1** toldo, marquesina **2** dosel

can't = CAN NOT *Ver* CAN[1]

canteen /kænˈtiːn/ *n* comedor (*de un colegio, una fábrica, etc.*)

canter /ˈkæntə(r)/ *n* medio galope

canvas /ˈkænvəs/ *n* **1** lona **2** (*Arte*) lienzo

canvass /ˈkænvəs/ **1** *vt, vi* ~ **(sb) (for sth)** pedir apoyo (a algn) (para algo) **2** *vt, vi* (*Pol*): *to canvass for/on behalf of sb* hacer campaña por algn ◇ *to go out canvassing (for votes)* salir a captar votos **3** *vt* (*opinión*) sondear

canyon /ˈkænjən/ *n* (*Geog*) cañón

canyoning /ˈkænjənɪŋ/ *n* barranquismo

cap /kæp/ *nombre, verbo*
▸ *n* **1** gorra **2** gorro **3** tapa, tapón *Ver tb* ICE CAP
▸ *vt* (**-pp-**) superar LOC **to cap it all** (*coloq*) para colmo

capability /ˌkeɪpəˈbɪləti/ *n* (*pl* **capabilities**) capacidad, aptitud

capable /ˈkeɪpəbl/ *adj* ~ **(of sth/doing sth)** capaz (de algo/de hacer algo)

capacity /kəˈpæsəti/ *n* (*pl* **capacities**) **1** capacidad: *filled to capacity* lleno a rebosar/completo **2** nivel máximo de producción: *at full capacity* a pleno rendimiento LOC **in your capacity as sth** en tu calidad de algo

cape /keɪp/ *n* **1** capa **2** (*Geog*) cabo

caper /ˈkeɪpə(r)/ *nombre, verbo*
▸ *n* **1** alcaparra **2** (*coloq*) broma, travesura
▸ *vi* ~ **(about)** brincar

capillary /kəˈpɪləri; *USA* ˈkæpələri/ *n* (*pl* **capillaries**) capilar

capital /ˈkæpɪtl/ *nombre, adjetivo*
▸ *n* **1** (*tb* ˌ**capital** ˈ**city**) capital **2** (*Fin*) capital: *capital gains* plusvalía **3** (*tb* ˌ**capital** ˈ**letter**) mayúscula LOC **make capital (out) of sth** sacar partido de algo
▸ *adj* **1** capital: *capital punishment* pena de muerte **2** mayúsculo

capitalism /ˈkæpɪtəlɪzəm/ *n* capitalismo **capitalist** *adj, n* capitalista

capitalize, -ise /ˈkæpɪtəlaɪz/ *vt* (*Fin*) capitalizar PHR V **capitalize on sth** aprovecharse de algo, sacar partido de algo

capitulate /kəˈpɪtʃuleɪt/ *vi* ~ **(to sb/sth)** capitular (ante algn/algo)

cappuccino /ˌkæpuˈtʃiːnəʊ/ *n* (*pl* **cappuccinos**) capuchino

Capricorn /ˈkæprɪkɔːn/ *n* capricornio ➲ *Ver ejemplos en* ACUARIO

capsize /kæpˈsaɪz; *USA* ˈkæpsaɪz/ *vt, vi* volcar(se)

capsule /ˈkæpsjuːl; *USA* ˈkæpsl/ *n* cápsula

captain /ˈkæptɪn/ *nombre, verbo*
▸ *n* **1** (*Dep, Mil, Náut*) capitán, -ana **2** (*avión*) comandante
▸ *vt* capitanear, ser el capitán/la capitana de **captaincy** *n* capitanía

caption /ˈkæpʃn/ *n* **1** encabezamiento, título **2** pie (de foto)

captivate /ˈkæptɪveɪt/ *vt* cautivar **captivating** *adj* cautivador, encantador

captive /ˈkæptɪv/ *adjetivo, nombre*
▸ *adj* cautivo LOC **hold/take sb captive** tener preso/apresar a algn
▸ *n* preso, -a, cautivo, -a **captivity** /kæpˈtɪvəti/ *n* cautividad

captor /ˈkæptə(r)/ *n* captor, -ora

capture /ˈkæptʃə(r)/ *verbo, nombre*

▸ *vt* **1** capturar **2** (*Mil*) tomar **3** (*interés, etc.*) atraer **4** ~ **sb's heart** conquistar el corazón a algn **5** (*Arte*) captar

▸ *n* **1** captura **2** (*ciudad*) toma

car /kɑː(r)/ *n* **1** coche: *by car* en coche ◇ *car accident* accidente de coche ◇ *car bomb* coche bomba **2** (*USA*) (*Ferrocarril*) vagón **3** (*GB*) (*Ferrocarril*): *dining/sleeping car* coche restaurante/coche-cama

carafe /kəˈræf/ *n* garrafa

caramel /ˈkærəmel/ *n* caramelo (*azúcar quemado*) *Ver tb* CRÈME CARAMEL

carat (*USA* **karat**) /ˈkærət/ *n* quilate

caravan /ˈkærəvæn/ *n* **1** caravana: *caravan site* camping para caravanas **2** carromato **3** caravana (*de camellos*)

carbohydrate /ˌkɑːbəʊˈhaɪdreɪt/ *n* hidrato de carbono

carbon /ˈkɑːbən/ *n* carbono: *carbon dioxide/monoxide* dióxido/monóxido de carbono ◇ *carbon dating* datación con carbono 14

ˌcarbon ˈcopy *n* (*pl* **carbon copies**) **1** copia al carbón **2** (*fig*) réplica: *She's a carbon copy of her sister.* Es idéntica a su hermana.

ˌcarbon ˈfootprint *n* impacto/huella de carbono

ˌcarbon ˈoffset *n* (sistema de) compensación de las emisiones de carbono

ˈcarbon trading *n* [*incontable*] comercio de las emisiones de carbono

ˌcar ˈboot sale *n* mercadillo de artículos usados, vendidos por particulares, que emplean el maletero del coche para exhibirlos

carburettor (*USA* **carburetor**) /ˌkɑːbəˈretə(r); *USA* -ˈreɪt-/ *n* carburador

carcass (*tb* **carcase**) /ˈkɑːkəs/ *n* **1** restos (*de pollo, etc.*) **2** res muerta lista para trocear

carcinogenic / ˌkɑːsɪnəˈdʒenɪk / *adj* cancerígeno

card /kɑːd/ *n* **1** tarjeta **2** ficha: *card index* fichero **3** (*de socio, de identidad, etc.*) carné **4** (*tb* **ˈplaying card**) carta, naipe **5** [*incontable*] cartulina LOC **on the cards** (*coloq*) probable ◆ **play your cards right** jugar bien tus cartas *Ver tb* LAY

cardboard /ˈkɑːdbɔːd/ *n* cartón

ˌcardboard ˈcity *n* zona de la ciudad donde las personas sin hogar duermen en cajas de cartón

cardholder /ˈkɑːdhəʊldə(r)/ *n* poseedor, -ora de tarjeta (*de banco, tienda, etc.*)

cardiac /ˈkɑːdiæk/ *adj* cardiaco

cardigan /ˈkɑːdɪgən/ *n* chaqueta (*de punto*)

cardinal /ˈkɑːdɪnl/ *nombre, adjetivo*

▸ *n* (*Relig*) cardenal

▸ *adj* **1** (*pecado, etc.*) cardinal **2** (*formal*) (*regla, etc.*) fundamental

care /keə(r)/ *nombre, verbo*

▸ *n* **1** ~ **(over sth/in doing sth)** cuidado (con algo/al hacer algo) **2** atención **3** (*formal*) preocupación LOC **care of sb** (*abrev* **c/o**) (*correos*) a la atención de algn, en casa de algn ◆ **take care 1** tener cuidado **2 take care!** (*coloq*) ¡cuídate (mucho)! ❶ También se usa como forma de despedida. ◆ **take care of sb/sth 1** cuidar a algn/algo: *to take care of yourself* cuidarse **2** encargarse de algn/algo ◆ **put sb in care; take sb into care** poner a algn (esp a un niño) al cuidado de una institución

▸ *vi* **1** ~ **(about sth)** importarle a algn (algo): *I don't care (about) what she says.* No me importa lo que diga. ◇ *See if I care.* ¿Y a mí qué me importa? **2** ~ **to do sth** querer hacer algo LOC **for all I, you, etc. care** para lo que a mí me, a ti te, etc. importa ◆ **I, you, etc. couldn't care less** me, te, etc. importa un comino *Ver tb* DAMN PHR V **care for sb 1** cuidar a algn **2** querer a algn ◆ **not care for sth** (*formal*) no gustarle algo a algn: *I don't much care for fruit.* No me gusta mucho la fruta.

career /kəˈrɪə(r)/ *nombre, verbo*

▸ *n* (*actividad profesional*) carrera: *career prospects* perspectivas profesionales ❶ Una carrera universitaria se dice **a (university) degree**.

▸ *vi* correr a toda velocidad

carefree /ˈkeəfriː/ *adj* despreocupado, libre de preocupaciones

careful /ˈkeəfl/ *adj* **1** *to be careful (of/about/with sth)* tener cuidado (con algo) ➲ *Ver nota en* WARN **2** (*trabajo, etc.*) cuidadoso

carefully /ˈkeəfəli/ *adv* con cuidado, cuidadosamente: *to listen/think carefully* escuchar con atención/pensar bien LOC *Ver* TREAD

careless /ˈkeələs/ *adj* **1** ~ **(about/with sth)** descuidado (con algo): *a careless mistake* un error causado por falta de cuidado **2** imprudente

carer /ˈkeərə(r)/ (*USA* **caregiver** /ˈkeəgɪvə(r)/) *n* cuidador, -ora (*de persona anciana o enferma*)

caress /kəˈres/ *verbo, nombre*

▸ *vt* acariciar

▸ *n* caricia

caretaker /ˈkeəteɪkə(r)/ *nombre, adjetivo*

▸ *n* conserje, portero, -a, vigilante

▸ *adj* (*gobierno, manager, etc.*) provisional

cargo /ˈkɑːgəʊ/ *n* (*pl* **cargoes**, *USA tb* **cargos**) **1** carga **2** cargamento

C

C

ˈ**cargo pants** *n* [*pl*] pantalones de combate

Caribbean /ˌkærɪˈbiːən, kəˈrɪbiən/ *nombre, adjetivo*
▸ *n* **the Caribbean** el Caribe
▸ *adj* caribeño

caricature /ˈkærɪkətʃʊə(r)/ *nombre, verbo*
▸ *n* caricatura
▸ *vt* caricaturizar

caring /ˈkeərɪŋ/ *adj* **1** humanitario **2** (*persona*) cariñoso, bondadoso

carnation /kɑːˈneɪʃn/ *n* clavel

carnival /ˈkɑːnɪvl/ *n* carnaval

carnivore /ˈkɑːnɪvɔː(r)/ *n* carnívoro

carnivorous /kɑːˈnɪvərəs/ *adj* carnívoro

carol /ˈkærəl/ *n* villancico

carousel /ˌkærəˈsel/ *n* tiovivo

ˈ**car park** *n* aparcamiento

carpenter /ˈkɑːpəntə(r)/ *n* carpintero, -a **carpentry** *n* carpintería

carpet 🔑 /ˈkɑːpɪt/ *nombre, verbo*
▸ *n* moqueta, alfombra
▸ *vt* enmoquetar, alfombrar **carpeting** *n* [*incontable*] moqueta

carriage /ˈkærɪdʒ/ *n* **1** (*Ferrocarril*) vagón (*para pasajeros*) **2** carruaje *Ver tb* BABY CARRIAGE

carriageway /ˈkærɪdʒweɪ/ *n* carril *Ver tb* DUAL CARRIAGEWAY

carrier /ˈkæriə(r)/ *n* **1** empresa de transportes **2** portador, -ora

ˈ**carrier bag** (*tb* **carrier**) *n* bolsa (*de plástico/papel*) ➲ *Ver dibujo en* BAG

carrot 🔑 /ˈkærət/ *n* **1** zanahoria **2** (*incentivo*) caramelo

carry 🔑 /ˈkæri/ (*pt, pp* **carried**) **1** *vt* llevar: *to carry a gun* estar armado ➲ *Ver nota en* WEAR **2** *vt* soportar **3** *vi* oírse: *Her voice carries well.* Tiene una voz muy fuerte. **4** *vt* (*votación*) aprobar **5** *vt* ~ **yourself**: *She carries herself well.* Anda con mucha elegancia. LOC **be/get carried away** dejarse llevar: *Don't get carried away.* No te entusiasmes. ◆ **carry the can (for sth)** (*GB, coloq*) cargar con la culpa (de algo) ◆ **carry weight** tener gran peso PHR V **carry sth away** llevar(se) algo ◆ **carry sth off 1** (*premio, etc.*) llevarse algo **2** salir airoso de algo, realizar algo con éxito: *She's had her hair cut really short, but she can carry it off.* Se ha cortado el pelo muy corto pero lo lleva con gracia. ◆ **carry on (with sth/doing sth)**; **carry sth on** continuar (con algo/haciendo algo): *to carry on a conversation* mantener una conversación ◆ **carry sth out 1** (*promesa, orden, etc.*) cumplir algo **2** (*plan, investigación, etc.*) llevar algo a cabo ◆ **carry sth through** llevar algo a término

cart /kɑːt/ *nombre, verbo*
▸ *n* **1** carro **2** (*USA*) carrito (*de la compra, etc.*)
▸ *vt* acarrear PHR V **cart sth about/around** (*coloq*) cargar con algo ◆ **cart sb/sth away/off** (*coloq*) llevarse (a algn/algo)

carton /ˈkɑːtn/ *n* caja, cartón ➲ *Ver dibujo en* CONTAINER

cartoon /kɑːˈtuːn/ *n* **1** caricatura **2** tira cómica **3** dibujos animados **cartoonist** *n* caricaturista

cartridge /ˈkɑːtrɪdʒ/ *n* cartucho

cartwheel /ˈkɑːtwiːl/ *n* rueda (*voltereta*)

carve /kɑːv/ **1** *vt, vi* esculpir: *carved out of/from/in marble* esculpido en mármol **2** *vt, vi* (*madera*) tallar **3** *vt* (*iniciales, etc.*) grabar **4** *vt, vi* (*carne*) trinchar PHR V **carve sth out (for yourself)** forjarse algo ◆ **carve sth up** (*pey*) repartirse algo **carving** *n* escultura, talla

ˈ**car wash** *n* túnel de lavado

cascade /kæˈskeɪd/ *n* cascada

case 🔑 /keɪs/ *n* **1** (*Med, Gram, situación*) caso: *It's a case of...* Se trata de... **2** (*Jur*) causa: *the case for the defence/prosecution* la defensa/la acusación **3** argumento(s): *There is a case for...* Hay razones para... ◇ *to make out a case for sth* presentar argumentos convincentes para algo **4** estuche **5** cajón (*de embalaje*) **6** caja (*de vino*) **7** maleta ➲ *Ver dibujo en* BAG LOC **in any case** en cualquier caso ◆ **in case** por si...: *in case it rains* por si llueve *Ver tb* JUST

cash 🔑 /kæʃ/ *nombre, verbo*
▸ *n* [*incontable*] dinero (en metálico): *to pay (in) cash* pagar en metálico ◇ *to be short of cash* andar justo de dinero ◇ *cash card* tarjeta de cajero automático ◇ *cash price* precio al contado ◇ *cash flow* movimiento de fondos ◇ *cash desk* caja *Ver tb* HARD CASH LOC **cash down** (*tb* **cash up front**) pago al contado ◆ **cash on delivery** (*abrev* **COD**) pago a la entrega
▸ *vt* hacer efectivo PHR V **cash in (on sth)** (*pey*) aprovecharse (de algo) ◆ **cash sth in** canjear algo

cashback /ˈkæʃbæk/ *n* **1** dinero que se recibe en efectivo al pagar con tarjeta (y que se carga a la tarjeta) **2** (*descuento*) devolución de dinero

cashier /kæˈʃɪə(r)/ *n* cajero, -a

ˈ**cash machine** (*tb* ˈ**cash dispenser**, **cashpoint**®) *n* cajero automático

cashmere /ˌkæʃˈmɪə(r)/ *n* cachemir

casino /kəˈsiːnəʊ/ *n* (*pl* **casinos**) casino

cask /kɑːsk; *USA* kæsk/ *n* barril

casket /ˈkɑːskɪt; *USA* ˈkæskɪt/ *n* **1** cofre (*para joyas, etc.*) **2** (*USA*) ataúd

casserole /ˈkæsərəʊl/ *n* **1** guisado **2** (*tb* ˈ**casserole dish**) cazuela ➲ *Ver dibujo en* POT

cassette /kəˈset/ *n* cinta, casete

cast /kɑːst; *USA* kæst/ *verbo, nombre*

▸ *vt* (*pt, pp* **cast**) **1** (*mirada*) echar: *to cast an eye over sth* echar un vistazo a algo **2** (*sombra*) proyectar **3** arrojar, lanzar **4** (*Teat*): *to cast sb as Othello* dar a algn el papel de Otelo **5** (*voto*) emitir: *to cast your vote* votar LOC **cast a spell on sb/sth** hechizar a algn/algo *Ver tb* CAUTION, DOUBT PHR V **cast sb/sth aside** (*formal*) dejar de lado a algn/algo ◆ **cast sth off** (*formal*) deshacerse de algo

▸ *n* [*v sing o pl*] (*Teat*) reparto

castaway /ˈkɑːstəweɪ; *USA* ˈkæst-/ *n* náufrago, -a

caste /kɑːst; *USA* kæst/ *n* casta: *caste system* sistema de castas

ˌ**cast** ˈ**iron** *n* hierro fundido

cast-iron *adj* **1** (*coartada*) sin mella **1** de hierro fundido **2** (*constitución*) de hierro

castle /ˈkɑːsl; *USA* ˈkæsl/ *n* **1** castillo **2** (*Ajedrez*) torre

castrate /kæˈstreɪt; *USA* ˈkæstreɪt/ *vt* castrar **castration** *n* castración

casual /ˈkæʒuəl/ *adj* **1** superficial: *a casual acquaintance* un conocido ◇ *a casual glance* una ojeada ◇ *a casual comment* un comentario hecho a la ligera **2** (*comportamiento*) despreocupado, informal: *casual sex* promiscuidad sexual **3** (*ropa*) informal **4** (*trabajo*) ocasional: *casual worker* trabajador por horas **5** (*encuentro*) fortuito **casually** *adv* **1** informalmente **2** despreocupadamente **3** como por casualidad **4** temporalmente

casualty /ˈkæʒuəlti/ *n* (*pl* **casualties**) víctima, baja

cat /kæt/ *n* **1** gato: *cat food* comida para gatos ➲ *Ver nota en* GATO **2** felino: *big cat* felino salvaje LOC *Ver* LET

catalogue (*USA tb* **catalog**) /ˈkætəlɒg; *USA* -lɔːg/ *nombre, verbo*

▸ *n* **1** catálogo **2** (*fig*): *a catalogue of disasters* una serie de desastres

▸ *vt* catalogar

catalyst /ˈkætəlɪst/ *n* catalizador

catamaran /ˌkætəməˈræn; *USA* ˌkætəməˈræn/ *n* catamarán

catapult /ˈkætəpʌlt/ *nombre, verbo*

▸ *n* **1** tirachinas **2** catapulta

▸ *vt* catapultar

cataract /ˈkætərækt/ *n* (*Geog, Med*) catarata

catarrh /kəˈtɑː(r)/ *n* catarro (*mucosidad*)

catastrophe /kəˈtæstrəfi/ *n* catástrofe **catastrophic** /ˌkætəˈstrɒfɪk/ *adj* catastrófico

catch /kætʃ/ *verbo, nombre*

▸ (*pt, pp* **caught** /kɔːt/) **1** *vt, vi* coger: *Here, catch!* ¡Toma! **2** *vt* atrapar, agarrar **3** *vt* ~ **sb (doing sth)** sorprender a algn (haciendo algo) **4** *vt* (*coloq*) pillar **5** *vt* (*coloq*) ir a ver: *I'll catch you later.* Te veré luego. **6** *vt* (*Med*) contagiarse de, coger **7** *vt* ~ **sth (in/on sth)** enganchar algo (en/con algo): *He caught his thumb in the door.* Se pilló el dedo con la puerta. **8** *vt* oír, entender **9** *vi* (*fuego*) prenderse LOC **catch it** (*coloq*): *You'll catch it!* ¡Te la vas a ganar! ❶ Para otras expresiones con **catch**, véanse las entradas del sustantivo, adjetivo, etc., p. ej. **catch fire** en FIRE. PHR V **catch on** hacerse popular ◆ **catch on (to sth)** (*coloq*) darse cuenta (de algo) ◆ **catch sb out 1** sorprender a algn **2** pillar a algn **3** (*Dep*) eliminar a algn al coger la pelota ◆ **catch sb up; catch up (with sb)** alcanzar a algn ◆ **be/get caught up in sth** estar metido/meterse en algo: *I got caught up in traffic.* Me pilló el tráfico. ◆ **catch up on sth** ponerse al día con algo: *I've got a lot of work to catch up on.* Tengo un montón de trabajo atrasado.

▸ *n* **1** acción de coger (*esp una pelota*) **2** captura **3** (*peces*) pesca **4** cierre, cerradura: *the safety catch* el seguro **5** (*fig*) trampa **6** [*sing*] (*antic*) (*marido, mujer*): *He's a good catch.* Es un buen partido. LOC **(a) catch-22 (situation)** (*coloq*) (una) situación sin salida

catching /ˈkætʃɪŋ/ *adj* contagioso

catchment area /ˈkætʃmənt eəriə/ *n* área de captación (*de un colegio, hospital, etc.*)

catchphrase /ˈkætʃfreɪz/ *n* dicho (*de persona famosa*)

catchy /ˈkætʃi/ *adj* (*coloq*) pegadizo (*melodía*)

catechism /ˈkætəkɪzəm/ *n* catecismo

categorical /ˌkætəˈgɒrɪkl; *USA* -ˈgɔːr-/ *adj* (*formal*) **1** (*respuesta*) categórico **2** (*rechazo*) rotundo **3** (*regla*) terminante **categorically** /-kli/ *adv* categóricamente

categorize, -ise /ˈkætəgəraɪz/ *vt* clasificar

category /ˈkætəgəri; *USA* -gɔːri/ *n* (*pl* **categories**) categoría

cater /ˈkeɪtə(r)/ *vi* ~ **(for sb/sth)** (*para fiesta, empresa, etc.*) proveer comida (para algn/algo) PHR V **cater for/to sb/sth** ofrecer servicios para algn/algo: *to cater for/to all tastes* atender a todos los gustos ◇ *novels that cater to the mass market* novelas dirigidas al mercado popular **catering** *n* comida: *the catering industry* la hostelería *Ver tb* SELF-CATERING

caterpillar /ˈkætəpɪlə(r)/ *n* oruga

cathedral /kəˈθiːdrəl/ *n* catedral

Catholic /ˈkæθlɪk/ *adj, n* católico, -a **Catholicism** /kəˈθɒləsɪzəm/ *n* catolicismo

cattle /ˈkætl/ *n* [*pl*] ganado (vacuno)

C

catwalk /ˈkætwɔːk/ *n* pasarela (*de desfile*)

caught *pt, pp de* CATCH

cauldron (*USA* **caldron**) /ˈkɔːldrən/ *n* caldero

cauliflower /ˈkɒliflaʊə(r); *USA* ˈkɔːli-/ *n* coliflor

cause 🔑 /kɔːz/ *nombre, verbo*

▸ *n* **1** ~ **(of sth)** causa (de algo) **2** ~ **(for sth)** motivo, razón (de/para algo): *cause for complaint/to complain* motivo de queja

▸ *vt* causar

causeway /ˈkɔːzweɪ/ *n* carretera o camino elevado que cruza el agua

caustic /ˈkɔːstɪk/ *adj* **1** cáustico **2** (*comentario, etc.*) mordaz

caution /ˈkɔːʃn/ *nombre, verbo*

▸ *n* **1** precaución, cautela: *to exercise extreme caution* extremar las precauciones **2** amonestación LOC **throw/cast caution to the winds** abandonar toda precaución

▸ **1** *vt, vi* ~ **(sb) against/about sth** advertir (a algn) contra/sobre algo **2** *vt* amonestar **cautionary** *adj* **1** de advertencia **2** ejemplar: *a cautionary tale* un relato ejemplar

cautious /ˈkɔːʃəs/ *adj* ~ **(about sb/sth)** cauteloso, precavido (con algn/algo) **cautiously** *adv* con cautela

cavalry /ˈkævlri/ *n* [*v sing o pl*] caballería

cave /keɪv/ *nombre, verbo*

▸ *n* cueva: *cave painting* pintura rupestre

▸ *v* PHR V **cave in 1** derrumbarse **2** (*fig*) ceder

caveman /ˈkeɪvmæn/ *n* (*pl* **-men** /-men/) cavernícola

cavern /ˈkævən/ *n* caverna **cavernous** *adj* (*formal*) cavernoso

caviar (*tb* **caviare**) /ˈkæviɑː(r)/ *n* caviar

caving /ˈkeɪvɪŋ/ *n* espeleología

cavity /ˈkævəti/ *n* (*pl* **cavities**) **1** cavidad **2** caries

CCTV /ˌsiː siː tiː ˈviː/ *abrev de* **closed-circuit television** circuito cerrado de televisión

CD 🔑 /ˌsiː ˈdiː/ *n* (*abrev de* **compact disc**) CD: *CD player/writer* reproductor/grabador de CDs

CD-ROM /ˌsiː diː ˈrɒm/ *n* (*abrev de* **compact disc read-only memory**) CD-ROM

cease 🔑 /siːs/ *vt, vi* (*formal*) cesar, terminar: *to cease to do sth* dejar de hacer algo

ceasefire /ˈsiːsfaɪə(r)/ *n* alto el fuego

ceaseless /ˈsiːsləs/ *adj* (*formal*) incesante

ceilidh /ˈkeɪli/ *n* fiesta con música y baile (*esp en Escocia e Irlanda*)

ceiling 🔑 /ˈsiːlɪŋ/ *n* **1** techo **2** tope, límite

celebrate 🔑 /ˈselɪbreɪt/ **1** *vt* celebrar **2** *vi* festejar **3** *vt* (*formal*) alabar **celebrated** *adj* ~ **(for sth)** célebre (por algo)

celebration 🔑 /ˌselɪˈbreɪʃn/ *n* celebración: *in celebration of sth* en conmemoración de algo

celebratory /ˌseləˈbreɪtəri; *USA* ˈseləbrətɔːri/ *adj* conmemorativo, festivo

celebrity /səˈlebrəti/ *n* (*pl* **celebrities**) celebridad

celery /ˈseləri/ *n* apio

cell 🔑 /sel/ *n* **1** celda **2** (*Anat, Pol*) célula *Ver tb* STEM CELL

cellar /ˈselə(r)/ *n* sótano: *wine cellar* bodega *Ver tb* SALT CELLAR

cellist /ˈtʃelɪst/ *n* violonchelista

cello /ˈtʃeləʊ/ *n* (*pl* **cellos**) violonchelo

ˈ**cell phone** 🔑 (*tb* ˌ**cellular** ˈ**phone**) (*coloq* **cell**) *n* (*esp USA*) (teléfono) móvil

cellular /ˈseljələ(r)/ *adj* celular

Celsius /ˈselsiəs/ *adj* (*abrev* **C**) centígrado ➲ *Ver nota en* CENTÍGRADO

cement /sɪˈment/ *nombre, verbo*

▸ *n* cemento

▸ *vt* **1** revestir de cemento, pegar con cemento **2** (*fig*) cimentar

cemetery /ˈsemətri; *USA* -teri/ *n* (*pl* **cemeteries**) cementerio municipal ➲ *Comparar con* CHURCHYARD

censor /ˈsensə(r)/ *nombre, verbo*

▸ *n* censor, -ora

▸ *vt* censurar **censorship** *n* [*incontable*] censura

censure /ˈsenʃə(r)/ *nombre, verbo*

▸ *n* (*formal*) censura

▸ *vt* (*formal*) ~ **sb (for sth)** censurar a algn (por algo)

census /ˈsensəs/ *n* (*pl* **censuses**) censo

cent 🔑 /sent/ *n* **1** centavo (*de dólar*) ➲ *Ver pág 793* **2** céntimo (*de euro*)

centenarian /ˌsentɪˈneəriən/ *n* centenario, -a

centenary /senˈtiːnəri; *USA* -ˈtenəri/ *n* (*USA* **centennial** /senˈteniəl/) (*pl* **centenaries**) centenario

center (*USA*) = CENTRE

centigrade /ˈsentɪgreɪd/ *adj* (*abrev* **C**) centígrado ➲ *Ver nota en* CENTÍGRADO

centimetre 🔑 (*USA* **centimeter**) /ˈsentɪmiːtə(r)/ *n* (*abrev* **cm**) centímetro

centipede /ˈsentɪpiːd/ *n* ciempiés

central 🔑 /ˈsentrəl/ *adj* **1** principal: *It is central to government policy.* Es un elemento fundamental de la política del gobierno. **2** central: *central heating* calefacción central **3** (*en una población*) céntrico: *central London* el centro de Londres

centralization, -isation /ˌsentrəlaɪˈzeɪʃn; *USA* -ləˈz-/ *n* centralización

centralize, -ise /ˈsentrəlaɪz/ *vt* centralizar

centrally /ˈsentrəli/ *adv*: *centrally heated* con calefacción central ◇ *It is centrally located.* Está en un lugar céntrico.

centre 🔑 (*USA* **center**) /ˈsentə(r)/ *nombre, verbo*
▸ *n* **1** centro: *the town centre* el centro de la ciudad **2** núcleo: *a centre of commerce* un núcleo comercial **3 the centre** [*v sing o pl*] (*Pol*) el centro: *a centre party* un partido de centro **4** (*Dep*) centrodelantero *Ver tb* CALL CENTRE, GARDEN CENTRE, LEISURE CENTRE, SHOPPING CENTRE, SPORTS CENTRE
▸ *vt, vi* centrar(se) PHR V **centre (a)round/on/upon sb/sth** centrarse en/en torno a algn/algo

ˌcentre ˈback (*USA* **ˌcenter ˈback**) *n* (*Dep*) defensa central

ˌcentre ˈforward (*USA* **ˌcenter ˈforward**) *n* delantero centro

ˌcentre ˈhalf (*USA* **ˌcenter ˈhalf**) *n* defensa central

century 🔑 /ˈsentʃəri/ *n* (*pl* **centuries**) **1** siglo **2** (*Críquet*) cien carreras

ceramic /səˈræmɪk/ *adj* cerámico: *ceramic hob* placa de vitrocerámica **ceramics** *n* [*incontable*] cerámica

cereal /ˈsɪəriəl/ *n* cereal(es)

cerebellum /ˌserəˈbeləm/ *n* (*pl* **cerebellums** o **cerebella** /-ˈbelə/) (*Anat*) cerebelo

cerebral /ˈserəbrəl; *USA* səˈriːbrəl/ *adj* cerebral

cerebrum /səˈriːbrəm, ˈserəbrəm/ *n* (*pl* **cerebra** /-brə/) (*Anat*) cerebro

ceremonial /ˌserɪˈməʊniəl/ *adj, n* ceremonial

ceremony 🔑 /ˈserəməni; *USA* -məʊni/ *n* (*pl* **ceremonies**) ceremonia

certain 🔑 /ˈsɜːtn/ *adjetivo, pronombre*
▸ *adj* **1** seguro: *That's far from certain.* Eso dista mucho de ser seguro. ◇ *It is certain that he'll be elected/He is certain to be elected.* Es seguro que será elegido. **2** cierto: *to a certain extent* hasta cierto punto **3** (*formal*) tal: *a certain Mr Brown* un tal Sr. Brown LOC **for certain** con seguridad ◆ **make certain of (doing) sth** asegurarse de (que se haga) algo ◆ **make certain (that...)** asegurarse (de que...)
▸ *pron* (*formal*) ~ **of...**: *certain of those present* algunos de los presentes

certainly 🔑 /ˈsɜːtnli/ *adv* **1** con toda certeza ➲ *Ver nota en* SURELY **2** (*como respuesta*) desde luego: *Certainly not!* ¡Desde luego que no!

certainty /ˈsɜːtnti/ *n* (*pl* **certainties**) certeza

certificate 🔑 /səˈtɪfɪkət/ *n* **1** certificado: *doctor's certificate* baja médica **2** partida (*de nacimiento, matrimonio, defunción*)

certify /ˈsɜːtɪfaɪ/ *vt* (*pt, pp* **-fied**) **1** certificar **2** (*tb* **ˌcertify inˈsane**): *He was certified (insane).* Lo declararon desequilibrado mental.

Cesarean (*USA*) = CAESAREAN

CFC /ˌsiː ef ˈsiː/ *n* (*abrev de* **chlorofluorocarbon**) clorofluorocarbono

chain 🔑 /tʃeɪn/ *nombre, verbo*
▸ *n* cadena: *in chains* encadenado ◇ *chain reaction* reacción en cadena
▸ *vt* ~ **sb/sth (up)** encadenar a algn/algo

chainsaw /ˈtʃeɪnsɔː/ *n* sierra mecánica

chain-smoke /ˈtʃeɪn sməʊk/ *vi* fumar un cigarrillo tras otro

ˈchain store *n* tienda que pertenece a una cadena

chair 🔑 /tʃeə(r)/ *nombre, verbo*
▸ *n* **1** silla: *Pull up a chair.* Toma asiento. ◇ *easy chair* sillón **2 the chair** [*sing*] (*reunión*) la presidencia, el presidente, la presidenta **3** cátedra **4 the (electric) chair** la silla eléctrica *Ver tb* ROCKING CHAIR
▸ *vt* presidir (*reunión*)

chairlift /ˈtʃeəlɪft/ *n* telesilla

chairman 🔑 /ˈtʃeəmən/ *n* (*pl* **-men** /-mən/) presidente, -a

chairperson /ˈtʃeəpɜːsn/ *n* (*pl* **chairpersons**) presidente, -a

chairwoman 🔑 /ˈtʃeəwʊmən/ *n* (*pl* **-women** /-wɪmɪn/) presidenta ❶ Es preferible usar las palabras **chairperson** o **chair**, que se refieren tanto a un hombre como a una mujer.

chalet /ˈʃæleɪ/ *n* chalet (*de estilo suizo*)

chalice /ˈtʃælɪs/ *n* (*Relig*) cáliz

chalk /tʃɔːk/ *nombre, verbo*
▸ *n* **1** (*Geol*) creta **2** tiza: *a piece/stick of chalk* una tiza
▸ *v* PHR V **chalk up sth** (*coloq*) apuntarse algo

chalkboard /ˈtʃɔːkbɔːd/ *n* (*USA*) pizarra

challenge 🔑 /ˈtʃælɪndʒ/ *nombre, verbo*
▸ *n* **1** reto **2** desafío: *to issue a challenge to sb* desafiar a algn
▸ *vt* **1** desafiar **2** (*derecho, etc.*) poner en duda **3** (*trabajo, etc.*) estimular **challenger** *n* aspirante **challenging** *adj* estimulante, que supone un reto

C

chamber /ˈtʃeɪmbə(r)/ *n* cámara: *chamber music* música de cámara ◇ *Chamber of Commerce* Cámara de Comercio

chambermaid /ˈtʃeɪmbəmeɪd/ *n* camarera de pisos

C

chameleon /kəˈmiːliən/ *n* camaleón

chamomile (*esp USA*) = CHAMOMILE

champagne /ʃæmˈpeɪn/ *n* champán

champion /ˈtʃæmpiən/ *nombre, verbo*

▸ *n* **1** campeón, -ona: *the defending/reigning champion* el actual campeón **2** defensor, -ora (*de una causa*)

▸ *vt* defender **championship** *n* campeonato: *world championship* campeonato mundial

chance /tʃɑːns; *USA* tʃæns/ *nombre, verbo, adjetivo*

▸ *n* **1** posibilidad **2** oportunidad **3** riesgo **4** azar **5** casualidad LOC **by (any) chance** por casualidad ◆ **on the off chance** por si acaso ◆ **take a chance (on sth)** correr el riesgo (de algo) ◆ **take chances** arriesgarse ◆ **the chances are (that)...** (*coloq*) lo más probable es que... *Ver tb* STAND

▸ *vt* ~ **sth/doing sth** correr el riesgo de hacer algo LOC **chance your arm/luck** (*coloq*) arriesgarse PHR V **chance on/upon sb/sth** (*formal*) encontrarse con algn/algo por casualidad

▸ *adj* [*sólo antes de sustantivo*] casual: *a chance meeting* un encuentro casual

chancellor /ˈtʃɑːnsələ(r); *USA* ˈtʃæns-/ *n* **1** canciller: *Chancellor of the Exchequer* ministro de Economía y Hacienda **2** (*universidad*) rector honorario, rectora honoraria

chandelier /ˌʃændəˈlɪə(r)/ *n* (lámpara de) araña

change /tʃeɪndʒ/ *verbo, nombre*

▸ **1** *vt, vi* cambiar (de), cambiarse (de): *to change (your clothes)* cambiarse (de ropa) ◇ *to change a wheel* cambiar una rueda **2** *vi* ~ **from sth to/into sth** pasar de algo a algo **3** *vt* ~ **sth (for sth)** cambiar algo (por algo) LOC **change hands** cambiar de manos ◆ **change your/sb's mind** cambiar de opinión/la opinión de algn ◆ **change your tune** (*coloq*) cambiar de actitud *Ver tb* CHOP, PLACE PHR V **change back into sth** **1** (*ropa*) volver a ponerse algo **2** volver a convertirse en algo ◆ **change into sth 1** (*ropa*) ponerse algo **2** transformarse en algo **3** ~ **into first, second, etc.** (*marcha*) cambiar a primera, segunda, etc. ◆ **change sb/sth into sth** convertir a algn/algo en algo ◆ **change over (from sth) (to sth)** cambiar (de algo) (a algo)

▸ *n* **1** cambio: *a change of socks* otro par de calcetines **2** (*dinero*) vuelta **3** [*incontable*] monedas: *loose/small change* suelto **4** transbordo LOC **a change for the better/worse** un cambio a mejor/peor ◆ **a change of heart** un cambio de actitud ◆ **for a change** por variar ◆ **make a change** ser un cambio: *It makes a change to get good news.* No viene mal que por una vez sean buenas noticias. ◇ *It makes a change from pasta.* Por lo menos no es pasta otra vez.

changeable /ˈtʃeɪndʒəbl/ *adj* variable

changeover /ˈtʃeɪndʒəʊvə(r)/ *n* cambio (*p. ej. de un sistema a otro*)

ˈ**changing room** *n* probador, vestuario

channel /ˈtʃænl/ *nombre, verbo*

▸ *n* **1** (*TV*) cadena, canal ➲ *Ver nota en* TELEVISION **2** vía (*de comunicación*): *worldwide distribution channels* canales de distribución mundial **3** cauce **4** canal (de navegación)

▸ *vt* (**-ll-** *USA tb* **-l-**) **1** ~ **sth (into sth)** encauzar algo (en algo) **2** acanalar

chant /tʃɑːnt; *USA* tʃænt/ *nombre, verbo*

▸ *n* **1** (*de multitud*) consigna, canción **2** (*Relig*) canto (litúrgico)

▸ *vt, vi* **1** (*multitud*) gritar, corear **2** (*Relig*) cantar

chaos /ˈkeɪɒs/ *n* [*incontable*] caos: *to cause chaos* provocar un caos **chaotic** /keɪˈɒtɪk/ *adj* caótico

chap /tʃæp/ *n* (*GB, coloq*) tío: *He's a good chap.* Es un buen tío.

chapel /ˈtʃæpl/ *n* capilla

chaplain /ˈtʃæplɪn/ *n* capellán

chapped /tʃæpt/ *adj* (*piel, labios*) agrietado

chapter /ˈtʃæptə(r)/ *n* **1** capítulo **2** época

char /tʃɑː(r)/ *vt, vi* (**-rr-**) carbonizar(se), chamuscar(se)

character /ˈkærəktə(r)/ *n* **1** carácter: *character references* referencias personales ◇ *character assassination* difamación **2** (*coloq*) tipo **3** (*formal*) reputación **4** personaje (*de novela, película, etc.*): *the main character* el protagonista LOC **in/out of character** típico/poco típico (de algn)

characteristic /ˌkærəktəˈrɪstɪk/ *adjetivo, nombre*

▸ *adj* característico

▸ *n* rasgo, característica **characteristically** /-kli/ *adv*: *His answer was characteristically frank.* Respondió con la franqueza que lo caracteriza.

characterization, -isation /ˌkærəktəraɪˈzeɪʃn/ *n* descripción, caracterización

characterize, -ise /ˈkærəktəraɪz/ *vt* (*formal*) **1** caracterizar: *It is characterized by...* Se caracteriza por... **2** ~ **sb/sth (as sth)** calificar a algn/algo (de algo)

charade /ʃəˈrɑːd; *USA* ʃəˈreɪd/ *n* **1** farsa (*mentira, engaño*) **2** **charades** (*juego*) charada

charcoal /ˈtʃɑːkəʊl/ *n* **1** carbón vegetal **2** (*Arte*) carboncillo **3** (*tb* ˌ**charcoal** ˈ**grey**) color gris marengo

chard /tʃɑːd/ (*tb* ˌ**Swiss** ˈ**chard**) *n* [*incontable*] acelgas

charge /tʃɑːdʒ/ *nombre, verbo*

▸ *n* **1** ~ **(for sth)** cargo (por algo), precio (de algo): *free of charge* gratis/sin cargo adicional ◇ *Is there a charge?* ¿Hay que pagar? **2** (*Jur*) acusación: *to bring/press charges against sb* presentar cargos contra algn **3** cargo: *to have/take charge of sth* estar a/hacerse cargo de algo ◇ *to leave a child in a friend's charge* dejar a un amigo a cargo de un niño ◇ *in/under sb's charge* a cargo/bajo el cuidado de algn **4** carga (*eléctrica o de un arma*) **5** (*Mil*) carga **6** (*Dep*) ataque **7** (*animales*) embestida LOC **in charge (of sb/sth)** a cargo (de algn/algo): *Who's in charge here?* ¿Quién manda aquí? *Ver tb* REVERSE

▸ **1** *vt, vi* cobrar: *They charged me £50 for dinner.* Me cobraron 50 libras por la cena. **2** *vt* ~ **sth to sth** cargar algo a algo: *Charge it to my account.* Cárguelo a mi cuenta. **3** *vt* ~ **sb (with sth)** (*Jur*) acusar a algn (de algo) **4** *vt, vi* ~ **(at) (sb/sth)** (*Mil*) cargar (contra algn/algo): *Charge!* ¡Al ataque! **5** *vt, vi* ~ **(at) (sb/sth)** (*animal*) embestir (a algn/algo) **6** *vi* ~ **down, in, up, etc.** lanzarse: *The children charged down/up the stairs.* Los niños se lanzaron escaleras abajo/arriba. **7** *vt* ~ **sb with sth** (*formal*) encomendar algo a algn **8** *vt* (*pila, pistola*) cargar **chargeable** *adj* **1** ~ **to sb/sth** (*pago*) a cargo de algn/algo **2** imponible, sujeto a pago

charger /ˈtʃɑːdʒə(r)/ *n* (*Electrón*) cargador

chariot /ˈtʃæriət/ *n* carro (*romano*)

charisma /kəˈrɪzmə/ *n* carisma **charismatic** /ˌkærɪzˈmætɪk/ *adj* carismático

charitable /ˈtʃærətəbl/ *adj* **1** (*organización*) benéfico **2** caritativo **3** bondadoso

charity /ˈtʃærəti/ *n* (*pl* **charities**) **1** organización benéfica, ONG: *for charity* con fines benéficos ⮌ *Ver nota en* ONG **2** caridad **3** (*formal*) comprensión

ˈ**charity shop** *n* (*GB*) tienda que vende ropa y objetos de segunda mano con fines benéficos

charm /tʃɑːm/ *nombre, verbo*

▸ *n* **1** encanto **2** amuleto: *a charm bracelet* una pulsera de colgantes **3** hechizo LOC *Ver* WORK

▸ *vt* encantar LOC **a charmed life** una vida afortunada PHR V **charm sth out of sb** conseguir algo de algn con sus encantos

charming *adj* encantador

chart /tʃɑːt/ *nombre, verbo*

▸ *n* **1** gráfico: *flow chart* diagrama de flujo **2** carta de navegación **3 the charts** [*pl*] (*Mús*) la lista de éxitos

▸ *vt* trazar (un mapa de): *to chart the course/the progress of sth* hacer un gráfico de la trayectoria/del progreso de algo

charter /ˈtʃɑːtə(r)/ *nombre, verbo*

▸ *n* **1** estatutos: *royal charter* autorización real **2** flete: *a charter plane/boat* un avión/barco fletado **3** *a charter flight* un vuelo chárter

▸ *vt* **1** (*avión, etc.*) fletar **2** otorgar autorización a **chartered** *adj* diplomado: *chartered accountant* censor jurado de cuentas

chase /tʃeɪs/ *verbo, nombre*

▸ *vt, vi* **1** ~ **(after) sb/sth** perseguir a algn/algo **2** ~ **(after) sb** (*coloq*) andar detrás de algn: *He's always chasing (after) women.* Siempre anda persiguiendo las mujeres. PHR V **chase about/around** (*coloq*) correr de un lado para otro ♦ **chase sb/sth away, off, out, etc.** echar, ahuyentar a algn/algo ♦ **chase sb up** ponerse en contacto con algn (para reclamar algo): *I'll chase him up and find out what's going on.* Me pondré en contacto con él para preguntarle qué pasa. ♦ **chase sth up** (*USA* **chase sth down**) averiguar qué pasó con algo

▸ *n* persecución

chasm /ˈkæzəm/ *n* (*formal*) abismo

chassis /ˈʃæsi/ *n* (*pl* **chassis** /ˈʃæsiz/) chasis

chastened /ˈtʃeɪsnd/ *adj* **1** escarmentado **2** (*tono*) sumiso

chastening *adj* que sirve de escarmiento

chastity /ˈtʃæstəti/ *n* castidad

chat /tʃæt/ *verbo, nombre*

▸ *vi* **(-tt-)** ~ **(to/with sb) (about sth)** charlar (con algn) (de algo) PHR V **chat sb up** (*GB, coloq*) intentar ligar con algn

▸ *n* charla: *chat room* chat ◇ *chat show* programa de entrevistas

chatline /ˈtʃætlaɪn/ *n* foro telefónico, chat (*en línea*)

chatter /ˈtʃætə(r)/ *verbo, nombre*

▸ *vi* **1** ~ **(away/on)** parlotear **2** (*dientes*) castañetear **3** (*pájaro*) trinar **4** (*mono*) chillar

▸ *n* parloteo

chatterbox /ˈtʃætəbɒks/ *n* (*coloq*) parlanchín, -ina

chatty /ˈtʃæti/ *adj* **1** (*persona*) parlanchín **2** (*carta, etc.*) informal

chauffeur /ˈʃəʊfə(r); *USA* ʃəʊˈfɜːr/ *nombre, verbo*

▸ *n* chófer

▸ *vt* ~ **sb (a)round** hacer de chófer para algn, llevar en coche a algn

chauvinism /ˈʃəʊvɪnɪzəm/ *n* chovinismo, patriotería

chauvinist /ˈʃəʊvɪnɪst/ *nombre, adjetivo*
▸ *n* chovinista, patriotero, -a
▸ *adj* (*tb* **chauvinistic** /ˌʃəʊvɪˈnɪstɪk/) chovinista

C

chav /tʃæv/ *n* (*GB, argot*) joven, a menudo de bajo nivel cultural, que sigue una cierta moda llamativa a la hora de vestir

cheap /tʃiːp/ *adjetivo, adverbio, nombre*
▸ *adj* (**cheaper**, **-est**) **1** barato *Ver tb* DIRT CHEAP **2** económico **3** de mala calidad **4** (*comentario, chiste, etc.*) ordinario **5** (*USA, coloq*) tacaño LOC **cheap at the price** regalado
▸ *adv* (**cheaper**) (*coloq*) barato LOC **be going cheap** estar de oferta ♦ **sth does not come cheap**: *Success doesn't come cheap.* El éxito no lo regalan.
▸ *n* LOC **on the cheap** por/con poco dinero
cheapen *vt* **1** ~ **yourself** rebajarse **2** abaratar

cheaply /ˈtʃiːpli/ *adv* barato, a bajo precio

cheapo /ˈtʃiːpəʊ/ *adj* (*coloq, pey*) barato

cheapskate /ˈtʃiːpskeɪt/ *n* (*coloq, pey*) tacaño

cheat /tʃiːt/ *verbo, nombre*
▸ **1** *vt* engañar **2** *vi* hacer trampas **3** *vi* (*colegio*) copiar(se) PHRV **cheat sb (out) of sth** quitar algo a algn (por medio de engaños) ♦ **cheat on sb** ser infiel a algn
▸ *n* **1** tramposo, -a **2** [*sing*] engaño, trampa

check /tʃek/ *verbo, nombre, adjetivo*
▸ **1** *vt* comprobar, revisar *Ver tb* DOUBLE-CHECK **2** *vt, vi* asegurar(se) **3** *vt* contener **4** *vi* detenerse **5** *vt* (*USA*) marcar con una señal (de visto) PHRV **check (sth) for sth** comprobar que no haya algo (en algo) ♦ **check in (at...)**; **check into...** (*en un hotel*) registrarse ♦ **check (sth) in** (*en un aeropuerto*) facturar (algo) ♦ **check sb/sth off** (*USA*) tachar a algn/algo de una lista ♦ **check out (of...)** pagar la factura y marcharse (*de un hotel*) ♦ **check sb/sth out 1** investigar, hacer averiguaciones sobre algn/algo **2** (*coloq*) mirar a algn/algo: *Check out that car!* ¡No te pierdas ese coche! ♦ **check up on sb/sth** hacer averiguaciones sobre algn/algo
▸ *n* **1** comprobación, revisión **2** investigación **3** (*USA*) = CHEQUE **4** (*USA*) (*restaurante*) cuenta **5** (*Ajedrez*) jaque **6** (*tb* ˈ**check mark**) (*USA*) (*marca*) señal (de visto) LOC **hold/keep sth in check** contener, controlar algo
▸ *adj* (*tb* **checked**) a cuadros

checkbook (*USA*) = CHEQUEBOOK

checkers /ˈtʃekəz/ *n* (*USA*) [*incontable*] damas (*juego*)

check-in /ˈtʃek ɪn/ *n* facturación (*en aeropuerto*)

ˈ**checking account** *n* (*USA*) cuenta corriente

checklist /ˈtʃeklɪst/ *n* lista

checkmate /ˈtʃekmeɪt/ *n* jaque mate

checkout /ˈtʃekaʊt/ *n* **1** caja (*en una tienda*) **2** (*hotel*) hora de salida y liquidación de cuenta

checkpoint /ˈtʃekpɔɪnt/ *n* (puesto de) control

check-up /ˈtʃek ʌp/ *n* revisión, chequeo (*médico*)

cheek /tʃiːk/ *n* **1** mejilla **2** descaro: *What (a) cheek!* ¡Qué cara! LOC *Ver* TONGUE

cheekbone /ˈtʃiːkbəʊn/ *n* pómulo

cheeky *adj* (**cheekier**, **-iest**) descarado

cheer /tʃɪə(r)/ *nombre, verbo*
▸ *n* ovación, vítor: *Three cheers for David!* ¡Tres hurras por David!
▸ **1** *vt, vi* aclamar, vitorear **2** *vt* animar, alegrar: *to be cheered by sth* animarse con algo PHRV **cheer sb on** animar, alentar a algn ♦ **cheer up** animarse: *Cheer up!* ¡Anímate! ♦ **cheer sb up** animar a algn ♦ **cheer sth up** alegrar algo

cheerful /ˈtʃɪəfl/ *adj* alegre

cheering /ˈtʃɪərɪŋ/ *nombre, adjetivo*
▸ *n* [*incontable*] vítores
▸ *adj* alentador, reconfortante

cheerio /ˌtʃɪəriˈəʊ/ *interj* (*GB, coloq*) ¡hasta luego!

cheerleader /ˈtʃɪəliːdə(r)/ *n* animador, -ora (*de fútbol americano, etc.*)

cheers /tʃɪəz/ *interj* **1** ¡salud! **2** (*GB, coloq*) ¡hasta luego! **3** (*GB, coloq*) ¡gracias!

cheery *adj* (**cheerier**, **-iest**) alegre

cheese /tʃiːz/ *n* queso: *Would you like some cheese?* ¿Quieres queso? ◇ *a wide variety of cheeses* una amplia selección de quesos

cheesecake /ˈtʃiːzkeɪk/ *n* tarta de queso

cheetah /ˈtʃiːtə/ *n* guepardo

chef /ʃef/ *n* chef, cocinero, -a jefe

chemical /ˈkemɪkl/ *adjetivo, nombre*
▸ *adj* químico
▸ *n* sustancia química

chemist /ˈkemɪst/ *n* **1** farmacéutico, -a **2** químico, -a **3** **chemist's** farmacia ➲ *Ver nota en* PHARMACY

chemistry /ˈkemɪstri/ *n* química

cheque (*USA* **check**) /tʃek/ *n* cheque: *to pay by cheque* pagar con cheque

chequebook (*USA* **checkbook**) /ˈtʃekbʊk/ *n* talonario (de cheques)

cherish /ˈtʃerɪʃ/ *vt* (*formal*) **1** (*persona*) querer, cuidar **2** (*libertad, tradiciones*) valorar **3** (*esperanza*) abrigar **4** (*recuerdo*) guardar con cariño

cherry /ˈtʃeri/ *n* (*pl* **cherries**) **1** cereza: *cherry tree* cerezo **2** color cereza

chess /tʃes/ *n* ajedrez

chessboard /ˈtʃesbɔːd/ *n* tablero de ajedrez

chest 🔑 /tʃest/ *n* **1** pecho (*tórax*) ➲ *Comparar con* BREAST **2** arcón: *chest of drawers* cómoda LOC **get sth off your chest** quitarse un peso de encima, desahogarse

chestnut /ˈtʃesnʌt/ *n* **1** castaña: *chestnut tree* castaño **2** color caoba **3** (*coloq*) historia o broma vieja

chew 🔑 /tʃuː/ *vt* ~ **sth (up)** masticar algo PHR V **chew sth over** rumiar algo

chewing gum *n* [*incontable*] chicle

chewy /ˈtʃuːi/ *adj* **1** (*caramelo*) masticable **2** (*alimento*) correoso

chick /tʃɪk/ *n* polluelo

chicken 🔑 /ˈtʃɪkɪn/ *nombre, adjetivo, verbo*

▸ *n* **1** (*ave*) gallina ➲ *Comparar con* COCK, HEN **2** (*carne*) pollo **3** (*coloq*) miedica

▸ *adj* (*coloq*) cobarde

▸ *v* PHR V **chicken out (of sth)** (*coloq*) rajarse (y no hacer algo)

chickenpox /ˈtʃɪkɪnpɒks/ *n* [*incontable*] varicela

chickpea /ˈtʃɪkpiː/ *n* garbanzo

chicory /ˈtʃɪkəri/ *n* [*incontable*] **1** (*GB*) endibia **2** (*USA*) escarola **3** achicoria

chief 🔑 /tʃiːf/ *nombre, adjetivo*

▸ *n* jefe, -a

▸ *adj* principal **chiefly** *adv* **1** sobre todo **2** principalmente

chieftain /ˈtʃiːftən/ *n* jefe (*de tribu o clan*)

child 🔑 /tʃaɪld/ *n* (*pl* **children** /ˈtʃɪldrən/) **1** niño, -a: *children's clothes/television* ropa para niños/programación infantil ◇ *child benefit* subvención familiar ◇ *child labour* trabajo infantil **2** hijo, -a: *an only child* un hijo único **3** *a child of the nineties* un producto de los noventa LOC **be child's play** (*coloq*) ser juego de niños

childbirth /ˈtʃaɪldbɜːθ/ *n* parto

childcare /ˈtʃaɪldkeə(r)/ *n* cuidado de los niños: *childcare facilities* guarderías

childhood /ˈtʃaɪldhʊd/ *n* infancia, niñez

childish /ˈtʃaɪldɪʃ/ *adj* infantil: *to be childish* portarse como un niño

childless /ˈtʃaɪldləs/ *adj* sin hijos

childlike /ˈtʃaɪldlaɪk/ *adj* de (un) niño: *childlike enthusiasm* entusiasmo de niño

childminder /ˈtʃaɪldmaɪndə(r)/ *n* persona que cuida niños en su casa

children *plural de* CHILD

chill /tʃɪl/ *nombre, verbo*

▸ *n* **1** [*sing*] frío **2** resfriado: *to catch/get a chill* resfriarse **3** [*sing*] escalofrío *Ver tb* WIND CHILL

▸ **1** *vt* helar: *I'm chilled to the bone.* Estoy helado hasta los huesos. **2** *vt, vi* (*comestibles*) enfriar(se), refrigerar(se): *chilled foods* alimentos refrigerados **3** *vi* ~ **(out)** (*coloq*) relajarse

chilli (*USA* **chili**) /ˈtʃɪli/ *n* (*pl* **chillies**) **1** guindilla **2** (*tb* ˈ**chilli powder**) pimentón (picante)

chilling /ˈtʃɪlɪŋ/ *adj* escalofriante

chilly /ˈtʃɪli/ *adj* frío: *It's chilly today.* Hace un poco de frío hoy. ➲ *Ver nota en* FRÍO

chime /tʃaɪm/ *verbo, nombre*

▸ *vi* repicar

▸ *n* **1** repique **2** campanada

chimney /ˈtʃɪmni/ *n* (*pl* **chimneys**) chimenea

chimpanzee /ˌtʃɪmpænˈziː/ (*coloq* **chimp** /tʃɪmp/) *n* chimpancé

chin 🔑 /tʃɪn/ *n* barbilla LOC **keep your chin up!** (*coloq*) ¡no te desanimes!

china /ˈtʃaɪnə/ *n* **1** porcelana **2** vajilla (de porcelana)

chink /tʃɪŋk/ *n* grieta, abertura LOC **a chink in sb's armour** el punto débil de algn

chip 🔑 /tʃɪp/ *nombre, verbo*

▸ *n* **1** mella, desportilladura **2** trocito **3** (*madera*) astilla **4** patata frita (*larga*) **5** (*USA*) patata frita (*de bolsa*) ➲ *Ver dibujo en* PATATA **6** *Ver* MICROCHIP **7** (*casino*) ficha LOC **a chip off the old block** (*coloq*) de tal palo tal astilla ◆ **have a chip on your shoulder (about sth)** (*coloq*) estar resentido (por algo)

▸ *vt, vi* **(-pp-)** mellar(se), desconchar(se) PHR V **chip away at sth** minar algo (*destruir poco a poco*) ◆ **chip in (with sth)** (*coloq*) **1** (*comentario*) intervenir (diciendo algo) **2** (*dinero*) contribuir (con algo)

chipmunk /ˈtʃɪpmʌŋk/ *n* ardilla listada

chippings /ˈtʃɪpɪŋz/ *n* [*pl*] **1** grava **2** virutas de madera

chirp /tʃɜːp/ *verbo, nombre*

▸ *vi* **1** gorjear, piar **2** (*grillo*) cantar

▸ *n* **1** gorjeo **2** (*grillo*) canto

chirpy /ˈtʃɜːpi/ *adj* (*coloq*) alegre

chisel /ˈtʃɪzl/ *nombre, verbo*

▸ *n* cincel, escoplo

▸ *vt* **(-ll-** *USA tb* **-l-)** **1** cincelar: *finely chiselled features* rasgos elegantes **2** (*con cincel*) tallar

chivalry /ˈʃɪvəlri/ *n* **1** caballerosidad **2** caballería

chives /tʃaɪvz/ *n* [*pl*] cebollino

chloride /ˈklɔːraɪd/ *n* cloruro

chlorine /ˈklɔːriːn/ *n* cloro

chlorophyll /ˈklɒrəfɪl; *USA* ˈklɔːr-/ *n* (*Bot*) clorofila

chock-a-block /ˌtʃɒk ə ˈblɒk/ *adj* ~ **(with sth/sb)** (*GB, coloq*) atestado, lleno (de algo/algn)

chock-full /ˌtʃɒk ˈfʊl/ *adj* ~ **(of sth/sb)** (*coloq*) lleno a rebosar (de algo/algn)

chocolate /ˈtʃɒklət/ *n* **1** chocolate: *milk/plain chocolate* chocolate con/sin leche ◇ *chocolate bar* chocolatina **2** bombón **3** color chocolate

choice /tʃɔɪs/ *nombre, adjetivo*

▸ *n* **1** elección: *to make a choice* escoger **2** posibilidad: *If I had the choice...* Si de mí dependiera... ◇ *I had no choice but to go.* No tuve más remedio que irme. **3** selección LOC **by/out of choice** por decisión propia

▸ *adj* **(choicer, -est) 1** de calidad **2** escogido

choir /ˈkwaɪə(r)/ *n* [*v sing o pl*] coro: *choir boy* niño de coro

choke /tʃəʊk/ *verbo, nombre*

▸ **1** *vi* ~ **(on sth)** atragantarse (con algo): *to choke to death* asfixiarse **2** *vt* ahogar, estrangular **3** *vt* ~ **sth (up) (with sth)** atascar algo (con algo) PHR V **choke sth back** (*lágrimas, ira*) contener, tragarse algo

▸ *n* estárter

cholera /ˈkɒlərə/ *n* cólera

cholesterol /kəˈlestərɒl; *USA* -rɔːl/ *n* colesterol

choose /tʃuːz/ (*pt* **chose** /tʃəʊz/, *pp* **chosen** /ˈtʃəʊzn/) **1** *vt, vi* ~ **(between A and/or B)**; ~ **(from sth)** elegir (entre A y B), escoger (entre algo) **2** *vt* ~ **sb/sth as sth** elegir, escoger a algn/algo como algo **3** *vt* seleccionar **4** *vt, vi* ~ **(to do sth)** decidir (hacer algo) **5** *vi* preferir: *whenever I choose* cuando me apetece LOC *Ver* PICK **choosy** *adj* (*coloq*) ~ **(about sth/sb)** exigente, quisquilloso (con algo/algn)

chop /tʃɒp/ *verbo, nombre*

▸ *vt* **(-pp-) 1** ~ **sth (up) (into sth)** cortar algo (en algo): *to chop sth in two* partir algo por la mitad ◇ *chopping board* tabla de cortar **2** picar, trocear **3** (*coloq*) reducir LOC **chop and change** (*GB, coloq*) cambiar de opinión varias veces PHR V **chop sth down** talar algo ◆ **chop sth off (sth)** cortar algo (de algo)

▸ *n* **1** (*carne*) chuleta **2** hachazo **3** golpe

chopper /ˈtʃɒpə(r)/ *n* **1** (*coloq*) helicóptero **2** hacha **3** (*de carne*) tajadera

choppy /ˈtʃɒpi/ *adj* revuelto (*mar*)

chopsticks /ˈtʃɒpstɪks/ *n* [*pl*] palillos (chinos)

choral /ˈkɔːrəl/ *adj* coral (*de coro*)

chord /kɔːd/ *n* acorde

chore /tʃɔː(r)/ *n* trabajo (*rutinario*): *household chores* quehaceres domésticos

choreographer /ˌkɒriˈɒgrəfə(r); *USA* ˌkɔːriˈ-/ *n* coreógrafo, -a

choreography /ˌkɒriˈɒgrəfi; *USA* ˌkɔːri-/ *n* coreografía

chorister /ˈkɒrɪstə(r); *USA* ˈkɔːr-/ *n* cantante de coro (*esp un niño*)

chorus /ˈkɔːrəs/ *nombre, verbo*

▸ *n* (*pl* **choruses**) **1** estribillo **2** [*v sing o pl*] (*Mús, Teat*) coro: *chorus girl* corista LOC **in chorus** a coro

▸ *vt* corear

chose, chosen *pt, pp de* CHOOSE

Christ /kraɪst/ *n* Cristo

christen /ˈkrɪsn/ *vt* bautizar (con el nombre de) **christening** *n* bautismo

Christian /ˈkrɪstʃən/ *adj, n* cristiano, -a **Christianity** /ˌkrɪstiˈænəti/ *n* cristianismo

ˈ**Christian name** (*tb* ˈ**first name**) *n* nombre de pila

Christmas /ˈkrɪsməs/ *n* Navidad: *Christmas Day* Día de Navidad ◇ *Christmas Eve* Nochebuena ◇ *Merry/Happy Christmas!* ¡Feliz Navidad! ◇ *a Christmas card* un crisma ➲ *Ver nota en* NAVIDAD

ˌ**Christmas** ˈ**pudding** *n* pudin de frutos secos ➲ *Ver nota en* NAVIDAD

chrome /krəʊm/ *n* cromo

chromium /ˈkrəʊmiəm/ *n* **1** cromo **2** *chromium plating/chromium-plated* cromado

chromosome /ˈkrəʊməsəʊm/ *n* cromosoma

chronic /ˈkrɒnɪk/ *adj* **1** crónico **2** (*mentiroso, alcohólico, etc.*) empedernido

chronicle /ˈkrɒnɪkl/ *nombre, verbo*

▸ *n* crónica

▸ *vt* registrar

chrysalis /ˈkrɪsəlɪs/ *n* (*Biol*) crisálida

chubby /ˈtʃʌbi/ *adj* regordete ➲ *Ver nota en* GORDO

chuck /tʃʌk/ *vt* (*coloq*) **1** tirar **2** ~ **sth (in/up)** (*trabajo, etc.*) dejar algo PHR V **chuck sth away/out** tirar algo (a la basura) ◆ **chuck sb out (of sth)** echar a algn (de algo)

chuckle /ˈtʃʌkl/ *verbo, nombre*

▸ *vi* reírse para sí ➲ *Ver nota en* REÍR

▸ *n* risita

chuffed /tʃʌft/ *adj* (*GB, coloq*) muy satisfecho

chum /tʃʌm/ *n* (*coloq, antic*) colega

chunk /tʃʌŋk/ *n* trozo **chunky** *adj* **1** macizo **2** grueso

church /tʃɜːtʃ/ *n* iglesia: *church hall* salón parroquial ◇ *go to church* ir a misa ➲ *Ver nota en* SCHOOL

churchyard /ˈtʃɜːtʃjɑːd/ *n* cementerio (*alrededor de una iglesia*) ➲ *Comparar con* CEMETERY

churn /tʃɜːn/ **1** *vt* ~ **sth (up)** (*agua, barro*) remover algo **2** *vi* (*aguas*) agitarse **3** *vt, vi* (*estómago*) revolverse PHR V **churn sth out** (*coloq*) producir algo como churros

chute /ʃuːt/ *n* **1** tobogán (*para mercancías o desechos*) **2** (*piscina*) tobogán

cicada /sɪˈkɑːdə/ *n* cigarra

cider /ˈsaɪdə(r)/ *n* sidra

cigar /sɪˈgɑː(r)/ *n* puro

cigarette /ˌsɪgəˈret; *USA* ˈsɪgərət/ *n* cigarrillo: *cigarette butt/end* colilla

cinder /ˈsɪndə(r)/ *n* ceniza

cinema /ˈsɪnəmə/ *n* cine ❶ En Estados Unidos el lugar se dice **movie theater** y la actividad se llama **the movies** [*pl*].

cinnamon /ˈsɪnəmən/ *n* canela

circle /ˈsɜːkl/ *nombre, verbo*

▸ *n* **1** círculo, circunferencia: *the circumference of a circle* el perímetro de una circunferencia **2** corro: *to stand in a circle* hacer un corro **3** (*Teat*) anfiteatro (*primer piso*) *Ver tb* DRESS CIRCLE, TRAFFIC CIRCLE LOC **go (a)round in circles** no hacer progresos *Ver tb* FULL, VICIOUS

▸ *vt* **1** dar una vuelta/vueltas a **2** rodear **3** marcar con un círculo

circuit /ˈsɜːkɪt/ *n* **1** vuelta **2** gira **3** (*Electrón*) circuito *Ver tb* SHORT CIRCUIT **4** pista

circular /ˈsɜːkjələ(r)/ *adjetivo, nombre*

▸ *adj* redondo, circular

▸ *n* circular

circulate /ˈsɜːkjəleɪt/ *vt, vi* (hacer) circular

circulation /ˌsɜːkjəˈleɪʃn/ *n* **1** circulación **2** (*periódico, revista*) tirada

circumcise /ˈsɜːkəmsaɪz/ *vt* circuncidar **circumcision** /ˌsɜːkəmˈsɪʒn/ *n* circuncisión

circumference /səˈkʌmfərəns/ *n* circunferencia: *the circumference of a circle* el perímetro de una circunferencia ◇ *the circumference of the earth* la circunferencia de la Tierra

circumstance /ˈsɜːkəmstəns/ *n* **1** circunstancia **2 circumstances** [*pl*] situación económica LOC **in/under no circumstances** en ningún caso ◆ **in/under the circumstances** dadas las circunstancias

circus /ˈsɜːkəs/ *n* (*pl* **circuses**) circo

cistern /ˈsɪstən/ *n* **1** cisterna **2** depósito (del agua)

cite /saɪt/ *vt* (*formal*) citar

citizen /ˈsɪtɪzn/ *n* ciudadano, -a *Ver tb* SENIOR CITIZEN **citizenship** *n* ciudadanía

citrus /ˈsɪtrəs/ *adj* cítrico: *citrus fruit(s)* cítricos

city /ˈsɪti/ *n* (*pl* **cities**) **1** ciudad (*grande o importante*): *city centre* centro de la ciudad ➲ *Ver nota en* CIUDAD **2 the City** el centro financiero de Londres

ˌcity ˈhall *n* (*USA*) ayuntamiento

civic /ˈsɪvɪk/ *adj* **1** municipal: *civic centre* centro municipal **2** cívico

civics /ˈsɪvɪks/ *n* [*incontable*] (*esp USA*) educación cívica

civil /ˈsɪvl/ *adj* **1** civil: *civil law* código/derecho civil ◇ *civil rights/liberties* derechos del ciudadano ◇ *civil strife* disensión social **2** educado, atento

civilian /səˈvɪliən/ *n* civil

civilization, -isation /ˌsɪvəlaɪˈzeɪʃn; *USA* -ləˈz-/ *n* civilización

civilized, -ised /ˈsɪvəlaɪzd/ *adj* civilizado

ˌcivil ˈservant *n* funcionario público, funcionaria pública

the ˌcivil ˈservice *n* [*sing*] la administración pública

clad /klæd/ *adj* ~ **(in sth)** (*formal*) vestido (de algo)

claim /kleɪm/ *verbo, nombre*

▸ *vt* **1** afirmar, pretender **2** reclamar **3** (*derecho*) reivindicar **4** (*subsidio, etc.*) solicitar **5** (*atención*) merecer **6** (*formal*) (*vidas*) cobrarse

▸ *n* **1** afirmación **2** ~ **(on/to sth)** derecho (a algo) **3** ~ **(for sth)** reclamación, reivindicación (de algo) **4** ~ **(for sth)** solicitud (de algo) **5** ~ **(against sb/sth)** reclamación, demanda (contra algn/algo) LOC *Ver* LAY, STAKE **claimant** *n* demandante

clairvoyant /kleəˈvɔɪənt/ *n* vidente

clam /klæm/ *nombre, verbo*

▸ *n* almeja

▸ *v* **(-mm-)** PHR V **clam up** (*coloq*) no decir ni pío

clamber /ˈklæmbə(r)/ *vi* trepar (*con dificultad*)

clammy /ˈklæmi/ *adj* sudoroso, pegajoso

clamour (*USA* **clamor**) /ˈklæmə(r)/ *verbo, nombre*

▸ *vi* **1** ~ **for sth** (*formal*) pedir algo a voces **2** clamar

▸ *n* clamor, griterío

clamp /klæmp/ *verbo, nombre*

▸ *vt* **1** sujetar **2** poner el cepo a (*un coche*) PHR V **clamp down (on sb/sth)** tomar medidas drásticas (contra algn/algo)

▸ *n* **1** grapa **2** abrazadera **3** cepo (*para coche*)

clampdown /ˈklæmpdaʊn/ *n* ~ **(on sth)** restricción (de algo), medidas drásticas (contra algo)

clan /klæn/ *n* [*v sing o pl*] clan

clandestine /klænˈdestɪn, ˈklændəstaɪn/ *adj* (*formal*) clandestino

clang /klæŋ/ *verbo, nombre*

▸ *vt, vi* (hacer) sonar

▸ *n* tañido (*metálico*)

clank /klæŋk/ *verbo, nombre*

▸ *vt, vi* (hacer) rechinar (*cadenas, maquinaria*)

▸ *n* ruido metálico

clap 🔑 /klæp/ *verbo, nombre*

▸ (**-pp-**) **1** *vt, vi* aplaudir **2** *vt*: *to clap your hands (together)* batir palmas ◇ *to clap sb on the back* dar una palmada en la espalda a algn

▸ *n* **1** aplauso **2** *a clap of thunder* un trueno **clapping** *n* [*incontable*] aplausos

clarification /ˌklærəfɪˈkeɪʃn/ *n* aclaración

clarify /ˈklærəfaɪ/ *vt* (*pt, pp* **-fied**) (*formal*) aclarar

clarinet /ˌklærəˈnet/ *n* clarinete

clarity /ˈklærəti/ *n* lucidez, claridad

clash /klæʃ/ *nombre, verbo*

▸ *n* **1** enfrentamiento **2** ~ **(over sth)** choque, conflicto (por algo): *a clash of interests* un conflicto de intereses **3** estruendo

▸ **1** *vi* ~ **(with sb)** tener un enfrentamiento (con algn) **2** *vi* ~ **(with sb) (over/on sth)** discrepar (con algn) (en algo) **3** *vi* (*fechas*) coincidir **4** *vi* (*colores*) desentonar **5** *vt, vi* (hacer) chocar (*con ruido*)

clasp /klɑːsp; *USA* klæsp/ *verbo, nombre*

▸ *vt* apretar

▸ *n* cierre

class 🔑 /klɑːs; *USA* klæs/ *nombre, verbo*

▸ *n* **1** clase: *They're in class.* Están en clase. ◇ *class struggle/system* lucha/sistema de clases *Ver tb* MIDDLE CLASS, WORKING CLASS **2** categoría: *They are not in the same class.* No tienen comparación. LOC **in a class of your, its, etc. own** sin par

▸ *vt* ~ **sb/sth (as sth)** clasificar a algn/algo (como algo)

classic 🔑 /ˈklæsɪk/ *adjetivo, nombre*

▸ *adj* **1** clásico **2** típico: *It was a classic case.* Fue un caso típico.

▸ *n* clásico

classical /ˈklæsɪkl/ *adj* clásico

classification /ˌklæsɪfɪˈkeɪʃn/ *n* **1** clasificación **2** categoría

classified /ˈklæsɪfaɪd/ *adj* **1** confidencial **2** clasificado: *classified ads* anuncios por palabras

classify /ˈklæsɪfaɪ/ *vt* (*pt, pp* **-fied**) clasificar

classmate /ˈklɑːsmeɪt; *USA* ˈklæs-/ *n* compañero, -a de clase

classroom 🔑 /ˈklɑːsruːm, -rʊm; *USA* ˈklæs-/ *n* aula, clase

classy /ˈklɑːsi; *USA* ˈklæsi/ *adj* (**classier**, **-iest**) con mucho estilo

clatter /ˈklætə(r)/ *verbo, nombre*

▸ *vi* **1** hacer ruido (*con platos, etc.*) **2** (*tren*) traquetear

▸ *n* (*tb* **clattering**) [*sing*] **1** estrépito **2** (*tren*) triquitraque

clause /klɔːz/ *n* **1** (*Gram*) proposición **2** (*Jur*) cláusula

claustrophobia /ˌklɔːstrəˈfəʊbiə/ *n* claustrofobia **claustrophobic** *adj* claustrofóbico

claw /klɔː/ *nombre, verbo*

▸ *n* **1** garra **2** (*gato*) uña **3** (*cangrejo*) pinza **4** (*máquina*) garfio

▸ *vt* arañar

clay /kleɪ/ *n* **1** arcilla, barro **2** (*Tenis*) tierra batida

clean 🔑 /kliːn/ *adjetivo, verbo*

▸ *adj* (**cleaner**, **-est**) **1** limpio: *to wipe sth clean* limpiar algo **2** (*papel, etc.*) en blanco LOC **make a clean break (with sth)** cortar por completo (con algo)

▸ *vt, vi* limpiar(se): *to clean your teeth* lavarse los dientes PHR V **clean sth off/from sth** limpiar algo de algo ◆ **clean sb out** (*coloq*) dejar a algn sin un céntimo ◆ **clean sth out** limpiar algo a fondo ◆ **clean (sth) up** limpiar (algo): *to clean up your image* mejorar tu imagen

clean-cut /ˌkliːn ˈkʌt/ *adj* pulcro

cleaner /ˈkliːnə(r)/ *n* **1** limpiador, -ora **2 cleaner's** tintorería ➲ *Ver nota en* CARNICERÍA

cleaning /ˈkliːnɪŋ/ *n* [*incontable*] limpieza (*trabajo*)

cleanliness /ˈklenlinəs/ *n* limpieza (*cualidad*)

cleanly /ˈkliːnli/ *adv* limpiamente

cleanse /klenz/ *vt* **1** limpiar en profundidad **2** ~ **sb (of/from sth)** purificar a algn (de algo) **cleanser** *n* **1** crema limpiadora **2** producto de limpieza

clean-shaven /ˌkliːn ˈʃeɪvn/ *adj* afeitado

clean-up /ˈkliːn ʌp/ *n* limpieza (*actividad*)

clear 🔑 /klɪə(r)/ *adjetivo, verbo, adverbio, nombre*

▸ *adj* (**clearer**, **-est**) **1** claro: *Are you quite clear about what the job involves?* ¿Tienes claro lo que implica el trabajo? **2** (*agua, cristal*) transparente **3** (*tiempo, cielo, carretera*) despejado **4** (*recepción*) nítido **5** (*conciencia*) tranquilo **6** libre: *clear of debt* libre de deudas ◇ *to keep next weekend clear* dejar libre el fin de semana que viene LOC **(as) clear as day** más claro que el agua ◆ **(as) clear as mud** (*coloq*) nada claro ◆ **make sth clear (to sb)** dejar algo claro (a algn) *Ver tb* CRYSTAL

▸ **1** *vt* despejar: *to clear the table* quitar la mesa **2** *vt* (*tubería*) desatascar **3** *vt* (*de gente*) desalojar **4** *vi* (*tiempo*) despejar(se) **5** *vi* (*agua*) aclararse **6** *vt* ~ **sb (of sth)** absolver a algn (de algo): *to clear your name* limpiar tu nombre **7** *vt* (*obstáculo*) salvar LOC **clear the air** aclarar las cosas PHR V **clear (sth) away/up** recoger (algo) ◆ **clear**

off (*coloq*) largarse ◆ **clear sth out** ordenar algo (*tirando lo que no sirve*), vaciar algo ◆ **clear up** (*tiempo*) despejar(se) ◆ **clear sth up** aclarar algo
▸ *adv* **1** ~ **(of sth)** alejado (de algo): *Stand clear of the doors.* Manténganse alejados de las puertas. **2** claramente **3** completamente LOC **keep/stay/steer clear (of sb/sth)** mantenerse alejado (de algn/algo)
▸ *n* LOC **in the clear** (*coloq*) **1** fuera de sospecha **2** fuera de peligro

clearance /ˈklɪərəns/ *n* **1** despeje: *a clearance sale* una liquidación **2** espacio libre **3** autorización

clear-cut /ˌklɪə ˈkʌt/ *adj* definido

clear-headed /ˌklɪə ˈhedɪd/ (*tb* **clear-sighted** /ˌklɪə ˈsaɪtɪd/) *adj* lúcido

clearing /ˈklɪərɪŋ/ *n* claro (*de bosque*)

clearly 🔑 /ˈklɪəli/ *adv* claramente

cleavage /ˈkliːvɪdʒ/ *n* escote

clef /klef/ *n* clave (*Mús*)

clementine /ˈkleməntiːn/ *n* clementina

clench /klentʃ/ *vt* apretar (*puños, dientes*)

clergy /ˈklɜːdʒi/ *n* [*v sing o pl*] clero

clergyman /ˈklɜːdʒimən/ *n* (*pl* **-men** /-mən/) **1** clérigo **2** sacerdote anglicano

clerical /ˈklerɪkl/ *adj* **1** de oficina: *clerical staff* personal administrativo **2** (*Relig*) eclesiástico

clerk 🔑 /klɑːk; *USA* klɜːrk/ *n* **1** oficinista, empleado, -a **2** (*ayuntamiento, juzgado*) secretario, -a **3** (*USA*) *Ver* SALES CLERK **4** (*USA*) (*tb* ˈ**desk clerk**) recepcionista

clever 🔑 /ˈklevə(r)/ *adj* (**cleverer**, **-est**) ❶ También se utilizan las formas **more clever** y **the most clever**. **1** listo **2** hábil: *to be clever at sth* tener aptitud para algo **3** ingenioso LOC **be too clever (by half)** (*GB, coloq*) pasarse de listo **cleverness** *n* inteligencia, habilidad, astucia

cliché /ˈkliːʃeɪ; *USA* kliːˈʃeɪ/ *n* cliché, tópico

click 🔑 /klɪk/ *verbo, nombre*
▸ **1** *vt, vi*: *to click open/shut* abrirse/cerrarse con un clic ◇ *to click your heels* dar un taconazo ◇ *to click your fingers* chasquear los dedos **2** *vt, vi* ~ **(sth/on sth)** (*Informát*) hacer clic (en algo): *Click on the icon.* Haz clic en el icono. *Ver tb* DOUBLE-CLICK, RIGHT-CLICK **3** *vi* (*coloq*) caer en la cuenta **4** *vi* (*coloq*) (*hacerse amigos*) conectar
▸ *n* **1** clic **2** chasquido **3** taconazo

client 🔑 /ˈklaɪənt/ *n* **1** cliente, -a **2** (*de abogado*) defendido, -a

clientele /ˌkliːənˈtel; *USA* ˌklaɪənˈtel/ *n* [*v sing o pl*] clientela

cliff /klɪf/ *n* acantilado, precipicio

climate 🔑 /ˈklaɪmət/ *n* clima: *the economic climate* las condiciones económicas

climax /ˈklaɪmæks/ *n* clímax

climb 🔑 /klaɪm/ *verbo, nombre*
▸ **1** *vt, vi* subir: *The road climbs steeply.* La carretera es muy empinada. **2** *vt, vi* trepar **3** *vt, vi* escalar **4** *vi* (*en sociedad*) ascender LOC *Ver* BANDWAGON PHR V **climb down 1** bajar **2** (*fig*) dar marcha atrás ◆ **climb out of sth** salir de algo: *to climb out of bed/a car* levantarse de la cama/bajar de un coche ◆ **climb (up) onto sth** subirse a algo ◆ **climb up sth** subirse a algo, trepar por algo
▸ *n* **1** escalada, subida **2** pendiente

climber /ˈklaɪmə(r)/ *n* alpinista

climbing 🔑 /ˈklaɪmɪŋ/ *n* alpinismo: *to go climbing* hacer alpinismo

clinch /klɪntʃ/ *vt* **1** (*victoria, etc.*) conseguir: *That clinched it.* Eso fue decisivo. **2** (*partido, etc.*) ganar **3** (*trato, etc.*) cerrar

cling /klɪŋ/ *vi* (*pt, pp* **clung** /klʌŋ/) ~ **(on) to sb/sth** agarrarse, aferrarse a algn/algo: *to cling to each other* abrazarse estrechamente

ˈ**cling film** *n* [*incontable*] film transparente (*para envolver alimentos*)

clinging /ˈklɪŋɪŋ/ (*tb* **clingy** /ˈklɪŋi/) *adj* **1** (*ropa*) ceñido **2** (*pey*) (*persona*) pegajoso

clinic /ˈklɪnɪk/ *n* clínica

clinical /ˈklɪnɪkl/ *adj* **1** clínico **2** (*pey*) frío (*sin emoción*)

clink /klɪŋk/ *verbo, nombre*
▸ **1** *vi* tintinear **2** *vt*: *They clinked glasses.* Brindaron.
▸ *n* tintineo

clip /klɪp/ *nombre, verbo*
▸ *n* **1** clip *Ver tb* PAPER CLIP **2** (*joya*) alfiler **3** *hair clip* pinza para el pelo
▸ *vt* (**-pp-**) **1** ~ **sth (on)** prender algo (con un clip): *to clip sth together* unir algo (con un clip) **2** cortar, recortar

clipboard /ˈklɪpbɔːd/ *n* tablilla con sujetapapeles

clique /kliːk/ *n* camarilla

cloak /kləʊk/ *nombre, verbo*
▸ *n* capa
▸ *vt* (*formal*) envolver: *cloaked in secrecy* rodeado de un gran secreto

cloakroom /ˈkləʊkruːm, -rʊm/ *n* **1** guardarropa **2** aseo ➲ *Ver nota en* TOILET

clock 🔑 /klɒk/ *nombre, verbo*
▸ *n* **1** reloj (*de pared o de mesa*) ➲ *Ver dibujo en* RELOJ **2 the clock** [*sing*] (*coloq*) el cuentakilómetros LOC **(a)round the clock** las veinticuatro horas ◆ **turn back the clock** volver al pasado

C

▸ *vt* cronometrar PHR V **clock in/on** fichar (*en el trabajo*) ◆ **clock off/out** fichar (*al salir del trabajo*) ◆ **clock up sth** hacer algo: *I clocked up 50 miles a day.* Hice 50 millas diarias.

C

clockwise /ˈklɒkwaɪz/ *adv, adj* en el sentido de las agujas del reloj

clockwork /ˈklɒkwɜːk/ *adj, n* (con) mecanismo de relojería LOC **like clockwork** como un reloj, a pedir de boca

clog /klɒg/ *verbo, nombre*
▸ (**-gg-**) **1** *vt* ~ **sth (up) (with sth)** obstruir, atascar algo (con algo) **2** *vi* ~ **(up)** obstruirse, atascarse
▸ *n* zueco

cloister /ˈklɔɪstə(r)/ *n* claustro

clone /kləʊn/ *nombre, verbo*
▸ *n* clon
▸ *vt* clonar **cloning** *n* clonación

close[1] /kləʊz/ *verbo, nombre*
▸ *vt, vi* **1** cerrar(se) **2** (*reunión, etc.*) concluir(se) LOC **close your mind to sth** no querer saber nada de algo PHR V **close (sth) down** (*empresa, etc.*) cerrar (algo) (*definitivamente*) ◆ **close in 1** acercarse: *The night is closing in.* La noche está cayendo. **2** (*día*) acortarse
▸ *n* (*formal*) final: *towards the close of sth* al finalizar algo LOC **bring sth to a close** concluir algo ◆ **come/draw to a close** llegar a su fin

close[2] /kləʊs/ *adjetivo, adverbio*
▸ *adj* (**closer**, **-est**) **1** ~ **to sth** cerca, al lado de algo: *close to tears* casi llorando **2** (*pariente*) cercano **3** (*amigo*) íntimo **4** (*vínculos, etc.*) estrecho **5** ~ **to sb** (*emocionalmente*) unido a algn **6** (*vigilancia*) estricto **7** (*examen*) minucioso **8** (*partido*) muy reñido **9** (*tiempo*) bochornoso, pesado LOC **it/that was a close call/shave** (*coloq*) me salvé, se salvó, etc. por los pelos ◆ **keep a close eye/watch on sb/sth** mantener a algn/algo bajo estricta vigilancia *Ver tb* HAND
▸ *adv* (**closer**, **-est**) (*tb* ˌ**close** ˈ**by**) cerca LOC **close on; close to** casi ◆ **close together** juntos

closed /kləʊzd/ *adj* cerrado

close-knit /ˌkləʊs ˈnɪt/ *adj* unido como una piña (*comunidad, etc.*)

closely /ˈkləʊsli/ *adv* **1** estrechamente: *a closely contested/fought match* un partido muy reñido **2** atentamente **3** *a scream, closely followed by a shot* un grito, seguido casi de inmediato por un disparo

closeness /ˈkləʊsnəs/ *n* **1** proximidad **2** intimidad

closet /ˈklɒzɪt/ *n* (*esp USA*) armario (*para ropa*)

close-up /ˈkləʊs ʌp/ *n* primer plano

closing /ˈkləʊzɪŋ/ *adjetivo, nombre*
▸ *adj* **1** último **2** (*fecha*) límite
▸ *n* cierre: *closing time* hora de cierre

closure /ˈkləʊʒə(r)/ *n* cierre

clot /klɒt/ *n* coágulo

cloth /klɒθ; *USA* klɔːθ/ *n* (*pl* **cloths** /klɒθs; *USA* klɔːðz/) **1** tela, paño ➲ *Ver nota en* TELA **2** trapo

clothe /kləʊð/ *vt* (*formal*) ~ **sb/yourself (in sth)** vestir a algn, vestirse (con algo)

clothes /kləʊðz/ *n* [*pl*] ropa: *clothes line* cuerda de tender *Ver tb* PLAIN CLOTHES

ˈ**clothes peg** (*USA* **clothespin** /ˈkləʊðzpɪn/) *n* pinza (*de tender*)

clothing /ˈkləʊðɪŋ/ *n* ropa: *an item of clothing* una prenda de ropa ◇ *the clothing industry* la industria textil

ˌ**clotted** ˈ**cream** *n* nata espesa

cloud /klaʊd/ *nombre, verbo*
▸ *n* nube
▸ **1** *vt* (*juicio*) ofuscar **2** *vi* ~ **(over)** (*formal*) (*expresión*) ensombrecerse **3** *vt* (*asunto*) complicar PHR V **cloud over** nublarse **cloudless** *adj* despejado **cloudy** *adj* nublado

clout /klaʊt/ *nombre, verbo*
▸ *n* **1** influencia **2** (*coloq*) tortazo
▸ *vt* (*coloq*) dar un tortazo a

clove /kləʊv/ *n* **1** clavo (*especia*) **2** *clove of garlic* diente de ajo

clover /ˈkləʊvə(r)/ *n* trébol

clown /klaʊn/ *n* payaso, -a

club /klʌb/ *nombre, verbo*
▸ *n* **1** club **2** discoteca **3** porra **4** palo (*de golf*) **5 clubs** [*pl*] (*Naipes*) tréboles ➲ *Ver nota en* BARAJA
▸ *vt* (**-bb-**) aporrear: *to club sb to death* matar a algn a porrazos PHR V **club together (to do sth)** hacer un fondo (para hacer algo)

clubber /ˈklʌbə(r)/ *n* discotequero, -a

clubbing /ˈklʌbɪŋ/ *n*: *to go clubbing* ir de discotecas

cluck /klʌk/ *verbo, nombre*
▸ *vi* (*gallina*) cacarear
▸ *n* cacareo

clue /kluː/ *n* **1** ~ **(to sth)** pista (de algo) **2** (*crucigrama*) definición LOC **not have a clue** (*coloq*) **1** no tener ni idea **2** ser un inútil

clump /klʌmp/ *n* grupo (*de plantas, etc.*)

clumsy /ˈklʌmzi/ *adj* (**clumsier**, **-iest**) **1** torpe, desgarbado **2** tosco

clung *pt, pp de* CLING

clunky /ˈklʌŋki/ *adj* (*coloq*) tosco, pesado

cluster /ˈklʌstə(r)/ *nombre, verbo*
▸ *n* grupo
▸ *vi* ~ **(together)** apiñarse

clutch /klʌtʃ/ *verbo, nombre*
▶ **1** *vt* (*tener*) apretar, estrechar **2** *vt, vi* ~ **(at) sb/sth** (*coger*) agarrar a algn/algo PHR V **clutch at sth** intentar agarrar algo
▶ *n* **1** embrague **2 clutches** [*pl*] (*coloq*) garras

clutter /ˈklʌtə(r)/ *verbo, nombre*
▶ *vt* ~ **sth (up)** atestar algo: *boots cluttering up the place* botas amontonadas por todas partes
▶ *n* (*pey*) desorden, confusión

coach ⚷ /kəʊtʃ/ *nombre, verbo*
▶ *n* **1** entrenador, -ora **2** profesor, -ora particular **3** autocar **4** (*Ferrocarril*) vagón **5** carroza **6** (*USA*) (*Aeronáut*) de tarifa reducida
▶ *vt* ~ **sb (in/for sth) 1** (*Dep*) entrenar a algn (para algo) **2** dar clases particulares (de algo) a algn
coaching *n* [*incontable*] entrenamiento, preparación

coal ⚷ /kəʊl/ *n* **1** carbón: *coal mine* mina de carbón **2** trozo de carbón: *hot/live coals* brasas

coalfield /ˈkəʊlfiːld/ *n* cuenca minera (*de carbón*)

coalition /ˌkəʊəˈlɪʃn/ *n* [*v sing o pl*] coalición

coarse /kɔːs/ *adj* (**coarser**, **-est**) **1** (*tela, manos*) áspero **2** (*arena, etc.*) grueso **3** vulgar **4** (*lenguaje, persona*) grosero **5** (*chiste*) verde

coast ⚷ /kəʊst/ *nombre, verbo*
▶ *n* costa
▶ *vi* **1** (*coche, etc.*) ir en punto muerto **2** (*bicicleta*) ir sin pedalear

coastal /ˈkəʊstl/ *adj* costero

coaster /ˈkəʊstə(r)/ *n* posavasos

coastguard /ˈkəʊstgɑːd/ *n* **1** servicio de guardacostas **2** (*persona*) guardia costero

coastline /ˈkəʊstlaɪn/ *n* litoral

coat ⚷ /kəʊt/ *nombre, verbo*
▶ *n* **1** abrigo, chaquetón: *white coat* bata (blanca) **2** (*animal*) pelo, lana **3** (*pintura*) capa, mano
▶ *vt* ~ **sth (with/in sth)** cubrir, bañar, rebozar algo (de algo)

ˈ**coat hanger** *n* perchero

coating /ˈkəʊtɪŋ/ *n* capa, baño

coax /kəʊks/ *vt* ~ **sb into/out of sth/doing sth**; ~ **sb to do sth** engatusar, persuadir a algn (para que haga/deje de hacer algo) PHR V **coax sth out of/from sb** sonsacar algo a algn

cobalt /ˈkəʊbɔːlt/ *n* (*Quím*) cobalto

cobbles /ˈkɒblz/ (*tb* **cobblestones** /ˈkɒblstəʊnz/) *n* [*pl*] adoquines

cobweb /ˈkɒbweb/ *n* telaraña

cocaine /kəʊˈkeɪn/ *n* cocaína

cock /kɒk/ *nombre, verbo*
▶ *n* **1** gallo **2** (*ave*) macho
▶ *vt* levantar (*pata, orejas, cejas, etc.*)

cockerel /ˈkɒkərəl/ *n* gallo joven

cockney /ˈkɒkni/ *adjetivo, nombre*
▶ *adj* del este de Londres
▶ *n* (*pl* **cockneys**) **1** nativo, -a del este de Londres **2** dialecto del este de Londres

cockpit /ˈkɒkpɪt/ *n* cabina (del piloto)

cockroach /ˈkɒkrəʊtʃ/ *n* cucaracha

cocktail /ˈkɒkteɪl/ *n* **1** cóctel **2** (*de fruta*) macedonia

cocoa /ˈkəʊkəʊ/ *n* **1** cacao **2** (*bebida*) chocolate

coconut /ˈkəʊkənʌt/ *n* coco

cocoon /kəˈkuːn/ *n* **1** (*gusano*) capullo **2** (*fig*) caparazón

cod /kɒd/ *n* (*pl* **cod**) bacalao

code ⚷ /kəʊd/ *n* **1** código **2** (*mensaje*) clave: *code name* nombre de guerra *Ver tb* AREA CODE, BAR CODE, DIALLING CODE

coerce /kəʊˈɜːs/ *vt* ~ **sb (into sth/doing sth)** (*formal*) coaccionar a algn (para que haga algo)

coercion /kəʊˈɜːʃn/ *n* (*formal*) coacción

coffee ⚷ /ˈkɒfi; *USA* ˈkɔːfi/ *n* **1** café: *coffee bar/shop* cafetería ◇ *coffee pot/maker* cafetera **2** color café

coffin /ˈkɒfɪn; *USA* ˈkɔːfɪn/ *n* ataúd

cog /kɒg/ *n* **1** (*de rueda dentada*) diente **2** rueda dentada

cogent /ˈkəʊdʒənt/ *adj* (*formal*) convincente

coherent /kəʊˈhɪərənt/ *adj* **1** coherente **2** (*habla*) inteligible

coil /kɔɪl/ *verbo, nombre*
▶ *vt, vi* ~ **(sth) (a)round sth**; ~ **(sth) (up)** enrollar algo, enrollarse, enroscarse (alrededor de algo)
▶ *n* **1** rollo **2** (*serpiente*) anillo **3** (*anticonceptivo*) DIU

coin ⚷ /kɔɪn/ *nombre, verbo*
▶ *n* moneda
▶ *vt* acuñar

coincide /ˌkəʊɪnˈsaɪd/ *vi* ~ **(with sth)** coincidir (con algo)

coincidence /kəʊˈɪnsɪdəns/ *n* casualidad

coke /kəʊk/ *n* **1 Coke**® Coca Cola® **2** (*coloq*) coca, cocaína **3** coque

colander /ˈkʌləndə(r)/ *n* colador

cold ⚷ /kəʊld/ *adjetivo, nombre, adverbio*
▶ *adj* (**colder**, **-est**) frío ➲ *Ver nota en* FRÍO LOC **be cold 1** (*persona*) tener frío **2** (*tiempo*) hacer frío **3** (*objeto*) estar frío **4** (*lugares, periodos de tiempo*) ser (muy) frío ◆ **get cold 1** enfriarse **2** coger frío **3** (*tiempo*) ponerse frío ◆ **get/have cold feet** (*coloq*) sentir mieditis
▶ *n* **1** frío **2** resfriado: *to catch a cold* resfriarse LOC *Ver* DEATH
▶ *adv* de improviso

cold-blooded /ˌkəʊld ˈblʌdɪd/ *adj* **1** desalmado **2** (*Biol*) de sangre fría

ˌ**cold ˈcash** *n* (*USA*) dinero en efectivo

cold-hearted /ˌkəʊld ˈhɑːtɪd/ *adj* frío, despiadado

ˌ**cold ˈmeats** (*tb esp USA* ˈ**cold cuts**) *n* [*pl*] fiambres, embutidos

coleslaw /ˈkəʊlslɔː/ *n* ensalada de col

collaboration /kəˌlæbəˈreɪʃn/ *n* **1** colaboración **2** colaboracionismo

collapse /kəˈlæps/ *verbo, nombre*

▸ *vi* **1** derrumbarse, desplomarse **2** caer desmayado **3** (*negocio, etc.*) hundirse **4** (*valor*) caer en picado **5** (*mueble, etc.*) plegarse

▸ *n* **1** derrumbamiento **2** (*Med*) colapso **3** caída en picado

collar /ˈkɒlə(r)/ *n* **1** (*camisa, etc.*) cuello **2** (*perro*) collar

collarbone /ˈkɒləbəʊn/ *n* (*Anat*) clavícula

collateral /kəˈlætərəl/ *nombre, adjetivo*

▸ *n* [*incontable*] (*Fin*) garantía

▸ *adj* (*formal*) **1** colateral: *collateral damage* daños colaterales **2** (*pruebas*) circunstancial

colleague /ˈkɒliːg/ *n* colega, compañero, -a (*de profesión*)

collect /kəˈlekt/ *verbo, adjetivo, adverbio*

▸ **1** *vt* recoger **2** *vt* ~ **sth (up/together)** juntar, reunir algo: *collected works* obras completas **3** *vt* (*datos*) recopilar **4** *vt* (*sellos, monedas, etc.*) coleccionar **5** *vi* (*muchedumbre*) reunirse **6** *vi* (*polvo, agua*) acumularse **7** *vt* (*fondos, impuestos*) recaudar

▸ *adj, adv* (*USA*) a cobro revertido: *to call collect* llamar a cobro revertido

collection /kəˈlekʃn/ *n* **1** colección **2** conjunto, grupo **3** recogida **4** (*en iglesia*) colecta

collective /kəˈlektɪv/ *adj, n* colectivo

collector /kəˈlektə(r)/ *n* coleccionista

college /ˈkɒlɪdʒ/ *n* **1** centro de educación superior *Ver tb* TECHNICAL COLLEGE **2** (*GB*) colegio universitario ❶ Las universidades de Oxford y Cambridge se dividen en instituciones llamadas **colleges**. **3** (*USA*) universidad *Ver tb* JUNIOR COLLEGE

collide /kəˈlaɪd/ *vi* ~ **(with sth/sb)** chocar (con algo/algn)

collision /kəˈlɪʒn/ *n* choque

colloquial /kəˈləʊkwiəl/ *adj* coloquial

colon /ˈkəʊlən/ *n* **1** dos puntos ➲ *Ver pág 379* **2** (*Anat*) colon

colonel /ˈkɜːnl/ *n* coronel

colonial /kəˈləʊniəl/ *adj* colonial

colonization, -isation /ˌkɒlənaɪˈzeɪʃn; *USA* -nəˈz-/ *n* colonización

colonize, -ise /ˈkɒlənaɪz/ *vt* colonizar **colonizer, -iser** *n* colonizador, -ora

colony /ˈkɒləni/ *n* [*v sing o pl*] (*pl* **colonies**) colonia

colossal /kəˈlɒsl/ *adj* colosal

colour (*USA* **color**) /ˈkʌlə(r)/ *nombre, verbo*

▸ *n* **1** color ➲ *Ver nota en* COLOR **2 colours** [*pl*] (*equipo, partido, etc.*) colores **3 colours** [*pl*] (*Mil*) bandera LOC **be/feel off colour** (*GB, coloq*) sentirse indispuesto

▸ **1** *vt* colorear, pintar **2** *vi* ~ **(at sth)** (*formal*) ruborizarse (ante algo) **3** *vt* (*afectar*) marcar **4** *vt* (*juicio*) ofuscar PHR V **colour sth in** colorear algo

colour-blind (*USA* **color-blind**) /ˈkʌlə blaɪnd/ *adj* daltónico

coloured (*USA* **colored**) /ˈkʌləd/ *adj* **1** de colores: *cream-coloured* (de) color crema **2** (*antic o pey*) (*persona*) de color

colourful (*USA* **colorful**) /ˈkʌləfl/ *adj* **1** lleno de color, llamativo **2** (*personaje, vida*) pintoresco

colouring (*USA* **coloring**) /ˈkʌlərɪŋ/ *n* **1** colorante **2** tez **3** colorido

colourless (*USA* **colorless**) /ˈkʌlələs/ *adj* **1** incoloro, sin color **2** (*personaje, estilo*) gris

colt /kəʊlt/ *n* potro ➲ *Ver nota en* POTRO

column /ˈkɒləm/ *n* columna

coma /ˈkəʊmə/ *n* coma (*Med*)

comb /kəʊm/ *nombre, verbo*

▸ *n* **1** peine **2** (*adorno*) peineta

▸ **1** *vt* peinar **2** *vt, vi* ~ **(through) sth (for sb/sth)** rastrear, peinar algo (en busca de algn/algo)

combat /ˈkɒmbæt/ *nombre, verbo*

▸ *n* combate

▸ *vt* combatir, luchar contra

combination /ˌkɒmbɪˈneɪʃn/ *n* combinación

combine /kəmˈbaɪn/ **1** *vt, vi* combinar(se) **2** *vi* ~ **with sth** (*Econ*) fusionarse con algo **3** *vt* (*cualidades*) reunir

come /kʌm/ *vi* (*pt* **came** /keɪm/, *pp* **come**) **1** venir: *to come running* venir corriendo ➲ *Ver notas en* IR *y* VENIR **2** llegar **3** recorrer **4** (*posición*) ser: *to come first* ser el/lo primero ◇ *It came as a surprise.* Fue una sorpresa. **5** ~ **to/into sth**: *to come to a halt* pararse ◇ *to come into a fortune* heredar una fortuna **6** (*resultar*): *to come undone* desatarse LOC **come to nothing; not come to anything** quedarse en nada ◆ **come what may** pase lo que pase ◆ **when it comes to (doing) sth** cuando se trata de (hacer) algo ❶ Para otras expresiones con **come**, véanse las entradas del sustantivo, adjetivo, etc., p. ej. **come of age** en AGE.

PHR V **come about (that...)** ocurrir, suceder (que...)
come across sb/sth encontrarse con algn/algo
come along 1 aparecer, presentarse **2** venir también: *Come along!* ¡Vamos! **3** progresar
come apart deshacerse
come around = COME ROUND
come away (from sth) 1 desprenderse (de algo) **2** irse (de algo)
come back volver
come by sth 1 (*obtener*) conseguir algo **2** (*recibir*) adquirir algo
come down 1 (*precios, temperatura*) bajar **2** desplomarse, venirse abajo ◆ **come down with sth** coger algo (*enfermedad leve*)
come forward ofrecerse
come from... ser de...: *Where do you come from?* ¿De dónde eres?
come in 1 entrar: *Come in!* ¡Adelante! **2** llegar **3** (*marea*) subir ◆ **come in for sth** (*crítica, etc.*) ser objeto de algo
come off 1 (*mancha*) quitarse **2** (*pieza*): *Does it come off?* ¿Se puede quitar? **3** (*coloq*) (*plan*) tener éxito ◆ **come off (sth)** caerse, desprenderse (de algo) ◆ **come off it!** (*coloq*) ¡venga ya!
come on 1 come on! ¡venga!, ¡vamos! **2** (*jugador, actor*) salir (al campo/escenario) **3** progresar
come out 1 salir **2** ponerse de manifiesto **3** declararse homosexual ◆ **come out with sth** soltar algo, salir con algo
come over sb invadir a algn: *I can't think what came over me.* No sé qué me pasó. ◆ **come over (to...)** venir (a...)
come round volver en sí ◆ **come round (to...)** venir (a...)
come through (sth) sobrevivir (a algo)
come to volver en sí ◆ **come to sth 1** ascender a algo **2** llegar a algo
come up 1 (*planta, sol*) salir **2** (*tema*) surgir ◆ **come up against sb/sth** enfrentarse a algn/algo ◆ **come up to sb** acercarse a algn

comeback /ˈkʌmbæk/ *n* retorno: *to make/stage a comeback* reaparecer en escena

comedian /kəˈmiːdiən/ *n* humorista, cómico, -a

comedy /ˈkɒmədi/ *n* (*pl* **comedies**) **1** comedia: *comedy actor* (actor) cómico **2** comicidad

comet /ˈkɒmɪt/ *n* cometa

comfort /ˈkʌmfət/ *nombre, verbo*
▸ *n* **1** bienestar, comodidad **2** consuelo **3 comforts** [*pl*] comodidades
▸ *vt* consolar

comfortable /ˈkʌmftəbl, -fət-/ *adj* **1** cómodo **2** (*victoria*) fácil **3** (*mayoría*) amplio

comfortably /ˈkʌmftəbli, -fət-/ *adv* (*ganar*) cómodamente LOC **be comfortably off** vivir con holgura

comforter /ˈkʌmfətə(r)/ *n* (*USA*) edredón

comfy /ˈkʌmfi/ *adj* (**comfier, -iest**) (*coloq*) cómodo

comic /ˈkɒmɪk/ *adjetivo, nombre*
▸ *adj* cómico
▸ *n* **1** humorista, cómico, -a **2** (*USA tb* ˈ**comic book**) cómic, tebeo: *comic strip* viñeta

coming /ˈkʌmɪŋ/ *nombre, adjetivo*
▸ *n* [*sing*] llegada
▸ *adj* [*sólo antes de sustantivo*] próximo

comma /ˈkɒmə/ *n* coma (*ortografía*) ➲ *Ver pág 379*

command /kəˈmɑːnd; *USA* -ˈmænd/ *nombre, verbo*
▸ *n* **1** orden **2** (*Informát*) orden, comando **3** (*Mil*) mando **4** (*idioma, etc.*) dominio
▸ **1** *vt* ordenar ➲ *Ver nota en* ORDER **2** *vt, vi* tener el mando (de) **3** *vt* (*respeto*) infundir **4** *vt* (*atención*) llamar **5** *vt* (*vista*) tener **6** *vt* (*formal*) (*recursos*) disponer de **commander** *n* **1** (*Mil*) comandante **2** jefe, -a **commandment** *n* (*Relig*) mandamiento

commando / kəˈmɑːndəʊ; *USA* -ˈmænd-/ *n* (*pl* **commandos**) (*Mil*) comando

commemorate /kəˈmeməreɪt/ *vt* conmemorar

commence /kəˈmens/ *vt, vi* (*formal*) dar comienzo (a)

commend /kəˈmend/ *vt* **1 ~ sb (for/on sth)** elogiar a algn (por algo) **2 ~ sb to sb** (*formal*) recomendar a algn a algn **commendable** *adj* (*formal*) digno de elogio

comment /ˈkɒment/ *nombre, verbo*
▸ *n* **1** comentario **2** [*incontable*] comentarios: *'No comment.'* "Sin comentarios."
▸ *vi* **1 ~ (on/upon sth)** hacer comentarios (sobre algo) **2** comentar

commentary /ˈkɒməntri; *USA* -teri/ *n* (*pl* **commentaries**) **1** (*Dep*) comentarios **2** (*texto*) comentario

commentator /ˈkɒmənteɪtə(r)/ *n* comentarista

commerce /ˈkɒmɜːs/ *n* comercio ❶ La palabra más normal es **trade**.

commercial /kəˈmɜːʃl/ *adjetivo, nombre*
▸ *adj* **1** comercial **2** (*derecho*) mercantil **3** (*TV, Radio*) financiado por medio de la publicidad
▸ *n* anuncio (*TV, Radio*)

commission /kəˈmɪʃn/ *nombre, verbo*
▸ *n* **1** (*porcentaje, organismo*) comisión **2** encargo
▸ *vt* encargar

C

C

commissioner /kəˈmɪʃənə(r)/ *n* comisario, -a (*a cargo de un departamento*)

commit 🔑 /kəˈmɪt/ (**-tt-**) **1** *vt* cometer **2** *vt, vi* ~ **(sb/yourself) (to sth/to doing sth)** comprometer a algn, comprometerse (a algo/a hacer algo): *to commit yourself on sth* definirse respecto a algo **3** *vt*: *to commit sth to memory* aprenderse algo de memoria

commitment 🔑 /kəˈmɪtmənt/ *n* **1** ~ **(to sb/sth)**; ~ **(to do sth)** compromiso (con algn/algo), compromiso (de hacer algo) ➲ *Comparar con* ENGAGEMENT **2** entrega

committee 🔑 /kəˈmɪti/ *n* [*v sing o pl*] comité ➲ *Ver nota en* JURADO

commodity /kəˈmɒdəti/ *n* (*pl* **commodities**) **1** (*Fin*) mercancía **2** producto

common 🔑 /ˈkɒmən/ *adjetivo, nombre*
▸ *adj* **1** corriente **2** ~ **(to sb/sth)** común (a algn/algo): *common sense* sentido común **3** (*pey*) ordinario, vulgar ➲ *Comparar con* ORDINARY **LOC in common** en común
▸ *n* **1** tierra comunal **2 the Commons** *Ver* THE HOUSE OF COMMONS

commonly 🔑 /ˈkɒmənli/ *adv* generalmente

commonplace /ˈkɒmənpleɪs/ *adj* normal

ˈcommon room *n* **1** sala de profesores **2** sala de estudiantes

commotion /kəˈməʊʃn/ *n* revuelo

communal /kəˈmjuːnl, ˈkɒmjənl/ *adj* comunal

commune /ˈkɒmjuːn/ *n* [*v sing o pl*] comuna

communicate 🔑 /kəˈmjuːnɪkeɪt/ **1** *vi* ~ **(with sb)** comunicarse (con algn) **2** *vt* comunicar

communication 🔑 /kəˌmjuːnɪˈkeɪʃn/ *n* **1** comunicación **2** (*formal*) mensaje

communicative /kəˈmjuːnɪkətɪv; *USA* -keɪtɪv/ *adj* comunicativo, de comunicación

communion /kəˈmjuːniən/ (*tb* ˌ**Holy Comˈmunion**) *n* comunión

communiqué /kəˈmjuːnɪkeɪ; *USA* kəˌmjuːnəˈkeɪ/ *n* comunicado

communism /ˈkɒmjunɪzəm/ *n* comunismo **communist** *adj, n* comunista

community 🔑 /kəˈmjuːnəti/ *n* [*v sing o pl*] (*pl* **communities**) **1** comunidad: *community service* servicio comunitario ◇ *community centre* centro cívico **2** (*de expatriados, etc.*) colonia

commute /kəˈmjuːt/ *vi* viajar para ir al trabajo **commuter** *n* persona que tiene que viajar para ir al trabajo

compact *adjetivo, nombre*
▸ *adj* /kəmˈpækt/ compacto
▸ *n* /ˈkɒmpækt/ polvera

companion /kəmˈpæniən/ *n* compañero, -a **companionship** *n* compañerismo

company 🔑 /ˈkʌmpəni/ *n* (*pl* **companies**) **1** [*v sing o pl*] (*Econ*) empresa **2** compañía **LOC keep sb company** hacer compañía a algn *Ver tb* PART

comparable /ˈkɒmpərəbl/ *adj* ~ **(to/with sb/sth)** comparable (a algn/algo)

comparative /kəmˈpærətɪv/ *adj* **1** comparativo **2** relativo **comparatively** *adv* relativamente: *comparatively speaking* en comparación

compare 🔑 /kəmˈpeə(r)/ **1** *vt* ~ **sb/sth with/to sb/sth** comparar a algn/algo con algn/algo **2** *vi* ~ **with/to sb/sth** compararse con algn/algo

comparison 🔑 /kəmˈpærɪsn/ *n* comparación **LOC there's no comparison** no hay punto de comparación

compartment /kəmˈpɑːtmənt/ *n* compartimento

compass /ˈkʌmpəs/ *n* **1** brújula **2** (*tb* **compasses** [*pl*]) compás

compassion /kəmˈpæʃn/ *n* compasión **compassionate** /kəmˈpæʃənət/ *adj* compasivo

compatible /kəmˈpætəbl/ *adj* compatible

compel /kəmˈpel/ *vt* (**-ll-**) (*formal*) **1** obligar **2** forzar **compelling** *adj* (*formal*) **1** apasionante **2** (*motivo*) apremiante **3** (*argumento*) convincente, de peso

compensate /ˈkɒmpenseɪt/ **1** *vi* ~ **(for sth)** compensar (por algo) **2** *vt* ~ **sb (for sth)** indemnizar a algn (por algo) **compensation** *n* **1** indemnización **2** compensación

compete 🔑 /kəmˈpiːt/ *vi* **1** ~ **(with/against sb) (for sth)** competir (con algn) (por algo) **2** ~ **(in sth)** (*Dep*) tomar parte (en algo)

competence /ˈkɒmpɪtəns/ *n* aptitud, eficiencia

competent /ˈkɒmpɪtənt/ *adj* ~ **(as/at/in sth)**; ~ **(to do sth)** competente (como/para/en algo), competente (para hacer algo)

competition 🔑 /ˌkɒmpəˈtɪʃn/ *n* **1** ~ **(between/with sb)**; ~ **(for sth)** competencia (entre/con algn), competencia (por algo) **2** concurso **3** (*Dep*) competición **4 the competition** [*v sing o pl*] la competencia

competitive 🔑 /kəmˈpetətɪv/ *adj* competitivo **competitively** *adv*: *competitively-priced goods* artículos a precios competitivos

competitor /kəmˈpetɪtə(r)/ *n* competidor, -ora, concursante

compilation /ˌkɒmpɪˈleɪʃn/ *n* recopilación

compile /kəmˈpaɪl/ *vt* compilar

complacency /kəmˈpleɪsnsi/ *n* ~ **(about sth)** autocomplacencia (con algo) **complacent** *adj* satisfecho de sí mismo

complain 🔑 /kəmˈpleɪn/ *vi* **1** ~ **(to sb) (about sth)** quejarse (a algn) (de algo) **2** ~ **(that...)** quejarse (de que...)

Making a complaint
Expresar descontento
• *I'm afraid I'm not satisfied with this.* No estoy nada satisfecha con esto.
• *I'm sorry. This isn't good enough. We've been waiting half an hour.* Lo siento. No estamos satisfechos. Llevamos media hora esperando.
• *I'd like to make a complaint. The radio I bought doesn't work.* Quiero poner una reclamación. La radio que compré no funciona.
• *Excuse me - this isn't what I asked for. I'm having the soup, not the salad.* Disculpe. Esto no es lo que pedí. Yo quiero la sopa, no la ensalada.
• *I'd like to speak to the manager. I've got a complaint about something I bought.* Quiero hablar con el encargado. No estoy contento con un artículo que compré.
• *This meat isn't cooked. Could you take it back, please?* Esta carne no está hecha. ¿Me la podría hacer un poco más, por favor?

complaint 🔑 /kəmˈpleɪnt/ *n* **1** queja, reclamación **2** (*Med*) afección

complement *verbo, nombre*
▸ *vt* /ˈkɒmplɪment/ complementar
▸ *n* /ˈkɒmplɪmənt/ **1** ~ **(to sth)** complemento (para algo) **2** dotación **complementary** /ˌkɒmplɪˈmentri/ *adj* ~ **(to sth)** complementario (a algo)

complete 🔑 /kəmˈpliːt/ *adjetivo, verbo*
▸ *adj* **1** completo **2** total **3** terminado
▸ *vt* **1** terminar **2** completar **3** (*impreso*) rellenar

completely 🔑 /kəmˈpliːtli/ *adv* completamente, totalmente

completion /kəmˈpliːʃn/ *n* conclusión

complex 🔑 *adjetivo, nombre*
▸ *adj* /ˈkɒmpleks; *USA* kəmˈpleks/ complejo, complicado
▸ *n* /ˈkɒmpleks/ complejo

complexion /kəmˈplekʃn/ *n* **1** tez, cutis **2** (*fig*) cariz

compliance /kəmˈplaɪəns/ *n* (*formal*) obediencia: *in compliance with sth* conforme a algo

complicate 🔑 /ˈkɒmplɪkeɪt/ *vt* complicar

complicated 🔑 /ˈkɒmplɪkeɪtɪd/ *adj* complicado

complication /ˌkɒmplɪˈkeɪʃn/ *n* complicación

compliment /ˈkɒmplɪmənt/ *nombre, verbo*
▸ *n* **1** cumplido: *to pay sb a compliment* hacer un cumplido a algn **2 compliments** [*pl*] (*formal*) saludos: *with the compliments of the manager* con un atento saludo del gerente
▸ *vt* ~ **sb (on sth)** felicitar, hacerle un cumplido a algn (por algo)

complimentary /ˌkɒmplɪˈmentri/ *adj* **1** (*entrada, etc.*) de regalo **2** elogioso, favorable

comply /kəmˈplaɪ/ *vi* (*pt, pp* **-plied**) ~ **(with sth)** obedecer (algo)

component /kəmˈpəʊnənt/ *nombre, adjetivo*
▸ *n* **1** componente **2** (*Mec*) pieza
▸ *adj*: *component parts* piezas integrantes

compose /kəmˈpəʊz/ *vt* **1** (*Mús*) componer **2** (*escrito*) redactar **3** (*formal*) (*pensamientos*) poner en orden **4** ~ **yourself** (*formal*) serenarse **composed** *adj* sereno

composer /kəmˈpəʊzə(r)/ *n* compositor, -ora

composition /ˌkɒmpəˈzɪʃn/ *n* **1** composición **2** (*colegio*) redacción

compost /ˈkɒmpɒst/ *n* compost, abono vegetal

composure /kəmˈpəʊʒə(r)/ *n* calma

compound *nombre, adjetivo, verbo*
▸ *n* /ˈkɒmpaʊnd/ **1** compuesto **2** recinto
▸ *adj* /ˈkɒmpaʊnd/ compuesto
▸ *vt* /kəmˈpaʊnd/ (*formal*) agravar

comprehend /ˌkɒmprɪˈhend/ *vt* (*formal*) comprender (*en su totalidad*) **comprehensible** *adj* (*formal*) ~ **(to sb)** comprensible (para algn) **comprehension** *n* comprensión

comprehensive /ˌkɒmprɪˈhensɪv/ *adj* global, completo

compreˈhensive school *n* (*GB*) instituto de enseñanza secundaria

compress /kəmˈpres/ *vt* **1** comprimir **2** (*argumento, tiempo*) condensar **compression** *n* compresión

comprise /kəmˈpraɪz/ *vt* **1** constar de **2** formar

compromise /ˈkɒmprəmaɪz/ *nombre, verbo*
▸ *n* acuerdo
▸ **1** *vi* ~ **(on sth)** llegar a un acuerdo (en algo), ceder **2** *vt* comprometer **compromising** *adj* comprometedor

compulsion /kəmˈpʌlʃn/ *n* ~ **(to do sth)** **1** obligación (de hacer algo) **2** deseo irresistible (de hacer algo)

compulsive /kəmˈpʌlsɪv/ *adj* **1** compulsivo **2** (*jugador, etc.*) empedernido **3** (*novela*) absorbente

compulsory /kəmˈpʌlsəri/ *adj* **1** obligatorio **2** (*despido*) forzoso

C

com͵pulsory ˈpurchase *n* expropiación

computer 🔑 /kəmˈpjuːtə(r)/ *n* ordenador: *computer programmer* programador de ordenadores ◇ *computer-literate* competente en informática ◇ *computer game* juego de ordenador ➲ *Ver nota y dibujo en* ORDENADOR **computerize, -ise** *vt* informatizar **computing** (*tb* **com͵puter ˈscience/ˈstudies**) *n* informática

comrade /ˈkɒmreɪd; *USA* -ræd/ *n* **1** (*Pol*) camarada **2** (*antic*) compañero, -a

con /kɒn/ *nombre, verbo*

▸ *n* (*coloq*) estafa: *con artist/man* estafador LOC *Ver* PRO

▸ *vt* (**-nn-**) (*coloq*) **1** ~ **sb (out of sth)** estafar (algo) a algn **2** ~ **sb (into doing sth)** engatusar a algn (para que haga algo): *I was conned into thinking that...* Me engatusaron haciéndome pensar que...

concave /kɒnˈkeɪv/ *adj* cóncavo

conceal /kənˈsiːl/ *vt* (*formal*) **1** ocultar **2** (*alegría, etc.*) disimular

concede /kənˈsiːd/ *vt* **1** admitir **2** conceder

conceit /kənˈsiːt/ *n* vanidad **conceited** *adj* vanidoso

conceivable /kənˈsiːvəbl/ *adj* concebible

conceive /kənˈsiːv/ *vt, vi* **1** ~ **(of) sth** imaginar algo **2** concebir

concentrate 🔑 /ˈkɒnsntreɪt/ *vt, vi* concentrar(se)

concentration 🔑 /͵kɒnsnˈtreɪʃn/ *n* concentración

concept 🔑 /ˈkɒnsept/ *n* concepto

conception /kənˈsepʃn/ *n* **1** concepción **2** idea

concern 🔑 /kənˈsɜːn/ *verbo, nombre*

▸ *vt* **1** tener que ver con: *as far as I am concerned* por lo que a mí se refiere/en cuanto a mí **2** tratar de: *The film is concerned with unemployment.* La película trata del desempleo. **3** preocupar **4** ~ **yourself with/about sth** interesarse por algo

▸ *n* **1** preocupación **2** interés **3** negocio LOC *Ver* GOING

concerned 🔑 /kənˈsɜːnd/ *adj* preocupado

concerning 🔑 /kənˈsɜːnɪŋ/ *prep* (*formal*) **1** acerca de **2** en lo que se refiere a

concert 🔑 /ˈkɒnsət/ *n* concierto: *concert hall* sala de conciertos

concerted /kənˈsɜːtɪd/ *adj* **1** (*ataque*) coordinado **2** (*intento, esfuerzo*) conjunto

concerto /kənˈtʃɜːtəʊ/ *n* (*pl* **concertos**) concierto (*composición musical*)

concession /kənˈseʃn/ *n* **1** concesión **2** (*Fin*) desgravación

conciliation /kən͵sɪliˈeɪʃn/ *n* conciliación **conciliatory** /kənˈsɪliətəri; *USA* -tɔːri/ *adj* conciliador

concise /kənˈsaɪs/ *adj* conciso

conclude 🔑 /kənˈkluːd/ **1** *vt* ~ **that...** llegar a la conclusión de que... **2** *vt, vi* (*formal*) concluir **3** *vt* (*acuerdo*) concertar

conclusion 🔑 /kənˈkluːʒn/ *n* conclusión LOC *Ver* JUMP

conclusive /kənˈkluːsɪv/ *adj* definitivo, decisivo

concoct /kənˈkɒkt/ *vt* **1** elaborar **2** (*pretexto*) inventar **3** (*plan, intriga*) tramar **concoction** *n* **1** mezcolanza **2** (*líquido*) mejunje

concord /ˈkɒŋkɔːd/ *n* (*formal*) concordia, armonía

concourse /ˈkɒŋkɔːs/ *n* vestíbulo (*de edificio grande*)

concrete 🔑 /ˈkɒŋkriːt/ *adjetivo, nombre*

▸ *adj* **1** de hormigón **2** concreto, tangible

▸ *n* hormigón

concur /kənˈkɜː(r)/ *vi* (**-rr-**) ~ **(with sb) (in sth)** (*formal*) estar de acuerdo, coincidir (con algn) (en algo) **concurrence** /kənˈkʌrəns/ *n* (*formal*) acuerdo

concurrent /kənˈkʌrənt; *USA* -ˈkɜːr-/ *adj* simultáneo

concussion /kənˈkʌʃn/ *n* [*incontable*] conmoción cerebral

condemn /kənˈdem/ *vt* **1** ~ **sb/sth (for/as sth)** condenar a algn/algo (por algo) **2** ~ **sb (to sth/to do sth)** condenar a algn (a algo/a hacer algo) **3** (*edificio*) declarar ruinoso **condemnation** *n* condena

condensation /͵kɒndenˈseɪʃn/ *n* **1** condensación **2** vaho

condense /kənˈdens/ **1** *vt, vi* ~ **(sth) (into sth)** condensar algo (en algo), condensarse (en algo) **2** *vt* ~ **sth (into sth)** resumir algo (en algo)

condescend /͵kɒndɪˈsend/ *vi* ~ **to do sth** dignarse a hacer algo **condescending** *adj* condescendiente

condition 🔑 /kənˈdɪʃn/ *nombre, verbo*

▸ *n* **1** estado, condición **2** *to be out of condition* no estar en forma **3** **conditions** [*pl*] circunstancias, condiciones **4** (*contrato*) requisito LOC **on condition (that...)** a condición de que... ◆ **on no condition** (*formal*) bajo ningún concepto ◆ **on one condition** con una condición *Ver tb* MINT

▸ *vt* **1** condicionar, determinar **2** acondicionar

conditional /kənˈdɪʃənl/ *adj, n* condicional: *to be conditional on/upon sth* depender de algo

conditioner /kənˈdɪʃənə(r)/ *n* suavizante

condo /ˈkɒndəʊ/ *n* (*pl* **condos**) (*USA, coloq*) bloque de pisos

condolence /kənˈdəʊləns/ *n* [*gen pl*] condolencia: *to give/send your condolences* dar el pésame

condom /ˈkɒndɒm/ *n* preservativo, condón

condominium /ˌkɒndəˈmɪniəm/ *n* (*esp USA*) bloque de pisos

condone /kənˈdəʊn/ *vt* aprobar

conducive /kənˈdjuːsɪv; *USA* -ˈduːs-/ *adj* ~ **to sth** propicio para algo

conduct *verbo, nombre*

▸ *vt* /kənˈdʌkt/ **1** (*investigación, etc.*) llevar a cabo **2** (*orquesta*) dirigir **3** guiar **4** ~ **yourself** (*formal*) comportarse **5** (*Electrón*) conducir

▸ *n* /ˈkɒndʌkt/ **1** conducta **2** ~ **of sth** gestión de algo

conductor /kənˈdʌktə(r)/ *n* **1** director, -ora (*de orquesta*) **2** (*Ferrocarril*) jefe, -a de tren **3** (*autobús*) cobrador, -ora ⓘ Para referirnos al conductor de un autobús, decimos **driver**. **4** (*Electrón*) conductor

cone /kəʊn/ *n* **1** cono **2** (*helado*) barquillo **3** (*Bot*) piña (*de pino, etc.*)

confectionery /kənˈfekʃənəri/ *n* [*incontable*] dulces

confederation /kənˌfedəˈreɪʃn/ *n* confederación

confer /kənˈfɜː(r)/ (**-rr-**) **1** *vi* deliberar **2** *vi* ~ **with sb** consultar a algn **3** *vt* ~ **sth (on/upon sb)** (*título, etc.*) conceder algo (a algn)

conference /ˈkɒnfərəns/ *n* **1** congreso: *conference hall* sala de conferencias ➲ *Comparar con* LECTURE **2** (*discusión*) reunión

confess /kənˈfes/ *vt, vi* confesar(se): *to confess to sth* confesar algo **confession** *n* **1** (*Jur*) declaración de culpabilidad **2** confesión

confide /kənˈfaɪd/ *vt* ~ **sth to sb** confiar algo a algn (*secretos, etc.*) PHR V **confide in sb** confiarse a algn, hacer una confidencia a algn

confidence /ˈkɒnfɪdəns/ *n* **1** ~ **(in sb/sth)** confianza (en algn/algo) **2** confidencia LOC **take sb into your confidence** hacer confidencias a algn *Ver tb* STRICT, VOTE

confidence trick *n* timo

confident /ˈkɒnfɪdənt/ *adj* **1** seguro (de sí mismo) **2 be ~ of sth/that...** confiar en algo/en que...

confidential /ˌkɒnfɪˈdenʃl/ *adj* **1** confidencial **2** (*tono, etc.*) de confianza

confidently /ˈkɒnfɪdəntli/ *adv* con toda confianza

confine /kənˈfaɪn/ *vt* **1** limitar **2** confinar: *to be confined to bed* tener que guardar cama

confined /kənˈfaɪnd/ *adj* limitado (*espacio*)

confines /ˈkɒnfaɪnz/ *n* [*pl*] (*formal*) límites

confirm /kənˈfɜːm/ *vt* confirmar

confirmation /ˌkɒnfəˈmeɪʃn/ *n* confirmación

confirmed /kənˈfɜːmd/ *adj* empedernido

confiscate /ˈkɒnfɪskeɪt/ *vt* confiscar

conflict *nombre, verbo*

▸ *n* /ˈkɒnflɪkt/ conflicto

▸ *vi* /kənˈflɪkt/ ~ **(with sth)** discrepar (de algo) **conflicting** *adj* discrepante: *conflicting evidence* pruebas contradictorias

conform /kənˈfɔːm/ *vi* **1** ~ **to sth** atenerse a algo **2** seguir las reglas **3** ~ **to/with sth** ajustarse a algo **conformist** *n* conformista **conformity** *n* (*formal*) conformidad: *in conformity with sth* de conformidad con algo

confront /kənˈfrʌnt/ *vt* hacer frente a, enfrentarse con: *He confronted her with the facts.* Le hizo afrontar los hechos. **confrontation** /ˌkɒnfrʌnˈteɪʃn/ *n* enfrentamiento

confuse /kənˈfjuːz/ *vt* **1** ~ **sb/sth with sb/sth** confundir a algn/algo con algn/algo **2** (*persona*) desorientar **3** (*asunto*) complicar

confused /kənˈfjuːzd/ *adj* **1** confuso ➲ *Ver nota en* BORING **2** (*persona*) desorientado: *to get confused* desorientarse/ofuscarse

confusing /kənˈfjuːzɪŋ/ *adj* confuso ➲ *Ver nota en* BORING

confusion /kənˈfjuːʒn/ *n* confusión

congeal /kənˈdʒiːl/ *vi* coagularse

congenial /kənˈdʒiːniəl/ *adj* (*formal*) **1** ~ **(to sb)** agradable (para algn) **2** ~ **(to sth)** propicio (para algo)

congenital /kənˈdʒenɪtl/ *adj* congénito

congested /kənˈdʒestɪd/ *adj* ~ **(with sth)** congestionado (de algo)

congestion /kənˈdʒestʃən/ *n* congestión: *congestion charge* tasa de circulación que se paga por acceder al centro de una ciudad

conglomerate /kənˈglɒmərət/ *n* grupo (*de empresas*)

congratulate /kənˈgrætʃuleɪt/ *vt* ~ **sb (on sth)** felicitar a algn (por algo)

Congratulating somebody on something

Dar la enhorabuena por algo

- *Congratulations on your wedding!* ¡Enhorabuena por tu boda!
- *Well done for passing your exam.* Enhorabuena por aprobar tu examen.
- *I heard you did very well in your exams — congratulations!* He oído que te fueron muy bien los exámenes. ¡Enhorabuena!

C

congratulation /kənˌɡrætʃuˈleɪʃn/ *n* felicitación LOC **congratulations!** ¡enhorabuena!

congregate /ˈkɒŋɡrɪɡeɪt/ *vi* congregarse **congregation** *n* [*v sing o pl*] feligreses

congress /ˈkɒŋɡres; *USA* -ɡrəs/ *n* [*v sing o pl*] **1** congreso **2 Congress** (*USA*) (*Pol*) Congreso

El congreso de Estados Unidos está formado por dos cámaras: el Senado (**the Senate**) y la Cámara de los Representantes (**the House of Representatives**). En el Senado hay dos representantes por cada estado, y en la Cámara de los Representantes el número de representantes de cada estado depende de su población.

congressional /kənˈɡreʃənl/ *adj* del congreso

conical /ˈkɒnɪkl/ *adj* cónico

conifer /ˈkɒnɪfə(r)/ *n* conífera

conjecture /kənˈdʒektʃə(r)/ *n* **1** conjetura **2** [*incontable*] conjeturas

conjunction /kənˈdʒʌŋkʃn/ *n* (*Gram*) conjunción LOC **in conjunction with** (*formal*) conjuntamente con

conjure /ˈkʌndʒə(r)/ *vi* hacer juegos de manos PHR V **conjure sth up 1** (*imagen, etc.*) evocar algo **2** hacer aparecer algo como por arte de magia **3** (*espíritu*) invocar algo **conjuror** (*tb* **conjurer**) *n* prestidigitador, -ora

connect /kəˈnekt/ **1** *vt, vi* conectar(se) **2** *vt, vi* (*habitaciones*) comunicar(se) **3** *vt* ~ **sb/sth (with sb/sth)** relacionar a algn/algo (con algn/algo) *Ver tb* WELL CONNECTED **4** *vt* ~ **sb (with sb)** (*teléfono*) poner a algn (con algn) **5** *vt* emparentar: *connected by marriage* emparentados políticamente

connection /kəˈnekʃn/ *n* **1** conexión **2** relación **3** (*transporte*) enlace LOC **in connection with sb/sth** (*formal*) en relación con algn/algo ♦ **have connections** tener enchufe

connoisseur /ˌkɒnəˈsɜː(r)/ *n* conocedor, -ora, experto, -a

conquer /ˈkɒŋkə(r)/ *vt* **1** conquistar **2** vencer, derrotar **conqueror** *n* **1** conquistador, -ora **2** vencedor, -ora

conquest /ˈkɒŋkwest/ *n* conquista

conscience /ˈkɒnʃəns/ *n* conciencia (*moral*) LOC **have sth on your conscience** pesar algo sobre la conciencia de algn

conscientious /ˌkɒnʃiˈenʃəs/ *adj* concienzudo: *conscientious objector* objetor de conciencia

conscious /ˈkɒnʃəs/ *adj* **1** consciente **2** (*esfuerzo, decisión*) deliberado **consciously** *adv* deliberadamente **consciousness** *n* **1** conocimiento **2** ~ **(of sth)** conciencia (sobre algo)

conscript /ˈkɒnskrɪpt/ *n* recluta **conscription** /kənˈskrɪpʃn/ *n* reclutamiento (*obligatorio*)

consecrate /ˈkɒnsɪkreɪt/ *vt* consagrar

consecutive /kənˈsekjətɪv/ *adj* consecutivo

consent /kənˈsent/ *nombre, verbo*

▸ *n* consentimiento LOC *Ver* AGE

▸ *vi* ~ **(to sth)** acceder (a algo)

consequence /ˈkɒnsɪkwəns; *USA* -kwens/ *n* **1** [*gen pl*] consecuencia: *as a/in consequence of sth* a consecuencia de algo **2** (*formal*) importancia

consequent /ˈkɒnsɪkwənt/ *adj* (*formal*) **1** consiguiente **2** ~ **on/upon sth** que resulta de algo **consequently** *adv* por consiguiente

conservation /ˌkɒnsəˈveɪʃn/ *n* **1** conservación: *conservation area* zona protegida **2** ahorro (*de recursos*)

conservative /kənˈsɜːvətɪv/ *adjetivo, nombre*

▸ *adj* conservador

▸ *n* (*tb Pol* **Conservative**) conservador, -ora

conservatory /kənˈsɜːvətri; *USA* -tɔːri/ *n* (*pl* **conservatories**) **1** galería acristalada, jardín de invierno **2** (*Mús*) conservatorio

conserve /kənˈsɜːv/ *vt* **1** conservar **2** (*energía*) ahorrar **3** (*fuerzas*) reservar **4** (*naturaleza*) proteger

consider /kənˈsɪdə(r)/ *vt* **1** considerar: *to consider doing sth* pensar hacer algo **2** tener en cuenta

considerable /kənˈsɪdərəbl/ *adj* considerable

considerably /kənˈsɪdərəbli/ *adv* bastante

considerate /kənˈsɪdərət/ *adj* ~ **(towards sb)** considerado (con algn)

consideration /kənˌsɪdəˈreɪʃn/ *n* **1** consideración: *It is under consideration.* Lo están considerando. **2** factor LOC **take sth into consideration** tener algo en cuenta

considering /kənˈsɪdərɪŋ/ *prep, conj* teniendo en cuenta

consign /kənˈsaɪn/ *vt* ~ **sb/sth to sth** (*formal*) abandonar a algn/algo a/en algo: *consigned to oblivion* relegado al olvido **consignment** *n* **1** pedido **2** envío

consist /kənˈsɪst/ *v* PHR V **consist in sth/in doing sth** (*formal*) consistir en algo/en hacer algo ♦ **consist of sth** constar de algo, estar formado por algo

consistency /kənˈsɪstənsi/ *n* (*pl* **consistencies**) **1** consistencia **2** (*actitud*) coherencia

consistent /kənˈsɪstənt/ *adj* **1** (*persona*) consecuente **2** constante **3** ~ **(with sth)** coherente, en concordancia (con algo) **consistently** *adv* **1** constantemente **2** (*actuar*) consecuentemente

consolation /ˌkɒnsəˈleɪʃn/ *n* consuelo: *consolation prize* premio de consolación

console *verbo, nombre*
- ▸ *vt* /kənˈsəʊl/ consolar
- ▸ *n* /ˈkɒnsəʊl/ consola

consolidate /kənˈsɒlɪdeɪt/ *vt, vi* consolidar(se)

consonant /ˈkɒnsənənt/ *n* consonante

consortium /kənˈsɔːtiəm/ *n* (*pl* **consortia** /-tiə, -ʃə/) consorcio

conspicuous /kənˈspɪkjuəs/ *adj* **1** llamativo: *to make yourself conspicuous* llamar la atención **2** visible: *I felt very conspicuous.* Tuve la sensación de que todo el mundo me miraba. LOC **be conspicuous by your absence** brillar algn por su ausencia **conspicuously** *adv* notablemente

conspiracy /kənˈspɪrəsi/ *n* (*pl* **conspiracies**) **1** conspiración **2** conjura **conspiratorial** /kənˌspɪrəˈtɔːriəl/ *adj* conspirador

conspire /kənˈspaɪə(r)/ *vi* conspirar

constable /ˈkʌnstəbl; *USA* ˈkɒn-/ *n* (agente de) policía

constant /ˈkɒnstənt/ *adjetivo, nombre*
- ▸ *adj* **1** constante, continuo **2** (*amigo, seguidor, etc.*) fiel
- ▸ *n* constante

constantly /ˈkɒnstəntli/ *adv* constantemente

constellation /ˌkɒnstəˈleɪʃn/ *n* constelación

constipated /ˈkɒnstɪpeɪtɪd/ *adj* estreñido

constipation /ˌkɒnstɪˈpeɪʃn/ *n* estreñimiento

constituency /kənˈstɪtjuənsi/ *n* (*pl* **constituencies**) **1** distrito electoral **2** votantes ➲ *Ver nota en* PARLIAMENT

constituent /kənˈstɪtjuənt/ *n* **1** (*Pol*) elector, -ora **2** componente

constitute /ˈkɒnstɪtjuːt; *USA* -stətuːt/ *vt* (*formal*) constituir

constitution /ˌkɒnstɪˈtjuːʃn; *USA* -ˈtuːʃn/ *n* constitución **constitutional** *adj* constitucional

constraint /kənˈstreɪnt/ *n* **1** limitación **2** coacción

constrict /kənˈstrɪkt/ *vt* **1** apretar **2** limitar

construct /kənˈstrʌkt/ *vt* construir ❶ La palabra más normal es **build**.

construction /kənˈstrʌkʃn/ *n* construcción

constructive /kənˈstrʌktɪv/ *adj* constructivo

construe /kənˈstruː/ *vt* (*formal*) interpretar

consul /ˈkɒnsl/ *n* cónsul

consulate /ˈkɒnsjələt; *USA* -sələt/ *n* consulado

consult /kənˈsʌlt/ *vt, vi* consultar: *consulting room* consultorio

consultancy /kənˈsʌltənsi/ *n* (*pl* **consultancies**) (empresa de) asesoría

consultant /kənˈsʌltənt/ *n* **1** asesor, -ora **2** (*Med*) especialista

consultation /ˌkɒnslˈteɪʃn; *USA* ˌkɑːn-/ *n* consulta

consume /kənˈsjuːm; *USA* -ˈsuːm/ *vt* consumir: *He was consumed with envy.* Lo consumía la envidia.

consumer /kənˈsjuːmə(r); *USA* -ˈsuː-/ *n* consumidor, -ora

consumerism /kənˈsjuːmərɪzəm; *USA* -ˈsuː-/ *n* consumismo

consumerist /kənˈsjuːmərɪst; *USA* -ˈsuːm-/ *adj* consumista

consummate *adjetivo, verbo*
- ▸ *adj* /kənˈsʌmət, ˈkɒnsəmət/ (*formal*) **1** consumado **2** (*habilidad, etc.*) extraordinario
- ▸ *vt* /ˈkɒnsəmeɪt/ (*formal*) **1** (*matrimonio*) consumar **2** culminar

consumption /kənˈsʌmpʃn/ *n* consumo

contact /ˈkɒntækt/ *nombre, verbo*
- ▸ *n* contacto: *to make contact with sb* ponerse en contacto con algn
- ▸ *vt* ponerse en contacto con

ˈ**contact lens** *n* (*pl* **contact lenses**) lentilla

contagious /kənˈteɪdʒəs/ *adj* contagioso

contain /kənˈteɪn/ *vt* contener: *to contain yourself* contenerse

container /kənˈteɪnə(r)/ *n* **1** recipiente ➲ *Ver dibujo en pág 470* **2** contenedor: *container lorry/ship* camión/buque contenedor

contaminate /kənˈtæmɪneɪt/ *vt* contaminar

contemplate /ˈkɒntəmpleɪt/ **1** *vt* considerar: *to contemplate doing sth* considerar la idea de hacer algo **2** *vt, vi* contemplar, meditar (sobre)

contemporary /kənˈtemprəri; *USA* -pəreri/ *adjetivo, nombre*
- ▸ *adj* **1** contemporáneo **2** de la época
- ▸ *n* (*pl* **contemporaries**) coetáneo, -a

contempt /kənˈtempt/ *n* **1** desprecio: *beneath contempt* despreciable **2** (*tb* **conˌtempt of ˈcourt**) desacato (al tribunal) LOC *Ver* HOLD **contemptible** *adj* despreciable **contemptuous** *adj* desdeñoso, despectivo

contend /kən'tend/ (*formal*) **1** *vi* ~ **with sth** luchar contra algo: *She's had a lot of problems to contend with.* Ha tenido que enfrentarse con muchos problemas. **2** *vi* ~ **(for sth)** competir, luchar (por algo) **3** *vt* (*formal*) afirmar **contender** *n* contendiente

content¹ /'kɒntent/ (*tb* **contents** [*pl*]) *n* contenido: *table of contents* índice de materias

content² /kən'tent/ *adjetivo, verbo*

▸ *adj* ~ **(with sth/to do sth)** contento (con algo/con hacer algo), satisfecho (con algo)

▸ *vt* ~ **yourself with sth** contentarse con algo **contented** *adj* satisfecho

contention /kən'tenʃn/ *n* (*formal*) **1** discusión: *a point of contention* un punto que se discute **2** opinión LOC *Ver* BONE LOC **in/out of contention (for sth)** en liza/fuera de la contienda (por algo)

contentious /kən'tenʃəs/ *adj* (*formal*) **1** polémico **2** pendenciero

contentment /kən'tentmənt/ *n* contento, satisfacción

contest *nombre, verbo*

▸ *n* /'kɒntest/ **1** concurso, competición **2** ~ **(for sth)** lucha (por algo)

▸ *vt* /kən'test/ **1** (*premio, escaño*) disputar **2** (*afirmación*) rebatir **3** (*decisión*) impugnar

contestant /kən'testənt/ *n* concursante

context /'kɒntekst/ *n* contexto

continent /'kɒntɪnənt/ *n* **1** (*Geog*) continente **2 the Continent** (*GB*) el continente europeo

continental /ˌkɒntɪ'nentl/ *adj* continental

ˌcontinental 'breakfast *n* desayuno continental (*café/té y bollos*)

contingency /kən'tɪndʒənsi/ *n* (*pl* **contingencies**) eventualidad: *contingency plan* plan de emergencia

contingent /kən'tɪndʒənt/ *n* [*v sing o pl*] **1** representación **2** (*Mil*) contingente

continual /kən'tɪnjuəl/ *adj* [*sólo antes de sustantivo*] continuo **continually** *adv* continuamente

> **¿Continual** o **continuous? Continual** y **continually** suelen emplearse para describir acciones que se repiten sucesivamente y a menudo tienen un matiz negativo: *His continual phone calls started to annoy her.* Sus continuas llamadas empezaban a fastidiarla. **Continuous** y **continuously** se usan para describir acciones ininterrumpidas: *There has been a continuous improvement in his work.* Su trabajo ha mostrado una mejora constante. ◇ *It has rained continuously for two days.* Lleva dos días lloviendo sin parar.

continuation /kənˌtɪnju'eɪʃn/ *n* continuación

continue /kən'tɪnjuː/ **1** *vi* ~ **(doing sth/to do sth)** continuar, seguir (haciendo algo) **2** *vt* continuar: *To be continued...* Continuará... **continued** *adj* continuo **continuing** *adj* continuado

containers

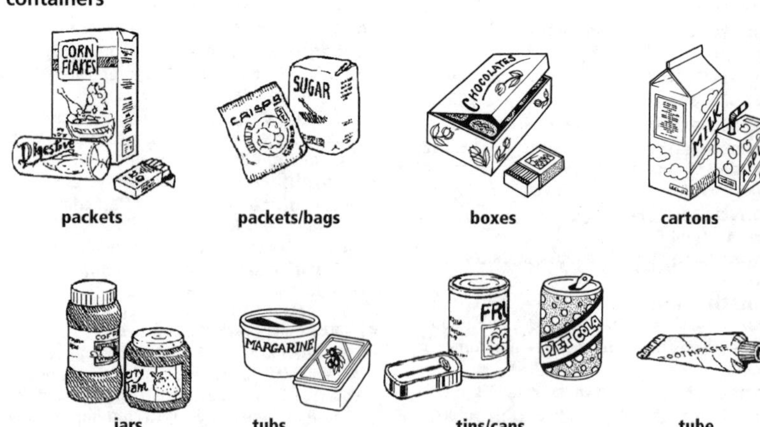

packets | packets/bags | boxes | cartons

jars | tubs | tins/cans | tube

continuity /ˌkɒntɪˈnjuːəti; *USA* -ˈnuː-/ *n* continuidad

continuous 🔑 /kənˈtɪnjuəs/ *adj* constante, continuo ➲ *Ver nota en* CONTINUAL

conˌtinuous asˈsessment *n* (*Educ*) evaluación continua

continuously 🔑 /kənˈtɪnjuəsli/ *adv* continuamente, sin parar ➲ *Ver nota en* CONTINUAL

contort /kənˈtɔːt/ **1** *vt* (re)torcer **2** *vi* contorsionarse, retorcerse

contortionist /kənˈtɔːʃənɪst/ *n* contorsionista

contour /ˈkɒntʊə(r)/ *n* contorno

contraband /ˈkɒntrəbænd/ *n* contrabando

contraception /ˌkɒntrəˈsepʃn/ *n* anticoncepción **contraceptive** *adj, n* anticonceptivo

contract 🔑 *nombre, verbo*
▸ *n* /ˈkɒntrækt/ contrato
▸ /kənˈtrækt/ **1** *vi* contraerse **2** *vt* (*formal*) (*enfermedad, matrimonio, deudas*) contraer **3** *vt* (*trabajador*) contratar

contraction /kənˈtrækʃn/ *n* contracción

contractor /kənˈtræktə(r)/ *n* contratista

contradict /ˌkɒntrəˈdɪkt/ *vt* contradecir **contradiction** *n* contradicción **contradictory** *adj* contradictorio

contraflow /ˈkɒntrəfləʊ/ *n* contracorriente (*de tráfico*)

contrary /ˈkɒntrəri; *USA* -treri/ *adjetivo, nombre*
▸ *adj* **1** ~ **to sth** en contra de algo **2** contrario
▸ *n* **the contrary** [*sing*] lo contrario LOC **on the contrary** por el contrario

contrast 🔑 *nombre, verbo*
▸ *n* /ˈkɒntrɑːst; *USA* -træst/ contraste
▸ *vt, vi* /kənˈtrɑːst; *USA* -ˈtræst/ ~ **(A and/with B)** contrastar (A con B)

contrasting 🔑 /kɒnˈtrɑːstɪŋ; *USA* -træs-/ *adj*: *two companies with contrasting fortunes* dos compañías que han tenido suertes opuestas

contribute 🔑 /kənˈtrɪbjuːt/ **1** *vt, vi* contribuir **2** *vt, vi* ~ **(sth) to sth** (*artículo*) escribir (algo) para algo **3** *vi* ~ **to sth** (*debate*) participar en algo

contribution 🔑 /ˌkɒntrɪˈbjuːʃn/ *n* **1** contribución **2** (*publicación*) artículo

contributor /kənˈtrɪbjətə(r)/ *n* **1** contribuyente **2** (*publicación*) colaborador, -ora

contributory /kənˈtrɪbjətəri; *USA* -tɔːri/ *adj* **1** que contribuye **2** (*plan de jubilación*) contributivo

control 🔑 /kənˈtrəʊl/ *nombre, verbo*
▸ *n* **1** control, mando, dominio: *to be in control of sth* tener el control de algo/tener algo bajo control ◇ *Her car went out of control.* Perdió el control del coche. ◇ *control tower* torre de control **2 controls** [*pl*] mandos *Ver tb* REMOTE CONTROL LOC **be out of control** estar fuera de control
▸ *vt* (**-ll-**) **1** controlar, tener el mando de **2** (*ley*) regular **3** (*gastos, inflación*) contener **4** (*coche*) manejar **5** ~ **yourself** dominarse

conˈtrol freak *n* (*coloq*) controlador obsesivo, controladora obsesiva

conˈtrol pad *n* gamepad, mando de control

controversial /ˌkɒntrəˈvɜːʃl/ *adj* controvertido, polémico

controversy /ˈkɒntrəvɜːsi, kənˈtrɒvəsi/ *n* (*pl* **controversies**) ~ **(about/over sth)** polémica (sobre algo), controversia (acerca de algo)

convene /kənˈviːn/ (*formal*) **1** *vt* convocar **2** *vi* reunirse

convenience /kənˈviːniəns/ *n* **1** comodidad: *convenience food* comida rápida ◇ *public conveniences* aseos **2** conveniencia

conˈvenience store *n* (*esp USA*) tienda 24 horas

convenient 🔑 /kənˈviːniənt/ *adj* **1** *if it's convenient (for you)* si te viene bien **2** (*momento*) oportuno **3** práctico **4** (*accesible*) a mano **5** ~ **for sth** bien situado en relación con algo **conveniently** *adv* oportunamente, convenientemente

convent /ˈkɒnvənt; *USA* -vent/ *n* convento

convention 🔑 /kənˈvenʃn/ *n* **1** convencionalismo **2** congreso **3** (*acuerdo*) convención

conventional 🔑 /kənˈvenʃənl/ *adj* convencional LOC **conventional wisdom** sabiduría popular

converge /kənˈvɜːdʒ/ *vi* **1** ~ **(on...)** (*personas*) juntarse (en...) **2** converger

conversant /kənˈvɜːsnt/ *adj* ~ **with sth** (*formal*) versado en algo: *to become conversant with sth* familiarizarse con algo

conversation 🔑 /ˌkɒnvəˈseɪʃn/ *n* conversación: *to make conversation* dar conversación

converse /kənˈvɜːs/ *vi* (*formal*) conversar

the converse /ˈkɒnvɜːs/ *n* (*formal*) lo contrario **conversely** *adv* (*formal*) a la inversa

conversion /kənˈvɜːʃn; *USA* -ʒn/ *n* ~ **(from sth) (into/to sth)** conversión (de algo) (en/a algo)

convert 🔑 *verbo, nombre*
▸ *vt, vi* /kənˈvɜːt/ convertir(se): *The sofa converts into a bed.* El sofá se hace cama. ◇ *to convert to Islam* convertirse al Islam
▸ *n* /ˈkɒnvɜːt/ ~ **(to sth)** converso, -a (a algo)

convertible /kənˈvɜːtəbl/ *adjetivo, nombre*
▸ *adj* ~ **(into/to sth)** convertible (en algo)
▸ *n* descapotable

C

convex /ˈkɒnveks/ *adj* convexo

convey /kənˈveɪ/ *vt* **1** (*idea, agradecimiento*) expresar **2** (*formal*) (*saludos*) enviar **3** (*formal*) llevar, transportar

conˈveyor belt *n* cinta transportadora

C

convict *nombre, verbo*
▸ *n* /ˈkɒnvɪkt/ presidiario, -a: *an escaped convict* un preso fugado
▸ *vt* /kənˈvɪkt/ ~ **sb (of sth)** declarar culpable a algn (de algo)

conviction /kənˈvɪkʃn/ *n* **1** ~ **(for sth)** condena (por algo) **2** ~ **(that...)** convicción (de que...): *to lack conviction* no ser convincente

convince /kənˈvɪns/ *vt* ~ **sb (of sth)**; ~ **sb to do sth** convencer a algn (de algo), convencer a algn para que haga algo **convinced** *adj* convencido **convincing** *adj* convincente

convulse /kənˈvʌls/ *vt* convulsionar: *convulsed with laughter* muerto de risa **convulsion** *n* convulsión

cook /kʊk/ *verbo, nombre*
▸ **1** *vi* (*persona*) cocinar, hacer la comida **2** *vi* (*comida*) cocer **3** *vt* preparar: *The potatoes aren't cooked.* Las patatas no están hechas. LOC **cook the books** (*coloq*) falsificar los libros de contabilidad PHR V **cook sth up** (*coloq*) inventarse algo: *to cook up an excuse* montarse una excusa
▸ *n* cocinero, -a: *He's a good cook.* Cocina bien.

cookbook /ˈkʊkbʊk/ (*tb* ˈ**cookery book**) *n* libro de cocina

cooker /ˈkʊkə(r)/ *n* cocina (*electrodoméstico*)

cookery /ˈkʊkəri/ *n* [*incontable*] cocina: *Oriental cookery* la cocina oriental

cookie /ˈkʊki/ *n* **1** (*esp USA*) galleta **2** (*Informát*) cookie, galleta

cooking /ˈkʊkɪŋ/ *n* [*incontable*] **1** cocina: *French cooking* la cocina francesa **2** *to do the cooking* hacer la comida ◇ *cooking apple* manzana de asar

cool /kuːl/ *adjetivo, verbo, nombre*
▸ *adj* (**cooler**, **-est**) **1** fresco: *to get cool* refrescar(se) ➲ *Ver nota en* FRÍO **2** sereno **3** ~ **(towards sb)** frío (con algn) **4** ~ **(about sth)** indiferente (hacia algo) **5** (*coloq*) guay: *'I'll meet you at three.' 'Cool.'* —Quedamos a las tres. —Guay. ◇ *That's so cool!* ¡Eso mola mucho! ◇ *He's really cool.* Es un tío genial. LOC **keep/stay cool** no perder la calma: *Keep cool!* ¡Tranquilo!
▸ *vt, vi* enfriar(se) PHR V **cool down/off 1** refrescarse **2** enfriarse **3** calmarse ◆ **cool sb down/off 1** refrescar a algn **2** calmar a algn ◆ **cool sth down/off** enfriar algo
▸ *n* **the cool** [*sing*] el fresco LOC **keep/lose your cool** (*coloq*) mantener/perder la calma

cooperate /kəʊˈɒpəreɪt/ *vi* **1** ~ **(with sb) (on sth/in doing sth)** cooperar (con algn) (en algo/para hacer algo) **2** colaborar **cooperation** *n* **1** cooperación **2** colaboración

cooperative /kəʊˈɒpərətɪv/ *adjetivo, nombre*
▸ *adj* **1** cooperativo **2** dispuesto a colaborar
▸ *n* (*coloq* **co-op**) cooperativa

coordinate /kəʊˈɔːdɪneɪt/ *vt* coordinar **coordinator** *vt* coordinador, -ora

cop /kɒp/ *n* (*coloq*) poli (*individuo*): *the cops* la poli

cope /kəʊp/ *vi* ~ **(with sth)** arreglárselas (con algo), hacer frente a algo: *I can't cope.* No puedo más.

copious /ˈkəʊpiəs/ *adj* abundante

copper /ˈkɒpə(r)/ *n* **1** cobre **2** (*GB, coloq*) policía

copy /ˈkɒpi/ *nombre, verbo*
▸ *n* (*pl* **copies**) **1** copia **2** (*libro, etc.*) ejemplar **3** (*revista, etc.*) número **4** texto (*para imprimir*)
▸ *vt* (*pt, pp* **copied**) **1** ~ **sth (down/out) (into/onto sth)** copiar algo (en algo) **2** imitar **3** fotocopiar

copycat /ˈkɒpikæt/ *n* (*coloq*) copión, -ona

copyright /ˈkɒpiraɪt/ *nombre, adjetivo*
▸ *n* derechos de autor, copyright
▸ *adj* registrado, protegido por los derechos de autor

coral /ˈkɒrəl; *USA* ˈkɔːrəl/ *nombre, adjetivo*
▸ *n* coral (*Zool*)
▸ *adj* de coral, coralino

cord /kɔːd/ *n* **1** cordón **2** (*USA*) cable (eléctrico) **3** pana **4 cords** [*pl*] pantalón de pana ➲ *Ver nota en* PAIR

cordless /ˈkɔːdləs/ *adj* (*teléfono*) inalámbrico

cordon /ˈkɔːdn/ *nombre, verbo*
▸ *n* cordón
▸ *vt* ~ **sth off** acordonar algo

corduroy /ˈkɔːdərɔɪ/ *n* pana

core /kɔː(r)/ *n* **1** corazón (*de fruta*) **2** centro, núcleo: *a hard core* un núcleo arraigado LOC **to the core** hasta la médula

coriander /ˌkɒriˈændə(r); *USA* ˌkɔːr-/ *n* cilantro

cork /kɔːk/ *n* corcho

corkscrew /ˈkɔːkskruː/ *n* sacacorchos

corn /kɔːn/ *n* **1** (*GB*) cereal **2** (*USA*) maíz **3** callo (*en el dedo del pie*)

corner /ˈkɔːnə(r)/ *nombre, verbo*
▸ *n* **1** (*desde dentro*) rincón **2** (*desde fuera*) esquina **3** (*tb* ˈ**corner kick**) córner, saque de esquina LOC **(just) (a)round the corner** a la vuelta de la esquina

▶ **1** *vt* acorralar **2** *vt* monopolizar: *to corner the market in sth* hacerse con el mercado de algo **3** *vi* coger una curva

cornerstone /ˈkɔːnəstəʊn/ *n* piedra angular

cornet /ˈkɔːnɪt/ *n* **1** (*Mús*) corneta **2** cucurucho

cornflour /ˈkɔːnflaʊə(r)/ *n* maicena®

corn on the cob /ˌkɔːn ɒn ðə ˈkɒb/ *n* mazorca (de maíz)

corny /ˈkɔːni/ *adj* (**cornier**, **-iest**) (*coloq*) **1** trillado **2** cursi, sensiblero

corollary /kəˈrɒləri; *USA* ˈkɔːrəleri/ *n* (*pl* **corollaries**) ~ **(of/to sth)** (*formal*) consecuencia lógica (de algo)

corona /kəˈrəʊnə/ *n* [*pl* **coronae** /-niː/] corona (*solar*)

coronation /ˌkɒrəˈneɪʃn; *USA* ˌkɔːr-/ *n* coronación

coroner /ˈkɒrənə(r); *USA* ˈkɔːr-/ *n* juez de instrucción (*en casos de muerte violenta o accidentes*)

corporal /ˈkɔːpərəl/ *nombre, adjetivo*
▶ *n* (*Mil*) cabo
▶ *adj*: *corporal punishment* castigo corporal

corporate /ˈkɔːpərət/ *adj* **1** corporativo **2** colectivo

corporation /ˌkɔːpəˈreɪʃn/ *n* [*v sing o pl*] **1** corporación **2** corporación municipal, ayuntamiento

corps /kɔː(r)/ *n* (*pl* **corps** /kɔːz/) [*v sing o pl*] cuerpo (*diplomático, etc.*)

corpse /kɔːps/ *n* cadáver

correct 🔑 /kəˈrekt/ *adjetivo, verbo*
▶ *adj* correcto: *Would I be correct in saying...?* ¿Me equivoco si digo...?
▶ *vt* corregir **correctly** *adv* correctamente

correlation /ˌkɒrəˈleɪʃn; *USA* ˌkɔːr-/ *n* correlación

correspond /ˌkɒrəˈspɒnd; *USA* ˌkɔːr-/ *vi* **1** ~ **(to/with sth)** coincidir (con algo) **2** ~ **(to sth)** equivaler (a algo) **3** ~ **(with sb)** (*formal*) cartearse (con algn) **correspondence** *n* (*formal*) correspondencia **correspondent** *n* corresponsal **corresponding** *adj* correspondiente

corridor /ˈkɒrɪdɔː(r); *USA* ˈkɔːr-/ *n* pasillo

corrosion /kəˈrəʊʒn/ *n* corrosión

corrugated /ˈkɒrəgeɪtɪd; *USA* ˈkɔːr-/ *adj* ondulado

corrupt /kəˈrʌpt/ *adjetivo, verbo*
▶ *adj* corrupto, deshonesto
▶ *vt* corromper **corruption** *n* corrupción

cos (*tb* **'cos**, **'cause**, **coz**) /kəz, kɒz/ *conj* (*GB, coloq*) porque ❶ Esta forma no se considera gramaticalmente correcta.

cosmetic /kɒzˈmetɪk/ *adjetivo, nombre*
▶ *adj* cosmético: *cosmetic surgery* cirugía estética
▶ *n* **cosmetics** [*pl*] cosméticos

cosmopolitan /ˌkɒzməˈpɒlɪtən/ *adj, n* cosmopolita

cost 🔑 /kɒst; *USA* kɔːst/ *nombre, verbo*
▶ *n* **1** coste: *whatever the cost* cueste lo que cueste ◇ *cost-effective* rentable **2** **costs** [*pl*] costas, gastos **LOC** **at all cost(s)** a toda costa *Ver tb* COUNT
▶ *vt* **1** (*pt, pp* **cost**) costar, valer **2** (*pt, pp* **costed**) (*Econ*) presupuestar

Asking the price
Preguntar el precio de algo
- *Can you tell me how much this is, please?* ¿Me puede decir cuánto cuesta, por favor?
- *How much are the plums?* ¿Cuánto son las ciruelas?
- *What would it cost to repair?* ¿Cuánto costaría repararlo?

co-star /ˈkəʊ stɑː(r)/ *n* coprotagonista

costly *adj* (**costlier**, **-iest**) costoso

costume /ˈkɒstjuːm; *USA* -tuːm/ *n* **1** traje **2** (*Teat*) vestuario: *costume designer* diseñador de vestuario

cosy (*USA* **cozy**) /ˈkəʊzi/ *adj* (**cosier**, **-iest**) acogedor: *I felt really cosy there.* Me sentí muy a gusto allí.

cot /kɒt/ *n* **1** cuna **2** (*USA*) camastro

cottage 🔑 /ˈkɒtɪdʒ/ *n* casita (*de campo*) ⊃ *Ver nota en* CASA

ˌcottage ˈcheese *n* tipo de queso fresco con grumos

cotton 🔑 /ˈkɒtn/ *n* **1** algodón **2** hilo (*de algodón*)

ˌcotton ˈcandy *n* (*USA*) algodón de azúcar

ˌcotton ˈwool (*USA* **cotton**) *n* [*incontable*] algodón (*para heridas, maquillaje*)

couch /kaʊtʃ/ *nombre, verbo*
▶ *n* diván
▶ *vt* ~ **sth (in sth)** (*formal*) expresar algo (en algo)

couchette /kuːˈʃet/ *n* litera (*en tren*)

ˈcouch potato *n* (*pl* **couch potatoes**) (*coloq, pey*) teleadicto, -a

cough 🔑 /kɒf; *USA* kɔːf/ *verbo, nombre*
▶ *vi* toser **PHR V** **cough (sth) up** (*coloq*) soltar (algo) (*dinero*) ◆ **cough sth up** escupir algo
▶ *n* tos

could 🔑 *pt de* CAN¹

council 🔑 /ˈkaʊnsl/ *n* [*v sing o pl*] **1** consejo municipal, ayuntamiento: *council flat/house* vivienda protegida perteneciente al ayuntamiento **2** consejo **councillor** (*USA tb* **councilor**) *n* concejal, -ala

counsel /ˈkaʊnsl/ *nombre, verbo*

▸ *n* **1** (*formal*) consejo ❶ En este sentido la palabra más normal es **advice**. **2** abogado, -a ➲ *Ver nota en* ABOGADO

▸ *vt* (**-ll-**, *USA* **-l-**) **1** dar apoyo psicológico a **2** (*formal*) aconsejar **counselling** (*USA* **counseling**) *n* [*incontable*] apoyo psicológico **counsellor** (*USA tb* **counselor**) *n* **1** asesor, -ora, consejero, -a **2** (*USA o Irl*) abogado, -a

count 🔑 /kaʊnt/ *verbo, nombre*

▸ **1** *vt, vi* ~ **(sth) (up)** contar (algo) **2** *vi* ~ **(as sth)** contar (como algo) **3** *vi* ~ **(for sth)** importar, contar (para algo) **4** *vi* valer **5** *vt*: *to count yourself lucky* considerarse afortunado LOC **count the cost (of sth)** pagar las consecuencias (de algo) PHR V **count down (to sth)** hacer la cuenta atrás (para algo): *She's already counting down to her birthday.* Ya está contando los días que faltan para su cumpleaños. ◆ **count sb in** contar a algn ◆ **count on sb/sth** contar con algn/algo ◆ **count sb out** no contar con algn ◆ **count towards sth** contribuir a algo

▸ *n* **1** recuento, cuenta **2** conde

countdown /ˈkaʊntdaʊn/ *n* ~ **(to sth)** cuenta atrás (de algo)

countenance /ˈkaʊntənəns/ *verbo, nombre*

▸ *vt* (*formal*) aprobar, tolerar

▸ *n* (*formal*) rostro, semblante

counter 🔑 /ˈkaʊntə(r)/ *nombre, verbo, adverbio*

▸ *n* **1** mostrador **2** (*juego*) ficha **3** contador

▸ **1** *vt, vi* rebatir **2** *vt* responder a **3** *vt* contrarrestar

▸ *adv* ~ **to sth** en contra de algo

counteract /ˌkaʊntərˈækt/ *vt* contrarrestar

counter-attack /ˈkaʊntər ətæk/ *n* contraataque

counterclockwise /ˌkaʊntəˈklɒkwaɪz/ *adv, adj* (*USA*) en sentido contrario a las agujas del reloj

counterfeit /ˈkaʊntəfɪt/ *adj* falso, falsificado

counterpart /ˈkaʊntəpɑːt/ *n* **1** homólogo, -a **2** equivalente

counterproductive /ˌkaʊntəprəˈdʌktɪv/ *adj* contraproducente

counter-terrorism /ˌkaʊntə ˈterərɪzəm/ *n* contraterrorismo

countess /ˈkaʊntəs, -tes/ *n* condesa

countless /ˈkaʊntləs/ *adj* innumerable

country 🔑 /ˈkʌntri/ *n* (*pl* **countries**) **1** país **2** zona, tierra **3** patria **4 the country** [*sing*] el campo, la campiña: *country life* la vida rural

countryman /ˈkʌntrimən/ *n* (*pl* **-men** /-mən/) **1** compatriota **2** campesino

countryside 🔑 /ˈkʌntrisaɪd/ *n* [*incontable*] **1** campo, campiña **2** paisaje

countrywoman /ˈkʌntriwʊmən/ *n* (*pl* **-women** /-wɪmɪn/) **1** compatriota **2** campesina

county 🔑 /ˈkaʊnti/ *n* (*pl* **counties**) condado

coup /kuː/ *n* (*pl* **coups** /kuːz/) **1** (*tb* **coup d'état** /kuː deɪˈtɑː/) (*pl* **coups d'état** /kuː deɪˈtɑː/) golpe (de estado) **2** éxito

couple 🔑 /ˈkʌpl/ *nombre, verbo*

▸ *n* pareja (*relación amorosa*): *a married couple* un matrimonio ➲ *Comparar con* PAIR LOC **a couple (of)** un par (de), unos cuantos

▸ *vt* **1** asociar, acompañar: *coupled with sth* junto con algo **2** acoplar, enganchar

coupon /ˈkuːpɒn/ *n* cupón, vale

courage 🔑 /ˈkʌrɪdʒ; *USA* ˈkɜːr-/ *n* valor LOC *Ver* DUTCH, PLUCK **courageous** /kəˈreɪdʒəs/ *adj* **1** (*persona*) valiente **2** (*intento*) valeroso

courgette /kʊəˈʒet/ *n* calabacín

courier /ˈkʊriə(r)/ *n* **1** mensajero, -a **2** guía turístico, -a (*persona*)

course 🔑 /kɔːs/ *n* **1** ~ **(in/on sth)** (*Educ*) curso (de algo): *a short computing course* un cursillo de informática **2** (*barco, avión, río*) rumbo, curso: *to be on/off course* seguir el rumbo/un rumbo equivocado **3** transcurso: *in the course of the year* en el transcurso del año **4** (*comida*) plato **5** (*Golf*) campo **6** (*carreras*) pista **7** ~ **of sth** (*Med*) tratamiento de algo LOC **a course of action** una línea de actuación ◆ **of course** por supuesto: *of course not* claro que no *Ver tb* DUE, MATTER, MIDDLE

coursebook /ˈkɔːsbʊk/ *n* libro de texto

court 🔑 /kɔːt/ *nombre, verbo*

▸ *n* **1** (*tb* ˌ**court of** ˈ**law**) juzgado, tribunal: *a court case/order* un pleito/una orden judicial *Ver tb* HIGH COURT **2** (*Dep*) pista **3** corte LOC **go to court (over sth)** ir a juicio (por algo) ◆ **take sb to court** demandar a algn

▸ *vt* **1** cortejar **2** (*peligro, etc.*) exponerse a

courteous /ˈkɜːtiəs/ *adj* cortés

courtesy /ˈkɜːtəsi/ *n* (*pl* **courtesies**) cortesía LOC **(by) courtesy of sb/sth** (por) gentileza de algn/algo

ˌ**court** ˈ**martial** *n* (*pl* **courts martial**) consejo de guerra

courtship /ˈkɔːtʃɪp/ *n* noviazgo

courtyard /ˈkɔːtjɑːd/ *n* patio

cousin 🔑 /ˈkʌzn/ *n* primo, -a

cove /kəʊv/ *n* cala

covenant /ˈkʌvənənt/ *n* convenio, pacto

cover /ˈkʌvə(r)/ *verbo, nombre*

▸ *vt* **1** ~ **sth (up/over) (with sth)** cubrir algo (con algo) **2** ~ **sb/sth in/with sth** cubrir a algn/algo de algo **3** (*cazuela, cara*) tapar **4** (*timidez, etc.*) disimular **5** abarcar, tratar **6** encargarse de: *the salesman covering the area* el vendedor que cubre esta zona **7** recorrer: *We covered 300 kilometres per day.* Recorrimos 300 km al día. **8** (*Mús*) versionar PHR V **cover for sb** sustituir a algn ◆ **cover sth up** (*pey*) ocultar algo ◆ **cover up for sb** cubrir las espaldas a algn

▸ *n* **1** funda **2** cubierta **3** (*libro*) tapa **4** (*revista*) portada **5** ~ **(against sth)** seguro (contra algo) **6** (*Mil*) protección **7** **the covers** [*pl*] las mantas **8** ~ **(for sth)** tapadera (de algo) **9** identidad falsa **10** ~ **(for sb)** sustitución (de algn) **11** (*tb* ˈ**cover version**) (*Mús*) versión LOC **from cover to cover** de principio a fin ◆ **take cover (from sth)** resguardarse (de algo) ◆ **under cover of sth** al amparo de algo *Ver tb* DIVE

coverage /ˈkʌvərɪdʒ/ *n* cobertura

coveralls /ˈkʌvərɔːlz/ *n* [*pl*] (*USA*) mono (*de trabajo*)

covering /ˈkʌvərɪŋ/ *n* **1** capa **2** envoltura

covering ˈ**letter** (*USA* ˈ**cover letter**) *n* carta de presentación

covert /ˈkʌvət; *USA* ˈkəʊvɜːrt/ *adj* (*formal*) **1** secreto, encubierto **2** (*mirada*) furtivo

cover-up /ˈkʌvər ʌp/ *n* encubrimiento

covet /ˈkʌvət/ *vt* (*formal*) codiciar

cow /kaʊ/ *n* vaca ➲ *Ver nota en* CARNE

coward /ˈkaʊəd/ *n* cobarde **cowardice** /ˈkaʊədɪs/ *n* [*incontable*] cobardía **cowardly** *adj* cobarde

cowboy /ˈkaʊbɔɪ/ *n* **1** vaquero **2** (*GB, coloq*) chapucero, -a (*albañil, fontanero, etc.*)

co-worker /ˈkəʊ wɜːkə(r)/ *n* compañero, -a de trabajo

coy /kɔɪ/ *adj* **1** tímido (*por coquetería*) **2** ~ **(about sth)** reservado (respecto a algo)

cozy (*USA*) = COSY

crab /kræb/ *n* cangrejo

crack /kræk/ *verbo, nombre*

▸ **1** *vt, vi* resquebrajar(se): *a cracked cup* una taza agrietada **2** *vt* ~ **sth (open)** abrir algo (*rompiéndolo*) **3** *vi* ~ **(open)** abrirse (*rompiéndose*) **4** *vt* (*nuez*) cascar **5** *vt* ~ **sth (on/against sth)** golpear algo (contra algo) **6** *vt, vi* chascar **7** *vt* (*látigo*) restallar **8** *vi* (*voz*) quebrarse **9** *vi* desmoronarse **10** *vt, vi* (*resistencia*) quebrantar(se) **11** *vt* resolver **12** *vt* (*coloq*) (*chiste*) contar LOC **get cracking** (*coloq*) poner manos a la obra PHR V **crack down (on sb/sth)** tomar medidas enérgicas (contra algn/algo) ◆ **crack up** (*coloq*) **1** agotarse (*física o mentalmente*) **2** echarse a reír

▸ *n* **1** grieta **2** defecto **3** rendija, abertura **4** chasquido, (r)estallido **5** (*droga*) crack LOC **at the crack of dawn** (*coloq*) al amanecer

crackdown /ˈkrækdaʊn/ *n* ~ **(on sb/sth)** medidas enérgicas (contra algn/algo)

cracker /ˈkrækə(r)/ *n* **1** galleta salada **2** (*tb* ˌ**Christmas** ˈ**cracker**) petardo sorpresa

crackle /ˈkrækl/ *verbo, nombre*

▸ *vi* crepitar

▸ *n* (*tb* **crackling**) crujido, chisporroteo

cradle /ˈkreɪdl/ *nombre, verbo*

▸ *n* (*lit y fig*) cuna

▸ *vt* acunar

craft /krɑːft; *USA* kræft/ *nombre, verbo*

▸ *n* **1** artesanía: *a craft fair* una feria de artesanía **2** [*sing*] (*destreza*) oficio **3** (*pl* **craft**) embarcación

▸ *vt* fabricar (artesanalmente)

craftsman /ˈkrɑːftsmən; *USA* ˈkræfts-/ *n* (*pl* **-men** /-mən/) artesano **craftsmanship** *n* **1** artesanía **2** arte

craftswoman /ˈkrɑːftswʊmən; *USA* ˈkræfts-/ *n* (*pl* **-women** /-wɪmɪn/) artesana

crafty /ˈkrɑːfti; *USA* ˈkræfti/ *adj* (**craftier**, **-iest**) astuto, ladino

crag /kræg/ *n* despeñadero **craggy** *adj* escarpado

cram /kræm/ (**-mm-**) **1** *vt* ~ **A into B** embutir, meter (a presión) A en B: *The bus was crammed with people.* El autobús estaba atiborrado de gente. **2** *vi* ~ **into sth** meterse con dificultad en algo, abarrotar algo **3** *vi* empollar

cramp /kræmp/ *nombre, verbo*

▸ *n* **1** [*incontable*] (*muscular*) calambre, tirón **2** **cramps** (*tb* ˈ**stomach cramps**) [*pl*] retortijones

▸ *vt* (*movimiento, desarrollo, etc.*) obstaculizar **cramped** *adj* **1** (*espacio*) exiguo **2** (*letra*) apretado

cranberry /ˈkrænbəri; *USA* -beri/ *n* (*pl* **cranberries**) arándano (*rojo y agrio*)

crane /kreɪn/ *n* **1** (*Mec*) grúa **2** (*ave*) grulla

crank /kræŋk/ *n* **1** (*coloq*) bicho raro **2** (*USA*) cascarrabias **3** (*Mec*) manivela

crap /kræp/ *nombre, adjetivo*

▸ *n* [*incontable*] (*argot*) **1** estupideces: *to talk crap* decir chorradas **2** *The film is a load of crap.* La película es una basura.

▸ *adj* (*GB, argot*) pésimo

crash /kræʃ/ *nombre, verbo, adjetivo*

▸ *n* **1** accidente, choque: *crash helmet* casco protector **2** estrépito **3** (*empresa*) quiebra **4** (*bolsa*) caída **5** (*Informát*) fallo

▸ **1** *vt, vi* ~ **(sth) (into sth)** (*vehículo*) estrellar algo, estrellarse (contra algo): *He crashed into a*

C

lamp post. Se estrelló contra una farola. **2** *vt* tener un accidente con: *He crashed his car.* Chocó con su coche. **3** *vi* (*empresa*) quebrar **4** *vi* (*bolsa*) hundirse **5** *vi* (*Informát*) colgarse **6** *vi* ~ **(out)** (*coloq*) dormir(se)
▸ *adj* [*sólo antes de sustantivo*] (*curso, dieta*) intensivo

ˌcrash ˈlanding *n* aterrizaje forzoso

crass /kræs/ *adj* **1** sumo: *crass stupidity* estupidez suma **2** majadero

crate /kreɪt/ *n* **1** cajón **2** caja (*para botellas*)

crater /ˈkreɪtə(r)/ *n* cráter

crave /kreɪv/ *vt, vi* (*formal*) anhelar **craving** *n* ~ **(for sth)** ansia, antojo (de algo)

crawl /krɔːl/ *verbo, nombre*
▸ *vi* **1** andar a gatas, arrastrarse **2** ~ **(along)** (*tráfico*) avanzar a paso de tortuga **3** ~ **(to sb)** (*coloq*) hacer la pelota (a algn) LOC **be crawling with sth** estar plagado de algo
▸ *n* **1** [*sing*] paso de tortuga **2** (estilo) crol: *to do (the) crawl* nadar (a) crol

crayon /ˈkreɪən/ *n* **1** lápiz de color, cera (de colores) **2** (*Arte*) pastel

craze /kreɪz/ *n* ~ **(for sth)** moda, fiebre (de algo)

crazy /ˈkreɪzi/ *adj* (**crazier, -iest**) (*coloq*) **1** loco: *to be crazy about sb/sth* estar loco por algn/algo **2** (*idea*) disparatado LOC **like crazy** (*coloq*) como loco

creak /kriːk/ *vi* crujir, chirriar

cream /kriːm/ *nombre, verbo*
▸ *n* **1** nata: *cream cheese* queso cremoso **2** crema, pomada **3** color crema **4 the cream of sth** la flor y nata de algo
▸ *vt* batir PHR V **cream sb/sth off** quedarse con lo mejor de algn/algo

creamy /ˈkriːmi/ *adj* (**creamier, -iest**) cremoso

crease /kriːs/ *nombre, verbo*
▸ *n* **1** arruga, pliegue **2** (*pantalón*) raya
▸ *vt, vi* arrugar(se)

create /kriˈeɪt/ *vt* crear, producir: *to create a fuss* montar un número **creation** *n* creación

creative /kriˈeɪtɪv/ *adj* creativo **creativity** /ˌkriːeɪˈtɪvəti/ *n* creatividad

creator /kriˈeɪtə(r)/ *n* creador, -ora

creature /ˈkriːtʃə(r)/ *n* criatura: *living creatures* seres vivos ◇ *a creature of habit* un animal de costumbres ◇ *creature comforts* comodidades (materiales)

crèche /kreʃ/ *n* guardería

credentials /krəˈdenʃlz/ *n* [*pl*] **1** credenciales **2** (*para un trabajo*) currículo

credibility /ˌkredəˈbɪləti/ *n* credibilidad

credible /ˈkredəbl/ *adj* verosímil, creíble

credit /ˈkredɪt/ *nombre, verbo*
▸ *n* **1** crédito: *on credit* a crédito **2** saldo positivo: *to be in credit* tener saldo positivo **3** (*contabilidad*) haber **4** mérito **5** [*gen pl*] (*Cine, TV*) crédito LOC **be a credit to sb/sth** hacer honor a algn/algo ◆ **do sb credit; do credit to sb** honrar a algn
▸ *vt* **1** (*Fin*) abonar **2** ~ **sb/sth with sth** atribuir el mérito de algo a algn/algo **3** creer **creditable** *adj* (*formal*) encomiable

ˈcredit card *n* tarjeta de crédito

creditor /ˈkredɪtə(r)/ *n* acreedor, -ora

creed /kriːd/ *n* credo

creek /kriːk/ *n* **1** (*GB*) ensenada **2** (*USA*) riachuelo LOC **be up the creek (without a paddle)** (*coloq*) estar apañado

creep /kriːp/ *verbo, nombre*
▸ *vi* (*pt, pp* **crept**) **1** deslizarse (sigilosamente): *to creep up on sb* aproximarse sigilosamente a algn/coger desprevenido a algn ➲ *Ver nota en* ANDAR **2** (*fig*): *A feeling of drowsiness crept over him.* Le invadió una sensación de sopor. **3** (*planta*) trepar
▸ *n* (*coloq*) pelota (*persona*) LOC **give sb the creeps** (*coloq*) dar a algn repelús **creepy** *adj* (**creepier, -iest**) (*coloq*) espeluznante

cremation /krəˈmeɪʃn/ *n* incineración (*de un cadáver*)

crematorium /ˌkreməˈtɔːriəm/ *n* (*pl* **crematoria** /-rɪə/ *o* **crematoriums**) crematorio

crème caramel /ˌkrem ˈkærəmel/ *n* flan

crept *pt, pp de* CREEP

crescendo /krəˈʃendəʊ/ *n* (*pl* **crescendos**) **1** (*Mús*) crescendo **2** cúspide

crescent /ˈkresnt/ *n* **1** media luna: *a crescent moon* la media luna **2** calle en forma de media luna

cress /kres/ *n* [*incontable*] brotes de mastuerzo que se comen sobre todo en sándwiches

crest /krest/ *n* **1** cresta **2** (*colina*) cima **3** (*Heráldica*) blasón

crestfallen /ˈkrestfɔːlən/ *adj* cabizbajo

crevice /ˈkrevɪs/ *n* grieta (*en una roca*)

crew /kruː/ *n* [*v sing o pl*] **1** tripulación: *cabin crew* tripulación (de un avión) **2** (*Cine, remo, etc.*) equipo ➲ *Ver nota en* JURADO

ˈcrew cut *n* corte de pelo a cepillo

ˌcrew ˈneck *n* cuello (a la) caja

crib /krɪb/ *nombre, verbo*
▸ *n* **1** pesebre **2** (*USA*) cuna **3** (*coloq*) (*plagio*) copia
▸ *vt, vi* (**-bb-**) (*antic*) copiar

cricket /ˈkrɪkɪt/ *n* **1** (*Dep*) críquet **2** (*Zool*) grillo **cricketer** *n* jugador, -ora de críquet

cried *pt, pp de* CRY

cries *plural de* CRY

crime 🔑 /kraɪm/ *n* **1** delito, crimen **2** delincuencia

criminal 🔑 /ˈkrɪmɪnl/ *adjetivo, nombre*
▸ *adj* **1** delictivo, criminal: *criminal damage* daños y perjuicios ◇ *a criminal record* antecedentes penales **2** (*derecho*) penal **3** inmoral
▸ *n* delincuente, criminal

crimson /ˈkrɪmzn/ *adj* carmesí

cringe /krɪndʒ/ *vi* **1** (*por miedo*) encogerse **2** morirse de vergüenza

cripple /ˈkrɪpl/ *verbo, nombre*
▸ *vt* **1** dejar inválido **2** (*fig*) perjudicar seriamente
▸ *n* (*antic*) inválido, -a ❶ Hoy en día esta palabra es ofensiva. Se dice **disabled person**.

crippling *adj* **1** (*enfermedad*) que deja inválido **2** (*deuda*) agobiante

crisis 🔑 /ˈkraɪsɪs/ *n* (*pl* **crises** /-siːz/) crisis

crisp 🔑 /krɪsp/ *nombre, adjetivo*
▸ *n* (*tb* **poˌtato ˈcrisp**) patata frita (*de bolsa*) ➲ *Ver dibujo en* PATATA
▸ *adj* (**crisper**, **-est**) **1** crujiente **2** (*fruta, verduras*) fresco **3** (*papel*) tieso **4** (*ropa*) recién planchado **5** (*tiempo*) seco y frío **6** (*manera*) tajante

crispbread /ˈkrɪspbred/ *n* galleta salada muy fina que se toma como sustituto del pan

crisply /ˈkrɪspli/ *adv* tajantemente

crispy /ˈkrɪspi/ *adj* crujiente

criterion 🔑 /kraɪˈtɪəriən/ *n* (*pl* **criteria** /-riə/) criterio

critic /ˈkrɪtɪk/ *n* **1** (*Cine, Teat, etc.*) crítico, -a **2** detractor, -ora

critical 🔑 /ˈkrɪtɪkl/ *adj* **1** crítico: *to be critical of sb/sth* criticar a algn/algo ◇ *critical acclaim* el aplauso de la crítica **2** (*persona*) criticón **3** (*momento*) crucial **4** (*estado*) crítico

critically /ˈkrɪtɪkli/ *adv* **1** críticamente **2** *critically ill* gravemente enfermo

criticism 🔑 /ˈkrɪtɪsɪzəm/ *n* **1** crítica **2** [*incontable*] críticas: *He can't take criticism.* No soporta que lo critiquen. **3** [*incontable*] crítica: *literary criticism* crítica literaria

criticize, -ise /ˈkrɪtɪsaɪz/ *vt, vi* criticar

critique /krɪˈtiːk/ *n* análisis crítico

croak /krəʊk/ *verbo, nombre*
▸ *vi* **1** croar **2** (*persona*) gruñir
▸ *n* croar

crochet /ˈkrəʊʃeɪ; *USA* krəʊˈʃeɪ/ *n* (labor de) ganchillo

crockery /ˈkrɒkəri/ *n* [*incontable*] loza, vajilla

crocodile /ˈkrɒkədaɪl/ *n* cocodrilo

crocus /ˈkrəʊkəs/ *n* (*pl* **crocuses**) (*Bot*) azafrán

croissant /ˈkrwæsɒ̃/ *n* cruasán

crony /ˈkrəʊni/ *n* (*pl* **cronies**) (*gen pey*) compinche

crook /krʊk/ *n* (*coloq*) ladrón, -ona (*persona deshonesta*)

crooked /ˈkrʊkɪd/ *adj* **1** torcido **2** (*camino*) tortuoso **3** (*persona, acción*) deshonesto

crop 🔑 /krɒp/ *nombre, verbo*
▸ *n* **1** cultivo **2** cosecha **3** [*sing*] **a ~ of sth** una tanda de algo
▸ *vt* (**-pp-**) **1** (*pelo*) cortar muy corto **2** (*foto*) recortar **3** (*animales*) pacer PHR V **crop up** surgir

ˌcrop ˈtop *n* top (corto) (*con la barriga al aire*)

croquet /ˈkrəʊkeɪ; *USA* krəʊˈkeɪ/ *n* croquet

cross 🔑 /krɒs; *USA* krɔːs/ *nombre, verbo, adjetivo*
▸ *n* **1** cruz ➲ *Ver dibujo en* TICK **2** ~ **(between...)** cruce, mezcla (de...)
▸ **1** *vt, vi* cruzar, atravesar: *Shall we cross over?* ¿Pasamos al otro lado? **2** *vt, vi* cruzarse **3** *vt* llevar la contraria a **4** *vt* ~ **sth with sth** (*Zool, Bot*) cruzar algo con algo **5** *vt* ~ **yourself** santiguarse LOC **cross your fingers (for me)** deséame suerte: *Keep your fingers crossed!* ¡A ver si hay suerte! ◆ **cross your mind** ocurrírsele a algn, pasar por la mente: *It crossed my mind that...* Se me ocurrió que... *Ver tb* DOT PHR V **cross sth off/out/through** tachar algo: *to cross sb off the list* borrar a algn de la lista
▸ *adj* (**crosser**, **-est**) enfadado: *to get cross* enfadarse

crossbar /ˈkrɒsbɑː(r); *USA* ˈkrɔːs-/ *n* **1** (*Fútbol*) larguero **2** (*de bicicleta*) barra

crossbow /ˈkrɒsbəʊ; *USA* ˈkrɔːs-/ *n* ballesta

cross-country /ˌkrɒs ˈkʌntri; *USA* ˌkrɔːs/ *adj, adv* campo a través: *cross-country running/skiing* (carrera) cross/esquí de fondo

cross-examine /ˌkrɒs ɪgˈzæmɪn; *USA* ˌkrɔːs/ *vt* interrogar

cross-eyed /ˈkrɒs aɪd; *USA* ˈkrɔːs/ *adj* bizco

crossfire /ˈkrɒsfaɪə(r); *USA* ˈkrɔːs-/ *n* fuego cruzado LOC **get caught in the crossfire** encontrarse entre dos fuegos

crossing /ˈkrɒsɪŋ; *USA* ˈkrɔːs-/ *n* **1** (*viaje*) travesía **2** (*carretera*) cruce **3** paso de peatones *Ver tb* ZEBRA CROSSING **4** *border crossing* frontera *Ver tb* LEVEL CROSSING

cross-legged /ˌkrɒs ˈlegd; *USA* ˌkrɔːs/ *adj, adv* con las piernas cruzadas ➲ *Ver dibujo en pág 478*

crossly /ˈkrɒsli; *USA* ˈkrɔːs-/ *adv* con enfado

crossover /ˈkrɒsəʊvə(r); *USA* ˈkrɔːs-/ *n* mezcla (*de estilos musicales*)

ˌcross ˈpurposes *n* LOC **at cross purposes**: *We're (talking) at cross purposes.* Aquí hay un malentendido.

C

cross-legged

cross-legged

with her legs crossed

ˌcross ˈreference *n* referencia

crossroads /ˈkrɒsrəʊdz; *USA* ˈkrɔːs-/ *n* (*pl* **crossroads**) cruce LOC **at a/the crossroads** en una/la encrucijada

ˌcross ˈsection *n* **1** corte transversal **2** muestra representativa

crosswalk /ˈkrɒswɔːk; *USA* ˈkrɔːs-/ *n* (*USA*) paso de peatones

crosswind /ˈkrɒswɪnd; *USA* ˈkrɔːs-/ *n* viento de costado

crossword /ˈkrɒswɜːd; *USA* ˈkrɔːs-/ (*tb* ˈ**crossword puzzle**) *n* crucigrama

crotch /krɒtʃ/ (*tb* **crutch**) *n* entrepierna

crouch /kraʊtʃ/ *vi* agacharse, agazaparse, ponerse en cuclillas

crow /krəʊ/ *nombre, verbo*
▸ *n* cuervo LOC **as the crow flies** en línea recta
▸ *vi* **1** cantar **2** ~ **(about/over sth)** jactarse (de algo)

crowbar /ˈkrəʊbɑː(r)/ *n* palanca

crowd 🔑 /kraʊd/ *nombre, verbo*
▸ *n* [*v sing o pl*] **1** multitud: *crowds of people* un montón de gente **2** público, espectadores **3** (*coloq*) gente, grupo (de amigos) **4 the crowd** (*pey*) las masas LOC *Ver* FOLLOW
▸ *vt* (*espacio*) llenar PHR V **crowd (a)round (sb/sth)** apiñarse (alrededor de algn/algo) ◆ **crowd in** entrar en tropel ◆ **crowd sb/sth in; crowd sb/sth into/onto sth** apiñar a algn/algo (en algo)

crowded 🔑 /ˈkraʊdɪd/ *adj* abarrotado

crown 🔑 /kraʊn/ *nombre, verbo*
▸ *n* **1** corona: *crown prince* príncipe heredero **2 the Crown** (*GB*) (*Jur*) el Estado **3** (*cabeza*) coronilla **4** (*sombrero*) copa **5** (*colina*) cumbre **6** (*diente*) corona
▸ *vt* coronar

crucial 🔑 /ˈkruːʃl/ *adj* ~ **(to/for sb/sth)** crucial (para algn/algo)

crucifix /ˈkruːsəfɪks/ *n* crucifijo

crucify /ˈkruːsɪfaɪ/ *vt* (*pt, pp* **-fied**) (*lit y fig*) crucificar

crude /kruːd/ *adjetivo, nombre*
▸ *adj* (**cruder**, **-est**) **1** burdo **2** grosero
▸ *n* (*tb* ˌ**crude** ˈ**oil**) crudo (*petróleo*)

cruel 🔑 /ˈkruːəl/ *adj* (**crueller**, **-est**) ~ **(to sb/sth)** cruel (con algn/algo) **cruelty** *n* (*pl* **cruelties**) crueldad

cruise /kruːz/ *nombre, verbo*
▸ *n* crucero (*viaje*)
▸ *vi* **1** hacer un crucero **2** (*avión*) volar (a velocidad de crucero) **3** (*coche*) ir a velocidad constante **cruiser** *n* **1** (*Mil*) crucero **2** (*tb* ˈ**cabin cruiser**) lancha motora con camarotes

crumb /krʌm/ *n* **1** miga **2** (*fig*) migaja

crumble /ˈkrʌmbl/ **1** *vt, vi* (*Cocina*) desmenuzar (se) **2** *vi* ~ **(away)** desmoronarse, deshacerse **3** *vt* deshacer **crumbly** *adj* que se desmorona, que se deshace en migas

crumple /ˈkrʌmpl/ *vt, vi* ~ **(sth) (up)** arrugar algo, arrugarse

crunch /krʌntʃ/ *nombre, verbo*
▸ *n* **1** crujido **2 the crunch** [*sing*] (*coloq*) el momento de la verdad: *when it comes to the crunch* cuando llega el momento de la verdad
▸ **1** *vt* morder (*haciendo ruido*) **2** *vt, vi* (hacer) crujir **crunchy** *adj* crujiente

crusade /kruːˈseɪd/ *n* cruzada **crusader** *n* **1** (*Hist*) cruzado **2** luchador, -ora

crush 🔑 /krʌʃ/ *verbo, nombre*
▸ *vt* **1** aplastar: *to be crushed to death* morir aplastado **2** ~ **sth (up)** (*roca, etc.*) triturar algo: *crushed ice* hielo picado **3** (*fruta*) exprimir **4** (*ajo, etc.*) machacar **5** moler **6** (*ropa*) arrugar **7** (*ánimo*) abatir
▸ *n* **1** (*gentío*) aglomeración **2** ~ **(on sb)** (*coloq*) enamoramiento (breve) (de algn): *I had a crush on my teacher.* Estaba quedado de mi profesora. **3** (*fruta*) jugo

crushing /ˈkrʌʃɪŋ/ *adj* aplastante (*derrota, golpe*)

crust /krʌst/ *n* (*de pan, Geol*) corteza **crusty** *adj* (de corteza) crujiente

crutch /krʌtʃ/ *n* **1** muleta **2** (*fig*) apoyo **3** = CROTCH

crux /krʌks/ *n* quid

cry 🔑 /kraɪ/ *verbo, nombre*
▸ (*pt, pp* **cried**) **1** *vi* ~ **(about/over sb/sth)** llorar (por algn/algo): *to cry for joy* llorar de alegría **2** *vt, vi* ~ **(sth) (out)** gritar (algo) LOC **it's no use crying over spilt milk** a lo hecho, pecho ◆ **cry your eyes/**

heart out llorar a lágrima viva PHR V **cry off** echarse atrás ◆ **cry out for sth** (*fig*) pedir algo a gritos

▸ *n* (*pl* **cries**) **1** grito **2** llorera: *to have a (good) cry* desahogarse llorando

crybaby /ˈkraɪbeɪbi/ *n* (*pl* **crybabies**) (*coloq*) llorón, -ona

crying /ˈkraɪɪŋ/ *adj* LOC **a crying shame** una verdadera lástima

crypt /krɪpt/ *n* cripta

cryptic /ˈkrɪptɪk/ *adj* críptico

crystal /ˈkrɪstl/ *n* cristal

Cuando **crystal** se refiere a vidrio, indica que es de muy alta calidad. Para el cristal de calidad normal se usa **glass**.

LOC **crystal clear 1** cristalino **2** (*significado*) claro como el agua

cub /kʌb/ *n* **1** (*león, tigre, zorro*) cachorro **2** osezno **3** lobezno **4 the Cubs** [*pl*] los lobatos

cube /kjuːb/ *n* **1** cubo **2** (*alimento*) cubito: *sugar cube* terrón de azúcar **cubic** *adj* cúbico

cubicle /ˈkjuːbɪkl/ *n* **1** cubículo **2** probador **3** (*piscina*) vestuario **4** (*aseos*) retrete

Cubism /ˈkjuːbɪzəm/ *n* (*Arte*) cubismo **Cubist** *adj, n* cubista

cuboid /ˈkjuːbɔɪd/ *adj, n* (*Geom*) cuboide

cuckoo /ˈkʊkuː/ *n* (*pl* **cuckoos**) cuco: *cuckoo clock* reloj de cuco

cucumber /ˈkjuːkʌmbə(r)/ *n* pepino

cuddle /ˈkʌdl/ *verbo, nombre*

▸ **1** *vt, vi* abrazar(se) **2** *vt* tener en brazos PHR V **cuddle up (to/against sb)** acurrucarse (junto a algn)

▸ *n* abrazo

cuddly /ˈkʌdli/ *adj* (*coloq*) mimoso: *cuddly toy* muñeco de peluche

cue /kjuː/ *nombre, verbo*

▸ *n* **1** señal **2** (*Teat*) entrada: *He missed his cue.* Perdió su entrada. **3** taco (*de billar, etc.*) LOC **(right) on cue** en el momento preciso ◆ **take your cue from sb/sth** seguir el ejemplo de algn/algo

▸ *vt* dar la señal a

cuff /kʌf/ *nombre, verbo*

▸ *n* **1** (*ropa*) puño **2** manotazo LOC **off the cuff** de improviso

▸ *vt* dar un manotazo a

cufflink /ˈkʌflɪŋk/ *n* gemelo (*de camisa*)

cuisine /kwɪˈziːn/ *n* cocina (*arte de cocinar*)

cul-de-sac /ˈkʌl də sæk/ *n* (*pl* **cul-de-sacs** *o* **culs-de-sac** /ˈkʌl də sæk/) callejón sin salida

cull /kʌl/ *vt* **1** (*animales*) matar (*para controlar el número*) **2** (*información*) entresacar

culminate /ˈkʌlmɪneɪt/ *vi* ~ **in sth** (*formal*) culminar en algo **culmination** *n* (*formal*) culminación

culottes /kjuːˈlɒts; *USA* kuː-/ *n* [*pl*] falda pantalón

culprit /ˈkʌlprɪt/ *n* culpable

cult /kʌlt/ *n* **1** culto: *a cult movie* una película de culto **2** secta

cultivate /ˈkʌltɪveɪt/ *vt* **1** cultivar **2** (*fig*) fomentar **cultivated** *adj* **1** (*persona*) culto **2** cultivado **cultivation** *n* cultivo

cultural /ˈkʌltʃərəl/ *adj* cultural

culture /ˈkʌltʃə(r)/ *n* **1** cultura: *culture shock* choque cultural **2** (*Biol*) cultivo **cultured** *adj* **1** (*persona*) culto **2** (*célula, bacteria*) de cultivo **3** (*perla*) cultivado

cum /kʌm/ *prep*: *a kitchen-cum-dining room* una cocina-comedor

cumbersome /ˈkʌmbəsəm/ *adj* **1** voluminoso **2** engorroso

cumulative /ˈkjuːmjələtɪv; *USA* -leɪtɪv/ *adj* **1** acumulativo **2** acumulado

cunning /ˈkʌnɪŋ/ *adjetivo, nombre*

▸ *adj* **1** (*pey*) (*persona, acción*) astuto **2** (*aparato, plan*) ingenioso

▸ *n* [*incontable*] astucia, maña **cunningly** *adv* astutamente

cup /kʌp/ *nombre, verbo*

▸ *n* **1** taza: *paper/plastic cup* vaso de papel/plástico ➲ *Ver dibujo en pág 480* **2** (*premio*) copa: *cup tie/final* partido/final de copa LOC **(not) be sb's cup of tea** (*coloq*) (no) ser del gusto de algn

▸ *vt* (**-pp-**) hacer un cuenco/una bocina con las manos: *She cupped a hand over the receiver.* Tapó el teléfono con la mano. ◇ *to cup your chin/face in your hands* apoyar la barbilla/la cara en las manos

cupboard /ˈkʌbəd/ *n* armario, alacena ❶ **Wardrobe** es un armario para colgar ropa.

cupful /ˈkʌpfʊl/ *n* taza (*cantidad*)

curate /ˈkjʊərət/ *n* coadjutor, -ora (*del párroco anglicano*)

curative /ˈkjʊərətɪv/ *adj* (*formal*) curativo

curator /kjʊəˈreɪtə(r)/ *n* conservador, -ora (*de museo*)

curb /kɜːb/ *verbo, nombre*

▸ *vt* frenar

▸ *n* **1** ~ **(on sth)** freno (a algo) **2** (*USA*) = KERB

curd /kɜːd/ *n* cuajada: *curd cheese* requesón

curdle /ˈkɜːdl/ *vt, vi* cortar(se) (*leche*)

cup

cup and saucer **mug**

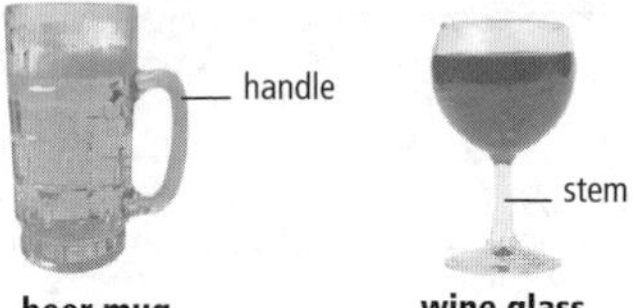

beer mug **wine glass**

plastic cups **cup**

cure 🔑 /kjʊə(r)/ *verbo, nombre*
▸ *vt* **1** curar **2** (*problema*) remediar **3** (*alimentos*) curar
▸ *n* **1** cura, curación **2** remedio

curfew /ˈkɜːfjuː/ *n* toque de queda

curiosity /ˌkjʊəriˈɒsəti/ *n* (*pl* **curiosities**) **1** curiosidad **2** cosa rara

curious 🔑 /ˈkjʊəriəs/ *adj* curioso: *I'm curious to know what happened.* Tengo curiosidad/interés por saber lo que pasó.

En el sentido de "extraño", *curioso* se traduce generalmente por **odd** o **strange**. En el sentido de "fisgón" decimos **nosy** o **inquisitive**.

curl 🔑 /kɜːl/ *verbo, nombre*
▸ **1** *vt, vi* rizar(se) **2** *vi*: *The smoke curled upwards.* El humo subía en espiral. PHR V **curl up 1** acurrucarse **2** rizarse
▸ *n* rizo

curly 🔑 /ˈkɜːli/ *adj* (**curlier**, **-iest**) rizado

currant /ˈkʌrənt; *USA* ˈkɜːr-/ *n* **1** pasa (*de Corinto*) ➲ *Comparar con* RAISIN, SULTANA **2** grosella

currency /ˈkʌrənsi; *USA* ˈkɜːr-/ *n* (*pl* **currencies**) **1** moneda: *foreign/hard currency* divisa extranjera/fuerte **2** aceptación: *to gain currency* generalizarse

current 🔑 /ˈkʌrənt; *USA* ˈkɜːr-/ *nombre, adjetivo*
▸ *n* corriente
▸ *adj* **1** actual: *current affairs* temas de actualidad **2** generalizado

ˈ**current account** *n* cuenta corriente

currently 🔑 /ˈkʌrəntli; *USA* ˈkɜːr-/ *adv* actualmente

curriculum /kəˈrɪkjələm/ *n* (*pl* **curricula** /-lə/ o **curriculums**) plan de estudios

curry /ˈkʌri; *USA* ˈkɜːri/ *nombre, verbo*
▸ *n* (*pl* **curries**) (plato al) curry
▸ *vt* (*pt, pp* **curried**) LOC **curry favour (with sb)** dar coba (a algn)

curse /kɜːs/ *nombre, verbo*
▸ *n* **1** maldición **2** maleficio **3** desgracia
▸ *vt, vi* maldecir LOC **be cursed with sth** tener que sufrir algo: *He was cursed with bad luck.* Le perseguía la mala suerte.

cursor /ˈkɜːsə(r)/ *n* (*Informát*) cursor

cursory /ˈkɜːsəri/ *adj* rápido, superficial

curt /kɜːt/ *adj* brusco (*al contestar*)

curtail /kɜːˈteɪl/ *vt* (*formal*) acortar **curtailment** *n* (*formal*) **1** (*poder*) limitación **2** interrupción

curtain 🔑 /ˈkɜːtn/ *n* **1** cortina: *to draw the curtains* abrir/correr las cortinas ◇ *lace/net curtains* visillos **2** (*Teat*) telón LOC **be curtains (for sb)** (*coloq*) ser el fin (para algn)

curtsy (*tb* **curtsey**) /ˈkɜːtsi/ *nombre, verbo*
▸ *n* (*pl* **curtsies** o **curtseys**) reverencia (*de mujer*)
▸ *vi* (*pt, pp* **curtsied** o **curtseyed**) hacer una reverencia

curve 🔑 /kɜːv/ *nombre, verbo*
▸ *n* curva *Ver tb* LEARNING CURVE
▸ *vi* describir/hacer una curva

curved 🔑 /kɜːvd/ *adj* **1** curvo **2** en curva, arqueado

cushion /ˈkʊʃn/ *nombre, verbo*
▸ *n* **1** cojín **2** (*de aire, hojas, etc.*) colchón: *a cushion against inflation* una protección contra la inflación
▸ *vt* **1** amortiguar **2** ~ **sb/sth (against/from sth)** proteger a algn/algo (de algo)

cushy /ˈkʊʃi/ *adj* (**cushier**, **-iest**) (*coloq*) cómodo: *What a cushy job!* ¡Qué chollo de trabajo!

custard /ˈkʌstəd/ *n* [*incontable*] natillas

custodian /kʌˈstəʊdiən/ *n* **1** guardián, -ana **2** (*museo, etc.*) conservador, -ora

custody /ˈkʌstədi/ *n* **1** custodia: *in custody* bajo custodia **2** *to remand sb in custody* ordenar la detención de algn

custom /ˈkʌstəm/ *n* **1** costumbre **2** (*GB, formal*) clientela *Ver tb* CUSTOMS **customary** /ˈkʌstəməri; *USA* -meri/ *adj* acostumbrado, habitual: *It is customary to...* Es costumbre...

customer /ˈkʌstəmə(r)/ *n* cliente, -a

customize, -ise /ˈkʌstəmaɪz/ *vt* customizar

custom-made /ˌkʌstəm ˈmeɪd/ *adj* hecho de encargo/a la medida

customs /ˈkʌstəmz/ *n* [*pl*] **1** aduana **2** (*tb* ˈ**customs duty**) derechos de aduana

cut /kʌt/ *verbo, nombre*

▸ **(-tt-)** (*pt, pp* **cut**) **1** *vt, vi* cortar(se): *to cut sth in half* partir algo por la mitad **2** *vt* reducir, recortar **3** *vt* (*precio*) rebajar **4** *vt* (*gema, etc.*) tallar: *cut glass* cristal tallado **5** *vt* (*fig*) herir LOC **cut it/that out!** (*coloq*) ¡basta ya! ◆ **cut it/things fine** (*coloq*) dejar algo hasta el último momento ◆ **cut sb/sth short** interrumpir a algn/algo

PHR V **cut across sth 1** rebasar algo **2** atajar por algo

cut sth back 1 (*tb* **cut back (on sth)**) recortar algo **2** podar algo

cut down (on sth) 1 reducir el consumo de algo: *to cut down on smoking* fumar menos **2** (*gastos*) reducir algo ◆ **cut sth down 1** talar algo **2** reducir algo

cut in (on sb/sth) 1 interrumpir (a algn/algo) **2** (*coche*) meterse (delante de algn/algo)

cut sb off 1 (*teléfono*): *I've been cut off.* Se ha cortado la línea. **2** desheredar a algn ◆ **cut sth off 1** cortar algo: *to cut two seconds off the record* mejorar el récord en dos segundos **2** (*pueblo*) aislar algo: *to be cut off* quedar incomunicado

cut sth out 1 recortar algo **2** dejar de hacer algo: *to cut out sweets* dejar de comer dulces **3** (*información*) suprimir algo ◆ **be cut out for sth; be cut out to be sth** (*coloq*) estar hecho para algo, tener madera de algo

cut through sth = CUT ACROSS STH (2)

cut sth up cortar algo (en pedazos)

▸ *n* **1** corte, incisión **2** recorte, rebaja **3** (*ropa*) corte **4** (*ganancias*) parte **5** (*carne*) pieza *Ver tb* SHORT CUT LOC **a cut above sb/sth** (algo) superior a algn/algo

cutback /ˈkʌtbæk/ *n* recorte, reducción

cute /kjuːt/ *adj* (**cuter, -est**) mono, lindo

cutlery /ˈkʌtləri/ *n* [*incontable*] cubiertos

cutlet /ˈkʌtlət/ *n* chuleta

cut-off /ˈkʌt ɒf; *USA* ɔːf/ (*tb* ˈ**cut-off point**) *n* límite

cut-price /ˌkʌt ˈpraɪs/ (*USA* **cut-rate** /ˌkʌt ˈreɪt/) *adj, adv* a precio reducido

cut-throat /ˈkʌt θrəʊt/ *adj* despiadado

cutting /ˈkʌtɪŋ/ *nombre, adjetivo*

▸ *n* **1** (*periódico, etc.*) recorte **2** (*Bot*) esqueje

▸ *adj* **1** (*comentario*) mordaz **2** (*viento*) cortante

ˌcutting ˈedge *n* [*sing*] vanguardia

CV /ˌsiː ˈviː/ *n* (*abrev de* **curriculum vitae**) currículo

cyanide /ˈsaɪənaɪd/ *n* cianuro

cybercafe /ˈsaɪbəkæfeɪ/ *n* cibercafé

cybercrime /ˈsaɪbəkraɪm/ *n* delito cibernético

cyberspace /ˈsaɪbəspeɪs/ *n* ciberespacio

cycle /ˈsaɪkl/ *verbo, nombre*

▸ *vi* ir en bicicleta: *to go cycling* ir de paseo en bici

▸ *n* **1** bicicleta **2** ciclo

cyclic /ˈsaɪklɪk, ˈsɪk-/ (*tb* **cyclical**) *adj* cíclico

cycling /ˈsaɪklɪŋ/ *n* ciclismo

cyclist /ˈsaɪklɪst/ *n* ciclista

cyclone /ˈsaɪkləʊn/ *n* ciclón

cylinder /ˈsɪlɪndə(r)/ *n* **1** cilindro **2** (*gas*) bombona **cylindrical** /səˈlɪndrɪkl/ *adj* cilíndrico

cymbal /ˈsɪmbl/ *n* platillo (*música*)

cynic /ˈsɪnɪk/ *n* malpensado, -a, escéptico, -a **cynical** *adj* **1** malpensado, que desconfía de todo **2** sin escrúpulos **cynicism** /ˈsɪnɪsɪzəm/ *n* cinismo

cypress /ˈsaɪprəs/ *n* ciprés

cyst /sɪst/ *n* quiste

cystic fibrosis /ˌsɪstɪk faɪˈbrəʊsɪs/ *n* (*Med*) fibrosis pulmonar

cystitis /sɪˈstaɪtɪs/ *n* [*incontable*] (*Med*) cistitis

cytoplasm /ˈsaɪtəʊplæzəm/ *n* (*Biol*) citoplasma

Dd

D, d /diː/ *n* (*pl* **Ds**, **D's**, **d's**) **1** D, d ➲ *Ver nota en* A, A **2** (*Mús*) re

dab /dæb/ *verbo, nombre*
▸ *vt, vi* (**-bb-**) ~ **(at) sth** tocar algo ligeramente PHR V **dab sth on (sth)** poner un poco de algo (en algo)
▸ *n* poquito

dad /dæd/ (*tb* **daddy** /ˈdædi/) *n* (*coloq*) papá

daffodil /ˈdæfədɪl/ *n* narciso

daft /dɑːft; *USA* dæft/ *adj* (**dafter**, **-est**) (*GB, coloq*) bobo, ridículo

dagger /ˈdæɡə(r)/ *n* puñal, daga

daily /ˈdeɪli/ *adjetivo, adverbio, nombre*
▸ *adj* diario, cotidiano
▸ *adv* a diario, diariamente
▸ *n* (*pl* **dailies**) diario (*periódico*)

dairy /ˈdeəri/ *nombre, adjetivo*
▸ *n* (*pl* **dairies**) lechería
▸ *adj* lechero: *dairy farming* la industria lechera ◇ *dairy farm* vaquería ◇ *dairy products/produce* productos lácteos

daisy /ˈdeɪzi/ *n* (*pl* **daisies**) margarita

dale /deɪl/ *n* valle

dam /dæm/ *nombre, verbo*
▸ *n* presa (*de un río*)
▸ *vt* (**-mm-**) embalsar

damage /ˈdæmɪdʒ/ *nombre, verbo*
▸ *n* **1** [*incontable*] daño **2 damages** [*pl*] daños y perjuicios
▸ *vt* **1** dañar **2** perjudicar **3** estropear **damaging** *adj* perjudicial

Dame /deɪm/ *n* (*GB*) título aristocrático concedido a mujeres: *Dame Judi Dench*

damn /dæm/ *interjección, adjetivo, verbo, nombre*
▸ *interj* (*coloq*) ¡mecachis!
▸ *adj* (*tb* **damned**) (*coloq*) maldito
▸ *vt* condenar
▸ *n* LOC **not care/give a damn (about sb/sth)** (*coloq*) importar a algn un bledo (algn/algo): *She doesn't give a damn about it.* Le importa un bledo. **damnation** /dæmˈneɪʃn/ *n* condenación **damning** /ˈdæmɪŋ/ *adj* contundente (*críticas, pruebas*)

damp /dæmp/ *adjetivo, nombre, verbo*
▸ *adj* (**damper**, **-est**) húmedo ➲ *Ver nota en* MOIST
▸ *n* humedad
▸ *vt* (*tb* **dampen** /ˈdæmpən/) **1** mojar **2** amortiguar, sofocar PHR V **damp down sth 1** apaciguar, calmar algo **2** reducir la intensidad de algo

dance /dɑːns; *USA* dæns/ *nombre, verbo*
▸ *n* baile: *dance floor* pista de baile
▸ *vt, vi* bailar

dancer /ˈdɑːnsə(r); *USA* ˈdæn-/ *n* bailarín, -ina

dancing /ˈdɑːnsɪŋ; *USA* ˈdæn-/ *n* baile

dandelion /ˈdændɪlaɪən/ *n* diente de león

dandruff /ˈdændrʌf/ *n* caspa

danger /ˈdeɪndʒə(r)/ *n* peligro LOC **in danger of sth** en peligro de algo: *He's in danger of losing his job.* Corre el peligro de quedarse sin empleo.

dangerous /ˈdeɪndʒərəs/ *adj* **1** peligroso **2** nocivo

dangle /ˈdæŋɡl/ *vi* colgar

dank /dæŋk/ *adj* (**danker**, **-est**) húmedo y frío

dare /deə(r)/ **1** *v modal, vi* (*neg* **dare not** *o* **daren't** /deənt/ *o* **don't/doesn't dare** *pt* **dared not** *o* **didn't dare**) (*en frases negativas y en preguntas*) atreverse a

> Cuando **dare** es un verbo modal le sigue un infinitivo sin **to**, y construye las oraciones negativas e interrogativas y el pasado sin el auxiliar **do**: *Nobody dared speak.* Nadie se atrevió a hablar. ◇ *I daren't ask my boss for a day off.* No me atrevo a pedirle a mi jefe un día libre.

2 *vt* ~ **sb (to do sth)** desafiar a algn (a hacer algo) LOC **don't you dare!** (*coloq*) ¡ni se te ocurra!: *Don't you dare tell her!* ¡No se te ocurra decírselo! ◆ **how dare you, etc.** cómo te atreves, se atreve, etc. ◆ **I dare say** diría yo

daredevil /ˈdeədevl/ *adj, n* temerario, -a

daring /ˈdeərɪŋ/ *adjetivo, nombre*
▸ *adj* atrevido, audaz
▸ *n* atrevimiento, osadía

dark /dɑːk/ *adjetivo, nombre*
▸ *adj* (**darker**, **-est**) **1** oscuro: *dark green* verde oscuro ◇ *to get/grow dark* anochecer **2** (*persona, tez*) moreno **3** secreto **4** triste, agorero: *These are dark days.* Son tiempos difíciles. LOC **a dark horse** una persona de talentos ocultos
▸ *n* **the dark** [*sing*] la oscuridad LOC **after/before dark** después/antes del anochecer

darken /ˈdɑːkən/ *vt, vi* oscurecer(se)

ˌdark ˈglasses *n* [*pl*] gafas oscuras ➲ *Ver nota en* PAIR

darkly /ˈdɑːkli/ *adv* (*formal*) **1** misteriosamente **2** amenazadoramente

darkness /ˈdɑːknəs/ *n* oscuridad, tinieblas: *in darkness* a oscuras

darkroom /ˈdɑːkruːm, -rʊm/ *n* cuarto de revelado

dark-skinned /ˌdɑːk ˈskɪnd/ *adj* de piel oscura

darling /ˈdɑːlɪŋ/ *n* encanto: *Hello, darling!* ¡Hola, cariño!

darn /dɑːn/ *vt, vi* zurcir

dart /dɑːt/ *nombre, verbo*

▸ *n* dardo: *to play darts* jugar a los dardos

▸ *vi* **1** precipitarse **2** ~ **away/off** salir disparado

dash /dæʃ/ *nombre, verbo*

▸ *n* **1** ~ **(of sth)** pizca (de algo) **2** raya ➲ *Ver pág 379* LOC **make a dash for sth** precipitarse hacia algo

▸ **1** *vi* apresurarse: *I must dash.* Tengo que darme prisa. **2** *vi* ir a toda prisa: *He dashed across the room.* Cruzó la sala a toda prisa. ◇ *I dashed upstairs.* Subí las escaleras a todo correr. **3** *vt* (*esperanzas, etc.*) desbaratar PHR V **dash sth off** escribir algo a toda prisa

dashboard /ˈdæʃbɔːd/ *n* salpicadero

data /ˈdeɪtə, ˈdɑːtə; *USA* ˈdætə/ *n* **1** (*Informát*) datos **2** información

database /ˈdeɪtəbeɪs/ (*tb* **databank** /ˈdeɪtəbæŋk/) *n* base de datos

date /deɪt/ *nombre, verbo*

▸ *n* **1** fecha **2** cita: *Did he ask you out for a date?* ¿Te pidió que salieran? **3** dátil *Ver tb* OUT OF DATE, UP TO DATE LOC **to date** hasta la fecha

▸ *vt* **1** fechar **2** (*fósiles, cuadros*) datar PHR V **date back (to...)**; **date from 1** remontarse a: *Her problems date back to her childhood.* Sus problemas se remontan a su infancia. **2** datar de

datebook /ˈdeɪtbʊk/ *n* (*USA*) agenda

dated /ˈdeɪtɪd/ *adj* pasado de moda, anticuado

daughter /ˈdɔːtə(r)/ *n* hija

daughter-in-law /ˈdɔːtər ɪn lɔː/ *n* (*pl* **daughters-in-law**) nuera

daunting /ˈdɔːntɪŋ/ *adj* sobrecogedor, abrumador: *a daunting task* una tarea de enormes proporciones

dawn /dɔːn/ *nombre, verbo*

▸ *n* amanecer: *from dawn till dusk* de sol a sol LOC *Ver* CRACK

▸ *vi* amanecer PHR V **dawn on sb**: *It finally dawned on me that he'd been lying.* Finalmente me di cuenta de que había estado mintiendo.

day /deɪ/ *n* **1** día: *all day* todo el día ◇ *by day* de día **2** jornada **3 days** [*pl*] época LOC **day after day** día tras día ◆ **day by day** día a día ◆ **day in, day out** todos los días sin excepción ◆ **from day to day**; **from one day to the next** de un día para otro ◆ **one/some day**; **one of these days** algún día, un día de estos ◆ **the day after tomorrow** pasado mañana ◆ **the day before yesterday** anteayer ◆ **these days** hoy en día ◆ **to this day** aún ahora *Ver tb* BETTER, CALL, CLEAR, EARLY, FORTH

daydream /ˈdeɪdriːm/ *nombre, verbo*

▸ *n* ensueño

▸ *vi* soñar despierto

daylight /ˈdeɪlaɪt/ *n* luz del día: *in daylight* de día LOC *Ver* BROAD

ˌday ˈoff *n* (*pl* **days off**) día libre

ˌday reˈturn *n* billete de ida y vuelta para un mismo día

daytime /ˈdeɪtaɪm/ *n* día: *in the daytime* de día

day-to-day /ˌdeɪ tə ˈdeɪ/ *adj* **1** día a día **2** diario

ˈday trip *n* excursión de un día

daze /deɪz/ *n* LOC **in a daze** aturdido **dazed** *adj* aturdido

dazzle /ˈdæzl/ *vt* deslumbrar **dazzling** *adj* deslumbrante

dead /ded/ *adjetivo, nombre, adverbio*

▸ *adj* **1** muerto **2** (*hojas*) seco **3** (*pilas*) gastado **4** (*teléfono*): *The line's gone dead.* Se ha cortado la línea. **5** (*brazos, etc.*) dormido LOC *Ver* FLOG

▸ *n* LOC **in the/at dead of night** en plena noche

▸ *adv* (*coloq*) completamente: *You're dead right.* Tienes toda la razón. ◇ *dead easy* facilísimo LOC *Ver* DROP

deaden /ˈdedn/ *vt* **1** (*dolor*) aliviar **2** (*sonido, impacto*) amortiguar **3** (*sentimientos, mente*) embotar

ˌdead ˈend *n* callejón sin salida

ˌdead ˈheat *n* empate

deadline /ˈdedlaɪn/ *n* fecha/hora límite

deadlock /ˈdedlɒk/ *n* punto muerto

deadly /ˈdedli/ *adj* (**deadlier**, **-iest**) mortal

deaf /def/ *adjetivo, nombre*

▸ *adj* (**deafer**, **-est**) sordo: *deaf and dumb* sordomudo ➲ *Ver nota en* SORDO

▸ *n* **the deaf** [*pl*] los sordos **deafen** *vt* ensordecer **deafening** *adj* ensordecedor **deafness** *n* sordera

deal /diːl/ *verbo, nombre*

▸ *vt, vi* (*pt, pp* **dealt** /delt/) (*Naipes, golpe*) dar PHR V **deal in sth** comerciar en algo: *to deal in drugs/arms* traficar en drogas/armas ◆ **deal with sb 1** tratar a/con algn **2** ocuparse de algn ◆ **deal with sth 1** (*problema*) resolver algo **2** (*situación*) hacer frente a algo **3** (*tema*) tratar de algo

▸ *n* **1** trato **2** contrato LOC **a good/great deal** mucho: *It's a good/great deal warmer today.* Hace mucho más calor hoy. *Ver tb* BIG

dealer /ˈdiːlə(r)/ *n* **1** vendedor, -ora, comerciante **2** (*de drogas, armas*) traficante **3** (*Naipes*) persona que reparte las cartas

dealing /ˈdiːlɪŋ/ *n* (*drogas, armas*) tráfico LOC **have dealings with sb/sth** tratar con algn/algo

dean /diːn/ *n* **1** deán **2** (*universidad*) decano, -a

dear /dɪə(r)/ *adjetivo, nombre*
▸ *adj* (**dearer, -est**) **1** querido **2 Dear** (*carta*): *Dear Sir* Muy señor mío ◇ *Dear Jason,...* Querido Jason:... **3** caro LOC **oh dear!** ¡vaya!
▸ *n* cariño **dearly** *adv* mucho

D

death /deθ/ *n* muerte: *death penalty/sentence* pena/condena de muerte ◇ *death certificate* certificado de defunción ◇ *to beat sb to death* matar a algn a palos LOC **catch your death (of cold)** (*coloq*) pillar una pulmonía ◆ **put sb to death** dar muerte a algn *Ver tb* MATTER

deathly /ˈdeθli/ *adjetivo, adverbio*
▸ *adj* sepulcral
▸ *adv*: *deathly cold/pale* frío/pálido como un muerto

debase /dɪˈbeɪs/ *vt* degradar

debatable /dɪˈbeɪtəbl/ *adj* discutible

debate /dɪˈbeɪt/ *nombre, verbo*
▸ *n* debate
▸ *vt, vi* debatir

debit /ˈdebɪt/ *nombre, verbo*
▸ *n* débito *Ver tb* DIRECT DEBIT
▸ *vt* cobrar

debris /ˈdebriː, ˈdeɪ-; *USA* dəˈbriː/ *n* [*incontable*] escombros

debt /det/ *n* deuda: *to be in debt* tener deudas **debtor** *n* deudor, -ora

debut (*tb* **début**) /ˈdeɪbjuː, ˈdebjuː; *USA* deɪˈbjuː/ *n* debut

decade /ˈdekeɪd, dɪˈkeɪd/ *n* década

decadence /ˈdekədəns/ *n* decadencia

decadent /ˈdekədənt/ *adj* decadente

Decaf® (*tb* **decaff**) (*USA* **decaf**) /ˈdiːkæf/ *n* (*coloq*) café descafeinado

decaffeinated /ˌdiːˈkæfɪneɪtɪd/ *adj* descafeinado

decay /dɪˈkeɪ/ *nombre, verbo*
▸ *n* [*incontable*] **1** descomposición **2** (*tb* ˈ**tooth decay**) caries
▸ *vi* **1** descomponerse **2** (*dientes*) picarse **3** decaer

deceased /dɪˈsiːst/ *adjetivo, nombre*
▸ *adj* (*formal*) difunto
▸ *n* **the deceased** (*pl* **the deceased**) (*formal*) el difunto, la difunta

deceit /dɪˈsiːt/ *n* **1** falsedad **2** engaño **deceitful** *adj* **1** mentiroso **2** engañoso

deceive /dɪˈsiːv/ *vt* engañar

December /dɪˈsembə(r)/ *n* (*abrev* **Dec.**) diciembre ➲ *Ver nota y ejemplos en* JANUARY

decency /ˈdiːsnsi/ *n* decencia, decoro

decent /ˈdiːsnt/ *adj* **1** adecuado, aceptable **2** amable **3** decente, correcto

deception /dɪˈsepʃn/ *n* engaño

deceptive /dɪˈseptɪv/ *adj* engañoso

decide /dɪˈsaɪd/ **1** *vi* ~ **(against sth)** decidirse (en contra de algo) **2** *vt* decidir, determinar **3** *vi* ~ **on/upon sb/sth** optar por algn/algo **decided** *adj* **1** (*claro*) marcado **2** ~ **(about sth)** decidido (respecto a algo)

decimal /ˈdesɪml/ *adj, n* decimal: *decimal point* coma decimal

decipher /dɪˈsaɪfə(r)/ *vt* descifrar

decision /dɪˈsɪʒn/ *n* ~ **(on/about sth)** decisión (sobre algo): *decision-making* toma de decisiones

decisive /dɪˈsaɪsɪv/ *adj* **1** decisivo **2** decidido, resuelto

deck /dek/ *n* **1** (*Náut*) cubierta **2** (*autobús*) piso **3** (*esp USA*) (*Naipes*) baraja **4** (*en jardín*) terraza (de madera)

deckchair /ˈdektʃeə(r)/ *n* tumbona (*no reclinable*)

declaration /ˌdekləˈreɪʃn/ *n* declaración

declare /dɪˈkleə(r)/ **1** *vt* declarar **2** *vi* ~ **for/against sb/sth** pronunciarse a favor/en contra de algn/algo

decline /dɪˈklaɪn/ *nombre, verbo*
▸ *n* **1** disminución **2** decadencia, deterioro
▸ **1** *vi* disminuir **2** *vt* (*formal*) declinar **3** *vi* ~ **(to do sth)** (*formal*) negarse (a hacer algo)

decoder /ˌdiːˈkəʊdə(r)/ *n* decodificador

decompose /ˌdiːkəmˈpəʊz/ *vi* descomponerse, pudrirse

decor /ˈdeɪkɔː(r); *USA* deɪˈkɔːr/ *n* [*incontable*] decoración (*de una casa*)

decorate /ˈdekəreɪt/ *vt* **1** ~ **sth (with sth)** adornar algo (con/de algo) **2** empapelar, pintar **3** condecorar

decoration /ˌdekəˈreɪʃn/ *n* **1** adorno **2** decoración **3** condecoración

decorative /ˈdekərətɪv; *USA* -reɪtɪv/ *adj* decorativo

decoy /ˈdiːkɔɪ/ *n* señuelo

decrease *verbo, nombre*
▸ /dɪˈkriːs/ **1** *vi* disminuir **2** *vt* reducir
▸ *n* /ˈdiːkriːs/ disminución, reducción: *a decrease of 3% in the rate of inflation* una reducción del 3% en la tasa de inflación

decree /dɪˈkriː/ *nombre, verbo*
▸ *n* decreto
▸ *vt* (*pt, pp* **decreed**) decretar
decrepit /dɪˈkrepɪt/ *adj* decrépito
dedicate /ˈdedɪkeɪt/ *vt* dedicar, consagrar **dedication** *n* **1** dedicación **2** dedicatoria
deduce /dɪˈdjuːs; *USA* dɪˈduːs/ *vt* deducir (*teoría, conclusión, etc.*)
deduct /dɪˈdʌkt/ *vt* deducir (*impuestos, gastos, etc.*) **deduction** *n* deducción
deed /diːd/ *n* **1** (*formal*) acción, obra **2** (*formal*) hazaña **3** (*Jur*) escritura
deem /diːm/ *vt* (*formal*) considerar
deep /diːp/ *adjetivo, adverbio*
▸ *adj* (**deeper**, **-est**) **1** profundo **2** de profundidad: *The pool is only one metre deep.* La piscina sólo tiene un metro de profundidad. **3** (*respiración*) hondo **4** (*voz, sonido, etc.*) grave **5** (*color*) intenso **6** ~ **in sth** sumido, absorto en algo
▸ *adv* (**deeper**, **-est**) muy profundo, con profundidad: *Don't go in too deep!* ¡No te metas muy adentro! LOC **deep down** en el fondo ◆ **go/run deep** estar muy arraigado
deepen /ˈdiːpən/ *vt, vi* hacer(se) más profundo, aumentar
deep ˈfreeze *n* congelador
deep-fry /ˌdiːp ˈfraɪ/ *vt* (*pt, pp* **deep-fried**) freír (*con mucho aceite*)
deeply /ˈdiːpli/ *adv* profundamente, a fondo, muchísimo
deep-sea /ˈdiːp siː/ *adj* de alta mar: *deep-sea fishing* pesca de altura ◇ *a deep-sea diver* un submarinista
deer /dɪə(r)/ *n* (*pl* **deer**) ciervo ➲ *Ver nota en* CIERVO
default /dɪˈfɔːlt, ˈdiːfɔːlt/ *nombre, verbo*
▸ *n* **1** incumplimiento **2** incomparecencia: *by default* por incomparecencia **3** (*Informát*): *the default option* la opción por defecto
▸ *vi* **1** ~ **(on sth)** dejar incumplido (algo) **2** no comparecer
defeat /dɪˈfiːt/ *verbo, nombre*
▸ *vt* **1** derrotar **2** (*planes, etc.*) frustrar
▸ *n* derrota: *to admit/accept defeat* darse por vencido
defect[1] /ˈdiːfekt, dɪˈfekt/ *n* defecto ➲ *Ver nota en* MISTAKE
defect[2] /dɪˈfekt/ *vi* **1** ~ **(from sth)** desertar (de algo) **2** ~ **to sth** pasarse a algo
defection /dɪˈfekʃn/ *n* **1** deserción **2** exilio
defective /dɪˈfektɪv/ *adj* defectuoso
defector /dɪˈfektə(r)/ *n* desertor, -ora

defence (*USA* **defense**) /dɪˈfens/ *n* **1** defensa **2 the defence** [*v sing o pl*] (*en juicio*) la defensa **defenceless** (*USA* **defenseless**) *adj* indefenso
defend /dɪˈfend/ *vt* ~ **(sb/sth) (from/against sb/sth)** defender, proteger (a algn/algo) (de algn/algo) **defendant** *n* (*Jur*) acusado, -a, inculpado, -a ➲ *Comparar con* PLAINTIFF **defender** *n* **1** (*Dep*) defensa **2** defensor, -ora
defensive /dɪˈfensɪv/ *adjetivo, nombre*
▸ *adj* **1** (*armas, táctica, etc.*) defensivo **2** ~ **(about sth)** a la defensiva (sobre algo)
▸ *n* LOC **on/onto the defensive** a la defensiva
defer /dɪˈfɜː(r)/ *vt* (**-rr-**) posponer
deference /ˈdefərəns/ *n* (*formal*) deferencia, respeto: *in/out of deference to sth* por deferencia a algo
defiance /dɪˈfaɪəns/ *n* desafío, desobediencia **defiant** *adj* desafiante
deficiency /dɪˈfɪʃnsi/ *n* (*pl* **deficiencies**) deficiencia **deficient** *adj* ~ **(in sth)** deficiente (en algo)
defied *pt, pp de* DEFY
define /dɪˈfaɪn/ *vt* ~ **sth (as sth)** definir algo (como algo)
definite /ˈdefɪnət/ *adj* **1** ~ **(about sth/that…)** seguro (sobre algo/de que…) **2** definitivo, concreto **3** definido: *the definite article* el artículo definido
definitely /ˈdefɪnətli/ *adv* **1** sin duda alguna **2** definitivamente
definition /ˌdefɪˈnɪʃn/ *n* definición
definitive /dɪˈfɪnətɪv/ *adj* definitivo
deflate /dɪˈfleɪt/ *vt, vi* deshinchar(se), desinflar(se)
deflect /dɪˈflekt/ *vt* ~ **sth (from sth)** desviar algo (de algo)
deforestation /ˌdiːˌfɒrɪˈsteɪʃn; *USA* -ˌfɔːr-/ *n* deforestación
deform /dɪˈfɔːm/ *vt* deformar **deformed** *adj* deforme **deformity** *n* (*pl* **deformities**) deformidad
defrost /ˌdiːˈfrɒst; *USA* -ˈfrɔːst/ *vt* descongelar
deft /deft/ *adj* hábil
defunct /dɪˈfʌŋkt/ *adj* **1** (*plan*) abandonado **2** (*organización*) desaparecido
defuse /ˌdiːˈfjuːz/ *vt* **1** (*tensión, crisis*) atenuar **2** (*bomba*) desactivar
defy /dɪˈfaɪ/ *vt* (*pt, pp* **defied**) **1** desafiar **2** ~ **sb to do sth** retar, desafiar a algn a que haga algo
degenerate /dɪˈdʒenəreɪt/ *vi* ~ **(into sth)** degenerar (a algo) **degeneration** *n* degeneración
degradation /ˌdegrəˈdeɪʃn/ *n* degradación

D

degrade /dɪˈgreɪd/ *vt* degradar

degree 🔑 /dɪˈgriː/ *n* **1** grado **2** título: *a university degree* un título universitario ◇ *a degree course* una carrera (universitaria) LOC **by degrees** poco a poco

dehydrate /diːˈhaɪdreɪt, ˌdiːhaɪˈdreɪt/ *vt, vi* deshidratar(se): *to be dehydrated* estar deshidratado

D

deign /deɪn/ *vi* ~ **to do sth** dignarse a hacer algo

deity /ˈdeɪəti/ *n* (*pl* **deities**) deidad

dejected /dɪˈdʒektɪd/ *adj* desanimado

delay 🔑 /dɪˈleɪ/ *nombre, verbo*

▸ *n* retraso

▸ **1** *vi* esperar, tardar: *Don't delay!* ¡No esperes! **2** *vt* aplazar: *delayed action* de acción retardada **3** *vt* retrasar: *The train was delayed.* El tren se retrasó. **delaying** *adj* dilatorio: *delaying tactics* tácticas de distracción

delegate *nombre, verbo*

▸ *n* /ˈdelɪgət/ delegado, -a

▸ *vt* /ˈdelɪgeɪt/ ~ **sth (to sb)** encomendar algo (a algn) **delegation** *n* [*v sing o pl*] delegación

delete /dɪˈliːt/ *vt* borrar, tachar **deletion** *n* borrado, eliminación

deliberate 🔑 *adjetivo, verbo*

▸ *adj* /dɪˈlɪbərət/ deliberado

▸ *vi* /dɪˈlɪbəreɪt/ deliberar

deliberately 🔑 /dɪˈlɪbərətli/ *adv* intencionadamente, a propósito

deliberation /dɪˌlɪbəˈreɪʃn/ *n* deliberación

delicacy /ˈdelɪkəsi/ *n* (*pl* **delicacies**) **1** delicadeza **2** manjar

delicate 🔑 /ˈdelɪkət/ *adj* **1** delicado: *delicate china* porcelana fina **2** (*color, olor, etc.*) suave

delicatessen /ˌdelɪkəˈtesn/ (*tb* **deli** /ˈdeli/) *n* tienda que vende embutidos, quesos y otros productos de calidad

delicious /dɪˈlɪʃəs/ *adj* delicioso

delight 🔑 /dɪˈlaɪt/ *nombre, verbo*

▸ *n* deleite: *the delights of travelling* el placer de viajar LOC **take delight in sth/doing sth 1** deleitarse en algo/hacer algo **2** (*pey*) regodearse en algo/hacer algo

▸ **1** *vt* encantar **2** *vi* ~ **in (doing) sth** regodearse en algo/haciendo algo

delighted 🔑 /dɪˈlaɪtɪd/ *adj* **1** ~ **(by/at/with sth)** encantado (con algo) **2** ~ **(to do sth/that...)** encantado (de hacer algo/de que...)

delightful /dɪˈlaɪtfl/ *adj* encantador

delinquency /dɪˈlɪŋkwənsi/ *n* delincuencia (*normalmente cometida por jóvenes*)

delinquent /dɪˈlɪŋkwənt/ *adj, n* delincuente

delirious /dɪˈlɪriəs/ *adj* delirante: *delirious with joy* loco de contento **delirium** *n* delirio

deliver 🔑 /dɪˈlɪvə(r)/ *vt* **1** (*correo, géneros*) repartir, entregar **2** (*recado*) comunicar **3** (*discurso*) pronunciar **4** ~ **a baby** (*Med*) traer al mundo un bebé: *to deliver a baby by Caesarian section* practicar una cesárea **5** (*golpe*) dar

delivery 🔑 *n* (*pl* **deliveries**) **1** reparto **2** entrega **3** parto LOC *Ver* CASH

delta /ˈdeltə/ *n* delta

deltoid /ˈdeltɔɪd/ *adj, n* (*Anat*) deltoide

delude /dɪˈluːd/ *vt* ~ **sb/yourself (into doing sth)** engañar a algn, engañarse (para que haga algo)

deluge /ˈdeljuːdʒ/ *nombre, verbo*

▸ *n* **1** tromba de agua **2** (*fig*) avalancha: *a deluge of criticism* un aluvión de críticas

▸ *vt* ~ **sb/sth (with sth)** inundar a algn/algo (de algo)

delusion /dɪˈluːʒn/ *n* engaño, espejismo

de luxe /ˌdə ˈlʌks, ˈlʊks/ *adj* de lujo

demand 🔑 /dɪˈmɑːnd; *USA* dɪˈmænd/ *nombre, verbo*

▸ *n* **1** ~ **(for sth/that...)** exigencia (de algo), exigencia (de que...) **2** ~ **(for sth/sb)** demanda (de algo/algn) LOC **in demand** solicitado ◆ **on demand** a petición *Ver tb* SUPPLY

▸ *vt* **1** exigir **2** requerir **demanding** *adj* exigente

demise /dɪˈmaɪz/ *n* [*sing*] **1** (*negocio, idea, etc.*) fracaso **2** (*formal*) fallecimiento

demo /ˈdeməʊ/ *n* (*pl* **demos**) (*coloq*) **1** manifestación **2** demo: *demo tape* cinta de demostración

democracy /dɪˈmɒkrəsi/ *n* (*pl* **democracies**) democracia **democrat** /ˈdeməkræt/ *n* demócrata **democratic** /ˌdeməˈkrætɪk/ *adj* democrático

demographic /ˌdeməˈgræfɪk/ *adj* demográfico

demolish /dɪˈmɒlɪʃ/ *vt* derribar **demolition** /ˌdeməˈlɪʃn/ *n* demolición

demon /ˈdiːmən/ *n* demonio **demonic** /dɪˈmɒnɪk/ *adj* diabólico

demonstrate 🔑 /ˈdemənstreɪt/ **1** *vt* demostrar **2** *vi* ~ **(against/in favour of sth/sb)** manifestarse (en contra/a favor de algo/algn) **demonstration** *n* **1** ~ **(against/in favour of sth/sb)** manifestación (en contra/a favor de algo/algn) **2** demostración

demonstrative /dɪˈmɒnstrətɪv/ *adj* **1** cariñoso **2** (*Gram*) demostrativo

demonstrator /ˈdemənstreɪtə(r)/ *n* manifestante

demoralize, -ise /dɪˈmɒrəlaɪz; *USA* -ˈmɔːr-/ *vt* desmoralizar

demure /dɪˈmjʊə(r)/ *adj* recatado

den /den/ *n* guarida

denial /dɪˈnaɪəl/ *n* **1** ~ **(of sth/that...)** negación (de algo/de que...) **2** ~ **of sth** denegación, rechazo de algo

denied *pt, pp de* DENY

denim /ˈdenɪm/ *n* tela vaquera: *denim jacket* cazadora vaquera

denomination /dɪˌnɒmɪˈneɪʃn/ *n* (*formal*) (*Relig*) confesión

denounce /dɪˈnaʊns/ *vt* ~ **sb/sth (as sth)** denunciar a algn/algo (como algo): *An informer denounced him to the police (as a terrorist).* Un delator lo denunció a la policía (como terrorista).

dense /dens/ *adj* (**denser**, **-est**) denso **density** *n* (*pl* **densities**) densidad

dent /dent/ *verbo, nombre*
▸ *vt, vi* abollar(se)
▸ *n* abolladura

dental /ˈdentl/ *adj* dental

dentist 🔑 /ˈdentɪst/ *n* dentista

denunciation /dɪˌnʌnsiˈeɪʃn/ *n* denuncia

deny 🔑 /dɪˈnaɪ/ *vt* (*pt, pp* **denied**) **1** negar **2** (*rumores*) desmentir

deodorant /diˈəʊdərənt/ *n* desodorante

depart /dɪˈpɑːt/ *vi* ~ **(for...) (from...)** (*formal*) salir (hacia...) (de...)

department 🔑 /dɪˈpɑːtmənt/ *n* (*abrev* **Dept**) **1** departamento, sección **2** ministerio ➲ *Ver nota en* MINISTERIO **departmental** /ˌdiːpɑːtˈmentl/ *adj* de departamento

deˈpartment store *n* grandes almacenes

departure 🔑 /dɪˈpɑːtʃə(r)/ *n* **1** ~ **(from...)** partida (de...) **2** (*de avión, tren*) salida

depend 🔑 /dɪˈpend/ *vi* LOC **that depends; it (all) depends** depende PHR V **depend on/upon sb/sth** **1** contar con algn/algo **2** confiar en algn/algo ◆ **depend on/upon sb/sth (for sth)** depender de algn/algo (para algo) **dependable** *adj* fiable

dependant (*tb* **dependent**) /dɪˈpendənt/ *n* persona bajo el cargo de otra **dependence** *n* ~ **(on/upon sb/sth)** dependencia (de algn/algo) **dependent** *adj* **1 be** ~ **on/upon sb/sth** depender de algn/algo **2** (*persona*) poco independiente

depict /dɪˈpɪkt/ *vt* representar

depleted /dɪˈpliːtɪd/ *adj* reducido

deplore /dɪˈplɔː(r)/ *vt* (*formal*) deplorar

deploy /dɪˈplɔɪ/ *vt* desplegar

deport /dɪˈpɔːt/ *vt* deportar **deportation** /ˌdiːpɔːˈteɪʃn/ *n* deportación

depose /dɪˈpəʊz/ *vt* derrocar

deposit 🔑 /dɪˈpɒzɪt/ *nombre, verbo*
▸ *n* **1** ~ **(on sth)** desembolso inicial (para algo) **2** (*alquiler*) fianza **3** (*Fin*) depósito: *deposit account* cuenta a plazo fijo **4** ingreso, imposición: *safety deposit box* caja de seguridad **5** depósito, sedimento
▸ *vt* **1** (*dinero*) ingresar, imponer **2** ~ **sth (in sth/with sb)** (*bienes*) dejar algo (en algo/a cargo de algn)

D

depot /ˈdepəʊ; *USA* ˈdiːpəʊ/ *n* **1** depósito, almacén **2** (*para vehículos*) parque **3** (*USA*) estación (*de tren o de autobuses*)

depress 🔑 /dɪˈpres/ *vt* deprimir

depressed 🔑 /dɪˈprest/ *adj* deprimido

depressing 🔑 /dɪˈpresɪŋ/ *adj* deprimente

depression /dɪˈpreʃn/ *n* depresión

deprivation /ˌdeprɪˈveɪʃn/ *n* pobreza, privación

deprive /dɪˈpraɪv/ *vt* ~ **sb/sth of sth** privar a algn/algo de algo **deprived** *adj* necesitado

depth 🔑 /depθ/ *n* profundidad LOC **in depth** a fondo, en profundidad

deputation /ˌdepjuˈteɪʃn/ *n* [*v sing o pl*] delegación

deputize, -ise /ˈdepjutaiz/ *vi* ~ **(for sb)** sustituir a algn

deputy /ˈdepjuti/ *n* (*pl* **deputies**) **1** sustituto, -a, suplente **2** *deputy chairman* vicepresidente ◇ *deputy head* subdirector (del colegio) **3** (*Pol*) diputado, -a ❶ La traducción normal de *diputado* en el sentido político es **Member of Parliament** (*abrev* **MP**).

derail /dɪˈreɪl/ *vt* hacer descarrilar: *to be derailed* descarrilar **derailment** *n* descarrilamiento

deranged /dɪˈreɪndʒd/ *adj* trastornado, loco

derby /ˈdɑːbi; *USA* ˈdɜːrbi/ *n* (*pl* **derbies**) **1** (*GB*) (*Dep*) derbi **2** (*USA*) bombín

deregulation /ˌdiːregjuˈleɪʃn/ *n* liberalización (*de ventas, servicios, etc.*)

derelict /ˈderəlɪkt/ *adj* abandonado (*edificio, terreno*)

deride /dɪˈraɪd/ *vt* (*formal*) ridiculizar, mofarse de

derision /dɪˈrɪʒn/ *n* mofa(s) **derisive** /dɪˈraɪsɪv/ *adj* burlón **derisory** /dɪˈraɪsəri/ *adj* (*formal*) irrisorio

derivation /ˌderɪˈveɪʃn/ *n* derivación **derivative** /dəˈrɪvətɪv/ *n* derivado

derive 🔑 /dɪˈraɪv/ *v* PHR V **derive from sth; be derived from sth** derivar de algo ◆ **derive sth from sth** (*formal*) obtener, sacar algo de algo: *to derive comfort from sth* hallar consuelo en algo

dermatologist /ˌdɜːməˈtɒlədʒɪst/ *n* dermatólogo, -a

dermatology /ˌdɜːməˈtɒlədʒi/ *n* dermatología

derogatory /dɪˈrɒɡətri; *USA* -tɔːri/ *adj* despectivo

descend /dɪˈsend/ *vt, vi* (*formal*) descender **descendant** *n* descendiente

descent /dɪˈsent/ *n* **1** descenso **2** ascendencia (*familiar*)

describe 🔑 /dɪˈskraɪb/ *vt* ~ **sb/sth (as sth)** describir a algn/algo (como algo)

description 🔑 /dɪˈskrɪpʃn/ *n* descripción

desert 🔑 *nombre, verbo*

▸ *n* /ˈdezət/ desierto: *a desert island* una isla desierta ◇ *a desert region* una zona desértica

▸ /dɪˈzɜːt/ **1** *vt* abandonar **2** *vi* (*Mil*) desertar

deserted 🔑 /dɪˈzɜːtɪd/ *adj* desierto (*sin gente*)

deserter /dɪˈzɜːtə(r)/ *n* desertor, -ora

desertification /dɪˌzɜːtɪfɪˈkeɪʃn/ *n* desertificación, desertización

deserve 🔑 /dɪˈzɜːv/ *vt* merecer **deserving** *adj* (*formal*) digno

design 🔑 /dɪˈzaɪn/ *nombre, verbo*

▸ *n* **1** ~ **(for/of sth)** diseño (de algo) **2** plan **3** dibujo

▸ *vt* diseñar

designate /ˈdezɪɡneɪt/ *vt* ~ **sth/sb (as) sth** designar, nombrar algo/a algn algo

designer /dɪˈzaɪnə(r)/ *nombre, adjetivo*

▸ *n* diseñador, -ora

▸ *adj* [*sólo antes de sustantivo*] de marca: *designer jeans* vaqueros de marca

desirable /dɪˈzaɪərəbl/ *adj* deseable

desire 🔑 /dɪˈzaɪə(r)/ *nombre, verbo*

▸ *n* **1** ~ **(for sb/sth)**; ~ **(to do sth)** deseo (de/por algn/algo), deseo (de hacer algo) **2** ~ **(for sth/ to do sth)** ansias (de algo/de hacer algo): *He had no desire to see her.* No sentía ninguna gana de verla.

▸ *vt* desear

desk 🔑 /desk/ *n* mesa (*de trabajo*)

desktop /ˈdesktɒp/ *adj* (*Informát*): *a desktop computer* un ordenador personal ◇ *desktop publishing* autoedición

desolate /ˈdesələt/ *adj* **1** (*paisaje*) desolado, desierto **2** (*futuro*) desolador **desolation** *n* (*formal*) **1** desconsuelo **2** desolación

despair /dɪˈspeə(r)/ *nombre, verbo*

▸ *n* desesperación

▸ *vi* **1** ~ **(of doing sth)** perder las esperanzas (de hacer algo) **2** ~ **of sb** desesperarse con algn **despairing** *adj* desesperado

despatch = DISPATCH

desperate 🔑 /ˈdespərət/ *adj* desesperado

despicable /dɪˈspɪkəbl/ *adj* (*formal*) despreciable

despise /dɪˈspaɪz/ *vt* despreciar

despite 🔑 /dɪˈspaɪt/ *prep* a pesar de: *Despite the fact that...* A pesar (del hecho) de que...

despondent /dɪˈspɒndənt/ *adj* ~ **(about/over sth)** abatido, desalentado (por algo)

despot /ˈdespɒt/ *n* déspota

dessert /dɪˈzɜːt/ *n* postre

dessertspoon /dɪˈzɜːtspuːn/ *n* **1** cuchara de postre **2** (*tb* **dessertspoonful**) cucharada (*de postre*)

destination /ˌdestɪˈneɪʃn/ *n* destino (*de viaje*)

destined /ˈdestɪnd/ *adj* ~ **(for sth)** (*formal*) destinado (a algo): *It was destined to fail.* Estaba condenado a fracasar.

destiny /ˈdestəni/ *n* (*pl* **destinies**) destino (*sino*)

destitute /ˈdestɪtjuːt; *USA* -tuːt/ *adj* indigente

destroy 🔑 /dɪˈstrɔɪ/ *vt* destruir **destroyer** *n* (*Mil*) destructor

destruction 🔑 /dɪˈstrʌkʃn/ *n* destrucción **destructive** *adj* destructivo

detach /dɪˈtætʃ/ *vt, vi* ~ **(sth) (from sth)** separar algo, separarse (de algo) **detachable** *adj* que se puede quitar

detached /dɪˈtætʃt/ *adj* **1** (*vivienda*) no unido a otra casa ❶ Una **detached house** es una vivienda unifamiliar que no tiene ningún edificio adosado. ➲ *Ver tb nota en* CASA **2** distante **3** imparcial

detachment /dɪˈtætʃmənt/ *n* **1** indiferencia **2** imparcialidad **3** (*Mil*) destacamento

detail 🔑 /ˈdiːteɪl; *USA tb* dɪˈteɪl/ *nombre, verbo*

▸ *n* detalle, pormenor LOC **go into detail(s)** entrar en detalles ◆ **in detail** en detalle, detalladamente

▸ *vt* detallar

detailed 🔑 /ˈdiːteɪld; *USA tb* dɪˈteɪld/ *adj* detallado

detain /dɪˈteɪn/ *vt* **1** retener **2** (*policía*) detener **detainee** /ˌdiːteɪˈniː/ *n* detenido, -a

detect /dɪˈtekt/ *vt* **1** detectar **2** (*crimen*) descubrir **detectable** *adj* detectable **detection** *n* descubrimiento: *to escape detection* pasar desapercibido

detective /dɪˈtektɪv/ *n* detective, policía de paisano: *detective story* novela policiaca

detention /dɪˈtenʃn/ *n* detención: *detention centre* centro de detención preventiva

deter /dɪˈtɜː(r)/ *vt* **(-rr-)** ~ **sb (from doing sth)** disuadir a algn (de hacer algo)

detergent /dɪˈtɜːdʒənt/ *n* detergente

deteriorate /dɪˈtɪəriəreɪt/ *vi* deteriorarse, empeorar **deterioration** *n* deterioro

determination /dɪˌtɜːmɪˈneɪʃn/ *n* determinación

determine /dɪˈtɜːmɪn/ *vt* determinar, decidir: *to determine the cause of an accident* determinar la causa de un accidente ◇ *determining factor* factor determinante

determined /dɪˈtɜːmɪnd/ *adj* ~ **(to do sth)** resuelto (a hacer algo)

determiner /dɪˈtɜːmɪnə(r)/ *n* (*Gram*) determinante

deterrent /dɪˈterənt; *USA* -ˈtɜː-/ *n* **1** escarmiento **2** argumento disuasorio **3** (*Mil*) disuasión: *nuclear deterrent* armas de disuasión nuclear

detest /dɪˈtest/ *vt* detestar

detonate /ˈdetəneɪt/ *vt, vi* detonar

detour /ˈdiːtʊə(r)/ *n* desvío ➲ *Comparar con* DIVERSION

detox /ˈdiːtɒks/ *n* (*coloq*) **1** limpieza del organismo **2** (*tb* **detoxification** /diːˌtɒksɪfɪˈkeɪʃn/) desintoxicación

detract /dɪˈtrækt/ *vi* ~ **from sth** restar mérito a algo: *The incident detracted from our enjoyment of the trip.* El incidente le restó placer a nuestro viaje.

detriment /ˈdetrɪmənt/ *n* (*formal*) LOC **to the detriment of sb/sth** en detrimento de algn/algo **detrimental** /ˌdetrɪˈmentl/ *adj* ~ **(to sb/sth)** perjudicial (para/a algn/algo)

devaluation /ˌdiːˌvæljuˈeɪʃn/ *n* devaluación

devalue /ˌdiːˈvæljuː/ *vt, vi* devaluar(se)

devastate /ˈdevəsteɪt/ *vt* **1** devastar, asolar **2** (*persona*) desolar, destrozar **devastating** *adj* **1** desastroso **2** devastador **devastation** *n* devastación

develop /dɪˈveləp/ **1** *vt, vi* desarrollar(se) **2** *vt* (*plan, estrategia*) elaborar **3** *vt* (*terreno*) urbanizar, construir en **4** *vt* (*Fot*) revelar **developed** *adj* desarrollado **developer** *n* **1** promotor, -ora **2** *software developer* productor de software

developing /dɪˈveləpɪŋ/ *adjetivo, nombre*
▸ *adj* en (vías de) desarrollo
▸ *n* (*Fot*) revelado

development /dɪˈveləpmənt/ *n* **1** desarrollo, evolución: *development area* polo de desarrollo **2** *There has been a new development.* Ha cambiado la situación. **3** urbanización

deviant /ˈdiːviənt/ *adj, n* **1** desviado, -a **2** (*sexual*) pervertido, -a

deviate /ˈdiːvieɪt/ *vi* ~ **(from sth)** desviarse (de algo) **deviation** *n* ~ **(from sth)** desviación (de algo)

device /dɪˈvaɪs/ *n* **1** aparato, dispositivo, mecanismo: *explosive/nuclear device* artefacto explosivo/nuclear **2** (*plan*) ardid, estratagema LOC *Ver* LEAVE

devil /ˈdevl/ *n* demonio, diablo: *You lucky devil!* ¡Tienes una suerte del diablo!

devious /ˈdiːviəs/ *adj* **1** (*método, persona*) poco escrupuloso **2** enrevesado, intrincado

devise /dɪˈvaɪz/ *vt* idear, elaborar

devoid /dɪˈvɔɪd/ *adj* ~ **of sth** desprovisto, exento de algo

devolution /ˌdiːvəˈluːʃn; *USA* ˌdev-/ *n* **1** descentralización **2** (*de poderes*) delegación

En el Reino Unido **devolution** se refiere a la transferencia de poderes a través de la cual se han establecido parlamentos o asambleas en Escocia, Gales e Irlanda del Norte.

devote /dɪˈvəʊt/ *vt* **1** ~ **yourself to sb/sth** dedicarse a algn/algo **2** ~ **sth to sb/sth** dedicar algo a algn/algo **3** ~ **sth to sth** (*recursos*) destinar algo a algo

devoted /dɪˈvəʊtɪd; *USA* -ˈvoʊt-/ *adj* ~ **(to sb/sth)** fiel, leal (a algn/algo): *They're devoted to each other.* Están entregados el uno al otro.

devotee /ˌdevəˈtiː/ *n* devoto, -a

devotion /dɪˈvəʊʃn/ *n* ~ **(to sb/sth)** devoción (por/a algn/algo)

devour /dɪˈvaʊə(r)/ *vt* devorar

devout /dɪˈvaʊt/ *adj* **1** devoto, piadoso **2** (*esperanza, deseo*) sincero **devoutly** *adv* **1** piadosamente, con devoción **2** sinceramente

dew /djuː; *USA* duː/ *n* rocío

dexterity /dekˈsterəti/ *n* destreza

diabetes /ˌdaɪəˈbiːtiːz/ *n* [*incontable*] diabetes **diabetic** /ˌdaɪəˈbetɪk/ *adj, n* diabético, -a

diabolical /ˌdaɪəˈbɒlɪkl/ *adj* **1** (*GB, coloq*) espantoso **2** diabólico

diagnose /ˈdaɪəgnəʊz, ˌdaɪəgˈnəʊz/ *vt* diagnosticar: *I've been diagnosed as having hepati-*

D

tis. Me han diagnosticado una hepatitis. **diagnosis** /ˌdaɪəɡˈnəʊsɪs/ *n* (*pl* **diagnoses** /-siːz/) diagnóstico **diagnostic** /ˌdaɪəɡˈnɒstɪk/ *adj* diagnóstico

diagonal /daɪˈæɡənl/ *adj, n* diagonal **diagonally** /-nəli/ *adv* diagonalmente

D

diagram ⚷ /ˈdaɪəɡræm/ *n* diagrama

dial /ˈdaɪəl/ *nombre, verbo*
▸ *n* **1** (*instrumento*) indicador **2** (*reloj*) esfera **3** (*teléfono*) disco
▸ *vt* (**-ll-**, *USA* **-l-**) marcar: *to dial a wrong number* marcar un número equivocado

dialect /ˈdaɪəlekt/ *n* dialecto

ˈ**dialling code** *n* prefijo (*telefónico*)

ˈ**dialling tone** (*USA* ˈ**dial tone**) *n* señal de marcar

dialogue (*USA tb* **dialog**) /ˈdaɪəlɒɡ; *USA* -lɔːɡ/ *n* diálogo

diameter /daɪˈæmɪtə(r)/ *n* diámetro: *It is 20 cm in diameter.* Tiene 20 cm de diámetro.

diamond ⚷ /ˈdaɪəmənd/ *n* **1** diamante **2** rombo **3 diamonds** [*pl*] (*Naipes*) diamantes ➲ *Ver nota en* BARAJA **4** *diamond jubilee* sexagésimo aniversario

diaper /ˈdaɪəpə(r); *USA* ˈdaɪpər/ *n* (*USA*) pañal

diaphragm /ˈdaɪəfræm/ *n* diafragma

diarrhoea (*USA* **diarrhea**) /ˌdaɪəˈrɪə/ *n* [*incontable*] diarrea

diary ⚷ /ˈdaɪəri/ *n* (*pl* **diaries**) **1** diario **2** agenda

dice /daɪs/ *nombre, verbo*
▸ *n* (*pl* **dice**) dado: *to roll/throw the dice* tirar/lanzar los dados ◇ *to play dice* jugar a los dados
▸ *vt* cortar en trozos

dictate /dɪkˈteɪt; *USA* ˈdɪkteɪt/ *vt, vi* ~ **(sth) (to sb)** dictar (algo) (a algn) PHR V **dictate to sb** darle órdenes a algn: *You can't dictate to people how they should live.* No puedes decirle a la gente cómo debe vivir su vida. **dictation** *n* dictado

dictator /dɪkˈteɪtə(r); *USA* ˈdɪkteɪtər/ *n* dictador, -ora **dictatorship** *n* dictadura

dictionary ⚷ /ˈdɪkʃənri; *USA* -neri/ *n* (*pl* **dictionaries**) diccionario

did *pt de* DO

didactic /daɪˈdæktɪk/ *adj* (*formal, gen pey*) moralizador, pedante

didn't /ˈdɪdnt/ = DID NOT *Ver* DO

die ⚷ /daɪ/ *vi* (*pt, pp* **died** *part pres* **dying**) morir: *to die of/from sth* morir de algo LOC **be dying for sth/to do sth** (*coloq*) morirse por algo/por hacer algo PHR V **die away 1** disminuir poco a poco hasta desaparecer **2** (*ruido*) alejarse hasta perderse ◆ **die down 1** apagarse gradualmente, disminuir **2** (*viento*) amainar ◆ **die off** morir uno tras otro ◆ **die out 1** (*animales, etc.*) extinguirse **2** (*tradiciones*) desaparecer

diesel /ˈdiːzl/ *n* diesel: *diesel fuel/oil* gasóleo

diet ⚷ /ˈdaɪət/ *nombre, verbo*
▸ *n* dieta, régimen: *to be/go on a diet* estar/ponerse a régimen ◇ *diet drinks* bebidas light ➲ *Ver nota en* LOW-CAL
▸ *vi* estar/ponerse a régimen **dietary** /ˈdaɪətəri; *USA* -teri/ *adj* dietético

differ /ˈdɪfə(r)/ *vi* **1** ~ **(from sb/sth)** ser diferente (de algn/algo) **2** ~ **(with sb) (about/on/over sth)** no estar de acuerdo (con algn) (sobre/en algo)

difference ⚷ /ˈdɪfrəns/ *n* diferencia: *to make up the difference (in price)* poner la diferencia (en el precio) ◇ *a difference of opinion* una desavenencia LOC **it makes all the difference** lo cambia todo ◆ **it makes no difference** da lo mismo ◆ **what difference does it make?** ¿qué más da?

different ⚷ /ˈdɪfrənt/ *adj* ~ **(from/to sb/sth)** diferente, distinto (a/de algn/algo) ⓘ En Estados Unidos se dice también **different than sb/sth**.

differentiate /ˌdɪfəˈrenʃieɪt/ *vt, vi* ~ **(between) A and B**; ~ **A from B** distinguir, diferenciar entre A y B, distinguir A de B **differentiation** *n* diferenciación

differently ⚷ /ˈdɪfrəntli/ *adv* de otra manera, de distinta manera

difficult ⚷ /ˈdɪfɪkəlt/ *adj* difícil

difficulty ⚷ /ˈdɪfɪkəlti/ *n* (*pl* **difficulties**) **1** dificultad: *with great difficulty* a duras penas **2** (*situación difícil*) apuro, aprieto: *to get/run into difficulties* verse en un apuro/encontrarse en apuros ◇ *to make difficulties for sb* poner obstáculos a algn

diffidence /ˈdɪfɪdəns/ *n* falta de confianza en sí mismo

diffident /ˈdɪfɪdənt/ *adj* poco seguro de sí mismo

dig ⚷ /dɪɡ/ *verbo, nombre*
▸ *vt, vi* (**-gg-**) (*pt, pp* **dug** /dʌɡ/) **1** cavar: *to dig for sth* cavar en busca de algo **2** ~ **(sth) into sth** clavar algo, clavarse en algo: *It was digging into his back.* Se le clavaba en la espalda. LOC **dig your heels in** mantenerse en sus trece PHR V **dig in; dig into sth** (*coloq*) (*comida*) atacar (algo) ◆ **dig sb/sth out** sacar a algn/algo (cavando) ◆ **dig sth up 1** (*planta*) sacar algo de la tierra **2** (*calle, césped, etc.*) levantar algo **3** (*objeto oculto*) desenterrar algo
▸ *n* excavación

digest *verbo, nombre*
▸ *vt, vi* /daɪˈdʒest/ digerir(se)
▸ *n* /ˈdaɪdʒest/ **1** resumen **2** compendio

digestion /daɪˈdʒestʃən/ *n* digestión
diˈgestive system *n* aparato digestivo
digger /ˈdɪɡə(r)/ *n* excavadora
digit /ˈdɪdʒɪt/ *n* dígito
digital /ˈdɪdʒɪtl/ *adj* digital
dignified /ˈdɪɡnɪfaɪd/ *adj* digno
dignitary /ˈdɪɡnɪtəri; *USA* -teri/ *n* (*pl* **dignitaries**) dignatario, -a
dignity /ˈdɪɡnəti/ *n* dignidad
dike = DYKE
dilapidated /dɪˈlæpɪdeɪtɪd/ *adj* **1** ruinoso **2** (*vehículo*) destartalado
dilemma /dɪˈlemə, daɪ-/ *n* dilema
dilute /daɪˈluːt/ *vt* **1** diluir **2** (*fig*) suavizar, debilitar
dim /dɪm/ *adjetivo, verbo*
▸ *adj* (**dimmer**, **-est**) **1** (*luz*) débil, tenue **2** (*lugar*) sombrío **3** (*vista*) turbio **4** (*recuerdo, noción*) vago **5** (*coloq*) (*persona*) lerdo **6** (*perspectiva*) poco prometedor, sombrío
▸ (**-mm-**) **1** *vt* (*luz*) bajar **2** *vi* (*luz*) apagarse poco a poco **3** *vt, vi* (*fig*) ir(se) atenuando
dime /daɪm/ *n* (*Can, USA*) moneda de diez centavos
dimension /daɪˈmenʃn, dɪ-/ *n* dimensión
diminish /dɪˈmɪnɪʃ/ *vt, vi* disminuir
diminutive /dɪˈmɪnjətɪv/ *adjetivo, nombre*
▸ *adj* (*formal*) diminuto
▸ *n* diminutivo
dimly /ˈdɪmli/ *adv* **1** (*iluminar*) débilmente **2** (*recordar*) vagamente **3** (*ver*) apenas
dimple /ˈdɪmpl/ *n* hoyuelo
din /dɪn/ *n* [*sing*] **1** (*de gente*) alboroto **2** (*de máquinas*) estruendo
dine /daɪn/ *vi* ~ **(on sth)** (*formal*) cenar, comer (algo) ➲ *Ver nota en* DINNER PHR V **dine out** cenar/comer fuera **diner** *n* **1** comensal **2** (*USA*) restaurante (*de carretera*)
dinghy /ˈdɪŋɡi/ *n* (*pl* **dinghies**) **1** bote, barca **2** (*de goma*) lancha neumática
dingy /ˈdɪndʒi/ *adj* (**dingier**, **-iest**) **1** (*deprimente*) sombrío **2** sucio
ˈdining room *n* comedor
dinner /ˈdɪnə(r)/ *n* **1** cena, almuerzo: *to have dinner* cenar/almorzar/comer

El uso de los términos **dinner**, **lunch**, **supper** y **tea** varía mucho en Gran Bretaña dependiendo de la zona. **Lunch** siempre hace referencia a la comida del mediodía, que suele ser ligera (una ensalada o un sándwich). Hay gente que llama **dinner** a esta comida. Tanto **dinner** como **supper** y **tea** se pueden utilizar para referirse a la comida principal del día, que se toma al final de la tarde. **Supper** puede ser también algo ligero que se toma antes de acostarse. **Tea** puede consistir simplemente en té con galletas y bollos a media tarde. A esto también se le llama **afternoon tea**. Lo que los niños comen en el colegio se llama **school dinner**, si lo prepara el mismo colegio, y **packed lunch**, si se lo llevan preparado de casa. ➲ *Ver tb nota en* NAVIDAD

2 cena (de gala) **3** (*tb* ˈ**dinner party**) (*entre amigos*) cena
ˈdinner jacket *n* esmoquin
ˈdinner lady *n* (*pl* **dinner ladies**) mujer que sirve y supervisa las comidas escolares
dinosaur /ˈdaɪnəsɔː(r)/ *n* dinosaurio
diocese /ˈdaɪəsɪs/ *n* (*pl* **dioceses** /-siːz/) diócesis
dioxide /daɪˈɒksaɪd/ *n* dióxido
dip /dɪp/ *verbo, nombre*
▸ (**-pp-**) **1** *vt* ~ **sth (in/into sth)** meter, mojar, bañar algo (en algo) **2** *vi* descender **3** *vt, vi* (*luces del coche*) bajar
▸ *n* **1** (*coloq*) chapuzón **2** (*precios, etc.*) baja **3** declive **4** (*Cocina*) salsa para mojar verduras y otros aperitivos
diphthong /ˈdɪfθɒŋ, ˈdɪp-/ *n* diptongo
diploma /dɪˈpləʊmə/ *n* diploma
diplomacy /dɪˈpləʊməsi/ *n* diplomacia **diplomat** /ˈdɪpləmæt/ *n* diplomático, -a **diplomatic** /ˌdɪpləˈmætɪk/ *adj* diplomático **diplomatically** /-kli/ *adv* diplomáticamente, con diplomacia
dire /ˈdaɪə(r)/ *adj* (**direr**, **-est**) **1** (*formal*) horrible, extremo **2** (*GB, coloq*) fatal
direct /dəˈrekt, daɪ-/ *adjetivo, verbo, adverbio*
▸ *adj* **1** directo **2** total **3** franco
▸ *vt* dirigir: *Could you direct me to...?* ¿Podría indicarme el camino a...?
▸ *adv* **1** directamente: *The 9.20 goes direct to London.* El tren de las 9.20 va directo a Londres. **2** en persona
diˌrect ˈdebit *n* domiciliación bancaria
direction /dəˈrekʃn, daɪ-/ *n* **1** dirección, sentido **2** **directions** [*pl*] instrucciones: *to ask for directions* preguntar el camino a algún sitio
directive /dəˈrektɪv, daɪ-/ *n* directriz
directly /dəˈrektli, daɪ-/ *adv* directamente: *directly opposite* justo enfrente
directness /dəˈrektnəs, daɪ-/ *n* franqueza
director /dəˈrektə(r), daɪ-/ *n* director, -ora

directorate /də'rektərət, daɪ-/ *n* **1** Dirección General **2** junta directiva

directory /də'rektəri, daɪ-/ *n* (*pl* **directories**) guía telefónica, directorio

dirt /dɜːt/ *n* **1** suciedad, mugre **2** tierra **3** (*coloq*): *to get hold of/dig up all the dirt on sb* buscarle/sacarle todos los trapos sucios a algn LOC *Ver* TREAT

ˌ**dirt** ˈ**cheap** *adj, adv* (*coloq*) tirado (de precio)

dirty /ˈdɜːti/ *adjetivo, verbo*

▸ *adj* (**dirtier**, **-iest**) **1** sucio **2** (*chiste, libro, etc.*) verde: *dirty word* palabrota **3** *dirty trick* mala pasada

▸ *vt, vi* (*pt, pp* **dirtied**) ensuciar(se)

disability /ˌdɪsəˈbɪləti/ *n* (*pl* **disabilities**) discapacidad

disabled /dɪsˈeɪbld/ *adjetivo, nombre*

▸ *adj* discapacitado

▸ *n* **the disabled** [*pl*] los discapacitados ➲ *Ver nota en* DISCAPACITADO

disadvantage /ˌdɪsədˈvɑːntɪdʒ; *USA* -ˈvæn-/ *n* desventaja: *to be at a disadvantage* estar en desventaja **disadvantaged** *adj* perjudicado **disadvantageous** /ˌdɪsædvænˈteɪdʒəs/ *adj* (*formal*) desventajoso

disagree /ˌdɪsəˈgriː/ *vi* (*pt, pp* **disagreed**) ~ **(with sb/sth) (about/on/over sth)** no estar de acuerdo (con algn/algo) (sobre algo): *He disagreed with her on how to spend the money.* No estuvo de acuerdo con ella sobre cómo gastar el dinero. PHR V **disagree with sb** (*comida, clima*) sentarle mal a algn **disagreeable** *adj* desagradable

disagreement /ˌdɪsəˈgriːmənt/ *n* **1** desacuerdo **2** discrepancia

disappear /ˌdɪsəˈpɪə(r)/ *vi* desaparecer: *It disappeared into the bushes.* Desapareció entre los matorrales. **disappearance** *n* desaparición

disappoint /ˌdɪsəˈpɔɪnt/ *vt* decepcionar, defraudar

disappointed /ˌdɪsəˈpɔɪntɪd/ *adj* **1** ~ **(at/by sth)** decepcionado, defraudado (por algo) **2** ~ **(in/with sb/sth)** decepcionado (con algn/algo): *I'm disappointed in you.* Me has decepcionado.

disappointing /ˌdɪsəˈpɔɪntɪŋ/ *adj* decepcionante

disappointment /ˌdɪsəˈpɔɪntmənt/ *n* decepción

disapproval /ˌdɪsəˈpruːvl/ *n* desaprobación

disapprove /ˌdɪsəˈpruːv/ *vi* **1** ~ **(of sth)** desaprobar (algo) **2** ~ **(of sb)** tener mala opinión (de algn)

disapproving /ˌdɪsəˈpruːvɪŋ/ *adj* de desaprobación

disarm /dɪsˈɑːm/ *vt, vi* desarmar(se) **disarmament** *n* desarme

disassociate = DISSOCIATE

disaster /dɪˈzɑːstə(r); *USA* -ˈzæs-/ *n* desastre **disastrous** *adj* catastrófico

disband /dɪsˈbænd/ *vt, vi* disolver(se)

disbelief /ˌdɪsbɪˈliːf/ *n* incredulidad

disc (*USA tb* **disk**) /dɪsk/ *n* disco

discard /dɪˈskɑːd/ *vt* desechar, deshacerse de

discern /dɪˈsɜːn/ *vt* (*formal*) **1** discernir **2** percibir **discernible** *adj* (*formal*) perceptible

discharge *verbo, nombre*

▸ *vt* /dɪsˈtʃɑːdʒ/ **1** (*Med, paciente*) dar de alta a **2** (*Mil*) licenciar **3** (*residuos*) verter **4** (*formal*) (*deber*) desempeñar

▸ *n* /ˈdɪstʃɑːdʒ/ **1** (*eléctrica, de cargamento, de artillería*) descarga **2** (*residuo*) vertido **3** (*Med*) supuración **4** (*Mil*) licenciamiento

disciple /dɪˈsaɪpl/ *n* discípulo, -a

disciplinary /ˈdɪsəplɪnəri, ˌdɪsəˈplɪnəri; *USA* ˈdɪsəpləneri/ *adj* disciplinario

discipline /ˈdɪsəplɪn/ *nombre, verbo*

▸ *n* disciplina

▸ *vt* disciplinar

ˈ**disc jockey** *n* (*pl* **jockeys**) *Ver* DJ

disclose /dɪsˈkləʊz/ *vt* revelar **disclosure** /dɪsˈkləʊʒə(r)/ *n* (*formal*) revelación

disco /ˈdɪskəʊ/ *n* (*pl* **discos**) discoteca: *disco music* música disco

discolour (*USA* **discolor**) /dɪsˈkʌlə(r)/ **1** *vt* decolorar **2** *vi* perder el color

discomfort /dɪsˈkʌmfət/ *n* [*incontable*] incomodidad

disconcerted /ˌdɪskənˈsɜːtɪd/ *adj* desconcertado **disconcerting** *adj* desconcertante

disconnect /ˌdɪskəˈnekt/ *vt* **1** desconectar **2** (*luz, agua, etc.*) cortar **disconnected** *adj* inconexo, incoherente

discontent /ˌdɪskənˈtent/ *n* ~ **(at/over/with sth)** descontento (con algo) **discontented** *adj* descontento

discontinue /ˌdɪskənˈtɪnjuː/ *vt* suspender, interrumpir

discord /ˈdɪskɔːd/ *n* **1** (*formal*) discordia **2** (*Mús*) disonancia **discordant** /dɪsˈkɔːdənt/ *adj* **1** (*formal*) (*opiniones*) discorde **2** (*sonido*) disonante

discount *nombre, verbo*

▸ *n* /ˈdɪskaʊnt/ descuento LOC **at a discount** a precio rebajado

▸ *vt* /dɪsˈkaʊnt; *USA tb* ˈdɪskaʊnt/ **1** (*formal*) descartar, ignorar **2** (*Econ*) descontar, rebajar

discourage /dɪsˈkʌrɪdʒ; *USA* -ˈkɜːr-/ *vt* **1** ~ **sb from doing sth** disuadir a algn de hacer algo **2** ~ **sth** oponerse a algo, aconsejar que no se haga algo **3** desanimar **discouraging** *adj* desalentador

discover 🔑 /dɪsˈkʌvə(r)/ *vt* descubrir

discovery 🔑 *n* (*pl* **discoveries**) descubrimiento

discredit /dɪsˈkredɪt/ *vt* desacreditar

discreet /dɪˈskriːt/ *adj* discreto

discrepancy /dɪsˈkrepənsi/ *n* (*pl* **discrepancies**) discrepancia

discretion /dɪˈskreʃn/ *n* **1** albedrío **2** discreción LOC **at sb's discretion** a juicio de algn

discriminate /dɪˈskrɪmɪneɪt/ *vi* **1** ~ **(between...)** distinguir (entre...) **2** ~ **against/in favour of sb** discriminar a algn, dar trato de favor a algn **discriminating** *adj* perspicaz **discrimination** *n* **1** discriminación: *positive discrimination* discriminación positiva **2** discernimiento, buen gusto

discuss 🔑 /dɪˈskʌs/ *vt* ~ **sth (with sb)** hablar, tratar de algo (con algn)

discussion 🔑 /dɪˈskʌʃn/ *n* debate, deliberación ➲ *Comparar con* ARGUMENT, ROW[2]

disdain /dɪsˈdeɪn/ *n* desdén, desprecio

disease 🔑 /dɪˈziːz/ *n* enfermedad, afección

En general, **disease** se usa para enfermedades específicas como *heart disease, Parkinson's disease*, mientras que **illness** se suele referir a la enfermedad como estado o al período en que uno está enfermo. ➲ *Ver tb ejemplos en* ILLNESS

diseased /dɪˈziːzd/ *adj* enfermo

disembark /ˌdɪsɪmˈbɑːk/ *vi* desembarcar

disenchanted /ˌdɪsɪnˈtʃɑːntɪd; *USA* -ˈtʃænt-/ *adj* ~ **(with sb/sth)** desengañado, desilusionado (con algn/algo)

disentangle /ˌdɪsɪnˈtæŋgl/ *vt* **1** desenredar **2** ~ **sth/sb (from sth)** liberar algo/a algn (de algo)

disfigure /dɪsˈfɪgə(r); *USA* -gjər/ *vt* desfigurar

disgrace /dɪsˈgreɪs/ *nombre, verbo*

▸ *n* **1** deshonra, desgracia **2** [*sing*] **a** ~ **(to sb/sth)** una vergüenza (para algn/algo) LOC **in disgrace (with sb)** desacreditado (ante algn)

▸ *vt* deshonrar: *to disgrace yourself* ponerse en ridículo **disgraceful** *adj* vergonzoso

disgruntled /dɪsˈgrʌntld/ *adj* ~ **(at sb/sth)** disgustado (con algn/por algo)

disguise /dɪsˈgaɪz/ *verbo, nombre*

▸ *vt* **1** ~ **sb (as sb/sth)** disfrazar, disimular a algn (de algn/algo) **2** (*emoción*) disimular **3** (*voz*) cambiar

▸ *n* disfraz LOC **in disguise** disfrazado *Ver tb* BLESSING

disgust 🔑 /dɪsˈgʌst/ *n* asco, repugnancia

disgusted 🔑 /dɪsˈgʌstɪd/ *adj* asqueado

disgusting 🔑 /dɪsˈgʌstɪŋ/ *adj* asqueroso

dish 🔑 /dɪʃ/ *nombre, verbo*

▸ *n* **1** (*para servir*) fuente, plato: *to wash/do the dishes* fregar los platos **2** (*guiso*) plato: *the national dish* el plato típico nacional *Ver tb* SIDE DISH, SATELLITE DISH

▸ *v* PHR V **dish sth out 1** (*coloq*) repartir algo a manos llenas **2** (*comida*) servir algo ◆ **dish (sth) up** servir (algo)

disheartened /dɪsˈhɑːtnd/ *adj* desanimado **disheartening** *adj* desalentador

dishevelled (*USA* **disheveled**) /dɪˈʃevld/ *adj* **1** (*pelo*) despeinado **2** (*ropa, apariencia*) desaliñado

dishonest 🔑 /dɪsˈɒnɪst/ *adj* **1** (*persona*) deshonesto **2** fraudulento **dishonesty** *n* falta de honradez

dishonour (*USA* **dishonor**) /dɪsˈɒnə(r)/ *nombre, verbo*

▸ *n* (*formal*) deshonor, deshonra

▸ *vt* (*formal*) deshonrar **dishonourable** (*USA* **dishonorable**) *adj* deshonroso

dishwasher /ˈdɪʃwɒʃə(r)/ *n* lavaplatos

disillusion /ˌdɪsɪˈluːʒn/ *vt* desengañar, desencantar **disillusioned** *adj* ~ **(by/with sb/sth)** desengañado, desencantado (con algo) **disillusionment** *n* ~ **(with sth)** desengaño, desencanto (con algo)

disinfect /ˌdɪsɪnˈfekt/ *vt* desinfectar **disinfectant** *n* desinfectante

disintegrate /dɪsˈɪntɪgreɪt/ *vt, vi* desintegrar(se), desmoronar(se) **disintegration** *n* desintegración, desmoronamiento

disinterested /dɪsˈɪntrəstɪd/ *adj* desinteresado

disjointed /dɪsˈdʒɔɪntɪd/ *adj* inconexo

disk 🔑 /dɪsk/ *n* **1** (*esp USA*) = DISC **2** (*Informát*) disco

ˈ**disk drive** *n* (*Informát*) lector (*de CDs, DVDs*)

dislike 🔑 /dɪsˈlaɪk/ *verbo, nombre*

▸ *vt* no gustar, tener aversión a

▸ *n* ~ **(of sb/sth)** aversión (por/a algn/algo), antipatía (a/hacia algn): *to take a dislike to sth* cogerle aversión a algo

D

dislocate /ˈdɪsləkeɪt; *USA* -ləʊk-/ *vt* dislocar(se) **dislocation** *n* dislocación

dislodge /dɪsˈlɒdʒ/ *vt* ~ **sb/sth (from sth)** desalojar, sacar a algn/algo (de algo)

disloyal /dɪsˈlɔɪəl/ *adj* ~ **(to sb/sth)** desleal (con algn/a algo) **disloyalty** *n* deslealtad

D

dismal /ˈdɪzməl/ *adj* **1** triste **2** (*coloq*) pésimo

dismantle /dɪsˈmæntl/ *vt* **1** desarmar, desmontar **2** (*edificio, organización, etc.*) desmantelar

dismay /dɪsˈmeɪ/ *nombre, verbo*
▸ *n* consternación
▸ *vt* llenar de consternación

dismember /dɪsˈmembə(r)/ *vt* desmembrar

dismiss /dɪsˈmɪs/ *vt* **1** ~ **sb/sth (as sth)** descartar, desechar a algn/algo (por ser algo) **2** ~ **sb (from sth)** despedir, destituir a algn (de algo) **dismissal** *n* **1** despido **2** rechazo **dismissive** *adj* desdeñoso

dismount /dɪsˈmaʊnt/ *vi* ~ **(from sth)** desmontar, apearse (de algo)

disobedience /ˌdɪsəˈbiːdiəns/ *n* desobediencia

disobedient /ˌdɪsəˈbiːdiənt/ *adj* desobediente

disobey /ˌdɪsəˈbeɪ/ *vt, vi* desobedecer

disorder /dɪsˈɔːdə(r)/ *n* **1** desorden: *in disorder* desordenado **2** trastorno: *eating disorders* trastornos alimentarios **disorderly** *adj* **1** indisciplinado, descontrolado **2** desordenado LOC *Ver* DRUNK

disorganized, -ised /dɪsˈɔːɡənaɪzd/ *adj* desorganizado

disorientate /dɪsˈɔːriənteɪt/ (*tb* **disorient**) *vt* desorientar

disown /dɪsˈəʊn/ *vt* renegar de

dispatch (*tb* **despatch**) /dɪˈspætʃ/ *verbo, nombre*
▸ *vt* (*formal*) enviar
▸ *n* **1** (*formal*) envío **2** (*Period*) despacho

dispel /dɪˈspel/ *vt* (**-ll-**) disipar

dispense /dɪˈspens/ *vt* repartir PHR V **dispense with sb/sth** prescindir de algn/algo

dispersal /dɪˈspɜːsl/ (*tb* **dispersion** /dɪˈspɜːʃn, -ʒn/) *n* (*formal*) dispersión

disperse /dɪˈspɜːs/ *vt, vi* dispersar(se)

displace /dɪsˈpleɪs/ *vt* **1** reemplazar **2** desplazar

display /dɪˈspleɪ/ *verbo, nombre*
▸ *vt* **1** exponer, exhibir **2** (*emoción, etc.*) mostrar, manifestar **3** (*Informát*) mostrar en pantalla
▸ *n* **1** exposición, exhibición **2** demostración **3** (*Informát*) pantalla (*de visualización*) LOC **on display** expuesto

disposable /dɪˈspəʊzəbl/ *adj* **1** desechable **2** disponible: *disposable income* dinero disponible tras pagar los gastos fijos de cada mes

disposal /dɪˈspəʊzl/ *n* desecho, vertido: *waste disposal* la eliminación de residuos/desechos LOC **at your/sb's disposal** a su disposición/a la disposición de algn

disposed /dɪˈspəʊzd/ *adj* (*formal*) dispuesto: *be ill/well disposed towards sb* estar mal/bien dispuesto hacia algn

disposition /ˌdɪspəˈzɪʃn/ *n* modo de ser

disproportionate /ˌdɪsprəˈpɔːʃənət/ *adj* desproporcionado **disproportionately** *adv* desproporcionadamente

disprove /ˌdɪsˈpruːv/ *vt* refutar (*teoría*)

dispute *nombre, verbo*
▸ *n* /dɪˈspjuːt, ˈdɪspjuːt/ **1** conflicto, disputa **2** discusión LOC **in dispute 1** en discusión **2** (*Jur*) en litigio
▸ *vt* /dɪˈspjuːt/ discutir, poner en duda

disqualify /dɪsˈkwɒlɪfaɪ/ *vt* (*pt, pp* **-fied**) descalificar: *to disqualify sb from doing sth* inhabilitar a algn para hacer algo

disregard /ˌdɪsrɪˈɡɑːd/ *verbo, nombre*
▸ *vt* hacer caso omiso de (*consejo, error*)
▸ *n* ~ **(for/of sb/sth)** indiferencia (hacia algn/algo)

disreputable /dɪsˈrepjətəbl/ *adj* de mala reputación: *his disreputable appearance* su mal aspecto

disrepute /ˌdɪsrɪˈpjuːt/ *n* desprestigio

disrespect /ˌdɪsrɪˈspekt/ *n* falta de respeto **disrespectful** *adj* ~ **(to sb/sth)** irrespetuoso (con algn)

disrupt /dɪsˈrʌpt/ *vt* interrumpir, desbaratar **disruption** *n* trastorno, molestia(s) **disruptive** *adj* molesto, que causa molestias

dissatisfaction /ˌdɪsˌsætɪsˈfækʃn/ *n* ~ **(with/at sth)** descontento (con/por algo)

dissatisfied /dɪˈsætɪsfaɪd/ *adj* ~ **(with/at sb/sth)** descontento (con/por algn/algo)

dissent /dɪˈsent/ *n* desacuerdo **dissenting** *adj* en desacuerdo, contrario

dissertation /ˌdɪsəˈteɪʃn/ *n* tesina

dissident /ˈdɪsɪdənt/ *adj, n* disidente

dissimilar /dɪˈsɪmɪlə(r)/ *adj* ~ **(from/to sb/sth)** distinto (de algn/algo)

dissociate /dɪˈsəʊʃieɪt/ (*tb* **disassociate** /ˌdɪsəˈsəʊʃieɪt/) *vt* **1** ~ **yourself/sb from sb/sth** desligarse, desligar a algn de algn/algo **2** disociar

dissolve /dɪˈzɒlv/ **1** *vt, vi* disolver(se) **2** *vi* (*formal*) desvanecerse

dissuade /dɪˈsweɪd/ *vt* ~ **sb (from sth/doing sth)** disuadir a algn (de algo/de hacer algo)

distance 🔑 /ˈdɪstəns/ *nombre, verbo*
▸ *n* distancia: *from/at a distance* a distancia ◇ *a distance runner* un corredor de fondo *Ver tb* LONG DISTANCE LOC **in the distance** a lo lejos
▸ *vt* ~ **yourself (from sb/sth)** distanciarse (de algn/algo)

distant /ˈdɪstənt/ *adj* **1** distante, lejano **2** (*pariente*) lejano

distaste /dɪsˈteɪst/ *n* ~ **(for sb/sth)** aversión (a algn/algo) **distasteful** *adj* desagradable

distil (*USA tb* **distill**) /dɪˈstɪl/ *vt* (**-ll-**) destilar **distillery** *n* (*pl* **distilleries**) destilería

distinct /dɪˈstɪŋkt/ *adj* **1** claro **2** ~ **(from sth)** distinto (de algo): *as distinct from sth* en contraposición a algo **distinction** *n* **1** distinción **2** honor **distinctive** *adj* particular

distinguish 🔑 /dɪˈstɪŋgwɪʃ/ **1** *vt* ~ **A (from B)** distinguir A (de B) **2** *vi* ~ **between A and B** distinguir entre A y B **3** *vt* ~ **yourself (as sth)** distinguirse (como algo)

distort /dɪˈstɔːt/ *vt* **1** deformar, distorsionar **2** (*fig*) tergiversar **distortion** *n* **1** distorsión **2** (*fig*) tergiversación

distract /dɪˈstrækt/ *vt* ~ **sb (from sth)** distraer a algn (de algo) **distracted** *adj* distraído **distraction** *n* distracción: *to drive sb to distraction* volver loco a algn

distraught /dɪˈstrɔːt/ *adj* consternado

distress /dɪˈstres/ *n* **1** angustia **2** dolor **3** peligro: *distress signal* señal de peligro **distressed** *adj* afligido **distressing** *adj* penoso

distribute 🔑 /dɪˈstrɪbjuːt/ *vt* repartir, distribuir

distribution 🔑 /ˌdɪstrɪˈbjuːʃn/ *n* distribución

distributor /dɪˈstrɪbjətə(r)/ *n* distribuidor, -ora

district 🔑 /ˈdɪstrɪkt/ *n* **1** distrito, región **2** zona

distrust /dɪsˈtrʌst/ *nombre, verbo*
▸ *n* desconfianza
▸ *vt* desconfiar de **distrustful** *adj* desconfiado

disturb 🔑 /dɪˈstɜːb/ *vt* **1** molestar, interrumpir: *I'm sorry to disturb you.* Siento molestarte. ➲ *Comparar con* BOTHER, MOLEST **2** (*silencio, sueño*) perturbar **3** revolver LOC **do not disturb** no molestar **disturbance** *n* **1** molestia **2** disturbios **3** alboroto: *to cause a disturbance of the peace* causar una alteración del orden público **disturbed** *adj* trastornado

disturbing 🔑 /dɪˈstɜːbɪŋ/ *adj* inquietante

disuse /dɪsˈjuːs/ *n* desuso: *to fall into disuse* caer en desuso **disused** *adj* abandonado

ditch /dɪtʃ/ *nombre, verbo*
▸ *n* zanja, cuneta
▸ *vt* (*coloq*) abandonar

dither /ˈdɪðə(r)/ *vi* ~ **(over sth)** (*coloq*) vacilar (sobre algo)

ditto /ˈdɪtəʊ/ *n* ídem

> **Ditto** se suele referir al símbolo (") que se utiliza para evitar las repeticiones en una lista.

dive /daɪv/ *verbo, nombre*
▸ *vi* (*pt* **dived** *USA tb* **dove** /dəʊv/, *pp* **dived**) **1** ~ **(from/off sth) (into sth)** tirarse de cabeza (desde algo) (en algo) **2** ~ **(down) (for sth)** (*persona*) bucear (en busca de algo) **3** (*submarino, ballena, etc.*) sumergirse **4** (*avión, ave*) bajar en picado **5** ~ **into/under sth** meterse en/debajo de algo (*precipitadamente*) LOC **dive for cover** buscar cobijo precipitadamente
▸ *n* **1** salto **2** inmersión **diver** *n* buzo

diverge /daɪˈvɜːdʒ/ *vi* (*formal*) ~ **(from sth)** **1** (*líneas, carreteras*) divergir (de algo) **2** (*opiniones*) diferir (de algo) **divergence** *n* divergencia **divergent** *adj* divergente

diverse /daɪˈvɜːs/ *adj* diverso

diversification /daɪˌvɜːsɪfɪˈkeɪʃn/ *n* diversificación

diversify /daɪˈvɜːsɪfaɪ/ *vt, vi* (*pt, pp* **-fied**) diversificar(se)

diversion /daɪˈvɜːʃn; *USA* -ʒn/ *n* desvío (*ocasionado por obras, etc.*)

diversity /daɪˈvɜːsəti/ *n* diversidad

divert /daɪˈvɜːt/ *vt* ~ **sb/sth (from sth)** desviar a algn/algo (de algo)

divide 🔑 /dɪˈvaɪd/ **1** *vt, vi* ~ **(sth) (up) (into sth)** dividir algo, dividirse (en algo) **2** *vt* ~ **sth (up/out) (between/among sb)** dividir, repartir algo (entre algn) **3** *vt* separar **4** *vt* ~ **sth by sth** (*Mat*) dividir algo por algo **divided** *adj* dividido

diˌvided ˈhighway *n* (*USA*) autovía (*de dos carriles*)

dividend /ˈdɪvɪdend/ *n* dividendo

divine /dɪˈvaɪn/ *adj* divino

diving /ˈdaɪvɪŋ/ *n* buceo

ˈdiving board *n* trampolín

division 🔑 /dɪˈvɪʒn/ *n* **1** división **2** sección, departamento (*en una empresa*) **divisional** *adj* de división

divorce 🔑 /dɪˈvɔːs/ *nombre, verbo*
▸ *n* divorcio
▸ *vt, vi* divorciarse (de): *to get divorced* divorciarse **divorcee** /dɪˌvɔːˈsiː; *USA* -ˈseɪ/ *n* divorciado, -a

divulge /daɪˈvʌldʒ/ *vt* (*formal*) revelar

DIY /ˌdiː aɪ ˈwaɪ/ *n* (*abrev de* **do-it-yourself**) bricolaje

dizziness /ˈdɪzinəs/ *n* mareo, vértigo

dizzy /ˈdɪzi/ *adj* (**dizzier**, **-iest**) mareado

DJ /ˈdiː dʒeɪ, ˌdiː ˈdʒeɪ/ *n* (*abrev de* **disc jockey**) DJ, pinchadiscos

DNA /ˌdiː en ˈeɪ/ *n* ADN

D

do

present simple

afirmativa	*negativa* *formas contractas*
I **do**	I **don't**
you **do**	you **don't**
he/she/it **does**	he/she/it **doesn't**
we **do**	we **don't**
you **do**	you **don't**
they **do**	they **don't**
forma ***-ing***	**doing**
past simple	**did**
participio pasado	**done**

do *verbo, nombre*

▸ /də, duː/ *vt, vi* (*3ª pers sing* **does** /dʌz/, *pt* **did** /dɪd/, *pp* **done** /dʌn/) hacer

Usamos **do** cuando hablamos de una actividad sin decir exactamente de qué se trata, como por ejemplo, cuando va acompañado de palabras como *something, nothing, anything, everything*, etc.: *What are you doing this evening?* ¿Qué vas a hacer esta tarde? ◇ *Are you doing anything tomorrow?* ¿Vas a hacer algo mañana? ◇ *We'll do what we can to help you.* Haremos lo que podamos para ayudarte. ◇ *What does she want to do?* ¿Qué quiere hacer? ◇ *I've got nothing to do.* No tengo nada que hacer. ◇ *What can I do for you?* ¿En qué puedo servirle? ◇ *I have a number of things to do today.* Hoy tengo varias cosas que hacer. ◇ *Do as you please.* Haz lo que quieras. ◇ *Do as you're told!* ¡Haz lo que se te dice!
➲ *Ver tb ejemplos en* MAKE

- **do + the, my, etc. + -ing** *vt* (*obligaciones y hobbies*) hacer: *to do the washing-up* hacer/fregar los platos ◇ *to do the ironing* planchar ◇ *to do the/your shopping* hacer la compra
- **do + (the, my, etc.) + sustantivo** *vt*: *to do your homework* hacer los deberes ◇ *to do a test/an exam* hacer un examen ◇ *to do an English course* hacer un curso de inglés ◇ *to do business* hacer negocios ◇ *to do your duty* cumplir con tu deber ◇ *to do your job* hacer tu trabajo ◇ *to do the housework* hacer la casa ◇ *to do your hair/to have your hair done* arreglarse el pelo/ir a la peluquería
- **otros usos 1** *vt*: *to do your best* hacer lo que se pueda ◇ *to do good* hacer el bien ◇ *to do sb a favour* hacerle un favor a algn **2** *vi* ir: *She's doing well at school.* Va bien en la escuela. ◇ *How's the business doing?* ¿Qué tal va el negocio? ◇ *He did badly in the exam.* Le fue mal en el examen. **3** *vi* ser suficiente, servir: *Will £10 do?* ¿Será suficiente con diez libras? ◇ *All right, a pencil will do.* Da igual, un lápiz servirá. **4** *vi* venir bien: *Will next Friday do?* ¿Te viene bien el viernes?

LOC **be/have to do with sb/sth** tener que ver con algn/algo: *She won't have anything to do with him.* No quiere tener nada que ver con él. ◇ *What's it got to do with you?* ¡Y a ti qué te importa! ◆ **could do with sth**: *I could do with a good night's sleep.* Me haría bien dormir toda la noche. ◇ *We could do with a holiday.* Nos sentarían bien unas vacaciones. ◆ **it/that will never/won't do**: *It (simply) won't do.* No puede ser. ◇ *It would never do to...* No estaría bien que... ◆ **that does it!** (*coloq*) ¡se acabó! ◆ **that's done it!** (*coloq*) ¡la hemos hecho buena! ◆ **that will do!** ¡ya está bien! ❶ Para otras expresiones con **do**, véanse las entradas del sustantivo, adjetivo, etc., p. ej. **do your bit** en BIT.

PHRV **do away with sth** (*coloq*) deshacerse de algo, abolir algo ◆ **do sth up 1** abrochar(se) algo **2** atar(se) algo **3** envolver algo **4** renovar algo ◆ **do without (sb/sth)** pasarse sin algn/algo

▸ /də, duː/ *v aux* ❶ En español, **do** no se traduce. Lleva el tiempo y la persona del verbo principal de la oración.

- **frases interrogativas y negativas**: *Does she speak French?* ¿Habla francés? ◇ *Did you go home?* ¿Os fuisteis a casa? ◇ *She didn't go to Paris.* No fue a París. ◇ *He doesn't want to come with us.* No quiere venir con nosotros.
- **question tags 1** [*oración afirmativa*] **do** + **n't** + **pronombre personal?**: *John lives here, doesn't he?* John vive aquí, ¿verdad? **2** [*oración negativa*] **do** + **pronombre personal?**: *Mary doesn't know, does she?* Mary no lo sabe, ¿verdad? **3** [*oración afirmativa*] **do** + **pronombre personal?**: *So you told them, did you?* O sea que se lo dijiste, ¿no?
- **frases afirmativas con uso enfático**: *He does look tired.* De verdad que se le ve cansado. ◇ *Well, I did warn you.* Bueno, ya te advertí. ◇ *Oh, do be quiet!* ¡Cállate ya!
- **para evitar repeticiones**: *He drives better than he did a year ago.* Conduce mejor ahora que hace un año. ◇ *She knows more than he does.* Ella sabe más que él. ◇ *'Who won?' 'I did.'* —¿Quién ganó? —Yo. ◇ *'He smokes.' 'So*

do I.' —Él fuma. —Yo también. ◇ *Peter didn't go and neither did I.* Peter no fue y yo tampoco. ◇ *You didn't know her but I did.* Tú no la conocías pero yo sí.
▸ /duː/ *n* (*pl* **dos** *o* **do's**) LOC **do's and don'ts** (*coloq*) reglas

docile /ˈdəʊsaɪl; *USA* ˈdɒsl/ *adj* dócil

dock /dɒk/ *nombre, verbo*
▸ *n* **1** dársena **2 docks** [*pl*] puerto **3** (*Jur*) banquillo (de los acusados)
▸ **1** *vt, vi* (*Náut*) (hacer) entrar en dique, atracar (en un muelle) **2** *vi* llegar en barco **3** *vt, vi* (*Aeronáut*) acoplar(se) **4** *vt* (*sueldo, etc.*) reducir

doctor /ˈdɒktə(r)/ *nombre, verbo*
▸ *n* (*abrev* **Dr**) **1** médico, -a ➲ *Ver nota en* POLICÍA **2 doctor's** consultorio: *to go to the doctor's* ir al médico **3** ~ **(of sth)** (*título*) doctor, -ora (en algo)
▸ *vt* **1** amañar **2** (*comestibles*) adulterar

doctorate /ˈdɒktərət/ *n* doctorado

doctrine /ˈdɒktrɪn/ *n* doctrina

document *nombre, verbo*
▸ *n* /ˈdɒkjumənt/ documento
▸ *vt* /ˈdɒkjument/ documentar

documentary /ˌdɒkjuˈmentri/ *adj, n* (*pl* **documentaries**) documental

docusoap /ˈdɒkjusəʊp/ *n* programa televisivo sobre la vida diaria de personas reales

dodge /dɒdʒ/ **1** *vi* hacer un quiebro: *She dodged round the corner.* Hizo un quiebro y dobló la esquina. **2** *vt* esquivar: *to dodge awkward questions* eludir preguntas embarazosas **3** *vt* (*perseguidor*) dar esquinazo a

dodgem /ˈdɒdʒəm/ *n* auto de choque

dodgy /ˈdɒdʒi/ *adj* (**dodgier, -iest**) (*GB, coloq*) **1** sospechoso: *Sounds a bit dodgy to me.* Me huele a chamusquina. **2** defectuoso: *I've got a dodgy knee.* Tengo una rodilla chunga. ◇ *The meat looked a bit dodgy.* La carne tenía mala pinta. **3** (*situación*) delicado, arriesgado

doe /dəʊ/ *n* cierva, coneja, liebre hembra ➲ *Ver notas en* CIERVO *y* CONEJO

does *Ver* DO

doesn't /ˈdʌznt/ = DOES NOT *Ver* DO

dog /dɒg; *USA* dɔːg/ *nombre, verbo*
▸ *n* perro
▸ *vt* (**-gg-**) seguir: *He was dogged by misfortune.* Le persiguió la mala suerte.

dog-eared /ˈdɒg ɪəd; *USA* ˈdɔːg/ *adj* (*libro, etc.*) con las esquinas de las páginas dobladas

dogged /ˈdɒgɪd; *USA* ˈdɔːgɪd/ *adj* tenaz **doggedly** *adv* tenazmente

doggy (*tb* **doggie**) /ˈdɒgi; *USA* ˈdɔːgi/ *n* (*pl* **doggies**) (*coloq*) perrito

ˈ**doggy bag** *n* (*coloq*) bolsita que dan algunos restaurantes para llevarse las sobras a casa

dogsbody /ˈdɒgzbɒdi; *USA* ˈdɔːgz-/ *n* (*pl* **dogsbodies**) (*GB, coloq*): *I'm fed up with being his dogsbody.* Estoy harto de ser su criadillo.

do-it-yourself *n Ver* DIY

the dole /dəʊl/ *n* (*GB, coloq*) subsidio de desempleo: *to be/go on the dole* estar/quedarse en paro

doll /dɒl/ *n* muñeca

dollar /ˈdɒlə(r)/ *n* dólar: *a dollar bill* un billete de dólar ➲ *Ver pág 793*

dolly /ˈdɒli; *USA* ˈdɔːli/ *n* (*pl* **dollies**) muñequita

dolphin /ˈdɒlfɪn/ *n* delfín

domain /dəˈmeɪn; *USA* dəʊ-/ *n* **1** campo: *outside my domain* fuera de mi competencia **2** (*tierras*) dominios **3** (*Internet*) dominio

dome /dəʊm/ *n* cúpula **domed** *adj* abovedado

domestic /dəˈmestɪk/ *adj* **1** nacional: *domestic flights* vuelos nacionales **2** doméstico **domesticated** *adj* **1** doméstico **2** casero

dominance /ˈdɒmɪnəns/ *n* dominación

dominant /ˈdɒmɪnənt/ *adj* dominante

dominate /ˈdɒmɪneɪt/ *vt, vi* dominar **domination** *n* dominio

domineering /ˌdɒmɪˈnɪərɪŋ/ *adj* (*pey*) dominante

dominion /dəˈmɪniən/ *n* dominio

domino /ˈdɒmɪnəʊ/ *n* (*pl* **dominoes**) **1** ficha de dominó **2 dominoes** [*incontable*]: *to play dominoes* jugar al dominó

donate /dəʊˈneɪt; *USA* ˈdəʊneɪt/ *vt* donar **donation** *n* **1** donativo **2** [*incontable*] donación

done /dʌn/ *adj* hecho, terminado *Ver tb* DO

donkey /ˈdɒŋki; *USA* ˈdɔːŋki/ *n* (*pl* **donkeys**) burro

donor /ˈdəʊnə(r)/ *n* donante

don't /dəʊnt/ = DO NOT *Ver* DO

donut (*esp USA*) = DOUGHNUT

doodle /ˈduːdl/ *verbo, nombre*
▸ *vi* garabatear
▸ *n* garabato

doom /duːm/ *n* [*incontable*] perdición, muerte: *to meet your doom* encontrar su muerte ◇ *a sense of doom* una sensación de fatalidad LOC **doom merchant; prophet of doom** catastrofista **doomed** *adj* condenado: *doomed to failure* destinado al fracaso

door /dɔː(r)/ *n* **1** puerta **2** *Ver* DOORWAY; *Ver tb* NEXT DOOR LOC **(from) door to door** de puerta en puerta ◆ **out of doors** al aire libre *Ver tb* BACK

doorbell /ˈdɔːbel/ *n* timbre (*de puerta*)

doorknob /ˈdɔːnɒb/ *n* pomo (*de puerta*)

doorman /ˈdɔːmæn/ *n* (*pl* **-men** /-mən/) portero (*de hotel, teatro, etc.*)

doormat /ˈdɔːmæt/ *n* felpudo

doorstep /ˈdɔːstep/ *n* peldaño (*de puerta*) LOC **on your doorstep** a un paso

D

door-to-door /ˌdɔː tə ˈdɔː(r)/ *adj* de puerta en puerta, a domicilio: *a door-to-door salesman* un vendedor ambulante

doorway /ˈdɔːweɪ/ *n* entrada, puerta

dope /dəʊp/ *nombre, verbo*

▸ *n* **1** [*incontable*] (*coloq*) droga (*esp hachís*) **2** [*incontable*] estimulante: *dope test* prueba antidopaje **3** (*coloq*) imbécil

▸ *vt* narcotizar

dormant /ˈdɔːmənt/ *adj* inactivo

dormitory /ˈdɔːmətri; *USA* -tɔːri/ *n* (*pl* **dormitories**) dormitorio (*colectivo*)

dormouse /ˈdɔːmaʊs/ *n* (*pl* **dormice** /-maɪs/) lirón

dosage /ˈdəʊsɪdʒ/ *n* dosificación

dose /dəʊs/ *n* dosis

dot ⚷ /dɒt/ *nombre, verbo*

▸ *n* punto LOC **on the dot** (*coloq*) a la hora en punto

▸ *vt* (**-tt-**) poner un punto sobre: *dotted line* línea de puntos LOC **dot your i's and cross your t's** dar los últimos retoques

dot-com /ˌdɒt ˈkɒm/ (*tb* **dotcom**) *n* puntocom

dote /dəʊt/ *vi* ~ **on/upon sb** adorar a algn **doting** *adj* devoto

double ⚷ /ˈdʌbl/ *adjetivo, adverbio, nombre, verbo*

▸ *adj* doble: *double figures* número de dos cifras

▸ *adv*: *to see double* ver doble ◇ *She earns double what he does.* Gana el doble que él. ◇ *bent double* encorvado ◇ *to fold a blanket double* doblar una manta en dos

▸ *n* **1** doble **2 doubles** [*pl*] (*Dep*) dobles: *mixed doubles* dobles mixtos

▸ **1** *vt, vi* duplicar(se) **2** *vt* ~ **sth (over)** doblar algo (en dos) **3** *vi* ~ **(up) as sth** hacer (también) de algo PHR V **double (sb) up/over**: *to be doubled up with laughter* partirse de risa ◇ *to double over with pain* doblarse de dolor

double-barrelled (*USA* **double-barreled**) /ˌdʌbl ˈbærəld/ *adj* **1** (*escopeta*) de dos cañones **2** (*apellido*) compuesto ➲ *Ver nota en* SURNAME

ˌdouble ˈbass *n* contrabajo

ˌdouble ˈbed *n* cama de matrimonio

double-breasted /ˌdʌbl ˈbrestɪd/ *adj* (*chaqueta, etc.*) cruzado

double-check /ˌdʌbl ˈtʃek/ *vt* volver a comprobar

double-click /ˌdʌbl ˈklɪk/ *vi* ~ **(on sth)** (*Informát*) hacer doble clic (en algo)

double-cross /ˌdʌbl ˈkrɒs; *USA* ˈkrɔːs/ *vt* engañar

double-decker /ˌdʌbl ˈdekə(r)/ *n* autobús de dos pisos

double-edged /ˌdʌbl ˈedʒd/ *adj* de doble filo

double-glazed /ˌdʌbl ˈgleɪzd/ *adj* con cristal doble

ˌdouble ˈglazing *n* doble acristalamiento

doubly /ˈdʌbli/ *adv* doblemente: *to make doubly sure of sth* volver a asegurarse de algo

doubt ⚷ /daʊt/ *nombre, verbo*

▸ *n* ~ **(about/as to sth)** duda (sobre algo) LOC **be in doubt** ser dudoso ◆ **beyond (any) doubt** fuera de toda duda ◆ **cast/throw doubt (on sth)** sembrar la duda (sobre algo) ◆ **no doubt**; **without/beyond doubt** sin duda *Ver tb* BENEFIT

▸ *vt, vi* dudar (de) **doubter** *n* escéptico, -a

doubtful /ˈdaʊtfl/ *adj* dudoso: *to be doubtful about (doing) sth* tener dudas sobre (si hacer) algo

doubtfully /ˈdaʊtfəli/ *adv* sin convicción

doubtless /ˈdaʊtləs/ *adv* sin duda

dough /dəʊ/ *n* masa

doughnut (*tb esp USA* **donut**) /ˈdəʊnʌt/ *n* donut®

dour /ˈdaʊə(r), dʊə(r)/ *adj* austero

douse (*tb* **dowse**) /daʊs/ *vt* ~ **sb/sth (in/with sth)** empapar a algn/algo (de algo)

dove¹ /dʌv/ *n* paloma

dove² (*USA*) *pt de* DIVE

dowdy /ˈdaʊdi/ *adj* sin gracia, sin estilo

down ⚷ /daʊn/ *adverbio, preposición, adjetivo, nombre* ℹ Para los usos de **down** en PHRASAL VERBS ver las entradas de los verbos correspondientes, p. ej. **go down** en GO.

▸ *adv* **1** abajo: *face down* boca abajo **2** bajo: *Inflation is down this month.* La inflación ha bajado este mes. ◇ *I'm £50 down.* Me faltan 50 libras. **3** *Ten down, five to go.* Van diez, quedan cinco. LOC **be down to sb** (*coloq*) ser (la) responsabilidad de algn ◆ **be down to sb/sth** ser la culpa de algn/algo: *It's all down to luck.* Es todo cuestión de suerte. ◆ **down under** (*coloq*) a/en las antípodas ◆ **down with sb/sth!** ¡abajo algn/algo!

▸ *prep* abajo: *down the hill* colina abajo ◇ *down the corridor on the right* bajando el pasillo a la derecha ◇ *He ran his eyes down the list.* Recorrió la lista de arriba abajo.

▸ *adj* **1** (*coloq*) deprimido: *to be/feel down* estar con la depre **2** (*Informát*): *The system's down.* El sistema no funciona.

▸ *n* [*incontable*] **1** plumones **2** pelusa

down-and-out /ˈdaʊn ən aʊt/ *n* vagabundo, -a

downcast /ˈdaʊnkɑːst; *USA* -kæst/ *adj* (*formal*) abatido

downfall /ˈdaʊnfɔːl/ *n* [*sing*] caída: *Drink will be his downfall.* La bebida será su ruina.

downgrade /ˌdaʊnˈɡreɪd/ *vt* ~ **sb/sth (from sth) (to sth)** bajar a algn/algo de categoría (de algo) (a algo)

downhearted /ˌdaʊnˈhɑːtɪd/ *adj* desanimado

downhill /ˌdaʊnˈhɪl/ *adverbio, adjetivo, nombre*
▸ *adv, adj* cuesta abajo LOC **be (all) downhill**; **be downhill all the way** ser (todo) coser y cantar (a partir de ahora/entonces) ◆ **go downhill** (*lit y fig*) ir cuesta abajo
▸ *n* (*tb* ˌ**downhill** ˈ**skiing**) esquí alpino, descenso

download *verbo, nombre*
▸ *vt* /ˌdaʊnˈləʊd/ (*Informát*) descargar, bajar
▸ *n* /ˈdaʊnləʊd/ (*Informát*) descarga

downloadable *adj* descargable

downmarket /ˌdaʊnˈmɑːkɪt/ *adj* de/para la gran masa, vulgar

ˌ**down** ˈ**payment** *n* entrada (*pago inicial*)

downplay /ˌdaʊnˈpleɪ/ *vt* quitar importancia a

downpour /ˈdaʊnpɔː(r)/ *n* chaparrón

downright /ˈdaʊnraɪt/ *adjetivo, adverbio*
▸ *adj* [*sólo antes de sustantivo*] total: *downright stupidity* estupidez declarada
▸ *adv* completamente

downscale /ˌdaʊnˈskeɪl/ *adj* (*USA*) *Ver* DOWNMARKET

downside /ˈdaʊnsaɪd/ *n* [*sing*] inconveniente

downsize /ˈdaʊnsaɪz/ *vi, vt* (*Econ*) reducir (*personal*)

ˈ**Down's syndrome** *n* síndrome de Down

downstairs /ˌdaʊnˈsteəz/ *adverbio, adjetivo, nombre*
▸ *adv* (en el piso de) abajo: *He fell downstairs.* Se cayó escaleras abajo.
▸ *adj* en el/del piso de abajo
▸ *n* [*sing*] piso de abajo

downstream /ˌdaʊnˈstriːm/ *adv* río abajo

down-to-earth /ˌdaʊn tu ˈɜːθ/ *adj* práctico, con los pies en la tierra

downtown /ˌdaʊnˈtaʊn/ *adv* (*esp USA*) a/en el centro (*de la ciudad*)

downtrodden /ˈdaʊntrɒdn/ *adj* oprimido

downturn /ˈdaʊntɜːn/ *n* bajada: *a downturn in sales* un descenso en las ventas

downward /ˈdaʊnwəd/ *adj* hacia abajo: *a downward trend* una tendencia a la baja

downwards /ˈdaʊnwədz/ (*tb esp USA* **downward**) *adv* hacia abajo

downy /ˈdaʊni/ *adj* con pelusa

dowry /ˈdaʊri/ *n* (*pl* **dowries**) dote

dowse = DOUSE

doze /dəʊz/ *verbo, nombre*
▸ *vi* dormitar PHR V **doze off** echar una cabezada
▸ *n* [*sing*] cabezada

dozen /ˈdʌzn/ *n* (*abrev* **doz.**) docena: *two dozen eggs* dos docenas de huevos ◇ *There are dozens of people.* Hay muchísima gente.

dozy /ˈdəʊzi/ *adj* (*coloq*) **1** amodorrado **2** tonto

drab /dræb/ *adj* (**drabber**, **-est**) monótono, gris

draft /drɑːft; *USA* dræft/ *nombre, verbo*
▸ *n* **1** borrador: *a draft bill* un anteproyecto de ley **2** (*Fin*) orden de pago, letra de cambio **3 the draft** (*USA*) la llamada a filas **4** (*USA*) = DRAUGHT
▸ *vt* **1** hacer un borrador de **2** ~ **sb (in)** designar, enviar a algn **3** (*USA*) (*Mil*) llamar al servicio militar

draftsman, draftswoman (*USA*) = DRAUGHTSMAN

drafty (*USA*) = DRAUGHTY

drag /dræɡ/ *verbo, nombre*
▸ (**-gg-**) **1** *vt, vi* arrastrar(se) **2** *vi* ~ **(on)** hacerse eterno **3** *vt* (*Náut*) dragar
▸ *n* (*coloq*) **1 a drag** [*sing*] (*persona, cosa*) un rollo **2** *a man in drag* un hombre vestido de mujer

dragon /ˈdræɡən/ *n* dragón

dragonfly /ˈdræɡənflaɪ/ *n* (*pl* **dragonflies**) libélula

drain /dreɪn/ *verbo, nombre*
▸ *vt* **1** (*platos, verduras, etc.*) escurrir **2** (*terreno, lago, etc.*) drenar PHR V **drain away 1** irse (*por un desagüe*) **2** (*fig*) consumirse (*lentamente*)
▸ *n* **1** desagüe **2** alcantarilla LOC **be a drain on sth** ser un agujero continuo de algo **drainage** /ˈdreɪnɪdʒ/ *n* drenaje

drained /dreɪnd/ *adj* agotado: *She felt drained of all energy.* Se sentía completamente agotada.

ˈ**draining board** *n* escurreplatos

drainpipe /ˈdreɪnpaɪp/ *n* tubería de desagüe

drama /ˈdrɑːmə/ *n* **1** obra de teatro **2** drama: *drama school/student* escuela/estudiante de teatro **3** dramatismo

dramatic /drəˈmætɪk/ *adj* dramático

dramatically /drəˈmætɪkli/ *adv* dramáticamente, de modo impresionante

dramatist /ˈdræmətɪst/ *n* dramaturgo, -a

dramatization, -isation /ˌdræmətaɪˈzeɪʃn; *USA* -təˈz-/ *n* dramatización

dramatize, -ise /ˈdræmətaɪz/ *vt, vi* dramatizar

drank *pt de* DRINK

drape /dreɪp/ *vt* ~ **sth around, over, across, etc. sth** (*tejido*) colgar algo sobre algo

drastic /ˈdræstɪk/ *adj* **1** drástico **2** grave **drastically** /-kli/ *adv* drásticamente

draught /drɑːft/ (*USA* **draft**) *n* **1** corriente (*de aire*) **2** **draughts** [*incontable*] damas (*juego*) LOC **on draught** (*cerveza*) de barril

draughtsman (*USA* **draftsman**) /ˈdrɑːftsmən/ *n* (*pl* **-men** /-mən/) delineante, dibujante

draughtswoman (*USA* **draftswoman**) /ˈdrɑːftswʊmən/ *n* (*pl* **-women** /-wɪmɪn/) delineante, dibujante

draughty (*USA* **drafty**) /ˈdrɑːfti/ *adj* (**draughtier**, **-iest**) con muchas corrientes (*de aire*)

draw /drɔː/ *verbo, nombre*

▸ (*pt* **drew** /druː/, *pp* **drawn** /drɔːn/) **1** *vt, vi* dibujar, trazar **2** *vi*: *to draw near* acercarse ◇ *The train drew into/out of the station.* El tren entró en/salió de la estación. ◇ *to draw level with sb* alcanzar a algn **3** *vt* tirar: *I drew my chair up to the table.* Acerqué mi silla a la mesa. **4** *vt* (*cortinas*) correr, descorrer **5** *vt* ~ **sb (to sb/sth)** atraer a algn (hacia algn/algo) **6** *vt* (*conclusión*) sacar **7** *vt* (*comparación, distinción*) hacer: *to draw an analogy/a parallel* establecer una analogía/un paralelo **8** *vt* ~ **sth from sb/sth**: *to draw inspiration from sth* inspirarse en algo ◇ *to draw comfort from sb/sth* hallar consuelo en algn/algo **9** *vi* ~ **(with/against sb)** (*Dep*) empatar (con/contra algn) **10** *vt* (*sueldo*) cobrar LOC *Ver* CLOSE[1] PHR V **draw back** retroceder, retirarse ◆ **draw in** (*día*) hacerse más corto ◆ **draw on/upon sth** hacer uso de algo ◆ **draw out** (*día*) alargarse ◆ **draw up** pararse ◆ **draw sth up** redactar algo

▸ *n* **1** sorteo ➲ *Comparar con* RAFFLE **2** empate

drawback /ˈdrɔːbæk/ *n* ~ **(of/to sth)** inconveniente, desventaja (de algo)

drawbridge /ˈdrɔːbrɪdʒ/ *n* puente levadizo

drawer /drɔː(r)/ *n* cajón

drawing /ˈdrɔːɪŋ/ *n* dibujo

ˈ**drawing pin** *n* chincheta ➲ *Ver dibujo en* PIN

ˈ**drawing room** *n* (*formal*) salón

drawl /drɔːl/ *n* voz cansina

drawn /drɔːn/ *adj* demacrado *Ver tb* DRAW

dread /dred/ *verbo, nombre*

▸ *vt* tener terror a: *I dread to think what will happen.* Sólo pensar qué pasará me horroriza.

▸ *n* terror

dreadful /ˈdredfl/ *adj* **1** horrible, pésimo: *I feel dreadful.* Me siento fatal. ◇ *I feel dreadful about what happened.* Me da vergüenza lo que pasó. ◇ *How dreadful!* ¡Qué horror! **2** terrible, espantoso **dreadfully** /-fəli/ *adv* **1** muy: *I'm dreadfully sorry.* Lo siento muchísimo. **2** terriblemente **3** muy mal

dreadlocks /ˈdredlɒks/ (*coloq* **dreads**) *n* [*pl*] rastas, trenzas al estilo de los rastafaris

dream /driːm/ *nombre, verbo*

▸ *n* sueño: *to have a dream about sb/sth* soñar con algn/algo ◇ *to go around in a dream/live in a dream world* vivir de ensueños

▸ (*pt, pp* **dreamt** /dremt/ *o* **dreamed**) **1** *vt, vi* ~ **(of/about sb/sth/doing sth)** soñar (con algn/algo/con hacer algo): *I dreamt (that) I could fly.* Soñé que podía volar. ◇ *She dreamt of being famous one day.* Soñaba con hacerse algún día famosa. **2** *vt* imaginar: *I never dreamt (that) I'd see you again.* Nunca imaginé que te volvería a ver.

Algunos verbos poseen tanto formas regulares como irregulares para el pasado simple y el participio pasado: **dream**: **dreamed/dreamt**, **spoil**: **spoiled/spoilt**, etc. En inglés británico se prefieren las formas irregulares (**dreamt**, **spoilt**, etc.), mientras que en inglés americano se utilizan las formas regulares (**dreamed**, **spoiled**, etc.). Sin embargo, cuando el participio funciona como adjetivo siempre se usa la forma irregular: *a spoilt child* un niño mimado.

dreamer *n* soñador, -ora

dreamily /-ɪli/ *adv* distraídamente

ˈ**dream ticket** *n* combinado perfecto

dreamy /ˈdriːmi/ *adj* (**dreamier**, **-iest**) soñador, distraído

dreary /ˈdrɪəri/ *adj* (**drearier**, **-iest**) **1** deprimente **2** aburrido

dredge /dredʒ/ *vt, vi* dragar **dredger** *n* draga

drench /drentʃ/ *vt* empapar: *to get drenched to the skin/drenched through* calarse hasta los huesos ◇ *(absolutely) drenched* hecho una sopa

dress /dres/ *nombre, verbo*

▸ *n* **1** vestido **2** [*incontable*] ropa: *to have no dress sense* no saber vestirse *Ver tb* FANCY DRESS

▸ **1** *vt, vi* vestir(se): *to dress in black* vestirse de negro ◇ *He was dressed as a woman.* Iba vestido de mujer. ◇ *to dress smartly* vestir bien ❶ Cuando nos referimos simplemente a la acción de vestirse decimos **get dressed**. **2** *vt* (*herida*) curar **3** *vt* (*ensalada*) aliñar PHR V **dress (sb) up (as sb/sth)** disfrazar a algn/disfrazarse (de algn/algo) ◆ **dress (sb) up (in sth)** disfrazar a algn/disfrazarse (con algo) ◆ **dress sth up** disfrazar algo ◆ **dress up** ponerse de punta en blanco

ˌ**dress** ˈ**circle** *n* (*Teat*) principal

dresser /ˈdresə(r)/ *n* **1** (*GB*) aparador **2** (*USA*) cómoda

dressing /ˈdresɪŋ/ *n* **1** aliño **2** vendaje

ˈ**dressing gown** *n* bata, albornoz

ˈ**dressing room** *n* vestuario, camerino

ˈ**dressing table** *n* tocador

dressmaker /ˈdresmeɪkə(r)/ *n* modista **dressmaking** *n* corte y confección

drew *pt de* DRAW

dribble /ˈdrɪbl/ **1** *vi* babear **2** *vt, vi* (*Fútbol*) regatear

dried *pt, pp de* DRY

drier = DRYER

drift /drɪft/ *nombre, verbo*

▸ *n* **1** *the drift towards war* la marcha hacia la guerra ◇ *population drift from rural areas* el movimiento migratorio desde las áreas rurales **2** (*de nieve, arena, etc.*) montón **3** [*sing*] idea general

▸ *vi* **1** flotar **2** ir a la deriva: *to drift into (doing) sth* hacer algo a la deriva **3** (*arena, nieve*) amontonarse **drifter** *n* (*pey*): *He's a drifter.* Le cuesta asentarse en los sitios.

drill /drɪl/ *nombre, verbo*

▸ *n* **1** taladro: *a dentist's drill* un torno de dentista **2** (*Educ*) ejercicio **3** *fire drill* práctica de incendios **4** [*incontable*] (*Mil*) instrucción

▸ *vt* **1** taladrar, perforar **2** instruir

drily (*tb* **dryly**) /ˈdraɪli/ *adv* en tono seco

drink 🔑 /drɪŋk/ *nombre, verbo*

▸ *n* bebida: *a drink of water* un trago de agua ◇ *to go for a drink* ir a tomar algo *Ver tb* SOFT DRINK

▸ *vt, vi* (*pt* **drank** /dræŋk/, *pp* **drunk** /drʌŋk/) beber: *Don't drink and drive.* Si bebes, no conduzcas. LOC **drink sb's health** beber a la salud de algn PHR V **drink sth in** embeberse en algo ◆ **drink to sb/sth** brindar por algn/algo ◆ **drink (sth) up** beber algo de un trago

drink-driving /ˌdrɪŋk ˈdraɪvɪŋ/ *n* delito de conducir borracho

drinker /ˈdrɪŋkə(r)/ *n* bebedor, -ora

drinking /ˈdrɪŋkɪŋ/ *n* el beber

ˈ**drinking water** *n* agua potable

drip /drɪp/ *verbo, nombre*

▸ *vi* (**-pp-**) gotear LOC **be dripping with sth** estar chorreando algo

▸ *n* **1** [*sing*] goteo **2** gota **3** (*Med*) gotero: *to be on a drip* tener puesto un gotero

drive 🔑 /draɪv/ *verbo, nombre*

▸ (*pt* **drove** /drəʊv/, *pp* **driven** /ˈdrɪvn/) **1** *vt, vi* conducir: *Can you drive?* ¿Sabes conducir? **2** *vi* viajar en coche: *Did you drive?* ¿Has venido en coche? **3** *vt* llevar (en coche) **4** *vt*: *to drive sb crazy* volver loco a algn ◇ *to drive sb to drink* llevar a algn a la bebida **5** *vt* (*ganado*) arrear: *to drive sheep into a field* llevar las ovejas a un prado **6** *vt* impulsar LOC **be in the driving seat** tener la sartén por el mango ◆ **drive a hard bargain** ser un negociador duro ◆ **what sb is driving at**: *What are you driving at?* ¿Qué insinúas? PHR V **drive away/off** alejarse en coche ◆ **drive sb/sth off** ahuyentar a algn/algo

▸ *n* **1** vuelta, viaje (*en coche, etc.*): *to go for a drive* dar una vuelta en coche **2** (*tb* **driveway**) (*en una casa*) camino de la entrada **3** empuje **4** campaña **5** (*Dep*) golpe directo, drive **6** (*Mec*) mecanismo de transmisión: *four-wheel drive* tracción en las cuatro ruedas ◇ *a left-hand drive car* un coche con el volante a la izquierda *Ver tb* DISK DRIVE

drive-in /ˈdraɪv ɪn/ *n* lugar al aire libre, sobre todo cines, restaurantes, etc., donde se sirve a los clientes sin que tengan que salir del coche

driven *pp de* DRIVE

driver 🔑 /ˈdraɪvə(r)/ *n* conductor, -ora, chófer: *train driver* maquinista

driveway /ˈdraɪvweɪ/ *Ver* DRIVE *n* (2)

ˈ**driving licence** (*USA* ˈ**driver's license**) *n* carné de conducir

ˈ**driving school** *n* autoescuela

ˈ**driving test** *n* examen de conducir

drizzle /ˈdrɪzl/ *verbo, nombre*

▸ *vi* lloviznar

▸ *n* llovizna

drone /drəʊn/ *nombre, verbo*

▸ *n* zumbido

▸ *vi* zumbar PHR V **drone on (about sth)** hablar (sobre algo) en un tono monótono

drool /druːl/ *vi* **1** babear **2** ~ **(over sb/sth)** caérsele la baba a uno (por algn/algo)

droop /druːp/ *vi* **1** caer **2** (*flor*) marchitarse **3** (*ánimo*) decaer **droopy** *adj* **1** caído **2** (*flor*) marchito

drop 🔑 /drɒp/ *verbo, nombre*

▸ (**-pp-**) **1** *vi* caer: *He dropped to his knees.* Se arrodilló. **2** *vt* dejar caer: *She dropped her book.* Se le cayó el libro. ◇ *to drop a bomb* lanzar una bomba

Si se te cae un objeto, se utiliza **drop**: *Be careful you don't drop that plate!* ¡Cuidado con el plato, que no se te caiga!

Cuando se trata de un líquido, se utiliza **spill**: *She spilt coffee on her skirt.* Se le cayó café en la falda. ➲ *Ver dibujo en pág 502*

D

drop

She's **dropped** her book. He's **spilt** his milk.

3 *vi* desplomarse: *I feel ready to drop.* Estoy que me caigo. ◇ *to work till you drop* matarse a trabajar **4** *vt, vi* disminuir, caer: *to drop prices* reducir precios **5** *vt* ~ **sb/sth (off)** (*pasajero, paquete*) dejar a algn/algo **6** *vt* omitir: *He's been dropped from the team.* Lo han excluido del equipo. **7** *vt* (*amigos*) dejar de ver **8** *vt* (*hábito, actitud, etc.*) dejar: *Drop everything!* ¡Déjalo todo! ◇ *Can we drop the subject?* ¿Podemos olvidar el tema? LOC **drop a hint** soltar una indirecta ◆ **drop dead** (*coloq*) **1** (*morir*) palmarla (*de repente*) **2** *Drop dead!* ¡Vete al cuerno! ◆ **drop sb a line** (*coloq*) mandarle unas líneas a algn *Ver tb* ANCHOR, LET PHR V **drop back/behind** quedarse atrás, rezagarse ◆ **drop by/in/round**: *Why don't you drop by?* ¿Por qué no te pasas por casa? ◇ *They dropped in for breakfast.* Se pasaron a desayunar. ◇ *Drop round some time.* Ven a vernos alguna vez. ◆ **drop in on sb** hacer una visita informal a algn ◆ **drop off** (*GB, coloq*) quedarse dormido ◆ **drop out (of sth)** retirarse (de algo): *to drop out (of university)* dejar los estudios ◇ *to drop out (of society)* automarginarse

▸ *n* **1** gota: *Would you like a drop of wine?* ¿Te apetece un vaso de vino? **2** caída: *a drop in prices* una caída de los precios ◇ *a drop in temperature* un descenso de la temperatura ◇ *a sheer drop* un precipicio LOC **at the drop of a hat** sin pensarlo dos veces ◆ **be (only) a drop in the ocean** no ser más que una gota de agua en el océano

drop-dead /ˈdrɒp ded/ *adv* (*coloq*): *He's drop-dead gorgeous!* ¡Está como un tren!

drop-down menu /ˌdrɒp daʊn ˈmenjuː/ *n* (*Informát*) menú desplegable

droplet /ˈdrɒplət/ *n* gotita

dropout /ˈdrɒpaʊt/ *n* **1** alumno, -a que no termina sus estudios **2** marginado, -a

droppings /ˈdrɒpɪŋz/ *n* [*pl*] excrementos (*de animales o pájaros*)

drought /draʊt/ *n* sequía

drove *pt de* DRIVE

drown /draʊn/ *vt, vi* ahogar(se) PHR V **drown sb/sth out** ahogar a algn/algo: *His words were drowned out by the music.* La música ahogó sus palabras.

drowsy /ˈdraʊzi/ *adj* (**drowsier**, **-iest**) adormilado: *This drug can make you drowsy.* Este fármaco puede producir somnolencia.

drudgery /ˈdrʌdʒəri/ *n* trabajo pesado

drug 🔑 /drʌg/ *nombre, verbo*

▸ *n* **1** droga: *hard/soft drugs* drogas duras/blandas ◇ *to be on drugs* consumir drogas habitualmente ◇ *drug abuse* abuso de drogas **2** (*Med*) fármaco, medicamento: *drug company* empresa farmacéutica

▸ *vt* (**-gg-**) drogar

ˈ**drug addict** *n* drogadicto, -a ˈ**drug addiction** *n* drogadicción

ˈ**drug dealer** *n* traficante de drogas ˈ**drug dealing** *n* narcotráfico

drugstore 🔑 /ˈdrʌgstɔː(r)/ *n* (*USA*) farmacia que también vende comestibles, periódicos, etc. ➲ *Ver nota en* PHARMACY

drum 🔑 /drʌm/ *nombre, verbo*

▸ *n* **1** (*Mús*) tambor, batería: *to play the drums* tocar la batería **2** tambor, bidón

▸ (**-mm-**) **1** *vi* tocar el tambor **2** *vt, vi* ~ **(sth) on sth** tamborilear (con algo) en algo PHR V **drum sth into sb/into sb's head** machacarle algo a algn ◆ **drum sb out (of sth)** echar a algn (de algo) ◆ **drum sth up** esforzarse por conseguir algo (*apoyo, clientes, etc.*): *to drum up interest in sth* fomentar el interés en algo **drummer** *n* batería (*músico*)

drumstick /ˈdrʌmstɪk/ *n* **1** (*Mús*) baqueta **2** (*Cocina*) pata (*de pollo, etc.*)

drunk 🔑 /drʌŋk/ *adjetivo, nombre*

▸ *adj* borracho: *drunk with joy* ebrio de alegría LOC **drunk and disorderly**: *to be charged with being drunk and disorderly* ser acusado de borrachera y alboroto ◆ **get drunk** emborracharse

▸ *n* (*tb* **drunkard** /ˈdrʌŋkəd/) borracho, -a *Ver tb* DRINK

drunken /ˈdrʌŋkən/ *adj* [*sólo antes de sustantivo*] borracho **drunkenness** *n* embriaguez

dry 🔑 /draɪ/ *adjetivo, verbo*

▸ *adj* (**drier**, **driest**) **1** seco: *dry white wine* vino blanco seco ◇ *Tonight will be dry.* Esta noche no va a llover. **2** árido **3** (*humor*) irónico LOC **run dry** secarse *Ver tb* HIGH, HOME

▸ *vt, vi* (*pt, pp* **dried**) secar(se): *He dried his eyes.* Se secó las lágrimas. PHR V **dry (sth) out** secar algo, secarse ◆ **dry up** (*río*) secarse ◆ **dry (sth) up** secar (algo) (*platos, etc.*)

dry-clean /ˌdraɪ ˈkliːn/ *vt* limpiar en seco **dry-cleaner's** *n* tintorería **dry-cleaning** *n* limpieza en seco

dryer (*tb* **drier**) /ˈdraɪə(r)/ *n* secadora

dry ˈland *n* tierra firme

dryly = DRILY

dryness /ˈdraɪnəs/ *n* **1** sequedad **2** aridez **3** (*humor*) ironía

dual /ˈdjuːəl; *USA* ˈduːəl/ *adj* doble

dual ˈcarriageway *n* autovía (*de dos carriles*)

dub /dʌb/ *vt* (**-bb-**) **1** llamar **2** doblar: *dubbed into English* doblado al inglés **dubbing** *n* doblaje

dubious /ˈdjuːbiəs; *USA* ˈduː-/ *adj* **1 be ~ about sth** tener dudas acerca de algo **2** (*pey*) (*conducta*) sospechoso **3** (*valor, honor*) discutible **dubiously** *adv* **1** de un modo sospechoso **2** en tono dudoso

duchess /ˈdʌtʃəs/ *n* duquesa

duck /dʌk/ *nombre, verbo*
▸ *n* pato, -a ⊃ *Ver nota en* PATO
▸ **1** *vi* agachar la cabeza: *He ducked behind a rock.* Se escondió detrás de una roca. **2** *vt, vi* ~ **(out of) sth** (*responsabilidad*) eludir algo, escaquearse de algo

duckling /ˈdʌklɪŋ/ *n* patito

duct /dʌkt/ *n* conducto

dud /dʌd/ *nombre, adjetivo*
▸ *n* (*coloq*): *This battery is a dud.* Esta pila está defectuosa.
▸ *adj* [*sólo antes de sustantivo*] **1** defectuoso **2** inútil

dude /duːd, djuːd/ *n* (*esp USA, argot*) tío: *a real cool dude* un tío genial ◇ *What's happening, dudes?* ¿Qué pasa, tíos?

due /djuː; *USA* duː/ *adjetivo, nombre, adverbio*
▸ *adj* **1** *She's due to arrive soon.* Debe llegar pronto. ◇ *The bus is due (in) at one o'clock.* El autobús tiene la llegada a la una. ◇ *She's due back on Thursday.* Se la espera el jueves. **2** *the money due to them* el dinero que se les debe ◇ *Our thanks are due to…* Quedamos agradecidos a… ◇ *The next payment is due on the fifth.* El próximo pago vence el cinco. **3** ~ **(for) sth**: *I reckon I'm due (for) a holiday.* Creo que me merezco unas vacaciones. **4** ~ **to sth/sb** debido a algo/algn: *It's all due to her efforts.* Se lo debemos todo a su esfuerzo. **5** (*formal*) debido: *with all due respect* con el debido respeto LOC **in due course** a su debido tiempo
▸ *n* **dues** [*pl*] cuota LOC **give sb their due** para ser justo
▸ *adv*: *due south* directamente al sur

duel /ˈdjuːəl; *USA* ˈduːəl/ *n* duelo

duet /djuˈet; *USA* duːˈet/ *n* dúo (*pieza musical*)

duffel bag /ˈdʌfl bæg/ *n* (*USA*) bolsa de viaje

duffel coat /ˈdʌfl kəʊt/ *n* trenca

dug *pt, pp de* DIG

duke /djuːk; *USA* duːk/ *n* duque

dull /dʌl/ *adj* (**duller**, **-est**) **1** aburrido, soso **2** (*color*) apagado **3** (*superficie*) deslustrado **4** (*luz*) sombrío: *a dull glow* una luz mortecina **5** (*dolor, ruido*) sordo **6** (*tiempo*) gris **dully** /ˈdʌlli/ *adv* con desgana

duly /ˈdjuːli; *USA* ˈduːli/ *adv* **1** (*formal*) debidamente **2** a su debido tiempo

dumb /dʌm/ *adj* (**dumber**, **-est**) **1** mudo: *to be deaf and dumb* ser sordomudo **2** (*coloq*) tonto

dumbfounded /dʌmˈfaʊndɪd/ (*tb* **dumbstruck** /ˈdʌmstrʌk/) *adj* mudo de asombro

dumbly /ˈdʌmli/ *adv* sin hablar

dummy /ˈdʌmi/ *nombre, adjetivo*
▸ *n* (*pl* **dummies**) **1** maniquí **2** imitación **3** (*USA, coloq*) imbécil **4** (*Fútbol*) finta **5** chupete
▸ *adj* postizo: *dummy run* ensayo

dump /dʌmp/ *verbo, nombre*
▸ *vt* **1** verter, tirar: *No dumping.* Prohibido tirar basuras. ◇ *dumping ground* vertedero **2** deshacerse de **3** (*coloq*) (*pareja*) abandonar
▸ *n* **1** vertedero **2** (*coloq, pey*) antro **3** (*Mil*) depósito

dumpling /ˈdʌmplɪŋ/ *n* bola de masa que se come con los estofados

dumps /dʌmps/ *n* [*pl*] LOC **be down in the dumps** (*coloq*) estar con la depre

Dumpster® /ˈdʌmpstə(r)/ *n* (*USA*) contenedor (*para escombros*)

dune /djuːn; *USA* duːn/ *n* duna

dung /dʌŋ/ *n* boñigas, estiércol

dungarees /ˌdʌŋɡəˈriːz/ *n* [*pl*] (pantalones de) peto

dungeon /ˈdʌndʒən/ *n* mazmorra

duo /ˈdjuːəʊ; *USA* ˈduːəʊ/ *n* (*pl* **duos**) dúo (*de personas*)

dupe /djuːp; *USA* duːp/ *vt* ~ **sb (into doing sth)** engañar a algn (para que haga algo)

duplex /ˈdjuːpleks; *USA* ˈduː-/ *n* (*esp USA*) **1** chalet semi adosado **2** piso/casa dúplex

duplicate *verbo, adjetivo, nombre*
▸ *vt* /ˈdjuːplɪkeɪt; *USA* ˈduː-/ duplicar
▸ *adj, n* /ˈdjuːplɪkət; *USA* ˈduː-/ duplicado: *a duplicate (letter)* una copia

durability /ˌdjʊərəˈbɪləti; *USA* ˌdʊə-/ *n* durabilidad

durable /ˈdjʊərəbl; *USA* ˈdʊə-/ *adjetivo, nombre*
▸ *adj* duradero
▸ *n* **durables** (*tb* **conˌsumer ˈdurables**) [*pl*] electrodomésticos

duration /dju'reɪʃn; *USA* du-/ *n* duración LOC **for the duration** (*coloq*) durante el tiempo que dure

duress /dju'res; *USA* du-/ *n* LOC **under duress** (*formal*) bajo coacción

during /'djʊərɪŋ; *USA* 'dʊər-/ *prep* durante: *during the meal* mientras comíamos ➲ *Ver ejemplos en* FOR *(3) y nota en* DURANTE

dusk /dʌsk/ *n* atardecer

dust /dʌst/ *nombre, verbo*
▸ *n* polvo
▸ **1** *vt, vi* limpiar el polvo (de) **2** *vt* ~ **sth (with sth)** espolvorear algo (de algo) PHR V **dust sb/sth down/off** quitarle el polvo a algn/algo

dustbin /'dʌstbɪn/ *n* cubo de la basura ➲ *Ver dibujo en* BIN

duster /'dʌstə(r)/ *n* **1** trapo (del polvo): *feather duster* plumero **2** borrador (*de pizarra*)

dustman /'dʌstmən/ *n* (*pl* **-men** /-mən/) basurero

dustpan /'dʌstpæn/ *n* recogedor ➲ *Ver dibujo en* BIN

dusty /'dʌsti/ *adj* (**dustier**, **-iest**) polvoriento

Dutch /dʌtʃ/ *adj* holandés LOC **Dutch courage** (*GB, coloq*) valor infundido por el alcohol ◆ **go Dutch (with sb)** pagar a escote/a medias

dutiful /'dju:tɪfl; *USA* 'du:-/ *adj* obediente, concienzudo **dutifully** /-fəli/ *adv* obedientemente, cumplidamente

duty /'dju:ti; *USA* 'du:ti/ *n* (*pl* **duties**) **1** deber, obligación: *to do your duty (by sb)* cumplir con tu deber (para con algn) **2** obligación, función: *the duties of the president* las obligaciones de la presidenta ◇ *duty officer* oficial de guardia **3** ~ **(on sth)** arancel (sobre algo) LOC **be on/off duty** estar/no estar de servicio

duty-free /'dju:ti fri:; *USA* 'du:ti-/ *adj* libre de impuestos

duvet /'du:veɪ/ *n* edredón nórdico

DVD /ˌdi: vi: 'di:/ *n* (*abrev de* **digital videodisc**/**versatile disc**) DVD

dwarf /dwɔ:f/ *adjetivo, nombre, verbo*
▸ *adj, n* (*pl* **dwarfs** *o* **dwarves** /dwɔ:vz/) enano, -a
▸ *vt* empequeñecer: *a house dwarfed by skyscrapers* una casa empequeñecida por los rascacielos

dwell /dwel/ *vi* (*pt, pp* **dwelt** /dwelt/ *o* **dwelled**) (*formal*) morar PHR V **dwell on/upon sth 1** dejarse obsesionar por algo **2** insistir en algo **dwelling** *n* (*formal*) morada, vivienda

dwindle /'dwɪndl/ *vi* disminuir, reducirse: *to dwindle (away) (to nothing)* quedar reducido (a la nada)

dye /daɪ/ *verbo, nombre*
▸ *vt, vi* (*3ª pers sing* **dyes** *pt, pp* **dyed** *part pres* **dyeing**) teñir(se): *to dye sth blue* teñir algo de azul
▸ *n* tinte (*para pelo, ropa, etc.*)

dying /'daɪɪŋ/ *adj* **1** (*palabras, momentos, etc.*) último: *her dying wish* su último deseo ◇ *a dying breed* una raza en vías de extinción **2** (*persona*) moribundo, agonizante *Ver tb* DIE

dyke (*tb* **dike**) /daɪk/ *n* dique

dynamic /daɪ'næmɪk/ *adj* dinámico

dynamics /daɪ'næmɪks/ *n* [*pl*] dinámica

dynamism /'daɪnəmɪzəm/ *n* dinamismo

dynamite /'daɪnəmaɪt/ *nombre, verbo*
▸ *n* (*lit y fig*) dinamita
▸ *vt* dinamitar

dynamo /'daɪnəməʊ/ *n* (*pl* **dynamos**) dinamo

dynasty /'dɪnəsti; *USA* 'daɪ-/ *n* (*pl* **dynasties**) dinastía

dysentery /'dɪsəntri; *USA* -teri/ *n* disentería

dyslexia /dɪs'leksiə/ *n* dislexia **dyslexic** *adj, n* disléxico, -a

Ee

E, e /i:/ *n* (*pl* **Es**, **E's**, **e's**) **1** E, e ➲ *Ver nota en* A, A **2** (*Mús*) mi

e- /i:/ *pref*

Se usa el prefijo **e-** para formar muchas palabras que tengan que ver con la comunicación electrónica, por Internet: *e-commerce* comercio electrónico ◇ *e-zine* revista electrónica ◇ *e-pal* amigo, -a por email.

each /i:tʃ/ *adjetivo, pronombre*
▸ *adj* cada

Each casi siempre se traduce por "cada (uno)" y **every** por "todo(s)". Una excepción importante es cuando se expresa la repetición de algo a intervalos fijos de tiempo: *The Olympics are held every four years.* Los Juegos Olímpicos se celebran cada cuatro años. ➲ *Ver tb nota en* EVERY

▸ *pron* cada uno (*de dos o más*): *We have two each.* Tenemos dos cada uno. ◇ *each for himself* cada cual por su cuenta

each ˈother 🔑 *pron* uno a otro (*mutuamente*)

Cada vez hay una mayor tendencia a usar **each other** y **one another** indistintamente, aunque **each other** es mucho más frecuente. Se puede decir tanto: *They all looked at each other.* como: *They all looked at one another.* Todos se miraron unos a otros.

eager /ˈi:gə(r)/ *adj* ~ **(for sth/to do sth)** ávido (de algo), ansioso (por hacer algo) **eagerly** *adv* con impaciencia/ilusión **eagerness** *n* [*incontable*] ansia

eagle /ˈi:gl/ *n* águila

ear 🔑 /ɪə(r)/ *n* **1** oreja **2** oído: *to have an ear/a good ear for sth* tener buen oído para algo **3** espiga (*de trigo*) LOC **be all ears** (*coloq*) ser todo oídos ◆ **be up to your ears in sth** estar hasta el cuello de algo ◆ **play it by ear** (*coloq*) improvisar ◆ **play (sth) by ear** tocar (algo) de oído *Ver tb* PRICK

earache /ˈɪəreɪk/ *n* dolor de oídos

eardrum /ˈɪədrʌm/ *n* tímpano

earl /ɜ:l/ *n* conde

early 🔑 /ˈɜ:li/ *adjetivo, adverbio*

▸ *adj* (**earlier**, **-iest**) **1** temprano: *at an early age* a una edad temprana **2** primero: *my earliest memories* mis primeros recuerdos ◇ *in the early afternoon* a primeras horas de la tarde **3** (*muerte*) prematuro **4** (*jubilación*) anticipado LOC **it's early days (yet)** es demasiado pronto ◆ **the early bird catches the worm** (*refrán*) al que madruga, Dios le ayuda ◆ **the early hours** la madrugada *Ver tb* NIGHT

▸ *adv* (**earlier**, **-iest**) **1** temprano **2** a principios de: *early last week* a principios de la semana pasada **3** con anticipación **4** prematuramente LOC **as early as...**: *as early as 1988* ya en 1988 ◆ **at the earliest** como muy pronto ◆ **early on** al poco de empezar: *earlier on* anteriormente

earmark /ˈɪəmɑ:k/ *vt* destinar

earn 🔑 /ɜ:n/ *vt* **1** (*dinero*) ganar: *to earn a living* ganarse la vida **2** merecer(se)

earnest /ˈɜ:nɪst/ *adj* **1** (*carácter*) serio **2** (*deseo, etc.*) ferviente LOC **in earnest 1** de veras **2** en serio: *She was in deadly earnest.* Hablaba con la mayor seriedad. **earnestly** *adv* con seriedad **earnestness** *n* fervor

earnings /ˈɜ:nɪŋz/ *n* [*pl*] ingresos

earphones /ˈɪəfəʊnz/ *n* [*pl*] auriculares

earring /ˈɪərɪŋ/ *n* pendiente

earshot /ˈɪəʃɒt/ *n* LOC **out of/within earshot (of sb/sth)** fuera del/al alcance del oído (de algn/algo)

earth 🔑 /ɜ:θ/ *nombre, verbo*

▸ *n* **1** (*tb* **the Earth**) (*planeta*) la Tierra **2** (*Geol, Electrón*) tierra LOC **charge, cost, pay, etc. the earth** (*GB, coloq*) cobrar, costar, pagar, etc. un dineral ◆ **come back/down to earth (with a bang/bump)** (*coloq*) bajar de las nubes ◆ **how, why, where, who, etc. on earth** (*coloq*) ¿cómo, por qué, dónde, quién, etc. demonios?: *What on earth are you doing?* ¿Qué demonios estás haciendo?

▸ *vt* (*Electrón*) conectar a tierra

earthenware /ˈɜ:θnweə(r)/ *adj, n* (de) barro (cocido)

earthly /ˈɜ:θli/ *adj* **1** (*formal*) terrenal **2** concebible: *You haven't an earthly chance of winning.* No tienes la más remota posibilidad de ganar. ℹ En este sentido suele usarse en frases negativas o interrogativas.

earthquake /ˈɜ:θkweɪk/ *n* terremoto

earth-shattering /ˈɜ:θ ʃætərɪŋ/ *adj* trascendental

earthworm /ˈɜ:θwɜ:m/ *n* lombriz

ease 🔑 /i:z/ *nombre, verbo*

▸ *n* **1** facilidad **2** desahogo LOC **at (your) ease** relajado *Ver tb* ILL, MIND

▸ *vt* **1** (*dolor*) aliviar **2** (*tensión, tráfico*) reducir **3** (*situación*) facilitar, suavizar **4** (*restricción*) aflojar LOC **ease sb's mind** tranquilizar a algn PHR V **ease (sb/sth) across, along, etc. sth** mover a algn/algo, moverse cuidadosamente a través de, a lo largo de, etc. algo ◆ **ease off/up** aligerarse

easel /ˈi:zl/ *n* caballete (*de artista*)

easily 🔑 /ˈi:zəli/ *adv* **1** fácilmente **2** muy probablemente **3** con mucho: *It's easily the best.* Es seguramente el mejor. ◇ *There's easily enough for everyone.* Hay de sobra para todos.

east 🔑 /i:st/ *nombre, adjetivo, adverbio*

▸ *n* (*tb* **East**) (*abrev* **E**) **1** este: *Hull is in the east of England.* Hull está en el este de Inglaterra. **2 the East** (el) Oriente

▸ *adj* (del) este, oriental: *east winds* vientos del este

▸ *adv* al este: *to head east* ir hacia el este

eastbound /ˈi:stbaʊnd/ *adj* en/con dirección este

Easter /ˈi:stə(r)/ *n* Pascua: *Easter egg* huevo de Pascua

eastern 🔑 (*tb* **Eastern**) /ˈi:stən/ *adj* (del) este, oriental

E

eastwards /ˈiːstwədz/ (*tb* **eastward**) *adv* hacia el este

easy /ˈiːzi/ *adjetivo, adverbio*
▶ *adj* (**easier, -iest**) **1** fácil **2** tranquilo: *My mind is easier now.* Estoy más tranquilo ahora. LOC **I'm easy** (*GB, coloq*) me da igual
▶ *adv* (**easier, -iest**) LOC **easier said than done** más fácil decirlo que hacerlo ◆ **go easy on sb** (*coloq*) no ser duro con algn ◆ **go easy on/with sth** (*coloq*) no pasarse con algo ◆ **take it/things easy** tomarlo/tomarse las cosas con calma: *Take it easy!* ¡Cálmate! *Ver tb* FREE

easy-going /ˌiːzi ˈɡəʊɪŋ/ *adj* relajado, tolerante: *She's very easy-going.* Es de trato muy fácil.

eat /iːt/ *vt, vi* (*pt* **ate** /et, eɪt/, *pp* **eaten** /ˈiːtn/) comer LOC **eat out of sb's hand** estar sometido a algn: *She had him eating out of her hand.* Lo tenía totalmente dominado. ◆ **eat your words** tragarse las palabras ◆ **what's eating him, you, etc.?** (*coloq*) ¿qué le, te, etc. pica? *Ver tb* CAKE PHR V **eat sth away** erosionar algo ◆ **eat away at sth 1** erosionar algo **2** destruir algo gradualmente ◆ **eat into sth 1** mermar algo (*reservas*) **2** corroer, desgastar algo ◆ **eat out** comer/cenar fuera ◆ **eat (sth) up** comérselo todo ◆ **eat sth up** devorar algo: *This car eats up petrol!* Este coche chupa un montón de gasolina. ◆ **be eaten up with sth** estar consumido por algo **eater** *n*: *He's a big eater.* Es un comilón.

eavesdrop /ˈiːvzdrɒp/ *vi* (**-pp-**) ~ (**on sb/sth**) escuchar (a algn/algo) a escondidas

ebb /eb/ *nombre, verbo*
▶ *n* **the ebb** [*sing*] el reflujo LOC **the ebb and flow (of sth)** los altibajos (de algo) *Ver tb* LOW
▶ *vi* **1** (*formal*) (*marea*) bajar **2** ~ (**away**) disminuir

ebony /ˈebəni/ *n* ébano

eccentric /ɪkˈsentrɪk/ *adj, n* excéntrico, -a **eccentricity** /ˌeksenˈtrɪsəti/ *n* (*pl* **eccentricities**) excentricidad

echo /ˈekəʊ/ *nombre, verbo*
▶ *n* (*pl* **echoes**) eco, resonancia
▶ **1** *vi* ~ (**to/with sth**) resonar (con algo) **2** *vt, vi* ~ (**sth**) (**back**) repetir, reflejar (algo): *The tunnel echoed back their words.* El eco del túnel repitió sus palabras.

eclipse /ɪˈklɪps/ *nombre, verbo*
▶ *n* eclipse
▶ *vt* eclipsar

eco-friendly /ˌiːkəʊ ˈfrendli/ *adj* ecológico, respetuoso con el medio ambiente

ecological /ˌiːkəˈlɒdʒɪkl/ *adj* ecológico **ecologically** /-kli/ *adv* ecológicamente

ecologist /iˈkɒlədʒɪst/ *n* ecologista

ecology /iˈkɒlədʒi/ *n* ecología

e-commerce /ˈiː kɒmɜːs/ (*tb* **e-business** /ˈiː bɪznəs/) *n* comercio electrónico

economic /ˌiːkəˈnɒmɪk, ˌekəˈn-/ *adj* **1** [*sólo antes de sustantivo*] (*desarrollo, política*) económico ➲ *Comparar con* ECONOMICAL **2** rentable

economical /ˌiːkəˈnɒmɪkl, ˌekəˈn-/ *adj* (*combustible, aparato, estilo*) económico ❶ A diferencia de **economic**, **economical** puede ser calificado por palabras como *more, less, very*, etc.: *a more economical car* un coche más económico. LOC **be economical with the truth** decir las verdades a medias **economically** /-kli/ *adv* económicamente

economics /ˌiːkəˈnɒmɪks, ˌekəˈn-/ *n* [*incontable*] **1** (*Educ*) económicas **2** economía

economist /ɪˈkɒnəmɪst/ *n* economista

economize, -ise /ɪˈkɒnəmaɪz/ *vi* ~ (**on sth**) economizar (algo): *to economize on petrol* ahorrar gasolina

economy /ɪˈkɒnəmi/ *n* (*pl* **economies**) economía: *to make economies* economizar ◇ *economy size* envase de ahorro

ecosystem /ˈiːkəʊsɪstəm/ *n* ecosistema

ecotourism /ˈiːkəʊtʊərɪzəm, -tɔːr-/ *n* ecoturismo

ecstasy /ˈekstəsi/ *n* (*pl* **ecstasies**) **1** éxtasis: *to be in/go into ecstasy/ecstasies (over sth)* extasiarse (con algo) **2 Ecstasy** [*incontable*] (*droga*) éxtasis **ecstatic** /ɪkˈstætɪk/ *adj* extasiado

edge /edʒ/ *nombre, verbo*
▶ *n* **1** borde **2** filo (*de cuchillo, etc.*) **3** [*sing*] ~ (**on/over sth**) ventaja (sobre algo) *Ver tb* CUTTING EDGE LOC **be on edge** estar con los nervios de punta ◆ **take the edge off sth** suavizar algo: *to take the edge off your appetite* calmar el hambre
▶ **1** *vt* ~ **sth (with/in sth)** bordear algo (de algo) **2** *vt, vi* ~ (**your way**) **along, away, etc.** moverse, avanzar, alejarse, etc. poco a poco: *I edged slowly towards the door.* Me fui acercando poco a poco hacia la puerta.

edgy /ˈedʒi/ *adj* (**edgier, -iest**) (*coloq*) nervioso

edible /ˈedəbl/ *adj* comestible

edit /ˈedɪt/ *vt* **1** (*libro*) preparar una edición de **2** (*Cine, TV, texto*) editar

edition /ɪˈdɪʃn/ *n* edición

editor /ˈedɪtə(r)/ *n* **1** director, -ora (*de periódico, etc.*): *the arts editor* el director de la sección de cultura **2** editor, -ora

editorial /edɪˈtɔːriəl/ *adj, n* editorial

educate /ˈedʒukeɪt/ *vt* educar (*académicamente*) *Ver tb* WELL EDUCATED

educated /ˈedʒukeɪtɪd/ *adj* culto LOC **an educated guess** una predicción con fundamento

education 🔑 /ˌedʒuˈkeɪʃn/ *n* **1** educación, enseñanza: *the education system* el sistema educativo **2 Education** pedagogía **educational** *adj* educativo, docente

eel /iːl/ *n* anguila

eerie /ˈɪəri/ *adj* inquietante, fantasmal, sobrecogedor

effect 🔑 /ɪˈfekt/ *nombre, verbo*

▸ *n* efecto: *It had no effect on her.* No le hizo ningún efecto. *Ver tb* SIDE EFFECT LOC **for effect** para impresionar ◆ **in effect** en realidad ◆ **take effect 1** surtir efecto **2** (*tb* ˌ**come into** ˈ**effect**) entrar en vigor ◆ **to no effect** inútilmente ◆ **to this/that effect** con este/ese propósito *Ver tb* WORD

▸ *vt* (*formal*) efectuar (*una cura, un cambio*)

effective 🔑 /ɪˈfektɪv/ *adj* **1** (*sistema, medicina, etc.*) eficaz **2** de mucho efecto

effectively 🔑 /ɪˈfektɪvli/ *adv* **1** eficazmente **2** en efecto

effectiveness /ɪˈfektɪvnəs/ *n* eficacia

effeminate /ɪˈfemɪnət/ *adj* afeminado

efficiency /ɪˈfɪʃnsi/ *n* eficiencia

efficient 🔑 /ɪˈfɪʃnt/ *adj* **1** (*persona*) eficiente **2** (*máquina, etc.*) eficaz

effort 🔑 /ˈefət/ *n* **1** ~ **(to do sth)** esfuerzo (por hacer algo): *to make an effort* esforzarse/hacer un esfuerzo **2** intento

e.g. 🔑 /ˌiː ˈdʒiː/ *abrev* por ejemplo (*abrev* p. ej.)

egg 🔑 /eg/ *nombre, verbo*

▸ *n* huevo: *an egg cup* una huevera LOC **put all your eggs in one basket** jugárselo todo a una carta

▸ *v* PHR V **egg sb on (to do sth)** animar mucho a algn (a que haga algo)

eggplant /ˈegplɑːnt; *USA* -plænt/ *n* (*USA*) berenjena

eggshell /ˈegʃel/ *n* cáscara de huevo

ego /ˈiːgəʊ, ˈegəʊ/ (*pl* **egos**) *n* ego: *to boost sb's ego* alimentar el ego de algn

egoism /ˈegəʊɪzəm, ˈiːg-/ (*tb* **egotism** /ˈegətɪzəm, ˈiːg-/) *n* [*incontable*] egoísmo **egoistic** /ˌegəʊˈɪstɪk, ˌiːg-/ (*tb* **egotistical** /ˌegəˈtɪstɪkl, ˌiːgə-/) *adj* egoísta

Eid (*tb* **Id**) /iːd/ *n* **1** Eid ul-Fitr **2** Eid ul-Adha

eight 🔑 /eɪt/ *adj, pron, n* ocho ➲ *Ver ejemplos en* FIVE

eighteen 🔑 /ˌeɪˈtiːn/ *adj, pron, n* dieciocho ➲ *Ver ejemplos en* FIVE

eighteenth 🔑 /ˌeɪˈtiːnθ/ **1** *adj, adv, pron* decimoctavo **2** *n* dieciochava parte, dieciochavo ➲ *Ver ejemplos en* FIFTH

eighth 🔑 /eɪtθ/ **1** *adj, adv, pron* octavo **2** *n* octava parte, octavo ➲ *Ver ejemplos en* FIFTH

eightieth 🔑 /ˈeɪtiəθ/ **1** *adj, adv, pron* octogésimo **2** *n* ochentava parte, ochentavo ➲ *Ver ejemplos en* FIFTH

eighty 🔑 /ˈeɪti/ *adj, pron, n* ochenta ➲ *Ver ejemplos en* FIFTY, FIVE

either 🔑 /ˈaɪðə(r), ˈiːðə(r)/ *adjetivo, pronombre, adverbio*

▸ *adj* **1** cualquiera de los dos: *Either kind of flour will do.* Cualquiera de los dos tipos de harina sirve. ◇ *either way...* de cualquiera de las dos maneras... **2** ambos: *on either side of the road* en ambos lados de la calle **3** [*en frases negativas*] ninguno de los dos

▸ *pron* **1** cualquiera, uno u otro **2** [*en frases negativas*] ninguno: *I don't want either of them.* No quiero ninguno de los dos. ➲ *Ver nota en* NINGUNO

▸ *adv* **1** [*en frases negativas*] tampoco: *'I'm not going.' 'I'm not either.'* —No pienso ir. —Yo tampoco. **2 either... or...** o... o..., ni... ni... ➲ *Comparar con* ALSO, TOO *y ver nota en* NEITHER

eject /iˈdʒekt/ **1** *vt* (*formal*) expulsar **2** *vt* arrojar **3** *vi* eyectar(se)

elaborate *adjetivo, verbo*

▸ *adj* /ɪˈlæbərət/ complicado, intrincado

▸ *vi* /ɪˈlæbəreɪt/ ~ **(on/upon sth)** dar detalles (sobre algo)

elapse /ɪˈlæps/ *vi* (*formal*) pasar (*tiempo*)

elastic /ɪˈlæstɪk/ *nombre, adjetivo*

▸ *n* goma (elástica)

▸ *adj* **1** elástico **2** flexible

eˌlastic ˈband *n* goma (elástica)

elated /iˈleɪtɪd/ *adj* jubiloso

elbow 🔑 /ˈelbəʊ/ *n* codo

elder /ˈeldə(r)/ *adj, n* mayor: *Pitt the Elder* Pitt el Viejo

> Los comparativos más normales de **old** son **older** y **oldest**: *He is older than me.* Es mayor que yo. ◇ *the oldest building in the city* el edificio más antiguo de la ciudad. Cuando se comparan las edades de las personas, sobre todo de los miembros de una familia, **elder** y **eldest** se usan muy a menudo como adjetivos y como sustantivos: *my eldest brother* mi hermano el mayor ◇ *the elder of the two brothers* el mayor de los dos hermanos. **Elder** y **eldest** no se pueden usar con *than* y como adjetivos sólo pueden ir delante del sustantivo.

elderflower /ˈeldəflaʊə(r)/ *n* flor de saúco

elderly 🔑 /ˈeldəli/ *adjetivo, nombre*

▸ *adj* anciano

E

▸ *n* **the elderly** [*pl*] los ancianos
eldest /ˈeldɪst/ *adj, n* mayor ➲ *Ver nota en* ELDER
elect 🔑 /ɪˈlekt/ *vt* elegir
election 🔑 /ɪˈlekʃn/ *n* elección
electoral /ɪˈlektərəl/ *adj* electoral
electorate /ɪˈlektərət/ *n* [*v sing o pl*] electorado
electric 🔑 /ɪˈlektrɪk/ *adj* eléctrico
electrical 🔑 /ɪˈlektrɪkl/ *adj* eléctrico ➲ *Ver nota en* ELÉCTRICO
electrician /ɪˌlekˈtrɪʃn/ *n* electricista
electricity 🔑 /ɪˌlekˈtrɪsəti/ *n* electricidad: *to switch off the electricity* cortar la corriente
electrification /ɪˌlektrɪfɪˈkeɪʃn/ *n* electrificación
electrify /ɪˈlektrɪfaɪ/ *vt* (*pt, pp* **-fied**) **1** electrificar **2** (*fig*) electrizar
electrocute /ɪˈlektrəkjuːt/ *vt* electrocutar: *to be electrocuted* electrocutarse
electrode /ɪˈlektrəʊd/ *n* electrodo
electromagnet /ɪˈlektrəʊmæɡnət/ *n* (*Fís*) electroimán
electron /ɪˈlektrɒn/ *n* electrón
electronic 🔑 /ɪˌlekˈtrɒnɪk/ *adj* electrónico **electronics** *n* [*incontable*] electrónica
elegance /ˈelɪɡəns/ *n* elegancia
elegant 🔑 /ˈelɪɡənt/ *adj* elegante
element 🔑 /ˈelɪmənt/ *n* elemento
elementary /ˌelɪˈmentri/ *adj* elemental: *elementary school* escuela primaria
elephant /ˈelɪfənt/ *n* elefante *Ver tb* WHITE ELEPHANT
elevator 🔑 /ˈelɪveɪtə(r)/ *n* (*USA*) ascensor
eleven 🔑 /ɪˈlevn/ *adj, pron, n* once ➲ *Ver ejemplos en* FIVE
eleventh 🔑 /ɪˈlevnθ/ **1** *adj, adv, pron* undécimo **2** *n* onceava parte, onceavo ➲ *Ver ejemplos en* FIFTH
elf /elf/ *n* (*pl* **elves** /elvz/) elfo
elicit /iˈlɪsɪt/ *vt* (*formal*) obtener (*esp con dificultad*)
eligible /ˈelɪdʒəbl/ *adj*: *to be eligible for sth* tener derecho a algo ◇ *to be eligible to do sth* cubrir los requisitos para hacer algo ◇ *an eligible bachelor* un soltero deseable
eliminate /ɪˈlɪmɪneɪt/ *vt* **1** eliminar **2** (*enfermedad, pobreza*) erradicar
elite /eɪˈliːt, ɪˈliːt/ *n* [*v sing o pl*] élite
elk /elk/ *n* (*pl* **elk** *o* **elks**) alce
elm /elm/ (*tb* ˈ**elm tree**) *n* olmo
elope /ɪˈləʊp/ *vi* fugarse con su amante
eloquent /ˈeləkwənt/ *adj* elocuente

else 🔑 /els/ *adv* ℹ Se usa **else** con pronombres indefinidos, interrogativos o negativos, y con adverbios: *Did you see anybody else?* ¿Viste a alguien más? ◇ *anyone else* cualquier otra persona ◇ *everyone/everything else* todos los/todo lo demás ◇ *It must have been somebody else.* Ha debido ser otro. ◇ *nobody else* nadie más ◇ *Anything else?* ¿Algo más? ◇ *somewhere else* a/en otra parte ◇ *What else?* ¿Qué más? LOC **or else 1** o, o si no: *Run or else you'll be late.* Corre o llegarás tarde. **2** (*coloq*) (*como amenaza*): *Stop that, or else!* ¡Deja de hacer eso, o verás!
elsewhere 🔑 /ˌelsˈweə(r)/ *adv* a/en otra parte
elude /iˈluːd/ *vt* escaparse de **elusive** *adj* **1** escurridizo: *an elusive concept* un concepto difícil de aprehender **2** (*persona*) esquivo
elves *plural de* ELF
emaciated /ɪˈmeɪʃieɪtɪd/ *adj* demacrado
email 🔑 (*tb* **e-mail**) /ˈiːmeɪl/ *nombre, verbo*
▸ *n* **1** correo (electrónico): *My email address is jones@oup.co.uk.* Mi dirección de correo (electrónico) es jones@oup.co.uk.

Se lee "jones at oup dot co dot uk" (/dʒəʊnz æt əʊ juː piː dɒt kəʊ dɒt juː keɪ/).

2 (*mensaje*) email, emilio
▸ *vt* **1** ~ **sth** enviar algo por correo electrónico **2** ~ **sb** enviar un email a algn
emanate /ˈeməneɪt/ *v* PHR V **emanate from sth** emanar, provenir de algo
emancipation /ɪˌmænsɪˈpeɪʃn/ *n* emancipación
embankment /ɪmˈbæŋkmənt/ *n* terraplén, ribazo
embargo /ɪmˈbɑːɡəʊ/ *n* (*pl* **embargoes**) prohibición, embargo
embark /ɪmˈbɑːk/ *vt, vi* embarcar PHR V **embark on/upon sth** emprender algo
embarrass 🔑 /ɪmˈbærəs/ *vt* avergonzar, turbar: *to be embarrassed at/about sth* avergonzarse de algo
embarrassing 🔑 /ɪmˈbærəsɪŋ/ *adj* embarazoso
embarrassment 🔑 /ɪmˈbærəsmənt/ *n* **1** vergüenza: *He's an embarrassment to all of us.* Nos hace pasar vergüenza a todos. **2** (*persona o cosa que incomoda*) estorbo
embassy /ˈembəsi/ *n* (*pl* **embassies**) embajada
embedded /ɪmˈbedɪd/ *adj* **1** incrustado, clavado **2** (*actitudes, etc.*) arraigado **3** grabado (*en la mente*)
ember /ˈembə(r)/ *n* ascua
embezzlement /ɪmˈbezlmənt/ *n* desfalco
embittered /ɪmˈbɪtəd/ *adj* amargado

emblem /ˈembləm/ *n* emblema

embodiment /ɪmˈbɒdimənt/ *n* (*formal*) personificación

embody /ɪmˈbɒdi/ *vt* (*pt, pp* **-died**) encarnar

embrace /ɪmˈbreɪs/ *verbo, nombre*
▸ *vt, vi* (*formal*) abrazar(se)
▸ *n* abrazo

embroider /ɪmˈbrɔɪdə(r)/ *vt, vi* bordar **embroidery** *n* [*incontable*] bordado

embryo /ˈembriəʊ/ *n* (*pl* **embryos**) embrión

emerald /ˈemərəld/ *n* esmeralda

emerge /iˈmɜːdʒ/ *vi* ~ **(from sth)** emerger, surgir (de algo): *It emerged that...* Salió a relucir que... **emergence** *n* aparición, surgimiento

emergency /iˈmɜːdʒənsi/ *n* (*pl* **emergencies**) emergencia: *emergency exit* salida de emergencia

eˈmergency room *n* (*abrev* **ER**) (*USA*) urgencias

emergent /iˈmɜːdʒənt/ *adj* (*país, etc.*) emergente

emigrant /ˈemɪgrənt/ *n* emigrante

emigrate /ˈemɪgreɪt/ *vi* emigrar **emigration** *n* emigración

eminent /ˈemɪnənt/ *adj* eminente

emission /iˈmɪʃn/ *n* emisión

emit /iˈmɪt/ *vt* (**-tt-**) (*formal*) **1** (*rayos, sonidos*) emitir **2** (*olores, vapores*) despedir

emo /ˈiːməʊ/ *n* (*pl* **emos**) (*Mús, persona*) emo

emoticon /ɪˈməʊtɪkɒn/ *n* emoticono, carita emotiva

emotion /ɪˈməʊʃn/ *n* emoción

emotional /ɪˈməʊʃənl/ *adj* emocional, excitable: *to get emotional* emocionarse

emotive /ɪˈməʊtɪv/ *adj* emotivo

empathy /ˈempəθi/ *n* empatía

emperor /ˈempərə(r)/ *n* emperador

emphasis /ˈemfəsɪs/ *n* (*pl* **emphases** /-siːz/) ~ **(on/upon sth)** énfasis (en algo)

emphasize, -ise /ˈemfəsaɪz/ *vt* enfatizar, recalcar

emphatic /ɪmˈfætɪk/ *adj* categórico, enfático

empire /ˈempaɪə(r)/ *n* imperio

employ /ɪmˈplɔɪ/ *vt* emplear, contratar: *to be employed as a teacher* trabajar como profesora

employee /ɪmˈplɔɪiː/ *n* empleado, -a

employer /ɪmˈplɔɪə(r)/ *n* patrón, -ona

employment /ɪmˈplɔɪmənt/ *n* empleo, trabajo ➲ *Ver nota en* WORK

empress /ˈemprəs/ *n* emperatriz

emptiness /ˈemptinəs/ *n* vacío

empty /ˈempti/ *adjetivo, verbo*
▸ *adj* (**emptier, -iest**) **1** vacío **2** vano, inútil
▸ (*pt, pp* **emptied**) **1** *vt* ~ **sth (out/out of sth)** vaciar, verter algo (de algo) **2** *vi* vaciarse, quedar vacío **3** *vt* (*habitación, edificio*) desalojar

empty-handed /ˌempti ˈhændɪd/ *adj* con las manos vacías

enable /ɪˈneɪbl/ *vt* ~ **sb to do sth** permitir a algn hacer algo

enact /ɪˈnækt/ *vt* **1** (*Jur*) promulgar **2** (*formal*) (*Teat*) representar **3** (*formal*) llevar a cabo

enamel /ɪˈnæml/ *n* esmalte

enchanting /ɪnˈtʃɑːntɪŋ; *USA* -ˈtʃænt-/ *adj* encantador

encircle /ɪnˈsɜːkl/ *vt* (*formal*) rodear, cercar

enclose /ɪnˈkləʊz/ *vt* **1** ~ **sth (in/with sth)** cercar algo (de algo) **2** adjuntar: *I enclose.../Please find enclosed...* Le remito adjunto... **enclosure** /ɪnˈkləʊʒə(r)/ *n* **1** recinto **2** documento adjunto, anexo

encore /ˈɒŋkɔː(r)/ *nombre, interjección*
▸ *n* repetición, bis
▸ *interj* ¡otra!

encounter /ɪnˈkaʊntə(r)/ *verbo, nombre*
▸ *vt* (*formal*) encontrarse con
▸ *n* encuentro

encourage /ɪnˈkʌrɪdʒ; *USA* -ˈkɜːr-/ *vt* **1** ~ **sb (in sth/to do sth)** animar, alentar a algn (en algo/a hacer algo) **2** fomentar, estimular

encouragement /ɪnˈkʌrɪdʒmənt; *USA* -ˈkɜːr-/ *n* ~ **(to sb) (to do sth)** aliento, estímulo (a algn) (para hacer algo)

encouraging /ɪnˈkʌrɪdʒɪŋ; *USA* -ˈkɜːr-/ *adj* alentador

encyclopedia (*tb* **encyclopaedia**) /ɪnˌsaɪkləˈpiːdiə/ *n* enciclopedia

end /end/ *nombre, verbo*
▸ *n* **1** (*tiempo*) fin, final: *at the end of sth* al final/a finales de algo ◇ *from beginning to end* de principio a fin ➲ *Ver nota en pág 139* **2** (*espacio*) final, extremo: *from end to end* de punta a punta **3** (*palo, etc.*) punta **4** (*hilo, etc.*) cabo **5** *the east end of town* la parte/zona del este de la ciudad **6** propósito, fin **7** (*Dep*) campo, lado *Ver tb* DEAD END LOC **be at an end** tocar a su fin, haber terminado (ya) ◆ **be at the end of your tether** no poder más ◆ **in the end** al final ◆ **make (both) ends meet** llegar a fin de mes ◆ **on end 1** de punta **2** *for days on end* durante varios días *Ver tb* LOOSE, MEANS, ODDS
▸ *vt, vi* terminar, acabar PHR V **end in sth 1** (*palabra*) terminar en algo **2** (*resultado*) acabar en algo: *Their argument ended in tears.* Su discusión acabó en lágrimas. ◆ **end up (as sth/doing**

E

sth) terminar (siendo algo/haciendo algo) ♦ **end up (in...)** ir a parar (a...) (*lugar*)

endanger /ɪnˈdeɪndʒə(r)/ *vt* poner en peligro: *an endangered species* una especie en vías de extinción

endear /ɪnˈdɪə(r)/ *vt* ~ **sb/yourself to sb** granjearle a algn/granjearse las simpatías de algn **endearing** *adj* atractivo

E

endeavour (*USA* **endeavor**) /ɪnˈdevə(r)/ *nombre, verbo*
▸ *n* (*formal*) esfuerzo
▸ *vi* ~ **to do sth** (*formal*) esforzarse por hacer algo

ending 🔑 /ˈendɪŋ/ *n* final

endive /ˈendaɪv, -dɪv/ *n* **1** (*GB*) escarola **2** (*USA*) endibia

endless /ˈendləs/ *adj* **1** interminable, sin fin **2** infinito

endorse /ɪnˈdɔːs/ *vt* **1** (*decisión, etc.*) aprobar **2** (*producto*) recomendar, promocionar **3** apuntar una sanción en (*el carné de conducir*) **endorsement** *n* **1** aprobación **2** (*en carné de conducir*) nota de sanción

endow /ɪnˈdaʊ/ *vt* ~ **sb/sth with sth** dotar a algn/algo de algo **endowment** *n* dotación (*dinero*)

endurance /ɪnˈdjʊərəns; *USA* -ˈdʊə-/ *n* resistencia

endure /ɪnˈdjʊə(r); *USA* -ˈdʊər/ (*formal*) **1** *vt* soportar, aguantar ❶ En negativa es más corriente decir **can't bear** o **can't stand**. **2** *vi* perdurar **enduring** *adj* duradero

enemy 🔑 /ˈenəmi/ *n* (*pl* **enemies**) enemigo, -a

energetic /ˌenəˈdʒetɪk/ *adj* enérgico

energy 🔑 /ˈenədʒi/ *n* (*pl* **energies**) energía

enforce /ɪnˈfɔːs/ *vt* hacer cumplir (*ley*) **enforcement** *n* aplicación (*de la ley*)

engage 🔑 /ɪnˈgeɪdʒ/ **1** *vt* (*formal*) (*tiempo, pensamientos*) ocupar **2** *vt* (*formal*) (*atención*) llamar **3** *vt* ~ **sb (as sth)** (*formal*) contratar a algn (como algo) **4** *vi* ~ **(with sth)** (*Mec*) encajar (con algo) PHR V **engage in sth** dedicarse a algo ♦ **engage sb in sth** ocupar a algn en algo

engaged 🔑 /ɪnˈgeɪdʒd/ *adj* **1** ~ **(in/on sth)** (*formal*) ocupado, comprometido (en/con algo) **2** ~ **(to sb)** prometido (a algn): *to get engaged* prometerse **3** (*teléfono*) comunicando

engagement /ɪnˈgeɪdʒmənt/ *n* **1** ~ **(to sb)** compromiso matrimonial (con algn) **2** (*período*) noviazgo **3** cita, compromiso

engaging /ɪnˈgeɪdʒɪŋ/ *adj* (*formal*) atractivo

engine 🔑 /ˈendʒɪn/ *n* **1** motor: *The engine is overheating.* El motor del coche está demasiado caliente.

La palabra **engine** se utiliza para referirnos al motor de un vehículo y **motor** para el de los electrodomésticos. **Engine** normalmente es de gasolina y **motor** eléctrico.

2 locomotora: *engine driver* maquinista *Ver tb* FIRE ENGINE, SEARCH ENGINE

engineer 🔑 /ˌendʒɪˈnɪə(r)/ *nombre, verbo*
▸ *n* **1** ingeniero, -a **2** técnico, -a (*de teléfono, mantenimiento*) **3** (*en barco, avión, etc.*) maquinista
▸ *vt* **1** (*coloq, gen pey*) maquinar **2** construir

engineering 🔑 /ˌendʒɪˈnɪərɪŋ/ *n* ingeniería

English /ˈɪŋglɪʃ/ *adj, n* inglés ➲ *Ver nota en* BRITISH

ˌEnglish ˈbreakfast *n* desayuno inglés (*de cereales, huevos con beicon, tostadas, mermelada, etc.*)

engrave /ɪnˈgreɪv/ *vt* ~ **B on A**; ~ **A with B** grabar B en A **engraving** *n* grabado

engrossed /ɪnˈgrəʊst/ *adj* absorto

enhance /ɪnˈhɑːns; *USA* -ˈhæns/ *vt* **1** mejorar **2** (*aspecto*) realzar

enigma /ɪˈnɪgmə/ *n* enigma **enigmatic** /ˌenɪgˈmætɪk/ *adj* enigmático

enjoy 🔑 /ɪnˈdʒɔɪ/ *vt* **1** disfrutar de: *Enjoy your meal!* ¡Que aproveche! **2** ~ **doing sth** gustarle a algn hacer algo **3** ~ **yourself** pasarlo bien: *Enjoy yourself!* ¡Que lo pases bien! LOC **enjoy!** (*coloq*) ¡que lo disfrutes!

enjoyable 🔑 /ɪnˈdʒɔɪəbl/ *adj* agradable, divertido

enjoyment 🔑 /ɪnˈdʒɔɪmənt/ *n* satisfacción, disfrute: *He spoiled my enjoyment of the film.* Me arruinó la película. ◇ *to get enjoyment from/out of sth* disfrutar de algo

enlarge /ɪnˈlɑːdʒ/ *vt* ampliar **enlargement** *n* ampliación

enlighten /ɪnˈlaɪtn/ *vt* (*formal*) informar, explicar **enlightened** *adj* **1** (*persona*) culto **2** (*política*) inteligente **enlightenment** *n* aclaración

enlist /ɪnˈlɪst/ **1** *vt* ~ **sth/sb (in sth)** reclutar algo/a algn (en/para algo) **2** *vt, vi* ~ **(sb) (in/into/for sth)** (*Mil*) alistar a algn, alistarse (en algo)

enmity /ˈenməti/ *n* (*pl* **enmities**) enemistad

enormous 🔑 /ɪˈnɔːməs/ *adj* enorme **enormously** *adv* enormemente: *I enjoyed it enormously.* Me gustó muchísimo.

enough 🔑 /ɪˈnʌf/ *adj, pron, adv* suficiente, bastante: *Is that enough food for ten?* ¿Será suficiente comida para diez? ◇ *I've saved up enough to go on holiday.* He ahorrado lo suficiente para ir de vacaciones. ◇ *Is it near enough to go on foot?* ¿Está lo bastante cerca como para ir andando? ◇ *That's enough!* ¡Ya basta!

Enough siempre aparece después del adjetivo y **too** delante: *You're not old enough./ You're too young.* Eres demasiado joven. ➲ *Comparar con* TOO

LOC **curiously, funnily, oddly, etc. enough** lo curioso, extraño, etc. es que... ◆ **have had enough (of sth/sb)** estar harto (de algo/algn)

enquire (*tb esp USA* **inquire**) /ɪnˈkwaɪə(r)/ **1** *vt, vi* preguntar **2** *vi* pedir información **enquiring** (*tb esp USA* **inquiring**) *adj* **1** (*mente*) curioso **2** (*mirada*) inquisitivo

enquiry 🔑 (*tb esp USA* **inquiry**) /ɪnˈkwaɪəri; *USA* ˈɪnkwəri/ *n* (*pl* **enquiries/inquiries**) **1** ~ **(into sth)** investigación (sobre algo) **2** (*formal*) solicitud de información, pregunta **3 enquiries** [*pl*] oficina de información

enrage /ɪnˈreɪdʒ/ *vt* (*formal*) enfurecer

enrich /ɪnˈrɪtʃ/ *vt* enriquecer

enrol (*USA tb* **enroll**) /ɪnˈrəʊl/ *vt, vi* (**-ll-**) inscribir(se), matricular(se) **enrolment** (*USA* **enrollment**) *n* inscripción, matrícula

ensure 🔑 (*USA* **insure**) /ɪnˈʃʊə(r), ɪnˈʃɔː(r)/ *vt* asegurar, garantizar

entail /ɪnˈteɪl/ *vt* suponer, consistir en

entangle /ɪnˈtæŋgl/ *vt* enredar **entanglement** *n* enredo

enter 🔑 /ˈentə(r)/ **1** *vt, vi* ~ **(sth)** entrar (en algo): *The thought never entered my head.* La idea ni se me pasó por la cabeza. **2** *vt* (*colegio, universidad*) matricularse en **3** *vt* (*hospital, sociedad*) ingresar en **4** *vt, vi* ~ **(for) sth** inscribirse en algo **5** *vt* ~ **sth (in/into/on sth)** anotar, introducir algo (en algo): *Enter your password here.* Introduce aquí tu contraseña. PHR V **enter into sth** (*formal*) **1** meterse en algo: *to enter into the spirit of things* meterse de lleno en algo **2** tener que ver con algo: *What he wants doesn't enter into it.* Lo que él quiera no tiene nada que ver. **3** (*negociaciones*) iniciar algo **4** (*un acuerdo*) llegar a algo

enterprise /ˈentəpraɪz/ *n* **1** (*actividad*) empresa **2** espíritu emprendedor **enterprising** *adj* emprendedor

entertain 🔑 /ˌentəˈteɪn/ **1** *vt, vi* recibir (*en casa*) **2** *vt, vi* (*divertir*) entretener **3** *vt* (*formal*) (*idea*) albergar

entertainer 🔑 /ˌentəˈteɪnə(r)/ *n* artista (*del mundo del espectáculo*)

entertaining 🔑 /ˌentəˈteɪnɪŋ/ *adj* entretenido, divertido

entertainment 🔑 /ˌentəˈteɪnmənt/ *n* entretenimiento, diversión

enthralling /ɪnˈθrɔːlɪŋ/ *adj* cautivador

enthusiasm 🔑 /ɪnˈθjuːziæzəm; *USA* -ˈθuː-/ *n* entusiasmo **enthusiast** *n* entusiasta

enthusiastic 🔑 /ɪnˌθjuːziˈæstɪk; *USA* -ˌθuː-/ *adj* entusiasta

entice /ɪnˈtaɪs/ *vt* tentar

entire 🔑 /ɪnˈtaɪə(r)/ *adj* [*sólo antes de sustantivo*] entero, todo

entirely 🔑 /ɪnˈtaɪəli/ *adv* totalmente, enteramente

entirety /ɪnˈtaɪərəti/ *n* [*sing*] (*formal*) totalidad

entitle 🔑 /ɪnˈtaɪtl/ *vt* **1** ~ **sb to sth/to do sth** dar derecho a algn a algo/a hacer algo **2** (*libro, etc.*) titular **entitlement** *n* (*formal*) derecho

entity /ˈentəti/ *n* (*pl* **entities**) entidad, ente

entrance 🔑 /ˈentrəns/ *n* **1** ~ **(to/of sth)** entrada (de algo) **2** ~ **(to sth)** acceso (a algo) (*universidad, club, etc.*)

entrant /ˈentrənt/ *n* ~ **(to/for sth)** participante (en algo): *university entrants* los (estudiantes) que ingresan en la universidad

entrepreneur /ˌɒntrəprəˈnɜː(r)/ *n* empresario, -a

entrust /ɪnˈtrʌst/ *vt* ~ **sth to sb**; ~ **sb with sth** confiar algo a algn

entry 🔑 /ˈentri/ *n* (*pl* **entries**) **1** ~ **(into/to sth)** entrada, ingreso (en/a algo): *No entry.* Prohibido el paso. **2** (*diario*) apunte, anotación **3** (*diccionario*) entrada

Entryphone® /ˈentrifəʊn/ *n* telefonillo, portero automático

enunciate /ɪˈnʌnsieɪt/ *vt, vi* pronunciar, articular

envelop /ɪnˈveləp/ *vt* ~ **sb/sth (in sth)** (*formal*) envolver a algn/algo (en algo)

envelope 🔑 /ˈenvələʊp, ˈɒn-/ *n* sobre (*para carta*)

enviable /ˈenviəbl/ *adj* envidiable

envious /ˈenviəs/ *adj* envidioso: *to be envious of sb* tener envidia de/envidiar a algn

environment 🔑 /ɪnˈvaɪrənmənt/ *n* **1** entorno, ambiente **2 the environment** el medio ambiente

environmental 🔑 /ɪnˌvaɪrənˈmentl/ *adj* del medio ambiente, medioambiental

environmentalist /ɪnˌvaɪrənˈmentəlɪst/ *n* ecologista, defensor, -ora del medio ambiente

enˌvironmentally ˈfriendly *adj Ver* ECO-FRIENDLY

envisage /ɪnˈvɪzɪdʒ/ *vt* imaginar(se)

envoy /ˈenvɔɪ/ *n* enviado, -a

envy /ˈenvi/ *nombre, verbo*

▸ *n* envidia

▸ *vt* (*pt, pp* **envied**) envidiar

enzyme /ˈenzaɪm/ *n* (*Biol*) enzima

E

e-pal /ˈiː pæl/ *n* amigo, -a por e-mail
ephemeral /ɪˈfemərəl/ *adj* (*formal*) efímero
epic /ˈepɪk/ *nombre, adjetivo*
▸ *n* épica, epopeya
▸ *adj* épico
epidemic /ˌepɪˈdemɪk/ *n* epidemia
epilepsy /ˈepɪlepsi/ *n* epilepsia **epileptic** /ˌepɪˈleptɪk/ *adj, n* epiléptico, -a

E

episode /ˈepɪsəʊd/ *n* episodio
epitaph /ˈepɪtɑːf; *USA* -tæf/ *n* epitafio
epitome /ɪˈpɪtəmi/ *n* [*sing*] **the ~ of sth** la más pura expresión de algo
epoch /ˈiːpɒk; *USA* ˈepək/ *n* (*formal*) época
equal ⚷ /ˈiːkwəl/ *adjetivo, nombre, verbo*
▸ *adj, n* igual: *equal opportunities* igualdad de oportunidades LOC **be on equal terms (with sb)** tener una relación de igual a igual (con algn)
▸ *vt* (**-ll-**, *USA* **-l-**) **1** (*Mat*): *13 plus 29 equals 42.* 13 más 29 son 42. **2** igualar
equality /ɪˈkwɒləti/ *n* igualdad
equalize, -ise /ˈiːkwəlaɪz/ **1** *vt* igualar **2** *vt, vi* (*Dep*) empatar **equalizer, -iser** *n* (*Dep*) gol de empate
equally ⚷ /ˈiːkwəli/ *adv* **1** igualmente **2** equitativamente
equate /iˈkweɪt/ *vt* ~ **sth (with sth)** equiparar, comparar algo (con algo)
equation /ɪˈkweɪʒn/ *n* ecuación
equator /ɪˈkweɪtə(r)/ *n* ecuador
equilibrium /ˌiːkwɪˈlɪbriəm, ˌek-/ *n* equilibrio
equinox /ˈiːkwɪnɒks, ˈek-/ *n* equinoccio
equip /ɪˈkwɪp/ *vt* (**-pp-**) ~ **sb/sth (with sth) (for sth)** equipar, proveer a algn/algo (con/de algo) (para algo)
equipment ⚷ /ɪˈkwɪpmənt/ *n* [*incontable*] equipo, equipamiento
equitable /ˈekwɪtəbl/ *adj* (*formal*) equitativo, justo
equivalent ⚷ /ɪˈkwɪvələnt/ *adjetivo, nombre*
▸ *adj* ~ **(to sth)** equivalente (a algo)
▸ *n* ~ **(of/to sth)** equivalente (a/de algo)
era /ˈɪərə/ *n* era
eradicate /ɪˈrædɪkeɪt/ *vt* erradicar
erase /ɪˈreɪz; *USA* ɪˈreɪs/ *vt* ~ **sth (from sth)** borrar algo (de algo) ℹ Para las marcas de lápiz utilizamos **rub sth out**. **eraser** *n* (*esp USA*) goma (de borrar)
erect /ɪˈrekt/ *adjetivo, verbo*
▸ *adj* **1** (*formal*) erguido **2** (*pene*) erecto
▸ *vt* (*formal*) erigir **erection** *n* erección
erode /ɪˈrəʊd/ *vt, vi* erosionar(se)
erosion /ɪˈrəʊʒn/ *n* erosión
erotic /ɪˈrɒtɪk/ *adj* erótico
errand /ˈerənd/ *n* recado: *to run errands for sb* hacer recados para algn
erratic /ɪˈrætɪk/ *adj* (*gen pey*) irregular
error ⚷ /ˈerə(r)/ *n* error: *to make an error* cometer un error ◇ *The letter was sent to you in error.* Se le envió la carta por error. LOC *Ver* TRIAL

Mistake es un término más corriente que **error**. Sin embargo, en algunas construcciones sólo se puede utilizar **error**: *human error* error humano ◇ *an error of judgement* una equivocación. ➲ *Ver tb nota en* MISTAKE

erupt /ɪˈrʌpt/ *vi* **1** (*volcán*) entrar en erupción **2** (*violencia*) estallar **eruption** *n* (*volcán*) erupción
escalate /ˈeskəleɪt/ *vt, vi* **1** aumentar **2** intensificar(se) **escalation** *n* escalada (*aumento*)
escalator /ˈeskəleɪtə(r)/ *n* escalera mecánica
escapade /ˌeskəˈpeɪd, ˈeskəpeɪd/ *n* aventura
escape ⚷ /ɪˈskeɪp/ *verbo, nombre*
▸ **1** *vi* ~ **(from sb/sth)** escapar (de algn/algo) **2** *vt, vi* salvarse (de): *They escaped unharmed.* Salieron ilesos. **3** *vi* (*gas, líquido*) fugarse LOC **escape (sb's) notice** pasar inadvertido (a algn)
▸ *n* **1** ~ **(from sth)** fuga (de algo): *to make your escape* darse a la fuga **2** (*de gas, líquido*) escape *Ver tb* FIRE ESCAPE LOC *Ver* NARROW
escort *nombre, verbo*
▸ *n* /ˈeskɔːt/ **1** [*v sing o pl*] escolta **2** (*formal*) acompañante **3** chico, -a de compañía
▸ *vt* /ɪˈskɔːt/ acompañar
Eskimo /ˈeskɪməʊ/ *n* (*pl* **Eskimo** *o* **Eskimos**) esquimal ➲ *Ver nota en* ESQUIMAL
esophagus /iˈsɒfəgəs; *USA* iˈsɑː-/ (*USA*) = OESOPHAGUS
especially ⚷ /ɪˈspeʃəli/ *adv* sobre todo, especialmente ➲ *Ver nota en* SPECIALLY
espionage /ˈespiənɑːʒ/ *n* espionaje
esplanade /ˌespləˈneɪd/ *n* paseo marítimo
espresso /eˈspresəʊ/ *n* (*pl* **espressos**) café exprés
essay ⚷ /ˈeseɪ/ *n* **1** (*colegio*) redacción **2** (*Liter*) ensayo
essence /ˈesns/ *n* esencia
essential ⚷ /ɪˈsenʃl/ *adj* **1** ~ **(to/for sth)** imprescindible (para algo) **2** fundamental **3** esencial: *essential oils* aceites esenciales
essentially ⚷ /ɪˈsenʃəli/ *adv* básicamente
establish ⚷ /ɪˈstæblɪʃ/ *vt* establecer **established** *adj* **1** (*negocio*) sólido **2** (*religión*) oficial **establishment** *n* **1** (*formal*) institución **2 the Establishment** el "establishment", el sistema **3** establecimiento

estate 🔑 /ɪˈsteɪt/ *n* **1** finca **2** *Ver* HOUSING ESTATE **3** (*bienes*) herencia *Ver tb* REAL ESTATE

esˈtate agent *n* **1** agente inmobiliario, -a **2 estate agent's** agencia inmobiliaria ➲ *Ver nota en* CARNICERÍA

esˈtate car *n* coche ranchera

esteem /ɪˈstiːm/ *n* LOC **hold sb/sth in high, low, etc. esteem** tener una buena, mala, etc. opinión de algn/algo

esthetic (*USA*) = AESTHETIC

estimate 🔑 *nombre, verbo*
▸ *n* /ˈestɪmət/ **1** cálculo **2** valoración **3** presupuesto (*cálculo previo*)
▸ *vt* /ˈestɪmeɪt/ calcular **estimation** *n* (*formal*) juicio (*opinión*)

estranged /ɪˈstreɪndʒd/ *adj* (*formal*) LOC **be estranged from sb 1** vivir separado de algn **2** estar enemistado con algn

estuary /ˈestʃuəri; *USA* -eri/ *n* (*pl* **estuaries**) estuario

etc. 🔑 /ˌet ˈsetərə/ *abrev* etc.

etching /ˈetʃɪŋ/ *n* grabado (al aguafuerte)

eternal /ɪˈtɜːnl/ *adj* eterno **eternity** *n* eternidad

ether /ˈiːθə(r)/ *n* éter

ethereal /ɪˈθɪəriəl/ *adj* etéreo

ethic /ˈeθɪk/ *n* **1 ethics** [*pl*] ética **2** [*sing*] ética: *the work ethic* la ética del trabajo **ethical** *adj* ético **ethically** /-kli/ *adv* de manera ética

ethnic /ˈeθnɪk/ *adj* étnico

ethos /ˈiːθɒs/ *n* [*sing*] (*formal*) carácter, espíritu

e-ticket (*USA* **E-ticket**®) /ˈiː tɪkɪt/ *n* billete electrónico

etiquette /ˈetɪket, -kət/ *n* etiqueta (*modales*)

EU /ˌiː ˈjuː/ *abrev de* **European Union** Unión Europea

eucalyptus /ˌjuːkəˈlɪptəs/ *n* (*pl* **eucalyptuses** o **eucalypti** /-taɪ/) eucalipto

euphoria /juːˈfɔːriə/ *n* euforia **euphoric** /juːˈfɒrɪk/ *adj* eufórico

euro 🔑 /ˈjʊərəʊ/ *n* (*pl* **euros** *o* **euro**) euro

Euro-MP /ˈjʊərəʊ em piː/ *n* eurodiputado, -a

European /ˌjʊərəˈpiːən/ *adj, n* europeo, -a

Eurozone /ˈjʊərəʊzəʊn/ *n* zona euro

euthanasia /ˌjuːθəˈneɪziə; *USA* -ˈneɪʒə/ *n* eutanasia

evacuate /ɪˈvækjueɪt/ *vt* evacuar (*a personas*) **evacuee** /ɪˌvækjuˈiː/ *n* evacuado, -a

evade /ɪˈveɪd/ *vt* evadir, eludir

evaluate /ɪˈvæljueɪt/ *vt* evaluar

evangelical /ˌiːvænˈdʒelɪkl/ *adj* evangélico

evaporate /ɪˈvæpəreɪt/ *vt, vi* evaporar(se) **evaporation** *n* evaporación

evasion /ɪˈveɪʒn/ *n* evasión **evasive** /ɪˈveɪsɪv/ *adj* evasivo

eve /iːv/ *n* víspera: *on the eve of the war* en vísperas de la guerra

even 🔑 /ˈiːvn/ *adverbio, adjetivo, verbo*
▸ *adv* **1** (*uso enfático*) aun, hasta: *He didn't even open the letter.* Ni siquiera abrió la carta. **2** (*con adjetivo o adverbio comparativo*) aún LOC **even if**; **even though** aunque, aun cuando ◆ **even so** aun así, no obstante
▸ *adj* **1** (*superficie*) llano, liso **2** (*color*) uniforme **3** (*temperatura*) constante **4** (*competición, puntuación*) igualado **5** (*número*) par ➲ *Comparar con* ODD
▸ *v* PHR V **even out** nivelarse ◆ **even sth out/up** nivelar algo

evening 🔑 /ˈiːvnɪŋ/ *n* **1** tarde, noche: *tomorrow evening* mañana por la tarde/noche ◇ *an evening class* una clase nocturna ◇ *evening dress* traje de noche/de etiqueta ◇ *the evening meal* la cena ➲ *Ver notas en* MORNING, TARDE *y* MEDIO **2** atardecer LOC **good evening** buenas tardes, buenas noches ➲ *Ver nota en* NOCHE

evenly /ˈiːvənli/ *adv* **1** de modo uniforme **2** (*repartir, etc.*) equitativamente

event 🔑 /ɪˈvent/ *n* **1** suceso, acontecimiento **2** prueba (deportiva) LOC **at all events**; **in any event** en todo caso ◆ **in the event** al final ◆ **in the event of sth** en caso de (que) **eventful** *adj* lleno de incidentes

eventual /ɪˈventʃuəl/ *adj* final

eventually 🔑 /ɪˈventʃuəli/ *adv* finalmente

ever 🔑 /ˈevə(r)/ *adv* nunca, jamás: *more than ever* más que nunca ◇ *for ever (and ever)* para siempre (jamás) ◇ *Has it ever happened before?* ¿Ha pasado alguna vez antes? LOC **ever since** desde entonces ➲ *Ver notas en* ALWAYS *y* NUNCA

evergreen /ˈevəgriːn/ *adj, n* (planta de hoja) perenne

every 🔑 /ˈevri/ *adj* cada, todos los: *every (single) time* cada vez ◇ *every ten minutes* cada diez minutos

> Utilizamos **every** para referirnos a todos los elementos de un grupo en conjunto: *Every player was on top form.* Todos los jugadores estaban en plena forma. **Each** se utiliza para referirnos individualmente a cada uno de ellos: *The Queen shook hands with each player after the game.* La Reina le dio la mano a cada jugador después del partido. ➲ *Ver tb nota en* EACH

E

LOC **every other** uno sí y otro no: *every other week* cada dos semanas ◆ **every so often** alguna que otra vez *Ver tb* NOW, ONCE, SIDE

everyday /ˈevrideɪ/ *adj* cotidiano, de todos los días: *for everyday use* para uso diario ◇ *in everyday use* de uso corriente

Everyday sólo se usa delante de un sustantivo. No se debe confundir con la expresión **every day,** que significa "todos los días".

E

everyone 🔑 /ˈevriwʌn/ (*tb* **everybody** /ˈevribɒdi/) *pron* todos, todo el mundo

Everyone, **anyone** y **someone** llevan el verbo en singular, pero suelen ir seguidos de **they, their** y **them**, que son formas plurales, excepto en lenguaje formal: *Everyone does what they want to.* Cada uno hace lo que quiere.

everything 🔑 /ˈevriθɪŋ/ *pron* todo

everywhere 🔑 /ˈevriweə(r)/ *adv* en/a/por todas partes

evict /ɪˈvɪkt/ *vt* ~ **sb (from sth)** desahuciar a algn (de algo) **eviction** *n* desahucio

evidence 🔑 /ˈevɪdəns/ *n* [*incontable*] **1** ~ **(of/for sth)** pruebas (de algo): *insufficient evidence* falta de pruebas **2** testimonio (*en un tribunal*)

evident /ˈevɪdənt/ *adj* ~ **(to sb) (that…)** evidente (para algn) (que…) **evidently** *adv* obviamente

evil 🔑 /ˈiːvl, ˈiːvɪl/ *adjetivo, nombre*
▸ *adj* malvado, muy malo
▸ *n* (*formal*) mal

evocative /ɪˈvɒkətɪv/ *adj* ~ **(of sth)** evocador (de algo)

evoke /ɪˈvəʊk/ *vt* evocar

evolution /ˌiːvəˈluːʃn, ˌev-/ *n* evolución

evolve /iˈvɒlv/ *vi* evolucionar

ewe /juː/ *n* oveja (*hembra*)

ex /eks/ *n* (*pl* **exes**) (*coloq*) ex (*marido, novia, etc.*)

exact 🔑 /ɪɡˈzækt/ *adj* exacto

exacting /ɪɡˈzæktɪŋ/ *adj* exigente

exactly 🔑 /ɪɡˈzæktli/ *adverbio, interjección*
▸ *adv* exactamente
▸ *interj* ¡exacto!

exaggerate 🔑 /ɪɡˈzædʒəreɪt/ *vt* exagerar

exaggerated 🔑 /ɪɡˈzædʒəreɪtɪd/ *adj* exagerado

exam 🔑 /ɪɡˈzæm/ *n* (*Educ*) examen: *to take an exam* presentarse a un examen

examination 🔑 /ɪɡˌzæmɪˈneɪʃn/ *n* **1** (*formal*) examen **2** reconocimiento, revisión

examine 🔑 /ɪɡˈzæmɪn/ *vt* revisar, examinar

example 🔑 /ɪɡˈzɑːmpl; *USA* -ˈzæmpl/ *n* ejemplo LOC **for example** (*abrev* **e.g.**) por ejemplo ◆ **set a good/bad example (to sb)** dar buen/mal ejemplo (a algn)

exasperate /ɪɡˈzæspəreɪt, -ˈzɑːs-/ *vt* exasperar **exasperation** *n* exasperación

excavate /ˈekskəveɪt/ *vt, vi* excavar

exceed /ɪkˈsiːd/ *vt* **1** exceder de, sobrepasar **2** (*poder, responsabilidades*) excederse en **exceedingly** *adv* (*formal*) sumamente

excel /ɪkˈsel/ *vi* (**-ll-**) ~ **in/at sth** sobresalir, destacar en algo

excellence /ˈeksələns/ *n* excelencia

excellent 🔑 /ˈeksələnt/ *adj* excelente

except 🔑 /ɪkˈsept/ *preposición, conjunción*
▸ *prep* ~ **(for) sb/sth** excepto algn/algo
▸ *conj* ~ **(that…)** excepto (que…)

exception 🔑 /ɪkˈsepʃn/ *n* excepción **exceptional** *adj* excepcional

excerpt /ˈekssːpt/ *n* ~ **(from sth)** extracto (de algo)

excess /ɪkˈses/ *n* exceso: *excess baggage* exceso de equipaje **excessive** *adj* excesivo, exagerado

exchange 🔑 /ɪksˈtʃeɪndʒ/ *nombre, verbo*
▸ *n* cambio, intercambio *Ver tb* STOCK EXCHANGE, TELEPHONE EXCHANGE
▸ *vt* **1** ~ **A for B** cambiar A por B **2** ~ **sth (with sb)** cambiar algo (con algn)

the Exchequer /ɪksˈtʃekə(r)/ *n* (*GB*) Ministerio de Economía y Hacienda

excitable /ɪkˈsaɪtəbl/ *adj* excitable

excite 🔑 /ɪkˈsaɪt/ *vt* excitar

excited 🔑 /ɪkˈsaɪtɪd/ *adj* ~ **(about/at/by sth)** excitado, emocionado (con/por algo) **excitedly** *adv* con excitación

excitement 🔑 /ɪkˈsaɪtmənt/ *n* emoción

exciting 🔑 /ɪkˈsaɪtɪŋ/ *adj* emocionante

exclaim /ɪkˈskleɪm/ *vi* exclamar **exclamation** /ˌekskləˈmeɪʃn/ *n* exclamación

exclaˈmation mark *n* signo de admiración
➲ *Ver pág 379*

exclude 🔑 /ɪkˈskluːd/ *vt* ~ **sb/sth (from sth)** excluir a algn/algo (de algo) **exclusion** *n* ~ **(of sb/sth) (from sth)** exclusión (de algn/algo) (de algo)

exclusive /ɪkˈskluːsɪv/ *adj* **1** exclusivo **2** ~ **of sb/sth** sin incluir a algn/algo

excursion /ɪkˈskɜːʃn; *USA* -ʒn/ *n* excursión

excuse 🔑 *nombre, verbo*

▸ *n* /ɪkˈskjuːs/ ~ **(for sth/doing sth)** excusa (por/para algo/hacer algo)

▸ *vt* /ɪkˈskjuːz/ **1** ~ **sb/sth (for sth/doing sth)** disculpar a algn/algo (por algo/por hacer algo) **2** ~ **sb (from sth)** dispensar a algn (de algo)

Se dice **excuse me** cuando se quiere interrumpir o abordar a algn: *Excuse me, sir!* ¡Oiga, señor! o cuando se quiere pedir paso: *Excuse me, please.* ¿Me deja, por favor?

Decimos **sorry** cuando tenemos que pedir perdón por algo que hemos hecho: *I'm sorry I'm late.* Siento llegar tarde. ◇ *Did I hit you? I'm sorry!* ¿Te he dado? ¡Perdona! En inglés americano se usa **excuse me** en vez de **sorry**.

execute /ˈeksɪkjuːt/ *vt* ejecutar **execution** *n* ejecución **executioner** *n* verdugo

executive 🔑 /ɪgˈzekjətɪv/ *adj, n* ejecutivo, -a

exempt /ɪgˈzempt/ *adjetivo, verbo*

▸ *adj* ~ **(from sth)** exento (de algo)

▸ *vt* ~ **sb/sth (from sth)** (*formal*) eximir a algn/algo (de algo), dispensar a algn (de algo) **exemption** *n* exención

exercise 🔑 /ˈeksəsaɪz/ *nombre, verbo*

▸ *n* ejercicio: *exercise book* cuaderno

▸ **1** *vt* (*formal*) (*derecho, poder*) ejercer **2** *vi* hacer ejercicio **3** *vt* ejercitar

exert /ɪgˈzɜːt/ *vt* **1** ejercer **2** ~ **yourself** esforzarse **exertion** *n* esfuerzo

exhaust /ɪgˈzɔːst/ *nombre, verbo*

▸ *n* **1** [*incontable*] (*tb* **exˈhaust fumes** [*pl*]) gases del tubo de escape **2** (*tb* **exˈhaust pipe**) tubo de escape

▸ *vt* agotar **exhausted** *adj* exhausto **exhausting** *adj* agotador **exhaustion** *n* agotamiento **exhaustive** *adj* exhaustivo

exhibit 🔑 /ɪgˈzɪbɪt/ *verbo, nombre*

▸ **1** *vt, vi* exponer **2** *vt* (*formal*) manifestar

▸ *n* objeto expuesto

exhibition 🔑 /ˌeksɪˈbɪʃn/ *n* exposición

exhilarating /ɪgˈzɪləreɪtɪŋ/ *adj* estimulante, emocionante **exhilaration** *n* euforia

exile /ˈeksaɪl, ˈeg-/ *nombre, verbo*

▸ *n* **1** exilio **2** (*persona*) exiliado, -a

▸ *vt* exiliar

exist 🔑 /ɪgˈzɪst/ *vi* **1** existir **2** ~ **(on sth)** subsistir (a base de algo)

existence 🔑 /ɪgˈzɪstəns/ *n* existencia

existing /ɪgˈzɪstɪŋ/ *adj* existente

exit 🔑 /ˈeksɪt, ˈeg-/ *n* salida

exodus /ˈeksədəs/ *n* [*sing*] éxodo

exotic /ɪgˈzɒtɪk/ *adj* exótico

expand 🔑 /ɪkˈspænd/ *vt, vi* **1** (*metal*) dilatar(se) **2** (*negocio, etc.*) ampliar(se) PHR V **expand on/upon sth** ampliar, extenderse sobre algo

expanse /ɪkˈspæns/ *n* ~ **(of sth)** extensión (de algo)

expansion /ɪkˈspænʃn/ *n* **1** expansión **2** desarrollo

expansive /ɪkˈspænsɪv/ *adj* expansivo, comunicativo

expatriate /ˌeksˈpætriət; *USA* -ˈpeɪt-/ (*coloq* **expat** /ˌeksˈpæt/) *n* expatriado, -a

expect 🔑 /ɪkˈspekt/ **1** *vt* ~ **sth (of/from sb/sth)** esperar algo (de algn/algo) ➲ *Ver nota en* ESPERAR **2** *vt* (*esp GB, coloq*) suponer **3** *vt, vi* *She's expecting (a baby).* Está embarazada.

expectancy /ɪkˈspektənsi/ *n* expectación: *life expectancy* esperanza de vida

expectant /ɪkˈspektənt/ *adj* **1** expectante **2** *expectant mother* mujer embarazada

expectation 🔑 /ˌekspekˈteɪʃn/ *n* expectativa LOC **against/contrary to (all) expectation(s)** contra todas las previsiones

expedition /ˌekspəˈdɪʃn/ *n* expedición

expel /ɪkˈspel/ *vt* (**-ll-**) ~ **sb/sth (from sth)** expulsar a algn/algo (de algo)

expend /ɪkˈspend/ *vt* ~ **sth (in/on sb/sth)** (*formal*) emplear algo (en algn/algo) **expendable** *adj* (*formal*) **1** (*cosas*) desechable **2** (*personas*) prescindible

expenditure /ɪkˈspendɪtʃə(r)/ *n* gasto(s)

expense 🔑 /ɪkˈspens/ *n* gasto(s), coste LOC *Ver* OBJECT

expensive 🔑 /ɪkˈspensɪv/ *adj* caro, costoso

experience 🔑 /ɪkˈspɪəriəns/ *nombre, verbo*

▸ *n* experiencia

▸ *vt* experimentar

experienced 🔑 /ɪkˈspɪəriənst/ *adj* experimentado: *to be experienced in (doing) sth* tener experiencia en (hacer) algo

experiment 🔑 /ɪkˈsperɪmənt/ *nombre, verbo*

▸ *n* experimento

▸ *vi* ~ **(on sb/sth)**; ~ **(with sth)** hacer experimentos, experimentar (con/sobre algn), experimentar (con algo) **experimental** *adj* experimental

expert 🔑 /ˈekspɜːt/ *adj, n* ~ **(at/in/on sth)** experto, -a, perito, -a (en algo) **expertise** /ˌekspɜːˈtiːz/ *n* [*incontable*] conocimientos (técnicos), pericia

expire /ɪkˈspaɪə(r)/ *vi* **1** vencer, caducar **2** (*plazo*) finalizar **expiry** (*USA tb* **expiration** /ˌekspəˈreɪʃn/) *n* vencimiento

explain 🔑 /ɪk'spleɪn/ *vt* **~ sth (to sb)** explicar, aclarar algo (a algn): *Explain this to me.* Explícame esto.

explanation 🔑 /ˌeksplə'neɪʃn/ *n* **~ (for sth)** explicación, aclaración (de algo)

explanatory /ɪk'splænətri; *USA* -tɔːri/ *adj* explicativo, aclaratorio

explicit /ɪk'splɪsɪt/ *adj* explícito

E

explode 🔑 /ɪk'spləʊd/ *vt, vi* (hacer) estallar, explotar

exploit *nombre, verbo*

▸ *n* /'eksplɔɪt/ proeza, hazaña

▸ *vt* /ɪk'splɔɪt/ (*gen pey*) explotar, aprovecharse de (*personas, recursos*) **exploitation** /ˌeksplɔɪ'teɪʃn/ *n* explotación

exploration /ˌeksplə'reɪʃn/ *n* exploración, investigación

explore 🔑 /ɪk'splɔː(r)/ *vt, vi* explorar **explorer** *n* explorador, -ora

explosion 🔑 /ɪk'spləʊʒn/ *n* explosión **explosive** /ɪk'spləʊsɪv, -zɪv/ *adj, n* explosivo

export 🔑 *nombre, verbo*

▸ *n* /'ekspɔːt/ (artículo de) exportación

▸ *vt, vi* /ɪk'spɔːt/ exportar **exporter** *n* exportador, -ora

expose 🔑 /ɪk'spəʊz/ *vt* **1 ~ sb/sth (to sth)** exponer a algn/algo (a algo) **2 ~ yourself (to sth)** exponerse (a algo) **3** (*persona culpable*) desenmascarar **exposed** *adj* descubierto **exposure** /ɪk'spəʊʒə(r)/ *n* **1 ~ (to sth)** exposición (a algo): *to die of exposure* morir de frío (a la intemperie) **2** (*de falta*) descubrimiento, revelación

express 🔑 /ɪk'spres/ *verbo, adjetivo, adverbio, nombre*

▸ *vt* expresar: *to express yourself* expresarse

▸ *adj* **1** (*tren, autocar, etc.*) rápido **2** (*entrega*) urgente **3** (*formal*) (*deseo, etc.*) expreso

▸ *adv* por envío urgente

▸ *n* (*tb* **ex'press train**) rápido

expression 🔑 /ɪk'spreʃn/ *n* **1** expresión **2** muestra: *as an expression of his gratitude* como muestra de su gratitud **3** expresividad

Expressionism /ɪk'spreʃənɪzəm/ *n* expresionismo **Expressionist** *adj, n* expresionista

expressive /ɪk'spresɪv/ *adj* expresivo

expressly /ɪk'spresli/ *adv* (*formal*) expresamente

expressway /ɪk'spresweɪ/ *n* (*USA*) autopista

expulsion /ɪk'spʌlʃn/ *n* expulsión

exquisite /ɪk'skwɪzɪt, 'ekskwɪzɪt/ *adj* exquisito

extend 🔑 /ɪk'stend/ **1** *vt* extender, ampliar **2** *vi* extenderse: *to extend as far as sth* llegar hasta algo **3** *vt* (*estancia, vida*) prolongar **4** *vt* (*plazo, crédito*) prorrogar **5** *vt* (*mano*) tender

extension 🔑 /ɪk'stenʃn/ *n* **1** extensión **2 ~ (to sth)** ampliación, anexo (de algo) **3** (*período*) prolongación, prórroga **4** (*teléfono*) supletorio **5** (*número*) extensión

extensive 🔑 /ɪk'stensɪv/ *adj* **1** extenso **2** amplio **3** (*daños*) cuantioso **4** (*uso*) frecuente **extensively** *adv* **1** extensamente **2** (*usar*) frecuentemente

extent 🔑 /ɪk'stent/ *n* **1** alcance, grado: *the full extent of the losses* el valor real de las pérdidas **2** extensión LOC **to a large/great extent** en gran parte ◆ **to a lesser extent** en menor grado ◆ **to some extent; to a certain extent** hasta cierto punto ◆ **to what extent** hasta qué punto

exterior /ɪk'stɪəriə(r)/ *nombre, adjetivo*

▸ *n* **1** exterior **2** (*persona*) aspecto

▸ *adj* exterior

exterminate /ɪk'stɜːmɪneɪt/ *vt* exterminar

external /ɪk'stɜːnl/ *adj* externo, exterior

extinct /ɪk'stɪŋkt/ *adj* **1** (*especie*) extinto, desaparecido: *to become extinct* extinguirse **2** (*volcán*) extinguido **extinction** *n* extinción

extinguish /ɪk'stɪŋgwɪʃ/ *vt* extinguir, apagar 🛈 La expresión más normal es **put sth out**. **extinguisher** *n* extintor

extort /ɪk'stɔːt/ *vt* **~ sth (from sb) 1** (*dinero*) obtener algo (de algn) mediante extorsión **2** (*confesión*) sacar algo (a algn) por la fuerza **extortion** *n* extorsión

extortionate /ɪk'stɔːʃənət/ *adj* exorbitante, excesivo

extra 🔑 /'ekstrə/ *adjetivo, nombre, adverbio*

▸ *adj* **1** adicional, de más, extra: *extra charge* recargo ◇ *Wine is extra.* El vino no está incluido. **2** de sobra

▸ *n* **1** extra **2** (*precio*) suplemento **3** (*Cine*) extra

▸ *adv* súper, extra: *to pay extra* pagar un suplemento

extract *nombre, verbo*

▸ *n* /'ekstrækt/ **1** pasaje (*de un libro*) **2** extracto

▸ *vt* /ɪk'strækt/ **1 ~ sth (from sth)** extraer algo (de algo) **2 ~ sth (from sb/sth)** conseguir algo (de algn/algo)

extra-curricular /ˌekstrə kə'rɪkjələ(r)/ *adj* (*Educ*) extracurricular

extradition /ˌekstrə'dɪʃn/ *n* extradición

extraordinary 🔑 /ɪk'strɔːdnri; *USA* -dəneri/ *adj* extraordinario

extraterrestrial /ˌekstrətə'restriəl/ *adj, n* extraterrestre

ˌextra 'time *n* (*Dep*) prórroga

extravagance /ɪkˈstrævəgəns/ *n* **1** extravagancia **2** lujo
extravagant /ɪkˈstrævəgənt/ *adj* **1** extravagante **2** exagerado
extreme /ɪkˈstriːm/ *adj, n* extremo: *with extreme care* con sumo cuidado ◇ *extreme sports* deportes de alto riesgo ◇ *the extreme right* la ultraderecha
extremely /ɪkˈstriːmli/ *adv* extremadamente
extremism /ɪkˈstriːmɪzəm/ *n* extremismo
extremist /ɪkˈstriːmɪst/ *n* extremista
extremity /ɪkˈstreməti/ *n* (*pl* **extremities**) extremidad
extricate /ˈekstrɪkeɪt/ *vt* (*formal*) **1** ~ **sb/sth (from sth)** sacar a algn/algo (de algo) **2** ~ **yourself (from sth)** lograr salir (de algo)
extrovert /ˈekstrəvɜːt/ *n* extrovertido, -a
exuberant /ɪgˈzjuːbərənt; *USA* -ˈzuː-/ *adj* desbordante de vida y entusiasmo
exude /ɪgˈzjuːd; *USA* -ˈzuːd/ **1** *vt* rebosar **2** *vt, vi* (*líquido*) exudar
eye /aɪ/ *nombre, verbo*
▸ *n* ojo: *to make eye contact* mirar a algn a los ojos ◇ *at eye level* a la altura de los ojos ◇ *to have sharp eyes* tener muy buena vista *Ver tb* PRIVATE EYE **LOC** **before/in front of sb's (very) eyes** delante de las (mismas) narices de algn ◆ **be up to your eyes in sth** estar hasta el cuello de algo ◆ **catch sb's eye** captar la atención de algn ◆ **have your eye on sth** tener el ojo echado a algo (*para comprarlo*) ◆ **in the eyes of sb; in sb's eyes** en opinión de algn ◆ **in the eyes of the law, world, etc.** a los ojos de la ley, del mundo, etc. ◆ **keep an eye on sb/sth** echarle un ojo a algn/algo ◆ **keep an eye open/out (for sb/sth)** estar pendiente (de algn/algo) ◆ **not see eye to eye with sb (on sth)** no estar plenamente de acuerdo con algn (sobre algo) *Ver tb* BLIND, CLOSE², CRY, MEET, MIND, NAKED, TEAR²
▸ *vt* (*pt, pp* **eyed** *part pres* **eyeing**) mirar
eyeball /ˈaɪbɔːl/ *n* globo ocular
eyebrow /ˈaɪbraʊ/ *n* ceja **LOC** **be up to your eyebrows in sth** estar hasta el cuello de algo *Ver tb* RAISE
eye-catching /ˈaɪ kætʃɪŋ/ *adj* vistoso
eyelash /ˈaɪlæʃ/ *n* pestaña
eyelid /ˈaɪlɪd/ *n* párpado **LOC** *Ver* BAT
eyeliner /ˈaɪlaɪnə(r)/ *n* lápiz de ojos
eyeshadow /ˈaɪʃædəʊ/ *n* sombra de ojos
eyesight /ˈaɪsaɪt/ *n* vista
eyesore /ˈaɪsɔː(r)/ *n* monstruosidad
eyewitness /ˈaɪwɪtnəs/ *n* testigo ocular

Ff

F, f /ef/ *n* (*pl* **Fs, F's, f's**) **1** F, f ➲ *Ver nota en* A, A **2** (*Mús*) fa
fable /ˈfeɪbl/ *n* fábula
fabric /ˈfæbrɪk/ *n* **1** tejido, tela ➲ *Ver nota en* TELA **2** [*sing*] **the ~ (of sth)** (*formal*) la estructura (de algo)
fabulous /ˈfæbjələs/ *adj* **1** (*coloq*) fabuloso **2** (*formal*) de leyenda
facade /fəˈsɑːd/ *n* (*lit y fig*) fachada
face /feɪs/ *nombre, verbo*
▸ *n* **1** cara, rostro: *to wash your face* lavarse la cara **2** cara: *the south face of Everest* la cara sur de Everest ◇ *a rock face* una pared de roca **3** superficie **4** esfera (*de reloj*) **LOC** **face to face** cara a cara: *to come face to face with sth* enfrentarse con algo ◆ **face up/down** boca arriba/abajo ◆ **in the face of sth 1** a pesar de algo **2** frente a algo ◆ **on the face of it** (*coloq*) a primera vista ◆ **pull/make faces/a face (at sb)** hacer muecas (a algn) ◆ **to sb's face** a la cara ➲ *Comparar con* BEHIND SB'S BACK *en* BACK; *Ver tb* BRAVE, SAVE, SMILE, STRAIGHT
▸ *vt* **1** estar de cara a: *They sat down facing each other.* Se sentaron uno frente al otro. **2** dar a: *a house facing the park* una casa que da al parque **3** enfrentarse con: *to face facts* afrontar los hechos ◇ *Let's face it.* Seamos realistas. **4** (*sentencia, multa*) correr el riesgo de recibir **5** revestir **PHR V** **face up to sb/sth** enfrentarse a algn/algo
faceless /ˈfeɪsləs/ *adj* anónimo
facelift /ˈfeɪslɪft/ *n* **1** lifting, estiramiento (*facial*) **2** (*fig*) lavado de cara
facet /ˈfæsɪt/ *n* faceta
facetious /fəˈsiːʃəs/ *adj* (*pey*) gracioso
ˌface ˈvalue *n* valor nominal **LOC** **take sth at face value** tomar algo literalmente
facial /ˈfeɪʃl/ *adjetivo, nombre*
▸ *adj* facial
▸ *n* tratamiento facial

facile /ˈfæsaɪl; *USA* ˈfæsl/ *adj* (*pey*) simplista

facilitate /fəˈsɪlɪteɪt/ *vt* (*formal*) facilitar

facility /fəˈsɪləti/ *n* **1 facilities** [*pl*]: *sports facilities* instalaciones deportivas ◇ *banking/credit facilities* servicios bancarios/facilidades de pago **2** prestación (*de ordenador, cuenta, etc.*) **3** [*sing*] ~ **(for sth)** facilidad (para algo)

fact /fækt/ *n* hecho: *in fact* de hecho ◇ *the fact that…* el hecho de que… LOC **(all) the facts and figures** (toda) la información ◆ **the facts of life** de dónde vienen los niños, la sexualidad *Ver tb* ACTUAL, MATTER

F

faction /ˈfækʃn/ *n* facción

factor /ˈfæktə(r)/ *n* factor *Ver tb* WOW FACTOR

factory /ˈfæktəri/ *n* (*pl* **factories**) fábrica: *a shoe factory* una fábrica de zapatos ◇ *factory workers* obreros de fábrica

factual /ˈfæktʃuəl/ *adj* basado en los hechos

faculty /ˈfæklti/ *n* (*pl* **faculties**) **1** facultad: *to be in possession of all your faculties* estar en plenas facultades ◇ *Arts Faculty* Facultad de Filosofía y Letras **2** (*USA*) profesorado

fad /fæd/ *n* **1** manía **2** moda

fade /feɪd/ *vt, vi* **1** decolorar(se) **2** (*tela*) desteñir(se) PHR V **fade away** ir desapareciendo poco a poco

fag /fæg/ *n* **1** (*GB, coloq*) cigarrillo **2** (*USA, argot, pey*) maricón **3** [*sing*] (*GB, coloq*) faena

Fahrenheit /ˈfærənhaɪt/ *adj* (*abrev* **F**) Fahrenheit ➲ *Ver nota en* CENTÍGRADO

fail /feɪl/ *verbo, nombre*

▸ **1** *vi* ~ **(in sth)** fracasar (en algo): *to fail in your duty* faltar al deber **2** *vi* ~ **to do sth**: *They failed to notice anything unusual.* No notaron nada extraño. **3** *vt, vi* (*examen, candidato*) suspender **4** *vi* (*fuerzas, motor, etc.*) fallar **5** *vi* (*salud*) deteriorarse **6** *vi* (*cosecha*) arruinarse **7** *vi* (*negocio*) quebrar

▸ *n* suspenso LOC **without fail** sin falta

failing /ˈfeɪlɪŋ/ *nombre, preposición*

▸ *n* **1** debilidad **2** defecto

▸ *prep* a falta de: *failing this* si esto no es posible

failure /ˈfeɪljə(r)/ *n* **1** fracaso **2** ~ **to do sth**: *His failure to answer puzzled her.* Le extrañó que no contestara. **3** fallo: *heart failure* paro cardiaco ◇ *engine failure* avería del motor

faint /feɪnt/ *verbo, adjetivo*

▸ *vi* desmayarse

▸ *adj* (**fainter**, **-est**) **1** (*sonido*) débil **2** (*rastro*) leve **3** (*parecido*) ligero **4** (*esperanza, luz*) tenue **5** mareado: *to feel faint* estar mareado

faintly /ˈfeɪntli/ *adv* **1** débilmente **2** vagamente

fair /feə(r)/ *adjetivo, adverbio, nombre*

▸ *adj* (**fairer**, **-est**) **1** ~ **(to/on sb)** justo, imparcial (con algn): *It's not fair!* ¡No hay derecho! **2** bastante: *It's a fair size.* Es bastante grande. ◇ *a fair number of people* un buen número de personas **3** bastante bueno: *There's a fair chance we might win.* Existe una buena posibilidad de que ganemos. **4** (*pelo*) rubio ➲ *Ver nota en* RUBIO **5** (*tiempo*) despejado LOC **fair enough** (*coloq*) está bien ◆ **(more than) your fair share of sth**: *We had more than our fair share of rain.* Nos llovió más de lo que cabía esperar.

▸ *adv* LOC **fair and square 1** merecidamente **2** claramente

▸ *n* **1** parque de atracciones **2** feria: *a trade fair* una feria de muestras

fair-haired /ˌfeə ˈheəd/ *adj* rubio ➲ *Ver nota en* RUBIO

fairly /ˈfeəli/ *adv* **1** + **adjetivo o adverbio** bastante: *It's fairly easy.* Es bastante fácil. ◇ *fairly quickly* bastante rápido ◇ *It's fairly good.* No está mal.

> Los adverbios **fairly**, **quite**, **rather** y **pretty** modifican la intensidad de los adjetivos o adverbios a los que acompañan, y pueden significar "bastante", "hasta cierto punto" o "no muy". **Fairly** es el de grado más bajo.

2 justamente, equitativamente

ˌfair ˈplay *n* juego limpio

fair-trade /ˌfeə ˈtreɪd/ *adj* de comercio justo

fairy /ˈfeəri/ *n* (*pl* **fairies**) hada: *fairy tale* cuento de hadas ◇ *fairy godmother* hada madrina

faith /feɪθ/ *n* ~ **(in sb/sth)** fe (en algn/algo) LOC **in bad/good faith** de mala/buena fe ◆ **put your faith in sb/sth** confiar en algn/algo

faithful /ˈfeɪθfl/ *adj* ~ **(to sb/sth)** fiel, leal (a algn/algo)

faithfully /ˈfeɪθfəli/ *adv* fielmente LOC *Ver* YOURS

fake /feɪk/ *adjetivo, nombre, verbo*

▸ *adj* (*pey*) falso

▸ *n* imitación

▸ **1** *vt* (*firma, documento*) falsificar **2** *vt, vi* fingir

falcon /ˈfɔːlkən; *USA* ˈfæl-/ *n* halcón

fall /fɔːl/ *verbo, nombre*

▸ *vi* (*pt* **fell** /fel/, *pp* **fallen** /ˈfɔːlən/) **1** caer(se) **2** (*precio, temperatura*) bajar

> A veces el verbo **fall** tiene el sentido de "volverse", "quedarse", "ponerse", p. ej.: *He fell asleep.* Se quedó dormido. ◇ *He fell ill.* Cayó enfermo.

LOC **fall in love (with sb)** enamorarse (de algn) ◆ **fall short of sth** no alcanzar algo ◆ **fall victim to sth** sucumbir a algo, enfermar con algo *Ver tb* FOOT

PHR V **fall apart 1** deshacerse **2** fracasar
fall back retroceder ◆ **fall back on sb/sth** recurrir a algn/algo
fall behind (sb/sth) quedar(se) atrás, quedarse más atrás de algn/algo ◆ **fall behind with sth** retrasarse en/con algo
fall down 1 (*persona, objeto*) caerse **2** (*plan*) fracasar
fall for sb (*coloq*) enamorarse de algn ◆ **fall for sth** (*coloq*) tragarse algo (*trampa*)
fall in (*techo*) desplomarse
fall off 1 caerse **2** disminuir
fall on/upon sb recaer en algn
fall out (with sb) discutir (con algn)
fall over caerse ◆ **fall over sb/sth** tropezar con algn/algo
fall through fracasar, irse a pique

▸ *n* **1** caída **2** *a fall of snow* una nevada **3 falls** [*pl*] (*Geog*) catarata **4** (*USA*) otoño **5** baja, descenso

fallen /ˈfɔːlən/ *adj* caído *Ver tb* FALL

false 🔑 /fɔːls/ *adj* **1** falso **2** (*dentadura, etc.*) postizo **3** (*reclamación*) fraudulento LOC **a false move** un paso en falso ◆ **a false start 1** un intento fallido **2** (*Dep*) una salida nula

ˌfalse ˈfriend *n* falso amigo

falsify /ˈfɔːlsɪfaɪ/ *vt* (*pt, pp* **-fied**) falsificar

falter /ˈfɔːltə(r)/ *vi* **1** (*economía, interés*) decaer **2** (*voz*) entrecortarse **3** (*persona*) vacilar

fame 🔑 /feɪm/ *n* fama

familiar 🔑 /fəˈmɪliə(r)/ *adj* **1** familiar (*conocido*) **2** ~ **with sth** familiarizado con algo LOC **be on familiar terms (with sb)** tutearse (con algn) **familiarity** /fəˌmɪliˈærəti/ *n* **1** ~ **with sth** conocimientos de algo **2** familiaridad

family 🔑 /ˈfæməli/ *n* (*pl* **families**) [*v sing o pl*] familia: *family ties* lazos familiares ◇ *family man* hombre de familia ◇ *family name* apellido ◇ *family tree* árbol genealógico ➲ *Ver nota en* FAMILIA LOC **run in the family** ser de familia

famine /ˈfæmɪn/ *n* hambre ➲ *Ver nota en* HAMBRE

famous 🔑 /ˈfeɪməs/ *adj* ~ **(for/as sth)** famoso (por/por ser algo)

fan 🔑 /fæn/ *nombre, verbo*
▸ *n* **1** fan, hincha, forofo, -a: *fan club* club de fans **2** ventilador **3** abanico
▸ *vt* (**-nn-**) **1** (*persona*) abanicar **2** (*disputa, fuego*) atizar PHR V **fan out** desplegarse en abanico

fanatic /fəˈnætɪk/ *n* fanático, -a **fanatical** *adj* fanático

fanciful /ˈfænsɪfl/ *adj* (*formal*) descabellado

fancy 🔑 /ˈfænsi/ *verbo, nombre, adjetivo*
▸ *vt* (*pt, pp* **fancied**) **1** (*GB, coloq*) apetecer: *Do you fancy a drink?* ¿Te apetece beber algo? **2** (*GB, coloq*) gustar: *I don't fancy him.* No lo encuentro atractivo. **3** ~ **yourself** (*GB, coloq*) ser un creído **4** ~ **yourself (as) sth** presumir de algo **5** (*formal*) imaginarse LOC **fancy (that)!** ¡quién lo iba a decir!
▸ *n* **1** fantasía **2** capricho LOC **catch/take sb's fancy** cautivar a algn: *whatever takes your fancy* lo que más te apetezca ◆ **take a fancy to sb/sth** encapricharse con algn/algo
▸ *adj* fuera de lo corriente: *nothing fancy* nada extravagante

ˌfancy ˈdress *n* [*incontable*] disfraz

fanny pack /ˈfæni pæk/ *n* (*USA*) riñonera

fantastic /fænˈtæstɪk/ *adj* fantástico

fantasy /ˈfæntəsi/ *n* (*pl* **fantasies**) fantasía

fanzine /ˈfænziːn/ *n* fanzine

FAQ /ˌef eɪ ˈkjuː/ *abrev de* **frequently asked questions** preguntas más frecuentes

far 🔑 /fɑː(r)/ *adverbio, adjetivo*
▸ *adv* (*comp* **farther** /ˈfɑːðə(r)/ *o* **further** /ˈfɜːðə(r)/, *superl* **farthest** /ˈfɑːðɪst/ *o* **furthest** /ˈfɜːðɪst/) **1** lejos: *Is it far?* ¿Está lejos? ◇ *How far is it?* ¿A qué distancia está?

En este sentido se usa en frases negativas o interrogativas. En frases afirmativas es mucho más frecuente decir **a long way**: *York is a long way from London.* York está muy lejos de Londres.

2 [*con comparativos y preposiciones*] mucho, muy: *It's far easier for him.* Es mucho más fácil para él. ◇ *far above/far beyond sth* muy por encima/mucho más allá de algo LOC **as far as** hasta ◆ **as/so far as** por lo que: *as far as I know* que yo sepa ◆ **as/so far as sb/sth is concerned** por lo que se refiere a algn/algo ◆ **be far from (doing) sth** distar mucho de (hacer) algo ◆ **by far** con mucho: *She's the best by far.* Es con mucho la mejor. ◆ **far and wide** por todas partes ◆ **far away** muy lejos ◆ **far from it** (*coloq*) ni mucho menos ◆ **go too far** pasarse ◆ **in so/as far as** en la medida en que ◆ **so far 1** hasta ahora **2** (*coloq*) hasta cierto punto *Ver tb* AFIELD, FEW
▸ *adj* (*comp* **farther** *o* **further**, *superl* **farthest** *o* **furthest**) **1** opuesto: *on the far bank* en la margen opuesta **2** extremo: *the far end* el otro extremo

faraway /ˈfɑːrəweɪ/ *adj* **1** remoto **2** (*expresión*) distraído

F

fare /feə(r)/ *nombre, verbo*
▸ *n* tarifa, precio del billete
▸ *vi* ~ **well, badly, etc.** irle bien, mal, etc. a algn

farewell /ˌfeəˈwel/ *nombre, interjección*
▸ *n* despedida: *farewell party* fiesta de despedida LOC **bid/say farewell to sb/sth** despedirse de algn/algo
▸ *interj* (*antic, formal*) adiós

farm /fɑːm/ *nombre, verbo*
▸ *n* granja: *fish farm* piscifactoría *Ver tb* WIND FARM
▸ **1** *vt, vi* (*tierra*) labrar **2** *vt* (*ganado*) criar

farmer /ˈfɑːmə(r)/ *n* granjero, -a, agricultor, -ora

farmhouse /ˈfɑːmhaʊs/ *n* granja (*casa*)

farming /ˈfɑːmɪŋ/ *n* agricultura, ganadería: *fish farming* piscicultura

farmland /ˈfɑːmlænd/ *n* [*incontable*] tierras de labranza

farmyard /ˈfɑːmjɑːd/ *n* corral

far-sighted /ˌfɑː ˈsaɪtɪd/ *adj* **1** con visión de futuro **2** (*USA*) hipermétrope

fart /fɑːt/ *verbo, nombre*
▸ *vi* (*argot*) tirarse un pedo
▸ *n* (*argot*) pedo

farther /ˈfɑːðə(r)/ *adv, adj* (*comp de* **far**) *Ver* FURTHER

farthest /ˈfɑːðɪst/ *adv, adj* (*superl de* **far**) = FURTHEST

fascinate /ˈfæsɪneɪt/ *vt* fascinar **fascinating** *adj* fascinante

fascism /ˈfæʃɪzəm/ *n* fascismo **fascist** *adj, n* fascista

fashion /ˈfæʃn/ *nombre, verbo*
▸ *n* moda: *fashion victim* esclavo de la moda LOC **be/go out of fashion** estar pasado/pasar de moda ◆ **be in/come into fashion** estar/ponerse de moda
▸ *vt* moldear, hacer

fashionable /ˈfæʃnəbl/ *adj* de moda

fashionista /ˌfæʃnˈiːstə/ *n* **1** diseñador, -ora de moda **2** persona que siempre va vestida a la última

fast /fɑːst; *USA* fæst/ *adjetivo, adverbio, verbo, nombre*
▸ *adj* (**faster**, **-est**) **1** rápido

> Tanto **fast** como **quick** significan rápido, pero **fast** suele utilizarse para describir a una persona o cosa que se mueve a mucha velocidad: *a fast horse/car/runner* un caballo/coche/corredor rápido, mientras que **quick** se refiere a algo que se realiza en un breve espacio de tiempo: *a quick decision/visit* una decisión/visita rápida.

2 (*reloj*) adelantado **3** *to make sth fast* sujetar bien algo **4** (*color*) que no destiñe LOC *Ver* BUCK
▸ *adv* (**faster**, **-est**) **1** rápido, rápidamente **2** *fast asleep* dormido profundamente LOC *Ver* STAND
▸ *vi* ayunar
▸ *n* ayuno

fasten /ˈfɑːsn; *USA* ˈfæsn/ **1** *vt* ~ **sth (up)** abrochar algo **2** *vi* cerrarse, abrocharse **3** *vt* asegurar **4** *vt* sujetar, fijar: *to fasten sth together* unir algo

ˌfast ˈfood *n* comida rápida

fastidious /fæˈstɪdiəs/ *adj* puntilloso, exigente

fat /fæt/ *adjetivo, nombre*
▸ *adj* (**fatter**, **-est**) gordo: *You're getting fat.* Estás engordando. ➲ *Ver nota en* GORDO
▸ *n* **1** grasa **2** manteca, tocino

fatal /ˈfeɪtl/ *adj* **1** mortal **2** fatídico, fatal **fatality** /fəˈtæləti/ *n* (*pl* **fatalities**) víctima mortal

fate /feɪt/ *n* destino, suerte LOC *Ver* QUIRK **fated** *adj* predestinado **fateful** *adj* fatídico

father /ˈfɑːðə(r)/ *nombre, verbo*
▸ *n* padre: *Father Christmas* Papá Noel ➲ *Ver nota en* NAVIDAD LOC **like father, like son** de tal palo, tal astilla
▸ *vt* engendrar **fatherhood** *n* paternidad

father-in-law /ˈfɑːðər ɪn lɔː/ *n* (*pl* **fathers-in-law**) suegro

fatherly /ˈfɑːðəli; *USA* -ðərli/ *adj* paternal

ˈFather's Day *n* día del padre

fatigue /fəˈtiːg/ *n* fatiga, cansancio

fatten /ˈfætn/ *vt* (*animal*) cebar **fattening** *adj* que engorda: *Butter is very fattening.* La mantequilla engorda mucho.

fatty /ˈfæti/ *adj* (**fattier**, **-iest**) **1** (*Med*) adiposo **2** (*alimento*) graso

faucet /ˈfɔːsɪt/ *n* (*USA*) grifo

fault /fɔːlt/ *nombre, verbo*
▸ *n* **1** culpa: *Whose fault is it?* ¿Quién tiene la culpa? ◇ *to be at fault for sth* tener la culpa de algo **2** defecto, fallo ➲ *Ver nota en* MISTAKE **3** (*Tenis*) falta **4** (*Geol*) falla LOC *Ver* FIND
▸ *vt* criticar: *He can't be faulted.* Es irreprochable.

faultless /ˈfɔːltləs/ *adj* impecable

faulty /ˈfɔːlti/ *adj* defectuoso

fauna /ˈfɔːnə/ *n* fauna

faux pas /ˌfəʊ ˈpɑː/ *n* (*pl* **faux pas** /ˌfəʊ ˈpɑːz/) metedura de pata: *to make a faux pas* meter la pata

fave /feɪv/ *adj, n* (*coloq*) favorito, -a: *That song's one of my faves.* Esa canción es una de mis prefes.

favour 🔑 (*USA* **favor**) /ˈfeɪvə(r)/ *nombre, verbo*
▸ *n* favor: *to do sb a favour* hacer un favor a algn ◇ *to ask a favour of sb* pedir un favor a algn LOC **in favour of sb/sth** a favor de algn/algo *Ver tb* CURRY
▸ *vt* **1** preferir, ser partidario de **2** favorecer

favourable (*USA* **favorable**) /ˈfeɪvərəbl/ *adj* **1** ~ **(for sth)** favorable (para algo) **2** ~ **(to/for sb/sth)** a favor (de algn/algo)

favourite 🔑 (*USA* **favorite**) /ˈfeɪvərɪt/ *adjetivo, nombre*
▸ *adj* preferido
▸ *n* favorito, -a **favouritism** (*USA* **favoritism**) *n* favoritismo

fawn /fɔːn/ *nombre, adjetivo*
▸ *n* cervatillo ➲ *Ver nota en* CIERVO
▸ *adj* beige

fax /fæks/ *nombre, verbo*
▸ *n* fax
▸ *vt* **1** ~ **sb** mandar un fax a algn **2** ~ **sth (to sb)** mandar algo por fax (a algn)

fear 🔑 /fɪə(r)/ *nombre, verbo*
▸ *n* ~ **(of sb/sth/doing sth)** miedo, temor (a algn/algo/a hacer algo): *to shake with fear* temblar de miedo LOC **for fear of (doing) sth** por temor a (hacer) algo ◆ **for fear (that...)** por temor a que... ◆ **in fear of sb/sth** con miedo de/a algn/algo
▸ *vt* temer a: *I fear so.* Me temo que sí.

fearful /ˈfɪəfl/ *adj* (*formal*) **1 be ~ (of sth); be ~ (for sb)** temer (algo), temer (por algn) **2** terrible

fearless /ˈfɪələs/ *adj* intrépido

fearsome /ˈfɪəsəm/ *adj* (*formal*) temible

feasibility /ˌfiːzəˈbɪləti/ *n* viabilidad

feasible /ˈfiːzəbl/ *adj* factible

feast /fiːst/ *nombre, verbo*
▸ *n* (*formal*) **1** festín **2** (*Relig*) fiesta
▸ *vi* ~ **(on sth)** darse un festín (de algo)

feat /fiːt/ *n* proeza, hazaña

feather 🔑 /ˈfeðə(r)/ *n* pluma

feature 🔑 /ˈfiːtʃə(r)/ *nombre, verbo*
▸ *n* **1** característica **2 features** [*pl*] facciones
▸ *vt*: *featuring Brad Pitt* protagonizada por Brad Pitt **featureless** *adj* sin rasgos característicos

February 🔑 /ˈfebruəri; *USA* -ueri/ *n* (*abrev* **Feb.**) febrero ➲ *Ver nota y ejemplos en* JANUARY

fed *pt, pp de* FEED

federal 🔑 /ˈfedərəl/ *adj* federal

federation /ˌfedəˈreɪʃn/ *n* federación

ˌfed ˈup *adj* ~ **(with sb/sth)** harto (de algn/algo)

fee 🔑 /fiː/ *n* **1** honorarios **2** cuota (*de club*) **3** *school fees* matrícula del colegio

feeble /ˈfiːbl/ *adj* (**feebler, -est**) **1** débil **2** (*excusa*) endeble

feed 🔑 /fiːd/ *verbo, nombre*
▸ (*pt, pp* **fed** /fed/) **1** *vi* ~ **(on sth)** alimentarse, nutrirse (de algo) **2** *vt* alimentar, dar de comer a **3** *vt* (*datos, etc.*) suministrar
▸ *n* **1** comida **2** pienso

feedback /ˈfiːdbæk/ *n* [*incontable*] reacción, comentarios

feeder /ˈfiːdə(r)/ *n* (*para animales, etc.*) comedero

feel 🔑 /fiːl/ *verbo, nombre*
▸ (*pt, pp* **felt** /felt/) **1** *vi* sentirse: *I felt like a fool.* Me sentí como un idiota. ◇ *to feel sad* sentirse triste ◇ *to feel sick* tener náuseas ◇ *to feel cold/hungry* tener frío/hambre **2** *vt* sentir, tocar: *He feels the cold a lot.* Es muy sensible al frío. ◇ *She felt the water.* Comprobó la temperatura del agua. **3** *vi* parecer: *It feels like leather.* Parece de piel. ◇ *I feel as if/as though I'm going to be sick.* Me parece que voy a vomitar. **4** *vt, vi* (*pensar*) opinar: *How do you feel about him?* ¿Qué opinas de él? LOC **feel free** (*coloq*) claro: *'Can I use your phone?' 'Feel free.'* —¿Puedo telefonear? —Claro. ◆ **feel good** sentirse bien ◆ **feel like (doing) sth**: *I feel like a coffee.* Me apetece un café. ◇ *I felt like hitting him.* Me dieron ganas de darle de patadas. ◆ **feel your way** ir a tientas ◆ **not feel yourself** no sentirse bien *Ver tb* COLOUR, PEACE, SMALL, SORRY PHR V **feel about/around (for sth)** buscar (algo) a tientas ◆ **feel for sb** sentir pena por algn ◆ **feel up to (doing) sth** sentirse capaz de (hacer) algo
▸ *n* [*sing*]: *Let me have a feel.* Déjame tocarlo. LOC **get the feel of sth/of doing sth** familiarizarse con algo

feeling 🔑 /ˈfiːlɪŋ/ *n* **1** ~ **(of sth)** sensación (de algo): *I've got a feeling that...* Tengo la sensación de que... **2** [*sing*] (*opinión*) sentir **3 feelings** [*pl*] sentimientos **4** [*incontable*] sensibilidad: *to lose all feeling* perder toda la sensibilidad LOC **bad/ill feeling** resentimiento, rencor *Ver tb* MIXED

feet *plural de* FOOT

fell /fel/ *vt* **1** (*árbol*) talar **2** (*formal*) derribar *Ver tb* FALL

fella /ˈfelə/ (*tb* **feller**) *n* (*coloq*) **1** tío, tipo **2** novio

fellow 🔑 /ˈfeləʊ/ *nombre, adjetivo*
▸ *n* **1** (*coloq*) tío: *He's a nice fellow.* Es un buen tío. **2** compañero
▸ *adj*: *fellow passenger* compañero, -a de viaje ◇ *fellow countryman* compatriota ◇ *fellow Spaniards* compatriotas españoles

F

fellowship /ˈfeləʊʃɪp/ *n* compañerismo

felt /felt/ *n* fieltro *Ver tb* FEEL

felt-tip pen /ˌfelt tɪp ˈpen/ (*tb* ˈ**felt tip**) *n* rotulador

female /ˈfiːmeɪl/ *adjetivo, nombre*

▸ *adj* **1** femenino

> **Female** se aplica a las características físicas de las mujeres: *the female figure* la figura femenina, y **feminine** a las cualidades que consideramos típicas de una mujer: *That dress makes you look very feminine.* Ese vestido te hace parecer muy femenina.
>
> **Female** y **male** especifican el sexo de personas o animales: *a female friend, a male colleague; a female rabbit, a male eagle, etc.*

2 hembra **3** de la mujer: *female equality* la igualdad de la mujer

▸ *n* hembra

feminine /ˈfemənɪn/ *adj, n* femenino ➲ *Ver nota en* FEMALE

feminism /ˈfemənɪzəm/ *n* feminismo **feminist** *n* feminista

femoral /ˈfemərəl/ *adj* (*Anat*) femoral

femur /ˈfiːmə(r)/ *n* (*pl* **femurs** o **femora** /ˈfemərə/) (*Anat*) fémur

fence /fens/ *nombre, verbo*

▸ *n* **1** valla, cerca **2** alambrada

▸ **1** *vt* cercar **2** *vi* practicar la esgrima **fencing** *n* esgrima

fend /fend/ *v* PHR V **fend for yourself** cuidar de sí mismo ◆ **fend sth/sb off** rechazar algo/a algn

fender /ˈfendə(r)/ *n* (*USA*) **1** aleta (*de vehículo*) **2** guardabarros

ferment *verbo, nombre*

▸ *vt, vi* /fəˈment/ fermentar

▸ *n* /ˈfɜːment/ (*formal*) agitación (*política, etc.*)

fern /fɜːn/ *n* helecho

ferocious /fəˈrəʊʃəs/ *adj* feroz

ferocity /fəˈrɒsəti/ *n* ferocidad

ferry /ˈferi/ *nombre, verbo*

▸ *n* (*pl* **ferries**) **1** ferry: *ferry terminal* estación marítima **2** balsa (*para cruzar ríos*)

▸ *vt* (*pt, pp* **ferried**) transportar

fertile /ˈfɜːtaɪl; *USA* ˈfɜːrtl/ *adj* fértil, fecundo

fertility /fəˈtɪləti/ *n* fertilidad

fertilization, -isation /ˌfɜːtəlaɪˈzeɪʃn; *USA* -ləˈz-/ *n* fertilización

fertilize, -ise /ˈfɜːtəlaɪz/ *vt* **1** fertilizar **2** fecundar **3** abonar **fertilizer, -iser** *n* fertilizante, abono

fervent /ˈfɜːvənt/ *adj* ferviente

fess /fes/ *v* PHR V **fess up** (*USA, coloq*) confesar

fester /ˈfestə(r)/ *vi* infectarse

festival /ˈfestɪvl/ *n* **1** (*de arte, cine*) festival **2** (*Relig*) fiesta

festive /ˈfestɪv/ *adj* **1** festivo, animado **2** de fiestas: *the festive season* las navidades

festivity /feˈstɪvəti/ *n* **1 festivities** [*pl*] fiestas **2** [*incontable*] festividad

fetch /fetʃ/ *vt* **1** traer **2** buscar, ir a recoger ➲ *Ver dibujo en* TAKE **3** alcanzar (*precio*)

fete (*tb* **fête**) /feɪt/ *n* feria (benéfica)

fetus = FOETUS

feud /fjuːd/ *nombre, verbo*

▸ *n* rencilla

▸ *vi* ~ **(with sb)** tener una reyerta (con algn)

feudal /ˈfjuːdl/ *adj* feudal **feudalism** *n* feudalismo

fever /ˈfiːvə(r)/ *n* (*lit y fig*) fiebre **feverish** *adj* febril

few /fjuː/ *adj, pron* (**fewer**, **-est**) **1** pocos: *every few minutes* cada pocos minutos ◇ *fewer than six* menos de seis ➲ *Ver nota en* LESS **2 a few** unos cuantos, algunos

> ¿**Few** o **a few**? **Few** tiene un sentido negativo y equivale a "poco". **A few** tiene un sentido mucho más positivo y equivale a "unos cuantos", "algunos". Compara las siguientes oraciones: *Few people turned up.* Vino poca gente. ◇ *I've got a few friends coming for dinner.* Vienen unos cuantos amigos a cenar.

LOC **a good few**; **quite a few** un buen número (de), bastantes ◆ **few and far between** escasos, contadísimos *Ver tb* NEXT

fiancé (*fem* **fiancée**) /fiˈɒnseɪ; *USA* ˌfiːɒnˈseɪ/ *n* prometido, -a

fiasco /fiˈæskəʊ/ *n* (*pl* **fiascos**) desastre

fib /fɪb/ *nombre, verbo*

▸ *n* (*coloq*) cuento (*mentira*)

▸ *vi* (**-bb-**) (*coloq*) contar cuentos

fibre (*tb esp USA* **fiber**) /ˈfaɪbə(r)/ *n* fibra

fibreglass (*tb esp USA* **fiberglass**) /ˈfaɪbəglɑːs; *USA* -glæs/ *n* [*incontable*] fibra de vidrio

fibrous /ˈfaɪbrəs/ *adj* fibroso

fibula /ˈfɪbjələ/ *n* (*pl* **fibulae** o **fibulas**) (*Anat*) peroné

fickle /ˈfɪkl/ *adj* voluble

fiction /ˈfɪkʃn/ *n* ficción

fictional /ˈfɪkʃənl/ *adj* de ficción

fictitious /fɪkˈtɪʃəs/ *adj* ficticio

fiddle /ˈfɪdl/ *verbo, nombre*
▸ **1** *vi* ~ **(about/around) with sth** juguetear con algo **2** *vt* (*coloq*) (*gastos, etc.*) falsear **3** *vi* tocar el violín PHR V **fiddle about/around** perder el tiempo
▸ *n* (*coloq*) **1** violín **2** estafa, chanchullo: *to be on the fiddle* hacer chanchullos **fiddler** *n* violinista

fiddly /ˈfɪdli/ *adj* (*GB, coloq*) complicado

fidelity /fɪˈdeləti/ *n* fidelidad ❶ La palabra más normal es **faithfulness**.

field /fiːld/ *nombre, verbo*
▸ *n* (*lit y fig*) campo *Ver tb* PLAYING FIELD, TRACK AND FIELD
▸ *vt* **1** (*Dep*) alinear **2** (*candidatos*) seleccionar

ˈ**field hockey** *n* (*USA*) hockey

fieldwork /ˈfiːldwɜːk/ *n* trabajo de campo

fiend /fiːnd/ *n* **1** desalmado, -a **2** (*coloq*) entusiasta **fiendish** *adj* (*coloq*) endiablado

fierce /fɪəs/ *adj* (**fiercer**, **-est**) **1** (*animal*) feroz **2** (*oposición*) fuerte

fiery /ˈfaɪəri/ *adj* (**fierier**, **fieriest**) **1** ardiente **2** (*color*) encendido **3** (*carácter, etc.*) fogoso

fifteen /ˌfɪfˈtiːn/ *adj, pron, n* quince ➲ *Ver ejemplos en* FIVE

fifteenth /ˌfɪfˈtiːnθ/ **1** *adj, adv, pron* decimoquinto **2** *n* quinceava parte, quinceavo ➲ *Ver ejemplos en* FIFTH

fifth /fɪfθ/ (*abrev* **5th**) *adjetivo, adverbio, pronombre, nombre*
▸ *adj, adv, pron* quinto: *We live on the fifth floor.* Vivimos en el quinto piso. ◇ *It's his fifth birthday today.* Hoy cumple cinco años. ◇ *She came fifth in the world championships.* Llegó la quinta en los campeonatos del mundo. ◇ *the fifth to arrive* el quinto en llegar ◇ *I was fifth on the list.* Yo era la quinta de la lista. ◇ *I've had four cups of coffee already, so this is my fifth.* Ya me he tomado cuatro tazas de café, así que esta es la quinta.
▸ *n* **1** quinto, quinta parte: *three fifths* tres quintos **2 the fifth** el (día) cinco: *They'll be arriving on the fifth of March.* Llegarán el (día) cinco de marzo. **3** (*tb* ˌ**fifth** ˈ**gear**) quinta: *to change into fifth* meter la quinta ➲ *Ver tb págs 790-1*

La abreviatura de los números ordinales se hace poniendo el número en cifra seguido por las dos últimas letras de la palabra: *1st, 2nd, 3rd, 20th, etc.*

fiftieth /ˈfɪftiəθ/ **1** *adj, adv, pron* quincuagésimo **2** *n* cincuentava parte, cincuentavo ➲ *Ver tb ejemplos en* FIFTH *y págs 790-1*

fifty /ˈfɪfti/ *adj, pron, n* cincuenta: *the fifties* los años cincuenta ◇ *to be in your fifties* tener cincuenta y pico años ➲ *Ver ejemplos en* FIVE LOC **go fifty-fifty** pagar a medias

fig /fɪg/ *n* higo: *fig tree* higuera

fight /faɪt/ *verbo, nombre*
▸ (*pt, pp* **fought** /fɔːt/) **1** *vi, vt* luchar (contra): *They fought (against/with) the French.* Lucharon contra los franceses. ◇ *to fight for sth* luchar por algo **2** *vi, vt* ~ **(sb/with sb) (about/over sth)** pelearse (con algn) (por algo) **3** *vt* (*corrupción, droga*) combatir LOC **fight it out**: *They must fight it out between them.* Deben arreglarlo entre ellos. ◆ **fight tooth and nail** defenderse como gato panza arriba ◆ **fight your way across, into, through, etc. sth** abrirse camino hacia, en, por, etc. algo PHR V **fight back** defenderse ◆ **fight sb/sth off** repeler a algn/algo
▸ *n* **1** lucha, pelea: *A fight broke out in the pub.* Se armó una pelea en el bar. **2** ~ **(against/for sth)**; ~ **(to do sth)** (*fig*) lucha (contra/por algo), lucha (por hacer algo): *to give up without a fight* rendirse sin luchar **3** combate

Cuando se trata de un conflicto continuado (normalmente en situaciones de guerra), se suele usar **fighting**: *There has been heavy/fierce fighting in the capital.* Ha habido combates intensos/encarnizados en la capital.

LOC **put up a good/poor fight** ponerle mucho/poco empeño a algo *Ver tb* PICK

fighter /ˈfaɪtə(r)/ *n* **1** caza (*avión*) **2** luchador, -ora, combatiente

figurative /ˈfɪgərətɪv; *USA tb* ˈfɪgjə-/ *adj* **1** figurado **2** (*Arte*) figurativo

figure /ˈfɪgə(r); *USA* ˈfɪgjər/ *nombre, verbo*
▸ *n* **1** cifra, número **2** cantidad, suma **3** figura: *a key figure* un personaje clave **4** tipo: *to have a good figure* tener buen tipo **5** silueta LOC **put a figure on sth** dar una cifra sobre algo, poner precio a algo *Ver tb* FACT
▸ **1** *vi* ~ **(in/among sth)** figurar (en/entre algo) **2** *vt* figurarse, calcular: *It's what I figured.* Es lo que me figuraba. LOC **it/that figures** se comprende PHR V **figure sb/sth out** entender a algn/algo

filament /ˈfɪləmənt/ *n* filamento

file /faɪl/ *nombre, verbo*
▸ *n* **1** carpeta, archivador **2** (*Informát*) fichero, archivo: *file sharing* práctica de compartir archivos de ordenador **3** expediente: *to be on file* estar archivado **4** lima **5** fila: *in single file* en fila india LOC *Ver* RANK
▸ **1** *vt* ~ **sth (away)** archivar algo **2** *vt, vi* (*Jur*) presentar: *to file a claim* presentar una demanda ◇ *to file for divorce* presentar una demanda de

F

divorcio **3** *vi* ~ **in, out, etc.** entrar, salir, etc. en fila: *to file past sth* desfilar ante algo **4** *vt* limar

fill /fɪl/ **1** *vt, vi* ~ **(sth) (with sth)** llenar algo, llenarse (de algo) **2** *vt* (*grieta*) rellenar **3** *vt* (*diente*) empastar **4** *vt* (*cargo*) ocupar LOC *Ver* BILL PHR V **fill in (for sb)** estar de suplente (de algn) ◆ **fill sb in (on sth)** poner a algn al tanto (de algo) ◆ **fill sth in/out** rellenar algo (*formulario, etc.*)

fillet (*USA* **filet**) /ˈfɪlɪt/ *n* filete

F

filling /ˈfɪlɪŋ/ *n* **1** empaste **2** relleno

ˈfilling station *n* gasolinera

film /fɪlm/ *nombre, verbo*

▸ *n* **1** película: *film star* estrella de cine ◇ *the film industry* la industria cinematográfica **2** película (*capa fina*) *Ver tb* CLING FILM

▸ *vt* filmar **filming** *n* rodaje

film-maker /ˈfɪlm meɪkə(r)/ *n* cineasta **film-making** *n* cinematografía

filter /ˈfɪltə(r)/ *nombre, verbo*

▸ *n* filtro

▸ *vt, vi* filtrar(se)

filth /fɪlθ/ *n* [*incontable*] **1** porquería **2** guarradas (*revistas, etc.*) **3** groserías

filthy /ˈfɪlθi/ *adj* (**filthier, -iest**) **1** muy sucio, asqueroso **2** obsceno **3** (*coloq*) desagradable: *a filthy temper* un carácter insoportable

filtration /fɪlˈtreɪʃn/ *n* (*Quím*) filtración

fin /fɪn/ *n* aleta (*de pez, etc.*)

final /ˈfaɪnl/ *adjetivo, nombre*

▸ *adj* último, final LOC *Ver* ANALYSIS, STRAW

▸ *n* **1** final: *the men's final(s)* la final masculina **2 finals** [*pl*] (exámenes) finales **finalist** *n* finalista

finally /ˈfaɪnəli/ *adv* **1** por fin, al final **2** por último **3** finalmente

finance /ˈfaɪnæns, fəˈnæns/ *nombre, verbo*

▸ *n* finanzas: *finance company* (compañía) financiera ◇ *the finance minister* el secretario de Hacienda

▸ *vt* financiar

financial /faɪˈnænʃl, fəˈnæ-/ *adj* financiero, económico: *financial year* ejercicio fiscal

find /faɪnd/ *vt* (*pt, pp* **found** /faʊnd/) **1** encontrar, hallar **2** buscar: *He came here to find work.* Vino para buscar trabajo. **3** (*formal*) (*Jur*) declarar: *to find sb guilty* declarar a algn culpable LOC **find fault (with sb/sth)** sacar faltas (a algn/algo) ◆ **find your feet** acostumbrarse ◆ **find your way** encontrar el camino *Ver tb* MATCH, NOWHERE PHR V **find (sth) out** enterarse (de algo) ◆ **find sb out** descubrir, pillar a algn **finding** *n* **1 findings** [*pl*] conclusiones **2** (*Jur*) fallo

fine /faɪn/ *adjetivo, adverbio, nombre, verbo*

▸ *adj* (**finer, -est**) **1** excelente **2** bien: *I'm fine.* Estoy bien. ◇ *You're a fine one to talk!* ¡Mira quién habla! **3** (*seda, polvo, etc.*) fino **4** (*rasgos*) delicado **5** (*tiempo*) bueno: *a fine day* un día estupendo **6** (*distinción*) sutil

▸ *adv* (*coloq*) bien: *That suits me fine.* Eso me va muy bien. LOC *Ver* CUT

▸ *n* multa

▸ *vt* ~ **sb (for sth/doing sth)** multar a algn (por algo/hacer algo)

fine ˈart (*tb* **fine ˈarts** [*pl*]) *n* bellas artes

finger /ˈfɪŋgə(r)/ *n* dedo (*de la mano*): *little finger* dedo meñique ◇ *forefinger/first finger* dedo índice ◇ *middle finger* dedo corazón ◇ *ring finger* dedo anular *Ver tb* THUMB, TOE LOC **put your finger on sth** señalar/identificar algo (con precisión) *Ver tb* CROSS, THUMB, WORK

fingermark /ˈfɪŋgəmɑːk/ *n* marca de dedo

fingernail /ˈfɪŋgəneɪl/ *n* uña (*de la mano*)

fingerprint /ˈfɪŋgəprɪnt/ *n* huella dactilar

fingertip /ˈfɪŋgətɪp/ *n* yema del dedo LOC **have sth at your fingertips** saber(se) algo al dedillo

finish /ˈfɪnɪʃ/ *verbo, nombre*

▸ **1** *vt, vi* ~ **(sth/doing sth)** terminar (algo/de hacer algo) **2** *vt* ~ **sth (off/up)** (*comida*) acabar algo PHR V **finish up** acabar: *He could finish up dead.* Podría acabar muerto.

▸ *n* **1** final **2** meta **3** acabado

ˈfinishing line *n* (*Dep*) línea de meta

fir /fɜː(r)/ (*tb* **ˈfir tree**) *n* abeto

fire /ˈfaɪə(r)/ *nombre, verbo*

▸ *n* **1** fuego **2** incendio **3** estufa **4** [*incontable*] disparos LOC **be/come under fire 1** encontrarse bajo fuego enemigo **2** (*fig*) ser objeto de severas críticas ◆ **catch fire** incendiarse ◆ **on fire** en llamas: *to be on fire* estar ardiendo ◆ **set fire to sth/set sth on fire** prender fuego a algo *Ver tb* FRYING PAN

▸ **1** *vt, vi* disparar: *to fire at sb/sth* hacer fuego sobre algn/algo **2** *vt* despedir (*del trabajo*) **3** *vt* (*insultos, preguntas, etc.*) lanzar: *to fire questions at sb* lanzarle preguntas a algn **4** *vt* (*imaginación*) estimular

firearm /ˈfaɪərɑːm/ *n* [*gen pl*] (*formal*) arma de fuego

ˈfire brigade (*USA* **ˈfire department**) *n* [*v sing o pl*] cuerpo de bomberos

ˈfire engine *n* coche de bomberos

ˈfire escape *n* escalera de incendios

ˈfire extinguisher *n* extintor

firefighter /ˈfaɪəfaɪtə(r)/ *n* bombero, -a ⊃ *Ver nota en* BOMBERO

firefly /ˈfaɪəflaɪ/ *n* (*pl* **fireflies**) luciérnaga

fireman /ˈfaɪəmən/ *n* (*pl* **-men** /-mən/) bombero ➲ *Ver nota en* BOMBERO

fireplace /ˈfaɪəpleɪs/ *n* hogar (*chimenea*)

fireproof /ˈfaɪəpru:f/ *adj* incombustible

ˈ**fire station** *n* parque de bomberos

firewalker /ˈfaɪəwɔ:kə(r)/ *n* persona que camina descalza sobre brasas

firewall /ˈfaɪəwɔ:l/ *n* (*Informát*) cortafuegos

firewood /ˈfaɪəwʊd/ *n* leña

firework /ˈfaɪəwɜ:k/ *n* **1** cohete **2 fireworks** [*pl*] fuegos artificiales

firing /ˈfaɪərɪŋ/ *n* tiroteo: [*incontable*] *firing line* línea de fuego ◇ *firing squad* pelotón de fusilamiento

firm /fɜ:m/ *nombre, adjetivo, adverbio*

▸ *n* [*v sing o pl*] firma, empresa

▸ *adj* (**firmer**, **-est**) firme LOC **a firm hand** mano dura ◆ **be on firm ground** pisar terreno firme

▸ *adv* LOC *Ver* HOLD, STAND

first /fɜ:st/ (*abrev* **1st**) *adjetivo, adverbio, pronombre, nombre*

▸ *adj* primero: *a first night* un estreno ◇ *first name* nombre de pila LOC **at first hand** de buena tinta ◆ **first thing** a primera hora ◆ **first things first** lo primero es lo primero

▸ *adv* **1** primero **2** por primera vez: *I first came here in 1998.* Vine aquí por primera vez en 1998. **3** en primer lugar **4** antes: *Finish your dinner first.* Antes termina de cenar. LOC **at first** al principio ◆ **come first 1** (*Dep*) ~ **(in sth)** ganar (algo) **2** (*ser prioridad*) ser lo primero ◆ **first come, first served** por orden de llegada ◆ **first of all 1** al principio **2** en primer lugar ◆ **put sb/sth first** poner a algn/algo por encima de todo *Ver tb* HEAD

▸ *pron* el primero, la primera, los primeros, las primeras

▸ *n* **1 the first** el (día) uno **2** (*tb* ˌ**first** ˈ**gear**) primera ➲ *Ver ejemplos en* FIFTH LOC **from first to last** de principio a fin ◆ **from the (very) first** desde el primer momento

ˌ**first** ˈ**aid** *n* primeros auxilios: *first-aid kit* botiquín

ˌ**first** ˈ**class** *nombre, adverbio*

▸ *n* **1** primera (clase) **2** servicio de correo rápido ➲ *Ver tb* SECOND CLASS *y ver nota en* STAMP

▸ *adv* **1** de/en primera (clase): *to travel first class* viajar en primera **2** por correo rápido: *to send sth first class* mandar algo por correo rápido

first-class /ˌfɜ:st ˈklɑ:s; *USA* ˈklæs/ *adj* **1** de primera clase/categoría **2** (*billete*) de primera (clase) **3** *a first-class stamp* un sello de correo rápido

first-hand /ˌfɜ:st ˈhænd/ *adj, adv* de primera mano

the ˌ**First** ˈ**Lady** *n* la primera dama (*mujer del presidente de Estados Unidos*)

firstly /ˈfɜ:stli/ *adv* en primer lugar

first-rate /ˌfɜ:st ˈreɪt/ *adj* excelente, de primera categoría

fish /fɪʃ/ *nombre, verbo*

▸ *n* **1** [*contable*] pez **2** [*incontable*] pescado: *fish and chips* pescado con patatas fritas ◇ *fish fingers/cakes* palitos/croquetas de pescado

> **Fish** como sustantivo contable tiene dos formas para el plural: **fish** y **fishes**. **Fish** es la forma más normal. **Fishes** es una forma anticuada, técnica o literaria.

LOC **a fish out of water** un pulpo en un garaje *Ver tb* BIG

▸ *vi* pescar: *to go fishing* ir de pesca

fisherman /ˈfɪʃəmən/ *n* (*pl* **-men** /-mən/) pescador

fishing /ˈfɪʃɪŋ/ *n* pesca: *a fishing port/village* un puerto pesquero/pueblo de pescadores

ˈ**fishing rod** *n* caña de pescar

fishmonger /ˈfɪʃmʌŋgə(r)/ *n* **1** pescadero, -a **2 fishmonger's** pescadería ➲ *Ver nota en* CARNICERÍA

fishy /ˈfɪʃi/ *adj* (**fishier**, **-iest**) **1** (*coloq*) sospechoso, raro: *There's something fishy going on.* Aquí hay gato encerrado. **2** *to smell/taste fishy* oler/saber a pescado

fist /fɪst/ *n* puño **fistful** *n* puñado

fit /fɪt/ *verbo, adjetivo, nombre*

▸ (**-tt-**) (*pt, pp* **fitted**, *USA tb* **fit**) **1** *vi* ~ **(in/into sth)**; ~ **in** caber (en algo) **2** *vt, vi* valer (a), entrar: *These shoes don't fit (me).* Estos zapatos no me valen. ◇ *The key doesn't fit the lock.* La llave no entra. **3** *vt* ~ **sth on(to) sth** poner algo a/en algo **4** *vt* ~ **sth with sth** equipar algo de/con algo **5** *vt* cuadrar con: *to fit a description* cuadrar con una descripción LOC **fit (sb) like a glove** venir (a algn) como un guante *Ver tb* BILL PHR V **fit in (with sb/sth)** encajar bien (con algn/algo)

▸ *adj* (**fitter**, **-est**) **1** en forma: *to keep fit* mantenerse en forma **2** ~ **for sb/sth**; ~ **to do sth** apto para algn/algo/hacer algo, en condiciones de hacer algo: *Your car isn't fit to be on the road.* Tu coche no está en condiciones de salir a la carretera. **3** ~ **to do sth** (*GB, coloq*) a punto de hacer algo **4** (*GB, coloq*) guapo LOC **fit for a king** digno de un rey

▸ *n* **1** ataque (*de risa, tos, etc.*): *She'll have/throw a fit!* ¡Le va a dar un ataque! **2 be a good, tight, etc.** ~ quedar a algn bien, ajustado, etc.

fitness /ˈfɪtnəs/ *n* forma (física)

fitted /ˈfɪtɪd/ *adj* **1** instalado: *fitted cupboards* armarios empotrados **2** (*habitación*) amueblado *Ver tb* FIT

fitting /ˈfɪtɪŋ/ *adjetivo, nombre*

▸ *adj* (*formal*) apropiado

▸ *n* **1 fittings** [*pl*] accesorios **2** (*vestido*) prueba: *fitting room* probador

F

five /faɪv/ *adj, pron, n* cinco: *page/chapter five* la página/el capítulo (número) cinco ◇ *five past nine* las nueve y cinco ◇ *on 5 May* el 5 de mayo ◇ *all five of them* los cinco ◇ *There were five of us.* Éramos cinco. ➲ *Ver tb págs 790-794* **fiver** *n* (*GB, coloq*) (billete de) cinco libras

fix /fɪks/ *verbo, nombre*

▸ *vt* **1** fijar **2** establecer **3** arreglar **4** ~ **sth (for sb)**; ~ **sb sth** (*comida*) preparar algo (para algn) **5** (*coloq*) amañar **6** (*coloq*) ajustar las cuentas a PHR V **fix sb up with sb/sth** (*coloq*) conseguir algo/a algn a algn: *I fixed him up with a date with her.* Le conseguí una cita con ella. ◆ **fix sth up** arreglar algo

▸ *n* **1** (*coloq*) arreglo **2** [*sing*] (*coloq*) (*droga*) dosis **3** [*sing*] lío, apuro: *to be in/get yourself into a fix* estar/meterse en un lío

fixed /fɪkst/ *adj* fijo LOC **(of) no fixed abode/address** sin paradero fijo

fixture /ˈfɪkstʃə(r)/ *n* **1** (*Dep*) encuentro **2** accesorio fijo de una casa **3** (*coloq*): *He's been here so long he's become a fixture.* Lleva tanto tiempo aquí que se ha convertido en parte del mobiliario.

fizz /fɪz/ *vi* **1** estar en efervescencia **2** silbar **fizzy** *adj* con gas, gaseoso

flabbergasted /ˈflæbəgɑːstɪd; *USA* -gæstɪd/ *adj* (*coloq*) pasmado

flabby /ˈflæbi/ *adj* (*coloq, pey*) fofo

flag /flæg/ *nombre, verbo*

▸ *n* bandera

▸ *vi* **(-gg-)** flaquear

flagrant /ˈfleɪgrənt/ *adj* flagrante

flair /fleə(r)/ *n* **1** [*sing*] ~ **for sth** aptitud para algo **2** elegancia, estilo

flake /fleɪk/ *nombre, verbo*

▸ *n* copo

▸ *vi* ~ **(off)** desconcharse

flamboyant /flæmˈbɔɪənt/ *adj* **1** (*persona*) extravagante **2** (*vestido*) llamativo

flame /fleɪm/ *n* llama

flamingo /fləˈmɪŋgəʊ/ *n* (*pl* **flamingoes** *o* **flamingos**) flamenco (*ave*)

flammable /ˈflæməbl/ *adj* inflamable ➲ *Ver nota en* INFLAMMABLE

flan /flæn/ *n* tarta, tartaleta ➲ *Ver nota en pág 647*

flank /flæŋk/ *nombre, verbo*

▸ *n* **1** (*Mil, Dep*) flanco **2** (*animal*) ijada

▸ *vt* flanquear

flannel /ˈflænl/ *n* **1** franela **2** toalla de cara

flap /flæp/ *nombre, verbo*

▸ *n* **1** (*sobre*) solapa **2** (*bolso*) tapa **3** batir (*de alas, etc.*), aletazo **4** (*Aeronáut*) alerón LOC **be in/get into a flap** (*esp GB, coloq*) estar/ponerse nervioso

▸ **(-pp-) 1** *vt, vi* agitar(se) **2** *vt* (*alas*) batir

flare /fleə(r)/ *verbo, nombre*

▸ *vi* **1** llamear **2** ~ **(up)** (*conflicto, etc.*) estallar: *Tempers flared.* Se encendieron los ánimos. PHR V **flare up 1** (*fuego*) avivarse **2** (*problema*) reavivarse

▸ *n* **1** destello **2** bengala **3 flares** [*pl*] pantalones de campana

flash /flæʃ/ *verbo, nombre*

▸ **1** *vi* centellear, brillar: *It flashed on and off.* Se encendía y apagaba. **2** *vt* ~ **sth (at sb)** dirigir algo (a algn) (*luz, sonrisa, etc.*): *to flash your headlights* lanzar ráfagas con los faros **3** *vt* mostrar rápidamente **4** *vi* ~ **by, past, etc. (sb/sth)** pasar (a algn/algo) como un rayo

▸ *n* **1** destello: *a flash of lightning* un relámpago **2** ~ **of sth** (*fig*) golpe: *a flash of genius* un golpe de genio **3** *Ver* NEWSFLASH LOC **a flash in the pan**: *It was no flash in the pan.* No ocurrió de chiripa. ◆ **in a/like a flash** en un santiamén **flasher** *n* exhibicionista

flashlight /ˈflæʃlaɪt/ *n* (*USA*) linterna

flashmob /ˈflæʃmɒb/ *n* flashmob, multitud instantánea (*que acuerda reunirse a través del teléfono móvil o Internet*)

flashy /ˈflæʃi/ *adj* (*coloq*) (**flashier**, **-iest**) ostentoso, llamativo

flask /flɑːsk; *USA* flæsk/ *n* **1** termo **2** (*tb* ˈ**hip flask**) petaca (*de licor*)

flat /flæt/ *adjetivo, nombre, adverbio*

▸ *adj* (**flatter**, **-est**) **1** plano, liso, llano **2** (*economía*) flojo **3** (*Mús*) bemol **4** (*Mús*) desafinado **5** (*bebida*) sin gas **6** (*batería*) descargado **7** (*rueda*) desinflado

▸ *n* **1** piso ➲ *Ver nota en* CASA **2 the** ~ **of sth** la parte plana de algo: *the flat of your hand* la palma de la mano **3** [*gen pl*] (*Geog*): *mud flats* marismas **4** (*Mús*) bemol **5** pinchazo (*en vehículo*)

▸ *adv* (**flatter**): *to lie down flat* tumbarse completamente LOC **flat out** (*coloq*) a tope (*trabajar,* *correr, etc.*) ◆ **in ten seconds, etc. flat** (*coloq*) en sólo diez segundos, etc.

flatly /ˈflætli/ *adv* rotundamente, de lleno (*decir, rechazar, negar*)

flatmate /ˈflætmeɪt/ *n* compañero, -a de piso

flat ˈrate *n* tarifa plana

flatten /ˈflætn/ **1** *vt* ~ **sth (out)** aplanar, alisar algo **2** *vt* aplastar, arrasar **3** *vi* ~ **(out)** (*paisaje*) allanarse

flatter /ˈflætə(r)/ *vt* **1** adular, halagar: *I was flattered by your invitation.* Me halagó tu invitación. **2** ~ **yourself (that…)** hacerse ilusiones (de que…) **3** (*ropa, etc.*) favorecer **flattering** *adj* **1** favorecedor **2** halagador

flaunt /flɔːnt/ *vt* (*pey*) alardear de

flavour 🔑 (*USA* **flavor**) /ˈfleɪvə(r)/ *nombre, verbo*
▸ *n* sabor, gusto
▸ *vt* dar sabor a, condimentar

flaw /flɔː/ *n* **1** (*plan, carácter*) fallo, defecto **2** (*objetos*) desperfecto **flawed** *adj* defectuoso **flawless** *adj* impecable

flax /flæks/ *n* lino (*planta*)

flea /fliː/ *n* pulga: *flea market* mercadillo

fleck /flek/ *n* mota (*de polvo, color*)

flee /fliː/ (*pt, pp* **fled** /fled/) **1** *vi* huir, escapar **2** *vt* abandonar

fleece /fliːs/ *n* **1** vellón **2** (forro) polar

fleet /fliːt/ *n* [*v sing o pl*] flota (*de coches, pesquera*)

flesh 🔑 /fleʃ/ *n* **1** carne **2** (*de fruta*) pulpa LOC **flesh and blood** carne y hueso ◆ **in the flesh** en persona ◆ **your (own) flesh and blood** (pariente) de tu propia sangre

flew *pt de* FLY

flex /fleks/ *verbo, nombre*
▸ *vt* flexionar
▸ *n* cable (eléctrico)

flexible /ˈfleksəbl/ *adj* flexible

flick /flɪk/ *verbo, nombre*
▸ *vt* **1** ~ **sth (away, off, etc.)** sacudir algo: *She flicked the dust off her lapel.* Se sacudió el polvo de la solapa. **2** ~ **sth at sb** pegar a algn con algo: *She flicked her duster at me.* Me pegó con el trapo del polvo. ◇ *He flicked a peanut at me.* Me tiró un cacahuete. **3** ~ **sth (off, on, etc.)** mover algo rápidamente PHR V **flick through sth** hojear algo
▸ *n* **1** movimiento rápido: *a flick of the wrist* un giro de muñeca **2** capirotazo

flicker /ˈflɪkə(r)/ *verbo, nombre*
▸ *vi* parpadear: *a flickering light* una luz vacilante
▸ *n* **1** (*luz*) parpadeo **2** (*fig*) atisbo

flier = FLYER

flies *plural de* FLY

flight 🔑 /flaɪt/ *n* **1** vuelo **2** (*escalera*) tramo **3** huida

ˈflight attendant *n* auxiliar de vuelo

flimsy /ˈflɪmzi/ *adj* (**flimsier, -iest**) **1** (*objetos, excusa*) endeble, débil **2** (*tela*) fino

flinch /flɪntʃ/ *vi* retroceder PHR V **flinch from sth/doing sth** echarse atrás ante algo/a la hora de hacer algo

fling /flɪŋ/ *verbo, nombre*
▸ *vt* (*pt, pp* **flung** /flʌŋ/) **1** ~ **sth (at sth)** arrojar, lanzar algo (contra algo): *She flung her arms around him.* Le echó los brazos al cuello. **2** dar un empujón a: *He flung open the door.* Abrió la puerta de un golpe.
▸ *n* (*coloq*) **1** juerga **2** aventurilla

flint /flɪnt/ *n* **1** pedernal **2** piedra (*de mechero*)

flip /flɪp/ (**-pp-**) **1** *vt, vi* ~ **(sth) (over)** dar la vuelta a algo, darse la vuelta **2** *vt* echar: *to flip a coin* echar una moneda a cara o cruz **3** *vi* ~ **(out)** (*coloq*) volverse loco, ponerse como una fiera

flip-flop /ˈflɪp flɒp/ *n* chancla

flippant /ˈflɪpənt/ *adj* ligero, frívolo

flipper /ˈflɪpə(r)/ *n* aleta (*de buceador, foca*)

flirt /flɜːt/ *verbo, nombre*
▸ *vi* flirtear
▸ *n* coqueto, -a: *He's a terrible flirt.* Siempre está flirteando.

flit /flɪt/ *vi* (**-tt-**) revolotear

float 🔑 /fləʊt/ *verbo, nombre*
▸ **1** *vi* flotar **2** *vi* (*nadador*) hacer la plancha **3** *vt* (*barco*) poner a flote **4** *vt* (*proyecto, idea*) proponer
▸ *n* **1** (*carnaval*) carroza **2** boya **3** flotador

flock /flɒk/ *nombre, verbo*
▸ *n* **1** rebaño (*de ovejas*) ➲ *Comparar con* HERD **2** bandada **3** tropel
▸ *vi* **1** ~ **(together)** agruparse **2** ~ **(to sth)** acudir en tropel (a algo)

flog /flɒg/ *vt* (**-gg-**) **1** azotar **2** ~ **sth (off) (to sb)** (*GB, coloq*) vender algo (a algn) LOC **flog a dead horse** (*GB, coloq*) perder el tiempo, malgastar saliva

flood 🔑 /flʌd/ *nombre, verbo*
▸ *n* **1** inundación **2 the Flood** (*Relig*) el Diluvio **3** (*fig*) torrente, avalancha
▸ *vt, vi* inundar(se) PHR V **flood in/into sth** llegar/entrar a raudales (en algo)

flooding 🔑 /ˈflʌdɪŋ/ *n* [*incontable*] inundaciones

floodlight /ˈflʌdlaɪt/ *nombre, verbo*
▸ *n* foco
▸ *vt* (*pt, pp* **floodlit** /-lɪt/) iluminar con focos

F

floor 🔑 /flɔ:(r)/ *nombre, verbo*
▸ *n* **1** suelo: *on the floor* en el suelo **2** planta, piso

En Gran Bretaña se usa *ground floor* para la planta baja de un edificio y *first floor* para el primer piso. En Estados Unidos para la planta baja se usa *first floor* y para el primer piso *second floor.*

3 (*mar, valle*) fondo
▸ *vt* **1 ~ sb** dejar a algn sin saber qué decir **2** (*contrincante*) tumbar

floorboard /ˈflɔ:bɔ:d/ *n* tabla (*del suelo*)

flop /flɒp/ *verbo, nombre*
▸ *vi* **(-pp-) 1** desplomarse **2** (*coloq*) (*obra, negocio*) fracasar
▸ *n* fracaso

floppy /ˈflɒpi/ *adj* (**floppier**, **-iest**) **1** flojo, flexible **2** (*orejas*) colgante

flora /ˈflɔ:rə/ *n* flora

floral /ˈflɔ:rəl/ *adj* de flores: *floral tribute* corona de flores

florist /ˈflɒrɪst; *USA* ˈflɔ:r-/ *n* **1** florista **2 florist's** floristería ➲ *Ver nota en* CARNICERÍA

floss /ˈflɒs; *USA* ˈflɔ:s/ (*tb* ˈ**dental floss**) *n* hilo dental

flounder /ˈflaʊndə(r)/ *vi* **1** vacilar **2** balbucear **3** caminar con dificultad

flour 🔑 /ˈflaʊə(r)/ *n* harina

flourish /ˈflʌrɪʃ/ *verbo, nombre*
▸ *vi* prosperar, florecer
▸ *n* floreo: *to do sth with a flourish* hacer algo con gesto triunfal

flow 🔑 /fləʊ/ *nombre, verbo*
▸ *n* **1** flujo **2** suministro **3** caudal **4** circulación **LOC go with the flow** (*coloq*) dejarse llevar *Ver tb* EBB
▸ *vi* **1** fluir: *to flow into the sea* desembocar en el mar ◇ *Letters of complaint flowed in.* Las cartas de protesta llegaron a raudales. **2** circular **3** (*ropa, pelo*) flotar

flower 🔑 /ˈflaʊə(r)/ *nombre, verbo*
▸ *n* flor ➲ *Comparar con* BLOSSOM
▸ *vi* florecer

ˈ**flower bed** *n* arriate

flowering /ˈflaʊərɪŋ/ *n* florecimiento

flowerpot /ˈflaʊəpɒt/ *n* maceta

flown *pp de* FLY

flu 🔑 /flu:/ *n* [*incontable*] gripe: *bird/swine flu* gripe aviar/porcina

fluctuate /ˈflʌktʃueɪt/ *vi* fluctuar, variar

fluency /ˈflu:ənsi/ *n* fluidez, soltura

fluent /ˈflu:ənt/ *adj*: *She's fluent in Russian.* Habla ruso con soltura. ◇ *She speaks fluent French.* Domina el francés. **fluently** *adv* con soltura, con fluidez

fluff /flʌf/ *n* [*incontable*] **1** pelusa: *a piece of fluff* una pelusa **2** (*aves*) plumón **fluffy** *adj* (**fluffier**, **-iest**) **1** lanudo, velludo, cubierto de pelusa **2** mullido, esponjoso

fluid /ˈflu:ɪd/ *nombre, adjetivo*
▸ *n* líquido, fluido
▸ *adj* (*formal*) **1** (*estilo, movimiento*) fluido, suelto **2** (*situación*) variable, inestable **3** (*plan*) flexible **4** fluido, líquido

fluke /flu:k/ *n* (*coloq*) chiripa

flung *pt, pp de* FLING

fluorescent /ˌflɔ:ˈresnt, ˌflʊəˈr-/ *adj* fluorescente

fluoride /ˈflɔ:raɪd, ˈflʊər-/ *n* flúor

flurry /ˈflʌri; *USA* ˈflɜ:ri/ *n* (*pl* **flurries**) **1 ~ (of sth)** (*de actividad, emoción*) frenesí (de algo) **2** ráfaga: *a flurry of snow* una nevisca

flush /flʌʃ/ *verbo, nombre*
▸ **1** *vi* ruborizarse **2** *vt, vi*: *to flush the toilet* tirar de la cadena
▸ *n* rubor: *hot flushes* sofocos

fluster /ˈflʌstə(r)/ *vt* aturdir: *to get flustered* ponerse nervioso

flute /flu:t/ *n* flauta (*travesera*)

flutter /ˈflʌtə(r)/ *verbo, nombre*
▸ **1** *vt, vi* (*alas, etc.*) agitar(se), batir(se) **2** *vi* (*pájaro*) revolotear, aletear **3** *vi* (*cortina, bandera, etc.*) ondear **4** *vt* (*objeto*) menear
▸ *n* **1** (*alas*) aleteo **2** (*pestañas*) pestañeo **LOC all of a/in a flutter** alterado/nervioso

fly 🔑 /flaɪ/ *verbo, nombre*
▸ (*pt* **flew** /flu:/, *pp* **flown** /fləʊn/) **1** *vi* volar: *to fly away/off* irse volando **2** *vi* (*persona*) ir/viajar en avión: *to fly in/out/back* llegar/partir/regresar (en avión) **3** *vt* (*avión*) pilotar **4** *vt* (*pasajeros o mercancías*) transportar (en avión) **5** *vi* ir de prisa: *I must fly.* Me voy corriendo. **6** *vi* (*repentinamente*): *The wheel flew off.* La rueda salió disparada. ◇ *The door flew open.* La puerta se abrió de golpe. **7** *vi* (*flotar en el aire*) ondear **8** *vt* (*bandera*) enarbolar **9** *vt* (*cometa*) hacer volar **LOC fly high** (*tener éxito*) volar alto *Ver tb* CROW, LET, TANGENT **PHR V fly at sb** lanzarse sobre algn
▸ *n* (*pl* **flies**) **1** mosca **2** (*tb* **flies** [*pl*]) bragueta

flyer (*tb* **flier**) /ˈflaɪə(r)/ *n* folleto de propaganda

flying 🔑 /ˈflaɪɪŋ/ *adjetivo, nombre*
▸ *adj* [*sólo antes de sustantivo*] volador
▸ *n* volar: *flying lessons* clases de vuelo

ˌ**flying** ˈ**saucer** *n* platillo volante

flying ˈstart *n* LOC **get off to a flying start** empezar con buen pie

flyover /ˈflaɪəʊvə(r)/ *n* paso elevado

foal /fəʊl/ *n* potro ➲ *Ver nota en* POTRO

foam /fəʊm/ *nombre, verbo*

▸ *n* **1** (*tb* ˌ**foam ˈrubber**) gomaespuma **2** espuma

▸ *vi* echar espuma

focus 🔑 /ˈfəʊkəs/ *verbo, nombre*

▸ *vt, vi* (**-s-** *o* **-ss-**) **(sth) on sb/sth 1** centrar algo, centrarse en algn/algo **2** enfocar (algo) (en/sobre algn/algo)

▸ *n* (*pl* **focuses** *o* **foci** /ˈfəʊsaɪ/) foco LOC **in focus/out of focus** enfocado/desenfocado

fodder /ˈfɒdə(r)/ *n* forraje

foetus (*tb* **fetus**) /ˈfiːtəs/ *n* (*pl* **foetuses**) feto

fog /fɒg; *USA* fɔːg/ *nombre, verbo*

▸ *n* niebla ➲ *Comparar con* HAZE, MIST

▸ *vt, vi* (**-gg-**) ~ **(sth) (up)** empañar algo, empañarse **foggy** *adj* (**foggier**, **-iest**): *a foggy day* un día de niebla ◇ *It's foggy.* Hay niebla.

foil /fɔɪl/ *nombre, verbo*

▸ *n* lámina: *aluminium foil* papel de aluminio

▸ *vt* frustrar

fold 🔑 /fəʊld/ *verbo, nombre*

▸ **1** *vt, vi* ~ **(sth) (back, down, over, etc.)** doblar algo/doblarse, plegar algo/plegarse **2** *vi* (*negocio*) irse abajo **3** *vi* (*obra de teatro*) cerrar LOC **fold your arms** cruzar los brazos ➲ *Ver dibujo en* ARM

▸ *n* **1** pliegue **2** redil

folder /ˈfəʊldə(r)/ *n* carpeta, archivador

folding 🔑 /ˈfəʊldɪŋ/ *adj* [*sólo antes de sustantivo*] plegable, abatible: *a folding table* una mesa plegable

foliage /ˈfəʊliɪdʒ/ *n* follaje

folk /fəʊk/ *nombre, adjetivo*

▸ *n* **1** (*tb esp USA* **folks**) [*pl*] (*coloq*) gente **2 folks** [*pl*] (*coloq*) parientes **3** gente: *country folk* gente de pueblo

▸ *adj* [*sólo antes de sustantivo*] folklórico, popular

folklore /ˈfəʊklɔː(r)/ *n* folclore

follow 🔑 /ˈfɒləʊ/ **1** *vt, vi* seguir **2** *vi* ~ **(from sth)** resultar, ser la consecuencia (de algo) **3** *vt, vi* (*explicación*) entender LOC **as follows** como sigue ◆ **follow the crowd** hacer lo que hacen los demás PHR V **follow on** ir/venir después ◆ **follow sth through** llevar algo a término ◆ **follow sth up 1** *Follow up your phone call with a letter.* Envía una carta reafirmándote en lo que ya has dicho por teléfono. **2** investigar algo

follower /ˈfɒləʊə(r)/ *n* seguidor, -ora

following 🔑 /ˈfɒləʊɪŋ/ *adjetivo, nombre, preposición*

▸ *adj* siguiente

▸ *n* **1** [*gen sing*] seguidores **2 the following** [*v sing o pl*] lo siguiente, lo que sigue

▸ *prep* tras: *following the burglary* tras el robo

follow-up /ˈfɒləʊ ʌp/ *n* continuación

fond /fɒnd/ *adj* (**fonder**, **-est**) **1 be ~ of sb** tenerle cariño a algn **2 be ~ of sth/doing sth** ser aficionado a algo/a hacer algo **3** [*sólo antes de sustantivo*] cariñoso: *fond memories* gratos recuerdos **4** [*sólo antes de sustantivo*] (*esperanza*) vano

fondle /ˈfɒndl/ *vt* acariciar

font /fɒnt/ *n* **1** pila (*bautismal*) **2** fuente (*tipo de letra*)

food 🔑 /fuːd/ *n* comida, alimento: *Italian food* la comida italiana ◇ *frozen foods* alimentos congelados ◇ *the food industry* la industria alimenticia LOC **food for thought** algo en que pensar

ˈ**food mile** *n* kilómetro alimentario (*en el cálculo del combustible gastado en el transporte de un alimento*)

ˈ**food processor** *n* robot de cocina

foodstuffs /ˈfuːdstʌfs/ *n* [*pl*] alimentos

fool /fuːl/ *nombre, verbo*

▸ *n* tonto, -a, loco, -a LOC **act/play the fool** hacer (se) el tonto ◆ **be no/nobody's fool** no dejarse engañar por nadie ◆ **make a fool of yourself/sb** ponerse/poner a algn en ridículo

▸ *vt* ~ **sb (into doing sth)** engañar a algn (para que haga algo) PHR V **fool about/around** perder el tiempo: *Stop fooling about with that knife!* ¡Deja de hacer el tonto con ese cuchillo!

foolish /ˈfuːlɪʃ/ *adj* **1** tonto **2** ridículo

foolproof /ˈfuːlpruːf/ *adj* infalible

foot 🔑 /fʊt/ *nombre, verbo*

▸ *n* **1** (*pl* **feet** /fiːt/) pie: *at the foot of the stairs* al pie de las escaleras **2** (*pl* **feet** *o* **foot**) (*abrev* **ft**) pie (*30,48 centímetros*) ➲ *Ver pág 792* LOC **fall/land on your feet** salirle a algn las cosas redondas ◆ **on foot** a pie ◆ **put your feet up** descansar ◆ **put your foot down** ponerse firme (y negarse a algo) ◆ **put your foot in it** meter la pata ◆ **set foot in/on sth** pisar algo *Ver tb* COLD, FIND, RUSH, SWEEP

▸ *vt* LOC **foot the bill (for sth)** (*coloq*) pagar los gastos (de algo)

foot-and-mouth disease /ˌfʊt ən ˈmaʊθ dɪziːz/ *n* fiebre aftosa

football 🔑 /ˈfʊtbɔːl/ *n* **1** fútbol **2** balón (de fútbol) **3** (*USA*) (*GB* **Aˌmerican ˈfootball**) fútbol americano **footballer** *n* futbolista

footing /ˈfʊtɪŋ/ *n* [*sing*] **1** equilibrio: *to lose your footing* perder el equilibrio **2** situación:

F

on an equal footing en igualdad de condiciones

footnote /ˈfʊtnəʊt/ *n* nota (a pie de página)

footpath /ˈfʊtpɑːθ; *USA* -pæθ/ *n* sendero: *public footpath* camino público

footprint /ˈfʊtprɪnt/ *n* [*gen pl*] huella (*del pie*) *Ver tb* CARBON FOOTPRINT

footstep /ˈfʊtstep/ *n* pisada, paso

F

footwear /ˈfʊtweə(r)/ *n* [*incontable*] calzado

for /fə(r), fɔː(r)/ *preposición, conjunción*

▸ *prep* ❶ Para los usos de **for** en PHRASAL VERBS ver las entradas de los verbos correspondientes, p. ej. **look for sb/sth** en LOOK. **1** para: *a letter for you* una carta para ti ◇ *What's it for?* ¿Para qué sirve? ◇ *the train for Glasgow* el tren que va a Glasgow ◇ *It's time for supper.* Es hora de cenar. **2** por: *for her own good* por su propio bien ◇ *What can I do for you?* ¿Qué puedo hacer por ti? ◇ *to fight for your country* luchar por su país **3** (*en expresiones de tiempo*) durante, desde hace: *They are going for a month.* Se van por un mes. ◇ *How long are you here for?* ¿Cuánto tiempo estarás aquí? ◇ *I haven't seen him for two days.* No lo veo desde hace dos días.

¿**For** o **since**? Cuando **for** se traduce por "desde hace" se puede confundir con **since**, "desde". Las dos palabras se usan para expresar el tiempo que ha durado la acción del verbo, pero **for** especifica la duración de la acción y **since** el comienzo de dicha acción: *I've been living here for two months.* Vivo aquí desde hace dos meses. ◇ *I've been living here since June.* Vivo aquí desde junio. En ambos casos se usa el presente perfecto o el pasado perfecto, nunca el presente simple. ➲ *Ver tb notas en* AGO *y* SINCE

4 [*con infinitivo*]: *There's no need for you to go.* No hace falta que vayas. ◇ *It's impossible for me to do it.* Me es imposible hacerlo. **5** a favor de: *Are you for or against?* ¿Estás a favor o en contra? **6** (*otros usos*): *I for Irene* I de Irene ◇ *for miles and miles* milla tras milla ◇ *What does he do for a job?* ¿Qué trabajo tiene? LOC **be (in) for it** (*coloq*): *He's for it now!* ¡Se la va a cargar!

▸ *conj* (*formal, antic*) ya que

forbid /fəˈbɪd/ *vt* (*pt* **forbade** /fəˈbæd; *USA* fəˈbeɪd/, *pp* **forbidden** /fəˈbɪdn/) prohibir: *It is forbidden to smoke.* Se prohíbe fumar. ◇ *They forbade them from entering.* Les prohibieron entrar. **forbidding** *adj* imponente, amenazante

force /fɔːs/ *nombre, verbo*

▸ *n* fuerza: *the armed forces* las fuerzas armadas LOC **by force** a la fuerza ◆ **in force** en vigor: *to be in/come into force* estar/entrar en vigor

▸ *vt* ~ **sb/sth (to do sth)**; ~ **sb/sth (into sth/doing sth)** forzar, obligar a algn/algo (a hacer algo) PHR V **force sth on/upon sb** imponer algo a algn **forceful** *adj* **1** fuerte, con carácter **2** (*argumento, medida*) contundente

forcible /ˈfɔːsəbl/ *adj* a/por la fuerza **forcibly** *adv* **1** por la fuerza **2** enérgicamente

ford /fɔːd/ *nombre, verbo*

▸ *n* vado

▸ *vt* vadear

fore /fɔː(r)/ *n* LOC **be/come to the fore** destacarse/hacerse importante

forearm /ˈfɔːrɑːm/ *n* antebrazo

forecast /ˈfɔːkɑːst; *USA* -kæst/ *nombre, verbo*

▸ *n* pronóstico: *weather forecast* parte meteorológico

▸ *vt* (*pt, pp* **forecast** *o* **forecasted**) pronosticar

forefinger /ˈfɔːfɪŋgə(r)/ *n* dedo índice

forefront /ˈfɔːfrʌnt/ *n* LOC **at/in/to the forefront** en la vanguardia

foreground /ˈfɔːgraʊnd/ *n* primer plano

forehead /ˈfɔːhed, ˈfɒrɪd/ *n* (*Anat*) frente

foreign /ˈfɒrən; *USA* ˈfɔːrən/ *adj* **1** extranjero **2** exterior: *foreign news* noticias internacionales ◇ *foreign exchange* divisas ◇ *Foreign Office/Secretary* Ministerio/ministro de Asuntos Exteriores **3** ~ **to sb/sth** (*formal*) ajeno a algn/algo

foreigner /ˈfɒrənə(r); *USA* ˈfɔːr-/ *n* extranjero, -a

foremost /ˈfɔːməʊst/ *adjetivo, adverbio*

▸ *adj* más destacado

▸ *adv* principalmente

forerunner /ˈfɔːrʌnə(r)/ *n* precursor, -ora

foresee /fɔːˈsiː/ *vt* (*pt* **foresaw** /fɔːˈsɔː/, *pp* **foreseen** /fɔːˈsiːn/) prever **foreseeable** *adj* previsible LOC **for/in the foreseeable future** en un futuro previsible

foresight /ˈfɔːsaɪt/ *n* previsión

forest /ˈfɒrɪst; *USA* ˈfɔːr-/ *n* bosque: *forest fire* incendio forestal ❶ Tanto **forest** como **wood** significan "bosque", pero **wood** es más pequeño. **forester** *n* **1** guardabosque **2** silvicultor, -ora

foretell /fɔːˈtel/ *vt* (*pt, pp* **foretold** /fɔːˈtəʊld/) (*formal*) predecir

forever /fəˈrevə(r)/ *adv* **1** (*tb* **forever**) para siempre **2** siempre

foreword /ˈfɔːwɜːd/ *n* prefacio

forgave *pt de* FORGIVE

forge /fɔːdʒ/ *verbo, nombre*
▸ *vt* **1** (*lazos, metal*) forjar **2** (*dinero, etc.*) falsificar PHR V **forge ahead 1** seguir adelante **2** adelantarse
▸ *n* fragua

forgery /ˈfɔːdʒəri/ *n* (*pl* **forgeries**) falsificación

forget /fəˈget/ (*pt* **forgot** /fəˈgɒt/, *pp* **forgotten** /fəˈgɒtn/) **1** *vt, vi* ~ **(sth/to do sth)** olvidarse (de algo/hacer algo): *He forgot to pay me.* Se le olvidó pagarme. **2** *vt* (*dejar de pensar en*) olvidar LOC **not forgetting...** sin olvidarse de... PHR V **forget about sb/sth 1** olvidársele a uno algn/algo **2** olvidar a algn/algo **forgetful** *adj* olvidadizo

forgive /fəˈgɪv/ *vt* (*pt* **forgave** /fəˈgeɪv/, *pp* **forgiven** /fəˈgɪvn/) ~ **sb (for sth/doing sth)** perdonar a algn (algo/por hacer algo): *Forgive me for interrupting.* Perdóname por interrumpir. **forgiveness** *n* perdón: *to ask (for) forgiveness (for sth)* pedir perdón (por algo) **forgiving** *adj* indulgente

fork /fɔːk/ *nombre, verbo*
▸ *n* **1** tenedor **2** (*Agric*) horca **3** bifurcación
▸ *vi* **1** (*camino*) bifurcarse **2** (*persona*): *to fork left* torcer a la izquierda PHR V **fork out (for sth)**; **fork out sth (for/on sth)** (*coloq*) aflojar (dinero) (para algo)

form /fɔːm/ *nombre, verbo*
▸ *n* **1** forma: *in the form of sth* en forma de algo **2** formulario, impreso: *application form* hoja de solicitud **3** forma (física): *in/on form* en forma ◇ *out of/off form* en baja forma **4** formas: *as a matter of form* para guardar las formas **5** (*en el colegio*) curso: *in the first form* en primero *Ver tb* SIXTH FORM LOC *Ver* SHAPE
▸ **1** *vi* formarse **2** *vt* formar, constituir: *to form an idea (of sb/sth)* formarse una idea (de algn/algo)

formal /ˈfɔːml/ *adj* **1** (*ademán, etc.*) ceremonioso **2** (*comida, ropa*) de etiqueta **3** (*declaración, etc.*) oficial, formal **4** (*formación*) convencional **formally** *adv* **1** oficialmente **2** (*vestirse*) de etiqueta

formality /fɔːˈmæləti/ *n* (*pl* **formalities**) **1** formalidad, ceremonia **2** trámite: *legal formalities* requisitos legales

format /ˈfɔːmæt/ *nombre, verbo*
▸ *n* formato
▸ *vt* **(-tt-)** (*Informát*) formatear

formation /fɔːˈmeɪʃn/ *n* formación

former /ˈfɔːmə(r)/ *adjetivo, nombre*
▸ *adj* **1** antiguo: *the former champion* el antiguo campeón ◇ *the former president* el ex-presidente **2** anterior: *in former times* en tiempos pasados **3** primero: *the former option* la primera opción
▸ *n* **the former** aquello, aquel, aquella, -los, -las: *The former was much better than the latter.* Aquella fue mucho mejor que esta. ➲ *Comparar con* LATTER

formerly /ˈfɔːməli/ *adv* **1** anteriormente **2** antiguamente

formidable /ˈfɔːmɪdəbl/ *adj* **1** extraordinario, formidable **2** (*tarea*) tremendo

formula /ˈfɔːmjələ/ *n* (*pl* **formulas** *o en uso científico* **formulae** /-liː/) fórmula

forsake /fəˈseɪk/ *vt* (*pt* **forsook** /fəˈsʊk/, *pp* **forsaken** /fəˈseɪkən/) (*formal*) **1** abandonar **2** renunciar a

fort /fɔːt/ *n* fortificación, fuerte

forth /fɔːθ/ *adv* (*formal*) LOC **and (so on and) so forth** y demás ◆ **from that day/time forth** desde aquel día *Ver tb* BACK, SO

forthcoming /ˌfɔːθˈkʌmɪŋ/ *adj* **1** venidero, próximo: *the forthcoming election* las próximas elecciones **2** de próxima aparición **3** disponible: *No offer was forthcoming.* No hubo ninguna oferta. **4** (*persona*) comunicativo ❶ En los sentidos 3 y 4, no se usa delante de un sustantivo.

forthright /ˈfɔːθraɪt/ *adj* **1** (*persona*) directo **2** (*opinión*) franco

fortieth /ˈfɔːtiəθ/ **1** *adj, adv, pron* cuadragésimo **2** *n* cuarentava parte, cuarentavo ➲ *Ver ejemplos en* FIFTH

fortification /ˌfɔːtɪfɪˈkeɪʃn/ *n* fortalecimiento

fortify /ˈfɔːtɪfaɪ/ *vt* (*pt, pp* **-fied**) **1** fortificar **2** (*persona*) fortalecer

fortnight /ˈfɔːtnaɪt/ *n* quincena (*dos semanas*): *a fortnight today* de hoy en quince días

fortnightly /ˈfɔːtnaɪtli/ *adjetivo, adverbio*
▸ *adj* quincenal
▸ *adv* cada quince días

fortress /ˈfɔːtrəs/ *n* fortaleza

fortunate /ˈfɔːtʃənət/ *adj* afortunado: *to be fortunate* tener suerte **fortunately** *adv* afortunadamente

fortune /ˈfɔːtʃuːn/ *n* **1** suerte **2** fortuna: *to be worth a fortune* valer una fortuna ◇ *It's worth a small fortune.* Vale un dineral.

fortune-teller /ˈfɔːtʃuːn telə(r)/ *n* adivino, -a

forty /ˈfɔːti/ *adj, pron, n* cuarenta ➲ *Ver ejemplos en* FIFTY, FIVE

forum /ˈfɔːrəm/ *n* foro

forward 🔑 /ˈfɔːwəd/ *adverbio, adjetivo, verbo, nombre*
▸ *adv* **1** (*tb* **forwards**) adelante, hacia adelante **2** en adelante: *from that day forward* a partir de entonces LOC *Ver* BACKWARDS
▸ *adj* **1** hacia adelante **2** delantero: *a forward position* una posición avanzada **3** para el futuro: *forward planning* planificación para el futuro **4** atrevido, descarado
▸ *vt* ~ **sth (to sb)**; ~ **sb sth** (*formal*) remitir algo (a algn): *please forward* se ruega enviar ◇ *forwarding address* nueva dirección (a la que han de remitirse las cartas)
▸ *n* (*Dep*) delantero, -a
fossil /ˈfɒsl/ *n* fósil: *fossil fuels* combustibles fósiles
foster /ˈfɒstə(r)/ *verbo, adjetivo*
▸ *vt* **1** fomentar **2** acoger en una familia
▸ *adj* adoptivo: *foster parents* padres adoptivos ◇ *foster family/home* casa de acogida
fought *pt, pp de* FIGHT
foul /faʊl/ *adjetivo, verbo, nombre*
▸ *adj* **1** (*agua, lenguaje*) sucio **2** (*comida, olor, sabor*) asqueroso **3** (*carácter, humor, tiempo*) horrible
▸ *vt* (*Dep*) cometer una falta contra PHR V **foul sth up** (*coloq*) estropear, fastidiar algo
▸ *n* (*Dep*) falta
ˌfoul ˈplay *n* [*incontable*] crimen
found 🔑 /faʊnd/ *vt* **1** fundar **2** ~ **sth (on sth)** basar algo (en algo): *founded on fact* basado en la realidad *Ver tb* FIND
foundation 🔑 /faʊnˈdeɪʃn/ *n* **1 foundations** [*pl*] cimientos **2** fundamento **3** fundación **4** (*tb* **founˈdation cream**) maquillaje de fondo
founder /ˈfaʊndə(r)/ *n* fundador, -ora
fountain /ˈfaʊntən/ *n* fuente, surtidor
ˈfountain pen *n* estilográfica
four 🔑 /fɔː(r)/ *adj, pron, n* cuatro ➲ *Ver ejemplos en* FIVE LOC *Ver* ALL
four-by-four /ˌfɔː baɪ ˈfɔː(r)/ (*abrev* **4x4**) *n* (coche) todoterreno
fourteen 🔑 /ˌfɔːˈtiːn/ *adj, pron, n* catorce ➲ *Ver ejemplos en* FIVE
fourteenth 🔑 /ˌfɔːˈtiːnθ/ **1** *adj, adv, pron* decimocuarto **2** *n* catorceava parte, catorceavo ➲ *Ver ejemplos en* FIFTH
fourth 🔑 /fɔːθ/ (*abrev* **4th**) *adjetivo, adverbio, pronombre, nombre*
▸ *adj, adv, pron* cuarto
▸ *n* **1 the fourth** el (día) cuatro **2** (*tb* **ˌfourth ˈgear**) cuarta ➲ *Ver ejemplos en* FIFTH

> Para hablar de proporciones, "un cuarto" se dice **a quarter**: *We ate a quarter of the cake each.* Nos comimos un cuarto del pastel cada uno.

fowl /faʊl/ *n* ave (*de corral*)
fox /fɒks/ *n* zorro ➲ *Ver nota en* ZORRO
foyer /ˈfɔɪeɪ; *USA* ˈfɔɪər/ *n* vestíbulo
fraction /ˈfrækʃn/ *n* fracción
fracture /ˈfræktʃə(r)/ *nombre, verbo*
▸ *n* fractura
▸ *vt, vi* fracturar(se)
fragile /ˈfrædʒaɪl; *USA* -dʒl/ *adj* frágil, delicado
fragment *nombre, verbo*
▸ *n* /ˈfrægmənt/ fragmento, parte
▸ *vt, vi* /frægˈment/ fragmentar(se)
fragrance /ˈfreɪgrəns/ *n* fragancia, aroma, perfume ➲ *Ver nota en* SMELL **fragrant** *adj* aromático, fragante
frail /freɪl/ *adj* frágil, delicado ❶ Se aplica sobre todo a personas ancianas o enfermas.
frame 🔑 /freɪm/ *nombre, verbo*
▸ *n* **1** marco **2** armazón, estructura **3** (*gafas*) montura LOC **frame of mind** estado de ánimo
▸ *vt* **1** enmarcar **2** ~ **sb (for sth)** (*coloq*) tender una trampa para incriminar a algn **3** (*pregunta, etc.*) formular
framework /ˈfreɪmwɜːk/ *n* **1** armazón, estructura **2** marco, coyuntura
franchise /ˈfræntʃaɪz/ *n* franquicia
frank /fræŋk/ *adj* franco, sincero
frantic /ˈfræntɪk/ *adj* **1** frenético **2** desesperado
fraternal /frəˈtɜːnl/ *adj* fraternal
fraternity /frəˈtɜːnəti/ *n* (*pl* **fraternities**) **1** hermandad, cofradía, sociedad **2** (*formal*) fraternidad
fraud /frɔːd/ *n* **1** (*delito*) fraude **2** (*persona*) impostor, -ora
fraught /frɔːt/ *adj* **1** ~ **with sth** lleno, cargado de algo **2** preocupante, tenso
fray /freɪ/ *vt, vi* desgastar(se), deshilachar(se)
freak /friːk/ *nombre, adjetivo*
▸ *n* **1** (*coloq*) fanático, -a: *sports freak* fanático de los deportes **2** (*pey*) bicho raro *Ver tb* CONTROL FREAK
▸ *adj* [*sólo antes de sustantivo*] insólito, inesperado
freckle /ˈfrekl/ *n* peca **freckled** *adj* pecoso
free 🔑 /friː/ *adjetivo, verbo, adverbio*
▸ *adj* (**freer** /ˈfriːə(r)/ **freest** /ˈfriːɪst/) **1** libre: *free will* libre albedrío ◇ *to be free of/from sth* estar libre de algo ◇ *free speech* libertad de expresión ◇ *to set sb free* poner a algn en libertad **2** (*sin atar*) suelto, libre **3** gratis, gratuito: *free of charge* gratis ◇ *admission free* entrada libre **4** (*pey*) desvergonzado: *to be too free (with sb)*

tomarse demasiadas libertades (con algn) LOC **free and easy** relajado, informal ♦ **get, have, etc. a free hand** tener las manos libres ♦ **of your own free will** por voluntad propia *Ver tb* FEEL, WORK

▸ *vt* (*pt, pp* **freed**) **1** ~ **sb/sth (from sth)** liberar a algn/algo (de algo) **2** ~ **sb/sth (from sth)** soltar a algn/algo (de algo) **3** ~ **sb/sth of/from sth** librar, eximir a algn/algo de algo

▸ *adv* gratis

freebie /ˈfriːbi/ *n* (*coloq*) regalo (*con fines comerciales*)

freedom /ˈfriːdəm/ *n* **1** ~ **(of sth)**; ~ **(to do sth)** libertad (de algo), libertad (para hacer algo): *freedom of speech* libertad de expresión **2** ~ **from sth** inmunidad contra algo

freely /ˈfriːli/ *adv* **1** libremente, copiosamente **2** generosamente

free-range /ˌfriː ˈreɪndʒ/ *adj* de corral: *free-range eggs* huevos de corral ➲ *Comparar con* BATTERY (2)

freestyle /ˈfriːstaɪl/ *n* (*Dep*) estilo libre: *100 metres freestyle* 100 metros libres

freeway /ˈfriːweɪ/ *n* (*USA*) autopista

freeze /friːz/ *verbo, nombre*

▸ /friːz/ (*pt* **froze** /frəʊz/, *pp* **frozen** /ˈfrəʊzn/) **1** *vt, vi* helar(se), congelar(se): *I'm freezing!* ¡Estoy muerto de frío! ◇ *freezing point* punto de congelación **2** *vt* (*comida, salarios, etc.*) congelar **3** *vi* quedarse rígido: *Freeze!* ¡No te muevas!

▸ *n* **1** (*de salarios, precios*) congelación **2** helada

freezer /ˈfriːzə(r)/ *n* congelador

freezing /ˈfriːzɪŋ/ *adj* **1** muy frío: *It's freezing.* Hace un frío que pela. **2** (*temperaturas*) bajo cero

freight /freɪt/ *n* **1** carga **2** transporte

French ˈfry /ˌfrentʃ ˈfraɪ/ *n Ver* FRY

French ˈwindow (*USA tb* ˌ**French ˈdoor**) *n* puerta de cristal (*que da a un jardín, porche, etc.*)

frenzied /ˈfrenzid/ *adj* frenético, enloquecido

frenzy /ˈfrenzi/ *n* [*gen sing*] frenesí

frequency /ˈfriːkwənsi/ *n* (*pl* **frequencies**) frecuencia

frequent *adjetivo, verbo*

▸ *adj* /ˈfriːkwənt/ frecuente

▸ *vt* /friˈkwent/ (*formal*) frecuentar

frequently /ˈfriːkwəntli/ *adv* con frecuencia ➲ *Ver nota en* ALWAYS

fresh /freʃ/ *adj* (**fresher**, **-est**) **1** fresco: *fresh air* aire fresco ◇ *fresh food* alimentos frescos **2** nuevo, otro: *to make a fresh start* empezar de nuevo **3** reciente **4** (*agua*) dulce LOC *Ver* BREATH

freshen /ˈfreʃn/ **1** *vt* ~ **sth (up)** dar nueva vida a algo **2** *vi* (*viento*) refrescar PHR V **freshen (yourself) up** arreglarse, lavarse un poco

freshly /ˈfreʃli/ *adv* recién: *freshly baked* recién sacado del horno

freshness /ˈfreʃnəs/ *n* **1** frescura **2** novedad

freshwater /ˈfreʃwɔːtə(r)/ *adj* de agua dulce

fret /fret/ *vi* (**-tt-**) ~ **(about/over sth)** apurarse, preocuparse (por algo)

friction /ˈfrɪkʃn/ *n* **1** fricción, rozamiento **2** fricción, desavenencia

Friday /ˈfraɪdeɪ, -di/ *n* (*abrev* **Fri.**) viernes ➲ *Ver ejemplos en* MONDAY LOC **Good Friday** Viernes Santo

fridge /frɪdʒ/ *n* nevera: *fridge-freezer* frigorífico de dos puertas

fried /fraɪd/ *adj* frito *Ver tb* FRY

friend /frend/ *n* amigo, -a *Ver tb* FALSE FRIEND LOC **be/make friends with sb** ser/hacerse amigo de algn ♦ **have friends in high places** tener enchufes ♦ **make friends** hacer amigos

friendliness /ˈfrendlinəs/ *n* simpatía, cordialidad

friendly /ˈfrendli/ *adj* (**friendlier**, **-iest**) **1** ~ **(to/towards sb)** simpático, amable (con algn) ❶ La palabra **sympathetic** se traduce por "comprensivo" o "compasivo". **2 be** ~ **with sb** ser amigo de algn **3** (*relación, consejo*) amistoso **4** (*gesto, palabras*) amable **5** (*ambiente, lugar*) acogedor **6** (*partido*) amistoso

friendship /ˈfrendʃɪp/ *n* amistad

fries *plural de* FRY

fright /fraɪt/ *n* susto: *to give sb/get a fright* dar un susto a algn/darse un susto

frighten /ˈfraɪtn/ *vt* asustar, dar miedo a PHR V **frighten sb/sth away/off** ahuyentar a algn/algo

frightened /ˈfraɪtnd/ *adj* asustado: *to be frightened (of sb/sth)* tener miedo (a/de algn/algo) LOC *Ver* WIT

frightening /ˈfraɪtnɪŋ/ *adj* alarmante, aterrador

frightful /ˈfraɪtfl/ *adj* (*antic*) **1** (*coloq*) terrible: *a frightful mess* un desorden terrible **2** horrible, espantoso **frightfully** /-fəli/ *adv* (*esp GB, antic*): *I'm frightfully sorry.* Lo siento muchísimo.

frigid /ˈfrɪdʒɪd/ *adj* frígido

frill /frɪl/ *n* **1** (*Costura*) volante **2 frills** [*pl*] adornos: *a no-frills airline* una línea aérea sin extras **frilly** *adj*: *a frilly shirt* una camisa de volantes

fringe /frɪndʒ/ *nombre, verbo*

▸ *n* **1** flequillo **2** flecos **3** (*fig*) margen

▸ *vt* **be fringed by/with sth** estar bordeado por/con algo

frisk /frɪsk/ **1** *vt* cachear **2** *vi* ~ **around** retozar **frisky** *adj* retozón, juguetón

fritter /ˈfrɪtə(r)/ *n* buñuelo, churro

frivolity /frɪˈvɒləti/ *n* frivolidad

frivolous /ˈfrɪvələs/ *adj* frívolo

frizzy /ˈfrɪzi/ *adj* (*pey*) (*pelo*) muy ensortijado

fro /frəʊ/ *adv* LOC *Ver* TO

frock /frɒk/ *n* (*esp GB, antic*) vestido

F

frog /frɒg; *USA* frɔːg/ *n* **1** rana **2** (*coloq*) gabacho, -a

frogman /ˈfrɒgmən; *USA* ˈfrɔːg-/ *n* (*pl* **-men** /-men/) hombre rana

from /frəm, frɒm/ *prep* ❶ Para los usos de **from** en PHRASAL VERBS ver las entradas de los verbos correspondientes, p. ej. **hear from sb** en HEAR. **1** de (*procedencia*): *from Madrid to London* de Madrid a Londres ◇ *I'm from India.* Soy de la India. ◇ *from bad to worse* de mal en peor ◇ *the train from Soria* el tren (procedente) de Soria ◇ *a present from a friend* un regalo de un amigo ◇ *to take sth away from sb* quitarle algo a algn **2** (*tiempo, situación*) desde: *from above/below* desde arriba/abajo ◇ *from time to time* de vez en cuando ◇ *from yesterday* desde ayer ➲ *Ver nota en* SINCE **3** por: *from choice* por elección ◇ *from what I can gather* por lo que yo entiendo **4** entre: *to choose from...* elegir entre... **5** con: *Wine is made from grapes.* El vino se hace con uvas. **6** (*Mat*): *13 from 34 leaves 21.* 34 menos 13 son 21. LOC **from... on** a partir de: *from now on* de ahora en adelante ◇ *from then on* desde entonces

front /frʌnt/ *nombre, adjetivo, adverbio*

▸ *n* **1 the ~ (of sth)** [*sing*] el frente, la (parte) delantera (de algo): *If you can't see the board, sit at the front.* Si no ves la pizarra, siéntate delante. ◇ *The number is on the front of the bus.* El número está en la parte delantera del autobús. **2** (*Mil*) frente **3** terreno: *on the financial front* en el terreno económico **4 ~ (for sth)** (*apariencia*) fachada (para algo)

▸ *adj* delantero, de delante (*rueda, habitación, etc.*)

▸ *adv* LOC **in front** delante: *the row in front* la fila de delante ➲ *Ver dibujo en* DELANTE ◆ **in front of 1** delante de **2** ante ❶ La expresión **enfrente de** se traduce por **opposite**. ➲ *Ver dibujo en* ENFRENTE ◆ **up front** (*coloq*) por adelantado *Ver tb* BACK

ˌ**front** ˈ**cover** *n* portada

ˌ**front** ˈ**door** *n* puerta de entrada

frontier /ˈfrʌntɪə(r); *USA* frʌnˈtɪər/ *n* frontera ➲ *Ver nota en* FRONTERA

ˌ**front** ˈ**page** *n* primera plana

frost /frɒst; *USA* frɔːst/ *nombre, verbo*

▸ *n* **1** helada **2** escarcha

▸ *vt, vi* ~ **(sth) (over/up)** cubrir algo, cubrirse de escarcha

frostbite /ˈfrɒstbaɪt; *USA* ˈfrɔːst-/ *n* congelación (*que afecta a los dedos, etc.*)

frosting /ˈfrɒstɪŋ; *USA* ˈfrɔːst-/ *n* (*USA*) glaseado

frosty /ˈfrɒsti; *USA* ˈfrɔːsti/ *adj* **1** helado **2** cubierto de escarcha

froth /frɒθ; *USA* frɔːθ/ *nombre, verbo*

▸ *n* espuma

▸ *vi* hacer espuma

frown /fraʊn/ *verbo, nombre*

▸ *vi* fruncir el ceño PHRV **frown on/upon sb/sth** no ver a algn/algo con buenos ojos

▸ *n* ceño

froze *pt de* FREEZE

frozen /ˈfrəʊzn/ congelado *Ver tb* FREEZE

fruit /fruːt/ *n* **1** fruta: *fruit and vegetables* frutas y verduras ◇ *tropical fruits* frutas tropicales ◇ *fruit trees* árboles frutales **2** fruto: *the fruit(s) of your labours* el fruto de tu trabajo

fruitful /ˈfruːtfl/ *adj* fructífero, provechoso

fruition /fruˈɪʃn/ *n* (*formal*) realización: *to come to fruition* verse realizado

fruitless /ˈfruːtləs/ *adj* infructuoso

ˈ**fruit machine** *n* (máquina) tragaperras

frustrate /frʌˈstreɪt; *USA* ˈfrʌstreɪt/ *vt* frustrar, desbaratar **frustrating** *adj* frustrante **frustration** *n* frustración

fry /fraɪ/ *verbo, nombre*

▸ *vt, vi* (*pt, pp* **fried** /fraɪd/) freír(se)

▸ *n* (*tb* ˌ**French** ˈ**fry**) (*pl* **fries**) (*esp USA*) patata frita ➲ *Ver dibujo en* PATATA

ˈ**frying pan** *n* sartén ➲ *Ver dibujo en* POT LOC **out of the frying pan into the fire** de Guatemala a guatepeor

fudge /fʌdʒ/ *n* dulce de leche, tofe

fuel /ˈfjuːəl/ *n* **1** combustible **2** carburante

fugitive /ˈfjuːdʒətɪv/ *adj, n* ~ **(from sb/sth)** fugitivo, -a, prófugo, -a (de algn/algo)

fulcrum /ˈfʊlkrəm, ˈfʌl-/ *n* (*pl* **fulcrums** o **fulcra** /-krə/) (*Fís*) fulcro

fulfil (*USA* **fulfill**) /fʊlˈfɪl/ *vt* (**-ll-**) **1** (*deseo*) satisfacer **2** (*promesa*) cumplir (con) **3** (*tarea*) llevar a cabo **4** (*función*) realizar **fulfilment** (*USA* **fulfillment**) *n* (*sueño, objetivo*) realización

full /fʊl/ *adjetivo, adverbio, nombre*

▸ *adj* (**fuller, -est**) **1 ~ (of sth)** lleno (de algo) **2 ~ of sth** obsesionado por algo **3 ~ (up)** lleno (*de comida*): *I'm full up.* No puedo más. **4** (*hotel, instrucciones*) completo **5** (*discusiones*) extenso **6** (*sentido*) amplio **7** (*investigación*) detallado **8** (*ropa*) holgado LOC **(at) full blast/stretch** a tope ◆ **(at) full speed** a toda mecha ◆ **be full of yourself** (*pey*) ser un creído ◆ **come, turn, etc. full circle** volver al principio ◆ **in full** detalladamente, íntegramente ◆ **in full swing** en plena marcha

▸ *adv* **1** *full in the face* en plena cara **2** muy: *You know full well that...* Sabes muy bien que...

▸ *n* LOC **to the full** al máximo

fullback /ˈfʊlbæk/ *n* (*Dep*) lateral, defensa

full-blown /ˌfʊl ˈbləʊn/ *adj* verdadero: *a full-blown scandal* un verdadero escándalo ◇ *full-blown AIDS* sida en fase terminal

full-fat /ˌfʊl ˈfæt/ *adj*: *full-fat milk* leche entera

full-length /ˌfʊl ˈleŋθ/ *adj* **1** (*espejo, retrato*) de cuerpo entero **2** (*ropa*) largo

full ˈstop *n* punto (y seguido) ➲ *Ver pág 379*

full-time /ˌfʊl ˈtaɪm/ *adj, adv* (a/de) tiempo completo, (a/de) jornada completa: *full-time students* los estudiantes a tiempo completo ◇ *I work full-time.* Trabajo la jornada completa.

fully /ˈfʊli/ *adv* **1** completamente, del todo **2** por lo menos: *fully two hours* por lo menos dos horas

fumble /ˈfʌmbl/ *vi* **1** ~ **(with sth)** manosear algo (*torpemente*) **2** ~ **(around) for sth** buscar algo a tientas

fume /fjuːm/ *vi* echar humo (*de rabia*)

fumes /fjuːmz/ *n* [*pl*] humo: *poisonous fumes* gases tóxicos

fun /fʌn/ *nombre, adjetivo*

▸ *n* [*incontable*] diversión: *to be great/good fun* ser muy divertido ◇ *to have fun* pasarlo bien ◇ *to take the fun out of sth* quitar toda la gracia a algo LOC **make fun of sb/sth** burlarse de algn/algo *Ver tb* POKE

▸ *adj* divertido

¿Fun o funny?

Fun se utiliza con el verbo **be** para decir que alguien o algo es entretenido o divertido. Tiene el mismo significado que **enjoyable** aunque es más coloquial: *The party was good/great fun.* La fiesta fue muy divertida. ◇ *Aerobics is more fun than jogging.* Hacer aeróbic es más divertido que correr.

Funny se utiliza para hablar de algo que te hace reír porque es gracioso: *She told me a funny joke.* Me contó un chiste muy gracioso. ◇ *The clowns were very funny.* Los payasos eran muy graciosos. De modo que si disfrutaste leyendo el libro, lo que dices es: *The book was great fun.* En cambio, si te hizo reír, lo que dices es: *The book was very funny.* **Funny** puede significar también "extraño" o "raro": *The car was making a funny noise.* El coche estaba haciendo un ruido raro.

function /ˈfʌŋkʃn/ *nombre, verbo*

▸ *n* **1** función **2** ceremonia

▸ *vi* funcionar PHR V **function as sth** servir, hacer de algo

fund /fʌnd/ *nombre, verbo*

▸ *n* **1** fondo (*de dinero*) **2 funds** [*pl*] fondos

▸ *vt* financiar

fundamental /ˌfʌndəˈmentl/ *adjetivo, nombre*

▸ *adj* ~ **(to sth)** fundamental (para algo)

▸ *n* [*gen pl*] fundamento

fundamentalism /ˌfʌndəˈmentəlɪzəm/ *n* fundamentalismo **fundamentalist** *adj, n* fundamentalista

funeral /ˈfjuːnərəl/ *n* funeral, entierro: *funeral parlour* funeraria

funfair /ˈfʌnfeə(r)/ *Ver* FAIR *n* (1)

fungus /ˈfʌŋgəs/ *n* (*pl* **fungi** /-giː, -gaɪ/) hongo

funky /ˈfʌŋki/ *adj* (**funkier, -iest**) (*coloq*) **1** (*Mús*) con ritmo **2** (*ropa, etc.*) original

funnel /ˈfʌnl/ *nombre, verbo*

▸ *n* **1** embudo **2** chimenea (*de un barco*)

▸ *vt* (**-ll-**, *USA* **-l-**) canalizar

funny /ˈfʌni/ *adj* (**funnier, -iest**) **1** gracioso, divertido: *What's so funny?* ¿De qué te ríes? **2** extraño, raro ➲ *Ver nota en* FUN

fur /fɜː(r)/ *n* **1** pelo (*de animal*) **2** piel: *a fur coat* un abrigo de pieles

furious /ˈfjʊəriəs/ *adj* **1** ~ **(at sth/sb)**; ~ **(with sb)** furioso (con algn/algo) **2** (*esfuerzo, lucha, tormenta*) violento **3** (*debate*) acalorado **furiously** *adv* violentamente, furiosamente

furnace /ˈfɜːnɪs/ *n* caldera, horno

furnish /ˈfɜːnɪʃ/ *vt* **1** amueblar: *a furnished flat* un piso amueblado **2** ~ **sb/sth with sth** (*formal*) suministrar algo a algn/algo **furnishings** *n* [*pl*] mobiliario

furniture /ˈfɜːnɪtʃə(r)/ *n* [*incontable*] mobiliario, muebles: *a piece of furniture* un mueble

furrow /ˈfʌrəʊ; *USA* ˈfɜːrəʊ/ *nombre, verbo*

▸ *n* surco

▸ *vt* hacer surcos en: *a furrowed brow* una frente arrugada

furry /ˈfɜːri/ *adj* **1** peludo **2** de peluche

further /ˈfɜːðə(r)/ *adverbio, adjetivo*

▸ *adv* **1** (*tb* **farther**) más lejos: *How much further is it to Oxford?* ¿Cuánto falta para Oxford? **2** más: *to hear nothing further* no tener más noticias **3** (*formal*) además: *Further to my letter...* En relación a mi carta... LOC *Ver* AFIELD

F

▸ *adj* **1** (*tb* **farther**) más lejos: *Which is further?* ¿Cuál está más lejos? **2** más: *until further notice* hasta nuevo aviso ◇ *for further details/information...* para más información...

¿**Farther** o **further**? Los dos son comparativos de **far**, pero sólo son sinónimos cuando nos referimos a distancias: *Which is further/farther?* ¿Cuál está más lejos? En este sentido se utiliza más **further**.

ˌfurther eduˈcation *n* (*abrev* **FE**) educación superior

furthermore /ˌfɜːðəˈmɔː(r)/ *adv* (*formal*) además

furthest /ˈfɜːðɪst/ (*tb* **farthest**) *adverbio, adjetivo*

▸ *adv* (*superl de* **far**) más lejos

▸ *adj* (*superl de* **far**) más lejano/alejado: *the furthest corner of Europe* el punto más lejano de Europa

fury /ˈfjʊəri/ *n* furia, rabia

fuse /fjuːz/ *nombre, verbo*

▸ *n* **1** fusible **2** mecha **3** (*USA tb* **fuze**) espoleta

▸ **1** *vt, vi* fusionar(se) **2** *vi* fundirse

fusion /ˈfjuːʒn/ *n* fusión

fuss /fʌs/ *nombre, verbo*

▸ *n* [*incontable*] alboroto, jaleo, lío LOC **make a fuss of/over sb** mimar a algn ◆ **make, kick up, etc. a fuss (about/over sth)** armar un escándalo (por algo)

▸ *vi* **1** ~ **(around)**; ~ **(with/over sth)** preocuparse (por algo) (*una menudencia*) **2** ~ **over sb** mimar a algn

fusspot /ˈfʌspɒt/ *n* tiquismiquis

fussy /ˈfʌsi/ *adj* (**fussier**, **-iest**) **1** ~ **(about sth)** quisquilloso (con/para algo), maniático, exigente (con algo): *Whatever you like, I'm not fussy.* Lo que quieras, no me importa. **2** (*diseño, decoración*) recargado

futile /ˈfjuːtaɪl; *USA* -tl/ *adj* inútil

futon /ˈfuːtɒn/ *n* futón

future /ˈfjuːtʃə(r)/ *nombre, adjetivo*

▸ *n* **1** futuro: *in the near future* en un futuro cercano **2** porvenir LOC **in future** en el futuro, de ahora en adelante *Ver tb* FORESEE

▸ *adj* futuro

fuze (*USA*) = FUSE *n* (3)

fuzzy /ˈfʌzi/ *adj* **1** velludo, peludo **2** borroso **3** (*ideas, definición*) poco claro

FYI *abrev de* **for your information** para su información

Gg

G, g /dʒiː/ *n* (*pl* **Gs**, **G's**, **g's**) **1** G, g ➲ *Ver nota en* A, A **2** (*Mús*) sol

gab /gæb/ *n* LOC *Ver* GIFT

gable /ˈgeɪbl/ *n* hastial (*triángulo de fachada que soporta el tejado*)

gadget /ˈgædʒɪt/ *n* aparato, chisme

Gaelic /ˈgælɪk, ˈgeɪlɪk/ *adj, n* gaélico

gag /gæg/ *nombre, verbo*

▸ *n* **1** mordaza **2** (*coloq*) gag

▸ *vt* (**-gg-**) (*lit y fig*) amordazar

gage (*USA*) = GAUGE

gaiety /ˈgeɪəti/ *n* alegría

gain /geɪn/ *verbo, nombre*

▸ **1** *vt* adquirir, ganar: *to gain control* adquirir control **2** *vt* aumentar, subir, ganar: *to gain two kilos* engordar dos kilos ◇ *to gain speed* ganar velocidad **3** *vi* ~ **by/from sth** beneficiarse de algo **4** *vt, vi* (*reloj*) adelantarse PHR V **gain on sb/sth** acercarse, alcanzar a algn/algo

▸ *n* **1** aumento, subida **2** ganancia

gait /geɪt/ *n* [*sing*] (*formal*) paso, andar

galaxy /ˈgæləksi/ *n* (*pl* **galaxies**) galaxia

gale /geɪl/ *n* vendaval

gallant /ˈgælənt/ *adj* **1** (*formal*) valiente **2** galante **gallantry** *n* (*formal*) valentía

gallery /ˈgæləri/ *n* (*pl* **galleries**) **1** *Ver* ART GALLERY **2** (*tienda, Teat*) galería

galley /ˈgæli/ *n* (*pl* **galleys**) **1** (*Náut*) galera **2** cocina (*en un avión o un barco*)

gallon /ˈgælən/ *n* (*abrev* **gal.**) galón (*4,546 litros*) ➲ *Ver pág 792*

gallop /ˈgæləp/ *verbo, nombre*

▸ *vt, vi* (hacer) galopar

▸ *n* galope

the gallows /ˈgæləʊz/ *n* [*pl*] la horca

gamble /ˈgæmbl/ *verbo, nombre*

▸ *vt, vi* (*dinero*) jugar PHR V **gamble on (doing) sth** confiar en (hacer) algo, arriesgarse a (hacer) algo

▸ *n* [*sing*] jugada LOC **be a gamble** ser arriesgado ◆ **take a gamble (on sth)** arriesgarse (a algo) **gambler** *n* jugador, -ora

gambling /ˈgæmblɪŋ/ *n* juego

game /geɪm/ *nombre, adjetivo*
▸ *n* **1** juego: *game show* (programa) concurso ◇ *game pad* consola de videojuegos **2** partido **3** (*Naipes, Ajedrez*) partida **4** [*incontable*] caza *Ver tb* BALL GAME LOC *Ver* MUG
▸ *adj*: *Are you game?* ¿Te animas?
gamekeeper /ˈgeɪmkiːpə(r)/ *n* guarda de coto de caza
gamer /ˈgeɪmə(r)/ *n* aficionado, -a a los juegos de ordenador
gaming /ˈgeɪmɪŋ/ *n* [*incontable*] jugar juegos de ordenador
gammon /ˈgæmən/ *n* [*incontable*] jamón (fresco salado)
gang /gæŋ/ *nombre, verbo*
▸ *n* [*v sing o pl*] **1** banda, pandilla **2** cuadrilla
▸ *v* PHR V **gang up (on/against sb)** compincharse (contra algn)
gangster /ˈgæŋstə(r)/ *n* gángster
gangway /ˈgæŋweɪ/ *n* **1** pasillo (*entre sillas*) **2** pasarela
gaol = JAIL
gap /gæp/ *n* **1** hueco, abertura **2** espacio **3** (*tiempo*) intervalo **4** separación **5** (*deficiencia*) laguna, vacío LOC *Ver* BRIDGE
gape /geɪp/ *vi* **1** ~ **(at sb/sth)** mirar boquiabierto (a algn/algo) **2** ~ **(open)** abrirse, quedar abierto **gaping** *adj* enorme
gap year *n* año sabático (*antes de empezar la universidad*)

Muchos jóvenes en Gran Bretaña se toman un año libre entre el instituto y la universidad para viajar o ganar dinero.

garage /ˈgærɑːʒ, -rɪdʒ; *USA* gəˈrɑːʒ/ *n* **1** garaje **2** taller **3** estación de servicio
garbage /ˈgɑːbɪdʒ/ *n* (*esp USA*) [*incontable*] basura: *garbage can* cubo de la basura

En inglés británico se usa **rubbish** para *basura*, **dustbin** para *cubo de la basura* y **garbage** sólo se usa en sentido figurado.

garbanzo /gɑːˈbænzəʊ/ (*tb* **garˈbanzo bean**) *n* (*pl* **garbanzos**) (*USA*) garbanzo
garbled /ˈgɑːbld/ *adj* confuso
garden /ˈgɑːdn/ *nombre, verbo*
▸ *n* jardín: *vegetable garden* huerto
▸ *vi* trabajar en el jardín
garden centre *n* centro de jardinería, vivero
gardener /ˈgɑːdnə(r)/ *n* jardinero, -a
gardening /ˈgɑːdnɪŋ/ *n* jardinería
gargle /ˈgɑːgl/ *vi* hacer gárgaras
garish /ˈgeərɪʃ/ *adj* chillón (*color, ropa*)
garland /ˈgɑːlənd/ *n* guirnalda
garlic /ˈgɑːlɪk/ *n* [*incontable*] ajo: *a clove of garlic* un diente de ajo
garment /ˈgɑːmənt/ *n* (*formal*) prenda (*de vestir*)
garnish /ˈgɑːnɪʃ/ *verbo, nombre*
▸ *vt* adornar, aderezar
▸ *n* aderezo, guarnición
garrison /ˈgærɪsn/ *n* [*v sing o pl*] guarnición (*militar*)
garter /ˈgɑːtə(r)/ *n* liga
gas /gæs/ *nombre, verbo*
▸ *n* (*pl* **gases**) **1** gas: *gas mask* careta antigás **2** (*USA*) gasolina: *gas pedal* acelerador **3** (*USA*) [*incontable*] (*Med*) gases
▸ *vt* (**-ss-**) asfixiar con gas
gash /gæʃ/ *n* brecha, herida profunda
gasoline /ˈgæsəliːn/ *n* (*USA*) gasolina
gasp /gɑːsp; *USA* gæsp/ *verbo, nombre*
▸ **1** *vi* dar un grito ahogado **2** *vi* jadear: *to gasp for air* hacer esfuerzos para respirar **3** *vt* ~ **sth (out)** decir algo con voz entrecortada
▸ *n* jadeo, grito ahogado
ˈgas station *n* (*USA*) gasolinera
gate /geɪt/ *n* puerta, portón, cancela
gatecrash /ˈgeɪtkræʃ/ *vt, vi* colarse (en)
gateway /ˈgeɪtweɪ/ *n* **1** entrada, puerta **2** ~ **to sth** (*fig*) pasaporte hacia algo
gather /ˈgæðə(r)/ **1** *vt, vi* ~ **(sb/sth) (together)** juntar, reunir a algn/algo, juntarse, reunirse **2** *vt* ~ **sth (together/up)** recoger algo **3** *vi* (*muchedumbre*) formarse **4** *vt* (*flores, fruta*) recolectar **5** *vt* deducir, tener entendido **6** *vt* (*velocidad*) cobrar **7** *vt* ~ **sth (in)** (*Costura*) fruncir algo PHR V **gather (a)round** acercarse ◆ **gather (a)round sb/sth** agruparse alrededor de algn/algo **gathering** *n* reunión
gaudy /ˈgɔːdi/ *adj* (**gaudier**, **-iest**) (*pey*) chillón, llamativo
gauge (*USA tb* **gage**) /geɪdʒ/ *nombre, verbo*
▸ *n* **1** indicador **2** medida **3** (*Ferrocarril*) ancho de vía
▸ *vt* **1** juzgar **2** calibrar, calcular
gaunt /gɔːnt/ *adj* demacrado
gauze /gɔːz/ *n* gasa
gave *pt de* GIVE
gay /geɪ/ *adj, n* gay, homosexual
gaze /geɪz/ *verbo, nombre*
▸ *vi* ~ **(at sb/sth)** mirar fijamente (a algn/algo): *They gazed into each other's eyes.* Se miraron fijamente a los ojos. ➲ *Ver nota en* MIRAR LOC *Ver* SPACE
▸ *n* [*gen sing*] mirada fija y larga

G

GCSE /ˌdʒiː siː es ˈiː/ *n* (*abrev de* **General Certificate of Secondary Education**)

Los **GCSEs** son exámenes estatales que hacen los estudiantes de dieciséis años en Gran Bretaña tras finalizar la primera fase de la enseñanza secundaria.

g'day /gəˈdeɪ/ *interj* (*Aus, NZ*) hola

gear 🔑 /gɪə(r)/ *nombre, verbo*
▸ *n* **1** (*automóvil*) marcha, velocidad: *to change gear* cambiar de velocidad ◇ *out of gear* en punto muerto **2** (*Mec*) engranaje **3** equipo: *camping gear* equipo de acampada
▸ *v* PHR V **gear sth to/towards sth** orientar algo a/hacia algo ◆ **gear sb/sth up (for/to sth)** preparar a algn/algo (para algo) ◆ **gear up (for/to sth)** prepararse (para algo)

gearbox /ˈgɪəbɒks/ *n* caja de cambios

ˈ**gear lever** (*tb* **gearstick** /ˈgɪəstɪk/) (*USA* ˈ**gear shift**) *n* palanca de cambio

geek /giːk/ *n* (*coloq, pey*) **1** pavo, -a (*persona*) **2** friki: *He's a complete computer geek.* Es un friki total de la informática.

geese *plural de* GOOSE

gel /dʒel/ *n* gel: *hair gel* gel (para el pelo)

gem /dʒem/ *n* **1** (*tb* **gemstone** /ˈdʒemstəʊn/) piedra preciosa **2** (*fig*) joya

Gemini /ˈdʒemɪnaɪ/ *n* géminis ➲ *Ver ejemplos en* ACUARIO

gender /ˈdʒendə(r)/ *n* **1** sexo **2** (*Gram*) género

gene /dʒiːn/ *n* (*Biol*) gen

general 🔑 /ˈdʒenrəl/ *adj, n* general: *as a general rule* por regla general ◇ *the general public* el público/la gente (en general) LOC **in general** en general

ˌ**general eˈlection** *n* elecciones generales

generalization, -isation /ˌdʒenrəlaɪˈzeɪʃn; *USA* -ləˈz-/ *n* generalización

generalize, -ise /ˈdʒenrəlaɪz/ *vi* generalizar

generally 🔑 /ˈdʒenrəli/ *adv* generalmente, por lo general: *generally speaking...* en términos generales...

ˌ**general ˈpractice** *n* (*GB*) medicina general

ˌ**general pracˈtitioner** *n Ver* GP

general-purpose /ˌdʒenrəl ˈpɜːpəs/ *adj* [*sólo antes de sustantivo*] de uso general

generate 🔑 /ˈdʒenəreɪt/ *vt* generar

generation 🔑 /ˌdʒenəˈreɪʃn/ *n* generación: *the generation gap* el conflicto generacional ◇ *the older/younger generation* los mayores/jóvenes

generator /ˈdʒenəreɪtə(r)/ *n* generador

generic /dʒəˈnerɪk/ *adj* genérico

generosity /ˌdʒenəˈrɒsəti/ *n* generosidad

generous 🔑 /ˈdʒenərəs/ *adj* **1** (*persona, regalo*) generoso **2** (*ración*) abundante: *a generous helping* una buena porción

genetic /dʒəˈnetɪk/ *adj* genético: *genetic engineering* ingeniería genética

geˌ**netically** ˈ**modified** *adj* (*abrev* **GM**) transgénico: *genetically modified foods* alimentos transgénicos

genetics /dʒəˈnetɪks/ *n* [*incontable*] genética

genial /ˈdʒiːniəl/ *adj* afable

genie /ˈdʒiːni/ *n* (*pl* **genies** *o* **genii** /ˈdʒiːniaɪ/) genio (*de la lámpara*)

genital /ˈdʒenɪtl/ *adj* genital **genitals** (*tb* **genitalia** /ˌdʒenɪˈteɪliə/) *n* [*pl*] genitales

genius /ˈdʒiːniəs/ *n* (*pl* **geniuses**) genio

genocide /ˈdʒenəsaɪd/ *n* genocidio

genome /ˈdʒiːnəʊm/ *n* (*Biol*) genoma

gent /dʒent/ *n* **1** (*antic*) caballero **2 Gents** [*sing*] (*coloq*) servicio de caballeros

genteel /dʒenˈtiːl/ *adj* **1** refinado **2** (*pey*) remilgado **gentility** /dʒenˈtɪləti/ *n* (*formal*) refinamiento

gentle 🔑 /ˈdʒentl/ *adj* (**gentler** /ˈdʒentlə(r)/ **gentlest** /-lɪst/) **1** (*persona, carácter*) amable, dulce **2** (*brisa, toque, declive, ejercicio*) suave, ligero **3** (*animal*) manso

gentleman 🔑 /ˈdʒentlmən/ *n* (*pl* **-men** /-mən/) caballero

gentleness /ˈdʒentlnəs/ *n* **1** amabilidad, dulzura **2** suavidad **3** mansedumbre

gently 🔑 /ˈdʒentli/ *adv* **1** suavemente **2** (*cocinar*) a fuego lento **3** (*persuadir*) poco a poco

genuine 🔑 /ˈdʒenjuɪn/ *adj* **1** (*cuadro*) auténtico **2** (*persona*) sincero

genus /ˈdʒiːnəs/ *n* (*pl* **genera** /ˈdʒenərə/) (*Biol, Bot*) género

geographer /dʒiˈɒgrəfə(r)/ *n* geógrafo, -a

geographical /ˌdʒiːəˈgræfɪkl/ *adj* geográfico

geography 🔑 /dʒiˈɒgrəfi/ *n* geografía

geological /ˌdʒiːəˈlɒdʒɪkl/ *adj* geológico

geologist /dʒiˈɒlədʒɪst/ *n* geólogo, -a

geology /dʒiˈɒlədʒi/ *n* geología

geometric /ˌdʒiːəˈmetrɪk/ *adj* geométrico

geometry /dʒiˈɒmətri/ *n* geometría

geranium /dʒəˈreɪniəm/ *n* geranio

gerbil /ˈdʒɜːbɪl/ *n* jerbo

geriatric /ˌdʒeriˈætrɪk/ *adj, n* geriátrico, -a

germ /dʒɜːm/ *n* germen, microbio

German measles /ˌdʒɜːmən ˈmiːzlz/ *n* [*incontable*] rubeola

German 'shepherd *n* pastor alemán

gesture /ˈdʒestʃə(r)/ *nombre, verbo*

▸ *n* gesto: *What a nice gesture!* ¡Qué detalle!

▸ *vi* hacer gestos: *to gesture at/to/towards sth* señalar algo con la mano

get /get/ *v* (**-tt-**) (*pt* **got** /gɒt/, *pp* **got**, *USA* **gotten** /ˈgɒtn/)

- **get sth** *vt* recibir, conseguir, coger: *to get a shock* llevarse un susto ◇ *to get a letter* recibir una carta ◇ *How much did you get for your car?* ¿Cuánto te han dado por el coche? ◇ *She gets bad headaches.* Sufre de fuertes dolores de cabeza. ◇ *I didn't get the joke.* No cogí el chiste.
- **get sb/sth to do sth; get sb/sth doing sth** *vt* hacer, conseguir que algn/algo haga algo: *to get the car to start* hacer que el coche arranque ◇ *to get him talking* hacerle hablar
- **get sth done** *vt* (*cuando queremos que alguien haga algo para nosotros*): *to get your hair cut* cortarse el pelo ◇ *You should get your watch repaired.* Deberías llevar tu reloj a arreglar.
- **get sth + adjetivo** *vt* (*conseguir que algo se vuelva/haga...*): *to get sth right* acertar algo ◇ *to get the children ready for school* dejar a los niños listos para ir a la escuela ◇ *to get (yourself) ready* arreglarse
- **get + adjetivo** *vi* volverse, hacerse: *It's getting late.* Se está haciendo tarde. ◇ *to get better* mejorar/recuperarse ◇ *to get wet* mojarse
- **get + participio** *vi*: *to get fed up with sth* hartarse de algo ◇ *to get used to sth* acostumbrarse a algo ◇ *to get lost* perderse

Algunas combinaciones frecuentes de **get + participio** se traducen por verbos pronominales: *to get bored* aburrirse ◇ *to get divorced* divorciarse ◇ *to get dressed* vestirse ◇ *to get drunk* emborracharse ◇ *to get married* casarse. Para conjugarlos, añadimos la forma correspondiente de **get**: *She soon got used to it.* Se acostumbró enseguida. ◇ *I'm getting dressed.* Me estoy vistiendo. ◇ *We'll get married in the summer.* Nos casaremos este verano. **Get + participio** se utiliza también para expresar acciones que ocurren o se realizan de forma accidental, inesperada o repentina: *I got caught in a heavy rainstorm.* Me pilló una tormenta muy fuerte. ◇ *Simon got hit by a ball.* A Simon le dieron un pelotazo.

- **otros usos 1** *vi* ~ **to...** (*movimiento*) llegar a...: *Where have they got to?* ¿Dónde se han metido? **2 have got** *Ver* HAVE *vt* (1, 2, 3, 4)

LOC be getting on (*coloq*) **1** (*persona*) hacerse viejo **2** (*hora*) hacerse tarde ◆ **get away from it all** (*coloq*) huir de todo y de todos ◆ **get (sb) nowhere; not get (sb) anywhere** no llevar (a algn) a ninguna parte ◆ **get there** lograrlo ◆ **what are you, is he, etc. getting at?** ¿qué insinúas, insinúa, etc.? ❶ Para otras expresiones con **get**, véanse las entradas del sustantivo, adjetivo, etc., p. ej. **get the hang of sth** en HANG.

PHR V get about = GET AROUND

get sth across (to sb) comunicar algo (a algn), hacer entender algo a algn

get ahead (of sb) adelantar(se) (a algn)

get along = GET ON (1, 3)

get around 1 (*persona, animal*) salir, moverse **2** (*rumor, noticia*) circular, correr *Ver tb* GET ROUND

get at sb meterse con algn

get away (from...) salir, escaparse (de...) ◆ **get away with sth 1** llevarse algo (*robado*) **2** (*tb* **get away with doing sth**) quedarse sin castigo por (hacer) algo

get back regresar ◆ **get back at sb** (*coloq*) vengarse de algn ◆ **get sth back** recuperar algo

get behind (with sth) retrasarse (con/en algo)

get by (lograr) pasar ◆ **get by (on/in/with sth)** defenderse (en/con algo)

get down bajar ◆ **get sb down** (*coloq*) deprimir a algn ◆ **get down to (doing) sth** ponerse a hacer algo

get in; get into sth 1 llegar (a algún sitio) **2** (*vehículo*) subirse (a algo) **3** ser elegido (para algo) **4** (*colegio, universidad, etc.*) ser admitido (en algo) ◆ **get sth in 1** recoger algo **2** comprar algo

get into sth 1 meterse en algo (*profesión, problema*) **2** (*ropa*) ponerse algo **3** (*hábito*) coger, adquirir algo **4** (*coloq*) cogerle el gustillo a algo

get off (sth) 1 salir (del trabajo) **2** (*vehículo*) bajarse (de algo) ◆ **get sth off (sth)** quitar algo (de algo) ◆ **get off with sb** (*coloq*) ligar, enrollarse con algn

get on 1 irle a algn: *How did you get on?* ¿Cómo te fue? **2** tener éxito **3** arreglárselas ◆ **get on; get onto sth** (*vehículo*) subirse (a algo) ◆ **get on to sth** ponerse a hablar de algo, pasar a considerar algo ◆ **get on (together); get on with sb** llevarse bien (con algn) ◆ **get on with sth** seguir con algo: *Get on with your work!* ¡Sigan trabajando!

get out (of sth) 1 salir (de algo): *Get out (of here)!* ¡Fuera de aquí! **2** (*vehículo*) bajarse (de algo) ◆ **get out of (doing) sth** escabullirse, librarse de (hacer) algo ◆ **get sth out of sb/sth** sacar algo de algn/algo

get over sth 1 superar algo **2** recuperarse de algo ◆ **get over sth/sb** olvidar algo/a algn ◆ **get sth over (with)** (*coloq*) quitarse algo de encima, acabar algo (de una vez)

G

get round sb convencer a algn ◆ **get round to sth** llegar a algo (*cuando se encuentra el momento*): *I never got round to phoning him.* Nunca llegué a llamarlo. *Ver tb* GET AROUND
get through sth 1 (*dinero, comida*) usar, gastar algo **2** (*tarea*) terminar algo ◆ **get through (to sb) 1** llegar (a algn) **2** conseguir hablar (con algn) (*por teléfono*) ◆ **get through to sb** hacer entender a algn
get to sb (*coloq*) fastidiar, afectar a algn
get together (with sb) reunirse (con algn) ◆ **get sb/sth together** reunir, juntar a algn/algo
get up levantarse ◆ **get sb up** levantar a algn ◆ **get up to sth 1** llegar hasta/a algo **2** meterse en algo (*problemas*)

getaway /ˈgetəweɪ/ *n* fuga: *getaway car* coche de fuga

ghastly /ˈgɑːstli; *USA* ˈgæstli/ *adj* (**ghastlier**, **-iest**) espantoso: *the whole ghastly business* todo el asqueroso asunto

gherkin /ˈgɜːkɪn/ *n* pepinillo

ghetto /ˈgetəʊ/ *n* (*pl* **ghettos** *o* **ghettoes**) gueto

ghost /gəʊst/ *n* fantasma: *a ghost story* una historia de terror LOC **give up the ghost** entregar el alma **ghostly** *adj* fantasmal

giant /ˈdʒaɪənt/ *n* gigante

gibberish /ˈdʒɪbərɪʃ/ *n* [*incontable*] (*coloq*) tonterías

giddy /ˈgɪdi/ *adj* (**giddier**, **-iest**) mareado: *The dancing made her giddy.* El baile la mareó.

gift /gɪft/ *n* **1** regalo **2** ~ **(for sth)** don, talento (para algo) **3** (*coloq*) ganga LOC **have the gift of the gab** tener mucha labia *Ver tb* LOOK

gifted *adj* dotado

ˈ**gift token** (*tb* ˈ**gift voucher**) (*USA* ˈ**gift certificate**) *n* vale de regalo

ˈ**gift wrap** *n* [*incontable*] papel de regalo

gift-wrap /ˈgɪft ræp/ *vt* (**-pp-**) envolver en papel de regalo

gig /gɪg/ *n* actuación (*de pop, jazz, etc.*)

gigabyte /ˈgɪgəbaɪt/ (*coloq* **gig** /gɪg/) *n* (*abrev* **GB**) (*Informát*) gigabyte, giga

gigantic /dʒaɪˈgæntɪk/ *adj* gigantesco

giggle /ˈgɪgl/ *verbo, nombre*
▸ *vi* ~ **(at/about sb/sth)** reírse tontamente (de algn/algo) ➲ *Ver nota en* REÍR
▸ *n* **1** risita **2** (*GB, coloq*) broma: *I only did it for a giggle.* Sólo lo hice por hacer una gracia. **3 the giggles** [*pl*] (*coloq*): *a fit of the giggles* un ataque de risa

gilded /ˈgɪldɪd/ (*tb* **gilt** /gɪlt/) *adj* dorado

gimmick /ˈgɪmɪk/ *n* truco publicitario o de promoción

gin /dʒɪn/ *n* ginebra: *a gin and tonic* un gin-tonic

ginger /ˈdʒɪndʒə(r)/ *nombre, adjetivo*
▸ *n* jengibre
▸ *adj* pelirrojo: *ginger hair* pelo pelirrojo ◇ *a ginger cat* un gato romano

gingerly /ˈdʒɪndʒəli/ *adv* cautelosamente, sigilosamente

Gipsy = GYPSY

giraffe /dʒəˈrɑːf; *USA* -ˈræf/ *n* jirafa

girder /ˈgɜːdə(r)/ *n* viga (*de metal*)

girl /gɜːl/ *n* niña, chica

girlfriend /ˈgɜːlfrend/ *n* **1** novia **2** (*esp USA*) amiga

gist /dʒɪst/ *n* LOC **get the gist of sth** captar lo esencial de algo

git /gɪt/ *n* (*GB, argot*) imbécil

give /gɪv/ *verbo, nombre*
▸ *vt* (*pt* **gave** /geɪv/, *pp* **given** /ˈgɪvn/) **1** *vt* ~ **sb sth**; ~ **sth (to sb)** dar algo (a algn): *I gave each of the boys an apple.* Le di una manzana a cada uno de los chicos. ◇ *It gave us rather a shock.* Nos dio un buen susto.

Algunos verbos como **give**, **buy**, **send**, **take**, etc. tienen dos objetos, uno directo y otro indirecto. El objeto indirecto suele ser una persona y va delante del objeto directo: *Give* **me** *the book.* ◇ *I bought* **her** *a present.* Cuando el objeto indirecto va después, usamos una preposición, normalmente **to** o **for**: *Give the book* **to me**. ◇ *I bought a present* **for her**.

2 *vi* ~ **(to sth)** dar dinero (para algo) **3** *vt* (*tiempo, pensamiento*) dedicar **4** *vt* contagiar: *You've given me your cold.* Me has contagiado tu resfriado. **5** *vt* dar: *to give a lecture* dar una conferencia **6** *vi* ceder LOC **don't give me that!** (*coloq*) ¿te crees que soy tonto? ◆ **give or take sth**: *an hour and a half, give or take a few minutes* una hora y media, más o menos ◆ **I/I'll give you that** (*coloq*) eso te lo reconozco ❶ Para otras expresiones con **give**, véanse las entradas del sustantivo, adjetivo, etc., p. ej. **give rise to sth** en RISE. PHR V **give sth away** regalar algo ◆ **give sth/sb away** delatar algo/a algn ◆ **give (sb) back sth**; **give sth back (to sb)** devolver algo (a algn) ◆ **give in (to sb/sth)** ceder (a/ante algn/algo) ◆ **give sth in (to sb)** entregar algo (a algn) ◆ **give sth out** repartir, distribuir algo ◆ **give up** rendirse, abandonar ◆ **give sth up**; **give up doing sth** dejar algo, dejar de hacer algo: *to give up smoking* dejar de fumar ◇ *to give up hope* perder las esperanzas
▸ *n* LOC **give and take** toma y daca

given /ˈɡɪvn/ *adj, prep* dado *Ver tb* GIVE

given name *n* (*esp USA*) nombre de pila

glacier /ˈɡlæsiə(r); *USA* ˈɡleɪʃər/ *n* glaciar

glad /ɡlæd/ *adj* **1 be ~ (about sth/to do sth)** alegrarse (de algo/de hacer algo): *I'm glad (that) you could come.* Me alegro de que pudieras venir. **2 be ~ of sth** agradecer algo **3 be ~ to do sth** tener mucho gusto en hacer algo: *'Can you help?' 'I'd be glad to.'* —¿Puedes ayudar? —Con mucho gusto.

> **Glad** y **pleased** se utilizan para referirse a una circunstancia o un hecho concretos: *Are you glad/pleased about getting the job?* ¿Estás contento de haber conseguido el trabajo? **Happy** describe un estado mental y puede preceder al sustantivo al que acompaña: *Are you happy in your new job?* ¿Estás contento en tu nuevo trabajo? ◇ *a happy occasion* una ocasión feliz ◇ *happy memories* recuerdos felices.

gladiator /ˈɡlædieɪtə(r)/ *n* gladiador

gladly /ˈɡlædli/ *adv* con gusto

glamorous /ˈɡlæmərəs/ *adj* con (mucho) glamour

glamour (*USA* **glamor**) /ˈɡlæmə(r)/ *n* glamour

glance /ɡlɑːns; *USA* ɡlæns/ *verbo, nombre*
▸ *vi* **~ at/down/over/through sth** echar un vistazo/una mirada a algo ➲ *Ver nota en* MIRAR
▸ *n* mirada (rápida), vistazo: *to take/have a glance at sth* echar un vistazo a algo LOC **at a (single) glance** a simple vista

gland /ɡlænd/ *n* (*Anat*) glándula

glare /ɡleə(r)/ *verbo, nombre*
▸ *vi* **~ (at sb/sth)** mirar airadamente (a algn/algo) ➲ *Ver nota en* MIRAR
▸ *n* **1** luz deslumbrante **2** mirada airada

glaring /ˈɡleərɪŋ/ *adj* **1** (*error*) evidente **2** (*luz*) deslumbrante **3** (*expresión*) airado **glaringly** *adv*: *glaringly obvious* muy evidente

glass /ɡlɑːs; *USA* ɡlæs/ *n* **1** [*incontable*] vidrio, cristal: *a pane of glass* una lámina de cristal ◇ *broken glass* cristales rotos ➲ *Ver nota en* CRYSTAL; *Ver tb* STAINED GLASS **2** copa, vaso: *a glass of wine* una copa de vino ◇ *a wine glass* una copa para vino ➲ *Ver dibujo en* CUP LOC *Ver* RAISE

glasses /ˈɡlɑːsɪz; *USA* ˈɡlæsɪz/ *n* [*pl*] gafas: *a new pair of glasses* unas gafas nuevas ➲ *Ver nota en* PAIR

glaze /ɡleɪz/ *verbo, nombre*
▸ **1** *vi* **~ (over)** (*ojos*) ponerse vidrioso **2** *vt* poner cristal en **3** *vt* (*cerámica*) vidriar *Ver tb* DOUBLE GLAZING
▸ *n* (*cerámica*) barniz **glazed** *adj* **1** (*ojos*) inexpresivo **2** (*cerámica*) vidriado

gleam /ɡliːm/ *verbo, nombre*
▸ *vi* **1** destellar **2** brillar, relucir
▸ *n* **1** destello **2** brillo **gleaming** *adj* reluciente

glean /ɡliːn/ *vt* sacar (*información*)

glee /ɡliː/ *n* regocijo **gleeful** *adj* eufórico **gleefully** *adv* con euforia

glen /ɡlen/ *n* valle estrecho

glide /ɡlaɪd/ *nombre, verbo*
▸ *n* deslizamiento
▸ *vi* **1** deslizarse **2** (*en el aire*) planear

glider /ˈɡlaɪdə(r)/ *n* planeador

glimmer /ˈɡlɪmə(r)/ *n* **1** luz tenue **2 ~ (of sth)** (*fig*) chispa (de algo): *a glimmer of hope* un rayo de esperanza

glimpse /ɡlɪmps/ *nombre, verbo*
▸ *n* visión momentánea LOC **catch a glimpse of sb/sth** vislumbrar a algn/algo
▸ *vt* vislumbrar

glint /ɡlɪnt/ *verbo, nombre*
▸ *vi* **1** destellar **2** (*ojos*) brillar
▸ *n* **1** destello **2** (*ojos*) chispa

glisten /ˈɡlɪsn/ *vi* relucir (*esp superficie mojada*)

glitter /ˈɡlɪtə(r)/ *verbo, nombre*
▸ *vi* relucir
▸ *n* **1** brillo **2** (*fig*) esplendor **3** purpurina

gloat /ɡləʊt/ *vi* **~ (about/at/over sth)** relamerse, regocijarse (de algo)

global /ˈɡləʊbl/ *adj* **1** mundial: *global warming* el calentamiento global ◇ *the global village* la aldea global **2** (*visión, suma*) global **globally** *adv* mundialmente, a escala mundial

globalization, -isation /ˌɡləʊbəlaɪˈzeɪʃn; *USA* -ləˈz-/ *n* globalización

globalize, -ise /ˈɡləʊbəlaɪz/ *vt, vi* globalizar(se)

globe /ɡləʊb/ *n* **1** globo terráqueo **2 the globe** [*sing*] el mundo

gloom /ɡluːm/ *n* **1** tristeza, pesimismo **2** (*formal*) penumbra **gloomy** *adj* (**gloomier, -iest**) **1** sombrío, lúgubre **2** (*carácter*) melancólico **3** (*pronóstico*) poco prometedor

glorious /ˈɡlɔːriəs/ *adj* **1** (*formal*) glorioso **2** espléndido

glory /ˈɡlɔːri/ *nombre, verbo*
▸ *n* (*pl* **glories**) **1** gloria **2** esplendor
▸ *vi* (*pt, pp* **-ied**) PHR V **glory in sth 1** enorgullecerse de algo **2** disfrutar, regodearse de algo

gloss /ɡlɒs/ *verbo, nombre*
▸ *v* PHR V **gloss over sth** pasar algo por alto, quitar importancia a algo

▸ *n* **1** brillo **2** (*tb* ˌ**gloss** ˈ**paint**) pintura de esmalte ➲ *Comparar con* MATT **3** (*fig*) lustre

glossary /ˈglɒsəri/ *n* (*pl* **glossaries**) glosario

glossy /ˈglɒsi/ *adj* (**glossier**, **-iest**) reluciente, lustroso

glove /glʌv/ *n* guante LOC *Ver* FIT

glow /gləʊ/ *verbo, nombre*

▸ *vi* **1** estar candente **2** brillar (suavemente) **3** (*cara*) enrojecerse **4** ~ **(with sth)** rebosar (de algo)

▸ *n* [*sing*] **1** luz suave **2** rubor **3** (sentimiento de) satisfacción

G

glucose /ˈgluːkəʊs/ *n* glucosa

glue /gluː/ *nombre, verbo*

▸ *n* cola, pegamento

▸ *vt* (*pt, pp* **glued** *part pres* **gluing**) pegar

gluteal /ˈgluːtiəl/ *adj, n* (*Anat*) glúteo

glutton /ˈglʌtn/ *n* **1** glotón, -ona **2** ~ **for sth** amante de algo: *to be a glutton for punishment* hacerse el mártir

GM /ˌdʒiː ˈem/ *abrev Ver* GENETICALLY MODIFIED

gnarled /nɑːld/ *adj* nudoso

gnaw /nɔː/ *vt, vi* ~ **(away) (at/on) sth** roer algo PHR V **gnaw at sb** atormentar a algn

gnome /nəʊm/ *n* gnomo

go /gəʊ/ *verbo, nombre*

▸ *vi* (*3ª pers sing* **goes** /gəʊz/, *pt* **went** /went/, *pp* **gone** /gɒn; *USA* gɔːn/) **1** ir(se): *I went to bed at ten o'clock.* Me fui a la cama a las diez. ◇ *to go home* irse a casa

Been se usa como participio pasado de **go** para expresar que alguien ha ido a un lugar y ha vuelto: *Have you ever been to London?* ¿Has ido alguna vez a Londres? **Gone** implica que esa persona no ha regresado todavía: *John's gone to Peru. He'll be back in May.* John se ha ido a Perú. Volverá en mayo.

2 irse, marcharse **3** (*tren, etc.*) salir **4** **go + -ing** ir: *to go fishing/swimming/camping* ir a pescar/a nadar/de camping ➲ *Ver nota en* DEPORTE **5** **go for a + sustantivo** ir: *to go for a walk* ir a dar un paseo **6** (*progresar*) ir, salir: *How's it going?* ¿Cómo te va? ◇ *It all went well.* Todo salió bien. **7** **+ adjetivo** volverse, quedarse: *to go mad/blind/pale* volverse loco/quedarse ciego/palidecer **8** hacer (*emitir un sonido*): *Cats go 'miaow'.* Los gatos hacen "miau". **9** (*máquina*) funcionar **10** desaparecer, terminarse: *My headache's gone.* Se me ha pasado el dolor de cabeza. ◇ *Is it all gone?* ¿Se ha acabado? **11** gastarse, romperse **12** (*tiempo*) pasar LOC **be going to do sth** ir a hacer algo: *We're going to buy a house.* Vamos a comprar una casa. ◇ *He's going to fall!* ¡Se va a caer! ❶ Para otras expresiones con **go**, véanse las entradas del sustantivo, adjetivo, etc., p. ej. **go astray** en ASTRAY.

PHR V **go about** = GO AROUND (4) ◆ **go about (doing) sth**: *How should I go about telling him?* ¿Cómo debería decírselo?

go ahead (with sth) seguir adelante (con algo)

go along with sth/sb estar conforme con algo/con lo que dice algn

go around **1** girar, dar vueltas **2** (*cantidad*) alcanzar: *Is there enough to go around?* ¿Alcanza para todos? **3** **+ adjetivo o -ing** andar: *to go around naked* andar desnudo **4** (*rumor*) circular

go away **1** irse, marcharse **2** irse (de vacaciones) **3** (*mancha, olor*) desaparecer

go back volver ◆ **go back on sth** no cumplir algo (*promesa, etc.*)

go by pasar: *as time goes by* con el tiempo

go down **1** bajar **2** (*barco*) hundirse **3** (*sol*) ponerse

go for sb atacar a algn ◆ **go for sb/sth** **1** ir por algn/algo: *That goes for you too.* Eso va por ti también. **2** ir a buscar a algn/algo **3** gustarle algo/algn a algn/algo: *She always goes for tall guys.* Se ve que le van los tíos altos.

go in **1** entrar **2** (*sol, luna*) esconderse ◆ **go in for sth** **1** participar en algo: *to go in for the FCE* presentarse al First **2** gustarle a algn (hacer) algo (*hobby, etc.*)

go into sth **1** entrar en algo: *to go into detail* entrar en detalles **2** chocar contra algo **3** (*profesión*) meterse en algo

go off **1** irse, marcharse **2** (*arma*) dispararse **3** (*bomba*) explotar **4** (*alarma*) sonar **5** (*luz, etc.*) apagarse **6** (*alimentos*) echarse a perder ◆ **go off sb/sth** (*GB, coloq*) perder interés por algn/algo ◆ **go off with sth** llevarse algo

go on **1** seguir adelante **2** (*luz, etc.*) encenderse **3** pasar: *What's going on here?* ¿Qué pasa aquí? **4** (*situación*) continuar, durar ◆ **go on (about sb/sth)** no parar de hablar (de algn/algo) ◆ **go on (with sth/doing sth)** seguir (con algo/haciendo algo)

go out **1** salir **2** (*luz, fuego*) apagarse **3** (*marea*) bajar

go over sth **1** examinar, revisar algo **2** (*de nuevo*) repasar algo ◆ **go over to sth** pasarse a algo (*opinión, partido*)

go round = GO AROUND

go through (*ley, etc.*) ser aprobado ◆ **go through sth** **1** = GO OVER STH **2** sufrir, pasar (por) algo ◆ **go through with sth** llevar a cabo algo

go together **1** (*colores, etc.*) combinar **2** ir de la mano (*estar asociados*)

go up 1 subir **2** (*edificio*) levantarse **3** estallar, explotar
go with sth ir con algo
go without (sth) pasar privaciones, pasarse sin algo
▸ *n* (*pl* **goes** /gəʊz/) **1** turno: *Whose go is it?* ¿A quién le toca? **2** empuje LOC **be on the go** (*coloq*) no parar ◆ **have a go at sb** (*coloq*) tomarla con algn ◆ **have a go (at sth/doing sth)** probar suerte (con algo), intentar (hacer algo)

goad /gəʊd/ *vt* ~ **sb/sth (into sth)** incitar a algn/algo (a algo)

go-ahead /ˈgəʊ əhed/ *nombre, adjetivo*
▸ *n* **the go-ahead** [*sing*] luz verde
▸ *adj* emprendedor

goal 🔑 /gəʊl/ *n* **1** portería **2** gol **3** (*fig*) meta *Ver tb* OWN GOAL

goalkeeper /ˈgəʊlki:pə(r)/ (*coloq* **goalie** /ˈgəʊli/) *n* portero, -a

goalpost /ˈgəʊlpəʊst/ *n* poste (de la portería)

goat /gəʊt/ *n* cabra

goatee /gəʊˈti:/ *n* perilla

gobble /ˈgɒbl/ *vt* ~ **sth (up/down)** engullir algo

go-between /ˈgəʊ bɪtwi:n/ *n* intermediario, -a

goblet /ˈgɒblət/ *n* cáliz

goblin /ˈgɒblɪn/ *n* duende travieso

gobsmacked /ˈgɒbsmækt/ *adj* (*coloq*) pasmado

go-cart = GO-KART

god 🔑 /gɒd/ *n* **1 God** [*sing*] Dios **2** dios LOC *Ver* KNOW, SAKE

godchild /ˈgɒdtʃaɪld/ *n* (*pl* **godchildren**) ahijado, -a

god-daughter /ˈgɒd dɔ:tə(r)/ *n* ahijada

goddess /ˈgɒdes/ *n* diosa

godfather /ˈgɒdfɑ:ðə(r)/ *n* padrino

godmother /ˈgɒdmʌðə(r)/ *n* madrina

godparent /ˈgɒdpeərənt/ *n* **1** padrino, madrina **2 godparents** [*pl*] padrinos

godsend /ˈgɒdsend/ *n* regalo del cielo

godson /ˈgɒdsʌn/ *n* ahijado

goggles /ˈgɒglz/ *n* [*pl*] gafas (*protectoras*)

going /ˈgəʊɪŋ/ *nombre, adjetivo*
▸ *n* **1** [*sing*] (*formal*) partida: *I was sad at her going.* Sentí que se marchara. **2** *That was good going.* Ha sido muy rápido. ◇ *It was hard going.* Fue muy duro. ◇ *The path was rough going.* El camino estaba en muy mal estado. LOC **when the going gets tough, the tough get going** (*refrán*) cuando las cosas se ponen mal, se demuestra quiénes son los fuertes ◆ **while the going is good** mientras se puede
▸ *adj* LOC **a going concern** un negocio próspero ◆ **the going rate (for sth)** la tarifa existente (por algo)

go-kart /ˈgəʊ kɑ:t/ *n* kart **go-karting** *n* kart (*deporte*)

gold 🔑 /gəʊld/ *nombre, adjetivo*
▸ *n* oro: *a gold bracelet* una pulsera de oro ◇ *solid gold* oro macizo ◇ *gold dust* oro en polvo ◇ *gold-plated* chapado en oro LOC **(as) good as gold** más bueno que el pan
▸ *adj* dorado: *a gold bag* un bolso dorado

golden /ˈgəʊldən/ *adj* **1** de oro **2** (*color y fig*) dorado LOC *Ver* WEDDING

goldfish /ˈgəʊldfɪʃ/ *n* (*pl* **goldfish**) pez de colores: *goldfish bowl* pecera

golf /gɒlf/ *n* golf: *golf course* campo de golf

ˈ**golf club** *n* **1** palo de golf **2** club de golf

golfer /ˈgɒlfə(r)/ *n* golfista

gone /gɒn; *USA* gɔ:n/ *prep*: *It was gone midnight.* Eran las doce pasadas. *Ver tb* GO

gonna /ˈgɒnə/ (*coloq*) = GOING TO *Ver* GO ❶ Esta forma no se considera gramaticalmente correcta.

good 🔑 /gʊd/ *adjetivo, nombre*
▸ *adj* (*comp* **better** /ˈbetə(r)/, *superl* **best** /best/) **1** bueno: *good nature* bondad ◇ *Vegetables are good for you.* Las verduras son buenas para la salud. ◇ *She's very good with children.* Se le dan bien los niños. **2** ~ **to sb** bueno, amable con algn LOC **as good as** prácticamente ◆ **be good at sth** tener aptitud para algo: *I'm good at English.* Se me da bien el inglés. ◆ **good for you, them, etc.!** (*coloq*) ¡bien hecho! ❶ Para otras expresiones con **good**, véanse las entradas del sustantivo, adjetivo, etc., p. ej. **a good many** en MANY.
▸ *n* **1** bien **2 the good** [*pl*] los buenos LOC **be no good; not be any/much good** no servir de nada ◆ **do sb good** hacer bien a algn ◆ **for good** para siempre *Ver tb* POWER

goodbye 🔑 /ˌgʊdˈbaɪ/ *interj, n* adiós: *to say goodbye* despedirse ❶ Otras palabras más informales son: **bye**, **cheerio** y **cheers**. LOC *Ver* WAVE

good-humoured (*USA* **good-humored**) /ˌgʊd ˈhju:məd/ *adj* **1** afable **2** de buen humor

good-looking /ˌgʊd ˈlʊkɪŋ/ *adj* guapo

good-natured /ˌgʊd ˈneɪtʃəd/ *adj* **1** amable **2** de buen corazón

goodness /ˈgʊdnəs/ *nombre, interjección*
▸ *n* **1** bondad **2** valor nutritivo
▸ *interj* (*coloq*) ¡cielos! LOC *Ver* KNOW, SAKE

G

goods 🔑 /gʊdz/ *n* [*pl*] **1** artículos, mercancías, productos **2** bienes

goodwill /ˌgʊdˈwɪl/ *n* buena voluntad

google /ˈguːgl/ *vt, vi* (*Internet*) buscar a través de Google®

goose /guːs/ *n* (*pl* **geese** /giːs/) ganso, -a, oca

gooseberry /ˈgʊzbəri; *USA* ˈguːsberi/ *n* (*pl* **gooseberries**) grosella espinosa

ˈ**goose pimples** (*tb esp USA* **goosebumps** /ˈguːsbʌmps/) *n* [*pl*] carne de gallina

gorge /gɔːdʒ/ *n* cañón, desfiladero

G

gorgeous /ˈgɔːdʒəs/ *adj* **1** (*coloq*) guapísimo **2** magnífico

gorilla /gəˈrɪlə/ *n* gorila

gory /ˈgɔːri/ *adj* **1** (*coloq*) morboso **2** sangriento

gosh /gɒʃ/ *interj* (*coloq*) ¡vaya!

go-slow /ˌgəʊ ˈsləʊ/ *n* huelga de celo

gospel /ˈgɒspl/ *n* evangelio

gossip /ˈgɒsɪp/ *nombre, verbo*

▸ *n* (*pey*) **1** [*incontable*] chismes: *gossip column* ecos de sociedad **2** chismoso, -a

▸ *vi* ~ **(about sb/sth)** cotillear (de algn/algo)

got *pt, pp de* GET

goth /gɒθ/ *adj, n* (*Mús, persona*) siniestro, -a

Gothic /ˈgɒθɪk/ *adj* gótico

gotta /ˈgɒtə/ (*coloq*) = GOT TO *Ver* HAVE *vt* (3) ❶ Esta forma no se considera gramaticalmente correcta.

gotten (*USA*) *pp de* GET

gouge /gaʊdʒ/ *vt*: *to gouge a hole in sth* hacer un agujero en algo PHR V **gouge sth out (of sth)** sacar algo (de algo)

govern 🔑 /ˈgʌvn/ **1** *vt, vi* gobernar **2** *vt* (*acto, negocio*) regir

governing /ˈgʌvənɪŋ/ *adj* **1** (*partido*) del gobierno **2** (*organismo*) rector

government 🔑 /ˈgʌvənmənt/ *n* [*v sing o pl*] gobierno: *to be in government* estar en el gobierno ➲ *Ver nota en* JURADO **governmental** /ˌgʌvnˈmentl/ *adj* gubernamental

governor 🔑 /ˈgʌvənə(r)/ *n* **1** gobernador, -ora **2** director, -ora

gown /gaʊn/ *n* **1** vestido largo **2** (*Educ, Jur*) toga **3** (*Med*) bata *Ver tb* DRESSING GOWN

GP /ˌdʒiː ˈpiː/ *n* (*abrev de* **general practitioner**) médico, -a de cabecera

GPA /ˌdʒiː piː ˈeɪ/ *abrev Ver* GRADE POINT AVERAGE

GPS /ˌdʒiː piː ˈes/ *abrev de* **global positioning system** GPS

grab 🔑 /græb/ *verbo, nombre*

▸ **(-bb-) 1** *vt* agarrar **2** *vi* ~ **at/for sth** tratar de agarrar algo **3** *vt* ~ **sth (from sb)** quitar algo (a algn) **4** *vt* (*atención*) captar LOC *Ver* HOLD

▸ *n* LOC **make a grab at/for sth** intentar hacerse con algo

grace /greɪs/ *verbo, nombre*

▸ *vt* (*formal*) **1** adornar **2** ~ **sb/sth (with sth)** honrar a algn/algo (con algo)

▸ *n* **1** gracia, elegancia **2** plazo: *five days' grace* cinco días de gracia **3** *to say grace* bendecir la mesa **graceful** *adj* grácil, elegante

gracious /ˈgreɪʃəs/ *adj* **1** afable **2** elegante, lujoso

grade 🔑 /greɪd/ *nombre, verbo*

▸ *n* **1** clase, categoría **2** (*Educ*) nota ➲ *Ver nota en* A, A **3** (*USA*) (*Educ*) curso **4** (*USA*) pendiente LOC **make the grade** (*coloq*) tener éxito

▸ *vt* **1** clasificar **2** (*esp USA*) (*trabajo escolar, exámenes*) corregir

ˈ**grade point average** (*abrev* **GPA**) *n* (*USA*) nota media de un alumno

gradient /ˈgreɪdiənt/ *n* pendiente

grading /ˈgreɪdɪŋ/ *n* clasificación

gradual 🔑 /ˈgrædʒuəl/ *adj* **1** gradual, paulatino **2** (*pendiente*) suave

gradually 🔑 /ˈgrædʒuəli/ *adv* paulatinamente, poco a poco

graduate *nombre, verbo*

▸ *n* /ˈgrædʒuət/ **1** ~ **(in sth)** licenciado, -a (en algo) **2** (*USA*) diplomado, -a, graduado, -a

▸ *vi* /ˈgrædʒueɪt/ **1** ~ **(in sth)** licenciarse (en algo): *She graduated from Oxford.* Se licenció en Oxford. **2** ~ **(in sth)** (*USA*) graduarse (en algo) **3** ~ **(from sth) to sth** pasar (de algo) a algo **graduation** *n* graduación

graffiti /grəˈfiːti/ *n* pintadas

graft /grɑːft; *USA* græft/ *nombre, verbo*

▸ *n* (*Bot, Med*) injerto

▸ *vt* injertar

grain 🔑 /greɪn/ *n* **1** [*incontable*] cereales **2** grano **3** veta (*madera*)

gram 🔑 (*tb* **gramme**) /græm/ *n* (*abrev* **g**, **gm**) gramo

grammar 🔑 /ˈgræmə(r)/ *n* gramática

ˈ**grammar school** *n* (*GB*) instituto (para alumnos de 11 a 18 años)

grammatical /grəˈmætɪkl/ *adj* **1** gramatical **2** (gramaticalmente) correcto

gramme = GRAM

grand 🔑 /grænd/ *adjetivo, nombre*

▸ *adj* (**grander**, **-est**) **1** espléndido, magnífico, grandioso **2** **Grand** (*títulos*) gran **3** (*coloq*) estupendo

▸ *n* **1** (*pl* **grand**) (*coloq*) mil dólares o libras **2** (*tb* ˌ**grand piˈano**) piano de cola

grandad /ˈgrændæd/ *n* (*coloq*) abuelo

grandchild /ˈgræntʃaɪld/ *n* (*pl* **-children**) nieto, -a

granddaughter /ˈgrændɔːtə(r)/ *n* nieta

grandeur /ˈgrændʒə(r)/ *n* grandiosidad, grandeza

grandfather /ˈgrænfɑːðə(r)/ *n* abuelo

grandma /ˈgrænmɑː/ *n* (*coloq*) abuela

grandmother /ˈgrænmʌðə(r)/ *n* abuela

grandpa /ˈgrænpɑː/ *n* (*coloq*) abuelo

grandparent /ˈgrænpeərənt/ *n* abuelo, -a

Grand Prix /ˌgrõ ˈpriː/ *n* (*pl* **Grands Prix** /ˌgrõ ˈpriː/) Gran Premio

grandson /ˈgrænsʌn/ *n* nieto

granite /ˈgrænɪt/ *n* granito

granny /ˈgræni/ *n* (*pl* **grannies**) (*coloq*) abuela

grant /grɑːnt; *USA* grænt/ *verbo, nombre*

▸ *vt* ~ **sth (to sb)** conceder algo (a algn) LOC **take sth/sb for granted** dar algo por descontado, no darse cuenta de lo que vale algn

▸ *n* **1** subvención **2** (*Educ*) beca

grape /greɪp/ *n* uva

grapefruit /ˈgreɪpfruːt/ *n* (*pl* **grapefruit** *o* **grapefruits**) pomelo

grapevine /ˈgreɪpvaɪn/ *n* viña LOC **on/through the grapevine** en radio macuto: *to hear sth on the grapevine* oír algo por ahí

graph /grɑːf; *USA* græf/ *n* gráfico

graphic /ˈgræfɪk/ *adj* gráfico **graphics** *n* [*pl*] gráficos: *computer graphics* gráficos por ordenador

graphite /ˈgræfaɪt/ *n* grafito

graphology /græˈfɒlədʒi/ *n* grafología

grapple /ˈgræpl/ *vi* ~ **(with sb/sth)** (*lit y fig*) luchar (con algn/algo)

grasp /grɑːsp; *USA* græsp/ *nombre, verbo*

▸ *n* **1** conocimiento **2** (*fig*) alcance: *within/beyond the grasp of sb* al alcance/fuera del alcance de algn

▸ *vt* **1** agarrar **2** comprender **3** (*oportunidad*) aprovechar **grasping** *adj* codicioso

grass /grɑːs; *USA* græs/ *n* **1** hierba **2** césped **3** (*argot*) maría, marihuana

grasshopper /ˈgrɑːshɒpə(r); *USA* ˈgræs-/ *n* saltamontes

grassland /ˈgrɑːslænd; *USA* ˈgræs-/ (*tb* **grasslands** [*pl*]) *n* pastos, pradera

ˌ**grass ˈroots** *n* [*pl*] bases

grassy /ˈgrɑːsi; *USA* ˈgræsi/ *adj* herboso

grate /greɪt/ *nombre, verbo*

▸ *n* parrilla (*de chimenea*)

▸ **1** *vt* rallar **2** *vi* ~ **(on/with sb)** irritar (a algn) **3** *vi* chirriar

grateful /ˈgreɪtfl/ *adj* ~ **(to sb) (for sth)** agradecido (a algn) (por algo) ➲ *Ver nota en* THANK

grater /ˈgreɪtə(r)/ *n* rallador

gratitude /ˈgrætɪtjuːd; *USA* -tuːd/ *n* ~ **(to sb) (for sth)** gratitud (a algn) (por algo)

grave /greɪv/ *nombre, adjetivo*

▸ *n* tumba

▸ *adj* (**graver**, **-est**) (*formal*) grave, serio ❶ La palabra más normal es **serious**.

gravel /ˈgrævl/ *n* gravilla

gravestone /ˈgreɪvstəʊn/ *n* lápida

graveyard /ˈgreɪvjɑːd/ *n* cementerio (*alrededor de una iglesia*) ➲ *Comparar con* CEMETERY

gravity /ˈgrævəti/ *n* **1** (*Fís*) gravedad **2** (*formal*) seriedad ❶ En este sentido la palabra más normal es **seriousness**.

gravy /ˈgreɪvi/ *n* salsa (*hecha con el jugo de la carne*)

gray (*USA*) = GREY

graze /greɪz/ *verbo, nombre*

▸ **1** *vi* pastar **2** *vt* ~ **sth (against/on sth)** (*pierna, etc.*) raspar algo (con algo) **3** *vt* rozar

▸ *n* rasguño

grease /griːs/ *nombre, verbo*

▸ *n* **1** grasa **2** (*Mec*) lubricante

▸ *vt* engrasar **greasy** *adj* (**greasier**, **-iest**) grasiento

great /greɪt/ *adjetivo, nombre*

▸ *adj* (**greater**, **-est**) **1** gran, grande: *in great detail* con gran detalle ◇ *the world's greatest tennis player* la mejor tenista del mundo ◇ *We're great friends.* Somos muy amigos. ◇ *I'm not a great reader.* No tengo mucha afición a la lectura. **2** (*coloq*) estupendo: *We had a great time.* Lo pasamos genial. ◇ *It's great to see you!* ¡Qué alegría verte! **3** (*coloq*) muy: *a great big dog* un perro enorme **4** (*distancia*) largo **5** (*edad*) avanzado **6** (*cuidado*) mucho **7** ~ **at sth** (*coloq*) muy bueno en algo **8** **great-** (*familiares*): *my great-aunt* mi tía abuela ◇ *her great-grandson* su bisnieto LOC **great minds think alike** (*refrán*) los grandes cerebros siempre coinciden *Ver tb* BELIEVE, DEAL, EXTENT, MANY, PAIN

▸ *n* [*gen pl*] (*coloq*): *one of the jazz greats* una de las grandes figuras del jazz

great-grandfather /ˌgreɪt ˈgrænfɑːðə(r)/ *n* bisabuelo

great-grandmother /ˌgreɪt ˈgrænmʌðə(r)/ *n* bisabuela

G

greatly 🔑 /ˈgreɪtli/ *adv* muy, mucho: *greatly exaggerated* muy exagerado ◇ *It varies greatly.* Varía mucho.

greatness /ˈgreɪtnəs/ *n* grandeza

greed /griːd/ *n* **1** ~ **(for sth)** codicia (de algo) **2** gula

greedy /ˈgriːdi/ *adj* (**greedier**, **-iest**) **1** ~ **(for sth)** codicioso (de algo) **2** glotón

greedily /ˈgriːdɪli/ *adv* **1** codiciosamente **2** vorazmente

green 🔑 /griːn/ *adjetivo, nombre*

▸ *adj* (**greener**, **-est**) verde

▸ *n* **1** verde **2 greens** [*pl*] verduras **3** prado (comunal) **4** (*Golf*) green

G

ˌgreen ˈbelt *n* zona verde (*en la periferia de una ciudad*)

greenery /ˈgriːnəri/ *n* [*incontable*] verde, follaje

greengrocer /ˈgriːngrəʊsə(r)/ *n* **1** verdulero, -a **2 greengrocer's** verdulería-frutería ➲ *Ver nota en* CARNICERÍA

greenhouse /ˈgriːnhaʊs/ *n* invernadero: *the greenhouse effect* el efecto invernadero ◇ *greenhouse gases* gases de efecto invernadero

ˌgreen ˈonion *n* (*USA*) cebolleta

greenwash /ˈgriːnwɒʃ/ *n* [*incontable*] (*pey*) lavado verde (*usado por empresas que quieren mejorar su imagen sin cambiar sus prácticas*)

greet /griːt/ *vt* **1** saludar: *He greeted me with a smile.* Me recibió con una sonrisa. **2** ~ **sb/sth (with/as sth)** recibir, acoger a algn/algo (con/como algo) **greeting** *n* saludo

grenade /grəˈneɪd/ *n* granada (*de mano*)

grew *pt de* GROW

grey 🔑 (*USA* **gray**) /greɪ/ *adjetivo, nombre*

▸ *adj* **1** gris **2** (*pelo*) blanco: *to go/turn grey* encanecer ◇ *grey-haired* canoso

▸ *n* (*pl* **greys**) gris

greyhound /ˈgreɪhaʊnd/ *n* galgo

grid /grɪd/ *n* **1** rejilla **2** (*electricidad, gas*) red **3** (*mapa*) cuadrícula **4** (*tb* ˈ**starting grid**) (*Automovilismo*) parrilla de salida

gridlock /ˈgrɪdlɒk/ *n* [*incontable*] tapón (*de tráfico*)

grief /griːf/ *n* ~ **(over/at sth)** dolor, pesar (por algo) LOC **come to grief** (*coloq*) **1** fracasar **2** sufrir un accidente

grievance /ˈgriːvns/ *n* ~ **(against sb)** **1** (motivo de) queja (contra algn) **2** (*de trabajadores*) reivindicación (contra algn)

grieve /griːv/ **1** *vi* ~ **(for/over sb/sth)** llorar la pérdida (de algn/algo), lamentarse de algo **2** *vt* (*formal*) afligir, dar pena a

grill /grɪl/ *nombre, verbo*

▸ *n* **1** parrilla **2** (*plato*) parrillada **3** (*tb* **grille**) rejilla, reja

▸ **1** *vt, vi* asar(se) a la parrilla **2** *vt* ~ **sb (about sth)** freír a preguntas a algn (sobre algo)

grim /grɪm/ *adj* (**grimmer**, **-est**) **1** (*persona*) severo, ceñudo **2** deprimente, triste **3** (*lugar*) triste, lúgubre

grimace /grɪˈmeɪs, ˈgrɪməs/ *verbo, nombre*

▸ *vi* ~ **(at sb/sth)** hacer muecas (a algn/algo)

▸ *n* mueca

grime /graɪm/ *n* mugre **grimy** *adj* (**grimier**, **-iest**) mugriento

grin /grɪn/ *verbo, nombre*

▸ *vi* (**-nn-**) ~ **(at sb)** sonreír de oreja a oreja (a algn) LOC **grin and bear it** poner al mal tiempo buena cara

▸ *n* sonrisa

grind /graɪnd/ *verbo, nombre*

▸ *vt* (*pt, pp* **ground** /graʊnd/) **1** moler(se) **2** afilar **3** (*dientes*) rechinar LOC **grind to a halt; come to a grinding halt** **1** pararse chirriando **2** (*proceso*) detenerse gradualmente *Ver tb* AXE

▸ *n* [*sing*] (*coloq*): *the daily grind* la rutina cotidiana

grip /grɪp/ *nombre, verbo*

▸ *n* **1** ~ **(on sb/sth)** agarre, adherencia (a algn/algo) **2** ~ **(on sb/sth)** dominio, control, presión (sobre algn/algo) **3** agarradero, asidero LOC **come/get to grips with sth** enfrentarse a algo

▸ (**-pp-**) **1** *vt, vi* agarrar(se), asir(se) **2** *vt* (*mano*) coger **3** *vt* (*atención*) absorber **4** *vt*: *to be gripped by fear* ser preso del miedo **gripping** *adj* apasionante

grit /grɪt/ *nombre, verbo*

▸ *n* **1** arena, arenilla **2** valor, determinación

▸ *vt* (**-tt-**) cubrir con arena LOC **grit your teeth** **1** apretar los dientes **2** (*fig*) armarse de valor

groan /grəʊn/ *verbo, nombre*

▸ *vi* **1** ~ **(with sth)** gemir, quejarse (de algo): *They all groaned at his terrible jokes.* Todos gruñían al escuchar sus terribles bromas. **2** (*muebles, etc.*) crujir

▸ *n* **1** gemido, quejido **2** crujido

grocer /ˈgrəʊsə(r)/ *n* **1** tendero, -a **2 grocer's** tienda de comestibles ➲ *Ver nota en* CARNICERÍA

grocery 🔑 /ˈgrəʊsəri/ *n* (*pl* **groceries**) **1** (*USA* ˈ**grocery store**) tienda de comestibles, ultramarinos **2 groceries** [*pl*] comestibles

groggy /ˈgrɒgi/ *adj* (*coloq*) grogui

groin /grɔɪn/ *n* (*Anat*) ingle

groom /gruːm/ *verbo, nombre*

▸ *vt* **1** (*caballo*) cepillar **2** (*monos, etc.*) despiojar **3** ~ **sb (for/as sth)** preparar a algn (para algo)

▸ *n* **1** mozo, -a de cuadra **2** *Ver* BRIDEGROOM

groove /gru:v/ *n* ranura, estría, surco

grope /grəʊp/ **1** *vi* ~ **(around) for sth** buscar algo a tientas **2** *vi* andar a tientas **3** *vt* (*coloq*) toquetear (*sexualmente*)

gross /grəʊs/ *adjetivo, verbo, nombre*

▸ *adj* (**grosser**, **-est**) **1** (*total*) bruto **2** (*formal*) (*injusticia, indecencia*) grave **3** (*exageración*) flagrante **4** (*error, negligencia*) craso **5** grosero **6** repulsivamente gordo

▸ *vt* recaudar, ganar (*en bruto*)

▸ *n* (*pl* **gross** *o* **grosses**) gruesa (*doce docenas*)

grossly /ˈgrəʊsli/ *adv* (*pey*) extremadamente

grotesque /grəʊˈtesk/ *adj* grotesco

grotto /ˈgrɒtəʊ/ *n* (*pl* **grottoes** *o* **grottos**) gruta

grotty /ˈgrɒti/ *adj* (*GB, coloq*) **1** cutre **2** *I'm feeling pretty grotty.* Me siento fatal.

ground 🔑 /graʊnd/ *nombre, verbo, adjetivo*

▸ *n* **1** suelo, tierra, terreno **2** zona, campo (*de juego*) **3** **grounds** [*pl*] jardines **4** (*fig*) terreno **5** [*gen pl*] motivo, razón **6** **grounds** [*pl*] poso, sedimento LOC **get (sth) off the ground** ponerse, poner algo en marcha ◆ **give/lose ground (to sb/sth)** ceder/perder terreno (frente a algn/algo) ◆ **on the ground** en el suelo, sobre el terreno *Ver tb* FIRM, MIDDLE, THIN

▸ **1** *vt, vi* (*barco*) encallar **2** *vt* (*avión*) impedir que despegue **3** *vt* (*niño*) castigar sin salir: *You're grounded!* ¡Castigado sin salir! **4** *vt* (*USA*) conectar a tierra *Ver tb* GRIND

▸ *adj* **1** molido **2** (*esp USA*) (*carne*) picado

ˌground ˈfloor *n* planta baja ➲ *Ver nota en* FLOOR

ground-floor /ˌgraʊnd ˈflɔ:(r)/ *adj* [*sólo antes de sustantivo*] de/en la planta baja

Groundhog Day /ˈgraʊndhɒg deɪ; *USA* -hɔ:g/ *n* Día de la Marmota

> El 2 de febrero, en los Estados Unidos, se celebra el Día de la Marmota. La gente se reúne para ver a la marmota salir de su guarida. La leyenda dice que si hace sol y la marmota ve su propia sombra al salir, habrá seis semanas más de invierno.

grounding /ˈgraʊndɪŋ/ *n* [*sing*] ~ **(in sth)** base, conceptos fundamentales (de algo)

groundless /ˈgraʊndləs/ *adj* infundado

groundwater /ˈgraʊndwɔ:tə(r)/ *n* [*incontable*] aguas subterráneas

group 🔑 /gru:p/ *nombre, verbo*

▸ *n* [*v sing o pl*] grupo

▸ *vt, vi* ~ **(sb/sth) (together)** agrupar a algn/algo, agruparse **grouping** *n* agrupación

grouse /graʊs/ *n* (*pl* **grouse**) urogallo

grove /grəʊv/ *n* arboleda

grovel /ˈgrɒvl/ *vi* (**-ll-**, *USA* **-l-**) ~ **(to sb)** (*pey*) arrastrarse, humillarse (ante algn) **grovelling** (*USA* **groveling**) *adj* servil

grow 🔑 /grəʊ/ (*pt* **grew** /gru:/, *pp* **grown** /grəʊn/) **1** *vi* crecer **2** *vt* (*pelo, barba*) dejar crecer **3** *vt* cultivar **4** *vi* + **adjetivo** hacerse: *to grow old/rich* envejecer/enriquecerse **5** *vi* ~ **to do sth** llegar a hacer algo: *He grew to rely on her.* Llegó a depender de ella. PHR V **grow apart (from sb)**; **grow away from sb** distanciarse (de algn) ◆ **grow into sth** convertirse en algo ◆ **grow on sb** gustar cada vez más a algn ◆ **grow out of sth** **1** (*ropa*): *She grows out of her clothes so fast!* ¡La ropa se le queda pequeña enseguida! **2** dejar de hacer algo (*porque uno se ha hecho mayor*) ◆ **grow up** **1** (*persona*) crecer: *when I grow up* cuando sea mayor ◇ *Oh, grow up!* ¡Déjate ya de niñerías! *Ver tb* GROWN-UP **2** desarrollarse

grower /ˈgrəʊə(r)/ *n* (*persona, empresa*) cultivador, -ora

growing /ˈgrəʊɪŋ/ *adj* creciente

growl /graʊl/ *verbo, nombre*

▸ *vi* ~ **(at sb/sth)** gruñir (a algn/algo)

▸ *n* gruñido

grown /grəʊn/ *adj* [*sólo antes de sustantivo*] adulto: *a grown man* un adulto *Ver tb* GROW

grown-up *adjetivo, nombre*

▸ *adj* /ˌgrəʊn ˈʌp/ mayor

▸ *n* /ˈgrəʊn ʌp/ adulto, -a

growth 🔑 /grəʊθ/ *n* **1** crecimiento **2** [*incontable*] brotes **3** ~ **(in/of sth)** aumento (de algo) **4** tumor

grub /grʌb/ *n* **1** larva **2** (*coloq*) papeo

grubby /ˈgrʌbi/ *adj* (**grubbier**, **-iest**) sucio

grudge /grʌdʒ/ *nombre, verbo*

▸ *n* rencor: *to bear sb a grudge/have a grudge against sb* guardar rencor a algn

▸ *vt* **1** resentirse de **2** escatimar **grudgingly** *adv* de mala gana, a regañadientes

gruelling (*USA tb* **grueling**) /ˈgru:əlɪŋ/ *adj* muy duro, penoso

gruesome /ˈgru:səm/ *adj* espantoso, horrible

gruff /grʌf/ *adj* (*voz*) tosco, áspero

grumble /ˈgrʌmbl/ *verbo, nombre*

▸ *vi* ~ **(about/at sb/sth)** quejarse (de algn/algo), refunfuñar (por algo)

▸ *n* queja

grumpy /ˈgrʌmpi/ *adj* (**grumpier**, **-iest**) (*coloq*) gruñón

grunge /grʌndʒ/ *n* **1** (*coloq*) mugre **2** (*tb* ˈ**grunge rock**) grunge **3** estética grunge

grunt /grʌnt/ *verbo, nombre*
▸ *vi* gruñir
▸ *n* gruñido

guarantee 🔑 /ˌgærənˈtiː/ *nombre, verbo*
▸ *n* ~ **(of sth/that…)** garantía (de algo/de que…)
▸ *vt* **1** garantizar **2** (*préstamo*) avalar

guard 🔑 /gɑːd/ *nombre, verbo*
▸ *n* **1** guardia, centinela **2** [*v sing o pl*] guardia (*grupo de soldados*) **3** guardia, vigilancia: *to be on guard* estar de guardia ◇ *guard dog* perro guardián **4** (*maquinaria*) dispositivo de seguridad **5** (*Ferrocarril*) jefe, -a de tren LOC **be off/on your guard** estar desprevenido/alerta
▸ *vt* **1** proteger, guardar **2** (*prisionero*) vigilar PHR V **guard against sth** evitar, prevenir algo **guarded** *adj* cauteloso

guardian /ˈgɑːdiən/ *n* **1** guardián, -ana: *guardian angel* ángel de la guarda **2** tutor, -ora

guerrilla (*tb* **guerilla**) /gəˈrɪlə/ *n* guerrillero, -a: *guerrilla war(fare)* guerra de guerrillas

guess 🔑 /ges/ *verbo, nombre*
▸ **1** *vi* ~ **(at sth)** imaginar (algo) **2** *vt, vi* adivinar **3** *vt, vi* (*esp USA, coloq*) creer, suponer: *I guess so/not.* Supongo que sí/no.
▸ *n* suposición, conjetura, cálculo: *to have/make a guess (at sth)* intentar adivinar algo LOC **it's anyone's guess** (*coloq*) nadie lo sabe *Ver tb* HAZARD, EDUCATED

guesswork /ˈgeswɜːk/ *n* [*incontable*] conjeturas

guest 🔑 /gest/ *n* **1** invitado, -a **2** huésped, -eda: *guest house* pensión

guidance /ˈgaɪdns/ *n* ~ **(on sth)** orientación, supervisión (sobre algo)

guide 🔑 /gaɪd/ *nombre, verbo*
▸ *n* **1** (*tb* **guidebook** /ˈgaɪdbʊk/) guía (*turística*) **2** (*persona*) guía **3 Guide** (*antic* ˌ**Girl** ˈ**Guide**) guía (*de los scouts*)
▸ *vt* **1** guiar, orientar: *to guide sb to sth* llevar a algn hasta algo **2** influenciar **guided** *adj* con guía

guideline /ˈgaɪdlaɪn/ *n* directriz, pauta

guilt /gɪlt/ *n* culpa, culpabilidad

guilty 🔑 /ˈgɪlti/ *adj* (**guiltier**, **-iest**) culpable LOC *Ver* PLEAD

guinea pig /ˈgɪni pɪg/ *n* (*lit y fig*) cobaya, conejillo de Indias

guise /gaɪz/ *n* apariencia

guitar /gɪˈtɑː(r)/ *n* guitarra **guitarist** *n* guitarrista

gulf /gʌlf/ *n* **1** (*Geog*) golfo **2 the Gulf** el Golfo (Pérsico) **3** ~ **(between A and B)** (*fig*) abismo (entre A y B)

gull /gʌl/ *n* gaviota

gullible /ˈgʌləbl/ *adj* crédulo

gulp /gʌlp/ *verbo, nombre*
▸ **1** *vt* ~ **sth (down)** tragarse algo **2** *vi* tragar saliva
▸ *n* trago

gum /gʌm/ *n* **1** (*Anat*) encía **2** cola, pegamento **3** *Ver* BUBBLEGUM, CHEWING GUM

gun 🔑 /gʌn/ *nombre, verbo*
▸ *n* **1** arma (*de fuego*) **2** escopeta *Ver tb* MACHINE GUN
▸ *v* (**-nn-**) PHR V **gun sb down** abatir a algn a tiros

gunfighter /ˈgʌnfaɪtə(r)/ *n* tirador, -ora

gunfire /ˈgʌnfaɪə(r)/ *n* fuego (*disparos*)

gunge /gʌndʒ/ *n* [*incontable*] (*GB, coloq*) sustancia viscosa

gunman /ˈgʌnmən/ *n* (*pl* **-men** /-mən/) pistolero

gunpoint /ˈgʌnpɔɪnt/ *n* LOC **at gunpoint** pistola en mano

gunpowder /ˈgʌnpaʊdə(r)/ *n* pólvora

gunshot /ˈgʌnʃɒt/ *n* disparo

gurgle /ˈgɜːgl/ *vi* **1** (*agua*) gorgotear **2** (*bebé*) gorjear

gush /gʌʃ/ *vi* **1** ~ **out of/from sth** salir a borbotones, manar de algo **2** ~ **(over sth/sb)** (*pey*) hablar con demasiado entusiasmo (de algo/algn)

gust /gʌst/ *n* ráfaga

gusto /ˈgʌstəʊ/ *n* entusiasmo

gut /gʌt/ *nombre, verbo, adjetivo*
▸ *n* **1** intestino **2 guts** [*pl*] tripas **3** (*coloq*) barriga **4 guts** [*pl*] (*coloq*) agallas (*coraje*)
▸ *vt* (**-tt-**) **1** destruir por dentro **2** destripar
▸ *adj*: *a gut reaction* una reacción visceral ◇ *a gut feeling* un instinto

gutted /ˈgʌtɪd/ *adj* (*GB, coloq*) destrozado

gutter /ˈgʌtə(r)/ *n* **1** canalón **2** cuneta: *the gutter press* la prensa amarilla

guy 🔑 /gaɪ/ *n* (*coloq*) **1** tío **2 guys** [*pl*] (*esp USA*)

> Se utiliza para dirigirse a un grupo de personas, ya sean hombres o mujeres: *Are you guys coming or not?* ¿Venís o no?

Guy Fawkes night /ˈgaɪ fɔːks naɪt/ *n Ver* BONFIRE NIGHT

guzzle /ˈgʌzl/ *vt* (*coloq*) zampar(se), soplar(se)

gym /dʒɪm/ *n* **1** gimnasio ❶ En lenguaje formal se dice **gymnasium** /dʒɪmˈneɪziəm/ [*pl* **gymnasiums** *o* **gymnasia** /-ziə/]. **2** gimnasia

gymnast /ˈdʒɪmnæst/ *n* gimnasta

gymnastics /dʒɪmˈnæstɪks/ *n* [*incontable*] gimnasia

gymnosperm /ˈdʒɪmnəspɜːm/ *n* (*Bot*) gimnosperma

gynaecologist (*USA* **gynecologist**) /ˌgaɪnə-ˈkɒlədʒɪst/ *n* ginecólogo, -a

gynaecology (*USA* **gynecology**) /ˌgaɪnə-ˈkɒlədʒi/ *n* ginecología

Gypsy (*tb* **Gipsy**) /ˈdʒɪpsi/ *n* (*pl* **Gypsies/Gipsies**) gitano, -a

Hh

H, h /eɪtʃ/ *n* (*pl* **Hs**, **H's**, **h's**) H, h ➲ *Ver nota en* A, A

habit /ˈhæbɪt/ *n* **1** costumbre, hábito **2** (*Relig*) hábito

habitat /ˈhæbɪtæt/ *n* hábitat

habitation /ˌhæbɪˈteɪʃn/ *n* [*incontable*]: *houses unfit for human habitation* casas inhabitables

habitual /həˈbɪtʃuəl/ *adj* habitual

hack /hæk/ *vt, vi* **1** ~ **(at) (sth)** dar golpes (a algo) (*con algo cortante*) **2** ~ **(into) (sth)** (*Informát*) entrar sin autorización (en algo), piratear algo

ˌhacked ˈoff *adj* (*GB, coloq*) cabreado

hacker /ˈhækə(r)/ *n* pirata (informático)

hacking /ˈhækɪŋ/ *n* (*Informát*) acceso ilegal, piratería (informática)

had /həd, hæd/ *pt, pp de* HAVE

hadn't /ˈhædnt/ = HAD NOT *Ver* HAVE

haemoglobin (*USA* **hemoglobin**) /ˌhiːmə-ˈgləʊbɪn/ *n* hemoglobina

haemophilia (*GB*) (*USA* **hemophilia**) /ˌhiːmə-ˈfɪliə/ *n* (*Med*) hemofilia

haemorrhage (*USA* **hemorrhage**) /ˈhemə-rɪdʒ/ *n* hemorragia

haggard /ˈhægəd/ *adj* demacrado

haggle /ˈhægl/ *vi* ~ **(over sth)** regatear (por algo)

hail /heɪl/ *verbo, nombre*

▸ **1** *vt* ~ **sb/sth (as) sth** aclamar a algn/algo como algo **2** *vt* llamar a (*para atraer la atención*) **3** *vi* granizar

▸ *n* [*incontable*] granizo

hailstone /ˈheɪlstəʊn/ *n* piedra (*de granizo*)

hailstorm /ˈheɪlstɔːm/ *n* granizada

hair /heə(r)/ *n* **1** pelo, cabello **2** vello **3** **-haired**: *a curly-haired/long-haired girl* una chica de pelo rizado/largo

hairband /ˈheəbænd/ *n* diadema

hairbrush /ˈheəbrʌʃ/ *n* cepillo (*para el pelo*) ➲ *Ver dibujo en* BRUSH

haircut /ˈheəkʌt/ *n* corte de pelo: *to have/get a haircut* cortarse el pelo

hairdo /ˈheəduː/ *n* (*pl* **hairdos**) (*antic, coloq*) peinado (*de mujer*)

hairdresser /ˈheədresə(r)/ *n* **1** peluquero, -a ➲ *Ver nota en* BARBER **2** **hairdresser's** (*tienda*) peluquería ➲ *Ver nota en* CARNICERÍA **hairdressing** *n* peluquería (*oficio*)

hairdryer (*tb* **hairdrier**) /ˈheədraɪə(r)/ *n* secador (*de pelo*)

hairpin /ˈheəpɪn/ *n* horquilla de moño

ˌhairpin ˈbend (*USA* **ˌhairpin ˈturn/ˈcurve**) *n* curva muy cerrada

hair-raising /ˈheə reɪzɪŋ/ *adj* espeluznante

hairslide /ˈheəslaɪd/ *n* pasador (*de pelo*)

hairspray /ˈheəspreɪ/ *n* laca

hairstyle /ˈheəstaɪl/ *n* peinado

hairy /ˈheəri/ *adj* (**hairier**, **-iest**) peludo

halal /ˈhælæl/ *adj* halal (*sacrificado respetando las normas islámicas*)

half /hɑːf; *USA* hæf/ *nombre, adjetivo, pronombre, adverbio*

▸ *n* (*pl* **halves** /hɑːvz; *USA* hævz/) **1** mitad, medio: *the second half of the book* la segunda mitad del libro ◇ *to cut sth by half* reducir algo a la mitad ◇ *two and a half hours* dos horas y media ◇ *Two halves make a whole.* Dos medios hacen un entero. **2** (*Dep*) tiempo **3** (*GB, coloq*) media pinta (*de cerveza*) ➲ *Ver nota en* CERVEZA **LOC** **break, etc. sth in half** partir, etc. algo por la mitad ◆ **go half and half**; **go halves (with sb)** ir a medias (con algn)

▸ *adj, pron* mitad, medio: *half the team* la mitad del equipo ◇ *half an hour* media hora **LOC** **half (past) one, two, etc.** la una, las dos, etc. y media

La construcción **half one**, **half two**, etc. es más coloquial que **half past one**, **half past two**, etc.: *I'll be finished by half five.* A las cinco y media habré terminado.

Esta construcción no se emplea en inglés americano.

▸ *adv* a medio, a medias: *The job will have been only half done.* Habrán hecho el trabajo sólo a medias. ◇ *half built* a medio construir

half-brother /ˈhɑːf brʌðə(r); *USA* ˈhæf/ *n* hermano por parte de padre/madre ➲ *Ver nota en* HERMANASTRO

half-hearted /ˌhɑːf ˈhɑːtɪd; *USA* ˌhæf/ *adj* poco entusiasta **half-heartedly** *adv* sin entusiasmo

half-pipe /ˈhɑːf paɪp; *USA* ˈhæf/ *n* (*Dep*) medio tubo

half-sister /ˈhɑːf sɪstə(r); *USA* ˈhæf/ *n* hermana por parte de padre/madre ➲ *Ver nota en* HERMANASTRO

half-term /ˌhɑːf ˈtɜːm; *USA* ˌhæf/ *n* (*GB*) vacaciones escolares de una semana a mediados de cada trimestre

half-time /ˌhɑːf ˈtaɪm; *USA* ˌhæf/ *n* (*Dep*) descanso

halfway /ˌhɑːfˈweɪ; *USA* ˌhæf-/ *adj, adv* a medio camino, a mitad: *halfway between London and Glasgow* a medio camino entre Londres y Glasgow

hall 🔑 /hɔːl/ *n* **1** vestíbulo, entrada **2** pasillo **3** sala (*de conciertos o reuniones*) **4** (*tb* ˌ**hall of** ˈ**residence**) colegio mayor, residencia universitaria *Ver tb* CITY HALL, MUSIC HALL, SPORTS HALL, TOWN HALL

hallmark /ˈhɔːlmɑːk/ *n* sello, distintivo

Halloween /ˌhæləʊˈiːn/ *n*

> **Halloween** (31 de octubre) significa la víspera de Todos los Santos y es la noche de los fantasmas y las brujas. Mucha gente vacía una calabaza, le da forma de cara y pone una vela dentro. Los niños se disfrazan y van por las casas pidiendo caramelos o dinero. Cuando les abres la puerta dicen **trick or treat** ("o nos das algo o te gastamos una broma").

hallucination /həˌluːsɪˈneɪʃn/ *n* alucinación

hallway /ˈhɔːlweɪ/ *Ver* HALL (1, 2)

halo /ˈheɪləʊ/ *n* (*pl* **haloes** *o* **halos**) halo, aureola

halt /hɔːlt/ *verbo, nombre*
▸ *vt, vi* parar(se), detener(se): *Halt!* ¡Alto!
▸ *n* parada, alto, interrupción LOC *Ver* GRIND

halting /ˈhɔːltɪŋ/ *adj* (*voz, pasos*) vacilante

halve /hɑːv; *USA* hæv/ *vt* **1** reducir a la mitad **2** partir por la mitad

halves *plural de* HALF

ham /hæm/ *n* jamón

hamburger /ˈhæmbɜːgə(r)/ *n* hamburguesa

hamlet /ˈhæmlət/ *n* aldea, caserío

hammer 🔑 /ˈhæmə(r)/ *nombre, verbo*
▸ *n* martillo
▸ **1** *vt, vi* martillear: *to hammer sth in* clavar algo (a martillazos) **2** *vt, vi* ~ **(at/on) sth** dar golpes en algo **3** *vt* (*coloq*) (*fig*) dar una paliza a

hammock /ˈhæmək/ *n* hamaca

hamper /ˈhæmpə(r)/ *verbo, nombre*
▸ *vt* (*formal*) obstaculizar
▸ *n* cesta (*para alimentos*)

hamster /ˈhæmstə(r)/ *n* hámster

hand 🔑 /hænd/ *nombre, verbo*
▸ *n* **1** mano **2 a hand** [*sing*] (*coloq*) ayuda: *to give/lend sb a hand* echar una mano a algn **3** (*reloj, etc.*) manecilla, aguja ➲ *Ver dibujo en* RELOJ **4** peón, jornalero, -a **5** (*Náut*) tripulante **6** (*Naipes*) mano **7** (*medida*) palmo LOC **by hand** a mano: *made by hand* hecho a mano ◇ *delivered by hand* entregado en mano ◆ **(close/near) at hand** muy cerca ◆ **hand in hand 1** cogidos de la mano **2** (*fig*) muy unido, a la par ◆ **hands up! 1** ¡que levante la mano!: *Hands up if you know the answer.* El que sepa la respuesta que levante la mano. **2** ¡manos arriba! ◆ **in hand 1** disponible, en reserva **2** bajo control **3** entre manos ◆ **on hand** disponible ◆ **on the one hand... on the other (hand)...** por un lado... por otro... ◆ **out of hand 1** fuera de control: *The situation is getting out of hand.* La situación se está descontrolando. **2** sin pensarlo ◆ **to hand** a mano *Ver tb* CHANGE, EAT, FIRM, FIRST, FREE, HEAVY, HELP, HOLD, MATTER, PALM, SHAKE, UPPER
▸ *vt* ~ **sb sth**; ~ **sth to sb** pasar algo a algn ➲ *Ver nota en* GIVE PHR V **hand sth back (to sb)** devolver algo (a algn) ◆ **hand sth in (to sb)** entregar algo (a algn) ◆ **hand sth out (to sb)** repartir algo (a algn) ◆ **hand over (to sb)** (*poder, responsabilidad*) delegar, transferir algo (a algn) ◆ **hand sth over (to sb)** entregar algo (a algn)

handbag /ˈhændbæg/ *n* bolso ➲ *Ver dibujo en* BAG

handball *n* **1** /ˈhændbɔːl/ balonmano **2** /ˌhændˈbɔːl/ (*Fútbol*) mano

handbook /ˈhændbʊk/ *n* manual, guía

handbrake /ˈhændbreɪk/ *n* freno de mano

handcuff /ˈhændkʌf/ *vt* esposar

handcuffs /ˈhændkʌfs/ *n* [*pl*] esposas

handful /ˈhændfʊl/ *n* (*pl* **handfuls**) (*lit y fig*) puñado: *a handful of students* un puñado de estudiantes LOC **be a (real) handful** (*coloq*) ser una pesadilla

handgun /ˈhændgʌn/ *n* pistola

handicap /ˈhændikæp/ *nombre, verbo*
▸ *n* **1** (*Med*) discapacidad **2** desventaja
▸ *vt* (**-pp-**) perjudicar **handicapped** *adj* discapacitado ➲ *Ver nota en* DISCAPACITADO

handicrafts /ˈhændikrɑːfts; *USA* -kræfts/ *n* [*pl*] artesanía

handkerchief /ˈhæŋkətʃɪf, -tʃiːf/ *n* (*pl* **handkerchiefs** *o* **handkerchieves** /-tʃiːvz/) pañuelo (*de bolsillo*)

handles

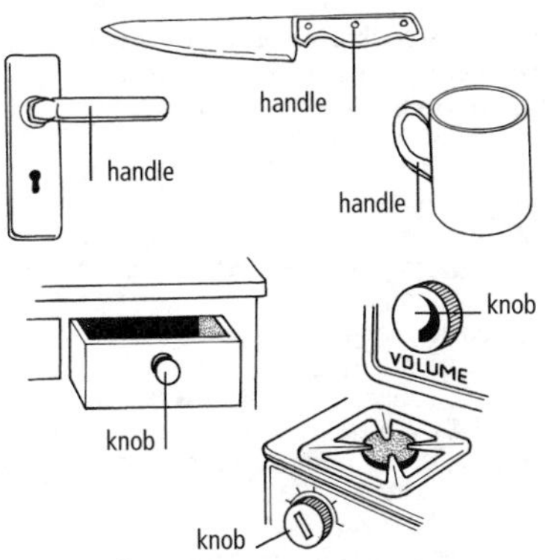

handle /ˈhændl/ *verbo, nombre*
▸ *vt* **1** manejar **2** (*gente*) tratar **3** soportar **4** (*maquinaria*) operar
▸ *n* **1** manilla **2** mango **3** asa

handlebars /ˈhændlbɑːz/ *n* [*pl*] manillar

handmade /ˌhændˈmeɪd/ *adj* hecho a mano, de artesanía

En inglés se pueden formar adjetivos compuestos para todas las destrezas manuales: p. ej. **hand-built** (construido a mano), **hand-knitted** (tricotado a mano), **hand-painted** (pintado a mano), etc.

handout /ˈhændaʊt/ *n* **1** donativo **2** folleto **3** fotocopia

handprint /ˈhændprɪnt/ *n* huella de la mano

hands-free /ˈhændz friː/ *adj* manos libres: *a hands-free phone* un teléfono con accesorio manos libres

handshake /ˈhændʃeɪk/ *n* apretón de manos

handsome /ˈhænsəm/ *adj* **1** guapo ❶ Se aplica sobre todo a los hombres. **2** (*regalo, cumplido*) generoso

hands-on /ˌhændz ˈɒn/ *adj* [*sólo antes de sustantivo*] práctico: *hands-on experience* experiencia práctica

handstand /ˈhændstænd/ *n* pino: *to do a handstand* hacer el pino

handwriting /ˈhændraɪtɪŋ/ *n* **1** escritura **2** letra, caligrafía

handwritten /ˌhændˈrɪtn/ *adj* escrito a mano

handy /ˈhændi/ *adj* (**handier**, **-iest**) **1** práctico, útil **2** a mano **3** mañoso

hang /hæŋ/ *verbo, nombre*
▸ (*pt, pp* **hung** /hʌŋ/) ❶ En el sentido 4, el pasado simple y el participio pasado son **hanged**. **1** *vt* colgar **2** *vi* estar colgado **3** *vi* (*ropa, pelo*) caer **4** *vt, vi* ahorcar(se) **5** *vi* ~ **(above/over sb/sth)** pender (sobre algn/algo) PHR V **hang about/around** (*coloq*) **1** quedarse esperando (*sin hacer nada*) **2** perder el tiempo ◆ **hang on 1** agarrarse **2** (*tb* **hang about**) (*coloq*) esperar: *Hang on a minute!* ¡Espera un momento! ◆ **hang out** (*coloq*) andar, ir: *They hang out in the park.* Van al parque a pasar el tiempo. ◆ **hang sth out** tender algo ◆ **hang up (on sb)** (*teléfono*) colgar (a algn)
▸ *n* LOC **get the hang of sth** (*coloq*) cogerle el tranquillo a algo

hangar /ˈhæŋə(r)/ *n* hangar

hanger /ˈhæŋə(r)/ (*tb* ˈ**clothes hanger**, ˈ**coat hanger**) *n* percha

hang-glider /ˈhæŋ glaɪdə(r)/ *n* ala delta **hang-gliding** *n* vuelo en ala delta: *to go hang-gliding* volar en ala delta

hangman /ˈhæŋmən/ *n* **1** (*pl* **-men** /-mən/) verdugo (*de horca*) **2** [*incontable*] (*juego*) el ahorcado

hangover /ˈhæŋəʊvə(r)/ *n* resaca

hang-up /ˈhæŋ ʌp/ *n* ~ **(about sth)** (*coloq*) trauma, complejo (por algo)

haphazard /hæpˈhæzəd/ *adj* al azar, de cualquier manera

happen /ˈhæpən/ *vi* ocurrir, pasar: *whatever happens/no matter what happens* pase lo que pase ◇ *if you happen to go into town* si por casualidad vas al centro **happening** *n* suceso, acontecimiento

happily /ˈhæpɪli/ *adv* **1** felizmente **2** afortunadamente

happiness /ˈhæpinəs/ *n* felicidad

happy /ˈhæpi/ *adj* (**happier**, **-iest**) **1** feliz: *a happy marriage/memory/child* un matrimonio/recuerdo/niño feliz **2** contento, alegre: *Are you happy in your work?* ¿Estás contento con tu trabajo? ➲ *Ver nota en* GLAD

harass /ˈhærəs, həˈræs/ *vt* hostigar, acosar **harassment** *n* hostigamiento, acoso

harbour (*USA* **harbor**) /ˈhɑːbə(r)/ *nombre, verbo*
▸ *n* puerto
▸ *vt* **1** proteger, dar cobijo a **2** (*formal*) (*sospechas*) albergar

H

hard /hɑːd/ *adjetivo, adverbio*
▸ *adj* (**harder**, **-est**) **1** duro **2** difícil: *It's hard to tell.* Es difícil saber con seguridad. ◇ *It's hard for me to say no.* Me cuesta decir que no. ◇ *hard to please* exigente **3** duro, agotador: *a hard worker* una persona trabajadora **4** (*persona, trato*) duro, severo, cruel **5** (*bebida*) fuerte LOC **be hard on sb 1** ser duro con algn **2** ser injusto con algn ◆ **give sb a hard time** hacer pasar a algn un mal rato ◆ **hard luck** (*coloq*) mala pata ◆ **have a hard time** pasar un mal rato ◆ **take a hard line (on/over sth)** adoptar una postura tajante (en algo) ◆ **the hard way** por la vía difícil *Ver tb* DRIVE
▸ *adv* (**harder**, **-est**) **1** mucho, duro: *She hit her head hard.* Se dio un fuerte golpe en la cabeza. ◇ *to try hard* esforzarse ◇ *It's raining hard.* Está lloviendo mucho. **2** (*tirar*) fuerte **3** (*pensar*) detenidamente **4** (*mirar*) fijamente LOC **be hard put to do sth** tener dificultad en hacer algo ◆ **be hard up** (*coloq*) andar mal de dinero ◆ **hard done by** tratado injustamente

hardback /ˈhɑːdbæk/ *n* libro de tapas duras ➲ *Comparar con* PAPERBACK

ˌhard ˈcash *n* dinero en efectivo

hard-core /ˌhɑːd ˈkɔː(r)/ *adj* (*persona*) radical, intransigente

ˌhard ˈdisk *n* (*Informát*) disco duro

harden /ˈhɑːdn/ *vt, vi* endurecer(se): *hardened criminal* criminal habitual **hardening** *n* endurecimiento

hardly /ˈhɑːdli/ *adv* **1** apenas: *I hardly know her.* Apenas la conozco. **2** difícilmente: *It's hardly surprising.* No es ninguna sorpresa. ◇ *He's hardly the world's best cook.* No es el mejor cocinero del mundo. ◇ *Hardly!* ¡Qué va!/¡Ni hablar! **3** casi: *hardly anyone* casi nadie ◇ *hardly ever* casi nunca

hardship /ˈhɑːdʃɪp/ *n* apuro, privación

ˌhard ˈshoulder *n* arcén

hardware /ˈhɑːdweə(r)/ *n* **1** (*Informát*) hardware **2** ferretería: *hardware store* ferretería

hard-working /ˌhɑːd ˈwɜːkɪŋ/ *adj* trabajador

hardy /ˈhɑːdi/ *adj* (**hardier**, **-iest**) **1** robusto **2** (*Bot*) resistente

hare /heə(r)/ *n* liebre

haricot /ˈhærɪkəʊ/ (*tb* **ˌharicot ˈbean**) *n* judía blanca

harm /hɑːm/ *nombre, verbo*
▸ *n* daño, mal: *He meant no harm.* No tenía malas intenciones. ◇ *There's no harm in asking.* No se pierde nada con preguntar. ◇ *You'll come to no harm.* No te pasará nada. ◇ *(There's) no harm done.* No pasó nada. LOC **do more harm than good** ser peor el remedio que la enfermedad ◆ **out of harm's way** fuera de peligro
▸ *vt* **1** (*persona*) hacer daño a **2** (*cosa*) dañar

harmful /ˈhɑːmfl/ *adj* ~ **(to sb/sth)** nocivo, perjudicial (para algn/algo)

harmless /ˈhɑːmləs/ *adj* **1** inocuo **2** inocente, inofensivo

harmonica /hɑːˈmɒnɪkə/ *n* armónica

harmony /ˈhɑːməni/ *n* (*pl* **harmonies**) armonía

harness /ˈhɑːnɪs/ *nombre, verbo*
▸ *n* arreos
▸ *vt* **1** (*caballo*) enjaezar **2** (*recursos*) aprovechar

harp /hɑːp/ *nombre, verbo*
▸ *n* arpa
▸ *v* PHR V **harp on (about) sth** hablar repetidamente de algo

harpoon /hɑːˈpuːn/ *n* arpón

harsh /hɑːʃ/ *adj* (**harsher**, **-est**) **1** (*castigo, etc.*) severo **2** (*palabra, profesor*) duro **3** (*textura, voz*) áspero **4** (*clima, etc.*) riguroso **5** (*color, luz*) chillón **6** (*ruido, etc.*) estridente **harshly** *adv* duramente, severamente

harvest /ˈhɑːvɪst/ *nombre, verbo*
▸ *n* cosecha: *grape harvest* vendimia
▸ *vt* cosechar

has /həz, hæz/ *Ver* HAVE

hashish /ˈhæʃiːʃ, hæˈʃiːʃ/ (*coloq* **hash**) *n* hachís

hasn't /ˈhæznt/ = HAS NOT *Ver* HAVE

hassle /ˈhæsl/ *nombre, verbo*
▸ *n* (*coloq*) **1** (*complicación*) lío, rollo: *It's a lot of hassle.* Es mucho lío. **2** molestias: *Don't give me any hassle!* ¡Déjame en paz!
▸ *vt* (*coloq*) molestar

haste /heɪst/ *n* prisa LOC **in haste** de prisa **hasten** /ˈheɪsn/ **1** *vi* darse prisa, apresurarse **2** (*formal*) *vt* acelerar **hastily** *adv* precipitadamente **hasty** *adj* (**hastier**, **-iest**) precipitado

hat /hæt/ *n* sombrero *Ver tb* TOP HAT LOC *Ver* DROP

hatch /hætʃ/ *verbo, nombre*
▸ **1** *vi* ~ **(out)** salir del huevo **2** *vi* (*huevo*) abrirse **3** *vt* incubar **4** *vt* ~ **sth (up)** tramar algo
▸ *n* **1** trampilla **2** escotilla **3** ventanilla (*para pasar comida*)

hatchback /ˈhætʃbæk/ *n* coche con puerta trasera

hate /heɪt/ *verbo, nombre*
▸ *vt* **1** odiar **2** lamentar: *I hate to bother you, but...* Siento molestarte, pero...
▸ *n* **1** odio **2** (*coloq*): *pet hate* bestia negra **hateful** *adj* odioso

hatred /ˈheɪtrɪd/ *n* ~ **(for/of sb/sth)** odio (hacia algn/algo)

hat-trick /ˈhæt trɪk/ *n* tres tantos: *to score a hat-trick* marcar tres tantos en un partido

haul /hɔːl/ *verbo, nombre*
▸ *vt* tirar, arrastrar
▸ *n* **1** botín: *a drugs haul* un alijo de droga **2** (*distancia*) camino, recorrido: *long-haul/short-haul flights* vuelos de larga/corta distancia **3** redada (*de peces*)

haunt /hɔːnt/ *verbo, nombre*
▸ *vt* **1** (*fantasma*) aparecerse en **2** (*lugar*) frecuentar **3** (*pensamiento*) atormentar
▸ *n* lugar predilecto

haunted /ˈhɔːntɪd/ *adj* embrujado (*casa*)

have /həv, əv, hæv/ *verbo*
▸ *vt* **1** (*tb* **have got**) tener: *She's got a new car.* Tiene un coche nuevo. ◇ *to have flu/a headache* tener la gripe/dolor de cabeza ➲ *Ver nota en* TENER **2** ~ **(got) sth to do** tener algo que hacer: *I've got a bus to catch.* Tengo que coger el autobús. **3** ~ **(got) to do sth** tener que hacer algo: *I've got to go to the bank.* Tengo que ir al banco. ◇ *Did you have to pay a fine?* ¿Tuviste que pagar una multa? ◇ *It has to be done.* Hay que hacerlo. **4** (*tb* **have got**) llevar: *Have you got any money on you?* ¿Llevas encima dinero? **5** tomar: *to have a bath/wash* tomar un baño/lavarse ◇ *to have a cup of coffee* tomar un café

> La estructura **have + sustantivo** a menudo se expresa en español con un verbo: *to have breakfast/lunch/dinner* desayunar/comer/cenar.

6 ~ **sth done** hacer/mandar hacer algo: *to have your hair cut* cortarse el pelo ◇ *to have a dress made* encargar que te hagan un vestido ◇ *She had her bag stolen.* Le robaron el bolso. **7** consentir: *I won't have it!* ¡No lo consentiré! LOC **have (got) it in for sb** (*coloq*): *He's got it in for me.* Me tiene manía. ◆ **have had it** (*coloq*): *The TV has had it.* La tele ha cascado. ◆ **have it (that)**: *Rumour has it that...* Se dice que... ◇ *As luck would have it...* Como quiso la suerte... ◆ **have to do with sb/sth**; **have (got) sth to do with sb/sth** tener (algo) que ver con algn/algo: *It has nothing to do with me.* No tiene nada que ver conmigo. ❶ Para otras expresiones con **have**, véanse las entradas del sustantivo, adjetivo, etc., p. ej. **have a sweet tooth** en SWEET. PHR V **have sth back** recuperar algo: *Let me have it back soon.* Devuélvemelo pronto. ◆ **have sb on** (*coloq*) tomar el pelo a algn: *You're having me on!* ¡Me estás tomando el pelo! ◆ **have (got) sth on 1** (*ropa*) llevar algo puesto: *He's got a tie on today.* Hoy lleva corbata. **2** (*aparato, etc.*) tener algo enchufado **3** tener algo que hacer: *Have you got anything on tonight?* ¿Tienes algún plan para esta noche? ◇ *I've got a lot on.* Estoy muy ocupado. ◆ **have sth out** hacer quitar algo: *I had a tooth out.* Me quitaron una muela.
▸ *v aux* haber: *'I've finished my work.' 'So have I.'* —He terminado mi trabajo. —Yo también. ◇ *He's gone home, hasn't he?* Se ha ido a casa, ¿no? ◇ *'Have you seen it?' 'Yes, I have./No, I haven't.'* —¿Lo has visto? —Sí./No.

haven /ˈheɪvn/ *n* refugio

haven't /ˈhævnt/ = HAVE NOT *Ver* HAVE

havoc /ˈhævək/ *n* [*incontable*] estragos LOC **play/wreak havoc with/on sth** hacer estragos en algo

hawk /hɔːk/ *n* halcón, gavilán

hawthorn /ˈhɔːθɔːn/ *n* espino blanco

hay /heɪ/ *n* heno: *hay fever* alergia al polen

hazard /ˈhæzəd/ *nombre, verbo*
▸ *n* peligro, riesgo: *a health hazard* un peligro para la salud

have

present simple			**past simple**
afirmativa		*negativa*	
	formas contractas	*formas contractas*	*formas contractas*
I **have**	I**'ve**	I **haven't**	I**'d**
you **have**	you**'ve**	you **haven't**	you**'d**
he/she/it **has**	he**'s**/she**'s**/it**'s**	he/she/it **hasn't**	he**'d**/she**'d**/it**'d**
we **have**	we**'ve**	we **haven't**	we**'d**
you **have**	you**'ve**	you **haven't**	you**'d**
they **have**	they**'ve**	they **haven't**	they**'d**
forma ***-ing*** **having**	*past simple* **had**	*participio pasado* **had**	

▸ *vt* LOC **hazard a guess** aventurar una opinión **hazardous** *adj* peligroso, arriesgado

haze /heɪz/ *n* bruma ➲ *Comparar con* FOG, MIST

hazel /ˈheɪzl/ *n* **1** avellano **2** color avellana

hazelnut /ˈheɪzlnʌt/ *n* avellana

hazy /ˈheɪzi/ *adj* (**hazier**, **-iest**) **1** brumoso **2** (*idea, etc.*) vago **3** (*persona*) confuso

HD /ˌeɪtʃ ˈdiː/ *abrev de* **high-definition** (*TV, etc.*) de alta definición

he 🔑 /hiː/ *pronombre, nombre*

▸ *pron* él: *He's in Paris.* Está en París. ⓘ El pronombre personal no se puede omitir en inglés. ➲ *Comparar con* HIM

▸ *n*: *Is it a he or a she?* ¿Es macho o hembra?

head 🔑 /hed/ *nombre, verbo*

▸ *n* **1** cabeza: *It never entered my head.* Jamás se me ocurrió. **2** cabecera: *the head of the table* la cabecera de la mesa **3** jefe, -a: *the heads of government* los jefes de gobierno **4** = HEAD TEACHER LOC **a/per head** por cabeza: *ten dollars a head* diez dólares por cabeza ◆ **go over sb's head**: *The article went completely over my head.* No entendí el artículo en absoluto. ◆ **go to your head** subírsele a la cabeza a algn ◆ **have a head for sth** tener talento para algo: *to have a head for heights* no tener vértigo ◆ **head first** de cabeza ◆ **heads or tails?** ¿cara o cruz? ◆ **not make head nor/or tail of sth** no conseguir entender algo: *I can't make head nor/or tail of it.* No consigo entenderlo. *Ver tb* HIT, IDEA, SHAKE, TOP

▸ *vt* **1** encabezar **2** (*Dep*) cabecear PHR V **be heading for sth** ir camino de algo

headache 🔑 /ˈhedeɪk/ *n* **1** dolor de cabeza **2** quebradero de cabeza

headdress /ˈheddres/ *n* tocado de cabeza

heading /ˈhedɪŋ/ *n* encabezamiento, apartado

headlight /ˈhedlaɪt/ (*tb* **headlamp** /ˈhedlæmp/) *n* faro

headline /ˈhedlaɪn/ *n* **1** titular **2 the headlines** [*pl*] el resumen de noticias

headmaster /ˌhedˈmɑːstə(r)/ *n* director (*de un colegio*) ➲ *Ver nota en* HEAD TEACHER

headmistress /ˌhedˈmɪstrəs/ *n* directora (*de un colegio*) ➲ *Ver nota en* HEAD TEACHER

ˌ**head ˈoffice** *n* sede central

head-on /hed ˈɒn/ *adj, adv* de frente: *a head-on collision* una colisión de frente

headphones /ˈhedfəʊnz/ *n* [*pl*] auriculares

headquarters /ˌhedˈkwɔːtəz/ *n* (*abrev* **HQ**) [*v sing o pl*] **1** oficina principal **2** (*Mil*) cuartel general

headscarf /ˈhedskɑːf/ *n* (*pl* **headscarves** /-skɑːvz/) pañuelo (de cabeza)

headstand /ˈhedstand/ *n* pino: *to do a headstand* hacer el pino

ˌ**head ˈstart** *n* [*sing*] ventaja: *You had a head start over me.* Me llevabas ventaja.

ˌ**head ˈteacher** *n* director, -ora (*de un colegio*) ⓘ Esta es la forma que más se utiliza en Gran Bretaña, sobre todo en las escuelas públicas.

headway /ˈhedweɪ/ *n* LOC **make headway** avanzar, progresar

heal 🔑 /hiːl/ **1** *vi* cicatrizar, sanar **2** *vt* (*formal*) (*persona*) sanar

health 🔑 /helθ/ *n* salud: *health centre* centro de salud ◇ *health care* asistencia sanitaria *Ver tb* ILL HEALTH LOC *Ver* DRINK

ˈ**health food** *n* alimento natural: *health food shop* herboristería

healthy 🔑 /ˈhelθi/ *adj* (**healthier**, **-iest**) **1** sano **2** saludable (*estilo de vida, etc.*)

heap /hiːp/ *nombre, verbo*

▸ *n* montón

▸ *vt* ~ **sth (up)** amontonar algo

hear 🔑 /hɪə(r)/ (*pt, pp* **heard** /hɜːd/) **1** *vt, vi* oír: *I couldn't hear a thing.* No oía nada. ◇ *I heard someone laughing.* Oí a alguien que se reía. ➲ *Ver nota en* OÍR **2** *vt* escuchar **3** *vi* ~ **(about sth/sb)** enterarse (de algo/de lo de algn) **4** *vt* (*Jur*) ver (*caso*) PHR V **hear (sth) from sb** tener noticias de algn ◆ **hear (sth) of sb/sth** oír hablar de algn/algo

hearing 🔑 /ˈhɪərɪŋ/ *n* **1** (*tb* ˌ**sense of ˈhearing**) oído **2** (*Jur*) vista, audiencia

hearse /hɜːs/ *n* coche fúnebre

heart 🔑 /hɑːt/ *n* **1** corazón: *heart attack/failure* ataque/paro cardiaco **2** [*sing*] ~ **(of sth)** centro (de algo): *the heart of the matter* el quid del asunto **3** cogollo (*de lechuga, etc.*) **4 hearts** [*pl*] (*Naipes*) corazones ➲ *Ver nota en* BARAJA LOC **at heart** en el fondo ◆ **by heart** de memoria ◆ **have your heart set on sth; set your heart on sth** querer algo sobre todas las cosas ◆ **lose heart** desanimarse ◆ **take heart (from sth)** animarse (por algo) ◆ **take sth to heart** tomar algo a pecho ◆ **your heart sinks**: *When I saw the queue my heart sank.* Cuando vi la cola se me cayó el alma a los pies. *Ver tb* CHANGE, CRY

heartbeat /ˈhɑːtbiːt/ *n* latido (*del corazón*)

heartbreak /ˈhɑːtbreɪk/ *n* angustia, sufrimiento **heartbreaking** *adj* que parte el corazón, angustioso **heartbroken** /ˈhɑːtbrəʊkən/ *adj* desconsolado, lleno de dolor

heartburn /ˈhɑːtbɜːn/ *n* acidez de estómago

hearten /ˈhɑːtn/ *vt* animar **heartening** *adj* alentador

heartfelt /ˈhɑːtfelt/ *adj* sincero

hearth /hɑːθ/ *n* hogar (*chimenea*)

heartless /ˈhɑːtləs/ *adj* inhumano, cruel

hearty /ˈhɑːti/ *adj* (**heartier**, **-iest**) **1** (*enhorabuena*) cordial **2** (*persona*) jovial (*a veces en exceso*) **3** (*comida*) abundante

heat /hiːt/ *nombre, verbo*

▸ *n* **1** calor **2** (*Dep*) prueba clasificatoria *Ver tb* DEAD HEAT LOC **be on heat** (*USA* **be in heat**) estar en celo

▸ *vt, vi* ~ **(sth) (up)** calentar algo, calentarse **heated** *adj* **1** (*discusión, persona*) acalorado **2** *a heated pool* una piscina climatizada ◇ *centrally heated* con calefacción central

heater /ˈhiːtə(r)/ *n* calefactor

heath /hiːθ/ *n* brezal

heathen /ˈhiːðn/ *n* (*antic, pey*) no creyente

heather /ˈheðə(r)/ *n* brezo

heating /ˈhiːtɪŋ/ *n* calefacción

heatwave /ˈhiːtweɪv/ *n* ola de calor

heave /hiːv/ *verbo, nombre*

▸ **1** *vt* arrastrar (*con esfuerzo*) **2** *vi* ~ **(at/on sth)** tirar con esfuerzo (de algo) **3** *vt* arrojar (*algo pesado*)

▸ *n* tirón, empujón

heaven (*tb* **Heaven**) /ˈhevn/ *n* (*Relig*) cielo ℹ Normalmente la palabra **heaven** no lleva artículo: *She has gone to heaven.* Se ha ido al cielo. LOC *Ver* KNOW, SAKE

heavenly /ˈhevnli/ *adj* **1** (*Relig*) celestial **2** celeste: *heavenly bodies* cuerpos celestes **3** (*coloq*) divino

heavily /ˈhevɪli/ *adv* **1** muy, mucho: *heavily loaded* muy cargado ◇ *to rain heavily* llover muchísimo **2** pesadamente

heavy /ˈhevi/ *adj* (**heavier**, **-iest**) **1** pesado: *How heavy is it?* ¿Cuánto pesa? **2** más de lo normal: *heavy traffic* un tráfico denso ◇ *heavy rain* intensas lluvias **3** (*facciones, movimiento*) torpe **4** *to be a heavy smoker/sleeper* ser un fumador empedernido/tener un sueño muy profundo LOC **with a heavy hand** con mano dura *Ver tb* TOLL

heavyweight /ˈheviweɪt/ *n* **1** peso pesado **2** (*fig*) figura (importante)

the Hebrides /ˈhebrɪdiːz/ *n* [*pl*] las Hébridas

heckle /ˈhekl/ *vt, vi* interrumpir

hectare /ˈhekteə(r)/ *n* (*abrev* **ha**) hectárea

hectic /ˈhektɪk/ *adj* frenético

he'd /hiːd/ **1** = HE HAD *Ver* HAVE **2** = HE WOULD *Ver* WOULD

hedge /hedʒ/ *nombre, verbo*

▸ *n* **1** seto **2** ~ **against sth** protección contra algo

▸ *vi* dar rodeos, salirse por la tangente

hedgehog /ˈhedʒhɒg; *USA* -hɔːg/ *n* erizo

heed /hiːd/ *verbo, nombre*

▸ *vt* (*formal*) prestar atención a

▸ *n* LOC **give/pay heed (to sb/sth); take heed (of sb/sth)** (*formal*) hacer caso (de algn/algo)

heel /hiːl/ *n* **1** talón **2** tacón LOC *Ver* DIG

hefty /ˈhefti/ *adj* (**heftier**, **-iest**) **1** (*persona*) fornido **2** (*objeto*) pesado **3** (*sueldo, deuda, etc.*) altísimo **4** (*golpe*) fuerte

height /haɪt/ *n* **1** altura **2** estatura **3** (*Geog*) altitud **4** (*fig*) cumbre, colmo: *at/in the height of summer* en pleno verano ◇ *the height of fashion* la última moda ➲ *Ver nota en* ALTO

heighten /ˈhaɪtn/ *vt, vi* intensificar(se), aumentar

heir /eə(r)/ *n* ~ **(to sth)**; ~ **(of sb)** heredero, -a (de algo/algn)

heiress /ˈeərəs/ *n* heredera

held *pt, pp de* HOLD

helicopter /ˈhelɪkɒptə(r)/ *n* helicóptero

helium /ˈhiːliəm/ *n* helio

hell (*tb* **Hell**) /hel/ *n* infierno ℹ En el sentido religioso, la palabra **hell** no lleva artículo: *to go to hell* ir al infierno. LOC **a/one hell of a...** (*coloq*): *I got a hell of a shock.* Me llevé un susto terrible.

he'll /hiːl/ = HE WILL *Ver* WILL

hellish /ˈhelɪʃ/ *adj* (*coloq*) infernal

hello /həˈləʊ/ *interj, n* hola: *Say hello for me.* Saluda de mi parte. ➲ *Ver nota en* HOLA

helm /helm/ *n* timón

helmet /ˈhelmɪt/ *n* casco

help /help/ *verbo, nombre*

▸ **1** *vt, vi* ayudar: *Help!* ¡Socorro! ◇ *How can I help you?* ¿En qué puedo servirle? **2** *vt* ~ **yourself (to sth)**; ~ **sb to sth** servirse (algo), servir algo a algn LOC **can't/couldn't help (doing) sth**: *He can't help it.* No lo puede evitar. ◇ *I couldn't help laughing.* No pude contener la risa. ◇ *It can't be helped.* No hay remedio. ◆ **give/lend (sb) a helping hand** echar una mano (a algn) PHR V **help (sb) out** ayudar (a algn)

▸ *n* [*incontable*] **1** ayuda: *It wasn't much help.* No sirvió de mucho. **2** asistencia

Asking for help

Pedir ayuda

- *Could you possibly help me?* ¿Podrías ayudarme?
- *I wonder if you could give/lend me a hand?* ¿Podrías echarme una mano?
- *Would you mind opening the door for me?* ¿Te importaría abrirme la puerta?

H

- *Could I ask you to keep an eye on my luggage for a moment?* ¿Podrías echar un vistazo a mi equipaje?
- *Yes, of course.* Sí, por supuesto.
- *I'm sorry, I'm in a hurry.* Lo siento, tengo prisa.

helper /ˈhelpə(r)/ *n* ayudante
helpful 🔑 /ˈhelpfl/ *adj* **1** (*consejo, etc.*) útil **2** servicial **3** amable
helping /ˈhelpɪŋ/ *n* porción (*de comida*): *to have a second helping* repetir
helpless /ˈhelpləs/ *adj* **1** indefenso **2** desamparado **3** imposibilitado
helpline /ˈhelplaɪn/ *n* línea telefónica de ayuda
helter-skelter /ˌheltə ˈskeltə(r)/ *n* tobogán (*en espiral*)
hem /hem/ *nombre, verbo*
▸ *n* dobladillo
▸ *vt* (**-mm-**) coser el dobladillo de PHR V **hem sb/sth in 1** cercar a algn/algo **2** limitar a algn
hemisphere /ˈhemɪsfɪə(r)/ *n* hemisferio
hemo- (*USA*) = HAEMO-
hen /hen/ *n* gallina
hence 🔑 /hens/ *adv* (*formal*) de ahí, por eso LOC **six, etc. days, weeks, etc. hence** (*formal*) de aquí a seis días, semanas, etc.
henceforth /ˌhensˈfɔːθ/ *adv* (*formal*) de ahora en adelante
ˈhen night (*tb* **ˈhen party**) *n* despedida de soltera ➲ *Comparar con* STAG NIGHT
hepatitis /ˌhepəˈtaɪtɪs/ *n* [*incontable*] hepatitis
heptagon /ˈheptəgən; *USA* -gɑːn/ *n* heptágono
her 🔑 /hə(r), ɜː(r)/ *pronombre, adjetivo*
▸ *pron* **1** [*como objeto directo*] la: *I saw her.* La vi. **2** [*como objeto indirecto*] le, a ella: *I gave her the book.* Le di el libro. **3** [*después de preposición y verbo* **be**] ella: *I said it to her.* Se lo dije a ella. ◇ *I think of her often.* Pienso en ella a menudo. ◇ *She took it with her.* Se lo llevó consigo. ◇ *It wasn't her.* No fue ella. ➲ *Comparar con* SHE
▸ *adj* su (*de ella*): *her book(s)* su(s) libro(s) ℹ **Her** se usa también para referirse a coches, barcos o naciones. ➲ *Comparar con* HERS *y ver nota en* MY
herald /ˈherəld/ *verbo, nombre*
▸ *vt* (*formal*) anunciar (*llegada, comienzo*)
▸ *n* heraldo **heraldry** *n* heráldica
herb /hɜːb; *USA* ɜːrb/ *n* hierba (fina) **herbal** *adj* (a base) de hierbas: *herbal tea* infusión
herbalism /ˈhɜːblɪzəm; *USA* ˈɜːrbl-/ *n* herbalismo
herbivore /ˈhɜːbɪvɔː(r); *USA* ˈɜːrb-/ *n* herbívoro
herd /hɜːd/ *nombre, verbo*
▸ *n* manada, piara (*de vacas, cabras y cerdos*) ➲ *Comparar con* FLOCK
▸ *vt* llevar en manada
here 🔑 /hɪə(r)/ *adverbio, interjección*
▸ *adv* aquí: *I live a mile from here.* Vivo a una milla de aquí. ◇ *Please sign here.* Firme aquí, por favor.

En las oraciones que empiezan con **here** el verbo se coloca detrás del sujeto si éste es un pronombre: *Here they are, at last!* Ya llegan ¡por fin! ◇ *Here it is, on the table!* Aquí está, encima de la mesa., y antes si es un sustantivo: *Here comes the bus.* Ya llega el autobús.

LOC **be here** llegar: *They'll be here any minute.* Están a punto de llegar. ◆ **here and there** aquí y allá ◆ **here you are** aquí tiene
▸ *interj* **1** ¡oye! **2** (*ofreciendo algo*) ¡toma!
hereditary /həˈredɪtri; *USA* -teri/ *adj* hereditario
heresy /ˈherəsi/ *n* (*pl* **heresies**) herejía
heritage /ˈherɪtɪdʒ/ *n* patrimonio
hermit /ˈhɜːmɪt/ *n* ermitaño, -a
hero 🔑 /ˈhɪərəʊ/ *n* (*pl* **heroes**) **1** héroe, heroína: *sporting heroes* los héroes del deporte **2** protagonista (*de novela, película, etc.*) **heroic** /həˈrəʊɪk/ *adj* heroico
heroin /ˈherəʊɪn/ *n* heroína (*droga*)
heroine /ˈherəʊɪn/ *n* heroína (*persona*)
heroism /ˈherəʊɪzəm/ *n* heroísmo
heron /ˈherən/ *n* garza
herring /ˈherɪŋ/ *n* arenque LOC *Ver* RED
hers 🔑 /hɜːz/ *pron* suyo, -a, -os, -as (*de ella*): *a friend of hers* un amigo suyo ◇ *Where are hers?* ¿Dónde están los suyos?
herself 🔑 /hɜːˈself/ *pron* **1** [*uso reflexivo*] se (*a ella misma*): *She bought herself a book.* Se compró un libro. **2** [*después de preposición*] sí (misma): *'I am free', she said to herself.* —Soy libre, se dijo a sí misma. **3** [*uso enfático*] ella misma: *She told me the news herself.* Me contó la noticia ella misma. LOC **(all) by herself** (completamente) sola
he's /hiːz/ **1** = HE IS *Ver* BE **2** = HE HAS *Ver* HAVE
hesitant /ˈhezɪtənt/ *adj* vacilante, indeciso
hesitate 🔑 /ˈhezɪteɪt/ *vi* **1** ~ **(about/over sth/doing sth)** vacilar (si hacer algo) **2** dudar: *Don't hesitate to call.* No dudes en llamar. **hesitation** *n* vacilación, duda
heterogeneous /ˌhetərəˈdʒiːniəs/ *adj* (*formal*) heterogéneo

heterosexual /ˌhetərəˈsekʃuəl/ *adj, n* heterosexual

hexagon /ˈheksəɡən; *USA* -ɡɑːn/ *n* hexágono

hey /heɪ/ *interj* ¡oye!, ¡eh!

heyday /ˈheɪdeɪ/ *n* (días de) apogeo

hi ⚷ /haɪ/ *interj* (*coloq*) hola ➲ *Ver nota en* HOLA

hibernate /ˈhaɪbəneɪt/ *vi* hibernar **hibernation** *n* hibernación

hiccup (*tb* **hiccough**) /ˈhɪkʌp/ *n* **1 the hiccups** [*pl*] hipo: *I got (the) hiccups.* Me dio el hipo. **2** (*coloq*) problema

hidden /ˈhɪdn/ *adj* oculto, escondido *Ver tb* HIDE

hide ⚷ /haɪd/ *verbo, nombre*

▸ (*pt* **hid** /hɪd/, *pp* **hidden** /ˈhɪdn/) **1** *vt* ~ **sth (from sb)** ocultar algo (a algn): *The trees hid the house from view.* Los árboles ocultaban la casa. **2** *vi* ~ **(from sb)** esconderse (de algn): *The child was hiding under the bed.* El niño estaba escondido debajo de la cama.

▸ *n* piel (*de animal*)

hide-and-seek /ˌhaɪd ən ˈsiːk/ *n* escondite: *to play hide-and-seek* jugar al escondite

hideous /ˈhɪdiəs/ *adj* espantoso

hiding /ˈhaɪdɪŋ/ *n* **1** *in hiding* escondido ◇ *to go into/come out of hiding* esconderse/salir del escondite **2** (*coloq*) tunda

hierarchy /ˈhaɪərɑːki/ *n* (*pl* **hierarchies**) jerarquía

hieroglyphics /ˌhaɪərəˈɡlɪfɪks/ *n* [*pl*] jeroglíficos

hi-fi /ˈhaɪ faɪ/ *adj, n* (equipo) de alta fidelidad

high ⚷ /haɪ/ *adjetivo, nombre, adverbio*

▸ *adj* (**higher, -est**) **1** alto: *The wall is six feet high.* La pared mide seis pies de altura. ◇ *How high is it?* ¿Cuánto mide de altura? ➲ *Ver nota en* ALTO

> **High**, como su contrario **low**, a veces se combina con un sustantivo para crear adjetivos como **high-speed** (*de alta velocidad*), **high-fibre** (*de alto contenido en fibra*), y **high-risk** (*de alto riesgo*).

2 *to have a high opinion of sb* tener buena opinión de algn ◇ *high hopes* grandes esperanzas ◇ *high priority* máxima prioridad **3** (*viento*) fuerte **4** (*ideales, ganancias*) elevado: *to set high standards* poner el listón muy alto ◇ *I have it on the highest authority.* Lo sé de muy buena fuente. **5** *the high life* la vida de lujo ◇ *the high point of the evening* el mejor momento de la tarde **6** (*sonido*) agudo **7** *in high summer* en pleno verano ◇ *high season* temporada alta **8** ~ **(on sth)** (*coloq*) (*drogas, etc.*) ciego (de algo) **LOC high and dry 1** (*barco*) varado **2** (*persona*) plantado *Ver tb* FLY, FRIEND, PROFILE

▸ *n* punto alto

▸ *adv* (**higher, -est**) alto, a gran altura

highbrow /ˈhaɪbraʊ/ *adj* (*gen pey*) culto, intelectual

high-class /ˌhaɪ ˈklɑːs; *USA* ˈklæs/ *adj* de categoría

ˌHigh ˈCourt *n* Tribunal Supremo

high-definition /ˌhaɪ defɪˈnɪʃn/ *adj* (*abrev* **HD**) de alta definición

ˌhigher eduˈcation *n* educación superior

ˌhigh ˈfive *n* (*esp USA*): *That was great! Give me a high five!* ¡Fenomenal! ¡Choca esos cinco!

the ˈhigh jump *n* salto de altura

highland /ˈhaɪlənd/ *adjetivo, nombre*

▸ *adj* de montaña

▸ *n* [*gen pl*] región montañosa

high-level /ˌhaɪ ˈlevl/ *adj* de alto nivel

highlight ⚷ /ˈhaɪlaɪt/ *verbo, nombre*

▸ *vt* **1** poner de relieve **2** marcar con rotulador

▸ *n* **1** punto culminante, aspecto notable **2 highlights** [*pl*] (*en el pelo*) reflejos, mechas

highlighter /ˈhaɪlaɪtə(r)/ (*tb* **ˈhighlighter pen**) *n* rotulador fluorescente

highly ⚷ /ˈhaɪli/ *adv* **1** muy, sumamente: *highly unlikely* altamente improbable **2** *to think/speak highly of sb* tener muy buena opinión/hablar muy bien de algn

ˌhighly ˈstrung *adj* nervioso, muy excitable

Highness /ˈhaɪnəs/ *n* alteza: *your/his/her Royal Highness* Su Alteza Real

high-pitched /ˌhaɪ ˈpɪtʃd/ *adj* (*sonido*) agudo

high-powered /ˌhaɪ ˈpaʊəd/ *adj* **1** (*persona*) dinámico **2** (*trabajo*) de alta categoría **3** (*coche*) de gran potencia

ˌhigh ˈpressure *n* [*incontable*] (*Meteorología*) altas presiones

high-pressure /ˌhaɪ ˈpreʃə(r)/ *adj* (*trabajo*) de mucho estrés: *high-pressure sales techniques* técnicas de venta agresivas

high-ranking /ˌhaɪ ˈræŋkɪŋ/ *adj* de alto rango

high-rise /ˈhaɪ raɪz/ *adjetivo, nombre*

▸ *adj* **1** (*edificio*) de muchos pisos **2** (*piso*) de un edificio alto

▸ *n* torre (*de muchos pisos*)

ˈhigh school *n* (*esp USA*) escuela de enseñanza secundaria *Ver tb* JUNIOR HIGH SCHOOL, SENIOR HIGH SCHOOL

ˈhigh street *n* calle mayor/principal: *high-street shops* las tiendas del centro

H

high-tech (*tb* **hi-tech**) /ˌhaɪ ˈtek/ *adj* (*coloq*) de alta tecnología

highway 🔑 /ˈhaɪweɪ/ *n* **1** (*esp USA*) carretera, autopista **2** (*GB, formal*) vía pública: *the Highway Code* el código de circulación

hijab /hɪˈdʒɑːb/ *n* hiyab

hijack /ˈhaɪdʒæk/ *verbo, nombre*

▸ *vt* **1** (*avión, etc.*) secuestrar **2** (*pey*) acaparar

▸ *n* (*tb* **hijacking**) (*avión, etc.*) secuestro **hijacker** *n* secuestrador, -ora

hike /haɪk/ *nombre, verbo*

▸ *n* caminata

▸ *vi*: *to go hiking* hacer senderismo **hiker** *n* caminante, excursionista

H

hilarious /hɪˈleəriəs/ *adj* divertidísimo, muy cómico

hill 🔑 /hɪl/ *n* **1** colina, cerro **2** cuesta, pendiente

hillside /ˈhɪlsaɪd/ *n* ladera

hilly *adj* (**hillier**, **-iest**) accidentado, con/de muchas colinas

hilt /hɪlt/ *n* empuñadura LOC **(up) to the hilt** **1** hasta el cuello **2** (*apoyar*) incondicionalmente

him 🔑 /hɪm/ *pron* **1** [*como objeto directo*] lo, le: *I hit him.* Le pegué. **2** [*como objeto indirecto*] le, a él: *I gave him the book.* Le di el libro. **3** [*después de preposición y del verbo* **be**] él: *Give it to him.* Dáselo. ◇ *He always has it with him.* Siempre lo tiene consigo. ◇ *It must be him.* Debe de ser él. ➲ *Comparar con* HE

himself 🔑 /hɪmˈself/ *pron* **1** [*uso reflexivo*] se (*a él mismo*) **2** [*después de preposición*] sí (mismo): *'I tried', he said to himself.* —Lo intenté, se dijo a sí mismo. **3** [*uso enfático*] él mismo: *He said so himself.* Él mismo lo dijo. LOC **(all) by himself** (completamente) solo

hinder /ˈhɪndə(r)/ *vt* entorpecer, dificultar: *Our progress was hindered by bad weather.* El mal tiempo dificultó nuestro trabajo.

hindrance /ˈhɪndrəns/ *n* ~ **(to sth/sb)** estorbo, obstáculo (para algo/algn)

hindsight /ˈhaɪndsaɪt/ *n*: *with the benefit of hindsight/in hindsight* viéndolo a posteriori

Hindu /ˈhɪnduː, ˌhɪnˈduː/ *adj, n* hindú **Hinduism** /ˈhɪnduːɪzəm/ *n* hinduismo

hinge /hɪndʒ/ *nombre, verbo*

▸ *n* bisagra, gozne

▸ *v* PHR V **hinge on/upon sth** depender de algo

hint /hɪnt/ *nombre, verbo*

▸ *n* **1** insinuación, indirecta **2** indicio **3** consejo LOC **take a/the hint** darse por aludido *Ver tb* DROP

▸ **1** *vi* ~ **at sth** referirse indirectamente a algo **2** *vt* ~ **(to sb) that...** insinuar (a algn) que...

hip 🔑 /hɪp/ *nombre, adjetivo*

▸ *n* cadera

▸ *adj* (**hipper**, **-est**) (*coloq*) de moda

ˈ**hip hop** *n* (*Mús*) hip hop

hippie (*tb* **hippy**) /ˈhɪpi/ *n* (*pl* **hippies**) hippy

hippo /ˈhɪpəʊ/ *n* (*pl* **hippos**) (*coloq*) hipopótamo

hippopotamus /ˌhɪpəˈpɒtəməs/ *n* (*pl* **hippopotamuses** /-məsɪz/ *o* **hippopotami** /-maɪ/) hipopótamo

hire 🔑 /ˈhaɪə(r)/ *verbo, nombre*

▸ *vt* **1** alquilar ➲ *Ver nota en* ALQUILAR **2** (*persona*) contratar

▸ *n* alquiler: *hire purchase* compra a plazos LOC **for hire** se alquila(n)

his 🔑 /hɪz/ *adjetivo, pronombre*

▸ *adj* su (*de él*): *his bag(s)* su(s) bolsa(s) ➲ *Ver nota en* MY

▸ *pron* suyo, -a, -os, -as (*de él*): *a friend of his* un amigo suyo ◇ *He lent me his.* Me dejó el suyo.

Hispanic /hɪˈspænɪk/ *adjetivo, nombre*

▸ *adj* **1** (*comunidad en Estados Unidos*) hispano **2** (*cultura*) hispánico

▸ *n* hispano, -a

hiss /hɪs/ *verbo, nombre*

▸ *vi* ~ **(at sb/sth)** sisear, silbar (a algn/algo)

▸ *n* silbido, siseo

hissy fit /ˈhɪsi fɪt/ *n* (*coloq*) rabieta

historian /hɪˈstɔːriən/ *n* historiador, -ora

historic /hɪˈstɒrɪk; *USA* -ˈstɔːrɪk/ *adj* histórico (*importante*)

historical 🔑 /hɪˈstɒrɪkl; *USA* -ˈstɔːr-/ *adj* histórico (*relativo a la historia*)

history 🔑 /ˈhɪstri/ *n* (*pl* **histories**) **1** historia **2** (*Med*) historial

hit 🔑 /hɪt/ *verbo, nombre*

▸ *vt* (**-tt-**) (*pt, pp* **hit**) **1** golpear: *to hit a nail* darle a un clavo **2** ~ **sth (on/against sth)** golpearse algo (con/contra algo): *I hit my knee against the table.* Me golpeé la rodilla contra la mesa. **3** alcanzar: *He was hit by a bullet.* Fue alcanzado por una bala. **4** chocar contra **5** (*pelota*) dar a **6** afectar: *Rural areas have been worst hit by the strike.* Las zonas rurales han sido las más afectadas por la huelga. LOC **hit it off (with sb)** (*coloq*): *Pete and Sue hit it off immediately.* Pete y Sue se cayeron bien desde el principio. ◆ **hit the nail on the head** dar en el clavo *Ver tb* HOME, PATCH PHR V **hit back (at sb/sth)** contestar (a algn/algo), devolver el golpe (a algn/algo) ◆ **hit out (at sb/sth)** atacar (a algn/algo)

▸ *n* **1** golpe **2** exitazo

hit-and-run /ˌhɪt ən ˈrʌn/ *adj*: *a hit-and-run driver* un conductor que atropella a alguien y se da a la fuga

hitch /hɪtʃ/ *verbo, nombre*

▸ **1** *vt, vi*: *to hitch (a ride)* hacer autostop ◇ *Can I hitch a lift with you as far as the station?* ¿Me puedes llevar hasta la estación? **2** *vt* ~ **sth (up)** (*ropa*) subirse algo un poco **3** *vt* ~ **sth (to sth)** enganchar, atar algo (a algo)

▸ *n* problema: *without a hitch* sin dificultades

hitchhike /ˈhɪtʃhaɪk/ *vi* hacer autostop **hitchhiker** *n* autostopista **hitchhiking** *n* autostop

hi-tech = HIGH-TECH

hive /haɪv/ *n* colmena

HIV-positive /ˌeɪtʃ aɪ ˌviː ˈpɒzətɪv/ *adj* seropositivo

hiya /ˈhaɪjə/ *interj* (*coloq*) ¡hola!

hoard /hɔːd/ *nombre, verbo*

▸ *n* **1** provisión **2** tesoro escondido

▸ *vt* acaparar

hoarding /ˈhɔːdɪŋ/ *n* valla publicitaria

hoarse /hɔːs/ *adj* ronco

hoax /həʊks/ *n* broma de mal gusto: *a bomb hoax* un aviso de bomba falso

hob /hɒb/ *n* placa (*de la cocina*)

hobby 🔑 /ˈhɒbi/ *n* (*pl* **hobbies**) hobby

hockey /ˈhɒki/ *n* **1** (*GB*) hockey (sobre hierba) **2** (*USA*) hockey sobre hielo

hoe /həʊ/ *n* azada

hog /hɒg; *USA* hɔːg/ *nombre, verbo*

▸ *n* (*esp USA*) cerdo

▸ *vt* (**-gg-**) (*coloq*) acaparar

Hogmanay /ˈhɒgməneɪ, ˌhɒgməˈneɪ/ *n* Nochevieja (*en Escocia*)

hoist /hɔɪst/ *vt* izar, levantar

hold 🔑 /həʊld/ *verbo, nombre*

▸ (*pt, pp* **held** /held/) **1** *vt* sostener, tener en la mano **2** *vt* agarrarse a **3** *vt, vi* (*peso*) aguantar **4** *vt* tener espacio para: *It won't hold you all.* No vais a caber todos. **5** *vt* (*prisionero, etc.*) retener, tener detenido **6** *vt* (*puesto, cargo*) ocupar **7** *vt* (*título*) ostentar **8** *vt* (*poseer*) tener **9** *vt* (*opinión*) sostener **10** *vt* (*formal*) considerar **11** *vt* (*reunión, elecciones*) celebrar **12** *vt* (*conversación*) mantener **13** *vi* (*oferta, acuerdo*) ser válido **14** *vi* (*al teléfono*) esperar LOC **don't hold your breath!** ¡espérate sentado! ◆ **hold it!** (*coloq*) ¡espera! ◆ **hold firm (to sth)** (*formal*) mantenerse firme (en algo) ◆ **hold hands (with sb)** ir (cogidos) de la mano (con algn) ◆ **hold sb/sth in contempt** despreciar a algn/algo ◆ **hold sb to ransom** chantajear a algn ◆ **hold the line** no colgar el teléfono ◆ **hold your breath** contener el aliento *Ver tb* BAY, CAPTIVE, CHECK, ESTEEM, PRISONER

PHR V **hold sth against sb** tener algo en cuenta a algn

hold sb/sth back 1 contener a algn/algo **2** impedir el progreso de algn/algo ◆ **hold sth back 1** (*información*) ocultar algo **2** (*ira, lágrimas, etc.*) contener algo

hold sb/sth down sujetar a algn/algo

hold forth soltar un discurso

hold on 1 (*coloq*) esperar **2** aguantar ◆ **hold sth on** sujetar algo ◆ **hold on (to sb/sth)** agarrarse (a algn/algo)

hold out 1 (*provisiones, etc.*) durar **2** (*persona*) aguantar ◆ **hold sth out** tender algo

hold sb/sth up 1 sostener a algn/algo **2** retrasar a algn/algo ◆ **hold sth up** levantar algo ◆ **hold up sth** atracar algo (*un banco, etc.*)

hold with sth estar de acuerdo con algo

▸ *n* **1** *to keep a firm hold of sth* tener algo bien agarrado **2** (*judo, etc.*) llave **3** ~ **(on/over sb/sth)** influencia, control (sobre algn/algo) **4** (*barco, avión*) bodega LOC **catch/get/grab/take (a) hold of sb/sth** coger a algn/algo ◆ **get hold of sb** ponerse en contacto con algn ◆ **get hold of sth** hacerse con algo

holdall /ˈhəʊldɔːl/ *n* bolsa de viaje ➲ *Ver dibujo en* BAG

holder /ˈhəʊldə(r)/ *n* **1** titular, poseedor, -ora **2** recipiente

hold-up /ˈhəʊld ʌp/ *n* **1** retraso **2** (*tráfico*) atasco **3** atraco

hole 🔑 /həʊl/ *n* **1** agujero **2** perforación **3** (*carretera*) bache **4** boquete **5** madriguera **6** (*coloq*) lugar, casa, etc. de mala muerte **7** (*Golf*) hoyo LOC *Ver* PICK

holiday 🔑 /ˈhɒlədeɪ/ *nombre, verbo*

▸ *n* **1** vacaciones: *to be/go on holiday* estar/ir de vacaciones ◇ *holiday home* casa de vacaciones ➲ *Ver nota en* VACACIÓN; *Ver tb* BANK HOLIDAY **2** fiesta, día festivo

▸ *vi* estar de vacaciones

holidaymaker /ˈhɒlədeɪmeɪkə(r)/ *n* veraneante, turista

holiness /ˈhəʊlinəs/ *n* santidad

hollow 🔑 /ˈhɒləʊ/ *adjetivo, nombre, verbo*

▸ *adj* **1** hueco **2** (*cara, ojos*) hundido **3** (*sonido*) sordo **4** (*fig*) poco sincero, falso

▸ *n* **1** hoyo **2** hondonada **3** hueco

▸ *v* PHR V **hollow sth out** vaciar algo

holly /ˈhɒli/ *n* acebo

holocaust /ˈhɒləkɔːst/ *n* holocausto

hologram /ˈhɒləgræm/ *n* holograma

holy 🔑 /ˈhəʊli/ *adj* (**holier**, **-iest**) **1** santo **2** sagrado **3** bendito

homage /ˈhɒmɪdʒ/ *n* (*formal*) homenaje: *to pay homage to sb/sth* rendir homenaje a algn/algo

home /həʊm/ *nombre, adjetivo, adverbio*

▸ *n* **1** casa, hogar **2** residencia (*de ancianos, etc.*) **3** (*Zool*) hábitat **4 the ~ of sth** la cuna de algo LOC **at home 1** en casa **2** a sus anchas **3** en mi, su, nuestro, etc. país

▸ *adj* **1** familiar: *home life* vida familiar ◇ *home comforts* las comodidades del hogar **2** (*cocina, películas, etc.*) casero **3** (*no extranjero*) nacional: *the Home Office* el Ministerio del Interior **4** (*pueblo, país*) natal **5** (*Dep*) de/en casa

▸ *adv* **1** a casa: *to go home* irse a casa **2** (*fijar, clavar, etc.*) a fondo LOC **be home and dry** estar a salvo ◆ **bring sth home to sb** hacer que algn comprenda algo ◆ **hit/strike home** dar en el blanco

H

homeland /ˈhəʊmlænd/ *n* tierra natal, patria

homeless /ˈhəʊmləs/ *adjetivo, nombre*

▸ *adj* sin techo

▸ *n* **the homeless** [*pl*] las personas sin techo **homelessness** *n* carencia de hogar: *the rise in homelessness* el aumento en el número de personas sin techo

homely /ˈhəʊmli/ *adj* (**homelier**, **-iest**) **1** (*GB*) (*ambiente, lugar*) casero, acogedor **2** (*GB*) sencillo **3** (*USA, pey*) poco atractivo

home-made /ˌhəʊm ˈmeɪd/ *adj* casero, hecho en casa

homemaker /ˈhəʊmmeɪkə(r)/ *n* amo, -a de casa

homeopath /ˈhəʊmiəpæθ/ *n* homeópata

homeopathy /ˌhəʊmiˈɒpəθi/ *n* homeopatía

ˈ**home page** *n* (*Informát*) página principal/de inicio

homeschooling /ˌhəʊmˈskuːlɪŋ/ *n* práctica de educar a los niños en casa, en lugar de llevarlos al colegio

ˌ**Home ˈSecretary** *n* (*GB*) ministro, -a del Interior

homesick /ˈhəʊmsɪk/ *adj* nostálgico: *to be/feel homesick* tener morriña

homework /ˈhəʊmwɜːk/ *n* [*incontable*] deberes (*de colegio*)

homey (*tb* **homy**) /ˈhəʊmi/ *adj* (*esp USA, coloq*) (*ambiente, lugar*) casero, acogedor

homicidal /ˌhɒmɪˈsaɪdl/ *adj* homicida

homicide /ˈhɒmɪsaɪd/ *n* (*esp USA*) (*Jur*) homicidio ➲ *Ver nota en* ASESINAR

homogeneous /ˌhɒməˈdʒiːniəs; *USA* ˌhəʊm-/ *adj* homogéneo

homosexual /ˌhɒməˈsekʃuəl; *USA* ˌhəʊm-/ *adj, n* homosexual **homosexuality** /ˌhɒməsekʃuˈæləti/ *n* homosexualidad

homy (*USA*) = HOMEY

honest /ˈɒnɪst/ *adj* **1** (*persona*) honrado **2** (*afirmación*) franco, sincero **3** (*sueldo*) justo

honestly /ˈɒnɪstli/ *adv* **1** honradamente **2** (*uso enfático*) de verdad, francamente

honesty /ˈɒnəsti/ *n* **1** honradez, honestidad **2** franqueza

honey /ˈhʌni/ *n* **1** miel **2** (*coloq*) (*tratamiento*) cariño

honeymoon /ˈhʌnimuːn/ *n* luna de miel

honk /hɒŋk/ *vt, vi* tocar (la bocina)

honorary /ˈɒnərəri; *USA* -reri/ *adj* **1** honorífico **2** (*doctor*) honoris causa **3** (*no remunerado*) honorario

honour (*USA* **honor**) /ˈɒnə(r)/ *nombre, verbo*

▸ *n* **1** honor **2** (*título*) condecoración **3 honours** [*pl*] distinción: *(first class) honours degree* licenciatura (con la nota más alta) **4 His/Her/Your Honour** su Señoría LOC **in honour of sb/sth**; **in sb's/sth's honour** en honor de/a algn/algo

▸ *vt* **1** honrar **2** condecorar **3** (*compromiso, deuda*) cumplir (con)

honourable (*USA* **honorable**) /ˈɒnərəbl/ *adj* **1** honorable **2** honroso

hood /hʊd/ *n* **1** capucha **2** (*esp GB*) (*coche*) capota **3** (*USA*) capó **hooded** *adj* **1** (*ropa*) con capucha **2** (*persona*) encapuchado

hoody (*tb* **hoodie**) /ˈhʊdi/ *n* (*pl* **hoodies**) (*coloq*) sudadera/chaqueta con capucha

hoof /huːf/ *n* (*pl* **hoofs** *o* **hooves** /huːvz/) casco, pezuña

hook /hʊk/ *nombre, verbo*

▸ *n* **1** gancho, garfio: *coat hook* percha **2** (*pesca*) anzuelo LOC **get/let sb off the hook** sacar a algn del apuro/dejar que algn se salve ◆ **off the hook** descolgado (*teléfono*)

▸ *vt, vi* enganchar(se) LOC **be/get hooked (on sth)** (*coloq*) estar enganchado/engancharse (a algo)

hooligan /ˈhuːlɪgən/ *n* gamberro, -a **hooliganism** *n* gamberrismo

hoop /huːp/ *n* aro

hooray /huˈreɪ/ *interj* ~ **(for sb/sth)** ¡viva (algn/algo)!

hoot /huːt/ *verbo, nombre*

▸ **1** *vt, vi* tocar (la bocina) **2** *vi* (*búho*) ulular

▸ *n* **1** bocinazo, pitido **2** (*búho*) ululato

hoover® /ˈhuːvə(r)/ *nombre, verbo*

▸ *n* aspiradora

▸ *vt, vi* **hoover** pasar la aspiradora (a/por)

hooves *plural de* HOOF

hop /hɒp/ *verbo, nombre*

▸ *vi* (**-pp-**) **1** (*persona*) saltar a la pata coja ➲ *Ver dibujo en* SALTAR **2** (*animal*) dar saltitos

▸ *n* **1** salto **2 hops** [*pl*] (*Bot*) lúpulo

hope /həʊp/ *verbo, nombre*

▸ *vt, vi* ~ **(for sth/to do sth)** esperar (algo/hacer algo): *I hope not/so.* Espero que no/sí. ➲ *Ver nota en* ESPERAR LOC **I should hope not!** ¡faltaría más! ◆ **I should hope so!** ¡eso espero!

▸ *n* ~ **(of/for sth)**; ~ **(of doing sth)** esperanza (de/para algo), esperanza (de hacer algo)

hopeful /ˈhəʊpfl/ *adj* **1** (*persona*) esperanzado, confiado: *to be hopeful that...* tener la esperanza de que... **2** (*situación*) prometedor, esperanzador **hopefully** /-fəli/ *adv* **1** con un poco de suerte: *Hopefully we'll get there by four.* Con suerte estaremos allí a las cuatro. **2** con optimismo, con esperanzas

hopeless /ˈhəʊpləs/ *adj* **1** inútil, desastroso **2** ~ **(at sth/doing sth)** (*coloq*) negado (para algo/para hacer algo) **3** (*tarea*) imposible **hopelessly** *adv* totalmente: *hopelessly lost* totalmente perdido

horde /hɔːd/ *n* (*gen pey*) multitud: *hordes of people* mareas de gente

horizon /həˈraɪzn/ *n* **1 the horizon** [*sing*] el horizonte **2** [*gen pl*] (*fig*) perspectiva

horizontal /ˌhɒrɪˈzɒntl; *USA* ˌhɔːrə-/ *adj, n* horizontal

hormone /ˈhɔːməʊn/ *n* hormona

horn /hɔːn/ *n* **1** cuerno, asta **2** (*Mús*) cuerno **3** (*coche, etc.*) bocina

horoscope /ˈhɒrəskəʊp; *USA* ˈhɔːr-/ *n* horóscopo

horrendous /hɒˈrendəs/ *adj* **1** horrendo **2** (*excesivo*) tremendo

horrible /ˈhɒrəbl; *USA* ˈhɔːr-/ *adj* horrible

horrid /ˈhɒrɪd; *USA* ˈhɔːrɪd/ *adj* horrible, horroroso

horrific /həˈrɪfɪk/ *adj* horripilante, espantoso

horrify /ˈhɒrɪfaɪ; *USA* ˈhɔːr-/ *vt* (*pt, pp* **-fied**) horrorizar **horrifying** *adj* horroroso, horripilante

horror /ˈhɒrə(r); *USA* ˈhɔːr-/ *n* horror: *horror film* película de terror

horse /hɔːs/ *n* **1** caballo **2** (*Gimnasia*) potro LOC *Ver* DARK, FLOG, LOOK

horseback /ˈhɔːsbæk/ *n* LOC **on horseback** a caballo

horseman /ˈhɔːsmən/ *n* (*pl* **-men** /-mən/) jinete

horsepower /ˈhɔːspaʊə(r)/ *n* (*pl* **horsepower**) (*abrev* **h.p.**) caballo de vapor

horse riding (*USA* ˈ**horseback riding**) *n* equitación

horseshoe /ˈhɔːsʃuː/ *n* herradura

horsewoman /ˈhɔːswʊmən/ *n* (*pl* **-women** /-wɪmɪn/) amazona

horticultural /ˌhɔːtɪˈkʌltʃərəl/ *adj* hortícola

horticulture /ˈhɔːtɪkʌltʃə(r)/ *n* horticultura

hose /həʊz/ (*tb* **hosepipe** /ˈhəʊzpaɪp/) *n* manguera, manga

hospice /ˈhɒspɪs/ *n* hospital (*para incurables*)

hospitable /hɒˈspɪtəbl, ˈhɒspɪtəbl/ *adj* hospitalario

hospital /ˈhɒspɪtl/ *n* hospital ➲ *Ver nota en* SCHOOL

hospitality /ˌhɒspɪˈtæləti/ *n* hospitalidad

host /həʊst/ *nombre, verbo*

▸ *n* **1** anfitrión, -ona **2** (*TV*) presentador, -ora **3** multitud, montón: *a host of admirers* una multitud de admiradores **4 the Host** (*Relig*) la hostia, la sagrada forma

▸ *vt*: *to host the World Cup* ser la sede del Mundial

hostage /ˈhɒstɪdʒ/ *n* rehén

hostel /ˈhɒstl/ *n* albergue: *youth hostel* albergue juvenil ❶ La palabra española "hostal" se traduce como **(cheap) hotel**.

hostess /ˈhəʊstəs, -tes/ *n* **1** anfitriona **2** (*TV*) presentadora *Ver tb* AIR HOSTESS

hostile /ˈhɒstaɪl; *USA* -tl/ *adj* **1** hostil **2** (*territorio*) enemigo

hostility /hɒˈstɪləti/ *n* hostilidad

hot /hɒt/ *adj* (**hotter**, **-est**) **1** (*agua, comida, objeto*) caliente ➲ *Ver nota en* CALIENTE; *Ver tb* PIPING HOT **2** (*día*) caluroso: *in hot weather* cuando hace calor **3** (*sabor*) picante **4** (*coloq*) (*grupo de música, producto, etc.*) popular **5** (*coloq*) guapo LOC **be hot 1** (*persona*) tener calor **2** (*tiempo*) hacer calor

hot-blooded /ˌhɒt ˈblʌdɪd/ *adj* apasionado ➲ *Comparar con* WARM-BLOODED

ˌ**hot cross** ˈ**bun** *n* bollo de pasas que se come el Viernes Santo en Gran Bretaña

hot-desking /ˌhɒt ˈdeskɪŋ/ *n* [*incontable*] compartir las mesas de una oficina en vez de asignarlas individualmente

ˈ**hot dog** *n* perrito caliente

hotel /həʊˈtel/ *n* hotel

hothead /ˈhɒthed/ *n* exaltado, -a

hotline /ˈhɒtlaɪn/ *n* teléfono de información/ayuda

hotly /ˈhɒtli/ *adv* ardientemente, enérgicamente

ˈ**hot spot** *n* punto conflictivo

hound /haʊnd/ *nombre, verbo*

▸ *n* perro de caza

▸ *vt* acosar

H

hour /ˈaʊə(r)/ *n* **1** (*abrev* **hr, hr.**) hora: *half an hour* media hora **2 hours** [*pl*] horario: *office/opening hours* el horario de oficina/apertura **3** [*gen sing*] momento **4 hours** [*pl*] mucho tiempo: *I've been waiting for hours.* Llevo horas esperando. LOC **after hours** después del horario de trabajo/de apertura ◆ **on the hour** a la hora en punto *Ver tb* EARLY **hourly** *adj, adv* cada hora

house *nombre, verbo*
▸ *n* /haʊs/ (*pl* **houses** /ˈhaʊzɪz/) **1** casa **2** (*Teat*) sala de espectáculos: *There was a full house.* Se llenó al completo. LOC **on the house** cortesía de la casa *Ver tb* MOVE
▸ *vt* /haʊz/ alojar, albergar

H

household /ˈhaʊshəʊld/ *n*: *a large household* una casa de mucha gente ◇ *household chores* faenas domésticas **householder** *n* dueño, -a de la casa

ˈ**house husband** *n* amo de casa ➲ *Comparar con* HOUSEWIFE

housekeeper /ˈhaʊskiːpə(r)/ *n* ama de llaves **housekeeping** *n* [*incontable*] **1** gobierno de la casa **2** gastos de la casa

the ˌHouse of ˈCommons (*tb* **the Commons**) *n* [*v sing o pl*] la Cámara de los Comunes ➲ *Ver nota en* PARLIAMENT

housemate /ˈhaʊsmeɪt/ *n* compañero, -a de casa

the ˌHouse of ˈLords (*tb* **the Lords**) *n* [*v sing o pl*] la Cámara de los Lores ➲ *Ver nota en* PARLIAMENT

the ˌHouses of ˈParliament *n* [*pl*] el Parlamento (británico)

house-warming /ˈhaʊs wɔːmɪŋ/ *n* fiesta de inauguración de una casa

housewife /ˈhaʊswaɪf/ *n* (*pl* **housewives** /-waɪvz/) ama de casa

housework /ˈhaʊswɜːk/ *n* [*incontable*] tareas domésticas

housing /ˈhaʊzɪŋ/ *n* [*incontable*] vivienda, alojamiento

ˈ**housing estate** (*tb* ˈ**housing development**) *n* urbanización

hover /ˈhɒvə(r); *USA* ˈhʌvər/ *vi* **1** (*ave*) planear **2** (*objeto*) quedarse suspendido (en el aire) **3** (*persona*) rondar

how /haʊ/ *adv* **1** cómo: *How are you?* ¿Cómo estás? ◇ *How can that be?* ¿Cómo puede ser? ◇ *Tell me how to spell it.* Dime cómo se escribe. **2 + adjetivo o adverbio**: *How old are you?* ¿Cuántos años tienes? ◇ *How fast were you going?* ¿A qué velocidad ibas? **3** (*expresando sorpresa*) ¡qué...!: *How cold it is!* ¡Qué frío hace! ◇ *How you've grown!* ¡Cómo has crecido! **4** como: *I dress how I like.* Me visto como quiero. LOC **how about** *Ver* ABOUT ◆ **how come...?** ¿cómo es que...? ◆ **how do you do** es un placer

How do you do y **how are you?** no se utilizan de la misma forma. **How are you?** se usa para preguntar cómo está la otra persona, y se contesta según se encuentre uno: *fine, very well, not too well, etc.* En cambio, **how do you do** se usa sólo en presentaciones formales, y se responde con *how do you do*.

◆ **how ever** cómo: *How ever did she do it?* ¿Cómo consiguió hacerlo? *Ver tb* HOWEVER ◆ **how many** cuántos: *How many letters did you write?* ¿Cuántas cartas escribiste? ◆ **how much** cuánto: *How much is it?* ¿Cuánto es? ◆ **how's that?** (*coloq*) ¿y eso?

however /haʊˈevə(r)/ *adv* **1** por muy/mucho que: *however strong you are* por muy fuerte que seas ◇ *however hard he tries* por mucho que lo intente **2** como: *however you like* como quieras **3** sin embargo *Ver tb* HOW EVER *en* HOW

howl /haʊl/ *verbo, nombre*
▸ *vi* **1** aullar **2** dar alaridos
▸ *n* **1** aullido **2** grito

HQ *Ver* HEADQUARTERS

hub /hʌb/ *n* **1** ~ **(of sth)** eje (de algo) **2** (*rueda*) cubo

hubbub /ˈhʌbʌb/ *n* jaleo, algarabía

huddle /ˈhʌdl/ *verbo, nombre*
▸ *vi* ~ **(up) 1** acurrucarse **2** apiñarse
▸ *n* corrillo

huff /hʌf/ *n* LOC **be in a huff** (*coloq*) estar enfurruñado

hug /hʌg/ *verbo, nombre*
▸ *vt* (**-gg-**) abrazar
▸ *n* abrazo: *to give sb a hug* darle un abrazo a algn

huge /hjuːdʒ/ *adj* enorme

hull /hʌl/ *n* casco (*de un barco*)

hullo = HELLO

hum /hʌm/ *verbo, nombre*
▸ (**-mm-**) **1** *vt, vi* tararear **2** *vi* zumbar **3** *vi* (*coloq*) bullir: *to hum with activity* bullir de actividad
▸ *n* **1** (*tb* **humming**) zumbido **2** (*voces*) murmullo

human /ˈhjuːmən/ *adj, n* humano: *human being* ser humano ◇ *human rights* derechos humanos ◇ *human nature* la naturaleza humana

humane /hjuːˈmeɪn/ *adj* humanitario, humano

humanitarian /hjuːˌmænɪˈteəriən/ *adj* humanitario

humanity /hjuːˈmænəti/ *n* **1** humanidad **2 humanities** [*pl*] humanidades

humble /ˈhʌmbl/ *adjetivo, verbo*

▸ *adj* (**humbler**, **-est**) humilde

▸ *vt* **1** dar una lección de humildad a **2** ~ **yourself** adoptar una actitud humilde

humerus /ˈhjuːmərəs/ *n* (*pl* **humeri** /-raɪ/) (*Anat*) húmero

humid /ˈhjuːmɪd/ *adj* húmedo **humidity** /hjuːˈmɪdəti/ *n* humedad ❶ **Humid** y **humidity** sólo se refieren a la humedad atmosférica. ➲ *Ver tb nota en* MOIST

humiliate /hjuːˈmɪlieɪt/ *vt* humillar **humiliating** *adj* humillante, vergonzoso **humiliation** *n* humillación

humility /hjuːˈmɪləti/ *n* humildad

hummingbird /ˈhʌmɪŋbɜːd/ *n* colibrí

humongous (*tb* **humungous**) /hjuːˈmʌŋgəs/ *adj* (*coloq*) enorme

humorous 🔑 /ˈhjuːmərəs/ *adj* humorístico, divertido

humour 🔑 (*USA* **humor**) /ˈhjuːmə(r)/ *nombre, verbo*

▸ *n* **1** humor: *sense of humour* sentido del humor **2** (*comicidad*) gracia

▸ *vt* seguir la corriente a, complacer

hump /hʌmp/ *n* joroba, giba *Ver tb* SPEED HUMP

hunch /hʌntʃ/ *verbo, nombre*

▸ *vt, vi* encorvar(se): *to hunch your shoulders* encoger los hombros

▸ *n* corazonada, presentimiento

hunchback /ˈhʌntʃbæk/ *n* (*pey*) jorobado, -a

hundred 🔑 /ˈhʌndrəd/ *adjetivo, pronombre, nombre*

▸ *adj, pron* cien, ciento ➲ *Ver notas en* CIEN *y* MILLION *y ejemplos en* FIVE

▸ *n* ciento, centenar

hundredth 🔑 /ˈhʌndrədθ, -ətθ/ **1** *adj, pron* centésimo **2** *n* centésima parte ➲ *Ver ejemplos en* FIFTH

hung *pt, pp de* HANG

hunger /ˈhʌŋgə(r)/ *nombre, verbo*

▸ *n* hambre ➲ *Ver nota en* HAMBRE

▸ *v* PHR V **hunger for/after sth** (*formal*) anhelar, tener sed de algo

hungry 🔑 /ˈhʌŋgri/ *adj* (**hungrier**, **-iest**) hambriento: *I'm hungry.* Tengo hambre.

hunk /hʌŋk/ *n* **1** (buen) trozo **2** (*coloq*) (*hombre*) cachas

hunt 🔑 /hʌnt/ *verbo, nombre*

▸ **1** *vt* cazar **2** *vi* ir de cacería **3** *vt, vi* ~ **(for) sb/sth** buscar (a algn/algo)

▸ *n* **1** caza, cacería **2** búsqueda **hunter** *n* cazador, -ora

hunting 🔑 /ˈhʌntɪŋ/ *n* [*incontable*] caza

hurdle /ˈhɜːdl/ *n* **1** (*Dep*) valla **2** (*fig*) obstáculo

hurl /hɜːl/ *vt* **1** lanzar, arrojar **2** (*insultos, etc.*) soltar

hurrah = HOORAY

hurricane /ˈhʌrɪkən; *USA* ˈhɜːrə-/ *n* huracán

hurried /ˈhʌrid; *USA* ˈhɜːrɪd/ *adj* apresurado, rápido

hurry 🔑 /ˈhʌri; *USA* ˈhɜːri/ *verbo, nombre*

▸ *vt, vi* (*pt, pp* **hurried**) dar(se) prisa, apresurar(se) PHR V **hurry up (with sth)** darse prisa (con algo) ◆ **hurry sb up** meterle prisa a algn ◆ **hurry sth up** acelerar algo

▸ *n* prisa LOC **be in a hurry** tener prisa

hurt 🔑 /hɜːt/ (*pt, pp* **hurt**) **1** *vt* lastimar, hacer daño a: *to get hurt* hacerse daño **2** *vi* doler: *My leg hurts.* Me duele la pierna. **3** *vt* (*apenar*) herir, ofender **4** (*intereses, reputación, etc.*) dañar, perjudicar **hurtful** *adj* hiriente, cruel

hurtle /ˈhɜːtl/ *vi* precipitarse

husband 🔑 /ˈhʌzbənd/ *n* marido *Ver tb* HOUSE HUSBAND

hush /hʌʃ/ *verbo, nombre*

▸ *vi* callar: *Hush!* ¡Calla! PHR V **hush sth up** acallar algo

▸ *n* [*sing*] silencio

husk /hʌsk/ *n* cáscara (*del cereal*)

husky /ˈhʌski/ *adjetivo, nombre*

▸ *adj* (**huskier**, **-iest**) ronco

▸ *n* (*pl* **huskies**) perro esquimal

hustle /ˈhʌsl/ *verbo, nombre*

▸ *vt* **1** empujar **2** ~ **sb (into sth)** meter prisa, forzar a algn (para que haga algo)

▸ *n* LOC **hustle and bustle** ajetreo

hut /hʌt/ *n* choza, cabaña

hutch /hʌtʃ/ *n* conejera (*jaula*)

hybrid /ˈhaɪbrɪd/ *adj, n* híbrido

hydrant /ˈhaɪdrənt/ *n* boca de riego: *fire hydrant* boca de incendio

hydraulic /haɪˈdrɔːlɪk, -ˈdrɒl-/ *adj* hidráulico

hydroelectric /ˌhaɪdrəʊɪˈlektrɪk/ *adj* hidroeléctrico

hydrofoil /ˈhaɪdrəfɔɪl/ *n* aerodeslizador

hydrogen /ˈhaɪdrədʒən/ *n* hidrógeno

hydrosphere /ˈhaɪdrəʊsfɪə(r)/ *n* (*Geog*) hidrósfera

hyena (*tb* **hyaena**) /haɪˈiːnə/ *n* hiena

hygiene /ˈhaɪdʒiːn/ *n* higiene **hygienic** /haɪˈdʒiːnɪk; *USA* -ˈdʒen-/ *adj* higiénico

hymn /hɪm/ *n* himno

H

hype /haɪp/ *nombre, verbo*
▸ *n* (*coloq, pey*) propaganda (exagerada)
▸ *vt* ~ **sth (up)** (*coloq, pey*) anunciar algo exageradamente

hyperlink /ˈhaɪpəlɪŋk/ *n* (*Informát*) hiperenlace

hyphen /ˈhaɪfn/ *n* guión ➲ *Ver pág 379*

hypnosis /hɪpˈnəʊsɪs/ *n* hipnosis

hypnotic /hɪpˈnɒtɪk/ *adj* hipnótico

hypnotism /ˈhɪpnətɪzəm/ *n* hipnotismo

hypnotist /ˈhɪpnətɪst/ *n* hipnotizador, -ora

hypnotize, -ise /ˈhɪpnətaɪz/ *vt* hipnotizar

hypochondriac /ˌhaɪpəˈkɒndriæk/ *n* hipocondríaco, -a

hypocrisy /hɪˈpɒkrəsi/ *n* hipocresía

hypocrite /ˈhɪpəkrɪt/ *n* hipócrita **hypocritical** /ˌhɪpəˈkrɪtɪkl/ *adj* hipócrita

hypothesis /haɪˈpɒθəsɪs/ *n* (*pl* **hypotheses** /-siːz/) hipótesis

hypothetical /ˌhaɪpəˈθetɪkl/ *adj* hipotético

hysteria /hɪˈstɪəriə/ *n* histeria

hysterical /hɪˈsterɪkl/ *adj* **1** (*risa, etc.*) histérico **2** (*coloq*) para partirse de risa

hysterics /hɪˈsterɪks/ *n* [*pl*] **1** crisis de histeria **2** (*coloq*) ataque de risa

Ii

I, i /aɪ/ *n* (*pl* **Is, I's, i's**) I, i ➲ *Ver nota en* A, A

I 🔑 /aɪ/ *pron* yo: *I am 15 (years old).* Tengo quince años. ❶ El pronombre personal no se puede omitir en inglés. ➲ *Comparar con* ME 3

Iberian /aɪˈbɪəriən/ *adj* ibérico

ice 🔑 /aɪs/ *nombre, verbo*
▸ *n* [*incontable*] hielo: *ice cube* cubito de hielo LOC **break the ice** romper el hielo
▸ *vt* glasear

iceberg /ˈaɪsbɜːg/ *n* iceberg

icebreaker /ˈaɪsbreɪkə(r)/ *n* rompehielos

ˈice cap *n* casquete glaciar/de hielo

ˌice ˈcream 🔑 *n* helado

ˈice hockey *n* hockey sobre hielo

ˌice ˈlolly *n* (*pl* **ice lollies**) polo

ˈice rink *n* pista de hielo

ˈice skate *n* patín de cuchilla

ice-skate /ˈaɪs skeɪt/ *vi* patinar sobre hielo

ˈice skating *n* patinaje sobre hielo

icicle /ˈaɪsɪkl/ *n* carámbano

icing /ˈaɪsɪŋ/ *n* glaseado: *icing sugar* azúcar glas

icon /ˈaɪkɒn/ *n* (*Informát, Relig*) icono

iconic /aɪˈkɒnɪk/ *adj* icónico

ICT /ˌaɪ siː ˈtiː/ *n* (*abrev de* **Information and Communication Technology**) (*Educ*) Informática y Tecnología de la Comunicación

icy /ˈaɪsi/ *adj* **1** helado **2** (*voz, actitud, etc.*) gélido

I'd /aɪd/ **1** = I HAD *Ver* HAVE **2** = I WOULD *Ver* WOULD

ID /ˌaɪ ˈdiː/ *n* identificación: *ID card* carné de identidad

idea 🔑 /aɪˈdɪə; *USA* aɪˈdiːə/ *n* **1** idea **2** ocurrencia: *What an idea!* ¡Qué ocurrencia! LOC **give sb ideas**; **put ideas into sb's head** meter a algn ideas en la cabeza ◆ **have no idea** no tener ni idea

ideal 🔑 /aɪˈdiːəl/ *adj, n* ideal

idealism /aɪˈdiːəlɪzəm/ *n* idealismo **idealist** *n* idealista **idealistic** /ˌaɪdiəˈlɪstɪk/ *adj* idealista

idealize, -ise /aɪˈdiːəlaɪz/ *vt* idealizar

ideally /aɪˈdiːəli/ *adv* **1** en el mejor de los casos: *Ideally, they should all help.* Lo ideal sería que todos ayudaran. **2** de forma ideal: *to be ideally suited* complementarse de una forma ideal

identical /aɪˈdentɪkl/ *adj* ~ **(to/with sb/sth)** idéntico (a algn/algo)

identification /aɪˌdentɪfɪˈkeɪʃn/ *n* identificación: *identification papers* documento de identidad ◇ *identification parade* rueda de reconocimiento

identify 🔑 /aɪˈdentɪfaɪ/ *vt* (*pt, pp* **-fied**) identificar PHR V **identify with sb** identificarse con algn

identity 🔑 /aɪˈdentəti/ *n* (*pl* **identities**) identidad: *a case of mistaken identity* un error de identificación

ideology /ˌaɪdiˈɒlədʒi/ *n* (*pl* **ideologies**) ideología

idiom /ˈɪdiəm/ *n* modismo, locución

idiosyncrasy /ˌɪdiəˈsɪŋkrəsi/ *n* (*pl* **idiosyncrasies**) idiosincrasia

idiot /ˈɪdiət/ *n* (*coloq*) idiota **idiotic** /ˌɪdiˈɒtɪk/ *adj* estúpido

idle /ˈaɪdl/ *adj* **1** holgazán **2** (*maquinaria*) parado **3** desocupado **4** vano, inútil **idleness** *n* ociosidad, holgazanería

idol /ˈaɪdl/ *n* ídolo **idolize, -ise** *vt* idolatrar

idyllic /ɪˈdɪlɪk; *USA* aɪˈd-/ *adj* idílico

i.e. /ˌaɪ ˈiː/ *abrev* es decir

if /ɪf/ *conj* **1** si: *If he were here...* Si estuviera él aquí... **2** cuando, siempre que: *if in doubt* en caso de duda **3** aunque, incluso si LOC **if I were you** yo que tú, yo en tu lugar ◆ **if only** ojalá: *If only I had known!* ¡De haberlo sabido! ◆ **if so** de ser así

iffy /ˈɪfi/ *adj* (*coloq*) **1** sospechoso **2** incierto

igloo /ˈɪgluː/ *n* (*pl* **igloos**) iglú

ignite /ɪgˈnaɪt/ *vt, vi* prender (fuego a), encender(se) **ignition** /ɪgˈnɪʃn/ *n* **1** (*Mec*) encendido **2** ignición

ignominious /ˌɪgnəˈmɪniəs/ *adj* (*formal*) vergonzoso

ignorance /ˈɪgnərəns/ *n* ignorancia

ignorant /ˈɪgnərənt/ *adj* ignorante: *to be ignorant of sth* desconocer algo

ignore /ɪgˈnɔː(r)/ *vt* **1** ignorar, no tener en cuenta **2** ignorar, pasar por alto

"Ignorar algo" en el sentido de "desconocerlo" se traduce por **not know sth**: *I don't know if they've come.* Ignoro si han venido.

iguana /ɪˈgwɑːnə/ *n* iguana

ill /ɪl/ *adjetivo, adverbio, nombre*

▸ *adj* **1** enfermo: *to fall/be taken ill* caer enfermo ◇ *to feel ill* sentirse mal ➲ *Ver nota en* ENFERMO **2** malo

▸ *adv* mal ❶ Se emplea mucho en compuestos, p. ej. **ill-fated** = infortunado, **ill-equipped** = mal equipado, **ill-advised** = imprudente, poco aconsejable. LOC **ill at ease** incómodo, molesto *Ver tb* BODE, FEELING

▸ *n* (*formal*) mal, daño

I'll /aɪl/ **1** = I SHALL *Ver* SHALL **2** = I WILL *Ver* WILL

illegal /ɪˈliːgl/ *adj* ilegal **illegally** *adv* ilegalmente

illegible /ɪˈledʒəbl/ *adj* ilegible

illegitimate /ˌɪləˈdʒɪtəmət/ *adj* ilegítimo

ill ˈhealth *n* mala salud

illicit /ɪˈlɪsɪt/ *adj* ilícito

illiterate /ɪˈlɪtərət/ *adj* **1** analfabeto **2** ignorante

illness /ˈɪlnəs/ *n* enfermedad: *mental illness* enfermedad mental ◇ *absences due to illness* absentismo por enfermedad ➲ *Ver nota en* DISEASE

illogical /ɪˈlɒdʒɪkl/ *adj* ilógico

ill-treat /ˌɪl ˈtriːt/ *vt* maltratar **ill-treatment** *n* [*incontable*] maltrato

illuminate /ɪˈluːmɪneɪt/ *vt* iluminar **illuminating** *adj* revelador **illumination** *n* **1** iluminación **2 illuminations** [*pl*] luminarias

illusion /ɪˈluːʒn/ *n* ilusión (*idea equivocada*) LOC **be under the illusion that...** hacerse ilusiones de que...

illusory /ɪˈluːsəri/ *adj* (*formal*) ilusorio

illustrate /ˈɪləstreɪt/ *vt* ilustrar **illustration** *n* **1** ilustración **2** ejemplo

illustrious /ɪˈlʌstriəs/ *adj* (*formal*) ilustre

I'm /aɪm/ = I AM *Ver* BE

image /ˈɪmɪdʒ/ *n* imagen **imagery** /ˈɪmɪdʒəri/ *n* [*incontable*] imágenes

imaginary /ɪˈmædʒɪnəri; *USA* -neri/ *adj* imaginario

imagination /ɪˌmædʒɪˈneɪʃn/ *n* imaginación **imaginative** /ɪˈmædʒɪnətɪv/ *adj* imaginativo

imagine /ɪˈmædʒɪn/ *vt, vi* imaginar(se)

imam /ɪˈmɑːm/ *n* imán (*jefe religioso*)

imbalance /ɪmˈbæləns/ *n* desequilibrio

imbecile /ˈɪmbəsiːl; *USA* -sl/ *n* imbécil

imitate /ˈɪmɪteɪt/ *vt* imitar

imitation /ˌɪmɪˈteɪʃn/ *n* **1** copia, reproducción **2** (*acción y efecto*) imitación

immaculate /ɪˈmækjələt/ *adj* **1** inmaculado **2** (*ropa*) impecable

immaterial /ˌɪməˈtɪəriəl/ *adj* irrelevante

immature /ˌɪməˈtjʊə(r); *USA* -ˈtʃʊər/ *adj* inmaduro

immeasurable /ɪˈmeʒərəbl/ *adj* (*formal*) inconmensurable

immediate /ɪˈmiːdiət/ *adj* **1** inmediato: *to take immediate action* actuar de inmediato **2** (*necesidad, etc.*) urgente **3** (*familia, parientes*) más cercano

immediately /ɪˈmiːdiətli/ *adverbio, conjunción*

▸ *adv* **1** inmediatamente **2** directamente

▸ *conj* en cuanto: *immediately I saw her* en cuanto la vi/nada más verla

immense /ɪˈmens/ *adj* inmenso

immerse /ɪˈmɜːs/ *vt* sumergir **immersion** *n* inmersión

immigrant /ˈɪmɪgrənt/ *adj, n* inmigrante

immigration /ˌɪmɪˈgreɪʃn/ *n* inmigración

imminent /ˈɪmɪnənt/ *adj* inminente

immobile /ɪˈməʊbaɪl; *USA* -bl/ *adj* inmóvil

immobilize, -ise /ɪˈməʊbəlaɪz/ *vt* inmovilizar

immoral 🔑 /ɪˈmɒrəl; *USA* ɪˈmɔːrəl/ *adj* inmoral

immortal /ɪˈmɔːtl/ *adj* **1** (*alma, vida*) inmortal **2** (*fama*) imperecedero **immortality** /ˌɪmɔːˈtæləti/ *n* inmortalidad

immovable /ɪˈmuːvəbl/ *adj* **1** (*objeto*) inmóvil **2** (*persona, actitud*) inflexible

immune /ɪˈmjuːn/ *adj* inmune: *immune system* sistema inmunológico ◇ *immune deficiency* inmunodeficiencia **immunity** *n* inmunidad

immunization, -isation /ˌɪmjunaɪˈzeɪʃn; *USA* -nəˈz-/ *n* inmunización

immunize, -ise /ˈɪmjunaɪz/ *vt* ~ **sb/sth (against sth)** inmunizar a algn/algo (contra algo)

impact 🔑 /ˈɪmpækt/ *n* **1** impacto **2** choque (*de coche*)

I

impair /ɪmˈpeə(r)/ *vt* (*formal*) deteriorar, debilitar: *impaired vision* vista debilitada **impairment** *n* deficiencia

impart /ɪmˈpɑːt/ *vt* (*formal*) **1** ~ **sth (to sb)** impartir algo (a algn) **2** conferir

impartial /ɪmˈpɑːʃl/ *adj* imparcial

impasse /ˈæmpɑːs; *USA* ˈɪmpæs/ *n* punto muerto, callejón sin salida

impassioned /ɪmˈpæʃnd/ *adj* apasionado

impassive /ɪmˈpæsɪv/ *adj* impasible

impatience /ɪmˈpeɪʃns/ *n* impaciencia

impatient 🔑 /ɪmˈpeɪʃnt/ *adj* impaciente: *to get impatient* impacientarse **impatiently** *adv* impacientemente

impeccable /ɪmˈpekəbl/ *adj* impecable

impede /ɪmˈpiːd/ *vt* (*formal*) obstaculizar

impediment /ɪmˈpedɪmənt/ *n* **1** ~ **(to sth)** obstáculo (para algo) **2** defecto (*en el habla*)

impel /ɪmˈpel/ *vt* (**-ll-**) (*formal*) impulsar

impending /ɪmˈpendɪŋ/ *adj* [*sólo antes de sustantivo*] inminente

impenetrable /ɪmˈpenɪtrəbl/ *adj* impenetrable

imperative /ɪmˈperətɪv/ *adjetivo, nombre*
▸ *adj* (*formal*) **1** imprescindible **2** (*necesidad*) imperioso **3** (*tono de voz*) imperativo
▸ *n* imperativo

imperceptible /ˌɪmpəˈseptəbl/ *adj* imperceptible

imperfect /ɪmˈpɜːfɪkt/ *adj, n* imperfecto

imperial /ɪmˈpɪəriəl/ *adj* imperial **imperialism** *n* imperialismo

impersonal /ɪmˈpɜːsənl/ *adj* impersonal

impersonate /ɪmˈpɜːsəneɪt/ *vt* **1** imitar **2** hacerse pasar por

impertinent /ɪmˈpɜːtɪnənt/ *adj* impertinente

impetus /ˈɪmpɪtəs/ *n* impulso

implant *verbo, nombre*
▸ *vt* /ɪmˈplɑːnt; *USA* -ˈplænt/ ~ **sth (in/into sth) 1** (*formal*) inculcar algo (a algn) **2** (*Med*) implantar algo (en algo)
▸ *n* /ˈɪmplɑːnt; *USA* -plænt/ implante

implausible /ɪmˈplɔːzəbl/ *adj* inverosímil

implement *nombre, verbo*
▸ *n* /ˈɪmplɪmənt/ utensilio
▸ *vt* /ˈɪmplɪment/ **1** llevar a cabo, realizar **2** (*decisión*) poner en práctica **3** (*ley*) aplicar **implementation** *n* **1** realización, puesta en práctica **2** (*ley*) aplicación

implicate /ˈɪmplɪkeɪt/ *vt* implicar

implication 🔑 /ˌɪmplɪˈkeɪʃn/ *n* **1** ~ **(for/of sb/sth)** consecuencia (para/de algn/algo) **2** implicación (*delito*)

implicit /ɪmˈplɪsɪt/ *adj* **1** ~ **(in sth)** implícito (en algo) **2** (*confianza*) absoluto

implore /ɪmˈplɔː(r)/ *vt* (*formal*) implorar, suplicar

imply 🔑 /ɪmˈplaɪ/ *vt* (*pt, pp* **implied**) **1** dar a entender, insinuar **2** implicar, suponer

impolite /ˌɪmpəˈlaɪt/ *adj* maleducado

import 🔑 *nombre, verbo*
▸ *n* /ˈɪmpɔːt/ importación
▸ *vt* /ɪmˈpɔːt/ importar

importance 🔑 /ɪmˈpɔːtns/ *n* importancia

important 🔑 /ɪmˈpɔːtnt/ *adj* importante: *vitally important* de suma importancia

importer /ɪmˈpɔːtə(r)/ *n* importador, -ora

impose 🔑 /ɪmˈpəʊz/ **1** *vt* ~ **sth (on/upon sb/sth)** imponer algo (a/sobre algn/algo) **2** *vi* ~ **(on/upon sb/sth)** abusar (de la hospitalidad) de algn, abusar de algo **imposing** *adj* imponente **imposition** /ˌɪmpəˈzɪʃn/ *n* **1** [*incontable*] (*restricción, etc.*) imposición **2** molestia

impossibility /ɪmˌpɒsəˈbɪləti/ *n* imposibilidad

impossible 🔑 /ɪmˈpɒsəbl/ *adjetivo, nombre*
▸ *adj* **1** imposible **2** intolerable
▸ *n* **the impossible** [*sing*] lo imposible

impotence /ˈɪmpətəns/ *n* impotencia

impotent /ˈɪmpətənt/ *adj* impotente

impoverished /ɪmˈpɒvərɪʃt/ *adj* empobrecido, pobre

impractical /ɪmˈpræktɪkl/ *adj* poco práctico

impress 🔑 /ɪmˈpres/ **1** *vt, vi* impresionar, causar buena impresión (a/en) **2** *vt* ~ **sth on/upon sb** (*formal*) recalcar algo a algn

impression 🔑 /ɪmˈpreʃn/ *n* **1** impresión: *to be under the impression that...* tener la impresión de que... ◇ *to make a good impression on sb* causar una buena impresión a algn **2** imitación (*de una persona*)

Impressionism /ɪmˈpreʃənɪzəm/ *n* impresionismo **Impressionist** *adj, n* impresionista

impressive /ɪmˈpresɪv/ *adj* impresionante

imprison /ɪmˈprɪzn/ *vt* encarcelar **imprisonment** *n* encarcelamiento *Ver tb* LIFE

improbable /ɪmˈprɒbəbl/ *adj* improbable, poco probable

impromptu /ɪmˈprɒmptjuː; *USA* -tuː/ *adj* improvisado

improper /ɪmˈprɒpə(r)/ *adj* (*formal*) **1** (*transacción*) irregular **2** impropio, indecoroso **3** incorrecto, indebido

improve /ɪmˈpruːv/ *vt, vi* mejorar PHRV **improve on/upon sth** mejorar algo

improvement /ɪmˈpruːvmənt/ *n* ~ **(on/in sth)** mejora (de algo): *to be an improvement on sth* suponer una mejora sobre algo ◇ *home improvements* mejoras de la casa ◇ *There are signs of improvement in her condition.* Hay indicios de que está mejorando.

improvise /ˈɪmprəvaɪz/ *vt, vi* improvisar

impulse /ˈɪmpʌls/ *n* impulso: *to do sth on impulse* hacer algo por impulso

impulsive /ɪmˈpʌlsɪv/ *adj* impulsivo

in /ɪn/ *preposición, adverbio, adjetivo, nombre*

ℹ Para los usos de **in** en PHRASAL VERBS ver las entradas de los verbos correspondientes, p. ej. **go in** en GO.

▸ *prep* **1** en: *in here/there* aquí/ahí dentro **2** [*después de superlativo*] de: *the best shops in town* las mejores tiendas de la ciudad **3** (*tiempo*): *in the daytime* de día ◇ *in summer* en verano ◇ *ten in the morning* las diez de la mañana ◇ *in the morning* por la mañana **4** dentro de: *I'll see you in two days (time).* Te veré dentro de dos días. ◇ *He did it in two days.* Lo hizo en dos días. **5** por: *5p in the pound* cinco peniques por libra ◇ *one in ten people* una de cada diez personas **6** (*descripción, método*): *the girl in glasses* la chica de gafas ◇ *covered in mud* cubierto de barro ◇ *Speak in English.* Habla en inglés. **7** + **-ing**: *In saying that, you're contradicting yourself.* Al decir eso te contradices a ti mismo. LOC **in that** (*formal*) en tanto que

▸ *adv* **1 be** ~ estar (*en casa*): *Is anyone in?* ¿Hay alguien? **2 be/get** ~ haber llegado/llegar: *Applications must be in by…* Las solicitudes deberán llegar antes del… LOC **be/get in on sth** (*coloq*) participar en algo, enterarse de algo ◆ **be in for sth** (*coloq*) esperarle a algn algo: *He's in for a surprise!* ¡Vaya sorpresa que se va a llevar!

▸ *adj* (*coloq*) de moda: *Red is the in colour this year.* El rojo es el color del año.

▸ *n* LOC **the ins and outs (of sth)** los pormenores (de algo)

inability /ˌɪnəˈbɪləti/ *n* ~ **(to do sth)** incapacidad (para hacer algo)

inaccessible /ˌɪnækˈsesəbl/ *adj* ~ **(to sb) 1** inaccesible (para algn) **2** incomprensible (para algn)

inaccurate /ɪnˈækjərət/ *adj* inexacto, impreciso

inaction /ɪnˈækʃn/ *n* (*gen pey*) pasividad

inadequate /ɪnˈædɪkwət/ *adj* **1** insuficiente **2** incapaz

inadvertently /ˌɪnədˈvɜːtəntli/ *adv* por descuido, sin darse cuenta

inappropriate /ˌɪnəˈprəʊpriət/ *adj* ~ **(to/for sb/sth)** poco apropiado, inadecuado (para algn/algo)

inaugural /ɪˈnɔːgjərəl/ *adj* **1** inaugural **2** (*discurso*) de apertura

inaugurate /ɪˈnɔːgjəreɪt/ *vt* **1** ~ **sb (as sth)** investir a algn (como algo) **2** inaugurar

inbox /ˈɪnbɒks/ *n* (*Informát*) buzón de entrada

incapable /ɪnˈkeɪpəbl/ *adj* **1** ~ **of sth/doing sth** incapaz de algo/de hacer algo **2** incompetente

incapacity /ˌɪnkəˈpæsəti/ *n* ~ **(to do sth)** incapacidad (para hacer algo)

incense /ˈɪnsens/ *n* incienso

incensed /ɪnˈsenst/ *adj* ~ **(by/at sth)** furioso (por algo)

incentive /ɪnˈsentɪv/ *n* ~ **(to do sth)** incentivo, aliciente (para hacer algo)

incessant /ɪnˈsesnt/ *adj* (*gen pey*) incesante **incessantly** *adv* sin parar

incest /ˈɪnsest/ *n* incesto

inch /ɪntʃ/ *n* (*abrev* **in.**) pulgada (*25,4 milímetros*) ➲ *Ver pág 792* LOC **not give an inch** no ceder ni un palmo

incidence /ˈɪnsɪdəns/ *n* ~ **of sth** (*formal*) frecuencia, tasa, caso de algo

incident /ˈɪnsɪdənt/ *n* incidente, episodio: *without incident* sin novedad

incidental /ˌɪnsɪˈdentl/ *adj* **1** ~ **(to sth)** secundario (a algo) **2** fortuito **3** (*costes, ventaja, etc.*) adicional: *incidental expenses* gastos imprevistos **incidentally** /-təli/ *adv* **1** a propósito **2** de paso

incinerate /ɪnˈsɪnəreɪt/ *vt* incinerar

incisive /ɪnˈsaɪsɪv/ *adj* **1** (*comentario*) incisivo **2** (*cerebro*) penetrante

incite /ɪnˈsaɪt/ *vt* ~ **sb (to sth)** incitar a algn (a algo)

I

inclination /ˌɪnklɪˈneɪʃn/ *n* inclinación, tendencia: *She had neither the time nor the inclination to help them.* No tenía ni tiempo ni ganas de ayudarles.

incline *verbo, nombre*
▸ *vt, vi* /ɪnˈklaɪn/ (*formal*) inclinar(se)
▸ *n* /ˈɪnklaɪn/ (*formal*) pendiente

inclined *adj* **1 be ~ (to do sth)** (*voluntad*) inclinarse a hacer algo, estar dispuesto (a hacer algo) **2 be ~ to do sth** (*tendencia*) ser propenso a algo/a hacer algo

include 🔑 /ɪnˈkluːd/ *vt* incluir

including 🔑 /ɪnˈkluːdɪŋ/ *prep* incluido, inclusive

inclusion /ɪnˈkluːʒn/ *n* inclusión

inclusive /ɪnˈkluːsɪv/ *adj* **1** (*cifra*) global, todo incluido **2 be ~ of sth** incluir algo **3** inclusive

I

incoherent /ˌɪnkəʊˈhɪərənt/ *adj* incoherente

income 🔑 /ˈɪnkʌm/ *n* ingresos: *income tax* impuesto sobre la renta

incoming /ˈɪnkʌmɪŋ/ *adj* entrante

incompetent /ɪnˈkɒmpɪtənt/ *adj, n* incompetente

incomplete /ˌɪnkəmˈpliːt/ *adj* incompleto

incomprehensible /ɪnˌkɒmprɪˈhensəbl/ *adj* incomprensible

inconceivable /ˌɪnkənˈsiːvəbl/ *adj* inconcebible

inconclusive /ˌɪnkənˈkluːsɪv/ *adj* no concluyente: *The meeting was inconclusive.* La reunión no alcanzó ninguna conclusión.

incongruous /ɪnˈkɒŋgruəs/ *adj* incongruente

inconsiderate /ˌɪnkənˈsɪdərət/ *adj* desconsiderado

inconsistent /ˌɪnkənˈsɪstənt/ *adj* inconsecuente, contradictorio

inconspicuous /ˌɪnkənˈspɪkjuəs/ *adj* que no llama la atención: *to make yourself inconspicuous* procurar pasar inadvertido

inconvenience /ˌɪnkənˈviːniəns/ *nombre, verbo*
▸ *n* **1** [*incontable*] inconveniente **2** molestia
▸ *vt* incomodar

inconvenient /ˌɪnkənˈviːniənt/ *adj* **1** molesto, incómodo **2** (*momento*) inoportuno

incorporate /ɪnˈkɔːpəreɪt/ *vt* **1 ~ sth (in/into sth)** incorporar algo (a algo), incluir algo (en algo) **2** *incorporated company* sociedad anónima

incorrect /ˌɪnkəˈrekt/ *adj* incorrecto

increase 🔑 *verbo, nombre*
▸ *vt, vi* /ɪnˈkriːs/ **1** aumentar **2** incrementar(se)
▸ *n* /ˈɪŋkriːs/ **~ (in sth)** aumento (de algo) LOC **on the increase** en aumento

increasing /ɪnˈkriːsɪŋ/ *adj* creciente

increasingly 🔑 /ɪnˈkriːsɪŋli/ *adv* cada vez más

incredible /ɪnˈkredəbl/ *adj* increíble **incredibly** *adv* **1** increíblemente **2** por increíble que parezca

incurable /ɪnˈkjʊərəbl/ *adj* incurable

indecisive /ˌɪndɪˈsaɪsɪv/ *adj* **1** indeciso **2** (*resultado*) no concluyente

indeed 🔑 /ɪnˈdiːd/ *adv* **1** (*comentario, respuesta o reconocimiento*) de veras: *Did you indeed?* ¿De veras? **2** (*uso enfático*) de verdad: *Thank you very much indeed!* ¡Muchísimas gracias! **3** (*formal*) en efecto, de hecho

indefensible /ˌɪndɪˈfensəbl/ *adj* intolerable (*comportamiento*)

indefinite /ɪnˈdefɪnət/ *adj* **1** indefinido: *the indefinite article* el artículo indefinido **2** (*respuesta*) vago **indefinitely** *adv* **1** indefinidamente **2** por tiempo indefinido

indelible /ɪnˈdeləbl/ *adj* imborrable

indemnity /ɪnˈdemnəti/ *n* (*pl* **indemnities**) **1** indemnidad **2** indemnización

independence 🔑 /ˌɪndɪˈpendəns/ *n* independencia

Indeˈpendence Day *n* día de la Independencia

> **Independence Day** es una fiesta que se celebra en Estados Unidos el 4 de julio, por lo que también se le llama **Fourth of July**. Las celebraciones consisten en fuegos artificiales y desfiles.

independent 🔑 /ˌɪndɪˈpendənt/ *adj* **1** independiente: *to become independent* independizarse **2** (*colegio*) privado

in-depth /ˌɪn ˈdepθ/ *adj* a fondo, exhaustivo

indescribable /ˌɪndɪˈskraɪbəbl/ *adj* indescriptible

index 🔑 /ˈɪndeks/ *n* **1** (*pl* **indexes**) (*libro, dedo*) índice: *index finger* dedo índice **2** (*pl* **indexes**) (*tb* **ˈcard index**) (*archivo*) fichero **3** (*pl* **indexes** *o* **indices** /ˈɪndɪsiːz/) (*medida*) índice: *the retail price index* el índice de precios al consumo ◇ *index-linked* actualizado según el coste de la vida **4** (*pl* **indices**) (*Mat*) exponente

indicate 🔑 /ˈɪndɪkeɪt/ **1** *vt* indicar **2** *vi* poner el intermitente

indication 🔑 /ˌɪndɪˈkeɪʃn/ *n* indicio, señal

indicative /ɪnˈdɪkətɪv/ *adj, n* indicativo

indicator /ˈɪndɪkeɪtə(r)/ *n* **1** indicador **2** (*coche*) intermitente
indices *plural de* INDEX (3, 4)
indictment /ɪnˈdaɪtmənt/ *n* **1** ~ **(of/on sth)** crítica (de algo) **2** acusación **3** procesamiento
indie /ˈɪndi/ *adj* (*sello musical, cine, etc.*) independiente
indifference /ɪnˈdɪfrəns/ *n* indiferencia
indifferent /ɪnˈdɪfrənt/ *adj* **1** indiferente **2** (*calidad*) mediocre
indigenous /ɪnˈdɪdʒənəs/ *adj* (*formal*) indígena
indigestion /ˌɪndɪˈdʒestʃən/ *n* [*incontable*] indigestión: *to get indigestion* empacharse
indignant /ɪnˈdɪgnənt/ *adj* indignado
indignation /ˌɪndɪgˈneɪʃn/ *n* indignación
indignity /ɪnˈdɪgnəti/ *n* (*pl* **indignities**) humillación
indigo /ˈɪndɪgəʊ/ *adj* índigo, añil
indirect /ˌɪndəˈrekt, -daɪˈr-/ *adj* indirecto
indirectly /ˌɪndəˈrektli, -daɪˈr-/ *adv* indirectamente
indiscreet /ˌɪndɪˈskriːt/ *adj* indiscreto
indiscretion /ˌɪndɪˈskreʃn/ *n* indiscreción
indiscriminate /ˌɪndɪˈskrɪmɪnət/ *adj* indiscriminado
indispensable /ˌɪndɪˈspensəbl/ *adj* imprescindible
indisputable /ˌɪndɪˈspjuːtəbl/ *adj* irrefutable
indistinct /ˌɪndɪˈstɪŋkt/ *adj* poco claro
individual /ˌɪndɪˈvɪdʒuəl/ *adjetivo, nombre*
▸ *adj* **1** individual **2** suelto **3** personal **4** particular, original
▸ *n* individuo
individualism /ˌɪndɪˈvɪdʒuəlɪzəm/ *n* individualismo
individually /ˌɪndɪˈvɪdʒuəli/ *adv* **1** por separado **2** individualmente
indoctrination /ɪnˌdɒktrɪˈneɪʃn/ *n* adoctrinamiento
indoor /ˈɪndɔː(r)/ *adj* interior: *indoor swimming pool* piscina cubierta ◇ *indoor activities* actividades de sala
indoors /ˌɪnˈdɔːz/ *adv* en casa
induce /ɪnˈdjuːs; *USA* -ˈduːs/ *vt* **1** ~ **sb to do sth** (*formal*) inducir a algn a que haga algo **2** (*formal*) causar **3** (*Med*) provocar el parto de
induction /ɪnˈdʌkʃn/ *n* iniciación: *an induction course* un curso de introducción
indulge /ɪnˈdʌldʒ/ **1** *vt, vi* ~ **yourself (with sth)**; ~ **(in sth)** darse el gusto (de algo) **2** *vt* (*deseo*) satisfacer **3** *vt* (*niño, capricho*) consentir
indulgence /ɪnˈdʌldʒəns/ *n* **1** indulgencia, tolerancia **2** lujo **3** vicio **indulgent** *adj* indulgente
industrial /ɪnˈdʌstriəl/ *adj* **1** industrial: *industrial estate* polígono industrial **2** laboral
industrialist /ɪnˈdʌstriəlɪst/ *n* empresario, -a
industrialization, -isation /ɪnˌdʌstrɪəlaɪˈzeɪʃn; *USA* -ləˈz-/ *n* industrialización
industrialize, -ise /ɪnˈdʌstriəlaɪz/ *vt* industrializar
industrious /ɪnˈdʌstriəs/ *adj* trabajador
industry /ˈɪndəstri/ *n* (*pl* **industries**) **1** industria **2** (*formal*) aplicación
inedible /ɪnˈedəbl/ *adj* no comestible, incomible
ineffective /ˌɪnɪˈfektɪv/ *adj* **1** ineficaz **2** (*persona*) incapaz
inefficiency /-ənsi/ *n* **1** incompetencia **2** ineficiencia
inefficient /ˌɪnɪˈfɪʃnt/ *adj* **1** ineficaz **2** incompetente
ineligible /ɪnˈelɪdʒəbl/ *adj* **be ~ (for sth/to do sth)** no tener derecho (a algo/a hacer algo)
inept /ɪˈnept/ *adj* inepto
inequality /ˌɪnɪˈkwɒləti/ *n* (*pl* **inequalities**) desigualdad
inert /ɪˈnɜːt/ *adj* inerte
inertia /ɪˈnɜːʃə/ *n* inercia
inescapable /ˌɪnɪˈskeɪpəbl/ *adj* ineludible
inevitable /ɪnˈevɪtəbl/ *adj* inevitable
inevitably /ɪnˈevɪtəbli/ *adv* inevitablemente
inexcusable /ˌɪnɪkˈskjuːzəbl/ *adj* imperdonable
inexhaustible /ˌɪnɪgˈzɔːstəbl/ *adj* inagotable
inexpensive /ˌɪnɪkˈspensɪv/ *adj* económico
inexperience /ˌɪnɪkˈspɪəriəns/ *n* inexperiencia **inexperienced** *adj* sin experiencia: *inexperienced in business* inexperto en los negocios
inexplicable /ˌɪnɪkˈsplɪkəbl/ *adj* inexplicable
infallibility /ɪnˌfæləˈbɪləti/ *n* infalibilidad
infallible /ɪnˈfæləbl/ *adj* infalible
infamous /ˈɪnfəməs/ *adj* (*formal*) infame
infancy /ˈɪnfənsi/ *n* **1** infancia: *in infancy* de niño **2** (*proyecto*): *It was still in its infancy.* Todavía estaba en mantillas.
infant /ˈɪnfənt/ *n* niño pequeño, niña pequeña: *infant school* escuela primaria (hasta los siete años) ◇ *infant mortality rate* tasa de mortalidad infantil ❶ Excepto en el caso de estos ejemplos, **baby**, **toddler** y **child** son palabras más comunes.

infantile /ˈɪnfəntaɪl/ *adj* (*pey*) infantil

infantry /ˈɪnfəntri/ *n* [*v sing o pl*] infantería

infatuated /ɪnˈfætʃueɪtɪd/ *adj* ~ **(with sb/sth)** encaprichado (con algn/algo) **infatuation** *n* ~ **(with/for sb/sth)** encaprichamiento (con algn/algo)

infect /ɪnˈfekt/ *vt* **1** ~ **sb/sth (with sth)** infectar a algn/algo (de algo), contagiar (algo) a algn/algo: *It is impossible to infect another person through kissing.* No se puede infectar a otra persona besándola. **2** ~ **sb with sth** contagiar a algn de algo: *She infected us with her enthusiasm.* Nos contagió de su entusiasmo.

infection /ɪnˈfekʃn/ *n* infección

infectious /ɪnˈfekʃəs/ *adj* contagioso

I

infer /ɪnˈfɜː(r)/ *vt* (**-rr-**) **1** deducir **2** insinuar **inference** /ˈɪnfərəns/ *n* conclusión: *by inference* por deducción

inferior /ɪnˈfɪəriə(r)/ *adj, n* ~ **(to sb/sth)** inferior (a algn/algo) **inferiority** /ɪnˌfɪəriˈɒrəti; *USA* -ˈɔːr-/ *n* inferioridad: *inferiority complex* complejo de inferioridad

infertile /ɪnˈfɜːtaɪl; *USA* -tl/ *adj* estéril **infertility** /ˌɪnfɜːˈtɪləti/ *n* esterilidad

infest /ɪnˈfest/ *vt* infestar **infestation** *n* plaga

infidelity /ˌɪnfɪˈdeləti/ *n* (*pl* **infidelities**) infidelidad

infiltrate /ˈɪnfɪltreɪt/ *vt, vi* infiltrar(se)

infinite /ˈɪnfɪnət/ *adj* infinito **infinitely** *adv* muchísimo

infinitive /ɪnˈfɪnətɪv/ *n* infinitivo

infinity /ɪnˈfɪnəti/ *n* **1** infinidad **2** infinito

infirm /ɪnˈfɜːm/ *adjetivo, nombre*
▸ *adj* débil, achacoso
▸ *n* **the infirm** [*pl*] los enfermos

infirmary /ɪnˈfɜːməri/ *n* (*pl* **infirmaries**) hospital

infirmity *n* (*pl* **infirmities**) **1** debilidad **2** achaque

inflamed /ɪnˈfleɪmd/ *adj* **1** (*Med*) inflamado **2** (*persona*) acalorado

inflammable /ɪnˈflæməbl/ *adj* inflamable
ℹ **Inflammable** y **flammable** son sinónimos.

inflammation /ˌɪnfləˈmeɪʃn/ *n* inflamación

inflatable /ɪnˈfleɪtəbl/ *adj* hinchable

inflate /ɪnˈfleɪt/ *vt, vi* inflar(se), hinchar(se)

inflation /ɪnˈfleɪʃn/ *n* inflación

inflexible /ɪnˈfleksəbl/ *adj* inflexible

inflict /ɪnˈflɪkt/ *vt* ~ **sth (on/upon sb) 1** (*sufrimiento, derrota*) infligir algo (a algn) **2** (*daño*) causar algo (a algn) **3** (*castigo, etc.*) imponer algo (a algn)

influence /ˈɪnfluəns/ *nombre, verbo*
▸ *n* influencia: *to be a good/bad influence on sb* ejercer una buena/mala influencia sobre algn
▸ *vt* **1** ~ **sb** influenciar a algn **2** ~ **sth** influir en/sobre algo

influential /ˌɪnfluˈenʃl/ *adj* influyente

influenza /ˌɪnfluˈenzə/ *n* (*formal*) gripe

influx /ˈɪnflʌks/ *n* afluencia

inform /ɪnˈfɔːm/ *vt* ~ **sb (of/about sth)** informar a algn (de algo) PHR V **inform on sb** delatar a algn

informal /ɪnˈfɔːml/ *adj* **1** informal **2** (*persona, tono*) campechano, poco ceremonioso **3** (*reunión, etc.*) no oficial **4** (*lenguaje*) coloquial

informant /ɪnˈfɔːmənt/ *n* informante

information /ˌɪnfəˈmeɪʃn/ *n* [*incontable*] información: *a piece of information* un dato ◇ *I need some information about/on…* Necesito información sobre… ➲ *Ver nota en* CONSEJO

Finding things out
Obtener información
• *Could you tell me when the buses go to town, please?* ¿Me podrías decir a qué hora salen los autobuses para el centro?
• *Have you got the time, please?* ¿Tienes hora, por favor?
• *Have you got a leaflet about the opening times for the museum, please?* ¿Tienes un folleto con los horarios de apertura del museo, por favor?

inforˌmation techˈnology *n* (*abrev* **IT**) informática

informative /ɪnˈfɔːmətɪv/ *adj* informativo

informer /ɪnˈfɔːmə(r)/ *n* soplón, -ona

infrastructure /ˈɪnfrəstrʌktʃə(r)/ *n* infraestructura

infrequent /ɪnˈfriːkwənt/ *adj* poco frecuente

infringe /ɪnˈfrɪndʒ/ *vt* infringir, violar

infuriate /ɪnˈfjʊərieɪt/ *vt* enfurecer **infuriating** *adj* exasperante

ingenious /ɪnˈdʒiːniəs/ *adj* ingenioso

ingenuity /ˌɪndʒəˈnjuːəti; *USA* -ˈnuː-/ *n* ingenio

ingrained /ɪnˈgreɪnd/ *adj* arraigado

ingredient /ɪnˈgriːdiənt/ *n* ingrediente

inhabit /ɪnˈhæbɪt/ *vt* habitar

inhabitant /ɪnˈhæbɪtənt/ *n* habitante

inhale /ɪnˈheɪl/ **1** *vi* aspirar **2** *vi* (*fumador*) tragarse el humo **3** *vt* inhalar **inhaler** *n* inhalador

inherent /ɪnˈhɪərənt, -ˈher-/ *adj* ~ **(in sb/sth)** inherente (a algn/algo) **inherently** *adv* intrínsecamente

inherit /ɪnˈherɪt/ *vt* heredar **inheritance** *n* herencia

inhibit /ɪnˈhɪbɪt/ *vt* **1** (*un proceso, etc.*) dificultar **2** ~ **sb (from doing sth)** impedir a algn (hacer algo) **inhibited** *adj* cohibido **inhibition** *n* inhibición

inhospitable /ˌɪnhɒˈspɪtəbl/ *adj* **1** inhóspito **2** inhospitalario

inhuman /ɪnˈhjuːmən/ *adj* inhumano, despiadado

initial /ɪˈnɪʃl/ *adjetivo, nombre, verbo*
- *adj, n* inicial
- *vt* (**-ll-**, *USA* **-l-**) poner las iniciales en

initially /ɪˈnɪʃəli/ *adv* en un principio, inicialmente

initiate /ɪˈnɪʃieɪt/ *vt* **1** (*formal*) iniciar **2** (*juicio*) entablar **initiation** *n* iniciación

initiative /ɪˈnɪʃətɪv/ *n* iniciativa

inject /ɪnˈdʒekt/ *vt* inyectar **injection** *n* inyección

injure /ˈɪndʒə(r)/ *vt* herir, lesionar: *Five people were injured in the crash.* Cinco personas resultaron heridas en el accidente. ➲ *Ver nota en* HERIDA

injured /ˈɪndʒəd/ *adj* **1** herido, lesionado **2** (*tono*) ofendido

injury /ˈɪndʒəri/ *n* (*pl* **injuries**) **1** herida, lesión: *injury time* tiempo de descuento ➲ *Ver nota en* HERIDA **2** (*fig*) perjuicio

injustice /ɪnˈdʒʌstɪs/ *n* injusticia

ink /ɪŋk/ *n* tinta

inkling /ˈɪŋklɪŋ/ *n* ~ **(of sth/that...)** indicio, idea (de algo/de que...)

inland *adverbio, adjetivo*
- *adv* /ˌɪnˈlænd/ hacia el interior
- *adj* /ˈɪnlænd/ (del) interior

the ˌInland ˈRevenue *n* (*GB*) Hacienda

in-laws /ˈɪn lɔːz/ *n* [*pl*] (*coloq*) **1** familia política **2** suegros

inlet /ˈɪnlet/ *n* **1** ensenada **2** entrada (*de aire, gasolina, etc.*)

in-line skate /ˌɪn laɪn ˈskeɪt/ *n* patín (de ruedas) en línea

ˌin-line ˈskating *n* patinaje en línea

inmate /ˈɪnmeɪt/ *n* interno, -a (*en un recinto vigilado*)

inn /ɪn/ *n* (*antic*) **1** taberna **2** posada

innate /ɪˈneɪt/ *adj* innato

inner /ˈɪnə(r)/ *adj* [*sólo antes de sustantivo*] **1** interior, interno **2** (*pensamientos*) íntimo

ˌinner ˈcity *n* zonas céntricas urbanas pobres

inner-city /ˌɪnə ˈsɪti/ *adj*: *inner-city schools* colegios de zonas céntricas deprimidas

innermost /ˈɪnəməʊst/ *adj* **1** más secreto/íntimo **2** más recóndito

innit /ˈɪnɪt/ *interj* (*GB, coloq*) ¿verdad?: *Cold, innit?* Hace frío, ¿verdad? ❶ Esta forma de **isn't it** no se considera gramaticalmente correcta.

innocence /ˈɪnəsns/ *n* inocencia

innocent /ˈɪnəsnt/ *adj* inocente

innocuous /ɪˈnɒkjuəs/ *adj* (*formal*) **1** (*comentario*) inofensivo **2** (*sustancia*) inocuo

innovate /ˈɪnəveɪt/ *vi* introducir novedades **innovation** *n* innovación **innovative** /ˈɪnəveɪtɪv, -vətɪv/ *adj* innovador

innuendo /ˌɪnjuˈendəʊ/ *n* (*pl* **innuendoes** *o* **innuendos**) (*pey*) insinuación

innumerable /ɪˈnjuːmərəbl; *USA* ɪˈnuː-/ *adj* innumerable

inoculate /ɪˈnɒkjuleɪt/ *vt* vacunar **inoculation** *n* vacuna

inorganic /ˌɪnɔːˈgænɪk/ *adj* (*Quím*) inorgánico

inpatient /ˈɪnpeɪʃnt/ *n* paciente hospitalizado, -a ➲ *Comparar con* OUTPATIENT

input /ˈɪnpʊt/ *n* **1** contribución **2** (*Informát*) entrada

inquest /ˈɪŋkwest/ *n* ~ **(on/into sth)** investigación (judicial) (acerca de algo)

inquire, inquiry (*esp USA*) = ENQUIRE, ENQUIRY

inquisition /ˌɪnkwɪˈzɪʃn/ *n* (*formal* o *hum*) interrogatorio

inquisitive /ɪnˈkwɪzətɪv/ *adj* inquisitivo

insane /ɪnˈseɪn/ *adj* loco

insanity /ɪnˈsænəti/ *n* demencia, locura

insatiable /ɪnˈseɪʃəbl/ *adj* insaciable

inscribe /ɪnˈskraɪb/ *vt* ~ **sth (on/in sth)** grabar algo (en algo): *a plaque inscribed with his name* una placa con su nombre grabado

inscription /ɪnˈskrɪpʃn/ *n* **1** inscripción (*en piedra, etc.*) **2** dedicatoria (*de un libro*)

insect /ˈɪnsekt/ *n* insecto

insecticide /ɪnˈsektɪsaɪd/ *n* insecticida

insecure /ˌɪnsɪˈkjʊə(r)/ *adj* inseguro **insecurity** *n* inseguridad

insensitive /ɪnˈsensətɪv/ *adj* **1** ~ **(to sth)** (*persona*) insensible (a algo) **2** (*acto*) falto de sensibilidad **insensitivity** /ɪnˌsensəˈtɪvəti/ *n* insensibilidad

inseparable /ɪnˈseprəbl/ *adj* inseparable

insert /ɪnˈsɜːt/ *vt* introducir, insertar

inside 🔑 *preposición, adverbio, nombre, adjetivo*

▸ *prep* /ˌɪnˈsaɪd/ (*tb esp USA* **inˈside of**) dentro de: *Is there anything inside the box?* ¿Hay algo dentro de la caja?

▸ *adv* /ˌɪnˈsaɪd/ dentro, adentro: *Let's go inside.* Vamos adentro. ◇ *Pete's inside.* Pete está dentro.

▸ *n* /ˌɪnˈsaɪd/ **1** interior: *The door was locked from the inside.* La puerta estaba cerrada por dentro. **2 insides** [*pl*] (*coloq*) tripas LOC **inside out 1** del revés: *You've got your jumper on inside out.* Llevas el jersey del revés. ➲ *Ver dibujo en* REVÉS **2** de arriba abajo: *She knows these streets inside out.* Se conoce estas calles como la palma de la mano.

▸ *adj* /ˈɪnsaɪd/ [*sólo antes de sustantivo*] **1** interior, interno: *the inside pocket* el bolsillo interior **2** interno: *inside information* información interna **insider** /ɪnˈsaɪdə(r)/ *n* alguien de dentro (*empresa, grupo*)

insight /ˈɪnsaɪt/ *n* **1** perspicacia, entendimiento **2** ~ **(into sth)** idea, percepción (de algo)

insignificance /ˌɪnsɪɡˈnɪfɪkəns/ *n* insignificancia

insignificant /ˌɪnsɪɡˈnɪfɪkənt/ *adj* insignificante

insincere /ˌɪnsɪnˈsɪə(r)/ *adj* falso, hipócrita **insincerity** /ˌɪnsɪnˈserəti/ *n* insinceridad

insinuate /ɪnˈsɪnjueɪt/ *vt* insinuar **insinuation** *n* insinuación

insist 🔑 /ɪnˈsɪst/ *vi* ~ **(on sth)** insistir (en algo) PHR V **insist on/upon sth 1** empeñarse en algo: *She always insists on a room to herself.* Siempre se empeña en tener una habitación para ella sola. **2** exigir algo

insistence /ɪnˈsɪstəns/ *n* insistencia **insistent** *adj* insistente

insolence /ˈɪnsələns/ *n* insolencia

insolent /ˈɪnsələnt/ *adj* insolente

insoluble /ɪnˈsɒljəbl/ *adj* insoluble

insomnia /ɪnˈsɒmniə/ *n* insomnio

inspect /ɪnˈspekt/ *vt* **1** inspeccionar: *The plants are regularly inspected for disease.* Las plantas se inspeccionan regularmente para ver si están enfermas. **2** (*equipaje*) registrar **inspection** *n* inspección **inspector** *n* **1** inspector, -ora **2** (*de billetes*) revisor, -ora

inspiration /ˌɪnspəˈreɪʃn/ *n* inspiración

inspire /ɪnˈspaɪə(r)/ *vt* **1** inspirar **2** ~ **sb with sth**; ~ **sth (in sb)** (*entusiasmo, etc.*) infundir algo (en algn)

instability /ˌɪnstəˈbɪləti/ *n* inestabilidad

install 🔑 /ɪnˈstɔːl/ *vt* instalar

installation /ˌɪnstəˈleɪʃn/ *n* instalación

instalment (*USA tb* **installment**) /ɪnˈstɔːlmənt/ *n* **1** (*pago*) plazo: *to pay in instalments* pagar a plazos **2** (*publicaciones*) entrega, fascículo **3** (*TV*) episodio

instance 🔑 /ˈɪnstəns/ *n* caso LOC **for instance** por ejemplo

instant /ˈɪnstənt/ *adjetivo, nombre*

▸ *adj* **1** inmediato **2** *instant coffee* café instantáneo

▸ *n* instante

instantaneous /ˌɪnstənˈteɪniəs/ *adj* instantáneo

instantly /ˈɪnstəntli/ *adv* inmediatamente, de inmediato

instead 🔑 /ɪnˈsted/ *adv* en vez de eso

inˈstead of 🔑 *prep* en vez de

instep /ˈɪnstep/ *n* empeine

instigate /ˈɪnstɪɡeɪt/ *vt* instigar **instigation** *n* instigación

instil (*USA* **instill**) /ɪnˈstɪl/ *vt* (**-ll-**) ~ **sth (in/into sb)** infundir algo (a algn)

instinct /ˈɪnstɪŋkt/ *n* instinto **instinctive** /ɪnˈstɪŋktɪv/ *adj* instintivo

institute 🔑 /ˈɪnstɪtjuːt; *USA* -tuːt/ *nombre, verbo*

▸ *n* instituto, centro

▸ *vt* (*formal*) **1** (*investigación, etc.*) iniciar **2** (*cambios, sistema*) establecer

institution 🔑 /ˌɪnstɪˈtjuːʃn; *USA* -ˈtuːʃn/ *n* institución **institutional** *adj* institucional

instruct /ɪnˈstrʌkt/ *vt* (*formal*) **1** dar instrucciones **2** ~ **sb (in sth)** enseñar (algo) a algn

instruction 🔑 /ɪnˈstrʌkʃn/ *n* **1 instructions** [*pl*] instrucciones **2** ~ **(in sth)** (*formal*) formación (en algo) **instructive** *adj* instructivo

instructor /ɪnˈstrʌktə(r)/ *n* profesor, -ora, instructor, -ora

instrument 🔑 /ˈɪnstrəmənt/ *n* instrumento

instrumental /ˌɪnstrəˈmentl/ *adj* **1 be ~ in sth/doing sth** contribuir materialmente a algo/a hacer algo **2** (*Mús*) instrumental

insufficient /ˌɪnsəˈfɪʃnt/ *adj* insuficiente

insular /ˈɪnsjələ(r); *USA* -sələr/ *adj* estrecho de miras

insulate /ˈɪnsjuleɪt; *USA* -səl-/ *vt* aislar **insulation** *n* aislamiento

insult 🔑 *nombre, verbo*

▸ *n* /ˈɪnsʌlt/ insulto

▸ *vt* /ɪnˈsʌlt/ insultar

insulting 🔑 /ɪnˈsʌltɪŋ/ *adj* insultante

insurance 🔑 /ɪnˈʃʊərəns, -ˈʃɔːr-/ *n* [*incontable*] seguro: *to take out life insurance* sacar un seguro de vida *Ver tb* NATIONAL INSURANCE

insure /ɪnˈʃʊə(r), ɪnˈʃɔː(r)/ **1** *vt, vi* ~ **(sb/sth) (against sth)** asegurar (a algn/algo) (contra algo): *to insure sth for $5 000* asegurar algo en 5000 dólares **2** *vt* (*USA*) = ENSURE

intact /ɪnˈtækt/ *adj* intacto

intake /ˈɪnteɪk/ *n* **1** consumo (*de comida, etc.*) **2** (*personas*) número admitido: *We have an annual intake of 20.* Admitimos a 20 cada año.

integral /ˈɪntɪɡrəl/ *adj* **1** ~ **(to sth)** fundamental, esencial (para algo) **2** integrado

integrate /ˈɪntɪɡreɪt/ *vt, vi* integrar(se): *They found it hard to integrate into/with the local community.* Les costó integrarse en la comunidad donde vivían. **integration** *n* integración

integrity /ɪnˈteɡrəti/ *n* integridad

intellectual /ˌɪntəˈlektʃuəl/ *adj, n* intelectual

intelligence 🔑 /ɪnˈtelɪdʒəns/ *n* inteligencia

intelligent 🔑 *adj* inteligente **intelligently** *adv* inteligentemente

intend 🔑 /ɪnˈtend/ *vt* **1** ~ **to do sth** pensar hacer algo, tener la intención de hacer algo **2** ~ **sb to do sth**: *I intend you to take over.* Es mi intención que te hagas cargo. ◇ *You weren't intended to hear that remark.* Tú no tenías que haber oído ese comentario. **3** ~ **sth for sb/sth** destinar algo a algn/algo: *It is intended for Sally.* Está destinado a Sally. ◇ *They're not intended for eating/to be eaten.* No son para comer. **4** ~ **sth as sth**: *It was intended as a joke.* Se supone que era una broma.

intense /ɪnˈtens/ *adj* **1** intenso **2** (*emoción, odio, etc.*) profundo, fuerte **3** (*persona*) vehemente: *She's so intense about everything.* Se lo toma todo tan en serio. **intensely** *adv* intensamente, sumamente **intensify** *vt, vi* (*pt, pp* **-fied**) intensificar(se), aumentar(se) **intensity** *n* intensidad, fuerza

intensive /ɪnˈtensɪv/ *adj* intensivo: *intensive care* cuidados intensivos

intent /ɪnˈtent/ *adjetivo, nombre*

▸ *adj* **1** (*concentrado*) atento **2** ~ **on/upon sth/doing sth** (*formal*) resuelto a algo/a hacer algo **3** ~ **on/upon sth** absorto en algo

▸ *n* LOC **to all intents (and purposes)** a efectos prácticos

intention 🔑 /ɪnˈtenʃn/ *n* intención: *I have no intention of doing it.* No tengo intención de hacerlo. **intentional** *adj* intencionado **intentionally** *adv* intencionadamente

intently /ɪnˈtentli/ *adv* atentamente

interact /ˌɪntərˈækt/ *vi* **1** ~ **(with sb)** (*personas*) relacionarse (entre sí), relacionarse con algn **2** (*cosas*) influirse mutuamente **interaction** *n* **1** relación (*entre personas*) **2** interacción

interactive /ˌɪntərˈæktɪv/ *adj* interactivo: *interactive video games* videojuegos interactivos

intercept /ˌɪntəˈsept/ *vt* interceptar

interchange *nombre, verbo*

▸ *n* /ˈɪntətʃeɪndʒ/ intercambio

▸ *vt* /ˌɪntəˈtʃeɪndʒ/ intercambiar **interchangeable** /ˌɪntəˈtʃeɪndʒəbl/ *adj* intercambiable

intercom /ˈɪntəkɒm/ *n* **1** interfono **2** (*USA*) telefonillo, portero automático

interconnect /ˌɪntəkəˈnekt/ *vi* **1** interconectarse, interrelacionarse **2** (*cuartos*) comunicarse entre sí **interconnected** *adj*: *to be interconnected* tener conexión entre sí **interconnection** *n* conexión

intercourse /ˈɪntəkɔːs/ *n* relaciones sexuales, coito

interest 🔑 /ˈɪntrəst, -trest/ *nombre, verbo*

▸ *n* **1** ~ **(in sb/sth)** interés (por algn/algo): *It is of no interest to me.* No me interesa. **2** afición: *her main interest in life* lo que más le interesa en la vida **3** (*Fin*) interés *Ver tb* VESTED INTEREST LOC **in sb's interest(s)** en interés de algn ◆ **in the interest(s) of sth** en aras de algo, con el fin de algo: *in the interest(s) of the economy/safety* por razones económicas/de seguridad

▸ *vt* **1** interesar **2** ~ **sb in sth** hacer que algn se interese por algo

interested 🔑 /ˈɪntrəstɪd, -trest-/ *adj* interesado: *I'm not interested in football.* No me interesa el fútbol.

interesting 🔑 /ˈɪntrəstɪŋ, -trest-/ *adj* interesante

> Una frase como "Me interesa mucho la informática" se traduce por: *I'm very interested in computers.* **Interesting** describe la cualidad y equivale a *interesante*: *an interesting book* un libro interesante. ➲ *Ver tb nota en* BORING

interestingly *adv* curiosamente

interface /ˈɪntəfeɪs/ *n* (*Informát*) interfaz

interfere /ˌɪntəˈfɪə(r)/ *vi* ~ **(in sth)** entrometerse (en algo) PHR V **interfere with sth 1** interferir en algo **2** tocar, andar con algo **interference** *n* [*incontable*] **1** ~ **(in sth)** intromisión (en algo) **2** (*Radio*) interferencias **interfering** *adj* entrometido

interim /ˈɪntərɪm/ *adjetivo, nombre*

▸ *adj* [*sólo antes de sustantivo*] provisional

▸ *n* LOC **in the interim** en el ínterin

interior 🔑 /ɪnˈtɪəriə(r)/ *adj, n* interior

interjection /ˌɪntəˈdʒekʃn/ *n* interjección

I

interlude /ˈɪntəluːd/ *n* intervalo
intermediate /ˌɪntəˈmiːdiət/ *adj* intermedio
intermission /ˌɪntəˈmɪʃn/ *n* (*Teat*) intermedio
intern *verbo, nombre*
▸ *vt* /ɪnˈtɜːn/ internar
▸ *n* /ˈɪntɜːn/ **1** (*Med*) médico interno residente (*abrev* MIR) **2** estudiante en prácticas
internal 🔑 /ɪnˈtɜːnl/ *adj* interno, interior: *internal injuries* heridas internas ◇ *the internal market* el mercado interior
international 🔑 /ˌɪntəˈnæʃnəl/ *adjetivo, nombre*
▸ *adj* internacional
▸ *n* (*Dep*) **1** partido internacional **2** jugador, -ora internacional
Internet 🔑 (*tb* **internet**) /ˈɪntənet/ (*tb* **the Internet**) *n* Internet: *to look for sth on the Internet* buscar algo en Internet ◇ *Internet access* acceso a Internet ◇ *Internet cafe* cibercafé ➲ *Ver dibujo y nota en pág 169*
internship /ˈɪntɜːnʃɪp/ *n* (*USA*) (empleo en contrato de) prácticas
interplanetary /ˌɪntəˈplænɪtri; *USA* -nəteri/ *adj* interplanetario
interpret 🔑 /ɪnˈtɜːprɪt/ *vt* **1** interpretar, entender **2** traducir

Interpret se utiliza para referirse a la traducción oral, y **translate** a la traducción escrita.

interpretation 🔑 /ɪnˌtɜːprɪˈteɪʃn/ *n* interpretación
interpreter /ɪnˈtɜːprɪtə(r)/ *n* intérprete ➲ *Comparar con* TRANSLATOR
interrelated /ˌɪntərɪˈleɪtɪd/ *adj* interrelacionado
interrogate /ɪnˈterəgeɪt/ *vt* interrogar **interrogation** *n* interrogatorio
interrogative /ˌɪntəˈrɒgətɪv/ *adj* interrogativo
interrogator /ɪnˈterəgeɪtə(r)/ *n* interrogador, -ora
interrupt 🔑 /ˌɪntəˈrʌpt/ *vt, vi* interrumpir: *I'm sorry to interrupt but there's a phone call for you.* Perdona que interrumpa, pero te llaman por teléfono.
interruption 🔑 /ˌɪntəˈrʌpʃn/ *n* interrupción
intersect /ˌɪntəˈsekt/ *vi* cruzarse **intersection** *n* intersección, cruce
intersperse /ˌɪntəˈspɜːs/ *vt* **be interspersed with/in sth** ser intercalado con/en algo
interstate /ˈɪntəsteɪt/ *n* (*USA*) autopista
intertwine /ˌɪntəˈtwaɪn/ *vt, vi* entrelazar(se)
interval 🔑 /ˈɪntəvl/ *n* intermedio
intervene /ˌɪntəˈviːn/ *vi* **1** ~ **(in sth)** intervenir (en algo) **2** interponerse **3** (*formal*) (*tiempo*) transcurrir **intervening** *adj* intermedio: *in the intervening years* en el ínterin
intervention /ˌɪntəˈvenʃn/ *n* intervención
interview 🔑 /ˈɪntəvjuː/ *nombre, verbo*
▸ *n* entrevista
▸ *vt* entrevistar **interviewee** /ˌɪntəvjuːˈiː/ *n* entrevistado, -a **interviewer** *n* entrevistador, -ora
interweave /ˌɪntəˈwiːv/ *vt, vi* (*pt* **interwove** /-ˈwəʊv/, *pp* **interwoven** /-ˈwəʊvn/) entretejer(se)
intestine /ɪnˈtestɪn/ *n* intestino: *the small/large intestine* el intestino delgado/grueso
intimacy /ˈɪntɪməsi/ *n* intimidad
intimate /ˈɪntɪmət/ *adj* **1** (*amigo, restaurante, etc.*) íntimo **2** (*amistad*) estrecho **3** (*conocimiento*) profundo **intimately** *adv* íntimamente: *We're not intimately acquainted with her.* No tenemos una relación muy estrecha con ella.
intimidate /ɪnˈtɪmɪdeɪt/ *vt* ~ **sb (into doing sth)** intimidar a algn (para que haga algo) **intimidation** *n* intimidación
into 🔑 /ˈɪntə, ˈɪntuː/ *prep* ❶ Para los usos de **into** en PHRASAL VERBS ver las entradas de los verbos correspondientes, p. ej. **look into sth** en LOOK **1** (*dirección*) en, a, dentro de: *to come into a room* entrar en una habitación ◇ *He fell into the water.* Se cayó al agua. ◇ *She went into town.* Fue al centro. ◇ *He put it into the box.* Lo metió dentro de la caja. **2** a: *to translate a book into Spanish* traducir un libro al español **3** (*tiempo, distancia*): *long into the night* bien entrada la noche ◇ *far into the distance* a lo lejos **4** (*Mat*): *3 into 24 is 8.* 24 entre 3 son 8. **LOC be into sth** (*coloq*) ser aficionado a algo: *She's into motorbikes.* Es muy aficionada a las motos.
intolerable /ɪnˈtɒlərəbl/ *adj* intolerable
intolerance /ɪnˈtɒlərəns/ *n* intolerancia, intransigencia **intolerant** *adj* intolerante
intonation /ˌɪntəˈneɪʃn/ *n* entonación
intoxicated /ɪnˈtɒksɪkeɪtɪd/ *adj* (*formal*) (*lit y fig*) ebrio
intoxication /ɪnˌtɒksɪˈkeɪʃn/ *n* embriaguez
Intranet /ˈɪntrənet/ *n* Intranet
intrepid /ɪnˈtrepɪd/ *adj* (*formal*) intrépido
intricate /ˈɪntrɪkət/ *adj* intrincado, complejo
intrigue *verbo, nombre*
▸ *vt* /ɪnˈtriːg/ intrigar
▸ *n* /ˈɪntriːg/ intriga
intriguing /ɪnˈtriːgɪŋ/ *adj* intrigante, fascinante

intrinsic /ɪnˈtrɪnsɪk, -zɪk/ *adj* intrínseco

introduce /ˌɪntrəˈdjuːs; *USA* -ˈduːs/ *vt* **1** ~ **sb/sth (to sb)** presentar algn/algo (a algn) ➲ *Ver nota en* PRESENTAR **2** ~ **sb to sth**; ~ **sth to sb** iniciar a algn en algo **3** (*producto, reforma, etc.*) introducir

introduction /ˌɪntrəˈdʌkʃn/ *n* **1** [*incontable*] introducción (*de producto, reforma, etc.*) **2** presentación (*de personas*) **3** ~ **(to sth)** prólogo (de algo) **4** [*sing*] ~ **(to sth)** iniciación (a/en algo)

introductory /ˌɪntrəˈdʌktəri/ *adj* **1** (*capítulo, curso*) preliminar **2** (*oferta*) introductorio

introvert /ˈɪntrəvɜːt/ *n* introvertido, -a **introverted** *adj* introvertido

intrude /ɪnˈtruːd/ *vi* **1** ~ **(into/on/upon sth)** entrometerse, inmiscuirse (en algo) **2** ~ **(on/upon sb)** importunar, molestar (a algn) **intruder** *n* intruso, -a **intrusion** *n* ~ **(into/on/upon sth)** intrusión, intromisión (en algo) **intrusive** *adj* intruso

intuition /ˌɪntjuˈɪʃn; *USA* -tu-/ *n* intuición

intuitive /ɪnˈtjuːɪtɪv; *USA* -ˈtuː-/ *adj* intuitivo

Inuit /ˈɪnjuɪt, ˈɪnuɪt/ *n* **the Inuit** [*pl*] los inuit, los esquimales ➲ *Comparar con* ESKIMO

inundate /ˈɪnʌndeɪt/ *vt* ~ **sb (with sth)** inundar a algn (de algo): *We were inundated with applications.* Nos vimos inundados de solicitudes.

invade /ɪnˈveɪd/ *vt, vi* invadir **invader** *n* invasor, -ora

invalid *adjetivo, nombre*
- ▸ *adj* /ɪnˈvælɪd/ no válido
- ▸ *n* /ˈɪnvəlɪd/ inválido, -a

invalidate /ɪnˈvælɪdeɪt/ *vt* invalidar

invaluable /ɪnˈvæljuəbl/ *adj* inestimable

invariably /ɪnˈveəriəbli/ *adv* invariablemente, siempre

invasion /ɪnˈveɪʒn/ *n* invasión

invent /ɪnˈvent/ *vt* inventar

invention /ɪnˈvenʃn/ *n* **1** invento **2** invención

inventive /ɪnˈventɪv/ *adj* **1** ingenioso, lleno de inventiva: *to be inventive* usar la imaginación **2** (*poderes*) de invención

inventiveness /ɪnˈventɪvnəs/ *n* inventiva

inventor /ɪnˈventə(r)/ *n* inventor, -ora

inventory /ˈɪnvəntri; *USA* -tɔːri/ *n* (*pl* **inventories**) inventario

invert /ɪnˈvɜːt/ *vt* (*formal*) invertir

invertebrate /ɪnˈvɜːtɪbrət/ *n* invertebrado

inverted commas /ɪnˌvɜːtɪd ˈkɒməz/ *n* [*pl*] comillas: *in inverted commas* entre comillas ➲ *Ver pág 379*

invest /ɪnˈvest/ *vt, vi* ~ **(sth) (in sth)** invertir (algo) (en algo)

investigate /ɪnˈvestɪgeɪt/ *vt, vi* investigar

investigation /ɪnˌvestɪˈgeɪʃn/ *n* ~ **(into sth)** investigación (de algo)

investigative /ɪnˈvestɪgətɪv; *USA* -geɪtɪv/ *adj* investigador: *investigative journalism* periodismo de investigación

investigator /ɪnˈvestɪgeɪtə(r)/ *n* investigador, -ora

investment /ɪnˈvestmənt/ *n* ~ **(in sth)** inversión (en algo)

investor /ɪnˈvestə(r)/ *n* inversor, -ora

invigilate /ɪnˈvɪdʒɪleɪt/ *vt, vi* vigilar (*un examen*)

invigorating /ɪnˈvɪgəreɪtɪŋ/ *adj* tonificante, estimulante

invincible /ɪnˈvɪnsəbl/ *adj* invencible

invisible /ɪnˈvɪzəbl/ *adj* invisible

invitation /ˌɪnvɪˈteɪʃn/ *n* invitación

invite *verbo, nombre*
- ▸ *vt* /ɪnˈvaɪt/ **1** ~ **sb (to/for sth)** invitar a algn (a algo): *They invited me to go swimming.* Me invitaron a ir a nadar. ◇ *She invited me to/for lunch.* Me invitó a comer. ◇ *to invite trouble* buscarse problemas **2** (*sugerencias, aportes*) pedir, solicitar PHR V **invite sb back 1** invitar a algn a volver con uno a su casa **2** invitar a algn a casa (*para corresponder a su invitación previa*) ◆ **invite sb in/up** invitar a algn a entrar ◆ **invite sb out** invitar a algn a salir ◆ **invite sb over/(a)round** invitar a algn a casa
- ▸ *n* /ˈɪnvaɪt/ (*coloq*) invitación

Inviting someone to something
Invitar a alguien a algo
- *Would you like to come for a meal on Sunday?* ¿Quieres venir a comer el domingo?
- *Would you like to come and stay in the summer?* ¿Te gustaría venir a pasar unos días en verano?
- *I'm going to a concert at the weekend — how about joining me?* Voy a un concierto el fin de semana. ¿Te apuntas?
- *That would be very nice, thank you.* Me encantaría, gracias.
- *I'd love to, thanks very much.* Me encantaría, gracias.
- *I'm sorry, I've already got something on Sunday.* Lo siento, ya tengo planes para el domingo.

inviting /ɪnˈvaɪtɪŋ/ *adj* atractivo, tentador

I

invoice /ˈɪnvɔɪs/ *nombre, verbo*
▸ *n* ~ **(for sth)** factura (de algo)
▸ *vt* ~ **sb (for sth)** pasar factura (de algo) a algn

involuntary /ɪnˈvɒləntri; *USA* -teri/ *adj* involuntario

involve /ɪnˈvɒlv/ *vt* **1** suponer, implicar: *the costs involved in the project* los gastos que implica el proyecto ◇ *The job involves me/my living in London.* El trabajo requiere que viva en Londres. **2** ~ **sb in sth** hacer participar a algn en algo **3** ~ **sb in sth** implicar a algn en algo (*esp crimen*): *Don't involve me in your problems.* No me mezcles en tus problemas.

involved /ɪnˈvɒlvd/ *adj* **1** ~ **(in sth)** involucrado (en algo): *to be/get involved in politics* estar involucrado/involucrarse en la política ◇ *We need to examine all the costs involved.* Tenemos que revisar los costes que conlleva. **2** ~ **(in/with sth)** comprometido (con algo), metido (en algo): *I was so involved in my book I didn't hear you.* Estaba tan metido en mi libro que no te he oído. **3** complicado, enrevesado LOC **be/become/get involved (with sb)** estar liado/liarse con algn

involvement /ɪnˈvɒlvmənt/ *n* **1** ~ **(in/with sth)** participación, compromiso (en algo) **2** ~ **(with sb)** relación (con algn)

inward /ˈɪnwəd/ *adjetivo, adverbio*
▸ *adj* **1** [*sólo antes de sustantivo*] (*pensamientos, etc.*) interior, íntimo: *He gave an inward sigh.* Suspiró para sus adentros. **2** (*dirección*) hacia dentro
▸ *adv* (*tb* **inwards**) hacia dentro **inwardly** *adv* **1** por dentro **2** (*suspirar, sonreír, etc.*) para sí

iodine /ˈaɪədiːn; *USA* -daɪn/ *n* yodo

iPod® /ˈaɪpɒd/ *n* iPod®

IQ /ˌaɪ ˈkjuː/ *n* (*abrev de* **intelligence quotient**) coeficiente de inteligencia

iris /ˈaɪrɪs/ *n* **1** (*Anat*) iris **2** (*Bot*) lirio

Irish /ˈaɪrɪʃ/ *adj, n* irlandés

iron /ˈaɪən/ *nombre, verbo*
▸ *n* **1** hierro *Ver tb* CAST IRON, WROUGHT IRON **2** (*para ropa*) plancha
▸ *vt* planchar PHR V **iron sth out 1** (*arrugas*) quitar algo **2** (*problemas, etc.*) resolver, eliminar algo

ironic /aɪˈrɒnɪk/ *adj* irónico: *It's ironic that we only won the last match.* Resulta irónico que sólo hayamos ganado el último partido. ◇ *He gave an ironic smile.* Sonrió con sorna.

ironically /aɪˈrɒnɪkli/ *adv* irónicamente, con ironía

ironing /ˈaɪənɪŋ/ *n* **1** plancha: *to do the ironing* planchar ◇ *ironing board* tabla de planchar **2** ropa por planchar, ropa planchada

irony /ˈaɪrəni/ *n* (*pl* **ironies**) ironía

irrational /ɪˈræʃənl/ *adj* irracional **irrationality** /ɪˌræʃəˈnæləti/ *n* irracionalidad **irrationally** /-nəli/ *adv* de forma irracional

irregular /ɪˈregjələ(r)/ *adj* irregular

irrelevance /ɪˈreləvəns/ *n* algo que no viene al caso: *the irrelevance of the curriculum to their own lives* lo poco que el programa de estudios tiene que ver con sus vidas

irrelevant /ɪˈreləvənt/ *adj* que no viene al caso: *irrelevant remarks* observaciones que no vienen al caso

irreparable /ɪˈrepərəbl/ *adj* irremediable

irresistible /ˌɪrɪˈzɪstəbl/ *adj* irresistible **irresistibly** /-bli/ *adv* irresistiblemente

irrespective of /ˌɪrɪˈspektɪv əv/ *prep* (*formal*) sin consideración a

irresponsibility /ˌɪrɪˌspɒnsəˈbɪləti/ *n* irresponsabilidad

irresponsible /ˌɪrɪˈspɒnsəbl/ *adj* irresponsable: *It was irresponsible of you.* Fue una irresponsabilidad de tu parte. **irresponsibly** /-bli/ *adv* de forma irresponsable

irreversible /ˌɪrɪˈvɜːsəbl/ *adj* irreversible

irrigation /ˌɪrɪˈgeɪʃn/ *n* riego

irritability /ˌɪrɪtəˈbɪləti/ *n* irritabilidad

irritable /ˈɪrɪtəbl/ *adj* irritable **irritably** /-bli/ *adv* con irritación

irritate /ˈɪrɪteɪt/ *vt* irritar: *He's easily irritated.* Se irrita con facilidad.

irritating /ˈɪrɪteɪtɪŋ/ *adj* irritante: *How irritating!* ¡Qué fastidio!

irritation /ˌɪrɪˈteɪʃn/ *n* irritación

is /ɪz/ *Ver* BE

-ish *suf* **1** aproximadamente: *She's thirtyish.* Debe tener unos treinta años. **2** (*colores*): *reddish* rojizo ◇ *greenish* verdoso ◇ *bluish* azulado ◇ *brownish* pardusco

Islam /ɪzˈlɑːm, ˈɪzlɑːm/ *n* islam **Islamic** /ɪzˈlæmɪk/ *adj* islámico **Islamist** /ˈɪzləmɪst/ *adj, n* islamista

island /ˈaɪlənd/ *n* (*abrev* **I.**, **Is.**) isla: *a desert island* una isla desierta **islander** *n* isleño, -a

isle /aɪl/ *n* (*abrev* **I.**, **Is.**) isla ❶ Se usa sobre todo en nombres de lugares, p. ej.: *the Isle of Man.*

isn't /ˈɪznt/ = IS NOT *Ver* BE

isolate /ˈaɪsəleɪt/ *vt* ~ **sb/sth (from sb/sth)** aislar a algn/algo (de algn/algo) **isolated** *adj* aislado

isolation /ˌaɪsəˈleɪʃn/ *n* aislamiento LOC **in isolation (from sb/sth)** aislado (de algn/algo): *Looked at in isolation...* Considerado fuera del contexto...

ISP /ˌaɪ es ˈpiː/ *abrev de* **Internet Service Provider** proveedor de servicios de Internet

issue 🔑 /ˈɪʃuː, ˈɪsjuː/ *nombre, verbo*

▸ *n* **1** asunto, cuestión **2** problema: *Let's not make an issue (out) of it.* No lo convirtamos en un problema. **3** número (*de una revista, etc.*) **4** emisión

▸ *vt* **1** ~ **sth (to sb)** distribuir algo (a algn) **2** ~ **sb with sth** proveer a algn de algo **3** publicar **4** (*visado, etc.*) expedir **5** (*sellos, etc.*) poner en circulación **6** (*llamada*) emitir PHRV **issue from sth** (*formal*) salir de algo

IT /ˌaɪ ˈtiː/ *n* (*abrev de* **information technology**) informática

it 🔑 /ɪt/ *pron*

• **como sujeto y objeto** ℹ **It** sustituye a un animal o una cosa. También se utiliza para un bebé. **1** [*como sujeto*] él, ella, ello: *Where is it?* ¿Dónde está? ◇ *The baby is crying. I think it's hungry.* El bebé está llorando, creo que tiene hambre. ◇ *Who is it?* ¿Quién es? ◇ *It's me.* Soy yo. ℹ El pronombre personal no se puede omitir en inglés. **2** [*como objeto directo*] lo, la: *Did you buy it?* ¿Lo compraste? ◇ *Give it to me.* Dámelo. **3** [*como objeto indirecto*] le: *Give it some milk.* Dale un poco de leche. **4** [*después de preposición*]: *That box is heavy. What's inside it?* Esa caja pesa mucho, ¿qué hay dentro?

• **frases impersonales** ℹ En muchos casos **it** carece de significado, y se utiliza como sujeto gramatical para construir oraciones que en español suelen ser impersonales. Normalmente no se traduce. **1** (*de tiempo, distancia y tiempo atmosférico*): *It's ten past two.* Son las dos y diez. ◇ *It's May 12.* Es el 12 de mayo. ◇ *It's two miles to the beach.* Hay dos millas hasta la playa. ◇ *It's a long time since he left.* Hace mucho tiempo que se marchó. ◇ *It's raining.* Está lloviendo. ◇ *It's hot.* Hace calor. **2** (*en otras construcciones*): *Does it matter what colour the hat is?* ¿Importa de qué color sea el sombrero? ◇ *I'll come at one if it's convenient.* Vendré a la una, si te va bien. ◇ *It's Jim who's the clever one, not his brother.* Es Jim el que es listo, no su hermano.

LOC **that's it 1** eso es (todo): *That's just it.* Ahí está el problema. **2** ya está: *That's it, I've had enough!* ¡Ya está bien, no aguanto más! ◆ **this is it 1** llegó la hora **2** eso es

italics /ɪˈtælɪks/ *n* [*pl*] cursiva

itch /ɪtʃ/ *verbo, nombre*

▸ *vi* picar: *My leg itches.* Me pica la pierna. PHRV **itch for sth/to do sth** morirse (de ganas) por algo/por hacer algo

▸ *n* picor **itchy** *adj* que pica: *My skin is itchy.* Me pica la piel.

it'd /ˈɪtəd/ **1** = IT HAD *Ver* HAVE **2** = IT WOULD *Ver* WOULD

item 🔑 /ˈaɪtəm/ *n* **1** artículo **2** (*tb* ˈ**news item**) noticia LOC **be an item** (*coloq*) ser pareja

itinerary /aɪˈtɪnərəri; *USA* -reri/ *n* (*pl* **itineraries**) itinerario

it'll /ˈɪtl/ = IT WILL *Ver* WILL

it's /ɪts/ **1** = IT IS *Ver* BE **2** = IT HAS *Ver* HAVE ➲ *Comparar con* ITS

its 🔑 /ɪts/ *adj* su(s) (*que pertenece a una cosa, un animal o un bebé*): *The table isn't in its place.* La mesa no está en su sitio. ➲ *Ver nota en* MY

itself 🔑 /ɪtˈself/ *pron* **1** [*uso reflexivo*] se: *The cat was washing itself.* El gato se estaba lavando. **2** [*uso enfático*] él mismo, ella misma, ello mismo **3** *She is kindness itself.* Es la bondad personificada. LOC **by itself 1** por sí mismo **2** (completamente) solo ◆ **in itself** de por sí

I've /aɪv/ = I HAVE *Ver* HAVE

ivory /ˈaɪvəri/ *n* marfil

ivy /ˈaɪvi/ *n* hiedra

Jj

J, j /dʒeɪ/ *n* (*pl* **Js, J's, j's**) J, j ➲ *Ver nota en* A, A

jab /dʒæb/ *verbo, nombre*

▸ *vt, vi* (**-bb-**) pinchar: *He jabbed at my arm with the gun.* Me dio en el brazo con la pistola. ◇ *She jabbed her fork into the steak.* Clavó el tenedor en el filete. ◇ *He jabbed his finger at the door.* Apuntó a la puerta con el dedo.

▸ *n* **1** golpe **2** pinchazo **3** inyección

jack /dʒæk/ *n* **1** (*Mec*) gato **2** jota (*baraja francesa*) *Ver tb* UNION JACK

jackal /ˈdʒækl/ *n* chacal

jackdaw /ˈdʒækdɔː/ *n* grajilla

jacket 🔑 /ˈdʒækɪt/ *n* **1** americana, chaqueta *Ver tb* DINNER JACKET, LIFE JACKET **2** cazadora **3** (*de un libro*) sobrecubierta

ˌ**jacket poˈtato** *n* (*pl* **jacket potatoes**) patata asada (con piel)

jackpot /ˈdʒækpɒt/ *n* bote: *to win/hit the jackpot* tocarle a algn el premio gordo

jade /dʒeɪd/ *n* jade

jaded /ˈdʒeɪdɪd/ *adj* agotado, con falta de entusiasmo

jagged /ˈdʒægɪd/ *adj* dentado

jaguar /ˈdʒægjuə(r)/ *n* jaguar

jail (*tb* **gaol**) /dʒeɪl/ *nombre, verbo*
▸ *n* cárcel
▸ *vt* ~ **sb (for sth)** encarcelar a algn (por algo)

jam /dʒæm/ *nombre, verbo*
▸ *n* **1** mermelada ➲ *Comparar con* MARMALADE **2** atasco: *traffic jam* embotellamiento LOC **be in/get into a jam** (*coloq*) estar/meterse en un aprieto
▸ (**-mm-**) **1** *vt* ~ **sth into, under, etc. sth** meter algo a la fuerza en, debajo de, etc. algo: *He jammed the flowers into a vase.* Metió las flores en un jarrón, todas apretujadas. **2** *vt, vi* atascar(se), obstruir(se) **3** *vt, vi* apretujar(se): *The three of them were jammed into a phone booth.* Los tres estaban apretujados en una cabina de teléfonos. **4** *vt* (*Radio*) interferir

jangle /ˈdʒæŋgl/ *vt, vi* (hacer) sonar de manera discordante

janitor /ˈdʒænɪtə(r)/ *n* (*USA*) conserje, portero, -a

January /ˈdʒænjuəri; *USA* -jʊeri/ *n* (*abrev* **Jan.**) enero: *They are getting married this January/in January.* Se van a casar en enero. ◇ *on January 1st* el 1 de enero ◇ *every January* todos los meses de enero ◇ *next January* en enero del año que viene ❶ Los nombres de los meses en inglés se escriben con mayúscula.

jar /dʒɑː(r)/ *nombre, verbo*
▸ *n* **1** tarro, bote ➲ *Ver dibujo en* CONTAINER **2** jarra
▸ (**-rr-**) **1** *vt, vi* ~ **(sth) (on sth)** golpear (algo) (en algo) **2** *vi* ~ **(on sth/sb)** irritar (algo/a algn): *His moaning was beginning to jar on her nerves.* Sus quejas empezaban a crisparle los nervios. **3** *vi* ~ **(with sth)** desentonar (con algo)

jargon /ˈdʒɑːgən/ *n* jerga

jasmine /ˈdʒæzmɪn/ *n* jazmín

jaundice /ˈdʒɔːndɪs/ *n* ictericia **jaundiced** *adj* amargado

javelin /ˈdʒævlɪn/ *n* jabalina

jaw /dʒɔː/ *n* **1** (*persona*) mandíbula **2** (*tb* **jaws** [*pl*]) (*animal*) quijada **3 jaws** [*pl*] fauces

jazz /dʒæz/ *nombre, verbo*
▸ *n* jazz
▸ *v* PHR V **jazz sth up** (*coloq*) animar algo **jazzy** *adj* (*coloq*) vistoso

jealous /ˈdʒeləs/ *adj* **1** celoso: *He's very jealous of her male friends.* Tiene muchos celos de sus amigos. **2** envidioso: *I'm very jealous of your new car.* Tu coche nuevo me da mucha envidia. **jealousy** *n* [*incontable*] (*pl* **jealousies**) celos, envidia

jeans /dʒiːnz/ *n* [*pl*] (pantalones) vaqueros ➲ *Ver nota en* PAIR

Jeep® /dʒiːp/ *n* jeep®, vehículo todoterreno

jeer /dʒɪə(r)/ *verbo, nombre*
▸ *vt, vi* ~ **(at) (sb) 1** mofarse (de algn) **2** abuchear (a algn)
▸ *n* burla, abucheo

jelly /ˈdʒeli/ *n* (*pl* **jellies**) **1** (*USA* **Jell-O**®) gelatina (*de sabores*) **2** jalea

ˈjelly bean *n* caramelo de gominola con una capa dura de azúcar (*con forma de habichuela*)

jellyfish /ˈdʒelifɪʃ/ *n* (*pl* **jellyfish**) medusa

jeopardize, -ise /ˈdʒepədaɪz/ *vt* (*formal*) poner en peligro

jeopardy /ˈdʒepədi/ *n* LOC **in jeopardy** en peligro

jerk /dʒɜːk/ *verbo, nombre*
▸ *vt, vi* sacudir(se), mover(se) a sacudidas
▸ *n* **1** sacudida, tirón **2** (*coloq*) idiota

Jesus /ˈdʒiːzəs/ (*tb* ˌ**Jesus ˈChrist**) *n* Jesús, Jesucristo

jet /dʒet/ *n* **1** jet, reactor **2** (*de agua, gas*) chorro **3** azabache: *jet black* negro azabache

ˈjet lag *n* desfase horario: *He's suffering from jet lag.* Está sufriendo los efectos del desfase horario.

the ˈjet set *n* [*v sing o pl*] la jet set

ˈJet Ski® *n* (*pl* **Jet Skis**) moto de agua

jet-skiing /ˈdʒet skiːɪŋ/ *n* motociclismo acuático

jetty /ˈdʒeti/ *n* (*pl* **jetties**) embarcadero, malecón

Jew /dʒuː/ *n* judío, -a

jewel /ˈdʒuːəl/ *n* **1** piedra preciosa **2** joya **jeweller** (*USA* **jeweler**) *n* **1** joyero, -a **2 jeweller's** (*tienda*) joyería ➲ *Ver nota en* CARNICERÍA

jewellery /ˈdʒuːəlri/ (*USA* **jewelry**) *n* [*incontable*] joyas: *jewellery box* joyero

Jewish /ˈdʒuːɪʃ/ *adj* judío

jigsaw /ˈdʒɪgsɔː/ (*tb* ˈ**jigsaw puzzle**) *n* rompecabezas

jingle /ˈdʒɪŋgl/ *nombre, verbo*
▸ *n* **1** [*sing*] tintineo **2** canción de anuncio
▸ *vt, vi* (hacer) tintinear

jinx /dʒɪŋks/ *nombre, verbo*
▸ *n* [*sing*] ~ **(on sb/sth)** gafe (para algn/algo)
▸ *vt* (*coloq*) gafar: *to be jinxed* tener gafe

job 🔑 /dʒɒb/ *n* **1** (puesto de) trabajo, empleo ➲ *Ver nota en* WORK **2** tarea *Ver tb* ODD JOBS **3** deber, responsabilidad LOC **a good job** (*coloq*): *It's a good job you've come.* Menos mal que has venido. ◆ **do the job** (*coloq*) servir ◆ **have a (hard) job doing/to do sth** resultar difícil hacer algo: *You'll have a (hard) job convincing them.* Te va a costar convencerles. ◆ **out of a job** en el paro

jobcentre /ˈdʒɒbsentə(r)/ *n* (*GB*) oficina de empleo

jobless /ˈdʒɒbləs/ *adj* parado

jockey /ˈdʒɒki/ *n* (*pl* **jockeys**) jinete *Ver tb* DISC JOCKEY

jog /dʒɒg/ *verbo, nombre*
▸ **(-gg-) 1** *vi* (*tb* **go jogging**) hacer footing **2** *vt* empujar (ligeramente) LOC **jog sb's memory** refrescar la memoria a algn
▸ *n* [*sing*] **1** *to go for a jog* ir a hacer footing **2** empujoncito **jogger** *n* persona que hace footing

join 🔑 /dʒɔɪn/ *verbo, nombre*
▸ **1** *vt* ~ **sth (to/onto sth)** unir, juntar algo (a/con algo) **2** *vi* ~ **(together/up)** juntarse, unirse **3** *vt, vi* (*club, etc.*) hacerse socio (de), afiliarse (a) **4** *vt, vi* (*empresa*) unirse (a) **5** *vt* (*UE, etc.*) ingresar en **6** *vt* ~ **sb** reunirse con algn PHR V **join in (sth)** participar (en algo) ◆ **join up (with sb)** juntarse (con algn)
▸ *n* **1** juntura **2** costura

joiner /ˈdʒɔɪnə(r)/ *n* carpintero, -a

joint 🔑 /dʒɔɪnt/ *adjetivo, nombre*
▸ *adj* conjunto, mutuo, colectivo
▸ *n* **1** (*Anat*) articulación **2** junta, ensambladura **3** cuarto de carne **4** (*coloq*) antro **5** (*coloq*) porro **jointed** *adj* articulado, plegable

joke 🔑 /dʒəʊk/ *nombre, verbo*
▸ *n* **1** chiste: *to tell a joke* contar un chiste **2** broma: *to play a joke on sb* gastar una broma a algn **3** [*sing*] (*coloq*) cachondeo: *The new law is a joke.* La nueva ley es un cachondeo.
▸ *vi* ~ **(with sb) (about sth)** bromear (con algn) (sobre algo) LOC **joking apart/aside** bromas aparte ◆ **you're joking!**; **you must be joking!** (*coloq*) **1** ¡ni hablar! **2** ¿en serio?

joker /ˈdʒəʊkə(r)/ *n* **1** bromista **2** (*coloq*) payaso, -a **3** (*Naipes*) comodín

jolly /ˈdʒɒli/ *adjetivo, adverbio*
▸ *adj* (**jollier**, **-iest**) alegre, jovial
▸ *adv* (*GB, antic, coloq*) muy: *Jolly good!* ¡Muy bien!

jolt /dʒəʊlt/ *verbo, nombre*
▸ **1** *vi* traquetear **2** *vt* sacudir
▸ *n* **1** sacudida **2** susto

jostle /ˈdʒɒsl/ *vt, vi* empujar(se), codear(se)

jot /dʒɒt/ *v* **(-tt-)** PHR V **jot sth down** apuntar algo

journal /ˈdʒɜːnl/ *n* **1** revista, periódico (*especializado*) **2** diario

journalism /ˈdʒɜːnəlɪzəm/ *n* periodismo

journalist 🔑 /ˈdʒɜːnəlɪst/ *n* periodista

journey 🔑 /ˈdʒɜːni/ *n* (*pl* **journeys**) viaje, recorrido ➲ *Ver nota en* VIAJE

joy 🔑 /dʒɔɪ/ *n* **1** alegría: *to jump for joy* saltar de alegría **2** encanto: *It was a joy to watch.* Daba gusto verlo. LOC *Ver* PRIDE **joyful** *adj* alegre **joyfully** *adv* alegremente

joyrider *n* persona que se pasea en un coche robado

joyriding /ˈdʒɔɪraɪdɪŋ/ *n* pasearse en un coche robado

joystick /ˈdʒɔɪstɪk/ *n* joystick, mando

jubilant /ˈdʒuːbɪlənt/ *adj* jubiloso **jubilation** *n* júbilo

jubilee /ˈdʒuːbɪliː/ *n* aniversario

Judaism /ˈdʒuːdeɪɪzəm; *USA* -dəɪzəm/ *n* judaísmo

judge 🔑 /dʒʌdʒ/ *nombre, verbo*
▸ *n* **1** (*Jur, de competición*) juez **2** ~ **(of sth)** conocedor, -ora (de algo)
▸ *vt, vi* juzgar, considerar, calcular: *judging by/from…* a juzgar por…

judgement 🔑 (*tb* **judgment**) /ˈdʒʌdʒmənt/ *n* juicio: *to use your own judgement* actuar según su propio entender

judicious /dʒuˈdɪʃəs/ *adj* (*formal*) juicioso **judiciously** *adv* juiciosamente

judo /ˈdʒuːdəʊ/ *n* judo

jug /dʒʌg/ *n* jarra

juggle /ˈdʒʌgl/ **1** *vi* ~ **(with sth)** hacer juegos malabares (con algo) **2** *vt* ~ **sth (with sth)** compaginar algo (con algo): *She juggles home, career and children.* Se las arregla para llevar casa, trabajo e hijos al mismo tiempo. **juggler** *n* malabarista **juggling** *n* malabarismo

juice 🔑 /dʒuːs/ *n* zumo, jugo **juicer** *n* exprimidor **juicy** *adj* (**juicier**, **-iest**) **1** jugoso **2** (*coloq*) (*cuento, etc.*) sabroso

jukebox /ˈdʒuːkbɒks/ *n* máquina de discos

July 🔑 /dʒuˈlaɪ/ *n* (*abrev* **Jul.**) julio ➲ *Ver nota y ejemplos en* JANUARY

jumble /ˈdʒʌmbl/ *verbo, nombre*
▸ *vt* ~ **sth (together/up)** revolver algo
▸ *n* [*sing*] ~ **(of sth)** revoltijo (de algo)

ˈjumble sale *n* rastrillo (benéfico)

jumbo /ˈdʒʌmbəʊ/ *adj* [*sólo antes de sustantivo*] (*coloq*) (de tamaño) súper

jump 🔑 /dʒʌmp/ *verbo, nombre*
▸ **1** *vt, vi* saltar, brincar: *to jump up and down* dar saltos ◇ *to jump up* levantarse de un salto ➲ *Ver*

J

dibujo en SALTAR **2** *vi* sobresaltarse: *It made me jump.* Me sobresaltó. **3** *vi* aumentar LOC **jump the queue** (*USA* **jump the line**) colarse ◆ **jump to conclusions** sacar conclusiones precipitadas *Ver tb* BANDWAGON PHR V **jump at sth** aceptar algo sin pensarlo
▶ *n* **1** salto *Ver tb* HIGH JUMP, LONG JUMP **2** aumento

jumper /ˈdʒʌmpə(r)/ *n* **1** jersey **2** saltador, -ora

jumpy /ˈdʒʌmpi/ *adj* (*coloq*) nervioso

junction /ˈdʒʌŋkʃn/ *n* **1** (*de carretera*) cruce **2** (*de autopista*) salida

June /dʒuːn/ *n* (*abrev* **Jun.**) junio ➲ *Ver nota y ejemplos en* JANUARY

jungle /ˈdʒʌŋgl/ *n* jungla

junior /ˈdʒuːniə(r)/ *adjetivo, nombre*
▶ *adj* **1** subalterno, de menos antigüedad **2** (*Dep*) juvenil **3** (*abrev* **Jnr, Jr**) junior **4** (*GB*) (*Educ*): *junior school* escuela primaria (de 7 a 11 años)
▶ *n* **1** subalterno, -a **2** (*GB*) alumno, -a de escuela primaria LOC **be two, etc. years sb's junior; be sb's junior by two, etc. years** ser dos, etc. años más joven que algn

ˌjunior ˈcollege *n* (*USA*) primer ciclo universitario

ˌjunior ˈhigh school (*tb* **ˌjunior ˈhigh**) *n* (*USA*) instituto donde se imparten los primeros dos o tres años de enseñanza secundaria

junk /dʒʌŋk/ *n* [*incontable*] **1** trastos, basura **2** baratijas

ˈjunk food (*tb* **junk**) *n* [*incontable*] (*coloq*) comida basura

ˈjunk mail *n* (*pey*) propaganda (*por correo*)

Jupiter /ˈdʒuːpɪtə(r)/ *n* Júpiter

juror /ˈdʒʊərə(r)/ *n* miembro del jurado

jury /ˈdʒʊəri/ *n* (*pl* **juries**) [*v sing o pl*] jurado ➲ *Ver nota en* JURADO

just /dʒʌst/ *adverbio, adjetivo*
▶ *adv* **1** justo, exactamente: *It's just what I need.* Es justo lo que necesito. ◇ *That's just it!* ¡Exacto! ◇ *just here/now* aquí/ahora mismo **2** ~ **as** justo cuando, justo como: *She arrived just as I was leaving.* Llegó justo cuando me iba. ◇ *It's just as I thought.* Es justo como/lo que yo pensaba. **3** ~ **as... as...** igual de... que...: *She's just as clever as her mother.* Es igual de lista que su madre. **4** (**only**) ~ por muy poco: *I can (only) just reach the shelf.* Llego al estante a duras penas. **5** ~ **over/under** un poco más/menos de: *It's just over a kilo.* Pasa un poco del kilo. **6 have ~ done sth** acabar de hacer algo: *She has just left.* Acaba de marcharse. ◇ *We had just arrived when...* Acabábamos de llegar cuando... ◇ *'Just married'* "Recién casados" **7** ahora: *I'm just going.* Ahora mismo me voy. **8 be ~ about/going to do sth** estar a punto de hacer algo: *I was just about/going to phone you.* Estaba a punto de llamarte. **9** sencillamente: *It's just one of those things.* Es una de esas cosas que pasan, nada más. **10** sólo: *I waited an hour just to see you.* Esperé una hora sólo para poder verte. ◇ *just for fun* para reírnos un poco **11** *Just let me say something!* ¡Déjame hablar un momento! LOC **it is just as well (that...)** menos mal (que)... ◆ **just about** (*coloq*) casi: *I know just about everyone.* Conozco más o menos a todo el mundo. ◆ **just in case** por si acaso ◆ **just like 1** igual que: *It was just like old times.* Fue como en los viejos tiempos. **2** típico de: *It's just like her to be late.* Es muy propio de ella llegar tarde. ◆ **just like that** sin más ◆ **just now 1** en estos momentos **2** hace un momento *Ver tb* SAME
▶ *adj* **1** justo **2** merecido

justice /ˈdʒʌstɪs/ *n* **1** justicia **2 Justice** juez: *Justice of the Peace* juez de paz LOC **bring sb to justice** llevar a algn ante los tribunales ◆ **do justice to sb/sth; do sb/sth justice 1** hacerle justicia a algn/algo **2** *We couldn't do justice to her cooking.* No pudimos hacer los honores a su comida. ◆ **do yourself justice**: *He didn't do himself justice in the exam.* Podía haber hecho el examen mucho mejor. *Ver tb* MISCARRIAGE

justifiable /ˈdʒʌstɪfaɪəbl, ˌdʒʌstɪˈfaɪəbl/ *adj* justificable **justifiably** /-bli/ *adv* justificadamente: *She was justifiably angry.* Estaba enfadada, y con razón.

justify /ˈdʒʌstɪfaɪ/ *vt* (*pt, pp* **-fied**) justificar

justly /ˈdʒʌstli/ *adv* justamente, con razón

jut /dʒʌt/ *vi* (**-tt-**) ~ **(out) (from/into/over sth)** sobresalir (de/por encima de algo)

juvenile /ˈdʒuːvənaɪl; *USA* -nl/ *adjetivo, nombre*
▶ *adj* **1** (*formal o Jur*) juvenil **2** (*pey*) pueril
▶ *n* menor

Kk

K, k /keɪ/ *n* (*pl* **Ks, K's, k's**) K, k ➲ *Ver nota en* A, A

kaleidoscope /kəˈlaɪdəskəʊp/ *n* calidoscopio

kangaroo /ˌkæŋɡəˈruː/ *n* (*pl* **kangaroos**) canguro

karaoke /ˌkæriˈəʊki/ *n* karaoke

karat (*USA*) = CARAT

karate /kəˈrɑːti/ *n* karate

kart /kɑːt/ *n* kart

kayak /ˈkaɪæk/ *n* kayak (*barco*) **kayaking** *n* kayak (*deporte*)

kebab /kɪˈbæb/ *n* pincho moruno

keel /kiːl/ *nombre, verbo*

▸ *n* quilla

▸ *v* PHR V **keel over** desplomarse

keen /kiːn/ *adj* (**keener, -est**) **1 be ~ (to do sth/ that...)** estar ansioso, tener ganas (de hacer algo/de que...) **2** entusiasta **3 be ~ on sb/sth** (*GB, coloq*) gustarle algn/algo a algn **4** (*oído, inteligencia*) agudo **5** (*interés*) grande **6** (*olfato*) fino **keenly** *adv* **1** con entusiasmo **2** (*sentir*) profundamente

keep /kiːp/ *verbo, nombre*

▸ (*pt, pp* **kept** /kept/) **1** *vi* quedarse, permanecer: *Keep still!* ¡Estate quieto! ◇ *Keep quiet!* ¡Cállate! ◇ *to keep warm* no enfriarse **2** *vt* + **adjetivo, adverbio o -ing** mantener, tener: *to keep sb waiting* hacer esperar a algn ◇ *to keep sb amused/happy* tener a algn entretenido/contento ◇ *Don't keep us in suspense.* No nos tengas en suspenso. **3** *vi* ~ **(on) doing sth** seguir haciendo algo, no parar de hacer algo: *He keeps interrupting me.* No para de interrumpirme. **4** *vt* entretener, retener: *What kept you?* ¿Por qué has tardado tanto? **5** *vt* (*no devolver*) quedarse con: *Keep the change.* Quédese con la vuelta. **6** *vt* guardar, tener: *Will you keep my place in the queue?* ¿Me guardas el sitio en la cola? ◇ *to keep a secret* guardar un secreto **7** *vt* (*negocio*) tener, ser propietario de **8** *vt* (*animales*) criar, tener **9** *vi* (*alimentos*) conservarse (fresco), durar **10** *vt* (*promesa*) cumplir **11** *vt* (*cita*) acudir a **12** *vt* (*diario, cuentas, registro*) llevar **13** *vt* (*familia, persona*) mantener ❶ Para expresiones con **keep**, véanse las entradas del sustantivo, adjetivo, etc., p. ej. **keep your word** en WORD.

PHR V **keep away (from sb/sth)** mantenerse alejado (de algn/algo) ◆ **keep sb/sth away (from sb/ sth)** mantener a algn/algo alejado (de algn/ algo)

keep sth back (from sb) ocultar algo (a algn)

keep sth down (*voz, gastos, etc.*) mantener algo bajo

keep sb from (doing) sth impedir que algn haga algo ◆ **keep (yourself) from (doing) sth** evitar hacer algo

keep off (sth) no acercarse (a algo), no tocar (algo): *Keep off the grass.* Prohibido pisar el césped. ◆ **keep sb/sth off (sb/sth)** mantener a algn/algo alejado (de algn/algo): *Keep your hands off me!* ¡No me toques!

keep on (at sb) (about sb/sth) no parar de dar la tabarra (a algn) (sobre algn/con algo)

keep out (of sth) no entrar (en algo): *Keep Out!* ¡Prohibida la entrada! ◆ **keep sb/sth out (of sth)** no dejar que algn/algo entre (en algo)

keep (yourself) to yourself guardar las distancias, ser muy reservado ◆ **keep sth to yourself** guardarse algo (para sí)

keep up (with sb/sth) seguir el ritmo, mantenerse a la altura (de algn/algo) ◆ **keep sth up** mantener, seguir haciendo algo: *Keep it up!* ¡Dale! ◆ **keep up with sth** mantenerse al tanto (de algo)

▸ *n* manutención

keeper /ˈkiːpə(r)/ *n* **1** (*en museo*) conservador, -ora **2** (*zoo*) guarda **3** (*GB, coloq*) (*Fútbol*) portero, -a

keeping /ˈkiːpɪŋ/ *n* LOC **in/out of keeping (with sth)** de acuerdo/en desacuerdo (con algo) ◆ **in sb's keeping** al cuidado de algn

kennel /ˈkenl/ *n* **1** perrera **2** (*tb* **kennels** [*pl*]) residencia canina

kept *pt, pp de* KEEP

kerb (*USA* **curb**) /kɜːb/ *n* bordillo

kerosene /ˈkerəsiːn/ *n* queroseno

KET /ket/ *n* (*abrev de* **Key English Test**) examen internacional de inglés elemental

ketchup /ˈketʃəp/ *n* ketchup

kettle /ˈketl/ *n* hervidor ➲ *Ver dibujo en pág 582*

key /kiː/ *nombre, verbo, adjetivo*

▸ *n* (*pl* **keys**) **1** llave: *the car keys* las llaves del coche **2** ~ **(to sth)** clave (de algo): *Exercise is the key to good health.* El ejercicio es la clave de la buena salud. **3** tecla ➲ *Ver dibujo en* ORDENADOR **4** (*Mús*) tono **5** (*en mapa, etc.*) leyenda

▸ *vt* ~ **sth (in)** **1** teclear algo **2** (*datos*) introducir algo

▸ *adj* clave

keyboard /ˈkiːbɔːd/ *n* (*Informát, Mús*) teclado: *keyboard player* teclista ➲ *Ver dibujo en* ORDENADOR

keyhole /ˈkiːhəʊl/ *n* ojo de la cerradura

kettle

keypad /ˈkiːpæd/ *n* teclado (*numérico*)

ˈ**key ring** *n* llavero

ˌ**key** ˈ**worker** *n* empleado, -a de un servicio esencial (*sanitario, educativo, etc.*)

khaki /ˈkɑːki/ *adj, n* caqui (*color*)

kick /kɪk/ *verbo, nombre*

▸ **1** *vt* dar una patada a **2** *vt* (*pelota*) golpear (*con el pie*): *Kick the ball to me.* ¡Pásame la pelota! ◇ *to kick the ball into the river* tirar la pelota al río de una patada **3** *vi* (*persona*) patalear **4** *vi* (*animal*) cocear **5** *vt* ~ **yourself** (*coloq*) darse de tortas: *I could have kicked myself.* Me hubiera dado de tortas por tonto. LOC **kick the bucket** (*coloq*) estirar la pata *Ver tb* ALIVE PHR V **kick off** (*Fútbol*) hacer el saque inicial ◆ **kick sb out (of sth)** (*coloq*) echar a algn (de algo)

▸ *n* **1** puntapié, patada **2** (*Fútbol*) tiro: *free kick* tiro libre ◇ *goal kick* saque de puerta **3** (*coloq*): *to do sth for kicks* hacer algo para divertirse ◇ *He gets a kick out of driving fast cars.* Disfruta a tope conduciendo coches rápidos.

kickboxing /ˈkɪkbɒksɪŋ/ *n* kick boxing

kick-off /ˈkɪk ɒf; *USA* ɔːf/ *n* saque inicial

kid /kɪd/ *nombre, verbo*

▸ *n* **1** (*coloq*) chaval, -ala, crío, -a: *How are your wife and the kids?* ¿Qué tal tu mujer y los críos? **2** (*esp USA, coloq*): *his kid sister* su hermana menor **3** (*Zool*) cabrito ➲ *Ver nota en* CABRA

▸ (**-dd-**) (*coloq*) **1** *vi* estar de broma: *Are you kidding?* ¿Estás de broma? **2** *vt* burlarse de **3** *vt* ~ **yourself** engañarse a sí mismo

kidnap /ˈkɪdnæp/ *vt* (**-pp-**) secuestrar **kidnapper** *n* secuestrador, -ora **kidnapping** *n* secuestro

kidney /ˈkɪdni/ *n* (*pl* **kidneys**) riñón

kill /kɪl/ *verbo, nombre*

▸ *vt, vi* matar: *Smoking kills.* Fumar mata. ◇ *She was killed in a car crash.* Murió en un accidente de coche. LOC **kill time** matar el tiempo ◆ **kill two birds with one stone** matar dos pájaros de un tiro PHR V **kill sb/sth off** acabar con algn/algo

▸ *n* LOC **go/move in for the kill** entrar a matar

killer /ˈkɪlə(r)/ *n* asesino, -a

ˈ**killer whale** *n* orca

killing /ˈkɪlɪŋ/ *n* matanza LOC **make a killing** (*coloq*) hacer el agosto

kiln /kɪln/ *n* horno (para cerámica)

kilo /ˈkiːləʊ/ *n* (*pl* **kilos**) (*tb* **kilogram, kilogramme** /ˈkɪləɡræm/) (*abrev* **kg**) kilo(gramo)

kilometre (*USA* **kilometer**) /ˈkɪləmiːtə(r), kɪlˈɒmɪtə(r)/ *n* (*abrev* **k, km**) kilómetro

kilt /kɪlt/ *n* falda escocesa

kin /kɪn/ *Ver* NEXT OF KIN

kind /kaɪnd/ *nombre, adjetivo*

▸ *n* tipo, clase: *the best of its kind* el mejor de su categoría LOC **kind of** (*coloq*) en cierto modo: *kind of scared* como asustado *Ver tb* NOTHING

▸ *adj* (**kinder, -est**) ~ **(to sb/sth)** amable (con algn/algo): *It's very kind of you.* Es muy amable de tu parte.

kindly /ˈkaɪndli/ *adverbio, adjetivo*

▸ *adv* **1** amablemente **2** (*formal*): *Kindly leave me alone!* ¡Haga el favor de dejarme en paz! LOC **not take kindly to sth/sb** no gustarle algo/algn a algn

▸ *adj* (*formal*) amable

kindness /ˈkaɪndnəs/ *n* **1** amabilidad, bondad **2** favor

king /kɪŋ/ *n* rey LOC *Ver* FIT

kingdom /ˈkɪŋdəm/ *n* reino

kingfisher /ˈkɪŋfɪʃə(r)/ *n* martín pescador

kiosk /ˈkiːɒsk/ *n* quiosco

kipper /ˈkɪpə(r)/ *n* arenque ahumado

kiss /kɪs/ *verbo, nombre*

▸ *vt, vi* besar(se)

▸ *n* beso LOC **the kiss of life** el boca a boca

kit /kɪt/ *n* **1** conjunto para ensamblaje **2** equipo: *sports kit* equipo/ropa de deporte ◇ *a first-aid kit* un botiquín

kitchen /ˈkɪtʃɪn/ *n* cocina

kite /kaɪt/ *n* cometa (*juguete*)

kiteboard /ˈkaɪtbɔːd/ *n* tabla de kitesurf, kiteboard

kitesurfing /ˈkaɪtsɜːfɪŋ/ (*tb* **kiteboarding** /ˈkaɪtbɔːdɪŋ/) *n* kitesurf (*deporte*)

kitten /ˈkɪtn/ *n* gatito ➲ *Ver nota en* GATO

kitty /ˈkɪti/ *n* (*pl* **kitties**) (*coloq*) fondo (*de dinero*)

kiwi /ˈkiːwiː/ *n* (*pl* **kiwis**) **1** (*tb* ˈ**kiwi fruit**) (*fruta*) kiwi **2 Kiwi** (*coloq*) (*persona*) neozelandés, -esa **3** (*ave*) kiwi

knack /næk/ *n* [*sing*] (*coloq*) tranquillo: *to get the knack of sth* cogerle el tranquillo a algo

knackered /ˈnækəd/ *adj* (*GB, argot*) hecho polvo

knead /niːd/ *vt* amasar

knee /niː/ *n* rodilla LOC **be/go (down) on your knees** estar/ponerse de rodillas

kneecap /ˈniːkæp/ *n* rótula

kneel /niːl/ *vi* (*pt, pp* **knelt** /nelt/ *USA tb* **kneeled**) ~ **(down)** arrodillarse ➲ *Ver nota en* DREAM

kneepad /ˈniːpæd/ *n* rodillera

knew *pt de* KNOW

knickers /ˈnɪkəz/ *n* [*pl*] bragas: *a pair of knickers* unas bragas ➲ *Ver nota en* PAIR

knife /naɪf/ *nombre, verbo*
▸ *n* (*pl* **knives** /naɪvz/) cuchillo
▸ *vt* acuchillar

knight /naɪt/ *nombre, verbo*
▸ *n* **1** caballero **2** (*Ajedrez*) caballo
▸ *vt* nombrar caballero/Sir **knighthood** *n* título de caballero/Sir

knit /nɪt/ (**-tt-**) **1** *vt* tejer **2** *vi* hacer punto *Ver tb* CLOSE-KNIT

knitting /ˈnɪtɪŋ/ *n* [*incontable*] labor de punto: *knitting needle* aguja (de hacer punto)

knitwear /ˈnɪtweə(r)/ *n* [*incontable*] prendas de punto

knob /nɒb/ *n* **1** (*de radio, televisor*) mando (*que gira*) **2** (*de puerta, cajón*) tirador, pomo ➲ *Ver dibujo en* HANDLE

knock /nɒk/ *verbo, nombre*
▸ **1** *vi* ~ **(at/on sth)** (*puerta, etc.*) llamar (a algo) **2** *vt, vi* golpear: *to knock your head on the ceiling* pegarse con la cabeza en el techo **3** *vt* (*coloq*) criticar LOC **knock on wood** (*USA*) toca madera PHR V **knock sb down** atropellar a algn ◆ **knock sth down** derribar algo ◆ **knock off (sth)** (*coloq*) terminar (algo): *to knock off (work)* terminar de trabajar ◆ **knock sb/sth off (sth)** tirar a algn/algo (de algo) ◆ **knock sth off (sth)** descontar algo (de algo) ◆ **knock sb out 1** dejar a algn inconsciente **2** (*Boxeo*) dejar K.O. a algn **3** (*coloq*) dejar boquiabierto a algn ◆ **knock sb out (of sth)** eliminar a algn (de algo) (*competición*) ◆ **knock sb over** atropellar a algn ◆ **knock sth over** tirar algo
▸ *n* **1** *There was a knock at the door.* Llamaron a la puerta. **2** golpe

knockout /ˈnɒkaʊt/ *nombre, adjetivo*
▸ *n* (*abrev* **KO**) K.O.
▸ *adj*: *knockout tournament* torneo por eliminatorias

knot /nɒt/ *nombre, verbo*
▸ *n* nudo
▸ *vt* (**-tt-**) hacer un nudo a, anudar

know /nəʊ/ *verbo, nombre*
▸ (*pt* **knew** /njuː; *USA* nuː/, *pp* **known** /nəʊn/) **1** *vt, vi* ~ **(sth/how to do sth)** saber (algo/hacer algo): *to know how to swim* saber nadar ◇ *Let me know if…* Avísame si… **2** *vt* conocer: *to get to know sb* llegar a conocer a algn **3** *vt*: *I've never known anyone to…* Nunca se ha visto que… LOC **for all you, I, etc. know** por lo (poco) que sabes, sé, etc. ◆ **God/goodness/Heaven knows** (*coloq*) (bien) sabe Dios ◆ **know best** saber algn lo que hace ◆ **know better (than that/than to do sth)**: *You ought to know better!* ¡Parece mentira que tú hayas hecho eso! ◇ *I should have known better.* Debería haber espabilado. ◆ **you know** (*coloq*) **1** pues: *Well, you know, it's difficult to explain.* Bueno, pues, es difícil de explicar. **2** sabes ◆ **you never know** (*coloq*) nunca se sabe *Ver tb* ANSWER, ROPE PHR V **know of sb/sth** saber de algn/algo: *Not that I know of.* Que yo sepa, no.
▸ *n* LOC **be in the know** (*coloq*) estar enterado

know-all /ˈnəʊ ɔːl/ (*tb esp USA* **know-it-all** /ˈnəʊ ɪt ɔːl/) *n* (*coloq*) sabelotodo

knowing /ˈnəʊɪŋ/ *adj* (*mirada, etc.*) de complicidad **knowingly** *adv* **1** intencionadamente **2** con complicidad: *He winked at her knowingly.* Le hizo un guiño de complicidad.

knowledge /ˈnɒlɪdʒ/ *n* [*incontable*] **1** conocimiento(s): *not to my knowledge* que yo sepa, no **2** saber LOC **in the knowledge that…** a sabiendas de que… *Ver tb* BEST **knowledgeable** *adj* que sabe mucho de algo

known *pp de* KNOW

knuckle /ˈnʌkl/ *nombre, verbo*
▸ *n* nudillo
▸ *v* PHR V **knuckle down (to sth)** (*coloq*) poner(se) manos a la obra (con algo)

koala /kəʊˈɑːlə/ (*tb* ko͵ala ˈ**bear**) *n* koala

Koran /kəˈrɑːn/ *n* Corán

K

Ll

L, l /el/ *n* (*pl* **Ls, L's, l's**) L, l ➲ *Ver nota en* A, A

label 🔑 /ˈleɪbl/ *nombre, verbo*
▸ *n* etiqueta ➲ *Ver dibujo en* ETIQUETA
▸ *vt* (**-ll-**, *USA* **-l-**) **1** poner etiquetas a **2 ~ sb/sth (as) sth** calificar a algn/algo de algo

laboratory 🔑 /ləˈbɒrətri; *USA* ˈlæbrətɔːri/ *n* (*pl* **laboratories**) (*coloq* **lab** /læb/) laboratorio

laborious /ləˈbɔːriəs/ *adj* **1** laborioso **2** penoso

ˈ**labor union** *n* (*USA*) sindicato

labour 🔑 (*USA* **labor**) /ˈleɪbə(r)/ *nombre, verbo*
▸ *n* **1** [*incontable*] trabajo **2** [*incontable*] mano de obra: *parts and labour* los repuestos y la mano de obra ◇ *labour relations* relaciones laborales **3** [*incontable*] parto: *to go into labour* ponerse de parto **4** (*tb* **the** ˈ**Labour Party**) [*v sing o pl*] (*GB*) el Partido Laborista
▸ *vi* esforzarse **laboured** (*USA* **labored**) *adj* **1** dificultoso **2** pesado **labourer** (*USA* **laborer**) *n* trabajador, -ora, peón

labyrinth /ˈlæbərɪnθ/ *n* laberinto

lace /leɪs/ *nombre, verbo*
▸ *n* **1** encaje **2** *Ver* SHOELACE
▸ *vt, vi* ~ **(sth) (up)** atar algo, atarse (*con un lazo*)

lack 🔑 /læk/ *nombre, verbo*
▸ *n* [*incontable*] falta, carencia
▸ *vt* carecer de LOC **be lacking** faltar ◆ **be lacking in sth** carecer de algo

lacquer /ˈlækə(r)/ *n* laca

lacy /ˈleɪsi/ *adj* de encaje

lad /læd/ *n* (*coloq*) muchacho

ladder /ˈlædə(r)/ *n* **1** escalera (de mano) ➲ *Comparar con* STAIRCASE **2** escala (*social, profesional, etc.*) **3** carrera (*en las medias, etc.*) *Ver tb* SNAKES AND LADDERS

laden /ˈleɪdn/ *adj* ~ **(with sth)** cargado (de algo)

ladette /lædˈet/ *n* (*GB, coloq*) mujer joven que tiene un comportamiento típicamente masculino

ladies /ˈleɪdiz/ *n* **1** *plural de* LADY **2 Ladies** [*sing*] servicio de señoras

ladle /ˈleɪdl/ *n* cucharón

lady 🔑 /ˈleɪdi/ *n* (*pl* **ladies**) **1** señora: *Ladies and gentlemen…* Señoras y señores… **2** dama **3 Lady** (*título*) Lady: *Lady Thatcher* *Ver tb* THE FIRST LADY

ladybird /ˈleɪdibɜːd/ (*USA* **ladybug** /ˈleɪdibʌg/) *n* mariquita

lag /læg/ *verbo, nombre*
▸ *vi* (**-gg-**) ~ **behind (sb/sth)** quedarse atrás (con respecto a algn/algo)
▸ *n* *Ver* JET LAG, TIME LAG

lager /ˈlɑːgə(r)/ *n* cerveza (rubia) ➲ *Ver nota en* CERVEZA

lagoon /ləˈguːn/ *n* **1** albufera **2** (*USA*) laguna

laid *pt, pp de* LAY

laid-back /ˌleɪd ˈbæk/ *adj* (*coloq*) tranquilo

lain *pp de* LIE[1]

lake 🔑 /leɪk/ *n* lago

lamb /læm/ *n* cordero ➲ *Ver nota en* CARNE

lame /leɪm/ *adj* **1** cojo **2** (*excusa, etc.*) poco convincente

lament /ləˈment/ *vt, vi* (*formal*) lamentarse (de)

lamp 🔑 /læmp/ *n* lámpara

ˈ**lamp post** *n* farola

lampshade /ˈlæmpʃeɪd/ *n* pantalla (de lámpara)

land 🔑 /lænd/ *nombre, verbo*
▸ *n* **1** tierra: *by land* por tierra ◇ *on dry land* en tierra firme ◇ *land animals* animales terrestres **2** tierra(s): *arable land* tierra de cultivo ◇ *a plot of land* una parcela **3 the land** [*sing*] la tierra, el campo: *to work on the land* dedicarse a la agricultura **4** (*formal*) país: *the finest in the land* el mejor del país
▸ **1** *vi* aterrizar **2** *vi* (*pájaro*) posarse **3** *vt* (*avión*) poner en tierra **4** *vt, vi* desembarcar **5** *vi* caer: *The ball landed in the water.* La pelota cayó al agua. **6** *vt* (*coloq*) conseguir, obtener LOC *Ver* FOOT PHR V **land sb/yourself with sth/sb** (*coloq*) cargarle a algn/cargarse con algo/algn: *I got landed with the washing up.* A mí me tocó fregar.

landfill /ˈlændfɪl/ *n* **1** (*tb* ˈ**landfill site**) vertedero (de basuras) **2** [*incontable*] entierro de basura

landing /ˈlændɪŋ/ *n* **1** rellano (*de escalera*) **2** aterrizaje **3** desembarco

landlady /ˈlændleɪdi/ *n* (*pl* **landladies**) **1** casera **2** patrona (*de pub o pensión*)

landline /ˈlændlaɪn/ *n* teléfono fijo

landlord /ˈlændlɔːd/ *n* **1** casero **2** patrón (*de pub o pensión*)

landmark /ˈlændmɑːk/ *n* **1** punto destacado **2** ~ **(in sth)** hito (en algo)

landowner /ˈlændəʊnə(r)/ *n* terrateniente

landscape 🔑 /ˈlændskeɪp/ *n* paisaje ➲ *Ver nota en* SCENERY

landslide /ˈlændslaɪd/ *n* **1** desprendimiento (*de tierras*) **2** (*tb* ˌ**landslide** ˈ**victory**) victoria aplastante

lane /leɪn/ *n* **1** camino **2** callejón **3** carril: *slow/fast lane* carril de la derecha/de aceleración **4** (*Dep*) calle

language /ˈlæŋgwɪdʒ/ *n* **1** idioma, lengua **2** [*incontable*] lenguaje: *to use bad language* decir palabrotas

lantern /ˈlæntən/ *n* farol

lap /læp/ *nombre, verbo*
▸ *n* **1** regazo **2** (*Dep*) vuelta
▸ (**-pp-**) **1** *vi* (*agua*) chapotear **2** *vt* ~ **sth (up)** lamer algo PHR V **lap sth up** (*coloq*) recibir algo con gusto

lapel /ləˈpel/ *n* solapa

lapse /læps/ *nombre, verbo*
▸ *n* **1** error, lapso **2** (*de tiempo*) lapso, período: *after a lapse of six years* al cabo de seis años **3** ~ **(into sth)** caída (en algo)
▸ *vi* **1** caducar **2** perderse: *The custom has lapsed over the years.* La costumbre se ha perdido con el tiempo. ◇ *His concentration lapsed after a few minutes.* Después de pocos minutos perdió la concentración. PHR V **lapse into sth** caer en algo (*estado, situación, etc.*): *to lapse into silence* quedarse callado

laptop /ˈlæptɒp/ *n* (ordenador) portátil

lard /lɑːd/ *n* manteca

larder /ˈlɑːdə(r)/ *n* despensa

large /lɑːdʒ/ *adj* (**larger**, **-est**) **1** grande: *Small, medium or large?* ¿Pequeña, mediana o grande? ◇ *to a large extent* en gran parte **2** extenso, amplio ➲ *Ver nota en* BIG LOC **at large** **1** en general: *the world at large* todo el mundo **2** en libertad ◆ **by and large** en términos generales *Ver tb* EXTENT

largely /ˈlɑːdʒli/ *adv* en gran parte

large-scale /ˌlɑːdʒ ˈskeɪl/ *adj* **1** a gran escala, extenso **2** (*mapa, etc.*) a gran escala

lark /lɑːk/ *n* alondra

larva /ˈlɑːvə/ *n* (*pl* **larvae** /ˈlɑːviː/) larva

lasagne /ləˈzænjə/ *n* lasaña

laser /ˈleɪzə(r)/ *n* láser: *laser printer* impresora láser

lash /læʃ/ *verbo, nombre*
▸ *vt* **1** azotar **2** (*rabo*) sacudir PHR V **lash out at sb/sth** **1** emprenderla a golpes contra algn/algo **2** atacar, arremeter contra algn/algo (*física o verbalmente*)
▸ *n* **1** *Ver* EYELASH **2** azote

lass /læs/ (*tb* **lassie** /ˈlæsi/) *n* muchacha (*esp en Escocia y el norte de Inglaterra*)

lasso /læˈsuː, ˈlæsəʊ/ *nombre, verbo*
▸ *n* (*pl* **lassos** o **lassoes**) lazo (*de vaquero*)
▸ *vt* coger a lazo

last /lɑːst; *USA* læst/ *adjetivo, adverbio, nombre, verbo*
▸ *adj* **1** último ➲ *Ver nota en* LATEST **2** pasado: *last month* el mes pasado ◇ *last night* anoche ◇ *the night before last* anteanoche LOC **as a/in the last resort** en último recurso ◆ **have the last laugh** reírse el último ◆ **last thing** a última hora: *last thing at night* lo último por la noche ◆ **the last word (in sth)** la última palabra (en algo) *Ver tb* ANALYSIS, FIRST, STRAW, THING
▸ *adv* **1** último: *He came last.* Llegó el último. **2** por última vez LOC **last but not least** por último, aunque no menos importante
▸ *n* **the last 1** (*pl* **the last**) el último/la última, los últimos/las últimas **2** el/la anterior LOC **at (long) last** por fin ◆ **next/second to last**; **last but one** penúltimo
▸ **1** *vt, vi* ~ **(for) hours, days, etc.** durar horas, días, etc. **2** *vi* perdurar **lasting** *adj* duradero, permanente **lastly** *adv* por último

last-minute /ˌlɑːst ˈmɪnɪt; *USA* ˌlæst/ *adj* de última hora: *a last-minute change of plan* un cambio de plan de última hora

ˈ**last name** *n* apellido

latch /lætʃ/ *nombre, verbo*
▸ *n* **1** aldaba **2** picaporte
▸ *v* PHR V **latch on (to sth)** (*coloq*) entender, captar algo

late /leɪt/ *adjetivo, adverbio*
▸ *adj* (**later**, **-est**) **1** tarde, tardío: *to be late* llegar tarde ◇ *My flight was an hour late.* Mi vuelo se retrasó una hora. **2** *in the late 19th century* a finales del siglo XIX ◇ *in her late twenties* rondando la treintena **3** [*sólo antes de sustantivo*] difunto *Ver tb* LATER, LATEST LOC *Ver* NIGHT
▸ *adv* (**later**) tarde: *He arrived half an hour late.* Llegó con media hora de retraso. LOC *Ver* BETTER

lately /ˈleɪtli/ *adv* últimamente

later /ˈleɪtə(r)/ *adv, adj* más tarde LOC **later on** más tarde *Ver tb* SEE, SOON

latest /ˈleɪtɪst/ *adjetivo, nombre*
▸ *adj* [*sólo antes de sustantivo*] último, más reciente: *her latest novel* su novela más reciente

> El superlativo **latest** significa "el más reciente, el más nuevo": *the latest technology* la última tecnología. El adjetivo **last** significa el último de una serie: *The last bus is at twelve.* El último autobús sale a las doce.

L

▸ *n* **the latest** [*incontable*] (*coloq*) lo último: *the very latest in computer games* lo ultimísimo en juegos de ordenador ◇ *Have you heard the latest?* ¿Has oído la última? LOC **at the latest** a más tardar

lather /ˈlɑːðə(r); *USA* ˈlæð-/ *n* espuma (*de jabón*)

Latin /ˈlætɪn; *USA* ˈlætn/ *nombre, adjetivo*
▸ *n* **1** (*lengua*) latín **2** (*persona*) latino, -a
▸ *adj* latino

Latina /læˈtiːnə/ *n* hispana (*en Estados Unidos*)

Latino /læˈtiːnəʊ/ *adj, n* (*pl* **Latinos**) hispano, -a (*en Estados Unidos*)

latitude /ˈlætɪtjuːd; *USA* -tuːd/ *n* latitud

latter /ˈlætə(r)/ *adjetivo, nombre*
▸ *adj* segundo: *the latter option* la segunda opción
▸ *n* **the latter** este, esta, estos, estas: *The latter was not as good as the former.* Esta no fue tan buena como aquella. ➲ *Comparar con* FORMER

laugh /lɑːf; *USA* læf/ *verbo, nombre*

L

▸ *vi* reír(se) LOC *Ver* BURST PHR V **laugh at sb/sth** **1** reírse de algn, reírse de/con algo **2** burlarse de algn/algo
▸ *n* **1** risa, carcajada **2 be a laugh** (*coloq*) (*suceso, persona*) ser (muy) divertido LOC **have a (good) laugh (about sth)** reírse (mucho) (de algo) *Ver tb* LAST **laughable** *adj* risible **laughter** *n* [*incontable*] risa(s): *to roar with laughter* reírse a carcajadas

launch /lɔːntʃ/ *verbo, nombre*
▸ *vt* **1** (*ataque, campaña, proyectil*) lanzar **2** (*buque*) botar PHR V **launch (yourself) into sth** (*discurso, etc.*) embarcarse en algo (*con entusiasmo*)
▸ *n* **1** lanzamiento **2** lancha

launder /ˈlɔːndə(r)/ *vt* (*dinero*) blanquear: *money laundering* blanqueo de dinero

launderette /lɔːnˈdret/ (*USA* **Laundromat**®) /ˈlɔːndrəmæt/) *n* lavandería (*de autoservicio*)

laundry /ˈlɔːndri/ *n* (*pl* **laundries**) **1** colada: *to do the laundry* hacer la colada ❶ La palabra más corriente para "colada" es **washing**. **2** lavandería industrial: *laundry service* servicio de lavandería

lava /ˈlɑːvə/ *n* lava

lavatory /ˈlævətri; *USA* -tɔːri/ *n* (*pl* **lavatories**) (*formal*) **1** retrete **2** (*público*) aseos ➲ *Ver nota en* TOILET

lavender /ˈlævəndə(r)/ *n* espliego, lavanda

lavish /ˈlævɪʃ/ *adj* **1** magnífico, fastuoso **2** pródigo, generoso

law /lɔː/ *n* **1** ley: *against the law* en contra de la ley **2** (*carrera*) derecho ➲ *Ver tb* BROTHER-IN-LAW, *etc.* LOC **law and order** orden público *Ver tb* EYE **lawful** *adj* (*formal*) legal, legítimo

lawn /lɔːn/ *n* césped

lawnmower /ˈlɔːnməʊə(r)/ *n* cortacésped

lawsuit /ˈlɔːsuːt, -sjuːt/ *n* pleito

lawyer /ˈlɔːjə(r)/ *n* abogado, -a ➲ *Ver nota en* ABOGADO

laxative /ˈlæksətɪv/ *n* laxante

lay /leɪ/ *verbo, adjetivo*
▸ *vt* (*pt, pp* **laid** /leɪd/) **1** colocar, poner **2** (*cimientos*) echar **3** (*cable, etc.*) tender **4** extender **5** (*huevos*) poner **6** (*mesa*) poner ➲ *Ver nota en* LIE[1] LOC **lay claim to sth** reclamar algo ◆ **lay your cards on the table** poner las cartas sobre la mesa PHR V **lay sth aside** (*formal*) dejar algo a un lado ◆ **lay sth down 1** dejar algo (*en la mesa, en el suelo, etc.*) **2** (*armas*) deponer algo **3** (*regla, principio, etc.*) establecer algo ◆ **lay sb off** despedir a algn (*por falta de trabajo*) ◆ **lay sth on** (*GB, coloq*) organizar, preparar algo ◆ **lay sth out 1** (*mapa, tela, etc.*) extender algo **2** (*jardín, ciudad, etc.*) diseñar, hacer el trazado de algo: *well laid out* bien distribuido/planificado **3** (*argumento, etc.*) exponer algo
▸ *adj* **1** (*no experto*) lego **2** laico

layabout /ˈleɪəbaʊt/ *n* (*GB, antic, coloq*) vago, -a, remolón, -ona

lay-by /ˈleɪ baɪ/ *n* (*pl* **lay-bys**) área de descanso (*en carretera*)

layer /ˈleɪə(r)/ *n* **1** capa **2** (*Geol*) estrato **layered** *adj* en capas

lay-off /ˈleɪ ɒf; *USA* ɔːf/ *n* despido (*por escasez de trabajo*)

layout /ˈleɪaʊt/ *n* **1** distribución, trazado **2** (*revista, etc.*) diseño

laze /leɪz/ *vi* ~ **(about/around)** hacer el vago

lazy /ˈleɪzi/ *adj* (**lazier**, **-est**) vago, perezoso

lead[1] /liːd/ *verbo, nombre*
▸ (*pt, pp* **led** /led/) **1** *vt* llevar, conducir **2** *vi* ~ **from/to sth** (*camino, puerta, etc.*) llevar (de/a algo): *This door leads to/into the garden.* Esta puerta da al jardín. ◇ *This road leads back to town.* Por este camino se vuelve a la ciudad. **3** *vi* ~ **to sth** dar lugar a algo **4** *vt* ~ **sb (to sth/to do sth)** llevar a algn (a algo/a hacer algo) **5** *vt* (*vida*) llevar **6** *vi* llevar la delantera **7** *vt* encabezar **8** *vt, vi* (*Naipes*) salir LOC **lead sb to believe (that)...** hacer creer a algn (que)... ◆ **lead the way (to sth)** mostrar el camino (a algo) PHR V **lead up to sth 1** preceder a algo **2** conducir, llevar a algo
▸ *n* **1** [*sing*] (*competición*) ventaja: *to be in the lead* llevar la delantera **2** [*sing*] ejemplo: *to follow sb's lead* seguir el ejemplo de algn ◇ *If we take the lead, others will follow.* Si tomamos la iniciativa, los demás nos seguirán. **3** (*indicio*) pis-

ta **4** (*Teat*) papel principal **5** (*Mús*) solista: *lead guitarist* guitarrista principal **6** (*de perro, etc.*) correa **7** (*Electrón*) cable

lead² /led/ *n* plomo **leaded** *adj* con plomo

leader /ˈliːdə(r)/ *n* líder, dirigente **leadership** *n* **1** liderazgo **2** (*cargo*) jefatura **3** [*v sing o pl*] (*personas*) liderazgo, dirección

leading /ˈliːdɪŋ/ *adj* [*sólo antes de sustantivo*] principal, más importante

leaf /liːf/ *n* (*pl* **leaves** /liːvz/) hoja LOC **take a leaf out of sb's book** seguir el ejemplo de algn *Ver tb* NEW

leaflet /ˈliːflət/ *n* folleto

leafy /ˈliːfi/ *adj* frondoso: *leafy vegetables* verduras de hoja

league /liːg/ *n* **1** liga ➲ *Ver nota en* LIGA **2** (*coloq*) clase: *I'm not in her league.* No estoy a su altura. LOC **in league (with sb)** confabulado (con algn)

leak /liːk/ *verbo, nombre*

▸ **1** *vi* (*recipiente*) estar agujereado, tener fuga **2** *vi* (*gas o líquido*) salirse, escaparse: *Water was leaking through the ceiling.* Goteaba agua del techo. **3** *vt* dejar escapar **4** *vt* ~ **sth to sb** filtrar algo a algn: *The news was leaked to the press.* Filtraron la noticia a la prensa.

▸ *n* **1** agujero, gotera **2** fuga, escape **3** filtración (*de información, etc.*)

lean /liːn/ *adjetivo, verbo*

▸ *adj* (**leaner**, **-est**) **1** (*persona, animal*) delgado, flaco **2** (*carne*) magro

▸ (*pt, pp* **leaned** *o* **leant** /lent/) ➲ *Ver nota en* DREAM **1** *vi* inclinar(se), ladear(se): *to lean back/forward* inclinarse hacia atrás/adelante ◇ *to lean out of the window* asomarse a la ventana **2** *vt, vi* ~ **(sth) against/on sth** apoyar algo, apoyarse contra/en algo **leaning** *n* inclinación

leap /liːp/ *verbo, nombre*

▸ *vi* (*pt, pp* **leapt** /lept/ *o* **leaped**) saltar, brincar ➲ *Ver nota en* DREAM

▸ *n* salto

leapfrog /ˈliːpfrɒg; *USA* -frɔːg/ *nombre, verbo*

▸ *n* [*incontable*] salto al potro, pídola: *to play leapfrog* saltar al potro

▸ *vt* (**-gg-**) dejar atrás, saltar por encima de

ˈleap year *n* año bisiesto

learn /lɜːn/ *vt, vi* (*pt, pp* **learnt** /lɜːnt/ *o* **learned**) ➲ *Ver nota en* DREAM **1** aprender **2** ~ **(of/about) sth** enterarse de algo LOC *Ver* ROPE **learner** *n* aprendiz, -iza, principiante: *learners of English* estudiantes de inglés ◇ *She's a fast learner.* Aprende con rapidez. **learning** *n* **1** (*acción*) aprendizaje: *learning difficulties* dificultades de aprendizaje **2** (*conocimientos*) erudición

ˈlearning curve *n* curva de aprendizaje

lease /liːs/ *nombre, verbo*

▸ *n* contrato de arrendamiento LOC *Ver* NEW

▸ *vt* ~ **sth (to/from sb)** arrendar algo (a/de algn) (*propietario o inquilino*)

leash /liːʃ/ *n* (*esp USA*) correa (*de perro*)

least /liːst/ *pronombre, adverbio, adjetivo*

▸ *pron, adv* menos: *It's the least I can do.* Es lo menos que puedo hacer. ◇ *when I least expected it* cuando menos lo esperaba LOC **at least** al menos, por lo menos ◆ **not in the least** en absoluto ◆ **not least** especialmente *Ver tb* LAST

▸ *adj* menor

leather /ˈleðə(r)/ *n* cuero, piel

leave /liːv/ *verbo, nombre*

▸ (*pt, pp* **left** /left/) **1** *vt, vi* irse (de), salir (de) **2** *vt* dejar: *Leave it to me.* Yo me encargo. **3** *vt* **be left** quedar: *You've only got two days left.* Sólo te quedan dos días. LOC **leave sb to their own devices; leave sb to themselves** dejar a algn a su libre albedrío *Ver tb* ALONE PHR V **leave sb/sth behind** dejar a algn/algo (atrás), olvidar a algn/algo ◆ **leave sb/sth out (of sth)** dejar a algn/algo fuera, excluir a algn/algo (de algo): *I felt left out.* Me sentí ignorado. ◆ **be left over (from sth)** sobrar (de algo): *Is there any food left over?* ¿Queda algo de comida?

▸ *n* permiso (*vacaciones*): *on leave* de permiso ◇ *to be on sick leave* estar de baja (por enfermedad)

leaves *plural de* LEAF

lecture /ˈlektʃə(r)/ *nombre, verbo*

▸ *n* **1** conferencia: *to give a lecture* dar una conferencia ➲ *Comparar con* CONFERENCE **2** (*reprimenda*) sermón

▸ **1** *vi* ~ **(in/on sth)** dar una conferencia/conferencias (sobre algo) **2** *vt* ~ **sb (about/on sth)** sermonear a algn (por/sobre algo) **lecturer** *n* **1** conferenciante **2** ~ **(in sth)** (*de universidad*) profesor, -ora (de algo)

ˈlecture theatre (*USA* **ˈlecture theater**) *n* aula magna

led *pt, pp de* LEAD¹

ledge /ledʒ/ *n* **1** saliente (*en acantilado*) **2** repisa: *the window ledge* el alféizar

leek /liːk/ *n* puerro

left /left/ *adjetivo, adverbio, nombre*

▸ *adj* izquierdo

▸ *adv* a la izquierda: *Turn/Go left.* Gira a la izquierda.

▸ *n* **1** izquierda: *on the left* a la izquierda **2 the Left** [*v sing o pl*] (*Pol*) la izquierda *Ver tb* LEAVE

L

left-hand /ˈleft hænd/ *adj* [*sólo antes de sustantivo*] a/de (la) izquierda: *on the left-hand side* a mano izquierda
left-handed /ˌleft ˈhændɪd/ *adj* zurdo
left-luggage office /ˌleft ˈlʌɡɪdʒ ɒfɪs; *USA* ɔːfɪs/ *n* consigna
leftover /ˈleftəʊvə(r)/ *adj* [*sólo antes de sustantivo*] sobrante **leftovers** *n* [*pl*] sobras
ˌ**left** ˈ**wing** *n* (*Pol*) izquierda
left-wing /ˌleft ˈwɪŋ/ *adj* de izquierda(s), izquierdista
leg /leg/ *n* **1** pierna ➲ *Ver nota en* ARM **2** (*de animal, mueble*) pata **3** (*carne*) pierna, muslo **4** (*de pantalón*) pernera LOC **not have a leg to stand on** (*coloq*) no tener algn nada que lo respalde *Ver tb* PULL, STRETCH
legacy /ˈlegəsi/ *n* (*pl* **legacies**) **1** legado **2** (*fig*) patrimonio
legal /ˈliːgl/ *adj* jurídico, legal: *to take legal action against sb* entablar un proceso legal contra algn **legality** /liːˈgæləti/ *n* legalidad **legalization, -isation** /ˌliːgəlaɪˈzeɪʃn; *USA* -ləˈz-/ *n* legalización **legalize, -ise** *vt* legalizar
legend /ˈledʒənd/ *n* leyenda **legendary** /ˈledʒəndri; *USA* -deri/ *adj* legendario
leggings /ˈlegɪŋz/ *n* [*pl*] mallas
legible /ˈledʒəbl/ *adj* legible
legion /ˈliːdʒən/ *n* legión
legislate /ˈledʒɪsleɪt/ *vi* ~ **(for/against sth)** legislar (para/contra algo) **legislation** *n* legislación **legislative** /ˈledʒɪslətɪv/ *adj* (*formal*) legislativo **legislature** /ˈledʒɪsleɪtʃə/ *n* (*formal*) asamblea legislativa
legitimacy /lɪˈdʒɪtɪməsi/ *n* legitimidad
legitimate /lɪˈdʒɪtɪmət/ *adj* **1** justo, válido **2** legítimo, lícito
leisure /ˈleʒə(r); *USA* ˈliːʒ-/ *n* ocio: *leisure time* tiempo libre LOC **at your leisure** (*formal*) cuando le venga bien
ˈ**leisure centre** *n* centro recreativo, polideportivo
leisurely /ˈleʒəli; *USA* ˈliːʒ-/ *adjetivo, adverbio*
▸ *adj* pausado, relajado
▸ *adv* tranquilamente
lemon /ˈlemən/ *n* limón
lemonade /ˌleməˈneɪd/ *n* **1** gaseosa **2** limonada
lend /lend/ *vt* (*pt, pp* **lent** /lent/) ~ **sb sth**; ~ **sth (to sb)** prestar algo (a algn) ➲ *Ver nota en* GIVE *y dibujo en* BORROW LOC *Ver* HELP
length /leŋθ/ *n* **1** largo, longitud: *20 metres in length* 20 metros de largo **2** duración: *for some length of time* durante un buen rato/una temporada LOC **go to any, some, great, etc. lengths (to do sth)** hacer todo lo posible (por hacer algo) **lengthen** *vt, vi* alargar(se), prolongar(se) **lengthy** *adj* (**lengthier**, **-iest**) largo
lenient /ˈliːniənt/ *adj* **1** indulgente **2** (*tratamiento*) clemente
lens /lenz/ *n* (*pl* **lenses**) **1** (*cámara*) objetivo *Ver tb* ZOOM LENS **2** *Ver* CONTACT LENS
Lent /lent/ *n* cuaresma
lent *pt, pp de* LEND
lentil /ˈlentl/ *n* lenteja
Leo /ˈliːəʊ/ *n* leo ➲ *Ver ejemplos en* ACUARIO
leopard /ˈlepəd/ *n* leopardo
leotard /ˈliːətɑːd/ *n* malla (*tipo ballet*)
lesbian /ˈlezbiən/ *n* lesbiana
less /les/ *adj, adv, pron* ~ **(than…)** menos (que/de…): *I have less than you.* Tengo menos que tú. ◇ *less often* con menos frecuencia

> **Less** se usa como comparativo de **little** y normalmente va con sustantivos incontables: *'I've got very little money.' 'I have even less money (than you).'* —Tengo poco dinero. —Yo tengo aún menos (que tú). **Fewer** es el comparativo de **few** y normalmente va con sustantivos en plural: *fewer accidents, people, etc.* menos accidentes, gente, etc. Sin embargo, en el inglés hablado se utiliza más **less** que **fewer**, aunque sea con sustantivos en plural.

LOC **less and less** cada vez menos *Ver tb* EXTENT, MORE
lessen /ˈlesn/ **1** *vi* disminuir **2** *vt* reducir
lesser /ˈlesə(r)/ *adj* menor LOC *Ver* EXTENT
lesson /ˈlesn/ *n* **1** clase: *four English lessons a week* cuatro clases de inglés a la semana **2** lección: *to teach sb a lesson* dar una lección a algn ◇ *to learn your lesson* escarmentar
let /let/ *vt* (**-tt-**) (*pt, pp* **let**) **1** dejar, permitir: *to let sb do sth* dejar a algn hacer algo ◇ *My dad won't let me have a TV in my bedroom.* Mi padre no me deja tener tele en mi habitación. ➲ *Ver nota en* ALLOW **2** **let's** ❶ **Let's** + infinitivo sin **to** se utiliza para hacer sugerencias: *Let's go!* ¡Vamos! En negativa, se usa **let's not** *o* **don't let's**: *Let's not argue.* No discutamos. **3** ~ **sth (out) (to sb)** alquilar algo (a algn): *Flat to let.* Se alquila piso. ➲ *Ver nota en* ALQUILAR LOC **let alone** mucho menos: *I can't afford new clothes, let alone a holiday.* No me puedo permitir ropa nueva, y mucho menos unas vacaciones. ◆ **let fly at sb/sth** atacar a algn/algo ◆ **let fly with sth** disparar con algo ◆ **let off steam** (*coloq*) desahogarse ◆ **let sb know sth** informar a algn de algo

◆ **let sb/sth go; let go of sb/sth** soltar a algn/algo ◆ **let sb/sth loose** soltar a algn/algo ◆ **let slip sth** dejar escapar algo: *I let it slip that he was married.* Se me escapó que estaba casado. ◆ **let's face it** reconozcámoslo ◆ **let's say** digamos ◆ **let the cat out of the bag** irse de la lengua ◆ **let the matter drop/rest** dejar el asunto tranquilo ◆ **let yourself go** dejarse llevar por el instinto *Ver tb* HOOK, LIGHTLY PHR V **let sb down** defraudar, fallar a algn ◆ **let sb in/out** dejar entrar/salir a algn ◆ **let sb off (sth)** perdonar a algn (algo) (*tarea, castigo*): *Don't let him off lightly.* No le dejes escapar con un castigo leve. ◆ **let sth off 1** (*arma*) disparar algo **2** (*fuegos artificiales*) hacer estallar algo

lethal /ˈli:θl/ *adj* letal

lethargic /ləˈθɑ:dʒɪk/ *adj* aletargado

lethargy /ˈleθədʒi/ *n* aletargamiento

let's /lets/ *Ver* LET (2)

letter /ˈletə(r)/ *n* **1** carta: *to post a letter* echar una carta al correo *Ver tb* COVERING LETTER **2** letra LOC **to the letter** al pie de la letra

ˈ**letter box** *n* **1** ranura para cartas en la puerta de una casa **2** buzón (*para echar cartas*)

ˈ**letter carrier** *n* (*USA*) cartero

lettuce /ˈletɪs/ *n* lechuga

leukaemia (*USA* **leukemia**) /lu:ˈki:miə/ *n* leucemia

level /ˈlevl/ *nombre, adjetivo, verbo*

▸ *n* nivel: *1 000 metres above sea level* a 1000 metros sobre el nivel del mar ◇ *noise levels* el nivel de ruido ◇ *high-/low-level negotiations* negociaciones de alto/bajo nivel

▸ *adj* **1** raso **2** ~ **(with sb/sth)** al nivel (de algn/algo) LOC **do/try your level best** hacer todo lo posible

▸ *vt* (**-ll-**, *USA* **-l-**) nivelar, allanar PHR V **level sth against/at sb/sth** dirigir algo a/contra algn/algo (*críticas, etc.*) ◆ **level off/out 1** nivelarse **2** estabilizarse

ˌ**level** ˈ**crossing** *n* paso a nivel

level-headed /ˌlevl ˈhedɪd/ *adj* sensato

lever /ˈli:və(r); *USA* ˈlev-/ *n* palanca **leverage** /ˈli:vərɪdʒ; *USA* ˈlev-/ *n* **1** (*formal*) influencia **2** fuerza de la palanca, apalancamiento

levy /ˈlevi/ *nombre, verbo*

▸ *n* (*pl* **levies**) impuesto

▸ *vt* (*pt, pp* **levied**) imponer (*impuestos, etc.*)

liability /ˌlaɪəˈbɪləti/ *n* (*pl* **liabilities**) **1** [*incontable*] ~ **(for sth)** responsabilidad (por algo) **2** (*coloq*) lastre, estorbo

liable /ˈlaɪəbl/ *adj* [*nunca antes de sustantivo*] **1** ~ **(for sth)** responsable (de algo) **2 be ~ to do sth** tener tendencia a hacer algo **3** ~ **to sth** propenso a algo **4** ~ **to sth** sujeto a algo

letter boxes

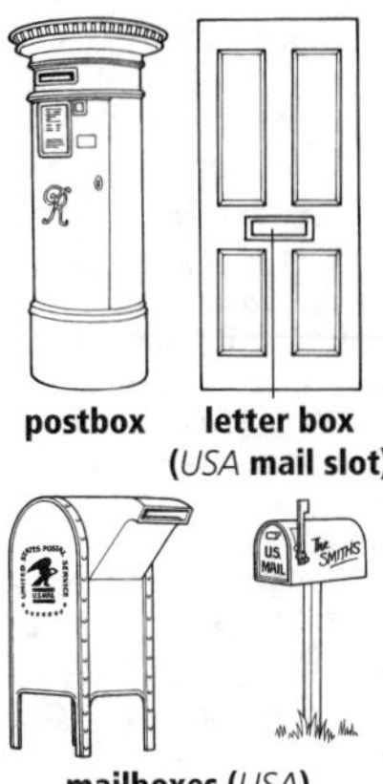

liaise /liˈeɪz/ *vi* **1** ~ **(with sb)** trabajar conjuntamente (con algn) **2** ~ **(between A and B)** hacer de vínculo (entre A y B)

liaison /liˈeɪzn; *USA* -zɒn, ˈliəzɒn/ *n* **1** contacto, coordinación **2** relación sexual (*gen ilícita*)

liar /ˈlaɪə(r)/ *n* mentiroso, -a

libel /ˈlaɪbl/ *n* libelo, difamación

liberal /ˈlɪbərəl/ *adjetivo, nombre*

▸ *adj* **1** (*tb Pol* **Liberal**) liberal: *the Liberal Democrats* el Partido Demócrata Liberal **2** libre

▸ *n* (*tb Pol* **Liberal**) liberal

liberate /ˈlɪbəreɪt/ *vt* ~ **sb/sth (from sth)** liberar a algn/algo (de algo) **liberated** *adj* liberado **liberation** *n* liberación

liberty /ˈlɪbəti/ *n* (*pl* **liberties**) libertad ❶ La palabra más normal es **freedom**. LOC **take liberties with sth/sb** tomarse libertades con algo/algn

Libra /ˈli:brə/ *n* libra ➲ *Ver ejemplos en* ACUARIO

librarian /laɪˈbreəriən/ *n* bibliotecario, -a

library /ˈlaɪbrəri; *USA* -breri/ *n* (*pl* **libraries**) biblioteca ➲ *Ver nota en* LIBRERÍA

lice *plural de* LOUSE

licence (*USA* **license**) /ˈlaɪsns/ *n* **1** licencia: *a driving licence* un carné de conducir *Ver tb* OFF-LICENCE **2** (*formal*) permiso

license 🔑 /ˈlaɪsns/ *vt* autorizar

ˈ**license plate** *n* (*USA*) (placa de la) matrícula

lick /lɪk/ *verbo, nombre*

▸ *vt* lamer

▸ *n* lametón

licorice (*USA*) = LIQUORICE

lid 🔑 /lɪd/ *n* **1** tapa ➲ *Ver dibujo en* POT **2** *Ver* EYELID

lie[1] 🔑 /laɪ/ *vi* (*pt* **lay** /leɪ/, *pp* **lain** /leɪn/, *part pres* **lying**) **1** echarse, yacer **2** estar: *the life that lay ahead of him* la vida que le esperaba ◇ *The problem lies in...* El problema está en... **3** extenderse PHR V **lie around/about 1** estar tirado (por): *Don't leave all your clothes lying around.* No dejes toda la ropa por ahí tirada. **2** estar tumbado (en) (*sin hacer nada*) ◆ **lie back** recostarse ◆ **lie down** echarse, acostarse ◆ **lie in** (*coloq*) quedarse en la cama

Compárense los verbos **lie** y **lay**. El verbo **lie (lay, lain, lying)** es intransitivo y significa "estar echado" o "acostarse": *I was feeling ill, so I lay down on the bed for a while.* Me sentía mal, así que me eché un rato. Es importante no confundirlo con **lie (lied, lied, lying)**, que significa "mentir". Por otro lado, **lay (laid, laid, laying)** es transitivo y tiene el significado de "poner sobre": *She laid her dress on the bed to keep it neat.* Puso el vestido sobre la cama para que no se arrugara.

lie[2] 🔑 /laɪ/ *verbo, nombre*

▸ *vi* (*pt, pp* **lied** *part pres* **lying**) ~ **(to sb) (about sth)** mentir (a algn) (sobre algo)

▸ *n* mentira: *to tell lies* decir mentiras

lieutenant /lefˈtenənt; *USA* luːˈt-/ *n* teniente

life 🔑 /laɪf/ *n* (*pl* **lives** /laɪvz/) **1** vida: *life cycle* ciclo vital ◇ *late in life* a una avanzada edad ◇ *a friend for life* un amigo de por vida ◇ *home life* la vida casera *Ver tb* LONG-LIFE **2** (*tb* ˈ**life sentence**, **life imˈprisonment**) cadena perpetua LOC **bring sb/sth to life** animar a algn/algo ◆ **come to life** animarse ◆ **get a life** (*coloq*) espabilarse: *Stop complaining and get a life!* ¡Deja de protestar y empléate en algo que merezca la pena! ◆ **take your (own) life** suicidarse *Ver tb* BREATHE, FACT, KISS, MATTER, NEW, PRIME, RISK, SPRING, TIME, TRUE, WALK, WAY

lifebelt /ˈlaɪfbelt/ (*tb* **lifebuoy** /ˈlaɪfbɔɪ; *USA tb* -buːi/) *n* salvavidas

lifeboat /ˈlaɪfbəʊt/ *n* bote salvavidas

lifeguard /ˈlaɪfgɑːd/ *n* socorrista

ˈ**life jacket** *n* chaleco salvavidas

lifelike /ˈlaɪflaɪk/ *adj* real, realista

lifelong /ˈlaɪflɒŋ; *USA* -lɔːŋ/ *adj* de toda la vida

lifestyle /ˈlaɪfstaɪl/ *n* estilo de vida

lifetime /ˈlaɪftaɪm/ *n* toda una vida LOC **the chance, etc. of a lifetime** la oportunidad, etc. de tu vida

lift 🔑 /lɪft/ *verbo, nombre*

▸ **1** *vt* ~ **sb/sth (up)** levantar a algn/algo **2** *vt* (*embargo, toque de queda*) levantar **3** *vi* (*neblina, nubes*) disiparse PHR V **lift off** despegar (*cohete*)

▸ *n* **1** ascensor *Ver tb* SKI LIFT **2** *to give sb a lift* llevar a algn en coche **3** [*sing*] impulso

lift-off /ˈlɪft ɒf; *USA* ɔːf/ *n* (*pl* **lift-offs**) despegue (*de cohete*)

ligament /ˈlɪgəmənt/ *n* ligamento

light 🔑 /laɪt/ *nombre, adjetivo, verbo, adverbio*

▸ *n* **1** luz: *to turn on/off the light* encender/apagar la luz **2** [*sing*]: *Have you got a light?* ¿Tienes fuego? **3 (traffic) lights** [*pl*] semáforo LOC **come to light** salir a la luz ◆ **in the light of sth** considerando algo ◆ **set light to sth** prender fuego a algo

▸ *adj* (**lighter**, **-est**) **1** (*habitación*) luminoso, claro **2** (*color, tono*) claro **3** ligero: *two kilos lighter* dos kilos menos **4** (*golpe, viento*) suave

▸ (*pt, pp* **lit** /lɪt/ *o* **lighted**) **1** *vt, vi* encender(se) **2** *vt* iluminar, alumbrar ❶ Generalmente se usa **lighted** como adjetivo delante del sustantivo: *a lighted candle* una vela encendida, y **lit** como verbo: *He lit the candle.* Encendió la vela. PHR V **light up 1** (*coloq*) encender un cigarrillo **2** iluminarse ◆ **light sth up 1** (*coloq*) encender algo (*para fumar*) **2** iluminar algo

▸ *adv*: *to travel light* viajar ligero (de equipaje)

ˈ**light bulb** *n Ver* BULB

lighten /ˈlaɪtn/ **1** *vt, vi* aligerar(se) **2** *vi* iluminarse **3** *vt, vi* alegrar(se)

lighter /ˈlaɪtə(r)/ *n* encendedor

light-headed /ˌlaɪt ˈhedɪd/ *adj* mareado

light-hearted /ˌlaɪt ˈhɑːtɪd/ *adj* **1** despreocupado **2** (*comentario*) desenfadado

lighthouse /ˈlaɪthaʊs/ *n* faro

lighting /ˈlaɪtɪŋ/ *n* **1** iluminación **2** *street lighting* alumbrado público

lightly 🔑 /ˈlaɪtli/ *adv* **1** ligeramente, levemente, suavemente **2** ágilmente **3** a la ligera LOC **get off/be let off lightly** (*coloq*) salir bien parado

lightness /ˈlaɪtnəs/ *n* **1** claridad **2** ligereza **3** suavidad **4** agilidad

lightning /ˈlaɪtnɪŋ/ *nombre, adjetivo*

▸ *n* [*incontable*] relámpago, rayo: *a bolt/flash of lightning* un relámpago

▸ *adj* [*sólo antes de sustantivo*] muy rápido: *a lightning trip* un viaje relámpago

lightweight /ˈlaɪtweɪt/ *adjetivo, nombre*
▸ *adj* **1** ligero **2** (*pey*) (*superficial*) de poco peso
▸ *n* **1** peso ligero (*Boxeo*) **2** (*coloq, pey*) persona de poco peso

like /laɪk/ *preposición, verbo, conjunción*
▸ *prep* **1** como: *What's he like?* ¿Cómo es? ◇ *to look/be like sb* parecerse a algn **2** (*comparación*) como, igual que: *He cried like a child.* Lloró como un niño. ◇ *He acted like our leader.* Se comportó como si fuera nuestro líder. ◇ *It's like baking a cake.* Es como hacer un pastel. **3** (*ejemplo*) como, tal como: *European countries like Spain, France, etc.* países europeos (tales) como España, Francia, etc. ➲ *Comparar con* AS LOC *Ver* JUST
▸ *vt* gustar: *Do you like fish?* ¿Te gusta el pescado? ◇ *I like swimming.* Me gusta nadar. ◇ *Would you like to have a drink?* ¿Te gustaría tomar algo? ◇ *Would you like a cup of coffee?* ¿Quieres un café? ➲ *Ver nota en* GUSTAR LOC **if you like** si quieres

Offering somebody something
Ofrecer algo a alguien
- *Would you like something to drink?* ¿Quieres algo de beber?
- *Can I get you a drink?* ¿Te pongo algo de beber?
- *How about something to eat? Shall I make us a sandwich?* ¿Quieres comer algo? ¿Preparo un bocadillo?
- *That would be nice.* Me encantaría.
- *Yes, please. I'd love a glass of orange juice.* Sí, por favor. Quiero un zumo de naranja.
- *Not for me, thanks.* No, gracias.
- *I'm fine thanks. Maybe later.* Ahora mismo no, gracias. Quizás más tarde.

▸ *conj* (*coloq*) **1** como: *It didn't end quite like I expected it to.* No terminó como esperaba. **2** como si: *She acts like she owns the place.* Se comporta como si fuera la dueña.

likeable /ˈlaɪkəbl/ *adj* agradable

likelihood /ˈlaɪklihʊd/ *n* [*sing*] probabilidad

likely /ˈlaɪkli/ *adjetivo, adverbio*
▸ *adj* (**likelier, -iest**) **1** probable: *She's very likely to ring me/It's very likely that she'll ring me.* Es muy probable que me llame. ◇ *It isn't likely to rain.* No es probable que llueva. **2** apropiado
▸ *adv* LOC **not likely!** (*coloq*) ¡ni hablar!

liken /ˈlaɪkən/ *vt* ~ **sth/sb to sth/sb** (*formal*) comparar algo/a algn con algo/a algn

likeness /ˈlaɪknəs/ *n* parecido: *a family likeness* un aire de familia

likewise /ˈlaɪkwaɪz/ *adv* (*formal*) **1** de la misma forma: *to do likewise* hacer lo mismo **2** asimismo

liking /ˈlaɪkɪŋ/ *n* LOC **take a liking to sb** coger simpatía a algn ◆ **to sb's liking** (*formal*) del agrado de algn

lilac /ˈlaɪlək/ *n* (*color, Bot*) lila

lily /ˈlɪli/ *n* (*pl* **lilies**) **1** lirio **2** azucena *Ver tb* WATER LILY

limb /lɪm/ *n* (*Anat*) miembro, extremidad (*de una persona*) LOC *Ver* RISK

lime /laɪm/ *n* **1** cal **2** lima **3** (*tb* ˌ**lime ˈgreen**) color verde lima

limelight /ˈlaɪmlaɪt/ *n* [*incontable*]: *in the limelight* en candelero

limestone /ˈlaɪmstəʊn/ *n* piedra caliza

limit /ˈlɪmɪt/ *nombre, verbo*
▸ *n* límite: *the speed limit* el límite de velocidad LOC **within limits** dentro de ciertos límites
▸ *vt* ~ **sb/sth (to sth)** limitar a algn/algo (a algo) **limitation** *n* limitación

limited /ˈlɪmɪtɪd/ *adj* limitado

limiting /ˈlɪmɪtɪŋ/ *adj* restrictivo

limitless /ˈlɪmɪtləs/ *adj* ilimitado

limousine /ˈlɪməziːn, ˌlɪməˈziːn/ (*coloq* **limo** /ˈlɪməʊ/) *n* limusina

limp /lɪmp/ *adjetivo, verbo, nombre*
▸ *adj* **1** débil **2** flácido
▸ *vi* cojear
▸ *n* cojera: *to have a limp* ser/estar cojo

limpet /ˈlɪmpɪt/ *n* lapa

line /laɪn/ *nombre, verbo*
▸ *n* **1** línea, raya **2** fila **3 lines** [*pl*] (*Teat*): *to learn your lines* aprender tu papel **4** cuerda: *fishing line* sedal (de pesca) ◇ *clothes line* tendedero **5 lines** [*pl*] copias (*castigo*) **6** línea telefónica: *The line is engaged.* Está comunicando. **7** vía **8** [*sing*]: *the official line* la postura oficial LOC **along/on the same, etc. lines** del mismo, etc. estilo ◆ **in line with sth** conforme a algo *Ver tb* DROP, HARD, HOLD, OVERSTEP, TOE
▸ *vt* **1** ~ **sth (with sth)** forrar, revestir algo (de algo) **2** alinear(se) PHR V **line up** ponerse en fila **lined** *adj* **1** (*rostro*) arrugado **2** (*papel*) rayado **3** (*ropa*) forrado, revestido

ˈ**line drawing** *n* dibujo a lápiz o pluma

linen /ˈlɪnɪn/ *n* **1** lino **2** ropa blanca

liner /ˈlaɪnə(r)/ *n* transatlántico *Ver tb* BIN LINER

line-up /ˈlaɪn ʌp/ *n* (*Dep*) alineación

linger /ˈlɪŋɡə(r)/ *vi* **1** ~ **(on)** (*duda, olor, memoria*) perdurar, persistir **2** (*persona*) quedarse mucho tiempo

lingerie /ˈlænʒəri; *USA* ˌlɑːndʒəˈreɪ/ *n* lencería

linguist /ˈlɪŋɡwɪst/ *n* **1** políglota **2** lingüista

linguistic /lɪŋˈɡwɪstɪk/ *adj* lingüístico

linguistics /lɪŋˈɡwɪstɪks/ *n* [*incontable*] lingüística

lining /ˈlaɪnɪŋ/ *n* forro, revestimiento

link /lɪŋk/ *nombre, verbo*
- ▸ *n* **1** conexión: *satellite link* conexión vía satélite **2** lazo, vínculo **3** (*Internet*) enlace, link **4** eslabón
- ▸ *vt* **1** unir: *to link arms* cogerse del brazo **2** vincular, relacionar PHR V **link up (with sb/sth)** unirse (con algn/algo)

lion /ˈlaɪən/ *n* león: *a lion tamer* un domador de leones **lioness** /ˈlaɪənes/ *n* leona

lip /lɪp/ *n* labio

lip-read /ˈlɪp riːd/ *vi* (*pt, pp* **lip-read** /-red/) leer los labios

lipstick /ˈlɪpstɪk/ *n* pintalabios

liqueur /lɪˈkjʊə(r); *USA* -ˈkɜːr/ *n* licor

liquid /ˈlɪkwɪd/ *n, adj* líquido **liquidize, -ise** *vt* licuar **liquidizer, -iser** *n* licuadora

liquor /ˈlɪkə(r)/ *n* [*incontable*] **1** (*USA*) bebida alcohólica (*de alta graduación*) **2** (*GB, formal*) bebida alcohólica (*de cualquier tipo*)

liquorice (*USA* **licorice**) /ˈlɪkərɪʃ, -rɪs/ *n* regaliz

lisp /lɪsp/ *nombre, verbo*
- ▸ *n* ceceo
- ▸ *vt, vi* cecear

list /lɪst/ *nombre, verbo*
- ▸ *n* lista: *to make a list* hacer una lista *Ver tb* WAITING LIST
- ▸ *vt* **1** enumerar, hacer una lista de **2** catalogar

listen /ˈlɪsn/ *vi* ~ **(to sb/sth) 1** escuchar (a algn/algo) **2** hacer caso (a algn/algo) PHR V **listen (out) for sth** escuchar atentamente para oír algo **listener** *n* **1** *a good listener* alguien que sabe escuchar **2** (*Radio*) oyente

listings /ˈlɪstɪŋz/ *n* [*pl*] cartelera: *listings magazine* guía del ocio

lit *pt, pp de* LIGHT

liter (*esp USA*) = LITRE

literacy /ˈlɪtərəsi/ *n* capacidad de leer y escribir, alfabetismo

literal /ˈlɪtərəl/ *adj* literal **literally** *adv* literalmente

literary /ˈlɪtərəri; *USA* -reri/ *adj* literario

literate /ˈlɪtərət/ *adj* que sabe leer y escribir: *to be computer literate* tener conocimientos informáticos

literature /ˈlɪtrətʃə(r)/ *n* **1** literatura **2** ~ **(on sth)** información (sobre algo)

litre (*tb esp USA* **liter**) /ˈliːtə(r)/ *n* (*abrev* **l**) litro

litter /ˈlɪtə(r)/ *nombre, verbo*
- ▸ *n* **1** basura (*papel, etc. en la calle*) **2** (*Zool*) camada
- ▸ *vt* estar esparcido por: *Newspapers littered the floor.* Había periódicos tirados por el suelo.

ˈ**litter bin** *n* papelera ➲ *Ver dibujo en* BIN

little /ˈlɪtl/ *adjetivo, pronombre, adverbio*
- ▸ *adj* ❶ El comparativo **littler** y el superlativo **littlest** son poco frecuentes y normalmente se usan **smaller** y **smallest**. **1** pequeño: *When I was little...* Cuando era pequeño... ◇ *my little brother* mi hermano pequeño ◇ *little finger* meñique ◇ *Poor little thing!* ¡Pobrecillo! ➲ *Ver nota en* SMALL **2** poco: *to wait a little while* esperar un poco ➲ *Ver nota en* LESS

¿**Little** o **a little**? **Little** tiene un sentido negativo y equivale a "poco". **A little** tiene un sentido mucho más positivo, equivale a "algo de". Compara las siguientes oraciones: *I've got little hope.* Tengo pocas esperanzas. ◇ *You should always carry a little money with you.* Siempre deberías llevar algo de dinero encima.

- ▸ *adv, pron* poco: *little more than an hour ago* hace poco más de una hora ◇ *I only want a little.* Sólo quiero un poco. ◇ *There was little anyone could do.* No se pudo hacer nada. LOC **little by little** poco a poco ◆ **little or nothing** casi nada

live[1] /lɪv/ *vi* **1** vivir: *Where do you live?* ¿Dónde vives? **2** permanecer vivo LOC **live it up** (*coloq*) pegarse la gran vida PHR V **live for sb/sth** vivir para algn/algo ◆ **live on** seguir viviendo, perdurar ◆ **live on sth** vivir de algo ◆ **live through sth** sobrevivir a algo ◆ **live up to sth** estar a la altura de algo ◆ **live with sth** aceptar algo

live[2] /laɪv/ *adjetivo, adverbio*
- ▸ *adj* **1** vivo **2** (*TV*) en directo **3** (*grabación, actuación*) en vivo **4** (*Electrón*) conectado **5** (*bomba, etc.*) activado
- ▸ *adv* en directo

livelihood /ˈlaɪvlihʊd/ *n* medio de subsistencia

lively /ˈlaɪvli/ *adj* (**livelier, -iest**) **1** (*persona, imaginación*) vivo **2** (*conversación, fiesta*) animado

liver /ˈlɪvə(r)/ *n* hígado

lives *plural de* LIFE

livestock /ˈlaɪvstɒk/ *n* ganado

living 🔑 /ˈlɪvɪŋ/ *adjetivo, nombre*
▸ *adj* [*sólo antes de sustantivo*] vivo: *living creatures* seres vivos ➲ *Comparar con* ALIVE LOC **within/in living memory** que se recuerda
▸ *n* vida: *to earn/make a living* ganarse la vida ◇ *What do you do for a living?* ¿Cómo te ganas la vida? ◇ *cost/standard of living* coste de la vida/nivel de vida

living room *n* cuarto de estar, salón

lizard /ˈlɪzəd/ *n* lagarto, lagartija

llama /ˈlɑːmə/ *n* llama (*animal*)

load 🔑 /ləʊd/ *nombre, verbo*
▸ *n* **1** carga **2** (*tb* **loads** [*pl*]) ~ **(of sth)** (*coloq*) montones (de algo): *What a load of rubbish!* ¡Vaya montón de chorradas!
▸ **1** *vt* ~ **sth (into/onto sth)** cargar algo (en algo) **2** *vt, vi* ~ **(sth) (up) (with sth)** cargar algo (con/de algo) **3** *vt* ~ **sb/sth (down)** cargar (con mucho peso) a algn/algo **loaded** *adj* **1** ~ **(with sth)** cargado (de algo) **2** (*coloq*) forrado (*de dinero*) **3** *a loaded question* una pregunta con segundas

loaf /ləʊf/ *n* (*pl* **loaves** /ləʊvz/) pan (*de molde, redondo, etc.*): *a loaf of bread* una hogaza de pan

loan 🔑 /ləʊn/ *n* préstamo

loathe /ləʊð/ *vt* detestar **loathing** *n* (*formal*) aborrecimiento

lobby /ˈlɒbi/ *nombre, verbo*
▸ *n* (*pl* **lobbies**) **1** vestíbulo **2** [*v sing o pl*] (*Pol*) grupo (*de presión*)
▸ *vt, vi* (*pt, pp* **lobbied**) ~ **(sb) (for/against sth)** (*Pol*) presionar (a algn) (para que apoye/se oponga a algo)

lobster /ˈlɒbstə(r)/ *n* langosta

local 🔑 /ˈləʊkl/ *adjetivo, nombre*
▸ *adj* **1** local, de la zona: *local authority* gobierno provincial/regional ◇ *the local shop* la tienda del barrio **2** (*Med*) localizado: *local anaesthetic* anestesia local
▸ *n* **1** [*gen pl*] vecino, -a **2** (*GB, coloq*) bar del barrio

locally 🔑 /ˈləʊkəli/ *adv* localmente

locate 🔑 /ləʊˈkeɪt; *USA* ˈləʊkeɪt/ *vt* **1** localizar **2** situar

location 🔑 /ləʊˈkeɪʃn/ *n* **1** lugar **2** localización **3** (*persona*) paradero LOC **on location** (*Cine*) en exteriores: *filmed on location in India* exteriores rodados en la India

loch /lɒk/ *n* (*Escocia*) lago

lock 🔑 /lɒk/ *verbo, nombre*
▸ *vt, vi* **1** cerrar(se) con llave **2** (*volante, etc.*) bloquear(se) PHR V **lock sb up/away** (*coloq*) encerrar a algn ◆ **lock sth up/away** guardar algo bajo llave
▸ *n* **1** cerradura **2** (*canal*) esclusa **3** mechón (*de pelo*)

locker /ˈlɒkə(r)/ *n* taquilla (*armario*)

ˈ**locker room** *n* (*esp USA*) vestuario (*en instalaciones deportivas*)

locksmith /ˈlɒksmɪθ/ *n* cerrajero, -a

locomotive /ˌləʊkəˈməʊtɪv/ *n* locomotora

lodge /lɒdʒ/ *nombre, verbo*
▸ *n* **1** pabellón (*de caza, pesca, etc.*) **2** casa del guarda **3** portería
▸ **1** *vt* (*queja, etc.*) presentar **2** *vt, vi* (*antic*) hospedar(se) **3** *vi* ~ **in sth** alojarse en algo **lodger** *n* inquilino, -a **lodging** *n* alojamiento: *board and lodging* alojamiento y comida

loft /lɒft; *USA* lɔːft/ *n* desván, buhardilla

log /lɒg; *USA* lɔːg/ *nombre, verbo*
▸ *n* **1** tronco **2** leño **3** diario de vuelo/navegación
▸ *vt* (**-gg-**) anotar PHR V **log in/on; log into/onto sth** (*Informát*) entrar en el sistema, entrar en algo ◆ **log off; log out (of sth)** (*Informát*) salir del sistema, salir de algo

logic 🔑 /ˈlɒdʒɪk/ *n* lógica

logical 🔑 /ˈlɒdʒɪkl/ *adj* lógico

login /ˈlɒgɪn; *USA* ˈlɔːgɪn/ (*tb* **logon** /ˈlɒgɒn; *USA* ˈlɔːgɒn/) *n* (*Informát*) login, (nombre de) entrada al sistema

logo /ˈləʊgəʊ/ *n* (*pl* **logos**) logotipo

lollipop /ˈlɒlipɒp/ (*coloq* **lolly**) *n* piruleta

ˈ**lollipop lady** *n* (*pl* **lollipop ladies**) (*GB, coloq*)

> Una **lollipop lady** (o **lollipop man** si es un hombre) es una persona que ayuda a los niños a cruzar la calle, especialmente al entrar y salir del colegio. Se llama así porque normalmente lleva una señal en forma de piruleta (**lollipop**) para detener el tráfico.

Londoner /ˈlʌndənə(r)/ *n* londinense

loneliness /ˈləʊnlinəs/ *n* soledad

lonely 🔑 /ˈləʊnli/ *adj* (**lonelier, -iest**) **1** solo: *to feel lonely* sentirse solo ➲ *Ver nota en* ALONE **2** solitario **loner** *n* solitario, -a

long 🔑 /lɒŋ; *USA* lɔːŋ/ *adjetivo, adverbio, verbo*
▸ *adj* (**longer** /ˈlɒŋgə(r); *USA* ˈlɔːŋ-/, **longest** /ˈlɒŋgɪst; *USA* ˈlɔːŋ-/) **1** (*longitud*) largo: *It's two metres long.* Mide dos metros de largo. **2** (*tiempo*): *a long time ago* hace mucho tiempo ◇ *How long are the holidays?* ¿Cuánto duran las vacaciones? LOC **a long way (away)** lejos: *It's a long way (away) from here.* Está muy lejos de aquí. ◆ **at the longest** como máximo ◆ **in the long run** a la larga *Ver tb* LAST, TERM
▸ *adv* (**longer, longest**) **1** mucho (tiempo): *long ago* hace mucho tiempo ◇ *long before/after* mucho antes/después ◇ *Stay as long as you*

like. Quédate cuanto quieras. **2** todo: *the whole night long* toda la noche ◇ *all day long* todo el día LOC **as/so long as** con tal de que ◆ **for long** mucho tiempo ◆ **no longer/not any longer**: *I can't stay any longer.* No me puedo quedar más. *Ver tb* ANY MORE

▸ *vi* **1** ~ **for sth/to do sth** ansiar algo/hacer algo **2** ~ **for sb to do sth** estar deseando que algn haga algo

ˌlong ˈdistance *adv*: *to phone long distance* poner una conferencia

long-distance /ˌlɒŋ ˈdɪstəns; *USA* ˌlɔːŋ/ *adj* de larga distancia: *a long-distance runner* un fondista

longing /ˈlɒŋɪŋ; *USA* ˈlɔːŋ-/ *n* anhelo

longitude /ˈlɒŋgɪtjuːd, ˈlɒndʒɪ-; *USA* -dʒətuːd/ *n* longitud (*Geog*)

the ˈlong jump *n* salto de longitud

long-life /ˌlɒŋ ˈlaɪf; *USA* ˌlɔːŋ/ *adj* de larga duración

L

long-range /ˌlɒŋ ˈreɪndʒ; *USA* ˌlɔːŋ/ *adj* **1** a largo plazo **2** (*misil, etc.*) de largo alcance

long-sighted /ˌlɒŋ ˈsaɪtɪd; *USA* ˌlɔːŋ/ *adj* hipermétrope

long-standing /ˌlɒŋ ˈstændɪŋ; *USA* ˌlɔːŋ/ *adj* de hace mucho tiempo

long-suffering /ˌlɒŋ ˈsʌfərɪŋ; *USA* ˌlɔːŋ/ *adj* resignado

long-term /ˌlɒŋ ˈtɜːm; *USA* ˌlɔːŋ/ *adj* a largo plazo

loo /luː/ *n* (*pl* **loos**) (*GB, coloq*) cuarto de baño ➲ *Ver nota en* TOILET

look 🔑 /lʊk/ *verbo, nombre*

▸ *vi* **1** mirar: *She looked out of the window.* Miró por la ventana. ➲ *Ver nota en* MIRAR **2** parecer: *You look tired.* Pareces cansada. **3** ~ **(out) over/onto sth** dar a algo: *The house looks out over the river.* La casa da al río. LOC **don't look a gift horse in the mouth** (*refrán*) a caballo regalado no le mires el diente ◆ **look on the bright side** mirar el lado bueno de las cosas ◆ **look sb up and down** mirar a algn de arriba abajo ◆ **look your age** aparentar la edad que tienes ◆ **(not) look yourself** (no) parecer uno mismo *Ver tb* PICTURE, SMALL, SPACE

PHR V **look after sb/sth/yourself** cuidar a algn/algo, cuidarse

look ahead pensar en el futuro

look around volverse a mirar ◆ **look around sth** visitar algo ◆ **look around for sth** buscar algo

look at sb/sth mirar a algn/algo ◆ **look at sth** **1** examinar algo **2** considerar algo

look back (on sth) pensar en el pasado, recordar algo

look down on sb/sth menospreciar a algn/algo

look for sb/sth buscar a algn/algo

look forward to sth/doing sth tener ganas de algo/de hacer algo, esperar algo con ilusión

look into sth investigar algo

look on mirar (*sin tomar parte*)

look out tener cuidado: *Look out!* ¡Cuidado! ◆ **look out for sb/sth** estar atento a algn/algo

look sth over examinar algo

look round = LOOK AROUND

look through sth dar un repaso a algo, echar un vistazo a algo

look up **1** alzar la vista **2** (*coloq*) mejorar ◆ **look sth up** buscar algo (*en un libro o en Internet*) ◆ **look up to sb** admirar a algn

▸ *n* **1** mirada, vistazo: *to have/take a look at sth* echar un vistazo a algo **2** *to have a look for sth* buscar algo **3** aspecto, aire **4** **looks** [*pl*] físico: *good looks* belleza **5** moda

lookout /ˈlʊkaʊt/ *n* vigía LOC **be on the/keep a lookout for sb/sth** estar atento a algn/algo ◆ **be sb's lookout** (*GB, coloq*) ser asunto tuyo: *That's your lookout.* Eso es asunto tuyo.

loom /luːm/ *verbo, nombre*

▸ *vi* **1** ~ **(up)** surgir, asomar(se) **2** (*fig*) amenazar, vislumbrarse

▸ *n* telar

loony /ˈluːni/ *adj, n* (*pl* **loonies**) (*coloq*) loco, -a

loop /luːp/ *nombre, verbo*

▸ *n* **1** curva, vuelta **2** (*con nudo*) lazo LOC **in the loop/out of the loop** (*coloq*) informado/desinformado

▸ **1** *vt*: *to loop sth round/over sth* pasar algo alrededor de/por algo **2** *vi* dar vueltas

loophole /ˈluːphəʊl/ *n* escapatoria

loose 🔑 /luːs/ *adjetivo, nombre*

▸ *adj* (**looser, -est**) **1** suelto: *loose change* (dinero) suelto **2** (*que se puede quitar*) flojo, suelto: *The screw has come loose.* El tornillo se ha aflojado. **3** (*vestido*) holgado, ancho **4** (*moral*) relajado LOC **be at a loose end** no tener nada que hacer *Ver tb* LET, WORK

▸ *n* LOC **be on the loose** andar suelto

loosely 🔑 /ˈluːsli/ *adv* **1** sin apretar **2** libremente, aproximadamente

loosen /ˈluːsn/ **1** *vt, vi* aflojar(se), soltar(se), desatar(se) **2** *vt* (*control*) relajar PHR V **loosen up** **1** relajarse **2** calentar los músculos (*haciendo ejercicio*)

loot /luːt/ *nombre, verbo*

▸ *n* botín

▸ *vt, vi* saquear **looting** *n* [*incontable*] saqueo

lop /lɒp/ *vt* (**-pp-**) podar PHR V **lop sth off (sth)** cortar algo (de algo)

lopsided /ˌlɒpˈsaɪdɪd/ *adj* **1** torcido **2** (*fig*) desequilibrado

lord /lɔːd/ *n* **1** señor **2 Lord** (*GB*) (*título*) Lord **3 the Lord** el Señor: *the Lord's Prayer* el padrenuestro **4 the Lords** *Ver* THE HOUSE OF LORDS **lordship** *n* LOC **your/his Lordship** su Señoría

lorry /ˈlɒri; *USA* ˈlɔːri/ *n* (*pl* **lorries**) camión: *lorry driver* camionero

lose /luːz/ (*pt, pp* **lost** /lɒst; *USA* lɔːst/) **1** *vt, vi* perder: *He lost his title to the Russian.* El ruso le quitó el título. **2** *vt* ~ **sb sth** hacer perder algo a algn: *It lost us the game.* Nos costó el partido. **3** *vi* (*reloj*) atrasarse ⓘ Para expresiones con **lose**, véanse las entradas del sustantivo, adjetivo, etc., p. ej. **lose heart** en HEART.
PHR V **lose out (on sth)** (*coloq*) salir perdiendo, quedarse sin algo ◆ **lose out to sb/sth** (*coloq*) perder terreno frente a algn/algo **loser** *n* **1** perdedor, -ora **2** fracasado, -a: *He's such a loser!* ¡Es un inútil!

loss /lɒs; *USA* lɔːs/ *n* pérdida LOC **at a loss** desorientado

lost /lɒst; *USA* lɔːst/ *adj* perdido: *to get lost* perderse LOC **get lost!** (*coloq*) ¡piérdete! *Ver tb* LOSE

lost ˈproperty *n* [*incontable*] objetos perdidos

lot /lɒt/ *pronombre, adjetivo, adverbio, nombre*
▸ *pron, adj* **a lot (of)** (*coloq* **lots (of)**) mucho(s): *He spends a lot on clothes.* Gasta mucho en ropa. ◇ *lots of people* un montón de gente ◇ *What a lot of presents!* ¡Qué cantidad de regalos! ➲ *Ver notas en* MANY *y* MUCHO LOC **see a lot of sb** ver bastante a algn *Ver tb* QUITE
▸ *adv* **a lot** (*coloq* **lots**) mucho: *It's a lot colder today.* Hoy hace mucho más frío. ◇ *Thanks a lot.* Muchas gracias.
▸ *n* **1 the (whole) lot** [*v sing o pl*] (*coloq*) todo(s): *That's the lot!* ¡Eso es todo! **2** [*v sing o pl*] grupo: *What do you lot want?* ¿Qué queréis vosotros? ◇ *I don't go out with that lot.* Yo no salgo con esos. **3** lote

lotion /ˈləʊʃn/ *n* loción

lottery /ˈlɒtəri/ *n* (*pl* **lotteries**) lotería

loud /laʊd/ *adjetivo, adverbio*
▸ *adj* (**louder, -est**) **1** (*volumen*) alto **2** (*ruido*) fuerte **3** (*persona*) escandaloso **4** (*color*) chillón
▸ *adv* (**louder, -est**) alto: *Speak louder.* Habla más alto. LOC **out loud** en voz alta

loudspeaker /ˌlaʊdˈspiːkə(r)/ *n* altavoz

lounge /laʊndʒ/ *nombre, verbo*
▸ *n* **1** sala: *departure lounge* sala de embarque **2** cuarto de estar, salón
▸ *vi* ~ **(about/around)** gandulear

louse /laʊs/ *n* (*pl* **lice** /laɪs/) piojo

lousy /ˈlaʊzi/ *adj* (*coloq*) terrible

lout /laʊt/ *n* gamberro

lovable /ˈlʌvəbl/ *adj* encantador

love /lʌv/ *nombre, verbo*
▸ *n* **1** amor: *love story/song* historia/canción de amor ◇ *her love life* su vida amorosa ⓘ Con personas se dice **love** *for somebody* y con cosas **love** *of something* . **2** (*Tenis*) cero LOC **give/send sb your love** dar/mandar recuerdos a algn ◆ **in love (with sb)** enamorado (de algn) ◆ **(lots of) love (from...)** (*en carta, etc.*) con cariño ◆ **make love (to sb)** hacer el amor (con algn) *Ver tb* FALL
▸ *vt* **1** amar, querer: *Do you love me?* ¿Me quieres? **2** adorar: *I'd love to come.* Me encantaría ir.

lovely /ˈlʌvli/ *adj* (**lovelier, -iest**) **1** precioso **2** encantador **3** muy agradable: *I had a lovely time.* Lo pasé muy bien.

lovemaking /ˈlʌvmeɪkɪŋ/ *n* [*incontable*] relaciones sexuales

lover /ˈlʌvə(r)/ *n* amante, apasionado, -a: *an art lover* un amante del arte

loving /ˈlʌvɪŋ/ *adj* cariñoso **lovingly** *adv* amorosamente

low /ləʊ/ *adjetivo, adverbio, nombre*
▸ *adj* (**lower, -est**) **1** bajo: *low pressure* baja presión ◇ *low temperatures* temperaturas bajas ◇ *the lower middle classes* la clase media baja ◇ *lower lip* labio inferior ◇ *lower case* minúsculas ➲ *Ver nota en* HIGH **2** (*voz, sonido*) grave **3** abatido LOC **be at a low ebb** estar bajo mínimos *Ver tb* PROFILE
▸ *adv* (**lower, -est**) bajo: *to shoot low* disparar bajo LOC *Ver* STOOP
▸ *n* mínimo

low-alcohol /ˌləʊ ˈælkəhɒl; *USA* -hɔːl/ *adj* bajo en alcohol

low-cal /ˌləʊ ˈkæl/ *adj* (*coloq*) bajo en calorías

> **Low-cal** es el término general para referirnos a los productos bajos en calorías o "light". Para bebidas se usa **diet**: *diet drinks* bebidas bajas en calorías.

low-cost /ˌləʊ ˈkɒst; *USA* ˈkɔːst/ *adj* barato

lower /ˈləʊə(r)/ *adjetivo, verbo*
▸ *adj Ver* LOW
▸ *vt, vi* bajar(se) PHR V **lower yourself (by doing sth)** rebajarse (a hacer algo)

low-fat /ˌləʊ ˈfæt/ *adj* de bajo contenido graso: *low-fat yogurt* yogur desnatado

L

low-key /ˌləʊ ˈkiː/ *adj* discreto

lowland /ˈləʊlənd/ *adjetivo, nombre*
▸ *adj* de las tierras bajas
▸ *n* [*gen pl*] tierras bajas

loyal 🔑 /ˈlɔɪəl/ *adj* ~ **(to sb/sth)** fiel (a algn/algo) **loyalist** *n* partidario, -a del régimen **loyalty** *n* (*pl* **loyalties**) lealtad: *loyalty card* tarjeta de fidelización

Ltd *abrev de* **Limited** Limitada (*abrev* Lda.)

luck 🔑 /lʌk/ *n* suerte: *a stroke of luck* un golpe de suerte LOC **be in/out of luck** estar de suerte/tener la negra ◆ **no such luck** ¡ojalá! *Ver tb* CHANCE, HARD

Wishing somebody luck
Desear suerte a alguien
- *Good luck!* ¡Suerte!
- *The best of luck!* ¡Mucha suerte!
- *I hope it goes well!* ¡Espero que vaya bien!
- *All the best! I'll keep my fingers crossed for you.* ¡Mucha suerte! Estaré pensando en ti.
- *Thanks.* Gracias.

luckily /ˈlʌkɪli/ *adv* por suerte

lucky 🔑 /ˈlʌki/ *adj* (**luckier**, **-iest**) **1** (*persona*) afortunado: *You're so lucky!* ¡Qué suerte tienes! **2** *It's lucky she's still here.* Suerte que todavía está aquí. ◇ *a lucky number* un número de la suerte

ludicrous /ˈluːdɪkrəs/ *adj* ridículo

luggage 🔑 /ˈlʌɡɪdʒ/ *n* [*incontable*] equipaje: *hand luggage* equipaje de mano

ˈ**luggage rack** *n* rejilla de equipajes

lukewarm /ˌluːkˈwɔːm/ *adj* tibio

lull /lʌl/ *nombre, verbo*
▸ *n* período de calma
▸ *vt* **1** arrullar **2** calmar

lullaby /ˈlʌləbaɪ/ *n* (*pl* **lullabies**) nana

lumber /ˈlʌmbə(r)/ **1** *vi* moverse pesadamente **2** *vt* ~ **sb with sb/sth** (*coloq*) hacer a algn cargar con algn/algo **lumbering** *adj* torpe, pesado

lumberjack /ˈlʌmbədʒæk/ *n* leñador, -ora

lump 🔑 /lʌmp/ *nombre, verbo*
▸ *n* **1** trozo: *sugar lump* terrón de azúcar **2** grumo **3** (*Med*) bulto
▸ *vt* ~ **sb/sth together** juntar a algn/algo

ˌ**lump** ˈ**sum** *n* pago único

lumpy /ˈlʌmpi/ *adj* **1** (*salsa, etc.*) lleno de grumos **2** (*colchón, etc.*) lleno de bultos

lunacy /ˈluːnəsi/ *n* [*incontable*] locura

lunatic /ˈluːnətɪk/ *n* loco, -a

lunch 🔑 /lʌntʃ/ *nombre, verbo*
▸ *n* comida, almuerzo: *to have lunch* comer ◇ *the lunch hour* la hora de la comida ◇ *lunch box* fiambrera ➲ *Ver nota en* DINNER; *Ver tb* PACKED LUNCH
▸ *vi* (*formal*) comer

lunchtime /ˈlʌntʃtaɪm/ *n* la hora de comer

lung 🔑 /lʌŋ/ *n* pulmón: *a lung infection* una infección pulmonar

lurch /lɜːtʃ/ *verbo, nombre*
▸ *vi* **1** tambalearse **2** dar un bandazo
▸ *n* sacudida

lure /lʊə(r)/ *verbo, nombre*
▸ *vt* (*pey*) atraer
▸ *n* atractivo

lurid /ˈlʊərɪd, ˈljʊərɪd/ *adj* (*pey*) **1** (*color*) chillón **2** (*descripción, historia*) horripilante

lurk /lɜːk/ *vi* acechar

luscious /ˈlʌʃəs/ *adj* (*comida*) exquisito

lush /lʌʃ/ *adj* (*vegetación*) exuberante

lust /lʌst/ *nombre, verbo*
▸ *n* **1** lujuria **2** ~ **for sth** ansia de algo
▸ *vi* ~ **after/for sb/sth** morirse por algn, ansiar algo

lustre (*tb esp USA* **luster**) /ˈlʌstə(r)/ *n* lustre

luxurious /lʌɡˈʒʊəriəs/ *adj* lujoso

luxury /ˈlʌkʃəri/ *n* (*pl* **luxuries**) lujo: *a luxury hotel* un hotel de lujo

lychee /ˌlaɪˈtʃiː, ˈlaɪtʃiː/ *n* lichi

Lycra® /ˈlaɪkrə/ *n* [*incontable*] lycra®

lying *Ver* LIE[1,2]

lynx /lɪŋks/ *n* lince

lyrical /ˈlɪrɪkl/ *adj* lírico

lyrics /ˈlɪrɪks/ *n* [*pl*] letra (*de canción*)

Mm

M, m /em/ *n* (*pl* **Ms, M's, m's**) M, m ➲ *Ver nota en* A, A

mac /mæk/ *n* (*GB, coloq*) gabardina

macabre /məˈkɑːbrə/ *adj* macabro

macaroni /ˌmækəˈrəʊni/ *n* [*incontable*] macarrones

machine 🔑 /məˈʃiːn/ *n* máquina

maˈchine gun *n* ametralladora

machinery 🔑 /məˈʃiːnəri/ *n* maquinaria

mackerel /ˈmækrəl/ *n* (*pl* **mackerel**) caballa

macro /ˈmækrəʊ/ *n* (*pl* **macros**) macro

mad 🔑 /mæd/ *adj* (**madder, -est**) **1** loco: *to be/go mad* estar/volverse loco ◇ *to be mad about sb/sth* estar loco por algn/algo **2** ~ **(at/with sb)** (*esp USA, coloq*) furioso (con algn) LOC **like mad** (*coloq*) como loco

madam /ˈmædəm/ *n* [*sing*] (*formal*) señora

maddening /ˈmædnɪŋ/ *adj* exasperante

made *pt, pp de* MAKE

madhouse /ˈmædhaʊs/ *n* (*coloq*) manicomio

madly /ˈmædli/ *adv* locamente: *to be madly in love with sb* estar perdidamente enamorado de algn

madness /ˈmædnəs/ *n* [*incontable*] locura

magazine 🔑 /ˌmægəˈziːn; *USA* ˈmægəziːn/ (*coloq* **mag**) *n* revista

maggot /ˈmægət/ *n* gusano (*de la carne*) ➲ *Ver dibujo en* GUSANO

magic 🔑 /ˈmædʒɪk/ *nombre, adjetivo*

▸ *n* magia LOC **like magic** como por arte de magia

▸ *adj* **1** mágico **2** (*coloq*) genial **magical** *adj* mágico **magician** /məˈdʒɪʃn/ *n* mago, -a

magistrate /ˈmædʒɪstreɪt/ *n* magistrado, -a, juez municipal: *the magistrates' court* el Juzgado de Paz

magnet /ˈmægnət/ *n* imán **magnetic** /mægˈnetɪk/ *adj* magnético: *magnetic field* campo magnético

magnetism /ˈmægnətɪzəm/ *n* magnetismo

magnetize, -ise /ˈmægnətaɪz/ *vt* imantar

magnification /ˌmægnɪfɪˈkeɪʃn/ *n* (capacidad de) aumento

magnificence /mægˈnɪfɪsns/ *n* magnificencia

magnificent /mægˈnɪfɪsnt/ *adj* magnífico

magnify /ˈmægnɪfaɪ/ *vt, vi* (*pt, pp* **-fied**) aumentar

magnifying glass *n* lupa

magnitude /ˈmægnɪtjuːd; *USA* -tuːd/ *n* (*formal*) magnitud

magpie /ˈmægpaɪ/ *n* urraca

mahogany /məˈhɒgəni/ *n* caoba

maid /meɪd/ *n* **1** criada **2** (*tb* **maiden** /ˈmeɪdn/) (*Hist*) doncella

ˈmaiden name *n* apellido de soltera

> En los países de habla inglesa, muchas mujeres toman el apellido del marido cuando se casan.

mail 🔑 /meɪl/ *nombre, verbo*

▸ *n* **1** [*incontable*] correo

> La palabra **post** sigue siendo más normal que **mail** en el inglés británico, aunque **mail** se ha ido introduciendo, especialmente en compuestos como **email** y **junk mail**.

2 (*Informát*) correo, mensaje(s)

▸ *vt* **1** ~ **sth (to sb)** (*esp USA*) enviar algo por correo (a algn) **2** ~ **sb (sth)** (*GB*) (*Informát*) mandar un mensaje/algo por correo electrónico a algn: *I'll mail you later.* Luego te mando un mensaje.

mailbox /ˈmeɪlbɒks/ *n* (*USA*) buzón ➲ *Ver dibujo en* LETTER BOX

ˈmailing list *n* lista de direcciones

mailman /ˈmeɪlmæn/ *n* (*pl* **-men** /-men/) (*tb* **ˈmail carrier**) (*USA*) cartero

ˌmail ˈorder *n* venta por correo

ˈmail slot *n* (*USA*) ranura para cartas en la puerta de una casa ➲ *Ver dibujo en* LETTER BOX

maim /meɪm/ *vt* mutilar

main 🔑 /meɪn/ *adjetivo, nombre*

▸ *adj* principal: *main course* plato principal ◇ *the main character* el protagonista LOC **the main thing** lo principal

▸ *n* **1** cañería: *a gas main* una tubería de gas **2 the mains** [*pl*] la red de suministro LOC **in the main** en general

mainland /ˈmeɪnlænd/ *nombre, adjetivo*

▸ *n* **the mainland** [*sing*] el continente, tierra firme

▸ *adj* continental: *mainland Greece* la Grecia continental

ˌmain ˈline *n* (*Ferrocarril*) línea principal

mainly 🔑 /ˈmeɪnli/ *adv* principalmente

mainstream /ˈmeɪnstriːm/ *nombre, adjetivo*

▸ *n* **the mainstream** [*sing*] la corriente principal

▸ *adj* de masas, convencional: *mainstream culture* la cultura de masas ◇ *mainstream political parties* los partidos políticos mayoritarios ◇ *mainstream education* la enseñanza reglada

ˈmain street *n* (*USA*) calle principal

maintain 🔑 /meɪnˈteɪn/ *vt* **1** mantener **2** conservar: *well maintained* bien cuidado **3** sostener

maintenance /ˈmeɪntənəns/ *n* **1** mantenimiento **2** pensión de manutención

maisonette /ˌmeɪzəˈnet/ *n* dúplex

maize /meɪz/ *n* maíz ❶ Cuando nos referimos al maíz cocinado decimos **sweetcorn**. ➲ *Comparar con* CORN

majestic /məˈdʒestɪk/ *adj* majestuoso

majesty /ˈmædʒəsti/ *n* (*pl* **majesties**) **1** (*formal*) majestuosidad **2 Her/His/Your Majesty** Su Majestad

major 🔑 /ˈmeɪdʒə(r)/ *adjetivo, nombre*

▸ *adj* **1** de (gran) importancia: *to make major changes* realizar cambios de importancia ◇ *a major road/problem* una carretera principal/un problema importante **2** (*Mús*) mayor

▸ *n* comandante

M

majority 🔑 /məˈdʒɒrəti; *USA* -ˈdʒɔːr-/ *n* (*pl* **majorities**) [*v sing o pl*] mayoría: *The majority was/were in favour.* La mayoría estaba a favor. ◇ *majority rule* gobierno mayoritario

La forma más normal de decir "la mayoría de la gente/de mis amigos" en inglés es *most people/most of my friends*. Esta expresión lleva el verbo en plural: *Most of my friends go to the same school as me.* La mayoría de mis amigos va al mismo colegio que yo.

make 🔑 /meɪk/ *verbo, nombre*

▸ *vt* (*pt, pp* **made** /meɪd/) **1 ~ sth (from/(out) of sth)** hacer algo (con/de algo): *He made a meringue from egg white.* Hizo un merengue con clara de huevo. ◇ *What's it made (out) of?* ¿De qué está hecho? ◇ *made in Japan* fabricado en Japón **2** (*causar, crear, llevar a cabo, proponer*) hacer: *to make a noise/hole/list* hacer un ruido/un agujero/una lista ◇ *to make an improvement/a change* hacer una mejora/un cambio ◇ *to make an impression* impresionar ◇ *to make a note of sth* anotar algo ◇ *to make a mistake* cometer un error ◇ *to make an excuse* poner una excusa ◇ *to make progress/an effort* hacer progresos/un esfuerzo ◇ *to make a phone call* hacer una llamada de teléfono ◇ *to make a visit/trip* hacer una visita/un viaje ◇ *to make a decision* tomar una decisión ◇ *to make an offer/a promise* hacer una oferta/una promesa ◇ *to make plans* hacer planes **3 ~ sth (for sb)** hacer algo (para/a algn): *She makes films for children.* Hace películas para niños. ◇ *I'll make you a meal/cup of coffee.* Te voy a preparar una comida/taza de café. **4 ~ sth into sth** convertir algo en algo, hacer algo con algo: *We can make this room into a bedroom.* Podemos convertir esta habitación en dormitorio. **5 ~ sb/sth + adjetivo o sustantivo**: *He made me angry.* Hizo que me enfadara. ◇ *That will only make things worse.* Eso sólo empeorará las cosas. ◇ *He made my life hell.* Me hizo la vida imposible. **6 ~ sb/sth do sth** hacer que algn/algo haga algo

El verbo en infinitivo que viene después de **make** se pone sin **to**, salvo en pasiva: *I can't make him do it.* No puedo obligarle a hacerlo. ◇ *You've made her feel guilty.* Has hecho que se sienta culpable. ◇ *He was made to wait at the police station.* Le hicieron esperar en la comisaría.

7 ~ sb sth hacer a algn algo: *to make sb king* hacer a algn rey **8** llegar a ser: *He'll make a good teacher.* Tiene madera de profesor. **9** (*dinero*) hacer: *She makes lots of money.* Gana una fortuna. **10** (*conseguir*) llegar a: *I'm sorry I couldn't make your party.* Siento no haber podido ir a tu fiesta. ◇ *We aren't going to make the deadline.* No vamos a terminar a tiempo.

LOC **make do (with sth)** arreglárselas (con algo) ◆ **make it 1** triunfar **2** llegar: *We made it just in time.* Llegamos justo a tiempo. ◇ *I can't make it tomorrow.* Mañana no puedo. ◆ **make the most of sth** sacar el mayor provecho de algo ❶ Para otras expresiones con **make**, véanse las entradas del sustantivo, adjetivo, etc., p. ej. **make love** en LOVE.

PHR V **be made for sb; be made for each other** estar hecho para algn, estar hechos el uno para el otro ◆ **make for sth 1** dirigirse a/hacia algo **2** contribuir a algo

make sth of sb/sth opinar algo de algn/algo: *What do you make of it all?* ¿Qué opinas de todo esto?

make off (with sth) salir corriendo (con algo)

make sb/sth out distinguir a algn/algo: *to make out sb's handwriting* descifrar la escritura de algn ◆ **make sb/sth out (to be sth)** dar a entender que algn/algo es...: *He's not as rich as people make out.* No es tan rico como dicen. ◆ **make sth out (for sb)** hacer algo (a nombre de algn) (*cheque, factura, etc.*): *to make out a cheque for $10* extender un cheque por valor de diez dólares

make (sb/yourself) up maquillar a algn/maquillarse ◆ **make sth up 1** formar, constituir algo **2** inventar algo: *to make up an excuse* inventarse una excusa ◆ **make (it) up (with sb)** hacer

las paces (con algn) ◆ **make up for sth** compensar algo
▸ *n* marca (*electrodomésticos, coches, etc.*) ➲ *Comparar con* BRAND

makeover /ˈmeɪkəʊvə(r)/ *n* **1** sesión de maquillaje y peluquería **2** reforma (*de la casa, etc.*)

maker /ˈmeɪkə(r)/ *n* fabricante

makeshift /ˈmeɪkʃɪft/ *adj* provisional, improvisado

make-up ⚷ /ˈmeɪk ʌp/ *n* **1** [*incontable*] maquillaje **2** constitución **3** carácter

making /ˈmeɪkɪŋ/ *n* fabricación LOC **be the making of sb** ser la clave del éxito de algn ◆ **have the makings of sth 1** (*persona*) tener madera de algo **2** (*cosa*) tener los ingredientes para ser algo

male ⚷ /meɪl/ *adjetivo, nombre*
▸ *adj* **1** masculino **2** macho

Male se aplica a las características físicas de los hombres: *The male voice is deeper than the female.* La voz de los hombres es más profunda que la de las mujeres., y **masculine** a las cualidades que consideramos típicas de un hombre. ➲ *Ver tb nota en* FEMALE

▸ *n* macho, varón

malice /ˈmælɪs/ *n* malevolencia, mala intención **malicious** /məˈlɪʃəs/ *adj* mal intencionado

malignant /məˈlɪgnənt/ *adj* maligno

mall ⚷ /mɔːl, mæl/ (*tb* ˈ**shopping mall**) *n* centro comercial

malnutrition /ˌmælnjuːˈtrɪʃn; *USA* -nuː-/ *n* desnutrición

malt /mɔːlt/ *n* malta

mammal /ˈmæml/ *n* mamífero

mammoth /ˈmæməθ/ *nombre, adjetivo*
▸ *n* mamut
▸ *adj* colosal

man ⚷ /mæn/ *nombre, verbo*
▸ *n* (*pl* **men** /men/) hombre: *a young man* un (hombre) joven ◇ *a man's shirt* una camisa de caballero *Ver tb* BEST MAN LOC **the man (and/or woman) in the street** el ciudadano (y/o la ciudadana) de a pie *Ver tb* ODD

Man y **mankind** se utilizan con el significado genérico de "todos los hombres y mujeres". Sin embargo, mucha gente considera este uso discriminatorio, y prefiere utilizar palabras como **humanity, the human race** (singular) o **humans, human beings, people** (plural).

▸ *vt* (**-nn-**) **1** (*oficina*) dotar de personal **2** (*nave*) tripular

manage ⚷ /ˈmænɪdʒ/ **1** *vt, vi* ~ **sth/to do sth** conseguir algo/hacer algo: *Can you manage all of it?* ¿Puedes con todo eso? ◇ *Can you manage six o'clock?* ¿Puedes venir a las seis? ◇ *I couldn't manage another mouthful.* Ya no podría comer ni un bocado más. **2** *vi* ~ **(with/on/without sb/sth)** arreglárselas (con/sin algn/algo): *I can't manage on 200 dollars a week.* No me llega con 200 dólares a la semana. **3** *vt* (*empresa*) dirigir **4** *vt* (*propiedades*) administrar **manageable** *adj* **1** manejable **2** (*persona, animal*) tratable, dócil

management ⚷ /ˈmænɪdʒmənt/ *n* dirección, gestión: *a management committee* un comité directivo/consejo de administración ◇ *a management consultant* un asesor de dirección de empresas

manager ⚷ /ˈmænɪdʒə(r)/ *n* **1** director, -ora, gerente, encargado **2** administrador, -ora (*de una propiedad*) **3** (*Teat, etc.*) manager, empresario, -a **4** (*Dep*) manager **manageress** /ˌmænɪdʒəˈres/ *n* encargada, gerente **managerial** /ˌmænəˈdʒɪəriəl/ *adj* directivo, de gerencia

ˌ**managing diˈrector** *n* director, -ora general

Mandarin /ˈmændərɪn/ *n* (*lengua*) mandarín

mandate /ˈmændeɪt/ *n* ~ **(for sth/to do sth)** mandato (para algo/para hacer algo) **mandatory** /ˈmændətəri; *USA* -tɔːri/ *adj* (*formal*) preceptivo

mane /meɪn/ *n* **1** (*caballo*) crin **2** (*león, persona*) melena

maneuver (*USA*) = MANOEUVRE

manfully /ˈmænfəli/ *adv* valientemente

mangle /ˈmæŋgl/ *vt* mutilar, destrozar

mango /ˈmæŋgəʊ/ *n* (*pl* **mangoes**) mango

manhood /ˈmænhʊd/ *n* **1** edad viril **2** virilidad

mania /ˈmeɪniə/ *n* manía **maniac** *adj, n* maniaco, -a: *to drive like a maniac* conducir como un loco

manic /ˈmænɪk/ *adj* **1** (*coloq*) frenético **2** maniaco

manicure /ˈmænɪkjʊə(r)/ *n* manicura

manifest /ˈmænɪfest/ *vt* (*formal*) manifestar, mostrar: *to manifest itself* manifestarse/hacerse patente **manifestation** *n* (*formal*) manifestación **manifestly** *adv* (*formal*) manifiestamente

manifesto /ˌmænɪˈfestəʊ/ *n* (*pl* **manifestos**) manifiesto

manifold /ˈmænɪfəʊld/ *adj* (*formal*) múltiple

manipulate /məˈnɪpjuleɪt/ *vt* **1** ~ **sb (into sth/doing sth)** manipular a algn/algo (para que haga algo) **2** manejar **manipulation** *n* manipulación **manipulative** /məˈnɪpjələtɪv; *USA* -leɪtɪv/ *adj* manipulador

mankind /mænˈkaɪnd/ *n* género humano ➲ *Ver nota en* MAN

manly /ˈmænli/ *adj* varonil, viril

man-made /ˌmæn ˈmeɪd/ *adj* artificial

manned /mænd/ *adj* tripulado

manner ⚷ /ˈmænə(r)/ *n* **1** [*sing*] (*formal*) manera, forma **2** [*sing*] actitud, modo de comportarse **3 manners** [*pl*] modales: *good/bad manners* buena/mala educación ◇ *It's bad manners to stare.* Es de mala educación mirar fijamente. ◇ *He has no manners.* Es un mal educado.

mannerism /ˈmænərɪzəm/ *n* gesto, peculiaridad (*forma de hablar o comportarse*)

manoeuvre (*USA* **maneuver**) /məˈnu:və(r)/ *nombre, verbo*
▸ *n* maniobra
▸ *vt, vi* maniobrar

manor /ˈmænə(r)/ *n* **1** (*tb* ˈ**manor house**) casa señorial **2** (*territorio*) señorío

manpower /ˈmænpaʊə(r)/ *n* mano de obra

M

mansion /ˈmænʃn/ *n* mansión, casa solariega

manslaughter /ˈmænslɔ:tə(r)/ *n* homicidio involuntario ➲ *Ver nota en* ASESINAR

mantelpiece /ˈmæntlpi:s/ *n* repisa de la chimenea

mantle /ˈmæntl/ *n* (*Geol*) manto (*de la Tierra*)

manual /ˈmænjuəl/ *adj, n* manual: *a training manual* un manual de instrucciones **manually** *adv* manualmente

manufacture ⚷ /ˌmænjuˈfæktʃə(r)/ *verbo, nombre*
▸ *vt* **1** fabricar **2** (*pruebas, etc.*) inventar
▸ *n* fabricación, elaboración

manufacturer ⚷ /ˌmænjuˈfæktʃərə(r)/ *n* fabricante

manufacturing ⚷ /ˌmænjuˈfæktʃərɪŋ/ *n* [*incontable*] industria manufacturera

manure /məˈnjʊə(r); *USA* məˈnʊər/ *n* estiércol

manuscript /ˈmænjuskrɪpt/ *n* manuscrito

many ⚷ /ˈmeni/ *adj, pron* **1** mucho, -a, -os, -as: *Many people would disagree.* Mucha gente no estaría de acuerdo. ◇ *I haven't got many left.* No me quedan muchos. ◇ *In many ways, I regret it.* En cierta manera, lo lamento.

> **Mucho** se traduce según el sustantivo al que acompaña o sustituye. En oraciones afirmativas usamos **a lot (of)**: *She's got a lot of money.* Tiene mucho dinero. ◇ *Lots of people are poor.* Mucha gente es pobre. En oraciones negativas e interrogativas usamos **many** o **a lot of** cuando el sustantivo es contable: *There aren't many women taxi drivers.* No hay muchas mujeres taxista. Y usamos **much** o **a lot of** cuando el sustantivo es incontable: *I haven't eaten much (food).* No he comido mucho. ➲ *Ver tb* MUCHO

2 ~ **a sth** (*formal*): *Many a politician has been ruined by scandal.* Muchos políticos han visto arruinada su carrera por escándalos. ◇ *many a time* muchas veces LOC **a good/great many** muchísimos *Ver tb* AS, HOW, SO, TOO

map ⚷ /mæp/ *nombre, verbo*
▸ *n* **1** mapa **2** (*ciudad*) plano **3** carta LOC **put sb/sth on the map** dar a conocer a algn/algo
▸ *vt* (**-pp-**) trazar mapas de PHR V **map sth out** planear algo

maple /ˈmeɪpl/ *n* arce

marathon /ˈmærəθən; *USA* -θɒn/ *n* maratón: *to run a marathon* participar en un maratón ◇ *The interview was a real marathon.* Fue una entrevista maratoniana.

marble /ˈmɑ:bl/ *n* **1** mármol **2** canica

March ⚷ /mɑ:tʃ/ *n* (*abrev* **Mar.**) marzo ➲ *Ver nota y ejemplos en* JANUARY

march ⚷ /mɑ:tʃ/ *verbo, nombre*
▸ *vi* **1** marchar, desfilar **2** manifestarse LOC **get your marching orders** (*GB, coloq*) ser despedido PHR V **march sb away/off** llevarse a algn ◆ **march in** entrar resueltamente ◆ **march past (sb)** desfilar (ante algn) ◆ **march up/over to sb** abordar a algn con resolución
▸ *n* marcha LOC **on the march** en marcha

marcher /ˈmɑ:tʃə(r)/ *n* manifestante

mare /meə(r)/ *n* yegua

margarine /ˌmɑ:dʒəˈri:n; *USA* ˈmɑ:rdʒərən/ (*coloq* **marge** /mɑ:dʒ/) *n* margarina

margin /ˈmɑ:dʒɪn/ *n* margen **marginal** *adj* marginal **marginally** *adv* ligeramente

marijuana (*tb* **marihuana**) /ˌmærəˈwɑ:nə/ *n* marihuana

marina /məˈri:nə/ *n* puerto deportivo

marine /məˈri:n/ *adjetivo, nombre*
▸ *adj* **1** marino **2** marítimo
▸ *n* infante de marina: *the Marines* la Infantería de Marina

marital /ˈmærɪtl/ *adj* conyugal: *marital status* estado civil

maritime /ˈmærɪtaɪm/ *adj* marítimo

mark ⚷ /mɑ:k/ *verbo, nombre*
▸ *vt* **1** marcar **2** señalar **3** (*trabajo escolar, exámenes*) corregir, calificar LOC **mark time 1** hacer tiem-

po **2** (*Mil*) marcar el paso PHR V **mark sth up/down** aumentar/rebajar el precio de algo
▸ *n* **1** marca **2** señal: *punctuation marks* signos de puntuación *Ver tb* EXCLAMATION MARK, QUESTION MARK **3** nota, puntuación: *to get a good/poor mark* sacar una nota buena/mediocre ➲ *Ver nota en* A, A LOC **be up to the mark** dar la talla ◆ **make your mark/a mark (on sth)** alcanzar el éxito, destacarse (en algo) ◆ **on your marks, (get) set, go!** a sus puestos, preparados, listos, ¡ya! *Ver tb* OVERSTEP

marked /mɑːkt/ *adj* notable **markedly** /ˈmɑːkɪdli/ *adv* de forma notable

marker /ˈmɑːkə(r)/ *n* **1** marca: *marker buoy* boya de señalización **2** (*tb* ˈ**marker pen**) rotulador

market /ˈmɑːkɪt/ *nombre, verbo*
▸ *n* mercado, mercadillo LOC **in the market for sth** interesado en comprar algo ◆ **on the market** en el mercado: *to put sth on the market* poner algo en venta
▸ *vt* vender, ofertar **marketable** *adj* vendible

marketing /ˈmɑːkətɪŋ/ *n* marketing

marketplace /ˈmɑːkɪtpleɪs/ *n* **1 the marketplace** [*sing*] (*Econ*) el mercado **2** (*tb* ˌ**market** ˈ**square**) plaza del mercado

ˌ**market reˈsearch** *n* [*incontable*] estudio(s)/análisis de mercado

marmalade /ˈmɑːməleɪd/ *n* mermelada (*de cítricos*)

maroon /məˈruːn/ *nombre, verbo*
▸ *n* color granate
▸ *vt* abandonar (*en una isla desierta, etc.*)

marquee /mɑːˈkiː/ *n* carpa (*de lona*)

marriage /ˈmærɪdʒ/ *n* **1** (*institución*) matrimonio **2** (*ceremonia*) boda ➲ *Ver nota en* BODA

married /ˈmærid/ *adj* ~ **(to sb)** casado (con algn): *to get married* casarse ◇ *a married couple* un matrimonio

marrow /ˈmærəʊ/ *n* **1** *Ver* BONE MARROW **2** calabacín (grande)

marry /ˈmæri/ *vt, vi* (*pt, pp* **married**) casar, casarse (con)

Mars /mɑːz/ *n* Marte

marsh /mɑːʃ/ *n* ciénaga

marshal /ˈmɑːʃl/ *nombre, verbo*
▸ *n* **1** mariscal **2** (*USA*) alguacil
▸ *vt* (**-ll-**, *USA* **-l-**) (*formal*) **1** (*ideas, datos*) ordenar **2** (*tropas*) formar

marshy /ˈmɑːʃi/ *adj* pantanoso

martial /ˈmɑːʃl/ *adj* (*formal*) marcial: *martial arts* artes marciales *Ver tb* COURT MARTIAL

Martian /ˈmɑːʃn/ *adj, n* marciano, -a

martyr /ˈmɑːtə(r)/ *n* mártir **martyrdom** /ˈmɑːtədəm/ *n* martirio

marvel /ˈmɑːvl/ *nombre, verbo*
▸ *n* maravilla, prodigio
▸ *vi* (**-ll-**, *USA* **-l-**) ~ **(at sth)** maravillarse (ante algo)

marvellous (*USA* **marvelous**) /ˈmɑːvələs/ *adj* maravilloso, estupendo: *We had a marvellous time.* Lo pasamos de maravilla.

marzipan /ˈmɑːzɪpæn/ *n* mazapán

mascara /mæˈskɑːrə; *USA* -ˈskærə/ *n* rímel

mascot /ˈmæskət, -skɒt/ *n* mascota (*para traer suerte*)

masculine /ˈmæskjəlɪn/ *adj, n* masculino (*propio del hombre*) ➲ *Ver nota en* MALE **masculinity** /ˌmæskjuˈlɪnəti/ *n* masculinidad

mash /mæʃ/ *nombre, verbo*
▸ *n* puré (de patatas)
▸ *vt* **1** ~ **sth (up)** machacar, triturar algo **2** hacer puré de: *mashed potatoes* puré de patatas

mask /mɑːsk; *USA* mæsk/ *nombre, verbo*
▸ *n* **1** máscara, careta **2** antifaz **3** (*de cirujano, cosmética*) mascarilla
▸ *vt* encubrir, enmascarar **masked** *adj* **1** enmascarado **2** (*atracador*) encapuchado

masochism /ˈmæsəkɪzəm/ *n* masoquismo **masochist** *n* masoquista

mason /ˈmeɪsn/ *n* **1** cantero, albañil **2 Mason** masón **Masonic** /məˈsɒnɪk/ *adj* masónico

masonry /ˈmeɪsənri/ *n* albañilería, mampostería

masquerade /ˌmæskəˈreɪd/ *nombre, verbo*
▸ *n* mascarada, farsa
▸ *vi* ~ **as sth** hacerse pasar por algo, disfrazarse de algo

mass /mæs/ *nombre, adjetivo, verbo*
▸ *n* **1** ~ **(of sth)** masa (de algo) **2 masses (of sth)** [*pl*] (*coloq*) montón, gran cantidad (de algo): *masses of letters* un montón de cartas **3** (*tb* **Mass**) (*Relig, Mús*) misa **4 the masses** [*pl*] las masas LOC **be a mass of sth** estar cubierto/lleno de algo ◆ **the (great) mass of...** la (inmensa) mayoría de...
▸ *adj* [*sólo antes de sustantivo*] masivo, de masas: *mass media* medios de comunicación de masas ◇ *a mass grave* una fosa común ◇ *mass hysteria* histeria colectiva
▸ *vt, vi* **1** juntar(se) (en masa), reunir(se) **2** (*Mil*) formar(se), concentrar(se)

massacre /ˈmæsəkə(r)/ *nombre, verbo*
▸ *n* masacre
▸ *vt* masacrar

massage /ˈmæsɑːʒ; *USA* məˈsɑːʒ/ *nombre, verbo*
▸ *n* masaje
▸ *vt* dar un masaje a

M

massive 🔑 /ˈmæsɪv/ *adj* **1** macizo, sólido **2** enorme, monumental **massively** *adv* enormemente

mass-produce /ˌmæs prəˈdjuːs; *USA* -ˈduːs/ *vt* fabricar en serie ˌ**mass proˈduction** *n* fabricación en serie

mast /mɑːst; *USA* mæst/ *n* **1** (*barco*) mástil **2** (*Radio, TV*) torre

master 🔑 /ˈmɑːstə(r); *USA* ˈmæs-/ *nombre, verbo, adjetivo*
▸ *n* **1** amo, dueño, señor **2** maestro **3** (*cinta*) original
▸ *vt* **1** dominar **2** controlar
▸ *adj*: *master bedroom* dormitorio principal ◇ *master plan* plan infalible

masterful /ˈmɑːstəfl; *USA* ˈmæs-/ *adj* **1** de autoridad **2** (*tb* **masterly**) magistral

mastermind /ˈmɑːstəmaɪnd; *USA* ˈmæs-/ *nombre, verbo*
▸ *n* (*persona*) cerebro
▸ *vt* planear, dirigir

masterpiece /ˈmɑːstəpiːs; *USA* ˈmæs-/ *n* obra maestra

M

master's /ˈmɑːstəz; *USA* ˈmæs-/ *n* máster

mastery /ˈmɑːstəri; *USA* ˈmæs-/ *n* **1** ~ **(of sth)** dominio (de algo) **2** ~ **(of/over sb/sth)** supremacía (sobre algn/algo)

masturbate /ˈmæstəbeɪt/ *vt, vi* masturbar(se) **masturbation** *n* masturbación

mat /mæt/ *nombre, adjetivo*
▸ *n* **1** estera, felpudo **2** colchoneta **3** salvamanteles *Ver tb* MOUSE MAT, PLACE MAT **4** maraña
▸ *adj* (*USA*) = MATT

match 🔑 /mætʃ/ *nombre, verbo*
▸ *n* **1** cerilla **2** (*Dep*) partido, encuentro **3** [*sing*] complemento LOC **be a match/no match for sb** (no) estar a la altura de algn: *I was no match for him at tennis.* No estaba a su altura jugando al tenis. ◆ **find/meet your match (in sb)** encontrar la horma de tu zapato (en algn)
▸ **1** *vt, vi* combinar, hacer juego (con) **2** *vt* igualar PHR V **match up (to sb/sth)** estar a la altura (de algn/algo) ◆ **match up (with sth)** coincidir (con algo) ◆ **match sth up (with sth)** hacer coincidir algo (con algo)

matchbox /ˈmætʃbɒks/ *n* caja de cerillas

matching /ˈmætʃɪŋ/ *adj* [*sólo antes de sustantivo*] a juego: *matching shoes and handbag* zapatos y bolso a juego

mate 🔑 /meɪt/ *nombre, verbo*
▸ *n* **1** (*GB, coloq*) amigo, compañero **2** (*Zool*) pareja **3** ayudante **4** (*Náut*) segundo de a bordo **5** *Ver* CHECKMATE
▸ *vt, vi* aparear(se)

material 🔑 /məˈtɪəriəl/ *nombre, adjetivo*
▸ *n* **1** tela ➲ *Ver nota en* TELA **2** material: *raw materials* materias primas
▸ *adj* material

materialism /məˈtɪəriəlɪzəm/ *n* materialismo **materialist** *n* materialista **materialistic** /məˌtɪəriəˈlɪstɪk/ *adj* materialista

materialize, -ise /məˈtɪəriəlaɪz/ *vi* convertirse en realidad

materially /məˈtɪəriəli/ *adv* sensiblemente

maternal /məˈtɜːnl/ *adj* **1** maternal **2** (*familiares*) materno

maternity /məˈtɜːnəti/ *n* maternidad

mathematical /ˌmæθəˈmætɪkl/ *adj* matemático

mathematician /ˌmæθəməˈtɪʃn/ *n* matemático, -a

mathematics 🔑 /ˌmæθəˈmætɪks/ *n* [*incontable*] (*formal*) matemáticas

maths /mæθs/ (*USA* **math**) *n* [*incontable*] matemáticas

matinee (*tb* **matinée**) /ˈmætɪneɪ; *USA* ˌmætˈneɪ/ *n* matiné (*Cine, Teat*)

mating /ˈmeɪtɪŋ/ *n* apareamiento: *mating season* época de celo

matrimonial /ˌmætrɪˈməʊniəl/ *adj* (*formal*) matrimonial

matrimony /ˈmætrɪməni; *USA* -məʊni/ *n* (*formal*) matrimonio

matrix /ˈmeɪtrɪks/ *n* (*pl* **matrices** /-siːz/) (*Mat*) matriz

matt (*USA* **mat**) /mæt/ *adj* mate ➲ *Comparar con* GLOSS

matted /ˈmætɪd/ *adj* enmarañado

matter 🔑 /ˈmætə(r)/ *nombre, verbo*
▸ *n* **1** asunto: *I have nothing further to say on the matter.* No tengo nada más que decir al respecto. **2** (*Fís*) materia **3** material: *printed matter* impresos *Ver tb* SUBJECT MATTER LOC **a matter of hours, minutes, etc.** cuestión de horas, minutos, etc. ◆ **a matter of life and death** cuestión de vida o muerte ◆ **a matter of opinion** cuestión de opinión ◆ **as a matter of course** por costumbre ◆ **as a matter of fact** en realidad ◆ **be the matter (with sb/sth)** pasarle a algn/algo: *What's the matter with him?* ¿Qué le pasa? ◇ *Is anything the matter?* ¿Pasa algo? ◇ *What's the matter with my dress?* ¿Qué pasa con mi vestido? ◆ **for that matter** en realidad ◆ **it's just/only a matter of time** es sólo cuestión de tiempo ◆ **no matter who, what, where, etc.**: *no matter what he says* diga lo que diga ◇ *no matter how rich he is* por muy rico que sea ◇ *no matter what* pase lo que pase ◆ **take matters into your**

own hands decidir actuar por cuenta propia *Ver tb* LET, WORSE
vi ~ **(to sb)** importar (a algn): *It doesn't matter.* No importa.

matter-of-fact /ˌmætər əv ˈfækt/ *adj* **1** (*estilo*) prosaico **2** (*persona*) impasible: *He's always very matter-of-fact.* Nunca se deja llevar por las emociones.

mattress /ˈmætrəs/ *n* colchón

mature /məˈtjʊə(r)/ *adjetivo, verbo*
adj **1** maduro **2** (*inversión, seguro*) vencido
1 *vi* madurar **2** *vt* hacer madurar **3** *vi* (*Econ*) vencer **maturity** *n* madurez

maul /mɔːl/ *vt* **1** (*fiera*) herir gravemente **2** maltratar

mausoleum /ˌmɔːsəˈliːəm/ *n* mausoleo

mauve /məʊv/ *adj, n* malva

maverick /ˈmævərɪk/ *adj, n* inconformista

maxim /ˈmæksɪm/ *n* máxima

maximize, -ise /ˈmæksɪmaɪz/ *vt* potenciar, llevar al máximo

maximum /ˈmæksɪməm/ *adj, n* (*pl* **maxima** /-mə/) (*abrev* **max.**) máximo

May /meɪ/ *n* mayo ➲ *Ver nota y ejemplos en* JANUARY

may /meɪ/ *v modal* (*pt* **might** /maɪt/, *neg* **might not** *o* **mightn't** /ˈmaɪtnt/)

May es un verbo modal al que sigue un infinitivo sin **to** y las oraciones interrogativas y negativas se construyen sin el auxiliar **do**. Sólo tiene dos formas: presente, **may**, y pasado, **might**.

1 (*permiso*) poder: *You may come if you wish.* Puedes venir si quieres. ◇ *May I go to the toilet?* ¿Puedo ir al servicio? ◇ *You may as well go home.* Vete a casa si quieres.

Para pedir permiso, **may** se considera más cortés que **can**, aunque **can** es mucho más normal: *Can I come in?* ¿Puedo pasar? ◇ *I'll take a seat, if I may.* Tomaré asiento, si no le importa. Sin embargo, en el pasado se usa **could** mucho más que **might**: *She asked if she could come in.* Preguntó si podía pasar.

2 (*tb* **might**) (*posibilidad*) poder (que): *They may/might not come.* Puede que no vengan. ➲ *Ver nota en* PODER[1] LOC **be that as it may** sea como fuere

maybe /ˈmeɪbi/ *adv* quizá(s), a lo mejor

mayhem /ˈmeɪhem/ *n* [*incontable*] alboroto

mayonnaise /ˌmeɪəˈneɪz; *USA* ˈmeɪəneɪz/ *n* mayonesa

mayor /meə(r); *USA* ˈmeɪər/ *n* alcalde, -esa

mayoress /meəˈres; *USA* ˈmeɪərəs/ *n* **1** alcaldesa **2** esposa del alcalde

maypole /ˈmeɪpəʊl/ *n* palo alrededor del cual se baila en la fiesta del 1 de mayo

maze /meɪz/ *n* laberinto

me /miː/ *pron* **1** [*como objeto*] me: *Don't hit me.* No me pegues. ◇ *Tell me all about it.* Cuéntamelo todo. **2** [*después de preposición*] mí: *as for me* en cuanto a mí ◇ *Come with me.* Ven conmigo. **3** [*cuando va solo o después del verbo* **be**] yo: *Hello, it's me.* Hola, soy yo. ➲ *Comparar con* I

meadow /ˈmedəʊ/ *n* prado

meagre (*USA* **meager**) /ˈmiːgə(r)/ *adj* escaso, pobre

meal /miːl/ *n* comida: *Shall we go out for a meal tonight?* ¿Salimos a cenar esta noche? LOC **make a meal of sth** (*coloq*) hacer algo con una atención o un esfuerzo exagerado *Ver tb* SQUARE

mealtime /ˈmiːltaɪm/ *n* hora de comer

mean /miːn/ *verbo, adjetivo, nombre*
▸ *vt* (*pt, pp* **meant** /ment/) **1** ~ **sth (to sb)** significar algo (para algn): *You know how much Anita means to me.* Sabes lo mucho que Anita significa para mí. ◇ *That name doesn't mean anything to me.* Ese nombre no me dice nada. **2** querer decir, significar: *Do you know what I mean?* ¿Sabes lo que quiero decir? ◇ *What does 'cuero' mean?* ¿Qué quiere decir "cuero"? **3** pretender: *I didn't mean to.* Ha sido sin querer. ◇ *I meant to have washed the car today.* Pensaba haber lavado el coche hoy. **4** decir en serio: *She meant it as a joke.* No lo dijo en serio. ◇ *I'm never coming back – I mean it!* ¡No volveré nunca, lo digo en serio! **5** suponer: *His new job means him travelling more.* Su nuevo trabajo le supone viajar más. LOC **be meant for each other** estar hechos el uno para el otro ◆ **be meant to be/do sth**: *This place is meant to be excellent.* Se supone que este sitio es excelente. ◇ *Is this meant to happen?* ¿Es esto lo que se supone que tiene que pasar? ◆ **I mean** (*coloq*) quiero decir: *It's very warm, isn't it? I mean, for this time of year.* Hace mucho calor ¿no? Quiero decir, para esta época del año. ◇ *We went there on Tuesday, I mean Thursday.* Fuimos el martes, quiero decir, el jueves. ◆ **mean business** (*coloq*) ir en serio ◆ **mean well** tener buenas intenciones
▸ *adj* (**meaner, -est**) **1** tacaño **2** ~ **(to sb)** mezquino (con algn) **3** [*sólo antes de sustantivo*] medio
▸ *n* (*Mat*) media *Ver tb* MEANS

M

meander /mi'ændə(r)/ *verbo, nombre*
▸ *vi* **1** (*río*) serpentear **2** (*persona*) deambular **3** (*conversación*) divagar
▸ *n* (*de un río*) meandro

meaning /'mi:nɪŋ/ *n* significado *Ver tb* WELL MEANING

meaningful /'mi:nɪŋfl/ *adj* significativo

meaningless /'mi:nɪŋləs/ *adj* sin sentido

meanness /'mi:nnəs/ *n* [*incontable*] tacañería, mezquindad

means /mi:nz/ *n* (*pl* **means**) **1** ~ **(of sth/doing sth)** medio, forma (de algo/de hacer algo) **2** [*pl*] medios (*económicos, etc.*) LOC **a means to an end** un medio para conseguir un fin ♦ **by all means** desde luego *Ver tb* WAY

meant *pt, pp de* MEAN

meantime /'mi:ntaɪm/ *n* LOC **in the meantime** mientras tanto

meanwhile /'mi:nwaɪl/ *adv* mientras tanto

measles /'mi:zlz/ *n* [*incontable*] sarampión *Ver tb* GERMAN MEASLES

measurable /'meʒərəbl/ *adj* **1** medible **2** sensible

M

measure /'meʒə(r)/ *verbo, nombre*
▸ *vt, vi* medir PHR V **measure (sb/sth) up** medir (a algn/algo): *The tailor measured me up for a suit.* El sastre me ha tomado medidas para un traje. ♦ **measure up (to sth/sb)** estar a la altura (de algo/algn)
▸ *n* **1** medida: *weights and measures* pesos y medidas ◇ *to take measures to do sth* tomar medidas para hacer algo **2** [*sing*]: *a/some measure of knowledge/success* cierto conocimiento/éxito **3** [*sing*] **a ~ of sth** un signo de algo: *It is a measure of how bad the situation is.* Es un signo de la gravedad de la situación. **4** *Ver* TAPE MEASURE **5** (*USA*) (*Mús*) compás LOC **for good measure** para no quedarse cortos ♦ **made to measure** hecho a medida

measured /'meʒəd/ *adj* **1** (*lenguaje*) comedido **2** (*pasos*) pausado

measurement /'meʒəmənt/ *n* **1** medición **2** medida

'measuring tape *n Ver* TAPE MEASURE

meat /mi:t/ *n* carne *Ver tb* COLD MEATS

meatball /'mi:tbɔ:l/ *n* albóndiga

meaty /'mi:ti/ *adj* (**meatier**, **-iest**) **1** carnoso **2** (*artículo, etc.*) sustancioso

mechanic /mə'kænɪk/ *n* mecánico, -a **mechanical** *adj* mecánico **mechanically** /-kli/ *adv* mecánicamente: *I'm not mechanically minded.* No se me dan bien las máquinas.

mechanics /mə'kænɪks/ *n* **1** [*incontable*] mecánica (*ciencia*) **2 the mechanics** [*pl*] ~ **(of sth)** (*fig*) la mecánica, el funcionamiento (de algo)

mechanism /'mekənɪzəm/ *n* mecanismo

medal /'medl/ *n* medalla

medallion /mə'dæliən/ *n* medallón

medallist (*USA* **medalist**) /'medəlɪst/ *n* medallista

meddle /'medl/ *vi* (*pey*) **1** ~ **(in/with sth)** entrometerse (en algo) **2** ~ **(with sth)** jugar (con algo)

media /'mi:diə/ *n* **1 the media** [*v sing o pl*] los medios de comunicación: *media coverage* cobertura mediática ◇ *media studies* estudios de periodismo **2** *plural de* MEDIUM *n* (1)

mediaeval = MEDIEVAL

mediate /'mi:dieɪt/ *vi* mediar **mediation** mediación **mediator** /'mi:dieɪtə(r)/ *n* mediador, -ora

medic /'medɪk/ *n* (*coloq*) **1** estudiante de medicina **2** médico, -a

medical /'medɪkl/ *adjetivo, nombre*
▸ *adj* **1** médico: *medical student* estudiante de medicina **2** (*caso*) clínico
▸ *n* (*coloq*) reconocimiento médico

medication /ˌmedɪ'keɪʃn/ *n* medicación

medicinal /mə'dɪsɪnl/ *adj* medicinal

medicine /'medsn, -dɪsn/ *n* medicina

medieval /ˌmedi'i:vl/ *adj* medieval

medina /mə'di:nə/ *n* medina

mediocre /ˌmi:di'əʊkə(r)/ *adj* mediocre **mediocrity** /ˌmi:di'ɒkrəti/ *n* (*pl* **mediocrities**) **1** mediocridad **2** (*persona*) mediocre

meditate /'medɪteɪt/ *vi* ~ **(on/upon sth)** meditar (sobre algo) **meditation** *n* meditación

medium /'mi:diəm/ *adjetivo, nombre*
▸ *adj* medio: *I'm medium.* Uso la talla mediana.
▸ *n* **1** (*pl* **media** *o* **mediums**) medio *Ver tb* MEDIA **2** (*pl* **mediums**) médium

medley /'medli/ *n* (*pl* **medleys**) popurrí

meek /mi:k/ *adj* (**meeker**, **-est**) manso **meekly** *adv* mansamente

meet /mi:t/ *verbo, nombre*
▸ (*pt, pp* **met** /met/) **1** *vt, vi* encontrar(se): *Will you meet me at the station?* ¿Irás a esperarme a la estación? ◇ *What time shall we meet?* ¿A qué hora quedamos? ◇ *Our eyes met across the table.* Nuestras miradas se cruzaron en la mesa. **2** *vi* reunirse **3** *vt, vi* conocer(se): *I'd like you to meet…* Quiero presentarte a… **4** *vt, vi* enfrentar(se) (a) (*en una competición*) **5** *vt* (*demanda*) satisfacer: *They failed to meet payments on their loan.* No pudieron pagar las letras del préstamo. LOC **meet sb's eye** mirar a algn a los ojos ♦ **nice/pleased to meet you** encan

tado de conocerle *Ver tb* END, MATCH PHR V **meet up (with sb)** encontrarse, quedar (con algn)
▸ *n* **1** (*GB*) partida de caza **2** (*esp USA*) (*Dep*) encuentro

meeting /ˈmiːtɪŋ/ *n* **1** reunión: *Annual General Meeting* junta general anual **2** encuentro: *meeting place* lugar de encuentro **3** (*Pol*) mitin **4** (*USA tb* **meet**) (*Dep*) encuentro

mega /ˈmegə/ *adj, adv* (*coloq*) super-: *a mega hit* un superéxito ◇ *to be mega rich* ser superrico

megabyte /ˈmegəbaɪt/ (*coloq* **meg** /meg/) *n* (*abrev* **MB**) (*Informát*) megabyte

megalodon /ˈmegələdɒn/ *n* megalodonte

megaphone /ˈmegəfəʊn/ *n* megáfono

melancholy /ˈmelənkɒli/ *nombre, adjetivo*
▸ *n* (*formal*) melancolía
▸ *adj* **1** (*cosa*) triste **2** (*persona*) melancólico

melee /ˈmeleɪ; *USA* ˈmeɪleɪ/ *n* melé

mellow /ˈmeləʊ/ *adjetivo, verbo*
▸ *adj* (**mellower**, **-est**) **1** (*color, sabor*) suave **2** (*sonido*) dulce **3** (*actitud*) comprensivo **4** (*coloq*) alegre (*de beber*)
▸ *vt, vi* (*persona*) suavizar(se)

melodic /məˈlɒdɪk/ *adj* melódico

melodious /məˈləʊdiəs/ *adj* melodioso

melodrama /ˈmelədrɑːmə/ *n* melodrama **melodramatic** /ˌmelədrəˈmætɪk/ *adj* melodramático

melody /ˈmelədi/ *n* (*pl* **melodies**) melodía

melon /ˈmelən/ *n* melón

melt /melt/ *vt, vi* **1** derretir(se), fundir(se): *melting point* punto de fusión **2** disolver(se) **3** (*persona, corazón*) ablandar(se) LOC **melt in your mouth** deshacerse en la boca PHR V **melt away 1** derretirse (*por completo*) **2** desaparecer ◆ **melt sth down** fundir algo

melting pot *n* amalgama (*de razas, culturas, etc.*) LOC **in the melting pot** en proceso de cambio

member /ˈmembə(r)/ *n* **1** miembro: *Member of Parliament* diputado ◇ *a member of the audience* uno de los asistentes **2** socio, -a (*de un club*) **3** (*Anat*) miembro

membership /ˈmembəʃɪp/ *n* **1** afiliación: *to apply for membership* solicitar el ingreso ◇ *membership card* tarjeta de socio **2** (número de) miembros/socios

membrane /ˈmembreɪn/ *n* membrana

memento /məˈmentəʊ/ *n* (*pl* **mementoes** *o* **mementos**) recuerdo (*objeto*)

memo /ˈmeməʊ/ *n* (*pl* **memos**) memorándum, memorando

memoir /ˈmemwɑː(r)/ (*tb* **memoirs** [*pl*]) *n* memorias (*escritas*)

memorabilia /ˌmemərəˈbɪliə/ *n* [*pl*] objetos de coleccionista

memorable /ˈmemərəbl/ *adj* memorable

memorandum /ˌmeməˈrændəm/ *n* (*pl* **memoranda** /-də/) **1** (*formal*) *Ver* MEMO **2** (*Jur*) minuta

memorial /məˈmɔːriəl/ *n* ~ **(to sb/sth)** monumento conmemorativo (de algn/algo)

memorization, -isation /ˌmemərаɪˈzeɪʃn/ *n* memorización

memorize, -ise /ˈmeməraɪz/ *vt* memorizar

memory /ˈmeməri/ *n* (*pl* **memories**) **1** memoria: *from memory* de memoria **2** recuerdo LOC **in memory of sb**; **to the memory of sb** en memoria de algn *Ver tb* JOG, LIVING, REFRESH

ˈ**memory card** *n* (*Informát*) tarjeta de memoria

ˈ**memory stick** *n* (*Informát*) lápiz de memoria

men *plural de* MAN

menace /ˈmenəs/ *nombre, verbo*
▸ *n* **1** ~ **(to sb/sth)** amenaza (para algn/algo) **2** (*coloq*) (*persona o cosa molesta*) peligro (público)
▸ *vt* (*formal*) amenazar **menacing** *adj* amenazador

mend /mend/ *verbo, nombre*
▸ **1** *vt* arreglar **2** *vi* curarse LOC **mend your ways** enmendarse
▸ *n* LOC **on the mend** (*coloq*) mejorando

meningitis /ˌmenɪnˈdʒaɪtɪs/ *n* [*incontable*] meningitis

menopause /ˈmenəpɔːz/ *n* menopausia

menstrual /ˈmenstruəl/ *adj* menstrual

menstruation /ˌmenstruˈeɪʃn/ *n* menstruación

menswear /ˈmenzweə(r)/ *n* [*incontable*] ropa de caballero

mental /ˈmentl/ *adj* **1** mental **2** (*GB, argot*) mal de la cabeza

mentality /menˈtæləti/ *n* (*pl* **mentalities**) mentalidad

mentally /ˈmentəli/ *adv* mentalmente: *mentally ill/disturbed* enfermo mental/trastornado

mention /ˈmenʃn/ *verbo, nombre*
▸ *vt* mencionar, decir, hablar de: *worth mentioning* digno de mención LOC **don't mention it** no hay de qué, de nada ◆ **not to mention...** por no hablar de..., sin contar...
▸ *n* mención, alusión

mentor /ˈmentɔː(r)/ *n* mentor, -ora

menu /ˈmenjuː/ *n* **1** menú, carta **2** (*Informát*) menú

meow = MIAOW

M

MEP /ˌem iː ˈpiː/ *n* (*abrev de* **Member of the European Parliament**) eurodiputado, -a

mercenary /ˈmɜːsənəri; *USA* -neri/ *adj, n* (*pl* **mercenaries**) mercenario, -a

merchandise /ˈmɜːtʃəndaɪs, -daɪz/ *n* [*incontable*] (*formal*) mercancía(s), mercadería(s) **merchandising** *n* comercialización

merchant /ˈmɜːtʃənt/ *nombre, adjetivo*
▸ *n* **1** comerciante, mayorista (*que comercia con el extranjero*) **2** (*Hist*) mercader LOC *Ver* DOOM
▸ *adj* mercante: *merchant navy* marina mercante ◇ *merchant bank* banco mercantil

merciful /ˈmɜːsifl/ *adj* **1** ~ **(to/towards sb)** compasivo, clemente (con algn) **2** (*suceso*) feliz **mercifully** /-fəli/ *adv* **1** felizmente **2** compasivamente, con piedad

merciless /ˈmɜːsiləs/ *adj* ~ **(to/towards sb)** despiadado (con algn)

Mercury /ˈmɜːkjəri/ *n* Mercurio

mercury /ˈmɜːkjəri/ *n* mercurio

mercy /ˈmɜːsi/ *n* (*pl* **mercies**) **1** [*incontable*] compasión, clemencia: *to have mercy on sb* tener compasión de algn ◇ *mercy killing* eutanasia **2** (*coloq*) bendición: *It's a mercy that...* Es una suerte que... LOC **at the mercy of sb/sth** a merced de algn/algo

mere /mɪə(r)/ *adj* mero, simple: *He's a mere child.* No es más que un niño. ◇ *mere coincidence* pura casualidad ◇ *the mere thought of him* con sólo pensar en él LOC **the merest...** el menor...: *The merest glimpse was enough.* Un simple vistazo fue suficiente.

merely /ˈmɪəli/ *adv* sólo, meramente

merge /mɜːdʒ/ *vt, vi* ~ **(sth) (with/into sth)** **1** (*Econ*) fusionar algo, fusionarse (con/en algo): *Three small companies merged into one large one.* Tres empresas pequeñas se fusionaron para formar una grande. **2** entremezclar algo, entremezclarse, unir algo, unirse (con/en algo): *Past and present merge in Oxford.* En Oxford se entremezclan el pasado y el presente.

merger *n* (*Econ*) fusión (*de empresas*)

meringue /məˈræŋ/ *n* merengue

merit /ˈmerɪt/ *nombre, verbo*
▸ *n* mérito: *to judge sth on its merits* juzgar algo por sí mismo
▸ *vt* (*formal*) merecer, ser digno de

mermaid /ˈmɜːmeɪd/ *n* sirena (*mujer pez*)

merriment /ˈmerimənt/ *n* (*formal*) alegría, regocijo

merry /ˈmeri/ *adj* (**merrier, -iest**) **1** alegre: *Merry Christmas!* ¡Feliz Navidad! **2** (*coloq*) alegre (*por haber bebido*)

merry-go-round /ˈmeri ɡəʊ raʊnd/ *n* tiovivo

mesh /meʃ/ *n* malla: *wire mesh* tela metálica

mesmerize, -ise /ˈmezməraɪz/ *vt* hipnotizar

mess /mes/ *nombre, verbo*
▸ *n* **1** desorden, desastre: *He always looks such a mess!* ¡Siempre va hecho un desastre! ◇ *This kitchen's a mess!* ¡Esta cocina está hecha un asco! **2** enredo, lío **3** [*sing*] guarro, -a **4** (*coloq*) (*excremento*) inmundicia **5** (*USA tb* ˈ**mess hall**) (*Mil*) comedor LOC **make a mess of sth** **1** desordenar algo **2** ensuciar algo **3** (*planes, vida, etc.*) arruinar algo
▸ *vt* (*esp USA, coloq*) desordenar PHR V **mess about/around** **1** hacer el tonto **2** pasar el rato ◆ **mess sb about/around; mess about/around with sb** tratar con desconsideración a algn, jugar con algn ◆ **mess about/around with sth** enredar con algo ◆ **mess sb up** (*coloq*) traumatizar a algn: *Drugs can mess you up.* Las drogas te pueden destrozar la vida. ◆ **mess sth up** **1** (*tb* **mess up**) estropear algo, estropear las cosas **2** ensuciar, desordenar algo: *Don't mess up my hair!* ¡No me despeines! ◆ **mess with sb/sth** meterse con algn/algo

message /ˈmesɪdʒ/ *n* **1** recado **2** mensaje *Ver tb* TEXT MESSAGE LOC **get the message** (*coloq*) enterarse

ˈ**message board** *n* tablón de anuncios

messaging /ˈmesɪdʒɪŋ/ *n* mensajería (*SMS, Internet*): *instant messaging* mensajería instantánea

messenger /ˈmesɪndʒə(r)/ *n* mensajero, -a

Messiah (*tb* **messiah**) /məˈsaɪə/ *n* Mesías

messy /ˈmesi/ *adj* (**messier, -iest**) **1** sucio **2** desordenado **3** (*situación*) embrollado

met *pt, pp de* MEET

metabolism /məˈtæbəlɪzəm/ *n* metabolismo

metal /ˈmetl/ *n* metal **metallic** /məˈtælɪk/ *adj* metálico

metalwork /ˈmetlwɜːk/ *n* [*incontable*] trabajo del metal

metamorphose /ˌmetəˈmɔːfəʊz/ *vt, vi* (*formal*) convertir(se) **metamorphosis** /ˌmetəˈmɔːfəsɪs/ *n* (*pl* **metamorphoses** /-əsiːz/) (*formal*) metamorfosis

metaphor /ˈmetəfə(r), -fɔː(r)/ *n* metáfora **metaphorical** /ˌmetəˈfɒrɪkl; *USA* -ˈfɔːr-/ *adj* metafórico

metaphysical /ˌmetəˈfɪzɪkl/ *adj* metafísico

metaphysics /ˌmetəˈfɪzɪks/ *n* [*incontable*] metafísica

M

meteor /ˈmiːtiə(r), -tiɔː(r)/ *n* meteorito **meteoric** /ˌmiːtiˈɒrɪk; *USA* -ˈɔːr-/ *adj* meteórico
meteorite /ˈmiːtiəraɪt/ *n* meteorito
meteorological /ˌmiːtiərəˈlɒdʒɪkl/ *adj* meteorológico
meteorology /ˌmiːtiəˈrɒlədʒi/ *n* meteorología
meter /ˈmiːtə(r)/ *nombre, verbo*
▸ *n* **1** contador **2** *Ver* PARKING METER **3** (*USA*) = METRE
▸ *vt* medir
methane /ˈmiːθeɪn/ *n* metano
method 🔑 /ˈmeθəd/ *n* método: *a method of payment* un sistema de pago **methodical** /məˈθɒdɪkl/ *adj* metódico
Methodist /ˈmeθədɪst/ *adj, n* metodista
methodology /ˌməθəˈdɒlədʒi/ *n* (*pl* **methodologies**) metodología
methylated spirits /ˌmeθəleɪtɪd ˈspɪrɪts/ (*coloq* **meths** /meθs/) *n* alcohol de quemar
meticulous /məˈtɪkjələs/ *adj* meticuloso
metre 🔑 (*USA* **meter**) /ˈmiːtə(r)/ *n* (*abrev* **m**) metro **metric** /ˈmetrɪk/ *adj* métrico: *the metric system* el sistema métrico decimal
metropolis /məˈtrɒpəlɪs/ *n* (*pl* **metropolises**) metrópoli **metropolitan** /ˌmetrəˈpɒlɪtən/ *adj* metropolitano
metrosexual /ˌmetrəˈsekʃuəl/ *adj, n* metrosexual
mezzanine /ˈmezəniːn, ˈmetsə-/ *n* entresuelo
miaow /miˈaʊ/ *nombre, verbo*
▸ *n* maullido
▸ *vi* maullar
mice *plural de* MOUSE
mickey /ˈmɪki/ *n* LOC **take the mickey (out of sb)** (*GB, coloq*) burlarse (de algn)
microbe /ˈmaɪkrəʊb/ *n* microbio
microchip /ˈmaɪkrəʊtʃɪp/ *n* microchip
microcosm /ˈmaɪkrəkɒzəm/ *n* microcosmos
microlight /ˈmaɪkrəʊlaɪt/ *n* ultraligero
micro-organism /ˌmaɪkrəʊ ˈɔːɡənɪzəm/ *n* microorganismo
microphone /ˈmaɪkrəfəʊn/ *n* micrófono
microprocessor /ˌmaɪkrəʊˈprəʊsesə(r)/ *n* microprocesador
microscope /ˈmaɪkrəskəʊp/ *n* microscopio **microscopic** /ˌmaɪkrəˈskɒpɪk/ *adj* microscópico
microwave /ˈmaɪkrəweɪv/ *nombre, verbo*
▸ *n* microondas
▸ *vt* calentar/cocinar en microondas
mid- /mɪd/ *adj*: *in mid-July* a mediados de julio ◇ *mid-morning* media mañana ◇ *in mid-sentence* a mitad de frase
mid-air /ˌmɪd ˈeə(r)/ *adj, n* en el aire: *in mid-air* en el aire ◇ *to leave sth in mid-air* dejar algo sin resolver
midday 🔑 /ˌmɪdˈdeɪ/ *n* mediodía
middle 🔑 /ˈmɪdl/ *nombre, adjetivo*
▸ *n* **1 the middle** [*sing*] el medio, el centro: *in the middle of the night* en mitad de la noche **2** (*coloq*) cintura LOC **be in the middle of (doing) sth** (*coloq*) estar haciendo algo ◆ **the middle of nowhere** (*coloq*) el quinto pino
▸ *adj* central, medio: *middle management* ejecutivos de nivel intermedio ◇ *middle finger* dedo corazón LOC **the middle ground** terreno neutral ◆ **(steer, take, etc.) a middle course** (tomar/seguir) una línea intermedia
ˌmiddle ˈage *n* madurez
middle-aged /ˌmɪdl ˈeɪdʒd/ *adj* de mediana edad
ˌmiddle ˈclass (*tb* **ˌmiddle ˈclasses** [*pl*]) *n* clase media
middle-class *adj* de clase media
middleman /ˈmɪdlmæn/ *n* (*pl* **-men** /-men/) intermediario
ˌmiddle ˈname *n* segundo nombre

En los países de habla inglesa, además de un nombre de pila y un apellido, muchas personas tienen un segundo nombre o **middle name**.

middle-of-the-road /ˌmɪdl əv ðə ˈrəʊd/ *adj* moderado
ˈmiddle school *n* colegio de enseñanza media para alumnos de 9 a 13 años
midfield /ˈmɪdfiːld, ˌmɪdˈfiːld/ *n* centro del campo **midfielder** /ˌmɪdˈfiːldə(r)/ (*tb* **midˈfield player**) *n* centrocampista
midge /mɪdʒ/ *n* mosquito pequeño
midget /ˈmɪdʒɪt/ *n* (*pey*) enano, -a
the Midlands /ˈmɪdləndz/ *n* los condados centrales de Inglaterra
midlife /mɪdˈlaɪf/ *n*: *midlife crisis* crisis de los cuarenta
midnight 🔑 /ˈmɪdnaɪt/ *n* medianoche
midriff /ˈmɪdrɪf/ *n* abdomen
midst /mɪdst/ *n* (*formal*) medio LOC **in our, their, etc. midst** (*formal*) entre nosotros, ellos, etc. ◆ **in the midst of (doing) sth** en medio de (hacer) algo
midsummer /ˌmɪdˈsʌmə(r)/ *n* período alrededor del solsticio de verano (*21 de junio*): *Midsummer's Day* día de San Juan (24 de junio)
midway /ˌmɪdˈweɪ/ *adv* a medio camino

M

midweek /ˌmɪdˈwiːk/ *n* entre semana: *in midweek* a mediados de semana

midwife /ˈmɪdwaɪf/ *n* (*pl* **midwives** /-waɪvz/) comadrón, -ona **midwifery** /ˌmɪdˈwɪfəri/ *n* obstetricia

midwinter /ˌmɪdˈwɪntə(r)/ *n* período alrededor del solsticio de invierno (*21 de diciembre*)

miffed /mɪft/ *adj* (*coloq*) cabreado

might /maɪt/ *verbo, nombre*

▸ *v modal* (*neg* **might not** *o* **mightn't** /ˈmaɪtnt/)

> **Might** es un verbo modal al que sigue un infinitivo sin **to** y las oraciones interrogativas y negativas se construyen sin el auxiliar **do**.

1 *pt de* MAY **2** (*tb* **may**) (*posibilidad*) poder (que): *They may/might not come.* Puede que no vengan. ◇ *I might be able to.* Es posible que pueda. **3** (*formal*): *Might I make a suggestion?* ¿Podría hacer una sugerencia? ◇ *And who might she be?* Y ¿esa quién será? **4** *You might at least offer to help!* Lo menos que podrías hacer es echar una mano. ◇ *You might have told me!* ¡Me lo podías haber dicho! ➲ *Ver notas en* MAY *y* PODER[1]

M

▸ *n* [*incontable*] (*formal*) fuerza: *with all their might* con todas sus fuerzas ◇ *military might* poderío militar

mighty /ˈmaɪti/ *adj* (**mightier, -iest**) **1** poderoso, potente **2** enorme

migraine /ˈmiːgreɪn, ˈmaɪgreɪn/ *n* migraña

migrant /ˈmaɪgrənt/ *n* **1** (*persona*) emigrante **2** animal/ave migratorio

migrate /maɪˈgreɪt; *USA* ˈmaɪgreɪt/ *vi* migrar **migration** /maɪˈgreɪʃn/ *adj* migración, emigración **migratory** /ˈmaɪgrətri, maɪˈgreɪtəri; *USA* ˈmaɪgrətɔːri/ *adj* migratorio

mike /maɪk/ *n* (*coloq*) micrófono

mild /maɪld/ *adj* (**milder, -est**) **1** (*sabor, etc.*) suave **2** (*enfermedad, castigo*) leve **3** (*clima*) templado: *a mild winter* un invierno suave **4** ligero **5** (*carácter*) apacible

mildew /ˈmɪldjuː; *USA* -duː/ *n* [*incontable*] moho

mildly /ˈmaɪldli/ *adv* ligeramente, un tanto: *mildly surprised* un tanto sorprendido LOC **to put it mildly** por no decir otra cosa, cuando menos

mild-mannered /ˌmaɪld ˈmænəd/ *adj* apacible, manso

mile /maɪl/ *n* **1** milla ➲ *Ver pág 792; Ver tb* FOOD MILE **2 miles** (*coloq*): *He's miles better.* Él es mucho mejor. **3 the mile** [*sing*] carrera de una milla LOC **be miles away** (*coloq*) estar en la inopia ◆ **miles from anywhere** (*coloq*) en el quinto pino ◆ **see, tell, smell, etc. sth a mile off** (*coloq*) notar algo a la legua **mileage** /ˈmaɪlɪdʒ/ *n* **1** recorrido en millas, kilometraje **2** (*coloq*) ventaja: *to get a lot of mileage out of sth* sacarle mucho provecho a algo

milestone /ˈmaɪlstəʊn/ *n* **1** hito **2** mojón (*en carretera*)

milieu /miːˈljɜː/ *n* (*pl* **milieux** *o* **milieus** /-ˈljɜːz/) (*formal*) entorno social

militant /ˈmɪlɪtənt/ *adj, n* militante

military /ˈmɪlətri; *USA* -teri/ *adjetivo, nombre*

▸ *adj* militar

▸ *n* **the military** [*v sing o pl*] los militares, el ejército

militia /məˈlɪʃə/ *n* [*v sing o pl*] milicia **militiaman** *n* (*pl* **-men** /-mən/) miliciano

milk /mɪlk/ *nombre, verbo*

▸ *n* leche: *milk products* productos lácteos LOC *Ver* CRY

▸ *vt* **1** ordeñar **2** (*pey*) (*aprovecharse de*) exprimir

milkman /ˈmɪlkmən/ *n* (*pl* **-men** /-mən/) lechero

milkshake /ˈmɪlkʃeɪk/ *n* batido

milky /ˈmɪlki/ *adj* **1** (*té, café*) con leche **2** lechoso

the ˌMilky ˈWay *n* la Vía Láctea

mill /mɪl/ *nombre, verbo*

▸ *n* **1** molino **2** fábrica: *steel mill* acerería **3** molinillo

▸ *vt* moler PHR V **mill about/around** arremolinarse

millennium /mɪˈleniəm/ *n* (*pl* **millennia** /-niə/ *o* **millenniums**) milenio

millet /ˈmɪlɪt/ *n* mijo

milligram (*tb* **milligramme**) /ˈmɪligræm/ *n* (*abrev* **mg**) miligramo

millilitre (*tb esp USA* **milliliter**) /ˈmɪliliːtə(r)/ *n* (*abrev* **ml**) mililitro

millimetre (*USA* **millimeter**) /ˈmɪlimiːtə(r)/ *n* (*abrev* **mm**) milímetro

million /ˈmɪljən/ *n* millón

> Para referirnos a dos, tres, etc. millones, decimos **two, three, etc. million** sin la "s": *four million euros.* La forma **millions** significa "mucho(s)": *The company is worth millions.* La empresa vale una millonada. ◇ *I have millions of things to do.* Tengo un montón de cosas que hacer. Lo mismo se aplica a las palabras **hundred, thousand** y **billion**.

LOC **one, etc. in a million** excepcional

millionaire /ˌmɪljəˈneə(r)/ *n* millonario, -a

millionth /ˈmɪljənθ/ **1** *adj* millonésimo **2** *n* millonésima parte ➲ *Ver ejemplos en* FIFTH

millipede /ˈmɪlɪpiːd/ *n* milpiés

milometer /maɪˈlɒmɪtə(r)/ *n* cuentakilómetros

mime /maɪm/ *nombre, verbo*
▸ *n* mimo: *a mime artist* un/una mimo
▸ **1** *vt, vi* hacer mímica (de) **2** *vt* imitar

mimic /ˈmɪmɪk/ *verbo, nombre*
▸ *vt* (*pt, pp* **mimicked** *part pres* **mimicking**) imitar
▸ *n* imitador, -ora

mince /mɪns/ *verbo, nombre*
▸ *vt* picar (*carne*) LOC **not mince (your) words** no andarse con rodeos
▸ *n* carne picada

mincemeat /ˈmɪnsmiːt/ *n* relleno de frutas desecadas y especias LOC **make mincemeat of sb** (*coloq*) hacer picadillo a algn

mince ˈpie *n* pastelillo navideño relleno de frutas desecadas y especias

mind /maɪnd/ *nombre, verbo*
▸ *n* **1** mente, cerebro **2** ánimo **3** pensamiento(s): *My mind was on other things.* Estaba pensando en otra cosa. **4** juicio: *to be sound in mind and body* estar sano en cuerpo y alma LOC **be in two minds about (doing) sth** estar indeciso sobre (si hacer) algo ◆ **be on your mind**: *What's on your mind?* ¿Qué te preocupa? ◆ **be out of your mind** estar como una cabra ◆ **come/spring to mind** ocurrírsele a algn ◆ **go out of/lose your mind** volverse loco ◆ **have a good mind/half a mind to do sth** tener ganas de hacer algo ◆ **have a mind of your own** ser una persona de mente independiente ◆ **have sb/sth in mind (for sth)** tener a algn/algo pensado (para algo) ◆ **in your mind's eye** en la imaginación ◆ **make up your mind** decidir(se) ◆ **put/set/turn your mind to sth**; **set your mind on sth** centrarse en algo, proponerse algo ◆ **put/set your/sb's mind at ease/rest** tranquilizarse, tranquilizar a algn ◆ **take your/sb's mind off sth** distraerse, distraer a algn de algo ◆ **to my mind** a mi parecer *Ver tb* BACK, BEAR, CHANGE, CLOSE[1], CROSS, FRAME, GREAT, PREY, SIGHT, SLIP, SOUND, SPEAK, STATE, UPPERMOST
▸ **1** *vt, vi* importar: *Do you mind if I smoke?* ¿Te importa que fume? ◇ *Would you mind going tomorrow?* ¿Te importa ir mañana? ◇ *I wouldn't mind a drink.* No me vendría mal tomar algo. ◇ *I don't mind.* Me da igual. ➲ *Ver nota en* IGUAL **2** *vt, vi* tener cuidado (con): *Mind your head!* ¡Cuidado con la cabeza! **3** *vt* preocuparse de: *Don't mind him.* No le hagas caso. **4** *vt* cuidar de LOC **do you mind?** (*irónico*) ¿Te importa? ◆ **mind you**; **mind** (*coloq*) a decir verdad ◆ **mind your own business** (*coloq*) no meterse en lo que no le importa a uno ◆ **never mind** no importa ◆ **never you mind** (*coloq*) no preguntes *Ver tb* STEP PHR V **mind out (for sb/sth)** tener cuidado (con algn/algo)

mind-blowing /ˈmaɪnd bləʊɪŋ/ *n* (*coloq*) alucinante

mind-boggling /ˈmaɪnd bɒglɪŋ/ *adj* (*coloq*) increíble

minder /ˈmaɪndə(r)/ *n* **1** cuidador, -ora **2** (*guardaespaldas*) gorila

mindful /ˈmaɪndfl/ *adj* (*formal*) consciente

mindless /ˈmaɪndləs/ *adj* tonto

ˈmind map *n* mapa mental

mine /maɪn/ *pronombre, nombre, verbo*
▸ *pron* mío, -a, -os, -as: *a friend of mine* un amigo mío ◇ *Where's mine?* ¿Dónde está la mía? ➲ *Comparar con* MY
▸ *n* mina: *mine worker* minero
▸ **1** *vt* extraer (*minerales*) **2** *vt, vi* minar, excavar minas (en) **3** *vt* sembrar minas en

minefield /ˈmaɪnfiːld/ *n* **1** campo de minas **2** (*fig*) terreno peligroso/delicado

miner /ˈmaɪnə(r)/ *n* minero, -a

mineral /ˈmɪnərəl/ *n* mineral: *mineral water* agua mineral

mingle /ˈmɪŋgl/ **1** *vt, vi* mezclar(se) **2** *vi* charlar con gente (*en una fiesta, reunión, etc.*): *The president mingled with his guests.* El presidente charló con los invitados.

miniature /ˈmɪnətʃə(r); *USA tb* -tʃʊər/ *adj, n* (en) miniatura

minibus /ˈmɪnibʌs/ *n* microbús

minicab /ˈmɪnikæb/ *n* radiotaxi

minidisc /ˈmɪnɪdɪsk/ *n* minidisco

minimal /ˈmɪnɪməl/ *adj* mínimo

minimize, -ise /ˈmɪnɪmaɪz/ *vt* minimizar

minimum /ˈmɪnɪməm/ *adj, n* (*pl* **minima** /-mə/) (*abrev* **min.**) mínimo: *There is a minimum charge of…* Se cobra un mínimo de… ◇ *with a minimum of effort* con un esfuerzo mínimo

mining /ˈmaɪnɪŋ/ *n* minería: *the mining industry* la industria minera

miniskirt /ˈmɪniskɜːt/ *n* minifalda

minister /ˈmɪnɪstə(r)/ *nombre, verbo*
▸ *n* **1** ~ **(for/of sth)** (*Pol*) secretario, -a (de algo) ➲ *Ver nota en* MINISTRO **2** ministro, -a (*protestante*) ➲ *Ver nota en* PRIEST
▸ *v* PHR V **minister to sb/sth** (*formal*) atender a algn/algo

ministerial /ˌmɪnɪˈstɪəriəl/ *adj* ministerial

ministry /ˈmɪnɪstri/ *n* (*pl* **ministries**) **1** (*Pol*) ministerio ➲ *Ver nota en* MINISTERIO **2 the ministry** [*sing*] [*v sing o pl*] el clero (*protestante*): *to*

M

enter/go into/take up the ministry hacerse pastor/sacerdote

minivan /ˈmɪnivæn/ *n* (*esp USA*) monovolumen

mink /mɪŋk/ *n* visón

minor /ˈmaɪnə(r)/ *adjetivo, nombre*

▸ *adj* **1** secundario: *minor repairs* pequeñas reparaciones ◇ *minor offences* delitos menores ◇ *minor injuries* heridas leves **2** (*Mús*) menor

▸ *n* menor de edad

minority /maɪˈnɒrəti; *USA* -ˈnɔːr-/ *n* (*pl* **minorities**) [*v sing o pl*] minoría: *a minority vote* un voto minoritario LOC **be in a/the minority** ser minoría

mint /mɪnt/ *nombre, verbo*

▸ *n* **1** menta **2** caramelo de menta **3** casa de la moneda LOC **in mint condition** en perfectas condiciones

▸ *vt* acuñar

minus /ˈmaɪnəs/ *preposición, nombre, adjetivo*

▸ *prep* **1** menos **2** (*temperatura*) bajo cero: *minus five* cinco bajo cero **3** (*coloq*) sin: *I'm minus my car today.* Estoy sin coche hoy.

▸ *n* **1** (*tb* ˈ**minus sign**) (signo) menos **2** (*coloq*) desventaja: *the pluses and minuses of sth* los pros y los contras de algo

▸ *adj* (*Mat*) negativo

minute¹ /ˈmɪnɪt/ *n* **1** (*abrev* **min.**) minuto: *the minute hand* el minutero **2** [*sing*] (*coloq*) momento: *Wait a minute!/Just a minute!* ¡Un momento! **3** [*sing*] instante: *at that very minute* en ese preciso instante **4 minutes** [*pl*] actas (*de una reunión*) LOC **(at) any minute (now)** en cualquier momento ◆ **not for a/one minute** ni por un segundo ◆ **the minute (that)...** en cuanto...

minute² /maɪˈnjuːt; *USA* -ˈnuːt/ *adj* (*superl* **minutest**) **1** diminuto **2** minucioso **minutely** *adv* minuciosamente

miracle /ˈmɪrəkl/ *n* milagro: *a miracle cure* una cura milagrosa LOC *Ver* WORK **miraculous** /mɪˈrækjələs/ *adj* milagroso: *He had a miraculous escape.* Salió ileso de milagro.

mirage /ˈmɪrɑːʒ, mɪˈrɑːʒ; *USA* məˈrɑːʒ/ *n* espejismo

mirror /ˈmɪrə(r)/ *nombre, verbo*

▸ *n* **1** espejo: *mirror image* réplica exacta/imagen invertida **2** (*en coche*) retrovisor **3** [*sing*] **a ~ of sth** un reflejo de algo

▸ *vt* reflejar

mirth /mɜːθ/ *n* [*incontable*] (*formal*) **1** risa **2** alegría

misadventure /ˌmɪsədˈventʃə(r)/ *n* **1** (*Jur*): *death by misadventure* muerte accidental **2** (*formal*) desgracia

misbehave /ˌmɪsbɪˈheɪv/ *vi* portarse mal **misbehaviour** (*USA* **misbehavior**) /ˌmɪsbɪˈheɪvjə(r)/ *n* mal comportamiento

miscalculation /ˌmɪskælkjuˈleɪʃn/ *n* error de cálculo

miscarriage /ˈmɪskærɪdʒ, ˌmɪsˈkærɪdʒ/ *n* (*Med*) aborto (*espontáneo*) ⊃ *Comparar con* ABORTION LOC **miscarriage of justice** error judicial

miscellaneous /ˌmɪsəˈleɪniəs/ *adj* variado: *miscellaneous expenditure* gastos varios

mischief /ˈmɪstʃɪf/ *n* [*incontable*] travesura, diablura: *to keep out of mischief* no hacer travesuras **mischievous** /ˈmɪstʃɪvəs/ *adj* **1** (*niño*) travieso **2** (*sonrisa*) pícaro

misconception /ˌmɪskənˈsepʃn/ *n* idea equivocada: *It is a popular misconception that...* Es un error corriente el creer que...

misconduct /ˌmɪsˈkɒndʌkt/ *n* (*formal*) **1** mala conducta **2** (*Econ*) mala administración

miser /ˈmaɪzə(r)/ *n* avaro, -a

miserable /ˈmɪzrəbl/ *adj* **1** triste, infeliz **2** miserable: *miserable weather* tiempo de perros ◇ *I had a miserable time.* Lo pasé fatal. **3** despreciable

miserably /ˈmɪzrəbli/ *adv* **1** tristemente **2** miserablemente: *Their efforts failed miserably.* Sus esfuerzos fueron un fracaso total.

miserly /ˈmaɪzəli/ *adj* (*pey*) **1** avaro **2** mísero

misery /ˈmɪzəri/ *n* (*pl* **miseries**) **1** [*incontable*] tristeza, sufrimiento: *a life of misery* una vida de perros **2** miseria, pobreza **3** (*GB, coloq*) aguafiestas, amargado, -a LOC **put sb out of their misery** (*coloq*) sacar a algn de la incertidumbre ◆ **put sth out of its misery** (*animal*) sacrificar a un animal para que no sufra más

misfortune /ˌmɪsˈfɔːtʃuːn/ *n* desgracia

misgiving /ˌmɪsˈɡɪvɪŋ/ *n* [*gen pl*] recelo, duda

misguided /ˌmɪsˈɡaɪdɪd/ *adj* equivocado: *misguided generosity* generosidad mal entendida

mishap /ˈmɪshæp/ *n* **1** contratiempo **2** percance

misinform /ˌmɪsɪnˈfɔːm/ *vt* ~ **sb (about sth)** informar mal a algn (sobre algo)

misinterpret /ˌmɪsɪnˈtɜːprɪt/ *vt* interpretar mal **misinterpretation** *n* interpretación errónea

misjudge /ˌmɪsˈdʒʌdʒ/ *vt* **1** juzgar mal **2** calcular mal

mislay /ˌmɪsˈleɪ/ *vt* (*pt, pp* **mislaid**) extraviar

mislead /ˌmɪsˈliːd/ *vt* (*pt, pp* **misled** /-ˈled/) ~ **sb (about sth)** llevar a algn a conclusiones erróneas (respecto a algo): *Don't be misled by...* No te dejes engañar por... **misleading** *adj* engañoso

mismanagement /ˌmɪsˈmænɪdʒmənt/ *n* mala administración

misogynist /mɪˈsɒdʒɪnɪst/ *n* misógino

misplaced /ˌmɪsˈpleɪst/ *adj* **1** fuera de lugar **2** (*afecto, confianza*) inmerecido

misprint /ˈmɪsprɪnt/ *n* errata

misread /ˌmɪsˈriːd/ *vt* (*pt, pp* **misread** /-ˈred/) **1** interpretar mal **2** leer mal

misrepresent /ˌmɪsˌreprɪˈzent/ *vt* tergiversar (las palabras de), presentar una imagen falsa de

Miss /mɪs/ *n* señorita ➲ *Ver nota en* SEÑORITA

miss 🔑 /mɪs/ *verbo, nombre*

▸ **1** *vt, vi* no acertar, fallar: *to miss your footing* dar un traspié **2** *vt* no ver: *You can't miss it.* No tiene pérdida. ◇ *I missed what you said.* Se me escapó lo que dijiste. ◇ *to miss the point of sth* no captar el significado de algo **3** *vt* echar de menos **4** *vt* perder, no llegar a tiempo a/para **5** *vt* faltar a (*clase*) **6** *vt* sentir/advertir la falta de **7** *vt* evitar: *to narrowly miss (hitting) sth* esquivar algo por un pelo LOC **not miss much**; **not miss a trick** (*coloq*) ser muy espabilado PHR V **miss out (on sth)** (*coloq*) perder la oportunidad (de algo), perderse algo ◆ **miss sb/sth out** olvidarse, saltarse a algn/algo

▸ *n* tiro errado LOC **give sth a miss** (*coloq*) pasar de algo

missile /ˈmɪsaɪl; *USA* ˈmɪsl/ *n* **1** (*Mil*) misil **2** proyectil

missing 🔑 /ˈmɪsɪŋ/ *adj* **1** extraviado **2** que falta: *He has a tooth missing.* Le falta un diente. **3** desaparecido: *missing persons* desaparecidos

mission /ˈmɪʃn/ *n* misión

missionary /ˈmɪʃənri; *USA* -neri/ *n* (*pl* **missionaries**) misionero, -a

mist /mɪst/ *nombre, verbo*

▸ *n* **1** neblina ➲ *Comparar con* FOG, HAZE **2** (*fig*) bruma: *lost in the mists of time* perdido en la noche de los tiempos

▸ *vt, vi* ~ **(sth) up**; ~ **(over)** empañar algo, empañarse

mistake 🔑 /mɪˈsteɪk/ *nombre, verbo*

▸ *n* error, equivocación: *to make a mistake* equivocarse LOC **by mistake** por equivocación

> Las palabras **mistake, error, fault** y **defect** están relacionadas. **Mistake** y **error** significan lo mismo, pero **error** es más formal. **Fault** indica la culpabilidad de una persona: *It's all your fault.* Es todo culpa tuya. También puede indicar una imperfección: *an electrical fault* un fallo eléctrico ◇ *He has many faults.* Tiene muchos defectos. **Defect** es una imperfección más grave. ➲ *Ver tb nota en* ERROR

▸ *vt* (*pt* **mistook** /mɪˈstʊk/, *pp* **mistaken** /mɪˈsteɪkən/) equivocarse de: *I mistook your meaning/what you meant.* Entendí mal lo que dijiste. ◇ *There's no mistaking her.* Es imposible confundirla con nadie. PHR V **mistake sb/sth for sb/sth** confundir a algn/algo con algn/algo

mistaken 🔑 /mɪˈsteɪkən/ *adj* ~ **(about sb/sth)** equivocado (sobre algn/algo): *If I'm not mistaken...* Si no me equivoco... **mistakenly** *adv* erróneamente, por equivocación

mister /ˈmɪstə(r)/ *n* (*abrev* **Mr**) señor

mistletoe /ˈmɪsltəʊ/ *n* muérdago

> En Gran Bretaña, existe una tradición navideña que consiste en besarse debajo de una ramita de muérdago.

mistook *pt de* MISTAKE

mistreat /ˌmɪsˈtriːt/ *vt* maltratar, tratar mal

mistress /ˈmɪstrəs/ *n* **1** amante **2** señora **3** (*de situación, animal*) dueña

mistrust /ˌmɪsˈtrʌst/ *verbo, nombre*

▸ *vt* desconfiar de

▸ *n* ~ **(of sb/sth)** desconfianza (hacia algn/algo)

misty /ˈmɪsti/ *adj* **1** (*tiempo*) con neblina **2** (*fig*) borroso

misunderstand /ˌmɪsʌndəˈstænd/ *vt, vi* (*pt, pp* **misunderstood** /-ˈstʊd/) entender mal **misunderstanding** *n* **1** malentendido **2** desavenencia

misuse /ˌmɪsˈjuːs/ *n* **1** abuso **2** (*palabra*) mal empleo **3** (*fondos*) malversación

mitigate /ˈmɪtɪgeɪt/ *vt* (*formal*) mitigar

mitten /ˈmɪtn/ *n* manopla

mix 🔑 /mɪks/ *verbo, nombre*

▸ **1** *vt, vi* mezclar(se) **2** *vi* ~ **(with sb)** tratar con algn: *She mixes well with other children.* Se relaciona bien con otros niños. LOC **be/get mixed up in sth** estar metido/meterse en algo PHR V **mix sth in (with sth)**; **mix sth into sth** añadir algo (a algo) ◆ **mix sb/sth up (with sb/sth)** confundir a algn/algo con algn/algo

▸ *n* **1** mezcla **2** preparado (*Cocina, etc.*)

mixed 🔑 /mɪkst/ *adj* **1** mixto **2** (*selección*) surtido, variado **3** (*acogida*) desigual **4** (*tiempo*) variable LOC **have mixed feelings (about sb/sth)** tener sentimientos encontrados (sobre algn/algo)

mixed-up /ˌmɪkst ˈʌp/ *adj* (*coloq*) confundido, descentrado: *a mixed-up kid* un chico con problemas

M

mixer /ˈmɪksə(r)/ *n*: *food mixer* robot de cocina LOC **be a good/bad mixer** ser sociable/insociable

mixture /ˈmɪkstʃə(r)/ *n* **1** combinación **2** mezcla

mix-up /ˈmɪks ʌp/ *n* (*coloq*) confusión

moan /məʊn/ *verbo, nombre*
▸ **1** *vt, vi* gemir, decir gimiendo **2** *vi* ~ **(on) (about sb/sth)**; ~ **(on) (at sb)** (*GB, coloq*) quejarse (de algn/algo), quejarse (a algn)
▸ *n* **1** gemido **2** (*GB, coloq*) queja

moat /məʊt/ *n* foso (*de castillo*)

mob /mɒb/ *nombre, verbo*
▸ *n* **1** [*v sing o pl*] muchedumbre, chusma **2** [*v sing o pl*] (*coloq*) pandilla (*de amigos*) **3 the Mob** [*sing*] (*coloq*) la mafia
▸ *vt* (**-bb-**) acosar

mobile /ˈməʊbaɪl; *USA* -bl/ *adjetivo, nombre*
▸ *adj* **1** móvil: *mobile library* biblioteca ambulante ◇ *mobile home* caravana **2** (*persona*) que tiene movilidad **3** (*cara*) cambiante
▸ *n* móvil

ˌmobile ˈphone (*tb* **mobile**) *n* (teléfono) móvil

M

mobility /məʊˈbɪləti/ *n* movilidad

mobilize, -ise /ˈməʊbəlaɪz/ **1** *vt, vi* movilizar(se) **2** *vt* organizar

mock /mɒk/ *verbo, adjetivo, nombre*
▸ *vt, vi* burlarse (de)
▸ *adj* [*sólo antes de sustantivo*] **1** falso, de imitación **2** ficticio: *mock battle* simulacro de combate
▸ *n* (*Educ*) examen de práctica

mockery /ˈmɒkəri/ *n* **1** [*incontable*] burla **2** [*sing*] ~ **(of sth)** (*pey*) parodia (de algo) LOC **make a mockery of sth** ridiculizar algo

mocking /ˈmɒkɪŋ/ *adj* (*expresión, sonrisa, etc.*) burlón

modal /ˈməʊdl/ (*tb* **modal ˈverb**) *n* verbo modal ➲ *Ver pág 384*

mode /məʊd/ *n* **1** medio (*de transporte*) **2** modo (*de producción*) **3** forma (*de pensar, actuar, etc.*) **4** (*Informát, etc.*) modalidad

model /ˈmɒdl/ *nombre, verbo*
▸ *n* **1** modelo **2** maqueta: *scale model* maqueta a escala ◇ *model car* coche en miniatura
▸ (**-ll-**, *USA* **-l-**) **1** *vi* ser modelo **2** *vt*: *The dress was modelled by the designer's daughter.* La hija del diseñador desfiló con el vestido. PHR V **model sth/yourself on sth/sb** tomar algo/a algn como modelo (para algo), inspirarse en algn/algo **modelling** (*USA* **modeling**) *n* **1** trabajo de modelo **2** modelado

modem /ˈməʊdem/ *n* módem

moderate *adjetivo, nombre, verbo*
▸ *adj* /ˈmɒdərət/ moderado: *Cook over a moderate heat.* Cocinar a fuego lento.
▸ *n* /ˈmɒdərət/ moderado, -a
▸ *vt, vi* /ˈmɒdəreɪt/ moderar(se): *a moderating influence* una influencia moderadora **moderation** *n* moderación: *in moderation* con moderación

moderator /ˈmɒdəreɪtə(r)/ *n* **1** mediador, -ora **2** moderador, -ora

modern /ˈmɒdn/ *adj* moderno: *to study modern languages* estudiar idiomas

modernity /məˈdɜːnəti/ *n* modernidad

modernization, -isation /ˌmɒdənaɪˈzeɪʃn; *USA* -nəˈz-/ *n* modernización

modernize, -ise /ˈmɒdənaɪz/ *vt, vi* modernizar(se)

modest /ˈmɒdɪst/ *adj* **1** pequeño, moderado **2** modesto: *to be modest about your achievements* ser modesto respecto a los propios éxitos **3** (*suma, precio*) módico **4** recatado **modesty** /ˈmɒdəsti/ *n* modestia

modify /ˈmɒdɪfaɪ/ *vt* (*pt, pp* **-fied**) modificar ❶ La palabra más normal es **change**. *Ver tb* GENETICALLY MODIFIED

modular /ˈmɒdjələ(r); *USA* -dʒə-/ *adj* modular

module /ˈmɒdjuːl; *USA* -dʒuːl/ *n* módulo

mogul /ˈməʊgl/ *n* magnate

moist /mɔɪst/ *adj* húmedo: *a rich, moist fruit cake* un bizcocho de frutas sabroso y esponjoso ◇ *in order to keep your skin soft and moist* para mantener la piel suave e hidratada

> Tanto **moist** como **damp** se traducen por "húmedo". **Damp** es el término más frecuente y puede tener un matiz negativo: *damp walls* paredes con humedad ◇ *Use a damp cloth.* Use un trapo húmedo. ◇ *cold, damp, rainy weather* tiempo frío, húmedo y lluvioso.

moisten /ˈmɔɪsn/ *vt, vi* humedecer(se) **moisture** /ˈmɔɪstʃə(r)/ *n* humedad **moisturize, -ise** *vt* hidratar **moisturizer, -iser** *n* crema hidratante

molar /ˈməʊlə(r)/ *n* molar, muela

mold, moldy (*USA*) = MOULD, MOULDY

mole /məʊl/ *n* **1** (*Zool, espía*) topo **2** lunar

molecular /məˈlekjələ(r)/ *adj* molecular

molecule /ˈmɒlɪkjuːl/ *n* molécula

molest /məˈlest/ *vt* agredir sexualmente ➲ *Comparar con* BOTHER, DISTURB

mollify /ˈmɒlɪfaɪ/ *vt* (*pt, pp* **-fied**) (*formal*) calmar, apaciguar

mollusc (*USA* **mollusk**) /ˈmɒləsk/ *n* molusco

molten /ˈməʊltən/ *adj* fundido

mom (*USA*) = MUM

moment 🔑 /ˈməʊmənt/ *n* momento, instante: *One moment/Just a moment/Wait a moment.* Un momento. ◇ *I shall only be/I won't be a moment.* Enseguida termino. LOC **at a moment's notice** inmediatamente, casi sin aviso ◆ **(at) any moment (now)** en cualquier momento ◆ **at/for the moment** de momento, por ahora ◆ **not for a/one moment** ni por un segundo ◆ **the moment of truth** la hora de la verdad ◆ **the moment (that)...** en cuanto... *Ver tb* SPUR

momentarily /ˈməʊməntrəli; *USA* ˌməʊmənˈterəli/ *adv* momentáneamente

momentary /ˈməʊməntri; *USA* -teri/ *adj* momentáneo

momentous /məˈmentəs; *USA* məʊˈm-/ *adj* trascendental

momentum /məˈmentəm; *USA* məʊˈm-/ *n* **1** impulso, ímpetu **2** (*Fís*) momento: *to gain/gather momentum* cobrar velocidad

mommy (*USA*) = MUMMY (1)

monarch /ˈmɒnək/ *n* monarca **monarchy** *n* (*pl* **monarchies**) monarquía

monastery /ˈmɒnəstri; *USA* -teri/ *n* (*pl* **monasteries**) monasterio

monastic /məˈnæstɪk/ *adj* monástico

Monday 🔑 /ˈmʌndeɪ, -di/ *n* (*abrev* **Mon.**) lunes

Los nombres de los días de la semana en inglés llevan mayúscula: *every Monday* todos los lunes ◇ *last/next Monday* el lunes pasado/que viene ◇ *the Monday before last/after next* hace dos lunes/dentro de dos lunes ◇ *Monday morning/evening* el lunes por la mañana/tarde ◇ *Monday week/a week on Monday* el lunes que viene no, el siguiente ◇ *I'll see you (on) Monday.* Nos veremos el lunes. ◇ *We usually play tennis on Mondays/on a Monday.* Solemos jugar al tenis los lunes. ◇ *The museum is open Monday to Friday.* El museo abre de lunes a viernes. ◇ *Did you read the article in Monday's paper?* ¿Leíste el artículo en el periódico del lunes?

monetary /ˈmʌnɪtri; *USA* -teri/ *adj* monetario

money 🔑 /ˈmʌni/ *n* [*incontable*] dinero: *to spend/save money* gastar/ahorrar dinero ◇ *to earn/make money* ganar/hacer dinero ◇ *money worries* preocupaciones económicas LOC **get your money's worth** recibir buena calidad (*en una compra o un servicio*) *Ver tb* OBJECT, POT, ROLL

mongrel /ˈmʌŋgrəl/ *n* perro sin raza definida

monitor 🔑 /ˈmɒnɪtə(r)/ *nombre, verbo*
▶ *n* **1** (*TV, Informát*) monitor ➲ *Ver dibujo en* ORDENADOR **2** (*elecciones*) observador, -ora
▶ *vt* **1** controlar, observar **2** monitorizar **3** (*Radio, llamadas, programas*) escuchar **monitoring** *n* control, supervisión

monk /mʌŋk/ *n* monje

monkey /ˈmʌŋki/ *n* (*pl* **monkeys**) **1** mono **2** (*coloq*) (*niño*) diablillo

monogamous /məˈnɒgəməs/ *adj* monógamo

monogamy /məˈnɒgəmi/ *n* monogamia

monolith /ˈmɒnəlɪθ/ *n* (*Hist*) monolito

monologue (*USA tb* **monolog**) /ˈmɒnəlɒg; *USA* -lɔːg/ *n* monólogo

monopolize, -ise /məˈnɒpəlaɪz/ *vt* monopolizar

monopoly /məˈnɒpəli/ *n* (*pl* **monopolies**) monopolio

monotonous /mɒˈnɒtənəs/ *adj* monótono

monoxide /mɒˈnɒksaɪd/ *n* monóxido

monsoon /ˌmɒnˈsuːn/ *n* **1** monzón **2** época de los monzones

monster /ˈmɒnstə(r)/ *n* monstruo

monstrosity /mɒnˈstrɒsəti/ *n* (*pl* **monstrosities**) monstruosidad

monstrous /ˈmɒnstrəs/ *adj* monstruoso

month 🔑 /mʌnθ/ *n* mes: *15 euros a month* 15 euros al mes ◇ *I haven't seen her for months.* Hace meses que no la veo.

monthly /ˈmʌnθli/ *adjetivo, adverbio, nombre*
▶ *adj* mensual
▶ *adv* mensualmente
▶ *n* (*pl* **monthlies**) publicación mensual

monument /ˈmɒnjumənt/ *n* monumento **monumental** /ˌmɒnjuˈmentl/ *adj* **1** excepcional **2** (*error, etc.*) garrafal ❶ En los sentidos 1 y 2, suele usarse delante del sustantivo. **3** monumental

moo /muː/ *vi* (*pt, pp* **mooed** *part pres* **mooing**) mugir

mood 🔑 /muːd/ *n* **1** humor: *to be in a good/bad mood* estar de buen/mal humor **2** mal humor: *He's in a mood.* Está de mal humor. **3** ambiente **4** (*Gram*) modo LOC **be in the mood/in no mood to do sth/for (doing) sth** estar/no estar de humor para (hacer) algo

moodiness /ˈmuːdinəs/ *n* [*incontable*] **1** humor cambiante **2** mal humor

moody /ˈmuːdi/ *adj* (**moodier**, **-iest**) **1** de humor cambiante **2** malhumorado

moon 🔑 /muːn/ *nombre, verbo*
▶ *n* luna LOC **over the moon** (*coloq*) loco de contento

M

▸ *v* PHR V **moon about/around** (*GB, coloq*) ir de aquí para allá distraídamente

moonlight /ˈmuːnlaɪt/ *nombre, verbo*
▸ *n* luz de la luna
▸ *vi* (*pt, pp* **-lighted**) (*coloq*) estar pluriempleado **moonlit** /ˈmuːnlɪt/ *adj* iluminado por la luna

moor /mɔː(r), mʊə(r)/ *nombre, verbo*
▸ *n* (*tb* **moorland** /ˈmɔːlənd, ˈmʊə-/) páramo
▸ *vt, vi* ~ **(sth) (to sth)** amarrar (algo) (a algo), echar amarras **mooring** *n* **1 moorings** [*pl*] amarras **2** amarradero

Moorish /ˈmɔːrɪʃ, ˈmʊə-/ *adj* morisco, moro

moose /muːs/ *n* (*pl* **moose**) alce

mop /mɒp/ *nombre, verbo*
▸ *n* **1** fregona **2** (*pelo*) pelambrera
▸ *vt* **(-pp-) 1** limpiar, fregar **2** (*cara*) enjugarse PHR V **mop sth up** limpiar algo

mope /məʊp/ *vi* estar deprimido PHR V **mope about/around (sth)** (*pey*) andar deprimido (por...)

moped /ˈməʊped/ *n* ciclomotor

moral /ˈmɒrəl; *USA* ˈmɔːrəl/ *adjetivo, nombre*
▸ *adj* **1** moral **2** *a moral tale* un cuento con moraleja
▸ *n* **1 morals** [*pl*] moralidad **2** moraleja

M

morale /məˈrɑːl; *USA* məˈræl/ *n* moral (*ánimo*)

moralistic /ˌmɒrəˈlɪstɪk; *USA* ˌmɔːr-/ *adj* (*gen pey*) moralista

morality /məˈræləti/ *n* moral, moralidad: *standards of morality* valores morales

moralize, -ise /ˈmɒrəlaɪz; *USA* ˈmɔːr-/ *vi* (*gen pey*) moralizar

morally /ˈmɒrəli; *USA* ˈmɔːr-/ *adv* moralmente: *to behave morally* comportarse honradamente

morbid /ˈmɔːbɪd/ *adj* morboso

more /mɔː(r)/ *adjetivo, pronombre, adverbio*
▸ *adj, pron* más: *more than 50* más de 50 ◇ *more money than sense* más dinero que buen sentido ◇ *more food than could be eaten* más comida de la que se podía comer ◇ *You've had more to drink than me/than I have.* Has bebido más que yo. ◇ *I hope we'll see more of you.* Espero que te veamos más a menudo.
▸ *adv* **1** más ❶ Se usa para formar comparativos de adjetivos y adverbios de dos o más sílabas: *more quickly* más de prisa ◇ *more expensive* más caro. **2** más: *once more* una vez más ◇ *It's more of a hindrance than a help.* Estorba más que ayuda. ◇ *That's more like it!* ¡Eso es! ◇ *even more so* aún más *Ver tb* ANY MORE LOC **be more than happy, glad, willing, etc. to do sth** hacer algo con mucho gusto ◆ **more and more** cada vez más, más y más ◆ **more or less** más o menos: *more or less finished* casi terminado ◆ **the more, less, etc...., the more, less, etc....** cuanto más, menos, etc...., más, menos, etc.... ◆ **what is more** es más, además *Ver tb* ALL

moreover /mɔːrˈəʊvə(r)/ *adv* (*formal*) además, por otra parte

morgue /mɔːg/ *n* depósito de cadáveres

morning /ˈmɔːnɪŋ/ *n* **1** mañana: *on Sunday morning* el domingo por la mañana ◇ *tomorrow morning* mañana por la mañana ◇ *on the morning of the wedding* la mañana de la boda ◇ *a morning paper/flight* un periódico/vuelo matutino **2** madrugada: *in the early hours of Monday morning* en la madrugada del lunes ◇ *at two in the morning* a las dos de la madrugada LOC **good morning** buenos días ❶ En el uso familiar, muchas veces se dice simplemente **morning** en vez de **good morning**. ◆ **in the morning 1** por la mañana: *ten o'clock in the morning* las diez de la mañana **2** (*del día siguiente*): *I'll ring her up in the morning.* La llamaré mañana por la mañana.

Utilizamos la preposición **in** con **morning**, **afternoon** y **evening** para indicar una parte concreta del día: *at three o'clock in the afternoon* a las tres de la tarde, y **on** cuando se refiere a un punto en el calendario: *on a cool May morning* en una fría mañana de mayo ◇ *on Monday afternoon* el lunes por la tarde ◇ *on the morning of the 2nd of June* el dos de junio por la mañana. Sin embargo, en combinación con **this**, **that**, **tomorrow** y **yesterday** no se usa preposición: *They'll leave this evening.* Se marchan esta tarde. ◇ *I saw her yesterday morning.* La vi ayer por la mañana.

moron /ˈmɔːrɒn/ *n* (*coloq*) imbécil

morose /məˈrəʊs/ *adj* huraño

morphine /ˈmɔːfiːn/ *n* morfina

Morse code /ˌmɔːs ˈkəʊd/ *n* código morse

morsel /ˈmɔːsl/ *n* bocado

mortal /ˈmɔːtl/ *adj, n* mortal **mortality** /mɔːˈtæləti/ *n* **1** mortalidad **2** mortandad

mortar /ˈmɔːtə(r)/ *n* **1** argamasa, mortero **2** (*cañón, almirez*) mortero

mortgage /ˈmɔːgɪdʒ/ *nombre, verbo*
▸ *n* hipoteca: *mortgage (re)payment* pago hipotecario
▸ *vt* hipotecar

mortician /mɔːˈtɪʃn/ *n* (*USA*) agente funerario, -a

mortify /ˈmɔːtɪfaɪ/ *vt* (*pt, pp* **-fied**) humillar

mortuary /ˈmɔːtʃəri; *USA* -tʃueri/ *n* (*pl* **mortuaries**) depósito de cadáveres

mosaic /məʊˈzeɪɪk/ *n* mosaico

Moslem = MUSLIM

mosque /mɒsk/ *n* mezquita

mosquito /məsˈkiːtəʊ/ *n* (*pl* **mosquitoes**) mosquito: *mosquito net* mosquitera

moss /mɒs; *USA* mɔːs/ *n* musgo

most /məʊst/ *adjetivo, pronombre, adverbio*

▸ *adj* **1** más, la mayor parte de: *Who got (the) most votes?* ¿Quién consiguió más votos? ◇ *We spent most time in Rome.* Pasamos la mayor parte del tiempo en Roma. **2** la mayoría de, casi todo: *most days* casi todos los días

▸ *pron* **1** *I ate (the) most.* Yo fui el que más comió. ◇ *the most I could offer you* lo máximo que le podría ofrecer **2** ~ **(of sb/sth)** la mayoría (de algn/algo): *most of the day* casi todo el día ◇ *Most of you know.* La mayoría de vosotros lo sabe.

Most es el superlativo de **much** y de **many** y se usa con sustantivos incontables o en plural: *Who's got most time?* ¿Quién es el que tiene más tiempo? ◇ *most children* la mayoría de los niños. Sin embargo, delante de pronombres o cuando el sustantivo al que precede lleva **the** o un adjetivo posesivo o demostrativo, se usa **most of**: *most of my friends* la mayoría de mis amigos ◇ *most of us* la mayoría de nosotros ◇ *most of these records* la mayoría de estos discos.

▸ *adv* **1** más: *This is the most interesting book I've read for a long time.* Este es el libro más interesante que he leído en mucho tiempo. ◇ *What upset me (the) most was that...* Lo que más me dolió fue que... ◇ *most of all* sobre todo **2** muy: *most likely* muy probablemente LOC **at (the) most** como mucho/máximo

mostly /ˈməʊstli/ *adv* principalmente, por lo general

moth /mɒθ; *USA* mɔːθ/ *n* **1** mariposa nocturna **2** polilla

mother /ˈmʌðə(r)/ *nombre, verbo*

▸ *n* madre: *mother-to-be* futura madre ◇ *mother tongue* lengua materna

▸ *vt* **1** criar **2** mimar **motherhood** *n* maternidad

mother-in-law /ˈmʌðər ɪn lɔː/ *n* (*pl* **mothers-in-law**) suegra

motherly /ˈmʌðəli/ *adj* maternal

mother-of-pearl /ˌmʌðər əv ˈpɜːl/ *n* nácar

ˈ**Mother's Day** *n* día de la madre

mother-to-be /ˌmʌðə tə ˈbiː/ *n* (*pl* **mothers-to-be**) futura madre

motif /məʊˈtiːf/ *n* **1** motivo, adorno **2** tema

motion /ˈməʊʃn/ *nombre, verbo*

▸ *n* **1** movimiento **2** (*en reunión*) moción LOC **go through the motions (of doing sth)** hacer algo maquinalmente/por cumplir con las formalidades ◆ **put/set sth in motion** poner algo en marcha *Ver tb* SLOW

▸ *vt, vi* ~ **to sb (to do sth)**; ~ **(for) sb to do sth** hacer señas a algn para que haga algo: *to motion sb in* indicar a algn que entre

motionless /ˈməʊʃnləs/ *adj* inmóvil

motivate /ˈməʊtɪveɪt/ *vt* motivar

motivation /ˌməʊtɪˈveɪʃn/ *n* motivación

motive /ˈməʊtɪv/ *n* ~ **(for sth)** motivo, móvil (de algo): *He had an ulterior motive.* Iba detrás de algo. ❶ La traducción normal de *motivo* es **reason**.

motocross /ˈməʊtəʊkrɒs; *USA* -krɔːs/ *n* motocross

motor /ˈməʊtə(r)/ *n* **1** motor ➲ *Ver nota en* ENGINE **2** (*antic o hum*) coche

motorbike /ˈməʊtəbaɪk/ *n* moto

motorboat /ˈməʊtəbəʊt/ *n* lancha motora

ˈ**motor car** *n* (*GB, formal*) coche

motorcycle /ˈməʊtəsaɪkl/ *n* motocicleta

motorcycling /ˈməʊtəsaɪklɪŋ/ *n* motociclismo

motorcyclist /ˈməʊtəsaɪklɪst/ *n* motociclista

motorhome /ˈməʊtəhəʊm/ *n* autocaravana

motoring /ˈməʊtərɪŋ/ *n*: *a motoring offence* una infracción de tráfico

motorist /ˈməʊtərɪst; *USA* ˈmoʊ-/ *n* conductor, -ora de coche

motorized, -ised /ˈməʊtəraɪzd/ *adj* motorizado

ˈ**motor racing** *n* carreras de coches, automovilismo

motorway /ˈməʊtəweɪ/ *n* autopista

mottled /ˈmɒtld/ *adj* moteado

motto /ˈmɒtəʊ/ *n* (*pl* **mottoes** *o* **mottos**) lema

mould (*USA* **mold**) /məʊld/ *verbo, nombre*

▸ *vt* moldear

▸ *n* **1** molde **2** moho **mouldy** (*USA* **moldy**) *adj* mohoso: *to go mouldy* enmohecerse

mound /maʊnd/ *n* **1** montículo **2** montón

mount /maʊnt/ *verbo, nombre*

▸ **1** *vt* organizar, montar **2** *vi* crecer **3** *vt* (*caballo, etc.*) subirse a **4** *vt* (*cuadro*) enmarcar **5** *vt* instalar PHR V **mount up** acumularse

▸ *n* **1 Mount** (*abrev* **Mt**) monte **2** soporte, montura **3** (*de cuadro*) paspartú

M

mountain 🔑 /ˈmaʊntən/ *n* **1** montaña: *mountain range* cordillera **2 the mountains** [*pl*] (*por contraste con la costa*) la montaña **3 ~ of sth** (*coloq*) montaña de algo

ˈ**mountain bike** *n* bicicleta de montaña

ˈ**mountain biking** *n* ciclismo de montaña

mountaineer /ˌmaʊntəˈnɪə(r); *USA* ˌmaʊntnˈɪr/ *n* alpinista **mountaineering** *n* alpinismo

mountainous /ˈmaʊntənəs/ *adj* montañoso

mountainside /ˈmaʊntənsaɪd/ *n* falda de la montaña

mounting /ˈmaʊntɪŋ/ *adj* creciente

mourn /mɔːn/ **1** *vt, vi* ~ **(sth/for sth)** lamentar algo, lamentarse **2** *vt, vi* ~ **sb/for sb** llorar la muerte de algn **3** *vi* estar de luto **mourner** *n* doliente **mournful** *adj* triste, lúgubre **mourning** *n* luto, duelo: *in mourning* de luto

mouse 🔑 /maʊs/ *nombre, verbo*

▸ *n* **1** (*pl* **mice** /maɪs/) ratón **2** (*pl* **mice** *o* **mouses**) (*Informát*) ratón ➲ *Ver dibujo en* ORDENADOR

▸ *v* PHR V **mouse over sth** (*Informát*) mover/pasar el ratón sobre algo

ˈ**mouse mat** (*tb esp USA* ˈ**mouse pad**) *n* (*Informát*) alfombrilla (para ratón)

mousetrap /ˈmaʊstræp/ *n* ratonera (*trampa*)

mousse /muːs/ *n* **1** mousse **2** espuma (*para el pelo*)

moustache (*USA* **mustache**) /məˈstɑːʃ; *USA* məˈstæʃ, ˈmʌstæʃ/ *n* bigote(s)

mouth 🔑 /maʊθ/ *n* (*pl* **mouths** /maʊðz/) **1** boca **2** desembocadura (*de río*) LOC *Ver* LOOK, MELT **mouthful** *n* **1** bocado **2** (*líquido*) trago

ˈ**mouth organ** *n* armónica

mouthpiece /ˈmaʊθpiːs/ *n* **1** micrófono (*de teléfono*) **2** (*Mús*) boquilla **3** ~ **(of/for sb)** portavoz (de algn)

mouthwash /ˈmaʊθwɒʃ/ *n* enjuague bucal

movable (*tb* **moveable**) /ˈmuːvəbl/ *adj* movible

move 🔑 /muːv/ *verbo, nombre*

▸ **1** *vi* mover(se): *Don't move!* ¡No te muevas! ◇ *It's your turn to move.* Te toca mover. **2** *vt, vi* trasladar(se), cambiar(se) (de sitio): *He has been moved to London.* Lo han trasladado a Londres. ◇ *I'm going to move the car before they give me a ticket.* Voy a cambiar el coche de sitio antes de que me pongan una multa. ◇ *They sold the house and moved to Scotland.* Vendieron la casa y se trasladaron a Escocia. **3** *vt* conmover **4** *vt* ~ **sb (to do sth)** (*formal*) inducir a algn (a hacer algo) LOC **get (sth) moving** ponerse/poner algo en marcha ◆ **move house** cambiar de casa, mudarse *Ver tb* KILL PHR V **move about/around** moverse (de acá para allá) ◆ **move ahead/forward** avanzar ◆ **move away** alejarse ◆ **move sth away** alejar algo ◆ **move in**; **move into sth** instalarse (en algo), mudarse (a algo) ◆ **move on (to sth)** pasar a otra cosa, pasar a algo ◆ **move out** mudarse: *They had to move out.* Tuvieron que dejar la casa.

▸ *n* **1** paso: *to make the first move* dar el primer paso **2** movimiento **3** mudanza (*de casa*) **4** cambio (*de trabajo*) **5** (*Ajedrez, etc.*) jugada, turno LOC **get a move on** (*coloq*) darse prisa ◆ **make a move 1** actuar **2** (*GB, coloq*) ponerse en marcha *Ver tb* FALSE

movement 🔑 /ˈmuːvmənt/ *n* **1** movimiento **2** ~ **(towards/away from sth)** tendencia (hacia/a distanciarse de algo)

movie 🔑 /ˈmuːvi/ *n* (*esp USA*) película (*de cine*): *to go to the movies* ir al cine ◇ *movie stars* estrellas de cine

ˈ**movie theater** 🔑 *n* (*USA*) cine (*local*)

moving 🔑 /ˈmuːvɪŋ/ *adj* **1** conmovedor **2** móvil

mow /məʊ/ *vt* (*pt* **mowed** *pp* **mown** /məʊn/ *o* **mowed**) segar, cortar PHR V **mow sb down 1** acribillar a algn **2** atropellar a algn **mower** *n* cortacésped

MP /ˌem ˈpiː/ *n* (*abrev de* **Member of Parliament**) diputado, -a ➲ *Ver nota en* PARLIAMENT

MP3 player /ˌem piː ˈθriː pleɪə(r)/ *n* MP3

MPV /ˌem piː ˈviː/ *n* (*abrev de* **multi-purpose vehicle**) monovolumen

Mr 🔑 (*tb esp USA* **Mr.**) /ˈmɪstə(r)/ *abrev* señor

Mrs 🔑 (*tb esp USA* **Mrs.**) /ˈmɪsɪz/ *abrev* señora

Ms 🔑 (*tb esp USA* **Ms.**) /mɪz, məz/ *abrev* señora, señorita ➲ *Ver nota en* SEÑORITA

MSP /ˌem es ˈpiː/ *n* (*abrev de* **Member of the Scottish Parliament**) diputado, -a en el parlamento escocés

much 🔑 /mʌtʃ/ *adjetivo, pronombre, adverbio*

▸ *adj, pron* mucho: *so much traffic* tanto tráfico ◇ *How much is it?* ¿Cuánto es? ◇ *as much as you can/as possible* todo lo que puedas/todo lo posible ◇ *for much of the day* la mayor parte del día ➲ *Ver notas en* MANY *y* MUCHO LOC **not much of a...**: *He's not much of an actor.* No es gran cosa como actor. *Ver tb* AS, HOW, SO, TOO

▸ *adv* mucho: *Much to her surprise...* Para gran sorpresa suya... ◇ *much-needed* muy necesario ◇ *much too cold* demasiado frío LOC **much as** por más que ◆ **much the same** prácticamente igual

muck /mʌk/ *nombre, verbo*

▸ *n* **1** estiércol **2** (*esp GB, coloq*) porquería

▸ *v* PHR V **muck about/around** (*GB, coloq*) **1** hacer el bobo **2** pasar el rato ◆ **muck sth up** (*esp GB, coloq*) **1** fastidiar algo **2** ensuciar algo

mucky /ˈmʌki/ *adj* (*esp GB, coloq*) sucio

mucus /ˈmjuːkəs/ *n* [*incontable*] mucosidad

mud /mʌd/ *n* barro, lodo LOC *Ver* CLEAR

muddle /ˈmʌdl/ *verbo, nombre*

▸ *vt* **1** ~ **sth (up)** revolver algo **2** ~ **sb (up)** confundir a algn **3** ~ **sth (up)** armarse un lío con algo **4** ~ **A (up) with B** confundir A con B

▸ *n* **1** ~ **(about/over sth)** confusión, lío (con algo): *to get (yourself) into a muddle* armarse un lío **2** desorden

muddled /ˈmʌdld/ *adj* enrevesado

muddy /ˈmʌdi/ *adj* (**muddier**, **-iest**) **1** embarrado: *muddy footprints* pisadas de barro **2** turbio, poco claro

mudguard /ˈmʌdɡɑːd/ *n* guardabarros

muesli /ˈmjuːzli/ *n* [*incontable*] muesli

muffin /ˈmʌfɪn/ *n* **1** bollo que se come tostado con mantequilla **2** magdalena

muffled /ˈmʌfld/ *adj* **1** (*grito*) ahogado **2** (*voz*) apagado

mug /mʌɡ/ *nombre, verbo*

▸ *n* **1** taza (alta) **2** jarra (*para cerveza*) ➲ *Ver dibujo en* CUP **3** (*argot*) jeta **4** (*coloq*) bobo, -a LOC **a mug's game** (*pey*) cosa de idiotas

▸ *vt* (**-gg-**) atracar **mugger** *n* atracador, -ora **mugging** *n* atraco

muggy /ˈmʌɡi/ *adj* bochornoso: *It's muggy today.* Hoy hace bochorno.

mulberry /ˈmʌlbəri; *USA* -beri/ *n* **1** (*tb* ˈ**mulberry tree**) morera **2** mora **3** color morado

mule /mjuːl/ *n* mulo, -a

mull /mʌl/ *v* PHR V **mull sth over** darle vueltas a algo

multicellular /ˌmʌltiˈseljələ(r)/ *adj* (*Biol*) pluricelular

multicoloured (*USA* **multicolored**) /ˌmʌltiˈkʌləd/ *adj* multicolor

multicultural /ˌmʌltiˈkʌltʃərəl/ *adj* multicultural **multiculturalism** *n* multiculturalismo

multilingual /ˌmʌltiˈlɪŋɡwəl/ *adj* políglota

multimedia /ˌmʌltiˈmiːdiə/ *adj* multimedia

multinational /ˌmʌltiˈnæʃnəl/ *adj, n* multinacional

multiple /ˈmʌltɪpl/ *adjetivo, nombre*

▸ *adj* múltiple

▸ *n* múltiplo

multiple-choice /ˌmʌltɪpl ˈtʃɔɪs/ *adj* de elección múltiple: *multiple-choice test* examen tipo test

multiple sclerosis /ˌmʌltɪpl skləˈrəʊsɪs/ *n* (*abrev* **MS**) [*incontable*] esclerosis múltiple

multiplex /ˈmʌltɪpleks/ (*tb* ˌ**multiplex** ˈ**cinema**) *n* cine multisalas

multiplication /ˌmʌltɪplɪˈkeɪʃn/ *n* multiplicación: *multiplication table/sign* tabla/signo de multiplicar

multiply /ˈmʌltɪplaɪ/ *vt, vi* (*pt, pp* **-plied**) multiplicar(se)

multi-purpose /ˌmʌlti ˈpɜːpəs/ *adj* multiuso

multiracial /ˌmʌltiˈreɪʃl/ *adj* multirracial

multi-storey /ˌmʌlti ˈstɔːri/ *adj* de varios pisos: *multi-storey car park* aparcamiento de varios pisos

multitasking /ˌmʌltiˈtɑːskɪŋ; *USA* -ˈtæsk-/ *n* [*incontable*] **1** (*Informát*) (función) multitarea **2** el poder realizar varias tareas a la vez

multitude /ˈmʌltɪtjuːd; *USA* -tuːd/ *n* (*formal*) multitud

mum /mʌm/ (*USA* **mom** /mɒm/) *n* (*coloq*) mamá

mumble /ˈmʌmbl/ *vt, vi* musitar, farfullar: *Don't mumble.* Habla alto y claro.

mummified /ˈmʌmɪfaɪd/ *adj* momificado

mummy /ˈmʌmi/ *n* (*pl* **mummies**) **1** (*USA* **mommy** /ˈmɒmi/) (*coloq*) mamá **2** momia

mumps /mʌmps/ *n* [*incontable*] paperas

munch /mʌntʃ/ *vt, vi* ~ **(on/at) sth** ronchar, mascar algo

mundane /mʌnˈdeɪn/ *adj* corriente, mundano

municipal /mjuːˈnɪsɪpl/ *adj* municipal

munitions /mjuːˈnɪʃnz/ *n* [*pl*] municiones

mural /ˈmjʊərəl/ *n* mural

murder /ˈmɜːdə(r)/ *nombre, verbo*

▸ *n* asesinato, homicidio ➲ *Ver nota en* ASESINAR LOC **be murder** (*coloq*) ser una pesadilla, ser de locos: *It's murder trying to park round here.* Es una pesadilla aparcar aquí. ◆ **get away with murder** (*coloq*) hacer lo que le dé la gana a uno

▸ *vt* asesinar, matar ➲ *Ver nota en* ASESINAR **murderer** *n* asesino, -a **murderous** *adj* homicida: *a murderous look* una mirada asesina

murky /ˈmɜːki/ *adj* (**murkier**, **-iest**) **1** (*agua, asunto*) turbio **2** (*día, etc.*) sombrío

murmur /ˈmɜːmə(r)/ *verbo, nombre*

▸ *vt, vi* susurrar

▸ *n* murmullo LOC **without a murmur** sin rechistar

muscle /ˈmʌsl/ *nombre, verbo*

▸ *n* **1** músculo: *a muscle injury* una lesión muscular ◇ *Don't move a muscle!* ¡No muevas (ni) un pelo! **2** (*fig*) poder

▸ *v* PHR V **muscle in (on sb/sth)** (*coloq, pey*) meterse por medio (en algo)

M

muscular /ˈmʌskjələ(r)/ *adj* **1** muscular **2** musculoso

muse /mju:z/ *nombre, verbo*
▸ *n* musa
▸ **1** *vi* ~ **(about/over/on/upon sth)** meditar (algo), reflexionar (sobre algo) **2** *vt*: *'How interesting!' he mused.* —¡Qué interesante!, dijo pensativo.

museum /mju:ˈzi:əm/ *n* museo

En Gran Bretaña, se utilizan normalmente las palabras **gallery** o **art gallery** para referirse a museos en los que se exponen principalmente cuadros y esculturas.

mushroom /ˈmʌʃru:m, -rʊm/ *nombre, verbo*
▸ *n* seta, champiñón
▸ *vi* crecer rápidamente

mushy /ˈmʌʃi/ *adj* **1** blando **2** (*coloq, pey*) sensiblero

music /ˈmju:zɪk/ *n* **1** música: *a piece of music* una pieza musical **2** (*texto*) partitura

musical /ˈmju:zɪkl/ *adjetivo, nombre*
▸ *adj* musical, de música: *to be musical* tener talento para la música
▸ *n* (comedia) musical

ˈ**music hall** *n* teatro de variedades

musician /mju:ˈzɪʃn/ *n* músico, -a

musk /mʌsk/ *n* (perfume de) almizcle

Muslim /ˈmʊzlɪm, ˈmʌz-, -ləm/ (*tb* **Moslem** /ˈmɒzləm/) *adj, n* musulmán, -ana

mussel /ˈmʌsl/ *n* mejillón

must *verbo, nombre*
▸ *v modal* /məst, mʌst/ (*neg* **must not** *o* **mustn't** /ˈmʌsnt/)

Must es un verbo modal al que sigue un infinitivo sin **to** y las oraciones interrogativas y negativas se construyen sin el auxiliar **do**: *Must you go?* ¿Tienes que irte? ◇ *We mustn't tell her.* No debemos decírselo. **Must** sólo tiene la forma del presente: *I must leave early.* Tengo que salir temprano. Cuando necesitamos otras formas utilizamos **have to**: *He'll have to come tomorrow.* Tendrá que venir mañana. ◇ *We had to eat quickly.* Tuvimos que comer rápido.

• **obligación y prohibición** deber, tener que: *'Must you go so soon?' 'Yes, I must.'* —¿Tienes que irte tan pronto? —Sí.

Must se emplea para dar órdenes o para hacer que alguien o uno mismo siga un determinado comportamiento: *The children must be back by four.* Los niños tienen que volver a las cuatro. ◇ *I must stop smoking.* Tengo que dejar de fumar. Cuando las órdenes son impuestas por un agente externo, p. ej. por una ley, una regla, etc., usamos **have to**: *The doctor says I have to stop smoking.* El médico dice que tengo que dejar de fumar. ◇ *You have to send it before Tuesday.* Tiene que mandarlo antes del martes. En oraciones negativas, **must not** o **mustn't** expresan una prohibición: *You mustn't open other people's post.* No debes abrir el correo de otras personas. Sin embargo, **haven't got to** o **don't have to** expresan que algo no es necesario, es decir, que hay una ausencia de obligación: *You don't have to go if you don't want to.* No tienes que ir si no quieres.

⊃ *Comparar con* SHOULD LOC **if I, you, etc. must** si no hay más remedio

• **sugerencia** tener que: *You must come to lunch one day.* Tienes que venir a comer un día de estos. ℹ En la mayoría de los casos, para hacer sugerencias y dar consejos se usa **ought to** o **should**.

• **probabilidad** deber de: *You must be hungry.* Debes de tener hambre. ◇ *You must be Mr Smith.* Vd. debe de ser el señor Smith.

▸ *n* /mʌst/ (*coloq*): *It's a must.* Es imprescindible. ◇ *His new book is a must.* No te puedes perder su último libro.

mustache (*USA*) = MOUSTACHE

mustard /ˈmʌstəd/ *n* **1** (*planta, semilla y salsa*) mostaza **2** color mostaza

muster /ˈmʌstə(r)/ *vt* ~ **sth (up)** reunir algo: *to muster (up) a smile/enthusiasm* conseguir sonreír/mostrar entusiasmo

musty /ˈmʌsti/ *adj* rancio: *to smell musty* oler a rancio

mutant /ˈmju:tənt/ *adj, n* mutante

mutate /mju:ˈteɪt; *USA* ˈmju:teɪt/ *vi* ~ **(into sth)** **1** (*Biol*) mutar (a algo) **2** transformarse (en algo) **mutation** *n* mutación

mute /mju:t/ *adjetivo, nombre, verbo*
▸ *adj* mudo
▸ *n* (*Mús*) sordina
▸ *vt* **1** (*Mús*) poner sordina a **2** amortiguar

muted /ˈmju:tɪd/ *adj* **1** (*sonidos, colores*) apagado **2** (*crítica, etc.*) velado

mutilate /ˈmju:tɪleɪt/ *vt* mutilar

mutinous /ˈmju:tənəs/ *adj* rebelde

mutiny /ˈmju:təni/ *n* (*pl* **mutinies**) motín

mutter /ˈmʌtə(r)/ **1** *vt, vi* ~ **(sth) (to sb) (about sth)** murmurar (algo) (a algn) (sobre algo), hablar entre dientes **2** *vi* ~ **(about sth)** refunfuñar (de/ por algo)

mutton /ˈmʌtn/ *n* (carne de) carnero ➲ *Ver nota en* CARNE

mutual /ˈmjuːtʃuəl/ *adj* **1** mutuo **2** común: *a mutual friend* un amigo común **mutually** *adv* mutuamente: *mutually beneficial* beneficioso para ambas partes

muzzle /ˈmʌzl/ *nombre, verbo*
▸ *n* **1** hocico **2** bozal **3** boca (*de pistola, etc.*)
▸ *vt* **1** poner bozal a **2** (*fig*) amordazar

my /maɪ/ *adj* mi, mío: *It was my fault.* Ha sido culpa mía/mi culpa. ◇ *My God!* ¡Dios mío!

En inglés se usa el posesivo delante de partes del cuerpo y prendas de vestir: *My feet are cold.* Tengo los pies fríos. ➲ *Comparar con* MINE

myopia /maɪˈəʊpiə/ *n* (*formal*) miopía **myopic** /maɪˈɒpɪk/ *adj* (*formal*) miope

myself /maɪˈself/ *pron* **1** [*uso reflexivo*] me: *I cut myself.* Me corté. ◇ *I said to myself...* Me dije... **2** [*uso enfático*] yo mismo, -a: *I myself will do it.* Yo misma lo haré. LOC **(all) by myself** (completamente) solo

mysterious /mɪˈstɪəriəs/ *adj* misterioso **mysteriously** *adv* misteriosamente

mystery /ˈmɪstri/ *n* (*pl* **mysteries**) **1** misterio: *It's a mystery to me.* No logro entenderlo. **2** *mystery tour* viaje sorpresa ◇ *the mystery assailant* el misterioso agresor **3** obra de teatro, novela, etc. de misterio

mystic /ˈmɪstɪk/ *n* místico, -a **mystical** (*tb* **mystic**) *adj* místico **mysticism** *n* misticismo, mística

mystify /ˈmɪstɪfaɪ/ *vt* (*pt, pp* **-fied**) dejar perplejo **mystifying** *adj* desconcertante

mystique /mɪˈstiːk/ *n* misterio

myth /mɪθ/ *n* mito **mythical** /ˈmɪθɪkl/ *adj* mítico

mythological /ˌmɪθəˈlɒdʒɪkl/ *adj* mitológico

mythology /mɪˈθɒlədʒi/ *n* mitología

Nn

N, n /en/ *n* (*pl* **Ns, N's, n's**) N, n ➲ *Ver nota en* A, A

naff /næf/ *adj* (*GB, coloq*) hortera

nag /næg/ *vt, vi* (**-gg-**) ~ **(at) sb 1** regañar a algn **2** dar la lata a algn: *He's always nagging me to get a haircut.* Siempre me está dando la lata para que me corte el pelo. **3** (*dolor, sospecha*) corroer a algn **nagging** *adj* **1** (*dolor, sospecha*) persistente **2** (*persona*) criticón, pesado

nail /neɪl/ *nombre, verbo*
▸ *n* **1** uña: *nail varnish/polish* esmalte de uñas ◇ *nail file/brush* lima/cepillo de uñas ◇ *nail clippers* cortaúñas **2** clavo LOC *Ver* FIGHT, HIT, TOUGH
▸ *vt* ~ **sth to sth** clavar algo a/en algo PHR V **nail sb down (to sth)** hacer que algn se comprometa (a algo)

nail-biting /ˈneɪl baɪtɪŋ/ *adj* emocionante

naive (*tb* **naïve**) /naɪˈiːv/ *adj* ingenuo

naked /ˈneɪkɪd/ *adj* **1** desnudo

Desnudo se traduce de tres formas: **bare**, **naked** y **nude**. **Bare** se usa para referirse a partes del cuerpo: *bare arms*. **Naked** generalmente se refiere a todo el cuerpo: *a naked body*, y **nude** se usa para hablar de desnudos artísticos y eróticos: *a nude figure*.

Ver tb STARK NAKED **2** (*llama*) descubierto LOC **with the naked eye** a simple vista

name /neɪm/ *nombre, verbo*
▸ *n* **1** nombre: *What's your name?* ¿Cómo te llamas? ◇ *first/Christian name* nombre (de pila) **2** apellido ➲ *Ver nota en* SURNAME **3** fama **4** personaje LOC **by name** de nombre ◆ **by the name of...** (*formal*) llamado... ◆ **in the name of sb/sth; in sb's/sth's name** en nombre de algn/algo *Ver tb* BIG, CALL
▸ *vt* **1** ~ **sb/sth sth** llamar a algn/algo algo **2** ~ **sb/sth (after sb)** (*USA*) ~ **sb/sth (for sb)** poner nombre a algn/algo, poner a algn/algo el nombre de algn **3** (*identificar*) nombrar **4** (*fecha, precio*) fijar

nameless /ˈneɪmləs/ *adj* anónimo, sin nombre

namely /ˈneɪmli/ *adv* a saber

namesake /ˈneɪmseɪk/ *n* tocayo, -a

nanny /ˈnæni/ *n* (*pl* **nannies**) niñera, tata

nap /næp/ *n* sueñecito, siesta: *to have/take a nap* echarse una siesta

nape /neɪp/ *n* ~ **of sb's neck** nuca

napkin /ˈnæpkɪn/ (*tb* ˈ**table napkin**) *n* servilleta *Ver tb* SANITARY TOWEL

nappy /ˈnæpi/ *n* (*pl* **nappies**) pañal

narcotic /nɑːˈkɒtɪk/ *adj, n* narcótico

narrate /nəˈreɪt; *USA* ˈnæreɪt/ *vt* narrar, contar

narration /nəˈreɪʃn, næˈr-/ *n* (*formal*) narración

narrative /ˈnærətɪv/ *nombre, adjetivo*
▸ *n* **1** relato **2** narrativa
▸ *adj* narrativo

narrator /nəˈreɪtə(r)/ *n* narrador, -ora

narrow /ˈnærəʊ/ *adjetivo, verbo*
▸ *adj* (**narrower**, **-est**) **1** estrecho **2** (*ventaja, mayoría*) escaso **3** limitado LOC **have a narrow escape** escapar(se) por los pelos
▸ *vt, vi* hacer(se) más estrecho, estrechar(se), disminuir PHR V **narrow sth down to sth** reducir algo a algo **narrowly** *adv*: *He narrowly escaped drowning.* No se ahogó por muy poco.

narrow-minded /ˌnærəʊ ˈmaɪndɪd/ *adj* estrecho de miras

nasal /ˈneɪzl/ *adj* **1** nasal **2** (*voz*) gangoso

nasty /ˈnɑːsti; *USA* ˈnæsti/ *adj* (**nastier**, **-iest**) **1** desagradable **2** (*olor*) repugnante **3** (*persona*) antipático, borde: *to be nasty to sb* tratar muy mal a algn **4** (*situación, crimen*) feo **5** grave, peligroso: *That's a nasty cut.* Qué mal aspecto tiene ese corte.

N

nation /ˈneɪʃn/ *n* nación

national /ˈnæʃnəl/ *adjetivo, nombre*
▸ *adj* nacional: *national service* servicio militar
▸ *n* ciudadano, -a, súbdito, -a

ˌnational ˈanthem *n* himno nacional

ˌNational ˈHealth Service *n Ver* NHS

ˌNational Inˈsurance *n* Seguridad Social (*en Gran Bretaña*)

nationalism /ˈnæʃnəlɪzəm/ *n* nacionalismo **nationalist** *adj, n* nacionalista

nationality /ˌnæʃəˈnæləti/ *n* (*pl* **nationalities**) nacionalidad

nationalize, -ise /ˈnæʃnəlaɪz/ *vt* nacionalizar

nationally /ˈnæʃnəli/ *adv* nacionalmente, a escala nacional

nationwide /ˌneɪʃnˈwaɪd/ *adj, adv* en todo el país, a escala nacional

native /ˈneɪtɪv/ *adjetivo, nombre*
▸ *adj* **1** natal: *native language/tongue* lengua materna ◇ *native land* patria **2** indígena, nativo **3** ~ **to...** originario de... **4** innato
▸ *n* **1** nativo, -a, natural **2** (*antic, pey*) indígena **3** [*se traduce por adjetivo*] originario: *The koala is a native of Australia.* El koala es originario de Australia.

ˌNative Aˈmerican *adj, n* indígena americano, -a (*esp de Norteamérica*): *Native American culture/languages* la cultura/las lenguas de los indígenas americanos

ˌnative ˈspeaker *n* hablante nativo

natural /ˈnætʃrəl/ *adj* **1** natural **2** nato, innato

ˌnatural ˈhistory *n* historia natural

naturalist /ˈnætʃrəlɪst/ *n* naturalista

naturally /ˈnætʃrəli/ *adv* **1** por supuesto **2** naturalmente, con naturalidad

nature /ˈneɪtʃə(r)/ *n* **1** (*tb* **Nature**) naturaleza: *nature reserve* reserva natural **2** carácter: *good nature* buen carácter ◇ *It's not in my nature to...* No soy capaz de... **3** [*sing*] tipo, índole LOC **in the nature of sth** como algo

naughty /ˈnɔːti/ *adj* (**naughtier**, **-iest**) **1** travieso: *to be naughty* portarse mal **2** (*coloq*) atrevido

nausea /ˈnɔːziə, -siə/ *n* náusea **nauseating** *adj* asqueroso, nauseabundo

nautical /ˈnɔːtɪkl/ *adj* náutico

naval /ˈneɪvl/ *adj* naval, marítimo

nave /neɪv/ *n* nave (*de una iglesia*)

navel /ˈneɪvl/ *n* ombligo

navigate /ˈnævɪgeɪt/ **1** *vi* navegar **2** *vt* (*río, mar*) navegar por **3** *vt* (*barco*) gobernar **4** *vi* (*en coche*) guiar **navigation** *n* navegación **navigator** *n* navegante

navy /ˈneɪvi/ *n* (*pl* **navies**) **1** flota **2 the navy, the Navy** [*v sing o pl*] la armada **3** (*tb* **ˌnavy ˈblue**) azul marino

Nazi /ˈnɑːtsi/ *n* (*pl* **Nazis**) nazi

Neanderthal /niˈændətɑːl/ *adj, n* Neanderthal

near /nɪə(r)/ *adjetivo, adverbio, preposición, verbo*
▸ *adj* (**nearer**, **-est**) **1** cercano: *Which town is nearer?* ¿Qué ciudad está más cerca? ◇ *to get nearer* acercarse

> Delante de un sustantivo se usa el adjetivo **nearby** en vez de **near**: *a nearby village* un pueblo cercano ◇ *The village is very near.* El pueblo está muy cerca. Sin embargo, cuando queremos utilizar otras formas del adjetivo, como el superlativo, tenemos que utilizar **near**: *the nearest shop* la tienda más cercana.

2 próximo: *in the near future* en un futuro próximo
▸ *adv* (**nearer**, **-est**) cerca: *I live quite near.* Vivo bastante cerca. ◇ *We are getting near to Christmas.* Ya falta poco para la Navidad.

I live nearby es más corriente que *I live near*, pero **nearby** no suele ir modificado por **quite**, **very**, etc.: *I live quite near.*

LOC **not anywhere near; nowhere near** para nada: *It's nowhere near the colour I'm looking for.* No es ni parecido al color que estoy buscando. *Ver tb* HAND
▸ *prep* cerca de: *I live near the centre.* Vivo cerca del centro. ◇ *Is there a bank near here?* ¿Hay algún banco cerca de aquí? ◇ *near the beginning* hacia el principio
▸ *vt, vi* acercarse (a)

nearby /ˌnɪəˈbaɪ/ *adjetivo, adverbio*
▸ *adj* cercano
▸ *adv* cerca: *She lives nearby.* Vive cerca (de aquí/allí). ➲ *Ver nota en* NEAR

nearly /ˈnɪəli/ *adv* casi: *He nearly won.* Por poco gana. ➲ *Ver nota en* CASI LOC **not nearly** ni con mucho, para nada

nearsighted /ˌnɪəˈsaɪtɪd/ *adj* (*esp USA*) miope

neat /niːt/ *adj* (**neater**, **-est**) **1** ordenado, bien cuidado **2** (*persona*) pulcro y ordenado **3** (*letra*) claro **4** (*USA, coloq*) estupendo **5** (*bebida alcohólica*) solo

neatly /ˈniːtli/ *adv* **1** ordenadamente, pulcramente **2** hábilmente

necessarily /ˌnesəˈserəli, ˈnesəsərəli/ *adv* forzosamente, necesariamente

necessary /ˈnesəsəri; *USA* -seri/ *adj* **1** necesario: *Is it necessary for us to meet/necessary that we meet?* ¿Es necesario que nos reunamos? ◇ *if necessary* si es necesario **2** [*sólo antes de sustantivo*] (*formal*) inevitable

necessitate /nəˈsesɪteɪt/ *vt* (*formal*) requerir

necessity /nəˈsesəti/ *n* (*pl* **necessities**) **1** necesidad **2** artículo de primera necesidad

neck /nek/ *n* cuello: *to break your neck* desnucarse LOC **neck and neck (with sb/sth)** a la par (con algn/algo) ◆ **up to your neck in sth** metido hasta el cuello en algo *Ver tb* BREATHE, PAIN, RISK, SCRUFF, WRING

necklace /ˈnekləs/ *n* collar

neckline /ˈneklaɪn/ *n* escote

necktie /ˈnektaɪ/ (*antic o USA*) corbata

nectarine /ˈnektəriːn/ *n* nectarina

need /niːd/ *verbo, nombre*
▸ *vt* **1** necesitar: *Do you need any help?* ¿Necesitas ayuda? ◇ *It needs painting.* Hace falta pintarlo. **2** ~ **to do sth** (*obligación*) tener que hacer algo: *Do we really need to leave so early?* ¿Es realmente necesario que salgamos tan temprano? ❶ En este sentido se puede usar el verbo modal, pero es más formal: *Need we really leave so early?*
▸ *v modal* (*neg* **need not** *o* **needn't** /ˈniːdnt/) (*obligación*) tener que: *You needn't have come.* No hacía falta que vinieras. ◇ *Need I explain it again?* ¿Es necesario que lo explique otra vez?

Cuando **need** es un verbo modal le sigue un infinitivo sin **to**, y las oraciones interrogativas y negativas se construyen sin el auxiliar **do**.

▸ *n* ~ **(for sth/to do sth)** necesidad (de algo/de hacer algo) LOC **be in need of sth** necesitar algo ◆ **if need be** si fuera necesario

needle /ˈniːdl/ *n* aguja LOC *Ver* PIN

needless /ˈniːdləs/ *adj* innecesario LOC **needless to say** ni que decir tiene

needlework /ˈniːdlwɜːk/ *n* [*incontable*] costura, bordado

needy /ˈniːdi/ *adj* necesitado

negative /ˈnegətɪv/ *adjetivo, nombre*
▸ *adj* negativo
▸ *n* **1** (*Gram*) negativa **2** (*Fot*) negativo

neglect /nɪˈglekt/ *verbo, nombre*
▸ *vt* **1** descuidar, desatender **2** ~ **to do sth** (*formal*) olvidar hacer algo
▸ *n* abandono

negligence /ˈneglɪdʒəns/ *n* (*formal*) negligencia

negligent /ˈneglɪdʒənt/ *adj* (*formal*) negligente

negligible /ˈneglɪdʒəbl/ *adj* insignificante

negotiate /nɪˈgəʊʃieɪt/ **1** *vt, vi* ~ **(with sb) (for/about sth)** negociar (con algn) (para obtener algo) **2** *vt* (*obstáculo*) salvar **negotiation** *n* negociación

neigh /neɪ/ *verbo, nombre*
▸ *vi* relinchar
▸ *n* relincho

neighbour (*USA* **neighbor**) /ˈneɪbə(r)/ *n* **1** vecino, -a **2** (*formal*) prójimo, -a

neighbourhood (*USA* **neighborhood**) /ˈneɪbəhʊd/ *n* **1** (*distrito*) barrio **2** (*personas*) vecindario

neighbouring (*USA* **neighboring**) /ˈneɪbərɪŋ/ *adj* vecino, contiguo

neither /ˈnaɪðə(r), ˈniːðə(r)/ *adjetivo, pronombre, adverbio*
▸ *adj, pron* ninguno ➲ *Ver nota en* NINGUNO
▸ *adv* **1** tampoco **2** **neither… nor** ni… ni

N

Cuando **neither** significa *tampoco* se puede sustituir por **nor**. Con ambos se utiliza la estructura: **neither/nor + v aux/v modal + sujeto**: *'I didn't go.' 'Neither/Nor did I.'* —Yo no fui. —Yo tampoco. ◇ *I can't swim and neither/nor can my brother.* Yo no sé nadar y mi hermano tampoco.

Either puede significar *tampoco*, pero requiere una oración negativa y su posición en la frase es distinta: *I don't like it, and I can't afford it either.* No me gusta, y tampoco puedo permitírmelo. ◇ *My sister didn't go either.* Mi hermana tampoco fue. ◇ *'I haven't seen that film.' 'I haven't either.'* —No he visto esa película. —Yo tampoco.

neon /ˈniːɒn/ *n* neón

nephew 🔑 /ˈnefjuː, ˈnevjuː/ *n* sobrino: *I've got two nephews and one niece.* Tengo dos sobrinos y una sobrina.

Neptune /ˈneptjuːn; *USA* -tuːn/ *n* Neptuno

nerd /nɜːd/ *n* (*coloq, pey*) **1** pavo, -a: *I feel like a nerd in these shoes.* Me siento ridículo con estos zapatos. **2** (*tb* **comˈputer nerd**) friki: *He's a computer nerd.* Es un friki de la informática.

N

nerve 🔑 /nɜːv/ *n* **1** nervio: *nerve cells* células nerviosas **2** valor: *to lose your nerve* acobardarse **3** (*coloq*) cara: *You've got a nerve!* ¡Qué cara tienes! LOC **get on sb's nerves** (*coloq*) ponerle a algn los nervios de punta

nerve-racking /ˈnɜːv rækɪŋ/ *adj* angustioso, estresante

nervous 🔑 /ˈnɜːvəs/ *adj* ~ **(about/of sth)** nervioso (por algo): *nervous breakdown* depresión nerviosa ➲ *Ver nota en* NERVIOSO **nervousness** *n* nerviosismo

nest 🔑 /nest/ *n* (*lit y fig*) nido

nestle /ˈnesl/ **1** *vi* acurrucarse **2** *vt, vi* ~ **(sth) against/on, etc. sb/sth** recostar algo, recostarse sobre algn/algo **3** *vi* (*pueblo*) estar enclavado

net 🔑 /net/ *nombre, adjetivo*
▸ *n* **1** red **2** [*incontable*] malla, tul: *net curtains* visillos **3** (*tb* **the Net**) [*sing*] (*coloq*) la red: *to surf the Net* navegar por la red
▸ *adj* (*tb* **nett**) **1** (*sueldo, peso*) neto **2** (*resultado*) final

netball /ˈnetbɔːl/ *n* deporte parecido al baloncesto jugado esp por mujeres

netbook /ˈnetbʊk/ *n* (*Informát*) netbook, miniportátil

netiquette /ˈnetɪket/ *n* [*incontable*] (*coloq*) (*Internet*) normas del correcto comportamiento en la red

netizen /ˈnetɪzn/ *n* (*Internet*) ciudadano, -a de la red

nett *adj* = NET

netting /ˈnetɪŋ/ *n* [*incontable*] red: *wire netting* tela metálica

nettle /ˈnetl/ *n* ortiga

network 🔑 /ˈnetwɜːk/ *nombre, verbo*
▸ *n* **1** red **2** (*TV, Radio*) red de cadenas (de radio y televisión)
▸ **1** *vt* (*Informát*) conectar a la red (*de una empresa*) **2** *vt* (*TV, Radio*) retransmitir **3** *vi* crear (una red de) contactos **networking** *n* [*incontable*]: *The dinners provide the opportunity for informal networking.* Las cenas proporcionan una oportunidad para establecer contactos de manera informal. ◇ *social networking sites on the Internet* las redes sociales en Internet

neuron /ˈnjʊərɒn; *USA* ˈnʊər-/ *n* (*Biol*) neurona

neurotic /njʊəˈrɒtɪk; *USA* nʊəˈr-/ *adj, n* neurótico, -a

neutral /ˈnjuːtrəl; *USA* ˈnuː-/ *adjetivo, nombre*
▸ *adj* **1** neutral **2** (*color*) neutro
▸ *n* (*coche*) punto muerto

never 🔑 /ˈnevə(r)/ *adv* **1** nunca **2** *That will never do.* Eso es totalmente inaceptable. LOC **well, I never (did)!** (*antic*) ¡no me digas! *Ver tb* MIND ➲ *Ver notas en* ALWAYS *y* NUNCA

nevertheless 🔑 /ˌnevəðəˈles/ *adv* sin embargo

new 🔑 /njuː; *USA* nuː/ *adj* (**newer, -est**) **1** nuevo: *What's new?* ¿Qué hay de nuevo? **2** otro: *a new job* otro trabajo **3** ~ **(to sth)** nuevo (en algo) LOC **a new lease of life** (*USA* **a new lease on life**) una nueva vida ◆ **(as) good as new** como nuevo ◆ **turn over a new leaf** empezar una nueva vida

ˌNew ˈAge *adj* Nueva Era

newcomer /ˈnjuːkʌmə(r); *USA* ˈnuː-/ *n* recién llegado, -a

newly 🔑 /ˈnjuːli; *USA* ˈnuːli/ *adv* recién: *a newly-qualified doctor* un médico recién licenciado

newness /ˈnjuːnəs; *USA* ˈnuː-/ *n* novedad

news 🔑 /njuːz; *USA* nuːz/ *n* **1** [*incontable*] noticia(s): *The news is not good.* Las noticias no son buenas. ◇ *Have you got any news?* ¿Tienes noticias? ◇ *It's news to me.* Ahora me entero. ◇ *a piece of news/a news item* una noticia ➲ *Ver nota en* CONSEJO **2 the news** [*sing*] las noticias, el informativo LOC **break the news (to sb)** dar la (mala) noticia (a algn)

newsagent /ˈnjuːzeɪdʒənt; *USA* ˈnuːz-/ (*USA* **newsdealer** /ˈnjuːzdiːlə(r); *USA* ˈnuːz-/) *n* **1** vendedor, -ora de periódicos **2 newsagent's** tienda de prensa/periódicos ➲ *Ver notas en* CARNICERÍA *y* ESTANCO

newscaster /ˈnjuːzkɑːstə(r); *USA* ˈnuːzkæstər/ *n* presentador, -ora (*de noticias*)

newsflash /ˈnjuːzflæʃ; *USA* ˈnuːz-/ *n* noticia de última hora

newsgroup /ˈnjuːzgruːp; *USA* ˈnuːz-/ *n* grupo de noticias

newsletter /ˈnjuːzletə(r); *USA* ˈnuːz-/ *n* boletín, hoja informativa

newspaper 🔑 /ˈnjuːzpeɪpə(r); *USA* ˈnuːz-/ *n* periódico

newsreader /ˈnjuːzriːdə(r); *USA* ˈnuːz-/ *n* presentador, -ora (*de noticias*)

news-stand /ˈnjuːz stænd; *USA* ˈnuːz/ *n* quiosco de prensa/periódicos

ˌnew ˈyear (*tb* **ˌNew ˈYear**) *n* año nuevo: *New Year's Day/Eve* Día de Año Nuevo/Nochevieja

next 🔑 /nekst/ *adjetivo, adverbio, nombre*

▸ *adj* **1** próximo, siguiente: *(the) next time you see her* la próxima vez que la veas ◇ *(the) next day* al día siguiente ◇ *next month/Monday* el mes/lunes que viene **2** (*contiguo*) de al lado LOC **the next few days, months, etc.** los próximos/siguientes días, meses, etc. *Ver tb* DAY, LAST

▸ *adv* **1** después, ahora: *What shall we do next?* ¿Qué hacemos ahora? ◇ *What did they do next?* ¿Qué hicieron después? **2** *when we next meet* la próxima vez que nos veamos **3** (*comparación*): *the next oldest* el siguiente en antigüedad

▸ *n* (*tb* **the next**) [*sing*] el/la siguiente, el próximo, la próxima: *Who's next?* ¿Quién es el siguiente?

ˈnext best *adj* segundo: *the next best thing/solution/idea* la segunda opción ◇ *It's not ideal, but it's the next best thing.* No es (lo) ideal, pero es lo mejor que hay.

ˌnext ˈdoor *adv* al lado: *They live next door.* Viven en la casa de al lado.

next-door /ˌnekst ˈdɔː(r)/ *adj* de al lado: *next-door neighbour* vecino de al lado

ˌnext of ˈkin *n* pariente(s) más cercano(s)

ˈnext to 🔑 *prep* **1** al lado de, junto a **2** (*orden*) después de **3** casi: *next to nothing* casi nada ◇ *next to last* el penúltimo

NGO /ˌen dʒiː ˈəʊ/ *abrev de* **non-governmental organization** ONG

NHS /ˌen eɪtʃ ˈes/ *n* (*abrev de* **National Health Service**) servicio de asistencia sanitaria de la Seguridad Social (*en Gran Bretaña*)

nibble /ˈnɪbl/ *vt, vi* ~ **(at) sth** mordisquear, picar algo

nice 🔑 /naɪs/ *adj* (**nicer**, **-est**) **1** agradable: *to have a nice time* pasarlo bien ◇ *It smells nice.* Huele bien. **2** bonito: *You look nice.* Estás muy guapa. **3** ~ **(to sb)** simpático, amable, majo (con algn) ❶ La palabra **sympathetic** se traduce por "comprensivo" o "compasivo". **4** (*tiempo*) buen (o) LOC **nice and...** (*coloq*) bien, bastante: *nice and warm* calentito *Ver tb* MEET **nicely** *adv* **1** bien **2** amablemente

niche /niːʃ, nɪtʃ/ *n* **1** rincón, lugar: *a niche in the market* un hueco en el mercado **2** hornacina

nick /nɪk/ *nombre, verbo*

▸ *n* **1 the nick** [*sing*] (*GB, argot*) la chirona, la comisaría **2** muesca, mella LOC **in the nick of time** (*coloq*) justo a tiempo

▸ *vt* **1** ~ **sth (from sb/sth)** (*GB, coloq*) mangar algo (a algn/de algo) **2** hacer(se) un corte en, mellar

nickel /ˈnɪkl/ *n* **1** níquel **2** (*Can, USA*) moneda de 5 centavos

nickname /ˈnɪkneɪm/ *nombre, verbo*

▸ *n* apodo, mote

▸ *vt* apodar

nicotine /ˈnɪkətiːn/ *n* nicotina

niece 🔑 /niːs/ *n* sobrina

night 🔑 /naɪt/ *n* **1** noche: *by night* de noche/por la noche ◇ *ten o'clock at night* a las diez de la noche ◇ *the night before last* anteanoche ◇ *night school* escuela nocturna ◇ *night shift* turno de noche *Ver tb* STAG NIGHT **2** (*Teat*) representación: *first/opening night* estreno LOC **good night** buenas noches, hasta mañana (*para despedirse*) ➲ *Ver nota en* NOCHE ◆ **have an early/a late night** acostarse temprano/tarde *Ver tb* DEAD

nightclub /ˈnaɪtklʌb/ *n* discoteca, sala de fiestas

nightdress /ˈnaɪtdres/ (*coloq* **nightie** /ˈnaɪti/) *n* camisón

nightfall /ˈnaɪtfɔːl/ *n* (*formal*) anochecer

nightingale /ˈnaɪtɪŋgeɪl/ *n* ruiseñor

nightlife /ˈnaɪtlaɪf/ *n* vida nocturna

nightly /ˈnaɪtli/ *adjetivo, adverbio*

▸ *adj* (de) todas las noches

▸ *adv* todas las noches, cada noche

nightmare /ˈnaɪtmeə(r)/ *n* (*lit y fig*) pesadilla **nightmarish** *adj* de pesadilla

night-time /ˈnaɪt taɪm/ *n* [*incontable*] noche

nil /nɪl/ *n* **1** (*Dep*) cero **2** nulo

nimble /ˈnɪmbl/ *adj* (**nimbler**, **-est**) **1** ágil **2** (*mente*) despierto

N

nine 🔑 /naɪn/ *adj, pron, n* nueve ⊃ *Ver ejemplos en* FIVE

nineteen 🔑 /ˌnaɪnˈtiːn/ *adj, pron, n* diecinueve ⊃ *Ver ejemplos en* FIVE

nineteenth 🔑 /ˌnaɪnˈtiːnθ/ **1** *adj, adv, pron* decimonoveno **2** *n* diecinueveava parte, diecinueveavo ⊃ *Ver ejemplos en* FIFTH

ninetieth 🔑 /ˈnaɪntiəθ/ **1** *adj, adv, pron* nonagésimo **2** *n* noventava parte, noventavo ⊃ *Ver ejemplos en* FIFTH

ninety 🔑 /ˈnaɪnti/ *adj, pron, n* noventa ⊃ *Ver ejemplos en* FIFTY, FIVE

ninth 🔑 /naɪnθ/ **1** *adj, adv, pron* noveno **2** *n* novena parte, noveno ⊃ *Ver ejemplos en* FIFTH

nip /nɪp/ (**-pp-**) **1** *vt* pellizcar **2** *vi* (*GB, coloq*) ~ **down, out, etc.** bajar, salir, etc. un momento

nipple /ˈnɪpl/ *n* pezón, tetilla

nitrogen /ˈnaɪtrədʒən/ *n* nitrógeno

no 🔑 /nəʊ/ *interjección, adjetivo, adverbio*

▸ *interj* no

▸ *adj* **1** ninguno: *No two people think alike.* No hay dos personas que piensen igual. ⊃ *Ver nota en* NINGUNO **2** (*prohibición*): *No smoking.* Prohibido fumar. **3** (*para enfatizar una negación*): *She's no fool.* No es ninguna tonta. ◇ *It's no joke.* No es broma.

▸ *adv* **+adjetivo comparativo o adverbio** no: *His car is no bigger/more expensive than mine.* Su coche no es más grande/caro que el mío.

Nobel Prize /nəʊˌbel ˈpraɪz/ *n* Premio Nobel

nobility /nəʊˈbɪləti/ *n* nobleza

noble /ˈnəʊbl/ *adj, n* (**nobler**, **-est**) noble

nobody 🔑 /ˈnəʊbədi/ *pronombre, nombre*

▸ *pron Ver* NO ONE

▸ *n* (*pl* **nobodies**) don nadie

no-brainer /ˌnəʊ ˈbreɪnə(r)/ *n* (*coloq*) problema de solución obvia

nocturnal /nɒkˈtɜːnl/ *adj* nocturno

nod /nɒd/ *verbo, nombre*

▸ (**-dd-**) **1** *vt, vi* asentir con la cabeza: *He nodded (his head) in agreement.* Asintió (con la cabeza). **2** *vi* ~ **(to/at sb)** saludar con la cabeza (a algn) **3** *vt, vi* indicar/hacer una señal con la cabeza **4** *vi* dar cabezadas PHR V **nod off** (*coloq*) quedarse dormido

▸ *n* inclinación de la cabeza LOC **give sb the nod (to do sth)** dar luz verde a algn (para que haga algo)

noise 🔑 /nɔɪz/ *n* ruido LOC **make a noise (about sth)** (*coloq*) armar un escándalo (por algo) *Ver tb* BIG

noisily 🔑 /ˈnɔɪzɪli/ *adv* ruidosamente, escandalosamente

noisy 🔑 /ˈnɔɪzi/ *adj* (**noisier**, **-iest**) **1** ruidoso **2** bullicioso

nomad /ˈnəʊmæd/ *n* nómada **nomadic** /nəʊˈmædɪk/ *adj* nómada

nominal /ˈnɒmɪnl/ *adj* nominal **nominally** /-nəli/ *adv* en apariencia, de nombre

nominate /ˈnɒmɪneɪt/ *vt* **1** ~ **sb (for/as sth)** proponer, nominar a algn (para/como algo) **2** ~ **sth (as sth)** establecer, designar algo (como algo) **nomination** *n* nombramiento

nominee /ˌnɒmɪˈniː/ *n* candidato, -a

non-alcoholic /ˌnɒn ælkəˈhɒlɪk; *USA* -ˈhɔːl-/ *adj* sin alcohol

nonconformity /ˌnɒnkənˈfɔːmɪti/ *n* [*incontable*] inconformismo

none 🔑 /nʌn/ *pronombre, adverbio*

▸ *pron* **1** ninguno, -a, -os, -as: *None (of them) is/are alive now.* Ya no queda ninguno vivo. **2** [*con sustantivos o pronombres incontables*] nada: *'Is there any bread left?' 'No, none.'* —¿Queda algo de pan? —No, no queda nada. **3** (*formal*) nadie: *and none more so than...* y nadie más que... LOC **none but** (*formal*) sólo ◆ **none other than** ni más ni menos que

▸ *adv* **1** ~ **+ the + adj comp**: *I'm none the wiser.* Sigo sin entender nada. ◇ *He's none the worse for it.* No le ha pasado nada. **2** ~ **+ too + adj/adv**: *none too clean* nada limpio

non-essential /ˌnɒn ɪˈsenʃl/ *adj* accesorio, no esencial

nonetheless /ˌnʌnðəˈles/ *adv* (*formal*) sin embargo

non-existent /ˌnɒn ɪɡˈzɪstənt/ *adj* inexistente

non-fiction /ˌnɒn ˈfɪkʃn/ *n* [*incontable*] obras que no pertenecen al género de ficción

non-profit /ˌnɒn ˈprɒfɪt/ (*tb* **non-profit-making** /ˌnɒn ˈprɒfɪt meɪkɪŋ/) *adj* sin ánimo de lucro

nonsense 🔑 /ˈnɒnsns/ *n* [*incontable*] **1** disparates **2** tonterías, chorradas: *That's nonsense.* Eso es absurdo. **nonsensical** /nɒnˈsensɪkl/ *adj* absurdo

non-smoker /ˌnɒn ˈsməʊkə(r)/ *n* no fumador, -a **non-smoking** *adj*: *a non-smoking area* una zona de no fumadores

non-stick /ˌnɒn ˈstɪk/ *adj* antiadherente (*sartén, etc.*)

non-stop /ˌnɒn ˈstɒp/ *adjetivo, adverbio*

▸ *adj* **1** (*vuelo, etc.*) directo **2** ininterrumpido

▸ *adv* **1** directamente, sin hacer escala **2** sin parar, ininterrumpidamente

non-verbal /ˌnɒn ˈvɜːbl/ *adj* no verbal

noodle /ˈnuːdl/ *n* fideo

noon /nu:n/ *n* mediodía: *at noon* al mediodía ◇ *twelve noon* las doce en punto

ˈ**no one** 🔑 (*tb* **nobody**) *pron* nadie

> En inglés no se pueden usar dos palabras negativas en la misma frase. Como **no one**, **nobody**, **nothing** y **nowhere** son palabras negativas, la oración tiene que ser siempre afirmativa: *No one saw him.* No le vio nadie. ◇ *She said nothing.* No dijo nada. ◇ *Nothing happened.* No pasó nada. Cuando la oración es negativa tenemos que usar **anyone**, **anything** y **anywhere**: *I didn't see anybody.* No vi a nadie. ◇ *She didn't say anything.* No dijo nada. **No one** lleva el verbo en singular, pero suele ir seguido de **they**, **them** y **their**, que son formas plurales: *No one else came, did they?* ¿No ha venido nadie más, verdad?

noose /nu:s/ *n* nudo corredizo, lazo

nope /nəʊp/ *interj* (*coloq*) no

nor 🔑 /nɔ:(r)/ *conj, adv* **1** ni **2** (ni…) tampoco: *Nor do I.* Yo tampoco. ➲ *Ver nota en* NEITHER

norm /nɔ:m/ *n* norma

normal 🔑 /ˈnɔ:ml/ *adjetivo, nombre*

▸ *adj* normal

▸ *n* lo normal: *Things are back to normal.* Las cosas han vuelto a la normalidad.

normally 🔑 /ˈnɔ:məli/ *adv* normalmente ➲ *Ver nota en* ALWAYS

Norse /nɔ:s/ *n* (*lengua*) nórdico

north 🔑 /nɔ:θ/ *nombre, adjetivo, adverbio*

▸ *n* (*tb* **North**) (*abrev* **N**) norte: *Leeds is in the north of England.* Leeds está en el norte de Inglaterra.

▸ *adj* (del) norte: *north winds* vientos del norte

▸ *adv* al norte: *They headed north.* Fueron hacia el norte.

northbound /ˈnɔ:θbaʊnd/ *adj* en/con dirección norte

north-east /ˌnɔ:θ ˈi:st/ *nombre, adjetivo, adverbio*

▸ *n* (*abrev* **NE**) noreste

▸ *adj* (del) noreste

▸ *adv* hacia el noreste **north-eastern** *adj* (del) noreste

northern 🔑 (*tb* **Northern**) /ˈnɔ:ðən/ *adj* (del) norte: *She has a northern accent.* Tiene acento del norte. **northerner** *n* norteño, -a

northwards /ˈnɔ:θwədz/ (*tb* **northward**) *adv* hacia el norte

north-west /ˌnɔ:θ ˈwest/ *nombre, adjetivo, adverbio*

▸ *n* (*abrev* **NW**) noroeste

▸ *adj* (del) noroeste

▸ *adv* hacia el noroeste **north-western** *adj* (del) noroeste

nose 🔑 /nəʊz/ *nombre, verbo*

▸ *n* **1** nariz **2** (*avión*) morro **3** [*sing*] **a ~ for sth** olfato para algo

▸ *v* PHR V **nose about/around (for sth)** husmear (buscando algo)

nosebleed /ˈnəʊzbli:d/ *n* hemorragia nasal

ˈ**nose ring** *n* aro para la nariz

nostalgia /nɒˈstældʒə; *USA* nəˈs-/ *n* nostalgia **nostalgic** *adj* nostálgico

nostril /ˈnɒstrəl/ *n* **1** fosa nasal **2 nostrils** [*pl*] nariz

nosy (*tb* **nosey**) /ˈnəʊzi/ *adj* (*coloq, pey*) curioso, fisgón

not 🔑 /nɒt/ *adv* no: *I hope not.* Espero que no. ◇ *I'm afraid not.* Me temo que no. ◇ *Certainly not!* ¡Ni hablar! ◇ *Not any more.* Ya no. ◇ *Not even…* Ni siquiera…

> **Not** se usa para formar la oración negativa con verbos auxiliares y modales (**be**, **do**, **have**, **can**, **must**, etc.) y muchas veces se usa la contracción **-n't**: *She is not/isn't going.* ◇ *We did not/didn't go.* ◇ *I must not/mustn't go.* La forma no contraída (**not**) tiene un uso más formal o enfático y se usa en el caso de oraciones negativas subordinadas: *He warned me not to be late.* Me advirtió que no llegara tarde. ◇ *I expect not.* Supongo que no. ➲ *Comparar con* NO

LOC **not all that…** no muy… ◆ **not as… as all that**: *They're not as rich as all that.* No son tan ricos. ◆ **not at all 1** (*respuesta*) de nada **2** nada, en lo más mínimo ◆ **not that…** no es que…: *It's not that I mind…* No es que me importe…

notable /ˈnəʊtəbl/ *adj* notable **notably** /-bli/ *adv* notablemente

notch /nɒtʃ/ *nombre, verbo*

▸ *n* **1** grado (*en escala*) **2** mella

▸ *vt* **~ sth (up)** (*coloq*) apuntarse algo

note 🔑 /nəʊt/ *nombre, verbo*

▸ *n* **1** nota: *to make a note (of sth)* tomar nota (de algo) ◇ *to take notes* tomar apuntes **2** billete (*dinero*)

▸ *vt* advertir, fijarse en PHR V **note sth down** anotar algo

notebook /ˈnəʊtbʊk/ *n* **1** cuaderno, libreta **2** (*tb* ˌ**notebook comˈputer**) notebook, ordenador portátil

noted /ˈnəʊtɪd/ *adj* **~ (for/as sth)** célebre (por algo/por ser algo)

N

notepad /ˈnəʊtpæd/ *n* **1** bloc de notas **2** ordenador portátil

notepaper /ˈnəʊtpeɪpə(r)/ *n* papel de cartas

noteworthy /ˈnəʊtwɜːði/ *adj* digno de mención

nothing /ˈnʌθɪŋ/ *pron* **1** nada ➡ *Ver nota en* NO ONE **2** cero LOC **be/have nothing to do with sb/sth** no tener nada que ver con algn/algo ◆ **for nothing 1** gratis **2** en vano ◆ **nothing much** no mucho ◆ **nothing of the kind/sort** nada por el estilo

notice /ˈnəʊtɪs/ *nombre, verbo*

▸ *n* **1** anuncio, cartel **2** aviso: *until further notice* hasta nuevo aviso ◇ *to give one month's notice* avisar con un mes de antelación **3** dimisión, carta de despido: *to hand in your notice* presentar la dimisión LOC **take no notice/not take any notice (of sb/sth)** no hacer caso (de algn/algo) *Ver tb* ESCAPE, MOMENT

▸ *vt* **1** darse cuenta de, notar **2** fijarse en

noticeable /ˈnəʊtɪsəbl/ *adj* **1** (*que se nota*) perceptible: *It was noticeable that he wasn't there.* Se notaba que no estaba allí. **2** (*importante*) sensible, marcado

noticeboard /ˈnəʊtɪsbɔːd/ *n* tablón de anuncios

notify /ˈnəʊtɪfaɪ/ *vt* (*pt, pp* **-fied**) **~ sb (of sth)** notificar (algo) a algn

notion /ˈnəʊʃn/ *n* **1 ~ (that...)** noción, idea (de que...) **2 ~ (of sth)** idea (de algo): *without any notion of what he would do* sin tener idea de lo que haría

notorious /nəʊˈtɔːriəs/ *adj* **~ (for/as sth)** (*pey*) conocido, famoso (por algo/por ser algo)

notwithstanding /ˌnɒtwɪθˈstændɪŋ/ *preposición, adverbio* (*formal*)

▸ *prep* a pesar de

▸ *adv* no obstante

nought /nɔːt/ *n* cero

ˌnoughts and ˈcrosses *n* [*incontable*] tres en raya

noun /naʊn/ *n* nombre, sustantivo

nourish /ˈnʌrɪʃ; *USA* ˈnɜː-/ *vt* **1** nutrir **2** (*formal*) (*fig*) alimentar **nourishing** *adj* nutritivo

novel /ˈnɒvl/ *adjetivo, nombre*

▸ *adj* original

▸ *n* novela **novelist** *n* novelista

novelty /ˈnɒvlti/ *n* (*pl* **novelties**) novedad

November /nəʊˈvembə(r)/ *n* (*abrev* **Nov.**) noviembre ➡ *Ver nota y ejemplos en* JANUARY

novice /ˈnɒvɪs/ *n* novato, -a, principiante

now /naʊ/ *adverbio, conjunción*

▸ *adv* **1** ahora: *by now* ya ◇ *right now* ahora mismo **2** ahora bien LOC **(every) now and again/then** de vez en cuando ◆ **now then** y bien, veamos *Ver tb* MINUTE[1]

▸ *conj* **~ (that...)** ahora que..., ya que...

nowadays /ˈnaʊədeɪz/ *adv* hoy (en) día

nowhere /ˈnəʊweə(r)/ *adv* a/en/por ninguna parte: *There's nowhere to park.* No hay donde aparcar. ➡ *Ver nota en* NO ONE LOC **be nowhere to be found/seen** no aparecer por ninguna parte ◆ **get/go nowhere** no conseguir nada *Ver tb* MIDDLE, NEAR

nozzle /ˈnɒzl/ *n* boquilla

nuance /ˈnjuːɑːns; *USA* ˈnuː-/ *n* matiz

nuclear /ˈnjuːkliə(r); *USA* ˈnuː-/ *adj* nuclear: *nuclear power* energía nuclear ◇ *nuclear waste* residuos nucleares

nucleus /ˈnjuːkliəs; *USA* ˈnuː-/ *n* (*pl* **nuclei** /-kliaɪ/) núcleo

nude /njuːd; *USA* nuːd/ *adjetivo, nombre*

▸ *adj* desnudo (integral) (*artístico y erótico*) ➡ *Ver nota en* NAKED

▸ *n* desnudo LOC **in the nude** desnudo

nudge /nʌdʒ/ *vt* **1** dar un codazo a **2** empujar suavemente

nudity /ˈnjuːdəti; *USA* ˈnuː-/ *n* desnudez

nugget /ˈnʌɡɪt/ *n* **1** pepita (*de oro*) **2** *chicken nuggets* trocitos de pollo rebozados

nuisance /ˈnjuːsns; *USA* ˈnuː-/ *n* **1** molestia: *to be a nuisance* molestar **2** (*persona*) pesado, -a

null /nʌl/ *adj* LOC **null and void** nulo

numb /nʌm/ *adjetivo, verbo*

▸ *adj* entumecido: *numb with shock* paralizado del susto

▸ *vt* **1** entumecer **2** (*fig*) paralizar

number /ˈnʌmbə(r)/ *nombre, verbo*

▸ *n* (*abrev* **No.**) número *Ver tb* REGISTRATION NUMBER LOC **a number of...** varios/ciertos...

▸ *vt* **1** numerar **2** ascender a

ˈnumber plate *n* (placa de la) matrícula

numeracy /ˈnjuːmərəsi; *USA* ˈnuː-/ *n* [*incontable*] habilidad numérica

numerical /njuːˈmerɪkl; *USA* nuː-/ *adj* numérico

numerology /ˌnjuːməˈrɒlədʒi; *USA* ˌnuː-/ *n* numerología

numerous /ˈnjuːmərəs; *USA* ˈnuː-/ *adj* (*formal*) numeroso

nun /nʌn/ *n* monja

nurse /nɜːs/ *nombre, verbo*

▸ *n* enfermero, -a ➡ *Ver nota en* POLICÍA

▸ **1** *vt* cuidar (*enfermo*) **2** *vt* (*formal*) (*sentimientos*) alimentar **3** *vt* acunar **4** *vt, vi* amamantar(se)

nursery /ˈnɜːsəri/ *n* (*pl* **nurseries**) **1** (*tb* ˈ**day nursery**) guardería **2** (*tb* ˈ**nursery school**) escuela infantil **3** vivero

nursery rhyme *n* canción infantil

nursing /ˈnɜːsɪŋ/ *n* **1** enfermería: *nursing home* residencia privada de la tercera edad **2** cuidado (*de enfermos*)

nurture /ˈnɜːtʃə(r)/ *vt* (*formal*) **1** (*niño*) criar **2** (*interés, desarrollo*) fomentar **3** (*esperanza, relación*) nutrir

nut 🔑 /nʌt/ *n* **1** fruto seco **2** tuerca **3** (*coloq, pey*) (*tb* **nutter**, **nutcase** /ˈnʌtkeɪs/) chiflado, -a **4** (*coloq*) fanático, -a: *He's a real fitness nut.* Es un fanático del fitness.

nutcracker /ˈnʌtkrækə(r)/ (*tb* **nutcrackers** [*pl*]) *n* cascanueces

nutmeg /ˈnʌtmeg/ *n* nuez moscada

nutrient /ˈnjuːtriənt; *USA* ˈnuː-/ *n* nutriente, sustancia nutritiva

nutrition /njuˈtrɪʃn; *USA* nu-/ *n* nutrición **nutritional** *adj* nutritivo **nutritious** *adj* nutritivo

nuts /nʌts/ *adj* (*coloq*) **1** loco **2** ~ **about sb/sth** loco por algn/algo

nutshell /ˈnʌtʃel/ *n* cáscara (*de fruto seco*) LOC **(put sth) in a nutshell** (decir algo) en pocas palabras

nutter /ˈnʌtə(r)/ *Ver* NUT (3)

nutty /ˈnʌti/ *adj* **1** *a nutty flavour* un sabor a fruto seco **2** (*coloq*) chiflado

NVQ /ˌen viː ˈkjuː/ *n* (*abrev de* **National Vocational Qualification**) título de formación profesional

nylon /ˈnaɪlɒn/ *n* nailon, nilón

nymph /nɪmf/ *n* ninfa

Oo

O, o /əʊ/ *n* (*pl* **Os**, **O's**, **o's**) **1** O, o ➲ *Ver nota en* A, A **2** cero

Cuando se nombra el cero en una serie de números, p. ej. 025, se pronuncia como la letra **O**: /ˌəʊ tuː ˈfaɪv/.

oak /əʊk/ (*tb* ˈ**oak tree**) *n* roble

OAP /ˌəʊ eɪ ˈpiː/ *n* (*abrev de* **old-age pensioner**) jubilado, -a

oar /ɔː(r)/ *n* remo

oasis /əʊˈeɪsɪs/ *n* (*pl* **oases** /-siːz/) oasis

oath /əʊθ/ *n* **1** juramento **2** (*antic*) palabrota LOC **on/under oath** bajo juramento

oats /əʊts/ *n* [*pl*] (copos de) avena

obedience /əˈbiːdiəns/ *n* obediencia

obedient /əˈbiːdiənt/ *adj* obediente

obese /əʊˈbiːs/ *adj* (*formal* o (*Med*) obeso **obesity** /əʊˈbiːsəti/ *n* obesidad

obey 🔑 /əˈbeɪ/ *vt, vi* obedecer

obituary /əˈbɪtʃuəri; *USA* əʊˈbɪtʃueri/ *n* (*pl* **obituaries**) esquela (mortuoria)

object 🔑 *nombre, verbo*
- ▸ *n* /ˈɒbdʒɪkt/ **1** objeto **2** objetivo, propósito **3** (*Gram*) complemento LOC **expense/money is no object** el dinero no importa
- ▸ *vi* /əbˈdʒekt/ ~ **(to sb/sth)** oponerse (a algn/algo), estar en contra (de algn/algo): *If he doesn't object...* Si no tiene inconveniente...

objection /əbˈdʒekʃn/ *n* ~ **(to sth/doing sth) 1** objeción, oposición (a algo/a hacer algo): *to raise an objection* poner una objeción **2** inconveniente (en hacer algo): *I have no objection to her coming.* No tengo inconveniente en que venga.

objective 🔑 /əbˈdʒektɪv/ *adj, n* objetivo: *to remain objective* mantener la objetividad

obligation /ˌɒblɪˈgeɪʃn/ *n* **1** obligación **2** compromiso LOC **be under an/no obligation (to do sth)** (no) tener obligación (de hacer algo)

obligatory /əˈblɪgətri; *USA* -tɔːri/ *adj* (*formal*) obligatorio, de rigor

oblige /əˈblaɪdʒ/ *vt* **1** obligar **2** ~ **sb (with sth/by doing sth)** complacer a algn, hacer el favor a algn (de hacer algo) **obliged** *adj* ~ **(to sb) (for sth)** (*formal*) agradecido (a algn) (por algo): *I'm much obliged to you for your help.* Le agradezco mucho su ayuda. **obliging** *adj* atento

obliterate /əˈblɪtəreɪt/ *vt* eliminar

oblivion /əˈblɪviən/ *n* olvido

oblivious /əˈblɪviəs/ *adj* ~ **of/to sth** no consciente de algo

oblong /ˈɒblɒŋ; *USA* -lɔːŋ/ *adjetivo, nombre*
- ▸ *adj* rectangular
- ▸ *n* rectángulo

oboe /ˈəʊbəʊ/ *n* oboe

obscene /əbˈsiːn/ *adj* obsceno

obscure /əbˈskjʊə(r)/ *adjetivo, verbo*
- ▸ *adj* **1** desconocido **2** poco claro
- ▸ *vt* oscurecer, esconder

observant /əbˈzɜːvənt/ *adj* observador, perspicaz

observation 🔑 /ˌɒbzəˈveɪʃn/ *n* observación

observatory /əbˈzɜːvətri; *USA* -tɔːri/ *n* (*pl* **observatories**) observatorio

observe 🔑 /əbˈzɜːv/ *vt* **1** (*formal*) observar **2** (*ley, etc.*) respetar **3** (*formal*) (*fiesta*) guardar **observer** *n* observador, -ora

obsess /əbˈses/ *vt* obsesionar: *to be/become obsessed by/with sb/sth* estar obsesionado/ obsesionarse con algn/algo **obsession** *n* ~ **(with sth/sb)** obsesión (con algo/algn) **obsessive** *adj* obsesivo

obsolete /ˈɒbsəliːt; *USA* ˌɒbsəˈliːt/ *adj* obsoleto

obstacle /ˈɒbstəkl/ *n* obstáculo

obstetrician /ˌɒbstəˈtrɪʃn/ *n* tocólogo, -a

obstinate /ˈɒbstɪnət/ *adj* obstinado

obstruct /əbˈstrʌkt/ *vt* obstruir

obstruction /əbˈstrʌkʃn/ *n* obstrucción

obtain 🔑 /əbˈteɪn/ *vt* (*formal*) obtener **obtainable** *adj* que se puede obtener

obvious 🔑 /ˈɒbviəs/ *adj* obvio

obviously 🔑 /ˈɒbviəsli/ *adv* obviamente

occasion 🔑 /əˈkeɪʒn/ *n* **1** ocasión, vez: *a special occasion* una ocasión especial

> Cuando *ocasión* tiene el sentido de "oportunidad" se traduce por **chance** u **opportunity**: *I didn't get the chance to do it.* No tuve ocasión de hacerlo.

O

2 acontecimiento LOC **on the occasion of sth** (*formal*) con motivo de algo

occasional /əˈkeɪʒənl/ *adj* esporádico: *She reads the occasional book.* Lee algún que otro libro.

occasionally 🔑 /əˈkeɪʒnəli/ *adv* de vez en cuando ➲ *Ver nota en* ALWAYS

occupant /ˈɒkjəpənt/ *n* ocupante

occupation /ˌɒkjuˈpeɪʃn/ *n* **1** profesión ➲ *Ver nota en* WORK **2** ocupación

occupational /ˌɒkjuˈpeɪʃənl/ *adj* **1** laboral: *occupational hazards* gajes del oficio **2** (*terapia*) ocupacional

occupier /ˈɒkjupaɪə(r)/ *n* (*formal*) ocupante

occupy 🔑 /ˈɒkjupaɪ/ *vt* (*pt, pp* **-pied**) **1** ocupar **2** ~ **sb/yourself (in doing sth/with sb/sth)** entretener a algn/entretenerse (haciendo algo/con algn/algo)

occur 🔑 /əˈkɜː(r)/ *vi* (**-rr-**) (*formal*) **1** ocurrir, producirse **2** encontrarse, hallarse PHR V **occur to sb** ocurrírsele a algn

occurrence /əˈkʌrəns; *USA* əˈkɜːr-/ *n* **1** hecho, caso **2** existencia **3** frecuencia

ocean 🔑 /ˈəʊʃn/ *n* océano ➲ *Ver nota en* MAR LOC *Ver* DROP **oceanic** /ˌəʊʃiˈænɪk/ *adj* oceánico

o'clock 🔑 /əˈklɒk/ *adv*: *six o'clock* las seis (en punto)

> La palabra **o'clock** puede omitirse cuando se entiende que estamos hablando de las horas en punto: *between five and six (o'clock)* entre las cinco y las seis. No se puede omitir cuando va con otro sustantivo: *the ten o'clock news* el telediario de las diez.

octagon /ˈɒktəgən; *USA* -gɑːn/ *n* (*Geom*) octágono

October 🔑 /ɒkˈtəʊbə(r)/ *n* (*abrev* **Oct.**) octubre ➲ *Ver nota y ejemplos en* JANUARY

octopus /ˈɒktəpəs/ *n* (*pl* **octopuses**) pulpo

odd 🔑 /ɒd/ *adj* **1** (**odder, -est**) raro **2 the odd** algún que otro: *He has the odd beer.* Toma una cerveza de vez en cuando. **3** (*número*) impar **4** (*fascículo*) suelto **5** (*zapato*) desparejado **6** sobrante **7** *thirty odd* treinta y pico ◇ *twelve pounds odd* doce libras y pico LOC **be the odd man/one out** ser el único desparejado, sobrar: *Which is the odd one out?* ¿Cuál es el que no pertenece al grupo?

oddball /ˈɒdbɔːl/ *n* (*coloq*) bicho raro

oddity /ˈɒdəti/ *n* (*pl* **oddities**) **1** cosa rara **2** (*persona*) bicho raro **3** (*tb* **oddness**) rareza

ˌodd ˈjobs *n* [*pl*] trabajitos (*esporádicos*): *to do odd jobs around the house* hacer pequeños arreglos en la casa

oddly 🔑 /ˈɒdli/ *adv* de forma extraña: *Oddly enough...* Lo curioso es que...

odds /ɒdz/ *n* [*pl*] **1** probabilidades: *The odds are that...* Lo más probable es que... **2** ganancia neta LOC **be at odds (with sb) (over/on sth)** estar peleado (con algn) (por algo), discrepar (con algn) (sobre algo) ◆ **it makes no odds** (*coloq*) da lo mismo ◆ **odds and ends** (*coloq*) trastos, chismes

odometer /əʊˈdɒmɪtə(r)/ *n* (*USA*) cuentakilómetros

odour (*USA* **odor**) /ˈəʊdə(r)/ *n* (*formal*) olor: *body odour* olor corporal ➲ *Ver nota en* SMELL

oesophagus (*USA* **esophagus**) /iˈsɒfəgəs/ *n* (*pl* **oesophaguses** o **oesophagi** /-gaɪ/) (*Anat*) esófago

of 🔑 /əv, ɒv/ *prep* **1** de: *a girl of six* una niña de seis años ◇ *It's made of wood.* Es de madera. ◇ *two kilos of rice* dos kilos de arroz ◇ *It was very kind of him.* Fue muy amable de su parte. **2** (*con posesivos*) de: *a friend of John's* un amigo de John ◇ *a cousin of mine* un primo mío **3** (*con cantidades*): *There were five of us.* Éramos cinco.

◇ *most of all* más que nada ◇ *The six of us went.* Fuimos los seis. **4** (*fechas y tiempo*) de: *the first of March* el uno de marzo **5** (*causa*) de: *What did she die of?* ¿De qué murió?

off 🔑 /ɒf; *USA* ɔːf/ *adverbio, preposición, adjetivo*
❶ Para los usos de **off** en PHRASAL VERBS ver las entradas de los verbos correspondientes, p. ej. **go off** en GO.
▸ *adv* **1** (*a distancia*): *five miles off* a cinco millas de distancia ◇ *some way off* a cierta distancia ◇ *not far off* no (muy) lejos **2** (*quitado*): *You left the lid off.* Lo dejaste destapado. ◇ *with her shoes off* descalza **3** *I must be off.* Tengo que irme. **4** *The meeting is off.* Se ha cancelado la reunión. **5** (*gas, electricidad*) desconectado **6** (*máquinas, etc.*) apagado **7** (*grifo*) cerrado **8** *a day off* un día libre **9** *five per cent off* un cinco por ciento de descuento LOC **be off (for sth)** (*coloq*): *How are you off for cash?* ¿Cómo estás de dinero? *Ver tb* WELL OFF ◆ **off and on; on and off** de vez en cuando
▸ *prep* **1** de: *to fall off sth* caerse de algo **2** *a street off the main road* una calle que sale de la carretera principal **3** *off the coast* a cierta distancia de la costa **4** sin ganas de: *to be off your food* estar desganado LOC **come off it!** ¡anda ya!
▸ *adj* [*nunca antes de sustantivo*] **1** (*comida*) pasado **2** (*leche*) cortado

offal /ˈɒfl; *USA* ˈɔːfl/ *n* [*incontable*] asaduras

ˈ**off day** *n* (*coloq*) mal dia (*en que nada sale bien*)

off-duty /ˌɒf ˈdjuːti; *USA* ˌɔːf ˈduːti/ *adj* fuera de servicio

offence 🔑 (*USA* **offense**) /əˈfens/ *n* **1** delito **2** ofensa LOC **take offence (at sth)** ofenderse (por algo)

offend 🔑 /əˈfend/ *vt* ofender: *to be offended* ofenderse **offender** *n* **1** delincuente **2** infractor, -ora

offensive 🔑 /əˈfensɪv/ *adjetivo, nombre*
▸ *adj* **1** ofensivo, insultante **2** (*formal*) (*olor, etc.*) repugnante
▸ *n* ofensiva

offer 🔑 /ˈɒfə(r); *USA* ˈɔːf-/ *verbo, nombre*
▸ **1** *vt, vi* ~ **sb sth**; ~ **sth (to sb)** ofrecer algo (a algn) ➲ *Ver nota en* GIVE **2** *vi* ~ **to do sth** ofrecerse a/para hacer algo
▸ *n* oferta **offering** *n* **1** ofrecimiento **2** ofrenda

Offering to do something
Ofrecernos a hacer algo
• *Would you like me to help you with that?* ¿Quieres que te ayude con eso?
• *Can I give you a hand?* ¿Te echo una mano?
• *Shall I carry that for you?* ¿Te lo llevo?
• *That's very kind of you. Thank you.* Es muy amable por tu parte. Gracias.
• *It's all right, thank you. I can manage.* No hace falta, gracias. Puedo sola.

offhand /ˌɒfˈhænd; *USA* ˌɔːf-/ *adjetivo, adverbio*
▸ *adj* hosco
▸ *adv* improvisadamente, así de pronto

office 🔑 /ˈɒfɪs; *USA* ˈɔːfɪs/ *n* **1** oficina: *office hours* horario de oficina ◇ *office block* bloque de oficinas ◇ *office worker* oficinista *Ver tb* BOOKING OFFICE, BOX OFFICE, HEAD OFFICE, POST OFFICE **2** despacho **3** cargo: *to take office* entrar en funciones LOC **in office** en el poder

officer 🔑 /ˈɒfɪsə(r); *USA* ˈɔːf-/ *n* **1** (*ejército*) oficial **2** (*gobierno*) funcionario, -a **3** (*tb* **poˈlice officer**) agente ➲ *Ver nota en* POLICÍA

official 🔑 /əˈfɪʃl/ *nombre, adjetivo*
▸ *n* funcionario, -a
▸ *adj* oficial

officially 🔑 /əˈfɪʃəli/ *adv* oficialmente

off-licence /ˈɒf laɪsns; *USA* ˈɔːf/ *n* tienda de vinos y licores

offline /ˌɒfˈlaɪn; *USA* ˌɔːf-/ *adj, adv* (*Internet*) fuera de línea, sin conexión: *For offline orders, call the number...* Si no se desea realizar el encargo por Internet, llamar al número... ◇ *I'll be offline tomorrow.* Mañana no me podré conectar.

off-peak /ˌɒf ˈpiːk; *USA* ˌɔːf/ *adj* [*sólo antes de sustantivo*] **1** (*precio, tarifa*) de temporada baja **2** (*período*) de menor consumo

off-putting /ˈɒf pʊtɪŋ; *USA* ˈɔːf/ *adj* (*esp GB, coloq*) **1** (*ruido, comentario*) molesto **2** (*persona*) desagradable

offset /ˈɒfset; *USA* ˈɔːf-/ *verbo, nombre*
▸ *vt* (**-tt-**) (*pt, pp* **offset**) contrarrestar
▸ *n Ver tb* CARBON OFFSET

offshore /ˌɒfˈʃɔː(r); *USA* ˌɔːf-/ *adj* **1** cercano a la costa **2** (*brisa*) terral **3** (*pesca*) de bajura

offside /ˌɒfˈsaɪd; *USA* ˌɔːf-/ *adj, n* fuera de juego

offspring /ˈɒfsprɪŋ; *USA* ˈɔːf-/ *n* (*pl* **offspring**) (*formal o hum*) **1** hijo(s), descendencia **2** cría(s)

often 🔑 /ˈɒfn, ˈɒftən; *USA* ˈɔːfn, ˈɔːftən/ *adv* **1** a menudo, muchas veces: *How often do you see her?* ¿Cada cuánto la ves? **2** con frecuencia ➲ *Ver nota en* ALWAYS LOC *Ver* EVERY

oh 🔑 /əʊ/ *interj* **1** ¡oh!, ¡ah! **2** *Oh yes I will.* ¡Y tanto que lo haré! ◇ *Oh no you won't!* ¡De eso nada!

oil 🔑 /ɔɪl/ *nombre, verbo*
▸ *n* **1** petróleo: *oil well* pozo petrolífero ◇ *oil tanker* petrolero **2** aceite **3** (*Arte*) óleo
▸ *vt* lubricar

O

ˈ**oil rig** *n* **1** plataforma petrolífera **2** torre de perforación

ˈ**oil slick** *n* mancha de petróleo

oily /ˈɔɪli/ *adj* (**oilier**, **-est**) **1** aceitoso **2** oleoso

ointment /ˈɔɪntmənt/ *n* pomada

OK (*tb* **okay**) /ˌəʊˈkeɪ/ *interjección, adjetivo, adverbio, nombre, verbo*

▸ *interj* (*coloq*) ¡vale!, ¡de acuerdo!

▸ *adj, adv* (*coloq*) bien

▸ *n* (*coloq*) consentimiento, visto bueno

▸ *vt* (*coloq*) dar el visto bueno a

old /əʊld/ *adjetivo, nombre*

▸ *adj* (**older**, **-est**) ➲ *Ver nota en* ELDER **1** viejo: *old people* (los) ancianos ◇ *the Old Testament* el Antiguo Testamento **2** *How old are you?* ¿Cuántos años tienes? ◇ *She's two (years old).* Tiene dos años.

> Para decir "tengo diez años", decimos *I am ten* o *I am ten years old*. Sin embargo, para decir "un chico de diez años", decimos *a boy of ten* o *a ten-year-old boy*. ➲ *Ver tb nota en* YEAR

3 (*anterior*) antiguo LOC *Ver* CHIP

▸ *n* **the old** [*pl*] los ancianos

ˌ**old** ˈ**age** *n* vejez

ˌ**old-age pension** /ˌəʊld eɪdʒ ˈpenʃn/ *n* pensión de jubilación ˌ**old-age** ˈ**pensioner** *n* jubilado, -a

old-fashioned /ˌəʊld ˈfæʃnd/ *adj* **1** pasado de moda, anticuado **2** tradicional

olive /ˈɒlɪv/ *nombre, adjetivo*

▸ *n* aceituna: *olive oil* aceite de oliva ◇ *olive tree* olivo

▸ *adj* **1** (*tb* ˌ**olive** ˈ**green**) verde oliva **2** (*piel*) cetrino

Olympic /əˈlɪmpɪk/ *adj* olímpico: *the Olympic Games/the Olympics* los Juegos Olímpicos/la Olimpiada

omelette (*USA tb* **omelet**) /ˈɒmlət/ *n* tortilla

omen /ˈəʊmən/ *n* presagio

ominous /ˈɒmɪnəs/ *adj* ominoso

omission /əˈmɪʃn/ *n* omisión, olvido

omit /əˈmɪt/ *vt* (**-tt-**) (*formal*) omitir

omnipotent /ɒmˈnɪpətənt/ *adj* (*formal*) omnipotente

omnivore /ˈɒmnɪvɔː(r)/ *n* omnívoro

on /ɒn/ *preposición, adverbio* ❶ Para los usos de **on** en PHRASAL VERBS ver las entradas de los verbos correspondientes, p. ej. **get on** en GET.

▸ *prep* **1** (*tb* **upon**) en, sobre: *on the table* en/sobre la mesa ◇ *on the wall* en la pared **2** (*transporte*): *to go on the train/bus* ir en tren/autobús ◇ *to go on foot* ir a pie **3** (*fechas*): *on Sunday(s)* el/los domingo(s) ◇ *on 3 May* el tres de mayo **4** (*tb* **upon**) + **-ing**: *on arriving home* al llegar a casa **5** (*acerca de*) sobre **6** (*consumo*): *to be on drugs* tomar drogas ◇ *to live on fruit/on $100 a week* vivir de fruta/mantenerse con 100 dólares a la semana **7** *to talk on the phone* hablar por teléfono **8** (*actividad, estado, etc.*) de: *on holiday* de vacaciones ◇ *to be on duty* estar de servicio

▸ *adv* **1** (*con un sentido de continuidad*): *to play on* seguir tocando ◇ *further on* más lejos/más allá ◇ *from that day on* a partir de aquel día **2** (*ropa, etc.*) puesto **3** (*máquinas, etc.*) conectado, encendido **4** (*grifo*) abierto **5** programado: *When is the film on?* ¿A qué hora empieza la película? LOC **on and off** *Ver* OFF ◆ **on and on** sin parar

once /wʌns/ *adverbio, conjunción*

▸ *adv* una vez: *once a week* una vez a la semana LOC **at once 1** enseguida **2** a la vez ◆ **once again/more** una vez más ◆ **once and for all** de una vez por todas ◆ **(every) once in a while** de vez en cuando ◆ **once or twice** un par de veces ◆ **once upon a time** érase una vez

▸ *conj* una vez que: *Once he'd gone...* Una vez que se hubo ido...

oncoming /ˈɒnkʌmɪŋ/ *adj* [*sólo antes de sustantivo*] en dirección contraria (*tráfico*)

one /wʌn/ *nombre, adjetivo, pronombre*

▸ *n, adj* **1** un(o), una: *one morning* una mañana

> La palabra **one** nunca funciona como artículo indefinido (**a/an**), y cuando precede a un sustantivo lo hace como número, indicando cantidad: *I'm going with just one friend.* Voy con un amigo solamente. ◇ *I'm going with a friend, not with my family.* No voy con mi familia, sino con un amigo.

➲ *Ver ejemplos en* FIVE **2** único: *the one way to succeed* la única forma de triunfar **3** mismo: *of one mind* de la misma opinión

▸ *pron* **1** [*después de adjetivo*]: *the little ones* los pequeños ◇ *I prefer this/that one.* Prefiero este/ese. ◇ *Which one?* ¿Cuál? ◇ *another one* otro ◇ *It's better than the old one.* Es mejor que el viejo. **2 the one(s)** el, la, los, las (que): *the one at the end* el que está al final **3** uno, -a: *I need a pen. Have you got one?* Necesito un bolígrafo. ¿Tienes uno? ◇ *one of her friends* uno de sus amigos ◇ *to tell one from the other* distinguir el uno del otro **4** [*como sujeto*] (*formal*) uno, -a: *One must be sure.* Uno debe estar seguro. ➲ *Ver nota en* YOU LOC **(all) in one** a la vez ◆ **one by one** uno a uno ◆ **one or two** unos cuantos *Ver tb* SQUARE

ˌ**one a**ˈ**nother** *pron* los unos a los otros, el uno al otro ➲ *Ver nota en* EACH OTHER

one-off /ˌwʌn ˈɒf; *USA* ˈɔːf/ *adj, n* (algo) excepcional/único

oneself /wʌnˈself/ *pron* (*formal*) **1** [*uso reflexivo*]: *to cut oneself* cortarse **2** [*uso enfático*] uno mismo: *to do it oneself* hacerlo uno mismo

one-way /ˌwʌn ˈweɪ/ *adj* **1** de sentido único **2** (*billete*) de ida

ongoing /ˈɒŋɡəʊɪŋ/ *adj* en curso, en desarrollo

onion 🔑 /ˈʌnjən/ *n* cebolla *Ver tb* SPRING ONION

online /ˌɒnˈlaɪn/ *adj, adv* (*Internet*) en línea

onlooker /ˈɒnlʊkə(r)/ *n* espectador, -ora, curioso, -a

only 🔑 /ˈəʊnli/ *adjetivo, adverbio, conjunción*
▸ *adj* [*sólo antes de sustantivo*] único: *He's an only child.* Es hijo único.
▸ *adv* solamente, sólo LOC **not only... but also...** no sólo... sino (también)... ◆ **only just 1** *I've only just arrived.* Acabo de llegar. **2** *I can only just see.* Apenas puedo ver. ◇ *I only just caught the train.* Cogí el tren por poco. *Ver tb* IF
▸ *conj* (*coloq*) sólo que, pero

onset /ˈɒnset/ *n* [*sing*] llegada, inicio

onslaught /ˈɒnslɔːt/ *n* ~ **(on sb/sth)** ataque (contra algn/algo)

onto 🔑 /ˈɒntə, ˈɒntuː/ (*tb* **on to**) *prep* en, sobre, a: *to climb (up) onto sth* subirse a algo PHR V **be onto sb** (*coloq*) seguirle la pista a algn ◆ **be onto sth** haber dado con algo

onward /ˈɒnwəd/ *adjetivo, adverbio*
▸ *adj* (*formal*) hacia delante: *your onward journey* la continuación de tu viaje
▸ *adv* (*tb* **onwards**) **1** en adelante: *from then onwards* a partir de entonces **2** (*formal*) hacia adelante

oops /ʊps, uːps/ *Ver* WHOOPS

ooze /uːz/ **1** *vi* ~ **out**; ~ **from/out of sth** salirse (de algo) **2** *vt, vi* ~ **(with) sth** rezumar algo: *The wound was oozing blood.* La herida rezumaba sangre. **3** *vt, vi* ~ **(with) sth** (*confianza, etc.*) irradiar algo

opaque /əʊˈpeɪk/ *adj* opaco

open 🔑 /ˈəʊpən/ *adjetivo, verbo, nombre*
▸ *adj* **1** abierto: *Don't leave the door open.* No dejes la puerta abierta. **2** (*vista*) despejado **3** público **4** *Let's leave it open.* Dejemos el asunto pendiente. LOC **in the open air** al aire libre *Ver tb* BURST, EYE, SLIT, WIDE
▸ **1** *vt, vi* abrir(se) **2** *vt, vi* (*edificio, exposición, etc.*) inaugurar(se) **3** *vt* (*proceso*) empezar PHR V **open into/onto sth** dar a algo ◆ **open up** abrirse: *Open up!* ¡Abra(n)! ◆ **open up (to sb)** abrirse (a algn), relajarse ◆ **open sth up** abrir algo
▸ *n* **the open** el aire libre LOC **bring sth (out) into the open** sacar algo a la luz ◆ **come (out) into the open** salir a la luz

open-air /ˌəʊpən ˈeə(r)/ *adj* al aire libre

opencast /ˈəʊpənkɑːst; *USA* -kæst/ *adj* (*mina*) a cielo abierto

opener /ˈəʊpnə(r)/ *n* abridor

opening 🔑 /ˈəʊpnɪŋ/ *nombre, adjetivo*
▸ *n* **1** (*hueco*) abertura **2** comienzo **3** apertura: *opening times/hours* horario de apertura **4** inauguración **5** (*tb* ˌ**opening** ˈ**night**) (*Teat*) estreno **6** (*trabajo*) vacante **7** oportunidad
▸ *adj* [*sólo antes de sustantivo*] primero

openly 🔑 /ˈəʊpənli/ *adv* abiertamente

open-minded /ˌəʊpən ˈmaɪndɪd/ *adj* abierto, sin prejuicios

openness /ˈəʊpənnəs/ *n* franqueza

open-pit /ˌəʊpən ˈpɪt/ *adj* (*USA*) *Ver* OPENCAST

opera /ˈɒprə/ *n* ópera: *opera house* teatro de la ópera *Ver tb* SOAP OPERA

operate 🔑 /ˈɒpəreɪt/ **1** *vt, vi* operar, funcionar **2** *vt* (*máquina*) manejar **3** *vt* (*servicio*) ofrecer **4** *vi* ~ **(on sb) (for sth)** (*Med*) operar (a algn) (de algo)

ˈ**operating theatre** (*USA* ˈ**operating room**) *n* quirófano

operation 🔑 /ˌɒpəˈreɪʃn/ *n* **1** operación: *I had an operation on my leg.* Me operaron de la pierna. **2** funcionamiento LOC **be in/come into operation 1** estar/entrar en funcionamiento **2** (*Jur*) estar/entrar en vigor **operational** *adj* **1** operativo, de funcionamiento **2** en funcionamiento

operative /ˈɒpərətɪv/ *nombre, adjetivo*
▸ *n* (*formal*) operario, -a
▸ *adj* **1** en funcionamiento **2** (*Jur*) en vigor **3** (*Med*) operatorio

operator /ˈɒpəreɪtə(r)/ *n* operador, -ora, operario, -a: *switchboard/radio operator* telefonista/radiotelegrafista

opinion 🔑 /əˈpɪniən/ *n* ~ **(of/about sb/sth)** opinión (de/sobre/acerca de algn/algo): *in my opinion* en mi opinión ◇ *public opinion* la opinión pública LOC *Ver* MATTER

oˈ**pinion poll** *n* encuesta (de opinión)

opponent 🔑 /əˈpəʊnənt/ *n* **1** adversario, -a, contrincante **2** *to be an opponent of sth* ser contrario a algo

opportunity 🔑 /ˌɒpəˈtjuːnəti; *USA* -ˈtuːn-/ *n* (*pl* **opportunities**) ~ **(to do sth)**; ~ **(for/of doing sth)** oportunidad (de hacer algo): *to take the opportunity to do sth/of doing sth* aprovechar la ocasión para hacer algo

O

oppose ⚷ /əˈpəʊz/ *vt* **1** ~ **sth** oponerse a algo **2** ~ **sb** enfrentarse a algn

opposed ⚷ /əˈpəʊzd/ *adj* contrario: *to be opposed to sth* ser contrario a algo LOC **as opposed to** (*formal*): *quality as opposed to quantity* calidad más que cantidad

opposing ⚷ /əˈpəʊzɪŋ/ *adj* contrario

opposite ⚷ /ˈɒpəzɪt/ *adjetivo, adverbio, nombre, preposición*

▸ *adj* **1** de enfrente: *the house opposite* la casa de enfrente **2** contrario, opuesto: *the opposite sex* el sexo opuesto

▸ *adv* enfrente: *She was sitting opposite.* Estaba sentada enfrente.

▸ *n* **the** ~ **(of sth)** lo contrario (de algo)

▸ *prep* enfrente de, frente a: *opposite each other* frente a frente ➲ *Ver dibujo en* ENFRENTE

opposition ⚷ /ˌɒpəˈzɪʃn/ *n* oposición ➲ *Ver nota en* SHADOW

oppress /əˈpres/ *vt* **1** oprimir **2** agobiar **oppressed** *adj* oprimido **oppression** *n* opresión **oppressive** *adj* **1** opresivo **2** agobiante, sofocante

opt /ɒpt/ *vi* ~ **for sth/to do sth** optar por algo/por hacer algo PHR V **opt out (of sth)** (optar por) no participar (en algo)

optic /ˈɒptɪk/ *adj* óptico

optical /ˈɒptɪkl/ *adj* óptico

optician /ɒpˈtɪʃn/ *n* **1** óptico, -a **2 optician's** (*tienda*) óptica ➲ *Ver nota en* CARNICERÍA

optimism /ˈɒptɪmɪzəm/ *n* optimismo **optimist** *n* optimista **optimistic** /ˌɒptɪˈmɪstɪk/ *adj* ~ **(about sth)** optimista (en cuanto a algo)

optimum /ˈɒptɪməm/ (*tb* **optimal**) *adj* [*sólo antes de sustantivo*] óptimo

option ⚷ /ˈɒpʃn/ *n* opción **optional** *adj* opcional, optativo

optometrist /ɒpˈtɒmetrɪst/ *n* óptico, -a

or ⚷ /ɔː(r)/ *conj* **1** o, u *Ver tb* EITHER **2** (*de otro modo*) o, si no **3** [*después de negativa*] ni *Ver tb* NEITHER LOC **or so** más o menos: *an hour or so* una hora más o menos

oral /ˈɔːrəl/ *adjetivo, nombre*

▸ *adj* **1** (*hablado*) oral **2** (*Anat*) bucal, oral

▸ *n* (examen) oral

orange ⚷ /ˈɒrɪndʒ; *USA* ˈɔːr-/ *nombre, adjetivo*

▸ *n* **1** naranja: *orange juice* zumo de naranja ◇ *orange tree* naranjo **2** color naranja, anaranjado

▸ *adj* naranja, anaranjado

orang-utan /ɔːˌræŋ uːˈtæn, əˈræŋ uːtæn; *USA* əˈræŋ ətæn/ *n* orangután

orbit /ˈɔːbɪt/ *nombre, verbo*

▸ *n* (*lit y fig*) órbita

▸ *vt, vi* ~ **(around) sth** girar alrededor de algo

orchard /ˈɔːtʃəd/ *n* huerto

orchestra /ˈɔːkɪstrə/ *n* **1** [*v sing o pl*] orquesta **2** (*USA*) (*Teat*) platea **orchestral** /ɔːˈkestrəl/ *adj* orquestal

orchid /ˈɔːkɪd/ *n* orquídea

ordeal /ɔːˈdiːl, ˈɔːdiːl/ *n* experiencia terrible, suplicio

order ⚷ /ˈɔːdə(r)/ *nombre, verbo*

▸ *n* **1** (*disposición, calma*) orden: *in alphabetical order* por/en orden alfabético **2** (*mandato*) orden **3** (*Econ*) ~ **(for sth)** pedido (de algo): *to place an order for sth* hacer un pedido de algo **4** [*v sing o pl*] (*Relig, Mil*) orden *Ver tb* MAIL ORDER, STANDING ORDER LOC **be in running/working order** funcionar ◆ **in order** en orden, en regla ◆ **in order that...** (*formal*) para que... ◆ **in order to do sth** para hacer algo ◆ **out of order 1** estropeado: *It's out of order.* No funciona. **2** (*GB, coloq*) fuera de lugar: *His behaviour was really out of order.* Su comportamiento estuvo totalmente fuera de lugar. *Ver tb* LAW, MARCH, PECK

▸ **1** *vt* ~ **sb to do sth** ordenar, mandar a algn hacer algo/que haga algo

> Para decirle a alguien que haga algo se pueden utilizar los verbos **tell**, **order** y **command**. **Tell** es el verbo que se emplea con más frecuencia. No es muy fuerte y se utiliza en situaciones cotidianas: *She told him to put everything away.* Le dijo que pusiera todo en su sitio. **Order** es más fuerte, y lo utilizan personas con autoridad: *I'm not asking you, I'm ordering you.* No te lo pido, te lo ordeno. **Command** tiene un uso principalmente militar: *He commanded his troops to retreat.* Ordenó a sus tropas que se retiraran.

2 *vt* ~ **sth (for/from sb)** pedir, encargar algo (para/a algn) **3** *vt, vi* ~ **(sth) (for sb)** (*comida, etc.*) pedir (algo) (para algn) **4** *vt* (*formal*) poner en orden, ordenar PHR V **order sb about/around** (*pey*) dar órdenes, mandonear a algn

orderly /ˈɔːdəli/ *adj* **1** ordenado, metódico **2** disciplinado, pacífico

ordinary ⚷ /ˈɔːdnri; *USA* -neri/ *adj* corriente, normal, medio: *ordinary people* gente corriente ➲ *Comparar con* COMMON (3) LOC **out of the ordinary** fuera de lo común, extraordinario

ore /ɔː(r)/ *n* mineral metalífero: *gold/iron ore* mineral de oro/hierro

oregano /ˌɒrɪˈɡɑːnəʊ; *USA* əˈreɡənəʊ/ *n* orégano

organ ⚷ /ˈɔːɡən/ *n* (*Mús, Anat*) órgano

organic /ɔːˈgænɪk/ *adj* **1** ecológico, biológico: *organic farming* agricultura ecológica ◇ *organic vegetables* verduras orgánicas **2** (*Quím*) orgánico

organism /ˈɔːgənɪzəm/ *n* organismo

organization, -isation /ˌɔːgənaɪˈzeɪʃn; *USA* -nəˈz-/ *n* organización **organizational, -isational** *adj* organizativo

organize, -ise /ˈɔːgənaɪz/ *vt* **1** organizar: *to get yourself organized* organizarse **2** (*pensamientos*) poner en orden **organizer, -iser** *n* organizador, -ora *Ver tb* PERSONAL ORGANIZER

orgy /ˈɔːdʒi/ *n* (*pl* **orgies**) (*lit y fig*) orgía

orient /ˈɔːriənt/ *n* **the Orient** (el) Oriente **oriental** /ˌɔːriˈentl/ *adj* oriental

orientate /ˈɔːriənteɪt/ (*tb* **orient**) *vt* orientar: *to orientate yourself* orientarse **orientation** *n* orientación

origin /ˈɒrɪdʒɪn; *USA* ˈɔːr-/ *n* **1** origen **2** [*gen pl*] origen, ascendencia (*de una persona*)

original /əˈrɪdʒənl/ *adjetivo, nombre*
▸ *adj* **1** original **2** primero, primitivo
▸ *n* original LOC **in the original** en su idioma/versión original **originality** /əˌrɪdʒəˈnæləti/ *n* originalidad

originally /əˈrɪdʒənəli/ *adv* en un/al principio, antiguamente

originate /əˈrɪdʒɪneɪt/ *vi* (*formal*) **1** ~ **in sth** originarse, tener su origen en algo **2** ~ **from sth** provenir de algo

ornament /ˈɔːnəmənt/ *n* (objeto de) adorno **ornamental** /ˌɔːnəˈmentl/ *adj* decorativo, de adorno

ornate /ɔːˈneɪt/ *adj* **1** ornamentado, recargado **2** (*lenguaje, estilo*) florido

orphan /ˈɔːfn/ *nombre, verbo*
▸ *n* huérfano, -a
▸ *vt*: *to be orphaned* quedarse huérfano

orphanage /ˈɔːfənɪdʒ/ *n* orfanato

orthodox /ˈɔːθədɒks/ *adj* ortodoxo

Oscar® /ˈɒskə(r)/ *n* Oscar

ostrich /ˈɒstrɪtʃ/ *n* avestruz

other /ˈʌðə(r)/ *adjetivo, pronombre*
▸ *adj* otro: *other books* otros libros ◇ *All their other children have left home.* Sus otros hijos ya se han marchado de casa. ◇ *That other car was better.* Aquel otro coche era mejor. ◇ *some other time* otro día ➲ *Ver nota en* OTRO LOC **the other day, morning, week, etc.** el otro día, la otra mañana, semana, etc. *Ver tb* EVERY, WORD
▸ *pron* **1 others** [*pl*] otros, -as: *Others have said this before.* Otros han dicho esto antes. ◇ *Have you got any others?* ¿Tienes más? **2 the other** el otro, la otra: *I'll keep one and she can have the other.* Me quedo con uno y dejo el otro para ella. **3 the others** [*pl*] los/las demás: *This shirt is too small and the others are too big.* Esta camisa es demasiado pequeña y las demás, demasiado grandes. LOC **other than 1** excepto, aparte de **2** (*formal*) de otra manera que ◆ **someone/something/somewhere or other** (*coloq*) alguien/algo/en alguna parte

otherwise /ˈʌðəwaɪz/ *adv* **1** de otra manera, si no: *Shut the window – otherwise it'll get too cold.* Cierra la ventana. Si no, hará demasiado frío. **2** por lo demás

otter /ˈɒtə(r)/ *n* nutria

ouch /aʊtʃ/ *interj* ¡ay!

ought to /ˈɔːt tə, ˈɔːt tuː/ *v modal* (*neg* **ought not** *o* **oughtn't** /ˈɔːtnt/)

> **Ought to** es un verbo modal, y las oraciones interrogativas y negativas se construyen sin el auxiliar **do**.

1 (*sugerencias y consejos*): *You ought to do it.* Deberías hacerlo. ◇ *I ought to have gone.* Debería haber ido. ➲ *Comparar con* MUST **2** (*probabilidad*): *Five ought to be enough.* Con cinco habrá suficiente.

ounce /aʊns/ *n* (*abrev* **oz**) onza (*28,35 gramos*) ➲ *Ver pág 792*

our /ɑː(r), ˈaʊə(r)/ *adj* nuestro: *Our house is in the centre.* Nuestra casa está en el centro. ➲ *Ver nota en* MY

ours /ɑːz, ˈaʊəz/ *pron* nuestro, -a, -os, -as: *a friend of ours* una amiga nuestra ◇ *Where's ours?* ¿Dónde está el nuestro?

ourselves /ɑːˈselvz, ˌaʊəˈselvz/ *pron* **1** [*uso reflexivo*] nos **2** [*uso enfático*] nosotros mismos LOC **(all) by ourselves** (completamente) solos

out /aʊt/ *adverbio, nombre*
▸ *adv* ❶ Para los usos de **out** en PHRASAL VERBS ver las entradas de los verbos correspondientes, p. ej. **pick sth out** en PICK. **1** fuera: *to be out* no estar (en casa)/haber salido **2** *The sun is out.* Ha salido el sol. **3** *to call out (loud)* llamar en voz alta **4** (*jugador*) eliminado **5** (*pelota*) fuera (*de la línea de juego*) **6** (*cálculo*) equivocado: *The bill is out by five dollars.* En la cuenta se han equivocado en cinco dólares. **7** (*posibilidad, etc.*) descartado **8** pasado de moda **9** (*luz, etc.*) apagado *Ver tb* OUT OF LOC **be out for sth/to do sth** buscar (hacer) algo
▸ *n* LOC *Ver* IN

outage /ˈaʊtɪdʒ/ (*tb* ˈ**power outage**) *n* (*USA*) corte de luz

the outback /ˈaʊtbæk/ *n* [*sing*]: *the Australian outback* la Australia del interior

O

outbreak /ˈaʊtbreɪk/ *n* **1** (*enfermedad*) brote **2** (*guerra*) estallido

outburst /ˈaʊtbɜːst/ *n* **1** (*emoción*) estallido: *an outburst of anger* un arrebato de ira **2** explosión

outcast /ˈaʊtkɑːst; *USA* -kæst/ *n* marginado, -a, paria

outcome /ˈaʊtkʌm/ *n* resultado

outcry /ˈaʊtkraɪ/ *n* (*pl* **outcries**) protesta(s)

outdated /ˌaʊtˈdeɪtɪd/ *adj* anticuado, pasado de moda

outdo /ˌaʊtˈduː/ *vt* (*3ª pers sing* **outdoes** /-ˈdʌz/, *pt* **outdid** /-ˈdɪd/, *pp* **outdone** /-ˈdʌn/) superar

outdoor /ˈaʊtdɔː(r)/ *adj* al aire libre: *outdoor (swimming) pool* piscina descubierta

outdoors /ˌaʊtˈdɔːz/ *adv* al aire libre, fuera

outer /ˈaʊtə(r)/ *adj* [*sólo antes de sustantivo*] externo, exterior: *outer space* el espacio exterior

outfit /ˈaʊtfɪt/ *n* conjunto (*de ropa*)

outgoing /ˈaʊtgəʊɪŋ/ *adj* **1** extrovertido **2** (*Pol*) cesante **3** que sale, de salida

outgrow /ˌaʊtˈgrəʊ/ *vt* (*pt* **outgrew** /-ˈgruː/, *pp* **outgrown** /-ˈgrəʊn/) **1** *He's outgrown his shoes.* Se le han quedado pequeños los zapatos. **2** (*hábito, etc.*) cansarse de, abandonar

outing /ˈaʊtɪŋ/ *n* excursión

outlandish /aʊtˈlændɪʃ/ *adj* estrafalario

O

outlaw /ˈaʊtlɔː/ *verbo, nombre*
- ▸ *vt* declarar ilegal
- ▸ *n* forajido, -a

outlet /ˈaʊtlet/ *n* **1** ~ **(for sth)** desahogo (para algo) **2** (*Econ*) punto de venta **3** (*esp USA*) tienda de fábrica **4** desagüe, salida **5** (*USA*) enchufe (*en la pared*) ➲ *Ver dibujo en* ENCHUFE

outline /ˈaʊtlaɪn/ *verbo, nombre*
- ▸ *vt* **1** exponer en líneas generales **2** (*dibujo, etc.*) perfilar, esbozar
- ▸ *n* **1** líneas generales, esbozo **2** contorno, perfil

outlive /ˌaʊtˈlɪv/ *vt* sobrevivir a

outlook /ˈaʊtlʊk/ *n* **1** ~ **(on sth)** punto de vista (sobre algo) **2** ~ **(for sth)** perspectiva, pronóstico (para algo)

outnumber /ˌaʊtˈnʌmbə(r)/ *vt* superar en número a

ˈ**out of** *prep* **1** fuera de: *I want that dog out of the house.* Quiero ese perro fuera de la casa. ◇ *to jump out of bed* saltar de la cama **2** (*material*) de, con: *made out of plastic* (hecho) de plástico **3** sin: *to be out of work* estar sin trabajo **4** (*causa*) por: *out of interest* por interés **5** de: *eight out of every ten* ocho de cada diez ◇ *to copy sth out of a book* copiar algo de un libro

ˌ**out of** ˈ**date** *adj* **1** pasado de moda, desfasado: *out-of-date ideas* ideas anticuadas **2** (*pasaporte, etc.*) caducado ➲ *Ver nota en* WELL BEHAVED *y comparar con* UP TO DATE

outpatient /ˈaʊtpeɪʃnt/ *n* paciente ambulatorio ➲ *Comparar con* INPATIENT

outpost /ˈaʊtpəʊst/ *n* (puesto de) avanzada

output /ˈaʊtpʊt/ *n* **1** producción, rendimiento **2** (*Fís*) potencia

outrage /ˈaʊtreɪdʒ/ *nombre, verbo*
- ▸ *n* **1** [*incontable*] escándalo **2** [*incontable*] ira **3** atrocidad
- ▸ *vt* ultrajar **outrageous** /aʊtˈreɪdʒəs/ *adj* **1** escandaloso, monstruoso **2** extravagante

outright /ˈaʊtraɪt/ *adjetivo, adverbio*
- ▸ *adj* [*sólo antes de sustantivo*] **1** absoluto **2** (*ganador*) indiscutible **3** (*negativa*) rotundo **4** (*sin reservas*) abierto
- ▸ *adv* **1** (*sin reservas*) abiertamente, de plano **2** totalmente **3** (*ganar*) rotundamente **4** instantáneamente, de golpe

outset /ˈaʊtset/ *n* LOC **at/from the outset (of sth)** al/desde el principio (de algo)

outside *nombre, preposición, adverbio, adjetivo*
- ▸ *n* /ˌaʊtˈsaɪd/ exterior: *on/from the outside* por/desde fuera
- ▸ *prep* /ˌaʊtˈsaɪd/ (*tb esp USA* **out**ˈ**side of**) fuera de: *Wait outside the door.* Espera en la puerta.
- ▸ *adv* /ˌaʊtˈsaɪd/ fuera, afuera
- ▸ *adj* /ˈaʊtsaɪd/ [*sólo antes de sustantivo*] exterior, de fuera

outsider /ˌaʊtˈsaɪdə(r)/ *n* **1** forastero, -a **2** (*pey*) intruso, -a **3** (*competidor*) desconocido, -a, que no está entre los favoritos

outskirts /ˈaʊtskɜːts/ *n* [*pl*] afueras

outspoken /aʊtˈspəʊkən/ *adj* directo, franco

outstanding /aʊtˈstændɪŋ/ *adj* **1** destacado, excepcional **2** (*visible*) sobresaliente **3** (*pago, trabajo*) pendiente

outstretched /ˌaʊtˈstretʃt/ *adj* extendido, abierto

outward /ˈaʊtwəd/ *adjetivo, adverbio*
- ▸ *adj* **1** [*sólo antes de sustantivo*] externo, exterior **2** (*viaje*) de ida
- ▸ *adv* (*tb* **outwards**) hacia fuera **outwardly** *adv* por fuera, aparentemente

outweigh /ˌaʊtˈweɪ/ *vt* pesar más que, importar más que

oval /ˈəʊvl/ *adj* oval, ovalado

ovary /ˈəʊvəri/ *n* (*pl* **ovaries**) ovario

oven /ˈʌvn/ *n* horno

over /ˈəʊvə(r)/ *adverbio, preposición* ❶ Para los usos de **over** en PHRASAL VERBS ver las entradas de los verbos correspondientes, p. ej. **think sth over** en THINK.

▸ *adv* **1** *to knock sth over* tirar/volcar algo ◇ *to fall over* caer(se) **2** *to turn sth over* darle la vuelta a algo **3** (*lugar*): *over here/there* por aquí/allí ◇ *They came over to see us.* Vinieron a vernos. **4** de sobra: *Is there any food left over?* ¿Queda algo de comida? **5** (*más*): *children of five and over* niños de cinco años en adelante **6** terminado LOC **(all) over again** otra vez, de nuevo ◆ **over and done with** terminado para siempre ◆ **over and over (again)** una y otra vez *Ver tb* ALL

▸ *prep* **1** sobre, por encima de: *clouds over the mountains* nubes por encima de las montañas **2** al otro lado de: *He lives over the road.* Vive al otro lado de la calle. **3** más de: *(for) over a month* (durante) más de un mes **4** durante, mientras: *We'll discuss it over lunch.* Lo discutiremos durante la comida. **5** (*a causa de*): *an argument over money* una discusión por cuestiones de dinero LOC **over and above** además de

over- /ˈəʊvə(r)/ *pref* **1** excesivamente: *overambitious* excesivamente ambicioso **2** (*edad*) mayor de: *the over-60s* los mayores de sesenta años

overall 🔑 *adjetivo, adverbio, nombre*

▸ *adj* /ˌəʊvərˈɔːl/ [*sólo antes de sustantivo*] **1** total: *the overall winner* el ganador absoluto **2** (*general*) global

▸ *adv* /ˌəʊvərˈɔːl/ **1** en total **2** en general

▸ *n* /ˈəʊvərɔːl/ **1** (*GB*) guardapolvo, bata **2 overalls** [*pl*] mono (*de trabajo*) **3 overalls** [*pl*] (*USA*) (pantalones de) peto

overbearing /ˌəʊvəˈbeərɪŋ/ *adj* (*pey*) dominante

overboard /ˈəʊvəbɔːd/ *adv* por la borda LOC **go overboard** (*coloq*) pasarse, excederse (*en entusiasmo*)

overcame *pt de* OVERCOME

overcast /ˌəʊvəˈkɑːst; *USA* -ˈkæst/ *adj* nublado, cubierto

overcharge /ˌəʊvəˈtʃɑːdʒ/ *vt, vi* ~ **(sb) (for sth)** cobrar de más (a algn) (por algo)

overcoat /ˈəʊvəkəʊt/ *n* abrigo

overcome 🔑 /ˌəʊvəˈkʌm/ *vt* (*pt* **overcame** /-ˈkeɪm/, *pp* **overcome**) **1** (*dificultad, etc.*) superar, dominar **2** (*formal*) (*oponente*) vencer **3** apoderarse de, invadir: *overcome by fumes/smoke* vencido por los gases/el humo ◇ *overcome with/by emotion* embargado por la emoción

overcrowded /ˌəʊvəˈkraʊdɪd/ *adj* atestado (de gente) **overcrowding** *n* congestión, hacinamiento

overdo /ˌəʊvəˈduː/ *vt* (*3ª pers sing* **overdoes** /-ˈdʌz/, *pt* **overdid** /-ˈdɪd/, *pp* **overdone** /-ˈdʌn/) **1** exagerar, pasarse con **2** cocer demasiado LOC **overdo it/things** pasarse (de la raya) (*trabajando, estudiando, etc.*)

overdose /ˈəʊvədəʊs/ *n* sobredosis

overdraft /ˈəʊvədrɑːft; *USA* -dræft/ *n* descubierto (*en una cuenta bancaria*)

overdrawn /ˌəʊvəˈdrɔːn/ *adj* (*Fin*) con saldo negativo: *I'm overdrawn by £100.* Tengo un saldo negativo de 100 libras en mi cuenta corriente.

overdue /ˌəʊvəˈdjuː; *USA* -ˈduː/ *adj* **1** retrasado **2** (*Fin*) vencido y no pagado

overestimate /ˌəʊvərˈestɪmeɪt/ *vt* sobreestimar

overflow *verbo, nombre*

▸ /ˌəʊvəˈfləʊ/ **1** *vt, vi* desbordar(se) **2** *vi* ~ **(with sth)** rebosar (de algo)

▸ *n* /ˈəʊvəfləʊ/ **1** exceso (*de gente, agua, etc.*) **2** desbordamiento, derrame **3** (*tb* ˈ**overflow pipe**) cañería de desagüe

overgrown /ˌəʊvəˈgrəʊn/ *adj* **1** ~ **(with sth)** (*jardín*) cubierto (de algo) **2** (*gen pey*) crecido, grande

overhang /ˌəʊvəˈhæŋ/ *vt, vi* (*pt, pp* **overhung** /-ˈhʌŋ/) colgar (por encima), sobresalir (de) **overhanging** *adj* sobresaliente

overhaul *nombre, verbo*

▸ *n* /ˈəʊvəhɔːl/ revisión, puesta a punto

▸ *vt* /ˌəʊvəˈhɔːl/ revisar, poner a punto

overhead *adverbio, adjetivo*

▸ *adv* /ˌəʊvəˈhed/ por encima de la cabeza, en alto, por lo alto

▸ *adj* /ˈəʊvəhed/ **1** elevado **2** (*cable*) aéreo **3** (*luz*) de techo

overheads /ˈəʊvəhedz/ *n* [*pl*] (*Econ*) gastos generales

overhear /ˌəʊvəˈhɪə(r)/ *vt* (*pt, pp* **overheard** /-ˈhɜːd/) oír (*por casualidad*)

overhung *pt, pp de* OVERHANG

overjoyed /ˌəʊvəˈdʒɔɪd/ *adj* **1** ~ **(at sth)** eufórico (por/con algo) **2** ~ **(to do sth)** contentísimo (de hacer algo)

overland /ˈəʊvəlænd/ *adjetivo, adverbio*

▸ *adj* terrestre

▸ *adv* por tierra

overlap *verbo, nombre*

▸ /ˌəʊvəˈlæp/ **(-pp-)** **1** *vt, vi* superponer(se) **2** *vi* ~ **(with sth)** coincidir en parte (con algo)

▸ *n* /ˈəʊvəlæp/ **1** (*de materias, etc.*) áreas de coincidencia **2** superposición

overleaf /ˌəʊvəˈliːf/ *adv* en la página siguiente

O

overload *verbo, nombre*
▸ *vt* /ˌəʊvəˈləʊd/ ~ **sb/sth (with sth)** sobrecargar a algn/algo (de algo)
▸ *n* /ˈəʊvələʊd/ sobrecarga

overlook /ˌəʊvəˈlʊk/ *vt* **1** no notar **2** pasar por alto, dejar pasar **3** dar a, tener vista a

overnight *adverbio, adjetivo*
▸ *adv* /ˌəʊvəˈnaɪt/ **1** durante la noche: *We travelled overnight.* Viajamos de noche. **2** de la noche a la mañana
▸ *adj* /ˈəʊvənaɪt/ [*sólo antes de sustantivo*] **1** de la noche, para una noche **2** (*éxito*) repentino

overpass /ˈəʊvəpɑːs; *USA* -pæs/ *n* (*USA*) paso elevado

overpopulated /ˌəʊvəˈpɒpjuleɪtɪd/ *adj* superpoblado

overpopulation /ˌəʊvəˌpɒpjuˈleɪʃn/ *n* superpoblación

overpower /ˌəʊvəˈpaʊə(r)/ *vt* dominar, reducir **overpowering** *adj* agobiante, arrollador

overprotective /ˌəʊvəprəˈtektɪv/ *adj* sobreprotector

overran *pt de* OVERRUN

overrate /ˌəʊvəˈreɪt/ *vt* sobreestimar

overreact /ˌəʊvəriˈækt/ *vi* reaccionar de forma exagerada

override /ˌəʊvəˈraɪd/ *vt* (*pt* **overrode** /-ˈrəʊd/, *pp* **overridden** /-ˈrɪdn/) **1** (*decisión*) invalidar **2** (*objeción*) rechazar ❶ En los sentidos 1 y 2, se usa también el verbo **overrule** /ˌəʊvəˈruːl/. **3** anular **overriding** *adj* [*sólo antes de sustantivo*] capital, primordial

overrun /ˌəʊvəˈrʌn/ (*pt* **overran** /-ˈræn/, *pp* **overrun**) **1** *vt* invadir **2** *vt, vi* rebasar (su tiempo)

overseas /ˌəʊvəˈsiːz/ *adjetivo, adverbio*
▸ *adj* exterior, extranjero
▸ *adv* en el/al extranjero

oversee /ˌəʊvəˈsiː/ *vt* (*pt* **oversaw** /-ˈsɔː/, *pp* **overseen** /-ˈsiːn/) supervisar

overshadow /ˌəʊvəˈʃædəʊ/ *vt* **1** (*persona, logro*) eclipsar **2** (*entristecer*) ensombrecer

oversight /ˈəʊvəsaɪt/ *n* omisión, olvido

oversimplify /ˌəʊvəˈsɪmplɪfaɪ/ *vt* (*pt, pp* **-fied**) simplificar en exceso

oversleep /ˌəʊvəˈsliːp/ *vi* (*pt, pp* **overslept** /-ˈslept/) quedarse dormido, no despertarse a tiempo

overspend /ˌəʊvəˈspend/ (*pt, pp* **overspent** /-ˈspent/) **1** *vi* gastar en exceso **2** *vt* (*presupuesto*) pasarse de

overstate /ˌəʊvəˈsteɪt/ *vt* exagerar

overstep /ˌəʊvəˈstep/ *vt* (**-pp-**) **1** (*autoridad*) excederse en el ejercicio de **2** (*límite*) rebasar LOC **overstep the mark/line** pasarse de la raya

overt /əʊˈvɜːt, ˈəʊvɜːt/ *adj* (*formal*) abierto

overtake /ˌəʊvəˈteɪk/ (*pt* **overtook** /-ˈtʊk/, *pp* **overtaken** /-ˈteɪkən/) **1** *vt, vi* (*coche*) adelantar (a) **2** *vt* desbancar, tomar la delantera a

overthrow *verbo, nombre*
▸ *vt* /ˌəʊvəˈθrəʊ/ (*pt* **overthrew** /-ˈθruː/, *pp* **overthrown** /-ˈθrəʊn/) derrocar
▸ *n* /ˈəʊvəθrəʊ/ derrocamiento

overtime /ˈəʊvətaɪm/ *n* [*incontable*] horas extras

overtone /ˈəʊvətəʊn/ *n* [*gen pl*] connotación

overtook *pt de* OVERTAKE

overture /ˈəʊvətjʊə(r)/ *n* (*Mús*) obertura LOC **make overtures (to sb)** hacer propuestas (a algn)

overturn /ˌəʊvəˈtɜːn/ **1** *vt, vi* volcar(se), dar la vuelta (a) **2** *vt* (*decisión*) anular

overview /ˈəʊvəvjuː/ *n* perspectiva (general)

overweight /ˌəʊvəˈweɪt/ *adj*: *to be overweight* tener exceso de peso ➲ *Ver nota en* GORDO

overwhelm /ˌəʊvəˈwelm/ *vt* **1** (*emoción*) abrumar **2** (*oponente*) abatir **3** agobiar (*con trabajo, preguntas, etc.*) **overwhelming** *adj* abrumador

overwork /ˌəʊvəˈwɜːk/ *vt, vi* (hacer) trabajar en exceso

oviparous /əʊˈvɪpərəs/ *adj* (*Biol*) ovíparo

ovule /ˈɒvjuːl, ˈəʊ-/ *n* (*Biol*) óvulo

ovum /ˈəʊvəm/ *n* (*pl* **ova** /ˈəʊvə/) (*Biol*) óvulo

ow /aʊ/ *interj* ¡ay!

owe 🔑 /əʊ/ *vt* deber (*dinero, disculpa, etc.*)

owing to /ˈəʊɪŋ tu, tə/ *prep* debido a, a causa de

owl /aʊl/ *n* búho, lechuza

own 🔑 /əʊn/ *adjetivo, pronombre, verbo*
▸ *adj, pron* propio, mío, tuyo, suyo, nuestro, vuestro: *It was my own idea.* Fue idea mía. LOC **get your own back (on sb)** (*coloq*) vengarse (de algn) ◆ **of your own** propio: *a house of your own* una casa propia ◆ **(all) on your own 1** (completamente) solo **2** por sí solo, sin ayuda
▸ *vt* poseer, tener, ser dueño de PHR V **own up (to sth)** confesar (algo), reconocer algo

owner 🔑 /ˈəʊnə(r)/ *n* dueño, -a, propietario, -a **ownership** *n* [*incontable*] propiedad

ˌown ˈgoal *n* gol en propia puerta

ox /ɒks/ *n* (*pl* **oxen** /ˈɒksn/) buey

oxygen /ˈɒksɪdʒən/ *n* oxígeno

oyster /ˈɔɪstə(r)/ *n* ostra

ozone /ˈəʊzəʊn/ *n* ozono: *ozone layer* capa de ozono

Pp

P, p /piː/ *n* (*pl* **Ps, P's, p's**) P, p ➲ *Ver nota en* A, A

PA /ˌpiː ˈeɪ/ *abrev* **1** (*abrev de* **public address system**) sistema de megafonía **2** (*abrev de* **personal assistant**) secretario, -a de dirección

pace /peɪs/ *nombre, verbo*
▸ *n* **1** ritmo **2** paso LOC **keep pace (with sb/sth)** ir al mismo paso (que algn/algo)
▸ *vt, vi* (*con inquietud*) pasearse (por): *to pace up and down* pasearse con inquietud ➲ *Ver nota en* ANDAR

pacemaker /ˈpeɪsmeɪkə(r)/ *n* marcapasos

pacifier /ˈpæsɪfaɪə(r)/ *n* (*USA*) chupete

pacifism /ˈpæsɪfɪzəm/ *n* pacifismo

pacifist /ˈpæsɪfɪst/ *adj, n* pacifista

pacify /ˈpæsɪfaɪ/ *vt* (*pt, pp* **-fied**) **1** (*temores, ira*) apaciguar **2** (*región*) pacificar

pack /pæk/ *verbo, nombre*
▸ **1** *vt, vi* hacer (las maletas) **2** *vt* ~ **sth (up) in/into sth** poner, guardar algo en algo **3** *vt* embalar, empaquetar **4** *vt* (*caja*) llenar **5** *vt* ~ **sth in/with sth** envolver algo con algo **6** *vt* (*comida*) empaquetar, envasar **7** *vt* (*habitación*) atestar LOC **pack your bags** (*coloq*) irse PHR V **pack sth in** (*coloq*) dejar algo: *I've packed in my job.* He dejado mi trabajo. ◆ **pack (sb/sth) into sth** meter a algn/algo en algo, meterse en algo (*con dificultad*) ◆ **pack up** (*coloq*) escacharrarse (*averiarse*)
▸ *n* **1** envase, lote, carpeta: *The pack contains a pen, writing paper and ten envelopes.* El envase contiene un bolígrafo, papel de carta, y diez sobres. ◇ *information pack* carpeta informativa ➲ *Ver nota en* PACKET **2** (*cigarrillos*) paquete **3** (*de animal*) carga **4** mochila ➲ *Ver dibujo en* BAG *Ver tb* FANNY PACK **5** [*v sing o pl*] (*perros*) jauría **6** [*v sing o pl*] (*lobos*) manada **7** (*Naipes*) baraja

package /ˈpækɪdʒ/ *nombre, verbo*
▸ *n* **1** paquete ➲ *Ver nota en* PARCEL **2** (*equipaje*) bulto
▸ *vt* envasar

package tour (*tb* ˈ**package holiday**) *n* viaje organizado

packaging /ˈpækɪdʒɪŋ/ *n* embalaje

packed /pækt/ *adj* **1** a tope **2** ~ **with sth** abarrotado, lleno de algo *Ver tb* PACK

packed ˈ**lunch** *n* almuerzo preparado en casa para comer fuera

> En los países anglosajones mucha gente lleva al trabajo o al colegio un bocadillo u otra comida preparada para la hora de comer.

packet /ˈpækɪt/ *n* paquete: *a packet of soup* un sobre de sopa

> **Packet** (*USA* **pack**) es el término que utilizamos para referirnos a un paquete o una bolsa que contiene algún producto que se vende en una tienda: *a packet of cigarettes/crisps.* **Pack** se utiliza para hablar de un conjunto de cosas diferentes que se venden juntas: *The pack contains needles and thread.* El envase contiene agujas e hilo.
> ➲ *Ver tb nota en* PARCEL *y dibujo en* CONTAINER

packing /ˈpækɪŋ/ *n* [*incontable*] **1** *Have you done your packing yet?* ¿Has hecho ya las maletas? **2** embalaje **3** relleno

pact /pækt/ *n* pacto

pad /pæd/ *nombre, verbo*
▸ *n* **1** almohadilla: *shoulder pads* hombreras **2** (*tb* ˈ**writing pad**) bloc (*de papel*) *Ver tb* CONTROL PAD
▸ (**-dd-**) **1** *vt* acolchar **2** *vi* ~ **about, along, around, etc.** andar (sin hacer ruido) PHR V **pad sth out** (*redacción, etc.*) meter paja en algo **padding** *n* **1** acolchado **2** (*redacción, discurso, etc.*) paja

paddle /ˈpædl/ *nombre, verbo*
▸ *n* **1** pala (*remo*) **2** **a paddle** [*sing*] (*en el mar o en un río*): *to go for/have a paddle* mojarse los pies LOC *Ver* CREEK
▸ **1** *vt* (*barca*) dirigir (remando) **2** *vi* remar **3** *vi* mojarse los pies

paddock /ˈpædək/ *n* prado (*donde pastan los caballos*)

padlock /ˈpædlɒk/ *n* candado

paediatrician (*USA* **pediatrician**) /ˌpiːdiəˈtrɪʃn/ *n* pediatra

pagan /ˈpeɪgən/ *adj, n* pagano, -a

page /peɪdʒ/ *nombre, verbo*
▸ *n* (*abrev* **p**) página
▸ *vt* llamar por el altavoz/busca

pager /ˈpeɪdʒə(r)/ *n* busca

paid /peɪd/ *adj* **1** (*trabajo*) remunerado **2** (*empleado*) a sueldo LOC **put paid to sth** (*coloq*) acabar con algo *Ver tb* PAY

pain /peɪn/ *n* dolor: *Is she in pain?* ¿Sufre? ◇ *I've got a pain in my leg.* Me duele la pierna. LOC **a pain in the neck** (*coloq*) un peñazo ◆ **be at pains to do sth; go to/take great pains to do sth** esforzarse mucho por hacer algo ◆ **take great pains with/over sth** esmerarse mucho en algo **pained** *adj* **1** afligido **2** ofendido

painful 🔑 /ˈpeɪnfl/ *adj* **1** dolorido: *to be painful* doler **2** doloroso **3** (*deber*) penoso **4** (*decisión*) desagradable **painfully** /-fəli/ *adv* terriblemente

painkiller /ˈpeɪnkɪlə(r)/ *n* analgésico, calmante

painless /ˈpeɪnləs/ *adj* **1** que no duele **2** (*procedimiento*) sin dificultades

painstaking /ˈpeɪnzteɪkɪŋ/ *adj* laborioso

paint 🔑 /peɪnt/ *nombre, verbo*
▸ *n* pintura
▸ *vt, vi* pintar

paintbrush /ˈpeɪntbrʌʃ/ *n* pincel, brocha ➲ *Ver dibujo en* BRUSH

painter 🔑 /ˈpeɪntə(r)/ *n* pintor, -ora

painting 🔑 /ˈpeɪntɪŋ/ *n* **1** cuadro **2** pintura: *face painting* pintura de cara(s)

paintwork /ˈpeɪntwɜːk/ *n* pintura (*superficie*)

pair 🔑 /peə(r)/ *nombre, verbo*
▸ *n* **1** par: *a pair of trousers* unos pantalones

Las palabras que designan objetos compuestos por dos elementos (como tenazas, tijeras, pantalones, etc.), llevan el verbo en plural: *My trousers are very tight.* Los pantalones me están muy justos. Cuando nos referimos a más de uno, utilizamos la palabra **pair**: *I've got two pairs of trousers.* Tengo dos pantalones.

2 [*v sing o pl*] pareja (*animales, equipo*): *the winning pair* la pareja ganadora ➲ *Comparar con* COUPLE
▸ *v* PHR V **pair (sb) off (with sb)** emparejar a algn/emparejarse (con algn) ◆ **pair up (with sb)** formar pareja (con algn) (*para trabajar, jugar, etc.*)

pajamas (*USA*) = PYJAMAS

pal /pæl/ *n* (*coloq*) **1** compañero, -a **2** colega

palace 🔑 /ˈpæləs/ *n* palacio

palate /ˈpælət/ *n* paladar

pale 🔑 /peɪl/ *adjetivo, nombre*
▸ *adj* (**paler, -est**) **1** pálido: *to go/turn pale* palidecer **2** (*color*) claro **3** (*luz*) tenue
▸ *n* LOC **beyond the pale** (*conducta*) inaceptable

palette /ˈpælət/ *n* paleta (*de pintor*)

pallid /ˈpælɪd/ *adj* pálido

pallor /ˈpælə(r)/ *n* palidez

palm /pɑːm/ *nombre, verbo*
▸ *n* **1** (*mano*) palma **2** (*tb* ˈ**palm tree**) palmera, palma LOC **have sb in the palm of your hand** tener a algn en un puño
▸ *v* PHR V **palm sb off with sth** (*coloq*) **1** (*tb* **palm sth off on/onto sb**) endosarle algo a algn **2** engañar, engatusar a algn (con algo)

palmtop /ˈpɑːmtɒp/ *n* ordenador de mano, palm

paltry /ˈpɔːltri/ *adj* insignificante

pamper /ˈpæmpə(r)/ *vt* (*gen pey*) mimar

pamphlet /ˈpæmflət/ *n* **1** folleto **2** (*político*) panfleto

pan 🔑 /pæn/ *n* término genérico que abarca cazuelas, cacerolas, cazos, ollas y sartenes ➲ *Ver dibujo en* POT LOC *Ver* FLASH

pancake /ˈpænkeɪk/ *n* tortita, crepe ➲ *Ver nota en* MARTES

panda /ˈpændə/ *n* panda

pandemic /pænˈdemɪk/ *n* pandemia

pander /ˈpændə(r)/ *v* PHR V **pander to sth/sb** (*pey*) complacer algo/a algn

pane /peɪn/ *n* cristal: *pane of glass* hoja de vidrio

panel 🔑 /ˈpænl/ *n* **1** panel (*en pared, puerta, etc.*) **2** [*v sing o pl*] (*TV, Radio*) panel **3** [*v sing o pl*] comisión, jurado **4** panel (*de mandos*) **panelled** (*USA* **paneled**) *adj* (revestido) con paneles **panelling** (*USA* **paneling**) *n* revestimiento (*en pared, etc.*): *oak panelling* paneles de roble

pang /pæŋ/ *n* punzada (*de hambre, dolor, etc.*)

panic /ˈpænɪk/ *nombre, verbo*
▸ *n* pánico
▸ *vi* (**-ck-**) aterrarse, dejarse llevar por el pánico

panic-stricken /ˈpænɪk strɪkən/ *adj* preso del pánico

panini /pəˈniːni/ (*tb* **panino** /pəˈniːnəʊ/) *n* (*pl* **panini** o **paninis**) bocadillo hecho con pan tipo chapata

pansy /ˈpænzi/ *n* (*pl* **pansies**) pensamiento (*flor*)

pant /pænt/ *vi* jadear

panther /ˈpænθə(r)/ *n* **1** pantera **2** (*USA*) puma

panties /ˈpæntiz/ *n* [*pl*] bragas ➲ *Ver nota en* PAIR

pantomime /ˈpæntəmaɪm/ *n* (*GB*) representación teatral con música para la Navidad, basada en cuentos de hadas

pantry /ˈpæntri/ *n* (*pl* **pantries**) despensa

pants 🔑 /pænts/ *n* [*pl*] **1** (*GB*) calzoncillos, bragas **2** (*USA*) pantalones ➲ *Ver nota en* PAIR; *Ver tb* CARGO PANTS **3** (*GB, argot*) basura: *This programme is pants!* ¡Este programa es una basura!

pantyhose /ˈpæntihəʊz/ *n* [*pl*] (*USA*) pantis, medias ➲ *Ver nota en* PAIR

paparazzo /ˌpæpəˈrætsəʊ/ *n* (*pl* **paparazzi** /-rætsi/) paparazzi

paper 🔑 /ˈpeɪpə(r)/ *nombre, verbo*
▸ *n* **1** [*incontable*] papel: *a piece of paper* una hoja/un trozo de papel **2** periódico: *paper round* reparto de periódicos **3 papers** [*pl*] papeles, papeleo **4 papers** [*pl*] documentación **5** examen

P

6 (*académico*) artículo, ponencia **7** papel pintado LOC **on paper 1** por escrito **2** en teoría
▸ *vt* empapelar

paperback /ˈpeɪpəbæk/ *n* libro en rústica ➲ *Comparar con* HARDBACK

paper boy *n* repartidor de periódicos

paper clip *n* clip (*para papeles*)

paper girl *n* repartidora de periódicos

paper shop *n* tienda de periódicos

paperwork /ˈpeɪpəwɜːk/ *n* [*incontable*] **1** tareas administrativas **2** papeleo

papier mâché /ˌpæpieɪ ˈmæʃeɪ; *USA* ˌpeɪpər məˈʃeɪ, ˌpæpjeɪ/ *n* cartón piedra, papel maché

papyrus /pəˈpaɪrəs/ *n* (*pl* **papyri** /-riː/) papiro

par /pɑː(r)/ *n* LOC **be below/under par** no estar a la altura de lo que se espera/esperaba ◆ **on a par with sb/sth** en igualdad de condiciones con algn/algo, equivalente a algo

parable /ˈpærəbl/ *n* parábola (*cuento*)

parachute /ˈpærəʃuːt/ *n* paracaídas **parachuting** *n* paracaidismo: *to go parachuting* hacer paracaidismo **parachutist** *n* paracaidista

parade /pəˈreɪd/ *nombre, verbo*
▸ *n* desfile
▸ **1** *vi* desfilar **2** *vt, vi* exhibir(se) (*esp por la calle*) **3** *vt* (*pey*) (*conocimientos*) hacer alarde de **4** *vi* (*Mil*) pasar revista

paradise /ˈpærədaɪs/ *n* paraíso

paradox /ˈpærədɒks/ *n* paradoja

paraffin /ˈpærəfɪn/ *n* queroseno

paragliding /ˈpærəglaɪdɪŋ/ *n* parapente

paragraph /ˈpærəgrɑːf; *USA* -græf/ *n* párrafo

parallel ⚷ /ˈpærəlel/ *adjetivo, nombre*
▸ *adj* (en) paralelo
▸ *n* **1** paralelo **2** (línea) paralela

the Paralympics /ˌpærəˈlɪmpɪks/ *n* [*pl*] los (Juegos) Paralímpicos

paralyse (*USA* **paralyze**) /ˈpærəlaɪz/ *vt* paralizar **paralysed** (*USA* **paralyzed**) *adj* **1** paralítico **2** paralizado (*por miedo, huelga, etc.*)

paralysis /pəˈræləsɪs/ *n* (*pl* **paralyses** /-siːz/) **1** parálisis **2** [*incontable*] paralización

paramedic /ˌpærəˈmedɪk/ *n* profesional de la rama sanitaria con conocimientos de medicina

paramount /ˈpærəmaʊnt/ *adj* primordial: *of paramount importance* de suma importancia

paranoia /ˌpærəˈnɔɪə/ *n* paranoia

paranoid /ˈpærənɔɪd/ *adj* paranoico

paranormal /ˌpærəˈnɔːml/ *adj, n* paranormal

paraphrase /ˈpærəfreɪz/ *vt* parafrasear

parascending /ˈpærəsendɪŋ/ *n* parascending

parasite /ˈpærəsaɪt/ *n* parásito

parasol /ˈpærəsɒl; *USA* -sɔːl/ *n* sombrilla

parcel /ˈpɑːsl/ *n* paquete

> **Parcel** (*USA* **package**) se usa para referirse a los paquetes que se envían por correo. Para hablar de los paquetes que se entregan en mano utilizamos **package**. ➲ *Ver tb nota en* PACKET *y dibujo en* CONTAINER

parched /pɑːtʃt/ *adj* **1** reseco **2** (*coloq*) (*persona*) muerto de sed

parchment /ˈpɑːtʃmənt/ *n* pergamino

pardon /ˈpɑːdn/ *interjección, nombre, verbo*
▸ *interj* (*tb* **pardon me**) **1** ¿cómo dice?, ¿qué has dicho? **2** ¡perdón!
▸ *n* **1** (*Jur*) indulto **2** (*formal*) perdón LOC *Ver* BEG
▸ *vt* perdonar

parent ⚷ /ˈpeərənt/ *n* **1** madre, padre: *his parents* sus padres *Ver tb* SINGLE PARENT **2** *parent company* empresa matriz **parentage** /ˈpeərəntɪdʒ/ *n* **1** ascendencia **2** padres **parental** /pəˈrentl/ *adj* de los padres **parenthood** /ˈpeərənthʊd/ *n* maternidad, paternidad

parents-in-law /ˈpeərənts ɪn lɔː/ *n* [*pl*] suegros

parish /ˈpærɪʃ/ *n* parroquia: *parish priest* párroco

park ⚷ /pɑːk/ *nombre, verbo*
▸ *n* **1** parque **2** (*USA*) campo (de deportes) *Ver tb* CAR PARK
▸ *vt, vi* aparcar

parking /ˈpɑːkɪŋ/ *n* [*incontable*] aparcamiento: *There's free parking.* El aparcamiento es gratuito. ◇ *parking ticket/fine* multa por aparcamiento indebido ❶ En inglés "un parking" se dice **a car park**.

ˈparking lot *n* (*USA*) aparcamiento

ˈparking meter *n* parquímetro

parkland /ˈpɑːklænd/ *n* [*incontable*] zona verde, parque

parliament ⚷ /ˈpɑːləmənt/ *n* [*v sing o pl*] parlamento: *Member of Parliament* diputado

> El parlamento británico está dividido en dos cámaras: la Cámara de los Comunes (**the House of Commons**) y la Cámara de los Lores (**the House of Lords**). La Cámara de los Comunes está compuesta por 650 diputados (**Members of Parliament** o **MPs**) que son elegidos por los ciudadanos británicos. Cada uno de estos diputados representa a un distrito electoral (**constituency**).

P

parliamentary /ˌpɑːləˈmentri/ *adj* parlamentario

parlour (*USA* **parlor**) /ˈpɑːlə(r)/ *n* **1** (*esp USA*): *beauty/ice-cream parlour* salón de belleza/heladería **2** (*antic*) sala (de recibir)

parody /ˈpærədi/ *n* (*pl* **parodies**) parodia

parole /pəˈrəʊl/ *n* libertad condicional

parrot /ˈpærət/ *n* loro

parsley /ˈpɑːsli/ *n* perejil

parsnip /ˈpɑːsnɪp/ *n* chirivía

part /pɑːt/ *nombre, verbo*

▸ *n* **1** parte: *in part exchange* como parte del pago **2** pieza **3** (*TV*) episodio **4** papel (*de actor*) **5 parts** [*pl*] (*antic, coloq*) región: *She's not from these parts.* No es de aquí. **6** (*USA*) (*pelo*) raya LOC **for my, his, their, etc. part** por mi, su, etc. parte ◆ **for the most part** por lo general ◆ **on the part of sb**; **on sb's part**: *It was an error on my part.* Fue un error por mi parte. ◆ **take part (in sth)** tomar parte (en algo) ◆ **take sb's part** ponerse de parte de algn ◆ **the best/better part of sth** la mayor parte de algo: *for the best part of a year* casi un año

▸ **1** *vt, vi* separar(se) **2** *vt, vi* apartar(se) **3** *vt*: *to part your hair* hacerse la raya LOC **part company (with/from sb)** separarse, despedirse (de algn) PHR V **part with sth 1** desprenderse de algo **2** (*dinero*) gastar algo

partial /ˈpɑːʃl/ *adj* **1** parcial **2** ~ **to sb/sth** aficionado a algn/algo **3** ~ **(towards sb/sth)** (*pey*) predispuesto (a favor de algn/algo) **partially** /-ʃəli/ *adv* **1** parcialmente **2** de manera parcial

participant /pɑːˈtɪsɪpənt/ *n* participante

participate /pɑːˈtɪsɪpeɪt/ *vi* ~ **(in sth)** participar (en algo) **participation** *n* participación

participle /pɑːˈtɪsɪpl/ *n* participio

particle /ˈpɑːtɪkl/ *n* partícula

particular /pəˈtɪkjələ(r)/ *adjetivo, nombre*

▸ *adj* **1** (*concreto*) en particular: *in this particular case* en este caso en particular **2** especial **3** ~ **(about/over sth)** exigente (con algo)

▸ *n* **particulars** [*gen pl*] (*formal*) datos

particularly /pəˈtɪkjələli/ *adv* **1** particularmente, especialmente **2** en particular

parties *plural de* PARTY

parting /ˈpɑːtɪŋ/ *n* **1** despedida **2** (*pelo*) raya

partisan /ˌpɑːtɪˈzæn, ˈpɑːtɪzæn; *USA* -təzn/ *adjetivo, nombre*

▸ *adj* parcial

▸ *n* **1** partidario, -a **2** (*Mil*) partisano, -a

partition /pɑːˈtɪʃn/ *n* **1** tabique, mampara **2** (*Pol*) división

partly /ˈpɑːtli/ *adv* en parte

partner /ˈpɑːtnə(r)/ *n* **1** (*relación, baile, deportes*) pareja, compañero, -a **2** (*Econ*) socio, -a

partnership /ˈpɑːtnəʃɪp/ *n* **1** asociación **2** (*Econ*) sociedad (comanditaria)

ˌpart of ˈspeech *n* categoría gramatical

partridge /ˈpɑːtrɪdʒ/ *n* perdiz

part-time /ˌpɑːt ˈtaɪm/ *adj, adv* **1** por horas **2** (*curso*) a tiempo parcial

party /ˈpɑːti/ *n* (*pl* **parties**) **1** (*Pol*) partido **2** (*reunión*) fiesta: *to have a party* hacer una fiesta *Ver tb* HEN PARTY **3** grupo **4** (*Jur*) parte *Ver tb* THIRD PARTY LOC **be (a) party to sth** (*formal*) participar en algo

pass /pɑːs; *USA* pæs/ *verbo, nombre*

▸ **1** *vt, vi* pasar **2** *vt* (*barrera*) cruzar **3** *vt* (*límite*) superar **4** *vt* (*examen, ley*) aprobar **5** *vi* suceder PHR V **pass sth around (sth)** = PASS STH ROUND (STH)

pass as sb/sth = PASS FOR SB/STH

pass away morir

pass by (sb/sth) pasar (por delante de algn/algo) ◆ **pass sb/sth by** dejar a algn/algo de lado

pass for sb/sth pasar, ser tomado por algn/algo

pass sb/sth off as sb/sth hacer pasar a algn/algo por algn/algo

pass out desmayarse

pass sth round (sth) hacer circular algo (por…)

pass sth up (*coloq*) dejar pasar algo (*oportunidad*)

▸ *n* **1** (*examen*) aprobado, suficiente **2** (*permiso, Dep*) pase **3** (*autobús, etc.*) bono: *ski pass* forfait **4** (*montaña*) puerto LOC **make a pass at sb** (*coloq*) intentar ligar con algn

passable /ˈpɑːsəbl; *USA* ˈpæs-/ *adj* **1** aceptable **2** transitable

passage /ˈpæsɪdʒ/ *n* **1** (*tb* **passageway** /ˈpæsɪdʒweɪ/) pasadizo, pasillo **2** pasaje (*de libro, etc.*) **3** [*sing*] (*formal*) paso

passenger /ˈpæsɪndʒə(r)/ *n* pasajero, -a

passer-by /ˌpɑːsə ˈbaɪ; *USA* ˌpæs-/ *n* (*pl* **passers-by**) transeúnte

passing /ˈpɑːsɪŋ; *USA* ˈpæs-/ *nombre, adjetivo*

▸ *n* **1** paso **2** (*formal*) desaparición LOC **in passing** de pasada

▸ *adj* [*sólo antes de sustantivo*] **1** pasajero **2** (*referencia*) de pasada **3** (*tiempo, tráfico*) que pasa

passion /ˈpæʃn/ *n* pasión **passionate** /ˈpæʃənət/ *adj* apasionado, ardiente

passive /ˈpæsɪv/ *adjetivo, nombre*

▸ *adj* pasivo: *passive smoking* el tabaquismo pasivo

▸ *n* (*tb* ˌ**passive** ˈ**voice**) (voz) pasiva

passport /ˈpɑːspɔːt; *USA* ˈpæs-/ *n* pasaporte

password /ˈpɑːswɜːd; *USA* ˈpæs-/ *n* contraseña

past 🔑 /pɑːst; *USA* pæst/ *adjetivo, nombre, preposición, adverbio*
▸ *adj* **1** pasado **2** último: *the past few days* los últimos días **3** antiguo: *past students* antiguos alumnos
▸ *n* **1** pasado **2** (*tb* ˌ**past** ˈ**tense**) pretérito, pasado
▸ *prep* **1** *half past two* las dos y media ◇ *past midnight* más de medianoche ◇ *It's past two o'clock.* Son las dos pasadas. **2** (*con verbos de movimiento*): *to walk past sb/sth* pasar por delante de algo/por el lado de algn **3** más allá de, después de: *It's past your bedtime.* Deberías estar ya en la cama. LOC **be past it** (*GB, coloq*) ser demasiado viejo ◆ **not put it past sb (to do sth)** creer a algn capaz (de hacer algo)
▸ *adv* al lado, por delante: *to walk past* pasar por delante

pasta /ˈpæstə/ *n* pasta (*espagueti, etc.*)

paste /peɪst/ *nombre, verbo*
▸ *n* **1** pasta, masa **2** paté **3** cola
▸ *vt, vi* pegar

pasteurization, -isation /ˌpɑːstʃəraɪˈzeɪʃn; *USA* ˌpæstʃərəˈz-/ *n* pasteurización

pasteurize, -ise /ˈpɑːstʃəraɪz; *USA* ˈpæs-/ *vt* pasteurizar

pastime /ˈpɑːstaɪm; *USA* ˈpæs-/ *n* pasatiempo, distracción

pastor /ˈpɑːstə(r); *USA* ˈpæs-/ *n* pastor, -ora (*sacerdote*)

pastoral /ˈpɑːstərəl; *USA* ˈpæs-/ *adj* **1** *pastoral care* atención personal **2** pastoril, bucólico

pastry /ˈpeɪstri/ *n* (*pl* **pastries**) **1** [*incontable*] masa (*de una tarta, etc.*) **2** pastel (*de bollería*)

pasture /ˈpɑːstʃə(r); *USA* ˈpæs-/ *n* pasto

pat /pæt/ *verbo, nombre*
▸ *vt* (**-tt-**) **1** dar golpecitos a, dar una palmadita a **2** acariciar
▸ *n* palmadita, toquecito LOC **give sb a pat on the back (for sth)** felicitar a algn (por algo)

patch /pætʃ/ *nombre, verbo*
▸ *n* **1** (*color*) mancha **2** (*niebla, etc.*) zona **3** (*tela*) parche **4** parcela (*de tierra*) **5** (*GB, coloq*) (*área de trabajo*) zona LOC **go through/hit a bad patch** (*coloq*) pasar/tener una mala racha ◆ **not be a patch on sb/sth** no tener ni comparación con algn/algo
▸ *vt* poner un parche a PHR V **patch sth up** **1** hacerle un apaño a algo **2** (*disputa*) resolver algo

patchwork /ˈpætʃwɜːk/ *n* **1** [*incontable*] labor de retales **2** tapiz (*de estilos, etc.*)

patchy /ˈpætʃi/ *adj* **1** irregular: *patchy rain/fog* chubascos/bancos de niebla **2** desigual **3** (*conocimientos*) con lagunas

pâté /ˈpæteɪ; *USA* pɑːˈteɪ/ *n* paté

patent *nombre, verbo, adjetivo*
▸ *n* /ˈpætnt, ˈpeɪtnt/ patente
▸ *vt* /ˈpætnt, ˈpeɪtnt/ patentar
▸ *adj* /ˈpeɪtnt; *USA* ˈpætnt/ **1** (*Econ*) patentado **2** (*formal*) patente **patently** /ˈpeɪtntli, ˈpætntli/ *adv* (*formal*) claramente

paternal /pəˈtɜːnl/ *adj* **1** paternal **2** (*familiares*) paterno

paternity /pəˈtɜːnəti/ *n* paternidad

path 🔑 /pɑːθ; *USA* pæθ/ *n* **1** sendero **2** paso **3** trayectoria **4** (*fig*) camino

pathetic /pəˈθetɪk/ *adj* **1** patético **2** (*coloq*) (*insuficiente*) lamentable

pathological /ˌpæθəˈlɒdʒikl/ *adj* patológico

pathology /pəˈθɒlədʒi/ *n* patología

pathos /ˈpeɪθɒs/ *n* patetismo

pathway /ˈpɑːθweɪ; *USA* ˈpæθ-/ *n* *Ver* PATH

patience 🔑 /ˈpeɪʃns/ *n* **1** paciencia **2** (*Naipes*) solitario LOC *Ver* TRY

patient 🔑 /ˈpeɪʃnt/ *nombre, adjetivo*
▸ *n* paciente, enfermo, -a
▸ *adj* paciente

patio /ˈpætiəʊ/ *n* (*pl* **patios**) **1** terraza **2** patio

patriarch /ˈpeɪtriɑːk/ *n* patriarca

patriot /ˈpeɪtriət, ˈpæt-/ *n* patriota **patriotic** /ˌpeɪtriˈɒtɪk, ˌpæt-/ *adj* patriótico

patrol /pəˈtrəʊl/ *verbo, nombre*
▸ *vt, vi* (**-ll-**) **1** patrullar (por) **2** (*guardia*) hacer la ronda (por)
▸ *n* patrulla

patron /ˈpeɪtrən/ *n* **1** patrocinador, -ora **2** mecenas **3** (*formal*) cliente **patronage** /ˈpætrənɪdʒ, ˈpeɪt-/ *n* **1** patrocinio **2** patronazgo **3** apoyo (*de cliente regular*)

patronize, -ise /ˈpætrənaɪz; *USA* ˈpeɪt-/ *vt* tratar condescendientemente a **patronizing, -ising** *adj* condescendiente

pattern 🔑 /ˈpætn/ *n* **1** pauta, tendencia **2** dibujo, estampado **3** (*Costura*) patrón **patterned** *adj* estampado

pause 🔑 /pɔːz/ *verbo, nombre*
▸ *vi* hacer una pausa, pararse
▸ *n* pausa

pave /peɪv/ *vt* pavimentar LOC **pave the way (for sb/sth)** preparar el camino (para algn/algo)

pavement /ˈpeɪvmənt/ *n* **1** acera **2** (*USA*) pavimento

pavilion /pəˈvɪliən/ *n* pabellón

paving /ˈpeɪvɪŋ/ *n* pavimento: *paving stone* losa

paw /pɔː/ *nombre, verbo*
▸ *n* **1** pata **2** (*coloq*) mano

P

▸ **1** *vt, vi* ~ **(at) sth** arañar/golpear algo con la pata **2** *vt* manosear

pawn /pɔːn/ *nombre, verbo*
▸ *n* (*Ajedrez*) peón
▸ *vt* empeñar

pawnbroker /ˈpɔːnbrəʊkə(r)/ *n* prestamista

pay /peɪ/ *verbo, nombre*
▸ (*pt, pp* **paid**) **1** *vt, vi* ~ **(sb) (for sth)** pagar (algo) (a algn): *Who paid for the ice creams?* ¿Quién pagó los helados? **2** *vt* ~ **sb sth (for sth)**; ~ **sth (to sb) (for sth)** pagar algo (a algn) (por algo): *She paid him 30 euros for the picture.* Le pagó 30 euros por el cuadro. ➲ *Ver nota en* GIVE **3** *vi* valer la pena **4** *vi* ser rentable **5** *vt, vi* compensar **6** *vt*: *to pay attention to sb/sth* prestar atención a algn/algo ◇ *to pay sb a compliment/a visit* hacer un cumplido/visitar a algn LOC *Ver* EARTH, HEED PHR V **pay sb back (sth)**; **pay sth back (to sb)** pagar (algo) (a algn), devolver algo (a algn) ◆ **pay sb back (for sth)** hacer pagar a algn (por algo) ◆ **pay sth in**; **pay sth into sth** ingresar algo (en algo) ◆ **pay off** (*coloq*) dar fruto, valer la pena ◆ **pay sb off 1** pagar y despedir a algn **2** sobornar a algn ◆ **pay sth off** (terminar de) pagar algo ◆ **pay up** pagar (*lo que se debe*)
▸ *n* [*incontable*] sueldo: *a pay rise/increase* un aumento de sueldo ◇ *pay claim* reclamación salarial ◇ *pay packet* sobre de la paga

payable /ˈpeɪəbl/ *adj* pagadero

pay-as-you-go /ˌpeɪ əz juː ˈgəʊ/ *adj* de prepago

payday /ˈpeɪdeɪ/ *n* día de paga

payment /ˈpeɪmənt/ *n* **1** pago *Ver tb* DOWN PAYMENT **2** [*incontable*]: *in/as payment for sth* como recompensa a/en pago a algo

pay-off /ˈpeɪ ɒf; *USA* ɔːf/ *n* (*coloq*) **1** pago, soborno **2** recompensa

pay-per-view /ˌpeɪ pə ˈvjuː/ *n* (*abrev* **PPV**) (*TV*) (sistema de) pago por uso

payphone /ˈpeɪfəʊn/ *n* teléfono público

payroll /ˈpeɪrəʊl/ *n* nómina

PC /ˌpiː ˈsiː/ *abrev* **1** (*pl* **PCs**) (*abrev de* **personal computer**) ordenador personal **2** (*pl* **PCs**) (*abrev de* **police constable**) (agente de) policía **3** (*abrev de* **politically correct**)

PDA /ˌpiː diː ˈeɪ/ *n* (*abrev de* **personal digital assistant**) PDA (*agenda electrónica*)

PE /ˌpiː ˈiː/ *n* (*abrev de* **physical education**) educación física

pea /piː/ *n* guisante *Ver tb* SWEET PEA

peace /piːs/ *n* **1** paz: *to disturb the peace* perturbar la paz y el orden ◇ *the peace movement* el movimiento pacifista **2** tranquilidad: *peace of mind* tranquilidad de conciencia LOC **be/feel at peace (with sth/sb)** estar en harmonía (con algo/algn) ◆ **make (your) peace with sb** hacer las paces con algn

peaceful /ˈpiːsfl/ *adj* **1** pacífico **2** tranquilo

peach /piːtʃ/ *n* melocotón: *peach tree* melocotonero

peacock /ˈpiːkɒk/ *n* pavo real

peak /piːk/ *nombre, verbo, adjetivo*
▸ *n* **1** punto máximo **2** (*montaña*) pico, cumbre **3** punta **4** visera
▸ *vi* alcanzar el punto máximo
▸ *adj* máximo: *in peak condition* en condiciones óptimas ◇ *peak hours/season* horas punta/temporada alta

peaked /piːkt/ *adj* **1** en punta **2** (*gorra*) con visera

peal /piːl/ *n* **1** *peals of laughter* carcajadas **2** (*campanas*) repique

peanut /ˈpiːnʌt/ *n* **1** cacahuete **2 peanuts** [*pl*] (*coloq*) una miseria (*dinero*)

pear /peə(r)/ *n* pera: *pear tree* peral

pearl /pɜːl/ *n* **1** perla **2** (*fig*) joya

pear-shaped /ˈpeə ʃeɪpt/ *adj* LOC **go pear-shaped** (*GB, coloq*) irse al garete, irse a la porra

peasant /ˈpeznt/ *n* **1** campesino, -a **2** (*coloq, pey*) palurdo, -a

peat /piːt/ *n* turba (*de carbón*)

pebble /ˈpebl/ *n* guijarro

pecan /ˈpiːkən, pɪˈkæn; *USA* pɪˈkɑːn/ *n* pacana

peck /pek/ *verbo, nombre*
▸ **1** *vt, vi* ~ **(at) sth** picotear (algo) **2** *vt* (*coloq*) dar un besito a (*esp en la mejilla*) LOC **a/the pecking order** (*coloq*) un/el orden jerárquico
▸ *n* **1** (*coloq*) besito **2** picotazo

peckish /ˈpekɪʃ/ *adj* (*GB, coloq*): *to be/feel peckish* tener ganas de picar algo

peculiar /pɪˈkjuːliə(r)/ *adj* **1** extraño **2** especial **3** ~ **(to sb/sth)** peculiar (de algn/algo) **peculiarity** /pɪˌkjuːliˈærəti/ *n* (*pl* **peculiarities**) **1** peculiaridad **2** [*incontable*] rarezas **peculiarly** *adv* **1** especialmente **2** característicamente **3** de una manera extraña

pedal /ˈpedl/ *nombre, verbo*
▸ *n* pedal
▸ *vi* (**-ll-**, *USA* **-l-**) pedalear

pedantic /pɪˈdæntɪk/ *adj* (*pey*) **1** pedante **2** redicho

pedestrian /pəˈdestriən/ *nombre, adjetivo*
▸ *n* peatón, -ona
▸ *adj* **1** peatonal: *pedestrian precinct/crossing* zona peatonal/paso de peatones **2** (*pey*) pedestre

pediatrician (*USA*) = PAEDIATRICIAN

P

pedigree /ˈpedɪgriː/ *nombre, adjetivo*
▸ *n* **1** (*animal*) pedigrí **2** (*persona*) genealogía **3** casta
▸ *adj* con pedigrí, de raza

pee /piː/ *verbo, nombre*
▸ *vi* (*coloq*) hacer pis
▸ *n* (*coloq*) pis

peek /piːk/ *vi* **1** ~ **(at sb/sth)** echar una mirada (a algn/algo) ➲ *Ver nota en* MIRAR **2** ~ **out, over, through, etc. sth** asomarse por encima de, por, etc. algo

peel /piːl/ *verbo, nombre*
▸ **1** *vt, vi* pelar(se) **2** *vt, vi* ~ **(sth) (away/off)** despegar, quitar algo, despegarse **3** *vi* ~ **(away/off)** (*pintura*) desconcharse
▸ *n* [*incontable*] **1** piel **2** corteza **3** cáscara

Para cáscaras duras, como de nuez o de huevo, se usa **shell** y no **peel**. Para la corteza del limón se utiliza **rind** o **peel**, mientras que para la naranja se usa sólo **peel**. **Skin** se usa para la cáscara del plátano y para otras frutas con piel fina, como el melocotón.

peeler /ˈpiːlə(r)/ *n* mondador: *potato peeler* mondapatatas

peep /piːp/ *verbo, nombre*
▸ *vi* **1** ~ **(at sth)** echar una ojeada (a algo) ➲ *Ver nota en* MIRAR **2** ~ **over, through, etc. sth**; ~ **over/through** asomarse (por encima de, por, etc. algo)
▸ *n* vistazo: *to have/take a peep at sth* echar una ojeada a algo

peer /pɪə(r)/ *verbo, nombre*
▸ *vi* ~ **at sb/sth** mirar a algn/algo: *to peer out of the window* sacar la cabeza por la ventana ➲ *Ver nota en* MIRAR
▸ *n* **1** igual **2** contemporáneo, -a **3** (*GB*) noble **peerage** /ˈpɪərɪdʒ/ *n* **1** [*sing*] los pares, la nobleza **2** título de nobleza

ˈ**peer group** *n* compañeros de la misma edad, círculo social, etc.

peeved /piːvd/ *adj* (*coloq*) ~ **(about sth)** molesto, enfadado (por algo)

peg /peg/ *nombre, verbo*
▸ *n* **1** pinza *Ver tb* CLOTHES PEG **2** (*en la pared*) colgador LOC **bring/take sb down a peg (or two)** bajarle a algn los humos
▸ *vt* (**-gg-**) **1** ~ **sth (out)** (*colada*) tender algo **2** (*precios, sueldos*) fijar (el nivel de) **3** ~ **sth to sth** ligar algo a algo

pejorative /pɪˈdʒɒrətɪv; *USA* -ˈdʒɔːr-/ *adj* (*formal*) peyorativo

pelican /ˈpelɪkən/ *n* pelícano

pellet /ˈpelɪt/ *n* **1** (*papel, etc.*) bola **2** (*fertilizantes, etc.*) gránulo **3** perdigón

pelt /pelt/ *verbo, nombre*
▸ **1** *vt* ~ **sb with sth** tirar cosas a algn **2** *vi* ~ **(down)** llover a cántaros **3** *vi* ~ **along, down, up, etc. (sth)** ir a todo meter (por algún sitio): *They pelted down the hill.* Bajaron la colina a todo meter.
▸ *n* **1** pellejo **2** piel

pelvic /ˈpelvɪk/ *adj* pelviano, pélvico

pelvis /ˈpelvɪs/ *n* pelvis

pen 🔑 /pen/ *n* **1** bolígrafo, pluma **2** corral **3** (*para ovejas*) redil

penalize, -ise /ˈpiːnəlaɪz/ *vt* **1** penalizar **2** perjudicar

penalty /ˈpenəlti/ *n* (*pl* **penalties**) **1** (*castigo*) pena **2** multa **3** desventaja **4** (*Dep*) penalización **5** (*Fútbol*) penalti

penalty shoot-out /ˌpenəlti ˈʃuːt aʊt/ *n* tanda de penaltis

pence /pens/ *n* [*pl*] (*abrev* **p**) peniques ➲ *Ver nota en* PENIQUE

pencil 🔑 /ˈpensl/ *n* lápiz

ˈ**pencil case** *n* estuche (*para lápices*)

pencil sharpener /ˈpensl ʃɑːpnə(r)/ *n* sacapuntas

pendant /ˈpendənt/ *n* colgante

pending /ˈpendɪŋ/ *preposición, adjetivo*
▸ *prep* (*formal*) en espera de
▸ *adj* (*formal*) pendiente

pendulum /ˈpendjələm/ *n* péndulo

penetrate /ˈpenɪtreɪt/ **1** *vt, vi* ~ **(into/to) sth** penetrar algo **2** *vt, vi* ~ **(through) sth** atravesar algo **3** *vt* (*organización*) infiltrar **penetrating** *adj* **1** (*mirada, sonido*) penetrante **2** perspicaz

penfriend /ˈpenfrend/ (*tb* ˈ**pen pal**) *n* amigo, -a por correspondencia

penguin /ˈpeŋgwɪn/ *n* pingüino

penicillin /ˌpenɪˈsɪlɪn/ *n* penicilina

peninsula /pəˈnɪnsjələ; *USA* -sələ/ *n* península

penis /ˈpiːnɪs/ *n* pene

penknife /ˈpennaɪf/ *n* (*pl* **penknives** /-naɪvz/) **1** navaja **2** cortaplumas

penniless /ˈpeniləs/ *adj* sin dinero

penny 🔑 /ˈpeni/ *n* **1** (*pl* **pence**) (*abrev* **p**) penique ➲ *Ver nota en* PENIQUE; *Ver tb pág 793* **2** (*pl* **pennies**) (*Can, USA*) centavo

ˈ**pen pal** *n Ver* PENFRIEND

pension 🔑 /ˈpenʃn/ *nombre, verbo*
▸ *n* pensión, jubilación
▸ *v* PHR V **pension sb off** jubilar a algn

pensioner /ˈpenʃənə(r)/ *n* jubilado, -a

P

pentagon /ˈpentəgən; *USA* -gɑːn/ *n* **1** (*Geom*) pentágono **2 the Pentagon** [*sing*] (*USA*) (*Pol*) el Pentágono

penthouse /ˈpenthaʊs/ *n* ático (*generalmente de lujo*)

pent-up /ˌpent ˈʌp/ *adj* **1** (*ira, etc.*) contenido **2** (*deseo*) reprimido

penultimate /penˈʌltɪmət/ *adj* [*sólo antes de sustantivo*] (*formal*) penúltimo

people /ˈpiːpl/ *nombre, verbo*

▸ *n* **1** [*pl*] gente: *People are saying that...* Dice la gente que... **2** [*pl*] personas: *ten people* diez personas ➲ *Ver nota en* PERSON **3** [*contable*] (*nación*) pueblo **4 the people** [*pl*] el pueblo

▸ *vt* poblar

ˈ**people carrier** *n* monovolumen

pepper /ˈpepə(r)/ *n* **1** pimienta **2** pimiento

peppercorn /ˈpepəkɔːn/ *n* grano de pimienta

peppermint /ˈpepəmɪnt/ *n* **1** menta **2** caramelo de menta

pepperoni /ˌpepəˈrəʊni/ *n* [*incontable*] tipo de salami

per /pə(r)/ *prep* por: *per person* por persona ◇ *60 euros per day* 60 euros al día ◇ *per annum* al año

perceive /pəˈsiːv/ *vt* (*formal*) **1** percibir, divisar **2** ~ **sth (as sth)** interpretar algo (como algo)

per cent /pə ˈsent/ (*tb* **percent**) *n, adj, adv* por ciento **percentage** /pəˈsentɪdʒ/ *n* porcentaje: *percentage increase* aumento porcentual

perceptible /pəˈseptəbl/ *adj* (*formal*) **1** perceptible **2** (*mejora, etc.*) sensible

perception /pəˈsepʃn/ *n* (*formal*) **1** percepción **2** sensibilidad, perspicacia **3** punto de vista

perceptive /pəˈseptɪv/ *adj* perspicaz

perch /pɜːtʃ/ *nombre, verbo*

▸ *n* **1** percha (*para pájaros*) **2** posición (elevada) **3** (*pl* **perch**) (*pez*) perca

▸ *vi* ~ **(on sth) 1** (*pájaro*) posarse (en algo) **2** (*coloq*) (*persona, edificio*) encaramarse (a algo)

percussion /pəˈkʌʃn/ *n* percusión

perennial /pəˈreniəl/ *adj* perenne

perfect *adjetivo, verbo*

▸ *adj* /ˈpɜːfɪkt/ **1** perfecto **2** ~ **for sb/sth** ideal para algn/algo **3** [*sólo antes de sustantivo*] completo: *a perfect stranger* un completo extraño

▸ *vt* /pəˈfekt/ perfeccionar

perfection /pəˈfekʃn/ *n* perfección LOC **to perfection** a la perfección **perfectionist** *n* perfeccionista

perfectly /ˈpɜːfɪktli/ *adv* **1** completamente **2** perfectamente

perforate /ˈpɜːfəreɪt/ *vt* perforar **perforation** *n* **1** perforado **2** perforación

perform /pəˈfɔːm/ **1** *vt* (*función*) desempeñar **2** *vt* (*operación, ritual, trabajo*) realizar **3** *vt* (*compromiso*) cumplir **4** *vt* (*Teat, etc.*) representar **5** *vt* (*Mús*) interpretar **6** *vi* actuar, cantar, tocar, etc.

performance /pəˈfɔːməns/ *n* **1** (*Mús*) actuación, interpretación **2** (*Teat*) representación: *the evening performance* la función de la tarde **3** (*Cine*) sesión **4** (*de estudiante, empleado*) rendimiento **5** (*de empresa*) resultados **6** (*de deberes*) cumplimiento

performer /pəˈfɔːmə(r)/ *n* **1** (*Mús*) intérprete **2** (*Teat*) actor, actriz **3** artista (*de variedades*)

the perˌforming ˈarts *n* [*pl*] las artes escénicas

perfume /ˈpɜːfjuːm; *USA* pərˈfjuːm/ *n* perfume ➲ *Ver nota en* SMELL

perhaps /pəˈhæps, præps/ *adv* quizá(s), tal vez, a lo mejor: *perhaps not* puede que no

peril /ˈperəl/ *n* (*formal*) peligro, riesgo

perimeter /pəˈrɪmɪtə(r)/ *n* perímetro

period /ˈpɪəriəd/ *n* **1** período: *over a period of two years* a lo largo de dos años **2** época: *period dress* trajes de época **3** (*Educ*) clase **4** (*Med*) período, regla **5** (*USA*) punto (y seguido) ➲ *Ver pág 379*

periodic /ˌpɪəriˈɒdɪk/ (*tb* **periodical** /-kl/) *adj* periódico

periodical /ˌpɪəriˈɒdɪkl/ *n* revista

peripheral /pəˈrɪfərəl/ *adjetivo, nombre*

▸ *adj* (*formal*) secundario

▸ *n* (*Informát*) periférico

periscope /ˈperɪskəʊp/ *n* periscopio

perish /ˈperɪʃ/ *vi* (*formal*) perecer, fallecer **perishable** *adj* perecedero

perjury /ˈpɜːdʒəri/ *n* (*Jur*) perjurio

perk /pɜːk/ *nombre, verbo*

▸ *n* [*gen pl*] beneficio (adicional) (*de un trabajo, etc.*)

▸ *v* PHR V **perk up** (*coloq*) **1** animarse, sentirse mejor **2** (*negocios, etc.*) mejorar

perm /pɜːm/ *nombre, verbo*

▸ *n* permanente

▸ *vt*: *to have your hair permed* hacerse la permanente

permanent /ˈpɜːmənənt/ *adj* **1** permanente, fijo **2** (*daño*) irreparable, para siempre

permanently /ˈpɜːmənəntli/ *adv* permanentemente, para siempre

permissible /pəˈmɪsəbl/ *adj* (*formal*) permisible, admisible

permission 🔑 /pəˈmɪʃn/ *n* ~ **(for sth/to do sth)** permiso, autorización (para algo/para hacer algo)

Asking for permission
Pedir permiso
- *Would you mind if I opened the window?* ¿Te importa si abro la ventana?
- *Could I possibly borrow your phone?* ¿Podrías prestarme tu teléfono?
- *Is it all right if I leave five minutes early today?* ¿Podría irme hoy cinco minutos antes?
- *Would it be OK to leave my bag here?* ¿Podría dejar aquí mi bolsa?
- *Yes, of course.* Sí, por supuesto.
- *Go ahead.* Adelante.
- *That's fine.* No hay problema.

permissive /pəˈmɪsɪv/ *adj* (*gen pey*) permisivo

permit 🔑 *verbo, nombre*
▸ *vt, vi* /pəˈmɪt/ (**-tt-**) (*formal*) permitir: *If time permits…* Si da tiempo… ➲ *Ver nota en* ALLOW
▸ *n* /ˈpɜːmɪt/ **1** permiso, autorización **2** (*de entrada*) pase

perpendicular /ˌpɜːpənˈdɪkjələ(r)/ *adj* **1** ~ **(to sth)** perpendicular (a algo) **2** (*pared de roca*) vertical

perpetrate /ˈpɜːpətreɪt/ *vt* (*formal*) perpetrar

perpetual /pəˈpetʃuəl/ *adj* **1** perpetuo, continuo **2** constante, interminable

perpetuate /pəˈpetʃueɪt/ *vt* (*formal*) perpetuar

perplexed /pəˈplekst/ *adj* perplejo

persecute /ˈpɜːsɪkjuːt/ *vt* ~ **sb (for sth)** perseguir a algn (por algo) (*raza, religión, etc.*) **persecution** *n* persecución

perseverance /ˌpɜːsɪˈvɪərəns; *USA* -səˈv-/ *n* perseverancia

persevere /ˌpɜːsɪˈvɪə(r)/ *vi* **1** ~ **(in/with sth)** perseverar (en algo) **2** ~ **(with sb)** seguir insistiendo (con algn)

persist /pəˈsɪst/ *vi* **1** ~ **(in sth/in doing sth)** insistir, empeñarse (en algo/en hacer algo) **2** ~ **with sth** continuar con algo **3** persistir **persistence** *n* **1** perseverancia **2** persistencia **persistent** *adj* **1** insistente **2** continuo, persistente

person 🔑 /ˈpɜːsn/ *n* persona

El plural de **person** es normalmente **people**: *one hundred people* cien personas. También existe **persons** como plural, pero sólo se utiliza en lenguaje formal o legal: *a list of missing persons* una lista de personas desaparecidas.

LOC **in person** en persona

personal 🔑 /ˈpɜːsənl/ *adj* personal: *personal assistant* secretario de dirección ◇ *personal column* anuncios por palabras LOC **get personal** empezar a hacer críticas personales

personality 🔑 /ˌpɜːsəˈnæləti/ *n* (*pl* **personalities**) **1** personalidad **2** personaje

personalize, -ise /ˈpɜːsənəlaɪz/ *vt* **1** marcar con las iniciales propias **2** personalizar **3** (*papel de cartas*) poner membrete a

personally 🔑 /ˈpɜːsənəli; *USA* ˈpɜːrs-/ *adv* personalmente LOC **take sth personally** ofenderse por algo: *Don't take it personally.* No te lo tomes a mal.

personal organizer, -iser *n* agenda (electrónica)

ˌpersonal ˈstereo *n* (*pl* **stereos**) walkman®

personify /pəˈsɒnɪfaɪ/ *vt* (*pt, pp* **-fied**) personificar

personnel /ˌpɜːsəˈnel/ *n* [*v sing o pl*] (departamento de) personal: *personnel officer* jefe de personal

perspective /pəˈspektɪv/ *n* perspectiva LOC **get/put sth in/into perspective** poner algo en perspectiva ◆ **keep sth in perspective** mantener algo en perspectiva

perspiration /ˌpɜːspəˈreɪʃn/ *n* **1** sudor **2** transpiración ❶ La palabra más normal es **sweat**.

perspire /pəˈspaɪə(r)/ *vi* (*formal*) transpirar

persuade 🔑 /pəˈsweɪd/ *vt* **1** ~ **sb to do sth**; ~ **sb into sth/doing sth** persuadir a algn de que haga algo **2** ~ **sb that…**; ~ **sb (of sth)** convencer a algn (de que…/de algo) **persuasion** /pəˈsweɪʒn/ *n* **1** persuasión **2** creencia, opinión **persuasive** /pəˈsweɪsɪv/ *adj* **1** convincente **2** persuasivo

pertinent /ˈpɜːtɪnənt; *USA* -tnənt/ *adj* (*formal*) pertinente

perturb /pəˈtɜːb/ *vt* (*formal*) perturbar

pervade /pəˈveɪd/ *vt* (*formal*) **1** (*obra, libro*) impregnar **2** (*olor*) extenderse por **3** (*luz*) difundirse por **pervasive** (*tb* **pervading**) *adj* generalizado

perverse /pəˈvɜːs/ *adj* **1** (*persona*) terco, retorcido **2** (*decisión, comportamiento*) ilógico, contra el sentido común o la moral **3** (*placer, deseo*) perverso **perversion** /pəˈvɜːʃn; *USA* -ʒn/ *n* **1** perversión **2** corrupción **3** tergiversación

pervert *verbo, nombre*
▸ *vt* /pəˈvɜːt/ **1** tergiversar **2** corromper
▸ *n* /ˈpɜːvɜːt/ pervertido, -a

pessimism /ˈpesɪmɪzəm/ *n* pesimismo **pessimist** *n* pesimista **pessimistic** /ˌpesɪˈmɪstɪk/ *adj* pesimista

P

pest /pest/ *n* **1** insecto o animal dañino: *pest control* control de plagas **2** (*coloq*) plasta

pester /ˈpestə(r)/ *vt* molestar

pesticide /ˈpestɪsaɪd/ *n* pesticida

pet /pet/ *nombre, verbo, adjetivo*

▸ *n* **1** animal doméstico, animal de compañía: *pet shop* tienda de animales **2** (*pey*) enchufado, -a

▸ *vt* acariciar

▸ *adj* **1** predilecto **2** (*animal*) domesticado

PET /pet/ *n* (*abrev de* **Preliminary English Test**) examen de inglés intermedio

petal /ˈpetl/ *n* pétalo

peter /ˈpiːtə(r)/ *v* PHRV **peter out 1** agotarse poco a poco **2** (*conversación*) apagarse

petite /pəˈtiːt/ *adj* (*mujer*) menudo ➲ *Ver nota en* DELGADO

petition /pəˈtɪʃn/ *n* petición

petrol /ˈpetrəl/ *n* gasolina

petroleum /pəˈtrəʊliəm/ *n* petróleo

ˈ**petrol station** *n* gasolinera

petticoat /ˈpetɪkəʊt/ *n* (*antic*) combinación

petty /ˈpeti/ *adj* (*pey*) **1** insignificante **2** (*delito, gasto*) menor: *petty cash* dinero para gastos menores **3** (*persona, conducta*) mezquino

pew /pjuː/ *n* banco de iglesia

phantom /ˈfæntəm/ *nombre, adjetivo*

▸ *n* fantasma

▸ *adj* [*sólo antes de sustantivo*] ilusorio

P

pharmaceutical /ˌfɑːməˈsjuːtɪkl; *USA* -ˈsuː-/ *adj* farmacéutico

pharmacist /ˈfɑːməsɪst/ *n* farmacéutico, -a ➲ *Comparar con* CHEMIST

pharmacy /ˈfɑːməsi/ *n* (*pl* **pharmacies**) farmacia (*tienda*) ❶ *Farmacia* se dice normalmente **chemist's** en inglés británico y **drugstore** en inglés americano.

Pharoah /ˈfeərəʊ/ *n* faraón

pharynx /ˈfærɪŋks/ *n* (*pl* **pharynges** /fəˈrɪndʒiːz/) (*Anat*) faringe

phase /feɪz/ *nombre, verbo*

▸ *n* fase, etapa: *He's going through a difficult phase.* Está pasando por una etapa difícil.

▸ *vt* escalonar PHRV **phase sth in/out** introducir/retirar algo paulatinamente

PhD (*tb esp USA* **Ph.D.**) /ˌpiː eɪtʃ ˈdiː/ *n* (*abrev de* **Doctor of Philosophy**) doctorado

pheasant /ˈfeznt/ *n* faisán

phenomenal /fəˈnɒmɪnl/ *adj* fenomenal

phenomenon /fəˈnɒmɪnən/ *n* (*pl* **phenomena** /-ɪnə/) fenómeno

phew /fjuː/ *interj* ¡uf!

philanthropist /fɪˈlænθrəpɪst/ *n* filántropo, -a

philosopher /fəˈlɒsəfə(r)/ *n* filósofo, -a

philosophical /ˌfɪləˈsɒfɪkl/ *adj* filosófico

philosophy /fəˈlɒsəfi/ *n* (*pl* **philosophies**) filosofía

phishing /ˈfɪʃɪŋ/ *n* [*incontable*] la práctica de engañar a una persona en Internet con el fin de obtener sus datos personales

phlegm /flem/ *n* flema **phlegmatic** /flegˈmætɪk/ *adj* flemático

phobia /ˈfəʊbiə/ *n* fobia

phoenix /ˈfiːnɪks/ *n* fénix

phone /fəʊn/ *nombre, verbo*

▸ *n* teléfono: *phone number* número de teléfono ◇ *to make a phone call* hacer una llamada (telefónica) ◇ *phone book* guía telefónica *Ver tb* MOBILE PHONE

▸ *vt, vi* ~ **(sb/sth) (up)** llamar (por teléfono), telefonear (a algn/algo): *I was just phoning for a chat.* Llamaba sólo para charlar un rato. PHRV **phone in** llamar por teléfono (*al lugar de trabajo o a un programa de radio o televisión*)

ˈ**phone box** *n* cabina telefónica

phonecard /ˈfəʊnkɑːd/ *n* tarjeta de teléfono

phone-in /ˈfəʊn ɪn/ *n* programa de radio o televisión abierto a las llamadas del público

phonetic /fəˈnetɪk/ *adj* fonético

phonetics /fəˈnetɪks/ *n* [*incontable*] fonética

phoney (*tb* **phony**) /ˈfəʊni/ *adj, n* (**phonier, -iest**) (*coloq*) falso, -a

photo /ˈfəʊtəʊ/ *n* (*pl* **photos**) foto

photocopier /ˈfəʊtəʊkɒpiə(r)/ *n* fotocopiadora

photocopy /ˈfəʊtəʊkɒpi/ *nombre, verbo*

▸ *n* (*pl* **photocopies**) fotocopia

▸ *vt* (*pt, pp* **-pied**) fotocopiar

photogenic /ˌfəʊtəˈdʒenɪk/ *adj* fotogénico

photograph /ˈfəʊtəgrɑːf; *USA* -græf/ *nombre, verbo*

▸ *n* fotografía: *to take a photograph* sacar una foto

▸ **1** *vt* fotografiar **2** *vi* ~ **well, badly, etc.** salir bien, mal, etc. en las fotos

photographer /fəˈtɒgrəfə(r)/ *n* fotógrafo, -a

photographic /ˌfəʊtəˈgræfɪk/ *adj* fotográfico

photography /fəˈtɒgrəfi/ *n* fotografía (*arte*)

photosynthesis /ˌfəʊtəʊˈsɪnθəsɪs/ *n* (*Biol*) fotosíntesis

phrasal verb /ˌfreɪzl ˈvɜːb/ *n* verbo frasal ➲ *Ver pág 385*

phrase /freɪz/ *nombre, verbo*
▸ *n* **1** frase, locución: *adverbial phrase* locución adverbial ❶ Un **phrase** es un conjunto de palabras que no contiene verbo conjugado: *a bar of chocolate* ◇ *running fast*. **2** expresión, frase: *a German phrase book* una guía de conversación de alemán LOC *Ver* TURN
▸ *vt* expresar

phylum /ˈfaɪləm/ *n* (*pl* **phyla** /-lə/) (*Biol*) filum

physical /ˈfɪzɪkl/ *adj* físico: *physical fitness* buena forma física **physically** /-kli/ *adv* físicamente: *physically fit* en buena forma física ◇ *physically handicapped* discapacitado

physician /fɪˈzɪʃn/ *n* (*formal*) médico, -a ❶ La palabra más normal es **doctor**.

physicist /ˈfɪzɪsɪst/ *n* físico, -a

physics /ˈfɪzɪks/ *n* [*incontable*] física

physiology /ˌfɪziˈɒlədʒi/ *n* fisiología

physiotherapist /ˌfɪziəʊˈθerəpɪst/ *n* fisioterapeuta

physiotherapy /ˌfɪziəʊˈθerəpi/ *n* fisioterapia

physique /fɪˈziːk/ *n* físico (*aspecto*)

pianist /ˈpɪənɪst/ *n* pianista

piano /pɪˈænəʊ/ *n* (*pl* **pianos**) piano: *piano stool* taburete de piano

pick /pɪk/ *verbo, nombre*
▸ *vt* **1** elegir, seleccionar **2** (*flor, fruta, etc.*) coger **3** escarbar: *to pick your teeth* escarbarse los dientes ◇ *to pick your nose* hurgarse la nariz ◇ *to pick a hole in sth* hacer un agujero en algo **4** ~ **sth from/off sth** quitar algo de algo **5** (*cerradura*) forzar LOC **pick a fight/quarrel (with sb)** buscar pelea (con algn) ◆ **pick and choose** ser muy exigente ◆ **pick holes in sth** encontrar defectos en algo ◆ **pick sb's brains** (*coloq*) explotar los conocimientos de algn ◆ **pick sb's pocket** robarle la cartera a algn ◆ **pick up speed** ganar velocidad *Ver tb* BONE PHR V **pick at sth** comer algo con desgana ◆ **pick on sb 1** meterse con algn **2** elegir a algn (*para algo desagradable*) ◆ **pick sb/sth out 1** escoger a algn/algo **2** (*en una multitud, etc.*) reconocer a algn/algo ◆ **pick sth out 1** (*Mús*) tocar algo de memoria (*despacio*) **2** identificar algo **3** destacar algo ◆ **pick up 1** mejorar **2** (*viento*) soplar más fuerte **3** (*coloq*) seguir ◆ **pick sb up 1** (ir a) recoger a algn (*esp en coche*) **2** (*coloq*) ligarse a algn **3** (*coloq*) detener a algn ◆ **pick sth up 1** aprender algo **2** (re)coger algo **3** (*enfermedad, acento, costumbre*) coger algo ◆ **pick yourself up** levantarse
▸ *n* **1** [*sing*] (derecho de) elección, selección: *Take your pick.* Coge el/la que quieras. **2 the pick of sth** [*sing*] lo mejor (de algo) **3** (*tb* **pickaxe** /ˈpɪkæks/) pico (*herramienta*)

pickle /ˈpɪkl/ *n* **1** [*gen pl*] (*GB*) encurtidos **2** (*GB*) condimento a base de encurtidos en una salsa **3** (*USA*) pepinillo LOC **be in a pickle** (*coloq*) estar metido en un lío

pickpocket /ˈpɪkpɒkɪt/ *n* carterista **pickpocketing** *n* [*incontable*]: *Pickpocketing is common in this area.* En esta zona operan muchos carteristas.

picky /ˈpɪki/ *adj* (*coloq*) quisquilloso, maniático, exigente

picnic /ˈpɪknɪk/ *n* picnic: *to go for/have a picnic* ir de picnic/hacer un picnic

pictogram /ˈpɪktəgræm/ *n* pictograma

pictorial /pɪkˈtɔːriəl/ *adj* **1** gráfico **2** (*Arte*) pictórico

picture /ˈpɪktʃə(r)/ *nombre, verbo*
▸ *n* **1** cuadro **2** ilustración **3** foto **4** retrato **5** (*TV*) imagen **6** imagen, idea **7** película LOC **be/look a picture** ser una preciosidad ◆ **get the picture** (*coloq*) entender, hacerse una idea ◆ **put/keep sb in the picture** (*coloq*) poner/mantener a algn al corriente
▸ *vt* **1** ~ **sb/sth (as sth)** imaginar a algn/algo (como algo) **2** ~ **sb/sth as sth** retratar a algn/algo como algo **3** retratar, fotografiar

picturesque /ˌpɪktʃəˈresk/ *adj* pintoresco

pie /paɪ/ *n* **1** (*dulce*) tarta, pastel: *apple pie* tarta de manzana *Ver tb* MINCE PIE **2** (*salado*) empanada

Pie es una tarta o empanada de hojaldre o masa que tiene tapa y relleno dulce o salado. **Tart** y **flan** se usan para las tartas dulces que tienen una base de hojaldre o masa pero que no tienen tapa.

piece /piːs/ *nombre, verbo*
▸ *n* **1** pedazo, trozo **2** (*de papel*) hoja **3** pieza: *to take sth to pieces* desmontar algo **4** *a piece of advice/news* un consejo/una noticia ❶ **A piece of...** o **pieces of...** se usa con sustantivos incontables. ➲ *Ver tb nota en* CONSEJO **5** (*Mús*) obra **6** (*Period*) artículo **7** moneda LOC **(all) in one piece** sano y salvo ◆ **be a piece of cake** (*coloq*) estar chupado *Ver tb* BIT
▸ *v* PHR V **piece sth together 1** (*sucesos, datos, etc.*) reconstruir algo **2** (*puzzle, etc.*) recomponer algo

piecemeal /ˈpiːsmiːl/ *adjetivo, adverbio*
▸ *adj* (*gen pey*) poco sistemático
▸ *adv* (*gen pey*) de forma poco sistemática

pier /pɪə(r)/ *n* paseo marítimo sobre un muelle

P

pierce /pɪəs/ *vt* **1** (*bala, cuchillo*) atravesar **2** perforar: *to have your ears pierced* hacerse agujeros en las orejas **3** (*sonido, etc.*) penetrar en

piercing /ˈpɪəsɪŋ/ *adjetivo, nombre*
▸ *adj* **1** (*mirada, ojos*) penetrante **2** (*grito*) agudo
▸ *n* piercing

piety /ˈpaɪəti/ *n* piedad (*religiosa*)

pig /pɪg/ *n* **1** cerdo ➲ *Ver notas en* CARNE *y* CERDO **2** (*coloq, pey*) (*persona*) cerdo, -a: *You greedy pig!* ¡Mira que eres glotón!

pigeon /ˈpɪdʒɪn/ *n* **1** paloma **2** pichón

pigeonhole /ˈpɪdʒɪnhəʊl/ *n* casilla

piglet /ˈpɪglət/ *n* cerdito ➲ *Ver nota en* CERDO

pigment /ˈpɪgmənt/ *n* pigmento

pigsty /ˈpɪgstaɪ/ *n* (*pl* **pigsties**) (*lit y fig*) pocilga

pigtail /ˈpɪgteɪl/ *n* **1** trenza **2** (*torero*) coleta

pile /paɪl/ *nombre, verbo*
▸ *n* **1** montón **2** [*gen pl*] ~ **of sth** (*coloq*) un montón de algo
▸ **1** *vt, vi* ~ **(sth) (up)** amontonar algo, amontonarse **2** *vt* apilar: *to be piled (high) with sth* estar colmado de algo **3** *vi* ~ **in, out, etc.** (*coloq*) entrar, salir, etc. en tropel

pile-up /ˈpaɪl ʌp/ *n* accidente múltiple

pilgrim /ˈpɪlgrɪm/ *n* peregrino, -a **pilgrimage** /ˈpɪlgrɪmɪdʒ/ *n* peregrinación

pill /pɪl/ *n* **1** píldora: *sleeping pill* somnífero **2 the pill** [*sing*] (*anticonceptivo*) la píldora

pillar /ˈpɪlə(r)/ *n* pilar

pillow /ˈpɪləʊ/ *n* almohada

pillowcase /ˈpɪləʊkeɪs/ *n* funda de almohada

pilot /ˈpaɪlət/ *nombre, verbo, adjetivo*
▸ *n* **1** piloto **2** (*TV*) programa piloto
▸ *vt* **1** pilotar **2** (*producto, etc.*) poner a prueba
▸ *adj* [*sólo antes de sustantivo*] piloto (*experimental*)

pimple /ˈpɪmpl/ *n* grano (*en la piel*) *Ver tb* GOOSE PIMPLES

PIN /pɪn/ (*tb* ˈ**PIN number**) *n* (*abrev de* **personal identification number**) número secreto (*de tarjeta*), NIP

pins

pins **drawing pins** (*USA* **thumbtacks**) **safety pin** **pin** (*tb* **brooch**)

pin /pɪn/ *nombre, verbo*
▸ *n* **1** alfiler *Ver tb* SAFETY PIN **2** broche **3** clavija *Ver tb* DRAWING PIN, ROLLING PIN LOC **pins and needles** hormigueo
▸ *vt* **(-nn-) 1** (*con alfileres*) prender, sujetar **2** (*persona, brazos*) sujetar PHR V **pin sb down** (*en el suelo, etc.*) inmovilizar a algn ◆ **pin sb down (to sth/doing sth)** hacer que algn se comprometa (a algo/a hacer algo), hacer que algn concrete

pinball /ˈpɪnbɔːl/ *n* (juego del) millón

pincer /ˈpɪnsə(r)/ *n* **1 pincers** [*pl*] tenazas ➲ *Ver nota en* PAIR **2** (*Zool*) pinza

pinch /pɪntʃ/ *verbo, nombre*
▸ **1** *vt* pellizcar **2** *vt, vi* (*zapatos, etc.*) apretar **3** *vt* ~ **sth (from sb/sth)** (*GB, coloq*) mangar algo (a algn/de algo)
▸ *n* **1** pellizco **2** (*sal, etc.*) pizca LOC **at a pinch** en caso de necesidad ◆ **take sth with a pinch of salt** aceptar algo con reservas

pine /paɪn/ *nombre, verbo*
▸ *n* (*tb* ˈ**pine tree**) pino: *pine cone* piña
▸ *vi* **1** ~ **(away)** languidecer, consumirse (*de pena*) **2** ~ **for sb/sth** echar de menos, añorar a algn/algo

pineapple /ˈpaɪnæpl/ *n* piña

ping /pɪŋ/ *n* **1** sonido (metálico) **2** (*de bala*) silbido

ping-pong /ˈpɪŋ pɒŋ; *USA* pɔːŋ/ *n* (*coloq*) ping-pong®

pink /pɪŋk/ *adjetivo, nombre*
▸ *adj* **1** rosa, rosado **2** (*de vergüenza, etc.*) colorado
▸ *n* **1** rosa **2** (*Bot*) clavellina

pinnacle /ˈpɪnəkl/ *n* **1** ~ **of sth** cúspide de algo **2** pináculo (*en tejado*) **3** pico (*de montaña*)

pinpoint /ˈpɪnpɔɪnt/ *vt* **1** localizar exactamente **2** poner el dedo en, precisar

pint /paɪnt/ *n* **1** (*abrev* **pt**) pinta (*0,568 litros*) ➲ *Ver pág 792* **2** *Let's go for a pint.* Vamos a tomarnos una cerveza. ➲ *Ver nota en* CERVEZA

pin-up /ˈpɪn ʌp/ *n* foto (*de persona atractiva, clavada en la pared*)

pioneer /ˌpaɪəˈnɪə(r)/ *nombre, verbo*
▸ *n* pionero, -a
▸ *vt* ser pionero en **pioneering** *adj* pionero

pious /ˈpaɪəs/ *adj* **1** piadoso, devoto **2** (*pey*) beato

pip /pɪp/ *n* pepita ➲ *Ver nota en* PEPITA

pipe /paɪp/ *nombre, verbo*
▸ *n* **1** tubería, conducto: *waste pipe* desagüe **2 pipes** [*pl*] cañería(s) **3** pipa **4** (*Mús*) flauta **5 pipes** [*pl*] gaita
▸ *vt* transportar (*por tubería, gaseoducto, oleoducto*) PHR V **pipe down** (*coloq*) callarse

pipeline /ˈpaɪplaɪn/ *n* tubería, gaseoducto, oleoducto LOC **be in the pipeline 1** (*pedido*) estar tramitándose **2** (*cambio, propuesta, etc.*) estar preparándose

piper /ˈpaɪpə(r)/ *n* gaitero, -a

piping hot /ˌpaɪpɪŋ ˈhɒt/ *adj* hirviendo
piracy /ˈpaɪrəsi/ *n* piratería
piranha /pɪˈrɑːnə/ *n* piraña
pirate /ˈpaɪrət/ *nombre, verbo*
▸ *n* pirata
▸ *vt* piratear
Pisces /ˈpaɪsiːz/ *n* piscis ➲ *Ver ejemplos en* ACUARIO
pistachio /pɪˈstæʃiəʊ, -ˈstɑːʃ-/ *n* (*pl* **pistachios**) pistacho
pistil /ˈpɪstɪl/ *n* (*Bot*) pistilo
pistol /ˈpɪstl/ *n* pistola
piston /ˈpɪstən/ *n* pistón
pit /pɪt/ *nombre, verbo*
▸ *n* **1** foso **2** mina (*de carbón*) **3** hoyo (*en una superficie*) **4** (*esp USA*) hueso (*de fruta*) **5 the pits** [*pl*] (*carreras de coches*) los boxes **6** (*Teat*) platea LOC **be the pits** (*coloq*) ser pésimo
▸ *v* (**-tt-**) PHR V **pit sb/sth against sb/sth** enfrentar a algn/algo con algn/algo
pitch /pɪtʃ/ *nombre, verbo*
▸ *n* **1** (*Dep*) campo **2** (*Mús*) tono **3** palabrería (*de vendedor, etc.*) **4** puesto (*en mercado, calle*) **5** brea **6** (*tejado*) inclinación
▸ **1** *vt* lanzar, arrojar **2** *vi* tirarse **3** *vi* (*barco*) cabecear **4** *vt* (*tienda de campaña*) montar PHR V **pitch in (with sth)** (*coloq*) poner manos a la obra, echar una mano (con algo)
ˌpitched ˈbattle *n* batalla campal
pitcher /ˈpɪtʃə(r)/ *n* **1** (*USA*) jarra **2** (*GB*) cántaro
pitfall /ˈpɪtfɔːl/ *n* escollo
pith /pɪθ/ *n* blanco (de la cáscara) (*de cítricos*)
pitiful /ˈpɪtɪfl/ *adj* **1** lastimoso, conmovedor **2** penoso
pitiless /ˈpɪtiləs/ *adj* **1** despiadado **2** implacable
pity /ˈpɪti/ *nombre, verbo*
▸ *n* **1** ~ **(for sb/sth)** pena, compasión (de algn/algo) **2 a pity** [*sing*] una lástima, una pena LOC **take pity on sb** apiadarse de algn
▸ *vt* (*pt, pp* **pitied**) compadecerse de: *I pity you.* Me das pena.
pivot /ˈpɪvət/ *n* **1** pivote **2** (*fig*) eje
pizza /ˈpiːtsə/ *n* pizza
placard /ˈplækɑːd/ *n* pancarta
placate /pləˈkeɪt; *USA* ˈpleɪkeɪt/ *vt* apaciguar
place /pleɪs/ *nombre, verbo*
▸ *n* **1** sitio, lugar **2** parte **3** (*asiento, posición*) puesto, plaza, sitio **4** *It's not my place to...* No me compete... **5** [*sing*] casa LOC **all over the place** (*coloq*) **1** en todas partes **2** en desorden ◆ **change/swap places (with sb) 1** cambiarle el sitio (a algn) **2** (*fig*) cambiarse (por algn) ◆ **in place** en su sitio ◆ **in the first, second, etc. place** en primer, segundo, etc. lugar ◆ **out of place** fuera de lugar ◆ **take place** tener lugar, ocurrir *Ver tb* FRIEND
▸ *vt* **1** poner, colocar **2** identificar **3** ~ **sth (with sb/sth)** (*pedido, apuesta*) hacer algo (a algn/en algo): *We placed an order for... with...* Hicimos un pedido de... a... **4** situar
ˈplace mat *n* mantel individual
placement /ˈpleɪsmənt/ (*tb* ˈ**work placement**) *n* (empleo en contrato de) prácticas: *The course includes a month's work placement in a company.* El curso incluye un mes de prácticas en una empresa.
plague /pleɪg/ *nombre, verbo*
▸ *n* **1** [*incontable*] (*tb* **the plague**) peste **2** ~ **of sth** plaga de algo
▸ *vt* **1** importunar, atormentar **2** acosar
plaice /pleɪs/ *n* (*pl* **plaice**) platija
plain /pleɪn/ *adjetivo, nombre, adverbio*
▸ *adj* (**plainer, -est**) **1** claro **2** franco, directo **3** sencillo: *plain flour* harina (sin levadura) ◇ *plain chocolate* chocolate puro **4** liso, neutro, sin dibujo: *plain paper* papel liso **5** (*físico*) poco atractivo LOC **make sth plain (to sb)** dejar algo claro (a algn)
▸ *n* llanura
▸ *adv* (*coloq*) simplemente: *It's just plain stupid.* Es simplemente estúpido.
ˌplain ˈclothes *n* [*pl*]: *in plain clothes* (vestido) de paisano
plain-clothes /ˌpleɪn ˈkləʊðz, ˈkləʊz/ *adj*: *plain-clothes police officer* policía de paisano
plainly /ˈpleɪnli/ *adv* claramente, con claridad
plaintiff /ˈpleɪntɪf/ *n* demandante
plait /plæt/ *n* trenza
plan /plæn/ *nombre, verbo*
▸ *n* **1** plan, programa **2** plano **3** esquema
▸ (**-nn-**) **1** *vi* hacer planes **2** *vt, vi* ~ **sth**; ~ **(on sth/doing sth)** planear algo, tener pensado algo/hacer algo: *What do you plan to do?* ¿Qué tienes pensado hacer? ◇ *I hadn't planned on spending so much.* No contaba con gastar tanto. PHR V **plan sth out** planificar algo
plane /pleɪn/ *n* **1** avión: *plane crash* accidente de aviación **2** plano **3** cepillo (de carpintero)
planet /ˈplænɪt/ *n* planeta
plank /plæŋk/ *n* **1** tabla, tablón **2** elemento fundamental (*de política, etc.*)
plankton /ˈplæŋktən/ *n* plancton
planner /ˈplænə(r)/ *n* **1** *Ver* TOWN PLANNER **2** planificador, -ora

P

planning 🔑 /ˈplænɪŋ/ *n* **1** planificación: *planning permission* permiso de obras **2** *Ver* TOWN PLANNING

plant 🔑 /plɑːnt; *USA* plænt/ *nombre, verbo*

▸ *n* **1** planta: *plant pot* maceta **2** fábrica **3** [*incontable*] (*Mec*) maquinaria, equipo

▸ *vt* **1** plantar **2** (*jardín, campo*) sembrar **3** (*bomba*) colocar **4** ~ **sth (on sb)** colocar algo (encima a algn) (*objeto incriminatorio*) **5** (*dudas, etc.*) sembrar

plantation /plɑːnˈteɪʃn; *USA* plæn-/ *n* **1** (*finca*) plantación **2** arboleda

plaque /plæk/ *n* **1** placa **2** sarro, placa (dental)

plasma screen /ˈplæzmə skriːn/ *n* pantalla de plasma

plaster /ˈplɑːstə(r); *USA* ˈplæs-/ *nombre, verbo*

▸ *n* **1** yeso, enlucido **2** escayola: *to put sth in plaster* escayolar algo **3** tirita®

▸ *vt* **1** enyesar **2** embadurnar **3** (*fig*) llenar, cubrir

plastic 🔑 /ˈplæstɪk/ *nombre, adjetivo*

▸ *n* plástico

▸ *adj* **1** de plástico **2** (*flexible*) plástico

Plasticine® /ˈplæstəsiːn/ *n* plastilina®

ˌplastic ˈsurgery *n* cirugía plástica

ˈplastic wrap *n* [*incontable*] (*USA*) film transparente (*para envolver alimentos*)

plate 🔑 /pleɪt/ *n* **1** plato **2** (*metal, etc.*) placa, plancha: *plate glass* vidrio cilindrado **3** chapado (*de oro/plata*) **4** (*imprenta*) lámina *Ver tb* LICENSE PLATE, NUMBER PLATE

plateau /ˈplætəʊ; *USA* plæˈtəʊ/ *n* (*pl* **plateaux** *o* **plateaus** /-təʊz/) meseta

platform 🔑 /ˈplætfɔːm/ *n* **1** andén, vía **2** tribuna **3** (*Pol*) programa

ˌplatform ˈshoes *n* zapatos de plataforma

platinum /ˈplætɪnəm/ *n* platino

platoon /pləˈtuːn/ *n* (*Mil*) sección

plausible /ˈplɔːzəbl/ *adj* **1** creíble **2** (*pey*) (*persona*) convincente

play 🔑 /pleɪ/ *verbo, nombre*

▸ **1** *vt, vi* jugar ➲ *Ver nota en* DEPORTE **2** *vt* (*Dep*) jugar con/contra: *They're playing Bayern tomorrow.* Mañana juegan contra el Bayern. **3** *vt* (*broma*) gastar **4** *vt, vi* (*instrumento*) tocar: *to play the guitar* tocar la guitarra **5** *vt* (*CD, etc.*) poner **6** *vi* (*música*) sonar **7** *vt* (*pelota*) darle a, golpear **8** *vt* (*papel dramático*) interpretar, hacer de **9** *vt* hacer(se): *to play the fool* hacer el tonto **10** *vt, vi* (*escena, obra*) representar(se) **11** *vt* (*función*) desempeñar ❶ Para expresiones con **play**, véanse las entradas del sustantivo, adjetivo, etc., p. ej. **play it by ear** en EAR. PHR V **play along (with sb)** seguir el juego (a algn) ◆ **play sth down** quitarle importancia a algo ◆ **play A off against B** enfrentar a A y B ◆ **play (sb) up** (*coloq*) **1** dar la lata (a algn) **2** (*motor, máquina*) dar problemas (a algn)

▸ *n* **1** [*incontable*] juego: *children at play* niños jugando **2** (*Teat*) obra **3** (*movimiento*) holgura **4** (*de fuerzas, personalidades, etc.*) interacción LOC **a play on words** un juego de palabras *Ver tb* CHILD

player 🔑 /ˈpleɪə(r)/ *n* **1** jugador, -ora **2** (*formal*) actor: *a key player in the market* un actor clave en el mercado **3** reproductor: *DVD player* reproductor de DVDs *Ver tb* RECORD PLAYER **4** (*Mús*) músico, -a

playful /ˈpleɪfl/ *adj* **1** juguetón **2** (*comentario, acción*) en/de broma

playground /ˈpleɪgraʊnd/ *n* patio (de recreo), parque infantil

playgroup /ˈpleɪgruːp/ *n* guardería

ˈplaying card *n* carta, naipe

ˈplaying field *n* campo de deportes

play-off /ˈpleɪ ɒf; *USA* ɔːf/ *n* (partido de) desempate

playpen /ˈpleɪpen/ *n* parque (*de bebé*)

playtime /ˈpleɪtaɪm/ *n* recreo

playwright /ˈpleɪraɪt/ *n* dramaturgo, -a

plea /pliː/ *n* **1** ~ **(for sth)** (*formal*) petición, súplica (de algo): *to make a plea for sth* pedir algo **2** (*Jur*) declaración, alegación: *plea of guilty/not guilty* declaración de culpabilidad/inocencia **3** (*Jur*) pretexto: *on a plea of ill health* bajo pretexto de padecer mala salud

plead /pliːd/ (*pt, pp* **pleaded**, *USA tb* **pled** /pled/) **1** *vi* ~ **(with sb) (for sth)** suplicar, pedir (algo) (a algn) **2** *vi* (*Jur*) ~ **for sb** abogar a favor de algn **3** *vt* (*defensa*) alegar LOC **plead guilty/not guilty** declararse culpable/inocente

pleasant 🔑 /ˈpleznt/ *adj* (**pleasanter**, **-est**) agradable **pleasantly** *adv* **1** agradablemente **2** con amabilidad

please 🔑 /pliːz/ *interjección, verbo*

▸ *interj* por favor: *Please come in.* Pase por favor. ◇ *Please do not smoke.* Se ruega no fumar.

> Se suele utilizar **please** en respuestas afirmativas y **thank you** o **thanks** (*más coloq*) en negativas: *'Would you like another biscuit?' 'Yes, please/No, thank you.'* Estas palabras se utilizan con mucha mayor frecuencia en inglés que en español, y en general se considera poco educado omitirlas: *Could you pass the salt, please?*

LOC **please do!** ¡por supuesto!

▸ **1** *vt, vi* complacer **2** *vt* ser un placer para **3** *vi*: *for as long as you please* todo el tiempo que te parezca ◇ *I'll do whatever I please.* Haré lo que me dé la gana. LOC **as you please** como quieras ◆ **please yourself!** (*coloq*) ¡haz lo que te dé la gana!

Asking for something
Pedir algo
• *Could I have…, please?* ¿Podrías darme… por favor?
• *Have you got any…?* ¿Tienes...?
• *I'd like…* Me gustaría...
• *Certainly.* Por supuesto.
• *I'm sorry, we haven't any left.* Lo siento, no nos queda(n).

pleased /pliːzd/ *adj* **1** contento ➲ *Ver nota en* GLAD **2** ~ **(with sb/sth)** satisfecho (con algn/de algo) LOC **be pleased to do sth** alegrarse de hacer algo, tener el placer de hacer algo: *I'd be pleased to come.* Me encantaría ir. *Ver tb* MEET

pleasing /ˈpliːzɪŋ/ *adj* grato, agradable

pleasurable /ˈpleʒərəbl/ *adj* placentero

pleasure /ˈpleʒə(r)/ *n* placer: *It gives me pleasure to…* Tengo el placer de… LOC **take pleasure in sth** disfrutar con algo ◆ **with pleasure** con mucho gusto *Ver tb* BUSINESS

pled (*USA*) *pt, pp de* PLEAD

pledge /pledʒ/ *nombre, verbo*
▸ *n* promesa, compromiso
▸ *vt* **1** ~ **sth (to sb/sth)** prometer algo (a algn/algo) **2** ~ **yourself (to sth)** comprometerse (a algo)

plentiful /ˈplentɪfl/ *adj* abundante LOC *Ver* SUPPLY

plenty /ˈplenti/ *pronombre, adverbio*
▸ *pron* **1** mucho, de sobra: *plenty to do* mucho que hacer **2** bastante: *That's plenty, thank you.* Ya basta, gracias.
▸ *adv* **1** ~ **more** mucho más: *plenty more people* otros muchos **2** ~ **big, long, etc. enough** (*coloq*) lo bastante grande, largo, etc. **3** (*USA*) mucho

pliable /ˈplaɪəbl/ (*tb* **pliant** /ˈplaɪənt/) *adj* **1** flexible **2** influenciable

plied *pt, pp de* PLY

pliers /ˈplaɪəz/ *n* [*pl*] alicates: *a pair of pliers* unos alicates ➲ *Ver nota en* PAIR

plight /plaɪt/ *n* [*sing*] **1** (mala) situación **2** crisis

plod /plɒd/ *vi* (**-dd-**) caminar pesadamente ➲ *Ver nota en* ANDAR PHR V **plod along/on** avanzar penosamente

plonk /plɒŋk/ (*USA* **plunk**) *vt* **1** ~ **sth (down)** dejar caer algo sin cuidado **2** ~ **yourself (down)** dejarse caer pesadamente

plot /plɒt/ *nombre, verbo*
▸ *n* **1** (*libro, película*) argumento **2** complot, intriga **3** parcela **4** solar
▸ (**-tt-**) **1** *vt* (*intriga*) urdir **2** *vi* conjurarse, intrigar **3** *vt* (*rumbo, etc.*) trazar

plough (*USA* **plow**) /plaʊ/ *nombre, verbo*
▸ *n* **1** arado **2 the Plough** la Osa Mayor
▸ *vt, vi* arar PHR V **plough sth back (in/into sth)** (*ganancias*) reinvertir algo (en algo) ◆ **plough into sb/sth** chocar contra algn/algo ◆ **plough (your way) through sth 1** abrirse paso por/entre/a través de algo **2** = PLOUGH INTO SB/STH **3** leer algo con dificultad: *It took me hours to plough through all my emails.* Tardé horas en leer uno a uno todos mis mails.

ploy /plɔɪ/ *n* ardid, táctica

pluck /plʌk/ *verbo, nombre*
▸ *vt* **1** coger, arrancar **2** (*cejas*) depilarse **3** desplumar **4** (*cuerda*) pulsar **5** (*guitarra*) puntear LOC **pluck up courage (to do sth)** armarse de valor (y hacer algo)
▸ *n* (*coloq*) valor, agallas

plug /plʌg/ *nombre, verbo*
▸ *n* **1** enchufe (*macho*) **2** (*esp GB, coloq*) enchufe (*en la pared*) ➲ *Ver dibujo en* ENCHUFE **3** tapón **4** *Ver* SPARK PLUG **5** (*coloq*) publicidad (*de libro, película etc.*)
▸ *vt* (**-gg-**) **1** (*agujero*) tapar **2** (*escape*) sellar **3** (*oídos*) taponar **4** (*hueco*) rellenar **5** hacer propaganda de PHR V **plug sth in**; **plug sth into sth** enchufar algo (a algo)

plug-in /ˈplʌg ɪn/ *adj, n* (*Informát*) (aplicación informática) que se añade a otros programas para ampliar sus capacidades

plum /plʌm/ *n* ciruela: *plum tree* ciruelo

plumage /ˈpluːmɪdʒ/ *n* plumaje

plumber /ˈplʌmə(r)/ *n* fontanero, -a **plumbing** *n* fontanería

plummet /ˈplʌmɪt/ *vi* **1** caer en picado **2** (*fig*) bajar drásticamente

plump /plʌmp/ *adjetivo, verbo*
▸ *adj* (**plumper, -est**) **1** rollizo ➲ *Ver nota en* GORDO **2** mullido
▸ *v* PHR V **plump for sb/sth** (*coloq*) decidirse, optar por algn/algo

plunder /ˈplʌndə(r)/ *vt* saquear

plunge /plʌndʒ/ *verbo, nombre*
▸ *vi* **1** caer (en picado), precipitarse **2** zambullirse PHR V **plunge sth in**; **plunge sth into sth 1** meter, hundir algo (en algo) **2** (*en agua*) sumergir algo (en algo) ◆ **plunge sb/sth into sth** sumir a algn/algo en algo (*guerra, depresión, etc.*)
▸ *n* **1** caída **2** zambullida **3** (*precios*) bajón LOC **take the plunge** (*coloq*) dar el gran paso

plunk /plʌŋk/ *vt* (*USA*) *Ver* PLONK

plural /ˈplʊərəl/ *adj, n* (*abrev* **pl.**) (*Gram*) plural

P

plus 🔑 /plʌs/ *preposición, nombre, adjetivo, conjunción*
▸ *prep* **1** (*Mat*) más: *Three plus six equals nine.* Tres más seis son nueve. **2** además de: *plus the fact that…* además de que…
▸ *n* **1** (*coloq*) punto a favor: *the pluses and minuses of sth* los pros y los contras de algo **2** (*tb* ˈ**plus sign**) signo (de) más
▸ *adj* **1** como mínimo: *500 plus* 500 como mínimo ◇ *He must be forty plus.* Debe de tener cuarenta y pico años. **2** (*Electrón, Mat*) positivo
▸ *conj* (*coloq*) además

plush /plʌʃ/ *adj* (*coloq*) lujoso, de lujo

plutonium /pluːˈtəʊniəm/ *n* plutonio

ply /plaɪ/ *vi* (*pt, pp* **plied** /plaɪd/) (*formal*) hacer la ruta: *The ship plied between the Indies and Spain.* El barco hacía la ruta entre las Indias y España. LOC **ply your trade** (*formal*) desempeñar su trabajo PHR V **ply sb with sth 1** ofrecer/dar algo a algn (constantemente) (*comida, bebida*) **2** asediar, acosar a algn a algo (*preguntas*)

plywood /ˈplaɪwʊd/ *n* madera contrachapada

p.m. 🔑 (*USA tb* **P.M.**) /ˌpiː ˈem/ *abrev* de la tarde: *at 2.30 p.m.* a las dos y media de la tarde

> Cuando decimos **a.m.** o **p.m.** con las horas, no se puede usar **o'clock**: *Shall we meet at three o'clock/3 p.m.?* ¿Quedamos a las tres (de la tarde)?

PMS /ˌpiː em ˈes/ (*tb* **PMT** /ˌpiː em ˈtiː/) *n* (*abrev de* **premenstrual syndrome/tension**) síndrome/tensión premenstrual

pneumatic /njuːˈmætɪk; *USA* nuː-/ *adj* neumático

pneumonia /njuːˈməʊniə; *USA* nuː-/ *n* [*incontable*] pulmonía, neumonía

PO /ˌpiː ˈəʊ/ *abrev de* **post office**

poach /pəʊtʃ/ **1** *vt* cocer **2** *vt* (*huevo*) escalfar **3** *vt, vi* cazar/pescar furtivamente **4** *vt* ~ **sb/sth (from sb/sth)** robar a algn/algo (a algn/de algo) **poacher** *n* cazador/pescador furtivo, cazadora/pescadora furtiva

pocket 🔑 /ˈpɒkɪt/ *nombre, verbo*
▸ *n* **1** bolsillo: *pocket money* dinero de bolsillo/paga ◇ *pocket-sized* tamaño bolsillo **2** núcleo LOC **be in/out of pocket** terminar ganando/perdiendo dinero *Ver tb* PICK
▸ *vt* **1** meterse en el bolsillo **2** embolsarse

pocketful /ˈpɒkɪtfʊl/ *n*: *a pocketful of coins* un bolsillo lleno de monedas

pocketknife /ˈpɒkɪtnaɪf/ *n* (*pl* **-knives** /-naɪvz/) (*esp USA*) **1** navaja **2** cortaplumas

pod /pɒd/ *n* vaina (*de judías, etc.*)

podcast /ˈpɒdkɑːst; *USA* -kæst/ *n* (*Internet*) podcast

podium /ˈpəʊdiəm/ *n* podio

poem 🔑 /ˈpəʊɪm/ *n* poema, poesía

poet /ˈpəʊɪt/ *n* poeta

poetic /pəʊˈetɪk/ *adj* poético: *poetic justice* justicia divina

poetry 🔑 /ˈpəʊətri/ *n* poesía

pogo stick /ˈpəʊɡəʊ stɪk/ *n* especie de zanco con resortes, con el que se avanza a saltos

poignant /ˈpɔɪnjənt/ *adj* conmovedor

point 🔑 /pɔɪnt/ *nombre, verbo*
▸ *n* **1** punto **2** cuestión: *the point is…* la cuestión es… **3** sentido: *What's the point?* ¿Para qué? ◇ *to miss the point* no entender ◇ *There's no point (in) shouting.* Es inútil que grites. **4** momento: *at some point* en algún momento **5** (*Mat*) coma ➲ *Ver pág 791* **6** punta *Ver tb* POWER POINT LOC **be beside the point** no tener nada que ver ◆ **make a point of doing sth** asegurarse de hacer algo ◆ **make your point** dejar clara una idea, propuesta, etc. ◆ **point of view** punto de vista ◆ **take sb's point** entender lo que algn dice ◆ **to the point** al caso, al grano *Ver tb* PROVE, SORE, STRONG
▸ **1** *vi* ~ **(at/to/towards sb/sth)** señalar (con el dedo) (a algn/algo), apuntar (hacia algn/algo) **2** *vt* ~ **sth (at sb)** apuntar a algn con algo: *to point your finger (at sb/sth)* señalar (a algn/algo) con el dedo **3** *vi* ~ **to sth** indicar, señalar algo PHR V **point sb/sth out (to sb)** señalar a algn/algo (a algn)

point-blank /ˌpɔɪnt ˈblæŋk/ *adjetivo, adverbio*
▸ *adj* [*sólo antes de sustantivo*] **1** *at point-blank range* a bocajarro **2** (*negativa*) tajante
▸ *adv* **1** a bocajarro **2** (*fig*) de forma tajante

pointed 🔑 /ˈpɔɪntɪd/ *adj* **1** afilado, puntiagudo **2** (*crítica*) intencionado

pointer /ˈpɔɪntə(r)/ *n* **1** (*coloq*) sugerencia **2** pista **3** indicador **4** puntero

pointless /ˈpɔɪntləs/ *adj* **1** sin sentido **2** inútil

poise /pɔɪz/ *n* **1** aplomo **2** elegancia **poised** *adj* **1** suspendido **2** con aplomo

poison 🔑 /ˈpɔɪzn/ *nombre, verbo*
▸ *n* veneno
▸ *vt* envenenar **poisoning** *n* envenenamiento: *food poisoning* intoxicación alimenticia

poisonous 🔑 /ˈpɔɪzənəs/ *adj* venenoso

poke /pəʊk/ **1** *vt* dar (*con el dedo, etc.*): *to poke your finger into sth* meter el dedo en algo **2** *vi* ~ **out/through**; ~ **out of/through sth** asomar (por algo) LOC **poke fun at sb/sth** burlarse de algn/algo PHR V **poke about/around** (*coloq*) rebuscar, fisgar

poker /ˈpəʊkə(r)/ *n* **1** póquer **2** atizador

poker-faced /ˈpəʊkə feɪst/ *adj* (*coloq*) de rostro impasible, con cara de poker

poky /ˈpəʊki/ *adj* (*coloq*) diminuto

polar /ˈpəʊlə(r)/ *adj* polar: *polar bear* oso polar

pole /pəʊl/ *n* **1** palo **2** (*telegráfico*) poste **3** (*Geog, Fís*) polo LOC **be poles apart** ser polos opuestos

the ˈpole vault *n* salto con pértiga

police /pəˈliːs/ *nombre, verbo*

▸ *n* [*pl*] policía: *police constable/officer* (agente de) policía ◇ *police force* cuerpo de policía ◇ *police state* estado policial ◇ *police station* comisaría (de policía)

▸ *vt* vigilar

policeman /pəˈliːsmən/ *n* (*pl* **-men** /-mən/) policía ➲ *Ver nota en* POLICÍA

policewoman /pəˈliːswʊmən/ *n* (*pl* **-women** /-wɪmɪn/) policía ➲ *Ver nota en* POLICÍA

policy /ˈpɒləsi/ *n* (*pl* **policies**) **1** política **2** (*seguros*) póliza

polio /ˈpəʊliəʊ/ *n* [*incontable*] polio

polish /ˈpɒlɪʃ/ *nombre, verbo*

▸ *n* **1** lustre **2** brillo **3** (*muebles*) cera **4** (*zapatos*) betún **5** (*uñas*) esmalte **6** (*fig*) finura, refinamiento

▸ *vt* **1** sacar brillo a, encerar, pulimentar **2** (*gafas, zapatos*) limpiar **3** (*fig*) pulir PHRV **polish sb off** (*coloq*) cargarse a algn ◆ **polish sth off** (*coloq*) **1** zamparse algo **2** (*trabajo*) cepillarse algo **polished** *adj* **1** brillante, pulido **2** (*manera, estilo*) refinado, pulido **3** (*actuación*) impecable

polite /pəˈlaɪt/ *adj* **1** cortés, educado **2** (*comportamiento*) correcto **politely** *adv* cortésmente, educadamente

political /pəˈlɪtɪkl/ *adj* político

poˌlitically corˈrect *adj* (*abrev* **PC**) políticamente correcto

politician /ˌpɒləˈtɪʃn/ *n* político, -a

politics /ˈpɒlətɪks/ *n* **1** [*incontable*] política **2** [*pl*] opiniones políticas **3** [*incontable*] (*Educ*) ciencias políticas

poll /pəʊl/ *n* **1** (*tb* **oˈpinion poll**) encuesta, sondeo **2** elección **3** votación: *to take a poll on sth* someter algo a votación **4 the polls** [*pl*] las urnas

pollen /ˈpɒlən/ *n* polen

pollinate /ˈpɒləneɪt/ *vt* polinizar **pollination** /ˌpɒləˈneɪʃn/ *n* polinización

pollute /pəˈluːt/ *vt* **1** ~ **sth (with sth)** contaminar algo (con algo) **2** (*fig*) corromper

pollution /pəˈluːʃn/ *n* **1** contaminación **2** (*fig*) corrupción

polo /ˈpəʊləʊ/ *n* polo (*deporte*) *Ver tb* WATER POLO

ˈpolo neck *n* cuello alto/vuelto (*jersey*)

polyester /ˌpɒliˈestə(r)/ *n* poliéster

polystyrene /ˌpɒliˈstaɪriːn/ *n* poliestireno

polythene /ˈpɒlɪθiːn/ *n* polietileno

pomegranate /ˈpɒmɪɡrænɪt/ *n* granada (*fruta*)

pomp /pɒmp/ *n* **1** pompa **2** (*pey*) ostentación

pompous /ˈpɒmpəs/ *adj* (*pey*) **1** pomposo **2** (*persona*) presumido

pond /pɒnd/ *n* estanque, charca

ponder /ˈpɒndə(r)/ *vt, vi* ~ **(about/on/over) sth** (*formal*) reflexionar (sobre algo)

pony /ˈpəʊni/ *n* (*pl* **ponies**) poni: *pony-trekking* excursión en poni

ponytail /ˈpəʊniteɪl/ *n* cola de caballo

poo /puː/ *n* caca

poodle /ˈpuːdl/ *n* caniche

pool /puːl/ *nombre, verbo*

▸ *n* **1** *Ver* SWIMMING POOL **2** charca **3** charco **4** estanque **5** pozo (*en un río*) **6** (*luz*) haz **7** billar americano ➲ *Ver nota en* BILLAR **8 the (football) pools** [*pl*] las quinielas

▸ *vt* (*recursos, ideas, etc.*) aunar, juntar

poor /pɔː(r), pʊə(r)/ *adjetivo, nombre*

▸ *adj* (**poorer**, **-est**) **1** pobre **2** malo: *in poor taste* de mal gusto **3** (*nivel*) bajo LOC *Ver* FIGHT

▸ *n* **the poor** [*pl*] los pobres

poorly /ˈpɔːli, ˈpʊəli/ *adverbio, adjetivo*

▸ *adv* **1** mal **2** pobremente

▸ *adj* (*GB, coloq*) mal, enfermo

pop /pɒp/ *nombre, verbo, adverbio*

▸ *n* **1** (*tb* **ˈpop music**) (música) pop: *pop star* estrella del pop **2** (*esp USA, coloq*) papá **3** pequeño estallido **4** taponazo

▸ (**-pp-**) **1** *vi* hacer ¡pum! **2** *vi* dar un taponazo **3** *vt, vi* (*globo*) estallar PHRV **pop across, back, down, out, etc.** cruzar, volver, bajar, salir, etc. ◆ **pop sth back, in, etc.** devolver, meter, etc. algo ◆ **pop in** visitar ◆ **pop out (of sth)** salir (de algo) ◆ **pop up** aparecer ❶ Todos estos *phrasal verbs* son informales, y denotan una acción rápida, repentina o de poca duración.

▸ *adv*: *to go pop* hacer ¡pum!, reventar

popcorn /ˈpɒpkɔːn/ *n* [*incontable*] palomitas (de maíz)

pope /pəʊp/ *n* papa

poplar /ˈpɒplə(r)/ *n* **1** álamo **2** chopo

poppy /ˈpɒpi/ *n* (*pl* **poppies**) amapola

popular /ˈpɒpjələ(r)/ *adj* **1** popular: *to be popular with sb* caerle bien a algn **2** de moda: *Berets are very popular this season.* Las boinas se llevan mucho esta temporada. **3** de (las) masas: *the popular press* la prensa

P

sensacionalista **4** (*lugar*) muy frecuentado **5** (*creencia, apoyo, etc.*) generalizado

popularity /ˌpɒpjuˈlærəti/ *n* popularidad

popularize, -ise /ˈpɒpjələraɪz/ *vt* (*formal*) **1** popularizar **2** vulgarizar

population /ˌpɒpjuˈleɪʃn/ *n* población: *population explosion* explosión demográfica

pop-up /ˈpɒp ʌp/ *adj* (*Informát*) emergente: *a pop-up window* una ventana emergente

porcelain /ˈpɔːsəlɪn/ *n* [*incontable*] porcelana

porch /pɔːtʃ/ *n* porche

pore /pɔː(r)/ *nombre, verbo*

▸ *n* poro

▸ *v* PHR V **pore over sth** estudiar algo detenidamente

pork /pɔːk/ *n* (carne de) cerdo ➲ *Ver nota en* CARNE

pornographic /ˌpɔːnəˈgræfɪk/ *n* pornográfico

pornography /pɔːˈnɒgrəfi/ (*coloq* **porn**) *n* pornografía

porous /ˈpɔːrəs/ *adj* poroso

porpoise /ˈpɔːpəs/ *n* marsopa

porridge /ˈpɒrɪdʒ; *USA* ˈpɔːr-/ *n* [*incontable*] gachas de avena

port /pɔːt/ *n* **1** puerto **2** (*vino*) oporto **3** (*barco*) babor

portable /ˈpɔːtəbl/ *adj, n* portátil

portal /ˈpɔːtl/ *n* (*Internet*) portal

porter /ˈpɔːtə(r)/ *n* **1** (*en hotel*) botones **2** (*en estación*) maletero **3** (*en hospital*) celador, -ora **4** conserje

porthole /ˈpɔːthəʊl/ *n* portilla

portion /ˈpɔːʃn/ *n* **1** porción **2** (*comida*) ración

portrait /ˈpɔːtreɪt, -trət/ *n* retrato

portray /pɔːˈtreɪ/ *vt* **1** retratar **2** ~ **sb/sth (as sth)** representar a algn/algo (como algo) **portrayal** *n* representación

pose /pəʊz/ *verbo, nombre*

▸ **1** *vt* (*dificultad, pregunta*) plantear **2** *vi* (*para retratarse*) posar **3** *vi* ~ **as sb** hacerse pasar por algn **4** *vi* (*pey*) comportarse de forma afectada

▸ *n* **1** postura **2** (*pey*) pose

posh /pɒʃ/ *adj* (**posher, -est**) (*coloq*) **1** (*hotel, coche, etc.*) de lujo **2** (*zona*) elegante **3** (*pey*) pijo **4** (*acento*) afectado

position /pəˈzɪʃn/ *nombre, verbo*

▸ *n* **1** posición **2** situación **3** ~ **(on sth)** (*opinión*) postura, posición (respecto a algo) **4** (*formal*) (*trabajo*) puesto LOC **be in a/no position to do sth** estar/no estar en condiciones de hacer algo

▸ *vt* colocar, situar

positive /ˈpɒzətɪv/ *adj* **1** positivo **2** definitivo, categórico **3** ~ **(about sth/that...)** seguro (de algo/de que...) **4** (*coloq*) total, auténtico: *a positive disgrace* un escándalo total **positively** *adv* **1** verdaderamente **2** positivamente **3** con optimismo **4** categóricamente

possess /pəˈzes/ *vt* **1** (*formal*) poseer, tener **2** (*formal*) dominar **3** *What possessed you to do that?* ¿Cómo se te ocurrió hacer eso?

possession /pəˈzeʃn/ *n* **1** (*formal*) posesión **2 possessions** [*pl*] pertenencias LOC **be in possession of sth** (*formal*) tener algo

possessive /pəˈzesɪv/ *adj* posesivo

possibility /ˌpɒsəˈbɪləti/ *n* (*pl* **possibilities**) **1** posibilidad: *within/beyond the bounds of possibility* dentro/más allá de lo posible **2 possibilities** [*pl*] potencial

possible /ˈpɒsəbl/ *adj* posible: *if possible* si es posible ◇ *as quickly as possible* lo más rápido posible LOC **make sth possible** posibilitar algo

possibly /ˈpɒsəbli/ *adv* posiblemente: *You can't possibly go.* No puedes ir de ninguna manera. ◇ *Could you possibly help me?* ¿Serías tan amable de ayudarme?

post /pəʊst/ *nombre, verbo*

▸ *n* **1** correo ➲ *Ver nota en* MAIL **2** puesto (*de trabajo*) **3** poste, estaca, palo

▸ **1** *vt* echar (al correo), mandar **2** *vt* (*empleado*) destinar **3** *vt* (*soldado*) apostar **4** *vt* (*anuncio, etc.*) poner **5** *vt, vi* (*Internet*) publicar, escribir LOC **keep sb posted (about/on sth)** tener/mantener a algn al corriente (de algo)

postage /ˈpəʊstɪdʒ/ *n* franqueo: *postage stamp* sello (de correo)

postal /ˈpəʊstl/ *adj* postal, de correos: *postal vote* voto por correo

postbox /ˈpəʊstbɒks/ *n* buzón (*para echar cartas*) ➲ *Ver dibujo en* LETTER BOX

postcard /ˈpəʊstkɑːd/ *n* (tarjeta) postal

postcode /ˈpəʊstkəʊd/ *n* código postal

poster /ˈpəʊstə(r)/ *n* **1** (*anuncio*) cartel **2** póster

posterity /pɒˈsterəti/ *n* posteridad

postgraduate /ˌpəʊstˈgrædʒuət/ (*coloq* **postgrad** /ˈpəʊstgræd/) *n* estudiante de posgrado

posthumous /ˈpɒstjʊməs; *USA* -tʃəməs/ *adj* póstumo

postman /ˈpəʊstmən/ *n* (*pl* **-men** /-mən/) cartero

postmark /ˈpəʊstmɑːk/ *n* matasellos

post-mortem /ˌpəʊst ˈmɔːtəm/ *n* autopsia

ˈpost office *n* (oficina de) correos ➲ *Ver nota en* ESTANCO

postpone /pəˈspəʊn; *USA* pəʊˈs/ *vt* aplazar

postscript /ˈpəʊstskrɪpt/ *n* **1** (*abrev* **PS**) posdata **2** nota final

posture /ˈpɒstʃə(r)/ *n* **1** postura **2** actitud

post-war /ˌpəʊst ˈwɔː(r)/ *adj* de (la) posguerra

postwoman /ˈpəʊstwʊmən/ *n* (*pl* **-women** /-wɪmɪn/) (mujer) cartero, cartera

pots and pans

saucepan (*tb* **pot**) **frying pan** **casserole**

pressure cooker **steamer** **wok**

pot 🔑 /pɒt/ *n* **1** olla: *pots and pans* batería de cocina **2** tarro **3** pieza de cerámica **4** maceta **5** (*coloq*) maría, marihuana *Ver tb* MELTING POT LOC **go to pot** (*coloq*) echarse a perder ◆ **pots of money** (*GB, coloq*) un montón de dinero

potassium /pəˈtæsiəm/ *n* potasio

potato 🔑 /pəˈteɪtəʊ/ *n* (*pl* **potatoes**) patata: *roast potatoes* patatas asadas *Ver tb* COUCH POTATO, JACKET POTATO, SWEET POTATO

potency /ˈpəʊtnsi/ *n* fuerza

potent /ˈpəʊtnt/ *adj* potente, poderoso

potential 🔑 /pəˈtenʃl/ *adjetivo, nombre*
▸ *adj* potencial, posible
▸ *n* ~ **(for sth)** potencial (de/para algo)

potentially 🔑 /pəˈtenʃəli/ *adv* potencialmente

pothole /ˈpɒthəʊl/ *n* **1** (*carretera*) bache **2** (*Geol*) cueva

potion /ˈpəʊʃn/ *n* poción

potted /ˈpɒtɪd/ *adj* **1** (*planta*) en maceta **2** (*relato*) resumido **3** (*comida*) en conserva

potter /ˈpɒtə(r)/ *verbo, nombre*
▸ *vi* ~ **about/around (sth)** hacer esto y lo otro (en algo): *I spent the day pottering around the garden.* Pasé el día haciendo trabajillos por el jardín.
▸ *n* alfarero, -a

pottery /ˈpɒtəri/ *n* **1** (*objetos*) cerámica **2** (*lugar, arte*) alfarería

potty /ˈpɒti/ *adjetivo, nombre*
▸ *adj* ~ **(about sb/sth)** (*GB, coloq*) loco (por algn/algo)
▸ *n* (*pl* **potties**) (*coloq*) orinal (*para niños*)

pouch /paʊtʃ/ *n* **1** bolsa pequeña **2** (*tabaco*) petaca **3** (*Zool*) bolsa

pouffe /puːf/ *n* puf

poultry /ˈpəʊltri/ *n* [*incontable*] aves (de corral)

pounce /paʊns/ *vi* ~ **(on/upon sb/sth)** saltar, abalanzarse sobre algn/algo PHR V **pounce on sb/sth** saltar para criticar a algn/algo

pound 🔑 /paʊnd/ *nombre, verbo*
▸ *n* **1** (*dinero*) libra (£) ➲ *Ver pág 793* **2** (*abrev* **lb**) libra (*0,454 kilogramos*) ➲ *Ver pág 792*
▸ **1** *vi* ~ **(away) at/against/on sth** golpear, aporrear algo **2** *vi* caminar/correr pesadamente **3** *vi* ~ **(with sth)** latir fuertemente (de algo) (*miedo, emoción, etc.*) **4** *vt* machacar **pounding** *n* [*gen sing*] **1** golpes fuertes **2** (*de arma, herramienta, etc.*) martilleo **3** (*corazón, etc.*) latidos fuertes **4** (*olas*) embate **5** paliza (*lit y fig*)

pour 🔑 /pɔː(r)/ **1** *vt* echar, verter **2** *vt* (*bebida*) servir **3** *vi* fluir, correr **4** *vi* ~ **(with rain)** llover a cántaros **5** *vi* ~ **in/out**; ~ **into/out of sth** entrar (en algo)/salir (de algo) en grandes cantidades/a raudales: *Sunlight poured into the room.* La luz del sol entraba en la habitación a raudales. ◇ *People poured out through the gates.* La gente salía en tropel por las puertas. PHR V **pour sth out** (*sentimientos, etc.*) revelar algo (*como desahogo*)

pout /paʊt/ *vi* **1** hacer un mohín (*de disgusto, etc.*) **2** (*provocativamente*) poner morritos

poverty /ˈpɒvəti/ *n* **1** pobreza: *poverty-stricken* necesitado **2** miseria

powder 🔑 /ˈpaʊdə(r)/ *nombre, verbo*
▸ *n* polvo *Ver tb* WASHING POWDER
▸ *vt* empolvar: *to powder your face* empolvarse la cara **powdered** *adj* en polvo

power 🔑 /ˈpaʊə(r)/ *nombre, verbo*
▸ *n* **1** poder **2** (*tb* **powers** [*pl*]) capacidad, facultades **3** potencia **4** fuerza **5** energía **6** (*electricidad*) luz: *power cut* corte eléctrico/apagón ◇ *power station/plant* central eléctrica LOC **do sb a power of good** (*antic, coloq*) ser muy beneficioso para algn ◆ **the powers that be** los que mandan
▸ *vt* impulsar, potenciar

powerful 🔑 /ˈpaʊəfl/ *adj* **1** poderoso **2** (*máquina*) potente **3** (*imagen, obra*) intenso **4** (*brazos, golpe, bebida*) fuerte

powerless /ˈpaʊələs/ *adj* sin poder, impotente

ˈ**power point** *n* enchufe (*en la pared*)

P

power-sharing /ˈpaʊə ʃeərɪŋ/ *n* reparto de poder

PR /ˌpiː ˈɑː(r)/ *n* (*abrev de* **public relations**) relaciones públicas

practicable /ˈpræktɪkəbl/ *adj* (*formal*) factible

practical 🔑 /ˈpræktɪkl/ *adj* práctico: *Let's be practical.* Seamos prácticos. ◇ *practical joke* broma

practically 🔑 /ˈpræktɪkli/ *adv* **1** prácticamente **2** de forma práctica, en la práctica

practice 🔑 /ˈpræktɪs/ *n* **1** práctica **2** (*Dep*) entrenamiento **3** (*Mús*) ejercicios **4** (*Med*) consultorio *Ver tb* GENERAL PRACTICE **5** bufete (*de abogados*) **6** (*profesión*) ejercicio LOC **be out of practice** haber perdido práctica

practise 🔑 (*USA* **practice**) /ˈpræktɪs/ **1** *vt, vi* practicar **2** *vi* (*Dep*) entrenarse **3** *vi* (*Mús, Teat*) ensayar **4** *vt, vi* ~ **(sth/as sth)** (*profesión*) ejercer (algo/de algo) **practised** (*USA* **practiced**) *adj* ~ **(in sth)** experto (en algo)

practitioner /prækˈtɪʃənə(r)/ *n* (*formal*) **1** experto, -a **2** médico, -a *Ver tb* GP

pragmatic /prægˈmætɪk/ *adj* pragmático

prairie /ˈpreəri/ *n* pradera (*en América del Norte*)

praise 🔑 /preɪz/ *nombre, verbo*

▸ *n* [*incontable*] **1** elogio(s) **2** halago **3** (*Relig*) alabanza

▸ *vt* **1** elogiar **2** (*a Dios*) alabar **praiseworthy** /ˈpreɪzwɜːði/ *adj* (*formal*) loable

pram /præm/ *n* cochecito (*de bebé*)

prank /præŋk/ *n* travesura

prawn /prɔːn/ *n* **1** gamba **2** (*tb* ˌ**king** ˈ**prawn**) langostino

pray /preɪ/ *vi* ~ **(to sb) (for sb/sth)** rezar, rogar (a algn) (por algn/algo)

prayer 🔑 /preə(r)/ *n* oración

preach /priːtʃ/ **1** *vt, vi* (*Relig*) predicar **2** *vi* (*pey*) sermonear **3** *vt* aconsejar **preacher** *n* predicador, -ora

precarious /prɪˈkeəriəs/ *adj* precario

precaution /prɪˈkɔːʃn/ *n* precaución **precautionary** /prɪˈkɔːʃənəri; *USA* -neri/ *adj* cautelar

precede /prɪˈsiːd/ *vt* (*formal*) **1** preceder a **2** (*discurso*) introducir

precedence /ˈpresɪdəns/ *n* precedencia

precedent /ˈpresɪdənt/ *n* precedente

preceding /prɪˈsiːdɪŋ/ *adj* **1** precedente **2** (*tiempo*) anterior

precinct /ˈpriːsɪŋkt/ *n* **1** (*GB*) zona peatonal: *pedestrian precinct* zona peatonal **2** (*USA*) circunscripción, distrito electoral, policial, etc. **3** [*gen pl*] (*formal*) recinto

precious /ˈpreʃəs/ *adjetivo, adverbio*

▸ *adj* precioso (*valioso*)

▸ *adv* LOC **precious few/little** (*coloq*) muy pocos/poco

precipice /ˈpresəpɪs/ *n* precipicio

precipitation /prɪˌsɪpɪˈteɪʃn/ *n* [*incontable*] (*formal*) precipitación

precise 🔑 /prɪˈsaɪs/ *adj* **1** exacto, preciso **2** (*explicación*) claro **3** (*persona*) meticuloso

precisely 🔑 /prɪˈsaɪsli/ *adv* **1** exactamente, precisamente **2** (*hora*) en punto **3** con precisión

precision /prɪˈsɪʒn/ *n* exactitud, precisión

precocious /prɪˈkəʊʃəs/ *adj* precoz

preconceived /ˌpriːkənˈsiːvd/ *adj* preconcebido **preconception** /ˌpriːkənˈsepʃn/ *n* idea preconcebida

precondition /ˌpriːkənˈdɪʃn/ *n* condición previa, requisito

predator /ˈpredətə(r)/ *n* depredador **predatory** /ˈpredətri; *USA* -tɔːri/ *adj* **1** (*animal*) depredador **2** (*persona*) rapaz

predecessor /ˈpriːdɪsesə(r); *USA* ˈpredəs-/ *n* predecesor, -ora

predicament /prɪˈdɪkəmənt/ *n* situación difícil, apuro

predict 🔑 /prɪˈdɪkt/ *vt* **1** predecir, prever **2** pronosticar **predictable** *adj* previsible **prediction** *n* predicción, pronóstico

predominant /prɪˈdɒmɪnənt/ *adj* predominante **predominantly** *adv* predominantemente

pre-empt /priˈempt/ *vt* adelantarse a

prefabricated /ˌpriˈfæbrɪkeɪtɪd/ *adj* prefabricado

preface /ˈprefəs/ *n* prefacio, prólogo

prefer 🔑 /prɪˈfɜː(r)/ *vt* (**-rr-**) preferir: *Would you prefer cake or biscuits?* ¿Qué prefieres, bizcocho o galletas? ➲ *Ver nota en* PREFERIR **preferable** /ˈprefrəbl/ *adj* preferible **preferably** *adv* preferiblemente

Expressing a preference

Expresar una preferencia

- *I like the red one better than the green one.* Me gusta más la roja que la verde.
- *I prefer beef to lamb.* Prefiero la carne de vaca a la de cordero.
- *I think I'd rather stay in than go to the cinema tonight.* Creo que esta noche prefiero quedarme que ir al cine.
- *I don't really mind whether we eat here or go out.* Me da igual comer aquí o salir fuera.

preference ⚷ /ˈprefrəns/ *n* preferencia LOC **in preference to sb/sth** en lugar de algn/algo **preferential** /ˌprefəˈrenʃl/ *adj* preferente

prefix /ˈpriːfɪks/ *n* prefijo

pregnancy *n* (*pl* **pregnancies**) embarazo

pregnant ⚷ /ˈpregnənt/ *adj* **1** embarazada **2** (*animal*) preñada

prehistoric /ˌpriːhɪˈstɒrɪk; *USA* -ˈstɔːrɪk/ *adj* prehistórico

prejudice /ˈpredʒudɪs/ *nombre, verbo*
▸ *n* **1** [*incontable*] prejuicio(s) **2** parcialidad LOC **without prejudice (to sth)** (*Jur*) sin detrimento de algo
▸ *vt* **1** (*persona*) predisponer **2** (*decisión, resultado*) influir en **3** (*formal*) perjudicar **prejudiced** *adj* **1** ~ **against sb/sth** predispuesto contra algn/algo **2** parcial **3** intolerante

preliminary /prɪˈlɪmɪnəri; *USA* -neri/ *adj, n* (*pl* **preliminaries**) **1** preliminar **2** (*Dep*) eliminatorio

prelude /ˈpreljuːd/ *n* **1** (*Mús*) preludio **2** ~ **(to sth)** preludio (de algo)

premature /ˈpremətʃə(r); *USA* ˌpriːməˈtʃʊər/ *adj* prematuro

premier /ˈpremiə(r); *USA* prɪˈmɪər/ *adjetivo, nombre*
▸ *adj* principal: *the Premier League* la primera división de la liga inglesa
▸ *n* primer ministro, primera ministra

premiere /ˈpremieə(r); *USA* prɪˈmɪər/ *n* estreno

premiership /ˈpremiəʃɪp; *USA* prɪˈmɪərʃɪp/ *n* cargo de primer ministro

premises ⚷ /ˈpremɪsɪz/ *n* [*pl*] **1** edificio **2** (*tienda, bar, etc.*) local **3** (*empresa*) oficinas

premium /ˈpriːmiəm/ *n* (*pago*) prima LOC **be at a premium** escasear

preoccupation /priˌɒkjuˈpeɪʃn/ *n* ~ **(with sth)** preocupación (por algo) **preoccupied** *adj* **1** ~ **(with sth)** preocupado (por algo) **2** abstraído

preparation ⚷ /ˌprepəˈreɪʃn/ *n* **1** preparación **2 preparations** [*pl*] preparativos

preparatory school /prɪˈpærətri skuːl; *USA* -tɔːri/ (*tb* **prep school** /ˈprep skuːl/) *n* **1** (*GB*) colegio privado (para alumnos de 7 a 13 años) **2** (*USA*) instituto de secundaria que prepara a los alumnos para la universidad

prepare ⚷ /prɪˈpeə(r)/ **1** *vt* preparar **2** *vi* ~ **(for sth)** prepararse, hacer preparativos (para algo) LOC **be prepared to do sth** estar dispuesto a hacer algo

preposition /ˌprepəˈzɪʃn/ *n* (*Gram*) preposición

preposterous /prɪˈpɒstərəs/ *adj* (*formal*) absurdo

prerequisite /ˌpriːˈrekwəzɪt/ *n* ~ **(for/of/to sth)** (*formal*) requisito, condición previa (para algo)

prerogative /prɪˈrɒgətɪv/ *n* (*formal*) prerrogativa

preschool /ˈpriːskuːl/ *n* escuela infantil: *a preschool child* un niño en edad preescolar

prescribe /prɪˈskraɪb/ *vt* **1** (*medicina*) recetar **2** recomendar

prescription /prɪˈskrɪpʃn/ *n* **1** receta (*médica*) **2** (*acción*) prescripción

presence ⚷ /ˈprezns/ *n* **1** presencia **2** asistencia **3** existencia

present ⚷ *adjetivo, nombre, verbo*
▸ *adj* /ˈpreznt/ **1** (*tiempo*) actual **2** (*mes, año*) corriente **3** ~ **(at sth)** presente (en algo) (*lugar, sustancia*) **4** (*Gram*) presente LOC **to the present day** hasta hoy
▸ *n* /ˈpreznt/ **1** regalo: *to give sb a present* regalar algo a algn **2 the present** el presente **3** (*tb* ˌ**present** ˈ**tense**) presente LOC **at present** actualmente ◆ **for the present** de momento, por ahora
▸ *vt* /prɪˈzent/ **1** ~ **sb with sth**; ~ **sth (to sb)** entregar algo (a algn): *to present sb with a problem* plantearle un problema a algn **2** presentar: *to present yourself* presentarse ❶ Al presentar una persona a otra se usa **introduce**: *Let me introduce you to Peter.* Te presento a Peter. **3** (*argumento*) exponer **4** ~ **itself (to sb)** (*oportunidad*) presentarse (a algn) **presentable** /prɪˈzentəbl/ *adj* presentable: *to make sth/yourself presentable* arreglar algo/arreglarse

presentation ⚷ /ˌpreznˈteɪʃn; *USA* ˌpriːzen-/ *n* **1** presentación **2** (*premio*) entrega **3** (*argumento*) exposición

present-day /ˌpreznt ˈdeɪ/ *adj* actual

presenter /prɪˈzentə(r)/ *n* presentador, -ora

presently /ˈprezntli/ *adv* **1** (*esp USA*) actualmente ❶ En inglés británico lo normal es decir **currently**. **2** [*pasado: generalmente al principio de la frase*] (*GB, formal*) al poco tiempo, luego: *Presently he got up to go.* Al poco tiempo se levantó para marcharse. **3** [*futuro: generalmente al final de la frase*] (*GB, formal*) en un momento, dentro de poco: *I will follow on presently.* Voy dentro de un momento.

preservation /ˌprezəˈveɪʃn/ *n* conservación, preservación

preservative /prɪˈzɜːvətɪv/ *adj, n* conservante

preserve ⚷ /prɪˈzɜːv/ *verbo, nombre*
▸ *vt* **1** preservar **2** conservar (*comida, etc.*) **3** ~ **sb/sth (from sth)** proteger a algn/algo (de algo)

P

▸ *n* **1** ~ **(of sb)** dominio (de algn): *the exclusive preserve of party members* el coto privado de los miembros del partido **2** [*gen pl*] conserva, confitura

preside /prɪˈzaɪd/ *vi* ~ **(at/over sth)** presidir (algo)

presidency /ˈprezɪdənsi/ *n* (*pl* **presidencies**) presidencia

president 🔑 /ˈprezɪdənt/ *n* presidente, -a **presidential** /ˌprezɪˈdenʃl/ *adj* presidencial

press 🔑 /pres/ *nombre, verbo*

▸ *n* **1** (*tb* **the Press**) [*v sing o pl*] la prensa: *press conference* rueda de prensa **2** (*tb* **ˈprinting press**) imprenta **3** prensa (*para ajo, uvas, etc.*)

▸ **1** *vt, vi* apretar **2** *vt* pulsar, presionar **3** *vi* ~ **(up) against sb** arrimarse a algn **4** *vt* ~ **sb (for sth)**; ~ **sb (into sth/into doing sth)** presionar a algn (para que haga algo), exigir algo de algn **5** *vt* (*aceitunas, flores, etc.*) prensar **6** *vt* planchar LOC **be pressed for time** andar muy escaso de tiempo *Ver tb* CHARGE PHR V **press ahead/on (with sth)** seguir adelante (con algo) ◆ **press for sth** presionar para conseguir algo

pressing /ˈpresɪŋ/ *adj* (*problema, etc.*) acuciante, urgente

ˈpress release *n* nota de prensa

ˈpress stud *n* corchete

press-up /ˈpres ʌp/ *n* flexión

pressure 🔑 /ˈpreʃə(r)/ *nombre, verbo*

▸ *n* presión: *blood pressure* tensión arterial ◇ *pressure gauge* manómetro ◇ *pressure group* grupo de presión *Ver tb* HIGH PRESSURE LOC **put pressure on sb (to do sth)** presionar a algn (para que haga algo)

ˈpressure cooker *n* olla a presión ➲ *Ver dibujo en* POT

pressurize, -ise /ˈpreʃəraɪz/ *vt* **1** (*tb* **pressure**) ~ **sb into sth/doing sth** presionar a algn para que haga algo **2** (*Fís*) presurizar

prestige /preˈstiːʒ/ *n* prestigio **prestigious** /preˈstɪdʒəs/ *adj* prestigioso

presumably 🔑 /prɪˈzjuːməbli; *USA* -ˈzuː-/ *adv* es de suponer que, según parece

presume /prɪˈzjuːm; *USA* -ˈzuːm/ *vt* asumir, suponer: *I presume so.* Eso creo.

presumption /prɪˈzʌmpʃn/ *n* **1** presunción **2** (*formal*) atrevimiento

presumptuous /prɪˈzʌmptʃuəs/ *adj* impertinente

presuppose /ˌpriːsəˈpəʊz/ *vt* (*formal*) presuponer

pre-teen /ˌpriː ˈtiːn/ *adj, n* preadolescente

pretence (*USA* **pretense**) /prɪˈtens/ *n* **1** [*incontable*] engaño(s): *They abandoned all pretence of objectivity.* Dejaron de fingir que eran objetivos. **2** ~ **to sth/doing sth** (*formal*): *I have no pretence to being an expert.* No pretendo ser un experto.

pretend 🔑 /prɪˈtend/ *verbo, adjetivo*

▸ *vt, vi* **1** fingir **2** ~ **to be sth**; ~ **that...** jugar a algo: *They're pretending to be explorers.* Están jugando a los exploradores. **3** pretender: *I don't pretend to any expertise in music.* No pretendo ser un experto en música.

▸ *adj* (*coloq*) **1** de juguete **2** fingido

pretentious /prɪˈtenʃəs/ *adj* pretencioso

pretext /ˈpriːtekst/ *n* pretexto

pretty 🔑 /ˈprɪti/ *adverbio, adjetivo*

▸ *adv* bastante ➲ *Ver nota en* FAIRLY LOC **pretty much/well** (*coloq*) más o menos

▸ *adj* (**prettier, -iest**) **1** bonito, mono **2** (*mujer*) guapa LOC **not be a pretty sight** no ser nada agradable

prevail /prɪˈveɪl/ *vi* (*formal*) **1** (*ley, condiciones*) imperar **2** ~ **(against/over sth/sb)** prevalecer (sobre algo/algn) PHR V **prevail on/upon sb to do sth** convencer a algn para que haga algo **prevailing** *adj* **1** reinante **2** (*viento*) predominante

prevalence /ˈprevələns/ *n* **1** difusión **2** predominancia

prevalent /ˈprevələnt/ *adj* **1** difundido **2** predominante

prevent 🔑 /prɪˈvent/ *vt* **1** ~ **sb/sth from doing sth** impedir que algn/algo haga algo **2** evitar, prevenir

prevention /prɪˈvenʃn/ *n* prevención

preventive /prɪˈventɪv/ *adj* preventivo

preview /ˈpriːvjuː/ *n* **1** preestreno **2** avance

previous 🔑 /ˈpriːviəs/ *adj* **1** anterior **2** ~ **to sth/doing sth** antes de algo/hacer algo

previously 🔑 /ˈpriːviəsli/ *adv* anteriormente

pre-war /ˌpriː ˈwɔː(r)/ *adj* de antes de la guerra

prey /preɪ/ *nombre, verbo*

▸ *n* [*incontable*] (*lit y fig*) presa: *bird of prey* ave rapaz

▸ *vi* LOC **prey on sb's mind** preocupar a algn PHR V **prey on/upon sb** aprovecharse de algn ◆ **prey on/upon sth** alimentarse de algo, cazar algo

price 🔑 /praɪs/ *nombre, verbo*

▸ *n* precio: *to go up/down in price* subir/bajar de precio LOC **at any price** a toda costa ◆ **not at any price** por nada del mundo *Ver tb* CHEAP

▸ *vt* **1** fijar el precio de **2** poner el precio a **3** comparar el precio de **priceless** *adj* que no tiene precio

ˈ**price tag** *n* etiqueta (*del precio*)

pricey /ˈpraɪsi/ *adj* (**pricier**, **-iest**) (*coloq*) caro

prick /prɪk/ *verbo, nombre*

▸ *vt* **1** pinchar **2** (*conciencia*) remorder LOC **prick up your ears 1** levantar las orejas **2** aguzar el oído

▸ *n* **1** punzada **2** pinchazo

prickly /ˈprɪkli/ *adj* **1** espinoso **2** que pica **3** (*coloq*) malhumorado

pride /praɪd/ *nombre, verbo*

▸ *n* **1** ~ **(in sth)** orgullo (por algo): *to take pride in sth* enorgullecerse de algo/tomarse algo muy en serio **2** (*pey*) orgullo, soberbia **3** (*de leones*) manada LOC **sb's pride and joy** la niña de los ojos de algn

▸ *v* PHR V **pride yourself on sth** preciarse, enorgullecerse de algo

pried *pt, pp de* PRY

priest /priːst/ *n* sacerdote, cura **priesthood** /ˈpriːsthʊd/ *n* **1** sacerdocio **2** clero

Se usa la palabra **priest** para referirse normalmente a los sacerdotes católicos. Los párrocos anglicanos se llaman **vicar**, y los de las demás religiones protestantes, **minister**.

prig /prɪg/ *n* (*pey*) mojigato, -a **priggish** *adj* mojigato

prim /prɪm/ *adj* (*pey*) **1** remilgado **2** mojigato, melindre **3** (*aspecto*) recatado

primaeval = PRIMEVAL

primarily /praɪˈmerəli/ *adv* principalmente, sobre todo

primary /ˈpraɪməri; *USA* -meri/ *adjetivo, nombre*

▸ *adj* **1** principal **2** primordial **3** primario

▸ *n* (*pl* **primaries**) (*USA*) (*tb* ˌ**primary eˈlection**) elección primaria

ˈ**primary school** *n* escuela de primaria: *He's at primary school.* Está en primaria.

prime /praɪm/ *adjetivo, nombre, verbo*

▸ *adj* **1** principal **2** de primera: *a prime example* un ejemplo excelente

▸ *n* LOC **in your prime; in the prime of life** en la flor de la vida

▸ *vt* ~ **sb (for/with sth)** preparar a algn (para/con algo)

ˌ**prime ˈminister** *n* (*abrev* **PM**) primer ministro, primera ministra

ˈ**prime time** *n* [*incontable*] (*TV*) horario de máxima audiencia

primeval /praɪˈmiːvl/ *adj* primigenio

primitive /ˈprɪmətɪv/ *adj* primitivo

primrose /ˈprɪmrəʊz/ *nombre, adjetivo*

▸ *n* primavera (*flor*)

▸ *adj, n* amarillo pálido

prince /prɪns/ *n* príncipe

princess /ˌprɪnˈses/ *n* princesa

principal /ˈprɪnsəpl/ *adjetivo, nombre*

▸ *adj* principal

▸ *n* **1** (*GB*) (*universidad*) rector, -ora **2** (*USA*) (*colegio, etc.*) director, -ora

principle /ˈprɪnsəpl/ *n* principio: *as a matter of principle/on principle* por principio ◇ *a woman of principle* una mujer de principios LOC **in principle** en principio

print /prɪnt/ *verbo, nombre*

▸ *vt* **1** imprimir **2** (*Period*) publicar **3** escribir en letra de imprenta **4** (*tela*) estampar PHR V **print (sth) off/out** imprimir (algo)

▸ *n* **1** (*tipografía*) letra **2** *the print media* los medios de comunicación impresos ◇ *print run* tirada **3** huella **4** (*Arte*) grabado **5** (*Fot*) copia **6** tela estampada LOC **in print 1** (*libro*) en venta **2** publicado ◆ **out of print** agotado *Ver tb* SMALL

printer /ˈprɪntə(r)/ *n* **1** (*máquina*) impresora **2** (*persona*) impresor, -ora **3 printer's** (*taller*) imprenta

printing /ˈprɪntɪŋ/ *n* **1** imprenta (*técnica*): *a printing error* una errata **2** (*libros, etc.*) impresión

printout /ˈprɪntaʊt/ *n* copia impresa

prior /ˈpraɪə(r)/ *adjetivo, preposición*

▸ *adj* [*sólo antes de sustantivo*] (*formal*) previo

▸ *prep* **prior to** (*formal*) **1** ~ **to doing sth** antes de hacer algo **2** ~ **to sth** anterior a algo

priority /praɪˈɒrəti; *USA* -ˈɔːr-/ *n* (*pl* **priorities**) ~ **(over sb/sth)** prioridad (sobre algn/algo) LOC **get your priorities right** saber cuáles son tus prioridades

prise (*USA* **prize**) /praɪz/ *vt* ~ **sth apart, off, open, etc. (with sth)** separar, quitar, abrir, etc. algo (haciendo palanca con algo)

prison /ˈprɪzn/ *n* cárcel: *prison camp* campo de concentración

prisoner /ˈprɪznə(r)/ *n* **1** preso, -a **2** (*cautivo*) prisionero, -a **3** detenido, -a LOC **hold/take sb prisoner** tener preso/apresar a algn

privacy /ˈprɪvəsi; *USA* ˈpraɪv-/ *n* intimidad

private /ˈpraɪvət/ *adjetivo, nombre*

▸ *adj* **1** privado: *private enterprise* iniciativa privada **2** (*de individuo*) particular **3** (*lugar*) íntimo **4** (*persona*) reservado

▸ *n* (*Mil*) soldado raso LOC **in private** en privado

P

ˌ**private** ˈ**eye** *n* detective privado

privately 🔑 /ˈpraɪvətli/ *adv* en privado

privatization, -isation /ˌpraɪvətaɪˈzeɪʃn; *USA* -təˈz-/ *n* privatización

privatize, -ise /ˈpraɪvətaɪz/ *vt* privatizar

privilege /ˈprɪvəlɪdʒ/ *n* **1** privilegio **2** (*Jur*) inmunidad **privileged** *adj* **1** privilegiado **2** (*información*) confidencial

privy /ˈprɪvi/ *adj* LOC **be privy to sth** (*formal*) tener conocimiento de algo

prize 🔑 /praɪz/ *nombre, adjetivo, verbo*
- ▸ *n* premio
- ▸ *adj* **1** premiado **2** (*estudiante, ejemplar, etc.*) de primera **3** (*idiota, error*) de marca mayor
- ▸ *vt* **1** estimar **2** (*USA*) = PRISE

prizewinning /ˈpraɪzwɪnɪŋ/ *adj* galardonado

pro /prəʊ/ *n* (*pl* **pros**) (*coloq*) profesional LOC **the pros and cons** los pros y los contras

proactive /ˌprəʊˈæktɪv/ *adj* con iniciativa, proactivo

probability /prɒbəˈbɪləti/ *n* (*pl* **probabilities**) probabilidad LOC **in all probability** con toda probabilidad

probable 🔑 /ˈprɒbəbl/ *adj* probable: *It seems probable that he'll arrive tomorrow.* Parece probable que llegue mañana.

probably 🔑 /ˈprɒbəbli/ *adv* probablemente, seguramente

> En inglés se suele usar el adverbio en los casos en que se usaría "es probable que" en español: *They will probably go.* Es probable que vayan.

P

probation /prəˈbeɪʃn; *USA* prəʊ-/ *n* **1** libertad condicional **2** (*empleado*) período de prueba: *a three-month probation period* un período de prueba de tres meses

probe /prəʊb/ *verbo, nombre*
- ▸ **1** *vt, vi* ~ **(sth/into sth)** investigar (algo) **2** *vt* (*Med*) sondar
- ▸ *n* **1** ~ **(into sth)** investigación (de algo) **2** (*Med*) sonda **probing** *adj* (*pregunta*) penetrante

problem 🔑 /ˈprɒbləm/ *n* problema: *the magazine's problem page* el consultorio de la revista LOC **no problem** (*coloq*) **1** no hay problema **2** no importa **3** (*para mostrarse de acuerdo*) claro *Ver tb* TEETHE **problematic** /ˌprɒbləˈmætɪk/ (*tb* **problematical**) *adj* **1** problemático **2** (*discutible*) dudoso

procedure 🔑 /prəˈsiːdʒə(r)/ *n* **1** procedimiento **2** (*gestión*) trámite(s)

proceed 🔑 /prəˈsiːd; *USA* prəʊ-/ *vi* **1** ~ **(with sth)** continuar, seguir adelante (con algo) **2** ~ **to sth/to do sth** pasar a algo/a hacer algo **3** (*formal*) avanzar, ir **proceedings** /prəˈsiːdɪŋz/ *n* [*pl*] (*formal*) **1** (*Jur*) proceso **2** acto, reunión **3** actas (*de reunión*)

proceeds /ˈprəʊsiːdz/ *n* [*pl*] ganancias

process 🔑 /ˈprəʊses; *USA* ˈprɒ-/ *nombre, verbo*
- ▸ *n* **1** (*desarrollo, Jur*) proceso **2** (*método*) procedimiento LOC **be in the process of (doing) sth** estar haciendo algo ◆ **in the process** al hacerlo
- ▸ *vt* **1** (*alimento, materia prima*) tratar **2** (*solicitud*) tramitar **3** (*Informát*) procesar **4** (*Fot*) revelar **processing** *n* **1** tratamiento **2** (*Informát*) procesamiento: *word processing* tratamiento de textos **3** (*Fot*) revelado

procession /prəˈseʃn/ *n* desfile, procesión

processor /ˈprəʊsesə(r); *USA* ˈprɒ-/ *n* procesador *Ver tb* FOOD PROCESSOR, WORD PROCESSOR

proclaim /prəˈkleɪm/ *vt* proclamar **proclamation** /ˌprɒkləˈmeɪʃn/ *n* **1** proclama **2** (*acto*) proclamación

prod /prɒd/ *verbo, nombre*
- ▸ *vt, vi* **(-dd-)** ~ **(at) sb/sth 1** pinchar a algn/algo **2** dar un codazo/empujón a algn/algo
- ▸ *n* **1** pinchazo **2** empujón: *She needs the occasional prod.* Hay que darle un empujón de vez en cuando. **3** codazo **4** pincho

prodigious /prəˈdɪdʒəs/ *adj* (*formal*) prodigioso

prodigy /ˈprɒdədʒi/ *n* (*pl* **prodigies**) prodigio

produce 🔑 *verbo, nombre*
- ▸ *vt* /prəˈdjuːs; *USA* -ˈduːs/ **1** producir **2** (*cultivo*) dar **3** (*cría*) tener **4** ~ **sth (from/out of sth)** sacar algo (de algo) **5** (*Cine, TV*) producir **6** (*Teat*) poner en escena
- ▸ *n* /ˈprɒdjuːs; *USA* -duːs/ [*incontable*] productos: *Produce of France* producto de Francia ➲ *Ver nota en* PRODUCT

producer 🔑 /prəˈdjuːsə(r); *USA* -ˈduːs-/ *n* **1** (*industria, Agric, Cine, TV*) productor, -ora **2** (*Teat*) director, -ora de escena

product 🔑 /ˈprɒdʌkt/ *n* producto

> **Product** se utiliza para productos industriales, y **produce** se usa para los productos del campo.

production 🔑 /prəˈdʌkʃn/ *n* producción: *production line* cadena de montaje

productive /prəˈdʌktɪv/ *adj* productivo **productivity** /ˌprɒdʌkˈtɪvəti/ *n* productividad

profess /prəˈfes/ *vt* (*formal*) **1** ~ **to be sth** preciarse de ser algo, declararse algo **2** ~ **(yourself) sth** declarar(se) algo: *She still professes her innocence.* Aún se declara inocente. **3** (*Relig*) profesar **professed** *adj* (*formal*) **1** declarado **2** supuesto

profession /prəˈfeʃn/ *n* profesión *Ver nota en* WORK

professional /prəˈfeʃənl/ *adj* profesional **professionally** *adv* profesionalmente

professor /prəˈfesə(r)/ *n* (*abrev* **Prof.**) **1** (*GB*) catedrático, -a de universidad **2** (*USA*) profesor, -ora de universidad

proficiency /prəˈfɪʃnsi/ *n* [*incontable*] ~ **(in sth/doing sth)** competencia (en algo), capacidad (para algo/para hacer algo)

proficient /prəˈfɪʃnt/ *adj* ~ **(in/at sth/doing sth)** competente (en algo): *She's proficient at handling young children.* Se le da muy bien tratar con niños pequeños.

profile /ˈprəʊfaɪl/ *n* perfil LOC **a low/high profile**: *to keep a low profile* procurar pasar desapercibido ◇ *The issue has had a high profile recently.* El tema ha ocupado una posición destacada últimamente.

profit /ˈprɒfɪt/ *nombre, verbo*
▸ *n* **1** ganancia(s), beneficio(s): *to make a profit of 20 euros* sacar un beneficio de 20 euros ◇ *to sell at a profit* vender con ganancia ◇ *to do sth for profit* hacer algo con fines lucrativos **2** (*formal*) beneficio, provecho
▸ (*formal*) **1** *vi* ~ **from/by sth** beneficiarse de algo **2** *vt* beneficiar a **profitable** *adj* **1** rentable **2** provechoso

profit-making /ˈprɒfɪt meɪkɪŋ/ *adj* lucrativo

profound /prəˈfaʊnd/ *adj* profundo **profoundly** *adv* profundamente, extremadamente: *He's profoundly deaf.* Tiene sordera total.

profusely /prəˈfjuːsli/ *adv* profusamente

profusion /prəˈfjuːʒn/ *n* (*formal*) abundancia LOC **in profusion** en abundancia

programme (*USA* **program**) /ˈprəʊɡræm/ *nombre, verbo*
▸ *n* programa
▸ *vt, vi* programar ❶ En lenguaje informático se escribe siempre **program**, tanto el sustantivo como el verbo. **programmer** (*tb* **comˌputer ˈprogrammer**) *n* programador, -ora **programming** *n* programación

progress *nombre, verbo*
▸ *n* /ˈprəʊɡres; *USA* ˈprɒɡ-/ [*incontable*] **1** progreso(s) **2** (*movimiento*) avance: *to make progress* avanzar LOC **in progress** (*formal*) en marcha
▸ *vi* /prəˈɡres/ avanzar

progressive /prəˈɡresɪv/ *adj* **1** (*Pol*) progresista **2** progresivo

prohibit /prəˈhɪbɪt; *USA* prəʊ-/ *vt* ~ **sth**; ~ **sb from doing sth** (*formal*) **1** prohibir algo, prohibir a algn hacer algo **2** impedir algo, impedir a algn hacer algo **prohibition** /ˌprəʊɪˈbɪʃn/ *n* prohibición

project *nombre, verbo*
▸ *n* /ˈprɒdʒekt/ proyecto
▸ /prəˈdʒekt/ **1** *vt* proyectar **2** *vi* sobresalir **projection** /prəˈdʒekʃn/ *n* proyección **projector** /prəˈdʒektə(r)/ *n* proyector: *overhead projector* retroproyector

prolific /prəˈlɪfɪk/ *adj* prolífico

prologue /ˈprəʊlɒɡ; *USA* -lɔːɡ/ *n* ~ **(to sth)** prólogo (de algo)

prolong /prəˈlɒŋ; *USA* -ˈlɔːŋ/ *vt* prolongar, alargar

promenade /ˌprɒməˈnɑːd; *USA* -ˈneɪd/ (*coloq* **prom** /prɒm/) *n* paseo marítimo

prominent /ˈprɒmɪnənt/ *adj* **1** importante **2** prominente

promiscuous /prəˈmɪskjuəs/ *adj* promiscuo

promise /ˈprɒmɪs/ *verbo, nombre*
▸ *vt, vi* prometer
▸ *n* **1** promesa: *to keep/break/make a promise* cumplir/no cumplir/hacer una promesa **2** [*incontable*]: *to show promise* ser prometedor **promising** *adj* prometedor

promote /prəˈməʊt/ *vt* **1** promover, fomentar **2** (*Econ*) promocionar **3** (*en el trabajo, Dep*) ascender **promoter** *n* promotor, -ora

promotion /prəˈməʊʃn/ *n* **1** ascenso **2** promoción, fomento

prompt /prɒmpt/ *adjetivo, verbo, adverbio*
▸ *adj* **1** rápido: *They are always prompt in answering my letters.* Siempre contestan mis cartas sin dilación. **2** (*persona*) puntual
▸ **1** *vt* (*reacción*) provocar **2** *vt* ~ **sb to do sth** incitar a algn a hacer algo: *The program will prompt you to enter data when required.* El programa te indicará cuándo introducir los datos. **3** *vt, vi* (*Teat*) apuntar (a)
▸ *adv* en punto

promptly /ˈprɒmptli/ *adv* **1** con prontitud **2** de inmediato **3** puntualmente

prone /prəʊn/ *adj* ~ **to sth/to do sth** propenso a algo/a hacer algo: *to be accident-prone* ser propenso a los accidentes

pronoun /ˈprəʊnaʊn/ *n* pronombre

pronounce /prəˈnaʊns/ *vt* **1** pronunciar **2** declarar **pronounced** *adj* **1** (*acento, opinión*) fuerte **2** (*mejora*) marcado **3** (*movimiento*) pronunciado

pronunciation /prəˌnʌnsiˈeɪʃn/ *n* pronunciación

proof /pruːf/ *n* **1** [*incontable*] prueba(s) **2** comprobación

P

prop /prɒp/ *nombre, verbo*
▸ *n* **1** apoyo **2** (*en edificio, etc.*) puntal
▸ *vt* (**-pp-**) ~ **sth/sb (up)** apoyar algo/a algn
PHR V **prop sth up 1** sujetar algo **2** (*fig*) (*gen pey*) respaldar algo

propaganda /ˌprɒpəˈgændə/ *n* propaganda ❶ En inglés **propaganda** sólo se usa en el sentido político.

propel /prəˈpel/ *vt* (**-ll-**) **1** (*vehículo, cohete*) propulsar **2** impulsar **propellant** *n* propulsor

propeller /prəˈpelə(r)/ *n* hélice

propensity /prəˈpensəti/ *n* ~ **(for sth/to do sth)** (*formal*) propensión (a algo/a hacer algo)

proper /ˈprɒpə(r)/ *adj* **1** debido **2** adecuado **3** de verdad **4** (*GB, coloq*) correcto **5** (*GB, coloq*) decente **6** propiamente dicho: *the house proper* la casa propiamente dicha

properly /ˈprɒpəli/ *adv* **1** bien **2** adecuadamente **3** (*comportarse*) con propiedad

property /ˈprɒpəti/ *n* (*pl* **properties**) **1** [*incontable*] bienes: *personal property* bienes muebles **2** propiedad **3** casa, local: *the property market* el mercado inmobiliario

prophecy /ˈprɒfəsi/ *n* (*pl* **prophecies**) profecía

prophesy /ˈprɒfəsaɪ/ (*pt, pp* **-sied**) **1** *vt* predecir **2** *vi* profetizar

prophet /ˈprɒfɪt/ *n* profeta LOC *Ver* DOOM

proportion /prəˈpɔːʃn/ *n* proporción: *sense of proportion* sentido de la proporción LOC **get/keep sth/things in proportion** ver las cosas en su justa medida ◆ **out of (all) proportion 1** desmesuradamente **2** desproporcionado **proportional** *adj* ~ **(to sth)** proporcional (a algo), en proporción (con algo)

proposal /prəˈpəʊzl/ *n* **1** propuesta **2** propuesta de matrimonio

propose /prəˈpəʊz/ **1** *vt* (*formal*) (*sugerencia*) proponer **2** *vt* ~ **to do sth/doing sth** proponerse hacer algo **3** *vt, vi* ~ **(sth) (to sb)** proponer matrimonio (a algn)

proposition /ˌprɒpəˈzɪʃn/ *n* **1** propuesta **2** proposición

proprietor /prəˈpraɪətə(r)/ *n* (*formal*) propietario, -a

prose /prəʊz/ *n* prosa

prosecute /ˈprɒsɪkjuːt/ *vt* ~ **sb (for sth/doing sth)** procesar a algn (por algo/por haber hecho algo): *prosecuting lawyer* fiscal

prosecution /ˌprɒsɪˈkjuːʃn/ *n* **1** procesamiento, proceso: *to bring a prosecution against sb* interponer una acción judicial contra algn **2 the prosecution** [*v sing o pl*] (*en juicio*) la acusación

prosecutor /ˈprɒsɪkjuːtə(r)/ *n* fiscal

prospect /ˈprɒspekt/ *n* **1** ~ **(of sth/doing sth)** expectativa(s), posibilidad(es) (de algo/de hacer algo) **2** perspectiva **prospective** /prəˈspektɪv/ *adj* **1** probable **2** futuro

prospectus /prəˈspektəs/ *n* (*pl* **prospectuses**) folleto (informativo) (*de colegio, universidad*)

prosper /ˈprɒspə(r)/ *vi* prosperar **prosperity** /prɒˈsperəti/ *n* prosperidad **prosperous** /ˈprɒspərəs/ *adj* próspero

prostitute /ˈprɒstɪtjuːt; *USA* -tətuːt/ *n* **1** prostituta **2** (*tb* **male ˈprostitute**) prostituto **prostitution** *n* prostitución

prostrate /ˈprɒstreɪt/ *adj* (*formal*) **1** postrado **2** ~ **(with sth)** abatido (por algo)

protagonist /prəˈtægənɪst/ *n* (*formal*) **1** protagonista ❶ Cuando se habla de películas, libros, etc. se dice normalmente **main character**. **2** ~ **(of sth)** defensor, -ora (de algo)

protect /prəˈtekt/ *vt* ~ **sb/sth (against/from sth)** proteger a algn/algo (contra/de algo)

protection /prəˈtekʃn/ *n* ~ **(for/against sth)** protección (de/para/contra algo)

protective /prəˈtektɪv/ *adj* **1** protector: *protective clothing* ropa de protección **2** ~ **(towards sb/sth)** con actitud protectora (hacia algn/algo)

protein /ˈprəʊtiːn/ *n* proteína

protest *nombre, verbo*
▸ *n* /ˈprəʊtest/ protesta
▸ /prəˈtest/ **1** *vi* ~ **(about/at/against sth)** protestar (por/de/contra algo) **2** *vt* declarar

Protestant /ˈprɒtɪstənt/ *adj, n* protestante

protester /prəˈtestə(r)/ *n* manifestante

prototype /ˈprəʊtətaɪp/ *n* prototipo

protrude /prəˈtruːd; *USA* prəʊ-/ *vi* ~ **(from sth)** (*formal*) sobresalir (de algo): *protruding teeth/eyes* dientes salidos/ojos saltones

proud /praʊd/ *adj* (**prouder**, **-est**) **1** ~ **(of sb/sth)**; ~ **(to do sth/that...)** orgulloso (de algn/algo), orgulloso (de hacer algo/de que...): *to be proud of sb/sth* enorgullecerse de algn/algo **2** (*pey*) soberbio

proudly /ˈpraʊdli/ *adv* con orgullo

prove /pruːv/ (*pp* **proved**, *tb esp USA* **proven** /ˈpruːvn/) **1** *vt* ~ **sth (to sb)** probar, demostrar algo (a algn) **2** *vt, vi* ~ **(yourself) (to be) sth** resultar (ser) algo: *The task proved (to be) very difficult.* La tarea resultó (ser) muy difícil. LOC **prove your point** demostrar que se está en lo cierto

proven /ˈpruːvn; *USA* ˈprəʊvn/ *adj* comprobado *Ver tb* PROVE

P

proverb /ˈprɒvɜːb/ *n* proverbio **proverbial** /prəˈvɜːbiəl/ *adj* **1** proverbial **2** por todos conocido

provide /prəˈvaɪd/ *vt* ~ **sb (with sth)**; ~ **sth (for sb)** proporcionar, suministrar algo a algn PHRV **provide for sb** mantener a algn: *He provided for his wife in his will.* En su testamento dejó asegurado el bienestar económico de su mujer. ◆ **provide for sth** (*formal*) **1** prever algo **2** (*ley, etc.*) estipular algo

provided /prəˈvaɪdɪd/ (*tb* **providing**) *conj* ~ **(that...)** a condición de que, con tal (de) que

province /ˈprɒvɪns/ *n* **1** provincia **2 the provinces** [*pl*] (las) provincias **3** [*sing*] (*formal*) competencia: *It's not my province.* Está fuera de mi competencia. **provincial** /prəˈvɪnʃl/ *adj* **1** provincial **2** (*gen pey*) de provincias, provinciano

provision /prəˈvɪʒn/ *n* **1** suministro, abastecimiento **2** *to make provision for sb* asegurar el porvenir de algn ◇ *to make provision against/for sth* prever algo **3 provisions** [*pl*] provisiones **4** (*Jur*) disposición

provisional /prəˈvɪʒənl/ *adj* provisional

proviso /prəˈvaɪzəʊ/ *n* (*pl* **provisos**) condición

provocation /ˌprɒvəˈkeɪʃn/ *n* provocación **provocative** /prəˈvɒkətɪv/ *adj* provocador, provocativo

provoke /prəˈvəʊk/ *vt* **1** provocar, causar **2** (*persona*) provocar **3** ~ **sb into sth/doing sth** inducir, incitar a algn a algo/a hacer algo

prow /praʊ/ *n* proa

prowess /ˈpraʊəs/ *n* (*formal*) **1** proeza **2** habilidad

prowl /praʊl/ *vt, vi* ~ **(about, around, etc.) (sth)** rondar, merodear (por algo)

proximity /prɒkˈsɪməti/ *n* (*formal*) proximidad

proxy /ˈprɒksi/ *n* (*pl* **proxies**) **1** poder: *by proxy* por poderes **2** ~ **(for sb)** apoderado, -a, representante (de algn)

prude /pruːd/ *n* (*pey*) mojigato, -a

prudent /ˈpruːdnt/ *adj* prudente

prune /pruːn/ *nombre, verbo*

▸ *n* ciruela pasa

▸ *vt* **1** podar **2** (*gastos, etc.*) recortar **pruning** *n* [*incontable*] poda

pry /praɪ/ (*pt, pp* **pried** /praɪd/) **1** *vi* ~ **(into sth)** entrometerse (en algo), fisgonear **2** *vt* (*esp USA*) *Ver* PRISE

PS /ˌpiː ˈes/ *n* (*abrev de* **postscript**) posdata (*abrev* P.D.)

psalm /sɑːm/ *n* salmo

pseudonym /ˈsuːdənɪm, ˈsjuː-/ *n* seudónimo

psyche /ˈsaɪki/ *n* psique, psiquis

psychiatric /ˌsaɪkiˈætrɪk/ *adj* psiquiátrico

psychiatrist /saɪˈkaɪətrɪst/ *n* psiquiatra

psychiatry /saɪˈkaɪətri/ *n* psiquiatría

psychic /ˈsaɪkɪk/ *adj* **1** psíquico **2** (*persona*): *to be psychic* tener poderes parapsicológicos

psychoanalysis /ˌsaɪkəʊəˈnæləsɪs/ *n* psicoanálisis

psychological /ˌsaɪkəˈlɒdʒɪkl/ *adj* psicológico

psychologist /saɪˈkɒlədʒɪst/ *n* psicólogo, -a

psychology /saɪˈkɒlədʒi/ *n* psicología

psychopath /ˈsaɪkəpæθ/ *n* psicópata

pub /pʌb/ *n* bar, taberna

puberty /ˈpjuːbəti/ *n* pubertad

pubic /ˈpjuːbɪk/ *adj* púbico: *pubic hair* vello púbico

public /ˈpʌblɪk/ *adjetivo, nombre*

▸ *adj* público: *public convenience* aseos públicos

▸ *n* **1 the public** [*v sing o pl*] el público **2** público LOC **in public** en público

publication /ˌpʌblɪˈkeɪʃn/ *n* publicación

ˌpublic ˈhouse *n* (*GB, formal*) bar

publicist /ˈpʌblɪsɪst/ *n* publicista

publicity /pʌbˈlɪsəti/ *n* publicidad: *publicity campaign* campaña publicitaria

publicize, -ise /ˈpʌblɪsaɪz/ *vt* **1** hacer público **2** promover, promocionar

publicly /ˈpʌblɪkli/ *adv* públicamente

ˌpublic reˈlations *n* (*abrev* **PR**) [*incontable*] relaciones públicas

ˌpublic ˈschool *n* **1** (*GB*) colegio privado ➲ *Ver nota en* ESCUELA **2** (*USA*) colegio público

publish /ˈpʌblɪʃ/ *vt* **1** publicar **2** hacer público **publisher** *n* **1** (casa) editorial **2** editor, -ora

publishing /ˈpʌblɪʃɪŋ/ *n* [*incontable*] mundo editorial

pudding /ˈpʊdɪŋ/ *n* **1** postre **2** pudin *Ver tb* BLACK PUDDING, CHRISTMAS PUDDING

puddle /ˈpʌdl/ *n* charco

puff /pʌf/ *verbo, nombre*

▸ **1** *vt, vi* ~ **(at/on) sth** (*cigarro, etc.*) dar caladas (a algo) **2** *vt* (*humo*) echar a bocanadas **3** *vi* (*coloq*) jadear PHRV **puff sth out/up** hinchar algo ◆ **puff up** hincharse

▸ *n* **1** (*humo, vapor*) bocanada **2** (*cigarro, etc.*) chupada **3** soplo, resoplido **4** (*coloq*) aliento

puffed /pʌft/ (*tb* **ˌpuffed ˈout**) *adj* (*GB, coloq*) sin aliento

puffy /ˈpʌfi/ *adj* (**puffier**, **-iest**) hinchado (*esp cara*)

P

puke /pju:k/ *verbo, nombre*
▸ *vt, vi* ~ **(sth) (up)** (*coloq*) devolver (algo), potar
▸ *n* vomitona, pota

pull /pʊl/ *verbo, nombre*
▸ **1** *vt, vi* ~ **(at/on) sth** tirar de algo, dar un tirón a algo **2** *vi* tirar **3** *vt* (*corcho, muela, pistola*) sacar **4** *vt*: *He pulled a muscle.* Le dio un tirón en un músculo. **5** *vt* (*gatillo*) apretar LOC **pull sb's leg** (*coloq*) tomarle el pelo a algn ◆ **pull strings (for sb)** (*coloq*) enchufar a algn ◆ **pull your socks up** (*GB, coloq*) esforzarse por mejorar ◆ **pull your weight** hacer lo que te corresponde *Ver tb* FACE PHR V **pull sth apart** hacer algo pedazos
pull sth down 1 bajar algo **2** (*edificio*) derribar algo
pull in (to sth) 1 (*coche, etc.*) parar (en algo) **2** (*tren*) llegar (a algo)
pull sth off 1 (*ropa*) quitar(se) algo **2** (*coloq*) conseguir algo
pull out (of sth) 1 salir (de algo) **2** retirarse (de algo) ◆ **pull sb/sth out (of sth) 1** sacar a algn/algo (de algo) **2** retirar a algn/algo (de algo)
pull over hacerse a un lado (*coche, etc.*)
pull yourself together calmarse, controlarse
pull up (*coche*) parar ◆ **pull sth up 1** subir(se) algo **2** (*silla, etc.*) acercar algo **3** (*planta*) arrancar algo
▸ *n* **1** ~ **(at/on sth)** tirón (en algo) **2 the** ~ **(of sth)** la atracción, la llamada (de algo) *Ver tb* RING PULL LOC **(be) on the pull** (*GB, argot*) (ir) de ligue

ˈ**pull date** *n* (*USA*) fecha límite de venta

pulley /ˈpʊli/ *n* (*pl* **pulleys**) polea

pullover /ˈpʊləʊvə(r)/ *n* jersey

pulmonary /ˈpʌlmənəri; *USA* -neri/ *adj* (*Anat*) pulmonar

pulp /pʌlp/ *n* **1** pulpa **2** (*de madera, papel*) pasta

pulpit /ˈpʊlpɪt/ *n* púlpito

pulsate /pʌlˈseɪt; *USA* ˈpʌlseɪt/ (*tb* **pulse**) *vi* palpitar, latir

pulse /pʌls/ *n* **1** (*Med*) pulso **2** ritmo **3** pulsación **4 pulses** [*pl*] legumbres secas

pumice /ˈpʌmɪs/ (*tb* ˈ**pumice stone**) *n* piedra pómez

pummel /ˈpʌml/ *vt* (**-ll-**, *USA* **-l-**) aporrear

pump /pʌmp/ *nombre, verbo*
▸ *n* bomba: *petrol pump* surtidor de gasolina
▸ **1** *vt, vi* bombear **2** *vt* darle repetidamente a PHR V **pump sth up** inflar algo (*con bomba*)

pumpkin /ˈpʌmpkɪn/ *n* calabaza

pun /pʌn/ *n* ~ **(on sth)** juego de palabras (con algo)

punch /pʌntʃ/ *verbo, nombre*
▸ *vt* **1** dar un puñetazo a **2** perforar, picar: *to punch a hole in sth* hacer un agujero en algo PHR V **punch in** (*USA*) fichar (*en el trabajo*) ◆ **punch out** (*USA*) fichar (*al salir del trabajo*)
▸ *n* **1** puñetazo **2** garra, fuerza **3** (*tb* ˈ**hole punch**) (*para billetes*) perforadora **4** punzón **5** (*bebida*) ponche

punchline /ˈpʌntʃlaɪn/ *n* golpe final de un chiste

punch-up /ˈpʌntʃ ʌp/ *n* (*GB, coloq*) pelea a puñetazos

punctual /ˈpʌŋktʃuəl/ *adj* puntual ➲ *Ver nota en* PUNTUAL **punctuality** /ˌpʌŋktʃuˈæləti/ *n* puntualidad

punctuate /ˈpʌŋktʃueɪt/ *vt* **1** ~ **sth (with sth)** interrumpir algo (con algo) **2** (*Gram*) puntuar

punctuation /ˌpʌŋktʃuˈeɪʃn/ *n* puntuación: *punctuation mark* signo de puntuación ➲ *Ver pág 379*

puncture /ˈpʌŋktʃə(r)/ *nombre, verbo*
▸ *n* pinchazo
▸ **1** *vt, vi* pinchar(se) **2** *vt* (*Med*) perforar

pundit /ˈpʌndɪt/ *n* entendido, -a

pungent /ˈpʌndʒənt/ *adj* **1** acre **2** (*comentario*) mordaz

punish /ˈpʌnɪʃ/ *vt* castigar

punishment /ˈpʌnɪʃmənt/ *n* ~ **(for sth)** castigo (por algo)

punitive /ˈpju:nətɪv/ *adj* (*formal*) **1** punitivo **2** desorbitado

punk /pʌŋk/ *nombre, adjetivo*
▸ *n* **1** punk(i) **2** (*esp USA, pey, coloq*) gamberro, -a
▸ *adj* punk(i)

punt /pʌnt/ *n* batea (*barca*)

punter /ˈpʌntə(r)/ *n* (*GB, coloq*) **1** cliente, miembro del público **2** apostante

pup /pʌp/ *n* **1** *Ver* PUPPY **2** cría

pupil /ˈpju:pl/ *n* **1** alumno, -a ➲ *Ver nota en* ALUMNO **2** discípulo, -a **3** pupila (*del ojo*)

puppet /ˈpʌpɪt/ *n* **1** marioneta **2** (*gen pey*) (*fig*) títere

puppy /ˈpʌpi/ (*pl* **puppies**) (*tb* **pup**) *n* cachorro, -a

purchase /ˈpɜ:tʃəs/ *nombre, verbo*
▸ *n* (*formal*) compra, adquisición *Ver tb* COMPULSORY PURCHASE
▸ *vt* (*formal*) comprar **purchaser** *n* (*formal*) comprador, -ora

pure /pjʊə(r)/ *adj* (**purer**, **-est**) puro

purée /ˈpjʊəreɪ; *USA* pjʊəˈreɪ/ *nombre, verbo*
▸ *n* puré
▸ *vt* hacer puré de

purely /ˈpjʊəli/ *adv* puramente, simplemente

purge /pɜːdʒ/ *verbo, nombre*
- *vt* **1** ~ **sth (of sb/sth)** purgar algo (de algn/algo) **2** ~ **sb (from sth)** expulsar a algn (de algo)
- *n* purga

purify /ˈpjʊərɪfaɪ/ *vt* (*pt, pp* **-fied**) purificar

puritan /ˈpjʊərɪtən/ *adj, n* puritano, -a **puritanical** /ˌpjʊərɪˈtænɪkl/ *adj* (*gen pey*) puritano

purity /ˈpjʊərəti/ *n* pureza

purple /ˈpɜːpl/ *adj, n* morado

purpose /ˈpɜːpəs/ *n* **1** propósito, motivo, fin *Ver tb* CROSS PURPOSES **2** determinación: *to have a sense of purpose* tener una meta en la vida LOC **for the purpose of sth** a los efectos de algo ◆ **on purpose** a propósito, aposta *Ver tb* INTENT **purposeful** *adj* decidido **purposely** *adv* intencionadamente

purpose-built /ˌpɜːpəs ˈbɪlt/ *adj* construido con un fin específico

purr /pɜː(r)/ *vi* ronronear

purse /pɜːs/ *nombre, verbo*
- *n* **1** monedero **2** (*USA*) bolso ➲ *Ver dibujo en* BAG
- *vt*: *to purse your lips* fruncir los labios

pursue /pəˈsjuː; *USA* -ˈsuː/ *vt* (*formal*) **1** (*plan, conversación*) seguir (con) **2** (*objetivo*) luchar por **3** (*actividad*) dedicarse a **4** perseguir ❶ La palabra más normal es **chase**.

pursuit /pəˈsjuːt; *USA* -ˈsuːt/ *n* **1** ~ **of sth** búsqueda de algo **2** [*gen pl*] actividad LOC **in pursuit (of sb/sth)** persiguiendo (a algn/algo) ◆ **in pursuit of sth** en busca de algo

pus /pʌs/ *n* pus

push /pʊʃ/ *verbo, nombre*
- **1** *vt, vi* empujar: *to push past sb* pasar a algn empujando **2** *vt*: *to push prices up/down* hacer que suban/bajen los precios **3** *vt* (*botón, etc.*) apretar **4** *vt* ~ **sb (into sth/into doing sth)**; ~ **sb (to do sth)** presionar a algn (para que haga algo): *Her parents sometimes push her too hard.* Sus padres a veces la exigen demasiado. **5** *vt* (*coloq*) (*idea*) promover LOC **be pushed for sth** (*coloq*) andar justo de algo PHR V **push sb about/around** mangonear a algn ◆ **push ahead/forward (with sth)** seguir adelante (con algo) ◆ **push (sb) for sth** presionar (a algn) para que se haga algo ◆ **push in** colarse ◆ **push off** (*GB, coloq*) largarse
- *n* empujón LOC **give sb/get the push** (*GB, coloq*) dar la patada a algn/ser despedido

pushchair /ˈpʊʃtʃeə(r)/ *n* silla de paseo

pusher /ˈpʊʃə(r)/ (*tb* ˈ**drug pusher**) *n* (*coloq*) camello (*drogas*)

push-up /ˈpʊʃ ʌp/ *n* (*esp USA*) flexión

pushy /ˈpʊʃi/ *adj* (*coloq, pey*) agresivo, insistente

pussy /ˈpʊsi/ *n* (*pl* **pussies**) (*tb* **puss**, **pussycat** /ˈpʊsikæt/) gatito

put /pʊt/ *vt* (**-tt-**) (*pt, pp* **put**) **1** poner, colocar, meter: *Did you put sugar in my tea?* ¿Me has echado azúcar en el té? ◇ *to put sb out of work* dejar a algn sin trabajo ◇ *Put them together.* Júntalos. **2** decir, expresar **3** (*pregunta, sugerencia*) hacer **4** (*tiempo, esfuerzo*) dedicar ❶ Para expresiones con **put**, véanse las entradas del sustantivo, adjetivo, etc., p. ej. **put sth right** en RIGHT.

PHR V **put sth across/over** comunicar algo ◆ **put yourself across/over** presentarse (a uno mismo): *She puts herself across well in interviews.* Causa una buena impresión en las entrevistas.

put sth aside 1 dejar algo a un lado **2** (*tb* **put sth by**) (*dinero*) ahorrar algo

put sth away guardar algo

put sth back 1 guardar algo **2** aplazar algo **3** (*reloj*) retrasar algo

put sth by = PUT STH ASIDE (2)

put sb down (*coloq*) humillar, despreciar a algn ◆ **put sth down 1** poner algo (en el suelo, etc.) **2** dejar, soltar algo **3** (*teléfono*) colgar algo **4** (*escribir*) apuntar algo **5** (*rebelión*) reprimir, sofocar algo **6** (*animal*) sacrificar algo (*por enfermedad o vejez*) ◆ **put sth down to sth** atribuir algo a algo

put sb/yourself forward proponer a algn, proponerse (*para un puesto o cargo*) ◆ **put sth forward 1** (*propuesta*) presentar algo **2** (*sugerencia*) hacer algo **3** adelantar algo

put sth into (doing) sth 1 dedicar algo a (hacer) algo **2** (*dinero*) invertir algo en (hacer) algo

put sb off decir a algn que no venga, cancelar una cita ◆ **put sb off (sth/doing sth) 1** disuadir a algn (de que haga algo), quitarle a algn las ganas (de algo/de hacer algo) **2** distraer a algn (de algo), no dejar a algn hacer algo ◆ **put sth off 1** aplazar algo **2** (*luz, etc.*) apagar algo

put sth on 1 (*ropa, etc.*) ponerse algo **2** (*luz, etc.*) poner, encender algo **3** *to put on weight* engordar ◇ *to put on two kilos* engordar dos kilos **4** (*obra de teatro*) hacer, montar algo **5** fingir, poner cara de algo

put sb out 1 causar molestias a algn **2 be put out** sentirse ofendido, disgustarse ◆ **put sth out 1** sacar algo **2** (*luz, fuego*) apagar algo **3** (*aviso, etc.*) hacer público algo ◆ **put yourself out (for sb)** (*coloq*) molestarse (por algn)

put sth through llevar a cabo algo (*plan, reforma, etc.*) ◆ **put sb through sth** someter a algn a algo

P

◆ **put sb through (to sb)** poner a algn (con algn) (*por teléfono*)
put sth to sb 1 proponer algo a algn **2** preguntar algo a algn
put sth together armar, montar algo: *to put together a meal/an essay* preparar una comida/escribir un ensayo
put sb up alojar a algn ◆ **put sth up 1** (*mano*) levantar algo **2** (*edificio*) construir, levantar algo **3** (*letrero, etc.*) poner algo **4** (*precio*) subir algo ◆ **put up with sb/sth** aguantar a algn/algo

putrid /ˈpjuːtrɪd/ *adj* **1** podrido, putrefacto **2** (*coloq*) (*color, etc.*) asqueroso

putty /ˈpʌti/ *n* masilla (*para ventanas*)

puzzle /ˈpʌzl/ *nombre, verbo*
▸ *n* **1** acertijo **2** rompecabezas **3** misterio
▸ *vt* desconcertar PHR V **puzzle sth out** explicarse algo, averiguar algo ◆ **puzzle over sth** darle vueltas a algo (*para intentar resolverlo*) **puzzled** *adj* perplejo

pygmy /ˈpɪgmi/ *nombre, adjetivo*
▸ *n* (*pl* **pygmies**) pigmeo, -a
▸ *adj* [*sólo antes de sustantivo*] enano: *pygmy horse* caballo enano

pyjamas (*USA* **pajamas**) /pəˈdʒɑːməz; *USA* ˈdʒæm-/ *n* [*pl*] pijama: *a pair of pyjamas* un pijama ℹ **Pyjama** se usa en singular cuando va delante de otro sustantivo: *pyjama trousers* el pantalón de pijama. ➲ *Ver tb nota en* PAIR

pylon /ˈpaɪlən; *USA tb* -lɒn/ *n* torre de conducción eléctrica

pyramid /ˈpɪrəmɪd/ *n* pirámide

the Pyrenees /ˌpɪrəˈniːz/ *n* [*pl*] los Pirineos

python /ˈpaɪθn; *USA* -θɒn/ *n* pitón

Qq

Q, q /kjuː/ *n* (*pl* **Qs**, **Q's**, **q's**) Q, q ➲ *Ver nota en* A, A

quack /kwæk/ *nombre, verbo*
▸ *n* **1** graznido **2** (*coloq, pey*) charlatán, -ana
▸ *vi* graznar

quad bike /ˈkwɒd baɪk/ *n* quad, moto de cuatro ruedas

quadruple *verbo, adjetivo*
▸ *vt, vi* /kwɒˈdruːpl/ cuadruplicar(se)
▸ *adj* /ˈkwɒdrʊpl; *USA* kwɒˈdruːpl/ cuádruple

quagmire /ˈkwægmaɪə(r), ˈkwɒg-/ *n* (*lit y fig*) atolladero

quail /kweɪl/ *n* codorniz

quaint /kweɪnt/ *adj* **1** (*costumbre, etc.*) curioso, peculiar **2** (*lugar, edificio*) pintoresco

quake /kweɪk/ *verbo, nombre*
▸ *vi* temblar
▸ *n* (*coloq*) terremoto

qualification 🔑 /ˌkwɒlɪfɪˈkeɪʃn/ *n* **1** (*diploma, etc.*) título **2** requisito **3** reserva: *without qualification* sin reserva **4** calificación **5** (*Dep*) clasificación

qualified 🔑 /ˈkwɒlɪfaɪd/ *adj* **1** titulado **2** cualificado, capacitado **3** (*éxito, etc.*) limitado

qualify 🔑 /ˈkwɒlɪfaɪ/ (*pt, pp* **-fied**) **1** *vi* ~ **(as sth)** obtener el título (de algo) **2** *vt* ~ **sb (for sth/to do sth)** capacitar a algn (para algo/para hacer algo), dar derecho a algn a algo/a hacer algo **3** *vi* ~ **for sth/to do sth** tener derecho a algo/a hacer algo, cumplir los requisitos (para algo/para hacer algo) **4** *vi* (*Dep*) clasificarse **5** *vi* ~ **(as sth)** contar (como algo) **6** *vt* (*declaración*) modificar **qualifying** *adj* eliminatorio

qualitative /ˈkwɒlɪtətɪv; *USA* -ləteɪt-/ *adj* cualitativo

quality 🔑 /ˈkwɒləti/ *n* (*pl* **qualities**) **1** calidad **2** clase **3** cualidad **4** característica

qualm /kwɑːm/ *n* [*gen pl*] escrúpulo, duda

quandary /ˈkwɒndəri/ *n* LOC **be in a quandary** tener un dilema

quantify /ˈkwɒntɪfaɪ/ *vt* (*pt, pp* **-fied**) cuantificar

quantitative /ˈkwɒntɪtətɪv; *USA* -təteɪt-/ *adj* cuantitativo

quantity 🔑 /ˈkwɒntəti/ *n* (*pl* **quantities**) cantidad

quarantine /ˈkwɒrəntiːn; *USA* ˈkwɔːr-/ *n* cuarentena

quarrel /ˈkwɒrəl; *USA* ˈkwɔːrəl/ *nombre, verbo*
▸ *n* **1** riña **2** queja LOC *Ver* PICK
▸ *vi* (**-ll-**, *USA* **-l-**) ~ **(with sb) (about/over sth)** reñir (con algn) (por algo) **quarrelsome** /ˈkwɒrəlsəm; *USA* ˈkwɔːr-/ *adj* pendenciero

quarry /ˈkwɒri; *USA* ˈkwɔːri/ *n* (*pl* **quarries**) **1** cantera **2** [*sing*] presa (*de persecución*)

quart /kwɔːt/ *n* (*abrev* **qt**) cuarto de galón (*1,14 litros*) ➲ *Ver pág 792*

quarter 🔑 /ˈkwɔːtə(r)/ *n* **1** cuarto: *It's (a) quarter to/past one.* Es la una menos/y cuarto

2 cuarta parte: *a quarter full* lleno en una cuarta parte **3** (*recibos, etc.*) trimestre **4** barrio **5** (*Can, USA*) veinticinco centavos **6 quarters** [*pl*] (*esp Mil*) alojamiento LOC **in/from all quarters** en/de todas partes

quarter-final /ˌkwɔːtə ˈfaɪnl/ *n* cuartos de final

quarterly /ˈkwɔːtəli/ *adjetivo, adverbio, nombre*
▸ *adj* trimestral
▸ *adv* trimestralmente
▸ *n* (*pl* **quarterlies**) revista trimestral

quartet /kwɔːˈtet/ *n* cuarteto

quartz /kwɔːts/ *n* cuarzo

quash /kwɒʃ; *USA* kwɒʃ/ *vt* **1** (*sentencia*) anular **2** (*rebelión*) sofocar **3** (*rumor, sospecha, etc.*) poner fin a

quaver /ˈkweɪvə(r)/ *n* (*Mús*) corchea

quay /kiː/ *n* muelle

queasy /ˈkwiːzi/ *adj* mareado

queen 🔑 /kwiːn/ *n* **1** reina **2** (*Naipes, Ajedrez*) dama

queer /kwɪə(r)/ *adjetivo, nombre*
▸ (**queerer**, **-est**) *adj* **1** (*antic*) raro **2** (*argot, pey*) maricón
▸ *n* (*argot, pey*) maricón ➲ *Comparar con* GAY

quell /kwel/ *vt* **1** (*revuelta, etc.*) aplastar **2** (*miedo, dudas, etc.*) disipar

quench /kwentʃ/ *vt* apagar (*sed, fuego, pasión*)

query /ˈkwɪəri/ *nombre, verbo*
▸ *n* (*pl* **queries**) duda, pregunta: *Have you got any queries?* ¿Tienes alguna duda?
▸ *vt* (*pt, pp* **queried**) cuestionar

quest /kwest/ *n* (*formal*) búsqueda

question 🔑 /ˈkwestʃən/ *nombre, verbo*
▸ *n* **1** pregunta: *to ask/answer a question* hacer/responder una pregunta **2** ~ **(of sth)** cuestión, tema (de algo) LOC **bring/call sth into question** poner algo en duda ◆ **out of the question** impensable
▸ *vt* **1** hacer preguntas a, interrogar **2** poner en duda **questionable** *adj* dudoso

questioning /ˈkwestʃənɪŋ/ *nombre, adjetivo*
▸ *n* interrogatorio
▸ *adj* inquisitivo, expectante

ˈquestion mark *n* (signo de) interrogación ➲ *Ver pág 379*

questionnaire /ˌkwestʃəˈneə(r)/ *n* cuestionario

ˈquestion tag *n* coletilla interrogativa

queue /kjuː/ *nombre, verbo*
▸ *n* cola (*de personas, etc.*) LOC *Ver* JUMP
▸ *vi* ~ **(up)** hacer cola

quick 🔑 /kwɪk/ *adjetivo, adverbio*
▸ *adj* (**quicker**, **-est**) **1** rápido: *Be quick!* ¡Date prisa! ➲ *Ver nota en* FAST **2** (*persona, mente, etc.*) agudo, listo LOC **be quick to do sth** no tardar en hacer algo *Ver tb* BUCK, TEMPER, UPTAKE
▸ *adv* (**quicker**, **-est**) rápido, rápidamente

quicken /ˈkwɪkən/ *vt, vi* **1** acelerar(se) **2** (*ritmo, interés*) avivar(se)

quickly 🔑 /ˈkwɪkli/ *adv* de prisa, rápidamente

quick-thinking /ˌkwɪk ˈθɪŋkɪŋ/ *adj* perspicaz

quid /kwɪd/ *n* (*pl* **quid**) (*GB, coloq*) libra: *It's five quid each.* Son cinco libras cada uno.

quiet 🔑 /ˈkwaɪət/ *adjetivo, nombre*
▸ *adj* (**quieter**, **-est**) **1** silencioso **2** callado: *Be quiet!* ¡Cállate! **3** (*lugar, vida*) tranquilo
▸ *n* **1** silencio **2** tranquilidad LOC **on the quiet** a la chita callando **quieten** /ˈkwaɪətn/ (*tb esp USA* **quiet**) *vt, vi* ~ **(sb/sth) (down)** calmar a algn/algo, calmarse

quietly 🔑 /ˈkwaɪətli/ *adv* **1** en silencio **2** tranquilamente **3** en voz baja

quietness /ˈkwaɪətnəs/ *n* tranquilidad

quilt /kwɪlt/ *n* edredón: *continental quilt* edredón nórdico

quince /kwɪns/ *n* membrillo (*fruta*)

quintet /kwɪnˈtet/ *n* quinteto

quirk /kwɜːk/ *n* rareza, manía LOC **a quirk of fate** un capricho del destino **quirky** *adj* peculiar, extraño

quit 🔑 /kwɪt/ (**-tt-**) (*pt, pp* **quit** *o* **quitted**) **1** *vt* (*coloq*) (*trabajo, etc.*) dejar **2** *vi* (*coloq*) dimitir **3** *vt* ~ **(doing) sth** (*esp USA, coloq*) dejar (de hacer) algo **4** *vt, vi* marcharse (de)

quite 🔑 /kwaɪt/ *adv* **1** bastante: *He played quite well.* Jugó bastante bien. **2** totalmente, absolutamente: *quite empty/sure* totalmente vacío/seguro ◇ *The theatre was not quite full.* El teatro no estaba totalmente lleno. ◇ *She played quite brilliantly.* Tocó de maravilla. ➲ *Ver nota en* FAIRLY **3** muy: *You'll be quite comfortable here.* Aquí estarás muy cómoda. LOC **quite a**; **quite some** todo un: *It gave me quite a shock.* Me dio un buen susto. ◆ **quite a few**; **quite a lot (of sth)** bastante(s), un número considerable (de algo)

quiver /ˈkwɪvə(r)/ *verbo, nombre*
▸ *vi* temblar, estremecerse
▸ *n* temblor, estremecimiento

quiz /kwɪz/ *nombre, verbo*
▸ *n* (*pl* **quizzes**) concurso, prueba (*de conocimientos*): *a TV quiz show* un concurso televisivo
▸ *vt* (**-zz-**) ~ **sb (about sb/sth)** interrogar a algn (sobre algn/algo)

Q

quizzical /ˈkwɪzɪkl/ *adj* inquisitivo, burlón

quorum /ˈkwɔːrəm/ *n* [*sing*] quórum

quota /ˈkwəʊtə/ *n* **1** cupo **2** cuota, parte

quotation /kwəʊˈteɪʃn/ *n* **1** cita (*de un libro, etc.*) **2** presupuesto **3** (*Fin*) cotización

quoˈtation marks *n* [*pl*] comillas ➲ *Ver pág 379*

quote /kwəʊt/ *verbo, nombre*

▸ **1** *vt, vi* citar **2** *vt* dar un presupuesto **3** *vt* cotizar

▸ *n* (*coloq*) **1** cita (*de un libro, etc.*) **2** presupuesto **3 quotes** comillas ➲ *Ver pág 379*

Rr

R, r /ɑː(r)/ *n* (*pl* **Rs, R's, r's**) R, r ➲ *Ver nota en* A, A

rabbi /ˈræbaɪ/ *n* (*pl* **rabbis**) rabino

rabbit /ˈræbɪt/ *n* conejo ➲ *Ver nota en* CONEJO

rabid /ˈræbɪd, ˈreɪbɪd/ *adj* rabioso

rabies /ˈreɪbiːz/ *n* [*incontable*] rabia (*enfermedad*)

raccoon /rəˈkuːn; *USA* ræˈkuːn/ *n* mapache

race /reɪs/ *nombre, verbo*

▸ *n* **1** carrera **2** raza: *race relations* relaciones raciales *Ver tb* RAT RACE

▸ **1** *vt, vi* ~ **(against) sb** echar una carrera a algn, competir con algn (en una carrera) **2** *vi* (*en carrera*) correr **3** *vt* (*caballo*) hacer correr, presentar **4** *vi* correr a toda velocidad **5** *vi* competir **6** *vi* (*pulso, corazón*) latir muy rápido

racecourse /ˈreɪskɔːs/ *n* hipódromo

racehorse /ˈreɪshɔːs/ *n* caballo de carreras

racer /ˈreɪsə(r)/ *n* **1** (*competidor*) corredor, -ora **2** coche/bicicleta/barco de carreras

racetrack /ˈreɪstræk/ *n* **1** circuito (de automovilismo, etc.) **2** (*USA*) hipódromo

racial /ˈreɪʃl/ *adj* racial

racing /ˈreɪsɪŋ/ *n* carreras: *horse racing* carreras de caballos ◇ *racing car/driver* coche/piloto de carreras *Ver tb* MOTOR RACING

racism /ˈreɪsɪzəm/ *n* racismo **racist** *adj, n* racista

rack /ræk/ *nombre, verbo*

▸ *n* **1** soporte: *a plate/wine rack* un escurreplatos/botellero **2** (*para equipaje*) rejilla *Ver tb* LUGGAGE RACK, ROOF RACK

▸ *vt* LOC **rack your brain(s)** devanarse los sesos

racket /ˈrækɪt/ *n* **1** [*sing*] (*coloq*) alboroto, barullo **2** (*coloq*) estafa **3** (*coloq*): *a drugs racket* un caso de tráfico de drogas ◇ *a protection racket* una mafia de protección **4** (*tb* **racquet**) raqueta

racy /ˈreɪsi/ *adj* (**racier, -iest**) **1** (*estilo*) vivo **2** (*chiste, etc.*) picante

radar /ˈreɪdɑː(r)/ *n* [*incontable*] radar

radiance /ˈreɪdiəns/ *n* resplandor

radiant /ˈreɪdiənt/ *adj* ~ **(with sth)** radiante (de algo)

radiate /ˈreɪdieɪt/ **1** *vt, vi* (*luz, alegría*) irradiar **2** *vi* salir (*de un punto central*)

radiation /ˌreɪdiˈeɪʃn/ *n* radiación: *radiation sickness* enfermedad por radiación

radiator /ˈreɪdieɪtə(r)/ *n* radiador

radical /ˈrædɪkl/ *adj, n* radical

radio /ˈreɪdiəʊ/ *n* (*pl* **radios**) radio: *radio station* emisora (de radio)

radioactive /ˌreɪdiəʊˈæktɪv/ *adj* radiactivo **radioactivity** /ˌreɪdiəʊækˈtɪvəti/ *n* radiactividad

radish /ˈrædɪʃ/ *n* rábano

radius /ˈreɪdiəs/ *n* (*pl* **radii** /-diaɪ/) (*Geom, Anat*) radio

raffle /ˈræfl/ *n* rifa

raft /rɑːft; *USA* ræft/ *n* balsa: *life raft* balsa salvavidas

rafter /ˈrɑːftə(r); *USA* ˈræf-/ *n* viga (*del techo*)

rafting /ˈrɑːftɪŋ; *USA* ˈræftɪŋ/ *n* rafting: *to go white-water rafting* hacer rafting

rag /ræg/ *n* **1** trapo, harapo **2** (*coloq, gen pey*) periodicucho **3 rags** [*pl*] andrajos

rage /reɪdʒ/ *nombre, verbo*

▸ *n* cólera, ira: *to fly into a rage* montar en cólera *Ver tb* ROAD RAGE LOC **be all the rage** (*coloq*) hacer furor

▸ *vi* **1** ~ **(at/about sth)** ponerse furioso (por algo) **2** ~ **against sth** protestar furiosamente contra algo **3** (*tormenta*) rugir **4** (*batalla, etc.*) continuar con furia **5** (*incendio*) arder furiosamente

ragged /ˈrægɪd/ *adj* andrajoso

raging /ˈreɪdʒɪŋ/ *adj* **1** (*dolor, sed*) atroz **2** (*mar*) enfurecido **3** (*tormenta*) violento

raid /reɪd/ *nombre, verbo*

▸ *n* ~ **(on sth) 1** ataque, incursión (contra algo) **2** (*policial*) redada (en algo) **3** (*robo*) asalto (a algo)

▸ *vt* **1** (*policía*) registrar **2** atacar **3** saquear **raider** *n* asaltante

rail /reɪl/ *n* **1** barandilla **2** (*cortinas*) riel **3** raíl (*de tren*) **4** (*Ferrocarril*): *by rail* por ferrocarril ◇ *rail strike* huelga de trenes

railing /ˈreɪlɪŋ/ *n* **1 railings** [*pl*] barandilla **2** verja

railway /ˈreɪlweɪ/ (*USA* **railroad** /ˈreɪlrəʊd/) *n* **1** ferrocarril: *railway station* estación de ferrocarril **2** (*tb* ˈ**railway line/track**) vía férrea

rain /reɪn/ *nombre, verbo*

▸ *n* lluvia: *It's pouring with rain.* Está lloviendo a cántaros. ◇ *a rain of arrows* una lluvia de flechas

▸ *vi* (*lit y fig*) llover: *It's raining hard.* Está lloviendo mucho. PHR V **be rained off** (*USA* **be rained out**) ser suspendido por la lluvia

rainbow /ˈreɪnbəʊ/ *n* arco iris

raincoat /ˈreɪnkəʊt/ *n* gabardina

rainfall /ˈreɪnfɔːl/ *n* [*incontable*] precipitaciones

rainforest /ˈreɪnfɒrɪst; *USA* -fɔːr-/ *n* selva tropical

rainwater /ˈreɪnwɔːtə(r)/ *n* agua de lluvia

rainy /ˈreɪni/ *adj* (**rainier**, **-iest**) lluvioso: *It's rainy today.* Hoy llueve.

raise /reɪz/ *verbo, nombre*

▸ *vt* **1** levantar, subir **2** (*salarios, precios, etc.*) subir **3** (*esperanzas*) aumentar **4** (*nivel*) mejorar **5** (*dinero*) recaudar: *to raise a loan* conseguir un préstamo **6** (*tema*) plantear **7** (*niños, animales*) criar **8** (*alarma*) dar **9** (*ejército*) reclutar LOC **raise your eyebrows (at sth)** sorprenderse, mostrar desaprobación (ante algo) ◆ **raise your glass (to sb)** brindar (por algn)

▸ *n* (*USA*) aumento (*de sueldo*)

raisin /ˈreɪzn/ *n* pasa *Ver tb* CURRANT, SULTANA

rake /reɪk/ *nombre, verbo*

▸ *n* rastrillo

▸ *vt, vi* rastrillar PHR V **rake in sth** ganar algo (*grandes cantidades de dinero*), forrarse ◆ **rake sth up** (*coloq, pey*) sacar a relucir algo (*del pasado*)

rally /ˈræli/ *nombre, verbo*

▸ *n* (*pl* **rallies**) **1** mitin **2** (*coches*) rally **3** (*Tenis*) peloteo

▸ (*pt, pp* **rallied**) **1** *vt, vi* ~ **(sb/sth) (around/behind/to sb)** reunir a algn/algo, reunirse, cerrar filas (en torno a algn): *The party rallied behind the president.* El partido se unió en apoyo al presidente. **2** *vi* recuperarse

RAM /ræm/ *n* (*abrev de* **random access memory**) (*Informát*) RAM, memoria de acceso directo

ram /ræm/ *verbo, nombre*

▸ **(-mm-) 1** *vt, vi* ~ **(into) sth** chocar con algo **2** *vt* ~ **sth in, into, on, etc. sth** meter algo en algo a la fuerza **3** *vt* (*puerta, etc.*) empujar con fuerza

▸ *n* carnero

Ramadan /ˈræmədæn, ˌræməˈdæn/ *n* ramadán

ramble /ˈræmbl/ *verbo, nombre*

▸ *vi* **1** hacer excursionismo (*en el campo*) **2** ~ **(on) (about sb/sth)** divagar (sobre algn/algo)

▸ *n* excursión a pie **rambler** *n* excursionista **rambling** *adj* **1** laberíntico **2** (*discurso*) que se va por las ramas

ramp /ræmp/ *n* **1** rampa **2** (*en carretera*) desnivel

rampage *nombre, verbo*

▸ *n* /ˈræmpeɪdʒ/ desmán LOC **be/go on the rampage** desmandarse

▸ *vi* /ræmˈpeɪdʒ, ˈræmpeɪdʒ/ desmandarse

rampant /ˈræmpənt/ *adj* **1** desenfrenado **2** (*vegetación*) exuberante

ramshackle /ˈræmʃækl/ *adj* destartalado

ran *pt de* RUN

ranch /rɑːntʃ; *USA* ræntʃ/ *n* rancho

rancid /ˈrænsɪd/ *adj* rancio

random /ˈrændəm/ *adjetivo, nombre*

▸ *adj* **1** (hecho) al azar, aleatorio **2** (*coloq*) absurdo

▸ *n* LOC **at random** al azar

rang *pt de* RING²

range /reɪndʒ/ *nombre, verbo*

▸ *n* **1** gama, abanico **2** escala **3** línea (*de productos*) **4** (*visión, sonido*) campo (de alcance) **5** (*armas*) alcance **6** (*montañas*) cadena

▸ **1** *vi* ~ **from sth to sth**; ~ **between sth and sth** (*cifra*) oscilar entre algo y algo **2** *vi* ~ **from sth to sth** extenderse, ir desde algo hasta algo **3** *vt* alinear **4** *vt, vi* ~ **(over/through) sth** recorrer algo

rank /ræŋk/ *nombre, verbo*

▸ *n* **1** (*Mil, organización*) grado, rango **2** categoría LOC **the rank and file** la base

▸ **1** *vt* ~ **sb/sth (as sth)** clasificar a algn/algo (como algo): *I rank her among the country's top writers.* Considero que está entre los mejores escritores del país. **2** *vi* ~ **(among/as sb/sth)** situarse (entre algn/algo): *He ranks among our top players.* Se sitúa entre los mejores jugadores de nuestro equipo. ◇ *This ranks as their best album yet.* Este álbum es el mejor que han sacado hasta ahora.

ranking /ˈrænkɪŋ/ *n* ranking

ransack /ˈrænsæk/ *vt* **1** ~ **sth (for sth)** registrar algo de arriba abajo (en busca de algo) **2** desvalijar

ransom /ˈrænsəm/ *n* rescate LOC *Ver* HOLD

rant /rænt/ *verbo, nombre*

▸ *vi* ~ **(on) (about sth)** hablar a voces (sobre algo), despotricar (contra algo) LOC **rant and rave** (*pey*) montar un escándalo

▸ *n* crítica (severa)

R

rap /ræp/ *nombre, verbo*
▸ *n* **1** (*Mús*) rap **2** golpe seco
▸ *vt, vi* (**-pp-**) **1** golpear **2** (*Mús*) rapear

rape /reɪp/ *verbo, nombre*
▸ *vt* violar
▸ *n* **1** violación **2** (*Bot*) colza

rapid 🔑 /ˈræpɪd/ *adj* rápido

rapidly 🔑 /ˈræpɪdli/ *adv* (muy) deprisa

rapids /ˈræpɪdz/ *n* [*pl*] rápidos

rapist /ˈreɪpɪst/ *n* violador, -ora

rappel /ræˈpel/ *verbo, nombre*
▸ *vi* (*USA*) hacer rappel
▸ *n* (*USA*) rappel

rapper /ˈræpə(r)/ *n* rapero, -a

rapport /ræˈpɔː(r)/ *n* compenetración

rapture /ˈræptʃə(r)/ *n* (*formal*) éxtasis **rapturous** *adj* entusiasta

rare 🔑 /reə(r)/ *adj* (**rarer**, **-est**) **1** poco común: *a rare opportunity* una ocasión poco frecuente **2** (*carne*) poco hecho

rarely 🔑 /ˈreəli/ *adv* pocas veces ➲ *Ver nota en* ALWAYS

rarity /ˈreərəti/ *n* (*pl* **rarities**) rareza

rash /ræʃ/ *nombre, adjetivo*
▸ *n* sarpullido
▸ *adj* imprudente, precipitado: *In a rash moment I promised her…* En un arrebato le prometí…

raspberry /ˈrɑːzbəri; *USA* ˈræzberi/ *n* (*pl* **raspberries**) frambuesa

rat /ræt/ *n* rata

rate 🔑 /reɪt/ *nombre, verbo*
▸ *n* **1** proporción, tasa: *birth rate* tasa de natalidad ◇ *at a rate of ten a/per week* a razón de diez por semana ◇ *at a rate of 50 kilometres an hour* a una velocidad de 50 km por hora **2** tarifa: *an hourly rate of pay* una tarifa por hora *Ver tb* FLAT RATE **3** (*Fin*) tipo: *the exchange rate/the rate of exchange* el tipo de cambio LOC **at any rate** (*coloq*) de todos modos ◆ **at this/that rate** (*coloq*) a este/ese paso *Ver tb* GOING
▸ **1** *vt* estimar, valorar: *highly rated* tenido en gran estima **2** *vt, vi* ~ **(as) sth** considerar(se) como algo

rather 🔑 /ˈrɑːðə(r); *USA* ˈræð-/ *adv* algo, bastante: *I rather suspect…* Me inclino a pensar…

> **Rather** con una palabra de sentido positivo implica sorpresa por parte del hablante: *It was a rather nice present.* Fue un regalo realmente bonito. También se utiliza cuando queremos criticar algo: *This room looks rather untidy.* Esta habitación está bastante desordenada. ➲ *Ver tb nota en* FAIRLY

LOC **or rather** o mejor dicho ◆ **rather do sth (than…)** preferir hacer algo (a…): *I'd rather walk than wait for the bus.* Prefiero ir andando a esperar el autobús. ➲ *Ver nota en* PREFERIR ◆ **rather than** en vez de, mejor que: *I'll have a sandwich rather than a full meal.* Me tomaré un sándwich en vez de una comida completa.

rating /ˈreɪtɪŋ/ *n* **1** clasificación: *a high/low popularity rating* un índice alto/bajo de popularidad **2 the ratings** [*pl*] (*TV*) el ranking de audiencia

ratio /ˈreɪʃiəʊ/ *n* (*pl* **ratios**) ratio, proporción

ration /ˈræʃn/ *nombre, verbo*
▸ *n* ración
▸ *vt* ~ **sb/sth (to sth)** racionar a algn/algo (a algo)

rational /ˈræʃnəl/ *adj* racional, razonable

rationale /ˌræʃəˈnɑːl; *USA* -ˈnæl/ *n* ~ **(behind/for/of sth)** (*formal*) base lógica (de algo)

rationalization, -isation /ˌræʃnəlaɪˈzeɪʃn; *USA* -ləˈz-/ *n* racionalización

rationalize, -ise /ˈræʃnəlaɪz/ *vt* racionalizar

rationing /ˈræʃənɪŋ/ *n* racionamiento

the ˈrat race *n* (*coloq, pey*) la carrera de la vida moderna

rattle /ˈrætl/ *verbo, nombre*
▸ **1** *vi* hacer ruido, tintinear **2** *vt* hacer sonar **3** *vi* ~ **along, past, etc.** traquetear PHR V **rattle sth off** soltar algo de carrerilla
▸ *n* **1** traqueteo **2** sonajero

rattlesnake /ˈrætlsneɪk/ *n* serpiente de cascabel

ravage /ˈrævɪdʒ/ *vt* devastar

rave /reɪv/ *verbo, nombre*
▸ *vi* **1** ~ **about sb/sth** poner a algn/algo por las nubes **2** ~ **(at sb)** despotricar (contra algn)
▸ *n* fiesta rave

raven /ˈreɪvn/ *n* cuervo

ravenous /ˈrævənəs/ *adj* muy hambriento: *I'm ravenous!* ¡Tengo un hambre que me muero!

raw 🔑 /rɔː/ *adj* **1** crudo **2** sin refinar: *raw silk* seda bruta ◇ *raw materials* materias primas **3** (*herida*) en carne viva

ray /reɪ/ *n* rayo

razor /ˈreɪzə(r)/ *n* maquinilla/navaja de afeitar

ˈrazor blade *n* cuchilla de afeitar

reach 🔑 /riːtʃ/ *verbo, nombre*
▸ **1** *vt* llegar a: *to reach an agreement* llegar a un acuerdo **2** *vt* alcanzar **3** *vi* ~ **(out) (for sth)** alargar la mano (para coger algo) **4** *vt* localizar
▸ *n* alcance: *beyond/out of/within (sb's) reach* fuera del alcance/al alcance (de algn) LOC **within (easy) reach (of sth)** a corta distancia (de algo)

R

eact ⚷ /riˈækt/ *vi* **1** ~ **(to sth)** reaccionar (a/ante algo) **2** ~ **against sb/sth** oponerse a algn/algo

eaction ⚷ /riˈækʃn/ *n* ~ **(to sb/sth)** reacción (a/ante algn/algo)

eactionary /riˈækʃənri; *USA* -neri/ *adj, n* (*pl* **reactionaries**) reaccionario, -a

eactor /riˈæktə(r)/ (*tb* ˌ**nuclear reˈactor**) *n* reactor nuclear

ead ⚷ /ri:d/ (*pt, pp* **read** /red/) **1** *vt, vi* leer **2** *vt* ~ **sth (as sth)** interpretar algo (como algo) **3** *vt* (*anuncio, mensaje, etc.*) decir **4** *vt* (*contador, etc.*) marcar PHR V **read sth into sth** atribuir algo a algo: *Don't read too much into it.* No le des demasiada importancia. ◆ **read on** seguir leyendo ◆ **read sth out** leer algo (en voz alta) ◆ **read sth over/through** leer algo (*de principio a fin*) **readable** *adj* leíble

eader ⚷ /ˈri:də(r)/ *n* **1** lector, -ora **2** libro de lectura (*para estudiantes de idiomas*) **readership** *n* número de lectores

eadily /ˈredɪli/ *adv* **1** fácilmente **2** de buena gana

eadiness /ˈredinəs/ *n* disposición: *her readiness to help* su disposición para ayudar ◇ *to do sth in readiness for sth* hacer algo en preparación de algo

eading ⚷ /ˈri:dɪŋ/ *n* lectura: *reading glasses* gafas para leer

eady ⚷ /ˈredi/ *adj* (**readier, -iest**) **1** ~ **(for sth/to do sth)** listo, preparado (para algo/para hacer algo) **2** ~ **(to do sth)** dispuesto (a hacer algo): *He's always ready to help his friends.* Siempre está dispuesto a ayudar a sus amigos. **3** ~ **to do sth** a punto de hacer algo **4** a mano LOC **get ready 1** prepararse **2** arreglarse (*antes de salir, etc.*)

eady-made /ˌredi ˈmeɪd/ *adj* ya hecho: *ready-made meals* comidas preparadas

eal ⚷ /ˈri:əl, rɪəl/ *adj* **1** real, verdadero: *real life* la vida real **2** verdadero, auténtico: *That's not his real name.* Ese no es su verdadero nombre. ◇ *It was a real disaster.* Fue un verdadero desastre. LOC **get real** (*coloq*) sé realista

eal estate *n* [*incontable*] (*esp USA*) bienes raíces: *real estate agent* agente inmobiliario

ealism /ˈri:əlɪzəm, ˈrɪəl-/ *n* realismo **realist** *n* realista

ealistic ⚷ /ˌri:əˈlɪstɪk, ˌrɪəˈl-/ *adj* realista

eality ⚷ /riˈæləti/ *n* (*pl* **realities**) realidad LOC **in reality** en realidad

reˈality check *n* (*coloq*) hecho o momento que le devuelve a uno a la realidad

reˈality show *n* (*TV*) reality (show)

realization, -isation /ˌri:əlaɪˈzeɪʃn, ˌrɪəl-; *USA* -ləˈz-/ *n* comprensión

realize, -ise /ˈri:əlaɪz, ˈrɪəl-/ **1** *vt, vi* darse cuenta (de): *Not realizing that...* Sin darse cuenta de que... **2** *vt* (*plan, ambición*) cumplir

real-life /ˌri:əl ˈlaɪf, ˌrɪəl/ *adj* (*situaciones, hechos, etc.*) de la vida real

really ⚷ /ˈri:əli, ˈrɪəli/ *adv* **1** de verdad, en realidad: *I really mean that.* Te lo digo de verdad. **2** + **adjetivo** muy, realmente: *Is it really true?* ¿Es realmente cierto? **3** (*para expresar sorpresa, interés, duda, etc.*): *Really?* ¿En serio?

realm /relm/ *n* terreno: *the realms of possibility* el ámbito de lo posible

ˌ**real ˈtime** *n* (*Informát*) tiempo real

real-time /ˌri:əl ˈtaɪm, ˌrɪəl/ *adj* en tiempo real

Realtor® /ˈri:əltə(r)/ *n* (*USA*) agente inmobiliario, -a

reap /ri:p/ *vt* **1** cosechar **2** (*beneficios, etc.*) recoger

reappear /ˌri:əˈpɪə(r)/ *vi* reaparecer **reappearance** *n* reaparición

rear ⚷ /rɪə(r)/ *nombre, adjetivo, verbo*

▸ *n* **the rear** [*sing*] la parte trasera LOC **bring up the rear** ir a la cola

▸ *adj* de atrás, trasero: *the rear window* la ventanilla de atrás

▸ **1** *vt* criar **2** *vi* ~ **(up)** (*caballo, etc.*) encabritarse **3** *vi* erguirse

rearrange /ˌri:əˈreɪndʒ/ *vt* **1** arreglar, cambiar **2** (*planes*) volver a organizar

reason ⚷ /ˈri:zn/ *nombre, verbo*

▸ *n* **1** ~ **(for sth/for doing sth)** razón, motivo (de/para algo/para hacer algo): *Tell me the reason why you did it.* Dime por qué lo has hecho. **2** razón, sentido común LOC **in/within reason** dentro de lo razonable ◆ **make sb see reason** hacer entrar en razón a algn *Ver tb* STAND

▸ *vi* razonar

reasonable ⚷ /ˈri:znəbl/ *adj* **1** razonable, sensato **2** tolerable, regular

reasonably ⚷ /ˈri:znəbli/ *adv* **1** bastante **2** con sensatez

reasoning /ˈri:zənɪŋ/ *n* [*incontable*] razonamiento

reassurance /ˌri:əˈʃʊərəns, -ˈʃɔ:r-/ *n* **1** consuelo, tranquilidad **2** palabras tranquilizadoras

reassure /ˌri:əˈʃʊə(r), -ˈʃɔ:(r)/ *vt* tranquilizar **reassuring** *adj* tranquilizador

rebate /ˈri:beɪt/ *n* bonificación

rebel *nombre, verbo*

▸ *n* /ˈrebl/ rebelde

R

▸ *vi* /rɪˈbel/ **(-ll-)** rebelarse **rebellion** /rɪˈbeljən/ *n* rebelión **rebellious** /rɪˈbeljəs/ *adj* rebelde

rebirth /ˌriːˈbɜːθ/ *n* **1** renacimiento **2** resurgimiento

reboot /ˌriːˈbuːt/ *vt, vi* (*Informát*) reiniciar(se)

rebound *verbo, nombre*

▸ *vi* /rɪˈbaʊnd/ **1** ~ **(from/off sth)** rebotar (en algo) **2** ~ **(on sb)** (*formal*) repercutir (en algn)

▸ *n* /ˈriːbaʊnd/ rebote LOC **on the rebound** (*lit y fig*) de rebote

rebuff /rɪˈbʌf/ *nombre, verbo*

▸ *n* **1** desaire **2** rechazo

▸ *vt* **1** desairar **2** rechazar

rebuild /ˌriːˈbɪld/ *vt* (*pt, pp* **rebuilt** /ˌriːˈbɪlt/) reconstruir

rebuke /rɪˈbjuːk/ *verbo, nombre*

▸ *vt* (*formal*) reprender

▸ *n* (*formal*) reprimenda

recall 🔑 /rɪˈkɔːl/ *vt* **1** (*formal*) recordar **2** (*embajador, etc.*) retirar **3** (*producto*) retirar (*del mercado*)

recapture /ˌriːˈkæptʃə(r)/ *vt* **1** recobrar, reconquistar **2** capturar **3** (*emoción, etc.*) revivir, reproducir

recede /rɪˈsiːd/ *vi* **1** retroceder **2** *receding hair/a receding hairline* entradas

receipt 🔑 /rɪˈsiːt/ *n* **1** ~ **(for sth)** recibo, tique, factura (de algo): *a receipt for your expenses* un recibo de tus gastos ◇ *to acknowledge receipt of sth* acusar recibo de algo **2 receipts** [*pl*] (*Econ*) ingresos

receive 🔑 /rɪˈsiːv/ *vt* **1** recibir, acoger **2** (*herida*) sufrir

receiver /rɪˈsiːvə(r)/ *n* **1** (*teléfono*) auricular: *to lift/pick up the receiver* descolgar (el receptor) **2** (*Radio, TV*) receptor **3** destinatario, -a

recent 🔑 /ˈriːsnt/ *adj* reciente: *in recent years* en los últimos años

recently 🔑 /ˈriːsntli/ *adv* **1** recientemente: *until recently* hasta hace poco **2** recién: *a recently-appointed director* una directora recién nombrada

reception 🔑 /rɪˈsepʃn/ *n* **1** recepción: *reception desk* (mostrador de) recepción **2** acogida **3** (*tb* ˈ**wedding reception**) banquete (de bodas) **receptionist** *n* recepcionista

receptive /rɪˈseptɪv/ *adj* ~ **(to sth)** receptivo (a algo)

recess /rɪˈses, ˈriːses/ *n* **1** (*parlamento*) período de vacaciones **2** descanso **3** (*USA*) (*en escuela*) recreo **4** (*nicho*) hueco **5** [*gen pl*] escondrijo, lugar recóndito

recession /rɪˈseʃn/ *n* recesión

recharge /ˌriːˈtʃɑːdʒ/ *vt* recargar **rechargeable** *adj* recargable

recipe /ˈresəpi/ *n* **1** ~ **(for sth)** (*Cocina*) receta (de algo) **2** ~ **for sth** (*fig*) receta para/de algo

recipient /rɪˈsɪpiənt/ *n* (*formal*) **1** destinatario, -a **2** (*dinero, etc.*) beneficiario, -a

reciprocal /rɪˈsɪprəkl/ *adj* recíproco

reciprocate /rɪˈsɪprəkeɪt/ *vt, vi* corresponder (a)

recital /rɪˈsaɪtl/ *n* recital

recite /rɪˈsaɪt/ *vt* **1** recitar **2** enumerar

reckless /ˈrekləs/ *adj* **1** temerario **2** imprudente

reckon 🔑 /ˈrekən/ *vt* **1** (*coloq*) creer: *I reckon he won't come.* No creo que venga. **2 be reckoned (to be sth)** ser considerado (algo) **3** calcular PHR V **reckon on/with sth** contar con algo ◆ **reckon with sb/sth** contar con algn/algo, tener en cuenta a algn/algo: *There is still your father to reckon with.* Todavía hay que vérselas con tu padre. **reckoning** *n* **1** cálculos: *by my reckoning* según mis cálculos **2** cuentas: *in the final reckoning* a la hora de la verdad

reclaim /rɪˈkleɪm/ *verbo, nombre*

▸ *vt* **1** recuperar **2** (*materiales, etc.*) reciclar

▸ *n*: *baggage reclaim* recogida de equipajes **reclamation** /ˌrekləˈmeɪʃn/ *n* recuperación

recline /rɪˈklaɪn/ *vt, vi* reclinar(se), recostar(se) **reclining** *adj* (*silla*) reclinable

recognition 🔑 /ˌrekəgˈnɪʃn/ *n* reconocimiento: *in recognition of sth* en reconocimiento a algo ◇ *to have changed beyond recognition* estar irreconocible

recognizable, -isable /ˌrekəgˈnaɪzəbl/ *adj* reconocible

recognize, -ise /ˈrekəgnaɪz/ *vt* **1** reconocer **2** (*título*) convalidar

recoil /rɪˈkɔɪl/ *vi* ~ **(from/at sth)** **1** retroceder (delante de algo) **2** sentir repugnancia (ante algo)

recollect /ˌrekəˈlekt/ *vt* (*formal*) recordar **recollection** *n* (*formal*) recuerdo

recommend 🔑 /ˌrekəˈmend/ *vt* recomendar

recommendation /ˌrekəmenˈdeɪʃn/ *n* recomendación

Making recommendations

Hacer una recomendación

- *What would you recommend?* ¿Qué recomiendas?
- *What do you think would be best?* ¿Qué crees que sería mejor?
- *I can recommend the prawns today.* Hoy recomiendo las gambas.
- *I'd recommend waiting a few months.* Recomiendo esperar unos meses.

• *I suggest you have another look at the flat before you make a decision.* Te sugiero que vuelvas a ver el piso antes de tomar una decisión.

recompense /ˈrekəmpens/ *nombre, verbo*
▸ *n* [*incontable*] (*formal*) recompensa
▸ *vt* ~ **sb (for sth)** (*formal*) recompensar a algn (por algo)

reconcile /ˈrekənsaɪl/ *vt* (*formal*) **1** ~ **sth (with sth)** conciliar algo (con algo) **2** reconciliar **3** ~ **yourself (to sth)** resignarse (a algo) **reconciliation** /ˌrekənsɪliˈeɪʃn/ *n* **1** reconciliación **2** [*incontable*] conciliación

reconnaissance /rɪˈkɒnɪsns/ *n* reconocimiento (*Mil, etc.*)

reconsider /ˌriːkənˈsɪdə(r)/ **1** *vt* reconsiderar **2** *vi* recapacitar

reconstruct /ˌriːkənˈstrʌkt/ *vt* ~ **sth (from sth)** reconstruir algo (a partir de algo) **reconstruction** *n* reconstrucción

record ⚷ *nombre, verbo*
▸ *n* /ˈrekɔːd; *USA* ˈrekərd/ **1** registro: *to make/keep a record of sth* hacer/llevar un registro de algo ◇ *the coldest winter on record* el invierno más frío del que se tiene constancia **2** disco: *a record company* una casa discográfica **3** récord: *to set/break a record* establecer/superar un récord ◇ *record holder* poseedor del récord **4** historial: *a criminal record* antecedentes penales *Ver tb* TRACK RECORD LOC **put/set the record straight** dejar/poner las cosas claras
▸ /rɪˈkɔːd/ **1** *vt* registrar, anotar **2** *vt, vi* ~ **(sth) (from sth) (on sth)** grabar (algo) (de algo) (en algo): *recording studio* estudio de grabación **3** *vt* (*termómetro, etc.*) marcar

record-breaker /ˈrekɔːd breɪkə(r); *USA* ˈrekərd/ *n* plusmarquista

record-breaking /ˈrekɔːd breɪkɪŋ; *USA* ˈrekərd/ *adj* sin precedentes

recorder /rɪˈkɔːdə(r)/ *n* **1** grabadora **2** flauta (*dulce*)

recording ⚷ /rɪˈkɔːdɪŋ/ *n* grabación

ˈrecord player *n* tocadiscos

recount /rɪˈkaʊnt/ *vt* (*formal*) ~ **sth (to sb)** relatar algo (a algn)

recourse /rɪˈkɔːs; *USA* ˈriːkɔːrs/ *n* (*formal*) recurso: *to have recourse to sth* recurrir a algo

recover ⚷ /rɪˈkʌvə(r)/ **1** *vi* ~ **(from sth)** recuperarse (de algo) **2** *vt* recuperar: *to recover consciousness* recobrar el conocimiento

recovery /rɪˈkʌvəri/ *n* (*pl* **recoveries**) **1** recuperación, rescate **2** ~ **(from sth)** restablecimiento (de algo)

recreation /ˌrekriˈeɪʃn/ *n* **1** esparcimiento: *recreation ground* campo de deportes **2** pasatiempo

recruit /rɪˈkruːt/ *verbo, nombre*
▸ *vt* reclutar
▸ *n* recluta **recruitment** *n* reclutamiento

rectangle /ˈrektæŋgl/ *n* rectángulo

rector /ˈrektə(r)/ *n* **1** sacerdote anglicano, sacerdotisa anglicana **2** (*universidad, etc.*) rector, -ora **rectory** *n* (*pl* **rectories**) casa del párroco

rectum /ˈrektəm/ *n* (*pl* **rectums** o **recta** /ˈrektə/) (*Anat*) recto

recuperate /rɪˈkuːpəreɪt/ (*formal*) **1** *vi* ~ **(from sth)** recuperarse (de algo) **2** *vt* recuperar

recur /rɪˈkɜː(r)/ *vi* (**-rr-**) repetirse, volver a aparecer

recyclable /ˌriːˈsaɪkləbl/ *adj* reciclable

recycle /ˌriːˈsaɪkl/ *vt* reciclar

recycling *n* reciclaje

red ⚷ /red/ *adjetivo, nombre*
▸ *adj* (**redder**, **-est**) **1** rojo **2** (*rostro*) colorado **3** (*vino*) tinto **4** (*pelo*) pelirrojo LOC **a red herring** una pista falsa
▸ *n* rojo: *The traffic lights are on red.* El semáforo está en rojo. LOC **in the red** (*coloq*) en números rojos

the ˌred ˈcarpet *n* [*sing*] la alfombra roja

redcurrant /ˌredˈkʌrənt, ˈredkʌrənt; *USA* -ˈkɜːr-/ *n* grosella (roja)

redeem /rɪˈdiːm/ *vt* **1** compensar **2** redimir: *to redeem yourself* salvarse **3** (*deuda, etc.*) amortizar **4** (*vale, etc.*) canjear

redemption /rɪˈdempʃn/ *n* (*formal*) redención

redevelopment /ˌriːdɪˈveləpmənt/ *n* remodelación, reurbanización

red-handed /ˌred ˈhændɪd/ *adj* LOC **catch sb red-handed** pillar a algn con las manos en la masa

redhead /ˈredhed/ *n* pelirrojo, -a

redo /ˌriːˈduː/ *vt* (3ª *pers sing* **redoes** /-ˈdʌz/, *pt* **redid** /-ˈdɪd/, *pp* **redone** /-ˈdʌn/) rehacer

ˌred ˈtape *n* [*incontable*] (*pey*) papeleo, burocracia

reduce ⚷ /rɪˈdjuːs; *USA* -ˈduːs/ **1** *vt* ~ **sth (from sth) (to sth)** reducir, disminuir algo (de algo) (a algo) **2** *vt* ~ **sth (by sth)** disminuir, rebajar algo (en algo) **3** *vi* reducirse **4** *vt* ~ **sb/sth (from sth) to sth**: *The house was reduced to ashes.* La casa quedó reducida a cenizas. ◇ *to reduce sb to tears* hacer llorar a algn **reduced** *adj* (*precio, etc.*) rebajado

R

reduction 🔑 /rɪˈdʌkʃn/ *n* **1** ~ **(in sth)** reducción (de algo) **2** ~ **(of sth)** rebaja, descuento (de algo): *a reduction of 5%* un descuento del 5%

redundancy /rɪˈdʌndənsi/ *n* (*pl* **redundancies**) despido (*por cierre de empresa o reducción de plantilla*): *redundancy pay* indemnización por despido

redundant /rɪˈdʌndənt/ *adj* **1** *to be made redundant* ser despedido por cierre de empresa o reducción de plantilla **2** superfluo

reed /riːd/ *n* junco

reef /riːf/ *n* arrecife

reek /riːk/ *vi* (*pey*) ~ **(of sth)** (*lit y fig*) apestar (a algo)

reel /riːl/ *nombre, verbo*
▸ *n* **1** bobina, carrete **2** (*película*) rollo
▸ *vi* **1** tambalearse **2** (*cabeza*) dar vueltas PHR V **reel sth off** recitar algo (de un tirón)

re-enter /ˌriː ˈentə(r)/ *vt* volver a entrar, reingresar en

re-entry /ˌriː ˈentri/ *n* reentrada

refer 🔑 /rɪˈfɜː(r)/ (**-rr-**) **1** *vi* ~ **to sb/sth** referirse a algn/algo: *Passengers are now referred to as 'customers'.* A los pasajeros se les llama ahora "clientes". **2** *vt, vi* remitir(se)

referee /ˌrefəˈriː/ *nombre, verbo*
▸ *n* **1** (*Dep*) árbitro, -a: *assistant referee* juez de línea ➲ *Ver nota en* ÁRBITRO **2** persona que da referencias (*para empleo*) **3** juez árbitro, jueza árbitro
▸ *vt, vi* arbitrar

reference 🔑 /ˈrefərəns/ *n* **1** referencia *Ver tb* CROSS REFERENCE **2** (*USA*) *Ver* REFEREE *n* (2) LOC **in/with reference to sb/sth** (*formal*) en/con referencia a algn/algo

referendum /ˌrefəˈrendəm/ *n* (*pl* **referendums** *o* **referenda** /-də/) referéndum

refill *verbo, nombre*
▸ *vt* /ˌriːˈfɪl/ rellenar
▸ *n* /ˈriːfɪl/ carga, recambio

refine /rɪˈfaɪn/ *vt* **1** refinar **2** (*modelo, técnica, etc.*) pulir

refinement /rɪˈfaɪnmənt/ *n* **1** mejora **2** (*Mec*) refinado **3** refinamiento

refinery /rɪˈfaɪnəri/ *n* (*pl* **refineries**) refinería

reflect 🔑 /rɪˈflekt/ **1** *vt* reflejar **2** *vt* (*luz*) reflectar **3** *vi* ~ **(on/upon sth)** reflexionar (sobre algo) LOC **reflect well, badly, etc. on sb/sth** decir mucho, poco, etc. en favor de algn/algo

reflection /rɪˈflekʃn/ *n* **1** reflejo **2** (*acto, pensamiento*) reflexión: *on reflection* pensándolo bien LOC **be a reflection on sb/sth** ser un reflejo de cómo es algn/de algo

reflective /rɪˈflektɪv/ *adj* reflectante

reflex /ˈriːfleks/ (*tb* ˈ**reflex action**) *n* reflejo

reflexology /ˌriːfleksˈɒlədʒi/ *n* reflexología

reforestation /ˌriːfɒrɪˈsteɪʃn; *USA* -fɔːr-/ *n* reforestación

reform 🔑 /rɪˈfɔːm/ *verbo, nombre*
▸ *vt, vi* reformar(se)
▸ *n* reforma

reformation /ˌrefəˈmeɪʃn/ *n* **1** (*formal*) reforma **2 the Reformation** (*Hist*) la Reforma

refrain /rɪˈfreɪn/ *verbo, nombre*
▸ *vi* ~ **(from sth)** (*formal*) abstenerse (de algo): *Please refrain from smoking.* Por favor absténganse de fumar.
▸ *n* estribillo

refresh /rɪˈfreʃ/ *vt* refrescar LOC **refresh sb's memory (about sb/sth)** refrescar la memoria a algn (sobre algn/algo)

refreshing /rɪˈfreʃɪŋ/ *adj* **1** (*cambio, etc.*) alentador **2** refrescante

refreshments /rɪˈfreʃmənts/ *n* [*pl*] refrigerios: *The restaurant offers delicious meals and refreshments.* El restaurante ofrece deliciosas comidas y refrigerios. ❶ **Refreshment** se usa en singular cuando va delante de otro sustantivo: *There will be a refreshment stop.* Habrá una parada para tomar algo.

refrigerate /rɪˈfrɪdʒəreɪt/ *vt* refrigerar

refrigeration /rɪˌfrɪdʒəˈreɪʃn/ *n* refrigeración

refrigerator 🔑 /rɪˈfrɪdʒəreɪtə(r)/ *n* frigorífico

refuel /ˌriːˈfjuːəl/ *vi* (**-ll-**, *USA* **-l-**) repostar

refuge /ˈrefjuːdʒ/ *n* **1** ~ **(from sb/sth)** refugio (de algn/algo): *to take refuge* refugiarse **2** (*Pol*) asilo

refugee /ˌrefjuˈdʒiː/ *n* refugiado, -a

refund *nombre, verbo*
▸ *n* /ˈriːfʌnd/ reembolso
▸ *vt* /rɪˈfʌnd/ reembolsar

refusal 🔑 /rɪˈfjuːzl/ *n* **1** denegación, rechazo **2** ~ **(to do sth)** negativa (a hacer algo)

refuse¹ 🔑 /rɪˈfjuːz/ **1** *vi* ~ **(to do sth)** negarse (a hacer algo) **2** *vt* rechazar, rehusar: *to refuse an offer* rechazar una oferta ◇ *to refuse sb entry/entry to sb* negar la entrada a algn **3** *vt* (*permiso, solicitud*) denegar

refuse² /ˈrefjuːs/ *n* [*incontable*] (*formal*) desperdicios

regain /rɪˈɡeɪn/ *vt* recuperar: *to regain consciousness* recobrar el conocimiento

regal /ˈriːɡl/ *adj* regio

regard 🔑 /rɪˈɡɑːd/ *verbo, nombre*
▸ *vt* **1** ~ **sb/sth as sth** considerar a algn/algo algo **2** ~ **sb/sth (with sth)** (*formal*) mirar a algn/algo

(con algo) LOC **as regards sb/sth** (*formal*) en cuanto a algn/algo
▸ *n* **1** ~ **to/for sb/sth** (*formal*) respeto a/por algn/algo: *with no regard for/to speed limits* sin respetar los límites de velocidad **2 regards** [*pl*] (*en mensaje, carta*) saludos LOC **in this/that regard** (*formal*) en este/ese aspecto ◆ **in/with regard to sb/sth** (*formal*) con respecto a algn/algo

regarding 🔑 /rɪˈɡɑːdɪŋ/ *prep* referente a

regardless /rɪˈɡɑːdləs/ *adv* pase lo que pase, a pesar de todo: *to carry on regardless* seguir adelante a pesar de todo

reˈgardless of *prep* sea cual sea, sin tener en cuenta

reggae /ˈreɡeɪ/ *n* (*Mús*) reggae

regime /reɪˈʒiːm/ *n* régimen (*Pol*)

regiment /ˈredʒɪmənt/ *n* [*v sing o pl*] regimiento

regimented /ˈredʒɪmentɪd/ *adj* (*pey*) reglamentado

region 🔑 /ˈriːdʒən/ *n* región LOC **in the region of sth** (*cantidad*) alrededor de algo

regional 🔑 /ˈriːdʒənl/ *adj* regional, autonómico

register 🔑 /ˈredʒɪstə(r)/ *verbo, nombre*
▸ **1** *vi* ~ **(at/for/with sth)** matricularse, inscribirse (en/para/con algo) **2** *vt* ~ **sth (in sth)** registrar algo (en algo) **3** *vt* (*formal*) (*sorpresa, etc.*) acusar, mostrar **4** *vt* (*correo*) mandar certificado
▸ *n* **1** registro **2** (*en el colegio*) lista: *to call the register* pasar lista

registered ˈpost (*USA* ˌ**registered ˈmail**) *n* correo certificado

registrar /ˌredʒɪˈstrɑː(r), ˈredʒɪstrɑː(r)/ *n* **1** funcionario, -a (*del registro civil, etc.*) **2** (*Educ*) vicerrector, -ora (*al cargo de matriculación, exámenes, etc.*)

registration /ˌredʒɪˈstreɪʃn/ *n* **1** (*Educ*) matriculación, inscripción **2** inscripción (*en registro*) **3** registro (*de propiedad, empresa*)

regiˈstration number (*tb* **registration**) *n* (número de la) matrícula

registry office /ˈredʒɪstri ɒfɪs; *USA* ɔːfɪs/ (*tb* ˈ**register office**) *n* registro civil

regret 🔑 /rɪˈɡret/ *verbo, nombre*
▸ *vt* **(-tt-) 1** arrepentirse de **2** (*formal*) lamentar
▸ *n* **1** ~ **(at/about sth)** pesar (por algo) **2** remordimiento

regretfully /rɪˈɡretfəli/ *adv* con pesar, con pena

regrettable /rɪˈɡretəbl/ *adj* lamentable

regrettably /rɪˈɡretəbli/ *adv* lamentablemente

regular 🔑 /ˈreɡjələ(r)/ *adjetivo, nombre*
▸ *adj* **1** regular: *to take regular exercise* hacer ejercicio con regularidad **2** habitual **3** (*esp USA*) de tamaño normal: *Regular or large fries?* ¿Patatas grandes o medianas?
▸ *n* cliente habitual

regularity /ˌreɡjuˈlærəti/ *n* regularidad

regularly 🔑 /ˈreɡjələli/ *adv* **1** regularmente **2** con regularidad

regulate /ˈreɡjuleɪt/ *vt* regular, reglamentar

regulation 🔑 /ˌreɡjuˈleɪʃn/ *n* **1** [*gen pl*] norma: *safety regulations* normas de seguridad **2** regulación

rehabilitate /ˌriːəˈbɪlɪteɪt/ *vt* rehabilitar

rehabilitation /ˌriːəˌbɪlɪˈteɪʃn/ *n* rehabilitación

rehearsal /rɪˈhɜːsl/ *n* ensayo

rehearse /rɪˈhɜːs/ *vt, vi* ~ **(sth/for sth)** ensayar (algo)

reign /reɪn/ *nombre, verbo*
▸ *n* reinado
▸ *vi* **1** ~ **(over sb/sth)** reinar (sobre algn/algo) **2** *the reigning champion* el campeón actual

reiki /ˈreɪki/ *n* reiki

reimburse /ˌriːɪmˈbɜːs/ *vt* ~ **sb (for sth)** (*formal*) reembolsar (algo) a algn

rein /reɪn/ *n* rienda

reincarnation /ˌriːɪnkɑːˈneɪʃn/ *n* reencarnación

reindeer /ˈreɪndɪə(r)/ *n* (*pl* **reindeer**) reno

reinforce /ˌriːɪnˈfɔːs/ *vt* reforzar

reinforcement /ˌriːɪnˈfɔːsmənt/ *n* **1 reinforcements** [*pl*] (*Mil*) refuerzos **2** consolidación, refuerzo

reinstate /ˌriːɪnˈsteɪt/ *vt* ~ **sb/sth (in/as sth)** restituir a algn/algo (en/como algo)

reject 🔑 *nombre, verbo*
▸ *n* /ˈriːdʒekt/ **1** cosa defectuosa **2** marginado, -a
▸ *vt* /rɪˈdʒekt/ rechazar

rejection /rɪˈdʒekʃn/ *n* rechazo

rejoice /rɪˈdʒɔɪs/ *vi* ~ **(at/in/over sth)** (*formal*) alegrarse, regocijarse (por/de algo)

rejoin /ˌriːˈdʒɔɪn/ *vt* **1** reincorporarse a **2** volver a juntarse con

relapse *nombre, verbo*
▸ *n* /rɪˈlæps, ˈriːlæps/ recaída
▸ *vi* /rɪˈlæps/ ~ **(into sth) 1** recaer (en algo) **2** (*criminal*) reincidir (en algo)

relate 🔑 /rɪˈleɪt/ *vt* **1** ~ **sth to/with sth** relacionar algo con algo **2** ~ **sth (to sb)** (*formal*) relatar algo (a algn) PHR V **relate to sb/sth 1** estar relacionado con algn/algo **2** identificarse con algn/algo

R

related 🔑 /rɪˈleɪtɪd/ *adj* **1** ~ **(to sth/sb)** relacionado (con algo/algn) **2** ~ **(to sb)** emparentado (con algn): *to be related by marriage* ser pariente(s) político(s)

relation 🔑 /rɪˈleɪʃn/ *n* **1** ~ **(to sth/between...)** relación (con algo/entre...) *Ver tb* PUBLIC RELATIONS **2** pariente **3** parentesco: *What relation are you?* ¿Qué parentesco tenéis? ◇ *Is he any relation (to you)?* ¿Es familiar tuyo? LOC **in/with relation to sth** (*formal*) con relación a algo

relationship 🔑 /rɪˈleɪʃnʃɪp/ *n* **1** ~ **(between A and B)**; ~ **(of A to/with B)** relación entre A y B **2** relación (*sentimental o sexual*) **3** (relación de) parentesco

relative 🔑 /ˈrelətɪv/ *adjetivo, nombre*
▸ *adj* relativo
▸ *n* pariente

relatively 🔑 /ˈrelətɪvli/ *adv* relativamente

relax 🔑 /rɪˈlæks/ **1** *vt, vi* relajar(se) **2** *vt* aflojar

relaxation /ˌriːlækˈseɪʃn/ *n* **1** relajación **2** descanso, expansión **3** pasatiempo

relaxed 🔑 /rɪˈlækst/ *adj* relajado

relaxing 🔑 /rɪˈlæksɪŋ/ *adj* relajante

relay *verbo, nombre*
▸ *vt* /ˈriːleɪ, rɪˈleɪ/ (*pt, pp* **relayed**) **1** transmitir **2** (*TV, Radio*) retransmitir
▸ *n* /ˈriːleɪ/ **1** (*tb* ˈ**relay race**) carrera de relevos **2** relevo, tanda

release 🔑 /rɪˈliːs/ *verbo, nombre*
▸ *vt* **1** liberar **2** poner en libertad **3** soltar: *to release your grip on sb/sth* soltar a algn/algo **4** (*noticia*) dar a conocer **5** (*DVD, libro, etc.*) poner a la venta **6** (*película*) estrenar
▸ *n* **1** liberación **2** puesta en libertad **3** aparición (*en el mercado*), publicación *Ver tb* PRESS RELEASE **4** (*Cine*) estreno: *The film is on general release.* Pasan la película en todos los cines.

relegate /ˈrelɪɡeɪt/ *vt* **1** relegar **2** (*Dep*) bajar: *Will Betis be relegated?* ¿Bajará el Betis?

relegation /ˌrelɪˈɡeɪʃn/ *n* **1** (*Dep*) descenso **2** relegación

relent /rɪˈlent/ *vi* ceder

relentless /rɪˈlentləs/ *adj* **1** implacable **2** (*ambición*) tenaz

relevance /ˈreləvəns/ *n* pertinencia

relevant 🔑 /ˈreləvənt/ *adj* pertinente, relevante, que viene al caso

reliability /rɪˌlaɪəˈbɪləti/ *n* fiabilidad

reliable /rɪˈlaɪəbl/ *adj* **1** (*persona*) de confianza **2** (*método, aparato*) seguro, fiable **3** (*datos*) fiable **4** (*fuente*) fidedigno

reliance /rɪˈlaɪəns/ *n* ~ **on/upon sb/sth** dependencia de algn/algo, confianza en algn/algo

relic /ˈrelɪk/ *n* reliquia

relied *pt, pp de* RELY

relief 🔑 /rɪˈliːf/ *n* **1** alivio: *much to my relief* para mi consuelo **2** ayuda, auxilio **3** (*persona*) relevo: *a relief driver* un conductor de relevo **4** (*Arte, Geog*) relieve

relieve /rɪˈliːv/ *vt* **1** aliviar, calmar **2** relevar **3** ~ **yourself** hacer tus necesidades PHR V **relieve sb of sth** ayudar a algn con algo

religion 🔑 /rɪˈlɪdʒən/ *n* religión

religious 🔑 /rɪˈlɪdʒəs/ *adj* religioso

relinquish /rɪˈlɪŋkwɪʃ/ *vt* (*formal*) **1** ~ **sth (to sb)** renunciar a algo (en favor de algn) **2** abandonar ❶ La expresión más normal es **give sth up**.

relish /ˈrelɪʃ/ *verbo, nombre*
▸ *vt* disfrutar
▸ *n* **1** gusto **2** salsa (*condimento*)

reluctance /rɪˈlʌktəns/ *n* desgana

reluctant /rɪˈlʌktənt/ *adj* ~ **(to do sth)** reacio (a hacer algo) **reluctantly** *adv* de mala gana

rely 🔑 /rɪˈlaɪ/ *v* (*pt, pp* **relied**) PHR V **rely on/upon sb/sth 1** depender de algn/algo **2** confiar en algn/algo, contar con algn/algo

remain 🔑 /rɪˈmeɪn/ *vi* (*formal*) **1** permanecer, seguir siendo **2** quedar(se) ❶ La palabra más normal es **stay**.

remainder /rɪˈmeɪndə(r)/ *n* [*sing*] resto

remaining 🔑 /rɪˈmeɪnɪŋ/ *adj* restante

remains 🔑 /rɪˈmeɪnz/ *n* [*pl*] restos

remake /ˈriːmeɪk/ *n* nueva versión (*de una película*)

remand /rɪˈmɑːnd; *USA* rɪˈmænd/ *verbo, nombre*
▸ *vt*: *to remand sb in custody/on bail* poner a algn en prisión preventiva/en libertad bajo fianza
▸ *n* custodia LOC **on remand** detenido

remark 🔑 /rɪˈmɑːk/ *nombre, verbo*
▸ *n* comentario
▸ *vt, vi* ~ **(on/upon sth/sb)** comentar (algo), mencionar algo/a algn

remarkable 🔑 /rɪˈmɑːkəbl/ *adj* **1** extraordinario **2** ~ **(for sth)** notable (por algo)

remedial /rɪˈmiːdiəl/ *adj* **1** (*acción, medidas*) reparador, rectificador **2** (*clases*) para alumnos con dificultades de aprendizaje

remedy /ˈremədi/ *nombre, verbo*
▸ *n* (*pl* **remedies**) ~ **(for sth)** remedio (para/contra algo)
▸ *vt* (*pt, pp* **-died**) remediar

remember 🔑 /rɪˈmembə(r)/ *vt, vi* acordarse (de): *Remember to phone your mother.* Acuérdate de llamar a tu madre. ◇ *as far as I remember* que yo recuerde ◇ *Remember that we have*

R

visitors tonight. Recuerda que tenemos visita esta noche.

Remember varía de significado según se use con infinitivo o con una forma en **-ing**.

Cuando va seguido de infinitivo, este hace referencia a una acción que todavía no se ha realizado: *Remember to post that letter.* Acuérdate de echar esa carta.

Cuando se usa seguido por una forma en **-ing**, esta se refiere a una acción que ya ha tenido lugar: *I remember posting that letter.* Recuerdo haber echado esa carta al correo.
➲ *Comparar con* REMIND

PHRV **remember sb to sb** dar recuerdos a algn de parte de algn: *Remember me to Anna.* Dale recuerdos de mi parte a Anna.

remembrance /rɪˈmembrəns/ *n* conmemoración, recuerdo

Re͵membrance ˈSunday (*tb* **Reˈmembrance Day**) *n*

Remembrance Sunday se celebra en Gran Bretaña el domingo más cercano al día 11 de noviembre. En ese día se rinde homenaje a los que murieron en la guerra, principalmente a los caídos en las dos guerras mundiales. Se llevan en la solapa amapolas de papel y se celebran actos religiosos y desfiles por todo el país.

remind 🔑 /rɪˈmaɪnd/ *vt* **1** ~ **sb (about/of sth)** recordarle algo a algn **2** ~ **sb (to do sth)** recordarle a algn que haga algo: *Remind me to phone my mother.* Recuérdame que llame a mi madre. ➲ *Comparar con 'Remember to phone your mother' en* REMEMBER PHRV **remind sb of sb/sth** recordarle algo a algn

La construcción **remind sb of sb/sth** se utiliza cuando una cosa o una persona te recuerdan a alguien o algo: *Your brother reminds me of John.* Tu hermano me recuerda a John. ◇ *The song reminds me of my first girlfriend.* La canción me recuerda a mi primera novia.

reminder /rɪˈmaɪndə(r)/ *n* **1** recuerdo, recordatorio **2** aviso

reminisce /͵remɪˈnɪs/ *vi* ~ **(about sth/sb)** rememorar (algo/a algn)

reminiscence /͵remɪˈnɪsns/ *n* recuerdo, evocación

reminiscent /͵remɪˈnɪsnt/ *adj* ~ **of sb/sth** con reminiscencias de algn/algo

remnant /ˈremnənt/ *n* **1** resto **2** vestigio

remorse /rɪˈmɔːs/ *n* [*incontable*] ~ **(for sth)** remordimiento (por algo)

remorseless /rɪˈmɔːsləs/ *adj* **1** implacable **2** despiadado

remote 🔑 /rɪˈməʊt/ *adj* (**remoter**, **-est**) **1** remoto, lejano, alejado **2** (*persona*) distante

re͵mote conˈtrol *n* **1** control remoto **2** (*coloq* **remote**) mando a distancia

remotely /rɪˈməʊtli/ *adv* remotamente

removable /rɪˈmuːvəbl/ *adj* que se puede quitar

removal 🔑 /rɪˈmuːvl/ *n* **1** eliminación **2** mudanza: *a removal van* un camión de la mudanza

remove 🔑 /rɪˈmuːv/ *vt* **1** ~ **sth (from sth)** quitar(se) algo (de algo): *to remove your coat* quitarse el abrigo ❶ Es más normal decir **take sth off**, **take sth out**, etc. **2** (*obstáculos, dudas, etc.*) eliminar **3** ~ **sb (from sth)** sacar, destituir a algn (de algo)

the Renaissance /rɪˈneɪsns; *USA* ˈrenəsɑːns/ *n* el Renacimiento

render /ˈrendə(r)/ *vt* (*formal*) **1** hacer: *She was rendered speechless.* Se quedó estupefacta. **2** (*servicio, etc.*) prestar **3** (*Mús, Arte*) interpretar

rendezvous /ˈrɒndɪvuː, -deɪ-/ *n* (*pl* **rendezvous** /-vuːz/) **1** cita **2** lugar de reunión

renew /rɪˈnjuː; *USA* rɪˈnuː/ *vt* **1** reanudar **2** renovar **3** reafirmar **renewable** *adj* renovable **renewal** *n* renovación

renounce /rɪˈnaʊns/ *vt* (*formal*) renunciar a: *He renounced his right to be king.* Renunció a su derecho al trono.

renovate /ˈrenəveɪt/ *vt* renovar, restaurar **renovation** *n* renovación, restauración

R

renowned /rɪˈnaʊnd/ *adj* ~ **(as/for sth)** famoso (como/por algo)

rent 🔑 /rent/ *nombre, verbo*

▸ *n* alquiler LOC **for rent** (*esp USA*) se alquila(n) ➲ *Ver nota en* ALQUILAR

▸ *vt* **1** ~ **sth (from sb)** alquilar algo (a algn): *I rent a garage from a neighbour.* Un vecino me tiene alquilado su garaje. **2** ~ **sth (out) (to sb)** alquilar algo (a algn): *We rented out the house to some students.* Les alquilamos la casa a unos estudiantes. **rental** *n* alquiler (*coches, DVDs, etc.*)

reorganize, -ise /͵riˈɔːgənaɪz/ *vt, vi* reorganizar(se)

rep /rep/ (*tb* ˈ**sales rep**) *n* (*coloq*) representante (*de ventas*)

repair 🔑 /rɪˈpeə(r)/ *verbo, nombre*

▸ *vt* **1** reparar **2** remediar

▶ *n* reparación: *It's beyond repair.* No tiene arreglo. LOC **in a good state of repair**; **in good repair** (*formal*) en buen estado

repay /rɪˈpeɪ/ *vt* (*pt, pp* **repaid** /rɪˈpeɪd/) **1** (*dinero, favor*) devolver **2** (*préstamo, deuda*) pagar **3** (*persona*) reembolsar **4** (*amabilidad*) corresponder a **repayment** *n* **1** reembolso, devolución **2** (*cantidad*) pago

repeat /rɪˈpiːt/ *verbo, nombre*

▶ **1** *vt, vi* repetir(se) **2** *vt* (*confidencia*) contar

▶ *n* repetición

repeated /rɪˈpiːtɪd/ *adj* **1** repetido **2** reiterado

repeatedly /rɪˈpiːtɪdli/ *adv* repetidamente, en repetidas ocasiones

repel /rɪˈpel/ *vt* (**-ll-**) **1** (*formal*) repeler **2** repugnar

repellent /rɪˈpelənt/ *adjetivo, nombre*

▶ *adj* ~ **(to sb)** (*formal*) repelente (para algn)

▶ *n* (*tb* ˈ**insect repellent**) repelente de insectos

repent /rɪˈpent/ *vt, vi* ~ **(sth/of sth)** (*formal*) arrepentirse (de algo) **repentance** *n* arrepentimiento

repercussion /ˌriːpəˈkʌʃn/ *n* [*gen pl*] repercusión: *to have repercussions on sth* repercutir en algo

repertoire /ˈrepətwɑː(r)/ *n* repertorio (*de un músico, actor, etc.*)

repetition /ˌrepəˈtɪʃn/ *n* repetición **repetitive** /rɪˈpetətɪv/ *adj* repetitivo

replace /rɪˈpleɪs/ *vt* **1** ~ **sb/sth (with sb/sth)** reemplazar, sustituir a algn/algo (por algn/algo) **2** (*algo roto o desgastado*) cambiar, reponer: *to replace a broken window* cambiar el cristal roto de una ventana **3** colocar de nuevo en su sitio **replacement** *n* **1** sustitución, reemplazo **2** (*pieza*) repuesto **3** (*persona*) sustituto, -a

replay *nombre, verbo*

▶ *n* /ˈriːpleɪ/ **1** partido de desempate **2** repetición: *action replay* repetición de la jugada

▶ *vt* /ˌriːˈpleɪ/ **1** (*partido*) volver a jugar **2** (*grabación*) volver a poner

replenish /rɪˈplenɪʃ/ *vt* (*formal*) reponer (*provisiones*)

replica /ˈreplɪkə/ *n* réplica **replicate** /ˈreplɪkeɪt/ **1** *vt* (*formal*) reproducir **2** *vt, vi* ~ **(itself)** (*Biol*) replicarse, multiplicarse

reply /rɪˈplaɪ/ *verbo, nombre*

▶ *vi* (*pt, pp* **replied**) responder, contestar

▶ *n* (*pl* **replies**) respuesta, contestación

report /rɪˈpɔːt/ *verbo, nombre*

▶ **1** *vt* informar de/sobre, dar parte de **2** *vi* ~ **(on sth)** informar (acerca de/sobre algo) **3** *vt* (*criminal, culpable*) denunciar **4** *vi* ~ **(to sb/sth) (for sth)** (*trabajo, etc.*) presentarse (a algn/en algo) (para algo): *to report sick* darse de baja por enfermedad PHR V **report to sb** rendir cuentas a algn

▶ *n* **1** informe **2** noticia, rumor **3** (*Period*) reportaje **4** informe escolar **reportedly** *adv* según nuestras fuentes **reporter** *n* reportero, -a

represent /ˌreprɪˈzent/ *vt* **1** representar **2** describir **representation** *n* representación

representative /ˌreprɪˈzentətɪv/ *nombre, adjetivo*

▶ *n* **1** representante **2** (*USA*) (*Pol*) diputado, -a *House of Representatives* Cámara de los Representantes ➲ *Ver nota en* CONGRESS

▶ *adj* representativo

repress /rɪˈpres/ *vt* **1** contener **2** reprimir **repression** *n* represión **repressive** *adj* represivo

reprieve /rɪˈpriːv/ *verbo, nombre*

▶ *vt* **1** indultar **2** salvar (*del despido, cierre, etc.*)

▶ *n* **1** indulto **2** aplazamiento

reprimand /ˈreprɪmɑːnd; *USA* -mænd/ *verbo, nombre*

▶ *vt* ~ **sb (for sth)** (*formal*) reprender a algn (por algo)

▶ *n* (*formal*) reprimenda

reprisal /rɪˈpraɪzl/ *n* represalia

reproach /rɪˈprəʊtʃ/ *nombre, verbo*

▶ *n* (*formal*) reproche LOC **above/beyond reproach** por encima de toda crítica

▶ *vt* (*formal*) ~ **sb (for/with sth)** reprochar (algo) a algn

reproduce /ˌriːprəˈdjuːs; *USA* -ˈduːs/ *vt, vi* reproducir(se) **reproduction** /ˌriːprəˈdʌkʃn/ *n* reproducción **reproductive** *adj* reproductor

reptile /ˈreptaɪl; *USA tb* -tl/ *n* reptil

republic /rɪˈpʌblɪk/ *n* república **republican** *adj, n* republicano, -a

repugnant /rɪˈpʌgnənt/ *adj* (*formal*) repugnante

repulsive /rɪˈpʌlsɪv/ *adj* repulsivo

reputable /ˈrepjətəbl/ *adj* de buena reputación, de confianza

reputation /ˌrepjuˈteɪʃn/ *n* ~ **(for sth/doing sth)** reputación, fama (de algo/de hacer algo)

repute /rɪˈpjuːt/ *n* (*formal*) reputación, fama **reputed** *adj* **1** *He is reputed to be…* Tiene fama de ser.../Se dice que es... **2** supuesto **reputedly** *adv* según se dice

request /rɪˈkwest/ *nombre, verbo*

▶ *n* ~ **(for sth)** petición, solicitud (de algo): *to make a request for sth* pedir algo

R

▸ *vt* (*formal*) ~ **sth (from sb)** pedir, solicitar algo (a algn): *You are requested not to smoke.* Se ruega no fumar. ❶ La expresión más normal es **ask for sth**.

require 🔑 /rɪˈkwaɪə(r)/ *vt* (*formal*) **1** requerir **2** necesitar ❶ La palabra más normal es **need**. **3** ~ **sb to do sth** exigir a algn que haga algo

requirement 🔑 /rɪˈkwaɪəmənt/ *n* **1** necesidad **2** requisito

resat *pt, pp de* RESIT

rescue 🔑 /ˈreskjuː/ *verbo, nombre*

▸ *vt* ~ **sb/sth (from sth/sb)** rescatar, salvar a algn/algo (de algo/algn)

▸ *n* rescate, salvamento: *rescue operation* operación de rescate LOC **come/go to sb's rescue** acudir en ayuda de algn **rescuer** *n* salvador, -ora

research 🔑 *nombre, verbo*

▸ *n* /rɪˈsɜːtʃ, ˈriːsɜːtʃ/ [*incontable*] ~ **(into/on sth)** investigación (sobre algo)

▸ *vt, vi* /rɪˈsɜːtʃ/ ~ **sth**; ~ **(into/in/on sth)** investigar (algo) **researcher** *n* investigador, -ora

resemblance /rɪˈzembləns/ *n* parecido

resemble /rɪˈzembl/ *vt* parecerse a

resent /rɪˈzent/ *vt* resentirse de/por **resentful** *adj* **1** ~ **(at/of sth)** resentido, rencoroso (por algo) **2** (*mirada, etc.*) de resentimiento **resentment** *n* resentimiento, rencor

reservation 🔑 /ˌrezəˈveɪʃn/ *n* (*duda, de hotel, etc.*) reserva: *I have reservations on that subject.* Tengo ciertas reservas sobre ese tema.

Making a reservation
Hacer una reserva
• *Have you got a double room for the night of the 14th?* ¿Tienen una habitación doble disponible para la noche del 14?
• *I'd like to book seats for the concert on Friday.* Me gustaría reservar entradas para el concierto del viernes.
• *I'd like to book a table for two for this evening, please.* Quisiera reservar una mesa para dos personas para esta noche, por favor.
• *Yes, certainly, what time would you like the table?* Por supuesto. ¿A qué hora quiere la mesa?
• *We have a twin room or two singles.* Tenemos una habitación doble con dos camas individuales o dos habitaciones individuales.
• *I'm sorry. We're fully booked.* Lo siento, no quedan habitaciones libres.

reserve 🔑 /rɪˈzɜːv/ *verbo, nombre*

▸ *vt* **1** reservar **2** (*derecho*) reservarse

▸ *n* **1** reserva(s) **2** reserva: *game reserve* coto de caza **3 reserves** [*pl*] (*Mil*) reservistas LOC **in reserve** de reserva **reserved** *adj* reservado

reservoir /ˈrezəvwɑː(r)/ *n* embalse

reshuffle /ˌriːˈʃʌfl/ *n* reorganización

reside /rɪˈzaɪd/ *vi* (*formal*) residir

residence /ˈrezɪdəns/ *n* (*formal*) **1** residencia, casa **2** *hall of residence* colegio mayor

resident 🔑 /ˈrezɪdənt/ *nombre, adjetivo*

▸ *n* **1** residente, vecino, -a **2** (*hotel*) huésped, -eda

▸ *adj* residente: *to be resident abroad* residir en el extranjero **residential** /ˌrezɪˈdenʃl/ *adj* **1** (*barrio*) residencial **2** (*curso, etc.*) con alojamiento incluido

residue /ˈrezɪdjuː; *USA* -duː/ *n* residuo

resign /rɪˈzaɪn/ **1** *vi* ~ **(from/as sth)** dimitir (de algo) **2** *vt* renunciar a PHR V **resign yourself to sth** resignarse a algo **resignation** /ˌrezɪɡˈneɪʃn/ *n* **1** dimisión **2** resignación

resilience /rɪˈzɪliəns/ *n* **1** capacidad de recuperación **2** elasticidad

resilient /rɪˈzɪliənt/ *adj* **1** (*persona*) resistente **2** (*material*) elástico

resist 🔑 /rɪˈzɪst/ **1** *vt* (*presión, reforma*) oponerse a, oponer resistencia a **2** *vi* resistir **3** *vt* resistirse (a): *I had to buy it, I couldn't resist it.* Tuve que comprarlo, no lo pude resistir.

resistance 🔑 /rɪˈzɪstəns/ *n* resistencia: *the body's resistance to diseases* la resistencia del organismo a las enfermedades ◇ *He didn't put up/offer much resistance.* No opuso gran resistencia. **resistant** *adj* ~ **(to sth)** resistente (a algo)

resit *verbo, nombre*

▸ *vt* /ˌriːˈsɪt/ (**-tt-**) (*pt, pp* **resat** /-ˈsæt/) volver a presentarse a (*un examen*)

▸ *n* /ˈriːsɪt/ examen de recuperación

resolute /ˈrezəluːt/ *adj* resuelto, decidido ❶ La palabra más normal es **determined**. **resolutely** *adv* **1** con firmeza **2** resueltamente

resolution /ˌrezəˈluːʃn/ *n* **1** resolución **2** propósito: *New Year resolutions* propósitos para el año nuevo

resolve 🔑 /rɪˈzɒlv/ *vt* (*formal*) **1** (*disputa, crisis, etc.*) resolver **2** ~ **to do sth** resolverse a hacer algo **3** acordar: *The senate resolved that...* El Senado acordó que...

resort 🔑 /rɪˈzɔːt/ *nombre, verbo*

▸ *n*: *seaside resort* centro turístico costero ◇ *ski resort* estación de esquí LOC *Ver* LAST

▸ *v* PHR V **resort to sth** recurrir a algo: *to resort to violence* recurrir a la violencia

R

resounding /rɪˈzaʊndɪŋ/ *adj* rotundo: *a resounding success* un éxito rotundo

resource 🔑 /rɪˈsɔːs/ *n* recurso **resourceful** *adj* inventivo, de recursos: *She is very resourceful.* Tiene mucho ingenio para salir de apuros.

respect 🔑 /rɪˈspekt/ *nombre, verbo*
▸ *n* **1** ~ **(for sb/sth)** respeto, consideración (por algn/algo) **2** concepto: *in this respect* en este sentido LOC **with respect to sth** (*formal*) por lo que respecta a algo
▸ *vt* ~ **sb/sth (for sth)** respetar a algn/algo (por algo): *I respect them for their honesty.* Los respeto por su honradez.

respectable /rɪˈspektəbl/ *adj* **1** respetable, decente **2** (*cantidad, resultado*) respetable

respectful /rɪˈspektfl/ *adj* respetuoso

respective /rɪˈspektɪv/ *adj* respectivo: *They all got on with their respective jobs.* Todos volvieron a sus respectivos trabajos.

respiration /ˌrespəˈreɪʃn/ *n* (*formal*) respiración

respite /ˈrespaɪt; *USA* ˈrespɪt/ *n* **1** respiro **2** alivio

respond 🔑 /rɪˈspɒnd/ *vi* **1** contestar: *I wrote to them last week but they haven't responded.* Les escribí la semana pasada, pero no han contestado. ❶ Las palabras más normales son **answer** y **reply**. **2** ~ **(to sth)** responder (a algo): *The patient is responding to treatment.* El paciente está respondiendo al tratamiento.

response 🔑 /rɪˈspɒns/ *n* ~ **(to sb/sth) 1** respuesta (a algn/algo): *In response to your inquiry...* En contestación a su pregunta... **2** reacción (a algn/algo)

responsibility 🔑 /rɪˌspɒnsəˈbɪləti/ *n* (*pl* **responsibilities**) ~ **(for sb/sth)**; ~ **(to/towards sb)** responsabilidad (de algn/algo), responsabilidad (ante algn): *to take full responsibility for sth* asumir toda la responsabilidad de algo

responsible 🔑 /rɪˈspɒnsəbl/ *adj* ~ **(for sb/sth)**; ~ **(to sb/sth)** responsable (de algn/algo), responsable (ante algn/algo): *to act in a responsible way* comportarse de una forma responsable ◇ *She's responsible for five patients.* Tiene cinco pacientes a su cargo.

responsive /rɪˈspɒnsɪv/ *adj* **1** sensible: *Firms have to be responsive to change.* Las empresas deben responder bien a los cambios. **2** receptivo: *a responsive audience* un público receptivo

rest 🔑 /rest/ *nombre, verbo*
▸ *n* **1 the rest** [*sing*] el resto **2 the rest** [*pl*] los/las demás, los otros, las otras: *the rest of the players* los demás jugadores **3** descanso: *to have a rest* tomarse un descanso ◇ *to get some rest* descansar LOC **at rest** en reposo, en paz ◆ **come to rest** pararse *Ver tb* MIND
▸ **1** *vt, vi* descansar **2** *vt, vi* ~ **(sth) on/against sth** apoyar algo, apoyarse en/contra algo **3** *vi*: *to let the matter rest* dejar reposar el asunto

restaurant 🔑 /ˈrestrɒnt/ *n* restaurante

restful /ˈrestfl/ *adj* **1** (*actividad*) descansado **2** (*lugar*) sosegado

restless /ˈrestləs/ *adj* **1** inquieto: *to become/grow restless* impacientarse **2** agitado **3** *to have a restless night* pasar una mala noche

restoration /ˌrestəˈreɪʃn/ *n* **1** restauración **2** restablecimiento **3** devolución

restore 🔑 /rɪˈstɔː(r)/ *vt* **1** ~ **sth (to sb/sth)** (*confianza, salud, etc.*) devolver algo (a algn/algo) **2** (*orden, paz*) restablecer **3** (*monarquía*) restaurar **4** (*formal*) (*bienes*) restituir

restrain /rɪˈstreɪn/ *vt* **1** ~ **sb (from doing sth)** contener a algn (para que no haga algo) **2** ~ **yourself** contenerse **3** (*emociones*) contener **restrained** *adj* moderado, comedido

restraint /rɪˈstreɪnt/ *n* **1** ~ **(on sb/sth)** limitación, restricción (sobre algn/algo) **2** compostura **3** comedimiento

restrict 🔑 /rɪˈstrɪkt/ *vt* limitar

restricted 🔑 /rɪˈstrɪktɪd/ *adj* ~ **(to sb/sth)** limitado, restringido (a algn/algo)

restriction 🔑 /rɪˈstrɪkʃn/ *n* restricción

restrictive /rɪˈstrɪktɪv/ *adj* restrictivo

restroom /ˈrestruːm, -rʊm/ *n* (*USA*) aseos ➲ *Ver nota en* TOILET

result 🔑 /rɪˈzʌlt/ *nombre, verbo*
▸ *n* resultado: *As a result of...* A consecuencia de...
▸ *vi* ~ **(from sth)** ser el resultado (de algo), originarse (por algo) PHR V **result in sth** resultar en algo

resume /rɪˈzjuːm; *USA* rɪˈzuːm/ (*formal*) **1** *vt, vi* reanudar(se) **2** *vt* recobrar, retomar

résumé /ˈrezjumeɪ; *USA* ˈrezəmeɪ/ *n* (*USA*) currículum vitae, currículo

resumption /rɪˈzʌmpʃn/ *n* (*formal*) reanudación

resurgence /rɪˈsɜːdʒəns/ *n* resurgimiento

resurrect /ˌrezəˈrekt/ *vt* **1** (*tradición, etc.*) hacer revivir **2** resucitar **resurrection** *n* resurrección

resuscitate /rɪˈsʌsɪteɪt/ *vt* reanimar **resuscitation** *n* reanimación

retail /ˈriːteɪl/ *nombre, verbo*
▸ *n* venta al por menor: *retail price* precio de venta al público ◇ *retail park* centro comercial (en las afueras)
▸ *vt, vi* vender(se) al público **retailer** *n* minorista

R

ˌ**retail** ˈ**therapy** *n* terapia de compras (*acción de irse de compras para subirse la moral*)

retain /rɪˈteɪn/ *vt* (*formal*) **1** conservar, mantener **2** quedarse con **3** retener

retake *verbo, nombre*
▸ *vt* /ˌriːˈteɪk/ (*pt* **retook** /-ˈtʊk/, *pp* **retaken** /-ˈteɪkən/) **1** reconquistar **2** volver a presentarse a (*un examen*)
▸ *n* /ˈriːteɪk/ examen de recuperación

retaliate /rɪˈtælieɪt/ *vi* ~ **(against sb/sth)** vengarse (de algn/algo), tomar represalias (contra algn/algo) **retaliation** *n* [*incontable*] ~ **(against sb/sth)**; ~ **(for sth)** represalia (contra algn/algo), represalia (por algo)

retarded /rɪˈtɑːdɪd/ *adj* (*antic, pey*) retrasado

retch /retʃ/ *vi* dar arcadas

retention /rɪˈtenʃn/ *n* (*formal*) retención, conservación

rethink /ˌriːˈθɪŋk/ *vt* (*pt, pp* **rethought** /-ˈθɔːt/) reconsiderar

reticence /ˈretɪsns/ *n* (*formal*) reserva

reticent /ˈretɪsnt/ *adj* (*formal*) reservado

retire /rɪˈtaɪə(r)/ **1** *vi* ~ **(from sth)** jubilarse, retirarse (de algo) **2** *vi* (*formal, hum*) retirarse a sus aposentos

retired /rɪˈtaɪəd/ *adj* jubilado

retirement /rɪˈtaɪəmənt/ *n* jubilación, retiro

retiring /rɪˈtaɪərɪŋ/ *adj* **1** retraído **2** que se jubila

retook *pt de* RETAKE

retort /rɪˈtɔːt/ *verbo, nombre*
▸ *vt* replicar
▸ *n* réplica, contestación

retrace /rɪˈtreɪs/ *vt* (*camino*) desandar: *to retrace your steps* volver sobre tus pasos

retract /rɪˈtrækt/ **1** *vt* (*formal*) (*declaración*) retractarse de **2** *vt* (*formal*) (*oferta, etc.*) retirar **3** *vt, vi* (*garra, uña, etc.*) retraer(se) **4** *vt, vi* replegar(se)

retreat /rɪˈtriːt/ *verbo, nombre*
▸ *vi* batirse en retirada
▸ *n* **1** retirada **2** retiro **3** refugio

retrial /ˌriːˈtraɪəl, ˈriːtraɪəl/ *n* nuevo juicio

retribution /ˌretrɪˈbjuːʃn/ *n* (*formal*) **1** justo castigo **2** venganza

retrieval /rɪˈtriːvl/ *n* recuperación

retrieve /rɪˈtriːv/ *vt* **1** (*formal*) recobrar **2** (*Informát*) recuperar

retriever /rɪˈtriːvə(r)/ *n* (tipo de) perro de caza

retro /ˈretrəʊ/ *adj* retro

retrograde /ˈretrəgreɪd/ *adj* (*formal, pey*) retrógrado

retrospect /ˈretrəspekt/ *n* LOC **in retrospect** mirando hacia atrás

retrospective /ˌretrəˈspektɪv/ *adjetivo, nombre*
▸ *adj* **1** retrospectivo **2** retroactivo
▸ *n* exposición retrospectiva

return /rɪˈtɜːn/ *verbo, nombre*
▸ **1** *vi* regresar, volver **2** *vt* devolver **3** *vi* (*dolor*) reaparecer **4** *vt* (*Jur*) declarar: *to return a verdict of guilty* declarar a algn culpable **5** *vt* (*diputado, etc.*) elegir
▸ *n* **1** vuelta, regreso: *on my return* a mi vuelta ◇ *return journey* viaje de vuelta **2** devolución **3** reaparición **4** retorno **5** ~ **(on sth)** rendimiento (de algo) **6** declaración: *(income) tax return* declaración de la renta **7** (*tb* **reˌturn ˈticket**) billete de ida y vuelta *Ver tb* DAY RETURN LOC **in return (for sth)** en recompensa/a cambio (de algo)

returnable /rɪˈtɜːnəbl/ *adj* **1** (*dinero*) reembolsable **2** (*envase*) retornable

reunion /riːˈjuːniən/ *n* reunión, reencuentro

reunite /ˌriːjuːˈnaɪt/ *vt, vi* **1** reunir(se), reencontrar(se) **2** reconciliar(se)

reusable /ˌriːˈjuːzəbl/ *adj* reutilizable

reuse /ˌriːˈjuːz/ *vt* reutilizar

rev /rev/ *verbo, nombre*
▸ *v* (**-vv-**) ~ **(sth) (up)** acelerar (algo)
▸ *n* (*coloq*) revolución (*de motor*)

revaluation /ˌriːvæljuˈeɪʃn/ *n* revalorización

revalue /ˌriːˈvæljuː/ *vt* **1** (*propiedad, etc.*) revalorar **2** (*moneda*) revalorizar

revamp *verbo, nombre*
▸ *vt* /ˌriːˈvæmp/ modernizar
▸ *n* /ˈriːvæmp/ [*sing*] modernización

reveal /rɪˈviːl/ *vt* **1** (*secretos, datos, etc.*) revelar **2** mostrar, descubrir **revealing** *adj* **1** revelador **2** (*falda, escote, etc.*) atrevido

revel /ˈrevl/ *v* (**-ll-**, *USA* **-l-**) PHR V **revel in sth** deleitarse con algo/haciendo algo

revelation /ˌrevəˈleɪʃn/ *n* revelación

revenge /rɪˈvendʒ/ *nombre, verbo*
▸ *n* venganza: *to take (your) revenge on sb* vengarse de algn
▸ *v* PHR V **revenge yourself on sb** (*formal*) vengarse de algn

revenue /ˈrevənjuː; *USA* -nuː/ *n* [*incontable*] ingresos: *a source of government revenue* una fuente de ingresos del gobierno

reverberate /rɪˈvɜːbəreɪt/ *vi* **1** resonar **2** (*formal*) tener repercusiones **reverberation** *n* **1** resonancia **2** **reverberations** [*pl*] repercusiones

revere /rɪˈvɪə(r)/ *vt* (*formal*) venerar

R

reverence /ˈrevərəns/ *n* (*formal*) reverencia (*veneración*)

reverend /ˈrevərənd/ *adj* (*abrev* **Rev.**) reverendo

reverent /ˈrevərənt/ *adj* (*formal*) reverente

reversal /rɪˈvɜːsl/ *n* **1** cambio (*de opinión, política, etc.*) **2** (*de suerte, fortuna*) revés **3** inversión (*de papeles*) **4** (*Jur*) revocación

reverse /rɪˈvɜːs/ *verbo, nombre*

▸ **1** *vt* invertir **2** *vt, vi* poner en/ir marcha atrás **3** *vt* (*decisión*) revocar LOC **reverse (the) charges** llamar a cobro revertido

▸ *n* **1** [*sing*] **the ~ (of sth)** lo contrario (de algo): *quite the reverse* todo lo contrario **2** reverso **3** (*papel*) dorso **4** (*tb* **reˌverse ˈgear**) marcha atrás

reversible /rɪˈvɜːsəbl/ *adj* reversible

revert /rɪˈvɜːt/ *v* PHR V **revert to sb/sth** (*propiedad, etc.*) revertir a algn/algo ◆ **revert to sth** (*formal*) volver a algo (*estado, tema, etc. anterior*)

review /rɪˈvjuː/ *nombre, verbo*

▸ *n* **1** examen, revisión **2** informe **3** (*de libro, película*) reseña

▸ *vt* **1** reconsiderar **2** examinar **3** hacer una reseña de **4** (*Mil*) pasar revista a **reviewer** *n* crítico, -a

revise /rɪˈvaɪz/ **1** *vt* revisar **2** *vt* modificar **3** *vt, vi* repasar (*para examen*)

revision /rɪˈvɪʒn/ *n* **1** revisión **2** modificación **3** repaso (*para examen*): *to do some revision* repasar

revival /rɪˈvaɪvl/ *n* **1** restablecimiento **2** (*moda*) resurgimiento **3** (*Teat*) reposición

R

revive /rɪˈvaɪv/ **1** *vt, vi* (*enfermo*) reanimar(se) **2** *vi* (*flores, plantas*) revivir **3** *vt, vi* (*economía*) reactivar(se) **4** *vt* (*carrera, interés*) reavivar **5** *vt* (*Teat*) reponer

revoke /rɪˈvəʊk/ *vt* (*formal*) revocar

revolt /rɪˈvəʊlt/ *nombre, verbo*

▸ *n* rebelión

▸ **1** *vi* **~ (against sb/sth)** rebelarse (contra algn/algo) **2** *vt* repugnar, dar asco a: *The smell revolted him.* El olor le repugnaba.

revolting /rɪˈvəʊltɪŋ/ *adj* repugnante

revolution /ˌrevəˈluːʃn/ *n* revolución **revolutionary** /ˌrevəˈluːʃnəri; *USA* -neri/ *adj, n* (*pl* **revolutionaries**) revolucionario, -a **revolutionize, -ise** *vt* revolucionar

revolve /rɪˈvɒlv/ *vt, vi* (hacer) girar PHR V **revolve (a)round sb/sth** girar en torno a algn/algo

revolver /rɪˈvɒlvə(r)/ *n* revólver

revulsion /rɪˈvʌlʃn/ *n* (*formal*) repugnancia

reward /rɪˈwɔːd/ *nombre, verbo*

▸ *n* **~ (for sth)** recompensa (por algo)

▸ *vt* recompensar **rewarding** *adj* gratificante

rewind /ˌriːˈwaɪnd/ *vt* (*pt, pp* **rewound** /-ˈwaʊnd/) rebobinar

rewrite /ˌriːˈraɪt/ *vt* (*pt* **rewrote** /-ˈrəʊt/, *pp* **rewritten** /-ˈrɪtn/) volver a escribir

rhetoric /ˈretərɪk/ *n* (*formal*) retórica

rheumatism /ˈruːmətɪzəm/ *n* [*incontable*] reuma

rhino /ˈraɪnəʊ/ *n* (*pl* **rhinos**) (*coloq*) rinoceronte

rhinoceros /raɪˈnɒsərəs/ *n* (*pl* **rhinoceros** *o* **rhinoceroses**) rinoceronte

rhubarb /ˈruːbɑːb/ *n* ruibarbo

rhyme /raɪm/ *nombre, verbo*

▸ *n* **1** rima **2** (*poema*) verso *Ver tb* NURSERY RHYME

▸ *vt, vi* **~ (sth) (with sth)** rimar (algo) (con algo)

rhythm /ˈrɪðəm/ *n* ritmo

rib /rɪb/ *n* costilla

ribbon /ˈrɪbən/ *n* cinta, lazo LOC **cut, tear, etc. sth to ribbons** hacer algo trizas

ribcage /ˈrɪbkeɪdʒ/ *n* caja torácica

rice /raɪs/ *n* arroz: *brown rice* arroz integral ◇ *rice pudding* arroz con leche ◇ *rice field* arrozal

rich /rɪtʃ/ *adjetivo, nombre*

▸ *adj* (**richer**, **-est**) **1** rico: *to become/get rich* enriquecerse ◇ *to be rich in sth* ser rico/abundar en algo **2** (*lujoso*) suntuoso **3** (*comida*) pesado, empalagoso **4** (*tierra*) fértil

▸ *n* **the rich** [*pl*] los ricos **riches** *n* [*pl*] riqueza(s)

rickety /ˈrɪkəti/ *adj* **1** (*estructura*) desvencijado **2** (*mueble*) cojo

ricochet /ˈrɪkəʃeɪ/ *vi* (*pt, pp* **ricocheted** /ˈrɪkəʃeɪd/) **~ (off sth)** rebotar (en algo)

rid /rɪd/ *vt* (**-dd-**) (*pt, pp* **rid**) **~ sb/sth of sb/sth** (*formal*) librar a algn/algo de algn/algo, eliminar algo de algo LOC **get rid of sb/sth** deshacerse, librarse de algn/algo

ridden /ˈrɪdn/ *adj* **~ with sth** lleno de algo, dominado por algo: *She was guilt-ridden/ridden with guilt.* La atormentaba el remordimiento.

riddle /ˈrɪdl/ *nombre, verbo*

▸ *n* **1** acertijo, adivinanza **2** misterio, enigma

▸ *vt* acribillar (*a balazos*) LOC **be riddled with sth** estar plagado/lleno de algo

ride /raɪd/ *verbo, nombre*

▸ (*pt* **rode** /rəʊd/, *pp* **ridden** /ˈrɪdn/) **1** *vt* (*caballo*) montar a **2** *vi* montar a caballo, cabalgar **3** *vt* (*bicicleta, moto*) montar en: *He rides a motorbike everywhere.* Va a todas partes en moto. **4** *vi* (*en vehículo*) viajar, ir

▸ *n* **1** (*en vehículo*) viaje: *to go for a ride* ir a dar una vuelta **2** paseo (*a caballo*) **3** atracción (*de feria*)

LOC take sb for a ride 1 darle una vuelta en coche a algn **2** (*coloq*) dar gato por liebre a algn

rider /ˈraɪdə(r)/ *n* **1** jinete **2** ciclista **3** motociclista

ridge /rɪdʒ/ *n* **1** (*montaña*) cresta **2** (*tejado*) caballete

ridicule /ˈrɪdɪkjuːl/ *nombre, verbo*
▸ *n* ridículo
▸ *vt* ridiculizar

ridiculous /rɪˈdɪkjələs/ *adj* ridículo, absurdo

riding /ˈraɪdɪŋ/ *n* equitación: *to go riding* montar a caballo ◇ *riding school* escuela hípica

rife /raɪf/ *adj* **be ~ (with sth)** (*pey*) estar lleno/plagado (de algo): *Disease was rife.* Abundaba la enfermedad.

rifle /ˈraɪfl/ *n* fusil, rifle

rift /rɪft/ *n* **1** división, distanciamiento **2** (*Geog*) grieta

rig /rɪg/ *verbo, nombre*
▸ *vt* **(-gg-)** amañar **PHRV rig sth up** instalar algo (*de forma provisional*)
▸ *n* **1** *Ver* OIL RIG **2** (*Náut*) (*tb* **rigging**) aparejo, jarcia

right /raɪt/ *adjetivo, adverbio, nombre, verbo, interjección*
▸ *adj* **1** justo: *It's not right to pay people so badly.* No es justo pagar tan mal a la gente. ◇ *He was right to do that.* Hizo lo correcto al obrar así. **2** correcto, cierto: *You are quite right.* Tienes toda la razón. ◇ *Are these figures right?* ¿Son correctas estas cifras? **3** adecuado, apropiado: *Is this the right colour for the curtains?* ¿Es este el color adecuado para las cortinas? ◇ *to be on the right road* ir por buen camino **4** (*momento*) oportuno: *It wasn't the right time to say that.* No era el momento oportuno para decir aquello. **5** (*pie, mano, etc.*) derecho **6** (*GB, coloq, gen pey*) de remate: *a right fool* un tonto de remate *Ver tb* ALL RIGHT **LOC get sth right 1** acertar, hacer algo bien **2** dejar algo claro ◆ **put/set sb/sth right** corregir a algn/algo, arreglar algo *Ver tb* CUE, PRIORITY, SIDE, TRACK
▸ *adv* **1** exactamente: *right beside you* justo a tu lado **2** completamente: *right to the end* hasta el final **3** (*coloq*) inmediatamente: *I'll be right back.* Vuelvo ahora mismo. **4** bien, correctamente: *Have I spelt your name right?* ¿He escrito bien tu nombre? **5** a la derecha: *to turn right* torcer a la derecha **LOC right away/off** enseguida ◆ **right now** ahora mismo *Ver tb* SERVE
▸ *n* **1** bien: *right and wrong* el bien y el mal **2 ~ (to sth/to do sth)** derecho (a algo/a hacer algo): *human rights* los derechos humanos **3** derecha: *on the right* a la derecha **4 the Right** [*v sing o pl*] (*Pol*) la derecha **LOC be in the right** tener razón ◆ **by rights 1** en buena ley **2** en teoría ◆ **in your own right** por derecho propio
▸ *vt* **1** enderezar **2** corregir
▸ *interj* (*GB, coloq*) **1** ¡vale!, ¡bien! **2 right?** ¿verdad?: *That's £10 each, right?* Son diez libras cada uno, ¿no?

right-click /ˌraɪt ˈklɪk/ *vt, vi* **~ (sth/on sth)** (*Informát*) hacer clic con el botón derecho del ratón (en algo)

righteous /ˈraɪtʃəs/ *adj* (*formal*) **1** (*persona*) recto, honrado **2** (*indignación*) justificado *Ver tb* SELF-RIGHTEOUS

rightful /ˈraɪtfl/ *adj* [*sólo antes de sustantivo*] (*formal*) legítimo: *the rightful heir* el heredero legítimo

right-hand /ˈraɪt hænd/ *adj* [*sólo antes de sustantivo*] a/de (la) derecha: *on the right-hand side* a mano derecha **LOC right-hand man** brazo derecho

right-handed /ˌraɪt ˈhændɪd/ *adj* diestro

rightly /ˈraɪtli/ *adv* correctamente, justificadamente: *rightly or wrongly* mal que bien

ˌright ˈwing *n* (*Pol*) derecha

right-wing /ˌraɪt ˈwɪŋ/ *adj* de derecha(s), derechista

rigid /ˈrɪdʒɪd/ *adj* **1** rígido **2** (*actitud*) inflexible

rigorous /ˈrɪgərəs/ *adj* riguroso

rigour (*USA* **rigor**) /ˈrɪgə(r)/ *n* rigor

rim /rɪm/ *n* **1** borde ➲ *Ver dibujo en* CUP **2** (*gafas*) montura **3** llanta

rind /raɪnd/ *n* corteza (*de beicon, queso, limón*) ➲ *Ver nota en* PEEL

ring¹ /rɪŋ/ *nombre, verbo*
▸ *n* **1** anillo, sortija: *ring finger* dedo anular **2** aro **3** círculo **4** (*tb* ˈ**boxing ring**) ring **5** (*tb* ˈ**circus ring**) pista (*de circo*) **6** plaza de toros *Ver tb* KEY RING
▸ *vt* (*pt, pp* **ringed**) **1 ~ sb/sth (with sth)** rodear a algn/algo (de algo) **2** (*esp pájaro*) anillar

ring² /rɪŋ/ *verbo, nombre*
▸ (*pt* **rang** /ræŋ/, *pp* **rung** /rʌŋ/) **1** *vt, vi* **~ (sb/sth) (up)** llamar (a algn/algo) (*por teléfono*): *to ring for a cab* llamar (a) un taxi **2** *vi* (*teléfono, campana*) sonar **3** *vt* (*timbre*) tocar **4** *vi* (*voces*) resonar **5** *vi* (*oídos*) zumbar **LOC ring a bell** (*coloq*) sonar: *His name rings a bell.* Su nombre me suena. **PHRV ring (sb) back** volver a llamar, devolver la llamada (a algn) ◆ **ring off** colgar (*el teléfono*)

R

▸ *n* **1** (*timbre*) timbrazo **2** (*campanas*) toque **3** [*sing*] sonido LOC **give sb a ring** (*GB, coloq*) llamar a algn (*por teléfono*)

ringleader /ˈrɪŋliːdə(r)/ *n* (*pey*) cabecilla

ringlet /ˈrɪŋlət/ *n* tirabuzón

ˈ**ring pull** *n* anilla (*de lata*)

ˈ**ring road** *n* ronda, carretera de circunvalación

ringtone /ˈrɪŋtəʊn/ *n* tono/melodía de llamada

rink /rɪŋk/ *n* pista (*de hielo, patinaje*)

rinse /rɪns/ *verbo, nombre*

▸ *vt* **1** ~ **sth (out)** enjuagar algo **2** (*quitar el jabón*) aclarar

▸ *n* **1** enjuague: *I gave the glass a rinse.* Enjuagué el vaso. **2** aclarado **3** (*de pelo*) tinte (*no permanente*)

riot /ˈraɪət/ *nombre, verbo*

▸ *n* disturbio, motín: *riot police* policía antidisturbios LOC **run riot** desmandarse

▸ *vi* causar disturbios, amotinarse **rioter** *n* alborotador, -ora **rioting** *n* [*incontable*] disturbios **riotous** /ˈraɪətəs/ *adj* **1** (*formal*) (*Jur*) alborotador **2** (*fiesta*) desenfrenado, bullicioso

rip /rɪp/ *verbo, nombre*

▸ *vt, vi* (**-pp-**) rasgar(se), rajar(se): *to rip sth open* abrir algo desgarrándolo PHR V **rip sb off** (*coloq*) timar a algn ◆ **rip sth off/out; rip sth out of sth** arrancar algo (de algo) ◆ **rip sth up** hacer algo pedazos

▸ *n* desgarrón

ripe /raɪp/ *adj* (**riper, -est**) **1** (*fruta, queso*) maduro **2** ~ **(for sth)** listo (para algo): *The time is ripe for his return.* Ha llegado la hora de que regrese.

R

ripen /ˈraɪpən/ *vt, vi* madurar

rip-off /ˈrɪp ɒf; *USA* ɔːf/ *n* (*coloq*) timo, robo

ripple /ˈrɪpl/ *nombre, verbo*

▸ *n* **1** onda, rizo **2 a ~ of sth** un murmullo de algo

▸ *vt, vi* ondular(se)

rise /raɪz/ *nombre, verbo*

▸ *n* **1** ~ **(in sth)** (*cantidad*) subida, aumento (de algo) **2** aumento (*de sueldo*) **3** [*sing*] subida, ascenso **4** cuesta LOC **give rise to sth** (*formal*) dar lugar a algo

▸ *vi* (*pt* **rose** /rəʊz/, *pp* **risen** /ˈrɪzn/) **1** subir **2** (*formal*) (*persona, viento*) levantarse ❶ En este contexto la expresión más normal es **get up**. **3** (*sol, luna*) salir **4** ascender (*en rango*) **5** (*voz*) alzarse **6** ~ **(up) (against sb/sth)** (*formal*) sublevarse (contra algn/algo) **7** (*río*) nacer **8** (*nivel de un río*) crecer

rising /ˈraɪzɪŋ/ *nombre, adjetivo*

▸ *n* (*Pol*) levantamiento

▸ *adj* **1** creciente **2** (*sol*) naciente

risk /rɪsk/ *nombre, verbo*

▸ *n* ~ **(of sth/that...)** riesgo (de algo/de que...) LOC **at risk** en peligro ◆ **run the risk (of doing sth)** correr el riesgo/peligro (de hacer algo) ◆ **take a risk; take risks** arriesgarse

▸ *vt* **1** arriesgar(se) **2** ~ **doing sth** exponerse, arriesgarse a hacer algo LOC **risk life and limb; risk your neck** jugarse el pellejo

risky /ˈrɪski/ *adj* (**riskier, -iest**) arriesgado

rite /raɪt/ *n* rito

ritual /ˈrɪtʃuəl/ *nombre, adjetivo*

▸ *n* ritual, rito

▸ *adj* ritual

rival /ˈraɪvl/ *adjetivo, nombre, verbo*

▸ *adj, n* ~ **(to sb/sth) (for sth)** rival (de algn/algo) (para/en algo)

▸ *vt* (**-ll-**, *USA tb* **-l-**) ~ **sb/sth (for/in sth)** rivalizar con algn/algo (en algo) **rivalry** *n* (*pl* **rivalries**) rivalidad

river /ˈrɪvə(r)/ *n* río: *river bank* orilla (del río) ◇ *river transport* transporte fluvial ➲ *Ver nota en* RÍO

riverside /ˈrɪvəsaɪd/ *n* ribera (del río)

rivet /ˈrɪvɪt/ *nombre, verbo*

▸ *n* remache

▸ *vt* **1** *to be riveted by sth* estar fascinado por algo **2** (*clavo*) remachar **riveting** *adj* fascinante

road /rəʊd/ *n* **1** (*entre ciudades*) carretera: *across/over the road* al otro lado de la carretera ◇ *road sign/accident* señal/accidente de tráfico ◇ *road safety* seguridad vial *Ver tb* RING ROAD **2** (*abrev* **Rd**) (*en ciudades*) calle

En inglés, **road**, **street**, **avenue**, etc. se escriben con mayúscula cuando van precedidos por el nombre de la calle: *Banbury Road* la calle Banbury. ➲ *Ver tb nota en* CALLE

LOC **by road** por carretera ◆ **on the road 1** de viaje **2** (*Mús, Teat*) de gira ◆ **on the road to sth** camino de algo

roadblock /ˈrəʊdblɒk/ *n* control (policial)

ˈ**road rage** *n* violencia al volante

roadside /ˈrəʊdsaɪd/ *n* [*sing*] borde de la carretera: *roadside cafe* bar de carretera

roadway /ˈrəʊdweɪ/ *n* calzada

roadworks /ˈrəʊdwɜːks/ *n* [*pl*] obras (*en carretera*)

roam /rəʊm/ **1** *vt* vagar por, recorrer **2** *vi* vagar

roar /rɔː(r)/ *verbo, nombre*

▸ **1** *vi* (*león, etc.*) rugir **2** *vi* gritar: *to roar with laughter* reírse a carcajadas **3** *vt* decir a gritos

▸ *n* **1** (*león, etc.*) rugido **2** estruendo: *roars of laughter* carcajadas **roaring** *adj* LOC **do a roar-**

ing trade (in sth) (*coloq*) hacer un negocio redondo (en algo)

roast /rəʊst/ *verbo, adjetivo, nombre*

▸ **1** *vt, vi* (*carne, patatas, etc.*) asar(se) **2** *vt, vi* (*café, etc.*) tostar(se) **3** *vi* (*coloq*) asarse (*de calor*)

▸ *adj, n* asado: *roast beef* rosbif

rob /rɒb/ *vt* (**-bb-**) ~ **sb/sth (of sth)** robar (algo) a algn/algo

Los verbos **rob**, **steal** y **burgle** significan *robar*. **Rob** se utiliza con complementos de persona o lugar: *He robbed me (of all my money).* Me robó (todo mi dinero). **Steal** se usa cuando mencionamos el objeto robado (de un lugar o a una persona): *He stole all my money (from me).* Me robó todo mi dinero. **Burgle** (**burglarize** en Estados Unidos) se refiere a robos en casas particulares o tiendas, normalmente cuando los dueños están fuera: *The house has been burgled.* Han robado en la casa.

robber *n* **1** ladrón, -ona **2** atracador, -ora ⊃ *Ver nota en* THIEF **robbery** *n* (*pl* **robberies**) **1** robo **2** (*violento*) atraco ⊃ *Ver nota en* THEFT

robe /rəʊb/ *n* **1** (*ceremonial*) manto **2** albornoz

robin /ˈrɒbɪn/ *n* petirrojo

robot /ˈrəʊbɒt/ *n* robot

robust /rəʊˈbʌst/ *adj* robusto, enérgico

rock /rɒk/ *nombre, verbo*

▸ *n* **1** roca **2** (*USA*) piedra **3** peñón **4** (*tb* ˈ**rock music**) (música) rock LOC **on the rocks 1** en crisis **2** (*bebida*) con hielo

▸ **1** *vt, vi* mecer(se) **2** *vt* (*niño*) acunar **3** *vt, vi* estremecer(se), sacudir(se)

rock ˈbottom *n* (*coloq*) el punto más bajo: *The marriage had reached rock bottom.* El matrimonio había tocado fondo.

rock-bottom /ˌrɒk ˈbɒtəm/ *adj* (*coloq*): *rock-bottom prices* precios por los suelos

ˈ**rock climbing** *n* escalada (*en roca*)

rocket /ˈrɒkɪt/ *nombre, verbo*

▸ *n* cohete

▸ *vi* aumentar muy rápidamente

ˈ**rocking chair** *n* mecedora

rocky /ˈrɒki/ *adj* (**rockier**, **-iest**) **1** rocoso **2** (*situación*) inestable

rod /rɒd/ *n* **1** barra **2** caña de pescar

rode *pt de* RIDE

rodent /ˈrəʊdnt/ *n* roedor

rodeo /ˈrəʊdiəʊ, rəʊˈdeɪəʊ/ *n* (*pl* **rodeos**) rodeo (*con caballos, etc.*)

roe /ˈrəʊ/ *n* hueva (*de pescado*)

rogue /rəʊg/ *n* **1** (*hum*) pícaro, -a **2** (*antic*) sinvergüenza

role /rəʊl/ *n* papel: *role model* modelo a imitar/seguir

role-play /ˈrəʊl pleɪ/ *n* juego de rol

roll /rəʊl/ *nombre, verbo*

▸ *n* **1** rollo: *toilet roll* rollo de papel higiénico **2** carrete (*de fotos*) **3** (*tb* **bread** ˈ**roll**) panecillo **4** (*con relleno*) bocadillo **5** balanceo **6** registro, lista: *the electoral roll* el censo electoral *Ver tb* SAUSAGE ROLL

▸ **1** *vt, vi* (hacer) rodar **2** *vt, vi* dar vueltas (a) **3** *vt, vi* ~ **(sth) (up)** enrollar algo, enrollarse **4** *vt, vi* ~ **(sb/sth/yourself) (up)** envolver a algn/algo, envolverse **5** *vt* (*cigarrillo*) liar **6** *vt* (*masa*) estirar con un rodillo **7** *vt, vi* balancear(se) LOC **be rolling in it/money** (*coloq*) estar forrado *Ver tb* BALL PHR V **roll in** (*coloq*) llegar en grandes cantidades, llover ◆ **roll sth out** extender algo ◆ **roll over** darse la vuelta ◆ **roll up** (*coloq*) presentarse

roller /ˈrəʊlə(r)/ *n* **1** rodillo **2** rulo

Rollerblade® /ˈrəʊləbleɪd/ *nombre, verbo*

▸ *n* patín (de ruedas) en línea

▸ *vi* **Rollerblade** patinar (*con patines en línea*)

ˈ**roller coaster** *n* montaña rusa

ˈ**roller hockey** *n* hockey sobre patines

ˈ**roller skate** *nombre, verbo*

▸ *n* patín de ruedas

▸ *vi* patinar sobre ruedas

ˈ**roller skating** *n* patinaje sobre ruedas

rolling /ˈrəʊlɪŋ/ *adj* (*paisaje*) ondulante

ˈ**rolling pin** *n* rodillo (*de cocina*)

romance /rəʊˈmæns, ˈrəʊmæns/ *n* **1** amor, amorío: *a holiday romance* una aventura de vacaciones **2** romanticismo: *the romance of foreign lands* el romanticismo de las tierras lejanas **3** novela de amor

romantic /rəʊˈmæntɪk/ *adj* romántico

romp /rɒmp/ *vi* ~ **(about/around)** retozar, corretear

roof /ruːf/ *n* **1** tejado **2** (*coche, etc.*) techo **roofing** *n* [*incontable*] techumbre

ˈ**roof rack** *n* baca

rooftop /ˈruːftɒp/ *n* **1** azotea **2** tejado

rook /rʊk/ *n* **1** grajo **2** (*Ajedrez*) torre

room /ruːm, rʊm/ *n* **1** habitación, cuarto, sala *Ver tb* CHANGING ROOM, CHAT ROOM, DINING ROOM, DRAWING ROOM, DRESSING ROOM, LIVING ROOM, SITTING ROOM, TEA ROOM **2** espacio: *room to breathe* espacio para respirar ◇ *Is there room for me?* ¿Hay sitio para mí? ◇ *It takes up a lot of room.* Ocupa mucho. **3** *There's no room for doubt.* No cabe duda. ◇ *There's room for improvement.* Podría mejorarse.

R

roommate /ˈruːmmeɪt, ˈrʊm-/ *n* **1** compañero, -a de cuarto **2** (*USA*) compañero, -a de piso

ˈ**room service** *n* servicio de habitaciones

ˈ**room temperature** *n* temperatura ambiente

roomy /ˈruːmi, ˈrʊmi/ *adj* (**roomier**, **-iest**) espacioso

roost /ruːst/ *nombre, verbo*
▸ *n* percha (*para aves*)
▸ *vi* posarse para dormir

rooster /ˈruːstə(r)/ *n* (*esp USA*) gallo

root /ruːt/ *nombre, verbo*
▸ *n* **1** raíz **2** causa fundamental: *the root cause of the problem* la causa fundamental del problema *Ver tb* GRASS ROOTS, SQUARE ROOT LOC **put down roots** echar raíces
▸ *vi* **1** echar raíces **2 ~ about/around (for sth)** hurgar (en algo) (*buscando algo*) PHR V **root for sb/sth** (*coloq*) animar a algn/algo ♦ **root sth out 1** erradicar algo **2** encontrar algo

rope /rəʊp/ *nombre, verbo*
▸ *n* cuerda: *rope ladder* escala de cuerda ➲ *Ver dibujo en* CUERDA LOC **show sb/know/learn the ropes** (*coloq*) enseñarle a algn/conocer/aprender el oficio
▸ *v* PHR V **rope sb in**; **rope sb into sth** (*coloq*) enganchar a algn (para hacer algo) ♦ **rope sth off** acordonar algo

rosary /ˈrəʊzəri/ *n* (*pl* **rosaries**) rosario (*oración y cuentas*)

rose /rəʊz/ *n* rosa: *rose bush* rosal *Ver tb* RISE

rosé /ˈrəʊzeɪ; *USA* rəʊˈzeɪ/ *n* (vino) rosado

rosemary /ˈrəʊzməri; *USA* -meri/ *n* romero

rosette /rəʊˈzet/ *n* escarapela

R

rosy /ˈrəʊzi/ *adj* (**rosier**, **-iest**) **1** sonrosado **2** (*futuro, imagen, etc.*) prometedor

rot /rɒt/ *vt, vi* (**-tt-**) pudrir(se)

rota /ˈrəʊtə/ *n* (*pl* **rotas**) lista (*de turnos*)

rotary /ˈrəʊtəri/ *n* (*pl* **rotaries**) (*USA*) rotonda

rotate /rəʊˈteɪt; *USA* ˈrəʊteɪt/ *vt, vi* **1** (hacer) girar **2** alternar(se), turnar(se) **rotation** *n* rotación LOC **in rotation** por turno(s)

rotten /ˈrɒtn/ *adj* **1** podrido **2** (*coloq*) malísimo **3** corrompido

rough /rʌf/ *adjetivo, nombre, verbo, adverbio*
▸ *adj* (**rougher**, **-est**) **1** (*superficie*) áspero, basto **2** (*cálculo*) aproximado **3** (*comportamiento*) violento **4** (*tratamiento*) desconsiderado **5** (*mar*) picado **6** (*tiempo*) tempestuoso **7** malo: *I feel a bit rough.* No me encuentro bien. LOC **be rough (on sb)** ser duro (con algn)
▸ *n* LOC **in rough** en sucio
▸ *vt* LOC **rough it** (*coloq*) vivir sin comodidades
▸ *adv* (**rougher**, **-est**) duro

roughly /ˈrʌfli/ *adv* **1** aproximadamente **2** violentamente

roulette /ruːˈlet/ *n* ruleta

round /raʊnd/ *adverbio, preposición, adjetivo, nombre, verbo* ❶ Para los usos de **round** en PHRASAL VERBS ver las entradas de los verbos correspondientes, p. ej. **come round** en COME.
▸ *adv*: *all year round* durante todo el año ◇ *a shorter way round* un camino más corto ◇ *round the clock* las 24 horas ◇ *round at María's* en casa de María *Ver tb* AROUND LOC **round about 1** de alrededor: *the houses round about* las casas de alrededor **2** (*aproximadamente*) alrededor de: *round about an hour* alrededor de una hora
▸ *prep* **1** alrededor de: *She wrapped the towel round her waist.* Se enrolló la toalla alrededor de la cintura. **2** a la vuelta de: *just round the corner* a la vuelta de la esquina **3** por: *to show sb round the house* enseñarle a algn la casa *Ver tb* AROUND
▸ *adj* (**rounder**, **-est**) redondo
▸ *n* **1** ronda: *a round of talks* una ronda de conversaciones **2** (*Dep*) vuelta, ronda **3** (*Boxeo*) asalto **4** recorrido (*del cartero, etc.*) **5** visitas (*del médico*) **6** ronda (*de bebidas*): *It's my round.* Esta ronda la pago yo. **7** *a round of applause* una salva de aplausos **8** tiro, ráfaga
▸ *vt* doblar (*una esquina*) PHR V **round sth off (with sth)** terminar algo (con algo) ♦ **round sb/sth up** reunir, juntar a algn/algo ♦ **round sth up/down** redondear algo (por lo alto/bajo) (*cifra, etc.*)

roundabout /ˈraʊndəbaʊt/ *nombre, adjetivo*
▸ *n* **1** rotonda **2** tiovivo
▸ *adj* indirecto: *in a roundabout way* de forma indirecta/dando un rodeo

ˌ**round** ˈ**trip** *n* ida y vuelta

round-trip /ˌraʊnd ˈtrɪp/ *adj* (*USA*): *a round-trip ticket* un billete de ida y vuelta

rouse /raʊz/ *vt* **1** (*formal*) despertar **2** incitar: *to rouse yourself to do sth* animarse a hacer algo **rousing** *adj* **1** (*aplauso*) caluroso **2** (*discurso*) enardecedor

rout /raʊt/ *nombre, verbo*
▸ *n* [*sing*] derrota aplastante
▸ *vt* derrotar de forma aplastante

route /ruːt; *USA tb* raʊt/ *n* ruta

routine /ruːˈtiːn/ *nombre, adjetivo*
▸ *n* rutina
▸ *adj* de rutina, rutinario **routinely** *adv* de forma rutinaria, rutinariamente

row[1] 🔑 /rəʊ/ *nombre, verbo*

▸ *n* **1** fila, hilera: *front row* primera fila **2** *to go for a row* salir a remar LOC **in a row** uno tras otro: *four days in a row* cuatro días seguidos

▸ *vt, vi* remar, navegar a remo: *She rowed the boat to the bank.* Remó hacia la orilla. ◇ *to row across the lake* cruzar el lago a remo ◇ *Will you row me across the river?* ¿Me llevas al otro lado del río (en barca)?

row[2] /raʊ/ *nombre, verbo*

▸ *n* (*esp GB, coloq*) **1** ~ **(about/over sth)** pelea, riña (por algo): *to have a row* pelearse ➲ *Comparar con* ARGUMENT, DISCUSSION **2** ruido **3** jaleo

▸ *vi* (*GB, coloq*) pelearse

rowdy /ˈraʊdi/ *adj* (**rowdier**, **-iest**) (*pey*) **1** (*persona*) ruidoso, pendenciero **2** (*reunión*) alborotado

rowing /ˈrəʊɪŋ; USA ˈroʊɪŋ/ *n* remo (*deporte*)

ˈ**rowing boat** (*USA* **rowboat** /ˈrəʊbəʊt/) *n* barca de remos

royal 🔑 /ˈrɔɪəl/ *adj* real

royalty /ˈrɔɪəlti/ *n* **1** [*incontable*] realeza **2** (*pl* **royalties**) [*gen pl*] derechos de autor

rub 🔑 /rʌb/ *verbo, nombre*

▸ **(-bb-) 1** *vt* restregar, frotar: *to rub your hands together* frotarse las manos **2** *vt* friccionar **3** *vi* ~ **(on/against sth)** rozar (contra algo) PHR V **rub off (on/onto sb)** pegársele (a algn) ◆ **rub sth out** borrar algo

▸ *n* [*gen sing*]: *to give sth a rub* frotar algo

rubber 🔑 /ˈrʌbə(r)/ *n* **1** goma, caucho: *rubber stamp* sello de goma **2** goma (*de borrar*)

ˌ**rubber ˈband** *n* goma (elástica)

rubbish 🔑 /ˈrʌbɪʃ/ *n* [*incontable*] (*esp GB*) **1** basura: *rubbish dump/tip* vertedero **2** (*coloq*) porquería: *The film was rubbish.* La película era un bodrio. **3** (*coloq*) tonterías

rubble /ˈrʌbl/ *n* [*incontable*] escombros

ruby /ˈruːbi/ *n* (*pl* **rubies**) rubí

rucksack /ˈrʌksæk/ *n* mochila ➲ *Ver dibujo en* BAG

rudder /ˈrʌdə(r)/ *n* timón

rude 🔑 /ruːd/ *adj* (**ruder**, **-est**) **1** ~ **(to sb)** grosero, maleducado (con algn): *It's rude to interrupt.* Es de mala educación interrumpir. **2** indecente **3** (*chiste, etc.*) verde

rudimentary /ˌruːdɪˈmentri/ *adj* (*formal*) rudimentario

ruffle /ˈrʌfl/ *vt* **1** (*pelo*) alborotar **2** (*plumas*) encrespar **3** perturbar, desconcertar

rug /rʌg/ *n* **1** alfombra **2** manta (*de viaje, etc.*)

rugby /ˈrʌgbi/ *n* rugby

rugged /ˈrʌgɪd/ *adj* **1** (*terreno*) escabroso, accidentado **2** (*montaña*) escarpado **3** (*hombre*) de facciones marcadas **4** (*ropa, etc.*) fuerte

ruin 🔑 /ˈruːɪn/ *verbo, nombre*

▸ *vt* arruinar, destruir, estropear

▸ *n* (*lit y fig*) ruina

rule 🔑 /ruːl/ *nombre, verbo*

▸ *n* **1** regla, norma **2** costumbre: *as a (general) rule* en general/por regla general **3** gobierno, dominio **4** (*gobierno*) mandato **5** (*de monarca*) reinado

▸ **1** *vt, vi* ~ **sb/sth**; ~ **(over sb/sth)** (*Pol*) gobernar (a algn/algo) **2** *vt* dominar, regir **3** *vt, vi* ~ **(sth/on sth)** (*Jur*) fallar (en algo), decidir (sobre algo) **4** *vt* (*línea*) trazar PHR V **rule sb/sth out** descartar, excluir a algn/algo

ruler 🔑 /ˈruːlə(r)/ *n* **1** gobernante **2** (*instrumento*) regla

ruling /ˈruːlɪŋ/ *nombre, adjetivo*

▸ *n* ~ **(on sth)** fallo (en algo)

▸ *adj* **1** imperante **2** (*Pol*) en el poder

rum /rʌm/ *n* ron

rumble /ˈrʌmbl/ *verbo, nombre*

▸ *vi* **1** retumbar, hacer un ruido sordo **2** (*estómago*) sonar

▸ *n* estruendo, ruido sordo

rummage /ˈrʌmɪdʒ/ *vi* **1** ~ **about/around** revolver, rebuscar **2** ~ **among/in/through sth (for sth)** revolver, hurgar (en) algo (en busca de algo)

rumour 🔑 (*USA* **rumor**) /ˈruːmə(r)/ *n* rumor: *Rumour has it that...* Hay rumores de que...

rump /rʌmp/ *n* **1** grupa, ancas **2** (*tb* ˌ**rump** ˈ**steak**) (filete de) cadera, churrasco

run 🔑 /rʌn/ *verbo, nombre*

▸ **(-nn-)** (*pt* **ran** /ræn/, *pp* **run**) **1** *vt, vi* correr: *I ran ten kilometres.* He corrido diez kilómetros. ◇ *She ran the marathon.* Participó en el maratón. **2** *vt, vi* recorrer: *She ran her eye around the room.* Recorrió la habitación con la mirada. ◇ *A shiver ran down her spine.* Un escalofrío le recorrió la espalda. ◇ *to run your eyes over sth* echar un vistazo a algo ◇ *to run your fingers through sb's hair* pasar los dedos por el pelo de algn ◇ *The tears ran down her cheeks.* Las lágrimas le resbalaban por las mejillas. **3** *vt, vi* (*máquina, sistema, organización*) (hacer) funcionar: *Everything is running smoothly.* Todo marcha sobre ruedas. ◇ *Run the engine for a few minutes before you start.* Ten el motor en marcha unos minutos antes de arrancar. **4** *vt* (*negocio, etc.*) administrar, dirigir **5** *vt* (*servicio, curso, etc.*) organizar, ofrecer **6** *vi* (*autobús, tren, etc.*) circular: *The buses run every hour.* Hay un autobús cada hora. ◇ *The train is running an hour late.* El tren lleva una hora de retraso. **7** *vt* (*vehículo*) mantener: *I can't afford to run a car.* No me puedo permitir mantener un

R

coche. **8** *vt* (*coloq*) llevar (*en coche*): *Can I run you to the station?* ¿Te llevo a la estación? **9** *vi* extenderse: *The cable runs the length of the wall.* El cable recorre todo el largo de la pared. ◇ *A fence runs round the field.* Una valla circunda el prado. **10** *vi* ~ **(for...)** (*Teat*) representarse (durante...) **11** *vt*: *to run the tap* abrir el grifo ◇ *to run a bath* preparar un baño **12** *vi* (*nariz*) gotear **13** *vi* (*tinte*) desteñir **14** *vt* (*Informát*) ejecutar **15** *vt* (*Period*) publicar **16** *vi* ~ **(for sth)** (*Pol*) presentarse como candidato (a algo) LOC **run for it** echar a correr ❶ Para otras expresiones con **run**, véanse las entradas del sustantivo, adjetivo, etc., p. ej. **run dry** en DRY.
PHR V **run about/around** corretear
run across sb/sth toparse con algn/algo
run after sb (*coloq*) andar/ir detrás de algn (*para mantener relaciones*) ◆ **run after sb/sth** perseguir a algn/algo
run at sth estar en algo: *Inflation is running at 5%.* La inflación alcanza el 5%.
run away (from sb/sth) salir corriendo, escaparse (de algn/algo)
run sb/sth down 1 atropellar a algn/algo **2** criticar a algn/algo
run into sb toparse con algn ◆ **run into sth 1** encontrarse con algo (*por casualidad*) **2** (*tb* **run sth into sth**) chocar (algo) contra algo
run off huir ◆ **run off with sth** (*robar*) llevarse algo
run out 1 acabarse, agotarse **2** caducar, vencer ◆ **run out (of sth)** quedarse sin algo: *We've run out of sugar.* Se nos ha acabado el azúcar.
run sb/sth over atropellar a algn/algo
▸ *n* **1** carrera: *to go for a run* salir a correr ◇ *to break into a run* echar a correr **2** paseo (*en coche, etc.*) **3** período: *a run of bad luck* una temporada de mala suerte **4** (*Cine, Teat*) temporada LOC **be on the run** haberse fugado/estar huido de la justicia ◆ **make a run for it** intentar escapar *Ver tb* LONG

R

runaway /ˈrʌnəweɪ/ *adjetivo, nombre*
▸ *adj* **1** fugitivo **2** fuera de control **3** (*caballo*) desbocado **4** *runaway inflation* inflación galopante ◇ *a runaway success* un éxito aplastante
▸ *n* fugitivo, -a

run-down /ˌrʌn ˈdaʊn/ *adj* **1** (*edificio, barrio*) en un estado de abandono **2** (*persona*) bajo de defensas

rung /rʌŋ/ *n* peldaño *Ver tb* RING²

runner /ˈrʌnə(r)/ *n* corredor, -ora

runner-up /ˌrʌnər ˈʌp/ *n* (*pl* **runners-up**) subcampeón, -ona

running /ˈrʌnɪŋ/ *nombre, adjetivo*
▸ *n* **1** footing: *running shoes* zapatillas para hacer footing ◇ *to go running* ir a correr **2** gestión (*de empresa*) **3** funcionamiento LOC **be in/out of the running (for sth)** (*coloq*) tener/no tener posibilidades (de conseguir algo)
▸ *adj* **1** consecutivo: *four days running* cuatro días seguidos **2** (*agua*) corriente: *to leave the tap running* dejar el grifo abierto **3** continuo LOC *Ver* ORDER

runny /ˈrʌni/ *adj* (**runnier**, **-iest**) **1** *to have a runny nose* moquear **2** líquido

run-up /ˈrʌn ʌp/ *n* ~ **(to sth)** período previo (a algo)

runway /ˈrʌnweɪ/ *n* pista (*de aterrizaje*)

rupture /ˈrʌptʃə(r)/ *nombre, verbo*
▸ *n* ruptura
▸ *vt, vi* (*Med*) desgarrar(se)

rural /ˈrʊərəl/ *adj* rural

rush /rʌʃ/ *verbo, nombre*
▸ **1** *vi* ir con prisa, apresurarse: *They rushed out of school.* Salieron corriendo del colegio. ◇ *They rushed to help her.* Se apresuraron a ayudarla. **2** *vt* llevar deprisa: *He was rushed to hospital.* Le llevaron al hospital con la mayor urgencia. **3** *vi* ~ **(into sth/doing sth)** precipitarse (a hacer algo), actuar precipitadamente **4** *vt* ~ **sb (into sth/doing sth)** meterle prisa a algn (para que haga algo): *Don't rush me!* ¡No me metas prisa! LOC **be rushed off your feet** estar agobiado de trabajo
▸ *n* **1** [*sing*] precipitación: *There was a rush to the exit.* La gente se precipitó hacia la salida. **2** prisa: *I'm in a terrible rush.* Tengo muchísima prisa. ◇ *There's no rush.* No corre prisa. ◇ *the rush hour* la hora punta

rust /rʌst/ *nombre, verbo*
▸ *n* óxido
▸ *vt, vi* oxidar(se)

rustic /ˈrʌstɪk/ *adj* rústico

rustle /ˈrʌsl/ *verbo, nombre*
▸ *vt, vi* (hacer) crujir, (hacer) susurrar PHR V **rustle sth up (for sb)** (*coloq*) improvisar algo, conseguir algo (a algn)
▸ *n* crujido, susurro

rusty /ˈrʌsti/ *adj* (**rustier**, **-iest**) **1** oxidado **2** (*coloq*): *My French is a bit rusty.* Estoy un poco falto de práctica en francés.

rut /rʌt/ *n* rodada LOC **be (stuck) in a rut** estar estancado

ruthless /ˈruːθləs/ *adj* despiadado, implacable **ruthlessly** *adv* despiadadamente **ruthlessness** *n* crueldad, implacabilidad

RV /ˌɑː(r) ˈviː/ *n* (*abrev de* **recreational vehicle**) (*USA*) autocaravana

rye /raɪ/ *n* centeno

Ss

S, s /es/ *n* (*pl* **Ss, S's, s's**) S, s ➲ *Ver nota en* A, A

the Sabbath /ˈsæbəθ/ *n* **1** (*de los cristianos*) domingo **2** (*de los judíos*) sábado

sabotage /ˈsæbətɑːʒ/ *nombre, verbo*
▸ *n* sabotaje
▸ *vt* sabotear

saccharin /ˈsækərɪn/ *n* sacarina

sachet /ˈsæʃeɪ; *USA* sæˈʃeɪ/ *n* bolsita, sobrecito

sack 🔑 /sæk/ *nombre, verbo*
▸ *n* **1** costal, saco **2 the sack** [*sing*] (*coloq*): *to give sb the sack* despedir a algn ◇ *to get the sack* ser despedido
▸ *vt* (*esp GB, coloq*) despedir

sacrament /ˈsækrəmənt/ *n* sacramento

sacrifice /ˈsækrɪfaɪs/ *nombre, verbo*
▸ *n* sacrificio: *to make sacrifices* hacer sacrificios/sacrificarse
▸ *vt* ~ **sth (for sb/sth)** sacrificar algo (por algn/algo)

sacrilege /ˈsækrəlɪdʒ/ *n* sacrilegio

sad 🔑 /sæd/ *adj* (**sadder**, **-est**) **1** ~ **(about sth)** triste (por algo) **2** (*situación*) lamentable **3** (*coloq, pey*): *'She spends all weekend playing computer games.' 'That's so sad!'* —Se pasa todo el fin de semana con los videojuegos. —¡Es de pena! ◇ *He's so sad wearing shirts like that!* ¡Da pena con esas camisas que lleva! **sadden** /ˈsædn/ *vt* (*formal*) entristecer

saddle /ˈsædl/ *nombre, verbo*
▸ *n* **1** (*para caballo*) silla **2** (*para bicicleta o moto*) sillín
▸ *vt* ensillar PHR V **saddle sb/yourself with sth** cargar a algn, cargarse con algo

sadism /ˈseɪdɪzəm/ *n* sadismo **sadist** *n* sádico, -a

sadly 🔑 /ˈsædli/ *adv* **1** lamentablemente, desafortunadamente **2** tristemente, con tristeza

sadness 🔑 /ˈsædnəs/ *n* tristeza, melancolía

safari /səˈfɑːri/ *n* (*pl* **safaris**) safari

saˈfari park *n* parque safari

safe 🔑 /seɪf/ *adjetivo, nombre*
▸ *adj* (**safer**, **-est**) **1** ~ **(from sb/sth)** a salvo (de algn/algo) **2** seguro: *Your secret is safe with me.* Tu secreto está seguro conmigo. **3** ileso **4** (*conductor*) prudente LOC **be on the safe side** no correr riesgos ◆ **play (it) safe** ser precavido, no correr riesgos ◆ **safe and sound** sano y salvo *Ver tb* BETTER
▸ *n* caja fuerte

safeguard /ˈseɪfgɑːd/ *verbo, nombre*
▸ *vt, vi* ~ **(sth) (against sth)** proteger algo (de algo)
▸ *n* ~ **(against sth)** salvaguarda, protección (contra algo)

safely 🔑 /ˈseɪfli/ *adv* **1** sin novedad, sin ningún percance **2** tranquilamente, sin peligro: *safely locked away* guardado bajo llave en un lugar seguro

safety 🔑 /ˈseɪfti/ *n* seguridad

ˈsafety belt *n* cinturón de seguridad

ˈsafety net *n* **1** (red de) protección **2** (*en circo*) red de seguridad

ˈsafety pin *n* imperdible ➲ *Ver dibujo en* PIN

saffron /ˈsæfrən/ *n* azafrán

sag /sæg/ *vi* (**-gg-**) **1** (*cama, sofá*) hundirse **2** (*madera*) combarse, doblarse

Sagittarius /ˌsædʒɪˈteəriəs/ *n* sagitario ➲ *Ver ejemplos en* ACUARIO

said *pt, pp de* SAY

sail 🔑 /seɪl/ *verbo, nombre*
▸ **1** *vi* navegar: *to go sailing* navegar a vela ◇ *to sail around the world* dar la vuelta al mundo en barco **2** *vt* pilotar (*un barco*) **3** *vi* salir: *The ship sails for the island at noon.* El barco zarpa hacia la isla a las doce del mediodía. **4** *vi* (*objeto*) volar PHR V **sail through (sth)** hacer algo sin dificultad: *She sailed through her exams.* Aprobó los exámenes como si nada.
▸ *n* **1** vela **2** (*molino*) aspa LOC **set sail (from/for...)** (*formal*) zarpar (desde/rumbo a...)

sailboard /ˈseɪlbɔːd/ *n* tabla de windsurf

sailing 🔑 /ˈseɪlɪŋ/ *n* **1** vela: *to go sailing* navegar a vela ◇ *sailing club* club náutico **2** *There are three sailings a day.* Hay tres salidas diarias.

ˈsailing boat (*USA* **sailboat** /ˈseɪlbəʊt/) *n* velero

sailor 🔑 /ˈseɪlə(r)/ *n* marinero, -a

saint /seɪnt, snt/ *n* (*abrev* **St**) san, santo, -a: *Saint Bernard/Teresa* San Bernardo/Santa Teresa

sake /seɪk/ *n* LOC **for God's, goodness', Heaven's, etc. sake** por (el amor de) Dios ◆ **for the sake of sb/sth; for sb's/sth's sake** por algn/algo, por el bien de algn/algo

salad 🔑 /ˈsæləd/ *n* ensalada: *salad bowl* ensaladera

salary 🔑 /ˈsæləri/ *n* (*pl* **salaries**) salario, sueldo (*mensual*) ➲ *Comparar con* WAGE

sale 🔑 /seɪl/ *n* **1** venta: *sales department/representative* servicio/representante de ventas **2** rebajas: *to hold/have a sale* tener rebajas **3** subasta LOC **for sale** en venta: *For sale.* Se vende. ◆ **on sale** a la venta

ˈ**sales clerk** *n* (*USA*) dependiente, -a

salesman /ˈseɪlzmən/ *n* (*pl* **-men** /-mən/) dependiente, vendedor ➲ *Ver nota en* POLICÍA

salesperson /ˈseɪlzpɜːsn/ *n* (*pl* **salespeople**) dependiente, -a, vendedor, -ora

saleswoman /ˈseɪlzwʊmən/ *n* (*pl* **-women** /-wɪmɪn/) dependienta, vendedora ➲ *Ver nota en* POLICÍA

saliva /səˈlaɪvə/ *n* saliva

salmon /ˈsæmən/ *n* (*pl* **salmon**) salmón

salon /ˈsælɒn; *USA* səˈlɒn/ *n* salón (*de belleza*)

saloon /səˈluːn/ (*tb* **saˈloon car**) *n* automóvil de cuatro/cinco puertas

salsa /ˈsælsə/ *n* **1** (*Mús, baile*) salsa **2** (*Cocina*) salsa mexicana

salt 🔑 /sɔːlt, sɒlt/ *n* sal LOC *Ver* PINCH

ˈ**salt cellar** *n* salero

salted /ˈsɔːltɪd, ˈsɒltɪd/ *adj* salado

saltwater /ˈsɔːltwɔːtə(r)/ *adj* de agua salada

salty 🔑 /ˈsɔːlti, ˈsɒlti/ *adj* (**saltier**, **-iest**) salado

salutary /ˈsæljətri; *USA* -teri/ *adj* saludable

salute /səˈluːt/ *verbo, nombre*

▸ *vt, vi* saludar (*a un militar*) ➲ *Comparar con* GREET

▸ *n* **1** saludo **2** salva

salvage /ˈsælvɪdʒ/ *nombre, verbo*

▸ *n* salvamento

▸ *vt* recuperar

salvation /sælˈveɪʃn/ *n* salvación

same 🔑 /seɪm/ *adjetivo, pronombre, adverbio*

▸ *adj* mismo, igual: *the same thing* lo mismo ◇ *I left that same day.* Salí ese mismo día. ❶ A veces se usa para dar énfasis a la oración: *the very same man* el mismísimo hombre. LOC **at the same time 1** a la vez **2** no obstante, sin embargo ◆ **be in the same boat** estar en el mismo barco

▸ *pron* **the same (as sb/sth)** el mismo, la misma, etc. (que algn/algo): *I think the same as you.* Pienso igual que tú. ◇ *They're both the same.* Son los dos iguales. LOC **all/just the same** de todos modos ◆ **be all the same to sb** dar lo mismo a algn: *It's all the same to me.* Me da igual. ◆ **same here** (*coloq*) lo mismo digo ◆ **(the) same to you** (*coloq*) igualmente

▸ *adv* **the same** de la misma manera, igual: *to treat everyone the same* tratar a todos de la misma manera

sample 🔑 /ˈsɑːmpl; *USA* ˈsæmpl/ *nombre, verbo*

▸ *n* muestra

▸ *vt* probar

S

sanatorium /ˌsænəˈtɔːriəm/ *n* (*pl* **sanatoriums** *o* **sanatoria** /-riə/) sanatorio

sanction /ˈsæŋkʃn/ *nombre, verbo*

▸ *n* **1** sanción: *to impose/lift sanctions* aplicar/levantar sanciones **2** (*formal*) aprobación

▸ *vt* (*formal*) conceder el permiso para

sanctuary /ˈsæŋktʃuəri; *USA* -ueri/ *n* (*pl* **sanctuaries**) **1** santuario **2** asilo: *The rebels took sanctuary in the church.* Los rebeldes se refugiaron en la iglesia.

sand 🔑 /sænd/ *nombre, verbo*

▸ *n* arena

▸ *vt* lijar

sandal /ˈsændl/ *n* sandalia

sandcastle /ˈsændkɑːsl; *USA* -kæsl/ *n* castillo de arena

ˈ**sand dune** *n* duna

sandpaper /ˈsændpeɪpə(r)/ *n* papel de lija

sandwich /ˈsænwɪtʃ, -wɪdʒ/ *nombre, verbo*

▸ *n* bocadillo, sándwich

▸ *v* PHR V **sandwich sb/sth between sb/sth** apretujar a algn/algo entre algn/algo

sandy /ˈsændi/ *adj* (**sandier**, **-est**) arenoso

sane /seɪn/ *adj* (**saner**, **-est**) **1** cuerdo **2** sensato

sang *pt de* SING

sanitarium /ˌsænəˈteəriəm/ (*USA*) = SANATORIUM

sanitary /ˈsænətri; *USA* -teri/ *adj* higiénico

ˈ**sanitary towel** (*USA* ˈ**sanitary napkin**) *n* compresa

sanitation /ˌsænɪˈteɪʃn/ *n* saneamiento, sanidad

sanity /ˈsænəti/ *n* **1** cordura **2** sensatez

sank *pt de* SINK

Santa Claus /ˈsæntə klɔːz/ (*tb* **Santa**) *n* Papá Noel

sap /sæp/ *nombre, verbo*

▸ *n* savia

▸ *vt* (**-pp-**) (*energía, confianza*) minar

sapodilla /ˌsæpəˈdɪlə/ *n* zapote (*árbol, fruta*)

sappy /ˈsæpi/ *adj* (**sappier**, **-iest**) (*USA, coloq*) sensiblero

sarcasm /ˈsɑːkæzəm/ *n* sarcasmo **sarcastic** /sɑːˈkæstɪk/ *adj* sarcástico

sardine /ˌsɑːˈdiːn/ *n* sardina

sari /ˈsɑːri/ *n* (*pl* **saris**) sari

sarong /səˈrɒŋ; *USA* səˈrɔːŋ/ *n* pareo

sash /sæʃ/ *n* fajín, faja

sassy /ˈsæsi/ *adj* (**sassier**, **-iest**) (*esp USA, coloq*) **1** (*pey*) descarado **2** moderno y desenfadado

SAT® /ˌes eɪ ˈti/ *n* (*abrev de* **Scholastic Aptitude Test**) prueba para acceder a una universidad en los Estados Unidos: *to take the SAT* presentarse al SAT

sat *pt, pp de* SIT

satchel /ˈsætʃəl/ *n* cartera (*de colegio*)

satellite /ˈsætəlaɪt/ *n* satélite: *satellite television* televisión por satélite

satellite dish *n* antena parabólica

satin /ˈsætɪn; *USA* ˈsætn/ *n* raso

satire /ˈsætaɪə(r)/ *n* sátira **satirical** /səˈtɪrɪkl/ *adj* satírico

satisfaction /ˌsætɪsˈfækʃn/ *n* satisfacción

satisfactory /ˌsætɪsˈfæktəri/ *adj* satisfactorio

satisfied /ˈsætɪsfaɪd/ *adj* ~ **(with sb/sth)** satisfecho (con algn/algo)

satisfy /ˈsætɪsfaɪ/ *vt* (*pt, pp* **-fied**) **1** satisfacer **2** (*condiciones, etc.*) cumplir con **3** ~ **sb (of sth)**; ~ **sb (that...)** convencer a algn (de algo/de que...)

satisfying /ˈsætɪsfaɪɪŋ/ *adj* que satisface, gratificante: *a satisfying meal* una comida que te deja satisfecho

satnav /ˈsætnæv/ (*tb* **sat nav**) *n* (*abrev de* **satellite navigation**) GPS

satsuma /sætˈsuːmə/ *n* mandarina

saturate /ˈsætʃəreɪt/ *vt* **1** empapar **2** ~ **sth (with sth)** saturar algo (de algo): *The market is saturated.* El mercado está saturado. **saturation** *n* saturación

Saturday /ˈsætədeɪ, -di/ *n* (*abrev* **Sat.**) sábado ➲ *Ver ejemplos en* MONDAY

Saturn /ˈsætən/ *n* Saturno

sauce /sɔːs/ *n* salsa

saucepan /ˈsɔːspən; *USA* -pæn/ *n* cazo, cacerola ➲ *Ver dibujo en* POT

saucer /ˈsɔːsə(r)/ *n* platillo ➲ *Ver dibujo en* CUP *Ver tb* FLYING SAUCER

sauna /ˈsɔːnə, ˈsaʊnə/ *n* sauna

saunter /ˈsɔːntə(r)/ *vi* pasearse: *He sauntered over to the bar.* Fue hacia la barra con mucha tranquilidad.

sausage /ˈsɒsɪdʒ; *USA* ˈsɔːs-/ *n* salchicha, embutido

sausage ˈroll *n* hojaldre relleno de salchicha

savage /ˈsævɪdʒ/ *adjetivo, verbo*

▸ *adj* **1** salvaje **2** (*animal*) enfurecido **3** (*ataque, régimen*) brutal: *savage budget cuts* cortes terribles en el presupuesto

▸ *vt* atacar con ferocidad **savagery** *n* salvajismo

savannah /səˈvænə/ *n* sabana

save /seɪv/ *verbo, nombre*

▸ **1** *vt* ~ **sb (from sth)** salvar a algn (de algo) **2** *vt, vi* ~ **(sth) (up) (for sth)** ahorrar (algo) (para algo) **3** *vt* (*Informát*) guardar **4** *vt* ~ **(sb) sth/doing sth** evitar (a algn) algo/hacer algo: *That will save us a lot of trouble.* Eso nos evitará muchos problemas. **5** *vt* (*Dep*) parar LOC **save (sb's) face** guardar las apariencias

▸ *n* parada (*de balón*)

saver /ˈseɪvə(r)/ *n* ahorrador, -ora *Ver tb* SCREEN SAVER

saving /ˈseɪvɪŋ/ *n* ahorro: *to make a saving of $5* ahorrar cinco dólares

saviour (*USA* **savior**) /ˈseɪvjə(r)/ *n* salvador, -ora

savour (*tb esp USA* **savor**) /ˈseɪvə(r)/ *vt* saborear

savoury (*USA* **savory**) /ˈseɪvəri/ *adj* **1** salado **2** sabroso

savvy /ˈsævi/ *adj* (**savvier**, **-iest**) (*esp USA, coloq*) espabilado

saw /sɔː/ *nombre, verbo*

▸ *n* sierra

▸ *vt, vi* (*pt* **sawed** *pp* **sawn** /sɔːn/, *USA tb* **sawed**) serrar PHR V **saw sth down** talar algo con una sierra ◆ **saw sth off (sth)** cortar algo (de algo) (con una sierra): *a sawn-off shotgun* una escopeta de cañones recortados ◆ **saw sth up (into sth)** serrar algo (en algo) (*en trozos*) *Ver tb* SEE

sawdust /ˈsɔːdʌst/ *n* serrín

sawmill /ˈsɔːmɪl/ *n* aserradero

saxophone /ˈsæksəfəʊn/ *n* saxofón

saxophonist /sækˈsɒfənɪst; *USA* ˈsæksəfəʊnɪst/ *n* saxofonista

say /seɪ/ *verbo, nombre*

▸ *vt* (*3ª pers sing* **says** /sez/, *pt, pp* **said** /sed/) **1** ~ **sth (to sb)** decir algo (a algn): *to say yes* decir que sí

> **Say** suele utilizarse cuando se mencionan las palabras textuales o para introducir una oración en estilo indirecto precedida por **that**: *'I'll leave at nine', he said.* —Me marcho a las nueve, dijo. ◇ *He said that he would leave at nine.* Dijo que se marcharía a las nueve. **Tell** se utiliza para introducir una oración en estilo indirecto y tiene que ir seguido de un sustantivo, un pronombre o un nombre propio: *He told me that he would leave at nine.* Me dijo que se marcharía a las nueve. Con órdenes o consejos se suele usar **tell**: *I told them to hurry up.* Les dije que se dieran prisa. ◇ *She's always telling me what I ought to do.* Siempre me está diciendo lo que tengo que hacer.

2 digamos, pongamos (que): *Let's take any writer, say Dickens...* Pongamos por caso cualquier escritor, digamos Dickens... ◇ *Say there are 30 in a class...* Pongamos que hay 30 en una clase... **3** *The map says the hotel is on* *the right.* El plano dice que el hotel está a la derecha. ◇ *What time does it say on that clock?* ¿Qué hora tiene ese reloj? LOC **it goes without saying that…** ni que decir tiene que… ◆ **that is to say** es decir *Ver tb* DARE, FAREWELL, LET, NEEDLESS, SORRY

▸ *n* ~ **(in sth)** voz y voto (en algo): *to have a say/no say in the matter* tener/no tener voz ni voto ◇ *to have the final say* tener la última palabra LOC **have your say** (*coloq*) expresar su opinión

saying /ˈseɪɪŋ/ *n* dicho, refrán

scab /skæb/ *n* costra

scaffolding /ˈskæfəldɪŋ/ *n* [*incontable*] andamiaje, andamio

scald /skɔːld/ *verbo, nombre*

▸ *vt* escaldar

▸ *n* quemadura (*por agua hirviendo*)

scalding /ˈskɔːldɪŋ/ *adj* hirviendo

scale ⚷ /skeɪl/ *nombre, verbo*

▸ *n* **1** escala: *on a large/grand scale* a gran escala ◇ *a large-scale map* un mapa a gran escala ◇ *scale model* maqueta **2** alcance, magnitud **3 scales** [*pl*] balanza, báscula **4** escama LOC **to scale** a escala

▸ *vt* (*formal*) escalar, trepar

scallion /ˈskæliən/ *n* (*USA*) cebolleta

scallop /ˈskɒləp; *USA* ˈskæləp/ *n* vieira

scalp /skælp/ *n* cuero cabelludo

scalpel /ˈskælpəl/ *n* bisturí

scam /skæm/ *n* (*coloq*) estafa, chanchullo

scamper /ˈskæmpə(r)/ *vi* corretear

scampi /ˈskæmpi/ *n* [*pl*] gambas fritas rebozadas

scan /skæn/ *verbo, nombre*

▸ *vt* **(-nn-) 1** escudriñar, examinar **2** echar un vistazo a **3** (*Informát*) escanear **4** (*Med*) explorar con un escáner

▸ *n* escáner, ecografía

scandal /ˈskændl/ *n* **1** escándalo **2** chisme **3 a scandal** [*sing*] una vergüenza **scandalize, -ise** *vt* escandalizar **scandalous** *adj* escandaloso

scanner /ˈskænə(r)/ *n* escáner (*aparato*)

scant /skænt/ *adj* [*sólo antes de sustantivo*] escaso

scantily /ˈskæntɪli/ *adv* escasamente: *scantily dressed* ligero de ropa

scanty /ˈskænti/ *adj* escaso

scapegoat /ˈskeɪpɡəʊt/ *n* chivo expiatorio: *She was made a scapegoat for what happened.* Cargó con las culpas de lo que pasó.

scapula /ˈskæpjʊlə/ *n* (*pl* **scapulae** /-liː/ o **scapulas**) (*Anat*) omóplato

scar /skɑː(r)/ *nombre, verbo*

▸ *n* cicatriz

▸ *vt* **(-rr-)** dejar una cicatriz en

scarce /skeəs/ *adj* (**scarcer, -est**) escaso: *Food was scarce.* La comida escaseaba.

scarcely /ˈskeəsli/ *adv* **1** apenas: *There were scarcely a hundred people present.* Apenas había un centenar de personas. **2** *You can scarcely expect me to believe that.* ¿Y esperas que me crea eso?

scarcity /ˈskeəsəti/ *n* (*pl* **scarcities**) escasez

scare ⚷ /skeə(r)/ *verbo, nombre*

▸ *vt* asustar PHRV **scare sb away/off** espantar a algn

▸ *n* susto: *bomb scare* amenaza de bomba

scarecrow /ˈskeəkrəʊ/ *n* espantapájaros

scared ⚷ /skeəd/ *adj* asustado: *to be scared* tener miedo ◇ *She's scared of the dark.* Le da miedo la oscuridad. LOC *Ver* STIFF, WIT

scaredy-cat /ˈskeədi kæt/ *n* (*coloq*) miedica

scarf /skɑːf/ *n* (*pl* **scarfs** o **scarves** /skɑːvz/) **1** bufanda **2** pañuelo

scarlet /ˈskɑːlət/ *adj, n* escarlata

scary /ˈskeəri/ *adj* (**scarier, -iest**) (*coloq*) espeluznante, que da miedo

scathing /ˈskeɪðɪŋ/ *adj* **1** feroz: *a scathing attack on the government* un feroz ataque contra el gobierno **2** (*crítica*) mordaz

scatter /ˈskætə(r)/ **1** *vt* esparcir **2** *vt, vi* dispersar(se)

scatterbrain /ˈskætəbreɪn/ *n* (*coloq*) cabeza de chorlito, despistado, -a

scattered /ˈskætəd/ *adj* esparcido, disperso: *scattered showers* chubascos aislados

scavenge /ˈskævɪndʒ/ *vi* **1** rebuscar (*en la basura*) **2** buscar carroña **scavenger** *n* **1** persona/animal que rebusca en las basuras **2** animal/ave de carroña

scenario /səˈnɑːriəʊ; *USA* -ˈnær-/ *n* (*pl* **scenarios**) marco hipotético, perspectiva

scene ⚷ /siːn/ *n* **1** escenario, lugar: *the scene of the crime* el lugar del crimen **2** escena: *a scene in the film* una escena de la película ◇ *a change of scene* un cambio de aires **3 the scene** [*sing*] (*coloq*) el mundillo: *the music scene* la movida musical **4** escándalo: *to make a scene* montar un escándalo LOC **behind the scenes** (*lit y fig*) entre bastidores ◆ **set the scene (for sth) 1** preparar el terreno (para algo) **2** describir el escenario (para algo)

scenery /ˈsiːnəri/ *n* [*incontable*] **1** paisaje

La palabra **scenery** tiene un fuerte matiz positivo; tiende a usarse con adjetivos como *beautiful, spectacular, stunning*, etc., fundamentalmente para describir paisajes naturales. Por otro lado, **landscape** suele referirse a paisajes creados por el hombre: *an urban/industrial landscape* un paisaje urbano/industrial ◇ *Trees and hedges are typical features of the British landscape.* Los árboles y los setos son elementos típicos del paisaje británico.

2 (*Teat*) decorado

scenic /ˈsiːnɪk/ *adj* pintoresco, panorámico

scent /sent/ *n* **1** olor (*agradable*) ➲ *Ver nota en* SMELL **2** rastro, pista **3** perfume **scented** *adj* perfumado

sceptic (*USA* **skeptic**) /ˈskeptɪk/ *n* escéptico, -a **sceptical** (*USA* **skeptical**) *adj* ~ **(about/of sth)** escéptico (acerca de algo) **scepticism** (*USA* **skepticism**) *n* escepticismo

schedule 🔑 /ˈʃedjuːl; *USA* ˈskedʒuːl/ *nombre, verbo*

▸ *n* **1** programa: *to be two months ahead of/behind schedule* llevar dos meses de adelanto/retraso con respecto al calendario previsto ◇ *to arrive on schedule* llegar a la hora prevista **2** (*USA*) horario

▸ *vt* programar: *scheduled flights* vuelos regulares

scheme 🔑 /skiːm/ *nombre, verbo*

▸ *n* **1** plan, proyecto: *savings/pension scheme* plan de ahorro/de pensiones ◇ *training scheme* programa de formación **2** conspiración **3** *colour scheme* combinación de colores

▸ *vi* (*pey*) conspirar

schizophrenia /ˌskɪtsəˈfriːniə/ *n* esquizofrenia **schizophrenic** /ˌskɪtsəˈfrenɪk/ *adj, n* esquizofrénico, -a

scholar /ˈskɒlə(r)/ *n* **1** erudito, -a **2** becario, -a **scholarship** *n* **1** beca **2** erudición

school 🔑 /skuːl/ *n* **1** colegio, escuela: *school age/uniform* edad/uniforme escolar ➲ *Ver nota en* ESCUELA

Utilizamos las palabras **school**, **university**, **church** y **hospital** sin artículo cuando alguien va al colegio o universidad como alumno o profesor, a la iglesia para rezar, o al hospital como paciente: *She's gone into hospital.* La han ingresado en el hospital. ◇ *I enjoyed being at school.* Me gustaba ir al colegio. ◇ *We go to church every Sunday.* Vamos a misa todos los domingos. Usamos el artículo cuando nos referimos a estos sitios por algún otro motivo: *I have to go to the school to talk to John's teacher.* Tengo que ir a la escuela a hablar con el profesor de John. ◇ *She works at the hospital.* Trabaja en el hospital.

2 clases: *School begins at nine o'clock.* Las clases empiezan a las nueve. **3** (*USA, coloq*) universidad **4** facultad: *law school* facultad de derecho **5** (*Arte, Liter*) escuela LOC **school of thought** escuela de pensamiento

ˈ**school bag** *n* cartera, mochila (*del colegio*)

schoolboy /ˈskuːlbɔɪ/ *n* colegial

schoolchild /ˈskuːltʃaɪld/ *n* (*pl* **schoolchildren**) colegial, -ala

schooldays /ˈskuːldeɪz/ *n* [*pl*] años de colegio: *They've been friends since their schooldays.* Han sido amigos desde que iban al colegio.

schoolgirl /ˈskuːlgɜːl/ *n* colegiala

schooling /ˈskuːlɪŋ/ *n* educación, estudios

school-leaver /ˌskuːl ˈliːvə(r)/ *n* chico, -a que acaba de terminar la escuela

schoolteacher /ˈskuːltiːtʃə(r)/ *n* profesor, -ora

schoolwork /ˈskuːlwɜːk/ *n* [*incontable*] trabajo escolar

science 🔑 /ˈsaɪəns/ *n* ciencia(s)

ˌ**science** ˈ**fiction** *n* ciencia ficción

scientific 🔑 /ˌsaɪənˈtɪfɪk/ *adj* científico

scientifically /ˌsaɪənˈtɪfɪkli/ *adv* científicamente

scientist 🔑 /ˈsaɪəntɪst/ *n* científico, -a

sci-fi /ˈsaɪ faɪ/ *n* (*coloq*) ciencia ficción

scissors 🔑 /ˈsɪzəz/ *n* [*pl*] tijeras: *a pair of scissors* unas tijeras ➲ *Ver nota en* TIJERA

scoff /skɒf; *USA* skɔːf/ *vi* ~ **(at sb/sth)** mofarse (de algn/algo)

scold /skəʊld/ *vt* ~ **sb (for sth)** (*formal*) regañar a algn (por algo)

scoop /skuːp/ *nombre, verbo*

▸ *n* **1** pala: *ice-cream scoop* cuchara para servir el helado **2** cucharada: *a scoop of ice cream* una bola de helado **3** (*Period*) primicia

▸ *vt* **1** ~ **sth (up/out)** cavar, sacar algo **2** ~ **sb/sth (up)** recoger a algn/algo ❶ Este verbo describe una acción realizada con una pala, con una cuchara o con la mano.

scooter /ˈskuːtə(r)/ *n* **1** scooter, Vespa® **2** patinete

scope /skəʊp/ *n* **1** ~ **(for sth/to do sth)** potencial (para algo/para hacer algo) **2** ámbito, alcance: *within/beyond the scope of this dictionary* dentro/más allá del ámbito de este diccionario

scorch /skɔːtʃ/ *vt, vi* chamuscar(se), quemar(se) **scorching** *adj* abrasador

score 🔑 /skɔː(r)/ *nombre, verbo*

▸ *n* **1** tanteo: *to keep the score* llevar la cuenta de los tantos ◇ *The final score was 4-3.* El

S

resultado final fue de 4-3. ◇ *What's the score?* ¿Cómo van? **2** (*Educ*) puntuación **3** (*Mús*) partitura **4 scores** [*pl*] montones **5** (*pl* **score**) veintena LOC **on that/this score** en ese/este sentido
▸ **1** *vt, vi* (*Dep*) marcar, anotar **2** *vt* (*Educ*) sacar

scoreboard /ˈskɔːbɔːd/ *n* marcador

scorer /ˈskɔːrə(r)/ *n* jugador, -ora que marca un tanto: *the team's top scorer* el mejor goleador del equipo

scorn /skɔːn/ *nombre, verbo*
▸ *n* ~ **(for sb/sth)** desdén (por algn/algo)
▸ *vt* desdeñar **scornful** *adj* desdeñoso

Scorpio /ˈskɔːpiəʊ/ *n* escorpio ➲ *Ver ejemplos en* ACUARIO

scorpion /ˈskɔːpiən/ *n* escorpión

Scotch /skɒtʃ/ *n* whisky escocés

ˈ**Scotch tape**® *n* (*USA*) celo, cinta adhesiva

Scottish /ˈskɒtɪʃ/ *adj* escocés

scour /ˈskaʊə(r)/ *vt* **1** ~ **sth (for sb/sth)** registrar, recorrer algo (en busca de algn/algo) **2** fregar

scourge /skɜːdʒ/ *n* (*formal*) azote

scout /skaʊt/ *n* **1** (*tb* **Scout**, ˌ**Boy** ˈ**Scout**) scout **2** (*Mil*) explorador

scowl /skaʊl/ *verbo, nombre*
▸ *vi* mirar con el ceño fruncido
▸ *n* ceño fruncido

scrabble /ˈskræbl/ *vi* ~ **around/about (for sth)** escarbar (en busca de algo)

scramble /ˈskræmbl/ *verbo, nombre*
▸ *vi* **1** trepar: *He scrambled to his feet and ran off.* Se puso en pie como pudo y echó a correr. **2** ~ **(for sth)** pelearse (por algo)
▸ *n* [*sing*] **1** subida dificultosa **2** ~ **(for sth)** barullo (por algo)

ˌ**scrambled** ˈ**eggs** *n* [*pl*] huevos revueltos

scrap /skræp/ *nombre, verbo*
▸ *n* **1** trozo: *a scrap of paper* un trozo de papel **2** [*sing*] (*pequeña cantidad*) pizca **3 scraps** [*pl*] sobras (*de comida*) **4** [*incontable*] chatarra: *scrap paper* papel borrador **5** (*coloq*) pelea
▸ **(-pp-) 1** *vt* descartar, desechar **2** *vi* (*coloq*) pelearse

scrapbook /ˈskræpbʊk/ *n* álbum de recortes

scrape /skreɪp/ *verbo, nombre*
▸ **1** *vt* raspar: *I scraped my knee.* Me hice un arañazo en la rodilla. **2** *vi* ~ **(against sth)** rozar (contra algo) PHR V **scrape sth away/off**; **scrape sth off (sth)** quitar algo (de algo), limpiar algo (*raspando*) ◆ **scrape in**; **scrape into sth** conseguir algo por los pelos: *She just scraped into university.* Entró en la universidad por los pelos. ◆ **scrape through (sth)** aprobar (algo) por los pelos ◆ **scrape sth together/up** reunir algo a duras penas
▸ *n* raspadura

scratch 🔑 /skrætʃ/ *verbo, nombre*
▸ **1** *vt, vi* rascar(se) **2** *vt, vi* arañar(se) **3** *vt* rayar PHR V **scratch sth away/off** quitar algo (*raspando*)
▸ *n* **1** rasguño, arañazo **2** [*sing*]: *The dog gave itself a good scratch.* El perro se rascó de lo lindo. LOC **(be/come) up to scratch** (estar/llegar) a la altura ◆ **(start sth) from scratch** (empezar algo) desde cero

ˈ**scratch card** *n* tarjeta rasca-rasca

scrawl /skrɔːl/ *verbo, nombre*
▸ **1** *vt* garabatear **2** *vi* hacer garabatos
▸ *n* garabato

scream 🔑 /skriːm/ *verbo, nombre*
▸ **1** *vi* chillar: *to scream with excitement* gritar de emoción **2** *vt* gritar
▸ *n* **1** chillido, grito: *a scream of pain* un grito de dolor **2** [*sing*] (*coloq*) algn/algo divertidísimo

screech /skriːtʃ/ *verbo, nombre*
▸ *vi* chillar, chirriar
▸ *n* chillido, chirrido

screen 🔑 /skriːn/ *n* **1** pantalla: *flat-screen TV* televisor de pantalla plana *Ver tb* TOUCH SCREEN **2** mampara **3** biombo

ˈ**screen saver** *n* salvapantallas

screw 🔑 /skruː/ *nombre, verbo*
▸ *n* tornillo
▸ *vt* **1** atornillar, fijar con tornillos **2** enroscar **3** (*argot*) engañar, estafar PHR V **screw sth up** **1** (*papel*) hacer una bola con algo **2** (*cara*) torcer algo **3** (*argot*) (*planes, situación, etc.*) fastidiar algo

screwdriver /ˈskruːdraɪvə(r)/ *n* destornillador

scribble /ˈskrɪbl/ *verbo, nombre*
▸ **1** *vt* garabatear **2** *vi* hacer garabatos
▸ *n* garabatos

script /skrɪpt/ *n* **1** guión **2** letra **3** escritura

scripture /ˈskrɪptʃə(r)/ (*tb* **the Scriptures**) *n* las Sagradas Escrituras

scriptwriter /ˈskrɪptraɪtə(r)/ *n* guionista

scroll /skrəʊl/ *nombre, verbo*
▸ *n* **1** pergamino **2** rollo de papel
▸ *vi* ~ **down/up** (*Informát*) desplazarse hacia abajo/arriba (*por un documento*)

ˈ**scroll bar** *n* (*Informát*) barra de desplazamiento

Scrooge /skruːdʒ/ *n* (*coloq, pey*) tacaño, -a

scrounge /skraʊndʒ/ *vt, vi* ~ **(sth) (off/from sb)** (*coloq*) gorronear (algo) (a algn): *Can I scrounge a cigarette off you?* ¿Te puedo gorronear un cigarro? **scrounger** *n* gorrón, -ona:

welfare scroungers parásitos de la asistencia social

crub /skrʌb/ *verbo, nombre*
vt (**-bb-**) fregar, restregar
n **1** [*sing*]: *Give your nails a good scrub.* Cepíllate bien las uñas. **2** [*incontable*] matorrales

cruff /skrʌf/ *n* LOC **by the scruff of the neck** por el cogote

cruffy /ˈskrʌfi/ *adj* (**scruffier**, **-iest**) (*coloq*) desaliñado

crum /skrʌm/ *n* melé

cruples /ˈskru:plz/ *n* [*pl*] escrúpulos

crupulous /ˈskru:pjələs/ *adj* escrupuloso **scrupulously** *adv* escrupulosamente: *scrupulously clean* impecable

crutinize, -ise /ˈskru:tənaɪz/ *vt* **1** examinar **2** inspeccionar

crutiny /ˈskru:təni/ *n* (*formal*) **1** examen **2** (*Pol*) escrutinio

cuba-diver /ˈsku:bə daɪvə(r)/ *n* submarinista

cuba-diving /ˈsku:bə daɪvɪŋ/ *n* submarinismo

cuff /skʌf/ *vt* hacer rayones en

cuffle /ˈskʌfl/ *n* **1** enfrentamiento **2** forcejeo

culptor /ˈskʌlptə(r)/ *n* escultor, -ora

culpture /ˈskʌlptʃə(r)/ *n* escultura

cum /skʌm/ *n* **1** espuma (*de suciedad*) **2** (*coloq*) escoria

curry /ˈskʌri; *USA* ˈskɜ:ri/ *vi* (*pt, pp* **scurried**) ir apresuradamente: *She scurried around tidying up.* Iba corriendo de un lado para otro ordenando cosas.

cuttle /ˈskʌtl/ *vi*: *She scuttled back to her car.* Volvió a su coche a toda prisa. ◇ *to scuttle away/off* escabullirse

cuzzy /ˈskʌzi/ *adj* (*esp USA, coloq*) mugriento, asqueroso

cythe /saɪð/ *n* guadaña

ea /si:/ *n* **1** mar: *sea creatures* animales marinos ◇ *sea air/breeze* brisa marina ◇ *sea port* puerto marítimo ➲ *Ver nota en* MAR **2 seas** [*pl*] mar: *heavy/rough seas* mar gruesa **3** [*sing*] ~ **of sth** mar de algo: *a sea of people* una multitud de gente LOC **at sea 1** en el mar **2** en medio de un mar de dudas

eafood /ˈsi:fu:d/ *n* [*incontable*] marisco

eafront /ˈsi:frʌnt/ *n* **the seafront** [*sing*] paseo marítimo: *a seafront café* un café frente al mar

eagull /ˈsi:gʌl/ *n* gaviota

eal /si:l/ *nombre, verbo*
n **1** foca **2** sello
vt **1** sellar **2** (*sobre*) cerrar PHR V **seal sth off** acordonar algo

ˈ**sea level** *n* nivel del mar

seam /si:m/ *n* **1** costura **2** filón

search /sɜ:tʃ/ *nombre, verbo*
▸ *n* **1** ~ **(for sb/sth)** búsqueda (de algn/algo) **2** (*policial*) registro
▸ **1** *vi* ~ **(for sth/sb)** buscar (algo/a algn) **2** *vt* ~ **sth for sth** buscar algo en algo: *to search the Internet for information* buscar información en Internet **3** *vt* ~ **sb/sth (for sth)** registrar a algn/algo (en busca de algo): *They searched the house for drugs.* Registraron la casa en busca de drogas.

ˈ**search engine** *n* (*Informát*) buscador

searching /ˈsɜ:tʃɪŋ/ *adj* penetrante

searchlight /ˈsɜ:tʃlaɪt/ *n* reflector (*foco*)

seashell /ˈsi:ʃel/ *n* concha marina

seashore /ˈsi:ʃɔ:(r)/ *n* orilla del mar

seasick /ˈsi:sɪk/ *adj* mareado

seaside /ˈsi:saɪd/ *n* [*sing*] **1** playa **2** costa

season /ˈsi:zn/ *verbo, nombre*
▸ *vt* condimentar
▸ *n* **1** estación **2** temporada: *season ticket* abono (de temporada) LOC **in season** de temporada: *Strawberries aren't in season.* No es temporada de fresas. **seasonal** *adj* **1** propio de la estación **2** (*trabajo*) de temporada **seasoned** *adj* **1** (*persona*) con mucha experiencia **2** (*comida*) condimentado **seasoning** *n* condimento

seat /si:t/ *nombre, verbo*
▸ *n* **1** (*vehículo*) asiento, plaza **2** (*parque*) banco **3** (*teatro*) butaca **4** (*avión*) plaza **5** (*Pol*) escaño **6** (*Pol*) circunscripción electoral LOC *Ver* DRIVE; *Ver tb* BACK SEAT
▸ *vt* tener cabida para: *The stadium can seat 5 000 people.* El estadio tiene cabida para 5000 personas.

ˈ**seat belt** *n* cinturón de seguridad

seating /ˈsi:tɪŋ/ *n* [*incontable*] asientos

seaweed /ˈsi:wi:d/ *n* [*incontable*] alga

secluded /sɪˈklu:dɪd/ *adj* (*lugar*) apartado **seclusion** *n* **1** aislamiento **2** soledad

second /ˈsekənd/ (*abrev* **2nd**) *adjetivo, adverbio, pronombre, nombre, verbo*
▸ *adj* segundo LOC **second thoughts**: *We had second thoughts.* Lo reconsideramos. ◇ *On second thoughts…* Pensándolo bien… *Ver tb* LAST
▸ *adv, pron* segundo: *He came/finished second.* Llegó en segundo lugar. ◇ *He's the second tallest in the class.* Es el segundo más alto de la clase. ➲ *Ver ejemplos en* FIFTH
▸ *n* **1 the second** el (día) dos **2** (*tb* ˌ**second** ˈ**gear**) segunda **3** (*tiempo*) segundo: *the second hand* el segundero *Ver tb* SPLIT SECOND

S

▸ *vt* secundar

secondary 🔑 /ˈsekəndri; *USA* -deri/ *adj* secundario

ˈ**secondary school** *n* escuela de secundaria, instituto: *She's at secondary school.* Está en secundaria. ➲ *Ver nota en* ESCUELA

ˌ**second ˈbest** *adj* **1** segundo mejor **2** inferior

ˌ**second ˈclass** *nombre, adverbio*

▸ *n* **1** segunda (clase) **2** servicio de correo ordinario ➲ *Ver tb* FIRST CLASS *y ver nota en* STAMP

▸ *adv* **1** de/en segunda (clase): *to travel second class* viajar en segunda **2** por correo ordinario: *to send sth second class* mandar algo por correo ordinario

second-class /ˌsekənd ˈklɑːs; *USA* ˈklæs/ *adj* **1** de segunda clase/categoría **2** (*billete*) de segunda (clase) **3** *a second-class stamp* un sello de correo ordinario

second-hand /ˌsekənd ˈhænd/ *adj, adv* de segunda mano

secondly /ˈsekəndli/ *adv* en segundo lugar

second-rate /ˌsekənd ˈreɪt/ *adj* de segunda fila

secrecy /ˈsiːkrəsi/ *n* [*incontable*] **1** secretismo **2** confidencialidad

secret 🔑 /ˈsiːkrət/ *adj, n* secreto: *secret agent* agente secreto

secretarial /ˌsekrəˈteəriəl/ *adj* **1** (*personal*) administrativo **2** (*trabajo*) de secretario, -a

secretary 🔑 /ˈsekrətri; *USA* -teri/ *n* (*pl* **secretaries**) **1** secretario, -a **2** (*Pol*) ministro, -a ➲ *Ver nota en* MINISTRO; *Ver tb* HOME SECRETARY

ˌ**Secretary of ˈState** *n* **1** (*GB*) ministro, -a ➲ *Ver nota en* MINISTRO **2** (*USA*)ministro, -a de Asuntos Exteriores

S

secrete /sɪˈkriːt/ *vt* **1** segregar **2** (*formal*) ocultar **secretion** *n* secreción

secretive /ˈsiːkrətɪv/ *adj* reservado

secretly 🔑 /ˈsiːkrətli/ *adv* en secreto

sect /sekt/ *n* secta

sectarian /sekˈteəriən/ *adj* sectario

section 🔑 /ˈsekʃn/ *n* **1** sección, parte *Ver tb* CROSS SECTION **2** (*carretera*) tramo **3** (*sociedad*) sector **4** (*ley, código*) artículo

sector 🔑 /ˈsektə(r)/ *n* sector

secular /ˈsekjələ(r)/ *adj* laico

secure 🔑 /sɪˈkjʊə(r); *USA* səˈk-/ *verbo, adjetivo*

▸ *vt* (*formal*) **1** (*acuerdo, contrato, etc.*) conseguir **2** fijar, asegurar **3** ~ **sth (against sth)** proteger algo (contra algo)

▸ *adj* **1** seguro, bien sujeto **2** (*prisión*) de alta seguridad **securely** *adv* firmemente

security 🔑 /sɪˈkjʊərəti; *USA* səˈk-/ *n* (*pl* **securities**) **1** seguridad: *security guard* guardia jurado **2** (*préstamo*) fianza

sedan /sɪˈdæn/ *n* (*USA*) coche de cuatro o cinco puertas

sedate /sɪˈdeɪt/ *adjetivo, verbo*

▸ *adj* serio

▸ *vt* sedar **sedation** *n* sedación: *to be under sedation* estar bajo los efectos de calmantes **sedative** /ˈsedətɪv/ *adj, n* sedante

sedentary /ˈsedntri; *USA* -teri/ *adj* sedentario

sediment /ˈsedɪmənt/ *n* sedimento

seduce /sɪˈdjuːs; *USA* -ˈduːs/ *vt* seducir **seduction** /sɪˈdʌkʃn/ *n* seducción **seductive** *adj* seductor

see 🔑 /siː/ (*pt* **saw** /sɔː/, *pp* **seen** /siːn/) **1** *vt, vi* ver: *to go and see a film* ir a ver una película ◇ *She'll never see again.* No volverá a ver nunca. ◇ *See page 158.* Véase la página 158. ◇ *Go and see if the postman's been.* Ve a ver si ha llegado el correo. ◇ *Let's see.* Vamos a ver. ➲ *Ver nota en* VER **2** *vt*: *I'm seeing Sue tonight.* He quedado con Sue esta noche. **3** *vt* salir con: *He's seeing Alice.* Sale con Alice. ◇ *Are you seeing anyone?* ¿Tienes novio? **4** *vt, vi* comprender **5** *vt* encargarse: *I'll see that it's done.* Ya me encargaré de que se haga. **6** *vt* acompañar: *He saw her to the door.* La acompañó hasta la puerta. LOC **seeing that...** en vista de que... ◆ **see you (around/later)** (*coloq*) hasta luego: *See you tomorrow!* ¡Hasta mañana! ◆ **you see** (*coloq*) ¿ves? ❶ Para otras expresiones con **see**, véanse las entradas del sustantivo, adjetivo, etc., p. ej. **make sb see reason** en REASON. PHR V **see about (doing) sth** encargarse de (hacer) algo ◆ **see sb off** (ir a) despedir a algn ◆ **see through sb/sth** calar a algn/algo ◆ **see to sth** ocuparse de algo: *We'll have to get the door seen to.* Tendremos que llamar a alguien para que arregle esta puerta.

seed 🔑 /siːd/ *n* **1** semilla, simiente, pepita ➲ *Ver nota en* PEPITA **2** (*Dep*) cabeza de serie

seedy /ˈsiːdi/ *adj* (**seedier**, **-iest**) sórdido, cutre

seek 🔑 /siːk/ (*pt, pp* **sought** /sɔːt/) (*formal*) **1** *vt, vi* buscar **2** *vi* ~ **to do sth** intentar hacer algo PHR V **seek sb/sth out** buscar a algn/algo (con empeño)

seem 🔑 /siːm/ *vi* parecer: *It seems that...* Parece que... ❶ No se usa en tiempos continuos. **seemingly** *adv* aparentemente

seen *pp de* SEE

seep /siːp/ *vi* filtrarse

see-saw /ˈsiː sɔː/ *n* sube y baja, balancín

seething /ˈsiːðɪŋ/ *adj* ~ **(with sth)** abarrotado (de algo)

ee-through /ˈsiː θruː/ *adj* transparente
egment /ˈsegmənt/ *n* **1** segmento **2** sección **3** gajo (*de naranja, etc.*)
egregate /ˈsegrɪgeɪt/ *vt* ~ **sb/sth (from sb/sth)** segregar a algn/algo (de algn/algo)
eize /siːz/ *vt* **1** coger: *to seize hold of sth* agarrar algo ◇ *We were seized by panic.* El pánico se apoderó de nosotros. **2** (*personas, edificios*) capturar **3** (*armas, drogas, etc.*) incautarse de **4** (*bienes*) embargar **5** (*control*) hacerse con **6** (*oportunidad, etc.*) aprovechar: *to seize the initiative* tomar la iniciativa PHRV **seize on/upon sth** aprovechar algo (*que te puede beneficiar*) ◆ **seize up** agarrotarse, atascarse
eizure /ˈsiːʒə(r)/ *n* **1** (*de contrabando, etc.*) incautación **2** captura **3** (*Med*) ataque
eldom /ˈseldəm/ *adv* rara vez: *We seldom go out.* Rara vez salimos. ➲ *Ver nota en* ALWAYS
elect /sɪˈlekt/ *verbo, adjetivo*
vt ~ **sb/sth (as/for sth)** seleccionar, escoger a algn/algo (como/para algo)
adj [*sólo antes de sustantivo*] selecto
election /sɪˈlekʃn/ *n* **1** selección, elección **2** surtido
elective /sɪˈlektɪv/ *adj* ~ **(about/in sth)** selectivo (en cuanto a algo)
elf /self/ *n* (*pl* **selves** /selvz/) ser: *She's her old self again.* Vuelve a ser la misma de siempre.
elf-assessment /ˌself əˈsesmənt/ *n* (*Educ*) autoevaluación
elf-assured /ˌself əˈʃʊəd, əˈʃɔːd/ *adj* seguro de sí mismo
elf-catering /ˌself ˈkeɪtərɪŋ/ *adj* (*alojamiento*) con cocina
elf-centred (*USA* **self-centered**) /ˌself ˈsentəd/ *adj* egocéntrico
elf-confidence /ˌself ˈkɒnfɪdəns/ *n* confianza (en sí mismo)
elf-confident /ˌself ˈkɒnfɪdənt/ *adj* seguro de sí mismo
elf-conscious /ˌself ˈkɒnʃəs/ *adj* inseguro
elf-contained /ˌself kənˈteɪnd/ *adj* (*piso*) con su propia entrada, baño y cocina
elf-control /ˌself kənˈtrəʊl/ *n* autocontrol
elf-defence (*USA* **self-defense**) /ˌself dɪˈfens/ *n* defensa propia
elf-determination /ˌself dɪˌtɜːmɪˈneɪʃn/ *n* autodeterminación
elf-employed /ˌself ɪmˈplɔɪd/ *adj* (*trabajador*) autónomo
elf-esteem /ˌself ɪˈstiːm/ *n* autoestima
elf-interest /ˌself ˈɪntrəst/ *n* interés propio
elfish /ˈselfɪʃ/ *adj* egoísta
self-pity /ˌself ˈpɪti/ *n* autocompasión
self-portrait /ˌself ˈpɔːtreɪt, -trət/ *n* autorretrato
self-raising flour /ˌself reɪzɪŋ ˈflaʊə(r)/ *n* harina con levadura
self-respect /ˌself rɪˈspekt/ *n* dignidad
self-righteous /ˌself ˈraɪtʃəs/ *adj* (*pey*) (*persona*) que se cree moralmente superior
self-satisfied /ˌself ˈsætɪsfaɪd/ *adj* excesivamente satisfecho de sí mismo
self-service /ˌself ˈsɜːvɪs/ *adj* de autoservicio
self-sufficient /ˌself səˈfɪʃnt/ *adj* autosuficiente
self-taught /ˌself ˈtɔːt/ *adj* autodidacta
sell /sel/ (*pp, pt* **sold** /səʊld/) **1** *vt* ~ **sb/sth**; ~ **sth (to sb)** vender algo (a algn) ➲ *Ver nota en* GIVE **2** *vi* ~ **(at/for sth)** venderse (a algo) PHRV **sell sth off** vender algo a bajo precio ◆ **sell out (of sth)**; **be sold out (of sth)** agotar todas las existencias (de algo)
sell-by date /ˈsel baɪ deɪt/ *n* fecha límite de venta
seller /ˈselə(r)/ *n* vendedor, -ora
selling /ˈselɪŋ/ *n* [*incontable*] venta
Sellotape® /ˈselәteɪp/ *nombre, verbo*
▸ *n* celo, cinta adhesiva
▸ *vt* **sellotape** pegar con cinta adhesiva
sell-out /ˈsel aʊt/ *n* (*Mús, Teat, etc.*) lleno, éxito de taquilla
selves *plural de* SELF
semester /sɪˈmestə(r)/ *n* semestre (*esp en universidad*)
semi /ˈsemi/ *n* (*pl* **semis**) **1** (*GB, coloq*) adosado ➲ *Ver nota en* CASA **2** *Ver* SEMI-FINAL
semicircle /ˈsemisɜːkl/ *n* **1** semicírculo **2** semicircunferencia **semicircular** /ˌsemiˈsɜːkjələ(r)/ *adj* semicircular
semicolon /ˌsemiˈkəʊlən; *USA* ˈsemikəʊlən/ *n* punto y coma ➲ *Ver pág 379*
semi-detached /ˌsemi dɪˈtætʃt/ *adj* adosado: *a semi-detached house* un adosado ➲ *Ver nota en* CASA
semi-final /ˌsemi ˈfaɪnl/ (*tb* **semi**) *n* semifinal **semi-finalist** *n* semifinalista
seminar /ˈsemɪnɑː(r)/ *n* seminario (*clase*)
semi-skimmed /semi ˈskɪmd/ *adj* semidesnatado
senate (*tb* **Senate**) /ˈsenət/ *n* [*v sing o pl*] **1** (*Pol*) senado ➲ *Ver nota en* CONGRESS **2** (*universidad*) junta de gobierno
senator (*tb* **Senator**) /ˈsenətə(r)/ *n* (*abrev* **Sen.**) senador, -ora

S

send 🔑 /send/ *vt* (*pt, pp* **sent** /sent/) **1** ~ **sb sth**; ~ **sth (to sb)** enviar, mandar algo (a algn): *She was sent to bed without any supper.* La mandaron a la cama sin cenar. ➲ *Ver nota en* GIVE **2** hacer (que): *to send sb to sleep* dormir a algn ◇ *The story sent shivers down my spine.* La historia me dio escalofríos. LOC *Ver* LOVE PHRV **send for sb** llamar a algn, mandar buscar a algn ◆ **send (off) for sth** pedir, encargar algo (*por correo*) ◆ **send sb in** enviar a algn (*esp tropas, policía, etc.*) ◆ **send sth in/off** enviar algo (*por correo*) ◆ **send sb off** (*Dep*) expulsar a algn ◆ **send sth out 1** (*invitaciones, etc.*) enviar algo **2** (*rayos, etc.*) emitir algo ◆ **send sb/sth up** (*GB, coloq*) parodiar a algn/algo

sender *n* remitente

senile /ˈsiːnaɪl/ *adj* senil **senility** /səˈnɪləti/ *n* senilidad

senior 🔑 /ˈsiːniə(r)/ *adjetivo, nombre*
▶ *adj* **1** superior: *senior partner* socio mayoritario **2** (*abrev* **Snr, Sr**) padre: *John Brown, Senior* John Brown, padre
▶ *n* mayor: *She is two years my senior.* Me lleva dos años.

ˌsenior ˈcitizen (*USA tb* **senior**) *n* ciudadano, -a de la tercera edad

ˌsenior ˈhigh school (*tb* **ˌsenior ˈhigh**) *n* (*USA*) instituto donde se imparten los últimos tres o cuatro años de enseñanza secundaria

seniority /ˌsiːniˈɒrəti; *USA* -ˈɔːr-/ *n* antigüedad (*rango, años, etc.*)

sensation /senˈseɪʃn/ *n* sensación

sensational /senˈseɪʃənl/ *adj* **1** sensacional **2** (*pey*) sensacionalista **sensationalist** *adj* sensacionalista

S

sense 🔑 /sens/ *nombre, verbo*
▶ *n* **1** sentido: *sense of smell/touch/taste* olfato/tacto/gusto ◇ *a sense of humour* sentido del humor **2** sensación: *It gives him a sense of security.* Le hace sentirse seguro. **3** juicio, sensatez: *to come to your senses* recobrar el juicio ◇ *to make sb see sense* hacer que algn entre en razón ◇ *to have the good sense to do sth* ser lo suficientemente sensato como para hacer algo LOC **in a sense** en cierto sentido ◆ **make sense** tener sentido ◆ **make sense of sth** entender algo ◆ **see sense** entrar en razón
▶ *vt* **1** sentir, ser consciente de **2** (*máquina*) detectar

senseless /ˈsensləs/ *adj* **1** (*pey*) sin sentido: *It is senseless to go on.* No tiene sentido seguir. **2** inconsciente **3** insensato

sensibility /ˌsensəˈbɪləti/ *n* sensibilidad

sensible 🔑 /ˈsensəbl/ *adj* **1** sensato, prudent[e] ❶ La palabra española *sensible* se traduce po[r] **sensitive**. **2** (*decisión*) acertado **sensibly** *ad[v]* **1** (*comportarse*) con prudencia **2** (*vestirse*) adecuadamente

sensitive 🔑 /ˈsensətɪv/ *adj* **1** sensible: *She'[s] very sensitive to criticism.* Es muy susceptibl[e] a las críticas. ❶ La palabra inglesa **sensible** s[e] traduce por *sensato*. **2** (*asunto, piel*) delicado *sensitive documents* documentos confidenciales **sensitively** *adv* con sensibilidad **sensitivity** /ˌsensəˈtɪvəti/ *n* **1** sensibilidad **2** susceptibilidad **3** (*asunto, piel*) delicadeza

sensory /ˈsensəri/ *adj* sensorial

sensual /ˈsenʃuəl/ *adj* sensual **sensuality** /ˌsenʃuˈæləti/ *n* sensualidad

sensuous /ˈsenʃuəs/ *adj* sensual

sent *pt, pp de* SEND

sentence 🔑 /ˈsentəns/ *nombre, verbo*
▶ *n* **1** (*Gram*) frase, oración **2** sentencia, pena: *[a] life sentence* cadena perpetua
▶ *vt* ~ **sb (to sth)** sentenciar, condenar a algn (*[a]* algo)

sentiment /ˈsentɪmənt/ *n* **1** (*formal*) sentimiento **2** [*incontable*] sentimentalismo **sentimental** /ˌsentɪˈmentl/ *adj* **1** sentimental **2** sensiblero **sentimentality** /ˌsentɪmenˈtæləti/ *[n]* (*pey*) sentimentalismo, sensiblería

sentry /ˈsentri/ *n* (*pl* **sentries**) centinela

separate 🔑 *verbo, adjetivo*
▶ /ˈsepəreɪt/ **1** *vt, vi* separar(se) **2** *vt* dividir: *W[e] separated the children into three groups.* Dividimos a los niños en tres grupos.
▶ /ˈseprət/ *adj* **1** separado **2** distinto: *It happene[d] on three separate occasions.* Ocurrió en tre[s] ocasiones distintas.

separately 🔑 /ˈseprətli/ *adv* por separado, aparte

separation 🔑 /ˌsepəˈreɪʃn/ *n* separación

September 🔑 /sepˈtembə(r)/ *n* (*abrev* **Sept.**) se(p)tiembre ➲ *Ver nota y ejemplos en* JANUARY

sequel /ˈsiːkwəl/ *n* **1** (*película, libro, etc.*) continuación **2** secuela

sequence /ˈsiːkwəns/ *n* sucesión, serie

serene /səˈriːn/ *adj* sereno

serf /sɜːf/ *n* siervo (*de la gleba*)

sergeant /ˈsɑːdʒənt/ *n* sargento

serial /ˈsɪəriəl/ *n* serie: *serial number* númer[o] de serie ◇ *a radio serial* un serial radiofónico

series 🔑 /ˈsɪəriːz/ *n* (*pl* **series**) **1** serie, sucesión **2** (*Radio, TV*) serie: *a television series* una serie de televisión

En inglés utilizamos la palabra **series** para referirnos a las series que tratan una historia diferente en cada episodio, y **serial** para referirnos a una sola historia dividida en capítulos.

serious /ˈsɪəriəs/ *adj* **1** (*enfermedad, error*) grave **2** serio: *Is he serious (about it)?* ¿Lo dice en serio? ◇ *to be serious about sb* ir en serio con algn

seriously /ˈsɪəriəsli/ *adv* **1** seriamente **2** (*herido*) gravemente **3** (hablando) en serio **4** (*coloq*): *He's seriously rich.* Es súper rico.

seriousness /ˈsɪəriəsnəs/ *n* **1** seriedad **2** gravedad

sermon /ˈsɜːmən/ *n* sermón

servant /ˈsɜːvənt/ *n* criado, -a *Ver tb* CIVIL SERVANT

serve /sɜːv/ *verbo, nombre*
▸ **1** *vt* ~ **sb sth**; ~ **sth (to sb)** servir algo (a algn) ➲ *Ver nota en* GIVE **2** *vt* (*cliente*) atender **3** *vt, vi* servir: *This will serve as an example to us all.* Esto nos servirá a todos de ejemplo. ◇ *It served to make us more careful.* Nos enseñó a ser más cuidadosos. **4** *vi* ~ **(in/on/with sth)** servir (en algo): *He served with the eighth squadron.* Sirvió en el octavo escuadrón. **5** *vt* (*condena*) cumplir **6** *vt, vi* (*Tenis, etc.*) sacar LOC **it serves sb right (for doing sth)**: *It serves him right (for being so selfish).* Le está bien empleado (por ser tan egoísta). *Ver tb* FIRST PHR V **serve sth out 1** (*condena, contrato, etc.*) cumplir, hacer algo **2** (*comida, etc.*) servir algo ◆ **serve sth up** servir algo
▸ *n* (*Tenis, etc.*) saque: *Whose serve is it?* ¿A quién le toca sacar?

server /ˈsɜːvə(r)/ *n* **1** (*Informát*) servidor **2** (*Tenis, etc.*) jugador, -ora que tiene el saque **3** (*Cocina*) [*gen pl*] cubierto de servir: *salad servers* cubiertos de servir la ensalada

service /ˈsɜːvɪs/ *nombre, verbo*
▸ *n* **1** servicio: *10% extra for service* un 10% de recargo por servicio ◇ *on active service* en servicio activo *Ver tb* ROOM SERVICE **2** revisión (*de coche*) **3** (*Relig*) oficio **4 services** [*v sing o pl*] (*tb* ˈ**service area**) (*en autopista*) área de servicio **5** (*deporte de raqueta*) saque, servicio
▸ *vt* (*coche*) hacer la revisión a

service charge *n* servicio: *There's a 15% service charge.* Se cobra un 15% de servicio.

serviceman /ˈsɜːvɪsmən/ *n* (*pl* **-men** /-mən/) militar

service station *n* **1** gasolinera **2** estación de servicio

servicewoman /ˈsɜːvɪswʊmən/ *n* (*pl* **-women** /-wɪmɪn/) militar

serviette /ˌsɜːviˈet/ *n* servilleta

session /ˈseʃn/ *n* sesión

set /set/ *verbo, nombre, adjetivo*
▸ **(-tt-)** (*pt, pp* **set**) **1** *vt* poner, colocar: *He set a bowl of soup in front of me.* Me puso un plato de sopa delante. **2** *vt* (*cambio de estado*): *They set the prisoners free.* Pusieron en libertad a los prisioneros. ◇ *It set me thinking.* Me dio que pensar. **3** *vt* (*Cine, libro, etc.*): *The film is set in Austria.* La película se desarrolla en Austria. **4** *vt* (*preparar*) poner: *to set the table* poner la mesa ◇ *I've set the alarm clock for seven.* He puesto el despertador para las siete. ◇ *Did you set the video to record that film?* ¿Has programado el vídeo para grabar esa película? **5** *vt* establecer, fijar: *She's set a new world record.* Ha establecido un nuevo récord mundial. ◇ *They haven't set a date for their wedding yet.* Todavía no han fijado la fecha de la boda. ◇ *Can we set a limit to the cost of the trip?* ¿Podemos fijar un límite para el coste del viaje? **6** *vt* (*mandar*) poner: *We've been set a lot of homework today.* Hoy nos han puesto un montón de deberes. **7** *vi* (*flan, gelatina*) cuajar **8** *vi* (*cemento, etc.*) endurecerse **9** *vt* (*pelo*) marcar **10** *vt* (*hueso roto*) escayolar **11** *vi* (*sol*) ponerse ❶ Para expresiones con **set**, véanse las entradas del sustantivo, adjetivo, etc., p. ej. **set light to sth** en LIGHT. PHR V **set about (doing) sth** ponerse a hacer algo ◆ **set sth aside 1** apartar, reservar algo **2** dejar algo a un lado ◆ **set sth/sb back** retrasar algo/a algn ◆ **set off/out** salir, partir: *to set off on a journey* salir de viaje ◇ *to set out from London for Australia* salir de Londres para Australia ◆ **set sth off 1** hacer explotar algo **2** (*alarma*) hacer que salte algo **3** ocasionar algo ◆ **set out to do sth** proponerse hacer algo ◆ **set sth up 1** (*barricadas, etc.*) levantar, poner algo **2** montar algo **3** establecer, crear algo **4** (*reunión, etc.*) organizar algo *Ver tb* SET-UP
▸ *n* **1** juego, lote: *a set of saucepans* una batería de cocina **2** círculo (*de personas*) **3** (*TV, Radio*) aparato **4** (*Teat*) decorado **5** (*Cine*) plató **6** (*Tenis, Voleibol*) set **7** (*Mat*) conjunto
▸ *adj* **1** situado **2** determinado **3** ~ **for sth/to do sth** preparado para algo/para hacer algo LOC *Ver* MARK

setback /ˈsetbæk/ *n* contrariedad: *to suffer a setback* sufrir un revés

ˈ**set square** *n* escuadra (*regla*)

settee /seˈtiː/ *n* sofá

S

ˌset ˈtext (*tb* **ˌset ˈbook**) *n* (*Educ*) lectura obligatoria

setting /ˈsetɪŋ/ *n* **1** marco **2** ambientación **3** (*tb* **settings** [*pl*]) (*Informát, etc.*) configuración **4** montura

settle /ˈsetl/ **1** *vt* (*disputa*) resolver **2** *vt* acordar **3** *vi* establecerse, quedarse a vivir **4** *vi* ~ **(on sth)** posarse (en algo) **5** *vt* (*deuda*) pagar **6** *vi* ~ **(up) (with sb)** liquidar las cuentas (con algn) **7** *vt* (*estómago*) asentar **8** *vi* (*sedimento*) depositarse PHR V **settle down 1** (*tb* **settle back**) acomodarse **2** asentarse, echar raíces: *to marry and settle down* casarse y sentar la cabeza **3** calmarse ◆ **settle for sth** aceptar algo, conformarse con algo ◆ **settle in; settle into sth** adaptarse (a algo) ◆ **settle on sth** decidirse por algo **settled** *adj* estable

settlement /ˈsetlmənt/ *n* **1** acuerdo **2** poblado **3** colonización

settler /ˈsetlə(r)/ *n* poblador, -ora

set-up /ˈset ʌp/ *n* organización, sistema

seven /ˈsevn/ *adj, pron, n* siete ➲ *Ver ejemplos en* FIVE

seventeen /ˌsevnˈtiːn/ *adj, pron, n* diecisiete ➲ *Ver ejemplos en* FIVE **seventeenth 1** *adj, adv, pron* decimoséptimo **2** *n* diecisieteava parte, diecisieteavo ➲ *Ver ejemplos en* FIFTH

seventh /ˈsevnθ/ **1** *adj, adv, pron* séptimo **2** *n* séptima parte, séptimo ➲ *Ver ejemplos en* FIFTH

seventieth /ˈsevntiəθ/ **1** *adj, adv, pron* septuagésimo **2** *n* setentava parte, setentavo ➲ *Ver ejemplos en* FIFTH

seventy /ˈsevnti/ *adj, pron, n* setenta ➲ *Ver ejemplos en* FIFTY, FIVE

sever /ˈsevə(r)/ *vt* (*formal*) **1** ~ **sth (from sth)** cortar algo (de algo) **2** (*relaciones*) romper

several /ˈsevrəl/ *adj, pron* varios, -as

severe /sɪˈvɪə(r)/ *adj* (**severer**, **-est**) **1** (*rostro, castigo*) severo **2** (*tormenta, helada, dolor, golpe*) fuerte **3** (*problema, consecuencia*) serio

sew /səʊ/ *vt, vi* (*pt* **sewed** *pp* **sewn** /səʊn/ *o* **sewed**) coser PHR V **sew sth up 1** coser algo: *to sew up a hole* zurcir un agujero **2** (*coloq*) arreglar algo

sewage /ˈsuːɪdʒ, ˈsjuː-/ *n* [*incontable*] aguas residuales

sewer /ˈsuːə(r), ˈsjuː-/ *n* alcantarilla, cloaca

sewing /ˈsəʊɪŋ/ *n* [*incontable*] costura: *sewing machine* máquina de coser

sewn *pp de* SEW

sex /seks/ *n* sexo: *to have sex* tener relaciones sexuales ◇ *sex life* vida sexual

sexism /ˈseksɪzəm/ *n* sexismo **sexist** *adj, n* sexista

sexual /ˈsekʃuəl/ *adj* sexual: *sexual intercourse* relaciones sexuales/coito **sexuality** /ˌsekʃuˈæləti/ *n* sexualidad

sexy /ˈseksi/ *adj* (**sexier**, **-iest**) **1** (*persona, ropa*) sexy **2** (*libro, película*) erótico **3** (*coloq*) fascinante, interesante

shabby /ˈʃæbi/ *adj* (**shabbier**, **-iest**) **1** (*ropa*) raído **2** (*objetos*) en mal estado **3** (*persona*) desharrapado **4** (*comportamiento*) mezquino

shack /ʃæk/ *n* choza

shade /ʃeɪd/ *nombre, verbo*

▸ *n* **1** sombra ➲ *Ver dibujo en* SOMBRA **2** pantalla (*de lámpara*) **3** (*USA*) persiana **4** (*color*) tono **5** (*significado*) matiz

▸ *vt* dar sombra a

shadow /ˈʃædəʊ/ *nombre, verbo, adjetivo*

▸ *n* **1** sombra ➲ *Ver dibujo en* SOMBRA **2** (*tb* **shadows** [*pl*]) tinieblas

▸ *vt* seguir y vigilar secretamente

▸ *adj* (*Pol*) de la oposición

> En Gran Bretaña, el partido de la oposición (**the Opposition**) forma un equipo que se llama el **shadow cabinet**, cuyos miembros se ocupan de seguir la labor de los ministros del gobierno.

shadowy /ˈʃædəʊi/ *adj* (*lugar, asunto, etc.*) oscuro

shady /ˈʃeɪdi/ *adj* (**shadier**, **-iest**) **1** sombreado **2** (*coloq*) sospechoso, turbio

shaft /ʃɑːft; *USA* ʃæft/ *n* **1** pozo: *the lift shaft* el hueco del ascensor **2** mango (*largo*) **3** eje **4** ~ **(of sth)** (*luz*) rayo (de algo)

shaggy /ˈʃægi/ *adj* (**shaggier**, **-iest**) peludo: *shaggy eyebrows* cejas pobladas ◇ *shaggy hair* pelo desgreñado

shake /ʃeɪk/ *verbo, nombre*

▸ (*pt* **shook** /ʃʊk/, *pp* **shaken** /ˈʃeɪkən/) **1** *vt* sacudir, agitar **2** *vi* temblar **3** *vt* ~ **sb (up)** perturbar a algn LOC **shake sb's hand; shake hands (with sb); shake sb by the hand** dar la mano a algn ◆ **shake your head** negar con la cabeza PHR V **shake sb off** deshacerse de algn ◆ **shake sth up 1** agitar algo **2** reorganizar algo totalmente

▸ *n* **1** [*gen sing*] sacudida: *Give the bottle a good shake.* Agita bien la botella. ◇ *She replied with a shake of the head.* Dijo que no con un movimiento de cabeza. **2** *Ver* MILKSHAKE **shaky** *adj* (**shakier**, **-iest**) **1** tembloroso **2** poco firme

shall /ʃəl, ʃæl/ *v modal* (*contracción* **'ll** *neg* **shall not** *o* **shan't** /ʃɑːnt; *USA* ʃænt/)

Shall es un verbo modal al que sigue un infinitivo sin **to** y las oraciones interrogativas y negativas se construyen sin el auxiliar **do**.

1 (*esp GB*) [*para formar el futuro*]: *As we shall see...* Como veremos... ◇ *I shall tell her tomorrow.* Se lo diré mañana.

Shall y **will** se usan para formar el futuro en inglés. **Shall** se utiliza con la primera persona del singular y del plural, **I** y **we**, y **will** con las demás personas. Sin embargo, en inglés hablado **will** (o **'ll**) tiende a utilizarse con todos los pronombres.

2 (*oferta, petición*): *Shall we pick you up?* ¿Te vamos a buscar? **3** (*formal*) (*voluntad, determinación*): *He shall be given a fair trial.* Tendrá un juicio justo. ◇ *I shan't go.* No iré. ❶ En este sentido, **shall** es más formal que **will**, especialmente cuando se usa con pronombres que no sean **I** y **we**.

shallow 🔑 /ˈʃæləʊ/ *adj* (**shallower**, **-est**) **1** (*agua*) poco profundo **2** (*pey*) (*persona*) superficial

shambles /ˈʃæmblz/ *n* [*sing*] (*coloq*) desastre: *to be (in) a shambles* estar hecho un desastre

shame 🔑 /ʃeɪm/ *nombre, verbo*
▸ *n* **1** vergüenza **2** deshonra **3 a shame** [*sing*] (una) lástima: *What a shame!* ¡Qué lástima! LOC **put sb/sth to shame** dejar a algn/algo a la altura del betún *Ver tb* CRY
▸ *vt* (*formal*) **1** avergonzar **2** deshonrar

shameful /ˈʃeɪmfl/ *adj* vergonzoso

shameless /ˈʃeɪmləs/ *adj* descarado, sinvergüenza

shampoo /ʃæmˈpuː/ *nombre, verbo*
▸ *n* (*pl* **shampoos**) champú
▸ *vt* (*pt, pp* **shampooed** *part pres* **shampooing**) lavar (con champú)

shamrock /ˈʃæmrɒk/ *n* trébol (*símbolo nacional de Irlanda*)

shandy /ˈʃændi/ *n* (*pl* **shandies**) cerveza con gaseosa

shan't = SHALL NOT *Ver* SHALL

shanty town /ˈʃænti taʊn/ *n* barrio de chabolas

shape 🔑 /ʃeɪp/ *nombre, verbo*
▸ *n* **1** forma, bulto **2** figura LOC **give shape to sth** (*formal*) plasmar algo ◆ **in any shape or form** (*coloq*) de cualquier tipo ◆ **in shape** en forma ◆ **out of shape 1** deformado **2** en baja forma ◆ **take shape** ir cobrando forma
▸ *vt* **1 ~ sth (into sth)** dar forma (de algo) a algo **2** forjar **shapeless** *adj* amorfo

share 🔑 /ʃeə(r)/ *verbo, nombre*
▸ **1** *vt, vi* ~ **(sth) (with sb)** compartir (algo) (con algn) **2** *vt* ~ **sth (out) (among/between sb)** repartir algo (entre algn)
▸ *n* **1** ~ **(of/in sth)** parte (de/en algo) **2** (*Fin*) acción LOC *Ver* FAIR

shareholder /ˈʃeəhəʊldə(r)/ *n* accionista

shark /ʃɑːk/ *n* tiburón

sharp 🔑 /ʃɑːp/ *adjetivo, adverbio, nombre*
▸ *adj* (**sharper**, **-est**) **1** (*cuchillo, etc.*) afilado **2** (*cambio*) pronunciado **3** nítido **4** (*sonido, dolor, mente*) agudo **5** (*vista*) de lince **6** (*críticas, viento*) cortante **7** (*helada*) fuerte **8** (*curva*) cerrado **9** (*sabor*) ácido **10** (*olor*) acre **11** (*Mús*) sostenido
▸ *adv* en punto: *at two o'clock sharp* a las dos en punto
▸ *n* (*Mús*) sostenido

sharpen /ˈʃɑːpən/ *vt* afilar **sharpener** *n Ver* PENCIL SHARPENER

shatter /ˈʃætə(r)/ **1** *vt, vi* hacer(se) añicos **2** *vt* destruir **shattered** *adj* **1** trastornado **2** (*GB, coloq*) hecho polvo **shattering** *adj* demoledor

shave 🔑 /ʃeɪv/ *vt, vi* afeitar(se) LOC *Ver* CLOSE²

shaver /ˈʃeɪvə(r)/ *n* maquinilla eléctrica (*de afeitar*)

shawl /ʃɔːl/ *n* chal, toquilla

she 🔑 /ʃiː/ *pronombre, nombre*
▸ *pron* ella: *She didn't come.* No vino. ❶ El pronombre personal no puede omitirse en inglés. ➲ *Comparar con* HER (3)
▸ *n* hembra: *Is it a he or a she?* ¿Es macho o hembra?

shear /ʃɪə(r)/ *vt* (*pt* **sheared** *pp* **shorn** /ʃɔːn/ *o* **sheared**) **1** (*oveja*) esquilar **2** cortar

shears /ʃɪəz/ *n* [*pl*] podadera ➲ *Ver nota en* PAIR

sheath /ʃiːθ/ *n* (*pl* **sheaths** /ʃiːðz/) vaina, estuche

shed /ʃed/ *nombre, verbo*
▸ *n* cobertizo
▸ *vt* (**-dd-**) (*pt, pp* **shed**) **1** deshacerse de **2** (*hojas*) perder **3** (*la piel*) mudar **4 ~ sth (on sb/sth)** (*luz*) arrojar, difundir algo (sobre algn/algo) **5** (*formal*) (*sangre, lágrimas*) derramar

she'd /ʃiːd/ **1** = SHE HAD *Ver* HAVE **2** = SHE WOULD *Ver* WOULD

sheep 🔑 /ʃiːp/ *n* (*pl* **sheep**) oveja *Ver tb* EWE, RAM ➲ *Ver nota en* CARNE

sheepish /ˈʃiːpɪʃ/ *adj* tímido, avergonzado

sheer /ʃɪə(r)/ *adj* **1** (*uso enfático*) puro, absoluto: *The concert was sheer delight.* El concierto fue una pura delicia. ◇ *The area is under threat from the sheer number of visitors.* El área se ve amenazada debido al enorme numero de

S

visitantes. **2** (*casi vertical*) escarpado **3** (*tela*) diáfano

sheet 🔑 /ʃiːt/ *n* **1** (*de cama*) sábana **2** (*de papel*) hoja **3** (*de vidrio, metal*) lámina

sheikh /ʃeɪk/ *n* jeque

shelf 🔑 /ʃelf/ *n* (*pl* **shelves** /ʃelvz/) estante, balda

shell 🔑 /ʃel/ *nombre, verbo*

▸ *n* **1** (*de un molusco*) concha **2** (*huevo, nuez*) cáscara ➲ *Ver nota en* PEEL **3** (*tortuga, crustáceo, insecto*) caparazón **4** obús **5** (*barco*) casco **6** (*edificio*) armazón

▸ *vt* **1** bombardear **2** pelar, quitar la cáscara de

she'll /ʃiːl/ = SHE WILL *Ver* WILL

shellfish /ˈʃelfɪʃ/ *n* (*pl* **shellfish**) **1** (*Zool*) crustáceo **2** (*como alimento*) marisco

shelter 🔑 /ˈʃeltə(r)/ *nombre, verbo*

▸ *n* **1** ~ **(from sth)** (*protección*) abrigo, resguardo (contra algo): *to take shelter* refugiarse **2** (*lugar*) refugio: *bus shelter* marquesina de autobús

▸ **1** *vt* ~ **sb/sth (from sb/sth)** resguardar, proteger a algn/algo (de algn/algo) **2** *vi* ~ **(from sth)** refugiarse, ponerse al abrigo (de algo) **sheltered** *adj* **1** (*lugar*) abrigado **2** (*vida*) protegido

shelve /ʃelv/ *vt* archivar

shelves *plural de* SHELF

shelving /ˈʃelvɪŋ/ *n* [*incontable*] estanterías

shepherd /ˈʃepəd/ *n* pastor, -ora *Ver tb* GERMAN SHEPHERD

sheriff /ˈʃerɪf/ *n* sheriff

sherry /ˈʃeri/ *n* (*pl* **sherries**) jerez

she's /ʃiːz/ **1** = SHE IS *Ver* BE **2** = SHE HAS *Ver* HAVE

shied *pt, pp de* SHY

shield /ʃiːld/ *nombre, verbo*

▸ *n* escudo

▸ *vt* ~ **sb/sth (from sb/sth)** proteger a algn/algo (de algn/algo)

shift 🔑 /ʃɪft/ *verbo, nombre*

▸ *vt, vi* mover(se), cambiar de sitio: *Help me shift the sofa.* Ayúdame a cambiar el sofá de sitio. ◇ *She shifted uneasily in her seat.* Se movió inquieta en su asiento.

▸ *n* **1** cambio: *a shift in public opinion* un cambio en la opinión pública **2** (*trabajo*) turno **3** (*tb* ˈ**shift key**) (*Informát*) tecla de las mayúsculas

shifty /ˈʃɪfti/ *adj* (*coloq*) sospechoso

shimmer /ˈʃɪmə(r)/ *vi* **1** (*agua, seda*) brillar **2** (*luz*) titilar **3** (*luz en agua*) rielar

shin /ʃɪn/ *n* **1** espinilla **2** (*tb* ˈ**shin bone**) tibia

shine 🔑 /ʃaɪn/ *verbo, nombre*

▸ (*pt, pp* **shone** /ʃɒn; *USA* ʃəʊn/) **1** *vi* brillar: *His face shone with excitement.* Su cara irradiaba entusiasmo. **2** *vt* (*linterna, etc.*) dirigir **3** *vi*: *She's always shone at languages.* Siempre se le han dado muy bien los idiomas.

▸ *n* [*sing*] brillo

shingle /ˈʃɪŋgl/ *n* [*incontable*] guijarros

shiny 🔑 /ˈʃaɪni/ *adj* (**shinier**, **-iest**) brillante, reluciente

ship 🔑 /ʃɪp/ *nombre, verbo*

▸ *n* barco, buque: *The captain went on board ship.* El capitán subió al barco. ◇ *a merchant ship* un buque mercante ➲ *Ver nota en* BOAT

▸ *vt* (**-pp-**) enviar (*esp por vía marítima*)

shipbuilding /ˈʃɪpbɪldɪŋ/ *n* construcción de barcos

shipment /ˈʃɪpmənt/ *n* **1** [*incontable*] embarque, transporte (marítimo) **2** cargamento

shipping /ˈʃɪpɪŋ/ *n* [*incontable*] **1** embarcaciones, buques: *shipping lane/route* vía/ruta de navegación **2** envío, portes

shipwreck /ˈʃɪprek/ *nombre, verbo*

▸ *n* naufragio

▸ *vt* **be shipwrecked** naufragar

shipyard /ˈʃɪpjɑːd/ *n* astillero

shirt 🔑 /ʃɜːt/ *n* **1** camisa **2** (*Dep*) camiseta

shiver /ˈʃɪvə(r)/ *verbo, nombre*

▸ *vi* **1** ~ **(with sth)** temblar (de algo) **2** estremecerse

▸ *n* escalofrío

shoal /ʃəʊl/ *n* banco (*de peces*)

shock 🔑 /ʃɒk/ *nombre, verbo*

▸ *n* **1** susto, conmoción **2** [*incontable*] (*Med*) shock **3** (*tb* **eˌlectric ˈshock**) descarga eléctrica

▸ **1** *vt* conmover, impresionar **2** *vt, vi* escandalizar

ˈ**shock absorber** *n* amortiguador

shocking 🔑 /ˈʃɒkɪŋ/ *adj* **1** (*comportamiento*) escandaloso **2** (*noticia, crimen, etc.*) espantoso **3** (*coloq*) horrible, malísimo

shoddy /ˈʃɒdi/ *adj* (**shoddier**, **-iest**) **1** (*producto*) de baja calidad **2** (*trabajo*) chapucero

shoe 🔑 /ʃuː/ *nombre, verbo*

▸ *n* zapato: *What size shoe do you take?* ¿Qué número de zapato usas? ◇ *shoe shop* zapatería ◇ *shoe polish* betún ➲ *Ver nota en* PAIR

▸ *vt* (*pt, pp* **shod** /ʃɒd/) (*caballo*) herrar

shoelace /ˈʃuːleɪs/ *n* cordón de zapato

shoestring /ˈʃuːstrɪŋ/ *n* LOC **on a shoestring** (*coloq*) con escasos medios

shone *pt, pp de* SHINE

shook *pt de* SHAKE

shoot 🔑 /ʃuːt/ *verbo, nombre*

▸ (*pt, pp* **shot** /ʃɒt/) **1** *vt, vi* ~ **(sth) (at sb/sth)** disparar (algo) (a algn/algo) **2** *vt* fusilar **3** *vi* ~ **along, past, out, etc.** ir, pasar, salir, etc., volando **4** *vi*

(*mirada*) lanzar **5** *vt* (*película*) rodar **6** *vi* (*Dep*) chutar PHR V **shoot sb down** matar a algn (a tiros) ◆ **shoot sth down** derribar algo (a tiros) ◆ **shoot up 1** (*planta, niño*) crecer rápidamente **2** (*precios*) dispararse **3** (*argot*) (*droga*) chutarse
▸ *n* brote

shooting 🔑 /ˈʃuːtɪŋ/ *n* **1** tiroteo **2** asesinato **3** caza **4** tiro (al blanco) **5** (*Cine*) rodaje

shop 🔑 /ʃɒp/ *nombre, verbo*
▸ *n* **1** tienda: *clothes shop* tienda de ropa ◇ *I'm going to the shops.* Voy a ir a comprar/de tiendas. ◇ *shop window* escaparate **2** *Ver* WORKSHOP LOC *Ver* TALK
▸ *vi* (**-pp-**) ir de compras, hacer compras: *to shop for sth* buscar algo (en las tiendas) PHR V **shop around (for sth)** mirar (algo) en varios sitios (*comparando precios, etc.*)

ˈ**shop assistant** *n* dependiente, -a

shopkeeper /ˈʃɒpkiːpə(r)/ *n* comerciante, tendero, -a

shoplifter /ˈʃɒplɪftə(r)/ *n* ladrón, -ona ➲ *Ver nota en* THIEF

shoplifting /ˈʃɒplɪftɪŋ/ *n* [*incontable*] hurto (*en una tienda*): *She was charged with shoplifting.* La acusaron de haberse llevado cosas sin pagar en una tienda.

shopper /ˈʃɒpə(r)/ *n* comprador, -ora

shopping 🔑 /ˈʃɒpɪŋ/ *n* [*incontable*] compra(s): *to do the shopping* hacer la compra ◇ *She's gone shopping.* Ha salido de compras. ◇ *shopping bag/trolley* bolsa/carrito de la compra ◇ *shopping list* lista de la compra *Ver tb* WINDOW-SHOPPING

ˈ**shopping centre** (*USA* ˈ**shopping center**, ˈ**shopping mall**) *n* centro comercial

shore /ʃɔː(r)/ *n* **1** costa: *to go on shore* desembarcar **2** orilla (*de mar, lago*): *on the shore(s) of Loch Ness* a orillas del Lago Ness ➲ *Comparar con* BANK

shorn *pp de* SHEAR

short 🔑 /ʃɔːt/ *adjetivo, adverbio, nombre*
▸ *adj* (**shorter**, **-est**) **1** (*tiempo, distancia, pelo, vestido*) corto: *I was only there for a short while.* Sólo estuve allí un rato. ◇ *a short time ago* hace poco **2** (*persona*) bajo **3** ~ **(of sth)** escaso (de algo): *Water is short.* Hay escasez de agua. ◇ *I'm a bit short of time just now.* En este momento ando un poco justo de tiempo. ◇ *I'm $5 short.* Me faltan cinco dólares. **4** ~ **for sth**: *Ben is short for Benjamin.* Ben es el diminutivo de Benjamin. LOC *Ver* BREATH, SUPPLY, TEMPER, TERM
▸ *adv* LOC *Ver* CUT, FALL
▸ *n* **1** copa, vaso pequeño (*de whisky, coñac, etc.*) **2** (*Cine*) corto *Ver tb* SHORTS LOC **for short** para abreviar: *He's called Ben for short.* Lo llamamos Ben para abreviar. ◆ **in short** resumiendo

shortage /ˈʃɔːtɪdʒ/ *n* escasez

shortbread /ˈʃɔːtbred/ *n* galleta hecha con mantequilla

ˌ**short** ˈ**circuit** (*coloq* **short**) *n* cortocircuito

short-circuit /ˌʃɔːt ˈsɜːkɪt/ (*coloq* **short**) **1** *vi* tener un cortocircuito **2** *vt* causar un cortocircuito en

shortcoming /ˈʃɔːtkʌmɪŋ/ *n* deficiencia

ˌ**short** ˈ**cut** *n* atajo: *He took a short cut through the park.* Atajó por el parque.

shorten /ˈʃɔːtn/ *vt, vi* acortar(se)

shorthand /ˈʃɔːthænd/ *n* taquigrafía

shortlist /ˈʃɔːtlɪst/ *n* lista final de candidatos

short-lived /ˌʃɔːt ˈlɪvd/ *adj* efímero

shortly 🔑 /ˈʃɔːtli/ *adv* **1** poco: *shortly afterwards* poco después **2** dentro de poco

shorts /ʃɔːts/ *n* [*pl*] **1** pantalón corto **2** (*USA*) calzoncillos ➲ *Ver nota en* PAIR

short-sighted /ˌʃɔːt ˈsaɪtɪd/ *adj* **1** miope **2** con poca visión de futuro

short-staffed /ˌʃɔːt ˈstɑːft; *USA* ˈstæft/ *adj* falto de personal

short-tempered /ˌʃɔːt ˈtempəd/ *adj* de mal genio

short-term /ˌʃɔːt ˈtɜːm/ *adj* a corto plazo

shot 🔑 /ʃɒt/ *n* **1** ~ **(at sb/sth)** disparo (a algn/algo) **2** (*coloq*) intento: *to have a shot at (doing) sth* intentarlo con algo/intentar hacer algo **3** (*Tenis, Golf*) golpe **4** (*Fútbol, Baloncesto*) tiro **5** (*Fot*) foto **6** (*Med*) inyección, dosis LOC *Ver* BIG; *Ver tb* SHOOT

shotgun /ˈʃɒtgʌn/ *n* escopeta

the ˈ**shot put** *n* [*sing*] (*Dep*) lanzamiento de peso

should 🔑 /ʃəd, ʃʊd/ *v modal* (*neg* **should not** *o* **shouldn't** /ˈʃʊdnt/)

> **Should** es un verbo modal al que sigue un infinitivo sin **to** y las oraciones interrogativas y negativas se construyen sin el auxiliar **do**.

1 (*sugerencias y consejos*) deber: *You shouldn't drink and drive.* No deberías conducir si has bebido. ➲ *Comparar con* MUST **2** (*probabilidad*) deber de: *They should be there by now.* Ya deben de haber llegado. **3** *How should I know?* ¿Y yo qué sé?

shoulder 🔑 /ˈʃəʊldə(r)/ *nombre, verbo*
▸ *n* hombro: *shoulder bag* bolso para llevar colgado del hombro ◇ *shoulder strap* tirante *Ver tb* HARD SHOULDER LOC *Ver* CHIP

S

▸ *vt* (*responsabilidad, culpa*) cargar con

ˈ**shoulder blade** *n* omoplato

shout 🔑 /ʃaʊt/ *verbo, nombre*

▸ *vt, vi* ~ **(sth) (out) (at/to sb)** gritar (algo) (a algn)

Cuando utilizamos **shout** con **at sb** tiene el sentido de "reñir", pero cuando lo utilizamos con **to sb** tiene el sentido de "decir a gritos": *Don't shout at him, he's only little.* No le grites, que es muy pequeño. ◇ *She shouted the number out to me from the car.* Me gritó el número desde el coche.

PHR V **shout sb down** hacer callar a algn a gritos

▸ *n* grito LOC **give sb a shout** (*coloq*) avisar a algn

shove /ʃʌv/ *verbo, nombre*

▸ **1** *vt, vi* empujar **2** *vt* (*coloq*) meter

▸ *n* [*gen sing*] empujón

shovel /ˈʃʌvl/ *nombre, verbo*

▸ *n* pala

▸ *vt* (**-ll-**, *USA* **-l-**) (re)mover con una pala

show 🔑 /ʃəʊ/ *verbo, nombre*

▸ (*pt* **showed** *pp* **shown** /ʃəʊn/) **1** *vt* mostrar, enseñar **2** *vt* demostrar **3** *vi* verse, notarse **4** *vt* (*película*) proyectar **5** *vt* (*Arte*) exponer LOC *Ver* ROPE PHR V **show off (to sb)** (*coloq, pey*) fardar, presumir (delante de algn) ◆ **show sb/sth off** presumir de algn/algo, lucir a algn/algo ◆ **show sth off** resaltar algo ◆ **show up 1** (*coloq*) presentarse **2** verse ◆ **show sb up** (*GB, coloq*) avergonzar a algn ◆ **show sth up** (hacer) resaltar algo, poner algo de manifiesto

▸ *n* **1** espectáculo, función: *TV show* programa de televisión *Ver tb* REALITY SHOW **2** exposición, feria **3** demostración, alarde: *a show of force* una demostración de fuerza ◇ *to make a show of sth* hacer alarde de algo LOC **for show 1** (*comportamiento*) para impresionar **2** (*artículo de exposición*) de adorno ◆ **on show** expuesto

S

ˈ**show business** (*coloq* **showbiz** /ˈʃəʊbɪz/) *n* el mundo del espectáculo

showdown /ˈʃəʊdaʊn/ *n* enfrentamiento decisivo

shower 🔑 /ˈʃaʊə(r)/ *nombre, verbo*

▸ *n* **1** ducha: *to take/have a shower* ducharse **2** chubasco **3** ~ **(of sth)** lluvia (de algo) *Ver tb* BABY SHOWER

▸ **1** *vi* ducharse **2** *vi* ~ **(down) (on sb/sth)** llover (sobre algn/algo) PHR V **shower sb with sth 1** rociar a algn de/con algo **2** (*regalos, etc.*) colmar a algn de algo **showery** *adj* lluvioso: *a showery day* un día de chubascos

showing /ˈʃəʊɪŋ/ *n* **1** (*Cine*) función **2** actuación

showjumping /ˈʃəʊdʒʌmpɪŋ/ *n* salto de obstáculos (*hípica*)

shown *pp de* SHOW

show-off /ˈʃəʊ ɒf; *USA* ɔːf/ *n* (*coloq, pey*) chulo, -a

showroom /ˈʃəʊruːm, -rʊm/ *n* sala de exposición/muestras

shrank *pt de* SHRINK

shrapnel /ˈʃræpnəl/ *n* metralla

shred /ʃred/ *verbo, nombre*

▸ *vt* (**-dd-**) hacer tiras

▸ *n* **1** (*de tela*) jirón **2** (*de papel, verduras*) tira **3** ~ **of sth** (*fig*) pizca de algo

shrewd /ʃruːd/ *adj* (**shrewder**, **-est**) **1** (*persona*) astuto, perspicaz **2** (*decisión*) inteligente, acertado **shrewdness** *n* astucia

shriek /ʃriːk/ *verbo, nombre*

▸ **1** *vi* ~ **(with sth)** gritar, chillar (de algo): *to shriek with laughter* reírse a carcajadas **2** *vt* ~ **sth (at sb)** gritar algo (a algn)

▸ *n* chillido

shrill /ʃrɪl/ *adj* (**shriller**, **-est**) **1** agudo, chillón **2** (*protesta, etc.*) estridente

shrimp /ʃrɪmp/ *n* **1** camarón **2** (*USA*) gamba

shrine /ʃraɪn/ *n* **1** santuario **2** sepulcro

shrink /ʃrɪŋk/ *vt, vi* (*pt* **shrank** /ʃræŋk/ o **shrunk** /ʃrʌŋk/, *pp* **shrunk**) encoger(se), reducir(se) PHR V **shrink from sth/doing sth** acobardarse ante algo, no atreverse a hacer algo

shrivel /ˈʃrɪvl/ *vt, vi* (**-ll-**, *USA* **-l-**) ~ **(sth) (up)** **1** secar algo, secarse **2** arrugar algo, arrugarse

shroud /ʃraʊd/ *nombre, verbo*

▸ *n* **1** sudario **2** ~ **(of sth)** (*formal*) manto, velo (de algo)

▸ *vt* ~ **sth in sth** envolver algo en algo: *shrouded in secrecy* rodeado del mayor secreto

Shrove Tuesday /ˌʃrəʊv ˈtjuːzdeɪ, -di; *USA* ˈtuːz-/ *n* martes de Carnaval ➲ *Ver nota en* MARTES

shrub /ʃrʌb/ *n* arbusto (*en jardín, parque*)

shrug /ʃrʌg/ *verbo, nombre*

▸ *vt, vi* (**-gg-**) ~ **(your shoulders)** encogerse de hombros PHR V **shrug sth off** no dar importancia a algo

▸ *n* encogimiento de hombros

shrunk *pt, pp de* SHRINK

shudder /ˈʃʌdə(r)/ *verbo, nombre*

▸ *vi* **1** ~ **(with/at sth)** estremecerse (de/ante algo) **2** dar sacudidas

▸ *n* **1** estremecimiento, escalofrío **2** sacudida

shuffle /ˈʃʌfl/ **1** *vi* ~ **(along)** caminar arrastrando los pies **2** *vt* ~ **your feet** arrastrar/andar arrastrando los pies **3** *vt, vi* (*Naipes*) barajar

shun /ʃʌn/ *vt* (**-nn-**) evitar, rehuir

shush /ʃʊʃ/ *interj* ¡silencio!, ¡chis!

shut /ʃʌt/ *verbo, adjetivo*

▸ *vt, vi* (**-tt-**) (*pt, pp* **shut**) cerrar(se) PHR V **shut sb/sth away** encerrar a algn/algo ◆ **shut (sth) down** cerrar (algo) ◆ **shut sth in sth** pillar(se) algo con algo ◆ **shut sth off 1** (*motor, máquina*) apagar algo **2** (*suministro*) cortar algo ◆ **shut sb/sth off from sth** aislar a algn/algo de algo ◆ **shut yourself off (from sth)** aislarse (de algo) ◆ **shut sb/sth out (of sth) 1** no dejar que algn/algo entre (en algo) **2** excluir a algn/algo (de algo) ◆ **shut up** (*coloq*) callarse ◆ **shut sb up** (*coloq*) hacer que algn se calle ◆ **shut sth up** cerrar algo ◆ **shut sb/sth up (in sth)** encerrar a algn/algo (en algo)

▸ *adj* [*nunca antes de sustantivo*] cerrado: *The door was shut.* La puerta estaba cerrada.

shutter /ˈʃʌtə(r)/ *n* **1** contraventana **2** (*Fot*) obturador

shuttle /ˈʃʌtl/ *n* **1** puente (aéreo): *shuttle service* servicio de enlace **2** (*tb* ˈ**space shuttle**) transbordador espacial

shy /ʃaɪ/ *adjetivo, verbo*

▸ *adj* (**shyer**, **-est**) tímido, cortado: *The band has never been shy of publicity.* Al grupo nunca le ha asustado la publicidad.

▸ *v* (*pt, pp* **shied** /ʃaɪd/) PHR V **shy away from sth** rehuir algo (*por timidez o miedo*)

shyness /ˈʃaɪnəs/ *n* timidez

sibling /ˈsɪblɪŋ/ *n* (*formal*) hermano, -a ℹ Las palabras más normales para *hermano* y *hermana* son **brother** y **sister**.

sick /sɪk/ *adjetivo, nombre*

▸ *adj* **1** enfermo: *to be off sick* estar de baja (por enfermedad) ➲ *Ver nota en* ENFERMO **2** mareado: *to feel sick* tener ganas de vomitar **3** ~ **of sb/sth** (*coloq*) harto de algn/algo: *to be sick to death/sick and tired of (doing) sth* estar harto de (hacer) algo **4** (*coloq*) morboso: *a sick joke* un chiste de mal gusto LOC **be sick** vomitar ◆ **make sb sick** poner enfermo, repugnar a algn

▸ *n* [*incontable*] (*GB, coloq*) vómito **sicken** *vt* dar asco a **sickening** *adj* **1** repugnante **2** (*coloq*) (*persona, comportamiento*) exasperante

sickly /ˈsɪkli/ *adj* (**sicklier**, **-iest**) **1** enfermizo **2** (*sabor, olor*) empalagoso

sickness /ˈsɪknəs/ *n* **1** enfermedad **2** náuseas

side /saɪd/ *nombre, verbo*

▸ *n* **1** lado: *to sit at/by sb's side* sentarse al lado de algn ◇ *to put/leave sth on one side* dejar algo a un lado **2** cara: *on the other side of the card* en la otra cara de la tarjeta **3** (*de persona, casa, etc.*) costado, lateral: *a side door* una puerta lateral **4** (*de animal*) flanco **5** (*de montaña*) ladera **6** (*de lago, río*) orilla **7** parte, bando: *to change sides* pasarse al otro bando ◇ *to be on our side* ser de los nuestros ◇ *Whose side are you on?* ¿De qué lado estás tú? **8** aspecto: *the different sides of a question* los distintos aspectos de un tema **9** (*Dep*) equipo LOC **get on the right/wrong side of sb** caer bien/mal a algn ◆ **on/from all sides**; **on/from every side** por/de todos lados, por/de todas partes ◆ **side by side** uno al lado del otro: *We're using both systems side by side.* Estamos usando los dos sistemas en paralelo. ◆ **take sides** tomar partido *Ver tb* LOOK, SAFE

▸ *v* PHR V **side with sb (against sb)** ponerse de parte de algn (en contra de algn)

sideboard /ˈsaɪdbɔːd/ *n* **1** aparador **2** **sideboards** (*tb* **sideburns** /ˈsaɪdbɜːnz/) [*pl*] patillas (*de barba*)

ˈ**side dish** (*tb* ˈ**side order**) *n* plato como acompañamiento/guarnición

ˈ**side effect** *n* efecto secundario

ˈ**side street** *n* bocacalle, callejuela

sidetrack /ˈsaɪdtræk/ *vt* desviar

sidewalk /ˈsaɪdwɔːk/ *n* (*USA*) acera

sideways /ˈsaɪdweɪz/ *adv, adj* **1** de/hacia un lado **2** (*mirada*) de reojo

siege /siːdʒ/ *n* **1** sitio **2** cerco policial

sieve /sɪv/ *nombre, verbo*

▸ *n* tamiz

▸ *vt* tamizar

sift /sɪft/ **1** *vt* tamizar **2** *vt, vi* ~ **(through) sth** examinar algo cuidadosamente

sigh /saɪ/ *verbo, nombre*

▸ *vi* suspirar

▸ *n* suspiro

sight /saɪt/ *n* **1** vista: *to have poor sight* tener mala vista **2** **the sights** [*pl*] los lugares de interés LOC **at/on sight** en el acto ◆ **catch sight of sb/sth** vislumbrar a algn/algo ◆ **in sight** a la vista ◆ **lose sight of sb/sth** perder a algn/algo de vista: *We must not lose sight of the fact that…* Debemos tener presente el hecho de que… ◆ **out of sight, out of mind** (*refrán*) ojos que no ven, corazón que no siente *Ver tb* PRETTY

sighting /ˈsaɪtɪŋ/ *n* avistamiento: *the first sighting of Mars* la primera vez que se vio Marte

sightseeing /ˈsaɪtsiːɪŋ/ *n* turismo: *to go sightseeing* visitar los lugares de interés turístico

sign /saɪn/ *nombre, verbo*

▸ *n* **1** signo: *sign language* lenguaje de signos ◇ *the signs of the zodiac* los signos del zodiaco **2** ~ **(of sth)** señal, indicio (de algo): *a good/bad sign* una buena/mala señal ◇ *There are signs that…* Hay indicios de que… **3** (*tráfico*) señal, letrero **4** señal: *to give sb a sign to do sth*

hacerle una señal a algn para que haga algo **5** ~ **(of sth)** (*Med*) síntoma (de algo)
▸ *vt, vi* firmar PHR V **sign sb on/up 1** contratar a algn **2** (*Dep*) fichar a algn ◆ **sign on/up (for sth) 1** matricularse (en algo) **2** hacerse socio (de algo)

signal /ˈsɪɡnəl/ *nombre, verbo*
▸ *n* señal *Ver tb* TURN SIGNAL
▸ (**-ll-**, *USA* **-l-**) **1** *vt, vi* señalar, hacer señas: *to signal (to) sb to do sth* hacer señas a algn para que haga algo **2** *vt* (*acontecimiento, cambio*) señalar, marcar **3** *vt* mostrar: *to signal your discontent* dar muestras de descontento

signature /ˈsɪɡnətʃə(r)/ *n* firma

significance /sɪɡˈnɪfɪkəns/ *n* **1** importancia: *a decision of major significance* una decisión muy importante **2** significado

significant /sɪɡˈnɪfɪkənt/ *adj* significativo

signify /ˈsɪɡnɪfaɪ/ *vt* (*pt, pp* **-fied**) (*formal*) **1** significar **2** indicar

signing /ˈsaɪnɪŋ/ *n* (*Dep*) fichaje

signpost /ˈsaɪnpəʊst/ *n* poste indicador

silence /ˈsaɪləns/ *nombre, interjección, verbo*
▸ *n, interj* silencio
▸ *vt* acallar

silencer /ˈsaɪlənsər/ *n* (*de coche*) silenciador

silent /ˈsaɪlənt/ *adj* **1** silencioso **2** callado **3** (*letra, película*) mudo

silhouette /ˌsɪluˈet/ *nombre, verbo*
▸ *n* silueta
▸ *vt* **be silhouetted (against sth)** perfilarse (contra/sobre algo)

silk /sɪlk/ *n* seda **silky** *adj* sedoso

sill /sɪl/ *n* alféizar

silly /ˈsɪli/ *adj* (**sillier**, **-iest**) **1** tonto: *That was a very silly thing to say.* Vaya tontería que has dicho. ➲ *Ver nota en* TONTO **2** ridículo: *to feel/look silly* sentirse/parecer ridículo

silver /ˈsɪlvə(r)/ *nombre, adjetivo*
▸ *n* **1** plata: *silver paper* papel de plata ◇ *silver-plated* con un baño de plata **2** [*incontable*] monedas plateadas **3** [*incontable*] (objetos de) plata LOC *Ver* WEDDING
▸ *adj* **1** de plata **2** (*color*) plateado

silverware /ˈsɪlvəweə(r)/ *n* [*incontable*] **1** (objetos de) plata **2** (*USA*) cubiertos

silvery /ˈsɪlvəri/ *adj* plateado

SIM card /ˈsɪm kɑːd/ *n* tarjeta SIM

similar /ˈsɪmələ(r)/ *adj* ~ **(to sb/sth)** parecido (a algn/algo): *They are similar in character.* Tienen un carácter parecido. ◇ *to be similar to sth* parecerse a algo

similarity /ˌsɪməˈlærəti/ *n* (*pl* **similarities**) similitud, semejanza

similarly /ˈsɪmələli/ *adv* **1** de forma parecida **2** del mismo modo, igualmente

simile /ˈsɪməli/ *n* símil

simmer /ˈsɪmə(r)/ *vt, vi* hervir a fuego lento

simple /ˈsɪmpl/ *adj* (**simpler**, **-est**) **1** sencillo, simple **2** fácil **3** (*uso enfático*) puro, simple: *It's a simple matter of principles.* Es sencillamente una cuestión de principios. **4** (*poco inteligente*) simple

simplicity /sɪmˈplɪsəti/ *n* sencillez

simplify /ˈsɪmplɪfaɪ/ *vt* (*pt, pp* **-fied**) simplificar

simplistic /sɪmˈplɪstɪk/ *adj* simplista

simply /ˈsɪmpli/ *adv* **1** tan sólo **2** sencillamente, simplemente **3** de manera sencilla, modestamente

simulate /ˈsɪmjuleɪt/ *vt* simular **simulation** *n* **1** simulacro: *a computer simulation* un simulacro en ordenador **2** simulación

simultaneous /ˌsɪmlˈteɪniəs; *USA* ˌsaɪm-/ *adj* ~ **(with sth)** simultáneo (a algo) **simultaneously** *adv* simultáneamente

sin /sɪn/ *nombre, verbo*
▸ *n* pecado
▸ *vi* (**-nn-**) pecar

since /sɪns/ *preposición, conjunción, adverbio*
▸ *prep* desde que: *It was the first time they'd won since 1994.* Era la primera vez que ganaban desde 1994.

> Tanto **since** como **from** se traducen por "desde" y se usan para especificar el punto de partida de la acción del verbo. **Since** se usa cuando la acción se extiende en el tiempo hasta el momento presente: *She has been here since three.* Lleva aquí desde las tres. **From** se usa cuando la acción ya ha terminado o no ha empezado todavía: *I was there from three until four.* Estuve allí desde las tres hasta las cuatro. ◇ *I'll be there from three.* Estaré allí a partir de las tres. ➲ *Ver tb nota en* FOR

▸ *conj* **1** (desde) que: *How long is it since we visited your mother?* ¿Cuánto hace que no vamos a ver a tu madre? **2** puesto que
▸ *adv* desde entonces: *We haven't heard from him since.* Desde entonces no hemos sabido nada de él.

sincere /sɪnˈsɪə(r)/ *adj* sincero

sincerely /sɪnˈsɪəli/ *adv* sinceramente LOC *Ver* YOURS

sincerity /sɪnˈserəti/ *n* sinceridad

sinful /ˈsɪnfl/ *adj* **1** pecador **2** pecaminoso

sing /sɪŋ/ *vt, vi* (*pt* **sang** /sæŋ/, *pp* **sung** /sʌŋ/) ~ **(sth) (for/to sb)** cantar (algo) (a algn)

singer /ˈsɪŋə(r)/ *n* cantante

singing /ˈsɪŋɪŋ/ *n* [*incontable*] canto, cantar

single /ˈsɪŋgl/ *adjetivo, nombre, verbo*

▸ *adj* **1** solo, único: *a single-sex school* una escuela para niños/niñas ◇ *every single day* cada día **2** soltero **3** (*cama, habitación*) individual LOC *Ver* GLANCE

▸ *n* **1** (*tb* ˌ**single** ˈ**ticket**) billete de ida **2** (*CD, etc.*) sencillo, single **3** **singles** [*pl*] personas sin pareja **4** **singles** [*incontable*] (*Dep*) individuales

▸ *v* PHR V **single sb/sth out (for/as sth)** elegir a algn/algo (para algo)

single-handed /ˌsɪŋgl ˈhændɪd/ (*tb* **single-handedly**) *adv* sin ayuda

single-minded /ˌsɪŋgl ˈmaɪndɪd/ *adj* decidido, resuelto

single ˈ**parent** *n* padre/madre que cría a su (s) hijo(s) sin pareja: *a single-parent family* una familia monoparental

singular /ˈsɪŋgjələ(r)/ *nombre, adjetivo*

▸ *n* (*Gram*) singular: *in the singular* en singular

▸ *adj* **1** (*Gram*) singular **2** (*formal*) extraordinario, singular

sinister /ˈsɪnɪstə(r)/ *adj* siniestro

sink /sɪŋk/ *verbo, nombre*

▸ (*pt* **sank** /sæŋk/, *pp* **sunk** /sʌŋk/) **1** *vt, vi* hundir(se) **2** *vi* bajar **3** *vi* (*sol*) ocultarse **4** *vt* (*coloq*) (*planes*) echar a perder LOC **be sunk in sth** estar sumido en algo *Ver tb* HEART PHR V **sink in 1** ser asimilado: *It hasn't sunk in yet that...* Todavía no me he hecho a la idea de que... **2** (*líquido*) ser absorbido ♦ **sink into sth 1** (*líquido*) penetrar (en) algo **2** (*fig*) sumirse, hundirse en algo ♦ **sink sth into sth** clavar algo en algo (*dientes, puñal*)

▸ *n* **1** fregadero **2** (*USA*) lavabo

sinus /ˈsaɪnəs/ *n* (*pl* **sinuses**) seno (*de hueso*)

sip /sɪp/ *verbo, nombre*

▸ *vt, vi* (**-pp-**) beber a sorbos

▸ *n* sorbo

sir /sɜː(r)/ *n* **1** señor: *Yes, sir.* Sí, señor. **2 Dear Sir** (*en cartas*) Muy señor mío ➲ *Ver nota en* ATENTAMENTE **3 Sir** /sɜː(r), sə(r)/: *Sir Paul McCartney*

siren /ˈsaɪrən/ *n* sirena (*de policía, etc.*)

sister /ˈsɪstə(r)/ *n* **1** hermana **2 Sister** enfermera jefe **3 Sister** (*Relig*) hermana **4** *sister ship* barco gemelo ◇ *sister organization* organización hermana

sister-in-law /ˈsɪstər ɪn lɔː/ *n* (*pl* **sisters-in-law**) cuñada

sit /sɪt/ (**-tt-**) (*pt, pp* **sat** /sæt/) **1** *vi* sentarse, estar sentado **2** *vt* ~ **sb (down)** (hacer) sentar a algn **3** *vi* (*objeto*) estar **4** *vi* ~ **in/on sth** tomar parte en algo: *She sat on a number of committees.* Tomaba parte en varios comités. **5** *vi* ~ **for sth** (*diputado*) representar a algo **6** *vi* (*parlamento*) permanecer en sesión **7** *vi* (*comité, etc.*) reunirse **8** *vt* (*examen*) presentarse a PHR V **sit about/around** estar sentado (*sin hacer nada*): *to sit around doing nothing* pasarse el día sin hacer nada ♦ **sit back** ponerse cómodo ♦ **sit (yourself) down** sentarse ♦ **sit for sb/sth** posar para algn/algo ♦ **sit through sth** aguantar algo (*hasta el final*) ♦ **sit up 1** incorporarse **2** quedarse levantado

sitcom /ˈsɪtkɒm/ (*formal* ˌ**situation** ˈ**comedy**) *n* (*TV*) serie humorística, comedia de situación

site /saɪt/ *n* **1** emplazamiento, obra: *building site* solar en construcción **2** (*de suceso*) lugar **3** (*de arqueología*) yacimiento **4** sitio (web)

sitting /ˈsɪtɪŋ/ *n* **1** sesión **2** (*para comer*) tanda

ˈ**sitting room** *n* cuarto de estar, salón

situated /ˈsɪtʃueɪtɪd/ *adj* situado, ubicado

situation /ˌsɪtʃuˈeɪʃn/ *n* situación

six /sɪks/ *adj, pron, n* seis ➲ *Ver ejemplos en* FIVE

six-pack /ˈsɪks pæk/ *n* **1** embalaje con seis unidades (*latas o botellas*) **2** (*coloq*) músculos del abdomen pronunciados

sixteen /ˌsɪksˈtiːn/ *adj, pron, n* dieciséis ➲ *Ver ejemplos en* FIVE **sixteenth 1** *adj, adv, pron* decimosexto **2** *n* dieciseisava parte, dieciseisavo ➲ *Ver ejemplos en* FIFTH

sixth /sɪksθ/ **1** *adj, adv, pron* sexto **2** *n* sexta parte, sexto ➲ *Ver ejemplos en* FIFTH

ˈ**sixth form** *n* (*GB*) bachillerato: *sixth-form college* instituto de bachillerato ➲ *Ver nota en* A LEVEL

sixtieth /ˈsɪkstiəθ/ **1** *adj, adv, pron* sexagésimo **2** *n* sesentava parte, sesentavo ➲ *Ver ejemplos en* FIFTH

sixty /ˈsɪksti/ *adj, pron, n* sesenta ➲ *Ver ejemplos en* FIFTY, FIVE

size /saɪz/ *nombre, verbo*

▸ *n* **1** tamaño **2** (*ropa, calzado*) talla, número: *I take size five.* Calzo un 38.

▸ *v* PHR V **size sb/sth up** (*coloq*) calibrar a algn/algo: *She sized him up immediately.* Lo caló enseguida. **sizeable** (*tb* **sizable**) *adj* considerable

skate /skeɪt/ *verbo, nombre*

▸ *vi* patinar: *to go skating* ir a patinar

▸ *n* patín *Ver tb* ICE SKATE, ROLLER SKATE

skateboard /ˈskeɪtbɔːd/ *n* monopatín **skateboarder** *n* skateboarder, patinador, -ora **skateboarding** *n* montar en monopatín, skate

skatepark /ˈskeɪtpɑːk/ *n* pista de monopatín

skater /ˈskeɪtə(r)/ *n* patinador, -ora

S

skating /ˈskeɪtɪŋ/ *n* patinaje: *figure/speed skating* patinaje artístico/de velocidad *Ver tb* ICE SKATING, ROLLER SKATING

ˈ**skating rink** *n* pista de patinaje

skeletal /ˈskelətl/ *adj* óseo, esquelético

skeleton /ˈskelɪtn/ *n* **1** esqueleto **2** *skeleton staff/service* personal/servicio mínimo

skeptic, **skeptical**, **skepticism** (*USA*) = SCEPTIC, SCEPTICAL, SCEPTICISM

sketch /sketʃ/ *nombre, verbo*
▸ *n* **1** bosquejo **2** (*Teat*) sketch
▸ *vt, vi* bosquejar, hacer bosquejos (de) **sketchy** *adj* (**sketchier**, **-iest**) incompleto, superficial

ski /ski:/ *nombre, verbo*
▸ *n* (*pl* **skis**) esquí: *ski jacket* plumífero ◇ *ski pass* forfait
▸ *vi* (*pt, pp* **skied** *part pres* **skiing**) esquiar: *to go skiing* ir a esquiar

skid /skɪd/ *verbo, nombre*
▸ *vi* (**-dd-**) **1** (*coche*) derrapar **2** (*persona*) resbalar
▸ *n* derrape

skier /ˈski:ə(r)/ *n* esquiador, -ora

skies *plural de* SKY

skiing /ˈski:ɪŋ/ *n* esquí

ski-jumping /ˈski: jʌmpɪŋ/ *n* salto de esquí

skilful 🔑 (*USA* **skillful**) /ˈskɪlfl/ *adj* **1** (*pintor, jugador*) diestro **2** ~ **(in/at sth/doing sth)** hábil (para algo/para hacer algo)

ˈ**ski lift** *n* telesquí

skill 🔑 /skɪl/ *n* **1** ~ **(in/at sth/doing sth)** habilidad (para algo/para hacer algo) **2** destreza

skilled 🔑 /skɪld/ *adj* ~ **(at/in sth/doing sth)** hábil (para algo/para hacer algo), experto (en algo/en hacer algo): *skilled work/worker* trabajo/trabajador especializado

skim /skɪm/ (**-mm-**) **1** *vt* descremar, espumar **2** *vt* pasar casi rozando **3** *vt, vi* ~ **(through/over) sth** leer algo por encima **skimmed** *adj* desnatado, descremado

skin 🔑 /skɪn/ *nombre, verbo*
▸ *n* **1** (*de animal, persona*) piel **2** (*de fruta, embutidos*) piel, cáscara ➲ *Ver nota en* PEEL **3** (*de leche*) nata **LOC by the skin of your teeth** (*coloq*) por un pelo
▸ *vt* (**-nn-**) despellejar

skin-diving /ˈskɪn daɪvɪŋ/ *n* buceo (de superficie)

skinhead /ˈskɪnhed/ *n* cabeza rapada (*persona*)

skinny /ˈskɪni/ *adj* (**skinnier**, **-iest**) (*coloq, gen pey*) flaco ➲ *Ver nota en* DELGADO

skint /skɪnt/ *adj* (*GB, coloq*) pelado (*sin dinero*)

skip /skɪp/ *verbo, nombre*
▸ (**-pp-**) **1** *vi* brincar **2** *vi* saltar a la comba: *skipping rope* comba **3** *vt* (*clase, página, comida*) saltarse
▸ *n* **1** brinco **2** contenedor (*para escombros*)

skipper /ˈskɪpə(r)/ *n* capitán, -ana (*de barco o equipo deportivo*)

skirmish /ˈskɜ:mɪʃ/ *n* escaramuza

skirt 🔑 /skɜ:t/ *nombre, verbo*
▸ *n* falda
▸ *vt, vi* ~ **(around/round) sth 1** bordear algo **2** (*tema*) esquivar algo

ˈ**skirting board** *n* rodapié

skive /skaɪv/ *vt, vi* ~ **(off) (sth)** (*GB, coloq*) escaquearse (de algo): *to skive off a class* saltarse una clase

skull /skʌl/ *n* calavera, cráneo

sky 🔑 /skaɪ/ *n* (*pl* **skies**) cielo

skydiving /ˈskaɪdaɪvɪŋ/ *n* paracaidismo deportivo

sky-high /ˌskaɪ ˈhaɪ/ *adj, adv* por las nubes

skylight /ˈskaɪlaɪt/ *n* claraboya

skyline /ˈskaɪlaɪn/ *n* línea del horizonte (*esp en una ciudad*)

skyscraper /ˈskaɪskreɪpə(r)/ *n* rascacielos

ˈ**sky surfing** *n* surf aéreo

slab /slæb/ *n* **1** (*piedra*) losa **2** (*hormigón*) bloque **3** (*chocolate*) tableta

slack /slæk/ *adj* (**slacker**, **-est**) **1** flojo **2** (*persona*) descuidado

slacken /ˈslækən/ *vt, vi* aflojar

slain *pp de* SLAY

slalom /ˈslɑ:ləm/ *n* eslalon

slam /slæm/ (**-mm-**) **1** *vt, vi* ~ **(sth) (to/shut)** cerrar algo, cerrarse de golpe **2** *vt* arrojar, tirar (*de golpe*) **3** *vt*: *to slam your brakes on* frenar de golpe **4** *vt* criticar duramente

slam dunk /ˈslæm dʌŋk/ *n* (*Baloncesto*) mate

slander /ˈslɑ:ndə(r); *USA* ˈslæn-/ *nombre, verbo*
▸ *n* calumnia
▸ *vt* calumniar

slang /slæŋ/ *n* argot, lenguaje coloquial

slant /slɑ:nt; *USA* slænt/ *verbo, nombre*
▸ **1** *vt, vi* inclinar(se), ladear(se) **2** *vt* (*gen pey*) presentar de forma subjetiva
▸ *n* **1** inclinación **2** ~ **(on sth)** (*perspectiva*) sesgo (en algo)

slap /slæp/ *verbo, nombre, adverbio*
▸ *vt* (**-pp-**) **1** (*cara*) abofetear **2** (*espalda*) dar palmadas en **3** arrojar, tirar, dejar caer (con un golpe)
▸ *n* **1** (*cara*) bofetada **2** (*espalda*) palmada
▸ *adv* (*coloq*) de lleno: *slap in the middle* justo en medio

S

slapdash /ˈslæpdæʃ/ *adj* chapucero, descuidado

slash /slæʃ/ *verbo, nombre*
▸ *vt* **1** cortar, rajar **2** destrozar a navajazos (*cuadro, etc.*) **3** (*precios*) rebajar
▸ *n* **1** navajazo, cuchillada **2** tajo, corte **3** (*tb* ˈ**forward slash**) (*Informát*) barra oblicua ➲ *Comparar con* BACKSLASH ➲ *Ver pág 379*

slate /sleɪt/ *n* **1** pizarra **2** teja (de pizarra)

slaughter /ˈslɔːtə(r)/ *nombre, verbo*
▸ *n* **1** (*animales*) matanza **2** (*personas*) masacre
▸ *vt* **1** sacrificar (*en matadero*) **2** masacrar **3** (*coloq*) (*esp Dep*) dar una paliza a

slave /sleɪv/ *nombre, verbo*
▸ *n* ~ **(of/to sth)** esclavo, -a (de algo): *the slave trade* el comercio de esclavos
▸ *vi* ~ **(away) (at sth)** matarse a trabajar (en algo)

slavery /ˈsleɪvəri/ *n* esclavitud

slay /sleɪ/ *vt* (*pt* **slew** /sluː/, *pp* **slain** /sleɪn/) (*formal o USA*) matar (*violentamente*)

sleazy /ˈsliːzi/ *adj* (**sleazier**, **-iest**) (*coloq*) sórdido

sledge /sledʒ/ (*tb esp USA* **sled** /sled/) *n* trineo

sleek /sliːk/ *adj* (**sleeker**, **-est**) lustroso

sleep 🔑 /sliːp/ *verbo, nombre*
▸ (*pt, pp* **slept** /slept/) **1** *vi* dormir: *sleeping pill* somnífero **2** *vt* albergar, tener camas para PHR V **sleep in** levantarse tarde ◆ **sleep sth off** dormir para recuperarse de algo: *to sleep it off* dormir la mona ◆ **sleep on sth** (*coloq*) consultar algo con la almohada ◆ **sleep through sth** no despertarse con algo ◆ **sleep with sb** acostarse con algn
▸ *n* **1** [*incontable*] sueño **2** [*sing*]: *to have a good sleep* dormir bien **3** [*incontable*] (*coloq*) legañas LOC **go to sleep** (*persona, parte del cuerpo*) dormirse *Ver tb* WINK

sleeper /ˈsliːpə(r)/ *n* **1** durmiente: *to be a heavy/light sleeper* tener el sueño pesado/ligero **2** (*tb* ˈ**sleeping car**) tren con coches-cama **3** coche-cama

ˈ**sleeping bag** *n* saco de dormir

sleepless /ˈsliːpləs/ *adj* en vela

sleepover /ˈsliːpəʊvə(r)/ *n* fiesta en la que un grupo de niños se queda a dormir en casa de uno de ellos

sleepwalker /ˈsliːpwɔːkə(r)/ *n* sonámbulo, -a

sleepy /ˈsliːpi/ *adj* (**sleepier**, **-iest**) **1** somnoliento: *to be/feel sleepy* tener sueño **2** (*lugar*) tranquilo

sleet /sliːt/ *n* aguanieve

sleeve 🔑 /sliːv/ *n* **1** manga **2** funda: *sleeve notes* carátula LOC **have/keep sth up your sleeve** tener algo guardado en la manga **sleeveless** *adj* sin mangas

sleigh /sleɪ/ *n* trineo (*tirado por animales*)

slender /ˈslendə(r)/ *adj* (**slenderer**, **-est**) **1** (*persona*) esbelto **2** delgado **3** escaso

slept *pt, pp de* SLEEP

slew *pt de* SLAY

slice 🔑 /slaɪs/ *nombre, verbo*
▸ *n* **1** (*pan*) rebanada **2** (*fruta*) rodaja **3** (*jamón*) loncha **4** (*carne*) tajada **5** (*coloq*) parte: *a large slice of the market* una gran parte del mercado
▸ **1** *vt* ~ **sth (up)** cortar algo (*en rebanadas, lonchas, etc.*) **2** *vi* ~ **through/into sth** cortar algo limpiamente

slick /slɪk/ *adjetivo, nombre*
▸ *adj* (**slicker**, **-est**) **1** (*gen pey*) hábil: *a slick advertising campaign* una campaña de publicidad ingeniosa **2** (*gen pey*) (*persona*) con mucha labia **3** (*representación*) impecable
▸ *n* (*tb* ˈ**oil slick**) mancha de petróleo

slide 🔑 /slaɪd/ *verbo, nombre*
▸ (*pt, pp* **slid** /slɪd/) **1** *vi* deslizarse, resbalar **2** *vt* deslizar, correr
▸ *n* **1** caída: *to be on the slide* estar en declive **2** [*sing*] resbalón, deslizamiento **3** tobogán **4** diapositiva: *slide show/projector* proyección/proyector de diapositivas **5** (*microscopio*) portaobjetos **6** *Ver* HAIRSLIDE

ˌ**sliding** ˈ**door** *n* puerta corredera

slight 🔑 /slaɪt/ *adj* (**slighter**, **-est**) **1** ligero, leve, pequeño: *without the slightest difficulty* sin la menor dificultad **2** (*persona*) delgado, frágil LOC **not in the slightest** en absoluto

slightly 🔑 /ˈslaɪtli/ *adv* ligeramente: *He's slightly better.* Está un poco mejor.

slim /slɪm/ *adjetivo, verbo*
▸ *adj* (**slimmer**, **-est**) **1** (*persona*) delgado ➲ *Ver nota en* DELGADO **2** (*posibilidades*) escaso **3** (*esperanza*) ligero
▸ *vi* (**-mm-**) adelgazar

slime /slaɪm/ *n* **1** cieno **2** baba **slimy** *adj* (**slimier**, **-iest**) baboso, viscoso

sling /slɪŋ/ *verbo, nombre*
▸ *vt* (*pt, pp* **slung** /slʌŋ/) **1** (*coloq*) lanzar, tirar **2** colgar
▸ *n* cabestrillo

slingshot /ˈslɪŋʃɒt/ *n* (*USA*) tirachinas

slink /slɪŋk/ *vi* (*pt, pp* **slunk** /slʌŋk/) deslizarse (*sigilosamente*): *to slink away* largarse furtivamente

slip 🔑 /slɪp/ *verbo, nombre*
▸ (**-pp-**) **1** *vt, vi* resbalar, deslizar(se) **2** *vi* ~ **from/out of/through sth** escurrirse de/entre algo **3** *vt* poner, deslizar (*sin que se note*) LOC **slip your mind**: *It slipped my mind.* Se me fue de la cabeza. *Ver tb* LET PHR V **slip away 1** escabullirse **2** escapársele a algn: *She knew that time was*

S

slipping away. Sabía que el tiempo se le acababa poco a poco. ◆ **slip sth on/off** ponerse/quitarse algo ◆ **slip out 1** salir un momento **2** *It just slipped out.* Se me escapó. ◆ **slip up** (*coloq*) equivocarse, colarse
▸ *n* **1** error, desliz **2** trozo de papel **3** resbalón **4** (*ropa*) combinación LOC **a slip of the tongue** un lapsus ◆ **give sb the slip** (*coloq*) dar esquinazo a algn

slipper /ˈslɪpə(r)/ *n* zapatilla (*de andar por casa*)

slippery /ˈslɪpəri/ *adj* **1** (*suelo*) resbaladizo **2** (*coloq*) (*persona*) escurridizo

slit /slɪt/ *nombre, verbo*
▸ *n* **1** ranura **2** (*en una falda*) raja **3** corte **4** rendija, abertura
▸ *vt* (**-tt-**) (*pt, pp* **slit**) cortar: *to slit sb's throat* degollar a algn LOC **slit sth open** abrir algo con un cuchillo

slither /ˈslɪðə(r)/ *vi* **1** deslizarse **2** resbalar, patinar

sliver /ˈslɪvə(r)/ *n* **1** astilla **2** esquirla **3** rodaja fina

slob /slɒb/ *n* (*coloq, pey*) **1** vago, -a **2** guarro, -a

slog /slɒg/ *vi* (**-gg-**) (*coloq*) **1** ~ **(away) (at sth)**; ~ **(through sth)** trabajar sin descanso (haciendo algo/con algo) **2** caminar trabajosamente

slogan /ˈsləʊgən/ *n* eslogan

slop /slɒp/ (**-pp-**) **1** *vt, vi* derramar(se) **2** *vt* echar

slope 🔑 /sləʊp/ *nombre, verbo*
▸ *n* **1** pendiente, cuesta **2** (*de esquí*) pista
▸ *vi* inclinarse, tener una pendiente

sloppy /ˈslɒpi/ *adj* (**sloppier**, **-iest**) **1** descuidado, chapucero **2** desaliñado **3** (*coloq*) sensiblero

slot /slɒt/ *nombre, verbo*
▸ *n* **1** ranura **2** puesto: *a ten-minute slot on TV* un espacio de diez minutos en televisión
▸ (**-tt-**) **1** *vt* ~ **sth in**; ~ **sth into sth** introducir, meter algo (en algo) **2** *vi* ~ **(in/together)** encajar PHR V **slot sb/sth in** hacer un hueco a algn/algo

ˈ**slot machine** *n* máquina tragaperras

slow 🔑 /sləʊ/ *adjetivo, verbo, adverbio*
▸ *adj* (**slower**, **-est**) **1** lento: *We're making slow progress.* Vamos avanzando lentamente. **2** torpe: *He's a bit slow.* Le cuesta entender las cosas. **3** (*negocio*) flojo: *Business is rather slow.* El negocio anda bastante flojo. **4** (*reloj*) atrasado: *That clock is five minutes slow.* Ese reloj va cinco minutos atrasado. LOC **be slow to do sth/(in) doing sth** tardar en hacer algo ◆ **in slow motion** a/en cámara lenta *Ver tb* UPTAKE
▸ **1** *vt* ~ **sth (down/up)** reducir la velocidad de algo: *to slow up the development of research* frenar el desarrollo de la investigación **2** *vi* ~ **(down/up)** reducir la velocidad, ir más despacio: *Production has slowed (up/down).* El ritmo de la producción ha disminuido.
▸ *adv* (**slower**, **-est**) despacio

slowdown /ˈsləʊdaʊn/ *n* (*USA*) huelga de celo

slowly 🔑 /ˈsləʊli/ *adv* **1** despacio **2** poco a poco

sludge /slʌdʒ/ *n* [*incontable*] **1** fango **2** residuos

slug /slʌg/ *n* babosa

sluggish /ˈslʌgɪʃ/ *adj* **1** lento **2** aletargado **3** (*economía, etc.*) flojo

slum /slʌm/ *n* **1** barrio bajo **2** (*fig*) pocilga

slump /slʌmp/ *verbo, nombre*
▸ *vi* **1** (*Econ*) caer en picado **2** ~ **(down)** desplomarse
▸ *n* depresión, bajón

slung *pt, pp de* SLING

slunk *pt, pp de* SLINK

slur /slɜː(r)/ *verbo, nombre*
▸ *vt* (**-rr-**) articular mal
▸ *n* calumnia

slush /slʌʃ/ *n* nieve derretida y sucia

sly /slaɪ/ *adj* **1** (*pey*) astuto **2** (*mirada*) furtivo

smack /smæk/ *verbo, nombre*
▸ *vt* dar un cachete a PHR V **smack of sth** (*comentario, etc.*) oler a algo
▸ *n* bofetada, azote

small 🔑 /smɔːl/ *adj* (**smaller**, **-est**) **1** pequeño: *a small number of people* unas pocas personas ◇ *small change* calderilla ◇ *in the small hours* de madrugada ◇ *small ads* anuncios por palabras ◇ *to make small talk* hablar de cosas sin importancia

> **Small** suele utilizarse como lo opuesto de **big** o **large** y puede ser modificado por adverbios: *Our house is smaller than yours.* Nuestra casa es más pequeña que la vuestra. ◇ *I have a fairly small income.* Tengo unos ingresos bastante modestos. **Little** no suele ir acompañado por adverbios y a menudo va detrás de otro adjetivo: *He's a horrid little man.* Es un hombre horrible. ◇ *What a lovely little house!* ¡Qué casita tan encantadora!

2 (*letra*) minúscula LOC **it's a small world** (*refrán*) el mundo es un pañuelo ◆ **look/feel small** parecer/sentirse poca cosa ◆ **the small print** la letra pequeña (*en un contrato*)

smallpox /ˈsmɔːlpɒks/ *n* viruela

small-scale /ˌsmɔːl ˈskeɪl/ *adj* a pequeña escala

ˈ**small talk** *n* [*incontable*] conversación trivial (*con la que se trata de ser agradable*)

S

smart 🔑 /smɑːt/ *adjetivo, verbo*

▶ *adj* (**smarter**, **-est**) **1** elegante **2** listo, astuto **3** (*tarjeta, arma*) inteligente

▶ *vi* escocer

smart card *n* tarjeta inteligente

smarten /ˈsmɑːtn/ *v* PHR V **smarten (sb/sth/yourself) up** arreglar a algn/algo (*mejorar el aspecto*), arreglarse

smartphone /ˈsmɑːtfəʊn/ *n* smartphone, teléfono inteligente

smash 🔑 /smæʃ/ *verbo, nombre*

▶ **1** *vt* romper, destrozar **2** *vi* hacerse trizas **3** *vt, vi* ~ **(sth) against, into, through, etc. sth** estrellar algo, estrellarse contra algo PHR V **smash sth up** destrozar algo

▶ *n* **1** [*sing*] estrépito **2** accidente de tráfico **3** (*tb* ˌ**smash** ˈ**hit**) (*coloq*) exitazo

smashing /ˈsmæʃɪŋ/ *adj* (*GB, coloq, antic*) estupendo

smear /smɪə(r)/ *vt* **1** ~ **sth on/over sth**; ~ **sth with sth** untar algo en/de algo **2** ~ **sth with sth** manchar algo de algo

smell 🔑 /smel/ *verbo, nombre*

▶ (*pt, pp* **smelt** /smelt/ *o* **smelled**) ➲ *Ver nota en* DREAM **1** *vi* ~ **(of sth)** oler (a algo): *It smells of fish.* Huele a pescado. ◇ *What does it smell like?* ¿A qué huele? **2** *vt* oler: *Smell this rose!* ¡Huele esta rosa!

> Es muy normal el uso del verbo **smell** con **can** o **could**: *I can smell something burning.* Huele a quemado. ◇ *I could smell gas.* Olía a gas.

3 *vt, vi* olfatear

▶ *n* **1** olor: *a smell of gas* un olor a gas

> **Smell** es la palabra general. Para olores agradables, se pueden utilizar **aroma**, **fragrance**, **perfume** o **scent**. Todas estas palabras suelen usarse en contextos más formales, al igual que **odour**, que implica a menudo un olor desagradable. Si se trata de olores repulsivos, se dice **stink** o **stench**.

2 (*tb* ˌ**sense of** ˈ**smell**) olfato: *My sense of smell isn't very good.* No tengo muy buen (sentido del) olfato. **smelly** *adj* (**smellier**, **-iest**) (*coloq*) que huele mal: *It's smelly in here.* Huele mal aquí.

smile 🔑 /smaɪl/ *verbo, nombre*

▶ *vi* sonreír

▶ *n* sonrisa: *to give sb a smile* sonreírle a algn LOC **bring a smile to sb's face** hacer sonreír a algn

smiley /ˈsmaɪliː/ *n* (*pl* **smileys**) emoticono, carita sonriente

smirk /smɜːk/ *verbo, nombre*

▶ *vi* sonreír con sorna o satisfacción

▶ *n* sonrisa socarrona

smock /smɒk/ *n* **1** (*de mujer*) blusón **2** (*de pintor*) guardapolvos

smog /smɒg/ *n* neblina producida por la contaminación, smog

smoke 🔑 /sməʊk/ *nombre, verbo*

▶ *n* **1** humo **2** (*coloq*): *to have a smoke* fumarse un cigarrillo

▶ **1** *vt, vi* fumar: *to smoke a pipe* fumar en pipa **2** *vi* echar humo **3** *vt* ahumar: *smoked salmon* salmón ahumado **smoker** *n* fumador, -ora

smoking 🔑 /ˈsməʊkɪŋ/ *n* (el) fumar: *'No Smoking'* "Prohibido fumar"

smoky /ˈsməʊki/ *adj* (**smokier**, **-iest**) **1** (*habitación*) lleno de humo **2** (*fuego*) humeante **3** (*sabor, color, etc.*) ahumado

smolder (*USA*) = SMOULDER

smooth 🔑 /smuːð/ *adjetivo, verbo*

▶ *adj* (**smoother**, **-est**) **1** liso **2** suave: *to have smooth skin* tener la piel suave **3** (*carretera*) llano **4** (*salsa, etc.*) sin grumos **5** (*viaje, período*) sin problemas: *to ensure the smooth running of the business* asegurarse de que el negocio va sobre ruedas **6** (*gen pey*) (*persona*) zalamero

▶ *vt* alisar PHR V **smooth sth over** (*problemas, diferencias*) resolver, allanar algo

smoothie /ˈsmuːði/ *n* **1** (*coloq*) individuo poco fiable con mucha labia, buenos modales y bien vestido **2** batido de zumo, fruta y sorbete

smoothly 🔑 /ˈsmuːðli/ *adv*: *to go smoothly* ir sobre ruedas

smother /ˈsmʌðə(r)/ *vt* **1** (*persona*) asfixiar **2** ~ **sth/sb with/in sth** cubrir algo/a algn de algo **3** (*risa, protestas*) reprimir **4** (*llamas*) sofocar

smoulder (*USA* **smolder**) /ˈsməʊldə(r)/ *vi* consumirse, arder (*sin llama*)

smudge /smʌdʒ/ *nombre, verbo*

▶ *n* borrón, manchón

▶ *vt, vi* emborronar(se)

smug /smʌg/ *adj* (*pey*) engreído

smuggle /ˈsmʌgl/ *vt* **1** ~ **sth/sb in/out** meter/sacar algo/a algn clandestinamente **2** ~ **sth/sb across, through, etc. (sth)** pasar de contrabando algo/a algn (por algo) **smuggler** *n* contrabandista **smuggling** *n* contrabando

snack /snæk/ *nombre, verbo*

▶ *n* tentempié: *snack bar* cafetería ◇ *to have a snack* picar algo

▶ *vi* ~ **(on sth)** picar (algo)

S

snag /snæg/ *n* (*coloq*) pega, problema

snail /sneɪl/ *n* caracol

snake 🔑 /sneɪk/ *nombre, verbo*
▸ *n* serpiente, culebra
▸ *vi* serpentear (*carretera, etc.*)

ˌ**snakes and ˈladders** *n* [*incontable*] juego parecido al de la oca que utiliza serpientes y escaleras para avanzar o retroceder en las casillas

snap /snæp/ *verbo, nombre, adjetivo*
▸ (**-pp-**) **1** *vt, vi* romper(se) en dos **2** *vt, vi* chasquear: *to snap open/closed* abrirse/cerrarse con un clic **3** *vi* ~ **(at sb)** hablar, contestar con brusquedad (a algn)
▸ *n* **1** (*ruido seco*) chasquido **2** (*tb* **snapshot** /ˈsnæpʃɒt/) foto
▸ *adj* [*sólo antes de sustantivo*] repentino (*decisión*)

snare /sneə(r)/ *nombre, verbo*
▸ *n* cepo
▸ *vt* atrapar

snarl /snɑːl/ *verbo, nombre*
▸ *vi* gruñir
▸ *n* gruñido

snatch /snætʃ/ *verbo, nombre*
▸ *vt* **1** arrebatar, arrancar: *She snatched the letter from me/out of my hand.* Me arrebató la carta de las manos. ◇ *I tried to snatch an hour's sleep.* Intenté sacar una hora de sueño. **2** robar de un tirón **3** raptar **4** (*oportunidad*) aprovechar PHR V **snatch at sth 1** (*objeto*) intentar agarrar/coger algo **2** (*oportunidad*) aprovechar algo
▸ *n* **1** (*conversación, canción*) fragmento **2** *to make a snatch at sth* intentar arrebatar algo

sneak /sniːk/ *verbo, nombre*
▸ **1** *vi* ~ **in, out, away, etc.** entrar, salir, marcharse, etc. a hurtadillas **2** *vi* ~ **into, out of, past, etc. sth** entrar en, salir de, pasar por delante de algo a hurtadillas **3** *vt*: *to sneak a look at sb/sth* mirar a algn/algo a hurtadillas ◇ *I managed to sneak a note to him.* Logré pasarle una nota a escondidas.
▸ *n* (*GB, coloq*) soplón, -ona

sneaker /ˈsniːkə(r)/ *n* (*USA*) zapatilla de deporte

sneer /snɪə(r)/ *verbo, nombre*
▸ *vi* ~ **(at sb/sth)** reírse con desprecio (de algn/algo)
▸ *n* **1** sonrisa sarcástica **2** comentario desdeñoso

sneeze /sniːz/ *verbo, nombre*
▸ *vi* estornudar
▸ *n* estornudo

S

sniff /snɪf/ *verbo, nombre*
▸ **1** *vi* sorber **2** *vi* husmear **3** *vt* oler **4** *vt* inhalar **5** *vt* (*pegamento*) esnifar **6** *vi* gimotear
▸ *n* inhalación

snigger /ˈsnɪɡə(r)/ (*tb esp USA* **snicker** /ˈsnɪkə(r)/) *verbo, nombre*
▸ *vi* ~ **(at sb/sth)** reírse (con sarcasmo) (de algn/algo) ➲ *Ver nota en* REÍR
▸ *n* risita sofocada

snip /snɪp/ *vt* (**-pp-**) cortar con tijeras PHR V **snip sth off** recortar algo

sniper /ˈsnaɪpə(r)/ *n* francotirador, -ora

snob /snɒb/ *n* esnob **snobbery** *n* esnobismo **snobbish** *adj* esnob

snog /snɒɡ/ *vt, vi* (**-gg-**) (*GB, coloq*) enrollarse (con), besuquear(se)

snooker /ˈsnuːkə(r)/ *n* billar (*con 22 bolas*) ➲ *Ver nota en* BILLAR

snoop /snuːp/ *verbo, nombre*
▸ *vi* ~ **(around/round sth)** (*coloq*) fisgonear (en/por algo)
▸ *n* [*sing*]: *have a snoop around* reconocer el terreno ◇ *have a snoop around sth* fisgonear en/por algo

snooty /ˈsnuːti/ *adj* (*pey*) altanero

snooze /snuːz/ *verbo, nombre*
▸ *vi* (*coloq*) dormitar
▸ *n* [*sing*] sueñecito, cabezadita

snore /snɔː(r)/ *verbo, nombre*
▸ *vi* roncar
▸ *n* ronquido

snorkel /ˈsnɔːkl/ *n* tubo de bucear **snorkelling** (*USA* **snorkeling**) *n* buceo con tubo

snort /snɔːt/ *verbo, nombre*
▸ *vi* **1** (*animal*) bufar **2** (*persona*) bufar, gruñir **3** (*cocaína, etc.*) esnifar
▸ *n* bufido

snout /snaʊt/ *n* hocico

snow 🔑 /snəʊ/ *nombre, verbo*
▸ *n* nieve
▸ *vi* nevar LOC **be snowed in/up** estar aislado por la nieve ◆ **be snowed under (with sth)** estar inundado (de algo): *I was snowed under with work.* Estaba inundado de trabajo.

snowball /ˈsnəʊbɔːl/ *nombre, verbo*
▸ *n* bola de nieve
▸ *vi* multiplicarse (rápidamente)

snowboard /ˈsnəʊbɔːd/ *n* tabla de snowboard **snowboarder** *n* snowboarder **snowboarding** *n* snowboard, snow: *to go snowboarding* hacer snowboard

snowdrift /ˈsnəʊdrɪft/ *n* montón de nieve (*formado por una ventisca*)

snowdrop /ˈsnəʊdrɒp/ *n* campanilla de invierno (*flor*)

snowfall /ˈsnəʊfɔːl/ *n* nevada

snowflake /ˈsnəʊfleɪk/ *n* copo de nieve

snowman /ˈsnəʊmæn/ *n* (*pl* **-men** /-men/) muñeco de nieve

snowmobile /ˈsnəʊməbiːl/ *n* moto de nieve

snowplough (*USA* **snowplow**) /ˈsnəʊplaʊ/ *n* (máquina) quitanieves

snowy /ˈsnəʊi/ *adj* **1** cubierto de nieve **2** (*día, etc.*) de nieve

snub /snʌb/ *verbo, nombre*
▸ *vt* (**-bb-**) hacerle un desaire a
▸ *n* desaire

snug /snʌg/ *adj* cómodo y acogedor: *I spent the afternoon snug and warm in bed.* Pasé la tarde arrebujado y calentito en la cama.

snuggle /ˈsnʌgl/ *vi* ~ **(up to sb/sth)** acurrucarse (junto a algn/algo)

so 🔑 /səʊ/ *adverbio, conjunción*
▸ *adv* **1** tan: *Don't be so silly!* ¡No seas tan bobo! ◇ *It's so cold!* ¡Qué frío hace! ◇ *I'm so sorry!* ¡Cuánto lo siento! **2** así: *So it seems.* Así parece. ◇ *Hold out your hand, (like) so.* Extiende la mano, así. ◇ *The table is about so big.* La mesa es más o menos así de grande. ◇ *If so, ...* Si es así, ... **3** *I believe/think so.* Creo que sí. ◇ *I expect/hope so.* Espero que sí. **4** (*para expresar acuerdo*): *'I'm hungry.' 'So am I.'* —Tengo hambre. —Yo también. ❶ En este caso el pronombre o sustantivo va detrás del verbo. **5** (*expresando sorpresa*): *'Philip's gone home.' 'So he has.'* —Philip se ha ido a casa. —Anda, es verdad. **6** (*uso enfático*): *He's as clever as his brother, maybe more so.* Es tan listo como su hermano, puede que incluso más. ◇ *She has complained, and rightly so.* Se ha quejado, y con mucha razón. LOC **and so on (and so forth)** etcétera, etcétera ♦ **is that so?** no me digas ♦ **so as to do sth** para hacer algo: *We got up early so as to get there first.* Nos levantamos temprano para llegar los primeros. ♦ **so many** tantos ♦ **so much** tanto
▸ *conj* **1** así que: *The shops were closed so I didn't get any milk.* Las tiendas estaban cerradas, así que no he comprado leche. **2 so (that...)** para que...: *She whispered to me so no one else would hear.* Me lo susurró para que nadie más lo oyera. **3** entonces: *So why did you do it?* ¿Y entonces, por qué lo hiciste? LOC **so?**; **so what?** (*coloq*) ¿y qué?

soak /səʊk/ **1** *vt* empapar **2** *vi* estar en/a remojo **3** *vt* remojar LOC **be/get soaked (through)** estar empapado/empaparse PHR V **soak into/through sth**; **soak in** penetrar (en algo) ♦ **soak sth up** **1** (*líquido*) absorber algo **2** empaparse de algo (*del ambiente, etc.*) **soaked** (*tb* **soaking**, ˌ**soaking** ˈ**wet**) *adj* empapado

so-and-so /ˈsəʊ ən səʊ/ *n* (*pl* **so-and-sos**) (*coloq*) **1** fulano: *Mr So-and-so* don fulano de tal **2** hijo, -a de su madre

soap 🔑 /səʊp/ *n* jabón: *soap dish* jabonera ◇ *soap powder* detergente

ˈ**soap opera** (*coloq* **soap**) *n* telenovela

soapy /ˈsəʊpi/ *adj* jabonoso

soar /sɔː(r)/ *vi* **1** (*precios, temperaturas, etc.*) dispararse **2** (*avión*) remontarse **3** (*ave*) planear

sob /sɒb/ *verbo, nombre*
▸ *vi* (**-bb-**) sollozar
▸ *n* sollozo **sobbing** *n* [*incontable*] sollozos

sober /ˈsəʊbə(r)/ *adjetivo, verbo*
▸ *adj* **1** sobrio **2** serio
▸ *v* PHR V **sober up** despejarse, quitarse la borrachera

so-called /ˌsəʊ ˈkɔːld/ *adj* llamado

soccer /ˈsɒkə(r)/ *n* fútbol ➲ *Ver nota en* FÚTBOL

sociable /ˈsəʊʃəbl/ *adj* sociable, abierto

social 🔑 /ˈsəʊʃl/ *adj* social

socialism /ˈsəʊʃəlɪzəm/ *n* socialismo **socialist** *n* socialista

socialize, -ise /ˈsəʊʃəlaɪz/ *vi* ~ **(with sb)** alternar (con algn): *He doesn't socialize much.* No sale mucho.

ˌ**social seˈcurity** *n* seguridad social

ˌ**social ˈservices** *n* [*pl*] servicios sociales

ˈ**social work** *n* trabajo social ˈ**social worker** *n* asistente, -a social

society 🔑 /səˈsaɪəti/ *n* (*pl* **societies**) **1** sociedad: *high/polite society* alta/buena sociedad **2** asociación *Ver tb* BUILDING SOCIETY **3** (*formal*) compañía

sociological /ˌsəʊsiəˈlɒdʒɪkl/ *adj* sociológico

sociologist /ˌsəʊsiˈɒlədʒɪst/ *n* sociólogo, -a

sociology /ˌsəʊsiˈɒlədʒi/ *n* sociología

sock 🔑 /sɒk/ *n* calcetín ➲ *Ver nota en* PAIR LOC *Ver* PULL

socket /ˈsɒkɪt/ *n* **1** enchufe (*en la pared*) ➲ *Ver dibujo en* ENCHUFE **2** (*tb* ˈ**light socket**) portalámparas **3** toma (*de televisor, etc.*) **4** (*ojo*) cuenca

soda /ˈsəʊdə/ *n* **1** (*tb* ˈ**soda water**) soda **2** (*USA*) gaseosa

sodden /ˈsɒdn/ *adj* empapado

sodium /ˈsəʊdiəm/ *n* sodio

sofa /ˈsəʊfə/ *n* sofá

soft 🔑 /sɒft; *USA* sɔːft/ *adj* (**softer**, **-est**) **1** blando: *the soft option* la opción fácil **2** (*piel, color, luz, sonido*) suave **3** (*brisa*) ligero **4** (*voz*) bajo

S

LOC **have a soft spot for sb/sth** (*coloq*) tener debilidad por algn/algo

softball /ˈsɒftbɔːl; *USA* ˈsɔːft-/ *n* sófbol (*juego parecido al béisbol*)

ˌsoft ˈdrink *n* refresco

soften /ˈsɒfn; *USA* ˈsɔːfn/ **1** *vt, vi* ablandar(se) **2** *vt, vi* suavizar(se) **3** *vt* (*efecto, impacto*) atenuar **softener** (*tb* ˈ**fabric softener**) *n* suavizante

softly 🔑 /ˈsɒftli; *USA* ˈsɔːftli/ *adv* suavemente

soft-spoken /ˌsɒft ˈspəʊkən; *USA* ˌsɔːft/ (*tb* **softly-spoken**) *adj* de voz suave

software 🔑 /ˈsɒftweə(r); *USA* ˈsɔːft-/ *n* [*incontable*] software

soggy /ˈsɒgi/ *adj* (**soggier**, **-iest**) **1** empapado **2** (*pastel, pan, etc.*) revenido

soil 🔑 /sɔɪl/ *nombre, verbo*
▸ *n* tierra
▸ *vt* (*formal*) **1** ensuciar **2** (*reputación*) manchar

solace /ˈsɒləs/ *n* (*formal*) consuelo

solar /ˈsəʊlə(r)/ *adj* solar: *solar energy/system* energía/sistema solar

sold *pt, pp de* SELL

soldier 🔑 /ˈsəʊldʒə(r)/ *n* soldado

sole /səʊl/ *adjetivo, nombre*
▸ *adj* [*sólo antes de sustantivo*] **1** único: *her sole interest* su único interés **2** exclusivo
▸ *n* **1** (*pie*) planta **2** suela **3** (*pl* **sole**) lenguado

solemn /ˈsɒləm/ *adj* **1** (*aspecto, gesto*) serio, grave **2** (*acontecimiento, promesa*) solemne **solemnity** /səˈlemnəti/ *n* solemnidad

solicitor /səˈlɪsɪtə(r)/ *n* **1** abogado, -a **2** notario, -a ➲ *Ver nota en* ABOGADO

solid 🔑 /ˈsɒlɪd/ *adjetivo, nombre*
▸ *adj* **1** sólido **2** compacto, macizo **3** (*coloq*) seguido: *I slept for ten hours solid.* Dormí diez horas seguidas.
▸ *n* **1** (*Geom*) sólido **2 solids** [*pl*] alimentos sólidos

S

solidarity /ˌsɒlɪˈdærəti/ *n* solidaridad

solidify /səˈlɪdɪfaɪ/ *vi* (*pt, pp* **-fied**) solidificarse

solidity /səˈlɪdəti/ *n* solidez

solidly /ˈsɒlɪdli/ *adv* **1** sólidamente **2** sin interrupción

solitaire /ˌsɒləˈteə(r)/ *n* (*USA*) (*cartas*) solitario

solitary /ˈsɒlətri; *USA* -teri/ *adj* **1** solitario: *to lead a solitary life* llevar una vida retirada **2** (*lugar*) apartado **3** solo

ˌsolitary conˈfinement *n* incomunicación: *to be in solitary confinement* estar incomunicado

solitude /ˈsɒlɪtjuːd; *USA* -tuːd/ *n* soledad

solo /ˈsəʊləʊ/ *adjetivo, adverbio, nombre*
▸ *adj, adv* en solitario
▸ *n* (*pl* **solos**) solo **soloist** *n* solista

soluble /ˈsɒljəbl/ *adj* soluble

solution 🔑 /səˈluːʃn/ *n* ~ (**to sth**) solución (a algo)

solve 🔑 /sɒlv/ *vt* resolver

solvent /ˈsɒlvənt/ *nombre, adjetivo*
▸ *n* disolvente
▸ *adj* solvente

sombre (*USA* **somber**) /ˈsɒmbə(r)/ *adj* **1** (*color*) oscuro **2** sombrío **3** (*humor*) melancólico

some 🔑 /səm, sʌm/ *adj, pron* **1** algo de: *There's some ice in the fridge.* Hay hielo en la nevera. ◇ *Would you like some?* ¿Quieres un poco? **2** unos (cuantos), algunos: *Do you want some crisps?* ¿Quieres patatas fritas?

> ¿**Some** o **any**? Ambos se utilizan con sustantivos incontables o en plural y muchas veces no se traducen en español. Normalmente, **some** se usa en las oraciones afirmativas y **any** en las interrogativas y negativas: *I've got some money.* Tengo (algo de) dinero. ◇ *Have you got any children?* ¿Tienes hijos? ◇ *I don't want any sweets.* No quiero caramelos.
>
> Sin embargo, **some** se puede usar en oraciones interrogativas cuando se espera una respuesta afirmativa, por ejemplo, para ofrecer o pedir algo: *Would you like some coffee?* ¿Quieres café? ◇ *Can I have some bread, please?* ¿Me puede traer un poco de pan? Cuando **any** se usa en oraciones afirmativas significa "cualquiera": *Any parent would have worried.* Cualquier padre se habría preocupado. ➲ *Ver tb ejemplos en* ANY *y nota en* UN

ˈsome day (*tb* **someday** /ˈsʌmdeɪ/) *adv* algún día

somehow 🔑 /ˈsʌmhaʊ/ *adv* **1** de alguna manera: *Somehow we had got completely lost.* De alguna manera nos habíamos perdido completamente. **2** por alguna razón: *I somehow get the feeling that I've been here before.* No sé por qué, me da la impresión de que ya he estado aquí.

someone 🔑 /ˈsʌmwʌn/ (*tb* **somebody** /ˈsʌmbədi/) *pron* alguien: *someone else* otra persona ❶ La diferencia entre **someone** y **anyone**, o entre **somebody** y **anybody**, es la misma que hay entre **some** y **any**. ➲ *Ver tb nota en* SOME LOC *Ver* OTHER

someplace /ˈsʌmpleɪs/ *adv, pron* (*USA*) *Ver* SOMEWHERE

somersault /ˈsʌməsɔːlt/ *n* **1** voltereta: *to do a forward/backward somersault* dar una voltereta hacia delante/hacia atrás **2** (*de acróbata*) salto mortal **3** (*de coche*) vuelta de campana

something /ˈsʌmθɪŋ/ *pron* algo: *something else* otra cosa ◇ *something to eat* algo de comer ❶ La diferencia entre **something** y **anything** es la misma que hay entre **some** y **any**. ➲ *Ver tb nota en* SOME **LOC** *Ver* OTHER

sometime /ˈsʌmtaɪm/ (*tb* **some time**) *adv* **1** en algún momento: *Can I see you sometime today?* ¿Podemos hablar hoy en algún momento? **2** algún/un día: *sometime or other* un día de estos

sometimes /ˈsʌmtaɪmz/ *adv* **1** a veces **2** de vez en cuando ➲ *Ver nota en* ALWAYS

somewhat /ˈsʌmwɒt/ *adv* **1** algo, un tanto: *I have a somewhat different question.* Tengo una pregunta un tanto distinta. **2** bastante: *We missed the bus, which was somewhat unfortunate.* Perdimos el autobús, lo que fue bastante mala suerte.

somewhere /ˈsʌmweə(r)/ (*USA tb* **someplace**) *adv* a/en/por algún sitio/lugar: *I've seen your glasses somewhere downstairs.* He visto tus gafas en algún sitio abajo. ◇ *somewhere else* en algún otro lugar ◇ *to have somewhere to go* tener algún lugar adonde ir **LOC** *Ver* OTHER ❶ La diferencia entre **somewhere** y **anywhere** es la misma que hay entre **some** y **any**. ➲ *Ver tb nota en* SOME

son /sʌn/ *n* hijo **LOC** *Ver* FATHER

song /sɒŋ; *USA* sɔːŋ/ *n* **1** canción **2** canto

songwriter /ˈsɒŋraɪtə(r); *USA* ˈsɔːŋ-/ *n* autor, -ora (de canciones)

son-in-law /ˈsʌn ɪn lɔː/ *n* (*pl* **sons-in-law**) yerno

soon /suːn/ *adv* (**sooner**, **-est**) pronto, dentro de poco **LOC** **as soon as** en cuanto, tan pronto como: *as soon as possible* en cuanto sea posible ◆ **(just) as soon do sth (as do sth)**: *I'd (just) as soon stay at home as go for a walk.* Lo mismo me da quedarme en casa que ir a dar un paseo. ◆ **no sooner... than...** nada más... que...: *No sooner had she said it than she burst into tears.* Nada más decirlo se echó a llorar. ◆ **sooner or later** tarde o temprano ◆ **the sooner the better** cuanto antes mejor

soot /sʊt/ *n* hollín

soothe /suːð/ *vt* **1** (*persona, etc.*) calmar **2** (*dolor, etc.*) aliviar

sophisticated /səˈfɪstɪkeɪtɪd/ *adj* sofisticado **sophistication** *n* sofisticación

soppy /ˈsɒpi/ *adj* (**soppier**, **-iest**) (*coloq*) sensiblero

sorbet /ˈsɔːbeɪ; *USA* -bət/ *n* sorbete

sordid /ˈsɔːdɪd/ *adj* **1** sórdido **2** (*comportamiento*) vil

sore /sɔː(r)/ *adjetivo, nombre*

▸ *adj* dolorido: *to have a sore throat* tener dolor de garganta ◇ *I've got sore eyes.* Me duelen los ojos. **LOC** **a sore point** un asunto delicado

▸ *n* llaga

sorely /ˈsɔːli/ *adv*: *She will be sorely missed.* Se la echará de menos enormemente. ◇ *I was sorely tempted to do it.* Tuve grandes tentaciones de hacerlo.

sorrow /ˈsɒrəʊ/ *n* pesar, pena: *to my great sorrow* con gran pesar mío

sorry /ˈsɒri/ *adjetivo, interjección*

▸ *adj* **1** *I'm sorry I'm late.* Siento llegar tarde. ◇ *I'm so sorry!* ¡Lo siento mucho! **2** ~ **(for/about sth)**: *He's very sorry for what he's done.* Está muy arrepentido por lo que ha hecho. ◇ *You'll be sorry!* ¡Te arrepentirás!

¿**Sorry for** o **sorry about**? Cuando **sorry** se usa para pedir perdón se puede decir **be sorry for sth/doing sth** o **be sorry about sth/doing sth**: *I'm sorry for waking you up last night.* Siento haberte despertado anoche. ◇ *We're sorry about the mess.* Perdonad el desorden. Cuando quieres expresar que sientes lo que le ha pasado a otra persona, dices **sorry about sth/sb**: *I'm sorry about your car/your sister.* Siento lo de tu coche/tu hermana.

3 (*estado*) lastimoso **LOC** **be/feel sorry for sb** compadecer a algn, sentir lástima de algn: *I feel very sorry for his sister.* Su hermana me da mucha pena. ◇ *Stop feeling sorry for yourself!* ¡Deja de compadecerte a ti mismo! ◆ **say you are sorry** disculparse *Ver tb* BETTER

▸ *interj* **1** (*para disculparse*) perdón ➲ *Ver nota en* EXCUSE **2 sorry?** ¿cómo dice?, ¿qué has dicho?

S

Apologizing

Pedir disculpas

- *I'm sorry.* Disculpa.
- *I do apologize.* Te pido disculpas.
- *I'm terribly sorry.* Lo siento de verdad.
- *That's all right.* No pasa nada.
- *No problem.* No hay problema.

sort /sɔːt/ *nombre, verbo*

▸ *n* **1** tipo: *They sell all sorts of gifts.* Venden toda clase de regalos. **2** (*coloq*) persona: *He's not a bad sort really.* No es mala persona. **LOC** **a sort of sth**: *It's a sort of autobiography.* Es una especie de autobiografía. ◆ **sort of** (*coloq*): *I feel sort of uneasy.* Me siento como inquieto. *Ver tb* NOTHING

▸ *vt* ~ **sth (into sth)** clasificar algo (en algo) PHR V **sort sth out 1** organizar, ordenar algo **2** arreglar, solucionar algo ◆ **sort through sth** revisar, ordenar algo

so-so /ˈsəʊ səʊ/ *adj, adv* (*coloq*) así así

sought *pt, pp de* SEEK

ˈ**sought after** *adj* codiciado

soul /səʊl/ *n* alma: *There wasn't a soul to be seen.* No se veía un alma. ◇ *Poor soul!* ¡El pobre! LOC *Ver* BODY

sound /saʊnd/ *nombre, verbo, adjetivo, adverbio*

▸ *n* **1** sonido: *sound effects* efectos sonoros ◇ *sound waves* ondas acústicas **2** ruido: *I could hear the sound of voices.* Oía ruido de voces. ◇ *She opened the door without a sound.* Abrió la puerta sin hacer ruido. **3 the sound** [*sing*] el volumen: *Can you turn the sound up/down?* ¿Puedes subir/bajar el volumen?

▸ **1** *vi* parecer: *She sounded very surprised.* Parecía muy sorprendida. ◇ *He sounds a very nice person from his letter.* A juzgar por su carta, parece una persona muy agradable. ◇ *It sounds as if we've arrived.* Parece que hemos llegado. **2** *vi* sonar: *Your voice sounds a bit odd.* Tu voz suena un poco rara. **3** *vt* (*alarma*) dar **4** *vt* (*trompeta, etc.*) tocar **5** *vt* pronunciar: *You don't sound the 'h'.* No se pronuncia la "h". PHR V **sound sb out (about/on sth)** tantear a algn (sobre algo)

▸ *adj* (**sounder**, **-est**) **1** (*consejo, decisión, etc.*) bueno: *a sound beating* una buena paliza **2** (*estructura, formación*) sólido **3** (*salud*) sano LOC **of sound mind** en plenas facultades mentales *Ver tb* SAFE

▸ *adv* LOC **sound asleep** profundamente dormido

ˈ**sound bite** *n* frase efectista (*tomada normalmente de un discurso político*)

soundproof /ˈsaʊndpruːf/ *adjetivo, verbo*

▸ *adj* insonorizado

▸ *vt* insonorizar

soundtrack /ˈsaʊndtræk/ *n* banda sonora

soup /suːp/ *n* sopa, caldo, puré: *soup spoon* cuchara sopera

sour /ˈsaʊə(r)/ *adj* **1** (*sabor, cara*) agrio **2** (*leche*) cortado LOC **go/turn sour** agriarse, echarse a perder

source /sɔːs/ *n* **1** fuente: *They didn't reveal their sources.* No revelaron sus fuentes. ◇ *a source of income* una fuente de ingresos **2** nacimiento (*de río*)

south /saʊθ/ *nombre, adjetivo, adverbio*

▸ *n* (*tb* **South**) (*abrev* **S**) sur: *Brighton is in the south of England.* Brighton está en el sur de Inglaterra.

▸ *adj* (del) sur: *south winds* vientos del sur

▸ *adv* al sur: *The house faces south.* La casa está orientada al sur.

southbound /ˈsaʊθbaʊnd/ *adj* en/con dirección sur

south-east /ˌsaʊθ ˈiːst/ *nombre, adjetivo, adverbio*

▸ *n* (*abrev* **SE**) sureste

▸ *adj* (del) sureste

▸ *adv* hacia el sureste **south-eastern** *adj* (del) sureste

southern (*tb* **Southern**) /ˈsʌðən/ *adj* del sur, meridional: *southern Italy* el sur de Italia **southerner** *n* sureño, -a

southwards /ˈsaʊθwədz/ (*tb* **southward**) *adv* hacia el sur

south-west /ˌsaʊθ ˈwest/ *nombre, adjetivo, adverbio*

▸ *n* (*abrev* **SW**) suroeste

▸ *adj* (del) suroeste

▸ *adv* hacia el suroeste **south-western** *adj* (del) suroeste

souvenir /ˌsuːvəˈnɪə(r); *USA* ˈsuːvənɪər/ *n* recuerdo (*objeto*)

sovereign /ˈsɒvrɪn/ *adj, n* soberano, -a **sovereignty** *n* soberanía

sow¹ /səʊ/ *vt* (*pt* **sowed** *pp* **sown** /səʊn/ *o* **sowed**) sembrar

sow² /saʊ/ *n* cerda ➲ *Ver nota en* CERDO

soya /ˈsɔɪə/ (*USA* **soy** /sɔɪ/) *n* soja: *soya bean* semilla de soja

spa /spɑː/ *n* **1** balneario **2** (*tb* ˈ**health spa**) spa

space /speɪs/ *nombre, verbo*

▸ *n* **1** (*cabida*) sitio, espacio: *Leave some space for the dogs.* Deja sitio para los perros. ◇ *There's no space for my suitcase.* No queda espacio para mi maleta. **2** espacio: *space flight/station* vuelo/estación espacial ◇ *space travel* viajes espaciales **3** (*período*) espacio: *in a short space of time* en un breve espacio de tiempo LOC **look/gaze/stare into space** mirar al vacío *Ver tb* WASTE

▸ *vt* ~ **sth (out)** espaciar algo

ˈ**space bar** *n* (*Informát*) barra espaciadora ➲ *Ver dibujo en* ORDENADOR

spacecraft /ˈspeɪskrɑːft; *USA* -kræft/ *n* (*pl* **spacecraft**) (*tb* **spaceship** /ˈspeɪsʃɪp/) nave espacial

spaceman /ˈspeɪsmæn/ *n* (*pl* **-men** /-men/) astronauta

spacesuit /ˈspeɪssuːt, -sjuːt/ *n* traje espacial

spacewoman /ˈspeɪswʊmən/ *n* (*pl* **-women** /-wɪmɪn/) astronauta

spacious /ˈspeɪʃəs/ *adj* espacioso, amplio

spade /speɪd/ *n* **1** pala **2 spades** [*pl*] (*Naipes*) picas ➲ *Ver nota en* BARAJA

S

spaghetti /spə'geti/ *n* [*incontable*] espagueti(s)

spam /spæm/ *n* (*Informát*) spam, correo basura (*por Internet*)

span /spæn/ *nombre, verbo*

▸ *n* **1** (*de tiempo*) lapso, duración: *time span/span of time* lapso de tiempo **2** (*de un puente*) luz

▸ *vt* (**-nn-**) **1** abarcar **2** (*puente*) cruzar

Spanglish /'spæŋglɪʃ/ *n* forma de hablar que fusiona el español y el inglés

spank /spæŋk/ *vt* dar una zurra a, dar un(os) azote(s) a

spanner /'spænə(r)/ *n* llave (de tuercas): *adjustable spanner* llave inglesa

spare /speə(r)/ *adjetivo, nombre, verbo*

▸ *adj* **1** sobrante, de sobra: *There are no spare seats.* No quedan asientos. ◇ *the spare room* la habitación de invitados **2** de repuesto, de reserva: *a spare tyre/part* una rueda/pieza de repuesto **3** (*tiempo*) libre, de ocio

▸ *n* (pieza de) repuesto

▸ *vt* **1** ~ **sth (for sb/sth)** (*tiempo, dinero, etc.*) tener algo (para algn/algo) **2** ~ **sb (from) sth** ahorrarle algo a algn: *Spare me the gory details.* Ahórrame los detalles desagradables. **3** (*formal*) perdonar (la vida a) **4** escatimar: *No expense was spared.* No repararon en gastos. LOC **to spare** de sobra: *with two minutes to spare* faltando dos minutos

sparing /'speərɪŋ/ *adj* ~ **(with sth)** parco (en algo), mesurado (cuando se trata de algo)

spark /spɑ:k/ *nombre, verbo*

▸ *n* chispa

▸ *vt* ~ **sth (off)** provocar algo

sparkle /'spɑ:kl/ *verbo, nombre*

▸ *vi* centellear

▸ *n* centelleo

sparkler /'spɑ:klə(r)/ *n* bengala

sparkling /'spɑ:klɪŋ/ *adj* **1** (*coloq* **sparkly**) centelleante **2** (*bebida*) con gas **3** (*vino*) espumoso

'spark plug *n* bujía

sparrow /'spærəʊ/ *n* gorrión

sparse /spɑ:s/ *adj* (**sparser**) **1** escaso, esparcido **2** (*población*) disperso **3** (*pelo*) ralo

spartan /'spɑ:tn/ *adj* espartano

spasm /'spæzəm/ *n* espasmo

spat *pt, pp de* SPIT

spate /speɪt/ *n* racha, ola

spatial /'speɪʃl/ *adj* (*formal*) espacial: *spatial awareness* sentido del espacio

spatter /'spætə(r)/ *vt* ~ **sb/sth (with sth)**; ~ **sth (on/over sb)** rociar algo (sobre algn/algo), salpicar a algn/algo (de algo)

spatula /'spætʃələ/ *n* (*Cocina*) espátula

speak /spi:k/ (*pt* **spoke** /spəʊk/, *pp* **spoken** /'spəʊkən/) **1** *vi* ~ **(to sb) (about sth/sb)** hablar (con algn) (de algo/algn): *Can I speak to you a minute, please?* ¿Puedo hablar contigo un minuto, por favor? ➲ *Ver nota en* HABLAR **2** *vt* decir, hablar: *to speak the truth* decir la verdad ◇ *Do you speak French?* ¿Hablas francés? **3** *vi* pronunciar un discurso LOC **be on speaking terms (with sb)**; **be speaking (to sb)** tener buenas relaciones (con algn): *They're not speaking (to each other) after last night.* Después de lo de anoche no se hablan. ◆ **generally, broadly, etc. speaking** en términos generales ◆ **so to speak** por así decirlo ◆ **speak for itself/themselves** hablar por sí solo(s): *The statistics speak for themselves.* Las estadísticas hablan por sí solas. ◆ **speak your mind** hablar sin rodeos *Ver tb* STRICTLY PHR V **speak for sb** hablar en nombre de/por algn ◆ **speak out (against sth)** hablar claro (contra algo), denunciar algo ◆ **speak up** hablar (más) alto

speaker /'spi:kə(r)/ *n* **1** (*en público*) orador, -ora, conferenciante **2** hablante: *Spanish speakers* los hispanohablantes *Ver tb* NATIVE SPEAKER **3** altavoz

spear /spɪə(r)/ *n* **1** lanza **2** (*para pesca*) arpón

special /'speʃl/ *adjetivo, nombre*

▸ *adj* **1** especial: *special effects* efectos especiales **2** particular: *nothing special* nada en particular **3** (*reunión, edición, pago*) extraordinario

▸ *n* **1** (*programa, plato, etc.*) especial **2** (*esp USA, coloq*) oferta especial

specialist /'speʃəlɪst/ *n* especialista

speciality /ˌspeʃi'æləti/ (*tb esp USA* **specialty** /'speʃəlti/) *n* (*pl* **specialities**) especialidad

specialization, -isation /ˌspeʃəlaɪ'zeɪʃn; *USA* -lə'z-/ *n* especialización

specialize, -ise /'speʃəlaɪz/ *vi* ~ **(in sth)** especializarse (en algo) **specialized, -ised** *adj* especializado

specially /'speʃəli/ *adv* **1** especialmente, expresamente

> Aunque **specially** y **especially** tienen significados similares, se usan de forma distinta. **Specially** se usa fundamentalmente con participios y **especially** como conector entre frases: *specially designed for schools* diseñado especialmente para los colegios ◇ *He likes dogs, especially poodles.* Le encantan los perros, sobre todo los caniches.

2 (*esp GB, coloq*) particularmente, sobre todo

species /'spi:ʃi:z/ *n* (*pl* **species**) especie

specific 🔑 /spəˈsɪfɪk/ *adj* específico, preciso, concreto

specifically 🔑 /spəˈsɪfɪkli/ *adv* concretamente, específicamente

specification /ˌspesɪfɪˈkeɪʃn/ *n* **1** especificación **2** [*gen pl*] detalles, plan detallado

specify /ˈspesɪfaɪ/ *vt* (*pt, pp* **-fied**) especificar, precisar

specimen /ˈspesɪmən/ *n* espécimen, ejemplar, muestra

speck /spek/ *n* **1** (*de suciedad*) manchita **2** (*de polvo*) mota **3** *a speck on the horizon* un punto en el horizonte

spectacle /ˈspektəkl/ *n* espectáculo

spectacles /ˈspektəklz/ *n* [*pl*] (*formal*) (*esp GB coloq* **specs**) gafas ⓘ La palabra más normal es **glasses**. ➲ *Ver tb nota en* PAIR

spectacular /spekˈtækjələ(r)/ *adj* espectacular

spectator /spekˈteɪtə(r); *USA* ˈspekteɪtər/ *n* espectador, -ora

spectre (*USA* **specter**) /ˈspektə(r)/ *n* (*lit y fig*) espectro, fantasma: *the spectre of another war* el fantasma de una nueva guerra

spectrum /ˈspektrəm/ *n* (*pl* **spectra** /-trə/) espectro: *a broad spectrum of opinions* un amplio abanico de opiniones

speculate /ˈspekjuleɪt/ *vi* ~ **(about/on sth)** especular (sobre/acerca de algo) **speculation** *n* ~ **(about/over sth)** especulación (sobre algo)

speculative /ˈspekjələtɪv; *USA tb* ˈspekjəleɪtɪv/ *adj* especulativo

speculator /ˈspekjuleɪtə(r)/ *n* especulador, -ora

sped *pt, pp de* SPEED

S

speech 🔑 /spiːtʃ/ *n* **1** discurso: *to make/deliver/give a speech* pronunciar un discurso **2** habla: *to lose the power of speech* perder el habla ◇ *speech therapy* logopedia ◇ *freedom of speech* libertad de expresión **3** lenguaje: *children's speech* el lenguaje de los niños **4** (*Teat*) parlamento

speechless /ˈspiːtʃləs/ *adj* sin habla, mudo: *She was speechless with rage* Se quedó muda de la rabia.

speed 🔑 /spiːd/ *nombre, verbo*

▸ *n* velocidad, rapidez LOC **at speed** a toda velocidad *Ver tb* FULL, PICK

▸ (*pt, pp* **speeded**) ⓘ En el sentido 1, también se utiliza la forma **sped** /sped/ para el pasado simple y el participio pasado. **1** *vi* ir a toda velocidad **2** *vt* (*formal*) acelerar **3** *vi* exceder el límite de velocidad PHR V **speed (sth) up** acelerar (algo): *If you don't speed up we'll never finish.* Si no te das más prisa no vamos a terminar nunca.

speedboat /ˈspiːdbəʊt/ *n* lancha rápida

ˈ**speed dating** *n* [*incontable*] citas rápidas (*en busca de pareja*), speed dating

ˈ**speed hump** (*USA tb* ˈ**speed bump**) *n* badén, guardia tumbado (*en carretera*)

speedily /ˈspiːdɪli/ *adv* rápidamente

speeding /ˈspiːdɪŋ/ *n* [*incontable*] exceso de velocidad: *I was fined for speeding.* Me pusieron una multa por exceso de velocidad.

speedometer /spiːˈdɒmɪtə(r)/ *n* velocímetro

speedy /ˈspiːdi/ *adj* (**speedier**, **-iest**) pronto, rápido: *a speedy recovery* una pronta recuperación

spell 🔑 /spel/ *verbo, nombre*

▸ (*pt, pp* **spelt** /spelt/ *o* **spelled**) ➲ *Ver nota en* DREAM **1** *vt, vi* deletrear, escribir **2** *vt* ~ **sth (for sb/sth)** suponer, significar algo (para algn/algo) PHR V **spell sth out 1** explicar algo claramente **2** deletrear algo

▸ *n* **1** temporada, racha **2** turno **3** hechizo, embrujo LOC *Ver* CAST

spellchecker /ˈspeltʃekə(r)/ (*tb* ˈ**spell check**) *n* corrector ortográfico

spelling 🔑 /ˈspelɪŋ/ *n* ortografía

spend 🔑 /spend/ *vt* (*pt, pp* **spent** /spent/) **1** ~ **sth (on sth)** gastar algo (en algo) **2** (*tiempo libre, etc.*) pasar **3** ~ **sth on sth** dedicar algo a algo **spending** *n* [*incontable*] gasto: *public spending* el gasto público

spendthrift /ˈspendθrɪft/ *n* derrochador, -ora

sperm /spɜːm/ *n* (*pl* **sperm** *o* **sperms**) esperma

SPF /ˌes piː ˈef/ *abrev de* **sun protection factor** índice de protección solar

sphere /sfɪə(r)/ *n* esfera

sphinx /sfɪŋks/ (*tb* **the Sphinx**) *n* esfinge

spice 🔑 /spaɪs/ *nombre, verbo*

▸ *n* **1** especia(s) **2** (*fig*) interés: *to add spice to a situation* añadir interés a una situación

▸ *vt* ~ **sth (up)** sazonar, dar más sabor a algo: *He exaggerated the details to spice up the story.* Exageró los detalles para hacer más interesante la historia.

spicy 🔑 /ˈspaɪsi/ *adj* (**spicier**, **-iest**) **1** condimentado, picante **2** (*fig*) picante, interesante

spider 🔑 /ˈspaɪdə(r)/ *n* araña: *spider's web* telaraña

spied *pt, pp de* SPY

spies *plural de* SPY

spike /spaɪk/ *n* **1** púa, pincho **2** punta

spiky /ˈspaɪki/ *adj* con púas, puntiagudo: *spiky hair* pelo de punta

spill /spɪl/ *verbo, nombre*
▸ *vt, vi* (*pt, pp* **spilt** /spɪlt/ *o* **spilled**) ➲ *Ver nota en* DREAM derramar(se), verter(se): *He spilled juice on his shirt.* Se le cayó el zumo en la camisa. ➲ *Ver nota y dibujo en* DROP **LOC** *Ver* CRY **PHR V** **spill over** rebosar, desbordarse
▸ *n* (*formal* **spillage** /ˈspɪlɪdʒ/) **1** derramamiento **2** derrame

spin 🔑 /spɪn/ *verbo, nombre*
▸ (**-nn-**) (*pt, pp* **spun** /spʌn/) **1** *vi* ~ **(round/around)** dar vueltas, girar **2** *vt* ~ **sth (round/around)** (hacer) girar algo, dar vueltas a algo **3** *vt* hilar **4** *vt, vi* (*araña*) tejer **5** *vt, vi* (*lavadora*) centrifugar **PHR V** **spin sth out** alargar, prolongar algo
▸ *n* **1** vuelta, giro **2** (*coloq*) paseo en coche/moto: *to go for a spin* dar una vuelta **3** (*pelota*) efecto **4** (*coloq*) (*Pol, etc.*) interpretación de forma conveniente: *Politicians put their own spin on the economic situation.* Los politicos interpretan a su antojo la situación económica.

spinach /ˈspɪnɪtʃ, -ɪdʒ/ *n* [*incontable*] espinaca(s)

spinal /ˈspaɪnl/ *adj* espinal: *spinal column* columna vertebral

ˈ**spin doctor** *n* consejero político que presenta la información de forma que favorezca al gobierno

spine /spaɪn/ *n* **1** (*Anat*) columna vertebral **2** (*Bot*) espina **3** (*Zool*) púa **4** (*de un libro*) lomo

spinster /ˈspɪnstə(r)/ *n* soltera, solterona ❶ Esta palabra es un poco anticuada y puede ser despectiva. Actualmente no se utilizaría para referirse a una mujer no casada.

spiral /ˈspaɪrəl/ *nombre, adjetivo, verbo*
▸ *n* espiral
▸ *adj* (en) espiral, helicoidal: *spiral staircase* escalera de caracol
▸ *vi* (**-ll-**, *USA tb* **-l-**) **1** subir/bajar en espiral **2** (*precios, etc.*) dispararse

spire /ˈspaɪə(r)/ *n* aguja, chapitel

spirit 🔑 /ˈspɪrɪt/ *n* **1** espíritu, alma: *community spirit* espíritu de comunidad **2** **spirits** [*pl*] estado de ánimo, humor: *in high/low spirits* de muy buen humor/bajo de ánimo **3** brío, ánimo **4** temple **5** fantasma **6** **spirits** [*pl*] licores **spirited** *adj* animoso, brioso

spiritual 🔑 /ˈspɪrɪtʃuəl/ *adj* espiritual

spit /spɪt/ *verbo, nombre*
▸ (**-tt-**) (*pt, pp* **spat** /spæt/ *tb esp USA* **spit**) **1** *vt, vi* escupir **2** *vt* (*insulto, etc.*) soltar **3** *vi* (*fuego, etc.*) chisporrotear **PHR V** **spit sth out** escupir algo
▸ *n* **1** saliva, esputo **2** punta, lengua (*de tierra*) **3** (*para asar*) espetón, asador

spite 🔑 /spaɪt/ *nombre, verbo*
▸ *n* despecho, resentimiento: *out of/from spite* por despecho **LOC** **in spite of sth** a pesar de algo
▸ *vt* molestar, fastidiar **spiteful** *adj* malévolo, rencoroso

splash /splæʃ/ *verbo, nombre*
▸ **1** *vi* chapotear **2** *vt* ~ **sb/sth (with sth)**; ~ **sth on/over sb/sth** salpicar a algn/algo (de algo): *to splash water on your face* echarse agua a la cara **PHR V** **splash out (on sth)** (*GB, coloq*) darse el gustazo (de algo/de comprar algo), permitirse el lujo (de comprar algo)
▸ *n* **1** chapoteo **2** salpicadura (*de salsa, pintura, etc.*) **3** (*de color*) mancha

splatter /ˈsplætə(r)/ *vt* salpicar

splendid /ˈsplendɪd/ *adj* espléndido, magnífico

splendour (*USA* **splendor**) /ˈsplendə(r)/ *n* esplendor

spliff /splɪf/ *n* (*GB, argot*) porro

splint /splɪnt/ *n* tablilla

splinter /ˈsplɪntə(r)/ *nombre, verbo*
▸ *n* astilla, esquirla
▸ *vt, vi* **1** astillar(se) **2** dividir(se)

split 🔑 /splɪt/ *verbo, nombre, adjetivo*
▸ (**-tt-**) (*pt, pp* **split**) **1** *vt, vi* partir(se): *to split (sth) in two* partir algo/partirse en dos **2** *vt, vi* dividir(se) **3** *vt* repartir **4** *vi* ~ **(open)** henderse, rajarse, abrirse **PHR V** **split up (with sb)** separarse (de algn), romper (con algn)
▸ *n* **1** división, ruptura **2** abertura, hendidura **3** **the splits** [*pl*]: *to do the splits* hacer el spagat
▸ *adj* partido, dividido

ˌ**split** ˈ**second** *n* instante, fracción de segundo

splutter /ˈsplʌtə(r)/ *verbo, nombre*
▸ **1** *vt, vi* farfullar, balbucear **2** *vi* (*fuego, etc.*) chisporrotear
▸ *n* chisporroteo

spoil 🔑 /spɔɪl/ *vt* (*pt, pp* **spoilt** /spɔɪlt/ *o* **spoiled**) ➲ *Ver nota en* DREAM **1** *vt, vi* estropear(se), arruinar(se), echar(se) a perder **2** *vt* (*niño*) mimar, malcriar

spoilsport /ˈspɔɪlspɔːt/ *n* (*coloq*) aguafiestas

spoilt /spɔɪlt/ *adj* mimado *Ver tb* SPOIL

spoke /spəʊk/ *n* radio (*de una rueda*) *Ver tb* SPEAK

spoken *pp de* SPEAK

spokesman /ˈspəʊksmən/ *n* (*pl* **-men** /-mən/) portavoz ❶ Es preferible usar la forma **spokesperson**, que se refiere tanto a un hombre como a una mujer.

spokesperson /ˈspəʊkspɜːsn/ *n* (*pl* **spokespersons** *o* **spokespeople**) portavoz

S

spokeswoman /ˈspəʊkswʊmən/ *n* (*pl* **-women** /-wɪmɪn/) portavoz ➲ *Ver nota en* SPOKESMAN

sponge /spʌndʒ/ *nombre, verbo*
▸ *n* **1** esponja **2** (*tb* ˈ**sponge cake**) bizcocho
▸ **1** *vt* ~ **sb/sth (down)** limpiar a algn/algo con una esponja **2** *vi* ~ **(off/on sb)** (*coloq, pey*) gorronear, vivir a costa de algn

ˈ**sponge bag** *n* neceser

sponger /ˈspʌndʒə(r)/ *n* (*coloq, pey*) gorrón, -ona

sponsor /ˈspɒnsə(r)/ *nombre, verbo*
▸ *n* patrocinador, -ora
▸ *vt* patrocinar **sponsorship** *n* patrocinio

spontaneity /ˌspɒntəˈneɪəti/ *n* espontaneidad

spontaneous /spɒnˈteɪniəs/ *adj* espontáneo

spooky /ˈspuːki/ *adj* (**spookier**, **-iest**) (*coloq*) **1** de aspecto embrujado **2** misterioso

spool /spuːl/ *n* (*esp USA*) bobina, carretel

spoon /spuːn/ *nombre, verbo*
▸ *n* **1** cuchara: *serving spoon* cuchara de servir **2** (*tb* **spoonful**) cucharada
▸ *vt* sacar con una cuchara: *She spooned the mixture out of the bowl.* Sacó la mezcla del cuenco con una cuchara.

sporadic /spəˈrædɪk/ *adj* esporádico

spore /spɔː(r)/ *n* (*Bot*) espora

sport /spɔːt/ (*USA* **sports** [*pl*]) *n* deporte: *I'm not interested in sport.* No me interesa el deporte. ◇ *sports field* campo de deportes ◇ *sport facilities* instalaciones deportivas ◇ *sports hall* pabellón de deportes *Ver tb* BLOOD SPORTS **LOC** **be a (good) sport** (*coloq*) ser buen chico/buena chica **sporting** *adj* deportivo

ˈ**sports car** *n* coche deportivo

ˈ**sports centre** *n* polideportivo

sportsman /ˈspɔːtsmən/ *n* (*pl* **-men** /-mən/) deportista ➲ *Ver nota en* POLICÍA **sportsmanlike** *adj* deportivo, que muestra un buen espíritu deportivo **sportsmanship** *n* deportividad

sportsperson /ˈspɔːtspɜːsn/ *n* (*pl* **-persons** *o* **-people**) deportista ➲ *Ver nota en* POLICÍA

sportswoman /ˈspɔːtswʊmən/ *n* (*pl* **-women** /-wɪmɪn/) deportista ➲ *Ver nota en* POLICÍA

sporty /ˈspɔːti/ *adj* (**sportier**, **-iest**) (*coloq*) **1** deportista **2** (*ropa, coche*) deportivo

spot /spɒt/ *nombre, verbo*
▸ *n* **1** (*diseño*) lunar: *a blue skirt with red spots* una falda azul con lunares rojos **2** (*en animales, etc.*) mancha **3** (*Med*) grano **4** lugar *Ver tb* BLIND SPOT, HOT SPOT **5 a** ~ **of sth** (*GB, coloq*): *Would you like a spot of lunch?* ¿Quieres comer un poco? ◇ *You seem to be having a spot of bother.* Parece que tienes problemas. **6** (*TV, etc.*) espacio **7** (*coloq*) foco **LOC** *Ver* SOFT
▸ *vt* (**-tt-**) divisar: *He finally spotted a shirt he liked.* Por fin encontró una camisa que le gustó. ◇ *Nobody spotted the mistake.* Nadie notó el error.

spotless /ˈspɒtləs/ *adj* **1** (*casa*) inmaculado **2** (*reputación*) intachable

spotlight /ˈspɒtlaɪt/ *n* **1** foco **2 the spotlight** [*sing*]: *to be in the spotlight* ser el centro de atención

spotted /ˈspɒtɪd/ *adj* **1** (*ropa*) con lunares **2** (*animal*) con manchas *Ver tb* SPOT

spotty /ˈspɒti/ *adj* (**spottier**, **-iest**) con muchos granos

spouse /spaʊs, spaʊz/ *n* (*Jur*) cónyuge

spout /spaʊt/ *nombre, verbo*
▸ *n* **1** (*de tetera*) pitorro **2** (*de canalón*) caño
▸ **1** *vi* ~ **(out/up) (from sth)** salir a chorros, brotar (de algo) **2** *vt* ~ **sth (out/up)** echar algo a chorros **3** *vi* ~ **(off/on) (about sth)** (*coloq, pey*) hablar sin parar, dar la paliza (con algo) **4** *vt* (*coloq, gen pey*) recitar

sprain /spreɪn/ *verbo, nombre*
▸ *vt* torcer: *to sprain your ankle* torcerse el tobillo
▸ *n* torcedura, esguince

sprang *pt de* SPRING

sprawl /sprɔːl/ *vi* **1** tumbarse, repantigarse **2** (*ciudad, etc.*) extenderse (*desordenadamente*)

spray /spreɪ/ *nombre, verbo*
▸ *n* **1** espuma (*del mar*) **2** (*para el pelo, etc.*) spray **3** (*envase*) pulverizador, spray **4** rociada
▸ **1** *vt* ~ **sth on/onto/over sb/sth**; ~ **sb/sth with sth** rociar a algn/algo con/de algo **2** *vi* ~ **(over, across, etc. sb/sth)** salpicar (a algn/algo)

spread /spred/ *verbo, nombre*
▸ (*pt, pp* **spread**) **1** *vt* ~ **sth (out) (on/over sth)** extender, desplegar algo (en/sobre/por algo) **2** *vt* cubrir: *to spread a cloth on the table* cubrir la mesa con un mantel **3** *vt, vi* extender(se), propagar(se) **4** *vt, vi* (*noticia*) divulgar(se), difundir(se) **5** *vt, vi* untar(se) **6** *vt* ~ **sth (out) (over sth)** distribuir algo (a lo largo de algo)
▸ *n* **1** (*de infección, fuego*) propagación **2** (*de información*) difusión **3** (*de crimen, armas, etc.*) proliferación **4** abanico (*de opciones, etc.*) **5** paté, queso, etc. para untar **6** extensión **7** (*alas*) envergadura

spreadsheet /ˈspredʃiːt/ *n* hoja de cálculo

spree /spriː/ *n*: *to go on a spending spree* salir a gastar dinero

S

spring 🔑 /sprɪŋ/ *nombre, verbo*
▸ *n* **1** primavera **2** resorte **3** (*colchón, sillón*) muelle **4** manantial **5** salto
▸ (*pt* **sprang** /spræŋ/, *pp* **sprung** /sprʌŋ/) **1** *vi* saltar **2** *vt* ~ **sth (on sb)** (*sorpresa*) soltar algo (a algn): *to spring a surprise on sb* coger a algn por sorpresa **3** *vi* brotar: *Tears sprang to his eyes.* Se le llenaron los ojos de lágrimas. LOC **spring into action/life** ponerse en acción/cobrar vida *Ver tb* MIND PHR V **spring from sth** (*formal*) ser producto de algo

springboard /ˈsprɪŋbɔːd/ *n* (*lit y fig*) trampolín

ˌspring ˈclean *n* limpieza general

spring-clean /ˌsprɪŋ ˈkliːn/ *vt, vi* hacer limpieza general (en…)

ˌspring ˈonion *n* cebolleta

springtime /ˈsprɪŋtaɪm/ *n* primavera

sprinkle /ˈsprɪŋkl/ *vt* **1** ~ **sth (on/onto/over sth)** rociar algo (sobre algo) **2** ~ **sth (with sth)** rociar, espolvorear algo (con algo), salpicar algo (de algo) **sprinkling** *n* ~ **(of sb/sth)** unos cuantos, un poquito (de algo)

sprint /sprɪnt/ *verbo, nombre*
▸ *vi* **1** correr a toda velocidad **2** (*Dep*) esprintar
▸ *n* **1** carrera de velocidad **2** sprint

sprinter /ˈsprɪntə(r)/ *n* velocista

sprog /sprɒg/ *n* (*GB, coloq, hum*) retoño, mocoso, -a

sprout /spraʊt/ *verbo, nombre*
▸ **1** *vi* ~ **(up)** brotar, aparecer **2** *vt* echar (*flores, brotes, etc.*)
▸ *n* **1** *Ver* BRUSSELS SPROUT **2** brote

sprung *pp de* SPRING

spun *pt, pp de* SPIN

spur /spɜː(r)/ *nombre, verbo*
▸ *n* **1** espuela **2** ~ **(to sth)** acicate (para algo) LOC **on the spur of the moment** impulsivamente
▸ *vt* (**-rr-**) ~ **sb/sth (on)** incitar a algn, alentar a algn/algo

spurn /spɜːn/ *vt* rechazar

spurt /spɜːt/ *verbo, nombre*
▸ *vi* ~ **(out) (from sth)** salir a chorros (de algo)
▸ *n* **1** chorro **2** arranque (*de energía, velocidad, etc.*)

sputter /ˈspʌtə(r)/ *vi* chisporrotear

spy /spaɪ/ *nombre, verbo*
▸ *n* (*pl* **spies**) espía: *spy thrillers* novelas de espionaje
▸ *vi* (*pt, pp* **spied**) ~ **(on sb/sth)** espiar (a algn/algo)

squabble /ˈskwɒbl/ *verbo, nombre*
▸ *vi* ~ **(with sb) (about/over sth)** reñir (con algn) (por algo)
▸ *n* riña

squad /skwɒd/ *n* [*v sing o pl*] **1** (*policía*) brigada: *the drugs squad* la brigada antidroga **2** (*Mil*) escuadrón **3** (*Dep*) plantilla

squadron /ˈskwɒdrən/ *n* [*v sing o pl*] escuadrón

squalid /ˈskwɒlɪd/ *adj* sórdido

squalor /ˈskwɒlə(r)/ *n* miseria

squander /ˈskwɒndə(r)/ *vt* **1** (*dinero*) derrochar **2** (*tiempo, energía*) malgastar **3** (*oportunidad*) desperdiciar

square 🔑 /skweə(r)/ *adjetivo, nombre, verbo*
▸ *adj* cuadrado: *one square metre* un metro cuadrado LOC **a square meal** una comida en condiciones ◆ **be (all) square (with sb) 1** quedar en paz (con algn) **2** (*Dep*) estar empatado (con algn) *Ver tb* FAIR
▸ *n* **1** (*forma*) cuadrado **2** (*abrev* **Sq.**) plaza **3** (*en un tablero*) casilla *Ver tb* SET SQUARE LOC **go back to square one** volver a empezar (desde cero)
▸ *v* PHR V **square up (with sb)** arreglar (las) cuentas (con algn)

squarely /ˈskweəli/ *adv* directamente

ˌsquare ˈroot *n* raíz cuadrada

squash /skwɒʃ/ *verbo, nombre*
▸ *vt, vi* **1** aplastar(se): *It was squashed flat.* Estaba aplastado. **2** ~ **(sb/sth) (up) into, against, etc. sb/sth** apretar a algn/algo, apretarse (en, contra, etc. algn/algo): *I was squashed up against the wall.* Estaba aplastada contra la pared.
▸ *n* **1** (*Dep*) squash **2** refresco (de frutas edulcorado para diluir) **3** [*sing*] (*coloq*): *What a squash!* ¡Qué apretujones!

squat /skwɒt/ *verbo, adjetivo, nombre*
▸ (**-tt-**) **1** *vi* ~ **(down)** (*persona*) ponerse en cuclillas **2** *vi* ~ **(down)** (*animal*) agazaparse **3** *vt, vi* ocupar (un lugar) (*sin permiso o derecho*)
▸ *adj* achatado, rechoncho
▸ *n* edificio ocupado ilegalmente

squatter /ˈskwɒtə(r)/ *n* okupa

squawk /skwɔːk/ *verbo, nombre*
▸ *vi* graznar, chillar
▸ *n* graznido, chillido

squeak /skwiːk/ *verbo, nombre*
▸ *vi* **1** (*animal, etc.*) chillar **2** (*bisagra, etc.*) chirriar
▸ *n* **1** (*animal, etc.*) chillido **2** (*bisagra, etc.*) chirrido

squeaky /ˈskwiːki/ *adj* **1** (*voz*) chillón **2** (*bisagra, etc.*) que chirría

squeal /skwiːl/ *verbo, nombre*
▸ *vt, vi* chillar
▸ *n* alarido, chillido

squeamish /ˈskwiːmɪʃ/ *adj* **1** delicado, remilgado **2** impresionable (*a la vista de sangre, etc.*)

S

squeeze /skwiːz/ *verbo, nombre*
▸ **1** *vt* apretar **2** *vt* exprimir, estrujar **3** *vt, vi* ~ **(sb/sth) into, past, through, etc. (sth)**: *to squeeze through a gap in the hedge* pasar con dificultad por un hueco en el seto ◇ *Can you squeeze past/by?* ¿Puedes pasar? ◇ *Can you squeeze anything else into that case?* ¿Puedes meter algo más en esa maleta?
▸ *n* **1** apretón **2** *a squeeze of lemon* un chorrito de limón **3** [*sing*] apretura **4** [*gen sing*] restricciones (*en salarios, empleo, etc.*)

squid /skwɪd/ *n* (*pl* **squid** *o* **squids**) calamar

squint /skwɪnt/ *verbo, nombre*
▸ *vi* **1** ~ **(at/through sth)** mirar (algo/a través de algo) con los ojos entreabiertos **2** bizquear
▸ *n* estrabismo

squirm /skwɜːm/ *vi* **1** retorcerse **2** abochornarse

squirrel /ˈskwɪrəl; *USA* ˈskwɜːrəl/ *n* ardilla

squirt /skwɜːt/ *verbo, nombre*
▸ **1** *vt* echar un chorro de: *I squirted water onto the flames.* Eché un chorro de agua en las llamas. **2** *vt* ~ **sb/sth (with sth)** lanzar un chorro (de algo) a algn/algo **3** *vi* ~ **(out of/from sth)** salir a chorros (de algo)
▸ *n* chorro

stab /stæb/ *verbo, nombre*
▸ *vt* **(-bb-) 1** apuñalar **2** pinchar
▸ *n* puñalada LOC **have a stab at (doing) sth** (*coloq*) intentar (hacer) algo

stabbing /ˈstæbɪŋ/ *nombre, adjetivo*
▸ *n* apuñalamiento
▸ *adj* (*dolor*) punzante

stability /stəˈbɪləti/ *n* estabilidad

stabilize, -ise /ˈsteɪbəlaɪz/ *vt, vi* estabilizar (se)

stable /ˈsteɪbl/ *adjetivo, nombre*
▸ *adj* **1** estable **2** equilibrado
▸ *n* **1** establo **2** cuadra

stack /stæk/ *nombre, verbo*
▸ *n* **1** pila (*de libros, platos, etc.*) **2** ~ **of sth** (*esp GB, coloq*) montón de algo
▸ *vt* ~ **sth (up)** apilar, amontonar algo

stadium /ˈsteɪdiəm/ *n* (*pl* **stadiums** *o* **stadia** /-diə/) estadio

staff /stɑːf; *USA* stæf/ *nombre, verbo*
▸ *n* [*v sing o pl*] personal, plantilla: *The staff are all working long hours.* Todo el personal está trabajando hasta tarde. ◇ *teaching staff* cuerpo docente ➲ *Ver nota en* JURADO
▸ *vt* equipar de personal

staffroom /ˈstɑːfruːm, -rʊm; *USA* ˈstæf-/ *n* sala de profesores

stag /stæg/ *n* ciervo ➲ *Ver nota en* CIERVO

stage /steɪdʒ/ *nombre, verbo*
▸ *n* **1** etapa, fase: *at this stage* en este momento/a estas alturas ◇ *to do sth in stages* hacer algo por etapas **2** escenario **3 the stage** [*sing*] el teatro (*profesión*): *to go on the stage* hacerse actor/actriz LOC **stage by stage** paso por paso
▸ *vt* **1** poner en escena **2** organizar

stagger /ˈstægə(r)/ *verbo, nombre*
▸ **1** *vi* andar tambaleándose: *He staggered back home/to his feet.* Volvió a su casa/Se puso en pie tambaleándose. ➲ *Ver nota en* ANDAR **2** *vt* dejar atónito **3** *vt* (*viaje, salida, etc.*) escalonar
▸ *n* tambaleo

staggering /ˈstægərɪŋ/ *adj* asombroso

stagnant /ˈstægnənt/ *adj* estancado

stagnate /stægˈneɪt; *USA* ˈstægneɪt/ *vi* estancarse **stagnation** *n* estancamiento

ˈstag night (*tb* **ˈstag party**) *n* (*GB*) despedida de soltero ➲ *Comparar con* HEN NIGHT

stain /steɪn/ *verbo, nombre*
▸ **1** *vt, vi* manchar(se) **2** *vt* teñir
▸ *n* **1** mancha **2** tinte (*para la madera*)

ˌstained ˈglass *n* [*incontable*] cristal de colores: *stained glass windows* vidrieras

stainless steel /ˌsteɪnləs ˈstiːl/ *n* acero inoxidable

stair /steə(r)/ *n* **1 stairs** [*pl*] escalera (*en el interior de un edificio*): *to go up/down the stairs* subir/bajar las escaleras ➲ *Ver nota en* ESCALERA **2** peldaño

staircase /ˈsteəkeɪs/ *n* escalera (*en el interior de un edificio*) ➲ *Ver nota en* ESCALERA ➲ *Comparar con* LADDER

stairway /ˈsteəweɪ/ *n* escalera (*esp exterior*) ➲ *Ver nota en* ESCALERA

stake /steɪk/ *nombre, verbo*
▸ *n* **1** estaca **2 the stake** [*sing*] la hoguera **3** (*inversión*) participación **4** [*gen pl*] apuesta LOC **at stake** en juego: *His reputation is at stake.* Está en juego su reputación.
▸ *vt* **1** ~ **sth (on sth)** apostar algo (a algo) **2** apuntalar LOC **stake (out) a/your claim (to sth)** reclamar un derecho (sobre algo)

stale /steɪl/ *adj* **1** (*pan, pastel, etc.*) duro, seco **2** (*aire, olor, queso*) rancio **3** (*ideas, noticias*) viejo **4** (*persona*) anquilosado

stalemate /ˈsteɪlmeɪt/ *n* **1** (*en negociaciones, etc.*) punto muerto **2** (*Ajedrez*) tablas

stalk /stɔːk/ *nombre, verbo*
▸ *n* **1** tallo **2** (*de fruta*) rabo
▸ **1** *vt* (*a una persona o un animal*) acechar, acosar **2** *vi* ~ **(away/off/out)** irse muy ofendido/indignado

S

stalker /ˈstɔːkə(r)/ *n* acosador, -ora (*obsesionado por otra persona*)

stall /stɔːl/ *nombre, verbo*

▸ *n* **1** (*en mercado*) puesto **2** (*en feria*) barraca **3** (*en establo*) casilla **4 stalls** [*pl*] (*Teat*) platea

▸ **1** *vt, vi* (*coche, motor*) calar(se) **2** *vi* buscar evasivas

stallion /ˈstæliən/ *n* semental (*caballo*)

stalwart /ˈstɔːlwət/ *adj, n* incondicional

stamen /ˈsteɪmən/ *n* (*Bot*) estambre

stamina /ˈstæmɪnə/ *n* resistencia

stammer /ˈstæmə(r)/ *verbo, nombre*

▸ *vi* tartamudear

▸ *n* tartamudeo

stamp 🔑 /stæmp/ *nombre, verbo*

▸ *n* **1** (*de correos*) sello: *stamp collecting* filatelia

En el Reino Unido existen dos tipos de sellos: *first class* y *second class*. Los sellos de primera clase valen un poco más, pero las cartas llegan antes.

2 (*de goma*) sello **3** (*fiscal*) timbre **4** (*para metal*) cuño **5** (*con el pie*) patada

▸ **1** *vt, vi* patear, dar patadas (a): *He stamped (his feet) on the ground to keep warm.* Dio patadas en el suelo para mantenerse en calor. **2** *vi* (*baile*) zapatear **3** *vt* (*moneda, papel de cartas, etc.*) estampar **4** *vt* (*pasaporte*) sellar **5** *vt* (*carta*) poner sello a PHR V **stamp sth out** erradicar, acabar con algo

stampede /stæmˈpiːd/ *nombre, verbo*

▸ *n* estampida, desbandada

▸ *vi* desbandarse

stance /stæns, stɑːns/ *n* **1** ~ **(on sth)** postura, actitud (hacia algo) **2** postura

stand 🔑 /stænd/ *verbo, nombre*

▸ (*pt, pp* **stood** /stʊd/) **1** *vi* estar de pie, mantenerse de pie: *Stand still.* Estate quieto. **2** *vi* ~ **(up)** ponerse de pie, levantarse **3** *vt* poner, colocar **4** *vi* encontrarse: *A house once stood here.* Antes había una casa aquí. **5** *vi* permanecer, estar: *as things stand* tal como están las cosas **6** *vt* medir, tener una altura de **7** *vi* (*oferta, etc.*) seguir en pie **8** *vt* aguantar, soportar ❶ Se usa sobre todo en frases negativas e interrogativas: *I can't stand him.* No lo aguanto. **9** *vi* ~ **(for/as sth)** (*Pol*) presentarse (como candidato) (a algo) LOC **it/that stands to reason** es lógico ◆ **stand a chance (of sth)** tener posibilidades (de algo) ◆ **stand fast/firm** mantenerse firme *Ver tb* AWE, LEG, TRIAL PHR V **stand around** quedarse ahí (sin hacer nada) ◆ **stand by sb** apoyar a algn ◆ **stand for sth 1** significar, representar algo **2** propugnar algo **3** tolerar algo ❶ En este sentido se usa en frases negativas e interrogativas. ◆ **stand in (for sb)** sustituir (a algn) ◆ **stand out 1** (*ser mejor*) destacarse **2** resaltar ◆ **stand round** = STAND AROUND ◆ **stand sb up** (*coloq*) dejar plantado a algn ◆ **stand up for sb/sth** defender a algn/algo ◆ **stand up to sb** hacer frente a algn

▸ *n* **1** ~ **(on sth)** postura, actitud (respecto a algo): *to take a stand on sth* adoptar una postura sobre algo **2** puesto, quiosco **3** [*a menudo en compuestos*] pie, soporte: *bicycle stand* soporte de bici ◇ *music stand* atril **4** (*Dep*) tribuna **5** (*Jur*) estrado LOC **make a stand (against sb/sth)** oponer resistencia (a algn/algo)

standard 🔑 /ˈstændəd/ *nombre, adjetivo*

▸ *n* nivel LOC **be up to/below standard** (no) ser del nivel requerido

▸ *adj* estándar, normal

standardize, -ise /ˈstændədaɪz/ *vt* estandarizar

ˌstandard of ˈliving *n* nivel de vida

standby /ˈstændbaɪ/ *nombre, adjetivo*

▸ *n* (*pl* **standbys**) **1** (*cosa*) recurso, repuesto **2** (*persona*) reserva LOC **on standby 1** preparado para partir, ayudar, etc. **2** en lista de espera

▸ *adj* [*sólo antes de sustantivo*]: *standby ticket* billete en lista de espera

stand-in /ˈstænd ɪn/ *n* **1** sustituto, -a, suplente **2** (*Cine*) doble

standing /ˈstændɪŋ/ *adjetivo, nombre*

▸ *adj* permanente

▸ *n* **1** prestigio **2** *of long standing* duradero

ˌstanding ˈorder *n* domiciliación bancaria

standpoint /ˈstændpɔɪnt/ *n* punto de vista

standstill /ˈstændstɪl/ *n* [*sing*]: *to be at/come to a standstill* estar paralizado/paralizarse

stank *pt de* STINK

staple /ˈsteɪpl/ *adjetivo, nombre, verbo*

▸ *adj* principal

▸ *n* grapa

▸ *vt* grapar **stapler** *n* grapadora

star 🔑 /stɑː(r)/ *nombre, verbo*

▸ *n* **1** estrella: *film star* estrella de cine **2** (*coloq*) cielo: *Thanks for helping me – you're a star!* Gracias por ayudarme, ¡eres un cielo! **3 stars** [*pl*] horóscopo: *to read your stars* leer el horóscopo

▸ *vi* (**-rr-**) ~ **(in sth)** protagonizar algo: *a starring role* un papel protagonista

starboard /ˈstɑːbəd/ *n* estribor

starch /stɑːtʃ/ *n* **1** almidón **2** fécula **starched** *adj* almidonado

stardom /ˈstɑːdəm/ *n* estrellato

S

stare 🔑 /steə(r)/ *vi* ~ **(at sb/sth)** mirar fijamente (a algn/algo) ➲ *Ver nota en* MIRAR

starfish /ˈstɑːfɪʃ/ *n* (*pl* **starfish**) estrella de mar

stark /stɑːk/ *adj* (**starker**, **-est**) **1** desolador **2** crudo **3** (*contraste*) manifiesto

ˌstark ˈnaked *adj* en cueros

starry /ˈstɑːri/ *adj* estrellado

the ˌStars and ˈStripes *n* [*sing*] bandera de Estados Unidos

La bandera de Estados Unidos está formada por barras y estrellas. Las 13 barras representan los 13 estados originales de la Unión y las 50 estrellas los estados que ahora la componen.

ˈstar sign *n* signo (del zodiaco): *What star sign are you?* ¿De qué signo del zodiaco eres?

start 🔑 /stɑːt/ *verbo, nombre*

▸ **1** *vt, vi* ~ **(doing/to do sth)** empezar (a hacer algo)

Aunque en principio **start** y **begin** pueden ir seguidos de un verbo en infinitivo o de una forma en **-ing**, cuando están en un tiempo continuo sólo pueden ir seguidos de infinitivo: *It started raining/to rain.* Empezó a llover. ◇ *It's starting to rain.* Está empezando a llover.

2 *vt, vi* (*coche, motor*) arrancar **3** *vt* (*rumor*) iniciar **4** *vt* (*incendio*) provocar LOC **to start (off) with** para empezar *Ver tb* BALL, FALSE, SCRATCH PHR V **start off** ponerse en marcha ◆ **start off (doing/by doing sth)** empezar (haciendo algo) ◆ **start out** empezar: *She started out on her legal career in 1993.* Empezó su carrera jurídica en 1993. ◇ *I started out to write a short story, but it developed into a novel.* Empecé con la idea de escribir un relato corto, pero acabó siendo una novela. ◆ **start (sth) up 1** (*motor*) arrancar (algo), poner algo en marcha **2** (*negocio*) empezar (algo), montar algo

▸ *n* **1** principio **2 the start** [*sing*] la salida *Ver tb* FLYING START, HEAD START LOC **for a start** (*coloq*) para empezar ◆ **get off to a good, bad, etc. start** tener un buen, mal, etc. comienzo

starter /ˈstɑːtə(r)/ *n* **1** primer plato **2** participante (*en carrera*) **3** motor de arranque

ˈstarting point *n* punto de partida

startle /ˈstɑːtl/ *vt* sobresaltar **startling** *adj* asombroso

starvation /stɑːˈveɪʃn/ *n* hambre ➲ *Ver nota en* HAMBRE

starve /stɑːv/ **1** *vi* pasar hambre: *to starve (to death)* morir de hambre **2** *vt* matar de hambre, hacer pasar hambre LOC **be starving** (*coloq*) morirse de hambre PHR V **starve sb/sth of sth** privar a algn/algo de algo

state 🔑 /steɪt/ *nombre, adjetivo, verbo*

▸ *n* **1** estado: *to be in a fit state to drive* estar en condiciones para conducir **2** (*tb* **State**) (*Pol*) estado **3 the States** [*pl*] (*coloq*) los Estados Unidos LOC **state of affairs** situación ◆ **state of mind** estado mental *Ver tb* REPAIR

▸ *adj* estatal, público: *state school* escuela pública ◇ *a state visit* una visita oficial ➲ *Ver nota en* ESCUELA

▸ *vt* **1** manifestar, afirmar: *State your name.* Haga constar su nombre. **2** establecer: *within the stated limits* en los límites establecidos

stately /ˈsteɪtli/ *adj* majestuoso: *stately home* casa señorial

statement 🔑 /ˈsteɪtmənt/ *n* declaración: *to issue a statement* presentar un informe

ˌstate of the ˈart *adj* de última generación, con tecnología punta

statesman /ˈsteɪtsmən/ *n* (*pl* **-men** /-mən/) estadista

static /ˈstætɪk/ *adjetivo, nombre*

▸ *adj* estático

▸ *n* [*incontable*] **1** (*Radio, TV*) interferencias **2** (*tb* **ˌstatic elecˈtricity**) electricidad estática

station 🔑 /ˈsteɪʃn/ *nombre, verbo*

▸ *n* **1** estación: *(railway/train) station* estación (de ferrocarril) **2** *power station* central eléctrica ◇ *police station* comisaría *Ver tb* FILLING STATION, FIRE STATION, PETROL STATION, SERVICE STATION **3** (*Radio, TV*) emisora

▸ *vt* destinar

stationary /ˈsteɪʃənri; *USA* -neri/ *adj* parado

stationer /ˈsteɪʃənə(r)/ *n* **1** dueño, -a de una papelería **2 stationer's** papelería ➲ *Ver nota en* CARNICERÍA **stationery** /ˈsteɪʃənri; *USA* -neri/ *n* material de escritorio

ˈstation wagon *n* (*USA*) (coche) ranchera

statistic /stəˈtɪstɪk/ *n* [*gen pl*] estadística **statistics** *n* [*incontable*] estadística (*ciencia*)

statue 🔑 /ˈstætʃuː/ *n* estatua

stature /ˈstætʃə(r)/ *n* (*formal*) **1** estatus **2** (*tamaño*) estatura

status 🔑 /ˈsteɪtəs/ *n* categoría, posición: *social status* posición social ◇ *marital status* estado civil ◇ *status symbol* símbolo de condición social

statute /ˈstætʃuːt/ *n* estatuto: *statute book* código **statutory** /ˈstætʃətri; *USA* -tɔːri/ *adj* estatutario

S

staunch /stɔːntʃ/ *adj* (*superl* **staunchest**) incondicional

stave /steɪv/ *v* PHR V **stave sth off** evitar algo

stay /steɪ/ *verbo, nombre*

▸ *vi* quedarse: *to stay (at) home* quedarse en casa ◇ *What hotel are you staying at?* ¿En qué hotel te alojas? ◇ *to stay sober* permanecer sobrio ◇ *I don't know why they stay together.* No sé por qué siguen juntos. LOC *Ver* CLEAR, COOL PHR V **stay away (from sb/sth)** no acercarse (a algn/algo), permanecer alejado (de algn/algo) ◆ **stay behind** quedarse (*cuando los demás se han ido*) ◆ **stay in** quedarse en casa ◆ **stay on** quedarse ◆ **stay out** no volver a casa (*por la noche*) ◆ **stay up** quedarse levantado: *to stay up late* acostarse tarde

▸ *n* estancia

steady /ˈstedi/ *adjetivo, verbo*

▸ *adj* (**steadier**, **-iest**) **1** constante, regular, continuo: *a steady boyfriend* un novio formal ◇ *a steady job/income* un empleo/sueldo fijo **2** firme: *to hold sth steady* sujetar algo con firmeza

▸ (*pt, pp* **-died**) **1** *vt* ~ **yourself** recuperar el equilibrio **2** *vi* estabilizarse

steak /steɪk/ *n* filete

steal /stiːl/ (*pt* **stole** /stəʊl/, *pp* **stolen** /ˈstəʊlən/) **1** *vt, vi* ~ **(sth) (from sb/sth)** robar (algo) (a algn/algo) ➲ *Ver nota en* ROB **2** *vi* ~ **in, out, away, etc.**: *He stole into the room.* Entró en la habitación a hurtadillas. ◇ *They stole away.* Salieron furtivamente. ◇ *to steal up on sb* acercarse a algn sin hacer ruido

stealth /stelθ/ *n* sigilo: *by stealth* a hurtadillas **stealthy** *adj* sigiloso

steam /stiːm/ *nombre, verbo*

▸ *n* vapor: *steam engine* máquina/motor de vapor LOC **run out of steam** (*coloq*) perder el ímpetu *Ver tb* LET

▸ **1** *vi* echar vapor: *steaming hot coffee* café caliente humeante **2** *vt* cocinar al vapor LOC **be/get (all) steamed up (about/over sth)** (*coloq*) sulfurarse (por algo) PHR V **steam up** empañarse

steamer /ˈstiːmə(r)/ *n* **1** barco/buque de vapor **2** vaporera ➲ *Ver dibujo en* POT

steamroller /ˈstiːmrəʊlə(r)/ *n* apisonadora

steel /stiːl/ *nombre, verbo*

▸ *n* acero: *steel band* banda de percusión (metálica) caribeña *Ver tb* STAINLESS STEEL

▸ *vt* ~ **yourself (for/against sth)** armarse de valor (para algo), endurecerse (para resistir algo)

steelworks /ˈstiːlwɜːks/ *n* (*pl* **steelworks**) [*v sing o pl*] acería

steep /stiːp/ *adj* (**steeper**, **-est**) **1** empinado: *a steep hill* una montaña escarpada **2** (*ascenso, descenso*) abrupto, brusco **3** (*coloq*) (*precio, etc.*) excesivo

steeple /ˈstiːpl/ *n* (*Arquit*) torre con aguja

steeply /ˈstiːpli/ *adv* con mucha pendiente: *The plane was climbing steeply.* El avión ascendía vertiginosamente. ◇ *Share prices fell steeply.* Las acciones bajaron en picado.

steer /stɪə(r)/ **1** *vt, vi* conducir, navegar: *to steer north* seguir rumbo norte ◇ *to steer by the stars* guiarse por las estrellas **2** *vt* llevar: *He steered the discussion away from the subject.* Llevó la conversación hacia otro tema. LOC *Ver* CLEAR

steering /ˈstɪərɪŋ; *USA* ˈstɪərɪŋ/ *n* dirección (*de un vehículo*)

ˈ**steering wheel** *n* volante

stem /stem/ *nombre, verbo*

▸ *n* tallo ➲ *Ver dibujo en* CUP

▸ *vt* (**-mm-**) contener PHR V **stem from sth** ser producto de algo

ˈ**stem cell** *n* célula madre

stench /stentʃ/ *n* [*sing*] hedor ➲ *Ver nota en* SMELL

step /step/ *nombre, verbo*

▸ *n* **1** paso **2** escalón, peldaño **3 steps** [*pl*] escaleras ➲ *Ver nota en* ESCALERA LOC **be in/out of step (with sb/sth) 1** (no) seguirle el paso (a algn/algo) **2** estar de acuerdo/en desacuerdo (con algn/algo) ◆ **mind/watch your step** (*fig*) tener cuidado ◆ **step by step** paso a paso ◆ **take steps to do sth** tomar medidas para hacer algo

▸ *vi* (**-pp-**) dar un paso, andar: *to step over sth* pasar por encima de algo PHR V **step aside/down** renunciar ◆ **step in** intervenir ◆ **step on/in sth** pisar algo ◆ **step sth up** aumentar, intensificar algo

stepbrother /ˈstepbrʌðə(r)/ *n* hermanastro ➲ *Ver nota en* HERMANASTRO

stepchild /ˈsteptʃaɪld/ *n* (*pl* **stepchildren** /-tʃɪldrən/) hijastro, -a

stepdaughter /ˈstepdɔːtə(r)/ *n* hijastra

stepfather /ˈstepfɑːðə(r)/ *n* padrastro

stepladder /ˈsteplædə(r)/ *n* escalera de mano

stepmother /ˈstepmʌðə(r)/ *n* madrastra

step-parent /ˈstep peərənt/ *n* padrastro, madrastra

stepsister /ˈstepsɪstə(r)/ *n* hermanastra ➲ *Ver nota en* HERMANASTRO

stepson /ˈstepsʌn/ *n* hijastro

stereo /ˈsteriəʊ/ *n* (*pl* **stereos**) estéreo

stereotype /ˈsteriətaɪp/ *n* estereotipo

stereotypical /ˌsteriəˈtɪpɪkl/ *adj* estereotípico

S

sterile /ˈsteraɪl; *USA* ˈsterəl/ *adj* estéril **sterility** /stəˈrɪləti/ *n* esterilidad **sterilize, -ise** /ˈsterəlaɪz/ *vt* esterilizar

sterling /ˈstɜːlɪŋ/ *nombre, adjetivo*
▸ *n* libra esterlina
▸ *adj* **1** (*plata*) de ley **2** (*formal*) excelente

stern /stɜːn/ *adjetivo, nombre*
▸ *adj* (**sterner, -est**) severo, duro
▸ *n* (*Náut*) popa

steroid /ˈsterɔɪd, ˈstɪər-/ *n* esteroide

stew /stjuː; *USA* stuː/ *nombre, verbo*
▸ *n* guiso, estofado
▸ *vt, vi* cocer, guisar

steward /ˈstjuːəd; *USA* ˈstuː-/ *n* auxiliar de vuelo

stewardess /ˌstjuːəˈdes; *USA* ˈstuːərdəs/ *n* auxiliar de vuelo

stick ⚷ /stɪk/ *verbo, nombre*
▸ (*pt, pp* **stuck** /stʌk/) **1** *vt* hincar, clavar: *to stick a needle in your finger* clavarse una aguja en el dedo ◇ *to stick your fork into a potato* pinchar una patata con el tenedor **2** *vt, vi* pegar(se): *Jam sticks to your fingers.* La mermelada se te pega a los dedos. **3** *vt* (*coloq*) poner: *He stuck the pen behind his ear.* Se puso el bolígrafo detrás de la oreja. **4** *vt* quedar atascado **5** *vt* (*GB, coloq*) aguantar ❶ Se usa sobre todo en frases negativas e interrogativas: *I can't stick it any longer.* No aguanto más.

PHR V **stick around** (*coloq*) quedarse (*en o cerca de un sitio*)
stick at sth seguir trabajando, persistir en algo
stick by sb apoyar a algn
stick out 1 sobresalir: *His ears stick out.* Tiene las orejas de soplillo. **2** notarse, verse bien ◆ **stick it/sth out** (*coloq*) aguantar algo ◆ **stick sth out 1** (*lengua, mano*) sacar algo **2** (*cabeza*) asomar algo
stick to sth atenerse a algo
stick together (*coloq*) mantenerse unidos
stick up sobresalir ◆ **stick up for sb/sth** dar la cara por algn/algo ◆ **stick up for yourself** hacerse valer

▸ *n* **1** palo, vara **2** bastón **3** barra: *a stick of celery* un tallo de apio ◇ *a stick of dynamite* un cartucho de dinamita *Ver tb* MEMORY STICK

sticker /ˈstɪkə(r)/ *n* pegatina

sticky ⚷ /ˈstɪki/ *adj* (**stickier, -iest**) **1** pegajoso **2** (*coloq*) (*tiempo*) bochornoso **3** (*coloq*) (*situación*) difícil

sties *plural de* STY

stiff ⚷ /stɪf/ *adjetivo, adverbio*
▸ *adj* (**stiffer, -est**) **1** rígido, duro **2** agarrotado: *I'm really stiff after that walk.* Tengo unas agujetas terribles después de la caminata. ◇ *to have a stiff neck* tener tortícolis **3** (*sólido*) espeso **4** difícil, duro **5** (*persona*) tieso **6** (*brisa, bebida alcohólica*) fuerte
▸ *adv* (*coloq*) LOC **be bored, scared, etc. stiff** estar aburrido como una ostra, muerto de miedo, etc.

stiffen /ˈstɪfn/ *vi* ponerse rígido/tieso

stifle /ˈstaɪfl/ **1** *vt, vi* ahogar(se) **2** *vt* (*ideas*) suprimir **3** *vt* (*rebelión, bostezo*) contener **stifling** *adj* sofocante

stigma /ˈstɪgmə/ *n* estigma

still ⚷ /stɪl/ *adverbio, adjetivo*
▸ *adv* **1** todavía, aún

¿**Still** o **yet**? **Still** se usa en frases afirmativas e interrogativas y siempre va detrás de los verbos auxiliares o modales y delante de los demás verbos: *He still talks about her.* Todavía habla de ella. ◇ *Are you still here?* ¿Todavía estás aquí? **Yet** se usa en frases negativas y siempre va al final de la oración: *Aren't they here yet?* ¿Aún no han llegado? ◇ *He hasn't done it yet.* No lo ha hecho todavía. Sin embargo, **still** se puede usar con frases negativas cuando queremos darle énfasis a la oración. En este caso siempre se coloca delante del verbo, aunque sea auxiliar o modal: *He still hasn't done it.* Aún no lo ha hecho. ◇ *He still can't do it.* Todavía no sabe hacerlo.

2 aun así, sin embargo, no obstante: *Still, it didn't turn out badly.* De todos modos, no salió del todo mal.
▸ *adj* **1** quieto, inmóvil: *Stand still!* ¡Estate quieto! **2** (*agua, aire*) tranquilo, en calma **3** (*bebida*) sin gas

ˌstill ˈlife *n* (*pl* **still lifes**) bodegón

stillness /ˈstɪlnəs/ *n* calma, quietud

stilt /stɪlt/ *n* **1** pilote **2** zanco

stilted /ˈstɪltɪd/ *adj* poco natural, forzado

stimulant /ˈstɪmjələnt/ *n* estimulante

stimulate /ˈstɪmjuleɪt/ *vt* estimular **stimulating** *adj* **1** interesante **2** estimulante

stimulus /ˈstɪmjələs/ *n* (*pl* **stimuli** /-laɪ/) estímulo, incentivo

sting ⚷ /stɪŋ/ *verbo, nombre*
▸ (*pt, pp* **stung** /stʌŋ/) **1** *vt, vi* picar **2** *vi* escocer **3** *vt* (*fig*) herir
▸ *n* **1** aguijón **2** (*herida*) picadura **3** (*dolor*) picor, escozor

stingy /ˈstɪndʒi/ *adj* (*coloq*) tacaño

S

stink /stɪŋk/ *verbo, nombre*

▸ *vi* (*pt* **stank** /stæŋk/ *o* **stunk** /stʌŋk/, *pp* **stunk**) ~ **(of sth)** (*coloq*) **1** apestar (a algo) **2** *'What do you think of the idea?' 'I think it stinks.'* —¿Qué te parece la idea? —Me parece de pena. PHR V **stink sth out** apestar algo

▸ *n* (*coloq*) peste, hedor ➲ *Ver nota en* SMELL **stinking** *adj* **1** hediondo **2** (*GB, coloq*) maldito

stint /stɪnt/ *n* período (*en un trabajo, etc.*): *a training stint in Lanzarote* un período de aprendizaje en Lanzarote

stipulate /ˈstɪpjuleɪt/ *vt* (*formal*) estipular

stir /stɜː(r)/ *verbo, nombre*

▸ **(-rr-) 1** *vt* remover **2** *vt, vi* mover(se) **3** *vt* (*imaginación, etc.*) despertar PHR V **stir sth up 1** (*emociones*) despertar algo **2** (*problemas, polémica*) provocar algo

▸ *n* **1** [*sing*] alboroto **2** *to give sth a stir* remover algo

stir-fry /ˈstɜː fraɪ/ *verbo, nombre*

▸ *vt* (*pt, pp* **stir-fried**) rehogar

▸ *n* plato oriental que se hace rehogando los ingredientes

stirring /ˈstɜːrɪŋ/ *adj* emocionante

stirrup /ˈstɪrəp/ *n* estribo

stitch /stɪtʃ/ *nombre, verbo*

▸ *n* **1** (*Costura*) puntada **2** (*Med, tejido*) punto **3** flato: *I got a stitch.* Me dio el flato. LOC **in stitches** (*coloq*) muerto de risa

▸ *vt, vi* coser **stitching** *n* costura

stock /stɒk/ *nombre, verbo, adjetivo*

▸ *n* **1** existencias: *in/out of stock* en existencia/agotado **2** ~ **(of sth)** surtido, reserva (de algo) **3** [*incontable*] (*de empresa*) capital social **4** [*gen pl*] (*Fin*) valor **5** *Ver* LIVESTOCK **6** (*Cocina*) caldo LOC **take stock (of sth)** hacer balance (de algo)

▸ *vt* tener (existencias de) PHR V **stock up (on/with sth)** abastecerse (de algo)

▸ *adj* [*sólo antes de sustantivo*] (*pey*) gastado, manido (*frase, etc.*)

stockbroker /ˈstɒkbrəʊkə(r)/ *n* corredor, -ora de bolsa

ˈstock exchange (*tb* **ˈstock market**) *n* bolsa

stocking /ˈstɒkɪŋ/ *n* media

stocktaking /ˈstɒkteɪkɪŋ/ *n* inventario (*acción*)

stocky /ˈstɒki/ *adj* (**stockier**, **-iest**) bajo y fornido

stodgy /ˈstɒdʒi/ *adj* (*coloq, pey*) pesado (*comida, literatura*)

stoke /stəʊk/ *vt* ~ **sth (up) (with sth)** alimentar algo (con algo)

stole, **stolen** *pt, pp de* STEAL

stolid /ˈstɒlɪd/ *adj* (*gen pey*) impasible

stoma /ˈstəʊmə/ (*pl* **stomas** o **stomata** /ˈstəʊmətə/) *n* (*Biol, Bot*) estoma

stomach /ˈstʌmək/ *nombre, verbo*

▸ *n* **1** estómago **2** vientre LOC **have no stomach for sth** no tener ganas de algo

▸ *vt* aguantar ❶ Se usa sobre todo en frases negativas e interrogativas: *I can't stomach violent films.* No soporto las películas violentas.

ˈstomach ache *n* dolor de estómago

stone /stəʊn/ *nombre, verbo*

▸ *n* **1** piedra: *the Stone Age* la Edad de Piedra **2** hueso (*de fruta*) **3** (*pl* **stone**) (*abrev* **st**) unidad de peso equivalente a 14 libras o 6,356 kg ➲ *Ver pág 792* LOC *Ver* KILL

▸ *vt* apedrear

stoned /stəʊnd/ *adj* (*coloq*) colocado (*con hachís, etc.*)

stony /ˈstəʊni/ *adj* (**stonier**, **-iest**) **1** pedregoso, cubierto de piedras **2** (*mirada*) frío **3** (*silencio*) sepulcral

stood *pt, pp de* STAND

stool /stuːl/ *n* banqueta, taburete

stoop /stuːp/ *verbo, nombre*

▸ *vi* ~ **(down)** agacharse, inclinarse LOC **stoop so low (as to do sth)** (*formal*) llegar tan bajo (como para hacer algo)

▸ *n*: *to walk with/have a stoop* andar encorvado

stop /stɒp/ *verbo, nombre*

▸ **(-pp-) 1** *vt, vi* parar(se), detener(se) **2** *vt* ~ **sth/doing sth** dejar algo/de hacer algo: *Stop it!* ¡Basta ya!

> *Stop doing sth* significa "dejar de hacer algo", pero *stop to do sth* quiere decir "parar para hacer algo": *Stop doing that!* ¡Deja de hacer eso! ◇ *We stopped to take some pictures.* Paramos para sacar unas fotos.

3 *vt* ~ **sb/sth (from) doing sth** impedir que algn/algo haga algo: *to stop yourself doing sth* hacer un esfuerzo por no hacer algo **4** *vt* (*proceso*) interrumpir **5** *vt* (*injusticia, etc.*) acabar con, poner fin a **6** *vt* cancelar **7** *vi* (*GB, coloq*) quedarse **8** *vt* (*pago*) suspender LOC **stop short of (doing) sth** no llegar a (hacer) algo *Ver tb* BUCK PHR V **stop off (at/in...)** parar (en...)

▸ *n* **1** parada, alto: *to come to a stop* detenerse/parar(se) **2** (*autobús, tren*) parada *Ver tb* FULL STOP

stopgap /ˈstɒpgæp/ *n* recurso provisional

stopover /ˈstɒpəʊvə(r)/ *n* escala (*en un viaje*)

stoppage /ˈstɒpɪdʒ/ *n* **1** paro (*acción laboral*) **2** (*Dep*): *stoppage time* tiempo de descuento

stopper /ˈstɒpə(r)/ *n* tapón

S

stopwatch /ˈstɒpwɒtʃ/ *n* cronómetro

storage /ˈstɔːrɪdʒ/ *n* **1** almacenamiento: *storage space* sitio para guardar cosas **2** depósito, almacén

store /stɔː(r)/ *nombre, verbo*
▸ *n* **1** (*tb* **deˈpartment store**) (grandes) almacenes *Ver tb* CHAIN STORE **2** (*USA*) tienda (pequeña), almacenes **3** provisión, reserva **4 stores** [*pl*] suministros LOC **be in store for sb** aguardarle a algn (*sorpresa, etc.*) ◆ **have sth in store for sb** tener algo reservado a algn (*sorpresa, etc.*)
▸ *vt* ~ **sth (away/up)** almacenar, guardar, acumular algo

storekeeper /ˈstɔːkiːpə(r)/ *n* (*USA*) comerciante, tendero, -a

storeroom /ˈstɔːruːm, -rʊm/ *n* despensa, almacén

storey /ˈstɔːri/ *n* (*pl* **storeys**) (*USA* **story**) piso

stork /stɔːk/ *n* cigüeña

storm /stɔːm/ *nombre, verbo*
▸ *n* tormenta, temporal: *a storm of criticism* fuertes críticas
▸ **1** *vt* (*edificio*) asaltar, atacar **2** *vi* ~ **in/off/out** entrar/irse/salir furioso **stormy** *adj* (**stormier**, **-iest**) **1** tormentoso **2** (*debate*) acalorado **3** (*relación*) turbulento

story /ˈstɔːri/ *n* (*pl* **stories**) **1** cuento **2** historia **3** (*Period*) noticia **4** (*USA*) = STOREY

stout /staʊt/ *adj* (**stouter**, **-est**) **1** gordo **2** fuerte, resistente

stove /stəʊv/ *n* **1** estufa **2** cocina

stow /stəʊ/ *vt* ~ **sth (away)** guardar algo

stowaway /ˈstəʊəweɪ/ *n* polizón

straddle /ˈstrædl/ *vt* poner una pierna a cada lado de

straggle /ˈstrægl/ *vi* **1** (*planta*) desparramarse **2** (*persona*) rezagarse **straggler** *n* rezagado, -a **straggly** *adj* desordenado, desaliñado

straight /streɪt/ *adverbio, adjetivo*
▸ *adv* (**straighter**, **-est**) **1** en línea recta: *Look straight ahead.* Mira recto. **2** (*irse*) directamente **3** (*sentarse*) derecho **4** (*pensar, hablar*) claramente LOC **straight away** (*tb* **straightaway** /ˌstreɪtəˈweɪ/) inmediatamente ◆ **straight off/out** (*coloq*) sin vacilar ◆ **straight on** todo derecho
▸ *adj* (**straighter**, **-est**) **1** recto: *straight hair* pelo liso **2** derecho, tieso **3** en orden **4** (*honesto*) franco **5** (*USA*) (*bebida*) solo **6** (*coloq*) heterosexual LOC **get sth straight** dejar algo claro ◆ **keep a straight face** no reírse *Ver tb* RECORD

straighten /ˈstreɪtn/ **1** *vi* ~ **(out)** volverse recto **2** *vt* ~ **sth (out)** enderezar algo **3** *vt, vi* ~ **(sth) (up)** poner algo derecho, enderezarse: *Straighten your back.* Ponga la espalda derecha. **4** *vt* (*corbata, falda*) arreglar PHRV **straighten sth out** ordenar, arreglar algo

straightforward /ˌstreɪtˈfɔːwəd/ *adj* **1** (*proceso, solución*) sencillo **2** (*personalidad*) honrado **3** (*respuesta, etc.*) franco

strain /streɪn/ *nombre, verbo*
▸ *n* **1** tensión, presión: *Their relationship is showing signs of strain.* Su relación da muestras de tensión. **2** torcedura **3** *eye strain* vista cansada
▸ **1** *vi* esforzarse **2** *vt* (*músculo, espalda*) torcer **3** *vt* (*vista, voz, corazón*) forzar **4** *vt* (*oído*) aguzar **5** *vt* (*infraestructura, etc.*) ejercer demasiada presión sobre **6** *vt* (*paciencia*) poner a prueba **7** *vt* (*relaciones*) crear tensiones en **8** *vt* ~ **sth (off)** colar algo **strained** *adj* **1** tenso **2** preocupado **3** (*risa, tono de voz*) forzado

strainer /ˈstreɪnə(r)/ *n* colador

strait /streɪt/ *n* **1** (*tb* **straits** [*pl*]) estrecho: *the Straits of Gibraltar* el Estrecho de Gibraltar **2 straits** [*pl*]: *in dire/desperate straits* en una situación desesperada

straitjacket /ˈstreɪtdʒækɪt/ *n* camisa de fuerza

strand /strænd/ *n* **1** hebra, hilo **2** mechón

stranded /ˈstrændɪd/ *adj* abandonado: *to be left stranded* quedarse colgado

strange /streɪndʒ/ *adj* (**stranger**, **-est**) **1** raro, extraño: *I find it strange that...* Me extraña que... **2** desconocido

strangely /ˈstreɪndʒli/ *adv* extrañamente: *Strangely enough,...* Por extraño que parezca,...

stranger /ˈstreɪndʒə(r)/ *n* **1** desconocido, -a **2** forastero, -a

strangle /ˈstræŋgl/ *vt* estrangular

strap /stræp/ *nombre, verbo*
▸ *n* **1** correa, tira ➲ *Ver dibujos en* BAG *y* RELOJ **2** (*de un vestido*) tirante
▸ *vt* (**-pp-**) **1** sujetar, atar (*con correas*): *Are you strapped in?* ¿Llevas puesto el cinturón de seguridad? **2** ~ **sth (up)** (*Med*) vendar algo

strategic /strəˈtiːdʒɪk/ *adj* estratégico

strategy /ˈstrætədʒi/ *n* (*pl* **strategies**) estrategia

straw /strɔː/ *n* **1** paja: *a straw hat* un sombrero de paja **2** (*para beber*) pajita LOC **the last/final straw** la gota que colma el vaso

strawberry /ˈstrɔːbəri; *USA* -beri/ *n* (*pl* **strawberries**) fresa: *strawberries and cream* fresas con nata

stray /streɪ/ *verbo, adjetivo*
▸ *vi* **1** extraviarse **2** ~ **from sth** apartarse de algo

S

▸ *adj* [*sólo antes de sustantivo*] **1** extraviado: *a stray dog* un perro callejero **2** aislado: *a stray bullet* una bala perdida

streak /stri:k/ *nombre, verbo*
▸ *n* **1** veta **2** (*de carácter*) rasgo, vena **3** racha: *to be on a winning/losing streak* tener una racha de suerte/mala suerte
▸ **1** *vt* ~ **sth (with sth)** rayar, vetear algo (de algo) **2** *vi* correr como un rayo

stream /stri:m/ *nombre, verbo*
▸ *n* **1** arroyo, riachuelo **2** (*de líquido, palabras*) torrente **3** (*de gente*) oleada **4** (*de coches*) caravana
▸ *vi* **1** (*agua, sangre*) manar **2** (*lágrimas*) correr **3** (*luz*) entrar/salir a raudales **4** (*personas, coches*) entrar/salir/pasar a millares

streamer /ˈstri:mə(r)/ *n* serpentina

streamline /ˈstri:mlaɪn/ *vt* **1** aerodinamizar **2** (*proceso, organización*) racionalizar

street /stri:t/ *n* (*abrev* **St**) calle: *the High Street* la calle Mayor ➲ *Ver notas en* ROAD, CALLE; *Ver tb* SIDE STREET LOC **be streets ahead (of sb/sth)** (*GB, coloq*) llevar mucha ventaja (a algn/algo) ◆ **(right) up your street** (*coloq*): *This job seems right up your street.* Este trabajo te va que ni pintado. *Ver tb* MAN

streetcar /ˈstri:tkɑ:(r)/ *n* (*USA*) tranvía

streetwise /ˈstri:twaɪz/ *adj* (*coloq*) espabilado, astuto

strength /streŋθ/ *n* **1** fuerza **2** (*material*) resistencia **3** (*luz, emoción*) intensidad **4** punto fuerte LOC **on the strength of sth** en virtud de algo, fundándose en algo **strengthen** /ˈstreŋθn/ *vt, vi* reforzar(se), fortalecer(se)

strenuous /ˈstrenjuəs/ *adj* **1** vigoroso **2** agotador

stress /stres/ *nombre, verbo*
▸ *n* **1** tensión (nerviosa), estrés **2** ~ **(on sth)** énfasis (en algo) **3** (*Ling, Mús*) acento
▸ **1** *vt* subrayar **2** *vt, vi* ~ **(sb) (out)** estresar a algn, estresarse

stressed /strest/ (*coloq* ˌ**stressed** ˈ**out**) *adj* [*nunca antes de sustantivo*] estresado

stressful /ˈstresfl/ *adj* estresante

stretch /stretʃ/ *verbo, nombre*
▸ **1** *vt, vi* estirar(se), alargar(se) **2** *vi* desperezarse **3** *vi* (*terreno, etc.*) extenderse **4** *vt* (*persona*) exigir el máximo esfuerzo a LOC **stretch your legs** (*coloq*) estirar las piernas (*ir a pasear*) PHR V **stretch (yourself) out** tenderse, estirarse
▸ *n* **1** ~ **(of sth)** (*terreno*) trecho (de algo) **2** (*tiempo*) intervalo, período **3** *to have a stretch* estirarse **4** elasticidad LOC **at a stretch** sin interrupción, seguidos *Ver tb* FULL

stretcher /ˈstretʃə(r)/ *n* camilla

stretchy /ˈstretʃi/ *adj* (**stretchier**, **-iest**) elástico

strewn /stru:n/ *adj* **1** ~ **on, over, etc. sth** desparramado por algo **2** ~ **with sth** cubierto de algo

stricken /ˈstrɪkən/ *adj* ~ **(with sth)** (*formal*) afligido (por algo): *drought-stricken areas* zonas afectadas por la sequía

strict /strɪkt/ *adj* (**stricter**, **-est**) **1** estricto, preciso **2** severo LOC **in strictest confidence** en la más absoluta confianza

strictly /ˈstrɪktli/ *adv* **1** severamente **2** estrictamente: *strictly prohibited* terminantemente prohibido LOC **strictly speaking** en rigor

stride /straɪd/ *verbo, nombre*
▸ *vi* (*pt* **strode** /strəʊd/) **1** andar a grandes zancadas ➲ *Ver nota en* ANDAR **2** ~ **up to sb/sth** acercarse resueltamente a algn/algo
▸ *n* **1** zancada **2** (*modo de andar*) paso LOC **get into your stride** cogerle el tranquillo de/a algo ◆ **take sth in your stride** tomarse algo con calma

strident /ˈstraɪdnt/ *adj* estridente

strife /straɪf/ *n* [*incontable*] (*formal*) lucha, conflicto

strike /straɪk/ *verbo, nombre*
▸ (*pt, pp* **struck** /strʌk/) **1** *vt* (*formal*) golpear, pegar **2** *vt* (*formal*) (*coche, etc.*) atropellar **3** *vt* (*formal*) chocar contra **4** *vi* atacar **5** *vt*: *It strikes me that...* Se me ocurre que... **6** *vt* impresionar, llamar la atención a: *I was struck by the similarity between them.* Me impresionó lo parecidos que eran. **7** *vi* declararse en huelga **8** *vt* (*cerilla*) encender **9** *vt, vi* (*reloj*) dar (la hora) **10** *vt* (*oro, etc.*) hallar LOC *Ver* HOME PHR V **strike back (at/against sb/sth)** devolver el golpe, contraatacar (a algn/algo) ◆ **strike up (sth)** empezar a tocar (algo) ◆ **strike up sth (with sb)** entablar algo (con algn)
▸ *n* **1** huelga: *to go on strike* declararse en huelga **2** (*Mil*) ataque

striker /ˈstraɪkə(r)/ *n* **1** huelguista **2** (*Fútbol*) delantero, -a

striking /ˈstraɪkɪŋ/ *adj* llamativo, impresionante

string /strɪŋ/ *nombre, verbo*
▸ *n* **1** cuerda, cordel: *I need some string to tie up this parcel.* Necesito una cuerda para atar este paquete. ➲ *Ver dibujo en* CUERDA **2** (*de perlas, etc.*) sarta **3** (*de personas, coches*) hilera **4** (*de éxitos, excusas, cartas, etc.*) serie LOC **(with) no strings attached** sin condiciones *Ver tb* PULL
▸ *vt* (*pt, pp* **strung** /strʌŋ/) ~ **sth (up)** colgar algo (*con cuerda, etc.*) PHR V **string sth out** alargar algo ◆ **string sth together** hilar algo (*para formar frases*)

stringent /ˈstrɪndʒənt/ *adj* (*formal*) riguroso

S

strip 🔑 /strɪp/ *verbo, nombre*
▸ **(-pp-) 1** *vi* ~ **(off)** desnudarse **2** *vt* ~ **sth (off)** (*ropa, papel, pintura, etc.*) quitar algo **3** *vt* ~ **sb/sth of sth** despojar a algn/algo de algo, quitarle algo a algn **4** *vt* ~ **sth (down)** (*máquina*) desmantelar algo
▸ *n* **1** (*de papel, metal, etc.*) tira **2** (*de tierra, agua, etc.*) franja **3** (*Dep*) equipación

stripe 🔑 /straɪp/ *n* raya, franja

striped 🔑 /straɪpt/ (*GB coloq* **stripy** /ˈstraɪpi/) *adj* de rayas

strive /straɪv/ *vi* (*pt* **strove** /strəʊv/, *pp* **striven** /ˈstrɪvn/) ~ **(for sth/to do sth)** (*formal*) esforzarse (por alcanzar/por hacer algo)

strode *pt de* STRIDE

stroke 🔑 /strəʊk/ *nombre, verbo*
▸ *n* **1** golpe: *a stroke of luck* un golpe de suerte **2** (*Natación*) brazada, estilo **3** caricia **4** trazo (*de lapicero, etc.*) **5** campanada **6** (*Med*) embolia LOC **at a/one stroke** de un golpe ◆ **not do a stroke (of work)** no dar ni golpe
▸ *vt* acariciar

stroll /strəʊl/ *verbo, nombre*
▸ *vi* pasearse (*de manera relajada*) ➲ *Ver nota en* ANDAR
▸ *n* paseo: *to go for/take a stroll* dar un paseo

stroller /ˈstrəʊlə(r)/ *n* (*USA*) silla de paseo

strong 🔑 /strɒŋ; *USA* strɔːŋ/ *adj* (**stronger** /ˈstrɒŋgə(r); *USA* ˈstrɔːŋ-/, **strongest** /-gɪst/) **1** fuerte **2** (*oponente, creencia*) firme **3** (*candidato, posibilidad*) bueno **4** (*pruebas, argumento*) de peso **5** (*relación*) sólido LOC **be going strong** (*coloq*) estar muy fuerte ◆ **be strong at sth** tener aptitud para algo ◆ **be your/sb's strong point/suit** ser el fuerte de uno/algn

strong-minded /ˌstrɒŋ ˈmaɪndɪd; *USA* ˌstrɔːŋ/ *adj* decidido

stroppy /ˈstrɒpi/ *adj* (*GB, coloq*) borde

strove *pt de* STRIVE

struck *pt, pp de* STRIKE

structure 🔑 /ˈstrʌktʃə(r)/ *nombre, verbo*
▸ *n* **1** estructura **2** construcción
▸ *vt* estructurar

struggle 🔑 /ˈstrʌgl/ *verbo, nombre*
▸ *vi* **1** ~ **(for sth)** luchar (por algo) **2** ~ **(against/with sb/sth)** forcejear (con algn/algo)
▸ *n* **1** lucha **2** esfuerzo

strung *pt, pp de* STRING

strut /strʌt/ *vi* **(-tt-)** ~ **(about/along)** pavonearse

stub /stʌb/ *vt* ~ **your toe (against/on sth)** golpearse el dedo del pie (contra/con algo) PHR V **stub sth out** (*cigarrillo*) apagar algo

stubble /ˈstʌbl/ *n* **1** rastrojo **2** barba (incipiente)

stubborn /ˈstʌbən/ *adj* **1** (*gen pey*) terco **2** (*mancha, tos*) rebelde

stuck /stʌk/ *adj* **1** atascado, atrapado: *The bus got stuck in the mud.* El autobús se quedó atascado en el barro. ◇ *The lift got stuck between floors six and seven.* El ascensor se quedó atascado entre los pisos seis y siete. ◇ *I'm stuck on the first question.* Estoy atascado en la primera pregunta. ◇ *I hate being stuck at home all day.* No aguanto quedarme en casa todo el día. **2** ~ **(for sth)**: *He's never stuck for something to say.* Siempre tiene algo que decir. **3** (*coloq*): *to be/get stuck with sth/sb* tener que cargar con algo/tener que aguantar a algn LOC *Ver* RUT; *Ver tb* STICK

stuck-up /ˌstʌk ˈʌp/ *adj* (*coloq, pey*) engreído

stud /stʌd/ *n* **1** (*de piercing*) pendiente (pequeño) **2** tachuela **3** (*de bota de fútbol*) taco **4** caballo semental: *stud farm* criadero de caballos *Ver tb* PRESS STUD

student 🔑 /ˈstjuːdnt; *USA* ˈstuː-/ *n* **1** estudiante (*de universidad*) **2** alumno, -a ➲ *Ver nota en* ALUMNO

studied /ˈstʌdid/ *adj* deliberado *Ver tb* STUDY

studio 🔑 /ˈstjuːdiəʊ; *USA* ˈstuː-/ *n* (*pl* **studios**) **1** (*Cine, TV, apartamento*) estudio **2** taller (*de artista, etc.*)

studious /ˈstjuːdiəs; *USA* ˈstuː-/ *adj* estudioso

study 🔑 /ˈstʌdi/ *nombre, verbo*
▸ *n* (*pl* **studies**) **1** estudio **2** (*habitación*) despacho
▸ *vt, vi* (*pt, pp* **studied**) estudiar: *to study for a degree* estudiar una carrera

stuff 🔑 /stʌf/ *nombre, verbo*
▸ *n* [*incontable*] (*coloq*) **1** sustancia, material **2** cosas
▸ *vt* **1** ~ **sth (with sth)** rellenar algo (con algo) **2** ~ **sth in**; ~ **sth into, under, etc. sth** meter algo a la fuerza (en, debajo de, etc. algo) **3** ~ **yourself (with sth)** atiborrarse (de algo) **4** (*animal*) disecar LOC **get stuffed!** (*GB, coloq*) ¡vete a hacer puñetas! **stuffing** *n* relleno

stuffy /ˈstʌfi/ *adj* (**stuffier, -iest**) **1** (*ambiente*) cargado **2** (*coloq*) (*persona*) estirado

stumble /ˈstʌmbl/ *vi* **1** ~ **(over/on sth)** dar un traspié (con algo) **2** ir dando tropezones **3** ~ **(over/through sth)** atrancarse (en algo) PHR V **stumble across/on/upon sb/sth** encontrarse con algn/algo (*por casualidad*)

ˈstumbling block *n* obstáculo

stump /stʌmp/ *n* **1** (*de árbol*) tocón **2** (*de extremidad*) muñón

stun /stʌn/ *vt* **(-nn-) 1** dejar sin sentido **2** asombrar

S

stung *pt, pp de* STING

stunk *pt, pp de* STINK

stunning /ˈstʌnɪŋ/ *adj* alucinante, impresionante

stunt /stʌnt/ *nombre, verbo*

▸ *n* **1** acrobacia: *He does all his own stunts.* Hace todas las escenas peligrosas él mismo. **2** truco: *publicity stunt* truco publicitario

▸ *vt* frenar el crecimiento de

stuntman /ˈstʌntmən/ *n* (*pl* **-men** /-men/) doble (*en escenas peligrosas de películas*)

stuntwoman /ˈstʌntwʊmən/ *n* (*pl* **-women** /-wɪmɪn/) doble (*en escenas peligrosas de películas*)

stupendous /stjuːˈpendəs; *USA* stuː-/ *adj* formidable

stupid ⚷ /ˈstjuːpɪd; *USA* ˈstuː-/ *adj* (**stupider**, **-est**) tonto, estúpido ❶ También se utilizan las formas **more stupid** y **the most stupid**. ➲ *Ver tb nota en* TONTO **stupidity** /stjuːˈpɪdəti; *USA* stuː-/ *n* (*pl* **stupidities**) estupidez

stupor /ˈstjuːpə(r); *USA* ˈstuː-/ *n* [*sing*] (*formal*) estupor: *in a drunken stupor* en un estado de estupor causado por la bebida

sturdy /ˈstɜːdi/ *adj* (**sturdier**, **-iest**) **1** (*zapatos, constitución*) fuerte **2** (*mesa, etc.*) sólido **3** (*persona, planta*) robusto

stutter /ˈstʌtə(r)/ *verbo, nombre*

▸ *vi* tartamudear

▸ *n* tartamudeo

sty /staɪ/ *n* (*pl* **sties**) **1** *Ver* PIGSTY **2** (*tb* **stye**) orzuelo

style ⚷ /staɪl/ *n* **1** estilo **2** modo **3** distinción **4** modelo: *the latest style* la última moda

stylish /ˈstaɪlɪʃ/ *adj* de mucho estilo

stylist /ˈstaɪlɪst/ *n* estilista

Styrofoam® /ˈstaɪrəfəʊm/ *n* (*USA*) poliestireno

suave /swɑːv/ *adj* sofisticado y con encanto (*esp algn que manipula a otros*)

sub /sʌb/ *n* (*coloq*) **1** *Ver* SUBMARINE **2** (*Dep*) suplente

subarctic /ˌsʌbˈɑːktɪk/ *adj* (*Geog*) subártico

subconscious /ˌsʌbˈkɒnʃəs/ *adj, n* subconsciente **subconsciously** *adv* subconscientemente

subculture /ˈsʌbkʌltʃə(r)/ *n* subcultura

subdivide /ˈsʌbdɪvaɪd, ˌsʌbdɪˈvaɪd/ *vt, vi* ~ **(sth) (into sth)** subdividir algo, subdividirse (en algo)

subdue /səbˈdjuː; *USA* -ˈduː/ *vt* someter **subdued** *adj* **1** (*persona*) abatido **2** (*luz, colores*) suave **3** (*sonido*) (en tono) apagado

subheading /ˌsʌbˈhedɪŋ/ *n* subtítulo (*de capítulo*)

subject ⚷ *nombre, adjetivo, verbo*

▸ *n* /ˈsʌbdʒɪkt, -dʒekt/ **1** tema **2** asignatura **3** sujeto (*persona*) **4** (*Gram*) sujeto **5** súbdito

▸ *adj* /ˈsʌbdʒekt, -dʒɪkt/ ~ **to sth** (*formal*) sujeto a algo

▸ *vt* /səbˈdʒekt/ PHR V **subject sb/sth to sth** someter, exponer a algn/algo a algo

subjective /səbˈdʒektɪv/ *adj* subjetivo

ˈ**subject matter** *n* [*incontable*] tema

subjunctive /səbˈdʒʌŋktɪv/ *n* subjuntivo

sublime /səˈblaɪm/ *adj* sublime

submarine /ˌsʌbməˈriːn, ˈsʌbməriːn/ *adj, n* submarino

submerge /səbˈmɜːdʒ/ **1** *vi* sumergirse **2** *vt* sumergir, inundar

submission /səbˈmɪʃn/ *n* **1** sumisión **2** (*documento, decisión*) presentación

submissive /səbˈmɪsɪv/ *adj* sumiso

submit /səbˈmɪt/ (**-tt-**) **1** *vt* ~ **sth (to sb/sth)** presentar algo (a algn/algo): *Applications must be submitted by 31 May.* El plazo de entrega de solicitudes termina el 31 de mayo. **2** *vi* ~ **(to sb/sth)** someterse, rendirse (a algn/algo)

subordinate *adjetivo, nombre, verbo*

▸ *adj, n* /səˈbɔːdɪnət/ subordinado, -a

▸ *vt* /səˈbɔːdɪneɪt/ ~ **sb/sth (to sb/sth)** subordinar a algn/algo (a algn/algo)

subscribe /səbˈskraɪb/ *vi* ~ **(to sth)** suscribirse (a algo) PHR V **subscribe to sth** (*formal*) ser partidario de algo (*opinión, etc.*) **subscriber** *n* **1** suscriptor, -ora **2** abonado, -a **subscription** /səb ˈskrɪpʃn/ *n* **1** suscripción: *to take out/buy a subscription for sth* abonarse a algo **2** cuota

subsequent /ˈsʌbsɪkwənt/ *adj* (*formal*) posterior **subsequently** *adv* (*formal*) posteriormente, más tarde

subside /səbˈsaɪd/ *vi* **1** (*emoción*) calmarse **2** (*viento, lluvia*) amainar **3** (*agua*) bajar **4** (*edificio*) hundirse **subsidence** /səbˈsaɪdns, ˈsʌbsɪdns/ *n* hundimiento

subsidiary /səbˈsɪdiəri; *USA* -dieri/ *adjetivo, nombre*

▸ *adj* **1** secundario, subsidiario **2** (*asignatura*) complementario

▸ *n* (*pl* **subsidiaries**) (*Econ*) filial

subsidize, -ise /ˈsʌbsɪdaɪz/ *vt* subvencionar

subsidy /ˈsʌbsədi/ *n* (*pl* **subsidies**) subvención

subsist /səbˈsɪst/ *vi* ~ **(on sth)** subsistir (a base de algo) **subsistence** *n* subsistencia

substance ⚷ /ˈsʌbstəns/ *n* **1** sustancia **2** base (*de rumor, acusación*) **3** esencia

substantial ⚷ /səbˈstænʃl/ *adj* **1** considerable, importante **2** (*formal*) (*construcción*) sólido

S

substantially 🔑 /səbˈstænʃəli/ *adv* **1** considerablemente **2** (*formal*) esencialmente

substitute 🔑 /ˈsʌbstɪtjuːt; *USA* -tuːt/ *nombre, verbo*

▸ *n* **1** ~ **(for sb)** sustituto, -a (de algn) **2** ~ **(for sth)** sucedáneo (de algo) **3** (*Dep*) suplente

▸ **1** *vt* ~ **A (for B)/(B with/by A)** sustituir B (por A): *Substitute honey for sugar/sugar with honey.* Sustitúyase el azúcar por miel. **2** *vi* ~ **for sb/sth** sustituir a algn/algo

subtitle /ˈsʌbtaɪtl/ *nombre, verbo*

▸ *n* subtítulo: *a Polish film with English subtitles* una película polaca en versión original subtitulada en inglés

▸ *vt* subtitular

subtle /ˈsʌtl/ *adj* (**subtler**, **-est**) **1** sutil **2** (*sabor*) delicado **3** (*olor, color*) suave **4** (*persona*) agudo, perspicaz **subtlety** *n* (*pl* **subtleties**) sutileza

subtract /səbˈtrækt/ *vt, vi* ~ **(sth) (from sth)** restar (algo) (de algo) **subtraction** *n* resta

suburb /ˈsʌbɜːb/ *n* barrio residencial de las afueras: *the suburbs* las afueras **suburban** /səˈbɜːbən/ *adj* suburbano: *suburban trains* trenes de cercanías

subversive /səbˈvɜːsɪv/ *adj* subversivo

subway /ˈsʌbweɪ/ *n* **1** paso subterráneo **2** (*USA*) metro

succeed 🔑 /səkˈsiːd/ **1** *vi* ~ **in doing sth** lograr hacer algo **2** *vi* tener éxito, triunfar **3** *vt* suceder: *Who succeeded Clinton as President?* ¿Quién sucedió a Clinton en la presidencia? **4** *vi* ~ **to sth** heredar algo: *to succeed to the throne* subir al trono

success 🔑 /səkˈses/ *n* éxito: *to be a success* tener éxito ◇ *Hard work is the key to success.* El trabajo es la clave del éxito.

S

successful 🔑 /səkˈsesfl/ *adj* exitoso: *a successful writer* un escritor de éxito ◇ *the successful candidate* el candidato elegido ◇ *to be successful in doing sth* lograr hacer algo con éxito

succession /səkˈseʃn/ *n* **1** serie **2** sucesión LOC **in succession**: *three times in quick succession* tres veces seguidas

successor /səkˈsesə(r)/ *n* ~ **(to sb/sth)** sucesor, -ora (de algn/a algo)

succulent /ˈsʌkjələnt/ *adj* suculento

succumb /səˈkʌm/ *vi* ~ **(to sth)** sucumbir (a algo)

such 🔑 /sʌtʃ/ *adj, pron* **1** semejante, tal: *Whatever gave you such an idea?* ¿Cómo se te ocurrió semejante idea? ◇ *I did no such thing!* ¡Yo no hice tal cosa! ◇ *There's no such thing as ghosts.* Los fantasmas no existen. **2** (*uso enfático*) tan, tanto: *I'm in such a hurry.* Tengo muchísima prisa. ◇ *We had such a wonderful time.* Lo pasamos de maravilla.

Such se usa con adjetivos que acompañan a un sustantivo y **so** con adjetivos solos. Compárense los siguientes ejemplos: *The food was so good.* ◇ *We had such good food.* ◇ *You are so intelligent.* ◇ *You are such an intelligent person.*

LOC **as such** como tal: *It's not a promotion as such.* No es un ascenso en el sentido estricto. ◆ **in such a way that…** de tal manera que… ◆ **such as** por ejemplo

suck 🔑 /sʌk/ **1** *vt, vi* chupar, sorber **2** *vt* (*máquina*) succionar, aspirar **3** *vi* (*argot*) ser una porquería: *This music sucks.* Esta música es una porquería. **sucker** *n* **1** (*coloq*) primo, -a, bobo, -a **2 be a ~ for sb/sth** no poder resistirse a algn/algo

suckle /sʌkl/ *vt* amamantar

sudden 🔑 /ˈsʌdn/ *adj* súbito, repentino LOC **all of a sudden** de pronto

suddenly 🔑 /ˈsʌdənli/ *adv* de pronto

suds /sʌdz/ *n* [*pl*] espuma

sue /suː, sjuː/ *vt, vi* ~ **(sb) (for sth)** demandar (a algn) (por algo)

suede /sweɪd/ *n* ante

suffer 🔑 /ˈsʌfə(r)/ **1** *vi* ~ **(from sth)** padecer (de algo) **2** *vt* (*dolor, derrota*) sufrir **3** *vi* ser perjudicado

suffering 🔑 /ˈsʌfərɪŋ/ *n* sufrimiento

sufficient 🔑 /səˈfɪʃnt/ *adj* ~ **(for sth/sb)** suficiente (para algo/algn)

suffix /ˈsʌfɪks/ *n* sufijo

suffocate /ˈsʌfəkeɪt/ **1** *vt, vi* asfixiar(se) **2** *vi* ahogarse **suffocating** *adj* sofocante **suffocation** *n* asfixia

suffragette /ˌsʌfrəˈdʒet/ *n* sufragista

sugar 🔑 /ˈʃʊgə(r)/ *n* azúcar: *sugar bowl* azucarero

ˈ**sugar beet** *n* remolacha azucarera

ˈ**sugar cane** *n* caña de azúcar

suggest 🔑 /səˈdʒest; *USA tb* səgˈdʒest/ *vt* **1** proponer, sugerir: *I suggest you go to the doctor.* Te aconsejo que vayas al médico. **2** indicar **3** insinuar

Making suggestions
Hacer una sugerencia
• *How about going out for a walk at the weekend?* ¿Y si vamos a dar un paseo este fin de semana?

- *What do you think of the idea of eating out tonight?* ¿Qué te parece que comamos fuera esta noche?
- *Shall we ask Jo to come along?* ¿Le decimos a Jo que se venga?

suggestion /sə'dʒestʃn; *USA tb* səg'dʒ-/ *n* **1** sugerencia **2** indicio **3** insinuación

suggestive /sə'dʒestɪv; *USA tb* səg'dʒ-/ *adj* **1** ~ **(of sth)** indicativo (de algo) **2** insinuante

suicidal /ˌsuːɪ'saɪdl, ˌsjuː-/ *adj* **1** a punto de suicidarse **2** suicida

suicide /'suːɪsaɪd, ˌsjuː-/ *n* **1** suicidio: *suicide bomber* terrorista suicida ◇ *to commit suicide* suicidarse **2** (*formal*) suicida

suit /suːt, sjuːt/ *nombre, verbo*
▸ *n* **1** traje: *a two/three-piece suit* un traje de dos/tres piezas ◇ *diving suit* traje de buceo *Ver tb* BOILER SUIT **2** (*Naipes*) palo ➲ *Ver nota en* BARAJA **LOC** *Ver* STRONG
▸ *vt* **1** convenir **2** quedar bien a, favorecer **3** sentar bien a **LOC suit yourself** (*coloq*) ¡tú mismo!, ¡haz lo que quieras!

suitability /ˌsuːtə'bɪləti, ˌsjuː-/ *n* aptitud

suitable /'suːtəbl, 'sjuː-/ *adj* ~ **(for sth/sb)** **1** adecuado (para algo/algn) **2** conveniente (para algo/algn) **suitably** /-bli/ *adv* debidamente

suitcase /'suːtkeɪs, 'sjuː-/ *n* maleta ➲ *Ver dibujo en* BAG

suite /swiːt/ *n* **1** (*hotel*) suite **2** juego: *a three-piece suite* un tresillo

suited /'suːtɪd, 'sjuː-/ *adj* ~ **(to/for sb/sth)** adecuado (para algn/algo): *He and his wife are well suited (to each other).* Él y su esposa están hechos el uno para el otro.

sulk /sʌlk/ *vi* (*pey*) enfurruñarse, estar enfurruñado **sulky** *adj* (*pey*) enfurruñado

sullen /'sʌlən/ *adj* (*pey*) hosco

sulphur (*USA* **sulfur**) /'sʌlfə(r)/ *n* azufre

sultan /'sʌltən/ *n* sultán

sultana /sʌl'tɑːnə; *USA* -'tænə/ *n* pasa sultana ➲ *Comparar con* CURRANT, RAISIN

sultry /'sʌltri/ *adj* **1** bochornoso (*tiempo*) **2** sensual

sum /sʌm/ *nombre, verbo*
▸ *n* **1** cantidad, importe: *the sum of 200 euros* la cantidad de 200 euros *Ver tb* LUMP SUM **2** suma: *He's good at sums.* Se le da bien el cálculo.
▸ *v* (**-mm-**) **PHR V sum (sth) up** resumir (algo): *To sum up...* En resumen... ◆ **sum sb/sth up** hacerse una idea de algn/algo, definir a algn/algo: *Totally lazy — that sums him up.* Un vago total, con eso se le define.

summarize, -ise /'sʌməraɪz/ *vt, vi* resumir

summary /'sʌməri/ *n* (*pl* **summaries**) resumen

summer /'sʌmə(r)/ (*tb* **summertime**) *n* verano: *a summer's day* un día de verano ◇ *summer weather* tiempo veraniego **summery** *adj* veraniego

summit /'sʌmɪt/ *n* cumbre (*montaña, reunión, etc.*): *summit conference/meeting* cumbre

summon /'sʌmən/ *vt* **1** (*formal*) convocar, llamar: *to summon help* pedir ayuda **2** ~ **sth (up)** (*valor, etc.*) hacer acopio de algo, armarse de algo: *I couldn't summon (up) the energy.* No encontré la energía. **PHR V summon sth up** evocar algo

summons /'sʌmənz/ *n* (*pl* **summonses** /-zɪz/) (*Jur*) citación

sumo /'suːməʊ/ (*tb* ˌ**sumo** '**wrestling**) *n* sumo

sun /sʌn/ *nombre, verbo*
▸ *n* sol: *The sun was shining.* Brillaba el sol.
▸ *vt* (**-nn-**) ~ **yourself** sentarse/tumbarse al sol

sunbathe /'sʌnbeɪð/ *vi* tomar el sol

sunbeam /'sʌnbiːm/ *n* rayo de sol

sunbed /'sʌnbed/ *n* tumbona

sunblock /'sʌnblɒk/ *n* filtro solar

sunburn /'sʌnbɜːn/ *n* [*incontable*] quemadura de sol: *to get sunburn* quemarse **sunburned** (*tb* **sunburnt**) *adj* quemado por el sol

suncream /'sʌnkriːm/ *n* crema bronceadora

sundae /'sʌndeɪ; *USA* -diː/ *n* copa de helado

Sunday /'sʌndeɪ, -di/ *n* (*abrev* **Sun.**) domingo ➲ *Ver ejemplos en* MONDAY

sunflower /'sʌnflaʊə(r)/ *n* girasol

sung *pp de* SING

sunglasses /'sʌnglɑːsɪz; *USA* -glæsɪz/ *n* [*pl*] gafas de sol: *a pair of sunglasses* unas gafas de sol ➲ *Ver nota en* PAIR

'**sun hat** *n* pamela

sunk *pp de* SINK

sunken /'sʌŋkən/ *adj* hundido

sunlight /'sʌnlaɪt/ *n* luz solar, luz del sol

sunlit /'sʌnlɪt/ *adj* iluminado por el sol

sunlounger /'sʌnlaʊndʒə(r)/ *n* tumbona

sunny /'sʌni/ *adj* (**sunnier**, **-iest**) **1** soleado: *It's sunny today.* Hoy hace sol. **2** (*personalidad*) alegre

sunrise /'sʌnraɪz/ *n* salida del sol

sunroof /'sʌnruːf/ *n* (*pl* **sunroofs**) techo corredizo/solar

sunscreen /'sʌnskriːn/ *n* filtro solar

sunset /'sʌnset/ *n* puesta del sol

sunshade /'sʌnʃeɪd/ *n* sombrilla

S

sunshine /ˈsʌnʃaɪn/ *n* sol: *Let's sit in the sunshine.* Sentémonos al sol.

sunstroke /ˈsʌnstrəʊk/ *n* [*incontable*] insolación

suntan /ˈsʌntæn/ *n* bronceado: *suntan lotion* bronceador **suntanned** *adj* bronceado, moreno

super /ˈsuːpə(r)/ *adjetivo, adverbio*
▸ *adj* (*coloq*) estupendo
▸ *adv* (*coloq*) súper: *He's been super understanding.* Ha sido súper comprensivo.

superb /suːˈpɜːb/ *adj* magnífico **superbly** *adv* de maravilla: *a superbly-situated house* una casa en un sitio magnífico

the ˈSuper Bowl *n* la final del campeonato anual de fútbol americano

superficial /ˌsuːpəˈfɪʃl/ *adj* superficial **superficiality** /ˌsuːpəˌfɪʃiˈæləti/ *n* superficialidad **superficially** /-ʃəli/ *adv* superficialmente, aparentemente

superfluous /suːˈpɜːfluəs/ *adj* superfluo, innecesario: *to be superfluous* estar de más

superfood *n* /ˈsuːpəfuːd/ superalimento (*utilizado en la prevención de enfermedades*)

superhero /ˈsuːpəhɪərəʊ/ *n* (*pl* **superheroes**) superhéroe

superhuman /ˌsuːpəˈhjuːmən/ *adj* sobrehumano

superimpose /ˌsuːpərɪmˈpəʊz/ *vt* ~ **sth (on/onto sth)** superponer algo (en algo)

superintendent /ˌsuːpərɪnˈtendənt/ *n* **1** encargado, -a, superintendente **2** comisario, -a (*de policía*)

superior 🔑 /suːˈpɪəriə(r)/ *adjetivo, nombre*
▸ *adj* **1** ~ **(to sb/sth)** superior (a algn/algo) **2** (*persona, actitud*) soberbio
▸ *n* superior: *Mother Superior* la Madre Superiora **superiority** /suːˌpɪəriˈɒrəti/ *n* ~ **(in sth)**; ~ **(to/over sth/sb)** superioridad (en algo), superioridad (sobre algo/algn)

S

superlative /suːˈpɜːlətɪv/ *adj, n* superlativo

supermarket 🔑 /ˈsuːpəmɑːkɪt/ *n* supermercado

supermodel /ˈsuːpəmɒdl/ *n* supermodelo

supernatural /ˌsuːpəˈnætʃrəl/ *adj, n* sobrenatural

superpower /ˈsuːpəpaʊə(r)/ *n* superpotencia

supersede /ˌsuːpəˈsiːd/ *vt* reemplazar, desbancar

superstar /ˈsuːpəstɑː(r)/ *n* estrella : *Hollywood superstars* las superestrellas de Hollywood

superstition /ˌsuːpəˈstɪʃn/ *n* superstición **superstitious** *adj* supersticioso

superstore /ˈsuːpəstɔː(r)/ *n* gran superficie

supervise /ˈsuːpəvaɪz/ *vt* supervisar **supervision** /ˌsuːpəˈvɪʒn/ *n* supervisión **supervisor** /ˈsuːpəvaɪzə(r)/ *n* supervisor, -ora

supper /ˈsʌpə(r)/ *n* cena: *to have supper* cenar ➲ *Ver nota en* DINNER

supple /ˈsʌpl/ *adj* flexible

supplement *nombre, verbo*
▸ *n* /ˈsʌplɪmənt/ **1** suplemento, complemento: *the Sunday supplements* los suplementos dominicales **2** (*de libro*) apéndice
▸ *vt* /ˈsʌplɪment/ ~ **sth (with sth)** complementar algo (con algo)

supplementary /ˌsʌplɪˈmentri; *USA* -teri/ *adj* adicional, suplementario

supplier /səˈplaɪə(r)/ *n* proveedor, -ora

supply 🔑 /səˈplaɪ/ *nombre, verbo*
▸ *n* (*pl* **supplies**) **1** suministro **2 supplies** [*pl*] víveres, provisiones **3 supplies** [*pl*] reservas, existencias LOC **be in short/plentiful supply** escasear/abundar ◆ **supply and demand** la oferta y la demanda
▸ *vt* (*pt, pp* **-plied**) **1** ~ **sb (with sth)** proveer a algn (de algo) **2** ~ **sth (to sb)** suministrar, facilitar algo (a algn)

supˈply teacher *n* profesor, -ora suplente

support 🔑 /səˈpɔːt/ *verbo, nombre*
▸ *vt* **1** (*causa*) apoyar, respaldar: *a supporting role* un papel secundario **2** (*persona*) mantener **3** (*peso*) sostener, soportar **4** (*Dep*) seguir: *Which team do you support?* ¿De qué equipo eres?
▸ *n* **1** ~ **(for sb/sth)** apoyo (a algn/algo) **2** soporte

supporter 🔑 /səˈpɔːtə(r)/ *n* **1** (*Pol*) partidario, -a **2** (*Dep*) hincha **3** (*de teoría*) seguidor, -ora

supportive /səˈpɔːtɪv/ *adj* que ayuda: *to be supportive of sb* apoyar a algn

suppose 🔑 /səˈpəʊz/ *vt* **1** suponer, imaginarse: *I suppose so.* Imagino que sí. **2** (*sugerencia*): *Suppose we change the subject?* ¿Qué te parece si cambiamos de tema? LOC **be supposed to be/do sth**: *You were supposed to be here an hour ago.* Tendrías que haber llegado hace una hora. ◇ *You're supposed to buy a ticket, but not many people do.* Se supone que deberías comprar un billete, pero muy poca gente lo hace. **supposed** *adj* supuesto **supposedly** /səˈpəʊzɪdli/ *adv* supuestamente **supposing** *conj* ~ **(that)** si, en el caso de que

suppress /səˈpres/ *vt* **1** (*gen pey*) (*rebelión, etc.*) reprimir **2** (*información*) ocultar **3** (*sentimiento*) contener, reprimir **4** (*bostezo*) ahogar

supremacy /suːˈpreməsi/ *n* ~ **(over sb/sth)** supremacía (sobre algn/algo)

supreme /suːˈpriːm/ *adj* supremo, sumo

surcharge /ˈsɜːtʃɑːdʒ/ *n* recargo

sure /ʃʊə(r), ʃɔː(r)/ *adjetivo, adverbio*

▸ *adj* (**surer**, **-est**) **1** seguro, cierto: *He's sure to be elected/of being elected.* Es seguro que será elegido. **2** estable, firme LOC **be sure to do sth** no dejar de hacer algo: *Be sure to give your family my regards.* No te olvides de saludar a tu familia de mi parte. ◆ **for sure** (*coloq*) con seguridad ◆ **make sure (of sth/that...)** asegurarse (de algo/de que...) ◆ **sure of yourself** seguro de ti mismo

▸ *adv* (*esp USA, coloq*) **1** claro **2** seguro: *I sure won't do that again!* ¡Seguro que no lo vuelvo a hacer! LOC **sure enough** efectivamente

surely /ˈʃʊəli, ˈʃɔːli/ *adv* ciertamente, sin duda

¿**Surely** o **certainly**?

Surely se utiliza cuando estás casi seguro de lo que dices y esperas que los demás estén de acuerdo contigo: *Surely he won't mind?* Seguro que no le importa, ¿verdad? ◇ *Surely we should do something about it?* Deberíamos hacer algo, digo yo. En frases negativas **surely** expresa sorpresa: *Surely you can't agree?* ¿No estarás de acuerdo, no?

Certainly significa normalmente "con toda certeza" y se utiliza para expresar que crees firmemente en algo o para poner énfasis en que algo es cierto: *I'll certainly remember this trip!* ¡Sin duda recordaré este viaje!

surf /sɜːf/ *nombre, verbo*

▸ *n* **1** oleaje, olas **2** espuma (*de las olas*)

▸ **1** *vt, vi* hacer surf (en): *to go surfing* hacer surf **2** *vt* ~ **the Net/Internet** navegar en/por la red/Internet

surface /ˈsɜːfɪs/ *nombre, verbo*

▸ *n* **1** superficie: *a surface wound* una herida superficial **2** cara (*de prisma*)

▸ **1** *vi* salir a la superficie **2** *vi* aparecer **3** *vi* (*coloq*) levantarse (*de la cama*) **4** *vt* ~ **sth (with sth)** recubrir algo (con algo)

surfboard /ˈsɜːfbɔːd/ *n* tabla de surf

surfer /ˈsɜːfə(r)/ *n* surfista

surfing /ˈsɜːfɪŋ/ *n* surf *Ver tb* SKY SURFING

surge /sɜːdʒ/ *verbo, nombre*

▸ *vi* moverse con ímpetu: *They surged into the stadium.* Entraron en tropel en el estadio.

▸ *n* ~ **(of sth)** oleada (de algo)

surgeon /ˈsɜːdʒən/ *n* cirujano, -a: *brain/veterinary surgeon* neurocirujano/veterinario

surgery /ˈsɜːdʒəri/ *n* (*pl* **surgeries**) **1** [*incontable*] cirugía: *brain surgery* neurocirugía ◇ *to undergo surgery* someterse a una operación quirúrgica **2** consulta (*de un médico*): *surgery hours* horas de consulta **surgical** *adj* quirúrgico

surly /ˈsɜːli/ *adj* (**surlier**, **-iest**) arisco

surmount /səˈmaʊnt/ *vt* (*formal*) superar

surname /ˈsɜːneɪm/ *n* apellido

En los países de habla inglesa sólo se tiene un apellido, que normalmente es el del padre. Se le llama **surname**, **family name** o **last name**. Hay gente que tiene apellidos compuestos, unidos por un guión, tales como Bonham-Carter. Estos nombres se llaman **double-barrelled names**.

surpass /səˈpɑːs; *USA* -ˈpæs/ *vt* (*formal*) superar

surplus /ˈsɜːpləs/ *nombre, adjetivo*

▸ *n* (*pl* **surpluses**) excedente

▸ *adj* sobrante

surprise /səˈpraɪz/ *nombre, verbo*

▸ *n* sorpresa LOC **take sb/sth by surprise** coger a algn/algo por sorpresa

▸ *vt* **1** sorprender: *I wouldn't be surprised if it rained.* No me extrañaría que lloviera. **2** coger por sorpresa a

surprised /səˈpraɪzd/ *adj* ~ **(at/by sb/sth)** sorprendido (con algn/por algo): *I'm not surprised!* ¡No me extraña!

surprising /səˈpraɪzɪŋ/ *adj* sorprendente **surprisingly** *adv* sorprendentemente

surrender /səˈrendə(r)/ *verbo, nombre*

▸ **1** *vi* ~ **(to sb)** rendirse (a algn) **2** *vt* ~ **sb/sth (to sb)** (*formal*) entregar a algn/algo (a algn)

▸ *n* **1** rendición **2** entrega

surreptitious /ˌsʌrəpˈtɪʃəs/ *adj* subrepticio, furtivo

surrogate /ˈsʌrəgət; *USA* ˈsɜːr-/ *n* sustituto, -a: *surrogate mother* madre de alquiler

surround /səˈraʊnd/ *vt* ~ **sb/sth (with sb/sth)** rodear a algn/algo (de algn/algo)

surrounding /səˈraʊndɪŋ/ *adj* circundante: *the surrounding countryside* el campo de los alrededores

surroundings /səˈraʊndɪŋz/ *n* [*pl*] alrededores, entorno

surˈround sound *n* (*Mús, Cine, etc.*) sonido envolvente

surveillance /sɜːˈveɪləns/ *n* vigilancia: *to keep sb under surveillance* mantener a algn bajo vigilancia

survey *nombre, verbo*

▸ *n* /ˈsɜːveɪ/ **1** encuesta **2** tasación (*de una casa, etc.*) **3** estudio

S

▸ *vt* /sə'veɪ/ **1** contemplar **2** hacer un estudio de **3** (*terreno*) hacer un reconocimiento de **4** (*edificio*) hacer una inspección de **5** encuestar **surveyor** /sə'veɪə(r)/ *n* tasador, -ora (de la propiedad)

survival /sə'vaɪvl/ *n* supervivencia

survive 🔑 /sə'vaɪv/ **1** *vt, vi* sobrevivir (a) **2** *vi* ~ **(on sth)** subsistir (a base de algo) **survivor** *n* superviviente

susceptible /sə'septəbl/ *adj* **1** ~ **to sth**: *He's very susceptible to flattery.* Se le convence fácilmente con halagos. **2** ~ **to sth** (*Med*) propenso a algo **3** susceptible

suspect 🔑 *verbo, nombre, adjetivo*

▸ *vt* /sə'spekt/ **1** sospechar **2** (*motivo, etc.*) recelar de **3** ~ **sb (of sth/doing sth)** sospechar de algn, sospechar que algn ha hecho algo

▸ *n, adj* /'sʌspekt/ sospechoso, -a

suspend /sə'spend/ *vt* **1** ~ **sth (from sth)** colgar algo (de algo): *to suspend sth from the ceiling* colgar algo del techo ❶ La palabra más normal es **hang**. **2** suspender: *suspended sentence* pena que no se cumple a menos que se cometa otro crimen

suspender /sə'spendə(r)/ *n* **1** (*GB*) liga **2** **suspenders** [*pl*] (*USA*) tirantes

suspense /sə'spens/ *n* suspense, tensión

suspension /sə'spenʃn/ *n* suspensión: *suspension bridge* puente colgante

suspicion 🔑 /sə'spɪʃn/ *n* sospecha, recelo: *He was arrested on suspicion of murder.* Fue arrestado bajo sospecha de homicidio.

suspicious 🔑 /sə'spɪʃəs/ *adj* **1** ~ **(about/of sb/sth)** receloso (de algn/algo): *They're suspicious of foreigners.* Recelan de los extranjeros. **2** sospechoso: *He died in suspicious circumstances.* Murió en circunstancias sospechosas.

sustain /sə'steɪn/ *vt* **1** mantener: *People have a limited capacity to sustain interest in politics.* La gente tiene una capacidad limitada para mantenerse interesada en la política. **2** sostener: *It is difficult to sustain this argument.* Es difícil sostener este argumento. ◇ *sustained economic growth* crecimiento económico sostenido **3** (*formal*) (*lesión, pérdida, etc.*) sufrir

sustainability /səˌsteɪnə'bɪləti/ *n* sostenibilidad

sustainable /sə'steɪnəbl/ *adj* sostenible

SUV /ˌes juː 'viː/ *abrev de* **sport utility vehicle** (coche) todoterreno

swagger /'swægə(r)/ *vi* pavonearse

swallow 🔑 /'swɒləʊ/ *verbo, nombre*

▸ **1** *vt, vi* tragar **2** *vt* (*tolerar, creer*) tragarse LOC **be/get swallowed up by sth** ser tragado por algo: *Most of my salary gets swallowed up by the rent.* La mayor parte de mi salario se me va en pagar el alquiler.

▸ *n* **1** golondrina **2** trago

swam *pt de* SWIM

swamp /swɒmp/ *nombre, verbo*

▸ *n* pantano

▸ *vt* ~ **sb/sth (with sth)** inundar a algn/algo (de algo)

swan /swɒn/ *n* cisne

swanky /'swæŋki/ *adj* (**swankier**, **-iest**) (*esp GB, coloq*) de lujo, elegante: *a swanky restaurant* un restaurante pijo

swap (*tb* **swop**) /swɒp/ *vt, vi* (**-pp-**) ~ **sth (with sb)**; ~ **sth for sth** (inter)cambiar algo (con algn), (inter)cambiar algo por algo: *to swap sth round* cambiar algo de lugar LOC *Ver* PLACE

swarm /swɔːm/ *nombre, verbo*

▸ *n* **1** (*abejas*) enjambre **2** (*moscas*) nube **3** (*gente*) multitud: *swarms of people* un mar de gente

▸ *vi* ~ **(in/out)** ; ~ **(into/out of sth)** entrar (en algo)/salir (de algo) en manadas: *crowds swarming in the streets* multitudes que pululan por las calles PHR V **swarm with sb/sth** estar plagado de algn/algo

swat /swɒt/ *vt* (**-tt-**) aplastar (*esp un insecto*)

sway /sweɪ/ *verbo, nombre*

▸ **1** *vt, vi* balancear(se), mecer(se) **2** *vi* tambalearse **3** *vt* influir en: *He's easily swayed.* Se deja influir fácilmente.

▸ *n* **1** balanceo **2** (*formal*) dominio

swear 🔑 /sweə(r)/ (*pt* **swore** /swɔː(r)/, *pp* **sworn** /swɔːn/) **1** *vi* decir tacos: *You swear a lot.* Dices muchos tacos. **2** *vi* ~ **at sb/sth** insultar a algn/algo **3** *vt, vi* jurar: *to swear to tell the truth* jurar decir la verdad PHR V **swear by sb/sth** **1** jurar por algn/algo **2** tener una fe ciega en algn/algo ◆ **swear sb in** tomar juramento a algn

'swear word *n* taco, palabrota

sweat 🔑 /swet/ *nombre, verbo*

▸ *n* sudor

▸ *vi* sudar LOC **sweat it out** (*coloq*) esperar (impaciente) (*a que algo pase*): *Don't tell him yet. Let him sweat it out for a bit.* No se lo digas aún. Déjale que sufra un poco esperando.

sweater 🔑 /'swetə(r)/ *n* jersey

sweatpants /'swetpænts/ *n* [*pl*] pantalón de chándal

sweatshirt /'swetʃɜːt/ *n* sudadera

sweatsuit /'swetsuːt, -sjuːt/ (*tb* **sweats** [*pl*]) *n* (*USA*) chándal

sweaty /ˈsweti/ *adj* sudoroso, que hace sudar

swede /swiːd/ *n* nabo sueco

sweep /swiːp/ *verbo, nombre*

▸ (*pt, pp* **swept** /swept/) **1** *vt, vi* barrer **2** *vt* arrastrar **3** *vi*: *She swept out of the room.* Salió de la habitación con paso majestuoso. **4** *vt, vi* ~ **(through, over, across, etc.) sth** recorrer algo, extenderse por algo **5** *vt* (*chimenea*) deshollinar LOC **sweep sb off their feet** arrebatarle el corazón a algn PHR V **sweep sth away** erradicar, acabar con algo ◆ **sweep sth up** barrer algo

▸ *n* **1** barrido **2** movimiento, gesto (amplio) **3** extensión, alcance

sweeping /ˈswiːpɪŋ/ *adj* **1** (*cambio*) radical **2** (*pey*) (*afirmación*) tajante **3** (*pey*) (*generalización*) excesivo

sweet /swiːt/ *adjetivo, nombre*

▸ *adj* (**sweeter**, **-est**) **1** dulce **2** (*olor*) fragante **3** (*sonido*) melodioso **4** lindo, mono **5** (*carácter*) encantador LOC **have a sweet tooth** (*coloq*) ser muy goloso

▸ *n* **1** caramelo, golosina **2** postre **3** (*coloq*) (*tratamiento*) cariño

sweetcorn /ˈswiːtkɔːn/ *n* maíz dulce ⊃ *Comparar con* MAIZE

sweeten /ˈswiːtn/ *vt* **1** endulzar, poner azúcar a **2** ~ **sb (up)** (*coloq*) ablandar a algn

sweetener /ˈswiːtnə(r)/ *n* edulcorante

sweetheart /ˈswiːthɑːt/ *n* **1** (*tratamiento*) cariño **2** (*antic*) novio, -a

sweetness /ˈswiːtnəs/ *n* dulzura

ˌsweet ˈpea *n* guisante de olor

ˌsweet poˈtato *n* (*pl* **sweet potatoes**) batata

swell /swel/ *vt, vi* (*pt* **swelled** *pp* **swollen** /ˈswəʊlən/ *o* **swelled**) ~ **(up)** hinchar(se)

swelling /ˈswelɪŋ/ *n* hinchazón

swept *pt, pp de* SWEEP

swerve /swɜːv/ *vi* virar bruscamente, dar un viraje brusco: *The car swerved to avoid the child.* El coche viró bruscamente para esquivar al niño.

swift /swɪft/ *adj* (**swifter**, **-est**) rápido: *a swift reaction* una pronta reacción

swill /swɪl/ *vt* ~ **sth (out/down)** enjuagar algo

swim /swɪm/ *verbo, nombre*

▸ (**-mm-**) (*pt* **swam** /swæm/, *pp* **swum** /swʌm/) **1** *vt, vi* nadar: *to swim breaststroke* nadar a braza ◇ *to swim the Channel* atravesar el Canal a nado ◇ *to go swimming* ir a bañarse **2** *vi* (*cabeza*) dar vueltas (*cuando uno se marea*)

▸ *n* baño: *to go for a swim* ir a bañarse

swimmer /ˈswɪmə(r)/ *n* nadador, -ora

swimming /ˈswɪmɪŋ/ *n* natación

ˈswimming costume (*tb* **swimsuit** /ˈswɪmsuːt, -sjuːt/) *n* bañador (*esp de mujer*)

ˈswimming pool *n* piscina

ˈswimming trunks (*USA tb* **ˈswim trunks**) *n* [*pl*] bañador (de hombre): *a pair of swimming trunks* un bañador ⊃ *Ver nota en* PAIR

swindle /ˈswɪndl/ *verbo, nombre*

▸ *vt* ~ **sb (out of sth)** estafarle (algo) a algn, timar a algn

▸ *n* estafa **swindler** *n* estafador, -ora

swing /swɪŋ/ *verbo, nombre*

▸ (*pt, pp* **swung** /swʌŋ/) **1** *vt, vi* balancear(se) **2** *vi* oscilar **3** *vt, vi* columpiar(se) **4** *vi* ~ **open/shut** (*puerta*) abrirse/cerrarse **5** *vt, vi* (hacer) girar: *to swing (a)round* girar en redondo **6** *vt, vi* ~ **(sth) (at sb)** (intentar) golpear (a algn) (con algo) **7** *vi* ~ **(from sth) (to sth)** (*de opiniones, etc.*) pasar (de algo) (a algo)

▸ *n* **1** balanceo **2** cambio: *mood swings* cambios bruscos de humor **3** columpio LOC **get in/into the swing (of sth)** (*coloq*) cogerle el tranquillo (a algo) *Ver tb* FULL

swipe /swaɪp/ **1** *vt, vi* ~ **(at) sb/sth** (intentar) golpear a algn/algo **2** *vt* (*coloq*) birlar **3** *vt* pasar (*una tarjeta por un lector electrónico*): *swipe card* tarjeta de banda magnética

swirl /swɜːl/ *vt, vi* arremolinar(se): *Flakes of snow swirled in the cold wind.* Los copos de nieve se arremolinaban en el frío viento.

switch /swɪtʃ/ *nombre, verbo*

▸ *n* **1** interruptor **2** cambio: *a switch to Labour* un cambio en favor de los laboristas

▸ *vt, vi* **1** ~ **(sth) (from sth) (to sth)** cambiar (algo) (de algo) (a algo) **2** ~ **sth (over/around)**; ~ **(sth) (with sb)** intercambiar, cambiar (algo) (con algn) PHR V **switch off** (*coloq*) desconectar (*la mente*) ◆ **switch (sth) off** apagar algo, apagarse ◆ **switch (sth) on** encender algo, encenderse

switchboard /ˈswɪtʃbɔːd/ *n* centralita

ˌswitched ˈon *adj* ~ **(to sth)** en la onda, al corriente (de algo) *Ver tb* SWITCH (STH) ON *en* SWITCH *vt*

swivel /ˈswɪvl/ *vt, vi* (**-ll-**, *USA* **-l-**) ~ **(sth) (a)round** hacer girar algo, girarse: *swivel chair* silla giratoria

swollen *pp de* SWELL

swoop /swuːp/ *verbo, nombre*

▸ *vi* ~ **(down) (on sb/sth)** descender en picado (sobre algn/algo)

▸ *n* redada: *Police made a dawn swoop.* La policía hizo una redada al amanecer.

swop = SWAP

S

sword /sɔːd/ *n* espada

swore, sworn *pt, pp de* SWEAR

swot /swɒt/ *nombre, verbo*

▸ *n* (*GB, coloq*) empollón, -ona

▸ *vt, vi* ~ **(up) (for/on sth)**; ~ **sth up** (*GB, coloq*) empollar (para algo), empollarse algo

swum *pp de* SWIM

swung *pt, pp de* SWING

syllable /ˈsɪləbl/ *n* sílaba

syllabus /ˈsɪləbəs/ *n* (*pl* **syllabuses** *o* **syllabi** /-baɪ/) programa/plan (de estudios): *Does the syllabus cover modern literature?* ¿Cubre el temario la literatura moderna?

symbol 🔑 /ˈsɪmbl/ *n* **1** ~ **(of/for sth)** símbolo (de algo) **2** (*Mat*) signo **symbolic** /sɪmˈbɒlɪk/ *adj* simbólico **symbolism** /ˈsɪmbəlɪzəm/ *n* simbolismo **symbolize, -ise** /ˈsɪmbəlaɪz/ *vt* simbolizar

symmetrical /sɪˈmetrɪkl/ *adj* simétrico

symmetry /ˈsɪmətri/ *n* simetría

sympathetic 🔑 /ˌsɪmpəˈθetɪk/ *adj* **1** ~ **(to/towards sb)** comprensivo, compasivo (con algn): *She was very sympathetic when I told her I could not sit the exam.* Fue muy comprensiva cuando le dije que no podía presentarme al examen. ❶ Para decir "simpático" en inglés se usa **nice** o **friendly**. **2** ~ **(to/towards sb/sth)** con buena disposición (hacia algn/algo): *lawyers sympathetic to the peace movement* abogados que apoyan el movimiento pacifista

sympathize, -ise /ˈsɪmpəθaɪz/ *vi* **1** ~ **(with sb/sth)** compadecerse (de algn/algo) **2** ~ **with sb/sth** estar de acuerdo con algn/algo

sympathy 🔑 /ˈsɪmpəθi/ *n* (*pl* **sympathies**) **1** ~ **(for/towards sb)** compasión (por/hacia algn) **2** condolencia

Showing sympathy
Mostrar simpatía o compasión
- *I'm sorry you're not well. I hope you feel better soon.* Siento que no estés bien. Espero que te mejores pronto.
- *That's bad luck.* Qué mala suerte.
- *How awful for you.* Qué mala suerte.

symphony /ˈsɪmfəni/ *n* (*pl* **symphonies**) sinfonía: *symphony orchestra* orquesta sinfónica

symptom /ˈsɪmptəm/ *n* síntoma: *The riots are a symptom of a deeper problem.* Los disturbios son un síntoma de problemas más profundos.

synaesthesia (*tb* **synesthesia**) /ˌsɪnəsˈθiːziə; *USA* -ˈθiːʒə/ *n* (*Biol*) sinestesia

synagogue /ˈsɪnəɡɒɡ/ *n* sinagoga

synchronize, -ise /ˈsɪŋkrənaɪz/ *vt, vi* ~ **(sth) (with sth)** sincronizar (algo) (con algo)

syndicate /ˈsɪndɪkət/ *n* sindicato (*de empresas*)

syndrome /ˈsɪndrəʊm/ *n* síndrome

synonym /ˈsɪnənɪm/ *n* sinónimo **synonymous** /sɪˈnɒnɪməs/ *adj* ~ **(with sth)** sinónimo (de algo)

syntax /ˈsɪntæks/ *n* sintaxis

synthesizer, -iser /ˈsɪnθəsaɪzə(r)/ *n* sintetizador

synthetic /sɪnˈθetɪk/ *adj* **1** sintético **2** (*pey*) artificial

syringe /sɪˈrɪndʒ/ *n* jeringa

syrup /ˈsɪrəp/ *n* **1** almíbar **2** jarabe (*para la tos, etc.*)

system 🔑 /ˈsɪstəm/ *n* **1** sistema: *the metric/solar system* el sistema métrico/solar **2** método: *a new system for assessing tax* un nuevo método de calcular los impuestos LOC **get sth out of your system** (*coloq*) desahogarse (de algo) **systematic** /ˌsɪstəˈmætɪk/ *adj* **1** sistemático **2** metódico

Tt

T, t /tiː/ *n* (*pl* **Ts, T's, t's**) T, t ➲ *Ver nota en* A, A

ta /tɑː/ *interj* (*GB, coloq*) ¡gracias!

tab /tæb/ *n* **1** (*USA*) anilla (*de lata*) **2** cuenta

table 🔑 /ˈteɪbl/ *n* **1** mesa: *bedside/coffee table* mesilla de noche/mesita de café ◇ *to lay/set the table* poner la mesa *Ver tb* DRESSING TABLE **2** tabla: *table of contents* índice de materias LOC *Ver* LAY

tablecloth /ˈteɪblklɒθ; *USA* -klɔːθ/ *n* mantel

ˈ**table football** *n* futbolín

tablespoon /ˈteɪblspuːn/ *n* **1** cuchara (grande) **2** (*tb* **tablespoonful**) (*abrev* **tbsp**) cucharada

tablet 🔑 /ˈtæblət/ *n* pastilla

ˈ**table tennis** *n* tenis de mesa, ping-pong®

tabloid /ˈtæblɔɪd/ *n* tabloide: *the tabloid press* la prensa sensacionalista ➲ *Ver nota en* BROADSHEET

taboo /təˈbuː/ *adj, n* (*pl* **taboos**) tabú: *a taboo subject* un tema tabú

tack /tæk/ *nombre, verbo*
▸ *n* **1** plan de acción: *to change tack/take a different tack* cambiar de plan **2** tachuela
▸ *vt* clavar (con tachuelas) PHR V **tack sth on; tack sth onto sth** (*coloq*) añadir algo (a algo)

tackle /ˈtækl/ *verbo, nombre*
▸ **1** *vt* hacer frente a, abordar: *to tackle a problem* abordar un problema **2** *vt* ~ **sb (about sth)** abordar a algn (sobre algo) **3** *vt, vi* (*Fútbol*) hacer una entrada (a) **4** *vt, vi* (*Rugby*) placar (a)
▸ *n* **1** (*Fútbol*) entrada **2** (*Rugby*) placaje **3** [*incontable*] equipo, avíos: *fishing tackle* equipo de pescar

tacky /ˈtæki/ *adj* **1** (*coloq*) hortera **2** (*sustancia*) pegajoso

tact /tækt/ *n* tacto

tactful /ˈtæktfl/ *adj* diplomático, discreto

tactic /ˈtæktɪk/ *n* [*gen pl*] táctica

tactical /ˈtæktɪkl/ *adj* **1** táctico **2** estratégico: *a tactical decision* una decisión estratégica

tactless /ˈtæktləs/ *adj* indiscreto, poco diplomático: *It was tactless of you to ask him his age.* Fue una indiscreción por tu parte preguntarle su edad.

tadpole /ˈtædpəʊl/ *n* renacuajo

tae kwon do /ˌtaɪ ˌkwɒn ˈdəʊ/ *n* taekwondo

tag /tæg/ *nombre, verbo*
▸ *n* etiqueta ➲ *Ver dibujo en* ETIQUETA; *Ver tb* PRICE TAG, QUESTION TAG
▸ *vt* (**-gg-**) etiquetar PHR V **tag along (behind/with sb)** seguir a algn, pegarse (a algn)

tail /teɪl/ *nombre, verbo*
▸ *n* **1** rabo, cola **2 tails** [*pl*] frac LOC *Ver* HEAD
▸ *vt* perseguir PHR V **tail away/off 1** ir disminuyendo **2** (*ruido, etc.*) irse apagando

tailback /ˈteɪlbæk/ *n* caravana (*de coches*)

tailor /ˈteɪlə(r)/ *nombre, verbo*
▸ *n* sastre, -a
▸ *vt* ~ **sth to/for sb/sth** adaptar algo para/a algn/algo

tailor-made /ˌteɪlə ˈmeɪd/ *adj* **1** a la medida de sus necesidades **2** (*ropa*) a medida

tailpipe /ˈteɪlpaɪp/ *n* (*esp USA*) tubo de escape

taint /teɪnt/ *vt* (*formal*) **1** contaminar **2** (*reputación*) manchar

take /teɪk/ *vt* (*pt* **took** /tʊk/, *pp* **taken** /ˈteɪkən/) **1** ~ **sb/sth (with you)** llevarse a algn/algo: *Take the dog with you.* Llévate el perro. **2** ~ **sb sth**; ~ **sth (to sb)** llevar algo (a algn) ➲ *Ver nota en* GIVE **3** coger: *to take sb's hand/take sb by the hand* coger a algn de la mano ◇ *to take the bus* coger el autobús **4** tomar: *She took it as a compliment.* Se lo tomó como un cumplido. ◇ *to take a decision* tomar una decisión **5** (*sin permiso*) llevarse **6** ~ **sth from/out of sth** sacar algo de algo **7** ~ **sth (from sb)** quitar algo (a algn) **8** aceptar: *Do you take credit cards?* ¿Aceptan tarjetas de crédito? **9** (*tolerar*) soportar **10** (*comprar*) llevarse **11** (*tiempo*) tardar: *It takes an hour to get there.* Se tarda una hora en llegar. ◇ *It won't take long.* No lleva mucho tiempo. **12** (*cualidad*) necesitarse, hacer falta: *It takes courage to speak out.* Se necesita coraje para decir lo que uno piensa. **13** (*talla*) usar: *What size shoes do you take?* ¿Qué número calzas? **14** (*foto*) hacer **15** (*examen*) presentarse a LOC **take it (that...)** suponer (que...) ◆ **take some doing; take a lot of doing** (*coloq*) no ser fácil ❶ Para otras expresiones con **take**, véanse las entradas del sustantivo, adjetivo, etc., p. ej. **take place** en PLACE.
PHR V **take after sb** parecerse, salir a algn (*de la familia*)

take

bring the newspaper

fetch the newspaper

take the newspaper

T

take sth apart desmontar algo
take sth away 1 (*dolor, sensación*) quitar algo **2** llevarse algo (*para comerlo fuera del restaurante*)
take sth back 1 devolver algo (*a una tienda o biblioteca*) **2** retirar algo (*que se ha dicho*)
take sth down 1 desmontar algo **2** bajar algo **3** anotar algo
take sb in 1 acoger a algn (*en casa*) **2** engañar a algn ◆ **take sth in 1** entender, asimilar algo **2** (*ropa*) estrechar algo
take off 1 despegar **2** (*coloq*) irse rápidamente **3** (*producto, carrera, idea*) tener éxito ◆ **take sb off** imitar a algn ◆ **take sth off 1** (*prenda, gafas*) quitarse algo **2** *to take the day/a year off* tomarse el día libre/un año de excedencia
take sb on contratar a algn ◆ **take sth on** aceptar algo (*trabajo*)
take sb out (for/to sth) invitar a algn (a algo): *to take sb out to/for dinner* invitar a algn a cenar ◇ *I'm taking him out tonight.* Voy a salir con él esta noche. ◆ **take sth out 1** sacar, extraer algo **2** (*USA*) llevarse algo (*para comerlo fuera del restaurante*) ◆ **take it/sth out on sb** pagar algo con algn, tomarla con algn
take over from sb sustituir a algn (como algo) ◆ **take sth over 1** (*empresa*) adquirir algo **2** hacerse cargo de algo
take to sb tomarle cariño a algn: *I took to his parents immediately.* Sus padres me cayeron bien inmediatamente. ◆ **take to sth** cogerle gusto a (hacer) algo, aficionarse a (hacer) algo
take sth up 1 empezar a practicar/hacer algo (*como hobby*) **2** (*ropa*) acortar algo ◆ **take up sth** ocupar algo (*espacio, tiempo*) ◆ **take sb up on sth 1** discutirle algo a algn **2** (*coloq*) (*oferta*) aceptar algo de algn ◆ **take sth up with sb** plantear algo a algn

takeaway /ˈteɪkəweɪ/ (*USA* **takeout** /ˈteɪkaʊt/) *n* **1** restaurante que vende comida para llevar **2** comida para llevar: *We ordered a takeaway.* Encargamos comida para llevar.

take-off /ˈteɪk ɒf; *USA* ɔːf/ *n* (*pl* **take-offs**) despegue

takeover /ˈteɪkəʊvə(r)/ *n* **1** (*empresa*) adquisición: *takeover bid* oferta pública de adquisición **2** (*Mil*) toma de poder

takings /ˈteɪkɪŋz/ *n* [*pl*] recaudación

talcum powder /ˈtælkəm paʊdə(r)/ (*coloq* **talc** /tælk/) *n* polvos de talco

tale /teɪl/ *n* **1** cuento, historia **2** chisme

talent /ˈtælənt/ *n* ~ **(for sth)** talento (para algo): *talent contest/show* concurso de talentos **talented** *adj* talentoso, de talento

talk /tɔːk/ *verbo, nombre*
▸ **1** *vi* ~ **(to/with sb) (about sb/sth)** hablar (con algn) (de algn/algo) ➲ *Ver nota en* HABLAR **2** *vt* hablar de: *to talk business* hablar de negocios ◇ *to talk sense/rubbish* hablar con sentido/decir tonterías **3** *vi* cotillear LOC **talk shop** (*gen pey*) hablar del trabajo ◆ **talk your way out of (doing) sth** librarse de (hacer) algo a base de labia PHR V **talk down to sb** hablar a algn como si fuera tonto ◆ **talk sb into/out of (doing) sth** convencer a algn para que haga/no haga algo ◆ **talk sth over/through** discutir algo, hablar de algo
▸ *n* **1** conversación, charla: *to have a talk with sb* tener una conversación con algn ◇ *talk show* programa de entrevistas *Ver tb* SMALL TALK **2 talks** [*pl*] negociaciones

talkative /ˈtɔːkətɪv/ *adj* hablador, charlatán

tall /tɔːl/ *adj* (**taller**, **-est**) alto: *How tall are you?* ¿Cuánto mides? ◇ *Tom is six feet tall.* Tom mide 1.80. ◇ *a tall tree/building* un árbol/edificio alto ➲ *Ver nota en* ALTO

tambourine /ˌtæmbəˈriːn/ *n* pandereta

tame /teɪm/ *adjetivo, verbo*
▸ *adj* (**tamer**, **-est**) **1** domesticado **2** manso **3** (*coloq*) (*fiesta, libro, etc.*) insulso
▸ *vt* domar

tamper /ˈtæmpə(r)/ *v* PHR V **tamper with sth** manipular, amañar algo

tampon /ˈtæmpɒn/ *n* tampón

tan /tæn/ *verbo, nombre*
▸ *vt, vi* (**-nn-**) broncear(se)
▸ *n* **1** bronceado: *to get a tan* broncearse **2** color canela

tangent /ˈtændʒənt/ *n* tangente LOC **fly/go off at a tangent** (*coloq*) salirse por la tangente

tangerine /ˌtændʒəˈriːn; *USA* ˈtændʒəriːn/ *n* **1** mandarina **2** color naranja oscuro

tangle /ˈtæŋgl/ *nombre, verbo*
▸ *n* **1** enredo **2** lío: *to get into a tangle* hacerse un lío
▸ *vt, vi* ~ **(sth) (up)** enredar algo, enredarse **tangled** *adj* enredado

tank /tæŋk/ *n* **1** depósito: *petrol tank* depósito de gasolina **2** pecera **3** (*Mil*) tanque *Ver tb* THINK TANK

tanker /ˈtæŋkə(r)/ *n* **1** petrolero **2** camión cisterna

tanned /tænd/ *adj* bronceado, moreno

tantalize, -ise /ˈtæntəlaɪz/ *vt* atormentar **tantalizing, -ising** *adj* tentador

tantrum /ˈtæntrəm/ *n* rabieta: *Peter threw/had a tantrum.* Peter se cogió una rabieta.

tap 🔑 /tæp/ *verbo, nombre*

▸ **(-pp-) 1** *vt* ~ **sb/sth (on/with sth)** dar golpecitos a algn/algo (en/con algo): *to tap sb on the shoulder* dar una palmadita a algn en la espalda **2** *vi* ~ **(at/on sth)** dar golpecitos (en algo) **3** *vt, vi* ~ **(into) sth** explotar algo **4** *vt* (*teléfono*) intervenir

▸ *n* **1** grifo: *to turn the tap on/off* abrir/cerrar el grifo **2** golpecito

tape 🔑 /teɪp/ *nombre, verbo*

▸ *n* cinta: *sticky tape* cinta adhesiva ◇ *to have sth on tape* tener algo grabado *Ver tb* RED TAPE

▸ *vt* **1** grabar **2** ~ **sth (up)** atar algo con una cinta

ˈtape measure (*tb* **tape**, **ˈmeasuring tape**) *n* cinta métrica, metro

ˈtape recorder *n* grabadora, casete

tapestry /ˈtæpəstri/ *n* (*pl* **tapestries**) tapiz

tapir /ˈteɪpə(r)/ *n* tapir

tar /tɑː(r)/ *n* alquitrán, brea

tarantula /təˈræntʃələ/ *n* tarántula

target 🔑 /ˈtɑːɡɪt/ *nombre, verbo*

▸ *n* **1** objetivo: *I'm not going to meet my weekly target.* No voy a cumplir mi objetivo semanal. **2** blanco, objetivo: *military targets* objetivos militares

▸ *vt* **1** ~ **sth at sb/sth** dirigir algo a algn/algo **2** dirigirse a: *We're targeting young drivers.* Nos estamos dirigiendo a los conductores jóvenes.

tariff /ˈtærɪf/ *n* **1** arancel **2** tarifa

Tarmac® /ˈtɑːmæk/ *nombre, verbo*

▸ *n* **1** asfalto **2 tarmac** pista (*de aeropuerto*)

▸ *vt* **tarmac** asfaltar

tarnish /ˈtɑːnɪʃ/ **1** *vt, vi* deslucir(se) **2** *vt* (*reputación, etc.*) empañar

tart /tɑːt/ *n* **1** tarta ➲ *Ver nota en pág 647* **2** (*GB, coloq, pey*) golfa

tartan /ˈtɑːtn/ *n* tartán, tela de cuadros escoceses

task 🔑 /tɑːsk; *USA* tæsk/ *n* tarea

taste 🔑 /teɪst/ *nombre, verbo*

▸ *n* **1** sabor **2** gusto **3** ~ **(of sth)** (*comida, bebida*) poquito (de algo) **4** [*sing*] ~ **(of sth)** muestra (de algo): *her first taste of life in the city* su primera experiencia de la vida en la ciudad **5** ~ **(for/in sth)** gusto (por algo): *to have good/poor taste* tener/no tener gusto

▸ **1** *vi* ~ **(of sth)** saber (a algo) **2** *vt* notar el sabor de ❶ Es muy normal el uso del verbo **taste** con **can** o **could**: *I can't taste anything.* No sabe a nada. **3** *vt* probar **4** *vt* (*vino*) catar **5** *vt* (*fig*) experimentar, conocer

tasteful /ˈteɪstfl/ *adj* de buen gusto

tasteless /ˈteɪstləs/ *adj* **1** insípido, soso **2** de mal gusto

tasty /ˈteɪsti/ *adj* (**tastier**, **-iest**) sabroso, rico

tat /ˈtæt/ *n* LOC *Ver* TIT

tattered /ˈtætəd/ *adj* hecho jirones

tatters /ˈtætəz/ *n* [*pl*] harapos LOC **in tatters** hecho jirones

tattoo /təˈtuː; *USA* tæˈtuː/ *nombre, verbo*

▸ *n* (*pl* **tattoos**) tatuaje

▸ *vt* tatuar

tatty /ˈtæti/ *adj* (*coloq*) en mal estado

taught *pt, pp de* TEACH

taunt /tɔːnt/ *verbo, nombre*

▸ *vt* mofarse de

▸ *n* burla

Taurus /ˈtɔːrəs/ *n* tauro ➲ *Ver ejemplos en* ACUARIO

taut /tɔːt/ *adj* tirante, tenso

tavern /ˈtævən/ *n* (*antic*) taberna

tax 🔑 /tæks/ *nombre, verbo*

▸ *n* impuesto: *tax return* declaración de la renta

▸ *vt* **1** (*artículos*) gravar con un impuesto **2** (*personas*) imponer contribuciones a **3** (*recursos*) exigir demasiado a **4** (*paciencia, etc.*) poner a prueba, abusar de **taxable** *adj* imponible **taxation** *n* [*incontable*] (recaudación/pago de) impuestos

tax-free /ˌtæks ˈfriː/ *adj* libre de impuestos

taxi 🔑 /ˈtæksi/ *nombre, verbo*

▸ *n* (*tb* **taxicab** /ˈtæksikæb/) taxi: *taxi driver* taxista ◇ *taxi rank/stand* parada de taxis

▸ *vi* (*pt, pp* **taxied** *part pres* **taxiing**) rodar (*avión*)

taxing /ˈtæksɪŋ/ *adj* **1** agotador **2** (*problema*) muy difícil

taxpayer /ˈtækspeɪə(r)/ *n* contribuyente

tea 🔑 /tiː/ *n* **1** té: *tea bag* bolsita de té **2** merienda **3** cena ➲ *Ver nota en* DINNER LOC *Ver* CUP

teach 🔑 /tiːtʃ/ (*pt, pp* **taught** /tɔːt/) **1** *vt* enseñar: *Tom is teaching us how to use the program.* Tom nos está enseñando a usar el programa. **2** *vt, vi* dar clases (de)

teacher 🔑 /ˈtiːtʃə(r)/ *n* profesor, -ora: *English teacher* profesor de inglés ◇ *teacher training* magisterio

teaching 🔑 /ˈtiːtʃɪŋ/ *n* enseñanza: *teaching materials* materiales didácticos ◇ *a teaching career* una carrera docente

teacup /ˈtiːkʌp/ *n* taza para té

teakettle /ˈtiːketl/ *n* hervidor ➲ *Ver dibujo en* KETTLE

team 🔑 /tiːm/ *nombre, verbo*

▸ *n* [*v sing o pl*] equipo ➲ *Ver nota en* JURADO

T

▸ *v* PHR V **team up (with sb)** asociarse, juntarse (con algn)

teammate /ˈtiːmmeɪt/ *n* compañero, -a (de equipo)

teamwork /ˈtiːmwɜːk/ *n* [*incontable*] trabajo en equipo

teapot /ˈtiːpɒt/ *n* tetera

tear¹ /teə(r)/ *verbo, nombre*

▸ (*pt* **tore** /tɔː(r)/, *pp* **torn** /tɔːn/) **1** *vt, vi* rasgar(se) **2** *vi* ~ **along, past, etc.** ir, pasar, etc. a toda velocidad LOC **be torn (between A and B)** no poder decidirse (entre A y B) PHR V **tear sb/yourself away (from sth)** separar a algn, separarse (de algo) ◆ **tear sth down** derribar algo ◆ **tear sth out** arrancar algo ◆ **tear sth up** romper algo en pedazos

▸ *n* desgarrón LOC *Ver* WEAR

tear² /tɪə(r)/ *n* lágrima: *He was in tears.* Estaba llorando. LOC **bring tears to sb's eyes** hacer llorar a algn **tearful** *adj* lloroso

ˈ**tea room** (*tb* ˈ**tea shop**) *n* salón de té

tease /tiːz/ *vt* tomarle el pelo a, atormentar

teaspoon /ˈtiːspuːn/ *n* **1** cucharilla **2** (*tb* **teaspoonful**) (*abrev* **tsp**) cucharadita

teatime /ˈtiːtaɪm/ *n* hora del té

ˈ**tea towel** *n* trapo de cocina

techie (*tb* **techy**) /ˈteki/ *n* (*pl* **techies**) (*coloq*) entusiasta de la tecnología

technical /ˈteknɪkl/ *adj* **1** técnico **2** según la ley: *a technical point* una cuestión de forma

ˈ**technical college** *n* (*GB*) instituto superior de formación profesional

technicality /ˌteknɪˈkæləti/ *n* **1 technicalities** [*pl*] detalles técnicos, tecnicismos **2** formalismo

technically /ˈteknɪkli/ *adv* **1** estrictamente **2** técnicamente, en términos técnicos

T

technician /tekˈnɪʃn/ *n* técnico, -a

technique /tekˈniːk/ *n* técnica

technological /ˌteknəˈlɒdʒɪkl/ *adj* tecnológico

technology /tekˈnɒlədʒi/ *n* (*pl* **technologies**) tecnología

tectonic /tekˈtɒnɪk/ *adj* (*Geol*) tectónico

teddy bear /ˈtedi beə(r)/ (*tb* **teddy**) *n* osito de peluche

tedious /ˈtiːdiəs/ *adj* tedioso

tedium /ˈtiːdiəm/ *n* (*formal*) tedio

teem /tiːm/ *v* PHR V **teem with sth/sb** estar a rebosar de algo/algn (*personas o animales*)

teenage /ˈtiːneɪdʒ/ (*coloq* **teen**) *adj* de adolescentes **teenager** (*coloq* **teen**) *n* adolescente, quinceañero, -a

teens /tiːnz/ *n* [*pl*] adolescencia, edad entre los 13 y los 19 años: *He's in his teens.* Es un adolescente.

ˈ**tee shirt** = T-SHIRT

teeth *plural de* TOOTH

teethe /tiːð/ *vi* echar los dientes LOC **teething problems/troubles** (*negocio, sistema, etc.*) problemas iniciales

telecommunications /ˌtelikəˌmjuːnɪˈkeɪʃnz/ *n* [*pl*] telecomunicaciones

teleconference /ˈtelikɒnfərəns/ *n* videoconferencia

telemarketing /ˈtelimɑːkɪtɪŋ/ *n* telemarketing

telepathy /təˈlepəθi/ *n* telepatía

telephone /ˈtelɪfəʊn/ *nombre, verbo*

▸ *n* (*tb* **phone**) teléfono: *telephone call* llamada telefónica ◇ *telephone book/directory* guía telefónica LOC **be on the telephone 1** tener teléfono **2** estar hablando por teléfono

▸ *vt, vi* (*tb* **phone**) llamar por teléfono, telefonear (a)

ˈ**telephone box** *n* cabina telefónica

ˈ**telephone exchange** *n* central telefónica

telesales /ˈteliseɪlz/ *n* telemarketing

telescope /ˈtelɪskəʊp/ *n* telescopio

televise /ˈtelɪvaɪz/ *vt* televisar

television /ˈtelɪvɪʒn/ *n* (*abrev* **TV**) **1** televisión: *to watch television* ver la televisión **1** (*tb* ˈ**television set**) televisor

> En Gran Bretaña hay cinco cadenas nacionales de televisión terrestre: **BBC1**, **BBC2**, **ITV**, **Channel 4** y **Channel 5**. Los canales nacionales **BBC1** y **BBC2** no tienen publicidad y se financian a través del pago de licencias (**TV licence**). También existe la televisión vía satélite (**satellite TV**) y por cable (**cable TV**).

teleworker /ˈteliwɜːkə(r)/ *n* teletrabajador, -ora

teleworking /ˈteliwɜːkɪŋ/ *n* teletrabajo

tell /tel/ (*pt, pp* **told** /təʊld/) **1** *vt* **sb (sth)**; ~ **sth to sb** decirle algo a algn: *Did you tell him?* ¿Se lo dijiste? ◇ *to tell the truth* decir la verdad

> En estilo indirecto **tell** va generalmente seguido de un objeto directo de persona: *Tell him to wait.* Dile que espere. ◇ *She told him to hurry up.* Le dijo que se diera prisa. ➲ *Ver tb notas en* GIVE, SAY *y* ORDER

2 *vt, vi* contar: *Tell me all about it.* Cuéntamelo todo. ◊ *Promise you won't tell.* Promete que no lo contarás. **3** *vt, vi* saber: *It's hard to tell.* Es difícil de saber. ◊ *You can tell she's French.* Salta a la vista que es francesa. **4** *vt* ~ **A from B**; ~ **A and B apart** distinguir A de B LOC **I told you (so)** (*coloq*) ya te lo dije ◆ **tell the time** (*USA* **tell time**) decir la hora ◆ **there's no telling** es imposible saberlo ◆ **you never can tell** nunca se sabe ◆ **you're telling me!** (*coloq*) ¡me lo vas a decir a mí! PHR V **tell sb off (for sth/doing sth)** (*coloq*) regañar a algn (por algo/por hacer algo) ◆ **tell on sb** (*coloq*) chivarse (de algn)

telling /ˈtelɪŋ/ *adj* revelador, significativo

telling-off /ˌtelɪŋ ˈɒf; *USA* ˈɔːf/ *n* (*pl* **tellings-off**) (*GB, coloq*) bronca

telly /ˈteli/ *n* (*pl* **tellies**) (*GB, coloq*) tele

temp /temp/ *nombre, verbo*
▸ *n* trabajador, -ora temporal
▸ *vi* (*coloq*) trabajar con un contrato eventual

temper /ˈtempə(r)/ *nombre, verbo*
▸ *n* humor, genio: *in a (bad/foul) temper* de mal genio ◊ *to get into a temper* ponerse de mal genio LOC **have a quick/short temper** tener mucho genio ◆ **lose/keep your temper** perder/no perder los estribos
▸ *vt* (*formal*) ~ **sth (with sth)** templar algo (con algo)

temperament /ˈtemprəmənt/ *n* temperamento

temperamental /ˌtemprəˈmentl/ *adj* temperamental

temperate /ˈtempərət/ *adj* (*clima, región*) templado

temperature 🔑 /ˈtemprətʃə(r)/ *n* temperatura *Ver tb* ROOM TEMPERATURE LOC **have/run a temperature** tener fiebre

tempestuous /temˈpestʃuəs/ *adj* (*formal*) tempestuoso

template /ˈtempleɪt/ *n* plantilla

temple /ˈtempl/ *n* **1** (*Relig*) templo **2** (*Anat*) sien

tempo /ˈtempəʊ/ *n* (*pl* **tempos**) **1** (*Mús*) tiempo ℹ En este sentido, también se usa la forma plural **tempi** /ˈtempiː/. **2** (*de vida, etc.*) ritmo

temporarily 🔑 /ˈtemprərəli; *USA* ˌtempəˈrerəli/ *adv* temporalmente

temporary 🔑 /ˈtemprəri; *USA* -pəreri/ *adj* temporal, provisional

tempt /tempt/ *vt* tentar **temptation** *n* tentación **tempting** *adj* tentador

ten 🔑 /ten/ *adj, pron, n* diez ➲ *Ver ejemplos en* FIVE

tenacious /təˈneɪʃəs/ *adj* (*formal*) tenaz

tenacity /təˈnæsəti/ *n* (*formal*) tenacidad

tenancy *n* (*pl* **tenancies**) arrendamiento

tenant /ˈtenənt/ *n* inquilino, -a

tend 🔑 /tend/ **1** *vi* ~ **to do sth** tender, tener tendencia a hacer algo **2** *vt, vi* ~ **(to) sb/sth** cuidar a algn/algo, ocuparse de algn/algo

tendency 🔑 *n* (*pl* **tendencies**) tendencia, propensión

tender /ˈtendə(r)/ *adj* (**tenderer**, **-est**) **1** (*mirada, palabras, etc.*) cariñoso **2** (*carne, planta*) tierno **3** (*herida*) dolorido **tenderly** *adv* tiernamente, con ternura **tenderness** *n* ternura

tendon /ˈtendən/ *n* tendón

tenement /ˈtenəmənt/ *n*: *a tenement block/house* bloque de pisos

tenner /ˈtenə(r)/ *n* (*GB, coloq*) (billete de) diez libras

tennis /ˈtenɪs/ *n* tenis

tenor /ˈtenə(r)/ *n* tenor

tenpin bowling /ˌtenpɪn ˈbəʊlɪŋ/ *n* [*incontable*] (juego de) bolos

tense /tens/ *adjetivo, nombre*
▸ *adj* (**tenser**, **-est**) tenso
▸ *n* (*Gram*) tiempo: *in the past tense* en tiempo pasado

tension 🔑 /ˈtenʃn/ *n* tensión, tirantez

tent 🔑 /tent/ *n* **1** tienda (de campaña) **2** (*de circo, etc.*) carpa

tentacle /ˈtentəkl/ *n* tentáculo

tentative /ˈtentətɪv/ *adj* **1** provisional **2** cauteloso

tenth 🔑 /tenθ/ **1** *adj, adv, pron* décimo **2** *n* décima parte, décimo ➲ *Ver ejemplos en* FIFTH

tenuous /ˈtenjuəs/ *adj* tenue

tenure /ˈtenjə(r)/ *n* **1** (*de un cargo*) ejercicio: *security of tenure* derecho de permanencia **2** (*de tierra o propiedad*) tenencia

tepid /ˈtepɪd/ *adj* tibio

terabyte /ˈterəbaɪt/ *n* (*abrev* **TB**) (*Informát*) terabyte

term 🔑 /tɜːm/ *nombre, verbo*
▸ *n* **1** expresión, término **2** trimestre, cuatrimestre, semestre: *the autumn/spring/summer term* el primer/segundo/tercer trimestre **3** período, plazo: *term of office* mandato (de un gobierno) ◊ *the long-term risks* los riesgos a largo plazo *Ver tb* TERMS LOC **in the long/short term** a largo/corto plazo
▸ *vt* (*formal*) calificar de

terminal /ˈtɜːmɪnl/ *adj, n* terminal

T

terminate /ˈtɜːmɪneɪt/ (*formal*) **1** *vt* (*contrato*) rescindir **2** *vt* (*acuerdo, relación*) poner fin a **3** *vi* (*tren, etc.*) terminar

terminology /ˌtɜːmɪˈnɒlədʒi/ *n* (*pl* **terminologies**) terminología

terminus /ˈtɜːmɪnəs/ *n* (*pl* **termini** /ˈtɜːmɪnaɪ/) (estación) terminal

terms /tɜːmz/ *n* [*pl*] **1** condiciones **2** términos LOC **be on good, bad, etc. terms (with sb)** tener buenas, malas, etc. relaciones con algn ◆ **come to terms with sth** aceptar algo *Ver tb* EQUAL, FAMILIAR, SPEAK

tern /tɜːn/ *n* golondrina de mar

terrace /ˈterəs/ *n* **1** hilera de casas adosadas **2** (*tb* ˌ**terraced** ˈ**house**) casa adosada, adosado ➲ *Ver nota en* CASA **3** (*de casa*) terraza **4 terraces** [*pl*] (*Dep*) gradas

terrain /təˈreɪn/ *n* terreno

terrestrial /təˈrestriəl/ *adj* terrestre

terrible 🔑 /ˈterəbl/ *adj* **1** (*accidente, heridas, etc.*) terrible **2** fatal: *to feel/look terrible* sentirse fatal/tener muy mal aspecto **3** (*coloq*) espantoso, terrible **4** (*uso enfático*) tremendo, verdadero: *What a terrible mistake!* !Qué tremendo error! ◇ *It's a terrible shame.* Es una verdadera lástima.

terribly 🔑 /ˈterəbli/ *adv* terriblemente: *I'm terribly sorry.* Lo siento muchísimo

terrific /təˈrɪfɪk/ *adj* **1** (*coloq*) fabuloso: *The food was terrific value.* La comida era baratísima. **2** tremendo

terrified /ˈterɪfaɪd/ *adj* aterrorizado: *She's terrified of flying.* Le aterra volar. LOC *Ver* WIT

terrify /ˈterɪfaɪ/ *vt* (*pt, pp* **-fied**) aterrorizar **terrifying** *adj* aterrador, espantoso

territorial /ˌterəˈtɔːriəl/ *adj* territorial

territory /ˈterətri; *USA* -tɔːri/ *n* (*pl* **territories**) territorio

T

terror /ˈterə(r)/ *n* terror: *to scream with terror* gritar de terror

terrorism /ˈterərɪzəm/ *n* terrorismo **terrorist** *n* terrorista

terrorize, -ise /ˈterəraɪz/ *vt* aterrorizar

terse /tɜːs/ *adj* lacónico: *a terse reply* una respuesta seca

test 🔑 /test/ *nombre, verbo*

▸ *n* **1** (*Educ*) test, examen: *I'll give you a test on Monday.* Os haré una prueba el lunes. **2** análisis, prueba: *blood/AIDS test* análisis de sangre/prueba del SIDA

▸ *vt* **1** ~ **sb (on sth)** (*Educ*) examinar a algn (de algo) **2** ~ **sb (for sth)** (*Med*) hacerle un análisis/una prueba a algn (de algo): *The doctor tested him for hepatitis.* El médico le hizo un análisis para ver si tenía hepatitis. **3** ~ **sth for sth** someter algo a pruebas de algo **4** probar, poner a prueba

testament /ˈtestəmənt/ *n* (*formal*) **1** ~ **(to sth)** testimonio (de algo) **2** testamento

testicle /ˈtestɪkl/ *n* testículo

testify /ˈtestɪfaɪ/ *vt, vi* (*pt, pp* **-fied**) declarar

testimony /ˈtestɪməni; *USA* -məʊni/ *n* (*pl* **testimonies**) testimonio

ˈ**test tube** *n* tubo de ensayo

tether /ˈteðə(r)/ *verbo, nombre*

▸ *vt* (*animal*) atar

▸ *n* cuerda, atadura LOC *Ver* END

text 🔑 /tekst/ *nombre, verbo*

▸ *n* texto *Ver tb* SET TEXT

▸ *vt, vi* mandar un mensaje (de texto) (a)

textbook /ˈtekstbʊk/ *n* libro de texto

textile /ˈtekstaɪl/ *n* textil

ˈ**text message** (*tb* **text**) *n* mensaje de texto, SMS

text-messaging *n* SMS, mensajería de texto

texture /ˈtekstʃə(r)/ *n* textura

than 🔑 /ðən/ *prep, conj* **1** [*después de comparativo*] que: *faster than ever* más rápido que nunca ◇ *better than he thought* mejor de lo que había pensado **2** (*con tiempo y distancia*) de: *more than an hour/a kilometre* más de una hora/un kilómetro

thank 🔑 /θæŋk/ *vt* ~ **sb (for sth/doing sth)** dar las gracias a algn (por algo/por hacer algo), agradecer algo a algn LOC **thank you** gracias ➲ *Ver nota en* PLEASE

Thanking somebody for something
Agradecer algo a alguien
- *Thank you very much.* Muchas gracias.
- *I'm very grateful.* Te lo agradezco mucho.
- *I do appreciate your help.* Aprecio mucho tu ayuda.
- *That's all right.* No te preocupes.
- *Don't mention it.* No hay de qué.
- *No problem.* No hay problema.

thankful /ˈθæŋkfl/ *adj* agradecido **thankfully** /-fəli/ *adv* afortunadamente

thanks 🔑 /θæŋks/ *interjección, nombre*

▸ *interj* gracias: *Thanks for coming!* ¡Gracias por venir! ➲ *Ver nota en* PLEASE

▸ *n* gracias, agradecimiento: *to say thanks to sb* dar las gracias a algn LOC *Ver* VOTE

Thanksgiving /ˌθæŋksˈɡɪvɪŋ/ *n* (*tb* **Thanks**ˈ**giving Day**) día de Acción de Gracias

Thanksgiving se celebra en Estados Unidos el cuarto jueves de noviembre. La comida tradicional consiste en pavo asado (**turkey**) y tarta de calabaza (**pumpkin pie**).

that *adjetivo, pronombre, conjunción, adverbio*
▸ *adj* /ðæt/ (*pl* **those** /ðəʊz/) ese, aquel ➲ *Comparar con* THIS
▸ *pron* (*pl* **those** /ðəʊz/) **1** /ðæt/ ese, aquel **2** /ðət, ðæt/ [*sujeto*] que: *The letter that came is from him.* La carta que ha llegado es de él. **3** /ðət, ðæt/ [*complemento*] que: *These are the books (that) I bought.* Estos son los libros que compré. ◇ *the job (that) I applied for* el trabajo que solicité ➲ *Ver nota en* QUE[1] **4** /ðət, ðæt/ [*con expresiones temporales*] en que: *the year that he died* el año en que murió LOC **that is (to say)** es decir ◆ **that's right; that's it** eso es
▸ *conj* /ðət, ðæt/ que: *I told him that he should wait.* Le dije que esperase.
▸ *adv* /ðæt/ tan: *It's that long.* Es así de largo. ◇ *that much worse* tanto peor

thatch /θætʃ/ *nombre, verbo*
▸ *n* paja (*para tejados*)
▸ *vt* poner un tejado de paja a **thatched** *adj* con tejado de paja

thaw /θɔː/ *verbo, nombre*
▸ *vt, vi* deshelar(se)
▸ *n* deshielo

the /ðə/ *art* el/la/lo, los/las ❶ Delante de una vocal se pronuncia /ði/ o, si se quiere dar énfasis, /ðiː/. LOC **the more/less... the more/less...** cuanto más/menos... más/menos...

theatre (*USA* **theater**) /ˈθɪətə(r); *USA* ˈθiːə-/ *n* teatro *Ver tb* LECTURE THEATRE, MOVIE THEATER, OPERATING THEATRE

theatrical /θiˈætrɪkl/ *adj* teatral, de teatro

theft /θeft/ *n* robo

Theft es el término que se utiliza para los robos que se realizan sin testigos y sin recurrir a la violencia: *car/cattle thefts* robos de coches/ganado. **Robbery** se refiere a los robos llevados a cabo por medio de la violencia o con amenazas: *armed/bank robbery* robo a mano armada/de un banco, mientras **burglary** se usa para los robos en casas o tiendas cuando los dueños están ausentes. ➲ *Ver tb notas en* THIEF *y* ROB

their /ðeə(r)/ *adj* su (*de ellos*): *What colour is their cat?* ¿De qué color es su gato? ➲ *Ver notas en* MY *y* THEY

theirs /ðeəz/ *pron* suyo, -a, -os, -as (*de ellos*): *a friend of theirs* un amigo suyo ◇ *Our flat is not as big as theirs.* Nuestro piso no es tan grande como el suyo.

them /ðəm, ðem/ *pron* **1** [*como objeto directo*] los, las: *I saw them yesterday.* Los vi ayer. **2** [*como objeto indirecto*] les: *Tell them to wait.* Diles que esperen. **3** [*después de preposición o del verbo* **be**] ellos/ellas: *Go with them.* Ve con ellos. ◇ *They took it with them.* Lo llevaron consigo. ◇ *Was it them at the door?* ¿Eran ellos los que han llamado? ➲ *Ver nota en* THEY

theme /θiːm/ *n* tema

ˈtheme park *n* parque temático

themselves /ðəmˈselvz/ *pron* **1** [*uso reflexivo*] se: *They enjoyed themselves a lot.* Se lo pasaron muy bien. **2** [*después de preposición*] sí (mismos, -as): *They were talking about themselves.* Hablaban de sí mismos. **3** [*uso enfático*] ellos, -as mismos, -as: *Did they paint the house themselves?* ¿Pintaron la casa ellos mismos? LOC **(all) by themselves** (completamente) solos

then /ðen/ *adv* **1** entonces: *until then* hasta entonces ◇ *from then on* desde entonces **2** en aquella época: *Life was harder then.* La vida era más dura en aquella época. **3** luego, después: *the soup and then the chicken* la sopa y luego el pollo **4** (*así que*) en ese caso, pues: *You're not coming, then?* ¿Así que no vienes?

theological /ˌθiːəˈlɒdʒɪkl/ *adj* teológico

theology /θiˈɒlədʒi/ *n* teología

theoretical /ˌθɪəˈretɪkl/ *adj* teórico

theory /ˈθɪəri/ *n* (*pl* **theories**) teoría: *in theory* en teoría

therapeutic /ˌθerəˈpjuːtɪk/ *adj* terapéutico

therapist /ˈθerəpɪst/ *n* terapeuta

therapy /ˈθerəpi/ *n* (*pl* **therapies**) terapia *Ver tb* RETAIL THERAPY

there /ðeə(r)/ *adv* ahí, allí, allá: *My car is there, in front of the pub.* Mi coche está allí, delante del bar.
- **there + be**: *There's someone at the door.* Hay alguien en la puerta. ◇ *How many are there?* ¿Cuántos hay? ◇ *There'll be twelve guests at the party.* Habrá doce invitados en la fiesta. ◇ *There was a terrible accident yesterday.* Hubo un accidente horrible ayer. ◇ *There has been very little rain recently.* Ha llovido muy poco últimamente. ➲ *Ver nota en* HABER
- **there + v modal + be**: *There must be no mistakes.* No puede haber ningún error. ◇ *There might be rain later.* Podría haber chubascos más tarde. ◇ *There shouldn't be any problems.* No creo que haya ningún problema. ◇ *How can there be that many?* ¿Cómo es posible que haya tantos?

T

There se usa también con **seem** y **appear**: *There seem/appear to be two ways of looking at this problem.* Parece que hay dos formas de enfocar este problema.

LOC **there and then** en el acto, allí mismo *Ver tb* HERE

thereafter /ˌðeərˈɑːftə(r); *USA* -ˈæf-/ *adv* (*formal*) a partir de entonces

thereby /ˌðeəˈbaɪ/ *adv* (*formal*) **1** por eso/ello **2** de este modo

therefore /ˈðeəfɔː(r)/ *adv* por (lo) tanto, por consiguiente

thermal /ˈθɜːml/ *adj* **1** térmico **2** (*fuente*) termal

thermometer /θəˈmɒmɪtə(r)/ *n* termómetro

Thermos® /ˈθɜːməs/ (*tb* ˈ**Thermos flask**) *n* termo

thermostat /ˈθɜːməstæt/ *n* termostato

these *plural de* THIS

thesis /ˈθiːsɪs/ *n* (*pl* **theses** /-siːz/) tesis

they /ðeɪ/ *pron* ellos/ellas: *They didn't like it.* No les gustó. ❶ El pronombre personal no se puede omitir en inglés. ➲ *Comparar con* THEM

They, their y **them** también se utilizan para hacer referencia a una sola persona cuando no se sabe o no se especifica el sexo: *If one of Tim's friends calls, tell them he's not feeling well.* Si llama algún amigo de Tim, dile que no se encuentra bien.

they'd /ðeɪd/ **1** = THEY HAD *Ver* HAVE **2** = THEY WOULD *Ver* WOULD

they'll /ðeɪl/ = THEY WILL *Ver* WILL

they're /ðeə(r)/ = THEY ARE *Ver* BE

they've /ðeɪv/ = THEY HAVE *Ver* HAVE

thick /θɪk/ *adjetivo, nombre, adverbio*
▸ *adj* (**thicker, -est**) **1** grueso: *The ice was six inches thick.* El hielo tenía quince centímetros de grosor. **2** espeso: *This sauce is too thick.* Esta salsa está demasiado espesa. **3** (*barba*) poblado **4** ~ **with sb/sth** lleno de algn/algo **5** (*GB, coloq*) (*persona*) burro **6** (*acento*) marcado
▸ *n* LOC **in the thick of sth** en medio de algo ◆ **through thick and thin** contra viento y marea
▸ *adv* (*comp* **thicker, -est**) grueso: *Don't spread the butter too thick.* No te pongas demasiada mantequilla. **thicken** *vt, vi* espesar(se)

thickly /ˈθɪkli/ *adv* **1** *Apply the paint thickly.* Pon una capa gruesa de pintura. **2** (*poblado*) densamente

thickness /ˈθɪknəs/ *n* espesor, grosor

thick-skinned /ˌθɪk ˈskɪnd/ *adj* (*persona*) insensible

thief /θiːf/ *n* (*pl* **thieves** /θiːvz/) ladrón, -ona

Thief es el término general que se utiliza para designar a un ladrón que roba cosas, generalmente sin que nadie lo vea y sin recurrir a la violencia. **Robber** se aplica a la persona que roba bancos, tiendas, etc., a menudo mediante la violencia o con amenazas. **Burglar** se utiliza para los ladrones que roban en una casa o una tienda cuando no hay nadie y **shoplifter** es la persona que se lleva cosas de una tienda sin pagarlas. ➲ *Ver tb notas en* ROB *y* THEFT

thigh /θaɪ/ *n* muslo

thimble /ˈθɪmbl/ *n* dedal

thin /θɪn/ *adjetivo, adverbio, verbo*
▸ *adj* (**thinner, -est**) **1** fino, delgado **2** (*persona, brazo*) delgado, flaco ➲ *Ver nota en* DELGADO **3** (*cabello*) ralo **4** (*sopa, pintura, etc.*) poco espeso, aguado LOC **(be) thin on the ground** (ser) escaso ◆ **disappear, vanish, etc. into thin air** desaparecer como por arte de magia *Ver tb* THICK
▸ *adv* (**thinner, -est**) (*tb* **thinly**) fino
▸ (**-nn-**) **1** *vt* (*pintura, salsa, etc.*) diluir **2** *vi* ~ **(out)** hacerse menos denso: *The clouds thinned and the moon shone through.* Las nubes aclararon y brilló la luna.

thing /θɪŋ/ *n* **1** cosa: *What's that thing on the table?* ¿Qué es eso que hay en la mesa? ◇ *the main thing* lo más importante ◇ *the first thing* lo primero ◇ *Forget the whole thing.* Olvídate del asunto. ◇ *to take things seriously* tomárselo todo en serio ◇ *The way things are going...* Tal como está la situación... **2 things** [*pl*] cosas: *You can put your things in that drawer.* Puedes poner tus cosas en ese cajón. **3 a thing** [*sing*]: *I can't see a thing.* No veo nada. **4 the thing** [*sing*]: *Just the thing for tired business people.* Justo lo que necesitan los hombres de negocios cansados. **5** *Poor (little) thing!* ¡Pobrecito! LOC **be a good thing (that)...** menos mal (que)...: *It was a good thing that...* Menos mal que... ◆ **do your own thing** (*coloq*) ir a tu aire ◆ **for one thing** para empezar ◆ **the thing is...** (*coloq*) la cosa es que... *Ver tb* CUT, EASY, FIRST, LAST, OVERDO, PROPORTION, WORSE

thingummy /ˈθɪŋəmi/ *n* (*tb* **thingy**) (*pl* **thingummies/thingies**) (*coloq*)

Se utilizan **thingummy** y **thingy** para referirse a objetos o personas cuyos nombres no recordamos: *one of those thingummies for keeping papers together* uno de aquellos chismes para sujetar los papeles ◇ *Is thingummy going? Do you know who I mean?* ¿Va a estar (el fulano) ese? ¿Sabes a quién me refiero?

think /θɪŋk/ *verbo, nombre*
▸ (*pt, pp* **thought** /θɔːt/) **1** *vt, vi* pensar: *What are you thinking (about)?* ¿En qué estás pensando? ◇ *Who'd have thought it?* ¿Quién lo hubiera pensado? ◇ *The job took longer than we thought.* El trabajo nos llevó más de lo que pensábamos. ◇ *Just think!* ¡Imagínate! **2** *vt* creer: *I think so/I don't think so.* Creo que sí/no. ◇ *What do you think (of her)?* ¿Qué opinas (de ella)? ◇ *It would be nice, don't you think?* Estaría bien, ¿no te parece? ◇ *I think this is the house.* Me parece que la casa es esta. **3** *vi* reflexionar LOC **I should think so!** ¡faltaría más! ◆ **think the world, highly, a lot, etc. of sb** tener a algn en alta estima *Ver tb* GREAT PHR V **think about/of sb/sth 1** pensar (en) algn/algo: *I'll think about it.* Lo pensaré. **2** tener a algn/algo en cuenta ◆ **think of sth/sb 1** pensar en algo/algn **2** ocurrírsele algo a algn: *Who thought of that idea?* ¿A quién se le ocurrió esa idea? **3** acordarse de algo/algn ◆ **think of sb/sth as sb/sth** considerar a algn/algo como algn/algo ◆ **think sth out** pensarse algo bien: *a well thought out plan* un plan bien pensado ◆ **think sth over/through** reflexionar sobre algo, pensarse (bien) algo ◆ **think sth up** (*coloq*) inventar, idear algo
▸ *n* [*sing*] LOC **have a think (about sth)** (*coloq*) pensárselo, pensarse algo

thinker /ˈθɪŋkə(r)/ *n* pensador, -ora

thinking /ˈθɪŋkɪŋ/ *nombre, adjetivo*
▸ *n* [*incontable*] **1** *to do some quick/hard thinking* pensar con rapidez/reflexionar seriamente ◇ *Quick thinking!* ¡Bien pensado! **2** forma de pensar: *What's your thinking on this?* ¿Qué piensas de esto? ◇ *the thinking behind the new law* lo que se pretende con la nueva ley *Ver tb* WISHFUL THINKING
▸ *adj* [*sólo antes de sustantivo*] racional, inteligente

ˈ**think tank** *n* grupo de expertos (*esp para aconsejar a los gobiernos*)

thinly /ˈθɪnli/ *adv* fino

third /θɜːd/ (*abrev* **3rd**) *adjetivo, adverbio, pronombre, nombre*
▸ *adj, adv, pron* tercero
▸ *n* **1** tercio, tercera parte **2 the third** el (día) tres **3** (*tb* ˌ**third** ˈ**gear**) tercera ➲ *Ver ejemplos en* FIFTH **thirdly** *adv* en tercer lugar (*en una enumeración*)

ˌ**third** ˈ**party** *n* (*Jur o formal*) tercera persona

the ˌ**Third** ˈ**World** *n* el Tercer Mundo

thirst /θɜːst/ *n* ~ (**for sth**) sed (de algo)

thirsty *adj* (**thirstier**, **-iest**) sediento: *to be thirsty* tener sed

thirteen /ˌθɜːˈtiːn/ *adj, pron, n* trece ➲ *Ver ejemplos en* FIVE

thirteenth /ˌθɜːˈtiːnθ/ **1** *adj, adv, pron* decimotercero **2** *n* treceava parte, treceavo ➲ *Ver ejemplos en* FIFTH

thirtieth /ˈθɜːtiəθ/ **1** *adj, adv, pron* trigésimo **2** *n* treintava parte, treintavo ➲ *Ver ejemplos en* FIFTH

thirty /ˈθɜːti/ *adj, adv, pron, n* treinta ➲ *Ver ejemplos en* FIFTY, FIVE

this /ðɪs/ *adjetivo, pronombre, adverbio*
▸ *adj* (*pl* **these** /ðiːz/) este: *I don't like this colour.* No me gusta este color. ◇ *This one suits me.* Este me favorece. ◇ *These shoes are more comfortable than those.* Estos zapatos son más cómodos que esos. ➲ *Comparar con* THAT
▸ *pron* (*pl* **these** /ðiːz/) **1** este, -a, estos, -as: *This is John's father.* Este es el padre de John. ◇ *I prefer these.* Prefiero estos. **2** esto: *Listen to this…* Escucha esto…
▸ *adv*: *this high* así de alto ◇ *this far* tan lejos

thistle /ˈθɪsl/ *n* cardo (*planta silvestre*)

thong /θɒŋ; *USA* θɔːŋ/ *n* **1** tanga **2** (*USA*) chancla

thorax /ˈθɔːræks/ *n* (*pl* **thoraxes** o **thoraces** /-rəsiːz/) (*Anat*) tórax

thorn /θɔːn/ *n* espina (*de rosal, etc.*) **thorny** *adj* (**thornier**, **-iest**) (*lit y fig*) espinoso

thorough /ˈθʌrə; *USA* ˈθɜːrəʊ/ *adj* **1** (*investigación, conocimiento*) a fondo, exhaustivo **2** (*persona*) meticuloso

thoroughly /ˈθʌrəli; *USA* ˈθɜːr-/ *adv* **1** enormemente **2** a conciencia

those *plural de* THAT

though /ðəʊ/ *conjunción, adverbio*
▸ *conj* aunque, pero ➲ *Ver nota en* AUNQUE
▸ *adv* de todas formas

thought /θɔːt/ *n* **1** ~ (**of doing sth**) idea (de hacer algo) **2** pensamiento: *deep/lost in thought* perdido en sus propios pensamientos LOC *Ver* FOOD, SCHOOL, SECOND, TRAIN; *Ver tb* THINK **thoughtful** *adj* **1** pensativo **2** atento: *It was very thoughtful of you.* Fue todo un detalle por tu parte. **thoughtless** *adj* desconsiderado

thousand /ˈθaʊznd/ *adj, pron, n* mil ➲ *Ver ejemplos en* FIVE ➲ *Ver notas en* MIL *y* MILLION

thousandth /ˈθaʊznθ/ **1** *adj, pron* milésimo **2** *n* milésima parte ➲ *Ver ejemplos en* FIFTH

thrash /θræʃ/ *vt* (*lit y fig*) dar una paliza a

thrashing /ˈθræʃɪŋ/ *n* (*lit y fig*) paliza

T

thread /θred/ *nombre, verbo*
▸ *n* **1** hilo: *a needle and thread* aguja e hilo **2** (*Internet*) hilo de discusión
▸ **1** *vt* enhebrar **2** *vt* (*cuerda, cable, etc.*) pasar **3** *vt* (*perlas, cuentas, etc.*) ensartar **4** *vt, vi* ~ **(your way) through, between, etc. sth** abrirse paso a través de, entre, etc. algo

threat /θret/ *n* ~ **(to sb/sth)** amenaza (para algn/algo)

threaten /ˈθretn/ *vt* **1** ~ **sb (with sth)** amenazar a algn (con algo) **2** ~ **to do sth** amenazar con hacer algo

threatening /ˈθretnɪŋ/ *adj* amenazador

three /θriː/ *adj, pron, n* tres ➲ *Ver ejemplos en* FIVE

three-dimensional /ˌθriː daɪˈmenʃənl/ (*tb* **3-D** /ˌθriː ˈdiː/) *adj* tridimensional

threshold /ˈθreʃhəʊld/ *n* umbral

threw *pt de* THROW

thrifty /ˈθrɪfti/ *adj* ahorrador

thrill /θrɪl/ *nombre, verbo*
▸ *n* **1** emoción: *What a thrill!* ¡Que emoción! **2** escalofrío
▸ *vt* emocionar, entusiasmar **thrilled** *adj* entusiasmado, emocionado **thriller** *n* obra de suspense (*película, novela, etc.*) **thrilling** *adj* emocionante

thrive /θraɪv/ *vi* ~ **(on sth)** prosperar, crecerse (con algo): *a thriving industry* una industria floreciente

throat /θrəʊt/ *n* garganta: *to have a sore throat* tener dolor de garganta

throb /θrɒb/ *verbo, nombre*
▸ *vi* (**-bb-**) ~ **(with sth)** vibrar, palpitar (de algo)
▸ *n* (*tb* **throbbing**) [*sing*] vibración, palpitación

throne /θrəʊn/ *n* trono

through /θruː/ *preposición, adverbio, adjetivo*
❶ Para los usos de **through** en PHRASAL VERBS ver las entradas de los verbos correspondientes, p. ej. **break through sth** en BREAK.
▸ *prep* **1** a través de, por: *She made her way through the traffic.* Se abrió paso a través del tráfico. ◇ *to breathe through your nose* respirar por la nariz **2** durante, a lo largo de: *We worked right through the night.* Trabajamos durante toda la noche. ◇ *I'm halfway through the book.* Ya voy por la mitad del libro. **3** por (culpa de): *through carelessness* por descuido **4** por (medio de): *I got the job through Tim.* Conseguí el trabajo por mediación de Tim. **5** (*USA*) hasta... (inclusive): *Tuesday through Friday* de martes a viernes
▸ *adv* **1** de un lado a otro: *Can you get through?* ¿Puedes pasar al otro lado? **2** de principio a fin: *I've read the poem through once.* Me he leído el poema entero una vez. ◇ *all night through* toda la noche
▸ *adj* [*sólo antes de sustantivo*] directo: *a through train* un tren directo ◇ *No through road* Callejón sin salida

throughout /θruːˈaʊt/ *preposición, adverbio*
▸ *prep* por todo, durante todo: *throughout his life* toda su vida
▸ *adv* **1** por todas partes **2** todo el tiempo

throw /θrəʊ/ *verbo, nombre*
▸ *vt* (*pt* **threw** /θruː/, *pp* **thrown** /θrəʊn/) **1** ~ **sb sth**; ~ **sth (to sb)** tirar, echar algo (a algn): *Throw the ball to Mary.* Tírale la pelota a Mary. ➲ *Ver nota en* GIVE **2** ~ **sth (at sb/sth)** tirar, lanzar algo (a algn/algo)

> **Throw sth at sth/sb** indica que se tiene la intención de darle al objeto o de hacerle daño a la persona: *Don't throw stones at the cat.* No le tires piedras al gato.

3 [*con adverbio*] echar: *He threw back his head.* Echó la cabeza atrás. ◇ *She threw up her hands in horror.* Levantó los brazos horrorizada. **4** (*caballo, etc.*) derribar **5** dejar (*de cierta forma*): *We were thrown into confusion by the news.* La noticia nos dejó confusos. ◇ *to be thrown out of work* quedarse sin trabajo **6** (*coloq*) desconcertar **7** (*luz, sombra*) proyectar LOC **throw a wobbly** (*GB, coloq*) cogerse una pataleta *Ver tb* BALANCE, CAUTION, DOUBT PHR V **throw sth about/around** desparramar algo, tirar algo por todas partes (*papeles, etc.*) ◆ **throw sth away** **1** tirar algo (*a la basura*) **2** desaprovechar algo ◆ **throw sb out** echar, expulsar a algn ◆ **throw sth out** **1** tirar algo (*a la basura*) **2** (*propuesta, etc.*) rechazar algo ◆ **throw (sth) up** vomitar (algo)
▸ *n* **1** lanzamiento **2** (*Baloncesto, etc.*) tiro **3** (*dados*) tirada: *It's your throw.* Te toca a ti (tirar). **4** cubrecama, cubresofá

throwaway /ˈθrəʊəweɪ/ *adj* **1** *a throwaway remark* un comentario como de pasada **2** de usar y tirar: *throwaway cups* vasos de usar y tirar

throw-in /ˈθrəʊ ɪn/ *n* (*Dep*) saque de banda

thru (*USA, coloq*) = THROUGH

thrust /θrʌst/ *verbo, nombre*
▸ (*pt, pp* **thrust**) **1** *vt* meter, clavar, hundir **2** *vt, vi*: *to thrust your way through the crowd* abrirse paso entre la multitud ◇ *She thrust past him angrily.* Pasó por su lado apartándolo de un empujón. **3** *vt, vi* ~ **sth at sb**; ~ **at sb (with sth)** atacar a algn (con algo) PHR V **thrust sth/sb on/upon sb** obligar a algn a aceptar algo/a algn, imponer algo a algn

▸ *n* **1** [*sing*] ~ **(of sth)** idea fundamental (de algo) **2** empujón **3** puñalada, estocada

thud /θʌd/ *nombre, verbo*

▸ *n* ruido (sordo), golpe (sordo)

▸ *vi* (**-dd-**) **1** hacer un ruido sordo, caer con un ruido sordo: *to thud against/into sth* golpear/chocar contra algo con un ruido sordo **2** (*corazón*) latir fuertemente

thug /θʌg/ *n* **1** bestia, bruto **2** (*criminal*) matón

thumb /θʌm/ *nombre, verbo*

▸ *n* pulgar (*de la mano*) LOC **be all (fingers and) thumbs** ser un manazas ◆ **be under sb's thumb** estar dominado por algn ◆ **thumbs up/down**: *The proposal got the thumbs up/down.* La propuesta fue aprobada/rechazada. ◇ *to give the thumbs up/down to sth* aprobar/rechazar algo *Ver tb* TWIDDLE

▸ *vt, vi*: *to thumb a lift/ride* hacer dedo PHR V **thumb through sth** hojear algo

thumbtack /ˈθʌmtæk/ *n* (*USA*) chincheta ➲ *Ver dibujo en* PIN

thump /θʌmp/ *verbo, nombre*

▸ **1** *vt* golpear, dar un golpe a **2** *vi* (*corazón*) latir con fuerza

▸ *n* **1** ruido sordo **2** (*GB, coloq*) puñetazo, porrazo

thunder /ˈθʌndə(r)/ *nombre, verbo*

▸ *n* [*incontable*] trueno: *a clap/roll of thunder* un trueno

▸ *vi* **1** tronar **2** retumbar

thunderstorm /ˈθʌndəstɔːm/ *n* tormenta

thundery /ˈθʌndəri/ *adj* tormentoso: *It's thundery.* Está tronando.

Thursday /ˈθɜːzdi, -deɪ/ *n* (*abrev* **Thur.**, **Thurs.**) jueves ➲ *Ver ejemplos en* MONDAY

thus /ðʌs/ *adv* (*formal*) **1** así, de esta manera **2** (*por esta razón*) por (lo) tanto

thwart /θwɔːt/ *vt* frustrar, impedir

thyme /taɪm/ *n* tomillo

tibia /ˈtɪbiə/ *n* (*pl* **tibiae** /ˈtɪbiiː/) (*Anat*) tibia

tick

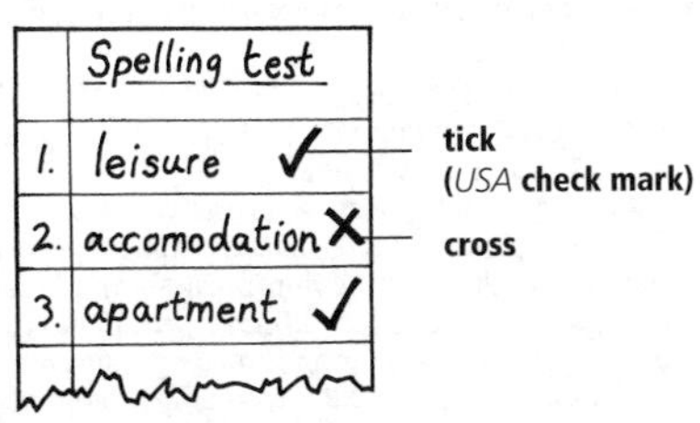

tick /tɪk/ *verbo, nombre*

▸ **1** *vi* (*reloj, etc.*) hacer tictac **2** *vt* marcar con una señal (de visto) PHR V **tick away/by** pasar (*tiempo*) ◆ **tick sb/sth off** tachar a algn/algo de una lista ◆ **tick over 1** estar en marcha, funcionar a ralentí **2** (*negocio, etc.*) ir tirando: *Just keep things ticking over while I'm away.* Ocúpate de que las cosas sigan en marcha mientras estoy fuera.

▸ *n* **1** (*marca*) señal (de visto) **2** garrapata **3** (*de reloj, etc.*) tictac

ticker /ˈtɪkə(r)/ *n* (*tb* ˈ**news ticker**) mensaje con las últimas noticias que se desliza por la pantalla de televisión o el monitor

ticket /ˈtɪkɪt/ *n* **1** (*tren, etc.*) billete **2** (*Teat, Cine*) entrada: *ticket office* taquilla **3** resguardo **4** (*lotería*) cupón **5** etiqueta **6** (*biblioteca*) tarjeta **7** multa (*de tráfico*) *Ver tb* DREAM TICKET

tickle /ˈtɪkl/ *verbo, nombre*

▸ *vt, vi* hacer cosquillas (a)

▸ *n* [*gen sing*] cosquilleo, picor

ticklish /ˈtɪklɪʃ/ *adj* que tiene cosquillas: *to be ticklish* tener cosquillas

tic-tac-toe /ˌtɪk tæk ˈtəʊ/ *n* (*USA*) tres en raya

tidal /ˈtaɪdl/ *adj* de (la) marea

ˌ**tidal** ˈ**wave** *n* maremoto

tide /taɪd/ *n* **1** marea: *The tide is coming in/going out.* La marea está subiendo/bajando. ◇ *high/low tide* marea alta/baja **2** corriente (*de opinión*)

tidy /ˈtaɪdi/ *adjetivo, verbo*

▸ *adj* (**tidier**, **-iest**) **1** ordenado, arreglado **2** (*apariencia*) pulcro, aseado

▸ *vt, vi* (*pt, pp* **tidied**) ~ **(sth) (up)** arreglar algo, ordenar (algo) PHR V **tidy sth away** poner algo en su sitio

tie /taɪ/ *verbo, nombre*

▸ (*pt, pp* **tied** *part pres* **tying**) **1** *vt, vi* atar(se) **2** *vt* (*corbata, etc.*) anudar **3** *vt, vi* (*Dep*) empatar PHR V **tie sb/yourself down (to sth)** atar a algn, hacer que algn se comprometa, comprometerse (a algo): *Having young children really ties you down.* Tener niños pequeños ata muchísimo. ◆ **tie sth to sth** relacionar algo con algo ◆ **tie sb/sth up** atar a algn/algo

▸ *n* **1** corbata *Ver tb* BOW TIE **2** tira de alambre o plástico (*para cerrar bolsas, etc.*) **3** [*gen pl*] lazo: *family ties* lazos familiares **4** (*Dep*) empate

tier /tɪə(r)/ *n* grada, fila, piso

tiger /ˈtaɪgə(r)/ *n* tigre

tight /taɪt/ *adjetivo, adverbio*

▸ *adj* (**tighter**, **-est**) **1** apretado, justo, estrecho: *These shoes are too tight.* Estos zapatos me aprietan. ◇ *to keep a tight hold/grip on sth* mantener algo fuertemente agarrado **2** tirante **3** (*control*) riguroso **4** (*curva*) cerrado

T

▸ *adv* (**tighter**, **-est**) bien, fuertemente: *Hold tight!* ¡Agárrense bien!

tighten /ˈtaɪtn/ **1** *vt, vi* ~ **(sth) (up)** apretar algo, apretarse **2** *vt* ~ **sth (up)** (*control, legislación*) hacer algo más riguroso

tightly ⚷ /ˈtaɪtli/ *adv* bien, fuertemente, rigurosamente

tightrope /ˈtaɪtrəʊp/ *n* cuerda floja

tights /taɪts/ *n* [*pl*] **1** medias, pantis **2** (*para ballet, etc.*) leotardos ➲ *Ver nota en* PAIR

tigress /ˈtaɪgrəs/ *n* tigresa

tile /taɪl/ *nombre, verbo*

▸ *n* **1** azulejo **2** baldosa **3** teja

▸ *vt* **1** alicatar **2** embaldosar **3** tejar

till ⚷ /tɪl/ *conjunción, preposición, nombre*

▸ *conj, prep* hasta (que)

▸ *n* caja (registradora): *Please pay at the till.* Pague en caja, por favor.

tilt /tɪlt/ *verbo, nombre*

▸ *vt, vi* inclinar(se), ladear(se)

▸ *n* inclinación, ladeo

timber /ˈtɪmbə(r)/ *n* **1** [*incontable*] árboles (madereros) **2** [*incontable*] madera **3** madero, viga

time ⚷ /taɪm/ *nombre, verbo*

▸ *n* **1** tiempo: *You've been a long time!* ¡Has tardado mucho! **2** hora: *What time is it?/What's the time?* ¿Qué hora es? ◇ *It's time we were going/time for us to go.* Es hora de que nos vayamos. ◇ *by the time we reached home* para cuando llegamos a casa ◇ *at the present time* actualmente **3** tiempo, época: *for a time* durante algún tiempo ◇ *at one time* en cierta época ◇ *(by) this time next year* para estas fechas el año que viene **4** vez, ocasión: *last time* la última vez ◇ *every time* cada vez ◇ *for the first time* por primera vez **5** (*Mús*) compás *Ver tb* BIG TIME **LOC** **ahead of/behind time** adelantado/retrasado ◆ **all the time** todo el tiempo ◆ **(and) about time (too)** ya era hora ◆ **at a time** a la vez: *one at a time* de uno en uno ◆ **at all times** en todo momento ◆ **at the time** en aquel momento ◆ **at times** a veces ◆ **for the time being** por el momento, de momento ◆ **from time to time** de vez en cuando ◆ **have a good time** pasarlo en grande ◆ **have the time of your life** pasarlo bomba ◆ **in a week's, month's, etc. time** dentro de una semana, un mes, etc. ◆ **in good time** temprano, con tiempo ◆ **in time** con el tiempo ◆ **in time (for sth/ to do sth)** a tiempo (para algo/para hacer algo) ◆ **on time** a la hora, puntual ➲ *Ver nota en* PUNTUAL ◆ **take your time (over sth/to do sth/doing sth)** tomarse el tiempo necesario (para (hacer) algo) ◆ **time after time; time and (time) again** una y otra vez *Ver tb* BIDE, FORTH, HARD, KILL, MARK, MATTER, NICK, ONCE, PRESS, SAME, TELL

▸ *vt* **1** programar, prever **2** *to time sth well/badly* escoger un momento oportuno/inoportuno para (hacer) algo **3** medir el tiempo de, cronometrar

time-consuming /ˈtaɪm kənsjuːmɪŋ; *USA* -suːm-/ *adj* que lleva mucho tiempo

ˈ**time lag** *n* retraso

timely /ˈtaɪmli/ *adj* oportuno

ˌ**time** ˈ**off** *n* tiempo libre

timer /ˈtaɪmə(r)/ *n* reloj automático

times /taɪmz/ *prep* (*coloq*) multiplicado por: *Three times four is twelve.* Cuatro por tres son doce.

timetable ⚷ /ˈtaɪmteɪbl/ *n* horario

timid /ˈtɪmɪd/ *adj* tímido, apocado

timing /ˈtaɪmɪŋ/ *n* **1** momento escogido, coordinación: *the timing of the election* la fecha escogida para las elecciones ◇ *Your timing is perfect!* ¡Has elegido el momento perfecto! **2** cronometraje

tin ⚷ /tɪn/ *n* **1** estaño **2** lata ➲ *Ver nota en* LATA *y dibujo en* CONTAINER

tinfoil /ˈtɪnfɔɪl/ *n* papel de estaño ❶ También se llama **aluminium foil**.

tinge /tɪndʒ/ *verbo, nombre*

▸ *vt* ~ **sth (with sth)** (*lit y fig*) teñir algo (de algo)

▸ *n* tinte, matiz

tingle /ˈtɪŋgl/ *vi* **1** hormiguear **2** ~ **with sth** estremecerse de algo (*emoción*)

tinker /ˈtɪŋkə(r)/ *vi* ~ **(with sth)** juguetear (con algo), hacer pequeños ajustes (a algo)

tinned /tɪnd/ *adj* en lata, de lata

tin-opener /ˈtɪn əʊpnə(r)/ *n* abrelatas

tinsel /ˈtɪnsl/ *n* espumillón

tint /tɪnt/ *n* **1** matiz **2** tinte (*para pelo*) **tinted** *adj* **1** (*pelo*) teñido **2** (*cristal*) ahumado

tiny ⚷ /ˈtaɪni/ *adj* (**tinier**, **-iest**) diminuto, minúsculo

tip ⚷ /tɪp/ *nombre, verbo*

▸ *n* **1** punta **2** ~ **(on/for sth)** consejo (sobre/para algo) **3** propina **4** vertedero

▸ (**-pp-**) **1** *vt, vi* inclinar(se) **2** *vt* tirar, verter **3** *vt, vi* dar (una) propina (a) **4** ~ **sb/sth (as/for sth)** pronosticar a algn/algo (como/para algo): *He is already being tipped as a future president.* Ya se habla de él como futuro presidente. **PHR V** **tip sb off (about sth)** (*coloq*) dar el soplo a algn (de algo) ◆ **tip (sth) over/up** volcar algo, volcarse

tipsy /ˈtɪpsi/ *adj* achispado, alegre

T

tiptoe /ˈtɪptəʊ/ *nombre, verbo*
▸ *n* LOC **on tiptoe** de puntillas
▸ *vi*: *to tiptoe in/out* entrar/salir de puntillas

tire /ˈtaɪə(r)/ *verbo, nombre*
▸ *vt, vi* cansar(se) PHR V **tire of sth/sb** cansarse de algo/algn ♦ **tire sb/yourself out** agotar a algn, agotarse
▸ *n (USA)* = TYRE

tired /ˈtaɪəd/ *adj* **1** cansado ➲ *Ver nota en* BORING **2** ~ **of sb/sth/doing sth** harto de algn/algo/de hacer algo: *to get tired of sb/sth* cansarse de algn/algo **3** (*tema, excusa, etc.*) trillado, demasiado oído LOC **tired out** agotado **tiredness** *n* cansancio

tireless /ˈtaɪələs/ *adj* incansable

tiresome /ˈtaɪəsəm/ *adj* **1** (*tarea*) fastidioso **2** (*persona*) pesado

tiring /ˈtaɪərɪŋ/ *adj* cansado: *a long and tiring journey* un viaje largo y cansado ➲ *Ver nota en* BORING

tissue /ˈtɪʃuː/ *n* **1** (*Biol, Bot*) tejido **2** pañuelo de papel **3** (*tb* ˈ**tissue paper**) papel de seda

tit /tɪt/ *n* **1** (*argot*) teta **2** (*pájaro*) herrerillo LOC **tit for tat** ojo por ojo, diente por diente

title /ˈtaɪtl/ *n* **1** título: *title page* portada ◇ *title role* papel principal **2** título nobiliario **3** tratamiento **4** ~ **(to sth)** (*Jur*) derecho (a algo): *title deed* título de propiedad

titter /ˈtɪtə(r)/ *verbo, nombre*
▸ *vi* reírse disimuladamente ➲ *Ver nota en* REÍR
▸ *n* risita

TLC /ˌtiː el ˈsiː/ *n* (*abrev de* **tender loving care**) [*incontable*] (*coloq*) cariño, mimos

to /tə, tuː/ *prep* ❶ Para los usos de **to** en PHRASAL VERBS ver las entradas de los verbos correspondientes, p. ej. **add up to sth** en ADD. **1** (*dirección*) a: *to go to the beach* ir a la playa ◇ *the road to London* la carretera de Londres **2** hacia: *Move to the left.* Muévete hacia la izquierda. **3** hasta: *faithful to the end/last* leal hasta el final **4** (*duración*): *It lasts two to three hours.* Dura entre dos y tres horas. **5** (*tiempo*): *ten to one* la una menos diez **6** [*con objeto indirecto*] a: *He gave it to Bob.* Se lo dio a Bob. **7** de: *the key to the door* la llave de la puerta **8** (*comparación*) a: *I prefer cycling to climbing.* Prefiero hacer ciclismo que alpinismo. **9** (*proporción*) por: *How many kilometres does it do to the litre?* ¿Cuántos kilómetros hace por litro? **10** (*propósito*): *to go to sb's aid* ir en ayuda de algn **11** para: *to my surprise* para mi sorpresa **12** (*opinión*) a, para: *It looks red to me.* A mí me parece rojo. LOC **to and fro** de un lado a otro

La partícula **to** se utiliza para formar el infinitivo en inglés: *to go* ir ◇ *to eat* comer ◇ *I came to see you.* Vine para/a verte. ◇ *He didn't know what to do.* No sabía qué hacer. ◇ *It's for you to decide.* Tienes que decidirlo tú.

toad /təʊd/ *n* sapo

toadstool /ˈtəʊdstuːl/ *n* seta no comestible

toast /təʊst/ *nombre, verbo*
▸ *n* **1** [*incontable*] tostadas: *a slice/piece of toast* una tostada ◇ *toast and jam* tostadas con mermelada ◇ *Would you like some toast?* ¿Quieres tostadas? **2** brindis: *to drink a toast to sb* brindar por algn
▸ *vt* **1** tostar **2** brindar por **toaster** *n* tostadora

tobacco /təˈbækəʊ/ *n* (*pl* **tobaccos**) tabaco **tobacconist** *n* **1** estanquero, -a **2 tobacconist's** estanco ➲ *Ver notas en* CARNICERÍA *y* ESTANCO

toboggan /təˈbɒgən/ *n* trineo (*para deslizarse por cuestas*)

today /təˈdeɪ/ *adv, n* **1** hoy **2** hoy (en) día: *Today's mobile phones are very small.* Los móviles de hoy en día son muy pequeños. LOC *Ver* WEEK

toddler /ˈtɒdlə(r)/ *n* niño, -a que acaba de aprender a andar

toe /təʊ/ *nombre, verbo*
▸ *n* **1** dedo (*del pie*): *big toe* dedo gordo (del pie) ➲ *Comparar con* FINGER **2** (*de calcetín*) punta **3** (*de zapato*) puntera LOC **keep sb on their toes** mantener alerta a algn
▸ *vt* (*pt, pp* **toed** *part pres* **toeing**) LOC **toe the line** conformarse

toenail /ˈtəʊneɪl/ *n* uña del pie

toffee /ˈtɒfi; *USA* ˈtɔːfi/ *n* caramelo: *toffee apple* manzana acaramelada

together /təˈgeðə(r)/ *adv* ❶ Para los usos de **together** en PHRASAL VERBS ver las entradas de los verbos correspondientes, p. ej. **pull yourself together** en PULL. **1** juntos: *Can we have lunch together?* ¿Podemos comer juntos? ◇ *Get all the ingredients together before you start cooking.* Prepare todos los ingredientes antes de empezar a cocinar. ◇ *to glue two boards together* pegar dos tablas **2** a la vez: *Don't all talk together.* No habléis todos a la vez. LOC **together with** junto con, además de *Ver tb* ACT **togetherness** *n* unidad, armonía

toil /tɔɪl/ *verbo, nombre*
▸ *vi* (*formal*) trabajar duramente
▸ *n* (*formal*) trabajo duro, esfuerzo

T

toilet /ˈtɔɪlət/ *n* **1** váter, retrete: *toilet paper* papel higiénico **2** (*en casa*) aseo **3** (*público*) aseos, servicios

En inglés británico se usa **toilet** o **loo** (*coloq*) para referirse al aseo de las casas particulares (**lavatory** y **WC** han caído en desuso). **The Gents, the Ladies, the toilets, the cloakroom** y **public conveniences** se usan si hablamos de los servicios en lugares públicos.

En inglés norteamericano se suele decir **bathroom**, y también **restroom** o **women's room/men's room** en edificios públicos.

ˈtoilet bag (*USA* ˈ**toiletry bag**) *n* neceser

toiletries /ˈtɔɪlətriz/ *n* [*pl*] productos de tocador

token /ˈtəʊkən/ *nombre, adjetivo*
- *n* **1** ficha **2** vale *Ver tb* GIFT TOKEN **3** señal, muestra
- *adj* [*sólo antes de sustantivo*] simbólico (*pago, muestra, etc.*)

told *pt, pp de* TELL

tolerance /ˈtɒlərəns/ *n* tolerancia

tolerant /ˈtɒlərənt/ *adj* ~ **(of/towards sb/sth)** tolerante (con algn/algo)

tolerate /ˈtɒləreɪt/ *vt* tolerar

toll /təʊl/ *n* **1** peaje: *toll road* carretera/autopista de peaje **2** número de víctimas LOC **take a heavy toll/take its toll (on sb/sth)** causar grandes pérdidas (en algo), afectar gravemente a algn/algo

tomato /təˈmɑːtəʊ; *USA* təˈmeɪtəʊ/ *n* (*pl* **tomatoes**) tomate

tomb /tuːm/ *n* tumba

tombstone /ˈtuːmstəʊn/ *n* lápida

tomcat /ˈtɒmkæt/ (*tb* **tom**) *n* gato (macho) ➲ *Ver nota en* GATO

T

tomorrow /təˈmɒrəʊ/ *adv, n* mañana: *See you tomorrow.* Hasta mañana. ◇ *tomorrow morning* mañana por la mañana LOC *Ver* DAY, WEEK

ton /tʌn/ *n* **1** (*pl* **tons** o **ton**) 2.240 libras o 1.016 kg ➲ *Comparar con* TONNE **2 tons (of sth)** [*pl*] (*coloq*) montones (de algo)

tone /təʊn/ *nombre, verbo*
- *n* **1** tono: *Don't speak to me in that tone of voice.* No me hables en ese tono. **2** tonalidad **3** (*de teléfono*) señal (*de llamada*)
- *v* PHR V **tone sth down** suavizar (el tono de) algo (*para que resulte menos ofensivo*)

tongs /tɒŋz; *USA* tɔːŋz/ *n* [*pl*] tenazas: *a pair of tongs* unas tenazas ➲ *Ver nota en* PAIR

tongue /tʌŋ/ *n* **1** lengua: *to put/stick your tongue out* sacar la lengua **2** (*formal*) idioma, lengua: *mother tongue* lengua materna LOC **(with) tongue in cheek** irónicamente *Ver tb* SLIP

tongue-twister /ˈtʌŋ twɪstə(r)/ *n* trabalenguas

tonic /ˈtɒnɪk/ *n* **1** (*tb* ˈ**tonic water**) (agua) tónica **2** (*lit y fig*) tónico

tonight /təˈnaɪt/ *adv, n* esta noche: *What's on TV tonight?* ¿Qué ponen esta noche en la tele?

tonne /tʌn/ *n* (*pl* **tonnes** o **tonne**) tonelada (métrica) ➲ *Comparar con* TON

tonsil /ˈtɒnsl/ *n* amígdala **tonsillitis** /ˌtɒnsəˈlaɪtɪs/ *n* [*incontable*] amigdalitis, anginas

too /tuː/ *adv* **1** demasiado: *It's too cold outside.* Hace demasiado frío en la calle. **2** también: *I've been to Paris too.* Yo también he estado en París. ➲ *Ver nota en* TAMBIÉN **3** para colmo, encima: *Her purse was stolen. And on her birthday too.* Le robaron el monedero, y encima en su cumpleaños. **4** muy: *I'm not too sure.* No estoy muy segura. LOC **too many** demasiados ◆ **too much** demasiado

took *pt de* TAKE

tool /tuːl/ *n* **1** herramienta: *tool box/kit* caja/juego de herramientas **2** instrumento: *The computer is an invaluable tool for the family doctor.* El ordenador es un instrumento inestimable para el médico de familia.

toolbar /ˈtuːlbɑː(r)/ *n* (*Informát*) barra de herramientas

tooth /tuːθ/ *n* (*pl* **teeth** /tiːθ/) diente, muela: *to have a tooth out* sacarse una muela ◇ *false teeth* dentadura postiza LOC *Ver* FIGHT, GRIT, SKIN, SWEET

toothache /ˈtuːθeɪk/ *n* dolor de muelas

toothbrush /ˈtuːθbrʌʃ/ *n* cepillo de dientes ➲ *Ver dibujo en* BRUSH

toothpaste /ˈtuːθpeɪst/ *n* pasta de dientes

toothpick /ˈtuːθpɪk/ *n* palillo (*de dientes*)

top /tɒp/ *nombre, adjetivo, verbo*
- *n* **1** lo más alto, la parte de arriba: *the top of the page* la cabecera de la página **2** (*de colina, fig*) cumbre **3** (*de una lista*) cabeza **4** tapa, tapón **5** (*de bolígrafo*) capucha **6** blusa, camiseta, etc. LOC **at the top of your voice** a voz en grito ◆ **be on top (of sth)** (*fig*) dominar (algo) ◆ **off the top of your head** (*coloq*) sin pensarlo ◆ **on top** encima ◆ **on top of sth** además de algo: *And on top of all that...* Y para colmo... ◆ **on top of sth/sb** (*posición*) sobre algo/algn ◆ **over the top** (*abrev* **OTT**) (*coloq*) exagerado: *That joke was a bit over the top.* Ese chiste se pasó un poco.

▸ *adj* **1** de arriba, último, superior: *the top shelf* la estantería de arriba ◇ *a top floor flat* un piso en la última planta **2** mejor, primero, más importante: *the top jobs* los mejores empleos ◇ *a top British scientist* un científico británico de primera fila ◇ *top quality* calidad suprema **3** máximo: *at top speed* a la velocidad máxima

▸ *vt* (**-pp-**) **1** superar **2** ser primero en: *The band topped the charts with their first single.* El grupo encabezó las listas de éxito con su primer sencillo. **3** ~ **sth (with sth)** rematar algo (con algo): *ice cream topped with chocolate sauce* helado con crema de chocolate por encima **LOC to top it all** (*coloq*) para colmo, y encima **PHR V top sth up** (re)llenar algo

ˌtop ˈhat (*coloq* **topper** /ˈtɒpə(r)/) *n* chistera

topic 🔑 /ˈtɒpɪk/ *n* tema **topical** *adj* actual

topless /ˈtɒpləs/ *adj, adv* topless

topping /ˈtɒpɪŋ/ *n* cobertura (*en comida*): *What's your favourite pizza topping?* ¿Cuál es tu ingrediente favorito en las pizzas?

topple /ˈtɒpl/ **1** *vt* ~ **sth (over)** hacer caer algo **2** *vi* ~ **(over)** caerse **3** *vt* (*gobierno, etc.*) derribar

ˌtop ˈsecret *adj* de alto secreto

torch /tɔːtʃ/ *n* **1** linterna **2** antorcha

tore *pt de* TEAR[1]

torment *nombre, verbo*

▸ *n* /ˈtɔːment/ (*formal*) tormento

▸ *vt* /tɔːˈment/ **1** (*formal*) atormentar **2** fastidiar

torn *pp de* TEAR[1]

tornado /tɔːˈneɪdəʊ/ *n* (*pl* **tornadoes** *o* **tornados**) tornado

torpedo /tɔːˈpiːdəʊ/ *nombre, verbo*

▸ *n* (*pl* **torpedoes**) torpedo

▸ *vt* (*pt, pp* **torpedoed** *part pres* **torpedoing**) torpedear

tortoise /ˈtɔːtəs/ *n* tortuga (*de tierra*) ➲ *Comparar con* TURTLE

torture /ˈtɔːtʃə(r)/ *nombre, verbo*

▸ *n* **1** tortura **2** [*incontable*] (*coloq*) suplicio

▸ *vt* **1** torturar **2** (*fig*) atormentar **torturer** *n* torturador, -ora

Tory /ˈtɔːri/ *adj, n* (*pl* **Tories**) (*GB, coloq*) conservador, -ora: *the Tory Party* el Partido Conservador

toss /tɒs; *USA* tɔːs/ *verbo, nombre*

▸ **1** *vt* tirar, echar (*descuidadamente o sin fuerza*) **2** *vt* (*la cabeza*) sacudir **3** *vi* agitarse: *to toss and turn* dar vueltas (en la cama) **4** *vt* (*ensalada, pasta*) revolver **5** *vt* (*tortita, etc.*) dar la vuelta a (*en el aire*) **6** *vt, vi* (*moneda*): *Let's toss a coin.* Échemoslo a cara o cruz. ◇ *to toss (sb) for sth* jugarse algo con algn a cara o cruz ◇ *to toss (up) for sth* jugarse algo a cara o cruz

▸ *n* **1** (*de una moneda*) lanzamiento: *to win/lose the toss* ganar/perder al echar la moneda al aire **2** (*de la cabeza*) sacudida

total 🔑 /ˈtəʊtl/ *verbo, adjetivo, nombre*

▸ *vt* (**-ll-**, *USA tb* **-l-**) **1** ascender a **2** sumar

▸ *adj, n* total

totally 🔑 /ˈtəʊtəli/ *adv* totalmente

totter /ˈtɒtə(r)/ *vi* **1** titubear **2** tambalearse

touch 🔑 /tʌtʃ/ *verbo, nombre*

▸ **1** *vt, vi* tocar(se) **2** *vt* rozar **3** *vt* [*gen en frases negativas*] probar: *You've hardly touched your steak.* Apenas has probado el filete. **4** *vt* conmover **5** *vt* [*gen en frases negativas*] igualar **LOC touch wood** tocar madera **PHR V touch down** aterrizar ◆ **touch on/upon sth** hablar de pasada de algo ◆ **touch sth up** retocar algo

▸ *n* **1** toque: *to put the finishing touches to sth* dar el toque final a algo **2** (*tb* **ˌsense of ˈtouch**) tacto: *soft to the touch* suave al tacto **3** [*sing*] toque: *her personal touch* su toque personal ◇ *He hasn't lost his touch.* No ha perdido sus facultades. **4** ~ **(of sth)** pizca, poco (de algo): *I've got a touch of flu.* Tengo un poco de gripe. ◇ *a touch more garlic* una pizca más de ajo ◇ *It's a touch colder today.* Hoy hace algo más de fresco. **LOC be in/out of touch (with sb)** estar en/fuera de contacto (con algn) ◆ **be in/out of touch (with sth)** estar/no estar al corriente (de algo) ◆ **get/keep in touch with sb** ponerse/mantenerse en contacto con algn

touched /tʌtʃt/ *adj* conmovido

touching /ˈtʌtʃɪŋ/ *adj* conmovedor

ˈtouch screen *n* pantalla táctil

touchy /ˈtʌtʃi/ *adj* (**touchier**, **-iest**) **1** ~ **(about sth)** (*persona*) susceptible (respecto a algo) **2** (*situación, tema, etc.*) delicado

tough 🔑 /tʌf/ *adj* (**tougher**, **-est**) **1** duro **2** (*decisión, etc.*) difícil: *to have a tough time* pasarlo muy mal **3** (*medida*) severo **4** fuerte, sólido **5** (*carne*) duro **6** ~ **(on sb)** (*coloq*) duro (para algn): *Tough (luck)!* ¡Mala suerte! **LOC (as) tough as nails/old boots** (*coloq*) (*persona*) fuerte como un roble ◆ **be/get tough (with sb)** ponerse duro (con algn) *Ver tb* GOING **toughen** *vt, vi* ~ **(sth) (up)** endurecer algo, endurecerse **toughness** *n* **1** dureza, resistencia **2** firmeza

tour 🔑 /tʊə(r), tɔː(r)/ *nombre, verbo*

▸ *n* **1** visita: *guided tour* visita guiada ◇ *tour guide* guía turístico **2** excursión: *a cycling/walking tour* una ruta a pie/en bicicleta ➲ *Ver nota en* VIAJE **3** gira: *to be on tour/go on tour in Spain* estar de gira/hacer una gira por España *Ver tb* PACKAGE TOUR

T

▸ **1** *vt* recorrer **2** *vi* viajar **3** *vt, vi* (*cantantes, etc.*) realizar una gira (por)

tourism /ˈtʊərɪzəm, ˈtɔːr-/ *n* turismo

tourist 🔑 /ˈtʊərɪst, ˈtɔːr-/ *n* turista: *tourist attraction* lugar de interés turístico ◇ *the tourist industry* la industria turística **touristy** *adj* (*coloq, pey*) turístico

tournament /ˈtʊənəmənt, ˈtɜː-, ˈtɔː-/ *n* torneo

tow /təʊ/ *verbo, nombre*

▸ *vt* remolcar PHR V **tow sth away** llevarse algo a remolque, llevarse algo la grúa

▸ *n* [*sing*] remolque LOC **in tow** (*coloq*): *He had his family in tow.* Llevaba a la familia a cuestas.

towards 🔑 /təˈwɔːdz; *USA* tɔːrdz/ (*tb esp USA* **toward**) *prep* **1** (*dirección, tiempo*) hacia: *towards the end of the film* casi al final de la película **2** con, respecto a: *to be friendly towards sb* ser amable con algn **3** (*propósito*) para: *to put money towards sth* poner dinero para algo

towel 🔑 /ˈtaʊəl/ *n* toalla *Ver tb* SANITARY TOWEL, TEA TOWEL

tower 🔑 /ˈtaʊə(r)/ *nombre, verbo*

▸ *n* torre

▸ *v* PHR V **tower over/above sb/sth 1** elevarse por encima de algn/algo **2** (*ser mejor*) destacar sobre algn/algo **towering** *adj* **1** (*montaña, etc.*) altísimo, imponente **2** (*talento, etc.*) destacado

ˈ**tower block** *n* bloque alto de pisos

town 🔑 /taʊn/ *n* **1** ciudad (*de tamaño medio*) ➲ *Ver nota en* CIUDAD **2** centro: *to go into town* ir al centro LOC **go to town (on sth)** (*coloq*) tirar la casa por la ventana (en algo) ◆ **(out) on the town** (*coloq*) de juerga

ˌ**town ˈhall** *n* ayuntamiento (*edificio*)

ˌ**town ˈplanner** *n* urbanista

ˌ**town ˈplanning** *n* urbanismo

toxic /ˈtɒksɪk/ *adj* tóxico: *toxic waste* residuos tóxicos

toxin /ˈtɒksɪn/ *n* toxina

toy 🔑 /tɔɪ/ *nombre, verbo*

▸ *n* juguete: *a toy car* un coche de juguete

▸ *v* PHR V **toy with sth 1** contemplar algo: *to toy with the idea of doing sth* considerar la idea de hacer algo **2** juguetear con algo

trace 🔑 /treɪs/ *verbo, nombre*

▸ *vt* **1 ~ sb/sth (to sth)** localizar a algn/algo (en algo) **2** seguir la pista de **3** averiguar el origen de: *It can traced back to the Middle Ages.* Se remonta a la Edad Media. **4 ~ sth (out)** delinear, trazar algo **5** calcar

▸ *n* rastro, huella: *to disappear without trace* desaparecer sin dejar rastro ◇ *She speaks without a trace of an Irish accent.* Habla sin ningún deje irlandés.

trachea /trəˈkiːə; *USA* ˈtreɪkiə/ *n* (*pl* **tracheas** o **tracheae** /-kiːiː/) (*Anat*) tráquea

track 🔑 /træk/ *nombre, verbo*

▸ *n* **1** camino, senda **2** [*gen pl*] huella (*de animal, rueda, etc.*) **3** (*Ferrocarril*) vía **4** (*Dep*) pista, circuito **5** tema (*de CD, etc.*) LOC **keep/lose track of sb/sth** seguir/perder la pista de algn/algo: *to lose track of time* perder la noción del tiempo ◆ **make tracks** (*coloq*) marcharse ◆ **on the right/wrong track** por buen/mal camino *Ver tb* BEAT

▸ *vt* seguir la pista/las huellas de PHR V **track sb/sth down** localizar a algn/algo

ˌ**track and ˈfield** *n* (*USA*) atletismo

ˈ**track record** *n* historial (*de un profesional o una empresa*)

tracksuit /ˈtræksuːt, -sjuːt/ *n* chándal: *tracksuit bottoms* pantalón de chándal

tractor /ˈtræktə(r)/ *n* tractor

trade 🔑 /treɪd/ *nombre, verbo*

▸ *n* **1** comercio **2** industria: *the tourist trade* la industria turística **3** oficio: *He's a carpenter by trade.* Es carpintero de oficio. ➲ *Ver nota en* WORK LOC *Ver* PLY, ROAR, TRICK

▸ **1** *vi* comerciar **2** *vt* **~ sth for sth** cambiar algo por algo PHR V **trade sth in (for sth)** entregar algo como parte del pago (de algo)

trademark /ˈtreɪdmɑːk/ *n* marca registrada

trader /ˈtreɪdə(r)/ *n* comerciante

tradesman /ˈtreɪdzmən/ *n* (*pl* **-men** /-mən/) **1** proveedor, -ora: *tradesmen's entrance* entrada de servicio **2** comerciante

ˌ**trade ˈunion** *n* sindicato

trading 🔑 /ˈtreɪdɪŋ/ *n* comercio *Ver tb* CARBON TRADING

tradition 🔑 /trəˈdɪʃn/ *n* tradición

traditional 🔑 /trəˈdɪʃənl/ *adj* tradicional **traditionally** *adv* tradicionalmente

traffic 🔑 /ˈtræfɪk/ *nombre, verbo*

▸ *n* tráfico: *traffic warden* guardia de tráfico

▸ *vi* (*pt, pp* **trafficked** *part pres* **trafficking**) **~ (in sth)** traficar (con algo)

ˈ**traffic circle** *n* (*USA*) rotonda

ˈ**traffic jam** *n* atasco

trafficker /ˈtræfɪkə(r)/ *n* traficante

ˈ**traffic light** (*tb* ˈ**traffic lights** [*pl*]) *n* semáforo: *I was late because all the traffic lights were on red.* Llegué tarde porque me tocaron todos los semáforos en rojo.

tragedy /ˈtrædʒədi/ *n* (*pl* **tragedies**) tragedia

tragic /ˈtrædʒɪk/ *adj* trágico

trail /treɪl/ *nombre, verbo*
▸ *n* **1** reguero (*de sangre, etc.*) **2** estela (*de humo*) **3** rastro (*de un animal*): *to be on sb's trail* seguirle la pista a algn **4** senda
▸ **1** *vt, vi* arrastrar: *I trailed my hand in the water.* Dejé deslizar mi mano por el agua. **2** *vi* caminar despacio **3** *vi* perder: *trailing by two goals to three* perdiendo por dos goles a tres

trailer /ˈtreɪlə(r)/ *n* **1** remolque **2** (*USA*) caravana **3** (*Cine*) trailer

train 🔑 /treɪn/ *nombre, verbo*
▸ *n* **1** tren: *by train* en tren **2** sucesión, serie LOC **a train of thought** un hilo de pensamiento
▸ **1** *vi* estudiar, formarse: *She trained to be a lawyer.* Estudió para abogada. ◇ *to train as a nurse* estudiar enfermería **2** *vt* formar, preparar **3** *vt* adiestrar **4** *vt, vi* (*Dep*) entrenar(se), preparar (se) **trainee** /treɪˈniː/ *n* aprendiz, -iza **trainer** *n* **1** zapatilla de deporte **2** (*de atletas*) entrenador, -ora **3** (*de animales*) preparador, -ora, domador, -ora

training 🔑 /ˈtreɪnɪŋ/ *n* [*incontable*] **1** formación, preparación **2** (*Dep*) entrenamiento: *weight training* entrenamiento con pesas **3** (*Mil*) instrucción

trait /treɪt/ *n* rasgo (*de personalidad*)

traitor /ˈtreɪtə(r)/ *n* traidor, -ora

tram /træm/ *n* tranvía

tramp /træmp/ *nombre, verbo*
▸ *n* vagabundo, -a
▸ **1** *vi* andar pesadamente **2** *vt* patear

trample /ˈtræmpl/ *vt, vi* ~ **sb/sth (down)**; ~ **on/over sb/sth** pisotear a algn/algo

trampoline /ˈtræmpəliːn/ *n* cama elástica

tranquillize, -ise /ˈtræŋkwəlaɪz/ *vt* tranquilizar (*sobre todo con sedantes*) **tranquillizer, -iser** *n* tranquilizante: *She's on tranquillizers.* Toma tranquilizantes.

transaction /trænˈzækʃn/ *n* operación (*financiera*)

transfer 🔑 *verbo, nombre*
▸ /trænsˈfɜː(r)/ (**-rr-**) **1** *vt, vi* trasladar(se) **2** *vt* (*dinero, propiedad, poder*) transferir **3** *vt, vi* (*Dep*) traspasar(se) **4** *vi* ~ **(from…) (to…)** hacer transbordo (de…) (a…)
▸ *n* /ˈtrænsfɜː(r)/ **1** transferencia, traspaso, traslado **2** (*Dep*) traspaso **3** transbordo **4** calcomanía

transform 🔑 /trænsˈfɔːm/ *vt* ~ **sth/sb (from sth) (into sth)** transformar algo/a algn (de algo) (en algo) **transformation** /ˌtrænsfəˈmeɪʃn/ *n* transformación

transformer /trænsˈfɔːmə(r)/ *n* (*Electrón*) transformador

transfusion /trænsˈfjuːʒn/ (*tb* ˈ**blood transfusion**) *n* transfusión

translate 🔑 /trænsˈleɪt, trænz-/ *vt, vi* ~ **(sth) (from sth) (into sth)** traducir algo, traducirse (de algo) (a algo): *to translate sth from French into Dutch* traducir algo del francés al holandés ◇ *It translates as 'Swiss roll'.* Se traduce como "Swiss roll". ➲ *Ver nota en* INTERPRET

translation 🔑 /trænsˈleɪʃn, trænz-/ *n* traducción: *translation into/from Spanish* traducción al/del español ◇ *to do a translation* hacer una traducción LOC **in translation**: *Cervantes in translation* Cervantes traducido

translator /trænsˈleɪtə(r), trænz-/ *n* traductor, -ora ➲ *Comparar con* INTERPRETER

translucent /trænsˈluːsnt, trænz-/ *adj* (*formal*) translúcido

transmit /trænsˈmɪt/ *vt* (**-tt-**) transmitir **transmitter** *n* (*Electrón*) transmisor

transparent 🔑 /trænsˈpærənt/ *adj* **1** transparente **2** (*mentira, etc.*) evidente

transpiration /ˌtrænspɪˈreɪʃn/ *n* (*Biol*) transpiración

transplant *verbo, nombre*
▸ *vt* /trænsˈplɑːnt, trænz-; *USA* -ˈplænt/ (*Bot, Med*) trasplantar
▸ *n* /ˈtrænsplɑːnt, trænz-; *USA* -plænt/ trasplante: *a heart transplant* un trasplante de corazón

transport 🔑 *nombre, verbo*
▸ *n* /ˈtrænspɔːt/ (*tb esp USA* **transportation** /ˌtrænspɔːˈteɪʃn/) transporte
▸ *vt* /trænˈspɔːt/ transportar, llevar

transvestite /trænzˈvestaɪt, træns-/ *n* travesti

trap 🔑 /træp/ *nombre, verbo*
▸ *n* trampa: *to lay/set a trap* poner una trampa
▸ *vt* (**-pp-**) **1** atrapar, aprisionar **2** ~ **sb (into sth/doing sth)** tenderle una trampa a algn (para que haga algo)

trapdoor /ˈtræpdɔː(r)/ *n* trampilla

trapeze /trəˈpiːz; *USA* træ-/ *n* trapecio: *trapeze artist* trapecista

trash /træʃ/ *n* [*incontable*] **1** basura: *trash can* cubo de la basura ◇ *It's trash.* No vale para nada. ➲ *Ver dibujo en* BIN

> En inglés británico se usa **rubbish** para *basura*, **dustbin** para *cubo de la basura* y **trash** sólo se usa en sentido figurado.

2 (*USA, coloq*) gentuza **trashy** *adj* (*coloq*) malo, de mala calidad

trauma /ˈtrɔːmə; *USA* ˈtraʊmə/ *n* trauma **traumatic** /trɔːˈmætɪk; *USA* traʊˈm-/ *adj* traumático

T

travel 🔑 /ˈtrævl/ *verbo, nombre*
▸ (**-ll-**, *USA* **-l-**) **1** *vi* viajar: *to travel by car/bus* viajar/ir en coche/autobús **2** *vt* recorrer
▸ *n* **1** [*incontable*] los viajes, viajar: *travel bag* bolsa de viaje **2 travels** [*pl*]: *to be on your travels* estar de viaje ◇ *Did you see John on your travels?* ¿Viste a John en alguno de tus viajes? ➲ *Ver nota en* VIAJE

ˈ**travel agency** *n* (*pl* **travel agencies**) (*tb* ˈ**travel agent's**) agencia de viajes

ˈ**travel agent** *n* agente de viajes

traveller 🔑 (*USA* **traveler**) /ˈtrævələ(r)/ *n* viajero, -a

ˈ**traveller's cheque** (*USA* ˈ**traveler's check**) *n* cheque de viaje

tray /treɪ/ *n* bandeja

treacherous /ˈtretʃərəs/ *adj* traicionero, pérfido

treachery /ˈtretʃəri/ *n* (*pl* **treacheries**) **1** traición, perfidia ➲ *Comparar con* TREASON **2** [*incontable*] falsedad

tread /tred/ *vt* (*pt* **trod** /trɒd/, *pp* **trodden** /ˈtrɒdn/ o **trod**) **1** *vi* ~ **(on/in sth)** pisar (algo) **2** *vt* ~ **sth (in/down)** aplastar algo LOC **tread carefully** andar con pies de plomo

treason /ˈtri:zn/ *n* alta traición ❶ **Treason** se refiere a un acto de traición hacia el propio país. ➲ *Comparar con* TREACHERY

treasure /ˈtreʒə(r)/ *nombre, verbo*
▸ *n* tesoro
▸ *vt* apreciar muchísimo, guardar como un tesoro: *her most treasured possession* su posesión más preciada

treasurer /ˈtreʒərə(r)/ *n* tesorero, -a

the Treasury /ˈtreʒəri/ *n* [*v sing o pl*] Ministerio de Economía y Hacienda

treat 🔑 /tri:t/ *verbo, nombre*
▸ *vt* **1** tratar: *to treat sth as a joke* tomar algo a broma **2** ~ **sb (to sth)** invitar a algn (a algo): *Let me treat you.* Déjame invitarte. **3** ~ **yourself (to sth)** darse el lujo (de algo) LOC **treat sb like dirt** (*coloq*) tratar a algn como a un perro
▸ *n* **1** regalo, capricho: *to give yourself a treat* darse un capricho ◇ *as a special treat* como recompensa especial ◇ *I got you a little treat.* Te he comprado una cosita. **2** placer, gusto: *It's a real treat to be here.* Es un verdadero placer estar aquí. LOC **a treat** (*GB, coloq*) a las mil maravillas: *His idea worked a treat.* Su idea funcionó a las mil maravillas. *Ver tb* TRICK

treatment 🔑 /ˈtri:tmənt/ *n* **1** tratamiento **2** trato

treaty /ˈtri:ti/ *n* (*pl* **treaties**) tratado

treble /ˈtrebl/ *nombre, verbo, adjetivo*
▸ *n* **1** [*incontable*] (*Mús*) agudos **2** (*Mús*) tiple **3** [*sing*] triple
▸ *vt, vi* triplicar(se)
▸ *adj* atiplado: *treble clef* clave de sol

tree 🔑 /tri:/ *n* árbol

ˈ**tree house** *n* cabaña construida en un árbol, esp para juegos infantiles

trek /trek/ *nombre, verbo*
▸ *n* caminata
▸ *vi* (**-kk-**) **1** (*coloq*) caminar (*penosamente*) **2 go trekking** hacer senderismo (*esp en la montaña*)

tremble /ˈtrembl/ *vi* ~ **(with sth)** temblar (de algo)

trembling /ˈtremblɪŋ/ *adjetivo, nombre*
▸ *adj* tembloroso
▸ *n* (*tb* **tremble**) temblor

tremendous /trəˈmendəs/ *adj* **1** enorme: *a tremendous number* una gran cantidad **2** estupendo **tremendously** *adv* enormemente

tremor /ˈtremə(r)/ *n* **1** temblor (de tierra) **2** estremecimiento (*del cuerpo*)

trench /trentʃ/ *n* **1** zanja **2** (*Mil*) trinchera

trend 🔑 /trend/ *n* tendencia LOC **set a/the trend** marcar la tónica

trendy /ˈtrendi/ *adj* (**trendier**, **-iest**) (*coloq*) **1** (*persona*) moderno **2** (*ropa*) de moda

trespass /ˈtrespəs/ *vi* ~ **(on sth)** entrar sin derecho (en algo): *No trespassing* Prohibido el paso **trespasser** *n* intruso, -a

trial 🔑 /ˈtraɪəl/ *n* **1** juicio, proceso **2** prueba: *a trial period* un período de prueba ◇ *to take sth on trial* llevarse algo a prueba **3** (*Dep*) preselección LOC **be/go on trial/stand trial (for sth)** ser procesado (por algo) ◆ **trial and error**: *She learnt to type by trial and error.* Aprendió a escribir a máquina a base de cometer errores.

triangle 🔑 /ˈtraɪæŋgl/ *n* triángulo **triangular** /traɪˈæŋgjələ(r)/ *adj* triangular

triathlon /traɪˈæθlən/ *n* triatlón

tribal /ˈtraɪbl/ *adj* tribal, de tribu

tribe /traɪb/ *n* tribu

tributary /ˌtrɪbjətri; *USA* -teri/ *n* (*pl* **tributaries**) afluente

tribute /ˈtrɪbju:t/ *n* **1** homenaje **2** ~ **to sth/sb**: *That is a tribute to his skill.* Eso acredita su habilidad.

triceps /ˈtraɪseps/ *n* (*pl* **triceps**) (*Anat*) tríceps

trick 🔑 /trɪk/ *nombre, verbo*
▸ *n* **1** engaño, broma, trampa: *to play a trick on sb* gastarle una broma a algn ◇ *a trick question* una pregunta con trampa ◇ *His memory played tricks on him.* La memoria le jugaba malas pasadas. ◇ *a dirty trick* una mala pasada

Ver tb CONFIDENCE TRICK **2** truco: *The trick is to wait.* El truco está en esperar. ◇ *magic/card tricks* trucos de magia/con cartas ◇ *conjuring tricks* juegos de manos ◇ *a trick of the light* un efecto de la luz LOC **do the trick** (*coloq*) ser lo que hace falta ◆ **every trick in the book** todos los trucos: *I tried every trick in the book.* Lo intenté todo. ◆ **the tricks of the trade** los trucos del oficio ◆ **trick or treat** truco o trato ➲ *Ver nota en* HALLOWEEN *Ver tb* MISS
▸ *vt* ~ **sb (into sth/doing sth)** engañar a algn (para que haga algo): *You've been tricked.* Te han embaucado. PHR V **trick sb out of sth** estafar algo a algn **trickery** *n* [*incontable*] engaños

trickle /ˈtrɪkl/ *verbo, nombre*
▸ *vi* salir en un chorro fino, gotear
▸ *n* **1** hilo: *a trickle of blood* un hilo de sangre **2** ~ **(of sth)** (*fig*) goteo (de algo)

tricky /ˈtrɪki/ *adj* (**trickier**, **-iest**) complicado, difícil

tricycle /ˈtraɪsɪkl/ *n* triciclo

tried *pt, pp de* TRY

tries *plural de* TRY

trifle /ˈtraɪfl/ *nombre, verbo*
▸ *n* **1 a trifle** [*sing*] (*formal o hum*) algo: *a trifle short* un poquito corto **2** nadería, bagatela **3** postre hecho a base de capas de bizcocho, fruta, crema y nata
▸ *v* PHR V **trifle with sb/sth** (*formal*) jugar con algn/algo

trigger /ˈtrɪgə(r)/ *nombre, verbo*
▸ *n* gatillo, disparador
▸ *vt* **1** ~ **sth (off)** provocar, desencadenar algo **2** (*alarma, etc.*) accionar

trillion /ˈtrɪljən/ *adj, n* billón ➲ *Comparar con* BILLION

trim /trɪm/ *adjetivo, verbo, nombre*
▸ *adj* **1** esbelto **2** bien cuidado, aseado
▸ *vt* (**-mm-**) **1** recortar **2** ~ **sth (off sth)** quitar algo (a algo) **3** ~ **sth (with sth)** (*vestido, etc.*) adornar algo (con algo)
▸ *n* **1** corte: *to have a trim* cortarse el pelo un poco **2** adorno **trimming** *n* **1 trimmings** [*pl*] (*comida*) guarnición **2** adorno

trio /ˈtriːəʊ/ *n* (*pl* **trios**) trío

trip /trɪp/ *nombre, verbo*
▸ *n* viaje, excursión: *to go on a trip* hacer un viaje ◇ *a business trip* un viaje de negocios ◇ *a coach trip* una excursión en autocar ➲ *Ver nota en* VIAJE; *Ver tb* DAY TRIP, ROUND TRIP
▸ (**-pp-**) **1** *vi* ~ **(over/up)** tropezar: *She tripped (up) on a stone.* Tropezó con una piedra. **2** *vt* ~ **sb (up)** poner la zancadilla a algn PHR V **trip (sb) up** (*fig*) meter la pata, hacer que algn meta la pata

triple /ˈtrɪpl/ *adjetivo, verbo*
▸ *adj* triple: *at triple the speed* al triple de velocidad
▸ *vt, vi* triplicar(se)

triplet /ˈtrɪplət/ *n* trillizo, -a

triumph /ˈtraɪʌmf/ *nombre, verbo*
▸ *n* triunfo, éxito: *to return home in triumph* regresar a casa triunfalmente ◇ *a shout of triumph* un grito de júbilo
▸ *vi* ~ **(over sb/sth)** triunfar (sobre algn/algo) **triumphant** /traɪˈʌmfənt/ *adj* **1** triunfante **2** jubiloso **triumphantly** *adv* triunfalmente, jubilosamente

trivial /ˈtrɪviəl/ *adj* trivial, insignificante **triviality** /ˌtrɪviˈæləti/ *n* (*pl* **trivialities**) trivialidad

trod, trodden *pt, pp de* TREAD

troll /trɒl, trəʊl/ *n* trol, troll

trolley /ˈtrɒli/ *n* (*pl* **trolleys**) **1** carrito: *shopping trolley* carrito de la compra **2** (*USA*) tranvía

trombone /ˈtrɒmbəʊn/ *n* trombón

troop /truːp/ *nombre, verbo*
▸ *n* **1 troops** [*pl*] tropas, soldados **2** tropel, manada
▸ *vi* ~ **in, out, etc.** entrar, salir, etc. en tropel

trophy /ˈtrəʊfi/ *n* (*pl* **trophies**) trofeo

tropic /ˈtrɒpɪk/ *n* **1** trópico **2 the tropics** [*pl*] el trópico

tropical /ˈtrɒpɪkl/ *adj* tropical

trot /trɒt/ *verbo, nombre*
▸ *vi* (**-tt-**) trotar, ir al trote
▸ *n* [*sing*] trote LOC **on the trot** (*GB, coloq*) seguidos

trouble /ˈtrʌbl/ *nombre, verbo*
▸ *n* **1** [*incontable*] problemas: *The trouble is (that)...* Lo malo es que... ◇ *What's the trouble?* ¿Qué pasa? **2** problema, apuro: *money troubles* dificultades económicas **3** [*incontable*] molestia, esfuerzo: *It's no trouble.* No es molestia. ◇ *It's not worth the trouble.* No vale la pena. **4** [*incontable*] (*Med*) dolencia: *back trouble* problemas de espalda **5** [*incontable*] disturbios, conflicto LOC **be in trouble** tener problemas, estar en un apuro: *If I don't get home by ten, I'll be in trouble.* Si no llego a casa a las diez, me la cargo. ◆ **get into trouble** meterse en un lío: *He got into trouble with the police.* Tuvo problemas con la policía. ◆ **go to a lot of trouble (to do sth); take trouble (to do sth/doing sth)** tomarse muchas molestias (por hacer algo) *Ver tb* ASK, TEETHE
▸ *vt* **1** preocupar: *What's troubling you?* ¿Qué es lo que te preocupa? **2** molestar: *Don't trouble yourself.* No te molestes. **troubled** *adj* **1** (*expresión, voz, persona*) preocupado, afligido **2** (*período,*

relación, etc.) turbulento, conflictivo **3** (*vida*) accidentado

trouble-free /ˌtrʌbl ˈfriː/ *adj* **1** sin problemas **2** (*viaje*) sin incidencias

troublemaker /ˈtrʌblmeɪkə(r)/ *n* agitador, -ora, alborotador, -ora

troubleshooter /ˈtrʌblʃuːtə(r)/ *n* apagafuegos (*en conflictos laborales*)

troublesome /ˈtrʌblsəm/ *adj* molesto

trough /trɒf; *USA* trɔːf/ *n* **1** abrevadero, comedero **2** (*Meteorología*) depresión **3** punto bajo (*en economía, negocio*)

trouser /ˈtraʊzə(r)/ *adj*: *trouser leg/pocket* pierna/bolsillo del pantalón

trousers /ˈtraʊzəz/ *n* [*pl*] pantalones: *a pair of trousers* un pantalón ➲ *Ver nota en* PANTALÓN

trout /traʊt/ *n* (*pl* **trout**) trucha

truancy /ˈtruːənsi/ *n* [*incontable*] absentismo escolar

truant /ˈtruːənt/ *n* (*Educ*) alumno, -a que hace novillos LOC **play truant** (*antic*) hacer novillos

truce /truːs/ *n* tregua

truck /trʌk/ *n* **1** (*esp USA*) camión **2** (*GB*) (*Ferrocarril*) vagón (*de mercancías o animales*)

true /truː/ *adj* (**truer**, **-est**) **1** cierto, verdad: *It's too good to be true.* Es demasiado bueno para ser verdad. **2** verdadero, auténtico: *the true value of the house* el valor real de la casa **3** fiel: *to be true to your word/principles* cumplir lo prometido/ser fiel a sus principios **4** (*historia*) verídico LOC **come true** hacerse realidad ◆ **true to life** realista

truly /ˈtruːli/ *adv* verdaderamente, realmente LOC *Ver* WELL, YOURS

trump /trʌmp/ *n* (*Naipes*) triunfo: *Hearts are trumps.* Pintan corazones.

T

ˈ**trump card** *n* **1** *Ver* TRUMP **2** (*fig*) mejor baza

trumpet /ˈtrʌmpɪt/ *n* trompeta **trumpeter** *n* trompetista

trundle /ˈtrʌndl/ **1** *vi* rodar **2** *vt* arrastrar **3** *vt* empujar ❶ En los tres sentidos, **trundle** tiene connotaciones de lentitud y ruido.

trunk /trʌŋk/ *n* **1** (*Anat, Bot*) tronco **2** (*USA*) (*coche*) maletero **3** (*elefante*) trompa **4 trunks** *Ver* SWIMMING TRUNKS **5** baúl

trust /trʌst/ *nombre, verbo*

▸ *n* **1** ~ (**in sb/sth**) confianza (en algn/algo) **2** responsabilidad: *As a teacher you are in a position of trust.* Como profesor, estás en una posición de responsabilidad. **3** fideicomiso **4** fundación (*con fines sociales o culturales*)

▸ *vt* **1** confiar en **2** fiarse de PHR V **trust to sth** confiar en algo ◆ **trust sb with sth** confiar algo a algn **trusted** *adj* de confianza

trustee /trʌˈstiː/ *n* **1** fideicomisario, -a **2** administrador, -ora

trusting /ˈtrʌstɪŋ/ *adj* confiado

trustworthy /ˈtrʌstwɜːði/ *adj* digno de confianza

truth /truːθ/ *n* (*pl* **truths** /truːðz/) verdad LOC *Ver* ECONOMICAL, MOMENT **truthful** *adj* sincero: *to be truthful* decir la verdad

try /traɪ/ *verbo, nombre*

▸ (*pt, pp* **tried**) **1** *vi* intentar, tratar: *to try hard to do sth* esforzarse por hacer algo

> **Try to + infinitivo** significa hacer un esfuerzo por hacer algo, es decir, intentar hacer algo: *You should try to eat more fruit.* Deberías hacer un esfuerzo por comer más fruta. En uso coloquial, **try to** se puede sustituir por **try and**: *I'll try and finish it.* Intentaré terminarlo.
>
> En cambio, **try doing sth** significa hacer algo para ver si te ayuda con algo (a adelgazar, a mejorar tu salud, etc.): *If you want to lose weight, you should try eating more fruit.* Si quieres perder peso, deberías intentar comer más fruta.

2 *vt* probar: *Can I try the soup?* ¿Puedo probar la sopa? **3** *vt* ~ **sb (for sth)** (*Jur*) procesar, juzgar a algn (por algo) **4** *vt* (*Jur*) ver: *The case was tried before a jury.* El caso fue visto por un jurado. LOC **try sb's patience** hacer perder la paciencia a algn *Ver tb* BEST PHR V **try sth on** probarse algo (*ropa, etc.*)

▸ *n* (*pl* **tries**) **1** *I'll give it a try/have a try at it.* Lo intentaré. **2** (*rugby*) ensayo

trying /ˈtraɪɪŋ/ *adj* difícil

T-shirt (*tb* ˈ**tee shirt**) /ˈtiː ʃɜːt/ *n* camiseta

tsunami /tsuːˈnɑːmi/ *n* tsunami

tub /tʌb/ *n* **1** tina, barreño **2** (*para flores*) tiesto grande **3** tarrina ➲ *Ver dibujo en* CONTAINER **4** bañera

tuba /ˈtjuːbə; *USA* ˈtuːbə/ *n* (*Mús*) tuba

tube /tjuːb; *USA* tuːb/ *n* **1** ~ (**of sth**) tubo (de algo) ➲ *Ver dibujo en* CONTAINER; *Ver tb* TEST TUBE **2** (*tb* **the Tube**®) [*sing*] metro: *by tube* en metro

tuberculosis /tjuːˌbɜːkjuˈləʊsɪs; *USA* tuː-/ *n* (*abrev* **TB**) [*incontable*] tuberculosis

tuck /tʌk/ *vt* **1** ~ **sth into, under, etc. sth** meter algo en, debajo de, etc. algo **2** ~ **sth in** (re)meter algo (*camisa, sábana*) **3** ~ **sth round sb/sth** arropar a algn/algo con algo: *to tuck sth round you* arroparse con algo PHR V **be tucked away** (*pue-*

blo, edificio) estar escondido ◆ **tuck in**; **tuck into sth** ponerse a comer, atacar (algo) ◆ **tuck sb in/up** arropar a algn (*en la cama*)

Tuesday /ˈtju:zdeɪ, -di; *USA* ˈtu:-/ *n* (*abrev* **Tue., Tues.**) martes ➲ *Ver ejemplos en* MONDAY

tuft /tʌft/ *n* **1** (*pelo*) mechón **2** (*plumas*) penacho **3** (*hierba*) matojo

tug /tʌg/ *verbo, nombre*
▸ (**-gg-**) **1** *vt, vi* ~ (**at/on) sth** tirar (con fuerza) (de algo): *She tugged at her mother's coat.* Le dio un tirón al abrigo de su madre. ◇ *He tugged his hat down over his ears.* Se caló el gorro hasta las orejas. **2** *vt* arrastrar
▸ *n* **1** (*tb* **tugboat** /ˈtʌgbəʊt/) remolcador **2** tirón

tuition /tjuˈɪʃn; *USA* tu-/ *n* (*formal*) instrucción, clases: *private tuition* clases particulares ◇ *tuition fees* matrícula

tulip /ˈtju:lɪp; *USA* ˈtu:-/ *n* tulipán

tumble /ˈtʌmbl/ *verbo, nombre*
▸ *vi* ~ (**down**) caer(se), desplomarse
▸ *n* caída

tumble ˈdryer (*tb* ˌ**tumble ˈdrier**) *n* secadora

tumbler /ˈtʌmblə(r)/ *n* vaso

tummy /ˈtʌmi/ *n* (*pl* **tummies**) (*coloq*) barriga: *tummy ache* dolor de barriga

tumour (*USA* **tumor**) /ˈtju:mə(r); *USA* ˈtu:-/ *n* tumor

tuna /ˈtju:nə; *USA* ˈtu:nə/ (*tb* ˈ**tuna fish**) *n* atún, bonito

tune /tju:n; *USA* tu:n/ *nombre, verbo*
▸ *n* melodía LOC **be in/out of tune (with sb/sth)** estar de acuerdo/en desacuerdo (con algn/algo) ◆ **in/out of tune** afinado/desafinado *Ver tb* CHANGE
▸ *vt* **1** (*instrumento*) afinar **2** (*motor*) poner a punto PHR V **tune in (to sth)** sintonizar (algo) ◆ **tune (sth) up** afinar (algo) (*instrumento*) **tuneful** *adj* melodioso

tunic /ˈtju:nɪk; *USA* ˈtu:-/ *n* túnica

tunnel /ˈtʌnl/ *nombre, verbo*
▸ *n* túnel: *the Channel Tunnel* el eurotúnel
▸ (**-ll-**, *USA* **-l-**) **1** *vi* ~ (**into/through/under sth**) abrir un túnel (en/a través de/debajo de algo) **2** *vt, vi* excavar

turban /ˈtɜ:bən/ *n* turbante

turbulence /ˈtɜ:bjələns/ *n* [*incontable*] turbulencia **turbulent** *adj* **1** turbulento **2** alborotado

turf /tɜ:f/ *nombre, verbo*
▸ *n* [*incontable*] césped
▸ *vt* poner césped en PHR V **turf sb out (of sth)** (*GB, coloq*) echar a algn (de algo)

turkey /ˈtɜ:ki/ *n* (*pl* **turkeys**) pavo

turmoil /ˈtɜ:mɔɪl/ *n* alboroto

turn /tɜ:n/ *verbo, nombre*
▸ **1** *vi* girar, dar vueltas **2** *vt* hacer girar, dar (la) vuelta a **3** *vt, vi* volver(se): *She turned her back on Simon and walked off.* Le dio la espalda a Simon y se marchó. **4** *vt, vi* girar, torcer: *to turn left* torcer a la izquierda **5** *vt* (*esquina*) doblar **6** *vt, vi* (*atención*) dirigir(se): *His thoughts turned to his wife.* Sus pensamientos se concentraron en su esposa. **7** *vt* (*página*) pasar **8** *vi* ponerse, volverse: *to turn white/red* ponerse blanco/rojo **9** *vt, vi* ~ (**sb/sth) (from A) into B** convertir a algn/algo, convertirse (de A) en B **10** *vt*: *to turn 40* cumplir los 40 ℹ Para expresiones con **turn**, véanse las entradas del sustantivo, adjetivo, etc., p. ej. **turn a blind eye** en BLIND.
PHR V **turn around** dar(se) la vuelta ◆ **turn sb/sth around** dar la vuelta a algn/algo
turn away (from sb/sth) apartarse (de algn/algo) ◆ **turn sb away (from sth)** no dejar a entrar a algn (en algo)
turn back volverse atrás ◆ **turn sb back** hacer volverse a algn
turn sb/sth down no aceptar a algn/algo ◆ **turn sth down** bajar algo (*volumen, temperatura, etc.*)
turn off (sth) salirse (de algo) (*camino*) ◆ **turn sb off 1** dejar frío a algn **2** quitarle las ganas a algn, repeler a algn *Ver tb* TURN-OFF ◆ **turn sth off 1** apagar algo **2** (*grifo*) cerrar algo
turn sb on (*coloq*) excitar a algn ◆ **turn sth on 1** encender algo **2** (*grifo*) abrir algo
turn out 1 asistir, presentarse **2** resultar, salir ◆ **turn sb out (of/from sth)** echar a algn (de algo) ◆ **turn sth out** apagar algo (*luz*)
turn (sth) over darle la vuelta a algo, darse la vuelta
turn round = TURN AROUND
turn to sb/sth recurrir a algn/algo
turn up aparecer ◆ **turn sth up** subir algo (*volumen, temperatura, etc.*)
▸ *n* **1** vuelta **2** giro, vuelta: *to take a wrong turn* coger un camino equivocado **3** curva **4** (*cabeza*) movimiento **5** turno, vez: *It's your turn.* Te toca a ti. **6** (*circunstancias*) cambio: *to take a turn for the better/worse* empezar a mejorar/empeorar LOC **a turn of phrase** un giro ◆ **do sb a good turn** hacer un favor a algn ◆ **in turn** sucesivamente, uno tras otro ◆ **take turns (at/in sth/to do sth)** turnarse (para/en algo/para hacer algo)

turning /ˈtɜ:nɪŋ/ *n* bocacalle, cruce

ˈ**turning point** *n* momento crítico, punto decisivo

turnip /ˈtɜ:nɪp/ *n* nabo

T

turn-off /ˈtɜːn ɒf; *USA* ɔːf/ *n* **1** *Ver* TURNING **2** (*coloq*) cosa o persona que no interesa o repele a algn *Ver tb* TURN SB OFF *en* TURN

turnout /ˈtɜːnaʊt/ *n* **1** asistencia, concurrencia **2** (*Pol*) número de votantes

turnover /ˈtɜːnəʊvə(r)/ *n* **1** (*negocio*) facturación **2** [*sing*] (*personal, mercancías*) movimiento

ˈ**turn signal** *n* (*USA*) intermitente (*de un coche*)

turntable /ˈtɜːnteɪbl/ *n* plato (*tocadiscos*)

turpentine /ˈtɜːpəntaɪn/ (*coloq* **turps** /tɜːps/) *n* aguarrás

turquoise /ˈtɜːkwɔɪz/ *n* **1** turquesa **2** color turquesa

turret /ˈtʌrət; *USA* ˈtɜːrːət/ *n* torreón, torre

turtle /ˈtɜːtl/ *n* **1** (*USA tb* ˈ**sea turtle**) tortuga (*marina*) **2** (*USA, coloq*) tortuga (*de tierra*) ➲ *Comparar con* TORTOISE

turtleneck /ˈtɜːtlnek/ *n* **1** jersey de cuello alto **2** (*USA*) cuello alto (*jersey*)

tusk /tʌsk/ *n* colmillo

tutor /ˈtjuːtə(r); *USA* ˈtuː-/ *n* **1** profesor, -ora particular **2** (*universidad*) profesor, -ora

> En muchas universidades de Gran Bretaña, cada estudiante tiene un **tutor** (un profesor encargado de supervisar su trabajo), y asiste a **tutorials** (clases individuales o en un pequeño grupo con el **tutor**).

tutorial /tjuːˈtɔːriəl; *USA* tuː-/ *n* clase individual o en un pequeño grupo ➲ *Ver nota en* TUTOR

tuxedo /tʌkˈsiːdəʊ/ *n* (*pl* **tuxedos**) (*coloq* **tux** /tʌks/) (*USA*) esmoquin

TV 🔑 /ˌtiː ˈviː/ *n* tele: *What's on TV?* ¿Qué hay en la tele? ➲ *Ver nota en* TELEVISION

twang /twæŋ/ *n* (*voz*) gangueo

tweet /twiːt/ *nombre, verbo*

▸ *n* **1** pío pío **2** (*tb* **twitter**) (*a través de Twitter®*) tweet

▸ *vi* **1** piar, gorjear **2** (*tb* **twitter**) enviar un tweet

tweezers /ˈtwiːzəz/ *n* [*pl*] pinzas (*de depilar*) ➲ *Ver nota en* PAIR

twelfth 🔑 /twelfθ/ **1** *adj, adv, pron* duodécimo **2** *n* doceava parte, doceavo ➲ *Ver ejemplos en* FIFTH

twelve 🔑 /twelv/ *adj, pron, n* doce ➲ *Ver ejemplos en* FIVE

twentieth 🔑 /ˈtwentiəθ/ **1** *adj, adv, pron* vigésimo **2** *n* veinteava parte, veinteavo ➲ *Ver ejemplos en* FIFTH

twenty 🔑 /ˈtwenti/ *adj, pron, n* veinte ➲ *Ver ejemplos en* FIFTY, FIVE

twice 🔑 /twaɪs/ *adv* dos veces: *twice as much/many* el doble LOC *Ver* ONCE

twiddle /ˈtwɪdl/ *vt, vi* ~ **(with) sth** jugar con algo, (hacer) girar algo LOC **twiddle your thumbs** estar de brazos cruzados

twig /twɪg/ *n* ramita

twilight /ˈtwaɪlaɪt/ *n* crepúsculo

twin 🔑 /twɪn/ *n* **1** gemelo, -a, mellizo, -a **2** (*de un par*) gemelo, pareja, doble: *twin(-bedded) room* habitación de dos camas

twinge /twɪndʒ/ *n* **1** punzada (*de dolor, etc.*) **2** sentimiento: *a twinge of guilt* un remordimiento

twinkle /ˈtwɪŋkl/ *vi* **1** centellear, destellar **2** (*ojos*) brillar

twirl /twɜːl/ **1** *vt, vi* ~ **(sb/sth) (around/round)** (hacer) girar (a algn/algo), dar vueltas (a algn/algo) **2** *vt* retorcer

twist 🔑 /twɪst/ *verbo, nombre*

▸ **1** *vt, vi* torcer(se), retorcer(se) **2** *vt, vi* enrollar(se), enroscar(se) **3** *vi* (*camino, río*) serpentear **4** *vt* (*palabras, etc.*) tergiversar

▸ *n* **1** torsión, torcedura: *She gave the lid a twist and it came off.* Le dio una vuelta a la tapa y la quitó. **2** (*cambio*) giro **3** (*camino, río*) recodo, curva **4** (*limón, papel*) pedacito

twit /twɪt/ *n* (*coloq*) tonto, -a

twitch /twɪtʃ/ *verbo, nombre*

▸ *vt, vi* **1** crispar(se), moverse (nerviosamente) **2** dar un tirón (a)

▸ *n* **1** movimiento repentino **2** tic **3** tirón

twitter /ˈtwɪtə(r)/ *n, vi Ver* TWEET

two 🔑 /tuː/ *adj, pron, n* dos ➲ *Ver ejemplos en* FIVE LOC **put two and two together** atar cabos *Ver tb* KILL, MIND, ONE

two-faced /ˌtuː ˈfeɪst/ *adj* (*coloq*) falso

two-way /ˌtuː ˈweɪ/ *adj* **1** (*proceso*) doble: *two-way traffic* tráfico de doble sentido **2** (*comunicación*) recíproco

tycoon /taɪˈkuːn/ *n* magnate

tying *Ver* TIE

type 🔑 /taɪp/ *nombre, verbo*

▸ *n* **1** tipo, clase: *all types of jobs* todo tipo de trabajos **2** [*sing*] (*coloq*) tipo: *He's not my type (of person).* No es mi tipo. ◇ *She's not the artistic type.* No tiene temperamento artístico.

▸ *vt, vi* ~ **sth (out/up)** teclear (algo), escribir (algo) (a máquina/en el ordenador)

typescript /ˈtaɪpskrɪpt/ *n* texto mecanografiado

typewriter /ˈtaɪpraɪtə(r)/ *n* máquina de escribir

typhoid /ˈtaɪfɔɪd/ *n* fiebre tifoidea

typhoon /taɪˈfuːn/ *n* tifón

typical 🔑 /ˈtɪpɪkl/ *adj* típico, característico

typically 🔑 /ˈtɪpɪkli/ *adv* **1** por regla general **2** típicamente

typify /ˈtɪpɪfaɪ/ *vt* (*pt, pp* **-fied**) tipificar, ser ejemplo de

typing /ˈtaɪpɪŋ/ *n* mecanografía

typist /ˈtaɪpɪst/ *n* mecanógrafo, -a

tyrannical /tɪˈrænɪkl/ *adj* tirano

tyranny /ˈtɪrəni/ *n* tiranía

tyrant /ˈtaɪrənt/ *n* tirano, -a

tyre 🔑 (*USA* **tire**) /ˈtaɪə(r)/ *n* neumático

Uu

U, u /juː/ *n* (*pl* **Us, U's, u's**) U, u ➲ *Ver nota en* A, A

ubiquitous /juːˈbɪkwɪtəs/ *adj* (*formal*) ubicuo

UFO (*tb* **ufo**) /ˌjuː ef ˈəʊ, ˈjuːfəʊ/ *n* (*pl* **UFOs**) ovni

ugh /ɜː, ʊx/ *interj* ¡uf!, ¡puf!

ugly 🔑 /ˈʌgli/ *adj* (**uglier, -iest**) **1** feo **2** siniestro, peligroso

UK (*tb* **U.K.**) /ˌjuː ˈkeɪ/ *abrev de* **United Kingdom** Reino Unido

ulcer /ˈʌlsə(r)/ *n* úlcera

ulna /ˈʌlnə/ *n* (*pl* **ulnae** /-niː/) (*Anat*) cúbito

ultimate 🔑 /ˈʌltɪmət/ *adj* **1** último, final **2** mayor **3** fundamental

ultimately 🔑 /ˈʌltɪmətli/ *adv* **1** al final, finalmente **2** en última instancia, fundamentalmente

ultimatum /ˌʌltɪˈmeɪtəm/ *n* ultimátum

ultra- /ˈʌltrə/ *pref* ultra-: *ultra-modern* ultramoderno ◇ *ultra-fit* en plena forma

umbrella 🔑 /ʌmˈbrelə/ *n* paraguas

umpire /ˈʌmpaɪə(r)/ *n* árbitro, -a ➲ *Ver nota en* ÁRBITRO

umpteen /ˌʌmpˈtiːn/ *adj, pron* (*coloq*) innumerables **umpteenth** *adj* (*coloq*) enésimo

UN /ˌjuː ˈen/ *abrev de* **United Nations** ONU

unable 🔑 /ʌnˈeɪbl/ *adj* [*nunca antes de sustantivo*] ~ **to do sth** incapaz de hacer algo: *Let me know if you're unable to come.* Dime si no puedes venir.

unacceptable 🔑 /ˌʌnəkˈseptəbl/ *adj* inaceptable

unaccustomed /ˌʌnəˈkʌstəmd/ *adj* (*formal*) **1 be ~ to sth/doing sth** no estar acostumbrado a algo/a hacer algo **2** desacostumbrado, insólito

unadventurous /ˌʌnədˈventʃərəs/ *adj* poco atrevido

unaffected /ˌʌnəˈfektɪd/ *adj* **1** ~ **(by sth)** no afectado (por algo) **2** sin afectación

unafraid /ˌʌnəˈfreɪd/ *adj* [*nunca antes de sustantivo*] (*formal*) sin miedo

unambiguous /ˌʌnæmˈbɪgjuəs/ *adj* inequívoco

unanimous /juˈnænɪməs/ *adj* unánime

unarmed /ˌʌnˈɑːmd/ *adj* desarmado, sin armas

unattended /ˌʌnəˈtendɪd/ *adj* (*formal*) desatendido

unattractive /ˌʌnəˈtræktɪv/ *adj* poco atractivo

unavailable /ˌʌnəˈveɪləbl/ *adj* no disponible

unavoidable /ˌʌnəˈvɔɪdəbl/ *adj* inevitable

unaware /ˌʌnəˈweə(r)/ *adj* [*nunca antes de sustantivo*] no consciente: *He was unaware that...* Ignoraba que...

unbalanced /ˌʌnˈbælənst/ *adj* (*persona*) desequilibrado, trastornado

unbearable /ʌnˈbeərəbl/ *adj* insoportable

unbeatable /ʌnˈbiːtəbl/ *adj* invencible, inmejorable

unbeaten /ʌnˈbiːtn/ *adj* (*Dep*) invicto, nunca superado/batido

unbelievable /ˌʌnbɪˈliːvəbl/ *adj* increíble

unbiased (*tb* **unbiassed**) /ʌnˈbaɪəst/ *adj* imparcial

unblock /ˌʌnˈblɒk/ *vt* desatascar

unbroken /ʌnˈbrəʊkən/ *adj* **1** ininterrumpido **2** intacto **3** (*récord*) imbatido

uncanny /ʌnˈkæni/ *adj* **1** misterioso, extraño **2** asombroso

uncertain 🔑 /ʌnˈsɜːtn/ *adj* **1** inseguro, dudoso, indeciso **2** incierto: *It is uncertain whether...* No se sabe si... **3** variable **uncertainty** *n* (*pl* **uncertainties**) incertidumbre, duda

unchanged /ʌnˈtʃeɪndʒd/ *adj* igual, sin alteración

uncle 🔑 /ˈʌŋkl/ *n* tío: *Uncle Joe* el tío Joe

unclear /ˌʌnˈklɪə(r)/ *adj* **1** poco/nada claro **2 be ~ about sth** tener dudas sobre algo

uncomfortable 🔑 /ʌnˈkʌmftəbl, -fət-/ *adj* incómodo **uncomfortably** /-bli/ *adv* incómodamente: *The exams are getting uncomfortably* *close.* Los exámenes se están acercando de manera preocupante.

uncommon /ʌnˈkɒmən/ *adj* poco común, insólito

uncompromising /ʌnˈkɒmprəmaɪzɪŋ/ *adj* inflexible, firme

unconcerned /ˌʌnkənˈsɜːnd/ *adj* **1** ~ **(about/by/with sth)** indiferente (a algo) **2** despreocupado

unconditional /ˌʌnkənˈdɪʃənl/ *adj* incondicional

unconscious /ʌnˈkɒnʃəs/ *adjetivo, nombre*
- *adj* **1** inconsciente **2 be ~ of sth** no darse cuenta de algo
- *n* **the unconscious** [*sing*] el inconsciente

uncontrollable /ˌʌnkənˈtrəʊləbl/ *adj* que no se puede controlar, incontrolable

unconventional /ˌʌnkənˈvenʃənl/ *adj* poco convencional

unconvincing /ˌʌnkənˈvɪnsɪŋ/ *adj* poco convincente

uncool /ˌʌnˈkuːl/ *adj* (*coloq*) **1** poco enrollado: *Smoking is uncool.* Fumar no está de moda. **2** anticuado: *He's so uncool.* No está en la onda.

uncountable /ʌnˈkaʊntəbl/ *adj* (*Gram*) incontable

uncouth /ʌnˈkuːθ/ *adj* grosero

uncover /ʌnˈkʌvə(r)/ *vt* destapar, descubrir

undecided /ˌʌndɪˈsaɪdɪd/ *adj* **1** ~ **(about sb/sth)** indeciso (sobre algn/algo) **2** pendiente, sin resolver

undeniable /ˌʌndɪˈnaɪəbl/ *adj* innegable, indiscutible **undeniably** /-bli/ *adv* indudablemente

under /ˈʌndə(r)/ *prep* **1** debajo de: *It was under the bed.* Estaba debajo de la cama. **2** (*edad*) menor de **3** (*cantidad*) menos de **4** (*gobierno, mando, etc.*) bajo **5** (*Jur*) según (*una ley, etc.*) **6** *under construction* en construcción

under- /ˈʌndə(r)/ *pref* **1** (*edad*) menor de: *the under-fives/under-18s* los menores de cinco/dieciocho años ◇ *the under-21 team* el equipo de menores de veintiún años **2** insuficientemente: *Women are under-represented in the group.* Las mujeres tienen una representación demasiado pequeña en el grupo. ◇ *under-used* infrautilizado

underage /ˈʌndəreɪdʒ/ *adj* [*sólo antes de sustantivo*] menor de edad: *underage drinking* el consumo de alcohol en menores (de edad)

underclothes /ˈʌndəkləʊðz/ *n* [*pl*] (*formal*) ropa interior

undercover /ˌʌndəˈkʌvə(r)/ *adj* **1** (*policía*) de paisano, secreto **2** (*operación*) secreto, clandestino

underdeveloped /ˌʌndədɪˈveləpt/ *adj* subdesarrollado **underdevelopment** *n* subdesarrollo

underdog /ˈʌndədɒg; *USA* -dɔːg/ *n* (*Dep, Sociol*) el/la más débil: *the underdogs of society* los desamparados de la sociedad

underestimate /ˌʌndərˈestɪmeɪt/ *vt* subestimar, infravalorar

undergo /ˌʌndəˈgəʊ/ *vt* (*pt* **underwent** /-ˈwent/, *pp* **undergone** /-ˈgɒn; *USA* -ˈgɔːn/) **1** experimentar, sufrir **2** (*prueba*) pasar **3** (*tratamiento, cirugía*) someterse a

undergraduate /ˌʌndəˈgrædʒuət/ *n* estudiante de carrera universitaria

underground *adjetivo, adverbio, nombre*
- *adj* /ˌʌndəˈgraʊnd/ **1** subterráneo **2** (*fig*) clandestino
- *adv* /ˌʌndəˈgraʊnd/ **1** bajo tierra **2** (*fig*) en la clandestinidad
- *n* /ˈʌndəgraʊnd/ **1** (*tb* **the ˈUnderground**) metro **2** movimiento clandestino

undergrowth /ˈʌndəgrəʊθ/ *n* maleza

underlie /ˌʌndəˈlaɪ/ *vt* (*pt* **underlay** /-ˈleɪ/, *pp* **underlain** /-ˈleɪn/, *part pres* **underlying**) (*formal*) (*fig*) estar detrás de

underline /ˌʌndəˈlaɪn/ *vt* (*lit y fig*) subrayar

undermine /ˌʌndəˈmaɪn/ *vt* minar

underneath /ˌʌndəˈniːθ/ *preposición, adverbio, nombre*
- *prep* debajo de
- *adv* (por) debajo
- *n* **the underneath** [*sing*] la parte inferior

undernourished /ˌʌndəˈnʌrɪʃt/ *adj* desnutrido

underpants /ˈʌndəpænts/ *n* [*pl*] calzoncillos: *a pair of underpants* unos calzoncillos ➲ *Ver nota en* PAIR

underpass /ˈʌndəpɑːs; *USA* -pæs/ *n* paso subterráneo

underprivileged /ˌʌndəˈprɪvəlɪdʒd/ *adj* desheredado, marginado

underscore *verbo, nombre*
- *vt* /ˌʌndəˈskɔː(r)/ (*esp USA*) subrayar
- *n* /ˈʌndəskɔː(r)/ (*Informát*) guión bajo

undersea /ˈʌndəsiː/ *adj* [*sólo antes de sustantivo*] submarino

undershirt /ˈʌndəʃɜːt/ *n* (*USA*) camiseta (*ropa interior*)

underside /ˈʌndəsaɪd/ *n* parte de abajo, costado inferior

understand /ˌʌndəˈstænd/ (*pt, pp* **understood** /-ˈstʊd/) **1** *vt, vi* entender: *I don't under-*

stand why he came. No me explico por qué vino. **2** *vt* (*saber manejar*) entender de **3** *vt* (*formal*) tener entendido **understandable** *adj* comprensible **understandably** *adv* naturalmente

understanding 🔑 /ˌʌndəˈstændɪŋ/ *nombre, adjetivo*

▸ *n* **1** conocimiento **2** acuerdo (informal) **3** entendimiento, comprensión **4** ~ **(of sth)** interpretación (de algo)

▸ *adj* comprensivo

understate /ˌʌndəˈsteɪt/ *vt* **1** subestimar **2** restar importancia a

understatement /ˈʌndəsteɪtmənt/ *n*: *To say they are disappointed would be an understatement.* Decir que están desilusionados sería quedarse corto.

understood *pt, pp de* UNDERSTAND

understory (*tb* **understorey**) /ˈʌndəstɔːri/ *n* (*pl* **understories** o **understoreys**) sotobosque (*esp en una selva*)

undertake /ˌʌndəˈteɪk/ *vt* (*pt* **undertook** /-ˈtʊk/, *pp* **undertaken** /-ˈteɪkən/) (*formal*) **1** emprender **2** ~ **to do sth** comprometerse a hacer algo

undertaker /ˈʌndəteɪkə(r)/ *n* **1** agente funerario, -a **2 undertaker's** funeraria ➲ *Ver nota en* CARNICERÍA

undertaking /ˌʌndəˈteɪkɪŋ/ *n* **1** (*Econ, tarea*) empresa **2** (*formal*) compromiso, obligación

underwater 🔑 /ˌʌndəˈwɔːtə(r)/ *adjetivo, adverbio*

▸ *adj* submarino

▸ *adv* bajo el agua

underwear 🔑 /ˈʌndəweə(r)/ *n* ropa interior

underweight /ˌʌndəˈweɪt/ *adj* de peso más bajo del normal

underwent *pt de* UNDERGO

underworld /ˈʌndəwɜːld/ *n* **1** submundo **2 the underworld** el averno

undesirable /ˌʌndɪˈzaɪərəbl/ *adj, n* indeseable

undid *pt de* UNDO

undiscovered /ˌʌndɪsˈkʌvəd/ *adj* desconocido, sin/por descubrir

undisputed /ˌʌndɪˈspjuːtɪd/ *adj* incuestionable, indiscutible

undisturbed /ˌʌndɪˈstɜːbd/ *adj* **1** (*cosa*) sin tocar **2** (*persona*) tranquilo

undo 🔑 /ʌnˈduː/ *vt* (*pt* **undid** /ʌnˈdɪd/, *pp* **undone** /ʌnˈdʌn/) **1** deshacer **2** desabrochar **3** desatar **4** (*envoltura*) quitar **5** anular: *to undo the damage* reparar el daño **undone** *adj* **1** desabrochado, desatado: *to come undone* desabrocharse/desatarse **2** sin acabar

undoubtedly /ʌnˈdaʊtɪdli/ *adv* indudablemente

undress /ʌnˈdres/ *vt, vi* desnudar(se) ❶ Es más normal decir **get undressed**. **undressed** *adj* desnudo

undue /ˌʌnˈdjuː; *USA* -ˈduː/ *adj* [*sólo antes de sustantivo*] (*formal*) excesivo **unduly** *adv* (*formal*) excesivamente

unearth /ʌnˈɜːθ/ *vt* desenterrar, sacar a la luz

unease /ʌnˈiːz/ *n* malestar

uneasy /ʌnˈiːzi/ *adj* **1** ~ **(about sth)** inquieto, intranquilo (por algo): *She felt uneasy about the idea.* La idea le inquietaba. **2** (*relación, alianza, paz*) precario **3** (*silencio*) incómodo

uneducated /ʌnˈedʒukeɪtɪd/ *adj* inculto, sin educación

unemotional /ˌʌnɪˈməʊʃənl/ *adj* impasible, insensible

unemployed 🔑 /ˌʌnɪmˈplɔɪd/ *adjetivo, nombre*

▸ *adj* desempleado, en paro

▸ *n* **the unemployed** [*pl*] los parados

unemployment 🔑 /ˌʌnɪmˈplɔɪmənt/ *n* desempleo, paro

unequal /ʌnˈiːkwəl/ *adj* **1** desigual **2** (*formal*): *to feel unequal to sth* no sentirse a la altura de algo

unethical /ʌnˈeθɪkl/ *adj* poco ético

uneven /ʌnˈiːvn/ *adj* **1** desigual **2** (*pulso*) irregular **3** (*suelo*) desnivelado

uneventful /ˌʌnɪˈventfl/ *adj* sin incidentes, tranquilo

unexpected 🔑 /ˌʌnɪkˈspektɪd/ *adj* inesperado, imprevisto

unexplained /ˌʌnɪkˈspleɪnd/ *adjetivo, nombre*

▸ *adj* inexplicado

▸ *n* **the unexplained** lo inexplicable

unfair 🔑 /ˌʌnˈfeə(r)/ *adj* **1** ~ **(on/to sb)** injusto (con/para algn) **2** (*competencia*) desleal **3** (*despido*) improcedente **unfairly** *adv* injustamente

unfaithful /ʌnˈfeɪθfl/ *adj* infiel

unfamiliar /ˌʌnfəˈmɪliə(r)/ *adj* **1** poco familiar **2** (*persona, cara*) desconocido **3** ~ **with sth** poco familiarizado con algo

unfashionable /ʌnˈfæʃnəbl/ *adj* pasado de moda

unfasten /ʌnˈfɑːsn; *USA* ʌnˈfæsn/ *vt* **1** desabrochar, desatar **2** abrir **3** soltar

unfavourable (*USA* **unfavorable**) /ʌnˈfeɪvərəbl/ *adj* **1** poco propicio **2** adverso, desfavorable

unfinished /ʌnˈfɪnɪʃt/ *adj* sin terminar: *unfinished business* asuntos pendientes

U

unfit /ʌnˈfɪt/ *adj* **1** ~ **(for sth/to do sth)** inadecuado, no apto (para algo/para hacer algo), incapaz (de hacer algo) **2** poco en forma

unfold /ʌnˈfəʊld/ **1** *vt* extender, desplegar **2** *vt, vi* (*acontecimientos, etc.*) revelar(se)

unforeseen /ˌʌnfɔːˈsiːn/ *adj* imprevisto

unforgettable /ˌʌnfəˈgetəbl/ *adj* inolvidable

unforgivable /ˌʌnfəˈgɪvəbl/ *adj* imperdonable

unfortunate 🔑 /ʌnˈfɔːtʃənət/ *adj* **1** desafortunado: *It is unfortunate (that)*... Es de lamentar que... **2** (*accidente*) desgraciado **3** (*comentario*) inoportuno

unfortunately 🔑 /ʌnˈfɔːtʃənətli/ *adv* por desgracia

unfriendly 🔑 /ʌnˈfrendli/ *adj* ~ **(to/towards sb)** antipático (con algn)

ungrateful /ʌnˈgreɪtfl/ *adj* **1** desagradecido **2** ~ **(to sb)** ingrato (con algn)

unhappiness /ʌnˈhæpinəs/ *n* infelicidad

unhappy 🔑 /ʌnˈhæpi/ *adj* (**unhappier**, **-iest**) **1** infeliz, desgraciado, triste **2** ~ **(about/at/with sth)** preocupado, descontento (por algo): *I'm unhappy about her travelling on her own.* Me preocupa que viaje sola. ◇ *I was unhappy with the hotel.* No estaba contento con el hotel.

unharmed /ʌnˈhɑːmd/ *adj* ileso

unhealthy /ʌnˈhelθi/ *adj* **1** enfermizo **2** insalubre: *an unhealthy diet* una dieta perjudicial para la salud **3** (*interés*) morboso

unheard-of /ʌnˈhɜːd ɒv/ *adj* insólito

unhelpful /ʌnˈhelpfl/ *adj* **1** (*respuesta, medidas*) poco útil **2** (*persona*) poco servicial

unhurt /ʌnˈhɜːt/ *adj* ileso

unicellular /ˌjuːnɪˈseljələ(r)/ *adj* (*Biol*) unicelular

uniform 🔑 /ˈjuːnɪfɔːm/ *n, adj* uniforme LOC **in uniform** de uniforme

unify /ˈjuːnɪfaɪ/ *vt* (*pt, pp* **-fied**) unificar

unimportant 🔑 /ˌʌnɪmˈpɔːtnt/ *adj* sin importancia, insignificante

uninhabited /ˌʌnɪnˈhæbɪtɪd/ *adj* inhabitado, deshabitado

uninhibited /ˌʌnɪnˈhɪbɪtɪd/ *adj* desinhibido

uninstall /ˌʌnɪnˈstɔːl/ *vt* (*Informát*) desinstalar

unintentional /ˌʌnɪnˈtenʃənl/ *adj* involuntario, no intencional

unintentionally /ˌʌnɪnˈtenʃənəli/ *adv* sin querer

uninterested /ʌnˈɪntrəstɪd/ *adj* ~ **(in sb/sth)** indiferente (a algn/algo), no interesado (en algn/algo)

union 🔑 /ˈjuːniən/ *n* **1** *Ver* TRADE UNION **2** unión

ˌUnion ˈJack *n* bandera del Reino Unido

> La bandera del Reino Unido está formada por elementos de las banderas de Inglaterra, Escocia e Irlanda del Norte (p. ej. la cruz roja procede de la bandera inglesa, y el fondo azul de la escocesa).

unique 🔑 /juˈniːk/ *adj* **1** único **2** (*poco común*) excepcional, extraordinario **3** ~ **to sb/sth** exclusivo de algn/algo

unison /ˈjuːnɪsn/ *n* LOC **in unison (with sb/sth)** al unísono (con algn/algo)

unit 🔑 /ˈjuːnɪt/ *n* **1** unidad **2** (*de mobiliario*) módulo: *kitchen unit* mueble de cocina

unite 🔑 /juˈnaɪt/ **1** *vi* ~ **(in sth/in doing sth)** unirse (en algo/para hacer algo) **2** *vt* unir

unity /ˈjuːnəti/ *n* unidad, armonía

universal /ˌjuːnɪˈvɜːsl/ *adj* universal, general **universally** /-səli/ *adv* universalmente, mundialmente

universe 🔑 /ˈjuːnɪvɜːs/ *n* universo

university 🔑 /ˌjuːnɪˈvɜːsəti/ *n* (*pl* **universities**) universidad: *to go to university* ir a la universidad ➲ *Ver nota en* SCHOOL

unjust /ˌʌnˈdʒʌst/ *adj* injusto

unkempt /ˌʌnˈkempt/ *adj* **1** desaliñado, descuidado **2** (*pelo*) despeinado

unkind 🔑 /ˌʌnˈkaɪnd/ *adj* **1** (*persona*) poco amable, cruel **2** (*comentario*) cruel

unknown 🔑 /ˌʌnˈnəʊn/ *adj* ~ **(to sb)** desconocido (para algn)

unlawful /ʌnˈlɔːfl/ *adj* (*formal*) ilegal

unleaded /ˌʌnˈledɪd/ *adj* sin plomo

unleash /ʌnˈliːʃ/ *vt* ~ **sth (on/upon sb/sth)** desatar, desencadenar algo (contra algn/algo)

unless 🔑 /ənˈles/ *conj* a menos que, a no ser que, si no

unlike 🔑 /ˌʌnˈlaɪk/ *preposición, adjetivo*

▸ *prep* **1** distinto de **2** a diferencia de **3** no típico de: *It's unlike him to be late.* Es muy raro en él llegar tarde.

▸ *adj* [*nunca antes de sustantivo*] (*formal*) distinto

unlikely 🔑 /ʌnˈlaɪkli/ *adj* (**unlikelier**, **-iest**) **1** poco probable, improbable: *The project seemed unlikely to succeed.* Parecía poco probable que el proyecto fuese a tener éxito. **2** (*cuento, excusa, etc.*) inverosímil

unlimited /ʌnˈlɪmɪtɪd/ *adj* ilimitado, sin límite

unload 🔑 /ˌʌnˈləʊd/ *vt, vi* descargar

unlock /ˌʌnˈlɒk/ **1** *vt, vi* abrir(se) (*con llave*) **2** (*móvil*) liberar

U

unlucky /ʌnˈlʌki/ *adj* (**unluckier**, **-iest**) **1** desgraciado, desafortunado: *to be unlucky* tener mala suerte **2** aciago

unmarried /ˌʌnˈmærid/ *adj* soltero

unmistakable /ˌʌnmɪˈsteɪkəbl/ *adj* inconfundible, inequívoco

unmoved /ˌʌnˈmu:vd/ *adj* impasible

unnatural /ʌnˈnætʃrəl/ *adj* **1** antinatural, anormal **2** contra natura **3** afectado, poco natural

unnecessary /ʌnˈnesəsəri; *USA* -seri/ *adj* **1** innecesario **2** (*comentario*) gratuito

unnoticed /ˌʌnˈnəʊtɪst/ *adj* desapercibido, inadvertido

unobtrusive /ˌʌnəbˈtru:sɪv/ *adj* (*formal*) discreto

unofficial /ˌʌnəˈfɪʃl/ *adj* no oficial, extraoficial

unoriginal /ˌʌnəˈrɪdʒənl/ *adj* poco original

unorthodox /ʌnˈɔ:θədɒks/ *adj* poco ortodoxo

unpack /ˌʌnˈpæk/ **1** *vt* desempaquetar, desembalar **2** *vi* deshacer las maletas **3** *vt* (*maleta*) deshacer

unpaid /ˌʌnˈpeɪd/ *adj* **1** no pagado **2** (*persona, trabajo*) no retribuido

unpleasant /ʌnˈpleznt/ *adj* **1** desagradable **2** (*persona*) antipático

unplug /ˌʌnˈplʌg/ *vt* (**-gg-**) desenchufar, desconectar

unpopular /ʌnˈpɒpjələ(r)/ *adj* impopular: *She's very unpopular at work.* No cae nada bien en el trabajo.

unprecedented /ʌnˈpresɪdentɪd/ *adj* sin precedentes

unpredictable /ˌʌnprɪˈdɪktəbl/ *adj* imprevisible

unqualified /ˌʌnˈkwɒlɪfaɪd/ *adj* **1** sin título, no cualificado **2** ~ **to do sth** no cualificado para hacer algo **3** (*éxito*) rotundo **4** (*apoyo*) incondicional

unravel /ʌnˈrævl/ *vt, vi* (**-ll-**, *USA* **-l-**) (*lit y fig*) desenmarañar(se), desenredar(se)

unreal /ˌʌnˈrɪəl; *USA* ˌʌnˈri:əl/ *adj* irreal, ilusorio

unrealistic /ˌʌnrɪəˈlɪstɪk; *USA* ˌʌnri:əˈl-/ *adj* poco realista

unreasonable /ʌnˈri:znəbl/ *adj* **1** irrazonable, poco razonable **2** excesivo

unreliable /ˌʌnrɪˈlaɪəbl/ *adj* **1** poco fiable **2** (*persona*) poco serio, informal

unrest /ʌnˈrest/ *n* [*incontable*] **1** malestar **2** (*Pol*) disturbios

unroll /ʌnˈrəʊl/ *vt, vi* desenrollar(se)

unromantic /ˌʌnrəˈmæntɪk/ *adj* poco romántico

unruly /ʌnˈru:li/ *adj* **1** revoltoso, indisciplinado **2** (*comportamiento, pelo*) rebelde

unsafe /ʌnˈseɪf/ *adj* peligroso

unsatisfactory /ˌʌnˌsætɪsˈfæktəri/ *adj* insatisfactorio, inaceptable

unsavoury (*USA* **unsavory**) /ʌnˈseɪvəri/ *adj* desagradable, indeseable

unscathed /ʌnˈskeɪðd/ *adj* **1** ileso **2** (*fig*) incólume

unscrew /ˌʌnˈskru:/ *vt, vi* **1** (*tapa, etc.*) desenroscar(se) **2** (*tornillo, etc.*) desatornillar(se)

unscrupulous /ʌnˈskru:pjələs/ *adj* sin escrúpulos, poco escrupuloso

unseen /ˌʌnˈsi:n/ *adj* invisible, inadvertido, no visto

unsettle /ˌʌnˈsetl/ *vt* perturbar, inquietar **unsettled** *adj* **1** (*situación*) inestable **2** (*cambiable*) variable, incierto **3** (*persona*) incómodo **4** (*asunto*) pendiente **unsettling** *adj* perturbador, inquietante

unshaven /ˌʌnˈʃeɪvn/ *adj* sin afeitar

unsightly /ʌnˈsaɪtli/ *adj* antiestético, feo

unskilled /ˌʌnˈskɪld/ *adj* **1** (*trabajador*) no cualificado **2** (*trabajo*) no especializado

unsolved /ˌʌnˈsɒlvd/ *adj* sin resolver

unspoiled /ˌʌnˈspɔɪld/ (*tb* **unspoilt**) *adj* intacto, sin estropear

unspoken /ˌʌnˈspəʊkən/ *adj* (*formal*) tácito, no expresado

unstable /ʌnˈsteɪbl/ *adj* inestable

unsteady /ʌnˈstedi/ *adj* **1** inseguro, vacilante **2** (*mano, voz*) tembloroso

unstuck /ˌʌnˈstʌk/ *adj* despegado LOC **come unstuck 1** despegarse **2** (*GB, coloq*) fracasar

unsubscribe /ˌʌnsəbˈskraɪb/ *vi* darse de baja (*de una lista de Internet, etc.*)

unsuccessful /ˌʌnsəkˈsesfl/ *adj* infructuoso, fracasado: *to be unsuccessful in doing sth* no lograr hacer algo **unsuccessfully** /-fəli/ *adv* sin éxito

unsuitable /ˌʌnˈsu:təbl, -ˈsju:-/ *adj* **1** no apto, inapropiado **2** (*momento*) inoportuno

unsure /ˌʌnˈʃʊə(r), -ʃɔ:(r)/ *adj* **1 be ~ (about/of sth)** no estar seguro (de algo) **2 ~ (of yourself)** inseguro (de sí mismo)

unsuspecting /ˌʌnsəˈspektɪŋ/ *adj* confiado

unsympathetic /ˌʌnˌsɪmpəˈθetɪk/ *adj* **1** poco comprensivo **2** antipático, poco agradable

untangle /ˌʌnˈtæŋgl/ *vt* desenredar

unthinkable /ʌnˈθɪŋkəbl/ *adj* impensable, inconcebible

untidy /ʌnˈtaɪdi/ *adj* (**untidier, -iest**) **1** desordenado **2** (*apariencia*) desaliñado, descuidado **3** (*pelo*) despeinado

untie /ʌnˈtaɪ/ *vt* (*pt, pp* **untied** *part pres* **untying**) desatar

until /ənˈtɪl/ *conjunción, preposición*

▸ *conj* (*coloq* **till**) hasta que

▸ *prep* (*coloq* **till**) hasta: *until recently* hasta hace poco ➲ *Ver nota en* HASTA

untouched /ʌnˈtʌtʃt/ *adj* **1** ~ **(by sth)** no afectado (por algo) **2** (*comida*) sin probar **3** intacto, sin tocar

untrue /ʌnˈtruː/ *adj* falso

unused *adj* **1** /ˌʌnˈjuːzd/ sin usar **2** /ʌnˈjuːst/ ~ **to sth** no acostumbrado a algo

unusual /ʌnˈjuːʒuəl, -ʒəl/ *adj* **1** inusual, poco corriente **2** (*extraño*) raro **3** distintivo

unusually /ʌnˈjuːʒuəli, -ʒəli/ *adv* inusitadamente, extraordinariamente: *unusually talented* de un talento poco común

unveil /ˌʌnˈveɪl/ *vt* **1** (*estatua, etc.*) descubrir **2** (*plan, producto, etc.*) revelar

unwanted /ˌʌnˈwɒntɪd/ *adj* no deseado: *to feel unwanted* sentirse rechazado ◇ *an unwanted pregnancy* un embarazo no deseado

unwarranted /ʌnˈwɒrəntɪd; *USA* -ˈwɔːr-/ *adj* (*formal*) injustificado

unwelcome /ʌnˈwelkəm/ *adj* inoportuno, molesto: *to make you feel unwelcome* hacer a algn sentirse incómodo

unwell /ʌnˈwel/ *adj* indispuesto

unwilling /ʌnˈwɪlɪŋ/ *adj* no dispuesto, reacio **unwillingness** *n*: *his unwillingness to do it* el hecho de que no quiera hacerlo

unwind /ˌʌnˈwaɪnd/ (*pt, pp* **unwound** /-ˈwaʊnd/) **1** *vt, vi* desenrollar(se) **2** *vi* relajarse

unwise /ˌʌnˈwaɪz/ *adj* imprudente

unwittingly /ʌnˈwɪtɪŋli/ *adv* inconscientemente

U

unwrap /ʌnˈræp/ *vt* (**-pp-**) desenvolver

unzip /ˌʌnˈzɪp/ *vt* (**-pp-**) **1** bajar la cremallera de **2** (*Informát*) descomprimir

up /ʌp/ *adverbio, preposición, nombre* ❶ Para los usos de **up** en PHRASAL VERBS ver las entradas de los verbos correspondientes, p. ej. **go up** en GO.

▸ *adv* **1** más alto, más arriba: *Pull your socks up.* Súbete los calcetines. **2** ~ **(to sb/sth)**: *He came up (to me).* Se (me) acercó. **3** en su sitio, colocado: *Are the curtains up yet?* ¿Están colocadas ya las cortinas? **4** en trozos: *to tear sth up* romper algo en pedazos **5** (*terminado*): *Your time is up.* Se te acabó el tiempo. **6** levantado: *Is he up yet?* ¿Está levantado ya? **7** (*firmemente*): *to lock sth up* guardar/encerrar algo bajo llave **8** (*coloq*): *What's up (with you)?* ¿Qué (te) pasa? LOC **be up to sb** depender de algn, ser decisión de algn: *It's up to you.* Tú decides. ◆ **not be up to much** no valer mucho ◆ **up and down** de arriba a abajo: *to jump up and down* dar saltos ◇ *'How are things?' 'A bit up and down.'* —¿Qué tal van las cosas? —Con algunos altibajos. ◆ **up to sth 1** hasta algo: *up to now* hasta ahora **2** a la altura de algo, capaz de algo: *I don't feel up to it.* No me siento capaz de hacerlo. **3** (*coloq*): *What are you up to?* ¿Qué estás haciendo? ◇ *He's up to no good.* Está tramando algo.

▸ *prep* arriba: *further up the road* calle arriba LOC **up and down sth** de un lado a otro de algo

▸ *n* LOC **ups and downs** altibajos

up-and-coming /ˌʌp ən ˈkʌmɪŋ/ *adj* [*sólo antes de sustantivo*] (*coloq*) prometedor

upbringing /ˈʌpbrɪŋɪŋ/ *n* crianza, educación (*en la familia*)

upcoming /ˈʌpkʌmɪŋ/ *adj* [*sólo antes de sustantivo*] (*esp USA*) próximo: *the upcoming election* las próximas elecciones

update *verbo, nombre*

▸ *vt* /ˌʌpˈdeɪt/ **1** actualizar **2** ~ **sb (on sth)** poner a algn al día (de algo)

▸ *n* /ˈʌpdeɪt/ **1** actualización **2** ~ **(on sth)** información actualizada (sobre algo)

upgrade *verbo, nombre*

▸ *vt* /ˌʌpˈɡreɪd/ **1** actualizar, mejorar **2** (*persona*) ascender

▸ *n* /ˈʌpɡreɪd/ actualización

upheaval /ʌpˈhiːvl/ *n* **1** trastorno (*emocional*) **2** cambio importante (*en un sistema*) **3** [*incontable*] (*Pol*) agitación

uphill /ˌʌpˈhɪl/ *adj, adv* cuesta arriba: *It was an uphill struggle.* Fue duro.

uphold /ʌpˈhəʊld/ *vt* (*pt, pp* **upheld** /ʌpˈheld/) **1** (*ley, derechos*) defender **2** (*tradición, decisión, etc.*) mantener

upholstered /ʌpˈhəʊlstəd/ *adj* tapizado **upholstery** *n* [*incontable*] tapicería

upkeep /ˈʌpkiːp/ *n* mantenimiento

uplifting /ˌʌpˈlɪftɪŋ/ *adj* edificante

upload /ˌʌpˈləʊd/ *vt* (*Informát*) cargar

upmarket /ˌʌpˈmɑːkɪt/ *adj* de categoría, de (primera) calidad

upon /əˈpɒn/ *prep* (*formal*) *Ver* ON

upper /ˈʌpə(r)/ *adj* **1** superior, de arriba: *upper case* mayúsculas ◇ *the upper limit* el tope **2** alto: *the upper class* la clase alta ➲ *Ver tb ejemplos en* LOW LOC **gain, get, have, etc. the upper hand** conseguir, tener, etc. ventaja

uppermost /ˈʌpəməʊst/ *adj* (*formal*) más alto (*posición*) LOC **be uppermost in sb's mind** ser lo que más preocupa a algn

upright /ˈʌpraɪt/ *adjetivo, adverbio*
▸ *adj* **1** (*posición*) vertical, derecho **2** (*persona*) recto, honrado
▸ *adv* derecho, en posición vertical

uprising /ˈʌpraɪzɪŋ/ *n* rebelión

uproar /ˈʌprɔː(r)/ *n* [*incontable*] tumulto, alboroto

uproot /ˌʌpˈruːt/ *vt* **1** arrancar (*con las raíces*) **2** ~ **yourself/sb** desarraigarse/desarraigar a algn

upscale /ˌʌpˈskeɪl/ *adj* (*USA*) *Ver* UPMARKET

upset ⚷ *verbo, adjetivo, nombre*
▸ *vt* /ʌpˈset/ (*pt, pp* **upset**) **1** disgustar, afectar **2** (*plan, etc.*) trastornar **3** *Shellfish often upset my stomach.* El marisco me suele sentar mal. **4** (*recipiente*) volcar, derramar
▸ *adj* /ˌʌpˈset/ ❶ Se pronuncia /ˈʌpset/ delante de un sustantivo. **1** molesto, disgustado: *to get upset about sth* disgustarse por algo **2** (*estómago*) revuelto
▸ *n* /ˈʌpset/ **1** trastorno, disgusto **2** (*Med*) malestar: *I had a stomach upset.* Estaba mal del estómago.

the upshot /ˈʌpʃɒt/ *n* [*sing*] ~ **(of sth)** el resultado final (de algo)

ˌupside ˈdown ⚷ *adv, adj* al revés, cabeza abajo ➲ *Ver dibujo en* REVÉS LOC **turn sth upside down 1** (*objeto*) poner algo boca abajo **2** (*casa, habitación*) poner algo patas arriba

upstairs ⚷ /ˌʌpˈsteəz/ *adverbio, adjetivo, nombre*
▸ *adv* (en el piso de) arriba: *She ran upstairs.* Corrió escaleras arriba.
▸ *adj* en el/del piso de arriba
▸ *n* [*sing*] piso de arriba

upstream /ˌʌpˈstriːm/ *adv* río arriba: *to sail upstream* navegar a contracorriente

upsurge /ˈʌpsɜːdʒ/ *n* ~ **(in/of sth)** (*formal*) **1** aumento (de algo) **2** oleada (de algo) (*enfado, interés, etc.*)

uptake /ˈʌpteɪk/ *n* LOC **be quick/slow on the uptake** (*coloq*) coger las cosas al vuelo/ser duro de mollera

ˌup to ˈdate *adj* **1** a la última: *the most up-to-date equipment* el equipo más avanzado **2** al día, actualizado: *up-to-date methods* los métodos más actuales ➲ *Ver nota en* WELL BEHAVED LOC **be/keep/bring sb up to date** estar/mantenerse/poner a algn al día ◆ **bring sth up to date** actualizar algo ➲ *Comparar con* OUT OF DATE

up-to-the-minute /ˌʌp tə ðə ˈmɪnɪt/ *adj* **1** de última hora **2** del momento

upturn /ˈʌptɜːn/ *n* ~ **(in sth)** mejora, aumento (en algo)

upturned /ˌʌpˈtɜːnd/ *adj* **1** (*nariz*) respingón **2** (*cajón, etc.*) boca abajo

upward ⚷ /ˈʌpwəd/ *adj* hacia arriba: *an upward trend* una tendencia al alza

upwards ⚷ /ˈʌpwədz/ (*tb esp USA* **upward**) *adv* **1** hacia arriba **2** ~ **of sth** (*seguido de un número*) más de algo

uranium /juˈreɪniəm/ *n* uranio

Uranus /ˈjʊərənəs, jʊˈreɪnəs/ *n* Urano

urban ⚷ /ˈɜːbən/ *adj* urbano

urge ⚷ /ɜːdʒ/ *verbo, nombre*
▸ *vt* ~ **sb (to do sth)** animar, instar a algn (a hacer algo) PHR V **urge sb on** animar a algn
▸ *n* deseo, impulso

urgency /ˈɜːdʒənsi/ *n* apremio, urgencia

urgent ⚷ /ˈɜːdʒənt/ *adj* **1** urgente: *to be in urgent need of sth* necesitar algo urgentemente **2** apremiante

urinal /jʊəˈraɪnl, ˈjʊərɪnl/ *n* urinario

urinate /ˈjʊərɪneɪt/ *vi* (*formal*) orinar

urine /ˈjʊərɪn, -raɪn/ *n* orina

URL /ˌjuː ɑː(r) ˈel/ *abrev de* **uniform resource locator** URL, localizador uniforme de recursos

urn /ɜːn/ *n* urna (*para cenizas*)

US (*tb* **U.S.**) /ˌjuː ˈes/ (*tb* **USA/U.S.A.** /ˌjuː es ˈeɪ/) *abrev de* **United States (of America)** EE. UU.

us ⚷ /əs, ʌs/ *pron* **1** [*como objeto*] nos: *She gave us the job.* Nos dio el trabajo. ◇ *He ignored us.* No nos hizo caso. **2** [*después de preposición y del verbo* **be**] nosotros, -as: *behind us* detrás de nosotros ◇ *both of us* nosotros dos ◇ *It's us.* Somos nosotros. ➲ *Comparar con* WE

usage /ˈjuːsɪdʒ, ˈjuːz-/ *n* uso

use ⚷ *verbo, nombre*
▸ *vt* /juːz/ (*pt, pp* **used** /juːzd/) **1** utilizar, usar, hacer uso de **2** consumir, gastar **3** (*pey*) utilizar, aprovecharse de (*una persona*) PHR V **use sth up** agotar algo, usar algo (*hasta que se acabe*)
▸ *n* /juːs/ uso: *for your own use* para uso personal ◇ *a machine with many uses* una máquina con múltiples usos ◇ *to find a use for sth* encontrarle alguna utilidad a algo LOC **be no use 1** no servir de nada **2** ser (un) inútil ◆ **be of use** (*formal*) servir ◆ **have the use of sth** poder usar algo ◆ **in use** en uso ◆ **make use of sth** aprovechar algo ◆ **what's the use (of doing sth)?** ¿de qué sirve (hacer algo)?: *What's the use?* ¿Para qué?

used[1] ⚷ /juːst/ *adj* ~ **to (doing) sth** acostumbrado a (hacer) algo: *to get used to sth/doing sth* acostumbrarse a algo/hacer algo

U

used² 🔑 /ju:zd/ *adj* usado, de segunda mano
used to 🔑 /ˈju:st tə, ˈju:st tu/ *v modal*

Used to + infinitivo se utiliza para describir hábitos y situaciones del pasado y que no se dan en la actualidad: *I used to live in London.* Antes vivía en Londres. Las oraciones interrogativas o negativas se forman generalmente con **did**: *He didn't use to be fat.* Antes no estaba gordo. ◇ *You used to go to the gym every day, didn't you?* Solías ir al gimnasio todos los días, ¿no?

useful 🔑 /ˈju:sfl/ *adj* útil, provechoso **usefulness** *n* utilidad
useless 🔑 /ˈju:sləs/ *adj* **1** inútil, inservible **2** ~ **(at sth/doing sth)** (*coloq*) inepto (para algo/para hacer algo)
user 🔑 /ˈju:zə(r)/ *n* usuario, -a
user-friendly /ˌju:zə ˈfrendli/ *adj* fácil de usar
username /ˈju:zəneɪm/ *n* (*Informát*) nombre de usuario
usher /ˈʌʃə(r)/ *n* acomodador
usherette /ˌʌʃəˈret/ *n* acomodadora

usual 🔑 /ˈju:ʒuəl/ *adj* acostumbrado, habitual, usual: *later/more than usual* más tarde de lo normal/más que de costumbre ◇ *the usual* lo de siempre LOC **as usual** como siempre
usually 🔑 /ˈju:ʒuəli/ *adv* normalmente ➲ *Ver nota en* ALWAYS
utensil /ju:ˈtensl/ *n* [*gen pl*] utensilio
utility /ju:ˈtɪləti/ *n* (*pl* **utilities**) **1** [*gen pl*]: *the public utilities* las compañías públicas de suministro **2** [*incontable*] (*formal*) utilidad
utmost /ˈʌtməʊst/ *adjetivo, nombre*
▸ *adj* [*sólo antes de sustantivo*] mayor: *with the utmost care* con sumo cuidado
▸ *n* [*sing*] LOC **do your utmost (to do sth)** esforzarse al máximo (por hacer algo)
utopia (*tb* **Utopia**) /ju:ˈtəʊpiə/ *n* utopia
utter /ˈʌtə(r)/ *verbo, adjetivo*
▸ *vt* (*formal*) pronunciar, proferir
▸ *adj* [*sólo antes de sustantivo*] total, absoluto **utterly** *adv* totalmente, absolutamente
U-turn /ˈju: tɜ:n/ *n* **1** (*tráfico*) cambio de sentido **2** (*coloq*) (*Pol, etc.*) cambio radical: *to do a U-turn* dar un giro de 180 grados

Vv

V, v /vi:/ *n* (*pl* **Vs, V's, v's**) V, v ➲ *Ver nota en* A, A
vacancy *n* (*pl* **vacancies**) **1** vacante **2** habitación libre
vacant /ˈveɪkənt/ *adj* **1** vacante **2** (*mirada*) vacío **vacantly** *adv* distraídamente
vacate /vəˈkeɪt; *USA tb* ˈveɪkeɪt/ *vt* (*formal*) **1** (*casa, habitación*) desocupar **2** (*asiento, puesto*) dejar libre
vacation 🔑 /vəˈkeɪʃn, veɪˈk-/ *n* vacaciones

En Gran Bretaña **vacation** se usa sobre todo para las vacaciones de las universidades y los tribunales de justicia. En el resto de los casos, **holiday** es la palabra más normal. En Estados Unidos **vacation** tiene un uso más generalizado.

vacationer *n* (*USA*) veraneante, turista
vaccinate /ˈvæksɪneɪt/ *vt* vacunar **vaccination** *n* **1** vacunación **2** vacuna
vaccine /ˈvæksi:n; *USA* vækˈsi:n/ *n* vacuna
vacuum /ˈvækjuəm/ *nombre, verbo*
▸ *n* vacío: *vacuum-packed* envasado al vacío LOC **in a vacuum** aislado (*de otras personas, acontecimientos*)
▸ *vt, vi* pasar la aspiradora (a/por)
ˈvacuum cleaner *n* aspiradora
vagina /vəˈdʒaɪnə/ *n* vagina
vague /veɪɡ/ *adj* (**vaguer, -est**) **1** vago **2** (*persona*) indeciso **3** (*gesto, expresión*) distraído **vaguely** *adv* **1** vagamente: *It looks vaguely familiar.* Me resulta vagamente familiar. **2** ligeramente **3** distraídamente
vain /veɪn/ *adj* **1** vano, inútil **2** (*pey*) vanidoso LOC **in vain** en vano
valentine /ˈvæləntaɪn/ (*tb* ˈ**valentine card**) *n* tarjeta de San Valentín
ˈValentine's Day *n* día de San Valentín ➲ *Ver nota en* DÍA
valiant /ˈvæliənt/ *adj* (*formal*) valeroso
valid 🔑 /ˈvælɪd/ *adj* válido **validity** /vəˈlɪdəti/ *n* validez
valley 🔑 /ˈvæli/ *n* (*pl* **valleys**) valle
valuable 🔑 /ˈvæljuəbl/ *adjetivo, nombre*
▸ *adj* valioso ➲ *Comparar con* INVALUABLE
▸ *n* **valuables** [*pl*] objetos de valor

valuation /ˌvælju'eɪʃn/ *n* tasación

value /'vælju:/ *nombre, verbo*

▸ *n* **1** valor *Ver tb* FACE VALUE **2 values** [*pl*] (*moral*) valores LOC **be good, etc. value** estar muy bien de precio

▸ *vt* **1** ~ **sb/sth (as sth)** valorar, apreciar a algn/algo (como algo) **2** ~ **sth (at sth)** valorar algo (en algo)

valve /vælv/ *n* válvula: *safety valve* válvula de seguridad

vampire /'væmpaɪə(r)/ *n* vampiro

van /væn/ *n* furgoneta

vandal /'vændl/ *n* vándalo, -a, gamberro, -a **vandalism** *n* vandalismo **vandalize, -ise** *vt* destrozar (*intencionadamente*)

the vanguard /'væŋgɑ:d/ *n* [*sing*] la vanguardia

vanilla /və'nɪlə/ *n* vainilla

vanish /'vænɪʃ/ *vi* desaparecer, esfumarse: *vanishing point* punto de fuga

vanity /'vænəti/ *n* vanidad

vantage point /'vɑ:ntɪdʒ pɔɪnt; *USA* 'væn-/ *n* posición estratégica

vapour (*USA* **vapor**) /'veɪpə(r)/ *n* vapor

variable /'veəriəbl/ *adj, n* variable

variance /'veəriəns/ *n* LOC **at variance (with sb/sth)** (*formal*) en desacuerdo (con algn/algo)

variant /'veəriənt/ *n* variante

variation /ˌveəri'eɪʃn/ *n* ~ **(in/of/on sth)** variación, variante (en/de algo)

varied /'veərid/ *adj* variado *Ver tb* VARY

variety /və'raɪəti/ *n* (*pl* **varieties**) variedad: *a variety of subjects* varios temas ◇ *variety show* espectáculo de variedades

various /'veəriəs/ *adj* varios, diversos

varnish /'vɑ:nɪʃ/ *nombre, verbo*

▸ *n* barniz

▸ *vt* barnizar

vary /'veəri/ *vt, vi* (*pt, pp* **varied**) variar **varying** *adj* variable: *in varying amounts* en diversas cantidades

vase /vɑ:z; *USA* veɪs, veɪz/ *n* jarrón, florero

vast /vɑ:st; *USA* væst/ *adj* vasto, enorme: *the vast majority* la inmensa mayoría **vastly** *adv* considerablemente

VAT /ˌvi: eɪ 'ti:/ *n* (*abrev de* **value added tax**) IVA

vat /væt/ *n* tinaja

vault /vɔ:lt/ *nombre, verbo*

▸ *n* **1** (*tb* '**bank vault**) cámara acorazada **2** cripta **3** bóveda **4** salto *Ver tb* POLE VAULT

▸ *vt, vi* ~ **(over) (sth)** saltar (algo) (*apoyándose en las manos o con pértiga*)

VCR /ˌvi: si: 'ɑ:(r)/ *n* (*esp USA*) (aparato de) vídeo

VDU /ˌvi: di: 'ju:/ *n* (*abrev de* **visual display unit**) monitor (*de ordenador*)

veal /vi:l/ *n* ternera ➲ *Ver nota en* CARNE

veer /vɪə(r)/ *vi* **1** virar, desviarse: *to veer off course* salirse del rumbo **2** (*viento*) cambiar (de dirección)

veg /vedʒ/ *nombre, verbo*

▸ *n* (*pl* **veg**) (*GB, coloq*) verdura

▸ *v* (**-gg-**) PHR V **veg out** (*coloq*) no hacer nada, vegetar

vegan /'vi:gən/ *adj, n* vegano, -a (*vegetariano que no come huevos ni productos lácteos*)

vegetable /'vedʒtəbl/ *n* **1** verdura, hortaliza: *vegetable oil* aceite vegetal **2** (*persona*) vegetal

vegetarian /ˌvedʒə'teəriən/ (*coloq* **veggie** /'vedʒi/) *adj, n* vegetariano, -a

vegetation /ˌvedʒə'teɪʃn/ *n* vegetación

vehement /'vi:əmənt/ *adj* (*formal*) vehemente, apasionado

vehicle /'vi:əkl/ *n* **1** vehículo **2** ~ **(for sth)** (*fig*) vehículo, medio (de/para algo)

veil /veɪl/ *nombre, verbo*

▸ *n* **1** velo **2** (*de monja*) toca

▸ *vt* **1** cubrir con un velo **2** (*formal*) (*fig*) velar, disimular, encubrir **veiled** *adj* (*amenaza, etc.*) velado: *veiled in secrecy* rodeado de secreto

vein /veɪn/ *n* **1** vena **2** (*Geol*) veta **3** [*sing*] tono, estilo

Velcro® /'velkrəʊ/ *n* velcro®

velocity /və'lɒsəti/ *n* (*pl* **velocities**) velocidad
❶ **Velocity** se emplea en contextos científicos o formales, mientras que **speed** es la palabra más normal.

velvet /'velvɪt/ *n* terciopelo

'**vending machine** *n* máquina expendedora

vendor /'vendə(r)/ *n* vendedor, -ora

veneer /və'nɪə(r)/ *n* **1** (*de madera, plástico*) chapa **2** [*sing*] ~ **(of sth)** (*formal*) (*fig*) barniz (de algo)

vengeance /'vendʒəns/ *n* (*formal*) venganza: *to take vengeance on sb* vengarse de algn LOC **with a vengeance** (*coloq*) de verdad, con ganas

venison /'venɪsn, -zn/ *n* (carne de) venado

venom /'venəm/ *n* **1** veneno **2** (*formal*) (*fig*) veneno, odio

venomologist /ˌvenə'mɒlədʒɪst/ *n* especialista en venenos

venomous /'venəməs/ *adj* (*lit y fig*) venenoso

vent /vent/ *nombre, verbo*

▸ *n* respiradero: *air vent* rejilla de ventilación LOC **give (full) vent to sth** (*formal*) dar rienda suelta a algo

V

▸ *vt* ~ **sth (on sb)** (*formal*) descargar algo (en algn)

ventilate /ˈventɪleɪt/ *vt* ventilar **ventilation** *n* ventilación **ventilator** *n* **1** rejilla de ventilación **2** (*Med*) respirador

ventricle /ˈventrɪkl/ *n* (*Anat*) ventrículo

ventriloquist /venˈtrɪləkwɪst/ *n* ventrílocuo, -a

venture /ˈventʃə(r)/ *nombre, verbo*

▸ *n* proyecto, empresa

▸ **1** *vi* aventurarse: *They rarely ventured into the city.* Rara vez se aventuraban a ir a la ciudad. **2** *vt* (*formal*) (*opinión, etc.*) aventurar

venue /ˈvenjuː/ *n* **1** lugar (*de reunión*) **2** sede (*de un evento*) **3** local (*para música*) **4** campo (*para un partido, etc.*)

Venus /ˈviːnəs/ *n* Venus

verb /vɜːb/ *n* verbo

verbal /ˈvɜːbl/ *adj* verbal **verbally** *adv* verbalmente

verdict /ˈvɜːdɪkt/ *n* veredicto

verge /vɜːdʒ/ *nombre, verbo*

▸ *n* borde de hierba (*en camino, etc.*) LOC **on the verge of (doing) sth** al borde de algo, a punto de hacer algo

▸ *v* PHR V **verge on sth** rayar en algo

verification /ˌverɪfɪˈkeɪʃn/ *n* **1** verificación, comprobación **2** (*sospechas, teorías*) confirmación

verify /ˈverɪfaɪ/ *vt* (*pt, pp* **-fied**) **1** verificar, comprobar **2** (*sospechas, teorías*) confirmar

veritable /ˈverɪtəbl/ *adj* (*formal*) verdadero

versatile /ˈvɜːsətaɪl; *USA* -tl/ *adj* versátil, polifacético

verse /vɜːs/ *n* **1** poesía **2** estrofa

versed /vɜːst/ *adj* ~ **in sth** versado en algo

version /ˈvɜːʃn; *USA* -ʒn/ *n* versión

versus /ˈvɜːsəs/ *prep* (*abrev* **v**, **vs**) (*Dep*) contra

vertebra /ˈvɜːtɪbrə/ *n* (*pl* **-brae** /-breɪ, -briː/) vértebra **vertebrate** /ˈvɜːtɪbrət/ *adj, n* vertebrado

vertical /ˈvɜːtɪkl/ *adj, n* vertical

vertigo /ˈvɜːtɪɡəʊ/ *n* [*incontable*] vértigo

verve /vɜːv/ *n* brío, entusiasmo

very /ˈveri/ *adverbio, adjetivo*

▸ *adv* **1** muy: *I'm very sorry.* Lo siento mucho. ◇ *not very much* no mucho **2** *the very best* lo mejor posible ◇ *at the very latest* como muy tarde ◇ *your very own pony* un poni sólo para ti **3** mismo: *the very next day* justo al día siguiente

▸ *adj* **1** mismo: *at that very moment* en ese mismísimo momento ◇ *You're the very man I need.* Eres precisamente el hombre que necesito. **2** *at the very end/beginning* justo al final/principio **3** *the very idea/thought of...* la simple idea de.../sólo pensar en... LOC *Ver* EYE, FIRST

vessel /ˈvesl/ *n* **1** (*formal*) buque, barco **2** (*formal*) vasija **3** (*Anat*) vaso

vest /vest/ *n* **1** camiseta (*ropa interior*) **2** chaleco

ˌvested ˈinterest *n*: *to have a vested interest in sth* tener intereses creados en algo

vestige /ˈvestɪdʒ/ *n* (*formal*) vestigio

vet /vet/ *nombre, verbo*

▸ *n* (*USA tb* **veterinarian** /ˌvetərɪˈneəriən/) (*GB formal* **ˈveterinary surgeon**) veterinario, -a

▸ *vt* (**-tt-**) investigar

veteran /ˈvetərən/ *n* **1** veterano, -a **2** (*USA coloq* **vet**) ex combatiente

veterinary science /ˈvetnri saɪəns, ˈvetrənəri; *USA* ˈvetərəneri/ *n* veterinaria

veto /ˈviːtəʊ/ *nombre, verbo*

▸ *n* (*pl* **vetoes**) veto

▸ *vt* (*pt, pp* **vetoed** *part pres* **vetoing**) vetar

via /ˈvaɪə/ *prep* por, vía: *via Paris* vía París

viable /ˈvaɪəbl/ *adj* viable

vibes /vaɪbz/ *n* [*pl*] (*tb* **vibe** [*sing*]) (*coloq*) vibraciones: *good/bad vibes* buen/mal rollo

vibrant /ˈvaɪbrənt/ *adj* vibrante

vibrate /vaɪˈbreɪt; *USA* ˈvaɪbreɪt/ *vt, vi* (hacer) vibrar **vibration** *n* vibración

vicar /ˈvɪkə(r)/ *n* sacerdote anglicano, sacerdotisa anglicana ➲ *Ver nota en* PRIEST **vicarage** /ˈvɪkərɪdʒ/ *n* casa del párroco

vice /vaɪs/ *n* **1** delincuencia: *the vice squad* la brigada anti-vicio **2** vicio **3** (*USA* **vise**) tornillo de sujeción de banco (*de carpintero*)

vice- /vaɪs/ *pref* vice-

vice versa /ˌvaɪs ˈvɜːsə/ *adv* viceversa

the vicinity /vəˈsɪnəti/ *n* [*sing*] las inmediaciones, los alrededores

vicious /ˈvɪʃəs/ *adj* **1** malicioso, cruel **2** (*perro, etc.*) fiero **3** (*ataque, golpe*) con saña LOC **a vicious circle** un círculo vicioso

victim /ˈvɪktɪm/ *n* víctima LOC *Ver* FALL **victimize, -ise** *vt* acosar, tratar injustamente: *to be victimized* ser víctima de una persecución

victor /ˈvɪktə(r)/ *n* (*formal*) vencedor, -ora **victorious** /vɪkˈtɔːriəs/ *adj* **1** ~ **(in sth)** victorioso (en algo) **2** (*equipo*) vencedor **3 be** ~ **(over sb/sth)** triunfar (sobre algn/algo)

victory /ˈvɪktəri/ *n* (*pl* **victories**) victoria, triunfo

video /ˈvɪdiəʊ/ *nombre, verbo*

▸ *n* (*pl* **videos**) **1** (*tb* **videotape** /ˈvɪdiəʊteɪp/) (cinta de) vídeo **2** vídeo: *video game* videojuego ◇ *video camera* videocámara **3** videoclip **4** (*tb*

V

ˌ**video (caˈssette) recorder**) (reproductor de) vídeo
▸ *vt* (*pt, pp* **videoed** *part pres* **videoing**) grabar (*en vídeo*)

videoconference /ˈvɪdiəʊkɒnfərəns/ *n* videoconferencia

videophone /ˈvɪdiəʊfəʊn/ *n* videoteléfono

view /vjuː/ *nombre, verbo*
▸ *n* **1** ~ **(about/on sth)** opinión, parecer (sobre algo): *in my view* en mi opinión **2** (*modo de entender*) criterio, concepto **3** vista, panorama **4** (*imagen*) visión **5** (*tb* **viewing**) sesión: *We had a private view(ing) of the film.* Vimos la película en una sesión privada. LOC **in view of sth** (*formal*) en vista de algo ◆ **with a view to (doing) sth** (*formal*) con miras a (hacer) algo *Ver tb* POINT
▸ *vt* **1** ~ **sth/sb (as sth)** ver, considerar algo/a algn (como algo) **2** mirar, ver **3** (*Informát*) visualizar **viewer** *n* **1** telespectador, -ora **2** espectador, -ora

viewpoint /ˈvjuːpɔɪnt/ *n* punto de vista

vigil /ˈvɪdʒɪl/ *n* vela, vigilia

vigilant /ˈvɪdʒɪlənt/ *adj* (*formal*) vigilante, alerta

vigorous /ˈvɪgərəs/ *adj* vigoroso, enérgico

vile /vaɪl/ *adj* (**viler**, **-est**) repugnante, asqueroso

villa /ˈvɪlə/ *n* chalet, casa de campo

village /ˈvɪlɪdʒ/ *n* **1** pueblo **2** (*pequeño*) aldea

> En Estados Unidos se utiliza la palabra **village** en referencia a pueblos de carácter más tradicional de otros países.

villager *n* habitante (*de un pueblo*)

villain /ˈvɪlən/ *n* **1** (*Cine, Teat, etc.*) malo, -a **2** (*GB, coloq*) delincuente

vindicate /ˈvɪndɪkeɪt/ *vt* (*formal*) **1** justificar **2** rehabilitar

vindictive /vɪnˈdɪktɪv/ *adj* vengativo

vine /vaɪn/ *n* **1** vid, parra **2** enredadera

vinegar /ˈvɪnɪgə(r)/ *n* vinagre

vineyard /ˈvɪnjəd/ *n* viña, viñedo

vintage /ˈvɪntɪdʒ/ *nombre, adjetivo*
▸ *n* **1** cosecha **2** vendimia
▸ *adj* **1** (*vino*) añejo **2** clásico: *vintage TV drama* drama televisivo de la mejor calidad

vinyl /ˈvaɪnl/ *n* vinilo

violate /ˈvaɪəleɪt/ *vt* (*formal*) **1** violar (*ley, normas*) ❶ **Violate** casi nunca se usa en sentido sexual. En ese sentido, utilizamos **rape**. **2** (*intimidad*) invadir

violence /ˈvaɪələns/ *n* **1** violencia **2** (*emociones*) intensidad, violencia

violent /ˈvaɪələnt/ *adj* **1** violento **2** (*emociones*) intenso, violento

violet /ˈvaɪələt/ *n* violeta

violin /ˌvaɪəˈlɪn/ *n* violín **violinist** *n* violinista

VIP /ˌviː aɪ ˈpiː/ *n* (*abrev de* **very important person**) VIP

viral /ˈvaɪrəl/ *adj* vírico, viral

virgin /ˈvɜːdʒɪn/ *adj, n* virgen **virginity** /vəˈdʒɪnəti/ *n* virginidad

Virgo /ˈvɜːgəʊ/ *n* virgo ➲ *Ver ejemplos en* ACUARIO

virile /ˈvɪraɪl; *USA* ˈvɪrəl/ *adj* viril

virtual /ˈvɜːtʃuəl/ *adj* virtual: *virtual reality* realidad virtual

virtually /ˈvɜːtʃuəli/ *adv* virtualmente, prácticamente

virtue /ˈvɜːtʃuː/ *n* **1** virtud **2** ventaja LOC **by virtue of sth** (*formal*) en virtud de algo **virtuous** *adj* virtuoso

virus /ˈvaɪrəs/ *n* (*pl* **viruses**) (*Biol, Informát*) virus

visa /ˈviːzə/ *n* visado

vis-à-vis /ˌviːz ɑː ˈviː/ *prep* (*formal*) **1** con relación a **2** en comparación con

viscous /ˈvɪskəs/ *adj* viscoso

vise (*USA*) = VICE (3)

visibility /ˌvɪzəˈbɪləti/ *n* visibilidad

visible /ˈvɪzəbl/ *adj* **1** visible **2** evidente **visibly** /-bli/ *adv* visiblemente, notablemente

vision /ˈvɪʒn/ *n* **1** vista **2** (*previsión, alucinación*) visión

visit /ˈvɪzɪt/ *verbo, nombre*
▸ **1** *vt, vi* visitar **2** *vt* (*país*) ir a **3** *vt* (*persona*) ir a ver a
▸ *n* visita: *to pay sb a visit* visitar a algn **visiting** *adj* visitante (*equipo, profesor*): *visiting hours* horas de visita

visitor /ˈvɪzɪtə(r)/ *n* **1** visitante, visita **2** turista

visor /ˈvaɪzə(r)/ *n* visera

vista /ˈvɪstə/ *n* (*formal*) **1** vista, panorámica **2** (*fig*) perspectiva

visual /ˈvɪʒuəl/ *adj* visual **visualize, -ise** *vt* **1** ~ **(yourself)** imaginar(se), ver(se) **2** prever

vital /ˈvaɪtl/ *adj* ~ **(for/to sb/sth)** vital, imprescindible (para algn/algo): *vital statistics* medidas femeninas

vitality /vaɪˈtæləti/ *n* vitalidad

vitally /ˈvaɪtəli/ *adv*: *vitally important* de vital importancia

vitamin /ˈvɪtəmɪn; *USA* ˈvaɪt-/ *n* vitamina

vitreous /ˈvɪtriəs/ *adj* vítreo

vivacious /vɪˈveɪʃəs/ *adj* animado (*esp mujer*)

V

vivid /ˈvɪvɪd/ *adj* vivo (*colores, imaginación, etc.*) **vividly** *adv* vivamente

vixen /ˈvɪksn/ *n* zorra (*animal*) ➲ *Ver nota en* ZORRO

V-neck /ˈviː nek/ *n* (jersey de) cuello de pico **V-necked** *adj* con cuello de pico

vocabulary 🔑 /vəˈkæbjələri; *USA* -leri/ *n* (*pl* **vocabularies**) vocabulario

vocal /ˈvəʊkl/ *adjetivo, nombre*
▸ *adj* **1** vocal: *vocal cords* cuerdas vocales **2** (*al protestar, etc.*) que se hace oír: *a group of very vocal supporters* un grupo de seguidores muy ruidosos
▸ *n* [*gen pl*]: *to be on vocals* ser el cantante/cantar ◇ *backing vocals* coros

vocalist /ˈvəʊkəlɪst/ *n* vocalista

vocation /vəʊˈkeɪʃn/ *n* ~ **(for sth)** vocación (de algo) **vocational** *adj* profesional: *vocational training* formación profesional

vociferous /vəˈsɪfərəs; *USA* vəʊ-/ *adj* (*formal*) vociferante

vodka /ˈvɒdkə/ *n* vodka

vogue /vəʊg/ *n* ~ **(for sth)** moda (de algo) LOC **in vogue** en boga

voice 🔑 /vɔɪs/ *nombre, verbo*
▸ *n* voz: *to raise/lower your voice* levantar/bajar la voz ◇ *to have no voice in the matter* no tener voz en el asunto LOC **make your voice heard** expresar tu opinión *Ver tb* TOP
▸ *vt* expresar

voicemail /ˈvɔɪsmeɪl/ *n* buzón de voz

void /vɔɪd/ *nombre, adjetivo*
▸ *n* (*formal*) vacío
▸ *adj* **1** ~ **of sth** (*formal*) carente de algo **2** (*Jur*) anulado: *to make sth void* anular algo LOC *Ver* NULL

volatile /ˈvɒlətaɪl; *USA* -tl/ *adj* **1** (*gen pey*) (*persona*) voluble **2** (*situación*) inestable

volcanic /vɒlˈkænɪk/ *adj* volcánico

volcano /vɒlˈkeɪnəʊ/ *n* (*pl* **volcanoes**) volcán

volcanologist /ˌvɒlkəˈnɒlədʒɪst/ *n* vulcanólogo, -a

V

volition /vəˈlɪʃn; *USA* vəʊ-/ *n* LOC **of your, etc. own volition** (*formal*) por voluntad propia

volley /ˈvɒli/ *n* (*pl* **volleys**) **1** (*Dep*) volea **2** (*piedras, balas, insultos*) lluvia

volleyball /ˈvɒlibɔːl/ *n* voleibol

volt /vəʊlt, vɒlt/ *n* voltio **voltage** /ˈvəʊltɪdʒ/ *n* voltaje: *high voltage* alta tensión

volume 🔑 /ˈvɒljuːm; *USA* -jəm/ *n* **1** volumen **2** (*libro*) volumen, tomo

voluminous /vəˈluːmɪnəs/ *adj* (*formal*) **1** (*ropa*) amplio **2** (*escrito*) copioso

voluntary /ˈvɒləntri; *USA* -teri/ *adj* voluntario

volunteer /ˌvɒlənˈtɪə(r)/ *nombre, verbo*
▸ *n* voluntario, -a
▸ **1** *vi* ~ **(for sth/to do sth)** ofrecerse (voluntario) (para algo), ofrecerse (a hacer algo) **2** *vt* ofrecer (*información, sugerencia*)

vomit /ˈvɒmɪt/ *verbo, nombre*
▸ *vt, vi* vomitar ❶ La expresión más normal es **be sick**.
▸ *n* vómito **vomiting** *n* [*incontable*] vómitos

voracious /vəˈreɪʃəs/ *adj* (*formal*) voraz, insaciable

vote 🔑 /vəʊt/ *nombre, verbo*
▸ *n* **1** ~ **(for/against sb/sth)** voto (a favor de/en contra de algn/algo) **2** votación: *to take a vote on sth/put sth to the vote* someter algo a votación **3 the vote** [*sing*] el derecho al voto LOC **vote of confidence/no confidence** voto de confianza/censura ◆ **vote of thanks** palabras de agradecimiento
▸ **1** *vt, vi* votar: *to vote for/against sb/sth* votar a favor/en contra de algn/algo ◇ *She was voted best actor.* Fue elegida la mejor actriz. **2** *vt* aprobar por votación: *The directors voted themselves a pay increase.* La directiva se aprobó un aumento de sueldo. **3** *vt* ~ **(that...)** proponer que... **voter** *n* votante **voting** *n* [*incontable*] votación

vouch /vaʊtʃ/ *v* PHR V **vouch for sb** (*formal*) responder por algn ◆ **vouch for sth** (*formal*) responder de algo

voucher /ˈvaʊtʃə(r)/ *n* vale, cupón

vow /vaʊ/ *nombre, verbo*
▸ *n* voto, promesa solemne
▸ *vt* jurar

vowel /ˈvaʊəl/ *n* vocal

voyage /ˈvɔɪɪdʒ/ *n* viaje ➲ *Ver nota en* VIAJE

vulgar /ˈvʌlgə(r)/ *adj* **1** vulgar **2** (*chiste, etc.*) grosero

vulnerable /ˈvʌlnərəbl/ *adj* vulnerable

vulture /ˈvʌltʃə(r)/ *n* buitre

Ww

W, w /ˈdʌbljuː/ *n* (*pl* **Ws, W's, w's**) W, w ➲ *Ver nota en* A, A

wacky /ˈwæki/ *adj* (**wackier**, **-iest**) (*coloq*) chalado

wade /weɪd/ **1** *vi* caminar con dificultad por agua, barro, etc. **2** *vt* (*riachuelo*) vadear **3** *vi* (*USA*) mojarse los pies PHR V **wade through sth** (*fig*) leerse algo (*pesado o aburrido*)

wafer /ˈweɪfə(r)/ *n* barquillo

waffle /ˈwɒfl/ *nombre, verbo*
▸ *n* **1** gofre **2** [*incontable*] (*GB, coloq*) (*al hablar*) palabrería **3** [*incontable*] (*GB, coloq*) (*en ensayos, explicaciones*) paja
▸ *vi* (*GB, coloq*) **1** ~ **(on) (about sth)** meter rollo (sobre algo) **2** (*en ensayos, discursos*) meter paja

wag /wæg/ (**-gg-**) **1** *vt, vi* (*cola*) menear(se) **2** *vt* mover (de un lado a otro)

wage /weɪdʒ/ *nombre, verbo*
▸ *n* [*gen pl*] sueldo (*semanal*) ➲ *Comparar con* SALARY
▸ *vt* LOC **wage (a) war/a battle (against/on sb/sth)** librar (una) batalla (contra algn/algo)

waggly /ˈwægli/ *adj* (*coloq*): *the dog with the waggly tail* el perro que mueve el rabo

wagon /ˈwægən/ *n* **1** (*Ferrocarril*) vagón **2** (*tb* **waggon**) carromato *Ver tb* STATION WAGON

wail /weɪl/ *verbo, nombre*
▸ *vi* **1** gemir **2** (*sirena*) ulular
▸ *n* **1** gemido **2** (*sirena*) (el) ulular

waist /weɪst/ *n* cintura

waistband /ˈweɪstbænd/ *n* cinturilla

waistcoat /ˈweɪskəʊt; *USA* ˈweskət/ *n* chaleco

waistline /ˈweɪstlaɪn/ *n* cintura, talle

wait /weɪt/ *verbo, nombre*
▸ **1** *vi* ~ **(for sb/sth)** esperar (a algn/algo): *Wait a minute...* Un momento... ◇ *I can't wait to...* Tengo muchas ganas de... ➲ *Ver nota en* ESPERAR **2** *vt* (*turno*) esperar LOC **keep sb waiting** hacer esperar a algn PHR V **wait behind** quedarse (*para hablar con algn*) ◆ **wait on sb** servir a algn (*en restaurante, etc.*) ◆ **wait up (for sb)** esperar levantado (a algn)
▸ *n* espera: *We had a three-hour wait for the bus.* Nos tocó esperar el autobús tres horas.

waiter /ˈweɪtə(r)/ *n* camarero

ˈ**waiting list** *n* lista de espera

ˈ**waiting room** *n* sala de espera

waitress /ˈweɪtrəs/ *n* camarera

waive /weɪv/ *vt* **1** (*pago, derecho*) renunciar a **2** (*norma*) pasar por alto

wake /weɪk/ *verbo, nombre*
▸ *vt, vi* (*pt* **woke** /wəʊk/, *pp* **woken** /ˈwəʊkən/) **1** ~ **(sb) (up)** despertar a algn, despertarse ➲ *Ver nota en* AWAKE **2** ~ **(sb) up** despabilar a algn, despabilarse PHR V **wake up to sth** darse cuenta de algo
▸ *n* **1** velatorio **2** (*Náut*) estela LOC **in the wake of sb/sth** después de algn/algo

ˈ**wake-up call** *n* **1** servicio de despertador (*en un hotel*) **2** (*fig*) toque de atención

walk /wɔːk/ *verbo, nombre*
▸ **1** *vi* andar **2** *vt* pasear: *to walk the dog* pasear el perro **3** *vt* acompañar: *I'll walk you home.* Te acompañaré a casa. **4** *vt* recorrer (a pie) PHR V **walk away/off** irse, marcharse ◆ **walk away with sth** (*coloq*) llevarse algo, ganar algo fácilmente (*premio, etc.*) ◆ **walk into sth/sb** tropezar(se) contra algo/con algn ◆ **walk out (of sth)** largarse (de algo) ◆ **walk out (on sb/sth)** (*coloq*) dejar, abandonar a algn/algo ◆ **walk (all) over sb** (*coloq*) tratar a patadas a algn
▸ *n* **1** paseo, caminata: *to go for a walk* (ir a) dar un paseo ◇ *It's a ten-minute walk.* Está a diez minutos andando. **2** [*sing*] andar LOC **a walk of life**: *people of /from all walks of life* gente de todos los tipos/todas las profesiones **walker** *n* **1** paseante **2** excursionista

walking /ˈwɔːkɪŋ/ *n* [*incontable*] (el) andar: *walking shoes* zapatos para caminar

ˈ**walking stick** *n* bastón

walkout /ˈwɔːkaʊt/ *n* huelga (*espontánea*)

walkover /ˈwɔːkəʊvə(r)/ *n* victoria fácil

wall /wɔːl/ *n* **1** muro, pared **2** (*ciudad*) muralla **3** (*Fútbol*) barrera LOC *Ver* BACK **walled** *adj* **1** amurallado **2** tapiado

wallet /ˈwɒlɪt/ *n* cartera (*para dinero*)

wallpaper /ˈwɔːlpeɪpə(r)/ *n* **1** papel pintado **2** (*Informát*) fondo de escritorio

walnut /ˈwɔːlnʌt/ *n* **1** nuez **2** (*árbol, madera*) nogal

waltz /wɔːls; *USA* wɔːlts/ *nombre, verbo*
▸ *n* vals
▸ *vi* bailar el vals

wand /wɒnd/ *n* vara: *magic wand* varita mágica

wander /ˈwɒndə(r)/ **1** *vi* deambular

A menudo **wander** va seguido de **around**, **about** u otras preposiciones o adverbios. En estos casos, hay que traducirlo por distintos verbos en español, y tiene el significado de distraídamente, sin propósito: *to wander in* entrar distraídamente ◇ *She wandered across the road.* Cruzó la calle distraídamente.

2 *vi* ~ **away/off** alejarse **3** *vt* (*calles, etc.*) vagar por **4** *vi* (*pensamientos*) divagar **5** *vi*: *His gaze wandered around the room.* Paseó la mirada por la habitación.

wane /weɪn/ *verbo, nombre*
▸ *vi* menguar, disminuir (*poder, entusiasmo*)
▸ *n* LOC **be on the wane** menguar, disminuir

wanna /ˈwɒnə/ (*coloq*) **1** = WANT TO *Ver* WANT **2** = WANT A *Ver* WANT ❶ Esta forma no se considera gramaticalmente correcta.

want /wɒnt/ *verbo, nombre*
▸ **1** *vt, vi* querer: *I want some cheese.* Quiero queso. ◇ *Do you want to go?* ¿Quieres ir?

La expresión **would like** también significa "querer". Es más cortés que **want** y se utiliza sobre todo para ofrecer algo o para invitar a alguien: *Would you like to come to dinner?* ¿Quieres venir a cenar? ◇ *Would you like something to eat?* ¿Quieres comer algo?

2 *vt* (*coloq*) necesitar: *It wants fixing.* Hay que arreglarlo. **3** *vt* buscar, necesitar: *You're wanted upstairs/on the phone.* Te buscan arriba./Te llaman por teléfono.
▸ *n* (*formal*) **1** [*gen pl*] necesidad, deseo **2** ~ **of sth** falta de algo: *for want of sth* por falta de algo ◇ *not for want of trying* no por no intentarlo

wanting /ˈwɒntɪŋ/ *adj* ~ **(in sth)** (*formal*) falto (de algo)

WAP /wæp/ *abrev de* **wireless application protocol** WAP, protocolo de aplicaciones inalámbricas

war /wɔː(r)/ *n* **1** guerra: *at war* en guerra ◇ *war films* cine bélico **2** conflicto **3** ~ **(against/on sb/sth)** lucha (contra algn/algo) LOC *Ver* WAGE

warcraft /ˈwɔːkrɑːft; *USA* -kræft/ *n* [*incontable*] arte de la guerra

ward /wɔːd/ *nombre, verbo*
▸ *n* sala (*de hospital*)
▸ *v* PHR V **ward sb/sth off** protegerse de algn/algo

warden /ˈwɔːdn/ *n* guardia, guarda

wardrobe /ˈwɔːdrəʊb/ *n* **1** armario (*para ropa*) **2** vestuario

warehouse /ˈweəhaʊs/ *n* almacén

wares /weəz/ *n* [*pl*] (*antic*) mercancías

warfare /ˈwɔːfeə(r)/ *n* guerra

warhead /ˈwɔːhed/ *n* cabeza (*de misil*)

warlike /ˈwɔːlaɪk/ *adj* (*formal*) belicoso, bélico

warm /wɔːm/ *adjetivo, verbo*
▸ *adj* (**warmer**, **-est**) **1** (*clima*) templado, cálido: *It's warm today.* Hace calor hoy. ➲ *Ver nota en* CALIENTE **2** (*cosa*) caliente **3** (*persona*): *to be/get warm* tener calor/calentarse **4** (*ropa*) de abrigo, abrigado: *This sweater's really warm.* Este jersey abriga mucho. **5** (*sonrisa, mirada*) cálido **6** (*bienvenida*) caluroso
▸ *vt, vi* ~ **(sb/sth/yourself) (up)** calentar a algn/algo, calentarse PHR V **warm up 1** (*Dep*) hacer ejercicios de calentamiento, prepararse **2** (*motor*) calentarse ◆ **warm sth up** recalentar algo (*comida*)

warm-blooded /ˌwɔːm ˈblʌdɪd/ *adj* de sangre caliente ➲ *Comparar con* HOT-BLOODED

warm-hearted /ˌwɔːm ˈhɑːtɪd/ *adj* afectuoso

warming /ˈwɔːmɪŋ/ *n* calentamiento: *global warming* el calentamiento global

warmly /ˈwɔːmli/ *adv* **1** calurosamente **2** *warmly dressed* vestido con ropa de abrigo **3** (*dar las gracias*) efusivamente

warmth /wɔːmθ/ *n* **1** calor **2** simpatía, cordialidad

warm-up /ˈwɔːm ʌp/ *n* calentamiento

warn /wɔːn/ **1** *vt* ~ **sb (about/of sth)** advertir a algn (de algo), prevenir a algn (contra algo): *They warned us about/of the strike.* Nos advirtieron de la huelga. ◇ *He warned me about the neighbours.* Me previno contra los vecinos. **2** *vt* ~ **sb that...** advertir a algn que...: *I warned them that it would be expensive.* Les advertí que sería caro. **3** *vt, vi* ~ **(sb) against doing sth**; ~ **sb (not) to do sth** prevenir a algn contra algo, advertir a algn que no haga algo: *He warned (us) against going into the forest.* Nos advirtió que no fuésemos al bosque.

Warning people of danger

Alertar de un peligro

- *Look out! There's a car coming.* ¡Cuidado, que viene un coche!
- *Be careful. It can be quite dangerous on that path.* Ten cuidado. Ese camino puede ser peligroso.
- *Watch out. That's not a very safe place at night.* Ve con cuidado. Ese sitio no es muy seguro de noche.
- *Make sure you keep hold of your bag.* Asegúrate de llevar el bolso cerca.
- *I wouldn't do that if I were you.* Yo de ti no haría eso.

warning /ˈwɔːnɪŋ/ *n* aviso, advertencia

warp /wɔːp/ *vt, vi* combar(se) **warped** *adj* (*pey*) (*mente*) retorcido

W

warrant /ˈwɒrənt; *USA* ˈwɔːr-/ *nombre, verbo*
▸ *n* (*Jur*) orden: *search warrant* orden de registro
▸ *vt* (*formal*) justificar

warranty /ˈwɒrənti; *USA* ˈwɔːr-/ *n* (*pl* **warranties**) garantía

warren /ˈwɒrən; *USA* ˈwɔːrən/ *n* **1** conejera **2** (*fig*) laberinto

warrior /ˈwɒriə(r); *USA* ˈwɔːr-/ *n* guerrero, -a

warship /ˈwɔːʃɪp/ *n* buque de guerra

wart /wɔːt/ *n* verruga

wartime /ˈwɔːtaɪm/ *n* (tiempo de) guerra

wary /ˈweəri/ *adj* (*comp* **warier**) cauto: *to be wary of sb/sth* desconfiar de algn/algo

was /wəz, wɒz/ *pt de* BE

wash /wɒʃ/ *verbo, nombre*
▸ **1** *vt, vi* lavar(se): *to wash yourself* lavarse **2** *vt* llevar, arrastrar: *to be washed overboard* ser arrastrado por la borda por las olas **3** *vi*: *Water washed over the deck.* El agua bañaba la cubierta. PHR V **wash sb/sth away** arrastrar a algn/algo, llevarse a algn/algo ◆ **wash (sth) off/out** quitarse, quitar algo (*lavando*) ◆ **wash sth out** lavar algo ◆ **wash up 1** (*GB*) fregar (los platos) **2** (*USA*) lavarse (*las manos y la cara*) ◆ **wash sth up 1** (*GB*) (*platos*) fregar algo **2** (*mar*) llevar algo a la playa
▸ *n* **1** lavado: *to have a wash* lavarse **2** [*sing*] colada: *I'll do a wash tomorrow.* Mañana haré una colada. ◇ *All my shirts are in the wash.* Todas mis camisas se están lavando. **3 the wash** [*sing*] (*Náut*) la estela **washable** *adj* lavable

washbasin /ˈwɒʃbeɪsn/ *n* lavabo

washcloth /ˈwɒʃklɒθ; *USA* -klɔːθ/ *n* (*USA*) toalla de cara

washing /ˈwɒʃɪŋ/ *n* **1** lavado **2** ropa sucia **3** colada

ˈ**washing machine** *n* lavadora

ˈ**washing powder** *n* detergente (de lavadora)

washing-up /ˌwɒʃɪŋ ˈʌp/ *n* platos (para fregar): *to do the washing-up* fregar los platos ◇ *washing-up liquid* (detergente) lavavajillas

washroom /ˈwɒʃruːm, -rʊm/ *n* (*USA*) aseos ➲ *Ver nota en* TOILET

wasn't /ˈwɒznt/ = WAS NOT *Ver* BE

wasp /wɒsp/ *n* avispa

waste /weɪst/ *verbo, nombre, adjetivo*
▸ *vt* **1** malgastar, derrochar **2** (*tiempo, ocasión*) perder **3** (*no usar*) desperdiciar, desaprovechar LOC **waste your breath** perder el tiempo PHR V **waste away** consumirse
▸ *n* **1** pérdida, desperdicio **2** (*acción*) derroche, despilfarro: *What a waste of money!* ¡Vaya forma de tirar el dinero! **3** [*incontable*] desechos, basura: *nuclear waste* residuos nucleares LOC **a waste of space** (*coloq*) un inútil: *He's a complete waste of space.* No sirve absolutamente para nada. ◆ **go/run to waste** echarse a perder, desperdiciarse
▸ *adj* **1** baldío (*terreno*) **2** *waste material/products* desechos **wasted** *adj* [*sólo antes de sustantivo*] inútil (*viaje, esfuerzo*) **wasteful** *adj* **1** derrochador **2** (*método, proceso*) antieconómico

wasteland /ˈweɪstlænd/ *n* tierra baldía

waste-paper basket /ˌweɪst ˈpeɪpə(r) bɑːskɪt; *USA* bæs-/ (*USA* **wastebasket** /ˈweɪstbɑːskɪt; *USA* -bæs-/) *n* papelera ➲ *Ver dibujo en* BIN

watch /wɒtʃ/ *verbo, nombre*
▸ **1** *vt, vi* observar, mirar ➲ *Ver nota en* MIRAR **2** *vt* (*TV, Dep*) ver **3** *vt, vi* (*espiar*) vigilar, observar **4** *vt* (*coloq*) tener cuidado con, fijarse en: *Watch your language.* No digas palabrotas. LOC **watch it** (*coloq*) ¡cuidado!, ¡ojo! *Ver tb* STEP PHR V **watch for sb/sth** estar atento a algo (*esperando a que llegue algn o pase algo*): *She stood by the window, watching for the postman.* Esperó atenta al lado de la ventana a que viniese el cartero. ◆ **watch out** (*coloq*) tener cuidado: *Watch out!* ¡Cuidado! ➲ *Ver nota en* WARN ◆ **watch out for sb/sth** tener cuidado con algn/algo, estar atento a algo: *Watch out for that hole.* Cuidado con ese agujero. ◆ **watch over sb/sth** (*formal*) cuidar, vigilar a algn/algo
▸ *n* **1** reloj (*de pulsera*) ➲ *Ver dibujo en* RELOJ **2** vigilancia: *to keep (a close) watch over sth* vigilar (atentamente) algo **3** (turno de) guardia LOC *Ver* CLOSE²

watchdog /ˈwɒtʃdɒg; *USA* -dɔːg/ *n* organismo de vigilancia

watchful /ˈwɒtʃfl; *USA* ˈwɑːtʃ-/ *adj* vigilante, alerta

watchtower /ˈwɒtʃtaʊə(r)/ *n* atalaya

water /ˈwɔːtə(r)/ *nombre, verbo*
▸ *n* agua: *water sports* deportes acuáticos ◇ *water park* parque acuático ◇ *water bottle* cantimplora LOC **under water 1** bajo el agua, debajo del agua **2** inundado *Ver tb* FISH
▸ **1** *vt* (*planta*) regar **2** *vi* (*ojos*) llorar **3** *vi* (*boca*) hacerse agua PHR V **water sth down 1** diluir algo con agua **2** (*críticas, normativa*) suavizar algo

watercolour (*USA* **watercolor**) /ˈwɔːtəkʌlə(r)/ *n* acuarela

watercress /ˈwɔːtəkres/ *n* [*incontable*] berros

waterfall /ˈwɔːtəfɔːl/ *n* cascada, catarata

ˈ**water feature** *n* fuente (*ornamental*)

ˈ**watering can** *n* regadera

ˈ**water lily** *n* (*pl* **water lilies**) nenúfar

watermelon /ˈwɔːtəmelən/ *n* sandía

ˈ**water pistol** *n* pistola de agua

ˈ**water polo** *n* waterpolo

waterproof /ˈwɔːtəpruːf/ *adj, n* impermeable

water-resistant /ˈwɔːtə rɪzɪstənt/ *adj* sumergible, resistente al agua

watershed /ˈwɔːtəʃed/ *n* momento decisivo/crítico

waterskiing /ˈwɔːtəskiːɪŋ/ *n* esquí acuático

watertight /ˈwɔːtətaɪt/ *adj* **1** (*recipiente*) hermético **2** (*compartimento, barco*) estanco **3** (*argumento, etc.*) irrebatible

waterway /ˈwɔːtəweɪ/ *n* vía fluvial, canal

watery /ˈwɔːtəri/ *adj* **1** (*pey*) aguado **2** (*color*) pálido **3** (*ojos*) lloroso

watt /wɒt/ *n* vatio

wave ⚷ /weɪv/ *nombre, verbo*

▸ *n* **1** ola *Ver tb* TIDAL WAVE **2** (*fig*) oleada **3** seña (con la mano) **4** (*Fís, pelo*) onda

▸ **1** *vi* ~ **(at/to sb)** hacer señas con la mano (a algn) **2** *vt* ~ **sth (about/around)** agitar algo, agitarse **3** *vi* (*bandera*) ondear **4** *vt, vi* (*pelo, etc.*) ondular(se) LOC **wave goodbye (to sb)** decir adios (a algn) con la mano PHR V **wave sth aside** rechazar algo (*protesta*)

wavelength /ˈweɪvleŋθ/ *n* longitud de onda

waver /ˈweɪvə(r)/ *vi* **1** flaquear **2** (*voz*) temblar **3** vacilar

wavy /ˈweɪvi/ *adj* **1** ondulado **2** ondulante

wax /wæks/ *nombre, verbo*

▸ *n* cera

▸ *vt*: *to wax your legs/have your legs waxed* depilarse las piernas (con cera)

way ⚷ /weɪ/ *nombre, adverbio*

▸ *n* **1** forma, manera: *Do it your own way!* ¡Hazlo como quieras! **2** ~ **(from... to...)** camino (de... a...): *to ask/tell sb the way* preguntarle/indicarle a algn por dónde se va a un sitio ◇ *to find your way around* orientarse ◇ *across/over the way* enfrente/al otro lado de la calle ◇ *a long way (away)* lejos ➲ *Ver nota en* FAR **3** dirección, lado: *'Which way?' 'That way.'* —¿Por dónde? —Por ahí. **4** paso: *Get out of my way!* ¡Quítate de en medio! **5 Way** (*en nombres*) vía **6 ways** [*pl*] costumbres LOC **be in the/sb's way** estorbar (a algn): *He was standing in my way.* Estaba en mi camino. ◆ **by the way** por cierto ◆ **divide, split, etc. sth two, three, etc. ways** dividir algo entre dos, tres, etc. ◆ **get/have your own way** salirse con la suya ◆ **give way (to sb/sth) 1** ceder (ante algn/algo) **2** ceder el paso (a algn/algo) ◆ **give way to sth** entregarse a algo, dejarse dominar por algo ◆ **go out of your way (to do sth)** tomarse la molestia (de hacer algo) ◆ **lose your way** perderse ◆ **make way (for sb/sth)** dejar paso (a algn/algo) ◆ **make your way (to/towards sth)** irse (a/hacia algo) ◆ **no way!** (*coloq*) ¡ni hablar! ◆ **one way or another** como sea ◆ **on the way** en (el) camino: *I'm on the way.* Ya voy. ◆ **the other way (a)round** al revés ◆ **under way** en marcha ◆ **way of life** estilo de vida ◆ **ways and means** medios *Ver tb* BAR, DOWNHILL, FEEL, FIGHT, FIND, HARD, HARM, LEAD[1], MEND, PAVE, TALK

▸ *adv* muy: *way ahead* muy por delante LOC **way back** hace mucho tiempo: *way back in the fifties* allá por los años cincuenta

ˌ**way** ˈ**out** *n* salida

WC /ˌdʌblju: ˈsi:/ *n* aseos ➲ *Ver nota en* TOILET

we ⚷ /wiː/ *pron* nosotros: *Why don't we go?* ¿Por qué no vamos? ❶ El pronombre personal no se puede omitir en inglés. ➲ *Comparar con* US

weak ⚷ /wiːk/ *adj* (**weaker, -est**) **1** débil **2** (*Med*) delicado **3** ~ **(at/in/on sth)** flojo (en algo) **4** (*bebida*) flojo **weaken** *vt, vi* debilitar(se)

weakness ⚷ /ˈwiːknəs/ *n* **1** debilidad **2** flaqueza

wealth ⚷ /welθ/ *n* **1** [*incontable*] riqueza **2** [*sing*] ~ **of sth** abundancia de algo **wealthy** *adj* (**wealthier, -iest**) rico

weapon ⚷ /ˈwepən/ *n* arma

wear ⚷ /weə(r)/ *verbo, nombre*

▸ (*pt* **wore** /wɔː(r)/, *pp* **worn** /wɔːn/) **1** *vt* (*ropa, gafas, etc.*) llevar (puesto) **2** *vt* (*expresión*) tener **3** *vt, vi* desgastar(se) **4** *vt* (*agujero, etc.*) hacer **5** *vi* ~ **(well)** durar PHR V **wear (sth) away/down/out** desgastar algo, desgastarse ◆ **wear sb down** agotar a algn ◆ **wear sth down** minar algo ◆ **wear off** desaparecer (*novedad, secuelas*) ◆ **wear yourself/sb out** agotarse, agotar a algn

> ¿**Wear** o **carry**? **Wear** se utiliza para referirse a ropa, calzado y complementos, y también a perfumes y gafas: *Do you have to wear a suit at work?* ¿Tienes que llevar traje para ir a trabajar? ◇ *What perfume are you wearing?* ¿Qué perfume llevas? ◇ *He doesn't wear glasses.* No lleva gafas. Utilizamos **carry** cuando nos referimos a objetos que llevamos con nosotros, especialmente en las manos o en los brazos: *She wasn't wearing her raincoat, she was carrying it over her arm.* No llevaba puesta la gabardina, la tenía en el brazo.

▸ *n* [*incontable*] **1** ropa: *ladies' wear* ropa de señora **2** uso **3** desgaste LOC **wear and tear** desgaste por el uso

weary /ˈwɪəri/ *adj* (**wearier, -iest**) **1** agotado **2** (*formal*) ~ **of sth** hastiado de algo

weather 🔑 /ˈweðə(r)/ *nombre, verbo*
▸ *n* tiempo: *What's the weather like?* ¿Qué tiempo hace? LOC **under the weather** (*coloq*) pachucho
▸ **1** *vt, vi* desgastar(se) (*por acción del sol, viento, etc.*): *a weathered face* una cara curtida por el sol y el viento **2** *vt* superar (*crisis*)

weathergirl /ˈweðəgɜːl/ *n* (*coloq*) mujer del tiempo

weatherman /ˈweðəmæn/ *n* (*pl* **-men** /-men/) (*coloq*) hombre del tiempo

weave /wiːv/ (*pt* **wove** /wəʊv/, *pp* **woven** /ˈwəʊvn/) **1** *vt, vi* tejer **2** *vt* ~ **sth into sth** (*historia, etc.*) incluir algo en algo **3** *vi* (*pt, pp* **weaved**) serpentear

web 🔑 /web/ *n* **1** telaraña **2** red (*de contactos, intriga, etc.*) **3** sarta (*de engaños*) **4** (*tb* **the Web**) [*sing*] la web: *web page* página web

webcam /ˈwebkæm/ *n* cámara web

webcast /ˈwebkɑːst; *USA* -kæst/ *n* retransmisión en directo a través de Internet

weblog /ˈweblɒg/ *n Ver* BLOG

webmaster /ˈwebmɑːstə(r); *USA* -mæs-/ *n* (*Informát*) administrador, -ora de páginas web

website 🔑 /ˈwebsaɪt/ *n* sitio web

we'd /wiːd/ **1** = WE HAD *Ver* HAVE **2** = WE WOULD *Ver* WOULD

wedding 🔑 /ˈwedɪŋ/ *n* boda: *wedding ring/cake* alianza/pastel de bodas ➲ *Ver nota en* BODA LOC **golden/silver wedding** bodas de oro/plata

wedge /wedʒ/ *nombre, verbo*
▸ *n* **1** cuña **2** (*queso, pastel*) pedazo (grande) **3** (*limón*) gajo
▸ *vt* **1** *to wedge itself/get wedged* atascarse **2** (*esp personas*) apretujar **3** ~ **sth open/shut** mantener algo abierto/cerrado con una cuña

Wednesday 🔑 /ˈwenzdeɪ, -di/ *n* (*abrev* **Wed.**) miércoles ➲ *Ver ejemplos en* MONDAY

wee /wiː/ *adj* (*coloq*) **1** (*esp Escocia*) pequeñito **2** poquito: *a wee bit* un poquitín

weed /wiːd/ *nombre, verbo*
▸ *n* **1** mala hierba **2** [*incontable*] (*en agua*) algas **3** (*GB, coloq*) enclenque **4** (*GB, coloq, pey*) persona sin carácter: *He's a weed.* No tiene carácter. **5** (*argot*) maría, marihuana
▸ *vt* escardar PHR V **weed sth/sb out** eliminar algo/a algn

weedkiller /ˈwiːdkɪlə(r)/ *n* herbicida

week 🔑 /wiːk/ *n* semana: *35-hour week* semana laboral de 35 horas LOC **a week on/next/this Monday; Monday week** el lunes que viene no, el siguiente ◆ **a week today/tomorrow** de hoy/mañana en ocho días

weekday /ˈwiːkdeɪ/ *n* día laborable

weekend 🔑 /ˌwiːkˈend; *USA* ˈwiːkend/ *n* fin de semana

> En Gran Bretaña se dice **at the weekend**, pero en los Estados Unidos se dice **on the weekend**: *Let's meet up at/on the weekend.* A ver si quedamos este fin de semana.

weekly 🔑 /ˈwiːkli/ *adjetivo, adverbio, nombre*
▸ *adj* semanal
▸ *adv* semanalmente
▸ *n* (*pl* **weeklies**) semanario

weep /wiːp/ *vi* (*pt, pp* **wept** /wept/) (*formal*) llorar: *She wept for joy.* Lloró de alegría. ◇ *to weep over sb's death* llorar la muerte de algn **weeping** *n* llanto

weigh 🔑 /weɪ/ **1** *vt, vi* pesar **2** *vt* ~ **sth (up)** sopesar algo **3** *vi* ~ **(against sb/sth)** influir (en contra de algn/algo) LOC *Ver* ANCHOR PHR V **weigh sb down** abrumar, agobiar a algn ◆ **weigh sb/sth down**: *to be weighed down with luggage* ir muy cargado de equipaje

weight 🔑 /weɪt/ *nombre, verbo*
▸ *n* **1** peso: *by weight* al peso **2** pesa LOC **lose/put on weight** (*persona*) adelgazar/engordar *Ver tb* CARRY, PULL
▸ *vt* **1** poner peso o pesas en **2** ~ **sth (down) (with sth)** sujetar algo (con algo)

weightless /ˈweɪtləs/ *adj* ingrávido **weightlessness** *n* ingravidez

weightlifting /ˈweɪtlɪftɪŋ/ *n* levantamiento de pesas, halterofilia

weighty /ˈweɪti/ *adj* (**weightier**, **-iest**) (*formal*) **1** de peso, importante **2** pesado

weir /wɪə(r)/ *n* presa (*en la corriente de un río*)

weird /wɪəd/ *adj* (**weirder**, **-est**) raro

weirdo /ˈwɪədəʊ/ *n* (*pl* **weirdos**) (*coloq, pey*) bicho raro

welcome 🔑 /ˈwelkəm/ *verbo, adjetivo, nombre*
▸ *vt* **1** dar la bienvenida a, recibir **2** acoger **3** agradecer
▸ *adj* **1** agradable **2** bienvenido LOC **be welcome to sth/to do sth**: *You're welcome to use my car.* Mi coche está a tu disposición. ◇ *You're welcome to stay.* Estás invitado a quedarte. ◆ **you're welcome** de nada
▸ *n* bienvenida, acogida **welcoming** *adj* acogedor

weld /weld/ *vt* soldar

welfare /ˈwelfeə(r)/ *n* **1** bienestar **2** asistencia: *the Welfare State* el Estado del bienestar **3** (*esp USA*) seguridad social

W

well 🔑 /wel/ *adverbio, adjetivo, interjección, nombre, verbo*

▸ *adv* (*comp* **better** /ˈbetə(r)/, *superl* **best** /best/) **1** bien: *a well-dressed woman* una mujer bien vestida ➲ *Ver nota en* WELL BEHAVED **2** [*después de* **can, could, may, might**]: *I can well believe it.* Lo creo totalmente. ◇ *I can't very well leave.* No puedo irme sin más. ◇ *You may well be right.* Probablemente tengas razón. LOC **as well** también ➲ *Ver nota en* TAMBIÉN ◆ **as well as** además de ◆ **be doing well** (*paciente*) recuperarse ◆ **do well** progresar ◆ **may/might (just) as well do sth**: *We may/might as well go home.* Podríamos irnos a casa perfectamente. ◆ **well and truly** (*coloq*) completamente *Ver tb* JUST, MEAN, PRETTY

▸ *adj* (*comp* **better** /ˈbetə(r)/, *superl* **best** /best/) bien: *to be well* estar bien ◇ *to get well* reponerse

▸ *interj* **1** (*asombro*) vaya: *Well, look who's here!* ¡Vaya, vaya! Mira quién está aquí. **2** (*resignación*) bueno: *Oh well, that's that then.* Bueno, qué le vamos a hacer. **3** (*interrogación*) ¿y entonces? **4** (*duda*) pues: *Well, I don't know...* Pues, no sé...

▸ *n* pozo

▸ *vi* ~ **(up)** brotar

we'll /wi:l/ **1** = WE SHALL *Ver* SHALL **2** = WE WILL *Ver* WILL

ˌwell beˈhaved *adj* bien educado

> Los adjetivos formados por **well** más otra palabra suelen escribirse con las dos palabras separadas cuando se usan detrás del verbo: *They are always well behaved.* Siempre se portan bien., y con guión cuando van seguidos de un sustantivo: *well-behaved children* niños bien educados. Lo mismo sucede con **out of date** y **up to date**, y otros adjetivos como **second best**.

well-being /ˈwel bi:ɪŋ/ *n* bienestar

ˌwell ˈbuilt *adj* **1** (*persona*) robusto **2** (*edificio, máquina*) sólido ➲ *Ver nota en* WELL BEHAVED

ˌwell conˈnected *adj* (*formal*) (*persona*) bien relacionado ➲ *Ver nota en* WELL BEHAVED

ˌwell ˈdone *adj* (*filete, etc.*) bien hecho ➲ *Ver nota en* WELL BEHAVED

ˌwell ˈearned *adj* merecido ➲ *Ver nota en* WELL BEHAVED

ˌwell ˈeducated *adj* culto, instruido ➲ *Ver nota en* WELL BEHAVED

wellington /ˈwelɪŋtən/ (*tb* **ˌwellington ˈboot**) *n* bota de goma, katiuska

ˌwell ˈkept *adj* **1** cuidado, bien conservado **2** (*secreto*) bien guardado ➲ *Ver nota en* WELL BEHAVED

ˌwell ˈknown 🔑 *adj* muy conocido, famoso: *It's a well-known fact that...* Es sabido que... ➲ *Ver nota en* WELL BEHAVED

ˌwell ˈmeaning *adj* bienintencionado ➲ *Ver nota en* WELL BEHAVED

ˌwell ˈoff *adj* acomodado, rico ➲ *Ver nota en* WELL BEHAVED

ˌwell ˈpaid *adj* **1** (*trabajo*) bien pagado **2** (*persona*) con un buen sueldo ➲ *Ver nota en* WELL BEHAVED

well-to-do /ˌwel tə ˈdu:/ *adj* acomodado, rico

welly /ˈweli/ *n* (*pl* **wellies**) (*GB, coloq*) bota de goma, katiuska

Welsh /welʃ/ *adj, n* galés

went *pt de* GO

wept *pt, pp de* WEEP

were /wə(r), wɜ:(r)/ *pt de* BE

we're /wɪə(r)/ = WE ARE *Ver* BE

weren't /wɜ:nt/ = WERE NOT *Ver* BE

werewolf /ˈweəwʊlf/ *n* (*pl* **werewolves** /ˈweəwʊlvz/) hombre lobo

west 🔑 /west/ *nombre, adjetivo, adverbio*

▸ *n* (*tb* **West**) (*abrev* **W**) **1** oeste: *I live in the west of Scotland.* Vivo en el oeste de Escocia. **2 the West** (el) Occidente, los países occidentales

▸ *adj* (del) oeste, occidental: *west winds* vientos del oeste

▸ *adv* al oeste: *to travel west* viajar hacia el oeste

westbound /ˈwestbaʊnd/ *adj* en/con dirección oeste

western 🔑 /ˈwestən/ *nombre, adjetivo*

▸ *n* novela o película del oeste

▸ *adj* (*tb* **Western**) (del) oeste, occidental **westerner** *n* occidental

westwards /ˈwestwədz/ (*tb* **westward**) *adv* hacia el oeste

wet 🔑 /wet/ *adjetivo, verbo, nombre*

▸ *adj* (**wetter, -est**) **1** mojado: *to get wet* mojarse **2** húmedo: *in wet places* en lugares húmedos **3** (*tiempo*) lluvioso **4** (*pintura, etc.*) fresco **5** (*GB, coloq, pey*) (*persona*) parado, blandengue

▸ *vt* (*pt, pp* **wet** *o* **wetted**) mojar, humedecer LOC **wet the/your bed** hacerse pis en la cama ◆ **wet yourself** hacerse pis

▸ *n* **1 the wet** [*sing*] la lluvia: *Come in out of the wet.* Entra y resguárdate de la lluvia. **2** humedad

ˌwet ˈblanket *n* (*coloq, pey*) aguafiestas

wetsuit /ˈwetsu:t/ *n* traje de neopreno

we've /wi:v/ = WE HAVE *Ver* HAVE

W

whack /wæk/ *verbo, nombre*
▸ *vt* (*coloq*) dar un buen golpe a
▸ *n* (*coloq*) porrazo

whale /weɪl/ *n* ballena *Ver tb* KILLER WHALE

wharf /wɔːf/ *n* (*pl* **wharves** /wɔːvz/ *o* **wharfs**) muelle

what /wɒt/ *pronombre, adjetivo, interjección*
▸ *pron* **1** qué: *What did you say?* ¿Qué has dicho? ◇ *What's her phone number?* ¿Cuál es su número de teléfono? ◇ *What's your name?* ¿Cómo te llamas?

> ¿**What** o **which**? **Which** se refiere a uno o más miembros de un grupo limitado: *Which is your car, this one or that one?* ¿Cuál es tu coche, este o aquel? **What** se usa cuando el grupo no es tan limitado: *What are your favourite books?* ¿Cuáles son tus libros preferidos?

2 lo que, qué: *I know what you're thinking.* Sé lo que estás pensando. LOC **what about** *Ver* ABOUT ◆ **what if...?** ¿y (qué pasa) si...?: *What if it rains?* ¿Y si llueve?
▸ *adj* **1** qué: *What a pity!* ¡Qué pena! ◇ *What colour is it?* ¿De qué color es? **2** *what money I have* (todo) el dinero que tenga
▸ *interj* (*coloq*) **1 what?** ¿qué?, ¿cómo? **2 what!** ¡cómo!

whatever /wɒtˈevə(r)/ *adjetivo, pronombre, adverbio*
▸ *adj* cualquier: *I'll be in whatever time you come.* Estaré a cualquier hora que vengas.
▸ *pron* **1** (todo) lo que: *Give whatever you can.* Dé lo que pueda. **2** *whatever happens* pase lo que pase **3** qué (demonios): *Whatever can it be?* ¿Qué demonios puede ser? **4** (*coloq, irónico*) da lo mismo: *'What would you like to do today?' 'Whatever.'* —¿Qué te gustaría hacer hoy? —Me da igual. LOC **or whatever** (*coloq*) o el/la/lo que sea: *...basketball, swimming or whatever.* ...baloncesto, natación o lo que sea.
▸ *adv* (*tb* **whatsoever** /ˌwɒtsəʊˈevə(r)/) en absoluto: *nothing whatever* nada en absoluto

wheat /wiːt/ *n* trigo

wheel /wiːl/ *nombre, verbo*
▸ *n* **1** rueda **2** volante *Ver tb* THE BIG WHEEL
▸ **1** *vt* (*bicicleta, etc.*) empujar **2** *vt* (*persona*) llevar (*en silla de ruedas, camilla, etc.*) **3** *vi* (*pájaro*) revolotear **4** *vi* ~ **(round/around)** darse la vuelta

wheelbarrow /ˈwiːlbærəʊ/ *n* carretilla (*de mano*)

wheelchair /ˈwiːltʃeə(r)/ *n* silla de ruedas

wheelie bin /ˈwiːli bɪn/ *n* contenedor (*de basura con ruedas*) ➲ *Ver dibujo en* BIN

wheeze /wiːz/ *vi* respirar con dificultad, resollar

when /wen/ *adverbio, conjunción*
▸ *adv* **1** cuándo: *When did he die?* ¿Cuándo murió? ◇ *I don't know when she arrived.* No sé cuándo llegó. **2** (en) que, en (el/la/los/las) que: *There are times when...* Hay veces en que...
▸ *conj* cuando: *It was raining when I arrived.* Llovía cuando llegué. ◇ *I'll call you when I'm ready.* Te llamaré cuando esté lista.

whenever /wenˈevə(r)/ *conjunción, adverbio*
▸ *conj* **1** cuando: *Come whenever you like.* Ven cuando quieras. **2** (*todas las veces que*) cada vez que: *It happened whenever we went on holiday.* Ocurría cada vez que nos íbamos de vacaciones.
▸ *adv* (*en preguntas*) cuándo (demonios)

where /weə(r)/ *adverbio, conjunción*
▸ *adv* **1** dónde: *Where are you going?* ¿Adónde vas? ◇ *I don't know where it is.* No sé dónde está. **2** donde: *the town where I was born* el pueblo en que nací
▸ *conj* donde: *Stay where you are.* Quédate donde estás.

whereabouts *nombre, adverbio*
▸ *n* /ˈweərəbaʊts/ [*v sing o pl*] paradero
▸ *adv* /ˌweərəˈbaʊts/ dónde

whereas /ˌweərˈæz/ *conj* mientras que

whereby /weəˈbaɪ/ *adv* (*formal*) según/por el/la/lo cual

whereupon /ˌweərəˈpɒn/ *conj* (*formal*) tras lo cual

wherever /weərˈevə(r)/ *conjunción, adverbio*
▸ *conj* dondequiera que: *wherever you like* donde quieras
▸ *adv* dónde (demonios)

whet /wet/ *vt* (**-tt-**) LOC **whet sb's appetite** abrir el apetito a algn

whether /ˈweðə(r)/ *conj* si: *I'm not sure whether to resign or stay on.* No sé si dimitir o continuar. ◇ *It depends on whether the letter arrives on time.* Depende de si la carta llega a tiempo. LOC **whether or not**: *whether or not it rains/whether it rains or not* tanto si llueve como si no

which /wɪtʃ/ *pronombre, adjetivo*
▸ *pron* **1** cuál: *Which is your favourite?* ¿Cuál es tu preferido? ➲ *Ver nota en* WHAT **2** [*sujeto, complemento*] que: *the book which is on the table* el libro que está sobre la mesa ◇ *the article (which) I read yesterday* el artículo que leí ayer ➲ *Ver nota en* QUE[1] **3** [*después de preposición*] el/la/lo cual: *her work, about which I know*

W

nothing... su trabajo, del cual no sé nada... ◇ *in which case* en cuyo caso ◇ *the bag in which I put it* la bolsa en la que lo puse ❶ Este uso es muy formal. Lo más normal es poner la preposición al final: *the bag which I put it in*, o bien omitir la palabra **which**: *the bag I put it in*.
▸ *adj* qué: *Which book did you take?* ¿Qué libro te has llevado? ◇ *Do you know which one is yours?* ¿Sabes cuál es el tuyo? ➲ *Ver nota en* WHAT

whichever /wɪtʃˈevə(r)/ *adjetivo, pronombre*
▸ *adj* cualquiera: *It's the same, whichever route you take.* No importa la ruta que elijas.
▸ *pron* el/la que: *whichever you like* el que quieras

whiff /wɪf/ *n* ~ **(of sth)** olor, tufo (a algo)

while 🔑 /waɪl/ *conjunción, nombre, verbo*
▸ *conj* (*formal* **whilst** /waɪlst/) **1** (*tiempo*) mientras **2** (*contraste*) mientras (que): *I drink coffee while she prefers tea.* Yo tomo café, mientras que ella prefiere té. **3** aunque: *While I admit that...* Aunque admito que... LOC **while you're, I'm, etc. at it** ya que estás, vas, etc.
▸ *n* [*sing*] tiempo, rato: *for a while* durante un rato LOC *Ver* ONCE, WORTH
▸ *v* PHRV **while sth away** pasar algo (*tiempo*): *to while the morning away* pasar la mañana

whim /wɪm/ *n* capricho, antojo

whimper /ˈwɪmpə(r)/ *verbo, nombre*
▸ *vi* lloriquear
▸ *n* lloriqueo

whine /waɪn/ *verbo, nombre*
▸ *vi* **1** gemir **2** gimotear **3** (*coloq* **whinge** /wɪndʒ/) ~ **about sb/sth** quejarse de algn/algo
▸ *n* gemido, gimoteo

whip /wɪp/ *nombre, verbo*
▸ *n* **1** azote, látigo **2** (*Pol*) diputado, -a responsable de la disciplina de su grupo parlamentario
▸ *vt* (**-pp-**) **1** azotar **2** ~ **sth (up)** (*Cocina*) batir algo: *whipped cream* nata montada PHRV **whip sth up 1** (*apoyo, resistencia*) fomentar algo **2** (*protestas, entusiasmo*) provocar algo **3** (*comida*) preparar algo rápidamente

whir (*esp USA*) = WHIRR

whirl /wɜːl/ *verbo, nombre*
▸ **1** *vt, vi* (hacer) girar **2** *vi* (*hojas*) arremolinarse **3** *vi* (*cabeza*) dar vueltas
▸ *n* [*sing*] **1** giro **2** remolino: *a whirl of dust* un remolino de polvo

whirlpool /ˈwɜːlpuːl/ *n* remolino

whirlwind /ˈwɜːlwɪnd/ *nombre, adjetivo*
▸ *n* torbellino
▸ *adj* [*sólo antes de sustantivo*] relámpago: *a whirlwind tour* un viaje relámpago

whirr (*tb esp USA* **whir**) /wɜː(r)/ *verbo, nombre*
▸ *vi* zumbar
▸ *n* zumbido

whisk /wɪsk/ *verbo, nombre*
▸ *vt* **1** (*Cocina*) batir **2** ~ **sb/sth away, off, etc.** llevarse a algn/algo a toda prisa
▸ *n* batidor, batidora (eléctrica)

whiskers /ˈwɪskəz/ *n* [*pl*] (*de animal*) bigotes

whisky (*USA o Irl* **whiskey**) /ˈwɪski/ *n* (*pl* **whiskies**) whisky, güisqui

whisper 🔑 /ˈwɪspə(r)/ *verbo, nombre*
▸ **1** *vi* cuchichear **2** *vt* decir en voz baja **3** *vi* (*formal*) susurrar
▸ *n* **1** cuchicheo **2** (*formal*) susurro

whistle 🔑 /ˈwɪsl/ *nombre, verbo*
▸ *n* **1** silbato, pito **2** silbido, pitido
▸ *vt, vi* silbar, pitar

white 🔑 /waɪt/ *adjetivo, nombre*
▸ *adj* (**whiter, -est**) **1** blanco: *white coffee* café con leche **2** ~ **(with sth)** pálido (de algo)
▸ *n* **1** blanco **2** (*persona*) blanco, -a **3** clara (*de huevo*)

whiteboard /ˈwaɪtbɔːd/ *n* pizarra blanca

white-collar /ˌwaɪt ˈkɒlə(r)/ *adj* de oficina: *white-collar workers* oficinistas ➲ *Comparar con* BLUE-COLLAR

ˌwhite ˈelephant *n* artículo que ya no sirve para nada, aunque pudo haber costado mucho dinero

white-knuckle ride /ˌwaɪt ˈnʌkl raɪd/ *n* vuelta en una atracción de feria que te deja pasmado

whiteness /ˈwaɪtnəs/ *n* blancura

ˌWhite ˈPaper *n* libro blanco (*de gobierno*)

whitewash /ˈwaɪtwɒʃ/ *nombre, verbo*
▸ *n* lechada de cal, jalbegue
▸ *vt* **1** encalar, blanquear **2** (*errores, reputación*) encubrir

Whitsun /ˈwɪtsn/ (*tb* **ˌWhit ˈSunday** /ˌwɪt ˈsʌndeɪ, -di/) *n* (domingo de) Pentecostés

whizz-kid (*USA tb* **whiz-kid**) /ˈwɪz kɪd/ *n* (*coloq*) prodigio

whizzy /ˈwɪzi/ *adj* (*coloq*) (*tecnología, etc.*) innovador: *a whizzy piece of software* lo último en tecnología de software

who 🔑 /huː/ *pron* **1** quién, quiénes: *Who are they?* ¿Quiénes son? ◇ *Who did you meet?* ¿A quién te encontraste? ◇ *Who is it?* ¿Quién es? ◇ *They wanted to know who had rung.* Querían saber quién había llamado. **2** [*sujeto*] que: *people who drink tea* la gente que toma té ◇ *the man who wanted to meet you* el hombre que quería conocerte ◇ *all those who want to go* todos los que quieran ir **3** [*complemento*] que:

I bumped into a woman (who) I knew. Me topé con una mujer a la que conocía. ◇ *the man (who) I had spoken to* el hombre con el que había hablado ➲ *Ver notas en* WHOM *y* QUE¹

whoever /huːˈevə(r)/ *pron* **1** quien: *Whoever gets the job...* Quien consiga el puesto de trabajo... **2** quienquiera que

whole /həʊl/ *adjetivo, nombre*
▸ *adj* **1** entero: *a whole bottle* una botella entera **2** todo: *to forget the whole thing* olvidar todo el asunto
▸ *n* todo, conjunto: *the whole of August* todo agosto LOC **as a whole 1** completo, como un todo **2** en general ◆ **on the whole** en general

wholefood /ˈhəʊlfuːd/ *n* [*incontable*] alimentos integrales

wholehearted /ˌhəʊlˈhɑːtɪd/ *adj* incondicional **wholeheartedly** *adv* sin reservas

wholemeal /ˈhəʊlmiːl/ (*tb* **wholewheat** /ˈhəʊlwiːt/) *adj* integral: *wholemeal bread* pan integral

wholesale /ˈhəʊlseɪl/ *adjetivo, adverbio*
▸ *adj* **1** al por mayor **2** total: *wholesale destruction* destrucción total
▸ *adv* al por mayor **wholesaler** *n* mayorista

wholesome /ˈhəʊlsəm/ *adj* sano, saludable

wholly /ˈhəʊlli/ *adv* (*formal*) totalmente

whom /huːm/ *pron* (*formal*) a quién: *Whom did you meet there?* ¿Con quién te encontraste allí? ◇ *To whom did you give the money?* ¿A quién le diste el dinero? ◇ *the person to whom this letter was addressed* la persona a quien iba dirigida esta carta ◇ *the investors, some of whom bought shares* los inversores, algunos de los cuales compraron acciones

> La palabra **whom** es muy formal. Lo más normal es decir: *Who did you meet there?* ◇ *Who did you give the money to?* ◇ *the person this letter was addressed to.*

whoops /wʊps/ (*tb* **oops**) *interj* ¡ay! (*cuando casi te caes o casi se te cae algo*)

whose /huːz/ *adjetivo, pronombre*
▸ *adj* **1** de quién: *Whose house is that?* ¿De quién es esa casa? **2** cuyo, -a, -os, -as: *the people whose house we stayed in* las personas en cuya casa estuvimos
▸ *pron* de quién: *I wonder whose it is.* Me pregunto de quién es.

why /waɪ/ *adv* por qué: *Why was she so late?* ¿Por qué llegó tan tarde? ◇ *Can you tell me the reason why you are so unhappy?* ¿Me puedes decir por qué eres tan desgraciado? LOC **why not** por qué no: *Why not go to the cinema?* ¿Por qué no vamos al cine?

wick /wɪk/ *n* mecha (*de una vela*)

wicked /ˈwɪkɪd/ *adj* (**wickeder**, **-est**) **1** malvado **2** malicioso **3** (*argot*) genial **wickedness** *n* maldad

wicker /ˈwɪkə(r)/ *n* mimbre

wicket /ˈwɪkɪt/ *n* (*en críquet*) **1** palos **2** terreno entre los dos palos

wide /waɪd/ *adjetivo, adverbio*
▸ *adj* (**wider**, **-est**) **1** ancho: *How wide is it?* ¿Cuánto mide de ancho? ◇ *It's two metres wide.* Tiene dos metros de ancho. ➲ *Ver nota en* BROAD **2** amplio: *a wide range of possibilities* una amplia gama de posibilidades **3** extenso
▸ *adv* muy: *wide awake* completamente despierto LOC **wide open 1** abierto de par en par **2** (*competición, etc.*) sin favoritos *Ver tb* FAR

widely /ˈwaɪdli/ *adv* extensamente, mucho: *widely used* muy utilizado

widen /ˈwaɪdn/ *vt, vi* ensanchar(se), ampliar(se)

wide-ranging /ˌwaɪd ˈreɪndʒɪŋ/ *adj* de gran alcance, muy diverso (*investigación, debate, etc.*)

widescreen /ˈwaɪdskriːn/ *n* pantalla panorámica

widespread /ˈwaɪdspred/ *adj* general, extendido

widow /ˈwɪdəʊ/ *n* viuda **widowed** *adj* viudo

widower /ˈwɪdəʊə(r)/ *n* viudo

width /wɪdθ, wɪtθ/ *n* anchura, ancho

wield /wiːld/ *vt* **1** (*poder*) ejercer **2** (*arma, etc.*) empuñar, blandir

wife /waɪf/ *n* (*pl* **wives** /waɪvz/) mujer, esposa

Wi-Fi® /ˈwaɪ faɪ/ *n* (*abrev de* **wireless fidelity**) Wi-Fi®

wig /wɪg/ *n* peluca

wiggle /ˈwɪgl/ *vt, vi* (*coloq*) menear(se)

wild /waɪld/ *adjetivo, nombre*
▸ *adj* (**wilder**, **-est**) **1** salvaje **2** (*planta*) silvestre **3** (*paisaje*) agreste **4** desenfrenado: *The crowd went wild.* La multitud se volvió loca. ◇ *We had a wild time.* Lo pasamos de miedo. **5** (*enojado*) furioso **6** ~ **about sb/sth** (*coloq*) loco por algn/algo **7** (*tiempo*) tempestuoso
▸ *n* **1 the wild** [*sing*]: *in the wild* en estado salvaje **2 the wilds** [*pl*] (las) tierras remotas

wilderness /ˈwɪldənəs/ *n* **1** tierra no cultivada, tierra virgen **2** (*fig*) selva

wildlife /ˈwaɪldlaɪf/ *n* fauna

wildly /ˈwaɪldli/ *adv* **1** como loco, violentamente **2** sumamente

W

wilful (*USA tb* **willful**) /ˈwɪlfl/ *adj* (*pey*) **1** (*acto*) voluntario, intencionado **2** (*delito*) premeditado **3** (*persona*) testarudo **wilfully** (*USA tb* **willfully**) /-fəli/ *adv* (*pey*) deliberadamente

will /wɪl/ *verbo, nombre*

▸ *v modal* (*contracción* **'ll** *neg* **will not** o **won't** /wəʊnt/)

Will es un verbo modal al que sigue un infinitivo sin **to** y las oraciones interrogativas y negativas se construyen sin el auxiliar **do**.

1 [*para formar el futuro*]: *He'll come, won't he?* Vendrá, ¿verdad? ◇ *I hope it won't rain.* Espero que no llueva. ◇ *That'll be the postman.* Será el cartero. ◇ *You'll do as you're told.* Harás lo que te manden. ➲ *Ver nota en* SHALL **2** (*voluntad, determinación*): *She won't go.* No quiere ir. ◇ *Will the car start?* ¿El coche arranca o no arranca? **3** (*oferta, petición*): *Will you stay for tea?* ¿Quieres quedarte a tomar té? ◇ *Will you help me?* ¿Puedes ayudarme? ◇ *Won't you sit down?* ¿No quieres sentarte? **4** (*regla general*): *Oil will float on water.* El aceite flota en el agua.

▸ *vt* desear: *to will sth to happen* desear que ocurra algo ◇ *to will sb to do sth* desear que algn haga algo

▸ *n* **1** voluntad **2** [*sing*] deseo **3** testamento LOC **at will** libremente *Ver tb* FREE

willing /ˈwɪlɪŋ/ *adj* **1** ~ **(to do sth)** dispuesto (a hacer algo) **2** complaciente, bien dispuesto **3** (*apoyo, etc.*) espontáneo

willingly /ˈwɪlɪŋli/ *adv* voluntariamente, de buena gana

willingness /ˈwɪlɪŋnəs/ *n* **1** buena voluntad **2** ~ **(to do sth)** buena disposición (para hacer algo)

willow /ˈwɪləʊ/ (*tb* ˈ**willow tree**) *n* sauce

willpower /ˈwɪlpaʊə(r)/ *n* fuerza de voluntad

wilt /wɪlt/ *vi* **1** marchitarse **2** (*coloq*) (*persona*) decaer

wimp /wɪmp/ *n* (*coloq, pey*) **1** (*en personalidad*) pelele **2** (*físicamente*) enclenque

W

win /wɪn/ *verbo, nombre*

▸ **(-nn-)** (*pt, pp* **won** /wʌn/) **1** *vi* ganar **2** *vt* ganar, llevarse **3** *vt* (*victoria*) conseguir **4** *vt* (*apoyo, amigos*) ganarse, granjearse PHR V **win sth/sb back** recuperar algo/a algn ◆ **win sb (a)round/over (to sth)** convencer a algn (para que haga algo)

▸ *n* victoria

wince /wɪns/ *vi* **1** hacer una mueca de dolor **2** hacer un gesto de disgusto

wind[1] /wɪnd/ *n* **1** viento **2** [*incontable*] gases **3** aliento, resuello LOC **get wind of sth** (*coloq*) enterarse de algo *Ver tb* CAUTION

wind[2] /waɪnd/ (*pt, pp* **wound** /waʊnd/) **1** *vi* serpentear **2** *vt* ~ **sth round, onto, etc. sth** enrollar algo alrededor de, en, etc. algo **3** *vt* ~ **sth (up)** dar cuerda a algo PHR V **wind down** (*persona*) relajarse ◆ **wind sb up** (*GB, coloq*) **1** provocar, poner nervioso a algn **2** tomar el pelo a algn ◆ **wind (sth) up** terminar (algo), concluir (algo) ◆ **wind sth up** liquidar algo (*negocio*)

ˈ**wind chill** *n*: *the wind-chill factor* la sensación térmica (por efecto del frío y del viento)

windfall /ˈwɪndfɔːl/ *n* **1** caído del cielo (*dinero*) **2** fruta caída (del árbol)

ˈ**wind farm** *n* parque eólico

winding /ˈwaɪndɪŋ/ *adj* tortuoso, serpenteante

windmill /ˈwɪndmɪl/ *n* molino de viento

window /ˈwɪndəʊ/ *n* **1** ventana **2** (*coche, taquilla*) ventanilla **3** (*tb* **windowpane** /ˈwɪndəʊpeɪn/) cristal, luna **4** escaparate, vitrina

ˈ**window box** *n* jardinera (*para flores*)

window-shopping /ˈwɪndəʊ ʃɒpɪŋ/ *n*: *to go window-shopping* ir de escaparates

windowsill /ˈwɪndəʊsɪl/ (*tb* ˈ**window ledge**) *n* alféizar

windscreen /ˈwɪndskriːn/ (*USA* **windshield** /ˈwɪndʃiːld/) *n* parabrisas

ˈ**windscreen wiper** (*USA* ˈ**windshield wiper**) *n* limpiaparabrisas

windsurfer /ˈwɪndsɜːfə(r)/ *n* **1** tabla de windsurf **2** windsurfista

windsurfing /ˈwɪndsɜːfɪŋ/ *n* windsurf

wind turbine /ˈwɪnd tɜːbaɪn/ *n* turbina eólica

windy /ˈwɪndi/ *adj* (**windier, -iest**) **1** ventoso: *It's windy today.* Hoy hace viento. **2** (*lugar*) expuesto al viento

wine /waɪn/ *n* vino: *wine glass* copa (para vino) ◇ *wine tasting* cata (de vino) ➲ *Ver dibujo en* CUP

winery /ˈwaɪnəri/ *n* (*pl* **wineries**) bodega (*de elaborar vino*)

wing /wɪŋ/ *n* **1** ala: *the right/left wing of the party* el ala derecha/izquierda del partido **2** (*de vehículo*) aleta **3** (*Dep*) banda **4 the wings** [*pl*] los bastidores

winger /ˈwɪŋə(r)/ *n* (*Dep*) extremo, ala

wink /wɪŋk/ *verbo, nombre*

▸ **1** *vi* ~ **(at sb)** guiñar el ojo (a algn) **2** *vi* (*luz*) parpadear, titilar

▸ *n* guiño LOC **not get/have a wink of sleep; not sleep a wink** no pegar ojo

winner 🔑 /ˈwɪnə(r)/ *n* ganador, -ora

winning 🔑 /ˈwɪnɪŋ/ *adj* **1** ganador **2** premiado **3** cautivador, encantador **winnings** *n* [*pl*] ganancias

winter 🔑 /ˈwɪntə(r)/ *nombre, verbo*

▸ *n* (*tb* **wintertime**) invierno: *winter sports* deportes de invierno

▸ *vi* invernar, pasar el invierno **wintry** /ˈwɪntri/ *adj* invernal

wipe /waɪp/ *vt* **1** ~ **sth (from/off sth)**; ~ **sth (away/off/up)** limpiar, secar algo (de algo) **2** ~ **sth (from/off sth)** (*eliminar*) borrar algo (de algo) PHR V **wipe sth out 1** destruir algo **2** (*enfermedad, crimen*) erradicar algo **3** (*especie*) extinguir algo **4** (*beneficios*) reducir algo a la nada

wiper /ˈwaɪpə(r)/ *n Ver* WINDSCREEN WIPER

wire 🔑 /ˈwaɪə(r)/ *nombre, verbo*

▸ *n* **1** alambre *Ver tb* BARBED WIRE **2** (*Electrón*) cable

▸ *vt* **1** ~ **sth (up)** hacer la instalación eléctrica de algo **2** ~ **sth (up) to sth** conectar algo a algo **3** ~ **sb sth**; ~ **sth to sb** poner un giro a algn

wired /ˈwaɪəd/ *adj* **1** (*Informát*) conectado a un sistema de ordenadores **2** (*coloq*) (*persona*) tenso

wireless /ˈwaɪələs/ *adj* inalámbrico

wiring /ˈwaɪərɪŋ/ *n* [*incontable*] **1** instalación eléctrica **2** cables

wisdom /ˈwɪzdəm/ *n* **1** sabiduría: *wisdom tooth* muela del juicio **2** prudencia, cordura LOC *Ver* CONVENTIONAL

wise 🔑 /waɪz/ *adj* (**wiser**, **-est**) **1** sabio **2** acertado, prudente LOC **be none the wiser; not be any the wiser** seguir sin entender nada

wish 🔑 /wɪʃ/ *verbo, nombre*

▸ **1** *vt* (*algo poco probable*): *I wish he'd go away.* ¡Ojalá se fuera! ◇ *She wished she had gone.* Se arrepintió de no haber ido. ❶ Se considera más correcto el uso de **were**, y no **was**, con **I**, **he** o **she** después de **wish**: *I wish I were rich!* ¡Ojalá fuera rico! **2** *vt* (*formal*) querer **3** *vi* ~ **for sth** desear algo **4** *vt* ~ **sb sth** desear algo a algn **5** *vi* pedir un deseo

▸ *n* **1** ~ **(for sth/to do sth)** deseo (de algo/de hacer algo): *to make a wish* pedir un deseo ◇ *against my wishes* contra mi voluntad **2** **wishes** [*pl*]: *Best wishes, Ann.* Saludos, Ann. ◇ *Best wishes on your birthday.* Nuestros mejores deseos en tu cumpleaños. ◇ *Give her my best wishes.* Dale muchos recuerdos (de mi parte).

ˌwishful ˈthinking *n* [*incontable*]: *It's wishful thinking on my part.* Me estoy haciendo ilusiones.

wistful /ˈwɪstfl/ *adj* triste, melancólico

wit /wɪt/ *n* **1** ingenio **2** persona ingeniosa **3** **wits** [*pl*] inteligencia, juicio LOC **be frightened/scared/terrified out of your wits** estar muerto de miedo

witch /wɪtʃ/ *n* bruja, hechicera: *witch doctor* hechicero

witchcraft /ˈwɪtʃkrɑːft; *USA* -kræft/ *n* [*incontable*] brujería

witch-hunt /ˈwɪtʃ hʌnt/ *n* (*lit y fig*) caza de brujas

with 🔑 /wɪð, wɪθ/ *prep* ❶ Para los usos de **with** en PHRASAL VERBS ver las entradas de los verbos correspondientes, p. ej. **bear with sb** en BEAR. **1** con: *I'll be with you in a minute.* Un minuto y estoy contigo. ◇ *He's with the BBC.* Trabaja en la BBC. **2** (*descripciones*) de, con: *the man with the scar* el hombre de la cicatriz ◇ *a house with a garden* una casa con jardín **3** de: *Fill the glass with water.* Llena el vaso de agua. **4** (*apoyo y conformidad*) (de acuerdo) con **5** (*a causa de*) de: *to tremble with fear* temblar de miedo LOC **be with sb** (*coloq*) seguir lo que algn dice: *I'm not with you.* No te sigo. ◆ **with it** (*coloq*) **1** al día **2** de moda **3** *He's not with it today.* Hoy no está muy centrado.

withdraw 🔑 /wɪðˈdrɔː, wɪθˈd-/ (*pt* **withdrew** /-ˈdruː/, *pp* **withdrawn** /-ˈdrɔːn/) **1** *vt, vi* retirar (se) **2** *vt* (*dinero*) sacar **3** *vt* (*formal*) (*palabras*) retractarse de

withdrawal /wɪðˈdrɔːəl, wɪθˈd-/ *n* **1** retirada **2** (*Med*): *withdrawal symptoms* síndrome de abstinencia

withdrawn /wɪðˈdrɔːn, wɪθˈd-/ *adj* introvertido

wither /ˈwɪðə(r)/ *vt, vi* marchitar(se), secar(se) **withered** *adj* marchito

withhold /wɪðˈhəʊld, wɪθˈh-/ *vt* (*pt, pp* **withheld** /-ˈheld/) (*formal*) **1** retener **2** (*información*) ocultar **3** (*consentimiento*) negar

within 🔑 /wɪˈðɪn/ *preposición, adverbio*

▸ *prep* **1** (*tiempo*) en el plazo de: *within a month of having left* al mes de haberse marchado **2** (*distancia*) a menos de **3** al alcance de: *It's within walking distance.* Se puede ir andando. **4** (*formal*) dentro de

▸ *adv* (*formal*) dentro

without 🔑 /wɪˈðaʊt/ *prep* sin: *without saying goodbye* sin despedirse ◇ *without him/his knowing* sin que él supiera nada ◇ *to do without sth* prescindir de algo

withstand /wɪðˈstænd, wɪθˈs-/ *vt* (*pt, pp* **withstood** /-ˈstʊd/) (*formal*) resistir a

witness 🔑 /ˈwɪtnəs/ *nombre, verbo*

▸ *n* ~ **(to sth)** testigo (de algo)

W

▸ *vt* **1** presenciar **2** ser testigo de

ˈ**witness box** (*USA* ˈ**witness stand**) *n* estrado

witty /ˈwɪti/ *adj* (**wittier**, **-iest**) chistoso, ingenioso

wives *plural de* WIFE

wizard /ˈwɪzəd/ *n* mago, hechicero

wobble /ˈwɒbl/ **1** *vi* (*silla, etc.*) cojear **2** *vi* (*persona*) tambalearse **3** *vi* (*gelatina*) temblar **4** *vt* mover **wobbly** *adj* (*coloq*) **1** cojo **2** que se tambalea **3** *a wobbly tooth* un diente que se mueve LOC *Ver* THROW

woe /wəʊ/ *n* (*antic o hum*) desgracia LOC **woe betide sb** pobre de algn: *Woe betide me if I forget!* ¡Pobre de mí si se me olvida!

wok /wɒk/ *n* sartén china ➲ *Ver dibujo en* POT

woke, **woken** *pt, pp de* WAKE

wolf /wʊlf/ *nombre, verbo*

▸ *n* (*pl* **wolves** /wʊlvz/) lobo

▸ *vt* ~ **sth (down)** zampar(se) algo

woman 🔑 /ˈwʊmən/ *n* (*pl* **women** /ˈwɪmɪn/) mujer

womb /wuːm/ *n* matriz, útero

won *pt, pp de* WIN

wonder 🔑 /ˈwʌndə(r)/ *verbo, nombre*

▸ **1** *vt, vi* preguntarse: *I wonder if/whether he's coming.* Me pregunto si va a venir. ◇ *It makes you wonder.* Te da que pensar. **2** *vi* ~ **(at sth)** admirarse (de algo)

▸ *n* **1** asombro **2** maravilla LOC **it's a wonder (that)...** es un milagro (que...) ◆ **no wonder (that)...** no es de extrañar (que...) *Ver tb* WORK

wonderful 🔑 /ˈwʌndəfl/ *adj* maravilloso, estupendo

won't /wəʊnt/ = WILL NOT *Ver* WILL

wood 🔑 /wʊd/ *n* **1** madera **2** leña **3** (*tb* **woods** [*pl*]) bosque: *We went to the woods.* Fuimos al bosque. ➲ *Ver nota en* FOREST LOC *Ver* KNOCK, KNOCK, TOUCH **wooded** *adj* arbolado

wooden 🔑 /ˈwʊdn/ *adj* de madera

woodland /ˈwʊdlənd/ *n* bosque

woodpecker /ˈwʊdpekə(r)/ *n* pájaro carpintero

W

woodwind /ˈwʊdwɪnd/ *n* [*v sing o pl*] instrumentos de viento (*de madera*)

woodwork /ˈwʊdwɜːk/ *n* carpintería

woof /ˈwʊf/ *interj* ¡guau!

wool 🔑 /wʊl/ *n* lana *Ver tb* COTTON WOOL **woollen** (*USA* **woolen**) *adj* de lana **woolly** (*USA* **wooly**) *adj* **1** lanudo **2** (*coloq*) de lana

word 🔑 /wɜːd/ *nombre, verbo*

▸ *n* **1** palabra **2** **words** [*pl*] letra (*de una canción*) LOC **give sb your word (that...)** dar su palabra a algn (de que...) ◆ **have a word (with sb) (about sth)** hablar (con algn) (de algo) ◆ **in other words** en otras palabras, es decir ◆ **keep/break your word** cumplir/faltar a su palabra ◆ **put in a (good) word for sb** recomendar a algn, interceder por algn ◆ **take sb's word for it (that...)** creer a algn (cuando dice que...) ◆ **without a word** sin decir palabra ◆ **words to that effect**: *He told me to get out, or words to that effect.* Me dijo que me fuera, o algo parecido. *Ver tb* BREATHE, EAT, LAST, MINCE, PLAY

▸ *vt* expresar, redactar **wording** *n* términos, texto

ˈ**word processing** *n* tratamiento de textos

ˈ**word processor** *n* procesador de textos

wore *pt de* WEAR

work 🔑 /wɜːk/ *verbo, nombre*

▸ (*pt, pp* **worked**) **1** *vi* ~ **(at/on sth)** trabajar (en algo): *to work as a lawyer* trabajar de abogado ◇ *to work on the assumption that...* basarse en la suposición de que... **2** *vi* ~ **(for sth)** esforzarse (por algo) **3** *vi* (*Mec*) funcionar **4** *vt* (*máquina, etc.*) manejar **5** *vi* surtir efecto: *It will never work.* No será factible. **6** *vt* (*tierra*) trabajar **7** *vt* (*mina, etc.*) explotar **8** *vt* (*persona*) hacer trabajar LOC **work free/loose** soltar(se), aflojar (se) ◆ **work like a charm** tener un efecto mágico ◆ **work miracles/wonders** hacer milagros ◆ **work your fingers to the bone** matarse trabajando PHR V **work out 1** hacer ejercicio **2** salir (bien), resultar ◆ **work sth out 1** calcular algo **2** solucionar algo **3** planear algo, idear algo ◆ **work sb/yourself up 1** poner nervioso a algn, ponerse nervioso: *She had worked herself up into a rage.* Se había puesto hecha una furia. ◇ *What are you so worked up about?* ¿Por qué estás tan enfadado? **2** entusiasmar a algn, entusiasmarse: *I can't get worked up about cars.* No me puedo entusiasmar con los coches. ◆ **work sth up** generar algo: *to work up an appetite* abrir el apetito

▸ *n* **1** [*incontable*] trabajo: *to leave work* salir del trabajo ◇ *work experience* experiencia laboral/profesional *Ver tb* SOCIAL WORK

Las palabras **work** y **job** se diferencian en que **work** es incontable y **job** es contable: *I've found work/a new job at the hospital.* He encontrado un trabajo en el hospital. **Employment** es más formal que **work** y **job**, y se utiliza para referirse a la condición de los que tienen empleo: *Many women are in part-time employment.* Muchas mujeres tienen trabajos a tiempo parcial. **Occupation** es el término que se utiliza en los impresos oficiales: *Occupation: student* Profesión:

estudiante. **Profession** se utiliza para referirse a los trabajos que requieren una carrera universitaria: *the medical profession* la profesión médica. **Trade** se usa para designar los oficios que requieren una formación especial: *He's a carpenter by trade.* Es carpintero de oficio.

2 obra: *the complete works of Shakespeare* las obras completas de Shakespeare ◇ *a piece of work* una obra/un trabajo ◇ *Is this your own work?* ¿Lo has hecho tú sola? **3 works** [*pl*] obras: *Danger! Works ahead.* ¡Peligro! Obras. ❶ La palabra más normal es **roadworks**. LOC **at work 1** (*influencias*) en juego **2** trabajando: *He is still at work on the painting.* Sigue trabajando en el cuadro. ◆ **get (down) to/set to work (on sth)** ponerse a trabajar (en algo) *Ver tb* STROKE

workable /ˈwɜːkəbl/ *adj* práctico, factible

workaholic /ˌwɜːkəˈhɒlɪk/ *n* (*coloq*) adicto, -a al trabajo

Workaholic es un derivado humorístico que resulta de la combinación de la palabra **work** y el sufijo **-holic**, que es la desinencia de **alcoholic**. Hay otras palabras nuevas que se han inventado con ese sufijo como **chocoholic** (persona adicta al chocolate) y **shopaholic** (persona adicta a las compras).

workbook /ˈwɜːkbʊk/ *n* cuaderno de ejercicios

worker 🔑 /ˈwɜːkə(r)/ *n* **1** trabajador, -ora: *farm/office worker* campesino/oficinista *Ver tb* KEY WORKER **2** obrero, -a

workforce /ˈwɜːkfɔːs/ *n* [*v sing o pl*] mano de obra

workhouse /ˈwɜːkhaʊs/ *n* (*Hist*) asilo de pobres

working 🔑 /ˈwɜːkɪŋ/ *adjetivo, nombre*

▸ *adj* **1** activo **2** de trabajo **3** laboral, laborable **4** que funciona **5** (*conocimiento*) básico LOC *Ver* ORDER

▸ *n* [*gen pl*] ~ **(of sth)** funcionamiento (de algo)

ˌworking ˈclass (*tb* **ˌworking ˈclasses** [*pl*]) *n* clase obrera

working-class /ˌwɜːkɪŋ ˈklɑːs; *USA* ˈklæs/ *adj* de clase obrera

workload /ˈwɜːkləʊd/ *n* cantidad de trabajo

workman /ˈwɜːkmən/ *n* (*pl* **-men** /-mən/) obrero **workmanship** *n* [*incontable*] **1** (*de persona*) arte **2** (*de producto*) fabricación

workmate /ˈwɜːkmeɪt/ *n* compañero, -a de trabajo

workout /ˈwɜːkaʊt/ *n* sesión de ejercicio físico

workplace /ˈwɜːkpleɪs/ *n* lugar de trabajo

worksheet /ˈwɜːkʃiːt/ *n* hoja de ejercicios

workshop /ˈwɜːkʃɒp/ *n* taller

workstation /ˈwɜːksteɪʃn/ *n* estación de trabajo

worktop /ˈwɜːktɒp/ *n* encimera

world 🔑 /wɜːld/ *n* mundo: *all over the world/the world over* por el mundo entero ◇ *world-famous* famoso en el mundo entero ◇ *the world population* la población mundial ◇ *world record* récord mundial ◇ *world history* historia universal LOC *Ver* SMALL

world-class /ˌwɜːld ˈklɑːs; *USA* ˈklæs/ *adj* de primera (clase)

worldly /ˈwɜːldli/ *adj* (*formal*) **1** mundano **2** (*bienes*) terrenal **3** (*persona*) de/con (mucho) mundo

worldwide *adjetivo, adverbio*

▸ *adj* /ˈwɜːldwaɪd/ mundial, universal

▸ *adv* /ˌwɜːldˈwaɪd/ por todo el mundo

the ˌWorld Wide ˈWeb *n* (*abrev* **WWW**) (*tb* **the Web**) la red mundial, la web

worm /wɜːm/ *n* **1** gusano ➲ *Ver dibujo en* GUSANO **2** lombriz LOC *Ver* EARLY

worn *pp de* WEAR

ˌworn ˈout *adj* **1** gastado **2** (*persona*) agotado

worried 🔑 /ˈwʌrid; *USA* ˈwɜːrid/ *adj* **1** ~ **(about sb/sth)** preocupado (por algn/algo) **2 be ~ that...**: *I'm worried that he might get lost.* Me preocupa que se pueda perder.

worry 🔑 /ˈwʌri; *USA* ˈwɜːri/ *verbo, nombre*

▸ (*pt, pp* **worried**) **1** *vt, vi* ~ **(sb/yourself) (about/over sb/sth)** preocupar a algn, preocuparse (por algn/algo) **2** *vt* molestar

▸ *n* (*pl* **worries**) **1** [*incontable*] preocupación, intranquilidad **2** problema: *financial worries* problemas económicos LOC **no worries** (*coloq*) **1** no hay problema **2** no importa

worrying 🔑 /ˈwʌriɪŋ; *USA* ˈwɜːr-/ *adj* preocupante, inquietante

worse 🔑 /wɜːs/ *adjetivo, adverbio, nombre*

▸ *adj* (*comp de* **bad**) ~ **(than sth/doing sth)** peor (que algo/hacer algo): *to make sth worse/get worse* agravar algo/empeorar *Ver tb* BAD, WORST LOC **to make matters/things worse** para colmo (de desgracias)

▸ *adv* (*comp de* **badly**) peor: *She speaks German even worse than I do.* Habla alemán incluso peor que yo.

▸ *n* lo peor: *to take a turn for the worse* empeorar

worsen *vt, vi* empeorar, agravar(se)

W

worship /ˈwɜːʃɪp/ *nombre, verbo*
▸ *n* **1** (*Relig*) culto **2** veneración
▸ (**-pp-**, *USA tb* **-p-**) **1** *vt* (*Relig*) rendir culto a, adorar **2** *vi*: *We worship at St Mary's Church.* Asistimos a la iglesia de St Mary. **3** *vt* (*hermano, amigo, etc.*) adorar **worshipper** (*USA tb* **worshiper**) *n* devoto, -a

worst /wɜːst/ *adjetivo, adverbio, nombre*
▸ *adj* (*superl de* **bad**) peor: *My worst fears were confirmed.* Pasó lo que más me temía. *Ver tb* BAD, WORSE
▸ *adv* (*superl de* **badly**) peor: *the worst hit areas* las áreas más afectadas
▸ *n* **the worst** [*sing*] lo peor LOC **at (the) worst**; **if the worst comes to the worst** en el peor de los casos

worth /wɜːθ/ *adjetivo, nombre*
▸ *adj* **1** con un valor de, que vale: *It's worth five million.* Vale cinco millones. **2** ~ **sth/doing sth**: *It's worth reading.* Vale la pena leerlo. LOC **be worth it** merecer la pena ◆ **be worth your while** valer/merecer la pena
▸ *n* **1** (*en dinero*): *200 euros worth of books* 200 euros en libros **2** (*en tiempo*): *two weeks' worth of supplies* suministros para dos semanas **3** valor LOC *Ver* MONEY **worthless** *adj* **1** sin valor **2** (*persona*) despreciable

worthwhile /ˌwɜːθˈwaɪl/ *adj* que vale la pena: *to be worthwhile doing/to do sth* valer la pena hacer algo

worthy /ˈwɜːði/ *adj* (**worthier**, **-iest**) **1** ~ (**of sb/sth**) (*formal*) digno (de algn/algo) **2** (*formal*) (*campeón, ganador*) merecido **3** (*causa*) noble

would /wəd, wʊd/ *v modal* (*contracción* **'d** *neg* **would not** *o* **wouldn't** /ˈwʊdnt/)

Would es un verbo modal, por lo que le sigue un infinitivo sin **to** y las oraciones interrogativas y negativas se construyen sin el auxiliar **do**.

1 (*condicional*): *Would you do it if I paid you?* ¿Lo harías si te pagara? ◇ *He said he would come at five.* Dijo que vendría a las cinco. **2** (*propósito*): *I left a note so (that) they'd call us.* Dejé una nota para que nos llamaran. **3** (*voluntad*): *He wouldn't shake my hand.* No quiso darme la mano. **4** (*oferta, petición*): *Would you like a drink?* ¿Quieres tomar algo? ◇ *Would you come this way?* ¿Quiere venir por aquí?

wouldn't = WOULD NOT *Ver* WOULD

wound[1] /wuːnd/ *nombre, verbo*
▸ *n* herida
▸ *vt* herir: *He was wounded in the back during the war.* Recibió una herida en la espalda durante la guerra. ◇ *the wounded* los heridos ➲ *Ver nota en* HERIDA

wound[2] /waʊnd/ *pt, pp de* WIND[2]

wove, **woven** *pt, pp de* WEAVE

wow /waʊ/ *interj* (*coloq*) ¡guau!

ˈ**wow factor** *n* [*sing*] (*coloq*) toque que sorprende o impresiona

wrangle /ˈræŋgl/ *nombre, verbo*
▸ *n* ~ (**over sth**) disputa (sobre algo)
▸ *vi* ~ (**over/about sth**) discutir (sobre algo)

wrap /ræp/ *verbo, nombre*
▸ *vt* (**-pp-**) **1** ~ **sb/sth (up)** envolver a algn/algo **2** ~ **sth (a)round sth/sb** liar algo alrededor de algo/algn LOC **be wrapped up in sb/sth** estar entregado/dedicado a algn/algo, estar absorto en algo PHR V **wrap (sb/yourself) up** abrigar a algn, abrigarse ◆ **wrap sth up** (*coloq*) concluir algo
▸ *n* tortilla mexicana rellena *Ver tb* GIFT WRAP, PLASTIC WRAP **wrapper** *n* envoltorio

wrapping /ˈræpɪŋ/ *n* [*incontable*] envoltorio

ˈ**wrapping paper** *n* papel de envolver

wrath /rɒθ; *USA* ræθ/ *n* (*antic o formal*) ira

wreak /riːk/ *vt* LOC *Ver* HAVOC

wreath /riːθ/ *n* (*pl* **wreaths** /riːðz/) corona (*de flores, de Navidad*)

wreck /rek/ *nombre, verbo*
▸ *n* **1** restos de un naufragio, vehículo siniestrado, etc. **2** (*coloq*) (*persona, casa, relación*) ruina: *He was a nervous wreck.* Era un manojo de nervios. **3** (*coloq*) (*coche*) cacharro
▸ *vt* destrozar, echar abajo **wreckage** /ˈrekɪdʒ/ *n* [*incontable*] restos (*de accidente, etc.*)

wrench /rentʃ/ *verbo, nombre*
▸ *vt* **1** ~ **sth off (sth)**; ~ **sth from/out of sth** arrancar, sacar algo (de algo) (*de un tirón*) **2** (*tobillo, etc.*) torcer
▸ *n* **1** (*esp USA*) llave de tuercas, llave inglesa **2** [*sing*] (*fig*) golpe (*emocional*) **3** tirón

wrestle /ˈresl/ *vi* (*Dep, fig*) luchar **wrestler** *n* luchador, -ora **wrestling** *n* lucha libre

wretch /retʃ/ *n* desgraciado, -a, miserable

wretched /ˈretʃɪd/ *adj* **1** desgraciado, miserable **2** (*coloq*) maldito: *I hate this wretched car!* ¡Odio este maldito coche!

wriggle /ˈrɪgl/ *vt, vi* **1** ~ (**sth**) (**about**) mover algo, moverse **2** retorcer(se): *to wriggle free* conseguir soltarse

wring /rɪŋ/ *vt* (*pt, pp* **wrung** /rʌŋ/) **1** ~ **sth (out)** retorcer, exprimir algo **2** ~ **sth (out)** (*trapo*) escurrir algo LOC **wring sb's neck** (*coloq*) (*fig*) retorcerle el pescuezo a algn PHR V **wring sth from/out of sb** arrancarle algo a algn

wrinkle /ˈrɪŋkl/ *nombre, verbo*
▸ *n* arruga
▸ **1** *vt, vi* arrugar(se) **2** *vt* (*ceño, nariz*) fruncir
wrist 🔑 /rɪst/ *n* muñeca
wristband /ˈrɪstbænd/ *n* muñequera
writ /rɪt/ *n* mandamiento judicial
write 🔑 /raɪt/ *vt, vi* (*pt* **wrote** /rəʊt/, *pp* **written** /ˈrɪtn/) escribir

En inglés británico, "escribirle a algn" se dice 'write **to** sb': *I'm writing to you to ask for your help.* Le escribo para pedirle ayuda. ◇ *Write to me when you get there.* Escríbeme cuando llegues. "Escribir una carta a algn" se puede decir 'write a letter to sb' o 'write sb a letter'. En inglés americano se dice 'write sb'.

PHRV **write away/off (to sb/sth) (for sth)** escribir (a algn/algo) (pidiendo algo) ◆ **write back (to sb)** contestar (a algn) (*por escrito*) ◆ **write sth down** anotar algo ◆ **write sth off 1** (*deuda*) anular algo, cancelar algo como incobrable **2** destrozar algo totalmente (*esp vehículo*) ◆ **write sb/sth off (as sth)** descartar a algn/algo, considerar a algn/algo como algo ◆ **write sth out** escribir algo (en limpio) ◆ **write sth up** redactar algo

write-off /ˈraɪt ɒf/ *n* **1** (*vehículo*): *The car was a write-off.* Al coche lo declararon siniestro total. **2** [*sing*] (*coloq*) desastre
writer 🔑 /ˈraɪtə(r)/ *n* escritor, -ora
writhe /raɪð/ *vi* retorcerse: *to writhe in agony* retorcerse de dolor
writing 🔑 /ˈraɪtɪŋ/ *n* **1** escribir, escritura **2** escrito **3 writings** [*pl*] obras **4** letra **5** estilo de redacción **LOC** **in writing** por escrito
ˈ**writing paper** *n* papel de cartas
written 🔑 /ˈrɪtn/ *adj* por escrito *Ver tb* WRITE
wrong 🔑 /rɒŋ; *USA* rɔːŋ/ *adjetivo, adverbio, nombre*
▸ *adj* **1** equivocado, incorrecto, falso: *to be wrong* estar equivocado/equivocarse **2** *What's wrong (with you)?* ¿Qué (te) pasa? **3** inoportuno, equivocado: *the wrong way up/round* cabeza abajo/al revés **4** malo, injusto: *It is wrong to...* No está bien... ◇ *He was wrong to say that.* Hizo mal en decir aquello. **LOC** *Ver* SIDE, TRACK
▸ *adv* mal, equivocadamente, incorrectamente **LOC** **get sb wrong** (*coloq*) malinterpretar a algn ◆ **get sth wrong** (*coloq*) equivocarse en algo ◆ **go wrong 1** equivocarse **2** (*máquina*) estropearse **3** salir/ir mal
▸ *n* **1** [*incontable*] mal **2** (*formal*) injusticia **LOC** **be in the wrong** estar equivocado **wrongful** *adj* (*Jur*) injusto, ilegal
wrongly 🔑 /ˈrɒŋli; *USA* ˈrɔːŋ-/ *adv* equivocadamente, incorrectamente
wrote *pt de* WRITE
wrought iron /ˌrɔːt ˈaɪən/ *n* hierro forjado
wrung *pt, pp de* WRING

Xx

X, x /eks/ *n* (*pl* **Xs**, **X's**, **x's**) X, x ➲ *Ver nota en* A, A
xenophobia /ˌzenəˈfəʊbiə/ *n* xenofobia **xenophobic** *adj* xenófobo
Xmas /ˈkrɪsməs, ˈeksməs/ *n* (*coloq*) Navidad
X-ray /ˈeks reɪ/ *nombre, verbo*
▸ *n* **1** [*gen pl*] rayo X **2** radiografía
▸ *vt* hacer una radiografía de
xylophone /ˈzaɪləfəʊn/ *n* xilófono

Y y

Y, y /waɪ/ *n* (*pl* **Ys**, **Y's**, **y's**) Y, y ➲ *Ver nota en* A, A

yacht /jɒt/ *n* yate **yachting** *n* (navegación a) vela

Yank /jæŋk/ (*tb* **Yankee** /ˈjæŋki/) *n* (*GB, coloq, gen pey*) yanqui

yank /jæŋk/ (*coloq*) **1** *vt, vi* dar un tirón brusco (a) **2** *vt* ~ **sth off/out** arrancar/quitar algo de un tirón

yard /jɑːd/ *n* **1** (*GB*) patio **2** (*USA*) jardín **3** (*abrev* **yd**) yarda (*0,9144 m*) ➲ *Ver pág 792*

yardstick /ˈjɑːdstɪk/ *n* criterio

yarn /jɑːn/ *n* **1** [*incontable*] hilo **2** (*coloq*) cuento

yawn /jɔːn/ *verbo, nombre*
▸ *vi* bostezar
▸ *n* bostezo **yawning** *adj* (*abismo*) enorme

yeah /jeə/ *interj* (*coloq*) sí

year /jɪə(r), jɜː(r)/ *n* **1** año: *for years* durante/desde hace muchos años **2** (*Educ*) curso **3** *a two-year-old (child)* un niño de dos años ◇ *I am ten (years old).* Tengo diez años. ❶ Cuando expresamos la edad en años, podemos omitir **years old**. ➲ *Ver tb nota en* OLD

yearly /ˈjɪəli, jɜːli/ *adjetivo, adverbio*
▸ *adj* anual
▸ *adv* anualmente, cada año

yearn /jɜːn/ *vi* (*formal*) **1** ~ **(for sth/sb)** suspirar (por algo/algn) **2** ~ **(to do sth)** anhelar (hacer algo) **yearning** *n* (*formal*) **1** ~ **(for sth/sb)** anhelo (de algo), añoranza (de algn) **2** ~ **(to do sth)** ansia (por/de hacer algo)

yeast /jiːst/ *n* levadura

yell /jel/ *verbo, nombre*
▸ *vt, vi* ~ **(out) (sth) (at sb/sth)** gritar (algo) (a algn/algo)
▸ *n* grito, alarido

yellow /ˈjeləʊ/ *adj, n* amarillo

yelp /jelp/ *vi* **1** (*animal*) aullar **2** (*persona*) gritar

yep /jep/ *interj* (*coloq*) sí

yes /jes/ *interj, n* (*pl* **yesses** *o* **yeses** /ˈjesɪz/) sí

yesterday /ˈjestədeɪ, -di/ *adv, n* ayer: *yesterday morning* ayer por la mañana LOC *Ver* DAY

yet /jet/ *adverbio, conjunción*
▸ *adv* **1** [*en frases negativas*] todavía, aún: *not yet* todavía no ◇ *They haven't phoned yet.* Todavía no han llamado. ➲ *Ver nota en* STILL **2** [*en frases interrogativas*] ya

> ¿**Yet** o **already**? **Yet** sólo se usa en frases interrogativas y siempre va al final de la oración: *Have you finished it yet?* ¿Lo has terminado ya? **Already** se usa en frases afirmativas e interrogativas y normalmente va detrás de los verbos auxiliares o modales y delante de los demás verbos: *He already knew her.* Ya la conocía. ◇ *Have you finished already?* ¿Has terminado ya? Cuando **already** indica sorpresa de que una acción se haya realizado antes de lo esperado se puede poner al final de la frase: *He has found a job already!* ¡Ya ha encontrado trabajo! ◇ *Is it there already? That was quick!* ¿Ya está allí? ¡Qué rapidez! ➲ *Ver tb ejemplos en* ALREADY

3 [*después de superlativo*]: *her best novel yet* su mejor novela hasta la fecha **4** [*antes de comparativo*] incluso: *yet more work* aún más trabajo LOC **as yet** hasta ahora ◆ **yet again** otra vez más
▸ *conj* pero, aun así: *It's incredible yet true.* Es increíble pero cierto.

yew /juː/ (*tb* ˈ**yew tree**) *n* tejo (*árbol*)

yield /jiːld/ *verbo, nombre*
▸ **1** *vt* producir, dar **2** *vt* (*Fin*) rendir **3** *vi* ~ **(to sth/sb)** rendirse (a algo/algn), ceder (ante algo/algn) ❶ La expresión más normal es **give in**.
▸ *n* **1** producción **2** (*Agric*) cosecha **3** (*Fin*) rendimiento **yielding** *adj* (*formal*) **1** flexible **2** sumiso

yoga /ˈjəʊgə/ *n* yoga

yogurt (*tb* **yoghurt**) /ˈjɒgət; *USA* ˈjəʊ-/ *n* yogur

yoke /jəʊk/ *n* yugo

yolk /jəʊk/ *n* yema

you /juː/ *pron* **1** [*como sujeto*] tú, usted, -es, vosotros, -as: *You said that...* Dijiste que... ❶ El pronombre personal no se puede omitir en inglés. **2** [*en frases impersonales*]: *You can't smoke in here.* No se puede fumar aquí. ❶ En las frases impersonales se puede usar **one** con el mismo significado que **you**, pero es mucho más formal. **3** [*como objeto directo*] te, le, lo, la, os, los, las **4** [*como objeto indirecto*] te, le, os, les: *I told you to wait.* Te dije que esperaras. **5** [*después de preposición*] ti, usted, -es, vosotros, -as: *Can I go with you?* ¿Puedo ir contigo?

you'd /juːd/ **1** = YOU HAD *Ver* HAVE **2** = YOU WOULD *Ver* WOULD

you'll /juːl/ = YOU WILL *Ver* WILL

young /jʌŋ/ *adjetivo, nombre*
▸ *adj* (**younger** /ˈjʌŋgə(r)/, **youngest** /ˈjʌŋgɪst/) joven: *young people* los jóvenes ◇ *He's two years*

younger than me. Tiene dos años menos que yo.

▸ *n* [*pl*] **1 the young** los jóvenes **2** (*de animales*) crías

youngster /ˈjʌŋstə(r)/ *n* joven

your 🔑 /jɔː(r); *USA* jʊər/ *adj* tu, vuestro: *to break your arm* romperse el brazo ◇ *Your room is ready.* Su habitación está lista. ➲ *Ver nota en* MY

you're /jʊə(r), jɔː(r)/ = YOU ARE *Ver* BE

yours 🔑 /jɔːz; *USA* jərz, jʊərz/ *pron* tuyo, -a, -os, -as, vuestro, -a, -os, -as, suyo, -a, -os, -as: *Is she a friend of yours?* ¿Es amiga tuya/vuestra/suya? ◇ *Where is yours?* ¿Dónde está el tuyo/vuestro/suyo? LOC **Yours faithfully/sincerely** (*USA* **Yours Truly**) Le saluda atentamente ➲ *Ver nota en* ATENTAMENTE

yourself 🔑 /jɔːˈself; *USA tb* jʊərˈself/ *pron* (*pl* **yourselves** /-ˈselvz/) **1** [*uso reflexivo*] te, se, os: *Enjoy yourselves!* ¡Pasadlo bien! **2** [*uso enfático*] tú mismo, -a, vosotros mismos, vosotras mismas **3** [*después de preposición*] ti (mismo): *proud of yourself* orgulloso de ti mismo LOC **(all) by yourself/yourselves** (completamente) solo(s) ◆ **be yourself** ser natural: *Just be yourself.* Simplemente sé tú mismo.

youth 🔑 /juːθ/ *n* **1** juventud: *In my youth...* Cuando yo era joven... ◇ *youth club/hostel* club para jóvenes/albergue juvenil **2** (*pl* **youths** /juːðz/) (*gen pey*) joven **youthful** *adj* juvenil

you've /juːv/ = YOU HAVE *Ver* HAVE

Yo Yo® (*tb* **yo-yo**) /ˈjəʊ jəʊ/ *n* (*pl* **Yo Yos**, **yo-yos**) yoyó

yuk (*tb* **yuck**) /jʌk/ *interj* (*coloq*) ¡qué asco!, ¡puaj! **yukky** (*tb* **yucky**) *adj* (*coloq*) asqueroso

yum /jʌm/ (*tb* **yum-yum** /ˌjʌm ˈjʌm/) *interj* (*coloq*) ¡qué rico!, ñam, ñam **yummy** *adj* (*coloq*) riquísimo (*comida*)

Zz

Z, z /zed; *USA* ziː/ *n* (*pl* **Zs**, **Z's**, **z's**) Z, z ➲ *Ver nota en* A, A

zap /zæp/ (**-pp-**) (*coloq*) **1** *vt* exterminar **2** *vi* hacer zapping

zeal /ziːl/ *n* (*formal*) entusiasmo, fervor **zealous** /ˈzeləs/ *adj* (*formal*) entusiasta

zebra /ˈzebrə, ˈziːbrə/ *n* cebra

ˌzebra ˈcrossing *n* paso de cebra

zenith /ˈzenɪθ/ *n* cenit

zero 🔑 /ˈzɪərəʊ/ *adj, pron, n* (*pl* **zeros**) cero

zest /zest/ *n* ~ **(for sth)** entusiasmo, pasión (por algo)

zigzag /ˈzɪgzæg/ *nombre, adjetivo, verbo*

▸ *n* zigzag

▸ *adj* en zigzag

▸ *vi* (**-gg-**) zigzaguear

zinc /zɪŋk/ *n* cinc, zinc

zip /zɪp/ *nombre, verbo*

▸ *n* (*USA tb* **zipper**) cremallera

▸ (**-pp-**) **1** *vt* ~ **sth (up)** cerrar la cremallera de algo **2** *vi* ~ **(up)** cerrarse con cremallera **3** *vt* (*Informát*) comprimir

ˈzip code (*tb* **ˈZIP code**) *n* (*USA*) código postal

zit /zɪt/ *n* (*coloq*) grano, espinilla

zodiac /ˈzəʊdiæk/ *n* zodiaco

zombie /ˈzɒmbi/ *n* (*coloq*) zombi

zone 🔑 /zəʊn/ *n* zona: *time zone* zona horaria

zoo /zuː/ *n* (*pl* **zoos**) zoo, parque zoológico

zoologist /zəʊˈɒlədʒɪst, zuˈɒl-/ *n* zoólogo, -a

zoology /zəʊˈɒlədʒi, zuˈɒl/ *n* zoología

zoom /zuːm/ *vi* ir muy deprisa: *to zoom past* pasar zumbando PHR V **zoom in (on sb/sth)** enfocar (a algn/algo) (*con un zoom*)

ˈzoom lens (*tb* **zoom**) *n* zoom

zorbing /ˈzɔːbɪŋ/ *n* lanzarse colina abajo dentro de un balón de plástico transparente

zucchini /zuˈkiːni/ *n* (*pl* **zucchini** *o* **zucchinis**) (*USA*) calabacín

Expresiones numéricas

Números

	Cardinales		Ordinales
1	one	**1st**	first
2	two	**2nd**	second
3	three	**3rd**	third
4	four	**4th**	fourth
5	five	**5th**	fifth
6	six	**6th**	sixth
7	seven	**7th**	seventh
8	eight	**8th**	eighth
9	nine	**9th**	ninth
10	ten	**10th**	tenth
11	eleven	**11th**	eleventh
12	twelve	**12th**	twelfth
13	thirteen	**13th**	thirteenth
14	fourteen	**14th**	fourteenth
15	fifteen	**15th**	fifteenth
16	sixteen	**16th**	sixteenth
17	seventeen	**17th**	seventeenth
18	eighteen	**18th**	eighteenth
19	nineteen	**19th**	nineteenth
20	twenty	**20th**	twentieth
21	twenty-one	**21st**	twenty-first
22	twenty-two	**22nd**	twenty-second
30	thirty	**30th**	thirtieth
40	forty	**40th**	fortieth
50	fifty	**50th**	fiftieth
60	sixty	**60th**	sixtieth
70	seventy	**70th**	seventieth
80	eighty	**80th**	eightieth
90	ninety	**90th**	ninetieth
100	a/one hundred	**100th**	hundredth
101	a/one hundred and one	**101st**	hundred and first
200	two hundred	**200th**	two hundredth
1 000	a/one thousand	**1 000th**	thousandth
10 000	ten thousand	**10 000th**	ten thousandth
100 000	a/one hundred thousand	**100 000th**	hundred thousandth
1 000 000	a/one million	**1 000 000th**	millionth

Ejemplos

528	*five hundred and twenty-eight*
2 976	*two thousand, nine hundred and seventy-six*
50 439	*fifty thousand, four hundred and thirty-nine*
2 250 321	*two million, two hundred and fifty thousand, three hundred and twenty-one*

ℹ En inglés se utiliza un espacio o una coma (y NO un punto) para marcar el millar, por ejemplo *25 000* o *25,000*.

En cuanto a números como 100, 1000, 1 000 000, etc., se pueden decir de dos maneras, **one hundred** o **a hundred**, **one thousand** o **a thousand**, etc.

0 (cero) se dice **nought**, **zero**, **nothing**, o **o** /əʊ/ dependiendo de las expresiones.

Expresiones matemáticas

+	plus	3^2	three squared
–	minus	5^3	five cubed
x	times o multiplied by	6^{10}	six to the power of ten
÷	divided by		
=	equals		
%	per cent		

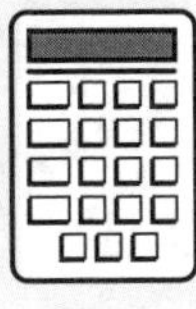

Ejemplos

6+9 = 15 *Six **plus** nine equals / is fifteen.*
5×6 = 30 *Five **times** six equals thirty. / Five **multiplied by** six is thirty.*
10−5 = 5 *Ten **minus** five equals five. / Ten **take away** five is five.*
40÷5 = 8 *Forty **divided by** five equals eight / is eight.*

Decimales

0.1	(nought) point one	(zero) point one (*USA*)
0.25	(nought) point two five	(zero) point two five (*USA*)
1.75	one point seven five	

ℹ En inglés se utiliza un punto (y NO una coma) para marcar los decimales.

Quebrados

½	a half	⅒	a/one tenth
⅓	a/one third	1⁄16	a/one sixteenth
¼	a quarter	1½	one and a half
⅖	two fifths	2⅜	two and three eighths
⅛	an/one eighth		

Ejemplos

one eighth of the cake
two thirds of the population

Cuando una fracción acompaña a un número entero, se unen con la conjunción **and**:

2¼ *two **and** a quarter*

Porcentajes

35%	thirty-five per cent	**73%**	seventy-three per cent
60%	sixty per cent		

Cuando los porcentajes se utilizan con un sustantivo incontable o singular, el verbo va normalmente en singular:

*25% of the information on this website **comes** from government sources.*
*60% of the area **is** flooded.*

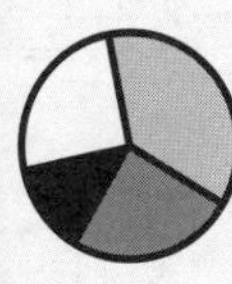

Si el sustantivo es singular pero representa a un grupo de gente, el verbo puede ir en singular o en plural:

*75% of the class **has/have** passed.*

Si el sustantivo es contable y plural, el verbo va en plural:

*80% of students **agree**.*

Peso

	Sistema imperial	Sistema métrico decimal
	1 ounce (oz)	= 28.35 grams (g)
16 ounces	= **1 pound** (lb)	= 0.454 kilogram (kg)
14 pounds	= **1 stone** (st)	= 6.356 kilograms
	1 ton	= 1.016 kilograms

Ejemplos

The baby weighed 7 lb 4oz (seven pounds four ounces).
For this recipe you need 500g (five hundred grams) of flour.

Capacidad

	Sistema imperial	Sistema métrico decimal
	1 pint	= 0.568 litre (l)
	1 quart	= 1.136 litres
8 pints	= **1 gallon** (gal.)	= 4.546 litres

Ejemplos

I bought three pints of milk.
The petrol tank holds 40 litres.

🛈 En Estados Unidos, un **pint** equivale a 0.4731 litros.

Longitud

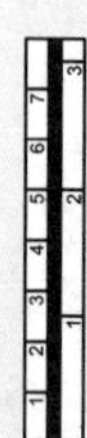

	Sistema imperial	Sistema métrico decimal
	1 inch (in.)	= 25.4 millimetres (mm)
12 inches	= **1 foot** (ft)	= 30.48 centimetres (cm)
3 feet	= **1 yard** (yd)	= 0.914 metre (m)
1 760 yards	= **1 mile**	= 1.609 kilometres (km)

Ejemplos

Height: 5 ft 9 in. (five foot nine / five feet nine).
The hotel is 30 yds (thirty yards) from the beach.
The car was doing 50 mph (fifty miles per hour).
The room is 11′ × 9′6″ (eleven foot by nine foot six / eleven feet by nine feet six).

🛈 Cuando no hace falta ser tan exacto, la gente utiliza expresiones como **several inches** (un palmo), **an inch** (dos dedos), etc.

Superficie

	Sistema imperial	Sistema métrico decimal
	1 square inch (sq in.)	= 6.452 square centimetres
144 square inches	= **1 square foot** (sq ft)	= 929.03 square centimetres
9 square feet	= **1 square yard** (sq yd)	= 0.836 square metre
4,840 square yards	= **1 acre**	= 0.405 hectare
640 acres	= **1 square mile**	= 2.59 square kilometres / 259 hectares

Ejemplos

They have a 200-acre farm.
The fire destroyed 40 square miles of woodland.

Las fechas

Cómo escribirlas	Cómo decirlas
15/4/04 (*USA* **14/5/04**) **15(th) April 2004** **April 15(th) 2004**	*April the fifteenth, two thousand and four* *The fifteenth of April, two thousand and four (USA April fifteenth)*

Ejemplos

Her birthday is on April 9th (April the ninth / the ninth of April).
The new store opened in 2010 (two thousand and ten).
The baby was born on 18 April 1998 (the eighteenth of April / April the eighteenth nineteen ninety-eight).
We're planning to go there in 2013 (two thousand and thirteen).
I'll be thirty in 2019 (twenty nineteen)!

Moneda

Reino Unido	Valor de moneda/billete		Nombre de moneda/billete
1p	a penny	(one p)	a penny
2p	two pence	(two p)	a two-pence piece
5p	five pence	(five p)	a five-pence piece
10p	ten pence	(ten p)	a ten-pence piece
20p	twenty pence	(twenty p)	a twenty-pence piece
50p	fifty pence	(fifty p)	a fifty-pence piece
£1	a pound		a pound (coin)
£2	two pounds		a two-pound coin
£5	five pounds		a five-pound note
£10	ten pounds		a ten-pound note
£20	twenty pounds		a twenty-pound note
£50	fifty pounds		a fifty-pound note

Ejemplos

£5.75: five pounds seventy-five
25p: twenty-five pence

The apples are 95p a pound.
We pay £700 a month in rent.

ℹ Las expresiones que aparecen entre paréntesis son más coloquiales. Recuerda que *one p*, *two p*, etc. se pronuncian /wʌn piː/, /tuː piː/, etc.

EE UU	Valor de moneda/billete	Nombre de moneda/billete
1¢	a cent	a penny
5¢	five cents	a nickel
10¢	ten cents	a dime
25¢	twenty-five cents	a quarter
$1	a dollar	a dollar bill/coin
$5	five dollars (five bucks)	a five-dollar bill
$10	ten dollars (ten bucks)	a ten-dollar bill
$20	twenty dollars (twenty bucks)	a twenty-dollar bill
$50	fifty dollars (fifty bucks)	a fifty-dollar bill
$100	a hundred dollars (a hundred bucks)	a hundred-dollar bill

ℹ **Buck** es una forma más coloquial de decir **dollar**: *It cost fifty bucks.*

La hora

- La forma de expresar la hora varía según el nivel de formalidad, o si se trata de inglés británico o americano:

It's: *(a) quarter past five* (GB)
five fifteen
(a) quarter after/past five (USA)

It's: *half past six*
six thirty
half six (coloq)

It's: *(a) quarter to four* (GB)
three forty-five
(a) quarter to/of four (USA)

It's: *ten (minutes) past eleven* (GB)
eleven ten
ten after/past eleven (USA)

It's: *twenty (minutes) to twelve* (GB)
eleven forty
twenty to/of twelve (USA)

- La palabra **minutes** se puede omitir después de 5, 10, 20 y 25. Casi siempre se utiliza después de los demás números:

It's five past two.
PERO *It's eleven minutes past five.*

- El "reloj de 24 horas" (**the 24-hour clock**) se utiliza sobre todo en horarios de trenes y autobuses o en avisos.

- Para distinguir entre las horas de la mañana y las de la tarde utilizamos ***in the morning, in the afternoon*** o ***in the evening***:

6:00 *six o'clock in the morning*
15:30 *half past three in the afternoon*
22:00 *ten o'clock in the evening*

- Se utiliza **a.m./p.m.** en un lenguaje más formal.

Office hours are 9 a.m. to 4.30 p.m.

➲ *Ver tb nota en* P.M.

Los números de teléfono

- Para decir los números de teléfono se lee cada número por separado:

369240 *three six nine two four o* (se pronuncia /əʊ/)
258446 *two five eight double four six*
01865 556767 *o one eight six five double five six seven six seven*

- Cuando se trata de una empresa con centralita, las extensiones telefónicas aparecen escritas entre paréntesis:

(x3545) *extension three five four five*

Abreviaturas y símbolos

abrev	abreviatura
adj	adjetivo
adv	adverbio
Aeronáut	Aeronáutica
Agric	Agricultura
algn	alguien
Anat	Anatomía
antic	anticuado
Arquit	Arquitectura
art def	artículo definido
art indef	artículo indefinido
Astrol	Astrología
Astron	Astronomía
Biol	Biología
Bot	Botánica
Can	inglés canadiense
coloq	registro coloquial
conj	conjunción
Dep	Deportes
Econ	Economía
Educ	Educación
Electrón	Electrónica
esp	especialmente
fem	femenino
fig	sentido figurado
Fil	Filosofía
Fin	Finanzas
Fís	Física
Fot	Fotografía
frec	frecuentemente
GB	inglés británico
gen	en general
Geog	Geografía
Geol	Geología
Geom	Geometría
Gram	Gramática
Hist	Historia
hum	término humorístico
Informát	Informática
+ ing	seguido de verbo en forma *-ing*
interj	interjección
Irl	inglés de Irlanda
Jur	término jurídico
Ling	Lingüística
lit	sentido literal
Liter	Literatura
masc	masculino
Mat	Matemáticas
Mec	Mecánica
Med	Medicina
Mil	término militar
Mús	Música
n	sustantivo
nf	sustantivo femenino
nm	sustantivo masculino
nmf	sustantivo masculino y femenino
nm-nf	sustantivo que varía en masculino y femenino
nm o nf	género dudoso: sustantivo masculino o femenino
n pr	nombre propio
Náut	término náutico
neg	negativo
part	participio
Period	Periodismo
pey	término peyorativo
pl	plural
Pol	Política
pp	participio pasado
pref	prefijo
prep	preposición
pron	pronombre
pt	pasado (pretérito)
Quím	Química
Relig	Religión
sb	somebody
sing	singular
Sociol	Sociología
sth	something
suf	sufijo
tb	también
Teat	Teatro
Tec	Tecnología
TV	Televisión
USA	inglés americano
v	verbo
v aux	verbo auxiliar
v imp	verbo impersonal
v modal	verbo modal
v sing	verbo en singular
v sing o pl	verbo en singular o en plural
vi	verbo intransitivo
vp	verbo pronominal
vt	verbo transitivo
Zool	Zoología
LOC	locuciones y expresiones
PHR V	sección de *phrasal verbs*
🔑	información sobre las palabras de uso más frecuente
®	marca registrada
▶	cambio de partes de la oración
❶	introduce una nota breve
➲	remite a otra página donde hay información relacionada con la entrada

Verbos irregulares

Infinitivo	Pretérito	Participio
arise	arose	arisen
awake	awoke	awoken
babysit	babysat	babysat
be	was/were	been
bear	bore	borne
beat	beat	beaten
become	became	become
begin	began	begun
bend	bent	bent
bet	bet	bet
bid	bid	bid
bind	bound	bound
bite	bit	bitten
bleed	bled	bled
blow	blew	blown
break	broke	broken
breed	bred	bred
bring	brought	brought
broadcast	broadcast	broadcast
build	built	built
burn	burnt, burned*	burnt, burned*
burst	burst	burst
bust	bust, busted	bust, busted
buy	bought	bought
cast	cast	cast
catch	caught	caught
choose	chose	chosen
cling	clung	clung
come	came	come
cost	cost, costed	cost, costed
creep	crept	crept
cut	cut	cut
deal	dealt	dealt
dig	dug	dug
dive	dived, *USA tb* dove	dived
do	did	done
draw	drew	drawn
dream	dreamt, dreamed*	dreamt, dreamed*
drink	drank	drunk
drive	drove	driven
dwell	dwelt, dwelled*	dwelt, dwelled*
eat	ate	eaten
fall	fell	fallen
feed	fed	fed
feel	felt	felt
fight	fought	fought
find	found	found
flee	fled	fled
fling	flung	flung
fly	flew	flown
forbid	forbade	forbidden
forecast	forecast, forecasted	forecast, forecasted
forget	forgot	forgotten
forgive	forgave	forgiven
freeze	froze	frozen
get	got	got, *USA* gotten
give	gave	given
go	went	gone
grind	ground	ground
grow	grew	grown
hang	hung, hanged	hung, hanged
have	had	had
hear	heard	heard
hide	hid	hidden
hit	hit	hit
hold	held	held
hurt	hurt	hurt
keep	kept	kept
kneel	knelt, *USA tb* kneeled	knelt, *USA tb* kneeled
know	knew	known
lay	laid	laid
lead[1]	led	led
lean	leaned, leant*	leaned, leant*
leap	leapt, leaped*	leapt, leaped*
learn	learnt, learned*	learnt, learned*
leave	left	left
lend	lent	lent
let	let	let
lie[1]	lay	lain
light	lit, lighted	lit, lighted
lose	lost	lost
make	made	made
mean	meant	meant
meet	met	met
mislay	mislaid	mislaid
mislead	misled	misled
misread	misread	misread
mistake	mistook	mistaken
misunderstand	misunderstood	misunderstood
mow	mowed	mown, mowed
offset	offset	offset
outdo	outdid	outdone
overcome	overcame	overcome
overdo	overdid	overdone
override	overrode	overridden
overtake	overtook	overtaken
overthrow	overthrew	overthrown
pay	paid	paid

¡Necesito entender las palabras para poder utilizarlas!

otras formas posibles de escribir una palabra

amoeba (*USA tb* **ameba**) /əˈmiːbə/ *n* (*pl* **amoebas/amebas** o **amoebae/amebae** /-biː/) (*Biol*) ameba

detox /ˈdiːtɒks/ *n* (*coloq*) **1** limpieza del organismo **2** (*tb* **detoxification** /diːˌtɒksɪfɪˈkeɪʃn/) desintoxicación

pronunciación y acento

diplomacy /dɪˈpləʊməsi/ *n* diplomacia **diplomat** /ˈdɪpləmæt/ *n* diplomático, -a **diplomatic** /ˌdɪpləˈmætɪk/ *adj* diplomático **diplomatically** /-kli/ *adv* diplomáticamente, con diplomacia

ejemplos que te ayudarán a ver cómo se utiliza la palabra

foster /ˈfɒstə(r)/ *verbo, adjetivo*

▸ *vt* **1** fomentar **2** acoger en una familia

▸ *adj* adoptivo: *foster parents* padres adoptivos ◇ *foster family/home* casa de acogida

notas de vocabulario para que aprendas otras palabras relacionadas con la que vas a utilizar

deporte *nm* sport: *¿Practicas algún ~?* Do you play any sports? ◇ *~s acuáticos* water sports ◇ *~s de invierno* winter sports ◇ *~s de aventura/riesgo* adventure/extreme sports

En inglés hay tres construcciones que se pueden utilizar al hablar de deportes. *Jugar al fútbol, golf, baloncesto*, etc. se dice **play + sustantivo**, p. ej. **play football, golf, basketball**, etc. *Hacer aeróbic, atletismo, judo*, etc. se dice **do + sustantivo**, p. ej. **do aerobics, athletics, judo**, etc. *Hacer natación, senderismo, ciclismo*, etc. se dice **go + -ing**, p. ej. **go swimming, hiking, cycling**, etc. Esta última construcción se usa sobre todo cuando en inglés existe un verbo relacionado con ese deporte, como **swim**, **hike** o **cycle**.

LOC **hacer deporte** to play sport *Ver tb* BOLSA, PANTALÓN, ROPA

notas culturales que te explican detalles interesantes y prácticos sobre las costumbres británicas y americanas

devolution /ˌdiːvəˈluːʃn; *USA* ˌdev-/ *n* **1** descentralización **2** (*de poderes*) delegación

En Gran Bretaña **devolution** se refiere a la transferencia de poderes a través de la cual se han establecido parlamentos regionales en Escocia, Gales e Irlanda del Norte.

palabras que se utilizan en situaciones determinadas, por ejemplo, en un contexto informal

reality check *n* ([illegible]) hec[illegible] momento que le devuelve a un[illegible] realidad